LK 4301[7]

HISTOIRE
CIVILE
ou
CONSULAIRE
DE LA VILLE
DE LYON.

HISTOIRE CIVILE
OU CONSULAIRE
DE LA VILLE DE LYON,

JUSTIFIÉE

Par Chartres, Titres, Chroniques, Manuscrits, Autheurs Anciens & Modernes,
& autres Preuves, avec la Carte de la Ville, comme elle étoit
il y a environ deux siécles.

Par le P. CLAUDE FRANÇOIS MENESTRIER
de la Compagnie de JESUS.

A LYON,

Chez JEAN-BAPTISTE & NICOLAS DEVILLE,
ruë Merciere, à la Science.

M. DC. XCVI.

AVEC PRIVILEGE DU ROY.

A TRES-HAUT
ET TRES-PUISSANT SEIGNEUR
MESSIRE FRANÇOIS DE NEUFVILLE,
DUC DE VILLEROY,
PAIR ET MARÉCHAL DE FRANCE,
CHEVALIER DES ORDRES DU ROY.
CAPITAINE DES GARDES DE SA MAJESTÉ,
Commandant General de ses Armées, & Gouverneur des Provinces
de Lyonnois, Forés & Beaujolois.

ONSEIGNEUR,

Quand j'ay entrepris d'écrire l'Histoire Civile de la Ville de Lyon, je me suis proposé de la consacrer au Nom immortel des NEUFVILLE - VILLEROY ; *qui depuis un Siecle ont gouverné cette Province avec tant de pru-*

EPISTRE.

dence & de bonheur, qu'ils s'y sont acquis le titre de Peres de la Patrie, que Rome donna autrefois à ses premiers Empereurs, comme le titre le plus spécieux que l'on pût donner aux Puissances de la Terre destinées par la Providence à procurer le bien de leurs sujets. Ce fut Vôtre Ayeul CHARLES DE NEUFVILLE Marquis d'Halincourt, qui merita par une Ambassade solemnelle & des Negociations avantageuses, que le Roy HENRY LE GRAND luy confiât ce Gouvernement l'un des plus importans du Royaume, pour être Frontiere des Suisses, d'Italie, & d'Allemagne; & qui n'avoit été confié qu'à des Princes, à des Maréchaux de France, à des Cardinaux & à de grands Seigneurs des plus considerables du Royaume. Sous une si sage conduite ce Pays a joüi d'une tranquillité parfaite, que feu Monseigneur le Marêchal DE VILLEROY & Messire CAMILLE DE NEUFVILLE Archevêque & Comte de Lyon son Frere & son Lieutenant dans la Province, ont également maintenuë dans les temps les plus difficiles.

Vous êtes entré, MONSEIGNEUR, dans cette succession de sagesse & de zele pour les interêts de la France, hereditaire à ceux de Vôtre Sang; & si quatre de nos Rois avoient éprouvé cette Sagesse en vôtre Bisayeul, le fameux NICOLAS DE VILLEROY l'un des plus grands Hommes d'Etat, LOUIS LE GRAND a reconnu les mêmes talens & la même fidelité en quatre descendans de ce grand Homme, qu'il a honorez des premiers emplois de l'Eglise & de l'Etat; tant il est seur de l'attention que vous avez tous pour son service, à l'exemple de vos Anceftres, & de ce fond de prudence & de

EPISTRE.

probité avec lequel vous semblez tous être nez. C'est cet attachement toûjours fidéle, que ce Monarque vient de couronner, en vous confiant ce que la France a de plus precieux ; Je veux dire la Garde de sa Personne sacrée, & le Commandement general de ses Armées. Quel bonheur est-ce donc pour cette Ville, aprés avoir eû pour Gouverneur celuy qui l'avoit été de la Jeunesse de LOUIS LE GRAND, de voir dans le même rang, celuy à qui ce Prince le plus sage qui fut jamais, a donné pour juste recompense de ses fidéles services, un Bâton de Maréchal de France, une Compagnie de ses Gardes, & le Commandement general de ses Troupes dans une Province qui est dépuis son avenement à la Couronne, le premier & le principal Theatre de ses surprenantes Conquêtes.

En ces emplois éclatans que vous soûtenez avec tant de dignité, vous ne faites pas seulement revivre les grands hommes de vôtre Nom, mais par un bonheur singulier, vous vous voyez, MONSEIGNEUR, en la fleur de vôtre âge, déja survivre à vous-même en Messieurs vos Enfans, dignes esperances d'une Maison toûjours feconde en grands Hommes, nez pour tenir les premiers rangs dans l'Eglise, dans les Armées & dans le Conseil, avec une réputation constante de Sagesse, de Probité, & d'attachement inviolable aux interêts de la France. Rien n'a jamais alteré cette conduite sous six ou sept Regnes precedens, sujets à tant de revolutions, & heureusement suivis du Regne le plus glorieux aussi bien que le plus long de tous les Regnes dépuis l'établissement de cette Monarchie.

C'est ce Regne, MONSEIGNEUR, qui devoit être pour vous une occasion favorable de signaler vôtre

EPISTRE.

zéle & l'étenduë de vôtre Genie en de si sublimes Emplois, qui vous font approcher de si près LOUIS LE GRAND, entrer dans l'honneur de sa confiance, & meriter son estime & son approbation.

Que diray-je de cette derniere Campagne, où vôtre attention à suivre les Ordres de sa Majesté, vôtre prévoyance à éluder les desseins des Alliez, & vôtre vigilance à conserver les Postes que vous aviez occupez pour les prévenir, ont dissipé tous les projets d'une Ligue qui regardoit cette année, comme l'année climaterique de la fortune de la France, & comme l'affermissement d'un Usurpateur, qui est à present plus embarrassé à recueillir les débris de son Armée, & à sauver les restes de son ambition chancellante, qu'à faire les nouveaux progrez dont il flattoit ses Confederez. Nous les voyons tous consternez & par vôtre sage conduite, & par la Paix du Piedmont & par les mouvemens de l'Italie, qui s'assure sa liberté en éloignant des hôtes dangereux, qui sous pretexte de la conserver ne songeoient qu'à la mettre dans la servitude.

C'est ainsi que la France commence à vous considerer comme son Fabius, & les Etrangers à voir que nôtre Nation n'est pas moins sage dans ses campemens tranquilles, que hardie & vigoureuse dans les entreprises précipitées, où elle a plûtôt vaincu & défait ses ennemis qu'ils n'ont eû le temps de se reconnoître.

Quelle gloire est-ce pour vous, MONSEIGNEUR, de vous être rendu digne du choix d'un tel Monarque pour des Emplois si importans, qui font le bonheur de la France, le répos & la sûreté de cette Ville sous les
soins

EPISTRE.

soins d'un Gouverneur qui est le garant de sa fidelité, aussi bien qu'un puissant Protecteur pour en obtenir des Graces.

La Porte d'Halincourt, le Bastion de Villeroy & le Port de Neufville, seront à la Posterité des Monumens, qui luy apprendront ce que vos Ancestres & Vous, auront fait pour cette Ville. Mais permettez-moy, MONSEIGNEUR, de dire que ces Monumens quelque solides qu'ils paroissent, sont des Monumens immobiles, qui ne peuvent parler de ces bienfaits qu'à ceux qui les voyent, & qui auront enfin un jour le même sort que nos Aqueducs, nos anciens Palais des Empereurs, nos Grands-Chemins, & nôtre Amphitheatre, dont il ne reste plus que des Masures; tandis que l'Histoire a l'avantage de porter à tous les Siecles & à toutes les Nations, les dépots pretieux des premiers temps qui en conservent la memoire, & qui la font même revivre.

Recevez donc, MONSEIGNEUR, ce tribut de reconnoissance & de respect que vous presente au nom de sa Patrie, le plus humble & le plus dévoüé de tous vos serviteurs,

CLAUDE FRANÇOIS MENESTRIER
de la Compagnie de Jesus.

L'AN DE GRACE M. DC. XCVI.
DU REGNE
DE LOUIS LE GRAND
LE CINQUANTE-CINQ,
SOUS LE CONSULAT

De Messire LOUIS DUGAZ, Escuyer, Seigneur de Savonost, & Bois S. Just, Conseiller du Roy en la Senéchaussée & Siége Presidial de Lyon, Auditeur de Camp en la Ville & Province de Lyonnois, Forés & Beaujolois, PREVÔT DES MARCHANDS.

ET NOBLES

CORNEILLE VIALIS, Sieur de la Cour, Conseiller du Roy, Juge en la jurisdiction de la Doüanne de cette Ville.

MATHIEU PECOIL, Escuyer, Sieur de la Thenaudiere & de Choule, ancien Conseiller du Roy en la Senéchaussée & Siege Presidial de Lyon.

GABRIEL DEGLATIGNY, Conseiller, premier & plus ancien Advocat du Roy en la Senéchaussée & Siege Presidial de Lyon.

JAQUES COLABAU. ECHEVINS de la Ville & Communauté de Lyon.

CLAUDE FRANÇOIS MENESTRIER de la Compagnie de JESUS a consacré à l'honneur de sa Patrie ce témoignage public de sa pieté & de sa reconnoissance, en cette premiere Partie de l'Histoire de cette Ville, commencee sous la Prevôté

DE MESSIRE JEAN-BAPTISTE DU LIEU, Escuyer, Conseiller du Roy, Lieutenant particulier en la Senéchaussée & Siége Presidial de Lyon,

PREVÔT DES MARCHANDS en 1694.

PREFACE.

IL en est presque de l'Histoire comme de la Religion, puisque l'une & l'autre se propose de representer aux Hommes la Verité, que la Raison, qui fait leur Caractere, les porte naturellement à rechercher. Il est vray que la Religion a cét avantage sur l'Histoire, qu'elle est sûre de la Verité qu'elle propose ; puisque c'est la Verité divine, Verité inalterable qui subsistera éternellement, & qui est toûjours la même, de quelques nüages qu'elle soit enveloppée, & de quelques artifices que l'on se serve pour tâcher de la déguiser. *Veritas Domini manet in æternum. Psalm. 116.*

Au contraire la Verité que l'Histoire fait profession de chercher, dépend d'une foy humaine, si peu sûre en ses raisonnemens, que S. Pierre ne donne point d'autre nom à nos foibles connoissances que celuy de *Doctes Fables*, semblables à ces fictions de la Poësie qui cherchent plutôt le vraysemblable que le vray : parce que leur but est de plaire en instruisant, & de s'éloigner autant qu'elles peuvent de cette severe Philosophie, qui ne considere les détours ingenieux de la Poësie, que comme des déguisemens, qui offensent la verité sous pretexte de la parer. *Doctas fabulas secuti. 2. Pet. 1.*

Il ne faut pas donc nous flater d'avoir jamais des Histoires bien fidéles, que celles de la Creation du monde, des Patriarches & des Rois de la Judée, écrites par des hommes inspirez ; & l'Histoire Evangelique de la Vie de Jesus-Christ, & des premiers travaux de ses Disciples qui sortent d'une même source, & qui sont appuyées sur l'authorité infaillible des revelations divines.

Ce sont des revelations humaines, qui nous fournissent la matiere de nos Histoires : je veux dire des instrumens & des Chroniques de quelques Ecrivains contemporains. Nous supposons que la bonne foy, la justice & l'équité ont eû plus de part à ces Actes & à ces Titres dressez par authorité publique, que les interets des particuliers. A quoy nous joignons quelques anciens Monumens que le temps a respectez, ou qu'il n'a pas tellement defigurez, qu'ils ne puissent nous rendre quelque témoignage des siécles les plus reculez : témoignages que nous sommes obligez de recevoir, & qui imposent d'autant plus facilement à nôtre credulité, qu'il est impossible dans les faits que nous voulons établir à l'égard de ces temps si reculez, de trouver d'autres garans de la verité que nous cherchons.

Ainsi la principale occupation d'un Historien doit être de débroüiller une confusion d'Evenemens obscurs & embarrassez ; & à l'exemple du Createur, qui débroüilla le Chaos, & tira toutes choses du Neant où elles étoient pêlemêle, il doit démêler, établir & placer chaque chose où elle doit être naturellement. Enfin étendre par tout la lumiere, & dissiper autant qu'il peut les tenebres qui enveloppent cét abîme de tant de siécles : puisque selon le plus sage des Romains, l'Histoire est le témoin des temps & la lumiere de la verité. *Testis temporum, lux veritatis. Cic.*

Il y a des temps si obscurs, ou par la negligence de ceux qui nous ont precedez, ou

PREFACE.

par la perte des Titres qui pouvoient nous en instruire, que nous sommes contraints de dire que nous ne sçavons presque rien de ce qui s'est passé en ces temps-là, & j'aime mieux de bonne foy avoüer mon ignorance à l'égard de ces temps obscurs, qu'avancer comme quelques-uns, qu'il ne s'y est rien passé, qui meritât d'être sçeû de la posterité. Je suis persuadé que tous les temps ont eû de grands évenemens : que la Scene du monde a presque toûjours été la même, & que l'ambition, les guerres, & les injustices ont presque toûjours également regné parmi les Peuples barbares & les Nations civilisées.

Il est vray que tout ainsi que la Superstition, l'Idolâtrie & les Heresies ont attaqué la verité de la Religion ; l'Ignorance, l'Erreur, & le déguisement donnent des atteintes semblables à la verité de l'Histoire, à qui l'erreur & les fictions sont encor plus à craindre que l'ignorance. Puisque si celle-cy laisse de grands vuides dans la suite des temps, où elle ne découvre rien ; du moins elle n'y introduit pas des Fables, des impostures & des contretemps, en attribuant à des lieux, à des temps & à des personnes, ce qui convient à d'autres. S'il y a en la plûpart de ces erreurs plus de défaut d'application, de recherche & d'exactitude, que de dessein d'alterer la verité ; il y a dans les impostures une affectation maligne de la supprimer, de l'embarrasser, & de la déguiser ; lorsque la flatterie, l'interêt, ou quelque autre motif aussi lâche, engagent les Historiens à rendre leurs plumes serviles. De là naissent les contradictions que l'on remarque en leurs Ouvrages, où l'on voit des peintures si diverses, des mœurs, des actions, & des personnes qu'ils ont voulu representer ; que l'un loüe ce qu'un autre blâme ; & que l'un tient un parti, tandis qu'un autre se declare pour un parti tout-opposé. Froissart est pour les Anglois, Monstrelet pour les Bourguignons : Loüis XI. est un Heros pour Philippe de Comines, & le Portrait qu'en font quelques autres, n'est pas fort avantageux à la memoire de ce Prince.

Veritatem in injustitiâ detinent. Rom. I. ỷ. 18.

Or si la Religion a recours aux Oracles sacrez, aux Traditions de l'Eglise, & à ses décisions, pour combattre la superstition, l'Idolatrie & les Heresies ; l'Histoire pour détruire l'ignorance, les erreurs, & les impostures, doit avoir recours aux Titres, & aux anciens monumens, qui peuvent luy servir à découvrir la verité, ou du moins le vray-semblable. Car l'Histoire est presque le seul de tous les Arts, qui n'a point de regle infaillible pour s'assurer d'avoir trouvé la Verité : Elle en est reduite aux conjectures & aux probabilitez, quand elle manque de preuves plus certaines.

Ce sont ces Titres que j'ay recherchez avec tout le soin qui m'a été possible, & je les regarde comme l'âme & la partie principale de l'Ouvrage que j'entreprens. J'ay eû beaucoup de peine à les déterrer ; Car ces témoins de la Verité ont le malheur d'être assez souvent des Veritez odieuses à ceux qui ont interest que l'on ne foüille pas si avant dans les tenebres d'où ils sont sortis. Mais comme je ne suis ni esclave de l'interest ni de la flaterie ; si j'ay assez de discretion pour laisser dans l'obscurité les veritez odieuses qui ne peuvent servir qu'à réjoüir l'envie, & à piquer une curiosité maligne, qui se plaît à les rechercher pour les rendre publiques ; je ne veux pas dérober à la sage connoissance de la Posterité, les lumieres qui peuvent servir à détruire l'ignorance, & à détromper des erreurs. Les évenemens de dix ou douze siécles, que je rapporte en ce Volume, sont assez éloignez de nous pour ne pas interesser ceux qui vivent à present ; particulierement en une Ville, qui n'est plus en la même situation, en laquelle elle étoit il y a cinq cens ans. La felicité du Regne sous lequel nous vivons, la sagesse & la droiture de ceux qui nous gouvernent, & la fidelité de nos Citoyens à remplir leurs devoirs, & à s'aquitter de l'obeïssance que des Sujets doivent à leurs Maîtres legitimes, n'ont rien de commun avec ces temps fâcheux qui nous representent des soûlevemens, & des démélez causez par la violence de quelques Officiers subalternes, qui abusoient de l'autorité que l'on leur avoit confiée. Ce n'est pas

PREFACE.

l'endroit par où j'ay confideré ces relations & ces titres. Au milieu de ces nuages ils nous découvrent la noblesse & la grandeur d'une Eglise la plus illustre des Gaules; la protection de nos Rois donnée à nos Citoyens; le crédit, la force, les richesses de ces Citoyens, & les circonstances glorieuses de l'établissement d'un Consulat, & d'une Communauté, pour laquelle les Papes, les Rois, les Cardinaux, & plusieurs Princes & Seigneurs s'interessent, pour en conserver les Libertez, les Franchises, & les Privileges attaquez par des Officiers trop violens. Enfin je dirois presque de cette Ville autrefois si agitée & à present si tranquille, ce qu'un Poëte a dit de cét illustre Romain, qui fit voir jusques où pouvoit aller la fermeté d'un Héros, quand il brûla sa main qui avoit manqué le coup hardi qu'il avoit medité, pour délivrer sa Patrie de l'oppression où elle étoit.

Si non erraffet fecerat illa minus.

Ces maux & ces desordres de Lyon au treiziéme Siécle, ont été pour cette Ville, les sources du repos & de la paix dont elle joüit sous la domination de nos Rois, & sous la sage conduite de Nosseigneurs les Gouverneurs, & des Magistrats Municipaux qui la regissent; sans que l'Eglise qui en a possedé autrefois la Souveraineté à si juste titre, ait rien perdu de la splendeur de sa Noblesse & des autres avantages, qui la font encore aujourd'huy considerer comme la premiere Eglise des Gaules, tant par le mérite de ses Prélats, que par la dignité de ses Comtes, & par la Majesté de ses cérémonies; aussi bien que par sa fidelité toûjours constante à retenir ses anciens usages, si loüables & si saints, qui ont servi de modéles à tant d'autres Eglises de l'Europe.

Plusieurs ont entrepris avant moy de donner des Histoires de cette Ville, & leurs Ouvrages bien loin de m'être de quelques secours n'ont servi la plûpart qu'à rendre mon entreprise plus laborieuse, parce qu'au lieu de m'ouvrir les voyes, ils ne m'ont laissé que de grands embarras à démêler. Ils ont rempli ces Ouvrages de fables, ils ont confondu tant de faits, & se sont laissez prévenir de tant de fausses idées, que j'ay eû plus d'erreurs à combattre, que je n'ay trouvé de routes à suivre. Si au lieu de ces resveries ils avoient pris soin de rapporter les Titres anciens, qui leur étoient tombez entre les mains, ils m'auroient exempté du long travail qu'il m'a fallu essüier à ramasser ces Titres, à les digerer, & à les interpreter. J'ay donné le Plan de ces Ouvrages Historiques dans un projet que je publiay avant que de mettre ce Volume sous la presse, afin que l'on vit où nous en étions de nôtre Histoire, & ce que j'y pouvois ajoûter ou corriger par mes nouvelles recherches. C'est là que j'ay fait connoître que le soin que Paradin avoit pris de conserver le recueil des inscriptions que M.r le President de Belliévre avoit fait, & celles que M.r Spon avoit dépuis découvertes ou plus fidélement rapportées, m'ont beaucoup facilité l'application de ces Monumens, que j'ay pris la peine de voir & d'examiner en tous les lieux où subsistent ces Vestigés d'Antiquité assez negligées & en fort mauvais état par le peu de goût que l'on a pour ces Nonumens qui font les délices des Savans, & qui attirent de si loin la curiosité des Etrangers.

Symphorien Champier est le premier, qui a donné cours à quelques fables touchant la Ville de Lyon. Loüis Chantereau le Fevre a fait une terrible peinture de cét Historien en ses Considerations Historiques. *Si Champier,* dit-il, *se fut meslé d'écrire de la Medecine suivant sa profession, sans se mesler de l'Histoire, où il n'entendoit rien, il eût mieux pourvû à sa reputation qu'il n'a fait. Tout ce qu'il y a de bon en son Histoire c'est qu'elle est courte, & partant l'on ne perd pas tant de temps à la lire. Je ne pense pas que l'on puisse jetter les yeux sur un Ecrivain plus disgracié que celuy-là, il étoit entiérement ignorant de la Chronologie, & n'avoit pris connoissance de l'Histoire que dans de vieux Romans.*

Je croy que l'on peut faire un semblable jugement de Paradin, de Severt & de Rubys, pour ne rien dire du P. de Saint Aubin qui n'a fait que les copier, en y ajoû-

PREFACE.

tant les Legendes de quelques Saints, qui ne sont pas des Actes fort seurs, non plus que quelques vieilles Chroniques de certains Monasteres, ou la credulité des Religieux qui les ont écrites, a introduit tant de miracles, de visions, & de revelations apocryphes, qu'à moins d'une longue discussion en se fixant sur les évenemens dont les Epoques sont plus certaines, du consentement de tous les Autheurs contemporains, on a peine à rien établir de solide, & il faudroit s'engager à de longues dissertations, qui fatiguent plus les Lecteurs qu'elles ne peuvent les instruire.

J'ay tiré de grandes lumieres des Remarques du P. Pierre Builloud sorti d'une Maison de cette Ville, feconde en grands Magistrats & en Personnes sçavantes. Si les Remarques de ce Pere avoient été plus exactes, ou s'il avoit eû le temps de les ranger & de les digerer, elles m'auroient pû être d'un plus grand secours : je n'en ay vû que les minutes si mal écrites, & pleines de tant de ratures que le plus habile déchiffreur auroit eû peine de les lire. D'ailleurs le mauvais ordre qu'il donnoit à son *Lugdunum Sacroprophanum*, qui étoit le Titre de son Ouvrage, n'a laissé que de la confusion dans ses écrits, parce qu'il divisoit son Ouvrage par indices, ou catalogues des personnes illustres de divers Etats, qu'il rangeoit par ordre alphabetique, ce qui renversoit l'ordre des temps, qui doit être l'ame de l'Histoire. Enfin son dessein m'a paru semblable à ces Dictionnaires Historiques que l'on a publiez depuis quelques années, qui ne passeront jamais pour des Histoires régulieres.

Je me suis proposé d'écrire deux Histoires de cette Ville : l'une Civile, & l'autre Ecclesiastique. Parce que j'ay trouvé assez de matiere pour en faire deux Corps considerables, & quoy que les évenemens de l'une & de l'autre se soient passez sur le même Theatre, s'il m'est permis de parler ainsi, la Scene est si differente entre les affaires Civiles & les Ecclesiastiques, qu'il seroit difficile de les assembler en un même Corps sans faire quelque chose de monstrueux. L'établissement de l'Eglise de Lyon, les persecutions qu'elle a souffertes, ses Martyrs, ses saints Prélats, dont nous avons de si beaux Ouvrages, nos deux Conciles Oecumeniques, la Primatie étenduë sur cinq Provinces, confirmée par des Conciles, par des Bulles de tant de Papes, & qui a été le sujet de tant de Lettres, & de tant de contestations entre de fameux Prélats, sont des articles à examiner à fonds, aussi bien que les Synodes Provinciaux, les Fondations des Chapitres, Abbayes, Monasteres, & autres lieux de pieté. J'y joindray la description du Diocese, les Cérémonies de l'Eglise, ses Statuts, ses anciens Usages, la suite de ses Archevêques, les Chorevêques qu'elle a eû durant tant de Siécles, & que Severt a confondus avec les Archevêques. Les Dignitez de son Chapitre, & les divers Ordres de ses Ministres, ne sont pas des choses à confondre avec des évenemens purement civils, & tous ceux qui lisent l'Histoire seulement pour se divertir, ou pour remplir leur memoire de ces grands évenemens, qui piquent la curiosité, ne sont pas capables de concevoir les longues dissertations que demandent certains points de Réligion qu'un Historien Ecclesiastique est obligé d'établir solidement. Cependant la Souveraineté & le Domaine temporel que l'Eglise a possedez, & dont elle retient encore une partie après plusieurs compositions faites avec nos Rois, m'ont obligé de faire un Livre entier de cette Domination temporelle exercée par les Officiers des Archevéques & du Chapitre, ce qui fut la cause de tant de guerres & de troubles. Je n'y ay cependant inséré que ce qui regarde les éfets purement civils. Puisque je ne voulois donner en ce Volume que les affaires civiles, que je n'ay même conduites que jusqu'à l'an quatorze cent. Les trois derniers siécles qui sont plus proches de nous, me fournissant assez de matiere pour en faire un second Volume.

Pour donner un ordre raisonnable à cette étenduë de temps, d'affaires, d'évenemens & de revolutions, j'ay distingué tout le corps de cét Ouvrage en *Dissertations* préparatoires, en *Evenemens*, & en *Preuves* de ces Evenemens. Car nous vivons en

PREFACE.

un siécle si éclairé, & si délicat à recevoir le recit des choses tant soit peu éloignées de nous, que l'on ne sçauroit apporter trop de soin à rechercher ce qui peut persuader la verité des faits que l'on raconte. C'est pour cela que j'ay mis à la tête de tout l'Ouvrage des dissertations préliminaires, & une préparation topographique à l'exemple de Polybe, comme j'ay renvoyé les preuves à la fin, pour ne pas embarrasser d'actes latins, de citations & de questions critiques, la suite des évenemens que la plûpart des lecteurs cherchent uniquement, & auxquelles ils peuvent s'attacher, laissant les dissertations & les preuves aux Sçavans qui les préferent souvent à tout le reste. Les inscriptions que j'ay été obligé d'inserer dans le premier Livre, sont assez distinguées par la forme de leurs caracteres, & par leur disposition, pour être omises par les Lecteurs, qui ne veulent que le discours & la simple narration.

Je n'ay pas voulu imiter les Ecrivains, qui mettent à la tête de leurs Ouvrages de longues listes de noms d'Autheurs, qu'ils veulent faire croire qu'ils ont consulté, sur les matieres qu'ils traittent; & qu'ils opposent d'abord comme un bataillon formidable à leurs Lecteurs, s'ils vouloient entreprendre de les critiquer. Ce n'est pas que je ne m'attende à trouver des Lecteurs chagrins & de ces demy Sçavans; qui pour se faire valoir dans le monde, condamnent ordinairement tout ce qu'ils n'entendent pas, & croyent se donner de l'autorité & du crédit en censurant ce qu'ils n'ont jamais pris le soin d'éxaminer assez exactement. Mais je fais profession à l'exemple du plus sage des Romains, de recevoir avec docilité les avis que les personnes éclairées daigneront me donner pour me remettre sur les voyes, quand je me seray égaré, & de répondre avec douceur à ceux qui s'égareroient eux-mêmes en pensant me redresser.

Et refellere sine pertinaciâ & refelli sine iracundiâ parati sumus. Cic. 2. Tuscul.

Quand j'ay entrepris cét Ouvrage je me suis mis devant les yeux, ce que Pline le jeune récrivit à un de ses amis qui le sollicitoit d'entreprendre une Histoire. Pensez, *luy disoit il*, quel est le travail que vous me sollicitez d'entreprendre, quand vous me pressez d'écrire des choses si éloignées, & que tant d'autres ont déja touchées. C'est un grand secours, direz vous, que d'avoir de telles avances, mais quelle fatigue est-ce d'examiner ce qu'ils ont écrit pour en faire un juste discernement? de rechercher & d'établir ce qui leur a échappé: de faire de nouvelles découvertes, avec danger de déplaire à quelques-uns, & même de les offenser? Car outre qu'en la conduite des hommes, il y a ordinairement plus de choses à reprendre qu'à loüer; on en dit toûjours trop selon le sentiment de quelques-uns, & trop peu selon le goût des autres. Ce qui m'a donné courage de poursuivre mon entreprise après avoir prévû ces difficultez, c'est qu'il m'a semblé que je pouvois dire aussi bien que cét Autheur, que je me sentois assez de courage pour dire hardiment la verité, qui est selon S. Augustin le plus noble Caractere d'un Historien, quand il a dit de Saluste au chapitre 5. du livre premier de la Cité de Dieu, *Salustius Nobilitate Veritatis Historicus.*

Cogita quâ potissimum tempora aggrediamur. Vetera & scripta aliis paraia inquisitio, sed onerosa collatio: intacta & nova gravis offensio, leve gratia. Nam pravissimè quod in tantis vitiis hominum plura culpanda sunt, quàm laudanda: tam si laudaveris parcus, si culpaveris nimius fuisse dicaris. Quamvis illud plenissimè hoc restrictissimè feceris. Plin. epist. 7. lib. 5. cap.

Quand on ne veut que plaire & amuser les Lecteurs il suffit de faire des Romans, sans se mettre beaucoup en peine de rechercher la verité; parce que naturellement les hommes, dit le même Pline, piquez de curiosité, ne se mettent gueres en peine d'examiner le vray, pourveu qu'on leur raconte des choses qui les réjouïssent. Ce qui fait que les enfans qui n'ont encore ny la raison, ny le jugement formé, par le défaut d'étude & d'experience aiment les fables & les contes faits à plaisir. C'est ce qui n'a pas peu servi à faire reputation à quelques Historiens pleins d'agreables fictions, & d'évenemens fabuleux, que l'on ne trouve que dans leurs écrits. Pour quelques Sçavans qui s'apperçoivent de ces déguisemens, combien y en a-t'il de moins éclairez, qui se contentent du plaisir que leur donnent ces récits agréablement diversifiez par des incidens de l'invention de l'Historien?

Sed hæc me non retardant, est enim mihi pro fide satis animi. ibid.

Je me suis éloigné autant que j'ay pû de ces artifices si opposez à la verité. Parceque,

ẽ 3

PREFACE.

Habet quidem oratio & Historia multa communia, sed plura diversa in his ipsis quæ communia videntur. Narrat illa, narrat hæc sed aliter. Huic pleraque humilia & sordida & ex medio petita : illi omnia recondita, splendida, excelsa, conveniunt. Huic septæ ossa, musculi nervii illam quidem & quasi juba decent. Hæc vel maximè vi, amaritudine, instantiâ : illa tractu & suavitate, atque etiam dulcedine placet. Postremò alia verba, alius sonus, alia constructio, &c. Plin. ibid.

comme dit encore Pline, il y a grande difference entre l'Histoire & les Romans. Ils ont cela de commun que les uns & les autres font des narrations & des recits. Mais les Romans ne s'attachent qu'au magnifique, & à ce qui peut divertir les Lecteurs; suspendre agréablement leurs esprits; piquer leur curiosité & causer de l'admiration. C'est pour cela qu'ils affectent un langage poli, une composition fleurie & dégagée; des évenemens surprenans & peu attendus. Au lieu qu'un Historien fidéle doit descendre aux choses les plus communes, quand elles sont necessaires à son dessein, & ne pas même rebuter les termes les plus populaires, quand ils servent à faire connoître la verité. Il faut que les os & les nerfs paroissent dans le corps de l'Histoire, au lieu que les Romans s'amusent à décrire les habits & les ornemens exterieurs; enfin les Romans ne cherchent qu'à divertir, l'Histoire doit instruire.

Ce n'est pas seulement l'Histoire Grecque que l'on peut distinguer en temps obscurs, fabuleux, & heroïques. Il est peu d'Histoires particulieres qui ne soient sujettes à cette difference d'évenemens : les temps les plus reculez sont plus obscurs pour les Histoires des Villes & des Provinces, qu'ils ne l'ont jamais été pour les Histoires generales, dont les grands évenemens ont eû & plus de témoins pour les remarquer, & plus d'Autheurs pour les écrire. Les fables sont aussi plus frequentes en ces Histoires, par la passion qu'ont les Historiens de faire valoir leurs Païs; sur de si petits Theatres, il est difficile de trouver de grandes actions qui en remplissent la Scene, & qui puissent autant fournir à la curiosité des Lecteurs que les Histoires generales. C'est ce qui engage la plûpart de ces Historiens particuliers un peu trop interessez à la gloire de leur Païs, à exaggerer les moindres actions pour leur donner par leur addresse l'éclat qu'elles n'ont pas d'ailleurs. Les Historiens de Daufiné nous ont debité sous le nom de Miracles & de merveilles certaines singularitez de leur Province, qui ne sont que des bagatelles à ceux qui les voyent de prés. J'ay eû la curiosité de les examiner sur les lieux, pour les admirer, si je les eusse trouvé telles qu'on les representoit, ou pour me désabuser de ces erreurs populaires, qui ne trouvent gueres de créance auprés de ceux qui se donnent la peine de les voir d'aussi prés. Leurs Cuves de Sassenage sont une fable semblable à celle de Mellusine. La Tour sans venin n'est qu'une Masure, où l'on trouve & des araignées, & des serpens, & des plantes veneneuses, comme par tout ailleurs; & qui ne sont pas moins nuisibles. Leur pré flottant, leur fontaine qui brûle, & celle dont l'eau a le goût du vin, ne sont pas comparables à cent curiositez plus remarquables que j'ay veuës en France, en Italie, en Hollande, & en Allemagne, dont on ne fait pas beaucoup de cas. Ainsi je n'ay pas crû en cette Histoire devoir m'arrêter sur de pareilles choses. Je laisse à Paradin & à de Rubys leurs fables sur la fontaine de Cholan, & sur le tombeau des deux Amans, à Champier son grand miroir placé sur la hauteur de Fourviere, où l'on voyoit tout ce qui se passoit en Savoye & en Daufiné, & si j'ay parlé en passant de ces prétenduës merveilles, ce n'a été que pour les détruire, & les erreurs populaires, qui leur ont donné cours.

Les sources les plus ordinaires des erreurs que nous remarquons dans l'Histoire, sont les alterations des Noms, des Personnes, des Lieux & des Offices : le changement des dattes & de l'ordre des temps, les fausses idées que l'on se fait des emplois, des dignitez, des mœurs, & de la conduite de ceux qui exercent ces emplois : les memoires suspects sur lesquels on dresse les narrations, les variations des Autheurs qui ont rapporté les mêmes actions & les mêmes évenemens, auxquels ils donnent des faces si differentes, qu'il est malaisé de juger, auquel on doit s'attacher pour prendre le party le plus juste & le plus conforme à la verité : & enfin les digressions inutiles qui ne servent qu'à fatiguer les Lecteurs, & à leur faire perdre la suite des évenemens que Ciceron a si bien nommée *la Vie de la Memoire*.

La persuasion que l'on a que ceux qui ont donné les noms aux Païs qu'ils habitoient,

PREFACE.

ont eu des raisons de leur donner des noms qui leur convinssent, fait que quelques-uns s'attachent scrupuleusement à la recherche des étymologies pour tâcher d'en tirer des conjectures & des éclaircissemens : sur quoy je pourrois presque dire avec Horace, de cette recherche d'origines & d'étymologies, ce qu'il a dit de la mesure des Vers comiques & des plaisanteries de la Comedie.

Nimium sapienter utrumque,
Ne dicam stultè mirati.

Je ne fais pas grand fonds sur ces étymologies, si elles ne sont appuyées de témoignages aussi anciens, que le peuvent être les noms, que l'on a donnez à certains Païs, à certains emplois, & à certains usages, dont les premieres origines nous sont inconnuës.

J'ay déclaré dans le projet que j'ay publié de cette Histoire que je ne voulois pas sortir de l'enceinte de la Ville, & que je ne traitterois des Païs voisins, qu'autant que les choses que j'en pourrois décrire auront rapport à ce qui s'est passé dans la Ville, tant pour le regard des affaires Ecclesiastiques que des Civiles. Les premieres sont d'une fort grande étenduë à raison de la Jurisdiction de la Primatie, qui comprend prés de la moitié du Royaume à cause des cinq Provinces, qui en dépendent & qui furent nommées, premiere, seconde, troisième & quatriéme Lyonnoise. Je trouve aussi que l'on a donné anciennement le nom de Pays Lyonnois, *Pagus Lugdunensis*, non seulement au Lyonnois, Forés & Beaujolois, qui en composent le Gouvernement, mais encore à la Dombe, à la Bresse, à une partie du Bugey, & à une partie de la Franche-Comté dépuis S. Amour & Lion le Saulnier, jusqu'au dessus de S. Claude, où s'étend le Diocese de Lyon. Ainsi les anciens Martyrologes mettent dans le Territoire de Lyon tous ces Pays, & les anciennes Donations, & autres Titres quand ils font mention des Villages, Eglises, Châteaux, & autres Terres de Dombe, de la Bresse, des frontieres du Comté, & d'une partie du Bugey, les placent *In Pago Lugdunensi*. La Ville de Nantua est dite *in Pago Lugdunensi*, dans les Donations des Empereurs, &c. Je n'ay parlé de ces endroits-là en cette Histoire qu'autant qu'il étoit necessaire pour l'intelligence des anciens Titres que j'ay alleguez, car il en est de l'Histoire comme de la Geographie, qui pour établir les confins des Cartes particulieres est obligée d'y mettre une partie des Provinces voisines. C'est ce qui m'a aussi engagé à faire dresser par le Sieur Nolin Geographe de S. A. R. Monsieur, Frere unique du Roy, une Carte de l'ancien Pays Lyonnois, dont j'ay parlé dans les dissertations préliminaires, & que les Curieux doivent rechercher pour une plus parfaite intelligence de cette Histoire.

Il est aisé de se tromper aux noms des personnes & des Pays, sur tout quand on écrit en nôtre langue sur des Originaux Latins, dont les noms propres ont été beaucoup alterez en changeant de langage. Celuy qui a écrit l'Histoire de l'Eglise Cathedrale de Roüen, a fait le Cardinal Pierre d'Ailly Evêque d'Annessy, au lieu d'Evêque du Puy, qui se dit en Latin *Anicium*, pour n'avoir pas fait réflexion qu'Annessy en Genevois n'est pas un Evêché, mais seulement la Résidence des Evêques de Geneve dépuis la perversion de cette Ville. Il dit aussi que Jean Chevrot Evêque de Tournay & Conseiller des Ducs de Bourgogne étoit de Polignac, au lieu de Poligni, qui sont deux lieux bien differens; puisque Polignac est dans le Velay sous le titre de Vicomté, & que Poligni est une petite Ville dans la Franche-Comté.

C'est ainsi que Severt a augmenté le nombre de nos Archevêques en y mêlant quelques Evêques de Laon, qui se dit en Latin *Lugdunum Clavatum*, & Pardulus l'un de ces Evêques, est nommé en plusieurs Titres anciens *Pardulus Lugdunensis Episcopus*. Il faut donc distinguer quatre Villes bien differentes, dont le nom est le même en Latin, cette Ville qui se nommoit anciennement *Lugudunum* ou *Lugdunum Segustianorum*, *Lugdunum Clavatum*, qui est Laon en Picardie : S. Bertrand de Cominges, qui

PRÉFACE.

est *Lugdunum Convenarum* : & Leyden en Hollande, qui est *Lugdunum Batavorum*. Pour ne rien dire de ceux qui par une erreur plus grossiere ont confondu Leon en Espagne, & Liege des Pays-bas avec cette Ville, parce que les Espagnols nomment nôtre Lyon, *Leon*, qui est le même Nom que celuy de leur Ville dite en Latin *Legio*. Aussi pour les distinguer quand ils parlent de celle-cy, ils la nomment ordinairement, *Leon en Francia*, Lyon en France. Liege se dit *Leodium*, & l'équivoque de *Leo* qui signifie un Lion, & qui est sinonime avec nôtre Ville a fait attribuër à celle-cy des choses qui se sont passées à Liege.

Ce qui s'est fait à l'égard des noms des Villes est encore plus ordinaire à l'égard des noms des Personnes, qui ont eû le même nom. Quelques Historiens ont confondu quatre Eudes Ducs de Bourgogne ; quatre Archevêques de Besançon du nom d'Hugues qui se sont suivis immediatement. C'est ainsi que nos Historiens ont confondu en un seul Archevêque de Lyon nos deux Burchards, & même avec d'autres Burchards, de Vienne, de Cologne, de Strasbourg, &c. Trois Raouls Rois de la Bourgogne Transjurane, & un Raoul Duc de Bourgogne & Roy de France, ne causent pas moins d'obscurité dans nôtre Histoire du dixiéme & onziéme siécle. Erreurs qu'il seroit difficile de démêler sans le secours des Titres, où il faut toutefois apporter un soin particulier à démêler les dattes, & certaines autres circonstances, qu'il n'est pas aisé de débroüiller quand les Copistes ont alterez ces dates, & ont voulu selon leurs fausses idées gloser, interpreter, ou corriger les Originaux qu'ils ont copiez. Les partages & les divisions des Gaules faites en divers temps, ont fait tomber en des erreurs considerables dans l'Histoire, ceux qui n'ont pas fait attention à ces differens partages, & aux temps auxquels ils ont été faits.

Les Gaules ne furent au commencement divisées que par peuples, qui passoient pour barbares, & qui étoient partagez en diverses factions ou confédérations, qui se faisoient la guerre les unes aux autres, & qui se rendirent depuis considerables par les irruptions que ces Peuples firent dans la Grece, dans l'Italie, dans l'Allemagne, dans l'Espagne, & jusques vers le Nort. Car on tient que les Vandales & les Pannoniens qui furent depuis nommez Bourguignons étoient Gaulois d'Origine. Ceux d'entre ces Peuples qui se distinguerent le plus, furent les Heduois, les Auvergnats, les Sequanois, les Berruyers, les Boïes, les Cenomans, les Senonois, &c. Peuples formidables aux Romains.

Au temps que Jules César entra dans les Gaules, les Romains avoient commencé à les distinguer par la difference des habits & des usages de ces Peuples en Gaule Cheveluë, à cause des longs cheveux que portoient ces Peuples qui l'habitoient, *Gallia Comata*. En Gaule d'habit court, qui fut nommée *Braccata* : & en Gaule d'habit long, *Gallia Togata*, qui étoit la Cisalpine, parce qu'elle étoit gouvernée par des Officiers tirez du Corps du Senat, Proconsuls, Préteurs & Questeurs tous gens de Robe longue. A cette premiere division ainsi faite par les habits & les ornemens exterieurs, on en ajoûta une autre par la distinction des Pays, & ce furent la *Celtique*, ainsi nommée du nom General des Gaulois, que les Grecs, qui en firent les premieres Colonies nommoient *Celtes*. L'Aquitanique, & la Belgique. Les Romains qui ne possedoient au temps que Jules Cesar vint dans les Gaules, que la seule Narbonnoise, donnerent le nom général de Province, comme membre de leur République, elle étoit auparavant *Gallia Braccata*.

Ils laisserent aux autres les anciens noms sous lesquelles ils les connoissoient, ils donnerent en même temps le nom de commencement des Gaules à cette Ville. *Lugdunum exordium Galliarum*, parce que leur jurisdiction se terminoit à Vienne, au dessus de laquelle étoient les Allobroges, & les Gaulois, & parce que ces Gaulois s'étoient rendus Maître d'une partie de l'Italie, où ils s'étoient établis, cette partie d'Italie fut

nommée

PREFACE.

nommée par les Romains *Gaule Cisalpine* à leur égard, comme ils nommerent dépuis *Gaule Transalpine*, celle qui étoit au deçà des Alpes, laquelle à leur égard étoit au delà de ces anciennes limites qui separoient les Gaulois des Ausoniens ou Italiens, que nous appellons *Tramontains*.

Ces trois Gaules se sont vûës divisées en general en deux Nations par les Romains, *la Gaule & l'Aquitaine*, puisqu'Ausone parlant de la Ville d'Arles, qui étoit devenuë considerable sous l'Empire de Constantin, luy dit,

> *Populos alios & mœnia ditas,*
> *Gallia queis fruitur, gremioque* Aquitania *lato.*

A moins que l'on ne veüille dire, qu'il a parlé en Poëte, qui par la liberté que leur donne leur art rempli de fictions & de figures, prennent quand ils veulent la partie pour le tout & le tout pour la partie. Quoyque Sextus Rufus qui a parlé en Historien en son abbregé des affaires Romaines addressé à Valentinien, ait dit, *sunt in Gallia cum Aquitania & Britanniis Provincia octodecim.*

Auguste qui succeda à Jules Cesar, & qui fut Maître des Gaules, en fit une division nouvelle pour en regler les Gouvernemens. Strabon dit qu'il les divisa en quatre parties, dont l'une étoit la *Narbonnoise*, à laquelle il attribua les *Celtes*. L'*Aquitaine* faisoit la seconde à laquelle il joignit dix autres nations ou peuples qui habitoient entre la Garonne & la rivière de Loire; il fit de tout le reste deux autres parties, dont l'une étoit la *Lyonnoise* qui s'étendoit jusques au haut Rhein, & l'autre étoit la *Belgique* : ainsi selon Strabon, il y avoit alors quatre Gaules, la Narbonnoise, l'Aquitanique, la Lyonnoise, & la Belgique.

Ce fut à la principale partie de la Celtique qu'Auguste donna le nom de Gaule Lyonnoise & partageant dépuis en deux cette partie plus longue que large, qui descendoit le long de la Riviere de Loire jusqu'à l'Ocean, il fit de ce qui étoit au delà de Loire la seconde Lyonnoise dont Roüen fut la Capitale.

Cette division des deux Lyonnoises subsista jusque sous l'Empire de Valentinien, puisque Sextus Rufus en l'abbregé de l'Histoire Romaine qu'il presenta à cét Empereur ne fait mention que de ces deux Lyonnoises. Ce fut Gratien selon Mr. de Marca en son Traité *De Primatu Lugduni*, ou Theodose selon le P. Sirmond, qui détacha la Touraine & la Bretagne de la seconde Lyonnoise pour en composer la troisiéme. Enfin sous Honorius, le Senonois, l'Isle de France, la Brie, le Hurepois, le Gastinois, la Beausse, l'Orleanois, le Nivernois, le Donziois, & l'Auxerrois firent la Province Senonoise & la quatriéme Lyonnoise.

Auguste, qui avoit trouvé les Sequanois joints à la premiere Lyonnoise, les unit à la Belgique; on trouve dans Gruter une inscription du temps de Diocletien qui les separe de cette Lyonnoise, pour faire une nouvelle Province laquelle fut dite *Maxima Sequanorum*.

Sergius Galba détacha les Alpes Maritimes, Graïes & Pennines du Gouvernement d'Italie, & les mit sous le Gouvernement des Gaules, comme Pline a remarqué, *Adjecit Formulæ Galba Imperator Aventicos atque Ebroduntios*. Nous avons de cét Empereur une Médaille, où les trois Gaules sont representées, & quelques-unes de nos inscriptions parlent de ces trois Gaules.

Constantin qui divisa l'an 330. tout l'Empire Romain en quatre Prétoires ou grands Gouvernemens des Gaules, d'Italie, d'Illyrie, & d'Orient; subdivisa ces Prétoires en Dioceses qui avoient leurs Vicaires, comme les Préfets du Prétoire avoient le Commandement General. Les Dioceses étoient composez de Provinces qui avoient leurs Présidens, Consulaires ou Correcteurs.

PREFACE.

Le Diocese des Gaules étoit composé des Provinces suivantes, des deux Germanies, des deux Belgiques, de la Province Viennoise, des deux Lyonnoises, & de *Maxima Sequanorum*.

On appelloit ce Gouvernement les Gaules & les cinq Provinces; qui étoient la Narbonnoise, la Viennoise, les Alpes Maritimes, les Alpes Grecques, & la seconde Narbonnoise dont Petronius Préfet du Prétoire changea la forme en ayant separé les Alpes Grecques, & joint aux quatre autres les deux Aquitaines, & la Novempopulanie dont le ressort étoit à Arles, ce qui fut approuvé & confirmé par l'Empereur Honorius I. par une Constitution donnée l'an 418. ce qui fit les sept Provinces, comme le Sçavant Pere Sirmond l'a excélemment démêlé. Car la division des dix-sept Provinces ne fut faite que sous Gratien.

Nous avons aussi un autre Systéme des Gaules sous l'Empire de Julien, & c'est Ammien Marcellin, qui le suivit en ses expeditions, qui nous rapporte l'Etat des Gaules sous cét Apostat. On conte maintenant, dit-il, dans toute l'étenduë des Gaules ces Provinces.

La seconde Germanie qui commence à l'Occident, dont les principales Villes sont Cologne & Tongres.

La premiere Germanie qui a Mayence, Vormes, Spire & Strasbourg.

La premiere Belgique dont Treves est la Capitale.

La seconde Belgique où sont Rheims, Chaalons & Amiens.

La Sequanoise où sont Besançon & Basle.

La premiere Lyonnoise dont sont Lyon, Chalon, Sens, Bourges & Autun.

La seconde Lyonnoise qui a Lyon, Tours & Troye.

Les Alpes Graïes & Penines, qui ne font en tout que huit Provinces, lorsque les Gaules se divisoient en Gaules & Aquitaine, ou Gaules & cinq Provinces.

Quiconque ne fera pas attention à ces divers Systémes, & n'aura pas égard à ces differences de temps & de Gouvernemens, tombera dans de grandes erreurs, qui ont été jusqu'à present les sujets de tant de contestations entre les Sçavans.

L'usage introduit en France de commencer l'année à Pâques, a donné occasion à beaucoup d'autres erreurs touchant l'ordre des temps, parce que les étrangers, qui commençoient leur année le premier jour de Janvier, ont placé ou un an plûtôt, ou un an plus tard, les évenemens que nos Historiens avoient placez selon l'Epoque de leur Pâque. J'ay remarqué en divers endroits cette diversité de dattes, qui a fait naître des contrarietez parmi nos Historiens. Les Sçavans en rapportent le premier usage au quatriéme Concile d'Orleans, qui ordonna que la Pâque se celebrât dans tout le Royaume selon la table de Victorius: (*Ut sanctum Pascha secundùm laterculum Victorii, ab omnibus Sacerdotibus uno tempore celebretur.*) Cét usage avoit de grandes incommoditez, comme a remarqué Guy Coquille en son Histoire de Nevers page 262. car souvent il arrivoit que plusieurs jours se trouvoient dans une même année, Pâques pouvant se trouver dés le 22. Mars jusqu'au 25. d'Avril. Ainsi l'an 1535. qui est l'exemple que Coquille donne, Pâques se trouverent le 28. de Mars & l'année suivante le 16. d'Avril: & l'an 1535. se trouva avoir deux 28. de Mars, deux 29. deux 30. & deux fois les quinze premiers jours d'Avril. Il est vray que pour éviter cette confusion les Notaires avoient coûtume d'ajoûter aux dattes, devant Pâques, ou après Pâques, mais les étrangers qui n'avoient pas cét usage, suivoient le cours de l'année commencée le premier de Janvier: d'ailleurs tous les Notaires n'étoient pas exacts à cette précaution necessaire pour ne pas confondre les temps. Cela fit naître tant de procez dans la suite, que le Roy Charles IX. ordonna l'an 1563. que l'on commençât doresnavant l'année au premier de Janvier, ce qui cependant ne fut pas si-tôt reçû dans tout le Royaume, comme a remarqué Laurent Bouchel, dans le Recueil des Or-

Can. 1. Concil. IV. Aurel.

donnances

PREFACE.

donnances, l'éxecution de cét Arrêt du Roy ayant été differée jufqu'à 1565. La reformation du Calendrier faite l'an 1582. par ordre du Pape Gregoire XIII. a introduit auffi quelque changement dans l'ordre des temps, les Heretiques n'ayant pas voulu recevoir cette reformation qui retrancha dix jours du Calendrier : ce qui a obligé jufques à prefent les Anglois & la plûpart des Allemans de datter doublement leurs lettres, *Stylo veteri, & ftylo novo*, en cette maniere, *Febr. 9. ftylo novo*.
Jan. 30. ftylo veteri.

Il faut obferver à l'égard des anciens titres dont on n'a pas les premiers Originaux que ceux qui en ont fait les copies, y ont fouvent ajoûté des glofes pour fervir d'interpretation à quelques endroits ambigus, qui pourroient faire douter de la verité de ces titres, fi les Sçavans n'avoient reconnu que ces legers changemens n'en alterent pas la fubftance, quoy qu'ils foient des marques certaines, que ce ne font pas les titres primordiaux. Ainfi dans la lettre de Leydradus à Charlemagne, en laquelle ce Prelat rendoit compte à cét Empereur des reparations qu'il avoit faites des Eglifes & des Monafteres de cette Ville, il y a des *interpolations* qui paroiffent évidemment n'être pas de Leydradus, ny de ce tems-là, mais dépuis inferées par des Copiftes, comme le Pere Chifflet a remarqué en fon Hiftoire de l'Abbaye de Tournus. Car ce Pere a obfervé que dans le Cartulaire de Flavigny, il y a une donation faite par un Ardradus, de quelques terres fituées au territoire d'Avalon, laquelle eft dattée, *Regni vel Imperii Augufti Karoli fimplicis anno III*. Cependant il eft certain que nul acte public fait du vivant de ce Roy Charles fils de Loüis le Begue, ne luy donne le titre de *Simple*, mais feulement quelques Hiftoriens venus aprés luy, & que même ce Roy ne fut jamais ny Augufte ny Empereur. Il faut donc que quelque Copifte pour le diftinguer de Charlemagne & de Charles le Chauve, ait ajoûté de fon chef le titre de *Simple*, & qu'ayant vû que ces deux autres Charles prenoient les titres d'Augufte, & d'Empereur, les luy ait attribué par ignorance, ce qui ne doit pas déroger à la verité de l'acte, quoy que ces additions groffieres le puiffent rendre fufpect.

Il eft donc important de remarquer dans ces actes, le ftyle du tems auquel ils ont été faits, & les autres circonftances que le fçavant Pere Mabillon a fi bien démêlées en fon traité *De re diplomaticâ*. Je dois dire la même chofe des infcriptions antiques, la plûpart mal interpretées par plufieurs Hiftoriens ignorans des anciens ufages, fur tout à l'égard de quelques lettres initiales & des abbreviations, qui font caufe de tant d'explications differentes que l'on donne à ces infcriptions fans aucun autre fondement que l'imagination de ceux qui les ont interpretées fur leurs propres réveries fans aucun caractere des fiécles, & des ufages des Peuples & des Nations qui ont laiffé à la pofterité ces monumens de leurs actions, & de leurs ouvrages publics.

Les changemens de Maîtres ont auffi caufé de grands changemens non feulement dans les noms des Terres & des Pays, mais encore dans les mœurs & les ufages, & même en la forme des Gouvernemens. Ainfi les Breffans eurent le nom de *Segufiens* avant l'entrée des Romains dans la Gaule Celtique, & fous nos Prélats la Breffe fut appellée, *Pagus Lugdunenfis*, parce qu'elle faifoit une partie de leur Diocefe, dont elle eft encore à prefent : ceux qui voulurent dépuis les diftinguer du Lyonnois & du Forés, qui faifoient partie du Pays des Segufiens, les nommerent *Sebufiens*, dont on ne voit pas l'origine, car manifeftement ceux qui lifent *Sebufiani* dans les Commentaires de Céfar, au lieu de *Segufiani* fe trompent. Ces Peuples ont été auffi confondus avec les Sequanois leurs voifins, parce qu'ils faifoient partie du Royaume de Bourgogne, ce qui leur a fait donner le nom de Bourguignons en plufieurs Hiftoires Ecclefiaftiques de ces temps-là. Quand Hugues Comte de Provence les eût démembrez du Royaume d'Arles, dont ils avoient fait partie fous Bofon, ces terres devinrent terres

PREFACE.

de l'Empire sous l'Empereur Conrard l'an 1035. après avoir fait partie de la Bourgogne transjurane sous Rodolfe Pere de Conrard environ l'an 930.

J'ay tâché d'éclaircir les Offices & les Emplois des Officiers qui ont gouverné cette Ville sous la domination de l'Eglise, parce que cette forme de Gouvernement a changé dépuis le transport du Domaine temporel à nos Rois. Et il m'a fallu faire connoître ce que c'étoit que le Senêchal, le Viguier, le Courrier, le Gardiateur, le Juge des Appeaux, &c. Les broüilleries que causa la conduite de ces Officiers à l'égard de nos Citoyens, qu'ils firent excommunier par l'Evêque d'Autun l'un des Suffragans de cette Metropole, m'ont engagé à traitter de l'administration temporelle de cét Archevêché durant la vacance du Siége. Le Chapitre appella cét Evêque pour mettre la Ville en interdit, & les Evêques ses successeurs ont retenu la possession de cette administration à laquelle on donne le nom de Regale, administration que j'examineray plus exactement dans l'Histoire Ecclesiastique parce que cette question fut agitée dans le second Concile œcumenique tenu en cette Ville, & qu'elle a été dépuis peu d'années le sujet de tant de contestations entre ce Royaume & la Cour de Rome. Il m'a fallu aussi entrer dans l'Histoire des Comtes de Forés, qui furent Comtes de Lyon jusqu'à l'échange qu'ils firent avec l'Archevêque & le Chapitre pour la partie qu'ils possedoient en cette Ville, & pour diverses terres du Lyonnois, Forés, Beaujolois, & Pays voisins, qui étant enclavées les unes dans les autres, faisoient naître à tous momens des querelles, & des guerres à l'occasion des droits & des pretentions de ces Comtes & de ces Ecclesiastiques.

Ce ne sont pas les seules digressions que j'ay été obligé de faire dans le cours de cette Histoire, ou les rapports qu'ont eû divers évenemens avec l'Histoire Romaine, avec les Vandales, les Visigoths, les Bourguignons, les Allobroges, & quelques autres Peuples, demandoient ces excursions. Si je me suis donné cette liberté en cét Ouvrage, ce n'est pas seulement pour expliquer beaucoup de choses qui seroient trop obscures pour être entenduës de mes Lecteurs, mais c'est encore parce que l'Histoire d'une Ville paroîtroit fort séche en divers endroits, où l'on ne trouve pas une suite d'assez grands évenemens pour faire un tissu qui attache, & qui remplisse l'esprit: outre que je ne fais en cela que suivre les exemples de Tacite, de César, de Tite Live, de Dion, d'Ammien Marcellin & de la plûpart des Historiens. Tacite a décrit le temple de Paphos & la figure de Venus que l'on y adoroit, au second Livre de son Histoire à l'occasion d'un voyage de Tite, qui l'alla voir en passant lors qu'il alloit à Rome de la part de Vespasien son pere: César en a fait une assez longue sur les mœurs & les ceremonies des Druydes en ses Commentaires. Ammien Marcellin s'est fort étendu sur les tremblemens de terre, & Polybe combien en a-t'il fait hors de son sujet sur la maniere d'écrire l'Histoire? Je me suis cependant attaché aux regles d'Aristote pour les épisodes, qu'il veut ou absolument necessaires au sujet que l'on traitte, ou du moins liez par quelque espece de bienseance. J'ay été obligé de m'arrêter sur nôtre ancien Autel, parce qu'il est la plus considerable de nos antiquitez, & si je me suis attaché à combattre l'erreur de ceux qui croyent qu'il y a de la pierre fusile, c'est pour détromper ceux qui tiennent que nos colonnes de l'ancien Autel de Lyon, sont de pierre fonduë. J'ay été aussi en necessité de m'étendre sur la ceremonie de nos anciens Tombeaux dediez d'une maniere singuliere, dont je ne voyois pas que l'usage eût été fort frequent ailleurs. J'aurois pû faire de semblables digressions sur l'origine des Bourguignons Vandales qui ont regné en ce Pays après les Romains, mais cela m'auroit jetté trop loin, & je laisse cette discussion au R. P. André, Exprovincial des Carmes, qui écrit l'Histoire des Bourguignons, & qui est trés-capable de bien démêler ces matiéres qui demandent de grands soins. Car je dois observer en passant qu'Albert Krants, qui a écrit l'Histoire des

PREFACE.

Vandales, bien loin de nous éclaircir cette Histoire des Bourguignons, n'a fait qu'un amas monstrueux de Fables, d'ignorances, & de contre-temps. Il fait sortir de ces Bourguignons Vandales un Roi Trophinius, qui fonde l'Eglise d'Avignon & qui donne ce Païs-là au Saint-Siege. *Trophinius Rex Ecclesiam in Avenione fundatam cum circumjacente Agro sedi tradit Apostolica.* Peut on voir une ignorance plus absurde & plus grossiére? C'est un Roi Jean sorti du païs des Fables, qu'il fait Fondateur de Nôtre Eglise de Saint Jean, qu'il appelle Cathedrale dés ce tems-là, & un Roi Etienne sorti du même païs, fonde celle de Saint Etienne, où il place des Chanoines Reguliers. *Joannes Rex in Lugduno fundavit Ecclesiam Cathedralem. Stephanus Rex Ecclesiam S. Stephani, quod illi cognominis esset, instruxit regularem.* C'est selon cet Autheur un Roi Diocus qui a fondé Vezelay. Il fait quatre Rois Sigismonds qui fondent plusieurs Eglises. C'est le Roi Rodolphe, poursuit-il, qui a fondé l'Eglise Cathedrale de Cologne sur le Rhin, celle de Mayence & celle de Strasbourg. Enfin il y a tant d'extravagances en tout ce que cet Autheur rapporte que je m'étonne qu'il y ait aucun Lecteur de bon sens qui puisse avoir la patience de le lire. Cependant c'est cet Autheur & quelques autres aussi ridicules, que Paradin, Severt & de Rubys ont suivis pour nôtre Histoire de Lyon.

A l'égard des Autheurs que j'ai pris pour guides, je me suis principalement attaché aux Contemporains, c'est-à-dire, à ceux qui ont pû voir les faits & les évenemens, qu'ils rapportent, ou qui ont été les plus proches des temps & des lieux auxquels les choses qu'ils racontent se sont passées. Ainsi pour le passage d'Annibal, j'ai suivi exactement Polybe, qui avoit vû tous les endroits par où ce Carthaginois passa pour entrer dans l'Italie, & j'ai rejetté ce que Tite-Live en a écrit, parceque j'y ai remarqué des contrarietez si grandes, qu'il est sûr qu'il n'avoit jamais vû ce Païs. Et qu'aïant écrit deux cents ans après Polybe des choses qu'il n'avoit pas vûes, il est moins digne de creance qu'un Autheur Contemporain, qui avoit vû ce qu'il rapportoit avec un si grand détail des positions du Ciel, des distances des lieux, du nombre des journées de Voïage, du cours des Riviéres, des Peuples qui habitoient ces Païs, & de tant d'autres circonstances, qu'il faut n'avoir jamais lû Polybe pour former le moindre doute sur le Passage d'Annibal par ce Païs. Ce que je trouve extravagant c'est de vouloir décider des points aussi embarrassez sur des faits de cette haute antiquité, par les rêveries de quelques Autheurs modernes, comme est l'imagination de Cluvier, qui s'est figuré qu'il falloit lire σκωέα dans Polybe au lieu d'Ἀρδύος, & que σκωέα étoit un nom qui convenoit bien à l'Isere dont l'eau est toûjours remplie d'ordures. L'Isere n'a jamais été ainsi nommée: Polybe ne parle point de cette riviére, il parle de la Saone positivement: Tite-Live la nomme aussi & l'on aime mieux dire qu'il s'est trompé au nom de cette riviére qu'aux autres circonstances de son recit, qui sont plus évidemment éloignées de la vrai-semblance. Polybe, au contraire, après avoir raconté le Passage du Rhône & l'arrivée d'Annibal à une Isle de figure triangulaire, dit qu'il y trouva deux Freres en guerre, dont il termina les differens, en retablissant l'Aîné qui pourvût son armée de toutes choses necessaires. Il ajoûte, aussi-tôt après, qu'*Annibal aïant fait en dix jours prés de cent mille de chemin, le long du Rhosne, trouva de grandes difficultez dès l'entrée des Montagnes, à cause des Allobroges qui occupoient l'autre côté de la Riviére, & qui étoient frontiéres des Gaulois.* J'ai observé en ma dissertation, que si cela n'est une demonstration pour le Passage d'Annibal par la Bresse & le Bugey, qui sont frontiéres des Allobroges, je ne sçai ce qui peut être demonstration. Car constamment Grenoble, qui étoit appellé anciennement *Cularo*, est dit situé sur la frontiére des Allobroges dans la date d'une Lettre de Plancus à Ciceron. *Cularone ex finibus Allobrogum*, Valence au contraire, étoit du païs des Segalaunois, Avignon des Cavares, Saint Paul des Tricastins, Die des Vocontiens, qui n'étoient pas collateraux aux Allobroges le long du Rhosne l'espace de deux cent stades, comme Polybe & Strabon ont remarqué. Si Annibal

PRÉFACE.

après être arrivé à l'Isle, que font le Rhosne & la Saone, marcha encor dix jours le long du Rhosne, où il fit près de cent mille de chemin, où trouvera-t-on les dix journées en lui faisant passer la Durance, & l'Embrunois en des lieux dont le Rhône n'approcha jamais. Strabon est conforme à Polybe pour le chemin que celui-ci dit que fit Annibal en remontant le long du Rhosne & côtoïant les Allobroges.

Paulò suprà Viennam est Lugdunum, ubi Arar & Rhodanus confluunt : eò sunt terrestri itinere stadia circiter cc. per Allobroges adverso amne aliquantò ampliùs.

Quand il dit que le chemin depuis le Passage du Rhosne vers les Alpes par les Vocontiens, est le plus court. *Via recta ad Alpes pergens per Vocontios brevissima est.* C'est une autre preuve qu'Annibal ne passa pas par-là, puisque tous les Historiens conviennent qu'Annibal chercha le plus long, en cherchant à s'éloigner des Romains qu'il ne vouloit combattre qu'en Italie après avoir passé les Alpes. Tite-Live dit, *Quartis castris ad insulam pervenit : Ibi Arar Rhodanusque amnis diversis ex Alpibus decurrentes agri aliquantulum complexi, confluunt in unum, mediis campis insulæ nomen indictum ; accolunt propè Allobroges.* Il est donc sûr que Tite-Live n'a sçû ce qu'il disoit, quand après cette déscription si conforme à celle de Polybe, il a voulu décrire un Païs qu'il n'avoit pas vû; & qu'il n'avoit pas lû Polybe, qui est plus croïable que lui, puisqu'il étoit venu en ce pays à dessein d'écrire le Passage d'Annibal & son entrée en Italie. Aussi Casaubon qui nous a donné Polybe & Strabon avec de sçavantes notes, parlant de Polybe & de Tite-Live, après avoir loüé ce dernier jusqu'à l'excés, & jusqu'à dire, *Magnus, Deus bone, T. Livius. Hoc solum ingenium (de Historicis loquor) populus Rom. par imperio suo habuit.* Ajoûte, *Cæterùm tantus & tam admirabilis Scriptor, ut eloquentia Polybium facilè vincit, quod ingenuè fateor, ità aliis dotibus à Polybio non obscurè vincitur.* Ainsi comme il ne s'agit pas ici d'éloquence, ni de politesse, mais seulement de la verité & de l'exactitude qui sont le principal caractere d'un Historien, je m'en tiens à Polybe plûtot qu'à Tite-Live. Et je laisse à des avanturiers ignorans qui ne connoissent les Livres que par les Titres, & par les Tables qu'ils ont parcouruës, sans penetrer plus avant dans les Ouvrages dont elles sont les Indices, dire ce qu'ils voudront ; pourveu que des personnes plus sages & plus éclairées me fassent la justice de croire que je n'avance rien sans preuves dans un Ouvrage sur lequel j'ai travaillé plus de trente ans pour en rechercher la verité.

Hipparchus in iis qua adversùs Eratosthenem scripsit, in hanc differit sententiam : Quicunque locorum proprietates aggredium, sur explicare proprié, eò accommodant expositionem cœlestium rerum, Geometricarum delineationum, Magnitudinum, & intervallorum ac inclinationum, calorum, frigorum, deníque constitutionis ac naturæ aeris. Strab. lib. 1. pag. 7. edit. Græcolat. Isaaci Casauboni Lutetiæ typis Regiis ann. 1610.

Ce qui m'a déterminé à preferer Polybe à Tite-Live, n'est pas seulement parcequ'il étoit plus voisin du temps d'Annibal que Tite-Live, mais encore parceque selon la sage remarque d'Hipparchus rapportée par Strabon, il observe en la description du Voyage d'Annibal, comme j'ai déja remarqué, les positions Celestes, les dimensions Geometriques, la diversité des Climats, & des temperatures de l'Air, sans lesquelles il est impossible d'être bien exact. Voilà ce que Polybe a observé avec tant d'exactitude qu'il a marqué, comme j'ai dit, les distances des Lieux, le nombre des Journées & des Campemens, les positions des Provinces par rapport au Ciel, les détours des cours des Riviéres, les Montagnes, les Vallées, les Neiges, les Glaces, les mœurs des Peuples, leurs usages, & toutes les autres circonstances, qui peuvent servir de quelque éclaircissement. A quoi j'ajoûte que Plutarque & Pline étant conformes aux sentimens de Polybe, trois Autheurs de ce poids doivent l'emporter sur Tite-Live en fait de Geographie. Et encor plus qu'eux Strabon Geographe de profession, qui met le Passage des Carthaginois aux Alpes Pennines, qu'il nomme ainsi du nom des Carthaginois, au lieu que Tite-Live le raporte à un Dieu Pennin, qui tira plûtot son nom de cette partie des Alpes où il fut adoré, qu'il ne leur donna le sien.

DISSERTATIONS PRELIMINAIRES.
A L'HISTOIRE DE LA VILLE DE LYON.

Quand je publiay, il y a deux ans, le projet de cette Histoire, je donnay avec ce projet trois ou quatre dissertations, que je jugeay necessaires pour demesler les obscuritez qui se trouvent dans la recherche des premieres origines, ordinairement incertaines & peu connües : parce que les premiers commencemens de la conduite des hommes, non plus que ceux des productions de la nature, n'ont rien d'assez éclatant pour attirer les yeux & pour se faire remarquer. Les Villes, les Estats, & les Republiques ont leur Enfance comme les hommes qui les composent, & cet âge où la raison n'est pas encor developpée, nous exprime assez bien la naissance des grandes choses, dont les commencemens sont foibles. Les plus grandes rivieres ne sont à leur source que quelques petits filets d'eau qui s'échappent des montagnes, & qui coulent sans nom dans les pays qui les font naistre.

Je voulois m'en tenir à ces dissertations que j'avois données pour disposer le public à l'edition de cet ouvrage, sans m'engager à retoucher des points qui me sembloient suffisamment éclaircis par ces discussions qui n'estant que pour les savans, paroissoient inutiles pour ceux qui ne veulent qu'entrer dans la narration des faits & des Evenemens. Mais quelques personnes sages, à qui j'ay fait voir cette Histoire, m'ont representé, que ces dissertations estant absolument necessaires à l'intelligence de plusieurs faits difficiles à concevoir sans ce secours, il seroit incommode aux Lecteurs de cet ouvrage d'aller chercher ces éclaircissemens dans un livre separé, qui ne tomberoit pas peut-estre entre les mains de tous ceux qui liront celuy cy, ce projet n'estant que de peu de feüilles, & de ces ouvrages fugitifs qui se perdent aisément, & qui se peuvent difficilement conserver. Ces raisons m'ont determiné à joindre ces dissertations au corps de mon ouvrage, & mesme d'y en introduire deux ou trois autres qui ne sont pas moins utiles pour preparer à la lecture de l'histoire. J'ay laissé les deux dissertations les plus estendües, l'une de la maniere de juger des Ouvrages historiques en general, où j'ay distingué plus de soixante especes differentes, dont j'ay fait les Caracteres d'une maniere nouvelle qui n'avoit point esté touchée de ces ouvrages. L'autre dissertation que je n'ay pas voulu repeter est celle des Autheurs qui ont écrit directement ou indirectement avant moy de cette ville ; afin que l'on vit l'estat auquel je trouvois nostre histoire, quand j'ay entrepris d'en écrire une nouvelle. Ces deux pieces estant moins necessaires à mon dessein, je ne les repete pas icy.

SOMMAIRE
DE LA PREMIERE DISSERTATION.

I. La ville de Lyon bastie au pays des Segusiens.
II. Segusiens peuples paisibles alliez des Heduois & leurs Cliens.
III. Lyon Conciliabule ou ville de commerce & de trafic.
IV. Forviere & Feurs en Forés.
V. Raisons qui ont persuadé que Plancus avoit esté le premier Foudateur de Lyon refutées.
VI. Silence de Jules Cesar touchant l'ancienne ville de Lyon.
VII. Inscription de Plancus.
VIII. Victoire chassez de leur ville par les Allobroges, se refugient entre le Rhosne & la Saone.
IX. Ordre donné à trois Tribuns ou Legats des Romains de leur bastir une ville en cet endroit.
X. Difference de Lugudunum & Lugdunum.
XI. Inscription de Gayette.
XII. Colonies conduites par Plancus.
XIII. Inscriptiõs ou se trouve l'ancien nom Lugudunum.
XIV. Les Grecs premiers Fondateurs de Lyon.
XV. Sentiment de Plutarque sur la fondation de Lyon.
XVI. Colonies de Gaulois en Asie.
XVII. Momorus & Atepomarus chassez de Seseron en Languedoc, s'establissent au pays des Segusiens & bastissent le Lyon.
XVIII. Sur quelle des deux Montagnes Lyon fut basti.
XIX. Epistre de Seneque sur l'incendie de Lyon.
XX. Ancienne situation de Lyon.
XXI. Description de Seseron d'où vinrent Momorus & Atepomarus en cette ville.
XXII. Histoire d'Atepomarus.

SOMMAIRE
De la Seconde Dissertation.

I. Passage d'Annibal, & divers sentimens des autheurs sur les lieux de ce passage.
II. Relation de Polybe sur ce passage.
III. Inductions tirées de cette relation.
IV. Marche d'Annibal & de son armée.
V. Son entrée dans les Alpes.
VI. Pourquoy la partie de Lyon du costé de l'Empire fut appellée Isle.
VII. Des Terreaux, & du Fauxbourg de Cheneviere.
VIII. Des noms de la Saone.
IX. De l'ancien canal de communication entre le Rhosne & la Saone.

SOMMAIRE
De la Troisieme Dissertation.

I. Venuë de Jules Cesar dans les Gaules.
  I. Division des champs faite par Marc-Antoine.
II. Privilege de battre monnoye.
III. Marc-Antoine Questeur de Jules Cesar dans les Gaules.
IV. Medailles de Marc-Antoine expliquées.
V. Diverses especes de champs asignez & distribuez.
VI. Leurs divisons par mesures, avec les figures.
VII. Porte de Trion.

VIII. Plancus amy & ennemy de Marc-Antoine.

SOMMAIRE
De la Quatrieme Dissertation.

I. Lyon Municipe avant que d'estre Colonie.
II. Medaille de Marc-Antoine.
III. Ce que c'est qu'establir une Colonie, mener une Colonie, & faire une ville Colonie Romaine.
IV. Tables d'Airin de l'hostel de ville, qui contiennent le Senatusconsulte de Claude.
V. Lyon Colonia Claudia Copia Augusta.
VI. Pourquoy ainsi appellé.
VII. Fable d'Amalthée placée dans le Ciel.
VIII. Medaille du genie de Lyon.
IX. Statuë antique nommée Ferrabo.
X. Origine du nom de Dombe, & de celui de Bresse.
XI. Difference des tombes plates & des cippes.
XII. Tombereau ce que c'étoit.
XIII. La Dombe Souveraineté.
XIV. Franc-Lyonnois d'où ainsi nommé.
XV. Fable de Gregoire de Tours refutée.
XVI. Pretensions de François I. sur la Savoye.

SOMMAIRE
De la cinquieme Dissertation.

I. Establissement des Villes.
II. Patrons & Gardiateurs des corps des Marchands, Artisans &c.
III. Origine des immunitez, Franchises, &c.
IV. Ancien Gynecée à Lyon.
V. Difference des Municipes, Citez, Conciliabules.
VI. Temple de Vesta à Lyon basti par Auguste.
VII. Province Lyonnoise.
VIII. Lyonnois incorporez à Rome à la Tribu Stellatine.
IX. Pagus Lugdunensis.
X. Figure des anciens sceaux de la communauté de Lyon.

SOMMAIRE
De la sixieme Dissertation.

I. Des grands chemins faits par Agrippa.
II. Plan de ces grands chemins selon Strabon.
III. Puy du Gaillot.
IV. Gourguillon.
V. La Croix de Colle.
VI. Vestiges des grands chemins dans la Bresse & dans la Bourgogne.
VII. Ce qui en reste dans le bois de Roy à une lieuë de Lyon.
VIII. Vestiges de ces mesmes chemins dans le Berry.
IX. Les Comtes de Forés en obtiennent le droit de garde.
X. Postes establies par Auguste.
XI. Travaux des Sarrazins.
XII. Aqueduc de la Coste S. Sebastien.
XIII. Usages des Aqueducs.

I. DISSERTATION

SUR LA PREMIERE ORIGINE DE LA VILLE DE LYON.

IL est peu d'anciennes Villes dont les commencemens, & la premiere origine, ne soient fort incertains, & mêlez de beaucoup de Fables.

Ce que nous avons de plus seur pour la fondation de Lyon, par quiconque elle ait été faite, c'est que selon Pline elle a été bâtie au pays des Segusiens qui étoient des peuples libres, comme l'assure cét Autheur: *Segusiani liberi in quorum agro colonia Lugdunum*, ce qui devoit être necessairement avant que cette partie des Gaules eût été reduite en Province, & rendu sujette aux Romains: puisque ce fut Jules Cesar, qui sous pretexte de défendre les Heduois à present dits Autunois, les Segusiens étoient alliez & amis, rangea sous ses loix les Helveriens qui *inquietoient les Sequanois*: les Auvergnats qui ne pouvoient vivre en paix avec les Heduois & enfin les Heduois eux-mêmes & leurs alliez aussi bien que leurs ennemis.

Cependant comme les Segusiens étoient des peuples paisibles, qui sceurent se conserver une espece de neutralité au milieu des guerres de leurs voisins, ils conserverent leur liberté, n'ayant pas comme les autres l'ambition de s'étendre par de nouvelles conquêtes, ni d'inquieter leurs voisins; parce qu'ils étoient plus appliquez au commerce qu'à la guerre, & que les avantages que leurs voisins retiroient de ce commerce qui leur étoit absolument necessaire pour subsister, obligeoient ces peuples d'ailleurs ennemis entre eux, de bien vivre avec ceux qui leur fournissoient leurs besoins, & ne leur donnoient aucun ombrage, ni aucune jalousie dans une vie si tranquille. Lyon n'étoit donc alors ni Ville de guerre, ny demeure de Prince, ni établissement de Colonie; ce n'étoit qu'un *Conciliabule*, comme nommoient les Romains les Villes de Trafic & de Commerce, ou tous les peuples voisins se rendoient en certains temps pour tenir leurs Foires: pour vendre, acheter, ou échanger entre eux les commoditez de la vie. La situation des Segusiens entre quatre rivieres, sur lesquelles trafiquoient soixante peuples differens, fit regarder de tous ces peuples, un pays si bien situé, comme le lieu le plus propre à entretenir ce commerce. Le Rhône & la Saone donnoient le moyen aux Sequanois, aux Heduois, aux Allobroges, aux Vocontiens, aux Cavarois, aux Helviens, aux Gabales, aux Volques, aux Saliens, & aux Liguriens d'y transporter leurs denrées, & les marchandises qu'ils recevoient par la Mer Mediterranée, de Grece & d'Italie: comme l'Allier & la riviere de Loire autres rivieres qui confinent les Segusiens entre l'Auvergne & le Bourbonois, donnoient à tous les peuples du Berry, de la Touraine, du Poitou, & de la Bretagne les moyens d'en tirer les secours dont ils pouvoient avoir besoin; & de distribuer les marchandises qui leur venoient par l'Ocean, & les denrées dont ils abondoient en leurs pays. C'est ce qui fit bâtir deux Villes de trafic sur les terres de ces peuples, Lyon & Feurs: l'un à concours du Rhône & de la Saone, l'autre proche de la riviere de Loire. Ainsi l'un & l'autre furent appellez *Forum Segusianorum*; Lyon comme le plus ancien *Forum vetus*, nom qui depuis a été changé en celuy de *For vieil* ou de *Forviere*, qui fait encore aujourd'huy une partie de l'ancien Lyon sur la Montagne; & l'autre simplement *Forum* dont le nom luy est resté, changé en celuy de Feurs: mais avec un sort bien different: puisque l'un est devenu une tres-grande Ville, & la plus celebre de la Gaule Celtique, tandis que l'autre a retenu à peine le nom & la forme de Ville. La petite riviere qui fournissoit de l'eau à l'un de nos aqueducs, se nommoit aussi *Furan*, & c'est de ces noms de *Forum Segusianorum* & de *Furan*, que la Province voisine qui fait partie du gouvernement, fut nommée Forés, *Patria Forensis*, que plusieurs par erreur écrivent *Forest*, comme si c'estoit des bois ou Forests qu'elle eut tiré son nom.

Voilà quel fut le berceau de Lyon, & sa premiere Origine, & comme c'est aux Romains qu'il doit le grand éclat qu'il eut ensuite par le moyen de ces peuples devenus les maîtres du monde, il a mieux aimé passer pour l'ouvrage de ces Romains, que rapporter sa fondation à un amas fortuit de quelques maisons de Marchands; & à des Colonies de soldats victorieux, & des peuples conquerans, qu'à des Foires & à des magasins: quoy que les plus anciennes inscriptions qui nous parlent de cette Ville, nous fassent plus connoître de Negotians de vins, d'huiles, de toiles, de draps, & de Marchands trafiquans sur le Rhône & sur la Saone, que de Legions, de Veterans, de Tribuns, de Legats, & de Duumvirs ou d'autres Magistrats.

Cependát trois choses ont persuadé que *Plancus* en avoit été le Fondateur. 1. Le silence de Cesar qui décrivant les Gaules dans ses Commentaires, & les Villes qu'il y avoit remarqué, ne dit mot de Lyon. 2. Une inscription, qui est encore à Gaïete, où l'on lit que *Plancus* y amena une Colonie, & une lettre de Seneque qui en rapporte l'incendie cent ans après l'établissement de cette Colonie. Ce sont là les fondemens sur lesquels on a crû que *Plancus* avoit été le premier Fondateur de Lyon; & sur lesquels tous nos Historiens, sans se mettre en peine de faire d'autres recherches, sont convenus qu'il s'en falloit tenir à cette premiere origine. Mais il m'est évident que Lyon est beaucoup plus ancien, & que ces trois authoritez auxquelles nos Historiens ont deferé un peu trop aveuglément, bien loin de detruire mes conjectures servent à les appuyer.

Le silence de Cesar sur lequel semblent s'appuyer ceux qui ont crû que Lyon n'étoit pas plus ancien que *Plancus*, ne peut être une preuve contre l'antiquité de cette Ville, puisqu'il est constant qu'il y avoit dans les Gaules, quand Jules Cesar y vint, plusieurs Villes considerables dont il n'a dit mot, peut-être parce qu'elles n'étoient ny Villes de guerre capables de luy resister, ny demeures de Princes ou de Magistrats avec qui il eut à traiter. Lyon, comme j'ay déja dit, étoit alors une Ville de Commerce, où se tenoient des Foires tous les ans, à la maniere de celle qui se tient à Beaucaire à la Magdeleine au mois de Juillet où l'on voit pendant une quinzaine de jours une assez grande Ville partagée en plusieurs ruës, & remplie de boutiques & de magasins, où se rendent diverses nations pour trafiquer, & en tout autre temps ce ne sont que des prairies & une grande Campagne, qui n'a nulle apparence de Ville. C'est ainsi que Lyon bâti sur une Montagne hors des chemins militaires, n'avoit rien qui pût attirer Cesar, ny l'obliger de parler autrement des Segusiens, que comme des Alliez ou des Cliens des Heduois, dont ils suivoient la fortune, occupez uniquement à leur commerce.

L'inscription qui a fait croire que Plancus estoit le Fondateur de Lyon, est celle-cy.

L. MUNATIUS L. F. L. N. L. PRON.

PLANCUS COS. IMP. ITER. VII. VIR

EPULON TRIUMPH. EX ROETIS AEDEM

SATURNI FECIT DE MANUBJS: AGROS

DIVISIT IN ITALIA BENEVENTI.

IN GALLIA COLONIAS DEDUXIT

LUGDUNUM ET RAURICAM.

Outre cette inscription on allegue un passage de *Dion* qui au 46. livre de son Histoire dit que ceux de Vienne ayant été chassez de leur Ville par les Allobroges, se retirerent entre le Rhône & la Saone, dans l'espace de terre que ferment ces deux rivieres, au lieu où elles se joignent pour n'avoir plus qu'un même lit. Le Senat qui apprit que ces peuples ses alliez étoient chassez de leurs maisons, & qui craignoit d'ailleurs que Marc Antoine, qui venoit d'être declaré ennemi de la Republique, & qui aprés avoir été battu & contraint de lever le Siege de Modene, s'étoit retiré vers les Alpes, pour attirer Plancus, Lepide & Sillanus dans son parti avec les Legions qu'ils commandoient, ne se joignît à eux, écrivit à ces trois Chefs, que la Republique n'avoit plus besoin de leur service, afin qu'ils désarmassent au plûtôt. Cependant afin qu'il ne parut pas que l'on se défioit d'eux, on leur commanda de bâtir une Ville à ceux de Vienne au lieu même où ils s'étoient refugiez entre le Rhône & la Saone: ce qui fut fait, ajoûte Dion. *Jussit ut illis qui quondam Vienna Provincia Narbonensis oppido ab Allobrogibus erant expulsi, & intrà fluvios Rhodanum & Ararim ad eorum confluentes considerant, Urbem conderent.* Aprés quoy Dion ajoûte en sa langue ces mots qu'il est necessaire de rapporter aux mêmes termes, ὁ ἔτοτε ἐχείνοι ἱδρυνάμενοι τὸ λεγόμενον ἐφ᾽ ὀνομασίας, νῦν δὲ Λυγδόνου καλούμενον ἐκτίσαν. Que je traduis ainsi: *que s'étant arrêtez en un lieu que l'on nommoit alors Lugdunum, ils bâtirent celuy qui est maintenant appellé Lugdunum*: non pas comme Xylander a traduit, *Itaque illi subsistentes, Lugdunum (quod olim Lugdunum vocatum fuit) adificaverunt.* C'est ce passage mal traduit qui a été cause de l'erreur en laquelle sont tombez tous nos Historiens pour n'avoir pas distingué deux Villes, *Lugdunum* & *Lugdunum*: l'une déja bâtie, où Lepide, Silanus, & Plancus s'arrêterent selon Dion, & l'autre qu'ils firent bâtir par leurs soldats, pour mettre à couvert des insultes des Allobroges ceux qui avoient été chassez de Vienne. Car les habitans de *Lugdunum* qui vouloient vivre en paix avec leurs voisins, n'avoient pas voulu recevoir chez eux ces refugiez, mais avoient seulement souffert qu'ils se retirassent dans l'entredeux du Rhône & de la Saone. Et ce fut là le premier commencement de cette ancienne jalousie, que Tacite dit qui étoit entre ceux de Vienne & de Lyon, ce que nul de nos Historiens n'a apperceu. Mais faisons voir auparavant que l'inscription de Gaïete ne peut servir d'Epoque à la fondation de Lyon, & que c'est mal à propos que tous nos Historiens, & un tres grand nombre d'autres Autheurs l'ont alleguée pour marquer les temps de cette fondation. Je développeray en suite le passage de Dion, qui m'a servi de guide pour démêler ces obscuritez & cet embarras de notre Histoire.

Le desir de voir cette inscription si necessaire à l'intelligence de nôtre Histoire, me fit aller à Gaïette l'an 1670. mais la défiance du Gouverneur de la Citadelle où est cette inscription, ne me permit pas de la voir, nous ayant refusé l'entrée à tout ce que nous étions de François. Ainsi je ne la connois que par ce qu'en dit *Juste Lipse* dans ses inscriptions antiques. *Ad Gaïetam in monte Trinitatis extat templum rotundum vermiculato intùs opere, duobus muris ped. distantibus: exteriore 10. ped. in diametro 14. locum trium pedum singulis lateribus quatuor, ostio ad Septentrionem grandi, & circùm octo fenestellis.*

Je n'en puis donc parler que sur la foy des Autheurs qui l'ont transcrite, & dont quelques-uns l'ont si fort defigurée, que l'on a peine à juger quels ont été les plus fidéles à la copier exactement. Il est toûjours certain que tout ce que *de Rubys* a écrit de la fondation de Lyon ne peut subsister sur la foy de cette inscription. Car s'il fixe la fondation de Lyon à l'année 711. de Rome, c'est l'année du Consulat de Plancus, qui entra en triomphe dans Rome le 27. de Decembre l'an 710. comme en fait foy une ancienne table du Capitole qui marque ainsi son triomphe & celui de Lepide.

L. MUNATIUS. L. F. L. N. PLANCUS PROCOS.

AN, DCCX. EX GALLIA IV. KAL. JAN.

M. AIMILIUS M. F. Q. N. LEPIDUS II.

TRIUMVIR R. P. C. ANN. DCCX.

PROCOS. EX HISPANIA PRIDIE K. IAN.

Il faut donc que ce soit l'an 710. aussi-tôt aprés la mort des deux Consuls, comme a remarqué Dion, que le Senat ordonna à Plancus de bâtir une Ville, à ceux qui avoient été chassez de Vienne par les Allobroges. Or Plancus n'étoit pour lors ny Consul, ny Censeur, & n'avoit pas encore triomphé. Donc cette inscription ne prouve rien pour la fondation de Lyon. Elle nous apprend au contraire qu'il faut distinguer entre la fondation de cette Ville, & la Colonie que Plancus y amena. Il la fit bâtir par ses soldats étant Proconsul l'an 710. & il n'y mena de Colonie qu'aprés avoir été Consul, aprés avoir triomphé, aprés avoir bâti le Temple de Saturne, & aprés avoir divisé les champs en Italie à Benevent, comme dit expressément l'inscription. Donc *Paradin* s'est trompé quand il dit que ce ne fut que l'an 29. de l'Empire d'Auguste que Plancus rebâtit & fonda Lyon: car mal à propos il a pris pour la fondation de cette Ville, ce qui ne doit être entendu que des Colonies que Plancus amena dans les Gaules. *Gregoire de Tours* est tombé dans la même erreur, quand il a dit au chapitre 18. du liv. 1. de son Histoire. *Augusti nono decimo anno Lugdunum Galliarum urbem conditam manifestè reperimus, quæ posteà illustrata Martyrum sanguine nobilissima nuncupatur.* Que si au lieu de l'an 27. de l'Empire d'Auguste auquel *Paradin* a fixé cette fondation, *Gregoire de Tours* a mis 19. ce n'est pas qu'il soit d'un autre sentiment que *Paradin*, mais comme *de Rubis* a sagement remarqué là, difference qui se trouve entre les dattes de ces deux Autheurs, vient de ce que *Gregoire de Tours* ne prenoit le commencement de l'Empire d'Auguste qu'après la bataille Actiaque, quand il fut maître paisible de l'Empire, & que *Paradin* au contraire le faisoit commencer avec le Triumvirat, ce qui fait une difference de dix ans : mais le P. l'*Abbé* a fait en passant une remarque plus juste quand il a dit que mener des Colonies dans une Ville ce n'est pas la bâtir ; qu'ainsi Plancus a pû en avoir mené à Lyon & à Basle sans être le fondateur de ces deux Villes. *Deduxit Colonias Lugdunum & Rauricam, & neutram fundavit. Deducebantur sæpè Coloniæ ubi Urbes jam erant : retinebantur antiqui Cives & addebantur novi. Mutavit statum Lugduni Plancus, nec fundavit Lugdunum.* Je dis donc pour l'éclaircissement de ce point fondamental de nôtre Histoire, qu'il y a trois temps à distinguer, celuy de la fondation de *Lugdunum*, où Lepide, Silanus & Plancus s'arrêterent. Le temps auquel on bâtit une autre Ville à ceux qui avoient été chassez de Vienne, & le temps auquel Plancus amena des Colonies. Car pour avoir confondu ces trois temps, on a rempli nôtre Histoire d'obscuritez & de difficultez insurmontables, que l'on auroit aisément débroüillées si l'on avoit lû exactement le passage de *Dion*, qui distingue clairement deux Villes. L'une qu'il appelle *Lugudunum*, & l'autre qu'il nomme *Lugdunum*, difference de noms qui a subsisté plus de deux siécles, comme on peut justifier par un tres-grand nombre d'inscriptions. Dans le Senatusconsulte qui reste encore aujourd'huy à l'Hôtel de Ville sur deux tables d'airain nous lisons EX LUGUDUNO HABERE NOS NOSTRI ORDINIS VIROS NON POENITET. Donc il est évident qu'au temps de l'Empereur Claude qui parle ainsi, Lyon s'appelloit *Lugudunum*, & par consequent tous ceux qui ont voulu dériver ce nom, de celuy de *Lucius* qui étoit le Prenom de Plancus, se sont trompez, puisque l'on ne le nommoit pas *Lucdunum*, quasi *Lucij dunum*, mais *Lugudunum*, ce qui n'a nul rapport avec *Lucius*. D'ailleurs tous le Sçavans ont observé, que jamais les Romains n'ont nommé les Villes de leurs *Prenoms* qui leur étoient communs avec un tres-grand nombre de personnes. Puisqu'en toute la langue Latine il n'y avoit que dix huit de ces Prenoms qui fussent bien en usage : *Caius, Publius, Cneius, Servius, Marcus, Lucius, Quintus, Spurius, Titus, Aulus, Decimus* ou *Decius, Sextus, &c.* que l'on ne marquoit ordinairement que par une, deux ou trois lettres C. P. CN. SER. M. L. Q. SP. T. A. D. SEX. parce que c'étoient des noms connus de tout le monde : ainsi il y avoit peut-être plus de mille Romains Senateurs, Chevaliers ou Patriciens qui se nommoient *Lucius* comme Plancus, & s'il avoit voulu que Lyon eût porté son nom, il l'auroit plûtôt appellé *Munatii-dunum*, ou *Planco-dunum*, que *Lucii-dunum*. Il est donc déja certain que le nom de Lyon n'est pas dérivé de celuy de Plancus. Voicy quelques autres inscriptions où nous trouvons ce même nom de *Lugudunum*.

D. M.
ET MEMOR.
ÆTERNÆ
POPILII NATION,
SEQUANO CIVI
LUGUDUNENSI
NEGOTIATORI
ARTIS PROSSARIÆ

D. M.
ET
MEMORIÆ ÆTERNÆ
Q. VIREI LAURENTINI
IIIIII VIRI AUG. C C C. AUG.
LUGUDUNI.

C. SALVII MERCURI
IIIIII VIRI AUG. LUGUD.
IN SUO SIBI POSITUS
LIBERI SUPERSTITES P. C.

D. M.
TIB. CLAVDI
PEREGRINI
IIIIII VIRI
AUG. LUGUD.
CLAVDIA
JA HERES
PONENDUM
CURAVIT.

On trouve le même mot en huit ou dix autres Inscriptions recueillies par *Paradin, Gruter, Lipse, Spon & Remesius*, qui sont bien posterieures au temps de Plancus, & qui font bien voir que Lyon n'a pas été dit *Lugdunum*, quasi *Lucii Dunum*. Il nous reste aussi deux Monnoyes de Rodolfe ou Raoul Roy de Bourgogne surnommé le Feneant, où nous lisons *Lucudunnus*, ou *Lugudunus*, car le c & le g se trouvent souvent mis l'un pour l'autre en plusieurs medailles ou monnoyes antiques.

Enfin il n'est rien qui nous marque mieux la difference de ces deux Villes *Lugudunum* & *Lugdunum* qu'une inscription qui est à Rome à la tête du Pont de S. Barthelemy dans l'Isle du Tybre sur une partie d'une Urne antique engagée dans un vieux mur, où l'on lit,

D. M. S.

C. SEN:::O RE☐ILIANO EQ. R. DIFFUS.
OLEARIO EX BAETICA CURATORI
EJUSDEM CORPORIS NEGOT. VINARIO
LUGUDUN. IN CANABIS CONSISTEN.
CURATORI ET PATRONO EJUSDEM
CORPORIS NAUTÆ ARARICO PATRONO
EJUSD. CORPORIS PATRONO IIII VIR
LUGDUNI CONSISTENTIUM L SIN::S RE-
GINUS AUG. ET ULATIA METRODO-
RA::: LL. EJUSDEM PONENDUM CURA-
VERUNT PROCURANTE DIONYSIO ET
BELLICANO ET Q.

Voilà manifestement *Lugduni* d'une part, & *Lugduni* d'une autre. C'étoit à *Lugudunum* que trafiquoit Sentius Regulianus, & c'étoit à *Lugudunum* que demeuroient les Augustaux, à cause que c'étoit de ce côté qu'étoit le Temple de Rome & d'Auguste au lieu où s'en est à present Esnay. Regulianus étoit un Chevalier Romain qui trafiquoit en huiles, qu'il tiroit d'Andalousie; & en vins qu'il tiroit du terroir de Lyon: & comme il étoit puissant, il étoit Chef & Patron des Negotians.

Non seulement le Senatusconsulte qui est un acte authentique du Senat Romain, & d'un Empereur, & un grand nombre d'inscriptions justifient l'ancien nom de *Lugudunum*: mais encore des monnoyes de Marc-Antoine Triumvir: où on lit distinctement ce mot LVGV DVNI ainsi divisé. Or s'il y a rien où les noms soient exactement marquez, ce sont les monnoyes, & les actes juridiques comme ce Senatusconsulte gravé sur l'airain. Donc on ne peut disconvenir qu'il n'y ait eû une Ville nommée *Lugudunum*, & si nous trouvons dans une même inscription ces deux noms *Lugudunum*, & *Lugudunum*, il faut convenir de deux Villes, & par consequent dire que Plancus n'est pas le premier Fondateur de Lyon: que ce n'est pas luy qui luy a donné son nom, & qu'il s'en faut tenir au passage de Dion, qui decide clairement cette difficulté, à l'expliquer exactement, selon le Texte & non pas selon la Traduction qui n'est pas fidele comme j'ay remarqué.

Par cette distinction on concilie aisément tous les Autheurs, & on éclaircit tous les doutes que la diversité de leurs sentimens a fait naître pour ne s'être pas apperceus de cette distinction. L'une de ces Villes est donc *Lugudunum* bâti par des Rhodiens, comme je justifieray: l'autre est *Lugdunum* bâti si l'on veut par Plancus. L'une est une Colonie de Grecs chassez de Ceseron, l'autre une Colonie de Romains chassez de Vienne par les Allobroges. L'une bâtie sur la Colline de S. Just ou de Fourviere, l'autre bâtie sur la Colline de S. Sebastien; & l'une plus ancienne que l'autre de plus de trois cens ans: l'une nommée la Colline aux Corbeaux, l'autre la Colline desirée ou fortunée.

Ce qui est surprenant, c'est que la plûpart de nos Historiens conviennent de deux Villes sans les avoir pû démêler. *Paradin* au chapitre VII. du Livre premier de son Histoire de Lyon dit, *Le consentement universel des Historiens s'accorde, qu'au temps de l'Empereur Octavien Auguste, & de son Regne le 29. Lucius Munatius Plancus, Seigneur & Senateur Consulaire de Rome, Censeur, Triumphateur, Gouverneur, Chef, Capitaine & Lieutenant General des Gaules au nom de l'Empire Romain, rebâtit & fonda la Cité de Lyon en la Montagne de Fourviere, laquelle nous avons remontré avoir été auparavant en l'Isle, entre deux rivieres du Rhosne & de la Saone.* Voilà donc deux Villes selon *Paradin*. L'une sur la Montagne de Fourviere & l'autre entre les deux rivieres, l'une bâtie par Plancus, & l'autre plus ancienne que Plancus.

De Rubys qui semble n'avoir écrit son Histoire que pour déchirer *Paradin*, l'accuse d'erreur, de paresse, & de nonchalance à rechercher ce qui étoit du fond & de la verité de l'Histoire, parce qu'il reconnoît une Ville plus ancienne que celle de Plancus: mais quoy qu'il ait eû raison de l'accuser d'erreur, il ne l'a pas reconnue, car ce n'est pas pour avoir distingué deux Villes qu'il s'est trompé, mais pour avoir fait celle de l'Isle plus ancienne que l'autre, puis que c'est tout le contraire. *De Rubys* s'est bien plus lourdement trompé d'avoir dit que Plancus ne revint jamais dans les Gaules depuis l'an 711. de Rome, puisqu'il est évident par l'inscription de Gaïete qu'il y amena des Colonies après avoir été

Consul & aprés avoir triomphé. Il s'est trompé pour le lieu aussi, bien que pour le temps de cette inscription, quand il dit *qu'elle fut posée à l'honneur de Plancus, lors qu'il fut élû Consul à Rome, pour memoire du triomphe qui luy fut décerné & fait, lors que revenant des Gaules il en est à triomphant à Rome pour recevoir les Marques & Ensignes Consulaires*. Je dis qu'il s'est trompé, puisqu'il est certain que cette inscription ne fut jamais posée à Rome, ny faite avant son Consulat, puisqu'elle est une inscription de Tombeau faite après sa mort à Gaïette avec un petit Temple que Juste Lipse a décrit. D'ailleurs elle fait mention de beaucoup de choses posterieures à son Consulat.

Mr de Marca distingue aussi deux Villes en sa sçavante Dissertation *de primatu Lugduni*, mais il est tombé dans l'erreur de Peradin en mettant la plus ancienne sur la Colline de S. Sebastien, comme je feray voir clairement après que j'auray fait remarquer que ce sont des Grecs qui ont été les premiers Fondateurs de Lyon.

Si nous avions les Ouvrages de tous les anciens Autheurs qui avoient écrit des Gaules, & des mœurs des anciens Gaulois, nous ne serions pas dans l'ignorance d'une infinité de choses, dont à peine nous trouvons quelques vestiges dans les Ecrits des Romains. Les premiers Gaulois avoient plus de commerce & de liaison avec les Grecs qu'avec les Ultramontains, parce que ce furent les Grecs, qui firent les premieres Colonies Gauloises; & ce fut dans la Grece que les premiers Gaulois trafiquerent, tandis qu'ils ne passoient gueres les Alpes que pour faire la guerre aux Romains. Ammien Marcellin qui par occasion a décrit une partie des Gaules, & les mœurs de leurs Habitans, au quinzième Livre de son Histoire, dit que c'est de Timagene Autheur Grec exact & diligent, qu'il a tiré les connoissances qu'il a eu de ces peuples: Qu'avant luy ceux qui en avoient écrit, avoient laissé les choses fort obscures & embrouïllées, à l'égard de leur origine. *Ambigentes super origine prima Gallorum scriptores veteres, notitiam reliquere negotii semiplenam: sed posteà Timagenes & diligentia Græcus & linguâ, hæc qua diu sunt ignorata, collegit ex multiplicibus libris.*

C'est sur la foy de cet Autheur qu'Ammien reconnoît les Grecs pour ancestres de nos premiers Gaulois, & leur donne le nom de Celtes & de Galates du nom d'un de leurs anciens Rois, & de la mere de ce Roi. *Aborigines primos in his regionibus quidam visos esse affirmarunt, Celtas nomine Regis amabilis, & matris ejus vocabulo, Galatas dictos: Ita olim Gallos sermo Græcus appellat.*

C'est de la même source que Plutarque a tiré la plus grande partie de ce qu'il a dit des Gaulois, comme c'étoit de Calisthene Autheur plus ancien que Timagene les avoit tirées selon le rapport même de Plutarque, ainsi que Casaubon l'a remarqué en ses sçavantes notes sur Strabon, *Plutarchus in libro de Fluviis Timagenem Syrum vocat, & pleraque de Calisthene Galaticorum scriptore sumpsisse indicat.* Ainsi pour établir mes conjectures sur la premiere fondation de Lyon, je ne sçaurois apporter de plus solides témoignages que ceux de Plutarque, qui avoit lû ces anciens Auteurs, après lesquels il a écrit; & qui a tiré d'eux des connoissances que nous ne pouvions avoir d'ailleurs que tres-imparfaitement dans les Ecritures des Romains, qui dans ces tems reculez étoient ennemis des Gaulois, avec qui ils n'avoient nul commerce, & qu'ils ne connoissoient que par les conquêtes qu'ils avoient faites dans l'Italie, & par les frayeurs continuelles que leur causoient les irruptions de ces peuples belliqueux.

Or voicy ce qu'en dit Plutarque qui parle de

Lyon en deux endroits: en son Livre des Fleuves & dans la Vie d'Annibal, où il fait la même distinction qu'a fait de Dion a fait de *Lugudunum*, & de *Lugdunum*. La premiere bâtie par des Grecs, & la seconde par Plancus. Sur les bords du Rhône, dit-il, parlant de la premiere de ces Villes il y a une montagne que l'on appelle *Lugdunus*: Et l'occasion de ce nom vient de ce que Momorus & Atepomarus chassez de Seseron où ils regnoient s'arresterent en cet endroit pour y bâtir une Ville, selon les ordres qu'ils en avoient reçûs d'un Oracle qu'ils avoient consulté. Comme ils se disposoient à tracer l'enceinte de cette nouvelle Ville pour en jetter les fondemens, une troupe de corbeaux s'éleva tout soudainement, & tous ensemble, & d'un même vol s'allerent percher sur des arbres voisins, ce que Momorus prit à bon augure; car il étoit sçavant en l'art de connoitre le vol des oyseaux, & leurs presages; & ce lui fut l'occasion de nommer cette nouvelle Ville, la Colline aux Courbeaux, en luy donnant le nom de *Lugudunum*. Car ajoûte Plutarque, ou plûtôt Clitophon qu'il cite comme Autheur de cette fondation, *Lugu* en langue Celtique signifie un Courbeau, & *dunum* une Colline.

Juxtà ipsum Rhodanum, extat mons dictus Lugudunus; qui hac de causa nominatus fuit. Cum Momorus & Atepomarus, è Seseronæo regno dejecti in eo colle ex oraculi precepto, urbem ædificare vellent, jactis prius fundamentis, Corvi subitò apparentes expansis alis arbores, quæ circà erant replevere. Momorus autem augurij callentissimus Civitatem Lugudunum vocavit. Lugum enim dialecto suâ Corvum vocant. dunum verò montem, aut locum eminentem, ut refert Clitophon XIII. de Urbium ædificationibus.

Le second endroit de Plutarque est en la Vie d'Annibal, où décrivant le passage de ce Carthaginois qui alloit d'Espagne en Italie, il dit, qu'après avoir passé le Rhône & changé son camp, il arriva en peu de jours en un lieu que les Gaulois appelloient *Isle*, & où le Rhône & la Saône en forment une par le confluent de leurs eaux, & que c'est là même, qu'étoit Lyon que Plancus avoit bâti. *Annibal castra movit, & paucis diebus pervenit ad locum quem Insulam Galli vocant. Hanc Arar & Rhodanus amnes ex diversis montibus confluentes efficiunt, ibi nunc Lugdunum Urbs à Planco condita.*

Je ne croi pas que l'on puisse rien souhaiter de plus sur le point dont il s'agit, que les deux passages de cet autheur, où nous voyons la distinction de ces deux Villes par tous nos Historiens non confonduës: leurs differens Fondateurs Momorus, & Plancus, & leurs deux situations differentes, l'une sur la montagne, & l'autre dans une Isle entre le Rhône & la Saône: l'une nommée *Lugudunum*, & l'autre *Lugdunum*.

Plutarque qui a écrit ainsi, étoit né sous l'Empire de Claude, & ayant vécu au tems de Trajan & d'Hadrien, il devoit être mieux instruit de ce qui s'étoit passé au tems de Plancus, que les Historiens qui n'écrivirent que quelques siécles après. Secondement il cite Clitophon, Timagene, & Callisthene Autheurs beaucoup plus anciens, & qui avoient écrit l'Histoire des Gaules, les mœurs & les usages des Gaulois, & des Colonies des Grecs établies dans les Gaules. Enfin il rapporte des faits, il parle de Momorus & d'Atepomarus chassez d'un lieu qu'il nomme Seseron, où ils regnoient. Il distingue deux Villes, comme j'ay déja fait remarquer, & il donne à ces deux noms differens aussi bien que divers Fondateurs. Il ne reste donc qu'à examiner si ces faits sont veritables, & si l'on peut justifier sur quelques autres témoignages les convenances de ces faits. Il faut donc chercher quel est ce Seseron dont Momorus &

Atepomarus furent chassez, & si le lieu par où Annibal passa étoit veritablement une Isle, en laquelle Plancus bâtit long-temps après une Ville; Car si je puis demêler tous ces chefs, je croiray avoir debroüillé le point le plus difficile & le plus obscur de nôtre Histoire.

Pour établir solidement la verité de ces faits, il faut commencer par le commerce qui étoit entre les Grecs & les Gaulois, plusieurs siecles avant que les Romains fussent venus dans les Gaules. Et c'est Justin, qui nous en instruira au livre 25. de ses Histoires, qui sont l'abbregé de celles de Trogue Pompée... Il dit que les Gaulois se multiplierent tellement, que pour se décharger de leur jeunesse qui devenoit trop nombreuse, ils l'envoyoient dans l'Asie faire des établissemens, & qu'en peu de tems il n'y eut guere de Princes dans l'Orient qui n'eussent des Gaulois à leur solde; & que lors qu'il arrivoit que quelques-uns de ces Princes étoient obligez de se retirer de leurs pays, ou étoient chassez par leurs ennemis, ils n'avoient pas de retraite plus assurée que les Gaules, & que le bruit de la valeur de ces peuples, & de leurs conquêtes s'étendoient si loin, que les Grecs ne croyoient pas sans le secours & l'assistance des Gaulois pouvoir se conserver dans l'état de grandeur où ils étoient, ny pouvoir se rétablir quand ils étoient déchûs de cet Etat.

Gallorum eâ tempestate tanta fœcunditatis juventus fuit, ut Asiam omnem velut examine aliquo implerent, neque Reges Orientis sine mercenario Gallorum exercitu ulla bella gesserunt, neque pulsi regno ad alios quàm ad Gallos confugerunt. Tantus terror Gallici nominis, & armorum invicta felicitas erat, ut aliter neque Majestatem suam tutam, neque amissam recuperare sine Gallicâ virtute arbitrarentur.

Si les Gaulois alloient ainsi dans la Grece, les Grecs venoient aussi dans les Gaules; & outre ce qu'en dit Justin, nous avons tant d'autres Auteurs, qui ont parlé de l'établissement des Druides, des Bardes, & des Sarronides dans les Gaules; qu'il est évident que les premieres Colonies d'Etrangers, qui se sont faites dans les Gaules ont été des Colonies Grecques.

Cependant je ne suis pas du sentiment de nos Historiens qui établissent à Lyon des Druydes, des Philosophes, & des Poëtes, & qui veulent que les Grecs y ayent eû des Ecoles, ausquelles ils donnerent le nom d'Athenée, comme ils disent que le Fauxbourg de la Guillotiere, qui est au delà du Rhône à l'entrée du Dauphiné, a tiré ce nom du Guy, que les Druydes y alloient cueillir solennellement pour l'apporter dans la Ville. Ce que Cesar a écrit des mœurs & ceremonies des Anciens Gaulois au Livre VI. de la guerre des Gaules est tout-à-fait contraire à ces imaginations de nos Historiens, Car il dit expressément qu'il y avoit deux sortes de conditions dans les Gaules, qui étoient en quelque consideration, les Prêtres & la Noblesse. Que les Prêtres qui étoient les Druydes avoient l'intendance du culte des Dieux & de la Religion avec la direction des affaires tant publiques que particulieres & l'institution de la jeunesse. Que c'étoit dans l'Etat de Chartres, qui est comme le milieu des Gaules, qu'ils s'assembloient tous les ans en un lieu consacré & destiné à cet usage, où ceux qui avoient quelque procez ou quelque different se rendoient de toutes parts pour les faire juger. Cesar ajoûte que le second ordre étoit celuy de la Noblesse, qui n'avoit point d'autre exercice que celuy des armes, & que toute cette Noblesse dans la Gaule Celtique étoit partagée en deux factions, des *Heduois*, & des *Sequanois*, lors que ce Chef des Romains vint en Gaule.

E iij

Il ne parle point des Negocians, parce que pour entretenir le Commerce il necessaire aux commoditez de la vie, ceux qui l'exerçoient étoient libres, tandis que le reste du peuple étoit esclave, & les lieux où l'on trafiquoit étoient aussi des pays libres, c'est à-dire ouverts indifferemment à tous les Nations. C'est pour cela que les Segusiens sont non-seulement appellez peuples libres par Pline, mais Cesar quand il parle d'eux, les a pellé Cliens des Heduois, parceque c'étoit sous leur protection qu'ils exerçoient leur commerce, comme les Villes Hanseatiques, qui sont Villes de commerce, sont Villes libres sous la protection de l'Empire, quoi qu'elles ne soient pas du corps de l'Empire.

Il faut donc distinguer dans l'ancienne Gaule quatre sortes de Villes. Des Villes destinées aux exercices de la Religion, comme étoit *Chartres* pour les Druides : des Villes Metropoles où étoit le Conseil, la Noblesse, les Magistrats & les Princes, comme *Autun* capitale des *Heduois*, ou l'ancienne *Bibracte*. Des Villes de guerre qui étoient fortes & capables de resister comme *Alexia*, & des Villes de commerce, comme *Lugdunum*.

Or je dis que ce furent les Grecs, qui les premiers vinrent s'établir dans les Gaules & qui les civiliserent, & que les premieres Provinces où ces peuples s'établirent furent la Provence & le Languedoc, dont les côtes se presentent les premieres à ceux qui viennent dans les Gaules par la mer mediterranée. Ce fut en effet dans ces deux Provinces que les Phocenses, & les Rhodiens, commencerent les Colonies, & jetterent les fondemens de plusieurs Villes, de *Marseille*, d'*Agde*, d'*Antibe*, d'*Heraclée*, de *Rhodé*, &c. comme reciproquement les Celtes s'établirent en divers endroits de la Grece, ce qui leur fit donner le nom de Gaulois-Grecs. *Gallo-Graci.*

Ce sont ces Gaulois devenus Grecs, ou les Grecs devenus Gaulois, qui jetterent les premiers fondemens de la Ville de Lyon sur la Montagne de Saint Irenée aux terres des Segusiens peuples libres alliez des Heduois, qui sont aujourd'hui ceux d'Autun, qui étendoient alors leur Jurisdiction dans la Bourgogne Duché, le Lyonnois, le Forêts, le Beaujolois, la Bresse, la Dombe, & le Nivernois, &c.

Jules Cesar le dit clairement. *Omni tempore totius Gallia principatum Ædui tenuerunt, prius etiam quam Romanorum amicitiam appetissent.* Et au livre 7. *Imperant Ædui, atque eorum Clientibus Segusianis, Ambivaretis, Aulercis, Brannovicibus, Brannoviis, &c.*

Nous avons d'ailleurs tant de témoignages dans tous les anciens Autheurs, de l'établissement des Grecs à Marseille, & en Languedoc, qu'il ne faut pas s'arrêter à prouver une verité qui n'a jamais été contestée, il faut seulement chercher quel est cet état de Seseron, d'où Plutarque dit après Clitophon, qu'avoient été chassez ceux qui bâtirent *Lugdunum* sur l'augure des Corbeaux.

Ptolomée, Pline, & Adon nous demêlerent ce point essentiel à nôtre Histoire, que Mr. de Marca, & quelques autres Ecrivains n'ont pû demêler. Car ce savant Prelat qui avoit vû le passage de Clitophon, qu'il a rapporté dans sa dissertation de la Primatie, veut que ce soit de Vienne que Momorus & Atepomarus eussent été chassez par les Allobroges, ou du moins de quelque pays voisin, quand il dit, *Viennenses Patria pulsi in confluentibus Araris & Rhodani consederunt ex Dione. Idem Momorus & Atepomarus Regno expulsi Urbem condiderunt ex Clitophonte.*

Je dis qu'il a crû qu'ils avoient été chassez par les Allobroges, aussi bien que ceux de Vienne, car voici ce qu'il dit : *Si cui discrimen inesse videatur inter has narrationes ob mentionem regni à Clitophon'e injectam, reponendum est Viennensium agros olim Regibus seu dynastis paruisse,* & il ajoûte, *qui Allobrogibus infensi erant Hannibalis ætate, qui per eas oras iter facient cùm exercitu, dissidium de regno inter fratres exortum dirimit arbitrio suo.* Par ce moyen il a confondu deux Histoires en une, celle des Viennois chassez par les Allobroges, & celle des differens des deux freres, qui se faisoient la guerre aux pays des Allobroges, quand Annibal passa pour aller en Italie. Ces suppositions le jettent si loin, que ne pouvant plus accorder ce que Plutarque, Clitophon, Polybe, & Titelive ont écrit de la fondation de Lyon, & du passage d'Annibal, il distingue deux Atepomarus & il veut que les Allobroges avant le passage d'Annibal n'eussent rien du côté de Vienne jusqu'à l'Isere, mais qu'enfin ils s'en étoient emparez en ayant chassé les Viennois, & que ce fut en ce même temps que Momorus & Atepomarus furent chassez de leurs Etats. Il ne s'est pas seulement embarrassé à l'égard du temps & de l'occasion de la premiere fondation de Lyon, mais encore à l'égard du lieu, où les fondemens en furent jettez. Car après avoir dit que Paradin & de Rubys ont voulu placer cette premiere Ville sur la montagne de Fourviere, il soûtient que c'est au contraire sur la colline que nous nommons de S. Sebastien entre le Rhône & la Saône. *Disputarunt Paradinus & Rubysius de antiquo Urbis Coloniæ Lugdunensis situ quam illi in colle sancti Justi, vel Forviere collocatam putaut, non autem ad sancti Sebastiani collem intra confluentes Rhodani & Araris.*

Il appuye sa conjecture à l'égard de cette situation sur quatre raisons, qui luy semblent demonstratives. La premiere, sur la disposition naturelle des deux Montagnes ou Collines, celle de Forviere qu'il dit s'élever en precipices, & n'être nullement propre à recevoir des bâtimens commodes à cause qu'elle est d'un difficile accez, au lieu que l'autre s'étend entre les deux rivieres, avec une pante beaucoup plus douce & commode, outre une grande plaine qui occupe une espace assez vaste depuis le pied de cette colline jusqu'à la pointe d'Aisnay. Ainsi il dit qu'il n'y a nulle apparence que la premiere Ville ait été bâtie sur la montagne de Forviere. *Quod alienum à verò sibi facilè persuadebit, qui Forvirij collem editum adeò, inclementem, asperum & confragosum esse sciet, ut ad arcendam Araris communionem à natura effictus, atque ager qui est in summo jugo vix satis expansus ad modici oppidi pomæria esse videatur. Cum ex adverso sancti Sebastiani jugum duobus fluviis sic immineat, ut hinc tundatur Rodano, illinc Arari alluatur & à supercilio collis molli satis clivo, & quaquà versum expanso, usque ad flumium ripas, in aream aquam & planam isthmo illo inclusam sit defensus.*

La seconde raison sur laquelle il appuye son sentiment, est l'authorité de Dion, qui dit que ce fut en cet endroit que les Viennois refugiez s'établirent, & que Plancus y fonda cette colonie, en homme sage & experimenté, qui vit bien qu'il ne pouvoit la placer en un lieu ni plus seur, ni plus commode que cette colline située entre deux rivieres, qui les pouvoient mettre à couvert des insultes de leurs ennemis. *Hoc spatium occupasse Viennenses notat Dio, atque ibidem fundatam fuisse coloniam à Planco satis significat: ne alioqui vir prudens iniquiori, & angustiori loco urbem condidisse videretur derelictâ munitissimi loci, & fluviorum opportunitate.*

Il tire sa troisième preuve de l'Epitre de Seneque, où est rapporté l'incendie de Lyon arrivée par un accident du feu du Ciel, & de la satyre que ce même Auteur composa sur la mort de l'Empereur Claude. Voicy le premier passage de Seneque tiré de son Epître 91. *Civitas Arsit opulenta, ornamen-*

tumque Provincialium, quibus & inserta erat & accepta, uni tamen imposita & huic non altissimo monti. Il pretend ensuite que l'autre endroit tiré de la Satyre de Seneque est une preuve évidente que c'est sur la colline de saint Sebastien que cette Ville fut premierement bâtie. Et il allegue six vers du même Autheur, qu'il croit être decisifs en faveur de son opinion. *Cuinam verò colli potissimùm insedërit, planè discimus ex Seneca in* Ludo *super morte Claudij, qui situm hujus Urbis, ubi natus Princeps ille, itâ describit, ut eam locet ad clivum illius jugi, quod duobus fluviis imminet, Rhodano scilicet, atque Arari, antequàm misceantur, & in unius Rhodani nomen coëant:*

Vidi duobus imminens fluviis jugum,
Quod Phœbus ortu semper obverso videt,
Ubi Rhodanus ingens amne præravido fluit,
Ararque dubitans quò suos cursus agat,
Tacitus quietis alluit ripas vadis;
Esne illa tellus spiritus altrix tui?

Claudium alloquitur Hercules à Jove missus ut exploraret quorum hominum esset. Eodem modo Claudianus Lugdunenses descripsit.

Quos Rhodanus velox, Araris quos tardior ambit.

His Senecæ & Claudiani verbis sancti Sebastiani jugum accuratè exprimitur.

Enfin sa derniere conjecture est fondée sur ce que ce fut sur cette colline que l'on trouva l'an 1529. en foüillant la terre, les deux tables d'airain de la harangue ou de la requeste de l'Empereur Claude en faveur de cette Ville, lesquelles, dit-il, il y a apparence, que l'on avoit mis dans le Palais, ou dans le lieu ordinaire des assemblées des Magistrats de cette ancienne Colonie, à quoy il ajoûte que l'on trouve encore tous les jours des Medailles des Empereurs en cét endroit en cultivant les vignes qui occupent une partie de cette Coline.

Eo in colle tabulas illas æneas, illustre antiquitatis monumentum, quibus oratio Claudij in Senatu habita continetur, effossas fuisse anno 1529. testatur Paradinus, atque adeò eâ in parte, præcipuam fuisse Coloniæ sedem necesse est, quæ inter cætera sua urbis decora, hanc orationem in æs incisam, more solito in suâ curia tunc reposuerit. In eodem præterea Clivo vinearum fossores, & ij qui domum fundamenta moliuntur, incidunt in antiquos nummos, veterum principum vultu signatos.

Le merite, le profond sçavoir, & la reputation de ce grand homme m'obligent à examiner exactement jusqu'aux plus petites choses qu'il a remarquées de cette Ville, & à repasser sur tout ce qu'il en a écrit, non pas pour le censurer, car je n'ay pas l'impudence de vouloir m'ériger en Censeur des Ouvrages de l'un des premiers Hommes du siecle, & des plus éclairez, aussi bien que des plus sçavans. Mais comme j'ay entrepris d'écrire une Histoire, où la verité des faits doit être le premier & le principal objet que se propose un Historien, je suis obligé, sans manquer au respect qui est dû à ce Prelat, l'ornement & la lumiere de la France, de repasser sur ce qu'il a écrit de Lyon, où un sejour de trente ans, & une étude aussi longue de tout ce qui pouvoit contribuer aux éclaircissemens de cette Histoire, m'ont fait découvrir beaucoup de choses, qu'il n'avoit pû voir qu'en passant, & peut-être même dans les seuls écrits de Paradin & de Rubys, qui n'avoient ni autant de lumiere, ni autant de discernement que ce grand Homme.

Je dis donc que les raisons sur lesquelles il a appuyé ses conjectures, me paroissent faire contre luy directement, comme je suis seur qu'il s'en seroit apperçeu, s'il avoit eu le tems & les occasions de faire les mêmes reflexions que j'ay faites. Car il a supposé que la premiere Ville de Lyon avoit été bâtie sur la pente de Fourviere, & en ce peu de terrain qu'occupe aujourd'hui cette partie de Ville qui s'étend depuis la porte de S. George jusqu'à S. Paul, ce qui n'est pas. Car les Aqueducs qui nous restent, les bains, les conserves d'eau, les vestiges de l'Amphitheatre, les ruines du Palais des Empereurs, & des Gouverneurs de la Gaule Lyonnoise, sont au dessus de la Montagne où la Ville étoit bâtie, & l'espace qu'elle occupoit n'étoit pas aussi petit qu'il s'est figuré qu'étoit le dessus de la Coline de Fourviere. Car elle s'étendoit du côté de Saint Irenée dans tout cet espace que l'on nomme de Trion, & dans celuy qui vers Francheville, & Ullins, où reste encore un ample fossé, que quelques-uns ont crû avoir été l'ancien lit de la Saône, & qui n'étoit en effet que l'ancien fossé de Lyon, où de *Lugudunum*.

Secondement, quoy qu'il soit vray que ceux qui avoient été chassez de Vienne se retirerent en l'endroit qu'il a décrit, & sur lequel il dit, que Plancus bâtit une Ville à ces Refugiez, je dis que cela bien loin de détruire l'ancienne situation de Lyon, sert au contraire à l'établir, parce que cela fait voir qu'il faut necessairement distinguer deux Villes, comme j'ay déja remarqué: l'une bâtie du côté de Fourviere appellée *Lugudunum*, & l'autre sur la coline de Saint Sebastien dite *Lugdunum*. Les preuves qu'il a alleguées tirées de Seneque sont manifestement contre luy. Car il veut que la Ville dont il parle, ait été bastie au lieu où naquit l'Empereur Claude. *Discimus ex Senecâ, in* Ludo *super morte Claudij qui situm hujus Urbis, ubi natus Princeps ille, describit.* Or il est constant que Claude naquit au lieu que nous appellons encore aujourd'huy l'Antiquaille, où l'on void les restes de cet ancien Palais des Empereurs, où Auguste, & Drusus Pere de Claude avoient logé & où reste encore le Monument de la famille Claudia que j'ay transcrit d'un grand marbre qui est encore à present dans le jardin des Dames Religieuses de la Visitation dites de l'Antiquaille auprés d'un reservir d'eau, & dont je donne la figure & les inscriptions en la page 110. de cette Histoire.

On a trouvé dans les vignes qui occupent une partie du sol de cet ancien palais, des medailles d'argent de Drusus pere de Claude, il y reste de grands chemins soûterrains pour la communication avec d'autres palais, principalement avec celuy d'une maison qui s'est nommée *l'Angelique*, pour avoir esté à Messieurs de Langes, où se voyent encore à present plusieurs inscriptions, & où sont de grandes caves voutées sans aucune ouverture pour leur donner du jour, parce que c'estoient les *Ergastules* où l'on enfermoit de nuit les esclaves, comme on fait aux Bagnes d'Alger, & de Constantinople. C'est ce qui fit donner à cette maison le nom de *Capot* qu'elle a sur quelques vieilles cartes, parce qu'un capot en langue vulgaire est un cachot.

L'Epître de Seneque à Lucius sur l'incendie de Lyon, est une autre preuve évidente contre Mon-

I. Dissertation sur l'Origine

sieur de Marca, puisque Seneque en cette Epitre dit, que Liberalis dont je viens de rapporter le monument, étant à Rome, où il apprit la triste nouvelle de cet accident surprenant, en fut extremement affligé, pour l'affection qu'il avoit pour son pays. *Liberalis noster nunc tristis est, nuntiato incendio, quo Lugdunensis colonia exusta est. Movere hic casus, quemlibet posset, nedum hominem Patriæ suæ amantissimum.* Or il est certain que ce fut sur ses propres fonds que Claude Trajan son fils luy fit dresser ce Monument: il demeuroit donc vers Fourviere où est encore ce beau Monument, & c'estoit donc en cet endroit qu'étoit la Ville qui fut brûlée, & qui étoit la Patrie de Liberalis. Ajoûtez à cela que les Peres Recollets de Bellegreve qui sont au dessous de Fourviere, creusant dans leurs vignes & leurs jardins pour y élever des terrasses, trouverent des tuyaux de plomb à demi fondus, avec beaucoup de charbons, & près de deux quintaux de grenaille de plomb, restes de cet incendie; voici la figure d'un de ces tuyaux comme il a été trouvé avec les noms des ouvriers qui les avoient jettez.

Seneque nous a marqué le tems auquel arriva cet incendie, quand il a dit: *Quis hoc credat? ubique armis quiescentibus, cum toto orbe securitas sit, Lugdunum, quod in Gallia ostendebatur quæritur.* C'est à dire que ce fut au temps d'une paix universelle qui nous est marquée sur le Monument de Liberalis, où nous lisons encore aujourd'huy PERPETUÆ SECURITATI. Et dont nous avons d'autres Monumens publics dans des Medailles de Neron, où l'on voit le Temple de Janus fermé.

Ce fut donc la quatriéme année de l'Empire de Neron qu'arriva cet incendie l'an 60. de Jesus-Christ selon nos Chronographes. Et 810. de la Ville de Rome, non pas l'an 818. ni l'onziéme de l'Empire de Neron comme écrit de Rubys. La lettre de Seneque en est une preuve évidente à quiconque fera réflexion que se Philosophe pour remontrer à Lucilius que ces accidens sont frequens dans le monde, va chercher des exemples de semblables incendies dans l'Achaïe, & ne dit mot de celui de Rome qui dura sept jours, & qui reduisit en cendres tant de Temples & tant de Palais. Ajoûtez à cela que Seneque dit qu'alors tout étoit en paix & en seureté, ce qui ne fut jamais sous l'Empire de Neron que les cinq premieres années, puisque les suivantes il fit mourir sa femme, sa mere, Britannicus, & tant de Senateurs & de Chevaliers Romains, que Rome n'avoit rien vû de plus tragique depuis le Triumvirat. Enfin comment auroit pû Seneque écrire cette lettre de l'incendie de Lyon l'an 818. de Rome, étant mort l'année auparavant. C'est à quoi de Rubys n'avoit pas fait réflexion, ne s'étant appliqué en toute son Histoire qu'à contredire Paradin, & à lui dire des injures. Ainsi quand Seneque écrit en cette lettre que Timagene qui étoit ennemi de Rome, disoit qu'il avoit de la douleur d'apprendre les incendies qui arrivoient à cette Ville, parce qu'ils ne contribuoient qu'à la rendre toûjours plus belle, il parle d'un Auteur ancien qui vivoit du tems d'Auguste, & dont il a parlé au troisiéme livre de la Colere: ainsi les incendies dont il dit que ce Timagene avoit de la douleur, étoient arrivez prés d'un siecle auparavant. *Timagenes felicitati Urbis inimicus aiebat, Roma sibi incendia ob hoc unum dolori est, quod sciret meliora resurrectura quàm arsissent.* Mais il est tems de venir à la description de la situation de l'ancien Lyon faite par cet Autheur.

Vidi duobus imminens fluviis jugum,
Quod Phœbus ortu semper obverso videt:
Ubi Rhodanus ingens amne prærapido fluit
Ararque dubitans quò suos cursus agat,
Tacitus quietis alluit ripas vadis.
Est ne illa tellus spiritus altrix tui?

Il y a trois choses à remarquer en ces vers, la premiere que la Ville dont parle Hercule, est bâtie sur une Montagne qui regarde directement le Soleil levant.

Quod Phœbus ortu semper obverso videt.

La seconde que la croupe de cette Montagne s'étend également sur deux rivieres.

Vidi duobus imminens fluviis jugum

Et la troisiéme que c'est le lieu où l'Empereur Claude étoit né, & où il avoit été élevé.

Est ne illa tellus spiritus altrix tui?

Or il est certain que nulle de ces trois choses ne peut convenir à la coline qui s'étend du Boulevard S. Jean au Boulevard S. Clair: puisque toute la face de cette coline, ne regarde point le Soleil levant mais le midy: n'y ayant que l'une de ses cornes ou de ses extremitez qui est celle de S. Clair, qui regarde le Soleil levant, & qui ne peut pas être dite.

Duobus imminens fluviis jugum:

Puisque cette partie de Montagne est seulement sur le Rhône. La partie sur laquelle est bâti le Boulevard S. Jean regarde bien la Saone, mais elle est tournée au couchant, ainsi on ne peut en dire,

Quod Phœbus ortu semper obverso videt.

Et le grand espace qu'il y a depuis la croupe de cette coline jusqu'au rempart d'Aisnay, où se fait la jonction des deux rivieres, ne permet pas non plus de dire de cette coline *Duobus imminens fluviis jugum*. Puisqu'il y a un grand quart de lieu de l'un à l'autre. Donc l'on ne pourroit pas dire de la coline *imminens duobus fluviis jugum.* Ce mot *imminens* signifiant une hauteur immediate sur les bords d'une riviere, d'un fossé, ou d'un precipice. Cela ne conviendroit pas non plus à une Ville bâtie dans la Plaine qui s'étend depuis les terreaux jusqu'à Aisnay, parce que cette Ville ne seroit pas élevée, elle seroit bien entre les deux rivieres, mais non pas élevée au dessus comme pour les commander, *imminens duobus fluviis.* Disons donc que c'est manifestement du seul endroit où les deux rivieres s'assemblent que l'on peut expliquer ces deux autres vers,

Ubi Rhodanus ingens amne prærapido fluit,
Ararque dubitans quò suos fluctus agat.

de la Ville de Lyon.

Car c'est en cét endroit que le Rhône ayant reçeu les eaux de la Saone est plus gros, & coule avec plus de rapidité comme on peut voir à l'œil, & que la Saone étant arrêtée & retenuë par cette rapidité du Rhône, paroît là comme en suspens sans qu'on puisse s'appercevoir de quel endroit elle coule, ce qui n'est pas au dessus, où l'on remarque fort bien son cours du Septentrion au Midy. Que si Mr. de Marca a crû que la colline de Fourviere étoit trop rude & trop coupée pour pouvoir servir d'assiette à une Ville, la colline de Saint Sebastien l'est encore plus du côté de S. Clair, où elle se termine en precipice : aussi ne voit-on de ce côté-là aucun vestige d'anciens édifices, au lieu que l'on voit sur l'autre les restes du Palais où naquit & fut élevé l'Empereur Claude, & les restes de ce Palais ont conservé jusqu'à present le nom d'Antiquaille, qui est aujourd'huy un Monastere de Filles de la Visitation, où l'on voit dans l'enceinte de leur clôture, une ancienne conserve de vin de cent pieds de longueur; une conserve d'eau à trois rangs de portiques: dans l'enceinte d'un Monastere des Religieuses Ursulines attenant à l'Eglise de S. Just. Un reste de theatre dans les vignes des Peres Minimes. Les restes des Aqueducs sont aussi de ce côté-là, & l'Empereur Claude pouvoit répondre à Hercule,

Est illa tellus spiritus altrix mei.

Les deux tables de bronze trouvées sur la Montagne de S. Sebastien, & les Medailles que l'on y trouve encore, ne prouvent pas que Lyon ait été bâti en cét endroit, mais seulement qu'elles y avoient été conservées peut-être dans quelque Temple consacré au Genie de Lyon, ou à quelque autre Divinité; car c'étoit dans les Temples que ces monumens étoient conservez comme des depots sacrez. Mais j'auray lieu de parler plus au long de ce Senatusconsulte, que je rapporteray, tel qu'il est à present à l'Hôtel de Ville. J'expliqueray aussi l'occasion en laquelle il fut fait, & plusieurs autres circonstances qui donneront un grand jour à nôtre Histoire, ce que nul de nos Historiens n'a pris soin de remarquer; quoyque ce soit un monument qui nous découvre beaucoup de choses tres-considerables. Ce monument me servira aussi à expliquer un passage de la lettre de Seneque des Rubys n'a pas entendu, c'est celui où ce Philosophe dit, parlant de l'incendie de Lyon. *Huic Colonia ab origine sua centesimus annus est, ætas ne homini quidem extrema.*

Mais revenons auparavant à Seseron dont Momorus & Atepomarus avoient été chassez, & qui n'a pas été connu de Mr de Marca, ce qui m'a obligé à cette longue digression, pour faire voir que ce qu'il a écrit de la situation de Lyon, & de ses premiers Fondateurs n'étoit pas établi sur de solides fondemens, & que ses sçavantes conjectures ne s'accordent pas avec la verité de l'Histoire qui est la seule chose que je recherche.

J'ai dit que Pline, Ptolomée & Adon me serviroient de guides pour démêler ces obscuritez. Il faut donc examiner ce que ces trois Autheurs ont écrit de Seseron.

Pline au Chapitre 4. du livre 3. de son Histoire naturelle nous donne un grand jour pour démêler ce Seseron, quand il décrit la Province Narbonnoise dans laquelle est cette Ville. *Narbo Martius*, dit-il, *Decumanorum Colonia XII. mill. pass. à mari distans. Flumna, Araris, Liria. Oppida de cetero rara, præcedentibus stagnis. Agatha quondam Massiliensium, & Regio Volcarum Tectosagum; atque ubi Rhoda Rhodiorum fuit. Unde dictus multò Galliarum fertilissimus Rhodanus amnis, ex Alpibus se ra-* piens per Lemanum lacum, segnemque deferens Ararim. ... *In Mediterraneo Colonia Arelate Sextanorum, Biterræ Septumanorum, Arausio Secundanorum, in Agro Cavarum Valentia, Vienna Allobrogum, oppida Latina. Aqua Sextia Salyorum, Avenio Cavarum, Apta Julia Vulgientium, Alabece Reiorum Apollinarium, Alba Helviorum, Augusta, Tricastinorum, Anatilia Aerea, Bormanni, Comacina, Cabellio, Carcasum, Volcarum Tectosagum, CESSERO.*

De ce discours de Pline nous apprenons que Seseron étoit dans le Languedoc. *Volcarum Tectosagum Cessero.* Qu'en même Pays étoit autrefois une Ville nommée *Rhoda* ou *Rhode* bâtie par les Rhodiens, & que c'est de cette Ville que le Rhône tire son nom. *Rhoda Rhodiorum fuit, unde dictus Rhodanus.* Qu'Agde avoit été bâtie par les Marseillois *Agatha quondam Massiliensium.* Et que près de cette Ville coule l'Eraut dit en Latin *Araris.* Toutes ces reflexions nous conduisent à découvrir ce qui peut établir la verité de l'Origine de Lyon. Car Clitophon qui la rapporte, étoit né à Rhode bâtie vers l'embouchure du Rhône, & par consequent nul n'a pû être mieux instruit de ce Pays-là que lui. Secondement nous découvrons l'origine du nom du Rhône, & de celui d'*Arar* donné à la Saone. Car comme le Sçavant Mr Valois a sagement remarqué en la Preface de sa Notice des Gaules, c'étoit la coûtume des Grecs quand ils faisoient des Colonies & des établissemens dans des Païs étrangers, d'y dresser des Temples aux Dieux de leurs païs, de faire des édifices & des bâtimens publics semblables à ceux des Villes d'où ils étoient sortis, & de donner aux montagnes, aux bois, aux rivieres & aux champs, les noms de ceux qu'ils avoient quittez, afin qu'ils eussent devant les yeux une image de leurs païs, & qu'ils s'apperceussent moins de ce qu'ils avoient quitté. *Græci olim ac cæteri populi si quando Colonias conderent, Diis patriis templa moliri, opera publica, ac præcipua ibi loca earum urbium ex quibus orti essent, quantum fieri poterat exprimere; patriisque nominibus una cum fluviis & montibus apellare consueverant. Nonnunquam etiam novam urbem veteris urbis, & matris suæ appellatione honorare, ne patriæ desiderio tenerentur, cujus instar cotidie suis oculis subjectam videbant. Vales. in præfat. notit. pag. XV.*

Ptolomée au livre 2. de sa Geographie chap. 19. parlant des Volques Tectosages qui habitoient le Languedoc dans la Province Narbonnoise dit. Κατέχουσι ʹ τὰ ἐμ δυσμικώτατα τῆς Ναρϐωνησίας ΟΥΟΛΚΑΙ ΤΗΚΤΟΣΑΓΕΣ ὧν πόλεις μεσόγαιοι Ιλιβέρις, Ρουσινον, Τολωσα κολωνία, ΚΗΣΣΕΡΩ, Καρκασω, Βαιτέρα, Ναρϐων κολωνία. *Tenent autem maximè Occidentalia Narbonensis Volcæ Tectosages, quorum Civitates Mediterraneæ, Iliberis, Rhuscinum, Tolosa Colonia, Cessero, Carcasso, Betira, Narbon, Colonia.*

Dans l'itineraire d'Antonin qui fut tiré de l'ouvrage du Philosophe Æthicus, & tiré d'une Cosmographie plus ancienne de Julius Honorius dont parle Cassiodore au chap. 25. *De divinis lectionibus,* Seseron est appellé *Araura sive Cesero,* parce que Seseron étoit sur l'Eraut nommé *Araura* ou *Araris.* Dans la table de Peutinger qu'on appelle autrement la table Theodosienne, parce qu'elle fut faite du tems de l'Empereur Theodose, & imprimée à Ausbourg par les Peutingers, d'où elle fut dite *Tabula Peutingerana,* Seseron est mis entre *forum domitii* & Beziers. Voici la disposition de l'Itineraire d'Antonin.

Nemauso.
Ambrusium M. P. XV.
Sextatione M. P. XV.
Foro Domitii M. P. XV.
Araura sive Cessone M. P. XVIII.
Beterras M. P. XII.

Narbone M. P. XVI.

Dans l'ancien Itineraire de Jerusalem, Ceseron n'est appellé que Mansion ou Hôtellerie *Ceseron Mansio*, parce que la Ville avoit été ruinée.

Enfin le Martyrologe d'Adon nous détermine plus exactement la situation de cette Ville, & le changement qui s'y est fait lorsque le dixiéme de Novembre il dit, 4. *Idus Novembris in territorio Agathensi in* CESSERONE *Natale Sanctorum Tiberii Modesti & Florentia*. Par où nous apprenons que la petite Ville de Saint Tubery auprès d'Agde est cet ancien Ceseron à qui ce Martyr a donné son nom, l'ayant illustré par son Martyre. On lit aussi dans la vie de ce Saint Martyr, *Subito apparuerunt juxta fluvium qui dicitur Aratur, in vico qui vocatur Ceseri*.

Tout cela fait voir que ce que Plutarque a écrit de la Ville bâtie par Momorus & par Atepomarus est solidement appuyé. Et que le nom d'Atepomarus que nous trouvons dans le même Plutarque en un autre endroit parmi les Gaulois qui passerent en Italie pour faire la guerre aux Romains, nous decouvre le tems auquel il vivoit, & le tems auquel il laissa à son frere Momorus le Gouvernement de *Lugudunum* qu'il avoit bâti, pour aller faire d'autres conquêtes ou d'autres établissemens.

Nous avons trouvé Seseron d'où ces refugiez étoient sortis, mais nous n'avons pas encore examiné pourquoi on lui donne le nom de Royaume, ou de Principauté, qui est celui qui lui convenoit plus justement sur les termes de Clitophon qui dit Ζευφωνίας τῆς ἀρχῆς, ni par qui ces deux Prinpes furent chassez, car il ne faut laisser aucun doute ni aucune obscurité sur ce passage, qui sert de fondement à ma conjecture. Pour l'appuyer, je trouve que plusieurs Autheurs ont donné le nom de Royaume à la Gaule Narbonnoise. Festus Avienus au poëme intitulé *ora Maritima* écrit en vers Jambes, dit:

Atque Narbo Civitas

Erat ferocis maximum Regni caput.

Et Ausone parlant de la même Ville.

Nomine cujus

Fusa per immensum quondam Provincia Regnum

Obtinuit multos dominandi jure colonos.

Il fait ensuite la description de l'étenduë de ce Royaume.

Insinuant qua se Sequanis Allobroges oris

Excluduntque Italos Alpina cacumina fines;

Quà Pyrenais nivibus dirimuntur Iberi,

Quà rapitur præceps Rhodanus genitore Lemano

Interiusque premunt Aquitanica rura Cebenna

Usque in Tectosagos primævo nomine Belcas

Totum Narbo fuit.

Nous trouvons aussi qu'en même-temps la plûpart des peuples des Gaules avoient leurs Rois particuliers. *Divitiacus* le fut des Bellovaciens, *Galba* des Soissonnois, *Pison* d'Aquitaine; *Orgetorix* voulut persuader à Casticus de se faire Roy des Sequanois, comme son pere l'avoit été; *Jules Cesar* rétablit Tasgetius dans la dignité que son Pere avoit eu parmi ceux de Chartres; *Celsulus* Pere de Vercingentorix fut tué par les Auvergnats, parce qu'il vouloit en usurper la Royauté. *Annibal* rétablit Brancus, & *Momorus & Atepomarus* regnoient à Ceseron, comme ces autres Princes regnoient ou commendoient dans d'autres Villes. Venons au second point, qui est de trouver par qui ils furent chassez. Je dis que ce fut par les Marseillois, qui venant à se multiplier, & ne pouvant plus être reserrez dans leur Pays, chercherent à s'étendere chez leurs voisins, & comme ils avoient Agde sur l'Eraut, selon Pline, qui dit *Agatha Massiliensium*, ils y voulurent joindre Ceseron qui étoit sur la même riviere. *Martian Heracleota* ancien Geographe, a fait cette remarque en son Poëme de la situation de la terre, que les Grecs avoient d'abord bâti deux Villes dans la Gaule, Marseille, & Rhodé: que les Pheniciens bâtirent l'une, & les Rhodiens l'autre: que ces deux peuples s'étant accrus, s'étendirent sur les côtes de Provence & de Languedoc; & qu'étant entrez en jalousie les uns contre les autres, ils se traverserent dans leur commerce se faisant de petites guerres, qui les obligerent de chercher des secours chez leurs voisins & de s'allier avec eux. Les Marseillois se joignirent aux Salyens, aux Cavares & aux Allobroges, les Rhodiens aux Volques Tectosages & aux Helviens, & le Rhône qui separoit ces deux peuples, étoit un canal commun qui servoit à leur commerce avec les peuples des Gaules jusqu'à ce que les Marseillois se rendirent maîtres d'une partie des terres des Rhodiens.

Vibius Sequester dans le Livre qu'il fit des Rivieres, dit que les Marseillois se saisirent de l'Erault qui passe à Agde, & qu'ils lui donnerent le nom de νίρτ@ à cause de ses detours. *Cyrra Massiliensium secundùm Agatham Urbem decurrit*. Les Seseroniens qui étoient sur la même riviere furent obligez de quitter leur poste & de le leur ceder, parce qu'ils étoient plus foibles, Car Strabon dit expressement que les Marseillois pour s'assurer dans leurs païs contre les irruptions de leurs voisins, opposerent d'un côté Nice & Antibe aux Liguriens, & de l'autre côté Rhodé & Agde aux Barbares, c'est ainsi qu'ils nommoient les Gaulois, & comme les Essaims d'Abeilles sont obligez de se partager, & d'aller chercher d'autres ruches quand ils se sont multipliez, les Rhodiens furent contraints comme les plus foibles, de s'aller établir ailleurs. Ils remonterent le long du Rhône, & étant arrivez au païs des Segusiens, qui étoient des Peuples libres, comme dit Pline, c'est à dire, qui ne reconnoissoient point de Seigneurs particuliers, mais qui étoient amis des Heduois, des Boïes, des Ambarres, des Auvergnats, des Allobroges, & des Sequanois avec qui ils vivoient paisiblement. Ce fut païs que choisirent Momorus & son frere pour s'établir, & le concours des deux rivieres leur paroissant un lieu favorable pour le Commerce, & la Montagne voisine un lieu de sûreté, ils y jetterent les fondemens, non pas d'une Ville de guerre, mais d'un *Conciliabule*, c'est à dire d'un lieu propre à assembler les peuples voisins pour y apporter, & pour y recevoir par le moyen des deux rivieres les choses necessaires à la vie. Ce fut alors qu'ils changerent le nom de la Saone qui se nommoit *Brigulus*, & lui donnerent celui de l'Erault qu'ils avoient quitté, en la nommant *Arar*. Car pour ce qu'on a dit d'un homme de ce nom, qui allant à la chasse, & ayant trouvé dans un bois son frere Celtiberien tué par un Sanglier, s'étoit de douleur plongé sa javeline dans le sein & précipité dans la riviere, est une fable. Le nom de *Lugudunum* que ces deux freres donnerent à leur nouvelle Ville, fait voir qu'ils n'étoient pas des Grecs immediatement venus de Grecs dont ils ne parloient pas la langue, mais des Grecs établis parmi les Celtes dont ils avoient appris le langage. Car *Arar* & *Lugudunum* étoient des mots Celtiques. Ils conserverent cependant une espece de Commerce avec les Grecs, & parmi nos inscriptions antiques nous trouvons quantité de noms derivez de cette langue. Ce fut sans doute ce qui obligea Caligula d'établir à l'Autel d'Auguste des disputes d'Eloquence Grecque & Latine, comme Suetone a remarqué, & le nom d'Aisnay où étoit cet Autel, soit qu'on l'appelle *Athenæum* ou *Athanatum*, est un nom derivé de cette Langue. Ce fut aussi de Grece que nous vinrent nos premiers Apôtres S. Pothin, & S. Irenée, envoyez par S. Polycarpe; & entre nos premiers Martyrs Epipode, Alexandre, Epagathe, Apollonius, Helpis, Biblis, Aristée, Attale, Macaire, Philumin, Potamie, Trophime, &c. ont des noms purement Grecs, & qui ne sont ni Celtiques, ni Romains. Nous trouvons aussi dans plusieurs inscriptions ces noms Grecs *Phosporus*, *Eutyche*, *Eutychianus*, *Thalasia*, *Callimorphus*, *Helpis*, *Sutia Anthis*, *Polychronus*, & *Heliodorus*, *Agathemeris*, *Onesimus*, *Demetrias*, *Pyramus*, *Hermes*, *Aster*, *Calliste*, *Fante*, *Astrophilus*, &c. Et ces mots *In Canabis* & *Arpagi*, que j'expliquerai ailleurs.

Après ce que Monsieur le President de Maussac a écrit pour justifier que le Livre *de Fluminibus*, où est l'Histoire de la fondation de Lyon par Momorus, est de Plutarque, il n'y a pas un Savant qui n'ait receu cet Ouvrage: Car on ne peut d'une maniere plus solide établir la conformité de stile, & de matieres avec les autres ouvrages de cet ancien Autheur, que Monsieur de Maussac l'a fait. Aussi Monsieur de Marca a dit parlant de cette fondation & de cette Origine: *Non videtur à verò aliena Clitophontis antiqui scriptoris narratio, apud auctorem Libelli de fluviis, quem Plutarcho vindicavit vir clarissimus & doctissimus Præses Philippus Maussacus.* Mais comme j'ai déja remarqué que ce savant Prelat n'avoit pû decouvrir de quel lieu étoient venus ces deux freres Momorus & Atepomarus, qu'il croyoit être Allobroges, au lieu qu'ils étoient venus de Languedoc & de la Ville de Seseron, il a crû aussi que ce que Plutarque a dit d'Atepomarus dans ses Paralleles, se devoit entendre d'un autre que du frere de Momorus. *Alius est hic Atepomarus Lugduni conditor à Regulo Atepomaro, qui à Plutarcho dicitur alibi, unà cum Cæteris Gallis ad expugnationem Romanæ Urbis profectus esse, anno ante Christum 390.*

La prevention où il étoit que ces deux freres étoient Allobroges, l'a empêché de reconnoître le tems de cette fondation, qu'il n'a pas laissé de marquer, puisque cet Atepomarus qu'il reconnoît avoir été avec les autres Gaulois au siege de Rome l'an 390. avant Jesus-Christ, est le même que celui qui fonda Lyon avec son frere; ainsi nous avons l'Epoque certaine de cette fondation trois cent quatre-vingt dix ans avant la venuë de Jesus-Christ, comme je vai justifier par d'autres monumens, après que j'aurai fait voir ce que devint Atepomarus après cette fondation.

Après que Momorus eut bâti sa nouvelle Ville, Atepomarus son frere voyant qu'il étoit difficile que deux freres conservassent long-tems une égale authorité dans une même Ville sans qu'il y eût de frequentes broüilleries en partage de Gouvernement, resolut de porter ailleurs ses pretensions, & en trouva une occasion favorable. Car presque au même tems que lui & son frere arriverent au pays des Segusiens, ils trouverent toute la jeunesse des Gaules disposée à sortir de leur pays pour aller faire ailleurs de nouveaux établissemens. Ils vouloient passer les Alpes pour entrer dans l'Italie, dont ils connoissoient déja la bonté du païs. Atepomarus se joignit à eux, & la noblesse de sa naissance le faisant distinguer parmi cette jeunesse, on lui donna un corps considerable à commander sous les ordres de Brennus qui étoit le Chef & le Commandant général de cette nombreuse armée. Ce fut l'an 364. depuis la fondation de Rome que se fit cette entreprise dont Plutarque a rapporté les principaux évenemens en la vie de Camille, qui délivra sa Patrie de ces dangereux ennemis. Atepomarus eut part aux premiers succez de cette guerre, & s'étant retiré dans le Latium avec un corps assez considerable après la defaite de Brennus sous le Capitole, il revint quelques années après, & pressa si fort les Romains qu'il les obligea de traiter avec lui, pour se mettre à couvert de ses frequentes insultes. Comme ce prince ne cherchoit qu'à s'établir, il proposa aux Romains s'ils vouloient avoir la Paix, de luy envoyer des Filles & des Dames Romaines avec des dots considerables pour les faire épouser à ses Soldats & à ses Officiers, qui s'étoient établis dans la Toscane & dans la Champagne de Rome.

Cette condition parut un peu rude aux Romains, qui ne se souvenoient plus que c'étoit ainsi que leurs Ancestres s'étoient établis, ayant enlevé aux Sabins leurs Filles & leurs Femmes en un spectacle, sous pretexte d'une Fête à laquelle ils les avoient invitez.

Comme le Conseil étoit embarrassé sur la réponse que l'on donneroit à Atepomarus, une Esclave leur suggera de choisir parmi ses compagnes les plus jeunes & les mieux faites, de les faire habiller comme les Dames Romaines, & de les livrer aux Gaulois, dont elles aimeroient mieux devenir les femmes, que de vivre dans la servitude. Ce Conseil agrea aux Magistrats, ils font choix des Servantes & des Esclaves les mieux faites, leur font prendre les habits les plus propres de leurs Maîtresses, & les meinent à Atepomarus, qui acheve son traité, & fait alliance avec les Romains. Ce ne furent plus que fêtes & réjoüissances dans le Camp, lorsqu'une nuit Tutola, Philotis, ou Retiane qui avoit suggeré ce conseil, monta sur un arbre, & avec un flambeau allumé fit signal aux Romains qu'il étoit tems de sortir sur leurs ennemis, lesquels ne se doutant de rien étoient endormis, & dont les armes avoient été cachées par les Esclaves. Les Romains qui étoient convenus auparavant avec ces Esclaves de ce stratagême pour se défaire de leurs ennemis, sortirent, & les égorgerent tous, & ramenerent comme en triomphe leurs servantes, à qui ils donnerent la liberté pour un si insigne service rendu à la Republique: & ordonnerent que tous les ans on celebreroit une Fête que l'on nommeroit la Fête des Servantes; que ce jour là il leur seroit permis de se vêtir des habits les plus precieux de leurs Maîtresses, de chanter, de dire des paroles de raillerie aux passans, & de faire des festins sous des fueillées de branches de figuier sauvage, parceque c'étoit sur un de ces arbres que Tutola étoit montée pour faire le signal aux Romains.

Quoi qu'il y ait bien des fables mêlées dans ce recit, & que Plutarque même qui raconte cet évenement, le raconte en ses paralleles differemment, de ce qu'il avoit fait en la vie de Camille, il ne laisse pas de nommer expressément Atepomarus, qui est un nom assez singulier pour établir ma conjecture que c'étoit le frere de Momorus. Il est vrai que Plutarque lui fait demander des Dames Romaines pour des desseins moins honnêtes que ceux d'en faire leurs femmes, mais ce qui est raconté en la vie de Camille marque ces alliances que les Gaulois vouloient faire, & je ne sçai pourquoi Monsieur l'Abbé Talemant a retranché de la vie de

Camille cette histoire qui est dans le Grec, dans toutes les traductions Latines, & en celle d'Amiot.

Voilà mes conjectures sur la différence de ces deux Villes *Lugudunum*, & *Lugdunum*, sur leurs fondations différentes, aussi bien que sur leurs differentes situations. J'aurai lieu d'en dire davantage quand je viendrai à la fondation de la seconde qui fut appellée *Lugdunum*, & fondée auprés d'un lieu à qui Polybe donne le nom d'*Isle* en décrivant le voyage d'Annibal, & son passage par ce pays. Car ce passage est un point controversé qui demande d'être éclairci par une seconde dissertation.

※※※※※※※※※※※※※※

II. DISSERTATION
Du Passage d'Annibal.

Les sentimens de nos Historiens sont fort partagez sur ce passage. Le P. l'Abbé dit qu'ayant composé une lettre où il parloit du voyage d'Annibal & de son passage par ce pays à l'endroit où le Rhône & la Saône font une Isle, Monsieur de Marca qui lut cette lettre en la presence de l'Autheur, lui dit, mon Pere êtes-vous si bon de croi-
» re qu'Annibal ait passé par cet endroit-là? Pour
» moi je suis persuadé que cela se doit entendre de
» l'Isle que fait le Rhône avec l'Isere, & non pas la
» Saône, & je m'étonne que vous n'ayez pas vû la
» sage reflexion de Cluvier qui au lieu du mot
» Σκάρας qui est dans Polybe, a corrigé ce passage
» & a substitué le mot d'Ισάρας. *Scripseram Parisiis Epistolam Historicam de ortu Lugduni & probabam ex adventu Annibalis in eam insulam quam Arar & Rhodanus suo concursu efficiunt, nullam tunc fuisse Urbem Lugduni. Legebat eam Epistolam præsente me, Petrus de Marca vir eruditissimus, qui ut erat benevolus, blandè subridens: Et tu inquit, fidei es tam facilis, ut credas Annibalem ad eam insulam accessisse? Ego verò venisse ad eam insulam assero, quam Rhodanus & Isara, non autem Arar efficiunt; atque ità legendum est apud Polybium Ισάρας non Σκάρας, & apud interpretem Isara non Arar. Ita Cluverius eruditus Geographus, & diligens legendum est contendit.*

Pour établir un point d'Histoire si controversé, j'ai lû avec attention toute l'Histoire de Polybe, qui est à mon sens l'Histoire la plus sagement écrite, & d'une maniere si nette, avec des reflexions si justes sur la conduite de l'Histoire, que je suis presque persuadé que ceux qui ont mis en doute si Annibal passa prés du cocours du Rhône &cde la Saône&remôta jusques là,n'ont jamais lû cette histoire toute entiere,car ils y auroient pû remarquer tant de circonstances particulieres, qu'il leur eût été aisé de juger que Tite-Live & Plutarque qui sont de ce sentiment, & qui en ont parlé d'une maniere si decisive, sont plus à croire que Cluvier puisqu'il n'a écrit que depuis un siecle, & qu'il s'est contenté pour dire quelque chose de nouveau, de debiter ses conjectures en critique, qui se joüe sur quelques changemens de lettres & sur ses resveries, Pour agir avec de meilleure foi, & pour tenir une route plus asseurée, je veux rapporter éxactement, & le plus succinctement que je pourrai, le chemin que fit Annibal depuis le passage des Pyrenées jusqu'au passage des Alpes, sur les memoires de Polybe.

Il fit partir son armée debarrassée de bagage au nombre de cinquante mille hommes de pied,& de neuf mille chevaux, & la mena par les monts Pyrenées pour luy faire passer le Rhône. L'on compte depuis le passage du Rhône en remontant vers sa source jusqu'au commencement des Alpes par où l'on va en Italie mille quarante stades qui sont 130. lieuës Françoises, sans y comprendre les Alpes dont le passage est de douze cens, qui sont cinquante-cinq lieuës, & puis on entre dans l'Italie dans les Campagnes qui sont aux environs du Pau. Ainsi les lieux par où Annibal devoit passer depuis qu'il fut parti de Carthage la neufve, font en tout *neuf mille stades qui sont cinq cent cinquante lieuës*. Annibal étant arrivé *auprés du Rhône à quatre journées de la mer,en un lieu où le canal de ce fleuve n'est pas grand, resolut de faire passer aussi-tôt les troupes,* de sorte qu'aprés avoir gagné les habitans du pays, il en acheta tous les b.iteaux, dont il trouva un assez grand nombre, parce que la plûpart de ceux qui habitent sur le Rhône font commerce sur la mer. Davantage, il en reçeut toutes sortes de matieres propres à faire des bateaux, & les Soldats en firent pendant deux jours une quantité prodigieuse. Cependant les Barbares s'assemblerent en grand nombre de l'autre côté, pour s'opposer au passage des Carthaginois; mais aussi-tôt qu'Annibal les eut découverts, il connut bien qu'il ne pouvoit passer de force ayant sur les bras tant d'ennemis & qu'il ne pouvoit être ici plus long-temps sans être enfermé de tous côtez s'il demeuroit sans rien faire. C'est pourquoi trois jours aprés, environ sur la premiere garde de la nuit, il fit partir une partie de l'armée, à qui il donna pour guides quelques Gaulois du pays & la mit sous la conduite d'Annon fils de Bomilcar. Ils marcherent *prés de vingt-cinq mille de chemin le long du fleuve en le remontant*, & arriverent en un lieu où il fait une petite Isle, & s'y arresterent. Aussi-tôt ils couperent quantité de bois dans les forêts prochaines, & en firent en peu de tems assez de flotes pour passer, & en effet ils passerent aisément le Rhône sans que personne leur fist resistance. Ensuite ayant trouvé un lieu assez fort de sa nature, ils y demeurent tout ce jour non seulement pour se refaire des travaux precedens, mais aussi pour se preparer à executer les ordres qui leur avoient été donnez: ensuite la cinquième nuit les troupes qui étoient déja passées de l'autre côté du fleuve, revinrent le long du même fleuve contre les Barbares qui s'opposoient à Annibal.

Aprés cela Annibal ayant mis les Elephans & les Gens de cheval à la queuë de ses troupes continua *son chemin le long du Rhône vers l'Orient,* comme s'il eust voulu aller dans la terre ferme. Le Rhône a sa source au dessus du Golfe Adriatique du côté de l'Occident, en cet endroit des Alpes qui voit le Septentrion. Il a son cours vers l'Occident d'hiver, & se décharge dans la mer de Sardaigne, & au reste la plus grande partie de son cours est dans une plaine environnée de montagnes, dont le côté Saptentrional est habité par les Gaulois Aidyenses, & le côté du Midi est borné par les Alpes qui regardent le Septentrion.Pour les Campagnes qui sont aux environs du Pau, les Alpes qui s'étendent depuis Marseille jusqu'à l'extremité du Golfe Adriatique, les separent de cette plaine environnée de montagnes *par où le Rhône se precipite. Annibal passa donc par cet endroit où le Rhône a sa source pour entrer en Italie.*

Au reste *Publius General des Romains arriva au passage du Rhône trois jours aprés que les Carthaginois en furent partis*. Et voyant que les Ennemis n'y étoient plus, il s'en étonna, parce qu'il s'étoit persuadé que les Carthaginois n'oseroient prendre ce chemin pour aller en Italie, veu principalement qu'il y avoit entre eux tant de Nations barbares si sujettes à fausser leur foi. Cependant *quatre jours aprés qu'Annibal eut quitté le Rhône il arriva en un lieu appellé l'Isle, qui est fertile en bleds,& peuplé, & à qui on a donné ce nom, parce que la Saône l'embrasse d'un côté, & de l'autre le Rhône, & lui donnent la figure d'un triangle. Elle est semblable pour la forme, & pour la grandeur à une autre*

de la Ville de Lyon.

Isle qu'on appelle *Delta en Egypte*; & s'il y a entre elles quelques differences, c'est que celle d'Egypte est enfermée d'un côté par la mer, & par des fleuves qui s'y dégorgent, & l'autre par des montagnes rudes & difficiles, ou plûtôt inaccessibles. La Annibal ayant trouvé deux freres qui se disputoient l'Empire, & qui étoient campez vis à vis les uns des autres fut prié par l'aîné des deux à le rétablir dans son Royaume, & consentit à ce qu'il demande, parce qu'il voyoit l'utilité qu'il en pouvoit tirer pour le present. Ainsi après avoir fait alliance avec lui, & avoir chassé l'autre, il receut de grands secours du Victorieux, qui renouvella ses troupes, leur donnant des armes, des habits & des chaussûres, & les aida infiniment dans le passage des montagnes. Mais le plus grand service qu'il leur rendit fut que comme il y avoit quelque chose à craindre en passant par les frontieres des Gaules que l'on appelle *Allobroges*, il reconduisit Annibal avec son armée, & lui rendit le chemin asseuré jusqu'auprès du lieu où il commença à monter les Alpes.

Annibal ayant fait en dix jours près de cent mille de chemin le long du Rhône trouva de grandes difficultez dés l'entrée de ces montagnes, mais aussitôt qu'il eut reconnu que les Barbares s'étoient emparez des lieux commodes, il fit faire alte à ses gens, & se logea parmi les roches de ces montagnes, puis il envoya quelques-uns des Gaulois qui lui servoient de guides pour reconnoître les ennemis. Enfin lorsqu'on eut taillé en pieces la plûpart des *Allobroges*, les autres se sauverent par la fuite. Les ennemis s'étant retirez, Annibal alla rejoindre sa Cavalerie & son bagage & marcha vers le haut des Alpes. Alors les Gaulois ne vinrent plus l'attaquer en corps, mais par troupes & avec moins d'ardeur qu'auparavant. *Le neufviéme jour d'après, l'on arriva sur le haut des Alpes, ou Annibal demeura deux jours*, car il voulut donner quelque repos aux soldats qui étoient venus jusques-là sans être blessez, & attendre ceux qu'il avoit laissez derriere. Mais parce qu'il y avoit déja beaucoup de neige sur les montagnes, car on étoit alors en hiver, Annibal ayant reconnu que les soldats commençoient à perdre courage par les maux passez, & par ceux qu'il falloit encor souffrir, les fit assembler pour les animer; mais il n'en avoit qu'un moyen, c'étoit de leur remontrer que l'on voyoit l'Italie. *En effet elle s'étend de telle sorte aux pieds des montagnes, que l'on diroit facilement en la regardant de là, que les Alpes en sont les remparts & forteresse*. Ainsi il leur montra les *Campagnes qui sont aux environs du Pau, leur representa l'affection que les Gaulois qui les habitoient avoient pour eux, leur indiqua même l'endroit où étoit Rome*, & par ce moyen il rendit le courage & l'allegresse aux soldats. Le lendemain l'on decampa, & l'on commença à descendre. Cependant comme il étoit tombé de nouvelle neige sur celle de l'année precedente, cette derniere qui étoit fort molle comme étant fraîchement tombée, & qui d'ailleurs n'étoit pas encore bien haute, faisoit que le pied demeuroit assûré, mais d'abord qu'on l'avoit foulée on ne pouvoit plus s'y tenir, & parceque ce n'étoit plus que de la fange, & que celle de dessous n'étoit que glace, l'on y chanceloit des deux pieds, & l'on y tomboit aisément, comme il arrive sur la terre quand il y a du verglas. Enfin après avoir beaucoup souffert, on fit passer les Elephans qui étoient déja presque morts de faim. Car on ne trouve ni arbres ni herbes sur les sommets des Alpes, ni sur les lieux qui en sont proches, & tout y est couvert de neige en hiver & en été, mais les vallées de part & d'autre de ces montagnes portent des arbres & des forêts, & il n'y a point d'endroits où l'on ne puisse habiter. Enfin après avoir fait cinq mois de chemin depuis qu'il fut parti de Carthage la neufve, & avoir passé *les Alpes en quinze jours, il entra hardiment dans le pays d'auprès du Pau, & dans les frontieres des Insubriens.*

Après cette relation si exactement écrite par Polybe, je suis persuadé qu'il n'est personne de bon sens qui ne juge qu'Annibal ne passa pas les Alpes du côté de Provence ny de Dauphiné, comme Bouche, & Chorier Historiens de ces deux Provinces ont écrit. Puisque si on jette les yeux sur les endroits que j'ay distinguez par des caracteres Italiques, on verra ce me semble clairement par plus de vingt circonstances, qu'Annibal vint aux endroits, où est aujourd'huy Lyon, & qu'il entra par la Valdaouste dans le Piedmont. C'est à dire dans le Pays d'auprès du Pau, & dans les Frontieres des Insubriens, qui est le Milanois. Repassons donc sur toutes ces circonstances, qui toutes ensemble me semblent être une demonstration invincible contre Cluvier qui de son authorité a changé le nom de la Saone en celuy de l'Isere pour établir qu'Annibal ne vint pas en ce pays. Commençons par l'endroit par où Polybe dit qu'il entra en Italie. Ce fut, dit cet Historien, par l'endroit *où le Rhosne a sa source*. Ce fut donc par les Alpes Pennines, puisqu'Ammian Marcellin qui a décrit la source de ce fleuve dit, *à Paninis Alpibus effusiore copia fontium Rhodanus fluens & proclivi impetu ad planiora digrediens*. C'est cette Plaine environée de Montagnes, dit Polybe, par où le Rhône se précipite, ce qui ne peut convenir à aucun endroit du Rhône que vers Seyssel & le pas de l'Ecluse. Le Rhône ne se precipitant en aucun endroit au dessous de Lyon. Secondement selon Polybe ce fut le Prince Magile qui étoit venu trouver Annibal des pays d'auprès du Pau avec d'autres Princes Gaulois qui luy promirent d'être leurs Compagnons dans la guerre contre les Romains. Ce fut, dis-je, le Prince Magile, qui les assura de les conduire par des lieux par lesquels ils arriveroient bien-tôt & seurement en Italie sans manquer d'aucunes choses necessaires. Or ces Princes étoient Boïens, c'est à dire du Bourbonnois, qui pour passer en Italie, n'étoient pas allé chercher le Dauphiné ny la Provence, mais avoient pris la route de Bresse & de Bugey pour aller du côté de la Valdaouste.

Troisiémement Polybe dit qu'Annibal continua son chemin le long du Rhône vers l'Orient, comme s'il eût voulu aller dans la terre ferme; ce qui ne se peut dire d'aucun endroit de cette riviere depuis Arles jusqu'à Lyon, où le Rhosne a son cours du Septentrion au Midy depuis Lyon : car depuis sa source jusqu'à Lyon, il a son cours vers l'Occident ainsi que dit Polybe.

Ptolomée qui décrit le cours de ce fleuve & ses embouchures, au livre 2. de sa Geographie a remarqué cette difference de cours; puisque pour distinguer ses deux embouchures de la mer, qu'il met droit au midi, il appelle l'une Occidentale, & l'autre Orientale, δυτικὸν στόμα & ἀνατολικὸν στόμα. Comme il appelle du nom de contour le cours qu'il fait depuis sa source jusqu'à Lyon Ἡ ὑπὸ λόχωσιν τοῦ ποταμοῦ πρὸς τὰς ἄλπεις ἐπιστροφή. Et quand il décrit le Pays des Eduois, il dit qu'ils s'étendent depuis le Levant de l'Auvergne jusqu'au détour du Rhône vers le Septêtrion, ἀπ' ἀνατολῆς Ἀρουέρνων μέχρι τῆς πρὸς ἄρκτις ἐκτροπῆς τοῦ Ῥοδανοῦ ποταμοῦ. Polybe ajoûte que la plus grâde partie de son cours est dans une Plaine environnée de Montagnes, dont le côté Septentrional est habité par les Gaulois *Aldyenses*, je crois qu'il faut lire *Æduenses*, qui sont les Autunois separez du Rhône par le Mont Jura qui est au Pays des Sequanois. Aussi Jules Cesar dans ses Commentaires nomme les Bresans cliens des Autunois & leurs voisins; lorsque parlant de Vercengentorix, il dit *Æduis, Segusianisque, qui sunt Finitimi ei Provincia decem millia peditum imperat.* lib. 15.

Le côté du Midy, poursuit Polybe, est borné par les Alpes qui regardent le Septentrion, qui sont celles du Mont Saint Bernard, car du côté du Piedmont elles regardent le Couchant, & celles du Dauſiné & de Provence le Midy, ou le Couchant.

Ces circonstances font d'autant plus d'impreſſion ſur mon esprit, que ce n'eſt pas ſans raiſon que Polybe eſt entré dans ce grand détail, parceque ce ſavant Homme qui a inſeré dans ſes Ouvrages des reflexions ſi utiles pour la maniere d'écrire l'Hiſtoire a dit expreſſement au livre 3. qu'il a dit toutes ces choſes, *afin que ceux qui ne connoiſſent pas les lieux, trouvent plus de lumiere dans ſon Hiſtoire: qu'ils viennent à la connoiſſance des choſes qui leur ſont inconnuës par celles qu'ils connoiſſent déja, & que pour ce qui concerne au moins les diviſions generales, ils jugent par les Regions du Ciel des Regions de la Terre. Car comme nous avons accoûtumé de tourner les yeux du côté de ce qu'on nous montre du doigt; ainſi à meſure qu'on nous fera voir quelques endroits par le diſcours, & par la parole, il faudra que nous y portions auſſi-tôt nôtre eſprit & nôtre penſée.*

Ce même Hiſtorien pour preparer au paſſage d'Annibal, rapporte fort au long les guerres que les Gaulois eurent en Italie, particulierement les Senônois, les Boïens, les Cenomans, & les Geſates, qui n'allerent pas chercher le Dauſiné ny la Provence pour paſſer les Alpes, puiſqu'ils en étoient beaucoup plus proches par les Suiſſes & par la Valdouſte. Auſſi Polybe ne dit mot en cét endroit des Allobroges, des Vocontiens, des Tricoriens, ny des Tricaſtins, ny ne parle ny de l'Iſere, ny de la Durance. Il ne parle que du Rhône, & des Inſubriens: & ſi les Geſates qui étoient des ſoldats ainſi nommez des *Geſſes*, eſpeces d'armes qu'ils portoient, avoient donné leur nom au pays de Gez qui eſt auprés de Geneve; nous aurions un autre Indice du paſſage d'Annibal par le Valey, & par la Valdouſte, ce qui ſeroit conforme à ce que Paul Jove & Merula rapportent qu'Annibal paſſa par Bard & le Montjou, & qu'en ce lieu de Bard qui eſt entre Aouſte & Yvrée, il ſe voit encore une inſcription de ce paſſage, que je voudrois que ces Auteurs euſſent pris la peine de tranſcrire, pour juger ſi elle pourroit nous ſervir de quelque éclairciſſement.

A ces limites, & à ces poſitions du Ciel, Polybe pour ne rien omettre, a joint les ſupputations des jours de marche d'Annibal, & l'étenduë du pays qu'il avoit parcouru. De Carthage la Neufve, d'où il partit, dit-il, y a juſqu'à l'Ebre plus de deux mille ſix cens ſtades: de l'Ebre juſqu'aux Empories, ſix cens ſtades; & des Empories juſqu'au paſſage du Rhoſne le même chemin, c'eſt à dire cinq mille huit cens ſtades, depuis Carthage la neuve juſqu'au paſſage du Rhône. S'il falloit ſelon le même Auteur huit ſtades pour faire un mille ſelon la maniere de compter des Romains, il avoit fait depuis Carthage la neuve juſqu'au paſſage du Rhône onze cent mille d'Italie, qui ſont de nos lieuës communes d'une heure de chemin, cinq cent cinquante lieuës: De Carthage la neuve juſqu'à l'Ebre 350. lieuës. De l'Ebre juſqu'aux Empories deux cent mille d'Italie qui ſont cent lieuës, & des Empories juſqu'au paſſage du Rhône autres cent lieuës, puiſque le chemin eſt le même, ſelon Polybe, que celui de l'Ebre aux Empories de ſeize cent ſtades: Et ſi ce n'étoit là que prés de la moitié du chemin, comme dit Polybe, pour entrer en Italie, il lui reſtoit donc depuis ce paſſage prés de trois cent lieuës à faire. Or on ne ſçauroit trouver depuis le paſſage du Rhône juſqu'aux Alpes Cotties de quelque côté que l'on vueille qu'il ait paſſé. Car bien loin d'avoir quitté le Rhône après qu'il eut paſſé, ni de l'avoir ſuivi en deſcendant pour aller reprendre les pays des Tricaſtins comme veulent quelques-uns, Polybe dit expreſſement qu'il fit en dix jours prés de cent mille de chemin le long du Rhône, qui ſont cinquante lieuës, leſquelles il fit en côtoyant toûjours le pays des Allobroges qui s'étend depuis l'embouchure de l'Iſere dans le Rhône, juſqu'à Geneve qui eſt du pays des Allobroges. Ainſi il faut dire neceſſairement que depuis la pointe du concours du Rhône & de la Saône, qui eſt la pointe de cette Iſle que Polybe compare au Delta d'Egypte, il marcha juſqu'à Seyſſel, monta les Alpes de Valey & de Sion pour deſcendre enſuite dans la Valdaouſte, & faire ces douze cent ſtades des Alpes dont parle Polybe, qui ſont cent cinquante mille d'Italie, & ſoixante & quinze lieuës de France. S'il n'y a ni herbe, ni plante ſur les montagnes par où Annibal conduiſit ſon armée, & s'il y trouva la glace des années precedentes, cela peut-il convenir aux montagnes de l'Embrunois, qui ſont d'un ſi grand rapport, que plus de quarante mille moutons y ſont menez tous les ans de Provence & du bas Dauſiné, pour y être nourris durant l'êté que l'herbe y eſt haute & abondante. Il paſſa donc par les montagnes de la Valdaouſte, qui en tout temps ſont couvertes de neiges, & qu'on nomme les grands glaciers, à cauſe que la glace y eſt perpetuelle.

Ajoûtez à cela que nôtre Autheur dit que de la hauteur de ces motagnes Annibal montra à ſes ſoldats les plaines & les campagnes d'Italie, & l'endroit où étoit Rome, ce qui ne peut être vû ni du Montcenis, ni du Montgenevre, ni du Montviſo, entre leſquels & les plaines d'Italie, il y a d'autres montagnes fort hautes qui couvrent ces plaines. Si tout cela n'eſt demonſtratif, je ne ſçai ce qui le peut être.

Pour l'endroit où Annibal paſſa le Rhône, Polybe dit que ce fut à quatre journées au deſſus de la mer que Annon en conduiſit une partie, encore *vingtcinq mille au deſſus, en un lieu où ils trouverent des Forêts & une Iſle, & un endroit où le Rhône étoit plus étroit*, ce qui me ſemble convenir à Roquemaure entre Orange & Avignon, car au deſſous on ne voit guere de Forêts, & le Rhône y eſt fort large, il ne falloit pas de-là quatre journées pour monter ſeulement juſqu'à l'embouchure de l'Iſere, & ils purent bien venir en quatre jours juſqu'à la pointe du concours du Rhône & de la Saône, où le Prince Gaulois qu'Annibal rétablit dans ſes Eſtats, aprés en avoir chaſſé ſon frere qui lui faiſoit la guerre, lui fournit tous les ſecours neceſſaires. Si Annibal marcha le long des terres des Allobroges juſqu'au pied des Alpes, il n'eut pas beſoin d'aller chercher le pays des Tricaſtins, & des Tricoriens que Tite-Live dit qu'il laiſſa à gauche. Ce qui fait voir que cet Hiſtorien Romain connoiſſoit mal la diſpoſition de ce pays, puiſqu'Annibal ſeroit allé vers les Liguriens, & vers les Salyens s'il avoit laiſſé à gauche ces peuples, qu'il devoit laiſſer à ſa droite pour aller le long du pays des Allobroges. Et s'il continua ſon chemin le long du Rhône vers l'Orient, comme dit Polybe, il faut qu'il ait paſſé au deſſus de Lyon, qui eſt un lieu où le Rhône coule d'Orient en Occident, comme j'ai déja remarqué, au lieu que depuis Lyon il coule du ſeptentriô au midi.

Aprés ces reflexions ſur la narration de Polybe, je ne m'arrêterai pas à ce que Tite-Live en a écrit, parce que n'ayant pas été dans ces pays comme Polibe, il a pû ſe tromper en beaucoup de choſes, particulierement en nommant des peuples dont Polybe n'a dit mot. Mais il convient avec lui qu'il paſſa en cet endroit ou eſt à preſent Lyon, & Plutarque a dit la même choſe.

de la Ville de Lyon.

J'avoüe que l'autre chemin étoit plus court & plus aisé à passer, mais Annibal s'éloignoit des Romains autant qu'il pouvoit, parce qu'il ne vouloit les combattre qu'en Italie, ce que Tite-Live a dit lui-même. *Non quia rectior ad Alpes via esset sed quantùm a mari recessisset minùs obvium fore Romanorum exercitui credens: eumque priusquam in Italiam ventum foret, non erat in animo manus conserere.*

Après ces reflexions sur le passage d'Annibal, je veux donner mes conjectures sur l'occasion que l'on pouvoit avoir eu à donner le nom d'Isle à ce triangle de terre que font le Rhône & la Saone, & dont parle Polybe à l'occasion du passage d'Annibal. Cet espace de terre me paroit avoir été autrefois une veritable Isle & de forme triangulaire, parce que cet endroit où est à present l'Hôtel de Ville, la Place des Terreaux, celle de la grande Boucherie, & ce qui est derriere jusqu'à la Saone étoit anciennement un fossé ou canal qui s'étendoit d'une Riviere à l'autre, & c'étoit là que se tenoient à couvert les batteaux de ceux qui trafiquoient sur l'une & l'autre Riviere. Ce Canal étoit si ancien qu'il avoit un nom Grec depuis la premiere fondation de Lyon, & se nommoit en cette Langue ΕΝ ΚΑΝΑΒΟΙΣ comme nous apprenons de cette inscription de Rome que j'ai déja rapportée de Caius Sentius Regulianus Chevalier Romain, qui trafiquant en huiles & en vins: en huiles qu'il tiroit d'Andaloüsie par la mer & par le Rhône, & en vins qu'il tiroit par la Saone de Bourgogne, & par le Rhône de Vivarets, de Languedoc, de Daufiné & de Provence, & qui étoit en même tems le Patron & le Chef des autres Negocians, *In Canabis consistentium.*

Ce terme *in Canabis* a fatigué nos Antiquaires, & nos Grammairiens, mais il ne signifie autre chose que les piquets où les pilotis ausquels s'attachoient les batteaux pour les arrêter. Κάναβος est un terme Grec qui signifie proprement le bois ou le noyau auquel ceux qui modelent, attachent leur cire, ou leur argile pour modeler, & quand ces bois sont nuds, ils sont appellez Κάναβοι Κάναβοι, les habitations qui étoient sur le bord de ce fossé du côté des Augustins & des Carmes, se nommoient encor quand les Peres Augustins s'y établirent le Fauxbourg de Cheneviere, de cet ancien mot *in Canabis*.

Les rigoles qui se faisoient de tuiles creuses & les gouttieres des toits se nommoient aussi *Canabula*. OMNE *territorium Provinciæ Piceni*, dit Frontin, *delimitatio est per rationem arcarum, vel Canabula, vel noverca, quod tegulis constituitur.* On donne encore aujourd'huy dans le Lionnois le nom de *chanées* à ces goutieres, & il y avoit anciennement un Prieuré de Filles, qui se nommoit *Prioratus B. Mariæ Canalium,* à qui est resté le nom de la Chana, que retiennent les Enfans adoptez de la Charité, à laquelle cet ancien Monastere a esté uni.

Il nous reste encor quelques mots Grecs en d'autres Inscriptions, & en lisant les Recherches des antiquitez de Lyon de Monsieur Spon, j'ai été surpris que sçachant la langue Grecque comme il la sçavoit, il n'eût pas fait reflexion, lorsqu'expliquant une inscription funebre d'un jeune enfant nommé Marc-Aurele Faustin, où on lit *multis annis vivat qui dixerit Arpagi, tibi terram levem.* Le mot d'*Arpagi*, dit Monsieur Spon p. 47. de la Recherche des Antiquitez & Curiositez de Lyon *n'est pas si facile à deviner, & à moins que ce ne soit quelque terme de mignardise qu'on donnât aux enfans, comme l'on dit en François,* Poupon, *j'avoüe que je ne sçai qu'il pourroit signifier.* Je dis que si j'eusse fait reflexion que c'étoit un mot Grec; car comme il sçavoit fort bien cette lâgue il auroit sans doute rappellé dâs sa memoire l'usage des Grecs, qui enterroiēt les enfans avant le lever du Soleil, en en prononçant ces mots Grecs ΗΜΕΡΑΣ ΑΡΠΑΓΗ, que le jour leur avoit été ravi. En voici l'usage raporté par Heraclides Pōticus, in Allegat. Homer. environ sur la fin. Ἦν δὲ ἀρχαῖον ἔθος τὰ σώματα τῶν καμνόντων ἐπειδὰν ἐκπαύσωνται τοῦ ζῆν μήτε νύκτωρ ἐκκομίζειν, μήτ' ἔσω ὑπὲρ γῆς τὸ μνημόριον ἐντίθεσθαι ἀλλὰ πρὸς ἕωθεν ὀρθρίοις ἀπύροις ἠλίου ἀκτῖσιν ἄρτιον ἐπειδὰν ἐν ὑγιεῖ τελευτῶσιν ἅμα ἠλίῳ πρὸς ἥλιον τελευτῶσιν, τὴν ὀρθρίην ἐκκομιδὴν ἐνενόμισαν ΗΜΕΡΑΣ ΑΡΠΑΓΗΝ, ὡς ἐκ ἀπόδειξιν, ἀλλὰ δὲ ἐρωτικῆς ἐπιθυμίας ἁρπασμένων. *Mos erat antiquis defunctorū corpora, neque noctu neque circà meridiem efferri, sed primo diluculo oriente sole, nec dum ignitos mittente radios: Itaque generoso quopiam & famoso juvene mortuo matutinam funeris relationem fausti ominis gratia* DIEI RAPTUM *appellabant, tanquam non expirasset, sed amoris desiderio raptus esset.*

C'est aussi un terme équivoque qui a été l'occasiō de l'erreur de Cluvier & de ceux qui l'ont suivi, parce qu'il a voulu corriger Polybe, & a changé mal à propos le mot Σκοίρας en celui d'Ἴσαρας; au lieu de lire Σκοίνας qui est l'ancien nom de la Saone qu'Ammien Marcellin nomme *Sauconna* au lieu de *Scona*, dont la preuve convaincante est le nom de Mâcon *Matiscona*, parce qu'il est sur les bords de la Saone. Car tout ce qu'on a dit de *Sangona* & du sang qui fit changer de couleur à cette riviere depuis Lyon jusqu'à Mâcon, est une Fable que le bon Gregoire de Tours a mêlée à beaucoup d'autres, pour avoir été un peu trop credule.

Outre ce que j'ai déja dit pour prouver le passage d'Annibal par ce pays, je ne dois pas omettre les sages reflexions qu'ont fait ceux qui ont refuté Cluvier, & rejetté sa pretenduë correction. Premierement, disēt-ils, Polybe qui a décrit si exactement le passage d'Annibal, cōpare l'Isle dont il est questiō à cette partie de l'Egypte qui fut nommée Delta Δ, à cause de sa figure triangulaire; ce qui ne peut convenir à cet endroit du Daufiné qui est entre l'Isere & le Rhône, qui approche plus d'un quarré long que d'un triangle. Secondement, Polybe dit que le Pays qu'il décrit étoit tres-abondant en bled, *Regionem & cultoribus frequentem & frumenti feracem*, ce qui convient parfaitement à la Dombe & à la Bresse, & non pas au Daufiné, qui n'a guere de bled qu'en la plaine, & où il y a même beaucoup plus de vignes particulierement depuis Montelimard jusqu'à Vienne où les vins sont exquis, sur tout ceux de Thin, & de l'Hermitage.

Non seulement tout ce pays entre le Rhône & la Saone est appellé du nom d'Isle par Polybe, & par Cesar, mais cette partie de Lyon qui est bâtie entre ces deux Rivieres, étoit anciennement une vraye Isle de figure triangulaire & entourée d'eau de tous costez. C'est une découverte que je dois à un ancien Cartulaire de l'an mille, que m'a communiqué Monsieur Neron Archiviste de la Commanderie de S. George de Messieurs de Malte, & si bien versé en la connoissance des anciens titres, qu'il a mis en ordre dans les Archives de Messieurs les Comtes de Lyon, & dans tant d'autres Archives. Ce Cartulaire contient des Donations faites à l'Abbaye d'Aisnay, des reconnoissances, & des transactions, heritages, directes, cens, servis, dixmes, & autres droits dans le pays Lyonnois, & dans le quartier dit du Mont-d'Or aux Paroisses de Chasey, Chasselay, Marcilly, Lozanne, Poüilly & autres Circonvoisins depuis l'an 950. jusqu'à 1032. Il y a en ce Cartulaire, quatre-vingt dix titres, où on lit que le Monastere d'Aisnay a été bâti dans un lieu qui est appellé l'Isle, ou dans une Isle qui est appellée Aisnay. *Sacrosancta Dei Ecclesia quæ est constructa* in insula quæ Athanacus nuncupatur, *& in honore sancti Martini dicata, ubi Domnus Raynaldus Abbas præesse videtur, &c.* Ces Actes ont été passez sous huit ou dix Abbez differens, & sous les Regnes de Raoul, & de Conrard Rois de Bourgogne.

Aprés avoir examiné soigneusement ces titres, & consideré l'ancienne disposition de Lyon dans les Cartes les plus antiques que j'ay pû recouvrer, j'ay trouvé qu'anciennement il y avoit un Canal de communication entre le Rhosne & la Saone, depuis le port de Saone que l'on nomme de la feuillée derriere la grande Boucherie, jusqu'au delà du Jardin de l'Hôtel de Ville, & toute cette étendüe dont une partie se nomme encore les *Terreaux*, d'un nom qui signifie un fossé en langage Lyonnois, étoit un fossé ou canal, où du temps des Romains, & même avant leur venüe dans les Gaules se tenoient tous les batteaux des Marchâds qui trafiquoient sur le Rhône & sur la Saone; & ce lieu se nommoit alors *In Cannabis*, comme j'ay déja observé, & justifié par des inscriptions.

La rüe que l'on nomme les *Ecloisons* étoit l'éclu-se de ce Canal, que l'on faisoit écouler dans la Saone par une autre rüe qui est encore nommée le *Baissard*, parceque c'étoit par là que l'eau baissoit. C'est de ce Canal qu'il faut entendre ce que Gregoire de Tours a écrit au livre 5. de son Histoire, que la cinquiéme année du Regne de Childebert il y eut de si grandes inondations que toute la Limagne d'Auvergne ne put être semée, & que le Rhône & la Saone s'étant joints & débordez renverserent une partie des murailles de Lyon. *Rhodanus cum Arari conjunctus ripas excedent, grave damnum populis intulit, muros Lugdunensis Civitatis aliquà ex parte subvertit.* Je dis que cela ne se peut entendre que de ce Canal de communication entre les deux rivieres, qui ne pouvant plus contenir une si grande abondance d'eaux, renversa les murailles de la Ville qui étoient sur les bords de ce fossé; car la Ville se terminoit ainsi de ce côté, & l'une de ses portes étoit à la Pescherie auprés de la Platiere, & l'autre à l'entrée de la rüe de la Lanterne vis à vis les grands Carmes, & se nommoit la fausse Porte de la Lanterne. Les murailles qui fermoient la Ville du côté du Midy s'étendoient depuis le port dit de Chalamont prés la mort qui trompe, jusqu'au Rhône devant la Place des Cordeliers, dont le lieu qu'ils occupent à present étoit hors la Ville, aussi bien que les deux Grenettes, & tout l'espace qui s'étend depuis la rüe merciere jusqu'à Aisnay. Ainsi l'inondation ne pouvoit pas de ce côté-là renverser les murailles, que toute cette partie de Ville mettoit à couvert des débordemens de ces deux rivieres. Enfin nous avons vû de nos jours une partie de cét ancien canal, sur lequel l'Hôtel de Ville a été bâti, & c'étoit avant l'an 1646. le lieu où l'on s'exerçoit à tirer à l'arquebuse. Comme l'an 1462. la ville fit des procedures contre le Cardinal de Bourbon pour les fossez de la Lanterne où elle avoit droit de pesche. Ce qui fait voir que ce devoit estre encore alors une partie de l'ancien canal, puisqu'il y avoit du poisson.

III. DISSERTATION

Des Colonies Romaines établies à Lyon.

LA Ville de Lyon qui avoit été bâtie par des Grecs sortis de Languedoc, d'où ils avoient été chassez par les Marseillois leurs voisins, joüissoit d'un assez grand repos, & conservoit sa liberté dans un paisible commerce, quand Jules Cesar vint dans les Gaules sous pretexte de défendre les Alliez des Romains des invasions des Suisses & des Allemans. Le succez qu'il eut en diverses guerres flaterent son ambition, & cherchant autant sa gloire, que les interets de la Republique, il assujettit peu à peu ceux qu'il sembloit d'abord ne devoir que proteger contre les entreprises de leurs ennemis. Pour executer ses desseins, il avoit besoin de ses Soldats qui le servoient utilement, & il leur procuroit tous les avantages que le sort des Armes, & ses Conquêtes luy mettoient entre les mains : le moyen le plus ordinaire de recompenser leurs services étoit de leur distribuer les terres des peuples qui avoient été vaincus, & de les établir dans les Provinces nouvellement conquises, qui devenoient par ce moyen, peu à peu fideles aux Romains, étant remplies de nouveaux habitans ou sujets de la Republique, ou attachez à sa fortune par le serment militaire, & par de longs services. C'étoit aussi la coûtume des Romains, quand ils envoyoient leurs Generaux commander dans les Provinces, de leur donner des Questeurs ou Tresoriers des guerres, qui payoient les Soldats, & prenoient soin de vendre les dépoüilles des ennemis vaincus, pour en faire transporter les deniers dans les coffres de la Republique.

Marc-Antoine eut cét employ sous Jules Cesar dans la Gaule Transalpine, ou Celtique avec la Dignité de Proconsul, l'an 701. de la Fondation de Rome, il fut élevé à cette dignité d'une maniere extraordinaire sans declaration du Senat, sans avoir tiré au sort cét employ comme on avoit accoûtumé, par la seule faveur de Cesar, comme Ciceron lui reproche en la seconde Philippique. *Quæstor es factus, deinde continuò sine S. C. sine sorte, sine lege ad Cæsarem cucurristi.* Il se fit dés lors creature de Cesar, & ce fut là le commencement de sa fortune qui l'eleva par dégrez à toutes les dignitez de la Republique, & des Armées jusqu'à celle de Triumvir, qui luy fit partager avec Auguste & Lepide l'Empire de l'Univers.

Ce fut alors qu'il vint à *Lugudunum*, & l'ayant trouvé une Ville florissante pour le commerce, il y trouva des ressources pour tous les besoins de l'armée. Il en tiroit de l'argent & des vivres autant qu'il vouloit, & comme les premiers Fondateurs & les premiers Habitans de cette Ville avoient esté Rhodiens, la nouvelle alliance que contracterent l'an 702. les Rhodiens avec le Senat & la République, & l'attachement qu'ils eurent pour Cesar, fit que Marc-Antoine considera toûjours cette Colonie de Rhodiens comme amie des Romains, & leur fit conserver la liberté dans laquelle ils avoient vécu jusques alors. Ainsi toutes les poursuites des Ennemis ou des envieux de Cesar n'ayant pû lui faire ôter le commandement des Gaules où il vouloit s'affermir, il donna quinze cohortes à Marc-Antoine avec le gouvernement du Beauvoisis, & luy continua l'employ de Proquesteur : tandis que Cesar alloit s'assurer des Villes & des Peuples qu'il avoit reduits sous la domination des Romains, en prenant des ôtages pour s'assurer de leur fidelité, car il n'osoit pas encore les reduire en Province, craignant les soûlevemens de ces peuples.

En ce temps-là *Lugudunum* conservoit le Privilege qu'il avoit comme la principale Ville de commerce, de battre des monnoyes d'or, d'argent & de cuivre sous sa marque ordinaire d'un Lyon, qui n'étoit pas moins le simbole de sa liberté, que de son ancienne origine qu'il tiroit des Rhodiens. Ce fut de là que Marc-Antoine tira les grandes remises qu'il envoya à Cesar pour gagner Lucius Æmilius Paulus qui étoit Consul l'an 703. & Caius

de la Ville de Lyon.

Caius Curion Tribun du peuple, qui s'opposerent au decret que le Senat vouloit faire pour obliger Cesar de désarmer & de revenir à Rome. Curion qui étoit accablé de dettes ayant receu de grosses sommes de Cesar protesta qu'il ne consentiroit jamais que ce decret passât, que tous les autres Generaux ne fussent rappellez, & en particulier Pompée, qui avoit pour luy toute la brigue du Senat. Ainsi les amis de Pompée ayant été obligez de chercher un temperament à cét Edit, il fut ordonné que chacun de ces deux Chefs donneroit une de ses Legions pour la guerre contre les Parthes, à quoy Cesar obeit aussi-tôt envoyant une de ses quinze Legions, & Pompée ne voulant pas affoiblir son armée, il en coûta une seconde Legion à Cesar, qui fut obligé de s'en défaire & l'on vit bien que la guerre des Parthes n'avoit été qu'un pretexte, puisque Pompée donna à Marcellus ces deux Legions que Cesar avoit cedées. Curion Tribun du peuple soûtint avec tant de chaleur les interets de Cesar, que tous les Autheurs de ces temps, non seulement les Historiens, mais même les Poëtes l'accuserent d'avoir vendu sa Patrie, & jetté les premiers fondemens de la Tyrannie de Cesar. Virgile sans le nommer designe au sixiéme de l'Eneide, où il le place dans les Enfers pour son avarice.

Vendidit hic auro patriam, dominumque potentem
Imposuit.

Mais Lucain parle plus clairement, & non seulement il le fait connoître par son nom, mais il dit ouvertement que ce fut l'or de Cesar, & les dépoüilles des Gaulois qui corrompirent ce Tribun, & que ce fut l'occasion du renversemé: de la Republiqu.

Momentumque fuit mutatus Curio rerum,
Gallorum captus spoliis, & Cæsaris auro.

Cesar pour reconnoître les bons offices qu'Antoine luy avoit rendu en cette occasion, mit ses troupes en quartier d'hiver, & passant dans l'Italie, il assembla les Municipes & les Colonies de son Gouvernement de la Gaule Cisalpine, pour briguer le Sacerdoce pour Antoine son Questeur, qui luy étoit d'un si grand secours.

Ciceron qui prévit qu'Antoine porté par Cesar iroit loin, parce qu'il étoit homme de Naissance, adroit, puissant, éloquent, & secondé de deux autres freres, qui étoient actuellement Questeurs comme luy en diverses Provinces, écrivit à Thermus qui commandoit en Asie, & qui vouloit se défaire de Caius Antonius frere de Marc, de ne pas faire cét affront à un jeune homme qui pourroit s'en ressentir, aussi bien que ses deux freres, & qu'ils étoient tous trois en passe d'être successivement Tribuns du peuple. *Mihi magis magisque quotidie de rationibus tuis cogitanti placet illud meum consilium, quod initio Aristoni nostro, cum ad me venit ostendi: graves te suscepturum inimicitias, si adolescens, potens & nobilis à te ignominia affectus esset. Et hercle sine dubio erit ignominia, habes enim neminem honoris gradu superiorem; ille autem in eorum nobilitatem, hoc ipso vincit viros optimos, hominesque innocentissimos Legatos tuos, quod & Quæstor est, & Quæstor tuus. Nocere tibi iratum neminem posse perspicio, sed tamen tres fratres summo loco natos, promptos non indisertos, te nolo habere iratos, præsertim jure, quos video deinceps Tribunos plebis per Triennium fore.*

La prévoyance de Ciceron ne fut pas vaine, Antoine fut Tribun du peuple l'an 704. & joignit à cette dignité la Lieutenance du Gouvernement de Cesar en Italie, avec le Commandement sur toutes les garnisons, tandis que Cesar passa en Espagne avec son armée.

L'an 706. Antoine qui faisoit toûjours de nouveaux progrez par la faveur de Cesar, fut fait par ce Dictateur, General de la Cavalerie sous ses ordres, & ce qui fait voir que les Segusiens furent toûjours considerez comme amis des Romains, & comme peuples libres, c'est que l'an 707. Cesar entrant en triomphe dans Rome pour la Conquête des Gaules, fit porter les simulachres du Rhin, du Rhône & de l'Ocean, où il avoit défait les ennemis de la Republique, mais n'y fit point paroître la figure de la Saone. Et c'est la principale raison du silence de Cesar à l'égard de *Lugudunum*, qui luy avoit toûjours été favorable à cause d'Antoine, & qu'il n'avoit garde de faire mention d'une Ville dont il avoit tiré de si grand secours d'argent, & qu'il avoit laissé joüir de sa liberté.

Enfin l'an 708. Cesar après avoir obtenu la dictature perpetuelle, & le commandement absolu dans la Republique, ce qui fut la cause de sa perte, & de la conspiration qui se trama contre luy, se declara Consul pour l'an 709. & choisit Marc-Antoine pour Collegue de cette Dignité, comme le principal instrument de sa grandeur. Il donna en mesme temps à Plancus le Gouvernement de la Gaule Celtique que l'on nommoit alors ulterieure : où le Senat luy ordonna après la mort de Cesar aussi bien qu'à Silanus & à Lepide autres Lieutenâs de Cesar dans les Gaules, de bâtir une Ville à ceux qui avoient été chassez de Vienne. Plancus n'eut pas neanmoins le loisir d'éxécuter en personne, cette entreprise, car dés qu'il eut receu cét ordre du Senat, il s'avança vers les Alpes sur les bords de l'Isere prés de Cularo, qui est à present Grenoble, & ne retourna plus à Lyon que plus de vingt ans après pour y mener une Colonie. Ainsi je ne voy pas comment Monsieur de Marca a pû dire que ce fut luy qui fit battre les monnoyes, où Antoine a le titre de Triumvir, & où l'on voit un Lion avec le mot *Luguduni* : Puisqu'il est certain que depuis le Triumvirat il ne paroit pas avoir favorisé le parti d'Antoine, au contraire il se declara contre lui, accusa Lepide au Senat de favoriser ce parti, ou du moins de dissimuler, & de n'être pas contraire aux desseins d'Antoine, & fut toûjours depuis attaché au parti d'Octave Cesar, à qui il persuada de prendre le nom d'Auguste. Il ne faut que lire les lettres de Ciceron à Plancus, & de Plancus à Ciceron, à qui il rend un compte éxact de sa conduite, & dans un grand détail, pour voir qu'il est absolument declaré contre Antoine, & qu'il ne fait nulle mention de Lyon, ny d'avoir rien contribué à bâtir une Ville entre les deux rivieres. Ainsi si cette Ville fut alors bâtie, ce ne fut que par les soldats, de ces trois Generaux, & par les refugiez de Vienne, sans que Plancus y eût alors d'autre part que d'être Gouverneur pour les Romains en cette partie des Gaules où elle fut bâtie, Ville qui pour lors n'avoit rien de commun avec *Lugudunum*, comme j'ay fait voir assez clairement dans la Dissertation precedente. Mais il est tems de representer ces monnoyes qui portent le nom d'Antoine & celui de *Lugudunum*, & d'en donner une explication plus juste, & plus exacte que toutes celles qu'ont donné nos Antiquaires, qui les ont mal expliquées, pour n'avoir pas assez connu Lyon, ny fait assez d'attention à nôtre Histoire, qui a toûjours été obscure à cause de la prevention en laquelle on étoit que Plancus étoit le premier Fondateur de cette Ville.

III. Dissertation sur l'Origine

J'ay dit que Monsieur de Marca avoit crû que c'étoit Plancus qui avoit fait ces monnoyes pour honorer le Triumvirat de Marc-Antoine, en voici la preuve tirée du nombre XCIX. de sa Dissertation de la Primatie. *Non omittendum est ad Lugduni commendationem, quod observat Strabo Romanorum Præfectos monetam aureum, & argenteam Lugduni cudere solitos, quod profectum ex instituto Planci, ut patet ex argenteo nummo quem statim post Coloniam conditam ibi percussum exhibent eruditi, cum hac inscriptione,* ANTON. IMP. III VIR. R. P. C. A. XL. *Ex adversâ parte* LUGDUNI. *cum Leonis effigie.* Outre cette attribution faite à Plancus, ce Savant Homme n'a pas rapporté éxactement les Legendes de cette Médaille, puisqu'il a changé le mot de *Lugduni* en celuy de *Lugduni*. Et qu'il a placé du côté de la tête A. XL. qui est au revers du côté du Lion. J'ay déja dit que tous les Autheurs convenoient que le Lion qui fait le revers de cette monnoye étoit la marque ancienne de la Colonie. *Vetus Coloniæ insigne.*

Et c'est une des principales preuves de la premiere Fondation de cette Ville par des Grecs, parce que les monnoyes des Phocenses, des Marseillois, de ceux de Beziers, & des autres Grecs établis dans la Provence, dans le Languedoc & dans la Sicile avoient de semblables revers, comme on peut remarquer dans les figures de quelques-unes de ces monnoyes que j'ay rapportées. Je ne recherche pas maintenant quelle pût être la cause du choix de cette figure, parce qu'elle ne fait rien à mon sujet, car il n'y a eû que des ignorans qui ayent pû se figurer que c'étoit ce Lion qui avoit été l'occasion du nom donné à cette Ville.

Ce qui a fait le plus de peine à tous les Antiquaires est l'interpretation de ces lettres. A. XL. pour lesquelles il y a eu plusieurs sentimens differens.

Fulvius Ursinus a crû que par ces caracteres A. XL. il faloit entendre qu'il y avoit quarante ans que Lyon étoit bâti quand on y mena une Colonie de Romains, & que c'est le nombre de ces années qui est ainsi marqué. *Notis* A. XL. *annos significari arbitror à Lugduno condito ad Coloniam deductam.* Juste Lipse croit qu'il faut les entendre de quarante peuples. *Quod in Numis M. Antonij legimus Lugduni* A. XL. *libentius ad gentium numerum retulerim; quam ut alij ad annorum Coloniæ condita.*

Monsieur de Marca qui refute l'opinion d'Ursinus, & celle de Lipse les interprete de la valeur de la monnoye, *His literis* A. XL. *valor nummi significatur, id est assium* XL. *non enim annum Coloniæ deductæ designant, quæ à quadriennio tantum condita erat. Neque etiam à populis* XL. *Gallia excusum ut visum Lipsio. Nummi enim à Præsidibus Romanis hic excudebantur, ut docet Strabo; non autem à Populis. Deinde Conventus Lugdunensis erat sexaginta Populorum non autem quadraginta.*

Comme ce Sçavant homme a fort bien refuté Ursinus & Juste Lipse, il n'est pas moins aisé de combattre son sentiment, en disant que cette monnoye qui n'étoit qu'un quinaire ne pouvoit pas valoir quarante sols, & qu'ainsi il faut chercher à ces lettres une autre interpretation que celles de ces trois Autheur. Pour la trouver je dis après Hygenus, Columelle & plusieurs autres Autheurs, que c'étoit l'usage des Romains quand ils établissoient des Colonies, de distribuer les champs aux Soldats qu'ils établissoient dans ces Colonies, ce qu'ils nommoient en leur langue, *Centuriare Agros*, Parce que comme Hygenus a remarqué en son Traité, *De Limitibus constituendis*, & Columelle après lui, on divisoit les champs par Centuries, donnant à chaque soldat deux arpens, ce qui faisoit deux cens arpens par Centurie. Et Siculus Flaccus au livre *De conditionibus Agrorum*, dit au Chapitre *de divisis & assignatis*, que les champs se divisoient par Centuries pour en marquer les limites, & s'assignoient par tête, distinguant de cette sorte la division de l'assignation. *Dividuntur ergo agri limitibus institutis per Centurias, assignantur viritim.*

Ce n'est qu'en tremblant que je donne mes conjectures sur l'explication de ces lettres A. XL. quand je considere que tant de grands hommes ont écrit sur cette matiere des Colonies, & que j'ose ouvrir une carriere nouvelle, quoyque je ne diray rien qu'après les anciens Autheurs que j'ay citez, dont les restes precieux nous peuvent éclaircir beaucoup de difficultez.

Ils nous apprennent que les Romains ayant introduit l'usage de recompenser les soldats qui les avoient servi long-temps, en leur distribuant les Champs qu'ils prenoient sur les ennemis, cela avoit fait dans les Provinces d'Italie, des Gaules, d'Espagne, d'Allemagne, de la Grece, de la Syrie, &c. des établissemens considerables de Sujets de la Republique, & qu'on avoit donné le nom de *Municipes* ou de *Colonies* à ces établissemens, de la faculté qu'avoient ces Villes de joüir des droits des Citoyens Romains, d'aspirer aux charges de la Republique, de vivre selon ses Loix, & d'aprés part aux Privileges ou de Rome, ou des Villes voisines de Rome.

Les Champs que l'on partageoit étoient de trois especes, où ils étoient enlevez aux ennemis par les irruptions des Soldats, & ces Champs sont nommez, *occupatorii agri*; ou ayant été pris sur les ennemis, ils étoient remis aux Questeurs pour être vendus au profit de la Republique, ceux là sont nommez *Questorij agri*, ou enfin ils étoient distribuez par les Preteurs, ou par les Generaux d'Armées, ou Chefs des Legions à leurs Soldats, & ces Champs étoient apellez Divisez & Assignez, *Divisi & assignati.*

J'ay déja remarqué qu'ordinairement ces divisions se faisoient par Centuries en assignant deux arpens à chaque Soldat, Siculus Flaccus le dit ainsi, *Centurijs quarum, nunc mentionem facimus, vocabulum datum est ex eo; cum antiqui Romanorum*

de la Ville de Lyon.

agrum ex hoste captum Victori populo per bina jugera partiti sunt centenis hominibus ducentena jugera dederunt, & ex hoc facto centuria juste appellata est.

Ces divisions se faisoient avec des perches qui servoient à mesurer les espaces que l'on donnoit à toute une Centurie & à chaque Soldat en particulier, & je m'étonne que tous nos Sçavans qui ont expliqué les médailles de tant de Colonies où ces perches sont marquées n'en ayent fait aucune mention. J'estime donc que cette ligne qui est entre A. & XL. dans nos monnoyes de Marc-Antoine est la figure de cette perche qui servoit à faire la division des Champs ; & c'est le même Siculus Flaccus qui me l'apprend, quand il dit que l'on donnoit le nom de *perches* à ces portions de terre que l'on assignoit à ceux qui devoient former une nouvelle Colonie dans un certain pays. *Attamen omnes quarum Coloniarum Cives acceperunt, ejus Pertica appellabuntur.*

Il ajoute que l'on donnoit divers noms à cette étenduë de terres ainsi partagées & assignées, que quelques-uns s'appelloient *Formes*, d'autres *Perches*, d'autres *Centuries*, d'autres *Metes*, d'autres *Limites*, quelques-uns *Cloisons* & d'autres enfin *Types*, quoy que ce fût toûjours la même chose. *Nominibus ergo agrorum divisorum, qui institutis limitibus divisi sunt, & Formæ variæ appellationes accipiunt : & quamvis una res sit forma, alii dicunt Perticam, alii Centuriationem, alii metationem, alii Limitationem, alii Cancellationem, alii Typon, quod ut supra diximus una res est forma.*

Tout l'espace de terre ou de Champs divisés & assignés s'appelloit du nom de *Préfecture*, parce que l'on y établissoit des Magistrats pour exercer leur Jurisdiction sur les nouveaux habitans de ces Colonies. *Sua quæque regio formam habet, qua singula Præfecturæ appellantur ideo quoniam singularum regionum divisiones alii præferunt, vel ex eo quod in diversis regionibus Magistratus Coloniarum Jurisdictionem mittere soliti sunt .... Ergo illa Præfectura dicitur cujus territorio ager sumptus finierit perticam illam, tamquam Coloniam illam ubi Civis deductus fuerit.*

Je crois donc qu'il falloit avoir égard dans les Medailles des Colonies, à ces lignes tirées sous les signes militaires sous les bœufs, & sous les autres figures qui sont marquées dans ces Medailles. Ce qui a depuis été pratiqué indifferemment en plusieurs autres Medailles pour faire cet espace que les Autheurs appellent *Exergue*, parce que c'est un espace comme hors d'œuvre dans les Medailles.

Ces reflexions m'ont fait croire que l'on a attribué à Sarragosse, & à Calahorre villes d'Espagne & anciennes Colonies, des Medailles qui ne leur appartiennent pas. Ce sont celles où l'on voit ces lettres C. C. A. que l'on interprete *Colonia Cæsarea Augusta*, ou *Colonia Calaguris*. Ne sçay si ma conjecture est bien fondée, mais je croy qu'il faudroit lire *Centuriatis agris*, pour marquer cette distribution, ou ce partage de champs par Centuries.

Je conjecture aussi que la diversité des Types de ces Medailles de Colonies vient de la diversité des Champs assignés. Que ceux où l'on voit des signes militaires *Occupatorii agri*, c'est à dire des terres conquises par les Soldats, aussi-bien que celles où il y a des Couronnes de laurier. Que celles où il y a des Couronnes de chêne étoient celles des Peuples qui s'étoient volontairement donnez aux Romains pour être conservés sous la protection de la Republique : Que celles où il y a des bœufs & des charruës, étoient les champs achetez ou donnez par les Questeurs pour être cultivés au profit de la Republique, & que celles qui portent des symboles particuliers des Co-

lonies marquent que ces Colonies ont été amiablement & librement reçuës par les habitans des contrées ou ces Colonies s'établissoient. Ainsi je croy que le Lion qui est dans la Medaille d'Antoine étoit la devise des Segusiens Peuples libres, chez qui s'est établie une Colonie de Romains par Marc-Antoine. Puisqu'aussi bien Pline parlant de ces Peuples, dit au livre 4. ch. 18. *Segusiani liberi in quorum Agro Colonia Lugdunum.* Non pas que je croy que ce soit de là que la Ville de Lyon ait pris le nom qu'elle a aujourd'hui, & l'armoirie qu'elle porte. Les Armoiries n'étant en usage que depuis l'an mille ou onze cens, comme j'ay fait voir en un traité de l'origine du Blason, & le nom de Lyon ayant été formé de *Lugdunum*, comme celuy de Noyon de *Noviodunum*, de Sion, de *Sedunum*, il n'y a nulle aparence qu'il y ait eu d'autre raison de ce nom de Lyon en nos armoiries que le raport du nom de cette Ville en nôtre langue avec celui de cet animal. L'explication des lettres qui sont aux deux extremités de la perche dans nôtre Medaille A———XL. dépend de l'usage des Romains en la division des champs qu'Hygenus a non seulement marqué en son traité *De Limitibus constituendis*, mais dont il a encore donné la figure qui peut servir d'éclaircissement à cette Medaille.

Il dit que la forme des Centuries se prenoit selon l'étenduë, & la nature des champs que l'on devoit distribuer. Que la distribution que firent les Triumvirs en Italie étoient de cinquante arpens & de deux cens en quelques autres endroits : ceux de Cremone de deux cent-vingt, & qu'Auguste la fit de quatre cens arpens à Merida. *Modum autem Centuriis quidam secundum agri amplitudinem dederunt, in Italia Triumviri jugerum quinquagenum, alibi ducenum, Cremona jugera CCXX, Divus Augustus in Beturia Emerita jugera CCCC.*

Ce même Autheur qui fut affranchi d'Auguste, marque la maniere dont se faisoient ces divisions en longueur & en largeur, d'Orient en Occident, & du Midy au Septentrion parce que la position ou l'aspect des terres à l'égard du Soleil levant & du Midi fait une grande difference entre leur bonté & leur raport. Ce qui s'observoit particulierement à l'égard des terres qui se vendoient pour fixer les differences des prix. Car, dit Siculus Flaccus, on faisoit des portions de cinquante arpens divisés en dix perches quarrées, ce qui fit donner le nom de *Dixaines* à ces portions de terre. *Quæstorij agri dicuntur, quos ex hoste captos P. R. per Quæstores vendidit. Hi autem limitibus institutis laterculis quinquagenum jugerum effectis venierunt. Quemadmodum decem actus in quadratum per limites dimensi efficiunt : unde etiam limites Decumani sunt dicti.*

Ce nom de dix perches étoit commun à toutes les portions de terre que l'on partageoit, & l'on ne les distinguoit que par la diversité des Aspects comme l'on fait encore à présent dans les contracts de vente & d'achapt des terres dont on marque les tenans & les aboutissans du côté de Vent, de Bise, de Soir & du Matin. *Cum ergo omnes limites à mensurâ denum Actuum Decimani dicti sint, hi qui Orientem, Occidentemque intuentur, qui Meridianum & Septentrionem tenent unum vocabulum illis erat, Decumanum nuncupabant matutini, & vespertini, & meridiani, & septentrionis Cardinem.*

Enfin on determina que le nom de *Decumani* demeureroit aux terres qui s'étendroient d'Orient en Occident, ou de Matin au Soir, & que l'on appelleroit *Kardines*, celles qui s'étendroient entre le Midi & le Septentrion, Vent & Bise. *Posteà verò cum agri dividerentur & assignarentur, decimani quidem vocabulum permansit, ut hi qui Orientem, Occidentémque intuentur* decimani dicerentur : hi verò qui *Meridianum & Septentrionem, quoniam Cardinem mundi tenerent*, Cardines *sunt appellati.*

Il a fallu necessairement démêler ces differences de mesures & de positions pour l'intelligence de la figure que donne Hygenus, & sans laquelle on ne peut bien expliquer la Medaille de Marc-Antoine. Voicy cette figure avec son explication

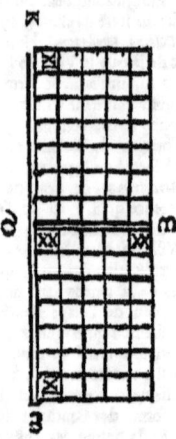

Ce K. & cette M. signifient *Kardo maximus*, & *D. M. Decumanus maximus*. Les deux XL. que la grande étenduë du Midi au Septentrion par les points cardinaux étoit de XL. Actes, la largeur par les *Decumans* d'Orient en Occident étoit de XX. Actes.

Aprés quoy il me semble que la Medaille de Marc-Antoine est éclaircie, & qu'elle nous apprend qu'il divisa les champs de Lyon par XL. actes, & qu'il faut ainsi interpreter la ligne & ces lettres A. —— XL. *Actuum quadraginta*, ce qui me semble n'être plus une conjecture, mais tenir de la demonstration aprés les choses preallegueés, pour l'intelligence de ces lettres.

Le même Hygenus ajoûte qu'en ces divisions quand les Decumans sont de XL. actes comme ceux de la Medaille d'Antoine & les *Cardines* de XX. le Decuman regarde directement l'Orient. *Quibus divisionibus decumani habent longitudinis actus XL. K. actus XX. Decumanus est in Oriente*, ce qui est justement la position de l'ancien Lyon selon Seneque.

Vidi duobus imminens fluviis jugum
Quod Phœbus ortu semper obverso videt.

C'est ainsi que Cesar & Antoine étoient convenus de faire ces partages, aprés qu'ils auroient vangé la mort de Jules Cesar, & qu'ils se seroient défaits de ceux qui y avoient eu quelque part. *Cæsar secundùm id quod cum Antonio post victoriam fecerat pactum, omnibus suis Antoniíque militibus agros dividere volebat, ut eorum sibi animos benevolentiâ obstringeret*. Cesar fit cette division dans l'Italie dépoüillant les proprietaires de leurs biens & de leurs esclaves pour les donner à ses Soldats, à la reserve de ceux qui avoient acquis leurs terres des Questeurs au profit de la Republique, ou de ceux qui les avoient reçuës pour recompense de leurs services passés dans les armées. *Cæsar omnes initio per totam Italiam agros, nisi quid miles aliquis dono accepisset, aut ex publicis agris emisset, unà cum mancipiis & instrumento reliquo dominis adimebat, ac militibus dabat.*

Marc-Antoine fit dans les Gaules ce que Cesar avoit fait dans l'Italie, mais au lieu d'ôter comme lui les terres à leurs anciens possesseurs, il les leur confirma & se gagna par là leur amitié.

J'en tire les preuves d'Appien Alexandrin, qui a décrit exactement tous les demêlez qu'eut ce Triumvir avec Octavien Auguste, & leurs diverses reconciliations. Car il dit au livre 5. des guerres civiles que ces deux Triumvirs étoient convenus ensemble de partager les champs à leurs Soldats veterans, dans les Provinces qui leur avoient été assignées, *Triumviri hæc statuerunt de communi sententia & confestim in quinquennium Urbanos Magistratus annuos designarent: Provincias ita partirentur ut Antonius haberet universam Galliam excepta Narbonensi Provincia; huic verò Lepidus præesset unà cum Hispania, &c.* Appian. de bellis civil. l. 4. *sub initium*. Lucius frere d'Antoine se declara pour ceux à qui l'on avoit ôté leurs terres pour les donner aux Soldats de son frere & d'Octave, ce qui souleva contre luy les Soldats de l'un & de l'autre, Manius voyant que l'Italie étoit maltraitée par Octave qui en donnoit les possessions à ses Soldats, luy dit qu'Antoine se contentoit de tirer de l'argent des étrangers, tandis que luy desoloit toute l'Italie, & fraudoit même Antoine de la Gaule qui lui étoit échuë en partage, & qui étoit bien mieux traitée que l'Italie, on avoit livré dix-huit Villes aux Soldats: qu'au lieu de payer les seules XXVIII. Legions qui avoient combatu pour lui, il en recompensoit XXXIV. & dépoüilloit même les Temples pour payer les Soldats, ne cherchant qu'à se les gagner. De ces paroles de Manius nous apprenons que Marc-Antoine qui avoit la Gaule en partage y fit la division des champs, & que preferant l'argent qu'il en pourroit tirer à l'établissement de ses Soldats, il avoit permis que les Gaulois se rachetassent de cette division & de ce partage, tandis que l'Italie étoit en proye aux Soldats de Cesar, *Manius respondit satis asperè Antonium tantum pecunias colligere ab exteris, Cæsarem verò & exercitus & opportuna loca Italiæ præoccupare, conciliatis sibi hominum studiis, nam & Gallianos qui priùs obvenerat Antonio nunc in fraudem illius liberari, & Italiam prope mediam universam pro Octodecim civitatibus transcribi veteranis: præterea Legionibus XXXIV. non solis XXVIII. quæ pro suis partibus pugnaverant agros dividi: atque etiam pecuniam è fanis desumptam.* Appian. de bellu civil. l. 5. Tout ce cinquiéme livre d'Appien ne contient presqu'autre chose que les querelles de Cesar, d'Antoine, de Lucius frere d'Antoine, & de Fulvia sa femme à l'instigation de Manius qui agissoit au nom d'Antoine pour ses Colonies & pour les divisions des terres.

Monsieur de Marca a fort bien remarqué aprés Dion; que ce fut l'an 712. de la ville de Rome que se fit cette division des terres, & que fut frapée à Lyon cette Medaille d'Antoine aprés qu'il eut la Gaule pour son partage, dont Auguste le dépoüilla deux ans aprés. *Antonius iste est Triumvir Reipublicæ constituendæ, cui Gallia contigit in partione Provinciarum, quam inivit cum Collegis anno V. C. 712. teste Dione: unde biennio post depulsus est armis Augusti, quare eo triennio quo Gallias tenuit, necesse est excussum fuisse nummum istum*. Nous avons encore dans Sidonius Appollinaris un témoignage de ce partage des champs fait par Antoine, & des Colonies qu'il établit en ce pays. C'est en une Epigramme où ce saint Evêque invitant un de ses amis nommé Ommatius à le venir voir le jour qu'il celebroit ses amis, celuy de sa naissance, il lui parle de la frugalité de ce festin, & lui dit entre autres choses qu'il n'y aura pas du vin du Mont d'or ou de Cozon, qu'il appelle un pays auquel le Triumvir imposa ce nom.

Pocula non hic sunt illustria nomine pagi
Quem posuit nostris ipse Triumvir agris.

de la Ville de Lyon.

Sans m'arrêter au mot de *Pagus*, qui est pris pour un canton, ou pour un païs dans tous les anciens Autheurs, & non pas pour un simple village; je m'attache uniquement à chercher quel peut être ce païs auquel un Triumvir donna le nom que ce païs avoit encore au temps de Sidonius. Et je dis que ce ne peut être que tout ce canton qui s'étend depuis la porte de S. Just & la porte de Veise jusqu'à la Montagne que l'on appelle de Montsindre, & jusques vers la Bresle, qui est appellé le Mont d'or.

Il reste encore à Saint Just une porte que l'on apelle la porte de Trion du nom du Triumvir, & tout ce canton se nommoit Trion, du nom de la dignité d'Antoine qui conserva les franchises à ces champs, qu'il tint sous sa protection.

Le village de Colonge fut destiné à l'entretien de la Cohorte Colonique aussi-bien que Cozon, & c'est de ces deux mots Latins *Cohors Colonica*, que se sont formés ces deux noms de *Cozon*, & de *Colonges*. La plûpart des Villages voisins ont retenu des noms derivés de noms Romains. Chasay de Cassius *Cassiacum*, Chasselay de Cassilius, Marcilli de Marcellus *Marcelliacum*, Lissieu de *Licius*, Surieu de *Surius*, &c. Et parce que la Montagne étoit un terroir plus ingrat, on lui donna le nom de Mont sec, *Mons siccus* changé depuis en celui de Mont cindre *Mons cinericius* à cause de sa secheresse, tout le reste qui étoit d'un gros revenu retint le nom de Mont d'or. Dans les titres d'Aisnay, qui sont de l'an 900. & de l'an mille, nous lisons la plûpart de ces noms, *In pago Lugdunense, in agro Monte auriacense, in villa qua dicitur Marcilliaco. In villa Lissiaco. In villa Cassielliaco*, &c.

Il y a une autre terre apellée *Mons Licinius*, ville de *Minciaco* de Mincius. *In villa qua dicitur Caliscus. In villa qua vocatur Talentiacus. In villa Albiniaco*, d'Albinus, *In loco qui dicitur Cresciacus. In Colonia*, &c. Les noms de divers Saints ont été substitués à plusieurs anciens noms Romains, comme S. Forgeul ou Ferreolus, Saint Romain, Saint Germain, &c.

Non seulement Antoine conserva aux habitans du Mont d'or leurs terres, & leurs possessions, mais il observa encore la maniere de diviser les champs la plus juste & la plus uniforme, la faisant de quarante en quarante actes, ce qui fut depuis appellé la Maniere Gauloise ou Maritime, parce qu'Antoine l'avoit observée dans les Gaules, & à l'égard des Legions maritimes qu'il avoit recompensées de cette sorte, ce qui est representé en ses monnoyes par des prouës de vaisseaux pour les Legions maritimes, & pour les autres Troupes, par un Lion avec la perche & les lettres A. XL. I. & A. XL. II. dont voicy l'occasion selon les principes d'Hygenus en son livre *de limitibus constituendis*, où il nous represente la maniere de mesurer les champs dont il distingue les limites en *Actuaires & Lineaires*. Les Actuaires étoient celles qui contenoient cinq Centuries après lesquelles on recommençoit à compter un autre Acte, chacune des autres limites enfermées dans l'Acte étoient dites *Lineaires. Sunt alii limites actuarij, alij lineari. Actuarius est limes qui primus Actus est; ab eo quintus quisque: quem si numeres cum primo erit sextus: quoniam quinque Centurias sex limites cludunt. Reliqui medij limites lineari appellantur*. La figure rendra tout cela plus intelligible.

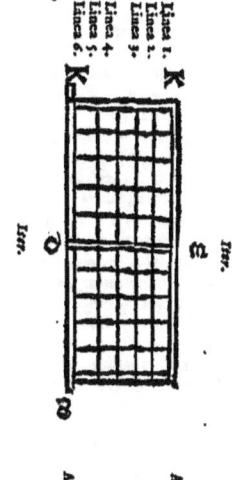

Omnes limites Maritimi aut Gallici unâ facturâ current; dit Hygenus, *quoniam sanctior est. I. Justior videtur. Est Gallicus in sua consuetudine secundùm quem ordinavimus.* Ainsi quand on trouve sur les Medailles d'Antoine A. XL. I. il faut l'entendre du premier Actuaire de 40. Actes ou mesures égales, & A. XL. II. du second Actuaire de la même forme que le premier, ces remarques d'Hygen peuvent nous servir à entendre quelques Medailles des Colonies que nos Antiquaires nous ont données, & qui ne me paroissent pas avoir été bien expliquées, particulierement par Mr. Seguin Doyen de Saint Germain l'Auxerrois en son Traité de quelques Medailles choisies, entre autres celle qu'il raporte en la page 108. de sa premiere Edition & 119. de la seconde, dont voicy la figure, & l'explication qu'il en donne.

Jam duplicem aereum dedimus nummum, utrumque primae magnitudinis. Prior est Augusti, habetque tria signa militaria Typo singulari: eum inscript. AUGUSTO DIVI. F. LEG. IV. LEG. VI. LEG. X. *In aversâ Colonus agit boves aratores. Inscriptio legitur non integra.*.

T. .. FLAV. PRAEF. GERM. L. IVVENT. LUPERCO II. VIR. C. C. A.

Monsieur Vaillant qui rapporte cette même Medaille en son traité des Colonies, qui a pour titre *Numismata aerea Imperatorum, Augustarum, & Caesarum in Coloniis, municipiis & urbibus jure Latio donatis*, a fort bien remarqué que les Legions n'avoient pas droit de battre monnoye, & que la Legion IV. qui étoit apellée Scythique ne fut point envoyée en Espagne. *Nummum vulgarit Seguinus noster*, dit-il, *pag.* 119. Edit. 2. *quem ab hisce tribus Legionibus Cæsaraugusta hiberna agentibus signatum arbitratur. Sed unde Legionibus jus cudendæ monetæ concessum est? Nos autem ad coloniæ originem spectare hæc signa militaria contendimus. Colonus hinc agens boves partim ex plebe, signa indè Legionum partim ex Veteranis deductæ coloniæ simbola sunt. Legionum in nummo nomina illa indicant, ex quibus Veterani Cæsaraugustam transmissi fuere. Legio IV. Colonos ex unicâ nomine Scythicâ, deductos denotat; sed cum VI. duæ essent una Victrix, altera Ferrata, & X. pariter duæ, una Gemina, altera Fretensis, ex sextâ Ferratâ & decimâ Fretensi potiùs, quàm ex duabus aliis deductos Colonos putamus, quod illa in Hispaniâ ab Augusto ad Provinciæ munimentum sunt constitutæ, IV. verò Scythica in Syriam transmissa, undè illam nunquam in Hispaniâ locatam novimus: Ex quo Seguini sententia convellitur, qui eam Cæsaraugustæ hiberna agere narrat.* Outre cette remarque de Monsieur Vaillant qui a sagement observé que la quatriéme Legion n'avoit pas été en Espagne, si les divisions des champs avoient le nom de Préfectures comme j'ay dit cy-devant, Flavius qui en cette Medaille est nommé Prefet de Germanie, n'avoit nul rapport avec Sarragosse, il ne faut donc pas lire en cet endroit *Colonia Cæsaraugusta*, mais *Centuriatis agris.*

Ce que Monsieur Seguin a remarqué des signes militaires des Legions, sur les figures representées en la Medaille qu'il explique, fait voir que ce ne sont pas des signes militaires. *Hasta porro quibus imposita signa, inferiori parte quod ex nummis patet, acuta erant ut in terram desigerentur. Sive in castris, sive in acie cum staret. Quod iis commune cum hastis militum cæteris erat, de quibus Virgilius*

Stant terrâ defixæ hastæ.

Cette remarque me rapelle le souvenir d'un passage d'Hygen, qui me découvre un ancien usage de planter des Piquets avec des tables pour marquer la division des champs, & me confirme dans la conjecture que j'ay rapportée cy-devant qu'il faut expliquer ces lettres C. C. A. de *Centuriatione Agrorum* & non pas de *Colonia Cæsarea Augusta*.

Voicy le passage d'Hygen tiré de son Traité de *Limitibus constituendis. Actuarios palos suo quemque numero inscriptos inter centenos vicenos pedes desigemus ut ad partitionem acceptarum mensura acta appareat.*

Ainsi quand on avoit partagé les champs aux Soldats de diverses Legions ; ceux qui ne vouloient pas s'établir dans les lieux dont les champs leur étoient assignez, ou qui ne vouloient pas quiter le service, pour profiter des recompenses qu'on leur avoit donné, plantoient sur des piedestaux des piquets avec des tables rondes ou quarrées, ou barlongues, sur lesquelles ils marquoient la portion qui leur avoit été donnée, & la mettoient en vente, comme nous voyons encore aujourd'huy en divers endroits de Paris, particulierement aux Fauxbourgs sur les murailles des jardins & des chantiers, des piquets élevez avec des Tables qui marquent les portions de champs ou de chantiers à vendre à ceux qui voudront y bâtir des maisons.

Je dis donc que c'est ainsi que les Legions IV. VI. & X. proposerent à vendre leurs portions assignées à ceux qui voudroient s'établir dans ces nouvelles Colonies.

Ces remarques donnent un si grand jour à l'explication de plusieurs Medailles, & à plusieurs points de l'Histoire ancienne que je croy rendre un service aux curieux de transcrire icy le commencement de l'ouvrage d'Hygen, puisqu'aussi bien ayant d'abord été publié defectueux & sans commencement sur l'exemplaire de la Bibliotheque de S. Bertin ; le sçavant Gentian Hervet a donné le moyen de l'avoir plus entier sur un Exemplaire d'Italie, dont voicy le commencement qui manquoit à celui de S. Bertin.

Hygeni Augusti Liberti de limitibus constituendis.

Inter omnes mensurarum ritus sive Actus eminentissima traditur limitum constitutio. Est enim illi origo cælestis, & perpetua continuatio quædam latitudine rectura dividens nostra. Hæc solius forma pulcher habitus semper est, & agrorum speciosa designatio. Constituit enim limites non sine mundi ratione, qui decumanos secundùm Solis cursus dirigunt, Kardines ab axe mundi. Primùm hæc ratio mensuræ constituta est ab Hetruscorum Aruspicum disciplina, qua illi orbem terrarum in duas partes secundùm Solis cursum diviserunt : dextram appellaverunt, quæ Septentrioni subjacebat : sinistram, quâ à Meridianum terrarum esset occasum. Quod eò Sol & Luna spectant. Alteram lineam duxerunt à Meridiano in Septentrionem, & mediam ultrà anticam, citrà posticam nominaverunt ex quo hæc constitutio liminibus Templorum ascribenda. Ab hoc exemplo antiqui mensuras agrorum normalibus longitudinibus incluserunt. Primum duos limites constituerunt : unum qui ab 'Oriente in Occidentem dirigeret: hunc appellaverunt, duodecimanum, ideo quod terram in duas dividat partes, & ab eo omnis ager nominetur. Alterum à Meridiano ad Septentrionem, quem Kardinem nominaverunt à mundi Kardine.

Reliquos limites fecerunt angustiores, & qui spectabant in Orientem prorsos ; qui ad Meridianum transversos appellaverunt.

Omnis ergo hujus rectura longitudo rationalis limes appellatur, nec interest quicquam decumanum dicamus an limitem. Decumanus autem primus maximus appellatur; item Kardo, nam latitudine cæteros præcedunt. Sunt alij limites Actuarij, alij Linearij. Actuarius est limes qui primus Actus est ab eo quintus quisque : quem si numeres cum primo, erit sextus : quoniam quinque Centurias sex limites cludunt. Reliqui medij limites linearij. Actuarij autem extrà Maximos D. & K. latitudines habent ped. XII. per hos iter populo sicut per viam publicam debetur. Ita enim cautum est lege Semproniâ, & Corneliâ & Juliâ. Quidam ex his latiores sunt XII. pedibus, ut hi qui sunt per viam publicam militarem acti. Habent enim latitudines via publica.

Linearij limites mensuræ tantum disterminandæ causâ sunt constituti, & si finitimi interveniunt latitudinem secundum legem Mamiliam accipiunt. In Italia itineri publico serviunt sub appellatione subruncivorum. Habent latitudinem pedum octonum. Hos conditores Coloniarum fructus asportandi causa publicaverunt. Nam & possessiones pro æstimio ubertatis angustiores sunt assignatæ : ideoque limites omnes non solùm mensuræ, sed & publici itineris causâ latitudines acceperunt.

Voicy les figures qui servent à l'intelligence de cet Autheur.

Outre ces usages observés en la division des champs aux Soldats, je n'en dois pas omettre quelques uns dont on a trouvé des vestiges en Belle-cour en y creusant les fondemens des maisons qu'on y a bâties depuis quelques années, & en creusant des puits. On y a trouvé des charbons, des pieces de pots caffez, & des urnes renversées sur leur embouchure, ce qui a surpris ceux qui ne sçavent pas que c'est ainsi que les Romains plantoient les bornes. Siculus Flaccus qui a écrit *de conditionibus agrorum*, & des ceremonies qui s'observoient au partage des champs pour les Colonies, dit : *Aliquibus terminis nihil subditum est : aliquibus verò aut cineres, aut carbones, aut testa, aut vitrea fracta, aut ossa subcenja, aut calcem, aut gipsum invenimus. In quibusdam regionibus jubemur vertices amphorarum defixos inversos, observare pro terminis*, & il ajoûte que cela venoit de la maniere de planter ces bornes en y faisant des Sacrifices, & de les Libations de vin & de miel. On arrosoit ces pietres du sang des victimes, on les couronnoit de fleurs & de rubans, on y jettoit des grains & de l'encens & aprés avoir mis le feu à toutes ces choses pour les reduire en cendres, on plaçoit les bornes sur ces restes fumans. *Cum terminos disponerent, ipsos quidem lapides in solidam terram conlocabant, proximè ea loca quibus fossis factis defixeri eos erant, unguento, velaminibusque & coronis eos coronabant : In fossis autem quibus positi eos erant, Sacrificio facto, hostiaque immaculata caesa facibus ardentibus in fossa cooperti sanguine intilabant eoque thura & fruges jactabant, favos quoque & vinum, aliaque, quibus consuetudo est terminis sacrum fieri in fossa adjiciebant, consumptisque omnibus dapibus igne super calentes reliquias lapides conlocabant atque ita diligenti curâ confirmabant.*

Ce qui obligea nos anciens Lyonnois de marquer en leurs monnoies cette division des champs, fut l'ancien usage des Romains, qui faisoient graver sur le cuivre les formes de ces divisions, & les gardoient soigneusement dans les Archives du Prince ou de la Republique pour y avoir recours dans les contestations qui pouvoient naître entre les possesseurs de ces champs, les vendeurs & les acquereurs: *Quidam formas, quarum mentio facta est,* dit Hygenus, *in aere sculpserunt, id est in areis tabulis scripserunt. Quod si quis contradicat Sanctuarium Cæsaris respici solet. Omnium enim agrorum & divisorum, & adsignatorum formas, sed & divisionem, & Commentarius, & Principatus in Sanctuario habet.*

Cette division & assignation des champs se nommoit *Pertica*, Frontin dit *solum quodcumque Colonia assignatum, id universum Pertica appellatur. Et Hygin libros & typum totius Perticæ tabellario Cæsaris inferunt.*

Ce qui determina nos Lyonnois à le faire dans leurs monnoyes, fut que la Republique étoit alors dans le trouble, & n'avoit point de Magistrats certains, Rome étant gouvernée par les Triumvirs Octave, Antoine, & Lepide, qui cherchant chacun de leur côté à s'établir & à se faire des creatures principalement parmi les Chefs & les Legions, s'apliquerent à les gagner par les divisions des champs comme Dion a remarqué. *Erat utrique parti magna potentia spes in divisione agrorum posita, ideóque de eâ primùm inter se contenderunt.*

Octave se rendit maître des Colonies d'Italie établies dans la Gaule Cisalpine, & Antoine qui avoit ses principales habitudes dans les Gaules & qui en avoit brigué le gouvernement, s'étudioit à se les tenir attachées.

Marc-Antoine qui dés l'année de son Consulat l'an 709. de Rome avoit jetté les fondemens de sa grandeur en se faisant de tous côtés des creatures, fit de sa propre autorité, & sans consulter le Senat, la distribution des commandemens dans les Provinces, ce que Ciceron lui reproche en sa troisiéme Philippique, où il loüe ceux qui refuserent ces emplois parce qu'ils ne leur étoient pas donnés avec l'agrément du Senat. Ceux qui les refuserent furent Lentulus, Nason, Philippe, Turanius, Oppius, Pison, Vetilius, & Cetledius. Mais entre ceux qui les accepterent il nomme Calvisius, Iccius, Cassius, C. Antonius, Statilius, & Munatius Plancus qui eut le commandement de trois Legions dans la Gaule Transalpine comme Lepide en commandoit quatre dans la Gaule Narbonnoise : ce qui obligea Antoine aprés sa défaite à Modene, de s'avancer vers les Alpes pour s'assurer de ces sept Legions, mais il ne trouva pas dans Plancus toute la fidelité & tout l'attachement qu'il s'en étoit promis comme il est aisé de voir dans les lettres de Plancus à Ciceron, & de Ciceron à Plancus comme j'ay déja remarqué ; principalement quand il aprit qu'Antoine avoit été declaré ennemi de la Republique. Car pensant plus à sa fortune qu'à servir ses amis, il changea autant de fois de parti, qu'il vit d'esperance de s'avancer en s'attachant à celui qui lui paroissoit le plus fort. Etant passé en Italie avec ses Troupes, il y trouva Fulvie femme d'Antoine, qui lui donna à commander une armée qu'elle avoit levée pour secourir Lucius frere de son mari, que Cesar tenoit assiegé à la Perouse, & avec cette armée il défit une Legion de Cesar qui prenoit le chemin de Rome. *Is Plancus Legionem Cæsarianâ dum illa Romam peteret concidit in itinere.* De là il alla à Spolete, & s'enfuit depuis lâchement avec Fulvie s'étant embarqué à Brindes avec elle sur des vaisseaux qu'elle avoit fait venir de Macedoine. *Brundisij quinque naves longas accitas è Macedonia conscendit,* dit Appien, parlant de Fulvie, *solvitque unà cum Planco futuro navigationis ejus comite, qui præ ignaviâ reliquum etiam exercitus deseruerat.* Cependant Marc-Antoine à qui ses Colonies Gauloises avoient envoyé des Deputés, qu'il avoit retenus auprés de soy tout l'hyver, trouva sa femme & Plancus à Athenes. Plancus n'étoit pas donc alors dans les Gaules ny à Lyon, où il n'étoit pas retourné depuis l'an 710. qu'il étoit venu triompher à Rome sur la fin de Decembre, & avoit ensuite été Consul l'an 711. & avoit fait l'an 712. cette belle expedition de la defaite d'une Legion de Cesar, aprés laquelle il s'enfuit à Athenes avec Fulvie, où M. Antoine le trouva. Cependant Cesar profitant de l'éloignement d'Antoine vint dans les Gaules pour debaucher les Troupes qu'Antoine y avoit laissées, & étant de retour à Rome l'an 713. Il aprit les deputations qui s'étoient faites à Antoine qui étoit à Athenes, & ne sçachant pas quel en seroit le succez, il fit courir le bruit qu'Antoine vouloit ôter les terres à ceux à qui il les avoit données, pour y faire rentrer ceux qui s'étoient retirés vers Pompée depuis qu'ils en avoient été depossedés. *Cæsar in urbem reversus è Galliâ cognovit quidem navigasse quosdam Athenas, sed quid responsi tulerint nescius, invidiam apud novos Colonos faciebat Antonio, quasi Pompeium cum veteribus Colonis in possessiones eorum reduceret. Nam eorum plerique ad Pompeium confugerant.*

Appien nous represente ensuite Plancus comme le plus lâche des hommes, qui tremble en presence d'Antoine aux aproches d'Ænobarbus, & qui a peine à se remettre de sa peur aprés que ces Chefs se sont reconciliés & embrassés comme amis. *Secutâ deinde salutatione inter Ductores, Milites Ænobarbi Antonium appellarunt Imperatorem, & Plancus vix recepit Animum.*

La reconciliation d'Antoine & de Cesar aprés la mort de Fulvie, & le renouvellement du Triumvirat pour cinq ans fit obtenir à Plancus de nouveau le Consulat à la place de Gellius Poplicola, qui ne le tint que quelques mois l'an 717. de Rome. Aprés quoy il ne laissa pas de suivre encore quelque tems la fortune d'Antoine avec des bassesses que Paterculus a remarquées en son Histoire, & qui lui attirerent même le mépris de son Patron, ce qui l'obligea enfin de le quitter l'an 721. pour s'attacher à Cesar dont il se fit la creature voyant que toute l'Italie, la Gaule, l'Espagne, l'Afrique, la Sicile, la Sardaigne & l'Illirie étoient pour lui, comme la Macedoine, la Grece, la Thrace, la Cyrene, l'Egypte, l'Asie, les Princes & les Rois d'Orient tenoient pour Antoine.

Jusqu'alors Plancus n'étoit point venu dans les Gaules depuis l'an 710. & n'avoit pû y amener des Colonies. Lyon ne l'étoit pas encore, il n'étoit que Municipe, comme je vais faire voir clairement sur les témoignages de Seneque, du Senatusconsulte qui est à l'hôtel de ville.

IV. DISSERTATION

Lyon Municipe, & Colonie.

Lyon fut long-tems Municipe avant que d'être Colonie Romaine, ce que nul de nos Historiens n'a connu, quoyque Seneque l'ait dit expressément & nous ait même comme indiqué le tems auquel cette ville devint Colonie Romaine, c'est lors que raillant sur la mort de l'Empereur Claude qui étoit né à Lyon, il introduit la fievre qui dit à Hercule *Marci Municipem vides.* Vous voyez un Municipe de Marc-Antoine. Ce que nul des Interpretes de Seneque n'a entendu, puisque Rhenanus a crû qu'il falloit lire *Munatii Municipem vides*, & que quelques autres ont estimé que Seneque vouloit faire allusion à Ciceron qui étoit né à Arpin Municipe Romain, ce qui est si éloigné du bon sens que je m'étonne que des hommes savans ayent pû donner dans de si froides allusions. Quel raport y avoit-il de Claude à Ciceron? Ciceron avoit été tué durant le Triumvirat, & Claude ne naquit que sous l'Empire d'Auguste, & sous le Consulat d'Iulus Antonius fils de Marc-Antoine; Claude d'ailleurs étoit fils d'Antonia, il avoit rétabli la memoire de M. Antoine, & de Lucius, qui avoient été declarés ennemis de la Republique, & dont les noms avoient été rayés des Inscriptions publiques. Seneque faisoit donc allusion à cette naissance de Claude qui touchoit de si prés à la famille Antonia, & qui étoit né dans une ville qui devoit à Marc-Antoine son alliance avec les Romains, laquelle même pour en conserver la memoire à la posterité en avoit fait deux Medailles, que j'ay déja expliquées, & que je redonne icy, particulierement la seconde dont je n'avois pas exposé la figure. Elle a cependant quelque chose de different de la premiere, tant pour le nombre A. XLI. que pour la disposition des Legendes. Je soupçonne même qu'une autre Medaille d'Antoine où il est representé armé tenant une pique ou une haste avec un pied sur un casque ou bouclier, & au revers un Lion qui tient une épée nuë, & qui a une étoile au dessus de cette Legende III. VIR. R. C. COS. DESIG. ITER. ET TERT. est aussi de la Ville de Lyon. Elle est d'or, & Strabon nous apprend que l'on en frapoit alors en cette ville de ces trois especes de métaux, d'or, d'argent, & de cuivre.

Cette derniere Medaille doit être de l'an 716. ou 717. de Rome lorsque Marc-Antoine ayant été reconcilié avec Cesar par les soins & les intrigues d'Octavia qu'il avoit épousée aprés la mort de Fulvie, ils reprirent pour cinq ans le gouvernement de la Republique en qualité de Triumvirs avec l'alternative du Consulat pour 4. ans. Ainsi Marc-Antoine & Libo furent Consuls l'an 719. Cesar & Pompée devoient l'être l'année aprés. Ænobarbus & Sosius ensuite; aprés quoy Cesar & Antoine devoient reprendre le Consulat: *Pace inter Cæsarem Antonium & Sext. Pompeium confirmatâ priusquam Antonius contra Parthos proficisceretur. Consules sequenti die designati sunt in quadriennium, ante omnes Antonius & Libo, ut tamen Antonio liceret alium pro se substituere; post illos Cæsar & Pompeius; Tum Ænobarbus & Sosius, deinde rursum Cæsar & Antonius, tertium tunc futuri Consules.* Sexte Pompée ayant été tué par Titius, qui obligea ses Troupes de se rendre à Marc-Antoine, Cesar en fit des réjoüissances publiques dans Rome, & fit élever des Statues d'or d'Antoine dans le Temple de la Concorde l'an 718. de Rome, comme écrit Appien au cinquiéme Livre des guerres civiles qu'il acheve par le recit de la mort de Pompée, qu'il attribuë à Plancus, qui gouvernoit alors la Syrie pour Antoine, & qui se servoit du nom & du cachet de ce Triumvir pour donner les ordres qu'il vouloir. *Sunt qui dicant Plancum non Antonium (id mandasse; qui Syria præses solitus sit in majoris momenti literis nomen æscribere Antonij, & uti annulo ejus signatorio. Hoc factum quidam putant sciente Antonio, quùm ipse revereretur nomen Pompeij, vel propter Cleopatram faventem ei propter Magni memoriam: alij Plancum ipsum iisdem causis permotum putant.*

Aprés cela Antoine partit pour aller faire la guerre en Armenie, c'est ce que tient l'épée que tient le Lion dans sa medaille, comme l'étoile simbole de l'Orient designe l'endroit où il alloit porter la guerre.

Mais pour revenir à Lyon Colonie il faut remarquer qu'il y a grande difference entre établir une Colonie, mener une Colonie, & faire Colonie un municipe; differences que je remarque dans les inscriptions & dans les anciens Autheurs, & qu'il ne faut pas confondre. Paterculus dit que pendant qu'Annibal fut en Italie, & même quelques années aprés sa mort, les Romains n'eurent pas loisir d'establir des Colonies, parce qu'ils avoiët plus de besoin de faire de nouveaux soldats, que de congedier les Veterans. *Neque dûm Hannibal in Italiâ moratur, neque proximis post excessum ejus annis vacavit Romanis COLONIAS CONDERE, cum esset in bello conquirendus potius miles, quam dimittendus.* vell. Paterc. l. I. Ciceron a distingué plusieurs choses à l'égard des Colonies.

1. Nar

de la Ville de Lyon.

1. Narbonne, dit-il, dans l'oraison pour Fonteius est Colonie de nos Citoyens. *Narbo Martius, Colonia nostrorum Civium,* dans celle pour Cœcinna.

2. il dit que plusieurs Citoyens Romains étoient allez dans les Colonies Latines ou de leur propre mouvement, ou exilez. *In Colonias Latinas sæpè nostri cives profecti sunt aut suâ voluntate, aut legis vinculâ.*

3. Que l'on établit une Colonie au Janicule. *In Janiculo Coloniam* CONSTITUERE. *contrà Rullo.*

4. Que l'on visitoit les Colonies pour y tenir le lustre comme à Rome. *In Colonia* LUSTRANDA *ab eo; qui eam deducebat.* 1. *de divinat.*

On y divisoit les champs, on y assignoit des terres à cultiver aux soldats veterans. *Ut Consules cognoscerent qui ager colonus esset, quo milites veterani deducti essent:* comme j'ay fait voir en la Dissertation precedente. On renouvelloit aussi quelque fois les Colonies. *Deducere novas Colonias,* dit-il, *renovare veteres,* ce qui se faisoit quand on envoyoit de nouveau des Citoyens Romains, ou de nouveaux Veterans dans des Colonies déja établies.

La Loi ordonnoit que celuy qui avoit mené la Colonie fut patron de ceux qu'il y établissoit, *Qui coloniam deducebat Patronus erat Colonorum,* comme Sylla dont le même Ciceron dit: *Hic Patronus, defensor, custos illius Coloniæ.*

On a découvert depuis peu à Melun dans un ancien Hôpital, dit de Saint Nicolas, fondé par Saint Loüis dans une Isle que fait la Seine, une inscription sous une grande masse de bastiment, qui fait mention de trois Gaulois Tuoticius, Verce & Senognat, & qui nous apprend que cet édifice étoit un tombeau commun à tous les fondateurs de cette colonie & à tous ceux qui en étoient les membres, qu'elle en nomme freres; comme elle donne le nom de Pere à ses Auteurs. Ce fut Aulus Textus un affranchi, qui fit bâtir à ses frais ce sepulcre comme en forme de Temple.

```
DIS MANIBUS TVO
TICIO ET VERCE
ET SENOGNATO ET
COLONAE PATRIB.
ET FRATRIBUS
A. TEXTUS D. S. P. De suâ pecunia.
```

Les Dames Religieuses qui trouverent cette Inscription n'ont pas pris soin de la conserver, elles l'ont fait servir de marche à un escalier qu'elles faisoient bâtir.

Il y a donc trois choses à distinguer à l'égard de Lyon Colonie Romaine. La premiere, que ce fut Marc-Antoine Questeur de Jules Cesar, qui établit quelques Soldats au Mont-d'or, & dans la Vallée de Trion pour cultiver ces lieux fertiles & bien situez, ce qui fit donner les noms *d'Ala Colonia* & *de Cohors Colonica* aux Villages de Colonge & de Cozon, comme Calpurnius, Licius, Marcellus, Cassilius &c. laisserent leur noms à Chaponost, Marcilly, Chassellay, &c. Paulinus à Anse *Ansa Paulini.* La seconde chose à distinguer est que Plancus y amena une Colonie de Romains selon l'Inscription de Gayete. *Colonias deduxit Lugdunum & Rauracum.* La troisiéme, que ce fut l'Empereur Claude, qui fit Lyon, qui n'étoit que Municipe, Colonie Romaine; & luy donna le nom de *Colonia Claudia copia Augusta,* comme je justifie dans le corps de cette Histoire. pag. 83. Ainsi il faut distinguer quatre temps à l'égard de cette ancienne Ville.

1. Celuy de sa fondation par des Grecs sortis de Ciceron & conduits par Momorus & Atepomarus, qui en firent un *Conciliabule,* ou Ville de commerce commune à soixante Nations ou Peuples des Gaules.

2. Celuy de *Municipe* par la faveur de Marc-Antoine Questeur de Jules Cesar, dont les Legions furent établies en son voisinage entre le Rhône & la Saone & au Mont d'or.

3. Celuy d'une *Colonie* amenée par Plancus sous l'Empire d'Auguste qui la fit *Metropole* de la Gaule Celtique, comme Agrippa son gendre la fit le centre des quatre voyes militaires, qui conduisoient à Narbonne, en Aquitaine, aux Isles Britanniques par le Beauvoisis & la Picardie, & au Rhein par les Sequanois & les Suisses.

4. Enfin celuy auquel Claude en fit une *Colonie de Municipe* qu'elle étoit.

Ces noms de *Colonia Claudia Copia Augusta Lugdunum,* marquoient donc tous les avantages des plus grandes Villes, car les Romains en distinguoient de huit sortes, qui avoient le nom de Citez ou Villes closes.

1. *Civitates Liberæ.* Des Villes libres, c'est à dire qui vivoient selon leurs loix.

2. *Fora,* Les Villes de commerce où se tenoient les Foires.

3. *Municipia,* Les Municipes ou Villes qui pouvoient être reçûës dans les charges & offices de la Republique. *A muneribus capiendis.*

4. *Colonia.* Les Colonies où l'on envoyoit des Citoyens Romains, ou des Soldats Romains. *Indè dicta* dit Siculus Flacus en son Livre de *Condit. Agror. quod populi Romani in ea municipia miserint Colonos.*

5. *Civitates fœderatæ.* Les Villes des Alliez, comme Autun, Clermont en Auvergne &c. avant que ces peuples fussent sous mis.

6. *Præfecturæ.* Les Villes où étoient établis des Gouverneurs aprés la division des champs aux Soldats.

7. *Civitates immunes.* Celles qui ne payoient point de Tribut.

8. *Vectigales.* Celles qui étoient tributaires. Lyon passa par tous ces états, il fut *forum Segusianorum* ou *forum vetus,* dont est resté le nom de *Forvieil,* ou Fourviere.

Il fut Cité libre, témoin Pline qui dit *Segusiani liberi in quorum agro colonia Lugdunum.* Aussi en la plûpart de ses monnoyes, cette Ville mettoit l'image de la liberté, c'est cette figure de femme, ou plûtôt ce buste de femme qui a deux ailes, que presque tous les Antiquaires ont pris mal à propos pour l'image de la Victoire, quoy que peut-être en quelques-unes elle puisse estre prise pour la victoire, mais il y en a manifestement plusieurs où il n'y a nulle occasion de soupçonner que ce puisse être la victoire.

Les aîles ont été données non seulement à la Victoire, mais encore à la Fortune, à la Renommée, aux Genies, à l'Amour, à Mercure, à Pegase, à Bellerophon, au Soleil, aux Vents, au Temps, aux Heures, les Filles du temps, &c. pour marquer leur vitesse, & leur legereté. Elles sont aussi une marque de la liberté, de l'adresse, & de l'habileté à faire quelque chose de grand, & c'est venu le proverbe de *donner des aîles à ceux que l'on met en liberté*: comme on dit *rogner ou couper les aîles à ceux à qui on l'ôte*. Les aîles ont donc toûjours été le symbole de la liberté, aussi bien que de la legereté. Les Poëtes en font prendre à Dedale & à son fils Icare pour sortir de la prison où ils étoient détenus. Les Rhodiens pour marquer la liberté dont ils joüissoient la representerent ailée, tenant d'une main un diadème & de l'autre le rameau d'or de la Sybile. Tous symboles ingenieux de cette independance, qui fait la parfaite liberté, quand on n'a point de Maître ny de Superieur, exprimé par le diadème & quand on a un pouvoir comme divin & sans restriction, dont le rameau d'or étoit la figure : puisqu'avec ce rameau on pouvoit tirer les ames des champs Elysiens & même des enfers, lieux si opposez à la liberté ; enfin le pouvoir d'aller où l'on veut sans obstacle, quand on a des aîles pour s'y transporter aisément, & avec autant de vitesse que de legereté. Ainsi ce Type des Rodiens n'étoit pas une victoire, comme ont crû quelques uns, mais la figure de la liberté, ce que demontre la legende de cette Medaille antique ΕΛΕΥΘ ΡΟΔΙΩΝ.

Je suis aussi persuadé que quelques autres Medailles où l'on voit la figure ailée, qui paroit en deux ou trois de Marc-Antoine frapées à Lyon, ont été faites en cette Ville particulierement une de Plancus, en laquelle il prend la qualité de *Prefectus Urbis* sous la troisième dictature de Jules Cesar, parce que ce Chef des troupes Romaines allant en Espagne, laissa la conduite de la Ville à huit de ses Lieutenans dont Plancus étoit l'un. Il y en a une semblable dans une Medaille de Quintus Titius un Poëte qui a pour revers un Pegase, pour marquer cette liberté poëtique, dont Horace a dit autrefois,

Pictoribus atque Poëtis
Quidlibet audendi semper fuit aqua potestas.

On en voit encore une autre avec la même figure, pour Caius Clovius, qui fut un des huit Gouverneurs de Rome comme Plancus, & qui commanda des troupes dans les Gaules sous les ordres de Cesar, où Ciceron lui écrivit aussi bien qu'à Plancus. Lucius Valerius qui gouverna aussi dans les Gaules a une pareille figure en ses monnoyes, que je soupçonne avoir été frappée en cette Ville, & que c'est la raison pour quoy on y representoit la liberté, symbole des Segusiens. *Segusiani liberi in quorum agro colonia Lugdunum.*

Si Lyon fut Cité libre, il fut aussi *Forum & Ville de commerce. Municipe* sous Auguste, Tibere, & Caligula. Claudius le fit Colonie, qui fut unie à la Tribu Stellatine pour donner à Rome les suffrages.

Tandis que les Heduois furent alliez des Romains jusques à Jules Cesar, qui les soûmit à la Republique, les Segusiens qui étoient leurs Cliens, se trouvoient par leur moyen aussi alliez de ces maîtres du monde, & Jules Cesar leur ordonna de luy fournir des Troupes Auxiliaires.

Le titre de Colonie donné à quelques Villes étoit une marque certaine qu'elles étoient Metropoles : Ainsi dans les Actes des Apôtres la Ville de Philippe en Macedoine qui étoit Primatie d'une partie de la Macedoine est nommée Colonie. Ἐκεῖθέν τε εἰς ΦΙΛΙΠΠΟΥΣ, ἥτις ἐστὶ ΠΡΩΤΗ τῆς μερίδος τῆς Μακεδονίας Πόλις ΚΟΛΩΝΙΑ Et illuc *PHILIPPOS que est PRIMA partis Macedonia civitas, COLONIA.* cap. XXVI. v. 12. les Villes d'Antioche, de Tyr, de Sidon & plusieurs autres sont ainsi nommées en plusieurs Medailles, comme Lyon est appellé PRIMA SEDES GALLIARUM. Ce fut à ce dessein que l'Empereur Claude fit Lyon sa Patrie Colonie, pour en faire la Metropole de cette partie de la Gaule Celtique qui fut depuis nommée Lyonnoise.

Il y avoit d'autres titres d'honneur attachez aux Colonies, qui sont appellées *Florentes, Nova, pia, fideles, fidissima, fortissima, firmissima, splendidissima, firma, illustres,* &c. comme on peut voir en plusieurs Medailles antiques, & en plusieurs inscriptions. Vienne est appellée dans nos tables d'airain de l'Hôtel de Ville *Ornatissima & Valentissima.* ORNATISSIMA ECCE COLONIA VALENTISSIMAQUE VIENNENSIUM, mais le titre le plus glorieux étoit celuy d'*Auguste.* COLONIA AUGUSTA, qui marquoit que c'étoit les Empereurs eux-mêmes qui les avoient fait Colonies, comme Sarragoce, Merida & Valence en Espagne & tant d'autres en Asie, en Italie, & dans les Gaules. Ainsi ce fut pour honorer cette Ville que Claude l'appella *Colonia Claudia Augusta* de son nom & de celuy de sa dignité d'Empereur.

Lyon ne fut pas la seule Colonie à qui l'Empereur Claude donna son nom. Pline nous apprend que Sabarie Ville de Pannonie, qui fut le païs de S. Martin, eut un semblable nom de *colonia Claudia* puisqu'il la nomme *Coloniam D. Claudii* l.3.ch.25. & Lazius rapporte une inscription trouvée dans les ruines de Carnuntum où sont ces lettres Dec. C.C.S. qu'il interprete *Decurio Colonia Claudia Sabaria.* On trouve aussi en quelques inscriptions *Colonia Claudia Agrippinensium.* Claude ne se contenta pas de donner à cette Ville ces deux titres glorieux de *colonia Claudia Augusta.* Mais il voulut la designer plus en particulier par le titre de *copia Colonie Abondance*, pour faire allusion aux Segusiens, à qui la Déesse de la terre ou de l'Abondance avoit donné leur nom, comme je feray voir en la preparation de cette Histoire, où j'examine quels Peuples étoient les Segusiens, & l'origine de ce nom, qui signifie plûtôt des Champs & des terres abondantes, que les fruits & les moissons. Car Ciceron se sert presque toûjours de ce terme pour designer les champs. Quand il dit au Livre de l'Orateur que les champs les plus fertiles sont sujets à produire beaucoup d'herbes inutiles qui nuisent aux bons grains. SEGETES *secunda herbas effundunt inimicissimas frugibus,* & au Livre de la Vieillesse, qu'il faut dans la vie champêtre & dans la campagne, avoir des terres qui portent des grains, des prez, des vignes & des vergers. SEGETIBUS & *pratis* & *vineis,* & *arbustis res rustica lata sunt,* & plus clairement encore en sa premiere Tusculane, ce sont les bonnes terres qui donnent des fruits. SEGETES *largiuntur senge.* Aussi Vigile pour dire qu'il ne restoit plus qu'une campagne nüe, où Troye avoit été, & qu'elle étoit si ruinée qu'on auroit pû y labourer & semer, dit

Et SEGES est ubi Troja fuit.

Ce fut donc pour exprimer les noms des Segusiens & de *Lugdunum Segusianorum* que Claude nomma cette Ville *copia*, parce que *Seges* & *copia* étoit la même chose, & que ce dernier luy paroissoit plus Latin que *Seges* derivé d'un mot Barbare.

Je ne sçay si le jaspe antique que Guillaume du Choul si curieux dans la recherche des antiquitez, trouva autrefois à quinze pieds de terre en faisant creuser sous une des tours de sa maison de la Magdeleine, où sont à present les Religieuses dites du Verbe Incarné, ne faisoit point allusion à ce titre de Colonie Abondance. On y voyoit la

de la Ville de Lyon.

figure d'une fourmy qui portoit trois épics, & voicy la figure qu'il en donna en son livre de la Religion des Anciens Romains, qui fut d'abord traduit en diverses Langues.

Ce fut peut-être aussi par un sentiment de reconnoissance semblable à celuy de Jupiter envers la Chevre Amalthée qui l'avoit nourri Jupiter de son laict, que Claude voulut designer par ce mot de *Copia* que la Ville de Lyon l'avoit nourri, comme Hercule luy dit dans la Satire de Seneque.

Est ne illa tellus spiritus altrix tui?

Car la corne de cette Chevre fut appellée *Cornu copia* & devint le symbole de l'Abondance, comme la Chevre fut mise au nombre des Constellations selon Ovide au 5. des Fastes.

Lac dabat illa Deo, sed fregit in arbore cornu,

Truncaque demidiâ parte decoris erat.

Sustulit hoc Nymphe cinxitque decentibus herbis,

Et planum pomis ad Jovis ora tulit.

Ille ubi res cœli tenuit, soliòque paterno

Sedit & invicto nil Jove majus habet.

Sidera nutricem, nutricis fertile cornu.

Fecit quod domina nunc quoque nomen habet.

Ainsi *Copia* ne voudroit dire autre chose en cet endroit, que Nourrice de l'Empereur.

Mr Spon en ses Recherches des Antiquitez de Lyon, pag. 14. nous a donné la figure d'une Medaille d'argent d'Albinus, où le Genie de Lyon est representé tenant une corne d'abondance. Paradin au chap. 41. du livre 1. de son Histoire, parle d'une ancienne Statuë engagée dans l'Eglise de S. Etienne au coin de la Chapelle de la Croix, qui representoit une femme chargée de fruits & de divers animaux, que le peuple nommoit *Ferrabo*, pour dire *Farrago*, qui est la même chose que *Copia*. Quelques femmelettes, par une superstition qui tenoit du Paganisme, alloient tous les ans la veille de S. Etienne offrir des chandelles à cette Statuë, & lui attacher divers metaux, se promettant par ce moyen d'avoir une année abondante en toutes sortes de biens. Elles tournoient le dos à cette Statuë, & marchant ainsi derriere elles, elles s'en approchoient, & tenant les mains croisées derriere le dos, elles lui faisoient leurs presens. Jacques d'Amoncourt Précenteur de l'Eglise de Lyon, pour abolir ces extravagances, fit mettre en pieces cette Statuë. Le premier President du Parlement de Dauphiné, Messire Claude de Bellievre assuroit dans son Livre de l'ancien Lyon, que son Pere avoit vû cette Statuë qui étoit un reste du Paganisme, & une figure assez semblable à la Diane d'Ephese, ou à la Déesse de la terre.

Non seulement la Ville Lyon étoit au Pays des Segusiens, mais elle en étoit la Capitale selon Strabon qui place ces Segusiens entre le Rhône & le Doux, Riviere des Sequanois. *Hanc Urbem Genti Segusianorum presidere constat, quæ in medio Rhodani & Dubidis jacet.*

Ce terme de *jacet* marque un pays de plaine, comme celuy d'*imminet* marque des hauteurs & un pays élevé. Ainsi quand Seneque a parlé de l'ancien Lyon bâti sur une montagne, il fait dire par Hercule, *vidi duobus immineus Fluviis jugum.*

Et Strabon parlant de la Bresse dit *jacet*, parce que c'est un pays-plat. C'est tout le païs que nous nommons à present franc Lyonnois, Dombes, & Bresse, qui est païsplat jusqu'au Môt-Jura, aux côtes prés du Revermont & aux Montagnes du Bugey.

C'est cette situation basse & plate qui a fait le nom du Pays de *Dombes*; car comme sur les tombeaux plats, on a toûjours mis pour les Epitaphes ces mots *Hic jacet*, qui marquoient la Situation des corps dans ces tombes plates à fleur de terre. On a aussi donné à la Dombe un nom qui marque sa situation, pour laquelle Strabon s'est servi du terme *jacet*, si ordinaire aux Epitaphes. Comme le voisinage de la Dombes nous engage souvent à parler de plusieurs endroits de cette petite Province contiguë au franc-Lyonnois, & si distinguée par le titre de Souveraineté qu'elle s'estconservée jusqu'à present. Je croy qu'il est à propos de démêler l'origine & l'étimologie de ce nom de Dombe, qui a été omise, & peut-être même ignorée de tous ceux qui ont écrit de ce Païs. Ce mot ne signifie autre chose qu'un Païs qui est elevé en tertre d'un côté & qui a son panchant d'un autre où il s'étend en plaine, ce que l'on appelle plus communement du nom de *Combe* si commun en d'autres endroits. Petrus Crescentius au livre 1. de l'Agriculture ch. 6. dit *Curia, sive tumbæ facienda in rure occasione habitationis Domini & rusticorum*, & au livre 2. ch. 6. *Domus & Tumbæ seu area & curia magnitudo fieri debet in rure secundùm Domini facultatem.* Et aussi-tôt aprés, *in rumbarum munitionibus fructifera arbores non plantentur.* La version Françoise de ce livre faite par ordre du Roi Charles V. traduit le mot de *Tumba* en celui de *Combe*. Un nommé Narduïn donnant à l'Abbaye de Tournus quelques-unes de ses terres qu'il possedoit dans la Comté de Lyon. *In Comitatu Lugdunensi*, aprés avoir fait le denombrement de ces terres, qui consistoient en forests, champs, & cours des eaux, y joint *Tumbam Tibedolij* en ces termes. *Narduïnus dat Ecclesiam in honore sancti Martini dicatam in comitatu Lugdunensi in villâ Caprasio, cum omnibus rebus ad eam pertinentibus: scilicet silvas & campos & aquarum decursus usque ad Bundeonem & Merdam Castellum,* & TUMBAM *Tibedolij, & Nigredinem Corbini. Item hereditatem quam in Comitatu Lugdunensi, in villa Belnado videbantur habere, Regnante Lothario Rege anno XXVII.* Hist. de l'Abbaye de Tournus preuves pag. 288.

Ponce Seigneur de Cuisel donne à la Chartreuse de Bonlieu *fundum & dominium, & quidquid juris habebamus in terrâ de Sancto Claudio & medietatem de la Jour, quæ est inter planum Grandis Vallis & la Chal de Dumbez & per totam terram nostram pascua quietè & liberè habenda,* & dans un acte de 1189. *Noverint Presentes & Posteri, quod vir Nobilis Poncius de Cuisel, volens ire ultrà mare anno ab incarnatione Domini* MCLXXXVIIII *pro animâ suâ & Parentum suorum donavit Deo & B. Mariæ de Bonoloco dimidiam terram de sancto Claudio, & medietatem de Jor, quæ est inter planum Grandis Vallis & Chalmam de Dumbez,* &c.

ñ ij

Je ne doute point que ce ne soit de *Tumba* aires un peu elevées, que l'on ait formé le nom de Dombe, la Dombe estant un païs fertile en bleds, où il y a beaucoup d'aires au pied des collines. Et comme il y a plus de terres à bled en ce païs, que dans la Bresse qui est remplie d'estangs & de taillis, je croy que c'est ce qui luy fit donner ce nom pour la distinguer de la Bresse, dont le nom *Brixia* ancien Gaulois, signifie un lieu marecageux. Les ruisseaux s'y nomment *Biez*, ou *Bys* de l'ancien *Briga*. La Saone mesme selon Plutarque se nommoit *Brigulus*, avant qu'elle eut le nom d'Arar, & de *Saucona* ou *Sacona*.

Nous donnons aussi le nom de *Tombes* à ces sepulchres plats, qui sont à fleur de terre, couverts d'une longue pierre sepulchrale sur laquelle se gravent ordinairement les Epitaphes, & les figures des Chevaliers, Prelats, Seigneurs, Dames, & autres personnes distinguées, avec leurs armoiries. Les Cloistres & les Eglises des anciens Monasteres sont remplis de ces sortes de Tombeaux, dont quelques uns sont élevez de terre de quatre ou cinq doits, & d'autres sur des pilliers, sur des Lyons, ou chiens couchez &c. ceux des Romains au contraire estoient la plûpart quarrez longs & élevez d'où ils eurent le nom de *cippes*. comme celui cy, qui est couché auprès du Pont du Rhosne sur le rempart du costé de Bellecourt, où il a esté apporté de Bochevelin, & est si effacé que je n'ay pû qu'à grand' peine en retirer l'Epitaphe.

On donne aussi le nom de *Tombereau* à un espece de char ou traisneau, qui estant d'un costé porté sur deux roües, & de l'autre traisnant à terre, representoit ces *combes*, ou panchans des collines qu'on nommoit *Dombes* ou *Tombes* dont on fit aussi le mot de *Tomber* en nostre langue pour dire cheoir, parce qu'en tombant, tout ce qui est droit & sur ses pieds decrit une ligne inclinée semblable à celle que font les Combes. Le tombereau dit un Autheur du moyen siecle est un instrument dont on se servoit pour chastier les femmes querelleuses & celles qui s'oubliant de leur devoir soüilloient le lit conjugal. On les lioit sur un de ces tombereaux, & l'on les faisoit passer ainsi trois ou quatre fois dans un ruisseau ou estang, pour les moüiller & leur faire boire de l'eau, après quoy on les traisnoit par les Bourgs, Villes ou Villages, où elles avoient commis leurs crimes. *Tumberellum instrumentum ad castigandas mulieres rixosas, quo in aquam dejiciuntur, immerguntur, & inde madidæ & pota extrabuntur, & fornicationis aut adulterij rei contumeliæ causâ per civitatem aut burgum circumferuntur.* [Gorrelius V. du Cange in Glossar. v. Tum. ba.]

On fit un semblable instrument pour peser les monoyes que l'on nomma *Trebuchet*, ou *Tomberel*. D'où le mot de *Trebucher* est aujourd'huy presque le mesme que celuy de *Tomber*.

La Dombe est divisée par *Chastellenies*, la Bresse par *Mandemens*. Le Lyonnois Forest & Beaujolois par *Elections*, comme on peut voir en la nouvelle Carte de Monsieur Nolin Geographe de S. A. R. Monsieur, Duc d'Orleans Frere Unique du Roy, qu'il a nouvellement gravée pour joindre en une seule table, tout le païs, qui se nommoit anciennement Païs Lyonnois, *Pagus Lugdunensis*, carte qui estoit necessaire à l'intelligence de cette histoire, & qui pourra servir à corriger les cartes de Duval & de Sanson pour ces petites Provinces dont la plûpart des noms étoient tellement alterez, qu'on ne les reconnoissoit pas.

Le sieur Guichenon, qui avoit composé une histoire de la Principauté de Dombes, laquelle n'a pas vû le jour, dit en celle de Bresse à l'occasion de la terre de Miribel dont il fait la description, que du Chesne avoit remarqué, *que du Mariage de Marguerite de Baugé avec le Seigneur de Beaujeu, sont procedez les droits que les Seigneurs de Beaujeu ont eus depuis en Dombes.* Ce qui est vray, ajoûte le Sieur Guichenon, car pour lors les Seigneurs de Beaujeu ne possedoient rien deça la Saone que Miribel; ce qui leur donna moyen d'estendre cette terre, & par acquisitions, guerres ou autrement d'en composer avec le temps ce petit état, qu'ils appelloient, la terre de Beaujeu à la part de l'Empire, ce qu'on nomme aujourd'huy DOMBES. Ce qui determina à distinguer ainsi ces terres par costé du Royaume & costé de l'Empire, fut que l'une de ces terres étoit dans les limites du Royaume de France, que la Saone terminoit au Levant, & l'autre partie estoit dans la Bresse, partie de l'ancien Royaume de Bourgogne dont les Rois furent Empereurs. D'ailleurs les noms de Beaujeu, & de Baugé estant presque le mesme, on en fit deux Beaujeux distinguez par les terres du Royaume & de l'Empire.

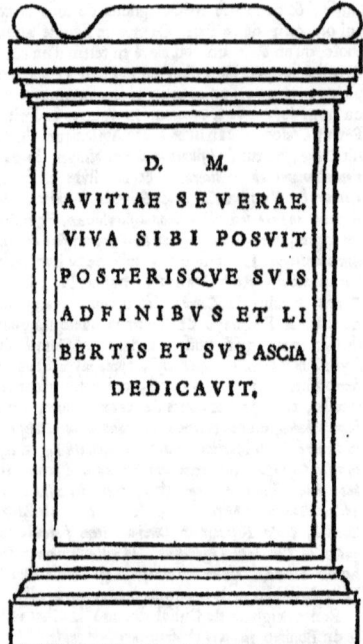

Ils en avoient aussi de creux où ils mettoient les corps, qu'ils ne bruloient pas, comme celuy cy d'une jeune fille nommée Minerve fille de Pollion, que Gabriel Simeoni Florentin & curieux de medailles & de monumens antiques decouvrit en cette Ville le siecle passé.

de la Ville de Lyon. 29

Le franc Lyonnois qui touche la Dombe s'étend depuis à la Croix-rouffe, Saint Vincent & Serein. Cuires, Caluyre, le Vernay, Fontaine, Rochetaillée, Gesnay, Neufville autrefois Vimy, erigé en Marquifat, Fleurieu, Ciurieu, Bernoud, Saint Jean de Turinieu, Saint Didier de Froment, jufqu'à Riottiers, S. Bernard & la Bruyere Monaftere & Prieuré.

Paradin au chapitre VI. du livre fecond de fon hiftoire de Lyon rapporte une fable fur l'immunité du franc Lyonnois, qu'il pretend avoir efté donnée par l'Empereur Leon premier. C'eft du bon Gregoire de Tours que Paradin a tiré cette fable, que ce bon Evêque raconte en un livre de la gloire des Confeffeurs, ch. 63. Il dit qu'une fille de l'Empereur Leon premier laquelle il ne nomme point, fe trouvant poffedée, fut conduite en plufieurs lieux faints pour chercher du démon qui la poffedoit, & qui difoit par tout, qu'il ne la quitteroit point que l'Archidiacre de Lyon ne le vint chaffer. Ce que l'Empereur ayant appris il envoya dans les Gaules députés à cet Archidiacre, qui n'eft pas non plus nommé, pour le fupplier d'aller voir fa fille pour la delivrer de ce démon. Mais l'Archidiacre s'en excufa difant qu'il eftoit indigne que Dieu fe fervit de luy pour faire des miracles, jufqu'à ce que fon Evêque luy commanda d'y aller. L'Empereur le reçeut avec honneur, & après qu'il lui eut expofé les maux que fa fille fouffroit, l'Archidiacre alla à l'Eglife S. Pierre où après avoir paffé trois jours en jeûnes, veilles & prieres, le quatrième jour il chaffa le démon du corps de la Fille de l'Empereur avec le figne de la croix & l'invocation de noftre Seigneur Jefus-Chrift. La Fille eftant guerie l'Empereur offrit à l'Archidiacre trois cents pieces d'or, que l'Archidiacre refufa, en difant à l'Empereur que s'il vouloit luy faire des prefens, il luy en demandoit un qui pouvoit eftre utile à fon pays. C'eftoit d'affranchir les dehors de la ville de Lyon de tout tribut à l'eftendue de trois mille, c'eft à dire d'environ une lieüe & demie ou deux lieües. Après que l'Archidiacre fut parti pour retourner à Lyon d'où il eftoit venu, l'Empereur dit à fes courtifans, cet homme fi defintereffé qui a refufé mes prefens merite que je faffe du bien à fon Eglife, ainfi ne fe contentant pas de luy avoir accordé l'immunité qu'il demandoit, il fit faire un coffret d'or pour le livre des Evangiles, avec un calice & une patene d'or enrichis de pierreries, & les envoya à l'Eglife de Lyon par un de fes Domeftiques. Cet homme paffant par les Alpes alla loger chez un Orfevre, à qui ayant fait fçavoir les prefens qu'il portoit par ordre de l'Empereur, l'Orfevre lui dit que s'il vouloit écouter le confeil qu'il luy donneroit, ils auroient dequoi s'enrichir tous deux, c'eftoit qu'il feroit des ouvrages femblables d'argent doré qu'il porteroit à l'Eglife de Lyon, & que cependant il employeroit l'or du coffret, & du calice à fabriquer des efpeces femblables à celles qui avoient cours alors & qu'à fon retour ils fe les partageroient. L'envoyé de l'Empereur s'eftant laiffé perfuader s'arrefte quelque temps chez l'Orfevre, attend qu'il ait contrefait d'autres ouvrages, les prefente à l'Eglife de Lyon, & retourne chez l'Orfevre pour partager leur butin: l'Orfevre luy dit que tout n'eftoit pas encor reduit en efpeces, mais que la nuit ne fe pafferoit pas, qu'il n'achevaft de convertir en monnoyes courantes. Ils foupent enfemble, l'Orfevre fe met à travailler en prefence de l'envoyé de l'Empereur, lorfque la maifon fecoüée par un violent tremblement de terre fond fur eux & les accable fous fes ruines. Le bon Gregoire de Tours ajoûte qu'il a vû fouvent dans l'Eglife de Lyon les ouvrages que l'Orfevre avoit fubftituez au prefent de l'Empereur. *Ego verò has fpecies in Ecclefia Lugdunenfi fæpiffimè vidi.*

Tout ce recit du bon Evêque eft un pur Roman. Car Leon premier fut Empereur d'Orient & non pas d'Occident, ainfi il ne fe tenoit pas à Rome, ou il femble que l'Archidiacre eftoit allé, puis que Gregoire de Tours parle des Alpes par où il dit qu'il avoit paffé, & qu'il eftoit allé à la Bafilique de S. Pierre, *fe ad Bafilicam Beati Petri Apoftoli conferr.* Or ce fut en 457. que Martien Empereur d'Orient eftant mort, Leon luy fucceda, & Majorien eftoit alors Empereur d'Occident, & fucceffeur d'Avitus & il eftoit à Lyon cette même année après l'avoir delivrée dès Gots, qui s'en eftoient emparez, dont Sidonius le remercia au nom de fa patrie, & le pria de la relever de fes ruines. Tout cela détruit la credulité du bon Gregoire de Tours, qui a rempli fes livres de beaucoup de pareilles fables. Lyon ne payoit point de Tribut à Leon, qui n'en fut jamais le maiftre, & qui ne pouvoit pas faire cette remife. Si cela avoit eu la moindre apparence de verité, Sidonius qui en ce tems là fit tant de panegyriques des Empereurs & écrivit tant de lettres à fes amis, nous en auroit appris quelque chofe. C'eftoit alors S. Patient qui tenoit le fiege Epifcopal de cette ville & qui eftoit amy de Sidonius, qui n'auroit pas manqué de faire mention de ce prefent & de ce pretendu miracle. Il ne faut pas chercher tant de miftere pour le franc Lyonnois, qui ne s'eft jamais eftendu tout autour de la ville de Lyon, mais feulement du cofté de la Breffe entre le Rhofne & la Saone, dont voicy la veritable occafion, qui n'eft pas ancienne, puifque c'eft depuis le regne de François I.

Philippe Second du nom VII. Duc de Savoye époufa deux femmes. Marguerite fille du Duc de Bourbon, dont il eut deux Enfans Philibert & Louife, fa feconde Femme fut Claude de Broffe de Pentheure qui n'eftoit pas Princeffe comme Marguerite de Bourbon, il en eut Charles. En fon premier mariage, il fut arrefté que les Enfans qui en naiftroient, fuccederoient à tous les droits de Philippe, *l'Ordre gardé de la primogeniture de lignée, & la difference du fexe oftée.* Suivant lefquelles pactions approuvées par l'affemblée des trois Eftats, Philibert comme aifné avoit fuccedé à fon Pere, & mourant fans hoirs, avoit laiffé heritiere Louife fa Sœur puifnée, & plus ancienne que Charles fils de la feconde femme.

Louife avoit efté mariée à Charles Comte d'Angouleme Pere de François I. qui eftant parvenu à la couronne comme l'heritier le plus proche felon les droits de la loy Salique, par plufieurs Ambaffades reiterées demanda durant dix ans le Duché de Savoye qu'il pretendoit lui appartenir de par fa mere Louife & par droit de fucceffion legitime, & outre cela il demandoit les terres affifes dans la Gaule Lyonnoife au deça du Rhofne, qu'il difoit n'eftre pas du cofté de l'Empire, & avoir efté expreffement données en Douaire à fa grand Mere Madame Marguerite de Bourbon. Il demanda auffi la Breffe avec tous les fruits reçeus durant quarante ans.

Il ajoûtoit que la Principauté de Piedmont eftoit membre dependant de la Provence, comme ayant efté unie à la Principauté d'Arles & pour ce regard indivifible. Que l'on avoit infenfiblement le Duché de Savoye, des Villes de Turin, de Pignerol, de Montcallier de Carignan, & de toutes les Villes & Chafteaux fituez par dela le Pau, qui furent pris durant les troubles de la guerre, & après le decez de Robert Roy de Sicile, Comte de Provence, & Prince de Piedmont.

Que la Comté de Nice, & le port de Ville-Franche, pris par complot & intelligence des Citoyens, étoient membres, qui toûjours avoient été comme chose indivise, & dependante du territoire de la Provence. Il disoit ensuite que quelques forteresses du Marquisat de Saluces, lesquelles étoient annexées au Dauphiné, en avoient été violemment extraites, & sans forme de procez attribuées aux Ducs de Savoye, du temps que le fils de Robert, jeune enfant privé de pere & de mere, & déjetté de son Royaume de Sicile, mourut, l'hoirie laissée aux Rois de France substituez.

Il se plaignoit de ce que Charles avoit dedaigneusement refusé l'ordre de S. Michel, & de ce qu'il n'avoit voulu recevoir la charge de cent hommes d'armes qui lui avoit été presentée avec douze mille écus de pension, & de ce qu'il avoit accepté les enseignes de Bourgogne & marques d'Espagne, pour l'envie qu'il portoit au nom François, & avoit toûjours soûtenu le parti de l'Empereur Charles-Quint.

Voila la substance du manifeste que le Roy François I. publia en cette Ville, quand il y vint avec sa mere Loüise de Savoye à dessein de la faire rentrer dans ses droits, & aprés plusieurs sommations faites au Duc Charles par Guillaume Poyet President au Parlement de Paris accompagné de plusieurs sçavans jurisconsultes, il donna commission à l'Admiral Chabot par ses lettres patentes de l'onzième Fevrier 1535. dattées en cette Ville, de declarer la guerre au Duc de Savoye.

L'Admiral qui étoit Gouverneur de la Bourgogne, se rendit maître de la Bresse, du Bugey & du Valromey en moins de trois semaines. Le Roi confirma à ces Provinces tous les privileges dont elles avoient joüi sous les Ducs de Savoye. Henri II. ayant succedé à François I. confirma tous ces privileges, & par le Mariage de sa sœur Madame Marguerite de France avec le Prince Emanuel Philibert, il rendit à ce Prince la Bresse, le Bugei, le Valromei & la Savoye : mais le païs que l'on nomme franc Lionnois, lassé des maux qu'il avoit soufferts durant les guerres de François I. pria le Roi de le retenir aux mêmes droits & prerogatives d'exemption de tailles & de subsides moyenant un don gratuit qui se paye de huit en huit ans. Voilà la veritable cause de l'appellation de Franc-Lyonnois.

Toutes ces réflexions sont necessaires pour l'intelligence de nôtre Histoire qui m'a engagé à faire ces discussions pour demêler un grand nombre de rêveries, que Champier, Paradin & de Rubis y ont mêlées.

J'y veux encore joindre deux Dissertations, l'une de l'établissement de cette Ville en corps de Communauté municipale qui suit naturellement ceux de Conciliabule, de Municipe, de conventus & de Colonie, par lesquels elle a passé sous les Romains. L'autre dissertation sera des grâds chemins ou voyes militaires, & de nos Aqueducs, qui furent des ouvrages dignes de la grandeur des Romains, & dont nous voyons encore de si beaux restes.

V. DISSERTATION.

De l'établissement des Corps des Communautez.

Toutes les Villes n'ayant été basties que pour entretenir entre les hommes la société civile, & les avantages reciproques qu'ils peuvent recevoir les uns des autres par le moyen du commerce & des communications qu'ils se font de leurs danrées, de leurs talens, & des fruits de leur industrie, c'est ce qui a toûjours fait dans les Villes des corps des Marchands, des corps des Mestiers, & des corps d'Officiers publics, ausquels on donnoit souvent le nom de Colleges, ou de corps qui avoient leurs Patrons ; comme de tous ces corps se formoit celuy de la Communauté de la Ville.

Il y avoit a Lyon du temps des Romains un corps de Marchands de vins, d'huiles & d'autres liqueurs qui se transportoient dans des oudres de peaux de Boucs. En une de nos inscriptions un Cajus, Victorius Quiguro du Berri Citoyen de Lyon est dit incorporé dans ce corps, *Incorporé inter utriclarios Lugdunenses*. Un Popilius originaire du Païs des Sequanois étoit dans ce même corps, *Adpertinens honorato corpori utriclariorum*. Culatus Meleager est dit Patron de tous les corps qui ont le pouvoir de s'assembler dans Lyon, & de celui des Augustaux dont il étoit IIIIII VIR AUG. PATRONUS EJUSDEM CORPORIS. *Item Patronus omnium corporum Lugduni licitè coeuntium* : de même Senrius Regulianus Chevalier Romain étoit Patron du corps des Marchands d'huile, des Negotians de vin, du corps des bateliers ou voituriers sur la Saone, comme on peut voir en son Epitaphe pag. 84. de cette Histoire.

Ces Patrons étoient comme les Gardiateurs & les garands des Privileges accordez à ces corps de Marchands, d'Artisans & de Voituriers pour entretenir le commerce, & c'est à ces Patrons que succeda l'établissement du Juge Conservateur des Privileges des Foires.

Il y avoit aussi en cette Ville un Gynecée, c'est à dire, un corps composé de plusieurs femmes qui travailloient aux toiles, aux étofes, & aux habillemens pour le Prince & pour les Soldats. La Notice de l'Empire dit.

Sub dispositione Viri Illustris Comit. Sacrar. Largitionum.

{ *Procuratores Gynaeceorum XV. De quibus in Galliis Erant procuratores* } { *Gynecij Arelatensis. Provincia Viennensis. Gynecij Lugdunensis.* }

Erant Gynaeceorum procuratores ij, qui texendis tot Principis Militum ve vestibus, velis navium, linteis & aliis ad instaurandas mansiones erant necessarij.

Les Villes & Communautez qui avoient le plus de privileges se nommoient Villes libres, *immunes, libera*, parce qu'elles étoient exemptes de payer des Tributs, & d'autres droits. Il faut donc distinguer trois choses, municipe, immunité, & communauté. Les municipes pouvoient avoir part aux charges, l'immunité exemptoit des impositions, & la commune étoit une confederation de plusieurs corps qui participoient aux mêmes avantages.

Le Principe sur lequel se fondoient nos Citoyens pour les libertez, Franchises & immunitez, qu'ils pretendoient conserver contre les violences des Officiers du Chapitre & de l'Archevêqué, étoit, que tout établissement de Ville, de Bourg,

& de Cité, où l'on permettoit aux Sujets d'habiter, de vivre, & de commercer les uns avec les autres, étoit un établissement civil semblable aux affranchissemens, qui donnoient selon le droit des gens, & le droit civil, faculté aux personnes affranchies, d'acquerir, de contracter, de vendre, & d'aliener, avec cette difference que le droit d'affranchissement n'etendoit ces privileges qu'à certains particuliers, & à leurs descendans, qui se nommoient *Liberti*, & *libertini*, pour les distinguer de ceux qui étoient nez libres, que l'on nommoit *Ingenus* : *Ingenui, quasi in plena libertate geniti*. Ceux qui habitoient les Villes, Cités, Bourgs, &c. prétendoient outre ce droit des particuliers, que la Bourgeoisie, la civilité, ou *Citadinance*, comme parlent les Italiens, attachoit des privileges au corps, & à la Communauté de ceux qui composoient ces Communautez, ce qui se nommoit *Jus Civitatis, Jus Civile*, soit qu'il fut écrit en des tables publiques, soit que l'usage & la coutume l'eussent authorisé, ce qui faisoit les Loix, quand il etoit écrit : *Quia potuerat legi*. L'autre de coutume s'appelloit, *Immunité, Franchise, Privilege, Usage, Coûtume, Liberté*. Que nos Archevêques étoient obligez de jurer & de confirmer, quand ils prenoient possession de leur Domaine temporel.

Nous avons dans les Medailles antiques plusieurs vestiges de ces Communautez de Provinces, où plusieurs Villes etoient liées & confederées pour s'entre-aider dans leurs besoins, & pour se conserver contre leurs ennemis communs. Ainsi selon Tite-Live Carthage étoit libre & à avoir ses loix : *Carthago libera cum suis legibus*. Polybe a aussi remarqué au livre des Ambassades, que les Romains au commencement laisserent à la plûpart des Villes leur liberté avec leurs loix. Ciceron dit en une de ses Epitres à Atticus que les Grecs se réjouïssoient d'avoir obtenu la liberté de vivre selon leurs Loix. *Graeci exultant quod sit AUTONOMIAM adeptos putant*. Dans une Medaille Grecque Antioche est nommée Metropole & vivant selon ses Loix. ΑΝΤΙΟΧΕΩΝ ΜΗΤΡΟΠΟΛ ΑΥΤΟΝΟΜΟΥ. C'est ainsi que Lyon se consideroit comme une Ville née avec sa Liberté & ses Coûtumes, ce qui étoit different de ces societez ou confederations des Villes les unes avec les autres qui sont nommées *Concordia* dans les Medailles. Confederations qu'elles juroient solemnellement, & qui étoient directement opposées à ces émulations municipales, dont parlent les Historiens Romains, qui ne manquent pas de citer l'exemple de Lyon & de Vienne, qui avoient jalousie l'une de l'autre, comme Puzzoles & Capoüe, Nicomedie & Nicée, Laodicée & Antioche, Tyr & Beryte, &c.

Le feu & l'eau étoient les symboles de cette Communauté des Citoyens, d'où vient que ceux qui perdoient le droit de Bourgeoisie étoient dits interdits du feu & de l'eau, *ignis & aqua interdicti*, parce que l'eau qui coule toûjours étoit la marque de la liberté, & le feu qui agit toûjours & qui doit être nourri pour être conservé, marquoit l'union des Citoyens pour s'entresecourir les uns, les autres: ce qui a donné lieu à cette belle devise d'un grand brazier de Charbons allumez & étincellans, qui viennent à s'éteindre quand on les écarte & sépare les uns des autres EXTINGUIMUR SI DISTINGUIMUR. C'est pour cela que le temple de Vesta où se conservoit le feu sacré, étoit le temple de la Communauté parmi les Romains, où le Grand Pontife habitoit, comme dans un lieu public en la huitième Region de Rome proche le Palais que Numa avoit fait bâtir, dont Horace a fait mention en une de ses Odes en parlant des inondations du Tibre.

Iré dejectum monumenta Regis.
Templaque Vestae.

Inondations qui présageoient ordinairement les soulevemens des peuples, & les discordes du corps de la Communauté.

On donna aussi le nom *de Ville publique*, au lieu du champ de Mars où se tenoient les assemblées du peuple pour donner leurs suffrages. *Villa publica* ; Varron en parle fort au long dans ses Livres des choses Rustiques, & nous avons une Medaille de Titus Didius, où cette Ville publique est nommée & representée. C'est le premier modéle des Hôtels de Ville, où les Magistrats municipaux s'assemblent pour traiter des affaires des Communautez, & où ils ont coûtume d'appeller à leurs deliberations les plus importantes les principaux Citoyens.

Parmi les Villes anciennes, qui faisoient corps de Communauté on distinguoit les Municipes, les Colonies, & les lieux ausquels on devoit se rendre pour la Justice, pour recevoir les ordres du Prince, pour traiter les affaires d'Etat : lieux qui se nommoient *Conventus*, qui est devenu le nom des Communautez Religieuses que nous nommons *Convens*, & dont l'Eglise de Lyon est souvent nommée dans les anciens titres & les anciens Statuts, *Conventus*, parce qu'elle étoit metropole : car c'est l'ancien titre d'honneur qu'Auguste donna à cette Ville, qu'il fit Metropole de toute la Gaule Celtique, comme elle avoit été auparavant *Conciliabule* depuis sa fondation : c'est à dire Ville de Foires, & de commerce pour les negocians de tous les peuples Celtiques, comme j'ay deja remarqué. Auguste la fit donc Municipe pour joüir des privileges des Citoyens Romains, & *Convent* pour rendre la Justice, & pour recevoir les ordres de la Republique. Car tandis qu'il y sejournoit, il y appelloit les Chefs de ses troupes, & leur donnoit ses ordres, comme il fit à Tibere, à Drusus, à Agrippa, &c.

Ce fut cette destination qui fit entreprendre à Agrippa de faire cette Ville le centre des quatre grands chemins de l'Empire pour en faciliter les abords, les passages des Troupes, les transports des deniers publics, qui s'y apportoient & s'y deposoient, que Strabon la décrivant dit *Caeterum LUGDUNUM in medio insular arcis situm, cum illi aquae confluant, & partibus omnibus propinquum sit*.

C'est pour ce'a que le même Auguste pour eriger cette Ville en corps de Communauté, y fit bâtir un Temple à la Déesse Vesta, comme pour rendre la pareille aux soixante Nations qui lui avoient consacré un Temple & un Autel commun avec Rome, à la jonction du Rhône & de la Saone. Il plaça celuy-cy à l'autre extremité de l'Isle de Lyon entre le Rhône & la Saone sur le Quay du Canal de Communication entre le Rhône & la Saone, que j'ai dit ailleurs avoir été nommé *in Canabis*, comme il fut depuis nommé les Terreaux, quand il eut été comblé & rempli de terre.

Il y a quelques mois qu'en creusant les fondemens d'une maison de la Place Saint Pierre, qui fait face au Midi, on découvrit à quinze pieds de terre de grands quartiers de pierres de choin, & un pavé à la Mosaïque de petites pierres de marbre de diverses couleurs taillées en lozanges ou petits carrez, & il reste dans la cave d'une maison attenante à celle qu'on vient de bâtir, un gros bloc de cette même pierre de choin avec cette inscription, que l'on a renversée en bâtissant cette cave.

V. Dissertation sur l'Origine

AVGVSTAE	AVG....	Augusti
DEAE	D...	Divi filii
VESTAE	VOT...	Votum

Ces soixante Nations qui trafiquoient en cette Ville, firent donc à proprement parler le premier corps de Communauté de Lyon, mais une Communauté semblable à celle de ces Villes d'Asie liées & confederées entre elles, qui bâtirent aussi à frais communs un Temple à Rome & à Auguste, avec cette inscription. COM. ASIAE. *Communitas Asia.*

Cette Communauté eut le nom de Province Lyonnoise, comme j'ay remarqué en une ancienne Epitaphe d'un *Publius Vettius Perennis* de Chartres, qui étoit le Prêtre des Duumvirs, à qui Jucundus & Hermes ses affranchis firent faire un tombeau, qui se voit à Bologne en Italie dans la maison des Achillini.

D.   M.
P.   VETTIO
PERENNI
CARNVTINO
EX   PROVINCIA
LVGDVNENSI
DVVMVIRALI SACERDOT.
IVCVNDVS ET
HERMES LIB.
F.   C.   *Fieri curarunt.*

Quand un peuple entier acqueroit le droit de Bourgeoisie Romaine, & devenoit Colonie ou Municipe, on l'incorporoit à une des Tribus Romaines. Ceux des environs du Pau furent unis à la Tribu *Fabia*, nos Lyonnois à la *Stellatine* qui étoit selon Panuinus la XXII. les Espagnols à la Tribu Galeria. *De integris populis cum omnibus simul civitas daretur, & jure Coloniarum vel Municipiorum adsicerentur, una in Tribu censeri consuevere: sic circumpadani in Fabia, LVGDVNENSES in Stellatinâ, Hispani in Galeria, alij in aliâ. Reynesius in Epist.*

Gabriel Simeoni Florentin, qui fit autrefois un assez long sejour en cette Ville, dont il recueillit plusieurs antiquitez, en communiqua une à nostre Guillaume du Choul, qu'il avoit remarquée à Turin, & qui est d'un Romain de la Tribu Stellatione qui avoit suivi l'Empereur Claude en sa guerre Britannique, qui le recompensa d'une couronne d'or, & de plusieurs autres joyaux, pour les belles actions qu'il avoit faites en cette guerre. Entre les diverses charges qu'il avoit exercées, il avoit esté tribun de la Cohorte XIII. qui faisoit son se-jour ordinaire en cette Ville. Voicy cette riche inscription.

Caio	C. GAVIO L. F.	*Lucii filio*
Stellatinâ	STEL SILVANO	
	PRIMIPILARI LEG. VIII. AVG.	
	TRIBVNO COHOR. II. VIGILVM	..*tis*
	TRIBVNO COH. XIII. VRBAN.	..*æ*
	TRIBVNO COH. XII. PRAETOR	...*ianæ*
	DONIS DONATO A DIVO CLAVD.	..*io*
	BELLO BRITANNICO	
	TORQVIBVS ARMILLIS PHALERIS	
	CORONA AVREA.	
	PATRONO COLON.	
	D. D.	

Quelque curieux que fût Simeoni, à qui nous devons la conservation de plusieurs de nos antiquitez, il ne les entendoit pas fort bien, comme il paroit par l'interpretation de la plûpart des medailles & des inscriptions qu'il rapporte. Car il n'a pas fait attention aux Tribus de la Ville de Rome, & je me defie de quelques inscriptions qu'il a mal copiées: particulierement d'une qu'il avoit vûë à Vienne dédiée à la memoire de Constantin, où il interprete *P.P. præses Provinciæ*, ce qui est contre l'usage de ces temps là, aussi bien que D.N.M.Q.E. qu'il rend par *devoto numini majestati que eorum*, au lieu de *devotus numini majestatique ejus*, qui se doit rapporter à *Apronianus Flamen Vienna.*

Les inscriptions où il a mal rendu les noms des Tribus sont celles d'un *Appalius*, & d'un *Volcatius*. T. APPALIO T. F. VEL. ALFINO. qu'il rend ainsi *Tito Appalio Titi filio veliti Alfinio.* & L. VOLCATIO Q. F. VEL. PRIMO, qu'il rend de mesme par le mot de *veliti*, au lieu de *Veliterna*, qui estoit la Tribu d'où ils étoient. Il a aussi interpreté celle de *M. Nævius M. F. Pal.* Justus qui étoit ædile, du mot *Pain.en.s* au lieu de *Palatina Tribus.*

Les Rois Bourguignons Vandales establirent deux corps de communauté en cette Ville, l'un de Romains, & l'autre de Bourguignons, qui avoient chacun leurs Juges, leurs loix, leurs usages & leurs coustumes. Nos Rois de la premiere & de la seconde race qui succederent à ces Bourguignons, reduisirent ces deux communautez en une seule de Citoyens ou Bourgeois gouvernez par des Comtes, ce qui fit donner aux Gouvernemens le nom de Comté, de Pays, ou de Cité. *Pagus Lugdunensis*, *Pagus Lugdunensis*, *Civitas Lugdunensis*. Les Annales de S. Bertin rapportent à Louis le Debonnaire cette division par Comtez: sur quoy Monsieur Valois a dit en sa preface *Notitiæ Gall.* Annales *Bertiniani anno 839. divisionem Galliæ ac Germaniæ ab Imperatore Ludovico pio factam referunt in quâ Comitatus vocantur qui cæteris pagi. In primis Comitatus vallensis, Id est pagus vallensis* le Pays de Vaud. *Comitatus Scudingius, qui Fredegario pagus scutingus*, le pays de Salins en Franche Comté, *Comitatus Genavensis: Comitatus Lugdunensis*, qui contenoit la Bresse, une partie du Bugey, la Dombe, le franc Lyonnois, le Lyonnois, Forest & Beanjolois.

Les

de la Ville de Lyon. 33

Les Communes pour le peuple n'estoient pas encor establies, & il n'y avoit que les Ecclesiastiques & la Noblesse qui entrassent dans les Estats. Ce fut sous le Roy Louis le Jeune, & sous Philippe Auguste que les communes commencerent en France, & que l'on fit du peuple, ou plûtost des Bourgeois des villes, un Tiers estat.

Ce fut ensuite de ces trois ordres que se composerent les Etats generaux ou assemblées du Royaume. En Angleterre le corps du tiers Estat se nomme encore à present la *Chambre des Communes*. Aussi le nom de *Communauté* demeura propre au tiers Estat, & l'on donna le nom d'*Université*, au corps composé des trois ordres. Et ce furent ces deux noms que la ville de Lyon s'attribua dans ses sceaux. Quoy que le corps Ecclesiastique ne fut jamais admis aux offices Municipaux, mais seulement la Noblesse, les Docteurs, & les honorables Bourgeois. Elle en exclut les artisans & le peuple ce qui causa en quelques occasions des troubles dont je parleray dans la suite de l'Histoire Consulaire.

Voicy les figures du sceel & du contresceel, que se firent les quarante Citoyens qui se souleverent contre le Chapitre, & qui se mirent sous la garde & protection de nos Rois pour conserver la liberté & les franchises de la Ville. Paradin a décrit ces sceaux, mais il ne les a pas representés.

On voit dans le grand sceau la figure du pont de Saone, dont les deux avenues étoient flanquées de *Tours*; & de *Chasteaux*. La Croix qui paroit au milieu fut abbatuë par les Heretiques du siecle passé quand ils se rendirent maistres de la Ville. Le Lyon étoit le symbole de la Ville, la fleur-de-lys de la protection de nos Rois. Le Soleil & la Lune de leur liberté, qu'ils disoient être aussi ancienne que la fondation de Lyon. Ils tinrent leurs premieres assemblées dans une de ces Tours du costé de S. Nizier, où ils firent mettre une cloche, pour convoquer leurs assemblées, & placerent deux corps de garde aux deux avenues de ce pont, qu'ils disoient appartenir à la communauté, quoy qu'il eut esté basti par un Archevêque. Ainsi dans le traité fait avec les Comtes de Lyon & de Forés & dans les factums de la Ville contre l'Eglise on lit, *Pons communis est*.

VI. DISSERTATION

Des grands chemins & des Aqueducs.

L'Une des plus celebres entreprises des Romains en ce pays, fut celle des voyes militaires ou grands chemins, que fit Agrippa Gendre d'Auguste, ainsi que Strabon l'a remarqué. Lyon dit-il est une espece de place forte, & comme la Citadelle des Romains dans les Gaules, estant à la jonction de deux rivieres, qui leur facilitent le commerce avec les provinces les plus éloignées. C'est là qu'Agrippa mit la tête des grands chemins qu'il fit construire pour la conduite des troupes. *Cæterùm Lugdunum in medio instar arcis situm est, cum ibi omnes confluant & partibus omnibus propinquum sit. Eapropter Agrippa hoc ex loco partitus est vias: unam quæ per Cemmenos montes usque ad Auctenos & Aquitaniam: aliam ad Rhenum: tertiam ad Oceanum per Bellouacos & Ambianos. Quarta ducit in Agrum Narbonensem, littusque Massiliense.* Strab. l. 4. Geograph.

L'un de ces grands chemins conduisoit en Aquitaine par les montagnes d'Auvergne. Un autre alloit au Rhein, le troisiéme à l'Ocean par le Beauvoisis & le pays d'Amiens, le quatriéme du costé de Narbonne & des costes de la Mer Mediterranée vers Marseille.

Sur ces indices de Strabon j'ay cherché avec toute la diligence possible les vestiges de ces grands chemins, & j'ay esté assez heureux pour les trouver. Celuy qui conduisoit à Narbonne commençoit à la porte S. Just, & c'est celuy que nous voyons depuis le rempart d'Aisnay au dessus de la porte S. George avec un double rang d'Arcs pour soûtenir les terres mouvantes & pour donner passage aux eaux. Il continue le long des vignes qui sont au dessous de la Chapelle de S. Roch, vers la fontaine de Choulan; le long des *Estres* ainsi nommez de ce grand chemin, parce que *Strata les Estrées* estoient les chemins, comme le Vulgaire nomme encore en ce païs les galeries des *Estres*. Ces chemins ont aussi laissé leurs noms à plusieurs villages de ces païs voisins, comme *l'Estra*. Saint Barthelemy de *l'Estra*, S. Nizier *l'Estra*, S. Martin *d'Estraux*. La Viala de *via lata*, &c. Suetone dans la vie de Claude dit *Collegio Quæstorum pro Stratura viarum gladiatorium munus injunxit*. L'on voit de gros quartiers qui se sont detachez de ces chemins sur le rivage du Rhosne dont ils incommodét la navigation en remontant : il passe dans la maison de Fontaniere, continué jusqu'à Pierre-benite, Ste Foy, S. Genis, Millery, Rive de Giers, &c.

Le Chemin qui menoit à l'Ocean par le Beauvoisis & le païs d'Amiens à sa naissance à la porte de Vaise sur le grand chemin de Paris, & il en reste quelques morceaux en montant vers la Tour & l'Arbresle.

Le chemin d'Aquitaine par l'Auvergne, commence à S. Irenée du costé de la porte de Trion, & va à Franche-Ville où reste encore la meilleure partie d'un Pont pour joindre les deux collines ou montagnes, car pour faciliter les chariots & les passages, ils élevoient les Ponts sur les profondeurs des vallées & des fondrieres. Il en reste un autre à Ecully sur un semblable fond. Ce sont ces Ponts, qui ont fait croire à quelques uns, que la Saone avoit autrefois son lit en cét endroit : mais deux choses me persuadent le contraire, l'une est qu'il y a à l'endroit d'Ecully une elevatiō qui coupe ce Canal, & qui est un gros rocher, qui auroit empêché le cours de la riviere, laquelle n'auroit pû avoir assez de pante pour couler dans ce pretendu canal. L'autre raison que j'ay de croire qu'elle n'a pas changé de lit, est la situation de l'ancien téple d'Auguste, que tous nos Auteurs ont constammét establi à Aisnay, & comme disent nos inscriptions au côcours du Rhosne & de la Saone. *Ad confluentem Araris & Rhodani*: Ainsi si cét Autel étoit au lieu où se joignent ces deux rivieres, ce concours ne pouvoit se faire au dessous de Sainte Foy, où aboutiroit l'autre canal. Le chemin qui menoit au Rein estoit triple à cause de nos deux rivieres : Car j'en trouve un qui commence au dessus de Vaise, au tombeau des deux Amans qui passe dans les vignes de Vaque, dans celle de la Sauvagere, & le long de S. Rambert, & va par Anse, Ville-Franche, Mascon & Tournus jusqu'à Chalon. Il y en a un autre de l'autre costé de Saone, dont j'ay découvert plusieurs vestiges depuis la roche de l'Isle sur les costeaux du Vernay, du bois de la Belle-Allemande, de Roy, & de Roche-Taillée, dont on voit quelques debris sur les bords de la Saone quand elle est basse. Le troisieme est sur les bords du Rhosne ; & commence au delà du Boulevard Saint-Clair dans une gorge, que quelques titres du Siecle passé nomment *Gorge des travaux des Sarrasius*, continue le long de la Pape, Neyron, de Miribel & de Montluel, en costoyant la riviere jusqu'à Seyssel. Il s'en voit plusieurs debris sur les bords du Rhosne.

La construction de tous ces chemins est la mesme. C'est-à-dire de cailloux de riviere & de chaux-vive liez ensemble d'une maniere si tenace, que le marteau n'en sauroit rompre les masses, aussi dures que les Rochers. Ce qui a fait croire à plusieurs que ces masses estoient des assemblages formez naturellement dans le sein de la terre, mais pour peu que l'on examine les debris que l'on trouve en divers endroits, on y reconnoistra aisément le mortier qui lie ces cailloux. On nomme en ce païs cette massonnerie du *Beton*, peut estre parce qu'elle a quelque ressemblance pour sa fermeté & sa durée à ces bastimens de l'ancienne Babylone dont les pierres & les blocages se lioient avec du Bitume. C'est cette espece de massonnerie qui se fait de gravois ou de petits cailloux meslez avec la chaux, & jettez à tas dans les creux que l'on veut remplir de ces gravois. Nicolas Bergier qui a fait un si savant traitté des grãds chemins de l'Empire, dit que presque tous ceux d'Italie étoient de semblable gravois au moins quant à leurs surfaces, & il a raison d'ajoûter que c'est merveille d'en avoir tant peu recueilli & plus grande merveille qu'ils ayent pû resister tant d'années aux injures du temps.

Les Arcs qui se trouvent sous quelques uns de ces chemins comme en celui dont il reste quelques vestiges au dessus de la porte S. George, & au dessous de celle de S. Just, & qui se voyent du rempart d'Aisnay quand on jette les yeux sur la montagne opposée, ne sont pas des marques qu'il y eut des Aqueducs, mais seulement des conduits & des passages pour les ecoulemens des eaux dans des terroirs sablonneux, ou ces grands chemins n'auroient pû subsister longtems sans ces precautions. Aussi Leon Albert celebre Architecte donne à ces Arcs le nom de Cloaques, faites pour soutenir les terres, & pour entretenir les chemins fermes & nets. *Cloacas ad opus viarum spectare arbitrantur, quæ subter medias per vias ducendæ sunt: Quod ad insternendas, coæquandas, purgatioresque reddendas vias conferant*. Il y avoit une de ces Cloaques au travers de la place des Terreaux, devant la facade de l'Hostel-de-Ville, qui fut découverte quand on travailloit aux fondemens de ce palais, & dont on a vû longtemps une ouverture proche un puits qui a esté comblé, & qui se nommoit alors le *puits du Gaillot*, d'un terme du peuple qui nomme à Lyon une Cloaque *un Gaillot*, que l'on dit ailleurs un *Gouillat* en terme populaire de certains païs. Comme on nomme *Gargouilles* les tuyaux qui jettent l'eau des toits des grands bastimens dans les ruës ou places publiques. C'est pour la même raison que la ruë de *Gourguillon*, par où l'on monte du bas de la ville, jusqu'à l'Eglise S. Just, est ainsi nommée, car tout ce qu'on a dit de ces torrens du sang de nos Martyrs, que l'on pretend avoir coulé par cette pente dans la riviere & luy avoir fait changer de couleur en remontant jusqu'à Mascon est sans apparence de verité, & l'Eglise n'a pas besoin de fables, ny de fausses traditions pour establir la pieté. Ainsi je ne croy pas que ce soit *à gurgite sanguinis*, que cette pente rapide ait esté nommée *Gourguillon*, non plus que la Croix qui est au dessus, & que l'on nomme *Croix de Colle*, soit ainsi nommée comme qui diroit *Crux Decollatorum*, Croix des Decollez, par allusion à nos Martyrs à qui on suppose qu'on ait coupé les testes en cét endroit. Cette Croix n'est pas si ancienne, & nous n'avons aucun ancien témoignage que ce soit là que l'on ait décollé les Chrestiens sous Septime Severe. Son nom vient de ce qu'elle estoit placée au dessus de la Colline, *Crux Collis*, ou *Colle*. Je fais profession de rechercher la verité, & je ne reçois point de traditions apocriphes. La Saone n'a pas non plus esté nommée *Sangona à sanguine*,

de la Ville de Lyon. 35

Restes du grand chemin qui alloit de Lyon a Narbonne le long du Rhosne.

C'est ainsi que ce chemin étoit representé sur une ancienne charte de Lyon gravée sous le regne de Henry II. On n'y voit plus à present ce tombeau élevé en Pyramide, qui est representé en cette figure. Les terres qui se sont éboulées de la montagne auront ruiné cét ancien édifice.

Sur le chemin qui menoit à l'Ocean par Paris, Beauvais & Amiens, estoit le tombeau des deux Amans, dont je parle en cette histoire.

Ces grands ouvrages des Romains ont laissé les noms de ces maistres du monde à plusieurs Villages de l'ancien païs Lyonnois, *pagus Lugdunensis*, qui comprenoit le Franc-Lyonnois, la Dombe, la Bresse, partie du Bugey & les extremités de la Franche-Comté, avec le Forest & le Beaujolois.

Le Chevalier Guichenon en son histoire de Bresse, pag: 13. dit. *Nous avons en Bresse & Bugey des vestiges de cette voye que M. Agrippa fit faire pour aller depuis Lyon jusques au Rhein, de laquelle Strabon parle à la fin de son IV. livre. Car bien que les anciens itineraires n'en fissent pas mention expresse; neanmoins par necessité elle passe & par la Bresse & le Bugey entre la Saone & le Rosne. C'est ce chemin qui va de Lyon à Rillieu & à Mont-Luel, d'où cette voye se fourchoit en deux branches dont l'une passoit par Billignieu, Meximieux, Chalamont, Toissia, Ceyseria, Meillonas, Treffort, Coligny, S. Amour, Lons le Saulnier & Arbois pour arriver à Besançon; où elle s'unit aux voyes qui conduisent au Rhein décrites dans les itineraires. Et quant à l'autre branche elle traversoit la plaine de la Valbonne, passoit à Chasey, Lanieu, S. Sorlin, Briord, Grolée, S. Benoit, Belley, Seyssel, Colonges & Geneve; où elle joint cette autre voye Romaine designée és susdits itineraires, & méne par Nyon, & Lauzanne jusques à Besançon, ou bien par Avanche & Soleurre jusques à Augst, prés de Basle & au Rhein.* C'estoit pour le commerce des grandes Villes Geneve, Lauzanne, Basle, Avanche, Besançon, Chalon, Autun &c. que ces chemins fourchoient, & se divisoient en plusieurs branches. Ce qui fait qu'à Lyon qui en étoit le centre, on trouve entre la Saone & le Rhosne jusqu'à trois de ces grands chemins pour la seule voye qui menoit au Rhein.

Golut l. 2. chap. 22. dit que dans la Vallée de Salins il reste encore une partie d'un ancien chemin des Romains de trois lieües d'estenduë. La vie de S. Anatoile rapportée par le P. Bolandus. *In Archiepiscopatu Bisunticensi qui & Chrysopolitanus appellatur, est quædam Regio nomine Scodinga in qua est vallis Romano itineri pervia, qua Salinis benè sito sibi nomine dicitur, eò quod sal ibi sufficienter conficiatur.*

Comme la plûpart des Sepulchres se posoient le long des grands chemins, & se faisoient d'un monceau ou tas de terre ou de gazons, sur lequel on élevoit un cippe de pierre en forme d'Autel, pour y verser du vin, du lait, de l'huile, & autres liqueurs, & sur lequel on allumoit du feu pour brûler des parfums, & même pour immoler des victimes, on donna à ces sepulchres le nom de Tombes & des Tombeaux, comme Virgile les nomme au 7. de l'Eineide.

Aggere composito Tumuli.

Le morceau le plus considerable de ces grands chemins qui nous reste, est celui qui se voit dans le bois de Roy au dessus de Jussieu. J'en ay pris les dimensions, & j'ay trouvé qu'il y en a cent trente une toises de longueur: qu'il a neuf toises ou cinquante quatre pieds de largeur & qu'il avoit vingttrois pieds de profondeur sans en avoir trouvé le fond. Les Romains choisirent les bois & les montagnes autant qu'ils purent pour faire ces chemins, tant parce que les Forests leur fournissoient du bois pour cuire la chaux sur les lieux mesmes, que parce que les montagnes estant plus élevées rendoient leurs chemins plus seurs contre les inondations de nos deux rivieres, leur offroient en divers endroits des Espaces de rochers, où il n'y avoit autre chose à faire qu'à rendre le sol & le passage égal au reste. Ils trouvoient aussi dans ces montagnes les gravois, le sable, les cailloux qui leur estoient necessaires, comme ils les prenoient sur les bords de nos deux rivieres quand ils en étoient proches.

Ce sont les debris de ces anciens chemins qui ont rempli les avenuës de Satonay de cailloux,

& les ravines de Jussieu, de Roy, & de Fontaine, aussi bien que les vignes de la Croix-rousse, de Cuire & de Caluire.

Nostre Sidonius Apollinaris écrivant à Heronius un de ses amis, qui estoit en cette Ville, luy fait mention de nos grands chemins & de nos Aqueducs qu'il dit que l'antiquité a voutez en arcades, & sur de grandes levées de cailloutage, *Pervij pontes, quos antiquitas à fundamentis usque ad aggerem caletabili silice crustatum crypticis arcubus fornicavit*. Sidon. Epist. 5. lib. 1.

Il donne à ces chemins le nom de Ponts à cause des frequentes voutes ou arcades pratiquées és endroits, où les sables estoient mouvans.

La Ville de Bourges avoit ses voyes militaires, qui conduisoient à Xencoins, à Argenton, à Sancerre, en Tourraine & en Auvergne, & M. Catherinot dit en son vray Avaric, que ces grands chemins viennent à Bourges du costé de Lyon & de Bourdeaux. C'est justement le premier chemin des quatre marquez par Strabon. *Agrippa hoc ex loco partitus est vias. Unam quæ ab Cemmenos montes usque ad Auctones, & Aquitaniam*. Si ces grands chemins avoient esté entretenus, ils seroient encore à present d'une grande commodité pour les voitures.

Ces chemins furent refaits en quelques endroits par les Gouverneurs envoyez en ce pays, qui y firent dresser des pierres milliaires, qui ont esté destruites. Millery estoit un de ces Milliaires. *Milliarium*.

Le Comte de Forés demanda au Roy Louis le Jeune le droit de garde de ces grands chemins qui luy fut confirmé par le Roy Philippe Auguste l'an 1198. par un acte, qui est parmi les preuves de cette histoire, page 36. *Guigoni Forensi & Lugdunensi Comiti in augmentum feodi sui quod ab ipso habebat, custodiam super STRATAS in terrâ ejusdem Comitis & in terris hominum suorum, & in terris etiam illorum qui debebant esse homines ejusdem Comitis concessit*.

Quoyque ces grands chemins ayent esté l'ouvrage d'Agrippa, il ne reste aucun vestige de ce gendre d'Auguste parmi nos inscriptions, parce qu'il mourut avant qu'ils fussent achevez; ce qui fit qu'on en donna tout l'honneur à Auguste, par plusieurs medailles faites à la gloire de cet Empereur, & mesme par quelques arcs de triomphe. Ainsi nous ignorerions l'autheur de cette grande entreprise, si Strabon n'en avoit conservé la memoire en sa description du monde.

Ce fut Auguste qui establit les postes sur ces voyes militaires pour porter ses ordres par tout, & pour apprendre des nouvelles dans les endroits de l'Empire. *Quo celerius, ac sub manum annuntiari cognoscique posset quid in Provincia quaque geretur, juvenes primo modicis intervallis per militares vias, dehinc rehicula disposuit*. On vit ces voyes fort larges afin que les Soldats pussent faire un plus grand front en marchant. Quarante soldats pouvoient aller de front dans les nostres qui avoient cinquantequatre pieds de largeur.

Passons de ces voyes militaires à nos Aqueducs qui estoient placez sur ces grands chemins, ou sur leurs costez.

Entre les vestiges d'antiquité qui nous restent, ceux qui paroissent les plus entiers & qui nous marquent mieux que tous les autres, ce qu'ils ont pû estre autrefois, sont nos aqueducs, dont plusieurs rangées d'arcades subsistent encore depuis la porte de S. Just, jusqu'au village d'Ecully dans les terres de Sainte Foy, Francheville, Brignais, Chaponost, & plusieurs autres jusques à S. Chamond en Jarez, & aux montagnes de Forez. Monsieur le Laboureur en la seconde partie des mazures de l'Isle-Barbe rapportant les preuves de Noblesse des Moines de l'Isle-Barbe, à l'occasion de Huguenin & François de l'Adoy qui vivoient dans cette Abbaye l'an 1460. dit qu'*Adoy* en vulgaire Lyonnois signifie un Aqueduc, & que c'est ainsi que l'on appelle ces restes d'Arcades qui se voyent encore aujourd'huy prés le Faubourg de S. Irenée & lieux circonvoisins & qui conduisoient les eaux de fontaines, necessaires à cette partie de la Ville de Lyon.

Le peuple nomme ces arcs, les arcs des Sarrasins par corruption du mot d'arcs Cesariens, *Arcus Cæsariani*, parce qu'ils furent faits par ordre de Jules-Cesar, pour fournir de l'eau à ses legions campées entre Tassins, Grigny, Chaponost, & Ecully. J'ay trouvé dans une description des vignes dites de S. Sebastien ou de la Croix-rousse du costé du Rhosne dans le territoire de Pulverose qui est entre le grand chemin de Lyon à Neyron, & un autre chemin tirant du soir au matin vers le Rhosne depuis ce chemin de Neyron; qu'il y avoit un Aqueduc le long d'une voye militaire des Romains, qui est appellé en cette description, *chemin venant du grand chemin, tirant du soir au matin vers le Rhosne & vent* Aliàs appellé LA GORGE DES TRAVAUX DES SARRASINS.

Nous apprenons de Suetone en la vie de Jules-Cesar, que cet homme ambitieux, qui pensoit à se rendre maistre du monde, employa toute sorte de moyens pour parvenir à ses fins. Il gagna le peuple & les soldats par argent & par presens, donnant des sommes excessives, qu'il tiroit des Provinces, des Villes & des Princes alliez de la Republique: qu'il rappella dans Rome les Enfans des Proscrits, qu'il augmenta le nombre des Senateurs, fit donner des charges & des emplois à ceux qu'il crût lui pouvoir estre utiles, & sur tout qu'il fit des ouvrages magnifiques dans les principales Villes d'Italie, des Gaules, d'Espagne, & d'Asie & de Grece pour s'attacher ces Villes. Ce qui donna tant de jalousie aux principaux du Senat, que Claudius Marcellus estant Consul proposa en plein Senat qu'on le rappellât des Provinces avant qu'il eut achevé le tems de ses Gouvernemés & du commandement des troupes, mais il eut l'adresse de se faire continuer. *Italia, Galliarumque & Hispaniarum, Asia quoque & Græcia potentissimas urbes præcipuis operibus exornans: donec attonitis jam omnibus, & quorsum illa tenderent reputantibus. M. Claudius Marcellus Cos. edicto præfatus de summa &c.* On voit encor plusieurs ruines de l'un de ces Aqueducs le long du Rhosne depuis le Boulevard S. Clair en remontant jusques vers Miribel & Montluel, où il devoit prendre l'eau du Rhosne.

Cet Aqueduc ne servit autrefois qu'à conduire les eaux necessaires pour les artifices des machines tant pour battre le fer, que pour les monnoyes, les teintures, & les autres fabriques dressées en ce quartier, que nous nommons de la Coste S. André, Coste S. Sebastien, du Griffon, de S. Marcel, de la Deserte, & de S. Vincent. Car un fragment d'Epitaphe attaché au corps du bastiment du chœur de l'eglise de S. Jean au dehors auprés des nouvelles écuries de l'Archevesché, nous apprend qu'Alcimus Soldat Veteran avoit soin des fabriques où se forgeoit le fer.

ATTIO ALCIMO

Veterano VE PROC. FERRAR

ARVM.

On voit encore aujourd'huy, dans les caves de plusieurs maisons basties sur la Coste de S. André ou S. Sebastien des souterrains, des voutes, des restes d'aqueducs & de canaux qui ont servi à ces artifices des Romains, dont les eaux après avoir esté employées à ces usages se dechargeoient dans le canal des Terreaux, qui n'a jamais esté le fossé de la Ville, qui estoit plus haut au quartier du Griffon, dans le Petit-Forés devant la chappelle S. Marcel, l'Eglise de la Deserte & la ruë S. Vincent. Puisque les portes de la ville de costé s'appelloient *portes du Griffon* & *de S. Marcel*. La porte de la Lanterne, & la porte de la Pescherie, qui estoit proche la Feuillée sont nommées *fausses portes*, parce qu'elles ne servoient que pour aller à ce canal & n'estoient pas portes de ville, non plus que celles des deux Chastelets de Paris, que l'on nomme portes encore à present, quoy qu'elles ne soient pas portes de ville.

Il y en avoit une de cette sorte à la montée des Capucins du grand Convent, qui se nommoit *fausse porte de Confort*, comme on pourra voir sur l'ancienne Carte de Lyon, que j'ai fait joindre à cette histoire, afin que l'on y puisse voir l'ancien estat de cette ville par rapport à ce premier volume, où je ne conduis cette histoire que jusqu'à l'année 1400.

La structure de nos Aqueducs estoit la mesme que celle de l'amphitheatre d'un moilon de pierre grise, peu dure, mais revestuë en dehors de pierres quarrées, ou en lozanges, posées sur leurs pointes, avec des couches ou lits de briques larges & plates, une partie de ces Aqueducs venoit abboutir à l'Amphitheatre, où l'on remarque encore trois ouvertures par où il semble que l'on pouvoit faire entrer l'eau pour faire des Naumachies. Ainsi ces Aqueducs ne servoient pas seulement à remplir les conserves d'eau pour les besoins de la Ville élevée sur une montagne, mais il y a beaucoup d'apparence, qu'ils servoient encore aux spectacles. Ce qui a fait observer à quelques Autheurs modernes que c'est peut-estre la raison pourquoy au douziéme livre du Code le Titre *de Spectaculis*, & suivi de celuy de *Aquæductu*. Juret sur Symmaque parle des eaux Theatrales, page 115. Les Arches de Jolly conduisoient des eaux à l'Amphitheatre de Mets. On fait la mesme observation pour ceux de Poitiers, & particulierement pour ceux de Nismes, car le Pont du Gard ne fut basti que pour cela. L'Aqueduc d'Orange menoit de l'eau de quatre lieux dans l'Amphitheatre, celuy de Frejus de dix lieuës.

Ils servoient encore pour les bains publics & pour ceux des maisons particulieres, tel qu'estoit celuy qui reste dans la maison de Monsieur Cassaire au haut de Gourguillon, dont le nom nous exprime une grande decharge d'eau avec beaucoup plus d'apparence, que le sang des Martyrs que l'on pretend avoir coulé par torrens en cet endroit du haut de la montagne jusqu'à la riviere. Ce que j'examineray avec soin dans l'histoire Ecclesiastique. Car je suis ennemi des fables, & de ces traditions populaires, qui ont introduit tant de faussetez dans l'histoire, & abusé de la simplicité de trois ou quatre siecles ignorans.

SOMMAIRE

DES PRINCIPALES MATIERES CONTENUES EN CETTE HISTOIRE.

PREPARATION A L'HISTOIRE CIVILE DE LYON.

I. Venuë de Jules-Cesar dans les Gaules, & son campement proche la Ville de Lyon.
II. Sejour d'Auguste en cette Ville.
III. Lyon forteresse des Romains.
IV. Ecole de la sagesse payenne.
V. Les grands évenemens arrivez en cette Ville.
VI. Preparation de Polybe à son histoire des guerres d'Annibal.
VII. Position des anciennes Villes difficile à establir.
VIII. Savans qui ont écrit de la Ville de Lyon.
IX. Ancienne situation de Lyon selon Strabon.
X. Segusiens, quels peuples & leur origine.
XI. La Deesse Segetia.
XII. Matres Augustæ. Ce qu'c'estoit.
XIII. Inscriptions, où il est parlé des Segusiens.
XIV. Medaille de Secusianus expliquée.
XV. Chemin d'Hercule dans les Alpes.
XVI. Gesates.
XVII. Le Rhosne & la Saone. Etymologie de leurs noms.
XVIII. Epigramme de Scaliger pour la Ville de Lyon.
XIX. Lyon basti sur une montagne ou colline.
XX. Position de Lyon par rapport au Ciel.
XXI. Lyon partagé en deux Villes par la Saone.
XXII. Fourviere, origine de ce nom.
XXIII. Trois ordres de villes grandes, moyennes, & petites. Lyon du nombre des grandes.
XXIV. Ancien palais des Empereurs à Lyon.
XXV. Vestiges des anciens edifices des Romains.
XXVI. Forme du gouvernement sous Auguste.
XXVII. Tributs des Gaules aux Romains.
XXVIII. La Religion des anciens Lyonnois.
XXIX. Eglise de S. Pierre bastie des debris d'un ancien Temple.
XXX. Lampe antique trouvée à Lyon.
XXXI. Sub Ascia dedicare. Ceremonie des Segusiens expliquée.
XXXII. Figure d'un ancien Prestre.
XXXIII. Epitaphes des Soldats & Officiers de guerre.
XXXIV. Epitaphes des Negotians.
XXXV. Inscription supposée.
XXXVI. Ouvrage à la Mosaïque Emblematique expliqué.
XXXVII. Tombeau trouvé proche Besançon sa figure & son explication.

X. Disgraces d'Antoine.
XI. Triomphe de Valere Messala décrit par le Poëte Tibulle.
XII. Octave prend le nom d'Auguste.
XIII. Temples & autels dediez à Auguste durant sa vie.
XIV. Harangue d'Auguste au Senat.
XV. Les Gaulois couroient par lieües. Leuca ou Leuga.
XVI. Censure de Plancus.
XVII. Agrippa entreprend les voyes militaires dont Lyon est le centre.
XVIII. Sub Ascia dedicare. Ordinaire dans les Epitaphes de ce pays.
XIX. Figure de cette Ascia.
XX. Venuë d'Auguste à Lyon.
XXI. Conduite de Licinius Intendant d'Auguste dans les Gaules.
XXII. Description du Mont-d'or.
XXIII. Vimy erigé en Marquisat sous le nom de Neufville.
XXIV. Inscription de Sextus Ligurius Marinus.
XXV. Marchands de vins à Lyon.
XXVI. Ancienne conserve de vin.
XXVII. Aqueducs & conserve d'eau.
XXVIII. Soixante Nations qui trafiquoient a Lyon bastissent un temple à Rome & à Auguste. Romæ & Augusto.
XXIX. Ample dissertation sur l'ancien autel de Lyon, sa matiere, sa forme, sa figure, le lieu où il fut dressé, ses Prestres, sa dedicace, les jeux qui s'y celebroient, les disputes de l'eloquence.
XXX. S'il y a de la pierre fusile.
XXXI. Colonnes de Granite de cet ancien autel avec leurs justes dimensions.
XXXII. Les six Augustaux.
XXXIII. Des Augures. Erreurs de Paradin, de Rubys & de Monsieur Spon, qui donnent à Lyon un College de trois cent Augures.
XXXIV. Lyon nommé Colonia Copia Claudia Augusta.
XXXV. Inscription de l'Hermitage de Thein sur le Rhosne.
XXXVI. Druides.
XXXVII. Colonie amenée à Lyon par Plancus.
XXXVIII. Plancus n'est pas le premier fondateur de Lyon.
XXXIX. Lettres de Ciceron à Plancus, & de Plancus à Ciceron.
XL. Germanicus apprend la mort d'Auguste & empesche les troubles.
XLI. Soulevemens causez par l'imposition de nouveaux Tributs.
XLII. Caligula vient à Lyon, y establit des jeux à l'autel d'Auguste.
XLIII. Loterie de Caligula. Ses triomphes ridicules.
XLIV. Claude vient à Lyon, luy donne son nom, le fait Colonie Romaine.
XLV. Sa harangue pour introduire les Lyonnois dans le Senat.
XLVI. Tables d'airain de l'hotel de ville expliquées.
XLVII. Incendie de Lyon décrit par Seneque.
XLVIII. Epitaphe de Liberalis.
XLIX. Feu saint Antoine, maladie nommée Lugdus.
L. Hospital establi à Lyon pour ces malades.

SOMMAIRE

Du Livre premier.

I. Lyon basti par des Grecs chassez de Sescron en Languedoc.
II. Segusiens peuples libres attachez au commerce.
III. Jules Cesar y establit son camp.
IV. Marc-Antoine Questeur, ou Tresorier de l'armée de Jules Cesar.
V. Ses intrigues pour favoriser les desseins de Jules.
VI. Tuyaux de plomb decouverts à Fourviere avec des inscriptions Romaines.
VII. Plancus commande des Legions en ce pays.
VIII. Mort de Jules Cesar, & menées de Marc-Antoine.
IX. Le Senat commande à Lepide, à Plancus & à Silanus de bastir une ville à ceux de Vienne chassé par les Allobroges.

Sommaire des principales matieres.

LI. *Neron contribuë au restablissement de Lyon aprés son incendie.*
LII. *Vitellius vient à Lyon. Ancienne jalousie de Lyon & de Vienne.*
LIII. *Correspondance des Eglises de Lyon & de Vienne.*
LIV. *Domitien vient à Lyon.*
LV. *Trajan fait bastir Forviere.*
LVI. *Inscription de Cajus Futius Sabinius Aquila Receveur des deniers de l'Empire à Lyon.*
LVII. *Doüanes, leur origine.*
LVIII. *Consuls dans les Provinces.*
LIX. *Septime Severe demeure à Lyon.*
LX. *Matrabus Augustis. Inscription expliquée.*
LXI. *Defaite d'Albinus par Severe, qui ruine Lyon.*
LXII. *Inscription d'Albinus examinée, & suspecte.*
LXIII. *Medaille d'Albinus qui a pour revers le genie de Lyon.*
LXIV. *Etymologie de Lugdunum.*
LXV. *Pierres milliaires, où sont les noms des Maximins.*
LXVI. *Portrait de Maximin.*
LXVII. *Posthumius élevé à l'Empire.*
LXVIII. *Probus fait Empereur, Proculus Tyran fait Empereur à Lyon; une medaille rare de sa mort, faite en faveur de Probus.*

SOMMAIRE
Du Livre Second.

I. *Decadance de l'Empire Romain.*
II. *Diocletien & Maximien favorisent Grenoble.*
III. *Les Soldats creent les Empereurs.*
IV. *Medailles des Empereurs frappées à Lyon.*
V. *Constantin divise les Gaules, & establit quatre Prefets du Pretoire dans l'Empire.*
VI. *Maisons illustres des Gaules.*
VII. *Maison de Polignac.*
VIII. *Les Appollinaires.*
IX. *Si saint Ambroise est né à Lyon.*
X. *Constantin partage l'Empire à ses fils.*
XI. *Les Lyonnois refusent de suivre le parti de Magnence.*
XII. *Constantius & Julien l'Apostat.*
XIII. *Courses des Barbares, qui veulent piller Lyon.*
XIV. *Julien élevé à l'Empire.*
XV. *Vœux publics des Romains.*
XVI. *Table sur laquelle s'offroient les vœux.*
XVII. *Titianus Orateur enseigne à Lyon.*
XVIII. *Professeurs & écoles à Lyon.*
XIX. *L'Empereur Gratien tué à Lyon.*
XX. *Goths & Barbares attirez dans les Gaules.*
XXI. *Lyon grenier de Rome.*
XXII. *Mulets qu'on nourrissoit en ce pays.*
XXIII. *Desolation des Gaules par les Barbares.*
XXIV. *Eloge de LOUIS le Grand.*
XXV. *Perfidie de Stilicon.*
XXVI. *Constantin le Tyran en Angleterre.*
XXVII. *Sidonius Appollinaris Prefet des Gaules.*
XXVIII. *Dardanus, Govinus & Sebastianus.*
XXIX. *Ancienne ville d'Heraclée demeure d'Ataulphe Roy Goth.*
XXX. *Bourguignons Vandales establis à Lyon décrits par Sidonius.*
XXXI. *Attila vient dans les Gaules.*
XXXII. *Suite des Prefets du Pretoire des Gaules.*
XXXIII. *Maisons de campagne de ces Prefets décrites par Sidonius.*
XXXIV. *Majorien Empereur amy de Sidonius.*
XXXV. *Portrait de Theodoric.*
XXXVI. *Peonius Prefet des Gaules.*
XXXVII. *Satyre de Sidonius.*
XXXVIII. *Portrait de Sidonius.*
XXXIX. *Disgrace d'Arvandus Prefet des Gaules.*
XL. *Establissement des Bourguignons, & leur descendance.*
XLI. *Gregoire de Tours peu exact en son histoire.*

XLII. *Mariage de Clotilde avec Clovis.*
XLIII. *Loix des Bourguignons par Gondebaud publiées en cette ville, & signées par trente deux Comtes.*
XLIV. *Establissement des mains mortes.*
XLV. *Caretene Reine Mere de Gondebaud, son Epitaphe.*
XLVI. *Gunderic Roy des Bourguignons.*
XLVII. *Guerres de Gondebaud avec ses Freres.*
XLVIII. *Origine des Bourguignons.*
XLIX. *Odoacre Roy d'Italie, Et Theodoric.*
L. *L'Italie ravagée par Gondebaud.*
LI. *Prisonniers de guerre amenez à Lyon, rachetez par S. Epiphane Evêque de Pavie.*
LII. *Horloges envoyés à Gondebaud par le Roy Theodoric, avec les lettres de ce Roy écrites par Cassiodore à Boece, & à Gondebaud.*
LIII. *Description de la grande horloge de S. Jean.*
LIV. *Palais des Rois Bourguignons.*
LV. *Childebert fils de Clovis, fondateur de l'hospital de Lyon avec la Reine Ultrogote sa femme.*
LVI. *Regne de Sigismond.*
LVIII. *Comtes & Gouverneurs nommé Consuls.*

SOMMAIRE
Du Livre Troisiéme.

I. *Baptesme de Clovis, & lettre d'Avitus Archevesque de Vienne sur ce sujet.*
II. *Enfans de Clovis & ses descendans Rois de Lyon.*
III. *Leurs guerres civiles.*
IV. *Gontram adopte Childebert.*
V. *Comtes Gouverneurs de Lyon sous les Rois de France.*
VI. *Charlemagne partage à ses fils ses Estats, Louis le Debonnaire à Lyon dans son partage.*
VII. *Testament de Charlemagne.*
VIII. *Louis le Debonnaire Empereur.*
IX. *Agobard luy demande la suppression de la loy Gombette.*
X. *Ses plaintes contre les Juifs.*
XI. *Portrait de Louis le Debonnaire. Medaille des Juifs expliquée.*
XII. *Second Mariage de Louis le Debonnaire, & conspiration de son fils Lothaire, qui le fait deposer.*
XIII. *Agobard preside à cette deposition, & s'en justifie par une apologie.*
XIV. *Le Pape Gregoire IV. vient en France, & écrit de cette Ville une lettre circulaire aux Evêques.*
XV. *Nouvelles brouilleries entre Louis le Debonnaire & ses Enfans.*
XVI. *Lothaire luy succede & rappelle Agobard, & S. Bernard Archevesque de Vienne crus les principaux autheurs de la deposition de Louis.*
XVII. *Traitez entre les fils de Louis le Debonnaire.*
XVIII. *Le Comte Gerard de Roussillon Gouverneur du Lyonnois.*
XIX. *Sa femme fait present d'une nappe d'autel qu'elle avoit brodée, à nostre Eglise de S. Estienne, & à l'Archevêque S. Remy.*
XX. *Louis le Debonnaire restabli.*
XXI. *Lothaire se retire dans un Monastere.*
XXII. *Charles Roy de Provence meurt en cette Ville, est inhumé dans l'Eglise du Monastere de saint Pierre.*
XXIII. *Lothaire le jeune repudie sa femme & épouse Valdrade.*
XXIV. *Ses demêlez avec ses oncles Louis de Germanie & Charles le Chauve, & leurs traitez.*
XXV. *Lothaire excommunié va à Rome pour se faire absoudre, meurt à son retour.*
XXVI. *Charles le Chauve Empereur.*
XXVII. *Lettre d'Hincmar Archevêque de Rheims aux Prelats du Royaume sur les querelles de Louis de Germanie & de Charles le Chauve.*
XXVIII. *Boson Roy de Provence, Gouverneur de Vienne & de Lyon.*

XXIX. *Mort de Charles le Chauve. Son Epitaphe à Nantua. Transporté à S. Denis.*
XXX. *Le Pape Jean VIII. vient en France.*
XXXI. *Louis le Begue succede à Charles le Chauve, & sa mort.*
XXXII. *Boson se fait couronner Roy de Bourgogne à la persuasion de sa femme Hermengarde par les Evêques assemblez en un Synode.*
XXXIII. *Acte de son Election, & sa reponse.*
XXXIV. *Mort de Boson, & son Epitaphe.*
XXXV. *Ses presens à l'Eglise de Vienne.*
XXXVI. *Couronnement de Louis son fils par nostre Archevêque Aurelien.*

SOMMAIRE

Du Quatriéme Livre.

I. Rois Bourguignons Transjurains.
II. Rodolfe Roy de Bourgogne sacré & Couronné.
III. *Monnoye de Rodolfe.*
IV. *Erreurs de Rubys & d'Alphonse d'Elbene.*
V. *Berte femme de Rodolfe II.*
VI. *Fondation de l'Abbaye de Payerne.*
VII. *Conrard Roy de Bourgogne.*
VIII. *Le Comte Vuillelme Souche des Comtes de Lyon & de Forés.*
IX. *Epitaphe de Conrard.*
X. *Rodolfe III. surnommé le Lache, Roy de Bourgogne.*
XI. *Fondation de l'Abbaye S. Victor de Geneve.*
XII. *Enfans du Comte Vuillelme & leurs partages.*
XIII. *Divestitures d'Abbayes à des Laïques.*
XIV. *Rodolfe cede ses Estats à un de ses Neveux.*
XV. *Burchard Archevêque de Lyon frere de Rodolfe pourvoit à la sureté des biens de son Eglise.*
XVI. *Henri prend possession du Royaume que son oncle luy a cedé.*
XVII. *Guerre d'Eudes de Champagne pretendant à la succession du Royaume de Bourgogne.*
XVIII. *L'Empereur Henry confirme à l'Eglise de Lyon ses biens temporels.*
XIX. *Fausse origine de la maison de Savoye refutée.*
XX. *Promotion d'Halinard au siege Archiepiscopal de cette ville.*
XXI. *Fait refus de prester le serment de fidelité à l'Empereur.*
XXII. *Hugues Duc de Dijon.*
XXIII. *L'Archevêque de Lyon fait Exarque par l'Empereur.*
XXIV. *Prélats faits Princes de l'Empire & Comtes.*
XXV. *Bulles d'or de l'Empereur Frideric pour l'Eglise de Lyon.*
XXVI. *Echange de l'Eglise de Lyon avec le Comte de Forés authorisé par deux bulles des Papes Alexandre III. & Lucius III.*
XXVII. *Pont du Rhosne & son Hospital.*
XXVIII. *Baronnie & Comté de Lyon.*
XXIX. *Demeslez de Boniface VIII. & de Philippe le Bel.*
XXX. *Faux exposé de Nogaret.*
XXXI. *Suite de nos Rois de la premiere & seconde race, qui tenoient Lyon.*
XXXII. *Administration de l'Evêque d'Autun le siege de Lyon vacant. Son Origine.*
XXXIII. *Philippe de Savoye élu Archeveque de Lyon.*
XXXIV. *Serment de fidelité demandé à nos Archeveques pour la Regale d'Autun & de Savigny.*
XXXV. *Le Pape Innocent IV. tient un Concile general à Lyon contre Frideric II. Empereur.*
XXXVI. *Donne plusieurs bulles en faveur de nos citoyens.*
XXXVII. *Lyon hors de la Domination de nos Rois de France.*
XXXVIII. *Droço deposé de l'Archevêché.*

XXXIX. *Lettre du Comte de Forés au Roy Louis le jeune.*
XL. *Des Comtes de Forés, leur suite & leur genealogie.*
XLI. *Martyre de Sainte Preve fille du Comte Gerard de Forés.*
XLII. *Armoiries de Beaujeu blasonnées.*
XLIII. *Fable de De-Rubys de 74. Chanoines dont l'un estoit fils d'Empereur, neuf fils de Roys, quatorze de Ducs, vingt de Barons &c.*
XLIV. *Chute de montagne en Savoye.*
XLV. *Excommunication de Frideric au concile de Lyon.*
XLVI. *Commandement du Pape aux Princes d'Allemagne de proceder à l'Election d'un autre Empereur.*
XLVII. *Suite des Comtes de Forés.*

SOMMAIRE

Du Livre Cinquiéme.

I. Domination de l'Eglise dans Lyon. Et ses Officiers.
II. *Du Senechal.*
III. *Du Viguier.*
IV. *Du Courrier.*
V. *Du Juge de la Cour seculiere.*
VI. *Du Juge des appellations.*
VII. *Des Baillis & Chatellains des terres de l'Eglise.*
VIII. *Du Chancellier & garde des sceaux de l'Eglise.*
IX. *Des Notaires & Sergens.*
X. *Des fiefs mouvans de l'Eglise. Et des hommages rendus.*
XI. *De la justice du glaive.*
XII. *Monnoye de l'Eglise. Avec l'inscription* prima sedes Galliarum.
XIII. *De l'Official de la cour de Lyon.*
XIV. *Des bas Officiers de Justice.*
XV. *Troubles & guerres entre l'Eglise & les habitans de Lyon.*
XVI. *Du Cardinal Raoul, & d'une peinture que l'on asseuroit estre au palais Farnese.*
XVII. *Sentence d'excommunication & d'interdit contre la ville par l'Evêque d'Autun tenant un sinode Provincial à Belleville.*
XVIII. *Le Roy S. Louis & le Cardinal d'Albane mediateurs & arbitres pour la Paix.*
XIX. *Griefs du Chapitre, & des Bourgeois de Lyon.*
XX. *Election du Pape Gregoire X.*
XXI. *Le Roy ordonne au Bailly de Mascon de retirer les Officiers Royaux qu'il avoit establis à Lyon.*
XXII. *Concile tenu à Lyon sous le Pape Gregoire X.*
XXIII. *Ce Pape écrit aux citoyens de Lyon.*
XXIV. *Division de l'Allemagne à l'occasion de deux Rois des Romains.*
XXV. *Le Pape en attendant l'ouverture du concile s'occupe à pacifier les troubles de cette ville.*

SOMMAIRE

Du sixiéme Livre.

I. Election d'Aymar de Roussillon cause du trouble.
II. *Liaison de Louis de Savoye avec le Comte de Valentinois.*
III. *Description d'un calice des Cordeliers de Montbrison.*
IV. *Banquiers dans Lyon.*
V. *Establissement des Lombards, des Genois, des Florentins & des Luquois à Lyon.*
VI. *Establissement des Grisons & des Allemans.*
VII. *Traité de Philippe le Bel avec le Roy de Castille.*
VIII. *Guerres entre le Dausin, le Comte de Savoye & le Sire de Beaujeu.*
IX. *Demeslez avec le Duc de Bourgogne.*
X. *Cardinaux Legats envoyez en France pour pacifier.*
XI. *Compromis donnez à ces Cardinaux.*

XII. *Ordon*

Sommaire des principales matieres.

XII. Ordonnances faites par ces Cardinaux.
XIII. Du Gardiateur establi par le Roy, & ses fonctions.
XIV. Comtes de Savoye Vicaires de l'Empire.
XV. Liaisons entre Lyon & la Savoye.
XVI. Charles Roy de Sicile protecteur des Florentins.
XVII. Brouilleries de Boniface VIII. avec le Roy.
XVIII. Clement V. fait Pape par les intrigues du Roy Philippe le Bel. Et les graces que le Roy luy demanda.
XIX. Transport du S. Siege à Avignon.
XX. Couronnement de Clement V. Et mort du Duc de Bretagne.
XXI. Concessions faites à l'Eglise de Lyon par le Roy Philippe le Bel.
XXII. Lettres patentes du Roy pour traiter avec l'Archevêque pour l'acquisition du domaine temporel de Lyon.
XXIII. Oppositions de la part des Citoyens.
XXIV. Pierre de Savoye eslû Archevêque desavoüe le traité fait par son Predecesseur.
XXV. Lyon assiegé par le Roy de Navarre au nom du Roy Philippe le Bel son Pere.
XXVI. La Noblesse & le Clergé forment de nouvelles oppositions au traité.
XXVII. Nouveau traité de l'Archeveque durant le Concile de Vienne.
XXVIII. Nouvelles declarations de Philippe le Bel.
XXIX. Acceptation faite par l'Archeveque de Lyon des terres échangées par le Roy.
XXX. Ce qui se passa dans le Chapitre de Lyon sur le fait de ce traité.
XXXI. Establissement de la Senechaussée Royale.
XXXII. Ordonnances du Roy pour la reformation du Royaume.
XXXIII. Senechaux de Lyon.
XXXIV. Defenses de faire des Tournois.
XXXV. Mort de Clement V. division du Conclave.
XXXVI. Election de Jean XXII. à Lyon & son couronnement.
XXXVII. Le Roy ayant differé d'y venir on en fait la ceremonie.
XXXVIII. Philippe le Long succede à la Couronne.
XXXIX. Commet des deputez pour regler les affaires de Lyon.
XL. Consomme le traité de l'acquisition du temporel l'an 1320.
XLI. Verbal de Hugues Giraud Chevalier de la part du Roy pour recevoir le serment de fidelité des Ecclesiastiques, de la Noblesse, & des Bourgeois.
XLII. Coûtumes franchises & privileges de la ville de Lyon par l'Archeveque Pierre de Savoye.

SOMMAIRE
Du Livre septiéme.

I. Establissement de l'authorité Royale dans Lyon.
II. Quatre especes de gouvernement en cette ville, l'Ecclesiastique, le Politique, le Juridique & le Civil.
III. Gouverneurs de Lyon.
IV. L'Archeveque composé avec le Chapitre pour ses droits avant que de traiter avec le Roy.
V. Regne de Charles le Bel.
VI. De Philippe de Valois.
VII. Pierre de Savoye cherche à r'entrer dans ses droits.
VIII. Nouvelles contestations des citoyens pour l'administration de la justice renvoyées au Parlement.
IX. Arrest rendu en faveur du Roy qui establit ses Officiers.

X. Le Roy unit l'office de Gardiateur à celuy du Bailly de Mascon.
XI. Juge des appellations establi à l'Isle-Barbe, description de cette Isle.
XII. Antiquitez qui y restent.
XIII. Nouvelles broüilleries à l'occasion du Gardiateur, & des monnoyes.
XIV. Garde des clefs de la ville.
XV. Establissement du consulat de Lyon.
XVI. Estat du gouvernement de Lyon en ce temps.
XVII. Establissement de la justice Royale à l'Isle-Barbe, contesté.
XVIII. Paix entre le Dauphin & le Comte de Savoye.
XIX. Plaintes de l'Archeveque & du Chapitre contre les Officiers Royaux.
XX. Reglemens faits par le Roy.
XXI. La guerre des Flamans oblige le Roy à convoquer ses Sujets de dix huit ans jusqu'à soixante capables de porter les armes.
XXII. Cette ordonnance cause du trouble dans Lyon.
XXIII. L'Archeveque Henry de Villars porte le Dauphin à ceder le Dauphiné au Roy.
XXIV. Gui de Chevriers envoyé au Pape pour traiter la paix entre le Roy & le Roy d'Angleterre.
XXV. L'Empereur Charles IV. pretend donner une place de Comte dans l'Eglise de Lyon.
XXVI. Remond Saquet eslû Archeveque.
XXVII. Prison du Roy Jean d'Angleterre. Cette ville fournit des ostages pour sa delivrance.
XXVIII. Le Comté de Mascon erigée en Pairie en faveur du Comte de Poitou frere du Roy, qui pretend jurisdiction sur Lyon, parce que le Bailly de Mascon estoit Senechal de Lyon.
XXIX. Est debouté de sa pretension.
XXX. Troupes debandées ravagent le Lyonnois.
XXXI. Princes tuez à la bataille de Brignais contre ces soldats debandez.
XXXII. Le Roy Jean delivré de sa prison establit l'ordre des Chevaliers de l'Estoile.
XXXIII. Charles V. succede au Roy Jean son Pere.
XXXIV. Acquisition de la maison de Roanne, où est le siege de la justice Royale.
XXXV. Elle appartenoit aux Comtes de Forés, qui devinrent Dauphins.
XXXVI. Contestations entre l'Archeveque & le Bailly, que l'Archeveque excommunie, & interdit la ville.
XXXVII. Serment de fidelité presté par tous les habitans, & le verbal de ce serment.
XXXVIII. Jean le Viste Seigneur de Bellecour.
XXXIX. Le Roy fait des reglemens de police pour le commerce.
XL. Le chapitre retablit sa monnoye.
XLI. Mort de Charles V. à qui Charles VI. succede, nos citoyens luy portent leurs plaintes sur le fait des monnoyes.
XLII. Louis Duc d'Anjou adopté par la Reine de Sicile vient en cette ville & traite avec le Comte Verd.
XLIII. Le ressort restabli à Mascon.
XLIV. Entrée solemnelle du Roy Charles VI. en cette ville.
XLV. Ordre de la ceinture d'Esperance establi par le Roy aux Carmes de Tolose, à l'imitation de celuy des Ducs de Bourbon, establi en ce pays.
XLVI. Contestation entre le Roy & le Comte de Savoye pour la riviere de Saone.
XLVII. L'Archeveque Jean de Talaru obtient un arrest du Parlement pour chasser de Roanne les Officiers du Roy.
XLVIII. Excez du Commissaire Estienne de Givry dans l'execution de cet Arrest.

Sommaire des principales matieres.

XLIX. *Le Roy caſſe cet Arreſt & retablit ſes officiciers à Roanne.*
L. *Du Capitaine de la ville.*
LI. *Du Gouvernement Conſulaire.*
LII. *Bourguignons pourquoy appellez ſalez.*
LIII. *Eſtabliſſement des communautez.*
LIV. *Suite des Conſuls depuis l'an 1336. juſqu'à 1400.*
LV. *Du Palais où ſe rend la juſtice.*

EXTRAIT DU PRIVILEGE DU ROY.

PAr grace & Privilege du Roy donné à Paris le 2. Fevrier 1679. Il eſt permis au R. P. MENETRIER de la Compagnie de Jesus, de faire imprimer ſes livres d'*Hiſtoires*, *Deviſes*, *Blaſons* &c. pendant le tems de ſix ans, à compter du jour que leſdits livres ſeront achevés d'imprimer, avec deffenſes à tous autres qu'au Libraire qu'il aura choiſi, de l'imprimer, ou faire imprimer, ſur les peines portées par leſdittes lettres.

Regiſtré ſur le livre de la Communauté des Marchands Libraires & Imprimeurs de Paris, le 19. Avril 1679.
Signé COUTEROT *Sindic*.

Le ſuſdit R. P. MENETRIER a cedé ſon droit de Privilege pour ſon Hiſtoire de Lyon, ſoit en grand, ſoit en petit, à Sieur Jean-Baptiſte de Ville. A Lyon ce 12. May 1694.

Achevé d'imprimer pour la premiere fois ce 25. Septembre 1696.

PREPARATION

PREPARATION
A
L'HISTOIRE CIVILE
OV CONSVLAIRE
DE LA VILLE DE LYON.

QUOYQUE l'Histoire d'une Ville ne soit pas un champ aussi vaste que l'Histoire d'une grande Province, d'un Royaume ou d'une Nation entiere ; celle que j'entreprens ne laisse pas d'avoir tout ce que l'on peut desirer pour les grands évenemens : je veux dire, cette varieté d'incidens, & de revolutions, qui piquent agréablement la curiosité des Lecteurs. Plusieurs Auteurs m'ont devancé dans cette entreprise, & s'ils s'en estoient acquittez avec autant d'exactitude qu'en demande ce genre d'écrire, où il faut demêler bien des choses qui sont obscures, assembler celles qui sont éparses en divers endroits, & développer la verité de beaucoup de faits, qui sont ignorez, ou qui ont été déguisez par des Ecrivains peu fideles, je n'aurois jamais pensé à m'engager dans un travail, dont je n'ay bien connu les difficultez, que lorsque j'y suis entré bien avant. J'écris donc une Histoire de deux mille ans, à considerer cette Ville dépuis sa premiere fondation. Et pour imiter le Sommaire que fit autrefois Sextus Rufus, Dictateur & General des troupes Romaines par ordre de l'Empereur Valentinien, qui vouloit avoir devant les yeux un état de la Republique, qui lui fit voir tout d'un coup ce qu'elle avoit été sous les Rois, sous les Consuls & sous les Empereurs ; je veux faire voir en cinq livres de cette premiere partie, la forme du gouvernement Civil de cette Ville sous les Grecs ses premiers Fondateurs, & sous les Romains ses premiers Maîtres, aprés que Jules Cesar eut subjugué les Gaules; ce qu'elle fut ensuite sous les Bourguignons, quand elle fit une partie de leurs Etats ; sous ses Comtes particuliers, & sous ses Archevêques, quand ils joighirent le domaine temporel à la Jurisdiction Ecclesiastique: Je veux d'écrire ses guerres, ses querelles avec ses Superieurs pour le conflict des Jurisdictions, & enfin l'établissement du Consulat, & du corps de Communauté, qui dure jusqu'à present, sous l'autorité de nos Rois, qui en revendiquerent la souveraineté, qui leur avoit été acquise par les droits d'une succession legitime aprés les Rois Bourguignons qui l'avoient possedée à titre de conquête, & de plusieurs traitez faits avec les Empereurs Romains, & dépuis renouvellés avec nos Prêlats, & l'Eglise de Lyon pour les justes prétentions qu'elle y pouvoit avoir.

Je ne repeteray pas icy les discussions que j'ay faites sur sa premiere origine, & que j'ay données dans un projet que j'ay publié depuis quelques mois. Je me contente de dire en peu de mots, que la fondation de cette Ville fut assez semblable à celle de Rome, puisque deux freres en jetterent les fondemens sur un Augure de quelques corbeaux, qu'ils découvrirent sur une de nos collines, comme Remus & Romulus furent determinez à bâtir Rome au lieu où ils la bâtirent, par la vûe de quelques vautours. Soixante peuples en firent dépuis le lieu de leurs assemblées pour le commerce. Quand Annibal vint d'Afrique avec

A

une armée de Carthaginois pour entrer dans l'Italie, il passa à la vûe de cette Ville, & côtoyant le Rhône jusqu'aux Alpes Penines, par la Bresse, le Bugey, le Verromey, & le païs de Vallay, il entra par la Valdaouste & par les Salasses dans les campagnes du Piedmont & du Milanois. Polybe & Strabon ont si exactement décrit ces passages d'Annibal, que je ne puis assez m'étonner des contestations de quelques Historiens Modernes, qui lui ont fait tenir d'autres routes que celle-là.

Quand Jules Cesar vint dans les Gaules, où il fit la guerre durant dix ans, pour les assujettir à la Republique, dont ils les rendit Tributaires, il établit son Camp, & son Armée en ce païs. Plancus y commanda quelques Legions sous ses ordres, & plus de quarante ans après y amena une Colonie de Romains, comme je justifieray dans la suite de cette Histoire, me contentant de rapporter icy le témoignage d'Auguste, qui dans le sommaire de sa Vie, gravé sur des piles de Bronze, dont les fragmens sont encore conservez à Rome, dit expressément, qu'il ne commença à assigner des Champs aux Soldats, qu'on son quatriéme Consulat, qui fut l'an 723. de Rome, ce qu'il continua depuis sous le Consulat des deux Lentulus, c'est à dire, douze ans après l'an 735. à quoi il ajoûte, qu'il fut le premier, & le seul qui dédommagea les proprietaires de ces Champs, en les leur payant de ses deniers, pour ne pas incommoder les Municipes à qui ces Champs appartenoient. Il fit la même chose onze ans après, sous le Consulat de Tibere & de Pison, dont il designe le premier sous le nom de Neron, parce qu'il se nommoit Tiberius Claudius Nero, qui fut Consul, pour la seconde fois, avec Gneius Calpurnius Piso l'an 746. de Rome. Il cite après le Consulat de Cajus Antistius Vetus, & de Decius Lælius, de l'an 747. où j'ay remarqué que le nom du premier a été defiguré dans Gruter, par le Copiste de cette Inscription, qui au lieu de C. ANTISTIO à mis CANTISSIMO, qui ne signifie rien. Voicy ce fragment, qui peut servir d'éclaircissement à l'Histoire.

EA MILLIA HOMINVM PAVLLO PLVRA QVAM DVCENTA
FVERVNT AGRIS QVOS IN CONSVLATV MEo QVARTo ET
POSTEA CONSVLIBVS MARCo ET GN LENTVLo AVGVRE
ADSIGNAVI. MILITIBVS SOLVI. MVNICIPIIS PA.·.·. EATIVM.
CIRCITER SEXGENSIM ITINERIS EMIT QVAM ROMANIS
.·.ERAE..... NVMERAVI.... QVoD PRo AGRIS PRoVINCIA
LIBVS SoLVI. VNVS ET SoLVS oMNIVM QVI DEDVXERVNT
CoLoNIAS MILITVM IN PRoVINCIIS AD MEMORIAM AETATIS
MEAE FECI. PoSTEA NERoNE ET GN. PIsoNE CoNSVLIBVS
QVE..... C. ANTISTIO ET D. LAELIo CoNSVLIBVS ITEM
ET Q. FABRICIo CONSVLIBVS..... CANINIo

Cet Empereur fit lui même un assez long sejour en cette Ville, à l'occasion des guerres d'Allemagne, où il envoya Tibere & Drusus. Agrippa y bâtit les grands Chemins, comme Marc-Antoine y avoit fait faire des Aqueducs. Drusus y consacra un temple, & un autel à Auguste, Claude son fils, qui fut Empereur y nâquit, & la fit dépuis Colonie, & lui donna son nom. Caligula y commença son troisième Consulat, & y institua des Jeux. Neron contribua au rétablissement de cette Ville, après son Incendie. Trajan y fit bâtir un Marché superbe, Albinus & Severe, y combattirent pour l'Empire, Albinus y fut défait, & s'y tua, Severe la saccagea, indigné de ce qu'elle avoit donné retraite à son Rival. Caracalla y nâquit lorsque son Pere gouvernoit les Gaules. Auguste la fit la Capitale de plusieurs Provinces; elle fut le passage des troupes: les Generaux y passoient leurs quartiers d'hyver, on y déposoit les tributs, & les revenus des Provinces, qui devoient être portez à Rome. Constantin, Constantius, Julien, Magnence, Majorien, & la plûspart des Empereurs, des Princes, & des Tirans y firent quelque sejour. Enfin, Strabon en dit en peu de mots, tout ce qu'on peut dire de plus grand d'une Ville. Qu'elle étoit la forteresse des Romains dans les Gaules, bastie sur une Colline, au concours de deux grandes Rivieres. Après Narbonne la Ville de toutes les Gaules, la plus grande, la plus celebre, & la plus peuplée. Que

Regionis partes superna ad Rheni & Rhodani fontes, usque ad medium ferme exmtorum Lugdunensium ditioni additæ sunt. Strabo.

Lugdunum in colle cenditum, ubi Arar in Rhodanum incidit Romani obtinent. Post Narbonem hæc Vrbs

où Consulaire de la Ville de Lyon.

les Gouverneurs, les Ministres, & les Magistrats de la Republique, en tiroient de grands secours, pour toutes leurs entreprises: qu'ils y faisoient frapper des Monnoyes d'or & d'argent, & que quand les Romains y vinrent, elle étoit déja la Capitale des Seguſiens, peuples qui occupoient un grand pays, entre le Doux, la Loire, & le Rhône, sur les deux bords de la Saône, qui passoit au milieu, & qui fertilisoit également les Campagnes de part & d'autre. Et ce qui est glorieux pour cette Ville, c'est que tandis que Vienne, Narbonne, Nismes, Autun, ne retiennent plus qu'une ombre de la splendeur qu'elles ont eu autrefois: Lyon est encore à present la seconde Ville du Royaume.

maximè omnium Gallicarum hominum frequentiâ pollet. Praſtâti enim Romanorum eo utuntur Emporio monetamque ibi tam auream quàm argenteam cudunt; præſt huic Vrbs Genti Seguſianorum sita inter Rhodanum & Dubin fluvios. Strab.

Elle fut sous les Romains une école celebre de la sagesse payenne. On y disputoit pour les prix de l'éloquence Grecque & Latine: elle eut de Savans Professeurs, & ce qui la rend encore plus illustre, c'est que les Disciples des Apôtres, lui envoyerent des Prelats & des Predicateurs de l'Evangile, qui porterent la Foy, dans plusieurs Provinces voisines, & luy firent meriter le titre de premier siege des Gaules dans la Hierarchie Ecclesiastique. Les combats de ses Martirs, furent écrits aux Eglises d'Asie, & remplirent toute la Grece des exemples de leur constance & de leur pieté. Enfin, l'Eglise de Lyon, la plus noble aussi bien que la plus ancienne de ce Royaume, a été depuis sa Fondation, le Seminaire des Papes, des Cardinaux, des Archevêques, des Evêques, des Docteurs de l'Eglise, & des plus grands Prelats. Nos Rois, les Ducs de Bourgogne, de Berry, & de Savoye, s'y sont fait recevoir Chanoines d'honneur: Plusieurs Cardinaux ont recherché d'y être reçus. Elle a servi de modele pour l'ordre, & les Ceremonies, aux Eglises de Liege, de Breſleau en Silesie, & à l'Ordre des Chartreux.

On y a tenu deux Conciles Generaux des plus celebres, où l'Eglise d'Orient se réünit a celle d'Occident, & reconnut la Primauté du Siege Romain; où les Tartares envoyerent des Ambassadeurs, pour demander des Apôtres, & des Maîtres, pour les instruire: & où les Droits du Sacerdoce, & de la Monarchie furent reglez.

Deux Papes y furent solennement couronnez. Deux Archevêques de Cantorbery, y trouverent un azile contre les persecutions des Rois d'Angleterre. Tous ses Archevêques, ont été ou de Grands Saints, ou des Docteurs de l'Eglise, ou des Princes, & des fils de Souverains, ou de sages & de savans Prelats, autant distinguez par leur merite personnel, que par la dignité de leur Siege, qui les établissoit Primats, sur quatre grandes Provinces Ecclesiastiques. Le dernier Schisme y fut terminé pour donner la paix à l'Eglise, & si elle sentit le siecle passé les cruels effets de la fureur des Heretiques, qui la saccagerent, & qui ruinerent quelques unes de ses eglises, elle a eu le bonheur de contribuer des premieres à la Conversion des Sauvages du Canada, du Tunquin, de la Chine, & du Mexique, & au rétablissement de la Religion dans la Perse, dans la Syrie, & dans les Faux-Bourgs de Constantinople, par les fervens Missionnaires, qu'elle a fournis à ces pais reculez. Le Commerce y a toûjours fleury, Les Arts, les Changes, & les Foires: les Societez de Negotians étrangers Lombards, Florentins, Genois, Luquois, Suisses, Allemans, y ont attiré une infinité de peuples. Ses édifices ont été somptueux, Et tous ceux qui ont écrit des Voyages, ont reconnu, qu'il est peu de Villes où l'on trouve tant de vestiges d'antiquité, quoique dans ces derniers temps, elles ayent été si négligées, que l'on a peine à les découvrir.

Elle a produit un grand nombre de Savans, en toutes sortes de Facultez, en Theologie, en Philosophie, en Mathematique, en Medecine, en Jurisprudence, en Eloquence, en Poësie, en belles lettres, en connoissance de l'antiquité: Des Peintres, des Sculpteurs, des Architectes, de celebres Imprimeurs, s'y sont établis, & y ont formé de tres-habiles Gens. Elle est encore à present le siege du Parlement de Dombes, par emprunt de territoire, sous la permission de nos Rois. Elle a une Senechaussée, un Presidial, un Bureau de Tresoriers, & des Elûs, dont les Magistrats ont merité d'être élevez aux premieres dignitez de Chanceliers de France, de Podestats, & de Vice-Chanceliers de Milan, de premiers Presidens, en cinq, où six Parlemens du Royaume, de Conseillers d'ëstat, de Maîtres des Requestes, d'Ambassadeurs, de Lieutenans de Roy, &c.

Elle a été le Theatre funeste de plusieurs guerres sanglantes des Romains, des Goths, des Vandales, des Francs, des Bourguignons, des Huns & des Alains, qui l'ont ruinée & saccagée plusieurs fois, & elle a eu le bonheur de se relever de ses ruines, & de sortir de ses cendres, ainsi que le Phenix, pour reprendre un nouvel éclat, & comme une nouvelle vie. Les demêlez qu'elle a eus avec ses Superieurs Ecclesiastiques durant près d'un siecle, & la protection que nos Rois lui ont donnée, jusqu'à se broüiller plusieurs fois à son occasion, avec les Souverains Pontifes, y font voir un enchaî-

A ij

nement de guerres, de querelles, de pretentions, & de traitez, qui ne cedent en rien aux plus grands évenemens, qui font la beauté de l'Histoire.

C'est ce qui me fait entreprendre d'écrire cette suite d'évenemens; & comme il n'est point de grands spectacles, qui ne demandent necessairement, un établissement de Scene, qui serve comme de Theatre fixe aux actions que l'on veut representer: l'Histoire demande aussi necessairement la description des lieux où se sont passez les évenemens qu'elle rapporte. C'est ce que Pline a exactement observé en son Histoire Naturelle, qu'il a commencée par la description du Ciel, de la Terre, de la Mer, & des Rivieres, avant que d'entreprendre de décrire les singularitez que chacune de ces parties enferme. Les Histoires sacrées, politiques & civiles, demandent des preparations semblables, & il y faut non seulement démêler l'ordre des temps, ce qui est le propre de la Chronologie, mais il faut encore y faire connoître tous les endroits où les faits que l'on raconte se sont passez, ce qui appartient à la Geographie. C'est pour cela, que Polybe, quand il voulut écrire son Histoire des guerres d'Annibal, alla voir auparavant tous les lieux par où ce Carthaginois avoit passé pour entrer dans l'Italie, & les a décrits, avec tant d'exactitude, tant par les positions du Ciel, que par les distances des lieux, & le cours des Rivieres, que sa narration m'a servi d'une preuve demonstrative, pour établir par une dissertation expresse sur ce sujet, qu'Annibal passa par ce païs, & entra dans l'Italie, par les Alpes Pennines, ou par la Val d'Ouste.

C'est à l'exemple de ce sage Historien, que je mets à la tête de cet Ouvrage, cette preparation aux faits que j'ay à raconter, parce qu'il m'en a fourni le modele, en ses deux premiers Livres, qui ne sont qu'une disposition à l'Histoire des guerres d'Annibal. Il nomme souvent ces deux Livres du nom de preparation. *Nous avons jugé à propos,* dit-il, *de faire servir ces deux Livres de Preface à cette Histoire, de peur que quand on sera arrivé à la narration des choses que nous avons resolu d'écrire, on ne demeure comme étonné, dans une si grande carriere, & qu'on ne commence à demander quels motifs, & quelles forces obligerent les Romains, d'entreprendre une Conquête, qui a mis sous leur puissance, toute nostre Mer, & toute la Terre. Au moins ces deux premiers Livres serviront de preparation, pour apprendre à nos Lecteurs, combien les Romains eurent de justes raisons & de forces suffisantes pour faire une si grande entreprise, & en suite pour l'executer.*

Cette sage précaution de Polybe, fait que son ouvrage est bien plus exact, que celui de Tite-Live, & des autres Historiens, qui l'ont suivi, & qui ont fait des fautes insignes contre la Geographie, pour n'avoir pas bien connu les lieux qu'ils ont décrits. On se plaint encore à present que nous n'avons point de Geographie exacte, parce que ceux qui en ont écrit n'ont pas été sur les lieux, & nous ont donné leurs conjectures, ou se sont contentez de copier ce que les autres en avoient écrit, ou de ramasser en un corps, ce qui étoit épars en divers endroits des Histoires particulieres des Provinces, ou dans des relations peu fidelles de Voyageurs, qui n'ont vû les lieux qu'en passant, & sans y donner toute l'attention necessaire, pour les connoître exactement.

Il est même comme impossible de ne pas se tromper en la position de plusieurs Villes, & de plusieurs autres lieux, dont les dispositions on été tellement changées, que l'on ne les connoit plus. De là sont nées entre les Savans tant de contestations, & de disputes, pour savoir si *Bibracte* est la Ville d'Autun, ou Beuray. Si *Genabum* est Gien, ou Orleans. *Augusta Rauracorum*, Augst. ou Basle.

On dispute encore à present, quelle Ville est *Epona*, où se tint un Concile: & Mantale auprès de Vienne en Daufiné, où se tint un autre Concile. On ignore les lieux de plusieurs Palais, ou Chasteaux, où demeuroient nos Rois de la seconde Race. Les noms de ces palais, sont marquez dans les Capitulaires, & en plusieurs fondations, & donations faites à des Monasteres, & l'on ne connoit plus les lieux, où ils étoient. Il faut par des conjectures tirées de divers titres chercher au plus juste que l'on peut les positions de ces lieux, dont il ne reste aucun vestige. C'est ce que j'ay tâché de faire en cette Histoire, où j'ay examiné avec tout le soin qu'il m'a été possible, la Charte du païs, pour établir quels peuples étoient les Segusiens, sur les terres de qui Lyon fut bâti, comme l'assure Pline.

L.4.Hist. Nat.

C'est un bonheur pour cette Ville, que tant de Savans se soient interessez pour sa gloire: Ils en ont recueilli les monumens, & les precieux restes d'antiquité, qu'ils y ont trouvez. Ainsi il est peu de siecles depuis sa fondation, qui n'ayent eu des Curieux, qui ont conservé la memoire de ce qu'elle a été dans les temps les plus reculez.

Strabon, Plutarque, Dion, Tite-Live, Florus, Paterculus, Seneque, les deux Plines, Tacite, Suetone, Ammien Marcellin, Eusebe, Juvenal, Herodien, Ptolomée, Spar-

ou Consulaire de la Ville de Lyon.

tien, Jules Capitolin, Vopiscus, Paulus Orosius, Sextus Aurelius Victor, saint Hierôme, Ennodius, Avitus, Gregoire de Tours, Sidonius Apollinaris, saint Bernard, Pierre de Cluny, Prosper Aquitanicus, les Chroniques de saint Benigne & de Vezelay, Ligurinus, Brito, Glaber, Mathieu Paris, Ptolomeus Lucensis, Robert Gaguin, le Cardinal Baronius, Mr. De Sponde, Mr. de Thou, Genebrard, Dusaussey, Scaliger, Juste Lipse, Budée, Gruter, Smece, Reinesius, Guichenon, Papyre Masson Goltnits, Mr. de Marca, Gouthier, Perpinian, Simeoni, Godefroy, Bochart, Juntin, Gorope Becan, Pierre Mathieu, Vulteius, IAferra, d'Alechamps, Clement Marot, Casaubon, Henry Estienne, Dolet, André du Chesne, Barthelemy l'Anneau, Hadrien Valois, Les Peres Sirmond, Theophile Raynaud, Labbé, Chifflet, Gautier, Possevin, Fevardent, du Bois, d'Achery, Mabillon, Bolandus, Pagy, Henschenius, Papebroch, Gonon, & tant d'autres, en ont écrit beaucoup de choses.

Si ceux qui ont entrepris avant moy, d'écrire l'Histoire de cette Ville, s'étoient voulu donner la peine de consulter ces Auteurs, ils ne nous auroient pas laissé une Histoire si seche, & si remplie de lacunes, si obscure, & si embrouillée. C'est ce qui m'a determiné à y donner mes soins depuis trente ans, particulierement à rechercher ses antiquitez, avec toute la diligence, qui m'a été possible, pour suivre l'exemple & l'avis de Pomponius Lætus, qui en son abregé de l'Histoire Romaine, dit qu'il a tiré de grandes connoissances de ces monumens antiques, & qu'il conseille à tous les gens de lettres de s'y appliquer, pour enrichir l'Histoire, & pour s'acquerir de l'honneur. *Quoniam hac via multum proficimus, studiosis consulendum arbitramur, uti perquirendis his vestigiis insistant: quod si fecerint, sciant velim & nostra lingua plurimum collaturos, & laboris gloriam consecuturos.*

C'est à ces monumens que je me suis d'abord attaché, pour établir sur des preuves certaines, ce que j'avois à écrire des premiers siecles.

Pour y proceder avec ordre, il me faut commencer par établir la situation du pays où cette Ville fut bâtie: quels étoient les peuples, qui habitoient ce païs: leurs mœurs, leur Religion, leur gouvernement, & les changemens qui s'y sont faits.

Strabon, le plus exact des Geographes, & qui vivoit sous l'Empire d'Auguste, & de Tibere, nous a parfaitement bien designé l'ancienne situation de Lyon, lorsque décrivant le cours du Rhosne, depuis sa source, il dit qu'il sort des Alpes, avec une grande rapidité, & qu'après avoir passé au travers d'un grand Lac, qui est le Lac Leman, ou de Geneve, il se fait un ample Canal dans les Campagnes des Allobroges, & des Segusiens, jusqu'à Lyon, qui est la Ville capitale des Segusiens, où la Saône se joint à ce Fleuve. Et que ces Segusiens, sont des peuples qui habitent le pais, qui s'etend le long du Rhosne, & qui est borné par le Doux, du côté du Mont-Jura. Pline a dit aussi que les Segusiens étoient des peuples libres, & que c'étoit parmi ces peuples, qu'étoit la Ville de Lyon, colonie Romaine. *Rhodanus ab Alpibus magnus magno desilit impetu, qui etiam, ubi magnum lacum exit, alveum suum ad multa stadia conspicuum exhibet, inde in Campestria Allobrogum, & Segusianorum lapsus apud Lugdunum cum Arare concurrit Urbem Segusianorum. Praest ha Urbs Genti Segusianorum sita inter Rhodanum & Dubin flavies. Strab. l.4. Segusiani liberi in quorum agro Colonia Lugdunum. Plin. l.4 Hist. Nat.*

Je trouve par les limites, que les anciens Geographes, & les Historiens ont données à ces peuples, qu'ils avoient pour leurs confins, au Levant le Rhosne, & les Allobroges, au Nort, le Mont-Jura, le Doux, & les Sequanois, qui sont ceux de la Franche Comté, ou Bourgogne *trans jurane*: Au Couchant les Heduois, ou Autunois: Au midy les Auvergnats & les Helviens, qui sont ceux de Vivarets. Ils occupoient donc alors tout ce qu'on nomme à present, le franc Lyonnois, la Dombe, la Bresse, le Bugey: Du côté Oriental de la Saône, & du côté Occidental, le Lyonnois, le Forest & le Beaujolois. *Segusiani & eorum Civitates Rodumna & Forum Segusianorum Ptol.l.2.cap.27. Heduis Segusianisque, qui sunt finitimi ei Provincia decem millia imperat. Cæs. l.7. cap.12.*

Si Strabon, nous a donné les limites des Segusiens, entre le Rhosne & le Doux, qui n'est que la partie Orientale du païs que ces peuples occupoient, Ptolomée nous a marqué celles de la partie Occidentale, quand il a dit, que Roanne & Feurs, étoient deux Villes des Segusiens. Ainsi le Rhosne & le Doux leur servoient de confins, d'un côté, la riviere de Loire les terminoit d'un autre part, avec les Heduois, sous la protection desquels ils vivoient, & auxquels Cesar commanda de lui fournir dix mille hommes conjointement.

Enfin, Pline qui leur donne pour voisins les Helviens superieurs & inferieurs, qui sont ceux de Vivarets, acheve de les confiner, & ces quatre Auteurs joints ensemble, nous assignent toute l'étenduë des païs qu'ils occupoient.

Il n'est pas aisé de trouver l'origine de ce nom des Segusiens. Car je ne suis pas du sentiment de Mr. de la Mure Historien du Forés, qui le dérive d'un *Seguse*, qu'il dit Aborigene, & les Auteurs, qu'il cite pour garants de son opinion, ne sont pas des Auteurs à faire foy, en fait d'antiquité. Jean le Maire, Barthelemy Chasseneu, George du Bellay, Jacques de Charron, & Thomas Blaise, ne sont pas plus seurs qu'Anne de Viterbe, qui par un tour aisé à trouver des Etymologies, nous a fait des Rois des Celtes à sa fantaisie, qui ont été, selon lui, fondateurs de toutes les anciennes Villes. Ainsi Lugdus a fondé Lyon, Alloborox a laissé son nom aux Allobroges, s'il en faut croire

A iij

un imposteur, dont le nom & les ouvrages ne sont pas moins décriez parmy les Sçavans, qu'ils ont trouvé d'admirateurs parmy les ignorans.

Je ne veux pas non plus me joüer sur ces origines comme Isidore, & quelques autres, qui pour trouver toutes choses dans la langue Latine, font souvent des dérivations extravagantes. Ainsi je ne diray-pas que les Segusiens ou Secusiens ayant quatre Rivieres considerables pour confins, ayent été ainsi nommez *quasi secus Amnes positi*. Je tiens ce nom purement Gaulois en sa premiere origine, & qu'il signifioit en cette Langue un pays par tout semé & labouré, ou un pays fertile & abondant. J'appuye cette conjecture, premierement sur le témoignage de Varron qui nomme *Seges* tout ce qui est labouré & semé. Sur le témoignage de Polybe, qui décrivant le passage d'Annibal par ce pays, dit non seulement que c'est un pays abondant en bleds, & en habitans, mais il ajoute que c'est de cette abondance qu'il a tiré son nom. Ainsi le nom que l'Empereur Claude donna à cette Ville de Colonie Abondance, *Colonia Copia*, en est une autre preuve, cet Empereur n'ayant fait que changer l'ancien nom Gaulois en un mot Latin, quoy-que ce mot Gaulois *seges* eut déja été reçû dans la Langue Latine, pour signifier une ample moisson, & une abondance de grains. Aussi bien que tout champ semé & labouré. Ainsi les noms Gaulois de *sigismond*, *sigeric*, *sigoüese*, *Sigebert*, signifioient en cette même Langue une *bouche ample & copieuse*, une *abondante richesse*, un *fond copieux*, une *montagne abondante*. La Déesse de l'Abondance se nommoit *Segesta* ou *Segusia* & c'étoit la Déesse des Segusiens.

On a trouvé à Feurs en Forés un ancien poids avec cette Inscription *Dea Segusia Pondo X*.

<small>*Seges dicitur, quod stratum & satum est.* Varro, de re rustica L. 1. c. 19.

Annibal quarto die postquam à Rhodano erat profectus ad Insulam quam vocant pervenit; Regionem & cultoribus frequentem, & frumenti feracem, & re ipsa ita nominatam. Polyb. L.</small>

Il y a aussi une medaille de Salonine femme de Licinius Gallienus où se voit la Déesse *Segetia* qui est à la porte d'un Temple avec les deux bras ouverts, Symboles de Liberalité, & un Croissant sur la tête, parce que la Lune, selon Catulle, fait l'abondance des campagnes.

Tu cursu Dea Menstruo
Metiens iter annuum
Rustica agricola bonis
Tecta frugibus exples.

Pline a parlé de cette Déesse, dont il dit avoir vû la statue & le simulachre dans le Cirque de Rome, & il la distingue d'une autre nommée *Seia*.

Saint Augustin en fait aussi mention au livre 4. de la Cité de Dieu, où se moquant des anciennes superstitions des Romains, il dit que leurs moissons étoient sous la garde de trois Déesses, dont celle qui en prenoit soin, quand les grains étoient encore cachez dans le sein de la terre, se nommoit *Seia*: celle qui en étoit la gardienne, quand ils étoient sur la terre, se nommoit *Segetia*, & celle à qui ils en confioient la garde, quand ils étoient dans les greniers, se nommoit *Tutelina*.

Il nous reste un bas relief de marbre engagé dans la Tour du clocher d'Ainay immediatement au dessus de la porte par où l'on entre à l'Eglise que je crois être un vœu d'un Medecin nommé Philenus Egnarius à cette Déesse de l'Abondance, sous le nom de Mere Sainte. *Matri Augustæ Philenus Egnatius Medicus*. Cette Déesse de l'Abondance est representée au milieu de deux autres figures assises comme elle. Elle tient d'une main une patere, instrument des Sacrifices anciens, & de l'autre elle soutient une corne d'Abondance, comme son Symbole particulier. Les deux figures qui l'accompagnent, tiennent chacune deux pommes, autres Symboles de fertilité, & je me persuade que ces deux figures sont les deux côtez de la Riviere de Saone; & les deux portions du pays des Segusiens, également fertiles & abondantes, & que par la patere ce Medecin vouloit que l'on reconnut que l'on tenoit des Dieux

<small>*Seiam à serendo, Segestam à segetibus appellabant: quarum simulacra in circo videmus.* L. 18. C. 2.

Sata frumenta quandiu sub terra essent, præpositam voluerunt habere Deam Seiam: cùm verò jam super terram essent, & segetem facerent, Deam Segetiam: frumentis verò collectis, atque reconditis ut tutò servarentur Deam Tutelinam præposuerunt. Aug. de civit. L. 4. C. 8.</small>

cette abondance, & qu'il falloit par des sacrifices, & des libations, se les rendre propices, pour obtenir la continuation de cette fecondité de leur païs, & de leurs terres. Je donne la figure de ce bas relief, pour servir de preuve à mes conjectures, ou pour donner lieu à ceux qui sont plus éclairez que moy, de trouver quelque chose de plus juste, sur cette antiquité, qui n'a été rapportée par aucun de nos Historiens.

MAT. AVG. PIE. EGN. MED.

Je trouve divers noms de peuples, de Villes, & de regions, qui semblent avoir des noms derivez de ce nom Gaulois *Seges*, comme en cette Inscription du Dieu Mars, qui se trouve en cette Ville, en la tour de saint Pierre proche le cimetiere.

MARTI SEGOMONI SACRVM

ANNVA.

Et celle-cy pour l'Imperatrice Salonine.

CORNELIAE

SALONINAE AVG.

CONIVGI

IMP. CAES. P. F.

INVICTI AVG.

ORDO

SPLENDIDISSIMVS

SEGVNORVM.

Où je crois qu'il faut lire *Segustorum*, puisque cette Inscription se voit à Suse.
On voit dans la Table de Peutinger, un lieu nommé *Aqua Segesta*, que l'on croit être à present saint Galmier, la memoire de ce Saint, lui ayant fait changer de nom, parceque c'étoit le lieu de sa naissance. C'est peut-être du nom de cette Déesse *segesta* ou *Segusia*, que ces eaux avoient été ainsi nommées ; ou à cause de leur abondance. Car je ne sçay où Mr. de la Mure, a trouvé que les Romains, donnoient le nom d'*Aqua* Hist. de Forés, l. 5. *Segesta* à des eaux ramassées, & separées des autres eaux communes, telles que sont les ch. 14. eaux minerales, *segestus*, n'est pas un mot Latin, qui vienne d'un composé du Verbe *gero*, comme *digestus*, *regestus*, & *congestus*, &c.
La Ville de Sisteron, est aussi nommée dans les anciennes notices *Civitas Segestetiorum*, dont quelques Evêques ont souscrit à des Conciles : à celui d'Epone, *Valerius Episcopus Civitatis Segesterica*. Au IV. d'Orleans, *Avolus Episcopus Civitatis Segesterice*. Au IV. de Paris *Genesius Episcopus Ecclesia Segesterica*, & au second de Mascon, un Deputé de l'Evêque Pologronius, *Missus Pologronii Episcopi à Segesterico*. On lit aussi au Martyrologe d'Vsuard, *XIV. Kal. Sept. In Gallis*, pago Segisterio B. Donati Presbyteri, &c.
Il y a plusieurs Villes d'Espagne, qui ont des noms approchans de celui là, ce qui est une preuve incontestable, que c'est un terme d'une signification commune, telle que

pourroit être celle que Varron donne au mot *seges*, pour toute sorte de Champ labouré & semé, comme j'ay déja remarqué. *Segobriga*, *Segeda*, *Segorbia*, *Segovia*, &c. *Segesta Tigulorum*, Sestri di Levante, dans la Ligurie, *segethusa*, dans la Transylvanie *Segetica* dans la Mesie, *segevoldia* en Livonie, *Segodunum* Rodez, & *Seton* en Angleterre, &c.

MERVLA.

Je trouve aussi les Segusiens nommez tantôt *Segusiani*, tantôt *Segusiati*, & *Segusiates*, & le pais *Segestava*; mais pour la différence que l'on fait de Segusiens & de Sebusiens, pour les Foresiens & les Bressans, elle est moderne, & n'est appuyée d'aucune autorité ancienne, qui puisse être certaine. Pour le nom des Segusiens, outre les autoritez de Strabon, de Ptolomée, de Cesar, & de Pline, nous avons plusieurs Inscriptions, où ce nom se trouve. Entre autres celle-cy, qui est à Feurs, enchâssée dans une muraille de l'Eglise.

NVM. AVG.   *Numini Augusto.*

DEO SILVANO

FABRI TIGNVAR.   *Tignuarii*

QVI FORO SEGVS.   *Segusiano.*

CONSISTVNT

D. S. P. P.   *De suâ pecuniâ posuerunt.*

Comme ces Charpentiers adoroient le Dieu Silvain, qui présidoit aux Forests, d'où ils tiroient les bois necessaires pour leurs ouvrages : Ceux qui cultivoient les Champs adoroient la Déesse de l'Abondance, qui étoit la Déesse, *Segusa*, *Segesta* ou *Segeta*.

Ces peuples ayant depuis changé de nom, quand Auguste fit une nouvelle division des Gaules, & donna à diverses Provinces le nom de Gaules Lyonnoises, le nom des Segusiens, ne demeura presque qu'à la seule Ville de Feurs, qui fut nommée *Forum Segusianorum*. Il se trouve cependant en quelques Inscriptions, comme en celle-cy, qui se voit dans la Ruë de Flandre, & qui pourroit nous donner quelque lumiere, si elle étoit plus entiere.

. . . .

CVLAT. . . . .

ASPR. . . . .

SEGVSIA . . . . . .

HONO . . . .

FV . . . .

CVLATTI . . . . .

. . . .

In veteri Inscriptione Cohors XX. Segusianorum. pag. 192. initio 2. columnæ.

Le savant Mr. Valois, en sa Notice des Gaules, cite une Inscription, où il est fait mention d'une XX. Cohotte des Segusiens, mais comme je n'ay point vû cette Inscription, & qu'elle n'est pas dans le Recueil de Gruter, je ne puis la rapporter.

In Alpibus Cotticis, quarum initium à Segusio oppido est. Amm. Marcell. l. 1.

La Ville de Suse qu'Ammien Marcellin, dit être le commencement des Alpes Celtiques, a un nom tout semblable à celui des Segusiens, puisqu'elle est nommée *segusio* ou *Segusia*, dont le sieur Guichenon rapporte plusieurs Inscriptions dans son Histoire de Savoye. Entre autres celles-cy.

IMP. CAESARI G. VALERIO DIOCLETIANO P. F.

INVICT. AVG.

ORDO SPLENDIDISS. CIVITATIS SEGVSIAE

CVRANTE AVRELIO SATVRNINO VRBIS PRAESID.

D. N. M. Q. E.

GENIO

ou Consulaire de la Ville de Lyon. 9
GENIO MVNICIPII SEGVSINI
TVL. MARCELLINVS V. P. EX VOTO POSVIT.

Quelques uns ont crû que c'étoient nos Segusiens, qui avoient donné leur nom à ceux de Suse, pour y avoir établi des Colonies, quand plusieurs autres Gaulois passerent les Alpes, pour aller s'établir dans l'Italie, comme les Senonois, les Boiens, les Cenomans, & plusieurs autres, ainsi que Strabon a remarqué. Ce qui fit donner aux pais, où ils s'établirent au de là des Alpes, le nom de Gaule Cisalpine, par rapport aux Romains, qui nommoient la nôtre Transalpine. *Reliqui ferè omnes in Italiâ Galli è transalpinâ Galliâ commigrarunt. Strab. l. 4.*

Enfin, pour ne rien omettre, de ce qui peut contribuer à l'éclaircissement des tems les plus obscurs de nôtre Histoire, je dois rapporter ici une monnoye, que Mr. Bouteroüe a non seulement rapportée dans ses Recherches curieuses des monnoyes de France, mais qu'il a encore expliquée comme une monnoye de ce pais ; parce qu'on y lit autour de la teste *Secusianus*, & au revers *Arus*, qu'il conjecture être la Saône. Voici la figure de cette monnoye.

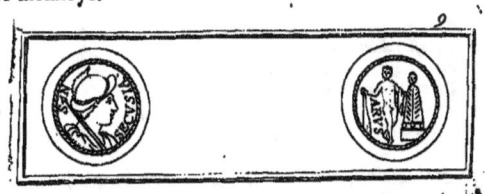

Je ne veux pas transcrire ici ses savantes conjectures sur cette monnoye, non plus que je ne veux pas l'attribuer à cette Ville, sur ces mêmes conjectures. Car ce qu'il a dit de l'Image de Minerve, qu'il a crû que les anciens Lyonnois portoient dans leurs enseignes, & que du nom de cette Déesse, ils avoient fait celuy d'Aisnay, qu'il dit avoir été nommé *Athenæum*, est une resverie de quelques uns de nos Historiens, que je refute ailleurs.

Pour moi je croi, que cette monnoye étoit des anciens Secusiens, qui sont ceux de Suze, & que l'*Herme*, ou statuë de Mercure, de la forme de celles qui se mettoient sur les chemins, avec la figure d'Hercule, qui s'appuye sur cet *Herme*, nous marque ce fameux chemin des Alpes, qui fut ouvert par Hercule, pour servir de passage à ceux qui vouloient aller des Gaules en Italie, ou venir d'Italie dans les Gaules. Chemin dont Aristote a parlé en un de ses ouvrages.

On tient, dit-il, que le chemin par lequel on va d'Italie au pais des Celtes, des Celtoliguriens, & des Iberiens, est un chemin, qui fut ouvert par Hercule, dont il porte même le nom. Chemin, ajoute-t'il, où les peuples, qui habitent le pais sont obligez de veiller à ce que les Grecs, qui y passent, & les autres Nations, qui trafiquent puissent le faire avec seureté, où ils sont responsables de tous les dangers, qu'ils pourroient courir, & contraints de reparer de leurs propres biens, les pertes qu'ils auroient faites, s'ils ne peuvent les reparer d'ailleurs. Matthieu Paris, dit qu'une si sage ordonnance, s'est long-tems conservée dans la Savoye, ce qui peut-être a persuadé à quelques Historiens, que c'étoit d'une si belle institution, qu'elle avoit eu le nom de Savoye, *salva via*, Sauve voye. Les Turcs ont le même usage dans leurs pais, & le même Mathieu Paris, dit que Henry III. Roy d'Angleterre avoit trouvé cet usage si utile pour la seureté du Commerce, qu'il l'avoit introduit dans ses Etats. *Ex Italiâ ferunt viam ad usque Celtas & Celtoligures & Iberos, protendi. Herculeam vocant in quâ & Græci, & indigenæ transeuntes ab incolis observantur, ne quid ils mali fortè accidat, quippè quòd damnum ii sarciunt apud quos datum fuerit. Arist. lib. de mirabili Auscult.*

Ces reflexions m'engagent à donner une autre conjecture, sur ces anciens Secusiens, que je crois avoir été les *Gesates*, dont il est si souvent parlé dans Polybe. Les Boyens & les Insubriens, dit-il, envoyerent aussi-tost d'un commun consentement des Ambassadeurs aux Gaulois, qui habitoient sur le Rhosne, au delà des Alpes. On les appelle Gesates, parce qu'ils vont à la guerre, pour la solde qu'on leur donne, car ce mot signifie proprement cela. Ils exciterent donc leurs Rois Concolitan, & Aneroeste, à faire la guerre contre les Romains, par de grandes sommes d'argent, & par l'esperance des richesses, qui suivroient leur entreprise, s'ils remportoient la victoire. En même temps ils leur remirent en memoire les grandes actions de leurs Ancestres, qui non seulement avoient vaincu les Romains dans une semblable expedition, mais qui s'étoient emparez de Rome, aussi-tost après la bataille. Que s'étant rendus maîtres de tous les biens des Romains, ils avoient tenu Rome sept mois entiers, en leur puissance, & qu'enfin ayant rendu de leur propre mouvement cette Ville, aux *Sous Atepomarus frere de Momorus premiers fondateurs de Lyon.*

B

,, vaincus comme par une grande faveur, ils étoient retournez dans leur païs impuné-
,, ment, & sans peril avec tout le butin quils avoient fait. Ces discours animerent de
,, telle sorte les Capitaines des Gesates, & leur inspirerent une si grande passion pour
,, cette guerre, qu'il n'est jamais sorti de cette contrée des Gaules ni une plus puissan-
,, te armée, ni des hommes plus vaillans & plus belliqueux.

Le païs de Gex, voisin de Geneve, & sur les bords du Rhône, où ce fleuve sort du Lac Leman a retenu le nom de ces Gesates, parce que c'étoit là l'extremité des Segusiens. Polybe les nomme tant de fois habitans le long du Rhône, en deça de cette Riviere, que ces Gesates ne peuvent être autres que les Segusiens. Car Aneroeste l'un de leurs Rois, après la premiere défaite des Romains, & le dégast fait dans la Toscane, proposa qu'avant de rien entreprendre de nouveau, ils devoient retourner en leur païs, pour s'y décharger du butin qu'ils avoient fait sur leurs ennemis. Il falloit donc que ce païs fut proche, & immediatement aux pieds des Alpes, du côté de la Gaule Celtique.

Ces Segusiens ne furent nommez Gesates, qu'à cause d'une espece de Dard ou de Javeline, dont ils se servoient pour combatre, Virgile les nomme *Gesa*, d'un mot emprunté des Gaulois, lorsqu'il décrit le siege de Rome, par les Gaulois, representé sur le bouclier d'Enée, forgé par Vulcain.

Æneid. VIII.

Galli per dumos aderant, arcemque tenebant
Defensi tenebris & dono noctis opaca,
Aurea Casaries ollis, atque aurea vestis :
Virgatis lucent Sagulis : tùm lactea colla
Auro innectuntur : duo quisque Alpina coruscans
Gæsa manu scutis protecti corpora longis.

Cette armure des Gesates, que Virgile nomme *Alpina Gæsa*, nous fait voir que ces Soldats, ainsi armez, étoient voisins des Alpes, & que ce devoient être des Segusiens, ou des peuples voisins des Segusiens, comme sont ceux du païs de Gex. Je conjecture aussi que le mot *Arus*, qui est dans le revers de la Monnoye, rapportée par Bouteroüe, n'est ni la Saône, qui se dit *Arar*, ni une Ville bâtie sur la Saône, qui se soit nommée *Arus* comme cet Auteur l'a conjecturé. Je croy plûtôt que ce soit l'Ar ou l'Arc petite riviere qui coule le long de la Maurienne, depuis le païs de Suze, par où étoit le chemin d'Hercule, dont Aristote a parlé.

Preuves p. XXI. & XXII.

Enfin, je trouve dans plusieurs titres anciens, que la Bresse & le Bugey, sont nommez *Pagus Lugdunensis*, & *ager Lugdunensis*. Puisque Bolignieux, & des terres proche Bellay, sont dites *in pago Lugdunensi*.

Inde in campestria Allobrogum & Segusianorum lapsus apud Lugdunum cum Arare concurrit Urbem Segusianorum. Strab. l. 4.

Voilà donc la situation de Lyon, exactement marquée par Strabon, qui l'appelle Ville des Segusiens, & qui décrivant le cours du Rhône, le fait passer au milieu des Campagnes des Allobroges, & des Segusiens, avant qu'il se joigne à la Saône, auprès de Lyon. Il est donc constant, selon cet Auteur, que la Bresse & le Bugey, qui sont à l'Occident de ce fleuve, avant qu'il arrive à Lyon, & qu'il se joigne à la Saône, étoient des Segusiens.

Hanc Basilicam ipse divino succensus a-more in suburbio quidem prælatæ Civitatis, sed in territorio Segonum Saltusque brixio studiosissimè ædificavit. Aimoinus lib. 3.

Aimoin parlant de l'Eglise de saint Marcel de Chalon, que fit bastir le saint Roy Contram, dit qu'il fit bastir cette Eglise & ce Monastere, sur les terres des *Segons* dans la forest de Bresse, au Fauxbourg de la Ville. Mr Valois a crû qu'Aimoin, s'étoit trompé, & qu'il falloit dire *territorium Sequanorum*, au lieu de *Segonum*. Mais il est certain que les Sequanois, ne commençoient qu'au delà du Doux, & du Mont-Jura, comme Strabon les a marquez, & que la Bresse, qui est nommée par Aimoin *Saltus Brixius*, n'a jamais été du païs des Sequanois. Les Bressans ont donc été nommez *Segones & Segusiani*, à cause de l'abondance & de la fertilité de leur païs, comme je l'ay deja remarqué. C'est ainsi que les *Boïens*, qui firent les premieres Colonies de la Boheme, laisserent à ce païs, qu'ils cultiverent, un nom, qui en marquoit la fertilité, qui étoit dûë à leurs soins. Ainsi je croy que l'Inscription où l'on lit *Marti Segomoni*, veut dire, que ce Mars des Segusiens, étoit un Dieu, dont la memoire leur étoit en veneration. Et les mots Latins de *Monere*, *Moneta*, *Monumentum*, pourroient bien avoir été formez de cet ancien mot Celtique *Mon*, qui signifioit la memoire, comme les Monnoyes, & les Monumens sont des memoriaux des choses passées. Il y eut aussi une Junon, qui fut surnommée *Moneta*.

Manet adhuc Boïemi nomen, significatque loci uberem memoriam, quamvis mutatis cultoribus. Tacit. lib. de moribus Germanor.

Je croy que c'est de la Déesse *Segusia*, où *Segetia*, qu'est une tête antique enclavée dans la muraille d'une maison, du Fauxbourg de saint Irenée, que je donne ici. Elle a les cheveux retroussez sur les oreilles, avec des fleurs de Primevere, qui paroissent au mois de Mars & d'Avril, sur la terre quand les bleds paroissent verts, & passent des soins de la Déesse *Seia* à ceux de Segetia.

ou Consulaire de la Ville de Lyon. 11

Aprés cela il me semble, que les anciens Segusiens sont assez bien demêlez pour faire connoître les païs qu'ils ont occupez, dont Lyon étoit la Capitale. Mais je ne sçay pourquoy le Pere Hardoüin en ses Notes sur Pline, a voulu faire passer les Segusiens, & les Sequanois, pour Suisses, aprés que Strabon, Pomponius Mela, Ptolomée, Æthicus, & tous les anciens Geographes ont si bien distingué ces peuples. Strabon dit, qu'aprés les Helvetiens, qui sont plus proches du Rhin, sont les Sequanois, & le païs Messin, & que les Sequanois ont le Mont Jura, qui les separe des Suisses, ou Helvetiens. Cependant le Pere Hardoüin, veut que tout ce qui s'étend depuis Dole jusqu'à Lyon, ait été autrefois occupé par les Helvetiens; ce que ni Jules Cesar, qui fit la guerre aux Suisses, ni aucun Historien de ce temps-là, n'a jamais dit. Car quand Eutrope au Livre 6. a dit, que Cesar avoit vaincu les Helvetiens, qui sont maintenant appellez Sequanois, il n'a pas voulu confondre ces deux peuples, mais il a seulement voulu faire connoître que Cesar aprés les avoir subjuguez les uns & les autres, en avoit fait des membres de la Gaule Belgique, ou Sequanoise, au lieu qu'auparavant eux & les Sequanois étoient attribuez à la Celtique, qui s'étendoit jusqu'au Rhin. Et tant s'en faut qu'ils se soient jamais étendus jusqu'à Lyon, que les Sequanois mêmes étoient separez par la Saône, des Heduois, & des Segusiens Cliens des Heduois, comme les nomme Jules Cesar.

Helvetii, qui Cæsari, Plinii, cæterisque vetustioris ævi Scriptoribus Helvetii vocitantur, hos posterior ætas Sequanos appellavit. Tenuere is ferè quidquid à Dole, Lugdunum, usque inter Ararim Rhodanumque terrarum interjacet. Not. in lib. 4. Plinii pag. 484. n. 13. Post Helvetios sunt Sequani & Mediomatrices. In Sequanis Mons est Jurassus, qui eos ab Helvetiis distinguit. Strab. l. 4.

Ce qui a pû faire tomber dans cette erreur ceux qui confondent ces peuples avec les Helvetiens, c'est que Strabon a fait ces peuples dépendans de la Gaule Lyonnoise, aprés la division des Gaules, faite par Auguste, comme quelques uns ont confondu la Savoye, le Dauphiné, & la Provence, avec la Bourgogne, parce que le Royaume de Bourgogne, s'est étendu autrefois sur ces trois Provinces, sous les Gondebauds, les Gontrans, les Conrards, & les Raouls Rois de Bourgogne, dit autrement Royaume d'Arles, quand Arles en devint la Capitale.

Ejus regionis superiora, qua sunt ad fontes Rheni, & Rhodani usque ad mediam ferè planitiem Camporum Lugduno subjiciuntur. Strab. l. 4.

Aprés avoir ainsi demêlé quels peuples étoient les Segusiens, sur les terres de qui Lyon fut basti, il faut parler des Rivieres, qui arrosent ce païs, & dont Silius Italicus a fait la description en ces Vers.

Aggeribus caput Alpinis, & rupe Nivali   Le Rhône.
Prosilit in Celtas, ingentemque extrahit amnem
Spumanti Rhodanus proscindens gurgite campos.
At properè in Pontum latè ruit incitus alveo
Auget opes stanti similis, tacitóque liquore,   La Saône.
Mixtus Arar, quem gurgitibus complexus anhelis
Cunctantem immergit pelago, raptumque per arva
Ferre vetat patrium vicina ad littora nomen.

Le Rhône n'a point d'autre nom, que celui de *Rhodanus*. C'est ainsi qu'il a toûjours été nommé par tous les Auteurs anciens. Mais la Saône en a plusieurs. Et s'il en faut croire Clitophon & Plutarque, elle a été nommée *Brigulus*, & depuis *Arar*, & enfin *Saucona*, ou *Sagona*, dont le nom de Saône, qu'elle a à present a été formé.

Il y a si peu de seureté en la plûpart des Etymologies que les Grammairiens, & les Historiens recherchent, qu'elles ne sont que des conjectures, & souvent même des resveries, quand elles ne sont pas autorisées par des témoignages irreprochables, des plus

Quoniam de Cæsarum nomine in hujus præcipuè vitæ est aliquid disputandum, qui hoc

B ij

Preparation à l'Histoire Civile

solùm nomen adeptus est, Cæsarem, vel ab Elephanto (qui linguâ Maurorum Cæsa dicitur) in prælio cæso, eum qui primus sic appellatus est, doctissimi & eruditissimi viri putant occidisse, vel quia mortuâ matre, ventre cæso sit natus: vel quod cùm magnis crinibus sit utero parentis effusus: vel quod oculis Cæsiis, & ultra humanum morem viguerit. Spartianus.

anciens Auteurs, ou justifiées par des monumens publics aussi anciens. Nous avons une preuve singuliere du peu de solidité de ces conjectures, en l'Etymologie du nom des Cesars, puisque Spartien donne quatre origines differentes de ce nom. La premiere à l'occasion d'un Elefant tué, dont le nom au langage des Mores étoit *Cæsa*. La seconde, des Enfans tirez du sein de leurs Meres, par une operation de Chirurgie. La troisiéme, d'une longue chevelure, avec laquelle on disoit, que quelques Enfans étoient nez : Et la quatriéme, des yeux bleus, ou pers, qu'avoit celui qui le premier porta ce nom.

Bochart l.3. cap.6.

Les Etymologies des noms du Rhône, & de la Saône, ne sont pas plus certaines. Le savant Mr Bochart en son Phaleg, où il recherche dans la langue Phenicienne, les premieres origines des noms des peuples, & des païs qu'ils ont habitez, veut que ce soit du mot Arabe & Phenicien *Rhodius*, qui signifie la couleur blonde, que ce fleuve ait pris son nom, à cause que nos Gaulois, avoient la plûpart les cheveux de cette couleur ; mais quelque veneration que j'aye pour la doctrine de cet homme, l'un des plus savans de son siecle, je m'en tiens aux sentimens de Pline, & de saint Hierome, dont le premier dit, qu'auprès d'Agde en Languedoc, étoit anciennement une Ville bastie par les Rhodiens, qui la nommerent *Rhode*, du nom de leur païs, & dont le Rhône, l'une des plus considerables rivieres des Gaules, tira depuis son nom.

Agatha quondam Massiliensium, & regio Volcarum Tectosagum, atque ubi Rhoda Rhodiorum fuit, undè dicti multò Galliarum fertilissimus amnis Rhodanus. Lib.3. c.4. Oppidum Rhoda Coloni Rhodium locaverunt, undè amnis Rhodanus nomen accepit.

Saint Hierome, dit la même chose, en sa Preface, de son Livre sur les Galates. Mr Bochart, qui croit que cette Ville *Rhoda*, soit celle de Roses en Catalogne, s'est trompé, car c'est un Village aujourd'hui, auprès d'Agde vers l'embouchure du Rhône, qui a retenu le nom de *Rhode*. Je ne voy pas non plus pourquoi la couleur des cheveux des Gaulois auroit pû donner ce nom à un Fleuve, dont les eaux ne sont pas de cette couleur. Il a aussi confondu, cette ancienne Ville *Rode* avec Lyon, parce que Sidonius Apollinaris, donne à Lyon, sa patrie le nom de *Rhodanusia*, que Marcianus Heracleota, né de la Ville d'Heraclée, située à l'embouchure du Rhône, donné à la Ville de Rhode, voisine de son païs, & des Villes de Marseille & d'Agde.

Phocea Massilia oppidi gens conditrix
Quam Rhodanus ingens alluit Rhodanusiam
Habuit & Agatham.

Il se trompe aussi, quand il dit que les Habitans des rives du Rhône, sont nommez *Rhodaniti*, dans quelques Inscriptions, je n'en ay vû aucune, où ils ne soient nommez *Rhodanici*.

Je m'en tiens donc à ce que Pline, & saint Hierome en ont dit, sans aller chercher plus loin des Etymologies abstruses, où il y a plus à déviner,& à faire paroître une érudition assez inutile, qu'à établir la verité.

Quelques-uns sans remonter si haut, ont crû que ce Fleuve avoit été ainsi nommé *à rodendo*, parce que, disent ils, il coule ou plûtôt se précipite avec tant de rapidité, qu'il ronge les bords des terres,qu'il arrose. Je ne m'arresterai pas à dire,que l'on ne trouveroit pas dans cette Etymologie l'aspiration, que tous les Auteurs Latins inserent, au nom de ce Fleuve, qu'ils écrivent ainsi *Rhodanus*. Enfin, s'il falloit sur des si foibles apparences de ressemblances de mots, établir des conjectures, les Provençaux, qui le nomment *lou Rose*, le pourroient dériver d'*arroser*, qui est un terme, qui convient à toutes les Rivieres, qui arrosent les terres, par où elles passent.

La Saône a eu beaucoup plus de noms differens, puisque Plutarque dit, qu'elle s'appelloit *Brigulus*, & qu'elle fut depuis nommée *Arar*. Ammien Marcellin, la nomme *Saucona*, & Gregoire de Tours *Sangona*, quelques uns ont crû que Polybe l'avoit nommée *Scora* que Cluvier a changé en *Isara*, pour faire passer Annibal par le païs des Vocontiens, & par les Alpes Cotties. Je ne veux pas m'arrester à chercher les racines de tous ces noms, qui seront toûjours assez incertaines, quelque gesne que les Savans puissent donner à leurs esprits, & la torture à des mots de diverses Langues, pour les en faire dériver.

Ità ut oculis, in quam partem fluat, judicari non possit. Cæs. l.1.

Monsieur Bochart veut qu'*Arar*, exprime la lenteur de la Saône, que Cesar dit être si tranquille, que l'on ne peut juger à l'œil de quel côté elle coule,ce que Seneque a exprimé en ce Vers.

Araraque dubitans quò suos fluctus agat.

Flumen est Arar,quod per fines Æduorum, & Sequanorum fertur incredibili lenitate. Ibid.

Arar est le nom que tous les anciens Auteurs lui donnent. Cesar au I. Livre de ses Commentaires, le nomme ainsi, & dit qu'il coule entre les Heduois & les Sequanois, Virgile le nomme de même.

ou Consulaire de la Ville de Lyon.

Aut Ararius Parthus bibet, aut Germania Tigrim   Eglog.

Claudien le nomme *Arar* ou *Araris*,
> *Lentus Arar, Rhodanusque celer.*   Lib. 1. in Eutrop.
> *Cyniphiisque ferax Araris successit Aristis*   Lib. 2. in Rusin.
> *Quos Rhodanus velox, Araris quos tardior ambit.*

J'ay donné ailleurs mes conjectures sur ce nom, que je croy être le même que celui de l'Erau *Arauris* ou *Araris*, qui passe par Ceseron, d'où sortirent les premiers Fondateurs de Lyon.

Ammien Marcellin est le plus ancien Auteur, que l'on tient l'avoir nommé *Sauconna*. Mais je croy que c'est ainsi que Polybe l'avoit nommé Σκωνα que l'on a changé en Σκωρα par le changement d'une lettre, & que c'étoit de ce nom *Scona*, que l'on avoit fait celui de *Matiscona*, pour Mascon sur Saône. Nithard la nomme *Saugonam*. Fredegaire *Saogonnam*. Aimoin *Sagonnam*. Hugues Moine de Fleury *Sagonnam*. Car pour ceux qui l'ont nommé *Sangona* à cause du sang répandu de nos Martirs, que l'on dit avoir fait changer de couleur à cette Riviere, je n'en voy point d'autorité bien seure, pour établir cette Etymologie.   *Ararim quem Sauconnam appellant. LXV.*

Dans toutes nos Inscriptions antiques, ces deux Rivieres n'ont point d'autres noms, que celui de *Rhodanus* & d'*Arar*, & ceux qui y trafiquoient les noms de *Rhodanici* & *Ararici*, comme on peut voir en celles-ci.

Tout contre l'Eglise saint George est ce Fragment.

> SPLENDIDISSIMAM
>
> PERPETVAM VACATION.
>
> L. D. D N. ARARIC.

Locus datus decreto Nautarum Araricorum.

Et celle-ci sous une Arcade du Pont de Saône, que je donne entiere ailleurs.

> L. BESIO SVPERIORI
>
> VIRO MAND. EQ. R.
>
> OMNIBVS HONORIBVS
>
> APVD SVOS FVNCTO
>
> PATRONO NAVTARVM
>
> ARARICOR. ET RHO
>
> DANICOR. PATRONO, &c.

De cette situation, Lyon est souvent nommé dans les Titres *Lyon sur le Rhosne*. Comme on peut voir en plusieurs Actes rapportez parmy les Preuves de cette Histoire. Preuves p. 118. pag. 118. & ailleurs.

Sidonius Apollinaris nomme aussi la Villle de Lyon sa Patrie *Rhodanusia*, comme elle est nommée *Araria*, dans la Vie de S. Loup l'un de nos Archevêques.

Seneque a pris plaisir à décrire cette situation avantageuse de Lyon, en cinq Vers, Hercule. qu'il fait reciter au plus celebre des Heros de l'antiquité.

> *Vidi duobus imminens fluviis jugum,*   *In Ludo Senec. de*
> *Quod Phœbus ortu semper obverso videt;*   *morte Claudii.*
> *Vbi Rhodanus ingens amne prærapido fluit,*
> *Ararque dubitans quò suos fluctus agat*
> *Tacitus quietis alluit ripas vadis.*

Jules Cesar Scaliger, semble l'avoir voulu renvier sur Seneque, en faisant cette belle Epigramme, que l'on a fait écrire en caracteres d'or, dans la Cour de l'Hôtel de Ville, mais l'on y a ajouté deux Vers, qui ne sont pas de Scaliger, & que je ne rapporte pas.

> *Flumineis Rhodanus quà se fugat incitus undis,*
>   *Quaque pigro dubitat flumine mitis Arar*
> *Lugdunum jacet antiquo novus orbis in orbe*

Lugdunumque vetus orbis in orbe novo
Quod nolis alibi quæras, hic quærere quod optas.
Aut hic aut nusquam vincere vota potes.

J'ay rendu autrefois ces six Vers Latins en ce Sonnet.

SONNET.

Sur les bords où le Rhône a sa vague profonde
 Et dans un lit couvert de joncs & de roseaux,
 Le Fleuve le plus doux de l'Empire des eaux
Va rendre à ce fougueux le tribut de son onde.
Une Ville fameuse en merveilles feconde,
 Sur les tristes débris de ses premiers tombeaux
 A pris une autre forme & des charmes plus beaux,
Et fait voir dans son sein un autre nouveau Monde.
Elle est de l'Univers le plus bel ornement,
 A peine le vieux monde eut rien de si charmant
 Que ce pompeux amas de merveilles unies.
Les plus vastes desirs s'y trouvent satisfaits,
 Elle étale à nos yeux des beautez infinies,
 Et rien ne peut ailleurs mieux remplir nos souhaits.

L'ANCIENNE SITVATION DE LYON.

 Les Anciens persuadez que les lieux les plus élevez étoient les plus favorisez du Ciel, dont ils étoient plus proches que les Plaines & les Campagnes, en prefererent la demeure à celle des Vallées, & des lieux plats. L'air pur & serein, qu'on y respire leur parut un avantage plus considerable que celui des commoditez que le voisinage des Rivieres, & l'étenduë des Campagnes offrent aux hommes. Ils firent entrer dans ce choix des motifs de Religion, & regarderent les lieux élevez, comme la demeure des Dieux. La Loy donnée à Moyse fur une Montagne ; le premier Temple consacré au culte du vray Dieu, sur la Montagne de Sion, porterent non seulement les Juifs à reverer les montagnes comme quelque chose de Saint, mais à leur imitation la plûpart des Infideles bâtirent des Temples sur les Montagnes, & sur les Collines, & la plûpart de leurs Dieux furent reverez sous les noms de ces lieux élevez, où leurs Temples étoient bâtis. Delà les noms de Jupiter Oetéen, Idéen, Capitolin, &c. De Venus de Cythere, d'Amathoute, de Paphos, &c. Villes bâties sur des Montagnes, ou Collines élevées, où étoient les Temples de cette Déesse de la Gentilité. Enfin, la Ville de Rome, ne fut dite *septicollis*, que parce qu'elle fut bâtie sur sept Collines ou Costeaux. Nos premiers Gaulois affecterent ainsi de placer leurs Villes sur des lieux éminens, dont la plûpart retiennent encor les noms de Clairmont, de Beaumont, de Grand Mont, de Montauban, de Montlimard, de Montdidier, &c. De là tant de noms de Villes, qui se terminent en *Dun*, Loudun, Chasteaudun, Verdun, &c. & beaucoup plus qui ont la terminaison de *Dunum* en leurs premiers noms, qui depuis ont été insensiblement changez. *Cæsarodunum*, Tours. *Augustodunum*, Autun. *Ebrodunum*, Embrun, & Yverdun, *Segodunum* Rodez, & nôtre *Lugdunum*, ou *Lugdunum*, nom, qui lui étoit commun avec Leyden en Hollande, *Lugdunum Batavorum* : Laon en Picardie *Lugdunum Clavatum*, & saint Bertand de Cominges *Lugdunum Convenarum*.

 Par rapport au Ciel, Lyon est au 45. degré, quarante cinq minutes & trente secondes de latitude. Pour sa longitude, à placer le premier Meridien à l'Isle de fer, comme l'on fait ordinairement, elle est de 25. degrez & 20. minutes.

 Il est divisé comme en deux Villes, ou deux portions de Villes ; par la Saône, qui coule au milieu, & il occupe les croupes, & les panchans de deux Montagnes ou Collines, avec ce qu'il y a de plaine entre ces Montagnes, & les deux Rivieres du Rhône & de la Saône.

 De ces deux parties de Ville, l'une étoit anciennement appellée le côté du Royaume, & l'autre le côté de l'Empire, dénominations qui sont encore en usage parmi ceux qui navigent sur ces deux Rivieres, parce qu'anciennement la Bresse, le Daufiné, & la Provence, faisoient partie de l'Empire ou du Royaume de Bourgogne, & l'autre côté étoit le Royaume de France, à qui la Saône & le Rhône servoient de limites. A present l'un de ces côtez se nomme, côté de Fourviere, *à foro veteri*, parce que c'étoit là le vieux Lyon, & l'autre côté de saint Nizier, à cause d'une Eglise de ce saint Ar-

ou Confulaire de la Ville de Lyon. 15

chevêque de Lyon, que l'on tient avoir été autrefois la Cathedrale, sous le nom d'Eglise des Apôtres. Elle est à present Collegiale, & la Parroisse la plus étenduë de la Ville. Quand on nomme des Eschevins, le côté de Fourviere, comme le plus ancien a la prérogative d'être le premier, & celui qui est nommé pour ce côté là, précede celui du côté de saint Nizier.

Monsieur Valois, qui a observé que Ptolomée distingue trois ordres de Villes, gran- *primum locum ob-*
des, moyennes & petites, met Lyon entre les Villes du premier ordre, que Ptolomée *tinent Cla-*
appelle *Villes illustres.* Paris, Lyon, Roüen, Bourdeaux & Tholose, dit il, sont de ce *ra urbes vel insignes*
rang. Il place au second rang Amiens, Beauvais, Tours, Poitiers & Troye en Cham- *quales nunc*
pagne. Au troisiéme Vendôme, Estampes, Coutance, & Auranches. Mais ce savant *in regno Francorum,*
homme a fort bien remarqué, à l'égard de quelques unes de ces Villes, que c'est à pre- *Lutetia, Lugdunum,*
sent qu'elles occupent ce rang, qu'elles n'occupoient pas autrefois, au moins quelques *&c. Secundi ordinis*
unes, au lieu que Lyon, a le rang, & le titre dans Ptolomée, de Ville insigne & illustre, *sunt d'uripas vi-*
& passe à present pour la seconde Ville du Royaume, la premiere aprés Paris. *ni, &c. Tertium lo-*
cum tenent Tpitau
Quoy qu'il soit difficile dans les bouleversemens qui se sont faits d'une Ville plu- *wó*λ*εις, quales cen-*
sieurs fois ruinée, de reconnoitre les premiers vestiges de sa grandeur; cependant l'on *seri possunt, ac debe-*
peut juger de l'étenduë, qu'elle avoit autrefois sur la Montagne de Fourviere, & sur *rent Vindocinum,*
son panchant, par quelques restes de masures des grands ouvrages publics. Elle s'éten- *Stampa, &c.*
doit sur la Montagne, depuis Pierre Seise jusqu'à la Porte de saint George, & c'étoit
là sa grande face, qui regardoit le Levant, avec le bel aspect de la Saône, & des Campagnes de Daufiné.

Le Palais qui étoit au milieu de cette grande face, occupoit tout l'espace qui est depuis l'Eglise de Fourviere, jusqu'au bâtiment des Religieuses de la Visitation, dites de l'Antiquaille, & jusqu'à la maison dite l'*Angelique*, où se voyent encore les prisons de cet ancien Palais, & plusieurs Voutes souterraines. Il y avoit aussi plusieurs chemins couverts sous terre & bien voutez, qui se voyent dans la Vigne de Mr. l'Abbé Guignard.

Ce Palais s'étendoit encore jusqu'à la maison du Confesseur des Dames Religieuses, en tirant vers les Peres Minimes, qui ont dans leurs Vignes quelques restes d'un ancien Amphitheatre, contigu à ce Palais. Le grand Marché étoit derriere l'Eglise de Fourviere, où il y a encore une assez grande Esplanade. Depuis la porte de saint Just, jusqu'au Convent des Recollets de Belle Greve, étoit une suite de grandes Maisons & de Palais, dont on void encore quelques vestiges, des Conserves d'eau dans les Vignes des Religieuses de sainte Ursule, des Chambres & des Bains pavez à la Mosaïque. Des Viviers chez les Peres Recollets, & quantité de carreaux de Marbre, dans les Jardins, Vignes, & Caves des Chanoines de Fourviere. Les vestiges des Aqueducs paroissent en divers endroits de cette Montagne, proche les murailles de saint Just, & l'on en peut aisément suivre la conduite, comme il nous reste la figure de leur entrée dans la Ville, & de deux de leurs décharges, sur un bas relief de Marbre, que je donne ici pour conserver ce vestige d'antiquité.

On découvre aussi aux murailles de la Ville, un peu au dessus de la Vigne des Peres Minimes, un reste de Theatre, dont les murs ont été conservez pour servir de clôture, & il est aisé de voir par le macis sur lequel les murailles de la Ville ont été élevées, qu'il y avoit en cet endroit de grands Edifices.

Saint Irenée étoit hors la Ville, puisqu'on y découvre tous les jours plusieurs Tombeaux. Les Romains n'enterroient pas leurs morts dans les Villes, & presque tous les Tombeaux étoient dans les Champs, & sur les grands Chemins.

Les Negotians occupoient les bords de la Riviere, pour la facilité des transports des Marchandises. Il y avoit aussi un Canal de communication entre le Rhône & la Saône, depuis la porte du Rhosne, & le jeu de Paume qui est derriere le fond du Jardin de l'Hostel de Ville, jusqu'au port de la Pescherie, tout le long des Terreaux, contre le bâtiment de l'Abbaye de saint Pierre, & la grande boucherie d'un costé, les grands Carmes & les Augustins de l'autre, & ce Canal se nommoit *In Canabis*, à cause des pieux ausquels s'attachoient les Batteaux, comme la porte de la Pescherie se nommoit la porte de Cheneviere, de cet ancien mot *in Canabis*.

Il y avoit un grand Temple au Cloître devant l'Eglise de saint Jean, & de S. Etienne, une partie du Pont de Saône a été bâtie des débris de ce Temple, dont on voit de grandes Corniches au bas des piles quand la riviere, est fort basse. On en voit aussi quelques morceaux aux fondemens du Chœur de l'Eglise de saint Jean, avec quelques lettres d'un pied de hauteur. On a aussi trouvé dans la maison de l'Archidiacre, un grand piedestal, avec la naissance du congé d'une Colonne, & ce reste d'Inscription.

DEDICATVM XVIII. SEPT.

ORFITO ET MAXIMO COS.

La ruë Tramassac est nommée dans les anciens titres *Retrò Massam*, parce qu'elle étoit derriere la Masse de ce Temple. Les grands quartiers de pierre, dont le bas de la maison du Chamarrier, ses Ecuries & ses Remises sont bâties, sont des débris de ce Temple, dont on voit aussi quelques tronçons de Colonnes canelées dans la maison du Doyen. Une partie de la coste saint Sebastien, devoit aussi être habitée, puisqu'il y avoit de ce costé là un Aqueduc, dont on voit quelques restes dans le Jardin des Peres de l'Oratoire. Nos deux tables de bronze furent trouvées de ce costé là. Elles devoient être dans quelque Temple, où se déposoient ordinairement de semblables monumens, pour y être conservez comme des choses sacrées, que l'on mettoit sous la protection des Dieux, & des Genies tutelaires des Villes.

Pour le Temple dedié à Rome & à Auguste, il étoit au concours du Rhosne & de la Saone, au lieu où est à present l'Abbaye d'Aisnay, comme on justifie par plusieurs Inscriptions que je rapporterai, en décrivant ce Temple celebre, bâti sous l'Empire d'Auguste. Voyons maintenant quels étoient les Magistrats de Lyon, puisque les Municipes & les Colonnies étoient des Images en petit de la Republique Romaine, ainsi que dit Aulugelle, c'est à dire, qu'elles avoient leurs Magistrats, leurs Lois, leurs Usages, leurs Ceremonies, leurs Prêtres, leurs Dieux, leur Religion, leurs Tribunaux, leur Commerce, & leurs deniers publics, qu'il faut examiner sur nos anciens monumens.

Ce fut Auguste, qui commença à donner à cette Ville la forme de gouvernement qu'elle eut sous les Romains, & qui voulut qu'elle servit de regle au reste des Gaules, quand il donna à la Celtique, le nom de Gaule Lyonnoise. Il y établit donc des Magistrats; & comme il songeoit principalement aux revenus qu'il pouvoit tirer des Provinces nouvellement acquises à la Republique, pour fournir aux dépenses de l'Empire, il voulut que cette Ville, fut la Caisse, & le Tresor de tous les deniers qui se tiroient des Provinces dépendantes de la Republique.

Jules Cesar en avoit tiré de grosses sommes; mais il les avoit fait servir à ses desseins pour les frais des guerres, qu'il étoit obligé de faire pour assujettir ces Provinces, & pour l'entretien de ses Troupes. Il rendit ces Provinces tributaires, & l'argent qu'il en tiroit, s'exigeoit par forme de contributions, pour en conserver les terres, & pour empêcher les saccagemens, & le pillage des soldats. C'est ainsi qu'il faut entendre Suetone & Europe, quand ils disent que Jules Cesar, imposa aux Gaules qu'il avoit vaincuës des Tributs. Auguste, qui lui succeda dressa un Etat des Gaules, pour en regler les revenus, comme nous l'apprenons du Sommaire du Livre CXXXIV. de Tite Live. Cet Etat se regloit de cinq en cinq ans, comme on dresse tous les ans en ce Royaume l'Etat des Finances.

Ce fut en son septiéme Consulat, l'an 716. de Rome, lorsqu'étant sorti de Rome, pour aller soûmettre les Bretons, qui se soûlevoient, il s'arrêta dans les Gaules, qui étoient divisées entre elles par des guerres particulieres, causées par la jalousie des unes contre les autres; les unes étant favorisées par les Romains, qui les avoient subjuguées, tandis que les autres étoient accablées de tributs & d'impositions nouvelles. Ce qui obligea Auguste de regler toutes choses, en attendant dans cette Ville les Députez que les Bretons devoient envoyer pour traiter de leur accommodement

Tributi nomine H-S. Quadragenties imposuit Gallia victâ. Suet.

Cum Augustus conventum Narbone ageret, census à tributis Galliis, quas Cæsar pater vicerat actus. Epitom. Liv. Cum in Gallias veniisset, illic subsistit. Nam & Britanni missuri jam Legatos videbantur. Et res Gallorum inquieta etiam, quia sub actis illis statim bella civilia erant consecuta. Itaque & censum illorum egit, & vitam remque publicam composuit. Dio. l. 53.

ou Consulaire de la Ville de Lyon. 17

Ce fut alors que Lyon commença à avoir des Gouverneurs particuliers nommez par l'Empereur, qui dans le partage qu'il venoit de faire des Provinces avec la Republique s'étoit reservé l'Espagne Tarragonnoise, le Portugal, les Gaules Narbonnoise, & Lyonnoise, l'Aquitanique & la Celtique, la Celosyrie, la Phenicie, la Cilicie, l'Isle de Chypre, & l'Egypte, dont il échangea dépuis, l'Isle de Chypre & la Gaule Narbonoise, pour la Dalmatie, qui l'accommodoit mieux, que ces deux Provinces. Cependant pour ne pas paroître au Senat, se vouloir rendre independant, ni tenir ces Provinces en souveraineté, il en demanda le gouvernement pour dix ans, & établit dans chacune des Gouverneurs, au lieu qu'auparavant ceux que le Senat y envoyoit gouvernoient en même temps deux ou trois de ces Provinces. Ceux qui commandoient dans l'Italie eurent le nom de Proconsuls, ou de Preteurs, & ceux qui gouvernoient les païs étrangers & nouvellement conquis, eurent le nom de Prefets, avec six Huissiers ou Licteurs pour leurs Gardes.

Drusus & Germanicus furent employez par Auguste à exiger ces deniers, & l'Empereur Claude dans le discours qu'il fit au Senat pour procurer à cette Ville, les honneurs & les droits des Colonies, entre les motifs qu'il allegue pour leur deferer ces honneurs, fait voir la soûmission, & la tranquillité avec laquelle ces Provinces obéïrent à Drusus son Pere, qui ménagea avec toute la prudence d'un sage Gouverneur, les esprits de nos Gaulois, pour souffrir patiemment ces nouvelles impositions, ausquelles ils n'étoient pas accoûtumez.

Illi Patri meo Druso Germaniam subigenti tutam quietemque à tergo pacem præstiterunt, & quidem cùm ad censum novo tum opere & insueto Gallis esset. Tab. ænex. Regimen summa rei penes Germanicum, agendo Galliarum census tum intentum. 1. An. c. 32. Intereà Germanico per Gallias census accipienti excessisse Augustum adfertur. c. 33.

Germanicus eut une commission semblable, & il étoit occupé à lever ces deniers, quand il apprit la mort d'Auguste, comme Tacite a remarqué.

Nous trouvons parmi nos Inscriptions, divers Officiers destinez à recevoir ces deniers, à les établir, à en tenir les Registres, & les contrôlles, à les faire transporter à Rome, &c.

Grutter rapporte une Inscription qui est à Tarragone, d'un Receveur general de la Province de Lyon, sous l'Empereur Severe, & Antonin Caracalla son fils.

```
Q. HED. L. F. POL. RVF.
LOLLIANO GENTIANO
AVGVRI COS. PROCOS.
ASIAE CENSITORI
PROV. LVG. ITEM. YGD
COMITI SEVERI ET
ANTONINI AVGG. &c.
```

En voici une autre de Tiberius Antistius Faustus, qui est dit le premier des Chevaliers Romains employé par l'Empereur à recevoir les deniers.

TI. ANTISTIO FAVS
TI FIL. QVIRINA MARCI
ANO DOMO CIRCINA
PRAEF. COH. II. H... ANAE *Secunda Hadriana.*
Tribun. Legionis TR. LEG. XV..... LINARIS *Apollinaris*

C

PIAE FIDELI... AEFECTO A *Præfecto*
LAE SVLPIC. E. C. R. SECVN *Equitum Coloniæ Rom.*
DVM MANDATA IMPP. DO
MINOR. NN. AVGG. INTE *Nostrorum Augustorum.*
GERRIM. ABSTINENTISSIMO

Que Procuratori
Q. PROCVR. TRES PROVINC. *Provincia.*
GALLIAE PRIMO VNQVAM

Equiti Romano
EQ. R. A CENSIBVS ACCIPI
ENDIS AD ARAM CAESA
RVM STATVAM EQVESTREM
PONENDAM CENSVE
RVNT.

Voici celle de la femme d'un Contrôlleur des deniers des Gaules.

Au coin d'une ruë proche l'Eglise saint George.

D.　　M.
ET MEMORIAE DVLCIS
SIMAE T. TITIOLÆ
QVAE VIXIT ANN. XVIII.
M. VII. D. XXIII.
FIRMANVS GALLIAR.
TABVLAR. CONIVGI
PISSIMAE ET ERGA SE
BENE MERITAE ET SIBI
VIVVS POSTERISQVE
SVIS SVB ASCIA
DEDICAVIT.

LA RELIGION DES ANCIENS LYONNOIS.

Autant que nous pouvons connoitre par les Monumens anciens, la Religion de nos premiers Lyonnois, depuis la fondation de cette Ville, fut la même que celle des premiers Romains. Ils adoroient les mêmes Dieux, avoient les mêmes Sacrifices, & les mêmes Ceremonies. On voit à S. Laurent une ancienne Inscription d'un vœu à Jupiter, & aux Dieux saints, ce que signifie le mot d'*Auguste*, comme j'ay remarqué ailleurs.

I. O. M.　　*Jovi Optimo Maximo*
NVMINIBVS
AVG.　　*Augustis*

ou Consulaire de la Ville de Lyon.

Gruter dans le grand recueil d'Inscriptions qu'il a ramaſſées, nous donne la figure d'une lame de Cuivre à caractères dorez, d'un voeu fait au Soleil, qu'il dit avoir été dans la maiſon du Chevalier Claude Court, & avoir été vûë par Cluſius.

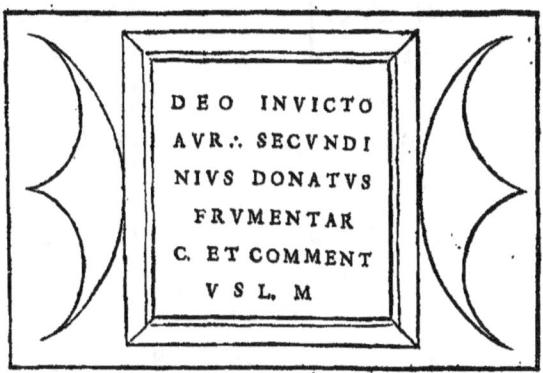

Ce Dieu invincible, à qui ce voeu s'addreſſoit étoit le Soleil, ainſi nommé en pluſieurs Inſcriptions.

Il étoit auſſi adoré ſous le nom de Mithras, avec les mêmes titres de Dieu invincible. Et nous en avons un monument en marbre; que Gabriël Simeoni a mal attribué à Eſculape. En voici la figure. Il eſt dans une maiſon du Cloître appellée l'Hôtel de Chevriere, ſur le grand Eſcalier.

Ce Serpent a trompé Simeoni, qui l'a pris pour le ſymbole d'Eſculape, c'eſt un animal ſolaire, dont on a fait le Hieroglyphe du temps, de l'éternité, & des revolutions du Soleil. Simeoni a repreſenté au deſſus du Cippe une teſte en profil, qui a les cheveux noüez ſur le derriere. Mais cette teſte ne paroit plus, ce qui fait que je ne la donne pas, quoi qu'elle ſemble ſur la figure de Simeoni, plûtôt une teſte de Soleil que d'Eſculape.

VOEUX

```
DEO MAR
TI AVG.
CALLIMO
RPHVS
SECVNDA
RVDIS
V. S. L. M.
```

```
DEO
MARTI
AVG.
C. TITI
VS DECVMI
NVS
V. S. L. M.
```

MARTI SEGOMONI SACRVM
ANNVA.

En une Tour de saint Pierre.

A l'entrée du Chœur de S. Pierre.

A S. Pierre.

```
NVMINIBV.
AVGVSTOR
TIBERIVS BELLIC.
```

```
APOLLINI
SIANNO
ANNVA STIPE.
```

Celle-ci n'est pas entiere, pour connoitre à quelle divinité, outre Jupiter, s'addressoit un vœu d'Aurelia Zotica.

Voici un autre vœu, dont on ne peut rien apprendre de certain, l'Inscription étant trop mutilée.

```
...NVMINI..
ET IOVI OPTIMO
MAXIMO
EX VOTO
V. S. L. M.
```

```
...LIQ...
Q. EJVSD. CO...
CIVES....
VELIOCAN...
V. S. L. M.
```

ou Consulaire de la Ville de Lyon. 21

Dans la ruë du Bœuf, vis à vis un Jeu de Paume à la base d'une porte cochere, est ce vœu à Minerve.

```
         MINERVAE
         L. AEMILIVS
         SVLLECTINVS
         PRAEFECTVS
         CLASSIS RA
         VENNATIVM
         DICAVIT.
```

Respectius Hilarianus, l'un des Inspecteurs d'Helagabale, dédia un petit temple à la Fortune, avec cette Inscription.

```
       DEAE FORTVNAE
         RESPECTIVS
         HILARIANVS
       SPECVL. COMM.
      AEDEM DEDICAVIT
       IDIBVS FEBRAR.
          SABINIANO
        ET SELEVCO
            COS.
```

Il nous reste peu de ces Inscriptions consacrées aux faussez Divinitez, parce que dépuis que l'Empereur Constantin eut fait profession publique de la Religion Chrétienne, Nos Chrétiens fervens abolirent autant qu'ils purent les restes du Paganisme, & nos anciennes Eglises ne furent bâties que des débris des Temples. Nous n'avons aucune Statuë des fausses divinitez, que nos premiers Lyonnois avoient adorées. Ainsi je ne puis souffrir que nos Historiens ayent donné à nôtre Fourviere le nom de *forum Veneris*, au lieu de *forum Vetus*, ny qu'ils ayent dit sans aucun fondement qu'il y eut eu en ce lieu, un Temple consacré à Venus. Ils n'ont pas eu plus de raison de donner le nom d'*Athenée* à nôtre Aisnay, ni d'avancer qu'il y eut eu en cet endroit un Temple dedié à Minerve, dont ils ne sçauroient produire aucun vestige, ni aucun témoignage certain : nos Martirs ayant toûjours été nommez *Martyres Athanatenses* ou *Athanacenses*, & Aisnay *Athanacum*.

Il semble aussi que l'Eglise du Monastere de saint Pierre ait été bâtie du débris de quelque ancien temple, puisqu'on y trouve plusieurs Inscriptions Votives & plusieurs grands quartiers de pierres, qui avoient servi à de grands Edifices, on y voit en lettres d'un demy pied de hauteur ce mot

ATILLA

Qui a fait dire à quelques uns de nos Antiquaires & de nos Historiens, que c'étoit le nom d'Attila, mais il n'y a nulle apparence, & c'est plûtôt la moitié de quelque autre nom, qui a été coupé avec la pierre, sur laquelle étoit cette Inscription.

C iij

Nos anciens eurent aussi des Dieux Domestiques, & l'an 1525, on trouva en cette Ville, auprés de la Croix, qui est devant l'Eglise des Minimes, que l'on appelle Croix de Colle, une Lampe antique dédiée à ces Dieux Domestiques, qui fut donnée à Mr Du Choul, & qu'il fit graver dans son savant Traité de la Religion des anciens Romains, telle que je la donne ici.

Je ne puis omettre ici une Ceremonie, qui paroit avoir été singuliere pour nos Segusiens, & nos Habitans de Lyon. C'est la dédicace de leurs Tombeaux, où nous voyons en la plûpart la figure d'un instrument semblable à un Hoyau propre à remuër la terre, auquel ils donnoient le nom d'*Ascia*, qui se trouve en plus de cent Epitaphes en cette maniere *sub Ascia dedicaverunt*, ou *dedicavit*.

Je dis que c'étoit une ceremonie particuliere à ce païs, parce que dans tout le grand recueil de Gruter, de Lipse, & de Smece, il se trouve peu d'exemples de semblables Epitaphes en d'autres lieux, un seul à Rome, d'un Homme que je soupçonne avoir été de ce païs, & deux ou trois à Vienne, & à Valence en Daufiné, qui sont si proches de Lyon, qu'il est aisé de voir, que c'est de cette Ville, que l'usage en étoit passé chez nos voisins, outre que ceux de Valence sont nommez *Segalauni*, d'un nom qui semble avoir la même origine que celui des Segusiens. Quoi que j'attende de donner mes conjectures sur cet usage, dans le premier Livre de cette Histoire, avec quelques exemples, je dois ce me semble, rechercher ici l'occasion de cette Ceremonie. Guicheron qui a écrit l'Histoire de Bresse & de Bugey, en rapporte douze exemples dans les Epitaphes trouvées en ces païs là, & copiées avec peu de soin, comme on peut juger par les fautes qu'il y a laissées. Il y en a plus de cinquante de cette Ville dans Gruter, Mr Spon en a plusieurs dans ses Recherches des antiquitez de Lyon, & j'en ay découvert de nouvelles, outre celles que je donneray ci aprés. En voici quelques unes, qui sont auprés de Fourviere dans une maison nommée l'Angelique, parce qu'elle appartenoit à Mr De Lange, Lieutenant General de cette Ville, à qui nous devons la conservation de plusieurs de ces Monumens, qui se voyent encore dans la Maison des RR. PP. Trinitaires, qui étoit anciennement la maison des Bellievres, & successivement des De Langes.

D. M.

ET QVIETI AETERNAE...
DOMITIAE HEVTYCHI...

ou Consulaire de la Ville de Lyon. 23

```
       ANIMAE PIENTISSIMAE
       QVAE VIXIT ANNIS X..
       III. M. III. D. XIIII. DOM..
       .NVS HEVTYCHIANVS
       DOMITIA MYNNE...
       PARENTES FILAE CARIS:.
       SIBI VIVI P. C. ET. SVB ASC.
       DEDICAVERVNT.
```

```
       . . . . . . . . . . . . . . . . .
       . . . . . . . . . . . . . . .
       CONIVGI PIISSIMO
       DE SE BENE MERITO PO
       NENDVM CVRAVIT
       ET SVB ASCIA DEDICAVIT.
```

Voici mes conjectures sur cette Ceremonie particuliere à ce païs, dont je laisse le jugement & la censure aux Savans de l'antiquité.

J'ay dit que nos Segusiens adoroient une Déesse de l'Abondance, qui étoit *Segesia*, ou *Segusia*, laquelle n'étoit autre chose que la Terre, adorée par les anciens infideles sous divers noms d'*Isis*, de *Rhea*, de *Berecynthia*, de *Mater Augusta*, *Magna Mater*, *Idea*, &c. Comme il falloit en ouvrir le sein pour y creuser des Tombeaux, ou du moins pour les y affermir, nos Segusiens, qui le faisoient avec des Ceremonies accompagnées de sacrifices, quand c'étoit pour semer & pour cultiver la terre, à l'exemple de ceux qui établissoient les Colonies, voulurent aussi observer de semblables Ceremonies pour les Tombeaux de leurs proches. Je dis que c'étoit à l'exemple de ceux qui établissoient des Colonies: Car il y en avoit de deux sortes, de Militaires, & de Coloniques. Les Militaires étoient celles où l'on établissoit de vieux Soldats, en leur distribuant des Champs & des Possessions pour les recompenser de leurs services, & les Coloniques étoient celles où l'on établissoit des Laboureurs & des Esclaves, pour cultiver ces Champs. Les manieres de les établir étoient aussi differentes. Pour les Militaires on plantoit les signes ou étendars, qui passoient parmi les soldats, pour des choses sacrées, aussi les adoroient ils comme des Divinitez. Et nous avons une infinité de Medailles de ces sortes de Colonies, où ces signes sont representez. Les Coloniques s'établissoient avec plus de Ceremonie, car celui qui vouloit bâtir une Ville en traçoit l'enceinte avec une charruë, ouvrant la terre en sillon, comme dit Ovide, quand il parle de Romulus, qui traça l'enceinte de Rome. Le soc de la charruë étoit de cuivre, & c'étoit une Vache & un Taureau de couleur blanche, qui tiroient la charruë. Aprés quoi on sacrifioit aux Dieux tutelaires le Taureau & la Vache, que l'on brûloit avec le bois de la charruë.

Indè premens Stivam designat mœnia sulco Ovid. Fast. 4.
 Alba jugum niveo cum bove vacca tulit.
Fossa fit ad solidum, flores jaciuntur in imo:
 Et de vicino terra petita loco.
Fossa repletur humo, plenaque imponitur Ara,
 Et novus accenso funditur igne focus.

Enfin, je remarque que tous les mêmes termes que l'on employoit pour les exerci- *Deos colere, terram*
ces de la Religion Payenne & pour le culte des Dieux, s'employoient pour l'Agricul- *colere.*

ture, & que comme la terre levée par le soc au dessus des sillons se nommoit *Ara*, d'où étoit dérivé le mot *Arare*, pour labourer ; on donna le même nom aux Autels, qui ne furent au commencement que de terre, ou de gazon. On faisoit donc à peu près les mêmes ceremonies pour les tombeaux, que l'on consacroit aux Dieux Manes, & sur lesquels on élevoit un Autel ou Cippe quarré, & quelquefois rond, sur lequel se gravoit l'Epitaphe.

Nos anciens Lyonnois consacroient donc ainsi leurs Tombeaux, & comme l'instrument dont ils se servoient pour ouvrir la terre se nommoit *Ascia*, ils disoient aussi *sub Ascia dedicare*, pour cette espece de dédicace ou de ceremonie.

Nous avons un rare Monument, ou cette ceremonie est parfaitement bien representée, c'est un Cippe d'un beau Marbre blanc, où Julius Marcianus Decurion de la Ville de Lyon, fait lui même la ceremonie de la consecration du tombeau de sa Femme. Il est vêtu en Prêtre devant un Autel, dont le feu est allumé, il tient en main un rameau de Verveine, qui étoit l'herbe sacrée avec laquelle il fait les aspersions sur le feu, & au pied du Cippe est la figure de la Gasche, avec laquelle on ouvroit la terre. La formule ordinaire *sub Ascia dedicavit*, ne s'y voit point, parce que la ceremonie y est representée, & il y est lui même consacrant actuellement le Tombeau.

Le Pere Claude Perry en son Histoire de Chalon sur Saône, a remarqué qu'aux Murailles de la Citadelle, du côté de saint Jean des Vignes, on voit une petite Statuë d'une Femme assise, qui tient sur ses genoux une Corne d'Abondance, & toute sorte de fruits. C'est nôtre Déesse *Segusia*, ou *Segesia*, aussi y a t'il en ce pais-là quelques Inscriptions avec la formule *sub Ascià*. En voici trois, que ce Pere a rapportées, quoi que peu exactement. La premiere est au Village de Rully, à trois lieuës de Chalon sur un Marbre blanc, qui sert de table à couper le pain benit, qui se distribue dans la Parroisse.

VIDVS . . . . .
EXIMIA SINCERITATE PROMERVIT

QVAM

QVAM SI LONGISSIMA PARITER
SENVISSENT. VIXIT ANNIS XVII.
MENSIBVS V. DIEBVS XII.
PONENDVM CVRAVIT ET SVB ASCIA
DEDICAVIT.

La seconde est à un quart de lieuë de Chalon, au village de saint Martin des Champs, où le tombeau sur lequel elle est gravée sert d'Auge à abbreuver le bétail auprés d'un puits.

HERMIANVS
CONIVGI PONENDVM CVRAVIT
ET SVB ASCIA DEDICAVIT.

La troisiéme a été tirée des anciennes murailles de la Ville, & fut donnée à Mr de la Vrilliere Secretaire d'Etat, qui la fit transporter à Paris.

D   M
ET
MEMORIAE
VEGETINIAE ROMANAE
MEMMIVS RVSTICVS
MILES LEG. V. VICTRICIS
ANTONINIAN. CONIVGI
INNOCENTISSIMAE
LOCO PEREGRINO DEFVNCT.
P.   C.
ET SVB ASCIA D.

Ce fut cette abondance du païs des Segusiens, qui fit choisir à Jules Cesar, les Villes de Chalon & de Mascon sur Saône, pour être les greniers de ses armées, & les magazins où il tenoit les bleds, pour fournir à leur entretien. C'est pour cela qu'il y établit deux de ses Lieutenans Quintus Tullius frere de Ciceron, & Publius Sulpitius, comme il le dit lui même au septiéme livre de ses Commentaires. C'est peut-être la raison pourquoi on voyoit dans Chalon, une figure de la Déesse *Segetia*, semblable à celles que j'ay rapporté être au clocher d'Aisnay, & dont j'ay donné la figure ; car elle a une Corne d'Abondance, & une patere, & elle est assise comme les nôtres. L'Historien de Chalon, sous le titre de l'*illustre Orbandale*, qui est un titre plus propre d'un roman, que d'une Histoire, a donné cette figure à la fin de son second Volume, sans avoir connu ce que c'étoit. Mais le nom de *Castrum frumentarium* donné à la Ville de Chalon par Cesar, est une preuve assez forte pour me persuader, que c'est la Déesse, qui presidoit à l'abondance des grains.

Quintum Tullium & Publium Sulpitium Cabilloni & Matiscone in Haeduis ad Ararim rei frumentariae causâ collocat

Puisque j'en suis à cette Ville, l'une des plus anciennes des Gaules, & qui est attribuée à la premiere Province Lyonnoise depuis le temps d'Auguste, je ne veux pas omettre ici trois Inscriptions antiques qui y furent découvertes dans les fossez de la Ville, il y a quelques années, qui n'ont été rapportées ni par aucun Historien de cette Ville-là, ni par aucun des Contemplateurs de ces Monumens antiques. Elles ont même été transportées à Dijon par un Curieux, qui en sceut faire plus de cas que ceux qui en devoient être les possesseurs legitimes, s'ils en eussent mieux connu le prix.

D.   M.

ET AETERNAE MEMORIAE IVSTIN
I MERCATORIS CIVIS TREVERI
VETERANI LEG XXXV VV. ET
NATINIAE VALENTINAE CIVI
AGRIPINENSI CONIVGI EIVS M.
MERCATOR ET MERCVRIAL. FIL.
VIVO PATRI PONENDVM CVR.

Les Epitaphes que nous avons des Soldats & des Officiers de cette Legion XXXV. nous font connoître qu'elle avoit ses quartiers d'hyver en ce païs, & que ce Justinus Mercator, qui étoit de la Ville de Treves, & avoit épousé une femme de Cologne, après sa Mission, s'étoit fait Marchand & s'étoit établi à Chalon, où de son vivant même ses enfans lui avoient préparé ce Tombeau, par un sentiment de pieté assez ordinaire aux Romains, en ces temps là, dont les Peres s'estimoient malheureux, quand ils survivoient à leurs enfans, & quand ils étoient obligez de leur rendre ces devoirs de pieté, qu'ils devoient naturellement attendre d'eux. C'est ce que nous apprend cette autre Epitaphe trouvée au même lieu, & d'un autre Justinus.

D.   M.

ET MEMORIAE AETERNAE M.
IVSTINI VERI PATER INFELICIS
SIMVS FILIO P.C. GREGORI SI ESSES.

L'expression de la douleur de ce Pere est singuliere, sur ce qu'il avoit déja perdu un autre fils, nommé Gregorius, qu'il apostrophe pour lui dire, que s'il vivoit encore il seroit sa consolation, & un reste d'esperance pour lui dans sa misere.
Voici la troisiéme d'une jeune fille morte en sa quatorziéme année, à qui son Pere dressa un Tombeau.

D.   M.

ET MEMOR. SEDVLIAE LAETAE
PVELLAE Q. VIXIT AN. XIII.
M. VII. D. VI. ARRIVS SEDVLVS
PATER PONENDVM CVRAVIT.

Non seulement Jules Cesar, & les Empereurs qui lui succederent firent des Villes de Chalon & de Mascon, les greniers & les magazins de leurs armées, à cause de cette abondance. Mais ordinairement les Troupes y prenoient des quartiers d'hyver, principalement en cette Ville, au Mont-d'Or, dans le Lyonnois, la Dombe, la Bresse, & le Bugey, comme on peut voir dans Tacite, & dans les Lettres de Plancus à Ciceron.
Le grand nombre d'Epitaphes de Tribuns, d'Officiers, & de Soldats de diverses Legions & de la XIII. Cohorte affectée à la garde de cette Ville, en sont des preuves incontestables. En voici quelques unes des Veterans de diverses Legions.

ou Consulaire de la Ville de Lyon. 27
DE LA PREMIERE LEGION MINERVIENNE.

Veterano ex Legione primâ Minerviâ

```
         D.     M.
   IOVINO   VALE
RIONI VET EX LEG.
I. M. IVLIA MA
TERNA CONIVG.
I INCOMPARA
BILI MEMORIAM
POSVIT E MEDIO
CRITATE SVA ET SVB
ASCIA DEDICAVIT
```

```
. . . . . . . . . . . . .
    AETERNAE
SALVIO MEMORI
VET. LEG. I. M. EX OPTI
ONE ET ISATIAE
CONIVGI EIVS ALV
DISAS VET. LEG. I. M.
GENERO ET FILIAE
PIENTISSIMAE
      POSVIT.
```

Il nous en reste encore quelques unes de quelques Officiers, sans que nous puissions découvrir le temps auquel ils ont servi, ny sous quels Empereurs. Il y en a cependant quelques unes, où les noms des Legions, & des Capitaines des Cohortes sont marquées. Voici les principales.

La premiere est d'un Solemnius Fidus Porte-Enseigne de la Legion Minervienne.

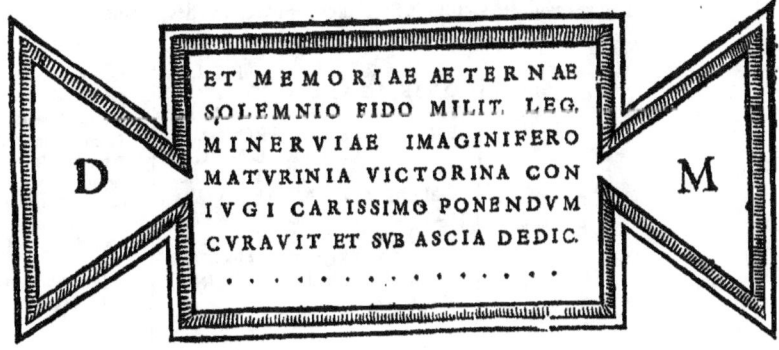

D ij

28 Préparation à l'Histoire Civile

" Monsieur Spon a sagement observé en sa Recherche des antiquitez de Lyon, que
" cette Inscription peut servir d'exemple pour montrer quelle exactitude est necessai-
" re en copiant ces sortes de Monumens : puisqu'une seule lettre oubliée en celle-cy
" par tous nos Autheurs en change le sens. Car ils ont tous crû, s'en r'apportant sans
" doute les uns aux autres, qu'il y avoit *Minervæ Imaginifero*, & sur cela ils ont raison-
" né touchant ces porteurs de l'Image de Minerve, comme sur une chose bien assurée :
" au lieu qu'il y a *Minervia* qui est un surnom de la premiere Legion. Ainsi il est aisé
" de comprendre que ce *Solemnius Fidus* à qui *Maturinia Victorina* sa femme, avoit fait
" creuser ce Tombeau de pierre étoit soldat, & Porte-Enseigne de la premiere Legion
" Minervienne de même que *Tiberius Claudius Pompeianus* en étoit le Tribun, sous l'Em-
" pire de Severe, comme en fait foy une autre Inscription que j'ay déja rapportée dans la
" Preparation de cette Histoire, en parlant de la Religion de nos anciens Gaulois.

Voici celle d'un Veteran de la Legion XXII.

Dans la Maison des Peres Trinitaires.

D   M

ET QVIETI AETERNAE

VERINIAE INGENVAE

LIBERTAE QVONDAM

ET CONIVGI CARISSIMÆ

QVAE VIXSIT MECVM ANNIS

XXII. M. II. D. III. SINE VLLA

ANIMI LAESVRA C. VERECV

DINIVS VERINVS VETER

LEG. XXII. P. F. CONIVXS *Legionis piæ fidelis*

ET PATRONVS ET VERECV

DINIA ET VERINA ET

VERA FILIAE MATRI KAR

ISSIMAE ET SIBI VIVI

PONENDVM CVRAVE

RVNT ET SVB ASCIA

DEDICAVERVNT.

Celle-cy qu'avoit autrefois le Cardinal de Tournon Archevêque de Lyon, est d'un Lieutenant de l'Empereur qui commandoit la troisiéme Legion. Il étoit homme de qualité, comme il paroit par les divers emplois qu'il eut & à Rome, & en diverses Provinces, après avoir été Consul & Sur-Intendant General des Finances.

Forte Flaminia

L. AVRELIO L. FIL.	*Lucio Lucii filio*
QVIR. GALLO CO...	*Quirina Consuli*
PRAEF. AER. SAT. PRAEF.	*Præfecto Ærarii Saturni*
FRVM. DANDI PROCO.∴	*Frumenti Proconsuli*
PROVINC. NARBONENS.	*Provinciæ Narbonensis*
LEGATO AVG. LEGION. III.	*Augusti. Legionis tertiæ*
GALLIC. CVRATORI VIAR.	*Gallicæ. Viarum*
CLODIAE ANNIAE CASSIAE	
∴ MINIAE ET NOVAE TRA.	*Trajana*
LEGATO PROVINC. AFRICAE	
∴ TR. PL. QVAEST. PROVINC.	*Tribuno plebis, quæstori Provinciæ*
. . . . . .	

ou Consulaire de la Ville de Lyon. 29

En voici une autre d'un Tribun de la même Legion, qui n'eut pas de moindres emplois que le precedent. Ce n'est pas une Epitaphe non plus que la precedente; mais un Monument d'honneur dressé à la memoire de cet illustre Romain.

TI. CLAVD. TI. FIL. PAL. QVARTIN.
TRIB. MIL. LEG. III. CYRENAEIC.
ADLECTO AB DIVO TRAIAN. PARTHIC.
IN SPLENDIDISSIMO ORDIN. QVI PAN
NONIAE LEG. PRAETOR LEG. PROPR.
PROVINC. ASIAE LEG. DIVI TRAIAN.
.... ∴ LIMI C. ∴ TRAIANI HADRIANI ∴
LEG. PROVINC. HISPAN. CITERIORIS
IVSSV HADRIANI AVG. CAES. ...∴
GEMICA ET HADRIANA .....

Tiberio Claudio Tiberii filio Palatino, Tribuno militum Legionis 3.

Legatus, prætor.

En voici une d'un Mestre de Camp de la cinquiéme Legion.

TIBER POMPEIO
POMPEI IVSTI FIL.
PRISCO CADVRCO
OMNIB. HONOR.
APVD SVOS FVNCT.
TRIB. LEG. V. MACEDONICAE
IVDICI ARCAE GALLIARVM
III. PROVINC. GALL.

Je rapporterai en parlant de l'Autel de Lyon, celle d'un Tibere Antistius Prefet de la seconde Cohorte Espagnole, Tribun de la Legion XV. Commandant d'un Regiment de Cavalerie de Sulpitius, à qui on dressa une statuë equestre devant l'Autel d'Auguste.

Celle-cy, qui est à la ruë de la Colombe derriere l'ancienne Eglise de S. Michel proche le port d'Aisnay est fort gâtée, on n'en peut bien voir le nom ; c'est un Monument que la Ville de Limoges avoit dressé en cette Ville à un grand Officier.

D iij

```
. . . . . ALFIDO A. . . . . .
GALLO PACC
PROVINC. MACEDONIAE
. . RIVIAE TIBVRTINO VALER. LEG. LEG.
PROVINC. CRETE ET CYRENAR. LEG.
AQVITANIC. VII. VIRO EPVLON. SODALI H.
. . . CIVITAS LEMOVIC.
```

Ces Officiers, & ces Soldats, ne residoient pas toûjours en cette Ville, mais ils y avoient des Charges & des Emplois, qui les obligeoient d'y venir, soit pour recüeillir les deniers de l'Empire, soit pour y exercer des Charges au nom de la Republique. Ainsi Quintus Heduus Rufus Lollianus Gentianus Tribun de la Légion XX. fut destiné par les Empereurs Severe & Caracalla son fils, pour établir dans cette Province les Impositions, comme le témoigne cette Inscription de Tarragone, rapportée par Gruter, page CCCCXVII. & si défigurée dans Vvolfangus Lazius Livre 1. Chap. 6. de ses Commentaires de la Republique Romaine, où un grand nombre de pareilles Inscriptions sont tellement estropiées, que l'on ne peut les entendre.

```
Q. HED. L. F. POL. RVF.            Lucii filio
LOLLIANO GENTIANO
AVGVRI COS. PROCOS.                Consuli
ASIAE CENSITORI
PROV. LVG. ITEM . . VGD            Provincia Lugdunensis
COMITI SEVERI ET
ANTONINI AVGG.                     Augustorum
TR. LEG. XX. G. PROV.              Tribuno Legionis XX. Gemina
H. C. X. VIRO STL. IVD.            Provincia Hispania Citerioris
PVTEOLANO SVP. VETER               Decemviro Litibus Judi-
ANORVM QVAEST CANDID.                candis
                                   Quæstori Candidato
PRAET. CAND. TR. LEG. XVIII        Prætori Candidato
PRIMIG. TRIB. LEG. VII G. P. F.    Primigenia. Gemina, pie,
III. VIRO A. A. A. F. F.             fidelis.
                                   Auro argento ære flando
        P.    H.    C.               feriundo.
FABIVS MARCELLINVS.                Poni hæres curavit.
```

Il y auroit beaucoup de reflexions à faire sur cette Inscription, si cela ne m'éloignoit de mon dessein, je remarquerai seulement, pour ce qui touche cette Histoire, que les Romains faisoient difference entre la Censure d'office, & celle de Commission.

ceux qui l'exerçoient d'office étoient appellez *Censeurs*, & ceux qui l'exerçoient par Commission *Censiteurs*.

Secondement on peut remarquer en cette Inscription que les Officiers de la Cour des Empereurs commencerent sous l'Empereur Severe, à avoir le titre de Comtes, Quoi que j'avoüe que je n'entends pas ce que veulent dire ces trois lettres Y G D. qui précedent COMITI en cette Inscription.

Celle-ci est de la premiere Cohorte Flavia dont Herennius étoit le Centenier.

    M. CVRVELIVS
    M. FIL. ANIENS
    ROBVSTVS MIL.   *Miles.*
    COHOR. I. FLAVIAE
    VRBAN. ƆHERENNI
    TESTAMENTO
    SIBI FIERI IVSSIT
     H. P. C.   *Hæres ponendum curavit.*

On en a gâté une des plus considerables en la creusant pour en faire un Bassin à recevoir de l'eau. Elle est au logis de la Tête d'Or, de saint Irenée, auprés d'un puits. Il n'en reste que ces deux lignes, & les extremitez de cinq autres, elle est d'un Fabius Saturnius Mestre de Camp de la seconde Legion.

IL. VET. FIL. FABIVS SATVRNINVS TRIB. MIL. LEG. II.
            PPI
            IT
            MÉ
            ET
            IA
   ITEM CONTINVI QVADRIENNI

Celle-ci d'un Soldat de la XIII. Cohorte, qui étoit en garnison dans la Ville, a été aussi coupée à moitié pour servir au sueil d'une porte.

    M
   ERINI   *Porte Severini*
Cohort.   XIII VRB.
    ROM.
   TINVS
   VERVS
   ES
  pi. ISSIMO
  pa. RENT

On peut voir par ces Monumens, qu'il y avoit plusieurs Legions, & plusieurs Cohortes en ce païs, parce que cette Ville, comme a dit Strabon, étoit la place d'armes

32 Préparation à l'Histoire Civile

des Romains pour les Gaules, depuis qu'Auguste y amena des Troupes. Et Tibere & Drusus & Vitellius,

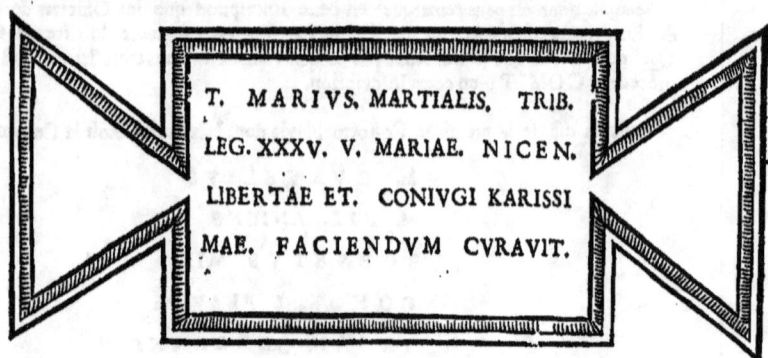

```
T. MARIVS. MARTIALIS. TRIB.
LEG. XXXV. V. MARIAE. NICEN.
LIBERTAE ET. CONIVGI KARISSI
MAE. FACIENDVM CVRAVIT.
```

Celle-ci est dans le Jardin d'Aisnay, où elle a été portée, pour servir d'Auge à tenir de l'eau pour arroser. Elle est de la femme d'un Tribun de la XXXV. Legion. En voici une d'un Lieutenant General de la seconde Legion Gauloise, qui avoit gouverné la Gaule Narbonnoise, & avoit eu l'Intendance des Finances & de la distribution des Bleds.

Gruter
DXXIII.

Lucii filio	AVRELIO L. FIL.	
Quirinâ	QVIR. GALLO CO...	
Praefecto aerarii Saturni	PRAEF. AER. SAT. PRAEF.	*Praefecto*
frumenti	FRVM. DANDI PROCO...	*Proconsuli*
Provincia	PROVINC. NARBONNENS.	
	LEGATO AVG. LEGION. II.	
	GALLIC. CVRATORI VIAR.	
	CLODIAE ANNIAE CASIA...	
Flaminia	... MINIAE ET NOVAE TRA.	*Trajana*
	LEGATO PROVINC. AFRICAE	
pluries quaestor	PL. QVAEST. PROVINC.	

Voici celle d'un Ateilius, qui étoit de la Tribu Stellatine à laquelle la Colonie de Lyon fut incorporée quand elle reçut le droit de donner son suffrage pour les dignitez de Rome. il étoit de la garde du corps de l'Empereur & de la troisiéme Cohorte.

```
         L. ATEILIVS. C. F.
            STELLATINA
         MILES PRAET
              ORIANVS
         EX COHORTE III.
```

En voici une autre d'un Veteran de la Legion VIII. qui est qualifié du titre d'Homme Consulaire.

```
            D.       M.
      ET MEMORIAE AETERNAE
      TITI VETTI DECIMINI VETE
                              RANI
```

ou Consulaire de la Ville de Lyon. 33

```
         RANI LEG. VIII. IMMVNI.
         CONSVLARIS HOMINIS
         OPTIMI ET VERECVNDISSIMI
             ET PROBISSIMI
         MERCVRIALIA CASATA
         CONIVGI KARISSIMO CVM
         QVO VIXIT ANNIS XXIII. DIES
         XXV. ET DECIMINA FILIA
         VIVAE PONENDVM CVRA
         VERVNT ET SVB ASCIA DE
              DICAVERVNT.
```

Comme ce fut le Commerce qui rendit cette Ville considerable, nous avons plusieurs Epitaphes de Marchands, & d'Artisans celebres, aussi bien que de Voituriers sur le Rhône & sur la Saône.

```
              D.       M.
         ET QVIETI AETERNAE C. VICTORI
         .... VRICIS SIVE QVIGVRONIS CIV. LVG.
         .. ORPORATO INTER VTRICLAR. LVG. CONS.
         QVI VIXIT SINE VLLIVS OFFENSA
         ANN. XVIII M.... D. V. CASTAVRINA
         MATER VNIC. FILIO PIISS. PONENDVM
         CVRAVIT ET SVB ASCIA DEDICAVIT.
```

Trouvée à la montée de Gourguillon, transportée à l'Isle Barbe, où elle n'est plus qu'à moitié auprés d'un Autel.

Corporato inter Vtriclarios Lugduni consistentes.

Celle-cy, qui est dans le Jardin des Peres Trinitaires, est d'un Marchand d'Etofes, aggregé au Corps de ceux qui trafiquoient des Liqueurs, qui se portoient dans des Oudres.

```
              D. ...
            ET MEMOR...
         AETERNAE POPILII NATIO
         SEQVANO CIV.....
              LVGDVNENSI
         NEGOTIATORI AR
         TIS PROSSARIAE
              ADPERTINENS
         HONORATO CORPOR...
         VTRICLARIOR....
              . . . . . . . . .
```

E

Je dis que par *Negotiator Artis Prossaria*, il faut entendre un Marchand d'Etofes, parce que comme nous donnons le nom de *Prose* aux discours étendus en long. On donnoit le même nom aux etoffes.

Voici une Inscription, qui regarde le Commerce, qui n'a pas été entenduë de ceux qui l'ont donnée parmi les antiquitez de cette Ville. Elle est d'un Tauricius Florens, de la ville de Vannes en Bretagne, qui étoit le grand Commissionnaire des Gaules, où Intendant du Commerce, & Patron des Voituriers de la Saône, & de la Loire, aussi bien que des Rouliers, Peseurs & Chargeurs nommez *Arecarri*, & *Ponderates*, termes que nos Historiens ont ignorez. Ce Monument lui fut dressé au nom de deux Provinces des Gaules, la Celtique & l'Aquitanique, puisque l'on voit à Leitoure une Inscription toute semblable jusqu'à ces mots *Patrono Nautarum Araricor*. où elle finit. C'étoit un homme puissant, à qui l'on avoit peut-être élevé quelque statuë, dont l'Inscription étoit celle-cy, qui a été un peu endommagée par les Massons, qui l'ont mise en œuvre dans un bâtiment de l'Hôtel-Dieu.

```
            L. TAVRICIO
        FLORENTI TAVRICI
        TAVRICIANI FILIO
             VENETO
         ALLECTORI GALL.
         PATRONO NAVTAR.
         ARARICORVM ET
         LIGERICOR. ITEM
         ARECARRORVM ET
         PONDERATIVM ET
         IL PROVINCIAE
             GALLIAE.
```

En voici une autre qui n'a pas été mieux entenduë; elle est d'un Aufidus Militaris, qui allant par eau sur la Saône, visiter une Ferme dont il avoit la direction, se noya malheureusement. Ses Beaux-Freres lui firent faire un Tombeau avec cette Epitaphe.

```
        D.        M.
       ET MEMORIAE
          AETERNAE
       AVFIDI MILITARIS
     QVI VIXS. ANN. XXII.
       CVIVS SVPREMA
        TALIA FVERVNT
      HIC IENS IN CVRAM
      PER AMNEM ARAR.
     SVBITO CASV ABREPTVS
    HVNC TVMVLVM POSVIT
       L. IGNIVS CHARITO
     SORORIVS EIVS ET CLAV
    DIANVS DVLCICIVS SOROR.
```

ou Consulaire de la Ville de Lyon.

SIBI POSTERISQ SVIS
ET SVB ASCIA DEDICAVIT.

Quelques-ues au lieu de *Curam* ont mis *Cariam* ; d'autres *Curu.* Pour n'avoir pas considéré que *Cura* se prenoit pour une Ferme, selon Vlpien en la Loy *absens*, §. *si quis tutelam*, au digeste *de Iudic.*

Si quis tutelam, vel Curam, vel negotium, vel argentariam, vel quid aliud unde obligatio oritur certo loco administravit.

Voici celle d'un Marchand de Toiles.

D. M.
ET MEMORIAE
ATERNAE
T. FLAVI FELICIS . R
ARTIS LINTIA
RIAE QVI VIXIT
ANNIS XX. M. VII.
FLAMARIVS K . . .
ET MER . . C . ILL . . MA
TER FILIO KARISSIMO
ET SIBI . . . . NT *Posuerunt*
. . . . *Et sub Asc. dedic.*

On travailloit dés le temps des Romains à plusieurs ouvrages de Fer, que nous nommons Quinquailleries, comme ceux qui se font encore à présent à Saint Etienne en Forés, où les Mines de Fer & de Charbon facilitent ce commerce. On voit derriere l'Eglise de saint Jean, l'Epitaphe d'un Attius Alcimus, qui avoit l'Intendance des Forges où l'on travailloit à forger les Armes.

ATIO ALCIMO
VE PROC. FERRAR *Veterano Procuratori*
ARVM
COGITATINVS IV
VENIS BF. LEG LE *Beneficiarius Legati Legionis.*

Monsieur Spon n'a pas entendu cette Inscription, quand il a lû *Viro Egregio* au lieu de *Veterano*, ce titre de *Vir Egregius* ne pouvant convenir à un Affranchi, & à un Intendant ou Procureur des Manufactures d'armes.

Voici un autre Epitaphe d'un Marchand Boucher, que Monsieur Spon a crû être de Trevoux, à cause du mot *Triboci*, mais c'est le nom de ceux d'Alsace, & il y a grande apparence qu'il étoit de ce pais-là, où l'on fait encor à présent un tres grand trafic de Moutons, que l'on mene jusqu'à Paris pour les Bouchers : l'un de ses enfans surnommé *Germanus*, sert à appuyer ma conjecture, puisque c'est probablement du pais où il étoit né, qu'il fut surnommé Germain ou Alleman.

Préparation à l'Histoire Civile

D. M.

ET
MEMORIAE AETERNAE
MATTONI RESTITVTI CIVIS
TRIBOCI NEGOTIATORIS
ARTIS MACELLARIAE HO
MINIS PROBISSIMI QVI DE
FVNCTVS EST ANNO XXXX.
MEN. III. D. XVIII.
RVTTONIA MARTIOLA CON
IVNX QVAE CVM EO VIXIT
ANN. VIIII. D. VIIII SINE VL
LA ANIMI LAESIONE ET
MATTONIVS GERMANVS
RELICTVS A PATRE ANN. IIII.
MEN. I. D. XII ET MATTONIVS
RESPECTINVS MENS. VIIII
FIL. ET HAEREDES PONEN
DVM CVRAVERVNT SIBI
VIVI SVB ASCIA
DEDICAVERVNT.

Ità tamen quod nullum in campo fiat adjectium, ed placeà retentà in quâ boves vendi consueverunt.

Cette Epitaphe se voit hors la porte saint Irenée, dans un Jardin à l'angle d'un Colombier, qui regarde sur le Rhône. Le grand trafic des Bouchers, s'est toûjours fait sur cette Montagne, aussi l'Archevêque Jean de Bellesmains, & le Doyen de Lyon en l'acte de la fondation de Fourviere, défendent expressément de bâtir au lieu où se vendoient les Bœufs.

Ce sont nos deux rivieres qui facilitoient ce grand commerce, aussi ne trouvons nous rien de plus frequent dans nos Inscriptions que les noms de divers Chevaliers Romains, qui étoient les Patrons & les Maitres de nos Voituriers du Rhône & de la Saône. Comme Lucius Helvius de la Tribu Voltine de Rome, surnommé homme de bien, qui fut deux fois Duumvir à Vienne.

Proche l'Eglise S. Estienne.

L. HELVIO L. FILIO	*Lucio Lucii*
VOLTIN. FRVGI	*Voltina*
CVRATORI NAV	
TARVM BIS	
II. VIR VIENNEN	*Duumvir*
SIVM	
PATRONO RHO	
DANICORVM	
ET ARARICOR	
N RHOD. ET ARAR.	*Nautarum Rhodani & Araris.*

ou Consulaire de la Ville de Lyon.   37

Enfin le trafic a toûjours été si bien établi en cette Ville, que le savant Monsieur Valois a remarqué que quand les Souldans regnoient en Egypte, les Marchands de cette Ville avec ceux de Marseille & d'Avignon, faisoient tous les ans deux voyages à Alexandrie pour en apporter des Espiceries, & d'autres Marchandises, qu'ils debitoient en Provence, & dans tout le Royaume.

Il semble aussi que ce soit en faveur du commerce & des Negotians, qu'ait été faite une Inscription d'Hospitalité, qui se voit encore dans la cour de l'Hôtel de Monsier le Marquis de saint Maurice en Belle-Cour, par laquelle un Septumanus offroit son Logis, & un repas aux Negotians, qui venoient aux Foires de Lyon, du temps des Romains.

Regnantibus in Ægypto Soldanis Massilienses Mercatores, cum Avenniciis & Lugdunensibus bis singulis annis Alexandriam navigare consueverant, & inde aromata mercesque alias in Provinciam totamque Galliam importabant. Valef. Notit.Gall.pag.322.

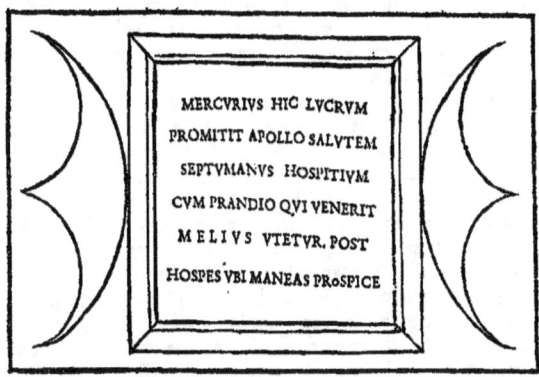

MERCVRIVS HIC LVCRVM
PROMITIT APOLLO SALVTEM
SEPTVMANVS HOSPITIVM
CVM PRANDIO QVI VENERIT
MELIVS VTETVR. POST
HOSPES VBI MANEAS PROSPICE

Pour ne rien laisser de ces Monumens antiques, je veux à la maniere de Gruter & de Lipse, qui ont recueilli jusqu'aux Inscriptions fausses, supposées & faites à plaisir, en donner ici une que je croy être de cette espece. Je ne l'ay vûë que dans un Livre, qui a pour titre *Champfleuri, auquel est contenu l'art & science de la vraye & dûë proportion des lettres Attiques, qu'on dit autrement antiques.*

Au Livre 3. pag. 40. fol. verso, L'Autheur dit ; Je trouve que les bien anciens "
Latins écrivoient souvent F, en lieu de V. étant consone, comme en disant, *folfo*, & "
fifo pour *volvo* & *vivo*. Comme on peut voir en l'ancien Epitaphe trouvé à Lyon "
sub vineis.

„ Ledit Epitaphe, comme on m'a dit est tel qu'il s'ensuit.

ALIARTOS F. GELIDVS OPTVMVS
INSVLANVS QVOI MAXIMA VIRTVS
HAIC LABOR BACCHICOLAI
QVAE CASTOR APVD ME CYMMERIIS
IN TENEBRIS CONDITA IACENT
CAECVTIENTES OMNEIS.
NOSTRATES
PRAETEREVNT AGEDVM SAXA
LABORE FOLFITE HERCVLEO
COMMVNIS EST MERCVRIVS ET
DEXTRO HERCVLE IVPITERIS
SENISSIMI CEREBRVM EFFODIĘTIS
NIHIL SACRVM CVLMOS
EXCVTIETIS

NAVCI FACIENDOS QVOM APYNAE
SINT ET TRICAE AT AEDEPOL
ΚΟΙΝΑ ΦΙΛΩΝ ΠΑΝΤΑ
ANNO MILLENO SEPTENO
NEOMENIIS ROMANIS.

Je croy que c'est quelque Alleman Huguenot, qui voulut se réjoüir le siécle passé en faisant mettre cette inscription à la porte de sa cave.

Le cerveau du vieux Jupiter dans lequel il invitoit de foüyr, devoit être quelque vieux fromage; comme les Neomenies Romaines, étoient les jours de fête que l'Eglise Romaine celebre, jours auxquels la plûpart de nos artisans, vont faire de petites debauches dans les Faux-bourgs.

A tous ces vestiges d'antiquité que j'ay recueillis avec soin, je dois joindre les restes de quelques édifices considerables. Comme sont le Palais des Empereurs, dont les ruines ont retenu le nom d'Antiquaille, & une grande muraille dont je donne icy la figure, avec un reste de porte ou d'entrée, qui est peut-être l'endroit qui est appelé *les Sales* dans l'acte de la fondation du Chapitre de Fourviere de l'an 1192. une conserve de vin, qui est appellée dans le même acte la grotte ronde. Le Theatre qui est dans les vignes des Peres Minimes. Les Aqueducs, & plusieurs morceaux de colonnes, de corniches, de chapiteaux, d'architraves, de modillons, des urnes & des vases à tenir du vin. Sur quoy je dois remarquer que quand l'Archevêque Jean de Bellesmains fit avec le Doyen de la grande Eglise, la fondation du Chapitre de Nôtre Dame, & de saint Thomas de Forviere, il leur permit de foüiller dans la terre, pour chercher des pierres des anciens édifices, pour bâtir, à la reserve des quartiers de marbre & des pierres de choin, que la grande Eglise retenoit pour elle.

Crypta rotunda.

Dedimus chanicis plateam in quia turris de colina fuerat retento tamen per consule supra dicta, quod si major & magister Ecclesia solere vel cavare vo uerit, marmorei lapides & illi qui vulgo dicuntur Chaonii proprii erunt ipsius majoris Ecclesia, reliqui verò tam ipsius Ecclesia quam Ecclesia sanctæ Mariæ, & Sancti Thomæ. Ad Rom. 2.

On a aussi decouvert depuis quelques années un pavé à la Mosaïque, d'un fort bel ouvrage, qui merite d'être icy rapporté. C'est un Emblême que Monsieur Spon n'a pû demêler.

Il represente le combat de l'Amour lascif & de l'amour honnête. Le lascif est representé par un satyre, qui ne marque que trop par l'une de ses mains, un crime abominable que l'Apôtre defend même de nommer, & dont il blâmoit les anciens Philosophes Payens, en son Epître aux Romains.

L'Hermathene, figure de Mercure & de Minerve, unies ensemble, & qui n'a que la partie superieure du corps humain, le reste étant en terme, ou en gaine, comme parlent les Sculpteurs, les Peintres, & les Architectes, represente la partie superieure de l'ame, ou la raison, & l'étude des bonnes lettres, comme le Silvain figure le travail corporel, deux moyens de reprimer l'amour lascif, par la raison ou l'étude, & le travail, n'y ayant rien qui porte plus aux passions scandaleuses que l'oisiveté.

Il y a apparence que cette Mosaïque étoit le pavé d'un bain domestique, où le Romain qui le fit bâtir, voulut par cet emblême donner cette instruction salutaire à ceux qui se baignoient, parce que le bain pouvoit contribuer à ces passions deréglées.

Annibal Carache a peint excellemment dans la galerie du Palais Farnese, quatre combats de ces deux amours, dont l'un arrache la palme à l'autre, en un autre endroit, l'amour legitime empêche l'amour criminel de luy enlever une couronne, &c.

On m'a envoyé de Bourgogne un tombeau, trouvé sur le grand chemin de Besançon à Lyon, à une ou deux lieuës de cette ancienne Ville, nommée autrefois *Chrysopolis* & *Maxima Sequanorum*, proche la voye militaire qu'Agrippa avoit faite pour aller de Lyon jusqu'au Rhin. Où la ceremonie *sub Ascia dedicavit*, dont j'ay parlé cy-devant, est representée par quatre Gasches, que ceux qui n'entendent pas l'antiquité ont pris pour des Croix, & pretendent que ce fut le tombeau d'une femme Chrêtienne, ce qui a fait naître un procez entre le Curé de la Parroisse, & le Seigneur de la terre sur laquelle ce tombeau a été trouvé, parce qu'on avoit trouvé au dedans un cercueil de plomb, du poids de sept-cens livres, que le Curé, & le Seigneur se vouloient arroger. Voicy la figure de ce tombeau, dont je vay donner l'explication, sur les lumieres que je puis avoir de l'antiquité.

Je dis que ce tombeau est d'une affranchie nommée *Casonia Donata*, dont le Mary étoit un esclave de la maison de l'Empereur, attaché au service d'un Procureur, ou Fermier de l'Empereur, dont il gardoit les troupeaux, ce que marque l'habit & la

VESTIGES DE QUELQUES ANTIQUITEZ DE LA VILLE DE LYON. DE L'ANCIEN PALAIS DES EMPEREURS.

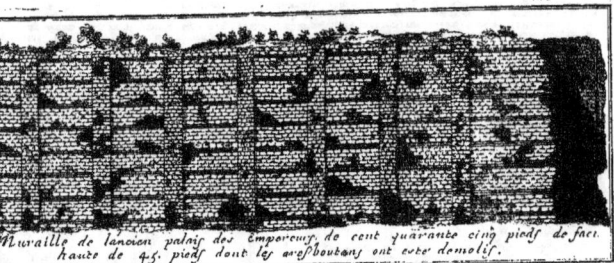

Muraille de l'ancien palais des Empereurs, de cent quarante cinq pieds de face, haute de 45. pieds dont les arcsboutans ont esté demolis.

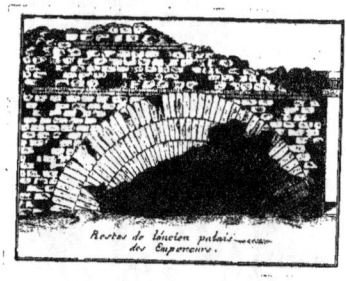

Restes de l'ancien palais des Empereurs.

PLAN DE L'ANCIEN THEATRE qui est dans l'Enclos des Peres Minimes proche S. Just.

ANCIEN TOMBEAU trouvé proche la ville de Besançon, où l'on voit des Gasches si frequent dans nos inscriptions Sepulchrales.

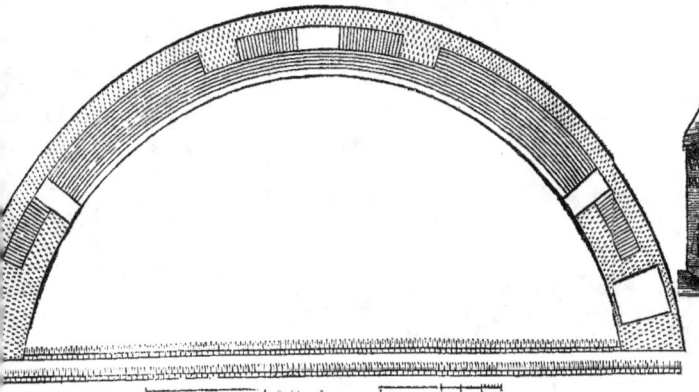

CAESONIAE. DONATAE. QVAE. VIXSIT. ANNIS. §.
XXXXVII. M... D. XI. HORIS. IIII. CANDIDVS. AVG.
PIL. VERNA. EX. TEST. CONIVGI. BENE. MERENTI.
POSVIT. § EVSEBI. HAVE. ET. VALE. §.
LOC. § LIB.

DIVERS MORCEAUX D'ARCHITECTURES RECUEILLIS DES DEBRIS DES ÉDIFICES DE L'ANCIEN LYON.

Nous lisons dans la vie d'Apollonius, écrite par Philostrate, que ce Philosophe étant allé en Eubée, où il vit plusieurs tombeaux démolis, il en recueillit soigneusement tous les debris, & qu'il affecta de faire paroître à ces peuples, que c'estoit une action de pieté, de conserver les restes de ces monumens, qui pouvoient servir un jour à instruire la posterité des belles actions des grands hommes, dont les corps reduits en cendre n'estoient pas indignes de veneration, puisqu'ils avoient esté unis à des ames illustres dont le nom & les vertus estoient des honneurs immortels. Sur l'exemple de ce Philosophe, j'ay crû qu'il sembloit soin devois faire une partie du travail que j'ay entrepris à la gloire de ma patrie, & que Lyon ayant esté sous les Romains une Ville des plus considerables de l'Europe je devois recueillir jusqu'aux moindres debris, & retirer de ses cendres ce que j'en pourrois sauver, afin que l'on ne put dire de ces temps obscurs qui nous derobent l'éclat qu'elle eut autrefois, ce que Seneque a dit de l'incendie qui en une nuit les ouvrages d'un siecle ancien qui la rendoient si considerable. Il n'est aussi bien que trop à craindre que le peu d'estime que font à present nos Citoyens de ces precieux restes de l'antiquité n'acheve de ruine ce que le temps a epargné de ces monumens, qui attirent les yeux & la curiosité de tant de étrangers.

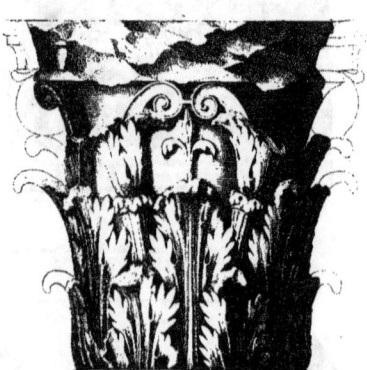

ou Confulaire de la Ville de Lyon.

figure de cet esclave, auſſi bien qu'une Brebis couchée, qui eſt à l'extrêmité de la couverture de ce Tombeau.

Les Empereurs tiroient des Provinces, deux ſortes de revenus, des deniers publics, & des fermes qui leur appartenoient, qui étoient appellées *rationes privatæ*, comme ceux qui en avoient l'intendance étoient nommez *Procuratores*, & depuis *proviſores Villarum*, ſous Charlemagne & Loüis le Debonnaire, à qui l'an 795. Charles ſon Pere, qui l'avoit inveſti du Royaume d'Aquitaine, envoya deux de ſes Officiers pour lui ſervir de conſeil dans ſes affaires les plus importantes, Villibert, qui fut depuis Archevêque de Roüen, & le Comte Richard, qui avoit l'intendance des fermes de Campagne de l'Empereur.

On donnoit le nom de *Verna* aux Eſclaves, qui naiſſoient dans la maiſon de leurs Maitres, & de parens Eſclaves pour les diſtinguer *à ſervis*, qui avoient été achetez, & *à mancipiis*, qui avoient été pris en guerre ; car comme, dit l'Empereur Juſtinien, les Eſclaves naiſſent tels, ou ils le deviennent. Les Eſclaves naiſſent des femmes qui ſont actuellement eſclaves, & ils le deviennent ou par le droit des gens ; ſçavoir par la captivité, ou par le droit civil, lorſqu'un homme libre, qui a paſſé ſa vintiéme année a ſouffert, qu'on le vendit pour être participant du prix de ſa vente.

Le Mary *de Caſonia Donata*, étoit donc un de ces eſclaves qui naiſſoient tels. *Verna*, en pluſieurs autres Inſcriptions, on voit un N̄ devant ce mot de *Verna*, que nos Antiquaires ont mal expliqué par ces mots AVG. N̄ VERNA *Auguſti noſtri Verna*, au lieu d'*Auguſti numerarius Verna*. Car ils avoient des marques de leur ſervitude, qui s'appelloient *Nota*, & pour les Empereurs & les Grands Seigneurs, il y en avoit un grand nombre, qui ſe diſtinguoit par ordre de premier, ſecond, troiſiéme, &c. Ce qui fit aprés les noms de quelques-uns, quand ils furent affranchis *Primus, Secundus, Tertius, Quartus, Quintus, Sextus, Septimus, Octavus, Nonus, Decimus, &c.*

Ainſi j'ay lieu de ſoupçonner que l'on ait mal lû cette Epitaphe, que je n'ay vûë que copiée, & qu'au lieu de N̄ peut-être un peu effacée, on ait lû *pii*, qui eſt un mot tout à fait extraordinaire, pour être joint à celui d'Auguſte, ſans le nom propre de l'Empereur. Que s'il y en a en effet *pii*, cela ſe doit entendre d'Antonin, ſurnommé Pie.

Ce fut Cæſonia qui ordonna par ſon Teſtament que l'on lui dreſſât ce Tombeau de ſes propres biens ; car ſon mary étant eſclave ne pouvoit rien poſſeder en propre ; & comme elle n'avoit pû faire ſon heritier, pour lui donner place dans ſon Tombeau, elle ordonne que le Champ où étoit ce Tombeau, ſoit commun aux Affranchis, *Locus Libertorum*, peut-être dans l'eſperance que Candidus ſon mary pourroit être Affranchi avec le temps, & avoir droit de s'y faire inhumer. Il reſte les Inſcriptions des côtez *Ave Euſebi* & *Vale Euſebi*, qui ne ſont pas des noms propres, mais des Appellatifs, comme celui de *viator*, qui ſe trouve en pluſieurs Epitaphes *Sta viator, Abi viator*. Cæſonia s'addreſſe donc au paſſant qui a de la pieté, ce que ſignifie ce mot Grec ἐυσεβὴς à la tête de ſon Tombeau, elle lui dit *Ave*, qui eſt le premier ſalut, & à la face oppoſée VALE, qui eſt l'adieu & le dernier ſalut.

L'an 1617. on trouva ſur le Mont-Cælius, une pierre antique avec cette Inſcription.

EVSEBII

Q. VALERIO SYMMACHO V. C.

QVAEST. PRAET. PONTIFICI

MAIORI CORRECTORI

LVCANIAE ET BRVTTIORVM

COMITI ORDINIS TERTII

PROCONS. AFRICAE PRAEF.

VRB. COS. ORDINARIO

ORATORI DISERTISSIMO

Q. FAB. MEMM. SYMMACHVS

V. C. PATRI OPTIMO

On voit que le mot *Euſebii* s'addreſſe en ce lieu aux paſſans Religieux, parce que l'on donnoit le nom de Religion au reſpect que l'on devoit avoir pour les Tombeaux. Ces formules AVE, ou HAVE & VALE ſont frequentes dans les Inſcriptions à Rome.

Miſſit illi Miſſos ſuos Villebertum ſcilicet Rothomagenſis poſtea Vrbis Archiepiſcopum, & Richardum Comitem Villarum ſuarum proviſorem. Vita & actus Ludovici pii incerti Authoris.

Servi aut naſcuntur, aut fiunt : naſcuntur ex ancillis noſtris : fiunt aut jure gentium, id eſt, ex captivitate, aut jure civili, cùm liber homo major viginti annis ad pretium participandum ſeſe venundari paſſus ẽſt. Inſtit. l. 1. Tit. III. §. 4.

HAVE HAVE
HEROTIOM
ET VALE
AETERNOM.

A la Ferrandiere au delà du Fauxbourg de la Guillotiere on voit ce tombeau tiré d'un Jardin auprés de saint Irenée.

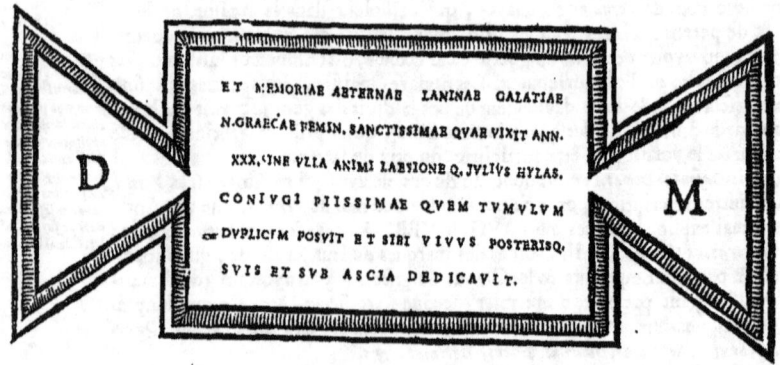

D. M.
ET MEMORIAE ATER
NAE MARCELLINAE SO
LICIAE FILIAE ANIMAE
SANCTISSIMAE ET RARI
SSIMI EXEMPLI QVA
SI ∴ C VIXSIT ANNIS XXII
M. V. D. IIII. SINE VLLA ANI
MI CONIVGIS SVI LESIO
NE INTEGRO CORDE
FELIX ETIAM IN EO QVOD
PRIOR OCCVPAVIT MARTI
∴ VS MARITVS SVAE GARIS
SIMAE ET SIBI VIVS P. C. ET SVB
ASCIA DEDICAVIT.

FIN
de la Preparation
à l'Histoire.

HISTOIRE CONSVLAIRE
DE
LA VILLE DE LYON.

LIVRE PREMIER.
GOUVERNEMENT CIVIL DE LYON, depuis sa Fondation jusqu'aux Rois Bourguignons.

CETTE Ville dont j'entreprens d'écrire l'Histoire, doit ses premiers commencemens à une Colonie de Grecs établis dans le Languedoc entre Agde & Beziers sur l'Airault dans une ville qui se nommoit Seseron, d'où ayant esté chassez par les Phocenses fondateurs de Marseille, Momorus & Atepomarus, qui les commandoient, remonterent avec eux le long du Rhône, jusqu'à ce qu'étant arrivé à la jonction de la Saone avec ce Fleuve, la montagne qui s'éleve au dessus de cette jonction leur parut un lieu avantageux pour y établir leur demeure. Le vol fortuit d'une troupe de corbeaux qui s'éleverent de terre & s'alerent percher sur quelques arbres, parut de bon augure à Momorus pour le dessein qu'ils avoient de s'établir. Ce Prince qui dés sa jeunesse avoit fait une étude particuliere des observations du vol de ces oiseaux qui faisoient une partie de la religion des Grecs, n'eut pas peine à persuader aux troupes qui l'avoient suivi, que c'étoit un signe que le Ciel favoriseroit leur entreprise, & que la ville qu'ils bâtiroient sur cette montagne seroit un jour celebre & frequentée de beaucoup de peuples voisins. Ce fut ce qui le determina à donner à cette Montagne le nom de *Colline aux Corbeaux*, dont se fit depuis le premier nom de cette Ville nommée en la langue de ces peuples *Lugudunum*, de deux mots, qui en cette langue étoient la même chose que la *Colline des Corbeaux*.

Clitophon lib. XIII.
de Urbium ædisic.
Plutarch. lib. de flu-
minibus.

Les peuples voisins de cette Montagne, qui habitoient sur les bords de la riviere où elle entre dans le Rhône, se nommoient Segusiens, peuples païsibles, plus attachez au commerce, que leur facilitoit la commodité de ces deux rivieres, qu'à faire la guerre, comme la plûpart de leurs voisins gens inquiets, qui avoient souvent passé les Alpes pour entrer dans l'Italie, & s'étoient repandus dans l'Allemagne, où ils établirent des colonies, & laisserent leurs noms à plusieurs Provinces qui les retiennent encore.

Cette Ville ne fut d'abord selon l'humeur tranquille des Segusiens qui se joignirent à ces nouveaux hôtes, qu'une ville de commerce, où soixante Nations s'assembloient de temps en temps pour le trafic à la faveur des deux rivieres, qui leur

F

donnoient le moyen de transporter leurs denrées, & de se les communiquer les uns aux autres. Atepomarus laissant à son frere le gouvernement de cette nouvelle Ville, suivit son humeur guerriere, & se joignant à des troupes de Gaulois, qui entrerent dans l'Italie & pousserent jusques à Rome, fut chef d'une partie de ces troupes, & s'y fit distinguer par les entreprises qu'il fit dans la Toscane, & par un traité de paix avec les Romains, où il se laissa surprendre par l'adresse qu'eurent les Romains d'éluder les conditions de ce traité, quand ils eurent le tems de se reconnoître.

<small>Plut. In Parall.</small>

Lyon se gouvernoit alors à la maniere de ces Villes, que nous nommons Hanseatiques, qui n'ont point de Superieurs, & qui à la faveur des Privileges, qu'elles ont obtenus des Princes, sur les terres desquels il leur est permis de trafiquer, conservent leur liberté, en payant à ces Princes des droits de passage & de transport, qui rendent ce commerce également utile à ceux qui l'exercent, & à ceux qui le permettent. C'est ainsi qu'il faut entendre Pline, quand il dit que les Segusiens au milieu desquels Lyon fut bâti, étoient des peuples libres. Ils avoient leurs usages & leurs coustumes, qui leur tenoient lieu de Lois, & gardoient avec leurs voisins une exacte neutralité sans leur donner de jalousie, quelque demeslez qu'il y eut entre ces peuples, qui estoient souvent en guerre : parce que les Segusiens n'avoient ny places fortifiées, ny troupes entretenuës, & s'attachoient uniquement à leur negoce. Tous leurs voisins estoient d'ailleurs interessez à les laisser vivre dans cet état tranquille, qui leur estoit utile par les secours, qu'ils en tiroient pour les commoditez de la vie, & pour le debit de leurs denrées. Ils estoient aussi sous la protection des Heduois anciens alliez des Romains, assez puissans, pour conserver ces negotians, & pour les defendre des insultes de leurs voisins, s'ils avoient voulu entreprendre sur leur liberté, ou les troubler dans leur commerce.

<small>L. 4. ch. 18.</small>

<small>Cæsar. Lib. 7. de bello Gallico.</small>

<small>Cæsar.</small>

Lyon estoit en cet estat, quand Jules Cesar entra dans les Gaules, pour secourir les Heduois, qui avoient eu recours aux Romains leurs alliez pour se defendre des Suisses & des Allemans, qui faisoient de frequentes courses sur les terres des Sequanois, qui sont aujourd'huy ceux de la Franche-Comté. Ces Suisses cherchoient depuis long-tems à s'establir dans les Gaules, & de sortir de leur pays, incapable de nourrir un peuple qui se multiplioit, & ne pouvoit plus se contenir dans des vallées estroites & trop peu fertiles pour fournir à l'entretien d'un si grand nombre de gens.

Le Senat choisit Jules Cesar pour cette expedition, qui cherchoit depuis long-temps des occasions de se signaler par des actions éclatantes pour meriter l'honneur du triomphe, qui flattoit son ambition, & qui pouvoit luy ouvrir des voyes à pousser ses entreprises, dans le dessein qu'il meditoit de se rendre maistre de Rome. Car avant que d'entrer dans les Gaules, il s'estoit lié avec Pompée & Crassus pour gouverner la Republique, & c'est ce Triumvirat secret, que Varron appelloit la faction à trois testes.

Cesar fut donc ravi de trouver une occasion si favorable de jetter les fondemens de sa grandeur en commandant une puissante armée, composée de plusieurs Legions, dont il se gagnoit les Officiers & les Soldats pour les avoir à sa devotion. Il s'établit d'abord entre nos deux rivieres dans la Bresse, le pays de Dombes, le Lyonnois, le Beaujolois, & dans tout le pays, qui s'étend le long de la Saone depuis Châlon jusqu'à Lyon, où l'abondance du terroir, & la commodité de la riviere luy fournissoient des moyens aisez de faire subsister ses troupes. On voit encore en divers endroits des levées de terre, & des vestiges de fossez que l'on croit estre des restes de ses campemens depuis plus de seize siecles. Et les habitans du pays montrent ces endroits aux étrangers comme des vestiges d'antiquité, qu'ils nomment le camp de César.

Ciceron, qui prit toûjours beaucoup de part aux affaires de sa Republique, & qui s'interessoit en tout ce qui touchoit la gloire & les succez des entreprises des Romains, nous peut estre un guide fidele pour demesler les evenemens de cette guerre, que Cesar a luy-mesme rapportez dans ses commentaires. Le commerce reglé de lettres que Ciceron avoit alors avec Atticus & Plancus, nous donne dans ces lettres de grands éclaircissemens pour nostre Histoire de ces siecles reculez.

<small>* Les Suisses.</small>

L'an 693. de Rome il écrivit à Atticus, que les Heduois leurs alliez estoient en guerre : que les Sequanois avoient esté battus, & que les *Helvetiens avoient pris les armes, & faisoient des courses sur les terres qui appartenoient aux Romains. Que le Senat avoit ordonné que les deux Consuls se partageassent le gouvernement des Gaules, qui étoient soûmises à la Republique : que l'on fit des levées : que l'on revoquat les congez donnez aux Soldats & aux Officiers; & que l'on envoyat promtement des Lieutenans pour s'assurer des Villes, & pour empêcher qu'elles ne se joignissent

de la Ville de Lyon. 43

aux Helvetiens, & ne fissent ligue avec eux. Peu de tems auparavant les Allobroges avoient rompu l'alliance qu'ils avoient avec les Romains ; ils avoient couru sur leurs terres dans la Province Narbonnoise & les avoient chassez de Vienne & contraint de se retirer entre nos deux rivieres, comme en un lieu de sureté, où ces deux rivieres leur servoient d'un large fossé pour les mettre à couvert de leurs insultes. Cependant Pontinius qui commandoit dans la Gaule Narbonnoise défit ces Allobroges, & Cotugnat leur chef, qui les commandoit, tandis que Matius & Galba passerent le Rhosne pour aller faire le degat sur toutes les terres de ces Allobroges soulevez.

L'an 694. Jules Cesar obtint le consulat & eut pour collegue Bibulus homme foible & timide, qui luy laissa faire ce qu'il voulut en cette charge, dont il usurpa tous les droits & toutes les fonctions. Il donna tous les soins à se gagner les Magistrats & le peuple, & se rendit par ce moyen Maistre de toutes les affaires. Il choisit le gouvernement des Gaules pour en prendre possession à la fin de son Consulat, & avant que d'en sortir, il travailla à avoir des successeurs en ces premieres charges de la Republique, qui luy fussent favorables. L'Exil de Ciceron, qui estoit grand Republiquain luy donna lieu de faire dans le Senat ce qu'il vouloit. Aprés avoir ainsi disposé toutes choses en sa faveur, il entra dans les Gaules, défit Ariovifte, qui commandoit les Helvetiens, & les obligea de se retirer dans leur pays. Aprés quoi il laissa Labienus pour commander ses troupes en ce pays, & repassa les Alpes pour aller faire des recruës & de nouvelles levées, afin qu'il pût continuer une guerre qui favorisoit ses desseins ambitieux, & qui luy fut durant neuf ans une occasion d'acquerir beaucoup d'honneur par les frequentes victoires qu'il remporta sur les ennemis de la Republique. Pendant tout le tems que dura cette guerre, il eut tousjours l'addresse pour se maintenir, d'aller passer l'hiver dans la Gaule Cisalpine, qui faisoit partie de son Gouvernement, pour briguer delà pour ses amis les premieres charges de Rome. Il se rendit si puissant par ce moyen, & se fit tant de creatures, que dés la seconde année de son Gouvernement estant allé passer l'hiver à Luques il y receut les visites de deux cent Senateurs, qui commandoient dans les Villes & dans les Provinces voisines, & l'on vit un jour à sa porte six vint faisseaux des Pro-Consuls, & des Lieutenans des Preteurs qui gouvernoient les Provinces & les Villes dependantes ou voisines de son Gouvernement.

Plut. in vita Cæsaris.

Ce fut l'an 701. que Marc-Antoine commença à entrer dans la confidence de Cesar & même de se rendre necessaire à ce General. Car s'estant fait nommer Questeur ou Tresorier de l'armée, qui estoit dans les Gaules sous le commandement de ce chef, il s'attacha si fort à ses interests, & luy trouva par son addresse tant de moyens de tirer de l'argent, qu'en y faisant les affaires de ce General, il y sçeut aussi faire les siennes, ainsi que le luy reproche Ciceron, qui ne fut jamais de ses amis.

Quæstor es factus, deinde continuò sine S. C. sine lege ad Cæsarem cucurristi id enim unum in terris egestatis, æris alieni nequitiæ, perditis vitæ rationibus perfugium esse ducebas. 2. Philip.

C'étoit principalement de Lyon que Marc Antoine tiroit les sommes d'argent qu'il fournissoit à Cesar, parce que le grand commerce qui se faisoit en cette Ville, & la fabrique des monnoyes d'or & d'argent qui y étoit établie, y assembloient de grandes richesses. Il conserva dans tout le pays les Champs à leurs anciens possesseurs, moyennant des contributions d'autant plus utiles à Cesar, qu'étant comme volontaires de la part de ces peuples qui n'estoient pas encor soumis aux Romains, ny ce General ny son Questeur n'en devoient pas rendre conte, ny les porter au tresor de Rome.

Ce fut avec ces secours que Cesar acheta la continuation de son Gouvernement des Gaules & de l'Illyrie, contre laquelle le Senat reclamoit. Curion estoit Tribun du peuple avec tant d'autorité qu'il faisoit de ce peuple ce qu'il vouloit, il estoit adroit, eloquent, persuasif, & faisoit de grandes dépenses, ce qui l'avoit fort incommodé. Il n'estoit pas ami de Cesar, car il avoit tousjours esté attaché au parti de Pompée ; cependant Cesar sçachant qu'il estoit mal dans ses affaires, & qu'il ne pouvoit pas se soutenir, luy fit offrir sous main de l'argent qu'il ne refusa pas. C'est pour cela que Virgile au sixiéme de son Eneide l'a placé dans les Enfers pour avoir vendu sa patrie, & pour luy avoir donné un Maistre, qui luy avoit osté sa liberté. Il est vray que ce Poëte n'a pas nommé Curion, peut-estre parce qu'il craignoit d'offenser Auguste qui devoit ce qu'il estoit à Jules Cesar son oncle à qui il avoit succedé à l'Empire ; ou qu'il apprehendoit d'irriter les Parens de ce Tribun qui estoient puissans dans le Senat. Lucain qui vivoit sous l'Empire de Neron, ne fut pas si reservé que Virgile, il en a parlé plus librement, & l'a nommé comme le premier Auteur du changement qui se fit dans Rome, s'estant laissé corrompre par l'or de Cesar & par les dépouilles des Gaulois.

Vendidit hic auro patriam, dominumque potentem imposuit. Æneid. 6.

Momentumque fuit mutatus Curio rerum Gallorum captus spoliis & Cæsaris auro. Phars.

Le quartier de Jules Cesar étoit du costé de Tassins & d'Ecully, où la plûpart de

F ij

ses Tribuns & de ses Lieutenans donnerent leurs noms aux endroits qu'ils occupoient. Ainsi Marcilly a tiré son nom de Marcellus. Chasselay de Cassilius, Licieu de Licius, comme Ecully a pris le sien, du lieu où se tenoit la garde avancée qui faisoit le guet. Car comme l'endroit de Rome, où se tenoit une semblable garde pour la sureté de la Ville, fut nommé le Mont Esquilin, ce lieu fut aussi nommé Ecully pour la mesme raison. Les soldats stationaires députez pour la garde du General ont laissé leur nom à Tassins. La plûpart des autres terres de ce Canton fertile en toutes sortes de denrées pour l'entretien des troupes, ont de semblables noms derivez des noms Romains, aussi-bien que quantité d'autres villages situez de part & d'autre sur les bords de la Saone depuis Lyon jusqu'à Châlon, entre autres Anse, qui dans les anciens Itineraires est appellé *Asa Paulini*, ou *Ansa Paulini*. Comme Cesar avoit parmy ses troupes quelques compagnies de Barbares, c'est à dire de Gaulois, qui estoient à son service, & dont il pouvoit se défier, il leur assigna pour leur camp cette Isle qui est au milieu de Saone entre Cuire & S. Rambert, ce qui fit donner à cette Isle le nom d'Isle Barbe ou Barbare. Il y a encore à S. Rambert quelques inscriptions des anciens Tribuns, dont un tombeau sert d'Auge & de reservoir à la Fontaine publique. Il y en a aussi quelques unes dans l'enceinte de l'Isle, avec des figures plutôt Gothiques & Barbares que de bon goust des Grecs & des Romains, dont il nous reste de si beaux ouvrages en quelques bas reliefs. Enfin les noms de Cuire & de Caluire deux villages sur l'autre costé du rivage de la Saone sont les noms de Curius & de Calvirius.

La seule chose qui pouvoit manquer à ce camp de Cesar si bien placé, estoit l'Eau pour ceux qui estoient plus proches de la montagne, & plus éloignez de la riviere. C'est pourquoy Antoine pour suppléer à ce défaut entreprit ces grands Aqueducs dont il reste tant de vestiges assez considerables du costé de Franche-Ville, & de Chapponost, dont le nom est une corruption de celuy de Calpurnius. Il employa les troupes à ce travail, tant pour les occuper durant les quartiers d'hiver selon l'usage des Romains, que pour leur procurer un secours si necessaire à des troupes nombreuses éloignées des rivieres & des ruisseaux. Les habitans de Lyon contribuerent des sommes d'argent considerables à l'entretien de ces Soldats, qui travailloient à ces ouvrages, & ce fut pour cela qu'Antoine voulut que l'on en fit une partie pour les besoins de la Ville. Ce qui est aisé de remarquer pour peu que l'on veuille examiner la conduite de ces Aqueducs, dont les uns se terminent au dehors de la porte de S. Just au dessus de la ville, & les autres, sont tournez vers la campagne du costé du Nort & du Levant vers Tassins & Ecully où estoit le Camp de Cesar.

C'est aussi la Raison pourquoy nous ne trouvons ny inscriptions, ny medailles, ni autres monumens, qui puissent nous indiquer les Auteurs de ces grands ouvrages, ny le tems auquel ils furent faits, parce que ni le Senat, ni la Republique n'y avoient aucune part: que Lyon ne leur estoit pas encor soumis, estant une Ville libre; & que Cesar n'estoit pas encor assez Maistre pour y faire paroistre son nom. Ainsi ni Luy, ni Antoine, & biens moins les autres Officiers n'auroient osé y laisser aucun vestige, qui pût apprendre à la posterité, qu'ils eussent fait ce grand ouvrage des deniers d'une ville, qui n'estoit pas encore sous la Jurisdiction des Romains.

On ferma ce Camp d'un grand & large fossé, dont il reste aussi des vestiges, qui ont fait croire à ceux qui n'ont pas pris autant de soin de l'examiner, que j'en ay pris avec toute l'exactitude qui m'a esté possible, que c'estoit l'ancien lit de la Saone, ce qui n'a jamais pû estre, si l'on considere les élevations du Village, d'Escully, où estoit la garde du camp, puis que ces élevations ne sont pas de simple terre qui ait pû estre rapportée, mais des rochers, qui n'ont jamais esté coupez, & qui auroient empeché le cours de cette riviere.

La porte que l'on nomme de Trion estoit la porte du Camp, qui peut-estre eut alors ce nom à cause des aqueducs qui se partageoient en cet endroit en autant de conduits differents, ou peut-estre depuis la dignité de Triumvir qu'obtint Antoine aprés la mort de Jules Cesar, quand il partagea avec Octave & Lepide le gouvernement de la republique. Car Sidonius Apollinaris dit positivement que ce Triumvir laissa son nom à quelques-uns de nos champs, & à quelque étenduë de pays. Ce qui prouve manifestement que ces Aqueducs, sont tres anciens, c'est qu'en l'incendie de Lyon qui arriva la quatrième année de l'Empire de Neron, cet incendie fut si violent qu'il penetra bien avant jusque dans la terre, où l'on trouve encor des charbons, & des vases cassez d'une espece de Porcelaine ou de terre cuite fort fine, avec un vernis d'un beau rouge aussi brillant & aussi vermeil que celuy de la Chine. Les Peres Recolets de Belle-Gréve qui occupent un grand Espace de la Montagne de Fourviere presque jusqu'à l'Eglise, en creusant dans cet enclos, ont decouvert un double reservoir

---

Marcelliacum.
Cassiliacum.
Liciacus.
Exquiliasen Exenbla.

Stationarii milites Tassoneria dans les vieux titres.

Insula Barbarorum. Insula Barbara.

Porta trium fontium, en quelques titres anciens.

Nomine Pagi Quod posuit nostris ipse Triumvir agris. lib. 2. car. 17.

où l'eau étoit conduite par un gros tuyau qui pouvoit donner vint pouces d'eau, & qui se divisoit en quatre autres tuyaux de trois pouces de diametre, sur lesquels étoient écrits les noms de Lucius Tertinius, & Julius Paulus Lyonnois. La force du feu avoit fait fondre ces tuyaux souterrains, de la longueur de plus de quinze pieds, mais quatre morceaux, qui restoient entiers au partage de ce gros tuyau en quatre autres, ont conservé ces noms de Tertinius & de Paulus, & j'en ay deposé un dans le cabinet de la Biblioteque du College de la tres-sainte Trinité de cette ville, pour être un témoignage public de la verité de cét evenement, qui fait une Époque considerable pour nôtre Histoire. J'y ait joint un gros morceau de petrification tirée du gros tuyau, dont elle occupoit la moitié de l'espace, elle y avoit été formée par les sables, que l'eau méne ordinairement avec elle, & cette petrification, qui est polie comme le marbre des côtés d'où elle touchoit au tuyau, en a aussi la dureté. Je tiens ces deux pieces de Monsieur Pinardy le jeune, si curieux en medailles & en la recherche des antiquitez, qui m'a beaucoup aidé en la découverte de plusieurs monumens, dont il a pris avec moy les mesures, les élevations, les niveaux & les figures avec une exactitude qui ne laisse rien à desirer.

Or si ces tuyaux de *plomb* qui distribuoient l'eau des Aqueducs sentirent l'éfet de cét étrange incendie l'an quatriéme de l'Empire de Neron, il falloit necessairement que ces Aqueducs eussent été faits long-tems auparavant, & nous ne trouvons ny sous Auguste, ny sous Tibere, ny sous Caligula, ny sous Claude predecesseurs de Neron, aucun tems auquel ils ayent pû être faits, parce qu'alors il n'y avoit pas tant de troupes en ce païs, & qu'elles n'y firent pas un si long sejour.

Aprés cela l'on ne doit pas s'étonner du silence que Cesar a affecté dans ses Commentaires à l'égard de cette ville, dont il ne dit mot, parce qu'en tirant alors de si grands secours d'argent par des contributions secretes, il étoit de sa politique de ne pas faire connoitre au Senat de quelle utilité Lyon pouvoit être à la Republique. Cette ville n'étoit non plus une ville de guerre, ny affectée à aucun peuple, mais ouverte & commune à tous les Negotians, comme les villes que les Romains nommoient des *Conciliabules*, ainsi Jules Cesar n'avoit point d'occasiō d'en parler en racontant ses guerres & ses expeditions militaires, comme il y avoit alors plusieurs autres villes considerables dans les Gaules, dont il n'a dit mot, parce que ce n'étoit pas de son sujet d'en faire mention dans ses écrits.

Les bons offices qu'il avoit receus d'Antoine luy firent songer à l'avancer comme un homme qui pouvoit luy être utile, il brigua pour luy le Sacerdoce & le fit mettre au nombre des Augures, ce qui luy fut un degré pour parvenir à la Charge de Tribun du peuple, où se servant de toute l'Autorité que cette Charge luy donnoit, il s'opposa fortement au decret du Senat, qui vouloit que Cesar congediast ses troupes, & donnat deux de ses Legions à Pompée, qui alloit à la guerre contre les Parthes, & faisoit actuellement des levées pour cette guerre. Cornelius Lentulus, qui étoit Consul, voyant où tendoient les desseins de Cesar, d'Antoine, de Curion, & des autres partisans de ce General, leur interdit l'entrée du Senat, ce qui les offensa tellement, qu'Antoine en appella au peuple dont il étoit Tribun, & se servant de toute l'autorité, que luy donnoit cette Charge, il fit revenir tous les exilez qu'il crut pouvoir appuyer sa faction.

Jules Cesar quelques années aprés étant obligé d'aller en Espagne par ordre du Senat, laissa à Antoine le commandement des troupes qui étoient en garnison dans l'Italie, avec le titre de Lieutenant de Preteur, ce qui étoit contre les Lois & les usages de la Republique; mais le parti de Cesar étoit deja trop puissant pour pouvoir resister à ses entreprises; & ce fut là le commencement des guerres civiles, & de la Dictature de Cesar par le moyen de laquelle il se rendit maître de Rome.

Enfin l'an 709. qui fut le dernier de la vie de Jules Cesar, Plancus, qui servoit sous luy depuis quelques années, & qui étoit fort jeune, obtint le Commandement de trois Legions dans les Gaules aux environs de Lyon, & sur les confins des Allobroges dont on se défioit depuis leurs entreprises sur la ville de Vienne, & leurs courses dans la Gaule Narbonnoise qui appartenoit aux Romains. Ce commandement des troupes ne don-

F iij

noit aucun commandement sur la Ville de Lyon à ce Lieutenant de Cesar, & nous ne voyons pas aussi qu'il en fasse aucune mention des lettres qu'il écrivoit à Ciceron qu'il date des Confins des Allobroges ou de Grenoble qui se nommoit alors Cularo, ou de Chiuron dans la Tarentaise, comme veulent quelques critiques. Il parle des Ponts qu'il avoit fait sur l'Isere pour se faciliter les passages de Vienne par où il passa pour empêcher que Lepide n'allât joindre Antoine, & de son entrée dans l'Italie pour aller au devant d'Antoine; mais il ne dit mot de Lyon, dont il n'auroit pas manqué de parler s'il en eut été le Fondateur, ou s'il y eut exercé quelque Jurisdiction. Lyon, comme j'ay remarqué, étoit alors une ville libre, qui se gouvernoit selon ses usages, & à qui il ne coustoit que de l'argent pour conserver cette liberté.

La mort violente de Cesar arrivée sous le Consulat d'Antoine par la conspiration de Brutus & de Cassius, changea la face de la Republique, qui se promettoit par cette mort le rétablissement parfait de son ancienne liberté. Mais Antoine qui perdoit le plus de tous en cette mort, entreprit de la vanger, & se servit de toute l'autorité que pouvoit luy donner sa dignité de Consul, pour venir à bout de son dessein. Il fit non seulement rendre à la memoire de son Patron, tous les honneurs qui luy étoient dûs, il luy en rendit mêmes de divins en qualité de Prêtre. Outre les sentimens de reconnoissance qui pouvoient le porter à poursuivre les auteurs de cette mort, il n'y fut pas moins vivement poussé par ceux de son ambition; car il ne pouvoit souffrir que Brutus le chef des conspirateurs eut emporté sur luy par les suffrages du Senat le Gouvernement des Gaules qu'il souhaitoit ardemment, parce qu'il savoit mieux qu'aucun autre les avantages qu'il en pouvoit retirer. Il tenta toutes les voyes pour faire changer cette disposition du Senat, & pour obtenir les Gaules au lieu de la Macedoine qui luy avoit été assignée. Enfin il resolut d'arracher par la force ce que l'adresse, les brigues & les prieres n'avoient pû luy faire obtenir. Sous pretexte de vanger la mort de Cesar, il poursuivit Brutus qui s'étoit jetté dans Modene comme dans une place de sureté. Il l'y alla assieger, mais son Consulat étant fini, & Pansa & Hirtius ayant pris possession de cette dignité le premier jour de l'an DCCX, il fut arresté dans le Senat que l'on envoyeroit des deputez à Antoine pour luy ordonner de congedier ses troupes, & d'aller incessamment dans son nouveau Gouvernement de la Macedoine; mais ayant refusé d'obéir, il fut declaré rebelle & ennemi de la Republique. Ces deux Consuls & les principaux Senateurs prirent l'habit militaire & conduisirent les troupes au secours de Brutus. Antoine alla au devant d'eux, & defit Pansa, mais comme il retournoit victorieux dans son camp, il tomba dans un autre parti conduit par Hirtius, qui le battit & l'obligea de se retirer. Les deux Consuls receurent pour cette action le titre d'Empereurs, dont ils ne joüirent pas long-temps, car il se donna un nouveau combat, où veritablement Antoine fut entierement defait, & chassé de son camp, mais l'un des Consuls fut tué, & l'autre mourut de ses blessures. Antoine se retira vers les Alpes avec le debri de son armée, esperant que Lepide, Silanus & Plancus qui y commandoient huit legions, se joindroient facilement à luy pour vanger la mort d'un homme à qui ils devoient aussi bien que luy l'établissement de leur fortune. Le Senat qui eut lieu de craindre que ces Chefs ne se joignissent à luy, parce qu'ils étoient ses amis & ses alliez, leur écrivit de desarmer, en luy signifiant que la Republique n'avoit plus besoin de leurs services; cependant afin qu'il ne parut pas que l'on se defiat d'eux, on leur commanda d'employer leurs troupes ainsi desarmées à bâtir entre le Rône & la Saone une Ville à ceux de Vienne qui s'y étoient refugiez comme dans un lieu de sureté, aprés avoir été chassez de leur Ville par les Allobroges qui s'en étoient rendus les maîtres, comme j'ay déja remarqué. C'est ce commandement du Senat qui a fait dire à nos Historiens que Plancus avoit été le Fondateur de Lyon, parce qu'ils n'ont pas sçeu distinguer deux villes l'une nommée *Lugdunum* bastie par des Grecs, comme j'ay prouvé ailleurs par une Dissertation sur ce sujet, & l'autre nommée *Lugdunum* qui a pû être bastie par les Soldats que Plancus commandoit auprés de Lyon. Je dis par ses soldats, car pour luy il est certain qu'il ne retourna à Lyon que plus de trente ans aprés, pour y amener une colonie. Ciceron le sollicita par ses lettres de s'opposer aux desseins d'Antoine, & d'empêcher la jonction de Lepide & de ses legions avec celles de cét ennemi de la Republique. Plancus passa donc aussi-tôt les Alpes, où il prit autant de partis differens, qu'il crut pouvoir trouver des moyens favorables de s'avancer par ce changement de partis. Une inscription de Gaiete que tous nos Historiens alleguent pour établir, que Plancus a été le Fondateur de Lyon, est une preuve convainquante du contraire, puisque cette inscription le fait Consul, Censeur, General pour la seconde fois des troupes de la Republique, & nous apprend qu'il avoit triomphé des Grisons, & des dépoüilles de ces peuples, qu'il avoit bâti le Temple de Saturne, & fait enfin le partage & la division des Chams à Benevent avant que de conduire deux colonnes dont parle cette

de la Ville de Lyon.

inscription. Or il ne fut fait Consul pour la premiere fois que l'an DCCXI. de Rome, il triompha quatre jours auparavant sur la fin de sept cens dix, non pas des Grisons où il n'avoit pas encor été, mais pour avoir servi la Republique dans la Gaule Cisalpine, comme nous l'apprennent les tables triomphales qui restent à Rome. Les railleries que l'on fit sur ce triomphe & sur celui de Lepide qui triompha deux jours après, nous sont d'autres preuves de sa presence à Rome; car comme tous les deux avoient sacrifié leurs propres Freres, en permettant qu'on les mit au rang des proscripts au tems du Triumvirat, quand ou vit ces triomphes on cria que ce n'étoit pas des Gaulois, mais des *Germains* que les deux Consuls triomphoient, fondant cette raillerie, sur le mot equivoque de Germains qui se dit également & pour les Freres & pour les Allemans ou les peuples de Germanie. Ce fut durant ce Triumvirat, qui fut si funeste à Rome, qu'Antoine continua de proteger cete ville, laquelle pour témoigner sa reconnoissance par des monumens publics, fit des monnoyes d'argent à l'honneur d'Antoine, où l'on voit le nom de ce Triumvir & celuy de cette ville. Ces monnoyes sont des témoignages de la liberté dont elle jouïssoit encore, puisqu'elle mit en ces medailles l'image de la divinité qu'elle adoroit, soit que ce fut Diane reverée parmy les Grecs, premiers Fondateurs de Lyon, soit que ce fut, comme il y a plus d'apparence, la divinité des Segusiens nommée *segusia*, dont il reste quelques momumens dans le Forés. Le revers de ces monnoyes étoit un Lion, autre marque de cete liberté, aussi bien que de l'origine de ses premiers Fondateurs, puisque la plûpart des colonies Grecques établies à Marseille, à Beziers, & en divers lieux de Sicile, & de cette partie du Royaume de Naples que l'on appelloit la grande Grece, avoient ce mesme revers dans leurs monnoyes, comme j'ay fait voir ailleurs.

L. MUNATUS L. F.
L. N. PLANCUS
PROCOS AN.
DCCX. EX GALLIA
IV. KAL. JAN.
Tabula Colotiana.

De Germanis, non de Gallis, duo triumphant Consules.
Vell. Paterc.

Dessertation sur la Fondation de Lyon, pag. 442. de l'Introduction à la lecture de l'Histoire.

Lyon s'attacha ainsi à la fortune d'Antoine par des sentimens de reconnoissance pour la protection qu'il avoit donnée à ses habitans, & quoyque cette protection ne fut pas des plus desinteressées, on ne laissa pas d'en conserver la memoire si long-tems, que Sidonius Apollinaris qui vivoit plus de cinq cents après, fait mention de ce Triumvir en une lettre à un de ses amis qu'il invitoit à une Feste qu'il donnoit dans sa maison de campagne, où il luy dit meme qu'il n'ait pas à lui faire boire de ces vins excellens de la côte de Trion, il ne laissera pas de le regaler le mieux qu'il luy sera possible.

Environ dix ans après la face du gouvernement de cette ville commença à changer par les disgraces d'Antoine, ce General que son ambition avoit porté à se declarer contre *Octave*, que Jules Cesar avoit adopté, & declaré son heritier par son testament, ne put long-temps entretenir une parfaite correspondance avec luy, jaloux de l'attachement que le peuple & le Senat sembloit avoir pour ce jeune Prince, dont les manieres engageantes, la jeunesse, la douceur & la modestie promettoient à la Republique un sort plus heureux sous son gouvernement, qu'il n'avoit été depuis vint ans durant les guerres civiles. D'ailleurs Antoine prevenu d'une passion violente pour la Reine Cleopatre, eut tant de complaisance pour cette Reine, qu'il en devint comme l'Esclave, & effaça toute la gloire des belles actions qu'il avoit faites dans l'Egypte par cette lache servitude, qu'il fit paroître dans sa passion dereglée. Plancus & Titius qui avoient suivi sa fortune l'abandonnerent, ne pouvant souffrir ces lachetez, ni les hauteurs de Cleopatre, qui abusoit du pouvoir qu'elle s'étoit acquis sur l'esprit d'Antoine dont elle faisoit absolument tout ce qu'elle vouloit. Antoine même aveuglé de sa passion à laquelle il s'étoit donné tout entier, ne ménageoit plus ses Officiers, ni les Chefs de son armée dont Cleopatre seule disposoit. Octave sçut profiter de ces desordres d'Antoine pour achever de le perdre, il luy fit ôter par le Senat le commandement des troupes, dont il prenoit si peu de soin, & le Consulat qui luy avoit été assuré pour l'an 721. de Rome. Il fit même declarer la guerre à Cleopatre comme ennemie de la Republique, & publier une Amnistie generale pour tous ceux qui quitteroient le parti d'Antoine pour entrer dans le sien. Pour faire voir qu'il étoit bien seur de la Ville de Rome, il permit au deux Consuls qui étoient creatures d'Antoine, & à quelques Senateurs qui étoient dans les interêts, de sortir de la ville, & d'aller suivre sa fortune. Il fit même un nouveau partage des Etats, de la Republique qu'il gouvernoit avec ce Triumvir. Il luy laissa la Macedoine, la Grece, la Thrace, la Cyrenes, l'Egypte, l'Asie, & l'alliance des Rois & des Princes d'Orient qui tenoient pour ce General, & il se reserva l'Italie, les Gaules, l'Espagne, l'Afrique, la Sicile, la Sardaigne & l'Illyrie, qui l'assuroient ainsi de Rome tandis qu'il en éloignoit son rival, & le releguoit comme aux extremitez de la Terre.

Il donna ensuite le Gouvernement des Gaules à Albius Carrinas pour y commander sous ses ordres durant son troisiéme Consulat, celebre par la defaite d'Antoine & par le solide établissement de sa grandeur, étant pour lors devenu seul Maistre de la Republique & de toutes les Provinces qui en dependoient. Il acquit ainsi le titre d'Empereur qu'il conserva le reste de sa vie, c'est à dire quarante quatre ans.

Carrinas ayant quitté les Gaules pour aller recevoir à Rome les honneurs du Triomphe, Nonius luy succeda en ce gouvernement, & après luy Valere Messala Corvinus, qui merita aussi l'honneur du triomphe l'an 716. pour avoir soûmis l'Aquitaine, qui s'étoit soûlevée durant les guerres d'Octave & d'Antoine. Les tables triomphales en ont conservé le souvenir, & l'ont fait passer jusqu'à nous.

M. VALERIUS M.F.
M. N. MESSALA
A N. DCCXXVI.
CORVINUS PRO-
COS EX GALLIA
VII. KAL. OCT.

Le Poëte Tibulle qui avoit servi sous luy en cette guerre a fait mention de ce triomphe en ses Elegies, où il dit que le Rhône & la Saone en furent les témoins aussi bien que les Pyrenées, les Costes de la Xaintonge, la Garonne, le païs Chartrain & la Riviere de Loire.

Hunc cecinere diem Parca fatalia nentes
Stamina, non ulli dissoluenda Deo.
Hunc fore Aquitanas posset qui fundere gentes,
Quem tremeret forti milite victus Atax.
Evenere: novos pubes Romana triumphos
Vidit, & evictos brachia capta duces
At te victrices lauros Messalla gerentem
Portabat niveis currus eburnus equis.
Non sine me est tibi partus honos, Tua Bella Pyrene
Testis, & Oceani littora Santtonici.
Testis Arar, Rhodanusque celer, magnusque Garumna.
Carnoti & Flavi Cerula lympha Liger.

Ce fut alors qu'Octave prit le nom d'Auguste à la persuasion de Plancus; car comme il deliberoit dequel nom il se serviroit pour marquer l'autorité absoluë qu'il avoit enfin acquise dans Rome; & qu'il vouloit se distinguer par quelque titre d'honneur qui le relevat au dessus du Senat, & de tous les Magistrats qui composoient le corps de la Republique, il vouloit prendre le nom de Romulus premier Fondateur de Rome, mais il craignit que sous ce nom du premier Roy des Romains, on ne l'accusat d'afecter une Tyrannie semblable à celle de ces premiers Rois, dont Tarquin avoit rendu le nom odieux. Le titre d'Empereur étoit un titre commun qui se donnoit à tous les Generaux d'armée, qui avoient fait quelque belle action en commandant les troupes sous les ordres du senat. Enfin Plancus luy suggera celuy d'Auguste, qui sembloit le mettre au dessus des autres hommes, & le placer au rang des Dieux par une consecration anticipée. Car ce mot étoit le même que celuy de Saint parmy les Romains. Les Temples & les Sanctuaires avoient un semblable nom. On le donnoit à toutes les divinitez, que l'on adoroit dans Rome, soit que ce nom fut derivé de celuy des Augures, qui étoient des Prestres, qui observoient le chant des oiseaux pour en tirer des presages de ce qui devoit arriver; soit que ce fut de ce point du Ciel le plus haut, que les Grecs nommoient Apogée, & à qui les Latins avoient donné le nom d'Auge. Tellement que Plancus en suggerant ce nom à Octave, luy fit entendre, que par ce nom il feroit connoître à tous les peuples qu'il estoit une personne sacrée, pour qui on auroit plus de respect, & une personne qui n'en avoit point d'autre au dessus d'elle, comme le plus haut point du Ciel n'a rien au dessus de luy. Eutrope a crû que ce fut au retour d'Orient qu'Octave receut ce nom, lors qu'il en revint victorieux après la bataille Actiaque, & que ce nom étoit le même que celuy de Monarque parmy les Grecs, parce qu'en cette bataille, il avoit rétabli la Republique dans toute sa splendeur par la defaite d'Antoine qui s'étoit élevé contre elle.

Sancta vocant Augusta Patres, Augusta vocantur Templa. Sacerdotum rite dicatas manu. Ovid. Fast. 1.
SATURNO AUGUSTO MARTI AUG. CERERI AUG. APOLLINI AUG. NUMINI AUG.
Huius & Augurium dependet Origine verbi Et quodcumque sua Jupiter auget ope. Ovid.
Cæsar quum ex Oriente victor reversus esset, tum primùm Augustus, eò quòd Rempub. auxerat, consalutatus est, atque eo tempore summam rerum potestatem, quam Græci Monarchiam vocant adeptus est.

Auguste avoit receu jusqu'alors toutes les marques d'honneur qui pouvoient le distinguer. On avoit planté des lauriers à la porte de son Palais, on y avoit attaché des couronnes de Chesne comme au Conservateur de Rome & de tous ses Citoyens, on commença à luy donner le nom d'Empereur, non pas comme à ses predecesseurs pour avoir commandé des armées & pour avoir remporté des victoires signalées, mais comme un nom de dignité, & la marque d'une puissance souveraine & perpetuelle, que les suffrages du senat & de tout le peuple luy donnoient d'un commun consentement. On voulut même passer plus avant, & luy élever des autels, mais Mecenas le plus sage aussi bien que le plus authorisé de ses Ministres luy remontra, qu'il ne devoit pas permettre que l'on allat jusqu'a ces exces de flaterie que de le mettre au rang des Dieux durant sa vie. La vertu, luy dit il, peut rendre les hommes

,, mes semblables aux Dieux, mais tous les suffrages des hommes ne sçauroient élever
,, aucun des mortels jusqu'à la divinité. Si vous êtes homme de bien, & si vous gou-
,, vernez sagement, toute la Terre deviendra un Temple pour vous, où vous trouverez
,, autant d'Autels que vous aurez de Villes soûmises à vos volontez. Tous les cœurs
,, de vos sujets, vous seront autant de statues & de simulachres vivans, plus glorieux
,, pour vous que les images d'or & d'argent qui sont exposées à l'avarice des hommes,
,, & ne peuvent longtems durer. Quand la flaterie consacre des monumens de cette
,, sorte à la vanité des Princes, ces trophées de leur orgueil qu'ils transmettent à la
,, posterité, leur apportent plus d'infamie qu'ils ne leur procurent d'honneur ; plus ils
,, subsistent, & plus ils nuisent à leur reputation, en renouvellant le souvenir de leur
,, mauvaise conduite dans la memoire des hommes.

Auguste profita en partie d'un avis si sage, puisqu'il ne permit jamais que l'on lui consacrat des autels que conjointement avec Rome, afin qu'estant dediez à l'un & à l'autre, il semblat n'être plus qu'une même chose avec cette Maitresse du Monde, dont il vouloit être lui même comme le Prêtre pour la faire reverer, & sacrifier tous ses soins à sa grandeur.

L'usage de ces Temples & de ces Autels communs à plusieurs Divinités, étoit introduit depuis longtems parmi les Grecs, qui nommoient ces Divinitez, *habitantes sous même toit*, & reverées sur le même Autel. En une Epigramme Grecque Minerve se plaint d'avoir un Autel commun avec Bacchus, n'étant pas bien seant à une Vierge aussi sobre qu'elle, d'être reverée avec un Dieu Ivrogne & debauché.

Ce ne fut pas la seule action de modestie qu'Auguste fit paroitre quand il se vit paisible dans Rome & dans tous les Estats de ce vaste Empire, puisque l'an 726. ayant commencé son septieme Consulat & choisi Agrippa pour son Collegue, quelques jours apres il assembla le Senat, dont il avoit auparavant gagné secretement ceux qui avoient le plus d'autorité : Là par un long discours affecté il declara qu'il vouloit se démettre de l'Empire, & rendre au Sénat & au peuple leur liberté, en leur remettant toute l'autorité des lois, les deniers publics, les troupes, & les Provinces, pour en disposer comme ils faisoient avant le changement qui s'étoit fait par les troubles des guerres civiles.

Dion Cassius qui rapporte la harangue que fit Auguste, en cette occasion, nous apprend qu'elle eut tout l'effet qu'il pouvoit souhaiter; car tous les Senateurs qui étoient presens n'oserent jamais témoigner qu'ils approuvoient sa resolution ; au contraire ils le soliciterent tous de conserver l'Empire & l'autorité absoluë, les uns parce qu'ils voyoient bien que c'étoit une fausse modestie qui le faisoit parler ainsi, & qu'il ne faisoit semblant de vouloir quitter l'Empire qu'afin qu'on le contraignit de le prendre. D'autres qui ne penetroient pas si avant dans les intentions d'Auguste, craignoient de retomber sous un gouvernement Populaire dont ils avoient senti plus de vint ans les agitations cruelles par tant de guerres domestiques, qui leur faisoient juger qu'il valoit mieux obeir à un seul, que d'être gouverné par tant de têtes qui s'accordent malaisement, & qui n'ont point d'autre regle de leur conduite, que le caprice. On pria donc Auguste de retenir la conduite de l'Empire avec un plein pouvoir & une autorité independante de tout autre que de lui seul. Il sembla se rendre à leurs prieres avec un peu de peine, & temoigna n'accepter les soins du Gouvernement que pour sacrifier sa vie & son repos aux interets de la Republique. Ajoutant une nouvelle ruse à celle qui lui avoit si bien reüssi : il fit sçavoir qu'il lui étoit impossible de gouverner seul un si grand Corps, composé de tant de Provinces si éloignées de Rome ; ainsi pour en rendre la charge plus aisée, il dit qu'il vouloit en laisser une partie au Senat, & celle qui étoit la plus tranquille, & la moins sujette aux entreprises de leurs Ennemis ; qu'il retiendroit pour lui les Provinces les plus éloignées, & les moins soûmises pour les tenir dans le devoir au peril même de sa vie, & aux depens de son repos. Ce qui fut une adroite Politique, parceque par ce moyen il tenoit en sa disposition toutes les troupes sous pretexte de conserver les frontieres de l'Empire, & desarmant le Senat, il lui ostoit toutes les voyes de pouvoir rien entreprendre contre lui. Il laissa donc au Senat l'Afrique, la Numidie, l'Asie avec l'Epire, la Grece, la Dalmatie, la Macedoine, la Sicile, l'Isle de Crete, avec la Cyrene, la Bithynie avec le Pont, la Sardaigne, & l'Andalousie : Et se reserva la Lusitanie & le reste de l'Espagne avec les Gaules qu'il divisa en quatre parties pour en faire autant de Gouvernemens sous le nom de Gaule Narbonnoise, & Gaule Lyonnoise, d'Aquitaine & de Gaule Celtique, avec toutes les Colonies que l'on y avoit établies, & qu'il vouloit lui même y établir. Il y joignit la Celesirie, la Phenicie, la Cilicie, l'Isle de Chypre & l'Egypte, où étoient la plûpart des Legions en garnison. Il nomma en même tems des Gouverneurs de toutes ces Provinces de l'un & de l'autre partage, &

G

les tira du corps des Senateurs, à la reserve de l'Eygpte, pour laquelle il nomma un Chevalier Romain. Il ne donna ces Gouvernemens que pour un an, & ordonna que ceux qui les obtiendroient y fussent toûjours en habit de Senateurs, leur ôtant par ce moyen le pouvoir de disposer des soldats & des Officiers, pouvoir qu'il ne donnoit qu'à ses Lieutenans, dont il se reservoit même toute la disposition, ne voulant pas que leur commandement fut annuel comme celui des Gouverneurs, mais les placer & les déplacer comme il jugeroit à propos.

Exordium Galliarum.

Cette division des Gaules qu'Auguste venoit de faire commença à rendre Lyon celebre parmi les Romains, parce qu'il devint la Ville Capitale de l'une de ces Gaules, qui de son Nom fut apellée Lyonnoise, & Lyon le commencement des Gaules, comme le nomme Ammien Marcellin. Aussi étoit-d'ici que l'on commençoit à conter par lieües les distances des païs, au lieu que dans toute l'Italie & dans la Gaule Narbonnoise, on

Leuca, Leuga, Levva, vox & mensura itineraria Gallica mille & quingentorum passuum. Jornandes, de reb. Goth. Qui locus [Lugdunum] exordium Galliarum est, exindeque non millenis passibus, sed Leugis, itinera metiuntur. Amm. Marcellinus l. XV. Dion. l. 53.

contoit par milles. Nous trouvons des inscriptions sur des pierres Milliaires plantées sur les grands chemins, où au lieu des MIL. II. III. IIII. que l'on remarque en endroits, nous lisons L. I. II. III. que Monsieur Spon n'a pas entendu, quand il a cru qu'il falloit lire *Lapis* I. *Lapis* II. au lieu de *Leuca*, ou *Leuga prima & secunda*, d'un mot ancien Gaulois, que nous avons retenu en nostre Langue, ou changé en celui de *Lieüe*. Marcus Vinutius Lieutenant d'Auguste fut fait Gouverneur de cette Province, & aiant apaisé un soulevement des Celtes, qui avoient tué quelques negotians Romains, il aquit à Auguste par la victoire qu'il remporta sur ces rebelles, le nom d'Empereur pour la huitième fois, l'an 728. de Rome.

Planci & Lepidi Censura inter discordia m acta, neque ipsis honori, neque Reip. usui fuit, cum alteri vis Censoris, alteri vita deesset. Paterc.

Deux ans après Plancus fut fait Censeur avec Lepide frere du Triumvir. Ils furent les premiers, selon un ancien Historien, qui d'une condition privée, furent apellés à cette dignité, ce qui n'avoit jamais été pratiqué, cet emploi si important au bien de la Republique, n'aiant jamais été donné qu'aux premiers Magistrats. Aussi un autre Historien, qui écrivoit ce qui se passoit de son tems, nous assure que ces deux Censeurs furent autant que dura leur emploi, dans des divisions & des brouilleries continuelles, & que leur administration ne fut ny utile à la Republique, ny à leur reputation ; l'un n'aiant pas assez d'autorité pour l'exercer efficacement, ny l'autre d'assez bonnes mœurs pour entreprendre de connoître de celles des autres.

Cette Censure de Plancus, qui est marquée dans l'inscription, qui nous aprend qu'il conduisit des Colonies à Lyon, & à Rauraque, qui est aujourd'hui la Ville de Bâle, est une preuve convaincante, comme j'ay déja remarqué, qu'il n'amena pas cette Colonie en cette Ville l'an 711. comme nos Historiens ont écrit, puisqu'il ne fut Censeur, que vingt-ans après l'an de Rome 731.

Dion, 54.

L'an 734. Agrippa Gendre d'Auguste, dont il avoit épousé la fille Julie, veuve de Marcellus, fut envoyé dans les Gaules par son beaupere, pour y apaiser quelques seditions, & pour arrêter les courses des Allemans, qui infestoient ce païs. Il en vint heureusement à bout, & passa de là en Espagne, où il domta les Cantabriens, qui se mutinoient, & les tira de leurs Montagnes pour les faire habiter dans les plaines, où ils avoient des retraites moins seures pour exciter des troubles impunement.

Caterum Lugdunum in medio instar arcis situm est, cùm ibi amnes confluant, & partibus omnibus propinquum sit. Ea propter Agrippa hoc ex loco partitus est vias. Unam que per Cemmenos Montes usque ad Aedunos & Aquitaniam: aliam ad Rhenum: tertiam ad Oceanum & Bellovacos & Ambianos: Quarta ducit in agrû Narbonensem, litusque Massiliense. Strab. l. 4.

Je ne doute point que ce ne fut en ce tems qu'Agrippa entreprit ces grands chemins & ces voyes militaires, que Strabon dit, qu'il fit faire depuis Lyon, qui étoit la Forteresse principale des Romains, en deçà des Alpes, & qu'il choisit cet endroit pour être le centre de tous ces chemins, tant à cause des deux Rivieres, qui facilitent les transports, que parce que Lyon étoit proche de toutes les parties de l'Empire, pour y envoyer des secours quand il étoit necessaire. L'un de ces grands chemins prenoit par l'Auvergne & les Cevenes, & menoit vers les Pyrenées par l'Aquitaine : Un autre conduisoit vers le Rhin ; un autre vers l'Ocean par le Beauvoisis & la Picardie. Et le dernier dans la Gaule Narbonnoise, & vers les côtes de Marseille.

J'ay découvert plusieurs vestiges de ces grands chemins en divers endroits dans les environs de cette Ville. Ce sont de gros macis de cailloutage, mêlé de chaux jettez dans la terre, à dix ou douze pieds de profondeur, sans s'assujettir à chercher le ferme, pareeque de ces cailloutages ainsi mêlés avec le mortier, il se fait un corps qui se lie si bien, que le marbre n'est pas plus dur. Nous voyons en éfet que cette espece de massonnerie a resisté depuis plus de seize Siecles aux injures du tems, & que toute la force des pics & des marteaux à peine à rompre cette masse, qui n'est composée que de petits cailloux de la grosseur d'un œuf, & même plus petits. Il reste un morceau de ce chemin sur le panchant de la Montagne au dessus de la porte S. George, qui n'est plus qu'un precipice. Ce chemin devoit être celui qui conduisoit à Narbonne le long du Rhône par le Vivarez & les Cevenes. Les murailles de la Ville étoient sur cette masse le long de la côte de la Montagne. J'en ay remarqué d'autres vestiges à Ecully dans des vignes, où ces chemins sont faits de blocage & des debris des roches de ce quartier-là. Il y a aussi dans un fond des Arcs, que l'on croit mal à propos avoir servi à des Aqueducs, qui auroient été inutiles en cet endroit, outre qu'ils sont trop bas pour avoir pû communiquer avec les autres Aqueducs de beaucoup plus élevez, & d'une autre structure que ces Arcs. Car ceux des Acqueducs sont revêtus de pierres taillées artistement en Lozanges & mêlées avec la brique, au lieu que ceux-ci ne sont que de simple blocage & des debris des roches voisines. Ces Arcs d'Ecully n'étoient donc que pour communiquer aux grands chemins de part & d'autre par une espece de Pont, bâti sur une fondriere, où passe un ruisseau, qui s'enfle l'hiver en torrent, & qui auroit rendu ce chemin impraticable, particulierement pour les charrois, sans cette précaution. Il paroit encore le long du Rhône quelques débris du chemin qui conduisoit vers le Rhin, par la Bresse, le Bugey & les Suisses, & il y avoit au même endroit un Aqueduc qui venoit aboutir sur le milieu de la côte, que nous nommons de S. André. Dans le Jardin des Peres de l'Oratoire, du côté de S. Sebastien, il reste une piece de cet ancien Aqueduc, qui sert à ces Peres de serre pour retirer leurs Orangers & d'autres plantes durant l'hiver. La plûpart de ces chemins sont sur des Aqueducs pour l'écoulement des eaux, qui sans cette précaution auroient avec le tems ruiné ces chemins bâtis sur des sables mouvans. Il a fallu pratiquer la même chose au canal de Languedoc pour la jonction des deux Mers, en donnant passage aux ruisseaux & aux torrens, qui passent sous des Ponts qui continuent le canal, auquel même il a fallu faire d'espace en espace des épanchoires, pour donner cours à l'eau quand elle est trop abondante.

 Ce fut pour faire ces grands chemins, que l'on coupa les rochers de l'Isle-Barbe, de Rochetaillée, de Pierre-Scise, & d'Ecully, qui rendirent le cours de la Saône beaucoup plus libre qu'il n'étoit. On employa à ces Ouvrages les troupes qui étoient en quartier dans le Mont-d'Or, & dans la Bresse. L'Epitaphe d'un soldat de la troisième cohorte, dont le nom est trop effacé pour pouvoir être sû, est presque le seul monument qui puisse nous donner quelque lumiere sur cette entreprise d'Agrippa. Cette Epitaphe nous apprend que ce soldat qui avoit été affranchi de Claude Marcellus fils d'Octavia, sœur d'Auguste, dont Agrippa avoit épousé la veuve, se mit au service d'Agrippa, & fut le controlleur de la dépense qu'il fit pour ces grands chemins, dont il avoit soin de payer les ouvriers, & de tenir conte de ce qui leur étoit dû, & de ce qui leur avoit été payé. Je donne ici ce Monument, parce qu'il est la seule preuve qui nous reste de cette entreprise d'Agrippa, qui nous seroit inconnuë, si Strabon n'en avoit parlé. D'ailleurs Mr. Spon, qui a pris soin de recueillir nos restes d'Antiquité en un Livre, qui a pour titre, Recherches des Antiquitez & curiositez de la Ville de Lyon, a si fort défiguré cette inscription, qu'elle n'est pas intelligible de la maniere dont il l'a donnée. La voici débroüillée de tout l'embarras qu'il y avoit introduit pour ne l'avoir pas fidellement transcripte.

```
 ... S  MANIB.
∴ TI M. F. CLA. MARC. L
    ARAT AGRIPP.
  MILITI COH. XIII URB.
        HEREDES
  PONENDUM CURAVER.
```

Diis manibus
∴ Tt Marci filii, Claudii Marcelli liberti
A rationibus Agrippæ
Militi cohortis XIII. Urbanæ.

Nous avons dans l'antiquité plusieurs Monumens, où il est parlé de ces Officiers, qui tenoient conte de la dépense de leurs Maîtres, & qui étoient Controlleurs des deniers, des bleds, & des grains necessaires pour la subsistance des armées. Pignorius parlant des Esclaves dit, que comme ceux qui tenoient compte de la dépense qui se faisoit dans les Maisons étoient appellez *Rationateurs*, ceux qui avoient soin dans les Armées de la provision des bleds necessaires avoient le même nom, que nous avons en quelque maniere retenu pour le pain de Munition, dont on appelle *Ratton*, ce qui est necessaire pour la distribution qui s'en fait aux soldats. On découvrit ces jours passez de-

A. RA. MIL. FRU.
A rationibus militaris frumenti.
Sicuti qui in familiâ Rationum curâ obtingebat, Rationator dicebatur, seu à rationibus, ità qui in legione frumenti curam gerebat, à

52 Histoire Consulaire

rationibus militaris frumenti nominabatur.

vant la porte de Saint Irenée une inscription, où il est parlé de ces Officiers qui avoient soin de la dépense dans la Maison de l'Empereur.

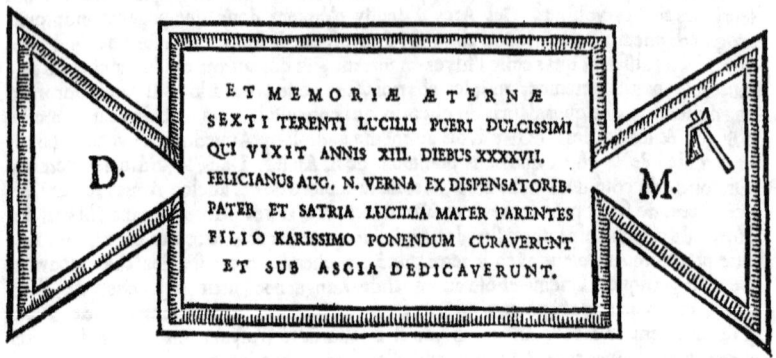

```
              ET MEMORIÆ ÆTERNÆ
      SEXTI TERENTI LUCILLI PUERI DULCISSIMI
D.    QUI VIXIT ANNIS XIII. DIEBUS XXXXVII.        M.
      FELICIANUS AUG. N. VERNA EX DISPENSATORIB.
      PATER ET SATRIA LUCILLA MATER PARENTES
         FILIO KARISSIMO PONENDUM CURAVERUNT
             ET SUB ASCIA DEDICAVERUNT.
```

Je ne fus averti de cette découverte, que deux jours après que l'on eut couvert de terre un Tombeau tout pareil à celui-ci, & mis en pieces une inscription en gros caracteres d'un demi-pied, trouvée sous la base d'un pilier, à qui elle servoit de soutien. Quelque soin que je prisse d'en faire rassembler les pieces, je n'y pû remarquer que trois ou quatre grands A. & des longues queües de P. qui me firent soupçonner que ce pouvoit être le nom d'Agrippa, & regretter le peu de soin de ceux qui avoient découvert ce Monument, dont la perte nous prive de quelque connoissance qui eut été utile à cette Histoire; mais ce sont de ces pertes irreparables, qui se font tous les jours, quand ces sortes de Monumens sont trouvez par des personnes ignorantes, & peu touchées des ces Monumens d'antiquité, que les Savans recherchent avec tant de soin. Lyon n'a plus des Curieux, qui ayent le goût qu'eurent autrefois les Bellievres & les De Langes, aussi zelez pour le progrez des Lettres & des Sciences, que sages & integres Magistrats pour l'administration de la Justice. Nous n'avons plus des Du Choul, des Maurices Seves, des Estiennes de Villeneuve, & des Champiers, si zelez pour la gloire de leur Patrie, & si soigneux de ramasser & de recueillir ces precieux debris de l'antiquité.

Ce Monument découvert sur la fin du mois d'Août dernier, m'oblige à donner ici mes reflexions & mes conjectures sur la derniere ligne, qui n'a pas été entenduë jusqu'ici, que je sçache, par aucun de nos Antiquaires, ny par ceux qui ont pris soin de faire des ramas d'inscriptions, & de les dechiffrer, & moins encore par ceux qui ont fait de savans Traitez des funerailles des Anciens, & des Ceremonies qu'ils y observoient, entre autres Gouthier, Guichard, & Kikerman. Ces mysteres inconnus sont la figure d'un instrument plus semblable à une douloire, qu'à une hache, avec ces mots *sub ascia dedicavit.*

Guth. de Jure Manium.
Guich. des funerailles des Anciens.
Kikerm. de funerib.

Gouthier a remarqué, que cette figure & ces mots sont plus frequens dans les inscriptions de la Province Lyonnoise, que par tout ailleurs. Ce qui a trompé ces Auteurs, c'est qu'ils ont pris pour une hache, ce qui n'en est pas une ; & ce qui les a embarrassé, c'est la défense qui étoit faite par la Loy des douze Tables de polir les buchers avec la hache. Ainsi confrontant ces paroles *sub asciâ dedicavit*, avec celles de la Loy *Rogum asciâ ne polito*, ils ne sçavoient comment se tirer d'affaire pour l'interpretation de ces mots. Quelques-uns au lieu d'*Ascia* mot Latin, qui signifie une hache, ont crû que c'étoit un mot Grec ἄσκια, & que *sub ascia dedicavit*, étoit la même chose, que *sub dio*, parce que tous ces tombeaux étoient placez sur les grands chemins & dans des campagnes exposées à l'air avec des cippes, qui servoient comme d'Autels, à faire des libations, ou à offrir des sacrifices aux Dieux Manes, à qui tous ces Tombeaux étoient inscripts & sacrez, pour les rendre plus vénérables, & pour empêcher qu'ils ne fussent détruits, ou endommagez par les passans. Car ils devenoient par ce moyen des lieux saints & religieux, ausquels on ne pouvoit toucher sans impieté, & sans commettre une espece de sacrilege. Les Chrétiens pour la même raison consacrent les leurs à Dieu tres-bon & tres-grand, par ces trois lettres, D. O. M. *Deo Optimo Maximo.*

Hujus securis nota est in plerisque Monumentis quæ in Lugdunensi Provinciâ visuntur.
L. 1. de Jure Manium cap. 28.
Rogum asciâ ne polito.

D. M.
Diis manibus, & quelquefois D.M.S.
Diis manibus sacrum.

L'instrument representé sur les Tombeaux des Payens n'est pas une hache, ny une

de la Ville de Lyon. 53

douloire à couper & aplanir le bois, mais une gafche à détremper la chaux ; que l'on nomme à Paris un rabot, & en terme de Blafon un ruftre, du mot Latin *rutrum*, ou *rutabulum*. Vitruve nomme cet inftrument *Afcia*, dont il dit, que l'on fe fert à gâcher la chaux & le mortier. *Macerata calx afciâ dolatur*, dit-il, au livre 7e. de l'Architecture chap. 1. & c'eft de ce mot *Afcia*, que l'on a fait le terme de gâcher, dont on fe fert en ce païs, & non pas du mot Alleman *Vaffer*, qui fignifie de l'eau, comme Nicod l'a imaginé en fon Dictionnaire.

Sidonius Apollinaris, en une lettre qu'il écrit à Secundus Apollinaris fon Neveu, fils d'Apollinaris fon frere, nomme ce même inftrument, Rateau ou Rabot funebre. Lors qu'indigné contre ceux qui avoient profané le lieu où étoit le Tombeau de fon ayeul Apollinaris, qui avoit été Prefet du Pretoire, c'eft à dire, Gouverneur des Gaules ; il dit. Je n'ay pû retenir ma colere & mon indignation, lors que paffant auprés du Tombeau de voftre bifayeul & de mon Ayeul, le Grand Apollinaris, j'aperçus qu'une troupe d'Infidelles s'étoit approprié le Champ où eft ce Maufolée, & que le confiderant comme un lieu abandonné, ils y portoient indifferemment les corps qu'ils vouloient inhumer, & avec leurs ceremonies impies y creufoient des tombeaux à ceux qu'ils vouloient. Ce Saint qui étoit forti de Lyon pour aller à Clermont, vit de loin ceux qui travailloient dans ce Champ autour du Tombeau de fon Ayeul, & mû d'indignation contre ces impies, il y courut & les maltraita, puis étant revenu de ce premier emportement, il rentra dans la Ville, & alla s'accufer au faint Evêque Patient, de ce qu'il avoit fait, lui demandant pardon Mais le faint Evêque, dit-il, bien loin de condamner mon emportement, loüa mon zele d'avoir châtié ces impies.

Epift.12. lib.3.

Ut locum auderent tanquam vacantem corporum bajuli raftris funebribus impiare. l.3. Epift.XII.

Voici la Figure de ces inftrumens, dont on fe fervoit, pour ces ceremonies, tirée d'un Tombeau antique.

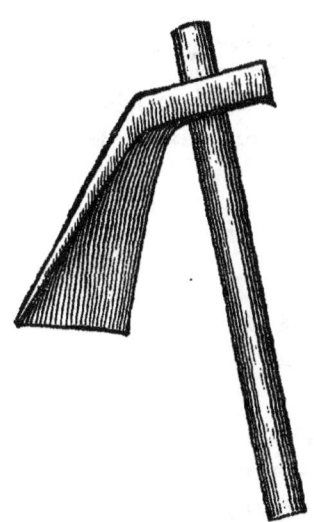

C'étoit donc la coûtume, quand on confacroit ces Tombeaux aux Dieux Manes, que celui qui faifoit cette Dedicace, prenoit du Mortier avec une Gafche ; & la mettoit le premier avec ceremonie dans le creux, fur lequel on vouloit placer ce Tombeau, ceremonie qu'on a retenuë quand on met les premieres pierres des Eglifes, des Monafteres, des Palais, & des autres Edifices publics, où les Princes, les Prelats, & les Magiftrats avec une truelle d'argent, prennent du mortier,& en font l'affife de cette premiere pierre. Voilà le myftere de ces paroles *fub afciâ dedicare*, qui avoit échapé à tous nos Savans, & qui n'eft pas une digreffion hors d'œuvre en cette Hiftoire, puifque c'eft en cette Ville, & en cette Province, que les Antiquaires ont remarqué, que l'ufage en étoit plus frequent qu'ailleurs, & dont je donne ici autant d'exemples que j'ay pû découvrir de pareilles infcriptions L'une des plus confiderables, eft celle d'un Au-

G iij

gustal, dont il ne reste qu'une partie du nom, elle étoit grande & écrite sur trois grands quartiers de pierre, qui ont été déjoints & employez à bâtir la Porte du Bourg de Saint Irenée, par où l'on va à Sainte-Foy.

....
.... ONDANIUS COR .... ⋮
.... I¹¹¹¹I VIR AUG.
LUGDUNI NEGOTIATOR ARGENTARI
VASCULARIUS SARCOPHAGUM S. S. *Suo sumptu*
ALUMNO POSUIT ET ARAM INFRA SCRIPT.
VIVUS SIBI INSCRIPSIT UT ANIMÆ
ABLATÆ CORPORE CONDITO MULTIS
ANNIS CELEBRARETUR EOQUE FATO.

En un morceau placé plus haut on lit,

  JULIUS NUMIANUS
  FRATER POSUIT

Et au dedans de la Porte.

  HÆC OMNIA SUB ASCIA DEDICAVIT.

Avec une grande moulure au dessous, qui marque que ce devoit être un superbe Mausolée d'un jeune Homme de qualité élevé par cet Augustal, & qu'il y avoit là-même un Autel dont il est parlé dans l'inscription, sur lequel Autel, l'Augustal avoit mis son nom, pour se rendre celebre aprés sa mort à la posterité.

Celle-ci fut trouvée auprés de saint Clair, sur les bords du Rhône, l'an 1518. quand on creusoit les fondemens du Boulevard.

  D. M.
  ET MEMORIÆ
  ÆTERNÆ
  SALVIORUM ASTE
  RIS ET VICTORI
  NÆ CONJUGI
  EJUS ET VICTORIN
  FILIÆ EORUM DOVIO
  CUS LIB. PON. CURAV. *Libertus poni curavit.*
  ET SUB ASCIA DEDIC.

J'en ay découvert une autre au quartier de Trion, où il n'y a rien d'entier que le nom d'un Salvius.

  SALVIO .... ⋮
  ....
  ET SUB ASCIA DEDICAVIT.

de la Ville de Lyon. 55

Dans une petite ruë derriere l'Eglise de S. Pierre le Vieux, est celle-ci dans un Cippe engagé dans un Mur & renversé.

```
        D. M.
ET MEMORIÆ Æ-
TERNÆ VROGENO
NERTI VET. LEG.
XXII. P. F. ACCEPTIA
ACCEPTA CONJUGI
CARISSIMO ET SIBI
VIVA P. C. ET SUB ASC.
      DEDICAVIT.
```

Veterani Legionis piæ fidelis.

Poni curavit.

Celle-cy sert de Bassin à une Fontaine des Peres Recollets de Bellegreve.

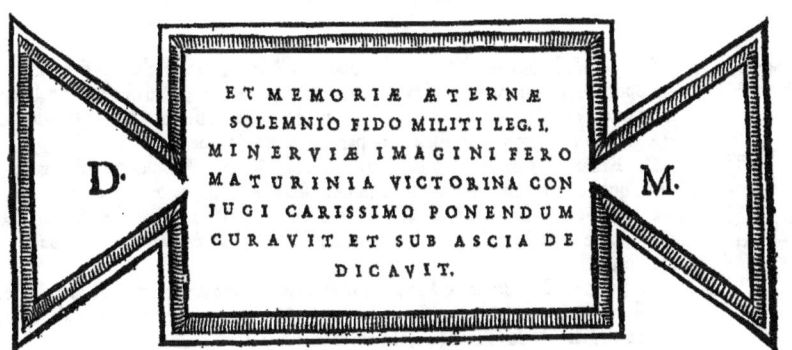

Cette autre conservée par le Savant Mr. Du Choul & placée dans sa Maison au dessus de Gourguillon, où est à present le Monastere des Filles du Verbe Incarné, est des plus remarquables. Elle est d'un Enfant de qualité qui n'avoit que neuf ans & quelques mois.

```
              D.    M.
     ET MEMORIÆ ÆTERNÆ
            FAUSTINI
     M. AURELII INFANTIS DULCIS-
     SIMI ET INCOMPARABILI QUI
     VIXIT ANNIS VIII. M. II. D. XIII.    Mensibus II. diebus XIII.
     QUI SIBI ANTE MORTEM RO-
     GAVIT QUAM PARENTIBUS
     SUIS C. JUL. MAXIMUS FILIAS-      Cajus Julius.
     TRO ET AURELIA FAUSTINA
     MATER UNICO FILIO DESO-
     LAT. P. C. ET SUB ASCIA DEDI-     Poni curavit.
     CAVERUNT MULTIS ANNIS
     VIVAT QUI DIXERIT ARPAGI
         TIBI TERRAM LEVEM.
```

Recherches des antiquitez, ch. 3. p. 47.

Cette Inscription est des plus singulieres ; & comme elle n'a pas été entenduë de Mr. Spon, qui l'a donnée en ses Recherches, je ne puis me dispenser de l'expliquer, quoy que j'aye déja donné dans le projet de cette Histoire l'interpretation du mot *Arpagi* que Mr. Spon avoit dit n'être pas si facile à déviner.

Aurelia Gens à Sabinis oriunda. A Sole primùm Aurelia dicta est quod ei publicè datus locus in quo sacra Soli faceret. Fest. Pomp. Cic. & Asconius in Pisonem.

Cét Enfant devoit être de la Famille Aurelia, Famille Plebeïenne originaire des Sabins, qui fut au commencement nommée AUSELIA du nom Grec, du Soleil, parce que selon Feste Pompée, il lui fut accordé un lieu public, pour sacrifier au Soleil. C. Aurelius de cette Famille, fut envoyé dans la Gaule aprés son Consulat pour y commander.

Ce pourroit être de cette Famille, que nous restent divers monumens des têtes du Soleil en marbre fort bien taillées, & d'un goût antique en quelques Maisons du quartier de S. Just, & de S. Irenée dont voici les figures.

de la Ville de Lyon.

Jules Capitolin nous apprend aussi qu'Antonin Pie, dont le nom étoit **Titus Aurelius**, étoit Gaulois de Nation, né à Nismes, ce qui fait voir que la Famille des Aureles étoit établie dans les Gaules, & qu'il y en pouvoit avoir des branches à Lyon, au temps que cette Ville étoit la Capitale de quatre Provinces, & la demeure ordinaire des Gouverneurs de la Celtique. Aurelius Fulvius Pere de cét Empereur étoit homme Consulaire. Annia Faustina, qui fut femme de cét Empereur, pouvoit bien avoir donné à nôtre jeune Marc-Aurele, le surnom de Faustinus, comme Antonin Pie avoit joint aux noms de Titus Aurelius, celuy de Fulvius à cause de son Pere, & celuy de Bojonius à cause de sa Grand-Mere Bovinia Procilla.

La pieté de cét Enfant est marquée en cette Epitaphe, en ce qu'il avoit souhaité de mourir avant ses Pere & Mere, & sembloit en avoir prié les Dieux.

La qualité de Filiastre *filiaster*, que lui donne cette Inscription, fait voir qu'il n'étoit pas Fils naturel de Julius Maximus, mais seulement d'Aurelia Faustina, qui devoit l'avoir eu d'un premier Mariage, avant qu'elle épousât Maximus, dont il n'étoit que le Beau-fils. On se sert encore à présent en ce païs du mot de Filiastre, pour dire Gendre ou Belle-fille, ce qui ne pouvoit convenir à un Enfant de neuf ans.

Quoyque j'aye déja expliqué le mot d'*Arpagi*, dans le projet de cette Histoire, cependant puisqu'il a paru inintelligible à Mr. Spon, qui étoit d'ailleurs si habile, & qui sçavoit si bien la langue Grecque, je redonneray ici l'Interpretation de ce mot pour servir de Commentaire à cette Inscription, si singuliere, & l'une des plus belles que nous ayons, qui peut faire voir en même-tems, la connoissance que nos Lyonnois avoient conservé de la langue Grecque, & du commerce qu'ils avoient avec les Grecs, qui s'y étoient établis, comme il paroît par un grand nombre de noms Grecs, qui se trouvent dans nos Inscriptions.

C'étoit l'usage parmi les Romains, de ne point faire de funerailles pour les Enfans qui mouroient au berceau, l'on ne brûloit point leurs Corps, & l'on ne leur dressoit ny Tombeau ny Epitaphe, ce qui a fait dire à Juvenal, *Sat. 15.*

Terra clauditur Infans
vel minor igne rogi.

On les brûla depuis quand ils avoient vécu plus de quarante jours, & quand ils avoient poussé quelques dents. L. Valerius, qui mourut au soixante onziéme jour a un Tombeau & une Epitaphe à Rome, dans le Château saint Ange. Ces morts étoient appellées des rapts. Comme en cette Epitaphe. Le mot A R P A G I signifie la même chose en Grec, & Eustathius le sçavant Scholiaste d'Homere, nous apprend que c'étoit la coûtume des Grecs aux funerailles des Enfans, de ne les celebrer, ny de nuit, ny au grand jour, mais au lever de l'Aurore avant que le Soleil parut, ce qu'ils appelloient le *rapt du jour*, en Grec ΗΜΕΡΑΣ ΑΡΠΑΓΗΝ conformément à ce vers de l'Odyssée.

Aurora digitis roseis est raptus Orion.

Ainsi Aurelia Faustina souhaite une longue vie à ceux qui diront en voyant le Tombeau & l'Epitaphe du jeune Marc Aurele Faustinus, qu'il a été enlevé de cette sorte par les Dieux, qui l'aimoient & qui souhaitoient que la terre ne pressat pas son petit corps, c'étoit le souhait ordinaire des Anciens en la plûpart de leurs Epitaphes, & en la ceremonie de leurs funerailles.

Revenons aux autres Exemples de la ceremonie *Sub Ascia dedicare.*

L VALERIO IN-
FANTI RAPTUS
QUI EST,
ἁρπάγην raptus;
Mos erat ut quis
Juvenum defunctorum corpora, neque noctu, neque circa meridiem efferri, sed primo diluculo oriente sole, radios emittente, quod dici raptum ΗΜΕΡΑΣ ΑΡΠΑ-ΓΗΝ appellabant. Tamquam non expirassent, sed amoris desiderio rapti essent. Eustath. Odyss. 5. ex Græco.

Dans une Cour au quartier de saint Juſt, proche le Monaſtere des Urſulines.

```
     D.        M.
  ET MEMORIÆ
  ÆTERNÆ
  RUSTICINI
  ERENNI VET.          Veterani
  LEG. XXXVL C. QUI    Legionis
  VIXIT ANNIS LXXXX.
  PATRI PIENTISSI,,,,  Pientiſſimo
       P,,,,,
  RUSTICINA UR.'. PONEN  Urſa
  DUM CURAVIT ET
  ESTIVIA URSA CON
  JUX QUÆ CUM EO
  VIXIT ANNIS XXXXII SI
  NE ULLA MACULA.
```

Il faut que cette trente ſixiéme Legion, ait long-temps demeuré en ce païs, où l'on trouve pluſieurs Epitaphes de Veterans, & d'Officiers de cette Legion. Il faut auſſi obſerver la difference qu'il y a entre faire dreſſer un Tombeau, & le dédier ; car ici c'eſt la Fille qui le fait dreſſer, & la Fille & la Femme le dédient, ce que j'ai obſervé en d'autres Inſcriptions. C'eſt à dire, que l'une & l'autre avoient fait la ceremonie, de mettre la premiere aſſiſe ſavec la Gaſche, ou la Truelle, & que c'étoit aux frais de la Fille comme heritiere, que le Tombeau avoit été dreſſé.

Gruter rapporte une ſemblable Inſcription, où les Noms d'Eſtivus, & de Ruſtici-nie ſe voyent, & qui probablement étoient Parens des deux ci devant, puiſqu'il la dit être en cette Ville, où je n'ai pû la découvrir ; elle a la même formule *ſub aſtia dedicavit*.

En voici une autre, qui eſt en Vers, & engagée dans un mur d'une Chambre-Baſſe du Monaſtere de l'Antiquaille, qui ſert de Cordonnerie.

```
          D.        M.
   M. ÆTERNÆ CL RUFINI
  CL. HUNC VIVUS STYGIAS RUFINUS
  AD UMBRAS INSTITUIT TITULUM
  POST ANIMÆ REQUIEM QUI TES
  TIS VITÆ FATIS SIT LEGE FUTURUS
  CUM DOMUS ACCIPIET SAXEA COR
  PUS HABENS QUODQUE MEAM RE
  TINET VOCEM DATA LITERA
  SAXO VOCE TUA VIVET QUISQUE
  LEGET TITULOS. ROFFIO HIC
  SITUS EST JUVENILI ROBORE
  QUONDAM : QUI SIBI MOXQUE
    NUTRICI MARCIANÆ ITEM
    VERINÆ CONLACTIÆ HÆC
  MONIMENTA DEDIT ET SUB
      ASCIA DEDICAVIT
  CURANTE CLA SEQUINTE PATRONO.
```

de la Ville de Lyon. 59

Ce devoit être l'Epitaphe d'un Esclave Affranchi, de la Maison Claudia, dont il y a trois Epitaphes en ce même Monastere, auprés d'une mare d'eau. Ce fut Claudius Sequens, son Maître & son Patron, qui lui permit de se dresser ce Tombeau, & qui le fit faire à ses frais; Apparemment ce Ruffinus étoit Poëte, ce qui lui fit composer son Epitaphe en Vers, comme il desira, avec la permission de son Maître, que ce Tombeau lui fut commun avec sa Nourrice Marciana & Verina, qui avoit été nourrie du même lait que lui. Il nomme son Epitaphe du nom de titre, qui est le même que le Livre de la Genese donne à l'Epitaphe de Rachel.

Erexitque Jacob titulum super sepulchrum ejus. Hic est titulus monumenti Rachel, Gen. 35.

```
         D. M.
MEMORIÆ ÆTERNÆ
QUARTI ULPI PRIMITIVI
LIBERT AUGG. QUARTIA      Liberti Augustorum.
SECUNDILLA LIBERTA ET
CONJUNX PATRONO PIEN
TISSIMO ET SIBI KARISSIMO
ERGA SE BENE MERENTI
CUM QUO VIXIT ANNOS XXIII.
M. VIII. D. XXV. ANN. XXXXVII.   Annorum 47.
SIBI VIVA POSUIT ET SUB
ASCIA DEDICAVIT.
```

Ce *Quartus Ulpus Primitivus* étoit Affranchi des Antonins, Marc-Aurele & Luce Vere, qui les premiers des Empereurs furent appellez les deux Augustes, comme nous l'apprend Spartien dans la vie d'Ælius Verus.

Ipsi sunt qui primi duo Augusti appellati sunt, & quorum fastis Consularibus, sic nomina præscribuntur, ut dicuntur non tantùm duo Antonini, sed duo Augusti.

En voici une d'un Enfant d'un an, qui est au Monastere de l'Antiquaille, où je l'ai copiée.

```
    D.    ⚒    . M.
M. JUSTINI MARCELLI
INFANTIS DULCISSIMI
QUI VIXIT ANNUM
UNUM DIES XXXXVII.
M. JUSTINUS SECUN
DINUS ET PRIMANA
MARCELLINA PATRES
AMISSIONE EJUS
    ORBATI              Poni curarunt &
P. C. ET S. AS. DDC.    sub Ascia dedicaverunt.
```

Voici le fragment de celle d'un nommé Felix Felicissimus, à qui les Tuteurs de ses Enfans firent dresser un Tombeau, avec les mêmes ceremonies. Le commencement y manquoit, quand elle fut trouvée l'an 1531. proche la Chapelle de S. Clair en creusant les fondemens du Boulevard, que l'on nomme de saint Clair, à cause de cette Chapelle.

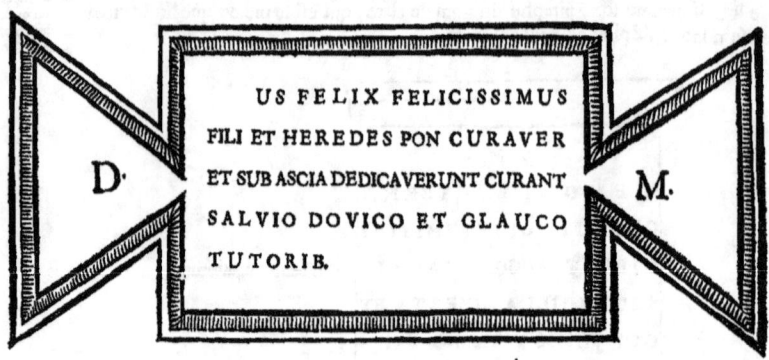

D.   M.
   US FELIX FELICISSIMUS
FILI ET HEREDES PON CURAVER
ET SUB ASCIA DEDICAVERUNT CURANT
SALVIO DOVICO ET GLAUCO
TUTORIB.

Le desir qu'avoient les Anciens de se procurer des Tombeaux, & des Funerailles faisoit, que non seulement, ils affranchissoient leurs Esclaves, & les faisoient leurs Heritiers, afin qu'ils leur procurassent cét honneur ; mais plusieurs se dressoient eux-mêmes, durant leur vie ces Tombeaux, avec les ceremonies ordinaires, pour n'être pas privez de cet honneur. Comme cét Affranchi de Primus Cupitus, dont l'Epitaphe se voit au Faux-boug de saint Irenée, en la ruë dite des Anges.

    D.   M.
   P R I M U S
      E G L E T I A N U S
Publii.   P. P R I M I C U P I T I
Liberti. L I B. Q U I U T H A B E
   R E T V I V U S S I B I
   P O S U I T E T S U B
   A S C I A D E D I C.
   D O M U I Æ T E R N Æ.

Il appelle son Tombeau la maison Eternelle.

J'ai encore plus de quarante de ces Inscriptions, avec la même formule, que je donnerai ailleurs, à l'occasion de divers sujets d'Histoire, ausquels elle peuvent servir de preuves.

Auguste vient à Lyon. Lollius, qui succeda à Agrippa au Gouvernement des Gaules, ne s'acquitta pas de sa Charge aussi sagement que son Predecesseur, ni avec autant de succez. Car ayant voulu s'opposer aux courses des Allemans, il le fit avec si peu de précaution, qu'il fut battu, & contraint de se retirer, avec une perte d'autant plus honteuse pour les Romains, que les Allemans lui enleverent l'Aigle de la cinquiéme Legion, qu'ils emporterent en leur païs, comme un trophée, qui leur faisoit autant d'honneur, qu'il laissoit de confusion à ceux à qui ils l'avoient arraché. Auguste pour vanger cét affront fait au nom Romain, sortit de Rome, & vint en personne dans les Gaules, pour s'opposer à ces Barbares, il amena Tibere, fils de sa femme Livie & de Drusus, son premier Mary, & quoi qu'il fut actuellement Preteur à Rome, il lui donna le Gouvernement des Gaules, & ordonna que Drusus son frere, acheveroit pour lui d'exercer jusqu'à la fin de l'année la Charge de Preteur.

Ce départ d'Auguste, se fit avec beaucoup de ceremonie, Agrippa qu'il avoit associé dépuis un an, à la puissance de Tribun, qui lui donnoit un pouvoir absolu sur le peuple, celebra les Jeux Seculaires. Tibere & Drusus son frere, donnerent un Jeu de Gladiateurs, avec la permission du Senat, Auguste dédia lui-même le Temple de Quirinus, qui avoit été reparé, & l'on fit des Vœux publics pour le retour de l'Empereur. Ainsi jamais il ne fut d'expedition plus solennelle, que ce voyage d'Auguste, qui ordonna en même-temps, diverses Colonies pour les Gaules, & pour l'Espagne, l'an 738. de Rome.

Le soulevement des Bretons, & les courses des Allemans ne furent pas les seuls motifs qui obligerent Auguste de venir dans les Gaules, l'an 738. de Rome, sous le Consulat de Domitius & de Scipion. Il s'apperceut que sa presence inquietoit les Romains, & particulierement les Senateurs ; parcequ'ayant entrepris de reformer la Republique & de corriger les abus, que les desordres des Guerres Civiles avoient introduits, il commençoit à devenir odieux par les châtimens qu'il avoit fait de quelques-uns, en faisant grace à d'autres, qui n'étoient pas moins coupables que ceux qu'il avoit punis. Outre cette raison, qui pouvoit l'obliger à se retirer pour un temps & à disparoître aux yeux des Romains, il y en avoit une autre, qui n'étoit pas moins pressante. Il aimoit Terentia femme de Mecenas, & sa passion étoit si violente, qu'il gardoit peu de mesures. Mecenas commençoit à s'en apercevoir, Livie en avoit deja de secrettes jalousies ; ces deux femmes se regardoient ; Livie étoit imperieuse, elle avoit pris beaucoup d'ascendant sur l'esprit de son Mari, il falloit la ménager, & il n'avoit pas de moindres ménagemens à garder avec Mecenas le plus fidele, aussi bien que le plus sage & le plus éclairé de ses Ministres, à qui il devoit son affermissement dans l'Empire. Un affront aussi sensible qu'étoit l'injure qu'il lui faisoit par les intrigues qu'il avoit avec sa Femme, pouvoit porter ce Ministre à de fâcheuses extremitez ; il jugea donc qu'il n'y avoit qu'une absence, & un éloignement, qui pût guerir sa passion, & faire cesser les mauvais bruits, qui se répandoient dans Rome, sur cét attachement.

Dion, l. 54.

Dion a fait tort à la sagesse de ce Prince, quand il a dit que bien-loin que ce fut pour s'éloigner de l'objet, qui causoit sa passion, ce fut au contraire pour l'entretenir plus à couvert dans un voyage, qui le déroboit à la vûë des Romains, qui l'observoient un peu de trop prés. C'eût été trop lever le masque, que d'emmener cette Femme, & donner trop d'ombrage à son Mari, aussi bien qu'à Livie, qui ne l'auroit pas souffert de l'humeur dont elle étoit, puisqu'elle étoit trop absoluë pour ne pas trouver des moyens de rompre une partie exposée aux yeux de trop de gens pour pouvoir être cachée.

Auguste fut à peine arrivé en cette Ville, qu'il y trouva d'autres affaires à demêler, que les irruptions des Allemans, & le soulevement des Isles Britanniques. Il y reçut les plaintes des Lyonnois, & de leurs Voisins, sur la conduite d'un nommé Licinnius, qu'il avoit fait Intendant dans ces Provinces. C'étoit un homme venu de rien, né au pied de la montagne de Tarare, qui s'étant mis à servir les Romains, lorsqu'ils tenoient leur Camp à Tassins, ainsi nommé de la station qu'y firent les Troupes, entra au service de Jules Cesar, qui l'affranchit, & s'étant depuis avancé par degrés à des Emplois plus considerables, il avoit eu l'Intendance & la recepte des Gaules, par la faveur de ses amis, qu'il gagnoit par des presens, & par des sommes d'argent ; artifice qui n'est encor que trop en usage, parmi ceux qui ayant servi dans les Maisons des Grands, abusent souvent du nom de leurs Maîtres, pour couvrir leurs vexations, & ne tirent d'autres recompenses de leurs services, que des Commissions mendiées, dans lesquelles ils se maintiennent par des refusions d'une partie de leurs larcins, & de leurs vexations publiques. Aussi voyons nous de temps en temps des exemples de la justice du Roy, qui par des recherches sur la conduite de ces Traitans, leur fait rendre gorge, des deniers mal-acquis, comme la recompense par des bienfaits, & par des Charges, ceux dont l'integrité est à couvert de semblables soupçons, & incapable de commettre de semblables injustices. C'est ainsi que Licinnius s'étoit avancé. Cét homme extremément avare, & qui manquoit d'éducation pour avoir été élevé dans une condition servile abusant de l'autorité que lui donnoit son Emploi, & du pouvoir de tout entreprendre, que lui offroit la presence des Troupes, dont il avoit gagné les Officiers, acheta la plûpart des Possessions de ces Collines fertiles, qui s'étendent le long de la Saône, dépuis Vaize, jusques à Albigny, & depuis le bord de cette Riviere, jusques à la montagne de Tarare. Il voulut que ce pais, qui avoit été le lieu de sa naissance, portat son Nom, & fut appellé la Montagne de Licinius, Comme il y avoit un Palais rempli de richesses & de tresors, qu'il tiroit de tous côtez. Car dépuis que les Gaules avoient été taxées à payer tous les mois aux Romains une certaine somme pour conserver leur liberté, & pour joüir de leurs Privileges, cet homme insatiable avoit fait l'année de quatorze mois, en y ajoûtant deux nouveaux, qu'il nomma les deux Augustes, pour fermer la bouche à ceux qui voudroient murmurer de son entreprise, sous pretexte de les faire

Preuves pag. XII.

Taxoneria, seu Stationaria.

passer pour Impies, & pour Violateurs de la dignité d'Auguste, sous le nom de qui il avoit consacré ces deux mois.

Auguste fut touché des oppressions que ces Peuples avoient souffertes, & mû d'indignation contre Licinius, sans pourtant rien oser ordonner de fâcheux contre lui, parce qu'il étoit confus de s'être servi d'un homme si avare, & si injuste pour gouverner des Peuples qui lui étoient si fideles. D'ailleurs Licinnius, qui n'étoit pas moins adroit que méchant, se voyant comme perdu, s'avisa d'une ruse qui le tira d'affaire. Il prit le parti de ceux, qui en danger de faire naufrage, jettent tout dans la Mer, pour tâcher de se sauver par la perte de leurs biens. Il invita Auguste à aller dans sa Maison, où lui ayant fait voir des monceaux d'or & d'argent, il lui dit, qu'il n'avoit amassé tant de richesses, que pour ôter aux Gaulois les moyens de rien entreprendre contre lui, & pour les attacher necessairement aux Romains, quand ils manqueroient de ces secours d'argent. Ces Tresors, ajoûta t-il, sont à vous, Seigneur, & vous pouvez en disposer, puisque je ne les ai amassez que pour vous : servez vous en pour conserver les forces de Rome, & pour accabler vos Ennemis. Auguste fut ébloüi de tant de richesses, & changeant son indignation en sentimens de reconnoissance, il considera moins ce que ces Peuples avoient souffert, que l'utilité qui lui revenoit des extorsions de son Ministre Licinnius se mit ainsi à couvert de la justice de cet Empereur, qui se servit de ces grandes sommes, pour payer ses Troupes, & pour recompenser ses Officiers, qui changerent deslors le nom de cette Montagne, & au lieu de Mont de Licinnius, ils la nommerent *le Mont-d'Or*, parce qu'ils en tirerent plus en peu de jours, que les Mines les plus abondantes, n'en peuvent fournir en plusieurs années. Je dois cette Histoire, & cette dénomination, du Mont-d'Or, à Dion, & à quelques titres du Cartulaire d'Aisnay, que Mr. Neron m'a communiqué, & je les rapporte parmi les Preuves de cette Histoire, comme les témoignages certains de cette dénomination. Il reste encore à present sur cette Montagne quelques masures d'un ancien Palais, avec un Hameau nommé *Montons*, & un autre *Lissi*, restes de l'ancien nom *Mont Licinii*, qui se trouve en quelques titres du Cartulaire d'Aisnay.

Preuves pag. XII.

Probus Gallos & Pannondos vineas habere permisit, Almamque & Aureum Montem militari manu Confectos Provincialibus colendos dedit. Euseb. In Chronic. Lib. posteriori an. CCLXXX.

Paradin sur un passage d'Eusebe, qui dit que l'Empereur Probus permit aux Gaulois & aux Pannoniens d'avoir des Vignes, a crû que c'étoit cet Empereur qui avoit fait donner le nom de Mont-d'Or, à ce Canton du Lyonnois, fertile en vins, parce qu'en Dalmatie, il y a une Montagne ainsi nommée auprès d'une Ville, qui s'appelloit *Viminatium*, à l'imitation desquels il avoit voulu que nôtre Montagne fut aussi nommée Mont-d'Or, & un Bourg opposé à cette Montagne, de l'autre côté de la Saône *Viminatium*, comme cette Ville de Dalmatie. Mais ce qui détruit sa conjecture, est que le Bourg de Vimy, érigé en Marquisat, sous le nom de Neufville, en faveur de la Maison de Neufville-Villeroy, depuis l'échange fait de cette Terre, avec le Chapitre de l'Isle-Barbe, qui le possedoit auparavant, ne se trouve point nommé *Viminatium*, en aucun ancien titre ; mais *Vismiacum*. D'ailleurs il est constant, qu'il y avoit des Vignes en ce païs du tems des premiers Empereurs, puisque nous avons plusieurs Inscriptions de Marchands de Vins, qui trafiquoient sur le Rhône, & sur la Saône, auxquels Sextus Ligurius, fit un present lorsqu'il eut obtenu par les Suffrages du Peuple l'honneur du Souverain Pontificat, & du Duumvirat. Il fit aussi des presens aux Decurions, aux Chevaliers, aux Augustaux, & à tous les Corps des Marchands. Et fit representer des Jeux du Cirque pour le divertissement du Peuple.

Ce Monument, qui est l'un des plus curieux qui soit en cette Ville, merite ici d'être transcript. Il est à la porte de l'Eglise de saint Etienne, ancienne Cathedrale de Lyon.

```
SEX. LIGURIUS SEX. FIL.      Sextus Sexti filius
GALERIA MARINUS
SUMMUS CURATOR C. R.        Coloniæ Romanæ.
PROVINC. LUG. Q. IIVIRALIB.  Provinciæ Lugdunensis
ORNAMENTIS SUFFRAG.         Quinque. Duumviralibus
                             suffragiis
SANCT. ORDINIS HONO          Sanctissimi
RATUS II Vir DESIGNATUS      Duumvir
EX POSTUL. POPULI OB HONO-   Postulatione
REM PERPETUI PONTIF. DAT.    Pontificatus datum
CUJUS DONI DEDICATIONE
CURIONIBUS -X- V. ORDINI EQUES-  denarios quinque,
TRI IIIII VIRIS AUG. NEGOTIATO-
RIB. VINARIIS -X- III. ET OMNIB.
CORPORIB. LUG. LICITE COEUNTIB. -X- II.
ITEM LUDOS CIRCENSES DEDIT. LDDD.  Locus datus decreto De-
                                   curionum.
```

Cette riche inscription demande une entiere explication pour servir d'éclaircissement à nôtre Histoire, & pour faire connoître la splendeur de cette Ville, sous les Romains, dépuis qu'ils eurent amené une colonie. La voici renduë en nôtre Langue.

Sextus Ligurius Marinus de la Tribu Galeria, fils de Sextus, Intendant de la Colonie Romaine de la Province de Lyon, ayant receu par les Suffrages du tres-saint Ordre des Senateurs, pour cinq ans les honneurs & les Ornemens de la dignité de Duumvir designé à la postulation du peuple, après avoir receu l'honneur du Pontificat perpetuel, le jour de son Sacre, donna à chacun des Senateurs cinq deniers, à chaque Chevalier, à chaque Augustal, à chaque Marchand de Vin, trois deniers & à tous les Corps des Marchands, à qui il étoit permis de trafiquer à Lyon, à chacun deux deniers. Enfin, il fit representer les Jeux du Cirque dans le lieu qui lui fut assigné par l'ordre des Decurions.

Mr. Spon a confondu ces deux noms Galeria Marinus, en un seul, qui seroit un nom monstrueux. La Tribu Galeria étoit la dixiéme, selon Panvinius. Et Sigonius tient que c'est du Fleuve Galesus, qu'elle fut ditte Galesa, & dépuis Galeria. L. I. de Antiquit. Jur. Civ. Rom.

Combien de choses nous apprend cette Inscription! Premierement qu'il y avoit dans Lyon une Cour & une espece de Senat, à la forme de celui de Rome, c'est ce Senat dont les Senateurs sont nommez Curions, en cette Inscription, & Decurions en plusieurs autres. 2. Que les Citoyens Romains y avoient leur Intendant, & leur Juge particulier à cause de leur dignité de Citoyens Romains, qui se gouvernoient selon le Droit de Rome, au lieu que les autres étoient de droit Italique. 3. Lyon avoit ses Duumvirs, qui étoient en cette Ville, ce qu'étoient les Consuls à Rome, avec cette difference, que les Consuls étoient annuels dans Rome, & que ces Duumvirs le pouvoient être cinq ans. 4. qu'il y avoit à l'Autel d'Auguste un Pontifice perpetuel comme à Rome, pour certains Dieux, Jupiter, Mars, & c'est ce Pontife qui est appellé en plusieurs autres Inscriptions *Sacerdos ad Aram Romæ & Augusti ad Confluentem Rhodani & Araris.*

Mr. Spon, n'avoit pas bien entendu cette Inscription, quand il a crû qu'il falloit entendre cette marque -X- d'un grand Sesterce, & non pas d'un denier. Quel present, dit-il, seroit ce à des Corps considerables de leur donner quatre ou cinq deniers ? Il y a bien plus d'apparence que cet -X- marque un grand Sesterce, qui valloit mille petits Sesterces, c'est à dire, environ deux cens francs.

J'aurois bien plus de raison que lui, de dire quel present seroit-ce à des Corps considerables de leur donner environ deux cent francs. Au lieu que cinq deniers d'argent à chaque Senateur, trois deniers à chaque Chevalier, à chaque Augustal, & à chaque

Marchand de Vin, & deux deniers d'argent à chaque autre Marchand, pouvoit faire une somme de vingt mille francs, dans une Ville nombreuse & d'un grand commerce, où soixante peuples trafiquoient, & où il y avoit ordinairement des Cohortes de diverses Legions, dont les Officiers étoient Chevaliers.

Ceux qui ont crû sur cette Inscription, qu'il y avoit un Cirque à Lyon, se sont trompez, parce que s'il y en avoit eu un, il n'eut pas été nécessaire de demander aux Decurions une place pour faire ces Jeux de courses de Chariots.

Les liberalitez que fit ce Pontife désigné Duumvir, étoient ordinaires aux Empereurs & aux grands Magistrats de l'Empire, & ce sont ces liberalitez que l'on nommoit Congiaires, qui se faisoient, ou en argent, comme celles-ci, ou en espèces de Bled, d'Huile, de Vins, d'Habits, &c. comme faisoit Aurelien. Hadrien donna des Espiceries à l'honneur de sa Belle-Mere, & du Baume à l'honneur de Trajan.

Flav. Vopisc. In Aurel. Spartian.

VIGNES & Vins dans les Gaules avant l'Empire de Probus.

Solùm omnium rerum, Oleo & Ficu demptis ferax invenies, sed & vitis ubi processeris non facilè uvas ad maturitatem perducit. Reliqua omnis Gallia multùm fert Frumenti, Milii, Glandis, ac omni: genum alit pecus, nihil in eâ ociosum est, nisi quâ paludes aut silvæ obstant, quamquam & illa loca accoluntur. Majore hominum copia quam accuratione. Strab. l. 4.

Solùm possident Oleis, ac vitibus consitum, frumenti autem ob asperitatem sterile.

Jam inventa per se in Vino picem resipiens Viennensem agrum Nobilitans, Arverno, Sequanoque & Helvico generibus non pridem illustrata. Hist. nat. l. 14. cap. 1.

L. 13. Epigr. 107.

Ces Marchands de Vin, qui faisoient un Corps considerable de Negotians à Lyon, sont une preuve certaine, qu'il y avoit alors des Vignes dans les Gaules, puisque l'on y faisoit un si grand trafic de Vins. Mais ce qui est encore une preuve plus incontestable de cette verité, c'est que Strabon, qui décrit les Gaules, & qui parle de la fertilité de ce païs, y met des Vignes par tout, & remarque seulement que quand on a passé les Cevenes, Lyon, & quelques Provinces au-dessus, les Raisins ne meurissent pas si facilement, que dans la Provence & le Languedoc, comme il dit, qu'il n'y a ni Figuiers, ni Oliviers, en ce païs. Il parle aussi du Territoire de Marseille, qu'il dit être rempli de Vignes & d'Oliviers, & n'être pas si fertile en Bleds, à cause que c'étoit un païs de Cailloux & de Rochers. Enfin, il n'est pas jusques aux Grisons, dont il ne loüe les Vins, qu'il dit ne point ceder à ceux d'Italie, quoi qu'ils soient beaucoup plus Septentrionaux.

Pline qui vivoit sous l'Empire de Tite Vespasien, parle des Vignes & des Vins de Vienne, de Bourgogne, de Vivarais & d'Auvergne, dans son Histoire naturelle. Lorsque parlant de l'usage, que l'on avoit de poisser les Tonneaux & les Vases, dans lesquels on gardoit les Vins, il ajoûte que ceux de Vienne avoient ce goût là, sans artifice. Ce que l'on éprouve encore à present dans les Vins de Côtes-Roties, de Thin & de l'Hermitage sur Thin, au dessous de Vienne, qui ont un goût de Poix, un peu amer. Martial fait mention de ces mêmes Vins en une de ses Epigrammes.

Hæc de vitiferâ venisse picata Viennâ
Ne dubites misit Romulus ipse mihi.

Ajoûtez à cela que l'on voit encore en cette Ville de grandes Conserves de Vin, en forme de Cisternes, parfaitement bien cimentées. Il y en a une de cent pieds de long, de douze de largeur, & de quinze de hauteur dans l'enclos des Religieuses de la Visitation de l'Antiquaille au dessous de Fourviere. Les Murs ont trois pieds d'épaisseur, le Ciment est de dix pieds de hauteur, il est encor rouge du tartre, que le Vin y a laissé avec une ouverture ronde de deux pieds & demi de diametre au milieu de la Voute, par où l'on y mettoit le Vin, & un Robinet en un bout du côté d'Orient pour tirer ce Vin. En voici la Figure.

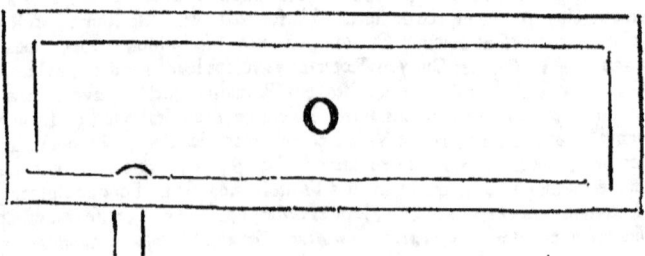

En travaillant pour le Jeu de Maille, le long des Murailles de S. Just, ceux qui applanissoient la terre découvrirent une Cisterne à tenir du Vin, d'une Figure en forme de Poire, d'une vingtaine de pieds de diametre, tres-bien cimentée, d'un ciment que le tartre avoit rendu rougeâtre; quand on ouvrit cette Cisterne, il en sortit des Exhalaisons semblable au feu de l'Esprit de Vin, qui s'éteignirent aussi-tôt, & qui firent croire aux Ouvriers, & à ceux qui virent ces Esprits allumez, que c'étoit une de ces Lampes, que l'on mettoit dans les Tombeaux, & que l'on s'est faussement persuadé être

des

de la Ville de Lyon.

des Lampes éternelles, qui ne s'éteignoient que quand on y introduisoit de l'air, en ouvrant les Tombeaux. J'ai vû à Amboise, dans l'enclos des Peres Minimes, trois grandes Voûtes taillées dans le Roc, qui servoient à garder les Bleds, pour l'entretien des Armées, & deux grands Puits, aussi taillez dans le Roc, qui servoient à tenir le Vin. Il y a aussi eu quelques lieux du païs de Bresse, de ces anciennes conserves de Vin, auprès du Camp de Cesar. Enfin, Jules Capitolin, en la vie d'Antonin Pie, entre les prodiges qui arriverent de son tems, dit que les Tonneaux ou Urnes à garder le Vin, qui avoient été enfouïes dans la terre, s'étoient trouvées au dessus, ce qui fait voir qu'elles étoient de Pierre & de Massonnerie, comme celles dont j'ai parlé, dans lesquelles on gardoit du Vin, de plusieurs années, comme on peut lire dans les Odes d'Horace, où il parle des grandes Urnes à deux anses, dans lesquelles Taliarchus gardoit du Vin de quatre ans.

In Hetruria dolia quæ defossa fuerant, supra terram reperta sunt. Jul. Cap. *In Anton. Pio.*

> Deprome quadrimum Sabinâ
> O Taliarche, merum diotâ.

Horat. Od. IX.

Tout cela fait voir que les Vignes étoient plantées, & cultivées dans les Gaules, long-tems avant Probus, & que quand quelques Historiens ont écrit, que cet Empereur permit aux Gaulois d'avoir des Vignes, & de les cultiver, cela doit s'entendre qu'il leur laissa les Vignes libres, sans mettre aucune imposition sur le Vin. Ou bien peut-être fit-il dans les Gaules, ce qu'Aurelien son Predecesseur avoit fait dans la Toscane, où ayant remarqué qu'il y avoit le long de la voye d'Aurelie jusques aux Alpes, de grandes Campagnes fertiles, & remplies de Bois & de Forests, il avoit permis aux Maîtres de ces Terres de les défricher, & de planter des Vignes, sur les Collines, pour les faire cultiver par leurs Esclaves, & de lui donner du Vin, qui en proviendroit de ces nouveaux Plans, sans en rien payer au Fisc; parce qu'il en vouloit faire des liberalitez au peuple. Ainsi comme ceux qui voudroient inferer delà, qu'il n'y avoit pas auparavant des Vignes dans la Toscane, se tromperoient. On ne peut pas non plus dire, sans se tromper, qu'il n'y eut pas des Vignes dans les Gaules, avant Probus, parce qu'il permit aux Gaulois d'en planter en divers endroits; peut-être même faut-il entendre cette permission des Gaulois, qui habitoient le long du Rhin, vers le païs de Treves, qui faisoient une partie des Gaules, & qui étant alors un païs de bois, n'avoit pas été si cultivé, que le reste des Gaules.

Hetruriæ per Aureliam, usque ad Alpes maritimas ingentes agri sunt, itaque fertiles, ac silvosi. Statuerat igitur dominis locorum incultorum, qui tamen vellent procuratque illic familias captivas constituere, viribus montes conscerere, atque ex eo opere vinum dare, ut nihil rediturum Fiscus acciperet, sed totum populo Romano concederet Flav. Vopisc. In Aurelian.

Les Conserves d'eau, qui sont frequentes en cette Ville, sont bien differentes de ces Conserves de Vin. Il y en a une tres-entiere dans la Vigne des Religieuses de sainte Ursule, de saint Just; elle a quarante cinq pieds de long, & quarante quatre de largeur, d'une muraille de trois pieds d'épaisseur. Il y a trois enceintes en portiques à seize ouvertures, ou portes pour communiquer l'eau. La hauteur de ces Portiques, ou Voûtes est d'onze pieds, celle du ciment de huit pieds & demi, avec cinq ouvertures rondes en haut disposées en croix, une seule dans la Chambre du milieu, & quatre dans la seconde. A l'angle du Midy à l'Occident, étoient deux ouvertures, ou conduits, pour y mettre l'eau, qui y étoit portée par les Aqueducs, solidement bâtis, & cimentez d'une triple couche de Ciment, comme j'ai remarqué dans le mur, qui sert de clôture aux Vignes du Seminaire de saint Lazare, & du Clos des Peres Recollets de Bellegrève, où étoient d'autres Bassins, & Conserves d'eau, avec plusieurs Tuyaux de plomb, dont j'ai parlé ci-devant.

Conserves d'eau.

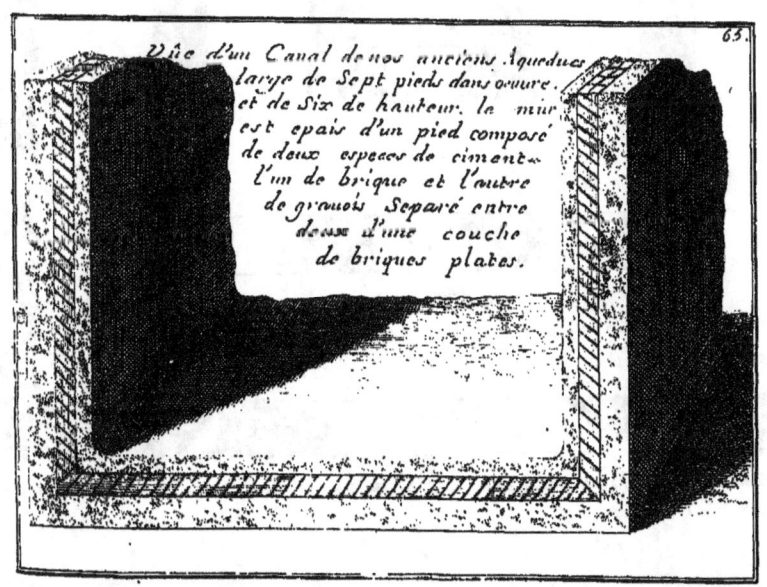

Vüe d'un Canal de nos anciens Aqueducs large de Sept pieds dans œuvre, et de Six de hauteur. le mur est epais d'un pied composé de deux especes de ciment l'un de brique et l'autre de gravois Separé entre deux d'une couche de briques plates.

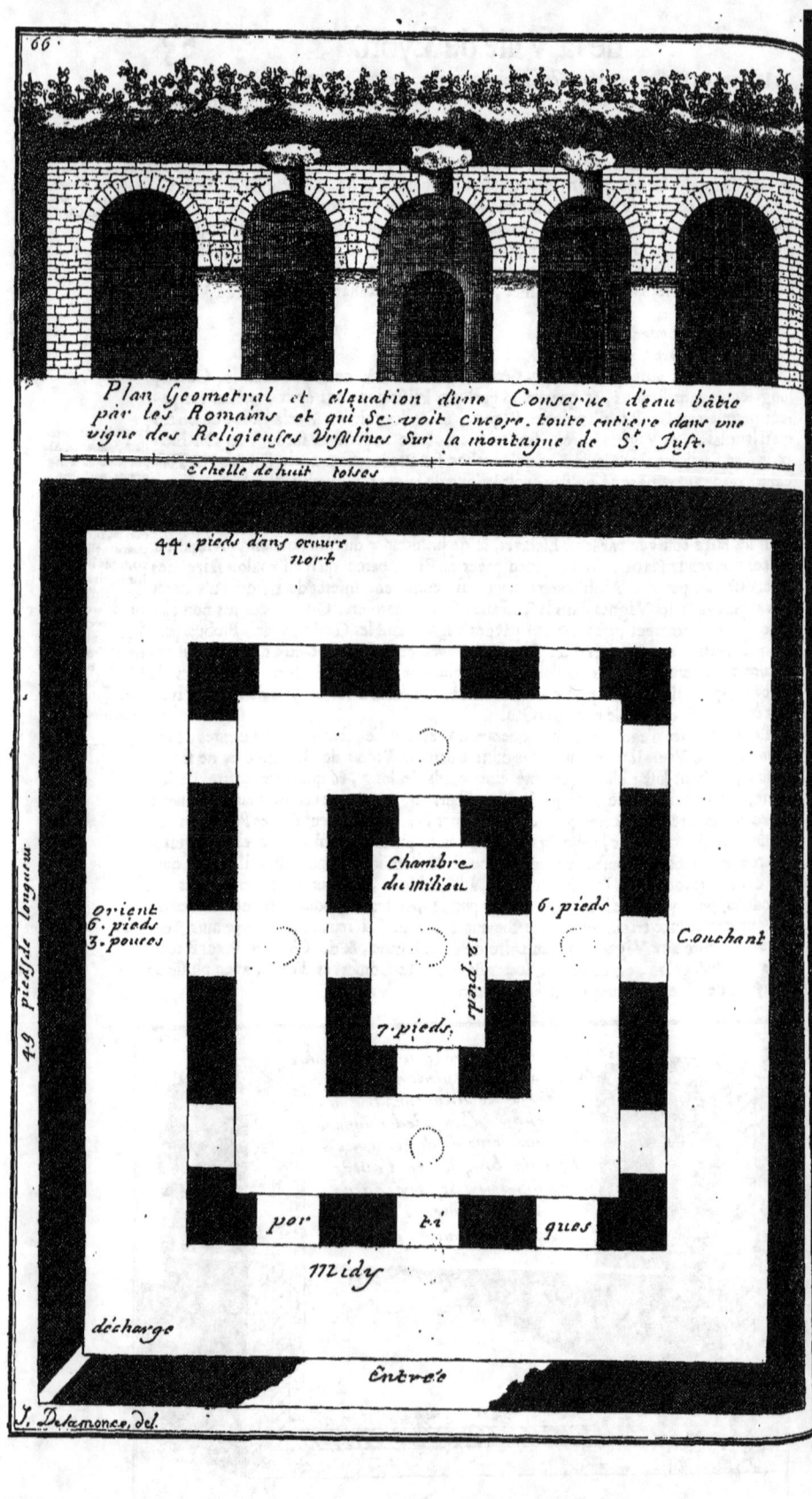

de la Ville de Lyon. 67

Ce lieu de Bellegrève, devoit être la Maison de Tertinius, Colonel de la seconde Legion d'Auguste, dont il nous reste le Tombeau, qu'il dédia à la memoire de sa Femme, laquelle étoit de qualité, comme on peut remarquer par le titre qu'il lui donne de femme vêtuë, comme les femmes Patriciennes. *Femina stolata.* Car il n'y avoit que les Dames, & les Venerables Matrones, à qui il fut permis d'être vêtuës ainsi d'une maniere grave & modeste, étant défendu aux Bourgeoises, aux femmes d'Artisans, & aux femmes publiques, de se vêtir de cette sorte. En ce tems-ci, tout est confondu, & l'on ne connoit plus la qualité des personnes par la difference des vêtemens.

Stolatam mulierem pro locuplete & primaria dicimus, sicut contra togatam pro plebeia & minoris dignitatis. Donas.

Quis floralia vestit, & stolatam Permittit meretricibus pudorem ? Martial. l. 1.

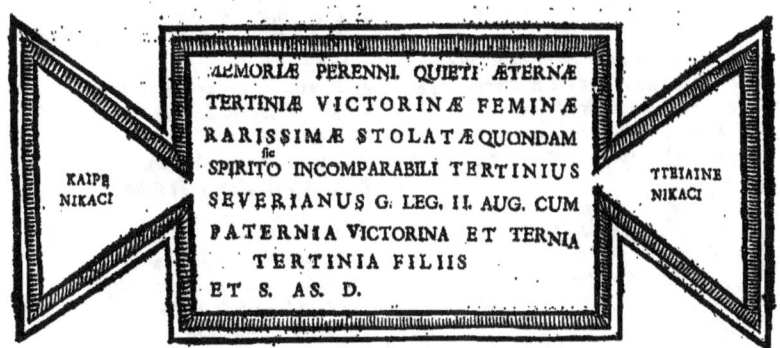

C'est ainsi que je tâche de faire servir à l'Histoire tous les Monumens, que je puis découvrir, & que je recherche avec autant de soin, que j'apporte d'exactitude à les donner fidelement.

Les courses que faisoient les Rhetiens ou Grisons, jusques dans les Gaules ; par le païs des Sequanois, obligerent Auguste d'envoyer Tibere & Drusus, avec deux corps d'Armée, pour s'opposer à ces Barbares, d'autant plus que les Sicambriens s'apercevant que les Gaulois avoient peine de souffrir le joug que les Romains commençoient à leur imposer au préjudice de leur ancienne liberté, les sollicitoient de s'affranchir d'une si rude servitude, & de profiter de l'éloignement d'Auguste, qui étoit retourné à Rome. Mais Drusus, qui avoit obtenu le Gouvernement de la Gaule Lyonnoise, sous pretexte d'une Fête solennelle, qui se devoit celebrer à Lyon, pour la consecration du Temple d'Auguste, y invita tous les Chefs des peuples voisins, & les ayant auprés de lui pour cette ceremonie, les empêcha de remuër & de rien entreprendre de nouveau. Voici l'occasion de cette Fête.

Hic [Drusus] quum Sicambri corumque auxiliarii, propter absentiam Augusti, ac quia videbant Gallos jugum servituris gravatim ferre, bellum movissent, Gallorum Primoribus, sub praetextu ejus festi, quod hodie etiam Lugduni ad Aram Augusti celebratur evocatis, motum subditorum praeoccupavit. Dio. l. 54. an. 742.

Le long séjour d'Auguste dans cette Ville, lui attacha non seulement nos Lyonnois, qu'il laissa dans leur liberté ; mais lui gagna encore tous les Peuples de cette Ville, qui resolurent d'un commun consentement, de lui consacrer un Autel & un Temple à frais communs, à cette pointe de terre, qui est entre nos deux Rivieres, & qui étoit alors le commencement des Gaules. Ils crurent par ce moyen, s'en faire un patron plus assuré en le choisissant pour leur Dieu Tutelaire. Ces peuples occupoient les trois Gaules ; l'Aquitanique, la Lyonnoise, & la Belgique. Ptolomée attribue à ces trois Gaules, un pareil nombre de peuples à ceux que Strabon nous aprend avoir contribué à cet Ouvrage au nombre de soixante. Mr. de Marca en sa savante dissertation de la Primatie de Lyon, dit que Ptolomée nous donne l'intelligence du passage de Strabon, quand il parle de ces peuples ; mais ce savant Homme, qui en attribuë dix-sept à la Gaule Aquitanique, vingt-quatre à la Lyonnoise, & quatorze seulement à la Belgique, n'a pas fait reflexion, que tous ces peuples joints ensemble, n'en feroient que cinquante-cinq, & qu'il en manqueroit cinq pour faire le nombre de soixante.

17
24
14

55

J'ai eu recours à Ptolomée, & voici les peuples, que j'ai trouvé attribuez par cet Auteur aux trois Gaules.

A la Gaule Aquitanique.

1 Pictones, *ceux du Poitou.*
2 Santones, *ceux de Xaintonge.*
3 Bituriges, Vibisci, *Les Bourdelois.*
4 Tarbeli, *ceux de Bayonne.*
5 Lemovici, *Les Limosins.*
6 Cadurci, *Le Querçy.*

7 Petrocorii, *ceux de Perigord.*
8 Bituriges Cubi. *Le Berry.*
9 Nitiobriges. *L'Agenois.*
10 Vassarii. *Le Bazadois.*
11 Tabali. *Les Basques, & le pays de Bayonne.*
12 Datiani, *le Diocese de Dax.*
13 Auscii *Ausch & la Gascogne.*
14 Arverni. *L'Auvergne.*
15 Vellenes. *Le Velay.*
16 Rutheni. *Le païs de Rouergue.*
17 Catueni, *Comingeois.*

17 Senones, *le pays de Sens.*
18 Carnuntæ, *le pays Chartrain.*
19 Parisii, *l'Isle de France, ou le Parisis.*
20 Tricassii, *la Champagne ou pays de Troye.*
21 Turupii ou Turonii, *le Touraine.*
22 Segusiani, *Lyonnois, Forés, Beaujolois, Dombes, Bresse, Bugey.*
23 Vadicassii, *le Perche ou le Gastinois.*

Dans la Gaule Lyonnoise.

1 Calletæ, *ceux du pays de Caux, ou du Diocese de Bayeux.* Car les Auteurs, ne s'accordent point sur ce sujet.
2 Lexubii. *Le pays de Lizieux.*
3 Venelli. *Le pays de Coutance, ou le Coustantin.*
4 Viducessii. *Le Bessin, ou la Beausse.*
5 Osismii. *La basse Bretagne, Triguier.*
6 Veneti. *Le pays de Vannes.*
7 Samnitæ. *Quimper.*
8 Aulirgii Diablitæ, *païs de Dol.*
9 Arubii.
10 Vellii Cassii. *Le Vexin.*
11 Andecavi. *L'Anjou.*
12 Auliorci Cænomanni, *Le pays du Mans.*
13 Namnetæ, *Le pays Nantois.*
14 Abrincatui. *Le pays d'Auranches.*
15 Aurirci Eburvici. *Le pays d'Evreux.*
16 Rhedones. *Le pays de Rennes.*

Dans la Gaule Belgique.

1 Atrebatii, *pays d'Artois.*
2 Belluaci, *le Beauvoisis.*
3 Ambiani *la Picardie ou le pays du Diocese d'Amiens.*
4 Morini, *le pays de Terouenne.*
5 Tungri *le pays de Tongres.*
6 Menapii, *le pays d'Utrecht.*
7 Nervii, *ceux de Tournay.*
8 Subanecti, *le pays de Rouen.*
9 Suessones, *le Soissonois.*
10 Rhemi, *Rheims & le Remois.*
11 Triberi, *le pays de Treves.*
12 Mediomatrices, *le pays Messin.*
13 Leuci, *le pays de Toul en Lorraine.*
14 Batavi, *la Hollande.*
15 Nemeti, *le pays de Spire.*
16 Vangiones, *le pays de Vormes.*
17 Triboci, *l'Alsace.*
18 Lingones, *ceux de Langres.*
19 Elvetii, *les Suisses.*
20 Sequani, *la Franche Comté.*

En ce dénombrement de Ptolomée, on trouve les soixante peuples, puisqu'il en donne 17. à l'Aquitaine, 23. à la Gaule Lyonnoise, & 20. à la Belgique, qui joints ensemble font le nombre de soixante.

AVTEL DE LYON.

AUTEL DE LYON.

I. Il est peu de Monumens antiques aussi celebre que celui de cet Autel, & qui soit peut-être moins connu. Dion Cassius, Strabon, Florus, Suetone, & Juvenal en ont conservé la memoire ; mais nos Historiens Modernes ont mêlé tant de Fables, à ce que ces premiers Auteurs en avoient écrit, qu'il est important de bien établir, quelle fut la matiere, & la forme de cet Autel. Le lieu où il fut élevé ; à quelles Divinitez il fut consacré : comment s'en fit la dédicace solennelle, & par qui : quels en furent les Prêtres, leur nombre, & leurs emplois : quels sacrifices on y faisoit : les Jeux qui s'y celebrerent : les disputes d'Eloquence, & de Poësie, qui s'y faisoient tous les ans : par qui elles furent instituées, & les peines qui étoient établies, pour ceux qui étoient vaincus en ces disputes : parce que toutes ces recherches sont necessaires à nôtre Histoire, pour faire connoître parfaitement un Ouvrage si celebre qui donna tant de reputation à cette Ville, dans toute l'étenduë de l'Empire.

Quoy que les premiers Autels ne fussent que de terre, ou de simples gazons, ceux que l'on voulut qui fussent fixes & de durée, se faisoient ordinairement de pierre, & d'une forme ronde ou quarrée, pour marquer la rondeur du Ciel & de la Terre, ou leur quatre points Cardinaux ; car il y eut toûjours du mystere dans toutes les ceremonies de quelque Religion que ce fut.

Tulit lapidem quem supposuerat capiti suo & erexit in Titulum fundens oleum desuper. Genes. 27.

C'est ainsi que Jacob ayant passé une nuit la tête apuyée sur une pierre, qui lui servit de chevet, durant le songe misterieux, qui lui fit voir la Majesté de Dieu au haut d'une Echelle, fit un Autel de cette pierre, sur laquelle il avoit reposé durant la nuit, & l'arrosant d'huile, la consacra au Dieu du Ciel, comme un Monument de sa pieté, dit l'Historien sacré au 27. de la Genese.

Les Payens firent à l'exemple des Hebreux, des Autels de Terre, de Gazon, & de

pierre, & donnerent à ces Autels le nom de *Temples*, d'un mot qui signifie un lieu élevé que l'on peut découvrir de loin, ou d'où l'on peut decouvrir beaucoup de choses. Ainsi le nom d'Autel & le nom de Temple se prennent souvent l'un pour l'autre.

Nôtre Autel de Lyon en est une preuve, puisque Strabon le nomme *Temple*, au τὸ ιερὸν. Geogr. li. 4. lieu que Suetone & Juvenal luy donnent seulement le nom *d'Autel*.

Eustathius qui a fait de si sçavans Commentaires sur Homere, nous apprend ὡς δὲ ξυμέλη δ' ἔλοι que c'étoit l'usage des Grecs de se servir indifferemment de ces deux noms pour λεχθῇ τὶ ναδς leurs Temples & pour leurs Autels, donnant quelquefois le nom d'Autels à leurs Tem- ἢ ἱερὰ, ὅ συμπαε ples par une figure assez ordinaire aux Poëtes, & aux Orateurs, qui prennent la δῖνον, ἀπὸ μέρους partie pour le tout, ou le tout pour la partie. ἀληχθέν τὸ πᾶν.
li.3.p.412.

II. La forme de ce Temple étoit quarrée, comme étoit celle de la plûpart des Autels, que l'on faisoit ou ronds pour marquer la figure du Ciel & de la Terre, ou quarrés, afin que leurs quatre faces repondissent aux quatre points Cardinaux du Ciel, que l'on regardoit comme la demeure des Divinitez, ausquelles on offroit des sacrifices sur ces Autels.

Quand je dis que la forme de nôtre Temple étoit quarrée, ce n'est pas une simple conjecture ; c'est une verité appuyée sur un monument irreprochable. Ce sont les medailles antiques, où ce Temple est representé. Nous en avons d'Auguste & de Tibere ; de grand & de moyen bronze ; même des medaillons, & l'on en trouve plusieurs dans le territoire de Lyon, où ces medailles furent frappées.

Il est vray que presque tous nos Antiquaires se sont trompez, quand ils ont crû que ce Temple representé dans ces medailles étoit celuy que la Communauté d'Asie avoit consacré à Rome & à Auguste ; *Roma & Augusto*.

La Communauté d'Asie leur consacra effectivement un Temple, mais bien different du nôtre ; comme l'on peut voir dans les medailles, où l'un & l'autre est representé. Le Temple de la Communauté d'Asie est un Exastyle ou Temple à six colonnes ; Il a un fronton en triangle, & l'inscription *Roma & Augusto*, est sur la frise ; il y a quatre marches pour monter à ce Temple, & on lit à ses côtez COM. ASIÆ. Le nôtre au contraire est ouvert au dessus en terrasse, avec des ornemens percez à jour qui le couronnent ; Il est flanqué de deux grandes colonnes, sur lesquelles sont deux Victoires, chacune avec une couronne de Laurier, qu'elles semblent presenter. L'inscription ROM. & AVG. est sur la plate bande du pied, ou dans cet espace que l'on nomme *exergue* en terme de medailles.

III. Ce sont ces deux colonnes qui flanquent nôtre Autel dans les medailles, qui sont la preuve la plus forte pour établir qu'elles ont été faites pour le Temple de Lyon, parce que ces deux colonnes sont encore aujourd'huy en nature au même endroit où fut autrefois construit ce Temple. Ce sont les quatre gros pilliers qui portent la voute du chœur de l'Eglise d'Ainay ; colonnes que l'on a coupées en deux pour en faire quatre, & que leur grosseur extraordinaire & leur hauteur d'une seule piece a fait croire à beaucoup de gens être de la pierre fonduë & jettée comme on jette le métal. Secret que l'on dit aujourd'huy perdu ; aussi-bien que celui du verre malleable, dont Pline a parlé dans son Histoire naturelle, qui sont deux erreurs également grossieres, puisque ny la pierre ne peut être fonduë ; ny le verre s'étendre avec le marteau.

Les anciens Philosophes qui ont defini la pierre, pour en faire connoître la *Lapis est mixtum* nature, ont dit constamment qu'elle est un mixte parfait, qui de lui-même ne *perfectum, per se mi-* peut être fondu, ny battu en fëüille, comme les metaux, ny tiré à la filiere. *nimè liquabile, nec* Aussi n'a-t'on jamais vû couler la pierre dans les grands embrasemens, comme *inflammabile, ne-* on voit couler les metaux. Il est vray que l'on en fait de la chaux, mais non pas *ductile ; hinc à Me-* indifferemment, puisqu'il n'y a que le marbre & les cailloux, c'est à dire la pierre *tallis distinguitur.* dure qui puisse être calcinée, comme on fait du plâtre de la craye & de la pierre tendre. Le feu ne fait des autres pierres que des pierres ponces en consumant leur humidité, comme on voit auprés du Vesuve & du Montgibel un amas prodigieux de cendres & de semblables pierres assez legeres, & percées comme des éponges, que j'examinay avec soin l'an 1670. lorsque la curiosité me fit aller voir ces gouffres ardens qui ont causé de nos jours de si horribles ravages dans la Sicile & dans le Royaume de Naples. Il est vray aussi qu'il y a des pierres qui se vitrifient, mais ce sont celles qui ont beaucoup de sel, qui est une autre espece de mixte. C'est de ce melange de la pierre & du sel mis en fusion par la force du feu, que se fait le verre, non pas indifferemment de toutes sortes de sels, ny de toutes sortes de pierres. On prend pour faire le verre du sable fin qui n'étant composé

I iij

que de petits cailloux qui tiennent de la nature du cristal, & qui approchent des sels. Il n'y a aussi que les sels tirez de quelques plantes naturellement gommeuses, comme la fougere, qui soient propres à s'unir & à faire corps avec les petits cailloux, pierres, ou grais reduits en poudre. Ainsi le verre n'étant composé que de petits globules qui sont adherans les uns aux autres sans se lier par des fibres & par des insertions comme les autres corps, dont les parties s'entrelassent en forme de tissu, le verre, dis-je, ne peut être battu ny étendu en lames, comme l'or, l'argent, le cuivre & les autres metaux; mais il se reduit en poussiere, quand il est pillé, par la dissolution de ces globules, & se casse toûjours net & uni, sans filamens ny fibres. Cette composition des globules le rend transparant, & cassant.

Ceux qui croyent que les cailloux, le marbre, & l'argile que l'on mêle avec la mine de fer pour la cuire, se fondent avec cette mine, se trompent : ce ne sont que les dissolvans du fer, qui se calcinent, & se vitrifient. L'humeur ou les esprits que le feu en tire, dissout la mine de fer, pour la faire couler, comme le soulphre est le dissolvant de l'acier qu'il fait couler au feu. Tous secrets admirables de la nature, dont nous voyons les effets sans pouvoir jamais parvenir par toutes nos reflexions & nos raisonnemens à en bien penetrer les causes.

Pour revenir à nos colonnes aprés cette digression, je dis qu'elles sont de Granit espece de pierre tres-dure, composée de grains si serrés & si compacts, qu'il est peu de corps plus dur, aussi approche-t'il du porphyre qui est un composé de grains si fortement liez, que l'acier le mieux trempé a peine de le travailler; il ne resiste pas moins au feu, & aux injures du temps. C'est aussi la seule pierre qui puisse être coupée & levée par blocs d'une prodigieuse longueur. Tels que sont les Obelisques portez d'Egypte à Rome pour servir d'ornement aux Cirques. Celuy du grand Cirque étoit de cent trente deux pieds, d'une seule piece, & le plus petit étoit de quatre-vingt huit pieds & demy. Les marbres les plus durs sont trop cassans, & les lits des carrieres trop inégaux dans leurs assiettes, pour en pouvoir tirer des masses de cette longueur. On considere aussi comme une merveille les pierres dont on a couvert le fronton du Louvre, parce qu'elles sont chacune de cinquante deux pieds de longueur, ce qui cependant n'est pas la moitié du grand Obelisque qui avoit cent trente deux pieds. C'est des carrieres d'Egypte que ces Obelisques furent tirez & amenez à Rome sur des Vaisseaux faits exprés, comme Pline a remarqué. La carriere d'où se tiroient ces pierres prés de la Ville de Thebes, & des montagnes qui s'étendent vers le Midy & l'Ethiopie, jusqu'aux cataractes du Nil. On ne s'est jamais servi pour les Pyramides, & les Obelisques que l'on élevoit dans l'Egypte, & que l'on consacroit au Soleil, que de ce marbre que les Latins nommoient pierre de Thebes, du lieu d'où elle se tiroit.

L. 36. cap. 8. 9.

Lapis Thebaïcus.

Les Colonnes du Pantheon & du Temple de la Concorde, qui sont d'une grosseur pareille aux quatre pilliers d'Ainay, ne sont pas d'un même grain, ny d'une même couleur que le Granit d'Egypte, elles pourroient bien avoir été tirées de l'Isle d'Elue, où les Romains avoient continuellement un grand nombre d'ouvriers à travailler dans les carrieres. Il y en a de semblables à Arles dans le vieux College, où fut trouvée la statuë de Diane, envoyée au Roy & mise dans la galerie de Versailles. On en voit aussi au Triomphe de Riez, à Aix, à Marseille & en plusieurs autres endroits de la Provence, où il étoit aisé de les transporter par mer, depuis cette Isle de la mer Mediterranée. Monsieur d'Aviler qui nous a donné un si beau Cours d'Architecture, & une explication de tous les termes de cét Art, par ordre alphabetique, nomme le Granit *Marbre Granitelle*, & nous apprend que ce n'est pas seulement en Egypte, & dans l'Isle d'Elue que se trouve cette espece de pierre, mais qu'il y en a sur les côtes du Rhône, prez l'embouchure de la Lizere, qui est fort dur, & une espece de caillou. Il ajoute qu'on en a depuis peu retrouvé la carriere. Il se nomme Granit de Dauphiné. Il faudroit comparer des quartiers de cette pierre avec nos colonnes pour decouvrir si c'est le même grain & la même dureté. Le fust de la Croix qui est devant l'Eglise des Minimes, & que l'on nomme Croix *de colle*, ou des *decollez* est de cette même pierre, aussi-bien que quelques autres petites colonnes qui sont en divers endroits de Lyon. On en voit aussi plusieurs morceaux dans le Faux-bourg de saint Irenée, & une piece de colonne aussi grosse que celles d'Ainay & de six pieds de longueur dans l'Eglise de saint Loup à l'Isle-Barbe.

Enfin de quelque endroit que soient venuës ces colonnes, il est certain que les quatre pilliers du chœur d'Aisnay ne faisoient anciennement que les fusts de deux colonnes, comme j'ay pris soin de les examiner avec toute l'exactitude possible. Car le sieur Meyer, qui est curieux des antiquitez, m'ayant dit un jour qu'il soupçonnoit que ces quatre pilliers fussent des débris de quelque ancien Temple,

de la Ville de Lyon. 71

nous convinmes ensemble, d'en prendre les dimensions, nous communiquames nôtre dessein à Mr. l'Abbé Pianelle, Chanoine d'honneur du Chapitre d'Aisnay, & nous priames le Sr. de la Monce, tres-habile Peintre, & Architecte, qui a été à Rome & à la Cour de Baviere plusieurs années, de nous aider dans le dessein que nous avions entrepris. Nous fimes trouver des Massons avec des Echelles, & toutes choses necessaires pour en prendre les mesures.

Nous trouvames que le premier Pilier marqué A. qui est à main gauche de l'entrée du Chœur, a treize pieds cinq pouces de hauteur. Que son diametre par le bas est de trois pieds quatre pouces & sept lignes, & que le diametre par le haut, est de trois pieds un pouce & deux lignes.

Le second Pilier à main gauche, plus proche de l'Autel marqué B. a de hauteur douze pieds neuf pouces & six lignes. Son diametre par le bas, est de trois pieds un pouce & deux lignes ; par le haut en diminution deux pieds & huit pouces, ainsi ces deux Pilliers joints ensemble, faisoient un Fust de Colonne de vingt-six pieds deux pouces & six lignes.

Le troisiéme Pillier marqué C. à main droite de l'entrée du Chœur, a douze pieds huit pouces, & six lignes, son diametre en bas, trois pieds, trois pouces, neuf lignes : en haut trois pieds trois pouces, quatre lignes.

Le quatriéme Pilier marqué D. a treize pieds, cinq pouces & six lignes de hauteur. Son diametre en bas est de trois pieds, trois pouces, quatre lignes : en haut deux pieds huit pouces, comme le Pilier B. Ainsi C. & D. joints ensemble & mis l'un sur l'autre en longueur feroient un fust de Colonne de vingt six pieds deux pouces.

Le premier marqué A. est le seul qui ait un congé au bas.

Les Bases & les Chapiteaux étoient aparemment ou de Bronze ou de Marbre. Le Grandite n'étant pas assez aisé à être travaillé pour la délicatesse des ornemens que demande le Chapiteau Corinthien.

La diminution du Fust de nos Colonnes a été prise dés le pied en haut, comme en celles du Pantheon & du Temple de la Concorde à Rome. Monsieur d'Avilers a remarqué en son Cours d'Architecture page 102. que la plûpart des Colonnes antiques de Granite, ont leur diminution de cette sorte.

Comme ces Colonnes étoient separées du Temple, qu'elles flanquent dans les Medailles, qui le representent, elles n'avoient rien de commun avec l'ordonnance de ce Temple, & ne servoient qu'à porter les Statues Colossales de deux Victoires. On a trouvé un Chapiteau Corinthien, de Marbre, d'une delicatesse d'ouvrage qui sent le bon goust du siecle d'Auguste, & qui pourroit être un débris de ce Temple. Je donne ici la figure de ce Chapiteau, & ce sera peut-être la seule chose, qui en restera à la posterité, parce que je le trouvai dans l'Attelier d'un Sculpteur, qui devoit en faire un Bust. C'est ce qui m'obligea à le faire dessiner, pour conserver un si beau morceau d'Architecture. Il avoit de hauteur deux pieds quatre pouces, & sur cette proportion on peut juger que toute l'ordonnance avec la Colonne, le Chapiteau, & l'entablement de la Corniche pouvoit être de 26. pieds sept pouces, ce qui revient à la proportion de nos Colonnes, sans les Chapiteaux, qui dans quelques Medailles semblent s'élever au dessus du corps de l'Edifice du Temple.

J'apprens qu'on l'a dépuis coupé pour en faire un Bust. L'on a ainsi privé cette Ville de l'un des plus beaux morceaux d'Antiquité, qu'elle eut.

Strabon qui donne le nom de Temple à cet Edifice, le nomme aussi Autel magnifique & digne d'être consideré. Et outre cet Autel celebre, il dit qu'il y en avoit encore un autre qu'il appelle *Grand*.

*ἱερὶ δὲ βωμὸς ἀξιόλογος
Est autem Ara memoratu dignam.
καὶ ἄλλος μέγας.*

Ces Temples en forme d'Autels étoient communs parmi les Romains, particulierement ceux qui étoient destinez aux consecrations. On en voit un dans les Medailles de Faustine la jeune, avec ce mot *Consecratio* : Celui de la Paix est aussi quarré dans les Medailles de Neron, & celui de la Providence dans celles de Vespasien.

a IV. Ce ne fut pas sans mistere, que l'on fit choix du concours du Rhône & de la Saône, pour y élever un Temple, & consacrer cet Autel, puisque c'étoit la coûtume des anciens d'élever des Temples & des Autels, sur les confins des Terres, des Possessions, & des Territoires ou Regions, qu'ils s'appelloient *Fines templares*, ou *fines sacrificales*, parce que c'étoit là, que les Passans offroient des Sacrifices, attachoient des couronnes de fleurs & faisoient des libations de Vin, d'Huile, de lait, ou de quelque autre liqueur.

Les soixante Nations des Gaules, choisirent donc ce lieu comme le plus propre à leur dessein ; parce qu'il étoit la tête des Gaules, comme dit Ammian Marcellin, c'est à dire, de la Gaule Celtique, qui étoit nommée Gaule par excellence.

b Le Rhône, dit cet Historien, sortant du Lac Leman sans mêler ses eaux avec celles de ce Lac, après une course assez longue, arrose sur la gauche le païs de Vienne, & celui de Lyon sur la droite, & étant parvenu en des lieux panchans, qui rendent son

a si loca sacra, ædificabantur quàm maximè apud antiquos in confinio constituebantur, ubi trium vel quatuor possessionum terminatio conveniret ; & unus quis possessor donabat certum modum sacro illi ex agro suo & quantum donasset scripto faciebat, ut per diem solemnitatis eorum privatorum agri nullam molestiam loculcan-

tis populi sustine-
vent.
Aggenus Urbicus.
b *Rhodanus sive Ja-*
ctura Lemani exiens
longèque progressus,
Viennensem latere
sinistro perstringit,
dextro Lugdunen-
sem, & emensus spa-
ria s. exosa Ararim
quam Sauconam ap-
pellant, inter Ger-
maniam primam
fluentem suum in no-
men adscisit, qui
locus exordium est
Galliarum.
c *Mensis qui sexti-*
lis fuerat C. Marcio
Censorino C. Asinio
Gallo Cosʃ. in Augu-
sti honorem dictus
est Augustus.
d *A Gallis istis ex-*
cipi debet Provincia
Narbonensis, quæ om-
nium Provinciarum
prima Narbonæ
Aram dicaverat, &
sodales Augustales
ut patet ex veteri-
bus inscriptionibus.
Num. Cl. dissert. de
Primatu.
e αὐτὰς γάρ τοι
αἱ πόλεις ἐπὶ τῆς
Ἀσίας, ἡ τε τῆς
Βιθυνίας πρῶται
τιμῶντο.
Dio l. 51.
f *Unde colligi po-*
test Claritudo Colo-
niæ Lugdunensis, ut-
poté quæ universas
Gallias excivérit ad
sui delectum profi-
tendo templo.
Num. Cl. Dissert.
de Primatu.
g *Civitates Germa-*
niæ cis Rhenum &
trans Rhenum positæ
oppugnantur à Dru-
so, & tumultus qui
ob censum exortus
in Gallia erat, com-
positus. Ara Cæsari
ad Confluentum
Araris & Rhodani
dedicata, sacerdote-
que creato C. Julio
Verecundato Dubio
Hæduo.

h *Ludos instituit*
Drusus Lugduni in
honorem Julii anno
V. C. 743. ut à Dio-
ne colligit, & Livii
Epitomatore doctisʃi-
mus Pater Episcopus
Asaphensis, Kalen-
dis ut videtur, Julii
illos dedicaturus.

cours plus rapide, il reçoit la Saône, qui a sa source dans la Germanie, & lui fait perdre son nom, en un lieu qui est le commencement des Gaules.

V. C'est par anticipation que Suetone a dit, que ce fut le premier jour d'Aoust, que se fit cette dedicace, puisqu'il est certain qu'Auguste ne donna son nom à ce mois, que l'on appelloit auparavant *Sextil*, que deux ans après, sous le Consulat de Censorin, & d'Asinius Gallus, comme Censorin lui même nous en assure.

Dion dit qu'il fit choix de ce Mois, pour lui donner son nom, parce que c'étoit en ce Mois, qu'il avoit obtenu son premier Consulat, après la mort de Hirtius, qui avoit été tué en la guerre civile de Modene. Et Macrobe ajoûte, que c'est parce que cet Empereur avoit triomphé trois fois en ce même Mois, illustre par ses grandes actions, comme témoigne Dion.

d Je suis surpris que Mr. de Marca, après avoir parlé de l'Autel de Lyon, bâti aux frais de soixante Nations des Gaules, ait dit que celui de Narbone, avoit été bâti auparavant. Car si ce savant Homme, avoit pris la peine de conferer l'Inscription de Narbone, qui est dans Gruter page CCXXIX. avec l'Epoque de la dedicace de l'Autel de Lyon, il auroit vû que la premiere s'étant faite sous le Consulat de Julus Antonius, & Fabius Africanus ; & la seconde sous le Consulat de Starilius Taurus, & de Cassius Longinus, il y a de distance entre l'une & l'autre, de dix-huit ans, celle de Lyon s'étant faite en 744. de la Ville de Rome, & celle de Narbone en 763. sous la XXXVIII. puissance Tribunitic d'Auguste, laquelle y est marquée, ce fut le X. avant les Calendes d'Octobre, que se fit celle de Narbonne Cassius Longinus, n'ayant été fait Consul que le premier jour de Juillet.

Ce ne furent pas seulement les Provinces des Gaules, & la Communauté de Narbonne, qui consacrerent des temples & des autels, à frais communs, aux Empereurs. Les Communautez d'Asie e, & de Bithynie en consacrerent à Auguste, celle d'Asie dans les Villes de Pergame & d'Ephese, & celle de Bithynie à Nicée ; parce que ces Villes étoient les plus considerables de ces Provinces, comme Dion a remarqué. Ce qui est une preuve de la grandeur de Lyon f, c'est qu'il fut choisi par soixante Nations pour le lieu où ils vouloient élever un Temple & un Autel à Auguste, comme Monsieur De Marca a fort bien remarqué.

Ce fut après qu'Auguste eut chassé Pompée de la Sicile, & qu'il lui eut ôté ses troupes, & obligé Lepide de quitter le Triumvirat, que les Villes d'Italie se voïant par ce moyen délivrées des guerres Civiles, commencerent à regarder Auguste comme leur Dieu tutelaire, & luy rendirent des honneurs Divins, du moins au rapport d'Appien, qui dit au livre 5. des guerres Civiles. *Oppidatim inter Deos tutelares consecratus est.*

Le Senat s'étant contenté d'établir un jour solemnel en memoire de sa victoire, & de luy faire une statue d'or, avec cette Inscription, OB PACEM POST DIUTURNA BELLA TERRA MARIQUE REDDITAM.

VI. Ce fut Drusus fils de Livie, frere de Tibere, & Pere de Germanicus qui fit cette dedicace. L'Epitomateur de Tite-Live au sommaire du livre CXXXVII. dit que les Villes d'Allemagne au deçà & au delà du Rhin furent prises par Drusus, qu'il appaisa le tumulte qui s'étoit élevé dans les Gaules à cause des Impositions nouvelles, & que l'Autel dedié à Cesar au concours du Rhône & de la Saone, fut consacré, Julius Verecondatus Dubius Heduois ou Autunois y ayant été établi Prêtre.

Ce sommaire me fait regretter la perte de cette Decade de Tite-Live qui nous auroit instruit de toutes les circonstances de la dedicace de cet autel. Dodwellus, auteur Anglois qui fait dire à l'Evêque d'Asaph que h Drusus institua des jeux l'an 743. de Rome dans la Ville de Lyon, à l'occasion de cette Fête, s'est trompé quand il dit que ce fut à l'honneur de Jules Cesar, & le premier jour de Juillet que se fit cette dedicace. Suetone en a marqué le temps au 1. d'Août & le Consulat de Julus Antonius & Fabius Africanus est de l'an 744. de Rome, & non pas de l'an 743.

Comme ces grandes ceremonies étoient accompagnées de jeux solemnels, c'étoient les Princes & les Grands Magistrats qui y presidoient ordinairement, ou les Pontifes & les Prêtres qui les faisoient en vertu de leurs Offices. Drusus, qui revenoit victorieux des Sicambriens fut prié par les soixante Peuples qui avoient bâti le Temple de Lyon, d'en faire la dedicace, & Dion nous apprend, que se servant adroitement d'une occasion si favorable, il invita à cette ceremonie les principaux Chefs des Gaulois, afin que les ayant auprès de luy, il empechât de remüer, & d'exciter de nouveaux troubles : Car Dion a remarqué que les Sicambriens profitant de l'absence d'Auguste qui étoit retourné à Rome, sollicitoient sous main les Gaulois de se joindre à eux & de secoüer le joug de la servitude sous laquelle les tenoient les Romains, mais que Drusus joignant la politique au desir qu'il avoit d'honorer Auguste

son

de la Ville de Lyon. 73

son beau-Pere, qui avoit épousé Livie, lorsqu'elle étoit grosse de luy, prévint les mauvais desseins des Sicambriens en invitant les Gaulois à cette Feste pour les empêcher de cabaler.

k Ainsi l'on pouvoit dire de cet autel ce que Symmachus a écrit de l'autel de la Victoire, élevé dans le Senat à Rome, que cet autel servoit à entretenir la paix & la concorde, & qu'il donnoit de l'autorité aux Arrests qui se prononçoient dans cette Cour, puisque c'étoit là que l'on juroit, & que l'on prétoit les sermens de fidelité, au nom de l'Empereur.

VII. Il y a deux temps à observer à l'égard de ce Temple, ou de cet Autel, le temps auquel ces Nations resolurent de le bâtir, & le temps de sa dedicace. Un ouvrage qui se faisoit aux frais de soixante Peuples, devoit être magnifique, & ne se fit pas tout d'un coup ; il falut choisir la place, preparer les materiaux, & y travailler plusieurs années. Il y a assez d'apparence que la venuë d'Auguste à Lyon la 27. année de son Empire & le sejour qu'il y fit près de trois ans, furent l'occasion du dessein que formerent les Gaulois de luy dresser un Temple dont la dedicace solemnelle ne se fit que trois ans aprés le 1. jour d'Aoust sous le Consulat de Julus Antonius & de Quintus Fabius. Ce fut l'an 788. de Rome, que Drusus fut envoyé par Auguste, contre les Grisons, & que Tibere son Frere qui commandoit dans les Gaules l'aida en cette expedition. Horace qui a decrit le triomphe de Drusus en une de ses Odes, qu'il addresse à Julus Antonius, fils de Marc-Antoine, qui étoit alors Preteur à Rome & excellent Poëte, l'invite à celebrer cette Victoire.

> *Concines majore Poëta plectro*
> *Cæsarem, quandoque trahit feroces*
> *Per sacrum divum meritâ decorus*
> *Fronde Sicambros.*

Or la dedicace de nôtre Autel ne se fit que sous le Consulat de ce Julus, comme Suetone l'a marqué. Ce fut donc l'an 741. que Drusus appaisa les tumultes qui s'élevoient dans les Gaules, par les intrigues des Sicambriens, & fit des Jeux solemnels ausquels il invita les principaux des Gaulois, non pas pour la dedicace du Temple d'Auguste, qui n'étoit pas encor bâti, mais pour porter tous ces peuples à le bâtir, & pour en mettre la premiere pierre avec ceremonie. *l* Car les Romains n'entreprenoient point de semblables édifices, que les Augures n'en eussent choisi la place, & n'eussent offert des Sacrifices. C'est de cette ceremonie que leurs édifices sacrez eurent le nom de Temples, parce que c'étoit le nom que les Augures donnoient aux lieux qu'ils designoient avec leurs bâtons auguraux, sur lesquels ils observoient le vol des oiseaux, qui devoient être de bon, ou de mauvais augure, selon les lieux où commençoit & finissoit ce vol. Ce fut en ce lieu designé par Drusus, qui étoit Augure, que les Chefs de ces soixante peuples firent le decret de bâtir un Temple à Auguste. Le decret de ces peuples est une marque qu'ils joüissoient encore de leur liberté, & cette ceremonie des Augures qui precedoit l'erection des temples & des autels, fut cause que l'on donna le nom d'inauguration aux dedicaces, & aux consecrations.

m Le sommaire des livres de Tite-Live nous apprend que le tumulte qui s'étoit élevé dans les Gaules, & qui fut appaisé par Drusus, ne procedoit pas seulement des sollicitations des Sicambriens, mais encore des tributs que l'on vouloit leur imposer. Car Auguste avoit voulu que l'on dressât un état des Gaules pour reconnoître non seulement les forces qu'il en pouvoit tirer pour faire des levées, mais encore pour en tirer de l'argent. Cette nouvelle effraya les Gaulois, qui n'étant pas accoutumez à fournir ces sortes de subsides, les auroit portez à la rebellion, si Drusus n'eut eu l'addresse de les appaiser.

De Rubys s'est trompé lorsque parlant de la dedicace de cet autel, il a dit que *n* Florus au livre 3. de son Histoire donne pour premier Prêtre de cet autel Caïus Julius Verecundarus Heduois: Car il est certain que Florus en toute son Histoire n'a parlé ny de cet autel, ny de ce Prêtre, & que ce n'est que dans les sommaires qu'il a fait des livres de Tite-Live, qu'il dit au 137. que cet autel fut dressé à la jonction du Rhône & de la Saone, & que ce Julius Verecundarus en fut le premier Prêtre.

Je ne sçay si ce Prêtre ne seroit point celuy dont Dion a parlé sous l'Empire de Caligula, quand il dit que cet Empereur ayant dissipé tout l'argent que l'Italie avoit pû fournir à ses debauches vint dans les Gaules, & y fit des sommes considerables, par les moyens qu'il trouva d'exiger de l'argent : qu'à peine y fut-il arrivé que tous ceux qui furent trouvez riches y furent arrêtez, leurs biens confisquez & vendus beaucoup plus qu'ils ne valloient, parce que l'on contraignoit ceux qui les achetoient, de les prendre au prix que vouloit l'Empereur. Que joüant un jour aux dez en cette Ville, & ayant beaucoup perdu, il fit faire une recherche de tous ceux qui avoient de grandes possessions, & commanda qu'on les fit mourir pour se saisir de leurs biens. Aprés

K

qu'il eut donné cet ordre barbare, il retourna à ceux qui joüoient avec luy, & leur dit en riant, vous debatez-là pour de petites sommes, au lieu que je viens de gagner des millions. Dion ajoute qu'entre ceux que l'on fit mourir, étoit un Prêtre nommé Julius, qui avoit veritablement du bien, mais qui n'étoit pas excessivement riche, & que Caligula le fit mourir avec les autres, sous pretexte qu'il avoit un même nom que luy, & que cela sembloit être une affectation de Tirannie. La conformité du nom de Verecundarus qui se nommoit Caïus Julius, comme l'Empereur, me fait soupçonner que ce pourroit bien être luy; & si c'est le même, il falloit qu'il fut alors bien âgé, puisque depuis l'an 744. de Rome qu'il fut creé premier Prêtre de l'autel d'Auguste jusqu'à 792. ou 93. qui est le temps auquel Caligula vint en cette Ville, il y a quarante huit ans. Mais Verecundarus pouvoit être jeune quand il fut fait Prêtre, puisque nous en voyons plusieurs dans l'Histoire qui l'étoient avant l'âge de vingt ans.

VIII. Ce temple avoit son Pontife perpetuel, comme ceux de Rome, & entre ceux qui furent élevez à cette dignité, je trouve dans une de nos anciennes inscriptions un Sextus Ligurius qui en reconnoissance de ce qu'il y avoit été élevé, donna des Jeux publics de courses & de chariots dans un lieu que les Decurions luy avoient assigné, & qui pouvoit bien être la place de Belle-Cour, assez belle & spacieuse pour ces sortes de Jeux.

Ce Temple & cet autel eurent ainsi leurs Ministres sacrez, comme la plûpart des autres Temples, & nos inscriptions antiques nous apprennent qu'il y en eut de trois ordres, des *Prêtres* qui offroient les sacrifices, & qui immoloient les victimes : des *Haruspices* qui en examinoient les entrailles, & des *Augustaux* qui avoient le soin des jeux & des spectacles.

Q. Adginnius Martinus Sequanois, & fils d'Urbicus exerça le même ministere de Prêtre que Verecundarus, comme le temoigne cette inscription engagée dans la tour ou clocher de l'Abbaye de saint Pierre.

JOVI O. M.
Q. ADGINNIUS URBICI
FIL. MARTINUS SEQU.
SACERDOS ROMÆ ET AUG. AD.
ARAM AD CONFLUENTES ARA
RIS ET RHODANI FLAMEN
II. VIR IN CIVITATE
SEQUANORUM.

Paradin qui explique cette inscription, a crû que Lyon se nommoit autrefois *Civitas Sequanorum*, n'ayant pas fait reflexion que ce Sequanois qui étoit Prêtre à l'autel de Lyon, étoit Duumvir, & Flamen ou Prêtre de Jupiter à Besançon, & que c'étoit en cette qualité qu'il avoit été employé à rendre ce vœu à Jupiter, comme il en rendit un autre à Mars, honoré par les Seguisiens au nom de trois Provinces des Gaules, qui l'établirent pour rendre à ce Dieu tous les ans leurs vœux.

MARTI SEGOMONI SACRUM
ANNUA
URBICI FIL. MARTINUS
SACERDOS ROMÆ ET AUG.
MUNATIO PANSA COS.
IN CIVITATE SEQUANORUM
TRES GALLIÆ HONORES
ET SUIS DECREVERUNT.

C'est à dire que ce Sacerdoce de Mars fut affecté à sa famille, & c'est, si je ne me trompe, pourquoy il ajouta à son prénom, & à son nom, le surnom de Martinus.

Caïus Catulius Decimius, fils de Tutus Catulinus Tricassien, ou du pays de Troye en Champagne, après avoir exercé parmi ceux de son païs, toutes les Charges les plus honorables, fut élevé à cette dignité de Prêtre de Rome, & d'Auguste, par trois Provinces des Gaules, Tributaires des Romains. L'Inscription qui nous a conservé le nom de ce Prêtre, sert de base à la Croix élevée dans la place saint Pierre, que Paradin dit avoir été de son tems le cimetiere de saint Saturnin.

```
    C. CATULIO
        DECIMIO
    TUTI CATULII FIL.
    TRICASSIN. OMNIB.
    HONORIB. APUD SU
    OS FUNCT. SACER.
    AD TEMPLUM ROMÆ ET
    AUGG. III. PROVINC. GALL.
        T. R.      Titulus restitutus.
```

C'est ainsi que j'explique ces deux lettres, que Mr. Spon, n'avoit pas entenduës, & qu'il avoit laissées sans interpretation. C'est à dire, que ce Monument ayant été ruiné par quelque accident, avoit été rétabli.

Ce Catilius Decimius n'étoit pas le seul de ces Prêtres à qui les trois Gaules avoient fait cet honneur ; elles firent la même chose pour Servilius Martianus, qui étoit d'Auvergne, comme le témoigne cette Inscription, qui est à l'escalier d'une maison proche la Chapelle de saint Cosme.

```
    SERVILIO
    MARTIANO
    ARVERNO
    C. SERVILI
    DOMITI FILIO
    SACERDOTI AD
    TEMPLUM ROMÆ
    ET AUGUSTORUM
    TRES PROVINCIÆ
    GALLIÆ
```
Cet Autel est ici appellé Temple.

Ces deux furent Prêtres à cet autel, après qu'il eut été consacré à la memoire de plusieurs Empereurs, comme le justifient ces mots, ROMÆ ET AUGUSTORUM, aussi est-il representé en des medailles d'Auguste, de Tibere, & de Claude.

Tous les peuples voisins de Lyon, se faisoient une espece d'honneur d'avoir des Prêtres à cet Autel. Les Vocontiens consacrerent chez eux une statuë à Sextus Vencius Juventianus, Prêtre d'Auguste, à cause de sa liberalité à donner des Jeux publics, & le loüent dans leur Inscription, de l'honneur qu'il a eu d'être aggregé au corps des Senateurs & des Citoyens de Lyon. Voici cette Inscription, qui est encore à Die, sur une belle & grande pierre.

```
    SEX VENCIO
        JUVENTIANO
    FLAMINI DIVI AUG.
    ITEM FLAMINI ET CURA
    TORI MUNERIS GLADI
    ATORII VILLIANI ADLEC
    TO IN CURIAM LUGDU
```
Aux ruines de saint Pierre hors la Ville de Die en Dauphiné.

NENSIUM NOMINE
INCOLATUS A SPLEN
DIDISSIMO ORDINE
EORUM
ORDO VOCONTIOR
EX CONSENSU ET POS
TULATIONE POPULI
OB PRÆCIPUAM
EJUS IN EDENDIS
SPECTACULIS LI
BERALITATEM.

On voit auprés de Nimegue, une Inscription d'un Duumvir du païs de Tongres, qui se qualifie Prêtre de Rome, & d'Auguste.

T. PUNICIUS GENIALIS
II VIR. COLON. MORINORUM
SACERDOS ROM. ET AUG.

A saint Chamas, entre Arles & Marseille, celle-ci d'un autre.

C. DONNIUS C. F. FLAVOS
FLAMEN ROM. ET AUG.

Il étoit alors peu de Villes, qui n'eussent leurs Prêtres d'Auguste, & il seroit difficile de distinguer ceux qui l'étoient à l'autel de Lyon, d'avec les autres, si cet autel n'étoit expressément marqué à la jonction du Rhône, & de la Saône, en quelques Inscriptions.

IX. Cet Autel n'eut pas seulement des Prêtres, il eut des Haruspices; & une Inscription trouvée en un jardin d'une maison, hors du cloître de Saint Just, & rapportée par Paradin, page 430. nous apprend qu'ils étoient soixante, & qu'un Marcus Oppius Placidus, fut le premier & le chef de ce Corps d'Haruspices, à qui on donna droit de sepulture dans la Ville, par un privilege singulier, les Tombeaux ordinaires étant hors des Villes.

D.   M.
M. OPPI PLACIDI
HAR. PRIM. DE LX.
CUI LOCUM SEPUL
TUR ORDO SANCT
ISSIM. LUG. DEDIT.

Les soixante Nations, qui bâtirent le Temple de Rome, & d'Auguste à frais communs, & qui en dédierent l'autel, me persuadent que chacune de ces Nations y eut son Haruspice, & que c'est pour cela que leur College étoit de soixante.

Ce n'est pas sans raison, que nous lisons en cette Inscription, que Catulius avoit passé par tous les honneurs, & toutes les dignitez de son païs, parce que nul ne pouvoit aspirer à la dignité du Sacerdoce, qu'il n'eut passé par les Charges municipales, pour en rendre la dignité plus auguste, comme à present pour être Eschevin à Lyon, il faut avoir été Juge de Police, Recteur de l'Hôpital, & de la Charité, &c. La Loy 77. de Decur. du Code Theodosien, est formelle là-dessus, & Censorin au Chap. 4. *de die Natali*, dit à Q. Cærelius. *Tu tamen officiis municipalibus functus, honore Sacerdotis in principibus tuæ Civitatis conspicuus.*

Outre ces Prêtres & ces Haruspices, il y eut des Augustaux destinez principalement à l'Edition des Jeux & des spectacles, qui se faisoient à l'honneur d'Auguste. Cette Ville en avoit six, comme on justifie par plusieurs Inscriptions, où ils sont nommez *Seviri Augustales*.

de la Ville de Lyon. 77

Ce fut Tibere, qui inſtitua ces Auguſtaux, auſſi-toſt aprés la mort d'Auguſte, comme Tacite a remarqué ⁎, & il nous apprend que c'étoient des Prêtres. Pluſieurs Villes en avoient ſix, d'où ils furent nommez *Seviri Auguſtales*. Cette Ville en eut un pareil nombre, comme il eſt aiſé de juſtifier, par un aſſez bon nombre d'Inſcriptions, qui nous reſtent de ces Auguſtaux, dont je donne ici les noms, & les Epitaphes, parce que cela fait une partie de nôtre Hiſtoire. En voici une découverte depuis peu d'années, au Faux-bourg de Vaiſe, où elle eſt encore dans un Jardin.

⁎ Idem annus novas cæremonias accepìt, addito ſodalium Auguſtalium Sacerdotio. Quod Sacerdotium, ut Romulus Titio Regi, ita Cæſar Juliæ genti ſacraverat. *Tacit. l. 2. hiſt.*

Caucius Gallus Celer

DIS MANIBUS
CAUCI   GAL.
CELERIS IIIIII VIR
AUG.
CAUCIUS MACRINUS
PATRI

Le Tombeau de la femme de cet Auguſtal a été trouvé au même lieu avec cette Inſcription.

DIS MANIB.
PANTIANÆ Q. F.
MACRINÆ
CAUTIUS MACRIN.
MATRI

Ces ſix Auguſtaux étoient des Prêtres deſtinez aux ſoins des Jeux, parce que ces Jeux étoient conſiderez comme une choſe ſacrée. ᵖ Tacite parlant de ces Jeux, dit que le Senat ordonna que les Pontifes, les Augures, les Quindecimvirs, & les Septemvirs avec les Compagnons Auguſtaux les celebreroient.
ᑫ Et Tertullien a obſervé en ſon Traité des ſpectacles, que ces Jeux étoient ſacrez, parce qu'ils étoient toûjours precedez, accompagnez, ou ſuivis de ſacrifices.

Ces Prêtres deſtinez aux Jeux publics avoient divers noms, ſelon leurs fonctions, ceux qui preſidoient aux Jeux du Capitole, furent nommez *Capitolini*, *Mercuriaux*, ceux qui preſidoient aux Jeux dédiez à Mercure, comme Ciceron a remarqué.

ᵖ *Diis ludi magni ab ſenatu decernuntur, quos Pontifices & Augures & Quindecimviri, & Septemviri ſimul cum ſodalibus Auguſtalibus ederent.* Tacit. 3. Ann.
ᑫ *In Ludis, quanta ſacra, quanta ſacrificia præſunt, intercedunt, ſuccedunt? Quot ſacerdotia?* Cic. l. 2. Epiſt. 5. ad Quint. Fr.

A la porte du Cloître S. Jean.

Tiberius Claudius Peregrinus.

D.   M.
TIB.   CLAUDI
PEREGRINI
IIIIII VIRI
AUG. LUGUD
CLAUDIA
∴IA HERES
PONENDUM
CURAVIT.

Forté filia.

P. Pomponius Gemellinus.

D.   M.
CALVISIÆ URBICÆ ET
MEMORIÆ SANCTISSIMÆ
P. POMPONIUS GEMELLINUS

A S. Juſt.

K iij

IıııII VIR AUG. LUGUD.
CONJUGI CARISSIMÆ
ET INCOMPARABILI
POSUIT

Marcus Caso.

A S. Irenée.

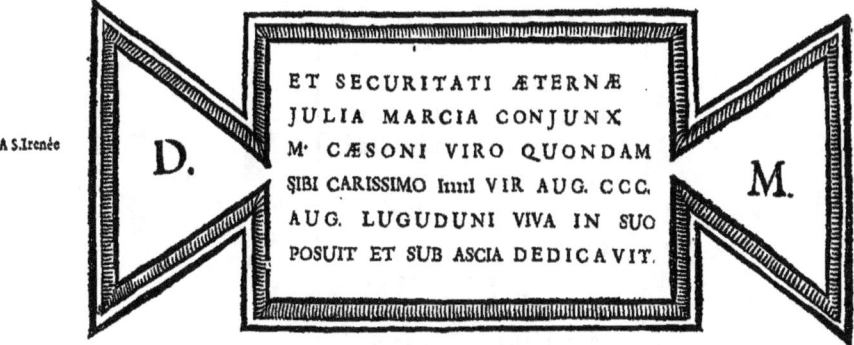

ET SECURITATI ÆTERNÆ
JULIA MARCIA CONJUNX
M· CÆSONI VIRO QUONDAM
SIBI CARISSIMO IıııI VIR AUG. CCC.
AUG. LUGUDUNI VIVA IN SUO
POSUIT ET SUB ASCIA DEDICAVIT.

Quintus Ignius Silvinus

A S. Irenée.

D.   M.
Q. IGNI SILVINI
IıııII VIRI
AVG. LVGVD.
IGNIA HELPIS
COLLIB. OPTIMO.

Heliodorus.

Chez les Peres
Trinitaires.

GRASSIÆ
DEMINCILIÆ ET
∴ LLI HELIODORI IıııIL
VIR AUGUSTALIS
PRIMIA PRIMA MA
TRI KARISSIMÆ ET
CONJUGI PIENTIS
SIMO PONENDUM
CURAVIT ET SUB
ASCIA DEDICA
VIT

de la Ville de Lyon.

Quintus Vireius Laurentinus.

```
         D.   M.
           ET
   MEMORIÆ ÆTERNÆ
   Q. VIREI LAURENTINI
   IIIIII VIRI AUG. C.C.C. AUG.
       LUGDUUNI
   HOMINIS INCOMPARA
   BILIS ET VIREIÆ ATHE
   NAIDI CONJUGI EJUS MEMO
   RIAM QUAM LAURENTINVS
   CONJUGI KARISSIMÆ FE
   CERAT VIREIUS ATHENA
   GORAS FILIUS EORUM
   EUNDEM LAURENTINUM
   CUM CONJUGE COLLOCA
   VIT ET SUB ASCIA DEDICA
           VIT
```

Paradin à l'occasion de cette Inscription, dit *qu'il ne doute point que la Famille des Laurencins, qui est aujourd'hui l'une des plus illustres & anciennes de la Ville de Lyon, ne soit issuë de ces Laurencins.* Ce qui est non seulement une fade flaterie, mais une ignorance insupportable en un Historien, car *Laurentinus*, étoit le païs de Q. Vireius, & non pas son nom, il étoit de Laurentum auprés de Rome, & son nom étoit Vireius, dont je n'ay garde, à l'exemple de Paradin, de faire descendre ny les Viry anciens Gentils hommes de Savoye, ny les Virieux de Dauphiné, ny les Virés de Châlon sur Saône. Les Laurencins étoient assez connus & distinguez sans cette resverie de Paradin. Le bon homme Lazare Meyssonnier, cherchoit aussi ses Ancestres dans une de nos Inscriptions, qui commence ainsi D. M. *Et memoriæ æternæ & Messoris*, & qui finit par la formule *sub Ascia dedicavit.*

Culattius Meleager

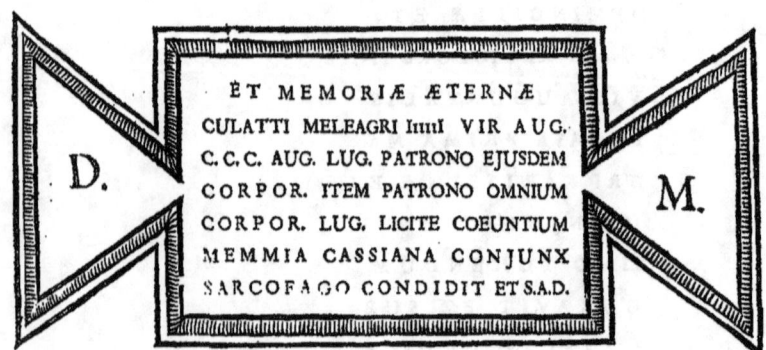

```
     ET MEMORIÆ ÆTERNÆ
  CULATTI MELEAGRI IIIIII VIR AUG.
  C.C.C. AUG. LUG. PATRONO EJUSDEM
  CORPOR. ITEM PATRONO OMNIUM
  CORPOR. LUG. LICITE COEUNTIUM
  MEMMIA CASSIANA CONJUNX
  SARCOFAGO CONDIDIT ET S.A.D.
```

Seviri Augustalis Coloniæ Cludiæ copiæ Augustæ Corporis.

Corporum Lugduni. Et sub Asciâ dedicavit.

Cajus Vrogenius

```
        D.     M.
            ET
    MEMORIÆ ÆTERNÆ
   C. VROGENII VI VIRI AUG.
    VROGENIA CONJUGI
        INCOMPARABILI
     QUÆ VIXIT ANN. XV.
      MENS IIII. DIEB. V.
      PONENDUM CURAVIT
    ET SUB ASCIA DEDICAVIT.
```

Voicy le fragment d'une Inscription d'un de ces Augustaux dont le nom est effacé.

Proche Fourviere.

```
  ∴ ET IIIIII VIRI AUG. LUG.
  ∴ TON FL. HERMETIS
  ∴ HERES CUM SEREN
     NEND CURAVER.
```

Tiberius Claudius Amandus.

Au Cloître S. Jean dans la maison du Chantre.

```
    T. CLAUDI AMANDI
    IIIIII VIR AUG. LUGUD.
         PATRONO
       SANCTISSIMO
          CLAUDI
     PEREGRINUS ET
       PRIMIGENIUS
    LIBERTI ET HEREDES
         P.    C.
```

Celui-ci est le plus considerable de tous ceux qui exercerent cette Charge, il étoit de la Famille Claudia, parent de Tibere & de l'Empereur Claude, le titre de *Sanctissimus* que lui donne cette Inscription, fait voir qu'il étoit de l'ordre des Senateurs, & son nom nous découvre une de nos antiquitez des plus celebres & la moins connuë, jusqu'à present, c'est ce Tombeau qui est à la porte de Vaise, fait en forme d'Autel & nommé *le Tombeau des deux Amans*, sur lequel nos Historiens ont imaginé tant de Fables, quand ils ont dit que c'étoit le tombeau d'Herode, & d'Herodias, ou de deux Chrétiens mary & femme, ou de deux amis, qui s'étant trouvez inopinément en ce lieu, aprés avoir été plusieurs années sans se voir, y moururent de joye de s'être ainsi retrouvez.

Je dis donc que ce fut le tombeau de deux Augustaux, qui eurent le surnom d'Amandus, & qui étant morts sans enfans, laisserent leurs Affranchis leurs heritiers, qui leur firent bâtir ce tombeau, en forme de temple, où il semble qu'il y ait eu autrefois deux statuës. Les Inscriptions de ce tombeau aussi bien que ses statuës, en furent enlevées, & l'on avoit fait des débris d'une partie de ce Temple, une des portes du Cloître de saint Jean, qui est à present dans la maison de Mr. le Comte de Chalmazel, Chantre de cette Eglise. Les deux Inscriptions sont fort endommagées, mais il en reste encore

assez

affez pour y remarquer les noms & les qualitez de ces Auguftaux, ils ne font pas les feuls à qui on rendit des honneurs confiderables pour avoir fervi ce Temple, Tibere Antiftius Martianus de la Tribu Quirina, qui étoit la trente-cinquième dans Rome; né à Monte-Cercello de l'ancien païs des Volfques, Chevalier Romain, Officier dans plufieurs Corps des Troupes, Prefet de la feconde Cohorte Efpagnole, Tribun de la XV. Legion, & Prefet de l'aifle Sulpitia, envoyé par les Empereurs, pour ramaffer les deniers publics dans les Gaules, reçût l'honneur d'une ftatuë Equeftre devant le Temple d'Augufte, par les trois Provinces de la Gaule Celtique, pour avoir fans doute, protegé ces trois Provinces, & les avoir traitées doucement dans l'exaction de ces deniers publics. Cette Infcription, qui fervoit de bafe à cette ftatuë, fut trouvée auprés du Monaftere de faint Pierre.

TIB. ANTISTIO FAUSTI	
FIL. QUIRINA MARCIANO	De la Tribu Quirina
DOMO CIRCINA PRÆF. COH. II.	De Monte Cercello.
HISPANÆ TRIB. LEG. XV	
APOLLINARIS PIÆ FIDELIS	Tribuno Legionis XV.
PRÆFECTO ALÆ SULPITIÆ	
C. R. SECUNDUM MANDATA	Civium Romanorum.
IMPP. DOMINORUM N. N.	Imperatorum : noftrorum
AUGG. INTEGERRIM. ABSTI	Auguftorum
NENTISSIMOQ. PROCUR.	
TRES PROVINCIÆ GALLIÆ	Procuratori.
PRIMO UNQUAM EQ. R. A.	
CENSIBUS ACCIPIENDIS	
AD ARAM CÆSARUM	
STATUAM EQUESTREM	
PONENDAM CENSUERUNT.	

Ce Temple devint ainfi non feulement l'autel des Cefars, mais encore comme le Temple de l'honneur, devant lequel on érigeoit des Monumens à la gloire de ceux qui avoient fervi l'Etat, & protegé cette Ville.

Ceux qui firent à cet autel la fonction de Prêtres, n'ont point d'autre titre que celui de *Sacerdos ad Aram Romæ & Augufti*. Car les Auguftaux ne furent établis que par Tibere, après la mort d'Augufte, comme Tacite a remarqué, qui nous apprend que l'on en tira vingt au fort, entre les premiers de la Ville, & que Tibere, Drufus, Claude, & Germanicus y furent joints par honneur.

Idem annus novas ceremonias accepit, addito fodalium Auguftalium Sacerdotio.

Le defir d'honorer la memoire d'Augufte, alla fi avant, qu'il y eut peu de maifons confiderables dans Rome, qui ne vouluffent avoir des Auguftaux domeftiques; & le même Tacite, dit encore, que l'on fit une efpece de crime à un Chevalier Romain, nommé Falanius, de ce qu'il avoit élevé à cet emploi un Comedien infame & mal fait.

Quod inter cultores Augufti, qui per omnes domos in modum Collegiorum habebantur, Caffium quemdam mimum corpore infamem adfcivifset.

Toutes les Infcriptions où nous trouvons les noms de quelques Auguftaux, font donc pofterieures à la mort d'Augufte, & ne peuvent avoir été faites qu'après la premiere année de l'Empire de Tibere. Ce fut fans doute l'occafion de renouveller les Medailles ou les Monnoyes, qui ont pour revers nôtre Temple, avec l'infcription *Romæ & Augufto* : car, comme j'ai remarqué, nous en avons avec la tête d'Augufte, avec celle de Tibere, & avec celle de Claude, & j'en ai vû une finguliere dans le cabinet de Mr. Meyer. Elle a d'un côté la tête d'Augufte, & au revers fur la figure de l'autel, il y a une contremarque des trois premieres lettres du nom de Tibere TIB. ce qui fut fait fans doute à l'occafion de cette inftitution des Auguftaux par cet Empereur.

L

82 Histoire Consulaire

Les Villes & les Municipes à l'exemple de Rome, ne tarderent pas d'établir leurs Auguſtaux, & la plûpart en eurent ſix, comme on peut remarquer dans les Collections d'inſcriptions antiques de Gruter, de Lipſe, de Severtius, de Reyneſius, & de quelques autres, où il y a un grand nombre de ces *Seviri Auguſtales*.

XI. Ce Temple & cet Autel eurent leurs Augures, puiſque les Romains n'entreprenoient rien de conſiderable, ſans ſe ſervir de ces ceremonies ſuperſtitieuſes, d'obſerver le vol, le chant, & la maniere de manger des Oiſeaux. Ce fut par un de ces Augures, que commença la fondation de cette Ville, comme j'ay remarqué. Mais je ne ſçay à quoi penſoient Champier, Paradin, de Rubys, le P. de S. Aubin, & Mr. Spon, quand ils ont dit, qu'il y avoit à cet Autel de Lyon un College de trois cents Augures. Paradin en ſon Hiſtoire de Lyon, fait un Julius Primitius Decurion de trois cents Augures, en ces termes. *Julius Primitius Decurio trecentorum Augurum*, & il ajoûte, *de ces trois cents Augures de Lyon, ſe voyent encore aujourd'huy pluſieurs memoires parmy les antiquitez de la Ville*. Voicy cette Inſcription qu'il n'a pas entenduë.

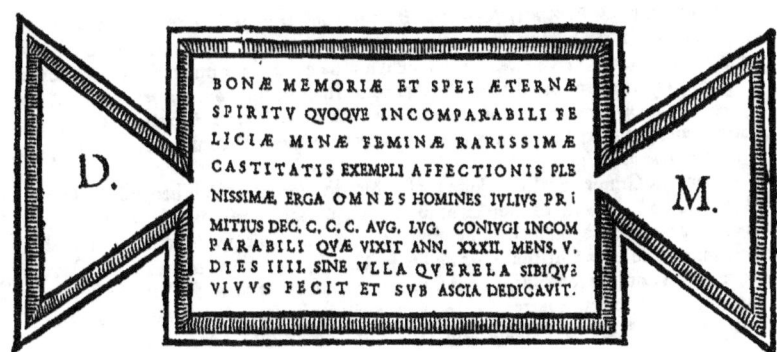

De Rubys n'a pas été plus heureux que Paradin en l'interpretation de ces trois lettres, quoi qu'il ait affecté de relever en pluſieurs endroits de ſon Hiſtoire & preſque en chaque page Paradin qui avoit écrit avant lui. *Ces Augures*, dit de Rubys, *étoient diviſez par Decuries, & chaque Decurie, avoit ſon Decurion, ou Dizenier, comme ſe peut juger par l'Epitaphe de Julius Primitius, &c.* Ce qui eſt établi ſur un fondement ruineux, puiſque cette Epitaphe eſt evidemment mal entenduë. Et certes comment pourroit on ſe figurer qu'il y ait jamais eu trois cens Augures à Lyon, pour le Temple d'Auguſte, que dans Rome, où étoient toutes les Ceremonies, tant de temples, & tant d'autels conſacrez à toutes les Divinitez, que les Payens adoroient; & où étoit le premier College des Augures, il n'y en eut d'abord que trois, parce que la Ville étoit diviſée en trois Tribus ou Quartiers, dont chacun avoit le ſien. Ce fut Romulus, qui établit ce College. Servius Tullus en établit un quatriéme, en établiſſant une quatriéme Tribu. Le nombre en fut augmenté, quand le peuple en voulut avoir de ſon corps: car auparavant les quatre étoient Patriciens. On en fit donc neuf ajoûtant à ces quatre Patriciens, cinq autres du peuple. Enfin, ils ne paſſerent jamais le nombre de quinze, qui fut le nombre auquel ils furent fixez, ſous la Dictature de Cornelius Sulla.

Mr. Spon, qui étoit ſavant en la recherche des antiquitez, non ſeulement n'a pas évité de tomber dans l'erreur de Paradin & de Rubys, il a même prétendu que l'on ne pouvoit expliquer autrement ces trois lettres. C. C. C. AUG. que des trois cents Augures en cette Epitaphe de Culattus Meleager.

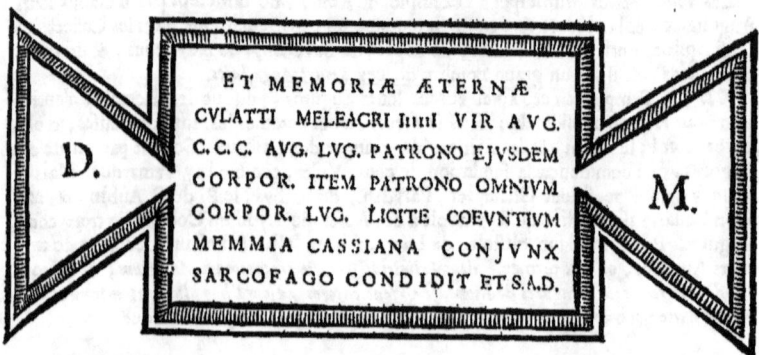

Ce sont ces mots *Patrono ejusdem corporis*, qui l'ont trompé, parce qu'au lieu de les rapporter aux six Augustaux dont Culattus Meleager, étoit le Chef & le Patron, il les a rapportez à ceux-ci C.C.C. AVG qu'il a cru devoir être entendu de trois cents Augures. *Il est évident*, dit-il en expliquant cette Inscription, *que ces trois C.C.C. ne se peuvent pas expliquer autrement, que pour le Corps des trois cents Augures, puisqu'il y a Patrono ejusdem Corporis. Au lieu que s'il falloit expliquer* Coloniæ Claudiæ Copiæ, *il n'y auroit point de sens.*

Cependant Gruter, Scaliger, Juste Lipse, Mr. de Marca, le P. Theophile Raynaud, & le P. Labbé, les ont expliquées ainsi, *Colonia Claudia Copia Augusta*. Et voici une preuve convaincante qu'il les faut ainsi interpreter, c'est un Monument qui est à l'Hermitage de saint Christofle, au dessus de Thein, si celebre en France, par les excellens Vins, qui s'y recueillent, qui sont si connus sous le nom de Vins de l'Hermitage. C'est une pierre quarrée de cinq à six pieds de hauteur, qui sert de soubassement à la pierre de l'Autel de la Chapelle de cet Hermitage, en voici la figure.

Eas de trecentis Auguribus malè interpretati sunt Paradinus & Rubysius & de trecentis Augustalibus, quidam eruditi Viri. Marca de Primatu Lugdun. VI.

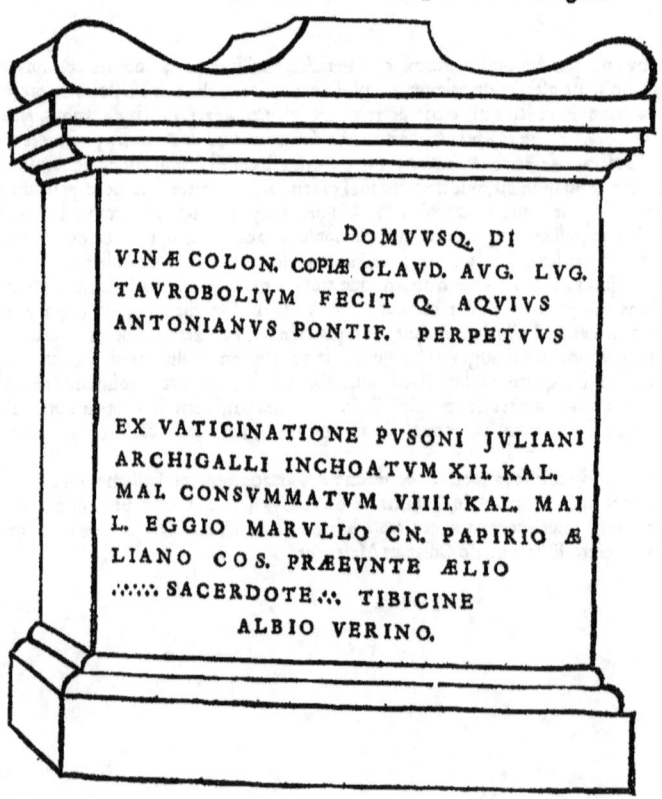

84 Histoire Consulaire

Le R. P. Magaud de nôtre Compagnie, ancien Professeur de Theologie, & à present Recteur du College de Cahors, étant Prefet des hautes études à Tournon, se donna la peine d'aller examiner cette Inscription, & de me l'envoyer. Voici ce qu'il m'en écrivit de Tournon le 8. Avril 1693. *Je suis allé à l'Hermitage de Thein, & j'ai examiné le mieux que j'ai pû l'Inscription que V. R. desire d'avoir.*

1. Elle est gravée sur l'une des quatre faces, d'un piedestal de pierre, haut de cinq à six pieds, & qui a à ses deux bouts une Corniche, qui les borne à peu prés de la maniere, que je l'ai grossierement dessinée à la fin de cette lettre.

2. Ce piedestal, qui est tout d'une seule pierre, a la face d'en haut cavée en demy rond, & au milieu de l'excavation paroit comme un demi globe, tout d'une piece avec le piedestal.

3. Quant aux Inscriptions, il y en a deux, l'une en haut, & l'autre au bas du piedestal. Il semble qu'on ait effacé avec le Ciseau une ligne entiere, avec la moitié d'une autre, de l'Inscription la plus haute. Elles sont l'une & l'autre en beaux & grands Caracteres, sans points, sans virgules, & sans interruption.

4. Il n'y a que la premiere ligne de l'Inscription d'en bas, qui paroisse avec la pointe des lettres de la seconde, parce que l'on a enfoncé jusque-là, le piedestal est bâti tout à l'entour pour assurer l'Autel de la Chapelle, sans quoi je l'aurois fait creuser autant qu'il eut fallu pour la lire toute entiere.

J'avois dépuis long tems cette Inscription entiere, avec la figure de la pierre, sur laquelle elle est gravée, mais je voulois m'assurer qu'elle eut été fidellement copiée, & je la demanday comme si je ne l'avois pas, afin de pouvoir justifier sur la description, que l'on m'en feroit, si elle avoit été exactement representée. Car Chorier, qui nous l'a donnée dans son Histoire de Daufiné l'a beaucoup alterée, & n'a pas donné la figure de la pierre.

Aprés que Drusus eut fait la Dédicace solennelle de ce Temple, & appaisé les troubles, qui se souleveoient dans les Gaules, il retourna à Rome, avec Tibere son Frere, & aprés y avoir reçû l'honneur du Consulat, il alla aussi-tôt en Allemagne, pour y recommencer la guerre, qui ne fut pas moins malheureuse pour lui qu'elle fut glorieuse aux Romains, puisqu'aprés avoir élevé des trophées jusques sur les bords de l'Elbe, au milieu des applaudissemens d'une victoire signalée, étant tombé de Cheval, il se rompit une cuisse, dont il mourut, également regretté de tous les Soldats, qui servoient sous lui, & de tout le Senat, qui connoissoit son merite. Tibere fit porter son corps à Rome, prononça son Oraison Funebre, & lui rendit avec Auguste, tous les honneurs que l'ont peut rendre à la memoire d'un Homme qui avoit fait de si belles actions, & qui les avoit toûjours accompagnées d'une sagesse, qui lui attiroit également & l'estime & l'affection de tout le monde.

Caius Sentius Saturninus, succeda à Tibere au Gouvernement de la Gaule Transalpine, en qualité de Proconsul. Il reste à Rome, dans l'Isle du Tybre à la tête du pont, que l'on nomme de saint Barthelemy, une partie d'une Urne antique, où est l'Epitaphe d'un Caius Sentius, qui pouvoit bien être Parent de celui-ci. C'étoit un Chevalier Romain, qui negotioit en cette Ville, & qui étoit le Patron, non seulement de divers Corps de Nogotians, mais encore des Augustaux. Ce fut son fils Lucius Sentius Reginus, qui étoit Augure, & Ulattia Metrodora sa fille, qui lui firent dresser ce Monument par les soins de quelques uns de leurs Esclaves. Voici cette Inscription.

D M S *Diis manibus sacrum.*

Caio	C. SENTIO REGULIANO EQ. R.	*Equiti Romano.*
Diffusori	DIFFUS OLEARIO EX BÆTICA	
	CURATORI EJUSDEM CORPORIS	
	NEGOT. VINARIO LUGUDUN. IN	
	CANABIS CONSISTENTIUM CURA	
	TORI ET PATRONO EJUSDEM	
	CORPORIS NAUTÆ ARARICO	
	PATRONO EJUSDEM CORPORIS	

de la Ville de Lyon. 85

```
PATRONO IIIIII VIR LUGDUNI
CONSISTENTIUM SENTIUS REGI
NUS AUG ∴ ET ULATIA METRO
DORA ∴ LI EJUSDEM PONEN
DUM CURAVERUNT PROCU
RANTE DIONYSIO ET BELLI
CANO ET Q.
```

Augur.
Liberti.

Cette Inscription qui m'a déja servi de preuve dans le projet de cette Histoire, pour établir la différence, qu'il y avoit entre *Lugdunum*, & *Lugdunum* deux Villes bâties en divers tems, nous découvre le grand commerce, que les Chevaliers Romains faisoient en cette Ville, où ils étoient Patrons & Protecteurs de divers Corps de Negotians, ce qui leur procuroit de grandes richesses, pour favoriser ce commerce, qu'ils exerçoient par leurs Affranchis.

Introduct. à la lecture de l'Hist. p.316.

XII. Si Paradin & de Rubys, ont donné à l'Autel de Lyon, un College de trois cents Augures, Champier y a établi une Academie de Philosophes, d'Orateurs, & de Poëtes, & avancé que tous les ans les Druydes, les Sarronides, & les Bardes, qui habitoient les forests de Chartres, y venoient chanter leurs poësies, qui sont autant d'absurditez. Puisqu'il est certain, que les Druydes dont Cesar a parlé si amplement dans ses Commentaires, ne furent jamais à Lyon, ny au païs des Segusiens, c étoient des Grecs, qui s'établirent d'abord dans les Isles Britanniques, & qui de là entrerent dans les Gaules, au delà de la riviere de Loire, qu'ils ne passerent jamais. Ils s'étendirent dans la Champagne, le Bacigny, le Barrois, la Lorraine, & le païs des Sequanois, où l'on a trouvé de nos jours, quelques Monumens de ces anciens Druydes: Et quand mêmes ils auroient été les anciens Prêtres des Heduois, comme quelques uns ont écrit sur la foy des Commentaires de Cesar, il seroit toûjours vrai de dire, qu'ils n'auroient jamais été établis à l'Autel de Lyon, puisque Suetone, dit positivement, que Claude abolit entierement cette Religion cruelle, & qu'Auguste avant lui, l'avoit chassée des Villes, & n'en avoit laissé l'usage que dans les Forests, & dans les païs sauvages. Il n'avoit donc garde de permettre, qu'on l'introduisist dans un Temple qui lui étoit consacré. Pline dit aussi que ce fut Tibere, qui abolit ces impietez, & Seneque veut que ce soit l'Empereur Claude. Ce qui fait voir que cette Religion Barbare, ayant été en horreur aux Romains, ils ne l'auroient pas soufferte dans une Ville, où ils vouloient s'établir. On ne laissa pas cependant de donner long-tems après le nom de Druydes aux Devins, particulierement aux femmes, qui faisoient les Devineresses, quoy qu'il ne restât plus rien de cette ancienne Religion.

Carnutensi Silva, in quam conveniebant Druida, & ut alii dicunt, Saronida, & Bardi melodiarum Poeta: hi semel in anno Lugdunum grandi gratia concedebant. Champier.

L. 6.

Druidarum religionem aliud Galios dira inhumanitatis, tantùm Civibus sub Augusto interdictam penitus abolevit. Sueton. in Claud. 5 Tiberii principatus sustulit Druidas. Plin.l.3c. cap.1. Druidarum perfida gentis Gallica illius immanem religionem prorsus extirpavit. Sen. In lud. de morte Claud.

On donna aussi ce nom à quelques Philosophes, qui enseignoient l'Astronomie; mais il est certain, que s'il resta quelque chose de ces anciennes superstitions, ce fut dans la Gaule Belgique plûtôt que dans le voisinage de Lyon. Ainsi tout ce que l'on a écrit de la Guillotiere, où l'on dit que ces Druydes déposoient le Gui de Chesne, qu'ils alloient chercher dans les forests d'Airieu, & d'Artas en Dauphiné, est fabuleux: car jamais les Allobroges n'eurent des Druydes, & ils n'auroient pas permis que l'on fut allé chercher chez eux, ce Gui de Chesne, que les Druydes alloient cueillir, avec tant de ceremonies. Le Fauxbourg de la Guillotiere se nomme dans les anciens titres la Grillotiere, & non pas la Guillotiere, & il seroit ridicule de tirer l'origine de ce nom de deux mots François, *Guy l'hostiere*, comme a fait Foderé, puisque les Druydes ne parloient pas François.

Ab hospite Visco.

Lazare Meyssonnier Docteur Medecin aggregé au College de Lyon l'an 1643. dans la Harangue, qu'il prononça au Cloître de saint Bonaventure, à l'ouverture des Leçons publiques de Chirurgie, donna le nom d'Athenée à l'ancien Temple de Lyon, sur un passage de Dion Nicæus, qui dit dans la vie de Didius Julianus, que l'on donnoit ce nom à une Ecole, où l'on enseignoit. Mais cet Auteur ne parle pas de l'Ecole de Lyon, & nous ne trouvons pas que nôtre Aisnay ait jamais été appellé *Athenaum* par aucun Auteur ancien. Gregoire de Tours le nomme *Athanacum*, ou *Athanatum*, & nos Martirs *Athanacenses*, & dans les titres de l'an 950. jusqu'à 1032. que j'ai fait imprimer ---mi les preuves de cette Histoire, il est toûjours nommé *Insula qua Athanacus vocatur*.

Histoire de l'origine & progrez du College de Medecine, faisant partie de l'Université de Lyon.

Athenæor χαλέιτωσι ἀπό ἡ ἀυτῷ τον νεωτευομένων ἀκπόεων.

COLONIE AMENE'E A LYON PAR PLANCUS.

Exiit edictum à Cæsare Augusto, ut describeretur universus orbis. Luc 2. Quodam etiam edicto his verbis testatus est: Ità mihi salvam, ac sospitem remp. sistere in suâ sede liceat, atque eius rei fructum percipere, quem peto, ut optimi status auctor dicar, & moriens ut feram mecum spem, mansura in vestigio suo fundamenta Rep. qua locero. Sueton. in Octaviano. 28.

Auguste l'an quarante de son Empire se voyant paisible Maître du monde, après avoir donné la Loy à tous ses Ennemis, entreprit de reformer ses Etats, & pour en avoir une plus parfaite connoissance, il ordonna que l'on en fit une revûë generale. C'est l'Edit, dont il est fait mention, au second Chapitre de l'Evangile de saint Luc, & que l'on allegue comme la cause du voyage de la sainte Vierge, avec saint Joseph, de Nazareth à Bethléem, où nâquit le Sauveur du monde. Ce Prince avoit fait auparavant un Edit, par lequel il témoignoit qu'il vouloit remettre la Republique en son premier état, c'est à dire, remettre au Senat l'entier gouvernement de tous les peuples dépendans de l'Empire Romain, ne voulant point d'autres fruits de tous ses travaux, que l'honneur d'être l'auteur du parfait rétablissement de cette ancienne liberté, & la gloire en mourant, d'avoir laissé toutes choses dans le meilleur état qu'elles eussent jamais eu, & dans lequel il souhaittoit qu'elles demeurassent toûjours. Dans ce dessein, il employa Marc Agrippa à dresser un état du Monde, ce qu'il fit avec tant d'application, & d'exactitude, qu'il le divisa par Provinces, par Nations, & par Villes, avec les Costes des Mers, les Colonies, les Longitudes, & les Latitudes de chaque endroit, comme Pline a remarqué au Chapitre V. du Livre 3. de son Histoire naturelle, où il avouë qu'il s'est servi de ce travail d'Agrippa pour sa Geographie, qui fait une partie de son Histoire Naturelle, principalement pour la Gaule Narbonoise, qu'il décrivit sur les Memoires d'Agrippa, qui fit une Carte exacte du Monde, pour être exposée à Rome, aux yeux de tout l'Univers, comme dit Pline:

Agrippam quidem in tanta Viri diligentia, præterque in hoc opere cura, orbem cum terrarum orbi spectandum propositurus esset, erassiquis dicat, & cum eo Divum Augustum? Is namque complexam eam porticum ex destinatione & commentariis M. Agrippæ à Sorore ejus inchoatam peregit. Plin. l. 3. c. 2.

parce qu'Auguste la fit mettre dans un Portique, qu'il fit bâtir exprez, ou plûtôt qu'il fit achever: sa Sœur l'ayant commencé pour rendre par cet ouvrage, la memoire de son nom immortelle parmi les Romains. Ce qui fait dire à cet Historien, que l'on doit s'assurer de l'exactitude de cette Carte faite sur de si bons Memoires, & destinée à consacrer à la posterité la memoire de ces trois personnes illustres.

Ce fut en ce même tems qu'Agrippa entreprit les Grands Chemins de l'Empire, si utiles pour les Troupes & les Armées. Et ce fut alors qu'il choisit cette Ville, que Strabon, appelle la Citadelle des Gaules, pour être le centre des quatre Grands Chemins, dont j'ai parlé cy-devant. Il y a des Medailles d'Auguste, qui ont conservé la memoire de cette celebre entreprise d'Agrippa, avec ces mots, *Quod via munita sint*, & nous avons sur la face d'une Maison bâtie sur le Quay, que nous nommons de saint Antoine, vis à vis le port Chalamont, une Medaille d'Agrippa, d'un pied & demy de diametre, qui semble être de terre cuite, je ne sçai si elle a été trouvée en terre, ni par quel moyen elle a été inserée dans ce bâtiment; mais elle paroît d'un goust antique, & celui qui l'a fait couvrir de couleur dans le Champ autour de la tête, y a fait écrire d'un caractere recent le nom d'Agrippa, non pas en forme de Legende dans le Cercle, mais en liston volant.

Ce fut enfin l'an 738. de Rome, qu'Auguste donna à Tibere le Commandement de la Gaule Chevelûë, & qu'il y destina plusieurs Colonies, comme Dion a remarqué, pour s'assurer de ces Provinces, où les Romains avoient été obligez jusqu'alors de tenir beaucoup de Troupes. Ainsi l'on ne peut pas dire, qu'avant ce tems Plancus eut amené sa Colonie, parce que, comme a sagement remarqué Paterculus, les Romains n'avoient garde de se defaire de leurs Citoyens, ny de leurs Troupes, lorsqu'ils en avoient le plus de besoin, pendant les Guerres Civiles, qui desoloient Rome & l'Italie. Et que c'est ainsi que durant tout le tems qu'Annibal, fut en Italie, & même quelques années après on cessa de faire des Colonies, parce que l'on ne vouloit pas affoiblir la Republique, lorsqu'elle avoit besoin de toutes ses forces. Mais ce qui me semble une preuve demonstrative contre ceux, qui font amener nôtre Colonie à Plancus l'an 711. de Rome, c'est l'Inscription sur laquelle ils ont appuïé leur conjecture: car cette Inscription est évidemment contre eux. La voici tirée du Château de Gaiete, où elle est.

Dum Hannibal in Italiâ moratur, neque proximis post excessum eius annis tanevit Romanis Colonias condere, quàm esset in bello conquirendus potiùs vellus; quàm dimittendus, & post bellum vires refovendæ magis, quàm spargendæ. Vell. Paterc.

L. MUNATIUS L. F. L. N. L. PRON.
PLANCUS COS. CENSOR. IMP. ITER. VII. VIR
EPULON. TRIUMP. EX RÆTIS ÆDEM SATURNI
FECIT DE MANUBIS AGROS DIVISIT IN ITALIA
BENEVENTI IN GALLIA COLONIAS DEDUXIT
LUGDUNUM ET RAURICAM.

de la Ville de Lyon.

Onuphre Panvinius, qui décrit le Mausolée auquel cette Inscription est attachée, dit qu'on le voit au sommet du Promontoire de Caïete, & qu'il est d'une double enceinte de murailles fort solides, dont l'exterieur bastie de grands quartiers de pierre a vingt-huit pas ou quatre vingt quatre pieds de diametre, que sa hauteur n'est guere moindre, comme on en peut juger à l'œil, la muraille étant de vingt sept assises de pierres, d'un pied & demi de hauteur chacune, sans la Corniche & les Creneaux accompagnez de trophées. On voit au dedans une enceinte de sept pieds de largeur bastie de grosses briques, & bien voutée, comme elle est jointe par une autre Voute, à la premiere enceinte. Ce milieu fait en forme d'un temple rond a quatre grandes niches à recevoir des statuës, & toutes les murailles sont enduites de Stuch d'une blancheur polie, & luisante comme le verre. C'est sur la porte de ce petit temple qu'est en beaux & grands caracteres, l'Inscription que je viens de rapporter.

Visitur Mausolæum altissimo Caietani promontorii cacumine, cujus tota moles constat duobus murorum solidorum circellis : quorum exterior ex saxo ingenti quadrato compactus habet in diametro passus XXVIII. vel pedes LXXXIIII. ex æque colligere est totius sepulchri magnitudinem. Nec minor est ejus altitudo,

prout oculi consideratione dimetiri licet, cum XXVII. Saxorum sesquipedalium ordinibus evehatur in altum: quibus est imposita superior corona suis murorum pinnis tamquam in radios efformata, & hostilium armorum spoliis insigniter adornata. Intra per ostium occurrit ambitus septem circiter pedes latus, quem facit circulus interior opere latericio spisso, altaque testudine jungit exteriori. Hic autem Interior altissimo clausus concameratione formam rotundi templi in medio mausolæi repræsentat, cum quatuor perampiis statuarum loculis. Parietes intevieres omnes tectorio marmorato videmus expolitos tam fuisse, tantoque candore renitentes, ut vitri splendorem habuisse, niveisque repercussa luminis radios duplicasse videantur. Super ostium L. Planci titulus characteribus pulcherrimis, velut in tabula sculptus sic integrè legitur.

Or si l'ordre des tems a été observé en cette Inscription, comme il est à presumer de l'exactitude qu'avoient les Romains, pour tous les Monumens publics, Plancus avoit été Consul, & Censeur, avant que de conduire ces deux Colonies, il avoit commandé deux fois les Armées, au nom de la Republique & merité deux fois le nom d'Empereur, par les avantages qu'il avoit remportez sur les Ennemis: Il avoit triomphé des Grisons, basti un temple à Saturne des dépoüilles de ces Ennemis vaincus, & divisé les Champs aux Soldats en Italie à Benevent. Suivons donc maintenant l'ordre des années ausquelles ces choses ont été faites, & nous viendrons pied à pied à trouver celui auquel il a pû conduire les Colonies.

Commençons par son Consulat, & démélons sur des témoignages incontestables l'ordre de ses divers emplois, & les années ausquelles il les exerça, en recueillant tout ce qui a été dit de lui, par les anciens Auteurs, particulierement par les Contemporains, qui sont ordinairement les plus seurs, parce qu'ils ont écrit ce qu'ils ont vû, & ce qui s'est passé de leur tems, ce que je tâche d'observer en cette Histoire, le plus fidelement qu'il m'est possible, pour découvrir la verité des faits, & suivre pied à pied les évenemens. Sur quoi je ne feindrai point de dire, que j'ai employé plus de six mois de travail à démêler ce point fondamental de nôtre Histoire, sur la Colonie que Plancus amena en cette Ville. Parce qu'il étoit important de détruire l'erreur de ceux qui l'en ont crû le Fondateur, sur trois fondemens également ruineux ; sur l'inscription de Caïete, sur le passage de Dion, qui rapporte l'ordre du Senat, donné à Lepide, à Silanus & à Plancus, de bastir une Ville à ceux qui avoient été chassez de Vienne, & sur un passage de la Chronique d'Eusebe. Examinons ces trois témoignages pour en faire connoître le peu de solidité : Et pour prendre la chose de plus haut, allons jusqu'à l'origine & la naissance de Plancus, & suivons le dans tous ses emplois. Il étoit de la Famille Munatia, qui étoit de l'ordre des Plebeïennes, puisque j'y trouve trois Tribuns du Peuple ; nôtre Plancus, l'an 708. de Rome, Titus Munatius Plancus Bursa, amy de Pompée l'avoit été sept ans auparavant l'an 701. Et il faut prendre garde de confondre une Famille Plancia, qui étoit considerable dans Rome, avec la Famille Munatia ; car comme les prénoms étoient communs à une infinité de personnes de Maisons differentes, les Sobriquets l'étoient aussi, quoi que non pas aussi frequens. Ainsi le Sobriquet de *Crassus*, ou le gras, étoit commun aux Calpurnies, aux Claudes, aux Fontées, aux Licinies, aux Otacilies, & aux Papires. Celui de *Rufus*, où le Roux, aux Celies & à trente autres Familles, aux Accies, aux Acilies, aux Actielies, aux Emiles, aux Anchaires, aux Annies, aux Antoines, aux Asinies ; aux Pompées, aux Corneilles, &c. Les adoptions ne font gueres moins d'embarras dans l'Histoire, parce que ceux qui étoient adoptez prenoient les noms des Familles dans lesquelles ils entroient.

Il ne faut pas donc se laisser surprendre à cette conformité de noms, ni croire que tous les Plancus soient d'une même Famille: Le nôtre se nommoit Lucius, comme son Pere, son grand Pere & son Bisayeul. Ainsi qu'en fait foy l'Inscription de Caïete, où il est dit *Lucii filius*, *Lucii nepos*, *Lucii pronepos*. Car c'est ainsi, qu'il faut entendre ces lettres L. F. L. N. L. PRON. Les Affranchis, qui prenoient les noms de leurs Patrons feroient aussi capables de mettre de la confusion dans l'Histoire de ces siecles reculez, si l'on ne voyoit ordinairement dans les Inscriptions, la qualité d'Affranchi ajoûtée aux noms par ces lettres. L. LI. LIB. *Libertus*. Ou si cette qualité n'y est pas exprimée, ils prennent le nom de leurs Patrons, pour Prénoms ausquels ils ajoûtent seulement les noms, qu'ils avoient étant Esclaves. Nous trouvons de cette sorte un Munatius Felix, un Munatius Epictetus, un Munatius Marcellus, un Munatius Rapa, un Munatius Severus, & un Munatius Vernus, dans le Recueil des Inscriptions de Gruter, qui étoient des Affranchis de la Famille Munatia. Trois autres y ont la qualité d'Affranchis avec le prénom, & le nom de leurs Patrons. *C. Munatius, C. L. Chrestus. Cnius Caii Libertus. C. Munatius, C. L. Hilarus.*

Nôtre Munacius Plancus commence à être connu dans l'Histoire au Livre cinquiéme des Commentaires de Cesar, où nous lisons, qu'il commandoit une des trois Legions, que Cesar mit en quartier d'hyver dans le Beauvoisis, & aux environs. Crassus & Trebonius commandoient les deux autres. Il fut Tribun du peuple, l'an 708. de Rome. Et l'année suivante il fut Préteur dans la Gaule Transalpine, avec le commandement de trois Legions. C'est ainsi qu'il faut entendre ce qu'il dit dans ses lettres à Ciceron, & Ciceron dans celles qu'il lui écrit, lorsqu'ils parlent du Commandement qu'il avoit dans la Province. Ce Commandement ne s'étendoit pas à toute la Gaule Chevelue, mais seulement sur le pays des Segusiens, où étoient ses trois Legions, & seulement pour se rendre la Justice en qualité de Préteur.

Nam & in re militari virtutem, & in administrandâ provinciâ Iustitiam, & in omni genere prudentiam tuam exposuit. Cic. Epist. 3. Lib. X.

C'étoit Cesar qui avoit le Gouvernement de toutes les Gaules, où il tenoit ses Lieutenans, dont Plancus étoit l'un sur les Terres des Segusiens. Et parce qu'après la mort de Cesar, le Senat le laissa encor un an dans cet employ, Ciceron regarde cela comme une faveur singuliere, aussi bien que la Nomination, que Cesar avoit faite de lui pour le Consulat de l'an 711. avec Brutus, qui devoit être son Collegue : ce qu'Octave & Marc-Antoine, firent confirmer par le Senat, pour faire honneur à la memoire de Jules Cesar, qui se servant de tout le pouvoir que lui donnoit sa Dictature, pour faire absolument ce qu'il vouloit dans la Republique, disposoit de toutes les Charges en faveur de ses Creatures, & se rendoit ainsi maître de toutes les affaires, qu'il mettoit entre les mains de personnes affidées.

A te peto ut mea dignitati suffrageris. Epist. 7. *Comitis summa consecutus es virtute duce, Comitia sentinajemque es adoptus adolescens unà iis videntibus Consules designatus optimâ state.* Epist. 3.

Plancus qui apprehendoit que l'on ne changeât ces dispositions, après la mort de son Patron, écrivit souvent à Ciceron pour le prier de le servir dans le Senat, parce qu'il étoit encor jeune, & il avoit des envieux, comme Ciceron le lui fait connoître, en lui faisant entendre, qu'il n'a pas moins de bonheur que de merite, & qu'il a été designé Consul en un bel âge.

L. Munatius Plancus Ciceronis discipulus Orator habetur insignis, qui quùm Galliam Comatam regeret Lugdunum condidit. Euseb. in Chron.

C'est de ces lettres de Ciceron à Plancus, & de Plancus à Ciceron, que j'ay tiré plus de lumieres, pour cet endroit de nôtre Histoire, que de tous les anciens Historiens, pour ne rien dire des modernes, qui se sont tous égarez sur le tems de la fondation de Lyon, en se copiant les uns les autres. C'est Eusebe de Cesarée, qui les a jettez dans cet égarement, quand il a dit, que Plancus bâtit la Ville de Lyon, lorsqu'il gouvernoit la Gaule Chevelue : puisqu'il est certain, que Plancus ne gouverna jamais la Gaule. Je dis la Gaule entiere, ce qu'il est aisé de demontrer, puisqu'avant l'Empire d'Auguste, cette Gaule n'étoit point encor reduite en Province, ni separée du Gouvernement de la Gaule Citerieure, par rapport, à laquelle on l'appella Transalpine : parce que l'une à l'égard de Rome étoit au deçà des Alpes, & l'autre au delà. Or il est constant que Cesar, qui avoit obtenu pour cinq ans, le Gouvernement de la Gaule Citerieure, quand il entra dans les Gaules, pour y faire la guerre, l'obtint pour autre cinq ans, par les intrigues d'Antoine & par les Tribuns du peuple, & avoit encor ce Gouvernement quand il fut tué. Le Senat le donna après à Brutus, ce qui fut l'occasion de la guerre de Marc-Antoine, qui vouloit avoir ce Gouvernement au lieu de la Macedoine, qu'on lui avoit assignée. Enfin étant Triumvir, il se fit donner par le peuple ce Gouvernement, qu'il avoit si long-tems désiré. Il est vrai que Jules Cesar allant en Espagne, laissa à ses Lieutenans, ses Provinces à gouverner, & qu'ayant envoyé Asinius Pollio, pour succeder à Carrinas en Espagne, & Lepide dans la Gaule Narbonoise, il laissa Plancus avec le commandement de trois Legions, entre le Rhône & la Saône, l'an 709. de Rome, qui fut l'année de sa mort. Mais cette espece de Gouvernement n'étant qu'une delegation, Ciceron, qui lui écrivit plusieurs lettres ne lui donna jamais le titre de Proconsul, ni de Preteur, qui étoient les titres des Gouverneurs; mais seulement d'Empereur, qui étoit le titre des Generaux, qui commandoient les Legions, & de Consul designé, parce que Jules Cesar, qui faisoit tout dans la Republique en qualité de Dictateur, l'avoit nommé pour le Consulat de 711. comme l'assure Ciceron, qui témoigne en plusieurs de ses lettres, qu'il attend cette heureuse année, où il espere que Plancus remettra par sa sagesse le bon ordre dans Rome. Plancus ne parle point non plus de ce Gouvernement prétendu dans ses lettres à Ciceron, à qu'il rend un compte exact de sa conduite. Il ne parle que de ses Troupes, & de toutes les

de la Ville de Lyon. 89

les demarches qu'il fait avec ses Troupes. Aussi quand le Senat craignit, que Lepide, Silanus, & Plancus ne se joignissent à Antoine, il commanda également à tous les trois de desarmer, & d'employer tous trois leurs Troupes à bâtir une nouvelle Ville, à la jonction du Rhône, & de la Saône, pour ceux qui avoient été chassez de Vienne, s'il en faut croire Dion : ce qu'il n'auroit fait qu'à Plancus, s'il eut été Gouverneur de la Gaule Transalpine, d'autant plus que c'étoient ses Troupes, qui occupoient ce poste.

Aussi quand il écrivit aux Consuls, Préteurs, Tribuns du peuple, au Senat, & à tout le peuple Romain, pour leur rendre compte de sa conduite, il leur dit, qu'il a fallu gagner les Gouverneurs des Provinces Voisines, qui y commandoient les Troupes, pour s'unir tous ensemble pour la defense de la liberté publique.

Eliciendâ etiam voluntates reliquorum, qui finitimis provinciis, exercitibusque præfuerunt, ut potius cum pluribus societatem defendendæ libertatis iniremus, quàm cum paucioribus funestam orbi terrarum victoriam pararemus. Epist. VIII.

Horace addresse une de ses Odes à Plancus, où il loüe la Maison que ce General avoit à Tivoly, & l'invite à s'y aller délasser des fatigues de la guerre, il ne lui parle en cette Ode, ni de Lyon, ni de Colonies, ni de Ville bâtie, aussi Horace ne vivoit plus quand ces Colonies furent menées. Examinons maintenant de quelle nature étoit celle-ci, & le tems auquel elle fut amenée : Car il y avoit, selon Frontin, qui a écrit sur cette matiere, diverses especes de Colonies.

Horat. Od. 7. lib. 1.

Il y avoit des Colonies, qui étoient conduites par trois Deputez de la Republique, à qui l'on donnoit le nom de Triumvirs, & il falloit auparavant donner une Loy, ou un Commandement de la part du Senat, ou du peuple, pour conduire ces Colonies. Ainsi nous lisons dans Frontin, que la Colonie, qui fut conduite à Florence, ne le fut qu'après la loy Julia, & par des Triumvirs.

Colonia Florentina deducta à Triumviris, assignata lege Julia. Frontin. In libello de Coloniis.

D'autres étoient conduites par le peuple, d'autres assignées aux Soldats, qui se partageoient les champs comme ils vouloient, c'est à dire, autant que chacun en pouvoit prendre, ce qui ne se faisoit que dans les païs conquis. Ainsi il y avoit des Colonies purement Militaires, sans y mêler des Esclaves, ou des Affranchis, pour les cultiver. D'autres étoient destinées à la Famille des Empereurs. En quelques-unes on traçoit l'enceinte des murailles des Villes, on laissoit un chemin au peuple, & l'on distribuoit les champs aux Soldats, par arpens, par centuries, par bandes, ou par pieces égales, ou inégales, selon la nature du terroir. Il faudroit transcrire une partie de ce livre de Frontin, pour marquer toutes ces diversitez, qui ne font rien à mon sujet. Il me suffit de dire, que Pline parlant de nôtre Colonie, dit seulement qu'elle est aux païs des Segusiens peuples libres, C'est à dire, que cette Colonie ne fut pas établie à la maniere des autres, qu'il n'y eut ny loi pour la mener, ny Triumvirs assignés, ny champs divisez, mais que l'on laissa chacun, en la possession de ses terres, dans la forme que Marc-Antoine, les avoit reglées lorsqu'il étoit Questeur, ou Tresorier de l'Armée de Jules Cesar, & comme il les avoit confirmées étant Triumvir. Ce que j'ai justifié par les Monnoyes d'argent qui furent faites pour lors en cette Ville, dont voici la figure, & dont j'ai donné l'explication dans une Dissertation assez longue, qui fait une partie du projet de cette Histoire imprimé dépuis quelques mois. Ce qui fait voir, qu'il se faisoit souvent des changemens dans les Colonies, que l'on menoit, que l'on établissoit, que l'on supprimoit, que l'on rétablissoit, que l'on rassignoit, & dont on changeoit les noms & les dispositions.

Segusiani liberi in quorum agro Colonia Lugdunum. Plin. l. 4. c. 18.

Narbonne peut servir de preuve d'une partie de ces changemens. Car selon Paterculus l'an 636. de Rome, sous le Consulat de Porcius Cato, & de Marcius Rex, on y conduisit une Colonie. Et Jules Cesar y en conduisit une autre, ce qui s'étoit déja fait à l'égard de plusieurs Villes d'Italie, comme on peut voir dans le Livre de Frontin.

Lyon fut donc tenu d'abord pour Municipe, qui se gouvernoit selon ses usages, & ses coûtumes, & qui ne laissa pas d'être consideré comme Colonie Romaine, parce qu'il en avoit tous les privileges, à la reserve de celui des Suffrages dans les Assemblées de Rome, qui lui fut dépuis accordé par l'Empereur Claude; ce qui n'étoit pas singulier à l'égard de cette Ville, puisque la Ville de Nismes étoit comme Lyon, une Colonie libre, qui joüissoit des privileges des Villes du Latium, & qui étoit indépendante des Gouverneurs, que les Romains envoyoient dans la Gaule Narbonnoise : Elle commandoit à vingt-quatre Bourgs, ou Villages, & étoit la demeure de plusieurs Romains, qui avoient exercé dans Rome les Charges d'Ediles & de Questeurs, comme Strabon a remarqué, ce qui nous donne de grandes lumieres pour la forme du Gouvernement de cette Ville sous les Romains, particulierement sous l'Empire d'Auguste, de Tibere, & de Caligula; car l'Empereur Claude y fit dépuis quelque changement, comme nous verrons dans la suite.

Caput Arecomicorum est Nemausus longè inferior Narbone, si peregrinam & negotiantium turbam consideres, sin Rempub. spectes, multò præstantior. Nam XXIIII. habet pagos popularium præstantes Viris, qui & subsunt, & jus quoque Latii habentur vi ut Nemausi inveniat Romanos, qui ædilitates, & Quæsturæ honorem sunt consecuti, eamque ob causam gens ea cùm Præfectis Romæ missis nihil habet negotii. Strab. l. 4.

Post Narbonem hæc Urbs maximè omnium Gallicarum hominum frequentia pollet, præscti tuim Romanorum eo utuntur emporio, monetamque ibi tàm auream quàm argenteam cudunt. Ibid.

Arelate Sextanorum Eleva Septumanorum, Arausio Secundanorum. Plin. l. 4.

Narbo decumanorum

La seule difference qu'il y avoit alors entre cette Ville & Nismes, étoit que les Gouverneurs des Romains n'avoient rien à voir sur la Ville de Nismes, & qu'au contraire les Gouverneurs de la Gaule Lyonnoise residoient à Lyon, & se servoient de cette Ville, pour en tirer des secours d'argent qu'ils y faisoient battre. C'est ce que Strabon dit en termes exprez, & qu'après Narbonne, il n'y avoit point de Ville dans les Gaules qui fut plus peuplée. Elle n'avoit pas donc besoin que l'on y amenât des Colonies pour la peupler, ny pour cultiver ses champs. Ainsi ce ne fut proprement que quelques Officiers, & des Negotians que Plancus y vint établir. Particulierement une treiziéme Cohorte, qui est appellée Cohorte de la Ville, en plusieurs inscriptions, parce qu'elle fut destinée à la garde de la Ville. On y établit aussi un Bureau à recevoir les deniers de l'Empire. Ce qui fit que l'on ne donna point alors de nom particulier à cette Colonie, comme aux autres, qui portoient les noms de Jules Cesar, d'Auguste, de Pompée, de Sextius, &c.

Les Colonies Militaires portoient les noms des Legions, que l'on y établissoit. Arles fut Colonie de la sixiéme Legion, Orange de la seconde, Beziers de la septiéme, Narbonne de la dixiéme.

On peut juger par là, que tous ceux qui ont écrit de cette Ville, sous les premiers Empereurs Romains, ne la connoissoient pas, surtout de Rubys, quand il décrit les ceremonies avec lesquelles il prétend que Plancus fonda Lyon, & en fit une Colonie Romaine. Car il suppose que ce fut l'an 711. qu'il bâtit une Ville à ceux qui avoient été chassez de Vienne, & qu'il y fit toutes les ceremonies accoûtumées, conduisant une Charruë attelée d'une Vache, & d'un Taureau blancs, après avoir consulté les Augures, & fait des sacrifices. Pour détruire l'erreur de Rubys, il ne faut que suivre les lettres de Plancus à Ciceron, & de Ciceron à Plancus. Au commencement de l'année 710. Plancus écrit à Ciceron qu'il est en peine de sçavoir ce qui se passe dans la Gaule Citerieure, & dans la Ville de Rome, au mois de Janvier, craignant que les peuples chez qui il est, ne veüillent profiter de l'occasion, que leur fournissent les broüilleries de la Republique. Il ne parle point encore de Ville à bâtir ni de Colonie.

Sum in expectatione omnium rerum, quid in Gallià citeriore, quid in Urbe Januario mense geratur, ut sciam. Interim maximam hic sollicitudinem curamque sustineo, ne inter aliena vitia hæ gentes nostra mala suam putent occasionem. Epist. III. L. X. Famil. Cic.

Magna spes in te, & in tuo exercitu magna expectatio. Epist. V.

Quæ recitata sunt littera in Senatu nequaquam censentire cum oratione. Furnii visa sunt. Pacis nam author eras quum Collegatus vir Clarissimus à sedissimis latronibus obsideretur. Epist. VI.

Ciceron lui écrit ensuite, qu'on espere beaucoup de lui, & de son Armée, qui tient tout le monde en attente : Et dans une autre, il lui reproche, que les lettres qu'il a écrites au Senat, ne s'accordent point avec le discours de Furnius, qu'il a chargé d'expliquer ses sentimens, qui tendent à faire la paix, avec Antoine, tandis que Brutus, qui doit être son Collegue dans le Consulat de 711. est assiegé par de vilains Brigans. C'est ainsi que Ciceron nommoit Antoine, & ses Troupes. Cette lettre étoit dattée du 20. de Mars, de l'an 710.

Plancus écrivit ensuite au mois d'Avril, que s'il y avoit quelqu'un, qui crût, qu'il eût trop fait attendre le monde, & amusé l'esperance que l'on fondoit sur le dessein qu'il devoit prendre, que l'on devoit considerer, qu'il lui avoit fallu un peu de tems, beaucoup de travail & de dépense, pour effectuer ce qu'il avoit promis à la Republique, & pour ne pas courir à son secours, sans les moyens necessaires. Qu'il a eu à s'assurer d'une Armée qui avoit été plusieurs fois sollicitée par de grandes promesses, qu'il avoit aussi à s'assurer de plusieurs Villes, qu'on avoit engagées dés l'année precedente, par des largesses, & par de grandes sommes offertes. Qu'il lui avoit fallu gagner ceux qui avoient gouverné les Provinces voisines, pour les faire entrer dans son parti, qu'il avoit aussi fallu qu'il se fortifiât, en grossissant son Armée, & en retirant le plus qu'il pouvoit des Troupes auxiliaires, parce que l'exemple de Brutus, son Collegue, qui s'étoit trop tôt declaré, lui avoit apris à mieux prendre ses mesures, que c'étoit pour cela, qu'il avoit mieux aimé confier ses sentimens à Furnius, qui lui étoit affidé, qu'à des lettres qui pouvoient être surprises. Qu'il a cinq Legions toutes prêtes, dont il est seur de la fidelité, aussi bien que de leur valeur. Que la Province est en bon état, parce que toutes les Villes sont d'accord, & s'empressent à lui rendre leurs devoirs. Qu'il a de la Cavalerie & des Troupes auxiliaires, & que les peuples du païs, où il est, sont capables d'en fournir pour défendre leur vie, & leur liberté. Que pour lui il est dans la disposition, ou de défendre le païs, où il est, où d'aller, où le service de la Republique l'appellera, ou de donner son Armée, ses Troupes auxiliaires, & le Commandement qu'il a dans le païs, à qui on voudra. Il n'avoit donc point alors reçû d'ordre du Senat, ni de desarmer, ni de bastir une Ville, à ceux de Vienne, comme veut Dion.

Il écrivoit au mois de May, qu'il avoit fait passer le Rhône, à son Armée, le vingt-sixième d'Avril, & qu'il avoit envoyé de Vienne en diligence mille coureurs, par un chemin racourci : que s'il n'étoit empéché par Lepidus, il les suivroit si vîte que l'on en seroit content. Il étoit donc maistre de Vienne, & il ne s'agissoit plus de bastir une Ville, à ceux qui en avoient été chassez, puisqu'il lui étoit plus aisé de les rétablir. Enfin, il dit à la fin de sa lettre, qu'il mene des Troupes, qui sont tres-fortes, soit que l'on en considere le nombre, ou la fidelité. Le voilà donc en marche, pour aller vers les Alpes, sans que l'on parle ni de Colonie, ni de bastir une Ville.

Exercitum ad VI. Cal. Maias Rhodanum transjeci, magnis itineribus Vienna Equites mille via breviore præmisi. Ipse si à Lepido non impediar, celeritate satisfaciam. Copias adduco & genere & numero, & fidelitate firmissimas. Epist. 9.

Il continuë à rendre conte à Ciceron, de sa conduite, & il lui écrit : J'avois fait passer le Rhône à mon Armée. J'avois envoyé devant mon Frere, avec trois mille hommes de Cavalerie, & marchois droit à Modene, quand les nouvelles me sont venuës du Combat qui y avoit été donné, & que le siege avoit été levé de cette Ville, où Brutus avoit été assiegé. J'ai vû qu'Antoine & les restes de son armée, n'avoient aucun lieu de retraite, qu'en ce païs-cy, & qu'elle ne pouvoit fonder ses esperances, que sur Lepidus, & sur son armée, dont une partie est aussi enragée & furieuse, que ceux qui étoient avec Antoine. J'ai rappellé ma Cavalerie, & me suis arrêté au païs des Allobroges, pour être prêt à tout évenement. Si Antoine vient ici tout seul, il me semble que je suis assez fort pour le recevoir, & pour servir à la Republique, selon vos souhaits, quoi qu'il soit reçû de l'armée de Lepidus. S'il amene quelques Troupes avec lui, quand la dixiéme Legion Veterane, que nous avons ramenée au bon chemin, avec les autres, se rangeroit encore du mauvais parti, neanmoins je ferai en sorte qu'on ne perdra rien. Et j'espere donner lieu d'attendre le renfort, qui viendra de Rome, pour conjointement avec nous défaire ces Troupes.

Epist. XI.

Dans une autre lettre, qui est la quinziéme, du dixiéme livre de celles de Ciceron, il entre dans un plus grand détail de ce qu'il a fait.

Ma diligence, dit-il, m'a été avantageuse, & à la Republique. Car j'ay tant fait avec Lepide, par des gens, que je lui ai depechez, l'un sur l'autre, qu'oubliant toutes nos querelles, nous avons fait une reconciliation, pour secourir d'un commun accord la Republique. C'est Laterensis qui a été nôtre entremetteur. Le traité a été conclu à ces conditions, que si Lepide ne pouvoit empécher Antoine d'entrer dans son Gouvernement, il lui feroit la guerre, & que je viendrois joindre mes Troupes avec les siennes : A quoi j'étois d'autant plus obligé, qu'Antoine, à ce qu'on disoit, étoit fort en Cavalerie, & Lepide n'en avoit pas, même qu'on pût appeller mediocre. Ce qu'ayant appris, je n'ai point tardé, j'ai crû qu'il falloit aider Lepide, & que ma jonction serviroit beaucoup, parce que je pourrois attaquer, & défaire même la Cavalerie d'Antoine, avec la mienne, & retenir dans le devoir, ce qui pourroit avoir été débauché de l'armée de Lepide, qui étoit bien ébranlée. C'est pourquoi ayant fait un pont sur l'Isere, qui est une grosse riviere dans le païs des Allobroges, j'ai fait passer mon armée, le douziéme de May. Ayant eu avis que Lucius frere d'Antoine, étoit arrivé à Frejus avec des Coureurs, & quelques Cohortes, j'ai envoyé mon Frere au devant de lui, avec quatre mille hommes de Cavalerie. Je l'ai envoyé le quatorziéme de May. Je le suivrai à grandes journées, avec quatre Legions, armées à la legere & avec le reste de ma Cavalerie. Que si ce voleur prevoyant nôtre arrivée retourne en Italie, ce sera le devoir de Brutus, de venir au devant de lui. Il est homme à qui l'addresse, & le courage ne manquent pas.

Il fait sçavoir par une autre lettre à Ciceron, qu'il seroit honteux de la contrarieté des lettres qu'il lui écrit, si les changemens qui s'y trouvent, n'étoient l'effet de la legereté d'un autre, avec qui il n'y a point de mesures certaines à garder. Il n'y a rien que je n'aye fait, dit-il, pour me joindre à Lepidus, afin que vous fussiez moins en peine du succez de nos affaires, en nous apprenant unis pour le service de la Republique, & pour resister à ceux qui ne cherchent qu'à la détruire. Je lui ai promis tout ce qu'il m'a demandé, & même ce qu'il ne m'a pas demandé, & il n'y a que deux jours que je vous ai mandé, que j'esperois que nous serions bons amis, & que nous ferions la guerre de concert. J'ai ajoûté foy à ses Billets signez de sa main, & à ce que Laterensis m'assûroit de lui. Mais il n'y a plus rien à attendre de seur de cet homme, & je ne serai plus si facile, à le croire sur sa parole. J'avois fait passer l'Isere à mes troupes, sur un pont que j'avois fait faire en un jour, usant de toute la diligence, que l'importance de l'affaire, dont il s'agissoit pouvoit requerir, & que Lepide requeroit lui-même par ses lettres, par lesquelles il me prioit de me hâter, pour le joindre. Cependant un de ses Officiers, m'est venu trouver avec d'autres lettres de sa part, par lesquelles il me donnoit avis, que je ne me donnasse pas la peine d'avancer, qu'il pouvoit lui seul terminer l'affaire, & que cependant je l'attendisse sur l'Isere. Il faut que je vous ouvre mon cœur là dessus. J'avois envie d'y aller malgré lui, craignant qu'il avoit peur que je n'eusse quelque part à la gloire du Combat.

Comme j'étois dans cette pensée, je reçois des lettres de Laterensis, écrites de sa propre main. C'est un homme sans reproche, & connu de tout le monde, pour homme de bien. Il me mande par ses lettres, qu'il est au desespoir, & qu'il ne sçait plus que dire, ni de l'armée, ni de Lepide, qu'il me dégageoit sa foy, & que je fisse pour la Republique ce que je pourrois. J'ai donné la copie de cette lettre à Titius, car pour les Originaux, je ne les confierai qu'à Levius Cispius, qui s'est trouvé present à tout cecy.

Quand Lepide voulut haranguer ses Soldats, qui étoient déja d'eux mêmes assez mal intentionnez, & d'ailleurs corrompus par Canidius, & Rufrenus, & quelques autres, que je ferai sçavoir quand il en sera besoin, ils se mirent tous à crier, qu'ils vouloient la paix, & qu'ils ne combattroient contre personne, puisque déja les deux Consuls avoient été tuez, qui étoient deux hommes considerables dans la Republique & fort distinguez : que plusieurs Citoyens étoient peris, d'autres declarez ennemis de la Republique, & leurs biens confisquez. A quoi Lepide n'avoit apporté aucun remede, & ne s'étoit pas même mis en état d'empêcher ces desordres. Tout cela m'a fait juger, qu'il n'y avoit pas de la prudence à m'aller exposer, avec une armée aussi fidelle qu'est la mienne, & de grosses troupes auxiliaires, où sont les principales forces de la Gaule, & les principaux de la Province, à deux armées qui venoient de se joindre. D'autant plus que si je venois à être accablé par des troupes si nombreuses, non seulement il ne m'en viendroit aucun honneur, mais je ne serois pas même plaint, quand j'y serois demeuré. C'est pourquoi je retournerai sur mes pas, & ne m'exposerai pas à réjoüir par ma perte ces malheureux. Je tâcherai de tenir mon armée dans de bons postes, & je garderai la Province, malgré les dispositions de cette armée revoltée contre la Republique. Enfin, je ferai en sorte que rien ne se demente ici, jusqu'à ce que vous puissiez y envoyer des forces suffisantes pour arrêter le cours de ces desordres. Car je suis prest à combattre, à souffrir un siege, & même à mourir pour les interests de la Republique, s'il est necessaire d'en venir à ces extremitez. Cependant tâchez au plûtôt de faire passer un bon renfort de troupes, de peur que nos ennemis ne se fortifient, & que mon armée ne se relâche de l'ardeur qu'elle a de bien faire, ne se voyant pas en état de resister à cette multitude. Si l'on fait un peu de diligence, pour nous donner ces secours, j'espere que la Republique aura tout l'avantage, & perdra tous ces scelerats, qui se sont soulevez contre Elle.

Quod ad me scripsisti de lege agrariâ, si Consul in Senatu egisset, ut quoque de te honestiorem; issimam sententiam dixisset, cum securus esse : Sed propter tarditatem sententiarum, nitramque rerum, quim ea quæ consultabantur ad exitum non pervenirent commodissimum mihi Plancoque fratri visum est ut ea quod no nostro arbitratu componeretur, quia subiré impedimento, arbitror te ex Planci literis cognovisse. Epist. XXII.

Il paroit par une lettre de Ciceron à Plancus, que ce Commandant desiroit d'avoir part à la distribution des Champs, qu'il croyoit que l'on voulut faire aux Soldats; mais Ciceron lui fit entendre que la chose étoit differée, & que l'on n'y penseroit pas si-tôt, & que même quelques-uns s'y étoient opposez, dont il dit, que Plancus son frere l'instruira plus amplement.

On voit par là clairement, que le Senat ne jugea pas à propos dans la conjoncture des affaires, de faire des Colonies, ni de partager les terres aux Soldats. C'étoit au mois de Juin, que ces choses se traitoient, car il écrivit en ce même tems, ce qui se passoit dans son armée, & dans celle de Lepide. J'aurois été mal avisé, dit-il, en cette lettre, si j'avois ajoûté foy à toutes les paroles de Lepide, & à ses lettres, & si j'ai pensé être trompé, c'est moins un effet de ma credulité, que d'une certaine délicatesse, qu'il faut observer dans des affaires aussi chatoüilleuses, que celle-ci ; car je connois bien Lepide. Je craignois que si je m'étois trop éloigné, que l'on ne crût que c'étoit que je n'étois pas ami de Lepide, & que je voulois le laisser dans le danger, pour voir comment il s'en déméleroit, & fomenter ainsi la guerre. C'est pourquoi, j'ai presque conduit mes Troupes à la vûë de Lepide, & d'Antoine, & me suis campé à vingt lieües d'eux, à dessein de m'approcher, s'il le falloit, ou de me retirer sans perte, si j'étois obligé de le faire. J'ai mis une Riviere devant moi, pour arrêter les Ennemis, s'ils vouloient venir à moi, & j'ai eu soin de me placer sur le bord du païs des Vocontiens, par où je pouvois passer avec sureté. Lepide desesperant de mon arrivée, qu'il souhaitoit ardemment, s'est joint avec Antoine le 29. de May, & ils ont décampé ensemble, pour venir vers moy. Ils n'en n'étoient qu'à dix lieuës, quand j'ai appris la nouvelle. Je me suis retiré au plus vite, & ai mis un tel ordre dans mon Armée, que cette retraitte ne tenoit rien de la fuite. Je n'y ai pas perdu un seul homme, ni de mon Infanterie, ni de ma Cavalerie, ni quoi que ce soit de mon bagage.

Le quatriéme de Juin, j'ai fait passer l'Isere, à toutes mes Troupes, & ai rompu tous les Ponts, que j'y avois faits, attendant que mes Gens se remissent un peu, & que mon Collegue me vint joindre, que l'on dit, devoir être ici dépuis environ trois jours. C'est d'auprés de Grenoble, sur les frontieres des Allobroges, qu'il écrivoit cette lettre le 6. de Juin.

Il en écrivit une autre du 28. de Juillet, où il décrit l'état de ses Troupes, & de celles de Brutus, avec lesquelles il dit, qu'il n'y a point d'apparence de combattre, parce que plus de la moitié est de Troupes nouvellement levées, qui ne sont pas encor agguerries, & avec qui il seroit dangereux de rien hazarder. Il s'excuse ensuite de la demande qu'il avoit faite au Senat, de partager des terres aux Soldats, sur ce qu'il avoit crû, qu'il falloit les recompenser de leurs services, & les engager à tenir ferme contre les sollicitations, qui pouvoient leur être faites pour les débaucher. *Epist. XXIV.*

Ces lettres, qui sont plus seures pour démêler l'état des affaires, de ce tems-là, que tout ce qu'écrivoit Dion, plus de deux cens ans aprés, nous font connoître en quel état étoient les Gaules, particulierement la Celtique. Il n'en parle point comme d'un païs entierement sujet aux Romains, puisqu'il parle des Troupes, qu'il y avoit levées comme de troupes auxiliaires. Aussi Ciceron en une lettre qu'il écrivit à Furnius Lieutenant de Plancus, lui dit, que l'on sçait bien que c'est à son addresse & à ses soins, que l'on doit le fidele attachement des Gaulois à la Republique, & le terme dont il se sert pour marquer cet attachement, montre bien qu'il étoit plûtôt un effet de bonne amitié, qu'un devoir de sujets. *De Gallorum studio nos aliquando cognoscemus ut scribis, cujus id operâ maximè agitatum sit: Sed jam credo cognovimus. Epist. XXVI.*

Aprés cela Plancus passa les Alpes, pour aller joindre Brutus, Lepide, proposa des moyens de paix, & d'accommodement, & Plancus & lui obtinrent tous deux l'honneur du triomphe, les derniers jours de Decembre, pour avoir pacifié les Gaules, & avoir empêché Antoine de s'en emparer. Plancus commença quatre jours aprés son premier Consulat, & de plus de vingt ans aprés ne retourna dans les Gaules, ayant suivi le parti d'Antoine, durant les guerres qu'il eut avec Octave. Et il ne se détacha de lui que quand il le vit esclave de Cleopatre, chagrin d'avoir été lui même maltraité de cette Reine imperieuse, & méprisé de Marc Antoine, qui lui avoit jetté dans un festin, un verre d'eau au nez, pour faire plaisir à Cleopatre, comme le raconte Paterculus, qui paroît n'être pas des amis de Plancus, dont il parle comme d'un homme changeant, & sur lequel il y avoit peu à conter, par la facilité qu'il avoit à changer de parti, selon qu'il croyoit y trouver ses interests.

Voilà, ce me semble, des demonstrations pour établir, que Plancus n'a pas été le Fondateur de Lyon, comme l'on avoit crû, sur un passage de Dion, qui doit paroître fort suspect, du moins quant à l'execution de l'ordre, qu'il dit avoir été donné à Lepide, à Silanus, & à Plancus pour bâtir une Ville à ceux de Vienne, puisqu'il est certain que ces trois Generaux ne se joignirent jamais en ce païs, depuis la guerre d'Antoine, contre Brutus, Silanus étant allé aussi-tôt en Italie, & Lepide étant demeuré dans son Gouvernement de la Gaule Narbonnoise, dont Plancus ne fut jamais plus proche, que de vingt lieuës, sans s'être jamais abouché avec lui, quoy qu'il y eut écrit quelques lettres, & fait parler par Laterensis, qui lui étoit affidé, & qui se tua de desespoir pour n'avoir pas réussi en sa Negotiation.

Aprés ces éclaircissemens, je dis que ce ne fut qu'aprés la guerre des Grisons, terminée par Tibere & Drusus son frere, que Plancus, qui avoit triomphé avec Tibere pour avoir servi sous lui en cette guerre, conduisit ses deux Colonies, l'une en cette Ville, & l'autre à Raurique.

Tout cela quadre avec l'Inscription de Caiete. Il avoit été Consul, en 711. Censeur avec Paul Emyle en 731. commandé un Corps d'armée en la guerre contre les Grisons, l'an 738. triomphé l'an 740. avec Tibere, comme Carrinas avoit triomphé avec Auguste, & merité le nom d'Empereur, pour la seconde fois. Et suivant l'Edit qu'Auguste avoit fait, un an auparavant, que ceux qui triompheroient consacrassent aux Dieux une partie des dépoüilles qu'ils avoient enlevées aux Ennemis, Plancus fit bâtir le Temple de Saturne, de celles qu'il avoit enlevées aux Grisons. Il reste encore à Rome, sur une grande Plate-bande une Inscription de cette Dedicace, en ces termes. *CONSVL. CENSOR TRIVMP. DE RÆTIS. IMPERATOR ITERVM. Dion l. 54. ÆDEM SATVRNI FECIT DE MANVBIS.*

Histoire Confulaire

L. PLANCVS L. F. COS

IMP. ITER DE MANIB.

Omnem Galliam quæ à faltu Pyrenæo, Alpibufque, & monte Gebenna, fluminibus Rheno & Rhodano continetur, patetque circuitu ad bis & tricies centum millia paffuum præter focias Civitates in Provincia formam redegit. Eique quadringenties in fingulos annos ftipendii nomine impofuit. Suet. in Jul.

Ad Legiones quas Refp. acceperat, alias privato fumptu addidit : unam etiam ex tranfalpinis confcriptam, vocabulo quoque Gallico

Il ne fallut ni loy, ni decret du Senat pour la conduite de ces Colonies, elles fe firent par les ordres d'Augufte, qui gouvernoit l'Empire abfolument, avec puiffance de Tribun. Et qui ne fit ni divifion de fes terres, en ce païs, ni ne donna point de nom à cette Colonie, parce qu'il avoit déja fait le partage des Gaules en Provinces, & donné le nom de Lyonnoife à la Celtique. L'on ne fit point le partage des terres, parce que la Province n'avoit pas été fubjuguée : elle étoit un peuple libre, comme j'ai déja remarqué, & il faut rappeller ici la premiere difpofition des Gaules faite par Jules Cefar, & rapportée par Suetone, auffi bien que la divifion des terres du Mont-d'Or, faite par Marc-Antoine Triumvir, dont il y a des monnoyes, que j'ai rapportées ailleurs & expliquées dans une Differtation fur ce fujet.

Les Empereurs bien loin d'affigner nos terres à leurs Soldats, leverent des Troupes en ce païs, qu'ils confidererent long-tems comme Troupes auxiliaires, Cefar en fit une Legion entiere, à qui il donna le nom de Legion Franche, ou libre, d'un nom Gaulois, qui eft l'origine du mot de Franc-Alleu, qui eft encor en ufage. Il dreffa cette Legion, felon la difcipline des Romains, il fit même donner après à tous fes Soldats le droit de Bourgeoifie Romaine, & fit recevoir dans le Senat, quelques Gaulois, quoi qu'encore demi Barbares.

(Alauda) enim appellabatur ; quam difciplinâ cuiufque Romano inftitutam & ornatam poftea univerfam Civitate donavit. Idem. Quofdam à Semibarbaris Gallorum recepit in Curiam.

Ce furent ces Gaulois Veterans, que Plancus ramena en ce païs, & dont on établit une Cohorte, pour la garde de la Ville, comme de nos jours, on y a établi au lieu des Suiffes, qui en gardoient les Portes, une Compagnie du Regiment de Villeroy, commandée par Mr. le Marquis d'Aix de la Chaife.

Il nous refte encore quelques Epitaphes de ces Soldats Veterans, qui ont la plûpart des noms Gaulois. Voici quelques unes de ces Epitaphes.

```
         D.     M.
ET MEMORIÆ Æ
TERNÆ VROGENO
NERTI VET. LEG.
XXII .·. ACCEPTIA
ACCEPTA CONIVGI
CARISSIMO ET SIBI
VIVA P. C. ET SVB ASC.
      DEDICAVIT.
```

Elle eft en la petite ruë derriere l'Eglife faint Pierre le Vieux, où elle eft renverfée & inferée dans le mur d'une maifon.

Celle-cy eft à l'entrée de l'Ifle Barbe.

D. M.

ET MEMORIÆ ÆTERNÆ
ANTONI CONSTANTIS
VET. LEG. XXII PRÆMISS
VS HONESTA MISSIO
NE CASTRIS INTER CE

de la Ville de Lyon.

```
      TEROS CONVETERA
      NOS SVOS REVOCATVS
      QVIQVE BELLO INTER
      FECTVS OBIIT ATTIA
      FLORENTINA CON
      IVGI CARISSIMO
      ET SIBI VIVA PONEN
      DVM CVRAVIT ET SVB
      ASCIA DEDICAVIT.
```

Voici celles de la XIII. Cohorte.

```
           D.        M.
        SEX. FLAVI
        SVCCESSI SIGNIF.            Sexti.
        COH. XIII. VRB. Cohortis Vrbanæ;   Signiferi.
                                           Il étoit Enseigne de
        C. EGNATIVS    Caius              cette Compagnie.
        BASSVS AMICO
           OPTIMO.
```

```
           D.        M.
        P. OCTAVIO PRIMO
        MIL. COH. XIII.
             VRB.
        QVI VIXIT AN. XLII.
        MILITAVIT AN. XXI.
          HER. BENE MER.
             P. C.
```

```
           D.        M.
        SEX. COSSVTIO
        SEX. FIL. QVIRIN.
        PRIMO EMERITO                A S. Irenée.
        EX COH. XIII. VRB.
        T. SILVIVS HOSPES SIG
        NIFER. COH. EIVSDEM
        AMICO POSVIT.
```

Quand Plancus amena sa Colonie, Tibere avoit le Gouvernement des Gaules, qu'il avoit obtenu, aprés avoir reparé l'honneur de Rome, & battu les Allemans, qui avoient défait l'Armée de Varus, & pris les Aigles Romaines: Drusus son Frere, qui l'avoit precedé en ce même Gouvernement, avoit aussi merité l'honneur du triomphe, que l'on fut obligé de changer en des honneurs funebres, étant mort en Allemagne d'une chûte de cheval. Lyon reçût Tibere victorieux, & pendant le sejour qu'il y fît, il y établit plusieurs de ses Affranchis dont les noms nous restent en quelques Epitaphes. Entr'autres de Tibere Pompée, Tribun de la Legion cinquième Macedonique, qui fût établi Juge de la caisse des deniers que l'on retiroit des Gaules, & à qui elles dresserent une statuë avec cette inscription.

```
         TIBER. POMPEIO
         POMPEI JUSTI FIL.
         PRISCO CADURCO
         OMNIB. HONOR.
         APUD SUOS FUNCTO.
         TRIB. LEG. V. MACEDONICÆ
         JUDICI ARCÆ GALLIARUM
         III. PROVINC. GALL.
```

Nous y avons encore les Epitaphes de Tiberius Claudius Peregrinus, & de Tiberius Claudius Amandus.

Cum res Galliarum maxime mollis accensaque plebis Viennensium dissentiones coercitione magis quàm pœna molliisset. Patercl.1.

Paterculus qui semble n'avoir écrit son Histoire abbregée que pour faire le Panegyrique de Tybere, sous qui il avoit servi en Allemagne, loüe la sagesse de son gouvernement, d'avoir sçû appaiser les troubles & les dissensions de ceux de Vienne plûtôt par sa douceur efficace à ramener les esprits, que par les châtimens.

A Tibere succeda Cajus Sentius Saturninus l'un des Lieutenans d'Auguste. Il tint ce gouvernement plusieurs années pour deffendre les Provinces voisines contre les incursions des Allemans.

Apres Sentius ce fut Marcus Vinutius, à qui Paterculus addressa son Histoire abbregée, & c'est ce Vinutius qui a laissé son nom au village de Venissy. Enfin Germanicus y vint l'an 764. avec huit Legions qu'il commandoit. Ce fût icy qu'il apprit la mort d'Auguste, & qu'il appaisa les troubles que cette mort suscita parmy les soldats, qui ne vouloient pas reconnoître Tibere, & qui sollicitoient Germanicus de prendre les marques de l'Empire. Mais ce sage Prince non seulement resista à ces sollicitations, mais il écrivit au Senat pour lui demander la continuation du commandement de ses troupes, qui lui fut confirmé par des députez envoyez expressément de Rome pour lui assurer ce commandement.

Les troubles d'Allemagne ne furent pas si aisés à appaiser : les Legions qui étoient commandées par Lilius & Cecina se revolterent pendant l'absence de Germanicus leur Generalissime, qui étoit occupé dans les Gaules à établir les revenus de l'Empire. Il y accourut d'abord, pour appaiser les troubles comme il l'avoit fait dans les Gaules ; mais il trouva la revolte plus allumée, & des desordres si grands, qu'il eût besoin de tout son courage, & de toute son addresse, aussi bien que du credit qu'il s'étoit acquis parmi les Soldats, pour appaiser cette sedition. Munatius Plancus qui venoit d'achever son second Consulat, y fut envoyé de la part du Senat.

Munatium illum esse qui Censor fuit, anno DCCXXXII. Fuge credere, non facile atas fert : non Tacitiverba. Dixisset enim potius tracipuo honore Censura functum ? Filium ejus credo.

Juste Lipse qui a crû que ce n'étoit pas nôtre Plancus, mais son fils, ou quelqu'autre de ses parens, s'est manifestement trompé, quand il a crû que ce ne pouvoit être le même qui avoit été Consul l'an 711. parce que l'espace des années depuis 711. jusqu'à 764. luy sembloit trop long pour pouvoir se persuader que ce fut le même. Si ce savant Homme avoit fait reflexion que Plancus n'avoit pas plus de trente ans quand il fut Consul la premiere fois, comme Ciceron l'a remarqué dans ses Lettres, il n'auroit pas trouvé si étrange qu'un homme l'eut pû estre une seconde fois à l'age de quatre vingt & trois ou quatre ans. Car nous ne voyons nulle part, que Plancus ait eu de fils qui ait paru dans aucune dignité, & ce Consul de 764. ne paroît point avoir esté auparavant ni Preteur, ni Tribun du peuple, ni Censeur. Ce seroit un homme tombé des nuës, qui se trouveroit Consul sans avoir passé par aucune autre charge, ce qui auroit été nouveau à Rome & tout-à-fait extraordinaire. D'ailleurs Pline dit positivement que Plancus avoit été deux fois Consul. Et sur ce que Lipse a dit que Tacite l'auroit plûtôt designé par la Censure que par aucune autre dignité, parce qu'elle étoit d'un plus grand honneur pour lui que le Consulat ; il ne se souvenoit pas de ce que Paterculus a dit de cette Censure, qu'elle n'avoit été ni honorable à ceux qui l'avoient exercée, ni utile à la Republique : parce que cet emploi ne se donnant auparavant qu'aux premiers Magistrats, & même aux Empereurs, ou aux Dictateurs, Plancus & son Collegue avoient

Censura Planci cu Paulli acta inter discordiam, neque ipsis honori, neque Reip. usui fuit cum aliter

été

esté les premiers qui de personnes privées avoient été faits Censeurs. Et que si Paulus *vis censoris, altera* n'avoit pas assez d'autorité pour soutenir cet emploi, les mœurs de Plancus n'étoient *vita deesset: Paulus* pas assez reglées pour pouvoir efficacement corriger celles des autres. *vix posset implere censorem, Plancus si-*

n.ere deberet, nec quidquam obliuere posset adolescentibus, aut obliscentes audire, quod non agnosceret senex. Paterc. *l. 2.*

Il fut donc envoyé apres ce second Consulat, pour tâcher d'appaiser les desordres des troupes d'Allemagne, parcequ'ils les avoit commandées sous Tibere & Drusus en la guerre contre les Grisons. Les Soldats l'accuserent d'être l'auteur du decret que le Senat avoit fait contre eux, allerent de nuit rompre les portes du Palais de Germanicus, le tirerent de son lit, & le contraignirent de leur donner l'Etendart, ce qui obligea tous les Lieutenans avertis de ce desordre de courir à lui, entr'autres Plancus, qu'ils chargerent d'injures, & qu'ils menacerent de tuër, ce qu'ils auroient fait, s'il ne se fût jetté dans le camp de la premiere legion, & n'eut embrassé l'Aigle comme un azile sacré pour se mettre à couvert de la fureur de ces soldats revoltez; & si Calpurnius qui portoit cette Aigle quand on marchoit en corps d'armée, n'eût empêché cet attentat sur un Legat du peuple Romain, dont on alloit répandre le sang au pied mesme des autels; car les Romains regardoient leurs Etendars, & particulierement les Aigles comme les Dieux tutelaires des armées.

Munatium Plancum Consulatu functum principem Legationi, auctorem senatus consulti fuisse; & nocte concubia vexillum in domo Germanici situm flagitare occiperunt: concursuque ad ianuam facto, moliuntur fores: extractum cubili Caesarem, tradere vexillum intento mortis metu subigunt, mox vagi per vias, obvios habuere Legatos

tes, auxilia constraterasque ad Germanicum tendentes ingerunt contumelias, cadem parant. Planco maximè quem dignitas sua impediuerat. Neque aliud periclitanti subsidium quàm castra prima Legionis, illic signa, & Aquilam amplexus, religiosé sese tutabatur, ac ni aquilifer Calpurnius vim extremam arcuisset, rarum etiam inter hostes Legatus populi Romani, Romani in castris sanguinis sui altaria Deûm commaculauisset. Tacit. 1. annal.

Apres que Germanicus eût appaisé une partie des desordres, il jugea à propos de separer ces mutins, & sous pretexte d'envoier des troupes au païs des Grisons pour les defendre contre les Allemans de Suaube, qui alloient porter la guerre de ce côté-là, il détacha les Veterans, les envoia dans le païs des Grisons: ce qui me fait soupçonner que c'est la Colonie que Plancus mena à Raurique. Et que c'est pour cela qu'il n'est point fait mention de cette colonie ailleurs que dans l'inscription de Caïete, au tombeau de Plancus, parce que cette Colonie se fit tumultuairement & sans rien observer des ceremonies accoustumées. Il n'est pas non plus fait mention de celle qu'il conduisit à Lyon du vivant d'Auguste, ny de la division des Champs qu'il fit en Italie, parce que, comme Tacite a remarqué, Auguste ne vouloit pas que l'on en fît cet honneur à d'autres qu'à luy, ny pour les nouvelles colonies, ny pour les partages des terres.

Veterani haud multò post in Rætiam mittuntur, specie defendenda Provincia ob imminentes Sueuos. Ibid.

Diuisiones agrorum ne ipsis quidem, qui sciuere, laudatas. Ibid.

Cependant Plancus ne laissa pas d'en faire des medailles pour transmettre à la posterité l'honneur qu'il avoit eu d'estre employé à conduire ces colonies, ce que l'on ignoreroit encore sans l'inscription de Caïete, & sans ces medailles, que tous ceux qui les ont recueillies ou expliquées, mettent sous l'empire d'Auguste plusieurs années apres l'an 711. de Rome: ce qui sert encore à detruire les conjectures de Rubys, & de nos autres Historiens.

Aprés ces desordres appaisez Tibere songea à honorer la memoire d'Auguste à qui il devoit l'Empire, il establit des Augustaux pour presider aux ceremonies & aux Jeux qui se feroient à son honneur. Il y en eut six à Lyon, comme le temoignent tant d'Inscriptions que j'ay deja rapportées, où ils sont nommez Seviri Augustales, car c'est ainsi qu'il faut lire ces mots abregez IIIIII. VIR. AVG. que Rubys a mal entendus quand il en a fait les quatre chefs des Augures, s'estant également trompé & pour le nombre & pour la dignité.

Je ne croy pas cependant avec le P. Noris que ce fussent simplement des Prestres, qui ne se mêlassent que du culte, qui se rendoit à la memoire d'Auguste, ils me paroissent avoir esté Magistrats, du moins en quelques Villes, & particulierement en celle-cy, où je les vois chefs & patrons de divers corps.

Vitellius & Scantius furent envoyez dans les Gaules pour y lever les deniers & pour y establir les Bureaux des receptes, dont nous avons tant de preuves dans nos inscriptions. Parce que cette Ville estoit le lieu où se deposoient ces deniers, & où se continuoit la fabrique des monnoyes d'or & d'argent sous les coins de Tibere, comme en fait foy cette Epitaphe d'un Nobilis Juge Garde de la Monnoye sous cet Empereur. Elle est dans une maison proche St. Nizier, qui estoit autrefois l'Hostel de Ville.

Tacit. l. 2.

```
NOBILIS TIB                  Tiberii
CÆSARIS AVG                  Augusti
SER. AEQ. MONET              Servator aequitatis Monetae.
HIC ADQVIESCIT
IVLIA ADEPTA CONIVNX.
ET PERPETVA FILIA D.S.D.
```

Julia Adepta sa Femme a aussi son Epitaphe dans la maison de Messieurs Mascranny en Bellecour, où nous voyons qu'elle eut un fils nommé *Lucius Julius Cupitus*, qui estoit du corps des Monnoyeurs, avec lesquels il dressa un tombeau à sa Mere conjointement avec sa sœur Perpetuë, dont il est fait mention dans l'Epitaphe precedente.

```
IVLIA ADEPTA
HIC ADQVIESCIT
L. IVLIVS CVPITVS            Lucius
MATRI ET SODALES
DE SVO ET PERPETVA
    FIL.
```

77. de Rome.
Tacit. an. l. 3.

Les tributs que l'on imposoit aux Gaules, & qui croissoient de jour en jour, causerent des soulevemens parmy ces peuples, qui se voyoient acablez par les Exacteurs de ces deniers ; ainsi *Julius Florus* émut la Sedition dans Tréves & *Sacrovir* a Autun. Ils estoient tous deux de Race illustre, & d'Ancestres qui avoient obtenu le droit de Bourgeoisie Romaine. S'estant associez des plus mutins, ils font de secretes assemblées, & deliberent d'émouvoir l'un les Belges, & l'autre les Sequanois & les Austunois. Pour venir à bout de leurs desseins ils sement des propos seditieux dans les compagnies touchant la rigueur des Tributs & la cruauté des Gouverneurs : representent que la mort de Germanicus avoit mis la discorde dans les armées des Romains, & que jamais l'occasion ne seroit plus belle de recouvrer leur ancienne liberté. Qu'ils n'avoient qu'à comparer l'estat florissant des Gaules, avec celuy de l'Italie depourvûë d'hommes, & de vivres. Presque toutes les Villes presterent l'oreille à ces discours, & entrerent dans la conjuration. Mais Tours & Angers furent les premieres revoltées ; toutefois par la diligence d'*Acilius Aviola* qui commandoit dans les Gaules, ce soulevement n'eut pas les suites facheuses que l'on en pouvoit craindre. Car ayant tiré de Lyon la Cohorte qui y estoit en garnison pour la garde de la Ville, & qui estoit la XIII. comme nous avons vû par plusieurs inscriptions, la sedition fut estouffée dans le pays d'Anjou, & depuis dans la Touraine à l'aide des troupes que *Visellius Varo* envoya de la basse Allemagne. Il fut aussi secouru des Grands du Pays, qui cachoient leur rebellion pour la faire éclater en un temps plus favorable. Enfin *Sacrovir* fut defait avec ces seditieux, & la Paix retablie dans les Gaules à l'avantage de cette Ville, qui estoit demeurée fidele, & n'avoit point eu de part à tous ces soulevemens.

PATRVVS TI.
CAESAR OMNEM
FLOREM VBIQVE
COLONIARVM AC
MVNICIPIORVM
BONORVM
SCILICET VIRO-
RVM ET LOCV-
PLETIVM IN HAC
CVRIA ESSE VO-
LVIT.

Cette fidelité fut cause que Tibere favorisa cette Ville, & en reçeut les principaux dans le Senat, autant que je puis l'inferer des fragmens de nos deux Tables de Bronze conservées en l'Hostel de Ville, où quoy que les premieres lignes manquent, & quelques autres soient à demy effacées, on reconnoit que l'Empereur Claude dit que Tibere son oncle avoit reçeu dans le Senat la fleur des Colonies & des Municipes, en introduisant dans cette Cour les plus gens de bien & les plus riches. Ce fut aussi de cet Empereur que l'on obtint la permission d'establir les six Augustaux, & Tibere fut associé aux honneurs du Temple consacré à l'honneur de Rome & d'Auguste, qui

de la Ville de Lyon.

fut dépuis appellé le Temple des Augustes, comme on justifie par quelques Inscriptions, & par des Medailles de Tibere, dont ce Temple fait le revers.

Ce fut en faveur de ce Temple, que Caligula institua des Jeux, & proposa des prix pour les disputes d'Eloquence en Langues Grecque & Latine. Comme il établit des peines pour ceux qui ne réüssiroient pas en ces sortes de discours.

Sous pretexte des Courses des Allemans dans les Gaules, cet Empereur vint à Lyon, avec des Troupes, qu'il vouloit opposer à ces Barbares, & dont il donna le commandement à Galba, qui fut dépuis Empereur. Mais le vrai motif de son voyage, fut de venir dépoüiller les Gaules, & d'y faire des sommes d'argent, pour fournir à ses dépenses excessives. Ce qui fut cause de la mort de plusieurs personnes riches, qu'il fit accuser de divers crimes pour avoir occasion de confisquer leurs biens, comme j'ai déja remarqué à l'occasion du premier Prêtre de Rome, & d'Auguste.

Il affecta durant le séjour, qu'il fit en cette Ville, d'honorer la memoire d'Auguste, & il ajoûta aux anciennes Ceremonies des Jeux & des Spectacles, que Suetone appelle des Jeux mêlez. Comme il en avoit fait en Sicile, dans la Ville de Syracuse. *Edidit & peregrè Spectacula. In Sicilia Syracusis Asticos Ludos, & in Gallia Lugduni Miscellos. Suet. in Caligula.*

Nos Critiques ont beaucoup raisonné sur ces especes de Jeux, & sur ce terme *Asticos Ludos*, que les uns changent en *Hasticos* pour dire des Jeux de Piques, de Cannes, ou de Zagayes à la maniere des Mores. D'autres lisent *Atticos*, & prétendent que c'étoient des Jeux semblables à ceux qui se faisoient à Athenes, & dans l'Attique, d'où quelques-uns de nos Historiens, ont inferé que dérivoit le nom d'Athenée, & d'Aisnay, donné au lieu où étoit cet ancien Temple. D'autres lisent *Actiacos*, & veulent que ce fussent des Jeux celebrez, en memoire de la Bataille Actiaque, qui rendit Auguste maître de l'Empire. Jaques Gouthier s'étonne de la torture, que ces Grammairiens, ont donné à leur esprit, pour expliquer ce mot, qui lui paroit aisé, si au lieu d'*Asticos*, d'*Atticos*, ou d'*Actiacos*, on lit *Hosticos*, qui signifient des Jeux Militaires. Enfin, il n'est pas jusqu'à Beroald qui n'ait cherché du mistere dans le mot, *Miscellos*, & qui au lieu de l'expliquer de Jeux mêlez, comme tous les autres Interpretes de Suetone, a dit que c'étoit des Jeux, qu'un nommé *Miscellus* fondateur de la Ville des Crotoniates avoit institué. *Miscellos ludos non impropriè possumus intelligere Athleticos tamquam dictos à Miscello Crotonis conditore in quâ civitate Athletæ plurimi floruerunt. Eò duxit Saltatores, Gladiatores, Equos, Milites, atque oblectamenta ejusdem generis.*

Pour moi, je croy que c'étoient des danses, des jeux de Gladiateurs, & des Courses à Cheval, puisque Xiphilin, dit que Caligula amena avec lui des Danseurs, des Gladiateurs, des Chevaux, des Soldats, & des Bâteleurs.

Ces Jeux devinrent si celebres, que comme les Grecs en avoient d'Attiques, de Corinthiens, de Megaliens, &c. Ceux cy reçûrent le nom de Jeux Gaulois, & il reste à Rome une Inscription d'un C. Austurnius Medecin, qui y fit celebrer ces sortes de Jeux à l'honneur du Dieu Silvain, pour lesquels il fit bâtir des Portiques, & des Loges, & élever une Statuë de Bronze, dont la Dédicace se fit sous le Consulat de L. Marcius, & Sextus Julius.

SILVANO SANCTO	
C. AVSTVRNIVS MEDI	
CVS LVD. GALLIC.	*Ludos gallicos*
PORTIC. ET EXEDR.	*porticum & exedram*
ET SIGN. ÆN.	*Signum æneum*
VOTO SVSCEP.	*suscepto*
L. M.	*Libens meritò*
DEDIC. KAL. MAI.	*dedicavit Calendis Maiis*
L. MARCIO ET	*Lucio*
SEX. IVLIO COS.	*Sexto Consulibus.*

On a découvert dépuis peu dans la Maison de Mr. le Comte d'Albon, saint Fourgeul, Archidiacre de l'Eglise de Lyon, la base d'un ancien Portique, qui pouvoit avoir servi à de semblables Jeux. Il reste un bout d'Inscription, sur cette base où l'on ne voit plus que les noms des Consuls.

DE DIC. XVII.

ORFITO ET MAXIMO COS.

Il semble aussi que nôtre Autel, à en juger par la figure qui en reste sur les medailles d'Auguste & de Tibere, ait servi comme de loge à voir de semblables spectacles, y aiant au dessus de la corniche une espece de balustrade & d'appuy propre à placer des spectateurs, comme les deux Victoires qui tiennent des couronnes, semblent proposer les prix destinez aux Victorieux.

Ce qui servit à rendre ces Jeux de Caligula plus celebres, fut l'occasion de son troisiéme Consulat, qu'il commença à Lyon, selon le témoignage de Suetone.

A ces spectacles il joignit des prix d'Eloquence, & des disputes des Savans, dont Monsieur de Balsac a renouvellé l'usage en ce siecle, en fondant des prix d'Eloquence pour le plus excellent discours fait en nôtre Langue sur les sujets qu'il a prescrits, & qui sont proposez de deux ans en deux ans par Messieurs de l'Academie Françoise, qu'il a établis juges de ces discours, & distributeurs de ces prix.

Suetone nous apprend quelles étoient les conditions de ces disputes & de ces prix proposez. Ceux qui étoient vaincus, c'est-à-dire, qui ne réüssissoient pas en ces sortes de compositions, de harangues & de recitations, étoient obligez de donner eux-mêmes des prix aux victorieux, & de composer des discours à leur loüange, & d'effacer avec la langue les mauvais discours qu'ils avoient prononcez, d'être battus de verges, ou d'être plongez dans l'une de nos deux Rivieres. C'est à ces sortes de peines que Juvenal a fait allusion en une de ces Satyres, quand il a dit :

Palleat, ut nudis pressit qui calcibus anguem,
Aut Lugdunensem Rhetor dicturus ad Aram.

Tous nos Historiens de Lyon ont bien parlé de ces Jeux que Caligula institua en cette Ville à l'honneur d'Auguste, mais ils n'ont ni touché l'occasion de son voiage, ni rien dit de tout ce qu'il y fit durant son sejour, quoique Dion & Suetone l'ayent exactement marqué. C'est ce qui m'oblige à rechercher avec plus d'exactitude ce que fit cet Empereur en ce païs.

Il y vint avec une armée sous pretexte d'arrêter les courses des Allemans qui passoient souvent le Rhin, & venoient jusques sur les terres des Sequanois enlever leurs bestiaux, & pour aller appaiser les soulevemens des Isles Britanniques, & des Côtes de la Gaule Belgique, où cependant il se contenta de faire ramasser à ses Soldats des coquilles sur le rivage de la mer, qu'il fit porter à Rome comme de precieuses dépoüilles de l'Ocean subjugué.

Lyon fut le lieu le plus ordinaire de sa residance, parce que le séjour lui en plaisoit, & que c'étoit le lieu où se rendoient les principaux des Gaulois pour lui faire leur Cour. D'ailleurs le Temple d'Auguste lui parût un lieu favorable à donner des marques publiques de sa pieté envers un Prince à qui sa Maison devoit toute sa fortune & son elevation. Il y fit plusieurs Sacrifices, & y donna des Jeux publics.

Il fit aussi comme une espece de Lotterie de tous les meubles, les joiaux, & les ornemens les plus precieux de ses Sœurs qu'il avoit releguées, aprés les avoir aimées jusqu'au desordre, & au scandale de Rome. Il exposa publiquement dans son Palais toutes ces nippes precieuses avec la marque du prix qu'il en vouloit, & qui un excedoit de beaucoup la valeur. Il vendit de la même maniere leurs serviteurs, leurs esclaves & leurs affranchis, & surpris des sommes d'argent qu'il en tiroit par la complaisance des Courtisans qui achetoient toutes ces choses beaucoup plus qu'elles ne valoient, il voulut continuer ce commerce, qui lui étoit si avantageux. Il fit venir de Rome, tout ce qu'il y avoit de plus rare, & de plus riche entre les meubles des Empereurs ses Predecesseurs, les vases d'or & d'argent, d'ivoire, de cedre, & des perles ; & les exposa en vente comme il avoit fait les meubles & les pierreries de ses Sœurs. Il se servit même d'un nouvel artifice pour en tirer des sommes plus considerables ; car il mit à chaque piece de titres specieux : que c'étoient les ornemens que Tibere, Auguste, & Jules Cesar ses Ancêtres avoient portez dans leurs triomphes : Les depoüilles des Rois de Pont, d'Afrique, d'Egypte, de Perse. Que ces meubles avoient servi aux grandes fêtes de la naissance des Princes, de leurs Consulats, & de leurs Consecrations ; au Sacerdoce & au Souverain Pontificat. Il fit charger tous ces meubles & toutes ces richesses sur des chariots & sur des voitures de loüage, sans épargner même celles qui servoient à

Consulatus quatuor gessit. Primum ex Calendis Januarii, per duos menses. Secundum ex Calendis Januarii, per triginta dies. Tertium usque in Idus Januarii Quartum, usque in septimum Idus ejusdem. Ex omnibus duo novissimos conjunxit. Tertium autem Lugduni iniit solus, non ut quidam opinantur, superbia negligentiave, sed quod defunctum sub Calendarum diem collegam resciisse absens non potuerat.

In Gallia quoque cum damnatarum sororum ornamenta & supellectilem, & servos, atque etiam liberos immensis pretiis vendidisset, invitatus lucro quidquid instrumenti veteris aulae erat ab urbe repetiit: comprehensis ad deportandum meritoriis quoque vehiculis, & pistrinensium jumentis: adeo ut & panis Romae saepe deficeret. Suet. in Caio.

de la Ville de Lyon. 101

mener dans Rome les denrées necessaires, ce qui y mit non seulement la cherté, mais encore la disette du pain, & des autres choses necessaires à la vie.

Ce ne fut pas la seule addresse, dont il se servit pour faire valoir ces meubles pretieux; mais les criant lui-même à l'enchere, il accusoit d'avarice ceux qui ne s'empressoient pas à les encherir, & de n'avoir pas honte d'être plus riches que lui. Tantôt il ajoûtoit, qu'il ne pouvoit voir sans rougir la necessité où il étoit, de se priver de ces choses, qui lui étoient si cheres, à cause de ceux à qui elles avoient servi, & qu'il étoit contraint de vendre à des particuliers pour subvenir à ses affaires pressantes.

Ayant appris qu'un de nos Provinciaux homme tres-riche, avoit offert à un de ses Maîtres d'Hôtel, jusqu'à deux cent sesterces, pour être invité à manger à sa table, parmy ceux qu'il y faisoit appeller (ce qui lui avoit fait un grand plaisir de voir que l'on estimât si fort l'honneur de manger avec lui) le lendemain comme il tenoit sa Loterie, y ayant apperçû cet homme, il lui envoya presenter par un de ses gens, une bagatelle pour le même prix, de deux cents sesterces, & lui fit dire en même tems qu'il auroit ce jour-là, l'honneur de dîner avec lui.

Quoi qu'il n'eut eu d'autre dessein en ce voyage, que de venir faire de l'argent, & de dépouiller les Gaules des richesses qui y étoient, particulierement en cette Ville, à cause de son grand Commerce, il ne laissa pas de couvrir d'un pretexte specieux son départ de Rome, disant que c'étoit pour aller porter la guerre en Allemagne, où il y avoit quelques soûlevemens. Il leva donc des Troupes en diligence, donna ordre aux Legions, de se mettre en Campagne, fit preparer des Vivres & des Munitions, pour une expedition importante; fit la revûë de son Armée, & tout cet appareil se termina à recevoir Adminius fils de Cinobelin, Roy des Isles Britanniques, qui avoit été chassé par son Pere, & qui s'étoit rétiré vers l'Empereur, avec une poignée de Soldats, qui avoient suivi sa fortune. Cependant il ne laissa pas d'envoyer à Rome, des lettres magnifiques au Senat, comme s'il avoit reduit à son pouvoir toute cette Isle, & chargea expressément ceux à qui il donna ces lettres à porter, d'entrer à Rome sur un char, & d'aller ainsi jusqu'à la porte du Senat, où il vouloit que ses lettres fussent renduës aux Consuls, dans le Temple de Mars, en presence de tous les Senateurs.

Ne trouvant pas d'autre occasion de triomphe, il détacha quelques Soldats Allemans de sa garde, & leur commanda d'entrer secretement dans l'Allemagne, de passer le Rhin, & de se cacher dans les bois, & qu'aprés son disné, on vint lui dire avec effroy, que l'Ennemi approchoit. Il se leva aussi-tôt, & avec une troupe de ses amis, & une partie de la Cavalerie de sa Garde, il entre dans les bois, fait couper des arbres, & y attacher des dépoüilles en forme de trophées, & revint le soir aux flambeaux, condamnant la lâcheté de ceux qui ne l'avoient pas suivi, & donna des couronnes à ceux qui avoient été les compagnons de sa victoire & de son expedition, mélant à ces couronnes des images du Soleil, de la Lune & des Etoiles, auxquelles il donna le nom de couronnes d'espions, pour faire valoir l'addresse de ceux qui avoient sçû trouver les Ennemis, où il n'y en avoit pas. Ces extravagances ne se terminerent pas là; mais ayant tiré des Ecoles, qui se tenoient à Lyon, & à Autun, quelques jeunes Etrangers, que l'on y élevoit, il les fit partir secretement, & se leva aussi-tôt de table, courut aprés eux avec sa Cavalerie, comme si c'eussent été des ôtages, qui s'étoient échapez des gardes, qui leur avoit donnez, & les ramena chargez de chaînes. Aprés son souper, il fit dire, que les Ennemis reparoissoient, & s'étoient ralliez, & haranguant ses Officiers, qui mangeoient avec lui tout armez, il les exhorta de se ménager, & de se conserver pour de plus grandes entreprises, leur repetant plusieurs fois ce Vers de Virgile.

Durate; & vosmet rebus servate secundis.

Pendant qu'il se divertissoit à ces guerres vraiment burlesques, il écrivit au Senat des lettres, pleines de menaces & de reproches, de ce que pendant qu'il exposoit sa vie pour le salut de la Republique, ils celebroient des Jeux, faisoient des festins, & se recreoient dans leurs Jardins, & leurs Maisons de Campagne.

Quoique le Senat fut bien instruit de ces combats imaginaires, & de ces victoires ridicules, neanmoins parce qu'il craignoit les fougues impetueuses, & la colere de cet homme extravagant, il jugea qu'il falloit lui decerner les honneurs du triomphe, & lui envoyer des Ambassadeurs, pour lui annoncer ce decret du Senat. On les tira au sort, & Claude oncle de l'Empereur fut un de ceux, sur qui le sort tomba. Il vint donc dans les Gaules, & quoi que sa venuë ne plut pas à l'Empereur, qui défendit de ne plus se servir d'aucuns des siens, pour de semblables Commissions, jusqu'à vouloir presque se défaire de son Oncle, s'il ne l'eut méprisé comme un homme de peu de merite, & incapable de lui faire quelque ombrage; il ne laissa pas de retenir auprés

Histoire Consulaire

de lui quelques uns de ces Ambassadeurs, & de recevoir avec plaisir, ceux qu'on luy envoya dépuis, & en beaucoup plus grand nombre, parce qu'il s'étoit plaint, du petit nombre de ceux qui lui avoient été envoyez la premiere fois.

Pag. CLXXXVIII.

Il nous reste quelques Monumens de cette venuë de Claude, en ce païs, en deux Cippes, l'un à Soleise, entre Vienne & cette Ville, & l'autre à Montpellier, qui se trouvent aussi dans le recueil de Gruter.

```
TI CLAVDIVS           Tiberius
DRVSI F. CÆSAR        filius
AVGVST. GER           Augustus
MANICVS
PONT. MAX.            Pontifex Maximus
TRIB. POT. III.       Tribunitia potestatis
IMP. III. COS         Imperator Consul
IL RE........         refecit.
```

```
TI CLAVDIVS
DRVSI F. CÆSAR
AVG. GERMAN.
PONT. MAX. TRIB.
POTESTATE. COS
DESIG. II. IMP. II.
REF.
```

Ces Cippes étoient les marques des grands chemins qu'Agrippa avoit fait faire, comme j'ai remarqué cy-devant, & qui furent rétablis par les soins de Claude. Car Suetone a remarqué, qu'en ses expeditions, il avoit ordonné que toutes les Villes voisines des lieux par où il devoit passer, en fissent raccommoder les chemins.

Ce fut en ce tems, que Caligula commença en cette Ville, son troisiéme Consulat l'an 791. Et pour ne rien omettre en cette occasion des Ceremonies, qui pouvoient contribuer contenter son avarice, il y voulut recevoir les Etreines, qui se donnoient le premier jour de Janvier. Il fit publier auparavant, qu'il les recevroit lui même à la porte de son Palais, ce qu'il fit en tendant la main à toutes sortes de personnes, qui en passant devant lui pour le saluer, lui jettoient chacun à pleines mains, ce qu'ils vouloient lui donner. Enfin, il fit par ce moyen de si grands amas d'or & d'argent, qu'il prenoit plaisir de marcher à pieds nuds, sur ces richesses, de s'étendre & de se rouler sur ces tas d'or & d'argent, suite de ses extravagances, aussi bien que de son avarice.

Edixit & strenas ineunte anno se recepturum, stetitque in vestibulo ædium Kal. Januariis, ad captandas stipesquas plenis ante eum manibus, ac sinu omnis generis turba fundebat. Suet.

L'Empereur Claude, qui succeda à Caligula, s'interessa plus que tous ses Predecesseurs à la gloire de cette Ville, parce qu'il y étoit né sous le Consulat d'Iulus Antonius, & de Fabius Maximus, comme j'ai remarqué aprés Suetone. Il donna son nom à cette Ville, & de Municipe qu'elle estoit, vivant selon ses usages, il l'assujettit aux Lois Romaines, & luy ôta son ancienne liberté sous pretexte de l'honorer. Car c'est la remarque qu'Aulugelle a faite, sur cette difference des Colonies & des Municipes. ,, Le nom de Municipe, dit cet Auteur, est un terme assez commun, & qui cepen-,, dant n'est pas bien entendu, puisque la pluspart de ceux qui en parlent, & qui croyent ,, bien savoir ce qu'il signifie, ne l'entendent pas. Car combien y en a t'il, qui étant

de la Ville de Lyon. 103

dans les Colonies, se disent être dans des Municipes, quoy que ce soient deux choses bien differentes; & qui se trompent quand ils croyent qu'il est plus avantageux à une Ville d'estre Colonie que Municipe : dont l'Empereur Hadrien fit voir l'erreur dans le discours qu'il fit au Senat pour ceux qui jouïssoient du droit Italique. Les Municipes sont des Citoyens Romains, qui ne sont pas sujets aux Lois Romaines, & qui neanmoins peuvent en vertu de leurs Privileges estre admis à toutes les charges & dignitez de Rome, quoy qu'ils vivent dans les lieux où ils sont, selon les Lois & les usages de leurs pays. Car leur peuple, ajoute-t-il, n'est pas fait peuple foncier de Rome. C'est en ces termes qu'est comprise la difference des Municipes & des Colonies, que dans les colonies les Romains estoient censez Maistres des terres & des champs qu'ils donnoient ou assignoient à cultiver à leurs Soldats, & à leurs Esclaves; au lieu que les Municipes retenoient leurs biens & leurs terres, & jouïssoient des Privileges des Villes associées aux Romains. Aulugelle assigne encore une autre difference des Colonies & des Municipes, quand il dit que les Municipes, sont des peuples étrangers adoptez au corps de la Republique, au lieu que les Colonies sont des Romains qui se sont establis ailleurs, & qui sont obligez de vivre selon les Lois Romaines. Non seulement il faut observer cette distinction des Colonies & des Municipes, mais il faut encore distinguer trois ceremonies à l'égard des Colonies, dont l'une estoit de conduire ces nouveaux habitans dans les lieux où ils devoient estre introduits, ce qui se disoit parmi les Romains mener, des Colonies. *Colonias deducere*. La seconde estoit de partager les terres. Ce qu'ils disoient *Agros dividere*, ou *Centuriare*, quand ils les parrageoient par centuries; & establir des Colonies; ce qu'ils disoient *Colonias condere*, parce que les Colonies estoient une Image en petit de la Republique de Rome : on y establissoit des Magistrats, des Duumvirs, qui répondoient aux Consuls de Rome; des Prestres, des Augures, & des Sacrificateurs pour les ceremonies de leur fausse Religion, des Decurions, qui composoient une espece de Senat; & tous les autres Officiers necessaires.

Municipes sunt Cives Romani ex Municipiis suis jure, & legibus suis utentes, muneris tamen cum Populo honorarij participes : à quo munere capessendo appellari videntur, nulli aliis necessitatibus, neque ulla lege adstricti, cum nunquam populus eorum fundus factus esset. Coloniarum alia necessitudo est non enim veniunt extrinsecus in civitatem, nec suit radicibus nituntur, sed ex Civitate quasi propagate sunt.

Si nos Historiens avoient sceu démesler ces usages, comme ils le sont dans le Livre de Frontin, ils n'auroient pas jetté tant de confusion dans nostre Histoire. Car ils auroient vû par les termes de l'Inscription de Caïete, que Plancus n'avoit fait à l'égard de cette Ville, qu'amener des Romains pour y habiter; qu'il avoit fait la division des champs à Benevent en Italie. Et que ce fut l'Empereur Claude, qui establit la Colonie de Lyon, qui en regla les offices, & les dignités : qu'il y establit les Augustaux, qui estoient au nombre de six, & qu'il donna son nom à cette Colonie. Ainsi Lyon en qualité de Colonie a trois Fondateurs, Marc-Antoine en confirma les champs à nos Citoyens, & en fit part à ses Soldats, ou aux Soldats de Jules Cesar. Plancus y amena des Romains, & Claude outre qu'il leur donna les Privileges de Rome, y établit la forme de Gouvernement. Ces trois ceremonies nous sont marquées dans trois medailles d'Antoine, de Plancus, & de Claude.

Colonias deduxit Lugdunum, & Rauricam.

Agros divisit in Italia Beneventi.

Je dis, que l'Empereur donna son nom à cette Colonie avec celui de sa dignité, en lui faisant cependant retenir celui de son origine, afin que sous ces trois titres d'honneur elle parut d'autant plus glorieuse aux yeux du monde, que l'un de ces noms apprendroit à la posterité qu'elle avoit eu le bonheur d'être Mere d'un Empereur, comme elle avoit l'avantage d'être l'une des plus heureuses Provinces de l'Empire, par la fertilité de son terroir, & l'abondance des hommes illustres, qui en sortoient. Car c'est ainsi que cet Empereur, changeat le nom des Segusiens, qui lui paroissoit barbare, en un mot Latin, qui signifioit la même chose.

Colonia Claudia, Copia Augusta.

Segusia, Seges, Copia.

Suet. in Claud.

Il est vrai que cet Empereur, n'a pas fait beaucoup d'honneur à cette Ville, pour y avoir pris naissance, puisque tous les Historiens en ont parlé comme d'un homme de peu d'esprit, & qui n'avoit pas de la conduite: Ce qui le fit même mépriser dans sa Famille. Auguste, Livie, & Tibere, aussi bien que sa Mere Antonia, l'éloignerent autant qu'ils purent du Senat, & des Courtisans. Il ne laissa pas cependant de parvenir à l'Empire, à l'âge de cinquante ans, après la mort violente de Caligula, son Neveu, autant indigne de l'Empire, que de Germanicus, le plus illustre des Romains, & dont rien n'a plus fletri la memoire que d'avoir été Pere de ce monstre, & frere de Claude.

On ne peut cependant s'empêcher de loüer la pieté de cet Empereur, qui consacra la memoire de tous ceux dont il descendoit. Il ne juroit que par le nom d'Auguste, & c'étoit son serment le plus saint: il fit rendre des honneurs divins à Livie sa grand mere, il honora la memoire de Germanicus son frere, de Drusus son Pere, de Tibere son oncle, & de Marc-Antoine son Ayeul maternel, par des Festes, des Jeux solennels, & des Arcs de triomphe, & n'en pouvant autant faire de Caligula, qui étoit l'objet de l'execration publique, il empêcha du moins, que l'on ne mit le jour de sa mort entre les fêtes publiques, quoi que ce fut le jour de son élevation à l'Empire. Ce fut sans doute par ces mêmes sentimens de pieté, qu'il entreprit d'honorer le lieu de sa naissance, par le soin qu'il prit de faire donner à cette Ville, par un Decret du Senat, tous les privileges des Colonies Romaines. Le discours, qu'il prononça en cette occasion a été conservé en ces deux Tables d'Airain, qui sont des plus beaux Monumens d'antiquité, qui nous reste: Et quoi que ce discours ne soit pas entier, ce que l'injure des tems nous en a laissé est un pretieux témoignage de l'affection de ce Prince pour sa patrie, & de la consideration que les Romains eurent pour cette Ville, que Seneque n'a pû s'empêcher de loüer, lors même qu'il condamnoit les mœurs & la vie de cet Empereur, par une satyre, où l'on ne voit pas moins d'esprit, que d'aigreur. Il déplora même le sort de Lyon dans une lettre, qu'il écrivit à un de ses Amis, sur l'incendie arrivé de son tems, qui ne mit que l'espace d'une nuit, entre l'une des plus florissantes Villes du monde, & un amas de cendres.

Mais il est tems d'expliquer nos deux Tables de bronze, après les avoir données en l'état auquel elles sont à present.

Ce fut l'an DCCC de Rome, que l'Empereur Claude, voulut pour rendre illustre cette année de son Empire, celebrer les Jeux seculaires avec un appareil extraordinaire, & exercer lui même la Censure avec Vitellius, & faire la revüe de Rome, de l'Etat, de la Republique, du Senat, des Provinces, des forces & des revenus de l'Empire; à quoi les Romains donnoient le nom de *Lustre*, qui se faisoit regulierement de cinq ans en cinq ans, tandis que la dignité de Censeur subsista, mais depuis que les Empereurs s'en furent rendus les Maîtres, & voulurent eux mêmes l'exercer, ou en commettre les soins à leurs Creatures, il avoit été interrompu, depuis celui que Plancus & Paullus avoient fait, l'an 731. avec si peu d'autorité & de succez, que tous les Historiens ont remarqué, qu'il ne leur avoit été ni honorable ni utile à la Republique.

Ce fut en cette occasion, que pour reformer le Senat, & pour remplir le nombre des Senateurs, Claude y introduisit des Etrangers, particulierement les Heduois, qui étoient anciens alliez des Romains.

Ceux d'Autun.

Les Gaulois de la Gaule Chevelüe, qui étoit la Gaule Lyonnoise, demandoient d'être reçus aux honneurs de la Republique; ayant obtenu depuis long-tems celui d'Alliés & d'amis des Romains. Claude en fit la proposition au Senat. Les sentimens des Senateurs & du Peuple furent d'abord partagés sur cette nouveauté: quelques-uns disant hautement que l'Italie n'étoit pas si depourvüe de bons Sujets, qu'il fallût avoir recours aux Etrangers. Que l'on s'étoit bien trouvé jusqu'alors de n'introduire dans la Republique que des naturels du païs, & des peuples sortis d'un même sang. Que les exemples de la vertu des anciens Romains, qui n'étoit en rien relâchée, faisoient voir assez que les Romains n'avoient besoin que d'eux-mêmes pour soutenir la gloire

Tacit. L. XI. des Annales Ch. 23.

que

de la Ville de Lyon.

que leurs Ancestres leur avoient acquise. Que c'étoit bien assez que les Veniriens & les Insubriens se fussent déja fait une entrée dans le Senat, sans que l'on y introduisist des troupes d'Etrangers capables de s'en rendre les maîtres, & de l'assujettir à leurs volontés. Quels honneurs seroient reservés à la Noblesse du païs, si les Etrangers les enlevoient ? & que deviendroit la pauvre Noblesse du Latium qui étoit entrée dans le Senat, & qui n'auroit pas dequoy s'élever aux Dignités, qui seroient envahies par ces riches affamés, dont les Ayeux & les Bisayeux avoient mis autrefois à feu & à sang les Chefs des Troupes Romaines, & assiegé dans Alise Jules Cesar ? Que c'étoient des choses dont la memoire étoit encore fraiche, & que s'il falloit rapeler le souvenir des premiers désordres qu'ils avoient faits, on verroit que c'étoient ces Peuples qui avoient détruit le Capitole & renversé les Autels. Que cependant aprés tout cela ils n'avoient pas laissé d'être reçus au nombre des citoyens Romains. Qu'à la bonne heure ils jouissent de ce privilege, & qu'ils ne vinssent pas avilir les Dignités & les honneurs des Magistrats en demandant d'y être admis. L'Empereur sans être emû de ces bruits & de ces murmures du Peuple, assembla le Senat, & leur parla en faveur de ces Peuples en ces termes.

L'éxemple de mes Ancestres dont le premier qui tiroit son origine des Sabins obtint en même-tems le droit de bourgeoisie Romaine, & l'honneur du Patriciat, me convie en suivant leurs traces à recevoir dans Rome tout ce qu'il y a d'illustre par toute la Terre. Je considere que les meilleures Familles sont étrangeres ; les Cesars sont venus d'Albe, les Coruncans de Camerium, & les Porciens de Tusculum. Et pour ne point faire une enumeration ennuieuse, tout ce qu'il y a de grand dans toute la Toscane, & le reste de l'Italie est venu fondre dans Rome. Nous l'avons étenduë jusques aux Alpes, & non seulement les particuliers, mais les Villes mêmes & les Nations entieres sont devenuës Romaines. Nôtre Etat n'a jamais été plus florissant, ny plus tranquile, que depuis que les Peuples qui habitent delà le Pô ont été faits Citoyens, & que sous ombre d'envoyer des colonies par toute la Terre, nous avons pris ce qu'il y avoit d'excellent par toute la terre pour en soûtenir la vieillesse de l'Empire. Nous repentons-nous d'avoir été chercher la Famille des Balbes en Espagne, & d'autres non moins illustres dans la Gaule Narbonnoise ? Leur posterité fleurit encore parmi nous, & ne nous cede en rien en l'amour de la Patrie. Qu'est ce qui a causé la ruine de Sparte & d'Athenes, qui étoient si florissantes que d'avoir traité en esclaves les vaincus, & leur avoir fermé l'entrée de leurs Republiques ? Romulus nôtre Fondateur fut bien plus sage de faire en même jour des Citoyens de ses ennemis. Nos Ancestres ont été prendre des Rois chez les Etrangers ; & ce n'est pas une chose nouvelle, comme quelques-uns s'imaginent, de donner les charges de l'Etat aux enfans des affranchis, mais qui a été pratiquée par l'ancienne Republique. Mais quoy ? les Gaulois ont été nos ennemis ? Hé qu'étoient les Eques & les Volques avant que d'être soumis à nôtre Empire ? Si nous avons été pris des Gaulois, nous avons donné des ôtages aux Toscans, & passé sous le joug des Samnites. Quand nous considererons bien toutes les guerres que nous avons euës, nous n'en trouverons point qui ait duré si peu que celle des Gaules : depuis ce tems-là il y a eu une paix continuelle & assurée : Et partant puisqu'ils sont mêlés avec nous en tant de sortes ; puisqu'ils ont pris nos mœurs, nos coûtumes, nos alliances, il vaut mieux qu'ils partagent avec nous leurs trésors que de les posseder séparément. Toutes les choses que nous estimons tres-anciennes ont été nouvelles : les Magistratures qui n'étoient que pour la Noblesse, ont été données au Peuple, puis aux Latins & enfin à toutes les Nations d'Italie. Le tems consacrera ce que nous ferons aujourd'hui, comme toutes les autres choses, & ce que nous sommes en peine de defendre par tant d'exemples, servira un jour d'exemple à la Posterité.

La harangue de l'Empereur fut suivie d'un Arrest par lequel le droit de monter aux Dignités fut accordé à ceux d'Autun à cause de l'ancienne alliance qu'ils avoient avec le Peuple Romain, duquel ils ont été appellez Freres par plusieurs Decrets du Senat.

Paradin a crû que ce discours de l'Empereur Claude étoit une partie de celui qui est gravé sur nos deux Tables d'airain, & qu'il falloit qu'il y en eut une troisième où fût gravé l'Arrest du Senat dont parle Tacite. *Et Dieu vueille*, ajoûte-t'il, *qu'elle se trouve quelque jour comme ces deux furent trouvées à Lyon l'an 1529.*

De Rubis, qui ne cesse en tous les endroits où il peut, de dechirer Paradin, & de l'acuser d'ignorance, raisonne encore plus mal que luy sur ces deux Tables qu'il n'a pas entenduës.

On n'a qu'à les lire avec attention, pour voir qu'elles sont toute autre chose que la harangue de Claude pour ceux d'Autun. Cet Empereur fit donc deux actions bien differentes au Senat au tems de sa Censure, il demanda pour ceux d'Autun le droit d'être admis aux Charges de la Republique, & il l'obtint, comme Tacite le raporte. En même-tems, il proposa de faire Lugdunum Colonie Romaine, au lieu qu'il n'étoit que Municipe. comme nous avons vû ; & si nos deux Tables étoient entieres, nous y verrions ce qu'Auguste & ce que Tibere avoient fait avant lui en faveur de cette Ville, puisque Juste Lipse qui a transcript ces deux Tables, & qui les a inserées dans ses Commentaires sur Tacite, les a plus exactement raportées que Paradin, ayant remarqué quelques lignes fugitives, & quelques mots ômis par Paradin, où l'on voit en la seconde *Sane..'.novo..'. Divus Augustus ..'..no..'. ias & Patruus Ti. Cæsar*, qui semblent indiquer que ces deux Princes avoient déja fait quelque chose en faveur de Lyon. Nous aprenons aussi de la seconde de ces Tables que Vienne étoit déja Colonie, *ornatissima ecce Colonia valentissimáque Viennensium*. Et qu'elle avoit déja depuis longtems des Senateurs. Lyon en avoit aussi, puisqu'il dit, *Ex Lugduuno habere nos nostri ordinis viros non pænitet*. Cependant il n'étoit pas encore Colonie Romaine. Il semble aussi dire que c'étoit Tibere son oncle, qui leur avoit accordé ce Privilege, quand il dit *Et Patruus Ti. Cæsar omnem florem ubique Coloniarum ac Municipiorum, bonorum scilicet virorum & locupletium in hac curia esse voluit*. Ce qui detruit les imaginations de De Rubis, qui dit que c'étoit Messaline qui avoit porté son mari à faire recevoir les Gaulois dans le Senat, & qu'elle avoit tiré d'eux de grosses sommes d'argent pour acquerir ces honneurs.

Seneque a fait allusion à ces Etrangers apellez aux honneurs de Rome, quand il fait dire à l'une des Parques en sa Satyre, qu'elle vouloit donner encore un peu de vie à Claude afin qu'il achevât de remplir le Senat de Grecs, de Gaulois, d'Espagnols, & de Bretons. *Ego mehercule, inquit, pusillum temporis adjicere illi volebam, dùm hos paucules, qui supersunt civitate donaret. Constitueras enim omnes Græcos, Gallos, Hispanos, Britannos togatos videre.*

Ce discours de Seneque détruit les réveries de Rubis, car s'il étoit vray que c'eût été Messaline qui eût procuré ces nouveaux honneurs à ces Etrangers, qui auroient satisfait son avarice, Seneque que cette femme debauchée avoit fait éloigner de Rome & exiler dans l'Isle de Corse n'auroit pas manqué en cet endroit de se vanger de cette injure sur la memoire de cette mechante femme.

Claude ne fit donc autre chose à l'égard de la Ville de Lyon, que de lui changer le titre de Municipe en celui de Colonie Romaine, avec droit de suffrage aux élections qui se faisoient dans Rome. Ainsi Lyon cessa pour lors de vivre selon ses usages & ses coûtumes anciennes ; il reçut les Loix Romaines, & l'Empereur Claude luy donna son nom en l'adoptant au droit Romain, & cette Ville s'appella *Colonia Claudia Copia Augusta Lugdunum*, comme j'ay déja remarqué.

Il est temps maintenant de traduire en nostre langue ces deux tables, & de les expliquer, pour tascher d'en donner une parfaite intelligence. Je regrette pour cela la perte des Annales de Tacite depuis la fin du VI. Livre jusqu'à l'onziéme, qui auroient pû nous fournir de grandes lumieres pour interpreter ces deux tables, aussi bien que le supplement que Lipse en avoit fait au stile de Tacite, & qu'il dit aussi avoir esté perdu.

Harangue de l'Empereur Claude.

Je prevoy à la verité, ce que vous pensez là dessus, car à qui est-ce que cette pensée ne se presente d'abord. Mais je vous prie de ne pas vous laisser prevenir comme si je voulois introduire une nouveauté capable de vous rebuter & contraire aux anciens usages de Rome. Rappellez plutôt le souvenir d'un grand nombre de choses qui ont esté changées dans cette Ville depuis sa fondation, & combien de formes differentes a pris le gouvernement de la Republique.

Elle eut au commencement des Rois qui ne purent avoir des successeurs de leur noms & de leurs familles, ils furent la pluspart Etrangers & venus d'ailleurs. Numa qui fut Roy aprés Romulus venoit des Sabins, à la verité nos voisins, mais cependant Etrangers puisqu'il n'estoit pas de Rome, non plus que le vieux Tarquin qui regna aprés Ancus Martius. Ce fut mesme une mesalliance qui fut cause de son bonheur, parce qu'estant fils de Demarathus l'un des principaux de Corinthe, sa mere estoit de Tarquinium ; & quoy qu'elle fut bien Demoiselle, elle estoit si pauvre, qu'elle fut obligée d'Epouser un Estranger. Ainsi Tarquinius se voyant exclus des honneurs de son pays par cette tache de sa naissance, vint à Rome, & y fut Roy.

Entre ce vieux Tarquin & celuy qui fut surnommé le superbe, son fils ou son petit fils, car les Auteurs ne conviennent pas de ce degré de genealogie, parut sur le Trone

de la Ville de Lyon. 107

Servius Tullus, né d'une Esclave nommée Ocresia, si nous en croyons nos Historiens, particulierement les Toscans, qui disent qu'il eut pour fidele Compagnon de ses avantures Cælius Vivenna, lequel après avoir eu une fortune moins heureuse, quitta l'Etrurie, & vint s'établir avec les debris de son armée, sur la Montagne que l'on nomme aujourd'huy Cœlius, du nom de ce Capitaine, au lieu qu'auparavant elle s'appelloit Mastarna, d'un nom Toscan, tandis que Servius fut appellé à la Royauté, par le plus grand bonheur, que pût avoir la Republique. Enfin, après que les mœurs de Tarquin le superbe, l'eurent rendu odieux, & le nom de sa dignité, aussi bien que ses Enfans, le Gouvernement fut donné à des Magistrats annuels, sous le titre de Consuls.

Que dirai je maintenant de la Dictature, qui fut une Dignité à laquelle nos Ancêtres donnerent plus d'autorité qu'à celle des Consuls, pour s'en servir dans les tems les plus difficiles, dans les plus cruelles guerres, & dans les mouvemens Civils. Que dirai je aussi des Tribuns, qui furent créez pour maintenir les interêts du peuple? Qui ne sçait qu'après cela le Gouvernement passa des Consuls aux Decemvirs, & quand on se fut lassé de ce Gouvernement de dix personnes, on le remit aux Consuls? Qui ignore qu'ensuite on donna la puissance Consulaire aux Empereurs, & que l'on joignit au commandement Consulaire, le pouvoir & les fonctions des Tribuns, qui étoient tantôt au nombre de six, & tantôt huit? Que dirai je, enfin, des commandemens & des Sacerdoces communiquez au peuple?

Que si j'entreprenois de parler des guerres, que nos Ancêtres ont faites, ou soutenuës, & quels progrez la Republique a fait par ce moyen, je craindrois de paroître trop orgueilleux, comme si je voulois tirer vanité de ce que nous avons porté les limites de nôtre Empire au delà de l'Ocean. Mais j'aime mieux revenir à ce qui regarde cette Ville precisément......................... *Il veut parler des guerres, qui lui firent donner le nom de Britannique.*

Tibere mon Oncle voulut que la fleur des Colonies, & des Municipes, je veux *La seconde Table.* dire, que ce qu'il y avoit de plus gens de bien, & de plus puissans dans ces Villes étrangeres, fut reçû dans cette Cour.

Quoi donc, ne faut-il pas preferer dans le choix des Senateurs, ceux qui sont nez en Italie, à ceux qui viennent des Provinces? J'en conviens avec vous. Et si vous approuvez mon dessein, pour ce point de la Censure, que j'exerce, vous verrez l'estime que j'en fais, & l'avantage que je leur donne, sur les Etrangers. Mais je ne crois pas qu'il faille pour cela exclurre du Senat, ceux qui viennent d'ailleurs, que d'Italie, s'ils peuvent faire honneur à ce Corps.

N'y a t'il pas déja long-tems, que la tres-florissante, & tres-puissante Colonie de Vienne, fournit des Senateurs à cette Cour? N'est-ce pas delà, qu'est venu Lucius Vestinus, qui fait honneur à l'Ordre des Chevaliers, & qui est de mes intimes amis. Je l'employe même utilement dans mes affaires domestiques; & je vous recommande ses Enfans: procurez leur les premieres dignitez du Sacerdoce, afin qu'en son tems, ils puissent s'avancer à d'autres Charges. Je ne veux rien dire ici, de cet infame, dont le nom m'est en horreur, aussi bien que ses manieres infaronnes, me l'ont été durant sa vie: Cet homme, qui par une espece de prodige, se vit honoré du Consulat, qu'il fit entrer dans sa maison, avant même, que la Ville où il étoit né, fut parfaitement établie dans tous les droits des Colonies, qui joüissent des privileges de la Ville de Rome. Je pourrois dire la même chose de son Frere, qui pouvoit être reçû au nombre des Senateurs, si l'infamie de son Frere, réjaillissant sur lui, quoi qu'innocent de ses crimes, ne l'avoit rendu incapable de tenir rang parmi vous.

Il est enfin tems, que je vous fasse connoître à quoi tend ce discours, car je suis déja arrivé aux extremitez de la Gaule Narbonnoise.

Voici une brave jeunesse, que j'ai devant les yeux; ne les jugez vous pas aussi dignes d'entrer dans l'Ordre des Senateurs, que vous y voyez Persicus, d'une ancienne Noblesse, & mon ami, quoi qu'il descende des Allobroges, & que le nom d'Allobrogique, se trouve parmi les titres de quelques-uns de ses Ancêtres. Que si vous en convenez, qu'attendez-vous, sinon que je vous fasse comprendre, & comme toucher au doigt, que le païs qui s'étend au delà de la Province Narbonnoise, peut vous fournir des Senateurs, & vous envoye des gens capables d'en remplir les places, puisque la Ville de Lyon, qui est à la Tête de ces Provinces, vous en a fourni, qui ne vous font point de deshonneur. *C'étoit la Ville de Vienne, dont il vient de parler.*

Je vous avouë, que c'est avec quelque scrupule, que je sors des limites de la Gaule Narbonnoise, qui vous est si connuë, mais il est tems de vous parler en faveur de la Gaule Cheveluë, à l'égard de laquelle, si quelqu'un m'oppose qu'elle a fait dix ans *La Lyonnoise.* entiers la guerre à Jules Cesar, à qui elle a resisté autant de tems, je le prie de con-

O ij

siderer, qu'il y a cent ans, qu'elle est fidele à la Republique, depuis qu'elle lui a été soûmise, sans que rien l'ait pû ébranler en cette fermeté, même dans les tems les plus fâcheux. Lorsque Drusus mon Pere, étoit occupé à soûmettre l'Allemagne, ces Gaulois empêcherent que rien ne remuat, & firent qu'il eut toûjours derriere lui, un païs entierement paisible, quoi que, quand il entreprit cette guerre, il eut été obligé d'exiger de nouveaux subsides, auxquels les Gaulois n'étoient pas accoutumez. Ce que nous ne connoissons maintenant, que trop par nôtre propre experience, être une affaire delicate, quoi que nous n'exigions rien, sinon que l'on reconnoisse, jusqu'où peuvent aller nos revenus, pour nous en servir utilement, pour les besoins de l'Etat, quand la necessité le requerra.

Voilà quel fut le discours de l'Empereur Claude dans le Senat, lorsqu'il fit l'état de Rome, & des Provinces en qualité de Censeur. Par où l'on peut voir, que ce qu'il demandoit pour cette Ville, étoit tout à fait different, de ce qu'il demandoit pour les Heduois, & qui est rapporté par Tacite.

Il vouloit que cette Ville entrat dans tous les droits des Colonies Romaines, ce qui étoit selon ces Tables *Solidum Civitatis Romanæ beneficium consequi.*

L'Infame dont il est parlé, qui étoit parvenu au Consulat, & qui étoit natif de Vienne, est Valerius Asiaticus, deux fois Consul, dont Tacite a parlé au commencement de l'onziéme Livre de ses Annales, où il rapporte deux causes principales de sa mort; l'une d'avoir eu trop de commerce avec Poppée, & l'autre parce qu'il avoit les superbes Jardins de Lucullus, que l'Empereur desiroit d'avoir. Pour cela on lui suscita des Accusateurs, qui déposerent qu'il avoit été le principal auteur de la mort de Caligula, qu'il s'en étoit vanté publiquement, & que le bruit même couroit, qu'il avoit fait dessein de s'aller jetter dans les troupes des Ennemis de la Republique, & de faire soulever son païs, & les Provinces voisines. Son Accusateur lui fut confronté devant l'Empereur, & Messaline, qui furent touchez de la fermeté avec laquelle il se défendit, contre son Accusateur. Messaline en jetta quelques larmes, & sortant pour les essuyer, elle commanda à Vitellius, de ne pas le laisser échaper. Mais celuici, qui avoit été son ami, & qui avoit porté les armes avec lui, representa à l'Empereur les services, qu'il avoit rendus à l'Etat, & tout ce qu'il put obtenir, fut de lui laisser le choix du genre de mort, qu'il voudroit. Alors d'une maniere intrepide, il reprend ses exercices accoûtumez, va aux bains, fait bonne chere, & ayant fait preparer le bucher où il vouloit que son corps fut brulé après sa mort, il se fit ouvrir les veines.

Ce fut l'an 1528. que les douze Conseillers Echevins, acheterent ces Tables de Bronze, de ceux qui les avoient fortuitement trouvées, dans la Montagne de saint Sebastien, en cherchant des eaux, pour une fontaine, & Claude de Bellievre, Docteur es Droits, qui fut depuis premier President du Parlement de Dauphiné, l'un des douze Echevins, fut cause que l'on mit ce monument dans l'Hôtel de Ville, & proposa ces deux Inscriptions, pour accompagner ces deux tables.

HOCCE EX RELIQVIIS ANTIQVÆ VRBIS HVIVS AD LATERA MONTIS DIVI SEBASTIANI HOC SALVTIS ANNO MDXXVIII. REPERTVM DVODECIM PRIMI ÆRE PVBLICO REDEMERVNT. DEIN AD VRBIS DECOREM, VTQVE GENII LVGDVNENSIS ALVMNOS PRISCÆ VIRTVTIS COMMONEFACERENT HIC PONENDVM CVRARVNT.

Vel

VETVSTISSIMAM HANC TABVLAM LVGDVNI AD RADICES MONTIS SEBASTIANI HOC ANNO MDXXVIII CONSVLES REDEMERVNT, VTQVE JVVENTVTIS LVGDVNENSIS PRISCÆ VIRTVTIS MAIORVM SVORVM, ET LAVDIS COMNONEFACIANT, AD IMITANDVM, HIC PONENDVM CVRARVNT.

Paradin, ajoûte que l'on trouva au même lieu, un Tombeau de verre rempli des Osselets, d'un petit Enfant, & que ce Tombeau fut envoyé au Roy François I. qui aimoit ces restes d'antiquitez, comme il protegeoit les beaux Arts & les Lettres. Si Paradin avoit été un peu plus curieux, il nous auroit donné ses conjectures sur ce Tombeau de verre, & sur le lieu, où il fut trouvé. Mais je ne dois pas me plaindre d'un homme à qui nous sommes obligez de tant d'autres Monumens d'antiquité, qu'il a recueillis, & sauvez de leurs débris, & qui me servent à present de guides, pour demêler l'obscurité des premiers siecles de cette Ville naissante, & si considerable sous la domination des Romains.

Ces deux Tables de Bronze, furent estimées alors un tresor d'antiquité, qui ne devoit pas être negligé : Elles furent portées dans l'ancien Hôtel de Ville, derriere l'Eglise saint Nizier, où elles furent exposées au public par les soins des Echevins de ces tems-là. Et depuis en 1657. Monsieur le Prevôt des Marchands, Messire Jaques Guignard, Seigneur de belle vûë, Vicomte de saint Priest, Conseiller du Roy en ses Conseils, President en la Cour des Aydes & Finances de Dauphiné, les fit transporter dans le nouvel Hôtel de Ville, & placer au lieu où elles sont, avec cette Inscription.

LVD. XIV. F. & Nav. Reg. Christianiss. Fel. Regnante hoc Divi Claudii Rom. Imp. Lugd. nati pro jure Civita. Gallia Comata in Senatu dicent. ad Sen. Lugd. Colon. pertinens Monumentum aeneis bis duabus tabulis insculptum perillustriss. Vir. Jac. Guignard S. Prejecti Vicecomes à Regia Majestatis Sanctioribus Consiliis in Suprem. Vectigal. Curia apud Delphinates Praeses, iterum Praef. Mercatorum, Justin. Cropet Eques D. Irigni Publ. Viis, Pont. & Port. Praef. Nat. Costart. Civis. P. Bouilloud Eques Consil. Regius & Antiquior Causar. Reg. Patronus P. Rambaud Eques, D. De Champrenard inter Nobiles Regis Ministros Allectus Coss. Publici decoris & Antiqua Majest. Vrbis Instauratores apponi Curar. An. à Christ. Nat. MDCLVII.

Aprés ce privilege accordé à la Ville de Lyon, de tous les Droits des Colonies Romaines, elle étoit dans l'état le plus florissant qu'elle pût desirer, étant la Capitale de toute la Gaule Celtique, surnommée Lyonnoise, lorsque par un triste accident elle fut frappée du Ciel, qui la reduisit en cendres en une nuit. *Incendie de Lyon.*

Quoi que Seneque soit le seul de tous les anciens Auteurs, qui ait parlé de cet Incendie, il l'a fait d'une maniere si belle & si éloquente, que rien ne fait mieux connoître la grandeur de l'ancien Lyon, & les maux qu'y causa un accident si funeste, que ce qu'il en écrivit en une de ses Lettres à Lucilius son amy. Cependant Juste Lipse est persuadé, que ces Epîtres de Seneque étoient plutôt des compositions qu'il faisoit de tems en tems, pour exercer son esprit, & pour se delasser, que des lettres reglées, quoi qu'il y en ait peut-être quelques-unes, qui soient des lettres écrites veritablement à quelques uns de ses amis.

Je ne suis pas cependant du sentiment de Lipse, qui croit que ce Liberalis Lyonnois, dont parle Seneque en cette Epître, soit Æbutius Liberalis, à qui il addressa ses sept Livres des bienfaits. Car outre qu'Æbutius étoit d'une maison Romaine Consulaire, & distinguée par les surnoms de *Carus*, *Cornicen* & *Helva*, nous ne trouvons pas qu'aucun de cette Famille ait jamais eu d'emploi dans les Gaules, pour pouvoir établir sa Famille à Lyon. Caius, & Titus Æbutius furent Tribuns du peuple. L. Æbutius Elua, fut Questeur & Consul, l'an CCXC. ce qui marque l'antiquité aussi bien que la Noblesse de cette maison, & peut-être est ce le même, qui l'avoit déja été l'an CCLIV. & General de la Cavalerie. Enfin, Posthumus Æbutius, fils de Lucius, & petit fils de Titus, fut Consul l'an CCCXI.

On ne peut rien non plus établir de bien certain, sur le nom de Liberalis, qui a été aussi commun autrefois parmi les Romains, qu'il est rare à present de trouver des personnes, à qui il convienne. Il n'est pas non plus certain, si c'est la liberalité, qui avoit fait donner ce nom, ou les ceremonies de Bacchus, autrement nommé Liber, dont les fêtes étoient nommées *Liberalia*, dans l'ancien Calendrier Romain, dont Ovide donne la raison au troisiéme des Fastes.

Sive quod es Liber, vestis quoque libera per te
Sumitur, & vita liberioris iter.

Ce qui feroit à ceux qui portoient ce nom un titre moins honnête, que celui de la Liberalité, ou de l'ingenuité. *Facies Liberalis Artes Liberales.*

Je trouve parmi nos Monumens anciens un Claudius Liberalis, dans le même lieu où étoit l'ancien Palais de nos Preteurs, & de nos Gouverneurs Romains, ce qui m'a determiné à croire, que ce pourroit bien être celui dont Seneque parle dans son Epître, puisqu'il paroit avoir été de la maison Claudia, & que son Tombeau se trouve dans le Palais où l'Empereur Claude étoit né, & où Drusus son Pere habitoit durant

110   Histoire Consulaire

son sejour en cette Ville; Je ne trouve au contraire aucun monument de la Famille Æbutia, mais seulement quelques fragmens d'Epitaphes où l'on voit une partie des noms de quelques Cabutius. Voicy ce que j'en ay pû retirer.

Au Bourg de St. renée.

```
                D.        M.
          Q. CABV·.·.·.
          SEXTI HO.·.
          NIS OPTI
          MI QVI VI·.·.
          IT ANNIS L.·.·
          M. XI. D. V·.
          ·.·.·. BVTIA.
          ·.·. CEPT.
          ·.I·. CA·.·.
          SSIMI
          ·.·  C·.·.
```

Filii.

Carissimi.

Curarunt.

Au Jardin de l'Antiquaille.

PERPETVÆ SECVRITATI ET

```
    D. M.                              D. M.
C. CLAVD.                         CLAVDIÆ.
LIBERALIS                         C· FIL PI····
ET LIVIÆ                          ANIMÆ
IANTHES                           DVLCISSIMÆ
CL. TRAIA-                        VIXT AN. XVII.
NVS FIL.                          M. X. D. X. C. CL.
PARENTIBVS                        TRAIANVS
                                  PATER FILIÆ
                                  PIISSIMÆ
```

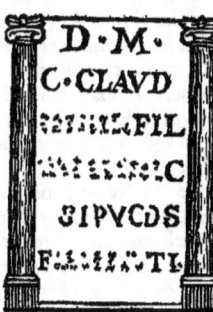

```
D·M·
C·CLAVD
·····FIL
·······C
SIPVCDS
F·····TL
```

Enfin quoy qu'il en soit de ma conjecture sur ce Liberalis dont je ne puis rien dire de certain, voicy ce que Seneque écrit de luy & de l'Incendie de Lyon à son ami Lucilius en sa lettre XCI.

,, Liberalis vostre bon amy & le mien, est fort affligé des nouvelles qu'il a receuës
,, de l'Incendie de Lyon. C'est un accident assez étrange pour émouvoir toutes sortes
,, de personnes. Je vous laisse à penser ce que ce peut estre d'un homme affectionné
,, comme il est, à sa patrie. Il s'estoit de tout temps preparé contre les evenemens les
,, plus fâcheux de la vie par de sages reflexions, mais il ne s'estoit point fortifié con-
,, tre un accident si imprevû. En effet, il n'y avoit point d'apparence, qu'une chose,
,, qui n'avoit point d'exemple, nous fist avoir de l'apprehension. Car assez souvent
,, on a vû des Villes endommagées par le feu, mais jamais tellement qu'il ne restat
,, quelque vestige de ce qu'elles estoient auparavant. Celles mesmes que les ennemis
,, affectent de bruler, & d'y mettre plusieurs fois le feu pour les reduire en cendres,
,, ne le font pas tellement, qu'il ne faille achever de les ruiner, & faire avec la sape
,, ce que le feu n'a pû faire entierement; les tremblemens mesme de terre, quelque
,, violentes secousses qu'ils donnent, ne font gueres de ruines & de bouleversemens
,, qu'il ne reste quelques bastimens sur pied, ou quelques pans de murailles. Enfin un
,, premier embrasement laisse toûjours quelque chose pour le second. Aprés cela qui
,, le croiroit, que tant de Palais capables d'embellir plusieurs Villes se soient évanoüis
,, en une nuit. Et que le mal que cette Ville ne pouvoit craindre des fureurs les plus
,, cruelles de la guerre, luy soit arrivé au milieu de la paix, & d'une paix si bien esta-
,, blie, & si generale dans tout le monde. Lyon qu'on avoit accoustumé de montrer
,, dans la Gaule, comme l'un de ses plus beaux ornemens, se cherche aujourd'huy &

ne se trouve plus, Dans les calamitez publiques, quelque grandes qu'elles puissent " estre, on a le temps de les prévoir & de les craindre, & ce n'est gueres tout d'un " coup que tombent les grandes choses, elles se détachent par pieces. Mais en cet " accident, le changement du tout à rien s'est fait en une nuit. Enfin elle a esté moins " de temps à estre detruite que je n'en mets à vous conter sa ruine. Toutes ces con- " siderations ont ébranlé la fermeté d'esprit, & la constance de Liberalis, si preparé " à recevoir les outrages de la fortune. Et certes ce n'est pas sans raison il est malaisé " qu'on ne s'emeuve de ce que l'on n'a pas attendu. La nouveauté des accidens impré- " vûs, les rend bien plus insupportables, & ceux qui nous étourdissent, nous sont aussi " ordinairement plus sensibles & nous accablent. C'est pourquoy nous devons nous " attendre à tout ; & pour nous y preparer il ne faut pas seulement prevoir les maux " qui arrivent ordinairement, mais encore tout ce qui peut arriver, & ce que nous " pouvons imaginer de plus terrible. Une Ville riche, & qui estoit l'ornement de trois " Provinces aux quelles on a donné son nom, placée au dessus d'une montagne, qui n'est " pas des plus hautes a esté entierement brulée. "

Civitas arsit opulenta, ornamentumque provinciarum quivis inserta erat, & excepta, uni tamen imposita, & huic non altissimo monti.

Aprés cette description si pathetique, Seneque raisonne en Philosophe sur les acci- dens de la vie, & rapporte divers exemples des évenemens les plus tragiques. Aprés quoy il reprend sa narration, & dit à son amy Lucilius.

Voilà les raisons que j'allegue à Liberalis pour le consoler de la ruine de sa patrie, " pour laquelle sans mentir je trouve qu'il a une douleur d'autant plus vive qu'il l'ai- " moit passionnément. Mais qui sçait si peut-estre elle n'a point esté consumée pour re- " naistre plus belle, & plus florissante que jamais ? La Fortune a des procedures bijar- " res, elle commence quelquefois nostre aggrandissement par des disgraces. Nous " avons vû tomber assez de choses, qui se sont relevées plus hautes & plus grandes " qu'auparavant. On en peut esperer autant de Lyon. Ceux de qui les maisons ont esté " perdues en pourront faire d'autres plus spacieuses, & plus asseurées contre de pareils " accidens. Dieu veuille que ce soit sous de meilleurs auspices, & pour durer plus " long-temps. Car il n'y a pas encor cent ans que Plancus y conduisit une colonie, ce " qui n'est que l'âge d'un homme ; mais sa situation si commode au concours de deux " grandes rivieres, l'avoit rendu tres-peuplée en si peu de temps. Et cependant elle a " souffert un accident si funeste en un âge où les hommes commencent seulement à sen- " tir les incommoditez de la vieillesse. "

Il y a quelques endroits de cette Epistre de Seneque qui demandent des éclaircis- semens, parce qu'ils n'ont pas esté bien entendus ny de ceux qui l'ont traduite, ny de ceux qui l'ont accompagnée de quelques notes. Premierement Lipse s'est trompé quand il a crû que cet incendie estoit arrivé l'an 811. de Rome, parce que suppo- sant sur de faux principes que j'ay détruit cy-devant, que Lyon avoit esté basti l'an 711. de Rome par Plancus, pour faire quadrer le temps de cet Incendie avec cette fondation, & ces mots de Seneque, *Centesimus annus est illi*, il a fixé à 811. pour trou- ver le nombre juste de cent années. Mais le savant Nicolas la Fevre, assigne plus rai- sonnablement le temps de cet accident si surprenant, à l'année qui preceda la mort de Seneque, sous le consulat de Lecanius & de Licinius l'an 816. de Rome quelques mois avant celuy de Rome qui dura six jours entiers.

Accidit centesimo anno à Coloniâ deductâ Senecâ observante ut solatium hoc tardè adhibitum à Nerone septimo post incendium anno. Nam deducta Lugdunum à Munatio Planco anno urbis DCCXI. Lipsf. ad Lib. XVI. Tacit. n. 15.

Personne n'a écrit quelle fut l'occasion de cet incendie de Lyon, ny comment il commença. Seneque nous fait entendre qu'il arriva de nuit, & qu'il fut aussi prompt que terrible. Il y a apparence que ce fut un feu du Ciel, & que ce pouvoit estre le mois d'Avril, qui est le temps le plus sujet aux coups de foudre aussi bien que vers la fin de l'automne, comme Pline a remarqué.

Vere & autumno crebriora fulmina, cor- ruptis in utroque tempore æstatis hie- misque causis. Plin. l. 2. c. 51.

Il faut aussi observer dans la lettre de Seneque ces mots, qui n'ont pas esté enten- dus, de ceux qui en ont fait les notes. *Civitas arsit opulenta ornamentum Provinciarum, qui- bus inserta erat, & excepta.* Quelques-uns ont crû qu'au lieu de *Provinciarum*, il falloit lire *Provincialium*, parce qu'ils n'ont pas fait reflexion à la division des Gaules faite par Auguste, principalement de la Celtique qu'il partagea en trois pour en faire l'Aqui- tanique, la Belgique, & la Lyonnoise, qu'il subdivisa en premiere, seconde, & troi- siéme Lyonnoise. Et comme ce fut seulement sous Auguste que Lyon devint la Me- tropole de ces trois Provinces, Seneque l'appelle *Ornamentum Provinciarum, quibus in- serta est.* Parce que ce fut alors qu'elle leur fut incorporée. Il ajoûte & *excepta*, parce que l'on luy laissa sa franchise, & ses Privileges tandis que les autres Villes & les Pro- vinces furent renduës tributaires. Il faut aussi remarquer que Seneque ne dit pas que Plancus l'eut bastie, mais seulement qu'il y avoit mené une Colonie, *Colonia à Planco deducta est.*

Seneque mourut un an aprés cet incendie, ainsi il n'a dit mot des secours d'argent que Neron donna pour aider à rebastir cette Ville Tacite, qui est le seul qui ait parlé de ce present de Neron, le fait moins passer pour un bienfait digne de la liberalité d'un Empereur, que comme une consolation legere pour aider cette Ville à se remettre de ses pertes, puisqu'il ne donna que quarante grands sesterces, qui faisoient une somme de cent mille écus ; & il ajoute que ce fut par reconnoissance de ce que cette Ville luy avoit offert une pareille somme en un temps où il en avoit besoin pour appaiser des troubles.

Cla tem Lugdunensem quadraglies sestertia s. la vis est Princeps, ut amissa urbi reponerent, quam pecuniam Lugdunenses ante obtulerant turbidis casibus. Tacit. l. Au. 16. c. 14.

Toute la montagne de Fourviere est remplie de vestiges de cet incendie. Dans une maison, qui n'est pas éloignée de l'Eglise, & à qui on a donné le nom de *Belle-veüe* à cause de son aspect merveilleux, & d'où l'on découvre le Daufiné, la Savoye & le Vivarets, on trouva en jettant les fondemens d'une muraille, des chambres magnifiques encroustées de marbre, de jaspe & de serpentin, avec des poutres brulées, quantité de vases de pourcelaine rouge brisez, beaucoup de cuivre, de bronze, & de plomb fondu, des urnes de terre à tenir du vin, quelques restes de peintures : Et quoy que l'on eut creusé plus de vint pieds pour jetter les fondemens de cette muraille épaisse de trois pieds, on fut obligé de la faire porter sur des Arcs, parce que l'on trouvoit des chambres encor plus basses. On y trouva plusieurs medailles de cuivre & d'argent, de Neron, de Tibere, & d'Auguste. Et l'on y découvrit aussi des forges, que l'on crut avoir servi à la fabrique des Monnoyes. Un grand Canal des aqueducs passoit au milieu de ce palais, & il sert encore à present de reservoir pour cinq ou six jets d'eau qui sont dans cette maison, dont les jardins sont tres-propres & remplis de plusieurs statues de Virgile, de Seneque, de Ciceron, & de quelques autres illustres Romains. A quelques pas de là on voit dans le mur d'un cabinet assez élevé, un morceau d'inscription de caracteres d'un demy pied,

Dans une maison appellée l'Angelique qui estoit anciennement à Monsieur de Langes.

PRONIVS A
STVSQ FLAM

que je soupçonne estre un reste du nom de Sempronius Asprenas Prestre de Jupiter, parce qu'il reste à Mets une inscription de ce Sempronius de cette forme.

Aulo Sempronio	AVL. SEMPR. ASPRENATI
	FLAMINI DIALI
	CONIVGI OPTVMO
	BENE MERENTI
	HECALE FLAMINICA
	P. C.
Poni Curavit	BIX. ANN. XXXI.
Vixit annos 81.	
Menses. Dies.	M. IV. D. VII.
Julio	ET IVL. MODESTINO
Liberto bene Merenti	LEIB. B. M.
	ET SIBI ET SOVEIS

C'est ainsi qu'en comparant les fragmens de nos inscriptions, avec celles des recueils de Gruter, de Lipse, & de Smece, on pourroit découvrir beaucoup de choses utiles à nostre histoire. Celle cy qui est à Narbonne, me fait croire que Q. Ignius Merops, estoit fils de Quintus Ignius Silvinus l'un de nos Augustaux, & qu'Ignia Helpis, qui avoit esté affranchie avec luy, fut depuis femme de Quintus Ignius Merops. On jugera de ma conjecture en confrontant ces deux inscriptions.

D.   M

de la Ville de Lyon. 113

```
        D.    M.
    Q. IGNI SILVINI
    IIIIII VIRI
       AVG. LVG.
      IGNIA HELPIS
    COLLIB. OPTIMO
```
À Saint Irenée.

```
   Q. IGNIVS MEROPS
    SIBI ET IGNIÆ
     HELPIDI ET
         SVIS.
```
à Narbonne.

Je ne sçay si cet Incendie arrivé par un feu du Ciel, n'auroit point esté causé du nom de Lugdus qui fut donné à une maladie que nous appellons le feu de S. Antoine, dont Mathieu Paris dit que l'Empereur Frideric fut frappé l'an 1249. *Ipsemet Fridericus percussus est morbo qui dicitur Lugdus, vel sacer ignis.*

Cette Maladie est de celles qu'Hipocrate, & la plupart des Medecins apres luy, ont appellé des Maladies divines, parce qu'il est difficile d'en connoistre les causes & plus difficile encor d'y trouver des remedes dans la medecine, ce qui oblige de recourir aux Saints, pour obtenir de la bonté de Dieu & de sa misericorde & par l'intercession de ces Saints, ce qui semble estre au dessus de toutes les forces de la Nature, & de toute l'adresse des hommes. C'est ce qui fit donner a cette espece de maladie le nom de feu sacré. Tous nos historiens des siecles passez nous apprennent que cette maladie eut un grand cours en ce Royaume durant deux ou trois siecles, & que la Ville de Paris, qui en estoit afligée, eut recours à Sainte Genevieve sa Patronne pour en estre delivrée; & par reconnoissance luy fit bastir une Eglise que l'on appelle encore aujourd'huy, Sainte Genevieve des Ardens.

Sigebert en sa Chronique dit que l'an 1089. la Lorraine Occidentale fut frappée de cette maladie, qui estoit une espece de feu, qui consumoit les corps de ceux qui en estoient atteints, & les rendoit noirs comme des charbons, les faisant mourir apres avoir pourri toutes leurs chairs; s'ils ne se faisoient promptement couper les pieds & les mains pour mener apres une vie languissante & miserable. Tandis que quelques autres demeuroient estropiés par les retrecissures de nerfs qui leur restoient toute leur vie quand ils guerissoient de ce mal. *Annus pestilens maximè in Occidentali parte Lotharingia, ubi multum sacro igne interiora consumente computrescentes exesis membris instar carbonum nigrescentibus, aut miserabilliori vita servantur, multi verò Nervorum contractione distorti torquentur. Siges. In Chron. ad an. 1089.*

Ce fut une semblable maladie, qui fit fonder en cette Ville un Hospital, pour y retirer ceux qui estoient atteints de ce mal, qui est appelle dans la fondation de la maison de Saint Antoine, où estoit cet ancien Hospital, *domus contractoria*, que nous n'entendrions pas à present, si nous n'apprenions de Sigebert l'effet que causoit alors cette maladie, en retrecissant les nerfs, *Nervorum contractione distorti*. Ainsi quoy qu'à present cette Ville soit exempte de cette dangereuse maladie, elle a conservé une devotion particuliere à Saint Antoine pour se preserver des Incendies.

Je ne dois pas omettre icy ce qui se passa en cette Ville l'an 1562. lorsque les Calvinistes la saccagerent, & avec une fureur brutale depoüillerent nos Eglises, renverserent les Autels, abbatirent les Images des Saints, foulerent aux pieds leurs Reliques & les brulerent. L'Eglise de Saint Antoine & la Commanderie furent des plus maltraittées, ils y mirent le feu, mais ils ne purent jamais reduire en cendres une grande statue de bois qui representoit ce Saint. Et voyant qu'ils ne pouvoient assouvir leur rage sur cette image, qui demeuroit incombustible, il la jetterent dans la Riviere, d'où elle fut tirée, & a depuis été conservée comme un monument de la fureur de

P

ces pretendus reformateurs, & du pouvoir de ce Saint à refifter aux flâmes, & aux incendies.

Je ne doute point aussi que ce ne soit l'occasion du vœu que firent les Magistrats de cette Ville l'an 1668. lors qu'après un grand incendie arrivé à la place des Cordeliers, ils fonderent une Messe anniversaire dans l'Eglise de Saint Antoine pour obtenir par l'intercession de ce Saint & de Sainte Agathe, la conservation de cette Ville contre de pareils accidens. Nos Magistrats assistent tous les ans à cette Messe solennelle, & ont fait graver sur le Marbre dans une chapelle de cette Eglise l'Inscription suivante.

SANCTIS INCENDIORUM EXCTINCTORIBUS
D. ANTONIO ET SANCTÆ AGATHÆ
QVORVM INTERMISSO CVLTV CREBRIS IGNIVM
CLADIBVS AFFLICTA GEMVIT CIVITAS
LVGD. SACRVM HOC ANNIVERSARIVM TAM
NECESSARIÆ RELIGIONIS VINDICES VOTO PVBLICO
INDIXERVNT

NOBILISSIMI VIRI PAVLVS MASCRANNY, EQVES D. DE LA VERRIERE
MERCATORVM PRÆPOSITVS, ANDREAS FALCONET D. DE S. GERVAIS.
REGIS A CONSILIIS MEDICIS, ET AD PERCELEBRE MEDICORVM LVGDV-
NENSIVM COLLEGIVM AGGREGATVS. STEPHANVS BRETON LOCORVM
FLACE DVVILLARS, NECVDOIS ET ALIORVM PLVRIVM TOPARCHA
CONSISTORIANVS COMES ET IN PRÆFECTVRA LVGD. CONSILIARIVS
PETRVS BOISSE ET ANTONIVS BLAVE CONSVLES LVGDVN.
ANNO A VIRGINEO PARTV
MDCLXVIII.

Je ne puis m'empescher icy de détruire en passant l'imagination de ceux qui ont écrit, que cet Incendie avoit esté la, cause du nom que l'on avoit donné à cette Ville, qu'ils ont crû avoir esté nommée en Latin *Lugdunum, quasi Luctus dunum.* c'est une ignorance trop grossiere pour meriter que l'on s'arreste à la refuter par un long discours, puisque nos Tables d'Airain gravées sous l'Empereur Claude la nomment *Lugudunum,* qu'elle est ainsi nommée dans les medailles de Marc-Antoine durant le Triumvirat, pour ne rien dire de Strabon, & des autres, qui en ont écrit sous l'Empire d'Auguste, qui l'ont tous nommée *Lugudunum.* Mais il y a beaucoup de gens à qui il suffit d'imaginer quelque chose de nouveau pour se distinguer des autres, sans examiner si leurs réveries ont quelque apparence de verité, & si avec le temps elles ne se detruiront pas par les faussetés manifestes que l'on y decouvrira.

L'incendie de Lyon ne fut pas la seule calamité, dont cette Ville fut affligée, son attachement pour Neron, qui l'avoit soulagée dans cette disgrace, faillit à causer sa ruine. La vie dereglée de cet Empereur, ses debauches scandaleuses, ses injustices & ses violences firent prendre des mesures pour oster du monde ce monstre. Tout conspira contre luy, à Rome par des complots secrets, parce qu'on le craignoit, mais les Provinces les plus eloignées le firent plus ouvertement. Les Gaules furent des premieres à se declarer contre luy par les sollicitations secretes de Julius Vindex, qui en estoit le Gouverneur, & qui venoit de les gagner pour leur avoir obtenu quelques remises des tributs & des impositions nouvelles, & pour avoir procuré à quelques villes le droit de Bourgeoisie Romaine. Cependant, parce que celles qui estoient plus voisines de l'Allemagne n'avoient pas eu les mesmes avantages, elles commencerent a remuer, & les troupes qui estoient en garnison, orgueilleuses de la defaite de Vindex, qui avoit embrassé le parti de Galba, qu'on venoit de proclamer Empereur en Espagne, offroient l'Empire à Virginius, qui fut rappelé à Rome. La haute Allemagne où commandoit Hordeonius Flaccus meprisoit ce General, qui n'avoit pas assez d'autorité ny de resolution pour se faire obeir. La basse Allemagne estoit sans Gouverneur jusqu'à l'arrivée de Vitellius que Galba y envoya. Enfin les armées qui estoient dans ces Pro-

Gallia super memoria vindicis obligata recenti dono Romanæ Civitatis & in posterum tributi levamento proxima tamen Germanis Civitates non eodem honore habita, quædam etiam finibus ademptis pari dolore aliena commoda ac suas injurias metiebantur.
Tacit. L. 1. Hift.

vinces en s'opposant à Vindex, avoient reconnu leurs forces & la foiblesses des Gaules, & cherchoient des occasions de nouveaux troubles. Ils estoient incitez par ceux de Treves & de Langres, & par les autres de leur parti contre celuy de Galba depuis la mort de Vindex. Ils en vouloient principalement aux Heduois & aux Sequanois ; & aux autres dont l'opulence attiroit leur haine, *piquez contre eux de ce que Galba leur avoit remis le quart des impots, & fait des largesses publiques pour leur faire depit; outre les mauvaises nouvelles qui arrivoient de toutes parts, & principalement de Rome, que la Ville de Lyon fomentoit exprés pour l'affection qu'elle portoit à la memoire de Neron.

<small>Ceux d'Autun & de la Franche-Comté.

*Infensa Lugdunensis colonia & pertinaci pro Nerone fide. Tacit. l. 1. Hist. c. 51.</small>

Vitellius entrant dans l'Allemagne en qualité de Lieutenant Consulaire visita avec soin les quartiers d'hiver des Legions, retablit divers Officiers dans leurs charges, fit plusieurs graces, des presens & des liberalitez, qui luy gagnerent les cœurs de tous les Soldats, qui le saluerent Empereur. Valerius Asiaticus Gouverneur de la Gaule Belgique se joignit à Vitellius, qui en fit depuis son gendre. Et Junius Blæsus Gouverneur de la Gaule Lyonnoise en fit autant, aussi bien que la legion Italique & un regiment de Cavalerie nommé l'aile Taurine, qui estoient en quartier d'hiver dans Lyon.

Vitellius voyant ses forces augmentées par cette jonction en donna une partie à Fabius Valens pour entrer en Italie par les Alpes Cottiennes avec ordre de ravager les Gaules en passant, si elles ne prenoient son party; Il envoya Cecinna avec une autre partie par les Alpes Penines, qui estoit le plus court chemin. Les desordres que fit dans Mets cette armée en son passage donna l'épouvante à toutes les Gaules ; où il n'y eut pas une Ville qui ne leur ouvrit les portes, & qui ne sortit au devant d'eux avec les Magistrats. On chercha en suite querelle avec ceux d'Autun, qui pour se delivrer des insultes de cette armée, fournirent en haste l'argent & les armes qu'on leur demandoit; & donnerent de surcroist des vivres sans payer. Ce qu'ils faisoient par crainte, ceux de Lyon le firent par affection, & pour recompense furent dechargez d'une Legion, & d'un Regiment de Cavalerie qui y estoient en garnison, & on n'y laissa que la dix-huitième Cohorte, qui avoit accoustumé d'y loger.

Manlius Valens, qui commandoit cette Legion, ne fut pas reçeu de Vitellius comme meritoit le service qu'il luy avoit rendu ; parce que l'autre Valens medisoit de luy secretement, tandis qu'il en parloit avantageusement en public, pour le mieux surprendre. Les anciennes inimitiez de ceux de Lyon & de Vienne qui s'estoient renouvellées pendant les dernieres guerres, se redoublerent à la vuë des troubles. Leur jalousie qui est ordinaire entre les voisins, s'estoit augmentée par les honneurs que Galba avoit rendus à ceux de Vienne aprés avoir confisqué les biens des Lyonnois. Ceux de Lyon pour se vanger, & pour animer les Soldats, leur disoient que ceux de Vienne les avoient assiegez, & avoient secouru le party de Galba. Aprés les avoir encouragez en particulier, ils crioient tout haut qu'ils courussent à la ruine d'une Ville, qui avoit esté le siege de la guerre, & qu'ils n'y trouveroient rien que d'étranger & d'ennemy : Que pour eux ils faisoient partie de l'armée, & estoient compagnons de leur bonne & de leur mauvaise fortune, c'est pourquoy ils les conjuroient de ne les point abandonner à la mercy de leurs Ennemis, comme il leur arriveroit infailliblement s'il leur survenoit quelque malheur. Les soldats furent tellement animez par ce discours, que les chefs ne les pouvoient plus retenir ; mais ceux de Vienne avertis du danger, qui les menaçoit, vintent au devant d'eux en équipage de supplians, & se jettant à leurs pieds & embrassant leurs genoux, ils les flechirent par leurs prieres & par leurs larmes. Valens qui avoit tiré de grosses sommes de cette Ville pour ne pas estre saccagée, addoucit la fureur de ses soldats par des largesses de trois cent sesterces par teste, ce qui eut plus de pouvoir que toutes ses remonstrances, & leur fit avoir quelque respect pour le merite & l'antiquité de la colonie. Elle fut neanmoins condamnée à fournir des armes, & à les assister en particulier de tout ce qui leur faisoit besoin.

Tacite s'est contenté de dire à l'égard des anciennes inimitiez entre ceux de Vienne & de Lyon, que la jalousie, qui est ordinaire entre les voisins en estoit la cause, sans rien marquer de plus exprez. Mais en voicy les véritables motifs. Vienne n'est qu'à cinq lieuës de Lyon, au midy, sur le bord du Rhosne qui sert de canal commun à ces deux Villes pour le commerce. Quoy qu'elles fussent si proches, & à portée l'une de l'autre, elles estoient de deux gouvernemens differens, & les confins de deux Provinces, Vienne de la Gaule Narbonnoise, & Lyon de la Celtique. L'une enclavée dans le pays des Allobroges, & voisine des Vocontiens, qui passoient pour Barbares, quand les Romains se rendirent maistres de la Provence, & du Languedoc ; l'autre sous la protection des Heduois, qui estoient freres & anciens alliez des Romains. Vienne estoit infestée des courses des Allobroges, qui les avoient mesme obligez de leur abandonner leur Ville, & de se refugier aux portes de Lyon entre le Rhosne & la Saone, où Lepide Gouverneur de la Gaule Narbonnoise, Silanus, & Plancus, qui commandoient des Legions l'un dans le pays des Sequanois, & l'autre au pays des Segusiens, reçeurent ordre du Senat de leur bastir une Ville pour leur servir de retraite. Cependant Lyon jouïssoit d'une profonde paix, que tous leurs voisins avoient interet de maintenir, pour favoriser son commerce qui leur estoit tres utile. Vienne qui avoit été soumise aux Romains avant Lyon, & annexée à la Province Narbonnoise, n'en estoit que l'extremité du costé des Alpes & des Allobroges, & moins consideree des Romains que Marseille, Narbonne, Arles, Nismes, Orange, Beziers, Avignon, & quelques autres Villes plus voisines de la mer, & de plus grand commerce avec Rome. Lyon au contraire estoit une Ville libre, où soixante peuples s'assembloient pour le trafic. Cela estoit à tous momens des occasions de jalousie à ceux de Vienne, particulierement depuis qu'Auguste eut fait de Lyon la Capitale de quatre Provinces, auxquelles il donna le nom de Lyonnoises. Toutefois Vienne avoit à Rome des Senateurs, & des Chevaliers employez par les Empereurs, dont ils avoient la confidence, comme l'Empereur Claude en rend luy-même témoignage dans le discours qu'il fit au Senat en faveur de ceux de Lyon, où il parle de Vienne en termes honorables à cette Colonie, qu'il appelle tres-florissante, & nomme Lucius Vestinus, comme l'un de ses confidents, dont il se servoit dans ses affaires domestiques. Enfin la populace de Vienne n'étoit pas aussi policée que sa noblesse, & Paterculus nous apprend qu'elle estoit facile à s'émouvoir & à faire des seditions, que Tibere qui commandoit dans les Gaules eut peine d'appaiser. Ainsi je crois que ces inimitiez dont parle Tacite, étoient plus entre le peuple de ces deux Villes qu'entre les personnes distinguées, & peut-être même entre ceux qui trafiquoient sur le Rhône pour le transport des marchandises, plûtost qu'entre les Citoyens. car nous avons plusieurs inscriptions, où il est fait mention des Voituriers du Rhosne & de la Saone qui avoient les mesmes Patrons ou Protecteurs parmy les Chevaliers Romains. Voicy quelques unes de ces inscriptions. Et je commence par celle d'un Bourgeois de Vienne, qui demeuroit à Lyon, où il trafiquoit sur la Saone.

Accensas plebis Viennensium seditiones.

```
           D.      ⚒      M.
       ET MEMORIAE AETERN.
       G. LIBERTI DECIMANI
       CIVI. VIENNENS. NAVT.
       ARARICO HONORATO
       VTRICLARIO LVGVDVNI
             CONSISTENTI
         MATRONA MARCIA
       QVI CVM EA VIXIT ANN. XV
         MENSIBVS III DIEBVS
       XV SINE VLLA ANIMI
       LAESIONE PONENDVM CVRAVIT
       ET SVB ASCIA DEDICAVIT.
```

En voicy une autre que j'ay copiée sous l'arcade du Pont de Saône, qui est appellée dans les anciens titres l'arc merveilleux, & qui l'est encore à present par des Maisons de cinq étages portées sur une trompe tres hardie du côté de la Riviere. Cette inscription est couchée, & ne peut être vûe que quand la Riviere est fort basse, elle a aussi été en partie effacée par les harpins & les cordages des batteliers qui passent sous cet arc en remontant la Riviere.

Arcus Mirabilis

```
L. BESIO SVPERIORI
VIROMAND EQ. R.
OMNIBVS HONORIBVS
APVD SVOS FVNCTO
PATRONO NAVTARVM
ARARICOR. ET RHO
DANICOR. PATRONO
COND . . . . . . . . . . . . .
. . . . ARTORI LVGVD.
CONSISTENTIVM
ALLECTARIÆ GALLIARVM
OB ALLECTVRAM FIDE
LITER ADMINISTRATAM
TRES PROVINC. GALLIAR
```

Ces deux inscriptions ont besoin d'être interpretées, parce qu'il me semble qu'elles n'ont pas esté bien entenduës. A l'égard de la premiere quelques uns ont crû qu'*Vtriclarius* signifioit un joueur de cornemuse qui se dit en latin *Vtriculus*, & Monsieur Spon a conjecturé, que ce pouvoit être une espece de batteau, parce que ce terme est frequent dans les inscriptions de ceux qui trafiquoient sur les Rivieres. mais il signifioit toute autre chose. C'étoient des Marchands d'huile & de vin, qu'ils transportoient en diverses Provinces dans des oudres faites de peaux de boucs, qui se disoient en latin *Vtres*, & dont Virgile a fait mention au second de ses Georgiques.

Mollibus in pratis unctos saliere per utres.

La seconde inscription estoit un monument dressé par les trois Provinces des Gaules à un Chevalier Romain né ou originaire du païs de Vermandois, qui estoit le maistre des Voituriers du Rhosne & de la Saone, & Courretier, ou Commissionaire des Marchands de ces trois Provinces, dont il faisoit les affaires en cette Ville pour la traite des marchandises qu'il recevoit & envoyoit. C'est cette *Allecture* qu'il exerçoit. Il estoit aussi chargé de faire raddouber toutes les barques & tous les Equipages necessaires pour le transport des Marchandises, ce que signifioit le mot de *Sartor*, qui est le seul qui peut faire un sens à ce mot tronqué ARTORI auquel manque la premiere lettre. Mr Spon, qui fait descendre la Famille des *de Bais* de cette Ville, de ce Besius, a voulu rencherir sur Paradin, qui a fait descendre les Laurencins de Vireius Laurentinus, dont j'ay fait voir l'erreur, en rapportant l'inscription de ce Vireius. Ces Maisons illustres n'ont pas besoin de fables pour establir leur noblesse & leur ancienneté.

Les inimitiez entre ceux de Vienne & de Lyon qui m'ont engagé à cette digression cesserent heureusement quand ces deux Villes eurent receu la Religion Chrestienne, qui est une Religion de Charité. Ces deux Eglises cimentées du sang de tant de Martyrs se sont si bien liées l'une à l'autre par ces liens d'amour & de pieté, que depuis la lettre, qu'elles écrivirent aux Eglises d'Asie pour leur rendre conte de la persecution qu'elles avoient soufferte, & de la constance de leurs Martyrs. Elles ont toûjours esté dans une correspondance mutuelle d'amitié que leurs Prelats ont entretenuë, comme Mr. l'Abbé de Montmartin Chanoine & Chantre de l'Eglise de Saint Maurice de Vienne le témoigna dans le compliment qu'il fit au nom de son Chapitre à Monseigneur nostre Archevêque Messire Claude de Saint George, apres sa prise de possession solennelle, discours auquel ce grand Prelat repondit avec une presence d'esprit admirable, reprenant tous les motifs que devoient avoir ces deux Eglises de s'entre-aimer & de serrer toûjours plus étroittement cette union, à quoy il ajouta qu'il y contribueroit de tous ses soins par l'estime qu'il avoit pour Monseigneur de Montmorin leur nouvel Archevêque & leur illustre Chapitre.

VITELLIVS
Tacit. L. 2. ch. 59.

Vitellius ayant laissé la conduite de son armée à ses Lieutenans s'embarqua sur la Saone en l'equipage d'un particulier; jusqu'à ce que Junius Bæsus Gouverneur de la Gaule Celtique, qui vivoit dans la splendeur & la Magnificence d'une Maison ancienne & opulente, qu'il soutenoit aux dépens des Gaules, dont Galba, qui l'avoit établi là, avoit confisqué les biens, donna son train à Vitellius, & l'accompagna par honneur, ce qui ne plaisoit pas trop à Vitellius, quoy qu'il le dissimulat par de basses & d'indignes caresses envers un homme qui avoit été attaché à son Competiteur.

Les Generaux d'armée tant des Victorieux que des vaincus, le vinrent trouver en cette Ville, où il loüa publiquement Valens & Cecinna, & les fit asseoir à ses côtés. Ensuite il commanda à toute l'armée d'aller au devant de son fils encore enfant; qui ne fut pas plûtost arrivé qu'il l'embrassa, & luy donna le paludament *avec les autres marques de grandeur, l'appellant Germanicus par un excez d'honneur, qui lui servit depuis de consolation dans son infortune. Après il fit tuër les plus braves Centurions du party d'Othon, ce qui donna l'épouvante aux armées d'Illyrie, outre que les autres Legions, comme par contagion, ou plutôt par une secrete jalousie, meditoient deja leur revolte.

* Espece de Manteau Royal.

En ce même tems un certain Maricus de la lie du peuple de Bourbonnois, eut la hardiesse d'attaquer l'Empire Romain, sous le nom de Liberateur & de Dieu des Gaules; mais apres avoir assemblé huit mille hommes, & gagné les plus proches bourgades de l'Etat d'Autun, cette Republique sage & fidele, assembla la fleur de sa jeunesse, avec quelques Cohortes de Vitellius, & luy donna bataille, où il fut pris & toute son armée dissipée. On l'exposa aux bêtes sauvages, qui l'ayant épargné, firent croire au peuple qu'il étoit inviolable, jusqu'à ce que Vitellius l'eût fait tuër en sa presence.

Nec sefellit conjectura eorum qui augurio quod factû est Viennæ oftendimus, non aliud portendi prædixerunt quàm venturum in alicuius hominis Gallicani potestatem: si quidem ab Antonio Primo adversarum partium duce oppressus est, cui Tilosa nato cognomen in pueritia Becco fuerat, id valet Gallinacei rostrum. Suet. in Vitel. c. 18.

Estant parti de Lyon il alla à Vienne, où étant monté sur le tribunal pour donner audience à des particuliers, qui luy demandoient justice, un coq se percha sur ses épaules & de là monta sur sa tête; ce qui fut observé comme un prodige par un peuple superstitieux, & par des soldats accoûtumés à prendre les moindres évenemens pour des presages de l'avenir. Ceux des soldats qui avoient vû cette avanture, & qui se trouverent depuis presens à sa mort, ne manquerent pas d'en faire l'application, quand ils sçûrent que l'un des principaux auteurs de cette mort étoit un Gaulois né à Toloso & nommé Bec de coq.

VESPASIEN
DOMITIEN.
Tacit. L. 4. de bist.

Apres la mort de Vitelius, Vespasien qui avoit esté reconnu Empereur tant par son armée que par le Senat sur la reputation de sa vertu & de ses belles actions, & par les poursuites de Mucien l'un de ses Lieutenans generaux, étoit encore occupé à la conquête de la Judée, lorsque la Gaule Belgique, & une partie de l'Allemagne se souleverent pour profiter des desordres, qui étoient dans Rome & dans l'Italie par la division des chefs, & des troupes, qui restoient de la faction de Vitelius, animées contre celles qui s'étoient declarées pour Vespasien. Ceux de Langres & ceux de Rheims s'étoient comme liguez avec ceux de Treves pour se rétablir dans leurs ancienne liberté. Domitien l'un des fils de Vespasien resolut avec Mucien de s'aller opposer à ces rebelles, & à ces seditieux avant qu'ils entrainassent le reste des Gaules dans leur parti. Mais avant que d'approcher des Alpes, ils apprirent la nouvelle de la defaite de ceux de Treves. Ainsi Mucien, qui ne souffroit que difficilement l'autorité que se donnoit dans les affaires Domitien, comme fils de l'Empereur, & qui faisoit paroître beaucoup d'ambition, craignant qu'il ne voulut luy même se faire Empereur, cherchant des occasions de se signaler dans les armées, & d'en gagner les chefs, luy dit, que puisque par la grace des Dieux la puissance des Ennemis étoit abbatuë, il n'auroit point d'honneur d'aller à l'armée pour y derober la gloire d'un autre. Que s'il étoit question du salut des Gaules ou de l'Empire, il auroit raison de s'y trouver en personne; mais qu'il feroit mieux de laisser le chatiment de quelques rebelles à ses Lieutenans: qu'il demeurat seulement à Lyon pour menacer de plus pres les ennemis, & qu'il envoyat de là ses ordres, sans se hazarder à des dangers indignes de luy & de sa fortune.

Domitien reconnut bien où tendoit ce discours, mais le respect qu'il devoit à son Pere l'obligea à dissimuler les artifices de son Ministre, de sorte qu'il vint à Lyon d'où l'on dit que par de secretes depesches il tenta la fidelité de Cerialis son Parent, qui avoit eu de grands avantages sur ceux de Treves, & qui commandoit une armée considerable dans la Belgique. Domitien s'enquit s'il luy remettroit son armée en cas qu'il allat s'y presenter. On ne sçait pas bien si c'étoit pour s'en servir contre son Pere, ou contre Tite son frere, parce que cela n'eut point d'effet, & que Cerialis detourna la chose adroitement comme si c'eût été un trait de jeunesse. Lorsqu'il vit que ses desseins ne pouvoient reüssir, il quitta tout à fait le soin des affaires, & pour ne point donner de jalousie à son frere, il affecta de se donner entierement à l'étude des belles lettres & à la poësie, qui fleurissoit alors à Lyon aussi bien que les autres études puisque Pline écrivant à un de ses amis luy disoit avec une espece d'étonnement, qu'il n'avoit pas crû qu'il y eut des Libraires à Lyon, ny un si grand commerce de literature.

Lugduni Bibliopolas esse non putabam l.9. Ep. ad Semin.

Vespasien & Tite furent tellement occupez, aux guerres de la Judée, & les Gaules furent si tranquilles sous leur Empire, que je ne trouve rien sous le regne de ces deux Empereurs, qui appartienne à nôtre histoire. Mais Trajan, qui succeda à Nerva qui n'avoit tenu l'Empire qu'un an & quatre mois, quoy qu'il ne vint pas en ce pays, ne laissa pas par ses Lieutenans, de rétablir l'éclat & la grandeur de cette Ville, puisque la Chronique de Saint Benigne de Dijon, que le Pere l'Abbé a fait imprimer, dit que l'an de nôtre Seigneur 840. Mourut Agobert Archevêque de Lyon, & que la même année au commencement de l'Automne tomba l'ouvrage merveilleux de Fourviere, qui étoit bâti depuis l'Empire de Trajan, & qui avoit subsisté pres de sept cens ans.

TRAJAN
Anno 840. Agobardus Lugdunensis obiit Idus Iunii, & memorabile ac insigne opus Egyptios opertum quod Forum vetus vocabatur, Lugduni corruit eo ipso die inruentis Autumni, quod steterat à tempore Trajani Imperat. per annos ferè 700.

On trouve encore en cet endroit de Fourviere quelques vestiges de ces anciens édifices, principalement dans des vignes, & au lieu où l'Eglise de nôtre Dame est bâtie, dont le portail de gros quartiers de pierre de Choin semble être fait de ce debris, puisque l'on voit sur les extremitez de quelques unes de ces pierres, des bouts d'inscriptions engagées dans le corps du mur. Il semble aussi que certains grands quartiers de Marbre placés aux soubassemens de la Face de l'Eglise de Saint Jean, soient des restes de cet ouvrage de Trajan, dont nous n'avons point d'autre connoissance que par cette Cronique de Saint Bertin & par celle de Vezelay, qui dit la même chose.

On a trouvé en ce même endroit plusieurs medailles d'argent de Trajan.

Hadrien qui luy succeda vint dans les Gaules dont le froid, ny les neiges ne l'obligerent pas de couvrir sa tête, dit Xiphilin, non plus que les chaleurs de l'Egypte. En ce voyage il bâtit des Theatres en plusieurs Villes, & institua des Jeux & des combats. Et comme il avoit commandé la premiere Legion Minervienne, dont il reste quelques inscriptions en ce païs, il y a quelque apparence qu'il y soit venu sous l'Empire de Trajan, qui luy avoit donné ce commandement. Il fit des remises de deniers dans les Gaules, les dechargea de quelques impots, ce que Spartien appelle *des Liberalitez ayant causes*, ce sont peut-être ces liberalitez qui furent l'occasion d'une medaille de cet Empereur, où il est appellé le restituteur de la Gaule.

HADRIEN.
*Nec enim unquam aut propter nives Celticas aut calores Egyptios caput habuit, Xiph. Ex Dion l.60.
Secundâ expeditione Dacicâ, Trajanus, primâ Legioni Minerviâ praeposuit Spartianus.
Profectus in Gallias, omnes caussariis liberalitatibus sublevavit. Idem.*

Non seulement Hadrien fit des remises d'argent aux Gaules, en leur abandonnant les arrerages, & les restes de ce qu'elles devoient au tresor de la Republique, mais il établit encore en cette Ville les bureaux des Tresoriers des Provinces, & la Chambre aux deniers de l'Empire. Il nous reste des monumens de plusieurs officiers des finances, dont voicy les principales.

Je commence par celle que je découvris il y a vint six ans dans la Maison de Mr. Thomé Exconsul de cette Ville, qui la trouva en creusant les fondemens de sa maison de rue Merciere, je la donnay deflors dans l'Eloge Historique de cette Ville que je publiay l'an 1669. pour servir de preparation à cette Histoire dont j'avois formé le dessein deux où trois ans auparavant, & dont j'ay ramassé les memoires necessaires jusqu'à present, avec un travail, & une exactitude dont les Savans jugeront sur les pieces, que je donne pour servir de preuves aux faits que je rapporte.

Comme cette inscription n'étoit pas bien nette quand elle fut trouvée, étant remplie de terre ou de ciment en quelques unes de ses lettres, j'y changeay quelques mots en la transcrivant, & je suis obligé à Monsieur Spon, qui m'a fait remarquer quelques fautes que j'y avois fait alors pour ne l'avoir pû assez bien déchiffrer, cela m'a donné lieu de la revoir, & je n'ay pas eu moins de peine que la premiere fois, parce qu'on l'a engagée dans un mur, où j'eus peine de la retrouver, parce qu'elle étoit couverte de chaux, & blanchie, & sans quelques lettres, qui paroissoient encore, je ne l'aurois pû découvrir. J'en fis lever tout le mortier, & la lavay plusieurs fois pour la tirer le plus exactement que je pourrois, parce qu'elle est l'un des plus curieux aussi bien que des plus singuliers monumens de cette Ville, pour le fait des finances & des revenus de l'Empire.

```
C. FVRIO SABINIO AQVILÆ
TEMESITHEO PROC. PROV. LVGVD. ET
AQVIT. PROC. PROV. ASIÆ IBI VICE. XX.
ET XXXX. ITEMQ. VICE PROCOS PROC.
PROV. BITHINIÆ PONTI PAPHLAGON.
TAM PATRIMONII QVAM RAT. PRIVATAR.
IBI VICE PROC. XXXX. ITEM VICE PROC
PATRIMON. PROV. BELGIC. ET DVARVM
GERMANIAR. IBI VICE PRÆSID. PROV.
GERMAN. INFERIOR. PROC. PROV. SY-
RIÆ PALESTINÆ IBI EXACTORI RELI
QVORVM ANNON. SACRÆ EXPEDITIO
. NIS PROC. IN VRBE MAGISTRO XX.
IBI LOGISTÆ THYMELÆ PROC. PROV
ARABIÆ IBI VICE PRÆSID. BIS PROC
RATION. PRIVAT. PER BELGIC. ET DVAS
GERM. PRÆF. COH. F. GALLIC. IN HISPAN.
──────────────────────────
CATILIVS MARVLLVS ARVERN.
ET G. SACCONIVS ADNATVS ME
DIOMAT. PATRONO OPTIMO.
```

Cette inscription demande plusieurs éclaircissemens necessaires à l'histoire. Ceux qui y sont nommez Procureurs estoient des personnes qui levoient les tributs dans les Provinces au nom des Empereurs & des Proconsuls. Jules Capitolin en la vie d'Antonin

Procuratores suos modestè suscipere tributa jussit. Excedentes

tonin Pic qui succéda à Hadrien dit que cét Empereur vouloit que les Receveurs des deniers fussent moderez dans leurs receptes; qu'ils ne cherchassent jamais à s'enrichir par l'oppression de ses sujets, & qu'il écoutoit volontiers les plaintes qu'on luy portoit contre ces Officiers. *modum, rationem factorum suorum reddere præcepit, nec unquam lætatus est lucro, quo Provincialis oppressus est. contrà Procuratores suos conquerentes, libenter audivit.* Capitol. in Anton. Pio.

Secondement, je remarque que Lyon se nommoit encor *Lugudunum* sous cet Empereur, puis que l'on voit icy *Procurator Provinciæ Lugudunensis.* On y peut aussi remarquer les diverses especes de revenus & de subsides que l'on en tiroit. *La vintiesme*; *la quarantiesme*; *le patrimoine*, *les biens propres & domestiques*, qui sont nommez *rationes privatæ*, pour les distinguer des revenus de l'Empire ou de la republique, *les restes de l'Expedition sacrée*, qu'il faut developper pour donner du jour à cette Inscription.

Ce fut Auguste, au raport de Dion qui l'an 759. de Rome, institua la vintiéme, lorsque se voyant obligé d'entretenir vingt-cinq Legions outre les troupes auxiliaires de Cavalerie & de gens de pied, & celles de la Marine ; dix mille soldats destinez à sa garde, & six mille pour la Ville de Rome, il consulta le Senat sur les moyens de faire subsister ces troupes sans incommoder les peuples, & sans les fouler : & s'étant fait donner par écrit les sentimens des Senateurs, après les avoir examinez, il ne trouva point de plus seur moyen, que d'exiger la vintiéme partie des heritages & des legs, qui seroient faits à d'autres personnes qu'aux Parens les plus proches, ou en faveur des pauvres. *Dion. l. 55.*

Ce tribut qu'Auguste avoit établi pour pourvoir à la subsistance de ses troupes fut réüni au domaine par l'Empereur Hadrien, qui establit pour ce sujet un Advocat du Fisc, comme dit Spartien, il y a aussi apparence qu'il establit dans les Provinces des Procureurs pour l'exiger.

La quarantiéme estoit un impost de deux & demy pour cent, que l'on exigeoit pour l'entrée des Marchandises ; que l'on appelle *Doane*, d'un nôm Italien *Dogana*, parce que ce sont les Lombards, qui ont introduit en France ces sortes de subsides, & qui en ont tenu long-temps les fermes. Tacite au 13. de ses Annales dit que Neron sur ce que le peuple Romain s'estoit plaint à diverses fois de l'insolence des Partisans, delibera d'abolir tous les impots, & de faire cette magnificence au genre humain. Mais que le Senat modera son ardeur après l'avoir loüée, & dit que l'Empire tomberoit, si l'on venoit à saper ses fondemens : qu'après l'abolition des tributs on passeroit à d'autres choses ; que la plûpart des impots avoient esté establis par les Consuls, & les Tribuns dans la plus grande liberté de la Republique, & que si l'on y avoit ajouté quelque chose depuis, c'estoit pour égaler le revenu à la depense ; qu'il faloit seulement empescher l'abus qui s'y pouvoit glisser, de peur que le peuple ne vint à se remuer pour des choses qu'il payoit depuis si long-tems sans aucun murmure. L'Empereur ordonna sur cela que les Edits de toutes impositions seroient publiez, ce qui n'avoit point esté auparavant ; & que ce qu'on auroit manqué à lever une année, ne pourroit s'exiger en l'autre ; que les Magistrats de Rome & des Provinces, recevroient les plaintes contre les Fermiers à toute heure, & les regleroient sur le champ ; que l'on conserveroit aux soldats leur exemption, horsmis dans les choses dont ils trafiquoient. On fit plusieurs autres reglemens pleins d'équité, mais qui ne furent pas de longue durée. Neanmoins, ajoute Tacite, l'abolition du quarantiéme & du cinquantiéme dure encore, & d'autres telles exactions à qui les Partisans ont donné des noms semblables. *Manet tamen abolitio quadragesimæ quinquagesimaque, & quæ alia exactionibus illicitis nomina Publicani invenerant.* Tacit 13. Annal.

Quintilien parle aussi de cette imposition en sa declamation 359. où il dit que hors les équipages, & les hardes necessaires aux voyages. Tout le reste doit payer deux & demy pour cent. *Præter instrumenta itineris, omnes res quadragesimam publicano debeant.* Quintil.

Suetone dans la vie de Vespasien, dit que le Pere de cet Empereur nommé Titus Flavius Sabinus avoit esté commis pour la recepte de ce droit dans l'Asie : il ajoute que l'on voyoit encor de son temps des Images de ce Partisan avec cette Inscription Grecque, *Au bon fermier.* *Publicum quadragesimæ in Asia egit.* Suet. in Vespas. c. 1.

ΚΑΛΩΣ ΤΕΛΩΝΗΣΑΝΤΙ

Sur quoy Gruter a cru que la figure qui se voit à Rome dans le Palais des Cesi estoit de Titus Sabinius ; parce qu'elle est accompagnée de cette mesme Inscription.

Il y a quelques medailles de Galba qui ont pour legende *Quadragesima remissa*,

122 Histoire Consulaire

comme si cet Empereur avoit aboli cette imposition de deux & demy pour cent, quoyque les Auteurs de sa vie ne parlent point de cette remise, qu'il ne fit peut-estre que pour les trois Gaules, & seulement pour le transport des bleds, ce qui est la cause des Épics qui sont dans une de ses medailles auprès des trois testes avec ces mots *Tres Gallia*. Car Tacite dit que du temps de Neron il fallut moderer ce qui se payoit pour le transport des bleds, & ordonner en faveur du commerce, que les vaisseaux & les barques des Marchands ne seroient point compris dans l'estat des revenus publics, & qu'ils n'en payeroient rien, ainsi je rapporte cette medaille de Galba à ce que Tacite a dit de luy au temps de son soulevement contre Neron, qu'il avoit accordé aux Gaules la decharge d'une partie des impots, & le droit de Bourgeoisie Romaine, excepté à ceux qui habitent vers le Rhin, dont les uns depouillez de leurs estats contemploient la felicité des autres comme leur infortune. Ainsi cette medaille ayant esté faite avant la mort de Neron, Galba n'y est pas representé en bust comme sont les Empereurs dans leurs medailles, mais à cheval comme un General d'armée, qui avoit le nom d'Empereur à cause de ce commandement.

Temperata apud transmarinas Provincias frumenti subvectio. Et ne censerent negotiatorum naves ascriberentur, tributumque pro illis penderent constitutum. l. 13. Ann. c. 51.

Je ne dois pas omettre icy la sage reflexion de juste Lipse en ses notes sur le livre troisième des Annales de Tacite, où il a observé, que quand le mot d'Empereur signifie le Prince & le Souverain, il precede ordinairement dans les medailles le nom propre, & que quand il signifie un Commandant, qui a remporté quelque avantage considerable sur les Ennemis, il est mis après le nom de ce Commandant. En cette maniere.

Observamus in nummis & Inscriptionibus, Imperatoris titulum cum Principis est, trajeci: cum victoris, subjungi. Lipf. ad Tacit.

IMP. CÆSAR AUGUSTUS

JUNIUS BLÆSUS IMPERATOR

Ainsi comme dans la Medaille de Galba on lit *Sergius Galba Imp.* c'est une marque qu'il n'estoit pas encor Empereur, mais seulement general d'Armée qui commandoit les troupes au nom de la Republique ou de l'Empereur Neron.

Exactori Reliquorum annona sacra expeditionis.

Enfin dans nostre inscription de Furius Sabinius il est fait mention des restes des vivres de l'expedition sacrée, dont il estoit exacteur. Il n'est pas aisé de conjecturer quelle peut estre cette expedition sacrée, dont les Historiens ne font nulle mention. Cependant il me semble que cela ne peut s'entendre que de la guerre, qui se fit contre les Juifs par Vespasien & Tite son fils. Neron avoit entrepris cette guerre tant pour punir cette nation des soulevemens contre Florus, que pour la haine qu'il portoit aux Juifs, les considerant comme des Impies, parce qu'ils ne pouvoient souffrir le culte des Dieux, ni permettre que les Romains passassent par leurs terres avec les images de leurs signes militaires, qu'ils regardoient comme des Idoles. Ce qui fut cause qu'on dressa à la Memoire de Neron des monumens publics pour avoir purgé le monde de voleurs, & de ceux qui vouloient introduire une nouvelle superstition. Ce qui regardoit alors également les Chrestiens & les Juifs que l'on ne distinguoit pas encore, parce que les uns & les autres avoient en horreur l'Idolatrie, & méprisoient également les dieux des Romains. On regarda donc cette guerre comme une expedition sacrée pour vanger l'injure faite aux dieux : Et parce qu'il estoit difficile de fournir à une armée tous les vivres necessaires sans le secours des Provinces voisines, on les engagea à fournir des sommes d'argent, qui n'aïant pû estre entierement exigées, on establit des exacteurs pour en tirer les arrerages; & ce fut sous ce titre specieux que l'on continua d'exiger ces deniers, particulierement après que Nerva eut relaché aux Juifs les tributs dont ils estoient accablez. Ce qui fut l'occasion de la Medaille, où nous lisons, *Fisci Judaici calumnia sublata*. On continua donc dans les Provinces voisines d'exiger des tributs sous le nom des restes des estapes de l'armée, & des vivres qu'on avoit dû leur fournir. Et nostre

NERONI CL. CÆS. AVG PONT MAX. OB. PROVINCIA. TRONIS. ET IUS QVI NOVAM GENERI HVM SVPERSTITIONEM INCVLCAR. FVRGATAM.

PROC. PROV. SYRIÆ PALESTINÆ

inscription marque expressément que c'estoit dans la Syrie, & la Palestine que s'exigeoit ce tribut par le Procureur de ces deux Provinces. *IBI EXACTORI RELIQVORVM ANNON. SACRÆ EXPEDITIONIS:*

Furius outre ces procurations & ces receptes, estoit encor controôlleur de la despense qui se faisoit pour certains jeux à la forme de nos Opera, où l'on chantoit, & l'on dansoit dans les Tragedies & les Comedies. C'est ce que signifie ce *Logista Thymela*. Et je suis surpris que Mr. Spon ait dit qu'il ne voyoit pas grande proportion entre les autres charges de Sabinius Aquila & celle de Maistre ou directeur des jeux du Theatre. Luy qui estoit si versé dans les recherches de l'Antiquité, n'avoit il pas observé plusieurs de ces emplois dans les inscriptions des premiers Magistrats de Rome, qui faisoient de ces spectacles une espece de Religion, & qui faisoient consister leur magnificence à donner au peuple de pareils divertissemens, où les Empereurs mesmes, les Cesars, & les Chevaliers Romains se mesloient. Ciceron ne reprochoit il pas à Marc-Antoine ce qu'il avoit fait aux Lupercales? & Velleius Paterculus à nostre Plancus; qu'il avoit dansé en presence de Cleopatre & d'Antoine, où il avoit fait le personnage de Glaucus? n'estoient-ce pas les Ediles & les Preteurs, qui donnoient ces Jeux & qui en faisoient la dépense?

Dion a fait le caractere de ces Procureurs & de leurs emplois, quand il a dit qu'ils ramassoient dans les Provinces les deniers de la Republique, qu'ils y faisoient les depenses necessaires pour les reparations des ouvrages publics, & qu'ils estoient choisis parmi les Chevaliers Romains, & parmi les affranchis, quoy qu'Auguste n'eut donné ces emplois qu'à des Chevaliers. *Imperator etiam procuratores sic enim vocantur, qui publicos reditus colligunt, certasque impensas faciunt) in omnes Provincias suas ac Popul. R. ex Equitibus alios; alios ex libertis misit. Dio, Lib. 53.*

Pline au chapitre XVI. du VIII. livre de son Histoire naturelle dit que le Fils de Corneille Tacite avoit exercé cet employ dans la Gaule Belgique, & qu'il l'avoit vû en cet exercice. Ceux qui estoient les Fermiers des biens propres des Empereurs estoient appellez Procureurs du Patrimoine, ou des biens particuliers, *Procuratores rationum privatarum*. On voit dans les murailles de la Ville au dessus de S. George en allant à S. Just l'inscription d'un de ces Procureurs du patrimoine, de cette Province, & de celle d'Aquitaine, nommé Titianus. Cette inscription est fort gastée. *Ipsi nos pridem vidimus eadem omnia in filio Cornelij Taciti Equitis R. Gallia Belgica rationes procurantis.*

```
············································
.. L .. T ... FIL ... Q ...
    TITIANO
:·..·O C. AVG PROVINCIAR.
... G. ET AQVITANICÆ PROC
.... TRIMONI PROC. PR O.
... L A T ... T. PROC PRO
············································
```

Proc:
Lug lua.
Patrim.

En voicy une autre qui est dans l'enclos des Peres Recollets de Bellegreve au coin d'un mur. C'est l'Epitaphe de Pompeius Felix qui estoit depositaire de l'argent des tributs exigez. Car c'est ainsi que j'explique le mot *exacta*, où je sousentens celuy de *pecuniæ*.

```
          D.                M.
               E T

    MEMORIAE  AETER
            NAE
    POMPEIO  FELICI EX
    ACTA PROCVRATORIS
    QVI VIXIT ANN. LX.
    IVLIA VIVENTIA CON
    IVX QVAE CVM EO VIX.
    ANN. X. SINE VLA ANI
    MI LAESIONE PONEN
    DVM CVR. ET SVB A: D: D.
```

En voicy une autre d'un affranchi de l'Empereur qui estoit en cette Ville Contrôlleur des deux & demy pour cent sur les marchandises, c'est l'Epitaphe de sa Femme Aurelia Munatia.

```
            D.    M.
    ET QVIETI AETERNAE
      AVRELIAE MVNATIAE
    CONIVGI CARSSIMAE ET
    INCOMPARABILI QVAE VIX.
    ANN. XXIIII. MENS. VI. DIEB.
    IX QVINCIO AVG LIB.
    TABVLARIVS XXXX. GAL
    LIARVM SVB ASCIA
           DEDICAVIT.
```

Dans une autre inscription Caius Lælius, qui avoit esté l'un des Lieutenans de Nerva sous qui il avoit commandé la seizième Legion, prend la qualité de

Consul de la Province de Lyon au nom de cet Empereur, qui luy donna le commandement de la sixiéme legion, & le fit Intendant de la caisse militaire, ou des deniers dont on payoit les Soldats, comme en fait foy cette Inscription qui se voit encor à Avanche en Suisse.

```
CAIO LAELIO LEGATO
IMP. CAES. NERVAE AVG. GERM. LEG. XVI.
FLAVIAE FIRMAE ET LEGATO IMP. NERVAE
TRAIANI CAESARIS AVG. GERMANICI DACICI
LEG. VI. FIRMAE SODALI FLAVIALI PRAETORI
AERARI MILITARIS LEG. IMP. NERVAE
TRAIANI CAESARIS AVG. GERMANICI DACICI
PROVINCIAE LVGDVNENSIS CONSVLI LEGATO
IMP. NERVAE TRAIANI CAESARIS AVG. GERMANICI
DACICI AD CENSVS ACCIPIENDOS
COLONIA PIA FLAVIA CONSTANS EMERITA
AVENTICVM HELVETIORVM FOEDERATA
PATRONO
```

Ce Lelius avoit esté deputé par l'Empereur Trajan pour recueillir dans la Gaule Lyonnoise les deniers de l'Empire. Mr. Spon, en la Preface de ses recherches des antiquitez de Lyon, m'a reproché d'avoir fait ce Lelius Consul de la Province de Lyon, ce qui ne pouvoit estre, dit-il, parce qu'il n'y avoit qu'à Rome des Consuls. Mais il n'avoit pas fait refléxion, que ce Lelius ne paroit point dans les Fastes parmy les Consuls Romains sous les Empereurs Vespasien, Tite, Domitien, Nerva & Trajan. Et qu'il n'estoit pas le seul à qui l'on eut donné cette qualité de Consul dans les Provinces, puisque le P. Noris dans ses Cenotaphes de Pise rapporte une inscription d'un Felix Herculeus Consul de cette Republique.

      D. M. S.
  FELIX HERCVLEO
  EQ. P. AED. II. COS. I.   *Equo publico Ædilis*
    PONT. PERP.   *Pontifex perpetuus*
    REIP. PIS.   *Reipublica Pisana.*

Il cite aussi Chimentel, qui assure que dans les Colonies les Duumvirs, qui representoient les Consuls Romains dans leurs Villes, en pouvoient bien avoir pris le nom, d'autant plus que Ciceron dans sa seconde Oraison *Pro lege agraria*, dit que ceux de Capouë qui avoient pris le nom de Preteurs, prendroient bientôt celuy de Consuls. Ausone s'appelle Consul de Bourdeaux, après l'avoir esté à Rome, parce qu'il estoit Duumvir en son pays. *Nonne arbitramini paucis annis fuisse nomen Consulis appellituros.*

    Diligo Burdigalam, Romam colo, Civis in hac sum,
      Consul in ambabus.

Casaubon en ses notes sur l'Apologie d'Apulée produit des Consuls Municipaux, que Scipion Gentilis reconnoit aussi au Livre second des Jurisdictions, chap. v. A quoy si Mr. Spon avoit fait refléxion, il n'auroit pas esté surpris d'une autre Inscription qui est en cette Ville où un Munatius Pansa est nommé Consul de Besançon, & de la Province des Sequanois.

Histoire Consulaire

MUNATIO PANSA COS.

IN CIVITATE SEQVANORVM.

Quòy que ce Munatius Pansa ne se trouve point dans la liste des Consuls Romains: Car quand il veut que ce soit une faute de Sculpteur, qui a mis Pansa pour Plancus, sa conjecture est sans aucun fondement.

ANTONIO PIE
ANTONIN LE
PHILOSOPHE
ET LVCE VERE

Antonin Pie, qui veilla sur la conduite des Fermiers & des Receveurs des Finances, dont il empescha les violences & les voleries, favorisa beaucoup les Gaules, parce qu'il estoit originaire de Nismes. Quand il fut adopté par l'Empereur Hadrien après la mort d'Ælius Verrus, que cet Empereur avoit fait Cesar, il adopta Marc-Antonin Fils du Frere de sa femme, & Luce Vere Fils d'Ælius Verus, qui sont les deux Empereurs, dont il est souvent fait mention dans nos Inscriptions, parce que, comme Jules Capitolin a remarqué, ils furent les premiers, qui dans les actes publics prirent le nom & la qualité des deux Augustes, ainsi toutes nos inscriptions, où il est parlé des Augustes, sont ou du temps de ces Empereurs, ou de quelques uns de leurs successeurs, qui se partagerent l'Empire comme ils avoient fait apres la mort d'Antonin Pie.

Ipsi sunt qui primi duo Augusti appellati sunt: cognomen fastis consularibus sic nomina præscribuntur, ut dicantur non tantum duo Antonini, sed duo Augusti. Julius Capit. In Ælio Vero.

Voicy quelques unes de ces Inscriptions. La premiere est un vœu de Leænius Ruffus, & de Leænius Apollinaris, aux Genies de ces deux Empereurs.

```
NVMINIBVS
AVGVSTORVM
LEÆNIVS RVFFVS
ET  LEÆNIVS
APOLLINARIS
FILIVS
```

En une autre de Tiberius Antistius que j'ay deja rapportée, il est dit Procureur de ces Empereurs, & loüé de son integrité dans son administration.

Secundùm Mandata Impp. Dominorum N. N. Integerrim. Abstinentissimusque Proc.

Voicy celle d'un affranchi de ces Empereurs, qui étoit Controlleur des deniers en cette Ville, dont il tenoit les registres.

	D. M.	
	ET QVIETI ÆTERNÆ	
Aurelij	AVR. HERMETIS	
Liberti Augustorum nostrorum	LIB. AVGG. NN. D.D.	*Dominorum*
Tabularij	TAB. OMINI DVL.	
	CISSIMI Q. VALERIA	
	MARTINA CONIVGI	
	KARISSIMO DE SE	
Bene merenti poni curavit	B. M. P. C. ET	
	POSTERISQVE SVIS	
	ET S. D.	*Sibi dicavit*

Tantâ diligentiâ subjectos sibi populos rexit, ut omnia & omnes, quasi sua essent curaret. Provincia sub eo

Les Provinces ne furent jamais plus heureuses que sous cet Empereur surnommé Pie. Il regardoit ses sujets comme ses enfans, fut parfaitement instruit des revenus de l'Empire & empécha les malversations. Aussi merita t'il des Temples, des Prêtres &

des Autels aprés sa mort dans Rome & dans les Provinces, comme on voit en l'Inscription de Thein que j'ay rapportée cy devant en la page 85.

Outre les noms des deux Augustes qui sont marquez dans l'Epitaphe d'Aurelius Hermes, & son nom d'Aurele, qui marquent qu'il vivoit sous ces Empereurs, la charge qu'il exerçoit de Controlleur des deniers en ce païs, en est une autre preuve: puisque Capitolin dit que ce fut Antonin le Philosophe, qui institua ces charges dans les Provinces, dont il a même décrit les emplois, entre lesquels l'un étoit de tenir les registres de la naissance des enfans, afin que chacun pût trouver son origine par des actes publics, quand il en auroit besoin; Et quand il falloit faire connoître que l'on étoit exempt de tailles & de tributs en qualité de Citoyens Romains, ou d'hommes de droit Italique.

Ce fut sous les Antonins que l'Eglise de Lyon qui étoit encore en son berceau, commença à être persecutée. Le grand commerce qui étoit en cette Ville avec les Villes de Grece, d'où elle tiroit des marchandises, & où elle envoyoit celles des Gaules, luy avoit procuré des Prédicateurs de l'Evangile, qui luy étoient venus d'Asie. Comme l'on n'y pratiquoit les exercices de Religion qu'en secret, & que Lyon & Vienne étoient sous des Gouverneurs differens, on s'appercevoit moins de l'union & de la correspondance de ces deux Eglises, qui pratiquoient leurs assemblées, dans cet entre deux de nos Rivieres, qui avoit servi de retraite à ceux de Vienne quand ils eurent été chassez de leur Ville par les Allobroges. Le soin même, que les Gouverneurs avoient pris de faire cesser les divisions, & les jalousies, qui étoient entre ces deux Villes, leur faisoit voir avec plaisir ce commerce de Charité, dont ils ne penetroient pas encore les motifs. Mais quand on s'apperçut, que ceux qui s'assembloient ainsi, & qui communiquoient ensemble, ne se trouvoient point aux ceremonies payennes, les Gouverneurs qui avoient été élevez sous Trajan grand persecuteur des Chrêtiens, & sur tout ceux qui avoient commandé dans la Judée, pleins d'animosité & d'un faux zele contre cette Nation ennemie de leurs Dieux, consideroient les Chrétiens comme des gens de même secte, parce que comme les Juifs, ils avoient en horreur l'Idolatrie. Ils commencerent donc à persecuter indifferemment tous ceux qui refusoient d'assister à leurs ceremonies, & de sacrifier aux Dieux. Les combats de nos premiers Martyrs sont excellemment décrits dans une lettre des Eglises de Lyon & de Vienne aux Eglises d'Asie raportée par Eusebe en son Histoire: Mais comme cette matiere appartient à l'Histoire Ecclesiastique que je veux decrire en un volume separé, je passe de l'Empire de Marc Aurele & Luce Vere à celuy de Commode, qui leur succeda, & sous qui Septime Severe eut le Gouvernement de la Gaule Lyonnoise.

Cet homme né en Afrique passa par tous les degrez de la Milice, & quoy que de basse naissance merita par sa valeur, les premiers emplois de l'Empire. Aprés avoir été Questeur il eut le Gouvernement de l'Andalousie. Il passa de ce Gouvernement à celuy de Sardaigne en qualité de Questeur. Il fut ensuite Lieutenant du Proconsul d'Afrique, & passa de cet Employ à celuy de Tribun du peuple. Il exerça successivement celuy de Preteur, & gouverna l'Espagne. Aprés quoy il eut le commandement de la quatriéme Legion Scytique, & joignant aux exercices militaires le dessein de s'instruire dans les Lettres, & dans les mysteres de sa Religion, il passa à Athenes, pour en voir les Academies, les Temples, les ouvrages publics, & les ceremonies Grecques. Il n'y eut pas toute la satisfaction qu'il avoit prétendu, & s'en étant retiré avec beaucoup de ressentiment des injures qu'il croyoit y avoir receu, il s'en vangea quand il fut Empereur, en leur retranchant une partie de leurs Privileges. Enfin il fut fait *Gouverneur de Lyon, & de la Gaule Lyonnoise, où ayant perdu sa premiere femme, il songea à faire une nouvelle alliance. Et comme il étoit plein d'ambition, & prevenu des prognostics que quelques Astrologues judiciaires luy avoient fait qu'il seroit un jour Empereur, il apprit, qu'il y avoit une Femme en Syrie nommée Julie à qui on avoit aussi predit, qu'elle regneroit un jour. Il envoya chercher cette Femme, & par le moyen de ses amis il recherca son alliance & l'épousa. Il en eut d'abord un fils qui nâquit en cette Ville & fut surnommé Bassian, depuis surnommé Caracalla d'une espece de Casaque qu'il portoit ordinairement, à quoy il ajouta le nom d'Aurele Antonin quand il fut fait Cesar. Cependant Spartien se contredit quand il dit sur le rapport d'Elius Maurus que Bassien fut fils de la premiere femme de Severe.

Severe se fit aimer de tout le monde pendant son Gouvernement, parce qu'il étoit grand Justicier, honneste, & magnifique sans rien prendre sur le public.

Le soulevement de la Pannonie obligea l'Empereur Commode de l'y envoyer en

cunctis sornerunt Quadruplatores extincti sunt.
Rationes omnium Provincialium apprimè servit, & vestigiillum. Iul. Capitol. in Anton. Pio.
Per Provincias Tabulariorum publicorum usum instituit, apud quos idem de originibus fieret, quod Romæ apud Præfectos ærarii, ut si fortè aliquis in provincia natus causam liberalem diceret, testationes inde ferret. Id. in Anton.

SEPTIME SEVERE.

Lugdunensem Provinciæ Legatus accepit. Cum amisisset uxorem, aliam vellet ducere, genituras sponsarum requirebat ipse quoque Mathesos peritissimus; & cum audisset esse in Syria quandam quæ in genitura habebat ut Regi jungeretur: eandem uxorem petiit, Iuliam scilicet & accepit intervenû amicorum, ex quâ statim pater factus est. Spartian. in Severo.

Ab Gallis ob severitatem, & honorificentiam, & abstinentiam tantum quantum nemo dilectus est. Spart. in Severo.

qualité de Proconsul, où il gagna tellement les soldats, qu'il se fit par cette adresse un chemin seur à l'Empire : Car ayant passé de ce Gouvernement à celui de la Sicile, où il fut accusé d'avoir consulté les Judiciaires pour apprendre ce qu'il seroit un jour, Commode qui le sçeut en conçeut une jalousie si grande, qu'il cherchoit à le perdre ; mais Severe par le moyen de ses amis dissipa cette calomnie, & l'Accusateur fut pendu. Il commanda depuis les troupes d'Allemagne, & y fit si bien, que la nouvelle de la mort de Commode y ayant été portée, & que Didius Julianus luy avoit succedé, homme haï & craint de tout le monde, on le pressa d'accepter l'Empire que l'armée luy offroit. Les troupes d'Illyrie & celles qui étoient dans les Gaules suivirent bien-tôt celles d'Allemagne, tous leurs chefs étant devoüez à Severe. Ainsi ils obligerent leurs soldats à le reconnoître, & mirent son image sur les signes militaires pour le proclamer Empereur. Tiberius Claudius Pompeianus qui commandoit en cette Ville la premiere Legion Minervienne, y fit un vœu public pour le salut du Nouvel Empereur, & addressa ses vœux aux Saintes Matrones de Pannonie & de Dalmatie. Cette inscription se voit encore dans la maison de Roy à une lieüe de Lyon sur la Saone & sert de base à un pilier de bois qui soûtient un toit dans la basse cour.

```
        PRO SALVTE DOM.
        N. IMP. L. SEPT. SEVERI.
        AVG. TOTIVSQVE DOMVS
        EIVS AVFANIIS MA
        TRONIS ET MATRIBVS
        PANNONIORVM ET
        DALMATARVM
        TI. CL. POMPEIANVS
        TRIB. MIL. LEG. I. MIN.
        LOCO EX CVLTO CVM
        DISCVBITONE ET TABVLA
              V.      S.
```

Cette Inscription n'a pas mieux été entenduë de nos Auteurs que la plûpart des precedentes. Et comme je ne veux rien laisser d'obscur en cette Histoire sur nos antiquitez, je vay tascher de l'expliquer le plus exactement que je pourray. Ces Matrones, & ces Meres dont il est fait mention dans cette inscription & dans trois ou quatre autres qui sont encore en cette Ville, étoient les trois Parques, ou les trois Déesses, qui presidoient aux destinées des hommes. Varron derive leur nom de celuy de l'enfantement, par le changement d'une seule lettre. Apulée veut qu'elles marquent les trois differences des tems, le passé, le present, & l'avenir, qui embrassent toutes les destinées des hommes, que les anciens attachoient aux quenoüilles, & aux fuseaux de ces matrones. Celle qui a son fuseau plein representoit le passé; celle qui filoit, le present ; & celle dont la quenoüille étoit encore entiere, representoit l'avenir.

Parcæ à Partu.
Tres Parca tria fata sunt numero. Cujus rationem temporis scilicet, si potestatem earum ad ejusdem sibi habitudinem temporis proferas. Nam quod è fuso perfectum est, præteriti temporis habet speciem : & quod torquetur in digitis, momentaneæ præsentis in licet speciem: & quæ mentionem ex colo traditum est, subsequentique eum diligentiam utrumque con-sequentis facultati posteriora videntur reddere Apul.

On leur faisoit aussi representer les trois temps de la formation de l'homme dans le sein des Meres, & c'est pour cela, qu'elles étoient appellées Meres ou Matrones. Ces temps sont la conception, la formation du fœtus que les Medecins appellent *Placenta*, & l'animation.

C'est sous cette forme que ceux de Mets les adoroient, par allusion, comme je pense, au nom de ces peuples, Gruter en a mis la Figure en la page XCII. du recueil de ses inscriptions avec ces mots IN HONOREM DOMVS DIVINÆ DIS MATRABVS VICANI VICI PACIS. C'étoit un vœu de ceux, qui demeuroient dans la ruë de la Paix, & par ce vœu, ils ne souhaitoient autre chose que la fecondité dans la Maison de l'Empereur, afin qu'ils eussent des successeurs. La Modestie ne me permet pas d'en dire davantage, & il vaut mieux laisser ces monumens antiques dans l'obscurité où ils sont, que de decouvrir des turpitudes, qui étoient les principaux Mysteres d'une fausse Religion remplie d'abominations. Je diray seulement pour justifier que ces Meres étoient les Parques qui presidoient à la naissance, que Juvenal l'a ainsi marqué en sa Satyre neuviéme quand il dit,

de la Ville de Lyon. 129

Hæc exempla para fælicibus : at mea Clotho,
Et Lachesis gaudent &c.

Et que quand on celebroit à Rome les fêtes Matronnales, les femmes offroient des gâteaux, *placentas*, pour indiquer celles de la formation du fœtus. Ceux qui étoient plus modestes, & qui avoient plus d'égard à la pudeur, leur faisoient tenir des pommes Symboles de fecondité, & des cornes d'abondance, comme en ce bas relief qui est sur la porte de l'Eglise d'Aisnay, & que j'ay expliqué des trois Gaules dans la preparation de cette Histoire, mais qui pourroit bien se rapporter à ces trois prétenduës Déesses ou Matrones, si au lieu de *Medicus* il faut lire *Mediomatrix* en interpretant ces trois lettres M E D. qui finissent l'Inscription.

Nous avons dans la ruë de la Vacherie proche le logis du Faisan, un Vœu d'une femme nommée Sappiena à ces trois prétenduës Deesses, qu'elle nomme *Meres Lucines*, parce que Lucine étoit la Deesse, qui presidoit aux accouchemens.

```
SAPPIENA
LVCINIS
MATRIBVS
V. S. L. M.
```
Votum solvit libens merito.

Voicy les autres Inscriptions, où il est parlé de ces Meres au coin d'un pavillon des Recollets de Bellegreve, qui regarde sur le chemin, est celle-cy.

```
MATRIS AVG.
IN HONOREM
DOMVS SAEDIORVM
EVTVCHES C. LIB.
AEDEM CVM ARA
DAT.
```
Augustis

Caii Libertus

```
MATRIS
AVGVSTIS
CATITIVS
SEDVLVS
EX VOTO
```

R

Chorier en ses Antiquitez de Vienne, page 134. a dit à l'occasion de ces Meres ou Matrones. *Depuis l'Empire de Pertinax, & de Severe, les Romains inventerent une nouvelle superstition, & s'imaginerent qu'il y avoit certaines Nymphes, qui veilloient generalement à la conduite des Provinces, & d'autres qui s'appliquoient au salut des Empereurs, & même des personnes particulieres, à qui ils donnoient indifferemment le nom de Matres & de Matræ, quoy que ce mot de Matræ soit barbare en ce sens, & n'aye pas été connu à la pure latinité. Mais ces Divinitez ayant premierement été adorées à la Campagne, on les reçût dans les Villes, avec les mêmes noms que les Villageois leur avoient donné. Ainsi lit-on en diverses Inscriptions,* Matribus Gallaicis. Dismatrabus, & Matris Augustis, &c. *Celles que l'on se figuroit être plus étroitement attachées à la conservation des Empereurs, & de leur Maison, avoient le titre de* Matres Augustæ, *Meres de Augustes.*

Il se trompe, c'étoit
ab Augusto.

En voici une qui fut trouvée auprés d'Aisnay, à la jonction du Rhône & de la Saône, que Paradin a crû n'être qu'un fragment de l'Epitaphe de la Mere d'un Augure, parce qu'il ne l'avoit pas entenduë, c'est un vœu de Lucius Dextrius Apollinaris.

      MATRIS AVG.   *Augustis.*

      L. DEXTRIVS

      APOLLINARIS.

Celle-cy étoit autrefois dans Vienne.

Votum solvit libens merito.

Ces Matrones sont nommées dans l'Inscription du Vœu, pour Severe *Aufanæ Matrona*, c'est à dire Matrones de la Cour, car *off* & *offen* en Allemand, signifie Cour, d'où vient que la Ville de Bude Capitale de Hongrie, & autrefois la demeure des Rois, se nomme à present *Offen*. C'est de cet ancien mot Hongrois, ou Pannonien que Tiberius Pompejanus forma celui de *Matronis Aufanis*, en son Inscription. On en découvrit l'an 1628. une à Nimegue, où elles sont nommées *Aufaniæ.*

      MATRONIS

      AVFANIABVS

      T. ALBINIVS

      IANVARIVS

      S. L. M.   *Solvit libens merito.*

Ces mots *cum Discubitone*, que Mr. Spon n'a pas entendu, signifioit la figure du lit d'une Femme, qui est en couche, au quel ces Matrones presidoient, & que Pompejanus avoit fait representer avec son Inscription, *cum tabulâ*.

La raison, qui obligea Pompejanus d'addresser ses vœux pour la prosperité de Severe, plûtôt aux Matrones de Pannonie, qu'aux autres, fut que Severe marchant contre Albinus, & ayant appris qu'une partie de son Armée, qu'il avoit envoyée devant lui, avoit été defaite par son Concurrent à l'Empire, il consulta les Augures dans la Pannonie, qui l'assurerent qu'il remporteroit la victoire, mais que son Ennemi ne tomberoit pas entre ses mains, ny ne luy échaperoit pas, mais qu'il periroit auprés d'une Riviere.

Primo quidem ab
A.bin.ahisSeveri du-

Aprés que Severe eut quitté Lyon, pour aller commander en Pannonie, Commo-

de la Ville de Lyon. 131

de en donna le Gouvernement à Clodius Albinus homme de qualité, & Africain, comme Severe.

Ils étoient amis avant qu'ils fussent élevez l'un & l'autre, à la dignité d'Empereurs, mais Albin, qui commandoit dans les Gaules, ayant été proclamé Empereur en même tems, que Severe le fut en Illyrie, par son Armée: Didius Julianus à Rome, par le Senat, & Pescennius Niger, en Orient. Severe qui vit qu'il auroit trop d'ennemis sur les bras, s'ils vouloit d'abord s'opposer à tant de Rivaux, ménagea Albinus, jusqu'à ce qu'il se fut défait des deux autres. Parce qu'Albinus étoit un homme accredité, & même quand Commode luy voulut donner un Successeur, pour le Gouvernement des Gaules, il luy écrivit de sa propre main, qu'il luy donnoit la permission de prendre le nom de Cesar, & de se declarer tel aux Soldats, s'il étoit necessaire, pour les tenir dans le devoir, & pour se faire obéïr. Car j'apprens, luy disoit-il, que Severe & Nonius, sement de mauvais bruits de moy, parmy les Troupes, pour débaucher leurs Soldats. C'est par là, qu'ils vous procurent les ornemens Augustes que je vous destinois, & quand vous aurez pris cette qualité, je vous permets de donner à chaque Soldat, jusqu'à trois écus d'or de gratification. J'écris pour cela à mes Fermiers de vous avancer cet argent, & en vertu de ces lettres, que je vous addresse, sous mon Cachet secret, qui a pour figure une Amazone, vous n'aurez qu'à les faire voir aux Gardes du Tresor, pour en disposer, comme vous voudrez. Et afin que vous commenciez à porter des marques de vôtre dignité, vous pouvez porter le Manteau de Pourpre, même en ma presence, & tout autant de tems, que vous serez avec moy, sans toutefois y mêler de l'or, parce que c'est ainsi que Verus, mon Bisayeul, qui mourut jeune, en usoit en presence d'Hadrien, qui l'avoit adopté.

Albin ne voulut point se prevaloir de ces offres de Commode, parce qu'il sçavoit que son nom étoit odieux, & il attendit de se declarer après sa mort, quand Severe, qui vouloit le ménager, lui eut fait sçavoir, qu'il vouloit l'associer à l'Empire. Car alors ayant assemblé les Chefs de son Armée, qui vouloient le proclamer Empereur de leur autorité, il leur dit, Mes Compagnons, c'est malgré moy, que je reçois l'honneur que vous me deferez, ce que j'ay déja fait voir, quand j'ay méprisé les offres que Commode m'avoit fait de cette dignité, en me donnant le nom de Cesar, mais il faut obéïr à ce que vous desirez, & aux ordres de l'Empereur Severe, qui le veut ainsi; d'autant plus que j'espere qu'il sera aisé de bien faire, & de bien gouverner la Republique, avec un homme de bien.

Cependant Severe alla à Rome, pour perdre Didius Julianus, & après s'être défait de ce Rival, passa en Orient, où il défit Pescennius à Cyzique, & reçût à son retour les titres d'*Arabique*, d'*Adiabenique*, & de *Parthique*, mais il refusa les honneurs du Triomphe, parce qu'il regardoit cette guerre, comme une guerre Civile, & ne voulut pas irriter les Parthes, dont il crut qu'il auroit besoin.

Il apprit en chemin le soulevement des Gaules declarées pour Albinus, qu'il fit declarer Ennemi de la Republique, pour avoir occasion d'armer contre lui, & ce fut en ce voyage qu'il declara Cesar Bassian, son fils aîné, non pas à Vimy à deux lieuës de Lyon, comme ont dit nos Historiens, mais à *Viminatium* en Mysie, la conformité de nom, ayant été l'occasion de l'erreur de nos Historiens, que j'ay déja refutée en parlant de Probus, & de nos Vignes du Mont d'Or.

Jamais homme ne fut plus adroit, que Severe pour se défaire de ses Ennemis. Car voyant que Pescennius, & Albinus étoient en reputation parmy les Soldats, & même dans le Senat, il feignit de vouloir les associer, l'un ou l'autre à l'Empire, & de les designer ses Successeurs. Et certes l'un & l'autre avoient plus de merite que lui pour gouverner un si vaste Empire. Tous trois avoient été successivement Gouverneurs des Gaules, sous les Antonins, mais Pescennius s'étoit attiré l'estime & la veneration de tous les peuples, par l'innocence de ses mœurs, & l'integrité de sa vie, car il étoit si chaste, chose assez extraordinaire en la plûpart des Empereurs, & des Generaux d'armée, qui l'avoient precedé, que quand il fallut faire en cette Ville des ceremonies, qui ne pouvoient être faites que par des personnes tres chastes, on le pria de les faire. On dit aussi que l'Oracle de Delphes, ayant été consulté sur les trois Empereurs, pour sçavoir lequel des trois étoit le plus digne de commander, l'Oracle répondit, que le Noir, c'étoit Pescennius surnommé Niger, étoit le meilleur; que l'Afriquain étoit bon, c'étoit Severe; que le Blanc étoit le plus méchant, c'étoit Albin.

Optimus est fuscus, bonus Afer, pessimus Albus.

Je ne sçai, si l'on n'a jamais fait d'éloge d'aucun General d'armée, comparable à celui que Spartien fait de Pescennius. Du moins, il est difficile de voir l'idée d'un homme plus sage, & plus capable de commander. Il ne vouloit rien qui le distin-

R ij

guat des Soldats, ausquels il commandoit, il mangeoit publiquement devant sa Tente, & ne se faisoit jamais servir, que ce qu'on distribuoit aux Soldats, pour leur nourriture, & ne se servoit jamais de sa Tente, quand les Soldats n'avoient pas les leurs ou des barraques, pour se mettre à couvert, s'exposant comme eux, à toutes les injures de l'air, & se chargeant comme le moindre d'eux, des pieces du Camp, & des attirails à porter. Il faisoit aussi garder une exacte discipline, punissant severement ceux qui prenoient aux Paysans, la moindre chose, jusques-là, qu'il commanda que l'on coupat la tête à dix soldats qui avoient mangé un poulet que l'un d'eux avoit pris, & toute l'armée qui demanda leur grace, eut peine à l'obtenir, & il l'auroit absolument refusé, s'il n'eût craint une sedition. Estant Empereur il apprit qu'un Orateur vouloit faire son Eloge, & luy reciter un Panegyrique, il le fit appeler, & luy dit d'employer son talent & son éloquence à loüer Marius, Annibal, ou quelqu'autre Grand Capitaine des siecles passez, & d'en celebrer les belles actions pour les luy proposer à imiter. Que c'étoit se moquer des personnes vivantes, que de les vouloir loüer durant leur vie, particulierement les Empereurs, que l'on ne loüe que parce que l'on attend d'eux des recompenses, ou parce que l'on craint le pouvoir qu'ils ont de faire du mal; que pour luy il vouloit bien faire durant sa vie, & se contentoit d'être loüé aprés sa mort. Aussi n'estimoit-il des Empereurs qui avoient precedé, qu'Auguste, Vespasien, Tite, Trajan, Antonin Pie, & Antonin le Philosophe, traitant tous les autres d'effeminez & de debauchez.

Viventes laudare irrisio est, maxime Imperatores à quibus speratur: qui timentur: qui prastare publicè possunt, qui possint necare, qui probro ferè : se autem vivum placere velle, mortuum etiam laudari. Spartian. in Pescennio.

Lorsque Severe commandoit dans cette Ville, il ne pût s'empêcher de loüer la conduite de ce sage General que Commode y avoit envoyé pour arrêter un nombre de deserteurs, qui causoient de grands desordres dans les Gaules, & aprés qu'il se fut acquité avec succez de cette commission, Severe écrivit à l'Empereur, que c'étoit un homme necessaire à la Republique.

Severe eo tempore quo Iugdunensem Provinciam regebat amplissimus fuit: nam ipse missus erat ad comprehendendos desertores, qui innumeri Gallias tunc vexabant. In quo officio quod se honestè gessit iucundissimum fuit ad Commodum Septimius retulerit, asserens necessarium reipublicæ virum. Spart. in Pescennio.

SPARTIANUS.

Cette estime de Severe pour Pescennius dura encore aprés la mort de cet Adversaire, puis qu'ayant appris les desordres que les soldats faisoient dans les Gaules, il écrivit à Rogonius Celsus qu'il en avoit fait Gouverneur, que c'étoit une chose insupportable, de voir que ses soldats ne pussent vivre avec autant de discipline qu'en gardoient ceux qu'il avoit vaincus. Vos soldats, luy disoit-il, courent de tous côtez impunément, vos Tribuns se baignent en plain midy, ne mangent que dans les cabarets publics, ne logent que dans les lieux de debauches publiques, dansent, boivent, chantent tout le jour, & ne donnent aucune mesure à leurs debauches. Tâchez donc d'empêcher ces desordres, & commencez par les Chefs, si vous voulez arrêter les soldats, & souvenez-vous de ce que disoit autrefois Pescennius, qu'il étoit impossible de contenir les soldats, si ceux qui les commandent ne se contiennent eux-mêmes, & ne leur servent d'exemples.

Quoy qu'Albinus ne fût pas aussi homme de bien que Pescennius, il ne fût pas moins aimé en cette Ville, & si l'Inscription qui se voit à Albigny, village qui a retenu son nom, comme Siurieu a retenu celuy de Severe, n'est pas une piece supposée, ainsi que quelques Savans l'ont soupçonné, elle est un témoignage de l'estime que nos Lyonnois faisoient de luy. La voicy.

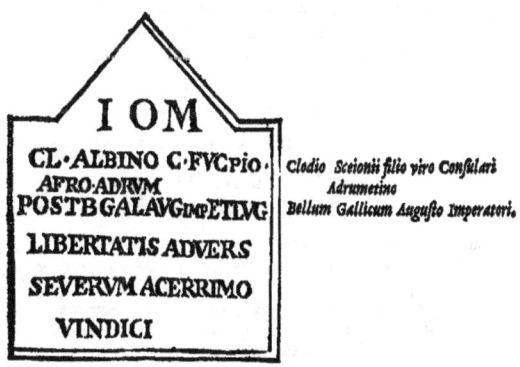

I O M
CL·ALBINO C·FVC Pio   Clodio Sceionii filio viro Consulari
AFRO·ADRVM   Adrumetino
POSTB GAL AVG Im ETIVG   Bellum Gallicum Augusto Imperatori.
LIBERTATIS ADVERS
SEVERVM ACERRIMO
VINDICI

Si Monsieur Spon avoit bien consideré cette Inscription, il ne l'auroit pas soupçonnée de faux, sur la seule configuration de quelques lettres, qui ne luy paroissoient pas d'un goût antique. La qualité d'homme Consulaire, pour un Empereur n'étoit pas

de la Ville de Lyon. 133

du siécle d'Albinus, qui auroit pris simplement celle de Consul. Il est vray que Monsieur Spon qui ne faisoit qu'un mot de ces trois lettres FVC. ne pouvoit pas expliquer V. C. par *Viro Consulari*, & il avoit raison de dire qu'il ne pouvoit deviner ce que signifioit ce mot, ou ces trois lettres jointes ensemble. Secondement nul Empereur ne s'est distingué par le nom de son pays, mais par celuy de ses Victoires. Or Albinus ne commanda jamais d'Armée dans l'Afrique, ny à Adrumete, pour joindre à ses titres ceux *d'Afer Adrumetinus*. Pourquoy se seroit-il dit Empereur après la Guerre des Gaules, où il avoit commandé, & fait la Guerre en Frise, & au delà du Rhin? Enfin quelle apparence de l'appeller defenseur de la liberté des Lyonnois contre Severe, puisque Lyon & la Gaule Lyonnoise n'étoient plus des pays libres, mais sujets aux Romains depuis long-temps? Enfin je m'étonne que Monsieur Spon n'ait soupçonné de fausseté cette Inscription que sur les A avec une queüe au dessus, qui ne luy sembloient pas d'une bonne antiquité. Car j'en ay vû de cette sorte, dans plusieurs anciennes Inscriptions, comme en celle-cy d'une pierre gravée d'un anneau d'or antique, trouvé en cette Ville, ou les A semblent des Lambda Grecs.

> AETHERIA
> VIVAZINO
> CYCERIO SVO

Enfin quoy qu'il en soit de cette Inscription qui me paroît évidemment supposée, est un ouvrage du dernier siecle, quelque soin qu'on ait pris de la déguiser; nous avons une medaille d'Albinus frappée en cette Ville, où le Genie de Lyon est representé nud tenant une haste d'une main sur laquelle il s'appuye, & une corne d'abondance de l'autre, parce que cette Ville étoit alors appellée *Colonia Copia* à raison de la fertilité de son terroir. Albinus à un Aigle à ses pieds. Peut-être à cause qu'à sa naissance, comme on faisoit la ceremonie pour luy donner un nom, on apporta auprès de son berceau un nid de sept aiglons, qui avoient été fortuitement trouvez en un lieu, où il étoit rare de voir de semblables oiseaux; ce qui fut observé comme un presage de l'Empire. Ou si cet oiseau étoit un corbeau, comme l'a soupçonné Monsieur Spon, ce seroit par allusion au nom de la Ville de Lyon, qui signifioit en langue Gauloise la colline aux corbeaux, *Lugudunum*.

L'attachement qu'eut cette Ville pour cet Empereur, luy coûta cher, puis-qu'il fut la cause de sa ruine. Car Severe après la mort de Didius Julianus, & de Pescennius ses competiteurs, ne chercha qu'à se defaire d'Albinus, & devant que de se declarer, & de luy denoncer la guerre, il employa diverses ruses pour le perdre. Il luy écrivit des lettres pleines de tendresse, & de grandes démonstrations d'amitié.

L'EMPEREUR SEVERE AUGUSTE
A CLAUDIUS ALBINUS CESAR
son tres-cher & bien aimé Frere, salut.

Après la defaite de Pescennius nous en avons donné avis par lettres au Senat, qui vous est tres-affectionné, & qui les a reçües avec plaisir. Je vous prie de vous appliquer à gouverner la Republique avec la même affection que vous êtes le frere de mon cœur, & mon collegue dans l'Empire. Bassien & Geta vous saluent, aussi-bien que Julie qui salüe vôtre sœur. Nous envoyerons au jeune Pescennius vôtre fils des presens dignes de luy & de vous. Retenez cependant mon cher, mon unique, mon bien-aimé, les armées dans le devoir pour le service de la Republique.

Severe donna ces lettres à des soldats de sa garde qui luy étoient tres affidez, & il les chargea qu'après les avoir renduës à Albinus en public, ils luy fissent entendre qu'ils avoient d'autres choses à luy communiquer en secret de la part de l'Empereur; &

qu'apres qu'ils l'auroient tiré à l'écart, ils le tuassent. Albinus qui se defioit de Severe ne voulut point leur parler en secret, & soupçonnant leur mauvais dessein, les fit arrêter par les Gardes. Enfin à force de tourmens il leur fit avoüer la verité, & decouvrir les ordres qu'ils avoient receus de Severe.

Lib. LXXV.   Dion qui étoit alors à Rome, & du nombre des Senateurs, raconte des prodiges, qui arriverent au temps qu'Albinus & Severe disputoient de l'empire. Il dit qu'avant les Saturnales le dernier jour des Jeux du Cirque donnez par un des Consuls qui étoit de ses amis, on fit des courses de chariots, & qu'il y eut un monde extraordinaire, qui assista à ces spectacles, & que tout d'un coup tout ce peuple se mit à crier comme si c'eut été une chose concertée, ou l'effet d'une impression divine, *Vive Rome, la Reine & l'immortelle, serons nous toujours en guerre & souffrirons nous longtemps ces divisions ?* apres quoy chacun fit silence & recommença à voir les courses. Ces cris si uniformes, & si peu attendus effrayerent le Senat, qui fut encor plus surpris de voir le Ciel tout en feu du côté du septentrion, ce qui fit craindre à quelques uns que toute la Ville ne fut embrasée de ce feu dont l'air paroissoit enflamé. Il tomba presque aussi tot après une pluye de couleur d'argent dans le marché d'Auguste, le Ciel étant fort serein. Et il ajoute qu'ayant pris de cette eau, & qu'en ayant frotté quelques pieces de monnoye de cuivre, elle leur donna une couleur d'argent, qui dura trois jours, & qu'apres ces monnoyes perdirent cette couleur d'argent, & reprirent leur premiere couleur de cuivre. Ce qui étoit, dit cet auteur, un presage de ce qui devoit arriver à Albinus, indiqué par cette couleur blancheatre. Ce qui arriva peu de temps apres ne fut pas moins extraordinaire. Un Maistre d'Ecole, qui enseignoit dans Rome la Grammaire aux petits Enfans, par je ne sçai quel instinct, en partit, pour aller dans les Gaules, où se disant Senateur, & envoyé par Severe pour amasser des troupes, il fit d'abord une assez petite compagnie de soldats, avec lesquels il battit quelques partis de la Cavalerie d'Albinus : s'étant acquis quelque reputation par ce succez, il grossit sa petite armée, & fit plusieurs autres expeditions pour le parti de Severe, qui le croyant Senateur, & ayant appris ce qu'il avoit fait pour luy contre son Ennemy, luy écrivit pour le remercier, & pour l'exhorter à fortifier son armée & à luy continüer ces agreables services. Il envoya à l'Empereur sept cent mille écus d'argent qu'il avoit gagnez dans ses courses. Apres quoy il alla luy même à Rome tout glorieux de ses succez, raconter à Severe ce qu'il avoit fait, sans luy rien deguiser de ce qu'il étoit, & sans demander aucune recompense de ses services, non pas même d'être aggregé au corps du Senat dont il s'étoit attribué les marques pour reüssir dans son entreprise ; apres il se retira à la campagne pour y vivre paisiblement du peu que l'Empereur luy faisoit fournir pour son entretien dans une vie privée. Cette moderation d'un homme si extraordinaire paroit encor plus surprenante que tout ce qu'il venoit de faire dans un mestier qu'il n'avoit jamais exercé pendant sa vie, n'étant jamais sorti de la poussiere d'un College que pour cette expedition. Cette retraitte a quelque chose d'aussi merveilleux, que celle de ces anciens Romains, qui retournoient à la charruë après avoir commandé des armées & gagné des batailles pour la Republique.

Severe qui jusqu'alors avoit été occupé à d'autres guerres, voulut pour s'assurer l'Empire, & à son fils Caracalla achever de perdre Albinus, & avec une armée de cinquante mille hommes passa les Alpes, & entra dans les Gaules, où Albinus l'attendoit avec une armée aussi forte que la sienne.

Les premiers avantages de cette guerre furent pour Albinus, parce qu'étant dans un païs qui s'étoit declaré pour luy, & où il ne s'étoit pas moins gagné l'estime que l'affection de tous les peuples, Severe eut à disputer tous les passages, & son armée s'affoiblissoit, parce que divers partis qu'il étoit obligé d'envoyer devant luy pour ouvrir les chemins, étoient battus. Au premier combat qui se donna, Albinus defit Lupus l'un des chefs de l'armée de Severe & un grand nombre de soldats qui demeurerent sur le champ de bataille avec leur General. Dans un autre combat il se servit d'une ruse, qui luy fit recouvrer tout l'avantage qu'il sembloit d'abord avoir perdu. Car l'aisle gauche de son armée ayant été defaite par celle de Severe, & s'étant mis en fuite, elle fut poursuivie par les victorieux, qui arrachoient leurs tentes, & enlevoient leurs bagages; lorsque l'aisle droite s'avançant commença à envoyer une gresle de fleches sur les Ennemis, & apres sa decharge se retiroit dans son poste, ne s'avançant qu'à la portée de ses traits sur l'Ennemi, parce qu'ils avoient pratiqué devant eux un fossé profond couvert de fascines & de terre qui le cachoient. l'Armée de Severe qui ne s'appercevoit pas de ce fossé, & qui s'irritoit de voir que leurs Ennemis évitoient d'en venir aux mains, & se contentoient de faire plusieurs déchar-

de la Ville de Lyon.

ges de leurs traits, resolut d'aller à eux & de les pousser. Les premiers tomberent dans le piege qu'on leur avoit dressé, & ceux qui les suivoient allant avec la même ardeur à l'Ennemy se culbutoient sur eux. Ceux qui vouloient se retirer mettoient la confusion dans les rangs de ceux qui venoient apres eux. Cependant que les Ennemis que ce fossé rendoit assurez contre les irruptions de leurs adversaires, venoient à la charge, & tuoient tout ce qui tomboit dans le fossé, & tout ce qui se presentoit. La perte fut tres grande d'hommes & de chevaux par ce stratageme qui reüssit au parti d'Albinus. Severe voyant ce desordre de son armée, s'avança avec ses gardes & son corps de reserve au secours de ceux qu'il voyoit ainsi miserablement perir devant ses yeux. Mais bien loin d'être plus heureux avec ces nouvelles troupes, il y perdit l'Elite de son armée & son cheval fut tué sous luy. Alors comme desesperé, il quitte sa cotte d'armes, & l'Espée à la main il se tourne vers les siens, qui fuyoient épouvantez de la déroute de leurs compagnons. La presence de l'Empereur, qui leur reprochoit leur lacheté, les fit retourner au combat : mais ils étoient si troublez, que tournant visage à l'Ennemi, & appercevant ceux des leurs, qui fuyoient apres eux, ils les prirent pour les ennemis qui venoient à eux, & en tuerent un grand nombre. Enfin s'étant ralliez ils se jetterent sur ceux qui les poursuivoient avec tant de furie, qu'ils les obligerent de plier. Lætus qui jusqu'alors avoit attendu tranquillement avec sa Cavalerie le succez de ce combat, dans l'Esperance que si les deux Chefs y demeuroient, il se feroit reconnoître Empereur par ses soldats, & profiteroit de la defaite de tous les deux ; Voyant que Severe reprenoit l'avantage, donna sur l'armée d'Albinus avec toute sa Cavalerie, qui étoit encor fraîche, & prenant les ennemis par les Flancs les tailla tous en pieces. Jamais bataille ne fut plus sanglante, & le peuple Romain y fit l'une des plus grandes pertes, qu'il eut encore faites ; parce que c'étoient des troupes Romaines, qui combattoient les unes contre les autres, comme aux Champs de Pharsale, quand Cesar & Pompée combattirent, & se disputerent l'Empire du monde. Les victorieux ne furent pas moins consternez que les vaincus quand ils virent la campagne couverte de morts & des ruisseaux de sang, qui couloient dans les deux Rivieres qui fermoient le Champ de bataille. Les blessez, qui se trouvoient accablez sous les morts, sous les armes & sous les Chevaux, jettoient des cris épouvantables ; aussi bien que ceux qui étoient tombez dans le fossé à demy froissez de la chûte de ceux qui les avoient suivis, & qui étoient tombez sur eux. Albinus effrayé de la defaite de son armée se retira dans une maison qui étoit sur les bords du Rhône, où se voyant assiegé, il se tüa pour ne pas tomber vif entre les mains de son ennemi. Severe le voulut voir, & apres avoir repû ses yeux d'un spectacle qui luy assuroit l'Empire dont il n'avoit plus de competiteur, il en fit reserver la tête pour être portée à Rome, & jetter le corps dans la riviere.

Le Senat apprit avec douleur la mort d'un homme qu'il aimoit, & la lettre de Severe, qui donnoit avis de sa victoire, & du succez de cette guerre étoit remplie de tant de reproches, qu'elle jetta la terreur dans Rome, chacun redoutant la colere d'un Empereur naturellement cruel, & irrité de ce qu'on avoit temoigné de l'estime & de l'attachement pour son Rival. Il fit chercher dans Lyon toutes les lettres qu'Albinus avoit receües de Rome, pour connoître ceux qui avoient eu quelque commerce avec luy, & fit condamner par le Senat comme ennemis de la Republique, ceux dont il pût trouver des lettres, & pour s'en venger il les fit mourir, & confisqua tous leurs biens.

Cette Ville qui avoit servi de retraite à Albinus sentit les premiers effets de la colere de Severe. Il l'abandonna au pillage de ses soldats, qui la saccagerent, passerent au fil de l'Epée la plupart de ses habitans & y mirent le feu.

Nos Historiens ne conviennent pas du lieu, où se donna ce combat, que quelques uns font commencer à Tournus, & finir dans la plaine que nous nommons de Sinsons au delà du Rhône. Mais s'ils avoient bien lû Herodien, Xiphilin, & Spartien, qui ont decrit ce combat, ils y auroient pû voir, qu'Albinus & Severe ne passerent point le Rhône : qu'Albinus attendit dans Lyon, où il s'étoit retranché, qu'il n'en sortit que pour le combat auprès de cette Ville. Ainsi je crois qu'au lieu de Tournus, qui est à quinze lieües de Lyon, il faut entendre que ce fut à Trevoux que commença le combat, & qu'au lieu de *Tinurtium*, il faut lire *Trivultium* dans Spartien. Il y a en cet endroit une grande plaine qui s'étend entre les deux Rivieres, & qui se termine du côté de Lyon à une vallée qui est comme un large fossé, & cét ce lieu qu'a decrit Xiphilin, qui ajoute qu'il y eut tant de sang repandu qu'il couloit dans les Rivieres, ce qui ne peut s'entendre que de la Saône & du Rhône entre lesquels est cette plaine, qui n'a que deux lieües de largeur entres ces deux Rivieres. Ce fut dans une maison prés du Rhône qu'Albinus s'alla jetter quand il vit son armée

Quàm apud Lugduni eundem (Albini) interfeci esset, statim litteras inquiri iussit ad quos ipse scripsisset, vel qui ad eum rescripsissent: omnesque illos quorum Epistolas reperit, hostes judicari à Senatu fecit: nec his seperit, sed & ipso, interemit, & bona eorum proscripsit, atque in ærarium publicum retulit. Jul. Capitol. in Albino.

Ubi jam in Galliam Severi copiæ pervenerunt, leves primò quædam pugnæ, quasi quæ velitares fuerunt, donec postremò apud Lugdunum magnam urbem atque opulentam, prælium in manibus fuit. Nam cum se manibus tenuisset Albinus, exercitus emisit in pugnam. Herod. l. 3.

Primò apud Tinurtium contra Albinum felicissimè pugnavit Severus. Spartian.

In hoc tumultu qui erant inter vallem, & fossas sagittis confossi concidebant. Xiphil.

defaite, parce que l'armée de Severe tenoit le côté de la Saône vers Trevoux où Severe avoit eu les premiers avantages. Et Xiphilin, dit que la chose se passa ainsi, & qu'il rapporte exactement ce qui s'étoit fait sans avoir égard à ce que Severe avoit écrit pour couvrir beaucoup de choses qui ne luy avoient pas été avantageuses. Comment donc auroit pû passer le Rhône ces deux armées de prés de cent mille hommes sans y jetter des ponts, dont il n'est point parlé dans tous les Auteurs, qui ont decrit ce combat? Ce n'êt pas le sang répandu qui a fait le nom de la plaine Sinfons, puisque Paradin avoüe que dans les anciens Actes elle est nommée *à fontibus*, des fontaines. Je crois plutot que c'étoit parce qu'elle étoit sans fonds, *sine fundis*, d'autant que ces champs, qui avoient appartenu aux Allobroges, n'avoient point été divisez aux soldats. Enfin en creusant dans cette plaine dont je parle, on y a trouvé des armes & des ossemens, ce qu'on n'a point decouvert dans la plaine de Sinfons, Et Mont Tribloud auprés duquel se fit le plus grand carnage est encore appellé dans les anciens titres *Mons terribilis*: comme c'est des morts en cette plaine que ce païs receut le nom de Dombes à *Tumbis*, des Tombes, le T. étant souvent changé en D. en la pronunciation, particulierement par les Allemands, dont l'armée de Severe étoit composée & d'Illyriens, comme Xiphilin a remarqué.

<small>*Non enim ea refero quæ scripsit Severus, sed quæ vera est consulat.* Idem.</small>

Lyon fut alors comme enseveli sous ses ruines, nul de tous les Empereurs qui succederent à Severe, ne s'interessant pour l'en relever. Car quoy que Caracalla, fut né à Lyon, il n'eut jamais d'affection pour sa patrie, que son Pere avoit si mal traitée. Les Empereurs qui luy succederent furent la plupart étrangers, ou barbares, les uns nés en Thrace, les autres en Afrique. Alexandre qui prit le nom de Severe, parce qu'il étoit parent de Julie femme de cet Empereur, n'eut pas voulu favoriser une Ville dont le nom avoit été si odieux à celuy auquel il se vantoit d'appartenir par les liens du sang.

Cependant je ne puis m'empêcher icy de relever une imagination de Rubis l'un de nos Historiens qui dit au chap. XXX. du livre premier de son Histoire que Severe eut tant de ressentiment contre cette Ville, qu'il voulut en éteindre le nom, & que ses habitans furent contraints de le changer, & au lieu de *Lugdunum* de le nommer *Leo* dont s'êt fait depuis le nom de Lyon qu'elle porte. Je dis que c'êt une vision de Rubis, puisque nul Auteur n'a jamais parlé de ce changement, non plus qu'on ne trouve nul ancien monument, ny aucun ancien Auteur, où elle soit nommée *Leo*, mais toûjours *Lugdunum*. Il n'y a eu que quelques ignorans, qui trouvant dans des Auteurs latins *Leodium* qui est le nom de la Ville de Liege, ont crû que c'étoit Lyon, & luy ont attribué certaines choses qui regardoient Liege.

Cette imagination de Rubis est aussi mal fondée que celle de Chorier, qui dans son Histoire de Dauffiné pour dire quelque chose de nouveau a dit que l'Etymologie de *Lugdunum* se tiroit de deux anciens mots Gaulois *Lus* & *dunum*, dont l'un signifie peuple, & l'autre colline ou montagne, & qu'il n'y a pas d'autre mystere à chercher dans ce nom que celuy d'un peuple qui habite sur une colline. Le P. Hardouin en ses notes sur l'Histoire naturelle de Pline semble approuver cette opinion de Chorier, qu'il dit se moquer de l'Etymologie que luy donne Clitophon cité par Plutarque quand il la nomme la colline aux corbeaux, *Lugudunum*. Surquoy je n'ay qu'à faire remarquer qu'il nous reste plus de trente Inscriptions antiques où se trouve le mot *Lugdunum*, & plus de soixante où est celuy de *Lugdunum*, que les medailles d'Antoine, & nos tables d'Airain gravées sous l'Empire de Claude la nomment *Lugdunum*, que Dion, & Plutarque la nomment ainsi: que Tacite, Suetone, Strabon, Seneque, Florus, Pline, Titelive, Paterculus, & plus de cent autres Auteurs des premiers siecles la nomment *Lugdunum*, & qu'il n'en est pas un seul qui la nomme *Lusdunum* avant Chorier. Quelques uns des moyens temps l'ont voulu nommer *Lucdunum quasi Lucis dunum* mais cette origine a été rejettée de tous les Savans comme une resverie, qui n'est appuyée de nulle autorité, non plus que celle de Chorier, qui veut que *Lus* ait signifié en langue Celtique *peuple*, ce qu'il avance sans aucune preuve, & ce qui est une pure imagination, aussi bien que l'opinion de Goropes Becan, qui le derive d'un mot qu'il dit en langue Cimbrique signifier la *fortune*, ou le *desir*. Lugdunum *Mons fortunatus*, ou *collis desideratus*.

<small>*Lugdunum* (Lyon) Nic. Chorier liv. 2. Hist. Delphin. p. 96. Lut. quod populum Celtarū linguâ sonet, Dun montem vocis Lugduni originem repetit, quasi montis incolas ea vox significet. Allam ejus nominis originationem videt quam apud Plutarchum Clitophon asserit. Harduinus in notis d lib. 4 Hist. natur. Plinij p. 487.</small>

Le soulevement des Allemans obligea Alexandre Severe de venir dans les Gaules, & de passer par cette Ville, ayant trouvé en ce pays quelques legions qui se mutinoient, il les congedia, & les obligea de quitter les armes, ce qui fut cause de sa mort & de l'élevation de Maximin qui commandoit ses troupes. Il reste à Feurs quatre pierres milliaires, qui ont conservé le nom de Maximin & de son Fils, & qui sont des témoignages de la residence que firent en ce pays ces deux Empereurs, au moins durant quelque temps, & vers la fin de leur Empire, puisque Maximin le Pere n'ayant regné que deux ans & quelques mois, la troisiéme année de sa puissance tribunitie est marquée en une de ces Inscriptions.

1.

IMP. CAES. C. JVL. VE — *Imperatori Césari*
RO MAXIMINO PIO — *Caïo Julio*
FELIC. AVG. GERMA — *Felici Augusto*
NICO MAX. SARMATICO — *Maximo*
PONT. MAX. DAC. MAX. — *Pontifici Maximo*
PROCOS. OPTIMO MA — *Proconsuli*
XIMOQVE PRINC. ROM. — *Principi Romanorum*
C. JVL. F. SEG. — *Colonia Julia forum Segusianorum*
L. I. — *Leuca prima*

2.

CAES. C. JVL. VERO MA
XIMINO PIO FELIC.
GERMANICO MAX. SARMA
TICO MAX. DACICO
MAX. PONT. MAX.
OPTIMO MAXIMO
QVE PRINC. AVG.
FELICI PA . . . . .
L. II. *Leuca secunda.*

3.

IMP. CAES. G. — *Gaïo*
JVL. VERO MA
XIMINO PIO FEL.
AVG. GERMANICO
M. DAC. M. SAR. MAX. — *Maximo Dacico Maximo*
PONT. M. TR. POT. III — *Tribunitia potestatis*
COS. PROCOS. P. P. O. M. PR — *Patri patriæ optimo maximo*
N. ET G. JVL. VERO — *Principi nostro*
MAXIMO GERM. M.
NOBIL. CAES. AVG. N.
FILIO A P. SEG.
L. III.

IMP. C. JVLI . .
VERO MAXIMINO PIO
FELI. AVG. GERMA.
NICO MAX. SARMATIC.
O MAX. DACICO MA
X. PONT. MAX. TRI
B. POST. III. COS. PRO
COS. P. P. OPTIMO MA
XIMOQVE PRINC. N.
C. JVL. F. SEG. LIBERA
L. III.

Ces Inscriptions contiennent beaucoup de choses curieuses pour nôtre Histoire, & ont besoin de quelques éclaircissemens pour l'intelligence de plusieurs antiquitez qui n'ont pas été entenduës par nos Auteurs.

Maximin le Pere, qui prend dans ces inscriptions le nom de Caïus Julius Verus Maximinus, étoit du pays de Thrace né d'un Pere Goth, & d'une Mere, qui étoit des Alains. *Jul. Capitolin. in Maximinis duobus.* Son Pere s'appelloit Micca, & sa Mere Ababa, dont il cacha les noms quand il fut fait Empereur, craignant de passer pour barbare, & affecta de prendre celuy de Jules Cesar, & de l'un des Antonins, se faisant nommer Caïus Julius Verus Maximinus. Il commença à faire la guerre sous l'Empereur Severe. Il avoit gardé les troupeaux en sa jeunesse, & depuis s'étoit fait garde de bois contre les voleurs des grands chemins, pour la defense de son pays. Il étoit bel-homme, d'une taille gigantesque, ayant huit pieds & un pouce de hauteur, gros à proportion de sa taille, avec des doigts si prodigieux que le bracelet de sa femme ne pouvoit luy servir que d'anneau dans son pouce. Il se *Pollice ita vasto ut uxoris dextro cherico pro annulo uteretur. Capitol.* fit connoître a Rome lorsque Severe faisoit celebrer des Jeux pour la naissance de Geta son second fils. L'Empereur avoit proposé des prix de colliers, de bagues, de boucles & de baudriers d'argent, pour ceux qui feroient le mieux dans ces Jeux. Maximin demy barbare, & qui à peine commençoit à dire quelques mots Latins se presente à l'Empereur, & luy demande la permission de lutter avec ceux qui paroissoient avoir déja quelque avantage dans ces exercices militaires. L'Empereur le voyant d'une taille extraordinaire, bien-fait, jeune & vigoureux, le fit d'abord combattre contre quelques goujats de ses troupes, ne voulant pas exposer ses soldats contre un avanturier barbare, pour ne pas les rebuter. Maximin en abbatit seize d'une seule lutte sans prendre haleine & reçût de l'Empereur quelques prix de peu de valeur, & qui n'étoient pas de ceux que l'on donnoit aux soldats. Trois jours après Severe étant sorti à cheval pour aller faire la revuë de ses troupes, apperçût Maximin qui sautoit autour de luy & battoit des mains à la maniere des Barbares, il appella un Tribun, & luy commanda de luy faire cesser ces manieres peu usitées parmy les Romains, & de le faire dresser aux exercices militaires pour en faire un soldat. Maximin ayant sçû par ce Tribun que l'Empereur l'avoit remarqué, & avoit parlé de luy, s'alla jetter à ses pieds, & Severe voulant alors éprouver s'il auroit autant de vitesse à la course, qu'il avoit de force de corps & de bras, poussé son cheval & fait plusieurs caracols, sans que Maximin en abandonnât jamais la queuë. Alors l'Empereur qui avoit beaucoup fatigué son cheval pour essayer de lasser Maximin, se tourne vers luy & luy dit. Hé bien Thracien que veux-tu ? serois-tu maintenant en état de lutter encore. A quoy il répondit, tres-volontiers, Empereur, si vous le commandez. Severe sur cette réponse descend de cheval & choisit entre ses soldats, les plus frais & les plus robustes pour luy opposer. Maximin sans prendre aucun repos de ses fatigues, en coucha sept à terre, ce qui étonna tellement l'Empereur que luy ayant donné une chaîne d'or pour prix de sa valeur, il le retint entre ses soldats des Gardes, où il s'acquit tant de reputation par sa force, & son addresse, qu'il se fit aimer des Tribuns & de tous ses compagnons, & mesme de l'Empereur de qui il obtenoit tout ce qu'il pouvoit desirer. Un Historien de ces temps-là assure qu'il mangeoit quarante livres de viande par jour, & quelques-uns disent soixante, & beuvoit un barril de vin. Il ramassoit la sueur qui couloit de son corps dans des vases, & en montroit quelquefois deux ou trois setiers. Il fut sous Caracalla fils de Severe chef de File, Centenier, & eut plusieurs autres charges militaires. Il quitta le service sous Macrin, qu'il haïssoit, parce qu'il avoit tué Caracalla fils de Severe, son premier Maître & son patron. Il se retira en son pays, où il acheta quelques terres, & se mit à trafiquer avec les Goths & les Alains.

Aprés la mort de Macrin, & de Diadumene son fils, ayant appris qu'Heliogabale, qui se disoit fils d'Antonin étoit Empereur, il alla luy offrir ses services, & le pria de vouloir l'employer comme Severe son Ayeul l'avoit employé dans ses armées, mais ayant été scandalisé des prostitutions & des manieres infames de ce monstre, il voulut se retirer, lorsque les principaux de l'armée, qui connoissoient son merite, ne voulant pas qu'il fut dit que l'Empereur eut meprisé un homme, qu'ils appelloient un Hercule, un autre Achille, & un Ajax; le retinrent, & luy firent donner une charge de Tribun, qu'il exerça, sans pourtant jamais vouloir se presenter à l'Empereur, ny luy baiser la main, comme faisoient tous les autres : non pas mesme le saluër, feignant toûjours d'estre malade ou occupé ailleurs, quand il falloit, selon la coûtume, luy aller rendre ses devoirs. Enfin trois ans après, ayant appris qu'Alexandre Severe avoit esté fait Empereur aprés la mort d'Heliogabale, il alla à Rome le saluër. Le nouvel Empereur qui connoissoit son merite le reçût avec joye, & dit en plein Senat, qu'il venoit de recevoir un homme dont ils devoient connoistre la valeur, & les plus belles actions : qu'il n'avoit point voulu paroistre sous un homme indigne de l'Empire, & d'avoir de semblables Chefs : que pour luy, il luy donnoit la quatriême Legion à commander, avec les marques des Generaux, & que la Legion qu'il luy remettoit estoit toute de soldats nouvellement levez, afin qu'il les formât luy-mesme, & qu'il luy fit plusieurs Maximins, dignes de commander comme luy. Il s'appliqua aussi tôt à dresser ces nouvelles troupes, leur faisant faire de cinq en cinq jours les exercices : ce qu'ayant vû un des Tribuns d'une autre Legion, homme fier, & fanfaron, envieux de la reputation que Maximin s'estoit acquis par son addresse, luy dit un jour s'il vouloit lutter avec luy ? Je le veux bien repliqua Maximin; & comme ce Tribun approchoit, Maximin ne fit que le pousser de la main & le renversa sur le sable, aprés-quoy il dit, qu'il en vienne un autre, mais que ce soit un Tribun. Cela lui fit donner le nom de Milon Crotoniate, & d'Hercule Antée. Alexandre Severe le voyant dans une si grande reputation, luy confia la conduitte de toutes ses troupes, & l'en fit Generalissime avec l'approbation & l'applaudissement de tous les Officiers. Cependant Alexandre estant venu dans les Gaules, & y ayant voulu casser quelques Legions, cela fut cause d'un soulevement qui luy coûta la vie, & fit proclamer Empereur Maximin par les soldats, sans attendre les ordres & le decret du Senat. Il donna aussitôt le nom de Cesar à son Fils, pour le faire son Compagnon & son Collegue pour l'Empire. On a trouvé dans la Ville de Feurs les

Ioïsse illum sepe in dicemini Capitolinam amphoram constat: Comedisse & xl. libras carnis. Cordus dicit etiam lx. Capitol.

de la Ville de Lyon. 139

quatre pierres milliaires, qui ont conservé les noms de ces Empereurs. Et je ne doute point, que ce ne soit de leur nom, que soient venus les noms de Messimy & de Messimieux villages de Dombe & de Bresse, comme Albigny dans le Mont-d'or a retenu celui d'Albinus, & Siurien celui de Severe. J'ay aussi découvert à Saint Irenée la moitié d'une medaille de marbre, où l'on voit une teste excellemment taillée à demy relief, qui a tout l'air de Maximin, suivant la description qu'en a fait Capitolin, qui lui donne de grands yeux, un air mâle & viril, un grand corps, & une blancheur singuliere. Ajoutez à cela que le Bellier qui paroît sur ce casque estoit le simbole de sa force à la lutte, & le diademe qui borde ce casque la marque de sa dignité, comme je suis persuadé que sa taille extraordinaire lui avoit fait donner le nom de Maximin.

Quàm erat adolescens, longitudine autem corporis, & vastitate, & formâ, atque oculorum magnitudine, & candore omnes excelleret. Jul. Capitol.

139.

On a trouvé prés de la petite Ville d'Usson en Forés une autre pierre milliaire avec une Inscription, qui quoyque fort ruinée ne laisse pas d'indiquer les noms des deux Maximins.

IMP. CAESAR	*Imperator Julius*
VS MAXIMI	*Maximinus*
FELIX AVG. P. M.	*Pontifex Maximus.*
PROCOS. PRIM.	*Proconsul Primùm*
ET F. E. JVLIVERV	*Filius ejus Julius Verus*
NOBILISSIMVS	
PRINCEPS JVVENTV	
TIS VETVSTAT. CON	*Vetustate consumptum*
RESTITVERVNT	
M. XIIII.	*Milliare decimum quartum.*

C'est une pierre milliaire comme les quatre precedentes trouvées auprés de Feurs dans l'enclos des Religieuses Ursulines. La marque du milliaire XIIII. en est une preuve évidente aussi bien que la forme de la pierre ronde en façon de colonne. Les Romains qui prenoient grand soin des voyes militaires pour le passage des troupes, rétablissoient ces pierres milliaires, quand elles estoient renversées ou brisées. J'en ay remarqué plusieurs en Allemagne dans la Suabe & dans la Baviere, avec des Inscriptions de ceux qui les ont rétablies. Et j'en ay rapporté ci-devant quelques-unes de celles que Drusus avoit fait refaire auprés de Vienne & de Montpellier. Ainsi je ne sçay pourquoy Monsieur de la Mure en son Histoire de Forés est allé imaginer une Déesse nommée *Usso* qu'il pretend que les Gaulois adoroient, & un Temple rétabli à cette Divinité imaginaire par les deux Maximins Pere & Fils. Je laisse les autres fausses interpretations qu'il a données à quelques termes abbregez de cette Ins-

L. 5. Ch. 1.

S ij

cription, pour m'arrester à la difference des distances marquées en ces pierres milliaires, dont les quatre premieres sont distinguées par lieües, & celles-cy par des milles. L. I. II. III. IIII. M. XIIII. Difference que j'ay déja touchée, & assez amplement expliquée en la page 50. lorsque j'ay parlé des grands chemins bâtis par Agrippa dans les Gaules, & dont cette Ville estoit le centre aussi-bien que le commencement des Gaules où l'on comptoit par lieües, au lieu des milles d'Italie.

Septime Severe fut le premier des Empereurs, qui joignit à la qualité de Consul celle de Proconsul, parce qu'affectant au commencement de son Empire de faire la guerre en personne, de conduire les troupes, & de gouverner les Provinces, ce qui estoit au paravant l'employ des Proconsuls, il voulut faire connoître au Senat, que c'estoit en qualité de Proconsul & d'Agent de la République, qu'il exerçoit ces emplois plûtost que comme Empereur. Quelques-uns des Empereurs qui le suivirent, retinrent ce titre, principalement ceux qui n'ayant jamais été Consuls, comme quelques-uns des Tyrans, prenoient le titre de Proconsuls.

Je remarque encore que Feurs, qui prend en ces Inscriptions le titre de Colonie Julie, ajoûte à ce titre dans la quatriême inscription le titre de Colonie libre *Colonia Julia Forum Segusianorum libera*, peut-être parce que Pline avoit déja dit au temps de Vespasien, que c'estoient des peuples libres. *Segusiani liberi*.

Ces deux Maximins Pere & Fils ne furent pas plus tranquilles dans l'Empire que trois ou quatre de leurs predecesseurs. Enfin cette dignité se trouva partagée entre plusieurs Tyrans qui l'usurperent, jusqu'au nombre de trente sous l'Empire des Galliens, qui avoient succedé aux Gordiens & aux Philippes, dont on trouve quelques medailles en ce pays, mais non pas d'autres monumens, qui puissent servir à cette Histoire; Quelques-uns de ces Tyrans, & de ces Empereurs tumultuaires avoient commandé dans les Gaules, & y furent proclamez Empereurs par leurs soldats, comme Balbinus, Lollianus & Posthumius. Il y a quelques années que l'on trouva à une lieüe de cette Ville sur les bords du Rhône, une grande quantité de medailles de ce dernier, qui pouvoient avoir esté frappées en cette Ville.

Gallis prius insuetum est esse leves ac degeneratos à civitate Romaná, & luxuriosos Principes ferre non posse, Posthumium ad imperium vocarunt, exercitibusque consentientibus, Contra hunc exercitum Theodotus duxit. Cumque Posthumius in qua erat Posthumius, capisset, decernentibus Gallis Gallienus muros circuiens sagitta ictus est. Nam & per annos VII. Posthumius imperavit, & Gallias ab omnibus circumfluentibus barbaris validissimè vindicavit. Trebell. Poll.

Perditâ Galliâ ar-risisse ac dixisse perhibetur. Non sine tre-beatis sagittata Respub. est. Trebell. Pollio. In Gallien.

Ce furent les Gaulois qui éleverent Posthumius à l'Empire: parce que se voïant exposez à tous momens aux irruptions de leurs ennemis, tandis que Gallienus vivoit dans la mollesse, & negligeoit le soin de l'Empire, nos Gaulois que Trebellius accuse de legereté & d'inconstance, & dit estre incapables de souffrir des Princes qui s'abandonnent aux plaisirs & à la debauche, secoüerent la domination des Romains, & inviterent Posthumius à prendre le titre d'Empereur: les armées y consentirent, & Theodotus s'estant mis à la tête de quelques troupes pour marcher contre luy, comme il eut mis le siege devant une Ville que Posthumius deffendoit, Gallienus qui voulut aller reconnoître la place, fut blessé d'un coup de fleche, & obligé de quitter la partie tandis que Posthumius continua à regner dans les Gaules, & pendant sept ans les defendit courageusement des incursions des Barbares, sans que Gallienus sur le reproche qu'on luy faisoit d'avoir perdu les Gaules, fit autre chose que dire, Quoy donc la Republique ne peut-elle pas se passer de ces gens de robe-courte; & a-t-elle besoin d'eux pour la defendre?

C'estoit Valerien frere de Gallienus, qui avoit avancé Posthumius, & qui lui avoit donné le gouvernement des Gaules en qualité de President, avec le Commandement des troupes au-delà du Rhin, pour en defendre les frontieres. Il donna en même temps à son fils Posthumius le commandement d'une cohorte de Vocontiens. Car il y avoit cette difference entre les troupes Romaines, & les troupes Etrangeres auxiliaires, que les Romaines estoient distinguées par Legions composées de plusieurs Cohortes, au lieu que les auxiliaires n'estoient que simples Cohortes. Voicy la lettre que Valerien écrivit aux Gaulois. „ Nous avons fait Posthumius President des Gaules & Général „ des troupes, pour garder les marches au-delà du Rhin, c'est un homme tres digne „ de commander des peuples qui aiment l'ordre, puisqu'il fera garder exactement la dis-„ cipline aux soldats, la Justice dans les jugemens, & dans les Tribunaux, & l'honneur „ qui est dû aux Magistrats: homme dont j'estime le merite au dessus de tous les autres, „ & qui est digne de l'Empire, dont j'espere que vous me sçaurez bon gré, & que vous „ m'en remercierez. Que si par malheur je me trompois dans l'opinion que j'ay conceüe „ de luy, sçachez que je ne vois personne de qui on puisse repondre, & à qui l'on puis-„ se se fier. J'ay donné à son fils Posthumius les Vocontiens à commander en qualité de „ Tribun, & j'espere que ce jeune homme marchera sur les pas de son Pere, & se „ montrera digne de luy.

Ce fut en ce temps que l'Empire se trouva livré en proye à trente Tyrans, par l'absence de Valerien, fait prisonnier de guerre par les Persans; & par la lacheté de Gallienus qui s'abandonna aux debauches. Lollianus qui avoit porté Posthumius à l'Empire, lui succeda, & sceut conserver les Places que Posthumius avoit fortifiées, contre les Barbares ; mais sa severité l'ayant rendu odieux aux Soldats, il fut tué par Victorinus, fils de Victoria, ou Victorina, qui fut appellée Mere des Camps, & honorée du nom d'Auguste, quoique fuyant autant qu'elle pût ces honneurs, pour elle & pour son fils, elle les eut deferez à Marius & à Tetricus, qui empêcherent du moins, que l'Empire Romain ne tombât entre les mains des Barbares, dit Trebellius Pollio.

Mater Castrorum.

Ce Tetricus, fut le plus heureux de tous les Tyrans dans sa disgrace. Parce que s'étant fait aimer dans les Gaules, qu'il avoit gouvernées en qualité de Président, & n'ayant pris le titre d'Empereur, qu'à la persuasion de Victoria sa parente, Mere de Victorinus, que Posthumius avoit associé à l'Empire, & qui étoit mort ; il ceda volontairement cette dignité à Aurelien, qui se contenta de le mener en triomphe, avec Zenobie, & les deux enfans d'Odenat, qu'il avoit vaincus, & luy donna ensuite le gouvernement de l'Italie, afin qu'il achevât le reste de ses jours, avec quelque honneur.

Aprés ces trente Tyrans & l'Empire d'Aurelien, nous n'avons rien de considerable, pour nôtre Histoire, jusqu'à l'empire de Probus, qui commença l'an 179. de JESUS CHRIST.

PROBUS

Cet Empereur à qui tous les Historiens de son temps ont rendu cet illustre témoignage, qu'il avoit parfaitement rempli le surnom d'Homme de bien, qu'il s'étoit acquis, par la sagesse de sa conduite, est celui que l'on veut qui ait permis aux Gaulois d'avoir des Vignes, & que nos Historiens de Lyon, ont crû avoir donné le nom de Mont-d'Or, à ce Canton du Lyonnois, qui est entre cette Ville, & le Beaujolois, au pied des Montagnes, qui separent cette Province du Forest. Mais j'ay refuté cy-devant cette opinion de nos Auteurs, par des témoignages évidens d'un usage contraire.

Flavius Vopiscus, qui a écrit la vie de cet Empereur, en donne une idée si grande, qu'il n'y a jamais eu de Heros comparable à ce Prince, qui monta par tous les degrez de la Milice, jusqu'à la dignité d'Empereur, par sa seule vertu, & ses belles actions : dont le Senat, les Empereurs, les Officiers & les Soldats, firent de frequens Eloges, autant admirateurs de sa sagesse, & de sa probité, que de son courage, de sa valeur & de son addresse.

Cet Historien dit, qu'avec une puissante Armée, il entra dans les Gaules, qui étoient dans le trouble depuis la mort de Posthumius, & dont les Allemans s'étoient presque rendus les maîtres, aprés qu'Aurelien eut été tué : qu'il retira des mains des Barbares, soixante grandes Villes, enleva aux Allemans tout le butin qu'ils avoient fait dans les Gaules, qu'ils venoient de saccager : le chassa de ces Provinces, qu'ils occupoient, & aprés les avoir obligez de se retirer au delà du Necre & de l'Elbe, établit des Camps volans, & de fortes Garnisons, pour s'opposer aux irruptions de ces Barbares.

Cependant cette Ville n'eut point de part aux bien-faits de cet Empereur, puisque Vopiscus, dit qu'ayant été maltraittée par Aurelien, & craignant de tomber sous la domination de Probus; elle persuada à Proculus de se faire Empereur, & de la proteger contre les Allemans, qui l'inquietoient par leurs courses & leurs voleries. Cet Historien ajoûte, que ce fut comme par jeu, que ce Proculus, qui étoit un Avanturier, fut élevé à l'Empire : que joüant aux Echecs, avec quelques-uns de ses Compagnons, aprés un grand repas, il gagna jusqu'à dix fois, & qu'un de la troupe en riant, s'écria bien vous en soit, ô Empereur, & lui jettant un Manteau de Pourpre, sur le dos, se prosterna devant lui, & le salüa comme on salüoit les nouveaux Cesars. Ceux qui se trouverent presens à cette bouffonnerie, saisis de frayeur, firent aussi-tôt la même chose, ce que suivit toute l'Armée, à laquelle il commandoit, & fut ainsi proclamé Empereur. Cependant quoique jusqu'alors il eut plûtôt fait le mêtier de Voleur, que de General d'armée, avec ses Troupes, qui pilloient par tout où elles passoient, il ne laissa pas d'être utile aux Gaulois, parce qu'il chassa les Allemans, qui pilloient & ravageoient de leur côté. Enfin, il fut vaincu par Probus, qui le traitant en Tyran, lui fit couper la teste, & la fit attacher à un Croc, pour être montrée aux Soldats, & traînée à la voirie.

Proculus hortantibus Lugdunensibus, qui & ab Aureliano graviter contusi vi-debantur, & Probum vehementissimè pertinescebant, in imperium vocitatus est. Vopisc. in Proculo.

Aprés la mort de ce Tyran, nos Lyonnois firent des Medailles, où sa teste étoit attachée à un Croc, au dessous de la figure, ou du Bust d'Aurelius Probus, couronné de rayons, avec une Victoire, qui sembloit lui presenter cette teste, & ces deux Lettres P. T. qui signifient *Proculus Tirannus*, ou si l'on met le T. devant le P. *Titus Proculus*, qui étoit son nom : Dans l'autre face de cette Medaille, est l'image du Genie de

S iij

Lyon, qui tient une Corne d'Abondance, comme celui de la Medaille de Galba, avec cette difference, qu'en l'autre ce Genie, s'appuye sur une pique, au lieu que celui-cy, s'appuye sur un timon, où gouvernail, peut-être à cause de nos deux Rivieres. Cette Medaille qui a été trouvée en cette Ville, & qui est tres-rare, m'a été donnée par Monsieur Roman de Rives, qui est tres-curieux, & qui a une connoissance particuliere des Medailles. Il m'en a communiqué plusieurs autres, qui ont été frappées en cette Ville, sous divers Empereurs. Voicy celle de Proculus, qui n'a point encor paru dans aucun de nos Auteurs, qui ont traité des Medailles.

142

Carus qui succeda à Probus, envoya Carinus, l'un de ses fils dans les Gaules, pour les gouverner, avec des Troupes pour les deffendre des excursions des Barbares, tandis qu'il mena à la guerre Numerianus, son autre fils. Cette Ville étoit alors en un si pitoyable état, que les Gouverneurs des Gaules commencerent à s'établir à Cologne, & auprés du Rhin, pour arrêter les courses des Allemans, particulierement des Alains & des Bourguignons, qui faisoient de frequentes courses dans le païs des Sequanois, & des Belges, où ils cherchoient à s'établir, tandis que d'un autre côté les Francs, que Probus avoit repoussez du côté de la Frise, cherchoient aussi à s'établir dans les Gaules du côté de Tongres, & des côtes de la Mer Britannique. Ainsi Probus fut le premier des Empereurs, à qui on donna le nom de *Francicus*, quand le Senat, aprés avoir lû les Lettres, qu'il lui avoit écrit, pour lui rendre conte de ses Victoires, & de ses expeditions militaires, luy fit des acclamations dans le Temple de la Concorde, où se tenoit l'assemblée. Le Consul Ælius Scorpianus, ayant dit aux Senateurs, Peres Conscripts, Vous venez d'apprendre par les lettres d'Aurelius Probus, ce qu'il a fait ,, pour la Republique, que vous en semble? Alors tous s'écrierent, Que les Dieux con- ,, servent l'Empereur Probus, digne de l'Empire dépuis long-temps, puisqu'il a toû- ,, jours été vaillant, juste, & un parfait Capitaine, aussi bien qu'un sage General ,, d'armée: l'exemple de la Milice, & le modele des Empereurs. Vivez, regnez ,, heureusement defenseur de la Republique, commandez, ô le plus heureux de tous ,, les Chefs, qui ont commandez nos Troupes. Nous vous remercions d'avoir accepté ,, l'Empire, que le Senat vous a offert. Defendez-nous: Defendez la Republique. On ,, ne pouvoit remettre en de meilleures mains que les vôtres, ceux que vous avez si ,, souvent conservez. Vous étes le Victorieux des Francs, des Goths, des Sarmates, ,, des Parthes. Enfin, 'vous nous étes toutes choses. Toûjours digne de l'Empire, ,, toûjours digne de triompher. Vivez, regnez, commandez & soyez toûjours heu- ,, reux, comme vous avez été jusqu'à present.

Voilà quel fut l'état de cette Ville, sous la domination des Romains. La décadence de l'Empire fut la sienne. Nous verrons dans les Livres suivans les changemens qui s'y sont faits selon ses changemens de Maîtres.

Tu Francicus, tu Gothicus, tu Sarmaticus, tu Parthicus, tu omnia & prius fuisti semper dignus imperio, dignus trinus; bis felix agas! Feliciter imperes.
Flav. Vopisc.

Fin du premier Livre.

LIVRE SECOND.
GOUVERNEMENT CIVIL DE LA VILLE
de Lyon, sous le bas Empire, & les Bourguignons.

La décadence de l'Empire Romain fit changer de face aux Gaules, comme j'ay déja remarqué dans le Livre precedent. Les Tirans qui se partagerent ce vaste Empire le perdirent en le divisant. Et Lyon comme la Ville la plus considerable de toutes les Gaules, & la plus proche des Alpes, par où l'on entre dans l'Italie, fut aussi la plus exposée aux entreprises de ceux qui vouloient avoir part au gouvernement. D'ailleurs comme elle étoit le lieu où s'apportoient les deniers qui se retiroient des contributions, & des autres revenus des Provinces tributaires de l'Empire, comme nous avons vû par les Inscriptions que j'ay rapportées; ceux qui vouloient envahir l'Empire songeoient d'abord à se rendre Maîtres de cette Ville, pour se saisir de ces deniers, dont ils se servoient pour acheter les suffrages des soldats, toûjours prets à se faire de nouveaux Chefs à ce prix, & de preferer ceux qui leur offroient le plus d'argent. Ainsi l'Empire fut comme au pillage, dépuis la mort des Antonins. Le partage qui s'en estoit fait entre les deux Augustes Marc Aurele & Luce Vere ayant été de mauvais exemple, & une occasion aux armées, qui faisoient la guerre en divers endroits de vouloir chacune élever ses Generaux à la dignité d'Empereurs: puisque sa Republique & le Senat s'étoient insensiblement accoutumez d'obeïr à plusieurs Maîtres, & à reconnoître deux ou trois Empereurs. Enfin après un siécle entier de divisions, & de Tyrans, on vit dans l'Empire Romain un nouveau prodige: ce fut la dimission volontaire que firent Dioclétian & Maximien de la dignité d'Empereurs, l'un à Milan, & l'autre à Nicomedie le premier jour d'Avril l'an 304. de Jesus-Christ. Cette retraite volontaire de ces deux persecuteurs des *Chrêtiens*, fit un peu respirer l'Eglise.

Eodem die (nàm itá convenerunt Jovius Nicomediæ, Herculius Mediolani, rem monimentis Romanorum incognitam; Nepotibus non minùs dignam memoratu, quàm admirabilem peregerunt. Pompon. Lætus in rer. Rom. Compendio.

La Ville de Lyon qui ne s'étoit pas encore relevée de ses ruines, n'attira point sur elle la colere de ces Empereurs, parce qu'elle n'avoit rien qui pût tenter leur avarice, ny exciter leur fureur. Ses Chrêtiens quoy qu'en grand nombre, ne faisoient que des assemblées secrettes; les Gouverneurs des Gaules & les troupes qu'ils commandoient se tenoient sur les bords du Rhin, & sur les frontieres d'Allemagne pour empêcher les entreprises de ces peuples. Ainsi nous ne voyons aucun vestige, ny Inscription, qui nous apprennent ce qui s'y passoit pour lors.

Vienne & Grenoble, qui se nommoit alors *Cularo*, furent plus favorisées par ces Empereurs que Lyon, où cependant ceux qui étoient encore devoüez à ces Empereurs, & au culte des Idoles, voulurent flater leur orgueil par les monnoyes de cuivre, qu'ils firent paroître pour publier les victoires de Carus & de Numerianus son fils, & pour donner à Maximien le titre d'Hercule Conservateur.

C'est ce titre que Maximien affectoit, comme Dioclétien affectoit de prendre celuy de Jupiter: Et pour en laisser des marques à la posterité, ils les firent graver sur deux portes de la Ville de Grenoble, dont ils nommerent l'une qui étoit la porte de Rome, porte de Jupiter, & l'autre porte d'Hercule par laquelle on venoit à Vienne. Voicy ces deux Inscriptions dont il reste quelques fragmens.

D. D. N. N. IMP. CAES. GAIVS AVRELIVS DIOCLETIANVS
P. P. INVICTVS AVGVSTVS ET IMP. CAESAR MARCVS AVRELIVS
VALERIVS MAXIMIANVS PIVS FELIX INVICTVS AVG. MVRIS
CVLARONENSIBVS CVM INTERIORIBVS AEDIFICIIS PROVIDENTIA
SVA INSTITVTIS ADQVE PERFECTIS PORTAM ROMANAM IOVIAM
VOCARI IVSSERVNT.

D. D. N. N. IMP. CAESAR GAIVS AVRELIVS VALERIVS DIOCLETIANVS

P. P. INVICTVS AVG. ET IMP. CAESAR MARCVS AVREL. VALERIVS MA
XIMIANVS PIVS FELIX INVICTVS AVG. MVRIS CVLARONENSIBVS
CVM INTERIORIBVS AEDIFICIIS PROVIDENTIA SVA INSTITVTIS ADQVE
PERFECTIS PORTAM VIENNENSEM HERCVLEAM VOCARI JVSSERVNT.

Ce furent donc ces Empereurs, qui furent comme les Fondateurs de Grenoble, puisqu'ils en bâtirent les maisons & les murailles. Mais quand cette Ville eut embrassé la Religion Chrétienne sous l'Empire de Gratien, elle eut tant d'horreur des cruautés que ces persécuteurs avoient exercées contre les fidelles, que pour abolir la memoire de ces impies & les noms des faux Dieux qu'ils avoient donnez à deux de ses portes, elle prit le nom de Gratien, qu'elle a retenu jusqu'à présent. Ce fut Maximien, qui arrêta en ce pays les courses & les voleries d'une armée de paysans, que l'on appelloit *les Bagaudes*, à qui Amandus, & Ælianus avoient fait prendre les armes, pour envahir les Gaules avec ces nouveaux soldats tirez de la charruë. Et ce fut en cette occasion que la Legion Thebeënne, qui avoit été envoyée à Maximien pour resister à ces paysans, souffrit un glorieux Martire auprés des Alpes, ayant refusé d'assister aux impies sacrifices que l'Empereur offroit à ses Dieux, devant que d'aller combattre ses ennemis.

Avant que Diocletian & Maximien quittassent l'Empire, ils adoptérent avec le consentement du Senat, Constantius surnommé Chlorus, & Galerius Maximien surnommé Armentarius, avec le titre d'Augustes, l'un pour commander dans les Gaules, l'Espagne, l'Italie & l'Afrique, & l'autre dans l'Illyrie & dans l'Orient. Mais Constantius persuadé qu'il est difficile de bien gouverner de grands Etats divisés en plusieurs Provinces, se contenta des Gaules & de l'Espagne, & ceda l'Italie & l'Afrique à son Collegue. Ce nouveau Cesar d'une humeur douce & tranquille, rendit la Paix aux Gaules, qu'il gouverna avec tant de moderation & de mépris des richesses, que ne se servant ordinairement pour ses usages particuliers que de vaisselle de terre, il empruntoit de ses amis de la vaisselle d'argent pour en garnir ses buffets, quand il vouloit faire des festins solemnels.

Il fut Pere de Constantin le grand, qui jetta les premiers fondemens de la grandeur temporelle de l'Eglise, comme il acheva de ruiner celle de Rome en transferant le siege de l'Empire à Bizance qu'il nomma de son nom Constantinople. La multiplicité des Empereurs, avoit déja beaucoup affoibli cette dignité partagée entre plusieurs Têtes, & usurpée par tant de Tyrans, que Rome n'estoit plus que le Theatre de plusieurs guerres Civiles, & le Senat qu'une vaine image d'autorité, & de grandeur, qui en exposoit tous les membres ou à des lâchetez indignes, ou à des proscriptions, ou à des morts honteuses & cruelles.

Sur quoy il est bon de remarquer que l'insolence qu'avoient les soldats d'élever à l'Empire ceux qu'ils vouloient dans leurs armées, fit perdre à cette Auguste Assemblée la puissance souveraine, qui l'établissoit comme Regente de l'Empire, que les premiers Empereurs n'osoient prendre que dependamment de ses ordres. Ils luy rendoient un compte fidelle de toutes leurs actions, recevoient d'elles leurs pouvoirs pour la guerre & pour la paix; & si les monnoyes qui avoient cours dans ce vaste empire, portoient leurs noms & leurs effigies, on y voyoit en même temps les marques de l'autorité de cette Assemblée de Sages, & de premiers Magistrats par ces deux lettres S. C. qui apprennent à tout le monde que ses Maîtres ne faisoient rien sans consulter cette Assemblée. Les armes étoient alors soumises à la Robe, mais enfin les armes l'emportérent, & les Empereurs ayant secoüé ce joug, commencerent à prendre le titre de Seigneurs, dont la puissance Tribunitie avoit été comme une premiere tentative, sous pretexte de balancer l'autorité du peuple de qui elle dependoit, avec celle du Senat, qui faisoient l'une & l'autre, jointes ensemble celle du Corps de la Republique. Les Empereurs en prenant la qualité de Consuls se déclaroient membres du Senat, comme en s'attribuant celle de Tribuns, ils se faisoient Chefs du peuple, & addoucissoient cette autorité, sous le titre specieux de Peres de la Patrie, comme ceux que l'on donnoient aux Imperatrices de Meres du Senat, Meres du peuple, Meres des Camps & des Armées, étoient des titres de vanité; dont on flattoit l'orgueil & l'ambition de ces femmes.

Ces Empereurs tumultuaires, & independans du Senat, établirent dans les Provinces les sieges de leur Empire, pour ne pas s'éloigner de leurs armées, qui faisoient

Senatus Consulte.
Cedant Arma Toga.
D. N. Dominus noster.

de la Ville de Lyon.   145

soient toute leur puissance. C'est alors que l'on vit paroître des monnoyes de tous métaux frappées en diverses Villes, dont elles portoient les Caractéres au lieu de celuy du Senat, & des premieres Colonies, qui affectoient d'y rendre publiques les marques de leur pieté & de leur fidelité, avec les noms de leurs Magistrats & de leurs Duumvirs.

Les guerres d'Allemagne, qui obligerent les Princes, & ceux qui gouvernoient les Gaules de se tenir sur les bords du Rhin, leur firent choisir la Ville de Tréves pour leur Station ordinaire : de là vient que quelques medailles de Maximien & de Constantius Chlorus ont sous l'Exergue ces deux ou trois lettres. P.T. P.TR. pour marquer le lieu de leur frappe. Nous avons de semblables marques pour celles qui se faisoient en cette Ville. Et nous en trouvons de Numerien, de Maximien, de Constantius Chlorus, de Magnence, de Decentius, de Constantin, de Crispe, du jeune Constantin de Constans, de Constance, de Jovien, de Valens, de Gratien, & de quelques autres, avec ces lettres P.L.N. *Pecunia Lugdunensis nova* P.L.C. *Pecunia Lugdunensis colonia* R.P.L.C. *Romana pecunia Lugdunensis Colonia*, qui marquoit encor quelque dependance P.LVG. *percussa Lugduni* C.P.L.C. *Caracter Pecunia Lugdunensis Coloniæ*. *Percussa Treveris ou pecunia Treverensis.*

La forme du gouvernement changea avec la nouvelle face que Constantin donna à l'Empire dont il fit une espece de *Tetrarchie* quand il le divisa en quatre grands Gouvernemens, qu'il nomma *Pretoires*, comme il donna le nom de Prefets aux quatre principaux Gouverneurs, qui furent nommez Prefets du Pretoire. Il en faut icy exposer le plan pour faire voir quel fut le gouvernement Civil de cette Ville, dans ce nouvel établissement d'Empire, & de domination. *CONSTANTIN.*

Ce fut l'an 330. que Constantin étant Maître de l'Empire, en divisa le gouvernement en quatre Pretoires, des Gaules, d'Italie, d'Illyrie, & d'Orient. Il fit pour chacun de ces Pretoires un Gouverneur general, qui avoit le nom de Prefet. Chaque Pretoire fut sousdivisé en Dioceses, & les Dioceses en Provinces. Les Dioceses étoient gouvernez par des Vicaires, ainsi nommez, parce qu'ils étoient sous les Prefets ; comme les Provinces étoient gouvernées par des Consulaires, des Correcteurs, & des Presidens. Enfin il y avoit dans chaque Province une Ville principale, qui en étoit la Metropole, de laquelle étoient dependantes toutes les autres Villes de la Province.

Le Prefet du Pretoire avoit l'Intendance generale sur les Dioceses, les Provinces, les Magistrats, & les Villes, tant pour le fait de la guerre, que des finances, des ouvrages publics, des Postes, voitures, grands-chemins, spectacles, tributs, impositions, étapes des armées, appellations de Justice, punitions des crimes, &c. *enim exercituales flagitantur expensa, ab hac ultus quaritur sine temporis consideratione. Huic etiam vel solum grave testum est, &c. Cassiod. in præfat. variar.* *Dignitati Præfecti prætoriana sedes, occupationes publica velut pedissequa semper assistunt. Ab hac judiciorum pondus ad-*

Le Pretoire des Gaules étoit composé de trois Dioceses, du Diocese d'Espagne, du Diocese des Isles Britanniques, & du Diocese des Gaules.

Le Diocese d'Espagne étoit composé de sept Provinces.
1. *La Betique*, ou Andalousie, dont Metide la grande étoit la Metropole.
2. *La Lusitanie*, ou Portugal, dont Lisbonne étoit la Metropole.
3. *La Gallice*, dont la Metropole étoit Brague.
4. *La Mauritanie Tingitane*, dont Tanger étoit la Metropole.
5. *La Province Tarragonnoise*, dont Sarragoce étoit la Metropole, ou Tarragone.
6. *La Carthaginoise*, dont Carthagene étoit la Metropole.
7. *Les Isles Baleares*, de Maillorque & Minorque, ajoutées aux six premiers Dioceses, & distraites de la Tarragonnoise, à laquelle elles avoient été jointes. Majorque ou Palma en étoit la metropole.

Le Diocese des Isles Britanniques n'étoit composé que de cinq Provinces. *Maxima Cæsariensis, Valentia Britannia prima, Britannia secunda & Flavia Cæsariensis.*
1. *Maxima Cæsariensis*, avoit pour metropole la Ville d'Yorck. *Eboracum.*
2. *Valentia*, Edimbourg *Alata Castra* en Ecosse.
3. *Britannia prima*, Cantorbery *Doropernum*, ou Londres.
4. *Britannia secunda*, Caërlen ville ruinée, *Ilcasburum.*
5. *Flavia Cæsariensis*, saint Alban *Verulamium.*

Le Diocese des Gaules étoit divisé en dix-sept Provinces.
1. *La premiere Germanie*, dont Mayence étoit la metropole.
2. *La seconde Germanie*, qui avoit Cologne pour metropole.
3. *La premiere Belgique*, dont Tréves étoit metropole, c'étoit-là que residoit ordinairement le Prefet du Pretoire des Gaules.

T

4. La seconde Belgique, qui avoit pour Metropole la Ville de Rheims.

5. La Province Viennoise dont Vienne étoit la Capitale & le siége du Vicaire.

6. La premiere Lyonnoise, dont cette Ville, étoit la Metropole, & *Prima sedes Galliarum*, quand les Gaules étoient partagées en deux Gouvernemens, sous les noms des Gaules & des cinq Provinces. C'étoit la demeure du Vicaire. En la Loy premiere du Code Theodosien, *de Censu & reliquis*, l'addresse est à Antoine Marcellin, President de la premiere Lyonnoise, & la datte de Cologne sous le II. ou V. Consulat de Constantin le Grand, & de Licinius.

7. La seconde Lyonnoise, dont Roüen étoit la Metropole.

8. La troisiéme Lyonnoise, avoit la Ville de Tours, pour Metropole. *Cæsarodunum Turonum.*

9. La quatriéme Lyonnoise, dont Sens étoit la Metropole; *Agendicum Senonum.*

10. *Maxima Sequanorum*, à present la Franche-Comté, dont Besançon étoit la Metropole.

11. La premiere Aquitaine, sa Metropole Bourges, *Avaricum Biturigum.*

12. La seconde Aquitaine, dont Bordeaux étoit Capitale.

13. La Novempopulanie, dont Ausch est encore aujourd'hui la Metropole. *Augusta Auscorum*, ou *Elusa*, Eusc.

14. La premiere Narbonnoise, à qui la Ville de Narbonne sa Metropole avoit donné son nom.

15. La seconde Narbonnoise, dont la Ville d'Aix en Provence étoit la Metropole.

16. Les Alpes Maritimes, Ambrun la Metropole.

17. Les Alpes Graies & Pennines, Avanches la Metropole, & depuis la Tarentaise.

C'est ce Pretoire des Gaules, que Claudien a si bien d'écrit dans le Panegyrique de Mallius, où il represente en de si beaux vers, ces trois Dioceses d'Espagne, des Isles Britanniques & des Gaules, ou le Rhosne & la Saône ont part.

> *Non te parte sui, sed in omni corpore sumpsit*
> *Imperium, cunctáque dedit tellure regendos*
> *Rectores: Hispana tibi, Germanaque Tethys,*
> *Paruit, & nostro diducta Britannia mundo.*
> *Diversoque tuas coluerunt gurgite voces,*
> *Lentus Arar, Rhodanusque celer, & dives Iberus,*

Les autres Pretoires, ou Gouvernemens de l'Empire ne faisant rien à nôtre Histoire, je n'en rapporte pas les Dioceses, ni les Provinces, que l'on peut voir dans les Notice de l'Empire. Comme ceux qui veulent s'instruire plus à fond du Pretoire des Gaules, & de ses Prefects n'ont qu'à lire le savant ouvrage du P. Gilles La carry imprimé à Clermont, l'an 1672. sous ce titre.

Historia Galliarum, sub Præfectis Pratorio Galliarum.

Revenons à Constantin.

Aprés que Constantin eut fait cette division de son Empire, en quatre Pretoires, & établi la Ville de Lyon, la Metropole de quatre Provinces, elle devint la demeure de plusieurs Familles illustres, dont les Chefs furent élevez aux premieres dignitez de l'Empire. Les plus celebres entre ces Familles Patriciennes furent celles des Syagries, des Avits, des Apollinars, des Rustiques, des Eutropes, des Ferreols, des Philimaties, & quelques autres, que nous connoissons par les lettres, & par les poësies de Sidonius Apollinaris, qui sortoit de l'une de ces Familles, & qui nous a conservé les noms de son Pere, de son Ayeul, & de son Bisayeul, de son Beaupere, de sa Mere, de ses Freres, de ses Oncles, de ses Cousins, & de ses autres Parens. Il écrit à Philimatius, un de ses amis, que son Pere, son Beaupere, son Ayeul, & son Bisayeul, ont passé par toutes les dignitez les plus considerables de l'Empire, qu'ils ont été Gouverneurs de Rome, Consuls, Prefets du Pretoire des Gaules, & qu'il n'y a eu aucun emploi, ni aucune Charge, soit dans les Finances, soit dans la Robe, soit dans la Cour, & dans les Armées, qu'ils n'ayent exercées avec honneur.

Pater, socer, avus, proavus, præfecturis Urbanis, Prætorianisque Magisteriis, Palatinis Militaribusque micuerunt. Sid. Epist. 3. Lib. 1.

Cependant, comme a sagement remarqué le P. Sirmond, dans les savans Commentaires, qu'il nous a laissez sur les Ouvrages de Sidonius, ce n'est pas de ces Apollinars, que la Maison des Vicomtes de Polignac, la premiere, & la plus considerable du Vellay est descenduë, comme Savaron l'avoit avancé sans aucun fondement solide, puisque Polignac a toûjours été nommé dans les anciens titres Latins *Podomniacus*, nom qui n'a nul rapport avec celui d'*Apollinaris*, non plus que les imaginations de Gabriel Simeoni Florentin, qui ayant fait quelque sejour à Lyon, en ramaſſa les antiquitez vers la fin du siecle precedent, & fit une deſcription de la Limagne d'Auvergne, où à l'occaſion d'une tête Colloſſale à cheveux épars en rayons, il conjecture que c'étoit la tête d'Apollon ou du Soleil, adoré en ces lieux-là, & que du nom d'Apollon, fut formé celui de Polignac, & des Apollinas. Le Pape Urbain V. qui écrivit au Roy Charles, en faveur du Vicomte Armand de Polignac, le nomme *de Podumniaco*, comme les anciens titres, & non pas Apollinar, qui étoit un nom ancien dans Lyon, ainſi que l'on peut juſtifier par un aſſez bon nombre d'Inſcriptions, où nous voyons encore les noms de *L. Dextrius Apollinaris*, de *Leanius Ruffus Apollinaris*, & de *Laenius Apollinaris*, fils de Ruffus.

Cet Apollinar Ayeul du ſaint Evêque Sidonius, fut Prefet du Pretoire, & le premier de ſa Famille, qui renonçant à l'idolatrie, & aux ſuperſtitions payennes, reçût l'honneur du ſaint Baptême, comme nous l'apprend l'Epitaphe, que lui fit ſon petit fils Sidonius en ces vers.

Serum poſt Patruos Patremque carmen   Sidonius Epiſt. 12. l. 3.
Haud indignus Avo nepos dicavi
Ne fors tempore poſthumo viator
Ignorans reverentiam ſepulti
Tellurem tereres inaggeratam,
Præfectus jacet hic Apollinaris.
Poſt prætoria recta Galliarum;
Mœrentis patria ſinu receptus,
Conſultiſſimus utiliſſimuſque
Juris, Militia, Foriique Cultor,
Exemploque aliis periculoſo
Liber ſub dominantibus Tyrannis.
Hæc, ſed maxima, dignitas probatur
Quod frontem cruce, membra fronte purgans
Primus de numero Patrum ſuorum
Sacris ſacrilegis renunciavit.
Hoc primum eſt decus, hæc ſuperba virtus,
Spe precedere quos honore jugas
Quique ſint titulis pares parentes
Hos illic meritis ſupervenire.

Le fils de cet Apollinar, fut Pere de Sidonius & Prefet du Pretoire, comme ſon Pere, ſous l'Empereur Valentinien environ l'an 449. Il mourut à Lyon, & fut inhumé dans le tombeau de ſon Pere, ayant laiſſé trois fils, dont l'aiſné fut Cajus Solius Sidonius Apollinaris ce ſaint Evêque de Clermont, l'un des plus éloquens hommes de ſon ſiecle, auſſi bien que l'un des plus excellens Poëtes de ſon temps. Il exerça pluſieurs Charges conſiderables dans la Cour des Empereurs, & ſe diſtingua dans le barreau, fut Gouverneur de Rome, Senateur & employé en diverſes ambaſſades & negotiations. Il épouſa après Papianille, fille d'Avitus, qui fut Conſul, Prefet du Pretoire, & Empereur. Enfin, ce Sidonius, après la mort de ſa Femme, fut fait Evêque de Clermont en Auvergne, & ſucceda à Eparchius, après avoir longtemps reſiſté à ceux qui le preſſoient d'accepter cette dignité.

Les autres fils d'Apollinaris, & freres du ſaint Evêque, furent Domnitius, que ſon frere dit avoit été un homme de bon commerce, doux, agreable, & dont la converſation étoit charmante, & un autre Apollinaris, qui fut Pere de Secundus, lequel Secundus eut deux fils, Apollinaris & Thamaſte : comme le ſaint Evêque avoit eu de Papianille ſon épouſe avant ſon Epiſcopat, un fils nommé Apollinaris, & deux, filles Roſcia & Severiana, toutes perſonnes Illuſtres, & qui ont fait honneur à cette Ville.   *Homo gratia ſumma, ſummi leporis.*

Quelques-uns à l'occaſion de ces Prefets du Pretoire des Gaules, ont crû que le grand S. Ambroiſe, Archevêque de Milan, & l'un des quatre Docteurs de l'Egliſe, devoit être conté au nombre de nos illuſtres Lyonnois : parce que Paulinus, qui a écrit la vie de ce Saint, a dit qu'il nâquit lorſque ſon pere gouvernoit les Gaules, & que cet Enfant étant au berceau, & ayant été mis dans la Cour du Pretoire pour y prendre l'air, un Eſſaim d'Abeilles, s'étoit venu poſer ſur ſes lévres, comme pour les ſuccer, ſans lui faire aucun mal, dont on tira d'heureux preſages de la douceur de ſon éloquence, ſi ſouvent comparée au miel.   *Poſito in adminiſtratione Galliarum Patre ejus Ambroſio, natus eſt Ambroſius, qui infans in area Prætorii in cunabulis poſitus, &c.* Paulinus in ejus vita.

Comme le lieu de la naiſſance de ce Saint dépend de celui qui étoit la demeure du Prefet du Pretoire des Gaules, les ſentimens des Savans ſont partagez en cette occaſion entre Tréves, Lyon & Arles. Et le P. Theophile Raynaud, l'un des plus Savans Hommes

Probabilius sedes præædi Prætoris Gallorum Arelatæ.

de ce siecle a traité à fonds cette question dans un Ouvrage, qui a pour titre *S. Ambrosius an ortu Lugdunensis?* où il prononce en faveur de la Ville d'Arles: ce qu'il avance cependant avec tant de modestie, qu'il dit seulement avant que de conclurre en faveur de cette Ville-là, qu'il est plus probable, que c'est à Arles qu'il est né. Il ajoute à la fin de ce discours, que c'est-là sa pensée, qu'il ne donne point comme une decision, ne voulant point prejudicier à la gloire d'aucune Ville, qui vueille ou qui puisse s'attribuer la naissance de ce Saint. Que Lyon n'a pas besoin de s'attribuer des ornemens étrangers pour se rendre considerable, l'étant par tant d'autres titres, qui sont incontestables. Je ne decideray rien non plus là-dessus, puisque l'amour de la verité qui m'est plus cher que l'honneur de ma Patrie, m'oblige à dire, qu'il y a plus d'apparence que c'étoit à Tréves qu'il étoit né.

Constantin étant mort l'an 339. ses trois fils se partagerent l'Empire, Constantin l'aîné eut pour son partage les Gaules, l'Espagne & l'Angleterre. Constans retint l'Italie, l'Illyrie, & une partie de la Grece, & Constantius s'établit à Constantinople & demeura Maître de l'Asie. Ce partage n'établit pas la paix entre ces Freres. Car Constantin l'aîné ne se contentant pas de sa portion, voulut envahir celle de Constans, qui se trouvant plus fort ou plus heureux que lui, le defit prés d'Aquilée, où la mort de cet ambitieux tué dans le combat laissa à Constans l'Empire des Gaules, de l'Espagne & de l'Angleterre, joint à celui d'Italie & de la Grece, qui le rendit tres-puissant. Il fit General de ses Troupes un Gaulois nommé MAGNENCE, homme hardi, & entreprenant, qui voyant que Constans avoit peu de santé, & ne pouvoit en personne conduire ses armées, en gagna adroitement les principaux Officiers, & quand il crût qu'ils étoient parfaitement à luy, il les invita à un festin solennel, où après les avoir magnifiquement traitez, il se leva de table, & étant passé dans son cabinet, il s'y revêtit de toutes les marques de la dignité d'Empereur. Il se presenta en cet état à tous les conviez & leur fit un long discours pour leur persuader que Constans étoit incapable de commander des Troupes, & de gouverner l'Empire, qui demandoit un homme robuste, prest à monter à cheval au moindre mouvement des ennemis, & de se mettre à la tête de toutes ses Legions, pour combattre & pour animer les soldats par de belles actions aussi bien que par sa presence. Il n'eut pas peine à persuader cette Assemblée, qui n'étoit composée que de personnes qui lui étoient toutes devouées. On le proclama Empereur, & pour s'assurer cette dignité qu'il venoit d'usurper, il envoya aussitôt quelques-uns de ses soldats des plus hardis & des plus resolus pour se defaire de Constans, qui s'étoit retiré sur les bords du Rhône, aux extremitez du Languedoc, pour y mener une vie tranquille. Et il y fut assassiné par ces envoyez de MAGNENCE, le plus ingrat, & le plus perfide des hommes envers son Maître, & son bienfaiteur, qu'il l'avoit comblé d'honneurs, & luy avoit même sauvé la vie.

CONSTANTIUS.

Constantius ayant appris cette mort, & l'attentat de Magnence, qui se faisoit reconnoître pour Empereur dans les Gaules & dans tout l'Occident, se trouva d'abord embarrassé dans le parti qu'il prendroit de vanger la mort de son Frere, ou de la dissimuler. Car il étoit occupé dans l'Orient à resister aux efforts de Sapores Roy des Perses qui luy avoit declaré la guerre; & faisoit des progrez dans l'Orient, tandis que MAGNENCE étoit puissant dans les Gaules. Il jugea sagement qu'il falloit se mettre en état de resister à l'ennemi le plus proche, & temporiser un peu pour trouver quelque occasion plus favorable de se defaire de l'autre. Il envoya des deputez à MAGNENCE, pour lui dire qu'il vouloit bien oublier tout ce qui s'étoit passé, & même lui laisser les Gaules, à condition qu'il mît bas les armes, & ne portât point plus loin ses entreprises, ny ses prétentions injustes.

Ce Tiran refusa tous les partis que Constantius lui faisoit offrir, ne donnant plus d'autres bornes à son ambition, que celle d'être seul Maître du monde. Constantius n'ayant rien pu obtenir de ce rusé Capitaine, resolut de l'aller chercher avec ses meilleures Troupes, avant qu'il eut fait de nouvelles levées. Il le joignit dans la Pannonie, où se donna un sanglant combat, & des plus opiniâtres: Constantius y perdit un si grand nombre des siens qu'il ne pût retenir ses larmes au milieu d'une victoire qui lui avoit coûté tant de sang. MAGNENCE se sauva vers l'Italie où Constantius le suivit, pour ne lui pas donner le temps de rétablir son armée qui étoit bien affoiblie, par la perte de ses meilleures Troupes. Il fut défait une seconde fois, & contraint de passer les Alpes en diligence pour se jetter dans les Gaules, où il crût qu'il trouveroit de nouveaux secours, & les peuples attachez à ses interêts, parce qu'il les avoit gouvernez, & qu'il y avoit été reconnu pour Empereur.

Il se retira dans Lyon, comme dans un lieu de sûreté, mais lorsque Constantius se mit en devoir de l'y venir assieger, les Lyonnois qui se souvenoient de l'état auquel

de la Ville de Lyon. 149

leur Ville avoit été autrefois reduite par Severe, pour avoir donné retraite à Albinus son ennemi, & Usurpateur de l'Empire comme Magnence; firent investir son Palais pour s'assurer de sa personne, & aux premieres approches de Constantius, lui envoyerent des Deputez pour lui donner avis de ce qu'ils venoient de faire. Il eut peine à souffrir que ces Deputez parussent devant lui, parce qu'ils avoient reçû Magnence; mais quand il sçût qu'ils ne lui avoient ouvert leurs portes que pour s'assurer de sa personne, & qu'ils étoient prêts de le lui livrer, & de lui remettre la Ville entre les mains comme ses fideles sujets, s'il vouloit bien leur promettre de leur conserver leurs biens, & de ne rien entreprendre contre eux. Il le leur promit avec serment, & entra aussi-tôt après dans la Ville, où il trouva Magnence qui de desespoir s'étoit plongé son épée dans le sein, après avoir tué de sa main ses Parens, & ses amis, afin qu'ils ne survécussent point à son infamie, & ne tombassent entre les mains de son ennemi, dont il prévint lui-même les justes ressentimens, par une mort violente. Le troisiéme des Ides du mois d'Août l'an 353. selon Idatius.

Constantius quoy qu'ennemi des Catholiques qu'il persecuta en divers endroits, parce qu'il étoit Arrien, laissa paisibles ceux de Lyon, tant pour garder sa parole que pour reconnoître la fidelité avec laquelle ils avoient refusé de suivre le parti de Magnence, qu'ils avoient retenu prisonnier.

Pendant ces mouvemens, Constantius vint dans les Gaules & passa l'hyver à Arles, où il fit des Jeux du Cirque & de Theatre pour celebrer la trantiéme année de son Empire, qu'il avoit terminée le sixiéme des Ides d'Octobre. Il vint de-là à Valence, après avoir commencé son septiéme Consulat, & l'occasion de ce voyage, fut pour s'opposer aux courses de Gondomade & de Vademaire Princes Allemans, ou Bourguignons, qui se répandoient dans les Gaules, où ils faisoient de grands ravages. Tandis qu'il attend dans Valence les convois necessaires pour ses Troupes, que les Auvergnats tiroient d'Aquitaine, & que les pluyes continuelles empêchoient de voiturer à cause des mauvais chemins, il apprit par Arculanus, les desordres, & les troubles qui regnoient dans Constantinople & dans tout l'Orient par les violences de Gallus son Cousin germain, qu'il avoit fait Cesar. Il amassoit cependant des Troupes pour s'opposer aux Allemans, & leur rendez-vous étoit à Châlon, où elles commettoient beaucoup de violences, parce qu'elles n'étoient pas payées. Il y envoya en diligence Eusebe, Grand Maître de sa maison, avec une somme d'argent assez considerable, qui ayant été distribuée aux Chefs de ces Troupes ramassées, appaisa leurs mouvemens & les desordres qu'ils causoient dans cette Province.

Ammien Marcellin. L. 14.

Il s'avança en suite avec les convois qui luy furent fournis, & marcha du côté de Basle, pour aller au devant des Allemans, qui se sentant trop foibles pour resister à une armée où l'Empereur se trouvoit en personne, luy envoyerent des Ambassadeurs pour demander la paix, qu'il leur accorda à certaines conditions, qui firent murmurer l'armée qui ne demandoit qu'à faire la guerre. Après que cette paix eut été jurée de part & d'autre, avec toutes les solemnitez accoûtumées, Constantius se retira à Milan, pour y passer l'hiver.

La Cour de l'Empereur étoit alors remplie de Francs aussi-bien que les armées, & cette Ville commençoit à se remplir d'étrangers tant de cette Nation que de celle des Bourguignons, parce qu'ayant été fort depeuplée par le massacre qu'y fit l'Empereur Severe pour se vanger de ce qu'ils avoient favorisé Albinus, & ayant été depuis exposée aux courses des Allemans, parce qu'elle n'avoit plus de murailles pour resister à ces irruptions, son commerce avoit fort diminüé.

Cependant Silvanus, qui étoit de ce pays & l'un des plus vaillans Capitaines de l'armée de Constantius, à qui il s'étoit volontairement donné après avoir servi Magnence, fut elevé par cet Empereur à la dignité de Colonel General de son infanterie, & envoyé avec ses Troupes pour s'opposer aux Allemans, qui desoloient les Gaules. Ce General étant à Cologne avec ses Troupes, apprit que l'on travailloit à le perdre auprès de l'Empereur par les calomnies & les rapports que l'on faisoit incessamment à ce Prince pour luy rendre suspecte sa fidelité.

Sçachant donc que l'on avoit perdu par ces dangereux artifices les premiers Officiers de la Cour & de l'armée, & que l'on ne cessoit de luy rendre de mauvais offices pour l'envelopper dans les pieges qu'on luy tendoit, & qu'il n'y avoit plus de moyen de les éviter, qu'en acceptant les offres que luy faisoient ses soldats, de le proclamer Empereur, il se vit contraint de ceder à leurs instantes prieres, pour mettre sa vie en sureté, contre les artifices de ces calomniateurs, qui supposerent des

T iij

lettres, qu'ils firent voir à l'Empereur par lesquelles Silvanus sollicitoit les Chefs de se joindre à lui pour se défaire de Constantius. L'Empereur ayant reçu à Milan ces avis, & ces lettres supposées, se trouva fort embarrassé, & ne doutant point que la conspiration ne fut vraye, il appelle secretement Ursicinus, le plus ancien de ses Capitaines, qui l'avoit toûjours suivi en toutes ses guerres, & qui alors étoit éloigné de la Cour, par la malice de ses envieux. L'Empereur lui écrivit de le venir trouver en diligence accompagné de dix Tribuns de la garde Pretorienne, dont Ammien Marcellin, qui a écrit l'Histoire de ce Prince, étoit l'un, comme il l'assure luimême. Constantius les charge d'une lettre pour Silvanus, à qui il ordonnoit de remettre la conduite de ses Troupes à Ursicin, & qu'il le vint trouver, en retenant cependant toûjours sa dignité de Colonel General, qu'Ursicin n'exerceroit que par Commission en son absence, & dont les fruits & les honneurs lui seroient toûjours conservez. Ursicin qui n'étoit pas moins adroit que vaillant, connut bien la difficulté de sa Commission, & qu'il ne seroit pas aisé de faire donner dans ces panneaux, un homme aussi sage que Silvanus, il crût donc qu'il falloit user d'une autre ruse pour le surprendre, sans s'exposer aux violences des Soldats, qui venoient de le faire leur Empereur. Il se concerta donc avec ses Compagnons, de feindre qu'étant mécontens de Constantius, aussi bien que plusieurs autres de ses anciens Officiers, ils alloient offrir leurs services à ce nouvel Empereur, & se joindre à lui pour fortifier son parti. Cet artifice leur réüssit, Silvanus, qui savoit l'éloignement de la Cour d'Ursicinus, & les sujets de mécontentement qu'il pouvoit avoir, crût qu'il venoit à lui de bonne foy, le receut & ses Compagnons avec joye, leur fit confidence de ses desseins, & se plaignit souvent à eux de la conduite de Constantius, qui avoit si mal reconnu leurs services. Enfin ces Envoyez de Constantius s'étant gagnez quelques Soldats par des sommes d'argent, & par des promesses de grandes recompenses, les porterent à assassiner Silvanus, particulierement quelques Barbares, qui étant des ames Venales, étoient disposez à tout faire pour de l'argent. Ils s'assemblerent un matin à l'aube du jour, forcerent l'entrée du Palais, dont ils tuerent les Gardes. Silvanus éveillé à ce bruit se jette dans une Chapelle, comme dans un lieu de sûreté, parce qu'il étoit Chrétien, mais ces Barbares l'en tirerent, & le tuerent de plusieurs coups.

JULIEN L'APOSTAT.

 Cette mort fut suivie de plusieurs autres, qui rendirent Constantius odieux à ses principaux Officiers. Se voyant d'ailleurs embarrassé dans des guerres, qui ne finissoient point, & en danger de perdre les Gaules, qui étoient continuellement saccagées par les courses des Barbares, il se resolut enfin, d'appeller auprès de soy son Cousin, qui n'est pas moins connu par son Apostasie, que les ouvrages d'esprit qu'il a laissez à la posterité. Il le fit donc venir d'Achaïe, où il vivoit en Philosophe, uniquement appliqué à ses études. Quand il fut arrivé à la Cour, Constantius fit assembler toute l'armée dans une grande place, & étant monté sur un trone élevé au milieu des Aigles & des signes Militaires, qui l'environnoient, il y fit monter Julien, & le tenant par la main, il commença à parler ainsi à ses troupes.

 Fidelles defenseurs de la Republique, je vous ay fait assembler ici pour vous communi-
„ quer un dessein, qui regarde le salut commun de l'Empire, & dans lequel nous sommes
„ tous également interessez. Aprés la mort de tant de Rebelles, & de tant de Seditieux, qui
„ avoient usurpé l'Empire, nous ne cessons de voir les Barbares nous insulter, qui sans
„ garder aucune foy jurée par tant de traitez, & de sermens solemnels, desolent & sacca-
„ gent les Gaules impunément animez par la necessité où nous sommes de nous transporter
„ aux extremitez de l'Empire dans les Provinces les plus reculées pour nous opposer à nos
„ Ennemis, & pour pourvoir aux besoins les plus pressans de l'Etat. Il s'agit presentement
„ de trouver quelque remede à tant de maux, & d'empêcher, si nous pouvons, ces entre-
„ prises des Barbares. Voici mon Cousin Julien, dont la vertu, l'addresse, & le merite vous
„ sont connus aussi bien qu'sa rare modestie. Je veux, si vous le jugez à propos, lui donner
„ le titre de Cesar, & l'associer aux soins de l'Empire, pour me décharger sur luy, d'une
„ partie du poids des affaires.

 Aussi tôt les Chefs & les Soldats par leurs cris, & leurs applaudissemens, in-
„ terrompirent l'Empereur, & l'empêcherent de poursuivre son discours, en s'é-
„ criant tous; que ce choix étoit digne de Constantius, qu'il étoit l'effet d'une inspi-
„ ration divine. L'Empereur aprés que ces acclamations eurent cessé, reprit son dis-
„ cours, & leur dit. Puisque je voy que vous approuvez tous un si digne choix, je veux
„ des à present le revêtir des marques de sa nouvelle dignité de Cesar: & aprés lui avoir
„ mis lui-même le Manteau de Pourpre, Mon cher frere, lui dit-il, vous voilà revêtu de
„ l'éclat, qui étoit dû à vôtre vertu aussi bien qu'à vôtre naissance, & je regarde cet
„ honneur que vous recevez comme ma propre gloire, qui en reçoit par ce moyen un

de la Ville de Lyon. 151

,, nouvel accroissement. Soyez donc doresnavant le fidele Compagnon de mes travaux; Je vous remets le Commandemens des Gaules affligées dépuis longtemps ; relevez-les par vos soins & par vôtre application, des peines qu'elles souffrent. Armez vous pour leur deffense, & s'il est necessaire, mettez vous à la tête des Troupes, pour vous opposer aux Ennemis qui les desolent. Soulagez-les, appuyez-les : allez commander des soldats agguerris & genereux, qui ne demandent qu'à bien faire. Je vous assisteray dans toutes vos entreprises : combattons ensemble avec vigueur, pour tâcher de donner au monde une paix entiere & parfaite, afinque nous ne pensions plus qu'à gouverner conjointement avec amour & moderation. Allez donc, défendre des Provinces que la Republique vous confie, que vous recevez avec les Vœux, & les applaudissemens de tout le monde. Alors tous les soldats élevant & leurs voix & leur boucliers, en frapperent leurs genoux, ce qui est une marque d'applaudissement parmi les Troupes, & ils accompagnerent ces applaudissemens de toutes acclamations de joye, de souhaits de bonheur & de prosperité pour l'Empereur, & pour le nouveau Cesar. Ce fut le 8. des Ides de Novembre, sous le Consulat d'Arbition & de Lollianus, que se fit cette action solennelle, & peu de jours aprés, Constantius fit épouser à Julien, Helene sa sœur, pour se l'attacher encor plus étroitement par les liens d'une alliance nouvelle, lui étant déja uni par les liens du sang, comme son Cousin Germain.

Enfin, comme l'état des Gaules demandoit de prompts secours, Julien partit le premier jour de Decembre, pour y aller commander, & l'Empereur l'accompagna jusques auprés de Pavie. Il alla ensuite à Turin, où il apprit la Ville de Cologne avoit été prise par les Barbares, & saccagée, ce qui l'affligea tellement, qu'il ne put s'empêcher de dire, qu'il ne venoit d'étre élevé à la dignité de Cesar, que pour perir avec plus d'éclat. Delà il passa les Alpes, & arriva à Vienne, où l'on lui fit une entrée magnifique & digne de sa nouvelle qualité. Tous les Corps allerent au devant de lui, & ce fut alors qu'une vieille femme, qui étoit aveugle, entendant les empressemens que tout le monde avoit de voir le nouveau Cesar, & demandant d'où venoit ce bruit, quand on lui dit, que c'étoit Julien, le nouveau Cesar, elle s'écria qu'il rétabliroit le culte des Dieux.

Ce fut durant son séjour dans Vienne, que Julien reçût l'honneur de son premier Consulat, avec Constantius, qui commençoit le huitiéme, & il s'appliqua d'abord aux moyens de travailler utilement au salut de ces Provinces, qui étoient accablées dépuis longtemps. Il y passa tout l'hyver, & ayant appris que les Barbares assiegeoient Autun dont les murailles étoient si vieilles, qu'elles étoient incapables de resister longtems aux impressions des Barbares, il resolut d'y aller en diligence pour secourir cette place. Il assembla au plûtôt ceux qui étoient les mieux instruits des chemins pour déliberer de la route, qu'il devoit prendre. Les uns lui conseilloient de passer par le Forés, & d'autres par Lucy le Bois, & Saulieu. Car c'est ainsi que j'interprete les paroles d'Ammien Marcellin, quand il dit, *aliis per Arborosam, quibusdam per sedes Leucorum iri debere firmantibus*. Car il faut supposer que Julien étoit à Vienne, & qu'il vouloit aller à Autun par Auxerre. Ainsi il falloit necessairement, qu'il prit son chemin, ou par le Forêts, que Marcellin nomme *Arborosam* à causes des arbres, & des forets, & dont l'Arbrelle qui est au pied de la Montagne de Tarare, semble avoit conservé le nom ; car c'est ainsi que cette Ville est toûjours nommée dans les anciens titres, comme l'Abbaye de Savigny, qui est proche ce lieu là, se dit *Silviniacum*. Ce qui determina Julien à prendre cette route, fut que l'on lui dit, que Silvanus, qui avoit été Colonel General d'Infanterie, avoit passé par là, avec huit mille hommes, & qu'il avoit choisi ce chemin, quoy que plus difficile que les autres, parce qu'il étoit & plus court & plus couvert, à cause des bois, qu'il y avoit à passer. Silvanus étoit de ce pais-là, dont les peuples anciennement adoroient le dieu Silvain, comme nous avons vû dans une Inscription que j'ay rapportée en la préparation de cette Histoire. Ce qui fait que je m'étonne, que Mr. de la Mure en son Histoire de Forés, vueille absolument que ce soit *Forum Segusianorum*, que ces peuples ayent été nommez Foresiens, & le pais de Forés, & non pas des Forets, puisque *Forum* qui étoit le nom de la Ville de Feurs en particulier, n'étoit pas celui du pais, qui n'a jamais été nommé par les Anciens *Pagus Forensis*, mais *Segusiani*, & que la Déesse *Segusia*, & le dieu Silvain y étoient adorez, dont *Silvanus* avoit eu le nom, & son Pere celui de *Bonitus*, qui a été commun à plusieurs personnes de ce pais-là, & même à quelques Saints, dont le nom est resté à quelques Villages du Forés. Quoy qu'il en soit Julien alla par un chemin court & difficile jusqu'à Auxerre, & passa de là jusqu'à Troye & à Rheims, pour poursuivre ces Barbares.

Ammien Marcellin, raconte une chose assez plaisante en cette occasion, il dit que quand il fallut que Julien endossat la Cuirasse pour se former aux exercices militaires lui qui avoit toûjours été appliqué à l'étude, & qui n'avoit porté que le manteau de

Philosophe, il commença à dire en plaisantant, que cet exercice nouveau ne convenoit pas à un Philosophe, non plus qu'à un bœuf de porter le bast. Et un jour comme il distribuoit de l'argent à ses Agens, l'un d'eux au lieu de tendre le bout de sa robe pour le recevoir selon la coûtume, le prit avec les deux mains, sur quoy il dit agréablement, je voy bien que les Agens & les Procureurs sont plus accoutumez à prendre qu'à recevoir. Enfin Marcellin ajoute qu'il soulagea beaucoup les Gaules, à l'égard des impositions, puisque quand il y entra on y payoit vingt-cinq écus d'or par tête, & que quand il en sortit il les avoit reduits à sept pour toutes charges.

Quod profuerit an-helantibus extremâ penuriâ Gallis, hinc maximè claret quod primitùs partes eas ingressus pro Capitalis singulis tributi nomine vicenos quinos aureos reperit flagitari: discedens verò septenos tantum universa munera complectens.

Cependant les Barbares ne laissoient pas de faire des courses & des voleries, lors qu'après avoir consumé le butin qu'ils avoient fait à la campagne, la faim les obligeoit de retourner dans les champs pour en enlever le bestail. Julien après avoir passé l'hiver à Sens, aussi-tôt qu'il apprit que les Allemans se devoient mettre en campagne pour recommencer leurs courses, partagea ses Troupes en deux corps, dont l'un étoit commandé par Severus homme sage & formé depuis long-temps au mestier de la guerre, & l'autre étoit sous la conduite de Barbatio, qui avoit succedé à Silvanus en la charge de Colonel General de l'Infanterie, & étoit venu d'Italie avec vingt-cinq mille hommes. Il commanda à celuy-cy de marcher du côté de Basle, pour arrêter de ce côté là les Allemans, tandis que Severe marcheroit du côté des Sequanois, afin que si les ennemis vouloient sortir de chez eux, ils se trouvassent enfermez entre ces deux armées.

Cette prévoyance n'empêcha pas que ces Barbares adroits à faire leurs courses, ne se glissassent au travers de ces deux Camps, par des chemins détournez & ne vinssent jusqu'à Lyon qu'ils surprirent au depourvû, parce qu'on s'y tenoit en seureté, étant couvert de deux puissans Corps d'armées.

La Ville se defendit de ces Barbares, qui vouloient la piller & la brûler, si elle n'eut fermé ses portes, & ne se fut defenduë le mieux qu'elle pût contre ces voleurs, mais tous ses dehors, & toute la Campagne furent saccagez.

Dés que Julien eut des nouvelles de cette irruption des Barbares si peu attenduë, & du degast qu'ils avoient fait dans la Campagne il detacha promtement trois Escadrons de Cavalerie, les plus lestes & les plus forts, & leur commanda de prendre trois chemins divers, pour aller couper les passages à ces voleurs, & leur enlever le butin qu'ils emmenoient, prevoyant bien, qu'il faudroit necessairement qu'ils se retirassent par quelqu'un de ces passages, où il seroit aisé de les arrêter, & de les contraindre à quitter leur proye. La chose arriva comme Julien l'avoit prévûë, car tous ceux qui voulurent retourner par les chemins qu'il avoit fait garder, furent tüez, & on leur prit tout le butin qu'ils avoient enlevé.

Il n'y eut que ceux qui passerent par le poste qui étoit gardé par les gens de Barbation qui s'échaperent avec leur proye, parce que le Tribun Bainobaudes, & Valentinien, qui dépuis fut Empereur, à qui on avoit donné ce poste à garder avec de la Cavalerie, furent trompez par Cella le Tribun des Ecuyers, qui leur commanda par ordre de Barbation de l'aller joindre pour marcher vers un autre endroit, par où il avoit appris que les Allemans devoient passer. Et Marcellin ajoute que Barbation jaloux de la gloire de Julien qu'il voyoit mal volontiers avancé à la dignité de Cesar, luy avoit tendu ce piege, quoyque pour couvrir son mauvais dessein, il fit entendre, que ce n'étoit pas par ses ordres que ces deux Tribuns avoient quitté leur poste, mais qu'ils étoient venus dans son Camp, pour lui debaucher ses soldats, ce qui fut cause qu'ils furent depuis cassez tous deux, & renvoyez dans leurs maisons. Mais Cella peu fidele à Barbatio dont il connoissoit la mauvaise foy, avoüa depuis, que c'étoit par ses ordres que cela s'étoit fait, & que c'étoit lui qui leur avoit porté ce commandement.

Julien aprés ces expeditions militaires se retiroit ordinairement à Paris pour y passer l'hiver. Il y fit bâtir un Palais, & des bains, dont on voit encor d'assez grands vestiges dans l'Hôtel de Clugny, proche la ruë de Sorbonne, & dans la ruë de la Harpe, où les grandes voutes des bains servent à present d'écuries à une Hôtellerie. C'est presque la seule antiquité Romaine qui soit restée à Paris, où elle n'est pas moins negligée que celles de cette Ville: tant il est vray, qu'il est peu à present de personnes appliquées à conserver ces monumens si utiles à l'Histoire, & si recherchez des Savans.

Nous pouvons apprendre d'Ammien Marcellin, qui a décrit ces courses des Allemans, & ce saccagement de Lyon, en quel état étoit alors cette Ville. Elle étoit l'une des plus considerables des Gaules, puisque cet Historien dit qu'elle étoit l'ornement de la premiere Lyonnoise, aussi-bien que Châlon, Sens, Bourges

Lugdunensem primam Lugdunus ornat, & Cabillona, & Senones, & Bituriga.

de la Ville de Lyon.

Bourges & Autun, dont il loüe la grandeur & l'antiquité des murailles. Il donne en cet endroit à Lyon le nom de *Lugdunus*. Mais quelque considerable que fut alors cette Ville, elle devoit estre dans un estat assez pitoyable, puisqu'elle estoit ainsi ouverte, & exposée aux courses & aux pilleries des Barbares.

& Manium Augustoduni magnitudo vetusta. L. XV.

Cet Auteur qui n'est pas des plus exacts en la description des terres, des pays & des cours des Rivieres, se trompe manifestement quand il dit que sous Jules Cesar la Province Lyonnoise, & la Viennoise ne faisoient qu'un même Gouvernement, puisqu'il est certain que la Province Narbonnoise qui contenoit alors une partie de la Viennoise, avoit esté reduite en Province avant que Jules Cesar vint dans les Gaules, & qu'elle eut toûjours ses Gouverneurs particuliers auxquels Lyon n'étoit pas sujet, ce qui fut cause que le Senat écrivit à Lepide, à Plancus & à Silanus de se joindre pour bâtir une Ville à ceux de Vienne qui avoient été chassez de leur pais. Lepide commandoit en qualité de Proconsul dans la Province Narbonnoise, Plancus dans la Lyonnoise, comme Lieutenant de Jules Cesar, dont il avoit trois Legions, & Silanus commandoit du côté de la Belgique & des Sequanois d'autres Legions de Cesar.

Ammien. Marcellin.

Cet Historien remarque aussi que nos anciens Gaulois étoient fort addonnez au vin, qu'ils beuvoient outre mesure, ce qui marque encore qu'ils avoient des vignes long-temps avant Probus, comme j'ay déja fait voir au Livre precedent. Il cite même Ciceron, qui dans la defense de Fonteïus, que l'on avoit accusé de peculat, pour avoir surchargé de nouveaux impôts les Gaules qu'il gouvernoit, dit en plaisantant, qu'il avoit trouvé le moyen de rendre les Gaulois plus sobres en leur apprenant à mieux tremper le vin qu'ils ne faisoient, parce qu'il l'avoit rendu plus cher.

Quod ait defendens Fonteium Tullius, Gallos post hac dilutius esse potutros. Amm Marcell. L. XV.

Cet endroit cité par Ammien Marcellin ne se trouve point dans l'Oraison que nous avons pour la defense de Fonteïus, parce qu'elle n'est pas entiere. Je plains la perte que nous avons faite, d'une partie de ce discours, qui auroit pû donner quelque lumiere à nostre Histoire. Car quoy que Fonteïus n'eut été que Gouverneur de la Gaule Narbonnoise, qui étoit alors la seule partie des Gaules reduite en Province, & soumise aux Romains, il semble que ceux qui accuserent Fonteïus, & qui intenterent action contre luy, devoient être de ce pays, puisque les Allobroges qui en sont les peuples les plus voisins, étoient du nombre des accusateurs, & étoient intervenus en cette cause, dont voicy l'occasion.

Marcus Fonteïus aprés avoir exercé diverses charges dans Rome, obtint pour trois ans le gouvernement de la Province Narbonnoise. Aprés le temps expiré de son gouvernement, étant retourné à Rome pour y rendre compte de son administration, selon la coûtume, il y fut accusé de peculat par les Allobroges & les Auvergnats, qui se plaignoient des sommes immenses qu'il avoit tiré d'eux pour le transport des marchandises & des denrées, sous pretexte de la reparation des grands chemins, & de ce qu'il avoit mis un nouvel impost sur le vin. Ciceron à cette occasion décrivoit l'état des Gaules, le commerce qui s'y faisoit, & avec tous les artifices de son éloquence, justifioit Fonteïus contre ses accusateurs. Cette action se fit l'an 684. de Rome, sous le Consulat de Quintus Hortensius, & de Quintus Metellus. C'est à dire environ vingt ans avant que Jules Cesar vint dans les Gaules pour y faire la guerre. Ainsi nous n'en pouvions pas tirer de grandes connoissances pour cette Ville, qui n'avoit rien alors de celebre, mais nous aurions peut-être pû tirer des indices de son commerce, & des manieres de ses peuples, puisqu'ils trafiquoient déja, comme nous avons vû, & n'avoient même alors d'autre employ que le commerce. Mais c'est justement ce qui manque à ce discours, que l'article de l'impôt du vin, celuy de la guerre faite aux Vocontiens & des quartiers d'hiver.

Desiderantur, qua de Crimine Vinario, necnon qua ad bellum Vocontiorum & dispositionem Hibernorum, Commentatores.

Mais pour revenir à Julien. Aprés avoir defait les Allemans auprés de Strasbourg, il se retira à Paris pour y passer l'hiver à son ordinaire, & pour se disposer à une nouvelle Campagne contre ces mêmes Allemans, qu'il vouloit chasser des Gaules. Et contre les Francs-Saliens, qui cherchoient à s'établir de leur côté dans la Belgique. Ces deux sortes d'ennemis fatiguoient Julien, d'autant plus qu'il ne pouvoit se mettre en campagne, avant le mois de juillet, & qu'il luy falloit attendre d'Aquitaine les vivres & les convois necessaires, qui ne pouvoient estre transportez qu'au commencement de l'été, les pluyes, les neiges, & le froid, rendant également les chemins & les rivieres impraticables.

V

Ces défaites des Allemans ne donnerent pas la sureté à ces pays puisque ceux qui le gouvernoient faisoient sous main ce que ces Barbares faisoient auparavant plus ouvertement. Ils s'enrichissoient des dépouilles de nos Provinces, qu'ils accabloient d'impôts & de tributs, & à peine Julien fut revenu de l'expedition qu'il avoit faite dans la Pannonie contre les Quades, & les Sarmates, que l'on alla lui faire des plaintes contre Numerius qui gouvernoit la Gaule Narbonnoise, & qui ne la traittoit pas mieux que Fonteius l'avoit traitée trois ou quatre siécles auparavant. Julien le fit venir devant lui pour rendre conte de sa conduite, & pour répondre aux accusations dont on le chargeoit. Comme il se defendoit parfaitement bien, & que l'on ne pouvoit le convaincre de rien, Delphidius l'un des accusateurs homme éloquent, dit à Julien, Et qui est-ce, ô Cesar, qui pourra jamais être convaincu d'aucun crime, s'il suffit de tout nier, pour établir son innocence? A quoy Julien repliqua avec une sagesse qui ravit tous ceux qui l'entendirent: Et qui est-ce Delphidius, qui pourra jamais s'assurer sur son innocence, s'il suffit d'être accusé pour être declaré criminel?

Enfin l'an 360. éleva Julien à la dignité d'Empereur par un soulévement general des soldats, qui étoient dans les Gaules. Ammien a décrit exactement ce qui se passa en cette occasion, & quels en furent les motifs. Constantius qui étoit en Orient occupé à la guerre contre les Perses & contre les Parthes, où il n'avoit pas eu tout le succez qu'il esperoit, & jaloux d'ailleurs de celuy que Julien avoit eu dans l'Allemagne, ne songeoit qu'à l'affoiblir, & à fortifier son armée, en luy ôtant une partie de ses Troupes. Il lui envoye pour cet effet Decentius, pour lui amener les Herules & les Bataves, qui servoient sous Julien, avec les soldats Auxiliaires des Celtes, & trois cents hommes des plus braves, choisis entre le reste des Troupes, pour se trouver au commencement du Printemps dans l'armée qu'il levoit, pour aller contre les Parthes, avec ordre à Sintula grand Ecuyer de Julien, de choisir aussi les plus lestes des Ecuyers qu'il commandoit, & de ceux de sa Nation, pour les joindre à ses recrues. Quoy que cela eut surpris Julien, qui étoit obligé de tenir tête à deux puissans ennemis, les Francs & les Allemans, contre lesquels il avoit besoin de deux puissantes armées, il ne voulut pas irriter Constantius, & il avoit consenti au moins en apparence à faire ce détachement, s'étant contenté de remontrer à Decentius la difficulté qu'il y auroit à faire passer dans d'autres climats si differens de ceux des Gaules, des soldats accoutumez à faire la guerre dans leurs pays, & qui quitteroient mal volontiers leurs maisons, leurs femmes & leurs enfans. Le Tribun sans avoir égard à ces remontrances, ne laissa pas de faire le choix des Troupes qu'il devoit conduire à Constantius. Julien écrivit aussi-tôt au General de sa Cavalerie, qui étoit allé à Vienne, sous pretexte d'établir les convois necessaires, mais en effet pour se soustraire aux troubles qu'il vit bien que ces ordres de Constantius jetteroient parmy les Troupes. Cependant les Chefs pressez de toutes parts par les ordres réiterez de Decentius, resolurent d'obeïr, & de marcher vers Paris où étoit Julien, qui alla au devant d'eux, & après avoir loüé ceux qu'il connoissoit particuliérement, il les exhorta tous à aller servir gayement l'Empereur, qui ne manqueroit pas de recompenser leurs services, & qui étoit plus en état de les reconnoître, par le souverain pouvoir qu'il avoit sur tout l'Empire. Il invita ensuite les principaux à un grand festin, où il leur fit de grandes caresses, ne laissant pas insensiblement de leur insinüer les difficultez qu'ils trouveroient dans une si longue marche, & dans un pays qu'ils ne connoissoient pas encore: aprés quoy il les congedia avec beaucoup de demonstrations d'amitié. Quand ils furent dans leurs quartiers, ils commencerent à parler entre eux des honnêtetez de Julien, de la sagesse de sa conduite, de la bonté qu'il avoit pour les soldats, & formerent en même temps le dessein de le proclamer Empereur, & de demeurer auprés de luy, sans s'aller exposer à des dangers qui étoient inévitables, & dont le succez étoit incertain pour eux, auprés d'un Prince qui ne les connoissoit pas. Dans ce tumulte ils sortent tous ensemble, vont au Palais de Julien, & d'abord le saluënt sous le nom d'Auguste, & quelque resistance qu'il semblât faire pour ne pas acquiescer à leur volonté, ils l'élevent sur un bouclier & le proclament Empereur.

Sur le bruit qui se répandit de cette proclamation, les Troupes qui étoient déja en marche, reviennent sur leurs pas, pour saluër le nouvel Empereur, qui environné des Aigles & des autres signes Militaires, monta sur un Trône élevé, & faisant signe de la main à tous les soldats qui s'étoient assemblez autour de lui, de l'écouter, il leur dit: Que puis qu'ils venoient de l'élever par leurs suffrages à cette dignité, qu'ils l'avoient contraint d'accepter, c'étoit à eux de le maintenir dans ce rang d'honneur:

Que depuis qu'il avoit été revêtu de la pourpre pour les commander, il ne les avoit point abandonnez; qu'il avoit été le Compagnon fidelle de tous leurs travaux, & qu'ils avoient vû ce qu'il avoit fait en Allemagne, où il s'étoit toûjours exposé avec eux à tous les dangers; & que comme il étoit pleinement instruit de leurs services, il leur declaroit dans cette assemblée, qu'il ne vouloit avoir égard qu'au seul merite dans la distribution des charges & des emplois tant Civils, que Militaires, afin que chacun fut assuré que sa vertu seroit exactement recompensée.

Aprés ces ceremonies, Julien qui prévit bien les emportemens de Constantius, quand il apprendroit ce qui s'étoit fait à Paris, resolut de lui écrire, pour l'en avertir, quoy qu'il se doutoit bien qu'il en seroit pleinement informé d'ailleurs. Il s'excusoit par ses lettres sur la violence qu'on lui avoit faite, pour l'obliger à accepter cette nouvelle dignité, & ajoutoit en suite qu'il lui envoyeroit de bonnes Troupes pour le servir dans ses guerres contre les Parthes : qu'il lui laissoit la disposition des Prefets des Pretoires, & des grands Officiers, & qu'il ne retiendroit que la disposition des moindres charges, dont il étoit important pour le bien de l'Empire, & particuliérement des Gaules, qu'il pût disposer. Qu'il n'étoit pas à propos de lui envoyer de nouveaux soldats qui n'étoient pas encor bien formez aux exercices de la guerre, & qui lui seroient moins utiles dans l'Orient, qu'ils ne lui seroient à charge dans un pays qu'ils ne connoissoient pas, & auquel ils n'étoient pas accoûtumez : qu'il n'y auroit pas même de la sûreté pour luy, d'avoir auprés de sa personne des étrangers, dont il ne pourroit se répondre de la fidelité, & qu'aprés tout il ne falloit pas laisser les Gaules dépourvûës de Troupes & de forces, lorsque les Allemans étoient encore en état de remuër.

Florentius, qui avoit vû les dispositions de l'armée en faveur de Julien, ne voulant point avoir de part à l'élevation d'un homme qu'il craignoit, & qu'il n'avoit jamais aimé, s'étoit avancé vers Vienne, sous pretexte d'y prendre des quartiers. Quand il y apprit la nouvelle de ce qui s'étoit fait à Paris, il resolut d'aller à Constantius, qui l'avoit appellé, & Julien qui ne fut pas marry d'être defait d'un homme qui l'inquietoit, & d'un Général qui lui étoit suspect, fut bien aise qu'il eut pris le parti de se retirer, & lui fit envoyer tous ses equipages, pour aller où il voudroit.

Constantius irrité de l'attentat des Troupes des Gaules, delibera quelque temps sur le parti qu'il devoit prendre, ou de marcher contre les Perses, ou de tourner ses armes contre Julien. Enfin ayant suivi le conseil de ses principaux Officiers, il se contenta d'écrire à Julien, qu'il n'avoit point voulu ajoûter de foy aux bruits qui couroient de ce qui s'étoit fait à Paris, & que s'il vouloit conserver son amitié, qu'il se contentat du titre de Cesar, & qu'il n'entreprit rien de nouveau.

Il chargea de ses lettres Leonas son Questeur pour les porter à Julien, & changeant tous les Officiers qui pouvoient lui être suspects, au lieu de Florentius il nomma Nebridius Prefet du Pretoire des Gaules, & Felix Maître des Offices, donnant à Gumoharius la charge de Maître des Armes, que Lupicin exerçoit auparavant.

Leonas étant arrivé à Paris, Julien le reçût dans une place publique, environné des soldats, & d'une grande multitude de peuple qui l'avoit suivi. Là étant monté sur un Trône assez elevé, il commanda à Leonas d'exposer publiquement les ordres de Constantius. Ce qu'il fit aussi-tôt en lisant à haute voix, ce que l'Empereur ordonnoit. Quand il en fut venu à l'endroit où Constantius commandoit à Julien de se contenter de la dignité de Soldat, il s'éleva un bruit confus de voix de tous les Soldats & de tout le peuple, qui s'écrierent tous ensemble, *Julien Auguste & Empereur, l'Armée, le peuple, & la Republique l'ont ainsi ordonné.* Leonas se retira aprés qu'il se fut acquitté de sa Commission. Nebridius fut reçû pour Prefet du Pretoire, mais pour le Maître des Offices, Julien en avoit disposé en faveur d'Anatolius. Et il empêcha qu'on ne fît sçavoir à Lupicin, qui étoit dans les Isles Britanniques que Constantius l'avoit destitué, de peur que s'il venoit à l'apprendre, il ne remuât en Angleterre où il étoit.

Aprés cela Julien voulant profiter de l'ardeur que les Chefs & les Soldats faisoient paroître pour lui, marcha contre les Francs, & les defit. Il poussa aussi les Allemans jusques par delà les Rauraques, qui est le pays de Basle, & aprés avoir recouvré les places dont ils s'étoient emparez, il vint à Vienne par Besançon, & Lyon, & y passa l'hiver.

Julien se trouvant à Vienne, tandis que Constantius étoit occupé dans ses guerres au delà de l'Euphrate, il delibera souvent s'il rechercheroit à gagner son amitié, ou s'il luy declareroit la guerre. Enfin s'étant persuadé sur des augures & des presages auxquels il étoit passionnément addonné, jusqu'à se servir pour cela de tous les secrets de la Magie, que Constantius n'avoit pas long-temps à vivre, il jugea qu'il valoit

V ij

mieux temporiser, & sans avoir égard aux nouveaux Officiers que Constantius avoit nommez, à la reserve de Nebridius qu'il reçût Prefet du Pretoire, il celebra dans Vienne avec beaucoup de magnificence la cinquiéme année de son élevation à la dignité de Cesar, & l'on en fit des medailles en cette Ville, où les vœux publics sont marquez.

Cette circonstance des vœux marquez dans nôtre medaille, demande une explication particuliere sur ces vœux qui se trouvent marquez sur tant de medailles des Empereurs.

Tandis que la Republique & le Senat conserverent une ombre d'Autorité, & eurent des Empereurs qui dépendoient de leurs ordres, ou qui affectoient d'en dépendre, on se contentoit de celebrer de cent en cent ans des Jeux Seculaires, à l'honneur de Rome, dont ils avoient fait une espece de divinité, & qu'ils appelloient la Ville éternelle. Mais depuis que les Empereurs secoüerent cette espece de tutelle, & agirent en maîtres independans, qui ne devoient leur élevation à l'Empire qu'à leurs soldats, ils commencerent à celebrer les années de leur Empire, & à l'exemple d'Auguste qui de cinq en cinq ans se faisoit confirmer par le Senat & la Republique, sa puissance & sa dignité, ils rendirent graces aux Dieux d'avoir tenu l'Empire cinq ans, & le peuple fit des vœux & des souhaits pour d'autres cinq ans, ce qui fit les vœux que l'on nommoit *Decennalia* de dix ans. Aprés les dix ans, on en fit pour vingt ans, *Vota vicennalia*, & pour plusieurs autres années. *Votis multis*.

Ces vœux sont marquez ou dans des Couronnes de Laurier, ou sur des boucliers que tiennent des Victoires.

V^s *omnes nullo impediente ad sui favorem alliceret, adhærere cultui Christiano singebat à quo jam pridem occulto destiverat, arcanorum particulis paucis aruspicinâ augurijsque intentus, & cæteris quæ Deorum semper fuere cultores. Et ut hac interim celarentur feriarum die, quam celebrantes mense Januario Christiani Epiphanias dictitant, progressus in eorum Ecclesiam solemniter numine orato discessit. Amm. L.21.*

Tandis que Julien fut à Vienne il affecta toûjours à l'exterieur de vivre à la maniere des Chrêtiens, quoyque dans son cœur il fut payen. Et Ammien dit qu'il affectoit ce culte exterieur pour ne pas aliener les fideles au milieu desquels il vivoit; que les jours de fêtes il assistoit à nos Saints mysteres; & qu'il s'y étoit trouvé le jour de l'Epiphanie, ou de la fête des Rois, quoy qu'en secret il adorât les faux Dieux, & s'appliquât à la Magie, & à toutes les abominations de l'Idolatrie.

Zonare au lieu du jour de l'Epiphanie, a marqué le jour de la Nativité de Nôtre Seigneur, ce qui ne doit pas être regardé comme une erreur dans l'un de ces deux Auteurs, parce que, comme a remarqué le Sçavant Mr. Henry Valois en ses notes sur Ammien Marcellin, les Grecs celebroient la Naissance de Nôtre Seigneur le 6. Janvier avec l'Adoration des Rois, & appelloient ces deux Mysteres du nom d'Epiphanie.

Nous avons d'autres medailles de Julien frappées en cette Ville, mais elles n'ont rien en leurs revers, qui appartienne à nôtre Histoire, elles ont de semblables Types à celles que l'on voit avoir été fabriquées à Constantinople, à Tréves, & en d'autres lieux. Ce qui fait voir que plusieurs de ces monnoyes se fabriquoient indifferemment dans tous les lieux où il étoit permis de battre de la monnoye, sans autre difference que de quelques lettres pour marquer les lieux où elles étoient fabriquées, comme l'on fait encor à present pour nos monnoyes qui ont toutes les mêmes marques, les lieux de leur fabrication n'étant distinguez que par les lettres differentes de l'Alphabet, dont l'A, est la marque de la Ville de Paris, & le D, de celle de Lyon. C'est pour cela qu'en quelques unes de Julien, on lit, *Lugd. offic. sit. Lugduni officina fit.*

Ainsi quoy que l'on voye en quelques unes de ces monnoyes des marques de l'Idolatrie de Julien, comme en celles où est le Dieu Apis des Egyptiens, ce n'est pas un signe que cette Ville où se fabriquoient ces monnoyes, eut encore des restes de l'Idolatrie, ny qu'elle adorât le Dieu Apis.

Je remarque seulement qu'en celle des vœux publics, faite pour la ceremonie de Vienne, Julien y est sans barbe, & qu'il ne faisoit pas encore profession publique de Philosophe, ny d'Adorateur des Dieux comme il fit depuis, aprés la mort de Constantius.

Primum Consulatus tui diem tacitus præterire nullo modo possum, cum uno Sol curriculo suo, eoque brevissimo, & officia & Consulis inchoantem videret & Imperatoris implerent. Vidimus te, Cæsar, eodem die pro repub. & vota suscipere & communia debere. Quod enim optave-

Ces vœux se faisoient non seulement pour la conservation des Empereurs, mais encore pour la conservation de Rome. Nous en avons un magnifique témoignage dans le panegyrique que Mamertin prononça à l'Empereur Maximien, aprés qu'il eut repris l'Empire qu'il avoit quitté avec Diocletien, comme j'ay remarqué cy-devant. Le Panegyriste parlant du Consulat de Maximien, dit que le jour même qu'il en prit possession le premier jour de l'an, ce jour heureux ne fut pas seulement le commencement de son Consulat, mais encore celuy de son Triomphe, qu'il remplit en un même jour, & les devoirs de Consul & les devoirs d'Empereur, par la victoire qu'il remporta sur les ennemis de la Republique. Qu'il avoit paru ce jour-là sous deux habits differens, sous un habit de paix, & sous un habit de guerre, & que Jupiter tout Dieu qu'il est, ne

de la Ville de Lyon. 157

change pas si facilement la face du Ciel, qu'il avoit changé celle de l'Etat. Qu'il avoit quitté la Robe Consulaire pour endosser la cuirasse, pris la pique au lieu du bâton d'yvoire; qu'il avoit passé du Tribunal au Camp, du siege Curule, sur son cheval de bataille; qu'il étoit revenu Victorieux, lors que la Ville étoit en peine du succez de son entreprise; qu'il en avoit changé en un moment la crainte, & la suspension des esprits, en applaudissemens de joye; que les Autels fumoient encore des Sacrifices & de l'encens que l'on offroit aux Dieux pour sa conservation, lors qu'il en fallut faire de nouveaux pour sa victoire, & que tandis que les Dieux recevoient de l'encens & des vœux pour obtenir d'eux des graces pour l'avenir, il fallut en mêler de remercimens, & d'actions de graces pour le passé.

textam sumpto thorace mutasti, hastam posito scipione rapuisti: à tribunali temet in campum; à Curuli in equum transtulisti, &c.
Ita utroque illius diei supremo tempore bis divina res pari religione celebrata est. Jovi dum pro futuris vovetur, tibi dum pro victoria solvitur.

Vidimus te, Cæsar, eodem die, & in eodem pacis habitu, & in pulcherrimo virtutis ornatu. Bona venià Deum dixerim, nè Jupiter quidem ipsa tantâ celeritate faciem Cœli sui variat, quàm facilè tu Imperator togam transtulisti, &c.

Ce sont ces sortes de vœux addressez à Jupiter, à Minerve, à Apollon, & aux autres Dieux de la Gentilité dont il nous reste tant d'inscriptions en cette Ville que j'ay rapportées dans la Préparation de cette Histoire. Vœux que Mamertin disoit que son Empereur Maximien preferoit aux respects & à la crainte que ses sujets pouvoient avoir, pour sa dignité d'Empereur, & la puissance qui l'environnoit.

Pulcherrimum arbitratus adhærere lateri tuo, non timerle obsequia sed vota pietatis.

L'un de ces plus beaux vœux est celuy que l'Empereur Trajan laissa dans la Dace, après la defaite de Decebalus.

    JOVI STATORI HERCULI VICTORI.

    M. VLP. NERVA TRAIANUS CAESAR.

    VICTO DECEBALO DOMITA DACIA

        VOTUM SOLVIT

    ASPICE ROMULE PATER, GAUDETE

  QUIRITES VESTRA EST ISTA GLORIA.

Ces vœux se celebroient ordinairement le troisième de Janvier, comme ils sont marquez dans l'ancien Calendrier Romain; mais Julien qui affectoit encore de paroître Chrêtien, choisit le jour de l'Epiphanie qui étoit une fête des plus solennelles de l'Eglise, & au lieu que les Payens les celebroient à la porte d'un temple, où l'Empereur paroissoit pour recevoir les saluts, les étraines, & les Sacrifices des Magistrats & du peuple, comme on peut voir dans une belle medaille Grecque de l'Empereur Maxitinus, qui est dans le cabinet du Roy, Julien les voulut recevoir dans une Eglise où Ammien Marcellin dit qu'il adora le vray Dieu.

turis qua Deorum semper facere cultores. Et ut hac interim celarentur Feriarum die quam celebrantes mense Januario Christiani Epipha-niam dictitant, progressus in eorum Ecclesiam solemniter numine adorato discessit. Amm. L. 21.

Credence de l'Eglise Cathedrale proche le Maistre autel du Costé de l'Euangile, de deux fragmens antiques l'un de marbre de bon goust; et l'autre qui sert de soutien d'un beau Gothique

Elle a servi autrefois de table à recevoir les Vœux publics faits aux Empereurs et c'est peutestre ce qui l'a fait de puis destiner à recevoir les oblations sacrées

V iij

Les Empereurs Chrétiens retinrent cette ceremonie des vœux publics, comme l'on apprend du titre du Code *de oblatione Votorum*, & du Canon 62. du Concile *in Trullo*. A l'occasion duquel le savant Casaubon a remarqué l'erreur de Balsamon, qui pour n'avoir pas considéré que le nom que les Grecs donnoient à cette ceremonie, qu'ils appelloient Βοτα du Latin *Vota*, est allé chercher des Etymologies ridicules de ce mot dans les sacrifices des Bœufs & des Brebis. Ce mot Βοτα se voit dans la Medaille de Macrin, que j'ai rapportée. Et j'ai fait voir autrefois l'ignorance & la malignité de celui qui m'avoit accusé d'impieté, pour avoir fait des Vœux publics en l'érection solennelle de la statuë du Roy, qui se fit dans l'Hôtel de Ville de Paris, l'an 1689.

Isac. Casaubonus in notis ad Spartianum, num. 43.

Revenons à l'Empereur Julien, qui ayant appris la mort de Constantius, ne songea plus qu'à s'aller établir dans l'Orient, étant assuré des Gaules, qu'il avoit gouvernées durant cinq ans, & qui dans le dessein qu'il avoit de lever le masque, & d'abjurer publiquement la Religion Chrétienne, pour reprendre le Culte des faux Dieux, jugea que l'Egypte & la Grece, où la plûpart des ceremonies payennes étoient encore en vigueur, lui seroient des lieux plus propres à exercer ses abominables superstitions, que l'Europe, où la Religion Chrétienne étoit si bien établie.

Ce fut alors que quittant les Gaules, pour aller s'établir dans l'Orient, il laissa ce païs en proye aux Bourguignons, aux Allemans, & aux autres Nations, qui avoient fait jusqu'alors de fortes tentatives pour s'y établir, & qui en avoient toûjours été repoussées, après les courses & les dégats qu'elles y avoient pû faire.

Les frequens changemens de Gouverneurs, ou des Prefets du Pretoire, & des autres Officiers subalternes, favoriserent les entreprises de ces Etrangers, qui passoient encor pour Barbares, parce que ne faisant profession que de la guerre, & de s'enrichir des dépoüilles des païs, où ils se portoient; La desolation des Campagnes, & la ruïne des Villes, étoient les seules traces, qui restoient par tout de leurs inondations. Telle fut la face des Gaules sous les Empereurs Jovinien, les deux Valentiniens, Gratien & Valens, jusques au grand Theodose.

Au milieu de ces revolutions les Lettres fleurissoient dans cette Ville. Elle avoit des Ecoles Municipales, & de celebres Professeurs. Le Poëte Ausone, qui étoit l'un des Savans de ces temps-là, & qui fut precepteur de Gratien, en l'action de grace qu'il fit à cet Empereur, qui l'avoit élevé à la dignité de Consul, parle d'un Titianus, qui enseignoit tantôt à Besançon, & tantôt en cette Ville.

Quomodo Titianus Magister, sed gloriosus ille municipalem scholam apud Vesontienem Lugdunumque variando, non œtate quidem, sed vilitate consenuit. Auson. in grat. act.

Quoi qu'Ausone se soit contenté de dire, que ce Titianus étoit un homme celebre, sans nous en apprendre autre chose, nous sommes instruits d'ailleurs de son merite. Casaubon a crû que c'étoit le même, que le fils de cet Orateur, qui fut appellé *le Singe de son temps*, lequel fils fut l'un des precepteurs de l'Empereur Maximin, quoique Capitolin nomme le precepteur de Maximin, Tatianus, & non pas Titianus. Il faut lire Titianus, dit Causabon, & non pas Tatianus. Car, dit-il, le vieux Titianus, dont il est parlé en cet endroit, est Julius Titianus, qui au temps des Antonins, & de l'Empereur Severe, fut un Orateur tres-celebre, qui avoit fait la description des provinces de l'Empire Romain, à laquelle il avoit donné pour titre, les provinces, ou la Chorographie: ouvrage que Servius a cité sur le quatriéme Livre de l'Eneide. Il avoit aussi traduit les Apologues & les Fables d'Esope, de Grec en Latin, en style bas, dit Ausone dans ses vers à Probus.

Exili stylo pedestre conscinxerans opus. In dimetro ad Probum.

Ce fut par ses Envieux, que Titianus fut nommé le Singe de son temps, parce qu'il avoit affecté d'imiter les Ouvrages des Hommes les plus celebres, qui l'avoient devancé; les Epîtres & la Rhetorique de Ciceron, les Poësies de Virgile, les Traitez de l'Agriculture de Columelle, & de Varron & qu'il avoit composé, une Geographie comme Strabon, & des Controverses, comme le vieux Seneque. Comme il y avoit emulation entre les Disciples de Cornelius Fronto, qui avoit été Precepteur de Marc-Antonin, & ceux de Titianus; les Frontoniens pour se moquer de Titianus, & pour ravaller son merite l'appelloient Singe de son temps, pour blâmer son attachement à imiter les Anciens, parce qu'Horace avoit nommé ces Imitateurs, des Animaux de bast. *Imitatores servum pecus.*

Horat. in Art. Poët.

Or si c'est de l'ancien Titianus, qu'Ausone a voulu parler, comme il y a assez d'apparence, ce devoit être sous Severe, ou sous Caracalla, qu'il enseignoit à Besançon, & à Lyon, & ce pourroit bien être de ce fils que seroit l'Inscription que j'ai rapportée en la page 123. du Livre premier de cette Histoire, où il est fait mention d'un Titianus, Receveur des deniers de cette Province, & de celle d'Aquitaine, fils d'un autre Titianus.

C'est de ce Titianus, qu'a parlé nostre Sidonius Apollinaris, en la premiere de ses Lettres, qu'il écrivoit à un de nos savans Lyonnois le prestre Constantius, qui le pressoit de publier les Lettres qu'il avoit écrites à quelques personnes de qualité, & à quel-

Nam de M. Tullio silere me in stylo epistolari mollius puto, ques Savans, Sidonius pour luy temoigner que ses lettres ne meritoient pas de voir le jour, lui disoit qu'il n'avoit ny le tour de Symmachus, ny la doctrine, ny le sage discernement de Pline; car, dit-il, pour Ciceron, je croy qu'il vaut mieux m'en taire, que de m'expoſer aux railleries qu'on a faites contre Titianus, qui a voulu l'imiter en ses froides lettres qu'il a composées sous les noms supposez de quelques Dames illustres. Ce qui le fit appeller par les Disciples de Fronto, un singe entre les Orateurs.

Nam de M. Tullio fiere me in stylo epistolari malins p. quam nec Julius Titianus sub nominibus illustrium foeminarum digna similitudine expressit. Propter oratorum Simiam

quod illum caeteri quique Frontonianorum utpote semisſomneum aemulari, cur veternosum dicendi genus imitaretur nuncupaverunt. Sidon. Ep. 1.

Un Lyonnois qui écrit à un autre Lyonnois, & qui luy parle d'un Titianus Orateur, me persuade qu'il a voulu parler de celui qui enseignoit à Lyon.

Il est constant par la Loy XI. du Code Theodosien *de Medicis & Professoribus*, que l'an 376. Gratien envoya à Antoine Prefet des Gaules un Edit en faveur des Professeurs qui enseignoient dans les Gaules, dont il assigne les Salaires, & les Pensions pour ceux qui enseignoient la Rhetorique en Grec & en Latin, dans les Villes principales de chaque Diocese, & ordonne que dans chaque metropole on fasse le choix & l'Election de ces Professeurs, sous les gages accoutumez, se reservant de payer ceux de Tréves, qui étoit le siege du Prefet du Pretoire, sur les revenus de l'Empire, ou sur les octrois de la Ville.

Per omnem dioeceſim commiſſam magnificentia tua, frequentiſſimis in civitatibus quae pollent & eminent claritudine Praeceptorum, optimi quique erudiendis praeſidens juventuti. Rhetores loquimur, & Grammatici Latini, vel Oratorio proſlorum electio coe-

ticos Attica Romanaeque doctrina: Quorum oratoribus viginti quatuor annonarum emolumenta donentur, Grammaticis duodecim annorum deduſſior numerus ex more praeſtetur, ut ſingulis urbibus quae Metropoles nuncupantur nobilium librtur. Leg. XI. Cod. Theod. de Medicis & Profeſſoribus

Or Lyon étoit Metropole de quatre Provinces Lyonnoiſes; elle avoit donc ses Professeurs de Rhetorique & de Grammaire stipendiez du public; & c'est pour cela qu'Ausone en a appellé les Ecoles Municipales en parlant de Titianus qui avoit été alternativement Professeur de Rhetorique à Besançon & en cette Ville.

Cette Loy qui ne fait mention que des Professeurs de Rhetorique & de Grammaire a fait douter s'il y avoit alors en cette Ville, & dans les autres des Gaules, des études de Philosophie, de Jurisprudence & de Medecine, d'autant que l'on en parle en ces temps-là que des études d'éloquence & de belles Lettres. Symmachus en sa lettre 84. du Livre 9. dit que c'est dans les Gaules qu'il a sucé le premier lait des Muses. S. Hierôme écrivant à Vigilantius dit que les Gaules ont toûjours eu d'excellens Orateurs. Et Rutilius Numantianus, qui étoit Gaulois, dit qu'après avoir appris l'éloquence en son pays, il alla à Rome pour apprendre le droit:

Comana Galliarum mihi ac bonarum artium primam lac dedero. Symmach. Galliam semper floruiſſe eloquentiſſimis viris. Hieron.

Facundus Juvenis Gallorum nuper ab arvis
Miſſus Romani discere jura fori.

Les Esperances que l'on avoit conçûës de voir retablir toutes choses sous l'Empire de Gratien & de Valentinien, ne furent pas de longue durée. La pieté, la douceur & la docilité de ces deux jeunes Cesars faiſoient tout attendre de la bonté de leur naturel, & l'on commençoit à se flater que l'état des affaires se rétabliroit avec celui de la Religion, que l'impieté de Julien l'Apoſtat, & de trois ou quatre autres Empereurs qui avoient favoriſé l'Arrianisme, avoit comme conſternée par les perſecutions qu'avoient souffert ses Prélats les plus zelez, & par les divisions & les Schismes qu'ils avoient cauſez dans l'Eglise. Mais la perfidie du Tyran Maxime, arrêta bientôt le cours de ces belles esperances, par la mort violente de ces deux Princes tous deux aſſaſſinez, l'un en cette Ville, & l'autre à Vienne.

Maxime né en Angleterre, après avoir servi dans les Gaules, ſous les Empereurs précedens, voyant que la jeuneſſe de Gratien & de Valentinien, lui donnoit lieu de tout entreprendre, fit croire aux soldats qu'il descendoit du grand Constantin, & prenant le nom de Flavius, se fit reconnoître Empereur par ses Troupes, & gagna quelques-uns de ceux qui étoient dans la Cour de Gratien, lequel alla au devant de ce Tyran, pour l'empêcher de passer en Italie. Mais le jeune Prince s'apperçût bientôt qu'il étoit trahi, quand il se vit abandonné d'une partie de ses soldats, qui se jetterent dans le parti de Maxime. Cela l'obligea de se retirer à grandes journées, pour tâcher de gagner l'Italie. Il s'arrêta dans Lyon, où il eut été en sureté, si Andragathe l'un de ses Chefs, gagné par Maxime, ne se fut servi d'une fourberie, pour l'en faire sortir, & ne l'eut fait tomber dans le piege qu'il lui avoit préparé. Il fit dire à l'Empereur, que l'Impératrice ſon épouſe venoit au devant de lui, Gratien monte auſſitôt à cheval pour aller à ſa rencontre, & ayant apperçû ſur le pont du Rhône une litière magnifique, qu'il crut être celle de l'Imperatrice, dans l'empreſſement qu'il eut de la voir, il deſcend de cheval, met la tête dans la litière, où il croyoit voir ſon épouſe; lorſqu'Andragate qui s'y étoit mis pour le ſurprendre, l'arrête par les cheveux, & lui coupe la tête. Ainſi finit ce jeune Empereur, dont la modeſtie, la pieté, & le plus beau naturel du monde, cultivé par Auſone qui avoit été ſon Precepteur, & par Saint Ambroiſe qui

In Britannia per ſeditionem militum Maximus Clemens Imperator est factus. Que mox ad Gallias transfretavit Gratianus Pariſiis Mercabundis Magistri militum proditione ſuperatus effugiens Lugduni captus atque occiſus est. Proſp. Aquitan. Chron. ad an. 387.

Gratianus ab exercitu ſuo proditus, & ab oviis Urbibus non receptus, luditrio hoſti fuit. Cruentatas que manus vestigia parietes tui Lugduni testantur. D. Hieron. in Epitaphio Nepotiani Epiſt. 2. 2. lib. 2.

l'avoit disposé à recevoir le Baptême, avoient fait naître les esperances de voir rétablir le siecle du grand Constantin. Valentinien peu de temps après eut un sort semblable à celui de Gratien, dans la Ville de Vienne par la trahison du Comte Arbogaste, & saint Ambroise pleura ces deux morts, & fit leurs éloges funebres à Milan.

Theodose vangea la mort de ces deux Princes, & remporta une victoire signalée sur le Tyran Maxime, & sur Eugene, que ce Tyran avoit tiré d'un College où il enseignoit la Rhetorique, pour l'élever dans les Gaules à la dignité d'Empereur.

L'Eglise commençoit à respirer sous l'Empire de Théodose, qui achevoit de ruiner les restes de l'Idolatrie, lorsque ce sage Empereur, qui avoit associé à l'Empire ses deux fils Arcade & Honorius, fut obligé de le quiter par une mort trop prompte, pour l'entier restablissement des affaires, puisqu'il mourut à Milan, âgé seulement de cinquante ans, & l'onziéme de son élevation à l'Empire. Ce Prince Religieux, ayant eu le temps de se préparer à la mort, recommanda à trois de ses principaux Ministres, ses Enfans, & la conduite de l'Empire, dont il leur confia la garde & la tutelle, s'assurant de leur fidelité aussi bien que de leur sagesse, & de leur experience dans les affaires. Il recommanda Arcade à Rufin, Honorius à Stilicon, & l'Afrique à Gildon, à qui il en donna le Gouvernement. Ce que fit alors Theodose pour la conservation de l'Empire, & pour l'éducation de ses enfans, en fut la ruïne fatale par l'ambition demesurée de ces trois Tuteurs, en qui il avoit mis sa confiance.

Rufin, qui étoit Gaulois, né de la Province d'Aquitaine, se voyant maître de l'Empire d'Orient, où regnoit le jeune Arcadius, qui étoit sous sa conduite, & jaloux de l'autorité que Stilicon avoit dans l'Occident auprés d'Honorius, qui avoit épousé sa fille, voulut se faire un établissement aussi considerable que celui de Stilicon, mais frustré de ses esperances par le refus, que fit le jeune Arcadius, d'épouser sa fille, à qui il préfera Eudoxia : il en fut si vivement piqué, & de ce que Stilicon lui avoit été préferé pour la tutelle d'Honorius, & de l'Empire d'Occident, qu'il forma le dessein de perdre son Rival, & de ruïner les deux Empires.

Pour executer ce dessein, il pratiqua les Goths secretement, pour les attirer sur les terres de l'Empire d'Orient, dont il pouvoit leur faciliter l'entrée. Stilicon en étant averti, marcha avec une puissante Armée pour s'opposer à ces Barbares, mais Rufin alla au devant de lui, & donna aux Goths tout le loisir de ravager l'Orient, sous la conduite d'Alaric. Ce perfide avoit crû par là obliger Arcadius, de l'associer à l'Empire, pour s'opposer aux efforts de ses Ennemis, mais sa perfidie fut découverte, & il fut tué par les soldats de l'Empereur, qui porterent sa tête & ses mains, par toute l'Armée. Le Poëte Claudien, dont Stilicon étoit le protecteur a fait contre ce Ruffin, une invective, qui à toutes les beautez & toutes les délicatesses de la Poësie, & qui n'est pas moins remplie de loüanges pour Stilicon, que de fiel & de bile contre Ruffin.

Talem namque virum natusque adjunxit & aula. Claud. in 1. Consul. Stilichonis.

Cependant Stilicon, ne contribua pas moins que Ruffin à la ruïne de l'Empire. C'étoit un Vandale hardi, homme de tête & grand Capitaine, à qui Theodose, tant pour le recompenser de ses services, que pour l'attacher plus étroitement à sa famille, avoit fait épouser une de ses Nieces, qu'il avoit même adoptée, pour se faire beaupere de ce Ministre, qui après la mort de Ruffin, se vit maître des deux Empereurs, maître des deux Armées, & arbitre des deux Empires, comme l'en flatte Claudien.

Claud. l.1. in Rufinum.

Jamque suis Stilicho, Romana potentia curis,
Et rerum commissus apex, tibi credita fratrum,
Utraque Majestas, gemineaque exercitus aula.

C'est en cette occasion que ce Poëte fait marcher nos Lyonnois, avec les autres Gaulois, tant Belgiques, qu'Aquitaniques au secours de l'Empire sous les ordres de Stilicon contre les Barbares, qui se répandoient de toutes parts.

Inde truces flavo comitantur vertice Galli,
Quos Rhodanus velox, Araris quos tardior ambit,
Et quos nascentes explorat gurgite Rhenus,
Quosque rigas retrò pernicior unda Garumna,
Oceani pleno quoties impellitur aestu,
Mens eadem cunctis, animique recentia ponunt
Vulnera, non odit victus, victorve superbit.

Ces playes encore fraiches, dont parle ce Poëte en cet endroit, sont les petites guerres que se faisoient nos Gaulois, les uns aux autres, depuis que les Francs étoient entrez dans la Belgique, les Bourguignons & les Allemans dans le pais des Sequanois, & des Autunois, par des courses continuelles, où ils pilloient & saccageoient, comme il étoit déja arrivé à cette Ville, qui voyoit que Treves, où les Empereurs se tenoient ordinairement, Milan, Vienne, & Arles, lui avoient fait perdre beaucoup de
son

son ancien éclat, & que depuis la défaite d'Albin, par Severe, elle étoit beaucoup décheuë de sa premiere splendeur. Circonstances que les Interpretes de ce Poëte, n'ont pas entenduës, & dont ils ne disent mot dans leurs Commentaires. *Animique recens: pomma vulnera.*

Ces guerres attirerent les Goths dans l'Italie, où ils firent d'étranges ravages, tandis que Stilicon, se servoit non seulement des troupes Gauloises contre ces Barbares, mais encore de nos bleds dans la disette de Rome, causée par Gildon, qui de Gouverneur de l'Egypte, s'en étoit rendu le Tyran, & empêchoit que les Romains n'en tirassent des bleds comme ils avoient accoûtumé. *Cui militat omnis Gallia. Claud. in 2. Consi. Stilic.*

Claudien, qui est le Panegyriste perpetuel de Stilicon, dit pour loüer ses soins, & sa prévoyance, que non seulement il a mis Rome à couvert de ses Ennemis, mais qu'il a rendu au Senat son autorité, & à la Republique, son ancienne splendeur. Les Armées, dit ce Poëte, qui donnoient la Loy au Senat, en reçoivent à present les Ordres, & ce qui ne s'étoit jamais vû auparavant, l'on ne seme les Campagne des Gaules, que pour les Romains, les Senonois, & les Langrois enrichissent l'Italie de leurs Moissons.

——— Quis Gallica rura,
Quis meminit Latio Senonum servisse Ligones?
Aut quibus exemplis facunda Tibris ab Arcto,
Vexit Lingonico sudatas vomere Messes?

Lyon devint alors le grenier de Rome, au lieu de l'Egypte & de la Sicile. On y faisoit de grands amas de bleds de la Bourgogne, de la Bresse, & des autres Provinces voisines. Stilicon en tira aussi de fortes troupes pour opposer aux Goths. *Dat Gallia robur militis.*

Ce n'étoient pas là, les seuls secours que les Romains tiroient de ce païs, sous l'Empire d'Honorius, nôtre Poëte parle des Mules qu'on y nourrissoit, & que l'on dressoit si bien, que l'on s'en servoit à la Cour de l'Empereur pour les Chars des Princesses. *Claud. in Laud. Serena.*

Adspice Morigeras Rhodani torrentis alumnas,
Imperio nexas, imperioque vagas.
Quamvis quaeque sibi longis discurrat habenis
Et pateant duri libera colla jugi;
Ceu constricta tamen servit, patiensque laborum
Barbaricos docili concipit ore sonos.
Absentis longinqua valent praecepta magistri,
Fraenorumque vicem lingua virilis habet.
Haec procul angustas sparsas, spargitque coactas.
Haec sistit rapidas, haec properare facit.
Laeva jubet? Laevo deducunt limite gressum,
Mutavit strepitum? dexteriora petunt.
Nec vimclis famula, nec libertate feroces.
Exuta laqueis sub ditione tamen.
Consensuque pares, sed fulvis pellibus hirta,
Esseda concordes multisonora trahunt.
Miraris si voce feras pacaverit Orpheus,
Cum pronas pecudes Gallica verba regant.

Cependant Claudien a beau se répandre en loüanges, sur la conduite de Stilicon, il est certain, qu'il acheva de ruïner l'Empire, & de quelques artifices que ce Poëte se serve pour faire un Heros de son Patron, toutes ses inventions poëtiques n'ont pas empêché que la posterité n'apprit la perfidie de ce dangereux Ministre, qui ne se contentant pas d'être beaupere de l'Empereur & de gouverner tout l'Empire, voulut y élever son propre fils, & obligea Honorius, quand il connut sa perfidie de les faire perir tous deux. *De bello Getico.*

Nous apprenons aussi de Claudien, que l'entrée des Goths dans l'Italie, jetta tant de consternation parmi les Troupes de l'Empereur, que ses soldats voulurent lui persuader d'abandonner Rome & l'Italie à Alaric, pour aller établir le siege de son Empire à Lyon, dont la situation avantageuse entre deux grandes Rivieres, lui serviroit de rempart contre les courses de ces Barbares. Mais Stilicon, qui avoit d'autres vûës, s'opposa à ce dessein, & remontra à ces soldats effrayez, qu'il ne falloit pas ainsi quitter la tête de l'Empire, pour n'en conserver que le tronc.

——— Quid Gallica rura
Respicitis? Latioque libet post terga relicto
Longinquum profugis Ararim praefigere castris?
Scilicet Arctois concessis gentibus Urbe
Considet Regnum Rhodano, capitique superstes
Truncus erit?

X

Je dis que Stilicon, avoit d'autres vûës, parceque c'étoit lui qui favorisoit secretement les entreprises d'Alaric, soit pour se rendre necessaire à Honorius, soit pour le perdre insensiblement, & pour élever en suite son propre fils sur le Trône, en s'accommodant avec Alaric, à qui il auroit cedé une partie de l'Empire pour pouvoir retenir l'autre. Ce qu'Honorius s'étoit même proposé de faire, voulant abandonner les Gaules à Alaric, pourvû qu'il le laissat paisible dans l'Italie.

Innumerabiles & ferocissimæ Nationes universas Gallias occuparunt. Quidquid inter Alpes & Pyrenæum est, quod Oceano & Rheno includitur, Quadus, Vandalus, Sarmata, Alanus, Gepides, Heruli, Saxones, Burgundiones, Alemanni, &c.

Saint Hierôme, qui vivoit en ce temps-là, décrivit à un de ses amis l'état pitoyable où se trouverent les Gaules, par les incursions des Vandales, des Quades, des Sarmates, des Alains, des Gepides, des Herules, des Bourguignons, des Saxons & des Allemans. Il fait en suite le dénombrement des Villes, qui sentirent la fureur de ces Barbares, Mayence, Vormes, Cologne, Rheims, Amiens, Arras, Calais, & Bologne, Spire, Strasbourg, Lyon, le Languedoc, la Guienne, & la Province Narbonnoise.

Sequitur ab hinc ætas in quâ mihi orbis totius clades, regnorum tristes exitus, importa similitudo excelsa, mutationes rerum frequentissimæ referenda sunt, ut intelligat mortalitas nihil esse inconstantius iis, quâ tantisper, ut æterna viderentur. Ioan. Bapt. Egnatius L. 4. Romanor. Princip.

Enfin, je puis dire en cet endroit, ce qu'un Historien des Empereurs a dit au commencement de son second Livre, que j'en suis venu à un temps, où je n'ay plus qu'à representer la ruïne generale du monde, la destruction de l'Empire ; des Scenes tragiques & funestes, des perfidies, des courses de Barbares, des saccagemens de Villes, qui nous apprennent, qu'il n'y a rien de solide dans le monde, puisque nous y voyons le bouleversement des choses, que l'on croyoit éternelles. Je n'ay jusqu'à present rapporté pour les preuves de cette Histoire, que des tombeaux, des ruïnes, des Epitaphes, des débris de Palais, de Temples, d'Aqueducs, & d'Amphiteâtres : quelques Medailles demi effacées, & échapées à l'avarice de nos ancestres, pour servir à la curiosité de leurs neveux & de leur posterité. Ces preuves mêmes commencent à me manquer, & j'ay recours aux Historiens, aux Poëtes, aux Orateurs, & aux Peres de l'Eglise, qui ont décrit ces calamitez publiques, & qui en ont tiré des instructions utiles pour se desabuser eux-mêmes de la vanité des grandeurs humaines, & pour en retirer les autres. Saint Hierôme, Salvien, Sidonius Apollinaris, Ennodius, Victor d'Utique, Avitus, sont ces Auteurs, aussi bien que Rutilius Numantianus, l'un de nos Poëtes Gaulois, qui fut obligé de quitter la France sa Patrie, pour eviter la fureur de ces Barbares qui s'en étoient emparez, & qui prit de là occasion de voyager, & de faire en beaux Vers Latins la description de ses voyages.

L'an 401.

ELOGE DU ROY.

C'est ainsi que commença le cinquiéme siecle : siecle de revolutions, qui n'eut rien de plus considerable que l'établissement de la Monarchie Françoise, laquelle ayant jetté ses fondemens sur les débris de l'Empire Romain, en efface aujourd'hui toute la gloire sous l'Auguste regne de LOUIS LE GRAND, l'Invincible, le Conquerant, le Sage, la Terreur de ses Ennemis, le Pere de ses Peuples, le Defenseur de la Religion, le Destructeur de l'Heresie; l'Appui de l'Eglise, dont-il est le fils aîné : Roy tres-Chrêtien, Victorieux de l'Europe conjurée contre lui, Exterminateur des vices, Conservateur de ses Sujets, & Triomphateur perpetuel, qui seul remplit par ses actions heroïques, & par ses vertus Royales, tous les titres ambitieux dont l'ancienne Rome a flaté la vanité de ses Empereurs. Il est Germanique, Cimbrique, Teutonique, Gothique, Sarmatique, Belgique, Britannique, Cantabrique, Africain, Allobrogique, &c. Pieux, Pere de la Patrie, Heureux en toutes ses entreprises, Pacificateur du Monde, Fondement de nôtre repos, Protecteur des Rois, Vangeur des crimes, Restaurateur des Loys & de la Justice, Arbitre souverain de la paix & de la guerre, Remunerateur de la vertu, Estimateur du merite, Fidele à sa parole & à ses promesses, Seur à ses Alliez, Sacrifiant ses interêts & sa gloire même à nôtre bonheur ; Doux, Affable, Facile à aborder à tous ceux qui ont recours à sa Clemence, & à son équité. Content quand il peut accorder des graces, & combler de ses bienfaits, ceux qui l'approchent, Magnifique en tous ses projets, Amy de la verité, Ennemi de la flaterie, l'Appuy des Gens de lettres & des beaux Arts : Qui a l'air & la taille des Heros, la prudence d'Auguste, la bonté de Trajan, la sagesse d'Antonin, la Religion de Constantin, la pieté de Theodose, toutes les vertus de Charlemagne. Enfin, LOUIS LE GRAND, l'Exemple, le Modele à proposer à toutes les puissances de la Terre, & digne d'occuper toutes les Langues, aussi bien que toutes les plumes de son Regne, si fecond en grands Genies, en Savans, en Hommes diserts, eloquens, & capables d'enrichir leur siecle de tous les tresors, & de toute la gloire des premiers s'ils s'appliquent à representer à la posterité ses grandes actions, & ses heroïques vertus.

C'est ainsi que les Historiens de ces temps malheureux, que je décris, relevoient les esperances des peuples, au milieu des calamitez, qu'ils sentoient, & les consoloient dans leurs disgraces en leur proposant une felicité naissante, sous des regnes plus heureux, dont ils appercevoient à peine les premiers rayons, au lieu que nous avons le bonheur de voir la nôtre solidement établie sous le Regne present.

Stilicon, qui avoit broüillé l'Empire, & attiré dans l'Italie & dans les Gaules, les Vandales, les Alains & les Bourguignons, & qui avoit empesché Alaric de s'emparer des Gaules, qu'Honorius lui avoit données, pour se défaire d'un si dangereux ennemi, Stilicon, dis-je, ne pût si bien couvrir ses desseins, qu'ils ne fussent découverts par Olympius, Maître des Offices, qui persuada à Honorius de se défaire de ce traître, & de toute sa famille. Ainsi Stilicon fut tué à Ravenne, par ordre d'Honorius, & Eucherius à Rome, avec Serene sa Mere, quoique Cousine Germaine de l'Empereur, que Theodose avoit adoptée comme sa fille, en la donnant pour épouse à Stilicon, indigne de tant d'honneurs, & de tant de graces, qu'il avoit reçûes de son Prince, qui lui avoit confié en mourant, ce qu'il avoit de plus cher.

La perfidie de Stilicon, ne fut pas la seule source des calamitez des Gaules, un nouveau Tiran leur en suscita de nouvelles, sous pretexte de les vouloir délivrer. Ce fut un avanturier nommé Constantin, & dépuis appellé Constantin le Tyran, qui de simple soldat, eut l'avantage de se voir élevé à la dignité d'Empereur à l'occasion des troubles répandus dans tout l'Occident.

Les garnisons Romaines, qui étoient en Angleterre, apprenant les ravages que faisoient dans les Gaules ces Etrangers, qui s'y étoient jettez de toutes parts, & craignant d'être exposées à la fureur de ces Barbares, qui desoloient tous les endroits par où ils passoient, ne se crurent pas en sureté dans ces Isles détachées du reste du monde, où elles ne pouvoient esperer aucun secours pour leur défense, tandis que l'Empire étoit déchiré par tant de factions differentes, & avoit tant d'ennemis sur les bras. Elles se persuaderent donc, qu'il falloit serieusement songer à leur conservation, & se faire un Chef, sous le titre d'Empereur : Elles en choisirent un, qu'elles tuërent peu de temps aprés, n'étant pas contentes de sa conduite. A cet Empereur de peu de jours elles en substituerent un autre nommé Gratien, né en Angleterre ; qui ne conserva le Trône d'Empereur que quatre mois, ayant eu un sort semblable à celui de son Predecesseur. Enfin, elles firent choix d'un troisiéme, qui n'étoit que simple soldat ; mais à qui son nom de Constantin, servit de premier degré à cette élevation, parce que ce nom parut de bon augure à des soldats, qui se souvenoient du grand Constantin, originaire de cette Isle, & l'un des plus illustres d'entre les derniers Empereurs.

Orose Liv.7. Paul. Diacre l.14. Sosome ne l.9.

Ce nouveau Constantin, qui n'étoit pas moins hardi qu'ambitieux, se voyant élevé à cette dignité, ne se contenta pas de regner en Angleterre ; mais voyant une assez grande Armée à sa disposition, passe la Mer, entre dans les Gaules, & y ayant amassé toutes les Troupes Romaines, qui s'y trouverent, avec celles qui étoient sur les Frontieres d'Allemagne, il en fait un Corps considerable, avec lequel il chasse d'abord tous les Barbares, qui s'y étoient établis. Enflé de ce premier succez, & du nom de Constantin, qui le faisoit regarder comme la fidele copie de ce grand Empereur, il affecta comme lui d'aller établir à Arles le premier siege de son Empire, & donna à son fils le nom de Constant, qu'avoit eu l'un des fils de ce premier Empereur, & l'un de ses Successeurs.

Zosime l.6.

Honorius averti des progrez de ce Tiran, envoye contre lui une puissante Armée, commandée par Sarus Capitaine ou General des Huns, qui d'abord eut d'assez grands succez, & contraignit Constantin de s'enfermer dans Valence, à vingt lieües de Lyon, où il l'alla assieger ; mais un Capitaine Anglois nommé Geronce obligea Sarus à lever ce siege, & à se sauver vers les Alpes, ne pouvant pas resister à une armée aussi forte que celle de Constantin, quand il eut reçû de nouveau secours.

Constantin délivré de cet ennemi retire son fils Constant d'un Cloitre, où il le faisoit instruire, & le declare Cesar : aprés quoi il l'envoye en Espagne sous la conduite de Justus & de Geronce Colonel de ses troupes, ausquels il joignit Apollinaris grand Pere de nôtre Sidonius, qu'il établit Prefet des Gaules. Ils eurent tant de succez dans leurs premieres entreprises, qu'ils en chasserent les Vandales, les Alains, & les autres Barbares, qu'ils contraignirent de passer les Mers, & de se retirer en Afrique, & dans le Portugal.

Constantin se voyant ainsi bien affermi, envoye des Députez à Honorius, pour s'excuser de ce qu'à la sollicitation des Troupes Romaines, qui étoient dans les Isles Britanniques, il avoit été obligé de prendre la dignité d'Empereur ; & pour le prier de lui permettre de continuer dans le Gouvernement des Gaules, avec le commandement des Troupes, qu'il ne feroit agir que dependamment de ses ordres, & sous son aveu.

Honorius, qui n'étoit pas en état de s'opposer à Constantin, ny de soûtenir tant d'ennemis, qui l'accabloient de toutes parts, dissimula pour un temps, & comme il eut consenti aux demandes de ce Tiran, lui envoya la Pourpre, pour l'associer à l'Empire, avec le titre de Consul, qui ne se trouve cependant qu'en une seule Epitaphe Grecque, découverte à Arles, dépuis environ un siecle, d'une Demoiselle Chrétienne, dont le temps de la mort est marqué, sous le huitiéme Consulat d'Honorius, & le premier de Constantin; lequel ne sçût pas joüir long-temps de son bonheur, puisqu'ayant destitué sans raison Apollinaris de sa Charge de Prefet du Pretoire, & preferé Justus à Geronce, pour le gouvernement des Espagnes, sa fortune l'abandonna en même temps, que ces deux Officiers le quitterent. Geronce mécontent sollicita les Barbares de revenir dans les terres, dont ils avoient été chassez, & Honorius s'étant apperçû des broüilleries, qui commençoient à s'élever parmi les Troupes de Constantin, envoya contre lui un habile Capitaine nommé Constantius, lequel appuyé des intrigues de Geronce, & de ceux de sa Faction, assiegea Constantin dans Arles, tandis que Geronce força Vienne, & prit le jeune Constant. Constantin se voyant pressé par Constantius, après un siege de quatre mois, ne pouvant tenir plus long-temps, & craignant de tomber entre les mains de ses Ennemis, quitta la Pourpre, & se fit aggreger au nombre des Prêtres par l'Evêque d'Arles, afin que l'Etat Ecclesiastique le mit à couvert des ressentimens d'Honorius, mais ce changement d'Etat lui profita de peu, puisqu'ayant été mené en Italie, avec un autre de ses fils nommé Julien, ils furent tous deux tuez en chemin par les soldats, & leurs têtes portées à Honorius.

Epist. 9. l. 5.
Avitum est quod reposco. Testes mihi in præsentiarum Avi nostri super hoc negotio. Apollinaris & Rusticus advocabuntur, quos laudabili familiaritate conjunxerat litterarum, dignitatum, periculorum conscientiarum similitudo: Cum in Constantino inconstantiam, in Jovino facilitatem, in Gerontio perfidiam, singula in singulis, omnia in Dardano simul crimina execrarentur.

Sidonius Apollinaris, petit fils de celui qui avoit servi sous Constantin, nous a fait en une de ses Lettres, le caractere de ce Constantin, de Geronce, & de deux autres Magistrats de ces temps-là, Jovinus, & Dardanus qu'il accuse l'un d'inconstance, l'autre de trop de facilité, & le troisiéme de perfidie; mais il blâme sur tout Dardanus, qu'il dit avoir réüni en sa personne, les défauts de tous les trois. Il loüe au contraire l'amour des Lettres, & la pureté de mœurs, de son grand Pere, & d'un autre grand Magistrat nommé Rusticus, qui avoient été elevez ensemble dés leur premiere jeunesse dans les Ecoles de cette Ville.

Sidonius dans cette Lettre accuse l'inconstance de Constantin, qui avoit destitué son Ayeul, & Geronce de perfidie, parce qu'aprés s'être joint à ce Tiran, & l'avoir engagé dans son parti, il l'avoit lachement trahi. Mais il en veut encor plus à Dardanus, qui succeda à son Ayeul, en la Charge de Prefet du Pretoire, l'an 409. & 410. Ce Dardanus étoit alors Payen, il se fit dépuis Chrêtien, comme avoit fait Apollinaris, & saint Hierôme lui écrivit une lettre, où il l'appelle le plus noble des Chrêtiens, & le plus Chrêtien entre les nobles. Il étoit d'auprés de Sisteron, d'une Ville qui s'appelloit alors *Theopolis*, & qui n'est plus qu'un Village, sur les ruines de cette ancienne Ville. On l'appelle saint Genies, à cause d'une Relique de saint martir d'Arles, laquelle fut portée en ce lieu, & placée dans une Eglise, qui porte encor son nom.

Hieron. Epist. 129.

In principatu Valentiniani Imperatoris unus Galliarum præfuit parti, alter solidiavit, Sidon. Epist. 9. l. 5.

Aquilanus à qui écrivoit Sidonius étoit Lyonnois, petit fils de ce Rusticus, qui avoit eu une Charge considerable en cette Ville, tandis qu'Apollinaris y étoit Prefet du Pretoire, sous l'Empire de Valentinien.

Jovinus dont parle Sidonius en cette Lettre, étoit de Narbonne, où avec Sebastianus son frere, ils formerent un parti contre Honorius, & se firent Tirans, usurpant une partie de l'Empire dans cette partie des Gaules.

Ce fut ce Jovinus, qui pour se conserver la dignité d'Empereur, qu'il avoit usurpée appella Gundicaire, Roy des Bourguignons, & lui ayant fait passer le Rhin, le fit venir jusqu'à Lyon, tandis que d'un autre côté, il fit alliance avec Ataulphe, qui étoit entré dans le Languedoc avec ses Goths, pour faire de la France, le triste theatre de beaucoup de guerres & de saccagemens.

An de J. C. 413.

Dardanus qui commandoit dans les Gaules, fit tant par ses intrigues, qu'il rompit les liaisons que Jovinus & Sebastianus avoient prises avec Ataulphe, & s'étant servi de ce Prince pour perdre ces Usurpateurs, dont les têtes furent portées à Honorius, & plantées sur des pieux hors de la porte de Ravenne; Il lui fit faire alliance avec Honorius, dont il épousa la sœur Placidia, avec laquelle il lui fut permis de s'établir dans la Gaule Narbonnoise, en une Ville qui n'est plus aujourd'hui, & qui se nommoit alors Heraclée, bastie par les Rhodiens, aussi bien qe Seseron, d'où étoient sortis nos premiers Fondateurs Momorus & Atepomarus.

Sous le regne de Charles V. surnommé le Sage, on trouva auprés de la Ville de saint Gilles, que l'on croit avoir été bastie sur les ruines de cette ancienne Heraclée, un grand Marbre à quatre faces, sur l'une desquelles étoit cette Inscription.

LES DEUX TABLES D'AIRAIN DE L'HÔTEL DE VILLE

IL étoit en usage parmi les Anciens de faire des Actes publics, & de donner des témoignages & des attestations non seulement par écrit sur le papier ou sur le parchemin, mais encore assez souvent d'en donner de gravées sur l'airain, quand on vouloit faire plus d'honneur aux personnes à qui on donnoit ces attestations : & quand on vouloit que ces témoignages d'estime, d'amitié & de société fussent de plus longue durée. Ainsi quand Judas Machabée eut envoyé à Rome Eupolemus pour faire alliance avec les Romains, les Romains accorderent aux Juifs ce qu'ils leur demandoient, & leur donnerent le Decret du Senat sur des Tables d'airain, pour être dans Jerusalem un monument public de paix & de Société. *Abierunt Roman viam multam valdè, & introierunt curiam & dixerunt. Judas Machabæus, & fratres ejus, & populus Judæorum miserunt nos ad vos statuere vobiscum societatem & pacem, & conscribere nos socios & amicos vestros. Et placuit sermo in conspectu eorum. Et hoc rescriptum est, quod scripserunt in Tabulis æreis, & miserunt in Jerusalem, ut esset apud eos ibi memoriale pacis & societatis.* Liv. 1. des Machab. chap. 8.

PREMIERE TABLE.

............MAE.RERUM.NOSTR................SI I............
EQUIDEM.PRIMAM.OMNIUM.ILLAM.COGITATIONEM.HOMINUM.QUAM.
MAXIME.PRIMAM.OCCURSURAM.MIHI.PROVIDEO.DEPRECOR.NE.
QUASI.NOVAM.ISTAM.REM.INTRODUCI.EXHORRESCATIS.SED.ILLA.
POTIUS.COGITETIS.QUAM.MULTA.IN.HAC.CIVITATE.NOVATA.SINT.ET.
QUIDEM.STATIM.AB.ORIGINE.URBIS.NOSTRÆ.AB.QUOD.FORMAS.
STATUSQUE.RES.P.NOSTRA.DIDUCTA.SIT.
QUONDAM.REGES.HANC.TENUERE.URBEM.NE.TAMEN.DOMESTICIS.SUCCES
SORIBUS.EAM.TRADERE.CONTIGIT.SUPERVENERE.ALIENI.ET.QUIDAM.EXTER
NI.UT.NUMA.ROMULO.SUCCESSERIT.EX.SABINIS.VENIENS.VICINUS.QUI
DEM.SED.TUNC.EXTERNUS.UT.ANCO.MARCIO.PRISCUS.TARQUINIUS.
PROPTER.TEMERATUM.SANGUINEM.QUOD.PATRE.DEMARATO.CO
RINTHIO.NATUS.ERAT.ET.TARQUINIENSI.MATRE.GENEROSA.SED.IN.OPI.
UT.QUÆ.TALI.MARITO.NECESSE.HABUERIT.SUCCUMBERE.CUM.DOMI.RE
PELLERETUR.A.GERENDIS.HONORIBUS.POSTQUAM.ROMAM.MIGRAVIT.
REGNUM.ADEPTUS.EST.HUIC.QUOQUE.ET.FILIO.NEPOTIVE.EJUS.NAM.ET.
HOC.INTER.AUCTORES.DISCREPAT.INSERTUS.SER.VIUS.TULLIUS.NOSTROS.
SEQUIMUR.CAPTIVA.NATUS.OCRESIA.SI.TUSCOS.CÆLI.QUONDAM.VI
VENNÆ.SODALIS.FIDELISSIMUS.OMNISQUE.EJUS.CASUS.COMES.POST.
QUAM.VARIA.FORTUNA.EXACTVS.CUM.OMNIBUS.RELIQVIS.CÆLIANI.
EXERCITVS.ETRURIA.EXCESSIT.MONTEM.CÆLIUM.OCCUPAVIT.ET.A.DUCE.SUO.
CÆLIO.ITA.APPELLITATUS.MUTATOQUE.NOMINE.NAM.TUSCÆ.MASTARNA.
EI.NOMEN.ERAT.ITA.APPELLATUS.EST.UT.DIXI.ET.REGNUM.SUMMA.CUM.REIP.
UTILITATE.OPTINVIT.DEINDE.POSTQUAM.TARQVINI.SUPERBI.MORES.IN
VISI.CIVITATI.NOSTRÆ.ESSE.COEPERUNT.QUA.IPSIUS.QUA.FILIORUM.EJUS.
NEMPE.PERTÆSUM.EST.MENTES.REGNI.ET.AD.CONSULES.ANNVOS.MAGIS
TRATUS.ADMINISTRATIO.REIP.TRANSLATA.EST.
QUID.NUNC.COMMEMOREM.DICTATURAM.HOC.IPSO.CONSULARI.IMPE
RIUM.VALENTIUS.REPERTUM.APVD.MAJORES.NOSTROS.QVO.IN.AS
PERIORIBUS.BELLIS.AVT.IN.CIVILI.MOTV.DIFFICILIORE.VTERENTUR.
AVT.IN.AVXILIVM.PLEBIS.CREATOS.TRIBVNOS.PLEBE.IQVI.DA.CONSV
LIBUS.AD.DECEM.VIROS.TRANSLATVM.IMPERIVM.SOLVTOQVE.NOSTRA.
DECEM.VIRALI.REGNO.AD.CONSVLES.RVRSVS.REDITVM.QVID.IM.........Y
RIS.DISTRIBVTVM.CONSVLARE.IMPERIVM.TRIBVNOSQVE.MILITVM.
CONSVLARI.IMPERIO.APPELLATOS.QVI.SENI.ET.SÆPE.OCTONI.CREAREN
TVR.QVID.COMMVNICATOS.POSTREMO.CVM.PLEBE.HONORES.NON.IMPERI
SOLVM.SED.SACERDOTIORVM.QVOQVE.IAM.SI.NARREM.BELLA.A.QVIBVS.
COEPERINT.MAJORES.NOSTRI.ET.QVO.PROCESSERIMVS.VEREOR.NE.NIMIO.
INSO LENTIOR.ESSE.VIDEAR.ET.QVÆSISSE.IACTATIONEM.GLORIÆ.PRO
LATI.IMPERI.VLTRA.OCEANVM.SED.ILLO.C.POTIVS.REVERTAR.CIVITATEM.

SECONDE TABLE.

............NOVO.........DIVVS.AVG.........O.................VS.ET.PATRVVS.TI.
CÆSAR.OMNEM.FLOREM.VBIQVE.COLONIARVM.AC.MVNICIPIORVM.BO
NORVM.SCILICET.VIRORVM.ET.LOCVPLETIVM.IN.HAC.CVRIA.ESSE.VOLVIT.
QVID.ERGO.NON.ITALICVS.SENATOR.PROVINCIALI.POTIOR.EST.IAM.
VOBIS.CVM.HANC.PARTEM.CENSVRÆ.MEÆ.APPROBARE.COEPERO.QVID.
DE.EA.RE.SENTIAM.REBVS.OSTENDAM.SED.NE.PROVINCIALES.QVIDEM.
SI.MODO.ORNARE.CVRIAM.POTERINT.REIICIENDOS.PVTO.
ORNATISSIMA.ECCE.COLONIA.VALENTISSIMAQVE.VIENNENSIVM.QVAM.
LONGO.IAM.TEMPORE.SENATORES.HVIC.CVRIÆ.CONFERT.EX.QVA.COLO
NIA.INTER.PAVCOS.QVESTRIS.ORDINIS.ORNAMENTVM.L.VESTINVM.FA
MILIARISSIME.DILIGO.ET.HODIEQVE.IN.REBVS.MEIS.DETINEO.CVIVS.LIBE
RI.FRVANTVR.QVÆSO.PRIMO.SACERDOTIORVM.GRADV.POST.MODO.CVM.
ANNIS.PROMOTVRI.DIGNITATIS.SVÆ.INCREMENTA.VT.DIRVM.NOMEN.LA
TRONIS.TACEAM.ET.ODI.ILLVD.PALÆSTRICVM.PRODIGIVM.QVOD.ANTE.IN.DO
MVM.CONSVLATVM.INTVLIT.QVAM.COLONIA.SVA.SOLIDVM.CIVITATIS.ROMA
NÆ.BENEFICIVM.CONSECVTA.ESSET.IDEM.DE.FRATRE.EJVS.POSSVM.DICERE.
MISERABILI.QVIDEM.INDIGNISSIMOQVE.HOC.CASV.VT.VOBIS.VTILIS.
SENATOR.ESSE.NON.POSSIT.
TEMPVS.EST.IAM.TI.CÆSAR.GERMANICE.DETEGERE.TE.PATRIBVS.CONSCRIPTIS.
QVO.TENDAT.ORATIO.TVA.IAM.ENIM.AD.EXTREMOS.FINES.GALLIÆ.NAR
BONENSIS.VENISTI.
TOT.ECCE.INSIGNES.IVVENES.QVOT.INTVEOR.NON.MAGIS.SVNT.PÆNITENDI.
SENATORES.QVAM.PÆNITET.PERSICVM.NOBILI.SIMVM.VIRVM.AMI
CVM.MEVM.INTER.IMAGINES.MAJORVM.SVORVM.ALLOBROGICI.NO
MEN.LEGERE.QVOD.SI.HÆC.ITA.ESSE.CONSENTITIS.QVID.VLTRA.DESIDERA
TIS.QVAM.VT.VOBIS.DIGITO.DEMONSTREM.SOLVM.IPSVM.VLTRA.FINES.
PROVINCIÆ.NARBONENSIS.IAM.VOBIS.SENATORES.MITTERE.QVANDO.
EX.LVGDVNO.HABERE.NOS.NOSTRI.ORDINIS.VIROS.NON.PÆNITET.
TIMIDE.QVIDEM.P.C.EGRESSVS.ADSVETOS.FAMILIARESQVE.VOBIS.PRO
VINCIARVM.TERMINOS.SVM.SED.DESTRICTE.IAM.COMATÆ.GALLIÆ.
CAVSA.AGENDA.EST.IN.QVA.SI.QVIS.HOC.INTVETVR.QVOD.BELLO.PER.DE
CEM.ANNOS.EXERCVERVNT.DIVOM.IVLIVM.IDEM.OPPONAT.CENTVM.
ANNORVM.IMMOBILEM.FIDEM.OBSEQVIVMQVE.MVLTIS.TREPIDIS.RE
BVS.NOSTRIS.PLVS.QVAM.EXPERTVM.ILLI.PATRI.MEO.DRVSO.GERMANIAM.
SVBIGENTI.TVTAM.QVIETE.SVA.SECVRAMQVE.A.TERGO.PACEM.PRÆS
TITERVNT.ET.QVIDEM.CVM.AD.CENSVS.NOVO.TVM.OPERE.ET.IN.ADSVE
TO.GALLIIS.AD.BELLVM.AVOCATVS.ESSET.QVOD.OPVS.QVAM.AR
DVVM.SIT.NOBIS.NVNC.CVM.MAXIME.QVAMVIS.NIHIL.VLTRA.QVAM.
VT.PVBLICE.NOTÆ.SINT.FACVLTATES.NOSTRÆ.EXQVIRATVR.NIMIS.
MAGNO.EXPERIMENTO.COGNOSCIMUS.

ATAVLPHO FLAVIO POTENTISSIMO
REGI REGVM RECTISSIMO
VICTORI VICTORVM INVICTISSIMO
VANDALICAE BARBARIEI DEPVLSORI
ET CAESARIAE PLACIDIAE ANIMAE SVAE
DOMINIS CLEMENTISSIMIS
ANATILII NARBONENSES ARECOMICI
OPTIMIS PRINCIPIBVS
IN PALATIO POSVERVNT
OB DELECTAM A SE HERACLEAM
IN REGIAE MAIESTATIS SEDEM.

Sur un des côtez on voyoit la Ville de Rome, & un Cavalier, qui y vouloit mettre le feu; mais un Amour lui retenoit le bras, tandis que les trois Graces embrassoient & caressoient un Lyon, couronné de Laurier, avec ces mots gravez au dessus, & au dessous.

NON PERMITTAM VT IMMITTAS
ARDERENT ISTO VISCERA NOSTRA IGNE.

AMOR SERVAT VRBEM
GRATIA NON OMNIBVS GRATA.

Sur un autre côté étoit une Ville ceinte de Tours, qui representoit l'ancienne Heraclée, avec un grand Palais, qui portoit cette Inscription.

NISI TRAIECISSET AMOR PECTORA
ROMA NON ESSET ROMA
HERACLEA NON ESSET
FLAVIORVM PALATIVM
ORBIS NON VRBIS
NOS CAPERET SPATIVM.

Ces Inscriptions sont bien du caractere de ces temps-là, où l'éloquence, & la langue Latine avoit fort degeneré, par une affectation de pointes, & d'allusions, dont Sidonius, Cassiodore, Ennodius, & la plûpart des Auteurs de ce siecle là sont remplis, & que l'on a voulu renouveller en celui-ci, particulierement delà les Monts.

Aprés cette alliance, on persuada à Ataulphe, de porter ses armes en Espagne, & d'en chasser les Vandales, ce qui lui fit laisser la Gaule Narbonnoise à Honorius, & fit retourner cette Province sous la domination des Romains. Mais Honorius ne survecut pas long-temps à ces succez, qui lui avoient fait recouvrer une partie de l'Empire, dont il avoit été dépoüillé. Il le laissa à Theodose le jeune son Neveu, & à Valentinien, qui ne furent pas plus tranquilles que lui, & qui perdirent entierement les Gaules par l'établissement solide des François &·des Bourguignons, aussi bien que des Visigoths, sous la conduite de Theodoric.

Les Romains épouvantez de ce grand nombre d'ennemis, & craignant que s'ils s'unissoient ensemble, ils ne les chassassent entierement des Gaules, & ne passassent aprés au delà des Alpes, pour se rendre maîtres de l'Italie, ramasserent ce qu'ils purent de Troupes, sous le commandement d'Aëtius, qui en sage Politique, voyant que Litorius avoit été malheureux dans l'entreprise qu'il avoit faite contre Theodoric, qui consentoit à un Traité de paix à la sollicitation des Evêques, & qu'il ne voulut pas ac-

X iij

cepter, ce qui fut la cause de sa perte. Aëtius, dis-je, traita avec les Visigots, leur abandonnant le Languedoc, pour n'avoir qu'à s'opposer aux François, qui étoient ceux qui faisoient plus de progrez. Les Bourguignons n'en faisoient pas moins de leur côté, car ne se contentant pas de la Savoye, & du païs des Sequanois, où Valentinien, leur avoit permis de s'établir, ils poussérent jusqu'à Lyon, & seroient allez plus avant, si aprés plusieurs vains efforts, qu'Aëtius avoit fait pour les repousser, & où il les avoit souvent battus, il n'eut été obligé par la necessité de ses affaires de traiter avec Gundicaire, & de laisser à ces Bourguignons, avec le consentement des Empereurs les conquestes qu'ils avoient faites, à condition qu'ils ne s'étendroient pas au delà, dans le Dauphiné, & dans la Provence. Aprés ces traitez qu'avoit fait Aëtius, il devoit attendre de grands succez de ses guerres contre les François, qui étoient les seuls ennemis, qu'il avoit à combatre, quand tout d'un coup un nouveau torrent d'ennemis, vint à se répandre sur l'Empire, & acheva de le ruïner.

Attila Roy des Huns, aprés la mort de Theodose le jeune, apprit que Valentinien avoit laissé à Pulcherie, sœur de Theodose l'Empire d'Orient, & qu'elle avoit élevé sur le Trône un vieux Capitaine nommé Marcian, qu'elle avoit épousé, pour donner à l'Empire un maître, qui eut du credit dans les armées, & qui pût maintenir la discipline parmy les soldats. Il crût qu'en épousant Honoria sœur de Valentinien, il se pourroit faire un chemin à l'Empire d'Occident. Il la fit demander par une Ambassade solemnelle, & lui ayant été refusée, il en conçût tant de dépit, qu'il ne songea plus qu'aux moyens de s'en vanger.

Il assembla une armée de plus de quatre cent mille hommes, pour entrer dans les Gaules, où le bruit de sa marche jetta tellement l'épouvante, que les diverses Nations, qui y faisoient la guerre, & qui avoient commencé de s'y établir, se crurent obligées, pour leur conservation de s'unir toutes ensemble. Les Gaulois, s'armerent pour la défense de leur païs, sous la conduite de Tonantius Ferreolus, Prefet du Pretoire ; les Romains sous Aëtius, Theodoric avec ses Visigots, les François avec leur Roy Meroüée, & les Bourguignons avec Gundicaire. Il se fit de toutes ces Troupes unies, un gros d'armée, qui n'étoit guere moins considerable que celle d'Attila. Ces deux puissantes armées combattirent dans les plaines de Champagne, auprés de la Ville de Chaalons, & la bataille fut si sanglante, qu'il y eut plus de cent quatre vingt mille morts, & quoi que le Champ de bataille demeura aux Troupes Confederées, les Visigots, & les Bourguignons, y perdirent leurs Rois ; Attila se retira vers l'Esclavonie, où il fut encore défait par les Troupes de Marcien Empereur de Constantinople, & contraint de se retirer du côté de la Pannonie.

Une si formidable armée composée de Barbares, laissa la desolation dans tous les endroits par où elle passa : Cette Ville s'en ressentit aussi bien que plusieurs autres : Elle se trouvoit alors remplie d'Etrangers, & c'étoit un mélange de Romains, de Gaulois, de Bourguignons, & de Goths, que Sidonius décrit d'une assez plaisante maniere dans des vers enjoüés, qu'il envoya à un de ses amis nommé Catullinus, qui l'avoit prié de faire quelques poësies sur le sujet de ses nôces.

„ Comment voulez-vous, lui dit-il, que je pense à faire des Vers de six pieds, par-
„ my des hommes qui en ont plus de sept en leur taille gigantesque, & qui sont de-
„ venus nos Maîtres ? Que je puisse rien faire de poli parmi des gens à longs cheveux,
„ mal peignez & graissez de beurre, gens qui parlent un langage que je n'entens point ?
„ Que vos yeux, & vos oreilles sont heureux de ne pas voir, & de ne pas entendre des
„ gens faits de cette sorte ? Mais que dis-je, que vos yeux & vos oreilles sont heureu-
„ ses ? Heureux vôtre nez, de ne pas sentir l'ail & les oignons, de ces hommes toû-
„ jours puants, qui en mangent dix bottes par jour ? Quel moyen de chanter sur la
„ Lyre parmy des yvrognes, qui chantent jour & nuit, ou plûtôt qui braillent dans
„ leurs débauches ? Voilà les maitres sous lesquels nous vivons, & sous lesquels on a
„ plus d'envie de pleurer, que de rire, & de chanter. Je finis de peur que l'on ne
„ m'accuse encore d'avoir voulu faire une Satyre, & que l'on ne me fasse des affaires
„ auprés de ces gens-là ; comme vous savez que l'on m'en a déja fait ailleurs auprés de
„ nos Maîtres.

AD V. C. CATVLLINVM.

Quid me, & si valeam, parare carmen
Fescenninicola jubes Diones,
Inter crinigeras situm catervas
Et Germanica verba sustinentem,

Laudantem tetrico subinde vultu,
Quod Burgundio cantat esculentus,
Infundens acido comam butyro ?
Vis dicam tibi quid Poëma frangat ?
Ex hoc barbaricis abacta plectris
Spernit semipedem stylum Thalia,
Ex quo septipedes videt patronos.
Felices oculos tuos, & aures,
Felicemque libet vocare nasum,
Cui non allia, sordidaque cepa,
Ructant manè novo decem apparatus.
Quem non ut vetulum Patris parentem
Nutricisque virum, die nec orto,
Tot tantique petunt simul Gigantes
Quot vix Alcinoi culina ferret.
Sed jam Musa tacet, teneque habenas
Paucis hendecasyllabis jocata,
Ne quisquam satyram vel hos vocaret.

Nous apprenons par ces Vers, que les Bourguignons étoient en ce temps-là maîtres de Lyon, puisque Sidonius, le dit clairement, ou plûtôt le fait dire à sa Muse effrayée de voir des hommes de sept pieds de hauteur.

Ex quo septipedes videt patronos.

Il faut donc examiner par quels moyens ces Bourguignons se rendirent maîtres de cette Ville.

Ces Peuples venus des extremitez de l'Allemagne les plus voisines du Nort, s'établirent d'abord entre le Mein & le Rhin, qui étoit un païs beaucoup meilleur que celui qu'ils avoient quitté. L'Empereur Valentinien qui voyoit que les Allemans, qui habitoient le long du Rhin, infestoient les Gaules, où ils faisoient de frequentes courses, voulut leur opposer ces Bourguignons, afinque ces Barbares, se faisant la guerre les uns aux autres, fussent obligez de demeurer chacun dans leurs païs. Il pratiqua secretement les Bourguignons, & écrivit à leur Roy, par des personnes affidées. Il les attira ainsi dans son parti, mais il ne leur tint pas les promesses qu'il leur avoit faites, pour les engager dans cette guerre; dequoy indignez d'être obligez de retourner chez eux sans avoir les secours d'argent, qui leur étoient necessaires, & qu'ils prétendoient leur avoir été promis, ils se jetterent dans les Gaules le long du Rhône & de la Saône, les pillerent, les saccagerent, & se retirerent au delà du Rhin, enrichis du butin qu'ils avoient fait. Depuis quand Jovinus & Sebastianus se voulurent faire déclarer Empereurs dans Narbonne, ne se sentant pas assez forts avec les Troupes qu'ils commandoient pour executer ce dessein, ils appellerent Gundicaire à leur secours, avec ses Bourguignons; mais par une addresse qui ne cedoit en rien à la sagesse des plus habiles Politiques, pour ne rien risquer en se joignant à ces deux Aventuriers, Gundicaire partagea ses Troupes, & offrit des secours à tous les deux partis : à celui des deux Narbonnois, & aux Romains, afin que de quelque côté que le succez de cette guerre put tourner, une partie de ses gens se trouvât dans le parti des Victorieux, & se fit par ce moyen un établissement solide dans les Gaules. Son addresse lui réüssit, les deux Tirans furent tuez à Narbonne, vingt mille Bourguignons & huit mille Goths furent défaits par Aëtius, Idatius. qui commandoit les Troupes Romaines, & Gundicaire ayant fait sa paix avec les Romains, qu'une autre partie de ses Troupes avoient servis, trouva le moyen de s'établir à Lyon, comme on permit à ses autres Bourguignons, qui avoient servi les deux Freres, de demeurer dans l'Auvergne, & dans la Gaule Narbonnoise, dont enfin les Goths demeurerent les maitres, comme j'ay remarqué ci-devant. Aussi nôtre Sidonius dit en quelques unes de ses Lettres, que la Ville de Clermont, dont il étoit Evêque, étoit les limites des Goths, & que les Bourguignons occupoient sa patrie, qui étoit la Ville de Lyon.

C'est pour cela qu'il exhortoit Basile l'Evêque d'Aix, & les Evêques d'Arles, de Marseille, & de Riez, qui étoient sous divers Maitres, c'est à dire, sous les Goths & sous les Romains, d'entretenir toûjours la charité, & le commerce, qui devoit être entre les Evêques. Il appelle ces alliances, que les Bourguignons & les Goths faisoient avec les Romains, les sources de beaucoup de maux, *mala foederum*, parce que les Goths étoient Arriens, & persecutoient l'Eglise, & les Bourguignons étoient aussi de diverses Sectes. Cependant c'étoient les Evêques, qui étoient ordinairement les Mediateurs de tous les Traitez, qui se faisoient entre ces diverses Nations.

Tu sacratissimorum Pontificum Leontii, Fausti, Graci, Vrbe, ordine, Caritate medius inveniris. Per vos mala foederum, currunt, per vos regni utriusque pacta, conditionesque portantur. Agite quatenus hac sit amicitia, concordia principalis, ut Episcopali ordinatione permissâ, populi Galliarum, quos limes Gothica sortis incluserit, teneamus, ex fide, etsi non tenemus ex foedere. Ep.6.l 7.

Mais avant que de passer à l'établissement solide des Bourguignons dans cette Ville, faisons voir quelle étoit la forme du gouvernement sous les Romains dépuis l'établissement des quatre Pretoires par Constantin.

Nous avons la forme de ce gouvernement dans la Notice de l'Empire, comme elle étoit du temps de l'Empereur Honorius, & c'est cette Notice, que tant d'habiles gens ont publiée avec de savantes notes, pour nous expliquer les Offices, les Emplois, & les Dignitez dont le gouvernement étoit composé.

J'ay déja fait voir au commencement de ce second Livre, quelle étoit l'étenduë du Pretoire des Gaules, les Dioceses, & les Provinces, qui en dépendoient, avec leurs Metropoles.

Il faut maintenant donner les noms de tous ceux qui en furent les Prefets, afin que l'on connoisse sous quels Gouverneurs fut cette Ville, dépuis le grand Constantin, jusqu'à Gondebaud Roy des Bourguignons, qui changea la forme du gouvernement.

L'An 334. Le premier de ces Prefets, sous Constantin, fut Ambrosius pere de S. Ambroise, dont la demeure ordinaire étoit la Ville de Treves.

335. Tiberianus, qui avoit été Vicaire des Espagnes lui succeda en cette Charge du Pretoire des Gaules.

343. Titus Fabius Titianus, eut cet Employ, sous l'Empereur Constans, qui regnoit dans les Gaules dépuis la mort de Constantin le Jeune.

345. Volcatius Ruffinus, parent de l'Empereur Constantius vint aprés. Ce fut lui qui appaisa à Chalon, la sedition des soldats, leur ayant fait conduire du bled, dont ils

349. 356. manquoient.

Florentius lui succeda en cette Charge, l'an 357. & commanda une partie de l'armée de Julien l'Apostat, contre Chonodomarus, & ayant appris que Julien avoit été proclamé Empereur, sans la participation de Constantius à qui Florentius étoit fidelement attaché, il se retira à Vienne, sous pretexte d'aller faire des Convois, & de là alla trouver Constantius en Orient, qui le fit Prefet du Pretoire d'Illyrie.

Honoratus exerça cette Charge durant l'absence de Florentius, à qui Constantius subrogea Nebridius, qui faisoit auprés de Julien l'office de Questeur, ou de Sur-Intendant des Finances, & qui empêcha ses soldats de le tuer, le couvrant de sa Pourpre, quand il eut témoigné qu'il ne pouvoit quitter le parti de Constantius, à qui il avoit prêté serment de fidelité, qu'il ne pouvoit violer sans faire contre les devoirs de sa conscience, aussi bien que de sa reconnoissance aprés les biens qu'il avoit reçus de lui.

Germanien prit la place de Nebridius, l'an 361. mais pour fort peu de temps, puisque Salustius, qui avoit été trois fois Consul reçut cet Employ de Julien l'Apostat, lequel mourut bientôt aprés.

Ainsi Valentinien premier, nomma Menandre, auquel succeda Viventius, à qui Valentinien écrivit d'exempter les Religieuses de la Taille, & des Tributs, qui s'exigeoient par Capitation, c'est à dire par tête. Ce Viventius passa de cette dignité à celle de gouverneur de Rome, aprés quoy il reprit le gouvernement des Gaules, que Florentius Maitre des Offices avoit exercée en son absence.

Maximin fut aussi de Maitre des Offices, fait Prefet du Pretoire, l'an 369. & eut pour Successeur Licinius, l'an 373.

Probus aprés avoir gouverné l'Illyrie, l'Italie, & l'Afrique, obtint le gouvernement des Gaules, & se nommoit Sextus Petronius Probus.

Antonius, qui succeda à Probus, eut ordre de Gratien de regler les gages des Professeurs de Rhetorique & de Grammaire en Langue Grecque & Latine, l'an 376.

Ausone qui avoit été Precepteur de l'Empereur Gratien, fut honoré de cette dignité par son Disciple, quand il fut associé à l'Empire par l'Empereur son Pere.

Hesperius fut aussi Prefet du Pretoire des Gaules, & aprés lui Siburius, l'an 379.

Enfin, nôtre Syagrius parvint à cette dignité, l'an 381. & fut un excellent Poëte, aussi bien qu'un grand Magistrat. Il fut en reputation auprés des Bourguignons, dont il apprit si bien la langue Allemande, qu'il parloit aussi aisément que ces Barbares. Son tombeau étoit auprés de l'ancienne Eglise de saint Just, hors les murs de la Ville, & je croy que ce grand bloc de Marbre, qui est sur les bords de la Saône, entre le Palais de Roane, & le Cloître de saint Jean, étoit la couverture de ce tombeau. Il passa par diverses Charges, & fut Maitre des Offices, & Consul, qui étoit la plus haute dignité à laquelle un Magistrat put être élevé dans la Republique.

Gregorius, Evodius, Constantianus, & Florus, furent successeurs de Syagrius, jusqu'au celebre Manlius Theodorus, dont Claudien celebra le Consulat par de si beaux Vers, dans lesquels il décrivit l'étenduë de ce gouvernement des Gaules, comme je

l'ay

j'ay rapportée ailleurs, quand il dit que la Saône, le Rhône, & l'Ebre, lui ont obeï, & ont reçû ses oracles.

> *Diverſoque tuas coluerunt gurgite voces*
> *Lentus Arar, Rhodanuſque ferox, & dives Iberus.*

Claud. de Conſul. Manlius Theodoric.

Vincentius, Felix, Petronius, & Limenius remplirent, ſous l'Empereur Honorius cette grande dignité, juſqu'à Conſtantin le Tiran, ſous qui nôtre Apollinaris grand Pere de Sidonius l'exerça ; auquel ſucceda Dardanus, dont j'ay parlé cy-devant, auſſi bien que Ruſticus, qui fut Prefet l'an 410. & l'an 411. Julius le fut en 417. Agricola en 418. Exuperantius, en 413. & 424. Armatius en 425. Auxiliaris l'étoit en 444. Aprés le fameux Avitus, qui monta par tous les degrez des Charges de la Republique juſqu'à la dignité d'Empereur, & donna Papianille, l'une de ſes filles en mariage à nôtre Sidonius, qui lui recita un Panegyrique en vers Latins, quand il prit poſſeſſion de ſon Conſulat, l'an 456.

On apprend par ce Panegyrique, qu'Avitus étoit un homme également habile, & pour le Conſeil, & pour la guerre, il fut employé en diverſes Ambaſſades, pour les Romains, dans la Cour des Goths ; il commanda les troupes Romaines, contre les Bourguignons, & les Huns. Il fut envoyé par l'Empereur Maxime, à Theodoric pour lui faire joindre ſes forces à celles des Romains, contre Attila.& ſucceda à Aëtius dans la Charge de General d'armée, comme dit Sidonius en ces Vers.

> *perdita cernens*
> *Terrarum ſpatia, Princeps jam Maximus, unum*
> *Quod fuit in rebus, peditumque, equitumque Magiſtrum,*
> *Te ſibi, Avite, legit.*

Ce fut aprés avoir ſervi utilement la Republique en trois guerres contre les Allemans, & les Bourguignons, quand ils furent défaits par Aëtius. Il fut enſuite quatre ans Prefet du Pretoire, depuis l'an 349. juſqu'à 444. qu'Auxiliaris, fut élevé à cette dignité.

Ce fut à Toloſe qu'il fut proclamé Empereur, aprés que Maxime eut été tué : On lui donna à Arles le titre d'Auguſte, le Senat approuva ſon élection, il fut reçû à Rome, & y commença ſon Conſulat, pour lequel Sidonius prononça ſon Panegyrique, & épouſa enſuite ſa fille Papianille : ce qui fait voir en quelle conſideration devoit être Sidonius, pour épouſer la fille d'un Empereur.

Son Pere Apollinaris, fut auſſi Prefet du Pretoire, l'an 448. & 449. & Tonantius Ferreolus, qui lui ſucceda, le fut les quatre années ſuivantes.

Ces deux illuſtres Magiſtrats, furent des plus conſiderables, ils étoient amis & parens : Et comme les Romains avoient des maiſons de Campagne à Freſcati, à Tivoli, & auprés de Naples, à cauſe de la bonté de l'air de ces païs où ils alloient ſe delaſſer du ſoin des affaires. Apollinaris & Ferreolus en avoient auſſi dans le Languedoc, auprés du Gardon, que Sidonius a décrites en ces Vers. Celle d'Apollinaris ſe nommoit Voroange, & celle de Ferreolus Pruſian. Il fit cette deſcription dans un petit poëme, dont il accompagna le preſent d'un de ſes Livres, qu'il envoyoit à ſes amis qui étoient aux environs de Narbonne. Il marque à ſon Livre en ce poëme, la route qu'il doit tenir, & les perſonnes qu'il doit viſiter.

Au ſortir de mon Logis, dit Sidonius, à ce Livre, ſoyez fidele à tenir le chemin, que je vous marque pour aller voir mes anciens amis, dont vous avez les noms, & une liſte bien exacte.

> *Egreſſus foribus meis libelle,*
> *Hanc ſervare viam precor memento*
> *Qua noſtros bene ducit ad ſodales*
> *Quorum nomina ſedulus notavi.*

Sidonii propteni con ad libellum.

Il lui dit de ne pas tenir l'un de ces grands chemins qu'Agrippa avoit fait faire pour aller de Lyon à Narbonne, dont j'ay parlé dans le premier Livre de cette Hiſtoire, & ſur lequel Sidonius, dit en paſſant que ſont encore les Cippes, qui en marquoient les diſtances de lieuës en lieuës, avec les noms des Empereurs, & dont j'ay rapporté quelques fragmens parmy nos Inſcriptions.

> *Antiquus tibi ne teratur agger,*
> *Cujus per ſpatium ſatis vetuſtis*
> *Nomen Caſareum viret columnis.*

Il lui dit enſuite d'aller d'abord chez Domitius, qui étoit un de ces celebres Maîtres de Grammaire, que l'Empereur Gratien avoit ordonné aux Prefets du Pretoire, d'établir dans les Villes, avec de bons gages. Il veut que de là, il paſſe par Brioude, & par le Gevaudan, qu'il y saluë en paſſant Sacerdos & Juſtinus, neveux d'un Victori-

Y

Illicet ego Poëta proximus sui professione, vos femine. Ideoque patrimonia tenere, date carmina. Epist. 12. lib. V.

nus, celebre entre les Poëtes de son siecle. C'est pourquoy en une de ses Lettres à ces deux freres, il leur dit qu'il est Poëte de profession, & qu'eux le sont de naissance & d'origine ; sur quoy il les exhorte de cultiver cet ancien patrimoine, & de faire des Vers.

Il veut ensuite que son Livre aille sur les confins de Rouergue, où il trouvera le Pere de Tonantius, le celebre Ferreolus Prefet du Pretoire des Gaules, amy & contemporain du vieux Syagrius, où il verra sa femme la sage Papianille.

Ibis Trevidon & calumniosis
Vicinum nimis heu jugum Rutenis,
Hic docti invenies Patrem Tonanti,
Rectorem, columenque Galliarum,
Prisci Ferreolum parem Syagri:
Conjunx Papianilla quem pudico
Curas participans juvat labore.

C'est de cette Papianille, & de Tonantius Ferreolus, que Mr. du Bouchet, fait descendre nos Rois de la seconde race, en son ouvrage de l'origine de la Maison de France.

Enfin, nôtre Sidonius veut que son Livre aille trouver Apollinaris son Pere, auprés de la Montagne de Losere, à son Voroange, où après s'être delassé, il ira visiter Avitus dans sa maison de campagne, & achevera sa course à Narbonne, auprés du Consul Magnus, après avoir visité en passant Fidulus, & Thaumastus.

Nous devons à ce grand homme Sidonius, la connoissance de plusieurs Illustres de ce païs, ausquels il écrivoit, & avec qui il entretenoit un commerce d'amitié, & de literature avant sa promotion à l'Episcopat, après laquelle il lia un semblable commerce avec tous les Prelats d'Auvergne, de Languedoc, de Provence, & de quelques autres Provinces. Ainsi ces Lettres de Sidonius sont d'un grand secours, pour l'Histoire de ce païs, & des Provinces voisines.

Après Apollinaris, & Tonantius Ferreolus, les Prefets du Pretoire des Gaules, furent Priscus, Valerianus és années 454. & 455. Pæonius les deux annees suivantes, Magnus en 458. & 459. sous l'Empereur Majorien, qui vint reprendre Lyon, l'an 458. au mois de Novembre, ou de Decembre, parce que cette Ville s'étoit détachée de la domination des Romains, à la sollicitation de Sidonius, qui cependant s'en purgea auprés de l'Empereur, & rentra dans ses bonnes graces, à l'occasion d'un Poëme, qu'il lui recita à son arrivée en cette Ville, & sur la fin de son Consulat. En la préface de ce Poëme, Sidonius se compare à Virgile, & à Horace, & Majorien à Auguste, quand il dit qu'Auguste conserva à Virgile & la Vie & ses Champs, & empêcha que les soldats ne les ruinassent. Qu'il fit non seulement grace à Horace, qui avoit été dans le parti de Brutus, & de Cassius, les meurtriers de Jules Cesar, mais qu'il voulut encore qu'il fut de ses amis, qu'ainsi Auguste par le pardon qu'il leur accorda, en fit son panegyriste, & devint le sujet de leurs Vers, & que quelque grand que fut Auguste par sa dignité, ils le firent encor plus grand, l'élevant par leurs poësies, au dessus du reste des hommes.

„ Vous m'avez accordé la même grace, dit Sidonius à Majorien, & je doy main-
„ tenant consacrer ma langue & ma plume à celui qui m'a donné la vie. J'épargneray
„ donc desormais la memoire de Virgile, & d'Horace. J'avoüe que j'ay moins d'esprit
„ qu'eux, mais j'ay plus de bonheur, ils l'emportent sur moy, pour le talent, mais
„ n'en déplaise à Auguste, je trouve un meilleur Maitre qu'eux.

C'est Virgile, sous le nom de Tityre, qu'il s'est donné en ses Eglogues.

Tityrus, ut quondam patula sub tegmine fagi
Volveret inflatos murmura per calamos.
Præstitit afflicto jus vita Cæsar, & agri;
Nec stetit ad tenuem celsior ira reum.
Sed jus concessum dùm largo in principe laudat,
Cælum pro terris rustica musa dedit.
Nec fuit inferius Phœbeia dona referre
Fecerat hic dominum, fecit & ille Deum.
Et tibi Flacce acies Bruti, Cassique secuto
Carminis est autor, qui fuit & veniæ.
Sic mihi diverso nuper sub marte cadenti
Jussisti placido victor ut essem animo.
Serviat ergo tibi servati lingua Poëta,
Atque mea vita laus tua sit pretium.
Non ego mordaci fodiam modo dente Maronem,

de la Ville de Lyon. 171

Nec civem carpam terra Sabella tuum.
Res minor ingenio nobis, sed Cæsare major;
Vincant eloquio, dummodo nos Domino.

Sidonius eut part à ce dessein, qu'eurent nos Lyonnois de secouer le joug des Romains & des Bourguignons, pour se mettre sous la domination de Theodoric ; que Sidonius invita lui même à venir les délivrer de ces Barbates, sous lesquels ils avoient peine à vivre, parce qu'ils n'entendoient ni leur langue, ni ne pouvoient s'accommoder à leurs manieres. On voit par la Lettre qu'il écrivit à Agricola son beaufrere, qu'il avoit beaucoup d'habitude dans la Cour de Theodoric, dont il lui fait le Portrait en cette Lettre, avec des couleurs si vives, & de si grands éloges de la vertu de ce Prince, qu'il est aisé de remarquer, que ce Prince avoit gagné Sidonius, & qu'il avoit fait de fortes impressions sur son cœur. *Sidonius Epist. 1. lib. 1.*

Ce Theodoric, dont Sidonius a si bien fait la peinture en cette Lettre, étoit Theodoric II. Roy des Vvisigoths, fils de Theodoric I. & frere de Torismond ; ainsi ceux qui attribuent cette peinture de Sidonius à Theodoric I. se trompent, aussi bien que ceux qui l'on attribuée à Theodoric Roy d'Italie, & qui dans cette fausse créance l'ont mise au commencement des formules de Cassiodore ; qui avoit été Secretaire de Theodoric Roy d'Italie.

Ce Theodoric II. contribua beaucoup a élever Avitus beaupere de Sidonius à la dignité d'Empereur, & c'est sans doute ce qui fit l'attachement que Sidonius eut pour lui, & qui le rendit depuis suspect aux Romains, particulierement à Majorien, successeur à l'Empire d'Avitus. Ce Theodoric se tenoit le plus ordinairement à Tolose, où il fit proclamer Empereur Avitus.

Euric ou Eoric, qui succeda à Theodoric, ne fut ni aussi exact que ses Predecesseurs à observer les conditions des Traitez faits avec les Romains, qui leur avoient abandonné le Languedoc, & la Guyenne, ni aussi affectionné à Sidonius : Il voulut s'étendre vers le Rhône, & la Riviere de Loire. Il assiegea la Ville de Clermont en Auvergne, où Sidonius étoit Evêque, & dans laquelle Decius fils de l'Empereur Avitus commandoit, après que son Pere eut renoncé à l'Empire, & eut été fait Evêque de Plaisance en Italie. Ces Goths desolerent l'Auvergne, Sidonius fut pris par eux, & relegué dans un Château de Languedoc, entre Narbonne & Carcassonne. Car ces Goths étoient Arriens, & persecutoient les Fidelles. *Sidonius Epist. 6. lib. 7. Veterum finium limitibus effractis um si vel virtute, vel molo possessionis turbida metas in Rhodanum, Ligerimque proterminant. Id. Ep. 1. l. 3.*

„ Vous m'avez souvent demandé, écrit il, à ce Beaufrere, que je vous fasse le portrait de Theodoric, dont on parle tant dans le monde, que je vous décrive sa taille, & sa forme exterieure, & que je vous represente les qualitez de son ame, & de son esprit. Je vous obéirai, & je tâcheray de satisfaire vôtre curiosité autant qu'on le peut faire dans les bornes étroites d'une Lettre. C'est un homme qui merite d'être connu même de ceux, qui n'ont point d'ocasion de l'approcher, tant il a de belles qualitez, que Dieu semble avoir mises en lui, pour en faire un homme accompli. Ses mœurs répondent si bien à ces avantages de la nature, qu'il n'a pas besoin pour être loüé des flateries, qui sont si ordinaires à ceux qui parlent des personnes, qui sont au dessus d'eux, & qui tiennent les premiers rangs.

„ Commençons à vous le peindre par sa forme exterieure, & par sa taille ; elle n'est ni beaucoup au dessous des plus hautes, ni aussi fort approchante des mediocres, c'est à dire, qu'il est plûtôt grand que de moyenne taille. Il a la tête ronde, & le front large, au dessus duquel s'elevent en arriere des cheveux, un peu frisez. Il n'a point le col roide, ni immobile, comme certains hommes fiers. Ses sourcis sont grands & voûtez, & les poils descendent un peu sur les joües, quand ils baisse les yeux. Il a les oreilles couvertes de deux grandes moustaches, qui pendent selon l'usage de sa nation. Le nez un peu Aquilin ; les levres déliées, & la bouche petite ; mais assez bien fenduë. Les dents blanches comme neige. Il est sans barbe au menton, & il prend soin tous les jours de l'arracher avec des pincettes ; celle du dessus est relevée en moustaches assez remplies. Il a le menton, le col, & la gorge assez pleins ; mais non pas gros, la peau fort blanche, & mêlée d'un peu de rouge, & de vermillon, que l'on découvre quand on l'approche un peu de prés, & s'il paroît quelquefois un peu plus allumé, ce n'est jamais un effet de colere, ou d'emportement, mais plûtôt une douce rougeur, que lui cause la pudeur & la modestie. Ses épaules sont déliées, fortes cependant, le bras roide & nerveux, & la main large. La poitrine est avancée, le ventre plat. Les costes ne s'élevent point extraordinairement. Il a les flancs larges & vigoureux : La cuisse & les genoux bien tournez, & le jarret bien formé. La jambe, droite, mediocrement longue, arrondie, & pleine au défaut du genoux. Le pied assez petit pour porter un si grand corps.

„ Si vous voulez maintenant favoir comment il paſſe ſa vie, & ce qu'il fait durant
„ le jour, aux yeux de tout le monde. Je vous diray qu'avant jour, il fait appeller ſes
„ Eccleſiaſtiques, pour leſquels il a de grands reſpects, & avec leſquels il traite quel-
„ que-temps. Quoy qu'à vous parler franchement, & entre nous, je crois qu'il y a plus
„ en cela de l'uſage, & de la coûtume établie, que de veritables ſentimens de Reli-
„ gion. Il donne donc le reſte de la matinée aux affaires d'Etat. Son Capitaine des
„ Gardes eſt derriere ſa chaiſe, il a quelques Gardes autour de lui, qui ſe tiennent à
„ la porte du Cabinet, ſans rien voir, ny entendre de ce que fait le Prince, ni de ce
„ qu'il traite en ſecret, parce qu'il y a de grands rideaux tirez, qui leur en dérobent la
„ vûë, & ils ſont dans un réduit voiſin, où ils cauſent & s'entretiennent tout douce-
„ ment. Ils introduiſent ceux qui ont affaire avec le Prince, qui écoute beaucoup, &
„ parle peu. Si les affaires ont beſoin de diſcuſſion, il les remet à des temps aſſignez, ſi
„ elles peuvent s'expedier ſur le champ, il les expedie. Deux heures après, il finit ſon
„ audience, & va voir ſes treſors, ou ſes écuries. Si c'eſt jour de chaſſe, il prend ſon
„ arc, qu'il porte lui même ſans craindre de rien faire qui ſoit contraire à ſa dignité,
„ quand il veut tirer, un Page le lui met à la main, il le bande lui-même, & tire avec
„ tant d'addreſſe, & de ſeureté, qu'il demande à ceux qui ſont autour de lui, qu'ils
„ lui marquent l'oiſeau qu'ils veulent qu'il abbate, ce qu'il fait auſſitôt, ſans jamais
„ manquer ſon coup.

„ Pour ſa table les jours ordinaires, elle ne differe en rien de celle des particuliers.
„ On ne dreſſe point de buffet avec de l'argenterie, les tapis, & les napes ſont de Pour-
„ pre, & de Lin. Les mets ne ſont pas des plus exquis, mais propres, on y voit des piles de
„ viandes, mais délicates. Il boit peu, & plûtôt pour ſatisfaire à ſa ſoif, que pour le
„ plaiſir de boire. Enfin pour vous dire, en peu de mots, quelle eſt ſa table ; Sçachez
„ que l'on y voit la propreté des Grecs, l'abondance des Gaulois, la preſteſſe des Ita-
„ liens, la pompe des feſtins ſolennels, la table Bourgeoiſe, & un ordre tout à fait
„ royal.

„ Je ne vous dirai rien des feſtins ſolennels des jours de feſtes, parce que ce jours là,
„ comme il mange en public, il n'eſt perſonne qui n'en puiſſe voir, & l'ordre & l'ap-
„ pareil. Paſſons au reſte. Après le repas, ou il ne dort point du tout, ou fort peu. Il
„ joüe quelques fois au Trictrac, & il eſt un fort beau joüeur : car il jette les Dez leſtement,
„ remarque auſſitôt les points, place les tables, donne le Cornet, excite les autres à joüer,
„ & les attend patiemment. Il ne dit mot quand il fait quelque bon coup, rit quand
„ le jeu ne lui en dit pas, & ne ſe fâche jamais. Il ne demande point de revanche
„ quand il perd, & ne la prend pas même quand on lui preſente. On ſe retire ſans bruit.
„ Il joüe comme il fait la guerre; il ne ſonge qu'à vaincre. Et quand il faut joüer, il
„ ſe défait de toute ſa Grandeur Royale, & donne une entiere liberté d'agir familiere-
„ ment avec lui. Enfin, voulez-vous que je vous die, il ſemble qu'il craigne d'être
„ craint. Il prend plaiſir de voir ceux qui perdent ſe fâcher, & il croit n'avoir pas
„ bien gagné, s'il ne voit un peu d'emportement, ou de chagrin dans ceux qui ont
„ perdu en joüant contre lui. Ce ſont des occaſions de cette ſorte, qui ont ſouvent fait
„ la fortune de pluſieurs. C'eſt le temps le plus favorable, pour obtenir de graces, qui
„ avoient été auparavant refuſées, ou tirées à de grandes longueurs, quand on les
„ pourſuivoit par les formes ordinaires. Je vous avoüeray de bonne foy, que je me ſuis
„ quelque fois ſervi de cette addreſſe, de me laiſſer perdre en joüant avec lui, pour
„ en obtenir ce que je deſirois. Sur les deux heures après midy, il retourne aux affai-
„ res, la Cour ſe remplit de gens, qui ont à parler à lui : Il donne audience juſqu'à ſon
„ ſouper. Alors il ne demeure autour de lui que les Courtiſans & ceux qui ſont connus
„ du Prince, ou qui ont les entrées juſqu'à ſon coucher. Il eſt permis de l'entretenir
„ pendant ſon ſouper de choſes plaiſantes, où entre quelque fois la raillerie ; mais
„ ſans piquer perſonne. D'ailleurs, il ne veut ny muſique, ny inſtrumens pendant ſes
„ repas, & il ne ſe plaît guere qu'au ſon des Trompettes, qui excite le courage, en
„ même temps qu'il flate l'oreille. Quand il ſe leve de table, on va poſer la Garde pour
„ la nuit, & le Prince ſe retire. Mais à quoy bon vous en dire davantage, vous ne
„ m'avez demandé, que de vous faire connoître le Prince, & non pas de vous entre-
„ tenir de l'état de ſes affaires. Enfin, c'eſt une Lettre, que je vous écrit, & ce n'eſt
„ pas une Hiſtoire, que vous attendez de moy. Adieu.

On voit par cette Lettre, que Sidonius étoit bien dans cette Cour, qu'il avoit été
connu de Theodoric, & ſi familier avec ce Prince, qu'il joüoit avec lui ; cela le rendit
ſuſpet aux Romains, & l'on crût qu'il avoit été de ceux qui avoient ſollicité les Goths
de pouſſer leurs conqueſtes, juſqu'à Lyon, & de s'y venir établir. Il eſt vray que Sidonius le deſiroit, parce qu'il ne pouvoit s'accommoder des Bourguignons, qui lui pa-

roissoient Barbares au prix des Goths. D'ailleurs, comme les Romains n'avoient plus rien dans les Gaules, que le Lyonnois, l'Auvergne, & la Provence, qui étoient accablez de tributs, pour fournir aux frais des guerres, & de contributions pour se délivrer des courses de leurs voisins, on avoit refusé de payer les tributs ordinaires, & cela obligea Majorien, quand il eut été proclamé Empereur à Ravenne, pour gouverner l'Occident, & chassé les Vandales de l'Italie, de passer les Alpes en diligence pour tâcher de conserver aux Romains, le peu qui leur restoit dans les Gaules. Cette Ville qui n'étoit pas en état de resister à une Armée, ny de soûtenir un siege, composa avec Majorien, pour une somme d'argent, & s'offrit à le recevoir. Sidonius fit le traité avec l'Intendant de l'Empereur, qui reçût les ôtages de la Ville, pour la sureté de cette somme, comme dit Sidonius, dans le panegyrique de Majorien, quand il parle de cet Intendant.

> *Quid laudare Petrum parvis temeraria Clio*
> *Viribus aggrederis. Cujus dignatur ab ore*
> *Cæsar in orbe loqui, licet & Quæstore diserto*
> *Polleat. Attamen hic nuper, placidissime Princeps,*
> *Obside percepto, nostra de manibus Vrbis*
> *Visceribus miseris insertum depulit hostem.*

Ce fut ce Chancelier, qui traita avec les soldats étrangers, que l'on avoit introduits dans la Ville, pour la défendre, comme dit le même Sidonius.

> *Quid loquar hic illum qui scrinia sacra gubernat,*
> *Qui cum civilis dispenset partu habenas,*
> *Sustinet armati curas, interprete sub quo*
> *Flectitur ad vestras gens effera conditiones.*

Aprés ce traité, qui ne contribua pas moins à faire la paix de Sidonius, que ses Vers, quand il fallut trouver la somme, dont on étoit convenu, on vit qu'il étoit impossible de la fournir dans une Ville ruïnée, & épuisée depuis long-temps. Ce fut ce qui obligea Sidonius d'implorer de nouveau par des Vers la Clemence de Majorien, pour obtenir de lui une remise d'une partie de ces deniers, que Sidonius appelle le remede de trois têtes, Parce que les tributs, & les taxes se faisoient par Capitations. Ainsi comme il avoit prié Majorien dans le panegyrique qu'il lui recita, de regarder cette Ville, d'un œil de pitié en l'état où elle étoit accablée par tant de guerres, il le pria par d'autres Vers de la relever de ses ruïnes. *Trium Capitum remedium postulavit.*

> *En quia lassatis nimium spes unica rebus*
> *Venisti nostris petimus succurre ruinis*
> *Lugdunumque tuam dum præteris aspice Victor,*
> *Otia post nimios poscit te fracta labores*
> *Cui pacem das, redde animum.*

> *HAS supplex famulus preces dicavit*
> *Responsum opperiens pium ac salubre,*
> *Vt reddas patriam, simulque vitam,*
> *Lugdunum exonerans suis ruinis.*
> *Hoc te Sidoni tuus precatur.*

Sidonius n'étoit pas le seul, qui eut contribué au soulevement de cette Ville, contre les Romains. Il en accuse en une de ses Lettres un Pæonius, qui avoit soufflé le feu de la sedition parmy les Tribuns, pour parler aux termes de cet Auteur. Cet homme de basse naissance, qui s'étoit élevé par ses intrigues, plûtôt que par aucun merite, avoit obtenu la Prefecture des Gaules, & en avoit pris possession avant même qu'il en eut le Brevet, se servant de l'occasion des troubles, & de la vacance de l'Empire dépuis qu'Avitus l'avoit quitté, pour faire impunément ce qu'il vouloit. Il rendit de mauvais offices à Sidonius, en l'accusant à Majorien, d'être auteur d'une Satyre, qui faisoit beaucoup de bruit dans le monde, parce qu'elle mordoit les premiers Magistrats. L'Empereur étoit alors à Arles, où il étoit allé pour s'assurer de cette Ville, qui branloit comme les autres. Sidonius y alla pour faire sa Cour, & comme l'Empereur y faisoit des jeux du Cirque pour celebrer son élevation à l'Empire, il invita à un festin solemnel, les principaux Officiers, & Sidonius fut du nombre des Conviez, avec le Consul ordinaire, Severinus, Magnus, qui avoit été Prefet du Pretoire & Consul, Camillus Neveu de Magnus, Pæonius, Athenius, Gratianensis, tous illustres par les Emplois qu'ils avoient exercés, & entre lesquels Sidonius se trouvoit le dernier assis à la table de l'Empereur, parce qu'il cedoit à tous les autres en dignité.

Le Prince ayant commencé à parler avec le Consul, addressa en suite la parole à

Magnus, qui étoit homme de Lettres, & dont il aimoit l'entretien, parce qu'il étoit d'une profonde erudition, & ravi des belles choses, qu'il disoit, il s'écria en se tournant vers Camille ; En verité, mon frere, vous avez un Oncle, qui vaut beaucoup, & je suis bien aise d'avoir mis pour l'amour de lui, un Consulat dans vôtre Famille. A quoy Camille, qui souhaittoit ardemment d'être élevé à cette dignité, repliqu'a d'abord en soufriant, dites Seigneur, que c'est le premier Consulat que vous y avez fait entrer, car j'espere que ce ne sera, ny le seul, ny le dernier. Cette réponse si peu attenduë fit rire, & murmurer les Conviez, sans que la presence de l'Empereur les empêchat d'éclater.

Quelque temps après le Prince reprenant l'entretien, s'addressa à Athenius, qui étoit aussi au dessous de Pæonius, que l'Empereur avoit passé sans lui rien dire, de quoy fâché dans son cœur, de voir que l'Empereur ne tenoit conte de lui, il répondit à l'interrogation, que le Prince faisoit à Athenius, pour faire connoître que c'étoit son tour de parler. Le Prince en soûrit sans rien perdre de sa gravité, car il étoit doux, aisé, & familier, & repara par une forte raillerie l'affront, que Pæonius venoit de faire à Athenius en lui arrachant la parole ; ce Vieillard ayant encore dans le souvenir l'injure qu'on lui avoit faite, de lui avoir autrefois preferé Pæonius dans la distribution des Charges & des Emplois, dit à Athenius, Je ne m'étonne plus, que celui qui vous arrache ainsi la parole, ait voulu me prevenir dans le rang où je suis. Sur quoy, Gratianensis s'écria, nous allons fournir de matiere à de nouvelles Satyres.

A propos de Satyres, reprit l'Empereur, en se tournant du côté de Sidonius, Comte Sidonius, lui dit il, j'apprens que vous composez des satyres. On le dit Seigneur, repliqua Sidonius. Au moins épargnez nous, lui ajoûta le Prince en soûriant. Je m'épargne moy-même, Seigneur, repartit Sidonius, car je prens garde de ne me pas faire des affaires, ny d'irriter personne contre moy. Comment vous défendrez-vous donc, lui dit encore l'Empereur, de ceux qui vous accusent de barboüiller les gens, & de les piquer vivement ? Je demande Seigneur, dit Sidonius un peu échauffé, que ceux qui croyent avoir quelque occasion de se plaindre de moy, vous en demandent justice publiquement, & moy present, afin que, si je puis être convaincu d'avoir injurié quelqu'un par mes Vers, j'en soy puni, & que si je suis innocent, de ce dont on m'accuse injustement, il me soit permis Seigneur, de vôtre autorité, de pouvoir pour me vanger, écrire ce que je voudray contre mes accusateurs. Alors le Prince regardant Pæonius, lui dit, acceptez-vous la condition, Pæonius en rougit, & l'Empereur dit à Sidonius, j'y consens, pourvû que ce soit en Vers, & sur le champ. Sidonius ne fit que se détourner un peu, comme s'il eut demandé de l'eau à laver, & se remettant aussitôt recita ces deux Vers Latins, qui exprimoient la permission, qu'il venoit de demander d'écrire ce qu'il voudroit contre ses accusateurs.

Scribere me satyram qui culpat, Maxime Princeps.
Hanc rogo decernas aut probet, aut timeat.

Tout le Monde battit des mains, & l'applaudissement, que reçût Sidonius de cette presence d'esprit, aussi bien que le serment que fit l'Empereur, de ne l'empêcher jamais d'écrire librement ce qu'il voudroit, le vangerent pleinement de la calomnie que Pæonius avoit inventée contre lui, en l'accusant d'être l'Auteur de la satyre, qui avoit paru contre les premieres Têtes de la Republique. C'est de Sidonius luy même, que je tiens cette Histoire, qu'il écrivit à un de ses amis de Franche-Comté, qui l'avoit prié de lui faire savoir, ce que c'étoit qu'une satyre, que l'on disoit avoir paru dans le monde, & avoir fait beaucoup de bruit à la Cour.

,, La Cour, lui répond il, étoit à Arles, où se trouvoit l'Empereur Majorien, lors-
,, qu'on y apporta cette satyre, qui reprenoit non seulement les vices, mais piquoit vi-
,, vement les personnes, & tout à fait à découvert, en les désignant chacun par leurs
,, noms. Catullinus se trouva par occasion dans une autre Compagnie, où l'on parloit de
,, cette satyre, comme il venoit tout fraîchement d'Auvergne, où nous nous étions
,, vûs, & où nous avions lié amitié. Je ne sçay comment on soupçonna, que venant
,, du païs, d'où il étoit parti, il pourroit savoir quelque chose de l'Auteur de cet écrit.
,, Comme il ne se défioit de rien, Pæonius & Bigerrus, lui demanderent s'il ne
,, connoîtroit point l'Auteur de cette satyre, Si vous m'en reciriez quelques lambeaux,
,, leur dit il, peut-être pourrois je connoître par le style de qui elle seroit. On lui en re-
,, cite quelques endroits, il soûrit, & s'écrie, en verité voilà une piece, qu'il faudroit
,, écrire en lettres d'or, & afficher dans Rome, à la Colone Rostrale, ou aux Portes
,, du Capitole. Pæonius, qui étoit des plus maltraitez en cette satyre, s'emporta aussi-
,, tôt, & se tournant vers les assistans, leur dit : Enfin, l'Auteur est découvert, voyez
comment Catullinus s'étouffe de rire, il en savoit infailliblement quelque chose, il en

„ connoît l'Auteur. Et puis qu'il a prononcé si librement, sur quelques Vers qu'il a oüis,
„ il faut qu'il ait vû la piece toute entiere. Il vient d'Auvergne, où est Sidonius, cet-
„ te satyre ne peut être sortie que de là. Aussi tost tous ceux qui avoient été blasmez
„ dans cette satyre, se déchaînent contre moy, qui étois à plus de cinquante lieuës
„ de là, & qui ne sçavois rien de tout ce qui se passoit, ny de la calomnie dont on me
„ chargeoit avec autant d'assurance que s'il n'y eut eu que moy au monde, qui eut sçû
„ faire des Vers.

„ J'allay en ce temps là, à Arles pour saluer l'Empereur, & après lui avoir rendu mes
„ respects, j'allay dans la place publique, où tout le monde étoit assemblé devant la
„ porte du Palais. Je ne fus jamais plus surpris, que quand je vis dans cette grande
„ assemblée, les uns me tourner le dos, d'autres se cacher, ou ne pas faire semblant de me
„ voir, & quelques autres au contraire me faire de profondes reverences, jusqu'à m'em-
„ brasser les genoux. Etonné de cette nouveauté, & ne sçachant qu'en penser, je me
„ tournois de tous côtez pour voir un spectacle si peu attendu; lorsqu'un se détachant
„ de la troupe de ceux qui me regardoient de travers, m'aborde & me dit, voyez-
„ vous bien la Comedie qui se joüe ? Je ne la voy que trop, lui répondis je; mais je
„ n'y comprens rien. Voulez-vous, que je vous en découvre tout le mystere, me fit-il.
„ Vous me ferez plaisir, lui repliquay-je. C'est, ajouta-t'il, que les uns vous fuyent,
„ & vous haïssent comme un dangereux écrivain de satyres, & les autres vous craig-
„ nent. Moy auteur d'une satyre, lui dis-je, en soûriant avec un peu d'indignation.
„ Qui m'en accuse ? & sur quels indices ? Obligez-moy, je vous prie, de me faire con-
„ noître qui sont ceux qui ont eu la malice de me soupçonner de l'avoir faite, & l'impu-
„ dence de m'en accuser, car je les convaincray d'imposture, & les obligeray à me fai-
„ re reparation de cette injure. A peine mon homme eut il rapporté à sa compagnie,
„ ce que je venois de lui dire, que d'abord tous viennent à moy en foule, m'embras-
„ sent, me baisent les mains, me saluent, me font caresse. Il n'y eut que nôtre Pæo-
„ nius, qui enragé de voir ces caresses qu'on me faisoit, se met dans sa Chaise, & or-
„ donne à ses Porteurs de le rendre à son Logis : la nuit commençoit à tomber. Le jour
„ d'après je me trouvay au festin de l'Empereur, ou je fus du nombre des Conviez. *Il
raconte ensuite ce qui se passa en ce festin, & la maniere, dont je l'ay décrit.*

Enfin, Sidonius a trop de part aux évenemens que j'ay à rapporter en cet endroit de nôtre Histoire, & fait trop d'honneur à cette Ville, qui fut le lieu de sa
naissance pour ne pas donner une pleine connoissance de ce grand homme. Il étoit
de ces anciennes familles Gauloises, qui avoient acquis par leur merite, le droit
de Bourgeoisie Romaine, & qui avoient passé par tous les Emplois les plus considerables de la Republique, tant à Rome, que dans les Provinces. Son grand Pere, & son Pere avoient été Prefets du Pretoire, c'est à dire, Gouverneurs des Gaules, des Espagnes & des Isles Britanniques, unies en un seul gouvernement sous
le titre de Pretoire des Gaules, comme j'ay déja remarqué. Il avoit plusieurs noms
selon l'usage de ces temps-là, où l'ambition & la vanité les avoient tellement multipliez, qu'il étoit peu de personnes un peu considerables, qui n'eussent quatre ou cinq
noms. Ainsi il se nommoit *Caius Solinus Apolinaris Sidonius.* Et Apollinaris étoit le
nom de la famille, puisqu'il nommé de ce nom son Pere, & son grand Pere, & Sidonius
étoit le nom qui le distinguoit de ses freres. Il passa sa premiere jeunesse en cette Ville,
où il fit ses études, sous d'habiles Maîtres, dont il nomme quelques uns dans ses Lettres. Il apprit la Poësie sous Hoënius, & Eusebius fut son Maître en Philosophie.

Il eut pour Compagnons de ses études, dix ou douze jeunes hommes, qui par-
vinrent avec le temps aux premieres dignitez de la Republique, qui étoit alors sur
son déclin, & qui peut être n'avoit jamais eu de plus Grands Sujets, & plus capables
des grandes choses, si les temps eussent été meilleurs. Mais l'Empire & les Gaules é-
toient livrez à des Tirans, & à des maîtres Barbares, qui se faisant de continuelles
guerres les uns aux autres, saccageoient plûtôt les Provinces, qu'ils n'y faisoient des
conquestes, & des établissemens.

Ces guerres plus que Civiles avoient fait lever de toutes parts des bandes de Voleurs, qui ruïnoient le commerce de Lyon, avec les autres Villes des Gaules, qui en
frequentoient les Foires : Nôtre Sidonius donne le nom de *Vvarges* à l'une de ces Troupes, c'est à dire, d'exilez & de bandits, comme l'interprete le savant Pere Sirmond ;
d'autres eurent le nom de *Bagaudes*, qui étoient ces Paysans armez, dont j'ay parlé cy-
devant, d'autres sont nommez *Scamares* dans la vie de saint Severin, & dans les loix
Lombardes.

Au milieu de la desolation de sa patrie, Sidonius ne laissa pas de faire de grands
progrez dans les Lettres, jusqu'à meriter par ses Poësies, qu'on luy dressât une statuë en-

tre les Poëtes illustres dans la Bibliotheque du Marché de Trajan. Il passa aussi par dégrez à diverses Charges considerables; car après avoir paru avec honneur dans le Barreau, il fut Conseiller d'Etat, Gouverneur de Rome, & Senateur, élevant ainsi sa Famille au rang des Patriciennes, laquelle jusqu'alors n'avoit été que Prefectorienne, pour parler aux termes de ces temps-là. Il épousa Papianille fille de l'Empereur Avitus, dont la modestie, la vertu & la pieté n'étoient pas moins recommandables, que la Noblesse de sa naissance. Il en eut trois Enfans Apollinaris, Roscia, & Severiana. Et Eparchius Evêque de Clermont, étant venu à mourir, on jetta les yeux sur luy, pour l'en élire le successeur. Il refusa autant qu'il pût cette dignité Ecclesiastique, & ayant été contraint de l'accepter, il reçût la Clericature, & se separa de sa femme, qu'il ne considera plus que comme sa sœur. Comme il avoit brillé dans le Conseil, & dans les diverses Charges, qu'il avoit exercées, il se distingua dans l'Episcopat par sa pieté, son application aux devoirs de sa Charge, & sa vigilance Pastorale, en des temps tres-difficiles. Car Clermont fut assiegé par les Goths, & ce siege qui fut long, luy donna de grandes fatigues à servir & consoler les assiegez, & la Ville ayant été renduë à ces Goths, par ordre de l'Empereur Nepos, qui avoit fait un Traité de Paix avec eux; il fut éloigné & envoyé en exil, sous pretexte d'une Legation. Etant de retour, & travaillant avec beaucoup de zele & de Charité, pour le bien de son troupeau, il excita contre luy l'envie de deux Prêtres, qui par leurs intrigues le firent interdire de ses Fonctions, & luy susciterent de grandes persecutions. Mais enfin, il dissipa ces orages par sa vertu, qui fut reconnuë, & qui le fit rétablir avec honneur dans tous ses Emplois, jusqu'à ce qu'enfin il mourut, sous l'Empire de Zenon, & l'on mit sur son Tombeau cette Epitaphe, rapportée par le P. Sirmond à la tête des œuvres de cet illustre Lyonnois, l'honneur de sa patrie, aussi bien que de l'Eglise, qui le revere entre ses saints Prelats, le 20. du mois d'Aoust.

Sanctis contiguus, sacroque Patri
Vivit sic meritis Apollinaris,
Inlustris titulis, potens honore,
Rector Militiæ forique Judex.
Mundi inter tumidas quietus undas,
Causarum moderans subindè motus,
Leges Barbarico dedit furori,
Discordantibus inter arma Regnis,
Pacem consilio reduxit amplo.
Hæc inter tamen & philosophando
Scripsit perpetuis habenda sæclis,
Et post talia bona gratiarum
Summi Pontificis sedens Cathedram,
Mundanos suboli refundit actus.
Quisque hic dùm lacrymis Deum rogabis,
Dextrum funde preces super sepulcrum.
Nulli incognitus & legendus orbi,
Illic SIDONIUS *tibi invocetur.*

XII. KAL. SEPT. ZENONE IMP.

Durant son Episcopat, il entretint commerce de Lettres avec la plûpart des Evêques de son Voisinage, comme j'ay déja dit, & c'est par le moyen de ses autres Lettres, que nous connoissons plusieurs de nos Illustres Lyonnois de ces temps-là, comme Philimatius, Syagrius, Constantius, Gaudentius, Heronius, & plusieurs autres, dont il est difficile de bien demêler les païs avec certitude, tant il y avoit alors de liaison entre cette Ville, celles d'Auvergne, de Nismes, de Narbonne, d'Arles, de Vienne, & quelques autres, dans lesquelles ils exerçoient successivement les Charges d'Assesseurs, de Notaires ou de Secretaires d'Etat, de Questeurs ou de Tresoriers, de gardes des Tresors, d'Intendant des Monnoyes, de Vicaires, de Prefets, &c. On voit du moins par ces Lettres en quelle consideration étoit Sidonius, le credit qu'il avoit en diverses Cours, & les relations qu'il entretenoit avec tous les grands Officiers de l'Empire, aussi bien que les Emplois, & les Legations qu'il exerça.

Ce fut l'Empereur Anthemius, qui le fit Gouverneur de Rome, & auquel Sidonius recita un Panegyrique en Vers, qui est entre ses autres Ouvrages. Ce fut alors qu'arriva la disgrace d'Aruandus, qui avoit été deux fois Prefet du Pretoire, & qui fut accusé de peculat, & d'avoir voulu diviser les Gaules. En sorte que l'on abandonnat aux Bretons toute la Bretagne, & les païs au delà de Loire, & aux Bourguignons, la Franche-Comté, la Savoye, la Bresse, le Lyonnois, & l'Autunois. On lui fit son procez, & ce furent nos Lyonnois qui furent ses principaux accusateurs, entre autres Tonantius Ferreolus, petit fils d'Afranius Syagrius, du côté de sa mere; Thaumastus, & Petronius. Sidonius rend conte à un de ses amis Vincentius, qui avoit été Prefet du Pretoire, de tout ce procez en sa septiéme Lettre du Livre premier.

Je suis sensiblement touché, luy dit-il, de la disgrace d'Aruandus, & je ne m'en " cache pas, puisque cela même tourne à la loüange de nôtre Empereur, qui est si bon, " qu'il nous permet d'être amis de ceux mêmes qui sont condamnez à mort pour leurs " crimes. J'ay donc été son ami, au delà de ce que je puis vous l'exprimer, & que le " dût permettre sa legereté, & son inconstance même dans l'amitié. Vous en pouvez " savoir quelque chose, par le danger dans lequel vous m'avez vû enveloppé à cause " de luy. Ainsi c'est de moy seul qu'est venu l'attachement avec lequel je m'étois lié " à luy, & auquel il a si mal répondu, que j'ay plus d'occasion de m'étonner, que je " l'aye été si longtemps, que de m'y être jamais engagé. Je vous l'avouë franchement " non pas pour luy insulter dans sa misere, mais pour vous faire mieux connoître son " genie. Je suis moins surpris de voir, qu'il soit enfin tombé, que de voir, qu'il se soit " soûtenu si longtemps, de l'humeur dont il étoit. Incapable de suivre les conseils de " ses Amis, ou de s'en servir longtemps, il ne cessoit de se plaindre, qu'il étoit maltrai- " té, & malheureux lorsque nous l'aimions veritablement. Voyant qu'il travailloit luy- " même à sa ruïne nous luy remontrions qu'il n'étoit point de malheur plus grand que de " ne pas connoître son bonheur, & de se persuader que l'on devroit être plus heureux. En- " fin, je veux vous rendre un compte exact de sa conduite, sans rien exagerer, pour " garder encore à l'égard d'un ami affligé, ce que l'on doit à l'amitié. Le voici en peu " de mots. Il s'acquita de sa premiere Prefecture avec le contentement de ceux qui " étoient sous sa Charge, mais il a fait de grandes pilleries dans la derniere. Accablé de " dettes, & rongeant ses creanciers, il ne pouvoit souffrir ceux qu'il s'imaginoit devoir " luy succeder à sa Charge. Il se mocquoit de tous ceux qui s'entretenoient avec luy, s'in- " formoit secretement de leurs desseins, méprisoit leurs offices, & leurs honnêtetez, se " plaignoit quand il voyoit peu de gens autour de luy, & s'ennuyoit quand on y faisoit " foule. Lorsque tout d'un coup accablé des plaintes, que l'on formoit contre lui, il se " vit arrêté avant qu'il eut quitté les marques de sa dignité, & fut conduit à Rome, sous " bonne & seure garde. Il fut enfermé au Capitole, sous la garde de Flavius Asellus Sur- " Intendant des Finances, qui respectoit en luy encore une ombre de sa Prefecture. "

En ces entrefaites Tonantius Ferreolus petit fils du Consul Syagrius, Thaumastus, " & Petronius l'Elite des honnêtes gens de nôtre païs, arriverent avec des preuves en " mains pour accuser Aruandus, au nom de toute la Province, dont ils apportoient les " plaintes, & les griefs contre luy. Ils avoient même de ses Lettres qu'ils avoient inter- " ceptées entre les mains de son Secretaire. Parmy ces Lettres, il y en avoit une addressée " au Roy des Goths, par laquelle il luy disoit de faire la paix avec l'Empereur des Grecs, " pour faire aprés la guerre aux Bretons, & partager le reste des Gaules, avec les Bour- " guignons, à qui elles appartenoient par le droit des gents, puis qu'ils les avoient con- " quises, & qu'ils avoient aidé à les conserver. Sur la lecture de ces Lettres, il n'y eut " aucun des Juges, qui ne le condamnat comme criminel de Leze Majesté. Auxanius & " moy, quand nous fumes informez de ce qui se passoit, nous crumes qu'il y auroit de " sa perfidie, & de la cruauté d'abandonner un amy, & de nous détacher de luy, pour " les extravagances. Nous l'avertîmes du peril où il étoit, parce que ses Juges ne di- " soient mot de ses Lettres, & de ses desseins, dans la pensée qu'ils avoient de le sur- " prendre, & de le convaincre par ses réponses, parce qu'ils savoient, que plein de " luy même, il n'écouteroit point les conseils de ses amis. Nous allames cependant le " trouver, & nous lui dîmes en secret de ne rien avouer, quelque legere que parut la " chose, qu'on lui demanderoit, & de bien prendre garde à ses réponses, parce qu'il " ne faudroit qu'une parole pour le perdre. Alors, au lieu de nous savoir bon gré des " bons offices que nous lui rendions, comme ses veritables amis, il s'emporte en inju- " res contre nous. Allez, nous dit-il, vous êtes indignes d'être les fils de ces Grands & " Sages Magistrats, qui ont si bien gouverné: vous tremblez sur une Chicanerie de Pa- " lais, laissez-moy conduire cette affaire, puisque je voy bien que vous n'y entendez " rien, je la démélerai bien, & Aruandus n'a besoin en cette occasion, que du seul " témoignage de sa conscience, qui ne lui reproche rien. Je ne veux pas même que " des Avocats entreprennent de me défendre sur l'affaire du prétendu peculat, dont on " m'accuse. Nous le quittames là-dessus plus tristes de l'aveuglement dans lequel nous " le voyions, qu'irritez des reproches qu'il venoit de nous faire, & des injures qu'il "

,, nous avoit dites. Cependant, il continuë dans le Capitole à se promener tranquillement,
,, à recevoir des visites, à écouter les flateries de ceux qui lui parloient, à faire venir
,, des Marchands, & à leur faire déployer leurs étoffes, & leurs pierreries, comme
,, s'il eut voulu acheter quelque chose, & les mépriser, les rejetter, & au milieu de
,, tout cela murmurer contre le Prince, contre les Loix, contre les Juges, qui le trai-
,, toient indignement avant qu'il fut interrogé, & convaincu d'aucune faute.

,, Quelques jours après le Senat s'assembla, à ce que j'ay appris ; car je n'étois pas
,, alors dans Rome. On le fait venir devant les Juges, il y va bien peigné, bien aju-
,, sté, tandis que ses accusateurs y paroissent poudreux, vêtus de noir. On les fait
,, entrer, ils se rangent selon la coûtume au bas du parquet, vis à vis les Juges. On
,, offre à ceux qui ont été Prefets du Pretoire de s'asseoir avant que l'on fasse le rap-
,, port, aussitost Aruandus va tête levée, & d'un pas précipité prendre place au mi-
,, lieu des Senateurs ; Ferreolus au contraire, quoy qu'il eut le même droit, ayant
,, exercé la même Charge, s'alla mettre au bout du dernier banc, accompagné de ses
,, Collegues, se souvenant que quoy qu'il fut Senateur, il faisoit la fonction de Dépu-
,, té d'une Province ; dont il fut loüé de tout le monde. Quand tous les Juges furent
,, assis, les Parties se levent, & commencent à proposer les chefs d'accusation, & les
,, griefs des Provinces, après quoy on fait la lecture de la Lettre écrite au Roy des
,, Goths. Aruandus sans attendre qu'on l'interrogeat, dit qu'elle est de lui, qu'il est
,, vray, qu'il l'a dictée, & sans songer à ce qu'il disoit, & qu'il se perdoit, il repeta deux
,, ou trois fois, qu'il étoit vray, & qu'il l'avoit dictée. Alors & les Parties & les Juges
,, s'écrierent, le voilà convaincu par sa propre déposition, du crime de Leze Majesté.
,, Ce fut alors qu'il se sentit frapé d'un coup de foudre, quand il s'apperçût qu'il avoit
,, trop parlé, & quand il connut que l'on pouvoit être criminel de Leze Majesté, sans
,, avoir pris la Pourpre, & les marques d'Empereur.

,, Il fut aussitost dégradé, privé de tous les honneurs, & reduit parmy le petit peu-
,, ple, dont il avoit été tiré, & delà traîné dans une prison obscure, sans faire pitié à
,, personne. Son procez fut ensuite fini en moins de quinze jours ; il fut condamné à
,, mort, & mené dans une Isle, pour attendre le dernier supplice, qui doit être diffe-
,, ré de trente jours, selon le decret de Tibere, pour les personnes qui ont été dans les
,, grands Emplois. C'est là qu'il attend d'heure en heure, d'être conduit au gibet. Ce-
,, pendant nous n'oublions rien pour faire changer sa peine, en un exil, avec la perte
,, de tous ses biens. Enfin, il n'est rien de plus malheureux que lui en l'état où il est,
,, ou d'attendre la mort, ou de ne pas craindre de vivre après avoir senti le dernier de
,, tous les oppprobres.

Sidonius obtint en effet de l'Empereur, que sa peine fut changée en un exil perpetuel.

Auxanius qui servit avec Sidonius ce malheureux disgracié, fut fait Prefet du
Pretoire après lui : après Auxanius, Eutropius en 470. Polemius lui succeda, durant
trois ans, & Felix deux ans après sous Nepos, qui acheva de démembrer le peu que les
Romains avoient dans les Gaules. Car Odoacre Roy d'Italie, traita avec lui pour l'Auvergne, & les Provinces, qui étoient entre les Alpes & le Rhône, après qu'Euric se
fut saisi d'Arles & de Marseille, & eut étendu ses conquestes depuis les Pyrenées jusque dans l'Auvergne, & vers la source de la Riviere de Loire.

Ainsi finit la domination Romaine en ce pais, & commença à être fixe celle des
Bourguignons.

Mais pour ne point laisser d'embarras, ni d'obscurité dans nôtre Histoire, reprenons l'affaire de la premiere entrée des Bourguignons dans les Gaules, quand Stilicon
les appella au secours de la Republique, & de l'Empire, & se servit d'eux contre Ra-
dagaise, & les Goths, en l'an 406. Après ce service rendu aux Romains, on leur permit de s'établir dans la Savoye, & dans le pais qui est entre les Alpes & le Rhône,
où ils s'étendoient insensiblement de part & d'autre, lorsqu'Aëtius fut fait Maître de la
Milice, c'est à dire, General des Troupes de l'Empereur Valentinien III. qui avoit
permis à ces Bourguignons de s'établir au de là des Alpes. Ce General y étant venu,

Burgundiones, qui rebellaverant à Romanis Duce Aëtio debellantur. Idatius.

fut tellement surpris de voir cette partie des Gaules, la plus proche de l'Italie, occu-
pée par des Etrangers, qui ne cessoient de s'accroître, & de se multiplier, qu'il resolut de les en chasser, & de leur faire repasser le Rhin, pour les faire rentrer dans leurs
pais. Pour cela il leur chercha querelle sur ce qu'ils avoient outrepassé les limites qui
leur avoient été préscriptes par l'Empereur, & ce qu'Idatius traite de rebellion, Aëtius
leur donna donc bataille, & les défit, mais l'Empereur qui se voyoit un grand nombre
d'Ennemis sur les bras, ausquels il étoit impossible de resister tout à la fois, obligea ce
General de faire la paix avec eux, parce qu'ils étoient les plus doux & les plus traita-

de la Ville de Lyon 179

bles de tous les Barbares, ayant déja reçû la Religion Chrétienne ; dont ils faisoient profession ; Ainsi dit nôtre Sidonius, on consentit qu'ils demeurassent en ce païs ; parce qu'ils n'y troubloient ni la Religion, ni le commerce, & qu'ils aimoient la paix : Aëtius leur accorda cette paix, que Sidonius leur fait demander à genoux ; aussi bien que Prosper.

Pacemque eis supplicantibus dedit. Prosp. in Chron.

*Hinc Burgundio septipes frequenter
Flexo poplite supplicat quietem.*

Gundicaire qui les commandoit, quand ils entrerent dans les Gaules, & qui étoit leur Roy fut tué par part Uptare Roy des Huns. Jusqu'alors les Bourguignons n'avoient fait que des courses dans les Gaules, & des irruptions, pour piller & pour saccager. Honorius leur permit de s'établir sur les bords du Rhin, pour y servir de barriere, & de rempart contre les Allemans, qui faisoient de leur côté de frequentes irruptions dans les Gaules Germaniques.

Aprés la mort de Gundicaire, Gondioc son fils lui succéda, & servit les Romains, avec les Francs & les Goths, contre Attila, que Geiseric Roy des Vandales avoit appelé à son secours, contre Theodoric Roy des Goths. Car il avoit lieu d'apprehender les justes ressentimens de ce Prince ; à qui il avoit renvoyé sa fille, qu'Huneric avoit épousée. Et à qui Geiseric avant que de la renvoyer, fit couper le nez, & les oreilles, sous pretexte qu'elle avoit voulu l'empoisonner. Craignant donc que Theodoric, ne voulut vanger cet affront, il implora le secours d'Attila, qui fondit dans les Gaules, avec une formidable armée, & saccagea Tréves ; Tongres, Rheims, Mets, Auxerre ; & alla mettre le siege devant Orleans ; que Sangibanus Roy des Alains, à qui les Romains avoient confié la garde des passages de la Riviere de Loire, avoit promis de lui livrer. Mais saint Aignan Evêque de cette Ville, qui dans la crainte de ce siege étoit allé à Arles, demander du secours à Aëtius, rassura les Orleanois ; en leur disant, que Dieu leur envoyeroit bientost des Liberateurs. En effet, Aëtius y vint avec Theodoric Roy des Goths & Torismond son fils ; Merotüée avec ses Francs, & les Bourguignons, qui tous ensemble obligerent Attila de lever le siege, & de se retirer vers la Belgique, où peu de temps aprés se donna une sanglante bataille, en laquelle, selon Jornandes, demeurerent cent soixante mille morts, & selon Idatius, trois cent mille. Ces Historiens ajostent qu'Attila eut été absolument perdu avec ses Huns ; si Aëtius n'eut craint en le poursuivant de perdre le peu de Romains qui lui restoient, & que par ce moyen les Goths, les Francs, & les Bourguignons, ne se rendissent maîtres des Gaules. Ainsi Theodoric ayant été tué en ce combat, Aëtius conseilla à Thorismond d'aller en diligence, avec ses Goths, prendre possession de ses Etats, de peur que son Frere ne le prévint. Gondioc Roy des Bourguignons y demeura aussi, & laissa Gunderic & Chilperic ses fils, que nos Historiens n'ont pas assez distinguez, ce qui a été cause de beaucoup de confusion, pour avoir crû que Gondioc, & Gunderic étoient une seule personne. Car Gunderic fils de Gondioc, fut Pere de Gondebaud, de Gondegesile, de Chilperic & de Gondomar, qu'il eut de Carétene, qui les éleva dans la pieté, & la Religion Chrétienne, aussi bien que Sigismond & Godomar ses petits fils, mais ils retinrent mal les instructions d'une si vertueuse Mere, s'étant laissez surprendre par les Goths, qui étoient Arriens, & ceux qui ils eurent trop de commerce.

Theodoricus Rex Riciarium Regem Suevorum ex Gallicia & Lusitania in Provinciam Romanorum irrumpentem Avitii rogatu monuerat, ut sese continere finibus vellet, atque superbum ab illo responsum tulerat, quo Theodoricus accensus arma adversus eum paravit, Gunderico & Hilperico Regibus Burgundionum in societatem adstitit. Sigon. de Occid. Imper. LXIV.

Il est important de bien établir les dégrez de generation de ces anciens Bourguignons, car la plûpart de nos Historiens les ont tellement confondus, que l'on a peine à les bien démêler. Je suppose donc, que Gondioc qui avoit succedé à Gondicaire fut tué, l'an 451. en la bataille où Attila fut défait dans les Champs Catalauniques, comme il conviennent tous les Historiens. Sigonius cependant, dit que ce fut Gondicaire qui fut tué en cette occasion, & qu'il eut pour successeur Gonderic & Chilperic. Et Pontus Heuterus, dit que ce fut Gondioc, qui laissa quatre fils, Gondebaud, Chilperic, Gundimar & Godesille, qui se joignirent à Aëtius. Si ces quatre Princes étoient deslors en état de porter les armes, il falloit du moins que Gondebaud, qui étoit l'aîné eut une trentaine d'années, & qu'il fut né environ l'an 410. d'où je conclurrois qu'il auroit vécu près de cent ans, n'étant mort qu'au sixième siecle, l'an 508. Il y a donc bien plus d'apparence de suivre la Chronologie du Pere Lacarry, qui fait Gunderic & Chilperic fils de Gondioc, & Gondebaud, avec ses trois freres, enfans de Gunderic à qui ils succederent l'an 478. Ainsi Carétene se trouvera femme de Gunderic, Mere de Gondebaud, & Grand-mere de Sigismond, puis qu'elle

Attila in Burgundiam nondum ex Lugdunensi Clade recedentem contendit, Gundeucus omnibus in unum coactis Burgundis, Attilam Rhodani amnis transitu prohibere conabatur, sed cum maxima nobilitatis parte an. 451. oppressus, est interfectus, post quam cladem nunquam veteris potentia fastigium Vandalica stirpis Burgundi reparare potuerunt. Reliquit Gundeucus filios quatuor, Gundebaldum, Schilpericum, Gundimarum,

Z ij

ne mourut qu'en 506. sous le Consulat de Messala, Gondebaud son fils, vivant encore après la mort de tous ses freres, qu'il avoit fait mourir.

ae Godesillum, qui Burgundiam communi, consilio tranquillâ quamdiù administravere, profecti cùm superstite nobilitate juventuteque ad Attilæ castra.

Mais rien n'établit mieux ces degrez de generation que je produits, que l'Edit general de Gondebaud, a qui on donne le titre de Loy des Bourguignons: car ce Prince y établit six degrez de generations, dans cet ordre.

Si quos apud Regiæ memoriæ Authores nostros Gibicam, Godomarum, Gislaharium, Gundaharium, Patrem quoque nostrum, & Patruos liberos fuisse constiterit, in eadem libertate permaneant. Tit. III. de Libertatibus servorum.

GIBICA
GODOMAR
GISLAHAIRE
GUNDAHAIRE

SON Pere qu'il ne nomme pas, & ses Oncles qu'il ne nomme pas non plus.

GONDEBAVD

Genealogie, où il faut necessairement distinguer trois personnes, que l'on a confonduës en une seule, sous trois noms differens des Gondioch, Gunderic, & Gundicaire, dont l'un étoit Pere de Gondebaud, & les deux autres ses Oncles, qu'il distingue par ces mots, *Patrem quoque nostrum & Patruos*. Gunderic fut pere de Gondebaud, & les deux autres ses Oncles. Par ce moyen on ôte toute la confusion, qui se trouve dans les Historiens, car Gondioch fut tué en 451. Gunderic mourut en 473. Caretene sa femme fut veuve fort jeune & resta avec quatre Enfans mâles, Gondebaud, Chilperic, Godomar & Godegesile, qui se partagerent le Royaume. Gondebaud le réunit aprés avoir fait mourir ses freres, & eut trois Enfans.

SIGISMOND
GODOMAR

Et une fille qu'il avoit fiancée à un Roy, & qui mourut avant ses nôces, sur quoy le saint Evêque Avitus lui écrivit pour le consoler.

Chilperic, l'un des freres de Gondebaud laissa deux filles. Mucutune, que Gondebaud mit dans un Cloître.

Et Clotilde femme de Clovis le premier de nos Rois Tres-Chrêtien.

C'est le bon Gregoire de Tours qui a mis la confusion dans l'Histoire de ces temps-là, parce qu'ayant voulu faire sous le titre de *gesta Francorum epitomata*, une compilation d'Histoires sur les écrits, & les memoires des Historiens qui l'avoient précedé, il a tellement changé le sens, & les noms des personnes, que bien loin de donner du jour aux choses embrouillées, il les a encor plus embrouillées. Il dit dans la Preface de cette Compilation, que l'étude des belles lettres ayant été negligée dans les Gaules, il n'y avoit plus personne qui sçût écrire ny en Prose, ny en Vers, que ceux qui faisoient encore quelque profession des lettres, gemissoient de voir qu'il n'y eut personne, qui pût écrire ce qui se passoit de leur temps, & que c'est ce qui l'obligea d'entreprendre cet ouvrage, qui demandoit plus de soin & plus d'exactitude, qu'il ne paroit en avoir apporté.

Decedente, atque immò periit penitus ab Vrbibus Gallicanis liberalium culturâ literarum, cùm nonnullæ res gererentur, vel rectè vel improbè. Nec reperiri posset quisquam peritus Dialectidus in arte Grammaticus, qui hæc aut stilo prosaico, aut metrico depingeret versu, in gemiscebantque saepius Clerici nicentes: Væ diebus nostris, quia periit studium litterarum à nobis, nec reperitur in populis, qui gesta praesentia promulgare possit in paginis. Ista etenim atque his similia jugiter intuentes diei, pro commemoratione meritorum, ut notitiam adingerent venientibus, esti inculto effatu, nequivit tamen obtegere, praesertim sic incisus stimulis, quod à nostris fari plerumque miratus sum. Quia Philosophantem Rhetorem intelligunt pauci, loquentem Rusticum multi.

C'est dans cet ouvrage, qu'il nous raconte le mariage de Clotilde, avec Clovis, & la maniere, dont il se fit, qui appartient à nôtre Histoire, puisqu'il se traita dans la Cour de Gondebaud, qui faisoit sa demeure ordinaire en cette Ville. Il dit donc que Clovis ayant appris que cette jeune Princesse parfaitement belle, étoit étroitement gardée, & que Gondebaud son Oncle Roy des Bourguignons, ne permettoit pas qu'on l'abordat pour lui parler, il dépêcha un des Seigneurs de sa Cour, nommé Aurelien, pour faire en sorte, qu'il pût aborder cette Princesse. Aurelien se déguisa en Pelerin, ou en gueux mendiant, pour n'être pas reconnu, & étant arrivé à la Ville, où étoit Clotilde, avec sa Sœur, il alla comme Pelerin, leur demander l'aumône, elles le reçurent, dit Gregoire de Tours, & Clotilde lui lava les pieds.

Pendant qu'elle faisoit cette action de pieté, Aurelien lui dit tout bas, Madame, j'aurois un affaire importante à vous communiquer, si je pouvois vous dire un mot en secret. Vous n'avez qu'à parler, lui dit Clotilde. Alors il lui declara, que le Roy Clovis son Maître, desiroit de l'avoir pour épouse, & tirant en même temps un anneau, qu'il lui presenta, il lui dit en le donnant, voilà Madame, le gage de sa foy, que je vous presente de sa part. La Princesse le reçût avec joye, & donna à Aurelien, cent sols d'or en present pour son Ambassade, à quoi elle ajoûta, que si le Roy de France desiroit de l'épouser, qu'il envoyât des Ambassadeurs à son Oncle Gondebaud, pour en faire la demande, & pour le presser d'y consentir promptement, parce qu'elle craignoit qu'Aredius, l'un des Conseillers de la Cour de son Oncle, en qui il avoit une particuliere confiance, & qui devoit bientost revenir de Constantinople, où Gondebaud l'avoit envoyé, n'empêchât cette alliance, & ne la dissuadât à son Oncle.

Aurelien partit dans le même équipage qu'il étoit venu, & Clovis ne tarda pas d'envoyer des Ambassadeurs pour faire la demande à Gondebaud, qui ne pût refuser cette recherche pour sa Niece, parce que son Conseil lui fit connoître le danger auquel il s'exposoit de rompre avec un Roy aussi puissant que Clovis, & au contraire l'avantage qu'il y auroit pour son Royaume, s'il entroit en alliance avec lui. Gondebaud quelque repugnance qu'il eût de marier sa Niece, ne put la refuser, il l'envoya donc à Clovis avec de magnifiques presens, & les ceremonies du Mariage se firent à Chalon sur Saône.

Aredius, qui étoit arrivé à Marseille, n'eut pas plûtost appris ce que Gondebaud venoit de faire, qu'il se rendit auprés de lui en diligence, pour empêcher la conclusion de ce Mariage. Le Roy aussi-tost qu'il le vit, lui dit, qu'il venoit de faire alliance avec un Prince puissant, mais Aredius l'interrompit, & lui dit, Seigneur, n'appellez pas ce traité une alliance, mais un commencement de guerre & de discorde, dont vous ne verrez pas la fin. Il falloit vous souvenir que vous avez fait mourir Chilperic Pere de Clotilde, que vous avez fait jetter sa Mere dans une riviere, où vous l'avez noyée. Vous avez fait couper la tête à ses deux Freres, & vous les avez fait jetter dans un puits. Clotilde cherchera les occasions de vanger ces morts, c'est pourquoi, si vous me croyez, Seigneur, envoyez en diligence aprés elle, pour la faire revenir, car il vaut mieux vous attirer sur les bras les ressentimens de Clovis, qui se tiendra outragé de cet affront que vous lui ferez, que d'exposer & vôtre vie & vôtre Royaume, à la colere d'une femme, qui ne manquera pas de se servir de tous les artifices pour exciter les François contre vous, & pour chercher les occasions de vous perdre.

Clotilde, qui avoit prévû le conseil qu'Aredius, ne manqueroit pas de donner, & qui craignoit de retomber entre les mains de son Oncle, dit aux Ambassadeurs, qui la menoient de la tirer du Chariot dans lequel elle étoit, & de lui donner un cheval pour avancer chemin, & pour entrer plus viste sur les terres de Clovis, & ordonna ensuite que l'on brûlât douze lieües de païs, sur les frontieres de Bourgogne & de France, pour ôter à ceux qui voudroient les suivre, le moyen de le faire, en trouvant un païs desert & entierement ruiné.

Il y a dans ce recit de Gregoire de Tours, beaucoup de choses, qui ont plus l'air du Roman, que de l'Histoire. Car quelle apparence, qu'une jeune Princesse, d'une excellente beauté, & que Gondebaud faisoit garder si étroitement, eut eu la liberté de recevoir des Pelerins, & de leur laver les pieds ? C'est à Geneve, que Gregoire de Tours dit que cela se passât ? Il est vrai que c'étoit là, que Chilperic Pere de Clotilde avoit mis le siege de ses Etats, qu'il avoit partagez avec ses freres. Mais Gondebaud, qui l'avoit tué, pour se rendre maitre de ses Etats, y auroit-il laissé Clotilde, avec sa Sœur, que Gregoire nomme *Sedeleube*, quoique tous les autres la nomment *Mucutane*, & disent que Gondebaud l'enfermât dans un Monastere. Il y a donc bien plus d'apparence, que Gondebaud, tint ces deux Princesses auprés de Caretene sa Mere, qui étoit d'une grande pieté, & que par le moyen de cette Dame Aurelien, pût parler à Clotilde dans un Monastere, sous pretexte d'y aller demander la Charité. L'Epitaphe de Caretene fait mention d'une Eglise fondée & d'un Monastere, où elle même se consacra à Dieu.

La prevoyance de Clotilde sur les oppositions d'Aredius, les Chevaux qu'elle se fit donner en quittant le Char, où elle étoit montée, le conseil de brûler douze lieües de païs, sont des Episodes agréables, & propres à orner le Poëme de Clovis de Mr des Marets, mais qui n'ont rien d'assez vray-semblable, pour une Histoire. Enfin, ce que dit Gregoire de Tours, des deux Freres de Clotilde décapitez, & jettez dans un puits, est une erreur de l'Epitomateur, qui a pris Sigismond fils de Gondebaud, & ses Enfans tuez de cette sorte, par les Enfans de Clovis, pour ces prétendus freres de Clotilde, dont nous ne trouvons aucun vestige dans l'Histoire.

Quand Gondebaud se vit paisible possesseur de tous les Etats de Bourgogne, aprés la mort de ses trois freres, qui les partageoient avec lui, il songea à les regler par des Lois, & des Ordonnances, qui étoient d'autant plus necessaires, que ses Sujets étoient de trois Nations differentes, Romains, originaires du païs, & Bourguignons Vandales venus d'Allemagne.

Romani, originarii Burgundiones.

Il assembla donc dans cette Ville, les Princes, les Seigneurs, les Gouverneurs des Villes, & des Provinces, les Comtes, les Conseillers, & Secretaires d'Etat, les Principaux Officiers de sa Cour, les Magistrats, & les Juges, & aprés plusieurs déliberations, où il fit examiner les Ordonnances de ses Predecesseurs, les Lois, les Usages & les Coûtumes du païs, il publia le 29. de Mars, la seconde année de son Regne, ses Constitutions sous ce titre.

Livre des Constitutions touchant les Lois passées, & presentes qui doivent être observées à perpetuité, publié à Lyon, le 29. Mars.

IN DEI NOMINE ANNO SECVNDO REGNI DOMINI NOSTRI GLORIOSISSIMI GVNDEBALDI REGIS LIBER CONSTITVTIONVM DE PRÆTERITIS ET PRÆSENTIBVS ATQVE IN PERPETVVM CONSERVANDIS LEGIBVS EDITVS SVB DIE IV. KAL. APRIL. LVGDVNI.

Il dit en la Preface de ces Lois, qu'ayant fait refléxion aux Ordonnances de ses Peres, & à celles qu'il avoit fait lui même, aussi bien qu'aux moyens de les rendre utiles, & profitables à ses Sujets, il avoit crû devoir regler, & determiner les choses, qui pourroient être contestées, afin que l'on sçût à quoi s'en tenir dans les decisions des affaires conformement à la raison, aux Usages, & aux Regles de la Justice, & qu'aprés en avoir conferé avec ses Principaux Officiers, il a jugé à propos d'en faire des Ordonnances fixes. Il veut aussi que ce soit pour regler les procedures de Justice, aussi bien que les cas particuliers, qui devront être jugez.

Ces Constitutions furent nommées *La Loy Gombette*, du nom de Gombaud, ou Gondebaud. Elles sont ramassées sous quatre vingt & neuf titres. Ausquels deux supplemens sont ajoûtez, l'un de vingt titres, & l'autre de treize, qui font en tout cent vingt deux Titres.

1. De libertate donandi Patribus attributa, & muneribus Regis.
De libertatibus servorum nostrorum.

Le premier Titre est des Donations qu'il est permis aux Peres de faire, & des gratifications Royales.

Le II. Des Homicides.

III. Des libertez des Serfs.

IV. Des sollicitations & des Larcins.

V. De ceux qui auront frappé du foüet, du bâton, du pied, ou du poing.

VI. Des Fugitifs.

VII. Des Serfs, & des Originaires accusez de quelque crime.

VIII. Des accusations des crimes.

IX. Des Violences.

X. Des Serfs qui auront été tuez.

De raptu puellarum.
De Exartis.

XI. Des blessures.

XII. Des enlevemens de filles.

De successionibus, & sanctimonialibus.
De commotione litium.
De inquirendis animalibus.
De causis aliis & calumniatorum remotione.
De ablatis pignoribus, & fidejussoribus.
De removendo in negotiis Romanorum patrocinio barbarorum.
De mulieribus Bur-

XIII. Des Essarts ou des défrichemens.

XIV. Des Successions & des Religieuses.

XV. Des appellations en justice.

XVI. De la recherche des animaux égarez.

XVII. Des reglemens pour les procez.

XVIII. Des choses qui arrivent par accident.

XIX. Des gages enlevez, & des répondans.

XX. Des larcins faits par des fugitifs.

XXI. Des contracts des serfs.

XXII. Que les Barbares, ou les Etrangers ne puissent être Avocats dans les causes des Romains.

XXII. Des dommages causez, par les bestiaux.

de la Ville de Lyon. 183

XXIV. Des femmes Bourguignonnes, qui se marient deux & trois fois. *gendis ad secundas, vel tertias nuptias transeuntibus.*
XXV. Des larcins & violences.
XXVI. Des dents abbatuës. *De excussis dentibus.*
XXVII. Des hayes rompuës, des chemins publics clos & fermez, des vols & violences. *De irruptis sepibus, & clausis itineribus furtis etiam & violentis.*
XXVIII. De la coupe des bois generalement permise.
XXIX. Des vols de grands chemins & des fractures de portes des Maisons, de Cabinets, &c. *De Indultu generaliter incidendorum lignorum licentiâ.*
XXX. De la violence faite aux femmes. *De supervenientibus & effractoribus.*
XXXI. Des Vignes. *De corruptis mulieribus.*
XXXII. De celui qui violemment & sans cause aura lié un homme.
XXXIII. Des injures faites aux femmes.
XXXIV. Des Divorces.
XXXV. Des châtimens & supplices des serfs qui auront fait insulte à la pudeur des honnêtes femmes. *De servorum suppliciis qui ingenuis mulieribus vim pudoris intulerunt.*
XXXVI. De l'inceste.
XXXVII. Tirer l'Epée. *De educto gladio.*
XXXVIII. Du droit d'hospitalité à l'égard des Ambassadeurs des nations étrangeres, & des Voyageurs. *De hospitalitate Legatis extraneorum gentium & itinerantibus non negandâ.*
XXXIX. De ceux qui reçoivent les Etrangers. *De receptis Advenis.*
XL. Des affranchissemens.
XLI. Des moissons brûlées.
XLII. Des heritages de ceux qui meurent sans enfans.
XLIII. Des Donations.
XLIV. Des adulteres des Filles & des Veuves.
XLV. De ceux qui nient ce dont on les accuse, & qui veulent se purger par serment.
XLVI. De ceux qui tendent aux Loups. *De his qui tensuras ad occidendum lupos posuerint.*
XLVII. De la condamnation des Voleurs, de leurs femmes & de leurs enfans.
XLVIII. Des blessures qu'on aura faites. *De infliftis vulneribus.*
XLIX. Des animaux qui font dommage dans les Clos, & des Chevaux échappez.
L. Des Agens, tant de la Maison Royale, que des particuliers, assassinez. *De occisis actoribus tam domus Regiæ, quam privatorum.*
LI. De ceux qui n'auront pas donné à leurs enfans leur legitime.
LII. Des femmes fiancées, qui se donnent à d'autres; qu'à leur futur époux, ou contractent avec d'autres. *De his qui debitas filiis substantiæ suæ portiones non tradiderint.*
LIII. Des heritages des Enfans, qui aprés la mort de leur Pere, la Mere vivant encore, meurent sans avoir disposé de leurs biens. *De mulieribus desponsatis qui ad aliorum consortium libidine instigante transierint.*
LIV. De ceux qui contre l'Ordonnance usurpent le tiers des Esclaves, & deux parties des terres, de ceux qui ont été subjuguez.
LV. Defense aux Barbares, c'est à dire aux Etrangers d'intervenir aux procez de deux Romains, sur le sujet des bornes & confins de leurs Champs. *De hereditatibus filiorum, qui post patris obitum matre superstite intestati morientur.*
LVI. Des Esclaves achetez en Allemagne.
LVII. Des Affranchis des Bourguignons, qui n'ont pas eu la permission de se retirer.
LVIII. D'un Chien tué sans dessein. *De his qui tertiam mancipiorum duas terrarum partes contra interdictum publicum præsumpserint.*
LIX. Des petits fils. *De Nepotibus.*
LX. Des témoins necessaires aux Donations.
LXI. Des femmes qui s'abandonnent aux hommes volontairement. *De removendis Barbarorum personis, quoties inter duos Romanos de agrorum finibus fuerit exorta contentio.*
LXII. Des fils uniques.
LXIII. De ceux qui auront volé la moisson dans les greniers.
LXIV. Des animaux tuez dans la moisson.
LXV. Des femmes Veuves à qui on demande les dettes de leurs maris.
LXVI. Des filles orphelines, qui se marient. *De cane occiso sine culpa.*
LXVII. Des Forets. *De puellis quæ sine patribus & matribus ad maritum traduntur.*
LXVIII. Des adulteres.
LXIX. Du Doüaire, qu'il appelle en langue ancienne Bourguignonne *Vuitsemon*. *De Vvitemon.*
LXX. Des Larcins.
LXXI. De ceux qui composent pour les larcins. *De his qui furtum componunt.*
LXXII. De ceux qui tendent les pieges aux bêtes hors de leurs Champs cultivez. *De caballis quibus ossa, aut scandala ad caudam ligata fuerint.*
LXXIII. Des Chevaux, qui ont des bâtons attachez à la queuë.

LXXIV. Des Veuves & de leurs Enfans.
LXXV. De l'heritage à partager entre la Niece & la Tante.

De Vvittifcalcis. LXXVI. Des Huissiers ou Sergens, qu'il nomme en langage Alleman *Vvitifcals.*
De præscriptione temporum. LXXVII. Des Inscriptions.
LXXVIII. De la succession des heritages.
LXXIX. Des prescriptions.
LXXX Des faux Témoins, & des Calomniateurs.
LXXXI. De l'interpellation des Juges.
LXXXII. Des Répondans, ou Cautions *De fidejussoribus.*
LXXXIII. De ceux qui reconnoissent chez autruy des choses qui leur appartiennent.
LXXXIV. De la vente des Terres.
LXXXV. Des Pupilles.

De Malâ heredâ. LXXXVI. D'une espece d'heritage, ou de succession, nommée *mala hereda.* l'Interprete ne dit mot sur ce terme, qu'il n'a pas apparemment entendu, & que je n'entens pas non plus.
LXXXVII. Des Contracts passez par des Mineurs.
LXXXVIII. Des Libertez.

De reis corripiendis. LXXXIX. Des châtimens des Criminels.

Le premier supplement de ces Constitutions à 20. Titres, comme j'ay déja dit.

I. Des Chemins publics, & des autres servitudes.
II. Des dommages causez par les animaux.
III. Des Jugemens.
IV. Des Libres qui commettent quelques larcin, avec des Esclaves.

De his qui mulieribus corruptis crines in curte sua capulaverint. V. De ceux qui tondent des femmes débauchées, dans leur Cour.
VI. Des bras & jambes cassez.

De Navigiis. VII. Des batteaux, & bâtimens de riviere.
VIII. Des Voyageurs.
IX. Des Cautions. *De fidejussoribus.*

De Acceptoribus. X. Des Chiens de chasse, *de canibus Veltrais, aut Seguriis, aut Petrunculis.*
XI. Des Eperviers, qu'il nomme *Acceptores.*
XII. Des ventes dont on passe des Contracts sans témoins.
XIII. Des femmes qui se marient, & se mettent sous la disposition de leurs maris.
XIV. Du Doüaire *de Vvittemon.*
XV. Des Juifs, qui auront frapé ou injurié quelque Chrêtien.
XVI. Des Vignes.
XVII. Des Asnes.

De liberali causâ & operis Libertorum. XVIII. Si quelqu'un a pris en gage les Bœufs de quelqu'un.
XIX. Des affranchissemens, & des affranchis.
XX. Quelques observations touchant les Vignes.

Le second supplement contient treize titres, qui ne sont proprement que quelques declarations, sur les precedens, où il est parlé des Esclaves, & des personnes libres, des monnoyes, & que l'on ne fasse aucune injure aux Eglises, ny aux Prêtres. Injures que

Ecclesia, aut sacerdotes in nullo, contemnantur. la Loy nomme mépris.

Voicy les noms des Comtes à qui le Roy fit signer ces Constitutions, & Ordonnances, qu'il vouloit être observées dans tous ses Etats. Avec ce titre au dessus des Signatures.

NOMINA EORVM QVI LEGES VEL SEQVENTIA CONSTITVTA,

ET ILLA QVÆ IN PRIORI PAGINA CONTINENTVR

SIGNATVRI SVNT, VEL IN POSTERVM CVM PROLE DEO

AVSPICE SERVATVRI.

Sig. *Abgaris Com.*   Sig. *Siggonis Com.*
Sig. *Annemundi Com.*   Sig. *Fredemundi Com.*
Sig. *Unnani Com.*   Sig. *Vvanabarii Com.*

Sig.

Sig. *Hildeulfi Com.*	Sig. *Vuilfila Com.*
Sig. *Hildegerni Com.*	Sig. *Sigisvuldi Com.*
Sig. *Vsgildi Com.*	Sig. *Sonia Com.*
Sig. *Vvalesti Com.*	Sig. *Godemundi Com.*
Sig. *Audemundi Com.*	Sig. *Vvidemeris Com.*
Sig. *Andabari Com.*	Sig. *Vvadabameris Com.*
Sig. *Amgathei Com.*	Sig. *Silvani Com.*
Sig. *Auderici Com.*	Sig. *Goma Com.*
Sig. *Aunemundi Com.*	Sig. *Fastila Com.*
Sig. *Vvillimeris Com.*	Sig. *Suldi Com.*
Sig. *Conegiseli Com.*	Sig. *Gundeulfi Com.*
Sig. *Comarici Com.*	Sig. *Offini Com.*
Sig. *Vvallaerii Com.*	Sig. *Vvalarimi Com.*

Ces Loix nous donnent une exacte connoissance de la forme du gouvernement de cette Ville, & du reste de la Bourgogne, sous ces Rois Bourguignons, & même sous nos Rois de la premiere, & de la seconde race ; car ces Loix subsisterent pendant trois cens ans, jusqu'à ce qu'à la priere de nôtre saint Archevêque Agobard, elles furent abrogées, par Loüis le Debonnaire.

Nous y pouvons aussi remarquer, que ces Bourguignons établis dans les Gaules, s'étoient bien polis par le commerce qu'ils avoient eu avec les Romains ; car il ne paroit rien de barbare dans ces Loix, on y remarque au contraire beaucoup de politique en Gondebaud, à se ménager avec les Romains, qui occupoient encore une partie de ses Etats, où ils étoient mêlez, avec nos anciens Gaulois, qui avoient été sujets des Romains durant quatre ou cinq siécles, & avec les Italiens ou Romains, qui s'y étoient établis durant la domination des Empereurs & le gouvernement des Proconsuls, & des Prefets du Pretoire, ou de leurs Vicaires.

Il avoit même établi des siéges de Justice, composez de Bourguignons & de Romains, comme il le dit en la Preface de ces Constitutions, où après avoir témoigné que c'est l'amour de la Justice, qui l'a porté à faire ces Ordonnances, pour satisfaire aux devoirs de sa conscience envers Dieu, & pour affermir son autorité, il recommande aux Juges l'équité, & l'integrité, leur défendant de recevoir des presens, qui peuvent corrompre les Juges. Il dit ensuite qu'elles ont été dressées de concert entre les Bourguignons & les Romains, qu'il veut lui même donner l'exemple d'integrité à tous les Juges, & qu'il ne veut pas que le fisc exige autre chose des Plaideurs, ou des Criminels, que ce qui est reglé pour les amendes. Il condamne à la mort les Juges, qui seront convaincus avoir vendu la Justice. Enfin, cette Preface est si belle, que je ne puis me dispenser de la donner ici telle qu'elle est pour la satisfaction des Savans, qui seront bien aises de la voir dans cette Histoire, dont elle sera un des principaux ornemens.

Amore Justitiæ per quam Deus placatur, & potestas terrena dominationis adquiritur, ea primum habito consilio Comitum, Procerumque nostrorum studuimus ordinare, ut integritas, & æquitas judicandi à se omnia præmia, vel corruptiones excludat. Omnes itaque administrantes judicia secundùm leges nostras, quæ communi tractatu composita, & emendata sunt, inter Burgundionem & Romanum præsenti tempore judicare debebunt : ita ut nullus aliquid de causis, vel judiciis præmii, vel commodi nomine à qualibet parte speret, aut præsumat accipere. Sed justitiam, cujus pars meretur, obtineat, & sola sufficiat integritas judicantis. Cujus legis conditionem nobis quoque credidimus imponendam, ne ullus in quolibet causarum genere integritatem nostram suffragiis, aut præmiis adtentare præsumat, à nobis quoque primùm æquitatis studio repellentes quod à cunctis sub regno nostro judicantibus fieri prohibemus. Nec fiscus noster aliquid ampliùs præsumat, quàm quod de solâ inlatione multæ legibus legitur constitutum.

Sciant itaque Optimates, Comites, Consiliarii, Domestici & Majores domus nostræ, Cancellarii, & tàm Burgundiones quàm Romani Civitatum aut pagorum Comites, vel judices deputati omnes, etiam militantes, nihil se de causis his, quæ acta aut judicata fuerunt, aliquid accepturos, aut à litigantibus promissionis, vel præmii nomine quæsituros, nec partes ad compositionem, ut aliquid vel sic accipiant, à judice compellantur. Quod si quis memoratorum corruptus contrà leges nostras, aut etiam justè judicans de causâ vel judicio præmium convictus fuerit accepisse, ad exemplum omnium probato crimine capite puniatur : ita ut facultatem ejus, in quo venalitas vindicatur filiis aut legitimis haeredibus suis, qua in ipso punita est, culpa non auferat. Notariis sanè deputatorum judicum pro judiciorum commodis in causis ultrà decem solidos addictis, singulos tremisses censuimus sufficere intra decem solidos minora commoda quaesituros.

Inter Romanos verò interdicto simili conditione venalitatis crimine, sicut à parentibus nostris sancitum est, Romanis legibus praecipimus judicari: qui formam & expositionem legum conscriptam qualiter judicent, se noverint accepturos, ut per ignorantiam se nullus excuset.

De malè verò anteacto tempore judicatu prioris Legis forma servabitur. Hoc etiam inserentes, ut si forte judex in corruptione accusatus convinci nullatenus potuerit, accusator simili poena subjaceat, quam judicem corruptum praecipimus sustinere. Si quid verò legibus nostris non tenetur insertum, hoc tantùm ad nos referre praecipimus judicantes. Si quis sanè judicum tàm barbarus quàm Romanus per simplicitatem aut negligentiam praeventus forsitan non ea, qua leges continent, judicavit, & à corruptione alienus est, XXX. solidos Romanos se noverit inlaturum, causâ denuo discussis partibus judicandâ. Illud adjicientes, ut si judices tertiò interpellati, non judicaverint, & causam habens interpellationem nostram crediderit expetendam & judices suos ter se interpellasse, & non se auditum fuisse probaverit, XII. solidorum Index inlatione mulctabitur. At si quisquam de quolibet causae genere omissis judicibus, hoc est tertiò, ut suprà jussimus non interpellatis, ad nos venire praesumpserit, cum illa quam in judicem differentem statuimus, mulcta constringas. Et ne forte per absentiam deputatorum judicum negotia differantur, nullam causam absente altero Indice, vel Romanus Comes vel Burgundio judicare praesumat, quatenùs studeant, ut sapiùs expetenti se de legum ordine incerti esse non possint. Constitutionis verò nostrae seriem placuit etiam adjectâ Comitum subscriptione firmari, ut definitio qua ex tractatu nostro & communi omnium voluntate conscripta est, etiam per posteros custodita perpetua pactionis teneat firmitatem.

<aside>Il fit faire un Livre des Réponses tirées du Droit Romain, pour servir de regle dans les jugemens de ceux qui suivoient le Droit Romain.</aside>

Nous n'avons point d'autre Epoque de la publication generale de ces Ordonnances, que la seconde année du Regne de Gondebaud le 29. de Mars. Ainsi ceux qui la fixent à l'an 501. supposent que Gondebaud n'a pas conté les années de son Regne, qu'aprés la mort de tous ses Freres, quand il posseda seul toute la Bourgogne.

Toutes ces Ordonnances ne furent pas faites la même année, ny au même lieu.

A la fin du 42. Titre, il y a cette date.

DATA AMBARIACO IN COLLOQVIO SVB DIE
III. NON. SEPTEMB. ABIENO V. C. CONS.

Donné à Amberieu, dans l'assemblée tenuë le 3. Septembre, sous le Consulat d'Avienus, homme de Famille Consulaire.

Amberieu est un Village de Dombes, à cinq ou six lieuës de Lyon, où il reste encore un Château flanqué de Tours bâties de briques, & qui paroît fort ancien. Gondebaud avoit là un Palais, où il tenoit ses assemblées. Le temps auquel se tint celle-cy, fut l'an 501. puis que c'est l'année en laquelle Avienus fut Consul d'Occident, tandis que Pompeius l'étoit en Orient. Cet Avienus étoit frere d'Ennodius Messala, qui fut Consul cinq ans aprés son frere, l'an 506. Il étoit aussi petit fils d'un autre Avienus, qui avoit été Consul en 450. l'an 502. un autre Avienus fut aussi Consul, tandis que Probus l'étoit en Orient. Ainsi on ne peut absolument, sous ce nom d'Avienus établir lequel des deux est marqué dans cette date. Mais il y a apparence que c'est celui de l'an 501. parce qu'il y a une autre date aprés le 45. titre, du 28. May à Lyon.

DATA SVB DIE V. KAL. JVNIAS LVGDVNI
ABIENO V. C. CONS.

Donnée à Lyon, le 28. May, sous le Consulat d'Avienus, qui ne peut être que celui de 502. que le P. Sirmond, nomme Avienus le jeune, non pas à raison de l'âge, mais à raison du temps de son Consulat posterieur à celui de 501.

Aprés le 52. titre, il y a une troisiéme date du 29. de Mars, sous le Consulat d'Agapet.

DATA SVB DIE IV. KALENDAS APRILIS
AGAPITO CONSVLE.

Agapit étoit Consul l'an 517.

Cette diversité de dattes fait voir que ces Ordonnances furent faites en divers tems auſſi bien que les ſupplemens, qui ſemblent avoir été faits ſous Sigiſmond fils de Gondebaud.

Il y beaucoup de ſageſſe dans ces Ordonnances, comme je ferai voir par de petites reflexions, ſur quelques unes.

Ce n'eſt pas pour aucun égard que Gondebaud eut pour les Romains, comme a crû un Hiſtorien, qu'il datta ſes Lois des noms des Conſuls, mais parce qu'alors il n'y avoit pas d'autre maniere de ſuputer les années, que cet uſage introduit par les Romains. L'Egliſe s'en eſt auſſi ſervi longtemps, pour cette même raiſon. Ainſi, quand ces Lois parlent des Romains, & des Bourguignons, elles entendent ordinairement par les Romains les naturels du païs, qui vivoient ſelon les Lois Romaines, que Gondebaud n'avoit pas voulu abroger. Car d'ailleurs les Romains n'avoient plus rien dans les Gaules. *Chorier hiſt. de Dauphiné.*

On peut voir par la qualité des perſonnes à qui le Prince adreſſe ces Ordonnances, quelles ſortes de perſonnes gouvernoient cette Ville, & les Etats des Bourguignons, puiſqu'il les adreſſe aux Princes ou Grands Seigneurs, qu'il nomme *Optimates*, aux Comtes, aux Conſeillers, aux Domeſtiques, aux Maires du Palais, aux Chanceliers, ſoit Bourguignons, ſoit Romains. Aux Comtes des Villes & de la Campagne, aux Juges deputez, &c. *Sciant Optimates, Comites, Conſiliarii, Domeſtici, & Maiores domus noſtra, Cancellarii, & tam Burgundiones, qu'am Romani Civitatum, aut Pagorum, Comites, vel Judices deputati, &c.*

I. Il défendoit toute ſorte de violence, de frapper, de bleſſer, & même de tuer ceux par qui ont étoit pourſuivi & maltraité, & au cas que l'on puiſſe prouver que c'eſt en ſon corps défendant, il ne condamne qu'à une peine peuniaire, ſelon la qualité de la perſonne, qui a été bleſſée, frappée, ou tuée. Si c'eſt une perſonne noble, & de condition élevée, il veut que celui qui a fait l'injure, ſoit condamné à trois cent ſols, pour une perſonne de condition mediocre, il condamne à deux cents, à cent cinquante pour une perſonne du peuple, & à trente ſols pour un Serf, ou Eſclave, ſi ce n'eſt qu'il excellât en quelque art, ou qu'il eût quelque talent, qui le rendît plus utile à ſon Maître.

II. Il défend de faire les Cheveux à une perſonne libre, ou aux eſclaves, pour leur donner le moyen de fuïr, & de ſe ſauver par le moyen de ce déguiſement, ſous peine de payer au Maître, le prix du ſerviteur, ou de l'eſclave fugitif.

III. Il défend auſſi de donner du pain à un eſclave fugitif, de lui montrer le chemin, ou de lui paſſer la riviere, ſi l'on connoit qu'il ſoit fugitif, mais ſi l'on ne le ſavoit pas, on ſe peut purger par ſerment. Si on l'a connu on eſt obligé à ramener l'eſclave à ſon Maître.

IV. Qui donnoit des Lettres à un ſerviteur, ou à un eſclave fugitif, étoit condamné à avoir le poing coupé, & ſi c'étoit un eſclave, qui eut favoriſé l'évaſion d'un autre, outre la peine du poing coupé, il étoit condamné à trois cents coups de bâton.

V. Si quelqu'un, ſoit Bourguignon, ſoit Romain, preſtoit de l'argent à un eſclave, à l'inſceu du Maître de l'eſclave, il étoit condamné à perdre ce qu'il avoit preſté. Mais ſi les Maîtres avoient des eſclaves auſquels ils permiſſent d'exercer quelque métier, comme de Forgeron, de Maréchal, de Couturier, de Cordonnier, d'Argenrier, d'Orfévre, &c. & qu'il vint à gâter la beſogne, ou à faire quelque fraude, le Maître de l'eſclave étoit obligé à reparer le dommage, ou à ceder ſon eſclave.

VI. Il vouloit pour affranchir un eſclave, qu'on le fit par un acte public en preſence de témoins, qui devoient être cinq ou ſept, & tous perſonnes libres. On pouvoit cependant le faire avec pareil nombre de témoins, ſans le declarer par écrit.

VII. Il permettoit durant trente ans, de repeter devant les Juges, un eſclave fugitif, & il vouloit que les Juges examinaſſent les raiſons du Maître & de l'eſclave, ſur les prétentions de ſa liberté: qu'on lui donnat un Avocat pour le défendre, & que ſi la choſe demeuroit douteuſe, que les Juges le tinſſent en ſequeſtre juſqu'à ce que la choſe fut éclaircie. Que ſi quelqu'un devenu ſerf, reclamoit ſa liberté, qu'on ne le reçût point ſur ſa plainte, contre ſon Maître, mais qu'on expoſat publiquement ſa demande, & s'il ſe trouvoit quelqu'un qui voulut entreprendre ſa défenſe, qu'il lui fut permis de l'entreprendre, ſinon qu'on le rendit à ſon Maître.

VIII. Si un Bourguignon après avoir affranchi ſon eſclave, vouloit le rappeller à ſon état de ſervitude, pour en avoir reçû quelque leger déplaiſir, il ne le pouvoit pas, & il falloit pour le priver de la liberté, qu'il avoit acquiſe, qu'il eut commis un outrage ou un crime atroce, qui marquat ſon ingratitude, & qu'il s'étoit rendu indigne de la grace qu'il avoit reçû de ſon Patron. Ce que le Patron étoit obligé de prouver devant le Juge.

IX. Ainſi l'eſclave affranchi joüiſſoit du bienfait de ſon Maître, quelque oppoſition, qu'il y pût faire. Que ſi ſon Maître l'avoit vendu dans un païs étranger,

A a ij

dont il eut pû s'échapper, il étoit libre dés qu'il étoit rentré dans son pais, mais il ne pouvoit se faire d'autre Patron, que celui qui l'avoit vendu.

X. Tout Juif, qui avoit mis la main sur un Chrêtien, & qui l'avoit frappé, ou de la main, ou du pied, ou d'un bâton, ou d'un foüet, ou d'une pierre, ou qui l'avoit pris par les cheveux, étoit condamné à avoir le poing coupé. Et s'il vouloit racheter sa main, & se relever de cette peine, il devoit payer soixante & quinze sols d'or, pour le rachat de sa main, & autre douze sols d'or, pour amande au fisc du Prince. Mais si c'étoit sur un Prêtre, qu'il eut mis la main, il étoit condamné à mort, & ses biens confisquez.

XI. Il ordonnoit que les filles, qui s'étoient consacrées à Dieu, & qui avoient fait vœu de chasteté, si elles avoient deux freres, recueillissent la troisiéme portion de l'heritage de leur Pere. C'est à dire, la troisiéme partie de la terre que son Pere possedoit en mourant, comme sort principal. Que si elles avoient quatre ou cinq freres, elles devoient avoir leur portion convenable; mais si elles n'avoient qu'un frere, il ne vouloit pas qu'elles eussent la moitié du bien, mais seulement le tiers, & à condition qu'après leur mort, tous les fruits provenus de cette portion de leur heritage revinssent aux parens les plus proches, sans qu'il leur fut permis de rien aliener, ne leur étant permis de disposer que des nippes, qu'elles auroient eu de leurs Meres, & de ce qu'elles pouvoient avoir gagné par leur industrie.

XII. Il regloit les Tuteles à l'égard des enfans mineurs, & donnoit aux Meres cette Tutele preferablement à tout autre, si elles vouloient s'en charger, & rendoit les Tuteurs responsables des biens des Mineurs.

XIII. Il avoit fixé le terme de la Minorité à quinze ans, pendant lesquels les Mineurs ne pouvoient ni affranchir leurs Esclaves, ni vendre, ni donner, &c. Nul contract passé avec eux, avant les quinze ans, ne devoit tenir. Et il leur étoit permis durant autres quinze années de revoquer tout ce qu'ils avoient fait avant cet âge; mais s'ils manquoient de le revoquer durant ces quinze années, il demeuroit fixe & irrevocable, comme ayant été ratifié par défaut de revocation expresse.

XIV. Pour les Monnoyes, il est difficile de reconnoître de quelles especes ils se servoient alors, puisque dans l'Article VI. du second Supplement, il est ordonné de recevoir toutes les especes d'or, qui seront de poids, à la reserve de quatre especes, des Monnoyes de Valentinien, qu'il défend, des Monnoyes de Geneve, & des Gothiques, parceque la Loy, dit que l'on avoit mêlé du Cuivre en celles d'Alaric, & enfin il décrie les Ardaricains, que je ne connois pas, mais qui pouvoient être des especes d'Allemagne. Et il ordonne que si quelqu'un refuse les autres especes quand elles seront pesantes, qu'il perde ce qu'il vouloit vendre.

Dementis solidorum tractpimus custodire, ut omne aurum quod pensaverit accipiatur, præter quatuor monetas Valentiniani, Genevensis, & Gothicum, qui à tempore Alarici Regis adorati sunt, & Ardaricanos. Quod, si quiscumque præter quatuor istas monetas aurum pensarum non acceperit, quod vendere volebat, non accepto pretio perdat.

Cette Ordonnance nous apprend beaucoup de choses.

1. Que quand il est parlé de sols, dans ces Ordonnances, cela se doit entendre des sols d'or, qui étoient comme nos écus, que l'on a nommez écus sols.

2. Qu'il falloit que Valentinien III. eut affoibli ses Monnoyes d'or, qu'il défend de recevoir comme celles d'Alaric Roy des Goths.

3. Que celles de Geneve devoient être de son frere Chilperic, qui avoit eu son siege à Geneve.

4. Qu'il semble que Gondebaud, & les autres Rois Bourguignons Vandales n'avoient point de Monnoyes frapées à leur coin, puisqu'il n'en est fait nulle mention en ces Ordonnances, & qu'il ne s'en trouve point, que je sçache dans les Cabinets des Curieux, du moins je n'en ay point veu, sous les noms de Godomar, de Gundicaire, de Gondioc, de Gonderic, de Gondebaud, ni de Sigismond.

Il est aussi fort difficile de bien démêler les Monnoyes Gothiques de ces temps-là, & même celles de nos Rois de la premiere race, à l'occasion desquelles, je remarqueray en passant l'erreur de ceux qui ont crû en avoir vû de Pharamond, avec cette inscription *Pharamundus*, & au revers un Cheval libre avec ce mot *Equitas*. Car c'est une monnoye de Ferdinand ou Ferrand Roy d'Arragon, que j'ay vûë avec *Ferrandus* en caracteres Gothiques, & au revers *Equitas Regni* avec un Cheval libre. Et celles où Bouterouë s'est imaginé avoir vû des signes militaires, qu'il nomme *Tuffas* sont des croix avec un Omega au dessus * & un Alpha a côté, pour marquer Jesus-Christ, qui est appellé Alpha & Omega.

Ce fut sous ces Bourguignons, que s'établirent dans tous leurs Etats ces especes de servitudes, que l'on nomme *Mains mortes*, qui subsistent encore dans la Savoye, Franche-Comté, dans le Duché de Bourgogne, dans la Bresse, le Bugey, & quelques endroits du Nivernois, pais autrefois dépendans de ces Rois Bourguignons: servitudes dont il faut rapporter l'origine à ces Princes, qui pour peupler leur pais, &

pour cultiver leurs terre, reçûrent toutes forte d'Etrangers, qui voulurent s'y établir, & leur donnerent des terres, & des habitations pour se loger, à condition qu'eux & leur posterité demeureroient dans la servitude, & que venant à manquer d'enfans mâles, qui pussent leur succeder, leurs biens reviendroient à leurs Seigneurs ou Patrons, sans la permission desquels ils ne pouvoient, ni se marier, ni changer de demeure.

Il y a deux especes de Mains mortes, les unes réelles, & les autres personnelles. Les réelles ne regardent que les terres, les champs, les maisons, les possessions, & autres biens immeubles sujets à des servitudes. Les personnelles regardent les personnes, qui sont Esclaves, comme l'étoient parmi les anciens Romains, ceux qui avoient été pris en guerre, ou qui étoient nez de parens Esclaves durant leur servitude.

Servi nascuntur aut fiunt. Justinian.

Les Rois Bourguignons Vandales avoient fait Esclaves, & Serfs de cette maniere les peuples de la Ligurie, & de la Lombardie, que Gondebaud avoit amenez en ce païs, quand il eut saccagé ces Provinces, irrité de ce qu'Odoacre qui l'avoit appellé à son secours au delà des Alpes, ne lui avoit pas tenu les promesses qu'il lui avoit faites. Il avoit aussi d'autres Serfs Allemans, Vandales, Goths, & ceux que les Romains avoient laissez dans les Gaules, & qu'ils n'avoient pas affranchis, qui sont appellez Esclaves originaires, ce sont ceux qui dans les Lois des Bourguignons, sont nommez *Originarii*. C'est pour cela que dans la Loy Gombette dont j'ay rapporté les titres, il y en a plusieurs pour les Serfs, parce que c'étoit un des droits principaux de la souveraineté de ces Bourguignons Vandales.

Mancipia originaria.

Les maximes des François étoient bien differentes, ils ne vouloient point parmy eux de pareilles servitudes, & tout Esclave étoit affranchi, quand il pouvoit se rendre sur leurs terres. C'est de là aussi que l'on veut, que le nom de *Francs* leur eut été donné, comme le terme de franchise, est un terme de liberté, pour lequel maintenir nos Citoyens eurent de si grands demêlez avec nos Archevêques & le Chapitre de Lyon, & recourrurent tant de fois à la protection de nos Rois, pour conserver cette franchise, comme nous verrons dans la suite de cette Histoire. Ce Royaume changea ainsi heureusement de nom, & au lieu de celui de Gaule, qu'il avoit eu de temps immemorial, il commença à prendre celui de France, qu'il a toûjours depuis conservé, & nos Rois dans leurs Sceaux, dans leurs Monnoyes, & dans leurs Actes publics, ne prennent point d'autre titre que *Clodovaus, Lotharius, Dagobertus, Carolus, Ludovicus Francorum Rex,* regardant comme quelque chose de plus grand de commander à des personnes libres, que de commander à des Esclaves.

Aussi quand nos Citoyens appellerent des Ordonnances de Gerard Evêque d'Autun, administrateur de l'Archevêché de Lyon, durant la vacance du Siege, pour la conservation de leurs privileges, ils en appellerent par devant Monseigneur le Legat en France, & par devant le Roy de France, pour maintenir leurs franchises.

Coràm Domino Legato in Franciâ, aut coràm Domino Rege Franciæ.
Preuves pag. 1.
Tractatus de bellis & induciis.

Ces Serfs faisoient, comme j'ay dit, une partie des biens & des richesses de ces Princes, & des Seigneurs de leur Cour, & l'on peut voir en plusieurs donations faites aux Eglises, que je rapporte parmi les preuves de cette Histoire, que non seulement on donnoit des terres & des possessions à ces Eglises, & à ces Monasteres, mais encore on leur donnoit des hommes, qui par leur condition servile étoient obligez de cultiver ces terres au profit des Seigneurs, à qui elles appartenoient.

C'est cet ancien établissement de servitude sous ces Rois Bourguignons Vandales, qui a laissé dans les Coûtumes de Bourgogne, de Savoye, & du Nivernois, plusieurs articles en forme de Loix, touchant ces Mains mortes, que Chasseneu, le President Faure, Guy Coquille, le President Boyvin, & le Senateur d'Oncieu ont expliquées par plusieurs traitez, qui appartiennent à la Jurisprudence, & à la pratique du Palais, plûtôt qu'à l'Histoire, à laquelle il suffit de marquer le temps auquel ces usages ont été établis, & les changemens qui s'y sont faits.

Il y avoit alors dans ce païs trois sortes de droits, qui distinguoient les personnes. Le droit Romain, que suivoient ceux qui s'étoient établis en ce païs, sous la domination des Romains : droit que les Rois Bourguignons ne voulurent pas absolument détruire. Le droit Bourguignon, qui étoit le droit établi par les Ordonnances de ces Princes, & le droit Salique établi par les François. Delà vient que dans plusieurs titres nous voyons des personnes, qui font profession de vivre selon la *Loy Salique*, & de joüir de ses privileges. Ainsi, Guichenon a donné dans sa Bibliotheque Sebusienne, une Chartre tirée du Chartulaire de saint Vincent de Mascon, par laquelle une femme nommée Altasie, avec ses deux enfans, vendent les biens qu'ils ont dans le Masconnois, à un nommé Adalgise, & font leur traité de vente selon la Loy Salique.

Ego Saliga vivens lege Salica. In Carthul. Piscariens.

Ego & filii mei Beraldus videlicet, atque Volfardus tibi vendimus secundùm

legem Salicam, tradimus atque transfundimus, &c. Biblioth. Sebus. pag. 92.

Ce mélange de Nations, & de peuples dans les Gaules, étoient si ancien que le savant Reinesius, expliquant la Medaille de Marc-Antoine, frappée en cette Ville, avec la figure d'un Lion, & le mot *Lugduni*, dit que les peuples des Gaules étoient déja des peuples mêlez, μιχάδες c'est à dire, composez de diverses Nations, qui avoient chacune leurs Chefs, pour les gouverner selon leurs usages.

Gallia populi, utpote conveni, & varia originis, son μιχάδες ipsi se ut reverà erant in tot gentes diviserant, quaque sub capite suo voxaverunt, antequam Romanis parerent. Reines. Epist. 52.

Je ne sçay si on ne pourroit point attribuer à ce mélange ces termes de *Mere & mixte impere*, qui se trouve si souvent dans les titres des privileges & franchises de cette Ville, & dans les transactions faites par nos Rois, avec les Archevêques, & le Chapitre, pour marquer que leur Jurisdiction s'étendoit sur tous les Habitans de cette Ville, de quelque Nation qu'ils fussent.

Aussi dans la formule que le Prince donnoit aux Gouverneurs, Comtes, Ducs & Patrices, il leur donnoit autorité sur tous les peuples de quelque nation, qu'ils fussent, Francs, Romains, Bourguignons, &c. comme on peut voir dans Marculfe, qui rapporte ces formules.

Ideò tibi actionem Comitatus, Ducatus, Patriziatus in pago illo, quem antecessor tuus ille usque nunc visus est egisse, tibi ad agendum regendumque commissimus, itaque semper erga regimen nostrum fidem illibatam custodias, omne populi ibidem commorantes, tàm Franci, Romani, Burgundiones, quàm reliqua nationes sub uno regimine, & gubernatione secundùm legem & consuetudines eorum Regni, &c. Marculf. in formul.

Aprés cette longue digression sur les Lois des Bourguignons, revenons à Caretene mere de Gondeband.

Cette Reine fit bâtir une Eglise en cette Ville, qu'elle dédia à saint Michel Archange, avec un Monastere, où elle se fit Religieuse, & où elle éleva la jeune Clotilde, qui fut dépuis Reine de France. Caretene fut enterrée dans cette Eglise, & voicy son Epitaphe, que Mr. Du Chesne nous a conservée au premier Tome des Historiens de France.

Sceptorum columen, terre decus, & jubar orbis,
  Hoc artus tumulo vult CARETENE tegi.
Quin famulam tu Christe tuam, rerumque potentem
  De mundi regnis ad tua regna vocas.
Thesaurum ditem felici fine secutam
  Votis pauperibus quem dedit illa Deo
Jam dudùm castum castigans aspera corpus
  Delituit vestis murice sub rutilo
Occuluit lato jejunia sobria vultu,
  Secretèque dedit regia membra cruci.
Principis excelsi curas partita mariti,
  Adjuncto texit culmina consilio
Praeclaram sobolem, dulcesque gavisa nepotes
  Ad veram doctos sollicitare fidem.
Dotibus his pollens sublimi mente subire
  Non sprevit sacrum post diadema jugum.
Cedat odoriferis quondam dominata Sabais
  Expetiit mirum quae Salomonis opus.
Condidit hac templum praesens, quod personat orbe
  Angelicisque dedit limina celsa choris.
Laxatura reos Regi quae saepe ferebat
  Has offerre preces nunc tibi Christe potest
Quam cum post decimum rapuit mors invida lustrum
  Accepit melior tunc sine fine dies
Jamque bis octonâ Septembrem luce movebat
  Nomen Messala Consulis annus agens.

Cette Epitaphe nous apprend beaucoup de choses. Elle nous marque l'année de sa mort, sous le Consulat de Messala, c'est à dire, l'an 506. de Jesus-Christ. Secondement nous apprenons que cette Reine vecut plus de cinquante ans.

Post decimum rapuit mors invida lustrum.

Ainsi elle devoit être née avant l'an 456. & fut femme non pas de Gundioc, comme a dit Mr Du Chesne, puisqu'il étoit mort en 451. ni de Gondebaud, comme ont crû quelques autres, mais de Gunderic, fils de Gondioc, qui avec son frere aîné Chilperic avoit partagé le gouvernement des deux Bourgognes, l'un ayant établi sa demeure à Geneve, & l'autre en cette Ville, dépuis Chilperic étant mort sans enfans, ses quatre Neveux Gondebaud, Godegesile, Chilperic, & Godomar, fils de Gonderic & de Caretene, lui succederent. Et Caretene après la mort de son mary, s'adonna uniquement aux exercices de pieté. Elle se fit même Religieuse selon cette Epitaphe.

Non sprevit sacrum post diadema jugum. *subire*

Ainsi ce pourroit bien être elle qui auroit fondé l'Eglise de saint Michel, pour des Religieuses d'Aisnay, dont on trouve encore quelques Epitaphes dans cette Abbaye, que je rapporteray dans l'Histoire Ecclesiastique de cette Ville, avec plusieurs autres titres, & monumens de cette Communauté de filles consacrées à Dieu, dans ce Monastere de S. Michel.

Il y a aussi quelque apparence que ce soit cette Eglise de S. Michel, dont Avitus Archevêque de Vienne, celebra la dedicace par une Homelie, de laquelle il nous reste un fragment parmi les autres ouvrages de ce saint Prelat. Homelie qui nous donneroit de plus grandes lumieres, si elle étoit entiere.

Gunderic eut donc quatre fils, Gondebaud, Chilperic, Godomar & Godegesile. Il regna 22. ans, & l'on ne sçait autre chose de lui, sinon qu'à la sollicitation de l'Empereur Avitus, il secourut Theodoric Roy des Goths, contre les Sueves, & lui aida à repousser Riciarius leur Roy, qui vouloit à l'exemple des Bourguignens & des Goths, passer dans les Gaules, & s'y établir. Enfin, il faut avouer que l'Histoire de ces temps-là est si embrouillée, que l'on a peine à la bien démêler. Car la plûpart des Historiens ont confondu Gundicaire, Gondioc, & Gunderic, en une seule personne, ce qui fait d'horribles embarras, dont j'ai taché de me tirer le mieux que j'ai pû, à la faveur des Ouvrages de Sidonius, d'Ennodius, d'Avitus & de Jornandes, sur lesquels il y a beaucoup à déviner. Car nul de ces Auteurs ne fait mention de Caretene, que nous ne connoissons que par son Epitaphe, sans savoir de quelle Nation elle étoit. Il est vrai que la conformité de ce nom avec celui d'un Evêque nommé *Chartenius*, dont parle Avitus, dans une de ses Lettres au Roy Gondebaud, me fait soupçonner qu'elle pourroit bien avoir été sa Sœur, mais nous ignorons quel étoit ce Chartenius, & de quelle Ville il étoit Evêque. Cependant puisqu'Avitus dit que ce Prelat revenant de Lyon, où il s'étoit arrêté pour quelques affaires domestiques, au retour d'un Concile, où il s'étoit trouvé avec Avitus, lui avoit proposé de la part de Gondebaud, un doute qu'il avoit sur un point de Religion, il devoit être familier à ce Roy, & peut être son allié. Avitus dit aussi à Gondebaud, que l'assemblée des Prelats l'auroit satisfait, s'il avoit fait proposer son doute, pendant quel Concile se tenoit, mais que puisqu'il ne la pas fait en ce temps-là, il espere avec l'assistance du saint Esprit, qu'il lui sera aisé de répondre à ses difficultez.

Rediens ab Vrbe Lugdunensi sanctus Chartenius Episcopus, in qua nobis de Concilio discedentibus, ad privata quædam negotia expedienda resederat, quæstionem sibi, immò magis omnibus nobis proposuisse vos retulit. Quæ si fuisset coram positis indicata, subministrante sancto Spiritu, facili satisfactioni vestræ, quæ ad causam pertinebant suggeri potuerunt. Sed quia tàm sanctam sollicitudinem nulla debemus fraudare, sciens mihi Christo propitio in fide fratrum meorum concordare sententiam præsentis paginæ famulatu respondere ad consulta præstimo. Avit. Epist. 28. responsi dilatione

On voit par cette lettre d'Avitus, que Gondebaud demeuroit ordinairement à Lyon, & non pas à Vienne, comme a dit Mr Du Chesne, puisque s'il eut eu sa residence ordinaire à Vienne, il n'eut pas été necessaire qu'Avitus, qui en étoit Evêque, eut répondu par lettres à ses demandes, & à ses questions, qu'il auroit pû resoudre de vive voix. Il paroit secondement par les demandes de Gondebaud que quoi qu'il fut Chrétien, il étoit mal instruit de nos Mysteres, & qu'il fut enfin infecté du venin de l'Arrianisme par le moyen des Goths, avec qui il étoit confederé. Car ce furent ces Goths qui répandirent l'Arrianisme dans l'Espagne, & dans les Gaules. Il y a cependant apparence que Gondebaud n'étoit pas Arrien declaré & de profession; car Avitus ne l'auroit pas loüé de sa pieté, comme il fait, & n'auroit pas voulu communiquer avec lui s'il avoit été ouvertement Heretique, comme Euric, qui persecutoit les Prelats & les Catholiques: Je croy donc qu'il y avoit dans Gondebaud plus d'ignorance que de malice, & que c'étoit de bonne foy, qu'il cherchoit à s'instruire. Mais comme ces matieres touchent l'Histoire Ecclesiastique, plûtôt que la Civile, que je traite; arrestons nous à ce qui regarde le gouvernement politique de ce Prince.

Ces quatre freres partagerent donc entre eux les Etats de Bourgogne, c'est à dire les terres que les Empereurs Romains avoient permis à leurs Peres d'occuper, ou leur avoient abandonnées par les traitez de paix & de confederation.

Chilperic & Godomar n'étant pas contents de leurs portions, prirent les armes contre Gondebaud, & Godegesile, & appellerent les Allemans à leur secours. Les deux armées en vinrent aux mains, auprés de la ville d'Autun, où Gondebaud fut défait, & obligé de prendre la fuite, & de se cacher pour un temps chez ses amis. Chilperic & Godomar victorieux congedierent les Troupes qu'ils avoient fait venir d'Allemagne, & se retirerent à Vienne, mais il n'y furent pas longtemps, que Gondebaud commença à reparoître, & ralliant tout ce qu'il pût trouver de Troupes, avec les secours que lui fournirent ses amis, il se presenta devant Vienne, dont il força les Habitans de lui ouvrir les portes, & le jour même de son entrée, il fit trancher la tête à Chilperic, & jetter sa femme dans la Riviere, avec une pierre au col. Godomar se retira dans une Tour, où il se fortifia le mieux qu'il pût, & son frere y faisant mettre le feu, l'y brûla tout vif.

Aprés une expedition si cruelle, Gondebaud, & Godegesile, demeurerent seuls maitres de la Bourgogne, qu'ils se partagerent pour en faire deux Etats, Gondebaud laissant à Godegesile la Bourgogne supérieure, & retenant tout le reste.

Avant que de passer plus avant, je croy qu'il est à propos de faire connoître en quoi consistoit ce nouveau Royaume de Bourgogne, l'origine de ce nom & les changemens qui se firent dans ce nouveau Royaume, pour éclaircir tout d'un coup ce qui pourroit embarrasser dans la suite de cette Histoire. Ce que je fais à l'exemple de Tacite, qui a fait de temps en temps de ces digressions dans son Histoire, & dans ses Annales, pour developper les évenemens, qui sont quelquefois embroüillez par le défaut de semblable précaution.

Les Bourguignons étoient originairement des Allemans, qui se disoient Gaulois d'extraction, & descendans de ces peuples sortis des Gaules, qui allerent établir en divers lieux des Colonies. C'étoit sur la creance de cette ancienne origine, qu'ils avoient tenté plusieurs fois d'entrer dans les Gaules, & d'y faire des établissemens pour rentrer, disoient ils, dans leur premiere patrie.

Penes Bituriges summa Imperii fuit: Hi Regem Celtica dabant. Ambigatus is fuit, virtute fortunaque, tum sua, tum publicâ præpollens. Quod in Imperio ejus Gallia adeo frugum hominumque fertilis fuit, ut abundans multitudo vix regi videretur posse. Hic magno natu ipse jam exonerare, prægravante turbâ regnum cupiens, Bellovesum, ac Sigovesum sororis filios impigros juvenes, missurum esse in quas Dii dedissent auguriis sedes ostendit. Quantum ipse vellent numerum hominum excirent, ne qua gens arcere venientes posset. Tum Sigoveso sortibus datis Hercynii saltus, &c. Liv. l. 5.

Tacite & Tite-Live, nous apprennent en effet, qu'Ambigat Roy de la Gaule Celtique voyant que leurs peuples se multiplioient tellement, que le païs qu'ils habitoient, quelque abondant qu'il fut, auroit peine à les nourrir, & qu'il étoit difficile de bien gouverner une si grande multitude ; resolut de décharger ses terres d'une partie de ces peuples. Il persuada à ses deux Neveux Bellovese & Sigovese fils de sa sœur, d'aller ailleurs planter des Colonies, & d'emmener avec eux autant de gens qu'ils voudroient, & qu'il en faudroit pour s'établir, sans que l'on pût les empêcher. Aprés quoi il leur fit tirer au sort la part, où chacun d'eux devoit aller avec sa Troupe : l'Allemagne, ou la Forest Hercinie échut à Sigovese, & l'Italie à Bellovese.

Germanorum genera sunt quinque : Vindili quorum pars Burgundiones, &c. Plin. l. 4. cap. 14.

Bellovese mena avec lui des Berruyers, des Auvergnats, des Senonois, des Heduois, des Ambarres, & des Chartrains. Tite Live, ne dit point quels peuples Sigovese mena avec lui, mais Tacite nous apprend que ce furent des Boiens, qui donnerent leur nom à la Boheme, & qui passerent même au delà. Ainsi nous pouvons dire que ce furent les Boiens, qui furent les premiers Auteurs des Bourguignons, que Pline fait Vandales.

Le Royaume de Bourgogne, se forma donc de ces peuples venus d'Allemagne, qui occuperent la premiere Lyonnoise, les Sequanois, une grande partie de la Province Viennoise, les Alpes Grecques & Penines, Ambrun la Metropole des Alpes Maritimes, trois Villes de la seconde Narbonnoise, Apt, Gap, & Sisteron, & dans la quatriéme Lyonnoise, la Ville de Nevers. Voilà ce qui s'appella Bourgogne, à cause de ces nouveaux Habitans. L'an 517. quand se tint le Concile d'Epone des Evêques dépendant du Royaume de Bourgogne, ce Royaume étoit composé d'environ vingt huit Villes Episcopales, Lyon, Autun, Langres, Chalon, Mascon, Besançon, Avanche, Vvindisch, Basle, Bellay, Vienne, Geneve, Grenoble, Viviers, Brie, Valence, saint Paul Trois Châteaux, Vaison, Orenge, Cavaillon, Carpentras, la Tarentaise, Lauzane, Ambrun, Gap, Apt, Sisteron, Nevers. Ce qui fait qu'encore à present dans le Martyrologe, & dans les Calendriers Ecclesiastiques, il y a des Saints, des Evêques, & des Docteurs de tous ces païs là, qui sont appellez Bourguignons, quoi qu'ils fussent Lyonnois, Dauphinois, Savoyars, Bressans, ou Provençaux ; parce qu'ils ont vécu en des temps, que les Bourguignons commandoient à tous ces païs. Ils s'étendirent même plus loin, & le Royaume d'Arles, qui étoit le même que celui de Bourgogne s'étendit jusqu'à la Mer Mediterranée, entre les Alpes & le Rhône.

Je ne veux pas m'arrester à refuter les origines ridicules des noms de *Bourgogne* & de *Bourguignons* rapportées par saint Julien de Balleurre, & par quelques autres, je me contente de dire, que comme en Langue Celtique *Mund* signifioit la bouche, ou l'embouchure des Rivieres, *Gund* signifioit en la même Langue la tête ou la source de ces Rivieres. *Vertex*, & que les Bourguignons, *Burgundi* étoient ceux dont les *Bourgs*, ou les habitations étoient à la tête, & proche des sources du Rhin. Nous avons retenus en nôtre Langue le mot de *Gonds* pour ces pivots de fer, ou de bronze sur lesquels tournent les

portes

portes. Plusieurs de ces anciens Bourguignons avoient des noms dérivez du mot *Gund*, comme *Gondebaud, Gondomar, Gondegisile, Gundisaire, Ganderic, Gundioc*, &c.

Chilperic, l'un des freres de Gondebaud, quand il mourut à Vienne, de la maniere que j'ay rapportée, laissa deux filles *Mucusune*, & *Chrotilde*, où Clotilde. Gondebaud enferma l'une dans un Cloître, peut-être dans celui de saint Michel, que sa Mere Carctene avoit fondé. Et il nourrissoit l'autre dans sa maison. Celle-ci d'une exquise beauté fut recherchée par Clovis Roy des François, qui la fit demander en mariage à Gondebaud. Ce Bourguignon se trouva fort embarrassé sur la demande de Clovis. Il apprehenda d'irriter un Prince si puissant, & qui étoit en état de le dépoüiller de tout ce qu'il possedoit dans les Gaules, s'il lui refusoit sa Niéce. Il s'en défendit cependant quelque temps dans son Conseil, sur ce que ce Prince étoit Payen, & sa Niece Chrêtienne. Mais enfin, son Conseil qui craignoit qu'il ne s'attirât sur les bras un si dangereux ennemy le pressa si fortement d'acquiescer à la demande de Clovis, qu'il ne pût plus y resister, & fut obligé de livrer Clotilde à ses Ambassadeur, qui l'étoient venu demander. Elle partit donc de Lyon, avec des presens de Gondebaud, dignes du rang qu'elle alois tenir de Reine des François.

D'autre part Odoacre Prince Saxon, étant sorti de son pais, avec une puissante armée entra dans l'Italie, où les Goths commençoient à s'établir, & après avoir obligé Momyllus de lui ceder l'Empire, il en prit possession, sans en vouloir prendre le titre, se contentant de celui de Roy. Pour s'affermir dans cette nouvelle dignité, il gagne les Goths, que Valentinien avoit appellez à son secours contre les Huns, qui s'étoient arrêtez dans l'Italie: il ôte au Senat, & aux Consuls de Rome, une ombre d'autorité qui leur restoit; fait des lévées de deniers, pour chasser les Etrangers, qui s'étoient jettez dans l'Italie pour la saccager: cede à Euric Roy des Goths, le peu de terres qui restoient aux Romains, au deçà des Alpes, & fait alliance avec Gondebaud, & les Bourguignons, pour être en paix avec ces peuples les plus proches des Alpes, afin qu'ils lui laissassent la liberté de poursuivre ses ennemis du costé de Trente, & des confins de l'Allemagne. Mais Gondebaud s'étant apperçû que ce nouveau Prince ne lui tenoit pas les promesses qu'il lui avoit faites, profita de cet éloignement, & cependant qu'il étoit occupé à faire la guerre contre Theodoric, il entra dans la Ligurie, & dans l'Emilie, y fit le dégat, & chargé d'un gros butin avec un grand nombre de prisonniers, il se retira dés qu'il apprit que Theodoric avoit eu l'avantage, & venoit pour lui enlever son butin, & ses prisonniers. Il repassa les Alpes en diligence, & revint à Lyon, pour distribuer ses prisonniers dans toutes les Villes de ses Etats. Cassiodore qui étoit alors Secretaire de Theodoric, raconte cette expedition à l'avantage de son Prince, qu'il décrit comme un Soleil naissant, qui va dissiper les broüillars & rendre la serenité à l'Italie. En effet Theodoric fut à peine fait maitre de toute l'Italie, que cherchant à s'y affermir, il crût que le plus sûr moyen pour le faire, étoit de contracter des alliances avec tous les Princes ses voisins, & de vivre en paix avec eux. Ainsi il épousa Audesede sœur de Clovis, il donna à Alaric Roy des Goths Teudetuse sa fille naturelle, & accorda à Sigismond fils de Gondebaud Amalaberge sa Niece fille de sa sœur Amalafride.

Cependant les Provinces d'Italie, que Gondebaud avoit ravagées étoient dans la desolation; parce qu'il n'y avoit plus de gens pour les cultiver depuis que ce Roy Bourguignon les avoit enlevez, & les avoit fait passer au deçà des Alpes, où il les tenoit prisonniers de guerre, & les employoit à cultiver les Campagnes, qu'une longue guerre avoient ruinées. Les Evêques de Milan, & de Pavie, touchez de la desolation de leur pais, vont trouver Theodoric à Ravenne, où il avoit établi sa demeure, & le prient de procurer la liberté, & le retour de ces prisonniers. Epiphane Evêque de Pavie, porta la parole au Prince, & lui parla avec tant d'efficace, que Theodoric qui avoit ce Prélat en singuliere veneration, lui permit d'y donner ses soins. Il le fit en effet peu de jours après, & l'ayant fait appeller secretement dans son Palais, il lui dit, Cognoissez, mon Pere, l'estime que je fais de vous, puisqu'entre tant de Prélats, qui sont dans l'étendüe de mes Etats, vous êtes celui dont je fais choix pour une affaires des plus importantes, que j'aye à traiter avec Gondebaud Roy des Bourguignons. Il faut lui envoyer une personne agreable. Je sçai qu'il vous verra volontiers, & qu'il a souvent témoigné, qu'il desiroit de vous connoître. Allez donc au plûtost traiter avec lui la rançon, & le retour de nos Sujets, qu'il retient au delà des Alpes. Vous ne sçauriez rendre à l'Etat, & à l'Eglise même de service plus considerable, que d'obtenir leur liberté à quelque prix que ce soit, car je vous feray donner tout l'argent necessaire pour les racheter.

Epiphane remercia le Roy de l'honneur qu'il lui faisoit de l'employer pour une action de charité, si convenable à son Ministere, & prit avec lui Victor Evêque de Tu-

Cum Æmilia & Liguria Burgundionum jussione quatterentur, gereretque bellum de Civitate furtivum subiit præsentis Imperii, tamquam Solis ortus fama radiavit, expugnantum se hosti sub præsumptione congemui, quando illum cognovit nominatæ gentis esse rectorem, quem sub militis nomine probaverat esse singularem. Quoties se optavit de suibus suis non exisse Burgundio ne principi pro pugnaret adverso, cuius licet præsentium relevatus eventus, felicitatem tamen præcipitatus incurrit. Cassiod.

rin, pour l'accompagner en cette negotiation; ils passerent les Alpes au mois de Mars, l'an 495. & vinrent en cette Ville. La reputation du saint Prélat étoit si grande, que tous les peuples des endroits par où il passa couroient en foule pour le voir. Nôtre Archevêque Rusticius, alla au devant de lui, & le reût au delà du Rhône. Gondebaud averti de sa venuë, dit à ses Courtisans, qu'ils alloient voir un Prélat, qui ne ressembloit pas moins par sa vertu, & par sa modestie, que par les traits de son visage à saint Laurent. Sçachez de lui, leur dit il, s'il vient à moi, & s'il me veut parler, amenez le moi au plûtost, car il y a longtemps, que je desire de le voir.

Gondebaud lui fit savoir le jour qu'il lui donneroit audience, & le saint Prélat étant venu au Palais, après une profonde reverence, lui dit, Seigneur, le desir ardent que j'avois de vous voir, m'a fait passer les Alpes, en la plus rigoureuse des saisons. Je viens de la part d'un grand Prince, pour obtenir de vous une grace, qu'il vous demande, & qu'il merite d'obtenir. Je viens de la part de Theodorie, vous demander la restitution de ses Sujets, que vous detenez prisonniers, obligez un Prince genereux, qui sçaura reconnoître cette grace, & si vous me permettez, Seigneur, de vous proposer des motifs encore plus élevez, & plus dignes de vous, faites une action Chrétienne, que Dieu seul peut recompenser; renvoyez genereusement les prisonniers, que vous tenez, sans exiger d'eux aucune rançon. Car c'est ainsi, qu'en semblant perdre quelque chose, vous gagnerez beaucoup plus que si vous en tiriez de l'argent : vous acquerrez par ce moyen des tresors éternels, qui vous enrichiront, & vos Soldats. Ecoutez l'Italie, qui vous en supplie, par ma bouche. Elle ne s'est jamais separée de vos interests, & se confie encore en vôtre Clemence. Souvenez vous, Seigneur, des bons offices que vous lui avez rendus, lorsqu'elle étoit accablée sous le poids de ses Ennemis, vous l'avez secouruë, protegée, & defenduë, les armes à la main. Vous l'avez aidée de vos conseils; & vous avez détourné les maux, qui la menaçoient. Vous avez empêché que ses Habitans ne lui fussent enlevez par des Barbares, qui l'inondoient de tous costez. Mais dequoi lui sert maintenant cette défense, & cette protection, si vous avez fait vous même, ce que les Barbares auroient fait ? Quelque affligée qu'elle fut, quand elle voyoit ses Dames & ses Filles enlevées, & exposées aux outrages de ces Barbares, elle se consoloit au milieu de ses miseres en se flatant que vous vangeriez ces outrages. Ses peuples l'ont abandonnée pour éviter la fureur de ces Ennemis, & ceux qui avoient eu le courage de demeurer dans leurs maisons, sous la sureté de vôtre parole, & de vôtre protection, se trouvent aujourd'hui moins heureux, que ceux qui ne doivent qu'à leur fuite leur liberté. Ils joüissent du moins de cette liberté dans leur misere, & dans la perte de leurs autres biens, au lieu que ceux qui se sont assurez sur les secours, que vous leurs aviez offerts, ont eu le déplaisir de se voir chargez de chaînes, par les mains mêmes de ceux qu'ils consideroient comme leurs défenseurs. Rendez, Seigneur, rendez à l'Italie, le peu d'Habitans, qui lui étoient restez après les courses des Barbares, rendez-les à leurs maisons, quelques ruïnées qu'elles soient, afin qu'ils travaillent à les reparer. Rendez-les à vôtre gloire, à la parole sacrée d'un Prince, qui doit toûjours être inviolable. Renvoyez dans leurs païs des étrangers, qui par ce bienfait, vous seront plus attachez que s'ils étoient vos propres Sujets. Que la confiance qu'ils ont eu en vôtre parole Royale, ne leur soit pas une occasion de douleur, d'autant plus amere, qu'ils auroient lieu de s'accuser de trop de facilité qu'ils ont eu de s'y confier. Quelque miserables qu'ils fussent, après le saccagement de leurs Provinces, ils auroient fait des efforts pour vous offrir des Contributions, si vous les aviez exigées, pour les conserver dans leur païs. Rendez donc à la Ligurie, qui n'est plus qu'un vaste desert, des personnes, qui puissent la cultiver, afin que changeant de face, & reprenant son ancienne beauté, elle connoisse, par ce changement, combien elle vous devra, & la grandeur du bienfait, qu'elle aura reçû de vôtre pure bonté.

Considerez encor, Seigneur, que ce ne sont ni des Ennemis, ni des Etrangers, qui vous demandent cette grace : ce sont vos alliez dépuis le Mariage du Prince vôtre Fils, que la délivrance de nos Prisonniers soit le fruit de cette alliance ; faites ce present à l'Italie, pour la Princesse, qu'elle a donnée pour épouse au Prince Sigismond. Ce sera à JESUS-CHRIST même, que vous ferez ce present, en faveur de ce Mariage, sur lequel vous attirerez, par ce moyen les benedictions du Ciel.

Après ce discours, les deux Prélats se releverent, & s'approchant du Roy, les larmes aux yeux, ils s'inclinerent profondement devant lui & embrasserent ses genoux.

Le Prince les releva, & leur dit, Je voy bien que vous n'êtes pas instruits des droits de la guerre, quand vous venez me demander de renouveller une paix, dont on n'a si peu observé les conditions promises par tant de Traitez. Ce sont les lois de la guerre de se faire justice lors que l'on la refuse. Je n'ay agi de force, que quand j'ay re-

---

Tu sine pretio illos restitue, nemo majorem pecuniam acciplet quam qui nullam dilectes milites tuos facies repudiata pecunia recepta verò mendicos.
Epiph. Ticin.

Redde ergo residuos patriæ, redde penatibus suis, redde gloria tua. Remitte ad alienam ditionem, qui se & ibi possit tuos esse confiteantur, parùm enim gratia imperio illius tribuimus, cujus misericordiæ hil debemus. urget Liguriam sentibus & rupe cultoribus, qua quantum tibi debeat, tùm demùm intelliget, cùm faciem suam pristinam recognoscet.

Neque verò hoc beneficii hominibus alienis indulges. Jam enim tibi Rex Italia affinitatis vinculo copulatur. Si filii tui sponsalitia largitas liberatio captivorum. Te sponsa sua manus benignius offerat, quod & Christus ipse accipiat.

connu, que j'avois été trompé, & que l'on manquoit aux promesses qu'on m'avoit faites. J'ay commencé à traiter en ennemis, ceux qui s'étoient mocquez de moy, quand je venois à leur secours, comme Ami, & comme Allié. Mais puisque Dieu veut, que je rafasse une nouvelle alliance avec ceux, qui n'ont pas observé fidelement la premiere: Je veux bien lier avec eux une amitié constante & perdurable. Retournez donc dans vos maisons avec cette assurance de paix, que je vous donne; tandis que j'examinerai avec mon Conseil, les conditions de ce Traité, & ce que je puis faire avec honneur, pour le repos de mes Sujets.

Les Prélats se retirerent après la réponse de Gondebaud, qui fit appeller Laconius son premier Ministre, & lui dit: Puisqu'il faut accorder à l'Evêque Epiphane, ce qu'il nous demande avec tant d'instance, & que l'on ne peut rien refuser à un si saint Homme; allez prontement lui expedier un ordre, pour lui relâcher, tous les Prisonniers qui sont sur les Frontieres d'Italie, & pour rappeller ceux qui sont en fuite en quelques lieux qu'ils soient. Je leur permets de retourner sur leurs terres. Mais pour ceux qui ont été faits prisonniers de guerre, & qui ont été arrêtez par mes soldats dans le dernier combat, dont le nombre n'est pas si grand; j'entens qd'ils payent leur rançon à ceux dont ils sont les prisonniers, afin que mes soldats, ne soient pas privez de la juste recompense de leur valeur.

Laconius alla aussitost executer les Ordres du Roy son Maître, & porta au saint Evêque, les depêches & l'Ordonnance qu'il avoit sollicitée.

Le nombre de ces Prisonniers, a qui Gondebaud accorda leur liberté, se trouva si grand, que de la seule Ville de Lyon, il en sortit quatre cents en un jour, & il y en eut tant qui se retirerent de la Campagne, qu'il sembloit que cette partie des Gaules, qu'on leur avoit donnée à cultiver, dût être entierement deserte. Il en sortit près de six mille des Villes de Savoye, où on les avoit distribuez. On ne peut dire au juste le nombre de ceux, dont il, fallut payer la rançon, parce que plusieurs s'étoient échappez. Et comme l'argent qu'avoient apportez les Evêques, ne suffisoit pas pour leur rachapt, la sainte Dame Syagrie, l'honneur des Dames Lyonnoises, & un vray modele de vertu dans l'Eglise de Lyon, suppléa le reste, de ses deniers, aussi bien que le saint Evêque de Vienne Avitus son parent.

Epiphane après avoir ainsi obtenu de Gondebaud ce qu'il lui avoit demandé, alla à Geneve à Godegesile, frere de Gondebaud, à qui il demanda la même grace pour les Prisonniers, qui étoient sur ses terres. Ce Prince les fit élargir comme son frere avoit fait, & les chemins étoient si remplis de ces prisonniers délivrez, qu'il sembloit que ce fut une armée, qui fut en marche. Le saint Evêque retourna comme en triomphe en Italie, suivi de cette troupe, & fut reçû avec des acclamations de joye, mêlées de larmes de tendresse, quand on vit ces exilez rentrer dans leur païs. C'est le saint Homme Ennodius, qui a décrit cette legation, en laquelle il se trouva, & qu'il a exactement rapportée, comme fidele témoin de tout ce qui s'y étoit passé.

Gondebaud après ces traitez & ces alliances, se voyant paisible dans ses Etats ne songea plus qu'à les regler pour y entretenir la paix, & le bon ordre. Il fit divers Edits, & plusieurs Ordonnances tant pour le gouvernement, que pour l'ordre de la justice, & la reformation des mœurs, qu'il fit assembler en un Corps, pour servir de Code dans ses Etats. C'est ce que les Historiens ont appellé la loy Gombette, du nom de Gondebaud, quoi qu'il n'en fut pas le premier Auteur. Comme l'on avoit donné le nom de Code Theodosien à tous les Edits des Empereurs, qui avoient precedé l'Empire de Theodose, parce que cet Empereur les avoit fait recueillir & compiler en un corps.

Ces lois Gombettes furent publiées dans cette Ville, le 19. de Mars l'an 501. qui n'étoit pas le deuxiéme du Regne de Gondebaud, comme a dit l'Historien du droit François, puisqu'il avoit commencé de regner plusieurs années auparavant, & que dés l'an 490. il étoit entré en Italie. Il fit appeller tous les Comtes, c'est à dire les Magistrats, qui commandoient dans les Villes de ses Etats, & qui y rendoient la justice, pour assister à cette publication, & pour souscrire à ces Ordonnances, dont ils jurent l'execution. Ils furent trente deux qui promirent de les observer eux & leurs descendans.

Ces Magistrats avoient retenu le nom de Comtes, selon l'usage des Romains, qui avoient donné ce titre d'honneur à la plûpart des Officiers de la Cour des Empereurs, à ceux qui commandoient dans les Provinces, & qui y rendoient la justice; parce que les Princes, qui les honoroient de ces Emplois, les associoient aux soins de leur Charge, les regardoient comme les Compagnons de leurs travaux. Ainsi, il y avoit des Comtes des Domestiques, qui étoient les Grands Maîtres de la maison du Prince. Des Comtes, qui administroient les Finances, des Comtes des Estables & des Ecuries du

Comes domesticorum.
Comes sacrarum largitionum.

Prince, qui avoient soin des Chevaux & des Equipages. Il y en avoit dans les armées, à qui le Prince donnoit ce titre pour y commander comme les Generaux. Ainsi Sidonius dans le Panegyrique d'Anthemius, dit que quand il eut reçû cette dignité pour aller défendre les passages du Danube, il s'y transporta aussitost, & y fit tous les devoirs d'un vigilant Capitaine.

Comes Stabuli.

> *Comitis sed jure recepto*
> *Danubii ripas, & tractum limitis ampli*
> *Circuit, hortatur, disponit, discutit, armat.*

Eos qui sub Comiti va primi ordinis dignitate peculiariter ad quamlibet provinciam, vel provincias defendendas militæ credito authoritate nostri numinis destinantur, Ducibus adæquamus. Cod. de Comitibus rei militaris. Epist. 2. lib. 7. Audis, Comes Sidoni, quod seyram scribis. Ep. XI l.1.

On donnoit le nom de Comitive à ces dignitez, comme il est marqué au Code Theodosien.

Les gouverneurs & les Maires des Villes avoient un semblable nom, Sidonius parlant des addresses, dont s'étoit servi un Marchand Auvergnat, qui s'étoit aller établir à Marseille, sur des Lettres de recommandation, qu'il lui avoit données, & qui avoit pris soin de faire sa cour aux Magistrats, dit de lui *Summatibus deinceps, & tunc Comiti Civitatis, non minus opportunis, quàm frequentibus excubiis agnosci.*

Les Conseillers d'Etat, les Juges, & quelques autres Magistrats, se nommoient aussi Comtes, & quand l'Empereur Majorien s'addressa à Sidonius, qui mangeoit avec lui en compagnie de plusieurs Grands Magistrats, il lui dit, Comte Sidonius, on dit que vous composez des Satyres.

Cette Ville étoit donc alors gouvernée par des Comtes aussi bien que le reste des Villes du Royaume de Bourgogne, & ce furent trente deux de ces Comtes, qui souscrivirent les lois de Gondebaud.

Godegesille, qui regnoit dans la Bourgogne superieure, voyant que la puissance de son frere Gondebaud s'augmentoit de jour en jour, en conçût de la jalousie, & fit une alliance secrete avec Clovis, & s'offrit à se faire son Tributaire, s'il vouloit l'aider à se rendre maître de toute la Bourgogne. Clovis qui ne cherchoit qu'à s'aggrandir, & qui vouloit depuis longtemps vanger la mort du Pere de Clotilde son épouse, accepte l'offre de Godegesile, & leve une Armée contre Gondebaud, [qui ne sçachant rien du traité de son frere avec Clovis], lui envoye demander du secours pour défendre leurs Etats, contre cet Ennemi commun, qu'il croyoit en vouloir aux deux Bourgognes. Godegesile sans rien répondre de positif, leve des Troupes de son côté, & met une Armée sur pied, que Gondebaud s'attendoit qui viendrot à son secours : dans cette pensée il s'avance vers Dijon, les trois Armées marchent, & au passage de la Riviere d'Ousche, Godegesile se joint à Clovis, & tous deux donnent bataille à Gondebaud, qui n'ayant pû resister à ces deux puissantes Armées, prend la fuite & se retire dans Avignon. Godegesile pour obliger Clovis à poursuivre la défaite entiere de Gondebaud, lui cede une partie de ses Etats, & va s'établir à Vienne. Clovis avec son armée marche vers Avignon, & y assiege Gondebaud, qui ne se trouvant pas en état de resister envoye Aredius un de ses intimes confidens à Clovis, pour traiter avec lui, & s'offre de se rendre son tributaire. Clovis accepte la condition, quitte le siege d'Avignon, & se retire. Gondebaud s'étant mis en seureté par ce traité, ne songea plus qu'à se vanger de la perfidie de son frere, qu'il alla assieger dans Vienne, où il entra par un ancien Aqueduc, & mit à mort Godegesile, avec une partie de ses gens.

En voici l'occasion. Gondebaud n'ayant pas voulu tenir le traité que Godegesile avoit fait avec Clovis, de lui payer le tribut annuel dont ce Prince étoit convenu, arma contre Godegesile, qui se retrancha dans Vienne. Il y alla assieger, & ce Prince craignant d'y manquer de vivres en fit sortir toutes les bouches inutiles, Femmes, Enfans, & Artisans incapables de pouvoir prendre les armes pour la défense de la Ville. Entre ces personnes chassées, se trouva un pauvre Architecte, qui avoit le soin de la reparation des Aqueducs, & de les tenir en bon état, pour l'utilité publique. Etant hors la Ville, sans savoir où aller, ni les moyens de subsister, il alla trouver Gondebaud, & lui dit, qu'il lui donneroit un moyen aisé d'entrer dans la Ville : qu'il en connoissoit parfaitement les Aqueducs, dont il avoit eu la direction plusieurs années, & qu'il lui étoit facile d'introduire par là, autant de Soldats, qu'il seroit necessaire pour surprendre Vienne, sans que ceux du dedans s'en apperceussent. Gondebaud écouta la proposition de l'Architecte, & lui ayant donné un nombre suffisant de Soldats, il les fit entrer par la décharge de ces Aqueducs, & avec des pics de fer, il leur fit rompre la voute & lever de grosses pierres, en un endroit qui répondoit au haut de la Ville, & deshabité, où l'on pouvoit se faire un passage sans que personne s'en apperceut. Ces Soldats executerent leur dessein, entrerent dans la Ville, tuerent ceux qui en défendoient les mu-

de la Ville de Lyon. 197

railles, & qui en gardoient les portes, & firent signe à leurs Compagnons, qui étoient dehors, & qui attendoient le succez de leur entreprise, de s'avancer, parce qu'ils s'étoient rendus maîtres de la Ville, dont ils alloient leur ouvrir les portes.

Sigonius, qui rapporte cette surprise de la Ville de Vienne, ajoûte que Godegesile se sauva dans une Eglise Arriene, d'où il fut tiré & tué avec l'Evêque qui étoit Arrien : & que Gondebaud ayant envoyé à Tolose les François auxiliaires, qu'il prit dans une Tour où ils s'étoient enfermez, il les recommanda à Alaric, pour les lui conserver comme prisonniers de guerre, qu'il fit passer par le fil de l'épée tous les Bourguignons, qui étoient au service de Godegesile, & qu'il se rendit maître de tout le Royaume de Bourgogne. Aprés quoi reconnoissant les erreurs dans lesquelles il avoit vécu, il fit appeller l'Evêque Avitus, à qui il demanda le baptême à la maniere des Catholiques, pour être baptisé au nom du Pere & du Fils & du saint Esprit. Mais qu'il vouloit l'être en secret, pour éviter le soulevement des peuples ; surquoi Avitus lui répondit, que s'il croyoit veritablement en JESUS-CHRIST, il devoit faire profession publique de sa foy.

Lib. 16. de Occidentali Imperio.

Cette narration de Sigonius, n'a nulle apparence de verité, ni Vienne, ni Lyon, ne firent jamais profession de l'Arrianisme, nos Prélats n'en furent jamais soupçonnez. Avitus étoit Archevêque de Vienne, longtemps avant la mort de Godegesile, que Sigonius met en l'année 503. Il n'y eut que le Languedoc qui fut infecté de l'Arrianisme sous les Rois Goths, & il n'y eut qu'Euric leur Roy, qui persecuta les Prélats.

Valeum simul & multiplex donum summo nostro nutu divinitus indultum est, ut inter regias ordinationes gloriosissimi principatus vestri principali eo tuendâ Catholica partis veritate curetis. Epist. 2.

Gondebaud en vouloit trop savoir en fait de Religion ; il faisoit le Theologien, & il ne cessoit de faire des Questions aux Evêques, sur les Dogmes de la foy, & sur nos Mysteres. Avitus l'avoit loué d'avoir inseré dans ses Lois, une Ordonnance pour la conservation de la Religion Catholique contre l'heresie d'Eutyches, contre laquelle même il avoit invité le saint Evêque d'écrire pour détruire cette erreur. Mais on voit bien que ce Prince n'avoit qu'une vaine curiosité de s'instruire des matieres de Theologie, qui partageoient l'Eglise d'Orient, divisée en plusieurs Sectes, & qu'il profita peu des salutaires enseignemens que lui donnoit le saint Prélat. Quoique d'ailleurs il ne fut pas Arrien de profession, puisqu'Avitus le loüe de prendre soin de défendre la verité de la Religion Catholique.

Je dis donc encore une fois, devant que d'entrer plus avant dans l'Histoire du regne de Gondebaud, que je croy être obligé en fidele Historien, qui cherche la verité, de dire que je ne voy pas que l'on puisse démontrer qu'il ait été Arrien declaré, quoi qu'il ait peut être trop affecté de faire le Theologien, comme je viens de dire, & de disputer sur divers articles de nôtre Religion, même sur la divinité de JESUS-CHRIST, comme il paroit par quelques unes de ses Lettres à Avitus Archevêque de Vienne, & par les réponses qu'Avitus lui faisoit. Il est du moins certain qu'il ne persecuta jamais, ni l'Eglise, ni les Prélats, comme les Rois Goths ses Contemporains. Au contraire nous voyons par les Lettres d'Avitus, qu'il communiquoit avec les Prélats, qu'il assistoit aux solemnitez qu'ils faisoient dans leurs Eglises, qu'il les invitoit à celles qu'il faisoit à Lyon, & à Chalon. Sidonius qui vivoit en ce temps-là, & qui n'aimoit pas les Bourguignons avertissoit bien les Evêques de Provence & de Languedoc, qui étoient sous la domination des Goths, de conserver l'unité de l'Eglise au milieu des Heretiques parmy lesquels ils vivoient. Mais il n'écrivit jamais rien de semblable à nos Archevêques, ni à Avitus, son ami & son parent, qu'il savoit être bien auprés de Gondebaud & de ses freres.

C'est le bon Gregoire de Tours, qui les a dit Arriens, non pas tous indifferemment, mais ceux qui habitoient au delà du Rhône, dans le voisinage de cette Ville, qu'il ne dit point avoir été infectée de cette erreur. Mais le Cardinal Baronius, nous a sagement averti de ne pas recevoir comme certain tous les faits qu'allegue ce saint Archevêque de Tours, qui paroit avoir eu un peu trop de credulité en beaucoup de choses qu'il raconte, & qui ne sont appuyées d'aucun solide témoignage, ni d'aucune preuve certaine. Ce que l'on doit plûtôt attribuer à simplicité, qu'à dessein de déguiser la verité, dit le Cardinal Annaliste.

Ultra Ligerim Gothi dominabantur : Burgundiones quoque Arrianorum sectam sequentes trans Rhodanum, qui adjacet Civitati Lugdunensi. Greg. Tur. l. 2. hist. Ferendum est simplicitati viri Religiosi Gregorii Turonensis Episcopi, qui multa aliter, quàm veritas se habet, existimans, non callidatis astu, sed voto simplicitatis & benignitatis, litteris commendavit. Baron. Annal. T. 2.

Je sçay bien qu'il y a beaucoup de Gens, qui ont dit que ces Bourguignons étoient Arriens ; mais je croy que leurs erreurs étoient plus d'ignorance, que de malice, puisqu'ils cherchoient à s'instruire auprés de nos Prélats, & de nos Prélats les plus saints, qui n'auroient pas voulu communiquer avec eux, ni répondre à leurs demandes, s'ils avoient été des Heretiques declarez, & opiniâtres dans leurs erreurs.

D'ailleurs si Gondebaud avoit été Arrien, auroit il permis que Clotilde, sa Niece qu'il élevoit auprés de lui, eut fait profession de la Religion Catholique, que Caretene sa Mere eut fondé un Monastere de Vierge dans Lyon? Auroit il reçû avec tant d'honneur & de respect saint Epiphane Evêque de Pavie, & Victor Evêque de Turin, quand ils vinrent traiter de l'élargissement des prisonniers qu'il avoit fait dans la Lombardie & dans la Ligurie?

Enfin, ce qui prouve encore que ces Princes Bourguignons n'étoient pas Arriens declarez, c'est que Gregoire de Tours, au Chapitre premier des Vies des Peres, dit que Chilperic donna par Lettres Patentes, trois cents muis de bled, & autant de muis de Vin, pour l'entretien des Religieux de saint Lupicin au Mont Jura, & cent écus d'or, pour leurs vestemens, qu'ils tiroient encore du temps de Gregoire de Tours.

Rex dedit els præceptionem, ut annis singulis trecentos modios tritici, totidemque numero mensuras vini acciperent, & centum aureos ad comparanda fratrum indumenta, quod usque nunc à fisci ditionibus capere referuntur. Gregor. Turon. de vitis Patr. cap. 1.

Ce Chilperic ne peut être que le Pere de sainte Clotilde, & le frere de Gondebaud, qui regnoit dans la Bourgogne superieure, & faisoit sa demeure ordinaire à Geneve, comme j'ay déja remarqué.

Si les Actes des Donations faites par ces Princes subsistoient encore, ils nous donneroient des lumieres pour l'Histoire, que nous ne pouvons tirer que de quelques Historiens, qui ont pris plus de soin de nous écrire l'établissement des Goths, & leurs progrés dans l'Italie, dans l'Espagne & dans les Gaules, que celui des anciens Bourguignons.

Je ne dois pas omettre ici, que ce fut en cette Ville, que parurent les premieres Horloges, que l'on ait vûes dans les Gaules, parce que le Roy Gondebaud ayant appris par ses Ambassadeurs & par ses Envoyez à Theodoric Roy d'Italie, qui residoit à Ravenne, que ce Prince avoit des Machines admirables, qui distinguoient les heures, & qui marquoient l'ordre des temps, sur les mouvemens du Ciel, & des Astres, il eut la curiosité de voir de semblables Machines, & il pria Theodoric de lui en envoyer. Theodoric écrivit à Boëce, le plus savant, aussi bien que le plus noble des Romains, de lui faire deux de ces Machines des plus belles, & des plus exactes pour satisfaire le désir de ce Roy des Bourguignons, son voisin & son allié.

Lettre du Roy de Theodoric à l'illustre Patrice Boëce.

„ Il ne faut pas rejetter les demandes honnêtes que nous font les Rois nos voisins,
„ puisque les plus petits presens, qui sont faits de bonne grace, sont plus estimez que
„ les grandes liberalitez. On gagne souvent plus par ces addresses, que par la force
„ des armes. Et c'est par des curiositez & par des bagatelles données à propos que l'on
„ s'insinuë dans les esprits pour traiter aprés serieusement les plus importantes affaires.
„ Le Roy des Bourguignons nous a fait demander avec de grandes instances, que nous
„ lui envoyassions des Horloges, & des Cadrans, avec des Maitres habiles, qui en puissent
„ faire chez eux, & leur en apprendre l'usage. Afin que ce qui nous est ordinaire &
„ familier, soit admiré parmi ces peuples, comme une merveille capable de les sur-
„ prendre, parce qu'ils n'ont encor rien vû de pareil. Enfin, il desire de voir, ce qu'il
„ a appris par ses Ambassadeurs, être parmy nous une espece de prodige. Je sçay que
„ vous avez une parfaite connoissance de toutes ces choses, dont vous avez appris les
„ principes dans les sources mêmes. Car vous avez penetré dans tous les secrets des
„ sciences des Atheniens, & vous avez tellement joint l'étude de la Philosophie à celle
„ de la Jurisprudence, qu'il n'y a rien dans les Livres des Grecs, que vous n'ayez ren-
„ du commun aux Romains. Il n'y a rien dans la theorie & dans la pratique des plus
„ sublimes disciplines, que vous ignoriez. Et vous avez enrichi Rome, & le Senat, de
„ toutes les dépoüilles de l'ancienne Grece. Vos sçavantes traductions font parler Latin
„ Pithagore, & les Dames Romaines peuvent maintenant apprendre sa Musique. Les
„ Italiens lisent par vôtre moyen, les Ouvrages Astronomiques de Ptolomée, l'Arithme-
„ tique de Nicomaque, la Geometrie d'Euclide, la Theologie de Platon, & la Logique
„ d'Aristote, aussi bien que les Mecaniques d'Archimede. Enfin, qu'y a t'il à present
„ dans les Arts & dans les Sciences que Rome, & l'Italie puissent envier à la Grece,
„ aprés vos savantes traductions, si justes, si exactes, & si elegantes, que ces Auteurs
„ s'ils les voyoient, seroient en peine de déterminer à quoi l'on devroit s'en tenir ou à
„ leurs originaux, ou à vos traductions, s'ils entendoient aussi parfaitement le genie de
„ nôtre langue, comme ils entendoient la leur.

„ Il n'est aucune des quatre parties de la Mathematique, que vous n'ayez penetrée.
„ Vous êtes entré dans tous les secrets de la nature, à la faveur des lumieres de vôtre
„ esprit. Vous démontrez facilement les principes & les usages des choses les plus sur-
„ prenantes, & qui passent pour des miracles dans l'opinion des hommes. Les yeux ont
„ peine à croire ce qu'ils voyent dans les changemens, qui se font en la nature on
„ éleve les eaux, & aprés avoir fait des Fontaines jaillissantes, on les fait précipiter par
„ cascades. On fait courir le feu, & on lui fait enlever des masses pesantes, qu'il fait

voler en l'air. On fait parler les instrumens, & l'on fait chanter des roseaux, selon toutes les regles de l'harmonie.

Que ne voyons nous pas encore par le moyen des Mathematiques? On fortifie les Villes, on les met en état de défense, & souvent celles qui n'étoient pas en état de resister par la force, deviennent imprenables par l'addresse des Machines. On seche les nouveaux bâtimens avec l'eau de la Mer, on dissout, & on amollit les corps les plus durs: on fond les Metaux, on les fait tonner & foudroyer, les Oiseaux de Diomede sonnent la trompette en Cuivre & en Airain, les Serpens sifflent, les Oiseaux gazoüillent avec ces ames de Metail, & ceux mêmes à qui la nature a refusé l'usage de la voix, le reçoivent par le moyen de l'art.

Mais pourquoi nous arrester sur de si petites choses, quand nous parlons d'un Art, qui a trouvé le moyen de representer le Ciel, & d'en exprimer tous les mouvemens. Ne voyons nous pas un second Soleil, avoir son cours reglé dans la Sphere d'Archimede, & l'addresse des hommes, n'a telle pas sçû faire un autre Zodiaque semblable à celui du Ciel. N'a t'on pas representé toutes les Phases de la Lune, ses accroissemens & ses décours? Enfin, n'a t'on pas trouvé l'artifice de faire un Ciel portatif, en une petite machine, qui renferme tout un monde, qui le fait voir en abbregé, & qui est un fidele miroir de toute la nature, dont elle exprime tous les mouvemens, par une mobilité aussi aisée que celle de l'air, & plus incomprehensible par les merveilleux artifices, qui conduisent ces mouvemens. Le mouvement des Astres y trompe tellement nos yeux, que quoi que nous les voyions avancez, nous n'en sçaurions appercevoir la marche; leur passage d'un degré à un autre, est une espece de repos & vous ne sçauriez distinguer le mouvement de ces corps, que vous sçavez d'ailleurs se mouvoir avec beaucoup de rapidité.

Jusqu'où va l'addresse de l'homme, de pouvoir rendre sensible, ce qui est même difficile à concevoir. C'est pourquoi, puisque vous avez de si rares talens, envoyez nous au plûtôt des Horloges, faites à nos frais, & des deniers publics, sans qu'il vous en coûte rien, que le soin & la peine de les commander, & de les faire promptement executer. Envoyez m'en de deux especes. Premierement, un Cadran au Soleil, dont le style marque les heures par le moyen de l'ombre. Et par une verge immobile égale le cours du Soleil, & le suit fidelement en toutes ses démarches sans se mouvoir. Si les Astres avoient du sentiment ils envieroient sans doute cet artifice, qui pourroit les faire agir sans jamais quitter leur repos, ou peut-être ils affecteroient de changer l'ordre de leurs marches, pour ne pas être exposez à se voir ainsi joüer par les artifices des hommes. Car où sont à present ces miracles de la nature, qui par la distribution de la lumiere nous marquent la difference des heures, si l'ombre a le même avantage? Que trouvera t'on de si surprenant dans les circulations journalieres & constantes des spheres celestes, si les metaux peuvent les exprimer sans jamais changer de place? O vertu incomparable de l'art de pouvoir en se joüant découvrir les secrets de la nature, qui paroissent les plus cachez!

Envoyez moi aussi une de ces autres Machines, où sans le secours des rayons du Soleil on peut avoir la distinction des heures même de la nuit, & où pour ne rien devoir aux Astres, on fait faire à l'eau, ce que le Ciel fait par des mouvemens continuels; & où l'esprit de l'homme a sceu donner aux Elemens des proprietez qu'ils n'ont pas reçûës de la nature. Enfin, il faut ce semble, toute l'application de l'esprit, & de la science des hommes pour pouvoir penetrer, comment ils ont pû imaginer qu'ils pouvoient si bien imiter la nature. Il n'y a que la Mécanique qui ait pû trouver le moyen d'unir des choses si contraires, pour exprimer si heureusement ce qu'elle veut imiter, & même s'il est permis de le penser, ce qu'elle entreprend de surpasser. Car nous sçavons que Dedale a fait voler des Oiseaux artificiels, & que l'on a suspendu en l'air dans le temple de Diane, une statuë de fer de Cupidon, sans qu'il parût rien qui la pût ainsi soûtenir: on fait encore aujourd'hui, avec le même artifice mouvoir les Estres les plus immobiles, vivre, agir, & s'agiter les plus insensibles, on donne de la voix aux corps les plus muets, & on les fait chanter avec mesure. Enfin, s'il est permis de le dire, un Artisan mécanique est comme le compagnon, ou le rival de la nature, il se joüe de ses miracles, en publiant ses secrets; en faisant charger de forme à ce qui frappe les yeux, & en les trompant si artistement, que l'on prend aisément pour une chose naturelle, ce que l'on sçait n'être qu'une invention de l'art, & une pure imitation.

Comme nous sçavons que vous excellez en tous ces secrets, envoyez nous au plûtôt de ces Machines, afin que vos talens merveilleux vous fassent connoître dans des lieux éloignez de nous, où vous n'irez jamais, & où vous ne pouvez vous faire con-

„ noitre, que par ce seul endroit. Que les Nations étrangeres apprennent qu'il y a
„ parmy nous de sublimes & de grandes genies, qui ne cedent en rien aux Auteurs les
„ plus celebres des siecles passez. Combien de fois auront ils peine de croire ce qu'ils
„ verront? Combien de fois regarderont ils comme des songes, & des illusions des sens
„ ces veritables prodiges? Et quand enfin ils se seront revenus de leur étonnement, & de
„ leur stupidité, oseront ils jamais se comparer à nous, quand ils verront que nous avons
„ des Savans capables d'inventer & d'imaginer de pareilles choses.

Boëce executa aussitôt ce que Theodoric lui commandoit, & dés qu'il eut envoyé à ce Prince les Horloges, qu'il lui avoit demandées, Theodoric les fit tenir à Gondebaud, avec la lettre suivante, que j'ay traduite le plus exactement qu'il m'a été possible sur l'original de Cassiodore.

„ Il ne faut considerer dans les presens que l'on fait, que de plaire à ceux qui les re-
„ çoivent, & de les conformer à leurs desirs & à leurs inclinations. Car quelque pre-
„ tieuses que puissent être les choses que l'on presente, elles ne tirent leur juste va-
„ leur, que de la satisfaction de celui qui les accepte. C'est pourquoi après vous avoir
„ rendu les saluts accoûtumez, nous avons crû vous devoir envoyer par les porteurs
„ des presentes, les Horloges que vous avez desirées avec ceux qui les ont faites, pour
„ vous en faire voir tous les usages. Vous verrez dans l'une, tous les mouvemens du
„ Ciel, & dans l'autre vous apprendrez le cours ordinaire du Soleil. Quoique cette Astre
„ ne paroisse pas, & lors même qu'il n'est plus sur l'horison, puisque ce sont des gout-
„ tes d'eau, qui vous marqueront la distinction des heures. Commencez donc à posse-
„ der dans vôtre païs, ce que vous n'avez vû qu'à Rome. Car il est juste de vous faire
„ part de nos biens, puisque vous êtes dans nôtre alliance. Que la Bourgogne appren-
„ ne sous vôtre regne à connoître les choses les plus curieuses, & les plus ingenieuses,
„ & à loüer les inventions des anciens. Il est bon que vôtre Nation commence à se dé-
„ faire peu à peu de ses anciennes manieres, qui n'étoient pas si bien polies, & que
„ sous un si sage Roy, elle desire de connoître les inventions des sages; qu'elle s'accoû-
„ tume à regler ses actions selon l'ordre des temps, pour faire un bon usage d'une cho-
„ se aussi pretieuse que l'est le temps. Il ne peut y avoir que de la confusion dans l'or-
„ dre de la vie, quand on ne sçait pas en distinguer les mesures. Car il n'y a que les
„ bêtes, qui ne sentent la difference des temps, que par la faim, & par les besoins de
„ la nature, & qui ignorent ce qui doit servir de regle aux actions humaines, qui ne
„ doivent avoir d'autre principe, que la raison, qui est le caractere de l'homme.

Cette Ville s'est conservée dans cette loüable curiosité de Gondebaud, puisqu'elle a encore à present l'une des plus curieuses machines, qui soient dans le monde, pour marquer le cours des Astres & leurs mouvemens periodiques; c'est la fameuse Horloge, de l'Eglise Cathedrale, que tous les Etrangers admirent, & viennent voir pour satisfaire leur curiosité, jusqu'à attendre plusieurs heures pour l'entendre sonner.

On voit en cette Machine un Calendrier perpetuel, qui marque l'année, le mois, la semaine, le jour, l'heure, & les minutes. Un Calendrier Ecclesiastique, qui designe les Fêtes, & les Offices de chaque jour, avec leur rit double, le demi double, &c. Il y a un Astrolabe, qui expose la face du Ciel, & les positions des Astres, les Phases de la Lune, les aspects, les conjonctions, & les oppositions. Chaque jour la figure de la Ferie sort au dehors, dans une Niche, ou paroit le Dimanche, le mystere de la Resurrection; le Lundy la Mort: le Mardy saint Etienne, le premier Patron de l'Eglise: le Mecredy saint Jean Baptiste, second Patron: le Jeudy l'institution du saint Sacrement: le Vendredy la Passion: le Samedy l'image de la sainte Vierge, avec les noms. *Dies Dominica Feria 2. 3. &c.*

Ces Figures changent de place d'elles mêmes, tous les jours à minuit, l'une cedant la place à l'autre, & rentrant au dedans. Un Coq annonce l'heure par le battement de ses aisles, & par son chant qu'il repete jusqu'à deux fois. Par diverses Automates, on voit un Ange qui ouvre une porte pour saluer la sainte Vierge, le saint Esprit descend sur elle en forme de Colombe, & le Pere Eternel la benit. Des Lyons s'agitent & meuvent la langue, & les yeux, & il se fait un Carrillon harmonique de Cloches, qui chantent l'Hymne de saint Jean-Baptiste: *Ut queant laxis*. Enfin, l'heure est marquée sur un quadran & les minutes sur une grande Ovale, que parcourt une aiguille sans déborder hors du tour de l'ovale, s'allongeant & se retrecissant selon le sens de l'ovale.

Cette Machine qui est ancienne dans cette Eglise, étoit devenuë inutile, & n'étoit plus qu'un corps sans ame, & sans mouvement par la negligence de ceux qui en avoient abandonné le soin. Quand Monseigneur nôtre Archevêque Messire Claude de saint George, alors Comte & Chantre de l'Eglise de Lyon, entreprit de la rétablir.

Aussi

Auſſi n'eſt-il pas moins habile en ces ſortes de Mecaniques, qu'en toutes les autres parties des Mathematiques, & en toutes les ſciences Eccleſiaſtiques, de l'Ecriture, de la diſcipline, des Canons, & de la Theologie : & le Roy Theodoric n'écrivit rien autrefois à l'illuſtre Boëce, ſur ſes rares talens, qui ne convienne auſſi juſtement à ce grand Prélat. Qui employa pour remettre cette Machine le Sieur Nourriſſon, l'un des plus habiles Horlogers de ce ſiecle, qui l'a tellement reparée ſous la conduite de nôtre Prélat, qu'il l'a rendu plus parfaite qu'elle n'a jamais été, l'ayant enrichie de pluſieurs inventions nouvelles. L'ancienne Machine étoit l'ouvrage de Nicolas Lippius Mathematicien de Baſle, qui l'entreprit l'an 1598. n'étant âgé que d'environ 32. ans.

Enfin, je donne ici la Figure de cette Machine, comme une ſingularité de cette Ville, qui merite de tenir rang dans nôtre Hiſtoire.

Il paroît par une Lettre du même Avitus, que Gondebaud outre Sigiſmond & Godomar, que tous nos Hiſtoriens lui donnent pour fils, eut auſſi une fille, dont ces Hiſtoriens ne parlent point ; puiſque ce Prelat le conſole ſur la mort de cette fille, qui arriva lors qu'on traitoit ſon mariage avec un Roy, à qui elle étoit fiancée. Sur quoi le ſaint homme Avitus écrit à Gondebaud, que c'euſt été ſelon le monde un avantage pour cette Princeſſe d'être Reine, mais que c'en eſt un plus grand pour elle d'être demeurée Vierge. *Poteſt equidem durum videri, vicinam thalamis virginem tædio incumbente præreptam, quæ tamen ambita eſt ut Regina, defuncta eſt incontaminata. Epiſt. V.*

Tout cela fait partie de nôtre Hiſtoire puiſque c'eſt en cette Ville, que ces choſes ſe paſſerent ſous le Regne de Gondebaud, qui y faiſoit ſa reſidence. Il ne reſte cependant aucun veſtige de l'endroit ou étoit le Palais de ce Prince, & je n'ay rien trouvé dans tous les Auteurs, qui ont parlé de lui, qui pût nous donner la moindre lumiere ſur ce ſujet. Il y a cependant beaucoup d'apparence que ce devoit être le Châſteau de Pierre Sciſe, puiſqu'il devint la demeure de nos Archevêques, ce qui ne pouvoit être, que parce que ce Château avoit fait une partie des biens des anciens Rois de Bourgogne, dont la ſucceſſion fut devoluë à nos Prélats ; par Burchard fils d'un Roy de Bourgogne, qui l'eut comme en appanage avec le domaine temporel, non ſeulement de la Ville de Lyon, mais encore du Lyonnois, de la Breſſe, & du Bugey, qui étoient une portion de l'ancien Royaume de Bourgogne. On pourroit peut-être auſſi dire que le Palais de ces Rois auroit été, où eſt à preſent le Siege de la Senechauſſée & du Preſidial, qui s'eſt toûjours appellé *le Palais*, ou la Maiſon de Roanne, à cauſe des anciens Comtes de Lyon & de Forés, dont les puiſnez étoient Comtes ou Seigneurs du Roannois. La ruë que nous appellons à preſent des trois Maries, dans les anciens Actes eſt nommée ruë du Palais. Enfin, je ne donne ces penſées que comme de ſimples conjectures, puiſque, comme j'ay déja dit, je n'ay point de preuves certaines ſur leſquelles on puiſſe appuyer quel étoit l'endroit, où ces Bourguignons habitoient en cette Ville, quoi qu'il ſoit d'ailleurs tres aſſuré que Gondebaud y faiſoit ſa reſidence la plus ordinaire. *Vicus Palatii.*

Il eſt ſeur auſſi que l'ancien Palais des Romains, où nâquit l'Empereur Claude, & où Severe avoit demeuré lorſqu'il gouvernoit les Gaules, ne fut jamais rétabli aprés que cet Empereur l'eut ruïné, en ſaccageant cette Ville, pour ſe vanger de ce qu'elle avoit donné retraite à Albinus, ſon rival & ſon ennemy.

Gondebaud étant mort l'an 516. Sigiſmond ſon fils lui ſucceda : c'étoit un Prince veritablement pieux, qui profita ſi bien des inſtructions du ſaint homme Avitus, qu'il ſe défit des erreurs, dans leſquelles ſon Pere Gondebaud s'étoit laiſſé emporter par l'excez de curioſité, qu'il avoit eu, en fait de Religion. Car voulant s'inſtruire de toutes les ſectes, & faire le Theologien, comme j'ay déja remarqué, il donna dans pluſieurs erreurs, dont il ne revint jamais.

Avitus qui lui écrivit pluſieurs Lettres, ſe plaint à ce Prince, de ce que revenant de Savoye à Lyon, il avoit pris une autre route que celle de Vienne, où ce Prélat l'attendoit. Ce ſaint Evêque cependant s'excuſe envers Sigiſmond, de ce qu'il n'eſt pas allé à Chalon, pour y celebrer la ſaint Vincent, ſelon ſa coûtume, parce qu'il a été retenu à Vienne par Gondebaud, qui l'avoit occupé durant deux jours, ſans doute pour le fatiguer de ſes queſtions ordinaires en fait de Religion. *Cæterùm non abſque ſcrupulo poteſt accipi, quod de Sabaudiâ itineribus exquiſitis videmur ad provinciam prateriri. Ep. 76.*

Patris gloria veſtra biduanâ occupatione detentos portitorem tardiùs ordinavi, per quem annuum ſancti Vincenſii ſolemnitate ſervitium conſuetudinariæ ſollicitudinis curâ dependerem. Ibid.

Il y avoit alors dans la Cour de Gondebaud un Prince nommé Anſemundus, qui étoit peut-être le Comte du Palais, à qui Avitus écrivit, pour ſavoir d'où venoit que le Roy n'étoit pas allé à Vienne ſelon ſa coûtume, celebrer la fête de Noël, & ayant appris dépuis, qu'il avoit celebré cette fête en cette Ville, le ſaint Prêlat par une ſeconde Lettre, témoigna en avoir de la joye, tant il y avoit alors d'union entre ces deux Egliſes de Vienne, & de Lyon, que leurs Prélats ſe rendoient ſouvent l'un à *Servans poſt cultum Natalis Dominici ſolita ſollicitudinis ſervitutum, tota noſtra vos ambitio deſidero, ſi decus commune, quod Viennenſis Eccleſiæ pra-*

l'autre ces devoirs de charité & de pieté, de se visiter, d'assister reciproquement aux solennitez des deux Eglises, & même d'y prescher. Tout cela fait voir encore, ce me semble, que Gondebaud ne faisoit pas profession publique de l'Arrianisme, quoi qu'en disent les Historiens.

Ce fut sous le regne de Sigismond que commença la distinction de *côté de Royaume* & de *côté de l'Empire*, pour les deux rives de la Saône, dont voici l'occasion, qui merite d'être developpée, puisqu'elle n'a été traittée par aucun de nos Historiens.

Theodoric Roy des Ostrogoths, voyant que Clovis étoit sur le point de declarer la guerre à Gondebaud, voulut être de la partie pour avoir occasion de partager avec lui la conquête de la Bourgogne. Il lui envoye offrir de joindre ses armes avec les siennes comme son allié, de faire la guerre à communs frais, & d'en partager les dépoüilles. Clovis, qui avoit en vûë de faire la guerre aux Visigoths, qui occupoient la Provence, le Languedoc & l'Auvergne, jusqu'à la riviere de Loire, fut bien aise de trouver des Troupes Auxiliaires pour achever au plûtôt la guerre de Bourgogne, après laquelle il seroit plus en état d'aller tomber sur les Visigoths. Il accepte les offres de Theodoric, qui avoit plus d'envie d'être spectateur de cette premiere guerre, que d'y agir, dans l'esperance qu'en s'avançant après la défaite de l'un des deux partis, avec une Armée toute fraiche, il seroit en état lui seul, de donner la loy au Vaincu, & au Vainqueur. Il se met en marche lentement, & les Francs qui s'étoient avancez à grandes journées impatiens de combattre, donnent bataille à Gondebaud, taillent son Armée en pieces, & l'obligent à prendre la fuite. Clovis quoi qu'il eut l'avantage y perdit beaucoup de ses gens, ce qui lui fit faire des reproches à Theodoric, qui s'excusa le mieux qu'il pût sur la difficulté des passages, & repara par de grosses sommes d'argent le défaut de sa presence en cette sanglante journée. Ils traiterent après ensemble du partage de la Bourgogne, dont Clovis abandonna à Theodoric tout ce qui le confinoit du côté des Alpes au delà du Rhône & de la Saône, & retint tout le reste.

Theodoric rendit dépuis à Sigismond, qui avoit épousé une de ses filles, ce qu'il avoit pris du Royaume de Bourgogne, sur Gondebaud, tandis que Childebert l'un des fils de Clovis eut Lyon dans son appanage, puisque sa femme la Reine Ultrogothe & lui fonderent le Grand Hôtel-Dieu de cette Ville, & firent confirmer par le Concile d'Orleans cette fondation, premier monument de pieté de nos Rois en cette Ville, dépuis qu'ils en furent les Maîtres. Sigismond fut ainsi obligé de changer de demeure & d'aller établir son siege, ou à Vienne, ou à Geneve, pour ne pas joüir longtemps de cette portion du Royaume de Bourgogne, qui lui restoit, quoi que Gregoire de Tours, après la mort de Sigeric, par les menées de sa Maratre, fasse revenir à Lyon Sigismond après avoir fait la penitence de son peché, dans l'Abbaye de saint Maurice. Peut-être aussi occupoit il encore cette partie de Lyon, du côté de saint Nizier, qui étoit au delà de la riviere de Saône, limite reglée d'entre Clovis & Gondebaud dans le partage qu'ils firent de la Bourgogne, dont Clovis s'étant reservé tout ce qui étoit entre la Saône, la Loire & la Seine, abandonna à Gondebaud & à ses enfans ce qui étoit au delà du Rhône & de la Saône, jusqu'aux Alpes, c'est à dire, le Daufiné, la Savoye, les Suisses, la Bresse, le Bugey, & ce que nous appellons la Franche-Comté, & le païs de Valley. Sigismond, qui ne se sentoit pas assez fort pour resister à la puissance des François, qui le confinoient d'une part, & à celle de Theodoric, qui regnoit dans l'Italie, se mit sous la protection d'Anastase Empereur d'Orient, & lui écrivit une Lettre composée par l'Evêque Avitus, par laquelle il l'appelle son Prince, & reconnoit que son Pere & ses Ancestres n'ayant tenu les Etats qu'ils possedoient dans les Gaules, que par le bienfait des Empereurs Romains, qui les leurs avoient cedez, il veut aussi ne tenir que du legitime Successeur de ces Empereurs l'heritage de ses Peres. Ainsi, il lui dit en cette Lettre, que les peuples ausquels ils commande, sont ses sujets, que lui, ses enfans, & toute sa famille lui sont dévoüez. Ce qu'il exprime en des termes si soumis, qu'ils semble en effet qu'il ne soit que le sujet de cet Empereur sous lequel il dit, qu'il a eu des commandemens dans les Armées, & que son Pere en mourant lui a recommandé un attachement fidele avec l'Empire d'Orient, qui étoit pour lors le seul, Theodoric n'ayant pris que le titre de Roy d'Italie, dont le siege étoit à Ravenne.

Voilà ce qui fit donner le nom de terres de l'Empire aux Provinces, où regnoit Sigismond; au lieu que Clovis & nos François faisant gloire de ne tenir leurs Etats, que de Dieu & de leur épée, se conserverent le titre de Rois, & à leurs Terres le nom de Royaume.

Le regne de Sigismond ne fut pas long, puisque l'an 517. après la mort de Clovis,

Clodomir, & ses autres enfans pour vanger l'injure qui avoit été faite au Pere de la Reine Clotilde leur Mere, que Gondebaud avoit fait mourir, firent la guerre à Sigismond & Godomar les deux fils de Gondebaud, L'armée des Bourguignons fut défaite, & Sigismond fuyant avec sa Femme & ses Enfans, fut pris auprés de Sion en Vallay & mené prisonnier à Orleans, avec sa Femme & ses Enfans. Godomar fut plus heureux, en sa fuite, puisqu'ayant rallié ses Troupes avec quelques secours, qu'il eut d'ailleurs il recouvra ses Etats. Clodomir arma de nouveau contre lui, & devant que de se mettre en marche, il fit tuër Sigismond, sa Femme & ses Enfans, & jetter leurs corps dans un puits. Il marcha ensuite avec son frere Thierry, & donna bataille aux Bourguignons, entre Lyon & Vienne. Godomar fut encor défait, mais Clodomir en poursuivant les fuyards, tomba dans une embuscade où il fut tué, & sa tête portée sur une pique, ce qui irrita tellement les François, qu'ils se jetterent sur les Terres de Godomar, & s'en rendirent les maîtres, peu de temps après ils rencontrerent Godomar auprés d'Autun & le tuerent.

Ainsi finit le Royaume de ces anciens Bourguignons, venus du voisinage de la Pannonie, & qui s'étoient établis en ce païs, autant par la foiblesse des Romains, que par leur courage & leur valeur. Quelques-uns disent que Godomar ne fut pas tué en cette rencontre d'auprés d'Autun, mais qu'il se sauva en Espagne, d'où il passa jusqu'en Afrique où il acheva le reste de ses jours.

Sigismond dont Avitus a si souvent loüé la pieté, fut mis au nombre des Saints, & est reveré comme tel, quoique Gregoire de Tours nous apprenne que ce Saint s'étant laissé surprendre par les artifices de sa seconde femme, avoit fait mourir Sigeric un de ses enfans du premier lit. Mais dépuis ayant reconnu sa faute, il alla faire penitence dans la celebre Abbaye de saint Maurice, où il pleura cette mort, & la faute qu'il avoit commise, qu'il s'efforça de reparer par des jeunes & des austeritez, assistant aux Offices Divins, & pratiquant plusieurs autres exercices de pieté avec ces saints Religieux. Cependant la Justice Divine ne laissa pas ce crime impuni, puisqu'elle permit qu'il lavat dans son propre sang, l'offense qu'il avoit commise en répandant celui d'un innocent, par trop de facilité à écouter les accusations artificieuses d'une Marastre, qui vouloit avancer ses enfans en faisant perir ceux à qui le droit d'aînesse donnoit l'avantage de succeder aux Etats, & à la Couronne de leur Pere, qui passerent en d'autres mains.

Cassiodore parle aussi d'un Roy Bourguignon qui se fit feudataire d'Amalazonte lorsqu'elle étoit Tutrice de son fils Athalaric, & Regente de ses Etats. Ce fut pour rentrer dans ses Etats qu'il se fit vôtre feudataire, & qu'il vous rendit hommage, n'étant pas en état de pouvoir vous résister. Il fit donc sagement de mettre bas les armes pour conserver son Royaume, qu'il n'auroit pû défendre autrement, & ce fut en suppliant, qu'il recouvra, ce qu'il auroit perdu, s'il avoit voulu disputer à la pointe de l'épée.

Il faut que ce Prince Bourguignon, dont parle Cassiodore, ait été Gundimar frere de Sigismond, qui ayant tué Clodomir dans un combat entre Vienne & Lyon, fut poursuivi par Childebert & Clotaire freres de Clodomir, qui l'obligerent de quitter la Bourgogne & de s'enfuït en Espagne vers les Goths, où il mourut l'an 526. En lui s'éteignit la race de Vandales Bourguignons, qui avoit regné six vingts ans dans les Gaules, avec divers évenemens de l'une & de l'autre fortune, ainsi que nous avons remarqué.

Enfin, je croy que la soûmission des Bourguignons, dont parle Cassiodore en sa Lettre qu'il écrivit au Senat, se doit entendre de ce que les Bourguignons avoient souffert qu'Amalazonte fit un Prefet du Pretoire des Gaules, pour les gouverner, quoique les Romains n'y eussent plus rien, & que ce Prefet fut Liberius, dont Cassiodore a fait l'Eloge en cette Lettre. Son nom entier étoit *Petrus Marcellinus Felix Liberius*, qui fit bâtir l'Eglise d'Orenge, à la dédicace de laquelle se trouverent plusieurs Evêques assemblez pour un Concile, en 529.

Comme Avitus nous a fait connoître par ses Lettres la suite de ces Princes Bourguignons, leurs mœurs, & leur maniere de gouverner, il nous fait aussi connoître une partie des Seigneurs, & des Grands Officiers de leur Cour, par les Lettres qu'il leur addresse. Les noms de ces Illustres sont Heraclius, Ricon, Ansemundus, Apollinaris frere d'Avitus, Aurelianus, & quelques autres. Il parle aussi d'un fils de Sidonius Apollinaris, qui étoit homme sçavant.

La Saône ne servoit pas alors seulement de limite au Royaume de France, qu'elle separoit des terres que l'on nommoit de l'Empire, elle divisoit aussi cette Ville en deux, comme elle fait encore à present, & chacune de ces parties avoit ses Maîtres. Mais le quartier, où le côté que nous nommons de saint Nizier, & qui étoit aux

204 Histoire Consulaire

Bourguignons, après que Clovis se fut rendu maitre de l'autre partie étoit de peu d'étenduë, puisqu'il ne contenoit que l'Eglise des Apôtres, que nous appellons à present de saint Nizier, avec la petite ruë Merciere, & ce que nous appellons ruë Longue. Tout le reste étoit hors les murs de la Ville, que l'on transporta quelque temps après au lieu où est l'Abbaye de saint Pierre, & le long des Terreaux, qui étoient les fossez de la Ville, du côté du Nort la ruë de la Grenette occupe à present : les autres fossez depuis le port Chalamont jusqu'au Rhône, devant l'Eglise des Cordeliers de saint Bonaventure, & le côté Meridional de la Ville, se terminoit en cet endroit.

Quoique Lyon & les païs voisins fussent alors sous la conduite des Bourguignons, dont les Ancêtres avoient été traitez de barbares par les Romains, les plus anciens Habitans de ce païs ne perdirent point la reputation de probité, & de bonté qu'ils s'étoient acquis dans le monde, puisqu'Ennodius, qui vivoit en ce temps là, & qui étoit venu en ce païs, disoit qu'ils avoient *le lait de la probité*, c'est à dire cette douceur qui leur étoit si naturelle, & qui naissoit avec eux.

Et natos Rhodani lac probitatis habet.

Avant que de quitter le regne de ces Bourguignons pour parler de l'estat de cette Ville sous le gouvernement de nos Rois, je dois rapporter quelques Monumens, & quelques Epitaphes qui nous restent de ces temps-là, & par lesquelles on connoitra comment s'introduisit la barbarie dans la langue Latine, qui cessa d'être la Langue dominante, pour parler un langage Alleman ou Bourguignon, d'ont nous avons vû quelques termes dans les Lois que Gondebaud fit publier en cette Ville.

Voici l'Epitaphe d'une Chrétienne de ce temps-là, dont la mort est marquée sous le Consulat d'Avienus.

A saint Irenée.

> IN HOC TVMVLO REQV-
> -IESCET BONAE MEMO
> RIAE THALASIA QVI VI-
> XIT ANNIS XI
> OBIIT IN PACE III
> KLS SEPTEM-
> BRIS AVIENO
> CONS.

On voit par cette Epitaphe que la langue Latine avoit été bien corrompuë par le mélange des Bourguignons.

La formule *obiit in pace*, est une marque de la sepulture d'une Chrétienne, aussi bien que le *requiescit*, parce que les Chrétiens qui attendoient la Resurrection, consideroient la mort, comme une espece de repos, ce qui fait que l'Eglise souhaite ce repos aux fideles, quand elle dit pour les Trépassez *requiescant in pace*, qu'ils reposent en paix.

En voici une autre où le Latin est encor plus gâté, & tout à fait barbare, quoi qu'elle soit de l'an 482. sous le regne de Gondebaud, & un peu plus ancienne que la precedente.

Sur une maison attenante à l'Eglise des Peres Minimes.

> HOC TVMVLO Q
> VIESCIT BONE MEMO
> RIVS CESARIVS VIXI
> T ANVS XIV. REQVIBIT
> IN PACE SVB DIE X KAL
> DECEMBRIS ANASTASI
> O ET RVFO VV. C.C.

Je dois encore, avant que de passer du gouvernement des Rois Bourguignons Vandales, à celui de nos Rois de la premiere & de la seconde race, inserer ici une remarque que j'ai faite sur l'usage de ces temps-là, où l'on donnoit le nom de Consuls aux Gouverneurs des Provinces, & en particulier à ceux de la Province Lyonnoise. C'est en la vie de saint Jean, premier Abbé, & Fondateur de l'Abbaye du Moustier saint Jean, du Diocese de Langres, écrite par l'Abbé Jonas Disciple de saint Columban, qui dit au Chapitre second de cette vie, que l'an 448. les Gaules étoient gouvernées pour les Empereurs par un Consul nommé Jean. Ce qui ne se peut dire d'aucun Consul Romain, puisqu'il n'y en avoit eu aucun de ce nom, ny ordinaire, n'y substitué. Le premier que l'on trouve de ce nom dans les fastes, est un Consul d'Orient, sous l'Empereur Marcien, l'an 456. L'an 467. il y en eut un autre en Occident sous Anthemius. Il faut donc necessairement dire que ces Consulats ne furent que des titres honoraires donnez aux Gouverneurs des Provinces, à qui les Empereurs permirent de prendre les ornemens Consulaires, pour leur donner plus d'authorité. Ainsi l'Empereur Zenon, en la Loy 12. du Code, Titre 3. Loy 3. nomme cet honneur Consulat honoraire, & en la Loy 4. il donne le nom de Consuls à ceux qui avoient reçû le pouvoir de prendre ces ornemens. C'est peut-être pour cela que la premiere Lyonnoise, qui étoit gouvernée par un President depuis la division des Pretoires & des Dioceses faite par Constantin, fut après dans la Notice de l'Empire appellée Province Consulaire, vers les temps de Theodose & Valentinien III.

Sub eodem namque tempore Gallias, sub Imperii jure Ioannes Consul regebat.

Ad Antonium Marcellinum Præsidem Provinciæ primæ Lugdunensis, Cod. Theod. Lib. XI. tit. 34.

Ce fut une addresse des Empereurs dans la decadence de l'Empire de donner des titres d'honneur à ceux qui s'établissoient dans les Provinces éloignées. Ils les faisoient Consuls, Patrices, Maîtres de Milice, Comtes, &c. afin qu'acceptant ces marques d'honneur des Empereurs, elles fussent comme une marque de leur dépendance de l'Empire. L'Empereur Anastase qui regnoit en Orient, ayant appris les progrez de Clovis, & la celebre victoire qu'il avoit remportée contre Alaric, lui envoya les ornemens Consulaires, qu'il prit solennellement dans l'Eglise de saint Martin de Tours, & étant monté à Cheval avec la robbe de Pourpre & le Diadême, il marcha comme en triomphe & jetta de l'argent au peuple.

Le même Empereur voulut faire quelque chose de semblable à l'égard de Theodoric, qui regnoit en Italie, l'exhortant de consulter le Senat, de l'aimer, de le cultiver, & de recevoir les Lois, qui emanoient de cette assemblée de sages ; sur quoi Theodoric lui envoya des Ambassadeurs, avec une lettre qui est la premiere dans le recueil de Cassiodore, sous ce titre *Anastasio Imperatori Theodoricus Rex.*

" Il faut, Empereur tres-Clement, rechercher la paix, quand on n'a pas de justes occasions de se faire la guerre. Puisque c'est une espece de crime de n'être pas toûjours disposé à recourir aux voyes de la justice. Rien n'est plus à desirer dans un Etat que la tranquillité, qui est toûjours avantageuse aux peuples, & qui maintient le droit des gens. C'est la mere des beaux Arts ; elle conserve les familles, elle augmente les richesses, elle entretient les bonnes mœurs, & c'est mal connoître de si precieux avantages, que de ne pas chercher la paix, qui seule peut les maintenir. C'est pourquoi, Seigneur, il est de vôtre honneur aussi bien que de vôtre dignité, que nous recherchions d'être de bonne intelligence avec vous, parce que cette correspondance mutuelle ne nous peut être qu'utile. Car vous êtes le principal ornement de toutes les dignitez, & tous ceux qui commandent vous regardent comme leur principal appui, & reconnoissent dans vous un merite singulier, moy particulierement qui ay appris, avec l'aide de Dieu, sous la forme de vôtre gouvernement, la maniere dont il falloit commander aux Romains. Ainsi nous faisons gloire de vous imiter dans la conduite que vous tenez, & nous sommes autant au dessus de tous les autres que nous vous suivons de plus prés dans le rang que nous tenons.

Vous nous exhortez d'aimer le Senat, de recevoir les Edits des Princes, & les Lois pour entretenir tous les membres d'Italie, dans une parfaite union : Pourquoi vous separez-vous donc de nous, si vous voulez que nous nous conformions à vos manieres ? Si vous aimez Rome, pourquoy l'abandonnez vous, lorsque vous voulez être reconnu pour Empereur des Romains. Enfin, nous vous avons destiné ces Ambassadeurs, pour renoüer avec vous l'alliance que nous avions faite, afin que s'il y a eu quelque refroidissement entre nous, les choses se rétablissent dans l'état auquel elles doivent être. Car je ne crois pas que vous vouliez qu'il reste aucune occasion de trouble & de division entre deux Republiques, qui n'ont fait jusqu'à présent qu'un seul corps sous les Empereurs, qui vous ont précedez. Ce n'est pas une vaine ombre d'amitié qui doit lier ces deux Empires, mais il faut qu'ils s'entreaident mutuellement. Qu'il n'y ait donc qu'un même esprit, & une même authorité dans ce partage de gou-

„ vernement & de domination. Et nous voulons bien de tout nôtre pouvoir contri-
„ buër à vôtre gloire. C'est pourquoi par cette ambassade d'honneur, nous vous prions
„ de ne pas nous refuser vôtre amitié, à laquelle j'ay toûjours dû m'attendre, quand
„ vous auriez eu des raisons pour la refuser à quelques autres. Les Porteurs des presen-
„ tes vous expliqueront plus en particulier mes sentimens, qu'il est nécessaire que vous
„ connoissiez, & qui ne peuvent être enfermez dans les bornes trop étroites d'une
„ simple Lettre.

 Ce qui avoit causé ces ruptures entre Theodoric & l'Empereur, est que Theodoric se voyant bien affermi dans l'Italie, dont il s'étoit declaré ROY, ne vouloit plus ni prendre les titres de Consul, ni de Patrice, qu'il avoit pris sous l'Empereur Zenon. Il avoit été élevé dans la Cour de l'Empereur Leon, où son Pere l'avoit envoyé en ôtage: il y avoit demeuré dix ans. Ennodius lui attribuë la gloire d'avoir rétabli l'Empereur Zenon, qui par reconnoissance le fit Consul d'Orient l'an 484. & ensuite Patrice. Enfin, il lui donna l'Italie, dans laquelle il s'établit après avoir vaincu Odoacre, il se rendit tout à fait indépendant des Empereurs, se contentant du titre de ROI, sans vouloir prendre celui de Cesar, ni d'Auguste, que les anciens Empereurs donnoient à ceux qu'ils associoient au gouvernement de l'Empire. Au contraire les Comtes qui gouvernoient les Provinces affecterent de prendre le titre de Consuls pour affermir leur authorité, & Sigismond fils de Gondebaud Roi des Bourguignons, reçut de l'Empereur le titre de Maitre de la Milice.

Dedit pro amore Dei... loco, qui Burgeium dicitur. Mansum Guitini pro remedio animarum Patris sui Amedei, & omnium antecessorum suorum, & pro sui Consulatus, & sub implorandâ, & impetrandâ à Dei viatico ultrà marino. Guichen. hist. de Savoye, preuves. pag. 17.

 Les Comtes d'Anjou, dans l'histoire du Moine de Marmoustier, sont appellez Consuls. Humbert II. Comte de Savoye en un Acte de Donation, qu'il fait au Prieuré du Bourget nomme sa Comté Consulat.

Dabit de fisco Consulari. Id. pag. 16.

 Le même Prince dans un Acte d'augmentation de la fondation du Prieuré de Bellesvaux en Bauges, nomme le fiscq de ses Etats, le fiscq Consulaire.

C'est S. Bernard. Tempore quo publica Dei gratia per prædicationem Domini Bernardi Abbatis Claravallensis Regem Francorum, cum dictus Comes & tus honore ejusdem

 Amedée III. dans une Concession faite au Monastere de saint Sulpice en Bresse, dit qu'à la persuasion de Dom Bernard Abbé de Clervaux, qui a incité le Roy de France, & une multitude inombrable de Chevaliers à entreprendre le voyage de Jerusalem, il a méprisé l'honneur de son Consulat pour prendre la Croix.
innumerabilibus Christiani nominis Confessoribus ad susceptionem Hierosolimitanæ peregrinationis incitavit. Ego Amedeus Marchio eâdem nominis gratiâ & exemplo vocatus, ad Dei Militiam pro defensione Crucis & Contemptu Consulatus Crucis munimine convelavi. Guich. hist. de Bresse & de Bugey, preuves pag.

 Guillaume de Malmesbury Historien Anglois, nomme le Comte Robert de Glocestre Consul de Glocestre.

 Je puis donc bien donner le nom d'Histoire Consulaire à l'Histoire de Lyon, lorsque cette Ville étoit gouvernée par des Princes & par des Comtes, qui prenoient le titre de Consuls. Et si Monsieur Spon avoit fait reflexion à ces anciens usages, il n'auroit pas trouvé mauvais que je tirasse de si loin le Consulat de Lyon, & il auroit facilement expliqué le Consulat de Munatius Pansa, chez les Sequanois, qu'il ne trouve point dans les Fastes Consulaires de ROME.

 Je ne doute point que des trente deux Comtes, qui signerent la Loy Gombette, il n'y en eut plusieurs qui firent souche en ce païs ; mais comme ils n'avoient que des noms propres, qui étoient communs à plusieurs personnes, il n'est pas aisé de déterminer quelle posterité ils laisserent. Cependant il y a quelque apparence, que quelques uns de nos Archevêques descendoient de quelques uns de ces Comtes, comme nôtre S. Ennemond. Je ne doute point aussi que quelques Evêques de Mascon, de Chalon, de Langres, d'Autun, de Geneve, & quelques Archevêques de Besançon, & de Vienne, n'en pussent descendre, puisqu'ils sont dits dans leurs Vies fils de Senateurs ; ce que j'examinerai dans l'Histoire Ecclesiastique.

Fin du second Livre.

HISTOIRE CONSVLAIRE
DE LA VILLE DE LYON.

LIVRE TROISIEME.
ETAT DE LA VILLE DE LYON,
Sous les Rois de France de la Premiere, & de la seconde Race.

A Ville de Lyon aprés avoir été prés d'un siécle sous la puis- GLOVIS.
sance des Bourguignons, commença à changer de Maîtres au
même temps que la France changea de face, par la conversion de Clovis, le premier de nos Rois Tres-Chrêtiens. La
donation que fit ce Prince à l'Abbaye du Moustier saint Jean,
dans le Diocese de Langres, nous est une Epoque fidele de ce
changement. Puisque ce Prince, qui voulut faire part à l'E- *Primo nostra suscepta*
glise du fruit de ses Conquêtes, dit dans l'Acte de cette Do- *Christianitatis, at-*
nation, que c'est la premiere année aprés son baptême, & la *Gallorum anno nostra*
Conquête des Gaules, qu'il fait cette liberalité à ce nouveau Monastere, qu'il prend *consuetudini tradidit*
sous sa protection Royale. *atque commendavit.*

Or ce fut l'an de JESUS CHRIST 496. que ce Prince reçût le baptême des mains *Ex præcepto Clo-*
de saint Remy Archevêque de Rheims, & ce fut cette même année qu'il se rendit *dov. In Cod. Rou-*
maitre de Lyon, & du Royaume de Bourgogne, au delà de la Saône. Le Precepte de *Monaster li. p. 28.*
Clovis, pour cette Donation est inseré dans l'Histoire Latine du Monastere du Mou-
tier saint Jean.

Avitus écrivit à ce Prince une Lettre sur son baptême, dont il n'avoit pû assister à *Gaudeat quidem*
la ceremonie, quoi qu'il y eut été invité. Il marque en cette Lettre que ce fut la nuit *Græcia habere se*
de Noël, que se fit cette ceremonie du baptême de Clovis, puisqu'il dit que le même *principem Legis no-*
jour qui avoit commencé la reparation du monde par la naissance du Redempteur, *tra, sed non jam quæ*
avoit été le commencement du salut de ce Prince. Ainsi, dit-il à ce Roy, la naissan- *sola mereatur illu-*
ce du Sauveur est devenuë la vôtre par ce Sacrement de regeneration. Ce qui détruit *& reliquo orbi cla-*
l'erreur de nos Historiens, qui rapportent cette ceremonie au jour de Pâques. *ritas sua. Siquidem*

Aprés la mort de Clovis, ses fils se partagerent ses Etats, & Lyon échût à Clodo- *in Rege non novo no-*
mir avec Orleans, dont il fit le titre de son partage, se faisant appeller Roy d'Or- *vi jubaris lumen ef-*
leans. *fulgurat, cujus splen-*

Clotaire son frere & troisiéme fils de Clovis survécut à ses deux aisnez, qui mou- *demptoris nostri na-*
rurent sans posterité, & lui donnerent lieu de réünir tous les Etats, que leurs partages *Avitus Epist. XII.*

avoient divisez. Cette réunion ne fut pas de longue durée, puis qu'ayant laissé quatre fils, ils firent un nouveau partage. Le sort que ces Enfans choisirent pour arbitre de leurs prétensions sur les portions de leur heritage, donna à Gontran le Royaume d'Orleans, dont Lyon faisoit une partie. Les guerres que se firent ces freres ne regardent point nôtre Histoire, puisque cette Ville n'y eut aucune part, & je ne veux pas retracer les images funestes de leurs cruautez, & des morts sanglantes des freres, des enfans, & des neveux, qui font voir que nôs Princes de la premiere race n'avoient pas quitté les mœurs barbares de leurs premiers Ancêtres.

Ces regnes malheureux attirerent les fleaux du Ciel sur la France, comme raconte Gregoire de Tours, & il y eut une peste, qui fit une étrange desolation dans cette Ville, dans Bourges, Chalon & Dijon. Je reserve pour l'Histoire Ecclesiastique le Concile que le Roy Gontran convoqua en cette Ville, contre Sagittarius Archevêque d'Embrun & Salonius Evêque de Gap, qui avoient pris les armes contre le Roy, & qui furent deposez par ce Concile, auquel presida S. Nizier.

Lugdunum, Bituriis, Cavalonum, atque Divionem oppidum ab hac infirmitate valde depopulata sunt. Gregor. Turon. l. 3. cap. 3 1.

Gontran après la mort de ses deux fils adopta Childebert Roy d'Austrasie son neveu, & l'ayant fait asseoir sur une chaise pour le mettre par cette ceremonie en possession de ses Etats, il lui dit qu'un même *Bouclier nous couvre, & qu'une même Lance nous defende.*

Ce fut Brunehaut mere de Childebert, qui moyenna par ses intrigues cette adoption de son fils, autant pour avoir l'avantage sur Fredegonde, que pour satisfaire son ambition. Car ces deux femmes causerent d'étranges troubles dans la Cour, & de grands scandales dans le Royaume par leur méchante vie.

Guntchramnus Rex commovere exercitum in Hispaniam fraterie dicens, primò septimaniam Provinciam scilicet nostra ditioni, quæ Galliis est præjuncta, indignum est ne hærendorum Gothorum terminus, usque in Gallias sit extensus. Tunc commoto omni exercitu Regni sui, illuc dirigit. Gentes verò quæ ultra Ararim Rhodanumque & Sequaniam commanebant cum Burgundionibus juncta Atarico, Rhodanica fruetibus quàm de pecoribus valdè depopulati sunt multa homicidia incendia, prædasque in propriâ regione facientes, denudantes, clericosque ipsos cum Sacerdotibus ac reliquo populo ad ipsas sacratas Deo aras interimentes usque ad Urbem Nemausum processerunt. Gregor. Turon. Lib. VIII.

Gontran qui ne pouvoit souffrir que les Visigoths Arriens occupassent une partie de la France, resolut de leur porter la guerre jusqu'au delà des Pyrenées. Il leve une puissante armée de François & de Bourguignons, & pour les animer à cette guerre, leur dit, qu'il veut commencer ses Conquêtes par le Languedoc, & les enrichir des dépouilles d'une si belle Province. Ces Troupes n'attendirent pas de faire le dégat sur les terres des Ennemis, elles commencerent par ce païs, & desolerent toutes les Campagnes, qui bordent la Saône & le Rhône. On ne voyoit de tout côtez que meurtres, incendies, saccagemens, les Autels mêmes, les Temples sacrez, les Prêtres, & les choses les plus saintes sentirent la fureur de ces Soldats, qui firent ces cruels ravages jusques à la ville de Nismes.

Rhodanus cum Arari conjunctus ripas excessit grave damnum populis intulit muros civitatis aliquâ ex parte subvertit, quiescentibus verò pluviis arbores denuò floruerunt. Erat enim mensis September. Greg. Turon. L. 5. cap. 33.

Quelques années après sous le regne de Childebert, il arriva en ce païs une chose tout à fait surprenante. Le Rhône & la Saône, qui se joignent au dessous d'Aisnay, se joignirent au dessus de la Ville, du côté de saint Nizier, & renverserent une partie des Murailles, & plusieurs Edifices. Ce furent des pluyes continuelles, qui firent enfler ces rivieres, jusqu'à se répandre dans la campagne, & après que les pluyes eurent cessé, les Arbres refleurirent au mois de Septembre.

Le bon Roy Gontran faisoit sa demeure la plus ordinaire à Chalon sur Saône, tant parce qu'il avoit pris affection pour cette Ville, dont le sejour lui paroissoit des plus agreables de son Royaume, que pour être plus éloigné de Paris, où Fredegonde & Brunehaut toutes deux Tutrices de leurs Enfans pendant leur minorité, & Regentes de la portion des Royaumes qui leur étoient échûs après la mort de leurs Peres, joüoient de terribles tragedies ; ces deux femmes imperieuses ne pouvoient se souffrir, & inventoient tous les jours des moyens de se defaire l'une de l'autre & de leurs enfans, par le fer ou le poison. Le saint Roy Gontran eut peine de se garentir des mauvais desseins de ces deux femmes, dont la memoire est encore en execration dans l'Histoire pour leurs desordres scandaleux, & pour leurs attentats sur les vies des Princes, des Prelats & des Grands du Royaume.

Ce saint Roy contribua beaucoup à rétablir la pieté dans cette Ville, tant par ses charitez, que par le bon ordre qu'il y mit ; & quoi qu'il n'y demeurât pas ordinairement, cependant il y assembla un Concile pour regler beaucoup de choses, ce qui m'oblige de donner ici un abregé de sa Vie & de l'histoire de son regne, sur les Memoires de Gregoire de Tours, qui connoissoit parfaitement cette Ville, où il avoit été élevé sous nôtre Archevêque saint Nizier, son Oncle maternel. Je ne sçaurois donc mieux commencer ce recit rempli d'évenemens tragiques, qu'en me servant des paroles mêmes de cet Autheur, qui dit au commencement du Livre V. de ses Histoires,

" Que

Que c'est avec douleur qu'il entreprend de décrire les guerres civiles dont la « France fut déchirée de son temps. Que l'on voyoit ce que le fils de Dieu avoit prédit « des desordres qui arriveroient dans le monde. Que les Enfans étoient soûlevez con- « tre leurs Peres, les Peres contre leurs Enfans, les Freres contre les Freres, & les pro- « ches contre leurs proches, sans que les terribles exemples des Rois leurs Predeces- « seurs,qui s'étoient perdus par des divisions semblables, fissent impression sur leurs es- « prits, pour leur faire craindre de tomber comme eux entre les mains de leurs enne- « mis, quand ils seroient ainsi desunis. «

Ce furent les quatre fils de Clotaire ; Charibert, Gunthram, Chilperic & Sigibert, qui firent un nouveau partage du Royaume. Charibert eut la portion de Childebert, & le siege de son Royaume fut la Ville de Paris. Gunthram succeda à Clodomer, & s'établit à Orleans. Chilperic eut les Etats de Clotaire son Pere, & se tint à Soissons. Et Sigibert se tint à Rheims, comme avoit fait Thierry, ou Theodoric, dont il avoit recueilli l'appanage. Charibert & Chilperic, ne se firent connoître souverains que par leurs débauches, & par des Mariages indignes d'eux. Les deux autres pour faire voir qu'ils vouloient contracter des alliances dignes du rang qu'ils tenoient, rechercherent des filles de Rois. Sigibert fit demander Brunehault fille d'Athanagilde Roi des Visigoths, & Chilperic touché de l'exemple de son frere congedia Fredegonde qu'il entretenoit, & épousa Gasvinthe sœur de Brunehault ; mais Fredegonde la fit bien-tôt mourir, & rentra dans ses premiers commerces avec Chilperic, ce qui obligea ses freres de le priver de ses Etats, comme dit Gregoire de Tours; mais il trouva le moyen par les artifices de cette femme de remonter sur le Trône, dont il avoit été chassé.

Charibert aprés avoir repudié Ingoberte son épouse legitime, & avoir fait deux autres mariages illicites, fut excommunié par saint Germain Evêque de Paris, & mourut à Blaye en Saintonge, vers l'an 570. ses Freres se partagerent entre eux sa dépoüille.

Chilperic & Sigibert furent presque toûjours en guerre l'un avec l'autre. Mais Sigibert ayant joint ses forces avec celles de Gunthram par le moyen de Mummolus, l'un des plus celebres Capitaines de ce temps, recouvra sur Charibert son frere, tout ce qu'il avoit usurpé sur lui, vers l'an 570. qui fut l'année de la mort de Charibert, comme j'ay remarqué.

Cinq ans aprés quelques Princes Lombards passerent les Alpes pour entrer dans les Gaules, & firent de grands ravages sur la Bourgogne & les autres terres de Gunthram, jusqu'à ce que Mummolus les eut défaits, aussi bien que les Saxons, qui s'étoient joints à ces Lombards, qu'il défit aussi quelque temps aprés.

Chilperic aprés avoir envoyé son fils Theodobert ravager les terres de Sigebert, la Touraine, le Poitou, le Limosin, & le Quercy, obligea Sigebert d'appeller à son secours les Allemans, pour resister à son frere, qui avoit attiré Gunthram dans son parti. Il lui donna tant d'effroi par ce nouveau secours, qu'il le contraignit de lui demander la paix, en lui restituant les Provinces dont il s'étoit emparé. Cette paix ne dura guere, puisqu'aprés un an Chilperic recommença ses courses, & attira de nouveau Gunthram dans son parti ; mais Sigebert ayant trouvé moyen de le débaucher de cette Confederation, mit en fuite Chilperic, & s'étant rendu maître de Paris, & de toutes les Villes voisines jusqu'à Roüen ; il fut élevé sur un pavois à la maniere des autres Rois, de la premiere race, & proclamé Roy, à la place de Chilperic. Aprés quoi se disposant à aller faire le siege de Tournay, où Chilperic s'étoit enfermé avec sa Femme & ses Enfans, à peine eut-il fait marcher ses Troupes de ce côté-là, qu'il fut tué en chemin par des assassins, que Fredegonde avoit envoyez pour se défaire de lui, avec des Poignards empoisonnez. Brunehault étoit alors à Paris avec le jeune Childebert son fils, qui avoit à peine cinq ans. Il fut enlevé par le Duc Gondebaud secretement, & porté en Austrasie, qui étoit la portion du Royaume de son Pere. Brunehault dépoüillée de tous ses biens fut releguée à Roüen par Chilperic, dont le fils Merouée pris d'une folle amour pour cette Reine, qui venoit de perdre son Mary, l'épousa à l'insceu de son Pere, qui envoya des Soldats, pour le prendre ; mais ce jeune Prince craignant de tomber entre les mains de son Pere irrité, se fit tuër par un de ses Domestiques affidez, l'an 577.

Cependant le jeune Childebert regnoit en Austrasie, sous la tutele de la Reine Brunehault sa Mere, & Chilperic ayant eu de Fredegonde un fils nommé Clotaire, quatre mois aprés la naissance de ce fils, fut tuë en retournant de la chasse, l'an 584. Fredegonde accusée de l'avoir fait assassiner, fut poursuivie par Childebert, qui vouloit lui faire son procés, si Gunthram ne l'eut empêché. Car Fredegonde s'étoit mise sous sa protection avec son fils Clotaire, dont elle le pria d'accepter la Tutelle, comme il

E e

il avoit déja celle de Childebert, ce qui le fit aller à Paris, pour être Regent des Etats de ses deux Neveux.

Cet éloignement de Guntram l'obligea de laisser en ce pays, des Comtes pour le gouverner en son absence. Le premier de ces Comtes dont nous ayons connoissance fut Armentaire, dont parle Gregoire de Tours. Ces Comtes étoient chefs de la milice, de la Justice, & de la Police, & exerçoient ces trois Offices unis en un seul, & qui sont à present exercés par les Gouverneurs, ou Capitaines ; par les Juges ou Presidens ; & par les Maires, Prevosts des Marchands, ou Lieutenans de Police. Les autres Villes des Etats de Gontran avoient chacune leur Comte, particulierement celles de Bourgogne. Le même Gregoire de Tours parle d'un Comte de Châlon nommé *Gallus*, qui fut gueri miraculeusement d'une dangereuse maladie, au tombeau de saint Valerien Martir à Tournus. Gregoire de Tours, dit qu'il fut present, quand cette guerison miraculeuse arriva.

Les jalousies & l'ambition de Brunehaut & de Fredegonde donnerent bien de l'exercice au saint Roy Guntram, dont elles abusoient de la facilité, pour faire impunément ce qu'elles vouloient.

L'An XIII. du regne de Childebert, ce Prince envoya le saint Evêque Gregoire de Tours, au Roy Guntram son Oncle, qui étoit à Châlon sur Saone, pour le remercier des salutaires avis qu'il luy avoit donnez pour la conduite qu'il devoit tenir envers Dieu, & les peuples qui luy étoient soumis : Les divers changemens de Maîtres, firent souvent changer de face à cette Ville.

CHARLEMAGNE.

Elle se trouva enfin dans un état plus tranquille sous le regne de Charlemagne. Ce Prince qui unit en sa personne la dignité d'Empereur à celle de Roy, étendit si loin son domaine qu'il fut Maître de toutes les Gaules, de l'Espagne, de l'Italie & de l'Allemagne. Il établit le principal siege de son Empire à Aix la Chapelle, & fut obligé de donner à toutes les Provinces de ces vastes Etats, des Comtes pour le gouverner. Il fit de sages ordonnances pour regler la conduite de ces peuples, de nations & de mœurs differentes, & laissant à chacun d'eux les loys anciennes, selon lesquelles ils se gouvernoient, il y ajouta seulement des reglemens generaux, & des declarations sur plusieurs faits particuliers, qui avoient besoin d'éclaircissement. Ce sont ces ordonnances divisées en divers chefs, que l'on nomme encor à present Capitulaires, qui ont été publiées, & expliquées avec de savantes Notes par quelques habiles ecrivains.

Il ajouta à ces Ordonnances l'établissement des Intendans, qu'il envoyoit de temps en temps dans les Provinces, pour s'informer de la conduite qu'y tenoient les Comtes & les Magistrats, & principalement pour observer si l'on y rendoit la Justice exactement. Ces Commissaires étoient appellez *Missi Dominici*, c'est à dire des envoyez & des deputez du Prince, qu'il choisissoit parmy les Evêques, & parmy les Seigneurs de sa Cour. Les guerres que Charlemagne fit en Italie contre les Lombards, luy donnerent souvent occasion de passer par cette Ville, & le compte que luy rendit *Leydradus* l'un de nos Archevêques de ce qu'il avoit fait dans son Diocese, nous apprend que cet Empereur luy avoit fait de grandes liberalitez, que ce bon Archevêque avoit employées à reparer plusieurs Eglises, & qu'il avoit établi des écoles de Chantres, & de Lecteurs, & reglé les Offices de la Cathedrale, sur les usages de la Chapelle Royale. Car entre les soins que prit Charlemagne, d'introduire dans son Royaume l'étude des bonnes lettres, les Historiens de ce temps là disent qu'il amena d'Italie des Chantres, des Maîtres de Grammaire, & des Computistes, parce que c'étoit alors une des principales applications des Ecclesiastiques, de bien sçavoir l'ordre des temps pour regler les Fêtes mobiles, & les Offices de l'Eglise. Il envoya aussi des livres à l'Abbaye de l'Isle-Barbe, où il dressa une espece de Bibliotheque. Mais comme ces choses regardent plus l'Histoire Ecclesiastique que la Civile, je reserve à rapporter les lettres de Leydradus, & les liberalitez de Charlemagne dans cette partie de notre Histoire.

Cet Empereur avoit trois Fils, Charles, Pepin, & Loüis, qui fut depuis surnommé le Debonnaire : Craignant que ces trois Princes ne se fissent un jour la guerre pour le partage de ses biens & de ses terres, il jugea à propos d'en faire luy même le parrage avant sa mort, par un testament, qui assignat à chacun d'eux la portion qui luy étoit destinée ; afin que cette disposition ainsi faite pendant sa vie, & approuvée par tous les Ordres de l'Empire, maintint dans la paix ces enfans, & dans la possession de ce qui leur auroit été ainsi partagé.

Charta dividentis Imperii Francorum. Du Chesne. vol. 2. b. J. Franc. In nomine Domini

Charles le premier de ses Fils, eut la France, la Bourgogne au dessus de Chalon, l'Austriche, la Neustrie, la Turinge, la Saxe, la Frise, le Nortgou & partie de la Baviere.

Il assigna à Pepin l'Italie, la Lombardie, la Baviere, avec la partie d'Allemagne qui est

est au midi du Danube, & depuis le Rhin jusqu'aux Alpes. Il donna à Loüis outre l'Aquitaine & la Guyenne, dont il l'avoit fait Couronner Roy dez son enfance, le pays d'Avalon & l'Auxois, le Chalonnois, le Mâconnois, *le Lyonnois*, la Savoye, la Maurienne, la Tarentaise, le Mont-Cenis, le pays de Suze ; & tout ce qui s'étend le long des Alpes, jusques à la Mer, avec cette portion de l'ancien Royaume de Bourgogne ; qui contenoit la Provence, & la Septimanie, ou le Languedoc, avec tout le reste des terres vers le Midy ; & l'Occident, jusqu'à la Mer ; & ce qu'il avoit acquis de l'Espagne.

Comme il avoit fait le partage de ses Etats à ses Fils, il voulut aussi disposer de ses autres biens, en faveur de ses Filles, des Eglises, des Pauvres, & de ses domestiques. Eginhart qui a rapporté cette disposition dans la vie de cet Empereur, dont il étoit Secretaire, la commence ainsi.

Au Nom de Nôtre Seigneur Dieu tout-Puissant, Pere, Fils, & Saint Esprit. Voicy la division & le partage fait par le tres glorieux & tres pieux Seigneur, Charles Empereur Auguste. L'an de l'Incarnation de Nôtre Seigneur Jesus-Christ 811. de son Regne en France le 43. le 36. de son Regne en Italie, l'onziéme de son Empire, Indiction IV. Partage des biens & des tresors qui se trouvoient alors dans son Palais, & qu'il a voulu par une sage prévoyance, faire luy-même & consommer avec l'aide de Dieu, non seulement pour disposer luy-même des aumônes & charitez que tout Chrétien doit faire selon ses moyens & facultez ; mais encore afin que ses heritiers sceussent ce que chacun d'eux avoit droit de recueillir, sans avoir aucun lieu de dispute, ny de querelle pour son partage legitime.

Dans ce dessein il fit trois Lots de tous ses meubles, de l'Or, de l'Argent, des Pierreries, & des Ornemens Royaux, qui se trouvoient alors dans son Palais : & partageant encore ces Lots ou portions, de deux, il en fit vingt-une parts, pour être distribuées à autant d'Eglises Metropolitaines, comprises dans ses Etats ; Voulant que ses heritiers les missent d'abord aprés sa mort entre les mains de chaque Metropolitain à titre d'Aumône, & que chaque Archevêque fit trois parts de ce qui luy seroit livré, dont il en reserveroit deux pour son Eglise, & partageroit la troisiéme entre ses Suffragans.

Il fit mettre à part ces vingt-une portions, avec le Nom & l'Inscription des Eglises auxquelles elles étoient destinées, & des Villes où elles devoient être envoyées. Ces Villes étoient Rome, Ravenne, Milan, Forly, Grade, Cologne, Mayence, Saltzbourg, Tréves, Sens, Besançon, Lyon, Roüen, Rheims, Arles, Vienne, Tarentaise, Embrun, Bourdeaux, Tours, & Bourges, énoncées en ce même ordre. Aprés avoir fait separer toutes ces portions, & les avoir scellées de son Sceau, afin qu'on n'y touchat point, il reserva le troisiéme lot pour ses usages ; comme une chose dont il ne vouloit pas encor disposer, & qu'il retenoit ou pour le reste de sa vie, ou pour jusqu'à ce qu'il jugeroit à propos d'en disposer. Aprés sa mort, ou quand il jugeroit à propos de s'en défaire, il vouloit qu'on en fit quatre parts, dont l'une seroit ajoutée à celles des Metropolitains ; ses Fils & ses Filles, ses petits Fils & ses petites Filles devoient se partager entre eux la seconde part, & s'en accommoder par une partition raisonnable. La troisiéme devoit être distribuée aux pauvres par Charité, & la quatriéme à ses domestiques, serviteurs, & servantes, à laquelle part il voulut que l'on ajoutat tous les meubles, & utensiles de cuivre, de fer, d'airain, & de tous autres metaux, avec les habits, armes, tapis, tables, couvertures, lits, bancs, sieges, dressoirs, & tout ce qui se trouveroit dans ses garderobes, offices, & autres lieux de son Palais, afin que les portions en fussent plus considerables pour chacun de ceux à qui elles devoient être données.

Pour ce qui regardoit les meubles de sa Chapelle, tant ceux qu'il avoit fait faire luy-même, que ceux qu'il avoit eus par heritage de son Pere, il ne vouloit pas que l'on y touchat, mais qu'on les laissat tous entiers à ses Successeurs pour les usages de la Chapelle Royale. Que s'il y avoit d'autres meubles, de la vaisselle, des livres & des ornemens, qu'il n'eût pas affectez à cette Chapelle, il vouloit qu'on les vendit, aussi bien que tous les livres dont il avoit fait sa bibliotheque, & que tout l'argent qui en proviendroit, fut distribué aux Pauvres.

Entre ces meubles il y avoit dans son tresor trois tables d'argent, & une d'or fort grande & fort pesante, il ordonna que l'une de ces tables qui étoit quarrée & sur laquelle la Ville de Constantinople étoit representée, fut envoyée à Rome pour être mise au tresor de l'Eglise de saint Pierre, avec les autres presens qu'il avoit destinez pour cette Eglise. Qu'une autre qui étoit ronde, & qui representoit la Ville de Rome, fut envoyée à l'Evêque de l'Eglise de Ravenne. Que la troisiéme qui étoit faite en trefle de trois ronds unis, sur lesquels les trois parties du monde étoient gravées d'un ouvrage

Juxta Metropoliti carum civitatum numerum XX. & una esse noscuntur, unaquaeque ab altera sequestrata seorsim in suo repositorio cum superscriptione civitatis ad quam perferenda est, recondita jacet. Nomina vero Metropoliticarum Civitatum ad quas eadem eleemosyna vel largitio data est, haec sunt. Roma, Ravenna, Mediolanum, Forum Julii, Gradus, Colonia, Maguntiacum, Juvavum, quae & Saltzburg, Treveris, Senones, Vesontium, Lugdunum, Rotomagus, Remis, Arelas, Vienna, Darantasia, Ebrodunum, Burdigala, Turones, Bituriges. Unius autem partis quam integram reservari voluit, talisque ratio est, ut illis duabus in supradictas divisiones distributis, & sub sigillo recondita, hac tertia in usu quotidiano versaretur, veluti res quam nulla voti obligatione a dominio possidentis alienatam esse constaret: hoc tamdiu quoad usque vel ipse superstes esset, vel usum eius sibi necessarium iudicaret. Post obitum vero suum, aut voluntariam secularium rerum abdicationem in eadem pari quatuor subdivisionibus secaretur. Ea sua quidem earum supradictis XX. & uni partibus adderetur. Altera a filiis ac filiabus, nepotibusque ac neptibus suis assumpta iusta ac rationabili inter eos partitione divideretur. Tertia vero consueto Christianitatis more in usum pauperum erogaretur. Quarta simili modo nomine eleemosynae in servorum & ancillarum usibus palatii famulantium sustentationem distributa veniret. Ad hanc tertiam totius summae portionem, quam simpliciter ut cæteras ex auro & argento constar, adjungi voluit omnia ex aere & ferro aliisque metallis, vasa atque utensilia, cum armis & vestibus aliisque pretio sive vili sive facto supellectili, ut pote cortinae, stragula tapetia, fulcra, coria, sagmata, & quidquid in camera atque vestiario eius eo die fuisset inventum, ut ex hoc maiores illius parti divisiones fierent, & erogatio Eleemosynae ad plures pervenire potuisset.

Capella, id est Ecclesiasticum ministerium, tam id quod ipse fecit, atque congregavit, quam quod ad eum ex paterna hæreditate pervenit, ut integrum esset, neque ulla divisione scinderetur, ordinavit. Si qua autem invenirentur, aut vasa, aut libri, aut alia ornamenta, quae liquido constarent eidem Capella ab eo collata non fuisse, is qui habere vellet, dato iusta aestimationis pretio, emeret & haberet. Similiter & de libris quorum magnam in Bibliotheca sua copiam congregavit, statuit ut ab illis, qui eos habere vellent, iusto pretio fuissent redempti, pretiumque in pauperum erogatum. Inter caeteros thesauros atque pecuniam tres mensas argenteas, & auream unam praecipua magnitudinis & ponderis esse constat. De quibus statuit atque decrevit, ut una ex iis qua forma quadrangulari descriptionem urbis Constantinopolitanae continet, inter caetera donaria, quae ad hoc deputata sunt Romam ad Basilicam B. Petri Apostoli deferatur: & altera quae forma rotunda, Romanae Urbis effigie insignita est, Episcopo Ravennatis Ecclesiae conferatur. Tertiam, quae caeteris & operis pulchritudine complectitur, & ponderis gravitate multum excellit, quae ex tribus orbibus connexa, totius mundi descriptionem subtili ac minuta figuratione complectitur: & auream illam, quae quarta esse dicta est in tertia illius, & inter haeredes suos, atque in Eleemosynam dividenda partis augmentum esse constituit.

Hanc constitutionem atque ordinationem coram Episcopis, Abbatibus, Comitibusque, qui tunc praesentes esse potuerunt, quorumque hic nomina scripta sunt, fecit atque constituit. Episcopi, Hildebaldus, Richolfus, Arnulfus, Vulfarius, Bernuinus, Laydradus, Joannes, Theodulfus, Jesse, Heito, Vualdgaudus. Abbates. Fridugisus, Adalungus, Engilbertus, Hirminio, Comites, Vualach, Meginherius, Odulfus, Stephanus, Unrochus, Burchardus, Meghinardus, Hatto, Richwoinus, Edo, Erchengarius, Geraldus, Bero, Hildigernus, Rienifus.

Charles & Pepin moururent avant l'Empereur leur Pere; ce qui servit à élever Loüis son troisiéme Fils, surnommé le Debonnaire à la dignité d'Empereur. Car l'an 813. Charlemagne étant malade à Aix la Chapelle y appella ce fils, qui étoit en Aquitaine que Charles avoit erigée en Royaume, en faveur de ce Fils, né à Chassenüeil en Agenois, l'an 778. & qu'il investit de ce Royaume, tout enfant qu'il étoit. Il établit en même temps des Comtes à Tolose, à Poitiers, à Bourges, & en d'autres Villes pour gouverner les Etats de ce jeune Prince.

LOUIS LE DEBONNAIRE.

Loüis étant donc arrivé à Aix la Chapelle, l'Empereur son Pere l'associa à l'Empire, lui ayant mis solemnellement la Couronne sur la teste. Il donna en même temps à Bernard fils de Pepin son second fils qui étoit decedé, le Royaume d'Italie que son Pere avoit tenu, & luy ordonna d'en aller prendre possession, avec le titre de Roy.

Il voulut aussi pour regler les Eglises de son Royaume, & pour en corriger les abus, que les Prélats tinssent des Synodes & des Assemblées dans leurs Provinces, l'une à Mayence pour l'Allemagne, une autre à Rheims pour la Belgique, une à Chalon sur Saône pour l'Aquitaine, une à Tours pour la Province Lyonnoise, & la Bourgogne, & une à Arles pour la Provence, & la Septimanie. Il se fit même rapporter toutes les Ordonnances que l'on avoit faites en ces assemblées, pour les revoir, & en fit conserver des copies authentiques dans ses Archives, tant ce Prince étoit exact en tout ce qui regardoit les devoirs d'un Empereur, & sur tout pour la conduite de l'Eglise pour laquelle il avoit un zele merveilleux & digne d'un Empereur tres Chrétien. Enfin étant mort l'an 814. Loüis son fils qui étoit en Aquitaine se rendit aussitôt à Aix la Chapelle où il fut saluë Empereur par tous les ordres de l'Empire, & reçut des Ambassades solemnelles de tous les Souverains ses Alliez. Quatre ans après il fit Couronner Lothaire son fils aîné, & l'associa à l'Empire, & donna aux deux autres Pepin & Loüis, l'Aquitaine, & la Baviere ou l'Allemagne, avec les titres de Rois.

Cependant Bernard son Neveu qui regnoit dans l'Italie s'étant laissé persuader par quelques Seigneurs de sa Cour, de secoüer le joug de la dependance, & de se rendre le maître absolu de ses Etats, en fermant tous les passages par où l'on pouvoit entrer dans l'Italie, & en les faisant garder par des troupes de Soldats, Loüis qui en fut averti assembla une armée nombreuse de François & d'Allemans, & se mit en chemin pour aller le contraindre de rentrer dans son devoir. Le jeune Prince qui vit bien qu'il n'étoit pas en état de resister à tant de forces, eut recours à la Clemence de l'Empereur, & l'étant venu joindre à Chalon sur Saône, il se mit entre ses mains après avoir mis bas les armes. L'Empereur remit l'affaire à son Conseil & s'étant assuré de tous les Autheurs de cette conspiration, il se retira à Aix la Chapelle, où il passa le Carême, & peu de temps après Pâques, Bernard & ses adherans ayant tous été de-

Bernardo Nepoti suo filio Pippini Regnum Italiae concessit. Qui quoniam ab eo paulo post defecit,

clarez criminels de Leze-Majesté ; il se contenta pour les punir, de leur faire crever les yeux, & à l'égard des Evêques qui se trouverent engagez dans ce parti, il les fit juger par une assemblée de Prelats, qui les condamnerent à être depossedez & enfermez dans des Monasteres selon l'usage de ces temps-là. Nithard dit que ce fut Bershmond Gouverneur de Lyon qui fit crever les yeux à Bernard, & qui le fit mourir.

capitur & à Berismundo Lugdunensis Provinciæ Præfecto luminibus pariter & vitâ privatur. Nith. hist. l. 1. s. 18.

Quelques années après une partie de l'Espagne s'étant soulevée, & les Sarrasins y faisant de grands progrès, l'Empereur resolut d'y envoyer son Fils Lothaire avec une puissante Armée. Ce Prince passa par Lyon, où il s'arrêta quelque temps, pour apprendre des nouvelles de l'armée des Sarrasins, & tandis qu'il attendoit le retour de ses Envoyez, son frere Pepin passa aussi par Lyon ; où ils s'abboucherent ensemble, & traiterent des moyens de reprimer l'insolence de ces Barbares. Mais ils apprirent bien-tôt qu'ils s'étoient retirez sur le bruit des approches de leur Armée. Ainsi les deux freres se separerent. Pepin retournant en Aquitaine, & Lothaire à Aix la Chapelle auprès de l'Empereur son Pere.

Eginhart Annales 828.

Quoyque l'Empereur Charlemagne eut fait plusieurs Ordonnances pour regler la conduite des peuples, qui étoient soumis à son Empire, il les avoit cependant laissé dans la possession, où il étoient de se gouverner selon leurs Lois, leurs usages & leurs Coûtumes differentes. Ainsi les Romains avoient leurs Lois, les Francs avoient leur Loi Salique, les Visigoths, les Lombards, les Bavarois, les Saxons, les Bourguignons, les Goths, avoient chacun leurs Lois particulieres, que Lindembrog à recüeillies en un Corps, qui a pour titre *le Code des Lois Anciennes.* Ce païs se gouvernoit selon les Lois des Bourguignons, que Gondebaud avoit publiées en cette Ville, l'an 501. comme j'ay remarqué au Livre precedent. Nôtre saint Archevêque Agobard, ayant succedé à Leydradus, qui s'étoit retiré au Monastere de saint Medard de Soissons ; pour y finir ses jours paisiblement, ne put long-temps souffrir, que ces Lois établies par un Prince soupçonné d'Arrianisme, & où il lui sembloit, qu'il y avoit des maximes contraires à la loi Chrêtienne, subsistassent sous des Rois & des Empereurs tres-Chrêtiens.

Codex Legum antiquarum.

Par ces Lois, qui laissoient aux Romains, aux Bourguignons, & aux Francs la liberté de vivre chacun selon leurs Lois, & d'avoir leurs Iuges particuliers ; qui devoient les juger selon ces Lois & ces usages, il leur étoit defendu quand ils étoient appellez en jugement de se justifier par des témoins qui fussent du même usage, & à ce défaut la Loi gombette permettoit le duël, & d'autres preuves de cette nature, d'elles-mêmes fort incertaines, & dans lesquelles l'innocent pouvoit être opprimé aussi bien que le coupable, Dieu ne s'étant pas obligé de faire des miracles pour faire connoitre l'innocent & le coupable.

Agobard, qui n'étoit pas moins zelé pour les interêts de la Religion, que capable de combattre les erreurs opposées à ses maximes, fut à peine monté sur le siege Metropolitain de nôtre Eglise, dont il avoit été Coadjuteur sous son Predecesseur Leydradus, qu'il se crut obligé de presenter à l'Empereur une Requête, pour lui demander qu'il abrogeat des Lois qui lui paroissoient contraires aux maximes de l'Evangile, & voici la maniere dont il dressa sa Requête.

" Seigneur Empereur tres-benin, je conjure vôtre sagesse aussi bien que vôtre bonté, qui sont l'une & l'autre sans mesure, de daigner lire avec une pleine attention " ce memoire que je prens la liberté de vous presenter ; & de le considerer pour l'a-" mour que vous portez à JESUS-CHRIST nôtre Seigneur, Souveraine, & inalterable " Verité : puisque tout ce qui est écrit en ce memoire est tiré de ses paroles, & des " Saintes Lois de celui qui tient vôtre Empire & vos Etats sous sa protection divine. " Ne trouvez donc pas mauvais que le plus petit des hommes ose presenter cet écrit au " plus grand & au plus élevé des Souverains. "

Aprés cette insinuation modeste, le saint Archevêque expose à l'Empereur plusieurs passages de l'Ecriture sainte, qui font voir que tous les Fideles ne font qu'un même corps, qu'ils sont freres, & comme dit saint Paul, qu'ils ont le même Dieu, la même foy, les mêmes Sacremens, & les mêmes Esperances, & que devant Dieu, il n'y a nulle distinction entre le Seigneur & le Serviteur, le Libre & l'Esclave, le Romain, le Lombard, le Bourguignon, & l'Alleman.

Aprés quoy il prie l'Empereur de considerer, si la diversité des Lois, & des Coutumes établies parmi ces Nations, n'est point contraire à la Loi de Dieu, qui est une Loi d'union & de charité. Et si la paix & la bonne intelligence peuvent être gardées dans une Ville, & dans une Maison où l'un se dira Franc & Salique, un autre Bourguignon, un autre Visigoth, un autre Goth ou Lombard, qui n'auront rien de commun entre eux à l'égard des affaires Civiles, quoi qu'ils soient tous Chrêtiens & de même Religion, & qu'il est comme impossible dans cette diversité d'usages d'avoir le même Esprit. Principalement nul d'entre eux ne pouvant rendre témoignage à l'autre dans les jugemens, quoi qu'ils soient gens de bien, irreprochables en leurs mœurs & d'une probité connuë.

Quel bien revient à l'Etat, ajoute-t'il, par cette Loi Gombette, dont l'Auteur étoit heretique, & ennemi de la foy Catholique, pour défendre un Chrétien homme de bien de porter témoignage pour un autre qui fait profession de vivre selon cette loi, qui à present ne regarde que fort peu de gens, y en ayant tres-peu qui se disent Bourguignons selon les usages de cette Loi ? Loy, continue-t'il, si absurde, que si un homme à l'impudence de faire quelque méchante action en plein marché ; quelques témoins qu'il y ait pour le convaincre du crime qu'il a commis, si ces témoins ne sont pas sujets à la loi Gombette, ils ne sont point reçus à déposer, & le criminel en sera quitte à s'en purger par un parjure, parce que selon cette Loi, faute de témoins, il sera reçu à son serment, & il en sera quitte pour assurer avec un faux serment, qu'il n'a pas fait l'action dont on l'accuse.

Il supplie ensuite l'Empereur, d'introduire la Loy des François en ce païs, & de supprimer les duëls, permis par la loi Gombette, dont il fait voir l'injustice.

Le saint Archevêque obtint de l'Empereur ce qu'il demandoit, la Loi Gombette fut abolie, & les Ordonnances Capitulaires de Charlemagne furent reçuës en tout ce païs avec les *Canons Gallicans*, c'est à dire les Ordonnances faites par les Evêques dans les Sinodes Provinciaux, ou Nationaux tenus par ordre de nos Rois en diverses Villes, de leurs Etats, Synodes où Conciles qui ont été recüeillis par le P. Sirmond, & unis tous en un corps avec ceux qui furent tenus après.

Si nôtre Agobard réüssit en l'affaire des Lois des Bourguignons, il ne fut pas aussi heureux en l'affaire des Juifs, qu'il entreprit avec beaucoup plus de chaleur, comme une affaire des plus importantes au bien de la Religion.

Affaire des Juifs.

L'occasion de ces troubles vint de ce que le saint Prelat, avoit reçu au Bapteme une femme esclave qui étoit Juifve, & au service d'une famille Juifve ; Les Juifs qui étoient établis en cette Ville, en porterent leurs plaintes à un Seigneur de la Cour, établi par l'Empereur le Juge, & comme le Gardiateur des Juifs, sous le titre de Maitre des Juifs. Ce Maitre des Juifs, quoique Chrétien, les favorisoit, non seulement parce qu'il croyoit être de son devoir de les proteger, pour s'acquiter de son emploi ; mais encore parce qu'il en tiroit de grosses sommes d'argent, & qu'il preferoit ses interets temporels à ceux de sa Religion ; jusque-là, que les Juifs se vantoient d'avoir un rescript de l'Empereur, qui défendoit de baptiser les Esclaves des Juifs, contre la volonté de leurs Maitres. On ne cessoit aussi de persecuter l'Esclave qui avoit été baptisé, ce qui obligea le saint Archevêque d'écrire à la Cour, pour justifier sa conduite, & pour mettre à couvert des insultes & des persecutions des Juifs, cette nouvelle Chrétienne. Il écrivit deux fois, sur le même sujet. La premiere fois il s'addressa à Adalard Abbé de Corbie, parent de l'Empereur, à Vvala frere d'Adalard, & à Helisachar Chancelier de l'Empereur.

Magister Judæorum.

Quoddam præceptum Judæi circumferunt, quod sibi datum ab Imperatore gloriantur, in quo continetur, ut mancipium Judaicum absque voluntate domini sui nemo baptisset. Agobardus Epist. ad proceres.

Aux tres-Reverends, & tres-saints Peres & Seigneurs Dom Adalard, Dom Vvala, & Dom Helisachar.

,, Dernierement après avoir été au Palais prendre congé de l'Empereur, & demander
,, la permission de me retirer dans mon Diocese, vous eutes la bonté de m'entendre lors-
,, que me justifiois modestement contre ceux qui soutenoient le parti des Juifs, qui
,, avoient porté à la Cour des plaintes contre moy. Et après que j'eus répondu aux
,, chefs principaux des accusations que l'on faisoit contre moy, vous vous levates, &
,, je vous suivis jusqu'à la porte du Cabinet, où vous entrates pour parler au Prince,
,, tandis que je vous attendois au dehors. Vous m'appellates peu après pour entrer, &
,, je n'eus point d'autre parole de l'Empereur, sinon que je pouvois me retirer quand je voudrois, sans que je pusse rien apprendre, ni de ce que vous aviez dit au Prince, sur le sujet de ma venuë, ni de quelle maniere il avoit reçu le rapport, que vous lui aviez fait, ni ce qu'il avoit répondu. Je n'ay pas osé depuis vous approcher dans la crainte que j'avois de vous être importun, & plûtost par chagrin d'avoir si mal réüssi dans mon entreprise, & par la défiance des lumieres de mon petit esprit que pour manquer de raisons pour justifier ma conduite. Car je me retiray si troublé de cette audience si peu favorable, que je ne sçû plus où j'allois, sinon que je me retiray dans mon Logis, plein de confusion & de douleur. Je vous écrirois les justes causes de ma douleur, si je ne craignois de vous chagriner. Cependant si vous le permettez, le porteur de la presente, vous pourra dire certaines choses, que je ne crois

pas devoir vous celer, & qu'il m'eſt important que vous ſçachiez, & ſur quoy je vous prie de me donner vos avis, & de me conſeiller ce que je dois faire, dans une affaire qui regarde la gloire de Dieu; c'eſt touchant quelques Eſclaves des Juifs, qui ayant été élevez dans le Paganiſme, nous entendant preſcher des myſteres de nôtre foy, voyant nos ſaintes ceremonies dans les jours ſolemnels, & touchez de componction, deſirent d'entrer dans l'Egliſe, & de ſe faire Chrétiens, pour être comme nous membre du corps de JESUS-CHRIST. Ils ſe jettent entre nos bras & demandent le baptême. Je vous demande ſi nous devons les recevoir, ou ſi nous devons leur refuſer ce qu'ils demandent. La raiſon que j'ay pour les recevoir, eſt que je conſidere qu'il n'eſt point d'homme de quelque condition qu'il ſoit, qui ne ſoit la creature de Dieu, & que celui qui les a formez, qui leur a donné la vie, qui les conſerve, qui leur donne la ſanté, & les forces, a plus de droit ſur eux, que ceux qui pour vingt ou trente Ecus ſe ſont rendus maitres de leurs corps pour les employer à leur ſervice. Car il n'eſt perſonne qui puiſſe nier que tout ſerviteur qui eſt obligé d'employer ſes forces corporelles pour le ſervice de ſes maitres temporels, ne doive à ſon ſeul Createur toute l'application de ſon eſprit pour les exercices de la Religion. C'eſt pour cela que les ſaints Predicateurs compagnons & ſucceſſeurs des Apôtres, qui annonçoient l'Evangile à toutes les Nations, & qui leur adminiſtroient le baptême, n'attendoient pas le conſentement des maitres pour baptiſer les Eſclaves; mais ſçachant & preſchant, que les maitres & les ſerviteurs, ont un même Seigneur & un même Dieu, ils les baptiſerent tous également, & les réünirent tous indifferemment en un corps comme Freres & Enfans de Dieu, voulant qu'ils demeuraſſent dans l'état & dans la condition où la Providence les avoit mis, quoi qu'ils tâchaſſent de leur procurer la liberté, quand ils pouvoient les délivrer de la ſervitude.

Ne ſeroit-ce pas en effet une étrange cruauté de rebuter ceux d'entre les Payens, qui viennent à nous, pour ne pas déplaire à leurs maitres charnels, lorſque nous ſçavons que nul n'a de domaine ſur les ames, que celui qui les a créées? Ajoûtez à cela, que ſi nous loüons le zele de nôtre Religieux Empereur, quand il fait la guerre aux Infideles, pour les ſoumettre à JESUS-CHRIST, & pour leur faire embraſſer nôtre Religion, c'eſt auſſi une action de pieté de ne pas rebuter ceux qui entre ces Infideles deſirent de recevoir le ſaint Baptême. Cependant nous ne pretendons pas par là, que les Juifs perdent ce qu'ils ont donné pour acheter ces Eſclaves; nous leur offrons ſelon les Edits de nos Empereurs précedens de leur rendre le prix qu'il leur ont coûté, mais ils ne veulent pas en convenir, ſe flattant qu'ils ſont appuyez au Palais par les Magiſtrats, & qu'ils y ſont écoutez preferablement à tout ce que nous y pourrions dire au contraire.

Voilà ſur quoi je vous demande conſeil, & ſur quoi je vous prie de me faire ſavoir quelle eſt l'intention de l'Empereur, ce qui ne ſeroit pas neceſſaire, ſi celui que l'on a établi Maitre des Juifs étoit plus ſoigneux de garder les ordres qu'on lui a donnez. Car s'il vouloit bien ſe donner la peine de conſiderer quel eſt nôtre Miniſtere, comme vous lui avez ordonné de le faire, il verroit que comme nous ne voulons point l'inquieter dans ſes fonctions, ni nous y ingerer, nous n'aurions pas eu beſoin de vous conſulter ſi ce n'eſt peut-être pour être mieux inſtruits des devoirs de nôtre Charge. Nous n'aurions même aucun demêlé avec les Juifs, s'il avoit voulu agir raiſonnablement avec nous. Je vous conjure donc par la charité que le ſaint Eſprit a répanduë dans vos cœurs, de conſoler vôtre ſerviteur, & de le tirer de la peine où il ſe trouve. Car ſi je refuſe aux Juifs, & à leurs ſerviteurs le Baptême, je crains la damnation eternelle, & ſi je le leur accorde, je crains d'irriter les hommes & d'attirer ſur nous des perſecutions facheuſes, dont je n'ay rien voulu vous écrire dans cette lettre, mais j'en ay dreſſé un petit memoire dans un écrit ſeparé, afin que vous en ſoyez inſtruits. Pardonnez-moy, je vous prie, toutes mes importunitez, & conſiderez que je ne puis moins faire en une occaſion où il s'agit des intereſts de l'Egliſe, de la Foy, & de Dieu même.

Quoyque le voyage du ſaint Evêque à la Cour de l'Empereur n'eût pas eu tout le ſuccez qu'il pouvoit deſirer, il ne laiſſa pas de continuer ſes ſoins & ſa vigilance pour empêcher que les Juifs ne nuiſiſſent aux Chrêtiens, ainſi aprés avoir fait la viſite de ſon Dioceſe, il écrivit à l'Archevêque de Narbonne Nibridius pour luy communiquer le deſſein qu'il avoit d'empêcher autant qu'il pourroit, que les fideles de ſon Dioceſe n'euſſent de commerce avec les Juifs. Voicy ſa lettre.

Au tres-ſaint Pere Nibridius, Agobard ſouhaite un ſalut éternel en Dieu le Pere & Nôtre Seigneur JESUS-CHRIST.

Si j'étois moins éloigné de vous, & ſi les choſes étoient dans un état plus

„ tranquille qu'elles ne sont à present, je serois ravi de vous voir souvent, &
„ de traiter avec vous, soit en public, soit en particulier, pour vous demander con-
„ seil sur bien des choses; & pour recevoir vos lumieres & vos instructions sur la
„ conduite que je dois tenir dans les plus petites affaires, aussi-bien que dans les
„ plus importantes. Mais puisque l'éloignement des lieux ne me permet pas de vous
„ voir aussi souvent que je desirerois; vous voulez bien que je vous propose par mes
„ lettres les doutes que je ne puis pas vous exposer de vive voix. J'ay besoin de vô-
„ tre secours, ou plûtôt mon Eglise en a besoin, afin qu'où mes forces manquent pour
„ m'acquiter de mes devoirs, vous me souteniez de vos conseils, comme d'un bouclier,
„ & d'un rempart inexpugnable, qui me fortifiera dans mes foiblesses, & m'empê-
„ chera de succomber.

Vous sçaurez donc, mon tres Reverend Pere, que faisant cette année la visite de mon Diocese, pour tâcher d'y regler ce qui devoit être reglé, & d'y corriger les abus. Je me suis crû obligé, pour garder les saints Canons, & pour obéïr à la Loy de Dieu, de dénoncer à tous les Fideles de mon Diocese, s'ils vouloient conserver la Foy, de n'avoir nul commerce avec les infideles; je veux dire avec les Juifs. Car Dieu-mercy il n'y a plus de Payens en ce pays, mais il y a quantité de Juifs, qui demeurent en cette Ville, & qui sont repandus dans tous les lieux circonvoisins. Or il me semble qu'il est indigne de voir les enfans de lumiere, se mesler avec les enfans de tenebres, & que l'Eglise de Dieu qui doit être sans tache pour être agreable à son Epoux celeste, ait des communications avec la Synagogue, après qu'elle a été repudiée. Une Vierge aussi sainte & aussi chaste qu'est l'Epouse de Jesus-Christ, ne doit pas frequenter une prostituée, ny boire & manger avec une decriée, dont la frequentation ne peut que la porter à toutes sortes de crimes, & la mettre en danger de perdre la foy. Nous ne voyons déja que trop que quelques-uns de nos Chrêtiens par les habitudes qu'ils ont avec les Juifs, observent avec eux le jour du Sabath, & violent le saint jour du Dimanche, par des œuvres serviles, & ne gardent pas les jours de jeune. Plusieurs femmelettes entrent parmi eux, en qualité de servantes, & se laissent insensiblement corrompre. Tous enfin, sont en danger de se perdre, ou s'engageant à leur service, ou se faisant esclaves de leurs passions; ou se laissant surprendre à leurs dangereuses persuasions, quand ils leur disent qu'ils sont les descendans des Patriarches, les Enfans des Saints, & la race des Prophetes. Ce sont les artifices dont ces enfans des démons se servent pour tromper les ignorans, qui les entendent débiter ces réveries avec un ton d'arrogance, & dire à nos Chrêtiens qu'ils sont la Nation pecheresse, un peuple chargé d'iniquité, des Enfans de crime, une semence maudite, que leurs Peres sont les Amortheens, leurs Meres la race de Chanaan, & qu'ils viennent des Princes de Sodome, & des habitans de Gomorrhe, contre lesquels leurs Prophetes inspirez de Dieu, ont si souvent prononcé anatheme, & malediction. Saint Jean-Baptiste le Precurseur du Seigneur, ne les a t-il pas appellez race de Viperes, & le Sauveur lui-même n'a t-il pas dit, que c'étoit une race méchante, maligne, perverse & adultere? D'où vient donc que des gens simples, & des personnes du peuple, & de la Campagne, sont si abusez, que de croire que ce soit le peuple de Dieu, & qu'il n'y ait de veritable religion que parmi eux? que leur foy est meilleure & plus certaine que la nôtre; comme ces personnes grossieres & séduites osent le dire tous les jours entre eux. Voyant donc que cette creance se répandoit parmi les peuples, dont Dieu m'a confié le soin & la conduite, & que le mal croissoit de jour en jour, j'ay crû qu'il étoit de mon devoir d'arrester le cours d'un tel desordre, & que je devois tendre la main à ces brebis égarées, qui perissoient & qui s'éloignoient de la verité pour se jetter dans l'abîme de l'erreur. J'ay voulu à l'exemple de la loy de Dieu, qui défendoit autrefois aux Juifs de contracter alliance avec les Gentils, leur défendre de boire & de mâger avec eux, de peur que par ce commerce, ils ne quittassent le culte & le service du vrai Dieu, pour embrasser l'idolatrie. J'ay voulu dis-je, défendre aussi à nos Chrêtiens toute communication avec les Juifs, de peur qu'en conversant & traitant avec eux, ils n'abandonnent la foy, & ne s'engagent insensiblement dans leurs erreurs. Car nous ne devons pas attendre d'en convertir aucun par la douceur & l'honnêteté dont nous pourrions user à leur égard; mais nous devons craindre, qu'ils n'empoisonnent de leur venin ceux qui mangent avec eux.

C'est là, si je ne me trompe, la voye qu'ont tenuë nos Predecesseurs, selon les Canons de l'Eglise, que nous tâchons de suivre le plus exactement qu'il nous est possible, dans la juste apprehension que nous avons de voir perir des ames que Dieu nous a confiéées, & dont il nous demandera un jour conte. Quelques Intendans envoyez de la part de l'Empereur, & particulierement Evrard, qui est à present maître des Juifs, ont

fait

fait ce qu'ils ont pû pour s'opposer à nos desseins, & pour rendre inutiles toutes les sages précautions que nous pouvons prendre, sous prétexte de quelques Edits, qu'ils disent venir de la part de l'Empereur. Ausquels je n'ay point voulu me tenir, pour conserver la verité de la Loi divine, & les saints Decrets de nos Peres. Je n'ay eu garde d'acquiescer à de semblables Ordonnances, si fatales à la Religion, & je n'ay pû me persuader, qu'un Prince aussi pieux que le nôtre, voulut rien ordonner contraire aux saints Canons, & si dangereux pour l'Eglise, puisqu'il s'est toûjours appliqué avec tant de zele & de vigilance, & avec tant de pieté à faire observer la Loi de Dieu, à maintenir l'authorité des Constitutions sacrées, & à procurer que l'Eglise non seulement se conserve dans toute son integrité; mais qu'elle s'amplifie & s'étende par tout le monde. C'est pourquoi tres-saint Pere, je vous conjure, vous qui êtes une des plus fortes Colonnes de la Maison de Dieu: de demeurer ferme, & inébranlable dans l'observance de la Loi de Dieu, de vous opposer à ces tempêtes, de resister vigoureusement à ces vents, à ces tourbillons, qui attaquent l'Eglise solidement établie sur la pierre, vous souvenant que les flots peuvent bien heurter contre, mais qu'ils ne sçauroient l'ébranler, & bien moins la renverser; puisque les portes de l'Enfer ne prevaudront jamais contre Elle.

Vous sçavez d'ailleurs, mon Venerable Pere, que tous ceux qui sont sous la loi, sont sous la malediction, qu'ils en sont enveloppez comme d'un vêtement: qu'ils en sont penetrez jusques aux os, & dans les moüelles; qu'ils sont maudits & aux Champs & à la Ville: en entrant & en sortant; que leurs Enfans, leurs Animaux, & leurs Fruits sont sujets à la méme malediction; leurs Greniers, leurs Caves, leurs Celliers, & leurs Offices, aussi bien que leurs Viandes & les restes de leurs Repas, & qu'ils ne peuvent être délivrez de ces maledictions, que par celui qui s'est fait lui même malediction pour nous sauver. Vous savez aussi que non seulement, il faut éviter ceux qui ne veulent pas recevoir la predication de l'Evangile; mais encore que l'on commande au sortir de leurs Maisons & de leurs Villes, de secoüer la poussiere de nos pieds, & qu'au jour du Jugement ils seront traitez avec plus de rigueur que ceux de Sodome & de Gomorrhe. Demeurez donc ferme dans l'observance de la Loi, & des saints Canons. Retenez dans le devoir ceux qui sont sous vôtre conduite, faites leur craindre les Jugemens de Dieu, empêchez les de communiquer avec ceux qui sont dans la malediction, & dans la voye de damnation. Enfin, animé d'un saint zele exhortez les Evêques, & vos Confreres qui sont vos voisins, à s'unir avec vous dans ce dessein, afin qu'agissant tous de concert & dans le même esprit, nous ôtions de l'Eglise un si grand mal. Faisons la joye de cette sainte Mere, en conspirant tous ensemble d'un commun consentement, avec la même force, la même sagesse, & la même vigueur à accomplir la volonté & le desir de nôtre saint Redempteur, qui a prié son Pere pour nous, & pour ceux qui devoient croire en lui, par le moyen de sa parole, afin qu'étant tous unis ensemble, nous ne soyons qu'une même chose avec lui, comme il l'est avec son Pere, & son Pere dans lui. Nous avons enfin, une si grande confiance en vous, que nous croyons que ce grand dessein subsistera si vous l'appuyez, ou tombera, si vous l'abandonnez, ce qu'à Dieu ne plaise, mais qu'au contraire ce Dieu dont la patience est infinie, & qui nous remplit de consolation, nous donne toûjours à l'un & à l'autre des sentimens conformes à la sagesse de JESUS-CHRIST, afin que d'un commun accord nous honorions & glorifions nôtre Dieu, & le Pere de Nôtre-Seigneur JESUS-CHRIST.

La teneur de cette Lettre fait assez voir quel étoit le zele de nôtre Prelat, & comment il avoit à cœur d'empêcher ces communications des Fideles avec les Juifs. Aussi ne s'en tint il pas à cela, mais sans se rebuter, ni des traverses de la Cour, ni des insultes du Commandant des Juifs, qui le menaçoit, & le traversoit dans tous ses desseins pour le bien de la Religion, & la conduite de son Diocese, il n'abandonna point sa poursuite. Il tenta une seconde Requeste & sçachant qu'Adalard, neveu de l'Empereur, à qui il s'étoit addressé la premiere fois, pour l'introduire auprès de ce Prince, avoit été disgracié & relegué dans le Monastere de Nermoustier, pour avoir été soupçonné d'avoir eu quelque part à la conspiration de Pepin son Pere Roi d'Italie, qui s'étoit revolté contre l'Empereur son Frere, il s'addressa à Hilduin, qui étoit le Prelat de la Cour, c'est à dire, Grand Aumônier ou Archichappelain, & à l'Abbé Vvala, & leur écrivit cette Lettre.

A Mes Seigneurs, tres-saints & tres illustres Hilduin, Prelat du sacré Palais, & l'Abbé Vvala. Agobard, le plus humble de tous leurs serviteurs.

Si je prens la liberté de vous écrire & de m'addresser à vous, c'est parce que je sçay

Dominis, & sanctissimis beatissimis, viris illustribus, Hilduino sacri Palatii antistiti, & Vvala Abbati Agobardus servulus.

que vous êtes les principaux Ministres, & presque les seuls auprés de la personne sacrée de nôtre Empereur tres-Chrêtien, pour les affaires de la Religion, & que pour cela l'un de vous est toûjours à la Cour, & l'autre y va tres-souvent. Afin que vous l'in-
struisiez de ce qu'il doit faire touchant les œuvres de pieté, pour s'en acquitter sagement, & selon toutes les regles de la prudence Chrétienne. J'ay écrit pour cela à
chacun de vous un memoire assez court touchant une femme Juifve, qui par la grace du Seigneur, a quitté le Judaisme pour embrasser la Religion Chrétienne ; ce qui a
attiré sur elle de grandes persecutions, & vous ne sçauriez faire une plus grande charité, que de l'en délivrer. Voici la cause de cette persecution, dont il est important
que vous soyez instruits, pour empêcher les suites fâcheuses, que cette affaire pourroit avoir avec le temps. Les Juifs se vantent d'avoir un Edit de l'Empereur, par lequel, disent ils, il défend de recevoir au saint Baptême aucun serviteur des Juifs, sans
le consentement de leurs Maitres. Or nous ne pouvons croire qu'un Edit de cette sorte, si contraire aux regles de la discipline Ecclesiastique, soit emané de la sagesse
d'un Empereur si Chrétien & si Religieux. Car vous n'ignorez pas, Messeigneurs, le
commandement que le Sauveur fit à ses Apôtres dés le commencement de la publication de l'Evangile, quand il leur dit universellement sans distinction des personnes, &
sans aucune reserve, ni exception d'état ou de condition : *Allez, enseignez toutes les*

1. Tim.1.   *Nations, & baptisez.les au nom du Pere, & du Fils & du saint Esprit ; Et une autrefois*
encore, Allez dans tous les endroits du monde, preschez l'Evangile à toute Creature. Qui
croira, & sera baptisé, sera sauvé.

C'est ce qu'ils observerent constamment, & tous leurs Successeurs dans les Mini-
steres Ecclesiastiques, qui non seulement instruisirent, & baptiserent les Serviteurs & les
Esclaves de qui que ce fut ; mais mêmes les Femmes des Empereurs & des Consuls
sans demander, & sans attendre leur consentement. Ce que l'on peut remarquer dans
l'histoire de leur vie, & ce qui est encore plus manifeste & plus évidemment démon-
tré dans les lettres des Apôtres, puisque nous lisons dans l'Epitre de saint Paul aux
Philippiens, qu'il écrit à ceux de Philippes, que les Chrétiens de la maison de l'Empereur le saluent. On sçait assez que cet Empereur étoit le detestable Neron, dont les
Domestiques, & les Serviteurs furent convertis, par la predication de S. Paul, & qu'ils
n'auroient jamais pû être baptisez, s'il avoit fallu attendre le consentement d'un Impie, qui bien loin de vouloir le donner ne pensoit qu'à desoler les fideles, par la plus
cruelle de toutes les persecutions, pour tâcher de leur faire abandonner la foy. Ce qui
le porta même à faire mourir les premiers Maitres de la foy Chrétienne, dont il voyoit
que la doctrine commençoit malgré ses Edits & ses deffences, à s'établir par tout le

1. Tim.2.   monde. Nous lisons aussi dans l'Epitre à Timothée, que l'Apôtre aprés avoir commandé de prier pour tous les hommes, dit *que d'en user ainsi c'est une chose loüable, & qui*
plait à Dieu Nôtre-Seigneur, qui veut que tous les hommes soient sauvez, & qu'ils connoissent

Tit.2.   *la verité.* Et dans son Epitre à Tite, Il prescrit les moyens d'instruire toutes sortes de
personnes de leurs devoirs, les Vieillards, les Femmes âgées, les jeunes Femmes, les jeunes Hommes, & les Serviteurs. *Car la grace de nôtre Sauveur a été découverte à tous*
les hommes, pour nous servir d'instruction, &c. Or si c'est la volonté de Dieu, comme il est
manifeste par ces exemples, que tous les hommes soient sauvez, qu'ils connoissent la verité, & qu'ils soient reconciliez, par un mediateur de Dieu & des hommes, qui s'est
lui-même livré pour être la redemption de tous ; & si cette grace de la reconciliation &
du salut s'est fait voir indifferemment à tous les hommes : qui oseroit faire cette injure
à une si grande bonté de nôtre Dieu, que de vouloir donner des bornes à sa misericorde, & la faire dépendre de la fantaisie des Impies, dont l'opiniâtre perfidie non
seulement ne permet pas qu'aucun de leurs sujets aille à Jesus-Christ, pour implorer
sa grace & ses secours ; mais encore ne cesse ouvertement, & en cachette de persecuter ceux qui croyent en Jesus Christ ; de les avoir en execration, & de blasphemer
contre eux. D'ailleurs il est évident, à quiconque y fera de solides reflexions, que
quand Dieu seul, tout puissant, Createur, & Moderateur tres-juste de toutes choses,
forma le premier homme du limon de la terre, & d'une des côtes de ce premier homme lui fit une épouse toute semblable à lui, & tira de ces deux personnes tout le genre humain, comme d'une même source, & d'une même tige, il les fit tous égaux & de
même condition. Que si dépuis par un tres-juste jugement, qu'il a voulu être secret,
pour la punition de nos pechez, il en a élevé quelques-uns aux honneurs & aux dignitez, tandis qu'il en a destiné d'autres à subir le joug de la servitude, il a neanmoins
tellement soumis les corps aux services domestiques des maitres, qu'il a voulu que
l'homme interieur, qu'il a creé à son image, ne fut sujet à nulle creature, ni aux hommes, ni aux Anges ; mais à lui seul. C'est pourquoi il a dit expressement, touchant

cette soumission de l'esprit, qui n'est dûë qu'à lui seul. *Vous adorerez le Seigneur vostre* Deuter. 6. *Dieu, & vous ne servirez que lui seul.*

L'Apôtre pour nous faire voir cet homme interieur, qui n'a ni distinction de sexe, ni de condition, ni de naissance, dit : *Dépoüillez vous du vieil homme avec ses actions, & re-* Coloss. 3. *vetez-vous du nouveau, qui par la connoissance se rétablit à l'image de celui qui l'a créé dans lequel il n'y a ni Gentils, ni Juifs, ni Circoncis, ni Incirconcis, ni Barbare, ni Scythe, ni Esclave, ni libre, mais Iesus-Christ est tout en vous.*

Puisque donc ceux qui sont baptisez sont renouvellez par la connoissance du Createur en l'homme interieur, qui est libre de toute servitude, quelle raison peut-il y avoir pour empêcher, que les serviteurs ne puissent servir Dieu, sans en avoir permission des hommes. Certes dans l'Epitre de Timothée le même Apôtre a fait ce commandement, *Que tous ceux qui sont sous le joug de la servitude rendent toute sorte d'honneur à leurs* 1.Tim. 6. *Maistres, afin que l'on ne blaspheme pas contre le Nom & contre la doctrine du Seigneur. Que ceux qui servent des maitres, qui ont embrassé la foy, se gardent de les mépriser, sous pretexte qu'ils sont leurs freres, mais qu'ils leurs soient encor plus soûmis en consideration de ce qu'ils sont fideles, &c.* Où l'on voit évidemment qu'il parle de tous les serviteurs Chrétiens, dont les uns servoient des maitres, qui étoient du nombre des Fideles, & les autres Infideles. Cependant il prescrit des Lois aux serviteurs des maitres infidelles, qui pour lors auroient encor été dans l'infidelité, s'ils avoient suivi la volonté, & les inclinations de leurs maitres. Philemon avoit été offensé par son serviteur Onesime, que l'Apôtre étant detenu en prison, convertit à la foy & baptisa, sans que Philemon en fit aucune plainte, au contraire, il est averti, puisqu'il a été baptisé, de le recevoir comme son frere, & comme cher au saint Apôtre, qui l'a engendré en JESUS-CHRIST. C'est pourquoi voulant suivre ces grands exemples, & craignant de contrevenir à un Edit, que l'on dit venir de l'Empereur, nous sommes dans une grande perplexité, & entre deux extrémitez fâcheuses. Car si nous obeïssons à cet Edit, nous trahissons nôtre conscience, & nous offensons Dieu en n'observant pas les Canons de l'Eglise ; & si nous suivons ces Canons, nous craignons d'irriter l'Empereur, d'autant plus que le Maitre des Juifs ne cesse de nous menacer qu'il fera venir de la Cour des Commissaires deputez, qui nous resserreront bien, & nous empêcheront de faire ce que nous voulons. Ce qui non seulement nous trouble, mais empêche que ceux qui voudroient se convertir & embrasser nôtre Religion, se declarent, dont vous voyez mieux que moi les dangereuses consequences. C'est pourquoi, tres-saints Peres, qui êtes zelez pour la gloire de Dieu, étant informez comme vous êtes de l'état où nous nous trouvons, rendez-nous vos bons offices auprés de l'Empereur, qui est si Chrétien & si bon, afin qu'il ôte ce scandale de l'Eglise, & qu'entre les soins qu'il donne avec tant d'application & de justice au gouvernement des Etats, que JESVS-CHRIST lui a confiez, pour l'amour du même JESVS-CHRIST, il fasse attention à ceci, avec sa bonté ordinaire, afin que les ames qui peuvent augmenter le troupeau des fideles, & pour le salut desquelles toute l'Eglise prie dans les jours destinez à la memoire de la Passion du Sauveur, ne tombent point dans les pieges du demon, par la dureté de leurs maitres infideles, à l'occasion de cet Edit. Et certes, il est expressément marqué dans les saints Decrets, que si quelques-uns d'eux demandent le saint Baptême, il est au pouvoir de l'Evêque, & de que ce soit des fideles de les racheter de l'esclavage, en payant à leurs maitres le prix qu'ils leur ont coûté, ce que nous sommes prests de faire, si l'on nous permet de le faire. Car nous n'avons pas dessein de leur soustraire leurs enfans, ni leurs serviteurs, pour les ôter avec violence, mais seulement, que l'on n'empêche pas de venir à nous pour embrasser la foy, ceux qui desirent de l'embrasser.

Il est temps de reprendre la chose de plus haut, & d'examiner quelle fut l'occasion de ces brouilleries, & quelle en fut la veritable origine.

Comme cette Ville étoit une Ville de commerce ouverte à toutes les Nations, qui vouloient y trafiquer, les Juifs, qui sont ardens à chercher les occasions de s'enrichir, par les usures, & par le trafic, parce qu'il ne leur est pas permis d'acquerir des possessions réelles, sur les terres des Chrétiens, vinrent en foule s'établir en cette Ville, où ils voyoient que les Foires, & le concours de divers Negotians leurs offroient des moyens d'amasser beaucoup de biens. Ils achetterent par de grosses sommes d'argent, la faveur, & la protection de LOUIS le débonnaire Empereur & Roi de France, qui à la sollicitation de ses Ministres, gagnez par ces Juifs, leur permit de s'établir, & d'avoir un exercice public de leur Religion. Ils bâtirent une Synagogue, sur le milieu de la montagne de Fourviere, un peu au dessus de la place que l'on nomme du Change, auprés de laquelle abboutit vers le Midy, la ruë que l'on nomme encore aujourd'huy, la Juifverie, témoignage certain que c'étoit-là le quartier des Juifs. Il y a prés de quarante ans, que Monsieur de Ville Chanoine & Prevost de l'Eglise Collegiale

Ff 2

de saint Just, & Vicaire general, substitué de Monsieur le Cardinal, Archevêque de Lyon, Alphonse Loüis du Plessis de Richelieu, faisant creuser dans sa maison nommée Breda, un peu au dessous de Fourviere, on y trouva une medaille de cuivre ou bronze rouge de six pouces de diametre, qui a d'un côté la tête d'un Empereur couronné d'une couronne de laurier, attachée par une bande ou écharpe brodée avec des franges, qui ramasse les cheveux retroussez en arriere, & liez aux extremitez de cette couronne.

Il y a dans le cercle une legende Hebraïque de deux lignes entieres, avec quelques mots de la même langue, qui semblent sortir de la bouche de cet Empereur. Qui est d'un moyen age sans barbe, les oreilles decouvertes, avec un porreau au dessous de l'œil & contre le nez. Il a au tour du col un gorgerin de fourrure de letice, ou de petit gris, avec quatre mots Hebreux disposez en quarré aux quatre angles de la tête, l'un immediatement vers le front, l'autre au dessus du nœud qui lie la couronne en derriere; le troisiéme entre le menton & le col, & le quatriéme sous la touffe des cheveux retroussez derriere la tête. Au dessous à l'endroit où devroit être la naissance des épaules, on lit ces mots ainsi écrits.

Au lieu d'Humilitas & de ΤΑΩΝ ουτσις

VMILITAS.

ΤΑΩΝ

Le revers n'est qu'un creux rond sans figure, avec cette legende.

POST TENEBRAS SPERO LVCEM

FELICITATIS IVDEX DIES VLTIMVS

D. III. M.

Je dis que cette Medaille represente le Roy Loüis le Debonnaire, que Thegan, qui écrivit sa vie de son temps, nous a depeint d'une taille mediocre, avec des yeux grands & vifs, un visage brillant & uni; un nez long, & droit; des lévres ny trop grosses, ny trop minces; une poitrine avancée; des épaules larges; & des bras si robustes qu'il n'y avoit personne qui pût bander un arc, ny manier une lance aussi promptement & aussi fortement que lui. Il avoit les mains longues, les doigts droits, des jambes longues & deliées, une voix mâle. Il étoit sçavant en la langue Latine & en la Grecque, quoy-qu'il parlât mieux l'une que l'autre, & que la Latine luy parut plus naturelle que la Grecque, qu'il entendoit mieux, qu'il ne la parloit. Il avoit l'air doux & benin, & il étoit plus porté à la douceur qu'à la colere, ce qui luy fit meriter le titre de Debonnaire. Je trouve en ce portrait plusieurs traits de cette medaille, le nez, le visage, les yeux, les lévres, la poitrine par le bout qui en paroît, & la naissance des épaules. Aussi-bien que le mot Latin & le mot Grec mis sous la figure, sont comme la soumission des Juifs en ces deux langues qu'ils sçavoient que cet Empereur aimoit, & sçavoit parfaitement. Outre ces signes exterieurs de la medaille qui me paroissent assez conformes au portrait qu'en a fait Thegan Chorevêque de l'Eglise de Tréves, je trouve dans l'Histoire de la vie de cet Empereur, & dans les écrits de quelques Autheurs Contemptorains, de quoy établir mes conjectures, particuliérement dans les écrits de nôtre Archevêque saint Agobard, qui écrivit à cet Empereur, pour se plaindre de l'insolence des Juifs, qui est le titre qu'il donne à sa lettre, ou plûtôt au livre qu'il addressa à ce Prince, contre ces Juifs, qui causoient beaucoup de desordres en cette Ville. Voi-cy le sujet de ses plaintes traduites du Latin.

Erat statura mediocri, oculis magnis & claris, vultu lucido, naso longo & recto, & labris nōn nimis densis, nec nimis tenuibus, forti pectore, scapulis latis, brachiis fortissimis, ità ut nullus ei in arcu vel lanceâ sagittando aquiparari poterat: manibus longis, digitis rectis, tibiis longis & ad mensuram gracilibus, pedibus longis, voce virili. Linguâ Graecâ & Latinâ valdè eruditus, sed Graecam magis intelligere poterat quàm loqui. Latinam verò sicut naturalem aequaliter loqui poterat. Thegan. de gestis Ludov. pii Imp. §. XIX.

Ad Ludovicum pium Imper. de insolentiâ Judaeorum.

AU TRES CHRETIEN, ET VERITABLEMENT TRES PIEUX EMPEREUR LOÜIS TOÛJOURS AUGUSTE, VICTORIEUX EN JESUS-CHRIST, TRIOMPHANT, ET TRES HEUREUX AGOBARD LE PLUS HUMBLE DE TOUS VOS SERVITEURS.

Dieu Tout-Puissant, qui dans ses decrets éternels avoit resolu de donner au monde un Monarque rempli de pieté en des temps, où il étoit necessaire d'en avoir un de ce caractere, vous a donné une sagesse & une affection pour la Religion au dessus du reste des hommes. Aussi nous ne devons pas douter qu'il ne vous ait choisi pour remedier aux maux que nous voyons, & que nous sentons en ces temps fâcheux, que l'Apôtre nous a predits quand il écrivit à son Disciple Timothée, qu'aux derniers

de la Ville de Lyon.

jours on verroit des temps dangereux, où les hommes pleins d'amour propre, seroient avares, ambitieux, &c. qu'ils auroient quelque apparence de pieté sans avoir rien de cette vertu. Sur quoi nous n'avons plus rien à attendre aprés ce que nous voyons, sinon le déchaînement de Satan, & la ruïne de la sainte Cité, qui se fera en l'espace de quarante deux mois, quand l'Antechrist chef de tous les Impies paroitra. Les choses étant ainsi, j'ay recours à vostre bonté, pour vous prier de vouloir écouter tranquillement, & avec toute la patience qui vous est si ordinaire, ce que le plus petit de vos serviteurs est obligé de vous faire sçavoir. Car il n'est rien ny de plus important dans les conjonctures presentes, & qui demande plus d'attention & de soin pour vous acquiter des devoirs de vostre Charge, & à quoi vous deviez plus promptement & plus efficacement vous appliquer. En voici le fidele recit, où je voudrois pouvoir supprimer les noms de ceux qui ont causé ces maux, si cela se pouvoit faire sans préjudice des plaintes, que j'ay à vous porter. Mais comme cela ne se peut, j'ay recours à vostre bonté aussi bien qu'à vostre patience, sçachant bien que je m'expose à de grands dangers, en vous faisant connoître, ce que je ne puis dissimuler sans trahir mon Ministere. Gerric & Frederic Vos Commissaires députez sont venus icy, & avant eux Eurard, qui faisant bien moins vos affaires que celles de quelque autre personne, se sont montrez favorables aux Juifs en toutes choses, tandis qu'ils maltraitoient les Chrétiens, particulierement dans Lyon, où ils ont renouvellé l'Image des anciennes persecutions, que cette Ville a souffertes, jusqu'à gemir & soûpirer avec abondance de larmes. Mais, Seigneur, puisque cette persecution s'est principalement élevée contre-moy, il n'est pas à propos que ce soit moy, qui m'en explique, à moins que vous ne desiriez, comme vous êtes plein de Clemence & de Bonté, que je vous en informe pleinement. Je vous exposeray du moins le plus briévement qu'il me sera possible les maux que l'Eglise a soufferts, si vostre bonté me le permet.

Les Juifs m'ont presenté de vôtre part un Bref, & un autre à celui qui commande en ce païs de Lyonnois, en qualité de Vicomte, par lequel ils implorent son secours contre moy : Et quoi que ces deux Brefs fussent scelez de vostre Sceau, & signez de vostre nom sacré, nous n'avons pû croire qu'ils pussent venir d'un Conseil aussi sage que le vostre. Ces Juifs appuyez de cette prétenduë protection, ont commencé à nous menacer insolemment, que nous serions repris & condamnez par vos Envoyez, qui venoient pour châtier les Chrétiens des injures qu'ils avoient faites aux Juifs. Eurard est venu peu de temps aprés, qui a dit la même chose, & publié ouvertement que vostre Majesté étoit fort indignée contre moi, à l'occasion des Juifs. Ces mêmes Envoyez sont venus ensuite avec des Lettres & des Commissions pour lever des deniers, & m'ont presenté vos Edits & vos Ordonnances capitulaires, que je ne puis croire venir de vous, ni que vous soyez capable de nous ordonner de pareilles choses. Tout cela n'a pas moins affligé les Chrétiens, qu'il a réjoüi les Juifs, qui ont insulté aux Fideles, blasphemant en leur presence le saint Nom de Nôtre-Seigneur & Sauveur JESUS-CHRIST, en publiant hautement qu'on devoit connoître par là, que leur creance étoit meilleure que la nôtre, ce qui a outré de douleur, non seulement les Chrétiens, qui sont enfuis, ou cachez, pour éviter cette persecution, mais encor plus ceux qui ont vû & entendu l'insolence de ces Juifs, qui s'est d'autant plus accruë par la malice de vos Envoyez & de vos Commissaires, qu'ils faisoient entendre à l'oreille de nos Chrétiens, que vous aimiez les Juifs, qu'ils n'étoient point si abominables, que nous les figurions, & que vous les traiteriez plus humainement que les Chrétiens.

Vôtre Indigne serviteur n'étoit pas à Lyon, quand ces Commissaires arriverent, j'étois allé à Nantua pour appaiser quelques differens entre les Religieux de ce Monastere. J'écrivis cependant à ces Envoyez, & je leur députay quelques personnes, pour apprendre d'eux ce qu'ils desiroient m'ordonner de vostre part, étant prest d'obéïr avec une entiere soumission. Toutes ces avances de civilité ne nous servirent de rien, ils firent des ménaces & quelques-uns de nos Prêtres intimidez, n'oserent pas paroitre devant eux. Voilà ce que nous avons souffert de ces Protecteurs des Juifs, sans avoir commis d'autre crime que d'avoir fait entendre aux Chrétiens, qu'ils ne devoient pas vendre à ces ennemis de J. C. des esclaves rachetez du sang de J. C. ni permettre que les Juifs les emmenassent en Espagne, pour les revendre à d'autres Juifs : que l'on n'entrat point en service parmi eux, pour être leurs Domestiques ; que les femmes Chrétiennes n'observassent pas avec eux le jour du Sabbath, & ne travaillassent pas les Dimanches. Que l'on ne mangeat point avec eux, pendant le Carême, & principalement, que ceux qui travailloient pour eux ne mangeassent pas de la Chair en ce temps-là. Que nul des Chrétiens n'achetât de leurs chairs immolées pour les vendre à d'autres Chrétiens, ni bût de leur vin, parce que c'est leur coûtume quand ils tüent les animaux pour leur usage, s'ils ne sont parfaitement égorgez par les trois incisions qu'il

Ff 3

leur font, de ne pas s'en servir, parce qu'ils croyent qu'ils sont immondes, & pour ne pas les perdre, ils les vendent aux Chrétiens. Ils font la même chose si en ouvrant les entrailles, le foye a été tant soit peu endommagé, ou s'ils trouvent le poulmon attaché aux côtes, ou s'enfler en le soufflant. Ils disent alors par mépris que c'est de la chair qui n'est bonne que pour les Chrétiens. Ils font la même chose à l'égard du vin; car s'il vient par quelque accident à se repandre, ou s'il s'y mesle quelque ordure, ils le remettent aussi-tôt dans quelque vase preparé pour cela, & le gardent pour le vendre aux Chrétiens. Il y a plusieurs témoins de toutes ces choses, non seulement parmy nos fideles, mais même parmy les Juifs. D'ailleurs ces impies ne cessent de blasphemer tous les jours contre Jesus-Christ qu'ils n'appellent que le Nazareén comme saint Hierome l'assuroit déja de son temps, & comme plusieurs Juifs l'avoüent encore aujourd'huy. Surquoy je n'ay pû m'empêcher de dire à nos Chrétiens, que tout domestique qui aime son maître & qui luy est fidele, ne voudra jamais avoir de commerce avec ceux qui parlent mal de celuy qu'il a l'honneur de servir, & qu'un maître ne retiendroit pas auprés de luy un domestique, qui converseroit avec ses ennemis & avec des personnes qui parleroient ainsi de luy. Que cependant parce que nous sommes obligez de vivre avec eux, ou plûtôt qu'ils vivent avec nous, nous ne devons pas leur nuire, ny les maltraiter, mais garder les regles de l'Eglise prescrites par les Peres, en vivant avec beaucoup de precaution pour ne pas communiquer avec eux, & cependant observer toutes les regles de la Charité.

Voilà Seigneur le sujet de nos plaintes, dont je ne rapporte même que la moindre partie dans le doute où je suis si cet écrit aura le bonheur de vous être presenté & de parvenir jusques à vous. Quoy qu'il soit absolument necessaire que vous soyez instruit de la perfidie des Juifs & des maux qu'ils causent parmy les fideles. Car ils ont l'impudence de se glorifier devant nos Chrétiens les plus simples, que vous les protegez, & qu'ils vous sont chers à cause des anciens Patriarches dont ils se vantent de descendre. Qu'ils ont la facilité de vous approcher, & qu'ils sont reçûs avec honneur & renvoyez avec satisfaction. Que les personnes même les plus considerables de vôtre Cour se recommandent à leurs prieres, & reconnoissent qu'elles ont le même legislateur qu'eux. Ils ajoutent que vos Conseillers sont indignés contre nous à leur occasion, parce que nous defendons aux Chrétiens de boire de leur vin: que cependant ils se vantent de leur en avoir vendu pour des sommes considerables, & qu'ils ont examiné les canons de l'Eglise, sans y avoir trouvé de raison pourquoy on doive s'abstenir de leurs danrées. Ils publient qu'ils ont des Edits en leurs faveur, scellez de vôtre bulle d'or, & qui contiennent des privileges que nous ne pouvons croire être vrais, mais supposez. Ils font voir aussi de riches habits qu'ils disent donnez & envoyez à leurs femmes par les Princesses vos parentes, & par les principales Dames de la Cour; ils osent dire que vous leur avez permis de bâtir des Synagogues, tellement qu'entre nos Chrétiens ceux qui sont moins instruits de nos Mysteres, disent que les Juifs préchent mieux que nos Prêtres, & les instruisent mieux.

Vos Commissaires pour empêcher qu'ils ne fussent inquietez en leurs jours de Sabbath ont ôté les marchez des Samedis pour les établir en d'autres jours, & ont remis à leur choix de les établir les jours qu'ils voudroient, au lieu qu'auparavant les Chrétiens achetoient le Samedy ce qui leur étoit necessaire & se trouvoient le Dimanche dans une parfaite liberté d'entendre la Messe & le Sermon, d'assister aux Vêpres & aux Offices Divins. Et ceux qui venoient de loin aprés avoir fait leurs affaires ce jour-là s'en retournoient le lendemain avec joye & édification, ayant fait leurs affaires & satisfait à tous les devoirs de pieté & de Religion.

Aprés cela Seigneur permettez-nous de presenter à vôtre sacrée Majesté, la pratique ancienne des Eglises de France authorisée par tant de Rois, & par tant de Prelats, & ce qu'ils ont jugé sur la difference de l'une & de l'autre Religion, je veux dire de la Chrétienne & de la Judaïque. Ce qu'ils ont ordonné, ce qu'ils ont tenu, & ce qu'ils ont laissé par écrit, conforme aux traditions Apostoliques, fondées sur l'authorité de l'ancien Testament. Par où vous connoîtrés combien detestables sont les ennemis de la Verité, & comment ils sont pires que les infidelles, qui ont eu plus de respect pour la Divinité, & pour les choses Celestes, que les Juifs. C'est le sentiment de tous nos Confreres, avec qui j'ay communiqué cet écrit, pour être presenté à vôtre tres-illustre Excellence.

Aprés avoir écrit cette requête, il est survenu un homme, qui s'étant échappé de Cordoüe en Espagne où il étoit, nous a dit qu'il y a vingt-quatre ans qu'étant jeune enfant à Lyon, il avoit été enlevé par un Juif qui l'avoit vendu, & qu'il

étoit échapé de leurs mains il y a un an, avec un autre, qui avoit été enlevé de méme à Arles, il y a six ans par un autre Iuif, & vendu comme lui. Nous avons fait chercher les parens de ce fugitif, qui l'ont reconnu, & nous ont affuré que les Iuifs en
avoient bien enlevé d'autres, & qu'ils en enlevoient tous les jours. Ils commettent encore des crimes plus execrables, que le respet & la bienfeance ne nous permet pas de
vous écrire.

En même temps que le saint Archevêque Agobard écrivit cette lettre à l'Empereur,
il y joignit le sentiment de deux autres Prelats, de Bernard Archevêque de Vienne &
d'Eaof Evêque de Châlon sur Saône nommé par Severt & par quelques autres Fova. Ces
trois Prelats firent un écrit dans lequel ils exposoient les sentimens des plus grands
Prelats de l'Eglise à l'égard des Iuifs: de saint Cyprien, de saint Athanase, d'Alcimus
Avitus, de saint Cesaire Archevêque d'Arles, de Prisque Archevêque de Lyon, de
saint Apollinar Evêque de Valence, de saint Gregoire de Langres, de Viventiol Archevêque de Lyon, d'Artemius de Sens, de Remedius de Bourges, de saint Syagrius
d'Autun, de saint Loup, de saint Irenée, de saint Polycarpe, & de plusieurs autres; de
divers Conciles, & des Apôtres mêmes, contre les superstitions des Iuifs. Le savant Mr
Baluze qui a fait une Edition nouvelle des œuvres d'Agobar plus correcte & plus ample
que celle de Papyre Masson avec des Notes, croit que ce fut ensuite d'un Concile tenu
à Lyon, l'an DCCCXXIX. que ces trois Prelats écrivirent à l'Empereur, au nom de tous
les Evêques qui s'étoient trouvez à cette Assemblée.

Nous apprenons par la premiere de ces Lettres le credit qu'avoient les Iuifs, sous
l'Empereur Louis le Debonnaire par le moyen de ses Ministres qu'ils avoient gagnez
par des sommes d'argent, & j'ay lieu de croire que ce Medaillon trouvé à Lyon, étoit
la Medaille qu'ils avoient mise aux fondemens de la nouvelle Synagogue, qu'ils avoient
obtenu permission de bâtir par la Bulle d'Or dont parle saint Agobard, & que les
Iuifs se vantoient d'avoir. Ce qui me determine à le croire est la disposition de cette
Medaille creuse au revers pour être enchassée dans la pierre, aussi bien que la Legende de ce revers, où la Medaille semble dire qu'après avoir été ensevelie dans les tenebres, elle espere de revoir la lumiere quand même ce ne devroit être que le dernier
jour du monde, qui sera le Iuge de la felicité. Ie conjecture aussi que ces Lettres D.
III. M. marquent le troisième jour de May, qui pourroit avoir été le jour de la position de cette premiere pierre. Voyons maintenant quelle interpretation on pourroit
donner à la Legende Hebraïque, qui est du côté de la tête. Voici ce que ces paroles
semblent signifier en nôtre Langue.

*Dieu dont le nom soit beny conduit par le decret de sa volonté eternelle & immuable tout ce qui arrive par ses
ordres. J'ay vû la privation & la forme. Je vous loüeray même sur ce qui arrive en ce temps qui finira, & je com-
prendray les secrets, & les ordres de la Providence. Mon Dieu, en qui je mets toute ma gloire, conservez Jerusalem, & je seray rempli de joye. Seigneur, j'attendray le salut, que j'espere de vous, mon Dieu Tout-puissant, qui
pardonnez les pechez.*

Les Points qui paroissent si souvent multipliez sont des Jods qui expriment le nom
ineffable de quatre lettres, qui se trouve souvent écrit de cette maniere dans les anciennes traductions Arabes, Persiennes, Grecques & Espagnoles de la Bible, imprimées
le siecle passé par les Iuifs de Constantinople.

Ces Iuifs étoient établis à Lyon, dés le temps des Bourguignons Vandales, puisque
dans les Lois publiées par Gondebaud, appellées les Lois Gombettes, dont j'ay parlé au
Livre précedent, il y a quelques articles pour les Iuifs.

Ces Iuifs pouvoient être venus d'Afrique, avec les Vandales & les Sarrasins, qui
se répandirent dans l'Espagne, dans le Languedoc, dans la Provence & même en ce
pais, où ils firent d'étranges ravages. Les noms de *Benjamin*, & de *Ben Cousch* fils de
la droite, & fils de l'Ethiopien, ou Arabe marquent deux sortes de Iuifs; les uns venus
de la Palestine, & de la Tribu de Benjamin, & les autres venus d'Ethiopie, qui ne
faisoient alors qu'un même corps en ce pais, comme les Lutheriens & les Calvinistes,
s'y étoient unis au Synode de Charenton, quoique de sectes differentes.

Enfin, ce qui peut encor établir ma conjecture, sont quelques monnoyes d'or, de
Louïs le Debonnaire, dont la tête a assez de rapport à celle de la Medaille des Iuifs. Comme on peut voir en les confrontant les unes avec les autres.

Le pretexte sur lequel s'étoient fondez les Ministres de l'Empereur, pour obtenir *Si quis servum pre-*
l'Edit, qu'ils opposoient au saint Archevêque Agobard, ne pouvoit être qu'un Decret *textu divini cultus,*
du Concile de Gangres, qui prononçoit Anatheme contre ceux, qui sous apparence de *docent dominum con-*
temnere proprium, ut
pieté, persuaderoient aux serviteurs & aux esclaves Chrétiens, qui servoient des mai- *discedat ab ejus ob-*
tres infideles, de les quitter, de les mépriser, d'abandonner leur service, ou de ne pas *sequio, nec si cum be-*
nevolentiâ, & omni
les servir avec l'honneur, la fidelité, & le respet qu'ils leur devoient. *honore deserviat, a-*
nathema sit.

Greg.Lib.III.Indict.
XII. Epist.IX.
Ivo part.XIII. cap.
CXIII. Greg.L V.
Indict. XIV. Epist.
XXXI.

Au temps de saint Gregoire le Grand, les Juifs se plaignirent de l'addresse de leurs Esclaves, qui ne se faisoient Chrétiens, que pour secoüer le joug de la servitude, & le Pape Gelase écrivit aux Evéques Siracusius, Constantius & Laurent, de prendre garde de se laisser surprendre par ces artifices, & de ne pas recevoir temerairement au baptême ces Esclaves, sans les bien examiner, & sans penetrer quel étoit le motif de leur conversion. Car supposé que ce fut un vrai desir d'embrasser la Religion, saint Gregoire vouloit que l'on les reçût dans l'Eglise, & que l'on n'oubliât rien pour les retirer de la servitude, soit qu'ils fussent déja Chrétiens depuis long-temps, soit qu'ils eussent été tout fraîchement baptisez.

J'auray plusieurs autres occasions de parler des Juifs en cette Histoire, puisqu'ils y séjournerent long-temps, & qu'après en avoir été chassez, ils allerent s'établir à Trevoux, comme plusieurs autres s'établirent dans la Provence, dans le Languedoc, à Montpellier, à Beziers, où ils furent moins inquietez, parce qu'ils étoient sur des terres alors indépendantes de nos Rois, & que les petits Souverains chez qui ils allerent s'établir en tiroient de gros tributs, & étoient bien aises d'attirer le commerce dans leurs pais, en donnant retraite à ces gens-là, qui étoient si riches par le trafic qu'ils faisoient, qu'il en est resté en ce pais une espece de proverbe, puisque pour dire qu'un homme à beaucoup de biens, on dit qu'il est riche comme un Juif.

Il y en eut plusieurs, qui se retirerent dans la Lombardie. Cette Province d'Italie, fut si décriée par les usures de ces Juifs, que l'on donna le nom de Lombards aux Usuriers, & aux Banquiers, nom qui est demeuré jusqu'à present à une rüe de Paris, que l'on nomme *rüe des Lombards*, comme il y a dans le droit Canon un titre contre les Usuriers & les Lombards.

Jubeo & volo ne unquam Judæus sit Bajulus Montispessulani. Spicil.Tom. 5.pag. 147.

Ces Juifs étoient alors si puissans en France par les richesses qu'ils y avoient acquises par leurs usures, & par leur trafic, que Guillaume, Seigneur de Montpellier, faisant son Testament, l'an 1146. après son retour de la Terre-Sainte, ordonna expressément qu'aucun Juif, ne put être Baile ou Maire de Montpellier ; car il paroit par le Testament d'un autre Guillaume, Seigneur de Montpellier, de l'an 1211. que ce Baile étoit comme le Chef des quinze prudhommes, qui avoient droit d'élire le Baile. Ce second Guillaume ordonna aussi à son heritier, par ce même Testament, de payer annuellement cinq mille sols, à un Juif nommé Bonet, jusqu'à ce qu'il eut touché la somme entiere de cinquante mille sols, & il renouvelle par son Testament, la défense qu'avoit fait son Pere, qu'aucun Juif ne fut élu Baile.

Nos autem districtius inhibemus ne truce signati ; vel alii Christiani Judæos occidere, seu verberare, vel bona eorum invadere, vel auferre, vel quascumque in ipsos ejusdem inferre præsumant. Concil. Tur.
Incredico etiam & anathematisa authoritate Dei patris omnipotentis, & B. Petri, omniumque Sanctorum, necnon med, ut memo contrarius existat Athanacensibus propter pecuniam Judæorum ibidem dudum interfectorum. Preuves, pag.XX.

Ces grandes richesses des Juifs exciterent contre eux l'envie & la haine des Chrétiens, particulierement des Grands Seigneurs, qui les tüoient pour avoir leurs biens, & leur faisoient beaucoup de vexations, ce qui obligea le cinquième Concile tenu à Tours, l'an 123. de défendre à ceux qui se croisoient pour le voyage de la Terre-Sainte, & à tous les Chrétiens en general de maltraiter ces Juifs, de les tüer, de les battre ou de prendre leurs biens, ou leur faire quelque autre injure. Il paroit par le Testament de nôtre Archevêque Halinard, qui vivoit en 1049. que quelques-uns des Juifs de cette Ville avoient été tuez, & que leurs biens avoient été donnez au Monastere d'Aisnay, puisque cet Archevêque défend sous peine d'Anathême d'inquieter ces Religieux, pour l'argent qu'ils avoient eu des Juifs, qui avoient été tuez.

Je ne sçay si ce ne fut point le chagrin, qu'eut nôtre Archevêque Agobard, de la protection que Loüis le Debonnaire sembloit donner à ces Juifs, ou qu'il toleroit que ses Ministres leur donnassent dans sa Cour & dans les Provinces, qui fut cause que ce Prelat aussi zelé que savant, se laissa surprendre aux enfans de Loüis le Debonnaire, quand ils se souleverent contre leur Pere, puisque ce Prelat, d'ailleurs si sage, entra avec d'autres Evêques dans le detestable dessein de dégrader cet Empereur, en le confinant dans un Monastere & l'Imperatrice son Epouse dans un autre. Je ne puis m'empêcher de blâmer ce Saint, qui se repentit lui-même après la faute qu'il avoit faite, & qui en fit penitence, ayant été deposé & exilé, jusqu'après la mort de l'Empereur, qui remonta sur le Trône, & obligea ses enfans rebelles de lui demander pardon de leur attentat. Etant donc obligé de rapporter cette Histoire, où nôtre Agobard eut trop de part, je le ferai le plus brievement qu'il me sera possible, pour ne pas renouveller la memoire d'une action si scandaleuse, qui ne doit être rapportée par nos Historiens, que pour être detestée. Je suivray exactement Nitard, petit fils de Charlemagne, & Neveu de Loüis le Debonnaire, qui par commandement de Charles le Chauve son Cousin germain, écrivit l'Histoire de la Rebellion des Enfans du premier lit de Loüis.

Loüis le Debonnaire fils de Charlemagne & son Successeur à l'Empire, fut marié deux fois. Il épousa en premieres nôces Hermengarde, dont il eut trois fils, & trois filles, les fils furent Lothaire, Pepin, & Loüis, qu'il maria tous trois & ausquels il fit le partage

tage de ſes Etats de ſon vivant. Il donna à Pepin l'Aquitaine érigée en Royaume. Il fit Loüis Roy d'Allemagne, & il deſtina à Lothaire le reſte de ſes Etats pour en joüir aprés ſa mort, l'aſſociant dez lors à l'Empire. 821.

Hermengarde leur mere étant morte peu de temps aprés, l'Empereur prit une ſeconde femme, qui fut Judith, fille de Vuelphe Comte de Regenſperg de la Maiſon de Saxe, de laquelle il eut un fils, qui fut Charles le Chauve, que Loüis ſon Pere aimoit tendrement, parce qu'il étoit le plus jeune. Cependant, comme il avoit fait le partage de tous ſes Etats a ſes trois autres enfans, avant la naiſſance de celui-cy, & qu'il étoit en peine de ce qu'il pourroit luy laiſſer, il en confera avec ſes Enfans du premier lit, & Lothaire gagné par les ſollicitations de ſon Pere, conſentit qu'il lui donnât la part du Royaume qu'il luy plairoit, & luy promit par ſerment d'être le tuteur de cet enfant & de le defendre toûjours envers tous, & contre tous.

Quelque temps aprés Lothaire à l'inſtigation de ſon beau-pere le Comte Hugues, & de quelques autres Seigneurs de la Cour, ſe repentit de la promeſſe qu'il avoit faite à l'Empereur ſon Pere, pour ce frere du ſecond lit, & chercha les moyens de rompre l'engagement qu'il avoit pris, Loüis le Debonnaire, & la mere du jeune Charles s'en apperçûrent auſſitôt, ce qui obligea l'Empereur de chercher d'autres ſuretez pour l'établiſſement de Charles. Il appella Bernard Duc de Septimanie auprés de ſa perſonne, le fit ſon grand Chambellan, & l'ayant établi comme ſon Lieutenant dans l'Empire, il lui recommanda le jeune Charles auquel il donna l'Allemagne pour appanage. 829.

Lothaire crut alors qu'il avoit une juſte occaſion de former des plaintes contre ſon Pere. Il anime ſes Freres & les peuples contre lui, diſant que l'Etat étoit mal gouverné, & qu'il y faloit apporter un prompt remede. Les chefs de cette conſpiration contre l'Empereur Loüis, furent le beau-Pere de Lothaire, Mathfroid l'un des principaux Miniſtres de Lothaire, qui tramerent la depoſition de l'Empereur, dans une aſſemblée qui ſe tenoit à Compiene. Loüis Roy d'Allemagne, troiſiéme fils de l'Empereur, a detourné cette tempête, qui tomba ſur l'Imperatrice, fauſſement accuſée d'avoir de mauvais commerces avec le Duc Bernard, parent de l'Empereur, & ſon filleul. Ainſi l'on arrêta cette Princeſſe, l'on la fit voiler & mettre dans un Monaſtere, comme auſſi l'on fit tondre ſes deux freres Conrard & Rodolfe, & on les confina dans des Monaſteres. *Theganus de 2.ſtlo Ludovici Pii.*

L'Empereur alla auſſitôt aprés à Noyon, où pluſieurs Seigneurs de divers lieux de ſes Etats ſe rendirent auprés de ſa perſonne. Se voyant ainſi en état de reſiſter aux mauvais deſſeins de Lothaire, & de ſes adherans, il les mit tous à la raiſon, & obligea Lothaire de lui demander pardon, & de luy prêter un nouveau ſerment de fidelité. On lui rendit l'Imperatrice ſon Epouſe, par ordre du Pape & des Prelats, & Jeſſé Evêque d'Amiens qui avoit eu part à l'attentat commis contre l'Empereur & ſon Epouſe, fut depoſé par le jugement des Evêques.

Enfin l'an 833. Lothaire conſpira de nouveau contre ſon Pere, avec plus de ſuccez qu'il n'avoit fait la premiere fois, parce qu'ayant convoqué à Compiene une aſſemblée des Etats, où ſe trouverent pluſieurs Prelats, Ducs, Comtes, & Seigneurs; ils condamnerent le bon Empereur à être depoſé & enfermé dans un Monaſtere.

Ainſi Lothaire aprés l'avoir fait arrêter, & l'avoir fait juger par une aſſemblée de Prelats qu'il avoit gagnez, & qui s'attribuoient une authorité qu'ils n'ont pas reçûë de Jesus-Christ, le fit ſeparer de l'Imperatrice ſon Epouſe, & confiner dans un Monaſtere, pour y faire la penitence impoſée par ces Evêques.

Thegan qui vivoit alors, & qui a fait une relation en forme d'annales de toutes les actions de Loüis le Debonnaire, dépuis ſa naiſſance juſqu'à l'an XXIII. du Regne de cet Empereur, a marqué tous les Autheurs de cette conſpiration, ſans dire mot de nôtre Agobard. Au contraire il en fait chef Ebbo Archevêque de Rheims, contre lequel il s'emporte avec des reſſentimens ſi vifs, qu'il le repreſente comme le dernier des hommes tiré de la lie du peuple, & de la ſervitude, homme cruel & debauché. *Elegerunt tunc unum impudicum, & crudeliſſimum, qui dicebatur Hebo Remenſis Epiſcopus, qui erat ex originalium ſervorum ſtirpe.*

Il paroit au contraire par le manifeſte qu'Agobard publia pour ſe juſtifier dans le monde d'un attentat ſi temeraire, que le bon Prelat avoit été trompé, & qu'il n'avoit failli que par un zele indiſcret, fauſſement perſuadé que l'Empereur avoit violé la foy de ſon ſerment, & que l'Imperatrice Judith, étoit veritablement coupable des crimes dont on l'accuſoit. Ainſi nôtre bon Prelat, fait dans ſon manifeſte une declamation pathetique contre Loüis le Debonnaire, & parlant en homme inſpiré, s'écrie,

" Ecoutez Nations de la terre : Que toute l'étenduë de l'Univers du Levant au Cou-
" chant, du Septentrion au Midy, sçache que les Enfans de l'Empereur, on eut juste
" sujet de se soûlever contre leur Pere, & de s'unir ensemble, pour purger la Cour &
" le Palais des ordures scandaleuses qui s'y commettoient ; des injustices, des trou-
" bles, & des factions : & le Royaume des tumultes, & des vexations qui l'affligeoient.
" Tellement que nous n'avons rien plus à desirer, sinon que ces freres soient toûjours
" saintement unis ensemble pour la gloire de Dieu, & pour le repos de leurs peuples.
" L'Empereur Loüis vivoit paisiblement dans son Palais avec sa jeune épouse, qu'il
" aimoit, & qui avoit pour lui tout le respet qu'elle devoit. Cet Etat de benediction
" n'a pû durer long-temps. L'amour s'est refroidi entre eux : cette femme s'oubliant de
" son devoir, & des Lois de la pudeur, a commencé à prendre des libertez scandaleu-
" ses, & à introduire dans le Palais des personnes suspectes, avec qui elle a eu d'abord
" des commerces secrets, qui ont enfin éclaté, & sont devenus si publics, qu'ils alloient
" jusqu'à l'impudence. Peu de personnes s'en appercevoient au commencement, cela
" se répandit ensuite dans tout le Palais, & passa delà dans tous les coins du Royaume,
" & jusqu'aux extremitez de la terre. Le peuple en faisoit des railleries : les Grands en
" étoient indignez : & tous les Seigneurs & les Ministres étoient d'avis qu'il ne falloit
" pas souffrir ces scandales. Enfin, les fils de l'Empereur animez d'un saint zele pour
" l'honneur de leur Maison, voyant le lit de leur Pere souillé, le Palais scandalisé, le
" Royaume troublé, & l'honneur de la nation Françoise fletri par ces abominations

Il parle de la premiere Assemblée tenuë a Compiegne.

" s'unirent & travaillerent tous ensemble à éloigner ces occasions de scandales, en ar-
" restant les uns, en chassant les autres, & en faisant enfermer hors du Palais celle
" qui étoit la cause principale de tous ces maux. On la voila, on la mit dans un Mo-
" nastere, & l'on rétablit autant que l'on pût le repos, & l'honneur de l'Empereur.
" L'on avoit donc ainsi trouvé quelque remede à de si grands maux, lorsque par l'arti-
" fice de quelques flatteurs, & de quelques broüillons, cette femme décriée, fut rap-
" pellée à la Cour, & non seulement rétablie dans son premier état de maitresse, mais
" encore preferée aux sages conseils de tous les Ministres ; tellement qu'elle regagna
" l'esprit de l'Empereur, le broüilla de nouveau avec ses fils, & jetta le trouble dans
" tout l'Empire. Enfin, les choses en vinrent à un tel point, qu'il seroit malaisé de
" dire, qui étoient les plus à plaindre, ou les peuples opprimez, ou ceux qui malgré
" eux étoient contraints de les opprimer par les violences que l'on exigeoit d'eux par
" de nouveaux sermens.
" Faites donc reflexion à ce qui s'est passé, & voyez si jamais il s'est rien fait de sem-
" blable. On a fait de nouveaux sermens de fidelité au vieux Empereur, qui a comman-
" dé que l'on en fît aussi de nouveaux au jeune Empereur son fils. Quelques-uns en
" on fait au Roy son frere, & presque tous ont été contraints d'en faire à l'en-
" fant qui est l'occasion de tous ces troubles. L'on n'en est pas demeuré-là, mais

Levit. 19.

" comme si tout cela n'étoit rien, on exige de nouveaux sermens. Dieu laissera-t-il im-
" puni ce mépris que l'on fait de son saint Nom, lui qui défend les parjures, & de
" prendre en vain son Nom ? Enfin, jusqu'où ne va-t-on pas, quand on s'abandonne à
" des extravagances. Au lieu d'employer les armées contre les Nations infideles, & con-
" tre les peuples Barbares, pour étendre l'Empire de la foy : qui est la priere que l'E-
" glise addresse à Dieu, dans la quinzaine de la passion, quand elle prie pour les Em-
" pereurs, *Que Dieu leur sûmette les nations Barbares.* On assemble au contraire toutes
" les forces de l'Empire que l'on tire des Provinces les plus éloignées pour les faire ve-
" nir dans le cœur du Royaume, avec des intentions si differentes, que les uns n'y
" viennent que pour en déchirer les entrailles, tandis que d'autres cherchent à y ré-
" tablir la paix, & que tous ensemble devroient faire reflexion aux termes de cette
" oraison que dit le Prestre. *Prions pour le tres-Chrétien Empereur, afin que Dieu Nôtre-
" Seigneur lui sûmette toutes les nations Barbares, pour nous faire joüir d'une paix per-
" petuelle.*
" La maison de Dieu, qui est l'Eglise du Dieu vivant, la colonne & le soûtien de la
" verité, prie donc afin que l'Empereur subjugue les nations Barbares, & non pas afin que
" ses Sujets soient troublez, & qu'ils deviennent barbares. Car ce n'est pas le devoir d'un
" Empereur de détruire ses Sujets, & de mettre parmi eux la division.
" O Seigneur, Dieu du Ciel & de la Terre, pourquoi avez vous permis que nôtre
" Empereur tres-Chrétien, en vint à ce point de negligence, & de mépris de son de-
" voir, que de ne pas s'appercevoir des maux qui le menacent, & qui l'environnent de
" toutes parts ; car il aime ses ennemis, & il hait ceux qui sont ses amis. Que s'il est vrai
" qu'il y en ait de ceux qui sont toûjours à ses côtez, qui ne cherchent qu'à perdre ses
" enfans, pour se rendre aprés maitres de sa personne, & de ses Etats, pour les parta-

ger entre eux. Où en serons nous ? Je ne sçay si cela est vray, mais eux savent bien leurs desseins. Il y en a assez qui disent, que ces gens là regardent l'Empire comme une maison, qui va en ruïne, & qui est preste de tomber. Ainsi si Dieu n'y met la main, ou des étrangers se rendront maitres du Royaume, ou il sera divisé entre plusieurs Tyrans, ou peut-être même que l'Antechrist le trouvera tout disposé à recevoir, puisqu'un Empereur qui employe contre ses propres fils les armes, qu'il devroit tourner contre les Rois Barbares, n'est guere different de cet ennemy de JESUS-CHRIST.

Quelques-uns disent aussi que la Dame du vieux Palais, outre ses desordres secrets, joüé & badine puerilement, même en presence de quelques Evêques, dont quelques-uns joüent avec elle, qui selon les qualitez que l'Apôtre requiert dans les personnes de ce Caractere, devroient luy dire, que si une Reine ne sçait pas bien se gouverner, comment pourra-t'elle regir sa maison, & comment pourra-t'elle gouverner ses Etats? Ils devroient aussi la faire ressouvenir de ce que dit l'Ecriture, *qu'une femme reglée est la couronne de son mary, & que la pourriture est dans les os, de celle qui fait des actions dignes de confusion. Enfin qu'une femme querelleuse est semblable au toit d'une maison, qui a des gouttieres en temps de pluye, & en hyver, & qu'il est plus aisé d'arrêter le vent, que de la retenir.* Mais quelqu'un dira peut être, que celle-cy, bien loin d'être querelleuse, est douce & caressante. A quoy je repondray qu'il n'est point de trouble plus grand, que d'irriter les enfans sages d'un bon Pere, que de les maltraiter, les deshonorer, & les vouloir tout à fait aliener de leur Pere. Et parce que c'est sa beauté seule qui la fait trop aimer de son mary, il faudroit inculquer à tous les deux ce que dit l'Ecriture, *qu'il n'est rien de si decevant que la bonne grace, & rien de si vain que la beauté, & qu'une femme loüable, & qui merite d'être estimée, est celle qui a la crainte de Dieu.*

L'Imperatrice.

1.Tim.3.

Prov.12.

Prov.27.

Il faut donc que tous ceux qui aiment Dieu, & qui ont du zele pour sa gloire, & qui desirent de voir le Roy & le Royaume en paix, & comblés des biens de ce monde & des biens du Ciel, se joignent ensemble & donnent tous leurs soins, pour lever le masque à l'iniquité, & pour procurer à l'Etat une parfaite santé, sans effusion de sang, sans meurtre, sans troubles de guerres & de querelles, afin que l'on dise de l'Eglise de ce Royaume, *qu'elle est la maison de Dieu, & la porte du Ciel, & que les portes de l'Enfer ne prevaudront point contre elle.*

Il poursuit & cite divers passages, aprés-quoy il reprend son discours.

" Il ne faut pas donc passer legerement sur les troubles arrivez en ce temps & en ce
" pays, que la bonté, & la douceur de Dieu a appaisez sans aucune guerre ; mais il
" faut exciter tous les cœurs des fideles à benir Dieu & à le remercier, & nous
" porter en même temps à nous tenir sur nos gardes, pour prevenir de semblables maux.
" Il ne faut pas aussi passer sous silence quelle a été l'occasion de ces troubles, & quelle
" en a été l'origine.

" Nôtre tres Chrétien & tres pieux Empereur Loüis ayant perdu son Epouse, qui étoit
" une Princesse sage & vertueuse, fut obligé de penser à prendre une seconde femme, qui
" pût l'aider dans la conduite de sa Cour & de ses Etats. Par un jugement de Dieu, que
" nous ne connoissons pas, il en prit une qui d'abord parut fort raisonnable & moderée
" sous la puissance de son Epoux & son Seigneur ; mais dans la suite des temps elle a
" fait voir qu'elle étoit capable d'exciter de grands troubles non seulement parmy les
" sujets, & les Seigneurs de la Cour ; mais encore parmy les fils de l'Empereur, Princes
" tres-accomplis, & mariez, qui avoient des Etats à gouverner. Elle les a tourmentez,
" inquietez, affligez, & presque opprimez. Et comme ceux qui avoient le plus
" d'interet à veiller au bien du Royaume, s'apperçurent de ces desordres. Que la
" paix étoit troublée, le palais deshonoré, les peuples divisez, & ceux qui reg-
" noient, exposez à d'étranges infamies, ils ne pûrent s'empêcher de murmurer,
" de faire des plaintes, & de sages remontrances. Les Fils même de l'Empereur, &
" les premiers de la Cour voyant que le mal croissoit de jour en jour, prirent conseil
" entre eux, & convoquerent une assemblée pour éloigner du palais les Autheurs de
" ces desordres, & la Reine qui en étoit la cause principale : ils la firent sortir de la Cour
" & de la Maison Royale, luy ôterent les marques de sa dignité & l'exilerent, en l'enfer-
" mant dans un Monastere. Ils crurent par ce moyen avoir delivré le bon Empereur
" du danger où il étoit de se perdre, & les Princes ses enfans contens d'avoir ré-
" tabli l'honneur & le repos de leur Pere, se retirerent chacun sur leurs terres.

" Mais à peine cela avoit été fait, que l'ennemy de tout bien, & l'autheur de tout le
" mal, chercha les moyens de renouveller les premiers desordres. La Reine qui avoit
" changé d'habit & de condition, en prenant le voile dans un Monastere, où elle devoit

,, perseverer, comme la raison l'ordonnoit, & le jugement que l'on avoit porté contre
,, elle; fut rappellée dans le Palais, & rétablie auprés de l'Empereur comme son épou-
,, se legitime, ce qui ne pouvoit plus être aprés avoir été si justement condamnée. Se
,, voyant donc rétablie, elle recommença ses desordres, & les poussa même plus avant.
,, Aprés cela que pouvoient faire de bons fils ? Pouvoient ils se taire, dissimuler, voir
,, tranquillement ces scandales ? Dieu qui veille sur les hommes, ne le permit pas, mais
,, il excita de nouveau le zele de ces enfans pour couper le mal jusqu'à la racine.

Il fait ensuite un long dénombrement des maux arrivez dans les Cours des Rois d'Is-
raël, & cite plusieurs passages de l'Ecriture sainte, en laquelle il étoit l'homme de son
siecle le mieux versé, & aprés ces exemples, il ajoute,

Prov. 11.
,, Ce que nous ne disons pas pour comparer nôtre Empereur à ces Rois impies & in-
,, fideles, mais parce qu'il s'est laissé surprendre par une méchante femme, il lui est
,, arrivé ce qui est écrit aux Proverbes. *Que celui qui met le trouble dans sa maison, ne
la remplit que de vent.* Terribles vents qui ont rempli la Cour de parjures, de violences, d'injustices, d'homicides, d'adulteres & d'incestes. Pour tous lesquels desordres il est necessaire que l'Empereur fasse penitence, & rentre dans lui-même, s'hu-
miliant sous la puissante main de Dieu, qui peut lui donner tous les avantages, &
tous les honneurs de la vie éternelle; car ceux de la vie temporelle ne lui conviennent
plus, puisqu'ils sont devolus à un autre par une juste disposition de la Providence, non
pas à un ennemi & à un étranger, mais à son tres-cher Fils. C'est pourquoi il doit
rendre graces à Dieu dans la joye de son cœur de voir ce qu'il a toûjours desiré, qu'il
n'eut jamais d'autre successeur que l'un de ses Fils, & non pas un ennemi qui lui en-
Zach 2.
levat par force ses Etats. Que tous consentent donc à cette déposition, & qu'ils entendent le Prophete, qui dit, *que toute la Terre soit dans le silence en presence de
Psal. 32.
Dieu. Que toute la Terre revere le Seigneur, qui remuë comme il lui plait tous les habitans
de la terre. Parce qu'il n'a eu qu'à parler & toutes choses ont été faites, il a commandé &
elles ont été creées.*

Le grand nombre de lettres, de manifestes, & de remontrances que nôtre Agobard écrivit à l'occasion de cette déposition de l'Empereur, ne font que trop voir qu'il
y eut trop de part, quoi que je sois persuadé que ce bon Prelat fut trompé par les factieux, qui avoient de mauvais desseins, & qui abuserent du zele de cet Archevêque,
sous pretexte de maintenir les interests de la Religion, & d'ôter de la Cour les occasions de scandale, sur lesquels on l'avoit trop vivement prevenu.

En effet le bon Prelat crut d'abord qu'il étoit de son devoir d'en avertir l'Empereur,
c'est ce qu'il fit par une lettre à l'occasion du partage que Loüis le Debonnaire avoit
De divisione Imperii
inter filios Ludovici fait de ses terres à ses Enfans; partage qu'Agobard prevît devoir être une source de
Imperatoris. divisions entre les Enfans de cet Empereur, à qui il écrivit en ces termes.

AV TRES GLORIEVX EMPEREVR LOVIS,
Agobard le plus petit de ses Serviteurs.

Si c'est manquer aux devoirs de la fidelité que nous devons à nos Superieurs, à
qui nous l'avons jurée; & si un Prelat à qui l'on confie le soin des ames, la doit à toutes
les personnes que la Providence a mis sous sa charge; il la doit principalement à ceux qui
sont destinez à régir & à gouverner leurs peuples, suivant cet avis de l'Apôtre. *Que
Rom.13.
tout homme soit soûmis aux puissances superieures.* Et si d'ailleurs on ne doit jamais man-
1.Pet.2.
quer de fidelité envers qui que ce soit, puisqu'un autre Apôtre nous dit, *Soyez soûmis
pour l'amour de Dieu, à tout homme élevé au dessus de vous.* Et si l'on nous commande
de prier pour tous les hommes, pour les Rois, & pour tous ceux qui sont élevez en
1.Tim.2.
dignité, afin que nous vivions en paix & en repos, en toute pieté. *Il faut donc ne-
Rom. 13.
cessairement que nous soyons soûmis, non seulement pour eviter la punition, mais pour satisfaire à nostre conscience.*

Si cela est ainsi, & s'il n'est personne qui ne vous doive être fidele, ne seroit-ce pas
manquer à ce devoir de fidelité, de voir l'éminent peril où vous êtes, sans vous en
avertir, & sans vous le faire connoître. Si pourtant il est permis de le faire, & s'il s'en
trouve quelque occasion favorable. Je prens Dieu à témoin, que nul autre motif ne
m'engage à prendre cette liberté que l'extrême douleur que j'ay de voir le danger evident qui vous menace, principalement du côté de l'ame, de laquelle nous devons d'autant plus prendre de soin, qu'elle est plus excellente que le corps, comme le fils de Dieu
nous l'enseigne dans l'Evangile, ainsi que vous le savez.

Or il n'est personne qui puisse bien comprendre les grands maux qui nous ont accueillis cette année, parmi les troubles, les soulevemens, & les afflictions, que nous causent des guerres entreprises sans raison, & sans necessité; Car si vous aviez voulu, vous meneriez une vie tranquille & paisible avec vos Enfans à l'exemple de vôtre Ayeul & de vôtre Pere. Je prie Dieu, qui est le maitre des cœurs, & qui habite dans le vôtre, de le disposer à entendre patiemment, & à faire reflexion avec cette douceur & cette bonté qui vous sont si naturelles, sur les choses que j'ay à vous dire & à vous remontrer.

Quand vous voulûtes établir vôtre Fils, & l'associer à l'Empire, vous nous fites l'honneur de nous demander publiquement, si l'on pouvoit differer, ce que l'on jugeoit utile à l'Etat, & pouvoir contribuër à affermir le gouvernement. Et aprés que tous vous eurent répondu, qu'il ne falloit jamais differer le bien quand il étoit necessaire, & quand il pouvoit être fait, mais qu'il falloit au plûtost y donner ses soins ; vous découvrites pour lors publiquement le dessein que vous aviez formé dans vôtre Conseil, que puisque la vie est si courte, & l'heure de la mort si incertaine, vous vouliez donner le nom d'Empereur à l'un de vos trois fils, si c'étoit la volonté de Dieu. Pour obtenir la grace de la bien connoître, Vous ordonnates un jeune de trois jours ; que les Prêtres offrissent à Dieu plusieurs sacrifices, & que l'on fit durant ces trois jours de plus grosses aumônes, qu'à l'ordinaire, afin que Dieu qui est plein de bonté & de misericorde à l'égard de ceux qui l'invoquent, vous fit connoître sa divine volonté, & ne permit pas que votre choix tombat sur un autre que sur celui qu'il lui plairoit. Ainsi vous fites tout ce qui se pouvoit faire en cette occasion, avec une si vive foy, & une si parfaite confiance en la bonté divine, qu'il n'y eut personne qui ne fut persuadé, que vous agissiez par les mouvemens d'une inspiration toute celeste. Vous assignates à vos autres Fils des parties de vôtre Royaume, non pas pour en faire trois Etats separez ; mais un seul : vous fites le superieur des autres celui à qui vous donnates le titre d'Empereur. Vous commandates qu'on en fit un acte public par écrit, vous le signates, & vous le fites signer : vous l'authorisates, & vous declarates ce Fils associé à vôtre dignité d'Empereur. Vous envoyates même à Rome au souverain Pontife tous ces Actes, pour les lui faire approuver, & vous obligeates en même temps tous les Corps à luy prester serment de fidelité, & vous nous fites tous jurer de le garder, & de suivre le choix & le partage que vous veniez de faire. Serment qui nous parut à tous necessaire, & important pour entretenir la paix & la concorde. Depuis ce temps-là, dans tous les edits, dans toutes les Lettres patentes, & dans tous les Actes Imperiaux, on voyoit les noms des deux Empereurs. Cependant depuis peu de temps, il semble que vous ayez changé de volonté. Tout ce que vous aviez établi n'a plus subsisté : on a retranché des Actes publics le nom du Jeune Empereur, & l'on a fait tout le contraire, comme si Dieu vous avoit fait parler par un Ange, qu'il se repantoit de vous avoir inspiré le choix que vous aviez fait, ainsi qu'il fit à Samuël à l'égard du choix de Saül. Sans avoir penetré dans les secrets Conseils de Dieu, sans raison & sans aucune déliberation, vous rejettez sans consulter Dieu, celui que vous aviez choisi avec lui. Vous aviez recherché sa volonté pour l'élire, & vous le deposez sans attendre de connoître, si c'est sa volonté. Vous savez bien Seigneur, qu'il faut suivre la volonté de Dieu, & qu'il n'est pas permis de la prevenir ; puisque la vouloir prevenir, c'est le tenter, ce qu'il a expressément défendu. _{Matth. 5.}

Je vous conjure, Seigneur, de ne pas mépriser ces salutaires conseils ; mais d'entrer un peu dans vous-même, & entre Dieu & vous d'examiner si dans un esprit de foy, & de pieté vous n'avez pas demandé à Dieu, qu'il vous éclairat dans le choix que vous deviez faire d'un Collegue de l'Empire ; & maintenant ne semblez vous pas lui dire, que vous n'avez plus besoin de ses lumieres ny de ses Conseils, & que n'ayant pas bien fait ce que vous aviez fait de concert avec lui, vous feriez mieux maintenant sans avoir besoin de son secours ! Ha Seigneur, à Dieu ne plaise, que vous rejettiez les inspirations divines pour suivre les conseils, ou plûtost les passions de quelques hommes charnels, au lieu de tomber dans l'erreur. Je vous conjure donc, encore une fois, ô tres-debonnaire Prince, qu'avec l'esprit & la sagesse que Dieu vous a donnée, vous fassiez reflexion aux reproches que l'Apostre saint Jaques fait à ceux qui se proposent de faire certaines choses de leurs propres forces sans avoir demandé à Dieu la grace de les pouvoir faire. *Vous qui dites aujourd'huy ou demain, nous irons dans une telle Ville,* _{Iacob. 4.} *nous demeurerons-là un an, nous y exercerons le commerce, & nous y gagnerons beaucoup. Cependant, vous ne sçavez pas ce qui vous arrivera demain. Car qu'est-ce que vôtre vie ? C'est une vapeur qui paroit pour un peu de temps & aprés elle se dissipe, au lieu que vous devriez dire : Si le Seigneur le veut, & si nous vivons, nous ferons telle ou telle chose.* Gardez-vous donc de ceux qui ne suivent que leur esprit & leurs fausses lumieres, car tous n'ont pas la Foy.

Le Seigneur connoît ceux qui sont à luy. Ainsi tout autant que nous sommes qui faisons profession d'être à luy, & qui avons quelque lumiere de la verité, qui vous aimons sincerement dans ces lumieres de la verité, & qui vous desirons avec toute la fidelité que nous vous devons, une felicité éternelle, ne pouvons voir sans douleur les crimes qui se sont commis cette année, à l'occasion de ce changement, & nous craignons qu'ils n'attirent la colere de Dieu sur vous. Car nous nous ressouvenons du zele ardent que vous avez toûjours eu pour la Religion, dont nous avons vû les marques éclatantes dans vôtre assiduité aux prieres, aux Oraisons, aux Offices, & aux ceremonies de l'Eglise, où vous chantez les loüanges de Dieu avec pureté, & sincerité de cœur, avec componction dans la contrition de vôtre cœur, & le soin des bonnes œuvres. C'est pourquoy nous craignons, dis-je, que cette ferveur ne se rallentisse, lorsque nous devons souhaiter, qu'elle s'augmente & qu'elle croisse, afin que perseverant jusqu'à la fin, vous puissiez acquerir le salut éternel.

Et parce que j'ay fait mention du serment qui fut fait au temps de l'association de vôtre Fils à l'Empire, je ne dois pas celer à vôtre Excellence, que l'on fait de grands murmures, sur ces divers juremens & si contraires les uns aux autres, Non seulement on en murmure; mais on en est affligé, & cela donne occasion à plusieurs de mal parler de vous, ce qui m'est extremement sensible. Car saint Hierôme en expliquant ces paroles du Prophete Jeremie, *quand vous jurerez, vive le Seigneur, que ce soit avec verité, avec jugement, & avec justice*; dit qu'il faut toûjours que le serment soit accompagné de verité, de jugement, & de justice, & que si ces qualitez luy manquent ce n'est plus un jurement, mais un parjure.

Jerem. 4.

Toutes ces lettres d'Agobard & tous ces discours font voir que c'étoit un homme de bien, & bien intentionné, & qu'il étoit plus homme de Dieu, que Courtisan, & Politique. Aussi addressa-t'il à l'Empereur, qui l'appelloit auprès de sa personne, un autre discours où il compare le gouvernement Politique avec l'Ecclesiastique.

A MONSEIGNEUR le tres-Clement, tres-Chrétien, & tres-digne de toute loüange, l'Empereur LOVIS,

AGOBARD.

Vôtre Sacrée Majesté vient d'ordonner que les deux Etats, ou les deux Ordres du Royaume, la Noblesse, & le Clergé soient prets à vous obéïr sur l'état present des affaires & des troubles du Royaume; la Noblesse pour les decider avec le fer par la voye des armes, & le Clergé par les conferences, & les assemblées où chacun dira ses raisons, & pourra donner son avis. Sur quoy il faut bien sçavoir que dans la voye des armes il faut moins se fier à la force des bras, qu'à la justice de la cause, & à la protection du Ciel, & que dans les Conferances il faut avoir plus d'égard à la verité qu'à l'éloquence, & l'abondance des paroles. C'est pourquoy il faut que les uns & les autres implorent de tout leur cœur, celuy que vous appellez *vôtre lumiere & vôtre salut*. Et que vous le priyez, puis qu'il est vôtre lumiere, qu'il daigne vous éclairer, & que puis qu'il est vôtre salut, il étende sur vous ses misericordes, afin que vous puissiez dire apres cette priere, *Seigneur, je ne seray point confondu, parce que j'ay eu recours à vous*.

Dominus illuminatio mea & salus. Ps. 26.

C'est pourquoy moy qui suis, Seigneur, le plus humble de tous vos serviteurs ayant appris le commandement que vous nous faites de nous rendre auprés de vôtre sacrée Personne, pour nous opposer avec les autres Prelats, & les personnes Ecclesiastiques aux injustes reproches que l'on vous fait d'avoir commis une injustice, j'ay crû que je devois auparavant pour le service de Dieu, & pour le vôtre, écrire à vôtre Excellence tres glorieuse, les sentimens des anciens Peres de l'Eglise, en pareilles occasions, & la conduite qu'ils ont tenuë. Afin que vous connoissiez l'obéïssance que vous devez au saint Siege Apostolique, pour maintenir la Religion, & pour vôtre propre avancement spirituel. Le B. Pape Pelage reprenoit autrefois quelques Evêques qui avoient retranché son nom du Canon de la Messe, où nous avons coûtume de dire, *Seigneur nous vous offrons ces prieres pour vôtre sainte Eglise Catholique, qu'il vous plaise de pacifier, de conserver, de réünir, & de regir dans toute l'étenduë de la terre avec vostre serviteur le Pape nostre saint Pere*. Il écrivit à ces Evêques. Je ne puis assez m'étonner de vous voir ainsi vous separer de l'Eglise universelle, ce que je ne puis souffrir, principalement quand je me souviens que saint Augustin sur l'authorité de JESUS-CHRIST qui dit que l'Eglise est fondée sur le Siege Apostolique, assure que quiconque se retire de la Communion des Prelats qui sont établis sur ce Siege, sont dans le Schisme, puis qu'il n'y a point d'autre Eglise, que l'Eglise Apostolique des Souverains Pontifes

Comment donc ne reconnoissez vous pas que vous êtes separez de l'Eglise universelle, si selon la coûtume si bien établie, vous ne faites nulle memoire de mon nom dans les saints Mysteres, puisque quelque indigne que je suis, vous voyez que je suis par l'ordre d'une succession legitime placé sur le thrône Apostolique.

Agobard prouve ensuite la même chose par une Lettre du Pape Leon, écrite aux Evêques de la Province Viennoise, par laquelle, il leur dit, que quoyque le Fils de Dieu ait donné à tous les Apôtres le pouvoir d'établir le Culte & la Religion, il a specialement commis ce soin à saint Pierre, comme le Chef de l'Apostolat, afin que par lui il se répandit sur tout le corps de l'Eglise. Il cite aussi le Pape saint Anastase, qui écrivoit à l'Empereur de se soûmettre, & d'obéïr à ceux qui sont sur la Chaire Apostolique. Aprés quoy le bon Prelat s'addresse à l'Empereur, sur le bruit qui couroit de la venuë en France du Pape Gregoire IV. ce qui inquietoit l'Empereur, & lui dit.

Certes, tres-debonnaire Seigneur, si le Pape Gregoire, ne vient que pour entretenir le trouble, il est juste de le renvoyer, & de ne le pas recevoir : mais s'il vient pour travailler à établir vôtre repos,& pour rendre la paix & la tranquillité à vos peuples,vous devez plûtost lui obéïr, que lui resister,comme vous feriez en vous opposant à sa venuë. Cette venuë ne peut que vous être avantageuse, s'il ne vient que pour rétablir les choses dans l'état ou vous les aviez mises de vôtre plein pouvoir, & volonté avec le consentement de tout l'Empire. Vous ne devez donc pas changer sans raison, ce que vous avez fait si sagement, où vous le feriez avec un grand danger de vôtre ame, & contre vôtre propre conscience.

J'ay reçu ces saints jours de Pâques des lettres de ce saint Pere, par lesquelles il nous ordonnoit des jeunes, & des prieres, & l'abstinence de viande pour obtenir de Dieu, qu'il puisse rétablir la paix & la concorde dans vôtre maison, & dans vôtre Royaume. Sur quoy plein d'un saint desir de voir ses bons desseins accomplis, j'ay eu recours à Nôtre-Seigneur JESUS-CHRIST, & l'ay ardemment supplié qu'il lui plut par sa bonté toute puissante appaiser tous ces tumultes sans effusion de sang.

Que vôtre sublime sagesse daigne considerer ce que dit le grand Apôtre, *qu'aux derniers jours il viendra des temps fâcheux*. Ce que saint Gregoire Pape deploroit déja de son temps, lors que les choses n'étoient pas encore en un si pitoyable état, qu'elles sont à present. Il craignoit de ne pouvoir conduire au port le Vaisseau de l'Eglise à demy froissé, dont Dieu lui avoit mis le timon entre les mains : Helas si l'Eglise souffroit en ces temps-là, & si ce Saint craignoit d'en voir les débris,en quel état se trouve t'elle à present au milieu de ces tumultes ? 2.Tim.3.

Je ne fait point de difficulté Seigneur, de vous mettre devant les yeux les plaintes & les lamentations de ce saint Docteur, parce que je sçay, que vous faites beaucoup plus d'état du regne celeste, que de celui de la terre : de celui qui est eternel, que de celui qui est passager; & qu'étant plein de Foy, d'Esperance, & de Charité, vous ne devez rien tant desirer que d'appaiser la colere de Dieu, & de procurer la paix, & le repos à son Eglise. Par là vous ne lui serez pas moins utile devant Dieu, que les Apôtres l'ont été.

Le Pape Gregoire IV. qui vint en France à l'Exemple de quelques-uns de ses Predecesseurs, pour tâcher d'appaiser ces troubles, passa par cette Ville, & d'ici écrivit une lettre Circulaire aux Evêques de France, que l'on a inserée parmi les ouvrages de nostre Agobard, peut-être parce que ce fut lui qui la composa pour le Pape, car elle a beaucoup de rapport au style de ce Prelat, rempli de passages de l'Ecriture Sainte.

GREGOIRE IV. PAPE
Aux Evêques du Royaume de France.

Quand vous m'avez écrit comme au souverain Pontife, vous m'avez écrit sous des addresses bien differentes, les uns me donnant le titre de Frere, & les autres de Pape, lorsque vous auriez dû vous contenter de me donner le titre de Pere, & me rendre une deference filiale. Vous dites aussi que vous vous réjoüissez de nostre venuë, parce que vous esperez qu'elle sera avantageuse à tous les Sujets de l'Empereur, comme vous témoignez le desirer. Vous ajoûtez que vous viendriez au devant de nous, si l'Empereur n'en avoit ordonné autrement. Ce qui n'est pas soûtenable, premierement, parce que les ordonnances du Siege Apostolique ne vous doivent pas paroitre moins sacrées, que celles que vous dites emaner de l'authorité Imperiale. Secondement, en ce que vous dites, que cette ordonnance Imperiale a prevenu la nostre, cela ne peut être, puisque la nostre est Pontificale. Car vous ne devez pas ignorer, que la dignité

Pontificale qui s'étend sur la conduite des ames, ne soit préférable à la dignité Imperiale, qui n'est que temporelle. Saint Gregoire de Nazianze eut le courage de prêcher cette verité dans l'Eglise en presence des Empereurs. Auxquels il parla en ces termes.

Greg. Naz. de Jerem. dixit.

Puisque vous nous permettez parler avec une entiere liberté, souvenez-vous Seigneur, que vous ne faites point de difficulté de recevoir la loy de J. C. qui vous soumet à la puissance qu'il nous a donnée, & vous rend sujet à nos tribunaux. Car il nous a donné un pouvoir, & une authorité superieure à celle qu'il vous a donnée. Et certes seroit-il juste que l'esprit cedat à la chair, & que les choses terrestres l'emportassent sur les celestes, & les humaines sur les Divines ?

Pourquoy donc vous qui êtes vrais Prêtres, & Ministres du culte Divin, & non pas d'une puissance purement humaine, ne faites vous à l'Empereur, que vous dites vous avoir prevenus par le Mandement qu'il a fait, la même réponse que fit le Pape saint Gregoire à un autre Empereur. Permettez-nous de vous dire avec liberté que vous êtes une oüaille du troupeau que JESSUS-CHRIST nous a confié, & que le saint Esprit a marquée ; que devant les saints Autels vous recevez avec soumission la benediction du Prêtre, & que vous reverez la tres-sainte Trinité que nous vous annonçons & que nous vous proposons comme l'objet de vôtre culte, aussi-bien que de vôtre foy. . . Souvenez-vous que vous avez été formé de la même matiere & de la même substance que ceux qui sont vos sujets. Ainsi tenez-vous uni à Dieu, & faites gloire d'obéïr à JESUS-CHRIST, plûtôt que de commander aux autres. Ainsi mes freres, puisque vous avez l'honneur d'approcher l'Empereur, & de vous tenir auprès de luy, cessez de l'obseder par vos dangereuses flatteries, & faites-luy plûtôt entendre avec saint Augustin, qu'il n'est point d'Empereurs plus heureux, que ceux qui commandent justement, que ceux qui ne se laissent point emporter à la vanité au milieu des loüanges qu'on leur donne, & de l'obéïssance qu'on leur rend. Que ceux-là sont heureux qui n'oublient pas qu'ils sont hommes comme les autres, au milieu des soumissions & des adorations de leurs sujets. Ceux qui n'employent leur puissance, que pour étendre le culte de Dieu, & pour luy procurer les honneurs qui luy sont dûs : ceux qui craignent Dieu, qui l'ayment, qui le servent ; ceux qui preferent à une souveraineté passagere, un regne éternel où ils ne craignent pas d'avoir des collegues & des compagnons : ceux qui sont plus portez à pardonner, qu'à se vanger ; & qui quand ils sont obligez de châtier & de punir, le font plûtôt pour la necessité du bien public qui les y contraint, que par des mouvemens de haine, & par un desir de vangeance ; ceux qui sçavent pardonner, plûtôt par l'esperance d'une utile correction, que par une lâche molesse qui souffre l'impunité des crimes, & qui enfin, lors même qu'ils sont obligez d'en user severement contre quelques-uns, leur addoucissent autant qu'ils peuvent, les peines dont ils sont contraints de les punir, & qui ont plus d'inclination & de penchant, à recompenser la vertu & les belles actions, qu'à châtier le crime. Ceux qui dans la liberté de faire ce qu'ils veulent impunément, en sont d'autant plus retenus ; & ayment mieux se rendre maîtres de leurs passions, & se commander à eux mêmes, que de commander à plusieurs Nations. Nous appellons donc heureux ces Empereurs veritablement Chrêtiens qui sont fidelles à tenir cette sage conduite, non pas par un motif de vaine gloire, & de l'estime des hommes, mais par la pure charité, & le desir d'acquerir une felicité eternelle. Ceux qui ne cessent d'offrir à Dieu avec humilité à la vûë de leurs offenses, des sacrifices de priere, & de bonnes œuvres. Ceux-là sont heureux dez maintenant, dans l'esperance des biens qu'ils attendent, & le seront un jour parfaitement, quand ils seront dans la possession entiere de ces veritables biens.

Aug. l. 5. de civit. Dei, cap 24

Voilà comment les Saints ont parlé aux Empereurs, mais vous qui aimez mieux les detruire que les édifier, vous ne les flattez que pour les tromper, selon cet Oracle de l'Ecriture. *Mon Peuple, ceux qui disent que vous etes heureux vous trompent, & vous écartent de la bonne voye.*

Enfin aprés nous avoir temoigné que vous étiez bien aises de nôtre venuë, vous nous avez fait sçavoir d'ailleurs que vous en étiez affligez. Que veut dire cela, sinon que vous êtes changeans, & semblables aux flots de la mer qui sont dans une agitation continuelle ? Dans ces agitations, avez-vous pû croire que nous ignorassions les devoirs de nôtre office Pastoral, & la sage moderation que nous devons avoir ? N'avez-vous point de honte de croire que nous venions pour jetter une excommunication presomptueuse, & sans aucun raisonnable fondement ? Vous nous avertissez en suite sous des termes enveloppez & couverts, de ne pas nous exposer à de semblables choses, ny de nôtre propre mouvement, ny à la sollicitation des autres, parce que

de la Ville de Lyon.

que cela tourneroit au mépris de l'autorité Imperiale, & au detriment de la nôtre. Dites nous, je vous prie, ce que signifient ces manieres de parler, & ce qui nuit plus à l'autorité Imperiale, ou de faire des actions, qui puissent attirer l'excommunication, ou l'excommunication même? Mais parce que je ne veux pas m'amuser à des paroles, dites-moy, je vous prie, comment il se peut faire que l'on puisse blâmer ma conduite, sans donner atteinte à l'honneur du Siege Apostolique? Car comment est-ce que celui qui tient la place de saint Pierre, peut être deshonoré sans en donner aucune occasion par aucune action indigne de son caractere, & que son Siege ne soit point deshonoré. Si l'on doit donc respecter la Chaire Pontificale, on doit aussi respecter celui qui a l'honneur d'y être assis. Puisqu'il est dit de Caïphe dans l'Evangile, que tout méchant & impie qu'il étoit, il ne laissa pas de prophetiser la mort de JESUS-CHRIST, parce qu'il étoit Pontife cette année-là. Il fut donc honoré du don de prophetie, quelque méchant qu'il fut d'ailleurs, parce qu'il étoit assis dans la Chaire Pontificale. Et vous osez dire, qu'un Pape qui fait son devoir, & qui agit par les loix de la pieté, peut être deshonoré sans faire aucun tort à la dignité de son Siege. Ce qui n'est pas vray. Vous avez raison de me suggerer, que je doy me souvenir du serment de fidelité que j'ay fait à l'Empereur. Et c'est pour cela même que je veux le garder & ne pas être parjure, comme je serois, si je ne lui remontrois pas tout ce qu'il commet contre l'unité & la paix de l'Eglise & de ses Etats. Je serois donc parjure comme vous, si je ne le faisois pas. Je veux donc garder la foy de mon serment, si pourtant il est vray que j'aye juré. C'est donc vous qui êtes parjures, puisqu'il est vray que vous aviez juré, & rejuré, que vous lui seriez fideles en toutes choses, & maintenant que vous voyez, qu'il fait lui-même contre son propre serment, & qu'il court à sa perte en y contrevenant, vous ne l'en détournez pas autant que vous pouvez, & vous ne travaillez pas pour son salut, comme vous l'avez promis.

Vous me dites aprés tout cela, que vous me ferez une reception honorable, si je viens dans la disposition de faire ce qu'il desire. Est-ce dans les Livres divins que vous avez appris à parler ainsi, ou ne parlez vous point plûtost selon vos inclinations, vous qui n'agissez que dans l'esperance de quelque interêts temporels, parce que vous êtes des roseaux battus du vent, & que le moindre souffle vous fait pancher du côté que l'on veut? Pensez, pensez, mes Freres, que vos sentimens sont bien opposez à la priere que vous faites à Dieu à la Messe, sans doute plus de bouche que de cœur, quand vous lui dites, *Seigneur, faites que pour vostre amour nous méprisions les avantages du monde, & que nous n'en craignions point les adversitez & les contrarietez.* Si vous lui faisiez bien de cœur cette priere, celui qui a dit *demandez & on vous donnera,* vous auroit infailliblement accordé une si juste demande.

Vous ajoûtez que le premier partage que l'Empereur avoit fait de ses Etats entre ses fils, a été maintenant changé pour de justes causes, ce qui ne peut être vray pour deux fortes raisons: La premiere, parce que bien loin qu'il y ait eu juste cause de le faire, nous voyons au contraire que c'est une source de troubles, de divisions, de mouvemens, de violences & de tant d'autres maux, qu'il seroit trop long de raconter, & qui sont accompagnez de parjures, d'infidelitez, & de ruptures de paix. La seconde raison est que vous ne sçavez pas encore si ce changement s'est pû faire selon Dieu, ou s'il ne lui est point desagreable. Car ce changement que vous dites avoir été necessaire dans les conjonctures presentes, nous fait voir évidemment qu'il ne l'est pas, puisqu'il est la cause d'un grand nombre de pechez. Il est bien vray qu'il y a certaines choses qui pour être faites selon la volonté de Dieu, peuvent attirer des persecutions, & des peines en cette vie; comme les Apôtres & les Martyrs en ont souffert pour la défense, & la confirmation des veritez de l'Evangile. Mais cette volonté permissive de Dieu ne peut être la cause d'aucun crime, ni d'aucun peché, comme ce partage dont vous parlez, & que vous dites avoir été fait pour de bonnes raisons.

Quand vous dites avec tant de hauteur, que si nous allons à l'Empereur avec un peu de reserve & de moderation, nous apprendrons de lui toute la verité de l'affaire, & pourquoy il a fait ce nouveau partage que vous jugez si necessaire; c'est par un esprit d'orgueil que vous parlez ainsi, comme s'il n'y avoit que vous capables de bien juger des choses. Mais j'ose vous dire qu'il faut avoir perdu le sens pour ne pas voir combien de maux a causez ce changement, & que c'est d'un fond de malice, qu'il procede: cependant vous le loüez, & vous voulez le soutenir. Vous ajoûtez ensuite, que si je viens avec d'autres sentimens, vos Eglises ne seront pas de mon avis; mais qu'elles se declareront contre moy, & que vous m'empêcherez bien de rien faire & de rien ordonner dans vos Dioceses: que vous ne souffrirez pas que j'excommunie qui que ce soit, que vous ne vous y opposiez fortement. Le Maître de la verité a bien dit,

H h

qu'un méchant homme, ne peut tirer du méchant fond de son cœur que le mal. Comment osez-vous dire que vous me serez contraires avec vos Eglises, lorsque je ne viens que pour travailler pour la paix & pour la concorde qui est un don de Dieu, & le Ministere de JESUS-Christ ? ne savez-vous pas que les Anges ont promis sur la terre la Paix aux hommes de bonne volonté ? Et que l'Apôtre au contraire menace de maux & d'afflictions tout homme qui ne cherche que le mal ? On voit par-là que ces paroles du Sage vous conviennent bien. *Qu'il n'y a que guerre, & qu'épées tirés dans les voyes des méchans*, puisque vous voulez vous servir contre nous de tous vos malins artifices lorsque nous venons travailler à la Paix. Cependant si vous voulez être membres de JESUS-CHRIST, vous ne devez pas vous separer d'un Corps dont il est le Chef, ny déchirer sa robbe : Nous parlons ainsi, afin que vous sçachiez que ce n'est pas à vous de separer l'Eglise Gallicane, & l'Eglise Germanique, de l'unité de l'Eglise universelle, ny de les détacher de ceux qui en sont les parties les plus considerables. Vous dites enfin que vous aimez mieux vous taire que d'en dire davantage sur ce sujet, & que si nous ne suivons pas vos conseils, nous mettrons nôtre honneur en danger. Si vous aimiez donc mieux vous taire, que parler. Pourquoy n'avez-vous pas gardé le silence ? Est-ce vôtre coutume dans vos resolutions, que le plus foible, l'emporte sur le plus fort, & qu'ayant plus de volonté de vous taire, que de parler, vous ayez cependant suivi l'un plûtôt que l'autre, qui vous devoit être plus aisé ? N'est ce point que dans le trouble & dans la discorde, la passion est plus forte que la raison, & l'emporte sur la retenuë & la moderation ?

En ce qui semble aussi que vous nous vouliez menacer du danger auquel nous nous exposons d'être déposez, y a-t'il rien de plus absurde, puisque vous ne pouvez nous accuser ny d'homicide, ny de sacrilege, ny de larcin, ny d'aucun autre semblable crime, qui sont les seuls sujets legitimes de deposition : mais seulement de ne pas venir avec des sentimens conformes aux vôtres. Nous faisons, ajoutés-vous, contre la foy de nôtre serment ? Ne devriez-vous pas rougir de honte, vous qui parlez ainsi ? Quand j'aurois merité d'être deposé pour un parjure, ce ne seroit pas à des parjures tels que vous à dégrader celuy qui se seroit parjuré. Vous deviez donc vous souvenir que quiconque remuë une cloaque, plus il la remuë, plus il en fait exhaler la mauvaise odeur. Pour ce que vous dites de nos Freres les Evêques qui sont avec nous, que vous sçaurez bien comment vous devrez les traiter, sans qu'ils puissent esperer de vous aucune retractation de ce que vous aurez fait ; C'est une étrange presomption que la vôtre ; Quoy donc ce qu'une partie de l'Eglise aura fait ne pourra pas être retracté dans une Assemblée universelle de toute l'Eglise ? Quoy donc ce qui aura été fait par des hommes égarez & écartez de la droite voye ne pourra pas être redressé par des hommes plus sages, & plus raisonnables ? ou ce qui est exposé aux mauvais jugemens des hommes, ne pourra pas être retracté & condamné au jugement de Dieu ? Depuis l'etablissement de l'Eglise on n'a encor rien vû de semblable à vos menaces. Car si j'avois été parjure comme vous dites, je pourrois vous appliquer ces paroles de l'Evangile, *Quoy vous n'avez point de crainte de Dieu, vous qui êtes atteins des mêmes crimes que moy.*

Cette lettre du Pape est bien vive, & il faloit qu'il fut bien outré contre ces Prelats, pour leur écrire d'un style si aigre. Ils luy avoient reproché d'agir contre le serment de fidelité qu'ils disoient qu'il avoit fait à l'Empereur, parce qu'il n'avoit été couronné Pape qu'après que l'Empereur, selon la coûtume de ces temps-là, eut approuvé sa promotion au Pontificat. Mais pour démêler toute cette affaire, il ne faut que rapporter ce qu'en écrivit de ce temps-là un Auteur anonyme qui a écrit exactement la vie de Loüis le Debonnaire, & qui dit qu'il n'a rien écrit depuis le Couronnement de cet Empereur, qu'il n'ait vû de ses yeux, parce qu'il avoit un Office à la Cour. C'est cet Auteur que l'on cite ordinairement sous le nom de *l'Astronome*, parce qu'il fait profession de l'être, & qu'il décrit peu de grandes actions, qu'il ne marque quelles étoient alors les positions du Ciel. Il rapporte les Eclipses, les Cometes, & les autres Phenomenes qui parurent dans le Ciel.

Cet Auteur dit donc, que l'an 833. qui fut celuy de cette horrible tragedie, certains brouillons qui entretenoient la discorde entre le Pere & les Enfans, persuaderent à ces Enfans de s'unir ensemble & de venir avec des troupes, pour se rendre maîtres de la personne de l'Empereur. Cependant pour mieux couvrir leurs mauvais desseins, ils jugerent à propos d'appeller le Pape, & de le faire venir en France, sous pretexte qu'il n'y avoit que luy qui pût rétablir la Paix, & reconcilier le Pere avec les Enfans.

L'Empereur de son côté s'avança jusqu'à Vormes avec des Troupes, pour y dé-

de la Ville de Lyon. 235

liberer de ce qu'il devoit faire. Il envoya de là des Députez à ses fils pour leur dire de le venir trouver, & il fit savoir au Pape, que s'il avoit dessein de venir comme ses Predecesseurs, qu'il ne differât pas si long temps de venir le joindre; mais quand il eut appris par les bruits qui couroient, que le Pape ne venoit qu'à dessein de l'excommunier, lui & les Evêques, & tous ceux qui ne voudroient suivre ses volontez, & celles des fils de l'Empereur, Loüis demanda aux Evêques ce qu'ils pensoient là-dessus, qui lui répondirent, qu'ils ne se soûmettroient jamais à ses censures, & que s'il venoit pour excommunier, il s'en retourneroit lui-même excommunié. Et que cela étoit contraire à l'autorité des anciens Canons.

On ne laissa pas cependant de s'assembler le jour de la Feste saint Jean-Baptiste, dans un lieu qui fut appellé depuis *Le Champ Menty*, ou la journée des mensonges ; parce que tous ceux qui avoient donné leur parole, & engagé leur foy à l'Empereur, le trahirent : Enfin, comme les armées étoient en presence on avertit l'Empereur que le Pape étoit proche. L'Empereur le reçut au milieu de son armée, & lui dit, qu'il ne lui faisoit d'autre reception, parce qu'il étoit venu à lui d'une maniere fort extraordinaire. Le Pape fut conduit au quartier de l'Empereur, à qui il fit entendre qu'ayant appris les divisions, qui étoient entre le Pere & les fils, il n'étoit venu que pour travailler à les reconcilier. Il fut quelques jours avec l'Empereur pour savoir de lui les causes qu'il avoit d'être irrité contre ses fils; après quoi ce Prince le congedia & il alla auprès des fils de l'Empereur, savoir quelles pouvoient être les causes de leurs mécontentemens. Une partie des troupes de l'Empereur le quitterent en même temps, & s'allerent rendre à ses enfans, le Pape y alla aussi ; mais ils l'arrêterent, & ne lui voulurent point permettre de retourner à leur Pere. Ainsi l'Empereur voyant que tout l'abandonnoit, envoya dire à ses fils de ne pas l'exposer aux insultes de la canaille, qui se soûlevoit contre lui : à quoi ils répondirent qu'ils étoient prêts à l'aller trouver ; ils marchent en effet, & étant descendus de Cheval pour le saluër, il les reçut fort humainement, & les pria de se souvenir des promesses qu'ils lui avoient faites avec serment, tant à son égard, que pour l'Imperatrice & son fils Charles : après quoi il les embrassa & s'en alla dans leur Camp. A peine y fut-il arrivé qu'on lui enleve l'Imperatrice & on la mene au quartier de Loüis Roy d'Allemagne ou de Baviere, qui la fit conduire à Tortone en Italie pour être enfermée. Lothaire se saisit de son Pere & du jeune Charles, fit un nouveau partage de l'Empire avec ses freres, & reçut le serment de fidelité de tous les Chefs de l'armée & de tous les Seigneurs de la Cour. Le Pape voyant toutes les choses en cet état, sans esperance d'aucun accommodement retourna à Rome fort affligé.

Lothaire emmena l'Empereur son Pere avec une escorte de Cavalerie, & convoqua une Assemblée generale à Compiegne, il passa par la Voge, & par la Ville de Metz, menant son Pere comme en triomphe, jusqu'à ce qu'étant arrivé à Soissons, il l'enferma dans le Monastere de saint Medard, sous seure garde ; envoya Charles au Monastere de Prom auprès de Tréves, & alla prendre le plaisir de la chasse jusqu'au premier d'Octobre, que l'assemblée de Compiegne devoit commencer, où il mena son Pere. Nous ne pouvons mieux apprendre la maniere indigne dont l'Empereur fut traité, que par l'acte qu'en donna nôtre Agobard à Lothaire, qui l'en avoit requis pour autoriser son attentat, & pour lui servir de manifeste. Le voici exactement traduit.

„ Au nom de Dieu & de Nôtre-Seigneur Jesus Christ. L'an depuis son Incarnation 833. Agobard indigne Evêque de l'Eglise de Lyon, ay été present à la venerable Assemblée, qui s'est tenuë dans le Palais de Compiegne : Assemblée qui étoit composée des Reverendissimes Evêques, des tres-magnifiques Seigneurs, & des personnes les plus Illustres du Royaume, avec le College des Abbez, & des Comtes, & un grand nombre de peuple de tout âge, & de toute condition. Le tres-Serenissime & tres-glorieux Empereur Lothaire, grand serviteur de Dieu, presidant à cette Assemblée, où toutes choses se sont passées par son aide & par son moyen, de la maniere dont je vay les raconter. Un an & quatre mois après son élevation à l'Empire, les choses étoient en un tel état qu'il étoit absolument necessaire, que l'on traittat promtement, & serieusement du danger present où étoit le Royaume, & de celui où il alloit tomber ; car il étoit prés de sa ruïne, par la negligence, ou pour mieux dire, par la lâcheté de Dom Loüis, cy-devant Empereur, qui s'est laissé surprendre par des esprits dangereux, qui l'ont seduit, & l'ont engagé dans ces égaremens, parce que selon l'Apôtre, *il y a des méchans & des imposteurs, qui ne s'avancent, qu'en trompant les autres, qu'ils traînent dans leurs erreurs.* Voici donc ce qui s'est traité & ce qui a été arrêté dans cette Assemblée pour le bien public, selon que l'exigence des affaires le requeroit absolument, à quoy j'ay consenti, & ce que j'ay approuvé comme les autres, qui l'ont jugé

Campus Mentitus.

2. Timoth. 3.

„ neceſſaire tant pour le bien public du Royaume & du Roy, que pour le ſalut de l'ame
„ de Dom Loüis.

„ Ces choſes ayant été ainſi examinées dans cette Aſſemblée, furent en même temps
„ executées en cette maniere. On députa à Dom Loüis des Ambaſſadeurs, & des en-
„ voyez pour l'avertir de ſes fautes, & pour l'exhorter de rentrer dans lui-même, &
„ de reconnoître ce qu'il avoit fait contre Dieu en prenant de mauvais partis, & en
„ commettant des injuſtices; & qu'enfin il ſongeat ſerieuſement pour ſon ſalut à ſuivre
„ de meilleurs conſeils, afin qu'il pût obtenir le pardon de ſes fautes, de Dieu qui n'eſt
„ pas moins plein de clemence pour nous pardonner, que juge tout-puiſſant pour nous
„ punir, & afin que celui qui par des negligences multipliées les unes ſur les autres,
„ avoit merité de perdre ſon Royaume temporel, tâchat de s'aſſurer le Royaume ce-
„ leſte par l'humble confeſſion de ſes pechez devant celui dont la miſericorde eſt in-
„ finie.

Pſal. 50.
„ C'eſt pour cela que de tres-habiles gens publierent un Manifeſte, qui lui fut mê-
„ me preſenté, où il pouvoit voir comme dans un fidele miroir tous ſes excez, & ſa
„ méchante conduite, & qu'il put dire avec un Roy penitent, *Je connois mon iniquité, &*
„ *mon peché eſt toujours preſent à mes yeux.*

„ Alors tous les EVêques qui avoient été à l'Aſſemblée l'allerent trouver, lui témoig-
„ nant la douleur, & la compaſſion qu'ils lui portoient dans ſa miſere, priant Dieu de
„ vouloir lui tendre la main, & le tirer de l'abiſme où il étoit. Ce que Dieu ne diffe-
„ ra pas, puiſque ayant touché le cœur de ce Prince, il ſe proſterna devant eux avec
„ un cœur contrit & humilié, non ſeulement une & deux fois, mais juſqu'à trois fois,
„ & au delà, reconnoiſſant ſa faute, demandant pardon, & le ſecours de leurs priè-
„ res. Il écouta même le conſeil qu'on lui donna, & accepta avec une entiere reſigna-
„ tion la penitence qu'on lui enjoignit, promettant de l'accomplir. On lui en inti-
„ ma l'ordre & la forme, & il approuva tout ſans replique: après quoi il alla à l'Egliſe,
„ & en preſence de tout le peuple devant les Autels & les Reliques des ſaints Martirs,
„ étendu ſur un Cilice, il fit deux, trois & quatre fois, ſa confeſſion publique avec
„ abondance de larmes, quitta lui même ſes armes, les jetta au pied de l'Autel, reçut avec
„ componction par l'impoſition des mains des Evêques, la penitence pendant qu'on reci-
„ toit les Prieres qui ſe recitent en pareilles ceremonies. Ainſi dépoüillé des habits Im-
„ periaux & revêtu d'un ſac de penitence, il ſe releve plein de joye & de confiance, &
„ demande que le bon Paſteur le prenne ſur ſes épaules, comme une brebis égarée,
„ pour le ramener au bercail. Agobard indigne Evêque, ay été preſent à tout cela, y
„ ay donné mon avis, & mon conſentement avec les Principaux de l'Aſſemblée, & ay
„ ſigné de ma main cet écrit pour ſervir de témoignage.

Cependant Dieu qui prend ſoin des innocens opprimez, fit naître dans l'eſprit de
nos François, des Bourguignons, des peuples de Guyenne & d'Allemagne des ſentimens de compaſſion ſur l'état de l'Empereur. Le Comte Eggebard, & Vvilleme Comte
d'Eſtable, font une ligue avec pluſieurs Seigneurs pour la délivrance de l'Empereur.
Drogon EVêque de Mets, envoye Hugues l'Abbé en Aquitaine pour ſolliciter Pepin à
travailler à tirer ſon Pere de la captivité, Bernard & Vvarin gagnent les Bourguignons,
& les engagent à ſe joindre à eux.

Lothaire voyant ces mouvemens prend ſon Pere avec lui, & voulant aller vers Paris, le Comte EGGEBARD va au devant de lui avec un grand nombre de Seigneurs, &
auroit livré bataille à Lothaire pour délivrer l'Empereur, ſi ce bon Prince craignant
d'expoſer la vie de tant de braves gens, & la ſienne même, ne les eut fait prier de ſe
deſiſter de leur deſſein. Il arriva enfin à S. Denis. Pepin vint d'Aquitaine & trouva les
Ponts rompus & les batteaux enfoncez pour l'empêcher de paſſer. Vvarin & Bernard
furent auſſi obligez de s'arrêter auprés de la Marne. Enfin, la premiere ſemaine du Carême on envoya des Ambaſſadeurs à Lothaire, pour lui demander qu'il remit ſon Pere en liberté, ou qu'on l'alloit attaquer de toutes parts pour l'obliger à le rendre. Lothaire répondit, qu'il n'y avoit perſonne qui fut plus touché que lui de l'état où ſon Pere
étoit reduit, & qu'il n'y avoit nulle part: que c'étoit eux qui l'avoient abandonné, &
qui l'avoient trahi; que c'étoit par le jugement des Evêques qu'il avoit été condamné
à cette dégradation. Enfin, après avoir ainſi répondu aux Députez qu'on lui avoit
envoyez, il fit appeller le Comte Guerin & les Abbez Eudes, Foulques & Hugues, pour
déliberer avec eux de ce qu'il devoit faire, & ordonna que le lendemain les Députez
vinſſent apprendre la reſolution du Conſeil; mais changeant auſſi-tôt après d'avis, au
lieu de déterminer ce que l'on feroit, il partit ſecretement & ſe retira en Bourgogne
avec ſes creatures, & laiſſa ſon Pere dans le Monaſtere de ſaint Denis, où tous ceux
qui tenoient ſon parti le ſolliciterent de reprendre ſa dignité; mais il voulut par un

de la Ville de Lyon.

excez de bonté & de pieté être reconcilié à l'Eglise, par les mains des Evêques, puis-que c'étoient les Evêques qui l'avoient déposé. Cela se fit aussi-tost avec beaucoup de ceremonie & avec tant de joye de tout le peuple, que les Elemens mêmes semblerent prendre part à cette joye, dit l'Historien de sa vie ; car tout d'un coup après plusieurs jours de tempêtes, de pluyes, de vents effroyables, le Ciel devint serain pendant la ceremonie, & ramena la plus agreable de toutes les saisons. L'Empereur sortit aussi-tost après de saint Denis, non pas pour poursuivre son fils Lothaire, comme on vouloit lui persuader ; mais pour aller joindre son fils Pepin, & ceux qui étoient venus à son secours d'Allemagne & d'Aquitaine. Il mena Charles son fils à Aix la Chapelle, où son épouse l'Imperatrice lui fut amenée. Les Comtes Lambert & Matfroid, qui tenoient le parti de Lothaire, se retirerent dans la Neustrie, où ceux qui favorisoient le parti de l'Empereur les allerent attaquer, avec si peu de précaution, que le Comte Odo y fut tué avec le Comte Vvilelme son frere, les autres s'enfuirent & envoyerent demander du secours à Lothaire. Le Comte Vvarin pour se mettre à couvert contre les entre-prises de ce Prince, fortifia la Ville de Châlon sur Saône, & la mit en état de défen-se le mieux qu'il put, dont Lothaire indigné vint ruïner tous les environs, & après cinq jours de siege ayant obligé la Ville de se rendre, il l'abandonna au pillage, sans aucun respet pour les Eglises, & y fit mettre le feu, qui la reduisit en cendres à la re-serve de l'Eglise de saint George, qui n'en fut point endommagée, & dont la con-servation fut consideree comme une espece de Miracle. Les Comtes Gosselin, & Sanila, & Madaleme, Officiers de l'Empereur eurent la tête coupée, & Lothaire ayant fait mettre dans un tonneau Gerberge fille du Comte Vvilelme, la fit noyer dans la Saône.

Nôtre Agobard sauva sans doute cette Ville d'un pareil embrasement, & se retira en Italie, avec Bernard Archevêque de Vienne ; qui avoit eu part à la déposition de Loüis, qui vint l'an 836. tenir une Assemblée generale en ce païs, non pas à Cremieu, comme ont crû quelques-uns de nos Historiens, mais à Tramoye à trois lieües de Lyon dans la Bresse, qui faisoit alors une partie du Lyonnois, au lieu que Cremieu étoit du païs des Allobroges, dépuis nommez Dauphinois. Il reste encore à Tramoye, les vestiges d'un ancien Château, qui a été ruïné, & les toits couverts de pailles, que l'on y voit encore, me font croire raisonnablement que c'étoit l'origine du nom de *Stramia-cus à Straminibus*. C'est encore à present un païs tres-abondant en bleds, où l'on voit presque en tous temps de gros monceaux de paille, que l'on entasse après que les bleds ont été battus.

Loüis & Pepin fils de l'Empereur, se trouverent à cette Assemblée où Lothaire ne voulut point se trouver sous pretexte de maladie & d'indisposition, Agobard y fut ci-té, mais il n'y comparut pas. Bernard Archevêque de Vienne s'y rendit, mais il s'en retira aussi-tost, quand il sceut que l'on y devoit traiter de sa déposition & de celle d'Agobard, ce qui pourtant ne se fit pas, l'Empereur n'ayant pas voulu que l'on les ju-geat en leur absence, leurs Eglises demeurerent cependant sans Pasteurs, jusqu'après la mort de l'Empereur, après laquelle Lothaire, qu'ils avoient favorisé, les rétablit.

Ces deux Prelats étoient Saints, & l'Eglise les honore comme tels, mais pour être Saints, ils n'étoient pas exempts de toutes les foiblesses humaines, comme le fit voir l'attachement qu'ils eurent pour Lothaire, qui les fit aller à de si grands excez contre Louis le Debonnaire. Mais comme je ne traite en cette Partie de nôtre Histoire, que les affaires Civiles, j'ay dû y parler de leurs foiblesses pour les condamner, & reserver à parler de leur sainteté dans l'Histoire Ecclesiastique.

L'an 839. l'Empereur convoqua une Assemblée à Châlon, qui devoit avoir été ré-tabli dépuis son incendie, & de là passant par cette Ville, il alla en Guienne, pour y appaiser des troubles ; mais après une maladie assez longue il mourut l'an 840. âgé de 64. ans, & le 27. de son empire. Prince que l'on ne peut blâmer que de son trop d'indul-gence, & qui pour ses vertus Chrestiennes est comparable aux plus grands Saints.

Lothaire après la mort de Louis le Debonnaire, à qui il avoit causé beaucoup de LOTHAIRE. chagrins durant sa vie, par ses frequentes revoltes, recueillit de sa succession outre le titre d'Empereur, l'Italie, les Alpes, le Royaume d'Arles ou de Provence, & partie de celui de Bourgogne, avec la Ville de Lyon, & le Royaume d'Austrasie, qui dépuis fut nommé de son nom de Lothaire *Lotharingie*, Lothrie, & aujourd'hui Lorraine. Com-me ce Prince étoit d'un naturel inquiet, il ne se contenta pas de ce partage, & voulut s'emparer d'une partie des états d'Allemagne & de France, qui avoient été assignez à ses Freres Louis & Charles. Ce fut l'occasion d'une cruelle guerre entre ces Freres, & d'une bataille sanglante, donnée en la plaine de Fontenay près Auxerre, où demeure-

Elabitur itaq; Aquifgrani, in Regia tandem se recepit. Gloriosus denique Rex atque inclytus Juvenis Carolus non longò post impigrè unà cum fratre Ludovico rem capti accelerat, & quæ Lotharium fratrem Imperatorē ob Aquisgrani teterrimam fusit, & Duchaine Tom. 2.

tent cent mille hommes. Loüis & Charles ayant eu l'avantage en cette bataille, quoy qu'avec la perte de beaucoup de leurs soldats & de leurs Officiers, ne songerent plus qu'à se tenir unis ensemble pour resister aux entreprises de leur frere, qui s'étant retiré à Aix la Chapelle ne s'y crut pas en seureté contre leurs forces, ce qui l'obligea de venir en diligence avec sa femme & ses enfans en cette Ville, pour se rendre aussi-tôt à Vienne où il se fortifia, & ramassa de nouvelles troupes, tandis qu'il envoya des Ambassadeurs à ses freres pour leur demander une entrevûe où ils pussent régler leurs differens & leurs pretentions.

Qui nimiâ celeritate unà cum uxore ac filiis usque Lugdunum ac Viennam progreditur. Ibi receptis copiis, aliquantulum discurrentibus Legatis ad colloquium tres fratres in insulâ quadam Sequanâ conveniunt. Ex fragmento Hist. Franc. Apud pag. 401.

Fratres fœdus iniere valuerunt, quàm eciusius contentionibus deservire: eâ tamen conditione, & è partibus singulorum XL. ex Primoribus elect in unum convenientes, Regnum æqualiter describerent, qui facilius postmodùm inter eos pari sorte divideretur. Cum verò Missi eorum in Confluente Castello convenientes de partitione Regni concordare non possent, dilato in aliud tempus placito, singuli ad sua revertuntur. Annal. Fuld. an. 842.

Pour le faire solidement, & d'une maniere qui fit cesser toutes leurs contestations, il fut arresté que chacun d'eux choisiroit de son côté quarante des plus sages Seigneurs, ou Ministres de sa Cour, qui feroient tous ensemble un denombrement exact de toutes les Provinces du Royaume sur lesquelles ils pouvoient avoir des pretentions; qu'ils les diviseroient en trois portions les plus justes & les plus égales qu'il se pourroit, que ces trois Princes opteroient. Ces Deputez s'assemblerent à Conflans sur la Seine, où après plusieurs conferences n'ayant pû s'accorder sur ce partage, les trois freres les rappellerent & remirent ce partage à un autre tems. Enfin l'an 843. s'étant rendus tous trois à Verdun, ils convinrent de l'état que leurs Députés avoient fait de toutes les terres. Loüis choisit pour sa portion la partie Orientale de la France, Charles la partie Occidentale, & Lothaire se trouva enclavé entre les portions de ses freres. Comme il étoit inquiet & rémuant il eut peine à demeurer paisible; mais n'ayant pû desunir Loüis & Charles, il fut contraint de leur ceder, & de vivre en paix avec eux, se contentant de l'Empire & de l'Italie avec la Provence, le Lionnois, & une partie de la Bourgogne.

Descripto Regno à Primoribus, & in tres partes diviso, apud Verdunum Civitatem.

Ce fut alors qu'il commit l'administration de la Provence, du Viennois, & du Lionnois au Comte Gerard de Roussillon son Parent. Car depuis que nos Rois succederent aux Rois Bourguignons Vandales, qui occupoient ce Païs, comme nous avons vû cy-devant, ils furent obligés d'y établir des Gouverneurs tant dans les Provinces que dans les Villes principales, pour y prendre soin de la Justice, de la Milice & des Finances sous l'autorité Royale. Et par ce que ces Gouverneurs étoient ordinairement choisis entre les principaux Seigneurs de la Cour, qui avoient le titre de Comtes, comme compagnons & associez à la dignité Royale, dont il s'exerçoient les premiers emplois, & les Charges les plus considerables, ils retinrent ce nom de Comtes dans les Provinces & dans les Villes dont ils avoient le Gouvernement.

Gerard de Roussillon fut l'un des plus considerables entre ces Comtes tant à cause de sa naissance, qu'il tiroit des Princes d'Alsace, que pour l'alliance qu'il avoit faite avec l'Empereur Loüis le Debonnaire, qui luy avoit donné pour Epouse la Princesse Berte sa petite fille, fille de Pepin Roy d'Aquitaine son second fils. En faveur de ce Mariage Loüis le Debonnaire donna au Comte Gerard plusieurs Gouvernemens considerables. Il le fit Comte de Paris & de Soissons, L'Empereur Lothaire non seulement lui continua l'estime & l'affection que son Pere avoit eu pour lui; mais il lui confia l'éducation de l'un de ses fils, & lui donna le Gouvernement general de Provence, de Vienne, & du Lionnois sous le titre de Comté. Ce fut pendant qu'il demeuroit en cette Ville, que la Princesse Berthe son Espouse fit present à nôtre Archevêque S. Remy, ou plûtost à l'Autel de S. Estienne par les mains de cét Archevêque, d'une nappe d'Autel qu'elle avoit brodée elle même de filets d'or; avec la figure de l'Agneau Paschal dans un rond & les deux lettres Grecques A & Ω. Seize vers latins tissus le long de cette nappe expliquoient la creance que l'on doit avoir des Saints Mysteres de l'Autel. Voici ces vers, qui sont la seule chose qui nous reste de ce present; car quoi que Monsieur de la Mare dans les preuves de son Histoire Ecclesiastique de cette Ville, ait dit que *cette nappe paroit encor maintenant fort belle, bien qu'elle ressente un peu des vieux temps*, je n'ay pû apprendre ce qu'elle est devenuë, quelque soin que j'aye pris de la rechercher, & l'on n'en a plus aucune memoire dans le Tresor de l'Eglise Metropolitaine que l'on m'a fait la grace de m'ouvrir pour en voir tous les Ornemens & toutes les Reliques. Voici les vers.

Agne Dei, Mundi qui crimina dira tulisti,

Tu nostri miserans cunctos absolve reatus.

Hic panis vivus, cælestisque esca paratur

Et cruor ille sacer qui Christi ex carne cucurrit ;

Sumat perpetuam pro facto Bertha Coronam,

Hac cujus studio palla hac effulgurat auro.

Remigius Præsul Christi per sæcula vivat,

Exutus vitiis, culparum & labe piatus ;

Hostia viva Deo, sanctaque in corpore factus.

Cui Deus omnipotens, quoties hac liba sacrabit

Concedat veniam, tantoque in munere partem,

Atque suis Sanctis societ post funera mortis.

Qui cupit hoc epulum sanctumque haurire cruorem,

Sepius inspiciat, cordisque secreta revolvat,

Et quidquid tetrum conspexerit & maculosum

Diluat, offensas, omnesque relaxet & iras.

Les fils de Lothaire, Charles & Loüis Rois de Provence conserverent ce Gouvernement à Gerard de Roussillon aprés la mort de leur Pere, qui pour se faire des creatures, & des amis, eut l'adresse de gratifier de divers emplois dans sa Cour & dans ses Estats ceux qui luy étoient le plus attachez. Ainsi comme il avoit protegé nôtre Agobard, & Bernard Archevêque de Vienne, qui avoient contribué à la déposition de l'Empereur son Pere, il leur donna des successeurs, qui n'étoient pas moins à sa devotion. Car il procura l'Archevêché de Lyon à nôtre S. Remy, qui étoit l'un de ses Chappellains, & fit Agilmar Archevêque de Vienne, & son grand Chancellier. L'an 842. à la priere du Comte Matfroy il donna en propriété à l'un de ses Vassaux nommé *Immon*, plusieurs fiefs dans ce païs, qu'il ne possedoit auparavant qu'à titre de benefice. Preuves pag.

Enfin cét Empereur passa plus tranquillement les dernieres années de sa vie, qu'il n'avoit passé les premieres. Quatre ou cinq ans aprés la mort de l'Imperatrice Hermengarde son Epouse, il se retira au Monastere de Prum proche la Ville de Treves, où il se fit Religieux pour expier les scandales qu'il avoit causez dans le monde par ses violences contre son Pere & ses Freres. Il disposa auparavant de ses Estats, qu'il partagea entre ses trois fils Loüis, Charles, & Lothaire. Loüis fut Empereur & Roy d'Italie, Charles Roy de Provence, & d'une partie de la Bourgogne dans laquelle la Ville de Lyon, & le Lyonnois, étoient compris. Lothaire fut Roy d'Austrasie ou de Loraine, & de la Bourgogne au delà du Mont Jura. C'est à ce Lothaire plûtost qu'à son Pere, que quelques Auteurs attribuent le nom de *Lotharingie* ou de Lorraine donné au Royaume d'Austrasie.

Charles ne joüit pas long-temps de l'appanage que son Pere lui avoit laissé, puis qu'il mourut en cette Ville l'an 862. nous avons cependant un acte de la cinquiéme année de son Regne, donné en faveur du Monastere de l'Isle-Barbe, à la priere & requeste de S. Remy nôtre Archevêque. CHARLES Roy de Provence, de Lyon & de Bourgogne. Preuves.

Ce Prince par cét acte confirme à cette Abbaye tous les privileges que les Empereurs Lothaire son Pere, Loüi le Debonnaire son Ayeul, & Charlemagne son bisayeul avoient accordez à ce Monastere l'un des plus celebres du Royaume pour la sainte vie de ces vertueux Solitaires.

Ce fut à Mantale auprés de Vienne l'un des Palais des Rois de Bourgogne, & d'Arles, dont il ne reste plus aucun vestige, que cét acte fut expedié. Le sceau est de cire blanche & represente sans barbe l'image de ce jeune Prince. Il mourut en cette Ville & fut inhumé dans le Monastere des Dames Religieuses de S. Pierre, où Lothaire son frere fonda quelques années aprés des prieres & fit des presens pour le repos de l'Ame de ce frere, dont il fut heritier conjointement avec l'Empereur Loüis son frere Aîsné. Ils partagerent tellement les Terres & les Estats de la succession de ce frere, que Lothaire eut pour son lot les Villes de Lyon de Vienne & de Besançon avec tous leurs territoires, & plusieurs autres Chasteaux, Eglises, Monasteres & Benefices, dont ces Princes disposoient alors comme de leurs autres biens, & ne les donnoient même que trop souvent à des personnes Laïques, leurs Parens, Amis, & alliez, & à leurs creatures, ce qui nous fait voir dans l'Histoire des Ducs, des Comtes, & d'autres Seigneurs, qui portent le titre d'Abbez, parce qu'en effet ils tenoient des Abbayes en fiefs & en Benefices de la main des Rois & des Empereurs.

Lothaire depuis la mort de Charles son frere s'attira de grandes affaires par la passion dereglée qu'il eut pour une femme nommée Uvaldrade Niece d'un Archevêque de Cologne, qui avoit porté ce Prince à repudier sa femme legitime pour épouser cette Niece.

Le Duc Hucbert frere de Tietberge l'Epouse legitime de Lothaire, irrité de l'injure faite à sa sœur, écrivit au Pape Nicolas I. le desordre de Lothaire, & quoy qu'il tint de luy le Gouvernement de tout le païs qui est entre les Alpes & le Mont Jura, il ne cessa de poursuivre auprés du Saint Pere une Sentence d'excommunication contre Lothaire. Le Pape envoya en France des Legats pour examiner dans un Sinode tenu à Mets les raisons que pouvoit avoir eu ce Prince de repudier Tietberge, & de retenir Uvaldrade auprés de luy. Il répondit qu'il l'avoit fait par le conseil des Archevêques de Treves & de Cologne, & de quelques autres Evêques, qui furent citez à Rome, & déposez pour avoir dissous un Mariage contre toutes les formes Canoniques, & permis à Lothaire de prendre une seconde femme en repudiant la premiere. Enfin le Synode de Mets où les Evêques avoient consenti à cette dissolution fut condamné au Concile de Latran.

PREUVES.

Ad salvationem amantissima conjugis nostræ Vualdradæ, & filii nostri Hugonis.

Monasterium quod est in veneratione B. Petri Principis Apostolorum inter Ararim & Rhodanum in Burgo Lugdunensi.
Preuves. Ibid.

Pendant que l'on examinoit à Rome cette affaire, Lothaire vint en cette Ville, & y amena un jeune Enfant nommé Hugues, qu'il avoit eu de Uvaldrade, laquelle il vouloit faire passer pour sa femme legitime, comme nous apprenons de l'acte de la fondation faite en faveur du Monastere de S. Pierre, pour le repos de l'ame de son frere le Roy Charles. Car il recommande en cet acte que l'on prie pour le salut de sa tres-chere Epouse Uvaldrade, & de leur fils Hugues.

Ce n'est pas la seule reflexion que j'ay faite en lisant cet acte; mais j'y ay vû que le lieu où est le Monastere de S. Pierre n'étoit au temps de Lothaire que le Bourg de Lyon, la Ville & la Cité étant sur la Montagne, & le panchant de la Montagne du costé de Fourviere.

Lothaire continua ses desordres jusqu'aprés la mort du Pape Nicolas, & les Evêques deposez ne laisserent pas d'exercer leurs fonctions, & de se porter pour Evêques. Le Pape s'en plaignit à l'Empereur Loüis Roy de Germanie, & à Charles le Chauve, Oncle de l'Empereur & frere de Loüis de Germanie, & les avertit de ne pas souffrir ces scandales publics dans leurs Etats.

Ces trois Princes n'étoient pas de bonne intelligence entre eux, ils avoient de frequens démêlez pour leurs pretentions, & à l'occasion de leurs partages, où chacun croyoit avoir été maltraité, & vouloit par de nouvelles conventions chercher les moyens de s'aggrandir. Charles le Chauve qui n'étoit pas moins adroit qu'il étoit ambitieux, & qui avoit eu durant plus de trente ans l'occasion de tous les troubles survenus entre Loüis le Debonnaire & ses Enfans, à cause des avantages que son Pere lui avoit fait, quoy qu'il fut le dernier de ses Enfans, & né d'un second lit. Charles, dis-je, qui avoit ses vûës, & qui songeoit à l'Empire, où il pouvoit avoir besoin du Pape témoigna d'abord beaucoup de zéle pour obéïr à ses ordres, & se separa de Lothaire son neveu avec qui il ne voulut plus avoir de commerce. Cependant Loüis de Germanie, qui venoit de faire un nouveau Traité avec Charles son frere, vouloit que son Neveu Lothaire y fut compris, & envoya des Evêques pour être les solliciteurs & les Mediateurs de ce Traité.

Charles écouta les propositions que lui faisoit son frere, & pour faire une paix solide, il lui envoya par quatre Evêques les articles suivans, qu'il vouloit que Lothaire acceptat avant que de s'aboucher avec lui. Et demanda même son serment, & des garands de ses promesses avant que d'entrer en traité. Voicy ces articles, ausquels il donne le nom de Capitulaires.

I.

» Mon tres-cher & unique Frere, aprés nos conventions faites à Conslans où par le mo-
» yen de nos fideles Ministres, nous nous sommes, avec la grace de Dieu, pleinement
» reconciliez, en nous remettant l'un à l'autre sincerement tous les torts & injures que
» nous pouvions avoir respectivement soufferts; nous nous engageames par serment à
» conserver la paix, & à nous donner aide & secours l'un à l'autre quand nous en
» aurions besoin, promettant d'observer exactement & de bonne foy, tous les articles,
» dont nos Deputez étoient convenus, & qu'ils avoient redigez par écrit; dont la
» lecture nous fut faite. Je n'ay pas lieu de me plaindre que vous n'ayez pas observé

„ ces conventions, comme je ne croy pas aussi, que vous puissiez me reprocher de n'a-
„ voir pas été fidele à les garder : Que si quelqu'un vouloit m'accuser de n'avoir pas ob-
„ servé les traités qui concernoient Lothaire nôtre Neveu, je suis prest à m'en disculp-
„ per, & à rendre raison de ma conduite sur ce chef. Quoi qu'on n'ignore pas celle
„ qu'il a tenüe à mon égard : Elle a été si publique qu'il est peu de gens qui n'en soient
„ instruits.

II.

Et comme nous étions convenus de nous rendre à certain temps dans un lieu designé pour nôtre entrevüe, où nous nous rendrions avec les principaux Ministres & Officiers de nos Etats, pour deliberer des moyens de corriger les abus qui pourroient s'être glissez dans nos Royaumes, & pour traiter de ce qui pouvoit contribuer à maintenir l'Eglise, & le bien de nos sujets; dans le dessein que nous avions d'examiner, si nous n'avions point manqué aux soins, que nous devons à nos peuples; & si nos peuples s'étoient acquittez de leur devoirs envers nous : nous resolumes d'établir des reglemens, pour corriger à l'avenir les manquemens qui auroient été commis. Vous savez que j'ay été prest deux fois à me rendre au lieu designé, & que je m'y suis rendu à present sur la sollicitation que vous m'en avez faite par vos Envoyez.

III.

Cependant pour vous rendre conte des raisons que j'ay eu de ne vouloir point m'aboucher avec nôtre Neveu Lothaire avant que de vous avoir consulté, je veux bien vous ouvrir mon cœur là dessus, attendant l'occasion de vous en entretenir plus amplement.

IV.

Quand la derniere fois je me rendis à Tusy pour traiter des affaires dont je vous ay parlé, Boson vint de la part du Pape m'y trouver, & m'apporta des lettres, & des Brefs aux Evêques de mon Royaume, avec d'autres lettres qu'il vouloit que je fisse tenir à nôtre Neveu, & aux Evêques qui sont sur ses Terres. Je pris soin de les faire rendre selon l'intention du Saint Pere. Pour celles qui s'addressoient à moy, quand je les ouvris pour les lire, je trouvay, que le Pape me faisoit des reproches de ce que je souffrois que des Adulteres demeurassent dans mon Royaume, & me declaroit que non seulement il avoit excommunié la femme qui étoit l'occasion de ces scandales ; mais encore tous ceux qui lui presteroient le moindre secours, jusqu'à ce qu'elle fut retournée à son Mary. Or nous avons sceu que cette femme est dans le Royaume de nôtre Neveu, sans que nous ayons appris que l'on ait rien changé de la Sentence portée contre elle: Ainsi comme nous avons assez de nos propres pechez, sans vouloir participer à ceux des autres, nous ne voulons avoir aucun commerce avec les excommuniez.

V.

Vous n'ignorez pas aussi, mon cher Frere, que Baudoin a enlevé Judith ma Fille, qui étoit Veuve & sous ma garde Royale selon les lois divines & humaines, & les Canons mêmes de l'Eglise. Or les Evêques de nôtre Royaume après un Jugement fait dans toutes les formes, ont declaré ce ravisseur excommunié selon les sacrez Canons, & la decision de S. Gregoire Pape, qui a dit, que celui qui enleve une veuve pour en faire sa femme, est excommunié, aussi bien que tous ceux qui lui donnent secours. Ce que nous & les Evêques de nôtre Royaume avons fait savoir & par paroles, & par lettres à nôtre Neveu Lothaire. Vous savez aussi que de l'avis de nôtre Conseil nous avons ordonné que nul dans tout nôtre Royaume ne reçeut dans sa Maison aucune de ces personnes, ny leur permit de s'arrester sur nos terres ; mais les exhorta à la Penitence, & les portat à satisfaire aux ordonnances de l'Eglise. Or je croy que vous n'ignorez pas de quelle maniere Lothaire s'est comporté non seulement envers nous & nôtre parenté; mai même contre Dieu, contre l'autorité de l'Eglise, & les maximes de nôtre Religion. Cela est public, & vous savez que S. Paul a dit, que non seulement ceux qui commettent les crimes, mais encor ceux qui y consentent, ou qui prétent la main à ceux qui les commettent, sont dignes de Mort.

VI.

Vous savez en quel état est l'affaire de Lothaire nôtre Neveu à l'égard de sa femme sur quoi il vous a consulté, aussi bien que les Evêques de nôtre Royaume & quelques autres Evêques qui s'y trouverent par occasion. Nous lui en avons dit nos sentimens, mais il n'a pas daigné les suivre. Nous savons même qu'il en a écrit au Pape, & qu'il en a reçeu des lettres. Et nous n'ignorons pas ce que le Saint Pere luy a ordonné là dessus, ny les ordres qu'il a donnez aux Evêques sur ce sujet. Nous voulons bien aussi que l'on sçache que nous sommes persuadez de l'autorité du Saint Pere & du pouvoir que luy donnent les saints Canons, appuyez sur les veritez de l'Evangile, ainsi nous nous en tiendrons aux sentimens de cet Oracle, & nous ferons exécuter tout ce qu'il nous ordonnera.

VII.

C'est pourquoy, mon tres-cher & unique Frere, prenez conseil là-dessus, & obligez moy de me le donner. Avertissez nôtre Neveu de prendre soin de son honneur & de son salut, & offrez luy pour cela vôtre secours. Car je suis prest, avec l'aide de Dieu, de vous seconder de tout mon pouvoir en cette affaire.

VIII.

,, Pour moy j'ay resolu dans mon Conseil, de l'avis des Evêques, & de mes autres fi-
,, deles Ministres, de m'employer de tout mon pouvoir en ce qui me regarde pour mon
,, salut & le vôtre, pour mon honneur & le vôtre, & même pour celui de nôtre Ne-
,, veu, aussi-bien que pour le repos & la conservation de nos sujets. C'est la resolution
,, que j'ay prise & dans le dernier Synode, & dans la derniere Assemblée des Estats, de
,, ne rien omettre de tout ce qui peut contribuer au bien commun, jusqu'à sacrifier le
,, mien propre, s'il est nécessaire. Je vous prie d'entrer avec moy dans un si bon dessein.
,, Que si vous avez d'autres vûes, & que vous me fassiez connoître des moyens plus ef-
,, ficaces pour conserver la Religion Chrétienne, selon le droit & la raison tant divine
,, qu'humaine, je suis prest d'embrasser avec vous ces moyens avec tout le zéle & toute
,, l'ardeur que vous pouvez desirer, aprés les avoir proposez à mon Conseil & deman-
,, dé là-dessus l'avis des plus sages de mon Royaume.

IX.

,, Enfin puis qu'un Roy Pénitent qui avoit peché comme homme, se reconnût quand
,, il fut touché de la grace & confessa luy même son peché; que nôtre Neveu fasse
,, le même devant vous & devant les Evêques, puisqu'il veut se trouver à l'Assemblée ge-
,, nerale des prelats, des Grands de nos Royaumes, & des autres gens de bien qui sont
,, ses amis & les nôtres. Cette affaire est commune à tous les Chrétiens, puis qu'il
,, s'agit de savoir si la repudiation qu'il a faite de sa premiere femme pour en prendre
,, une autre, est conforme aux lois divines & humaines, selon la loy de Dieu, & celle
,, que doit suivre un Roy, qui fait profession d'estre Chrétien. Qu'il nous satisfasse sur ces
,, deux points, ou qu'il s'engage d'y satisfaire & je suis prest de le recevoir avec toute
,, la charité, & tout l'honneur qu'un Roy Chrétien peut faire à un Roy Chrétien, & com-
,, me un oncle tres-affectionné peut faire à l'égard d'un Neveu qu'il aime tendrement.
,, C'est à cette condition que je lui promets toute mon amitié pour son salut & pour
,, son honneur, qui sont les seuls motifs qui me font agir. Ainsi que l'on détermine un
,, temps & un lieu, où nous puissions paisiblement & amiablement traiter ensemble pour
,, examiner cette affaire, puisque Lothaire est nôtre Chair & nôtre Sang, & que nous de-
,, vons cela au bien de nos peuples, nous qui leur devons servir d'exemple, afin qu'on ne
,, puisse nous imputer que nous leur ayons été des occasions de scandale. C'est ce que
,, nous avons promis à Conflans, de traiter au plûtost. Faisons le donc, & établissons de so-
,, lides réglemens afin que Dieu appaise sa colere, & cesse de nous chastier pour nos
,, pechez, & pour les dissensions qui durent encor parmi nous. Il faut donc que nôtre
,, Neveu se resolve au plûtost à ôter les occasions de scandale qu'il a causé, & qui est si
,, grand, qu'il s'est répandu dans toute la Chrétienté. Ce qu'il eut pû empecher s'il
,, eut voulu écouter la raison, & se soumettre à l'autorité de l'Eglise pour terminer
,, cette affaire. Qu'il le fasse donc au plûtost, & que pour l'amour & le respect qu'il
,, doit à Dieu, il le fasse honneur & à sa dignité, & au Christianisme; & que par
,, là il se délivre, & nous aussi, du blâme, qui en rejaillit sur nous qui sommes ses parens
,, les plus proches.

X.

Que s'il s'obstine au contraire; qu'il fasse ce qu'il voudra, cela ne diminuera rien de l'amitié fraternelle qui doit estre entre nous, & que je tâcheray toûjours de meriter par toutes sortes de bons offices. C'est lui seul que je cherche en cette occasion, & non les biens. Que si je ne puis le porter à rentrer dans son devoir, je ne veux pas pour conserver son amitié perdre celle de Dieu, ny prester secours à qui que ce soit pour faire mal. Puisque nous lisons dans l'Ecriture que Dieu dit autrefois à un Roy, vous donnez secours à l'impie, & vous vous liez d'amitié à mes Ennemis; c'est pourquoy vous meritez que la colere du Seigneur tombe sur vous. Ce que je ne dis pas pour mettre nôtre Neveu au rang des Impies; mais au contraire je desire qu'il se range au nombre des fideles serviteurs de Dieu.

2. Paralip. 89. 10.

Sur ces articles proposez par le Roy Charles le Chauve, les trois Princes firent faire des proclamations dans leurs Estats pour l'Assemblée qui devoit se tenir à Sablonieres, où ils se rendirent & firent leurs declarations. Voicy celle de Loüis Roy de Germanie.

Vous tous qui avez assisté à l'Assemblée de Confans, où avec l'aide de Dieu, nous nous sommes trouvez, & où nous avons arresté certains articles que nous voulions estre observez par nous & par nos sujets, vous sçavez, dis-je, que nous convinmes de nous assembler de nouveau en certain temps, & en certain lieu designé, où avec l'aide de Dieu, & de nos fideles Ministres, nous travaillerions serieusement à corriger les abus qui se seroient introduits ou dans le Clergé, ou parmi nous, où dans nos Estats, & à regler en même temps par de salutaires ordonnances, ce qui auroit besoin d'estre reglé. Pour executer un si bon dessein nous avons déja par trois diverses fois determiné un temps & un lieu pour nous assembler. Mais ou l'Estat de nos affaires, ou de celles du Roy mon Frere, ou de nôtre Neveu, n'a pas permis que nous pussions l'executer.

Dans ces entrefaites j'ay appris que mon Frere & nostre commun Neveu n'étoient plus aussi bien entre eux qu'ils avoient esté quand nous nous étions abouchez ensemble, ce qui m'a obligé de venir ici en qualité de mediateur de paix, & d'amitié pour tâcher de les remettre au même état qu'ils étoient alors. Car mon Frere depuis ce temps-là a fait entendre à nôtre Neveu & par mon moyen, & par les Evêques de mon Royaume, & par les Evêques des Etats de nôtre Neveu, tant par écrit que de vive voix, les causes qu'il avoit de se separer de lui; & que s'il vouloit mettre ordre aux dereglemens dont il étoit accusé, il lui redonneroit volontiers son amitié, telle qu'un Oncle doit avoir pour un Neveu, & un Roy Chrétien pour un autre Roy Chrétien. Nous & nos Evêques avons fait sçavoir à nôtre Neveu les intentions de mon Frere, aufquelles le Roy Lothaire à répondu qu'il étoit prest de corriger ce dont on l'avertissoit, ou de rendre telle raison de sa conduite que le Roy mon frere, & les Evêques en seroient satisfaits. Enfin graces à Dieu ces deux Princes sont reconciliez l'un à l'autre, & vivent à present comme un Oncle & un Neveu doivent vivre entre eux.

Ainsi nous voulons & ordonnons comme nous avons arresté entre nous, que nos Intendans * aillent dans tous les lieux de nos Etats, & qu'ils reglent, corrigent, & reforment dans chacun de nos Royaumes, tout ce qu'ils connoitront devoir estre reglé, corrigé & reformé. Qu'ils procurent que l'honneur qui est dû à la Maison de Dieu, aux Prestres & aux serviteurs de Dieu leur soit rendu, & que le service divin s'y fasse comme l'on doit. Que l'on fasse justice à qui que ce soit de nos sujets, & de quelque condition qu'il soit, sans souffrir qu'il leur soit fait aucun tort, ou en leurs personnes, ou en leur honneur, ou en leurs biens, comme on a eu soin de les maintenir sous les Rois nos predecesseurs, & comme nous avons arresté entre nous, & reglé par nos ordonnances & par celles de nos predecesseurs qu'ils leur feront observer exactement, ainsi que nous l'avons promis par nos sermens à Marsne, & dans nôtre derniere assemblée à Conflans, jusqu'à ce qu'avec l'aide de Dieu, nous tenions une nouvelle assemblée, où avec le secours de nos Ministres, & de nostre Conseil nous puissions examiner s'il y a quelque autre chose qui ait besoin d'estre reglée, & si les choses auront été executées selon nos intentions, afin que pour nous acquiter de nos devoirs, & pour la décharge de nos consciences, nous travaillions à nostre salut, & nous nous opposions efficacement aux Ennemis & perturbateurs de l'Eglise, qui ne cherchent qu'à l'opprimer. C'est pourquoy d'un commun accord nous avons fait rediger par écrit ces ordonnances, & nous nous en sommes reciproquement delivré des copies, afin que chacun de nous sçache à quoy il est tenu, & ce qu'il doit faire observer dans ses Estats. Car un Roy ne doit pas plus s'écarter des Lois de son Royaume, qu'un Pré-

Et volumus, & sicut nobis convenit inter nos fideles Missi discurrant, & qua in unuscujusque nostrum Regno emendanda sunt & alteri alteri innotuerit emendantur, &c. In Capitularibus.

„ lat de celles de l'Eglise dans la conduite de son Diocese.

Le Roy Charles parla après son frere, & fit sa declaration en cette maniere.

„ Ce que nôtre Frere bien-aimé vient de vous dire avoit été arresté dans l'Af-
„ semblée de Conflans, j'ay tâché de l'observer, & de le faire observer autant qu'il m'a
„ été possible, & je desire de l'observer à l'avenir avec la même fidelité ; pourvû
„ que l'on observe aussi à mon égard, sur quoy je n'ay nulle occasion jusqu'icy de me
„ plaindre de mon cher Frere, comme je ne croy-pas aussi qu'il ait lieu de se plain-
„ dre de moy, ny que l'on puisse me reprocher d'avoir manqué en la moin-
„ dre chose. Que s'il y a quelqu'un qui pense le contraire, je suis prest de me ju-
„ stifier là-dessus, & de lui rendre raison de la conduite que j'ay tenuë aussi-bien que
„ de corriger, & même de reparer ce en quoy je pourrois avoir failly.

„ 11. Si nôtre Neveu a fait la même chose comme nôtre Frere & les Evêques de ses
„ Etats qui sont ici mediateurs m'en assurent, & tous les Evêques de mon Royaume, &
„ que le Roy mon Frere vient de me dire de sa part qu'il veut bien estre mon amy, &
„ me prester secours selon son pouvoir comme un Neveu à son Oncle, & un Roy
„ Chrétien à un autre Roy Chrétien son allié, je veux bien aussi estre son ami, & lui
„ prester secours selon mon pouvoir comme un Oncle à son Neveu, & comme un Roy
„ Chrétien à un autre Roy Chrétien en tout ce qui sera raisonnable.

„ Pour ce qui concerne les Intendans qu'il faut envoyer dans les Provinces pour cor-
„ riger, & reformer les abus, & pour rendre la justice, & conserver les droits de l'E-
„ glise j'approuve tout ce que le Roy mon Frere vient de declarer sur ce sujet, & je
„ promets de l'observer.

Le Roy Lothaire fit aussi sa declaration en ces termes.

„ Puisque mon Oncle le Roy Loüis a bien voulu jusqu'icy avoir pour moy une bonté
„ Paternelle, & me regarder comme son fils dans tous mes besoins & en toutes les oc-
„ casions où j'ay eu recours à luy, je veux bien aussi avoir pour luy un respect filial &
„ toute la deference que je doy.

„ Pour ce qui regarde le Roy Charles mon Oncle, je veux aussi désapresent faire tout
„ ce qu'il desire de moy, & ce qu'il m'a fait signifier par le Roy Loüis mon Oncle, &
„ par les Evêques qui ont travaillé à nous reconcilier ; & puis qu'il veut bien me re-
„ donner son amitié & vivre en bonne intelligence avec moi comme un Oncle avec
„ son Neveu, & un Roy Chrétien avec un autre Roy Chrétien je m'engage aussi à
„ vivre avec luy en bon Neveu, & comme un Roy Chrétien avec un autre Roy Chré-
„ tien, selon mon pouvoir en tout ce qui paroîtra raisonnable. Je promets aussi d'envoyer
„ dans tous mes Estats des Ministres & des Intendans pour en faire la visite comme
„ nous sommes convenus, & d'y faire observer diligemment tous les articles arrestez
„ pour la reformation de nos Estats & pour y maintenir la Justice, l'honneur & les droits
„ de l'Eglise.

Aprés ces declarations les Oncles & le neveu s'embrasserent & se baiserent pour marquer leur parfaite reconciliation en presence de prés de deux cents Conseillers des trois Princes tant Evêques qu'Abbez, & Seigneurs Laïques. On fit ensuite la lectures de tous les articles dont on étoit convenu, & les Rois Loüis & Lothaire requirent dans l'Assemblée que ces Capitulaires ne fussent pas publiées en la forme en laquelle elles étoient conceuës, pour ne pas scandaliser les peuples sur l'affaire du Roy Lothaire. Ainsi le Roy Charles fut obligé de donner une autre declaration en termes generaux, sans rien faire connoître de tout ce qui s'étoit dit dans cette Assemblée au désavantage de Lothaire. Voici celle qu'il donna.

„ Sur l'assurance que le Roy mon Frere & les Evêques m'ont donné par parole & par
„ écrit que mon Neveu veut bien vivre avec moy & observer exactement les articles
„ dont nous sommes convenus, & que mon Frere & les Evêques lui ont signifié de ma
„ part, je veux bien estre son ami, & vivre avec lui comme un Oncle avec son Neveu
„ & l'aider & le secourir en tout ce qui sera raisonnable pour son honneur & le bien
„ de ses sujets.

Le Roy Charles ne manqua pas d'envoyer dans les Provinces de ses Estats, & particulierement dans la Bourgogne, les Abbés Goslen, & Foulques, & les Comtes Vaurier, & Latuvin pour y publier ces Ordonnances, & pour y tenir une espece de grands jours pour le rétablissement de la Justice l'an 865. Lothaire ne fit pas le même, particulierement pour cette Ville, où étoit sa Valdrade avec son fils Hugues, & où le Comte Gerard de Roussillon gouvernoit la Province au nom de ce Prince, qu'il avoit élevé en sa jeunesse.

Le Pape cependant ne cessoit de crier contre Lothaire, de menacer, & de jetter des censures & des excommunications reïterées. Lorsque l'Empereur Loüis frere de ce Lothaire occupé à défendre l'Italie contre les Grecs & les Sarrasins qui l'attaquoient de deux coftez, appella fon Frere Lothaire à fon fecours pour l'aider à refifter à ces puiffans ennemis, il l'attira par ce moyen au delà des Alpes, & l'engagea d'aller à Rome pour traiter lui même immediatement avec le Pape l'affaire de fon Mariage; c'étoit Adrien fecond, qui avoit fuccedé à Nicolas. Lothaire fe laiffa perfuader & entreprit ce voyage l'an 869; deux ans après la mort du Pape Nicolas, qui l'avoit fi vivement pourfuivi pour l'obliger à reprendre fa premiere femme, il luy fut plus aifé de furprendre Adrien, qui fur la parole que ce Prince lui donna qu'il s'étoit feparé de Valdrade, & fur le ferment qu'il en prefta entre fes mains, le reconcilia à l'Eglife, & leva toutes les Cenfures de fon predeceffeur: mais Lothaire ne tarda pas de porter la peine de fon parjure, car en fon retour d'Italie en France, il mourut à Plaifance.

Cette mort caufa de nouvelles divifions entre Charles le Chauve, & Loüis Roy de Germanie fur le partage des Eftats de Lothaire leur Neveu mort fans enfans legitimes qui puffent lui fucceder. On tint une Affemblée à Aix la Chapelle l'an 870. au mois de Mars, où les deux Freres donnerent leurs compromis à certain nombre d'Evéques & de Comtes pour régler leurs differens, & leurs pretentions, après que le Comte Ingelram eut prefté ce ferment au nom du Roy Charles fon Maiftre.

Je promets au nom du Roy mon Maiftre, que mondit Seigneur le Roy Charles confent que le Roy Loüis fon Frere ait telle portion des Eftats du Roy Lothaire, qu'ils jugeront entre eux eftre la plus jufte & la pus égale, ou que le jugeront leurs Miniftres, & Officiers qui en auront fait le partage qu'ils trouveront le plus raifonnable; & qu'il ne l'inquietera point ny par fraude, ny par furprife dans les Eftats qu'il poffedoit auparavant, ny ne luy donnera aucun mauvais confeil. Si le Roy Loüis fon Frere veut bien, tant qu'il vivra luy garder la même foy & les mêmes affurances que nous lui promettons avec ferment de la part du Roy Charles noftre Seigneur & Maiftre.

Le Comte Leutfroi prefta un ferment tout femblable au nom du Roy Loüis, & pour plus de feureté le Comte Thierri, & le Comte Raoul reitererent le même ferment l'un pour le Roy Charles, & l'autre pour le Roy Loüis en prefence d'un Archevêque de deux Evêque & de cinq Comtes.

Le Roy Loüis eut pour fon partage les villes de Cologne, Treves, Vtrech, Strasbourg Bâle, & plufieurs Abbayes & Monafteres dont Duchefne rapporte le denombrement en la page 454. du fecond Tome des Hiftoriens François, car en ce temps-là les Princes difpofoient des Benefices des Eglifes, des Abbayes, & des Monafteres comme de leurs autres biens. Dans la Bourgogne ce même Prince eût S. Gengoul, Favernay, Poligni, Luxeu, Leure, Baulme, &c.

Dans la portion de Charles le Chauve entretent Lyon, Befançon, Vienne, Tongres, Toul, Verdun, Cambray, Viviers, Ufez, Montfaucon, &c. avec plufieurs Comtés, Abbayes, Monafteres, & Eglifes, fpecifiées dans du Chefne.

Pour s'affurer ces partages ils exigerent l'un & l'autre un nouveau ferment de fidelité de tous les Evêques, Seigneurs, Comtes & Vaffaux qui fe trouvoient dans leur portion.

Charles le Chauve qui étoit ardent à conferver fes droits & toûjours à l'erte pour empieter fur fes voifins, alla au plûtoft prendre poffeffion de fon partage, & vint en cette Ville pour y établir un nouveau Gouverneur. Car depuis que Gerard de Rouffillon s'étoit declaré pour Lothaire & avoit quitté fon parti, il le regardoit comme fon ennemi, il vint donc pour lui ôter le Gouvernement de la Provence, de cette Ville, & de la Ville de Vienne, que le Comte tenoit pour Loüis Empereur & Roy de Provence. Il commença par détruire fon Chafteau de Rouffillon en Bourgogne, & voulut mettre en fa main les riches Abbaies de Poultieres & de Vezelai que ce Comte avoit fondées dans le Diocefe d'Autun; mais il apprehenda les cenfures du Pape qui à la requefte de Gerard avoit confirmé ces fondations, & les dotations de ces Abbaies par fes lettres Apoftoliques, que la plûpart des Evêques avoient auffi approuvées, & prifes fous leur protection. Il alla auffi toft après affieger Vienne. Et fit le degat dans tout le païs voifin. La Princeffe Berte qui étoit enfermée dans cette Ville, qu'elle défendoit autant qu'elle pouvoit en donnant courage aux affiegez, voyant qu'ils commençoient à fe laffer, & que la perte de leurs biens de la campagne les portoit à fe rendre à Charles, fit favoir au Comte Gerard fon Mari qui étoit dans une autre Place l'eftat auquel elle fe trouvoit, ce qui obligea ce Comte de venir en diligence, non pas pour défendre la Ville; mais pour la remettre à Charles, qui lui permit d'emmener fa femme avec fes meubles les plus précieux.

Pendant que ce Siege dura le Roy Charles le Chauve fit fon fejour ordinaire en cette Ville. Avant que de quitter ce païs il établit Gouverneur de Vienne, & de Lion,

Boson Frere de la Reine Richilde sa seconde femme, & de Richard Duc de Bourgogne & Comte d'Autun. Il lui donna avec ce Gouvernement l'Abbaye de S. Maurice en Vallay, & le combla d'une infinité d'honneurs comme nous verrons dans la suite], le faisant dés lors grand Chambellan de Loüis le Begue son fils, en l'investissant de tous les Estats de Gerard Comte de Bourges qu'il avoit dépouillé aussi bien que Gerard de Roussillon à quoy il ajouta encore la disposition du Royaume de Guienne. Car ce Charles le Chauve qui avoit donné tant de soins à l'Empereur Loüis le Debonnaire son Pere, pour lui établir un appanage & un patrimoine certain, & qui avoit été la cause de tous les troubles de la Maison Royale pour cet établissement, se trouva enfin Maistre de tout, & heritier universel de tous les Estats de son Pere. Puisque l'an 875, ayant appris la mort de l'Empereur Loüis son Neveu, il alla aussi-tôt à Rome pour se faire couronner Empereur par le Pape Jean VIII.

Ce voyage si prompt causa de grands troubles dans le Royaume, parce que Loüis Roy de Germanie voyant que son Frere, qui n'étoit que son cadet, & d'un second lit envahissoit tous les biens de la Maison Royale par ses ruses & son addresse, aussi bien que par ses violences, resolut d'entrer dans la France & de s'en rendre le Maistre en l'absence de ce Prince, qui couroit aprés le Diademe Imperial, & avoit abandonné ses Estats pour aller briguer cette dignité.

Hincmar Archevêque de Rheins nous a parfaitement instruit de l'estat des affaires durant cette absence de Charles le Chauve en la lettre qu'il écrivit aux Evêques ses Suffragans, & aux principaux Ministres du Royaume pour consulter avec eux sur ce qu'ils devoient faire en cette conjoncture entre les pretentions des deux Freres. Voici la teneur d'une partie de cette lettre pleine de beaucoup de sagesse.

Vous savez, Messeigneurs, les murmures du peuple sur la conduite du Roy notre Souverain Seigneur, que l'on accuse de negligence & de peu d'application au Gouvernement de son Royaume, & vous n'ignorez pas les bruits que l'on fait de la venuë en ce païs du Roy Loüis de Germanie son Frere, que l'on dit y venir à dessein d'en corriger les abus & d'en procurer le repos. Ne seroit-il point à propos d'en écrire au Roy nos sentimens, afin que sur nos avis si les choses que l'on dit de lui sont vrayes, il travaille à les corriger, & que si elles ne sont pas telles que l'on dit, il évite du moins de tomber dans les défauts dont on l'accuse ? Il ne seroit pas moins à propos de prevenir le ROY Loüis, afin qu'il n'entreprenne rien contre les droits du ROY son Frere, & que s'il n'a que de bonnes intentions, il s'en explique & nous les fasse connoitre. Car nous qui sommes Evêques, & les Grands du Royaume, qui sont ses Ministres & ses Officiers, devons les uns & les autres selon les devoirs de nôtre état, consulter sur ce que nous avons à faire & à éviter en ces occasions, selon les sages Maximes & les exemples que nous ont laissez nos Majeurs & nos saints Predecesseurs.

Il n'est pas necessaire de renouveller le souvenir des maux passez, ni des guerres de ces deux Freres arrivées dépuis plus de seize ans. Nous en avons tous été les témoins. Vous savez ce qui se passa auprés de Breone quand les deux ROIS s'y étant rencontré avec deux puissantes Armées, le ROY Charles se vit abandonné d'une partie des siens, & obligé de se retirer; puis retournant trois mois aprés avec de nouvelles troupes, il vit à son tour son Frere contraint de prendre la fuite presque seul, tous ses gens l'ayant abandonné, ce qui donna lieu à nôtre Roy de le chasser de tout le païs de Laon qu'il occupoit auparavant, & de le poursuivre jusques sur les frontieres d'Allemagne.

Il s'agit presentement de voir ce que nous devons faire aprés que le ROY Charles nous a quittez & son ROYAUME pour aller en Italie, & que de toutes parts on nous assure que le ROY Loüis vient à nous à main armée pour entrer dans le Royaume, où il trouvera les troupes que le ROI son Frere y a levées pour s'opposer à ses desseins, commandées par les Grands du Roiaume sous les ordres de la Reine son Epouse, & du Prince Loüis son fils, qui doivent avec le Conseil, les aides & secours des Evêques, & de ses autres Ministres defendre ses Estats, contre les entreprises de ses Ennemis, tant Chrétiens qu'infidelles, jusqu'à son retour, quand il aura pris possession du Roiaume dont il est allé récueillir la succession.

C'est pourquoi nous qui sommes Evêques devons examiner ce qui est de nôtre devoir quand les Ministres & les Officiers de la Couronne auront recours à nous selon les ordres qu'ils ont receus du Roi, pour nous demander aide & conseil, afin que nous ne fassions rien qui soit indigne de nôtre Caractere, & que d'ailleurs nous ne manquions en rien pour les secours qu'on nous demandera, & que Dieu veut que nous donnions chacun selon nostre pouvoir, puisqu'il a dit lui même Rendez à Cesar ce qui est dû à Cesar, & à Dieu ce qui est dû à Dieu. Commençons donc premierement par les secours des Armes Divines, par les jeunes, les prieres, les larmes, & les suffrages des Saints, que nous devons ordonner dans toutes les Parroisses de nos Diocéses, & que nous devons nous mêmes pratiquer, pour obtenir de Dieu que le sang Chrétien ne soit pas répandu dans une guerre plus que civile entre des Freres, des Parens & des Alliez, comme en celle de Fontenay dont nous ne pouvons nous souvenir qu'avec douleur.

Il est juste aussi que chacun de nous selon ses forces, fournisse des Soldats des terres de son Diocése, qui suivent les Chefs, qui sont destinez à les commander ; puisque nous devons fournir des secours quand il en est besoin contre les Ennemis de l'Eglise & de l'Etat. Que si ces Chefs nous demandent conseil, sur ce qu'ils ont à faire en ces conjonctures, quel autre conseil pouvons nous, ou devons nous leur donner, que celui que le Seigneur leur a donné dans l'Evangile, quand il dit, *Qui est le Roy qui entreprenant la Guerre contre un autre, ne pense auparavant dans son cabinet, s'il sera en état de resister avec dix mille hommes, à celuy qui vient à luy avec vint-mille hommes ? Car s'il se sent trop foible, lorsqu'il est encor éloigné de luy, il luy envoye des Ambassadeurs pour faire des propositions de paix, & pour la traiter avec lui.* Luc. 14.

Vous savez ce vieux proverbe commun à tant de Peuples, qui, quand ils sont pressez de divers endroits, disent qu'ils sont *entre l'enclume & le marteau.* C'est l'état où nous nous trouvons, puis qu'il s'agit d'une guerre entre deux Freres, qui se disputent le Royaume dans lequel nous vivons. Nous nous trouvons donc ainsi nous qui en sommes les Evêques & les Pasteurs entre l'enclume & le marteau. Car si parce que nôtre Roy s'est retiré pour aller chercher un autre Royaume, nous quittons nos Eglises & nous nous retirons aux approches d'un autre Roy qui declare qu'il ne vient point pour envahir ce Royaume ; mais pour le défendre quand il est abandonné : pour y entretenir la paix & le repos, pour y maintenir la Justice : pour y rétablir le bon ordre, & pour procurer aux Eglises, & à leurs Pasteurs l'honneur qui leur est dû ; si, dis je, nous fuyons, sans que personne nous poursuive, nous laissons nos oüailles en danger, & l'on jugera que nous n'en sommes pas les vrais Pasteurs, mais des Mercenaires, & nos brebis ainsi abandonnées se dissiperont ; les biens Ecclesiastiques qui doivent servir à les secourir dans leurs besoins, seront abandonnez au pillage, n'y ayant ni Prince pour les défendre avec ses forces, ni Pasteurs & Prélats pour leur donner conseil, & pour en recommander la defense & la conservation à ceux qui commandent.

D'ailleurs, le Roi nôtre Souverain à son retour ne manquera pas de nous accuser d'infidelité à son égard, comme il fit ceux qui l'avoient abandonné à Breone. Quoi que les conjonctures où nous nous trouvons soient bien differentes de celles d'alors. C'étoient des sujets rebelles, qui gagnez par de l'argent, invitoient un Roi étranger à venir dans ce Roiaume. Ici l'interêt ne nous fait point agir, nous n'avons pas abandonné nôtre Roi, ni appellé des étrangers. C'est nôtre Roi qui nous a quittez, & nous voyant exposez à tomber sous la puissance d'un autre, nous nous sommes abandonnez à la Providence du Roi des Rois. Si étant donc ainsi delaissez de nôtre Roi nous nous opposons à celle du Roi qui vient, nous nous exposons à la mort : Que si nous ne le faisons pas, nous abandonnons nos Eglises & nos oüailles, & nous n'éviterons pas les justes ressentimens du Roi nôtre maistre à son retour.

Plût à Dieu qu'en ces conjonctures nous ignorassions le danger où nous sommes en ce Roiaume, qui de tous côtez est environné d'infideles ou de mauvais Chrétiens, je veux dire des Bretons ; & encor plus agité au dedans, & en danger de sa ruïne, par ceux qui l'ayant auparavant utilement & fidelement servi, sont à present la cause de tous les troubles. Plût à Dieu aussi que nous ne sceussions pas les traitez & les conventions faites entre nôtre Roi & ses Neveux par la mediation du Roi son Frere, & les conditions ausquelles ce traité s'est fait, & a été juré de part & d'autre : ou plût à Dieu que ces conditions fussent mieux observées qu'elles ne sont ; & que ni les Eveques, ni les serviteurs & les servantes de Dieu ne fussent point inquietez par ces querelles & ces broüilleries, ni le peuple Chrétien affligé, tandis que les Grands du Roiaume se mangent les uns les autres, dépoüillent les Eglises, & pillent également & les pauvres & les riches.

Si le Roi nostre Maistre revient, recevons le avec joye, & prions le de s'appliquer à l'avenir aux soins de l'Eglise & de ses Etats ; nous sommes obligez, comme Evêques de l'en avertir, & de prendre part à sa prosperité. Que s'il faisoit le contraire, ce que Dieu ne vueille, ne laissons pas de lui conserver l'obeïssance & la fidelité que nous lui devons.

Nos Prelats & nos Gouverneurs ne se trouverent point dans cet embarras, par ce que le Roi Charles le Chauve y avoit établi Gouverneur Boson son beaufrere en qui il avoit une entiere confiance, & que l'Archevêque Aurelien homme de qualité étoit entierement dans ses interêts. La Bourgogne, le Daufiné & la Provence tenoient aussi fortement pour lui, & il les regardoit comme le lien de ses Etats d'Italie avec son Roiaume de France. Ce fut l'an 876. qu'il fut reçeu Roi d'Italie par tous les Evêques, & les Comtes de Lombardie, & du voisinage assemblez à Pavie, qui lui presterent serment de fidelité, aprés que le Pape Jean VIII. l'eut sacré & couronné à Rome. Ils approuverent son Election par cet écrit qu'ils lui envoyerent signé de leurs mains.

Au tres-glorieux Empereur nostre Souverain, Charles le grand, le Pacifique, toûjours Auguste, & couronné de Dieu, tous les Evêques, Abbez, Comtes & autres Grands du Roiaume d'Italie soussignez, souhaitent une continuelle prosperité & une paix perpetuelle. Puisque la divine Providence par l'intervention des Bienheureux Apostres Pierre & Paul, pour le bien de l'Eglise, & de chacun de nous en particulier a voulu, par l'inspiration du S. Esprit vous élever à la dignité Imperiale par les mains du Souverain Pontife, & Pape universel, successeur de ces Apostres, & vostre Pere Spirituel, nous tous unanimement vous choisissons pour nostre Protecteur & défenseur, à qui nous nous soumettons avec joye de tout nostre cœur, vous promettant d'obeïr d'une promte volonté, & d'un accord mutuel à tout ce que vous ordonnerez pour le bien de la Sainte Eglise, & pour le salut de chacun de nous.

Ansegisus Senonum Metropolis Episcopus Sanctæ sedis Apostolicæ per Dominum Joannem Summum Pontificem Papam V. Carlus, inter fui, consensi & subscripsi.

La plûpart des Prelats de France confirmerent quelque temps apés cette même election, & y souscrivirent à Pougni sur Marne entre Chaalons, & Vitri le Brûlé. Le Legat du Pape y présida avec Ansegise Archevêque de Sens, qui prit en souscrivant à cét Acte non seulement le tritre d'Evêque Metropolitain, mais encore de Vicaire du S. Siege Apostolique établi par le Pape Jean VIII. C'est ce Prelat qui causa beaucoup de trouble parmi les Evêques de ce Roiaume, parce qu'il avoit fait agir auprés du Pape pour obtenir le titre de Primat des Gaules & de l'Allemagne. Et ce fut en ce Synode qu'il en reçeut l'investiture, le Cardinal Lgat Evêque de Frescati ayant lû publiquement dans l'Assemblée les Lettres Apostoliques qui lui conferoient cette dignité, que Charles le Chauve lui avoit procurée, puis qu'estant venu à l'Assemblée vestu à la Royale avec un habit de drap d'or, aprés la lecture de ces lettres il fit apporter un siege pliant, qu'il fit mettre au dessus de tous les Evêques de ses Etats de deçà les Monts, & dit à l'Archevêque de Sens que c'étoit là sa place : à quoi s'opposa l'Archevêque de Rheims en reclamant; Et l'Empereur ayant demandé aux Evêques leurs sentimens, ils répondirent tous qu'ils obeïroient aux Lettres du Pape, sauf les droits & les privileges des autres Archevêques.

Cette nouvelle Primatie fut dépuis l'occasion de beaucoup de differens avec nos Archevêques qui s'y opposerent fortement, & écrivirent plusieurs lettres au Pape pour empescher cette usurpation sur les droits de leur Primatie si bien établie, confirmée dans un Concile, & à laquelle les Papes avoient obligé tant de fois les Archevêques de Sens de se soumettre. Mais c'est un point à démêler dans l'Histoire Ecclesiastique.

Ce fut en cette Assemblée que Charles le Chauve commença à se rendre odieux aux François, par ce qu'en quittant tout d'un coup toutes les manieres Françoises, il s'habilla à la Grecque, & commença à paroistre avec un fast insupportable, parce qu'il étoit devenu Maistre de la meilleure partie de l'Europe, étant Empereur & Roi de quatre Royaumes. Ce fut sans doute pour flatter l'ambition de ce Prince, que Hincmar Archevêque de Rheims lui persuada, que puis qu'il avoit réüni tant de Roiaumes dépuis la mort de ses Freres & de ses Neveus, il devoit se faire couronner de nouveau, & prendre autant de Couronnes qu'il avoit d'Etats differens, à l'exemple de son Pere l'Empereur Loüis le Debonnaire, qui ayant été déposé & dépuis rétabli dans ses Estats, avoit voulu estre Sacré & Couronné de nouveau par les mains des Evêques.

Pour s'assurer de l'Italie dont il venoit d'être couronné Roi, il fit couronner Duc de Pavie Boson son beaufrere Gouverneur de Vienne, & de Lyon, pour Gouverner l'Italie en son absence sous le titre de *Grand Maistre du Sacré Palais*, & peu de temps aprés il le declara Roi de Provence, & lui en mit la couronne sur la teste, afin qu'à la maniere des anciens Empereurs il eut des Rois sous sa domination, & qui fussent ses Feudataires.

Enfin l'an 877. Charles le Chauve ayant passé les Alpes pour aller à Rome avec Richilde son Epouse, le Pape alla au devant de lui jusqu'à Vercel, & étant venus ensemble à Pavie, il y fit couronner Imperatrice Richilde; mais il apprit alors que Carloman son Neveu l'un des Fils de Loüis Roi de Germanie s'avançoit avec une puissante Armée, il envoya Richilde avec ses tresors en Morienne pour y estre en sureté, dans le dessein qu'il avoit de la suivre au plûtost, mais un Juif son Medecin nommé Sedecias lui donna du poison en lui donnant un remede pour chasser la fiévre, qu'il avoit pris en chemin. Il ne laissa pas de continuer son voyage en se faisant porter pour passer le Montcenis, & le neuviéme jour aprés ce poison il mourut dans un petit Village, & fut

CAROLVS. Imperator secundò inde Romam disponens, Italiam ingreditur & contra Carcomanum Ludovici filius per aliam viam eamdem terram in-

fut inhumé dans l'Eglise de Nantua que la Chronique de S. Benigne dit estre dans le païs Lyonnois, ou sur les confins du Lyonnois. Cette Eglise de Nantua où fut déposé le corps de Charles le Chauve étoit anciennement une Abbaye fondée par S. Amand Evêque d'Utrech, qui obtint du roy Childeric, la permission de s'y établir, parce que passant par là, il avoit trouvé ce lieu si éloigné du commerce du monde, & si enfermé de Montagnes de tous costez, qu'il jugea qu'on n'en pouvoit trouver de plus propre pour des Solitaires. Ce fut sous l'Abbé Helmedius que le roi Charles le Chauve y fut inhumé, étant mort au Village de Briord prés du Rône. Guichenon, qui a crû aprés Pingon, qu'il avoit été malade quelque temps à Genéve, n'avoit pas fait reflexion à ce que la Chronique de S. Benigne nous aprend, que ce fut en Italie que ce Prince fût empoisonné par son Medecin, & qu'il mourut l'onziéme jour aprés avoir pris ce poison. Car s'il se fit porter par le Mont-cenis en Morienne, où étoit l'Imperatrice sa femme, & vint en suite par la Savoye jusques sur les bords du Rône, il ne mit pas si peu de temps à ce voyage où on le portoit dans un lit, qu'il ne fallut bien dix ou onze jours pour traverser ces Montagnes, sur tout en un temps auquel elles commencent à estre chargées de neiges, étant mort le cinquiéme d'Octobre. Il y a aussi apparence que s'il eut été à Geneve, il ne se seroit pas mis en chemin pour aller mourir à une ou deux petites journées de là dans un Village, où il devoit manquer de tous les secours necessaires. Le Monastere de Nantua fut aprés la Mort d'Helmedius donné à nôtre Archevêque Aurelien qui fut pourvû de l'Abbaye par le roi Loüis le Begue fils de Loüis le Jeune, & dés lors ce Monastere devint une dépendance de l'Eglise de Lyon, jusqu'à ce que l'an 959. le roy Lothaire à la priere de la reine Gerberge sa Mere, le soûmit à l'Abbaye de Cluny, ce qui fit changer cette Abbaye en Prieuré, Hugues Abbé de Cluny ayant obtenu du Pape Paschal II. que les Abbayes qui avoient été unies à celles de Cluny fussent regies par des Prieurs dependans de l'Abbé de Cluny. Voici l'Epitaphe de Charles le Chauve qu'on voyoit autre fois à Nantua.

grossus cum immenso exercitu ei sic obvius Carolus verò Galliam reversus, usque fines Lugdunensium pertingens, ibidem vitâ defunctus est, atque in Monasterio Apostolorum etri & est conditus loco qui dicitur Nantoa à multitudine aquarum ibi confluente. Chronic. S. Benigni.

Hoc Domini Caroli servantur membra sepulcro,

   Conspicuus Roma qui fuit Imperio,

Dardanidæque simul gentis, non sceptra relinquens,

   Sed potiùs placidè Regna tenens alia,

Ecclesiamque pio tenuit moderamine Christi,

   Semper in adversis Tutor & egregius.

Italiam pergens febribus corrumpitur atris,

   Et rediens nostris obiit in finibus.

Quem Deus excelsis dignetur jungere turmis,

   Sanctorùmque Choris consociare piis.

Quinta dies mensis lumen cum panderet orbi,

   Octobris spatium reddidit iste Deo.

On voit par le troisiéme vers de cette Epitaphe, que dés ce temps-là on étoit dans l'erreur de croire que les François décendoient des Troyens, & peut-estre fut ce l'occasion à Charles le Chauve de s'habiller à la Grecque, ce qui le rendit méprisable à ses sujets. Les Annales de Fuldes sont pleines de fiel contre ce Prince dont elles font d'étranges portraits, sans doute à cause que cet Empereur avoit été souvent broüillé avec Loüis de Germanie son Frere, l'un des principaux Bien-faiteurs de cette riche & puissante Abbaye, dont l'Abbé est Prince de l'Empire.

C'est de ces Annales que nous apprenons qu'il s'habilla à la Grecque à son retour d'Italie où il s'étoit fait couronner Empereur, qu'il alloit les jours de feste en cét équipage à l'Eglise, & qu'ayant méprisé toutes les manieres des François, il n'estimoit que les manieres des Grecs: qu'il quitta aussi le titre de Roy qui lui paroissoit trop commun pour prendre le nom d'Auguste, & d'Empereur de tous les Rois qui étoient au deçà des Mers.

Karolus Rex de Italia rediens novos & insolitos habitus assumpsisse perhibetur. Nam talari Dalmaticâ indutus, & balteo desuper accinctus pendente usque ad pedes, nec non capite involuto serico velamine, ac Diademate desuper imposito, Dominicis & festis diebus incedere solebat. Omnem enim consuetudinem Regum Francorum contemnens, Græcas glorias optimas arbitrabatur. Et ut elationem ostenderet, ablato Regis nomine se Imperatorem & Augustum omnium Regum cis mare consistentium appellari præcepit. Annal. Fuld. DCCCLXXVI.

C'est dans ces mêmes Annales qu'il est appellé le Tiran de la Gaule, & un nouveau Senacherib. Enfin au lieu de le faire mourir d'une fiévre comme font tous les autres Historiens, on le fait mourir dans ces Annales de dissenterie ; & l'on ajoûte que son corps devint si puant aprés sa mort, que les Gardes qui le vouloient porter à S. Denis furent contraints de l'inhumer dans une Abbaye de Bourgogne. Ce n'est pas, comme a dit Guichenon, pour avoir crû que Nantua étoit dans le Comté de Bourgogne ; mais parce qu'il étoit alors du Roiaume de Bourgogne aussi bien que cette Ville, dans le Diocese de la quelle est Nantua, que quelques-uns ont pris pour la Ville de Mantoüe.

Postmodùm per admaculationem Angelicam inde translatus, Parisiis in Ecclesia Sancti Dionisii Regali sepultura est tumulatus.

La Chronique de S. Benigne dit que ce fut par la revelation d'un Ange que le Corps de cet Empereur fût depuis transporté à Paris & inhumé dans l'Eglise Royale de S. Denis. Il y a plus d'apparence à ce que disent quelques autres Historiens, que Gauthier Abbé de S. Denis l'envoya prendre, par ce que son Eglise est le Mausolée ordinaire de nos Rois, & que Charles le Chauve avoit fait beaucoup de biens à cette Abbaye. Peut-estre que sur le refus que faisoient les Religieux de Nantua de ceder ce dépôt à ceux de Saint Denis, on interposa quelque revelation, assez ordinaires en ce temps-là, pour les obliger à consentir à cette translation. Il fut donc inhumé à S. Denis avec cette Epitaphe qui fait mention des biens qu'il avoit fait à ce Monastere.

Imperio Carolus Calvus, Regnoque potitus

Gallorum, jacet hic sub brevitate situs.

*Plurima cum villis, cum Clavo, *cuicique Corona,*

* C'est une partie d'un Cloud dont nôtre Seigneur fut attaché à la Croix, qui fait à present l'armoirie de cette Abbaye entre trois Fleurs de Lys.

Ecclesia, vivus, huic dedit ille bona,

Multis ablatis nobis fuit hic reparator,

Sequanij Fluvij, Rueliique dator.

L'an huit cent soixante & dix-huit Loüis le Begue ayant succedé à son Pere Charles le Chauve à la Couronne de France, le Pape Jean VIII. vint en France à l'exemple des Papes ses predecesseurs, pour y trouver un azile contre ses persecuteurs. S'étant embarqué au port d'Ostie il arriva à Arles le jour de la Pentecôte, & vint de là en cette Ville accompagné de Boson, à qui il fit savoir son arrivée à Arles. Ce Prince l'y alla prendre, & dépescha des Ambassadeurs au Roy pour l'avertir de l'arrivée du saint Pere, que le Roy pria de s'avancer jusqu'à Troye, où il l'iroit recevoir. Ce Pape couronna le Roy Loüis le Begue le 7. de Septembre dans la Ville de Troyes, non pas en qualité d'Empereur, comme a dit du Chesne, puis que Loüis le Begue ne le fut jamais ; mais comme Roy de France. En même temps Boson fiança sa fille au Prince Carloman fils de Loüis le Begue, & reconduisit le Pape par la Morienne & le Montcenis jusqu'en Italie.

L'an 879. Loüis le Begue voulant aller à Autun pour s'opposer à la rebellion de Bernard Marquis de Gothie, fut obligé de s'arrester à Troyes, où il tomba malade, & s'étant à peine rendu à Compiegne, il y mourut le 10. d'Avril jour du Vendredy Saint. Il recommanda avant que de mourir son fils Loüis, à Bernard Comte d'Auvergne qu'il nomma son Gouverneur, & ordonna à Hugues l'Abbé & à Boson d'aller à Autun retirer du Comte Thierri le Gouvernement d'Autun qu'il lui avoit donné peu de jours auparavant à titre de Comté. L'Alliance que Boson avoit faite avec l'un des fils de Loüis le Begue, à qui il avoit donné sa Fille, n'empescha pas, qu'il n'entreprit sur le Roiaume de ce Prince son Gendre. Car voyant que Loüis & Carloman étoient jeunes, & la France dans de grands troubles, il sortit de la Provence & du Lyonnois où Charles le Chauve l'avoit établi, pour occuper la Bourgogne, & s'en faire couronner Roy. On tient que ce fut sa femme Hermengarde fille de Loüis II. Empereur & Roy de Provence, qui lui persuada cette entreprise, lui disant qu'estant fille d'Empereur, & ayant été promise à un Empereur de Grece, elle vouloit que son Mari fût Roi. Ainsi Bozon à la sollicitation de cette femme imperieuse soit par menaces, soit par argent, ou par benefices, & par toutes les autres voyes que son ambition lui pouvoit suggerer, gagna les Evêques & les Seigneurs pour se faire couronner, non pas à Lyon, comme a dit du Chesne, mais à Mantale auprés de Vienne. Les actes de ce couronnement sont au second Tome des Conciles de France recueillis par le Pere Sirmond, & voici le recit de l'Election de ce Prince.

Hist. de Bourgogne, L. 1. Ch. XI.

Les Evêques s'étant assemblez au nom de nôtre Seigneur Jesus-Christ pour tenir leur Synode à Mantale du Territoire de Vienne où ils devoient traiter de plusieurs affaires importantes au bien de l'Eglise, & appliquer leurs soins sur plusieurs difficultez presentes; qui les obligeoient d'y penser serieusement, le desir de s'acquitter des fonctions de leur Ministere, leur fit proposer de jetter les yeux sur une personne capable de gouverner les peuples sur les regles & les exemples tant de l'ancien que du nouveau Testament. Et parce que dépuis la mort du Roi, les Evêques, les Princes, & le peuple n'avoient plus d'appui, ny personne qui fut en état de les secourir dans leurs besoins, ny qui se presentât pour les défendre & pour les proteger, cela les obligeoit, disoient-ils, de s'empresser à chercher quelqu'un qui leur tendit les mains en un temps où non seulement l'Eglise souffroit au dedans de ses ennemis invisibles; mais n'avoit pas moins à craindre au dehors des Ennemis visibles, dont quelques uns même étoient de ses enfans, qui ne cessoient de la persecuter. Qu'après avoir jetté les yeux de tous côtez, & deliberé avec les Seigneurs, du choix que l'on devoit faire, & ne trouvant personne qui voulut entrer en part de leurs soins, ny s'employer pour la gloire de Dieu & le service de l'Eglise; tous animez du même esprit, & poussez d'un même zéle s'étoient addressez à Dieu, pour le prier, que puisque sa Providence ne cesse de veiller sur la conduite du monde, il daignât leur donner conseil, & leur indiquer sur qui devoit tomber ce choix. Qu'enfin ce Dieu de bonté qui penetre seul les secrets des cœurs, les voyant en cette perplexité, leur avoit fait paroître quelque rayon d'esperance, & de consolation, & leur avoit comme presenté son suffrage. Puisque tout d'un coup il s'étoit presenté à eux tous unanimement, un homme qui sous le regne du Roi Charles le Chauve avoit été leur protecteur & leur principal défenseur. Et à qui le Roy Loüis le Begue dépuis la mort de l'Empereur son Pere avoit non seulement conservé, mais encore augmenté les emplois & les dignitez, étant seur de sa sagesse & de sa prudence dans le Gouvernement des peuples. Que ce n'étoit pas seulement dans la France que son merite étoit connu, qu'il l'avoit fait connoître en Italie où le Pape Jean l'avoit receu comme son Fils, avoit loüé sa sincerité, & l'avoit choisi pour la seureté de son retour, quand il sortit de France pour aller à Rome.

C'est pourquoi, disent-ils, tous les Prelats icy assemblez dans la necessité presente, après avoir consulté Dieu & invoqué ses Saints, tous d'une voix ont élû le tres-illustre Prince Boson pour l'élever à la dignité Royale avec l'aide de Jesus Christ. Et quoi que d'abord il eut refusé cette dignité, il s'est enfin resolu d'obéïr aux ordres de Dieu, & aux volontez de l'Eglise. Après cette élection on l'a offert à Dieu, on a fait des prieres pour demander que celui qui a commencé un si saint œuvre l'acheve & l'accomplisse. Et afin que cette élection soit connuë à tous presens & à venir, elle a été signée des noms de tous les Evêques. Fait à Mantale publiquement l'an dépuis l'Incarnation 879. aux Ides d'Octobre.

Les Prelats qui souscrivirent cet acte furent Ottamnus Archevêque de Vienne, Aurelien Archevêque de Lion, Teutran Archevêque de Tarentaise, Robert Archevêque d'Aix, Radbert Evêque de Valence, Bernier Evêque de Grenoble, Helie Evêque de Vaison, Hemico Evêque de Die, Adalbert Evêque de Maurienne, Biraco Evêque de Gap, Eustorge Evêque de Tolon, Girbaud Evêque de Châlon, Hierôme Evêque de Lozane, Richard Evêque d'Agde, Gontard Evêque de Mâcon, Rostain Archevêque d'Arles, Thierry Archevêque de Besançon, Ætherius Evêque de Viviers, Leodoin Evêque de Marseille, Germard Evêque d'Orenge, Ratfrid Evêque d'Avignon, Uvalefrid Evêque d'Usez, Edold Evêque de Riez.

Après cette election on députa au Roi élû des Evêques pour lui porter de la part de l'Assemblée cet acte de son election après qu'on lui auroit presenté de la part de l'Assemblée une lettre d'exhortation, dont voici la teneur.

Le Sacré Synode assemblé au nom de nôtre Seigneur Jesus-Christ à Mantale Diocese de Vienne vous prie, tres-Illustre Prince, avec les Grands & les principaux Seigneurs de l'Estat, de donner une réponse positive sur le choix qu'ils ont fait par inspiration divine de vôtre personne pour les gouverner, si vous voulez tenir dans cette sublime dignité une sage conduite telle que nous la desirons & que nous l'attendons, de vous avec la misericorde de Dieu. Premierement si vous voulez devant toutes choses procurer, l'honneur & la gloire de Dieu. maintenir la foy Catholique, & selon vôtre pouvoir défendre les interets de l'Eglise. Secondement si vous voulez comme les bons Princes qui vous ont precedé, faire observer les Lois & la Justice selon l'ordre sagement établi, gouvernant avec humilité qui est le fondement de toutes les autres vertus, avec patience, égalité d'esprit, équité, fermeté, & constance, enfin avec modera-

,, tion & une ame prévenuë & remplie de la grace de Dieu. Troisiémement nous de-
,, sirons, que vous soyez d'un facile accez à tous ceux qui n'auront que de bons con-
,, seils à vous donner, & qui voudront vous approcher pour parler ou interceder pour
,, d'autres que pour eux; & si vous voulez bien plûtost vous appliquer au bien public, qu'à
,, flatter vostre ambition dans le Gouvernement, marchant sur les pas des saints Rois,
,, & reprimant la colere, la dureté, l'avarice, la cruauté, la cupidité, les ressentimens &
,, l'orgueil. Gardant également la Justice aux grands & aux petits, aimant la verité,
,, écoutant volontiers les sages conseils, vous éloignant des vices, & les punissant, ai-
,, mant la vertu, protegeant & defendant vos sujets. Afin que le sacré Synode, & les Sei-
,, gneurs qui consentent avec toute cette Assemblée à vôtre élection, ne soient jamais
,, exposez aux maledictions des peuples pour avoir fait ce choix, & que l'on n'ait ja-
,, mais occasion de blâmer vostre gouvernement; mais que la paix regne par tout par
,, la grace de Dieu, & la protection des Saints, & que les Prélats, & vos sujets, & les
,, Grands du Royaume loüent Dieu & le benissent.

RESPONSE DU ROY ÉLU
à l'Assemblée.

,, Au tres-Sacré Synode, & à tous nos fideles Ministres, Boson humble serviteur de
,, Jesus-Christ.
,, Aprés vous avoir remercié & de cœur & de bouche pour l'affection sincere que
,, je voy que vous avez pour moy, sans que je l'aye merité, & l'amour que vous me por-
,, tez dans les entrailles de la Charité, par un pur effet de la grace de Dieu ; je dois tâ-
,, cher de répondre autant qu'il me sera possible à ces marques d'amitié, & pour re-
,, connoître l'honneur auquel vous m'élevez, m'appliquer de toutes mes forces, à
,, servir ma bonne Mere, qui est l'Eglise du Dieu vivant. Il est vray que sentant mon
,, indignité & ma foiblesse pour une Charge si importante, je l'aurois absolument refu-
,, sée, si je n'avois reconnu, que le consentement unanime avec lequel vous m'avez élû,
,, est un effet d'une inspiration de Dieu, dont la Providence m'appelle à cét emploi. Il
,, faut donc obeïr à tant de sages Prelats, remplis de l'Esprit de Dieu, & à nos amis
,, les plus fideles. Ainsi ny je n'ose, ny je ne puis refuser ce qui m'est ainsi offert.
,, Quant aux demandes que vous me faites sur la conduite que je veux tenir, & aux
,, instructions que vous me donnez, je suivray vos sages conseils fondez sur la doctri-
,, ne de l'Eglise. J'embrasse la foy Catholique, dans laquelle j'ay été nourri, & que
,, je veux tenir de cœur & de bouché avec pureté & verité, & pour laquelle je suis
,, prest de donner ma vie, si Dieu le demande ainsi. Je prendray soin avec l'aide de
,, Dieu, de conserver les privileges des Eglises, & de rendre la Justice selon vos bons
,, conseils. Je conserveray aussi à tous également leurs droits selon l'équité, & leur don-
,, neray à tous ma protection, afin que marchant sur les pas des bons Princes qui m'ont
,, precedé, je puisse estre utile & aux Ecclesiastiques, & aux Laïques selon l'estat
,, de chacun.
,, Pour ce qui regarde mes mœurs, quoy que je sçache bien que je suis un grand
,, pecheur, cependant j'ay la volonté de travailler à me corriger, & je vous en donne
,, ma parole, tâchant d'éviter le mal autant que je pourray, & de me porter au bien.
,, Que s'il arrivoit cependant que par fragilité humaine je vinsse à commetre quelque
,, excez, je tâcheray aussi-tôt de le reparer selon vos bons conseils. Sur quoy je vous
,, prie tres-instamment de vouloir me les donner en temps & lieu, & de me faire con-
,, noître ce que vous jugerez estre juste & raisonnable, vous promettant aussi que si
,, quelqu'un de vous m'offense, ou me fait quelque déplaisir, j'en attendray la repara-
,, tion, & me montreray toûjours facile à l'accepter. Je me soumettray aussi toûjours
,, à l'autorité Apostolique, & observeray les Lois divines & humaines, afin que Dieu
,, soit beni & glorifié en toute ma conduite. Pour ce qui regarde ma Maison; je met-
,, tray tous mes soins à la regler, & je procureray que chacun s'y acquitte de son devoir
,, selon Dieu. C'est pourquoi, Messeigneurs & tres-Saints Pontifes, qui estes les Pré-
,, lats de l'Eglise de Dieu, & vous tous nos fideles Ministres & Officiers, Je vous prie &
,, vous conjure de m'aider à m'acquitter des devoirs d'une Charge si importante, que j'ac-
,, cepte, parce que vous le voulez, & l'ordonnez ainsi : me confiant en la grace de Dieu, &
,, esperant qu'avec la protection de ses Saints vous ne me refuserez pas tous les secours
,, humains que vous pourrez me donner, & dont j'ay besoin que vous soûteniez ma
,, foiblesse. Que s'il y a quelqu'un ici à qui ce choix ne plaise pas, ou à qui j'aye causé
,, quelque déplaisir, je le prie de se declarer, afin que je ne sois odieux à personne. En-
,, fin je vous prie que dans le desir que vous avez de procurer le bien public, vous fassiez

siez durant trois jours chacun dans vos Eglises des prieres solemnelles pour demander „
à Dieu qu'il ne permette pas pour me punir de mes pechez & de ma fragilité, que „
ny vous ny moy nous égarions dans la conduite de son peuple ; mais qu'il nous fasse „
connoistre à tous quelle est sa sainte & divine volonté en cette affaire. „

Du Chesne dit que ce fut en cette Ville que Bozon fut couronné le xv. jour de Juin l'an 879. par les mains de nostre Archevêque Aurelien. Ce qui ne peut s'accorder avec l'acte de l'Election fait au Synode de Mantale qui est daté du 15. d'Octobre. D'ailleurs il est évident que si la ceremonie de ce Couronnement se fut faite à Mantale, elle auroit dû estre faite par Otramnus Archevêque de Vienne, puis que c'étoit dans son Diocese, qui n'a jamais dependu de celuy de Lyon, dont la Primatie ne s'étendoit que sur les quatre Provinces Lyonnoises. *Idibus Octobris.*

Ce qui semble prouver que ce fût en cette Ville, que le Prince fut couronné, c'est qu'il y receut les homages & les salutations des Grands de son nouveau Royaume, & que le huitiéme de Novembre il fit des concessions à Geilon Abbé de Tournus, qui sont dattées de la premiere année de son Regne le 6. devant les Ides de .... Le mois n'est pas marqué, mais le P. Chifflet qui rapporte ce privilege parmi les preuves de son Histoire de l'Abbaye de Tournus, infere que ce ne peut être que Novembre, ou Decembre, & qu'il y a plus d'apparence que ce soit le premier que le dernier. *Preuves.*

Cette nouvelle dignité, qui flattoit l'ambition de Boson lui causa beaucoup de traverses. Car à peine Loüis & Carloman fils de Loüis le Begue eurent été couronnez Rois de France par Ansegise Archevêque de Sens dans l'Abbaye de Ferrieres, qu'ils commencerent à le poursuivre pour lui oster cette portion du Royaume, dont ils l'accusoient d'estre usurpateur, les Evêques ni les Grands de ces Provinces n'ayant eu aucun droit d'élire un Roy, & de lui offrir une Couronne qui n'appartenoit qu'aux legitimes Heritiers de Charlemagne, & de ses successeurs.

Ces deux Freres à qui Hugues l'Abbé le plus accredité de tous les Seigneurs de France avoit fait prendre conjointement le Royaume l'an 880. par le Conseil de leurs Ministres, en firent le partage dans une Assemblée tenuë à Amiens, où Loüis retint pour sa portion la France & la Neustrie, & Carloman la Bourgogne & l'Aquitaine. Peu de temps après ayant donné leurs troupes pour la conservation de la France contre les Normans, qui faisoient des courses & des ravages, ils prirent le chemin de la Bourgogne pour aller oster à Boson ce qu'il avoit usurpé. Ils joignirent leurs forces à Troyes, & étant entrez dans la Bourgogne ils rencontrerent un peu au-dessus de Mâcon les troupes de Bozon, auxquelles ils livrerent bataille & les défirent. Ils assiegerent aussi-tost après le Chasteau de Mâcon tenu par le Comte Bernard surnommé Plante peluë, & l'ayant obligé de se rendre, ils luy en laisserent le Gouvernement après avoir receu son serment de fidelité, & marcherent vers la Ville de Vienne où Boson avoit laissé sa femme Hermengarde & bon nombre des siens, lui s'étant retiré dans les Montagnes pour plus de sureté de sa personne; car il craignoit de tomber entre les mains de ces jeunes Princes.

Les assiegez tinrent bon quelque temps, lors que Carloman fut mandé par les Seigneurs François pour aller s'opposer aux courses des Normans. Il laissa le Roy Loüis son frere pour achever le Siege, & à peine fut-il arrivé en France que la place se rendit, & Richard frere de Bozon enmena dans la Ville d'Autun, dont il étoit Comte, la femme & la fille de Bozon.

Ce Prince dépoüillé d'une partie de ses Estats craignant de perdre la Provence alla trouver à Vvormes l'Empereur Charles le Gras, & lui fit homage comme feudataire de l'Empire, le premier jour de Novembre de l'an 882. Depuis ce temps les Auteurs ne disent plus rien de luy jusqu'à sa mort qui arriva l'an 887. la huitiéme année de son Regne. Il fut inhumé dans l'Eglise Metropolitaine de Vienne dans une Chapelle dediée à sainte Apollonie où se voit encore cette Epitaphe.

Regis in hoc tumulo requiescunt membra Bosonis.

Hic pius, & largus fuit, audax, ore benigno.

Sancti Mauritij caput ast circumdedit auro,

Ornavit gemmis claris, super atque coronam

Imposuit, totam gemmis, auroque nitentem.

Is dùm vita fuit, bona dùm valetudo maneret,

Munera multa dedit patrono carmine dicto.

Urbibus in multis devoto pectore Magna

Contulit, & Sanctis pro Christi nomine dona,

hanc prime tibi sceptrum, Diadema paravit.

;duni proprium rutilat velut ignicomus Sol.

amvis hunc plures voluissent perdere Reges,

:cidit nullus. Sed vivo pane refectus ;

x linquens obiit Christi cum Sanguine regnum.

'uem Deus ipse potens, cæli qui Climata pingit,

:atibus Angelicis jungat per sæcula cuncta.

ſ III. IDUS JANUARIJ. VIII. ANNO REGNI SUI.

Cette Epitaphe contient plusieurs faits Historiques, qui ont besoin d'estre developpez pour la curiosité des Lecteurs.

    La prémiere reflexion que je fais sur cette Epitaphe, est que ce Prince ayant esté inhumé à Vienne dont Loüis & Carloman l'avoient chassé, il falloit qu'il y eut été rétabli par Charles le Gras, quand il lui confirma le Royaume de Provence dont Vienne étoit alors une dependance, & même la Ville principale.

    Cette Epitaphe nous apprend encore, qu'il avoit donné un Reliquaire pour enfermer la teste de S. Maurice chef de la Legion Thébéenne, & patron de l'Eglise Metropolitaine de Vienne ; mais elle ne dit pas, que c'étoit lui qui avoit donné à cette Eglise cette precieuse Relique. Cependant il y a lieu de le croire, puis que le Roy Charles le Chauve l'ayant pris en affection, lui avoit donné l'Abbaye de S. Maurice de Vallay, & le fit aussi-tost après Gouverneur de Vienne. Or il est à présumer que ce fut en cette occasion qu'il enleva à son Abbaye ce precieux dépôt, pour en faire present à l'Eglise Metropolitaine de son Gouvernement. Ce ne fut pas le seul pre-

Dedit septem cruces aureas, & viginti Psaltaeria aurea, cum reliquiis & planetas, id est Casulas duodecim, pallia undecim, & vestimenta sua aurea Regalia.

sent dont il en richit ce Sanctuaire, puis que l'ancien Necrologe de l'Eglise de Vienne dit qu'il y donna sept croix d'Or pour le service du maistre Autel ; vingt Reliquaires d'or remplis de Reliques, douze Chasubles, onze Chappes, & tous ses habits Royaux de drap d'or.

    Il donna à l'Eglise Metropolitaine de S. Estienne de Lyon son Sceptre & son Diademe, ce qui semble appuyer le sentiment d'Othon de Frisinghen, qui a dit que c'étoit en cette Ville, que Bozon avoit été couronné, & que ce fut ce qui le porta à laisser son Sceptre & son Diademe, au lieu même, où il les avoit receus. Ces deux vers,

    Quamvis hunc multi voluissent perdere Reges,
    Occidit nullus.

nous font remarquer ce que quelques Historiens ont dit de lui, que plusieurs Rois, Ducs, Chevaliers avoient cherché les occasions de le perdre, & de le faire mourir, & qu'il avoit été si fort sur ses gardes, que jamais aucun ne put mettre la main sur luy.

    Geoffroy de Viterbe qui a composé une Chronique partie en prose & partie en vers rimez, fait parler Boson à l'Empereur à qui il cede son Royaume, & en particulier les Villes de Viviers, & de Lyon, qui sont au deçà du Rône, où il dit que les Rois de France n'ont aucun Fief.

    Cedo tibi Regnum, cunctos depono decores,

    A modò nostra tibi Sacra Lancea præstet honores.

    Do tibi Vivarium, Lugduni Sede sedebis:

    Hæc duo cis Rhodanum me traduce castra tenebis,

    Hic Rex Francigenis prædia nulla petit.

    Où il est à remarquer par ces mots *Lugduni Sede sedebis*, que cette Ville étoit la demeure ordinaire de ces Rois, contre ce que Chorier a écrit en son Histoire de Daufiné, où il veut que Vienne ait été leur residence ordinaire. Les Annales de Fuldes traitent Boson de Tyran lors que parlant du Voyage que fit sa veuve, la Reine Hermengarde en Allemagne pour aller presenter son fils à l'Empereur avec de riches presens, il y est dit qu'elle fut fort bien receuë par l'Empereur & renvoyée en ce païs.

Ad eum filia Ludovici Italiæ Regis vidua Bosoni Tyranni, Magnis cum muneribus veniens, honorificè suscepta ac ad propria remissa est. An. Fuld. an. 890.

Boson eut un fils d'Hermengarde nommé Loüis, qui auſſi tôt après la mort de son Pere alla en Allemagne conduit par la Princesse sa Mere, pour rendre hommage à l'Empereur & recevoir de lui la confirmation des Estats que le Roy son Pere avoit tenus. L'Empereur le receut à Kercheim Ville sur le Rhein, avec toutes les demonstrations d'amitié; car non seulement il le receut à foy & hommage, mais il l'adopta pour son fils, disent les Annales de Fuldes.

Mortuo Buosone, erat ei parvulus filius de filia Ludovici Italiæ Regis quem Imperator ad Rhenum villa Kirkeim veniens obvia honorificè suscepit ad hominem, sibique adoptivum filium cum injunxit. Ann. Fuld. an. 887.

A son retour la Reine sa mere lui donna pour Gouverneur nôtre Archevêque Aurelien, qui le Sacra & couronna, Nous avons l'acte de cette Election dont j'insere icy la traduction.

„ L'an depuis l'Incarnation de nôtre Seigneur 890. Indiction VIII. le religieux
„ & venerable Bernoin Archevêque de Vienne, étant allé à Rome pour quelques af-
„ faires de son Eglise, & même du Royaume, fit connoîte au Saint Pere, qui a le soin
„ universel de toutes les Eglises, l'état où se trouvoit ce Royaume fort agité depuis
„ la mort de l'Empereur Charles, ayant été quelque temps sans Roy ny Prince, tandis
„ qu'il étoit en proye de tous costez aux Ennemis, & encor plus vexé par ses propres
„ habitans, que nulle autorité ne retenoit dans leurs devoirs. Les infideles ne le pres-
„ ſoient pas moins, puisque d'une part les Normans ravageoient tout, & que les Sar-
„ rasins désoloient si fort la Provence d'autre costé, qu'elle n'étoit plus qu'une solitude
„ affreuse.

„ Le Pape Estienne touché jusqu'aux larmes à ce recit, & par paroles & par écrit a ex-
„ horté tous les Archevêques & Evêques de ces quartiers, d'élire pour Roy unanimement
„ le Prince Loüis petit fils de l'Empereur Loüis.

„ Ayant donc connu que la sainte Eglise Catholique & Apostolique consentoit à
„ cette Election, nous nous sommes assemblez dans la Ville de Valence, nous, dis-je,
„ Aurelien Archevêque de Lyon, Rostaing Archevêque d'Arles, Arnaud Archevêque
„ d'Embrun, & Bernoin Archevêque de Vienne, par qui nous avons appris les in-
„ tentions du Saint Pere, ausquelles nous nous sommes conformés avec nos Confreres
„ les Evêques pour traiter ensemble & examiner, si c'étoit la volonté de Dieu que nous
„ élussions pour Roi celui pour qui le Pape nous avoit fait savoir ce qu'il desiroit, &
„ dont nous avions même le Bref entre les mains. Tous d'un commun consentement
„ ont jugé que l'on ne pouvoit faire un meilleur choix, que de celui qui décendant
„ de la Maison Imperiale, est un jeûne-homme de belle esperance & d'un bon naturel.
„ Et que quoy que son âge semble ne lui pas permettre de prendre les armes pour resister
„ aux Barbares qui nous menacent, il sera aisé d'ailleurs avec l'aide de Dieu de s'en défen-
„ dre par les sages conseils & la valeur des Princes & des Grands du Royaume, qui sont
„ en bon nombre, principalement le Duc Richard son Oncle. La Reine Hermengarde
„ sa Mere est aussi une tres-sage Princesse, qui est appliquée au bien du Royaume &
„ qui n'a pas moins de prudence que de penetration dans la conduite des affaires.
„ Ainsi avec le Conseil des Evêques & des Grands du Royaume l'Estat sera bien gou-
„ verné.

„ C'est pourquoi sur ces assurances nous avons crû que c'étoit la volonté de Dieu
„ que nous élussions le Prince Loüis Fils du tres-excellent Roi Boson, & que nous de-
„ vions le Sacrer & le Couronner, puisque l'Empereur Charles l'en a jugé digne, &
„ que l'Empereur Arnoul son successeur, nous a fait entendre par ses Ambassadeurs l'E-
„ veque Reoculfe, & le Comte Bertaud, qu'il seroit le protecteur de ce Royaume. Dans
„ cette confiance & munis de tous ces pouvoirs nous nous sommes rendus en cette Vil-
„ le, où d'un commun accord nous sommes convenus de faire cet écrit, & de le signer de
„ nos seings pour servir de témoignage aux temps present & à venir, & pour avoir son
„ effet.

Ce Jeune Prince fut ensuite Sacré & Couronné en cette Ville par nôtre Archevêque Aurelien son Gouverneur. La Reine Hermengarde sa Mere rendit cette ceremonie Auguste par les Ornemens Royaux qu'elle prepara, & par le grand nombre de personnes distinguées qu'elle y invita. Quelques années après l'Empereur Arnoul qui avoit succedé à Charles le Gros, à la priere d'Hermengarde donna au jeune Roi quelques Villes, & quelques Bourgades du Royaume de Bourgogne, que Rodolfe Roi de la Bourgogne Transjurane avoit usurpées; mais ce don ne lui servit de rien non plus que l'adoption de l'Empereur Charles le Gros, puis qu'il ne peut jamais arracher à Rodolfe les terres dont il s'étoit mis en possession.

Cependant cette Adoption lui fut comme un augure qu'il succederoit un jour à l'Empire, puisque l'an 896. les Lombards lassez de la Tyrannie de Berenger l'appellerent en Italie, d'où il chassa ce Tyran, aprés quoi il alla à Rome où il se fit Couronner Empereur. Mais la fortune qui sembloit l'avoir accompagné jusqu'à lors, & même avoir prévenu ses desirs les plus ambitieux, ne lui fut pas toûjours si favorable qu'elle avoit été en sa jeunesse, il tomba entre les mains de Berenger par la lâcheté des siens, & par la trahison d'un soldat qui découvrit à Berenger le lieu où il s'étoit caché. Ce Tyran non seulement le priva de son Royaume d'Italie; mais encore de la vûë, l'ayant fait aveugler, ce qui lui fit porter le surnom d'Aveugle le reste de sa vie.

Estant de retour d'une expedition si glorieuse en ses commencemens, & si triste sur la fin, il épousa une fille d'Edoüard Roi d'Angleterre nommée Edgive, & n'eut d'elle qu'un seul fils nommé Charles-Constantin, en qui s'éteignit toute la gloire de sa race, puis qu'il perdit la Provence, & ce païs, étant seulement Prince de Vienne, dont encore il fit hommage à Rodolfe Roi de Bourgogne l'an 931. Ainsi Lyon changea de Maistres au commencement du dixiéme siécle, & nous allons voir les Rois Bourguignons en reprendre la souveraineté; quoyque ces Rois Bourguignons n'ayent rien de commun avec les Bourguignons Vandales, que nous y avons vû regner aprés le debris de l'Empire Romain jusqu'à Clovis le premier de nos Rois tres-Chrétiens.

Fin du Troisiéme Livre.

HISTOIRE

HISTOIRE CONSVLAIRE
DE LA VILLE DE LYON.

LIVRE QUATRIEME.

ETAT DE LA VILLE DE LYON, Sous les Rois de la Bourgogne Transjurane.

OUS entrons dans une nouvelle Scene, où nous allons voir des étrangers profiter des troubles de la France, de l'Italie, & de l'Allemagne pour jetter les fondemens d'une nouvelle Monarchie, à qui on donna le nom de Royaume de Bourgogne Transjurane, & depuis de Royaume d'Arles.

Il n'est pas aisé de démêler l'origine de ces Rois Bourguignons, car il y a cette difference entre les Sources des Rivieres, & l'origine des grandes Familles, qu'au lieu que les Eaux sont plus claires & plus pures en leurs Sources qu'en leurs Cours, les grandes Maisons au contraire sont plus obscures en leur Origine qu'en leurs progrez.

Le premier de ces Rois de la Bourgogne Transjurane fut un Prince nommé Rodolfe, dont la naissance est comme ignorée, car quelques uns le font Alleman d'extraction, & d'autres avec plus de fondement, le font petit fils de Conrad Comte de Paris, & arriere-petit fils du Comte Vvelphe Pere de Judith femme de l'Empereur Loüis le Debonnaire, ce qui seroit toûjours lui donner une origine Allemande, mais beaucoup plus éloignée, & qui le feroit plûtôt François qu'Alleman étant au troisiéme degré du premier établissement de ses Ancestres en ce Royaume. Ce que nous savons de plus certain de ce Prince, est qu'il eut l'adresse de se faire Roi de la Bourgogne Superieure l'an 888. comme disent les Annales de Fuldes.

Rudolfus filius Chuonradi superiorem Burgundiam apud se sistuit regaliter retinere.
Ann. Fuld. en. 888.

Ce fut la mort de Charles le Gros, qui fut l'occasion non seulement de cette usurpation de Rodolfe; mais encore de plusieurs autres établissemens de divers Seigneurs qui démembrerent l'Empire & une partie du Royaume de France. Ce fut l'an 887. que les François, les Saxons, les Thuringeois, avec quelques uns des Principaux de Baviere, & d'Allemagne, voyant que Charles le Gros étoit accablé de maladies sans esperance de pouvoir se remettre, & que d'ailleurs il étoit sans Enfans qui pussent luy

Ll

succeder, commencerent à traiter ensemble pour se faire de nouveaux Maistres. Le premier sur lequel ils jetterent les yeux fut Arnoul bastard du Roy Carloman, qu'ils choisirent pour leur Roi. L'Empereur Charles qui étoit à Francfort, fit tous ses efforts pour rompre ce dessein, il declare la guerre à Arnoul, il marche contre lui, mais sans effet, & les contributions qu'il exigea des Allemans pour fournir aux frais de cette guerre acheverent de detacher ces peuples de son obeïssance. Même ses principaux Ministres, & ses premiers Officiers le quitterent, & allerent offrir leur service à Arnoul. Charles se voyant ainsi abandonné, & ne sçachant plus de quel costé se tourner envoya des Ambassadeurs avec de riches presens à Arnoul pour lui demander son amitié, & qu'il lui permit de joüir d'une partie de l'Allemagne durant le reste de sa vie, qui ne devoit pas estre longue, étant accablé de maladies comme il étoit. Arnoul lui accorda ce qu'il demandoit, voyant bien qu'il n'avoit rien à craindre d'un Prince moribond, & abandonné des siens. Il mourut en effet peu de temps après.

Berenger profitant de ces broüilleries & de la décadence de Charles se fit Roi d'Italie. Guy fils de Lambert de la Gaule Belgique, Loüis fils de Boson de la Provence, Eudes fils de Robert de la Guienne, & des bords de la riviere de Loire.

Multi Reguli in Europa & regno Karoli excrevere. Berengarius filius Eberhardi in Italia se Regem fecit, Rudolfus verò filius Knonradi Superiorem Burgundiam apud se statuit regaliter retinere. Indè itaque Ludovicus filius Bosonis, & Guido filius Lamberti, Galliam Belgicam, nec non Provinciam, prout Reges habere proposuerunt, Rodbertus usque ad Ligerim fluvium & Aquitani à Provinciam sibi in usum usurpavit. Ann. Fuld. an 888.

Rodolfe se fit Sacrer dans l'Eglise de saint Maurice en Vallay. Son Royaume ne comprenoit alors que la Savoye, la Suisse, la Franche-Comté & le Païs des Alpes Penines: Car la Bourgogne inferieure & cette Ville étoient encore sous nos Rois Charles le Simple, Loüis d'Outremer son fils, & Lothaire son petit fils ; quoyque ceux de la Bourgogne inferieure après la mort de Charles le Gros eussent appelé Guy Duc de Spolete, Roy d'Italie pour regner en France & en Bourgogne, & l'eussent fait Sacrer à Langres par l'Evêque Geilon l'an 888. Mais ce Prince ayant appris que les François avoient élû Eudes fils de Robert Marquis de France, que Gauthier Archevêque de Sens avoit Sacré Roi, il se retira sans rien entreprendre.

Cependant l'Empereur Arnoul attentif à ce qui le touchoit de plus prés, ne pût voir l'entreprise de Rodolfe sans s'y opposer. Il va en Alsace avec une armée d'Allemans pour chasser de son voisinage cét Usurpateur, & de là passa jusqu'à S. Maurice en Vallay, où Rodolfe ne l'attendit pas, mais se retira sur les Montagnes dans des lieux inaccessibles. Il eut enfin l'addresse de gagner les Chefs de l'Armée d'Arnoul, & de se procurer par leur moyen accez auprés de cét Empereur, qu'il alla saluër à Ratisbonne, où après plusieurs conferences, & quelques traitez, il obtint la possession paisible des terres qu'il avoit usurpées, & retourna dans ses Estats.

En même temps, tandis qu'Eudes étoit occupé dans la Guienne à rompre les entreprises, & les ligues de quelques Seigneurs du Païs, Charles qui fut depuis surnommé le simple pour avoir cedé aux Normans une partie de son Royaume, trouva le moyen de se faire Sacrer à Rheims par ceux de son parti l'an 891. Eudes n'eut pas plûtost appris cette ceremonie, qu'il vint en diligence, & l'obligea de fuïr en Bourgogne, où Richard Duc du Païs, & Comte d'Autun le receut, & lui demeura toûjours fidele ; ce qui obligea enfin Eudes de se retirer en Guienne, où il mourut l'an 899. & declara en mourant que le Royaume appartenoit entierement à Charles. Mais ce Prince qui se laissoit gouverner par ses Favoris, fit soulever ses Peuples, qui inviterent Robert Frere d'Eudes & Raoul Duc de Bourgogne de venir prendre la Couronne. Ce dernier fut Sacré à saint Medard de Soissons, & regna treize ans ayant survecu à Charles le Simple, qui mourut l'an 923.

Nous avons un témoignage irreprochable de la domination de Raoul sur cette Ville. C'est un denier d'argent, où du côté de la Croix on lit RODULFUS, & de l'autre côté LUCUDUNUS, avec un S. dans un rond, qui ne signifie pas *Segusianorum*, comme quelques uns ont conjecturé, mais seulement *Solidus*, pour marquer la valeur de ce denier d'argent, qui avoit le nom de Sol. Voicy la figure de ce denier.

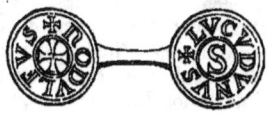 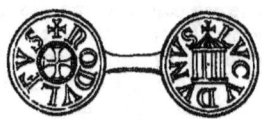

En ce temps-là on ne parloit point des Segusiens, tout étoit *Pagus Lugdunensis* depuis le Mont Jura en deçà, Louhan est dit *in pago Lugdunensi* en quelques titres. Nantua *ad fines Lugdunenses*, & plusieurs Villages de Bresse, de Bugey, de Dombes, de Beaujolois, & de Forez.

Il faut aussi prendre garde de confondre ce Raoul Roi de France avec Rodolfe I. Roi de Bourgogne, que quelques Historiens ont confondus, parce que Raoul étoit Duc de Bourgogne quand il fut élevé à la Royauté.

A ce RODOLFE I. succeda RODOLFE second son Fils, qui accrût de beaucoup les Estats que son Pere lui avoit laissez; car les Italiens lassez de la Tyrannie de Berenger appellerent ce Rodolfe en Italie dont il chassa ce Tyran, après lui avoir livré bataille & avoir laissé quinze cens hommes sur la place. Mais Hugues Comte d'Arles & Marquis de Provence, fils de Berthe & de Thibaud, ne le laissa pas long-temps joüir paisiblement de ce Royaume, parce qu'ayant été aussi appellé au secours des Lombards contre Berenger, il passa en Italie avec une puissante Armée, ôta à Rodolfe ce qu'il avoit usurpé, & alla à Rome où il se fit couronner Roi d'Italie l'an 926. Ses cruautez le rendirent si odieux aux Italiens, qu'ils rappellerent Rodolfe; mais avant qu'il entrât en Italie, Hugues qui prevît qu'il lui seroit difficile de resister à ce Roi Bourguignon, étant abandonné des Italiens, se servit adroitement de la sage prévoyance de ce Roi, que le fils de Dieu propose en une de ses paraboles; il envoya au devant de Rodolfe lui faire des propositions de paix, qui consistoient à demander à Rodolfe sa fille Adelaide, ou Adelis, pour son fils Lothaire, & à lui donner la principauté de Vienne, la Bresse, le Bugey, le Charrolois, le Dauginé, & la Provence en échange du Royaume d'Italie qu'il cederoit à Hugues, qui se reservoit seulement la Comté d'Arles sa vie durant.

RODOLFE II. Roy de Bourgogne.

Le Pere Labbe en sa Chronologie Historique l'an 928. fait Rodolfe Cousin germain de Raoul Roi de France & Duc de Bourgogne, & cite pour cela une charte donnée en faveur du Monastere de Romans par Adelaide Sœur de Rodolfe I. mariée à Richard Duc de Bourgogne surnommé le Justicier, dont elle eut Raoul, Hugues le Noir, & Boson. Elle est datée de l'année cinquiéme du regne de Raoul, Indiction 2. le 23. de Juin.

Sigebert en sa Chronique, dit que le Comte Samson fit present à ce Rodolfe d'une lance d'un ouvrage tres-exquis, & beaucoup plus pretieuse pour estre enrichie d'une partie des Clouds dont le Sauveur avoit été Crucifié, que par les pierreries dont elle étoit ornée. On disoit qu'elle avoit servi au grand Constantin. Henry Roi de Suaube desirant d'avoir un si pretieux Dépôt, la fit demander à Rodolfe & par offres & par menaces la retira de ses mains pour en faire l'Auguste marque de l'Empire, & un gage de la protection du Ciel sur sa personne & sur ses Estats.

Si je ne trouvois un trop grand Anachronisme, dans les vers de Geoffroy de Viterbe quand il fait parler Boson qui cede ses Estats à l'Empereur, je croirois que ces deux vers se pourroient entendre de cette Lance.

Cedo tibi Regnum, cunctos depono decores,

Amodo nostra tibi Sacra Lancea præstet honores.

Peut-estre aussi que Geoffroy a fait cét Anachronisme, ayant crû que cette Lance étoit déja dés lors entre les mains des Empereurs. Il est vray que c'est à l'Empereur Othon qu'il fait ainsi parler Boson, ce qui seroit un bien plus grand Anachronisme.

Imperij solium cùm maximus Otho teneret,

Et valitura satis mundi fortuna valeret,

Hæc Rex Boso loquens verba gemendo dedit, &c.

Je ne voy point d'autre Boson que le Mary d'Hermengarde à qui ces vers puissent convenir; Mais il étoit mort avant qu'Othon fut Empereur. Cela ne peut donc passer, & il faut qu'il y ait du mécompte dans le recit de Geoffroy de Viterbe. Il n'est pas le seul qui ait mis de la confusion dans l'Histoire, & je ne dois pas icy omettre une bevûë de Rubis qui au Chapitre 24. du Livre troisiéme de son Histoire dit que *le Roy Eude avoit un Oncle, (il falloit qu'il fut du costé de sa Mere) nommé Adalte, qui avoit un Fils nommé Gauthier, lequel dépité de ce qu'Eude avançoit tous ses Parens, & ne faisoit conte de luy, dressa une trouppe de Malcontens avec lesquels il prit les Armes contre le Roy Eude,*

& d'arrivée surprit au dépourveu la Ville de Lyon au Mois de Juillet de l'an de salut 892. & pensans déja estre Comte de Lyon, il declara la guerre ouverte au Roy Eude, & à tous ceux qui tenoient son parti ès environs de Lyon : Mais le Roy Eude ne le laissa pas longuement joüir de sa Comté : Car il le vint, incontinent qu'il en fut averti, assieger dans Lyon. Lors les Lyonnois, qui ne vouloient point de Comte autre que de la main du Roy, & n'avoient point pour agreable ce seditieux Vsurpateur, à la premiere sommation qui leur fut faite de la part du Roy, rendirent eux & leur Ville, & ce pretendu Comte Gauthier entre les mains de sa Majesté, lequel l'ayant entre ses mains luy fit faire son procez, par lequel ayant esté jugé Criminel de Leze-Majesté, il eut la Teste tranchée, & revint la Ville sous l'obeïssance du Roy.

Rubis en cette occasion apris le change pour n'avoir pas fait reflexion que la Ville assiegée & prise par ce Comte Neveu du Roy Eude, n'étoit pas la Ville de Lyon, mais celle de Laon en Picardie, nommée en Latin *Lugdunum Clavatum*, qui a été occasion à Severt aussi-bien qu'à de Rubis de beaucoup d'erreurs, que l'un a inserées dans son Histoire Ecclesiastique, en mettant au rang de nos Archevêques des Evêques de Laon, & l'autre attribuant à cette Ville des évenemens arrivez dans l'autre. Car voicy ce que les Annales de Mets rapportent de cette entreprise de Vvaltgaire, & non pas Gauthier.

891.

Igitur anno suprà memorato mense Julio Vvaltgarius Comes, Nepos Odonis Regis, filius scilicet avunculi ejus Adalhelmi, adversùs eumdem Regem cum consilio quorumdam rebellionis arma levavit, & *Lugdunum Clavatum ingressus, omni annisu regia potestati contrà ire nisitur,* &c.

Ce que Rubis raconte ensuite d'une autre entreprise de Zuendebold bâtard de l'Empereur Arnoul, est de la mesme nature que l'Histoire precedente.

Je ne me serois par arresté à refuter cét Auteur, si les deux évenemens qu'il attribuë à cette Ville n'étoient trop considerables pour estre omis dans nôtre Histoire, s'ils étoient arrivez icy ; & peut-estre que mes Lecteurs m'accuseroient de negligence si je les laissois sans avoir fait connoître que ce sont des faits étrangers, qui n'appartiennent point à cette Ville. Mais revenons à nôtre Rodolfe second Roy de la Bourgogne Transjurane, qui épousa l'an 922. la Fille de Burchard Duc de Suaube, après qu'il eût été défait par ce Duc trois ans auparavant, comme il est dit en peu de mots dans les Annales succinctes du Moine de S. Gal.

919. *Ruodolfus Rex & Purchardus Dux Alamannorum pugnaverunt ad Vointeruram, & Rex superatus est.*

922. *Ruodolfus Rex filiam Purchardi Ducis accepit,* Hœpidanus *Monachus S. Galli. Quo tempore Rodulfus Rex superbissimus Burgundionibus imperabat. Cui in augmentum potentiæ hoc accessit, ut potentissimi Suevorum Ducis Burchardi filiam nomine Bertham sibi conjugaret.* Luitpr. lib. 2. Hist. sui temporis cap. 16.

Luitprand nous apprend le nom de cette Princesse qu'Espousa Rodolfe second, il luy donne le nom de Berthe fille du tres-puissant Duc de Suaube, comme il donne à Rodolfe le titre de tres-superbe Roi des Bourguignons ; c'est à dire de tres-puissant.

Alphonse Delbene Evêque d'Alby nous a donné une Histoire du Royaume de Bourgogne, ou du Royaume d'Arles, où il parle amplement de ce Rodolfe second ; mais il y mêle tant d'Episodes suspects, sans citer aucun Auteur : des circonstances étenduës, qu'il ajoûte à sa Narration, que son Ouvrage tient plus du roman que de l'Histoire. Il y insere des harangues, qui sont de son invention, & il y fait parler des Seigneurs de Grandson & de Mouxy, qui étoient inconnus en ces temps-là, & l'on voit, qu'il n'a affecté d'introduire ces noms, que pour faire plaisir à des Maisons de Gentils-hommes, qui étoient voisines de son Abbaye de Haute-combe en Savoye, où il écrivit cette Histoire de la Bourgogne Transjurane.

Quand il rapporte le combat donné entre Burchard Duc de Suaube & Rodolfe qui fut depuis son Gendre, il introduit les Evêques de Bâle & de Geneve comme Mediateurs de Paix entre ces deux Princes, & après avoir écrit les progrez qu'il fit en Italie contre Berenger, il en rapporte des histoires, qui sentiroient les vieux Romans d'Amadis & de Mellusine, si Luitprand Auteur contemporain ne les avoit rapportées presqu'en mêmes termes.

Ils disent l'un & l'autre que Rodolfe étant retourné en Italie après la mort de Berenger, il en fut reconnu Roi, & qu'ayant mené ses troupes devant Pavie pour se rendre Maistre de cette Ville où quelques Princes s'étoient jettez pour s'en saisir avant lui, Ermengarde fille d'Albert Marquis de Toscane, & veuve d'Albert Marquis d'Ivrée femme d'une rare beauté, d'un esprit merveilleux, & d'un courage viril, mais qui n'étoit pas moins decriée pour sa mauvaise conduite, qu'estimée pour sa beauté & pour son esprit, écrivit à Rodolfe des lettres pleines de tant de demonstrations d'amitié, que ce Prince, qui avoit oüi parler d'Hermengarde, abandonna de nuit son Camp & son Armée pour aller trouver cette femme, qui se rendit tellement maistresse de son esprit qu'il n'agissoit plus que par les mouvemens qu'elle lui donnoit. Enfin il ceda à Hugues le Royaume d'Italie pour la Provence, le Daufiné, la Bresse & le

Bugey, comme nous avons dit cy-devant, & cinq ans après il mourut de Maladie au mois de janvier l'an 937.

Les Monumens de pieté que laissa Berte sa veuve, sont les preuves les plus certaines que nous ayons de la dignité de ce Prince, de ses alliances, de ses Enfans & des Heritiers de sa grandeur. Elle fonda l'an 966. un Monastere de Religieux de l'Ordre de S. Benoit à Payerne au païs de Berne, dit en langage Suisse Peterlinguen. Voici l'acte de cette fondation, que le sieur Guichenon nous a donné au premier Chapitre de sa Bibliotheque Sebusienne.

Il est évident à quiconque veut faire des reflexions serieuses, que la Providence Divine ne donne des biens temporels en cette vie, qu'afin que les riches qui les possedent s'en servent utilement pour acquerir des biens plus solides, qui sont les biens eternels. C'est à quoi la parole Divine nous invite, quand elle dit qu'il faut que les riches se servent de leurs richesses pour le salut & la redemption de leurs ames. C'est pourquoi, moi Berthe à qui Dieu a fait la grace de m'élever à la dignité Royale, faisant ces reflexions, & voulant serieusement penser à mon salut, tandis que j'en ay le temps & le moyen, j'ay crû que je devois employer au profit de mon Ame quelque peu des biens temporels que j'ay receus de la main de Dieu, puis qu'en ayant eu si abondamment, il ne faut pas que l'on puisse un jour me reprocher au jugement de Dieu de ne les avoir fait servir qu'aux usages de mon corps, mais qu'au contraire j'aye la joye de m'en être reservé, qui puissent m'estre utiles pour l'Eternité, quand la mort viendra me les enlever. Ce qu'il m'a semblé que je ne pouvois faire d'une maniere plus avantageuse, qu'en les employant à l'entretien des serviteurs de Dieu qui font profession de vivre dans la vie Monastique avec cette sainte confiance, que la foi me donne, que si bien je n'ay pas méprisé le monde comme je devois, je puisse avoir part aux recompenses de ces ames justes qui le méprisent, & le quittent si genereusement. C'est pourquoi je declare à tous ceux qui vivent en unité de foi, & qui attendent la misericorde du Seigneur, que pour l'amour de Dieu & de mon Sauveur Jesus Christ, avec le consentement de mes Fils le Roi Conrad, & le Duc Rodolfe, je donne à la Sainte Vierge Marie, à saint Pierre, à saint Jean, à saint Maurice & à tous ses Saints Compagnons qui reposent en ce lieu que l'on nomme Payerne, des biens qui m'appartiennent & qui sont de mes droits, premierement le lieu de Payerne avec toutes ses dependances, les serfs de l'un & l'autre sexe, avec les terres dont les noms sont icy marquez, à la reserve d'un Pré auprès de la maison d'un nommé Pierre, donnant tout le reste des champs, prez, forets, eaux, ruisseaux, moulins, entrées, sorties, & passages, lieux cultivez & non cultivez, une Eglise proche la prison avec toutes ses dependances, & une autre Eglise à Pouilly, la Chapelle de Pibirsin avec tout ce qui en dépend, & une terre que j'ay acquise à Voton, avec Vocilin, Itispurge & leurs Enfans. Voila ce que Moy Berthe Reine par la grace de Dieu, donne sans reserve pour l'amour de Dieu, & pour l'ame de mon Seigneur le Roi Rodolfe d'heureuse memoire. Pour l'ame de mon fils Burchard Avêque, & de tous ceux à qui nous sommes obligez, comme le tres-glorieux Roi Othon, & pour l'ame de ma fille la Reine Adelaide, & de mes fils le Roi Conrad, & le Duc Rodolfe, & pour la mienne propre, & pour le salut de nos ames & de nos corps, & de tous ceux qui pour l'amour du Seigneur voudront conserver ce temple de Dieu, ou l'augmenter : & pour la conservation de la Religion Catholique. Or je fais cette donation à cette fin, que l'on batisse un Monastere regulier à l'honneur de la Sainte Vierge, & des Saints cy-devant nommez, pour y loger des Religieux de l'Ordre de saint Benoit, qui y vivent selon la regle, & qui soient mis en possession de toutes ces choses pour les tenir, les avoir, & les disposer, & regler. Afin qu'un lieu si venerable soit une Maison d'Oraison, où les fideles puissent porter leur cœur & leurs prieres, que la conversation y soit toute sainte & celeste, qu'on l'y vienne chercher avec ferveur & empressement, & que l'on y addresse à Dieu des prieres continuelles tant pour moi que pour ceux dont j'ay fait mention cy-devant. Je desire aussi que les Religieux, & tous les biens que j'ay énoncez soient sous le pouvoir & la direction de l'Abbé Majeul, qui les gouvernera durant sa vie, & qu'apres sa mort les Religieux ayent le pouvoir d'élire un Abbé ou Superieur selon la volonté de Dieu & la regle de saint Benoit, sans opposition quelconque de quelque puissance que ce soit. Que durant cinq ans ils payent à l'Eglise des saints Apôtres à Rome dix sols pour l'entretien des lumieres ; qu'ils ayent à cœur l'honneur & la défense des saints Apôtres & du Pontife Romain, & enfin qu'ils bastissent ce Monastere selon leur pouvoir & leurs facultez. Nous voulons aussi que durant nôtre vie & celle de nos successeurs selon la commodité & le pouvoir, on pratique en ce lieu les œuvres

de miséricorde à l'égard des pauvres, & necessiteux, des passans & des Pelerins. Nous «
avons aussi voulu inserer dans ce Testament que dés à present les Religieux de Mo-«
nastere ne soient sous aucune dependance ni de nous, ni de nos Parens, ni d'aucu-«
ne Puissance Royale ou autre Puissance de la terre. Je conjure aussi au nom de Dieu, «
& de ses Saints & par la crainte du jour redoutable du Jugement, que nul Prince se-«
culier, ni Comte, ni Evêque, ni Souverain Pontife, n'entreprenne sur les biens «
de ces serviteurs de Dieu, pour s'en saisir, pour en retrancher, pour les échanger, ou «
pour en disposer à titre de benefice, ni leur donne aucun Prélat ou Superieur con-«
tre leur volonté. Et afin que nul n'ait la temerité de l'entreprendre, je vous supplie, «
ô Saints Apôtres, Pierre & Paul, glorieux Princes de la terre, & vous Pontife des «
Pontifes qui tenez le Siége Apostolique, que vous vous serviez de toute l'autorité «
Canonique & Apostolique que vous avez receuë de Jesus-Christ, pour separer de la «
Communion de la sainte Eglise & de l'esperance de la vie eternelle tout ravisseur, de-«
tenteur ou dissipateur de ces biens que je donne de bon cœur & d'une promte vo-«
lonté à la sainte Vierge Marie & aux Saints mentionnez cy-dessus: que vous soyez «
aussi les Patrons, & les défenseurs de ce lieu de Payerne & des serviteurs de Dieu qui «
y demeurent, & de tous leurs biens que je leur donne en aumône pour meriter la «
clemence & la misericorde de nôtre tres-doux Redempteur. Que si quelqu'un de «
nos Parens ou étrangers, de quelque condition qu'il puisse être, s'opposoit ou par «
fraude ou par violence, ce qu'à Dieu ne plaise, à cette disposition de ma derniere «
volonté, que j'ay faite pour l'amour du Dieu Toutpuissant & pour la devotion que je «
porte à la Sainte Vierge, & aux Saints cy-dessus nommez, je prie Dieu de lui faire «
sentir tout le poids de sa colere, & qu'il le retire au plûtost du nombre des vivans, «
& qu'il soit mis au nombre de ceux qui dirent à Dieu, retirez vous de nous: & qu'en-«
fin il soit abysmé dans les Enfers comme Dathan & Abyron, sous qui la terre s'en-«
trouvrit pour les engloutir; qu'il soit compagnon du traitre Judas dans les supplices «
eternels, &c. *Car selon le stile de ces temps-là cette charte est remplie d'imprecations,* «
qui estoient plus de l'esprit de la Synagogue que de l'Esprit de l'Eglise, & qui ne font gueres
peur à ceux qui ont envie de dépoüiller l'Eglise de ses biens. Aprés ces imprecations elle con-
damne à cent livres d'or, ceux qui voudront changer sa disposition.

Enfin cét acte est signé du nom de cette Reine & de ses deux Enfans, le Roi Conrad
& le Duc Rodolphe, d'un autre Conrad, qui se qualifie fils du Roi, & que Guichenon dit avoir été fils de Conrad & petit fils de Berthe, sur la foi de cét instrument, Prince qui dût mourir jeune puisque les Historiens ne font nulle mention de lui. La datte
est d'un Mardy premier Jour d'Avril l'an XXIV. du Regne de Conrad dans la
Ville de Lausane.

Cette Princesse qui fait mention en cét acte du Roi Rodolfe son premier Mary, de
trois de ses fils Conrad, Rodolfe, & Burchard, & de son Gendre le Roi Othon qui fut
dépuis Empereur, ne dit mot d'Hugues Roi d'Italie son second Mari, non seulement
par ce qu'elle n'en eut aucun enfant; mais encore parce que ce second Mariage fit tort
à sa reputation pour l'avoir contracté peu de temps aprés la mort de Rodolfe, sans attendre que son année de viduité fut achevée. Luitprand en donne une autre raison,
c'est qu'Hugues ne l'aima jamais.

Hugo multarum concubinarum decep-
tus illecebris præfa-
tam conjugem suam
Bertham non solum
maritali non capit
amore diligere, ve-
rum modis omnibus
execrari. Lib. IV.
cap. 6.

Quand Rodolfe second mourut, Conrad, son fils aisné & son successeur étoit fort
jeune, ce qui fut cause qu'Othon Roi d'Allemagne se saisit finement de sa personne, &
le retint long-temps sous sa puissance; mais enfin ayant épousé en secondes Nopces
Adelaide sœur de Conrad & veuve de Lothaire Roi d'Italie, il mit le jeune Conrad en
liberté & lui rendit ses Estats, c'est ce qui a mis du trouble dans la supputation des années du Regne de ce Prince que quelques uns content dépuis la mort de Rodolfe son
Pere, & de sa succession legitime à la Couronne, & quelques autres seulement dépuis son emancipation, quand Othon lui remit ses Estats.

CONRAD.
Roy de Bourg.

Ce Prince à qui on donna durant sa vie le surnom de Pacifique, parce qu'il fut plus
tranquille dans le Gouvernement de ses Estats que les Rois ses predecesseurs, fut heureux en son Mariage, puis qu'il Epousa Mathilde de France sœur du Roi Lothaire, qui
en faveur de ce Mariage ceda à Conrad toutes ces pretensions sur la Ville de Lyon, &
tout le païs Lyonnois, qui par ce moyen retournerent sous la domination des Rois de
Bourgogne.

Dépuis ce temps-là toutes nos Eglises, & nos anciens Monasteres d'Aisnay, de l'Isle-
Barbe, de Savigny ont des donations, des privileges, & des concessions de ce Roi,
ou qui sont dattées des années de son Regne.

Je dis que Lothaire ceda à Conrad ses pretensions sur la Ville de Lyon, quoi que la
plûpart de nos Historiens ayent écrit, que ce fut la dot de Mathilde. Car Boson, Loüis,

& Hugues l'avoient possedée auparavant, & nos Archevêques avoient été presens à l'Election, & au Sacré des deux premiers: ils en avoient même été les Ministres selon plusieurs Auteurs, ainsi Lyon étoit en ces temps-là un sujet de contestation entre ces deux Puissances, & c'est peut-être ce qui fut cause de sa conservation pendant que Vienne étoit assiegée, & exposée à la fureur des vainqueurs ; au lieu que les deux partis se sentant également interessez à conserver une Ville, sur laquelle ils avoient des pretentions, ils consentoient qu'elle demeurat dans une espece de Neutralité, & receut les uns & les autres comme amis, si elle ne vouloit les recevoir comme ses Maîtres.

Ce fut au commencement du Regne de ce Prince que les Sarrasins, qui s'étoient cantonnez dans la Provence, & de là répandus dans les Alpes, voloient, maltraitoient & égorgeoient ceux qui vouloient passer de Fance en Italie, ou venir d'Italie en France. Berenger, qui avoit appellé les Hongrois à son secours contre Hugues Roi d'Italie, introduisit d'autres ennemis, qui firent les uns & les autres des courses jusqu'en ce païs, où ils ruinerent la campagne, desolerent la plûpart des Monasteres, & firent d'autres ravages, jusqu'à ce que Conrad les obligea de se retirer dans la Provence. C'est ce ravage des Sarrasins, qui fait dire aux peuples de la Campagne, que nos Acqueducs étoient l'ouvrage de ces barbares, & qu'ils les avoient fait pour inonder la Ville, comme si une Ville bâtie sur une Montagne, ceinte de Vallées de tous côtez, & si proche des lits de la Saône & du Rône eut pû être submergée par des canaux qui amenoient l'eau d'un ruisseau.

Je ne m'arresteray pas à raconter la maniere dont ces Sarrazins entrerent dans le Royaume, Luitprand l'a rapportée, & tous les Historiens de Provence, de Languedoc, de Daufiné & de Savoye ont copié ce que cét Auteur en a écrit : d'ailleurs cela ne fait rien au sujet que je traite. Delbene en a fait comme une espece de Roman dans sa Bourgogne Transjurane. Je laisse les Avantures d'Adelaide, Sœur de Conrad, dont les Auteurs ont parlé si diversement, & dont S. Odile Abbé de Cluny a fait une peinture plus avantageuse que ces Historiens, puis qu'il nous la represente comme une Sainte dans la vie qu'il en a écrite.

Conrad étoit en cette Ville l'an 963. Il y laissa plusieurs vestiges de sa pieté, en donnant ou confirmant des privileges. Il y trouva en même temps un établissement auquel il n'osa pas toucher, & qui fut le fondement de la grandeur d'une Maison qui posseda plus d'un siécle la Comté de Lyon.

Nous avons remarqué que cette Ville dépuis le Roi Gontran étoit gouvernée par des Comtes, qui avoient l'Intendance sur la Justice, la Milice & les Finances.

L'éloignement des Rois, qui se tenoient ou à Paris, ou à Orleans, ou à Soissons, ou à Mets, rendoient ces Comtes ou Gouverneurs fort puissans dans les Provinces, qui n'étoient pas si proches de la Cour, que l'on pût voir de quelle maniere ils agissoient. C'est ce qui rendit si puissant ce Gerard de Roussillon dont nous avons parlé au livre precedent, & aprés lui Boson, qui trouva les moyens de se faire de Comte & Gouverneur, Roi de Provence & de tout ce païs. Le Comte ou Duc Rodolfe fit la même chose en Bourgogne, s'étant fait couronner à S. Maurice en Valley.

C'est ainsi qu'un Comte Vvillelme Gouverneur de ce païs, c'est à dire du Lyonnois & Forez au de là de la Saône du côté de France, voyant la foiblesse & l'éloignement de nos Rois occupez à diverses guerres contre les Normans, les Danois, les Bretons & les Allemans, s'établit insensiblement, & fit d'un emploi qui n'étoit qu'une commission du Prince une espece de Fief hereditaire, qu'il étendit du Forez & du Beaujolois sur une partie de la Ville de Lyon, sous pretexte d'y conserver les droits ou les pretentions de nos Rois.

Ce Comte jugea sagement qu'il lui seroit plus difficile de s'établir à Lyon qui étoit une grande Ville, & le passage ordinaire des Princes, & des Armées, qui passoient en Italie, & qui descendoient en Provence, qu'à la campagne, & dans le Forez plus engagé dans les Montagnes, & éloigné des grands chemins. Il se fit donc Comte de Forez, & ne retint le titre de Comte de Lyon, que comme un titre de Gouvernement, qui ne pouvoit pas le rendre suspect à ses Maistres.

Tout ce que nos Historiens ont dit d'une préténduë infeodation de cette Ville, & de son territoire faite à ce Comte Vvillelme par le Roi Charles le Chauve, est supposé, & n'a de fondement qu'en l'imagination de ces Ecrivains, qui n'en ont pû produire aucun titre. Les Exemples des concessions faites à Boson, & à Baudouin, ne sont pas des preuves qu'on en ait fait une semblable à ce Comte Vvillelme. Le titre de la donation de l'Eglise de Grezy à celle de saint Just, où Vvillelme prend le titre de Comte des Lyonnois par la grace de Dieu, prouve bien qu'il étoit Comte du Lyonnois, mais

Ego quidem in Dei nomine Vvillelmus gratiâ Dei Lugdunensium Comes.

non pas de la Ville de Lyon, qui sont deux choses differentes, D'ailleurs ce Comte Vvillelme qui fit cette donation vivoit sous le Regne de Charles le Simple, & non de Charles le Chauve, & l'acte est daté de l'an XIV. de son Regne, selon Monsieur du Chesne, ce qui seroit l'an 906. & non pas 913. comme dit Paradin, qui nous auroit donné plus de lumiere s'il avoit rapporté cet acte entier, dont il n'a donné qu'un fragment.

Voilà la premiere origine de ces Comtes de Lyon, dont nous parlerons souvent dans la suite.

Conrad eut de Mathilde son Epouse Rodolfe, qui lui succeda au Royaume de Bourgogne, & qui fut troisiéme de ce Nom. Burchard Archevêque de Lyon, Gisele, Berthe, Gerberge, Mathilde, & Vville, qui furent les occasions de plusieurs alliances, puisque Gisele fut mariée à Henry Duc de Baviere; Berthe à Eudes I. Comte de Champagne, & en suite au Roi Robert: Gerberge à Herman Duc de Suaube, en secondes Nopces à Paton Comte de Vienne, & enfin à Henry Duc de Bourgogne, qui fut son dernier Mari. Mathilde Epousa en premieres Nopces Baudoin le jeune Comte de Flandres, & en secondes Nopces Geoffroy d'Ardenne. Vuille fut mariée à Ratburne Vicomte de Vienne.

Enfin Conrad après avoir gouverné paisiblement ses Estats mourut l'an 994. & fut inhumé à S. André de Vienne, où est son Epitaphe à main droite du Maistre Autel.

Qui vestes geritis pretiosas, & sine fine,

Non profuturas accumulatis opes.

Discite quam paucis opibus post funera sitis

Contenti, saccus sufficit atque lapis.

Conradus jacet hic, qui tot castella, tot urbes

Possedit, tumulo clauditur iste brevi,

Mente pius, famulus habitu, princeps trabeatus,

Citerius, vestis aspera subtus erat.

Quà jacet, Ecclesiam gemmis reparavit & auro,

Andreæ Sancti promeriturus opes.

Is Rex Conradus Monachos stabilivit ibidem,

Corpore qui fertur dudum tumulatus ibidem.

Ces deux derniers vers ont été ajoûtez à cette Epitaphe long-temps après sa mort, ou elle n'est pas aussi ancienne que le temps de son inhumation, puis qu'il y est dit, qu'il y avoit déja long-temps, qu'il avoit été inhumé. Ce fut le 19. d'Octobre qu'il mourut, selon l'Obituaire de l'Eglise de Vienne, qui rapporte la mort de ce Prince & celle de la Reine Mathilde son Epouse, qui élût sa Sepulture dans le Cloistre de S. Maurice, après avoir donné à cette Eglise le Village de Lusinay avec les Serfs, & les dépendances. Elle fit encor d'autres presens à cette Eglise, entre autres d'un grand encensoir d'Or, d'une Croix d'Or, & d'une Couronne d'Argent de laquelle pendoient plusieurs Lampes devant l'Autel du Sepulchre. Enfin son corps fut mis dans l'épaisseur du Mur de l'Eglise devant la Chapelle de Nôtre-Dame.

6. Kal. Decembris obiit Mageildis uxor Regis Conradi, qui obiit 13. Knl. Novembris, & dedit S. Mauritio villam Luseiniaci cum servis & ancillis, & omnibus appenditiis. Et dicta Regina dedit Thuribulum magnum totum aureum & crucem auream, & dedit stemma Lampadarum totam argenteam ante Dominj Sepulcrum. Quæ Regina jacet intus parietem ante Capellam B. Mariæ Virginis.

Rodolfe III. succeda à Conrad son Pere. Il ne fut pas moins paisible que lui; mais cette tranquillité ne lui fut pas aussi glorieuse qu'elle avoit été à Conrad. On l'accusa au contraire de paresse, de negligence, & de lâcheté, & ce sont ces titres honteux qui fletrissent sa memoire dans tous les Historiens, qui pour le distinguer des deux autres Rodolphes son Ayeul & son Bisayeul, le surnomment toûjours Rodolfe le lâche, le negligent, ou le faineant. Il n'eut ni assez de courage pour se faire craindre de ses sujets, ni assez de vertu pour s'en faire estimer. Il a seulement laissé beaucoup de marques de sa pieté par les concessions qu'il a faites à plusieurs Eglises, & à plusieurs Monasteres, outre la confirmation de plusieurs privileges, que le Roi son Pere leur avoit accordez.

RODOLFE III.

La fondation de l'Abbaye de S. Victor de Geneve nous apprend le nom de sa premiere

miere femme Agildrude, qui a dans ce titre la qualité de Reine. Cet acte a des circonstances si particulieres pour nôtre Histoire, qu'il ne sera pas inutile de le traduire, & de l'inserer icy.

Il est necessaire à tous les hommes, & rien n'est plus agreable à Dieu, que le soin que nous devons prendre de nôtre salut. C'est pourquoy moi Hugues indigne Evêque de l'Eglise de Geneve, desirant avec l'aide de Dieu, d'obtenir le pardon de mes pechez, ay souvent pensé à part moi, & resolu de traiter avec Monseigneur le Roi Rodolfe, & mes autres amis, comment je pourrois reparer & mettre en meilleur état par mes soins, & par leur protection & leurs secours, certains lieux de ce Diocese qui sont dependans du Siége Episcopal. Or pendant que je m'appliquois ainsi à chercher ce que je devois faire, il arriva par bon heur, que l'Auguste Imperatrice Adelaide vint en cette Ville pour visiter l'Eglise de saint Victor Martyr, & pour y faire ses prieres. Aprés qu'elle y eut satisfait sa devotion, elle trouva ce lieu fort propre à établir une Maison Religieuse, & me conseilla même de le faire. Peu de temps aprés, j'eus le bon-heur de trouver dans un coffre d'argent le corps de ce saint Martyr, qui avoit été caché plusieurs années : ayant donc tiré de terre ce pretieux monument, & l'ayant diligemment examiné & remis decemment dans la caisse où je l'avois trouvé, j'attendis le jour de la feste de ce saint Martyr pour en faire la translation solemnelle, à laquelle j'invitay le Roi Rodolfe & la Reine Egildrude, avec un grand nombre de Prelats, de Comtes, de Religieux, & de Gentils hommes, avec qui d'un commun consentement il fut resolu de placer ce saint Dépôt sous l'Autel même de l'Eglise de ce Saint.

Aprés avoir achevé cette ceremonie, je songeay à rendre ce lieu plus venerable & plus celebre en y établissant des religieux, dont la vie reguliere servît à exciter la devotion, & de leur bâtir un Monastere propre pour leurs usages. Or parce que le lieu n'avoit pas assez de fonds pour en faire une Abbaye, j'ay appellé Odilon Abbé de Cluny pour en disposer avec la permission du Roi Rodolfe, & le consentement de *son frere Burchard Archevesque de Lyon*, & à la priere de tous les Comtes & Gentilshommes, j'ay mis ce lieu de S. Victor martyr sous sa conduite, afin que lui & ses successeurs le possedent à perpetuité sous l'authorité de nos Successeurs & le puissent reparer & mettre au meilleur état qu'il se pourra. Que si nous en ordonnons ainsi, ce n'est pas que nous voulions rien soustraire à la jurisdiction de nôtre Eglise ; mais nous le faisons pour conserver la regularité en ce lieu, & pour affermir les liens de charité entre nos Successeurs, & les Abbez de Cluny, & afin qu'ils ayent de nous une memoire perpetuelle en leurs prieres. Ainsi je supplie tous mes Successeurs de vouloir appuyer & confirmer ce que j'ay fait pour le salut des ames de nos Successeurs, & pour le remede de mon ame, & des ames de nos Seigneurs le Roi Rodolfe & le Roi Conrad, & pour l'affermissement de l'Eglise dont Dieu m'a donné la charge. Je remets donc ce lieu de S. Victor Martyr aux Superieurs du Monastere de Cluny, afin qu'ils y entretiennent la Religion & les exercices de pieté.

Ce titre est une preuve authentique que nôtre Archevêque Burchard étoit frere de Rodolfe troisiéme Roi de Bourgogne & fils de Conrad.

C'est cet Archevêque Burchard neveu d'un autre Burchard Archevêque avant lui, & fils de Rodolfe second & de Berthe, qui acquit à l'Eglise de Lyon tout le Domaine Temporel, qu'elle avoit sur la Ville de Lyon, la Bresse, le Bugey, & le païs de Dombes, qui sont appellez dans les anciens actes *Pagus Lugdunensis*, le païs Lyonnois. Soit que Burchard prétendit que ce fut son appanage sur les droits de sa mere Mathilde, soit que Rodolfe son frere, qui n'avoit point d'Enfans & qui vit que ses biens & sa couronne passeroient à des étrangers, consentit que son frere se les appropriât, & s'en rendit le maistre.

Ce fut aussi environ ce temps que se fit le partage du Lyonnois, Forez & Beaujolois par Vuillelme premier du nom Comte de Lyon, ou du Lyonnois du côté du Royaume. Parce que ce Vuillelme eut trois enfans mâles, Vuillelme second, Artaud, & Beraud ou Berard : Le Lyonnois fut l'appanage de Vuillelme, sous le titre de Comté. Artaud eut le Forez & une partie du païs de Jarez, dit en Latin *Giaresium*, du nom de la petite riviere de Giers qui l'arrose, sous le titre de Comte de Forez. Beraud eut le Beaujolois en titre de Sirerie, comme les Terres de Bourbon, de Coucy & quelques autres, dont les Seigneurs se qualifioient Sires de Beaujeu, de Bourbon & de Coucy. Tous ces Princes relevoient de nos Rois, parce que leurs terres étoient du côté du Royaume & dans la portion que nos Rois s'étoient reservez, n'y ayant que ce qui étoit au-delà de la Saone qui relevât de l'Empire & des Rois de Bourgogne.

Je ne veux pas m'enfoncer plus avant dans ces genealogies incertaines, & remplies de fables. Je fuy le conseil que saint Paul vouloit que son Disciple **Timothée** donnât à quelques Ephesiens fort attachez à cette espece d'étude Faites leur renoncer, disoit cét Apôtre à toutes ces Genealogies fausses, & supposées, dont la vanité des hommes cherche à se flatter en imposant au public.

1. Tim. 1.

Histoire de Lyon. Liv. 3. cap. 3. p. 36. 37.

De **Rubis** a rempli nôtre Histoire de semblables impostures, où il fait Conrad le Pacifique Roi de Bourgogne fils de Boso I I. du nom Roi de Bourgogne, au lieu de Rodolfe II. Il ajoute ensuite par une erreur aussi grossiere, que ces Rois Bourguignons estoient sortis de la race de Girard de Roussillon, & qu'ayant plusieurs Parens qu'ils cherchoient d'avancer, ils leur départoient en titre de Comtés, les Provinces, où ils commandoient, & les continuoient de Pere en Fils, ou aux proches Parents, selon leur bon plaisir. Qu'en cette sorte ils establirent en la province de Vienne les Comtes d'Albon, sortis des Albons Comtes de Poiton. A Lyon depuis qu'ils en furent faits possesseurs, ajoûte-t-il, par le Mariage de Conrad avec Mahaud, ils envoyerent pour Comtes, certains autres Gentils-hommes sortis aussi de mesme Sang, nommez les Artauds, Artaldi; C'estoit un nom comme nous avons vû des Vuillelmi, affecté aux aisnez de leur Maison: Car il se trouve que plusieurs de cette famille ont porté ce nom, succedant les uns aux autres, comme ont pû voir ceux, qui ont autrefois veu leurs Sepultures, avec leurs Epitaphes peintes en leur Chapelle en l'Eglise S. Irenée, ou ils estoient intitulez. Altaldus Comes Lugdunensis & Comes Forensis. D'où nous pouvons tirer, que qui estoit Comte de Lyon estoit aussi Comte de Forest, & que les Comtes de Forests qui furent après ces Artauds (le dernier desquels mourut l'an 999. qui fut le troisieme du Roy Robert comme se justifioit par son Epitaphe) estoient du sang des Artauds. Aussi avoient-ils leurs Sepultures, & Epitaphes en leur Chapelle, & estoient tous sortis de la posterité de Girard de Roussillon, & des Albons Comtes de Poitiers & d'Auvergne.

Peut-on voir de plus grandes impostures, ou de plus gandes ignorances? Et falloit-il, qu'un homme qui n'entreprenoit d'écrire nôtre Histoire, que pour corriger les erreurs & les ignorances de Paradin comme il dit si souvent, entassât tant de faussetez dans son Histoire incomparablement plus défectueuse, & plus remplie d'erreurs que celle de Paradin. Ainsi je ne puis m'empescher icy de plaindre le sort de nôtre Histoire d'être tombée entre les mains de Champier, de Paradin, de Rubis, de Severt, & de celui qui les a copiez, qui l'ont tellement defigurée que Lyon n'est rien moins que Lyon en ces cinq Historiens.

Ces Comtes du Forez & ces Sires ou Seigneurs de Beaujolois ne furent pas les seuls qui s'établirent sous le regne de Rodolfe, les Comtes de Savoye, les Marquis de Bagé, les Comtes de Mascon, les Coligny Princes de Revermont, & plusieurs autres petits Seigneurs ou Comtes établis dans les Villes, & dans les Provinces, rendirent hereditaires à leurs familles des fiefs & des emplois qu'ils ne tenoient qu'à titre de Benefices.

L'idolence de Rodolfe causa de grands maux à cette Ville, & au reste de ses Estats. Ces nouveaux Seigneurs, qui s'élevoient sur les debris de ce Royaume de Bourgogne & de Provence, dépoüilloient les Eglises de leurs terres & de leurs possessions pour aggrandir leurs Domaines. Nos Rois continuoient à donner les Abbayes & les benefices à des personnes Laïques, & à leurs Officiers, qui s'en faisoient une espece d'heritage. Ce qui fut depuis l'occasion de beaucoup de guerres entre nos Prélats & ces Seigneurs, comme nous verrons en la suite de cette Histoire.

Loüis Empereur surnommé l'Aveugle fils du Roi Boson, avoit fait dés l'an 901. une de ces dispositions contraires aux loix de l'Eglise, en donnant l'investiture de l'Abbaye d'Ambierle à deux Seigneurs Seculiers nommez Bernard & Theobert, à la sollicitation de Vuillerme Duc & Marquis, que l'on croit avoir été ce Vuillerme I. que l'on tient avoir été Comte héreditaire du Lyonnois plûtost que de la Ville de Lyon, où cependant il avoit son Palais, & dont il étoit Comte & Gouverneur au nom de nos Rois, pour les droits & pretensions qu'ils avoient sur Province, dont jamais ils n'alienerent la Souveraineté quoi qu'ils en donnassent le Domaine utile à d'autres, ce qui fut sans doute cause que les Rois de Bourgogne & de Provence choisirent plûtost la Ville de Vienne pour leur residence, que la Ville de Lyon, dont cependant ils occupoient une partie. Ces Princes, qui ne faisoient nul scrupule de disposer des biens Ecclesiastiques étoient dans cette erreur, de croire qu'ils le faisoient justement & selon la disposition des loix comme dit l'Empereur Loüis en cét acte où il donne à ces deux Seigneurs le pouvoir de vendre, échanger, donner, ceder, & transmettre à leurs Heritiers cette Abbaye, comme leur bien propre.

Vuillelmus Inclytus Dux & Marchio nostram adiens ausertionem enixius postulavit, quatenus quiusdam Abbatiam nostris Bernardo & Theoberto concedere mus, quod & sic legaliter videretur delicet Ambertam in honore S. Martini dicatam, qui nominatur Ambierta, &c. Concedimus & in eorum tradimus dominationem quod fieri totest legaliter quendi, remotâ totius potestatis inclinatione, exinde facere voluerint, potestatem habeant, videlicet vendendi, cedendi, donandi, commutandi, & haeredibus suis relinquendi.

Il est vray que ces deux Seigneurs connoissant qu'ils ne pouvoient retenir legitimement ces biens ecclesiastiques, pressez par les remords de leur conscience remirent ce benefice à S. Odo second Abbé de Cluni, & à ses successeurs, qui reduisirent cette Abbaye en Prieuré, ainsi que plusieurs autres, comme j'ay dit cy-devant.

En même temps que la Bourgogne étoit sous la domination d'un Roi lâche, & faineant, la France n'étoit guere plus heureuse sous le Regne d'un jeune Prince à qui peut-être on a donné injustement le nom de faineant, parce que n'ayant rien pû faire de considerable durant son Regne qui ne fut que d'un an, les Annales de ces temps-là parlant de ce Prince, avoient dit *Ludovicus nihil fecit.* Loüis a fait neant, paroles dont on lui a fait depuis le surnom injurieux de faineant. En lui finit la seconde race de nos Rois que l'on nomme Carlovingiens, du nom de Charles Mattel, Pere de Pepin, & Ayeul de Charlemagne, qui succederent à la couronne de France. Hugues Capet qui fut sacré & couronné roi aprés la mort de Loüis V. surnommé le faineant, donna commencement à la grandeur de la troisième race, qui dure encore aujourd'huy heureusement en la personne de LOUIS LE GRAND, le plus glorieux de nos Monarques, aussi-bien que le plus aimé de ses peuples, & le plus redoutable aux ennemis de l'Estat, jaloux de sa grandeur, & malgré eux admirateurs de sa vertu, aussibien que surpris de sa valeur & de sa fermeté au milieu de toutes leurs forces unies, & de toute l'Europe conjurée contre lui.

Rodolfe se voyant par sa lâcheté & par sa mauvaise conduite exposé aux mépris de ses sujets, resolut de se jetter entre les bras de l'Empereur Henry son Neveu, fils de Gisele sa sœur mariée à Henry Duc de Baviere Pere de cét Empereur : de lui demander sa protection, & de l'appeller à la succession de ses Estats, puis qu'il n'avoit point d'Enfans, à qui il pût remettre, ou laisser un jour sa couronne. Il pria donc l'Empereur de s'avancer jusqu'à Strasbourg, où Rodolfe se rendit accompagné de la Reine Hermengarde son Epouse. Cette Princesse avoit eu deux Enfans d'un premier Mariage, qu'elle conduisit avec elle pour les presenter à l'Empereur. Il les receut avec joye, & comme il avoit besoin d'Hermengarge pour retenir Rodolfe dans les sentimens qu'il avoit de le faire son heritier, il donna à ses deux enfans des terres que Rodolfe lui avoit remises comme une espece d'ostage, & de garant d'un traité qu'il avoit fait quelques années auparavant avec cét Empereur.

Quand les Seigneurs du Royaume de Bourgogne apprirent le dessein qu'avoit leur Roi de les soûmettre à la domination des Allemans, ils en conceurent un si grand mépris pour Rodolfe, qu'ils étoient sur le point de se soulever, s'ils n'eussent craint d'attirer les Allemans sur leurs bras, & s'ils n'eussent esperé de détourner Rodolfe de ce dessein, & de lui faire prendre d'autres résolutions. Ils en écrivirent à nôtre Archevêque Burchard son frere, qui en fut luy même si indigné, que sans attendre la mort de ce frere, il se saisit de la Bresse, du Bugey, & du païs de Dombes, comme d'un bien qui lui appartenoit par droit de legitime étant un bien venu de sa mere Mathilde, aussi-bien que la Ville de Lyon.

Il s'en declara donc Seigneur dés le vivant de son frere, & s'en mit en possession, & disposa de quelques unes de ces terres en faveur de quelques Eglises, mais celle qui eut plus de part à ses bien-faits fut son Eglise de Lyon, qui avoit besoin de ce secours ayant été ruinée en partie par les Hongrois & Sarrasins sous le regne de Rodolfe second & de Conrad, & en partie par quelques Seigneurs ses voisins, qui avoient usurpé une partie de ses biens & de ses possessions.

Donations des dixmes de Chaveyria en Bresse à l'Eglise de Cluny.

Ce fut pour cela que cét Archevêque dés l'an 984. prit la resolution d'empescher de toutes ses forces ces usurpations, & assembla son Chapitre avec lequel il délibera des moyens de s'opposer à ces desordres. Voici le discours qu'il tint à cette assemblée tiré d'un ancien cartulaire de cette Eglise, dont je donne icy la traduction, & l'acte Latin parmy les preuves. Nous voyons, que par un juste jugement de Dieu dont nos seuls " pechez sont la cause, nous sommes accablez de maux, & de miseres si grandes, que " nos Peres n'ont rien vû, ny peut-être oüi de semblable à ce que nous sentons. Les " irruptions des Barbares ont desolé ce païs & l'ont saccagé plusieurs fois, & tous les " jours de nouveau des hommes plus cruels que ces Barbares nous enlevent des biens, " qui ont été consacrez à Jesus-Christ & à ses Saints, & sans aucun respect des devoirs " de religion, & des loix les plus saintes, ils se partagent l'heritage du Seigneur, & le " divisent par pieces, dont chacun s'approprie ce qu'il en peut tirer, & ce qu'il croit lui " pouvoir convenir. Or nous, qui sommes devoüez au service des Autels, & aux Mi- " nisteres sacrez, pouvons-nous souffrir ces desordres, & les voir tranquillement ? Ne " devons nous pas en être accablez de douleur, & faire tous nos efforts pour empescher " ces attentats ? Il est vray que nous ne pouvons pas avoir recours aux armes ni à la force " pour nous défendre contre ces violences. Mais employons d'autres secours, aidons- "

Preuves p. III l.

,, nous de la priere & des secours divins ; implorons l'assistance des Saints : ayons recours
,, au Ciel : aussi-bien voyons nous qu'il est irrité contre nous , par le dereglement des
,, saisons , les intemperies de l'air, les mauvais temps, & la sterilité dont nos champs sont
,, désolez. Nous sommes dans la disette , & nous n'avons pas même dequoy fournir
,, à la dépense necessaire pour nôtre entretien, & pour ceux qui servent nôtre Eglise,
,, ou qui font valoir nos biens. C'est pourquoy, pour conserver ce qui nous reste con-
,, tre les invasions & la rapacité de ceux qui ne cherchent qu'à nous dépoüiller en-
,, tiérement du peu que nous avons, & pour nous mettre à couvert des plaintes & des
,, reproches de nos successeurs, qui se voyant dans la misere nous accuseroient peut-
,, estre un jour, ou de negligence ou de dissipation , & chargeroient nôtre memoire
,, des justes outrages d'avoir perdu , ou laissé enlever , ce que la pieté des fidéles avoit
,, établi dans l'Eglise pour leur servir de patrimoine. Pour nous donc mettre à couvert
,, de ces reproches, nous avons jugé à propos de faire un denombrement exact de tous
,, les biens qui nous restent, & de jurer en presence des saintes Reliques qui sont icy
,, entre nos mains de ne pas permettre , consentir , & bien moins aider , qu'aucun de
,, nous sous quelque pretexte que ce soit engage à ses parens , à ses proches , à ses amis,
,, ou à qui que ce soit aucune de nos terres, biens, rentes, possessions : les vende ,
,, aliene, ou en traite en quelque maniere que ce soit.

Ils font ensuite le denombrement des biens que possedoit alors l'Eglise de Lyon,
sous le titre de S. Estienne premier Martir, qui étoit le Patron de l'Eglise, dont les
Chanoines se nommoient alors Chanoines de S. Estienne, nom qu'ils retiennent encore dans le serment de leur reception. Toutes leurs terres se nommoient aussi terres
de S. Estienne, & ces terres étoient des donations faites à l'Eglise par les Comtes nommez Artaud , Pons, Guy , Berard , Robert, Aymon , Falcon, Achard & autres.

On ne doit pas être surpris de voir entre ces donations des Prieurez, Eglises, Parroisses & Chapelles ; puisque par un abus assez ordinaire au huitiéme & neufviéme
siécle la plûpart des Eglises étoient tenuës comme en fiefs par des Princes & Seigneurs Laïques, qui les avoient ou défenduës contre les Barbares , ou retirées de leurs
mains , ou fondées , ou dotées , ou usurpées comme des biens abandonnez. Quelques autres les avoient acquises par des échanges , ou les tenoient en fiefs de l'E-
glise à certaines conditions d'hommages , & de redevances annuelles, ou en droit de
garde, & de défense des autres biens Ecclesiastiques sous le titre d'Avoüez de ces Eglises, qu'ils étoient obligez de défendre en temps de guerre, avec l'aide & le secours
des Vassaux, Sujets, Hommes, & Serfs de ces Eglises.

Les liberalitez de Charlemagne & des Rois ses successeurs enrichirent plusieurs Eglises , & quelques Princes ou Seigneurs attirez par ces exemples à faire de semblables
liberalitez fonderent en divers endroits, des Monasteres, Abbayes , Prieurez, & Chapelles, dont ils se retirent la garde , & la défense, & quelques uns même des rentes
annuelles , des redevances , des droits de giste, de nourriture , & de logement avec
tous leurs équipages, ce qu'ils nommoient *Procurations*, dont leurs décendans se firent des
droits Seigneuriaux, au lieu que d'autres plus religieux s'en rendirent eux - mêmes
Feudataires & Vassaux durant leur vie , payant tous les ans à ces eglises des rentes en
bled , vin, danrées, ou argent, ce qu'ils nommoient *Investitures* des eglises qu'ils avoient
fondées , ou les tinrent en *Precaire*. Enfin au temps des Croisades, plusieurs de ces Seigneurs meus de pitié , & d'un zele veritablement Chrétien d'aller arracher aux infideles l'heritage de Jesus - Christ , & les terres qu'il avoit arrosées de son Sang pour le salut des hommes , engagerent leurs terres aux eglises & aux monasteres pour des
sommes peu considerables : d'autres les vendirent & les alienerent , & d'autres pour reparer les usurpations de leurs Ancestres, touchez de componction les donnerent ou
les remirent à l'Eglise pour le remede de leurs ames , & des ames de leurs Parens.
Ainsi nous lisons dans l'histoire de Troye de Camusat que les Comtes de Chappes furent long-temps Abbés de S. Loup de Troye, dont ils donnoient les prebendes , que
Pierre de Marey Prevost de cette Eglise les racheta par une somme d'argent , & par les
soins & l'authorité d'Hugues Duc de Bourgogne *Comte de Champagne*, il délivra son
Eglise de cette sujettion aux Seigneurs de Chappes, que Clarembaud de Chappes ceda du consentement de sa mere, de son frere & de ses enfans , qui renoncerent tous
aux droits prétendus de succession au Gouvernement de cette Abbaye. Voilà les occasions de ces grands biens qui entrérent dans l'Eglise l'espace de deux ou trois siécles,
& qui depuis en ont été demembrez par tant d'autres voyes, qu'il n'est ni de mon
sujet, ni de mon devoir d'examiner.

Jusqu'àlors l'Archevêque de Lyon n'avoit point d'autres biens que ceux qui lui
étoient communs avec le corps de son Eglise , dont il étoit le Chef & l'Econome. Mais

Burchard voyant que son frere se contentoit du titre de Roi de Bourgogne, & d'Empereur, & laissoit la conduite de ses estats à divers Comtes ou Gouverneurs, qui s'en rendoient les maistres & s'en faisoient insensiblement des Fiefs Hereditaires; se fit donner la Ville de Lyon pour appanage, & l'obtint par la tolerance de Raoul ou Rodolfe son frere surnommé le lâche ou le faineant, comme j'ay déja remarqué. De là vient que dans quelques actes passez en ces temps-là dans cette Ville, le nom de Burcard Archevêque est joint à celui de Conrad en quelques transactions de l'Abbaye d'Aisnay, & dans le denombrement des biens de l'Eglise de Lyon, dont je viens de parler.

Il est vray que ce Burchard a causé dans nos historiens une étrange confusion, parce qu'il y en eut deux de même nom, tous deux Archevêques de Lyon, & tous deux fils des Rois de Bourgogne, l'un fils de Rodolfe second, & l'autre de Conrad le Pacifique, l'un Oncle & l'autre Neveu. Il seroit difficile de debroüiller ce Cahos sans le secours des anciens Titres, & nous sommes obligez aux soins laborieux d'André du Chesne, de Samuël Guichenon, du P. Chifflet, de Monsieur Perard, de Monsieur de la Mure, & de quelques autres, qui les ont recüeillis & publiez.

L'Empereur Henry qui se voyoit appellé à la succession du Royaume de Bourgogne, jugea qu'il étoit à propos de visiter ce païs pour disposer les peuples à le recevoir un jour pour leur maistre. Mais s'étant voulu presenter à quelques Villes, les portes lui en furent fermées, ce qui l'irrita tellement qu'il remplit la campagne d'incendies, & fit d'autres grands ravages.

Cette tentative de Henry rendit Rodolfe encor plus odieux à ses sujets, qui le chasserent l'an 1018. par un soulevement presque general, quand ils apprirent que pour affermir la donation qu'il avoit faite à Henry, il l'avoit adopté solemnellement, afin que la qualité de fils ajoûtât un nouveau droit à celle de donataire.

Rodolfe ainsi chassé fut obligé de recourir à son fils d'adoption, qui donna à Garnier Evêque de Strasbourg la charge de rétablir dans ses Estats ce Roi dépoüillé. L'Evêque passa aussi-tôt le Rhein avec une armée, défit les rebelles, & obligea les Bourguignons à recevoir leur Prince qu'ils avoient chassé. Mais ce repos ne dura gueres, la mort de Henry, qui devoit être son successeur, & qui étoit son appuy & son défenseur, l'exposa de nouveau à tous les ressentimens de ses sujets mécontens de sa conduite. Pour les appaiser, il revoqua publiquement la donation, qu'il avoit faite à Henry, & accorda à la Noblesse toute la liberté qu'elle pouvoit desirer, ce qui favorisa ces divers établissemens, dont j'ay parlé cy-devant.

Si les peuples furent contents de cette revocation, elle fut pour Conrad le Salique fils de Henry Duc de Franconie, une occasion d'irritation contre Rodolfe, parce que Conrad étoit aussi son Neveu par Gisele sa femme fille de Herman Duc d'Allemagne & de Gerberge ou Guepe de Bourgogne sœur de Rodolfe, & fille de Conrad le pacifique. Il entra donc hostilement sur les terres de son Oncle Maternel, surprit la Ville de Bâle, & fut après arresté par une armée de Bourguignons, qui ne vouloient point de ces maistres étrangers.

Gisele moyenna la Paix entre son Oncle & son Mari, & persuada à Rodolfe de faire en faveur de Conrad une donation semblable à celle qu'il avoit faite en faveur de Henry, puis qu'il le touchoit d'aussi-prés. Conrad fut depuis nommé Empereur, & allant à Rome pour s'y faire couronner, Rodolfe l'y accompagna, & servit à rendre cette ceremonie plus auguste par sa presence, Conrad ayant toûjours marché entre deux Rois, Rodolfe Roi de Bourgogne & Canut Roi d'Angleterre.

Aprés ce voyage Rodolfe se retira dans ses Estats, & autant ennuyé de sa grandeur, qu'accablé de maladies, il sentit que sa mort approchoit, & voulant la prevenir il envoya à Conrad ses ornemens Royaux par un de ses plus affidez courtisans. Il mourut enfin le 6. de Septembre 1032.

Cependant Eudes II. du nom, Comte de Champagne, fils de Berte sœur puisnée de Rodolfe, prétendit que l'ordre de la naissance de sa mere devoit l'emporter sur la mere de Conrad, qui n'étoit née qu'après elle, & que comme il avoit cedé ses prétentions au royaume de Bourgogne à Gisele mere de Henry, parce qu'elle étoit aisnée, il devoit estre preferé à Conrad dont la mere étoit née après la sienne. Il voulut se faire droit lui même sur ses prétentions, il leve des troupes, se saisit des principales places, y met de fortes garnisons, & se declara Roi de Bourgogne, delà vint que dans un ancien Cartulaire de l'Abbaye d'Aisnay, j'ay trouvé une donation faite à ce Monastere par un nommé Vilencus, sa femme Rotcende & ses fils Milon & Berard, qui est dattée du temps qu'Eudes de Champagne faisoit tous ses efforts pour obtenir le royaume de France, c'est à dire de la France Lyonnoise, ou du royaume de Bourgogne, car c'est ainsi qu'Othon de Frisinghen appelle Rodolfe III. roi de la Gaule Lyonnoise.

CONRAD le Salique.

Odone Champaniæ Regnum Galliæ sibi summis viribus vindicante.
Preuves p. VIII.

L'Empereur Conrad ayant appris l'entreprise d'Eudes son Cousin, s'avança jusqu'à Strasbourg avec son fils Henry & après y avoir passé les festes de Noël l'an 1033. il entra avec une puissante armée dans la Bourgogne, où il fut receu, & reconnu par tous les ordres du Royaume, qui lui presterent serment de fidelité. Il alla ensuite à saint Mauris en Vallay, où il se fit couronner solemnellement Roi de Bourgogne. Aprés quoi il alla assiéger le Chateau de Murat tenu par ceux qui favorisoient le parti d'Eudes, & demeura quelques jours devant cette place avec ses troupes. Enfin voyant qu'il n'avançoit rien à cause des rigueurs de l'hiver, il se retira & remit cette expedition à l'été suivant auquel il se mit en campagne contre Eudes, & fit de si grands ravages par tous les endroits où il se répandit, qu'Eudes fut contraint de le rechercher de paix, & de faire un accommodement avec lui.

Il est vrai qu'à peine l'Empereur eut tourné le dos pour retourner en Allemagne, qu'Eudes oublia tous les traitez qu'il avoit faits, & ne voulut rien tenir de ce qu'il avoit promis. Conrad irrité de ce procedé s'avance avec de nouvelles troupes l'an 1034. vient jusques au Rône avec Hucbert Comte Bourguignon, qui lui servoit de guide dans un païs qu'il ne connoissoit pas encore. Il marche vers Genéve, & oblige Gerold Prince du Païs de se soûmettre, reçoit Burchard Archevêque de Lyon, & d'autres Seigneurs sous son obeïssance. Il va aussi-tôt aprés mettre le siége devant Murat, le prend de force, & emmene prisonniers de guerre tous ceux qui le défendoient. Ces succez jetterent la frayeur dans toutes les Villes de Bourgogne, qui ouvrirent leurs portes au Victorieux, & le reconnurent pour leur Roi legitime ; mais pour s'assurer de leur fidelité, il leur demanda des ostages, & emmena avec lui les principaux Seigneurs du païs.

Ce fut en cette occasion, que tous les petits Souverains qui s'étoient établis dans la Savoye, la Suisse, la Bresse, le Daufiné, & le Lyonnois se firent feudataires de l'Empire pour s'assurer les usurpations qu'ils avoient faites. La mort d'Eudes tüé en un combat en Lorraine laissa Conrad dans une paisible possession de la Bourgogne, pour laquelle il exigea un nouveau serment des Evêques & des Seigneurs dans une assemblée tenuë à Soleurre l'an 1038. Il ne joüit pas long-tems de cette paix, puis qu'il mourut l'année aprés au mois de juin.

HENRY III.
Roy de Bourgogne & Empereur.

Il avoit dés l'assemblée de Soleurre établi son fils aisné Henry III. du nom, son successeur au royaume de Bourgogne, & l'avoit fait couronner en sa presence. Ce Prince n'eut donc qu'à prendre la possession réelle de ses estats, ce qu'il fit quatre ans aprés recevant les hommages de tous les Seigneurs. Enfin pour exercer un acte de jurisdiction en cette Ville l'an 1047. il confirma l'élection de Halynard élû Archevêque de Lyon.

Ces confirmations des Prélats n'étoient pas les moindres actes de Souveraineté des Rois & des Empereurs, qui consideroient ces confirmations, comme une partie de ces droits de regale, qui ont été si souvent des sujets de contestations entre les deux puissances, Ecclesiastique & Seculiere.

Ce ne fut pas le premier acte de Souveraineté que Henry exerçat à l'égard de cette Ville en matiére de confirmation. Cinq ou six ans auparavant, il voulut aprés la mort de nôtre Archevêque Burchard frere du Roi Rodolfe lui donner pour successeur cet Halinard Abbé de S. Benigne de Dijon ; mais ce Religieux Abbé s'estimant indigne de cét emploi persuada à l'Empereur de jetter les yeux sur un des Cappellains de sa Cour nommé Odolric, homme de merite, savant, & déja avancé en âge, l'Empereur ravi de la modestie de l'Abbé Halinard nomma Odolric pour Archevêque de Lyon, aux Evêques suffragans de cette Eglise Primatiale, & aux autres Ecclesiastiques, qui l'étoient allé trouver pour avoir son consentement sur l'élection qu'ils devoient faire. Ce Prélat ne vecut que cinq ans dans cette dignité, en laquelle Halinard lui succeda. La vertu de ces deux Prélats demande des éloges dans nôtre Histoire Ecclesiastique, où je rapporteray ce qu'ils ont fait de plus considerable dans ce Siége Primatial.

Ces nominations & ces confirmations font voir évidemment contre tout ce qu'ont écrit nos Historiens, que nos Rois ne s'étoient pas reservé la Souveraineté sur cette Ville, quand ils en cederent la proprieté aux Rois de Bourgogne pour la dot de Mathilde de France femme de Conrad le Pacifique. L'hommage rendu par nôtre Archevêque Burchard II. à l'Empereur Conrad le Salique en est une autre preuve. Ainsi ils ne pretendoient rien alors sur les terres au delà de la Saône & du Rône que l'on nommoit terres de l'Empire ; mais seulement sur le Lyonnois du côté du Royaume, le Forez & le Beaujolois dont les Comtes de Lyon & de Forez, leur demanderent les droits de passage, ou de reve & de foraine, qu'ils tenoient d'eux à titre de fief, dont ils leur rendoient hommage. Je ne veux plus m'arrester aux erreurs & aux ignoran-

de la Ville de Lyon.

ces de Rubis, qui fait nôtre Archevêque Burchard fils de Conrad Duc de Franconie, au lieu de Conrad Roi de Bourgogne, il confond tellement l'ordre des temps, les genealogies, & les filiations que son histoire est plûtost un chaos, qu'une relation exacte des évenemens, sur laquelle on puisse s'appuyer. Il renverse la plûpart des noms. Car il nomme Almaricus ou Almardus Halynard.

A ces ignorances de Rubis il faut joindre les impostures d'Alphonse Del-Bene, qui dans son Roman de la Bourgogne Transjurane introduit un Charles de Seyssel, un de Rye, un de Vity, un de la Palu Varembon, un Valpergue, un Mont-Mayeur, un Jacob, un de Montbel, maisons illustres de Bourgogne, de Piedmont, de Savoye, de Bresse, & du Genevois ; mais bien posterieures au temps de ces Empereurs Rois de Bourgogne dont nous parlons, En quoi je ne sçay ce qui doit plus me surprendre ou la mauvaise foi de cét historien, ou la simplicité de ceux, qui ont receu comme des oracles ces impostures.

La plus outrée de ces impostures est celle de l'origine de la Royale Maison de Savoye, qu'il établit sur une Epitaphe des Champs Elysiens d'Arles, ancien cimetière des Romains, Epitaphe que j'ay vûë & examinée, & qui ne dit rien moins que ce qu'on a voulu lui faire dire par des interpretations remplies d'ignorance, & de peu de soin à déchiffrer quelques demi mots où il est parlé évidemment de la Mauritanie Tingitane, & non pas de la Maurienne.

Je ne dois pas omettre ici une circonstance singuliere de la promotion de Halinard Abbé de saint Benigne au Siége Metropolitain de cette Ville, car quoi que cette promotion appartienne plûtost à l'histoire Ecclesiastique qu'à l'histoire Civile, le refus qu'il fit de prester a l'Empereur le serment de fidelité, est un fait de l'histoire Civile, puis qu'il regarde un ancien droit des Souverains attaché à leur couronne, & à leur dignité. Je traduiray fidelement cet endroit de la chronique de S. Benigne, qui sert d'ailleurs de preuve à nôtre histoire pour la suite des Rois de Bourgogne, & pour le transport de cette Couronne aux Rois d'Allemagne, Empereurs Romains.

Aprés un grand éloge de la sage conduite de cét Abbé, qui avoit passé par toutes les "
charges Claustrales avec approbation de tout son Monastere, l'autheur de la Chroni-"
que dit, qu'il étoit fort aimé des rois de France, Robert & Henry, & que l'Empereur "
Conrad & Henry son fils Roi des Romains l'avoient en veneration singuliere pour sa "
vertu. Qu'ainsi le siége de Lyon étant venu à vaquer, l'Empereur qui le connoissoit "
depuis long-temps, & qui le cherissoit pour la reputation de sa sainteté & de sa vie re- "
guliere lui offrit cette dignité. Mais il s'en excusa sur son indignité, & son incapaci- "
té à remplir une telle charge. Or il y avoit alors dans le clergé de Langres, un Ec- "
clesiastique de même âge que Halinard, homme savant, & qui n'étoit pas moins "
vertueux, il se nommoit Odolric, il demeuroit à la Cour, mais il n'étoit pas encor "
bien connu de l'Empereur ; nôtre Abbé Halinard le proposa pour cette dignité pour "
laquelle & son âge & sa capacité aussi-bien que sa vertu faisoient voir qu'il étoit tres- "
propre. "

L'Empereur surpris du refus, que faisoit l'Abbé Halinard de cette dignité, & du "
zele qu'il témoignoit à la procurer à un autre, consentit à ce choix, & conferà à Ol- "
doric l'Archevêché vacant, Halinard l'accompagna jusqu'à Lyon, & lui rendit par "
les chemins tous les services qu'il eut pû attendre de ses propres domestiques. Ce Pré- "
lat gouverna son Eglise durant cinq ans, instruisant son peuple autant par ses exem- "
ples, que par ses discours. Enfin quelques personnes mal intentionnées, qui ne pou- "
voient souffrir son exactitude dans les devoirs de sa charge, attenterent sur sa vie, & "
n'ayant osé le faire par le fer, ils le firent par le poison. Mourant ainsi il augmenta "
le nombre des saints Prélats qui avoient gouverné cette Eglise avant lui. "

Ce fut alors que tout le clergé & le peuple demanderent Halinard. Ils députerent à "
l'Empereur, & le prierent de leur accorder cét Abbé pour leur Archevêque. L'Em- "
pereur envoya ses lettres pour sa promotion. Mais le bon Abbé perseverant dans ses "
premiers sentimens refuse de l'accepter ; jusqu'à ce que le Pape lui en fit un comman- "
dement exprés. Il acquiesca à cet ordre qui lui venoit de l'authorité Apostolique, & "
sans rien changer de ses manieres dans sa nouvelle dignité, on le vit vivre dans la "
pratique des mêmes vertus, qu'il avoit pratiquées dans le cloître, avec la même mo- "
destie, la même charité, & la même humilité, &c. "

Henry troisième Empereur étoit alors Roi de Bourgogne. Car Rodolphe III. "
étant mort sans avoir eu des enfans, declara Henry second Roi des Ro- "
mains son heritier. Aprés lui Conrad succeda à cette couronne, parce qu'il avoit "
épousé Gisle sœur de Rodolfe, de laquelle il eut Henry III. à qui par droit de suc- "
cession appartenoit le royaume de Bourgogne, sur les confins duquel est la Ville de "

,, Lyon, que Lothaire Roi de France donna en dot à la Reine Mathilde sa sœur, qu'il
,, maria à Conrad Roi de Bourgogne, Pere dudit Rodolfe.

,, Halinard ayant été ainsi nommé à cét Achevêché fut obligé d'aller à la Cour
,, de l'Empereur, avec les Archidiacres deputez des Evêques suffragans de Lyon, &
,, quelques Ecclesiastiques de Lyon, qui l'avoient demandé pour leur Pasteur.

,, L'Empereur selon la coûtume exigea de lui le serment de fidelité pour cét Arche-
,, vêché, Hugues Archevêque de Besançon lui en porta la parole de la part de l'Empe-
,, reur. A quoi le saint homme répondit, si je manque de fidelité à l'égard des promes-
,, ses que j'ai faites à Dieu selon ma regle, quelle assurance pourroit avoir l'Empereur
,, sur le serment que je lui presterois. Jesus-Christ nous défend dans l'Evangile de jurer,
,, la regle de S. Benoît défend la même chose aux Moines, & veut qu'ils s'abstiennent
,, des manieres qui se pratiquent selon le monde.

,, Le Roi ayant appris la resolution de Halinard, voulut éprouver sa fermeté, & lui
,, fit dire qu'il n'auroit point l'Archevêché s'il ne prêtoit le serment. A quoy l'Ab-
,, bé repliqua, il vaut mieux pour moi de n'être jamais Evêque, que de violer un
,, commandement de Dieu. Alors les Evêques qui étoient à la Cour, & particuliérement
,, Sigaud Evêque de Spire, où ces choses se passoient, commencérent à murmurer
,, & à dire entre eux, quel est donc cét homme, qui au milieu de la Cour refuse d'o-
,, béir aux ordres de l'Empereur, ausquels nous nous sommes tous soûmis sans balan-
,, cer? ou qu'il preste à l'Empereur le serment de fidelité, ou qu'on le renvoye dans son
,, Monastere. Thierry évêque de Mets, Bruno évêque de Toul, & Richard évêque
,, de Verdun, qui aimoient Halinard, dirent à l'Empereur qu'il ne falloit pas inquié-
,, ter sur cela ce Religieux, dont on connoissoit d'ailleurs la vertu & la fidelité : A
,, quoi l'Empereur repartit ; hé bien s'il ne veut pas prester ce serment, au moins
,, qu'il fasse entendre qu'il l'a presté, de peur que nous ne semblions avoir manqué à un
,, usage receu en ce païs.

,, Halinard ne voulut point entendre à cette dissimulation, qu'il crût qui le ren-
,, droit devant Dieu aussi coupable, que s'il avoit en effet presté ce serment. Enfin
,, l'Empereur le voyant si ferme en sa resolution ne voulut point l'inquiéter, & s'en fiant
,, à sa parole & à ses promesses, il consentit non seulement à sa promotion, mais il vou-
,, lut qu'il fut sacré en sa presence, & fournit lui même tous les ornemens necessaires
,, à cette ceremonie, non seulement il les fournit, mais il voulut lui-même les prepa-
,, rer tant pour Halinard, que pour les évêques qui devoient l'ordonner, & pour les
,, Diacres & les autres Ministres, ausquels tous il prepara les ornemens, les livres, &
,, tous les linges necessaires, tant ce Prince avoit de respect pour les choses qui de-
,, voient servir aux exercices de religion.

Si le bon Halinard fit paroître beaucoup de vertu & de pieté dans cette cour, il ne fit pas voir qu'il fut ny savant Theologien, ni habile Canoniste, quand il refusa de prêter un serment, qui n'a rien de contraire à la Loy de Dieu. Puisque ce n'est pas pour les fonctions Ecclesiastiques que l'on demande ce serment, mais parce que les évêques étoient du conseil des Princes, qui les employoient en plusieurs negotiations, où il étoit important qu'ils fussent seurs de leur fidelité. Ainsi les Prélats qui sont faits Chancelliers, Grands Aumôniers, Maistres de la Chappelle, Commandeurs de Ordres, prestent de nouveaux sermens de fidelité, autant de fois qu'ils obtiennent de nouvelles dignitez dans la Cour.

HENRY IV.
Impereu: & Roy de Bourgogne.

Henry IV. fils de Henry III. succeda à son Pere au royaume de Bourgogne l'an 1065. Il confirma les privileges de quelques Abbayes, où il ne prend que la qualité de Roi, n'étant pas encore couronné Empereur. En un de ces Privileges il fait mention de l'Imperatrice Agnes sa Mere, qui étoit fille de Guillaume IV. du nom, Duc de Guienne.

HENRY V.

Henry V. son fils fut roi de Bourgogne aprés lui, & épousa Agnes de Suaube. Comme ces Princes demeuroient en Allemagne, il n'y a rien dans leur vie qui doive tenir lieu dans nôtre histoire, puisque nous ne trouvons rien de considerable, qui se soit passé en cette Ville de leur temps.

Cét Empereur étant mort sans hoirs, Frederic surnommé le Borgne, & Conrad de Suaube enfans de sa sœur se portérent pour heritiers de leur oncle Maternel à l'égard des Royaumes de Bourgogne & d'Arles, contre l'Empereur Lothaire de Saxe qui s'en étoit saisis comme de fiefs qui relevoient de l'Empire, & qui devoient lui revenir au défaut d'enfans, qui en fussent les successeurs legitimes.

D'autre part Renaud Comte de Bourgogne voyant la posterité masculine des Rois de Bourgogne faillie, ne voulut plus reconnoître de superieur. Guillaume son frere Comte de Vienne & de Mascon suivit l'exemple de Renaud ; Mais Lothaire qui se portoit en qualité d'Empereur pour Roi d'Arles & de Bourgogne irrité de l'entreprise de Renaud, donna sa Comté à Conrad de Zeringhen, qui dés-lors prit le titre de Duc & Gouverneur de Bourgogne qu'il transmit à sa posterité. Enfin Lothaire étant mort l'an 1138. Conrad de Suaube fut élû Empereur, & comme il avoit déja pris le titre de Roi de Bourgogne & d'Arles, il osta la Comté de Vienne à Guillaume Comte de Mascon, qui refusoit de le reconnoître, & en donna l'administration à Humbert Archevêque de Vienne par une charte de l'an 1146. aprés quoi il se croisa pour le voyage de la terre Sainte.

La Bourgogne inferieure, que nous appellons le Duché, étoit alors du Domaine de nos Rois, & les Ducs, Comtes & Seigneurs, qui avoient des terres & des fiefs dans les deux Bourgognes, rendoient hommage & prestoient le serment de fidelité à ces deux puissances, à nos Rois, & aux Empereurs Rois de Bourgogne. Nous en avons un exemple insigne en la personne de Hugues Duc de Dijon, qui l'an 1146. fit hommage pour la Comté d'Albon à Henry Roi des Romains fils de Conrad Empereur, que son Pere avoit établi de son vivant Roi de Bourgogne, Royaume qu'il ne tint pas long-temps étant mort avant l'Empereur son Pere. Le Duc Hugues qui avoit voulu se soustraire de la domination de ce Prince, & qui avoit pris les armes contre lui, s'étant depuis accommodé par un traité, fut obligé de lui rendre hommage pour toutes les terres qu'il tenoit dans la Bourgogne superieure, dans la Provence, & le Daufiné; Henry lui ordonna aussi de s'accommoder avec l'Archevêque de Vienne, & avec les Evêques de Grenoble & de Valence, sur quelques sujets de plaintes qu'ils avoient contre lui. Enfin je croi qu'il ne sera pas inutile de traduire ici l'acte par lequel Henry fit signifier à ce Duc ses intentions; puis qu'on y verra les reserves qu'il fait des droits dûs à nos Rois, & aux Eglises de la part de l'Empire.

"HENRY par la grace de Dieu Roi des Romains toûjours Auguste, à son fidele "& bien aimé Hugues Duc de Dijon, sa grace, & toute sorte de bien. Nous vous fai-"sons savoir, & nous desirons que vous soyez bien persuadé que nous avons resolu "d'observer avec vous exactement la paix selon la forme & teneur qu'elle a été arrestée "entre nous. Premierement ainsi que vous l'avez promis par vos lettres, vous nous "rendrez homage lige de toute vôtre terre de la Comté d'Albon, qui est dans le ressort de "l'Empire, laquelle vous possedez actuellement, & pour ce que vous possederez à l'avenir. "Que vous rendrez de bonne foi selon l'usage & la coûtume de Bourgogne & de Pro-"vence, la reconnoissance d'Urric de Baugey & les autres reconnoissances, qui sont sur "les terres de l'Empire. Nous consentons que vôtre fils, qui doit, comme vous le desi-"rez, estre un jour aprés vous Duc de Dijon, nous rende aussi la reconnoissance des "fiefs d'Urric de Beaugey, & de tout ce qu'il tient actuellement, ou tiendra un jour "sur les terres de l'Empire, sauf la fidelité qu'il doit au Roi de France. Nous voulons "aussi & nous entendons qu'au cas que le Roi de France voulut entreprendre sur l'Em-"pire, vous veniez en personne nous donner secours, de toutes les forces que vous avez "sur les terres de l'Empire, & que si nous voulions rien entreprendre contre le Roi de "France, ou contre son Royaume vous le puissiez servir en personne avec toutes les "forces que vous avez sur ses terres. Contre toute autre personne que le Roi de Fran-"ce vous serez prest à nôtre mandement de faire paix ou guerre dans toute vôtre "Comté d'Albon, sauf le droit des Eglises de l'Empire. Vous accommoderez aussi "les differens que vous pourriez avoir avec l'Archevêque de Vienne, & les Evêques "de Grenoble & de Valence, par devant nous, ou pardevant Urric de Godemburg "l'un de nos fidelles Ministres, ou tel autre à qui nous en commettrons le soin. "Que "si quelques autres personnes Ecclesiastiques avoient quelque demêlé avec vous, vous "leur ferez satisfaction, ou par les voyes ordinaires de la justice, ou par arbitrage; "car c'est à cette condition que nous vous avons receu à composition, & que nous "vous avons promis nôtre amitié. Donné au champ d'Urbanet l'an de grace 1146. In-"diction IV. le 5. de Juillet.

C'étoient des arriere fiefs, qui relevoient du Duc de Dijon.

On peut voir par la teneur de cét acte, & par d'autres que je rapporteray, en quel rang d'honneur étoient les Prélats auprés de ces Empereurs, qui pour se les attacher les declarerent Princes de l'Empire : Titre d'honneur qui d'un costé relevoit de beaucoup leur dignité; mais qui d'une autre part marquoit leur dépendance. L'Archevêque de Besançon, les Evêques de Geneve, de Losanne & de Bellay ont retenu ce titre de Princes de l'Empire. L'Archevêque d'Embrun, & l'Evêque de Grenoble celui de Princes simplement. L'Archevêque de Vienne, & les Evêques de Valence, de Gap, & de Die le titre de Comtes, à qui anciennement les Dauphins, & les Comtes de Valentinois & Seigneurs de Vallier rendoient hommage.

Les autres Prélats du Royaume, qui ont eu le titre de Comtes, n'ont pas receu ce titre des Empereurs. L'an 1179. Hugues Duc de Bourgogne, & Henry Comte de Bar son cousin, donnerent à Gautier Evêque de Langres, le titre de Comte de Langres pour lui & ses successeurs. Les actes de cette donation sont dans le recueil de plusieurs pieces curieuses pour l'histoire de Bourgogne, & font voir l'erreur de ceux qui veulent rapporter l'établissement des Pairies au temps de Charlemagne, puisque Langres qui est Duché Pairie, n'étoit pas même Comté avant l'an 1176.

Au milieu de ces titres d'honneur l'Archevêque de Lyon fut distingué par un titre plus excellent, & qui tenoit de la Souveraineté & de l'independance. C'est le titre d'*Exarque*, qui lui fut donné par Frideric Barberousse. Terme qui en sa signification la plus naturelle signifie une authorité qui n'en a point de Superieure, peut-estre parce qu'elle commença en nôtre Archevêque Burchard II. frere du Roi Rodolfe, en qui les successeurs de ce Roi respecterent l'honneur de sa naissance, & eurent égard au droit naturel, qui l'appelloit à la Souveraineté du Royaume de Bourgogne plûtôt que des étrangers, & des collateraux. D'ailleurs comme la Ville de Lyon étoit d'un côté du Royaume & de l'autre de l'Empire, pour éviter les occasions de guerres & de contestation, qui eussent pû naistre entre les deux puissances, elles convinrent, que l'Archevêque Seigneur temporel fut comme dans un état de neutralité, nos Rois, & les Empereurs se contentans du serment de fidelité qu'il rendoit à l'un & à l'autre. C'est ainsi que la contestation, qui pouvoit estre entre nos Rois Comtes de Flandres, & les Rois d'Espagne Seigneurs des païs-bas, à l'égard de quelques fiefs, dont les hommages pouvoient être des sujets de debat entre eux, leur fit consentir que ces fiefs demeurassent dans un état de neutralité, à la reserve du serment de fidelité, ce qui a fait donner le nom de Princes aux possesseurs de ces fiefs, tels que sont les Princes de Ligne, les Princes de Robec, &c. Les Rois d'Espagne ont été depuis assez liberaux de ces titres dans le Royaume de Naples, pour gratifier des neveux de Papes, & d'autres Seigneurs Italiens.

Vuillelmus gratiâ Dei Lugdunensium Comes.

Les Comtes de Forés ne prenoient alors que le titre de Comtes des Lyonnois, & non de Comtes de Lyon, que le seul Archevêque avoit droit de porter, comme les Dauphins se disoient Dauphins de Viennois Comtes d'Albon, & non Comtes de Vienne, qui étoit le titre de l'Archevêque, par la concession des Empereurs.

Je ne veux pas m'arrester à refuter ici les resveries de Rubis, & de nos autres historiens sur le titre de la Comté de Lyon: s'ils avoient examiné avec un peu de soin les anciens titres, ils auroient pû y découvrir la verité, & demêler les erreurs dont sont remplies les anciennes Chroniques de Savoye traduites, ou renouvellées par Champier, & les Chroniques de Paradin, qu'il faut renvoyer avec les illustrations des Gaules de Jean le Maire au païs des fables & des Romans; Livres ausquels la plûpart de nos écrivains ont trop deferé le siécle passé, n'ayant pas eu assez de discernement pour en reconnoître la fausseté.

L'une des plus grossieres est celle que nous a donné Rubis au chapitre 23. du Livre troisiéme de son Histoire, où il veut que nos Archevêques eussent le titre d'Exarques, avant que la Ville de Lyon fût sous la domination des Empereurs Rois de Bourgogne. Car rapportant le couronnement de Loüis fils de Boson fait par nôtre Archevêque Aurelien, voici ce qu'il en dit contre la foi des originaux, que j'ay fidelement traduits & rapportez au livre precedent.

Boson, dit-il, *pour assurer le Royaume de Bourgogne aprés luy à son fils, voyant Charles le Gras, auquel il en avoit fait hommage au nom de l'Empire Mort, il envoya à sondit fils par devers l'Empereur Arnoul, qui avoit esté élû Empereur, au lieu de Charles le Gras, qui fit de nouveau hommage à Arnoul, & puis il se fit couronner Roy d'Arles, & de Bourgogne, & sacrer, & luy fit faire l'hommage par ses sujets, qui le reconnurent Roy en une assemblée des Estats du Royaume, qu'il assembla pour cet effet en la Ville de Vienne, où assista derechef Aurelien Archevêque de Lyon, quoy que le Comté de Lyon ne fut plus des dependances du Royaume de Bourgogne, & relevast des Rois de France; mais il faschoit à ces Archevêques de perdre le titre d'Exarches du Royaume de Bourgogne.*

Il y a en ce peu de lignes quatre ou cinq faussetez insignes, ou ignorances grossieres. Puisque Boson étoit mort l'an 887. comme nous avons vû par son Epitaphe, & que Loüis son fils ne fut sacré & couronné Roi par nôtre Archevêque Aurelien que deux ans aprés l'an 889. aprés son retour d'Allemagne, où il fut conduit & presenté à l'Empereur Arnoul non par Boson son Pere, mais par la Reine Hermengarde sa mere comme nous l'apprennent les Annales de Fuldes que j'ay citées en cet endroit.

Ce fut à Valence & non pas à Vienne que se tint l'assemblée où son couronnement fut resolu par les Prélats assemblez, & ce fut en cette Ville que se fit la ceremonie de ce couronnement par nôtre Archevêque Aurelien, qui ne pensoit pas à se conserver le titre d'Exarque du Royaume de Bourgogne, puisque ce titre ne fut donné que deux cent cinquante six ans aprés à l'Archevêque Heraclius par l'Empereur Frideric Barberousse comme nous verrons cy-aprés en parlant du regne de cét Empereur, & de sa venuë en ce païs pour y recevoir les hommages, & les sermens de fidelité des Prélats & des Seigneurs.

Quelle seureté y a-t'il dans les écrits de ces Historiens si peu fideles en des choses si claires, & si bien marquées dans les Autheurs contemporains de ces faits & de ces évenemens. J'avois resolu dans le cours de cette histoire de ne pas m'arrester à relever ces erreurs; mais comme j'ay appris que quelques uns désapprouvent le jugement que j'ay fait dans le projet de mon histoire des Historiens qui ont écrit avant moy, de cette Ville, j'ay crû que je devois ce témoignage à la verité, en faisant connoître à mes lecteurs, que si j'allegue des faits contraires à ceux qu'ils ont rapportez, c'est parce que j'ay pris soin de consulter les originaux, les titres, & les actes, qui pouvoient m'instruire de ces faits, & que j'y ay reconnu les égaremens de ces autheurs, qui n'ont pas pris les mêmes soins, quoy que quelques uns d'eux eussent vû, ou pû voir une partie de ces titres.

Aprés cette digression necessaire pour établir des points essentiels à nôtre histoire, revenons à la suite des Empereurs Rois de Bourgogne receus, & reconnus en cette Ville pour ses maistres.

Les frequens changemens de ces Maistres détruisirent peu-à-peu ce Royaume composé de tant de pieces differentes : de la Suisse, de la Franche-Comté, de la Bresse, du Bugey, de la Savoye, du Dauphiné, de la Provence, & du Lyonnois. Ainsi Frideric de Suaube qui avoit succedé à Conrad, & qui avoit été fait Empereur sous le nom de Frideric premier, & le surnom de Barberousse, voyant qu'il seroit difficile de réünir tant de pieces detachées, particulierement tandis qu'il resideroit en Allemagne, crût que pour en conserver les debris, il ne pouvoit mieux faire que de laisser aux usurpateurs, ce que chacun en avoit pris, à condition de lui rendre hommage, & de lui prester serment de fidelité. Il jugea même qu'il lui étoit glorieux d'avoir pour Feudataires un grand nombre de petits Souverains, qui étant tous également interessez à se conserver la possession de ce qu'ils tenoient en fief, ne seroient jamais assez forts pour se soulever contre leur Seigneur dominant, & auroient toûjours besoin de lui & de sa protection pour se défendre des invasions & des entreprises de leurs voisins. Ainsi depuis qu'il eut été sacré & couronné Empereur par le Pape Adrien IV. l'an 1157. Il vint en Bourgogne, & receut les hommages d'Estienne Archevêque de Vienne, d'Heraclius Archevêque de Lyon, d'Odo Evêque de Valence, de Geofroy Evêque d'Avignon, & de plusieurs autres Prélats, & Seigneurs Bourguignons, qui le reconnurent comme Roi de Bourgogne, & d'Arles.

FREDERIC I. Empereur Roy de Bourgogne.

Radevic. de gestis Friderici, l. 1.

Ce fut aussi un trait de sa politique, de commettre aux Archevêques, & aux Evêques le gouvernement & l'administration du Temporel des villes & des terres de leurs Dioceses sous le titre de Comtes, parce que venant souvent à changer, ces titres & ces fiefs ne devenoient point hereditaires, comme ceux des autres Comtes seculiers; mais dans tous les changemens il falloit prendre de lui une nouvelle investiture. Il confirmoit ces Prélats, il exigeoit d'eux un nouveau serment de fidelité, & ils n'avoient nul interest de secoüer le joug de cette domination pour en affranchir leurs successeurs.

Ce fut là l'occasion de tant de bulles d'or données par cet Empereur, c'est à dire scellées du Sceau d'or, où d'un côté étoit sa figure avec l'Epée, & le Globe entre les mains, marques de sa puissance dans l'Italie, l'Allemagne, l'Illyric, les Alpes, la Bourgogne, le Dauphiné & la Provence, ce que les Romains appelloient une puissance universelle étenduë sur tout le monde, témoin le revers de ces sceaux, où étoit la figure de la Ville de Rome avec ce vers.

Roma caput mundi regit orbis fræna rotundi.

L'une des plus solennelles de ces bulles fut celle que cét Empereur donna à nôtre Archevêque Heraclius, & qui est encore aujourd'huy conservée en original dans le Tresor de nôtre Eglise Metropolitaine ; où je l'ay vûë & tenuë entre les mains, & dont je veux donner ici une fidele traduction.

Au nom de la sainte & indivisible Trinité, Frederic par la faveur divine, Empereur des Romains toûjours Auguste. Nous sommes persuadez qu'au jugement de Dieu

,, qui examine toutes choses avec tant de sagesse, le merite de celui qui confirme les
,, bien-faits & les privileges, n'est pas moindre que le merite de celui qui les donne.
,, Nous croyons aussi qu'il est de la dignité de nôtre Majesté Imperiale, de conside-
,, rer les avantages de toutes les saintes Eglises de Dieu, principalement de celles qui
,, sont dans l'étenduë de l'Empire Romain ; d'en confirmer les privileges de nôtre au-
,, thorité imperiale, & d'en éloigner tout ce qui seroit capable de leur nuire, & de
,, leur préjudicier; afin qu'au milieu des dangers & des troubles de cette vie, elles
,, puissent servir Dieu avec plus de seureté, & prier plus efficacement la bonté & mise-
,, ricorde divine pour l'affermissement de nôtre Empire. Nous faisons donc savoir à
,, tous nos fideles sujets, & à leur posterité, que nos Ancestres les sacrez Empereurs ont
,, comblé d'honneur l'Eglise de Lyon, l'ont enrichie de plusieurs bien-faits, & nous
,, ont laissé à nous qui sommes leurs successeurs l'exemple de ce que nous devions faire
,, pour la rendre encore plus illustre par des prérogatives d'honneur. Considerant
,, donc que cette Ville lors qu'elle étoit encore dans les tenebres de l'Idolatrie & de la
,, gentilité aux temps les plus reculés, étoit déja le siége des premiers Prestres, &
,, des premiers Docteurs du Paganisme, comme elle est encore à present dans la Religion
,, Chrétienne par la munificence des Empereurs la premiere des Eglises des Gaules avec
,, titre de Primatie ; En vûë de ces anciens avantages, nous avons receu l'Archevê-
,, que & Primat Heraclius avec tout l'honneur qui est dû à sa dignité, & nous l'avons
,, traité avec toute l'amitié, dont nos prédecesseurs ont autrefois honoré ses predecesseurs
,, & dont ils nous ont laissé de si éclatantes marques, témoignages authentiques de leur
,, pieté & de leur Religion aussi-bien que de leur authorité. Ainsi nous lui avons donné
,, pleinement l'investiture de tout le corps de la communauté de la Ville de Lyon, & de
,, toutes les Regales établies tant dans la Ville que dehors en toute l'étenduë de l'Arche-
,, vêché, dont l'Eglise de Lyon semble avoir jouï tant anciennement qu'à present. Nous
,, avons aussi concedé au susdit Archevêque & Primat Heraclius, & par lui à tous
,, ses successeurs à perpetuité tout le corps de la Ville de Lyon, & tous les droits de Re-
,, gale dans tout son Archevêché au deça de la Saône, tant dans la Ville que hors la
,, Ville ; dans les Abbayes & sur ceux qui les tiennent, sur les Monasteres, Eglises, &
,, leurs dépendances en quelque lieu qu'elles soient. Sur les Comtez, les *fors*, les duëls,
,, les Marchez, les Monnoyes, les *Naulages*, *Tonlieu* & peages : sur les Chasteaux,
,, Bourgs, Villages, Aires, Serfs, Servantes, Tributaires, Dixmes, Forets, Bois,
,, Chasses, Meules, Moulins, Eaux, Dérivations & cours des Eaux, Prez, Pastura-
,, ges, Terres cultes & incultes, & sur toutes les autres choses qui appartiennent à
,, l'Empire dans l'Evesché de Lyon. Nous lui donnons aussi droit sur tous les fiefs
,, du Comté de Savoye, & sur tous autres appartenans d'ancien ou de nouveau
,, droit à l'Eglise de Lyon, & une jurisdiction universelle sur toutes ces choses soit qu'el-
,, les soient dans l'étenduë de l'Evesché, ou au-delà. Que nul n'entreprenne donc d'e-
,, xercer sur ces sortes de choses un pouvoir Tyrannique : que nulle puissance ne s'y
,, ingere avec violence, que nul Comte, nul Juge, ne pretende & exercer aucune ju-
,, risdiction, sinon l'Archevêque & Primat de Lyon. Que toutes les Possessions de l'E-
,, glise soient franches & libres, que la Ville de Lyon, & tout l'Evesché soient inde-
,, pendants de toute puissance étrangere, sinon de la justice Imperiale. Afin que ceux
,, qui servent Dieu dans cette Eglise, se souviennent avec reconnoissance de leur
,, premier fondateur, & nous recommandent à Dieu dans leurs prieres, & ceux qui
,, après nous leurs conserveront & confirmeront ces privileges. Au reste afin que l'E-
,, glise de Lyon se réjoüisse d'avoir reconnu l'Empereur des Romains pour son Sei-
,, gneur, nous investissons son Archevêque de la plus ample & plus eminente preroga-
,, tive, qui puisse estre conferée par les Empereurs, & nous le faisons gratuitement d'u-
,, ne maniere nouvelle, & à perpetuité, le tres-glorieux Exarque de nôtre cour du Ro-
,, yaume de Bourgogne; le chef suprême de nôtre Conseil & le premier dans toutes les
,, affaires & expeditions à traiter : & afin que cette donation & confirmation ayent
,, toute leur force à perpetuité, nous avons fait expedier ces lettres, & sceller d'une bulle
,, d'or, après les avoir signées de nôtre nom en presence des témoins, dont voici les
,, noms. Humbert Archevêque de Besançon; Adon Abbé de saint Oyen, Henry Pro-
,, tonotaire de la Cour, Eberhard Archidiacre de Besançon, Mathieu Duc de Lorrai-
,, ne, Bertolphe Duc de Zeringhem, Leopold frere du Duc de Boheme, Udalric Com-
,, te de Lucebourg, Hugues Comte de Tages-bourg, Estienne Comte.

Seing du Seigneur Frederic Empereur tres-invincible.

Moy Rainaud Chancellier ay reconnu cét acte pour Estienne Archevêque de Vienne
grand Chancellier. Donné à Arbois le 18. Novembre, Indiction V. l'an de l'Incarnation

de nôtre Seigneur 1157. regnant le tres-glorieux Empereur Frederic, de son regne le sixiéme & de l'empire le troisiéme.

Ce privilege est trop singulier pour ne pas y donner toutes nos reflexions. Il contient d'ailleurs bien des choses qui ont besoin d'interpretation, tant pour servir d'éclaircissement à nôtre histoire, que pour tirer les Lecteurs de l'embarras, où les pourroient jetter des termes qui ne sont pas entendus, & des usages qui ont été abolis. Ainsi l'explication que je donneray à cette piece sera plûtost une critique pour l'histoire, qu'une glose qui serve à établir, ou à affoiblir aucun droit, ni aucune pretension, puis que les temps ont changé ces droits, ces coûtumes, & ces usages, à mesure que cette Ville a changé de maîstres, comme nous verrons dans la suite.

L'Archevêque Heraclius à qui Frideric confera ces grands privileges étoit de l'Illustre Maison de Montboissier l'une des plus nobles & plus anciennes de l'Auvergne, fils de Maurice Seigneur de Montboissier & frere du venerable Pierre de Cluny si celebre par sa vertu, qui le fait encore à present reverer comme Saint. Heraclius fut Chanoine de l'Eglise de Lyon, il y eut la dignité d'Archidiacre, & fut élû Archevêque par les suffrages du Clergé & du peuple selon l'usage de ces temps-là. L'Empereur Roi de Bourgogne le confirma dans cette dignité, & Frideric le créa Exarque dans tout le Royaume de Bourgogne. Cette dignité n'avoit été connuë jusqu'alors qu'en Italie dans la Ville de Ravenne, où les Empereurs d'Orient étant éloignez pour gouverner l'Italie envoyoient de Constantinople une espece de Vice-Roy, auquel ils donnerent ce nom d'Exarque, qui est un terme Grec qui marque une authorité independante, ainsi que nous avons déja dit. Ce fut pour exempter l'Archevêque de Lyon de la jurisdiction des Ducs & des Comtes, qui non seulement se multiplioient dans le Royaume de Bourgogne & de Provence ; mais rendoient ces offices, & ces benefices hereditaires, affectant la plûpart une espece de Souveraineté, qui affoiblissoit en ce païs là la puissance des Empereurs, lesquels pour retenir ces Seigneurs dans leur devoir firent presque tous les Prelats Princes de l'Empire : aussi les appellent-ils dans les actes de ces temps-là *leurs Princes*. C'est à dire, Princes de leur creation.

Petrus Gratianopolitanus Episcopus dilectus Princeps noster
Frederic II. 1240. recueil de pieces pour l'Histoire de Bourg. p. 446.

La consequence que Rubis tire de l'établissement de cette nouvelle dignité, est une suite de ses erreurs ordinaires, quand il dit, *que l'on pourroit imputer à Messieurs de l'Eglise de Lyon, d'avoir icy commise une grande faute, & si je l'ose dire Felonie envers les Rois de France leurs Souverains legitimes. Aussi crois-je qu'ils ne se voudroient pas servir de cette Bulle, & que s'ils la gardent dans leurs Archives, ce n'est que pour memoire de l'antiquité, & non pour leur servir de titre, ny pour reconnoistre avoir eu la Comté & Seigneurie de Lyon, &c.*

Je suis marri d'estre obligé si souvent de relever cét Auteur ; mais la verité le demande. De Rubis peut-il contester que la Bresse, le Bugey, le pays de Dombes & le Daufiné ne fussent du Royaume de Bourgogne, sur lequel nos Rois ne pretendoient rien alors, aprés avoir fait de la Saône les confins de leur Royaume. Or le Diocese de Lyon s'étendoit dans ces païs-là, sujets à l'Empereur : pourquoi donc Frederic n'auroit-il pû donner à l'Archevêque une espece de Souveraineté sur ces païs-là à foy & hommage, comme il la donna aux Comtes de Savoye, aux Comtes Daufins, & aux Comtes de Bourgogne ? Secondement les Rois de Bourgogne aprés le partage fait avec nos Rois, & le reglement des limites ne residoient-ils pas à Lyon, & n'y exerçoient-ils pas une jurisdiction libre ? Boson y a fait des concessions à ses creatures, Conrad Roi de Bourgogne, & Empereur, &c. Lothaire n'avoit-il pas donné en dot à sa Sœur Mathilde la Ville de Lyon & le Lyonnois ?

Sur quel fondement voudroit De Rubis que cette bulle d'or pût servir de titre à Messieurs de l'Eglise de Lyon pour reconnoistre avoir eu le Comté & Seigneurie de Lyon ? C'est à l'Archevêque & non pas au Chapitre que Frideric donna le titre d'Exarque, & il n'est fait nulle mention de Comte en tout cét acte, la qualité d'Exarque étant bien superieure à celle de Comte.

Quand S. Loüis consentit d'estre arbitre des differens entre le Chapitre & nos Citoyens, avec le Cardinal de sainte Sabine, il fit bien voir qu'il ne pretendoit pas à ce droit de souveraineté. Un Souverain agit Souverainement, indépendamment, & sans associé, & il n'auroit pas demandé des compromis au Chapitre, & à nos Citoyens pour juger de ces differens, s'il eût été le Souverain. Il auroit prononcé en maistre, reglé, decidé, ordonné, & son ordonnance auroit tenu lieu de loi, au lieu qu'il fallut que le Pape fît cesser tous ces differens, & que nos Citoyens députassent à Rome pour les faire terminer par authorité Ecclesiastique, sur un corps d'Ecclesiastiques, qui étoient Seigneurs Temporels d'une partie du Lyonnois.

Les droits de Regale que Frideric ceda à nôtre Archevêque Heraclius, étoient dés droits que les Empereurs prétendoient avoir sur les Eglises, benefices, presentations, confirmations, droits de garde, procurations, decimes, & autres semblables, dont j'auray lieu de parler plus à fond à l'occasion du second Concile general de Lyon, où ce droit fut examiné & reglé.

Ces dignitez temporelles données aux Prélats les obligeoint d'aller souvent à la Cour. Les Archevêques de Vienne comme grands Chanceliers de Bourgogne, les Archevêques de Lyon comme chefs du Conseil, &c. Ainsi voyons-nous en plusieurs actes de Frideric Barberousse & de quelques-uns de ses successeurs les Archevêques de Vienne & de Besançon, & quelques-uns de nos Archevêques qui signent comme presens.

Dans l'acte que j'ay allegué cy-devant de Frideric II. pour l'Evêque de Grenoble, nôtre Archevêque Guichard y est signé Primat de Lyon. Odo Evêque de Valence, Boson Doyen de Vienne, Guillaume Archidiacre de Lyon, avec Hugues Duc de Dijon, Guillaume Comte de Valentinois, Humbert de Beaujeu, Guy de Roussillon, & Geraud Adhemar de Monteil.

Il faut remarquer en cét acte la limitation que met Frideric à son investiture *Citrà Ararim* au deça de la Saône, dit-il, parce qu'il étoit du côté de l'Empire, & qu'il possedoit du côté du Beaujolois & du Forés qui sont peu de choses du côté du Royaume.

Quant aux droits que l'Empereur donne à l'Archevêque sur les Abbayes, Monasteres, Eglises, & leurs dépendances, c'étoient les droits de Regale. Les Comtés, les Fors, & les Duels, étoient des droits de justice, le duel étant alors une maniere de se purger des crimes dont on étoit accusé.

Les Marchez, les Aires, les Naulages, les Tonlieux, &c. étoient des droits pecuniaires qui se levoient dans les marchez; sur les lieux où se battoient les bleds; sur les passages de grands chemins, de rivieres, de ponts, & sur les moulins, prises d'eau, &c.

Quand l'Empereur declare qu'il veut que la Ville de Lyon, & tout l'Evesché soit franc & exempts de toute puissance, & domination étrangere si non de l'Imperiale pour la justice, il declare en quoi consistoit l'exarchat qu'il donnoit à l'Archevêque.

L'Achevêque de Besançon & l'Abbé de S. Claude signerent cét acte passé sur leurs terres, ou dans leur voisinage.

Ce fut sans doute en vertu de cette bulle, & de cette nouvelle dignité que l'Eglise de Lyon prit pour sceau la figure d'une femme assise sur un Trône, couronnée & tenant un Sceptre avec ces mots *Sigillum Sacro-Sanctæ Ecclesiæ Lugdunensis*. Sceau que j'ay vû dans le Tresor des Archives de Messieurs de saint Claude en Bourgogne, attaché à des lettres de societé de l'Eglise de Lyon avec ce noble Monastere.

Ce nouveau titre d'honneur donné à l'Archevêque Heraclius irrita Guy Comte de Forés, qui prenoit la qualité de Comte de Lyon, où ne voulant point reconnoistre d'autres Superieurs que les Rois de France ausquels il rendoit hommage de ses terres, de Forez, de Lyonnois, & de Beaujolois, il entra dans Lyon à main armée, & obligea l'Archevêque Heraclius de se retirer pour un temps dans la Chartreuse de Portes en Bugey, où saint Anselme étoit Prieur & depuis Evêque de Belay.

Cependant ces oppositions du Comte de Forés n'empescherent pas que le même Empereur Friderick I. l'an 1184. ne confirmât ces mêmes Privileges & prérogatives d'honneur à Jean de Bellesmes l'un de nos Archevêques. Ce second titre n'a rien qui soit different du premier, que le dispositif de l'acte, & les signatures des témoins, voicy ce dispositif.

Preuves p.34. col.2. " Au nom de la sainte & indivisible Trinité, Friderick, &c.

" L'office de la Majesté Imperiale, que Dieu nous à confié; l'inclination naturelle
" que nous avons à faire du bien, & les égards que l'on doit avoir pour les personnes de
" merite, nous instruisent, & nous invitent à donner à chacun de nos Princes leurs
" rangs & leurs titres d'honneur, principalement à ceux, qui outre le rang de leur di-
" gnité sont preferables aux autres par des qualitez personnelles, par la sagesse de leur
" conduite, la pureté de leurs mœurs, & par leurs vertus. Nous avons sur tout ces égards
" pour les Princes du saint Empire selon le droit & le merite de chacun, pesé & exa-
" miné avec justice, car c'est ainsi que nous croyons faire une chose agreable à Dieu
" devant qui le merite de celui qui confirme, &c. *ut superius*.

Les témoins signez sont Conrad Archevêque de Mayence, Robert Archevêque de Vienne, Otton Evêque de Bamberg, Eurard Evesque de Merse-bourg, Henry Evesque de Verdun, Ognibene Evesque de Verone, Jean Evesque de Grenoble, Loüis Land-grave de Thuringe, Albert Marquis de Ander, le Comte Thibaud de Lekemunde, Garnier de Boulant, Henry de Lubra Maréchal, Rodolfe Chambellan.

Le Chancellier fut Geoffroy Chancellier de la Cour Imperiale, au lieu & place de Philippe Archevêque de Cologne grand Chancellier d'Italie. La date de San Zenone proche Verone l'an de grace 1184. Indiction 3. Regnant le tres-glorieux Empereur Frideric, de son Regne le 33. de l'Empire le 31. le 30. d'Octobre.

Ce Jean de Belles-mains ne succeda pas immediatement à Heraclius de Montboissier. Ce fut Drogo Archidiacre de l'Eglise de Lyon, lequel fut si traversé en cette dignité qu'il fut contraint de la quitter deux ans aprés, & de la ceder à Guichard Abbé de Pontigny comme nous dirons dans l'histoire Ecclesiastique, où nous rapporterons diverses lettres & divers traitez de ces deux Archevesques, dont le dernier amena en cette Ville S. Thomas de Cantorbery, qui s'étoit refugié auprés de cet Abbé à Pontigny.

L'an 1158. un an aprés le premier Privilege accordé à Heraclius, Guy second Comte de Forés, dans un acte d'Octroy fait aux Hospitaliers de saint Jean de Jerusalem pour avoir libre passage sur ses terres, parle de la guerre qu'il avoit actuellement avec Heraclius Archevesque de Lyon, & du pourparler qu'ils avoient eu ensemble pour terminer leurs differens. Lequel cependant duroit encore trois ans aprés, comme on peut voir en un acte tiré de la Pancarte de Savigny page 143. En l'un & l'autre de ces actes, Guy ne prend point d'autre qualité que celle de Comte de Forés, sans y joindre celle de Comte de Lyon, ce qui est une preuve incontestable qu'il ne l'étoit pas, puis que parlant luy-mème de ses demêlez avec l'Archevesque, il ne s'y donne point cette qualité, quoy que six ans aprés le Roi Loüis le Jeune luy donne l'une & l'autre qualité en un acte de l'an 1167. où il reçoit l'hommage de ce Comte, qu'il appelle nôtre amy Guy Comte de Lyon & de Forés. Il est vray qu'il semble que c'est plûtost du Lyonnois que de la ville de Lyon, puisque le Roi dit que le Comte de Forés voulant se retirer du côté du Royaume, & s'attacher plus étroitement à lui, a mis sous sa main les chasteaux de Montarcher, de S. Chamond, la Tour de Jarez, & Chamosset.

Preuves p. 35. col. 1.

Amicus noster Guido Comes Lugdunensis & Forensis. Preuves. p. 36.

Pour terminer ces differens, qui causoient de grands scandales dans l'Eglise de Lyon, le Pape Alexandre III. commit l'Archevêque de Tarentaise pour examiner les droits & les pretensions de l'Archevesque & du Comte, & sur le rapport de Guillaume de Saluces, de Guillaume de Talaru Sacristain, d'Aimon de Roveri Penitentier, de Salomon Prestre & de deux autres témoins oüis aprés avoir presté serment de dire verité, le Pape prononça que les Peages tant par eau que par terre étoient communs entre l'Archevesque & le Comte, & la Monnoye de mème. La dixme exceptée qui est à l'Archevesque specialement. A l'égard des Fiefs il fut défendu au Comte de rien acquerir sur les terres de l'Archevesque, & pareillement à l'Archevesque sur les terres du Comte. Que le Pont de Saône seroit commun. Que les Leydes des marchés & des foires seront communes, aussi-bien que les appels, & les uns, exceptez les Clercs & leurs Domestiques, qui doivent estre jugez par la justice s'ils commettent quelque crime, pareillement les domestiques du Comte. Que s'il se commet quelque crime depuis la porte du Palais jusqu'à la porte du cloistre dite communément *Porte-frau*, il doit estre puni, L'Archevesque & le Comte ont par toute la Ville, excepté le Cloistre, la preference des danrées à manger, excepté en ce qui s'apporte à vendre par les étrangers. Toutesfois à condition qu'ils payeront cette preference quatre fois l'an, s'ils ne veulent perdre ce droit jusqu'à ce qu'ils ayent satisfait. Si l'officier du Comte avoit pris un criminel sans l'officier de l'Archevesque, il ne doit entreprendre de le juger, ny de le délivrer sans l'assistance du Juge de l'Archevesque, & de mème l'officier de l'Archevesque sans celui du Comte, &c. La datte est du regne de Loüis le jeûne, de l'Empire de Frederic, & du Pontificat d'Alexandre III.

Cét accord n'assoupit pas tous les differens des parties, jusqu'à ce qu'enfin le Comte de Forés fit un échange avec l'Archevesque Guichard l'an 1173. qui fut approuvé & ratifié par une bulle du Pape Alexandre III. & depuis confirmée par une autre Bulle du Pape Lucius III. sans qu'il paroisse que nos Rois ayent eu aucune part en ce traité. Voici la traduction de cette Bulle & de ce traité que j'ay donné entre les preuves page 37. non pas sur la copie defectueuse dont Paradin s'étoit servi, & qu'il disoit avoir eu de Monsieur le Président Bellieure, mais du plus ancien Registre des compositions de Forés.

Alexandre Evêque serviteur des serviteurs de Dieu, à nôtre bien aimé fils Guy " Comte de Forés salut & benediction Apostolique. L'Eglise de Lyon ayant souffert de " vôtre part de grandes afflictions, enfin pour le bien de paix, il s'est fait une transaction " entre vous & Guy vôtre fils d'une part, & nôtre venerable frere Guichard Archeves- " que de Lyon, Legat du saint Siége, & nos bien aimez fils les Chanoines de Lyon; "

Transaction

,, Transaction que vous avez jurée laquelle nous inserons icy mot à mot, comme elle
,, est, afin qu'elle soit inviolablement observée à perpetuité. Au nom de nôtre Seigneur
,, Jesus-Christ, pour établir une paix stable & perpetuelle entre le Seigneur Guichard
,, Archevesque de Lyon & l'Eglise de Lyon avec Guy Comte de Forés, du consente-
,, ment des parties s'est fait un échange en la forme suivante.
,, Le Seigneur Archevesque & l'Eglise ont cedé au Comte tout ce qu'ils posse-
,, doient, ou d'autres en leur nom au de là de Loire, à sçavoir l'Obeance de Nervieu,
,, & de Souternon, jusqu'à Amiens & Urphé, & au delà, si lesdites Obeances y avoient
,, quelque droit ; & tout ce qu'elles possedoient depuis Urphé jusqu'à Cerviéres, &
,, depuis Cerviéres jusqu'à Tiers les rentes reservées de S. Jean de la Vestre, en cedant
,, pourtant au Comte le Domaine du chasteau de Rochefort que le Seigneur de Tiers
,, tient de l'Eglise.
,, Ils ont aussi cedé tout ce qu'ils avoient de droit au chasteau de S. Romain du puy,
,, & delà jusqu'au Puy & l'Auvergne. Se retenant depuis Amions, & les autres con-
,, fins marquez cy-dessus du côté de bise, tout ce que l'Archevêque, l'Eglise, & le
,, Comte possedoient, Mais en telle sorte que dans le territoire du Roannois tant au de-
,, là, qu'au deça de Loire autant que le domaine des Seigneurs du Roannois s'étend,
,, l'Eglise ne pourra ni acquerir de place forte, ni en fortifier aucune, à moins de la re-
,, mettre au Comte, qui la tiendra de l'Eglise. L'Eglise pourra acquerir des champs
,, pour établir des Chanoinies, ou pour des aumônes, pourveu que cela se fasse sans
,, achapt, & sans donner de l'argent. ce qu'elle pourra aussi dans ses obeances, à
,, l'égard des Dixmes, Gardes, Vicairies, & toutes autres choses appartenantes à l'O-
,, beance:
,, Au delà de Loire ils ont cedé au Comte depuis Barbigny & Poilly jusqu'à Ville-
,, Chenéve, qui est dans les confins du Comte, & tout ce qu'ils avoient de droit dans
,, le Mandement de Donzy jusqu'au Mandement de Chamosset, & depuis le Mande-
,, ment de Cornillon, jusqu'au Mandement de S. Symphorien. En sorte que Maringes
,, & Mais demeurent dans les confins du Comte, & tout ce que l'Archevesque & l'E-
,, glise possedent depuis le mandement de S. Symphorien au deça de Loire auprés de
,, la terre du Comte, & au delà de Loire depuis Amions, Urfé, & Cervieres jusqu'à
,, Thiern & de Thiern jusqu'au Puy a été pareillement cedé au Comte.
,, Item S. Heand & tout ce que l'Archevesque avoit à Chevriéres, Chatelus & Fon-
,, tanez sont dans les confins du Comté, à la reserve de l'Obeance de Grandmont que
,, l'Eglise se retient.
,, Elle a aussi remis au Comte le serment de fidelité de S. Priest, & ce que tenoit au nom
,, de l'Eglise Gaudemar de Jarez ; mais en sorte que le Comte tienne de l'Eglise le
,, chasteau.
,, Elle cede aussi au Comte le chasteau de Fougeroles, & ce que Guichard de Jarez
,, devoit pour ledit chasteau. Et ce que Brian avoit dans le chasteau de Grangens
,, sauf les droits tant de l'Eglise que du Comte à Sorbiere, saint Jean de Bonne-
,, fons. Saint Genis, Villars & saint Victor sont demeurez pleinement à l'E-
,, glise.
,, Il faut cependant observer qu'en toutes ces choses, l'Archevesque & le Chapitre
,, se sont reservé les Eglises, en cedant les droits Royaux & tout autre droit au Comte
,, à la reserve des droits de visite & des taxes des Eglises, avec les oblations & sepul-
,, tures, & tout ce qui appartient de droit aux Chapellainies, cedant au Comte toutes
,, les autres possessions tant en dixmes qu'en autres choses excepté ce qui appartient
,, aux Chapellainies.
,, En échange de toutes ces choses que l'Archevêque & l'Eglise ont cedées à ce Com-
,, te, le Comte Guy, & son fils aussi Guy aprés avoir presté serment, ont cedé à l'E-
,, glise pour en joüir à perpetuité, ce qui est marqué cy-dessous : premierement tout ce
,, que le Comte avoit de droit, ou qui que ce soit autre tenoit de lui dans Lyon & ses
,, dependances.
,, De plus tout ce qu'il possedoit, ou tout autre en son nom au delà du Rône jusqu'à
,, Bourgoin, ne fut que par droit d'heritage en ligne de consanguinité, il lui fut échû
,, par droit de succession & l'exclusion de tous autres.
,, Au delà de la Saône le chasteau de Peroges que Guichard d'Anton tenoit de lui
,, en fief, & la moitie de Montaney que Pierre de Montluel tenoit de lui, & aussi
,, Giry que Hugues Dés-Chaux tenoit de lui en fief, & leurs hommages.
,, Au deça de la Saône le chasteau de Chastillon, & tout ce qu'il avoit tant dans le
,, chasteau que dans le mandement, pour lequel le Seigneur du chasteau doit homma-
,, ge lige & serment de fidelité : le chasteau d'Oin jusqu'à Ville Chenéve & l'hommage

mage & serment de fidelité qui sont dûs. Iseron & son Mandement avec les hommages liges des Seigneurs.

Saint Symphorien & son Mandement demeurent dans les confins de l'Eglise.

Grézieu & Argentiere jusqu'au Mandement de Mais, le fief de Rivericavec l'hommage lige, cedez à l'Eglise par le Comte.

Le chasteau de Riveric, son Mandement, & tout ce qui s'étend jusqu'au Mandement de Chastellus est des confins de l'Eglise, de même Changy avec son Mandement, les deux chasteaux de saint Chaumond avec leurs Mandemens sont dans les confins de l'Eglise, excepté le chemin ou la levée du Comte depuis la croix de Montviole jusqu'en Forés.

Berard de Pisaits, & son fief sont demeurez à l'Eglise, à qui il doit hommage & fidelité. Tout ce qui est depuis le Mandement de Rochetaillié jusqu'à Maleval est dans les confins de l'Eglise specialement ce qu'Aimar Defernay tenoit du Comte en fief à Chavagnieu, il l'a cedé avec la fidelité.

Dans ces mêmes confins le Comte a donné à l'Eglise le chasteau de Montagny & ce qu'il avoit dans le Mandement avec l'hommage lige, & la fidelité, & ce qu'il avoit à Felines, & tout ce que lui, ou tout autre tenoit de lui dans ces confins.

Or il faut sçavoir que dans tous ces confins de l'Eglise ainsi reglez, le Comte ne peut rien posseder, ni acquerir, ni fortifier : que si par violance il entreprenoit de le faire, il sera acquis à l'Eglise, & il ne peut avoir, tenir, ni aider aucun homme à lui dans tous ces confins.

Pareillement l'Archevesque & l'Eglise, ne peuvent rien acquerir, ni fortifier sur les terres du Comte : que si quelqu'un y acqueroit, ou bastissoit, ce qu'il aura acquis ou basti deviendra propre du Comte, mais tellement qu'il le tiendra au nom de l'Eglise. Enfin ni l'Archevesque, ni l'Eglise, ne pourront avoir, tenir, aider, proteger ni defendre aucun demeurant sur les terres du Comte, sinon du glaive Spirituel.

Monitoires & excommunications.

L'Eglise pourra acquerir sur les terres du Comte des champs à titre d'Aumône, ou de prebende sans achapt ni deboursement d'argent.

En toutes ces choses l'Archevesque s'est reservé les droits Archiepiscopaux.

Mais quiconque tiendra le chasteau de saint Priest, ou de Rochetaillié, ou le chasteau de Roche, ou de Fougeroles, ou de Grangens devra hommage lige & fidelité au Comte. Pour ce que le Comte a donné à Brian dans le chasteau de saint Chaumond dans la plaine, & dans le Mandement, Brian le tiendra de l'Eglise, & lui en rendra foy & hommage.

Que si à l'occasion de cet échange on fait querelle ou guerre à l'une ou à l'autre des parties, elles se rendront un secours mutuel à leurs propres frais & dépens, de bonne foy & selon leur pouvoir, sans estre pourtant tenus à la reparation des dommages; elles doivent aussi empescher par toutes sortes de voyes que le Comte ne soit excommunié, ni sa terre mise en interdit pour aucune des choses contenuës en ce traité.

Il faut aussi sçavoir que le Seigneur Archevêque a promis au Comte & à ses heritiers d'observer exactement ce traité.

Les Chanoines ont aussi promis avec serment, qu'à l'avenir ils ne recevront aucuns Chanoines, qu'ils n'ayent presté ce même serment, & que l'Archevesque ne les recevra point à leur serment d'obéïssance & de fidelité qu'ils n'ayent promis d'observer inviolablement toutes ces choses.

Il est aussi à remarquer que le Comte doit foy & hommage lige à l'Archevesque, & voicy le fief pour lequel il doit hommage : le Chasteau de Fougerolles, la moitié de Grangent, le Chasteau de saint Priest, & saint Heand, Chambost, Poncin, Ville-Dieu, Nervieu avec ses dependances. Et quand le Comte ou ses heritiers rendront à l'Archevêque la foy & hommage, ils doivent promettre sous serment d'observer inviolablement tout ce qui est contenu en ce traité.

Il pourra disposer des dixmes du fief de l'Eglise en faveur des lieux & des personnes Religieuses pour le remede de son ame : que s'il les alienoit pour d'autres causes, il doit tenir en fief de l'Eglise autant de sa terre à l'équivalent.

Le fief de l'Eglise ne peut estre separé de la Comté.

Les Chapellenies ne peuvent aussi estre amoindries par les Obeances.

Entre saint Chaumond & la Tour, & saint Chaumond & saint Priest, nulle des parties ne pourra faire aucune Place forte.

Nous faisons aussi sçavoir qu'outre les choses dites, l'Eglise a donné au Comte pour cet échange onze cent marcs d'argent. Ces choses furent ainsi faites & passées l'an de l'Incarnation de nôtre Seigneur onze cent soixante & treize. Sous le Pontificat

„ du Pape Alexandre I I I. L'Empire de Frederic Empereur des Romains, & le Regne
„ de Loüis Roy de France tres pieux.

„ Laquelle Transaction comme ayant été faite du consentement des parties nous rati-
„ fions & confirmons par authorité Apostolique par ce present écrit, ordonnant que
„ nul homme n'ose alterer, ou enfraindre cette ordonnance, ni s'y opposer. Que si
„ quelqu'un presumoit y donner la moindre atteinte, qu'il sache qu'il encourroit l'indi-
„ gnation de Dieu tout puissant, & des Bien-heureux Apôtres, Pierre & Paul. Donné à
„ Anagnie le premier Avril.

C'est cét acte qui établit Messieurs les Chanoines de l'Eglise de Lyon Comtes de Lyon, aux mêmes droits, titres & prerogatives que l'avoient été les Comtes de Fo-rés. C'est une acquisition qu'ils firent par l'échange de plusieurs de leurs terres, & par onze cent marcs d'argent.

Pour l'Archevêque il étoit auparavant plus que Comte, puis qu'il étoit Exarque & Souverain, comme nous avons remarqué, & l'acte même de Frideric fut plûtost une in-vestiture donnée à Helinard, qu'un nouveau droit concedé à l'Eglise de Lyon, puisque Burchard second, ainsi que nous avons remarqué cy-devant avoit eu la Ville de Lyon, & le Lyonnois pour son appanage, soit par institution de Mathilde de France sa Mere, soit par la tolerance de son frere Rodolfe I I I. Roy de Bourgogne; mais ce qui me determine à croire que ce fut du vivant de Conrad son Pere qu'il obtint cét appa-nage, c'est le privilege qu'il donna l'an 979. du regne même de son Pere à l'Abbé de l'Isle Barbe, & à son Monastere, en leur confirmant tous les Privileges qu'ils avoient obtenus jusqu'a lors des Empereurs & Rois de Bourgogne, à la sollicitation de nos Ar-chevêques Leydradus, Aurelien, Aluvala, &c. Voici la teneur de cét acte.

„ Au nom de nôtre Seigneur, & Sauveur Jesus-Christ l'an de l'Incarnation 979. In-
„ diction 7. Regnant le glorieux Roy Conrad. Moy Burchard humble Archevêque de
„ la sainte Eglise de Lyon, étant dans le Chapitre de S. Estienne premier Martyr
„ de Jesus-Christ, & de S. Jean Baptiste avec le Prevost André, les Abbez, Archi-
„ diacres & grand nombre d'autres Clercs, & personnes Laïques nos Vassaux, où
„ nous nous appliquions actuellement aux soins de nôtre charge Pastorale, & où
„ nous traitions de l'état de l'Eglise que Dieu nous a commise, & des necessitez pre-
„ sentes, c'est à dire des moyens de fournir à nos Chanoines & aux Monasteres, qui
„ sont de nôtre dépendance, leurs besoins selon nôtre pouvoir & même nôtre devoir.
„ Clodebert Abbé du Monastere de saint Martin de l'Isle Barbe avec sa com-
„ munauté a comparu devant nous, & nous a presenté les privileges concedez à son
„ Monastere par les Empereurs & Rois Charles & Loüis, & par nôtre Pere & Sei-
„ gneur le Glorieux Roy Conrad à present regnant, Privileges qui leur ont été con-
„ cedez à l'instance des Evêques Leydradus, Aurelien, Aluvala, ou des autres Prélats de
„ cette Eglise, & de son predecesseur l'Abbé susnommé, nous priant & requerant que
„ tout ainsi que ces Privileges avoient été confirmez & authorisez par nos predecess-
„ seurs nous voulussions aussi les confirmer & authoriser. Nous avons receu leur Re-
„ queste & supplication, & avec le Conseil de nos Vassaux tant Ecclesiastiques que
„ Laïques nous leur avons concedé selon leur demande que dés maintenant & à l'ave-
„ nir ils possedent tout ce qu'ils ont acquis & possedé sans aucune soustraction, ou
„ diminution de nos successeurs, ny usurpation violente, de qui que ce soit, afin qu'ils
„ ne cessent d'implorer pour nous, pour nos predecesseurs, & pour nos successeurs la
„ misericorde de Dieu. Que nul de nos successeurs ne presume de leur faire injuste-
„ ment des impositions nouvelles, ni les charger de pensionnaires, ni les incommoder
„ sous pretexte de voyage, ni leur donner d'autres Abbez que ceux qu'ils auront volontai-
„ rement élus d'un commun consentement : mais qu'en son temps, c'est à dire au temps
„ du Synode l'Abbé soit auprés de l'Archevêque, & qu'eux deux tiennent le Synode,
„ afin que doresnavant ils puissent servir Dieu tranquillement, avec sureté, & sans au-
„ cune violence.

L'Abbé de l'Isle Barbe étoit Chore-vêque ou grand Vi-caire de Lyon.

On voit par cét acte que nôtre Archevêque Burchard commandoit absolument dans Lyon du vivant de son Pere, puis qu'il confirmoit des privileges, & qu'il avoit des Vassaux *Utriusque Ordinis*, comme il dit en cét acte, c'est à dire Ecclesiastiques & Laï-ques. Ainsi l'Authorité de l'Archevêque sur le Temporel paroît établie dés ce temps-là, c'est à dire sur la fin du dixiéme siécle, Celle du Chapitre au contraire luy est posterieu-re de plus de cent ans.

Car à conter dépuis Burchard second, jusqu'à l'Archevêque Guichard, dix-sept de nos Archevêques avoient eu la Superiorité Temporelle de cette ville. Odulric, Hali-nard, Geoffroy, Humbert qui fit bâtir le Pont sur la Saône, & recouvra à l'Eglise le droit de battre monnoye, qui sont des marques de Souveraineté aussi-bien que la Maison Archiepiscopale qu'il fit bâtir avec des Tours. Enfin il rétablit les droits & les coûtumes en partie usurpées par les Comtes de Forez, Gebuin, Hugues, Jean I. Gauceran, Humbaldus, Raynaud, Pierre I. Falco, Amedée I. Humbert de Baugé, Heraclius qui fut fait Exarque, Drogo, & Guichard, auquel succeda Jean de Beletmes ou de Belles mains à qui l'Empereur Frideric Barberousse donna une investiture toute semblable à celle de Heraclius.

Ce fut sous cét Archevêque que le Roy Philippe Auguste, & Richard Roy d'Angleterre vinrent en cette Ville pour le voyage de la terre Sainte. Mathieu Paris dit que ces deux Princes se rendirent à Vezelay en Bourgogne dans les octaves de S. Jean-Baptiste, & qu'ils y sejournérent deux jours, que Richard Roy d'Angleterre y prit solennellement les marques de Pelerin, aprés quoi ils vinrent en cette Ville, & aprés avoir passé le Rône sur un Pont de bois, le Pont rompit, & grand nombre de personnes de l'un & l'autre sexe furent noyées.

Reges enim totâ multitudine profecti venerunt Lugdunum ad Rhodanum, ubi cum ipsi & maxima pars exercitus sui Pontem Rhodani pertransissent pons illo corruit, & multos utriusque sexus submersit. Math. Paris sub Richardo.

Ce Pont & l'Hospital qui en est proche, étoient alors sous la conduite de quelques Religieux, à qui Richard Roy d'Angleterre donna non seulement la permission d'aller quester en Angleterre pour l'entretien de cét Hospital & de ce Pont ; mais il leur donna des lettres de recommandation addressées à tous Archevêques, Evêques, Abbez, Prieurs, Prestres & autres Ecclesiastiques de son Royaume, & aux Comtes, Barons, Chevaliers, & Vassaux de ses estats, pour favoriser ces Religieux, & pour leur faire donner liberalement, les aides & les secours dont ils pourroient avoir besoin.

Ces lettres sont en même-temps une refutation authentique de l'opinion de ceux, qui ont crû que le même jeune homme nommé Benoit ou Benezet, qui avoit bâti le Pont d'Avignon par inspiration divine confirmée par des miracles, avoit aussi bâti celui de cette Ville. Le P. Theophile Raynaud, qui a écrit la vie de ce jeûne-homme mort en reputation de Sainteté, & reveré comme tel dans Avignon, a refuté Paradin qui attribuoit à ce Saint la construction de nôtre Pont du Rône. Cette refutation fait le sujet du Point XVIII. du traité qui a pour titre.

Num S. Benedictus Confessor Ponte Avenionensi Romam profectus sit, & in regressu similem Lugduni Pontem alibive construxerit?

Sanctus Joannes Benedictus Pastor Avenionensis & Pontifex.

Il est vray que le titre que ce Pere a donné à cette dessertation a causé d'autres erreurs, quelques Historiens étrangers ayant crû que ce saint Jean Benoit ou Benezet avoit été Archevêque d'Avignon, à cause du mot équivoque de *Pontifex*, dont la signification propre & naturelle est bien de celui qui fait des Ponts ; mais l'usage de l'Eglise l'a tellement consacré pour les Papes & les Evêques, que nous appellons les uns Souverains Pontifes, & les autres simplement Pontifes. L'occasion de ce nom est le soin que les Romains donnerent aux prestres de leurs Dieux de construire & de reparer les ponts, dont le nom de Pontifes leur demeura, & passa depuis à nos Prélats.

Nos deux ponts de pierre, celui qui est sur la Saône & celui qui est sur le Rône sont veritablement les ouvrages de deux Pontifes, puisque nôtre Archevêque Humbert fit construire le premier, & que celui du Rône a eu le Pape Innocent IV. pour principal Autheur, y ayant non seulement contribué de ses deniers durant les sept années qu'il demeura en cette Ville ; mais beaucoup plus encore par les Indulgences qu'il accorda à tous ceux qui contribueroient à un ouvrage si necessaire au public. L'inscription qui est gravée sur l'une des tours à l'entrée du Pont du côté de Bellecour nous apprend que c'est à ce pape que nous devons cét ouvrage, & détruit en même temps l'opinion de Paradin & de ceux qui l'attribuoient à S. Benezet. Voicy cette inscription en assez méchans vers, qui marquent bien le mauvais goût de ces temps-là.

Ave Maria gratia plena, Dominus tecum.

Virtutum Capa, Vitiorum framea, Papa

Progenie magnus, ferus ut Leo, mitis ut Agnus,

Innocuus verè dictus de nolle nocere

Posset ut hic fieri Pons, sumptus fecit haberi,

Pontem Petrarum construxit Pons animarum,

Ut Plebis nemo partem portaret utramque,

Tanto Pontifici quisquis benedixerit isti,

Esque sibi charum dabit ut pons crescat aquarum

Integer annus ei, quadragenaque sit Jubilei

Summi Pontificis opus est Pons nobilis iste.

Istius artificis tibi grata sit actio Christe,

Quando nomen ei privatio dat nocumenti,

Qui pro laude Dei facit hac manifesta videri.

<small>*Semel operi Ecclesia S. Joannis Lugdun. decem solidos Viennenses. Semel operi Pontis Rhodani decem solidos Viennenses.*</small>
Clement Rosset Chanoine de Montbrison par son Testament de l'an 1194. laissa pour une fois dix-sols Viennois pour l'œuvre de l'Eglise de saint Jean, & une pareille somme pour l'œuvre du pont du Rône.

Sous le Pontificat du Pape Alexandre V. Le Cardinal de sainte Susanne Legat en France, étant en cette Ville donna le 4. d'avril des Indulgences pour tous ceux qui contribueroient pour le pont du Rône & la Chapelle du saint Esprit, & il y a dans les archives de l'Hostel de Ville plusieurs bulles pour la construction, entretien, & reparation de ce pont.

L'Empereur Frideric étant allé à la terre Sainte contre les infideles y mourut le 10. Juin l'an 1190. Conrad son fils, qui étoit avec lui fit porter son corps à Antioche, d'autres disent à Tyr, où il le fit inhumer devant le maistre autel ; & mourut lui même peu de temps après au siege de Ptolemais, ce fut cette méme année que Philippe Auguste, & le Roy d'Angleterre passerent par cette Ville comme nous avons dit.

Henry Roy d'Allemagne ayant appris la mort de son pere Frideric & de Conrad son frere, rendit à Henri-Lyon Duc de Saxe tout ce que son pere Frideric lui avoit ôté, & ajoûta à ce present ou à cette restitution dix bons Chasteaux, & aprés s'estre ainsi reconcilié avec les princes ses voisins, il envoya des Ambassadeurs à Rome au Pape, aux Cardinaux, & aux Senateurs pour demander qu'il fut couronné Empereur. On lui fit réponse qu'il pouvoit venir à Rome à Pasques prochaines, où il fut couronné, & fit en suite la guerre au Royaume de Naples & en Sicile.

Ce fut en ce temps-là que nôtre Archevêque Jean de Belesmes à qui Frederic avoit donné la même investiture, qu'il avoit donnée à Heraclius, se demit volontairement de son Archevêché l'an 993. s'étant seulement reservé cent livres Sterlins de rente annuelle, c'est à dire treize cent livres, aprés quoi il se retira dans l'ordre de Cisteaux, & mourut à Clervaux, où il laissa sa memoire en benediction. Cette demission fit élire en sa place Renaud de Forés fils de Guy II. Comte de Forés, qui avoit fait avec le Chapitre de Lyon l'échange que le Pape Alexandre III. authorisa par la bulle que j'ay rapportée. Il étoit frere de Guy III. qui mourut à la terre Sainte aprés avoir consenti à l'échange que son pere avoit fait. Ainsi ce Prélat étant Oncle & Tuteur de Guy IV. il lui fut aisé d'établir sans aucune opposition toute la puissance Temporelle que ses predecesseurs avoient acquise. L'éloignement des Empereurs occupez en diverses guerres servit aussi à l'affermir. Ainsi les Empereurs sembloient n'avoir plus que le simple titre de Souverains de Lyon, tandis que les Archevêques en exerçoient les fonctions avec pleine authorité.

<small>*Renaudus de Foresio Ecclesiam Lugdunensem nobilitavit.*</small>
Ce fut en cette qualité que Renaud de Forés fit un concordat avec les habitans de cette Ville pour les droits à lui dûs & à son chapitre ; concordat que Humbert son frere Chamarier de S. Paul de Lyon signa avec lui. Les Comtes de Forés ses Neveux cesserent de prendre la qualité de Comtes de Lyon, & en laisserent tous les droits & toutes les pretentions à leur Oncle, & au Chapitre. C'est pour cela sans doute qu'un ancien registre de l'Eglise allegué par Champier disoit qu'il avoit anobli l'Eglise de Lyon, ayant acquis le titre de Comtes à ses Chanoines.

Sur quoi je ne puis assez m'étonner de l'ignorance des Advocats, qui ont fait des factums contre ce Chapitre, lors qu'ils ont voulu lui disputer ce titre, sous pretexte que dans les traitez de Philippe le Bel, le Comté de Lyon est souvent appellé Baronnie. Car qui ne sçait que Baronnie est un terme general pour toute sorte de dignité, Duché, Marquisat, Comté, Vicomté, &c.

<small>*Perard recueil de plusieurs pieces curieuses pour l'histoire de Bourgogne. Pag. 524.*</small>
Guillaume de Saux dans l'acte d'hommage qu'il rendit à Robert Duc de Bourgogne dit, *Je Guillaume Sires de Saux Ecuiers, fais sçavoir à tous ces qui verront ces lettres que je suis entrés & entrois en l'ommaige de* Noble Baron ; *Mon-Chier Seignor Robert Duc de Bourgogne.... En témoignage de cette chose j'ay prié* Nobles Barons J. *Signor de Choiseul Conétable de Bourgogne, &* Guillaume *Seignor de Grancé que mettent lor seaux en ces lettres.*

de la Ville de Lyon.

Dans l'acte d'émancipation de Robert Duc de Bourgogne passé par le Duc Hugues son Pere, ce Prince dit que son tres-cher fils Robert l'aîné de ses enfans mâles, étant son veritable heritier, qui lui doit succeder en son Duché par grace speciale, il lui fait donation entre-vifs dudit Duché après l'avoir emancipé, & qu'il l'investit actuellement de la Baronnie de ce Duché, des Villes, Chasteaux, hommages & autres droits appartenans a udit Duché.

bené merito facere gratiam specialem ipsi Roberto, emancipato à nobis legitimé, dictum Ducatum donatione inter vivos, solemniter confirmamus, donamus & quitamus, & de Baronia ipsius Ducatus, villis, castris, homagiis, & aliis juribus dictum Ducatum, quocumque nomine censeantur, investimus, &c. Perard. pag. 522.

Cum charissimus filius noster Robertus nunc noster pri. agenitus Masculus, sit noster verus heres, & nobis succedere debet in Ducatu: Nos volentes eidem Roberto tamquam insinuatione præmissa pertinentibus ad dictum, &c.

Voilà un Duc Baron & un Duché Baronnie, voici un Comte Baron, c'est le Comte Philippe de Savoye.

Promettons en bonne foy à Noble Baron & Prince Hugon Duc de Bourgogne nôtre Seignor que nos porchasserons, procurerons, & farons faire & en somes tenus, totes les choses que cy-dessoubs sont devisées. C'est à savoir de querelles que nostre Sires li Dux devant dits à envers le Noble Baron Philipe Comte de Savoye & de Bourgogne. Perard. pag. 518.

Ce qui obligea le Pape Alexandre à authoriser la Transaction passée entre l'Archevêque, le Chapitre, & le Comte de Forés, est que le Comte de Forés, étoit presque toujours en guerre avec l'Eglise de Lyon, pour ses pretentions, car l'Autheur de la vie de S. Antelme Evêque de Bellay, dit que Guy Comte de Forés, ne pouvant souffrir que l'Archevesque de Lyon Burchard eut obtenu de Conrad son pere, & de Rodolfe son frere tout le droit de la ville de Lyon, que ledit Comte pretendoit tenir de ses Ancestres, & encor plus irrité de ce que l'Archevêque Humbaldus avoit acheté ce droit du Comte de Forés son pere, ou de Hugues son frere, & de ce que l'Empereur Frideric l'avoit confirmé à Eraclius par une bulle d'or. Ce Comte Guy, dis-je, entra par surprise dans la ville de Lyon avec une troupe de soldats, pilla les maisons du cloistre, & y mit le feu, comme j'avois remarqué cy devant.

Guido Comes Forensis cùm indigné ferret quod Burchardus Archiepiscopus Lugdunensis à Conrado Patre & Fratre omne jus in civitate, & Comitatu Lugdunensi obtinuisset contra jus Comitum Lugdunensium majorum suorum: itemque validè irritus quod pater aut frater Hugo omne illud jus pretio accepto vendidisset Bullam auream accepisset & Ecclesia diripuit &

Umbaldo Archiepiscopo Lugdunensi, & insuper, Eraclius Archiepiscopus nuper idem Jus ab Imperatore Federico per cepisset, ille Jugnam Guido coactâ manu militum fraude Urbem Lugdunensem invasit, & Clericorum domos, & Claustrum igne succendit. Acta S. Anselmi apud Surium 26. Junij.

Voilà des preuves evidentes des droits de l'Eglise de Lyon établis sous trois Archevêques: sous Burchard II. par droit d'appanage; sous Umbaldus par droit d'achapt, & d'acquisition; & sous Heraclius par droit d'investiture, qui sont les titres les plus solennels d'une juste possession.

Aussi dans un acte de l'ancien cartulaire d'Aisnay, un Seigneur nommé Istier, & sa femme Grimberge, qui choisirent leur Sepulture dans ce Monastere, auquel ils font donation de divers Domaines dans la terre de Lissieu au Mont-d'or, dattent cet acte du Regne de Conrad regnant en France, & de Burchard Regent ou Gouverneur, parce que cét Archevesque agissoit dés-lors comme Maistre, & Seigneur de la Ville, & du Lyonnois.

Sacro Sanctæ Dei Ecclesia quæ est constructa in insula qua Athanacus vocatur ubi Domnus Raivaldus, Abbas sub Regimine Domini Archipræsulis Burchardi præesse videtur ...... Chunrado regnante in Gallia. Preuves pag. IV.

Je trouve aussi dans un acte de donation faite au Monastere de Savigny par Geofroy Comte d'Engoulesme deux dattes, l'une de Robert regnant en France, & de Rodolfe regnant en Gaule. Ce qui appuye Othon de Frisinghen quand il nomme Rodolfe Roy de la Gaule, parce qu'anciennement la Gaule Lyonnoise dans laquelle étoit une partie du Royaume de Bourgogne, se nommoit simplement Gaule. Le Chevalier Guichenon a donc sagement remarqué, que cette carte avoit deux dates, parce que le Comte d'Engoulesme étoit sujet du Roy Robert, & que le Monastere de Savigny étoit sur les terres du Roy de Bourgogne.

Regnante Roberto Rege in Francia Rodolfo in Gallia. Preuves pag. XXII.

Duorum Regum eodem tempore Regnantium Regna subscripta fuit hac Carta, Roberti Regis Francia nempè quia Comes Engolismensis sub ejus clientela erat; Rodulfi autem Burgundiæ Regis, quoniam Monasterium Saviniacense, in regno Burgundiæ situm erat.

Le Royaume de Bourgogne n'étoit pas donc tellement separé par la Saône de celui de France, que les Rois de Bourgogne n'eussent encore des terres dans le Lyonnois, le Forés, & le Beaujolois qui est le costé du Royaume. Et certes toutes les donations faites à l'Abbaye d'Aisnay, dans le Mont-d'or, & dans le Beaujolois sont toutes dattées du regne des Rois de Bourgonne Conrad, & Rodolfe; comme on peut voir dans les preuves aux pages V. VI. VII. VIII. & suivantes, où il est même parlé d'une terre Comtale dans une donation d'un Chanoine de l'Eglise de Lyon nommé Notard, qui dispose d'une partie de son patrimoine en faveur de l'Abbaye d'Aisnay. Sur quoi il faut remarquer en passant l'erreur de ceux qui ont crû que nos Chanoines de Lyon étoient anciennement moines, parce que la porte du Cloître se nommoit Porte-Frau Porta-Fratrum, & que ces Chanoines vivoient en commun, & logeoient dans un cloître. Ces deux dernieres circonstances étoient communes à tous les Chanoines en ces

Bibliothsebus cent. 1. cap. LVIII.

Terra Comitalis. Preuves. VII.

Ego in Dei nomine Notardus Canonicus S. Stephani pro remedio animæ meæ, omniumque parentum meorum cedo dicta Ecclesia Monachisque

ejusdem loci aliquid ex rebus meis, qua in jure hæreditario à parentibus advenerunt, sive etiã qua ex conquisto acquisivi.

Preuves pag. VIII.

temps-là, l'Eglise de Paris, celle de Chartes, celle de Rouen, & quantité d'autres avoient leurs cloîtres, & leurs Chanoines vivoient en commun ; mais ce qui fait voir qu'ils n'étoient pas Religieux, ni moines, c'est qu'ils joüissoient de leurs patrimoines & qu'ils en pouvoient disposer, ce que ne faisoient pas les moines. Ils pouvoient aussi acquerir comme on voit par cette carte & par celle de Bracdencus, *Aux preuves pag. XX*.

Anno XXXVI. Imperij Domini Conradi sereniffimi Regis actum Lugduno publicè feliciter.

Preuves XXII.

Preuves XI.

Dictata lingua Hugonis Cartipel, scripta manu Alberici Monachi actum in villa de Taffins ad quoddam placitum quod fuit inter Dominum Umbertum, Archiepiscopum, & Artaldum Comitem.

Preuves VIII.

La terre comtale dont il est parlé en cet acte fait voir que les Comtes de Forés avoient des terres dans la dependance des Rois de Bourgogne, & que c'étoit en vertu de ces terres comtales qu'ils se nommoient *Comites Lugdunenses*, ou *Comites Lugdunensium*, & qu'ils n'avoient de jurisdiction dans la Ville, que dependamment des Rois de Bourgogne, puisque l'an 976. Conrad le Pacifique confirma au monastere de Savigny ce que nôtre Archevêque Amblard lui avoit donné, & fait cet acte de confirmation dans Lyon même, & publiquement, comme dit l'acte. Il y a encore à present quelques terres dans le Forés qui retiennent le nom de terres comtales, comme *Sury le Comtal* dans l'élection de Roanne pour le distinguer de *Sury-le-Bois*, *Chalain le Comtal* pour le distinguer de *Chalain Duzort*. Enfin parce qu'il y avoit des terres de l'Archevêque, & du Comte enclavées les unes dans les autres, ou même tenuës en pariage de tous les deux, ils tenoient des plaits communs pour la justice. De ces terres, ainsi qu'on peut remarquer dans un acte du cartulaire de Savigny pour l'Eglise de Duerne passé à Taffins en presence de l'Archevêque Umbert, & du Comte Artaud, qui avoient l'un & l'autre leurs Officiers. Ainsi l'acte fut dicté par Hugues Charpinel, officier de l'Archevêque, & écrit par Alberic, officier du Comte. Voilà les secours que l'on tire pour l'histoire de ces anciens cartulaires, qui ont esté trop negligés par nos anciens Historiens, quoique ce soient presque les seules preuves que l'on puisse avoir pour écrire seurement les histoires particulieres des villes & des provinces, aussi bien que des monasteres & autres communautez. Les lettres des prelats ne sont pas d'un moindre secours, comme celles que Duchesne a recueillies, & le pere d'Achery dans son *Spicilegium*, en voici une de Pierre le venerable Abbé de Cluny, qui nous montre l'autorité qu'avoit l'Archevêque de Lyon dans ce pays, puisqu'il regarde l'absence comme une espece d'interregne pour le temporel, aussi bien que pour le spirituel. C'est lorsqu'il prie le Pape Innocent II. de renvoyer au plûtost l'Archevêque Pierre, parce que le pays estoit sans Roi & sans prince, à cause que l'Empereur Lothaire Roi de Bourgogne estoit en Allemagne, & que l'Archevêque qu'il qualifie prince, estoit allé à Rome. Louys le Gros estoit alors en France, ainsi ce n'est pas de lui que se peut entendre la lettre de Pierre le venerable, quand il écrit au Pape qu'il sçait bien que le païs est sans Roi & sans prince *ut nostis*, il entend parler de Lothaire avec qui ce Pape avoit eu de frequentes conferences à Rome.

Terra nostra, ut nostis sine Rege & Principe existens, quibuslibet expossa raptoribus est.

Petr. Venerab. epist. 22. lib. 1.

Biblioth. Sebusc. cent. 1. cap. 60.

In observar. ad vitam S. Trivetij.

L'an 1007. sous le regne de Rodolfe III. Gerard Comte de Forés ne prend point la qualité de Comte de Lyon, en la donation qu'il fait au Monastere de Savigny pour le repos de son ame & pour les ames d'Artaud son pere, de Tietberge sa mere, & de son frere Artaud. Si tout cela n'est une demonstration que les Rois de France n'estoient pas alors seigneurs de cette Ville & du Lyonnois, je ne sçay ce qui peut estre demonstration.

Considerantes insuper comitatum Lu. d. prisciss temporibus ad Comitem Lugdunensem foresliique spectantem, ac postmodum ex permutatione facta cum dicto Comite qui tunc erat ad ipsam Ecclesiam Lugdunensem authoritate tamen & consensu expressis nostrorum progenitorum Regum Francorum prahabitis, & ex eorum subsecuta confirmatione devenisse.

Comment le P. Buillou, Belleforest, Rubys, & tant d'autres se sont-ils donc opiniastrez à vouloir assurer le contraire, sur ce que le Roy Philippe le Bel dans sa Philippine avoit dit que *le Comté de Lyon avoit appartenu autrefois aux Comtes de Lyon & de Forés jusqu'à l'échange que fit ce Comte avec l'Eglise par le consentement exprés des Rois nos ancestres donné auparavant, & par la confirmation qu'ils en firent aussi-tost aprés*. Il y a deux choses à considerer en ces paroles, premierement que le Comte de Lyon & de Forés avoit le comté de Lyon, & secondement que nos Rois consentirent à l'échange qui s'en fit & le confirmerent. Il faudroit donc établir par quelque titre ce droit des Comtes de Forés sur Lyon, c'est ce qui ne paroit par aucun acte, & quand ils auroient esté Comtes de Lyon par commission, comme Gerard de Roussillon & quelques autres, cette commission ne passoit pas aux Heritiers, ainsi c'estoit en Guy de Forés une usurpation qui ne paroit authorisée par aucun acte, ny de nos Rois, ny des Empereurs ; au lieu que les Comtes de Savoye, les Daufins, les Comtes de Bourgogne &c. prirent des investitures des Empereurs. Beaucoup moins paroit-il par aucun titre que nos Rois ayent confirmé la transaction & l'échange quand elles se firent. Au contraire ce furent deux Papes qui les confirmerent Alexandre III. & Lucius III. Et ce ne fut que l'an 1184. que le Roy Philippe Auguste les confirma, c'est à dire douze ans aprés.

Quand le Pape Boniface envoya en France, le Cardinal du titre des Saints

Marcellin & Pierre, pour traiter avec le Roy Philippe le Bel, entre les articles qu'il " luy donna dans ses instructions, il disoit qu'il estoit témoin non seulement comme " personne privée ; mais comme Pape, au témoignage de qui l'on devoit deferer " que la ville de Lyon & ses fauxbourgs, les habitations voisines, & les jardins n'é- " toient point dans les limites du royaume de France, non plus que l'Eglise & la " ville de saint Irenée, ny l'Eglise de saint Just, & son cloistre : mais que la ville, les " chasteaux, terres, biens & possessions appartenoient à l'Eglise avec toute la jurisdi- " ction, & la justice haute moyenne & basse : Que le Roy, & les autres Rois de Fran- " ce n'y avoient rien, & n'y devoient rien avoir. Que le corps de la communauté " de la Ville, ny aucun citoyen, ou autre personne particuliere n'y avoit non plus " aucune jurisdiction, ni dans les fauxbourgs, ni dans les jardins voisins, ni dans " toute la banlieuë, ni dans les villes de saint Irenée & de saint Just, & qu'il n'y " avoit aucune commission, ni concession, qui eût pû estre legitimement donnée par " les Rois de France pour y commander en quelque forme que cette commission fut " conceuë; qu'ils n'avoient pû y faire des ordonnances, ni donner des privileges par- " ticulierement la Ville estant dans l'interdit, & ses habitans excommuniez jusqu'à " ce qu'ils eussent fait pleine & entiere satisfaction à l'Archevêque, & au Chapitre, " aux Ecclesiastiques & aux vassaux de l'Eglise. "

Ce Pape qui avoit esté Chanoine de l'Eglise de Lyon entreprit cette affaire avec trop de chaleur ; il irrita le Roy Philippe le Bel par les manieres dures avec lesquel- les il le traita. Ce pape étant Chanoine de cette Eglise en avoit connu les droits, il les defendit avec trop d'ardeur, & oubliant ce qu'il estoit actuellement pour se souvenir de ce qu'il n'estoit plus, il traitta le Roy d'usurpateur, sans considerer qu'il estoit le Protecteur des Eglises de son Royaume, comme ses predecesseurs avoient été les prin- cipaux appuis & les defenseurs de l'Eglise Romaine. Philippe le Bel reprocha ces bien faits à Boniface, & Boniface au lieu d'agir en pere avec le fils aisné de l'Egli- se, l'en declara l'ennemy.

Je ne puis dissimuler que la chose alla trop loin de part & d'autre ; mais un jeûne Prince jaloux de ses droits, & de ses pretensions étoit plus excusable, qu'un pere com- mun de l'Eglise, qui en devoit détourner les justes ressentimens d'un Roy capable de lui nuire, & de se souvenir long-temps de la maniére indigne dont on le trai- toit.

Il est certain aussi que chacun des partis pour appuyer ses pretensions, allegua beau- coup de choses contraires à la verité & contre la foy de l'histoire, ce qui n'est que trop ordinaire aux Advocats des Parties, qui n'appliquent le plus souvent leurs soins, qu'à déguiser la verité des faits qu'ils sont obligez d'exposer. Je suis historien, dont la prin- cipale qualité doit estre la recherche exacte de la verité, ainsi je la dois exposer telle qu'elle est, & dire avec un ancien, que quelque affection que je puisse avoir pour ma patrie, & quelque respect que je doive à la memoire de nos Souverains, qui sont des *Magis amica veri-* personnes Sacrées, j'en dois encor plus à la verité, si je veux écrire l'histoire & ne pas *tas* tromper le public.

Je rapporte des faits passez dépuis prés de quatre cents ans, qui ne peuvent donner d'atteinte aux droits de nos Rois établis dépuis tant de siécles, & si bien affermis par une possession, & longue & legitime.

J'ose donc dire comme Historien que les articles, que Guillaume de Nogaret, & Guillaume du Plessis presenterent au Pape Clement V. quand ils poursuivoient la con- damnation de la memoire de Boniface, étoient contre la foi de l'histoire. Le quinzié- *preuves pag. XVII.* me de ces articles étoit, qu'il étoit certain, notoire, & indubitable que la ville de " Lyon au temps de l'Eglise primitive, ayant été convertie la premiere à la foy Ca- " tholique, étoit dépuis tombée entre les mains des infideles, & que le Roy de Fran- " ce, qui étoit alors l'avoit conquise par la force de ses armes au prix du sang de ses " Soldats, & l'avoit acquise avec tous ses droits & toutes ses dépendances; que par son " authorité Royale il l'avoit réduite à la foi Catholique, & au culte Divin, & qu'il y " avoit fondé l'Eglise Cathedrale. "

Et que parce qu'au temps des infideles elle avoit eu les premiers Pontifes de la " gentilité, & avoit été le premier siége des Gaules comme la monnoye de Lyon en " peut estre une preuve, ce Roy avoit erigé & fait ériger le siége Archiepiscopal avec " droit de Primatie sur les eglises des Gaules : duquel droit de Primatie les Archevê- " ques de Lyon s'étoient servis long-temps. "

Je trouve en ce premier article six faits alleguez contre la verité de l'histoire.

I. Le premier quand on dit que la ville de Lyon aprés avoir été convertie à la foi Catholique la premiere des Gaules, étoit dépuis tombée entre les mains des infideles.

Puis qu'il est constant qu'ayant été converti à la foi par la predication de S. Pothin, & de S. Irenée ses premiers Evêques envoyez de Grece par S. Policarpe sous l'Empire des Antonins, elle demeura sous la puissance des Romains, jusques sous l'Empire d'Honorius, sans changer de Religion, & que ce furent les Rois Bourguignons Vandales, qui étoient Chrétiens, qui la possederent les premiers par accommodement avec les Chefs des Romains, qui commandoient dans les Gaules, ainsi que l'on a pû voir au second livre de cette Histoire.

I I. Qu'elle avoit dés-lors une Eglise Cathedrale, & un Archevêque successeur de plusieurs autres saints Archevêques qui l'avoient précedé. Sidonius Apollinaris né à Lyon d'un pere & d'un ayeul qui avoient été Préfets du Prétoire des Gaules pour les Romains, dit clairement dans ses lettres qu'il n'y avoit alors dans Lyon que des Romains, & des Bourguignons. Il parle de nôtre Archevêque saint Patient dont il loüe le zéle à rétablir les Eglises de cette Ville, & sa charité envers les pauvres. Il décrit l'Eglise Cathedrale jusqu'à ses moindres ornemens, ses usages, & ses ceremonies.

I I I. Le premier de nos Rois qui ait acquis quelque droit sur cette ville, est Clovis, qui ayant épousé Clotilde fille de l'un de ces Rois Bourguignons entra en droit de demander le patrimoine & l'heritage de la Reine son Epouse, dont la dot ne pouvoit estre qu'une partie du Royaume de Bourgogne divisé entre quatre freres. On sçait d'ailleurs que Clovis étoit encore payen quand il épousa Clotilde, qui étoit chrétienne ce n'est pas donc lui qui conquist Lyon, & qui y rétablit la Religion Catholique; On sçait aussi que ce furent les fils de Clovis, qui demanderent les droits de leur mere, & qui firent la guerre à Sigismond Roy de Bourgogne & de Lyon, lequel bien loin d'estre infidéle est au nombre des Saints & même des saints Martyrs que toute l'Eglise revere. *Theodoric* Roy d'Austrasie, & quatriéme fils de Clovis disputa le Royaume de Bourgogne à ses freres, parce qu'il avoit épousé la fille de saint Sigismond. Son fils *Theodebert* lui succeda au Royaume d'Austrasie, de la haute Bourgogne & de Provence, & après lui *Thibaut* qui étant mort sans posterité, aussi-bien que Childebert Roy de Paris son grand Oncle & premier fils de Clovis, *Chlotaire* son puisné qui leur avoit survécu réünit toutes les pieces du Royaume de Bourgogne, aussi-bien que du Royaume de France, & de l'heritage de Clovis: il laissa quatre fils heritiers de cette Monarchie, qui fut de nouveau partagée entre ses freres, *Gontran* qui n'étoit que le troisième par l'ordre de sa naissance fut Roy d'Orleans & de toute la Bourgogne, dont Lyon faisoit encore une partie, & ce Prince, qui a merité d'estre mis au nombre des Saints y fit tenir un Synode pour la reformation des abus de l'Eglise Bourguignone, ainsi qu'il avoit fait auparavant à Orleans, à Chalon, & à Mascon. Il laissa à *Childebert* son Neveu le Royaume de Bourgogne. Ce Prince étoit fils de Sigebert Roy d'Austrasie, & de Brunehaut, qui fit du bien aux Eglises de Lyon, & que le Monastere d'Aisnay reconnoissoit pour sa fondatrice, pour l'avoir relevé de ses ruïnes, car il étoit plus ancien. A Childebet succeda *Theodoric* ou Thierry I I. sous la Tutelle de Brunehaut son ayeule. Il régla avec son frere Theodebert Roy d'Austrasie, que le Royaume de Bourgogne seroit dorénavant borné de la Riviere de Loire d'une part, & de l'autre s'étendroit jusqu'à la mer. Ainsi le Forés, le Lyonnois & le Beaujolois devinrent par cette transaction du Royaume de Bourgogne, dans lequel ils demeurerent. *Chlotaire I I.* fils de Chilperic & petit fils de Childebert recüeillit cette succession comme plus proche heritier de Theodoric, qui n'avoit eu que des fils naturels.

Dagobert succeda à son pere Chlotaire, & fut Roy de France, d'Austrasie & de Bourgogne, dés-qu'il eut un fils il le fit reconnoître Roy de France & de Bourgogne, ce fut *Clovis II.* dit Chlotaire qui épousa sainte Bathilde de laquelle il eut *Chlotaire III.* Roi de France, de Bourgogne, & d'Austrasie, où il ne regna que quatre ans, & mourut sans posterité, ce qui fit passer les Royaumes de France & de Bourgogne à *Theodoric* son frere, qui ayant appellé Pepin Maire d'Austrasie pour lui remettre la conduite de ses Estats, jetta les premiers fondemens du changement qui se fit en la succession de la Monarchie, puisque *Charles Martel* fils de ce Pepin s'en rendit enfin le maistre.

Ce fut ce Prince, qui chassa de la Bourgogne les Allemans Bavarois, qui s'étoient saisis de la meilleure partie. Il défit aussi les Sarrasins, qui étant venus d'Espagne dans le Languedoc, & la Provence, occupoient la Savoye, le Daufiné, & les passages des Alpes, ils avoient pillé & saccagé cette ville, dont Charles Martel commit la défense à ses plus fideles serviteurs, parce que c'étoit un poste important pour les passages des troupes. Ainsi on peut dire de lui qu'il se rendit maistre de Lyon à titre de conqueste; mais il n'en fonda pas l'Eglise, ni n'établit pas l'Archevêque. Il assembla seulement les

Seigneurs

Seigneurs Bourguignons en cette Ville, prit d'eux le serment de fidelité, & mit par tout des Juges, des Ducs & des Comtes jusqu'à Arles & Marseille.

Pepin son second fils fut Prince de Neustrie, de Bourgogne & de Provence, & enfin Roy; Parce que les Bourguignons refusoient de le reconnoître, il alla contre eux avec le Duc Hildebrand son Oncle, & les contraignit de se soûmettre.

Quoy qu'il eut donné à *Carloman* le second de ses fils la Bourgogne, la Provence, l'Alsace & l'Allemagne dans le partage qu'il fit de ses Estats, ce Prince qui ne regna que deux ou trois ans laissa ce Partage à *Charlemagne* son aisné, qui étoit Roi de France, & qui fut dépuis Empereur.

A Charlemagne succeda *Loüis le Debonnaire* Roi de France & de Bourgogne Empereur. A Loüis *Lothaire* aussi Empereur, qui établit gouverneur de cette ville & du Lyonnois, le Comte Gerard de Roussillon son parent, comme nous avons vû au livre precedent.

Avant que d'entreprendre de débroüiller la suite des Rois qui furent Seigneurs de Lyon, il est important de donner par ordre les noms de ceux qui le furent sans contestation.

1. GONDEBAUD Bourguignon Vandale.
2. S. SIGISMOND. Son fils.
3. THEODORIC ou Thierry 4. fils de Clovis
4. THEODEBERT.
5. THIBAUT.
6. CHLOTAIRE.
7. S. GUNTRAM.
8. CHILDEBERT.
9. THEODORIC II.
10. CHLOTAIRE II.
11. DAGOBERT.
12. CLOVIS II.
13. CHLOTAIRE III.
14. THEODORIC III.
15. CHARLES MARTEL.
16. PEPIN.
17. CARLOMAN.
18. CHARLEMAGNE EMPEREUR.
19. LOUIS LE DEBONNAIRE.
20. LOTHAIRE EMPEREUR.

Cét Empereur eut trois fils, *Loüis* Empereur & Roy d'Italie; *Lothaire* roi de Lorraine, & *Charles* Roi de Provence, de la Bourgogne Transjurane, & de Lyon, où il mourut & fut inhumé au Monastere de S. Pierre: ses deux freres se partagerent sa succession. Loüis Empereur eut la Provence, le Viennois & la Savoye; *Lothaire* roi de Lorraine, la Bourgogne Transjurane & Lyon. Ce Prince étant mort à Plaisance à son retour de Rome où il étoit allé pour se faire absoudre des censures qu'il avoit encouruës pour son Mariage avec Valdrade, il y eut contestation pour sa succession entre Loüis Roi d'Allemagne & Charles le Chauve ses Oncles, qui en exclurent les enfans de Valdrade declarez illegitimes. Enfin par accord entre-eux sans avoir égard à Loüis Roi de Provence frere de Lothaire, qui étoit plus proche, *Charles* eut pour son partage Lyon, Vienne & Besançon.

Dés qu'il eut pris possession de cette partie de la succession de son Neveu, il enchassa le Comte Gerard de Roussillon, qui avoit quitté son parti pour suivre celui de l'Empereur Lothaire son frere, a qui il avoit confié l'éducation de son fils Lothaire, & qui tenoit alors la ville de Vienne au nom de Loüis Empereur Roi de Provence, au lieu duquel il en commit la garde, & de la ville de Lyon, à Boson frere de sa femme, & gendre de l'Empereur Loüis Roi de Provence.

Loüis le Begue, fils de Charles le Chauve succeda à son pere, & fut Roi de France, de Bourgogne, & de Lyon; mais n'ayant laissé que deux fils fort jeunes, & un enfant Posthume, Boson profitant de la foiblesse de ces enfans & de l'authorité qu'il avoit en ce païs, se fit élire Roi par une assemblée de Prélats convoquée à Mantale dans le diocése de Vienne.

Mais Loüis & Carloman enfans de Loüis de Begue étant en âge de se reconnoître, & ayant été sacrez par l'entremise de Hugues l'Abbé Duc de Bourgogne, commencerent à chercher les voyes de chasser cét usurpateur, ce qu'ils firent enfin assistez des secours de Charles le gros Empereur leur cousin, & par le partage qu'ils firent entre eux Carloman fut Roi de Bourgogne & de Lyon. Il avoit fiancé la fille de Boson du vivant de son pere; mais le Mariage ne s'accomplit pas, étant mort peu de temps après la conqueste de Vienne & de Lyon sur Boson l'an 884. Loüis étant aussi mort sans lignée, Charles le simple son frere succeda aux droits du Royaume de Bourgogne, mais il n'en eut que le nom, car Loüis fils de Boson ayant été conduit en Allemagne par Hermengarde sa mere à l'Empereur Charles le Gras qui l'adopta pour son fils, il fut à son retour sacré & couronné Roi à Lyon par nôtre Archevêque Aurelien: Tandis que Loüis d'Outremer se portoit pour Roi de Bourgogne, dont Lothaire son fils ceda les droits à Conrad en faveur du mariage de sa sœur Mathilde avec ce Prince.

21. CHARLES.

22. LOTHAIRE. II.

23. CHARLES LE CHAUVE.

24. LOUIS LE BEGUE.

25. BOSON.

26. CARLOMAN.

27. CHARLES LE SIMPLE.

28. LOUIS EMPEREUR surnommé l'Aveugle.

29. LOUIS D'OUTREMER.

30. LOTHAIRE III.

31. CONRAD LE PACIFIQUE.

32. RODOLFE LE LASCHE.

33. CONRAD LE SALIQUE.

34. HENRI III. EMPEREUR.

35. HENRI IV. EMPEREUR.

36. HENRI V. EMPEREUR.

37. FRIDERIC le Borgne & CONRAD contre.

38. LOTHAIRE de Saxe Usurpateur.

39. CONRAD de Suaube.

40. FRIDERIC BARBEROUSSE.

41. HENRI VI. Empereur.

En toute cette suite de Rois de Bourgogne, Seigneurs de Lyon, qui peut-on dire avoir fait ériger l'Eglise de Lyon en Primatie ?

Paternitatem vestram cum quâ possumus devotione rogamus, quatenus in Bituricensis Ecclesia intuitu Dei & precem nostrarum obtentu conservare velitis, nec sustineatis quod tantus honor Regni nostri circa hoc in aliquo minuatur. Cum sola Bituricensi Ecclesia in toto Regno nostro, Primatiæ obtineat dignitatem.
Petr. de Marca In tract. de Primatu.

Quand on allegue aussi dans l'article de la Requeste de Nogaret & du Plessis, que Lyon avoit été sous les Romains *prima sedes Galliarum*, & que la monnoye qui portoit autrefois ce titre en est une preuve, ce sont deux autres erreurs aussi grossieres que les precedentes ; car Lyon ne fut la capitale que des quatre Provinces qui furent nommées Lyonnoises: Lyon, Roüen, Tours, & Sens. C'est à dire de la Gaule Cheveluë, qui n'eut jamais d'authorité sur la Narbonnoise, L'Aquitanique, & la Belgique : aussi Philippe Auguste écrivant au Pape Innocent III. en faveur de l'Archevêque de Bourges pour le prier de conserver à cét Archevêque le droit de Primatie, le supplie de ne pas permettre que son Royaume soit privé de cét honneur. Donc ce Roi reconnoissoit que Lyon, qui joüissoit alors de ce droit de Primatie n'étoit pas de son Royaume.

Quant à la Monnoye, qui a pour legende *Lugdunum Prima sedes Galliarum*, elle est bien posterieure aux Romains anciens Maistres de Lyon, puis qu'elle est de nos Archevêques, & probablement d'Humbert I. Lequel comme dit l'Obituaire de l'Eglise de Lyon recouvra pour son Eglise le droit de battre monnoye environ l'an 1074.

Preuves XVII.

Le second article de la requeste de Nogaret n'est pas mieux establi que le precedent, quand il y est dit qu'il est certain & indubitable que le Roy fondateur, qui n'est point nommé donna à l'Eglise de Lyon les terres, chasteaux, possessions, & autres biens, qu'elle a : qu'il la dota de ces biens, & qu'il luy donna en fief les droits de regale sur l'Eglise d'Autun, & reciproquement à l'Evêque d'Autun la regale de Lyon, que ce mesme Roy fonda aussi l'Eglise d'Autun, & la dota, & qu'il exigea de ces Prelats & de leurs successeurs le serment de fidelité pour ces biens temporels.

Preuves III.

Les Erreurs contenuës en cet article ne sont pas moindres que celles du precedent, puisqu'il est certain, que les donations qui se faisoient aux Eglises en ces temps-là, bien loin d'estre tenuës en fief, les Princes au contraire & les Seigneurs, qui donnoient leurs biens aux Eglises par un mouvement de pieté s'en faisoient eux-mêmes les feudataires. Nous avons vû par le denombrement des biens de l'Eglise de Lyon, fait sous l'Archevêque Borchard second l'an 984. les noms de ceux qui les avoient donnez, qui estoient des Comtes & des Seigneurs de ce pays, biens qui furent depuis échangez avec les Comtes de Forés, parce qu'ils étoient enclavez dans leurs terres. Les Empereurs & les Rois de Bourgogne donnerent à l'Eglise de Lyon la confirmation de ces biens,

de la Ville de Lyon.

& les Papes autoriserent par des bulles, ces donations, & prononçerent anatheme contre les usurpateurs.

Nos Roys de la seconde race qui furent Empereurs firent beaucoup de biens à cette Eglise, ils en confirmerent les privileges, & lui firent restituer les biens usurpez par les Comtes, & les autres Seigneurs voisins. Comme on peut voir au douzième volume du recueil de titres de Dom Luc d'Achery, sous le titre de *Spicilegium*, où il est dit que Lothaire I. Empereur ordonne que l'on restitue à nostre Archevêque Amolo la terre d'Aulagne & quelques autres terres. Le même Empereur à la requeste du fameux Gerard Comte de Roussillon, qu'il qualifie aussi de titre de Marquis, ordonne que l'on rende à nostre Archevêque Remy le Village de Lucenay, & les Eglises de S. Gervais & de S. Didier, Il donne aussi l'an 853 à l'Eglise de Lyon le Monastere de S. Pierre de Nantua, & dans cet acte il declare que ce sont nos Archevêques, qui ont donné ou procuré à l'Eglise de Lyon les plus grands biens qu'elle ait, ainsi ce sont eux proprement qui en doivent estre reconnus pour fondateurs.

Ad aures serenitatis nostrae perductum est, agente hoc maxime venerabili, & nostra consuetudini devotissimo Pontifice Remigio quemodo sancta Lugdunensis Ecclesia aliquando

ditissima, & rebus late florentissima, & religione praeclarissima fuerit, Pontificibus eius in hoc maxime studium impendentibus, opulentissima redderetur. Tom. XII. pag. 112. Praeceptum Lotharij Imperat. S. Petri Jucensium, Spicil.

Charles le Chauve Empereur & frere de Lothaire, estant Roy de Bourgogne & de Lyon rendit aussi à l'Eglise le village du Mont-d'or dans le Chalonnois que le Comte Lambert l'un de ses Officiers tenoit en fief ou en benefice, selon l'abus de ces temps-là. Il le restitua à condition que l'on celebreroit l'anniversaire de Louys le Debonnaire son Pere, de l'Imperatrice Judith sa mere, & de son aimable épouse Irmintrude, le 4. d'Octobre. Et que le jour anniversaire de sa naissance, le 13. de Juin: le jour de son sacre, de la naissance de Richilde sa seconde femme, & le jour de leur mariage le 12. d'Octobre on donneroit une refection extraordinaire aux Chanoines, qu'il appelle freres de l'Eglise, parce qu'ils vivoient en commun, comme nous avons dit cy-devant. Refections qu'il veut estre après sa mort & celle de Richilde transferées aux jours anniversaires de leurs decez.

Ut in anniversario domni & patris nostri excellentissimi Imperatoris Ludovici & gloriosae Dominae matris nostrae Imperatricis Judith, et valde nobis amabilis conjugis Irmintrudis IV. Nonas Octob. & in die Nativitatis nostrae Idus Junii, & unctionis similiter, & in die Nativitatis Richildis dulcissimae nobis conjugis, refectionem ipsis placabiliter in praedictis diebus officium nostrum refectionis nostrarum nihilominus

Augusta, saltem etiam [...]nis nostrae IV. Idus Octob. praesens Rector atque futurus fratribus ejusdem Ecclesiae exhibent, [...] pro hoc praesenti [...] beneficiis qua eidem Ecclesiae contulimus, amabiliter exhibeat, quatenus ipsi[...]cium divinum ob salutem nostrorum praedecessorum clementius Dei exorantes devotius celebrent: post decessum vero quas in die unctionis nostrae & conjunctionis fratribus Rectores ejusdem Ecclesiae exhibuerint, in diebus depositionum nostrarum nihilominus exhibere placabilius procurent. Ibid. pag. 116.

Charles Roi de Bourgogne & de Lyon fils de Lothaire I. Empereur, à l'instance du Comte Gerard de Roussillon son gouverneur en sa jeunesse, à qui par reconnoissance il donne le nom de pere & de nourricier, confirma aussi à l'Eglise de Lyon la justice de Villeurbane.

Quia illu.rissimus Comes & parens noster ac nutricius Gerardus innotuit nobis de quadam villa &c. Ibid. pag. 120.

Quoyque ces Empereurs & ces Rois n'eussent pas esté les premiers donateurs de ces biens à l'Eglise, ils ne laissent pas d'en estre reconnus les fondateurs, parce que tout ainsi que la conservation est appellée une seconde creation, la restitution & la confirmation de ces biens en est aussi une seconde donation. Et nos Rois ayant succedé à tous les droits de ces Empereurs & de ces Rois leurs predecesseurs, en sont aussi les veritables fondateurs par representation, & par le droit de patronage qu'ils ont sur toutes les Eglises de fondation Royale.

Voici l'un des articles de la requeste de Nogaret le plus difficile à debroüiller, c'est celuy où il pretend que l'administration de l'Eglise de Lyon, le siege vacant, ait esté donnée en fief à titre de Regale à l'Evêque d'Autun, & reciproquement celle d'Autun à l'Archevêque de Lyon, & que ce soit le Roy, qu'il dit avoir esté fondateur de ces deux Eglises, qui ait donné ce droit de Regale aux conditions du serment de fidelité.

Jura Regalia (quae Regalia in singulari appellantur) in feudum dedit & concessit Episcop. & Ecclesiae Eduensi & è converso Regalia dictae Ecclesiae Eduensis dedit & concessit in feudum Archiepiscopo & Ecclesiae Lugdunensi: quam similiter Eduensem Ecclesiam fundavit, & dotavit praedictus Rex, fidelitate ab utroque, eorumque successoribus praestanda pro temporalibus praediis.

Il y a trois choses à examiner en cét article. 1. S'il est vray que le même Roy, qu'il ne nomme point, ait fondé & doté l'Eglise d'Autun, & l'Eglise de Lyon? 2. S'il donna reciproquement l'administration de ces Eglises pour le temporel, qu'il appelle *Regale* à titre de fief, & 3. S'il exigea de ces deux Prelats regalistes le serment de fidelité.

Quant à la fondation & dotation de l'Eglise d'Autun elle est anterieure aux Regnes de Pepin & de Charlemagne, puisqu'il y a dans le Cartulaire de l'Eglise Cathedrale de S. Lazare d'Autun un titre de Charles le Chauve, de l'an 20. de son Regne, fait à Senlis, par lequel il rend à cette Eglise à la priere de l'Evêque Jonas, & du Comte

Humfroy, des biens qui lui avoient esté ostez injustement, & que trois Comtes avoient tenus successivement à titre de benefices, & avoient convertis à leurs usages.

Madoïn qui fut Evêque d'Authun plus de 40. ans avant Jonas, obtint une declaration de Loüis le debõnaire, ou un privilege par lequel cét Empereur prend sous sa protection & defense l'Eglise d'Autun à l'exemple de son Pere Charlemagne, & de ses predecesseurs Rois de France, qu'il dit avoir esté protecteurs, & defenseurs de cette même Eglise sans parler de fondation ny de dotation, ce qu'il n'auroit pas omis. Il ne parle au contraire que d'immunité, & d'independance de toute justice seculiere.

Medoïnus Augustodunensis urbis Ecclesia Episcopus obtulit obtinibus nostris authoritatem immunitatis Domini & Genitoris nostri beatæ memoriæ Caroli plissimi Augusti Illi concessam in qua erat insertum, quod non solum idem genitor noster verùm & antecessores Reges Francorum, Ecclesiæ sancti Nazarii martyris cui, authore Domino ipse Medoinus præest sub suo nomine & defensione cum monasteriis & cellulis, seu Parrochiis sibi subjectis & rebus, vel hominibus ad se pertinentibus consistere secerunt, & earum immunitatem authoritatibus, hactenus ab inquietudine Judicaria potestatis exclusam munita atque defensa Ecclesia, sed pro rei firmitate postulavit nobis præfatus Episcopus Modonus, ut paternum seu præd-essorum nostrorum Regum morem sequentes, ejusmodi nostræ immunitatis præceptum, ob amorem Dei, & reverentiam ipsius Sancti loci, erga ipsam Ecclesiam fieri censeremus. Ex Tabulario Augustodun. Ecclesiæ Sammarthani Fratres Episcopis Æduensibus inseruerunt in Gall. Christ. t. 2. pag. 36.

Nous avons déja vû qu'il ne paroît par aucun acte que ce soit aucun de nos Rois, qui ait esté le premier Fondateur de l'Eglise de Lyon, ny qui l'ait dotée. Voilà des actes qui prouvent le même pour l'Eglise d'Autun.

Voyons maintenant s'il est vray qu'ils ayent donné à ces deux Eglises reciproquement les droits de Regale durant la vacance des Sieges. Je ne veux pas m'arrester icy à expliquer en quoi consistent ces droits de Regale, qui ont esté depuis quelques années les occasions de tant d'écrits, & de tant de contestations avec la Cour de Rome. Je remets cette dissertation à l'histoire Ecclesiastique de cette Ville, quand je rapporterai les Canons du second Concile General de Lyon où cette question fut agitée sous le Pape Gregoire X. Je m'arreste icy precisément aux pretensions de l'Eglise d'Autun sur ces droits de Regale à l'égard de l'Eglise de Lyon & si veritablement elle l'a reçeu à titre de Fief, pour lequel elle dût serment de fidelité : s'il est vray que nos Archevêques l'ayent aussi sur l'Eglise d'Autun aux mêmes conditions de la tenir en Fief, & de prester pour cét effet le serment de fidelité, & si c'est de temps immemorial que ce serment ait été presté par tous nos Archevêques, comme pretendoit Nogaret en la requeste qu'il presenta au Pape Clement V. parce que s'agissant à cét égard d'une administration temporelle, & d'un droit Royal, cela doit faire une partie de l'histoire Civile que je traite en ce volume.

Pour le faire avec methode dans une matiere si embroüillée & qu'il faut tascher d'éclaircir, je dis que ces administrations du temporel dans d'autres Benefices, que ceux dont on étoit titulaire, étoient condamnées par les Conciles, sur tout celles que l'on recevoit des Princes comme des gratifications. Ainsi Hincmar Evêque de Laon neveu du grand Hincmar Archevesque de Rheims ayant obtenu de Charles le Chauve une de ces administrations, son oncle lui commanda de la quitter, parce que c'estoit contre „les régles des Conciles, qui defendoient ces administrations. A peine avez vous esté „fait Evesque, lui écrivoit son oncle, que vous m'avez quitté, & ceux qui vous avoient „élevé. Vous n'avez plus cherché aprés cela qu'à vous faire des habitudes & des ami- „tiez des personnes seculieres & peu à peu vous avez si bien secoué le joug, & la de- „pendance de vos Superieurs & de vos Confreres, que contre les Lois sacrées d'An- „tioche, qui vous ordonnent de ne rien faire hors de vostre Diocese sans le consen- „tement & l'avis de vostre Metropolitain & de vos Confreres les Evesques, vous avez „brigué & obtenu à la Cour une administration auprés du Roy. Administration que „je vous ay defendu de vous mesler selon les saints Canons en presence du Roy, & de „toute sa cour. Vous vous en estes abstenu durant quelque temps sur la remontrance „que je vous avois faite. Mais aussi-tôt aprés par le moyen des puissances seculieres, „vous avez repris contre les Canons du Concile de Sardique, non seulement la mesme „administration, mais encore une Abbaye dans une tierce Province, hors de la Pro- „vince de Rheims, sans m'en avoir rien communiqué, & sans m'avoir demandé la „permission de sortir de vôtre Diocese, vous estes allé dans cette Abbaye, & vous y „avez demeuré autant qu'il vous a plû contre un decret exprés du Pape Hilaire, qui „dit que nul Evesque ne sorte de son Diocese pour aller dans une autre Province, sans „avoir des lettres de son Metropolitain.

Il n'en est pas de mesme de l'administration de l'Archevesché de Lyon exercée par l'Evesque d'Autun, elle est dans la mesme Province, & n'est que pour le temps de la vacance, ainsi elle n'a rien de commun avec les abus des siecles passez, où la mesme personne possedoit deux ou trois Archevesches, plusieurs Evesches, ou plusieurs Benefices incompatibles, dont ils estoient titulaires de l'un, & administrateurs des autres.

de la Ville de Lyon.

Le jeune Hincmar ne porta pas impunement son avarice & son ambition, il fut deposé par son oncle, & par les Evêques de la Province de Rheims, depoüillé par Charles le Chauve des benefices qu'il lui avoit donnez, envoyé en exil, mis en prison, & aveuglé, jusqu'à ce que le Pape Jean VIII. estant venu en France eut pitié de lui & lui fit donner pour son entretien une partie des revenus de l'Evesché de Laon, dont Hedenulfle avoit esté pourvû. L'Administration de l'Evesque d'Autun estoit plus canonique & plus conforme aux lois de l'Eglise, qui vouloient que quand un Evesque estoit mort, le Metropolitain deputât un de ses suffragans pour prendre soin de cette Eglise durant sa vacance, & qu'il procurât par ses soins une prompte Election, ce qui fait que le Concile V. de Carthage lui donne le nom d'intercesseur, Zonare & Balsamo celui de mediateur. Ainsi S. Ambroise Archevesque de Milan écrivit à un de ses Suffragans de prédre soin de l'Eglise de Fossombrone & de la visiter souvent jusqu'à ce qu'elle eut un Evesque. Le Pape pouvoit donc commettre l'Evesqu'd'Autun pour administrer l'Archevesché de Lyon, comme l'Archevêque de Lyon pouvoit cōmettre pour Autun, Chalon, Langres, & Mascon. Mais pour traiter avec methode une matiere si embroüillée, il faut établir qu'il y a deux choses à considerer dans cette administration du Siege vacant des deux Eglises, le spirituel, & le temporel. Le spirituel a toûjours appartenu à l'Archevêque de Lyon en qualité de Metropolitain & de Primat, c'est en cette qualité qu'il presidoit aux Elections des Evêques d'Autun, qu'il les confirmoit, & les sacroit avec ses Suffragans. Il n'en étoit pas de même des Evêques d'Autun à l'égard de l'Archevêché de Lyon, & ce fut par un privilege singulier que le Pape S. Gregoire donna ce pouvoir à S. Syagrius, en établissant son Eglise la premiere apres celle de Lyon, c'est à dire en le faisant le premier Suffragant de cette Eglise, pour sieger par tout apres le Metropolitain. Ainsi pour démêler plus seurement ce Vicariat de l'Eglise de Lyon conferé à S. Syagrius, il faut considerer que l'Eglise de Lyon a trois Vicariats, & trois Officialitez. Un Vicariat, & une officialité du Diocese, qui ne s'étend que sur l'Archevesché de Lyon : un Vicariat & une officialité de la Metropole qui est l'Archevesché, parce que l'Eglise de Lyon est Mere Eglise de quatre autres, d'Autun, de Langres, de Chalon & de Mascon, qui composent la Province Lyonnoise. Il y a enfin un Vicariat & une Officialité de Primatie, parce que l'Archevêque de Lyon est Primat ou Patriarche dans les quatre Provinces Lyonnoises, Lyon, Roüen, Tours & Sens, ausquelles il faut joindre Paris, depuis qu'il a été demembré de Sens, pour faire une cinquiéme Province.

Or je dis que S. Gregoire le Grand ne donna jamais à Syagrius que le Vicariat de la Metropole pour presider aux Synodes de la Province, pour tenir dans ces assemblées le premier rang, & pour les convoquer durant la vacance du Siege Metropolitain, ou en l'absence de l'Archevêque de Lyon. Ce fut pour accompagner le Pallium qu'il lui envoioit, qu'il lui donna ce Vicariat, par un passedroit qui le mettoit à la teste des autres Suffragans de la premiere Lyonnoise, au lieu que les autres selon le droit commun n'avoient point d'autre preseance que celle que leur donnoit le temps de leur ordination. Syagrius avoit demandé ce Pallium à S. Gregoire comme une grace singuliere pour honorer son Eglise; S. Gregoire ne voulut pas lui refuser cette grace, d'autant plus qu'aiant envoié Augustin Religieux de son monastere de Rome en Angleterre pour y prêcher l'Evangile, Syagrius l'avoit beaucoup favorisé, & lui avoit donné de grands secours pour reüssir dans son entreprise; ainsi S. Gregoire plein de reconnoissance pour ces soins de Syagrius, lui accorda sa demande & lui permit l'usage du Pallium, avec ce droit de preseance.

Matbeus Commendo tibi fili Ecclesiam, qua est ad forum Cornelii, quo eam de proximo intervisas frequentius, donec ei ordinetur Episcopus.

Secundùm postulationis tuæ desiderium Pallii te usu, quod inter Ecclesiam tuam habere debet, ad Sacra tantùm missarum solemnia celebranda Deo authore providimus honorandum. Cujus ne indumenti munificentiam nudam videamur quodammodo contulisse, hoc etiam pariter prospeximus concedendum, ut Metropolitæ suo per omnia, toto & honore servato, Ecclesiæ civitatis Augustodunæ, cui omnipotens Deus præesse te voluit, Cæteros verò Episcopos attendere loca decernimus, largiri privilegia debeamus. Greg. epist. 114.

luit, post Lugdunensem Ecclesiam, esse debeat, & hunc sibi locum & ordinem ex nostræ authoritatis indulgentiâ vendicare: pos secundùm ordinationis suæ tempus, sive ad considendum in consilio, sive ad subscribendum, vel in qualibet aliâ re suæ, & suorum sibi prærogativam ordinum vindicare; quia omninò rationis ordo nos admonet, ut cum usu pallii ximus, largiri privilegia debeamus. Greg. epist. 114.

Comme l'Evêque d'Autun fut établi par S. Gregoire, Vicaire Metropolitain de Lyon, l'Abbé de l'Isle-Barbe fut fait Vicaire Diocesain, & nous en avons un riche monument dans la lettre de nôtre Archevêque Leydradus à l'Empereur Charlemagne, à qui il rendoit conte de ce qu'il avoit fait dans son Diocese, particulierement en cette Ville. J'ai tellemēt retabli le Royal monastere de l'Isle Barbe situé au milieu de la riviere de Saone, & dedié d'ancienneté à S. André Apostre, que j'en ay refait tous les toits, & relevé quelques endroits repris depuis les fondemens. Quatre vingt & dix Moines vivent dans ce monastere fort regulierement, & j'ai donné à leur Abbé le pouvoir de lier, & de delier, comme ses Predecesseurs de fort grands hommes l'avoient eu. Emploiez par Eucher, Loup, Genis, & les autres Evêques de Lyon qui leur en commettoient

Monasterium Regale insulæ Barbaræ situm in medio Araris fluvii quod antiquitus est dedicatum in honorem sancti Andreæ Apostoli, Ità restauravi, ut tecta de novo fecerim, & aliqua de maceriis fundamentis erecta.

ubi nunc Monachi secundùm Regularem disciplinam numero Nonaginta habitare solent nr. Cui etiam Abbati tradidimus potestatem ligandi atque solvendi uti habuerunt tralatæ-
fires sui Ambrosius, Maximinus, Licinius, Clarissimi viri, qui ipsum locum rexerunt, quos Eucherius, Lupus, atque Genesius caterique Episcopi Lugdunenses, ubi ipsi deerant, aut non poterant adesse, mittebant cognituros utrùm Catholica fides rectè crederetur, ne fraus hæreticæ se insinuaret. Quibus illis in tantùm erat commissa cura, ut si Ecclesia Lugdunensis viduaretur proprio patrono, ipsi in cunctis adessent Rectores, & Consolatores, quoad usque Ecclesia à Domino dignissimo illustraretur Pastore.

L'Abbé de l'Isle-Barbe estoit donc Chorevêque, ou Evêque Diocesain, lorsque celui d'Autun n'estoit que Vicaire Metropolitain, aussi encore à present quand la Regale est ouverte, c'est du Chapitre qu'Autun reçoit le pouvoir de Vicaire Diocesain, & c'est au Chapitre qu'il le remet, quand un nouvel Archevêque doit prendre possession de son Archevêché : Et même son administration est tellement limitée, qu'il n'entre point au Chapitre, ny ne peut faire aucun office Pontificalement dans l'Eglise Cathedrale. Au lieu que le Chorevêque ou suffragant avoit sa place dans le sanctuaire pour officier, & c'est cette chaire de pierre, qui est du costé de l'Evangile, avec cette difference que le Trône de l'Archevêque est élevé au fond du sanctuaire derriere l'Autel, en face du chœur. Il n'est pas non plus Vicaire de la Primatie n'ayant jamais esté élevé à cette dignité par aucun Pape, ny aucun concile. Ainsi les Bulles d'Innocent II. de l'an 1140. de Luce II. en 1143. d'Eugene III. en 1150. & d'Alexandre III. en 1160. ne confirment aux Evêques d'Autun que le Vicariat Metropolitain, que S. Gregoire le Grand avoit donné à Syagrius.

Cependant Modoinus Evêque d'Autun en 835. quand nostre Agobard se fut retiré en Italie pour éviter les justes ressentimens de l'Empereur Louis le Debonnaire, qui s'estoit rétabli sur le Trône dont son fils Lothaire l'avoit fait deposer par une assemblée de Prélats, où Agobard s'estoit trouvé, Modoinus, dis-je, pretendit durant son absence exercer son Vicariat de Metropolitain, non seulement dans la Province, mais encore dans le diocese de Lyon, ce que l'Eglise de Lyon ne voulut souffrir, nous en avons un illustre monument dans une poësie de Florus l'un des Diacres de l'Eglise de Lyon, disciple de S. Agobard, & l'un des plus celebres hommes de ces temps-là pour sa doctrine. Quelques rudes que soient ses vers, qui sentent le peu de politesse de son siecle, ils ne laissent pas de servir à l'histoire, & de nous apprendre un fait dont il ne reste plus d'autre témoignage.

Le savant Pere Mabillon a publié ces vers dans le premier volume d'un recueil, qu'il appelle : *Vetera analecta*. Il les avoit eus de l'Historiographe du Roy, Monsieur Hadrien Valois, avec quelques notes, dans lesquelles je découvre que cet habile homme n'avoit pas fait reflexion au privilege accordé à l'Eglise d'Autun par S. Gregoire le Grand en la personne de Syagrius pour le Vicariat de la Metropole, quand il dit, *Mirari subit, quid juris fuerit Modoino Lugdunensis Ecclesia suffraganeo in Metropolim suam.*

Nostre Florus se plaint donc en l'une de ses poësies, de l'estat où se trouvoit alors l'Eglise dans les Gaules aprés la mort de Louis le Debonnaire, quand ses Enfans eurent partagé les Estats & l'heritage de leur Pere que Lothaire son Fils aisné avoit si fort persecuté comme nous avons vû au livre precedent de nostre histoire : voicy le titre de cette premiere poësie, où Florus invite les montagnes, les collines, les forets, les rivieres, les fontaines, les rochers, & les vallées à pleurer sur les désordres qui regnoient alors.

FLORI
DIACONI LUGDUNENSIS
Querela.

De divisione Imperij post mortem Ludovici.

Montes & colles, silvæque, & flumina, fontes,

Prærupta rupes, pariter Vallesque profunda,

Francorum lugete genus, quod munere Christi

Imperio celsum, jacet ecce in pulvere mersum.

de la Ville de Lyon.

Il plaint ensuite les abus de ces temps-là, où les églises estoient depouillées, tenuës en fief par des seculiers, données par les Princes à leurs officiers à titre de benefices, où tout estoit en guerre entre la Noblesse & le Clergé.

Omne bonum pacis odiis lætatur iniquis.

Ecclesiæ dejectus honos jacet ecce sepultus,

Jura Sacerdotum penitùs eversa ruerunt,

Divinæ jam legis amor, terrorque recessit,

Et scita jam Canonum cunctorum calce teruntur.

Vexantur clara assiduis conflictibus urbes,

Basilica Christi prisco spoliantur honore:

Martyribus jam nullus honos, altaribus ipsis,

Nemo metum defert, sacris reverentia nulla est.

Continuis prædis plebes miseranda laborat :

Nobilitas discors in mutua funera sævit. &c.

Le principal sujet de ses plaintes est l'éloignement des Prelats, de l'Archevêque de Rheins Ebbo, qui avoit poursuivi la deposition de Loüis le Debonnaire, & de l'Archevêque de Narbonne : Il ne dit rien de nostre Agobard, ny de S. Bernard Archevêque de Vienne qui s'estoient volontairement retirez, & n'avoient pas voulu paroître à l'assemblée de Tramoye, où ils devoient estre jugez, comme nous avons dit en son lieu.

Præsulibus plebs vidua, doctore Cathedra,

Pluribus, & plures jacuerunt pluribus annis.

Principis hoc terror miserâ tunc clade Coëgit.

Voilà nostre Agobard, & l'Archevêque de Vienne.

Nunc ad tale malum quosdam atra superbia ducit.

Florus semble indiquer Modoïn Evêque d'Autun, qui en l'absence d'Agobard exerçoit l'office de Metropolitain, & sembloit se prevaloir du credit qu'il avoit auprés de l'Empereur pour les tenir éloignez.

Tristis adhuc veteri tabescit vulnere Narbo,

Tristia Remorum pariter quoque mœnia lugent,

Egregios, doctosque viros miseranda fatigant

Exilia, improbitas sævo sedem obtinet auro.

Il semble par ce dernier vers désigner Modoïn soupçonné d'avoir contribué à éloigner ces quatre Archevêques pour presider dans les assemblées, & d'avoir acheté par des presens faits aux officiers de l'Empereur le credit qu'il avoit à la Cour.

Florus aprés avoir ainsi deploré l'Estat des Eglises des Gaules en general, s'adresse directement à Modoïn dans une autre poësie, & luy reproche de ce qu'ayant esté élevé dans le sein de l'Eglise de Lyon, il l'a persecutée, parce qu'il pretendoit en qualité de Vicaire Metropolitain y exercer les fonctions de Prelat diocesain, ce que l'Eglise de Lyon ne voulut jamais permettre. Il en fit pour cela exiler quelques-uns, il en appella d'autres en jugement pardevant des Magistrats seculiers & voicy la plainte de Florus, qui est pleine d'aigreur, car il ne menage guere ce Prélat.

Ad Moduinum Augustodunensem Episcopum de injusta vexatione Ecclesiæ Lugdunensis.

Egregio, Moduine, viro tibi mitto salutem
    Exiguus magno, vilis & eximio.
Sum modicus, sed magna loquar: quia maximus ille est.
    Cujus res parvo carmine nunc agitur.
Res divina tibi cantabitur: arrige, quæso,
    Sollicitas aures, & pia corda adhibe....
Quid quaso Sacrosancta tibi nutricula nostra,
    Atque eadem hæc genetrix Ecclesia hæc meruit?
Ut furiale odium feráli pectore versans,
    Moliri hanc contrà talia non metuas.
Discindis leges, Canonum sacra jura revellis
    Dum materna modò viscera proh; subigis.
Nec metuis demens calces illidere Christo,
    De cujus stimulo terga cruenta geris.

Il compare ensuite l'Eglise de Lyon à une poule qui defend ses poussins, & luy fait dire.

O Fili, Modoine, tibi, (nam pignus & ipse
    Es nostrum ; nostro fotus & in gremio.
Quid rogo commerui, tanto quod tempore tuta,
    Sedibus è placidis pignora nostra fugas!
Quid mihi tristitiæ cumulas? quid gaudia truncas!
    Cur gaudere meâ me sobole haud pateris?
Me pietas, me prisca fides munimine forti
    Cinxerat, & certis sepserat auxiliis.
Quique etiam Accipitres fuerant, milvique rapaces
    Ac soliti natos dilaniare meos ;
In placidas versi, subitâ pietate, columbas
    Cursu avido nostros expetiere sinus.
Depositoque truci ingenio, seu nomine toruo,
    Nomine & ingenio complacuere meo.
Hospitiis hæsere meis, mea parva secuti
    Pabula, & innocuis vivere deliciis.
Rostra unguesque feros, quis me vastare solebant,
    Vertère in nostrum dulciter obsequium.

Adversus

Adversas volucres virtute atque ore repellunt,

Me vigili studio, me pietate fovent.

Agnoscis ne rogo veneranda enigmata matris,

Et mea quid signent mystica verba caput ?

Il parle sous ces termes couverts & sous ces figures Enigmatiques des Comtes & des Seigneurs, qui avoient usurpé les biens des Eglises, des Rois & des Empereurs, qui les avoient donnez en fiefs & en benefices à leurs officiers, & qui depuis les avoient restituez, & avoient fait entrer leurs Enfans & leurs proches dans l'Eglise; il poursuivit après à luy remontrer que depuis que l'Eglise de Lyon a esté formée, & que l'Idolatrie a esté bannie de cette Ville, elle n'a jamais reconnu d'authorité seculiere.

Ex quo conspicuus Christi per secula cultus,

Fulsit & Idolica fugit ab urbe lues :

Nunquam prisca meos vexarunt jura ministros,

Pondere nec sacli res onerata sacra est,

Semper distinctum duplex hic ordo cucurrit,

Judicibusque suis utraque pars viguit.

Ordinibus sacris reverentia debita cessit :

Plebeos rexit lex sua quemque viros.

Quid mihi nunc veterem quaris subvertere sepem ?

Quid mihi maceriam diruis oppositam ?

C'estoient les droits de Regale que Modoïn vouloit introduire, s'étant fait donner par l'Empereur une commission conjointement avec un Comte pour visiter l'Eglise, & la Ville de Lyon en qualité de *Missus Dominicus*, comme il se fit depuis nommer Comte ou Gouverneur de l'Auvergne. Florus après avoir allegué les loix de Constantin, de Theodose, d'Arcade, d'Honorius, & même les capitulaires de Loüis le Debonnaire, qui defendoient aux Laïques, de connoître des affaires de l'Eglise, reproche à Modoin qu'étant Evêque comme il estoit, il ne devoit pas avoir violé ces loix, lui qui devoit au contraire defendre les droits de l'Eglise.

Nempè etiamsi nulla unquam hac jura vetarent,

Nùm gessisse decet talia Pontificem ?

Rem benè constructam tanto sudore, tot annis.

Subruere, & sceleri pandere sponte viam ?

Dicere, nullus honos debetur (credite) sacris

Ordinibus, cunctos pulset ubique forum.

Si Pater es Cleri, noli contemnere clerum;

Nec te sic ut eos erige dejicias.

Il s'excuse ensuite de parler si vivement à un Prélat, en disant que les blessures d'un amy sont preferables aux fausses caresses, & aux flateries d'un ennemi.
Depuis ce temps-là on ne parla plus de regale jusqu'au temps de Philippe Auguste, qui après la mort d'Estienne Evêque d'Autun l'an 1189. en fit mettre la Regale entre ses mains. Alors nostre Archevêque Jean de Bellesmains à qui l'empereur Friederic Barberousse avoit confirmé les droits de Regale de l'Eglise de Lyon, qu'il avoit donnez ou cedez à Heraclius de Montboissier, alla à Paris pour se plain-

dre au Roi, de ce qu'il lui avoit ôté une administration qui luy appartenoit en qualité de Metropolitain. Sur quoi Philippe Auguste s'excusant de n'avoir pas sçeu qu'il eut ce droit, le fit remettre dans les mains de nostre Archevêque, & parce que l'Evêque d'Autun étoit du Royaume de France, il exigea de l'Archevêque le serment de fidelité pour cette administration, & non pas pour l'Archevêché, ni pour la Comté de Lyon, dont il avoit prêté le serment à l'Empereur Frideric Barberousse cinq ans auparavant. Ainsi l'acte de Philippe Auguste étoit plûtôt une declaration d'un ancien droit de l'Archevêque qu'une concession nouvelle, & quand ce Prince dit, qu'il a appris par gens dignes de foy, qu'il y a un droit reciproque entre ces deux Eglises en temps de vacance, cela ne se pouvoit entendre alors que du Vicariat Metropolitain, comme nous avons dit; mais qui devint depuis droit de Regale pour les Archevêques de Lyon à l'égard de l'Eglise d'Autun, en vertu de cette declaration, qui ne contient pas la même chose pour l'Evêque d'Autun à l'égard de l'Eglise de Lyon, parce que Lyon n'étoit pas alors du domaine de Philippe Auguste, mais soûmis aux Empereurs.

Il est bien vrai neanmoins que les Comtes de Forés qui avoient fait la Transaction & l'échange, dont nous avons parlé cy-devant, n'étant pas fideles à observer les conditions portées par cette Transaction, & continuant au contraire leurs premieres vexations, le Pape Alexandre III. qui avoit approuvé, authorisé & confirmé cette Transaction écrivit à l'Archevêque de Vienne, & à l'Evêque de Clermont d'avertir le Comte de Forest de garder plus religieusement le serment qu'il avoit fait, & l'acte qu'il avoit passé, sinon qu'ils missent ses terres dans l'interdit. Voici la teneur du Bref du Pape.

Preuves.
,, Alexandre Evêque Serviteur des Serviteurs de Dieu; aux Venerables Freres l'Ar-
,, chevêque de Vienne, Legat du Siege Apostolique & l'Evêque de Clermont, salut &
,, benediction Apostolique. Nous nous souvenons, & nous croyons aussi, que vous n'a-
,, vez pas oublié, que l'Eglise de Lyon étoit autrefois persecutée par le Comte de Forés,
,, enfin après que cette Eglise eut souffert de grandes pertes & beaucoup de maux, il
,, se fit & passa un Traité ou Transaction entre cette Eglise & ce Comte, qui fut même
,, jurée & confirmée par serment, à laquelle cependant le Comte pretend aujourd'huy
,, ne pas se tenir, puisque l'on étoit convenu qu'aucune des parties ne pourroit rien
,, acquerir de nouveau dans les confins marquez en cette Transaction, sinon que
,, l'on voulut donner à l'Eglise quelque chose à titre d'aumône. Le même Comte étoit
,, aussi demeuré d'accord, que dans les Eglises qui lui étoient seules demeurées par cet
,, échange, & dans toutes les autres, qui avoient été reservées à l'Eglise de Lyon, il ne
,, feroit aucun trouble aux Prêtres, ni aux autres personnes qui les possedoient. Ce-
,, pendant à present contre la teneur de cette Transaction & contre la religion de son
,, serment il fait des exactions énormes sur ces Prêtres & sur ces Eglises, & il
,, pretend usurper ces Eglises, avec tous leurs revenus. Toutesfois, quoy que
,, cette Transaction soit desavantageuse à l'Eglise, & moins honneste pour elle,
,, Nous avons bien voulu pour le bien de la paix la confirmer par authorité Apostoli-
,, que. Craignant que si nous entreprenions de la revoquer nous n'attirassions de plus
,, grands maux sur l'Eglise, & nous ne missions en danger les personnes qui la servent.
,, Après tout cela ce Comte pour usurper ces Eglises & les tenir en sa main, dit que
,, nous avons consenti à cette Transaction, & que nous l'avons confirmée, lorsqu'il se-
,, roit plus avantageux pour sa reputation, & même pour son salut de renoncer, &
,, d'abandonner ce qui paroit de moins juste & de moins honnête en cette Trasaction,
,, que de faire de nouvelles entreprises, & s'arroger avec violence ce qui n'est pas à
,, lui. Or ne pouvant souffrir qu'il viole ainsi impunement la foy de son serment, ni
,, qu'il fasse à cette Eglise des vexations injustes, nous vous commandons, mes Freres,
,, par ce Mandement Apostolique, que vous avertissiez serieusement ce Comte, &
,, que vous l'obligiez à observer plus fidelement les articles de cette transaction, com-
,, me il a promis par serment de les observer en faisant cesser toute opposition contraire,
,, & s'il se trouve que contre ce traité il ait usurpé quelque chose sur ces Prêtres, ou
,, fait des extorsions sur ces Eglises, qu'il le restitue au plûtôt. Que s'il fait refus d'ac-
,, quiescer à vos remontrances, mettez de nôtre authorité toute sa terre dans l'interdit
,, sans appel, defendant absolument d'y celebrer les saints Mysteres, & les Offices Divins,
,, à la reserve du Baptême des enfans, & de la penitence ou absolution des moribons. Que
,, si tout cela n'étoit pas capable de le faire rentrer dans lui-même, vous l'excommunie-
,, rez personnellement; & vous ferez observer inviolablement cette Sentence d'inter-
,, dit, & d'excommunication. *Donné à Ferentm le V. Iuin.*

Nôtre Archevêque Jean de Bellesme, voyant que ce Comte ne deferoit pas trop ni à ces Bulles des Papes, ni à ces Sentences des Prelats, crût qu'il falloit avoir recours au bras seculier, & joindre la puissance Royale à l'authorité Apostolique, ainsi il alla au Roi Philippe Auguste, dont le Comte étoit sujet pour une partie de ses terres au delà de la riviere de Loire, & ayant appris que le Roi avoit aussi mis dans ses mains la Regale de l'Eglise d'Autun, que cet Archevêque pretendoit luy appartenir en qualité de Metropolitain, il alla à Paris poursuivre auprez de ce Prince les droits de son Eglise. Il obtint d'abord la confirmation de la Transaction passée avec le Comte par l'Archevêque Guichard son predecesseur. Cette confirmation étoit conçuë en ces termes.

"Au Nom de la Sainte & Indivisible Trinité. Ayant vû & lû mot à mot dans les "écrits du Saint pere Lucius, de Guichard Archevêque de Lyon, de l'Evêque d'Au-"tun, de Guy Comte de Forés, & des Chanoines de Lyon, une Transaction passée en-"tre nos fideles Guy Comte de Forés & son fils, avec Guichard d'heureuse memoire "Archevêque de Lyon, & les Chanoines de Lyon pour se procurer le bien de paix, aprés "plusieurs contentions, & debats : & cette Transaction confirmée par le serment des "parties pour la rendre stable & perpetuelle à l'avenir ; à la requeste de nôtre fidele "Archevêque Jean ; Nous avons jugé qu'il étoit à propos de la rapporter ici fidele-"ment, afin que personne n'en pretende cause d'ignorance, &c.

Il insere mot à mot la teneur de cette Transaction, & comme il ne voulut point la confirmer si l'Archevêque ne lui prestoit serment de fidelité pour les pretensions qu'il pouvoit avoir sur la Ville de Lyon & le Lionnois, Frideric ayant été excommunié, l'Archevêque luy presta ce serment ; & c'est pour cela que le Roi l'appelle *fidelis noster*, comme il avoit fait Guy Comte de Forés & son fils, qui étoient ses vassaux : mais il est à remarquer qu'il ne dit pas le même de l'Archevêque Guichard & des Chanoines de Lyon, qui devoient être nommez avant les Comtes de Forés, s'il n'avoit fallu qu'il commençât par ceux qui étoient ses veritables vassaux, dont il devoit confirmer la transaction, déja authorisée & confirmée par deux Papes à l'égard de l'Archevêque & des Chanoines.

Ce fut en ce même-temps que nôtre Archevêque s'étant plaint de ce que les officiers du Roi avoient mis en sa main les revenus de l'Eglise d'Autun durant la vacance de cette Eglise, il en poursuivit la restitution, & ce fut en cette occasion que le Roi Philippe Auguste donna cet autre rescript.

"Philippe, par la grace de Dieu, Roi des François. Sçachent tous presens & ave-"nir, qu'ayant appris par le témoignage de gens dignes de foi, que toutes les fois "que l'Eglise d'Autun vient à vacquer, c'est le droit de l'Eglise de Lyon, que son "Archevêque mette en sa main les droits de Regale qui sont à nous, & tous les au-"tres qui appartiennent à l'Eglise d'Autun ; & que reciproquement, autant de fois "que le Siege de Lyon vient à vacquer, l'Eglise d'Autun mette en sa main tout "ce qui appartient à l'Archevêché : nous qui voulons & devons conserver invio-"lables les droits de ces Eglises, ordonnons & commandons, que l'une & l'au-"tre de ces Eglises jouïsse pleinement de son droit, comme il a été dit, & comme "nous avons appris par le rapport de gens de bien ; & qu'il ne puisse tourner au "prejudice d'aucune de ces Eglises, si par l'ignorance de ces droits nous avons mis "dans nôtre main la Regale d'Autun aprés le decez de l'Evêque Estienne. C'est "pourquoi nous restituons ces Regales à nôtre fidele l'Archevêque de Lyon, & à ses "successeurs, & nous leur concedons de les tenir à perpetuité autant de fois que ce "Siege viendra à vacquer. Et afin que cet Arrest ait sa force à perpetuité ; Nous "l'avons voulu confirmer par ce present écrit, seellé de nôtre sceau. Fait à Paris "l'an de l'Incarnation de Nôtre Seigneur 1189. le 10. de nôtre regne, dans nôtre Pa-"lais, où étoient presens ceux dont les noms sont signez. Thibaud Comte Senéchal, "Guy Bouteiller, Mathieu Chambellan, Raoul Connestable. Donné dans la vacance "de la Chancellerie.

Si l'on examine bien ce titre conçu en des termes fort sages, on verra la difference qu'il y a entre l'Eglise de Lyon & l'Eglise d'Autun pour la Regale. Le Roi Philippe Auguste appelle sa Regale celle d'Autun, parce qu'Autun étoit de son Royaume, & il dit que celle de Lyon appartient à l'Archevêché. Il concede cette Regale à perpetuité à l'Archevêque de Lyon, & ne dit mot de celle de Lyon, qu'il laisse dans ses usages. Aussi fallut il l'an 1284. passer un accord entre l'Evêque d'Autun & le Chapitre de Lyon pour l'administration du Diocese de Lyon, ce qui n'auroit pas été necessaire si l'Evêque en eût joüi de plain droit depuis le Roi Philippe Auguste. En effet l'affaire n'étoit pas encore reglée l'an 1269. quand le Chapitre de Saint Just eut recours à Gerard Evêque d'Autun pour se délivrer des vexations de nos Citoyens, qui les tenoient assiegez dans leur cloître aprés avoir chassé Messieurs les Comtes de

Regalia nostra.

leur Eglise & de leur cloître. Il est à propos de demêler l'occasion de ces brouilleries causées par la longue vacance de l'Eglise de Lyon.

Ce fut Philippe de Savoye qui causa cette longue vacance. Ce Prince par l'ordre de sa naissance se trouva le huitiéme fils de Thomas I. Comte de Savoye & de Beatrix de Geneve. Il fut dés sa jeunesse destiné à l'Eglise, aussi bien que quelques autres de ses freres, pour ne pas affoiblir la fortune des aînés par des appanages multipliez dans un etat qui n'étoit pas des plus étendus. Il eut un frere qui fut Evéque de Valance en Dauphiné, aprés avoir eté Evéque de Belay, & luy ne fut d'abord que Chanoine & Primicier de l'Eglise de Mets. Quelque temps aprés il fut élû Prevôt de Saint Donatian de Bruges, & son frere étant transferé de l'Eveché de Valence à l'Archevêché de Cantorbie en Angleterre, il fut nommé l'an 1245. pour luy succeder en cet Eveché. Le Pape Innocent IV. qui aimoit ce jeune Prince, s'étant retiré en cette Ville, pour fuïr la persecution de Frideric, contre qui il y assembla un Concile, l'attira de Valence à Lyon, dont il le nomma Archevéque sur la demission volontaire d'Aymeric des Rives, qui se retira dans l'Abbaye de Grandmont au Diocese de Limoges, pour y finir tranquillement le reste de ses jours. Le Chapitre aprés cette demission postula Hugues de S. Cher sçavant Dominicain, mais le Pape qui avoit ses desseins pour Philippes de Savoye, dont il vouloit se servir, fit le Dominicain Cardinal, & l'employa en plusieurs negociations importantes. Cependant comme Philippe de Savoye avoit plus l'humeur guerriere, que portée à l'Etat Ecclesiastique, le Pape luy permit de retenir tous ses Benefices sans se lier aux Ordres Sacrez, & le fit Confalonnier de l'Eglise, & Gouverneur du Patrimoine de S. Pierre, pour l'opposer aux Ducs de Spolete & de Camerin, & aux Seigneurs de Rimini, qui tenoient le parti de Frideric.

Ce Prince ne prit aussi jamais d'autre titre que celui de *Prima Sedis electus*, Prelat élû; Titre qu'il conserva treize ans entiers. Cet état Laïque qu'il retint dans sa Prelature, l'obligea de choisir pour Chorevêque ou pour Suffragant le Sçavant Guillaume Peraldus Religieux Dominicain, qui exerça durant dix ans les fonctions Episcopales en ce Diocese, & prit le titre d'Evéque de Lyon, qui est à la tête de ses Ouvrages. Enfin Philippe étant appellé à la succession du Duché de Savoye aprés la mort de deux de ses freres quitta l'état Ecclesiastique, & laissa l'Archevéché de Lyon vacant. Le Chapitre proceda aussi-tôt à l'élection d'un nouveau Prelat, & les voix étant partagées entre Milon de Vaux Doyen de cette Eglise, & Guy de la Tour Evéque de Clermont frere de Hugues Senéchal de l'Eglise de Lyon, le Pape Clement IV. se servant de la devolution de droit que lui donnoit ce partage, nomma Guy de Mello Evéque d'Auxerre, qui refusa cette translation, & mourut dans son Eveché l'an 1270. La mort du Pape Clement IV. qui arriva peu de temps aprés, fut cause que le Siege de Lyon vacqua prés de quatre ans, le Saint Siege étant aussi demeuré vacant prés de trois ans.

Ce fut en ce temps qu'arriverent les grandes brouilleries de nos Citoyens avec le Chapitre, qui ne sçachant à qui avoir recours pour se défendre des insultes de nos habitans irritez contre les Chanoines qu'ils avoient chassez de leur Cloître, de leurs Eglises & de leurs maisons, & obligez de se retirer dans le Cloître de S. Just hors la Ville, où ils les tenoient assiegez; appellerent Gerard Evéque d'Autun, comme premier Suffragant de l'Archevéché de Lyon, & luy remirent l'administration du Diocese pour le spirituel, sur quoy ce Prelat ayant assemblé à Belleville un Synode, où par ordre du Cardinal Legat Rodolfe Evéque d'Albane, l'Archevêque de Vienne & l'Evéque du Puy se rendirent, il delibera avec ces Prelats & les Evéques de Châlon & de Mâcon Suffragans de Lyon, de ce qu'il y avoit à faire, pour obliger nos Citoyens à rentrer dans leur devoir. Enfin il fut determiné de les interdire & de les excommunier jusqu'à ce qu'ils eussent obeï au commandement qu'on leur avoit fait de rendre les clefs de la Ville, d'abbatre les fortifications & retranchemens, dans lesquels ils se tenoient, & de remettre le cloître & les Eglises.

Civitatis dominium quod ad nos ratione administrationis quà gerimus, & ad Capitulum. Lugduni cum Jurisdictione temporali, & spirituali pertinere dignoscitur pleno jure.
Preuves Pag. 15.

La Sentence prononcée par cet Evéque au Synode de Belleville & rapportée parmy nos preuves en la page 15. du traité *de Bellis & Induciis* est une preuve demonstrative que ce n'étoit qu'une simple administration qu'avoit alors l'Evéque d'Autun comme Gouverneur aprés la mort de l'Archevéque, & non pas une jurisdiction qu'il reconnoist être au pouvoir du Chapitre tant au spirituel qu'au temporel de plein droit.

Voici donc où s'étendoit son pouvoir. Il étoit Gouverneur de Lyon, & du Diocese dans toutes les terres appartenantes à l'Archevéché, qui ne reconnoissoit point alors d'autre Superieur que l'Empereur. Il pouvoit convoquer des Synodes & y presider comme Vicaire du Metropolitain, à l'égard de ses trois autres Suffragans, mais non pas à l'égard de l'Eglise de Lyon, dont il n'a jamais presidé aux élections, ny donné son suffrage. Ainsi son administration n'a jamais eu nom de Regale, que depuis qu'elle a été consentie par nos Rois, quand ils ont été maîtres de cette Ville.

Aprés Gerard Evêque d'Autun, son neveu Jaques de la Roche qui lui avoit succedé exerça cette administration l'an 1283. & sur les defauts qui se trouverent en l'élection d'un Archevêque, ce ne fut pas lui qui regla & qui decida, mais on eut recours au pape Martin IV. qui nomma Raoul de la Torrette. Cet Evêque reconnut que c'étoit du Chapitre qu'il avoit receu cette administration, & qu'il devoit la rendre à ce Chapitre pour la remettre entre les mains du nouvel Archevêque, comme il est marqué dans les Actes Capitulaires, où est ce Concordat passé entr'eux. *R. Iacobus Episcopus Eduensis confessus fuit & recognovit se habuisse, ac recepisse administrationem Archiepiscopatus Lugdunensis, à capitulo Lugdunensi, & eamdem administrationem debere reddere restiturre, & tradere dicto Capitulo Lugdunensi, nomine, & ad opus electi Archiepiscopi qui preterit in Ecclesia Lugdunensi quorumcumque casus, tempus & locus se obtulerit.*

Quant au serment de fidelité que Nogaret pretendoit avoir été presté par tous les Prelats, Archevêques ou Evêques de temps immemorial avant Philippe le Bel, il s'éloignoit de la verité de l'Histoire. Il n'y avoit que les Prelats qui tenoient des fiefs, ou qui avoient des Offices à la Cour qui le prestassent, non pas pour leur prelature mais pour ces fiefs, & ces offices : ce qui fut la raison pourquoy nôtre Archevêque Halinard s'opiniâtra à ne le point prester à l'Empereur Frideric Barberousse, parce qu'ayant été tiré d'un Cloître où il étoit Abbé, il crût qu'un Religieux qui avoit fait des vœux à Dieu, n'en devoit pas faire d'autres aux hommes, scrupule que nous avons démelé cy-devant sur les regles & les principes de la Theologie Morale.

Quoy que le Roi Philippe Auguste nomme nôtre Archevêque Jean de Bellemes son fidele, nous n'avons aucune marque certaine qu'il lui ait presté le serment de fidelité, & au cas qu'il l'ait presté ce ne pût être que pour la Regale d'Autun qui estoit dans le Royaume, & sur les terres de Philippe Auguste. C'est pour cela que Henry de Villars refusa au Roy Philippe le Bel la foy & hommage de l'Archevêché & Comté de Lyon, & ne voulut reconnoître tenir du Roi que la Regale d'Autun & la Regale de Savigni. *Fidelis noster.*

Ce fut l'an 1298. que le Roy étant à Orleans demanda ce serment de fidelité à Henry de Villars qui avoit assisté à Rome à la Canonisation de Saint Loüis l'année auparavant, & avoit ensuite levé solemnellement le corps de ce saint Roi dans l'Eglise de Saint Denis pour l'exposer à la veneration publique. Le Roi ne voulut pas qu'il usât d'aucune restriction en ce serment qu'il exigeoit de lui, mais qu'il le prêtât à la maniere des autres Prelats de son Royaume, à quoi l'Archevêque resista toûjours, en disant qu'il n'en devoit pas davantage, & que si l'on pouvoit prouver qu'il dût l'hommage il seroit toûjours prêt de le faire, ne voulant prejudicier aux droits du Roi ni à ceux de son Eglise. C'est la protestation qu'il fit en presence de l'Archevêque de Narbonne, des Evêques de Dol & de Carcassonne, du Comte de S. Paul, & de quelques autres Seigneurs. Enfin il fût arresté qu'il presteroit son serment en termes generaux, qui ne prejudicieroient ni au Roi ni à l'Eglise. Il le presta donc en la forme suivante, le Seigneur de Belleville tenant le livre & prononçant luy-même la formule.

Vous promettez feaulté au Roy, qui cy est, & luy garder vie & membres, & de son fils heritier Roi de France & garder l'honneur de son Royaume, & donner conseil à vôtre sens, s'il vous le demande, & garder son secret.

Cette forme de serment fait voir évidemment, que c'est comme membre du Conseil du Prince que l'Archevêque prestoit ce serment de fidelité, & non comme Archevêque ny même comme Comte de Lyon.

L'Archevêque prit pour témoins de son côté Guillaume Flotte Conseiller au Parlement, Humbert de Beaujeu, Aimon de Pesins Conseiller, Thibaud de Vassalieu Chanoine Comte de Lyon, Barthellemi de Riverie Chevalier dans l'Eglise de Lyon, Guy de Franchelins, Guy d'Urgel, Jacques Archenas, Chanoine d'Orleans, & pour recevoir la protestation Estienne Tacin Notaire Apostolique.

Ce qui fait voir clairement qu'avant Henry de Villars nul de nos Archevêques n'avoit presté le serment de fidelité à aucun de nos Rois, c'est l'élection qui fût faite en 1287. de Pierre d'Aouste Archidiacre de l'Eglise de Lyon pour succeder à Raoul de la Torrette, qui avoit été nommé par le Pape Martin IV. à cause de la division des Suffrages du Chapitre. Or cet Archevêque étant mort on proceda à l'élection de Pierre d'Aouste, qui en vertu de cette élection prit l'administration & mourut avant que d'avoir receu ses provisions de Rome, parce que le Siege étoit vacant, on voit par cet acte, que l'administration de l'Evêque d'Autun finissoit aussi-tôt que l'élection estoit faite canoniquement, sans qu'il fallut attendre ni la confirmation de Rome, ni que le nouvel Archevêque fût sacré. Aussi ce ne fut que l'an 1288. que Huges d'Arci Evêque d'Autun reprit l'administration, pour laquelle il nomma son Official Huges de Vaudrey, dont il y a quelques actes dans le livre des compositions de Forés, qui commencent ainsi : *XIII. Calendas Julii obiit Petrus de Augusta Archidiaconus Ecclesia Lugdunensis, qui in eadem Basilica fuerat concorditer in Archiepiscopum electus, & per electionem scrutinio de se factam, renuerat administrationem sedis dictae Ecclesiae. Sed antequam ei provisum esset in Ecclesia Romana, qua tempore illo vacabat, ipse migravit ad Christum an. 1287. ex actis Capituli.*

Nos Hugo de Vaudreyo Officialis Curiæ Lugdunensis, pro Domino Episcopo Eduensi gerente administrationem Archiepiscopatus ipsius Sede vacante, &c.

Où il faut remarquer qu'il n'est parlé que d'administration de l'Archevêché le Siege vacant, ce qui n'est pas la Regale, mais une pure administration de la justice seculiere pour l'Archevêque Seigneur temporel, ce qui est évident par les enquestes, ordonnances, & autres actes rapportez entre nos preuves, mais il y aura lieu d'examiner ce point plus à fond au livre suivant, où nous traiterons de la domination de l'Eglise sur la Ville de Lyon, & de la forme du Gouvernement civil sous cette domination dont la justice étoit partagée entre l'Archevêque & le Chapitre depuis l'échange fait avec le Comte de Forés, dont le Chapitre avoit acquis les droits, ou du moins les pretensions sur la Ville de Lyon, par cet échange & la transaction que nous avons vûë cy devant, source fatale de tant de troubles, que je seray obligé de décrire & rapporter exactement dans les deux livres suivans, puisqu'ils furent l'occasion du premier établissement du Gouvernement Consulaire, pour lequel j'ay entrepris cette premiere partie de nôtre Histoire Civile, à qui j'ay donné pour cette raison le titre d'Histoire Consulaire de la Ville de Lyon.

Le XXII. Article où Nogaret expose, qu'il est certain notoire & indubitable que depuis que la Ville Lyon fut remise entre les mains des Chrêtiens, nul Prince de la terre n'eut jamais de droit, ni de superiorité sur les Archevêques & l'Eglise de Lyon pour le temporel que les seuls Rois de France; cet article est invinciblement refuté par les privileges, concessions & confirmations de Boson, de l'Empereur Loüis son fils Roi de Provence, de Conrad le Pacifique, de Conrad le Salique, de Henry Empereur, de Frideric Barberousse tous Princes étrangers qui eurent la Souveraineté de cette Ville, & y passerent plusieurs actes qui sont datez de Lyon même, où ils étoient connus pour Souverains.

Propter discordiam Archiepiscopi & Capituli Regales intraverunt terram.

Enfin les anciens actes Capitulaires de l'Eglise disent clairement, que ce furent les differens de l'Archevêque & du Chapitre, qui firent entrer les Officiers Royaux dans l'administration de la Justice, comme ce furent les broüilleries de nos Citoyens avec le Chapitre, qui obligerent le Chapitre d'avoir recours à l'Evêque d'Autun, Vicaire Metropolitain ou premier suffragant de l'Archevêché, dont il exerçoit la Justice.

Aprés cette longue digression revenons à la suite des Souverains, qui ont été maîtres de la Ville de Lyon aprés Henry VI. Empereur, en qui nous avons fini l'ordre & la succession de ces Souverains, Frederic II. fils de cet Empereur luy succeda au Royaume de Sicile, fut fait Roy de Ierusalem & couronné Empereur.

Mais ce Prince ne sembla être monté sur tant de Trônes que pour troubler le monde, & pour persecuter l'Eglise à l'exemple de trois ou quatre de ses Predecesseurs. Car les Schismes excitez par Henry IV. Henry V. & Frideric I. ébranlerent fort l'authorité de ces Empereurs dans les Royaumes d'Arles & de Bourgogne, dont ils étoient trop éloignez pour les gouverner avec pleine authorité, étant presque toûjours en Allemagne ou en Italie, ce qui les empêcha de s'opposer aux usurpations des petits Seigneurs qui s'erigeoient en Souverains. Les voyages de Frideric en la Terre-Sainte favoriserent encore davantage ces usurpations, & ses dissensions avec les Papes, firent que la pluspart des Ecclesiastiques secoüerent le joug de sa domination. Enfin l'authorité des Empereurs se trouva tout à fait anneantie en ce Païs par le Schisme de Frederic II. petit fils de Frederic I. & aussi turbulant que lui. Je dis qu'elle fut tout à fait aneantie, parce qu'ils n'en firent plus aucun acte, & qu'il n'en resta qu'une vaine representation en la date de quelques titres. Ainsi le testament de Guy Comte de Nevers & de Forés en l'an 1239. fut datté du regne du Roi S. Louïs, & de l'Empire de Frederic, parce que Nevers étoit dans les terres du Roi, & le Forés au deça de Loire terre de l'Empire ou du Royaume de Bourgogne.

Cette extinction de l'Authorité Imperiale en ce Païs, fit choisir au Pape Innocent IV. la Ville de Lyon pour sa retraite contre les persecutions de Frideric, qui n'étoit pas reconnu en cette Province, quelque pretension qu'il pût avoir sur diverses terres tenuës par de petits Seigneurs. Lyon parut donc à ce Pape une Ville purement Ecclesiastique, dont l'Archevêque étoit Seigneur Spirituel & temporel, & dans laquelle il pourroit exercer independamment de toute autre puissance toute sa Jurisdiction. Il y vint donc l'an 1244. la premiere semaine de l'Avent, & y demeura pendant six ans & plus.

Il choisit pour sa demeure le Cloître de Saint Just, assez vaste & spatieux pour loger, non seulement sa Cour, mais encore celle de deux ou trois autres Princes.

Ce Pape avoit un attachement particulier à la maison de Savoye, qui lui avoit

de la Ville de Lyon. 303

offert ses secours lors que l'Empereur Frideric l'obligea de sortir d'Italie ; ainsi à peine fut-il à Lyon que Boniface de Savoye ayant été créé Archevêque de Cantorbery en Angleterre, d'Evêque de Valence en Dauphiné qu'il étoit auparavant, après avoir été Evêque de Bellay, & tiré de l'Ordre des Chartreux, il le consacra solemnellement en cette Ville, & appella Philippe de Savoye son frere à l'Evêché de Valence, que Boniface lui avoit resigné, & sans faire renoncer à cet Evêché, dont il n'avoit encore que l'administration, il le fit Archevêque de cette Ville par la demission volontaire d'Aimeric de Rives, comme nous avons dit.

Ce Prelat qui ne prenoit d'autre titre que celui d'Archevêque élû, ne laissa pas d'exercer dans la Province plusieurs actes de superiorité. Ainsi quand Guy & Reinaud de Baugé voulurent donner des franchises à la Ville de Baugé ; ils les firent authoriser par l'Archevêque Philippe, qui les scella de son sceau, après avoir donné un Curateur à ces deux jeunes Seigneurs, dont le Pere étoit mort dans la Terre-Sainte.

Electus Lugdunensis universis præsentes literas inspecturi, Guido Dominus Baugiaci miles, & Renaudus Domicellus fratres, rei gestæ notitiam cum salute. Ad universorum notitiam volumus pervenire; quod nos considerata utilitate nostra, & totius terræ nostræ, considerata etiam pressa voluntate Nobilis viri Domini Reynaudi Patris nostri noviter viam universæ carnis ingressi in partibus etiam diligenti consilio & tractatu cum amicis vestris charissimis, & præcipuè cum venerabili Patre, & Domino Lugdunensi Electo, sponte scientes, prudentes, non circumventi ab aliquo, nec errore lapsi, sed certà scientia, intentione, ex transmarinis, habita authoritate Domini Electi, Villam nostram franchisum, damus, cedimus, & concedimus &c. Guichenou preuves de l'Hist. de Bresse. pag. 63.

Les Comtes & les Ducs de Savoye obtinrent depuis ce temps-là des lettres de Vicaires de l'Empire, pour recevoir au nom des Empereurs les hommages & sermens de fidelité qui leur étoient dûs dans la Bourgogne superieure, le Dauphiné, la Provence, la Bresse & le Bugey. Ce fut la seule chose qui resta de l'ancienne authorité de ces Empereurs au deçà des Alpes, & qui subsista plus long-temps en Savoye en Provence & en Dauphiné qu'en ce Païs, où elle s'éclipsa entierement.

Quoique le Pape Innocent IV. eût été en sa jeunesse reçû dans le Chapitre de l'Eglise de Lyon, il ne la favorisa pas beaucoup, & nous serions, peut-être, en peine d'en imaginer la cause, si Mathieu Paris ne l'avoit remarquée en ses Annales sous l'année 1245. où il dit, que ce Pape ayant voulu donner à quelques étrangers ses parens, & ses proches des prebandes de l'Eglise de Lyon, independamment du Chapitre, nos Chanoines lui resisterent en face, & lui firent dire, que si ces pretendans alloient à leurs prebandes paroissoient dans Lyon, ils les feroient jetter dans le Rône.

Cum vellet Dominus Papa Innocentius IV. quibusdam prebendis Lugdunensis Ecclesiæ vacantibus, quosdam alienigenas consanguineos, vel affines suos inconsulto capitulo introducere, restituerunt ei in facie canonici Lugdunenses comminantes, & cum mento obtestantes quod si tales apud Lug. inven. attraverso non possent eos vel Archiepiscopus, vel Canonici protegere, quin in Rhodanum mergerentur. Matth. Paris ad an. 1245.

Après cela il ne faut pas chercher d'autres causes de la protection, que ce Pape donna à nos Citoyens contre le Chapitre, de tant de Bulles & de Brefs dont il les gratifia durant son sejour en cette Ville, loüant leur zele, leur fidelité, & leur attachement pour le saint Siege. C'est ce que l'on peut voir en l'une de ces Bulles que nos Citoyens devroient avoir fait graver sur le marbre ou sur le bronze pour le placer dans leur Hôtel de Ville, vis à vis des tables de bronze de la requeste de l'Empereur Claude, qui leur avoit procuré le droit de Bourgeoisie Romaine & d'entrée dans le Senat, & dans les Charges de la Republique. Mais nous vivons dans un siecle où peu de personnes s'interessent à reconnoître des bienfaits si éloignez : Ce Pape en l'une de ses Bulles du 14. de Fevrier de l'an 1245. qui fut le huitiéme de son Pontificat, declare aux Citoyens de Lyon, qu'il appelle ses fils bien aimez, qu'il les cherit par dessus tous ses autres enfans dévoüez à l'Eglise, & qu'il est juste qu'il leur donne des privileges particuliers, d'autant plus que le saint Siege ne pourra jamais oublier le respect & l'empressement avec lequel la Ville de Lyon l'a reçû. A quoi il ajoute, que la sincerité des Lyonnois a éclaté, que la pureté de leur foy, & la constance de leur cœur ont toûjours été inebranlables. En consideration dequoy il veut qu'aucune Eglise, ni Paroisse de la Ville ne puissent être interdites, si dans l'interdit il n'est fait mention expresse de ladite Ville, de la presente Bulle & de toute sa teneur.

Preuves XII.

Il adresse une autre Bulle du même jour au Sacristain de l'Eglise de saint Paul de Lyon, pour être executeur de la teneur de cette Bulle. Ce qui fait voir qu'il étoit broüillé avec les Chanoines de l'Eglise de Lyon, desquels il ne fait nulle mention.

Preuves XVI.

Par autre Bulle du même jour il prend sous sa protection, & sous la protection de saint Pierre, les personnes, biens & familles des Citoyens de Lyon, & commet l'execution de cette Bulle au Prieur de saint Irenée & au Prevôt de l'Eglise de Fourviere, ausquels il commande d'y tenir la main.

Ibidem.

Il accorde par une cinquiéme Bulle donée du même jour aux Citoyens de Lyon,

Ibidem.

qu'aucun d'eux ne pourra être tiré en jugement hors la Ville, par lettres Apostoliques, s'il n'y est fait mention de ladite Ville, & du present Indult, & ce sont l'Abbé de l'Isle-Barbe & le Sacristain de S. Paul, qui en sont nommez les executeurs par une sixiéme Bulle.

Preuves XIII.

Par une septiéme Bulle plus ample que les precedentes il s'adresse à tous Archevêques, Evêques, Abbés, Prieurs, Doyens, Archidiacres, & autres Prelats de l'Eglise, & leur declare que l'éclatante devotion des Lyonnois ne doit jamais être mise en oubli, puisque s'étant retiré d'Italie à cause des troubles pour vacquer & travailler plus seurement à la défense de la Foy, il avoit choisi sa demeure dans la Ville de Lyon ornée du titre de Noblesse, éclatante par la pureté de sa foy, jouïssant d'une grande paix, riche par l'affluence de toutes choses, & facile à tous abords par sa belle situation; qu'il y a fait assembler un Concile general, où l'on a traité de la cause de l'Eglise contre les tyrans qui la persecutoient, comme aussi des affaires qui touchoient l'Empire Romain, & de la Terre-Sainte : des moyens de s'opposer aux invasions que les Tartares deliberoient de faire. C'est cette Ville, ajoute-t-il, pleine de devotion, qui a reçû chez elle avec grande veneration le Pasteur de l'Eglise Universelle, & le Pere Spirituel de tous les Fideles, & qu'il a traité ainsi que tous ses freres, officiers & domestiques, avec une affection singuliere en toutes sortes d'occasions, & dont les habitans meritent d'être appellez les veritables distributeurs de leurs biens envers le S. Siege, puisqu'ils se sont étudiez de le recevoir, & de le reverer avec toute l'humilité, la douceur, la bienveillance, affection & modestie qui leur a été possible, considerant l'Eglise comme leur veritable mere, & maîtresse, c'est pourquoy, dit il ensuite voulant les recompenser de tant de services, & de témoignages d'amour & de respect qu'il en a reçû, il veut que toute l'Eglise Universelle en soit informée, prie tous les Prelats & leur commande en vertu de sainte obeïssance d'assister en tout & par tout les Citoyens de Lyon, quand ils iront dans leurs terres, & de les considerer comme les fils speciaux & particuliers de l'Eglise & du S. Siege, qui sont sous la protection de S. Pierre, & sous sa protection, de les avoir pour recommandez en tout ce dont ils pourront avoir besoin, soit en allant, soit en venant, de ne souffrir qu'aucun tort leur soit fait, & s'ils ont quelque occasion de plainte de leur faire justice sur le champ, nonobstant appellations quelconques.

Preuves XIV.

Enfin par un huitiéme Bulle adressée à ses fils bien-aimez, les Citoyens de Lyon, il leur accorde & veut en consideration des bons offices qu'il en a reçû, que lorsqu'ils envoyeront quelques Nonces ou Deputez pour les affaires de leur Ville en Cour de Rome, ils soient reçûs dans le Palais du Pape, & de ses Successeurs, tenus & reputez comme domestiques tout le temps qu'ils seront à Rome pour les affaires de leur Ville.

Ce Pape qui étoit en cette Ville depuis la premiere semaine de l'Avent de l'an 1244. six ans & demi après l'an 1251. excommunia & deposa l'Empereur Frideric II. ce qui fit cesser la domination des Empereurs en cette Ville, & rendit nos Archevêques tout à fait independans jusqu'à ce que Philippe le Bel pretendît que cette Ville étoit une dépendance de son Royaume, & sur les difficultez que l'on fit d'y recevoir ses Officiers, mit sur pied une Armée commandée par son fils Loüis Roy de Navarre, assisté de ses freres, de ses oncles, & de plusieurs Grands du Royaume, pour saccager cette Ville, ce qui obligea le Pape Clement V. d'écrire à nos Citoyens en ces termes.

Preuves XVIII.

Clement Evêque, Serviteur des Serviteurs de Dieu ; à nos bien-aimez les Citoyens de Lyon, Salut & benediction Apostolique. Comme la pieté de l'esprit Apostolique reçoit beaucoup de joye lorsque ses enfans sont dans la paix & concorde, elle reçoit aussi beaucoup de chagrin, lorsqu'il se trouve parmi eux quelque desordre, & dissension. Ainsi à nôtre grand regret nous avons appris, que nôtre tres-cher fils le Roy Philippe tres Illustre envoyoit une Armée contre nôtre frere l'Archevêque de Lyon, & contre la Ville, à cause de certains excez commis contre ledit Roy & ses Officiers dans vôtre Ville, & qu'il envoyoit pour cet effet Loüis Roy de Navarre son fils aîné, & ses autres fils, & freres & plusieurs Grands du Royaume pour commander l'Armée, & saccager la Ville. A cause dequoy nous envoyons deux Nonces Cardinaux à vôtre Roi pour le prier de ne poursuivre son dessein, & de rappeller incessamment son Armée, afin de sauver vôtre Ville. Quand nos deux Nonces reviendront devers vôtre Roi, ils repasseront dans vôtre Ville pour accommoder avec nôtre frere l'Archevêque & Nous, le different que vous avez avec ledit Roi. Nous vous exhortons cependant de surseoir tous actes de violence, & de rendre & témoigner au Roy toute l'affection & le respect que vous avez toûjours eu pour lui. *Donné à Avignon le 8. des Calendes de Juillet le cinquiéme de nôtre Pontificat.*

Le Pape Iean XXII. ne fut pas moins affectionné pour cette Ville que ses predecesseurs

decesseurs Innocent IV. & Clement V. parce que l'an 1316. la veille de S. Pierre & de S. Paul par l'ordre du Roi Philippe furent arrestez vingt-trois Cardinaux, & enfermez dans le Convent des Freres Prêcheurs de cette Ville pour proceder à l'élection d'un pape, le Siege de Rome ayant demeuré vacant plus de deux ans. Enfin le jour de S. Donat 7. d'Août fut élû aprés une vacance de deux ans trois mois & dix-sept jours Jacques de Ossa Cardinal Evêque de Poitiers, qui fut appellé Jean XXII. Il fut couronné dans saint Jean, & puis alla dîner dans le Verger des Jacobins, chez lesquels il demeura ensuite quinze jours.

Ce pape, qui reconnoissoit cette Ville comme le Berceau de sa grandeur, la favorisa toûjours de sa protection & confirma les privileges que le pape Innocent IV. son predecesseur lui avoit si liberalement départi. Ainsi l'an 1318. Guillaume de Varey, Estienne de Villeneuve & Guillaume Brunel Deputez de la Ville étant allez à Avignon pour faire quelques plaintes contre l'Archevêque, qui les troubloit dans la jouïssance de leurs privileges & des Traitez faits avec lui, & contre les Curez qui faisoient des exactions pour les mariages & les sepultures, le Pape écrivit le 2. Juillet à nos Citoyens & à l'Archevêque, ausquels il envoya les Brefs suivants.

JEAN Serviteur des Serviteurs de Dieu; à nos bien aimez fils les Citoyens de Lyon, salut & benediction Apostolique. Inclinant à vos prieres, & bien informé du zele & de l'affection, & sincerité avec laquelle vous avez reçû & traité dans vôtre Ville nôtre predecesseur Innocent IV. & tous les Cardinaux & Officiers de sa suite, ce qui l'obligea de vous favoriser comme les fils speciaux & particuliers du saint Siege, les plus fideles & devots à l'Eglise, nous vous accordons par la presente Bulle qu'aucune Eglise ni paroisse de vôtre Ville ne puissent être interdites par Lettres Apostoliques, s'il n'y est fait mention expresse du present Indult. *Donné à Avignon le 6. des nones de Juillet l'an deuxiéme de nôtre Pontificat.*

Preuves XVIII.

Voici ceux qu'il adressa à l'Archevêque Robert d'Auvergne.

JEAN Serviteur des Serviteurs de Dieu; à nôtre Venerable Frere l'Archevêque de Lyon, salut & benediction Apostolique. Nos bien aimez fils les Citoyens de Lyon nous ont representé, que quoique tant vous, que vos predecesseurs Archevêques ayez le droit d'empêcher qu'aucun ne vende du vin dans ladite Ville au mois d'Août, si ce n'est l'Archevêque ou celui à qui il le veut permettre en payant la treiziéme partie du prix du vin vendu, & que depuis environ vingt cinq ans par vos contrarietez, & celles de vos predecesseurs, il n'a été permis à aucun Bourgeois de vendre son vin pendant ledit mois d'Août, quoy qu'ils ayent fait offre de payer ladite treiziéme partie du prix de leur vin, ce qui leur cause un grand prejudice & à toute la Ville. C'est pourquoi lesdits Citoyens nous ont suplié qu'en les remettant au premier état, il soit permis à chacun d'eux de vendre & d'acheter du vin au mois d'Août en vous payant ladite treizéme partie. Ainsi nous desirant d'ôter tout sujet de scandale & de debat entre vous & lesdits Citoyens; Nous requerons vôtre fraternité, & l'exhortons qu'elle convienne avec eux sur ce sujet, & que vous leviez les défenses faites de vendre du vin. *Donné à Avignon le 6. des Nones de Juillet l'an deuxiéme de nôtre Pontificat.*

JEAN Serviteur des Serviteurs de Dieu; à nôtre Venerable Frere l'Archevêque de Lyon, salut & benediction Apostolique. Nous avons reçû la plainte de nos bien-aimez fils les Citoyens de Lyon, contenant que les Recteurs, Prieurs & Curez des paroisses de la Ville & Fauxbourgs font des exactions onereuses, illicites & inoüies pour les Mariages & Enterremens, & recourant à la Clemence du saint Siege Apostolique, Nous ont suplié d'y vouloir remedier. C'est pourquoi Nous vous mandons par ces presentes, que s'il vous appert de ces vilaines exactions, vous ayez à les empêcher, & faire cesser, & garder, & observer les Ordonnances & Decrets Canoniques. *Donné à Avignon &c. même datte qu'au precedent.*

II.

Preuves XIX.

Cinq jours aprés ce même pape en un autre Bref loüe le zele & la devotion de nos Citoyens envers le saint Siege, & confirme le privilege d'Innocent IV. de ne pouvoir êtrez tiré en jugement hors la Ville, comme par un autre du quinziéme, il témoinge la joye avec laquelle il a reçû leurs deputez.

Ibid.

JEAN Serviteur des Serviteurs de Dieu, à nos bien-aimez fils les Consuls & Habitans de la Ville de Lyon, salut & benediction Apostolique. Nos bien-aimez fils Guillaume de Varey, Estienne de Ville-Neuve, & Guillaume Brunel vos Concitoyens & Nonces aupres de Nous, nous ont representé vos Lettres que Nous avons benignement reçûes & avec plaisir, en consideration de ceux qui nous les ont adressées, comme des enfans de benediction, & nous ferons tout ce qui nous sera possible pour le bien de vôtre Ville, & selon la teneur de vôtre Lettre. *Donné*

Preuves XVIII.

R r

à Avignon aux Ides de Iuillet l'an deuxième de nôtre Pontificat.

Ce même Pape ayant appris que l'on divertissoit les deniers destinez à la fabrique & à l'entretien du Pont du Rône, adressa une Bulle à l'Abbé d'Aisnay, au Prieur de S. Irenée, & au Sacristain de S. Paul pour en informer, & pour se faire rendre compte de l'administration de ces deniers.

JEAN Serviteur des Serviteurs de Dieu ; à nos bien-aimez Fils l'Abbé d'Aisnay, le Prieur de S. Irenée & le Sacristain de saint Paul de Lyon, salut & benediction Apostolique. Les Citoyens de Lyon nous ont representé, que les fideles de Jesus-Christ ont donné beaucoup de biens meubles & immeubles pour la construction & reparation du Pont qui est sur le Fleuve du Rône, & que l'Ordinaire du lieu, cherchant plûtôt son profit & celuy de ses serviteurs, que la construction de ce Pont, donnoit ces biens à ses amis, aux uns pour certain temps, aux autres pour leur vie ; & que même l'Abbé de la Chassagne qui avoit entrepris la construction dudit Pont, convertissoit les deniers qu'on lui avoit remis pour ce sujet en d'autres usages, sans se mettre en peine de le parachever, ni de le reparer, jusques-là même qu'il tombe en ruine au grand prejudice de la Ville, & danger des passans. C'est pourquoi comme les biens que les fideles donnent liberalement pour la construction & reparation dudit Pont, ne doivent point être convertis en d'autres usages, Nous vous mandons par ces presentes que vous informiez de tout ce que dessus, & que les biens que vous trouverez usurpez, alienez, ou injustement detenus, & qui ont esté donnez pour la fabrique dudit Pont soient par vos soins employez à la perfection & reparation d'icelui, & de faire rendre compte à ceux qui en ont eu l'administration. Nous voulons aussi & vous enjoignons, que si l'administration des biens dudit Pont n'appartient pas specialement à quelqu'un de vous, vous établissiez pour cet effet deux Prud'hommes, qui seront nommez par les Consuls de Lyon, lesquels conjointement avec un tiers qui sera nommé par l'Archevêque, administreront ces biens, & les employeront à la fabrique & entretien dudit Pont, & rendront tous les ans un compte exact par devant deux autres Prud'hommes nommez par lesdits Consuls, & un autre par ledit Archevêque. *Donné à Avignon le 6. des Ides de Iuillet l'an deuxième de nôtre Pontificat.*

Trois ans aprez ce même Pape fit l'honneur à nos Consuls de leur donner avis, que Pierre de Corbario Antipape avoit enfin renoncé au Schisme qu'il avoit causé dans l'Eglise, & avoit fait satisfaction à ce Pape.

JEAN Serviteur des Serviteurs de Dieu ; à nos bien-aimez Fils les Citoyens de Lyon, salut & benediction Apostolique. Nous vous annonçons la nouvelle, & vous faisons part de la joye que nous avons reçûë en ce que Pierre de Corbario de l'Ordre des Freres Mineurs, qui par une aveugle ambition avoit usurpé le siege de la Papauté, où plûtôt de l'Antipapauté, étant enfin inspiré par la grace, & rempli de componction, est venu en nôtre presence & de celle de nos Freres les Cardinaux, & de plusieurs autres : a hautement confessé ses erreurs, ses crimes & ses Schismes en les detestant & abjurant avec une grande amertume de son cœur, & par tous les endroits, où il a passé en venant en nôtre Cour ; il en a fait de même, & a donné par tout des marques publiques de son abjuration, & de son repentir. Ce fut le 4. d'Août dernier qu'il nous fit cette Amande. *Donné à Avignon le 13. des Calendes d'Octobre l'an quinzième de nôtre Pontificat.*

Ce voisinage du siege d'Avignon étoit d'un grand secours à nos Citoyens, qui y portoient leurs plaintes autant de fois qu'ils avoient quelque demêlé avec l'Archevêque ou le Chapitre, au lieu qu'auparavant il leur falloit deputer à Rome. Tout cela fait voir evidemment, que nos Rois n'étoient pas alors maîtres de cette Ville, puisque non seulement on ne s'adressoit pas à eux, mais même sans les consulter & sans en obtenir la permission ils recouroient à une puissance étrangere, mais Nous aurons plus de lieu de traiter cette matiere au Livre suivant, où nous verrons la domination de l'Eglise sur cette Ville, & la forme de son Gouvernement civil sous cette domination, jusqu'à ce que nos Rois annexerent ce Païs à leur Couronne, & traiterent de la Justice avec nos Archevêques. Ainsi le droit de souveraineté est plainement acquis à nos Rois, qui en sont demeurez les maîtres depuis près de quatre siécles, comme nous verrons au sixième Livre, après que j'auray demêlé tous les changemens qui se firent dans la forme du Gouvernement civil, qui est l'objet de cette partie de nôtre Histoire la plus embroüillée de toutes par tant de changemens de Maîtres, comme on aura pû remarquer dans ces quatre premiers Livres, dont il a fallu authoriser les faits par les témoignages des Autheurs contemporains, au lieu que les suivans seront justifiez par des titres & des actes inserez dans les preuves.

Cependant il ne sera pas inutile d'observer que durant le sejour des Papes en ce païs, le siege Archiepiscopal ayant vacqué plusieurs fois, il n'y est fait nulle mention des Evêques d'Autun pour l'administration; non plus que lors que nos Archevêques élus sont demeurez en cet etat sans se lier aux Ordres Sacrez, comme Philippe de Savoye. Nous ne lisons pas que l'Evêque d'Autun ait exercé aucune Jurisdiction spirituelle en ces occasions, au contraire ces Prelats ont eu des suffragans, qui residoient en cette Ville, laquelle étoit en possession depuis long-temps d'avoir outre ses Archevêques, des Evêques extraordinaires comme les nomme le sçavant Pere Mabillon en son Traité *de Re diplomaticâ*, Evêques, qui avoient le caractere, la dignité & l'office sans avoir de Diocese. Aussi étoient-ils nommez *Episcopi incardinati*, Evêques qui n'étoient pas attachez à un Diocese, comme sont encore à present les Vicaires Apostoliques en Hollande & en Angleterre, & quelques uns de ceux qui ont été envoyez par le Pape dans la Chine & dans les Indes: quoy qu'à present on leur assigne des titres *in partibus*, c'est à dire, qu'on leur donne d'anciens titres suprimez, des Archevêchez & Evêchez, dont les terres sont occupées par les Infideles. Anciennement c'étoient des Abbez, à qui pour leur merite les Papes conferoient ce caractere. Ainsi du temps de nôtre Agobard je trouve un Agenius Evêque, Abbé de saint Just, & un Audinus Chorevêque entre les Chanoines de saint Paul. C'est de là, si je ne me trompe, que quelques Abbez ont retenu jusqu'à present des droits Episcopaux, que l'on nomme *Jura quasi Episcopalia*. Il y avoit aussi plusieurs Archevêques & Evêques qui renonçoient à leurs Dioceses pour se retirer dans des Monasteres, où ils retenoient la dignité & l'Office d'Evêque, qu'ils n'exerçoient que du consentement des titulaires. Nôtre Jean de Bellesmes se retira ainsi à Clairvaux, nôtre Aymeric de Rives à l'Abbaye de Grandmont, & nôtre Leydradus à saint Medard de Soissons.

Les administrations en Regale ne sont que du douziéme siecle. Avant ce temps-là la plûpart des Prelats ne se donnoient point d'autre titre que celuy d'humbles ministres des Eglises, dont ils étoient Evêques ou Archevêques, ce qui fut peut-être, l'occasion de donner le nom d'Administrateurs, à ceux qui avoient ces Prelatures en commande, ou qui les tinrent en Regale.

On ne peut pas apporter des titres primordiaux de ces établissemens, que quelques-uns croyent avoir été des concessions particulieres faites à des Princes par des Papes, d'autres les ont considerées comme des usurpations. Quelques uns ont soûtenu qu'elles étoient des droits annexez à la Couronne. Et comme j'ay déja dit cy-devant, ce n'est pas à moy à prononcer sur ces contestations, mais seulement à rapporter le plus exactement que je pourrai en fidele Historien, ce qui s'est passé dans l'ordre des temps. Et c'est en cette qualité, que je dis que l'administration de l'Archevêché de Lyon par l'Evêque d'Autun ne peut être à titre de Regale en son origine, mais seulement à titre de premier suffragant, puisqu'il est constant, que l'Empereur Frideric Barberousse qui étoit Seigneur de la Ville de Lyon, & de tout l'Archevêché au delà de la Sône l'an 1157. en donna la Regale à l'Archevêque Eraclius & à ses Successeurs.

Concessimus itaque præfato Archiepiscopo, & Primati Eraclio, & per eum omnibus successoribus ejus in perpetuum, totum corpus Civitatis Lugdunensis, & omnia jura Regalia per omnem Archiepiscopatum ejus citrà Ararim, in'râ vel extrà civitatem in Abbatiis, & in earum possessionibus, Monasteriis, Ecclesiis, &c. earum appendentiis ubicumque sint, comitatibus, foris, preuves pag. 34. col. 2.

Il renouvella les mêmes concessions en faveur de Jean de Ballesmes l'an 1189. aux mêmes termes, & aux mêmes prerogatives, sans opposition ni de la part du Roy de France, ni de la part du Comte de Forés. Il falloit donc que le Roi Philippe Auguste supposât que l'Evêque d'Autun eût eu de l'Empereur la Regale de Lyon, le Siege vacant, puisqu'elle appartenoit à l'Empereur & que lui n'y avoit aucun droit. Or il ne paroît pas que l'Empereur ait jamais fait de semblable concession, & l'Eglise d'Autun n'en peut produire aucun titre: au contraire l'Eglise de Lyon a le titre de celle que l'Archevêque avoit sur l'Eglise d'Autun, puisque le Roy Philippe Auguste dit expressement. *Nous avons restitué à l'Archevêque de Lyon la Regale d'Autun, & nous avons concedé à tous ses successeurs de la tenir quand le siege de cet Evêché viendra à vacquer.*

Ibidem. col. 2.

Fideli nostro Archiepiscopo Lugdunensi Regalia ipsi restituimus, & ipsis successoribus suis ipso Episcopatu vacante in perpetuum habenda concessimus.

Le Roy n'avoit rien alors dans Lyon, qui n'avoit pas été réüni à la Couronne. Il n'en faut pas chercher d'autre preuve que la lettre que l'Empereur écrivit à nôtre Archevêque Eraclius, & que Monsieur du Chesne a donnée au IV. Tome des Historiens de France, pag. 582. parmi les diverses lettres, qui appartiennent à l'Histoire de France.

L'occasion de cette lettre fut, qu'y ayant un Schisme dans l'Eglise, entre le Pape Alexandre III. & l'Antipape Victor, que l'Empereur Frideric appuyoit, le Roy Loüis le jeune, qui tenoit pour Alexandre, souhaita de s'aboucher avec cet Empereur pour donner la paix à l'Eglise, & envoya à Frideric le Comte de Troye pour le prier de determiner un lieu, où ils pussent s'entrevoir. Frideric assigna saint Jean de Laone entre Dijon & Dole, & écrivit en même-temps à nôtre Archevêque Heraclius de s'y rendre avec tous ses Suffragans, pour terminer le Schisme, en faisant reconnoître Victor pour le seul veritable Pape, comme pretendoit alors l'Empereur. Voicy la teneur de sa lettre, par laquelle il fait voir, qu'il étoit seul maître de la Ville de Lyon.

Frederic, par la grace de Dieu, Empereur des Romains toûjours Auguste, à son bien-aimé Eraclius venerable Archevêque de Lyon, & Primat des Gaules, sa grace, & toute sorte de bien.

„ Le dessein que nous avons pris au milieu des soins de nôtre Empire, de délivrer
„ l'Eglise & la Ville de Lyon des maux qu'elles ont soufferts depuis long-temps, &
„ de les rétablir dans leur ancienne splendeur, nous presse incessamment, à raison
„ du fidele attachement que vous avez pour Nous, jusqu'à ce que nous venions à l'exe-
„ cuter, comme nous avons resolu de le faire avec l'ayde de Dieu. Or la Providence
„ Divine qui assiste ceux qui ont de bons desseins, & qui leur donne les moyens de
„ les avancer, Nous en offre en ces conjonctures une occasion favorable, puisque
„ nous sommes sur le point de nous transporter en personne dans la Bourgogne, & même
„ dans la Ville de Lyon pour en reparer les ruines, & la remettre dans son ancien éclat.
„ Car Henry Comte de Troye est venu dans nôtre Cour en qualité d'Ambassadeur
„ du Roy de France son Seigneur, & aprés avoir rendu ses honneurs au Pape Vi-
„ ctor, nous a incessamment supplié de vouloir nous aboucher avec le Roy son
„ maître; & nous a si vivement pressé là-dessus, que du Conseil de tous nos Prin-
„ ces nous avons fixé cette entrevuë au Pont de Laone entre Dijon & Dole pour
„ le 29. jour d'Août, où Nous nous rendrons avec les Archevêques, Abbez, &
„ autres Princes de nôtre Clergé. C'est pourquoy, comme Nous avons besoin de vos
„ sages conseils en cette entrevuë, Nous vous commandons d'appeller tous vos
„ suffragans, tous les Prieurs, Abbez, & autres personnes du Clergé; & de leur
„ intimer de s'y rendre sans excuse ni délai pour rétablir l'unité & la paix de l'E-
„ glise, & pour faire cesser toutes les divisions en confirmant le Pape Victor. Cepen-
„ dant on n'a pas jugé à propos, que nous y envoyassions des gens de Guerre, com-
„ me on avoit resolu, parce que par nôtre presence Nous reglerons ce qu'il faudra
„ faire, pour la disposition des Troupes, & des affaires Militaires. Le Pape se ren-
„ dra avec Nous en ce même lieu, & comme il n'y aura pas de maisons suffisantes
„ pour loger, Nous y camperons sous des Tentes.

Le Pape Alexandre écrivit de son côté plusieurs lettres au Roi Loüis le Jeune, dont l'une étoit sur le different qu'avoit l'Evêque d'Autun avec l'Abbé de Flavigni, pour le Château de Flavigni, que ce Pape commanda que l'on mit entre les mains du Roy pour en avoir la garde, jusqu'à ce que les pretensions de l'Evêque, & les défenses de l'Abbé fussent jugées sur le rapport du Cardinal de saint Pierre aux Liens, qu'il envoyoit sur les lieux pour informer de l'affaire, & pour entendre les raisons de part & d'autre. Il prie en même-temps le Roi de laisser l'administration libre à l'Abbé jusqu'à ce que l'affaire soit jugée & decidée.

Ce fut de Montpellier où ce Pape s'étoit retiré pendant le Schisme, qu'il écrivit ainsi au Roy, comme il lui écrivit aprés de Venise pour lui donner avis, qu'enfin l'Empereur Frideric s'étoit reconnu, & s'étoit volontairement soûmis à l'Eglise en toute humilité, en rendant à sa Sainteté le respect & l'obeïssance filiale, & remercioit en même-temps le Roy d'avoir contribué avec tout son Royaume à cette reconciliation.

Il est donc certain qu'alors on ne parloit point de Regale à l'égard de l'Eglise de Lyon pour l'Evêque d'Autun, nos Archevêques seuls en joüissoient & leur Chapitre par la concession des Empereurs, & comme ils avoient droit d'élire leurs Archevêques, cette élection étoit prompte, & ne donnoit pas lieu à d'autre administration. Quand ils ne s'accordoient pas pour ces élections, le Pape y pourvoyoit lui-même, & jamais les Evêques d'Autun n'ont pretendu que ce droit leur fût devolu, mais seulement au Pape.

La Ville de Lyon, & les Archevêques ne reconnoissoient pas alors le Roy de France pour Superieur, comme en fait foi la lettre que saint Thomas Archevêque de Cantorbie écrivit au Roi Loüis le jeune, quand Guichard Abbé de Pontigni auprés

de qui cet Archevêque s'étoit refugié, fut élû Archevêque de Lyon. Voilà Mon-
,,seigneur, lui écrivit-il, vôtre fidele Abbé de Pontigni, qui d'un commun con-
,,sentement & du Clergé & du Peuple, vient d'être élû Archevêque de Lyon, &
,,qui a été consacré par le Pape à Montpelier le Dimanche avant la Fête de saint
,,Laurens; j'espere que pour l'amour de vous, & pour l'affection qu'il vous porte,
,,il vous sera toûjours fidele durant toute sa vie, & qu'il vous soûmettra de tout son
,,pouvoir, comme il est juste, & à vôtre Royaume, la Ville de Lyon & tout ce
,,païs-là. Lyon ni la Province n'étoient pas donc alors dans la dependance du Roy &
du Royaume.

*Semper quoad vixe-
rit fidelis vobis erit,
civitatemque suam,
& partes illas sicut
justum est vobis, &
regno vestro pro vi-
ribus subjiciet & sub-
jugabit.
Duchesne. 4. p. 633.*

Cependant cela ne se fit pas comme ce Saint l'avoit promis au Roi, au contraire
bien lui en prit que cette Ville ne fût pas alors du Royaume ; parce que le Roi
d'Angleterre ayant écrit au Roi pour faire sortir ce Prelat de son Royaume, où il ne
pouvoit souffrir qu'il eût trouvé une retraite, il fut obligé de se retirer en cette Ville
auprés de son cher Protecteur l'Archevêque Guichard.

L'Archevêque de Tours eut au contraire recours au Roi Loüis le Jeune pour la
vacance de l'Abbaye de S. Julien de Tours, dont les Religieux ne vouloient pas reconnoître la Regale concedée à ces Archevêques.

*Migravit nuper à
saeculo Abbas sancti
Iuliani Turonensis,
cujus monasterium de
regali vestro est, &
ad nos sicut ad Prin-*

*nostro fundatum penitus, & nos Abbatiam ipsam à vobis specialiter habemus, nullumque habent praeter me Advocatum, & ad nos sicut ad Prin-
cipem suum debent de electione sua intendere. Duchesne p. 64.*

Si la Regale estoit donc un droit d'Avoüerie, & d'intendance sur l'election, l'E-
glise de Lyon, qui n'avoit point d'Avoüerie, comme nous avons dit, ni personne
qui presidât ou assistât de la part du Roy à ses Elections, n'étoit pas sujete à la
Regale.

Dreux ou Drogo, qui avoit succedé à Eraclius, pour avoir voulu recourir aux
deux puissances, ne put subsister dans l'Archevêché. Il avoit signé dans Besançon
des Lettres Patentes que Frideric Barberousse avoit données à l'Archevêque de Vienne, il voulut d'ailleurs écrire au Roy Loüis le Jeune, & lui fit écrire. Six des Electeurs s'opposerent à son élection, & il fut enfin obligé de se demettre. Voicy l'une
des Lettres qu'il écrivit au Roi.

*A son glorieux Seigneur par la grace de Dieu, Loüis illustre Roi des François, Drogo par la
même grace, humble Ministre élû de la Sainte Eglise de Lyon, salut & fidele obeïssance.*

,,Nous rendons à Dieu & à vôtre sublimité d'abondantes actions de graces, de ce
,,qu'elle a daigné nous honorer de ses nouvelles & d'une de ses Lettres, & nous vous
,,prions d'être bien persuadé, que moi & tous les miens seront toûjours disposez à
,,vous servir de tout nôtre pouvoir. Au reste nous implorons vôtre pieté & vôtre bon-
,,té autant que nous pouvons, pour l'amour de Dieu, d'avoir pitié de nôtre mere la
,,sainte Eglise de Lyon grièvement affligée, & que vous daigniez la secourir de vos
,,conseils pour la tirer de l'oppression qu'elle souffre. Nous vous prions aussi de ne
,,pas écouter certains flateurs, qui pourroient vous rendre suspect nôtre attachement
,,pour vous.

Cette soûmission de Drogo empêcha sa confirmation, & le Roi Loüis le Jeune ne
pût la maintenir, parce qu'il n'étoit pas maître de Lyon.

Ce qui prouve donc évidemment qu'il ne l'étoit pas, c'est qu'il ne répondit rien
aux Lettres écrites, ni par Drogo ni par ceux du Chapitre qui l'avoient élû. Aussi ne
s'adresserent-ils à lui, que parce que ceux qui s'opposoient à son élection étoient
sujets du Roi, c'est à dire, les Evêques d'Autun, de Châlon, de Langres & de Mâcon
& deux Abbez, qu'ils se garderent bien de nommer, en disant seulement, que six
s'étoient opposez à son élection, ce qui n'étoit pas vray, puisque c'étoit à sa confirmation qu'ils s'opposoient, comme ayant été faite par un Antipape. Voici la teneur
de la Lettre de ceux qui favorisoient le parti de Drogo.

*Au tres-excellent Seigneur Loüis, par la grace de Dieu, tres-glorieux Roi des François,
toute la Communauté de l'Eglise de Lyon offre ses humbles saluts, & promet fidele obeïssance
d'une juste sujestion.*

Nous faisons sçavoir à vôtre sublimité, que l'Eglise de Lyon étant destituée de Pasteur, aprés avoir convoqué ses Suffragans, & plusieurs autres personnes Religieuses, &
aprés avoir invoqué le S. Esprit, a élû d'un commun consentement pour son Pasteur & Seigneur Drogo Archidiacre de cette Eglise, & devot fils de l'Eglise Romaine, dont le Souverain Pontife a confirmé l'élection par ses Lettres. C'est un homme qui par son industrie, & par ses soins a beaucoup contribué à la paix de cette Eglise, & avec beaucoup
de succez. Cependant quelques-uns de nos freres, au nombre de six seulement, quoi
que l'Eglise de Lyon les ait toûjours considerez comme ses propres enfans, allumez

d'un faux zele & d'un esprit de haine, ont conspiré contre le Seigneur, & contre celui qui a été élû en son nom, & sont allez si avant dans leur attentat, que sans nous avoir consultez, & même à nôtre insçû ils ont ôsé proceder à une autre election hors du lieu où elle se fait ordinairement, ce qui est contre les sacrez Canons & l'usage établi dans l'Eglise, principalement quand il y a déja une personne établie, qui n'est ni accusée, ni convaincuë d'aucun crime, & qui n'a jamais renoncé à son election legitime, comme l'on assure faussement de celuy-cy. C'est pourquoi nous prosternant aux pieds de vôtre Majesté, nous vous supplions tres-humblement, que rappellant le souvenir des honneurs & des respects que nous lui avons rendus, lorsque par occasion elle est venuë en ce païs, & que pouvant s'assurer d'ailleurs que nous sommes toûjours dans les mêmes sentimens, elle daigne avoir pitié des maux que souffre nôtre Eglise, & que vous ne permettiez pas qu'elle soit plus long temps inquietée par ces conspirateurs, mais que vous conservies son honneur, comme nous prions Dieu, Prince tres-Chrétien, qu'il vous conserve.

Cela marque qu'c'étoient les Suffragans & des Abbez, qui n'étoient pas du Corps du Chapitre.

Nul de nos Historiens n'a penetré les causes de cette dissension, & de la repudiation de Drogo, laquelle, quoi qu'elle appartienne plûtôt à l'Histoire Ecclesiastique qu'à l'Histoire Civile, il est important de démêler, parce qu'elle fait voir, que Loüis le Jeune n'étoit pas alors le maître de Lyon.

Aprés que Drogo eut été élû il alla trouver l'Empereur Frideric en Bourgogne, où étoit l'Antipape Victor, dont il prit la confirmation, ce qui irrita les Suffragans de l'Eglise de Lyon, & deux autres des Electeurs, qui étoient dans l'obeïssance d'Alexandre III. à qui ils eurent recours pour faire declarer nulle l'Election de Drogo, & songerent à luy substituer l'Abbé de Pontigni, pour lequel saint Thomas de Cantorbie écrivit au Roi Loüis le Jeune, qui avoit donné retraite au pape Alexandre: ainsi il ne soûtint pas l'élection de Drogo, & l'Abbé Guichard fut sacré à Montpellier par le Pape Alexandre III. comme l'Archevêque de Cantorbie l'écrivit à Loüis le Jeune.

Enfin rien n'est plus formel pour montrer que Lyon étoit de l'Empire, & que le Roy n'y avoit rien alors, que la lettre du Comte de Forés au Roy Loüis le Jeune, par laquelle il se plaint à ce Prince, que les Lyonnois qu'il appelle Schismatiques sont entrez sur ses terres, qu'ils veulent assujettir à l'Empire.

A son tres-honoré Seigneur Loüis, par la grace de Dieu, Roy des François, Guy Comte des Lyonnois, & des Foresiens, salut & fidelité en toutes choses.

Je suis bien surpris, Monseigneur & mon Roi, qu'étant autant à vous que je suis, comme ayant été fait Chevalier de vôtre main, & qu'aprés que mon Pere m'a mis sous vôtre tutele, & que toute ma Terre dépend de vous, vous soyez venu en Auvergne sans me le faire sçavoir. Je serois cependant à present dans vôtre Armée, si le Comte Girard, & les Lyonnois Schismatiques n'étoient entrez à main armée sur mes terres: Ils y sont venus, non seulement pour m'ôter mon heritage, mais encore pour transferer ma Comté, qui dépend de vôtre Couronne, à l'Empire Teutonique. Que s'ils en venoient à bout, ce seroit un grand affront pour vous, qu'ils le fissent sous vos yeux, & comme entre vos mains. Que vôtre Majesté, Seigneur, ait donc égard à ma priere & à son propre honneur. Je vous prie de donner entiere creance, comme vous feriez à moy-même, au Porteur de la presente, qui vous exposera plus au long mon affaire, & aprés que vous en serez instruit, je vous supplie d'exaucer la priere que je vous fais.

Ces deux Lettres nous apprennent la situation en laquelle étoit cette Ville, qui reconnoissoit encore l'Empereur Frideric Barberousse. Aussi le Poëte Ligurinus décrivant les gestes de Frideric, s'adresse au jeune Othon son fils, & lui demande comment il veut être nommé, ou Roi, ou Comte, puisqu'il avoit de la part de sa mere Beatrix de Bourgogne, fille de Renaud Comte de Besançon, la Bourgogne; & de la part de son pere, toute l'étenduë du Rhône depuis sa source jusques à son embouchure.

At tibi cui Rhodanus totus famulatur ab ortu,

Usque suo, totusque fluit, dùm gurgite fesso

Oceani tumidis tandem se misceat undis,

Hæc placuisse velim: dubium puer inclite dici

Rex ne, Comesve velit. Veterum nam regna potenter

Allobrogum materna regis, regnique decore

Dignus ab excelso nomen deducis Othone.

Ce fut par ce mariage avec Beatrix, que Frederic acquit la Bourgogne & la Provence, qui avoient été separées de l'Empire. Le jeune Othon fut Comte Palatin de Bourgogne par sa mere, & Frideric qui devint par elle maître de Besançon y tenoit souvent sa Cour. Ce fut là que Drogo l'alla trouver pour recevoir sa confirmation, & ce fut-là qu'il l'obligea de reconnoître l'Antipape Victor, dont il soûtenoit la cause, aussi bien que nos Lyonnois, sujets de Frideric, que Guy Comte de Forés nomme pour cela Shismatiques en sa Lettre à Loüis le jeune, qui favorisoit Alexandre, aussi bien que les Rois d'Espagne & d'Angleterre, qui ne voulurent pas se trouver à l'Assemblée que Frederic avoit convoquée pour terminer le Schisme. Le Roi Loüis le jeune pour garder le serment fait par Henry Comte de Champagne en son nom, qu'il y iroit, y alla de nuit, lava ses mains dans la Sône qui coule le long des murailles de saint Jean de Laone, & se retira.

Pour le Comte de Forés, qui dit que sa Comté depend de la Couronne de France, en la lettre qu'il écrivit au Roy Loüis le Jeune ; il ne disoit pas vray, puisqu'un an aprés l'an 1167. s'étant voulu rendre feudataire de France, il demanda au Roi deux Châteaux pour les tenir en fief de lui, Montbrison & Montseu, & mit sous sa main Montarcher, saint Chaumond, la Tour de Jarez & Chamousset, priant le Roi de lui ceder les droits qu'il avoit sur Marcilly, Donzieu, & ses dependances, Clapieu, saint Priest, Lavieu, & saint Romain pour augmentation de son fief, ce que le Roi lui accorda par un acte rapporté entre les preuves, & que j'ay tiré d'un Inventaire de la Chambre des Comtes de Paris, N. 27. concernant les droits de la Comté de Clermont en Beauvoisis pour la maison de Bourbon. J'ay vû aussi depuis le même acte dans le livre des Compositions de Forés, où il y a une faute à corriger, puisqu'on y lit *Gaudens de hac cognitione* au lieu de *Conjunctione nobiscum initâ*.

Preuves pag. 36.

En ce titre le Roi Loüis le Jeune appelle Guy, *Amicus noster*, au lieu de *fidelis noster*, parce qu'il n'étoit pas encore son Feaudataire, comme il fut depuis.

Le Comte Gerard, dont parle Guy de Forés dans sa lettre, étoit Gerard Comte de Vienne & de Mâcon, qui causa beaucoup de troubles dans le Mâconnois, & & dans les païs voisins, parce que lui & Guillaume Comte de Châlon occuperent les biens des Ecclesiastiques, particulierement des Religieux de Cluni, ce qui obligea le Roi Loüis le Jeune, de marcher contre ces usurpateurs. Duchesne raporte aussi plusieurs lettres des Evêques & des Abbez qui implorerent l'aide & la protection de ce Prince contre les violences de ces Comtes. Le Comte Gerard lui avoit écrit pour se justifier de ces accusations, & pour asseurer le Roi qu'en presence de ses Deputez, il avoit accordé des Treves aux Chanoines de Mâcon.

Duchesne Tom. 4. pag. 710.

Humbert Sire de Beaujeu avoit aussi suivi & favorisé le parti de Drogo nommé Archevêque de Lyon, à qui il avoit fait eriger en Abbaye, l'Eglise Collegiale de Belle Ville. Le Roi Loüis le jeune lui écrivit pour reconnoître l'Archeveque Guichard, élû à la place de Drogo, & Humbert aprés avoir remercié le Roi de l'honneur qu'il lui avoit fait de lui écrire, lui répond, qu'il est prêt de rendre à l'Archevêque l'honneur & l'obéïssance qu'il lui doit, qu'il n'est pas encore venu sur ses terres, mais que d'abord qu'il y entrera, il lui ira rendre ses respects, & qu'il espere qu'il sera content de lui, & qu'il en rendra même témoignage à sa Majesté en le remerciant des bons offices qu'elle luy a rendus.

Duchesne tom. 4. pag. 710.

Tout cela fait voir, que ce sont les broüilleries du Clergé, qui introduisirent en cette Ville les Officiers de nos Rois, & qui donnerent lieu aux pretensions que ces Princes eurent depuis sur ce païs, du moins quant aux appellations & droits de ressort, parce qu'on avoit eu recours à eux, autant de fois qu'il y eut contestation entre l'Archevêque & le Chapitre. Nos Citoyens & le Clergé dans le Traité qu'ils firent avec l'Evêque d'Autun administrateur l'an 1270. disent dans leurs griefs, que les differens de l'Archevêque & du Chapitre ont fait entrer les Officiers Royaux dans le païs, que les sujets de l'Eglise ont recours à eux, & que ces Royaux y sont tellement entrez qu'ils y dominent par tout.

Propter discordiam Archiepiscopi & capituli Lugdunensis Regales in pauperum terram Ecclesia Paulutim, & subitis eos vocans, & in tantûm subintraverunt paulatim quod hodie dominantur ubique.
Preuves pag. 10.

Il faut dire la même chose de l'administration de l'Evêque d'Autun, elle s'est établie peu à peu à l'occasion des troubles, & ce furent les differens de l'an 1270. qui en furent les premiers fondemens.

Nous en avons une preuve tres-solide en la transaction qui se fit l'an 1286. entre nôtre Archevêque Raoul de la Torrette, & Hugues d'Arcy Evêque d'Autun, en laquelle, il est dit expressement que l'administration reciproque de l'Archevêché & l'Evêché n'est qu'une coûtume longue & approuvée. *Quia hactenus ità de longâ & approbatâ consuetudine extitit observatum.* On y reserva cependant le droit des Chapitres, des Chanoines, & des autres ayant jurisdiction dans la Ville. *Salvo jure capitu-*

lorum, & Canonicorum, & aliorum qui habent jurisdictionem in Civitate.

Cette Transaction explique en quoi consistoit cette administration. On devoit aussi-tôt après la mort de l'Archevêque ou de l'Evêque remettre les sceaux entre les mains de celui qui devenoit par cette mort administrateur du spirituel & du temporel. Les châteaux, forteresses, & maisons appartenantes à l'Archevêché ou à l'Evêché, devoient lui être remises. Pour les meubles & biens meubles de celui qui étoit decedé, on devoit executer la derniere volonté du deffunt, s'il avoit fait un testament. Que s'il mouroit *ab intestat* on en feroit la restitution à ceux à qui ils pourroient appartenir de droit; on en payeroit ses dettes, on en recompenseroit ses domestiques, & l'on reserveroit le reste à son futur successeur, après en avoir fait un fidele inventaire, que l'on remettroit entre les mains du Chapitre, ou des Procureurs nommez par le Chapitre, lesquels Procureurs en devoient répondre, & satisfaire par la saisie même de leurs benefices de ce qui auroit été distrait de ces biens.

Pour les ustanciles de cuisine, il est dit qu'il en sera dressé un inventaire pour être remises au successeur, & cet inventaire sera deposé entre les mains du Chapitre.

L'Administrateur devoit faire les reparations necessaires, tenir toutes choses en état, faire cultiver les terres, & les vignes, & conserver les toits des maisons, défendre les droits du Siege vacquant, & en retirer les fruits, sans pouvoir ni vendre les bois, ni les faire couper, ni pescher les étangs, sinon pour ses usages.

Il n'est rien dit en cette Transaction de la nomination des benefices, ni de la destitution des Officiers. Et enfin ce n'est qu'une convention faite entre deux Chapitres un Archevêque & un Evêque, qui n'ayant été authorisée d'aucune Puissance superieure, ni de Pape, ni d'Empereur, ni de Roy, ne peut obliger les successeurs, ni ôter au Souverain les droits qu'il a sur les Eglises de son Royaume.

Cette Transaction est rapportée en la seconde partie du tome XI. des Conciles publics par le P. Labbe & le P. Cossart l'an 1671. en la page 2537. qui est la derniere de ce volume.

Ces Peres n'avoient pas vû la declaration que fit l'Evêque d'Autun Hugues d'Arcy en recevant cette administration, par laquelle nous apprenons, que ce Prelat devant que d'entrer en possession de cette administration declara & reconnut l'an 1283. que c'estoit du Chapitre qu'il avoit reçû, & qu'il avoit tenu l'administration de l'Archevêché de Lyon, & qu'il la devoit rendre & remettre au même Chapitre, pour en investir l'Archevêque aussi-tôt qu'il seroit élû, & quand le temps & l'occasion le permettroit.

R. Iacobus Episcopus Eduensis confessus fuit & recognovit se habuisse, ac recepisse administrationem Archiepiscopatus Lugdunensis à capitulo Lugdunensi, & eandem administrationem debere reddere, restituere, & tradere dicto Capitulo Lugdunensi, nomine, & ad opus electi Archiepiscopi, qui praerit in Ecclesiâ Lugdunensi praedictâ, quotiescumque casus, tempus, & locus se obtulerit.

Severt in Chronol. Historicâ Archiepisc. Lugdun. In Aymerico pag. 199.

Que veut dire cette declaration, sinon qu'il ne tenoit ni du Pape ni du Roi cette administration, mais seulement du Chapitre à qui il devoit la remettre, la rendre & la restituer ? Cette Ceremonie qui s'observe encore à present montre évidemment, que c'est du Chapitre qu'ils ont reçû ce pouvoir, & que c'estoit ce qui leur donnoit la Jurisdiction sur la Ville, sur le domaine de l'Archevêque & sur la Justice, parce que les Chanoines étoient Conseigneurs, ayant une troisiéme partie du domaine à titre de Comté. Cette Iurisdiction de l'Evêque administrateur ne s'étendoit pas sur le Chapitre, parce que le Chapitre ne l'avoit pas cedée. Il n'est fait mention ni de Regale, ni de Bulle de Pape. C'est aussi pour cella que Hugues d'Arcy ayant été élû & confirmé Evêque d'Autun fit son serment de fidelité, non seulement à l'Archevêque son Metropolitain, à qui il promit sujection & reverence, mais encore au Doyen & au Chapitre en ces termes:

Ego Hugo Sanctae Eduensis Ecclesiae electus & confirmatus subjectionem ac reverentiam à sanctis Patribus constitutam, & obedientiam sanctae Sedi Lugdunensis Ecclesiae, Rectoribusque ejus in praesentia Venerabilium virorum D. Radulfi Dei gratiâ Archiepiscopi, Guidonis Decani ac Capituli perpetuò me exhibiturum promitto.

Pendant la vacance du Siege c'estoit au Doyen & au Chapitre que les Evêques Suffragans prêtoient le serment de fidelité & non à l'Evêque d'Autun, & en voicy la formule tirée des anciens Statuts de l'Eglise.

Hoc est juramentum seu fidelitas quam debent praestare Ecclesiae Lugdunensis Episcopi Suffraganei electi confirmati.

Ego N. Electus confirmatus in Episcopatum sanctae nostrae Ecclesiae, subjectionem & reverentiam à sanctis Patribus constitutam, & obedientiam secundùm praecepta tam sanctae

de la Ville de Lyon.

Sedis Lugduni, Rectoribusque ejus, in præsentia venerabilium virorum G. Decani, & Capituli ipsius Ecclesiæ Sede vacante, perpetuò me exhibiturum promitto, & super sancto altare manu propriâ firmo.

Ce serment fait à l'Eglise de Lyon, & à ses Recteurs, en presence de l'Archevêque, du Doyen & du Chapitre, marque dans le Doyen & Le Chapitre la direction de l'Eglise le Siege vacant, & une soûmission dans l'Evêque d'Autun à l'égard de l'administration. Aussi l'an 1186. il fallut passer un accord entre cet Evêque, le Doyen & le Chapitre pour cette administration. *Conventum est solemniter inter præfatum Hugonem Heduensem & Decanum ac Capitulum Lugdunense in præsentiâ Notariorum, & testium ; quod si administratio pertinuit ad Electum prædictum, dictus Episcopus prædictam administrationem nunc denuò prout moris est, petit & recipit à Capitulo memorato.* Il ne faut ni convention, ni demande pour rentrer dans les droits dont on est en possession, par une authorité superieure, & l'Evêque devoit s'adresser ou au Pape ou au Roi pour rentrer dans cette possession, si elle lui étoit contestée par le Chapitre. D'ailleurs si Raoul de la Torrette, & Aymar de Roussillon son predecesseur avoient reçû l'administration d'abord qu'ils furent élus, dés que nos Archevêques sont nommez par le Roi, dont la nomination a succedé aux élections, ils doivent entrer en possession de l'administration, sans attendre qu'ils ayent des Bulles, ni qu'ils ayent été sacrez, à moins que nos Rois en faisant ces nominations n'en reservent l'économat & les fruits aux Evêques d'Autun.

C'est ainsi que Pierre d'Aouste Archidiacre de l'Eglise de Lyon, qui fut élû l'an 1187. & qui mourut avant que d'avoir reçû ses provisions de Rome, ne laissa pas de joüir de l'administration, comme en fait foy l'Obituaire de l'Eglise en ces termes. *XIII. Cal. Julii obiit Petrus de Augustâ Archidiaconus Ecclesiæ Lugdunensis, qui in eadem Ecclesiâ fuerat concorditer in Archiepiscopum electus, & per electionem scrutinio de se factam, tenuerat administrationem Sedis dictæ Ecclesiæ; sed antequam provisum esset ei in Ecclesiâ Romanâ, quæ illo tempore vacabat, ipse migravit ad Christum anno millesimo ducentesimo octuagesimo septimo.*

Ainsi je ne vois pas que la Transaction faite entre l'Archevêque Raoul, & l'Evêque Hugues d'Arcy fût d'un grand émolument pour ce Prelat; puisqu'elle fut faite au mois de Mars l'an 1286. & que Raoul mourut en 1287. & sa mort fut aussi-tôt suivie de l'élection de Pierre d'Aouste qui eut en même-temps l'administration. Il y a seulement quelques actes passez par Huges de Vaudrey, qui se qualifie Official de Lyon pour l'Evêque d'Autun, qui justifient que cet Evêque avoit l'administration spirituelle de l'Archevêché dont Pierre d'Aouste ne pouvoit faire les fonctions n'ayant pas ses provisions de Rome, & n'ayant pas été sacré.

Ce ne fut qu'en 1561. que Monsieur de Marcilly Evêque d'Autun commença à instituer un Vicaire general pour l'Archevêché, aprés la mort du Cardinal de Tournon, à qui le Cardinal de Ferrare Hyppolite d'Este succeda, reprenant l'Archevêché qu'il avoit résigné au Cardinal de Tournon.

La justice ne fit plus une partie de cette administration dez l'année 1563. l'Archevêque Antoine d'Albon l'ayant cedée au Roy Charles IX. pour une rente annuelle, & perpetuelle de deux mille livres, payables à lui & à ses successeurs en cet Archevêché, dont l'Evêque d'Autun en qualité de Vicaire Metropolitain & de premier Suffragant avoit transferé le Siege à Trevoux l'année auparavant, aprés que les heretiques se furent rendus maîtres de la Ville, dont le Cardinal de Ferrare Archevêque étoit absent, & avoit fait sa demission pour l'Archevêché d'Arles que Monsieur d'Albon lui avoit remis.

La lettre que le Chapitre écrivit à l'Evêque d'Autun pour le prier d'y venir faire les saintes Huiles aux Fêtes de Pâques, est une preuve que l'Evêque n'avoit pas ce pouvoir en qualité d'Administrateur, puisqu'il ne le fit qu'à la requisition du Chapitre. Aussi Messieurs les Comtes ne voulurent point consentir que Monsieur l'Evêque d'Autun, qui est à present, fit aucune fonction dans leur Eglise en habit Pontifical.

Cette administration n'est pas d'aujourd'hui la même qu'elle étoit autrefois. Elle a changé de nature comme cette Ville a changé de Maîtres. Quand les Archevêques en étoient les Seigneurs absolus, & quand la justice étoit entre leurs mains, l'Evêque d'Autun exerçoit, ou pouvoit exercer son administration sur le domaine, & sur la Justice qui se rendoit en son nom. Ainsi quand nos Bourgeois porterent leurs plaintes à saint Loüis l'un des Mediateurs entre la Ville & le Chapitre, ils prirent les ordres du Senéchal, qui agissoit tant en son nom qu'en celuy de l'Evêque d'Autun Administrateur absent. Ce qui fait voir qu'il agissoit en Administrateur Metropolitain. Aussi assembla-t-il un Concile Provincial pour prononcer la Sentence d'interdit

Item Burgenses ceperunt præcepum à Domino Seneschallo Lugduni suo, & Episcopi Eduensis nomine tunc absentis.

contre la Ville, comme le declare le precepte de Saint Loüis arbitre & mediateur, qui ordonne, qu'aussi-tôt que les nouveautez auront été ôtées de la Ville, c'est à dire, les fortifications, & retranchemens, & que les prisonniers auront été relâchez, il leve la Sentence d'interdiction.

<small>Et qui Venerabilis 'n Christo Pater Episcopus Eduensis, qui Sede Lugdunensi vacante Archiepiscopalem Jurisdictionem exercet in præmissa Civitate & diœcesi, quasdam sententias excommunicationis & interdicti in Civitatem Lugdunensem &c. none novi 'atum & capitulis hominum præmissorum &c. dis capitulis dictur promulgasse volumus, &c.</small>

Je suis surpris en lisant cette Sentence de ce que nos citoyens ne reclamerent point contre sa nullité, & ne se servirent pas du privilege de la Bulle du Pape Innocent IV. qui avoit expressément défendu que la Ville fut interdite, s'il n'étoit fait mention expresse de cette Bulle, laquelle étant émanée d'une puissance superieure à celle d'un Concile Provincial, ne pouvoit être revoquée que par le Pape même, en faisant mention expresse de cette Bulle selon la teneur du privilege. Mais quand on est broüillé, & dans le tumulte d'une Guerre civile, on ne pense gueres à ces moyens, & l'on ne cherche qu'à pousser sa violence en agissant par voye de fait.

<small>Preuves 4. dans la 2. col.</small>

<small>Preuves p. 6. col. 1.</small>

Il est vray aussi que nos citoyens étant revenus à eux appellerent de cette Sentence d'excommunication & d'interdit au Cardinal Legat, qui agissant en superieur de l'Evêque d'Autun, commit l'Abbé de Cluni pour la lever, ou pour interdire en son nom nos citoyens, s'ils ne gardoient pas leur compromis; ce qui obligea Jean Coci Chanoine de Nevers, & Guy Bas Chevalier subdelegués du Cardinal Legat, & du Roi Saint Loüis arbitres & mediateurs, d'intimer au Chapitre de Lyon & au Chapitre de Saint Just, de tenir les Sentences d'excommunication & d'interdit pour levées & relâchées par le Cardinal Legat, qui agissant toûjours en superieur de l'Evêque d'Autun, commit depuis l'Abbé d'Aisnay, le prieur des Freres Prescheurs, & le Gardien des Cordeliers pour lever cet interdit; ce qui obligea cét Evêque de s'accommoder avec nos citoyens par l'entremise de l'Evêque de Clermont, & du Tresorier de l'Eglise d'Evreux l'an 1270. Aussi cet Evêque sembla renoncer à la qualité de Juge, quand il se declara partie avec le Doyen & le Chapitre contre nos citoyens, n'agissant plus comme Vicaire du Metropolitain, mais comme Ordinaire, le Chapitre de Saint Just ayant eu recours à lui en cette qualité.

<small>Preuves p. 7. 1. col.</small>

<small>Preuves p. 9. col. 1.</small>

<small>Preuves p. 9. col. 1.</small>

<small>I. Di une Ecclesiæ Eduensis, Decani & Capitulum &c. Factum Canonicorum. Preuves p. 10. col. 2.</small>

<small>Preuves p. 14. col. 1.</small>

Ce fût la raison pourquoy nos citoyens prirent cet Evêque à partie, comme ayant manqué aux formes du droit commun dans les deffenses qu'il leur avoit faites. Outre que sa Jurisdiction, & son administration lui étant commune avec le Chapitre, qui avoit un tiers de la Comté, ils avoient des Officiers communs, que nos citoyens étoient en droit de recuser, puisque cet Evêque administrateur se trouvoit ainsi lié avec leurs parties. C'est ce qui obligea le Cardinal Legat d'associer à cét Evêque dans le Concile Provincial tenu à Anse, l'Archevêque de Vienne & l'Evêque du Puy, qui n'étoient pas de la Province, & qui ne pouvoient entrer dans ce Concile que comme Deputez & commissaires du saint Siege.

<small>Nos & capitulum Lugdunen. per Baillivos & officiales nostros. p. 16. col. 1.</small>

<small>Preuves p. 17. col. 1.</small>

Cette administration cessoit aussi-tôt qu'un nouvel Archevêque étoit élû, comme il fut déclaré par divers témoins en presence des Deputez du Roi, maître Guillaume de Neuville Chevalier de Licieux, & Guillaume de Châteauviand Chanoine de Rheims l'an 1272. lesquels deposerent que les Gens du Roi devoient mettre en possession le nouvel élû de toute la Jurisdiction temporelle & seculiere de *mere & mixte impere*, à quoy s'opposa le Viguier, disant qu'il avoit en main dequoy prouver le contraire, sur quoi les Deputez ordonnerent à Robert Royer Bailly de Mâcon de retirer dans un mois de la Ville tous les Officiers Royaux, le Juge, le Viguier, & les Bedeaux ou Sergens, faisant aussi défense au nouvel Elû de s'en mettre en possession, qu'il n'eût parlé au Roi de vive voix, sans doute pour prêter entre ses mains le serment de fidelité pour les terres de son Diocese dependantes de sa Majesté, puisque les Commissaires avoient déclaré n'avoir point de pouvoir pour prononcer, & pour decider sur ce point. Ce nouvel Archevêque élû étoit Pierre de Tarentaise Religieux Dominicain & General de son Ordre, qui fut depuis Pape sous le nom d'Innocent V. Il avoit été nommé Archevêque par le Pape Gregoire X. qui le sacra depuis au second Concile general qu'il tint en cette Ville, & le fit Cardinal d'Ostie & grand Penitencier. Enfin il luy succeda au Pontificat l'an 1276.

<small>Preuves p. 19.</small>

L'opposition du Viguier vint de ce qu'un an auparavant nos citoyens mal traitez par l'Evêque d'Autun, & le Chapitre, avoient eu recours au Roi Phillipe le Hardi fils de Saint Loüis pour lui demander sa protection, que ce Roi leur avoit accordée, comme nous dirons dans la suite de cette Histoire, & leur avoit envoyé un Gardiateur, qui prenoit la qualité de Viguier, c'est à dire, de Vicaire substitué pour l'administration de la Justice, au nom du Roi protecteur des citoyens.

La promotion de Beraud de Goth au Cardinalat par le Pape Celestin V. l'an 1294 & à la fonction de Legat en France sous le Pape Boniface VIII. fit appeller à l'administration du Diocese Hugues d'Arcy Evêque d'Autun durant l'absence de ce Cardinal, & ce fut en cette qualité qu'il confirma l'élection de Guillaume de Belleévre pour l'Evêché de Châlon, étant, comme nous avons dit, Vicaire du Metropolitain comme premier Suffragant.

L'an 1301. l'Evêque d'Autun Barthelemi, écrivit au Chapitre pour l'administration de l'Archevêché vacant par la mort de Henry de Villars, mais Loüis de Villars son petit neveu Archidiacre de l'Eglise ayant été élû par le Chapitre s'en mit d'abord en possession, en attendant la confirmation du Pape Boniface VIII.

L'an 1308. les deux Sieges se trouvant vacans en même-temps, le Chapitre de Lyon prit l'administration de l'Archevêché, & le Chapitre d'Autun celle de l'Evêché; sur quoy le Chapitre de Lyon donna sa declaration, que quoy qu'ils eut retiré des mains des gens de l'Evêque d'Autun l'administration de l'Archevêché, des qu'on eut appris la mort de l'Evêque d'Autun arrivée aprés celle de Loüis de Villars leur Archevêque, ils ne pretendoient rien innover, ni changer aucune chose des conventions faites avec les citoyens pour l'administration de la Justice, qui avoit été reglée par le Pape; ni fortifier le Traité qu'ils avoient fait avec le Roi, ni prejudicier aux droits de leur Chapitre. Cette Declaration est rapportée entre nos preuves en la page 48.

L'an 1320. le Roi Philippe le Long à l'instante priere de l'Archevêque & du Chapitre remit à l'Archevêque la Justice que le Roi Philippe le Bel avoit acquise l'an 1312. par divers Traitez faits avec Pierre de Savoye, & l'Archevêque lui ceda en échange la Regale de l'Evêché d'Autun, ne se reservant que l'administration spirituelle avec ses emolumens, à condition que la Justice de Lyon où le Chapitre avoit un tiers, seroit toute à l'Archevêque, qui feroit au Chapitre une compensation pour ce tiers qu'il y avoit auparavant; parce que nos citoyens ne pouvoient souffrir ce partage de Jurisdiction, qui avoit été l'occasion de tant de troubles. *Preuves pag. 60. & 61.*

L'Archevêque s'obligeoit en même-temps à tenir du Roi en fief cette justice, pour laquelle tous les Archevêques lui prêteroient serment de fidelité, & tous les nouveaux Doyens; que les premieres appellations de la Ville & de la Justice de Lyon iroient au Roi & à ses successeurs, & seroient jugées par ses Juges d'appeaux, & les secondes au Parlement de Paris; & qu'enfin toutes les fois que le Roy ou ses successeurs poursuivroient d'avoir la Regale de Lyon, ils y contribueroient de tout leur pouvoir pour la leur faire obtenir, comme celle d'Autun, qu'ils lui avoient transporté par ce Traité d'échange avec la Justice : où il faut remarquer, que c'est l'Archevêque, le Doyen & le Chapitre qui s'engagent conjointement à cette poursuite, ce qui n'eût pas été necessaire, si le Chapitre n'y avoit eu nulle part.

Ce Traité de Philippe le Long est une preuve evidente qu'il n'y avoit point de Regale dans l'Eglise de Lyon, puisque nul des Rois ses predecesseurs n'en avoit joüi, & que si l'Evêque d'Autun eut eu l'administration à titre de Regale, c'eût été avec les Evêques que les Rois eussent dû traiter, & non pas avec l'Archevêque, le Doyen & le Chapitre de Lyon, comme ils faisoient alors.

Enfin le meilleur titre que puisse produire l'Evêque d'Autun, est l'Arrest qui fut contradictoirement rendu l'an 1630. par le Parlement de Paris contre les pretensions du Tresorier, Chanoines, & Chapitre de la sainte Chapelle de Paris, qui tirant ses principaux revenus des Regales, qui leur avoient été donnez par nos Rois à titre de fondation, demandoient que l'Archevêché de Lyon fût sujet aux mêmes Loix "que les autres Eglises du Royaume, sur quoi il fut prononcé : Que la Cour fai-"sant droit sur le tout, sans avoir égard à l'intervention & lettres des Tresoriers, "Chanoines & Chapitre de la sainte Chapelle du Palais, a maintenu & gardé, "maintient & garde l'Evêque d'Autun en la possession d'avoir l'administration, & "disposition du spirituel & temporel de l'Archevêché de Lyon, le Siege Archiepis-"copal étant vacquant, pour joüir par ledit Evêque d'Autun & ses successeurs, tant "des fruits & revenus dudit Archevêché que de la collation des benefices & dépen-"dans, toutesfois & quantes que ladite vacation adviendra aux mêmes droits qu'en "fait ledit Archevêque de Lyon. *Donné à Paris en Parlement le 11. May 1630.*

Cet Arrest détruit bien les pretensions de la sainte Chapelle de Paris, mais n'établit pas le droit de l'Evêque d'Autun pour la perception des fruits, dont ne paroît aucun titre primordial, mais c'est à nos Archevêques & à Messieurs les Comtes & "Chapitre de Lyon, & non pas à un Historien à examiner si ce droit est bien "fondé.

La main levée du temporel attribuée à Jean d'Arcy n'est pas mieux establie que celle de Barthelemy, soit qu'on la mette en 1332. soit en 1336. puisqu'en 1332. mourut Pierre de Savoye, Guillaume de Sure Archidiacre fut aussi tôt élu, & mis en possession du temporel, en attendant sa confirmation & son sacre pour exercer le spirituel, aussi Mrs de sainte Marthe ont dit *Ioannes d'Arcy perperam scribitur rexisse Ecclesiam Lugdunensem jure Regalia*.

Geofroy David l'exerça après la mort de Guillaume de Turey en 1365. on luy remet les Châteaux de saint André & de Dardilly, dont il institua les Capitaines Chastelains. Cependant deux ans après il y eut contestation entre l'Evêque & le Chapitre pour la restitution des fruits de l'Archevêché vacant, sur quoy il y eut accord qui fut confirmé par un Arrest.

Ferry de Grancey l'an 1416. confirma Hugues d'Orges élû Evêque de Châlon durant la vacance de Lyon, & obtint une maintenuë du temporel, cependant il eut besoin d'une procuration du Chapitre de Lyon pour consentir à la confirmation de l'Evêque de Châlon.

Je n'ay pas vû un acte que l'on dit faire mention d'Antoine de Châlon Evêque d'Autun Administrateur en Regale de nôtre Archevêché en 1488. après la mort du Cardinal de Bourbon, acte par lequel on dit qu'il expedia diverses causes en l'auditoire de Lyon, & assista à une procession generale. Les actes capitulaires de Mrs les Comtes portent que le Cardinal estant mort le 13. septembre, dés le mardy suivant 20. du mois le Chapitre s'assembla pour l'Election, & unanimement fut élu Hugues de Talaru, qui fut aussi tôt mis en possession & sans estre sacré administra long temps l'Archevêché sous le titre d'Archevêque élu : ainsi si l'Evêque d'Autun fit quelques fonctions spirituelles, ce ne put estre qu'à la requisition d'Hugue qui n'estoit pas en état de les faire luy même. On voit après cela deux ou trois vacances sans qu'il soit parlé d'administration jusqu'aprés le concordat que nos Rois ont nommé aux Evêchés de leur Royaume, car depuis ce temps là trois ou quatre Evêques d'Autun ont joui de l'administration, & ont cedé les fruits aux Archevêques nommez selon divers traités & diverses conditions qui ne sont pas de mon sujet, me contentant de faire voir toutes les formes du Gouvernement Civil de cette Ville, & les changemens qui s'y sont faits.

Il me reste maintenant un autre point à traiter, qui n'est pas moins embarrassé, c'est celuy des Comtes de Forés, qui prirent la qualité de Comtes de Lyon, ou ils avoient exercé la Justice au nom des Rois de Bourgogne, dont Lyon estoit une dependance comme nous avons dit plusieurs fois.

Anciennement tous les Comtes estoient Juges, & la Justice s'administrant à la Cour, ces Juges accompagnoient toûjours le Prince. Ensuite on donna ce nom à ceux qui rendoient la justice dans les Villes & Provinces, parce que les Principaux Juges, qu'on y envoyoit estoient tirés de la suite des Empereurs. Il y avoit un chef de la Justice de l'Empire qu'on appelloit *Comte Palatin*, comme estant toûjours au Palais au côté du Prince. Tous les appels s'addressoient à luy, & il decidoit avec l'Empereur de toutes les affaires importantes, comme nos Conseillers d'estat sont à present avec le Roy. Il n'y a plus de Comtes Palatins qu'en Allemagne, & ce n'est plus qu'un titre.

Avant que d'entrer dans l'Histoire du Gouvernement Civil de cette Ville sous la domination de l'Eglise, il est à propos de parler des Comtes hereditaires, qui se nommoient Comtes de Lyon, quoy qu'à dire vray ils ne fussent que Seigneurs de la Ville de saint Just & de saint Irenée, attenante à la Ville de Lyon en laquelle ils n'avoient que tres peu de chose. Leurs tombeaux estoient à saint Irenée, & Messieurs de saint Just ont retenu les armoiries de ces anciens Comtes, avec titre de Baronnie.

Le premier de ces Comtes se nommoit Vvilleme, ou Guillaume, que l'on dit avoir esté establi dans cet employ par le Roy Charles le Chauve, quand il ôta ce Gouvernement à Gerard de Roussillon, ainsi que nous avons dit au livre precedent. Je n'entreprens pas icy de rapporter la suite des Comtes établis en cette Ville par les Rois Bourguignons Vandales, par nos Rois de la premiere & de la seconde race, & par les derniers Rois Bourguignons. Il seroit difficile d'en trouver les noms. Il y en a seulement quelques uns dont Gregoire de Tours a fait mention en ses Annales, & dans les vies de quelques Saints. Ces Comtes estoient Armentaire, Adalbert, Varnier, Sigonius, Annemond, Daufin, Bertmund, Bernard, Gerard & quelques autres.

Ludovicus gratiâ Dei Imperator Augustus omnium fidelium nostrorum presentium præteritorum, & futurorum noveris industria, quod

Pour Vvilleme on luy donne pour épouse la Comtesse Adele nommée dans l'obituaire de l'Abbaye d'Ambierle, de laquelle on pretend qu'il eut trois fils, ainsi que j'ay dit cy-devant. Vvilleme second, à qui Loüis Empereur & Roy de Bourgogne surnommé l'aveugle fils de Bozon, donne le titre de Duc & de Marquis, parce qu'il possedoit des terres au delà de la riviere de Loire sur les marches ou limites du Royaume de France

& du Royaume de Bourgogne. C'est pour cela que les Comtes de Savoye se nommoient aussi Marquis, ou Marchis en Italie, & les Ducs de Lorraine Marquis ou Marchis, parce que les terres des Comtes de Savoye estoient au deça & au delà des Alpes dans le Piémont, & sur les terres de l'ancien Royaume de Bourgogne, de même les Ducs de Lorraine en avoient en France & en Allemagne. Ainsi comme on donnoit à ces sortes de terres le nom de Marches ceux qui les possedoient se nommoient aussi Marchis ou Marquis.

Vuillelmus inclytus Dux & Marchio nostram adiens excellentiam anxilia postulavit &c.
Cet acte est de l'an 902.

Le second fils de Vvillelme I. fut Artaud I. du nom, Comte de Lyon & de Forés, qui succeda à Vvillelme II. mort sans lignée & continua la branche des Comtes de Forés, ce païs aiant esté son premier appanage dans le partage des biens de son pere.

Le troisiéme fils fut Berard tige des Sires de Beaujeu. La foiblesse du regne de Charles le simple servit beaucoup à l'établissement de ces Comtes aussi bien que l'éloignement, les guerres, & les disgraces de Louis l'aveugle, Empereur, Roy de Bourgogne.

L'obituaire de l'ancienne Abbaye d'Ambierle depuis réduite en Prieuré de l'ordre de S. Benoit, donne pour épouse à Artaud premier Comte de Forés une femme nommée Tarasie, dont il eut Gerard premier du nom, qui se qualifioit Comte de Lyon & de Forés. Il y a dans le Cartulaire de Savigny des actes qui font mention d'Artaud premier, Gerard épousa une Dame nommée Gimberge, comme on justifie par un titre de Guichenon en sa Bibliothéque Sebusienne Centurie 1. chap. 39. Il eut de cette Dame quatre fils, Umfred, Artaud, Etienne & Hugues.

Umfred fut Comte de Lyonnois, Artaud Comte de Forés, & depuis heritier des biens & des titres d'Umfred mort sans lignée. Etienne fut Comte de Roannois & Hugues Abbé d'Aînay. Ce fut cét Umfred qui fonda une Chapelle à l'honneur de saint Jean l'Evangeliste dans l'Eglise saint Irenée du côté de l'Evangile, où il choisit sa Sepulture, après y avoir déposé le corps de la Comtesse Gimberge sa Mere. Ce fut en ce même lieu que le Comte Artaud heritier & successeur d'Umfred son frere aîné voulut aussi estre inhumé. Ce fut luy, qui y fit mettre son Epitaphe & celles de son frere & de sa Mere, qui furent effacées, dit Paradin, quand le Prieur de Riverie fit reblanchir l'Eglise, dont Monsieur de Bourbon, ajoûte t'il, jadis Connêtable de France fut fort marri, parce qu'il étoit fait mention du Seigneur de Beaujolois; & fit grande instance que l'on remit cette Epitaphe comme elle étoit auparavant, ce qui pourtant n'a jamais esté fait.

Hic jacet Artaudus Comes Lugdunensis, & Comes Forensis, Dominus Bellijoci, & Umfredus frater ejus, & Mater eorum, qui obiit anno nongentesimo nonagesimo nono.
Paradin l. 2. ch. 5 .

Artaud second épousa Teberge, Theodeberge, ou Theobergane, à qui on donne ces divers noms en quelques actes passez de son temps, particulierement en deux fondations faites l'an 993. l'une dans l'Eglise de Cluny, & l'autre en celle de saint Irenée, à laquelle souscrivit son frere Etienne, Comte de Roannois, Hugues Abbé d'Aînay son autre frere, & sa sœur Adesceline Abbesse, que quelques uns disent l'avoir esté du Monastere Royal de saint Pierre de Lyon.

Cét Artaud & sa femme eurent trois fils, Gerard ou Geraud II. qui prit le titre de Comte de Lyon, Artaud qui fut Comte de Forés & de Roannois, & Umfred Sire de Beaujeu; Artaud mourut sans lignée, ainsi son frere Gerard II. reünit le Lyonnois & le Forés, & Umfred fut tige des Seigneurs de Beaujolois. Ce Gerard second eut de grands demeslez avec nôtre Archevêque Burchard, qui ne pouvoit souffrir qu'il prit le titre de Comte de Lyon, que cét Archevêque fils de Conrad le Pacifique, & frere de Rodolfe III. Roy de Bourgogne regardoit comme son appanage. Teberge Mere de ce Comte Gerard, & femme d'Artaud II. épousa en secondes nopces Pontion ou Ponce Comte de Gevaudan, fils d'Etienne Comte de Gevaudan, & d'Adelais d'Anjou. Ce Comte de Gevaudan pour faire aggréer ce second Mariage à sa famille, & aux enfans de Teberge, donna à Gerard Comte de Forés fils aîné de Teberge & du Comte Artaud II. une fille nommée Adelais, qu'il avoit eu de son premier Mariage, & par cette double alliance se fit un établissement considerable en ce païs, puisqu'il y eut en commande laïque l'Abbaye de saint Paul depuis erigée en Eglise Collegiale. Il prit aussi le titre de Comte de Forés, parce que sa femme en avoit l'administration durant la minorité de ses enfans. Monsieur Justel en son Histoire d'Auvergne produit un titre où ce Ponce prend ces deux qualitez.

Pontius divina annuente gratia Comes eximius Gabalitanensis terra, & Forensis patria.
Preuves du 2. liv. ch. 6.

Gerard II. eut d'Alix ou Adelais de Gevaudan son épouse trois fils & deux filles, Artaud IV. du nom, Geoffroy Guillaume, & Girard, les filles furent Preve, & Rotulphe. Ce Seigneur dont la vie fut longue vit de grands troubles dans sa famille, à l'occasion de trois de ses enfans, Geoffroy Guillaume, Gerard, & Preve l'une de ses filles.

Le premier trouble fut l'effet de son ambition, parce qu'après la mort de nôtre Archevêque Burchard II. Prince de la Maison des Rois de Bourgogne & frere de Rodolfe III. comme nous avons remarqué plusieurs fois, cette mort étant arrivée l'an 1034. Burchard un de ses neveux, à qui il avoit donné son nom, & qui étoit Evêque d'Ausbourg pretendit lui succeder, mais le Comte Gerard cherchant à s'établir plus solidement dans Lyon, où il n'avoit presque plus d'authorité depuis que l'Archevêque Burchard s'en étoit rendu le maître, traversa les pretensions de l'Evêque d'Ausbourg, & poursuivit l'élection du plus jeune de ses enfans nommé Gerard comme luy, qui étoit à peine en âge de puberté. Conrad le salique qui avoit succedé à Rodolfe au Royaume de Bourgogne envoya des soldats en cette Ville, qui mirent en fuite les deux Gerards pere & fils, le Comte & le pretendu Archevêque élu, comme raconte Glaber. Mais ce point regarde nôtre Histoire Ecclesiastique.

Fuit insuper taxa-
tis diebus dispensio
permaxima post mor-
tem Burchardi, Ar-
chipræsulis Lugdu-
nensis de præsulatu
ipsius sedis, quam
plures non insti ap-
petebant meritis, sed
instinctu superbæ ela-
tionis. Primus om-
nium prædicti Bur-
chardi nepos ejusdem
æquivocus, supra mo-
dum superbissimus relictâ sede propriâ Augustanæ Civitatis prædicator Lugdunensem arripuit, qui post multas perpetratas nequitias
captus à militibus Imperatoris perpetuo condemnatus est exilio. Post ipsum verò quidam Comes Girardum suum puerulum quendam
arroganter ibidem solâ præsumptione auctore substituit, & ipso post modicum non ut pastor ovium, sed veluti mercenarius in fugam versus
deliruit. Rodulph. Glaber hist. lib. V. cap. IV.

Le second trouble que le Comte Gerard vit dans sa famille fut la mort violente de Preve sa fille tuée par ses propres freres sur une calomnie, mort qui a fait mettre cette innocente Vierge au rang des Martyrs, & qui est reverée d'un culte public dans un Prieuré de Forés qu'elle avoit fondé, & dont l'Histoire merite d'être ici touchée, puisque nul de nos historiens de Lyon n'en a dit mot, quoi qu'ils aient inseré dans leurs histoires beaucoup de choses, qui regardoient le Forés & le Beaujolois, plûtôt que cette Ville.

PREVE fille du Comte Gerard & d'Alix de Gevaudan prevenuë de la grace, & élevée dans la pieté dés sa plus tendre jeunesse, resolut de passer sa vie dans l'état de Virginité, & dans la pratique de toutes les vertus Chrêtiennes. Ainsi aiant obtenu de ses parens pour son appanage, la terre de Pomiers en Forés, elle fit de son Château, où elle se retira, une Eglise domestique & une maison de Charité, où elle recevoit les pauvres. Quoy qu'elle se fut assez declarée par cette maniere de vivre, du dessein qu'elle avoit de renoncer aux alliances de la terre, un grand Seigneur de son voisinage ne laissa pas de la rechercher, & de lui faire des poursuites si vives, que pour se delivrer des importunitez de ce jeune Seigneur, elle lui dit, qu'il ne se fatiguât pas plus long-temps à luy rendre des visites inutiles, & même qui pouvoient nuire à sa reputation; puisqu'elle étoit engagée ailleurs & qu'elle avoit son époux. Le jeune Seigneur prenant la chose dans une autre sens, va trouver les freres de Preve, qui avoient aggreé ses recherches, leur dit que leur sœur a un Mariage secret, ou plûtôt qu'elle est dans de mauvais commerces: que sous des pretextes de charité elle vit dans le libertinage, donnant accez à tout le monde dans sa maison. Les freres qui étoient amis de ce jeune Seigneur, indignez d'une part des refus qu'elle avoit fait de le prendre pour époux, & d'autre côté scandalisez ou plûtôt irritez de la conduite dereglée qu'ils croyoient que leur sœur tenoit sous les apparences d'une vie retirée, la vont trouver & l'aiant engagée à une promenade pour lui parler sans témoins avec plus de liberté, ils lui reprochent le refus qu'elle a fait de se marier à ce jeune Seigneur, riche, puissant, ami de la famille & fort estimé de leur Pere: la sainte fille leur fait la même réponse qu'elle avoit fait au jeune Seigneur, qu'elle ne peut plus écouter de semblables propositions, qu'elle n'est plus en état de faire choix d'un époux, qu'elle en a un depuis longtemps: surquoi d'abord l'un de ces freres plein de fureur & de ressentiment, tire un cimeterre qu'il portoit, & lui abbat la tête, qu'ils jetterent aussi tôt dans un puits voisin, & se retirerent contents d'avoir vangé comme ils croyoient l'opprobre de leur maison. Mais Dieu qui ne permet pas que l'Innocence soit opprimée au milieu des sanglantes persecutions dont il permet quelque fois qu'elle soit outragée pour exercer la patience des ames les plus fideles, & pour couronner leur merite, commença à faire tant de miracles par l'eau que l'on tiroit de ce puits; & les pauvres du voisinage de Pommiers rendirent de si glorieux témoignages à la vertu de leur sainte bienfaitrice, que l'on recueillit ses Reliques comme un dépot, on les mit dans la pierre de l'Autel de sa Chapelle, comme on y déposoit les cendres des Martyrs dans l'Eglise primitive, & l'on commença à l'honorer comme sainte Vierge & Martyre, & l'on fit de ces deux illustres titres, son Epitaphe, ou plûtôt l'inscription de son Autel,

Tumulus Sanctæ Pre-
væ Virginis & Mar-
tyris, hujus mona-
sterii fundatricis.

TOMBEAU DE SAINTE PREVE, VIERGE ET MARTIRE, FONDATRICE DE CE MONASTERE.

Ce furent des Religieux de saint Benoît à qui elle avoit fondé un Prieuré dans son Château, qui consacrerent ainsi sa memoire, qu'ils rendirent venerable à tous les peuples, & que plusieurs miracles arrivez à ce tombeau y attirerent de toutes parts.

de la Ville de Lyon. 319

Cela fait voir qu'il y a d'autres Martyrs que des Martyrs de la foi, & de la Religion, & que ce ne sont pas les seuls Tirans, & les seuls infideles, qui ont fait de semblables victimes. Saint Jean Baptiste fut Martyr de la verité, & nous honorons en France sous ce titre glorieux saint Leger Evêque d'Autun, saint Enemond Archevêque de cette Ville, & saint Didier Archevêque de Vienne mis à mort par des Chrêtiens; comme saint Thomas de Cantorbie est reconnu de toute l'Eglise sous le même titre de Martyr, pour avoir été tué dans son Eglise dont il defendoit les droits, par des Impies; ministres cruels de la passion, & de l'emportement du Roy leur maitre, irrité de la fermeté de ce Prélat dont il ne pouvoit souffrir le zele opposé à ses volontez. *Gladiis impiorum occubuit.*

Le Comte Gerard Pere de cette sainte Vierge, affligé de cette mort, dont deux de ses fils étoient les autheurs, augmenta la fondation de ce Prieuré depositaire de ses Reliques, aussi bien que son fils aîné Artaud IV. qui n'avoit eu nulle part à une action si noire.

La seconde fille du Comte Gerard & sœur de sainte Preve fut Rotulfe mariée à un des principaux Seigneurs de Forés, nommé Guy ou Guigue de Lavieu, que Gerard son Beaupere en faveur de ce Mariage établit Vicomte de Forés & de Lyonnois; Titre qui fut depuis hereditaire à cette illustre famille, dont on trouve divers Vicomtes dans l'obituaire d'Ambierle, un Guy le vieux, qui est l'époux de Rotulfe, un Guy le jeune, & un Archambaud. Il est aussi fait mention en quelques actes de la Vicomté de Lyon particulierement dans la Bibliothéque de Cluni, page 276. en un precepte, ou Charte du Roy Louïs IV. *VVigo Senior.*

Artaud IV. successeur du Comte Gerard son Pere épousa une Dame nommée Raymode ou Raymonde de laquelle il eu: deux fils, Gillin, ou Vvidelin, & Artaud. Ce fut cet Artaud IV. qui aprés plusieurs differens, qu'il eut avec nôtre Archevêque Humbert pour le temporel de la Ville de Lyon en vint à un accord avec cet Archevêque dans le Village de Tassins, comme nous avons dit cy devant; Ce concordat fit rentrer le Comte Artaud en pariage avec l'Archevêque pour les droits temporels; comme en fait foi l'ancien obituaire de l'Eglise de Lyon. La monnoye que l'Archevêque recouvra pour son Eglise, en fit changer la figure & la Legende, car auparavant parce que le Comte y mettoit son nom, & sa qualité en termes abbregez COM. FOR. LUGD: *Comes Foresiensis Lugdunensis*, cette monnoye prit insensiblement le nom de *for* & par corruption de *forts* si souvent marquez dans les anciens titres. Ainsi l'an 1228. Gui IV. Comte de Forés neveu de nôtre Archevêque Rainaud reglant par un acte la maniere, dont l'Office doit être fait dans l'Eglise nôtre Dame de Montbrison qu'il avoit fondée; ordonne que ceux qui s'absenteront du Chapitre sans cause legitime paient trois forts Lyonnois. Depuis cette transaction de Tassins, l'Archevêque fit mettre sur les monnoies, *Lugdunum Prima sedes Galliarum.* *Humbertus Lugdunensis Archiepiscopus monetam sancto Stephano recuperavit, & consuetudinem hujus villæ ad medietatem.* *Nomine patriæ tres solidos sfurtim Lugdunensium Capitulo solvere teneatur.*

Ce fut ce traité de Tassins, qui commença à affoiblir si fort le pouvoir des Comtes de Forés, & leurs pretensions sur cette Ville, qu'ils en quitterent la demeure pour se retirer dans leur Comté de Forés, dont ils prirent depuis plus ordinairement le titre. Ainsi dans la plûpart des actes qu'ils passerent aprés ce concordat, le Forés n'est plus nommé *Ager forensis*, mais *Comitatus forensis.*

Le Comte Gillin, qui succeda à son Pere Artaud quatriéme du nom, ne prend plus que le titre de Comte de Forés en une donation qu'il fit au Monastere de Savigni d'une Eglise de sainte Paule & de ses dependances situéë en la Paroisse de saint Laurent D'oïne en Lyonnois. Cette donation est si solennelle, qu'elle est approuvée de plus de quinze Gentils-hommes ou Seigneurs, la datte y est aussi la plus expresse que nous aions en aucun acte, puisqu'elle marque le nom de l'Empereur Henry IV. Roy de Bourgogne & de Lyon, qui étoit en guerre avec le Duc Rudolfe pour la Bourgogne: du Pontificat de Gregoire VII. qui est nommé en cet acte Hildebrand. de son nom propre avant son Pontificat, & sous lequel il avoit été Legat du saint Siége en ce païs, où il avoit tenu un Concile. Le nom de l'Archevêque saint Jubin, & de Dalmas abbé de Savigni y sont aussi expressément marquez, le mois de May, la ferie 2. le quinziéme du mois, l'année 1078. indiction I. concurrent VI. Epacte IV. & le nom d'un moine Laurent qui avoit écrit l'acte. Le Chevalier Guichenon rapporte cet acte au Chapitre 51. de sa premiere centurie en sa Bibliotheque Sebusienne; qui est le titre qu'il a donné à un recueil de deux cent titres. *Domino Henrico Augusto bellum cûm Rodulfo Duce gerente, sanctoque Papa Hildebrando in Apostolico solio residente, atque Archiepiscopatu Lugdunensi sub regimine Domini Gebuini quiescente: Domno etiam Dalmatio Saviniensi monasterii baculum tenente, Vvidelinus Comes Forés, atque Falco cum Berardo &c.* *Facta est Carta mense majo feria II. & XV. Anno Domini MLXXVIII. Indict. I. Concurrente VI. Epacta IV. scripta manu Laurentii Monachi.*

Artaud V. frere de Gillin lui succeda, Gillin étant mort sans posterité. Ce Comte Artaud, quoi qu'il ne prit plus le titre de Comte de Lyon, ne laissoit pas d'y avoir une moitié de peage dont il disposa enfaveur de l'Abbaye de Cluni, du consentement de Raimode sa mere, de son fils Guillaume, & de Guillaume second du nom Comte de Bourgogne son parent. Ce fut pour percevoir les fruits & emolumens de ce Peage, que l'Abbaye de Cluni fit construire une maison près du cloître du côté du soir qui regarde la montagne de Fourviere, & qui fut nommée maison de Cluni. La femme qu'épousa le Comte Artaud se nommoit Ide, il en eut deux enfans, un fils nommé Guillaume & une fille qui porta les noms de sa mere & de sa grand mere, & fut nommée Ide Raimode.

Comes de foreis & alter de Insula Flandria diem hostes incesserunt sagittis infixi interierunt Villelm. Tyrius.

Guillaume succeda à son Pere, il épousa Vandelmode de Beaujeu, de laquelle il eut deux fils, l'un nommé Guillaume comme lui, & l'autre Eustache : mais le Pere s'étant croisé avec Godefroy de Bouillon mourut en une attaque de la Ville de Nicée percé de plusieurs coups de fléches, avec le Comte de l'Isle en Flandre. Ses deux fils moururent aussi fort jeunes sans laisser aucune posterité. Ainsi Ide Raimode recueillit la succession de son frere & de ses neveux, & aiant épousé Guigues Remond de Viennois second fils de Guigues cinquiéme du nom, Comte de Viennois, elle en eut un fils nommé Guy, qui commença la seconde race des Comtes de Forés, sortis de celle des Dauphins, Comtes de Viennois, ce qui fut cause que le Dauphin devint l'Armoirie du Forés, & de ses Comtes, au lieu que les Sires de Beaujeu issus de la premiere race des Comtes de Lyon & de Forés, retinrent le Lyon des armoiries de ces premiers Comtes brisé d'un Lambel de gueules. Elles étoient les armoiries de nos anciens Comtes de Lyon dont la maison de Beaujeu descendoit. Aussi en jargon du païs, ces armoiries étoient ainsi blasonnées.

Un Lyon ney de Roge harpá
En cham d'or la coüa reverpa
Un Lambé roge sur la Joa
T son les Arme de Bojoa

Pour dire que Beaujeu portoit d'or au Lyon de sable armé de gueules, la queuë retroussée avec un Lambel de gueules brochant sur la joüe du Lyon. Sur quoi il est à propos de desabuser le public de l'erreur, où l'on a été de croire que ces armoiries étoient celles des Comtes de Flandres, puisque Philippe d'Alsace Comte de Flandres, est le premier de ces Comtes qui ait porté le Lyon. Les anciennes armoiries de Flandres étoient gyronnées d'or & d'azur, de dix pieces à un petit écusson de gueules sur le tour. Or avant Philippe d'Alsace, les Sires de Beaujeu portoient le Lyon & le Lambel, comme on voit dans les sceaux de quelques actes plus anciens que ce Philippe d'Alsace mort l'an 1190. & inhumé dans l'Abbaye de Clairvaux, où son Epitaphe fait foi qu'il fut le premier des Comtes de Flandres, qui porta le Lyon, purement de sable, au lieu que celui de Beaujeu étoit armé & lampassé de gueules.

C'est de cette seconde branche des Comtes de Forés issus des Comtes de Viennois qu'étoit le Comte Guy qui traita avec l'Archevêque & le Chapitre pour l'échange qui se fit entre eux, & qui fut depuis approuvé & confirmé par les Papes Alexandre III. & Lucius III. Monsieur du Chesne a crû que cette seconde race des Comtes de Forés descendoit de la maison de Guines sur une equivoque de Lambert Chanoine d'Ardes qui avoit pris le nom de Vienne pour celui de Guines, comme on prenoit alors celui de Guigues pour Vvigues. Mais il est constant que Guy I. du nom, Comte de Forés étoit de la Maison de Vienne, ou des Comtes de Graisivodan, depuis appellez Daufins, comme les armoiries de Forés, & plusieurs anciens actes justifient.

Hist. de Bourgogne liv. 3. chap. 71.

A Guy I. succeda Guy II. qui fit la transaction dont nous avons souvent parlé, & qu'il fit signer & consentir par son fils Guy III. ce Guy II. avoit été élevé à la Cour de Louïs le jeune, qui le fit Chevalier comme nous avons vû en la lettre que ce Comte écrivit au Roy. Il eut outre le Comte Guy III. deux autres fils, Renaud, qui fut Archevêque de Lyon, & Humbert qui fut Chanoine de l'Eglise de Lyon, Chamarrier de saint Paul & Abbé de saint Just & de saint Irenée. Ainsi la transaction que ce Comte avoit fait avec l'Eglise servit de moien à ses enfans pour en remplir les premieres places depuis cette transaction, ce Comte renonça au titre de Comte de Lyon, & ne prit plus que celui de Comte de Forés, comme on peut voir en son Epitaphe dans le monastere de la Benisson Dieu, de l'ordre de Cisteaux dans lequel il se retira sur la fin de ses jours. Voici cette Epitaphe.

FORENSEM COMITEM
ME TERRIS INCINERATUM,
TE CONTINGAT ITEM
ME CERNERE GLORIFICATUM.

de la Ville de Lyon.

TE BENEDICTE PATER
ROGO TE BENEDICTIO MATER
NE VESTRIS MERITIS
ME DEGENERARE VELITIS
UT POST HOS CINERES
SIM VESTER IN OMNIBUS HÆRES.

Guy IV. Comte de Forés fut élevé sous la tutele de son Oncle Renaud Archevêque de Lyon. Il fut le premier qui quitta le titre de Comte de Lyon que son Pere & son Ayeul avoient porté, parce qu'ils avoient cette qualité quand ils firent leur transaction avec l'Archevêque & le Chapitre. Le respect que Guy IV. eut pour son Oncle le fit renoncer à ce titre auquel il n'avoit plus de droit, ce qu'il fit sans peine d'autant que son Oncle qui étoit son tuteur en étoit investi en qualité d'Archevêque. Ce Seigneur fut marié en premieres nopces à Philippe de Dampierre, fille de Guy de Dampierre Sire de Bourbon de laquelle il n'eut point d'enfans. Il épousa depuis Ermengarde d'Auvergne troisiéme fille de Guy second du nom, Comte d'Auvergne, & ce Mariage fut traité par les Oncles de l'époux & de l'épouse Renaud de Forés Archevêque de Lyon & Robert d'Auvergne Evêque de Clermont qui fut depuis successeur de Renaud en cet Archevêché de Lyon. Il eut de ce second Mariage deux fils Guy V. & Renaud, qui lui succederent tous deux en la Comté de Forés. Ermengarde mourut bien-tôt après l'avoir fait Pere de ces deux enfans. Ce qui lui fit prendre une troisiéme alliance avec Mathilde de Courtenay Comtesse de Nevers, d'Auxerre, & de Tonnerre, fille de Pierre Sire de Courtenay Empereur de Constantinople, & Veuve de Hervé de Donzi Seigneur de Cosne sur la Loire, de Donziois, & de saint Aignan. En vertu de cette alliance il joignit le titre de Comte de Nevers à celui de Comte de Forés.

Ce fut sous ces deux titres de Comte de Nevers & de Forés qu'il fit son Testament l'an 1239. La date de ce Testament est une preuve que Frideric II. étoit maître de cette Ville & de ce païs en ce temps là puisqu'il fait mention de cet Empereur regnant, & de saint Loüis regnant en France.

In nomine Domini nostri Jesu-Christi Amen. Anno Domini 1239. præsidente in sede Apostolicâ Gregorio nono Papâ, & in Regno Franciæ Rege Domino Ludovico regnante, Federico Imperatore semper Augusto. Ego G Comes Nivernensis & Forensis &c.

Monsieur le Laboureur ancien Prevôt de l'Isle Barbe a transcrit ce Testament sur l'original, & l'a publié au chap. 31. des Masures de l'Isle Barbe.

Il vouloit par ce Testament que Raynaud son second fils se fit d'Eglise, c'est-à-dire qu'il entrât dans le Chapitre de Lyon ancien Seminaire de la Noblesse, dans l'esperance qu'il pourroit un jour parvenir comme son Oncle à la dignité d'Archevêque qui avoit beaucoup relevé la grandeur de sa maison, tant par la sagesse, que par l'authorité & la puissance avec laquelle cet Archevêque avoit gouverné cette Eglise comme en fait foy un acte passé de son temps pour le Prieuré de saint Julien en Jarés proche la Ville de saint Chaumond, qui est daté de cette sorte. *Renaudo Filio Comitis Forensis Ecclesiam Lugdunensem potenter, sapienterque administrante.* *Raynaldum alium filium meum Clericum fieri volo.*

Cependant il ne faut pas laisser passer ici une fausseté insigne contre la verité de l'Histoire, alleguée par de Rubis au chapitre XXXVII. Du livre troisiéme de son Histoire de Lyon, sur la foi d'un papier qu'il disoit avoir vû entre les memoires de Jean de Masso Chevalier de saint Jean, qui écrivoit qu'il avoit trouvé en la chambre des Comptes de Paris l'an 1550. que l'an 1245. qui étoit le 19. du regne de saint Loüis, il y avoit en l'Eglise Cathedrale de Lyon 74. Chanoines dont l'un étoit fils de l'Empereur, neuf fils de Rois, quatorze fils de Ducs, trente fils de Comtes, vingt fils de Barons, & tous septante licentiez aux loix & en decret. Le bon homme Severt a dit la même chose au Paragraphe IV. De la Chronologie de nôtre Archevêque Aymeric, qu'il fait le XCII. de nos Archevêques, Il allegue pour garant du nombre & de la qualité de ces illustres Chanoines, non pas le Prothonotaire de Masso que de Rubis avoit allegué, mais Charpin & quelques autres. La même chose se trouve inserée dans un factum du Chapitre, le P. Builloud, & le P. de saint Aubin ont écrit la même chose après de Rubis & Severt, & sur la foi de ces Autheurs, quand je publiai l'éloge Historique de cette Ville l'an 1669. J'avois tâché de justifier ce pretendu memoire, en conjecturant que ces Princes pouvoient avoir jeté Chanoines d'honneur de cette Eglise, & qu'au temps d'un Concile General *Anno 1245. Ex computorum Regiorum Camerâ inito calculo visi sunt 74. Canonici tunc simul florentes in Ecclesiâ Lugdunensi. Nimirum unus Imperatoris filius, novem Regum filii, quatuordecim Ducum, triginta Comitum, & viginti Baronum nati. Neque de his mox plu-*

Tt

ra, cùm talia scrip-
serint Charpinus &
nonnulli vulgares.

où l'Empereur d'Orient, le Roy saint Loüis, & les fils des Rois d'Arragon, & de Castille se trouverent avec quinze cent soixante & dix Prélats, Primats, Patriarches, Archevêques, Evêques, Abbez &c. il se pouvoit facilement trouver un pareil nombre de personnes, qui par honneur eussent voulu être aggregez au corps d'une si noble, & si ancienne Eglise; mais ayant fait depuis reflexion, que les actes Capitulaires de cette Eglise, les obituaires, & les divers actes, que je rapporte entre les preuves de cette Histoire ne disent rien de semblable, ce memoire m'a paru non seulement suspect, mais tout à fait contraire à la verité. A quelle ocasion auroit-il pû avoir été porté à la Chambre des Comptes de Paris, qui n'étoit pas alors établie? & pourquoi le porter à Paris, lorsque Lyon ne dependoit pas de la Couronne de France? Monsieur le Laboureur a donc eu raison de nommer ces Comtes faits à plaisir, & d'ajoûter que de Rubis étoit bon Citoien, fort mauvais Ecclesiastique & plus mauvais Historien, en lui appliquant cy-deux Vers faits autresfois contre Poggio à l'ocasion de son Histoire de Florence.

Dum patriam laudat, dùm damnat Paggius hostem,
Nec malus est civis, nec bonus Historicus.

Il est vrai qu'en ces temps de desordres & même deux siecles auparavant il étoit peu de Princes, de Ducs & de grands Seigneurs, qui ne tinssent en fiefs les biens de la plûpart des Eglises, & qui ne portassent même les titres d'Abbez, quoique personnes laïques, parce qu'ils possedoient de riches Abbayes, que les Empereurs & les Princes leur donnoient pour en tirer les revenus. J'ai trouvé à cette occasion un evenement singulier, & qui merite d'être inseré dans cette Histoire, puisque je l'ai vû écrit de la main de Pierre de Tarantaise l'un de nos Archevêques dans un Pontifical manuscrit, qui lui servoit lorsqu'il étoit Cardinal: cét Archevêque, qui fut enfin Pape sous le nom d'Innocent V. avoit été de l'ordre des Freres Prêcheurs, dont il étoit General, quand il fut élu Archevêque de Lyon, & étant jeune Religieux au Convent de Montmeillan en Savoye, il avoit vû dans un livre où l'on écrivoit ce qui se passoit alors de plus digne d'être remarqué, que l'an 1249. la veille de sainte Catherine il arriva dans la Comté de Savoye qu'un Conseiller ou Advocat du Comte nommé Jaques de Bonivard, voiant sur la pente d'une montagne à une lieuë de la Ville de Chambery, où il faisoit sa demeure ordinaire, un riche prieuré, dont le Prieur étoit un bon homme, qui avec quelques Religieux qu'il avoit sous sa charge vivoit regulierement & servoit Dieu avec beaucoup de pieté; Bonivard qui cherchoit depuis longtemps les moiens de se rendre maître de ce benefice en chassant le Prieur & les Chanoines, vint en cette Ville, & s'offrit au Pape par le credit qu'il avoit auprés de son Maître le Comte de Savoye, de lui faire quitter le parti de Frideric. Le Pape écouta les propositions de Bonivard, qui ne lui demandoit pour recompense de ses services que le Prieuré, dont le Prieur lui avoit même confié la garde pour aller achever ses études à Paris. Le Pape lui accorda sa demande, & Bonivard fort joyeux du succez de son voiage invite ses amis pour assister à sa prise de possession. Il leur fait grand chere, & comme ils étoient au milieu de leur festin bien avant dans la nuit, un grand rocher d'une bonne lieuë d'étenduë, se détache soudainement d'une haute montagne & accable sous ses ruines Bonivard avec ses amis, le Prieuré & quinze ou seize Villages ou Hameaux voisins, dans l'espace d'une grande lieuë.

Anno Domini 1249. in vigiliâ B. Catharinæ accidit in Comitatu Sabaudiæ, quod quidam Clericus Domini Comitis Jacobus Bonivardi dictus, videns in Declivo montis quemdâ Prioratum abundantissimum situm propè villam suam quæ dicitur Chamberiacum nobile castri dicti Comitis, cujus Prioratus erat Prior quidam bonus homo ibi cum aliquibus sociis suis regulariter, & Deo devotè serviens, cogitans quomodo posset dictos Canonicos & Priorem inde repellere, & dictum prioratum obtinere, cùm esset Advocatus & Consiliarius dicti Comitis faventis partem dicti Friderici contra Papam, & Ecclesiam cujus etiam fidelitati commisit dictus Prior cum fuisset Parisius ad scholas, custodiendum cum annuo censu, quamdiu esset Parisius, venit Lugdunum ubi tente curia, procuratoque apud Papam promittens quod Dominum suum revocaret ab auxilio Friderici ad Papæ voluntatem faciendam, qui obtinuit dictum Prioratum. Cùm autem expulso Priore cum Canonicis suis venisset ad dictum Prioratum possidendum cum multis amicis suis & sociis ipsi indi magnum festum in ipsâ nocte circa primam partem noctis auditus Deus voces & gemitus injustè expulsorum & oppositorum inter quidam duravit & latens & longum per spatium unius leucæ cecidit supra dictum Prioratum opprimens & atterens circa XVI. Villas & multas Parochias cum habitatoribus suis, quæ erant per latum & longum circa spatium unius leucæ, & ibi dictus clericus cum suis & prioratu suo subitò est attritus, & brevem habuit possessionem.

Pierre de Tarentaise ajoûte qu'il a tiré cette relation d'un livre authentique & digne de foi du Convent de Montmeillan. *Hoc habui à quodam libro authentico reperto in conventu Montismeliani.*

Cette montagne se nommoit le Mont Granier, dont on voit encor le debris durant plus d'une lieuë, avec des Lacs qui se sont formez dans des creux & des fonds, dont les eaux n'ont point d'issuë pour s'écouler. On nomme tout cet espace de terre les abîmes, au bout desquels est un monastere de Cordeliers avec une chapelle celebre de Nôtre Dame de Miâns, où j'ai vû la relation de cet evenement gravée sur un pillier. La tradition du païs porte que l'on entendit au milieu de ce fracas des voix qui crioient *pousse, avance,* & d'autres qui repondoient *je ne puis, parceque la noire m'empêche,* ce que l'on interprete de l'Image de la sainte Vierge qui est de cette couleur, & en grande veneration

de la Ville de Lyon.

dans cette chapelle ; Mais quoi qu'il en soit de ces dernieres circonstances, qui ne sont appuyées d'aucun ancien témoignage certain, la chûte de la montagne est constante, & l'on voit le rocher coupé d'une hauteur prodigieuse, au delà duquel est le desert de la grande Chartreuse ; & sans vouloir ny garantir, ny nier qu'il y ait eu du surnaturel en cet evenement, je sçai que cela auroit pû arriver naturellement par les eaux & les fontes des neiges, & des glaces, qui creusent & deracinent insensiblement ces grandes masses. J'ai vû arriver en ce païs là quelque chose de semblable en la montagne dite de Pied-gros, presque vis à vis du mont Granier, quoi que non pas d'une masse à beaucoup prés de cette enorme grandeur.

Cet evenement se trouve decrit dans une Chronique de Nicolas Trivet Religieux Dominicain imprimée par le P. Dom Luc d'Achery au Tome VIII. de son *Spicilegium*, ce Chroniqueur dit qu'il y eut prés de cinq mille personnes accablées sous les ruines de cette montagne. *Temporibus Frederici in Burgundiâ imperiali per terram solutam à montibus circiter quinque millia hominum suffocantur. Nam unus mons maximus sed evidens ab aliis montibus per plura millia cujusdam vallis cadendo se extendens, ad alios montes accessit.*

Je ne sçai si ce fut cet evenement qui obligea le Pape Innocent la même année de donner à l'Abbé & aux Religieux d'Aînay une Bulle par laquelle il defendoit de conferer à des personnes Laïques aucun benefice dependant de cette Abbaye. J'ai vû cette Bulle dans un ancien Cartulaire, qui avoit été enlevé de ce monastere au temps du saccagement fait par les heretiques, & qui aiant été depuis recouvré par le Sieur Claude de la Bessette Ecuier, il le remit l'an 1678. à Messire Camille de Neufville Abbé d'Aînay & aux Religieux, qui furent peu d'années après secularisez.

Ce fut cette même année que le Pape Innocent IV. prononça en cette Ville la sentence de deposition contre l'Empereur Frideric, & permit aux Electeurs de proceder à l'Election d'un autre Empereur, ce qui obligea Thadée de Suesse, & Mathieu de Ocra deputez de Frideric de sortir de cette Ville pour aller annoncer à leur maître la triste ceremonie dont ils avoient été les spectateurs, puisque tous les Peres du Concile au nombre de cent quarante aiant tous des flambeaux allumez les renverserent & les éteignirent dés que le Pape eut prononcé la sentence d'excommunication, ce qui fit que Thadée s'écria que ce jour étoit un jour de colere, de calamité & de misere. Depuis ce temps là on ne reconnut plus l'Empereur Frideric pour Maître, & cette Ville & la province n'eurent plus d'autres superieurs que l'Archevêque, & les Comtes ou petits Seigneurs, qui se disoient auparavant feudataires de l'Empire, qui fut consideré comme vacant.

Dies illa, dies ira, calamitatis & miseria.

Le Pape qui avoit permis aux Electeurs de proceder à l'Election d'un nouvel Empereur, leur prescrivit en même temps la forme qu'ils devoient tenir pour y proceder : Que l'on choisiroit une Isle du Rhin pour le lieu de l'assemblée, où se trouveroient le Roi de Boheme, le Duc de Lorraine, le Duc de Brunsvic, le Duc de Suaube, le Landgrave de Turinge, le Duc de Lembourg, le Duc de Carinthie, le Duc de Saxe, le Comte de Cilie, tous Princes & Seigneurs d'Allemagne avec les Electeurs Laïques, le Duc d'Austriche, le Duc de Baviere, le Duc de Saxe, le Duc de Brabant & de Louvain, & les Prelats Electeurs, l'Archevêque de Cologne, l'Archevêque de Mayence, & l'Archevêque de Saltzbourg, lesquels Prelats presideroient à l'assemblée en ce même Ordre, Cologne le premier, Mayence le second, Saltzbourg le troisiéme. Que quand ils seroient tous entrez dans l'Isle, on les y laisseroit seuls pour deliberer, & toutes les barques se retireroient sur les deux côtez de la riviere, & que l'on laisseroit là tous ces Princes, jusqu'à ce qu'ils eussent procedé à l'élection d'un Empereur, & qu'ils en fussent convenus unanimement. C'est Mathieu Paris qui rapporte en ses Annales ce decret du Pape, comme une chose faite de son temps, car il vivoit en ce temps là.

Math. Paris, hist. Angl. an. 1245.

Frideric aiant appris ce qui s'estoit fait en cette Ville pour sa deposition, plein de colere & de fureur, commanda qu'on lui apportât la cassette de ses joyaux, & en aiant tiré une couronne enrichie de plusieurs pierreries, d'un prix inestimable, il se la mit sur la tête, en presence de tous ses courtisans, & leur dit, vous voiez que je n'ai pas perdu ma couronne, comme le Pape l'a publié dans son Sinode, mais qu'il aprene que ce n'est pas à lui de me l'ôter, & que je ne reconnois point en terre de superieur, qui ait le pouvoir de me l'arracher. Il n'a fait par une action si arrogante que me rendre plus independant que je n'estois. Je lui devois auparavant du respect, & une obeïssance filiale comme à mon Pere, maintenant je ne lui dois plus rien depuis qu'il s'est declaré mon ennemi : Il écrivit ensuite des lettres à tous les Princes Chrêtiens pour les interesser dans sa cause, & pour leur faire connoître les dangereuses consequences que pouvoit avoir le pouvoir que s'attribuoit ce Pape de deposer des Souverains legitimement établis. Il prit même depuis l'occasion de declamer encor plus fortement contre ce Pape, lorsque dans le même Concile qu'il tenoit en cette Ville sur les plaintes des Portu-

Math. Paris, Ibid.

gais contre les violences de leur Roy Sanche, il ordonna à l'Archevêque de Brague, & à l'Evêque de Coïmbre de l'avertir & de le contraindre même par les censures Ecclesiastiques de rentrer dans son devoir, sans pretendre neanmoins, disoit il, de lui ôter, ny à son fils legitime s'il en avoit, le Royaume, & cette couronne : que cependant il ordonnoit aux portugais de recevoir pour Regent le prince Alfonse frere du Roy, qui promettoit de gouverner le Royaume avec justice. Quoyque Mariana, & Rainaldus après lui tâchent de justifier le pape, en disant qu'il n'avoit pas pretendu ôter à ce prince sa couronne, quoique les portugais le demandassent instamment, il est cependant certain que Sanche fut contraint de se retirer en Castille vers le Roy Ferdinand, dont il épousa la fille aiant repudié sa femme, il promit même à ce Roy de tenir de lui la couronne de portugal, comme son feudataire, s'il vouloit le rétablir dans ses Etats. Mais Alfonse sceut bien se maintenir dans son usurpation, & l'on raconte sur cela un exemple d'une rare fidelité du Gouverneur de Coïmbre qui étant assiegé par Alfonse, qui pressoit de lui remettre la Ville, il refusa toûjours de la rendre, disant qu'il la tenoit du Roy Sanche, à qui il avoit prêté serment de fidelité : enfin aiant appris que ce prince étoit mort, il demanda à Alfonse qu'il lui fut permis d'aller à Toledo où l'on disoit que ce Roy étoit mort, pour en savoir la verité. Il y porta les clefs de la Ville, & aiant fait ,, ouvrir le tombeau de ce prince, il lui dit, comme s'il eut été encor vivant, Seigneur ,, Vous m'aviez confié la Ville de Coïmbre, que je vous ay fidelement conservée jus- ,, qu'à la derniere extremité, en souffrant tout ce que l'on peut souffrir durant un Siege ,, assez long, pour vous garder la fidelité que je vous avois promise, je vous en rapporte ,, les clefs que vous m'avez données ; Il les mit dans ce tombeau, & écrivit ensuite à ,, ceux de Coninbre de se rendre au prince Alfonse & de le reconnoître pour leur Roy,

Ipse Rex nobilissimus cum incredibili & gloriosâ multitudine militum Regni sui quarto agmine præ- ce.ens Lugdunum sic introivit ; ad quem locum universalis Ecclesia Pontifex summus accesserat, ut ibidem cum dicto Rege de negotiis sanctæ Matris Ecclesiæ loqueretur, habitoque inter eos secreto Consilio, idem Rex serenissimus Benedictione à summo Pontifice perceptâ, eique humiliter vale dicto In Franciam remeavit. Nangius de Reb. gestis D. Ludovici.

puisqu'il étoit devenu leur maître legitime. Ce fut cette même année que S. Loüis vint visiter le pape en cette Ville, avec un grand nombre de Seigneurs & de Chevaliers de son Royaume. Nangis qui a decrit cette visite & cette entrevuë du pape & du Roy, fait voir clairement que Lyon n'étoit pas alors du Royaume, puisqu'après avoir dit, que saint Loüis eut des conferences secretes avec le pape sur les affaires de l'Eglise, il ajoûte qu'il lui demanda sa benediction & retourna en France.

Saint Loüis ne fit aussi aucun acte de souverain en cette Ville.

Sur les difficultez que firent le Roy de Boheme, les Ducs de Baviere, de Brabant, de Brunsvic & de Saxe, & les Marquis de Misnie & de Brandebourg de proceder à l'élection d'un Roy des Romains, qui pût être couronné Empereur, le Pape écrivit aux Archevêques, Princes & Seigneurs d'Allemagne d'élire le Landgrave de Turinge Henry, ce que procura l'Archevêque de Mayence l'an 1246. le jour de l'Ascension auprés de la Ville de Vvirzbourg, & en même temps le Pape Innocent ordonna aux Archevêques d'Arles & de Vienne qui étoient sur les terres de l'Empire, de declarer excommuniez tous ceux de leurs Dioceses qui adhereroient à Frideric. Le Landgrave Henry étant mort, lorsqu'il se preparoit à son couronnement, Guillaume Comte de Hollande fut élu en sa place, & aussi tôt que le Pape eut appris la mort de Frideric, il fit proclamer en cette Ville ce Prince Empereur élu l'an 1251. quatre ans aprés son élection, & la même année que le Pape quitta cette Ville pour aller en Italie. Ce fut alors qu'il donna tant de Bulles en faveur de nos citoyens pour leur témoigner sa reconnoissance, & au Chapitre de saint Just, à l'Abbé & aux Religieux d'Aînay, ce qu'il ne fit poin à l'égard du Roy de France, au contraire il écrivit à la Reine Blanche, mere de Sain Loüis qui desiroit de le voir avant qu'il partît, qu'il n'étoit pas à propos qu'elle quittât son Royaume, que ses infirmitez ne le permettoient pas, & qu'il ne pouvoit pas s'approcher d'elle obligé de partir incessamment. Ce sont autant de preuves de ce que j'ay si souvent repeté, que cette Ville n'étoit point alors tenuë pour être du Royaume de France, aussi nous ne voyons pas que saint Loüis y donnât aucun ordre pour la reception du Pape, ny pour la maniere dont il y devoit être traité : il lui assura seulement dans le voisinage trois Châteaux pour lui servir de retraite & de seureté, au cas qu'il y fut poursuivi par l'Empereur Frideric, qui avoit resolu d'y venir avec des troupes pour se vanger du Pape qui l'avoit deposé. Il s'avança en effet jusqu'à Turin, ou le Comte de Savoye le receut magnifiquement, mais les Parens du Pape & les Princes d'Italie qui étoient dans ses interets firent soûlever la Ville de Parme, ce qui obligea cét Empereur de retourner sur ses pas, pour ne pas laisser dans l'Italie une semence de revoltes & de rebellions, qui lui auroient pû causer de facheuses suites. Lors même que le pape se retira en Italie après la mort de Frideric se defiant du Comte de Savoye que cet Empereur avoit fait l'un de ses Vicaires sur les terres de l'Empire, il menaça nôtre Ar-

de la Ville de Lyon. 325

chevêque élu Philippe de Savoye pour lui faire escorte dans la Savoye & dans le Piedmont.

Reprenons maintenant la suite de nos Comtes de Forés que nous avions quittée au testament de Guy IV. pour rapporter quelques evenemens arrivés, en ce temps là, & pour refuter l'erreur de Rubis sur le nombre & la qualité de nos Comtes Chanoines.

Guy V. du nom, Comte de Forés fut tellement aimé de son pere, qui par tendresse l'appelloit ordinairement Guigonnet, que dés son enfance il le faisoit signer à la plûpart des actes qu'il passoit. Et quand il fonda l'Eglise de Montbrison, il voulut que cet enfant en mit la premiere pierre avec cette inscription qui contient le temps de la fondation de cette Eglise, & sa dotation comme on voit encore à present sur une pierre au haut du cœur en la muraille qui regarde le Maître Autel.

CLEMENTIS FESTO
LECTOR SEMPER MEMOR ESTO
CUM SEMEL MILESIMUS BIS CENTESSIMUS
DOMINI FORET ANNUS
ADJECTO QUINTO
LAPIS EST PRIMARIUS HUJUS ECCLESIÆ POSITUS.
GUIDO QUINTUS PARVULUS INFANS
DE MANDATO PATRIS COMITIS POSUISSE REFERTUR,
HUNC PATER IPSE LOCUM DEDIT, ET CONTULIT
ATQUE DOTAVIT
DOS EST MODONIUM, DECIMA DE VERRIERES
SEXAGINTA LIBRÆ FORTES.

Ce jeune Seigneur se croisa avec saint Loüis pour le voyage de la terre sainte, & à son retour il épousa Alix de Chasenay, de l'ancienne maison de Chasenay en Bourgogne, & mourut sans lignée. Ainsi Renaud son frere qui avoit été destiné à l'Eglise par le testament de son pere, lui succeda & ayant épousé Isabeau de Beaujeu, il joignit au titre de Comte de Forés celui de Baron de Beaujeu. Il en eut Guy VI. Comte de Forés, & Loüis qui eut le nom de Baron de Beaujeu & fit la souche des derniers Barons de Beaujeu.

A Guy VI. succeda Jean son fils, qui eut un frere Chanoine & Comte en l'Eglise de Lyon nommé Renaud de Forés. Leur mere Jeanne de Montfort se remaria avec Loüis de Savoye, Baron de Vaux, frere d'Amé IV. Comte de Savoye.

Ce Jean Comte de Forés fut envoyé par le Roy Philippe le Hardy l'an 1280. avec l'Archevêque de Lyon pour la reformation de la justice dans la province de Languedoc. Les ordonnances qu'ils firent pour cette reformation furent enregistrées sous ce titre. *Per Episcopum Lugdunensem & Comitem Foresij reformatores justitiæ patriæ Occitanæ.* Un an auparavant d'autres Commissaires les avoient precedez, Bernard de Montaigu Abbé de Moyssac, maître Laurent de Vic Chanoine de Chartres, & Jean de Gascogne Chanoine de Lyon.
de Monte-acuto Abbatem Moysacensem & Magistrum Laurentium Vicum Canonicum Carnutensem, & Joannem de Lugdunensem Clericos Domini Regis.

Ordinationes & arresta seu appuntamenta lata Tolosæ in parlamento per Dominum Bernardum de Vasconiâ Canonicum

Enfin l'an 1285. Raoul de la Torrete, Archevêque de Lyon, continua cette reformation avec le Comte de Forés, & donna l'Arrest suivant qui est inseré dans les coûtumes de Tolose, sous ce titre, *Nos Radulfus permissione divinâ Lugdunensis Episcopus, & Joannes Comes Forensis ad partes linguâ Occitanâ pro reformatione patriæ, & correctione Curialium destinati per Dominum nostrum Regem Franciæ & Navarræ.*

C'est ainsi qu'avant l'Erection des parlemens fixes, on envoyoit des Commissaires pour tenir les plaits dans les Provinces & pour y juger les affaires, aussi bien que pour examiner la maniere dont la justice étoit administrée par les Juges des lieux. Ces Com-

Tt iij

missaires furent appellez sous Charlemagne & Loüis le debonnaire, *Missi Dominici* & c'étoient ordinairement un Evêque & un Comte pour y connoître également des affaires Ecclesiastiques & des affaires civiles en fait de Justice. Ce que Philippe voulut imiter, quand il deputa nôtre Archevêque & le Comte de Forés la premiere année de son Regne.

A ce Jean Comte de Forés succeda Guy VII. du nom qui épousa Jeanne de Bourbon, dont il eut un fils qui fut fait Chevalier par son oncle maternel Jaques de Bourbon, & mourut avec lui à la bataille de Brignais l'an 1361. étant encor sous la tutele de son Oncle Renaud de Forés, Chanoine & Comte de l'Eglise de Lyon ; Jeanne sa sœur recueillit la succession & la porta à Beraud, Comte Daufin d'Auvergne, & par Anne leur fille, Comtesse Daufine d'Auvergne à Loüis II. du nom, Duc de Bourbon.

Fin du quatriéme Livre.

HISTOIRE CONSVLAIRE
DE LA VILLE DE LYON.

LIVRE CINQUIEME.
SOVS LA DOMINATION DE L'EGLISE.
Et la forme de ce Gouvernement.

A Religion inspire à tous les hommes des sentimens de respect pour les personnes sacrées, & quand la sainteté, & l'innocence de leurs mœurs repondent à la dignité de leurs fonctions & de leurs emplois, on a de la veneration pour eux autant que pour leurs ministeres. Les Prelats tirez autrefois comme par force des solitudes & des cloîtres pour gouverner les Eglises, s'attirerent l'estime & la confiance des puissances de la terre. Les Princes les rechercherent, & furent bien aises de les avoir auprés d'eux pour se servir de leurs conseils. Ils les emploierent dans leurs plus importantes negotiations, persuadez que leur vertu donneroit de l'authorité & du poids aux affaires qu'ils traiteroient, & seurs de leur fidelité autant que de leur addresse & de leur capacité, ils se reposerent souvent sur eux, de la conduite de leurs Etats. On sait le credit qu'eut saint Remi sur l'esprit de Clovis aprés l'avoir instruit & baptisé, & les biens que ce Roy fit à l'Eglise de Rheims en consideration de son saint directeur. L'Abbé Suger n'eut pas moins d'authorité sous le regne de Loüis le Jeune, & saint Bernard qui vivoit en même temps fut l'arbitre des plus grandes affaires des Papes & des Souverains. La Cour de Charlemagne & celle de ses successeurs ne fut pas moins remplie de Prelats, d'Ecclesiastiques & de saints Religieux que de Comtes & de Seigneurs. Et commet ces Princes zelez pour les interets de la Religion, entroient dans la plûpart des affaires de l'Eglise pour en regler la discipline & pour en corriger les abus, ils appellerent aussi les Ecclesiastiques à la connoissance des affaires politiques de leurs états.

Unusquisque Episco-porum & Comitum par em Ministerii Regalis habeat. Liv.s.des Capitulaires de nos Rois. chap. XII.

Il ne faut que jetter les yeux sur les fondations des abbayes & des monasteres de ce Royaume pour voir que la sainteté des Religieux, & la pieté de nos Rois en firent tous les établissemens. L'Eglise de Lyon comme la premiere & la plus ancienne aussi bien que la plus noble du Royaume fut aussi des plus considerées, la reputation de ses Prelats qui n'étoient pas moins saints que savans, lui acquit d'abord l'estime des Rois & des Empereurs, qui contribuerent tous à l'agrandir par leurs bienfaits, comme nous avons déja vû.

Mais ce qui prouve evidemment qu'ils tenoient le temporel de ce païs à titre de Comté independant de toute autre superiorité que celle des Empereurs. C'est que tous les Actes qui se passoient étoient receus, écrits, & signez par des Ecclesiastiques, Moines, Diacres, ou Prêtres. Ce qui fit donner depuis le titre de Clercs aux Notaires, Secretaires, Juges & Officiers de Justice de nos Rois, qui sont qualifiez en tant d'Actes *Clerici Domini Regis*. La plûpart de ces anciens actes sont authorisez par nos Archevêques, & scellez de leurs sceaux, sans faire mention d'aucun Souverain. Ils donnent des terres en fiefs, avec serment de fidelité, de les servir en temps de guerre envers tous, & contre tous, ce qui auroit été une espece de felonnie, s'ils avoient eu des Seigneurs dominans, dont on n'eut pas fait une reserve expresse en ces sermens, comme on fit depuis, quand nos Rois eurent acquis la souveraineté de ce Païs, que Lothaire avoit alienée, quand il la donna, & constitua en dot à Mathilde de France sa sœur, épouse de Conrad le pacifique, comme nous avons déja remarqué plusieurs fois. Donation qui fut faite absolument & sans reserve ou sans clause de reversion, la loi des reversions des appanages n'aiant pas encore été établie, comme elle fut depuis sous le regne de Philippe le Bel.

D'ailleurs le Royaume de Bourgogne changea de condition sous le regne de Conrad le Salique, qui s'en rendit maître à titre de conquête, & par un traité solennel passé avec les pretendans à cette souveraineté. Car Eudes de Champagne fils de Berthe quatriéme fille de Conrad le pacifique aiant pretendu par les droits de sa mere succeder à cette couronne contre la disposition de Rodolphe III. qui avoit appellé sa succession, Conrad le Salique mari de Gisele l'aînée de ses sœurs & Henry leur fils; Conrad qui étoit occupé aux guerres de la Pannonie, quand Eudes se jetta dans la Bourgogne, & se saisit des principales Villes, vint avec une puissante armée l'en chasser, prit les meilleures Villes, les obligea à le reconnoître & même nôtre Archevêque Burcard. Il mit des garnisons par tout, prit des ôtages qu'il mena en Allemagne, & contraignit Eudes Comte de Champagne de se jetter entre ses bras, s'étant broüillé avec le Roy de France. Enfin la paix se fit entre les François & les Allemans, Conrad le Salique fut reconnu & demeura possesseur paisible de la Bourgogne, & de Lyon.

Compositis Pannoniæ rebus Cæsar in Odonem Campaniæ Comitem ruit. Primo exercitus veteres ejus fines vastat, ipsum deinde ac ipsius exercitum à Burgundiâ exigit, filii Henrici scilicet ergò hæreditatem adit, in possessionemque venit. Urbium illarum proceres in quibus & Lugdunensis Pontifex numeratur, ipso audiebatur sunt præsidia arcibus imponuntur, & ut fidem suam oppignorent obsides dans. Odo undique destitutus se Franciæ Regi bossem professus, tunc Germanis incessitus & jure infensus, ipse quoque à necessitate Consilium in præsens mutuatur, fidei Chunardi se tradit, impunitate veniâque donatur, Pax inter Francos, & Germanos &c. Sigebertus, Hermanus Conradus &c.

Voilà donc Conrad le Salique Roy de Bourgogne à triple titre, à titre de succession, à laquelle Rodolfe de son vivant même l'appella: à titre de conquête, & par un traité de Paix. Ses droits passerent à Frideric Barberousse comme nous avons vû, & Frideric investit de Lyon & du Lyonnois, l'Archevêque Heraclius, & l'Archevêque Jean de Bellesmes.

Ducibus, Comitibus, Vicedominis, Vicariis, Centenariis, Telonariis, & omnibus rempublicam gubernantibus.

Des ce temps là le Gouvernement de cette Ville changea de forme, car au lieu qu'auparavant Conrad le Pacifique adressoit ses ordres aux Ducs, aux Comtes, aux Vidames, aux Viguiers, aux Centeniers, & aux Fermiers du Domaine, l'Eglise eut son Senechal, son Courrier, son Juge Mage, son Juge des Appeaux, son Prevôt, son Viguier, son Garde des sceaux, ou Chancellier, son Audiencier, son Tresorier, & Receveur, ses Notaires, ses Sergens, & Bedeaux, dont il faut expliquer les emplois, pour ne rien omettre de ce qui peut contribuer aux éclaircissemens de nôtre Histoire. Outre ces Magistrats & Officiers publics, nos Archevêques eurent ceux de leur maison, parce que vivant en Princes comme les Archevêques de Cologne, de Mayence, & de Liege qui sont Princes de l'Empire, ils avoient comme eux leurs grands Officiers, leur Marechal, leur grand Chambellan, leur Maître d'Hôtel, &c. Le Chapitre, même avoit son Capitaine, Garde du cloître, dont il fermoit les portes la nuit, comme le Capitaine de la porte du Louvre.

Le Chapitre avoit aussi ses Officiers particuliers tant pour la partie du temporel qu'ils avoient acquise du Comte de Forés, que sur les familiers du cloître. Ils donnoient à la premiere de ces Jurisdictions le nom d'obeance de la Comté, & à l'autre le nom de Justice du cloître, tant sur les clercs, que sur les laïques qui servoient dans le cloître. Le Chamarrier exerçoit l'une & l'autre; mais la premiere aiant un tribunal different de celui de l'Archevêque, & même des prisons particulieres, aussi bien que ses Officiers, nos citoyens ne pouvoient souffrir cette diversité de Jurisdictions contre laquelle ils reclamerent tres-souvent, & se souleverent même plusieurs fois, comme nous verrons dans la suite aprés que nous aurons fait connoître quelles étoient ces Jurisdictions, & les Officiers, qui les exerçoient, soit au nom de l'Archevêque, soit au nom du Chapitre, & comment enfin elles furent reduites à une Justice commune entre l'Archevêque & le Chapitre, jusqu'à ce que nos Rois l'acquirent, & en firent une Justice Royale.

de la Ville de Lyon.

Ce partage de Jurisdiction, & ce melange de droits temporels avec la Jurisdiction spirituelle furent donc les sources de tous les desordres, troubles, querelles, guerres, & soulevemens, qui durerent plus de deux siecles, & qui firent de cette Ville un triste Theatre d'agitations continuelles, qui ne cesserent, que par les acquisitions, échanges, traitez & conventions faits entre nos Rois, les Archevêques, & le Chapitre.

Les Princes qui furent élûs Archevêques donnerent veritablement un grand éclat à cette Eglise, & contribuerent beaucoup, par les puissans appuis qu'ils avoient de leurs parens, à maintenir la dignité de la Primatie de leur Siége établie & confirmée par des Conciles, & par plusieurs Bulles des Souverains Pontifes; mais cette authorité ne se trouvant pas la même dans quelques uns de leurs successeurs, qui n'étoient pas d'une si haute naissance, leur fit chercher par d'autres voies les moiens de la conserver. Ils s'attacherent aux Empereurs, aux Rois & aux Ducs de Bourgogne, & firent des alliances, des traitez, & des conventions avec les Comtes de Savoye, de Mâcon, & de Forés, dont les fils, ou les Parens aiant été ensuite élûs Archevêques, firent naître de nouveaux troubles, par les changemens d'interêts, de factions, & de brigues entre ces petits souverains, jaloux de leurs droits, & qui cherchoient souvent à se détruire les uns les autres.

Le Pape Innocent IV. qui se retira en France pour fuir les persecutions de l'Empereur Frideric son ennemi declaré, & le long sejour qu'il fit à Lyon, où le Roy saint Loüis étoit son plus grand appuy, quoique Lyon ne fut pas de son domaine, l'attacha aux interêts de ce Prince, les bons offices qu'il receut de nos citoyens les leur fit prendre sous sa protection & celle du saint Siége. L'Archevêque, & le Chapitre qui avoient receu des honneurs & des prerogatives des Empereurs étoient moins dans les interêts du Pape, & nos citoyens qui s'en apperceurent profiterent de cette occasion pour obtenir d'Innocent IV. toutes les graces qu'ils pouvoient desirer. Ce Pape logeoit dans l'Abbaye de saint Just, qui faisoit un corps separé de la Ville, & avoit sa Jurisdiction particuliere sur le Bourg, qui se nommoit alors la Ville de saint Just lez Lyon. Ce Pape fit de grands biens à cette Eglise, lui accorda de grands Privileges, & fut moins liberal de ses graces envers le Chapitre de Lyon, qui cependant quelques années après voiant l'importance qu'il y avoit d'être bien avec le Pape, poursuivit auprès de lui diverses graces & divers Privileges que ce Pape leur accorda par des Bulles données à Perouse l'an neufviéme de son Pontificat, c'est à dire un an après qu'il eut quitté Lyon pour retourner en Italie.

Si l'Eglise de Lyon fut moins favorisée de ce Pape que nos Rois, & nos citoyens, elle trouva depuis des occasions plus favorables de reprendre toute son authorité par la promotion de deux Papes, qui avoient été de son corps. L'un fut Gregoire X. & l'autre Boniface VIII. Le premier tint un Concile General à Lyon, durant lequel, il regla tous les differens de l'Archevêque & du Chapitre pour la Jurisdiction temporelle; & le dernier qui eut de grands differens avec Philippe le Bel, fit entrer dans les demélez qu'il eut avec ce Prince, les affaires de Lyon, dont le Roy pretendoit avoir le droit de souveraineté, & de ressort, que l'Archevêque & le Chapitre lui contestoient.

Clement V. qui devoit son élection à Philippe le Bel, favorisa ce Prince, & appuya ses pretensions sur la Ville de Lyon, & les Papes qui lui succederent, & qui se tinrent à Avignon, où il avoit transferé le siége Apostolique furent souvent les arbitres & les mediateurs des differents que l'Archevêque & le Chapitre eurent entre eux, & de ceux que les uns & les autres pouvoient avoir avec nos citoyens, à qui le voisinage d'Avignon donnoit une grande facilité de recourir au saint siége, dans les moindres occasions de broüillerie, qui pouvoient se presenter.

Voilà succintement toutes les causes de ces guerres & de ces dissentions, qui n'embroüillent gueres moins nôtre Histoire, qu'elles causerent de divisions entre ces puissances & leurs sujets. Il faut developer ces faits, & les ranger selon l'ordre des temps pour donner un plus grand jour à cette partie de l'Histoire Consulaire, que Paradin, & de Rubis ont tellement confonduë, qu'il m'auroit été impossible de la demêler si je n'avois eu le secours des titres originaux, que je rapporte à la fin de cet ouvrage, & qui sont autant de tresors, dont j'enrichis le public après un travail & une fatigue de trente ans à les ramasser, la plûpart de ces titres aiant été dissipez, pris, & brulez par les Heretiques, qui s'étoient rendus maîtres de cette Ville l'an 1562. Mais un ancien Bullaire de Lyon, que j'ai trouvé dans la riche & nombreuse Bibliotéque, dont Messire Camille de Neufville Archevêque Comte de Lyon & Lieutenant de Roy dans la Province, disposa par son Testament en faveur du College de la Tres-Sainte Trinité, le traité des Guerres & des Treves entre le Chapitre & la Ville transcrit par Monsieur de Bellievre premier président de Daufiné, pere du Chancelier Pompone : le livre des compositions de Forés, le Cartulaire de Villeneuve, la Bibliothéque Sebusienne de Monsieur

V u

Guichenon qui est un recueil de deux cent titres de ces temps là, les preuves de l'Histoire de Tournus du P. Chifflet, les actes capitulaires de Messieurs les Comtes de Lyon & les autres titres de leurs Archives, qui m'ont été communiquez, m'ont tiré de cét embarras, & ne m'ont laissé que le soin d'examiner, & de ranger ce nombre prodigieux d'actes, & d'instrumens pour y chercher la verité des faits, & l'ordre des evenemens, avec un travail semblable à celui que l'on prend à foüiller les mines, pour en tirer les metaux, qui donnent moins de peine à mettre en œuvre qu'à les separer de la terre où ils ont été trouvez, & à les purifier.

Il faut donc prendre cette Histoire dés la premiere acquisition du temporel de l'Eglise de Lyon, source unique de tous ces desordres, puisque comme plusieurs Historiens ont remarqué depuis plus de six siecles, ce fut la grandeur temporelle, qui fit naître dans l'Eglise Romaine les schismes qui la diviserent; les demélez des Papes & des Empereurs, les guerres d'Italie, & toutes les divisions de l'Europe, qui furent le scandale des gens de bien, & qui firent perdre insensiblement aux peuples & à leurs maîtres l'obeïssance, le respect, & l'attachement filial, qu'ils devoient avoir pour le saint Siége, à qui cette acquisition du temporel, fit ravir injustement beaucoup des droits spirituels, par la confusion & le mélange de ces deux puissances, qui pour emaner d'une même source & d'un même principe ont leurs jurisdictions & leurs ressorts separez.

Quoi qu'il soit difficile d'établir precisement le temps auquel l'Eglise de Lyon acquit le temporel de cette Ville & de plusieurs terres voisines, on peut neantmoins se fixer seurement au dixiéme siecle, du moins je trouve un titre de ce temps là, qui nous peut être un fidele garant de cette possession. Il est de l'an 984. indiction XII. & la sixiéme année de l'Archevêque Burchard, & je l'ai rapporté parmi les preuves.

DU SENECHAL.

Comme la Justice n'étoit anciennement administrée que par la Noblesse & par les Seigneurs à raison de leurs fiefs, qui les établissoient juges naturels de leurs Vassaux par l'authorité qu'ils exerçoient sur eux, les Souverains ne se servoient aussi que de gentils-hommes pour rendre la justice. Ils les tiroient ordinairement de leurs cours, & les choisissoient entre leurs Officiers, & se les associant ainsi pour gouverner leurs sujets, ils leur donnoient les titres de Comtes ou de compagnons, & de pairs entre eux; parce qu'ils étoient tous égaux quant à la Noblesse, & seulement distinguez par les dignitez de Chevaliers, ou à raison de leurs emplois. Ainsi les uns étoient appellez Connétables ou Comtes d'Etable, *Comites stabuli*, parce qu'ils exerçoient l'Office de Grands Ecuyers sur les écuries du Prince, & avoient soin des Chevaux, des Equipages, & de tous les Officiers d'écurie sur lesquels ils avoient un plein pouvoir. Le Souverain se reservoit toûjours le droit de superiorité & de chef, comme nos Roys font encore à l'égard de certaines Compagnies de Gendarmes de Cavalerie, de Mousquetaires, de Carrabiniers dont ils se reservent les charges de Colonels, ne donnant à ceux qui commandent immediatement ces corps que le titre de Capitaines Lieutenans. Ainsi tous les Conseillers d'Etat sont appellez *Comites Consistoriani*, parce que le Roy est le chef de son Conseil auquel ils sont associez comme ses assesseurs & Conseillers. D'autres étoient appellez Comtes des deniers sacrez ou de la depense qui se faisoit dans la maison du Souverain, *Comites sacrarum largitionum*, parce que tout ce qui appartenoit au Prince étoit consideré comme une chose sacrée: d'où vient que l'on punissoit comme des sacrileges ceux qui touchoient aux Monnoyes du Prince, soit pour les alterer, soit pour les voler. Le Senechal étoit le Comte domestique, ou des domestiques, *Comes Domesticorum*, parce qu'il avoit jurisdiction sur toute la Maison du Souverain, & sur tous les Officiers servans auprés de sa personne, comme fait aujourd'hui le grand Maître de la Maison du Roy qui en est le Senechal. Car comme on nomma Maréchal celui qui avoit soin des chevaux, & de la Cavalerie de deux mots Gaulois qui signifioient officier de cheval *Marchk Schall*, on nomma aussi l'Officier de la Maison Royale, *Sene Schall*. Nos Archevêques eurent donc leurs Senechaux qui presidoient aux Jugemens, qui se rendoient en leur nom. C'étoient ordinairement des Ecclesiastiques, tirez du corps de l'Eglise Metropolitaine.

Rien ne nous decouvre mieux la dignité, les fonctions, & la qualité de ces Senechaux qu'une lettre de l'Archevêque Jean de Bellesmes qui s'étant volontairement demis de son Archevêché pour se retirer dans l'Abbaye de Clervaux fut consulté par un Evéque de Glasco en Ecosse sur la conduite qu'il devoit tenir à l'égard du temporel de son Evêché. Le Siége Archiepiscopal, lui dit Jean de Bellesmes, où vous avez été consacré Evêque, & que nous avons tenu quelques années, quoique nous en fussions indignes, a une tres ample jurisdiction, que l'on appelle Baronnie, tant dans les terres de l'Empire, que du côté du Royaume de France. Parce que ce diocese s'étend

Preuves XX.

,, dans les limites de l'un & de l'autre, & nous ne croions pas qu'il y ait aucune Eglise
,, qui ait de plus grands privileges; c'est pourquoi pour nous acquiter des devoirs de
,, nôtre charge selon l'usage & la coûtume de nos predecesseurs, savoir un Senechal à
,, qui je commettois entierement le soin des affaires de justice: Ce Senechal non seu-
,, lement jugeoit les affaires pecuniaires, mais encore presidoit aux Jugemens des affai-
,, res criminelles selon l'usage du païs, de peur que l'impunité des crimes ne favorisât les
,, mauvais desseins des méchans. Il est vrai que j'avois la prevoïance & la precaution
,, d'empêcher qu'on me fit aucun rapport des causes où il s'agissoit de la vie ou de la
,, mutilation de quelque partie du corps. Je savois bien cependant que le Senechal en
,, connoissoit avec ses assesseurs, quoique sans m'en rendre compte, en vertu du pou-
,, voir que je lui avois donné de juger definitivement de ces sortes d'affaires, mais je
,, me croïois en bonne conscience sur l'exemple de plusieurs de mes saints predeces-
,, seurs, qui en avoient usé ainsi sans en avoir jamais souffert le moindre reproche. Car
,, dans toute l'Eglise Latine vous n'en trouverez aucune, où il y ait eu, ny tant de saints
,, Martirs, ny tant de saints Confesseurs, qu'en celle-là; ce qui vous sera aisé à voir, si
,, vous parcourez le Martirologe du venerable Bede & de son successeur Usuard qui a de
,, beaucoup augmenté le Catalogue des Saints. Ce qui a encor beaucoup servi à me te-
,, nir en repos sur ce point, c'est que le Prefet de Rome qui a le pouvoir & le soin de
,, punir les crimes, reçoit ce pouvoir du Pape, qui aprés la ceremonie du Dimanche
,, de la my-Carême, envoie à ce Prefet la Rose d'or, qu'il a benite, & portée so-
,, lennellement en procession; il la lui donne même comme une espece de gratification,
,, ou de recompense de sa fidele administration de la Justice. Ce qui est encor plus ex-
,, prez, c'est que dans la Ville de Benevent, qui est immediatement sous la domination du
,, Pape, le Gouverneur qu'il y met connoit par lui ou par des gens deputez de sa part
,, de tous les crimes qui s'y commettent. Tout cela, dis-je, mettoit ma conscience en re-
,, pos, quoique je sceusse bien que les confiscations & les biens qui revenoient de ces
,, sortes de jugemens tournoient à mon profit aprés la deduction des droits de mon Se-
,, nechal, qui en avoit le tiers pour le salaire de sa charge. Il est vrai que moi & mes
,, predecesseurs ont toûjours eu soin d'ordonner, que celui qui exerçoit cette charge
,, ne fut point promû aux ordres sacrez. Voilà la reponse que fit ce saint Prelat à la
,, lettre de l'Evêque de Glasco qui l'avoit consulté sur ce qu'il devoit faire à l'égard de
,, l'administration de la justice seculiere, & il lui avoüe même dans la seconde partie
,, de sa lettre que c'est ce qui l'a obligé de quitter son Archevêché, & de se retirer dans
,, une solitude pour faire penitence de ses fautes. Car disoit-il, lors que j'ai été Arche-
,, vêque j'ai été obligé quelque fois de prendre les armes pour empêcher les desordres,
,, les voleries, & les brigandages qui se faisoient dans mes terres, de forcer des châ-
,, teaux, & d'autres places, de les brûler, & de faire mourir ces malfaiteurs, comme il
,, arrivoit aussi quelquefois que ceux que j'y conduisois étoient tuez, ce qui fait que
,, je vous demande à present le secours de vos prieres auprés de Dieu pour m'obtenir
,, le pardon de ces pechez.

La plûpart des autres Eglises du Royaume avoient leurs Advoüez & leurs Gardiateurs, qui prenoient les armes pour leur defense: celle de Lyon se gardoit elle même, c'est pour cela que l'Archevêque avoit ses officiers pour la justice & pour la guerre, & ce fut ce droit de garde, qui fut la cause de tant de querelles que nos Archevêques eurent avec nos Rois particulierement au temps de Philippe le Bel.

Il n'étoit point en ces temps-là d'Eglises ny de Monasteres, qui n'eussent leurs Ad-voüez, c'étoient de grands Seigneurs ou des Princes, sous la garde desquels ils mettoient leurs châteaux, leurs terres, & leurs possessions, pour s'opposer aux violences des ennemis & des usurpateurs; aux passages des gens de guerre; aux entreprises des autres Seigneurs voisins. Quelques unes des advoüeries étoient hereditaires dans des familles, ou à cause que ces maisons avoient fondé des Eglises, & des Monasteres; les avoient dotez; leur avoient laissé de grands biens, ou les avoient retirez des mains des infideles, ou des ennemis.

Comme ces advoüez étoient obligez en temps de guerre d'aller dans les Châteaux & terres des Eglises, d'y mettre garnison, de lever des troupes pour les deffendre, on leur donnoit des fiefs, ou mansions de l'Eglise qui se nommoient *Casamenta*, dont ils rendoient hommage aux Evêques, Eglises, Monasteres, ou aux Abbez, & ces avoüez sont nommez dans les anciens titres *Advocati*, c'est à dire appellez au secours de ces Eglises. *Casati*, *Castaldi*, *Gasindi*, *Gardiatores*, ou de *Casamento*. Ils avoient pour ces droits de garde non seulement des fiefs, mais encore des droits de gîte, de Past &c. que l'on nommoit procurations, comme j'ai déja remarqué cy devant & même des dixmes inféodez. Le III. Concile Provincial de Saumur de l'an 1315. tenu sous Godefroy de la Haye, Archevêque de Tours defend de donner les fiefs & possessions de l'Eglise à des Advoüez seculiers.

Ne feuda vel possessiones Ecclesiæ secularibus advoventur Can. 1.

Camerarius habitis clavibus portarum claustri, non potuit habere clavem exclusionis porta claustris, & cum in dicta porta oporuit facere novam clavem familia Senescalli prohibuit &c. Preuves p.13.col.1.

Le Senechal de l'Archevêque de Lyon exerçoit ce droit de garde à l'égard de la Ville aux gages de l'Archevêque, qui le pouvoit destituer quand il vouloit. Le Chapitre de sa part en faisoit exercer les fonctions par le Chamarrier de l'Eglise, ce qui faisoit souvent un conflict de Jurisdiction, occasion de beaucoup de broüilleries & de guerres dans cette Ville. Il est vrai aussi que l'Archevêque reünissoit quelquefois ces deux jurisdictions en choisissant pour son Senechal le Chamarrier, qui devoit être Docteur és droits pour remplir cette charge. Il presidoit quelque fois aux jugemens qui se rendoient par le Viguier, le Courrier, le Juge Mage & autres officiers de Justice, comme il étoit le Juge de tous les Officiers, & de tous les domestiques de l'Archevêque, aussi bien que de ceux du Comte de Forés, *Presents toutesfois les Officiers tant de l'un que de l'autre*, comme portoit la transaction passée entre l'Eglise & le Comte.

Nous avons dans quelques anciens titres les noms de plusieurs de ces Senechaux, Guy de Talaru Chanoine & Senechal l'an 1126. Girin Senechal de l'Eglise de Lyon l'an 1151. transigea avec Etienne Seigneur de Villars, comme on voit dans la grande pancarte de l'Isle Barbe fol. 19. dans le Cartulaire de la Chartreuse d'Arvieres en Bugey, il est fait mention d'un Senechal de Lyon nommé Pierre qui avoit fait bâtir le Chapitre & donné la grange de la Ravoite. *Petrus Seneschallus Lugdunensis, qui fecit Capitulum & Grangiam de Ravoria contulit.* Guichenon, Preuves de l'hist. de Bugey pag. 177.

On trouve aussi dans l'obituaire de l'Eglise de Lyon le jour de l'anniversaire de ce Senechal le 3. de Janvier, celui d'un Palmas Mirets le 26. de Mars. un autre nommé Guillaume legua à l'Eglise 70. livres sur sa maison du cloître pour fonder son anniversaire.

Obiit Hugo quidam Seneschalus Lugdun. qui instituit fieri anniversarium super grangia quam accepit à Girardo de Castellione apud Ambeyrion pro mille solidis.

Le 3. Aoust dit ce même obituaire mourut le Senechal Hugues, qui institua son anniversaire sur la grange qu'il avoit acquise à Amberieu de Girard de Chastillon au prix de mille sols. Je ne sçai si cet Hugues est Hugues de Tournon, qui est dit Senechal de Lyon dans la requête de nos Citoyens presentée aux Cardinaux Legats en France. Car il y a eu divers Senechaux de ce nom d'Hugues, entre autre un qui signa avec le Doyen & les autres Chanoines l'an 1193. un acte passé entre l'Archevêque élu le Chapitre & les Bourgeois pour le rachapt d'une taille sur les denrées, & sur les vignes.

Preuves p.3.

Hugues de la Tour, frere d'Humbert de la Tour, est nommé Senechal de Lyon dans le transcript du compromis de l'an 1269.

Ce Senechal retiroit pour ses appointemens les amendes, & autres emolumens de la Cour Archiepiscopale, c'est à dire de la Justice seculiere de l'Archevêque. Le Pape Gregoire X. dans la Bulle qu'il donna pour le reglement des Tribunaux de l'Archevêque & du Chapitre les nomme *obventions*, & en supprimant cet office ordonne que le Senechal qui étoit Hugues de la Tour retireroit au lieu de ces emolumens durant sa vie à titre de ferme perpetuelle, cinquante livres Viennoises que lui donneroit l'Archevêque tous les ans.

Dilecto praeterea filio Hugoni Seneschallo Lugdunensi pro obventionibus Curia Archiepiscopalis Seneschal ut ipse percipere consuevit nomine firma perpetua, quam volumus, decernimus atque statuimus ipso Seneschallo vivente ac etiam eandem Seneschalliam durare, Archiepiscopus quinquaginta libras Viennenses semper liberas, & nulla occasione diminuendas. Preuves pag.21.col.1.

Guy Senechal. Il est dit de lui dans l'obituaire le 18. d'avril qu'aiant pour son patrimoine la moitié de la dixme de la paroisse de Vaise, il l'avoit donnée au Chapitre pour fonder son anniversaire.

Cum patrimonii iure haberet medietatem decima in parochia Vaisa & pro anniversario &c.

Ce Senechal avoit la garde de la Ville au temps de l'administration de l'Evêque d'Autun, le Siége vacant, ce qui obligea nos Bourgeois de recourir à lui pour obtenir l'élargissement d'un nommé Nicolas, qu'ils disoient avoir été injustement arresté. Car il n'étoit pas au pouvoir de cet administrateur de destituer les Officiers établis par l'Archevêque, mais ces Officiers devoient agir en son nom & au leur, en vertu de leur charge.

Burgenses ceperunt precepturae a Domino Senescallo Lugduni, sed ce Senescal e duxerit nomine suae absentia, cuius etiam vices in custodia dicta civitatis idem indebita captione Seneschallus gerebat, de persequendo malefactores, & capientes Nicolaum praedictum ut ipse Nicolaus posset liberari ab indebita captione. Preuves p.7. col.1.

Preuves p.14.col.1.

C'étoit ce Senechal qui faisoit dans la Ville les publications & criées, au nom de l'Archevêque, & du Chapitre, quand le Chapitre s'y trouvoit interessé : sur quoi l'an 1230. Gaudemar de Jarés, qui avoit été fait Senechal par Robert d'Auvergne, Archevêque, pretendit avoir droit d'un broc de vin autant de foisque nos Citoyens augmentoient le prix du vin qu'ils vendoient, ce qui fut une occasion de broüillerie dans la Ville, laquelle obligea ledit Archevêque Robert de declarer que non seulement nos Bourgeois, mais ceux mêmes qui demeuroient hors la Ville étoient exempts de payer au Senechal ce Broc de vin.

Preuves p.99.

Cet Office étoit d'un grand rapport pour celui qui l'exerçoit, parce que s'étendant sur la Justice Civile & Criminelle, & même sur la Police, il en tiroit de grands emolumens, soit à cause des confiscations, amendes, & autres peines pecuniaires, soit pour accorder aux Marchands des permissions de vendre, d'acheter, de transporter, occasions où les domestiques du Senechal ne manquoient pas de faire leurs mains pour faciliter les accez auprés de leur maître, ou pour solliciter les graces que l'on demandoit; ce qui étoit d'une charge d'autant plus intolerable à nos Bourgeois, qu'il ne paroissoit rien au dehors de ces gratifications secretes, où les plus fortes ne manquoient jamais d'être de plus de poids, & où l'on prenoit toûjours à bon conte des deux parties avant le succez des affaires que l'on traitoit, ou qui devoient être jugées. Et comme il y avoit deux tribunaux dans la Ville, celui de l'Archevêque ou du Senechal, & celui du Chamarrier pour le Chapitre, il falloit s'assurer de tous les deux pour obtenir sans opposition ce que l'on demandoit.

Enfin l'an 1273. l'onziéme Novembre le Pape Gregoire X. tenant un Concile General en cette Ville cassa cet office de Senechal Ecclesiastique par une Bulle qu'il donna pour regler les differens de l'Archevêque & du Chapitre sur le fait de la Justice seculiere; aprés que les parties interessées eurent donné leur compromis à ce Souverain Pontifice pour les regler par une authorité Souveraine, à laquelle ils se soûmetoient d'un commun accord & consentement. Voici la teneur de cette Bulle.

Gregoire Evêque serviteur des serviteurs de Dieu pour perpetuelle memoire.

Le souvenir que nous avons d'avoir été nourris dans le sein de l'Eglise de Lyon, qui nous a traité avec honneur comme l'un de ses enfans, lorsque nous en étions Chanoine, a toûjours excité dans nous une affection filiale envers une si bonne mere. Mais maintenant qu'il a plû à Dieu nous élever à la dignité Apostolique, & que nous nous voyons le Pere de cette Eglise aussi bien que de toutes les autres, nous rappellons agreablement le souvenir des bons Offices qu'elle a souvent rendus au saint Siége, & ceux dont la memoire est encore fraîche, nous portent à lui témoigner une affection paternelle, qui s'augmente de plus en plus. C'est pourquoi en connoissant bien l'état, nous voions l'urgente necessité de lui procurer de tous nos soins la paix & la tranquillité. Ainsi pour appaiser les querelles qui s'étoient levées entre nôtre Venerable frere l'Archevêque Aymar d'une part & entre nos bien aimez fils le Doyen & le Chapitre de Lyon, & en particulier entre Hugues Senechal, & Henry de Villars Chantre de la même Eglise, que ces querelles touchoient plus immediatement, nous avons jettez les yeux sur divers articles qui avoient causé beaucoup de troubles & sembloient menacer de plus grands maux: auxquels pour obvier, nous avons offert nôtre entremise, & donné des avis efficaces, & de fortes remontrances. C'est pourquoi aiant reconnu que la Justice seculiere qui s'exerce dans la Ville étoit l'occasion de tous ces troubles; nous servant de l'authorité de Pere, aprés avoir meurement consideré, qu'il étoit plus à propos d'emploier cette authorité envers des personnes, que nous aimons comme nos enfans, & qui nous sont liez & unis dans un même corps d'Etat & de profession Ecclesiastique & d'assoupir tous ces differens par des traitez faits à l'amiable, que par des procez & par des formes de Justice, qui laissent ordinairement de l'aigreur entre les parties, nous avons voulu terminer toutes ces querelles, & toutes les pretensions qu'on pourroit avoir de part & d'autre pour la jurisdiction haute & basse, comme ils disent: d'autant plus qu'ils se sont volontairement soûmis les uns & les autres à nôtre volonté, jugement & decision par les compromis qu'ils nous ont donnez & qu'ils ont jurez en cette maniere.

Nous Aymar par la misericorde de Dieu, Archevêque de l'Eglise Primatiale de Lyon, & nous Hugues Doyen, & Chapitre de Lyon, craignant que les differens qui étoient entre nous, ne fussent des semences de discorde, comme il n'arrive que trop souvent par l'instigation du Demon, quand il y a des interets communs à démêler entre des freres, qui doivent s'aimer: aprés une meure deliberation, nous avons jugé qu'il valoit mieux sans nous engager dans de longs & fâcheux procez, terminer nos affaires entre nous, par le jugement d'un Pere commun, qui veut établir la paix entre ses enfans. Ainsi pour aller au devant de toutes les poursuites contentieuses qui aigrissent les esprits, nous avons choisi volontairement de nous soûmettre de bonne foi, & avec serment à tout ce qu'ordonneroit nôtre saint Pere le Pape Gregoire diziéme, & de nous en tenir à ses decisions, declaration, sentence, & interpretations, sur toutes les demandes, droits, pretensions, oppositions, qui pourroient être entre nous conjointement, ou separement, une ou plusieurs fois, de gros en gros, à l'amiable, sans observer les formes ordinaires de justice. En foi dequoi nous Archevêque, Chapitre, & Doyen, & nous Hugues Senechal, & Henry de Villars Chantre de l'Eglise de Lyon, promettons autant que l'affaire nous touche, ou peut nous toucher, d'acquiescer & d'observer ponctuellement tout ce qui sera ordonné, ce que nous avons authorisé par l'apposition de nos sceaux; fait à Lyon dans l'Octave de saint Laurent l'an 1274.

C'est pourquoi Nous, tant en vertu du pouvoir que nous donne l'authorité Apostolique, que de cette soumission, declarons que la jurisdiction temporelle dans la Ville de

Lyon appartient à l'Archevêque, & pour une partie au Chapitre, à raison du droit que le Chapitre a acquis du Comte de Forés à titre de Comté ; mais parce que jusqu'à present à raison de cette diversité de droits il y a eu diverses Cours dans la Ville, & que ce concours de jurisdictions non seulement empêchoit le cours de la Justice ; mais causoit aux sujets de grandes incommoditez, & multiplioit leurs charges, quand il falloit pour un même contract, ou pour le même crime ou excez commis paroître devant divers tribunaux, être tirez en divers jugemens, & donner en divers lieux des gages ou des cautions, & enfin souffrir d'autres inconveniens, d'où naissent des scandales, des guerres, des seditions, des meurtres, & autres semblables perils. Nous, dis je, voulant ôter ces occasions de troubles, & d'inconveniens fâcheux, & faire cesser les divisions qui pouvoient naître entre les parties, pour ce conflict de jurisdictions, & pourvoir au repos desdits sujets, ordonnons, declarons, & établissons qu'il n'y ait doresnavant qu'une seule Cour seculiere dans ladite Ville, & que l'exercice de cette jurisdiction soit totalement à l'Archevêque qui sera pourlors. Et voici la forme en laquelle nous ordonnons que cette Cour soit reglée, à savoir que l'Archevêque institue un Courrier Recteur ou directeur de la Cour, un Prevost, ou de tel autre nom qu'il voudra le nommer, Juge ou Juges, & un garde des sceaux, & qu'il les institue dans le Chapitre de Lyon, aprés avoir requis le Conseil, le consentement de ceux qui s'y trouveront aprés la convocation dudit Chapitre faite à la maniere ordinaire, s'ils veulent bien consentir à cette institution le jour que l'Archevêque se transportera au Chapitre pour en faire la proposition, sinon qu'il s'y rende un autre jour pour chacun des Offices de Courrier, de Juges & de garde des sceaux pour leur en presenter que le Chapitre aggrée, ou le plus grand nombre, & qui soient presentez à l'Archevêque pour les instituer dans le Chapitre, dans l'espace de trois jours depuis la nomination de chacun de ceux qui auront été presentez pour l'un de ces offices. Que s'il arrivoit que quelqu'un de ceux qui auroient été nommez par l'Archevêque vint à n'être pas presenté par le Chapitre, ou par le plus grand nombre des Capitulans, les trois jours expirez l'Archevêque pourra à sa volonté instituer ce jour là même l'un des trois qu'il voudra. Et l'on observera cette institution autant de fois qu'il y aura changement ou nouvelle institution à faire. Lesdits Officiers aussitôt qu'ils auront été pleinement instituez jureront dans le Chapitre en presence de ceux qui s'y trouveront, qu'ils exerceront fidelement leurs Offices au nom de l'Archevêque & du Chapitre, pour le bien commun, selon la forme & teneur de leur Jurisdiction. Quant aux Bedeaux, & autres moindres Officiers, l'Archevêque les instituera par lui même, ou par le Courrier, & les Juges comme bon lui semblera & ils jureront pareillement d'exercer dûement & fidelement leurs Offices au nom de l'Archevêque & du Chapitre, tant pour eux que pour le bien commun comme il a été dit à l'égard des Juges de la Cour.

A l'égard des emolumens de ladite Cour nous ordonnons par provision, decernons, & statuons que l'Archevêque à raison de la partie qu'à le Chapitre dans ladite Jurisdiction, & pour les emolumens de cette partie, donne tous les ans audit Chapitre cent cinquante livres Viennoises libres de toute charge, & sans en rien retrancher, quelque sort que puissent avoir lesdits emolumens, lesquelles cent cinquante livres nous defendons d'être assignées à titre de benefice à aucun particulier dudit Chapitre. Mais nous voulons qu'à perpetuité elles lui appartiennent en commun, pour les convertir au profit & besoins communs dudit Chapitre, comme il leur semblera plus expedient. Nous voulons aussi, decernons & ordonnons que le même Archevêque païe chaque année à nôtre bien aimé fils Hugues Senechal de Lyon à titre de ferme perpetuelle durant sa vie & tant qu'il tiendra ladite Senechaussée, la somme de cinquante livres Viennoises libres de toute charge, & sans diminution, pour ce qu'il avoit accoûtumé de tirer sur les emolumens de cette Cour ; & que lui venant à deceder, ou à renoncer à ladite charge de Senechal elle demeure éteinte & supprimée pour toûjours. Lesdites sommes seront payées au Chapitre & au Senechal en cette maniere : la moitié dans l'Octave de la Nativité de Nôtre Seigneur, & l'autre moitié à la feste de la Pentecôte. Pour tous les autres emolumens de la Cour, nous ordonnons que l'Archevêque les ait seul pour en disposer à sa volonté, & qu'il en soutienne aussi seul toutes les charges. Pour tout le reste ny le Chapitre ny le Senechal, ny aucun autre à raison du droit acquis du Comte ou de quelque autre maniere, ne pourront y rien pretendre, ny quant à la Jurisdiction, ny quant aux emolumens, ny avoir prison, ny sergens, ny exercer aucune Jurisdiction pour cette dite partie. Cependant quant aux criées & publications elles se feront à l'ordinaire au nom de l'Archevêque, du Chapitre, & du Senechal, tandis qu'il tiendra la Senechaussée. Quant aux executions, & pour le maintien de la justice, le Chapitre aidera l'Archevêque de ses conseils, & assistera à la Cour quand il en sera requis. Et pareillement l'Archevêque sera tenu d'aider le Chapitre de ses conseils, & de le maintenir dans ses droits.

de la Ville de Lyon.

A l'égard des levées ou collectes nous voulons & ordonnons que si l'Archevêque veut donner son aide aux levées communes qui se feront dans la Ville, qu'il le fasse dans e Chapitre après avoir demandé l'avis de ceux qui s'y trouveront : pour les hommages & fidelitez des Seigneurs, l'Archevêque les recevra à la maniere accoûtumée, & quand il se pourra faire commodement, il appellera quelques uns du Chapitre pour y assister.

Pour toutes lesquelles choses cy-devant énoncées, nous nous reservons expressément le pouvoir d'interpreter de changer, d'ajoûter, & sur les plaintes des parties d'ordonner, de pourvoir, de definir, & de statuer pleinement & librement comme il nous semblera plus expedient. Donné à Lyon l'onziéme Novembre l'an troisiéme de nôtre Pontificat.

De si sages ordonnances faites au temps d'un Concile General par un Souverain Pontife, qui avoit été reçeu en sa jeunesse dans le corps du Chapitre, sembloient devoir assoupir tous les differens. Mais si nos Citoyens en furent tres satisfaits pour n'avoir plus à répondre qu'à un seul tribunal, & à la seule justice de l'Archevêque, le Chapitre ou quelques uns de ce corps n'en furent pas contents, & s'efforcerent plusieurs fois de faire changer ces dispositions, particulierement quand il y eut de nouveaux Archevêques tirez d'ailleurs que du corps du Chapitre & peu ou nullement instruits de cette constitution du Pape, que nos Citoyens consideroient comme l'Anchre sacrée à laquelle ils avoient recours toutes les fois qu'on vouloit donner atteinte à leurs privileges & rappeller les anciens usages que cette Bulle avoit abolis. Cependant nonobstant ces ordonnances faites par le Pape Gregoire durant le second Concile de Lyon pour la suppression du Senechal, & de la part que pretendoit avoir dans la justice seculiere le Chamarrier sous le titre d'obeance de la Comté, les parties interessées ne laisserent pas de poursuivre pour être maintenuës dans leur ancien exercice même après la mort du Senechal, à l'Office duquel Pierre d'Aouste Archidiacre prétendoit avoir été subrogé. Pour s'y maintenir ils engagerent leurs Parens, les Comtes de Savoye & de Bresse, & le sire de Thoire & de Villars, à écrire à nos Citoyens, des lettres qui sont rapportées entre nos Preuves en la page 30. Le Comte Philippe de Savoye n'appuyoit que l'Archidiacre, qu'il qualifie son cousin, & demandoit qu'on le laissât joüir paisiblement de sa Jurisdiction sur la Comté de Lyon, Loüis de Savoye Comte de Bresse intercedoit pour tous les deux, aussi bien qu'Humbert Sire de Thoire & de Villars, mais particulierement pour le Chamarrier Henry de Villars son Frere. A quoi nos Citoyens ne firent que des réponses generales pleines de respect, avec assurance de se comporter de telle sorte, qu'on n'auroit pas sujet de se plaindre de leur conduite, quoi qu'ils marquent plus expressément aux deux Princes de la maison de Savoye qu'après le reglement du Pape Gregoire qui les obligeoit d'obeïr au seul Archevêque sous peine d'excommunication, ils ne pouvoient reconnoître d'autre superieur que lui, les priant de ne pas trouver mauvais, qu'ils refusassent de reconnoître une diversité de tribunaux, qui avoit été cause de tant de guerres & de tant de maux dans la Ville.

Après la mort d'Aymar de Roussillon sur le compromis duquel & du Chapitre, le Pape Gregoire avoit reglé l'administration de la justice, & supprimé l'Office du Senechal, & l'Obeance du Chamarrier, le Chapitre proceda à l'Election d'un nouvel Archevêque, mais ne pouvant s'accorder, il fut resolu entre eux d'en remettre l'Election à six Chanoines, à qui tous les autres donnerent leur compromis, & le pouvoir de faire cette Election jusqu'à la chandelle éteinte, qui fut le temps limité pour le pouvoir qu'on leur donnoit. Ces six Chanoines s'étant assemblez, & la chandelle étant allumée, Durgel Precepteur de l'Eglise fut élû, & son élection annoncée au Chapitre par Hugues Brun l'un des six Electeurs, & acceptée tant par ledit Durgel, que par le Doyen & le reste du Chapitre, la chandelle étant encore allumée. Après quoi ledit d'Urgel alla au Pape pour faire confirmer son Election, Raynaud Neveu d'Yves Abbé de Cluny, & quelques autres Chanoines y formerent opposition, ce qui obligea d'Urgel de remettre entre les mains du Pape tous les droits de son Election, sur quoi le Pape en pourvût de son authorité Rodolfe de la Torrette Chanoine de Verdun, & écrivit au Chapitre de le recevoir pour Archevêque. Rodolfe envoya aussi tôt Henry de Sartines Chanoine de saint Just, & Guillaume d'Argenteüil Chanoine de Verdun, ses Procureurs, pour intimer son Election à nos Citoyens, & pour prendre en son nom possession de l'Archevêché. Ils arriverent en cette Ville le Vendredy 21. Juillet & dés le lendemain jour de sainte Magdeleine nos Citoyens les allerent saluër dés le grand matin. Ce même jour ils demanderent que le corps de la Communauté s'assemblât dans l'Eglise de saint Nizier, qui est la plus grande Parroisse de la Ville, & là publiquement ils firent lire la Bulle du Pape Martin IV. les lettres & procurations de l'Archevêque élû, dont l'Election fut d'un commun accord approuvée & applaudie sur les témoignages avantageux que le Pape

Preuves 31. col. 1.

donnoit de la vertu, sageſſe, & autres bonnes qualitez de Rodolphe de la Torrere. Aprés cette publication de l'Election, les deux Procureurs demanderent l'Adminiſtration du temporel, que les gens de l'Evêque d'Autun refuſerent de donner, parce que cét Evêque étoit abſent. Nos Citoyens ſcandaliſez de ce refus apprirent que c'étoit une intrigue du Chapitre, qui vouloit avant que de conſentir à cette Election traiter avec Rodolfe du rétabliſſement de leur Juſtice, & le faire approuver par le Pape ſur le conſentement de l'Archevêque : ſur quoi tandis que le Chanoine d'Argentueil alloit à Autun pour requerir l'adminiſtration, douze de nos Citoyens comme Scindics de la Communauté, à ſçavoir Jean de Forés, Jean Liatard, Jean de Durchia, Barthelemy de Varey, Bernard de Varey ſon Frere, Rodolfe de Varey, Pierre de Chaponay, Matthieu de la Mure, Falcon du Puy, Guy de la Mure, Guillaume Grigneu, & André Raffart, tant en leur nom qu'au nom de la Communauté écrivirent à l'Archevêque élu, pour lui faire comprendre les inconveniens qu'apporteroit le rétabliſſement de la Juriſdiction du Chapitre, & les maux qu'avoit cauſez cette diverſité de Juriſdictions, ſource inévitable de diviſions dans un grand corps. Qu'ainſi toute la Ville le prioit de venir au plûtôt, parce que dans l'Etat preſent des choſes, on ne rendoit plus de Juſtice ſur le refus qu'avoient fait les gens de l'Evêque d'Autun de la remettre, & dont on ne vouloit plus reconnoître la Juriſdiction.

On ne ſe contenta pas d'avoir écrit cette lettre, mais on députa Barthelemy de Varey, & Guy de la Mure, pour aller à Paris faire ſignifier à l'Archevêque au nom de toute la Ville que l'on ne reconnoîtroit jamais la Juſtice du Chapitre ; qu'il n'étoit pas au pouvoir de l'Archevêque de revoquer une conſtitution faite par le Pape ; qu'ils appelloient de toutes les nouveautez qui ſe feroient contre cette conſtitution, & au Pape, & au Roy, qui leur avoit donné ſa protection Royale contre les entrepriſes du Chapitre & qui les tenoit en ſa garde. Que c'étoit en cette forme qu'il les avoit fait gouverner, quand il avoit pris la juſtice en ſa main : qu'il ne l'avoit renduë à l'Archevêque Pierre de Tarentaiſe, qu'à condition qu'elle ſubſiſteroit en cette forme ; que ſi l'on entreprenoit au contraire de rétablir les choſes en l'état où elles avoient été, on devoit s'attendre à voir les mêmes troubles, ſeditions, guerres civiles, meurtres, ſaccagemens, & tous les autres maux, dont la memoire n'étoit encor que trop recente, pour ne pas apprehender de voir de ſemblables deſordres. Voilà ce que nos deux Procureurs de la Communauté firent ſignifier à Paris à l'Archevêque dans ſon Hôtel, ruë Gallande, en preſence de pluſieurs témoins, dont l'un étoit Beraud de Goth, Chanoine d'Agen, qui fut depuis ſucceſſeur de Rodolfe en l'Archevêché.

En ce même temps le Pape Nicolas IV. avoit envoyé en France les Cardinaux Gerard de Parme Evêque de Sabine, & Benoit Gaëtan du titre de S. Nicolas *in Carcere*, qui fut depuis Boniface VIII. Ces deux Cardinaux Legats étoient alors à Paris. Nos deux deputez de la Communauté de la Ville, leur preſenterent une requête raiſonnée ſelon les formes de droit, pour leur demander de maintenir la conſtitution du Pape Gregoire X. & les traitez faits entre les Archevêques & le Chapitre pour le reglement de la juſtice. Mais l'Archevêque Rodolfe étant mort, & Beraud de Goth lui aiant ſuccedé, nos Citoyens firent une aſſemblée de Communauté dans l'Egliſe ſaint Nizier, où Guillaume Buier, & Rollet Caſſard furent nommez Scindics de la Communauté, & deputez vers le nouvel Archevêque, pour lui ſignifier que les Citoyens étoient en poſſeſſion de n'être ſoûmis qu'à une ſeule juſtice, & qu'ils avoient acquis ce droit tant par les traitez faits avec Pierre de Tarentaiſe par l'entremiſe du Roy, que par les compromis de l'Archevêque Aymar de Rouſſillon & du Chapitre entre les mains du Pape Gregoire X. qui avoit donné une Bulle, & fait une conſtitution pour regler à perpetuité les formes de la Juſtice qui devoient s'obſerver dans Lyon. Que cependant au prejudice de tous ces traitez, & de toutes ces ordonnances, faites par des puiſſances qui ne reconnoiſſoient point de ſuperieurs, ils avoient appris que le Chapitre avoit fait de nouvelles conventions avec lui Archevêque, & qu'ils les avoient fait authoriſer par les deux Cardinaux Legats. Que par ces conventions le Chapitre pretendoit reprendre un tiers de la Juſtice, avoir ſon Courrier, ſon Juge, & ſes autres Officiers particuliers differens de ceux de l'Archevêque & ſes priſons : que toute la Communauté de la Ville de Lyon proteſtoit contre ces innovations, & en appelloit au Roy comme Protecteur & Gardiateur de la Ville.

Ce fut au Château de Pierre Size demeure ordinaire des Archevêques, & dans la chambre même de l'Archevêque qu'ils lui firent ſignifier cet appel par Roland de ſaint Michel Notaire Apoſtolique, en preſence de Bertrand de Goth Chanoine d'Agen, & Frere de l'Archevêque dont il fut depuis grand Vicaire, & enfin Pape ſous le nom de Clement V. aprés avoir été Archevêque de Bordeaux.

Les deux Cardinaux Legats terminerent enfin tous ces differens en confirmant les ordonnances

donnances de Grégoire X. en vertu du pouvoir special que leur donna le Pape Nicolas IV. & des compromis qu'ils receurent de Berard Archevêque de Lyon, du Doyen & du Chapitre, Le seul changement qu'ils y firent pour conserver les droits du Chapitre qui avoit un tiers de la Justice, fut de regler l'institution des Officiers, de telle sorte que la premiere année l'Archevêque devoit instituer le Courrier, & le Juge du consentement du Chapitre, & le Chapitre le garde des sceaux du consentement de l'Archevêque: Que la seconde année l'Archevêque institueroit le Courrier & le garde des sceaux, & le Chapitre le Juge selon la forme precedente : que la troisiéme année l'Archevêque institueroit le Juge & le garde des sceaux, & le Chapitre le Courrier. La quatriéme année l'Archevêque le Courrier & le Juge, & le Chapitre le garde des sceaux comme la premiere année. La cinquiéme l'Archevêque le Courrier & le garde des sceaux: le Chapitre le Juge. La Sixiéme année l'Archevêque le Juge & le garde des sceaux, & le Chapitre le Courrier. Et ainsi consecutivement d'année en année, & autant de fois qu'il faudroit instituer les Officiers. Cette institution conservoit ainsi au Chapitre le tiers qu'il avoit dans la Justice, puisqu'en l'espace de trois ans il nommoit chaque Officier une fois.

<small>Preuves 26. col. 2.</small>

Quoi que la succession des Archevêques regarde plûtôt l'Histoire Ecclesiastique que la civile, il est bon cependant de faire observer ici l'erreur dans laquelle Paradin & Severt sont tombez, & ont fait tomber aprés eux tous ceux qui ont écrit l'Histoire de Lyon. Ils ont donné pour successeur immediat à Rodolfe de la Torrete un Archevêque nommé Jean, dont ils ont dit que la famille leur étoit inconnuë, & ils ont placé cét Archevêque en 1289. cependant les Bulles de Martin IV. & de Nicolas IV. qui ont confirmé Rodolfe, & Berard ou Beraud de Goth sont expresses au contraire, à moins que ce pretendu Archevêque Jean n'ait été le Precenteur Durgel dont le nom propre n'est pas exprimé dans la Bulle de Martin IV. & dont l'Election fut contrariée par Renaud neveu de l'Abbé de Cluni & par quelques autres Chanoines. Car ce fut en 1290. que le Pape Martin IV. institua Rodolfe de la Torrete par le droit qui lui fut devolu de cette nomination tant par les oppositions que l'on forma contre celle de Durgel, que par la cession qu'il en fit entre les mains de sa Sainteté.

<small>Preuves p. 31. col. 1.</small>

Pour ce qui est de Beraud de Goth le Pape Nicolas IV. dit qu'incontinent aprés la mort de Rodolfe de la Torrete, le Chapitre proceda à l'Election dans la forme accoûtumée, & que l'une des parties aiant fait choix de Perceval de Lavagne Soûdiacre & Chappelain de sa Sainteté, & l'autre de Henry Archidiacre de Tonnerre en l'Eglise de Langres, lequel alla à Rome poursuivre la validité de son Election, tandis que Perceval renonça à la sienne. Le Pape se servant de son droit sur ce partage du Chapitre nomma Beraud Archidiacre de l'Eglise d'Agen la seconde année de son Pontificat, par où l'on voit qu'il n'y a point eu d'autre Archevêque aprés Rodolfe de la Torrete que ce Beraud de Goth, & que le pretendu Jean III. que Robert, Severt, Messieurs de sainte Marthe, & Monsieur de la Mure, ont inseré dans le Catalogue de nos Archevêques, ne peut être que Durgel, qui ne fut jamais confirmé, & qui devroit être placé devant Raoul de la Torrete. Paradin qui a donné lieu à cette erreur y en a joint une seconde en nommant ce pretendu Archevêque Jean second, qui auroit dû être le troisiéme de ce nom, puisque le premier vivoit l'an 1110. aprés Hugues premier, le second qui fut Jean de Bellesmains vivoit en 1186. & fut successeur de Guichard. Ainsi celui que Paradin place en 1289. devroit est Jean troisiéme. Si cét Historien avoit pris soin de nous donner la transaction qu'il dit que cét Archevêque fit avec Guichard de Beaujeu, peut être aurions nous plus de lumiere pour debroüiller l'embarras où il a mis tous ceux qui l'ont suivi. Dans la liste de nos Archevêques écrite aprés l'ancien Martyrologe du temps de Loüis de Villars, en qui elle finit, voici comment ils sont nommez, *Americus, Philippus, Petrus, Aymarus, Rodulfus, Beraldus, Henricus, Ludovicus*. Sans faire nulle mention de ce Jean.

<small>Preuves 31. col. 2.</small>

Outre le Senechal de l'Archevêque, qui exerçoit la Justice seculiere, l'Eglise avoit un Senechal du Refectoir lorsque les Chanoines vivoient en commun. Ainsi l'an 1215. Humbert Abbé d'Aînay passa une vente d'une vigne sise à Sioulans au Senechal du refectoir de l'Eglise de Lyon sous la pension de quatre sols.

DU VIGUIER.

COmme rien ne peut mieux nous instruire des Offices, des emplois, des dignitez, & des commissions, qui ne sont plus en usage, que l'institution qui s'est faite de ces Offices & de ces emplois, & les lettres patentes qui en ont été expediées pour en marquer les fonctions & les pouvoirs, nous apprenons par celles que nôtre Archevêque Raoul de la Torrete donna à Gaudemar Seigneur de Jarés, ce que c'étoit que l'Office

<small>Preuves 33.</small>

de Viguier en cette Ville : puisque ce Prelat dit qu'il l'ordonne, établit, & constitue Viguier dans la Ville de Lyon & ses Fauxbourgs, pour la garder, defendre, maintenir, & tous les Citoyens, leurs personnes, leurs biens & leurs effets, jusqu'à la fête de la Nativité saint Jean Baptiste. Il luy assigne pour salaire la moitié des amandes, saisies, Taxes, & confiscations sur les crimes, forfaits, & jugemens ; & au cas que cela ne suffit pas pour son entretien, & celui de sa famille, il lui promet de le contenter, & d'y satisfaire d'ailleurs de ses propres deniers.

Ce Viguier étoit donc comme le Vicaire, & le substitut du Senechal, non pas pour le fait de la Justice, mais pour celui de la Police, comme est aujourd'hui à Paris le Lieutenant de la Police, qui veille sur les Arts & Métiers, sur les Hôtelleries, Cabarets, & Auberges, les marchez, la vente des denrées, les émeutes populaires, & autres semblables choses, étant le superieur des Commissaires des quartiers, qui doivent lui rendre conte de tout ce qui s'y passe. Ainsi ce Viguier étoit toûjours un homme de qualité, Chevalier, homme d'épée, & d'un ordre distingué. Mezeray dans l'abbregé de l'Histoire de France, dit que les Ducs & les Comtes sous la premiere race de nos Rois avoient des Viguiers, qui étoient comme leurs Lieutenans pour rendre la justice en leur absence. Ils sont en quelques Provinces Lieutenans des Baillis. Celui de Lyon l'étoit du Senechal. Et cette charge fut plus en usage sous nos Rois, que sous nos Archevêques. Ainsi Guy de Chevriers, Chevalier en un acte de 1301. se qualifie Viguier pour le Roy de la Ville de Lyon. Cet employ est encore à present considerable dans le Languedoc & la Provence, dans les autres Provinces du Royaume il a le nom de Prevôt. C'est ce nom qu'il eut aussi sous nos Archevêques & le Chapitre, quand le Pape Gregoire X. regla leur justice seculiere.

Ce qui obligea nos Rois d'établir ce Viguier dans Lyon, c'est que le plus souvent c'étoit le Bailly de Mâcon qui étoit Senechal de Lyon par commission, ainsi n'étant pas sur les lieux, il avoit besoin d'un Vicaire ou Lieutenant qui étoit ce Viguier, qui exerçoit la jurisdiction en cette Ville avant même que nos Rois en eussent acquis le domaine, mais alors ils n'établissoient cet Officier, qu'en qualité de protecteurs, & comme aiant la sauvegarde des Citoyens. Ainsi l'an 1301. Le Roy Philippe le Bel addressa les lettres suivantes au Bailly de Mâcon Gardiateur de Lyon.

Philippe par la grace de Dieu Roy des François, à nôtre Bailli de Mâcon, & Gardiateur de Lyon salut. Nous avons receu la plainte des Citoyens de Lyon, qui sont sous nôtre sauvegarde speciale, Disans que sous pretexte des ordonnances que nous faisons à l'égard de nôtre Royaume & specialement du Bailliage de Mâconnois, les executeurs de ces Ordonnances molestent & oppriment lesdits Citoyens. C'est pourquoi nous vous mandons, que sous pretexte desdits Statuts generaux faits & à faire, vous ne permettiez jamais que lesdits Citoyens en soient molestez, s'il n'étoit fait mention expresse dans lesdits status desdits Citoyens. Fait à Paris l'an 1301.

Donc l'an 1301. la Ville de Lyon n'étoit pas encore du Royaume, ny les Citoyens considerez comme sujets ; puisque le Roy dit qu'ils sont sous sa sauvegarde speciale, ce qu'il n'auroit pas dit, s'ils avoient été ses sujets. Ce sont ces lettres qui furent vidimées la même année par Guy de Chevriers, Viguier de Lyon pour le Roy en ces termes. *Nous Guy Chevriers Chevalier, Viguier de Lyon pour le Roy, sçavoir faisons, que nous avons vidimé certaines lettres seellées du sceau du Roy, dont la teneur est telle, Philippe &c.*

L'Official de l'Archevêque prenoit aussi la qualité de Viguier, ou de Vicaire, parce qu'il étoit le Lieutenant de l'Archevêque dans le spirituel comme le Viguier étoit son Lieutenant pour le temporel. Ainsi l'an 1292. quand Rolet Cassard appella au nom de la Communauté de Lyon, dont il étoit Scindic au nom des douze Echevins ou Conseillers de Ville, du monitoire & sentence d'excommunication, que Guillaume Ruffat Chanoine de l'Eglise de Lyon, & Official de l'Archevêque, avoit fait publier dans les Eglises de cette Ville, il lui donne le nom de Vicaire ou de Viguier.

Enfin comme ces termes de Viguiers, Vicegerent, Vicaire, Lieutenant, & substitut marquent un Officier subalterne à un Officier superieur, dont il exerce les fonctions ou en son absence, ou par ses ordres ; il est certain que le Viguier ne pouvoit être en ces temps là que le Lieutenant des Senechaux, des Baillis, des Courriers, des Juges Mages, & des autres Officiers Majeurs de l'Archevêque, où du Chapitre, & que comme à present les Procureurs du Roy des Bailliages & des Presidiaux sont appellez substituts du Procureur General des Parlemens auxquels ils ressortissent, on donnoit aussi le nom de Vigueries aux Justices subalternes de l'Eglise de Lyon. Ainsi nous voions dans les actes Capitulaires de cette Eglise livre 23. fueillet 33. que l'an 1467. Noble Antoine Sibout fit hommage au Chapitre pour la Viguerie de saint Martin de la plaine.

Renaud de Forêts l'un de nos Archevêques au douziéme siecle acheta la Viguerie d'Anse, il acquit aussi la Viguerie de Condrieu par un échange qu'il fit avec Girin Cistrei

Chevalier en lui donnant une autre terre. Voilà tout ce qu'on peut dire de plus seur de cet Office de Viguier de l'Eglise, ou de l'Archevêque, d'autant plus qu'il semble qu'avant ce Renaud de Forés, les terres & les biens de l'Eglise étoient communs entre l'Archevêque & le Chapitre.

DU COURRIER.

Entre les Officiers de Justice de l'Archevêque & du Chapitre, l'un des Principaux étoit le Courrier, qui étoit comme le Prevost de l'Hôtel, & le Prevost de la Maréchaussée, par ce qu'il paroit par divers actes qu'il connoissoit des crimes qui se commettoient dans la Ville, & avoit comme l'Intendance de la Police sous le Senechal.

Comme il n'est rien de plus sujet aux conjectures que les Etymologies, on trouve plusieurs notions differentes de ce nom, qui est exprimé en Latin dans tous les actes par celui de *Correarius*. Quelques uns ont crû qu'il avoit été ainsi nommé, comme qui diroit *Curia Rector*, parce qu'il étoit Juge de la Cour seculiere de l'Archevêché, d'autres veulent que ce soit la même chose que ces Officiers des Cours d'Espagne qui sont appellez *Corregidores*, & en Latin *Reorum Correctores*. Belleforest dit que ce fut Loüis le Debonnaire qui institua le premier ces Officiers pour battre la campagne avec leurs Archers, & pour arrêter les voleurs & les autres malfacteurs, & que ce fut de ces courses qu'ils furent nommez *Courriers*.

Curiam infrà scripto modo decernimus ordinandam, videlicet ut ipse Archiepiscopus Rectorē & Directorem Curia Correarium sive Prapositum vel aliter prout ipse voluerit nominandā &c. Ordinat. Gregorij Papæ.

Preuves p.10.col.2.

Cette charge devoit être considerable, puisque je ne trouve que des Gentilshommes qui l'aient exercée, & des personnes qui prenoient la qualité de Chevaliers.

JEAN CARDINAL, Damoiseau, Courrier en 1293.
GUILLAUME DE VIRIEU étoit Courrier en 1298.
HUGUES DE CHEYSSERIA en 1304.
GUILLAUME DE CHALAMONT en 1307.
JEAN DE BERTRAND Chevalier, Courrier de l'Archevêque.
PIERRE DE SAVOYE en 1311.
GUILLAUME DE GLATINS en 1372.
HUMBERT DE VAREY en 1394.
JEAN DE VILLENEUVE en 1459.
GUILLAUME GUERRIER en 1498.
JAQUES DE FENOIL en 1494. & 1510.

Preuves 120.col.2.

Ce n'étoit pas seulement dans la Ville, que l'Eglise avoit ses Courriers, elle en avoit dans ses principales terres, comme à Anse, à saint Symphorien &c.

Ces Courriers avoient leurs Lieutenans. Au livre V. des actes Capitulaires de l'an 1393. fu. 58. il est dit que pour la fête des merveilles, on appellera le Lieutenant du Courier, le Prevost & le Chancellier de la Cour seculiere de Monseigneur l'Archevêque : l'an 1372. Olivier de Manissieu étoit Lieutenant de Guillaume de Gletins. La Jurisdiction de ce Courrier s'étendoit sur les danrées, les marchez, & les vivres, comme celle du Prefet de l'Annone établi à Rome. Il l'exerçoit sur les places publiques, les ruës, les allignemens, les essayemens des maisons &c. comme fait à present le Voyer. Il visitoit les Foires, les étalages des Marchands, maintenoit la paix, & le bon ordre.

Voici la formule du serment que prêtoient ces Courriers avant que d'exercer leur charge. Ils promettoient sur les saintes Evangiles de garder les droits & libertez de l'Eglise de Lyon, & de tous ceux qui étoient incorporez dans cette Eglise, les personnes, dignitez, Chanoines, & leurs serviteurs, les immunitez & franchises de l'Eglise, la Jurisdiction du cloître de l'Eglise de Lyon & des dependances du cloître, & qu'il ne feroit rien durant son emploi au prejudice des conventions faites entre les Seigneurs Archevêques, Doyen & Chapitre.

Ego N. Correarius Lugd. juro ad sancta Dei Evangelia, quod ego servabo jura, & libertates Ecclesia Lugduni & incorporatorum in eâ, personas, Canonicos, servitores Ecclesia, immunitates, Franchesias, Jurisdictionem Claustri Lugdunensis Ecclesia, & pertinentiarum ipsius Claustri, & quod non faciam aliquid contra conventiones habitas inter Dominos Lugduni Archiepiscopos & Dominos Decanum & Capitulum durante Officio meo. Sic me Deus adjuvet & hac sancta Dei Evangelia.

Ce nom étoit particulierement en usage en ce païs pour les Officiers de la Justice des Prelats. Les Evêques de Grenoble & de Valence avoient leurs Courriers aussi bien que nos Archevêques, ce nom est demeuré aux Marguilliers des confreries, que l'on nomme encore aujourd'hui dans nos Eglises, Courriers du saint Sacrement, Courriers de Nôtre Dame, Courriers des confreries des métiers &c.

Cét Office étoit annuel, puisque par les reglemens établis par les Cardinaux Legats Gerard de Parme, & Benoît Gaëtan, il avoit été ordonné que la premiere année l'Archevêque institueroit le Courrier & le Juge de la Cour seculiere de Lyon, & le Chapitre le garde des sceaux : que la seconde année l'Archevêque institueroit le Courrier & le garde des sceaux, & le Chapitre le Juge. Et la troisième année l'Archevêque instituoit le Juge & le garde des sceaux, & le Chapitre le Courrier. Il est vrai qu'ils étoient ordinairement confirmez, & c'est ce qui fait que nous trouvons les mêmes Courriers dans les actes de plusieurs années. Les Chartreux, qui commencerent leur ordre en Daufiné, établirent parmi eux des Courriers qui sont des Religieux, qui reçoivent les hostes, & conversent avec les seculiers, qui les vont visiter. Le lieu même où l'on reçoit ces hostes se nomme Courrerie, & le premier volume de leur Histoire est imprimé dans la Courrerie *Courreria*.

Ce n'étoit pas seulement dans la Ville, que l'Eglise de Lyon avoit ces Courriers pour rendre la justice, elle en avoit aussi dans ses terres, & chaque année ces Courriers devoient élire élus dans le Chapitre, le lendemain de la fête de saint Jean Baptiste, par les dignitez du Chapitre & par ceux qui avoient leurs portions dans ces terres, sans qu'ils fussent obligez d'attendre ceux qui se trouvoient absens du Chapitre ce jour là. Le nom de Courriers ou Chastelains, qui est donné dans ce statut aux Officiers, fait voir que les Courriers avoient la garde des terres & Châteaux de l'Eglise. Que si ceux qui devoient être ces Courriers, ne les instituoient pas au Chapitre General qui se tient dans l'Octave de saint Jean Baptiste, les autres Chanoines presens, quoi qu'ils n'eussent point de portion dans ces terres pouvoient y pourvoir de plein droit, & ceux qui ne s'y etoient pas trouvez étoient exclus du Chapitre pour cette année. Que s'il se trouvoit quelqu'un des Chanoines qui s'opposât publiquement ou en secret à ce statut, il étoit privé pour cette année de la portion qu'il avoit en ladite terre ou château, laquelle devoit être appliqué aux besoins communs de l'Eglise pour les affaires communes. Et ces Courriers ou Chastellains établis devoient jurer de ne rien retirer cette année des fruits appartenans à ces Chanoines, mais en devoient laisser le soin au celerier quand il auroit la commission d'en faire la recepte.

Statuimus & ordinamus quod anno quolibet in Capitulo nostro generali quod in crastinum festi B. Joannis celebratur cum continuatione dierum sequentium pro jurisdictione nostra temporali exercenda unus Balliuus, unus Judex ordinarius, altius in lex appellationum, & unus procurator, qui hominis, castra, jurisdictiones & terram nostram regam jurisdictionem exercente ab oppressionibus & invasionibus tueantur. Et in singulis castris nostris quibus consueverit praeesse Correarii aut sed tamen portiones si hoc expectaris habitabilite in castro, terra, exclusis illis si trouerint publice nescilla peragendis mittent Cellarium

Castellani, ponantur singuli Correarii aut Castellani per Canonicos, dignitates aut personas jus habentes, vel non habentes ibidem obtinentes, & hac facient Canonici, qui praesentes fuerint in dicto Capitulo generali aliis consociis suis absentibus. Quod si non providerint de dictis Castellanis & Correariis infra Octavam B. Joannis, cui de Correariis aut Castellanis providere minime curaverint, providendi pro illo anno plenam habent potestatem alii capitulantes, qui partem de dicto Capitulo, qui de providendo negligentes fuerint. Qui vero statuto & ordinationi hujusmodi se opposuerit, sue occulte portione quam habet in dicto castro illo anno sit omnino privatus & Capitulo pro communibus Ecclesiae nostrae applicetur. Qui Correarii & Castellani jurabunt se nihil recepturos de bonis pertinentibus ad dictos Canonicos, sed constitutum ubi recepta sibi commissa absque impedimento quocumque.

Comme les Courriers particuliers des terres, & châteaux du chapitre levoient & exigeoient les deniers qui revenoient aux Chanoines, qui avoient leurs portions dans ces terres ou châteaux; c'étoit aussi le Courrier de la Ville qui faisoit lever par ses Sergens les collectes ou levées que les citoyens imposoient pour les affaires communes du corps de la communauté. Ainsi l'an 1298. Guillaume de Virieu Gardiateur pour le Roy de la Ville de Lyon, qui s'étoit mise sous la protection de ce Roy, donna commission à l'un de ses Sergens d'aller requerir le Courrier de la Ville, de deputer l'un de ses Sergens pour exiger certaine collecte, que les Citoyens avoient imposée pour les affaires communes, & ou ce Courrier refuseroit de commettre l'un de ses Sergens pour faire cette levée, il ordonne au sien de la faire paier lui même au nom du Gardiateur.

Il prenoit la qualité de Juge Courrier dans les sentences qu'il rendoit, ainsi l'an mille trois cent il ordonna au Prevost & Sergent de laisser le cellerier d'Ainay paisible dans sa justice.

Le Juge Courrier de la Cour seculiere de Lyon au Prevost & autres Sergens dudit Lyon salut.

Vous mandons & enjoignons par ces presentes que vous laissiez joüir paisiblement le Cellerier d'Ainay de la Justice & du droit qu'il a à Ainay & des dependances tant dans la vente du vin du mois d'Aoust, que autres choses concernantes sadite jurisdiction fait l'an 1300.

Le Roy addressa aussi en même temps des lettres Royaux au Bailli de Mâcon & Gardiateur de Lyon pour faire mettre en execution une sentence definitive renduë par le Juge Courrier de Lyon au profit du Cellerier d'Ainay contre l'Archevêque dudit Lyon. Pareille Sentence fut renduë trois ans aprés l'an 1303. sous ce titre.

Sentence renduë par le Juge de la Cour seculiere de Lyon au profit de Frere Jaques de Bron Celerier du Monastere d'Ainay contre l'Archevêque de Lyon, par laquelle il est dit, que le dit Frere Jaques comme Celerier est dans le droit & possession de vendre le vin au mois d'Aoust dans le Village de saint Michel, nonobstant qu'il y ait un ban du mois d'Aoust dans la Ville de Lyon, un an aprés Hugues de Chiffrieu prend la qualité de Juge Courrier de la Cour seculiere de Lyon pour Loüis par la grace de Dieu Archevêque 1304.

L'an 1498. le 18. May comparurent en la Cour ordinaire de Lyon par devant François Buclet Docteur ez droits canon & civil Juge, & Guillaume Guerrier Escuyer Courrier de la Cour ordinaire de Lyon, les Archers & Arbalêtiers habitans de la Ville de Lyon pour entretenir la confrerie de saint Sebastien commencée en l'Eglise saint Nizier sous le bon plaisir de Monsieur le Cardinal Archevêque & Comte de Lyon.

En 1292. Rolet Cassard Sindic de la Ville appella de la Justice spirituelle de l'Archevêque au saint Siége & de la Justice seculiere au Roy, & entre les griefs de nos Citoyens, il allegue que quelques habitans ont été tuez & mal-traitez par les domestiques de l'Archevêque, & du Chapitre, & que le Courrier n'en a point fait de Justice, quoi qu'il en ait été plusieurs fois requis.

J'ai trouvé depuis quelques jours dans la Bibliothéque de Monsieur de Trivio Advocat au Bailliage de Vienne un manuscript d'une Requête ou procez Verbal fait l'an 1448. par Mathieu Thomassin Lyonnois Conseiller du Dauphin, Loüis fils aîné du Roy Charles VIII. à qui il succeda depuis sous le titre de Loüis XI. cette enquête a pour titre.

Deductio ac declaratio dignitatum, praeminentiarum, praerogativarum dominij, seigniorïa, & jurium particularum spectantium & pertinentium Illustrissimo Principi Ludovico Christianissimi Regis Francorum Primogenito Delphino Viennensi, Domino & Comiti Viennae, Archisenescallo perpetuo Regnorum Viennae & Arelatis, Comitique Palatino praedicta Civitatis Viennensis, Domino nostro metuendissimo ; per spectabilem & egregiam virum Dominum Matthaeum Thomassin de Lugduno, Consiliarium Dalphinalem & Commissarium per dictum Dominum nostrum, deputatum super dictis juribus inquirendis, & alia faciendis, quae continentur in commissione, seu Commissionibus, de quibus alibi fit mentio, laboriosissimè extracta ex mari magno documentorum, & scripturarum in archivijs & Camerâ dominorum Dalphinal. existentibus, & ex quibusdam alijs antiquis scripturis penes Curiam Comitalem repertis.

Il y a un article dans cette enquête, qui explique toutes les fonctions du Courrier, à l'Office duquel appartient l'execution des Mandemens & Sentences du Juge Majeur; d'exiger & lever les droits du Prince, d'arrêter les Criminels, de les faire emprisonner, & d'exiger les amendes. L'an 1303. le Juge & le Courrier de cette Ville se transporterent le Mardy aprés les Octaves de saint Pierre & de saint Paul, dans la nouvelle habitation qu'avoient acquise les Reverends Peres Carmes, où le Prieur & les Religieux leur firent voir en presence d'un Notaire qu'ils avoient une Chapelle, un Autel, & tous les ornemens necessaires pour la celebration des saints Mysteres, & une table preparée pour la refection des Religieux, aprés quoi ledit Prieur & les Religieux demanderent la protection de ces Magistrats contre les defenses que leur avoit fait Humbert de Genay Prieur de la Platiere, sur la Parroisse de qui ils s'étoient établis du consentement de l'Archevêque, d'exercer aucune fonction publique. Le Juge étoit Jean d'Autun *Joannes de Edua* professeur des loix, & le Courrier Philippe de Piscis Chevalier.

Je trouve encore dans l'enquête de Thomassin faite pour les droits du Daufin sur la Ville de Vienne, qu'aprés les Vêpres de la fête de saint Martin lorsque les Foires du Comte devoient commencer pour durer quinze jours, le Courrier de l'Archevêque devoit donner les clefs des Portes de la Ville au Mistral du Comte, pour avoir la garde de la Ville durant le temps de la Foire laquelle étant finie, le Courrier les reprenoit & les remettoit aux portiers, en leur faisant prêter serment de les garder fidelement pour l'honneur & profit des Comtes Conseigneurs, c'est à dire de l'Archevêque & du Daufin.

Item unum Correrium ad cujus officij spectat inter caetera exequi mandata & sententias dicti Judicis, exigere debita dicti Comitatus, facere arrestum & incarcerationes criminosorum & debitorum Criminalium ipsius Comitatus.

Discreti viri Dominus Joannes de Edua Legum Professor, Judex in Curiâ saeculari Lugdunensi & spectabilis Dominus Philippus de Pisces milles Correarius Lugdunensis.

Correarius in vesperis festi B. Martini coram omnibus palam recipere debet Claves per manus Porteriorum qui claves cust:dire consueverunt & utilitatem dictorum condominorum, & illas incontinenter tradere Officialis Comitalionis, & suijs dictis feritves dicto Correario, qui statim & eodem contextu easdem reddere debet dictis Porterijs ibidem praesentibus qui illas bent de bene custodiendo ipsas ad honorem & utilitatem dictorum condominorum. retradatur dicta claves recipere & jurare debent de bene custodiendo.

DU JUGE DE LA COUR SECULIERE DE LYON.

SI le Courrier de la Cour seculiere de Lyon étoit ordinairement un Gentilhomme, & une personne distinguée, qui prenoit la qualité de Damoiseau, de Chevalier, ou d'Ecuyer, selon le rang qu'il tenoit dans la Noblesse, le Juge au contraire étoit toûjours un Docteur, parce que ce Païs étant un païs de droit écrit, il falloit que l'on procedat dans les Jugemens selon les formes du droit Romain. C'est ce qui en fit établir des Ecoles dans le cloître, dont les Bacheliers & les licenciez étoient obligez de prêter serment à l'Archevêque & au Chapitre aussi bien que les Professeurs des droits Civil & Canon, ce juge se nommoit juge Mage du ressort & de la Cour ou justice seculiere. Pierre Burle dans l'Arrest du Parlement de Paris de l'an 1394. se dit professeur ez loix, qui durant vingt ans a exercé l'Office de juge en la Cour seculiere de l'Eglise de Lyon. Geraud le Maître en 1392. étoit juge du ressort de Lyon, garde du petit sceau de Montpellier, & conservateur des privileges des Juifs.

S'il faut juger de cette charge, par le merite & la naissance des personnes qui l'ont exercée, on ne peut manquer de dire qu'elle étoit tres considerable : puisque Iaques de Marzé ou de Marzeu d'une maison dont il y a eu plusieurs Comtes de Lyon étoit sous l'Archevêque Guillaume de Turcy juge Metropolitain & licentié en decrets. Pierre d'Aurillac le fut après lui. Il eut pour successeur Guichard Bâtier, à qui Guillaume succeda l'an 1467. celui-ci proposa au Chapitre Ennemond Païen pour remplir cette charge; mais le Chapitre lui prefera Iean Palmier qui eut un fils Archevêque de Vienne. Guillaume Builloud fils de Pierre Builloud, & de Loüise de Sacconins Pravieux, Niece du Cardinal de Turcy, fut de juge des Appeaux juge de la Cour seculiere de Lyon. Il fut inhumé prés du Baptistere de sainte Croix avec sa femme Catherine Varinier & cette Epitaphe.

Hic jacet Venerabilis vir Dom. Guillelmus Bulliodius Doctor Legum, Iudex ordinarius Curiæ Ecclesiæ Lugdunensis, qui obijt die XXIV. Decembris, anno Domini 1497. Simul & Catharina Varinier ejus uxor, quæ obijt die 22. Octobris anno Domini 1500.

Ils eurent pour fils Symphorien de Builloud successivement Evêque de Glandeves, de Basas, & de Soissons. c'est de cette famille des plus anciennes de Lyon qu'étoit le P. Pierre Builloud Iesuite, à qui la Ville de Lyon sera éternellement obligée du soin qu'il prit de recüeillir un grand nombre de memoires pour servir à son Histoire, memoires dont j'ay tiré de grands secours, & qui m'auroient été beaucoup plus utiles, si ce Pere, qui les avoit recüeillis pour luy, nous eut laissé les titres tout entiers, au lieu qu'il ne les a souvent qu'indiquez : cette indication m'a été neanmoins d'une grande utilité, puisqu'elle m'a facilité les moiens de recourir aux originaux que j'ai heureusement trouvez, & qui font une partie des preuves de cette Histoire.

Claude Vandel, Antoine Piocher, François de Vauzelles, Maurice Seve, Pierre Chaver, Iean Tignat, & François de Villars, furent les uns après les autres Iuges Mages de la Cour seculiere de l'Eglise, & jetterent les premiers fondemens de la grangeur de leurs familles, qui se sont depuis élevées aux premieres charges de la robe, & de la Cour dans les Parlemens de Paris, de Daufiné, de Bourgogne &c.

Dés que nos Citoyens furent en possession paisible du Consulat, & n'eurent plus de differens avec les Archevêques & le Chapitre, les Officiers de la justice Ecclesiastique furent souvent appellez par les suffrages de nos habitans à remplir les charges de Conseillers Syndics & Consuls, & il étoit peu d'Elections, où l'on ne mit un Docteur des droits à la tête du Consulat.

Ceux que j'ay remarquez comme les plus distinguez, sont Humbert de Vaux, qui fut chargé des memoires de nos Citoyens pour la Cour de Rome. Pierre Girardin, Iean le viste. Henri de Bonnevaux Docteur ez Lois, Iaques Berruchet licentié ez Loix. Guillaume Iulien Docteur ex Loix, Henry de Bonin Docteur ez Loix. Martin Benot licentié ez Loix, Maître Iean Paterin Chevalier & Docteur ez Loix en 1417. Iean le Viste Chevalier ez armes & aux Loix en 1416. Iean Mullin licentié ez loix. Maître Philippe Burle licentié ez lois. Maître Iaques Bonnet licentié ez loix. Maître Iean de Bannes licentié ez loix. Maître Pierre Balarin licentié ez loix. Maître Pierre Buyer licentié ez loix. Maître Guichard Bâtier Docteur. Maître Guillaume de Varey licentié ez loix. Maître Gonon Grand licentié ez loix. Maître Guillaume Bessey licentié ez loix. Maître André Porte licentié ez loix, Maître Etienne Penin licentié ez loix. Maître Antoine Penin aussi licentié ez loix. Maître Iean Grand Docteur ez loix en 1452. Maître Pierre Fournier licentié ez loix, Maître Pierre Greyzieu Docteur ez loix. Maître Laurent Paterin Docteur. Maître Ennemond Payen Docteur. Maître Guillaume Builloud Docteur. Maître Clement Mulat Docteur. Maître François Buclet Docteur ez loix en 1475. Maître Etienne Colonges licentié ez loix. Maître André Garnier Docteur ez droits. Maître Iean Caille licentié ez loix. Maître Benoît du Rieu Docteur ez droits. Maître Pierre Barberon Docteur. Maître Pierre Chavet Docteur, Maître Maurice Seve Docteur ez droits. Maître Aimard de Beaujeu licentié ez loix, Maître Claude Vandel Docteur. Maître François Deschamps Docteur. Maître Benoit Mellier licentié ez loix, Maître Antoine Audoin Docteur ez loix. Maître Bonaventure Thomassin dit de saint Barthelemy en 1519. il fut receu Conseiller au Parlement de Paris le 9. Avril 1521. & l'an 1534. le Roy lui donna la charge de President au Parlement de Grenoble. Maître Iean de Chapponay Docteur en 1522. Maître Claude Bellieure Docteur ez droits en 1523. Mathieu Vauzelles Docteur ez droits en 1524. Maître Claude Baronnat Docteur ez droits. Maître Nicolas de Chapponay Docteur ez droits, Maître Iean Tignat juge ordinaire de Lyon en 1541. Maître Iean de Capella &c.

L'Etablissement de la Senechaussée & du Siége presidial firent depuis entrer au Consulat plusieurs Officiers de justice, comme Nicolas Barronat Procureur du Roy en la

Senechaussée fut le premier des douze Conseillers en 1545. & en 1570. Maistre Hierôme de Chastillon Advocat du Roy en la Senechaussé &c.

DU JUGE DES APPELLATIONS.

LE Juge des appellations, qui étoit appellé juge des Appeaux, étoit creé par l'Archevéque & le Chapitre, avant leurs differens, & c'étoit à lui que l'on appelloit des jugemens rendus en premiere instance dans les terres de l'Archevêché & du Chapitre par les Baillis, châtellains & autres juges. Par le reglement fait entre le Chapitre & l'Archevéque l'an 1290. pour terminer leurs differens, les deux Cardinaux Legats, qui furent deputez du Pape pour les accorder, ordonnerent que le juge des Appellations seroit nommé par l'Archevéque seul, mais qu'il ne pourroit être continué plus d'un an sans le consentement du Chapitre. Dans les actes capitulaires de Messieurs les Comtes, Martin de Balme ou de la Balme est nommé juge des appellations en 1365. un Obeancier de saint Just exerça cette charge durant trente ans avec gages de trente florins en 1416. Ennemond Payen l'étoit en 1462. mais aiant été fait Lieutenant General à Riom en Auvergne, le Chapitre lui substitua Guillaume Builloud, qui fut depuis juge mage comme nous avons vû, & André Victon lui succeda.

Le Roy Philippe le Bel par sa Philippine supprima cét Office de Iuge des Appeaux, & voulut que les appellations se fissent au Parlement de Paris, cela fit donner au juge des appellations de l'Archevéque, le titre de grand Audiencier, ainsi maistre Claude Builloud frere de Guillaume juge ordinaire de l'Eglise de Lyon, fut grand Audiencier de l'Archevéque, son garde des sceaux, & son Tresorier ou Receveur general l'an 1487. & en 1491. & 1496. comme il paroit par divers actes.

Pierre de Villars fut grand Audiencier du Cardinal de Tournon Archevêque de cette Ville, mais je croi que ce Pierre de Villars, qui fut depuis Archevêque de Vienne, devoit plûtôt être appellé Auditeur de ce Cardinal, que son grand Audiencier, parce que c'est l'usage de l'Eglise de Rome d'avoir des Auditeurs pour les Cardinaux, les Legats, & les Nonces des Papes, & il n'y a des Audienciers en France que dans la chancellerie. Loiseau au livre 4. des Offices de France, dit que sous les Chanceliers sont les maistres des requêtes, & les grands audienciers, & contrerolleurs de l'audience de France. Et du Tillet avant lui avoit dit au recueil des Rois de France, que par l'acte de maistre Henry Camus du 17. Iuillet 1409. il paroissoit qu'en la chancellerie de Monseigneur Loüis de France fils de Charles VI. Duc de Guienne, Daufin &c. il y avoit Audiencier, & Tresorier de ses chartres.

Il est si souvent parlé du garde des sceaux de l'Archevéque & du chapitre dans les demêlez de nos citoyens avec le clergé, que nous pouvons le mettre au rang des principaux Officiers de la justice, puisque la Bulle de Gregoire X. & l'Ordonnance des deux Cardinaux Legats qui reglerent les differens de l'Archevéque & du Chapitre, placent cét Officier au troisiéme rang aprés le Senechal, & le Courrier. Pierre de Laude Chanoine de saint Nizier fut garde des sceaux de Loüis de Villars, qui fonda ce Chapitre, & assigna une partie des revenus des Chanoines sur les emolumens du sceau de son Officialité, comme il dit en l'acte de cette fondation, où il assigne tant pour les revenus de cette Eglise, que des Chanoines, vingt sols Viennois par semaine de l'argent qui se tire pour les droits du Sceau, & ordonne à ses Gardes des Sceaux d'avoir dans leur Auditoire une caisse ou tronc semblable à celui qu'ont les Freres Mineurs pour recueillir les douzains qu'on leur donne par aumône.

Damus pro dote Ecclesiæ prædictæ, & Canonicis, ipsius quod dicti Canonici, & successores sui quipro tempore fuerint, habeant & percipere debeant super sigillo nostro Officialatus Lugduni & de redditibus sigilli nostri singulis hebdomadis viginti solidos Viennenses de moneta, quæ levabitur ad sigillum; volentes & præcipientes sigilliferis nostris qui nunc sunt, & pro tempore fuerint, quod ipsos prædictos viginti solidos singulis hebdomadis recolligant, & conservent in quadam capsâ que fiat ad instar similitudinem capsæ Fratrum Minorum, sicut recolliguntur & conservantur duodenarii qui dantur Fratribus Minoribus. Ex Litteris fundat. Ecclesiæ S. Nicetij.

L'Archevéque avoit aussi ses Avocats & ses Procureurs comme nos Rois ont les leurs dans ses Parlemens, Bailliages, Senechaussées, & autres Iurisdictions. Enfin il eut ses Prevôts, ses Notaires & ses Sergens, qui exerçoient leurs emplois sous l'authorité de l'Archevéque, à qui ils prestoient serment de fidelité pour l'exercice de ses charges.

DES BAILLIS ET CHASTELLAINS DES TERRES DU CHAPITRE.

LEs frequentes guerres, qui exposoient ce païs aux courses & aux violences des soldats obligerent le chapitre de Lyon de créer des Baillis pour estre les Gardiateurs de ses terres & de ses chasteaux, parce que l'Eglise de Lyon n'avoit pas des Avoüez qui fussent obligez de garder leurs Terres, comme la plûpart des autres Eglises, mais elle estoit obligée de se garder elle même. Les Comtes du Vexin estoient avoüez de l'Abbaye de S. Denis, les Seigneurs de Bethune de l'Eglise d'Arras &c. plusieurs Princes l'étoient des Eglises qu'ils avoient fondées, & d'autres avoient de leurs Feudataires pour Advoüez : L'an 1224. Guigue IV. du nom Comte de Forés, neveu de l'Archevêque Renaud reconnut qu'il ne pretendoit sur la Ville de S. Rambert dependante de l'Isle-

Marques de l'Isle Barbe, chap. xxviij.

Barbe que le seul droit de garde taxé à la somme de trente sols, pour raison dequoi il reconnoit & confesse devoir hommage aux Abbez de l'Isle, & autres trois sols pour pareil droit de garde sur le Village de Chamble. Charles I. Comte d'Anjou & Marquis de Provence prend la protection & garde des Terres de l'Abbaye de l'Isle-Barbe situées en Provence, & reçoit tous les ans une émine rase d'avoine de tous les habitans des chasteaux de Lens, de S. May, du chasteau de Remusa, & du Prieuré & Monastere d'Alamon, pour le droit de garde.

Nôtre Archevêque Robert l'an 1232. fit un accord entre l'Abbé d'Aynay & l'Abbé de l'Isle-Barbe touchant la garde de la Terre de Cuyres, qui commence à l'extremité du fauxbourg de la Croix-Rousse, l'Abbé de l'Isle-Barbe remit à celui d'Aynay tout le droit qu'il pouvoir avoir dans cette terre à cause de la donation qui lui en avoit esté faite par le Seigneur de Montluel avec promesse de ne rien acquerir dans cette terre sans le consentement de l'Abbé d'Aynay, & cinquante ans après Humbert Seigneur de Montluel, qui en estoit l'Advoüé ou le Gardiateur y estant allé pour y recevoir l'hospice & la procuration qui lui estoient dûs à raison de la garde, il y arriva le soir de la saint Vincent & y passa la nuit, il y dîna aussi le lendemain, & Estienne de Varenes Procureur de l'Abbé y fut envoyé pour protester contre le Seigneur de Montluel, & pour lui signifier qu'il ne devoit point manger en ce lieu le lendemain du soir qu'il y avoit esté receu. Sur quoi le Seigneur de Montluel dit publiquement en presence de tous ceux de sa suite, qu'il n'avoit droit de giste, & de repuë que pour une nuit seulement en ce lieu-là, & que c'estoit à ses frais qu'il y avoit disné ce jour-là.

Il ne faut pas juger de ces anciens chastellains des terres de l'Eglise sur le pied de plusieurs chastellenies établies en divers lieux du Royaume. La Principauté de Dombes est divisée en chastellenies & capitaineries, qui appartiennent au Prince : les chastellains qu'il y établit ne sont pas Gouverneurs des Places, ils y ont seulement quelque connoissance au fait de la Justice & de la Police, comme les commissaires des Quartiers de la Ville de Paris. En Daufiné les chastellains & capitaines outre la garde des chasteaux avoient la recepte des droits du Prince. Guichardin en la description

Che sono capi e signorie che hanno la risdittione e autorita. Guichard.

des Païs-Bas, dit qu'en Flandres il y a trente-une chastellenies anciennes, qui ont jurisdiction & authorité, & dont les chastellains sont chefs & Seigneurs. Au Royaume de Naples les chastellains ont la garde des chasteaux sans se mêler de la Justice. En Pologne ce sont de grands Seigneurs Lieutenans des Palatins, qui convoquent la Noblesse pour les Diétes, mettent taux aux vivres & denrées, connoissent des poids & mesures, &c. Anciennement les Gouverneurs des Places fortes estoient nommez chastellains, comme les chastellains de Pavie, de Lodi, de Milan, &c. Ainsi chaque païs a ses coûtumes qu'il ne faut pas confondre dans l'Histoire, non plus que l'ordre des temps, parce qu'il y a des emplois qui s'avilissent, & d'autres au contraire qui s'annoblissent. On feroit tort à beaucoup d'illustres Familles si l'on jugeoit des emplois qu'elles ont eu sur le pied auquel sont aujourd'hui ces emplois. Guichenon a sagement observé en son Histoire de Bresse, qu'anciennement il y avoit en Bresse & Bugey des chastellains créez par le Prince, dont les charges n'estoient pas hereditaires. Que ces chastellains avoient le gouvernement particulier des places & chasteaux, la convocation des Nobles & Roturiers pour le fait de la guerre, & la recepte des revenus du Prince & des droits de son Domaine. Ils avoient sous eux des Vice-chastellains qui faisoient ces receptes & en rendoient compte tous les ans à la chambre des comptes, & que ces charges étoient en si grande consideration que les plus anciennes & illustres Familles les recherchoient. Que les Seigneurs de Corgenon dont il y a eu des comtes de Lyon, estoient chastellains de Bourg. Qu'Humbert de Montluel en 1323. estoit chastellain de S. Germain d'Amberieu. Perceval de Moyria chastellain de Chastillon de Corneille, Jacques de Chalant Chevalier Seigneur d'Ulaix, grand chastellain de Baugé en 1478.

Soror Comitis Theoderici Flandrensis, Henrici Episcopi Tullensis, & Mathis Mosellanorum Ducis, filia Ducis Mosellanorum cuidã forti Castellano de Burgundia Bernardo peperit Josserannum, qui de sorore Comitis Cabilonensis genuit Henricum, &c.

Enfin Alberic en sa chronique M. S. dit qu'une Sœur du Duc de Lorraine, de Thierri Comte de Flandres, & de Henry Evêque de Toul épousa un chastellain de Bourgogne nommé Bernard, dont elle eut un fils nommé Josseran qui se maria avec une sœur du Comte de Châlon.

Voilà des chastellains d'une autre trempe, que ceux, qui sont à present établis en plusieurs villages, sur lesquels il ne faut pas juger de ceux qui estoient autrefois chastellains des Terres de l'Eglise de Lyon, qui estoient chevaliers ou Damoizeaux. Cependant ils n'étoient pas élevez à ces emplois pour exercer sur l'Eglise de Lyon aucun

droit

de la Ville de Lyon. 345

droit de superiorité à l'égard du temporel comme les Seigneurs, qui étoient Advoüez, Gardiateurs, & Défenseurs des Terres de plusieurs Eglises.

Le Chapitre de Lyon étoit franc & libre de ces servitudes à l'égard de ses Terres, & en temps de guerre il étoit obligé d'appeller des Seigneurs pour la garde de ses châteaux, & de les stipendier.

En 1365. Humbert d'Albon Seigneur de Pollienay fut fait Capitaine de Cozon & d'Albigny par le chapitre. Ce fut de cét Humbert d'Albon que Claude de Pompierre l'un des douze Conseillers ou Echevins acheta le chasteau de Pollienay du Fief de l'Eglise.

Guillaume de Chalamont l'an 1367. receut du chapitre une pension annuelle de deux cent florins, cent pour la commission de Bailli des Terres, & cent pour la charge de Courrier qu'il exerçoit. On voit aussi dans les actes capitulaires, Liv. 1. fu. 81. & 82. qu'après la bataille de Poitiers, où le Roi Jean fut fait prisonnier par les Anglois, une troupe de soldats debandez qui faisoit d'étranges ravages dans le Royaume sous un chef qui les commandoit nommé Badafol, le Chapitre établit des Baillis & Gardiateurs dans toutes ses terres, sur tout quand ces Maraudeurs appellez les Tardvenus se furent rendus maistres des Villes d'Anse & de Brignais qu'ils pillierent. Ponce le Verd Chevalier fut Bailli des terres & de la baronie du chapitre l'an 1380. il fut arbitre des differens entre le Prieur de Marcieu sur Anse, & le Chapitre d'Anse l'an 1383. la même année il fut ordonné dans le chapitre que le Bailli feroit la visite des terres & chasteaux trois fois l'année. Act. Capitul. L. 3. fol. 65.

L'an 1392. Guillaume d'Albon fut fait chastellain de Condrieu, & Bailli des terres du chapitre. Et l'an 1393. Zacharie de Coligni fut fait Capitaine de Roche-taillée. Jean de Gorrevod chastellain de Genay, & de Benost. L'an 1417. le Bailli de Mâcon ayant donné avis au chapitre de se tenir sur ses gardes contre les ennemis du Roi & de l'Estat, qui remuoient, le Chapitre pria Jean d'Albon Seigneur de S. André d'accepter la charge de Bailli des terres du chapitre pour les fortifier & les défendre. Act. cap. L. 9. fol. 185. & 186.

Antoine de Molesme Damoiseau, Bailli des terres de l'Eglise de Lyon fonda les livraisons aux quatre temps de l'année, l'an 1488. L. 18. Act. capitul. fol. 249.

Ce Bailli avoit 25. Ecus d'or de gages à la recommandation du Roy, qui avoit écrit au chapitre en sa faveur, l'an 1467. L. 23. Act. capitul.

Philibert de Montchenu Frere du Doyen l'an 1428. fut creé Bailli des terres du chapitre sous le Pontificat de Martin V. & le Regne de Charles VII. Amedée de Talaru étant Archevêque: époques, qui sont marquées en ses lettres de provision pour cette charge, & il est dit en ces lettres, que c'est à cause des guerres, dont le païs estoit menacé. Act. capitul. L. 15. fol. 85.

DU CHANCELIER DE L'EGLISE ET DU GARDE DES SCEAUX.

Il n'est point de puissance Ecclesiastique ou Seculiere qui ait une Jurisdiction de quelque étenduë, ni même de communauté laquelle ait droit d'exercer quelque espece de justice distributive pour recompenser le merite & la vertu, pour accorder des graces ou pour terminer des differens, qui n'ayent leurs chanceleries où s'expedient les provisions de ces graces, & de ces dons, & tous les autres instrumens qui doivent servir de preuves & de témoignages de ces concessions, & des traitez qui se font entre les souverains & leurs sujets, & même entre les particuliers, quand il est necessaire de conserver des titres authentiques ausquels on puisse avoir recours, quand il y a des contestations sur ces sortes de traitez & d'actes publics. On donna le nom de chancelerie à cét Office, & aux Archives où se conservoient les cartulaires, protocoles, minutes, & registres de ces actes. Les Papes, les Empereurs, les Rois, les petits Souverains, les Republiques, les Eglises, les Universitez, les Academies, & quelques Villes ont leurs chancelliers. Et comme cét office s'exerçoit dans un lieu séparé par des treillis, de la foule du peuple, qui se presentoit à ce Tribunal, on lui donna le nom de chancellerie à *cancellis*, qui sont ces treillis, comme on a donné celui de *Bureau*, au lieu où s'assembloit les Juges pour déliberer, parce qu'ils estoient anciennement separez du peuple & des cliens par de grands rideaux de bure. Nôtre Sidonius Apollinaris a remarqué ces usages dans une de ses Lettres, où il a fait le portrait de Theodoric, & décrit la maniere dont il rendoit la justice. On a fait aussi en armoiries le terme de *Burelé* d'une espece de cloison à bandes ou listeaux couchez, qui laissoient des espaces vuides d'égale largeur à ces tringles ou listeaux. Enfin on a donné le nom de *Parquet* au lieu où travaillent les Gens du Roi dans les Justices reglées, & de *Barre* au lieu où parlent les Avocats, parce que l'un est fait en forme de petit parc & l'autre est separé par une barre sur laquelle les Avocats peuvent s'appuyer en parlant. L'Université de Paris a ses chanceliers, d'ont l'un est Chanoine de l'Eglise Nôtre-Dame, & l'autre Chanoine Regulier de sainte Geneviéve. Plusieurs chapitres ont encore les leurs, comme le chapitre de Nôtre-Dame de Roüan. Ces chancelliers ont diverses attributions selon les usages & les coûtumes introduites en divers lieux. Le Chancellier de France qui n'estoit anciennement que Referendaire pour rapporter au Roi les requestes, placets, &c. est devenu le chef de la Justice, qui expose les volontez du Roi, quand il tient son lit de Justice, & preside au Conseil que l'on nomme des parties, où se font les reglemens de Juges, & s'examinent les défauts de procedures dans les Jugemens rendus par les Cours superieures.

L'Eglise de Lyon avoit donc anciennement ses chancelliers, quand elle avoit le domaine temporel de cette Ville. Et comme en ce Royaume l'office ou la commission de Garde des Sceaux est ordinairement unie à la dignité de chancellier, quoi qu'elle en puisse estre separée selon la volonté du Prince, & qu'elle en ait esté souvent separée, le chancellier de l'Eglise de Lyon en tenoit aussi les sceaux ; & il est nommé en plusieurs actes *sigillifer*.

Il a cependant en plusieurs actes le nom d'Official, & c'est le nom qu'ont retenu ceux qui exercent cette fonction auprés des Prelats, Archevêques, Evêques, &c. L'Eglise de Lyon en a trois, comme nous avons déja remarqué, l'Official de la Primatie, l'Official de l'Archevêché en qualité de Metropole sur quatre Evêchez, & l'Officialité du Diocese. Ces Offices qui ont esté souvent exercez par une même personne, ont esté separez par Monseigneur nôtre Archevêque Messire Claude de S. George, afin que l'on pût proceder par ordre devant ces divers Tribunaux sans paroître plus d'une fois devant le même Official. Le Secretaire ou Greffier de la Republique de Genes a le nom de chancelier en plusieurs anciens titres, comme il estoit appellé par les Romains selon la notice de l'Empire au temps de l'Empereur Theodose *Primicerius Notariorum*, & même *Princeps*, ou Pere de l'Empire, *Pater Imperij*, comme les Empereurs se nommoient Peres de la patrie.

Sub dispositione viri illustris Quæstoris Patrij Imperij erant duodecim Notarij adjutores de scrinio memoriæ, septem de epistolarum, & totidem de scrinio libellorum. Notit. Imper.

Les Notaires, Greffiers, & Secretaires estoient sous la disposition du Chancellier. Mais ces choses ont tellement changé de forme, qu'il y auroit plus d'ostentation d'érudition inutile à la connoissance de l'Histoire, que de necessité d'en rechercher les rapports avec les emplois, que nous expliquons.

Meri & mixti Imperij.

Il faut seulement examiner quels estoient les sceaux de l'Eglise lors qu'elle exerçoit une pleine & entiere jurisdiction, appellée de *mere & mixte impere*. Les sceaux de nos anciens Archevêques estoient de leur figure ou representation en Habit Pontifical avec une mitre assez basse ouverte au milieu comme celle du Grand Prestre de l'ancienne Loi. Ils tenoient de la gauche la crosse ou bâton Pastoral, le bras droit un peu élevé comme pour benir, l'indice, & les doigts du milieu joints & levez, les trois autres fermez avec leur nom écrit autour. Quelquefois le nom estoit en l'autre face comme aux Bulles des Papes, & l'on en trouve de Renaud de Forés, le second du nom de Renaud, marquez ainsi. Ils scelloient ou en cire ou en plomb. En cire tantost en simple placard, tantost à sceaux pendans & liez de cordons de fil ou de soye. Ceux qui n'avoient que le titre d'Archevêques élûs, & qui n'étoient pas sacrez, estoient representez en habit long Ecclesiastique, & au lieu de la crosse tenoient un Livre, qui estoit celui des Evangiles, que le Diacre porte encor aux Processions de deux mains devant la poitrine. Ce Livre est d'argent avec la figure des Saints Tutelaires, que les Evêques portent ordinairement au dessous de leurs crosses sous le retour.

Le Chapitre avoit pour ancien sceau la figure d'une femme couronnée d'une couronne fleurdelisée assise sur une chaise & tenant de la main droite un sceptre surmonté d'une fleurdelys avec ces mots, *Sigillum sacro-sanctæ Lugdunensis Ecclesiæ*. Quelque temps aprés le Chapitre eut pour contre-scel un Lyon & un Griffon affronté, & au dessus de l'Ecu un Agneau Paschal pour S. Jean-Baptiste Titulaire de la nouvelle Eglise Cathedrale, l'ancien Patron étant S. Estienne, dont ils furent nommez Chanoines de Saint Estienne, *Canonici sancti Stephani*.

Je ne doute point que ce ne soit la double Jurisdiction du Chapitre sur la Ville & sur les Ecclesiastiques & Familiers du Cloître, qui ait fait prendre à l'Eglise de Lyon le sceau & les armoiries d'un Lyon & d'un Griffon, qu'elle portoit anciennement en deux Ecus separez. C'est ainsi que le chapitre de S. Maurice de Vienne a deux armoiries differentes l'une d'or à un Lyon de gueules que l'on voit sur les images anciennes de S. Maurice son Patron, qui tient ordinairement un écu avec ce Lion, & l'autre de gueules à une croix d'argent dont les extremitez sont en trefles. C'est la croix des Chevaliers de l'Ordre de S. Maurice de Savoye, & ce Saint est souvent representé avec un pennon ou étendart, où se voit cette Croix.

de la Ville de Lyon.

L'Eglise de Lyon ayant acquis la portion du domaine que le Comte de Forés avoit sur cette Ville en prit aussi les armoiries, & les Comtes de Forés qui quitterent le Lyon, prirent le Daufin pour marquer leur origine, car ils descendoient des Daufins Comtes de Viennois.

Quand l'Archevêque Amé de Talaru fut condamné par le Roy, & par le Parlement à rétablir sur la porte de S. Marcel les armoiries de France, qu'il en avoit fait oster, il fit mettre sur la porte de l'Archevêché les armoiries de sa famille parties avec la Croix d'Archevêque pour marque de sa dignité. Il fit accompagner ce blason de deux autres, de celui d'un lion addestré d'une épée à costé de l'Ecu, & de celui d'un Griffon senestré d'une crosse. Par là il faisoit connoistre sa double jurisdiction, la temporelle sur la Ville, dont le lion estoit le symbole & la dévise, & la spirituelle sur l'Eglise & le Clergé par le Griffon. Parce qu'aux Processions & aux marches solemnelles outre la banniere du Lion, que l'Eglise fait porter, elle faisoit porter par deux Clercs nobles comme dit un ancien statut *De ordinatione vexillorum*, deux griffons, & ce statut dit expressément que la banniere de la grande Eglise doit marcher la premiere; la seconde celle de S. Paul, la troisiéme celle de S. Thomas de Forviere, la quatriéme celle de l'Eglise de sainte Croix, la cinquiéme celle de saint Romain, la sixiéme celle de Nôtre-Dame de la Platiere, la septiéme celle de saint George, la huitiéme celle de Nôtre-Dame du Pont, la neuviéme celle de saint Alban, & la derniere celle de S. Vincent. Aprés ceux du Chœur la banniere de Saint Nizier, & celle de Saint Just, aprés ces deux bannieres les deux qui se nomment les griffons, & les deux grandes Croix, lesquels deux griffons & deux grandes croix doivent estre portées par des Clercs Nobles. Voici les termes du Statut.

Vexillum majoris Ecclesiæ primò procedit. 2°. Sancti Pauli. 3°. Sancti Thomæ de Forverio. 4°. Ecclesiæ sanctæ Crucis. 5°. Sancti Romani. 6°. sanctæ Mariæ de Plateria. 7°. Sancti Georgij. 8°. Sanctæ Mariæ de Ponte. 9°. Sancti Albani, & ultimò sancti Vincentij : Post illos de sub Choro vexillum sancti Nicetij, sancti Justi, & post duo vexilla quæ vocantur Griffones, & dua majores Cruces, quæ vexilla, & cruces Clerici nobiles debent deferre.

Ce qui me persuade que les griffons estoient proprement les armoiries du corps de Messieurs les Comtes ou Chanoines Gentilshommes, puis qu'ils ne devoient estre portez que par des Gentilshommes, comme c'étoit par les plus anciens Gentilshommes du Royaume, & les plus distinguez dans les guerres que l'oriflamme étoit portée. C'étoient aussi deux Clercs gentilshommes qui portoient les deux grandes croix, dont l'une marquoit l'Archevêque & l'autre le Chapitre, & s'il m'est permis de donner mes pensées sur ces griffons que portoit cette Eglise en ses Processions, au lieu des dragons que portent les autres Eglises du Royaume aux Rogations, c'est je croi, parce que l'Archevêque & le Chapitre ayant receu l'un & l'autre leurs premiers privileges des Empereurs & reconnu qu'ils tenoient d'eux leur Jurisdiction temporelle, ils composerent l'armoirie de l'Eglise, d'un griffon animal metif qui tient de l'aigle & du lion. Ainsi chacun d'eux avoit son griffon l'Archevêque & le Chapitre, auquel le Chapitre joignit depuis un lion affronté au griffon quand il eut acquis par échange & permutation authorisée par le Pape Alexandre III. sur la Ville les droits des Comtes de Lyon, qui en portoient un pour armoiries, & qui depuis cette échange ne prirent plus d'autre qualité que celle de Comtes de Forés, comme ils prirent pour leurs armoiries un Daufin, quand le Forés eut passé aux puisnez des Daufins avec l'Hôtel de Roane, de qui nos Rois l'acquirent pour y establir leur Justice. Les seuls Seigneurs de Baujeu cadets de ces anciens Comtes de Lyon ayant retenu le Lion avec un lambel pour brisure, ce qui détruit la rêverie de ceux qui ont les voulu faire descendre des anciens Comtes de Flandres sur la ressemblance de ces Armoiries, ainsi que j'ai remarqué sur la fin du Livre precedent. Je trouve aussi qu'anciennement l'écusson de l'Eglise de Lyon qui est rempli d'un griffon & d'un lion couronné d'une couronne de Comte, avoit pour support ou tenant un aigle d'une seule teste comme on voit sur un Missel imprimé l'an 1556. le Cardinal de Tournon étant Archevêque : sans doute pour marquer les privileges qu'elle avoit receu des Empereurs.

Je croy enfin que le Chancelier de la cour Ecclesiastique de Lyon, dont il est parlé dans les Ordonnances du Pape Gregoire X. & des Cardinaux Legats, est celuy qui en plusieurs anciens titres est appellé Official, qui tenoit les sceaux du chapitre pour les expeditions & autres actes publics dependans de la cour seculiere du chapitre, à qui l'on avoit ordinairement recours pour authoriser les contracts, traitez & conventions. Ainsi Rainaud Seigneur de Baugé parlant d'une donation que Barthelemy du Saix Damoiseau avoit fait d'une partie de sa forest de Seillon aux Chartreux de Seillon dit qu'elle a esté scellée du sceau de la cour de Lyon l'an 1204. Ce Chancelier avoit sous luy des Notaires jurez, qui sont appellez Notaires de la cour seculiere de Lyon. Ils furent

Guich. Hist. de Bresse, p. 350.

reduits au nombre de quatre par les Ordonnances du Pape Gregoire & des Legats.
Cette profession, qui n'est pas aujourd'huy des plus illustres a esté autrefois considerable par la qualité des personnes qui l'exerçoient. Ils ne furent appellez Notaires par les anciens Romains, que parce qu'ils estoient les depositaires des caracteres des Empereurs qui avoient le nom de Notes: & c'est pour cela même que ceux qui exercent cét office sont encore aujourd'huy appellez, *Tabellions & garde-Notes* c'est à dire, les actes qu'ils passoient pour faire foy des contracts, donations, transactions, testamens, dispositions & autres semblables choses, & vous pourrez remarquer dans les actes que je rapporte entre les preuves de cette histoire, qu'il en est peu qui ne commencent par ces formules. *Notum facimus, Noverint universi*, & autres de même nature, qui ont donné lieu au nom de Notaires. Les quatre Secretaires d'Estat, qui servent nos Rois pour les plus importantes affaires, ont le titre de Notaires. C'estoient ces Notaires qui écrivoient les actes publics en l'absence du Chancelier. *Notarius ad vicem Cancellarÿ scripsit.* Comme la plûpart des Eglises, Abbayes, Monasteres, & même les Princes & Seigneurs dont les terres estoient dans le diocese de Lyon faisoient authoriser par nos Archevêques les ventes, acquisitions, donations, contracts & traitez qu'ils passoient, & les prioient d'y apposer leurs sceaux. Ces prelats avoient leur Chancelier, & leur garde des sceaux. Ainsi l'an 1181. L'Abbé de saint Claude & Estienne de Coligny Seigneur d'Andelot & de Jasseron passerent une transaction entre eux sous le sceau de l'Archevêque Aymard de Roussillon. Ils avoient aussi leurs Notaires. Et ce sont ceux qui sont nommez dans les actes Notaires jurez de la cour seculiere des Archevêques & Evêques Comtes & Seigneurs des Villes, où ils residoient.

Ces Notaires estoient gens de lettres, parce qu'on n'instrumentoit qu'en latin, & & c'estoient eux qui plaidoient souvent par écrit devant les Juges, en produisant des actes raisonnez, où les loix, & les coustumes sont citées. C'est pour cela qu'ils avoient le nom de Cleres comme j'ay déja remarqué, & si ceux qui servoient le Prince étoient nommez *Clerici Domini Regis*, ou *Clerici Palatini*, Les autres se qualifioient clercs par Authorité publique *Authoritate publicâ Clericus*, parce qu'ils subissoient une espece d'examen, & obtenoient des lettres de licence pour recevoir les actes & pour les expedier validement. Le Roy Philippes le Bel par une ordonnance de l'an 1309. veut qu'il y ait prés de sa personne, *Trois Clercs du secret, & vint-sept Clercs ou Notaires*. On distinguoit à la Cour trois sortes de Notaires, *Notaires Secretaires, Notaires de sang, & Notaires de Conseil*. Les premiers estoient Secretaires du cabinet pour les lettres, les seconds pour les informations des affaires criminelles, & les derniers pour les affaires d'Estat.

Comme il y avoit en cette Ville trois sortes d'affaires Ecclesiastiques, politiques, & civiles. Les Notaires y agissoient par trois sortes d'Authorité comme vous pourrez remarquer parmy les actes qui sont inserez entre les preuves. Par authorité Apostolique pour les affaires Ecclesiastiques. *Authoritate Apostolicâ*, ces Notaires se nommoient *Apôtres* dans les actes contentieux, & vous remarquerez que nos citoyens pour verifier les faits qu'ils alleguent dans leurs plaintes contre les officiers du chapitre, demandent qu'on leur nomme des Apôtres. Ceux qui travailloient pour les affaires politiques le faisoient par authorité Royale, *Authoritate Regiâ*, & ceux qui instrumentoient pour les affaires civiles le faisoient par authorité publique *Authoritate publicâ*, parce qu'ils agissoient au nom des Baillis, des Juges majeurs, des Comtes, des Vicomtes, des Viguiers, des Courriers & autres Magistrats, qui exerçoient la Justice, & qui authorisoient leurs actes, comme vous pourrez remarquer par ceux qui sont rapportés entre nos preuves.

Ce qui fait voir la noblesse de cét Employ, & la capacité qu'il demandoit en ceux qui l'exerçoient, c'est que nous en voyons plusieurs qui de cette condition ont esté élevez aux dignitez d'Archevêques, d'Evêques, de Juges, & de Secretaires d'Estat, c'est une chose constante qu'avant le regne de François I. qui ordonna que doresnavant on instrumenteroit en langue françoise. L'office de Notaire ne derogeoit pas à la Noblesse, les Notaires pouvoient estre Chevaliers, & pour se distinguer des autres, ils se qualifioient, *Chevaliers és loix*, & quelques-uns, même unissoient les deux Chevaleries, & se disoient, *Chevaliers és armes & és loix*. J'ay remarqué sur plusieurs tombeaux dans les Eglises les plus anciennes de Paris comme à saint Martin des Champs, à S. Antoine du faux-bourg, &c. que ceux qui estoient Notaires Royaux, *Clerici Regÿ*, mettoient sur leur tombeaux des fleurs de lys, & des roses, pour marque de leur double authorité Royale, & publique, & qu'ils y sont representés vestus de long quelquefois avec un livre à la main & quelquefois avec un style semblable à ceux dont on se sert pour écrire sur des tablettes. J'ay vû à Aynay un ancien tombeau d'un Vil-

Notarÿ.

Nota.

leneuve vestû de cette sorte, & je rapporte entre les preuves quelques actes de ce Villeneuve, dont la famille estoit considerable, & dont il y a eu des Baillis de Dombes.

L'an 1413. Le Roy ordonna que nul ne seroit plus admis à l'Office de Secretaire des finances, qui ne fut du nombre, & de l'Ordonnance des Anciens Notaires. *Article 224. Item, parce qu'au temps passé par importunité des requerans, ou inadvertence, nous avons retenu plusieurs Secretaires, lesquels n'estoient point Notaires, dont plusieurs inconveniens s'en sont ensuivis, nous avons ordonné & ordonnons, en suivant les ordonnances de nos predecesseurs, que doresnavant nous ne recevrons aucun à nostre Secretaire pour nous servir en icelui office, si premierement il n'est Notaire du nombre, & ordonnance entiere; & si aucun s'efforce d'user dudit office contre cette presente nostre ordonnance, Nous dés maintenant comme pour lors, declarons icelui inhabile à estre doresnavant nostre Secretaire.*

Depuis que l'office de Notaire a esté avily estant exercé par des personnes, qui n'ont ny naissance, ny estude, que celle d'une pratique de routine, nos Rois ont establi des Colleges de Notaires Secretaires du Roy, finances, maison & couronne de France, office auquel ils ont attaché le privilege de Noblesse hereditaire, quand ils meurent dans la charge ou quand ils l'ont exercée vingt-ans. Le Roy est le chef de ces Colleges, le Chancelier, & les Secretaires d'Estat sont de ce corps.

Les Notaires qui servoient la Cour Seculiere de Lyon se disoient Notaires Jurez de cette cour, & par autorité publique, soit qu'ils fussent Clercs ou Notaires Royaux, ou Notaires Apostoliques; car il y en avoit de ces trois caracteres, comme nous avons remarqué. Ils avoient chacun leurs seings propres, composez de traits entrelassez avec leurs noms, ou les lettres initiales de leurs noms. Leurs armoiries, ou celles de l'Archevêque, ou telle autre figure qui leur plaisoit. J'en donne ici quelques uns tirez de quelques anciens actes, & vous en verrez plusieurs autres parmi les preuves.

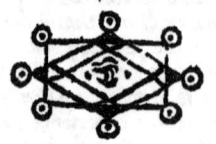

Vous pouvez remarquer au troisiéme & au quatriéme seing la croix d'Archevêque passée derriere, pour marquer que ces Notaires agissoient sous l'autorité de l'Archevêque, & du Chapitre.

Ce qui prouve que ces Notaires estoient des personnes graduées, c'est que Paradin *Paradin L. 3. ch. 5.* dit, *Qu'ils portoient tous des longues robes, & en la teste des chapperons & bourrelets, comme une corpette de la longueur d'une aulne, comme l'on voit encore aujourd'hui porter Messieurs de la Cour & ceux de l'Université.*

Ils écrivoient aussi en Latin comme nous avons déja remarqué, & plaidoient en la même langue devant le Juge, le Courrier, le Viguier, & autres Juges civils & criminels.

DES FIEFS MOUVANS DE L'EGLISE DE LYON,
& des hommages, qui lui estoient rendus par divers Princes & Seigneurs.

LA puissance temporelle de l'Eglise de Lyon, étoit d'autant plus grande, que ses Archevêques ayant esté Souverains de la Ville, & de plusieurs terres du Lyonnois, du Dauphiné, du Païs de Dombes, de Bresse, de Bugey, de Forés, de Beaujolois, & même du Vivarets, le Chapitre avoit aussi acquis, comme nous avons dit ci-devant du Comte de Forés ce qu'il possedoit en cette Ville, dans le Lyonnois, la Bresse & le Bugey, par un échange confirmé par les Papes, Alexandre & Lucius, & authorisé par le Roi Philippe Auguste de la part du Comte de Forés. Ce sont ces terres que le chapitre possedoit à titre de Comté ou de Baronnie pour un tiers, l'Archevêque ayant les deux autres parties.

Chap. 14. Ex casatis qui sunt quatuor ex veteri codice vitium. S. Stephani Comes Burgundiæ, Dominus Montis-falconis, Vicecomes Bisuntinus. D. de Abans. Chisslet. part. 1. Hist. Vesont. ch. 16. Ego Guigo Forensi notum facio, quod ego habeo à Domino Archiepiscopo, & Capitulo Lugdunensi in feudo & casamento de Chamelle, quod Dominus Belli sedinet à me in feudo. Guichenon Hist. de Bugey p. 54.

Les anciens titres nomment ces fiefs *Casamenta*, terme que le sieur Guichenon n'a pas bien entendu, quand il le rend en son Histoire de Bresse par le mot de *Maisonnemens*. Ce qui fait voir que c'étoient des fiefs, c'est que Guichenon lui-même avoüe, qu'ils obligeoient à rendre hommage. Et Chifflet en son Histoire de Besançon donne le nom de *Casati* aux Princes & Seigneurs, qui relevoient de l'Eglise saint Estienne de Besançon. Ces *Casati* de Besançon estoient le Comte de Bourgogne, le Seigneur de Montfaucon, le Vicomte de Besançon & le Seigneur d'Abans. Et l'on peut voir dans les preuves de cette Histoire, que les fiefs que tenoient de l'Eglise de Lyon les Comtes de Savoye sont appellez *Casamenta*, aussi-bien que ceux des Comtes de Forés & des Sires de Beaujeu.

Nous avons une infinité de preuves de la Jurisdiction temporelle, que nos Archevêques exerçoient dans la Bresse, la Dombe & le Bugey. Renaud de Dortans ayant fait bastir la grosse tour qui se voit encore aujourd'hui au chasteau de Dortans, Humbert Sire de Thoire & de Villars V. du nom entreprit de la lui faire démolir, prétendant que Renaud de Dortans n'avoit pû la construire, ni fortifier sa maison sans sa permission, attendu qu'il avoit Justice haute, moyenne & basse sur le chasteau de Dortans. Renaud de Dortans soûtenoit au contraire, qu'encore que le Sire de Villars eût la justice sur Dortans, que neanmoins il avoit pû faire construire ladite tour sans lui en demander permission, puis qu'il tenoit le chasteau de Dortans en fief de l'abbé & Seigneur de S. Claude. Sur ce different les parties compromirent au dire de Guillaume Archevêque & Comte de Lyon, lequel estant en son chasteau de Pierre-size, le Mardi après la feste de la Magdeleine 1349. en presence de Thibaud de Chaumont Chanoine en l'Eglise & comte de Lyon, d'Humbert de Gigny Sacristain de S. Paul de Lyon, d'Hugues Seigneur de Cousan, & de Thomas de Glareins Chevalier, prononça en faveur du Seigneur de Dortans, & declara qu'il avoit pû faire construire la tour dont il s'agissoit sans la licence du Sire de Villars: Qu'il la pourroit encore élever, si bon lui sembloit, faire des fossés autour de sa maison & s'en servir pour faire la guerre à ses ennemis.

Un simple mediateur auroit bien pû les accommoder pour terminer leur procez, mais n'auroit pû permettre au Seigneur de Dortans d'élever une tour, de faire des fossez, & de s'en servir pour faire la guerre, s'il n'avoit esté Seigneur dominant.

Nous avons vû qu'outre les droits acquis à l'Eglise de Lyon pour la tempotalité par l'Archevêque Burchard II. fils de Conrad Roi de Bourgogne & de Mathilde de France, qui avoit eu ce païs par appanage, dont il fut heritier legitime, l'Empereur Frideric en confirma la possession aux Archevéques Eraclius, & Jean de Bellesme, les rendant indépendans de toute autre superiorité temporelle, que de l'Empire, dont ils tenoient la Ville & tout le Lyonnois à foi & hommage.

Rien n'explique mieux en quoi consistoit ce droit de superiorité temporelle que l'Eglise pouvoit avoir en cette Ville, que ce qui est rapporté dans l'enqueste de la Ville de Vienne pour le Daufin. Il est rapporté en cette enqueste sur quelques anciens titres que Conrard second Roi des Romains ayant trouvé dans les archives de l'Empire que toute la Ville de Vienne avec le chasteau de Pipet, estoit tellement de son domaine, qu'elle ne pouvoit avoir d'autre Seigneur en second, mais que la garde en appartenoit durant l'absence de l'Empereur à l'Archevêque & aux Chanoines de la Cathedrale par une pure concession des Empereurs, avec obligation d'hommage & de serment de fidelité. Que cependant l'Archevêque Humbert s'étant voulu mettre en possession de cette garde, en gardant lui-même les clefs, ou en les confiant à qui il vouloit pour les tenir dépendamment de lui, il avoit esté inquieté par les Comtes, qui à raison de leur dignité & de leur preéminence, avoient crû que cette garde leur appartenoit, & convenoit mieux à leur emploi qu'à des Ecclesiastiques: ce qui obligea l'Archevêque de recourir à l'Empereur qui non seulement lui confirma ce droit, mais commanda expressément à tous les Officiers & Feudataires, d'aider de tout leur pouvoir l'Archevêque & le Chapitre pour se maintenir en cette possession, ne voulant pas permettre, comme il dit, dans ses lettres, qu'aucune puissance tyrannique dépouillât l'Eglise de ses anciens droits, & l'empêchast de joüir des liberalitez & des bienfaits de ses prédecesseurs, ordonnant que le chasteau de Pipet fût remis à l'Archevêque, pour lui & ses successeurs, & qu'ils exerçassent paisiblement une jurisdiction entiere & totale, tant dans la Ville de Vienne, qu'en toutes ses dépendances ; que l'an 1153. l'Empereur Friderie confirma à l'Archevêque Hugues & le chasteau de Pipet, & le Palais des Canaux, & toute la Jurisdiction de la Ville de Vienne, sans qu'aucune personne laïque pût prétendre y avoir quelque part.

C'est ainsi que nos Archevêques receurent des Empereurs la Jurisdiction temporelle de cette Ville avec le chasteau de Pierre-size pour la garde, comme Pipet appartenoit à l'Archevêque de Vienne pour la garde & seureté de la Ville. Ainsi Pierre-size qui avoit esté le chasteau des anciens Rois de Bourgogne Empereurs, devint le chasteau de l'Archevêque de Lyon, outre le Palais Archiepiscopal qui estoit dans le cloistre à costé de la grande Eglise. L'un étoit le Palais de l'Archevêque, & l'autre le chasteau du Comte. Mais comme les gens du Daufin Loüis prétendirent que cette concession avoit esté subreptice & abusive, les Comtes n'ayant pas esté oüis ni appellez sur leurs prétentions pour cette garde, qui convenoit mieux à des laïques, & à des gens d'épée qu'à des Ecclesiastiques : Philippe le Bel, & ses prédecesseurs, qui avoient esté reconnus Souverains & Seigneurs Dominans par les comtes de Forés & les Sires de Beaujeu, contesterent à nos Archevêques ce droit de garde, & prétendirent avoir droit d'y établir des Gardiateurs, d'autant plus que le Sire de Baugé, qui possedoit une partie de la Bresse, avoit eu recours au Roi Loüis le Jeune contre les violences de Gerard Comte de Mâcon, & pour obtenir des secours contre cet usurpateur, lui avoit volontairement soûmis toutes ses Terres, comme en font foi les lettres de ce Seigneur addressées au Roi & rapportées par le sieur Duchesne au IV. tome de son Ouvrage des Ecrivains de l'Histoire de France, & qui se trouveront aussi parmi nos preuves en la page XLI. en voici la traduction.

Au glorieux Roi des François son Seigneur & son Cousin Raynaud de Baugé, Salut.

J'Ay crû que je devois exposer à vôtre Majesté, avec qui je suis lié & par les liens de la nature, & par ceux d'une ancienne amitié, les peines que je souffre, & la necessité où je me trouve, pour implorer par de tres-instantes prieres les secours de vostre pieté. Gerard Comte de Mascon à qui j'ai fait beaucoup de bien, & donné de grands secours, dont j'avois fait épouser la fille par mon fils ; oubliant tous ces bienfaits, aussi-bien que cette alliance & cette affinité, & le serment même qu'il m'avoit juré avec son frere Estienne, & Imbert de Beaujeu est venu avec une grosse armée sur ma Terre, & l'a brûlée & saccagée, & ce qui est encore pis, il a emmené prisonnier mon fils Ulrich avec plusieurs de mes sujets. Enfin ils me menacent tous trois, & se vantent avec l'Archevêque de Lyon de me déposseder de mes Terres. J'ai donc recours à vous, comme à mon Seigneur & mon ami, vous priant humblement de vous hafter à me tirer de cét embarras, & à me faire recouvrer mon fils. Car si vous me le rendez, & si vous me faites justice du Comte Gerard, & d'Imbert de Beaujeu, je suis prest de vous satisfaire pleinement & selon vôtre volonté de tous les frais que vous ferez, & si vous voulez bien pour cela venir à Autun, ou à Vezelay, ou en tel autre lieu qu'il vous plaira, je m'y transporterai aussi-tost. Ou si vous aimez mieux député d'autres personnes, je satisferai à toutes les dépenses. Que s'il faut necessairement que j'aille vous trouver où vous estes, ordonnez des tréves entre nous, afin que je puisse y aller avec seureté.

L'autre lettre parloit ainsi,

Au tres-glorieux Roi des François LOUIS Raynaud de Baugé, Salut.

JE remercie vostre Majesté des lettres qu'elle a eu la bonté d'écrire à Humbert de Beaujeu pour la délivrance de mon fils, quoi qu'elles n'ayent servi de rien, & j'ai encore une fois recours à vous, comme à mon unique esperance aprés Dieu, pour vous prier & vous conjurer comme mon Seigneur, & mon cousin d'avoir pitié de moi & de faire délivrer mon fils. Car je sçai certainement, que si vous le voulez bien, il sera mis en liberté. Qu'il vous plaise donc Seigneur, de venir en ce païs, parce que vostre presence y est tres-necessaire, tant pour le bien des Eglises que pour moi. Que

„ les frais de ce voyage ne vous retardent pas, puifque je vous les rembourferai pleine-
„ ment & à voftre volonté, & je mettrai entre vos mains tous mes chafteaux, que je
„ ne tiens de nul autre, pour ne les plus tenir que de vous: & moi & tous mes biens fe-
„ ront entierement à vous. Sçachez auffi que le Comte Gerard & Imbert de Beaujeu
„ ont rompu la foi qu'ils m'avoient jurée, ce que je fuis preft de prouver devant vous.

On ne voit point quelle fin eut cette guerre, ni par quel moyen Ulrich de Baugé fut delivré: on apprend feulement par un titre de l'an 1161. rapporté dans l'Hiftoire de la Maifon de Coligny, que Raynaud de Baugé & Guerric Sire de Coligny fon coufin firent un traité d'alliance & de confederation au chafteau de Chantelles avec Archambaud Seigneur de Bourbon & Archambaud fon fils envers tous & contre tous, exceptez le Roi de France, le Duc de Bourgogne, & le Comte de Savoye, par lequel traité Archambaud de Bourbon le fils promit aux Sires de Baugé & de Coligny fes coufins de garder le chafteau d'Arcy prés de Roüanne pendant un an & un jour, à caufe qu'Imbert de Beaujeu tenoit le parti du comte de Mafcon.

Noftre Archevêque qui favorifoit ces deux Seigneurs contre le Sire de Baugé, devoit eftre felon la datte de ce traité avec les Seigneurs de Bourbon Eraclius de Montboiffier, qui ayant receu l'invefliture de la comté de Lyon avec le titre d'Exarque dans le Royaume de Bourgogne, de l'Empereur Frideric, ne pouvoit fouffrir que d'autres Seigneurs fes voifins fe fiffent reconnoître pour fouverains dans l'étenduë de cette comté, dont il regardoit Baugé & la Breffe comme une partie; au lieu que les Sires de Beaujeu étoient fes Feudataires: & les Comtes de Mafcon mouvans immediatement du Royaume de Bourgogne. Guichenon a crû que c'étoit l'Archevêque Guichard, qui inquietoit Raynaud de Baugé avec le comte de Mafcon, mais cela ne s'accorde point ni avec la pieté de ce Prélat, qui avoit efté Abbé de Pontigny & Protecteur de faint Thomas de Cantorbery, ni avec l'ordre des temps, n'ayant été facré Archevêque que l'an 1167. par le Pape Alexandre III. aprés la dépofition de Drogo, qui avoit reconnu l'Antipape Victor.

En vertu de cette fuperiorité de l'Eglife fur le temporel de ce païs, plufieurs Seigneurs en furent les Feudataires, les Sires de Beaujeu, les Daufins de Viennois, les Sires de Thoire & de Villars, &c. Je rapporte entre les preuves quelques hommages rendus à l'Eglife de Lyon à raifon de ces fiefs. L'an 1298. Guichard Seigneur de Beaujeu rendit hommage à l'Archevêque Henry de Villars au nom de l'Eglife de Lyon, à la maniere dont fes prédeceffeurs l'avoient rendu, & promit la fidelité, mettant fes mains jointes entre les mains de l'Archevêque qui les ferma, & le baifa felon l'ufage accoûtumé, en prefence du Doyen, de l'Archidiacre, du Chamarrier, du Cuftode, du Prévôt de Forviere, de plufieurs autres Chanoines, & de quelques Seigneurs appellez pour être témoins de cette ceremonie, Jean de Grailly, Guy de S. Trivier, Jean de S. Haond, Eftienne de Vaffalieu, Pierre de Frens & Guy d'Albon, tous Chevaliers, d'Humbert de Villars, de Guichard de la Veüe, dit le Borgne de Marchand, de Guillaume de Marchand Damoifeau, & plufieurs autres, dont Jean Grecy d'Amiens Notaire Apoftolique prit acte en faveur du chapitre, & le data de l'indiction XI. & de la quatriéme année du Pontificat de Boniface VIII.

La même année Jean de Villars Chamarrier receut tant en fon nom qu'au nom du Chapitre l'hommage de Guichard de Marzeu de Flacheres, pour la maifon forte de Flacheres, qu'il avoit acquife des Palatins anciens Gentilshommes du Lyonnois.

L'an 1299. Henry feigneur de Montagny, & l'an 1312. Guichard de Montagny Damoifeau rendirent hommage dans le Chapitre, & l'an 1300. Dame Simonne de Liffieu veuve de Thomas de Gleteins pour le fief de Poleymieu.

L'an 1304. Jacques de Chabeu Chevalier Seigneur de l'Abbergement reconnut tenir du Doyen & du Chapitre le fief de la troifiéme partie des Dîmes & Premices de la Parroiffe de Clemencia, qu'il tenoit en pariage avec l'Abbé de S. Claude, & François de Broffes Damoifeau, pour la part qu'il avoit acquife d'Odette de Jargey, veuve de Guillaume de Clemencia Damoifeau, dont il rendit homage lige au Doyen recevant & acceptant au nom de tout le Chapitre, avec les mêmes ceremonies que les precedens.

Ces fiefs & ces mouvances rendoient tres-puiffante l'Eglife de Lyon, qui contoit entre fes Vaffaux quantité de Chevaliers, Damoifeaux, Seigneurs & Gentilshommes obligez de la défendre, & de prendre les armes pour elle. Ils y étoient encore portez par d'autres interets. Ils avoient la plûpart des parens dans le Chapitre, c'étoient leurs freres, leurs oncles, leurs neveux, leurs coufins, ou leurs alliez.

Les Daufins de Viennois étoient feudataires de l'Eglife pour les Villes d'Annonay & d'Argental, dont ils rendirent hommage l'an 1230. aprés une tranfaction paffée avec le chapitre, qui en faveur de cét hommage rendu, receut les Daufins Chanoines d'honneur,

de la Ville de Lyon.

d'honneur. Charles le premier de nos Daufins de la Maison de France, non seulement rendit cét hommage comme les Daufins ausquels il avoit succedé, mais il en donna un acte public l'an 1349. & fit cette ceremonie de la maniere la plus solemnelle qu'elle eût jamais esté faite, puis qu'il vint en cette Ville avec Jean de Chissé Evêque de Grenoble, Jean de Châlon Comte d'Auxerre, Humbert Seigneur de Villars, Guillaume Flote Seigneur de Revel, Yves Seigneur de Garencieres, François de la Palme Chancelier de Daufiné, Amblard de Baumont, Aymé de Roussillon Seigneur de Bochage, François de Poisieux Seigneur de Thoran, Jean Riche Maistre des Requestes du Roi, Beraud Seigneur d'Iseron, Guichard Seigneur de Grolée, &c.

Ce fut l'Archevêque Henry de Villars, qui receut cét hommage assisté de Guillaume de Thurey Doyen, de Loüis de Villars Archidiacre, de Jacques de Coligny Chantre, d'Humbert de la Baume, de Loüis de Pourprieres, de Thibaud de Chalamont, & de plusieurs autres Chanoines de l'Eglise Cathedrale. L'acte de cét hommage rendu fut signé par neuf Notaires.

Les Ducs de Bourgogne furent aussi Feudataires de l'Eglise de Lyon, Eudes III. rendit hommage à l'Archevêque pour la Terre de Pomars auprés de Beaune, & Alix de Vergy Duchesse de Bourgogne sa veuve rendit hommage à l'Archevêque Rainaud l'an 1223. comme il conste par la declaration qu'elle en fit dans la Ville de Châlon, tant pour la terre de Pomars, qui estoit du Duché de Bourgogne & de la mouvance de l'Archevêque, que pour la Terre de Muiz, qui estoit de son patrimoine, & de la Maison de Vergy, qui lui avoit constituée en dot. Sçachent tous, dit-elle, dans l'acte de sa prestation de serment, que moi Adelaïs Duchesse de Bourgogne ai fait hommage & fidelité dans la Ville de Châlon à venerable Pere & Seigneur Raynaud Archevêque de Lyon, comme Eudes d'illustre memoire jadis Duc de Bourgogne mon mari & ses predecesseurs, l'avoient fait audit Archevêque & à ses predecesseurs selon le témoignage de gens dignes de foi, de qui je me suis enquise de la verité du fait, & j'ai reconnu tenir en fief dudit Archevêque, la Terre de Pomars auprés de Beaune à raison de son fief tenu dans le Duché, & de la Terre de Nuys du domaine de ceux de Vergy, dont mes Peres Seigneurs de Vergy, & aprés eux le Duc mon mari ont fait hommage audit Archevêque à la maniere accoûtumée, en foi dequoi j'ai donné ces lettres scellées de mon sceau, pour rendre témoignage à la verité. Fait à Châlon le 1. Septembre l'an 1223. Dix-sept ans aprés cette Duchesse renouvella à l'Archevêque Aymeric de Rives, l'hommage de la Terre de Nuys que son Pere Hue Seigneur de Vergy avoit receu en fief de l'Archevêque Raynaud. Son fils Hugues Duc de Bourgogne fit la même reconnoissance à Aiguebelle l'an 1248. entre les mains d'Amedé Evêque de Maurienne qui en receut l'hommage au nom de Philippe de Savoye Archevêque élû.

Hugo Dei gratiâ Dux Burgundiæ universis ad quos, &c. Noveritis nos pro viri venerabilis Domini Philippi de Sabaudiâ Lugd. electi, & Ecclesiâ Lugdun. fidelitatem fecisse manualem secundùm quod nos, & prædecessores nostri antecessoribus suis facere consueveramus, &c. Datum Aquabella ann. Dom. 1248. Indict. 6. 4. die intrante Julio.

En vertu de cét hommage ce Duc écrivit à son Eudes, & à tous ses Vassaux l'obligation qu'ils avoient de rendre service à l'Archevêque lors qu'ils en seroient requis, comme à leur Seigneur Suserain.

Hugo Dux Burgundiæ charissimo filio suo Odoni cæterisque fidelibus suis, &c. Noveritis nos venerabili viro Dom. Amedeo Dei gratiâ Mauriensi Episcopo recipienti vice & nomine Domini Philippi de Sabaudiâ Lugd. electi, & Ecclesiâ Lugdun. fidelitatem fecisse personaliter, quare vobis omnibus præcipiendo mandamus, quatenus quandocumque ab ipso Domino electo requisiti extiteritis, eidem tanquam Domino serviatis, &c. Datum Aquabella, ut suprâ. même date.

Ce fut l'Archevêque Raynaud de Forés, qui donna en fief à plusieurs Seigneurs les Terres de l'Eglise, & qui en fit ses Feudataires & leurs successeurs. Il donna à Hugues de Coligny saint André du Revermont, qui passa à la Maison de la Tour du Pin, par le mariage de Beatrix de Coligny sœur d'Hugues & Vuillerme de Coligny, avec Albert Seigneur de la Tour du Pin. Ces fiefs ayant esté depuis des occasions de guerre entre les Sires de Villars, & l'Archevêque élû Philippe de Savoye pour les hommages prétendus, Jean de Bournin Archevêque de Vienne fut arbitre de ce different, & ordonna qu'Albert Seigneur de la Tour du Pin & son fils reconnoistroient tenir de l'Eglise de Lyon, & de l'Archevêque le chasteau de S. André en Revermont, & que pour reparation des dommages qu'ils avoient fait à l'Archevêque élû, ils lui donneroient en fief la Maison forte que tenoient d'eux Josselain de Moretel, & recevroient reciproquement en fief dudit Archevêque élû le chasteau de la Balme en Viennois auprés de Cremieu. Ces conventions furent jurées à Vienne par les parties, & scellées de leurs sceaux l'an 1250.

Feuda plurima, & hominia suis successoribus acquisivit. Ab Hugone Domino de Coloniaco hominium sibi debitum recepit. Post reformationem pacis later eos, castrum S. Andreæ de Revermont hominio admovit. Ex Obituar. Eccles. Lugd.

Nos Joannes Dei miseratione Viennensis Ecclesiæ Archiepisc. & Comes Viennensis, &c. notum facimus quod cum orta esset dissensio inter Dom. Philippum electum Archiep. Lugd. & illustres viros A. Dominum de Turre & filios ejusdem ex alterâ, super pluribus damnis & injuriis eidem electo, à prædicto Dom. de Turre & fratribus suis & filiis ejusdem illatis, tandem nobis, & filiis bonis viris mediantibus sopita est prædicta discordia in hunc modum. Præfatus quidem A. Dom. de Turre, & A. filius ejus fecerunt homagium dicto electo, & recognoverunt se tenere ab eodem electo & Eccles. Lugd. castrum S. Andreæ in Revermonte, &c. Item pro emendâ dicti pater & filius dederunt in feudum dominam suam Josselinum de Moretello tenet, &c. Item receperunt dicti pater & filius ab eodem electo in feudum castrum de Balma in Viennesio propè Cremiacum, &c. Juraverunt, &c. In cujus rei testimonium nos unà cum sigillis partium præsentibus litteris sigilla nostra duximus apponenda nos Philippus electus, nos A. Dom. de Turre, & A. filius ejus, &c. Actum Viennæ, die S. Michaëlis. Ann. Dom. 1250.

Ce fut Guillaume de Coligny Chanoine de l'Eglise de Lyon, qui donna à l'Eglise & à l'Archevêque l'an 1213. Cette Seigneurie qu'il avoit eu en partage, & que les Seigneurs de Coligny reprirent en fief, d'où vint le different qui fut entre l'Archevêque Raynaud & Hugues Sire de Coligny à raison de l'hommage, dont ils traiterent l'an 1226. & par ce traité il fut arresté que le Sire de Coligny feroit hommage du chasteau à l'Archevêque. Mais cét Hugues n'ayant laissé que deux filles, elles se partagerent les biens de leurs Peres, & la seigneurie & chasteau de saint André en Revermont échut à Beatrix de Coligny, qui le porta à Albert de la Tour du Pin, dont le fils Albert III. du nom, dont il est fait mention dans l'accord fait par l'Archevêque de Vienne, étant mort sans enfans, Humbert de la Tour Senéchal de Lyon, & Humbert de la Tour Seigneur de Coligny ses freres lui succederent, & Humbert de la Tour ayant épousé Anne Daufine de Viennois heritiere, ce Daufin & ses successeurs devinrent Feudataires de l'Eglise de Lyon.

La Maison des Sires de Thoire & de Villars est du nombre de celles qui ont fait le plus de bien à l'Eglise de Lyon, & fut de ses Feudataires. Estienne Sire de Thoire ayant épousé Agnes de Villars fille unique & heritiere d'Estienne II. du nom Sire de Villars ; il eut toutes les seigneuries que ceux de la Maison de Villars possedoient en Dombes, & en Lyonnois, ce qui l'obligea l'an 1215. le 3. de May de prendre en fief du Chapitre & de l'Eglise, en consideration des faveurs qu'il en avoit receu, tout ce qu'il possedoit ez Parroisses de saint Didier proche Riortiers, à S. Bernard, à Trevoux, à Reyrieu, à Genay, à Vimy & à Coson, à la reserve du péage de Trevoux. Son fils Estienne II. Sire de Thoire & de Villars quitta à l'Eglise de Lyon tout ce qu'il avoit en tous ces lieux, à la reserve du péage de Trévoux.

Henry de Villars l'un des fils d'Estienne II. fut Seigneur de Trevoux & de Boligneux, Abbé de la Chassagne, puis Chanoine Chamarrier en l'Eglise de Lyon, & enfin Archevêque & Comte de Lyon. N'étant encore que Chamarrier il compromit entre les mains du Pape Gregoire X. en 1274. de tous les differens que le chapitre de Lyon avoit à démeler touchant la jurisdiction temporelle avec l'Archevêque Rodolfe de la Torrette, & Hugues de la Tour Senéchal. Mais Henry & le chapitre n'approuvant pas la sentence du Pape, compromirent de nouveau au dire d'Hugues Evêque d'Autun, & de Girard Abbé de saint Estienne de Dijon, dont nos habitans ne furent pas contens, & se pourveurent à Paris pardevant les Cardinaux Legats, qui reglerent ces differens.

En 1298. en qualité d'Archevêque de Lyon il receut l'hommage de Guichard de Beaujeu en presence de plusieurs chanoines de l'Eglise, de Guy seigneur de saint Trivier, d'Estienne de Vassalieu, & de Pierre de Frens Chevaliers.

Guy seigneur de saint Trivies en Dombes ayant fait bâtir le chasteau de Beauregard sur Saone, dont il fit hommage à Guichard seigneur de Beaujeu, Henry de Villars s'en offensa, parce qu'il prétendoit que ce chasteau eust esté construit dans le fief de l'Eglise de Lyon, ce qui porta l'Archevêque à défendre à ses sujets de payer au Sire de Beaujeu le cens d'un broteau prés du Pont du Rhône : sur quoi Guichard de Beaujeu fit prisonniers quelques sujets de l'Archevêque, enleva leur bestail, prit leurs biens, & fit plusieurs autres actes d'hostilité. Ses Officiers détacherent des fourches de saint Sebastien aux portes de Lyon, le corps d'un criminel condamné par les Officiers de la Justice de l'Archevêque, & le firent attacher à un gibet dressé sur les limites des terres du Sire de Beaujeu. Pour terminer ces differens, qui causoient de grands troubles, les parties compromirent au dire de Guillaume Archevêque de Vienne, d'Humbert Comte d'Albon, Daufin de Viennois ; d'Humbert sire de Thoire & de Villars frere aîné de l'Archevêque, & de Guillaume de Marzé Senéchal de Tolose Chevalier. Les arbitres prononcerent que le cens du broteau se payeroit ; que tout ce qui avoit esté pris de part & d'autre hostilement seroit restitué, que le corps du criminel seroit reporté aux fourches de saint Sebastien, ou à son défaut un fantôme qui le representeroit. Que la publication des testamens se feroit à Lyon par les Officiers des seigneurs, qui en estoient en possession, & que le seigneur de saint Trivier reconnoistroit la moitié du chasteau de Beauregard du fief du sire de Beaujeu, & le reste du fief de l'Archevêque de Lyon, & qu'il mettroit deux estendars au chasteau, l'un des armes de l'Archevêque, & l'autre du sire de Beaujeu, qui y demeureroient l'espace de trois jours, & celui de l'Archevêque deux jours de plus en signe de superiorité. Cette sentence d'arbitrage & d'accommodement fut prononcée par Guichard de Marzé Senéchal de Tolose au mois de Juin 1298. au jardin du Temple, qui est à present celui des Peres Celestins, en presence de Geoffroy de Clermont, Doyen de l'Eglise de Vienne, de Jean Comte de Forés, de Loüis de Villars Archidiacre & Comte de Lyon, de Jean de Villars Chamarrier, de Thibaud de Vassalieu,

de la Ville de Lyon. 355

& Guichard de la Baume Chanoines de l'Eglise, de Guillaume de Franchelins, d'Hugues de Roches Chevalier, de Robert d'Amanzé Chanoine de Montbrison, de Hugues & Jean de Mornay damoiseaux. Les cautions de l'observation de ce traité de la part de l'Archevêque furent Estienne de Vassalieu & Guichard d'Ars Chevaliers avec Hugonet de Mornay Damoiseau; & pour les seigneurs de Beaujeu & de saint Trivier Miles de Vaux, & Josserand de Marchand Chevaliers avec Guichard de Banains Damoiseau. Enfin l'an 1304. il se fit entre Humbert sire de Thoire & de Villars, & Louys de Villars Archevêque de Lyon freres, & l'Eglise de Lyon, un accommodement solennel touchant l'hommage de la Ville de Trevoux ses limites & confins. L'acte de cét accommodement porte qu'y ayant eu des procez, guerres & querelles entre Reverend Pere en J. C. Louys par la grace de Dieu Archevêque, le Doyen & chapitre de l'Eglise de Lyon d'une part, & illustre Seigneur Humbert sire de Thoire & de Villars d'autre part à l'occasion du fief, chasteau, ville & mandement de Trevoux, & sur les limites & confins de Peyren & Petcieu, l'an 1304. un Lundy jour de la feste saint Laurent indiction seconde, le siege de Rome vacant par le decez du Pape Benoist XI. La cloche ayant esté sonnée à la maniere accoutumée pour assembler le chapitre, où se trouverent venerables personnes Guillaume Doyen, Thibaud de Vassalieu Archidiacre, Jean Chantre, Jean Chamarrier, Briand Sacristain, Loüis Prevôt de Fourviere, Guichard de la Baume, Raymond Liatard & plusieurs autres Chanoines, le sire de Thoite & de Villars s'y presenta, & aprés les reglemens des limites faits & arretez, il rendit l'hommage à la maniere accoutumée à l'Archevêque & au chapitre & jura la fidelité, les mains jointes, entre les mains de l'Archevêque, qu'il baisa à la bouche en signe d'hommage & de fidelité, en presence de Guillaume Prieur de saint Irenée, & d'Albert de Guizieu infirmier d'Aisnay, & de Nobles hommes Guichard d'Ars, Guillaume d'Albon Chevaliers: Alleman Gilbert de Coindrieu, Estienne de Chanal de Chasay, Bompar de Lorgo Damoiseau, Hugues de Cheyserieu courrier de Lyon, Jeannet Raymond, Pierre Buyer, Jean Barral, Robert de la Rochette Citoyens, & Aymon de Tornafol clerc & Notaire Apostolique

Isabeau de Harcourt fille de Jean III. Comte de Harcourt & de Catherine de Bourbon accrut les fiefs de l'Eglise de Lyon, parce qu'ayant esté troisiéme femme de Humbert de Villars VII. du nom à qui elle survéquit, elle fonda son anniversaire dans l'Eglise de Lyon: pour la dotation duquel elle donna au chapitre ses villes & chasteaux de Chasteauneuf, & d'Argoire par son testament du 20. Novembre 1441. trois ans aprés estant morte en cette ville le 7. Juin 1443. elle fut inhumée dans l'Eglise de saint Jean. Car quoy qu'elle eut fait une autre fondation considerable à l'Eglise collegiale de saint Paul, où elle avoit desiré d'estre enterrée quand on fit la fosse au milieu du chœur, on y trouva tant de sang, que l'on fut obligé de la porter dans saint Jean à la chapelle du haut don par un Privilege singulier, cela n'aiant jusques alors esté concedé pour aucunes femmes.

Outre ces fiefs nouvellement acquis, l'Eglise avoit ceux que nos Rois de la premiere & seconde race, les Rois de Bourgogne, les Seigneurs, & les Comtes ses voisins luy avoient donnez au premier établissement de sa grandeur & que l'Empereur Lothaire & ses fils luy avoient fait rendre à la priere de nostre Archevêque Remy: j'en rapporte les preceptes parmy les preuves. Mais comme j'ay déja remarqué les Archevêques, les Doyens & les Chanoines enfans, freres, ou parens de ces Princes & grands Seigneurs, pour avoir donné en fiefs la plûpart de ces terres à leurs proches les demembrerent insensiblement, & ne se souvinrent plus du serment que l'Archevêque Burchard, & le Chapitre avoient fait, de ne rien aliener de cette sorte, prononçant anatheme, & malediction contre ceux de leur corps qui pratiqueroient ces alienations, & mesme contre ceux qui y consentiroient, ou ne s'y opposeroient pas.

Tous les feudataires de quelque condition qu'ils soient à raison de l'hommage qu'ils doivent aux Seigneurs dont ils relevent, sont appellez leurs hommes, leurs fideles, leurs liges & leurs devots. Leurs hommes à raison de l'hommage rendu dans les actes latins par le terme d'*Hominium*, fideles à cause du serment de fidelité, qui a fait nommer l'hommage foy, ou fidelité; Liges parce qu'ils estoient liez à celuy dont ils tenoient la mouvance, & devots, ou devoüez par l'obligation qu'ils avoient de le servir en ses guerres, & pour la defense de son corps & de ses biens.

Homines, fideles, Ligii, devoti.

Par là on peut voir quelle estoit la puissance de l'Eglise de Lyon qui avoit les Ducs de Bourgogne, les Dauphins, les Comtes de Savoye, les Comtes de Forés, les Princes de Dombes, les sires de Beaujeu, les sires de Villars, & plus de deux cents Gentils-hommes de nom & d'armes pour Vassaux. Et comme l'obligation des Vassaux estoit de reconnoistre leurs Seigneurs Suserins, c'estoit le devoir de ces Seigneurs

Zz ij

de garder ces vassaux *Gardare vel custodire*, disent les anciens actes. Ce qui obligea les Archevêques, le Chapitre & l'Eglise de Lyon de créer des Baillis, des Chastelains, & des Gentils hommes pour exercer ces gardes, qui ne pouvoient estre exercées par des Ecclesiastiques. Comme ces obligations reciproques procedoient de la nature des fiefs, il arrivoit souvent que ceux qui estoient d'ailleurs souverains dans leurs terres propres & indépendantes, pouvoient estre feudataires d'autres Seigneurs pour les terres qui en relevoient. Ainsi quoy que nos Archevêques ayent esté nommez en quelques actes du Roy Philippe Auguste, & de quelques uns de ses successeurs *dilecti fideles nostri*, à raison des Regales de l'Evêché d'Authun, & de l'Abbaye de Savigny, & pour quelques terres mouvantes de la Couronne, ils ne laissoient pas d'estre souverains & indépendans pour leurs autres terres, selon cette maxime du speculateur, & de Balde en matiere de fiefs, *Que l'homme de mon Vassal n'est pas mon homme, si d'ailleurs je n'ay une jurisdiction Generale.*

Homo vassalli mei non est meus homo, nisi aliud habeam jurisdictionem generalem.

Superioritas & resortum totale.

Selon cette maxime les Vassaux de nos Archevêques estoient bien hommes des Empereurs, dont nos Archevêques avoient receu la Comté de Lyon, mais ils ne l'estoient pas du Royaume; Parce que le droit de fief n'a rien de commun avec la Jurisdiction; cette espece d'independance se nommoit superiorité & ressort total: ce qui fit reconnoistre par le Duc de Savoye l'an 1430. qu'il avoit en Bresse des sujets, qui n'estoient ses sujets mediats ny immediats, mais dependans des Barons ou Prelats ayant Jurisdiction dans son territoire. *Alieni sub dominio, & districtu aliquorum Prælatorum aut Baronum jurisdictionem intra patriam nostram habentium.*

C'est cette independance qui est nommée coustume, usage, & Regales, establies, & concedées par les Empereurs, qui n'obligeoient qu'à l'hommage & à la fidelité ces petits souverains, comme sont aujourd'huy plusieurs Princes d'Allemagne, Vassaux de l'Empereur, & souverains dans leurs terres pour lesquelles ils ne doivent que l'hommage & au temps des guerres leurs contingens pour la defense de l'Empire. Ainsi nos Archevêques pouvoient imposer des tailles, donner des franchises, & des loix Generales, reserver à leur vouloir & misericorde les peines de mort, donner refuge & azyle dans leurs terres, confirmer libertez & gardes aux Eglises, Monasteres &c. comme les Seigneurs de Beaujeu, & les Princes de la maison de Bourbon quoy que vassaux de nos Rois à l'égard de plusieurs de leurs terres enclavées dans le Royaume, estoient souverains dans le pays de Dombes, que l'on nommoit le Beaujolois de la part de l'Empire, pour lequel ils estoient feudataires de l'Archevêque & de l'Eglise de Lyon pour plusieurs chasteaux & autres dependances. Ces fiefs ainsi tenus avoient un nom different des autres fiefs sujets à des servitudes: on leur donnoit le nom d'honneurs. Quand Guillaume de Coligny prit en fief de Thomas Comte de Savoye la terre de Coligny possedée en souveraineté par ses ancestres, le registre de la chambre des Comtes de Chambery porte *Vuillelmus de Coloniaco cepit in feudum à Thomâ Comite Sabaudiâ Honorem de Coloniaco, & quidquid ad dictum honorem & feudum spectabat*, parce que c'estoit en qualité de Vicaire de l'Empire que Thomas Comte de Savoye recevoit cet hommage au nom de l'Empereur.

Aussi voyons nous par un grand nombre de traitez faits pour les differens avenus sur ces sortes de fiefs, que l'on ne les terminoit que par des arbitrages de seigneurs voisins, & de Chevaliers Parens ou amis des parties interessées, qui ne pouvoient convenir d'autres Juges, n'y d'autres tribunaux, parce qu'ils ne reconnoissoient pas d'autres superieurs que les Empereurs, ausquels la distance des lieux, ou mesme les guerres & les interests des Princes ne leur permettoient pas de recourir.

Cæs. de bello Gallico. L. 1.

Il faut donc faire attention à la diversité des fiefs, & aux conditions ausquelles ils ont esté donnez & acceptez. Car comme César a dit en ses commentaires des Gaules, que ceux qui faisoient alliance avec les Romains, & qui se mettoient sous leur protection, ne faisoient qu'augmenter leur honneur, & leur dignité en se faisant de si puissans appuis; de mesme anciennement plusieurs Seigneurs se faisoient volontairement feudataires de quelques-uns de leurs voisins plus puissans qu'eux, que pour se conserver & maintenir contre leurs ennemis sans rien perdre de leurs libertez & de leurs droits par ces hommages libres & exempts de servitude. Ce qui a fait dire au speculateur que quand on ignore la cause pour laquelle un feudataire rend hommage, on doit presumer que ce n'est qu'afin qu'on le defende, & que ce droit est purement un droit de garde. *In dubio cum non exprimitur causa, vel non liquet, quare mihi fecerit homagium, præsumitur ideò fecisse ut ipsum defendam.*

C'est ainsi que le sire de Baugé, comme nous avons vû, s'offrit à reconnoistre qu'il tenoit de Loüis le jeune ses terres, qu'il vouloit mettre en sa main pour avoir sa protection contre le sire de Beaujeu, & contre le Comte de Mascon, qui ravageoient ses terres, & tenoient son fils prisonnier.

Telle estoit la Comté de Lyon avant l'acquisition de sa temporalité par le Roy Philippe le Bel, elle estoit independante de tous autres Seigneurs que des Empereurs, qui l'avoient concedée aux Archevêques avec les droits de regale, & de coustumes. Cette independance de l'Eglise & de la Ville de Lyon de tout autre Superieur temporel que des Empereurs à qui l'Archevêque devoit le serment de fidelité, pour en recevoir l'investiture, faisoit que plusieurs Princes & Seigneurs convenoient entre eux de faire leur traitez en cette Ville, comme en un lieu libre. Ainsi l'an 1249. Raynaud de Baugé IV. du nom, XIV. Seigneur de Bresse & de Baugé transigea en cette Ville avec Seguin Evêque de Mascon, sur quelques infractions de traitez de paix faits entre leurs predecesseurs, & Estienne Evêque de Mascon écrivant au Roy Loüis le jeune pour se plaindre des violences que Gerard Comte de Mascon faisoit aux sujets de cette Eglise, lui dit qu'un des plus puissans de ses Vassaux pour se soustraire à ces violences a esté obligé de se retirer à Lyon, comme en lieu de seureté.

Guichenon hist. de Bresse chap. 38.

Inter omnes sanè angustias quas nostra miseria per longum jam tempus sustinet incessanter, id quoque si ad cumulum malorum accedit, quod hominum suo- & opum, sibique per dum aliquo casu eum

cum nomini tutò vivere liceat, cum & vivere saltem vix liceat. Habebat inter alios quendam magnarum facultatum utilem, cui timore Comitis Gerardi sua ipsius domus, jam ferè per duos continuos annos pro carcere fuit, qui ne forte egredi contingeret, in insidias incideret praeparatas, Lugdunum nocturnus aufugit. Ibid. cap. 33.

L'an 1293. Le jeudy devant la feste de saint Marc l'Evangeliste on conclut en cette Ville un traité entre le Daufin de Viennois & le Comte de Savoye, lorsque le Pape, qui tenoit son siege à Avignon s'estant entremis pour accommoder ces deux Princes qui avoient de frequentes guerres entre eux, ordonna qu'ils seroient juger leurs differens par Jaques de Bocsozel, Jean de Ravel, Aymar de Beauvoir, & Guy Alleman Chevaliers, & que cependant il y auroit treve pour un an entre ces deux Princes voisins. Cette convention fut jurée par l'Evêque de Maurienne, par Guichard Seigneur de Beaujeu, Louys de Savoye Seigneur de Vaud, Aymar de Beauvoir, Iblet de Chalant, Humbert de Bocsozel, Amé de Miribel, & Hugues de Chandée Chevaliers pour le Comte de Savoye; & par l'Abbé de saint Antoine de Viennois, Guy Seigneur de saint Trivier, Guigues Alleman, Alleman du Puy, & Jaquelin de Grolée Chevaliers pour le Daufin: & que s'il y avoit rupture de la treve, les dommages seroient reparez au dire de Guigues Alleman, d'Alleman Du Puy, d'Aymar de Beauvoir & d'Hugues de Chandée. La treve étant finie, & leurs difficultez n'estant pas terminées, il y eut nouveau traité entre ces Princes par l'entremise d'Estienne Abbé de Savigny, de Nicolas de Billens Professeur és lois, de Rodolphe Seigneur d'Entremons Chevalier, de Fr. Aymon Abbé de saint Anthoine de Viennois, de Guy Seigneur de saint Trivier, d'Arthaud Seigneur de saint Trivier, & d'Arthaud Seigneur de Rossillon, & d'Annonay; ce traité contenant prorogation de tréves jour & nuit, jusqu'à ce que les Arbitres pussent juger tous les differens, fut conclu en cette ville l'an 1293.

Plusieurs Prelats persecutez vinrent chercher un azyle & une retraite assurée en cette Ville sujette à ses Archevêques, saint Anselme & saint Thomas Archevêques de Cantorbie y firent quelque sejour, & saint Hugues Evêque de Grenoble ayant des demeslez avec Guy Comte de Viennois, fils de Guigues le Gras pour le temporel de son Eglise, fut souvent obligé de se retirer ou à la Chartreuse qu'il avoit fondée, ou en cette Ville, comme il est raconté dans les memoires manuscrits citez par Mathieu Thomassin en son procez verbal pour le Daufin Louys fils aisné de Charles VII. ce fut aussi en cette Ville que le Pape Paschal II. accommoda les differens touchant la Comté de Salmorenc entre l'Archevêque de Vienne, & l'Evêque de Grenoble tous deux nommez Guigues. Il en assigna onze Chasteaux à chacun avec leurs Eglises, Parroisses, & mandemens.

Guigo Comes circa B. Hugonem molestias non parvas, nec paucas intulit namque ut multa raccamus, ab eo pro suis excessibus bis excommunicatus episcopalibus domibus expulit, ut aut in carthusiâ aut Lugduni moraretur.

DE LA JUSTICE DU GLAIVE.

L'Union des deux puissances spirituelle & temporelle donnoit aux Ecclesiastiques qui en joüissoient, une étenduë d'autorité qui les mettoit au dessus des autres souverains, lesquels n'avoient que la puissance temporelle. Pour donner encor plus de poids à cette double autorité, les Ecclesiastiques disoient que c'estoient les deux glaives que le Fils de Dieu avoit confiez à saint Pierre, & qu'il lui avoit dit estre suffisans pour établir sa jurisdiction, & ne consideroient pas que le Fils de Dieu avoit repris ce Disciple de s'estre servi mal à propos de l'un de ces glaives, puis qu'il fit même un miracle pour reparer la blessure que ce Disciple avoit faite à un domestique du Pontife, & défendit de se servir de l'épée pour offenser sous peine d'estre puni. Cependant c'est sur ce fondement que le chapitre de Lyon établit sa justice du glaive, qu'il obtint du Pape Nicolas IV. avec tant d'étendue que la seule personne du Roi, & celle de la Reine en étoient exemptes avec la chapelle Royale. Voici la teneur de la Bulle, qui établit cette justice du glaive spirituel.

„ Nicolas Evêque serviteur des serviteurs de Dieu. A nos chers fils le Doyen &
„ le Chapitre de l'Eglise de Lyon, salut & benediction Apostolique : Le soin de l'Offi-
„ ce Pastoral nous oblige d'avoir égard à vôtre état, & à l'état de vôtre Eglise, & de
„ vous favoriser des graces, qui peuvent vous estre utiles & à vostre Eglise. Nous
„ avons appris que quelques personnes, à qui le soin de leur salut est fort indifferent,
„ & qui se glorifient de trouver des occasions de mal-faire, même quelques Officiers
„ Royaux allant au delà des bornes de leur jurisdiction, & perdant tout le respect qu'ils
„ doivent à Dieu & au Siege Apostolique, ne font point de difficulté d'injurier, d'of-
„ fenser, de molester, & d'opprimer vous, vôtre Eglise, & ses autres Beneficiers, tant en vos
„ biens, qu'en vos personnes, & à l'égard des biens de vôtre Eglise par les dommages
„ qu'ils lui causent injustement. C'est pourquoi Nous à qui la Providence a confié le
„ soin de toutes les Eglises, faisant attention, que vous pourrez d'autant mieux vous
„ conserver vous & vos Beneficiers, & défendre les droits & les biens de vôtre Eglise,
„ que vous aurez receu plus d'autorité du saint Siege, nous vous concedons par grace
„ speciale l'usage du glaive spirituel, pour en user librement par vous-mêmes ou par
„ ceux à qui vous le commettrez autant de fois & en la maniere que vous jugerez la
„ plus expediente contre ceux qui injurieront, molesteront, troubleront, & empê-
„ cheront vous & les beneficiers de vôtre Eglise, de quelque rang, dignité, préemi-
„ nence, condition, ou état que puissent estre ces perturbateurs. Voulant toutefois
„ que cette espece de glaive, qui vous est d'ailleurs si necessaire, demeure dans toute
„ sa force nonobstant tous autres privileges, lettres, Indults accordez à nôtre tres-cher
„ fils en Jesus-Christ Philippe illustre Roi des François, ou à ses predecesseurs Rois de
„ France, ou aux Comtes, Barons, Gentilshommes & autres quelconques, sous quel-
„ que forme & teneur de paroles, qu'ils ayent esté conceus & exprimez ; de même
„ que si nous en faisions ici une mention expresse & speciale de mot à mot, & de tou-
„ tes leurs teneurs avec certaine science, sans en excepter les privileges, lettres,
„ indults, qui pourroient à l'avenir estre concedez audit Roi & autres personnes, s'ils
„ ne contiennent une mention expresse, pleine & entiere de ce privilege mot pour
„ mot, & une mention speciale de l'Eglise de Lyon. Nous ne voulons pas pour-
„ tant, que la concession de ce privilege se puisse étendre ni sur la personne du Roi
„ ni sur celle de son épouse, non plus que sur la Chapelle Royale en quelque maniere
„ que ce soit. Qu'il ne soit donc permis à personne d'enfraindre la teneur de ce privi-
„ lege ou de s'y opposer temerairement. Que si quelqu'un l'osoit entreprendre, qu'il sache
„ qu'il encourra l'indignation du Dieu tout-puissant & des bien-heureux Apôtres
Le 16. Juillet „ Pierre & Paul. Donné à Rieti le xv. des Calendes d'Août, la seconde année de nô-
„ tre Pontificat.

Ce privilege ne causa gueres moins de troubles en cette Ville, que la diversité des Tribunaux de Justice de l'Archevêque & du Chapitre. Aussi l'an 1377. le Roi Charles V. fut obligé à la requeste des Consul, de la communauté, citoyens & habitans de Lyon, & sur la plainte d'Huet de l'Arben Bourgeois de la Ville d'ordonner au Bailli de Mâcon, ou à son Lieutenant, de faire cesser les évocations des causes & procez mûs contre les habitans de Lyon en vertu de ce prétendu privilege. Ce mandement du Roy nous apprend en quoi consistoit ce privilege, qui estoit de pouvoir tirer pardevant les Juges du chapitre toutes les personnes qui auroient maltraité quelqu'un des Chanoines, Prestres, Prebendez, Beneficiez, Clercs & autres incorporez au service de l'Eglise, & après leur avoir fait faire leur procez, de les excommunier publiquement, & les faire dénoncer dans toutes les Paroisses de la Ville.

On s'étoit servi de ce privilege contre Huet de l'Arben bourgeois de Lyon, sur ce que tenant une vigne qui devoit au chapitre quatre sols forts de rente annuelle, il avoit cessé de payer cette rente durant dix ans. C'est pourquoi il fut cité pardevant Loüis de Pompierre Juge du chapitre & Evert de sainte Marie Chanoine de Lyon, mais n'ayant voulu comparoître pardevant ces Juges, ni reconnoître cette justice du glaive spirituel, il fut excommunié & dénoncé dans plusieurs Eglises, sur quoi il eut recours au Roi, & fit intervenir en sa cause les Echevins, étant une affaire qui interessoit tous les habitans de la Ville. Sur quoi le Roi ordonna à son Bailli de Mâcon Senéchal de Lyon d'empêcher de semblables procedures, declarant qu'en vertu de ce prétendu privilege, le chapitre ne pouvoit ni ne devoit connoître d'autres actions réelles, que de ceux qui auroient battu, ou injurié aucun des Chanoines, & autres Beneficiers, ou incorporez en leur Eglise. Qu'ainsi il mandoit & commandoit audit Bailli de faire

de la Ville de Lyon. 359

cesser de semblables entreprises par la prise & detention des biens temporels du Doyen & Chapitre, ou autrement comme bon lui sembleroit de les contraindre à leurs frais & dépens de lever l'excommunication prononcée contre ledit l'Arben, & de leur faire défense sur certaines & bonnes peines de s'entremettre doresnavant, de connoître ou faire connoître des choses touchant actions réelles, ou autres, dont à Juge seculier appartiennent, ou peut appartenir la connoissance.

Ce fut en vertu de ce privilege, que le Chapitre fit mettre à costé de ses armoiries une épée nuë droite, & de l'autre une crosse pour marque de sa double jurisdiction, ainsi que j'ai déja observé : car comme Strabon nous apprend que quand Auguste partagea les Provinces de l'Empire en laissant une partie au peuple & au Senat, & retenant les autres pour lui, il établit dans celles qu'il se retint des Chevaliers & des Tribuns pour les gouverner, tandis que les autres estoient gouvernées par des Proconsuls ou par des Preteurs, il fit de l'épée ou des signes militaires la marque de son autorité, comme les faisseaux estoient celle du Senat & des Consulaires. Ainsi Trajan pour investir le Prefet du Pretoire lui donnoit l'épée nuë pour s'en servir pour lui, & même contre lui, s'il ne rendoit pas la justice. L'haste pure ou sans fer estoit le symbole de l'autorité bien-faisante des puissances divines que les Grecs & les Romains attribuerent à leurs Dieux, & les derniers à leur Ville de Rome, dont ils firent une Divinité : les faisseaux de plusieurs bastons unis ensemble marquoient la puissance de la republique & du peuple administrée par les Senateurs, c'est à dire par plusieurs Magistrats unis en un corps. Les signes militaires de l'autorité de l'armée, *Virtus exercituum*, un seul signe, ou un baston de l'autorité des Tribuns, comme il est la marque de nos Maréchaux de France, qui le reçoivent de la main du Roi, ainsi que le Connestable en recevoit l'épée nuë pour la porter devant le souverain dans les actes solemnels. Ainsi anciennement tous les seigneurs hauts-justiciers, qui avoient *mere & mixte impere*, comme parlent les anciens titres, se faisoient representer à cheval dans leurs sceaux, tenant l'épée nuë levée. Les Evêques avec la crosse, & les Prélats de l'Empire qui sont Princes accollent leurs armoiries de l'une & de l'autre, comme ils assücient la mitre & le casque, avec le Bonnet Electoral pour ceux qui sont Electeurs. Les Rois ont retenu le sceptre à l'imitation de l'haste pure des Dieux de la Gentilité, à laquelle ils ont ajouté sur la pointe, des fleurs ou des animaux.

Loüis Hutin qui annexa cette Ville à la Couronne après l'avoir assujettie à Philippe le Bel son pere, fut le premier qui joignit la main de justice au sceptre, parce qu'ayant fait de cette main de justice le sceptre du Royaume de Navarre, qu'il eut du chef de sa mere, il le conserva avec celui de France quand il fut maître des deux Royaumes ; comme Henry troisième mettoit deux couronnes sur ses armoiries, celle de France & celle de Pologne, & disoit par les mots de sa dévise, qu'il en attendoit une troisième dans le Ciel.

Donc pour revenir à nôtre sujet, nos Prélats qui avoient uni les deux puissances la spirituelle & la temporelle estoient de grands Seigneurs, & ce qui donnoit un nouvel éclat à cette double autorité, estoit l'usage de ces temps-là, où la plûpart des seigneurs, qui faisoient des donations aux Monasteres & aux Eglises, qui faisoient des accords & des traitez entre eux, vouloient qu'ils fussent autorisez & scellez des sceaux des Prelats pour les rendre plus stables & plus solemnels. Ainsi Dom Bernard Prieur de la Chartreuse de Portes ayant fait dresser un acte de toutes les donations faites à cette Chartreuse par le Comte Amedée, Guichard de Beaujeu, Girard de la Tour, Amblard de Grammont, Humbert de Coligny, Boson & Guillaume de Briolt, Hugues des Plombs, & quelques autres, desira que cét acte fût lû à Rainaud Archevêque de Lyon, & qu'il fût scellé de son sceau.

Hanc autem chártam ad munimentum successorum nostrorum stabile atque perpetuum in auribus carissimi Domini ac venerabilis Patris nostri Rainaldi Archiepiscopi Lugdunensis recitari, & autoritatis ejus sigillo fecimus insigniri.

Guerric de Coligny, seigneur du païs de Revermont, qu'il tenoit des Empereurs à titre de souveraineté relevante de l'Empire, ayant fait un accord avec les Religieux de Cisteaux pour l'Abbaye du Miroir, voulut que l'acte que l'on en dressa, fût scellé du sceau de l'Archevêque Eraclius Legat du S. Siege, & des sceaux des Comtes Estienne & Girard avec le sien. L'an 1158. trois ans auparavant les Religieux de Gigny de l'Ordre de Cluny, & ceux du Miroir de l'Ordre de Cisteaux avoient fait un compromis entre les mains de cét Archevêque, & de l'Evêque de Vvinton en Angleterre du consentement de l'Abbé de Cluny pour terminer leurs differens. Guichenon en rapporte l'acte en sa Bibliotheque Sebusienne, centurie 1. ch. 53. ce fut sous le sceau de Raynaud de Forés l'un de nos Archevêques que Guichard Comte de Geneve donna à l'Ordre des Chartreux l'immunité d'un de ses péages.

L'an 1237. Raynaud seigneur de Baugé ayant fait un traité avec Aymon Evêque de Mâcon, pour la seureté de ce traité se soûmit quant à ce point à l'Archevêque de

Volo & præcipio, ut si præmissa quod

abſit non ſervaverim, quod venerabilis Pater A.
Lyon Aymeric de Rives, & à ſes ſucceſſeurs pour l'excommunier, & mettre ſa terre en interdit s'il manquoit à garder les articles de ce traité.

Dei gratiâ prima Lugdunenſis Eccleſia Archiepiſcopus, ſucceſſoreſque ſui, quorum juriſdictioni me ſuppono in hac parte ad requiſitionem Domini Epiſcopi [Maſſiloneſis] ſucceſſorumque ejus me poſſunt compellere per cenſuram Eccleſiaſticam, perſonam meam excommunicando, & terram meam ſupponendo interdicto.

L'Archevêque Amedée premier du nom l'an 1147. en qualité de Legat du ſaint Siege, & par ordre exprés du Pape contraignit Joſſerand ſeigneur de Brancion de reparer les injures & les dommages qu'il avoit fait aux Religieux de Cluny.

Nos Archevêques ſe ſervoient de leurs Officiaux pour autoriſer ces traitez, & pour y appoſer leurs ſceaux, ce qui leur donnoit une eſpece de ſuperiorité ſur tous les Notaires qui ne pouvoient exercer leur Office qu'aprés avoir preſté ſerment entre les mains de l'Official, qui legaliſoit les actes qu'ils avoient dreſſez, & les appelloit ſes mandez, ſes jurez, & ſes deputez, comme nous verrons ci-aprés.

Enfin ce qui mettoit le dernier comble à la grandeur du pouvoir & de l'autorité de nos Archevêques, étoit la juriſdiction de Primat qu'ils exerçoient ſur quatre Provinces Metropolitaines, appellées les quatre Lyonnoiſes, & qui s'étendoit ſur la Bourgogne, la Breſſe, la Brie, l'Iſle de France, une partie de la Champagne, l'Orleanois, la Beauſſe, la Normandie, la Touraine, l'Anjou, le Maine, & la Bretagne, c'eſt à dire ſur la moitié du Royaume, & ſur trente-deux Egliſes Archiepiſcopales, ou Epiſcopales. Auſſi mettoient-ils dans leurs monnoyes ce titre magnifique, *Lugdunum prima Sedes Galliarum*.

Sur la fin du mois de May de l'année 1695. comme j'étois en Dombes ſur la Paroiſſe de ſaint Didier de Chalaronne, je fus averti par le Curé, qu'un Vigneron travaillant dans la vigne de Mr. Duc Chaſtellain de la Ville de Toiſſey avoit trouvé un petit pot de terre rempli de ces monnoyes d'argent, & qu'elles étoient entre les mains du Chaſtellain, je les allai voir, & ce Chaſtellain m'en ayant donné ſept, il s'en trouva une qui n'étoit que la moitié des autres pour le poids, quoi qu'elle eût les mêmes figures : mais plus petites, j'en donne ici la forme pour ſervir à la curioſité de la poſterité.

DE L'OFFICIAL DE LA COUR DE LYON.

J'Ay douté ſi je devois mettre entre les Officiers de la cour ſeculiere de cette Ville les Officiaux, parce qu'ils ne ſont à preſent qu'Officiers de la Juriſdiction Eccleſiaſtique. L'Archevêque en a trois comme nous avons remarqué ci-devant, celui de la Primatie, celui de la Province, & celui de Lyon, Offices qui ſont exercez ſous Mr l'Archevêque d'apreſent par trois differentes perſonnes. L'Officialité de la Primatie par Meſſire Charles Andrault de Langeron Comte de Lyon, Chanoine & Sacriſtain de l'Egliſe Metropolitaine, Abbé de ſaint Pierre de Châlon ſur Saone, ci-devant Aumônier de Madame la Dauſine. L'Officialité de la Metropole par Mr Paul Cohade Docteur en Theologie, de la Maiſon & Société de Sorbonne, Cuſtode de ſainte Croix. Et l'Officialité de Lyon par Mr Sauveur Manis Chanoine & Treſorier de l'Egliſe Collegiale de ſaint Paul.

Je voi par un grand nombre de titres que les Officiaux de la cour de Lyon avoient une juriſdiction differente, puiſque ce ſont eux qui autoriſent tous les actes publics receus par les Notaires, qu'ils appellent leurs commis, mandez ou deputez.

Hugues de Vaudrey Official de la cour de Lyon l'an 1289. pour l'Evêque d'Autun adminiſtrateur de l'Archevêché, le Siege vacant, autoriſe l'affranchiſſement de la Ville de Coligny en Revermont faite par Guy de Montluel Damoiſeau, & Marguerite ſa femme, en preſence de Pierre de Montluel Clerc Juré de la cour de Lyon ſpecialement mandé & deputé par ledit Official pour recevoir cét acte, auquel il appoſe le ſceau de l'Officialité à la requiſition dudit Guy de Montluel, & Marguerite ſa femme qui la lui ont fait faire par ledit Notaire Juré, à qui il donne créance pour cét article. En 1281. Jean de Blanoſc Official de la cour de Lyon autoriſe Bernard de Bourg ſon Juré & ſon Deputé pour recevoir un contrat de vente que faiſoit Eſtienne de Coligny ſeigneur de Jaſſeron à Eſtienne & Rolet Clef de Bourg en Breſſe, de tout ce qu'il avoit dans la terre de Sancia.

En 1283. Maistre Aymon de Pesines Official de la cour de Lyon reçoit la donation que fait Alisie de Commercis, veuve du seigneur d'Andelos, du chasteau d'Andelot à Estienne de Coligny. En 1304. Pierre d'Eschalon Chanoine de saint Just, Official de la cour de Lyon termine un procez entre Marguerite de Montluel, & Estienne de Coligny d'Andelos, qui se plaignoit de n'avoir pas eu le partage des biens paternels & maternels tels qu'il les devoit avoir.

En 1331. Pierre de saint Joire Tresorier de Lozanne Official de la cour de Lyon commet deux de ses Notaires Jurez, Maistre Mathieu Palencherd de Cuisel, & Dom Hugues Brun Prêtres pour terminer des differens entre Estienne de Coligny, & Jean de Montluel.

En 1365. Jacques Faure Docteur és Loix, Sacristain de saint Just & Official de la cour de Lyon ordonne à Jean Goyet de Poncin, clerc juré de la cour de Lyon de recevoir le testament de dame Eleonor de Villars.

En 1402. Antoine de Furan licentié aux loix, Bachelier en decrets, Archiprestre d'Anse se disoit avoir la Regie de l'Officialité de Lyon, & authorise Jean Malet de saint Amour Clerc Notaire par luy commis & juré de la Cour de Lyon. En 1423. Pierre Charpin Docteur en decrets, Chamarier de saint Paul & Official de Lyon avec Jacques Oriol Juge de Bresse reçoit le contract de Mariage de Philibert Andrevet Seigneur de Beaurepaire avec Antoinette de Coligny. *Regens Officialatum Lugdunense.*

Je ne sçay si les Notaires n'estoient point soumis à ces Officiaux, parce qu'ils étoient la plûpart Ecclesiastiques, comme j'ay déja remarqué, ce qui leur fit donner le nom de Clercs. L'an 1416. Jacques Gatbel curé d'Andelos, & Humbert Belli Prestre étoient Notaires par authorité Imperiale.

Cét Official exerçoit sa Jurisdiction de Juge à l'égard des differens entre l'Archevêque, le Doyen & le chapitre, comme il arriva l'an 1363. Pierre de Croset Docteur en Decrets & Sacristain de l'Eglise de Lyon estant Official, qui passa un concordat entre l'Archevêque Guillaume de Thurey, le Doien Jean de Talaru, & le chapitre pour des droits qui se prenoient au decez des beneficiers, du lit des défunts, dont l'Archevêque prétendoit avoir le meilleur lit de plume, le traversin, les meilleurs draps, & la meilleure couverture, ce qui estoit, dit cet acte, une occasion de scandale & de risée parmi le peuple, & les ecclesiastiques à cause des contestations que cela faisoit naistre parmi les heritiers des defunts, & le Clergé, qui refusoit de faire sonner les cloches, & de faire les ceremonies accoûtumées, jusqu'à ce que ces droits fussent paiez, ces lits estant souvent soûtraits & enlevez même avant la mort des Ecclesiastiques. Pour obvier à ces scandales, l'Archevêque & le Doien aiant consulté les anciens statuts, où l'on ne trouva que la déposition d'Estienne Prieur de la Chartreuse de Portes, qui avoit esté chanoine de l'Eglise de Lyon plusieurs années auparavant, il fut resolu de terminer cette affaire par un accord paisible entre eux en presence de deux Notaires & de quelques Docteurs. Ainsi l'Archevêque dans la chambre de son Palais Archiepiscopal en presence de Jacques de Gravels & de Barthelemi Placzard Notaires publics, & de Jean Delay Docteur és loix, & de Martin Delorme licentié ez loix, consentit que lui & ses successeurs à l'avenir eussent pour le droit des lits, des dignitez de l'Eglise decedez & incorporez pour chacun quinze florins de bon or, dont les soixante faisoient le marc poids de Lyon, & pour les chanoines n'aiant aucune dignité dix florins d'or du même poids: pour chacun des quatre Custodes, & pour chaque chevalier de l'Eglise huit florins d'or, pour chaque chapelain six florins d'or, que leurs heritiers seroient obligez de paier à l'Archevêque & à ses successeurs, Cét accord fut signé dans le chapitre par le Doien Jean de Talaru, Jacques de Coligny Chantre, Guillaume de l'Espinasse custode, Amedée de Montbel Prevôt de Forviere, Guillaume de Semur Maître du chœur, Loüis de Pourprieres l'ancien, Thibaud de Chaumont, Aynard de Thurey, Humbert d'Ars, & Loüis de Pourprieres le jeune le 26. de Juin l'an 1363. Cét acte extrait des archives de l'Eglise de Lyon est rapporté entre les preuves du Livre 2. de l'Histoire de la Maison de Coligny pag. 120.

L'an 1388. il fallut regler de semblables droits pour les Parroisses, & faire une transaction entre Henri Chevrier, Guillaume de Durchia, Humbert de Varey, Michel Chenevier, Pierre Faure, Claude de Pompierre, Robinet la Playe, Estienne Emart, Guillaume Ervard, Edoüard Rupt, Robert de Roziers, & Humbert de Rochefort consuls, & Guillaume de Cuisel Notaire Procureur & Sindic de la Ville de Lyon d'une part, & les Chapitres de saint Paul, de saint Nizier, le Sacristain & Curé de la Platiere, le Convent & le Curé de saint Pierre, les Custodes de sainte Croix, & les Curez de saint Vincent, saint Romain & saint George d'autre part. Par ce que les citoiens se plaignoient que les Curez & autres Ecclesiastiques faisoient des exactions énormes en la fonction de leur ministere, & qu'ils avoient extorqué des sommes considerables des habitans de Lyon en leur administrant les Sacremens, ce qui n'étoit pas tolerable, attendu que suivant le droit les Sacremens & les sepultures des morts doivent estre administrez charitablement par les Curez ou leurs Vicaires. Que neanmoins ils vouloient exiger des sommes excessives, & à leur volonté, pour les mariages, pour les sepultures, & pour les oblations des femmes allans à la Messe au lever de leurs couches, & pour l'administration de l'Extrême-Onction & des autres Sacremens. Que de plus ils prétendoient avoir les lits des chefs des maisons decedez sans difference de sexe, même avant qu'on eût tiré les corps des maisons, à moins que les heritiers ne rachetassent ces lits à prix d'argent, & que souvent n'y aiant qu'un lit dans la maison, le survivant en estoit privé, s'il n'avoit dequoi le racheter. Ils vouloient aussi que l'on se servît de leurs draps de mort pour en tirer de l'argent à leur volonté, & quand malgré eux on se servoit des draps de mort d'une confrerie pour l'enterrement, ils vouloient les retenir dans leurs Eglises, à moins qu'ils ne fussent rachetez comme les lits. Ils vouloient aussi que les femmes levées de leurs couches, quoique pauvres, eussent un Prestre expressément deputé par le Curé pour leur dire la Messe, afin d'en avoir de l'argent, quoi qu'elles n'eussent pas dequoi la faire dire, & vouloient en exiger des offrandes, & specialement ceux de saint Paul voulant se signaler par une singuliere maniere d'extorquer des finances contre toute sorte de droit, ne permettoient pas ni ne vouloient que dans les obseques d'un défunt on celebrât une grande Messe dans la chapelle de saint Laurent, ni même que l'on portât le corps dans l'Eglise de saint Paul, si l'on n'assignoit auparavant 5. sols de rente annuelle à leur profit, & si l'on n'apportoit quantité de cierges outres les frais funeraires; Lesquelles choses étoient d'un méchant exemple & au prejudice des habitans de la Ville & à la damnation des Ecclesiastiques, qui disoient au contraire que cette coustume estoit loüable & ancienne: enfin par l'entremise de Jean de Talaru Archevêque & Comte de Lyon, & de Raynaud de Thurey Doyen de Lyon, & de Jean Boüille Lieutenant dans Lyon pour le Bailli de Mâcon, les parties firent compromis, sçavoir les Ecclesiastiques entre les mains de Mrs Pierre du Croset maître du Chœur de l'Eglise de Lyon, Mathieu de Varey Chantre de saint Paul, & Barthelemi de la Croix Chantre de saint Nizier pour lesd. Curez, & entre les mains de Eynard de Villeneuve, Humbert de Varey, & Pierre Faure citoyens de Lyon pour les Consuls & la Ville, afin de terminer ce different du consentement desd. Archevêque, Doyen & Jean Boüille, le tout à peine de 1000. liv. d'amende au contrevenant: moitié applicable au Roi, le quart à l'Archevêque, & le quart au non contrevenant, ledit compromis passé dans la maison roiale de Roanne le 5. Mars 1388. En vertu duquel compromis lesd. arbitres en presence & du consentement desd. Archevêque, Doyen & Boüille ont prononcé comme s'ensuit. Sçavoir, que le successeur du défunt composera avec le Curé tant pour le droit de sepulture & la lumiere chacun selon son état, de maniere pourtant que la somme n'excede pas celle de dix livres pour la personne du plus haut état de la Ville, & ainsi en diminuant suivant l'estat du défunt, & la composition se fera dans trois jours après l'enterrement, sans que lesd. Curez puissent rien exiger auparavant, & ainsi les obseques se feront librement, & seront tenus lesd. Curez ou Vicaires d'aller querir les corps dans les maisons avec la croix, procession & solemnité accoûtumée selon l'estat du deffunt, & les cierges, & torches fournies pour l'enterrement seront remportées sans que les Curez puissent l'empêcher. Item, Si quelqu'un ordonne la façon de son enterrement, comme la lumiere, & le drap, & autres ornemens qu'il aura ordonné estre faits exprés, le tout demeurera ausd. Recteurs sans pouvoir exiger autre chose. Item, Si l'on porte le drap ou autre ornement de quelque confrerie, le tout sera remporté sans contredit. Item, Pour la sonnerie des grosses cloches appellez gros glas des Paroisses de saint Paul, saint Nizier, & saint Pierre on payera 2. liv. avec un barral de vin, & 2. l. parisis pour le pain, & ce pour le salaire des sonneurs & pour tout le droit desd. Eglises, & pour l'autre sonnerie on en conviendra. Item, Pour la fosse le plus grand de la Ville payera 4. sols parisis, & ainsi en descendant jusques à 12. deniers, mais les pauvres n'en payeront rien, s'il y a une pierre, elle sera levée & remise aux dépens des heritiers du deffunt. Item, Pour les mariages, les plus grands de la Ville payeront 20. sols, & ainsi en descendant, & si quand on compose sur les choses dessus dites, les parties ne peuvent pas s'accorder, elles doivent s'en tenir au dire d'un Prestre, & d'un citoyen, eu égard à ce que dessus, on n'y fait point de mention des étrangers qui meurent en passant, parce que les citoyens ne se mêlent pas de ceux-là; lad. transaction est ratifiée par les parties & passée dans le chasteau de Pierre-size le 11. Mars l'an que dessus, ensuite sont les procurations passées par les parties aux fins de ladite transaction, & après, comme il se trouvoit quelque chose à interpreter dans lad. transaction les parties se rassemblerent dans la maison de Messire Philippe de Thurey pour lors Archevêque, sçavoir, Messire Barthelemi de la Croix Chantre de saint Nizier, & Chanoine de saint Paul, procureur desd. deux Eglises, & les procureurs des autres paroisses d'une part, & Jean de Foretz, Mathieu de Chaponay, Loüis Lyatard, Leonard Carronier, Jean Thibaud, Guillaume le Viste, & Hugues Marchisse Consuls de lad. Ville d'autre ; où il fut interpreté, qu'à l'égard du premier article les 10. liv. comprenoient tous les droits, les lumieres & le lit des decedez, & d'ailleurs il fut ajoûté qu'après l'enterrement & les épousailles ; un parent ou ami sera tenu de promettre & jurer de satisfaire s'il en est requis par les Prestres ; & après ce serment ils peuvent remporter, & retirer de l'Eglise draps, cierges & autres ornemens qui auront esté fournis : & où le Prêtre & le citoyen deputez pour regler ces differens touchant les sepultures, ne pourroient convenir entre eux, l'Official de Lyon les jugera après avoir appellé avec lui deux Consuls, ou autres citoyens qu'il voudra.

Cét accord fut ratifié par l'Archevêque & par les parties. La transaction est au cartulaire de Villeneuve fol. 110.

Le Bailli de Mascon l'an 1390. c'est à dire deux ans après, à la requeste du Procureur de la Ville & du Procureur du Roi, manda à un de ses Sergens de mettre en execution cét accord, & specialement contre ceux de saint Paul qui refuserent de permettre que l'on mît dans leur Eglise le corps de Pierre de l'Isle Notaire pour y faire ses obseques, à moins que ses parens ne prissent le drap mortuaire de l'Eglise, & ne payassent vingt sols pour l'emprunt de ce drap, sans quoi le corps n'y seroit point presenté. Et comme les parens avoient fait porter les chandeliers des confreries, dont avoit esté le deffunt, ils les osterent de leur Eglise & les firent porter dans celle de saint Laurent; où même ils ne voulurent point chanter de grand'Messe pour le deffunt, quoi qu'il eût fait durant sa vie plusieurs biens à cette Eglise. Il y eut plusieurs autres plaintes contre ceux de saint Paul, qui obligerent le Bailli à mander au Sergent de mettre incessamment en execution la transaction passée entre les Conseillers de Ville & les Parroisses au nom de tous les citoyens. Je n'insererois pas dans une histoire des faits de cette sorte, qui peuvent flétrir la memoire des personnes Ecclesiastiques, s'il ne falloit adoucir les emportemens de nos citoyens contre leurs Superieurs, & faire voir les violences qui les porterent à des excés, que l'on ne peut condamner, quelques couleurs que l'on employe pour en couvrir l'atrocité. D'ailleurs la pieté & le zele du Clergé sont à present si bien établis & leurs mœurs si differentes de celles de ces siecles de troubles & de querelles, que c'est donner de l'éclat à leurs vertus, que de les faire paroistre au milieu de ces ombres de leurs predecesseurs, qui n'avoient ni leur merite ni leur modestie. Nos citoyens sont aussi à present plus raisonnables que leurs ancestres ne l'estoient alors, & les bons exemples de leurs Pasteurs contribuent beaucoup à cette sage conduite que l'on remarque dans nos bourgeois, qui ont autant d'estime & de veneration pour les Directeurs de leurs consciences, qu'ils ont de respect pour les choses saintes, & de justice pour s'acquiter de tous les devoirs que la Religion & la bien-seance exigent d'eux.

DES BAS OFFICIERS DE JUSTICE.

LEs bas Officiers de la justice seculiere de l'Eglise de Lyon estoient les Sergens, qui estoient au nombre de douze, parce que le Juge, le Courrier, le Viguier & l'Official en avoient chacun trois, qu'ils establissoient & instituoient après leur avoir fait prester le serment.

Ces Sergens ont le nom de Bedeaux comme ceux des Universitez & des Eglises, en divers actes. Dans un acte d'appel de nos citoyens fait à Paris l'an 1290. par Guillaume Buyer & Rollet Cassard Sindics de la communauté de Lyon, il est dit que le Pape Gregoire X. avoit ordonné qu'il n'y eût à Lyon qu'une seule justice ou cour seculiere, & que nul autre que l'Archevêque eust des *Bedeaux* & des prisons.

Quòd nullus alius præter dictum Dominum Archiepiscopum, & suos possit in civitate prædicta aliquâm in anteà jurisdictionem temporalem aliquando exercere, nec Badellos, aut carcerem habere posset. Preuves 24.

Par l'accommodement fait par les Cardinaux Legats, il est dit qu'ils seront douze, nommez par le Courrier, le Juge, & le Garde des sceaux, avec pouvoir d'en créer un plus grand nombre s'il est necessaire, & de les faire jurer, qu'ils seront fideles & obeïssans tant au Doyen & Chapitre qu'à l'Archevêque, sans qu'il soit permis au chapitre d'en avoir d'autres en son particulier. Que s'ils estoient negligens en leur office, les Juges en devoient avertir l'Archevêque, les priver de leur office, & en establir d'autres. Preuves 27.

Il est vrai que le chapitre avoit pour lui un Bastonnier, dont l'office consistoit à citer les Prestres & les Clercs de l'Eglise, & à leur signifier les intentions du chapitre, parce qu'il avoit esté arresté par l'Ordonnance des Cardinaux Legats, & par une convention faite avec l'Archevêque & le Chapitre, que les clercs, les Prestres, les serviteurs de l'Eglise & les familliers du cloiftre feroient exempts de la jurifdiction ordinaire, & feroient jugez pour toutes leurs affaires par deux Chanoines à ce deputez par le chapitre, qui feroit choix des plus fages & des plus moderez pour exercer cét emploi, aprés avoir prefté ferment d'examiner & de juger les caufes des Ecclefiaftiques dans l'efpace de foixante jours, à la referve des familiers & officiers de l'Archevêque, qui devoient eftre jugez dans la maifon méme de l'Archevêque. Ainfi comme les Bedeaux fervoient à la juftice de l'Archevêque, le Baftonnier fervoit à celle du chapitre, & devoit arrefter les Clercs, & les Preftres atteints de quelque crime, & les mettre dans les prifons de l'Archevêque jufqu'à ce que leur procez fût terminé.

Il y a dans le cartulaire de Villeneuve une Sentence du Juge Courrier contre les Sergens ou Bedeaux de l'Archevêque, qui dépoüilloient ceux qu'ils arreftoient prifonniers. Elle eft de 1304. & fe trouve parmi nos preuves.

Preuves pag. 89.

Dés l'an 1298. Guillaume de Virieu Gardiateur de la Ville de Lyon fit fes Sergens, & fit fignifier à autre Guillaume de Virieu Courrier de Lyon fon parent cette création nouvelle de Sergens, comme il ordonna depuis audit Courrier & autres Officiers de l'Archevêque de les reconnoiftre pour Sergens.

Preuves 20.

Il y avoit auffi un officier de crieur public au nom de l'Archevêque & du Chapitre, parce que les criées fe devoient faire aux noms des uns & des autres, ce qui fut fouvent occafion de plufieurs conteftations entre eux. Ce crieur affiftoit à toutes les ventes, encans & fubhaftations, à cheval veftu de blanc, l'épée nuë en main, accompagné des Sergens.

Outre ces Officiers il y avoit un Roi du cloiftre, & un Roi des Ribauds ou Portefaix, le premier avoit une efpece de jurifdiction fur tous les cabaretiers, & l'autre avoit permiffion d'entrer dans le cloiftre, & même dans l'Eglife vêtu d'un habit fait en forme de rets ou de rezeul, que l'on appelloit filoche; & devoit donner à l'entrée de la porte du cloiftre, dite Portefrau, cinq fols au Roi du cloiftre pour fes droits. Son emploi eftoit de rechercher les femmes publiques, & s'il les trouvoit hors de leurs habitations établies aux extremitez de la ville, ou vêtuës comme les femmes de qualité, & fans la marque qui leur eftoit affignée d'une efpece d'éguillette ou de nœud de rubans fur une de leurs manches, de les arrefter & de les mener par la Ville enfermées dans un filet pour les faire voir, & fiffler de tous les paffans. Ce font ces deux officiers qui caufoient le plus de trouble en cette Ville, par les fcandales qu'ils caufoient, & il paroiffoit indigne de la majefté d'une Eglife auffi fainte & auffi venerable qu'eftoit celle de Lyon, de tolerer ces defordres, qui n'éclatoient jamais plus qu'à la fefte de faint Jean-Baptifte dans la foire qui fe tenoit dans l'enceinte du cloiftre, où fe commettoient de grands abus, que des temps plus fages ont corrigez.

TROUBLES ET GUERRES ENTRE L'EGLISE
ET LES HABITANS DE LYON.

DE Rubys au chapitre xxxv. du Livre xi. de fon Hiftoire de Lyon, dit, Que ce fut ,, fous le Roi Philippe Augufte, que commencerent les troubles, guerres & divifions, ,, qui durerent depuis fi long-temps entre les Archevêques, & le Chapitre de l'Eglife de ,, S. Jean de Lyon Comtes & Seigneurs Hauts Jufticiers de la Ville & de la Province: Et ,, les Bourgeois & Habitans de ladite Ville, & que le motif & l'occafion de ces troubles ,, furent en partie l'infolence des Officiers de l'Archevêque, & du Chapitre, & l'in- ,, juftice qu'ils faifoient aux habitans de la Ville, qui n'en pouvoient avoir raifon, ,, quelque plainte qu'ils en fiffent à l'Archevêque & au Chapitre, qui les méprifoient, ,, & n'en faifoient conte, comme grands Seigneurs qu'ils eftoient, & la plûpart appa- ,, rentez des plus grandes maifons, non feulement du Païs, mais de tout le Royaume.

Il eft vrai que ces troubles commencerent fous l'Archevêque Renaud, fils de Guy II. Comte de Forés, qui avoit caufé tant de troubles à l'Eglife pour fes prétenfions fur cete Ville & fur la Province. Il fucceda à Jean de Bellefmes, ou de Bellemains, qui fe démit volontairement de l'Archevêché pour fe retirer à Clairvaux, où il paffa le refte de fes jours fort faintement. Renaud eut d'autres penfées que fon vertueux predeceffeur: la grandeur de fa maifon, les longs démêlez, qu'elle avoit eus avec l'Eglife de Lyon, la tutelle & l'adminiftration des enfans & des biens de Guy III. fon frere, & l'ambition du Comte Guy II. fon pere qui vêcut plufieurs années depuis l'élevation de ce fils à la dignité d'Archevêque, firent prendre à ce jeune Prélat des airs de hauteur, qui convenoient mieux à un Prince, qu'à un Superieur Ecclefiaftique: d'autant plus qu'il femble que ce foit lui qui commença à feparer les terres & les biens de l'Archevêché & du chapitre qui eftoient auparavant communs. Leurs Officiers eftoient auffi communs, & le chapitre n'avoit un tiers de la comté de Lyon que depuis l'échange fait avec Guy de Forés pere de Renaud. Les actes se passoient au nom de l'Archevêque, du Doyen & du Chapitre, comme on peut voir par celui que passa cét Archevêque avec les habitans de Lyon à l'égard de certains droits qui se levoient sur les denrées au profit de l'Archevêque & du chapitre. Estant ensuite confirmé & sacré, il fit plusieurs acquisitions nouvelles, & bastit les chasteaux de Pierre size, de Chasselay & d'Anse, fit de nouvelles fortifications à Dardilly & à Lentilly, des fossez, des murailles, des remparts & des courtines à Coindrieu avec une tour, fit reparer les chasteaux de saint Cyr & de saint André, & plusieurs autres places.

Raynaudus Lugdunensis Ecclesiæ electus, & Stephanus Decanus cum universo Capitulo, omnibus in perpetuum, &c.

Nos citoyens pour se delivrer d'une sujettion fâcheuse, que leur causoit le droit, qu'avoient l'Archevêque & le chapitre de taxer les denrées, & de lever une certaine somme de deniers sur celles qui s'apportoient dans la Ville, traiterent pour ces droits Seigneuriaux, & les racheterent pour la somme de vingt mille sols monnoye de Lyon. L'Archevêque élû & les Chanoines jurerent sur les saintes Evangiles de tenir ce traité jusqu'à ce qu'ils le rachetassent en remboursant aux citoyens les deniers qu'ils avoient donnez, promettant que nul ne seroit receu Chanoine dans l'Eglise de Lyon, ni ne rendroit obeïssance à l'Archevêque qui seroit pour lors, qu'ils n'eussent juré d'observer ce traité, par lequel ils déchargerent les bourgeois de toutes tailles sur leurs vignes & autres biens. L'Archevêque élû, & quarante-deux Chanoines signerent cét acte, qui fut sellé de deux sceaux, de celui de l'Archevêque élû où il estoit representé vestu en Ecclesiastique tenant un Livre en sa droite, avec ces mots en la circonference, *sigillum Raynaudi Lugdunensis electi*, & du sceau du chapitre representant un Roi en majesté assis tenant la main gauche appliquée sur le sein, & élevant de la droite une fleurdelys. A l'entour estoient écrits ces mots, *sigillum sanctæ Lugdunensis Ecclesiæ*. Des cordons de soye rouge & jaune lioient ces sceaux à l'acte.

Ces précautions qu'avoient pris nos bourgeois pour se delivrer des vexations des Officiers & des domestiques de l'Archevêque & du Chapitre, ne leur procurerent pas le repos qu'ils s'estoient proposé d'acheter par cette somme d'argent. Ces domestiques & ces officiers alterez trouvoient tous les jours de nouveaux moyens de les inquieter, & si nos bourgeois avoient craint Renaud de Forés, qui estoit trop puissant dans le païs à cause de ses parens, pour entreprendre de se soûlever contre lui, ils n'eurent pas le même respect ni les mêmes égards pour son successeur Robert d'Auvergne, quoi qu'il fût d'une maison encore plus considerable que celle de Renaud, dont il estoit allié; mais il estoit mal avec son frere Guy II. Comte d'Auvergne, contre lequel nostre Archevêque Renaud l'avoit protegé, lors qu'il n'estoit encore qu'Evêque de Clermont. Le Pape Innocent III. & le Roi Philippe Auguste l'accommoderent avec ce frere, à qui le Roi Philippe Auguste osta depuis la Comté d'Auvergne pour le punir de sa rebellion, & annexa cette Comté au Domaine Royal.

Ce fut sous cét Archevêque que Gaudemar de Jarés son Senéchal pretendit mettre des impositions nouvelles sur le vin, qui se vendoit en cette Ville, mais cét Archevêque fut obligé de declarer par un Edit que nos habitans ne devoient point ce droit pretendu, Declaration qu'il fut obligé de donner pour éviter de plus grands desordres, car nos citoyens avoient commencé de faire entre eux une espece de ligue, ou de conspiration pour se deliver de semblables vexations. En voici l'occasion.

Preuves 99.

Philippe Auguste estant obligé de sortir de Paris la capitale de ses Estats pour aller faire la guerre sur les frontieres de son Royaume, & craignant que ses voisins, particulierement les Anglois, qui tenoient la Normandie & le Vexin, presque jusques aux portes de Paris, ne se saisissent de cette grande Ville en son absence, il en voulut confier la garde aux habitans, d'autant plus que cette Ville n'estoit pas close du costé du petit pont tirant vers le mont sainte Geneviève. Il fit appeller sept des Principaux Bourgeois, qu'il établit Eschevins, c'est à dire chefs de la Communauté des Bourgeois pour le reglement de la Police. Et fit la closture de la Ville depuis la Riviere de Seine jusqu'à la porte saint Bernard, où de la Tournelle, & jusqu'à l'hostel de Nesle proche les grands Augustins enfermant tout le circuit où estoient les portes de Nesle, de Bussi, de saint Germain, de saint Michel, de saint Jacques, de saint Marcel, & de saint Victor, abbatuës depuis peu d'années. Cette nouvelle communauté faisoit ses assemblées dans un Hospital de saint Jacques, qui fut nommé le parloir aux Marchands, où est à present le Convent des Freres Prescheurs, appellez en France Jacobins à cause de cette Chapelle de saint Jacques, où ils furent establis. Nos Bourgeois ayant appris cét establissement de communauté fait à Paris à l'avantage des Marchands, & des autres personnes du Tiers-estat, resolurent de leur propre autorité de faire en cette Ville un établissement semblable à celui-là pour se gouverner eux mêmes, & pour se mettre à couvert des insultes des Officiers de l'Archevêque & du chapitre.

Ils choisirent cinquante des Principaux habitans & des plus accreditez pour composer le corps du Conseil de cette communauté, & s'estant saisis d'une tour du Pont de Saone du costé de saint Nizier, ils y mirent une cloche, pour convoquer les assemblées, que feroient ces cinquante Citoyens pour les affaires de la Ville, & choisirent la chapelle de S. Jacques, vulgairement dite de S. Jaqueme proche l'Eglise saint Nizier pour le lieu de leurs assemblées.

On fit de tous les corps des Mestiers des compagnies distinguées par leurs estendars ou pennons, dont elles furent nommées pennonages, & ces pennons estoient gardez dans la chapelle saint Jacques pour s'en servir aux besoins. On assigna à chacun de ces corps des Capitaines, & d'autres Officiers pour les conduire, & pour leur faire prendre les armes, & ces Officiers presterent serment de fidelité entre les mains des cinquante.

Pour autoriser les actes publics qu'on feroit dans ces assemblées, on fit un seel & un contreseel au nom de la communauté. Le seel estoit la figure du pont de Saone flanqué de deux tours, comme il estoit alors. Au milieu du Pont s'elevoit une croix avec un cercle au centre des croisons: dans lequel estoit une fleurdelys: au dessus des deux croisons estoient les images du Soleil & de la Lune, à droite du pied de la croix une fleurdelys, & à gauche un lion rempant, avec ces mots en lettres gothiques, *Sigillum commune Universitatis & Communitatis Lugdunensis*. Le contreseel estoit un lion rempant, avec ces mots *Sigillum secreti Universitatis Lugdunensis*. La disposition de ce sceau fait voir que ce fut sur la communauté de Paris que nos citoyens se conformerent ; car la Ville de Paris avoit pris pour son sceau commun la figure d'un vaisseau, parce que l'Isle du Palais, qui est l'ancienne cité a la forme d'un vaisseau, dont la pouppe est derriere l'Eglise Nôtre-Dame en ce terrain, dont on a fait depuis quelques années un jardin, & la proüe est la pointe de l'Isle qui abboutit au Pont-Neuf à l'effigie Equestre de Henry IV. Les deux Tours de Nôtre-Dame fort élevées au dessus du reste de l'Eglise ressemblent aux mâts d'un vaisseau. Et comme on mit au dessus de la figure de ce vaisseau un chef semé de fleurdelys pour marquer la soûmission de cette nouvelle communauté à tous les ordres du Roi Philippe Auguste, qui fut le premier de nos Rois qui porta des habits semez de fleurdelys en la ceremonie de son Sacre ; Nos Bourgeois firent aussi leur sceau de la figure du Pont de Saone, qui unit nos deux parties de Ville, & y mêlerent des fleurdelys pour imiter les Parisiens, & pour commencer à se mettre sous la protection de nos Rois, particulierement de Philippe Auguste, qui ayant uni à son Domaine l'Auvergne, & receu l'hommage du Comte de Forés qui s'estoit fait son Feudataire, estoit bien aise d'exercer en cette Ville des actes de jurisdiction pour appuyer les pretentions qu'il y pouvoit avoir. Il le put faire sans peine sous Renaud de Forés, & sous Robert d'Auvergne, parce qu'il avoit protegé le pere & les freres de Renaud, & défendu Robert contre le Comte son frere qui le vouloit opprimer. D'ailleurs Jean de Bellesmains avoit esté obligé de lui prester serment de fidelité pour la Regale d'Autun. Ainsi peu à peu il établissoit son autorité sur nos Archevêques, & les rendoit ses vassaux.

Les noms de ceux qui furent choisis pour composer le conseil du Corps de la Communauté, & pour maintenir les droits des habitans contre les violences des Officiers de l'Archevêque & du Chapitre, estoient

MATHIEU DE FUERS DE PANETIERE.	DURANT DE FUERS.
BERNARD DE CHAPPONAY.	BARTHELEMY DE FUERS.
JEAN DE VARAY.	PIERRE DE S. VALLIER.
JEAN DE CHAPPONAY.	REMOND FILLATRE.
BARTHELEMY DE CHAPPONAY.	ESTIENNE DU COURTIL.
PIERRE DE VARAY.	HUGUES DE FUERS.
BARTHELEMY DE VARAY.	JEAN DE S. CHER.
BERNARD DE VARAY.	ESTIENNE D'ANZIE.
MATHIEU DE LA MURE.	PIERRE DE CHALANS.
THOMAS DE VARAY.	GUILLAUME BOUVALDI.
RAOUL DE VARAY.	ESTIENNE ELDIN.
HUMBERT DE VARAY.	ESTIENNE DE S. MICHEL.

PIERRE RAYMOND.	BERNARD MALON.
JEAN DU PUYS.	GIRARD ALAMANNI.
GUILLAUME ABBI, ou LE BLANC.	NICOLAS BOZ.
PIERRE LE BLANC.	JEAN VANDRAN.
ANDRE' RAFFIN.	PIERRE DE NIEVRE.
BARTHELEMY DE LA PORTE.	FALCONET DU PUYS.
HUGUES DE ROCHETAILLEE.	PIERRE DOS.
PERONNET DE CHAPONAY.	PIERRE DE VAUX.
GUIOTIN DE LA MURE.	GUILLAUME GRIGNEUX.
JAQUINOT ALAMANI.	PIERRE DE VIENNE.
PERONET DE L'ECLUSE.	JEAN DE LOZANNE.
THOMAS DODIEU.	HUMBERT DE DORCHES.
GUILLAUME DODIEU.	HUGUES PELLETIER.
PIERRE BOYER.	GEOFFROY GIROUD.
GUILLAUME BOYER.	PIERRE BALMONT.
HUMBERT L'ANGLOIS.	HUMBERT CAPPEL.
PIERRE CHAMOSSIN.	NISIER DE L'ALBENT.
PIERRE DE VARAY.	MARTIN TRICAS.
AYMON DE VIENNE.	MARTIN LOMBARDI.
JEAN GAY.	PIERRE LE ROUX.
AYMON CORNETON.	AYME' VARISSANT.
PIERRE DE MERUS.	PIERRE ACARIE.
NICOLAS DE CONCHES.	PONCE DE FLOYREN.
GUILLOTIN DE PONS.	JEAN DE FOREIS.
JEAN DE DORCHES.	JEAN LIATARD.

Les noms de la plûpart de ces premiers Conseillers de la communauté de Lyon font voir de quels citoyens cette Ville estoit remplie en ces temps-là, puisque la plûpart estoient de maisons nobles, illustres & distinguées. On y voit quatre de Fuers, Mathieu, Hugues, Durant & Barthelemi, qui eurent des parens dans l'Eglise de Lyon, & même un Doyen du chapitre. Huit de Varay dont la maison estoit si puissante & si considerable, que l'an 1265. y ayant eu different entre Philipe de Savoye Archevêque de Lyon & Guigues Daufin de Viennois touchant l'hommage des chasteaux d'Annonay & d'Argental. Guillaume de Varay chevalier fut un des arbitres, entre les mains desquels ils comprirent avec Humbert de Montluel, Guigues Payen & Jean de Gonselin chevaliers. Les noms de Chapponay, de la Mure, de S. Vallier, de Chalant, de S. Cher, de Fillatre, de Rochetaillée, d'Alamani, de l'Ecluse, de l'Albent, de Boyer, de Vienne, du Puys, de Nievre, de Grigneux, de Dorches, de Vaux, de Liotard sont tres-illustres, & plusieurs de ces noms se trouvent parmi les Chanoines Comtes de Lyon, ce qui est une preuve incontestable de la noblesse de ces Maisons. Les Malons, les Vandrans, & les Dodieu fonderent des maisons considerables, aussi-bien que les Courtils, les la Porte, les Blancs ou Albi, les Cappels, & les Pons. Et certes il estoit necessaire dans un demêlé aussi considerable qu'estoit celui d'une Ville aussi puissante que Lyon contre des Seigneurs Ecclesiastiques, dont quelques uns estoient Princes, de faire choix de citoyens assez puissans pour resister à des personnes de naissance, qui avoient une double autorité Ecclesiastique, & Seculiere.

Guich. hist. de Bresse pag. 274.

Pierre de Vaux n'estoit pas moins considerable que les autres, sa maison estoit puissante ; les deux Alamanni estoient Florentins & anciens Gentilshommes. Car dés le douziéme siecle le grand commerce se rétablit à Lyon, & plusieurs estrangers y furent attirez. La Ville se remplit aussi de Noblesse, & je trouve qu'en ces temps-là plusieurs Gentilshommes à la maniere des Anglois mettoient leurs cadets dans le commerce, ce qui faisoit subsister ces maisons, au lieu qu'à present elles se ruinent par les grandes dépenses qu'elles font sans avoir des ressources pour se soûtenir. Les Villes de Roüen, de Tolose, de Bourdeaux, de Marseille, de Genes, de Pise, de Florence, de Liege, d'Anvers, &c. estoient florissantes, parce que la Noblesse estoit dans le grand commerce, elle avoit des vaisseaux sur mer, de grandes correspondances dans les païs estrangers. Et comme la justice n'estoit administrée que par des personnes nobles, les Juges, les Baillis, les Prévôts, les Viguiers, les Officiaux, & les Notaires mêmes estoient des personnes de qualité, qui faisoient de grosses fortunes. On les trouve dans l'alliance des plus grandes maisons, qui ne croyoient pas s'avilir par de pareilles alliances. Ainsi nous voyons nos La Grange, & nos Henris, les Paterins, les Auxerres, les Chapponay, les Buillouds, les Bleterans, les Pompierres, les Chevriers, les Pruniers, les Bellievres, les Fuers, les Megrets, les Dublés, les Vareys, les Fourniers, les Rousselets, les Cailles, les Bourges, les Batonnats, les Thomassins, les Villeneuves, les Le Viste, les Salas, les Turins, &c. à la teste des Parlemens, dans l'alliance des plus grandes maisons du Royaume, dans la Cour, au Conseil, & dans les armées remplir les premieres charges, comme on a vû les Strozi, les Delbene, les Albisses, les Baglions, les Scarrons, les Gadagnes, les Pierrevives, les Medicis, les Spada, les Bonvisi, les Guinigi, les Ferraris, les Capponi, les Cenamis, les Gros, les Cibo, les Diacettes, les Gondi, les Hervarts, les Sardini, les Seves, les Franciotti, &c. dans le grand commerce en cette Ville, tandis qu'ils avoient des parens Cardinaux, chefs de leurs republiques, Maréchaux de France, Ambassadeurs, &c.

Hugues Pelletier devoit estre aussi un homme considerable, puisque en 1339. lorsque Barthelemy Abbé d'Aisnay fit dans le Palais Archiepiscopal une transaction *Chartul. d'Aisnay.* avec Guillaume Archevéque de Lyon touchant les justices de Chasey & de Chasselay par la mediation de Jean de Chastellard Sacristain de l'Eglise de Lyon, de Guillaume de Chevelu Custode, de frere Jean Aroud vestiaire d'Aisnay & de Guillaume de Lissieu Chevalier. Odet Pelletier Citoyen de Lyon fut temoin de cette transaction & la signa avec plusieurs Chevaliers & Escuyers des maisons de Charnay, de Glettens, de la Chanal, d'Aiglier, d'Aujeu, de Fontanelles, de Viego, de la Tour, de Vaux, de Chiel, de saint Jullien, de Planis, de Sonville, &c.

A l'égard de Jean de Juys il y a apparence qu'il estoit d'une maison noble de Dombes dont Henry de Juys Seigneur de la Bastie & de Belvey en Dombes estoit chef, & Pere de Pierre Chanoine en l'Eglise de Lyon où il fut receu en 1425.

Aymon de Vienne & Pierre de Vienne estoient d'une maison tres illustre de Bourgogne, qui avoit une portion de la souveraineté de la Ville de Vienne. Ces grandes maisons tenoient comme en fiefs de nos Archevéques, & du Chapitre, les ports, *Estienne de Chandieu & Pierre de Meons tenoient le peage de Faysins.* peages, passages, travers, les leydes, & les autres droits dont elles tiroient de grands émolumens. Elles faisoient exercer ces emplois par leurs commis, leurs vassaux, & leurs sujets, & n'estoient pas obligées à faire des alliances avec des roturiers, pour *Preuves pag. 8. col. 2.* se retablir par des Mariages inegaux, qui leur apportent beaucoup de biens, & peu d'honneur, puis qu'insensiblement elles privent leurs enfans des honneurs, & des dignitez où l'on ne peut aspirer que par plusieurs degrez de Noblesse maternelle aussi bien que paternelle.

Dans le traité d'accommodement fait l'an 1270. par Guy Evêque de Clermont & Nicolas de Chalons Tresorier d'Eureux il fut arresté que l'on remettroit les clefs des portes du Pont du Rhosne, de saint Marcel, de saint George, & de *Preuves pag. 9.* Bourgneuf à *Jean de Lozanne & Bernard de Malon* deux des cinquante cy-devant nommez, ce qui fait voir l'authorité que ces deux Citoyens devoient avoir en cette Ville.

Preuves pag. 19. Cét établissement des cinquante, ou de la cinquantaine dura long-temps, & on changeoit de temps en temps quelques-uns de ces cinquante. l'an 1276. dans la monition faite par l'Archevéque Rodolphe de la Torrette Jean de Foreys, Jean Liatard, Falcon du Puy, Barthelemy de Varey, Jean de Durchia le jeune, Pierre de Nievre, Jean de la Plariere, Guillaume Grignieux, Michel de Chaponnay, Humbert Fustier, Humbert le divin, Durant Guittrey, Guillaume de Charnay, Jean *Et omnes alios de quinquagenaria, seu de numero de quinquaginta, de* Vendran dit le Blanc de saint Just, Estienne Corsant, Pierre Bermont, Guy de Menvay & autres sont dits de la cinquantaine, & sous la garde du Comte de Savoye.

Or de

de la Ville de Lyon.

Or de ces dix-sept nommez en ce monitoire de l'Archevêque il y en a quelques-uns qui n'estoient pas parmy les premiers cinquante. Michel de Chapponay, Jean de la Platiere, Humbert Fustier, Humbert le Divin, Durant Guittrey, Guillaume de Charnay, Estienne Corsant, & Guy de Menvay.

quorum consilio, tractatu & assensu prædicta dicuntur attentata, & ad quorum suggestionem &c.

Deux choses principalement avoient donné lieu à ces inquietudes de nos citoyens, la Justice partagée entre l'Archevêque & le Chapitre, qui les obligeoit de paroître devant deux Tribunaux, dont les officiers avoient souvent des vûës & des interêts differens, lesquels ne causoient que trop souvent des troubles, chacun ne s'appliquant qu'à decliner le tribunal qu'il croyoit luy devoir être moins favorable, pour s'attacher à ceux où il se flattoit de pouvoir trouver plus d'accez. Ainsi il falloit pour les moindres affaires commencer par juger la competence, & les procedures tiroient en des longueurs ennuïeuses & souvent dommageables aux parties.

L'autre chef estoit les appellations, qui se faisoient devant les Juges Royaux commis pour ces appellations, qui les obligeoient de sortir de la Ville, & mesme du Royaume quand il falloit appeller au Pape des Jugemens rendus par des Officiers de la Justice Ecclesiastique.

Ce fut ce qui porta les Papes qui voulurent favoriser nos citoyens & faire cesser ces troubles, d'ordonner que la Justice seroit la même pour l'Archevêque & le Chapitre, qui nommeroient des officiers communs, lesquels presteroient serment aux uns & aux autres, d'exercer fidelement leur ministere. Ils accorderent aussi à nos citoyens le privilege de ne pouvoir estre tirez hors la Ville sous pretexte des lettres Apostoliques obtenuës contre eux.

D'ailleurs les Juges Ecclesiastiques, ou leurs Officiers abusant de l'authorité que leur donnoit leur caractere, & du pouvoir qu'ils avoient de contraindre par les censures & les autres peines Ecclesiastiques leurs sujets à obeir sous peine d'excommunication & d'interdit, s'estoient rendus si odieux, que nos habitans ne vouloient plus paroître devant leurs tribunaux, & pour se soûlever profiterent de la vacance du Siege Archiepiscopal, auquel Philippe de Savoye avoit renoncé pour aller prendre possession des Estats de Savoye dont la succession luy estoit ouverte. Pierre Comte de Savoye son frere n'avoit point d'enfans mâles, & avoit si peu de santé que l'on ne devoit pas attendre qu'il survequit long-temps à ses infirmitez, causées tant par les travaux de diverses guerres, que par ses frequens voyages en Angleterre où il avoit un hostel sur les bords de la Tamise que l'on appelle encore à present la Savoye. Philippe voiant donc que cette succession le regardoit, songea à quitter l'Estat Ecclesiastique, qu'il n'avoit embrassé que par politique & par la destination de Thomas Comte de Savoye son Pere. Ce Prince chargé de quatorze enfans, à qui il ne pouvoit faire des appanages sans diviser ses Estats en plusieurs parcelles, qui en auroient fait de fort petits Seigneurs; en destina six à l'Eglise: *Guillaume* qui fut Doyen de saint Maurice de Vienne puis Evêque de Liege. *Amedée*, qui de Chartreux fut élu Evêque de Maurienne, & receut au nom de Philippe Archevêque de Lyon, son frere, l'hommage du Duc de Bourgogne pour les fiefs qu'il tenoit de l'Eglise de Lyon. *Boniface*, qui de Chartreux, fut Evêque de Belley & prieur de Nantua, depuis administrateur de l'Evéché de Valence en Daufiné & élû Archevêque de Cantorbie en Angleterre à la priere du Roy & de la Reine d'Angleterre. Le Pape Innocent IV. confirma cette Election en cette Ville l'an 1243. & le sacra luy-mesme durant le Concile; deux filles furent Religieuses & successivement Abbesses du Monastere de saint Pierre de Lyon. Enfin nostre *Philippe*, qui estoit le 8. des enfans de Thomas Comte de Savoye se vit de Chanoine & de Primicier en l'Eglise de Mets, Prevôt de saint Donatian de Bruges: il fut élû Evêque de Lozanne par une partie des Chanoines, mais l'autre partie s'y estant opposée, son élection fut sans effet: Boniface de Savoye l'un de ses freres ayant esté promû de l'Evêché de Valence à l'Archevêché de Cantorbie, Philippe fut nommé à celuy de Valence l'an 1245. Le Pape Innocent luy conferra un an apres l'Archevêché de Lyon, & sans estre lié aux ordres sacrez luy permit de joüir des revenus de cét Archevêché, de l'Evesché de Valence, de la Prevôsté de Bruges, & de plusieurs autres benefices, Mathieu Paris historien d'Angleterre, qui fait profession de ne point taire les veritez les plus facheuses, dit en ses annales sous l'année 1245. que Boniface fut consacré à Lyon Archevêque de Cantorbery, & qu'il estoit plus illustre par sa naissance que par sa doctrine, & plus redoutable par les armes temporelles que par les spirituelles. Que son frere Philippe élu de Valence fut promû à l'Archevêché de Lyon, avec tant d'indulgence de la part du Pape Innocent qu'il luy permit de joüir des fruits de tous les benefices incompatibles, ce qui se faisoit, dit cét historien, pour des raisons seculieres & politiques. Que ce Prince bien-fait de sa personne, vaillant & adroit en l'exercice des

Anno sub illius curriculo, consecratus est à Papa Lugduni in Archiepiscopii Cantuariensem Bonifacius, plus genere quàm scientiâ conspicuus plus armis martialibus quàm spiritualibus formidabilis, hujus frater Philippus Electus Valentiæ, ipsis

diebus ad Archiepiscopatus Lugdunensis promotus est possessionem. Qui tantam à Papa meruit obtinere dispensationem, ut Archiepiscopatus retenta cùm suis commodis potestate Episcopatus Valentini proventus perciperet uberrimósque redditum quos in Anglia & Flandria possederit: quod plus ut videbatur, ob quasdam causas seculares sibi ad quam spirituales, liberè ac licenter asportaret, & præpositurum Brugensem obtineret. Hic igitur elegans corpore, & armorum potentiâ præpollens copiosísque redditibus saginatus, factus est quasi Princeps militiæ Papalis, & custos propositus pacis in Concilio Lugdunensi celebrando, & idcirco potissimè, quod generis claritate coruscaret.

armes, & engraissé des revenus de tant de benefices, fut fait chef des troupes du Pape, & garde du Concile de Lyon, parce que la grandeur de sa naissance luy donnoit beaucoup de credit.

Ce fut luy qui empescha les violences de nos Chanoines de l'Eglise de Lyon, lesquels voyant que le Pape vouloit introduire des étrangers ses parens dans leur Eglise, menacerent de les faire jetter dans le Rhosne s'ils venoient se presenter. C'est Mathieu Paris qui l'assure ainsi, comme j'ay remarqué dans le livre precedent.

Philippe ayant donc quitté ses benefices pour reprendre l'estat laïque plus conforme à son humeur & à son ambition, espousa l'heritiere du comte de Bourgogne Alix fille du comte Othon au château de Bracons 1267. Cependant le siege de Lyon demeura vacant jusqu'à l'an 1271. ce qui favorisa les soulevemens de nos citoyens, lesquels ayant esté favorisez de la protection du Pape Innocent irrité contre le chapitre, & aiant obtenu de lui plusieurs privileges par diverses bulles rapportées entre les preuves de cette histoire, commencerent à secoüer le joug de la domination de l'Eglise. Le Chapitre les menaça & fit venir dans le cloistre plusieurs Gentils-hommes & Seigneurs de leurs parens & de leurs amis pour contraindre nos habitans à leur obeïr. Mais ceux-ci levant le masque tout d'un coup après avoir eu plusieurs conferences secrettes, pour rechercher les voyes de se maintenir contre les violences de ces Superieurs, qui avoient toute l'authorité en la vacance de l'Archevêché, établirent la cinquantaine, se saisirent de l'une des tours du Pont de Saone, & des clefs de la Ville, appellerent à leur secours la Noblesse de Daufiné & de Savoye, & avec ces troupes, & celles des artisans rangées en corps de compagnies de Soldats, chacune selon sa profession, avec leurs officiers & leurs drapeaux, sous lesquelles elles marchoient, chasserent les Chanoines de leurs Cloistres, & les obligerent de se retirer dans celuy de saint Just, qui estoit dans un des fauxbourgs sur la montagne, où l'on voit encore les vestiges de l'ancienne Eglise: firent des forts & des redoutes au devant de la porte de saint Just, & se fortifierent dans deux grosses tours, dont l'une estoit à la Chapelle de la Magdeleine ancienne recluserie, qui sert à present d'Eglise aux Religieuses du Verbe Incarné, & dans une tour voisine dont on voit encore quelques masures d'une prodigieuse massonnerie. Les troubles où estoit le Chapitre, ne luy permirent pas de proceder à l'Election d'un Archevêque, & le siege de Rome qui vaqua prés de trois ans, osta les moyens de pourvoir à celuy de Lyon.

Ce qui contribua encore à ces divisions, fut que cette Ville avoit alors plusieurs Jurisconsultes, Docteurs, Bacheliers, & licentiez és loix, qui pour se faire valoir favorisoient les uns les pretensions du chapitre, dont ils briguoient les suffrages pour exercer les charges de Juges, de Viguiers, de Courriers, & de Prevôts ou de commissaires. Tandis que les autres appuyoient les citoïens, & leur faisoient entendre, que les Ecclesiastiques abusoient de leur authorité, & vouloient estendre trop loin leur Jurisdiction.

Il y avoit long-temps que les écoles de Lyon estoient celebres, pour la Philosophie, & la jurisprudence, aussi bien que pour les belles lettres. Car pour ne rien dire icy des disputes d'Eloquence dont nous avons parlé au premier livre de cette histoire, en decrivant l'ancien autel de Lyon, ou ces disputes furent établies par l'Empereur Caligula; nous apprenons par les lettres de Sidonius Apollinaris qu'il y avoit de son temps de celebres professeurs en cette Ville, où il avoit estudié. Les loix des Bourguignons, qui y furent quelque temps après publiées sous le Roy Gondebaud, font voir qu'il avoit dans sa Cour, & qu'il tenoit en cette Ville, d'habiles Jurisconsultes.

Eâ tempestate Lugdunensium civitas prima, ac præcipua Galliæ professione quoque scientiâ, artiumque disciplinâ inter omnes extulerat caput: offensa namque sapientia, quæ propter seipsam tantum appetenda est, quorundam lucris

Constantius, qui par ordre de nostre Archevéque saint Patient écrivit la vie de saint Germain Evéque d'Auxerre, & écrit, qui en rapporta les miracles, rendent de semblables temoignages, le premier quand il dit qu'en ces temps là la Ville de Lyon estoit la premiere & la plus celebre des Villes de Gaules pour la profession des sciences & des plus beaux arts. A quoy Eric ajoute, que la sagesse offensée de se voir rebutée de ceux de son pays, qui l'avoient méprisée pour s'attacher à des gains sordides, ou pour vivre dans la mollesse, & le libertinage, s'estoit establie à Lyon, où elle fleurissoit avec l'étude de tous les arts Liberaux, dont le cours avoit comme cessé par tout ailleurs. Tellement que Lyon estoit appellé communement en ce temps-là, le college public & comme l'université établie au deça de la mer pour estre bien receu par tout, il falloit avoir estudié à Lyon.

inhonesta desidià, præceptorum inopiâ intercedente priorumque studiis penè collapsis hujus nostris existialiter perosa adjungendis familiare consistorium collocavit. Ibi quas dicunt, liberalium disciplinarum peritia, quasque ordine currere hoc tempore fabula tantum est, eo usque convaluit, ut quantum ad scholas publicum appellaretur citrà marini orbis Gymnasium. Et ut aliquid rationis afferre videar, eo id argumento colligimus, quod quisquis artium profitendarum afficeretur studio, non antè Professis inscribi merebatur, quam hinc explorata diligentià examinatus abiret. turpibus multorum indisciplinata vita, omnium postremò cupidè se appetentium regionis Lugduni sibi Professis inscribi merebatur.

Charlemagne à son retour d'Italie y amena des Professeurs, & le cloître avoit ses études. L'Isle barbe estoit remplie de savans & d'une riche Bibliotheque. Et l'autheur de la vie de saint Mayeul Abbé de Cluny dit que ce saint desirant d'estre instruit dans les lettres, vint à Lyon pour y entendre un maistre celebre nommé Antoine, qui faisoit profession d'enseigner la plus excellente Philosophie. *Factum est ut literarum discendarum studio instigatus, auditâ cujusdam Antonii opinione, qui magna dicitur Philosophia Lugdunensi regebat scholas, illuc gressum dirigeret, formâque discipuli assumptâ præsidentis magisterio se devotus committeret.*

Saint Odile rapporte la mesme chose & appelle la Ville de Lyon la Mere & la Nourrice de la Philosophie qui soutenoit par l'étude des sciences la dignité de Primatie qu'elle avoit d'ancienneté & de droit Ecclesiastique sur les autres Villes du Royaume. *Apud hanc urbem Philosophia nutricem, & matrem quasi totius Galliæ ex antiquo more, & Ecclesiastico jure non immerità retineret arcem, Antonium virum eruditum, & prudentem in liberalibus studiis habere voluit præceptorem.* In vita S. Majoli Biblioth. Cluniac. pag. 282. & in notis pag. 61. & 62.

Toutes ces études peu à peu se reduisirent à l'étude du droit Civil & du droit Canon, qui fut l'occasion d'un procez entre l'Archevêque & le Chapitre, comme Duchesne a remarqué en ses notes sur la Bibliotheque de Cluny l'an 1290. chacun d'eux pretendant avoir seul le droit de nommer des professeurs, & de leur donner le pouvoir d'enseigner, de lire & d'interpreter, mais j'auray lieu de parler plus amplement des études & des gens de lettres de cette Ville, quand je traiteray de l'université qui y fut establie & depuis transferée à Bourges, & de l'institution du College des Medecins, & du College de la Trinité.

Pour faire cesser ces desordres, & pour defendre les droits de la Communauté, les Bourgeois deputerent à Rome Humbert de Vaux, & luy prescrivirent expressément d'obtenir de sa Sainteté la confirmation des Privileges que le Pape Innocent IV. leur avoit accordez de ne pouvoir estre citez hors de Lyon, ny obligez de comparoistre devant d'autres Juges, sinon devant l'Archevêque, son Official, ou le Juge qu'il aura establi dans la Ville, & qu'il fasse inserer dans les lettres de confirmation qu'il obtiendra, que sa Sainteté declare nulles toutes les procedures faites contre ce Privilege; que les Bourgeois ne soient obligez ni d'aller, ni d'envoyer devant aucun autre Juge quel qu'il soit, mesme d'alleguer ni ces privileges. Ils le chargerent aussi de poursuivre que le Pape révoquât le pouvoir donné au Doyen & aux Chanoines d'excommunier, & d'estre Juges en leurs propres causes, vû qu'ils abusoient de ce pouvoir, & que ce Privilege prejudicioit ouvertement aux droits de l'Archevêque. Preuves pag. 2. du Tractatus. Preuves pag. 11.

Ils demandoient aussi que les revenus de l'Eglise attribuez aux Chanoines fussent divisez en cent prebendes distinguées, & que les Enfans des Bourgeois, & toute autre personne y pût estre admise indifferemment sans avoir égard à la Noblesse, pretendans que la coustume de ne recevoir que des Gentils-hommes dans l'Eglise de Lyon estoit un abus introduit contre les Canons & les anciens usages de l'Eglise. Et qu'il ne faudroit jamais esperer qu'il y eut une paix parfaite entre les Chanoines & les Bourgeois si cét abus n'estoit osté. Ils demandoient la mesme chose à l'égard du monastere des Religieuses de saint Pierre. Que l'on reglât les revenus de ce celebre monastere de telle sorte qu'il pût entretenir cent Religieuses, & que les filles de la Ville, & celles des pays voisins fussent aussi receüés indifferemment, soit qu'elles fussent demoiselles ou non. Ce qui fait voir que dés lors cét illustre Monastere joüissoit du mesme droit que l'Eglise de Lyon, dans lequel il ne s'est pas maintenu, & a perdu par ce moïen beaucoup de l'éclat, que le chapitre de Lyon a pris plus de soin de conserver.

Enfin on vouloit que ce procureur demandât que la Ville de Lyon pût faire des assemblées en corps de communauté, & qu'elle eut un sceau commun dont elle pût authoriser les actes qu'elle passeroit par deliberation commune pour les affaires publiques.

Les Chanoines des deux Eglises de saint Jean & de saint Just également enveloppez dans cette guerre civile tenterent divers moïens pour appaiser ces desordres, & aprés avoir emploié tout le credit des Princes & des Seigneurs leurs voisins, leurs parens, & leurs alliez, ils crurent qu'ils devoient avoir recours à l'Evêque d'Autun qui en qualité de premier suffragant de l'Archevêché avoit l'administration spirituelle de la Metropole, & l'adminiſtration temporelle pour en conſerver les fruits au futur Archevêque, parceque comme nous avons déja remarqué, il n'y avoit point de Regale dans l'Egliſe de Lyon ni de droit de garde, l'Archevêque & le chapitre eſtant les Seigneurs temporels de la Ville, qui n'eſtoit pas alors du Roïaume de France.

Cét Evêque d'Autun eſtoit Girard de la Roche, de la maiſon de Rouſſillon, puiſque noſtre Archevêque Aymar de Rouſſillon, qui fit une declaration pour l'adminiſtration de ſon Egliſe durant la vacance du Siege, dit que ce Gerard eſtoit ſon parent, & le P. Roüyer en ſon hiſtoire de l'Abbaïe du Mouſtier ſaint Jean, dont ce Prélat avoit eſté Abbé, aſſure avoir vû de luy un acte, avec ſon ſceau, où eſtoit un aigle, qui eſtoit l'armoirie des Rouſſillons de Bourgogne.

Cét Evêque pour proceder ſelon les formes canoniques envoya Hugues de Vergy ſon Official pour ſommer nos citoïens de lui preſenter leurs griefs contre le chapitre, les raiſons qu'ils avoient eus de prendre les armes contre le Clergé & de chaſſer les Chanoines de leurs maiſons, les faiſant avertir que s'ils ne deſiſtoient de leurs entrepriſes il mettroit la Ville en interdit & les excommunieroit.

Preuves pag. 1.
Tractatus de bellis & Inducis.

Enfin l'an 1269. Nos citoïens laſſez de ces guerres & de ces brouilleries firent preſenter à cét Evêque une declaration par les mains d'un Notaire Apoſtolique, en preſence de pluſieurs témoins, par laquelle ils faiſoient ſavoir qu'ils eſtoient prêts de donner un compromis pour terminer leurs differens ou pardevant le Cardinal Legat, qui eſtoit alors en France, ou pardevant le Roy, ou tel autre Juge dont les parties conviendroient, eſtant diſpoſez à s'en tenir à toutes les deciſions de droit.

Preuves pag. 2.

Quelques jours auparavant le Doyen & le chapitre avoient accordé une treve pour traiter des voïes d'accommodement, à condition que durant tout le temps de cette Treve il leur ſeroit permis de rentrer dans le cloiſtre dont ils avoient eſté chaſſez, & dans leurs maiſons, ſans que l'on pût leur faire aucune injure ni violence; & que reciproquement nos citoïens rentreroient dans leurs biens, terres, maiſons, chaſteaux, & poſſeſſions ocupez & ſaiſis, par le chapitre depuis la guerre declarée: qu'au cas que l'on ne pût convenir des voïes d'accommodement, les Chanoines ſe retireroient du cloiſtre & de leurs maiſons huit jours avant la fin du temps preſcrit pour cette treve; & laiſſeroient ces maiſons au meſme eſtat qu'elles eſtoient auparavant, à la reſerve des vivres, ſans y mettre ni gardes, ni gens armez. Albert Seigneur de la Tour du Pin, & Humbert Seigneur de Montluel eſtoient les garands de cette treve de la part des citoïens, & de la part des chapitres de Saint Jean & de Saint Juſt, Remond comte de Foreſt, le Seigneur de Beaujeu, Humbert Sire de Thoire, & de Villars, Humbert de Montluel, & le Seigneur de Chandieu, & au cas qu'il arrivât quelque different ſur les articles de la Treve, Guichard Seigneur de Montagny, & Jean Liatard Bourgeois de Lyon en devoient eſtre les arbitres, comme le Doïen & le même Liatard devoient expliquer les conventions faites pour cette Treve, & s'ils ne s'accordoient pas entre eux, Philippe Comte de Savoye, & de Bourgogne devoit eſtre le ſur-arbitre, c'eſt celuy qui avoit eſté l'occaſion de tous ces deſordres en quittant l'Archevêché pour ſe marier à l'heritiere de la comté de Bourgogne, & pour ſucceder en ſuite aux Etats de Savoye comme nous avons dit.

Cette Treve ne dura pas, le Doien la contremanda d'abord, & les hoſtilitez recommencerent de part & d'autre. Ce fut alors que l'Evêque d'Autun menaça de lancer les foudres des cenſures Eccleſiaſtiques, & quand le corps de la communauté de Lyon eut appris que l'on vouloit les excommunier & interdire la Ville, pour prevenir ce coup il fut reſolu de deputer au Cardinal Legat, qui eſtoit à Paris, & qui depuis la mort du Pape, qui devoit faire ceſſer ſa legation avoit receu un ordre exprés ſigné de tous les Cardinaux pour continuer cette Legation abſolument neceſſaire au bien de l'Egliſe, puis que c'eſtoit pour faire le voïage de la terre Sainte, & pour preſcher la croiſade.

Quelques hiſtoriens ont avancé que ce Cardinal eſtoit de la maiſon de Chevriers, qui eſt encore aujourd'hui l'une des plus conſiderables du Maſconnois, & qui tire ſon origine de cette Ville, où il y a plus de quatre cents ans qu'elle exerçoit la Juſtice, & rempliſſoit les premieres charges municipales. Il reſte encore en divers endroits de cette Ville d'illuſtres monumens de la pieté & de la Nobleſſe de cette maiſon, cependant l'amour de la verité, qu'un hiſtorien fidele doit preferer à toutes autres conſiderations, m'oblige d'avertir que le Cardinal Rodolfe Legat du Saint Siege en France n'eſtoit pas de cette maiſon, mais de celle de *Groſparmy* en Normandie, comme ont obſervé Meſſieurs de Sainte Marthe dans la Gaule Chreſtienne au Cata-

de la Ville de Lyon.

logue des Evêques d'Eureux, où il est dit, qu'il estoit Tresorier de la Chapelle Royale de Senlis, & Chancellier de France sous saint Loüis, & qu'il y eut après lui un autre Evêque d'Eureux qu'ils nomment Raoul ou Rodolfe *De Chevriaco*, pour placer ce Rodolfe de Chevriers, que Papyre, Masson en la seconde & troisième édition de Ciaconius ont dit avoir esté nostre Cardinal Legat. Le P. Claude Clement en la vie du Pape Clement IV. qu'il écrivit *sur les memoires de Messieurs Gros de saint Joire*, & *François de Chevriers chevalier de l'ordre de saint Michel & Juge des armes & blasons de France*, a fait entendre que ce Pape estoit de la maison des Gros, & lui en attribua les armoiries, quoy que j'aye vû sur son tombeau à Nostre-Dame des Graces de Viterbe, Eglise des Freres Prescheurs, où il fut inhumé, un écu de six fleurdelys mises en orle ; & que Ptolomée de Luques autheur exact, ait dit de lui qu'il estoit de la Ville de saint Gilles en Languedoc & qu'il se nommoit Guy Fulcodi : qu'il avoit esté marié faisant la profession d'Advocat, qu'il fut emploïé par saint Louis, parce qu'il estoit savant en droit civil & canonique, qu'il eut des enfans qu'il éleva dans la pieté, & qu'après la mort de sa femme il embrassa l'état clerical, & fut depuis Evêque du Puy, Archevêque de Narbonne, Cardinal de Sabine & enfin Pape. Ce même Pere fait le Cardinal Raoul, de la maison des Chevriers, & nous a donné la ceremonie du couronnement de Charles Roy de Sicile faite par ce Cardinal, que François de Chevriers disoit avoir apportée de Rome & tirée du Palais Farnese, où il ajoûtoit qu'elle se voyoit encore. Sur ces temoignages j'avois fait graver cette figure & je l'avois donnée en la premiere édition d'une Methode de Blason, que je fis imprimer l'an 1660. mais aïant esté depuis à Rome, & aïant eu la curiosité d'aller chercher cette peinture dans le Palais Farnese, je ne l'y trouvay point, & je ne pû apprendre qu'aucun l'y eut jamais vûë. Et certes je ne voy pas à quelle occasion elle auroit pû estre peinte en ce Palais, qui ne fut basti que sous le Pape Paul III. le siecle passé, au lieu que cette ceremonie avoit esté faite quatre siecles auparavant.

Ce qui me rend encore cette peinture plus suspecte, est que la commission, qui fut donnée à quatre Cardinaux pour le sacre & le couronnement de Charles-Roy de Sicile & de la Reine son Epouse, s'addresse également à ces quatres Cardinaux, qui receurent tous quatre au nom du Pape Clement IV. l'hommage, lige & serment de fidelité de Charles, qu'ils scelerent tous quatre de leurs sceaux. La ceremonie se fit dans l'Eglise de saint Pierre le jour de la feste des Rois Ce fut veritablement le Cardinal d'Albane, qui fit comme plus ancien Cardinal, & comme seul Cardinal Evêque, la ceremonie de ce sacre, l'un des autres trois n'étant que Cardinal Prestre, & les deux autres Diacres: Mais pour le couronnement il se fit par tous les quatre, qui tenoient la couronne sur la teste du nouveau Roy, comme tous les Pairs la soustiennent au couronnement des Rois quoi que l'Archevêque de Rheims seul fasse les onctions sur le Roy. La relation de ce couronnement de Charles le marque expressément. Ainsi je suis persuadé que si l'on avoit voulu faire une peinture de cette ceremonie à Rome, on y auroit representé les quatre Cardinaux, & la Reine avec son Epoux, & que l'on auroit peint la ceremonie des onctions sacrées aussi-bien que celle du couronnement.

J'ajoûte à ces reflexions, que ce qui me rendit suspecte cette peinture, fut de voir sur la chaise en laquelle est representé assis le Cardinal d'Albane, les armoiries de la maison des Chevriers avec un chapeau de Cardinal sur l'ecusson, ce qui est manifestement contraire à l'usage de ces temps-là. Car j'ay recherché avec soin tous les monumens des Cardinaux que j'ay pû decouvrir à Rome sans en avoir pû trouver dont les armoiries fussent accompagnées du chapeau que vers le quatorziéme siecle, encor les exemples en sont rares, comme j'ai remarqué en un traité du Blason que je fis imprimer quelques années après mon retour du voyage d'Italie, & d'Allemagne, que j'avois entrepris pour m'éclaircir sur les lieux de plusieurs points considerables touchant la pratique des armoiries en ses premiers commencemens.

J'espere que mes Lecteurs me pardonneront cette digression, que je dois à la fidelité de l'histoire, d'autant plus qu'aiant autrefois publié cette peinture comme un monument que je croiois contribuer à la connoissance des armoiries, je dois detromper le public, & retracter les inductions que j'en avois tirées, comme contraires à la verité, ou du moins comme trop incertaines pour rien appuyer de solide sur un fondement qui ne l'est pas. Le progrez qu'a fait dans le monde cette supposition que tant d'habiles gens ont suivie sur le seul témoignage du P. Clément & sur cette peinture pretenduë, m'oblige à desabuser ceux qui pourroient s'y laisser surprendre, & servira peut-estre à retenir ceux qui voudroient forger à l'avenir de pareilles chimeres, qui font des monstres qu'un historien doit non seulement combattre, mais les détruire, s'il veut servir le public, & rendre son travail utile à la posterité.

Rodulfus hic matiſ-conenſis dioceſis: Jo: Cuprarium vulgò de Chevriers auratum equitem, & Mariam Baugei comitis, & Sebuſianorum Principis, filiam parentes habuit.

On fait encore en cette vie de Clement IV. Raoul de Chevriere fils de Jean Chevriers Chevalier doré & de Marie de Baugé fille du comte de Breſſe, contre la foy de l'histoire & les uſages de ces temps-là, où les chevaliers étoient appellez *Milites* & non pas chevaliers dorez, terme qui n'est en uſage que depuis les derniers Empereurs, qui en la ceremonie de leurs couronnemens, & en leur paſſage par les villes d'Italie faiſoient de ces ſortes de chevaliers aux eſperons dorez, au lieu que les autres ſe faiſoient le jour d'une bataille en les frapant d'une eſpée nuë, & en la leur attachant au costé. D'ailleurs au temps auquel on donne au Cardinal Marie de Baugé pour mere, cette famille eſtoit finie en Sibile de Baugé femme d'Amé IV. Comte de Savoye & heritiere des terres de Baugé qu'elle porta à son mari; Guy de Baugé ſon pere mourut l'an 1255. avant que cette fille fut née, auſſi inſtitua-t-il ſon heritier l'enfant poſtume qui naiſtroit de Beatrix de Montferrat ſa femme veuve d'André de Bourgogne Daufin de Viennois. Ceux qui flatent la Nobleſſe de ces anceſtres ſuppoſez devroient donner plus de couleur à ces fables, qui ſe deſtruiſent quand on veut les examiner ſur des actes authentiques, & je voudrois que le P. Clement qui eſtoit un homme ſavant eût eu moins de credulité.

Je remarque tous les jours de ſemblables ſuppoſitions dans pluſieurs genealogies, où la Nobleſſe ſe fait des anceſtres qui ne furent jamais que dans l'imagination de ceux qui ſe les attribuent. Et je croy qu'un hiſtorien ne doit reconnoître ces deſcendances que ſur de bons titres, de la nature de ceux que Mr du Cheſne a rapporté dans les genealogies de Montmorency, de Chaſtillon, de Vergy, &c. Enfin ſi ce Cardinal Legat avoit eſté frere de Guy de Chevriers, que l'on fait preſident ou gouverneur de Languedoc pour le frere de Saint Loüis comte de Poitiers, ſur des fondemens auſſi peu ſolides que ceux de ſa naiſſance, Catel qui a écrit avec tant d'exactitude l'histoire de Languedoc auroit parlé de lui, au lieu que nous voyons par divers titres que ce Guy eſtoit Viguier de Lyon, c'eſt à dire Lieutenant du Bailly, ou du Courrier, qui rendoit la juſtice pour l'Archevêque en cette Ville.

Cela ne doit point déroger à l'éclat d'une famille qui eſt illuſtre depuis plus de quatre cens ans, & qui a eu des Echanſons & des Panetiers de nos Rois, des Viguiers, & Gardiateurs de cette Ville pour le Roi, des Commandeurs de Malte, des Chanoines de S. Pierre de Maſcon, où l'on fait des preuves de Nobleſſe, & beaucoup de perſonnes diſtinguées.

Preuves 5.

Ce fut à ce Cardinal Legat, & au Roi S. Loüis que nos citoyens s'adreſſerent pour regler leurs differens avec le chapitre. Ce cardinal, & ce ſaint Roi pour procurer la paix aux uns & aux autres choiſirent des deputez pour venir ſur les lieux oüir les plaintes des parties de part & d'autre. Le Cardinal deputa Ives Abbé de Cluni, & S. Loüis choiſit Jean de Traves chevalier, & Henri de Gandoviller Bailli de Berry, & ces deputez pour proceder avec plus d'efficace & de ſureté demanderent des compromis du Doien de Lyon, aux chapitres de S. Jean & de S. Juſt, & aux citoiens, par leſquels compromis les uns & les autres remettoient abſolument tous leurs differens entre les mains du Legat & du Roi. Il eſt vrai que le Doien & le ,, chapitre retinrent dans leur compromis qu'avant toutes choſes l'on oſtât toutes ,, les nouveautez que les habitans avoient faites, c'eſt à dire qu'on les remit en ,, poſſeſſion de leur cloiſtre & de leurs maiſons, dont ils avoient eſté chaſſez, qu'on ,, leur rendît la juriſdiction de la ville, qui appartenoit à l'Egliſe de S. Jean, les ,, ponts, foſſez, barres, tours, portes, & clefs de portes, & que l'on abbatît les forts, ,, les chaiſnes tenduës &c. qui eſtoient des choſes ſi manifeſtement uſurpées & en- ,, tepriſes contre tout droit & juſtice, que rien n'eſtoit plus evident, puiſque même ,, le Cardinal Legat avoit confirmé la ſentence que l'Evêque d'Autun ordinaire ,, de Lyon durant le ſiege vacant avoit prononcée ſur ce ſujet.

Preuves 15.

Le Legat pour autoriſer ce que feroit l'Evêque d'Autun, avoit commis l'Archevêque de Vienne & l'Evêque du Puy pour examiner avec les ſuffragans de l'Egliſe de Lyon s'il y avoit lieu d'interdire la Ville & d'en excommunier les habitans ſur les plaintes du Chapitre. Ces deux prelats deputez par le Legat, & de ſon autorité convoquerent un ſinode provincial à Belleville, à ſix lieuës de Lyon, & firent avertir les quatre ſuffragans de s'y trouver, l'Evêque d'Autun adminiſtrateur de l'Archevêché de Lyon, l'Evêque de Langres, qui envoia ſes excuſes, & les raiſons qu'il avoit pour ne pouvoir ſe trouver à cette aſſemblée, & les Evêques de Châlon & de Mâcon. Ce fut le premier jour de Decembre que ſe tint cette aſſemblée de Prelats l'an 1269. & voici la ſentence qui fut prononcée. Qui peut ap- "

prendre l'estat lamentable de la ville de Lyon sans pleurer ? qui en peut en rappel- "
ler le souvenir sans amertume de cœur ? celle qui auparavant meritoit d'estre appel- "
lée la cité de Dieu glorieuse, pour la devotion de ses habitans, n'est plus par sa de- "
sobeissance, & par le debordement des vices qui y regnent, que la miserable fille "
de Babilone. C'est pourquoi nous avons jugé de suspendre & d'attacher aux saules, "
au milieu de cette Ville tous les instrumens sacrez, qui servoient à chanter les loüan- "
ges de Dieu, en la mettant en interdit Ecclesiastique, & en separant ses habitans "
du corps de l'Eglise, comme des saules, & des arbres infructueux, pour les crimes "
& les excés manifestes, & notoires qu'ils ont commis. Ainsi nous les avons excom- "
muniez en chantant d'un ton lugubre le Pseaume, *Super flumina Babylonis*. Le "
demon qui ne cesse d'exercer sa malice en trompant ceux qui ne se defient pas de "
ses artifices, a tellement embrasé ses citoiens du desir de dominer, qu'ils ont vou- "
lu s'approprier le domaine de cette Ville, & nous l'oster, quoi qu'il nous appar- "
tienne à raison de l'administration que nous en avons, & le chapitre de plein droit, "
tant pour la jurisdiction spirituelle que pour la temporelle, comme il est constant, "
par une ancienne possession reconnuë par les citoiens qui s'y sont toûjours sou- "
mis; & comme la possession paisible du chapitre & la nostre le demontrent évidem- "
ment sans aucun lieu d'en douter. Cependant ils ont eu la temerité d'en retenir les "
clefs, & de nous les refuser insolemment, lorsque nous les leur avons demandées plu- "
sieurs fois au nom de l'Eglise de Lyon. Ils ont aussi fortifié la partie de Ville du costé "
de saint Nizier, y faisant des fossez profonds & de nouvelles redoutes ; s'en sont "
rendus les maistres, & de toutes les avenuës, ouvrant & fermant des portes nouvel- "
lement construires, dont ils se sont saisis des clefs. Au lieu de se servir des cloches "
de l'Eglise de saint Nizier pour appeller le peuple à entendre les sermons & la pa- "
role de Dieu, ils s'en sont servis pour tenir leur assemblées illicites, & une foule "
de citoiens se sont rendus dans cette Eglise, pour y faire leurs complots, & pour "
y jurer leur execrable confederation. Ils se sont fait de leur authorité douze chefs "
pour les gouverner, ausquels ils ont presté serment d'obeir, quoi qu'il ne leur "
soit pas permis de faire un corps de communauté. Ces douze ont fait des collectes "
publiques jusqu'à contraindre ceux qui ne pouvoient contribuer, de leur donner "
des gages pour l'assurance de leur quote part, quoy que nous leur eussions defendu "
sous peine d'excommunication de faire ces contributions. A la maniere des Scribes "
& des Pharisiens conspirant contre l'Eglise de Lyon, ils ont mis une armée sur "
pied, & l'ont stipendiée à leurs frais, pour les aider dans la poursuite de leurs mau- "
vais desseins : ont tendu des chaisnes dans les ruës, & élevé des Echaffaux de "
bois pour tirer de flèches, & des pierres sur ceux qui voudroient passer contre "
leur volonté. Ce qui fait que ni nous, ni le chapitre de Lyon ne pouvons punir par "
nos Baillis & nos autres officiers, les meurtriers, les adulteres, les sacrileges, & "
les autres semblables crimes qui se commettent, & que l'on avoit accoutumé de fai- "
re punir.

Ils sont allez plus avant, & estendans leurs mains sacrileges sur le cloistre de "
Lyon, qui avoit toûjours esté libre & Privilegié, ils ont pillé & saccagé les mai- "
sons des Ecclesiastiques, qui sont dans l'enceinte de ce cloistre, & ont enlevé vin "
bled, ustenciles, portes des maisons, fenestres, planches ; & ce qu'ils n'ont pû em- "
porter ils l'ont détruit avec fureur. Leur rage n'en est pas demeuré là ; mais après "
avoir assemblé une multitude nombreuse de factieux, ils sont allez attaquer le Do- "
yen & les Chanoines, qui s'estoient retirez dans l'Eglise de saint Just pour s'y "
mettre à couvert de ces insultes. Ils en ont blessé & tué quelques-uns de ceux "
qui estoient accourus à leur defense ; en ont emprisonné d'autres, & commis tou- "
te sorte de violences. Enfin méprisant Dieu, & le pouvoir de l'Eglise contre l'in- "
terdit general sous lequel est toute la Ville, & qui est exactement observé par "
les Prelats & Recteurs des Eglises, ils ont fait sonner les cloches, & celebrer ou "
plûtost prophaner les divins offices par des personnes diffamées. Car ne se conten- "
tant pas d'avoir élevé des tours, creusé des fossez, dressé des barrieres, & des gue- "
rites en divers endroits de la Ville, d'un oratoire dedié à sainte Marie Magde- "
laine, que les saints Archevêques de Lyon avoient donné à des Reclus pour en "
faire une maison d'oraison perpetuelle, ils en ont fait une retraite de voleurs, y éle- "
vant une tour qu'ils font garder par des soldats, lesquels dépoüillent tous les jours "
publiquement les passans ne gardant plus de mesures. Aprés tous ces excez, ils sont "
sortis de la Ville, enseignes deployées, & allant au village de Cuire, ils ont bru- "
lé les maisons de l'Eglise de Lyon, forcé l'Eglise, percé ses murailles, dépoüillé les "
autels de leurs ornemens, ont enlevé les animaux & se sont partagé le butin, les dé- "
poüilles & les vestemens qu'ils avoient pris aux habitans. Peu de jours aprés ils "

„ brulerent & saccagerent Genay, qui est terre de l'Eglise : enfin faisant plusieurs fois
„ de semblables sorties, ils ont tué des domestiques des gens d'Eglise, en ont empri-
„ sonné d'autres, & en ont tellement blessé quelques autres, qu'ils en sont demeurez
„ invalides pour le reste de leurs jours. Ils retiennent encore prisonnier messire de
„ Genay Prestre, qu'ils refusent de rendre. Pour ne laisser aucun des Elémens exempt
„ de leur fureur ils tiennent sur la Saone, qui coule au milieu de la Ville, des barques
„ en forme de Galeres, & de coursiers remplies de voleurs, & de Pyrates qui pillent,
„ volent, saccagent tout ce qui appartient à l'Eglise sur les bords de cette riviere;
„ enfin il n'est point d'excez, ni de desordre qu'ils ne commettent, jusques-là que
„ nous estant assemblez en Concile Provincial à Belleville, une troupe de ces malheu-
„ reux est venuë à main armée à Cozon assez prés de nous, dans une terre qui appar-
„ tient à l'Eglise de Lyon, & qui est dans le Royaume de France, laquelle a esté brulée,
„ & saccagée & une partie de ses habitans emmenez.

„ C'est pourquoy à raison de tant d'excez nous avons jugé depuis long-temps,
„ qu'il falloit mettre cette Ville en interdit & prononcer sentence d'excommunication
„ contre les citoyens de Lyon. Sentence laquelle a esté confirmée par Reverend pere
„ en J. C. Rodolfe Evêque d'Albane Legat du saint Siege Apostolique, & pour la
„ contumace desdits citoyens le Reaggrave fulminé. Enfin les violences & les excez
„ commis par ces citoyens sont si notoires, & si manifestes, que personne ne les ig-
„ nore, & ils sont tellement obstinez dans leur malice, que comme des reprouvez,
„ ils ne donnent aucun signe de repentir, mais semblables à Pharaon, ne font que s'en-
„ durcir dans leur malice, par la plus noire & la plus énorme des ingratitudes con-
„ tre leur mere l'Eglise de Lyon, & les autres Eglises qui lui sont sujettes, contre
„ lesquelles ils ne cessent de commettre mille impietez, quoy que plusieurs d'eux en
„ tiennent la plus grande partie de leurs biens ou en fief, ou à rente annuelle : des
„ maisons, des champs, des prez, des bois, des moulins, des vignes, des estangs, &
„ plusieurs autres immeubles. Nous avions fait citer publiquement lesdits citoyens
„ aussi-tost que nous avions pû les faire citer sans peril, à comparoistre pardevant nous à
„ Belleville, le jeudy aprés l'octave de S. Martin d'hiver, pour entendre & recevoir ce que
„ l'ordre du droit exigeoit. Ce que nous avons depuis continué jusqu'au Vendredy &
„ du Vendredy jusqu'au Samedy suivant. Ce même jour du Jeudy furent convoquez en
„ cette Ville par l'authorité que nous avons de premier suffragant de l'Eglise de Lyon,
„ dont nous avons l'administration durant le siege vacant, les Reverends Peres en Dieu,
„ G. Evêque de Langres, qui s'est excusé par lettres, sur ce qu'il luy estoit impossible
„ de venir. Guichard Evêque de Mascon, & Ponce élu Evêque de Chalon, en presence
„ de Reverend Pere en Dieu, Guy Archevêque de Vienne, & frere Girard Evêque
„ du Puy, à qui cette convocation des suffragans avoit esté specialement commise par
„ Monsieur le Legat, & en presence de plusieurs personnes religieuses. Ainsi aprés
„ avoir demandé l'avis de plusieurs Jurisconsultes, n'ayant devant les yeux que le ser-
„ vice de Dieu, que nous avons prié de presider à nostre jugement, nous condamnons
„ definitivement lesdits citoyens à perdre tous les biens qu'ils tiennent desdites Egli-
„ ses, lesquels seront mis entre les mains des procureurs establis par nous & par le cha-
„ pitre de Lyon, pour estre appliquez à la reparation des Eglises, qui ont esté sacca-
„ gées, & des dommages qu'ont souffert ceux à qui on a fait ces violences, & enfin pour
„ estre convertis aux usages que prescrivent les Saints Canons. Que si quelqu'un des-
„ dits citoyens se repentant de sa faute, veut se mettre à couvert de cette sentence, il
„ pourra d'icy à la feste de l'Epiphanie prochaine, venir à nous, ou s'addresser à celui
„ que nous aurons commis, pour recevoir l'absolution de son excommunication aprés
„ avoir satisfait par une taxe moderée, ou par suffisante caution, à une amande pe-
„ cuniaire, qui ne sera pas proportionnée à l'énormité de la faute, ni selon les ri-
„ gueurs de la Justice, mais addoucie par misericorde, pour le disposer à une re-
„ conciliation parfaite. Sans qu'aprés ce terme prefix pour la reconciliation on
„ puisse esperer de recours. En foy de quoy nous avons apposé nostre sceau aux
„ presentes.

„ Et Nous Archevêque de Vienne, Evêque du Puy, & Suffragans nommez cy-de-
„ vant, aprés avoir donné nos avis & nôtre consentement à toutes ces choses, à la
„ priere & requisition de l'Evêque d'Autun, pour plus grande authorité, y avons
„ aussi apposé nos sceaux avec celuy dudit Seigneur Evêque d'Autun. Donné l'an
„ & jour susdits.

Preuves 3. Les deputez du Legat, & du Roy saint Loüis travailloient cependant à ramener les esprits pour retablir la Paix entre le chapitre & les citoyens. Le Doyen & le chapitre convinrent donc de s'en tenir à l'arbitrage du Roy & du Legat, à la reserve des nouveautez qu'ils vouloient avant toutes choses estre ostées. Le Doyen Milon de Vaux,

l'Archidiacre

l'Archidiacre Pierre d'Aoufte ; Guillaume de la Poipe Precenteur ; Chatard Chantre ; Hugues de Tournon Sacriftain ; Guillaume grand Cuftode ; Theaulde ; Guy de Thiert ; Durgel ; Guillaume Buthi ; Guichard de Fatnay ; Girin & Guichard de faint Symphorien ; Eftienne de Chandieu, Pierre de Marefchal ; Hugues de faint Germain ; & Hugues de Pifeys Chanoines de faint Jean de Lyon. Boson de Langes ; Eftienne Caras, Rodolfe Barthelemy, Tardy ; Denis de Sacconins, Eftienne Caras le jeune, & Guillaume de Riovic Chanoines de faint Juft, jurerent ce compromis fur les Saintes Evangiles, & obligerent tous leurs biens propres, & tous les biens de leurs chapitres meubles, & immeubles, en quelques lieux qu'ils puffent eftre pour la garantie de ces compromis qu'ils fignerent, & fcellerent des fceaux des deux chapitres. Les citoiens firent le mefme par un acte separé, & les deux partis firent une treve ou fufpenfion d'actes d'hoftilité & de pourfuites tant pour eux que pour ceux qui eftoient entrez dans leurs interéts de part & d'autre.

Le Doyen & les deux chapitres donnerent aux trois deputez du Roy & du Legat, le Comte de Forés & le Sire de Beaujeu, pour garans & cautions de la Treve, que ces deux Seigneurs jurerent fur les faintes Evangiles.

Les citoiens donnerent pour garands de leur part le Senechal Hugues de la Tour du Pin, Humbert de la Tour fon frere, Humbert Seigneur de Montluel ; & quatre vingt & deux des principaux habitans dont les noms font rapportez parmy les preuves dans le transcript du compromis, qu'ils jurerent tous fur les faintes Evangiles comme les Chanoines, & obligerent tous leurs biens aux mefmes conditions. Ce compromis des citoiens fut fcelé des fceaux de l'Evêque de Clermont & du Bailly de Mafcon. Et il fut arrefté que les prifonniers faits de part & d'autre feroient mis au pouvoir du Legat & du Roy, pour en faire ce qu'ils ordonneroient.

Preuves 3.

Il y eut deux traitez pour cette treve, qui n'eurent pas plus d'effet l'un que l'autre, le premier du Jeudy d'aprés la faint Jean-Baptifte, par lequel le Doyen & le chapitre de faint Jean, l'Obeancier & le chapitre de faint Juft, accordoient cette treve à tous les citoiens, à leurs domeftiques & à leurs amis, & le Comte de Forés avec le Doyen en devoient dreffer les articles & en fournir les expeditions à ceux qui voudroient y eftre compris. Jean de Foréts, Jean Liatard, Eftienne Flamens, Mathieu de Fuer de Paneriere, & Guillaume Blanc avoient auffi procuration de la part de la communauté de la Ville pour traiter cette treve & pour la donner reciproquement aux deux chapitres, & à tous leurs domeftiques & ferviteurs.

Par les conventions de cette treve les Chanoines, leurs chappellains & leurs clercs devoient rentrer dans leur cloiftre, dans leurs maifons, & dans la poffeffion de leurs meubles fans aucun empefchement.

Le Roy faint Louys, & le Legat ayant receu les compromis des deux parties, firent d'abord une Ordonnance generale par laquelle ils commanderent aux parties de vivre en paix jufqu'à ce que l'on eût examiné leurs griefs de part & d'autre : que cependant les chanoines rentraffent dans leurs maifons, & dans leur cloiftre, & que l'on retablit toutes chofes au mefme eftat, auquel elles eftoient, quand Philippe de Savoye quitta l'Archevêché. Et parceque l'Evêque d'Autun avoit mis la Ville en interdit, & excommunié les citoiens, ils ordonnerent du confentement de cét Evêque que cét interdit & cette excommunication feroient levez, & que les deux chapitres procureroient, que tout ce qui s'eftoit fait au Concile Provincial de Belleville touchant cet interdit, fut revoqué, fe refervant la connoiffance & la difcuffion des pretenfions de part & d'autre, qui demandoient plus de temps pour eftre reglées. Voicy la teneur de cette Ordonnance de faint Loüis, & du Legat.

Loüis par la grace de Dieu Roy des François, & Rodolphe par la mifericorde du mefme Dieu Evêque d'Albane, Legat du faint Siege Apoftolique, à tous ceux qui ces lettres verront, falut.

Nous faifons favoir, qui ayant eu de grandes diffenfions, difcordes, & guerres entre le Doyen & chapitre de la grande Eglife, l'Obeancier & chapitre de l'Eglife de faint Juft de Lyon d'une part, les citoiens & le peuple de la Ville de Lyon d'autre part : & que ces diffenfions avoient donné lieu à plufieurs querelles, & plaintes de part & d'autre, enfin par le moyen de l'Abbé de Cluny, de Jean de Traves Chevalier, & de Henry de Gandoüiller Bailly de Berry, que nous avions envoyez à Lyon pour mettre la Paix & la concorde entre les parties, & pour empefcher ou fufpendre les violences qui fe faifoient mutuellement ; elles nous ont donné leurs compromis, pour pouvoir comme nous voudrions refoudre, decider, & terminer toutes ces querelles avec pleine puiffance & authorité. Lefdites parties s'eftant obligées par ferment, & fous l'obligation de tous leurs biens par actes paffez entre les mains dudit Abbé & des deux autres deputez, & scellez des sceaux desdits deputez, d'observer, & garder exactement tout ce que nous ordonnerons, comme il est plus amplement contenu dans lesdits actes, qui nous ont esté envoyez.

C'est pourquoi aïant comparu devant nous le Doyen Milon de Vaux, le Sacristain Pierre Mareschal, & G. Doyen de Beaujeu Chanoines de Lyon avec procuration de leur chapitre : B. Obeancier, & Girard de Leigo chanoine de saint Just, munis de pareilles procurations de la part de leur chapitre, & de la part du peuple & des citoïens de Lyon, Jean de Durchi, Jean Liatard, Guillaume Albi, & Pierre Flament citoïens de Lyon, avec leurs procurations pour proceder à Paris devant nous, & pour terminer cette affaire. Les Parties ont commencé par reconnoître les compromis qu'elles nous avoient donnez, & pour plus de sureté les ont renouvellez pleinement & absolument entre nos mains.

C'est pourquoy nous qui voulons avec l'aide de Dieu procurer le bien des uns & des autres, après une meure deliberation, voulons, ordonnons, & commandons qu'il y ait dés à present une paix ferme & stable entre ces parties, & defendons à leurs Procureurs, en tant que Procureurs, & par eux, aux uns & aux autres, de se faire d'oresnavant aucune guerre à l'occasion de leurs demandes, griefs, pretensions, discordes, ou dissensions. Et de plus ordonnons & commandons que ceux qui ont esté pris & arrestez de part & d'autre durant ces divisions soient incessamment relachez, & mis en liberté. Nous voulons en outre, & ordonnons que les citoïens rendent & remettent à l'Eglise le cloistre de saint Jean, & les maisons qu'ils detiennent, & qu'ils les remettent aux Chanoines en l'Estat auquel elles sont à present : que les Ponts, fossez, barres, murs, chaisnes, portes, échaffaux, & autres semblables nouveautez introduites par les citoyens pour se fortifier, soient ostées à leurs frais & despens, & remises au mesme estat auquel elles estoient du temps que Noble homme Philippe, à present Comte de Savoye, se demit de l'Archevêché de Lyon : sans que pour cela nous pretendions par la destruction de ces nouveautez, faire aucun prejudice aux droits, pretensions, ou possession de l'une, & de l'autre des parties, que nous ne voulons ni augmenter, ni diminuer par la presente Ordonnance; attendant de deputer des personnes capables, pour examiner ces pretensions, pour les regler, & pour faire executer ce que nous en ordonnerons. Et parce que l'on dit que le venerable Pere en J. C. l'Evêque d'Autun, qui exerce la Jurisdiction dans la Ville & le diocese de Lyon durant la vacance du Siege, a fulminé en faveur des chapitres des sentences d'interdit & d'excommunication contre ladite Ville, & ses habitans à l'occasion des nouveautez introduites & des personnes arrestées : nous voulons & ordonnons du consentement dudit Evêque icy present, qu'il revoque sans difficulté lesdites sentences, dés que les nouveautez auront esté ostées, & les personnes arrestées mises en liberté, en telle sorte, que l'on ne puisse plus tenir, ni declarer pour ces differens, les citoïens excommuniez, ni la Ville interdite. Nous voulons donc, ordonnons, & commandons, que les chapitres sans aucun délay, ni opposition procurent, que dés-à-present les sentences d'excommunication & d'interdit qui auront esté prononcées par le Concile Provincial à l'occasion de ces troubles, soient entierement levées, nous reservant un plein pouvoir de connoître, examiner, & decider sur tous les autres points qui demandent une discussion plus ample, & plus expresse, pour en prononcer selon qu'il nous semblera plus juste, & plus raisonnable. A quoy les Parties ont consenti de part & d'autre, par leurs procureurs icy presens. Fait à Paris au mois de Fevrier l'an 1169.

Conformement au dernier article de ce traité, le Roy & le Legat, qui s'estoient reservé la connoissance des causes des divisions & des troubles de cette Ville pour les terminer avec un plein pouvoir en vertu des compromis donnez de part & d'autre, commirent Jean le Coc Chanoine de Nevers & Gui le Bas Chevalier pour se transporter sur les lieux, & après dües informations faites de part & d'autre, prononcer, & faire executer la teneur du traité, & la convention touchant la restitution du cloistre, la liberté des prisonniers & la destruction des nouveautez entreprises par les citoyens pour se fortifier. Le Roy enjoignit au Bailly de Mâcon de contraindre par la voye des armes ceux qui ne garderoient pas la paix establie par ses ordres, & le Legat commit l'Abbé de Cluny, pour le faire par la voye des excommunications, & des armes spirituelles.

Preuves 5. & 6.

Les deux deputez estant venus en cette Ville, y firent signifier aux parties leur commission, qui portoit un commandement de demander aux uns & aux autres une ratification de leur compromis & de plus amples pouvoirs pour achever de terminer leurs differens, le Roy & le Legat menaçant ceux qui ne voudroient pas acquiescer à leurs sentences, de les y contraindre par la voye des excommunications, & de la saisie

Per nos Legatum pars qua non obtemperaverit arbitrio, per excommunicationis & interdicti

de tous les biens qu'ils auroient dans le Royaume de France. Les termes de cette commission sont une preuve évidente contre le témoignage de nos anciens historiens Paradin & de Rubys, que Lyon n'estoit pas alors du Roïaume de France, puisqu'on n'y parle que d'arbitrage, de saisie de biens meubles, & immeubles existans dans le Roïaume, & que saint Loüis demande des compromis & des pouvoirs pour juger definitivement *Alte & basse* ce que nul souverain n'a jamais demandé à ses sujets.

sententia & per nos Regem pro captionem bonorum mobilium & immobilium ubicumque in Regno nostro existentium.
Preuves 5.

Cette commission est datée du Vendredy devant les Brandons : c'est à dire avant le premier dimanche de Caresme nommé par le peuple dimanche des Brandons, d'un reste de l'Idolatrie retenu à la campagne par quelques paysans mal instruits de nostre Religion, qui condamne ces anciennes ceremonies. Ces paysans vont la nuit de ce jour-là avec des torches de paille, ou de bois de Sapin allumées, parcourir les arbres de leurs jardins & de leurs vergers, & les apostrofant les uns après les autres avec ces torches allumées, ils les menaçent, s'ils ne portent du fruit cette année de les couper par le pied & de les brûler. Je dis que cette ceremonie est un reste du paganisme, que les peuples idolatres pratiquoient au mois de Fevrier, qui en fut nommé *Februarius à Februando*, Parce que comme dit un ancien autheur, les Payens pendant douze jours de ce mois, qui estoit le dernier de leur année solaire, couroient les nuits avec des flambeaux allumez pour se purifier, & pour procurer le repos aux Manes de leurs Parens & de leurs amis : ce quelques paysans ont retenu pour les arbres, peut-estre parce qu'on le faisoit avant le commencement du printemps pour purger les arbres des chenilles, dont la semence y demeure attachée tout l'hiver, & commence à s'éclorre aux premieres chaleurs sans cette precaution, qui insensiblement a degeneré en superstition. Voilà ce que la date des commissions de saint Loüis & du Cardinal Legat m'a obligé de remarquer en passant pour ne rien omettre de ce qui peut satisfaire la curiosité de mes lecteurs.

Actum Parisiis die veneris ante Brandones, anno Domini 1269. die Lunæ post Brandones.
Preuves 5.

Per duodecim dies continuos februarii celebrabantur februa hisque diebus pro impetranda mortuorum manibus quiete omnis populus piaculis, sacrificiisque circa sepulchra accensis facibus cereisque intentus erat.

On donne aussi en ce pays le nom de Brandons à des rameaux verts, que le peuple va querir tous les ans au fauxbourg de la Guillotiere le premier Dimanche de caresme, & ausquels il attache des fruits, des gasteaux, des oublies, &c. & avec ces Brandons, il rentre dans la Ville. C'est ce qui a fait donner à ce Dimanche le nom de Dimanche des Brandons, comme il est nommé dans les deux actes que j'ay allegué.

Aussi-tôt que les deputez eurent fait signifier aux parties leur commission & leurs pouvoirs, elles leur presenterent leurs griefs. Les citoyens furent les premiers à former leurs plaintes pour obeïr, disoient-ils, aux ordres de leurs arbitres, & parce qu'ils avoient appellé des sentences de l'Evêque d'Autun au Legat, & s'estoient offerts de s'en tenir à sa decision, où à celle du Roy.

Les chefs principaux de leurs plaintes estoient, que les gens du chapitre avoient pris & arresté nuitamment, & avec violence un Bourgeois nommé Nicolas Amadoris, dans la Ville, & proche sa maison. Que ce qu'ils avoient fait ensuite pour leur defense contre ces violences, ils ne l'avoient entrepris que par ordre du Senechal, & du consentement de l'Evêque d'Autun absent sous lequel le Senechal agissoit, qui leur avoit permis de poursuivre cét attentat, & ceux qui avoient arresté Amadoris, afin de le tirer de la prison où il estoit detenu injustement. Ils ajoutoient que le bruit estoit constant, que ce Bourgeois n'avoit esté arresté, que parce qu'il estoit fort riche, & qu'ils vouloient en tirer de grosses sommes d'argent pour le mettre en liberté.

Preuves 7.

2. Que l'on avoit encor depuis arresté six autres Bourgeois qui alloient ou revenoient d'une foire.

3. Que les Chanoines en mesme temps avoient fortifié dans la Ville, la montagne de saint Just, où ils avoient fait des fossez, & des tranchées, élevé de gros quartiers de pierres, & dressé des barrieres dans lesquelles ils avoient jetté secretement des gens armez en bon nombre.

4. Que les Chanoines, ou leurs complices, & leurs adherans estoient sortis un Samedy sur le peuple & la Communauté de Lyon, & leur avoient fait une rude attaque, lorsqu'ils travailloient pour leur defense & pour leur sureté à se fortifier dans une tour qui estoit de l'enclos de la Ville, parce qu'ils avoient appris que les Chanoines avoient fait venir dans saint Just des troupes de gens armez. Et que ce jour-là le peuple & les habitans avoient eu peine de se defendre de leurs insultes.

5. Que huit jours après les Chanoines avoient fait un amas de troupes de prés de

vingt-mille hommes gens de pied, & de cheval, avec lesquels ils avoient fait irruption dans la Ville, estoient venus jusques aux chaisnes, sans lequelles, & les secours qu'ils se donnerent mutuellement les uns aux autres s'estant joints ensemble pour se defendre ils estoient en danger de leur vie.

6. Que le Dimanche suivant ils avoient pris par force la Tour que le peuple & la communauté avoient fortifiée pour leur defense : & que ceux qui tenoient pour les chapitres avoient pris, blessé, & mis à mort plusieurs des citoiens à diverses fois, & causé de grands dommages aux habitans.

7. Que pendant la treve qui avoit esté jurée de part & d'autre, & contre la défense expresse du Roy de France & les ordres de son Bailly, ils avoient coupé les arbres, arraché les vignes, enlevé les Bestiaux, & brulé les maisons des citoiens sur les terres du Roy, contre les Ordonnances Royales.

8. Que si les citoiens & le peuple s'estoient retranchez & fortifiez dans la Ville pour repousser ces injures, ils n'avoient rien fait que par ordre, du consentement, & par commandement exprés du Senechal qui estoit leur superieur. Et que tout ce qu'ils avoient entrepris depuis le commencement des troubles, ils protestoient qu'ils ne l'avoient fait que pour leur juste defense & absolument necessaire. Que tout ce qu'ils exposent dans leurs griefs est si manifeste, & si public qu'il n'est pas besoin d'en chercher des preuves; que cependant ils sont prêts d'en fournir, comme ils reservent de donner aux deputez du Roy & du Legat de plus amples memoires des degats, torts & dommages qui leur ont esté faits par les chapitres, dont ils demandent reparation, comme ils en presenteront l'Estat toutes les fois qu'il plairra ausdits Seigneurs deputez.

Les chapitres donnerent par leurs Procureurs leurs reponses à ces griefs des citoiens. Ils avoüerent la detention d'Amadoris, mais ils nierent qu'il fut citoien de Lyon, qu'il eut esté arresté de nuit, ni que ce fut par leur ordre, non plus que d'avoir jamais empesché qu'il ne fût élargi.

Ils ajoûterent qu'ils ne reconnoissoient point de corps de communauté dans Lyon, & que ceux qui s'en disoient Procureurs ne pouvoient estre reconnus pour tels, puisque la Ville de Lyon ne faisoit point de corps, & n'avoit jamais eu le pouvoir de faire de communauté.

Ils nierent absolument la plûpart des autres articles sans rien specifier, disant seulement qu'ils ne croyoient pas que les choses se fussent passées de la maniere dont les Procureurs des citoiens les exposoient. Que s'ils s'estoient fortifiez sur la montagne de saint Just, ce n'estoit qu'aprés que le peuple & les habitans les avoient chassez de leurs maisons, & de leur cloistre, & que les habitans avoient tendu des chaisnes, & fait d'autres entreprises, dont cependant les Procureurs, qui agissoient au nom des citoyens ne convenoient pas.

Comme ces articles proposez, & repondus de part & d'autre, regardoient le fond des querelles sur lequel le Roy & le Legat n'avoient pas encor prononcé, mais seulement commis des deputez pour en informer, & pour en faire le rapport; & que cependant ils avoient ordonné par provision une paix entre les parties, laquelle est appellée dans les titres & les actes dressez *Appaisement*, nos citoiens produisirent les chefs des conventions faites par ceux des chapitres contre cét appaisement, & ils les presenterent à Jean le Coc Chanoine de Nevers commis par le Cardinal Legat, & à Guillaume de Burron Chevalier substitué par le Roy saint Loüis à Guy le Bas.

Appaisamentum.

Le premier chef de contravention que proposoient les citoiens, estoit que le Doyen, les Chanoines, & les autres Ecclesiastiques de l'Eglise de saint Jean, l'Obeancier, les Chanoines, & les Clercs de saint Just, & ceux qui tenoient pour eux, retiroient dans leurs maisons, protegeoient & prestoient main forte, à une troupe de scelerats, qui commettoient toute sorte d'excez contre ceux de la Ville; qui les depoüilloient, enlevoient leurs biens, & les saccageoient; qu'ils authorisoient ou dissimuloient leurs violences, & ils nommoient entre ces scelerats un Loboschaz de Bresse, Pavollas, Loborne, ou le Borgne, Meschin, & plusieurs autres.

2. Que c'estoit sur les terres de l'Eglise que ces voleurs se retiroient, & qu'ils y deposoient leurs prises.

3. Qu'ils faisoient des extorsions énormes sur les citoiens, saisissant leurs deniers sur leurs debiteurs, & les empeschant de les payer; qu'ils avoient enlevé les bleds, & les fruits qu'ils avoient sur les terres dependantes de l'Eglise, & qu'ils y ruinent & detruisent leurs possessions, comme ils ont fait à Cozon, à Bellegarde, à la Tourrette, & au chasteau de Pimans; qu'ils ont saccagé la maison de Guillaume & Thomas de Varey, & ruiné leurs vignes; la maison de Guillaume de Farges & son jardin à saint

de la Ville de Lyon. 381

Juſt. Les terres que la femme de Pierre Arnaud avoit à ſainte Foy, & la vigne de la veuve de Ponce Blanchard. Que Bernard de Mores detenoit le peage de Fayſins que tient Eſtienne de Chandieu & qui eſtoit tenu par Pierre de Meons, & pluſieurs autres ſemblables poſſeſſions injuſtement uſurpées, comme ils feroit voir clairement par leurs écrits, lorſqu'ils auront le temps d'en faire la declaration.

4. Qu'ils empeſchoient que la ſentence du Legat, qui ordonnoit que les excommunications, & l'interdit fuſſent levez, ne fut executée ſelon le mandement dudit Seigneur Legat, & qu'au contraire ils faiſoient publier par tout que les citoyens eſtoient excommuniez, & la ville en interdit, & procuroient d'obtenir de nouvelles excommunications ſur les chefs pour leſquels ils avoient donné leurs compromis, & qui en ſont des dependances.

5. Qu'ils excitoient tous les jours le peuple à la ſedition, & ne cherchoient qu'à les diviſer entre eux.

6. Qu'aprés la paix enjointe aux deux parties par les Seigneurs arbitres, ils avoient fait détruire, & faiſoient detruire actuellement les anciens murs de la Ville.

7. Qu'ils empeſchoient les citoyens de cultiver leurs terres.

8. Que contre Dieu, contre juſtice & raiſon, ils exigeoient deſcens & ſervis des habitans pour leurs terres dont eux ou leurs adherens avoient recueilli les fruits l'année precedente.

9. Qu'ils impoſent des tailles ſur les habitans pour ſe fortifier contre-eux, ce qui eſtoit injuſte.

10. Que le Comte de Forés qui eſtoit l'un de leurs principaux appuis avoit fait enlever ſoixante-ſept ſeſtiers de ſegle meſure de Forés, à Eſtienne Flament, qui les avoit acheté ſix livres Viennoiſes à ſaint Romain du Puy.

Que ces articles ſont évidemment contre la teneur de l'appaiſement ordonné par les arbitres, ſur quoi ils demandent juſtice & reparation de tous dommages, ſe reſervant à proposer les autres griefs qu'ils pouvoient avoir contre les Chanoines & leurs complices, quand ils ſeroient en eſtat de les faire voir.

Cependant le Roy ſaint Loüis en vertu des compromis qu'il avoit receus du chapitre avoit mis en ſa main, la Juſtice & la Cour ſeculiere de Lyon, mais eſtant parti pour le voyage d'Afrique & s'eſtant embarqué aprés avoir donné à Niſmes avec le Legat qui l'accompagnoit, une commiſſion nouvelle pour l'accommodement de nos citoyens avec l'Egliſe; l'éloignement de ces deux puiſſans arbitres fut l'occaſion de nouveaux troubles. Car les deux commiſſaires deputez pour examiner les griefs des parties n'eſtoient pas aſſez authoriſez en l'abſence du Roy & du Legat, pour retenir le Comte de Forés, & les autres Seigneurs qui favoriſoient le parti de l'Egliſe; ainſi la guerre recommença, les violences, & les hoſtilitez furent plus grandes qu'elles n'avoient eſté auparavant, quoique l'Abbé d'Aiſnay & le Gardien des Freres Mineurs en vertu des pouvoirs à eux donnez par le Legat, euſſent levé les excommunications & l'interdit, & euſſent ordonné à tous Abbez, Archidiacres, Archipreſtres, Prieurs, Chappellains & autres Recteurs des Egliſes, & lieux ſacrez, de publier à Lyon, à Vienne, & dans les autres Villes & dioceſes voiſins, autant qu'il ſeroit neceſſaire, que ces ſentences d'excommunication, & d'interdit eſtoient levées. Leur mandement eſtoit du Jeudy devant la Nativité ſaint Jean-Baptiſte de l'an 1270. Enfin le Roy ſaint Loüis eſtant mort en Afrique rien ne fut plus capable de retenir les emportemens des Chanoines de Lyon & des citoyens animez les uns contre les autres par leurs guerres recommencées. Car ceux qui tenoient le parti de l'Egliſe deſcendans de ſaint Juſt, où ils eſtoient retranchez, attaquerent la groſſe tour où ceux de la Ville s'eſtoient fortifiez, bleſſerent & tuerent pluſieurs de ceux qui la defendoient. Ceux de la Ville irritez de cette inſulte faite par le parti de l'Egliſe, allerent de nuit à ſaint Juſt lorſqu'on ſe defioit le moins de leur entrepriſe, & ayant ſurpris ce poſte, ou tout le monde dormoit, ils bruſlerent quelques maiſons, en jetterent d'autres par terre, & bleſſerent quelques Eccleſiaſtiques, qui s'oppoſoient à leurs violences. Peu de jours aprés enflez du ſuccez de cette premiere action, par laquelle ils s'eſtoient vangez de l'inſulte qu'on leur avoit faite, ils monterent à ſaint Juſt en corps d'armée, enſeignés deployées, & aprés avoir partagé toutes leurs troupes en trois corps, ils firent trois attaques à ce quartier. L'Aſſaut dura depuis trois heures juſqu'à la nuit, & pluſieurs y furent tüez. Ils recommencerent l'attaque le jeudy ſuivant, & comme ils eſtoient commandez par le Seigneur de la Tour du Pin, qui avoit un corps de Cavalerie, l'attaque fut plus vigoureuſe que la precedente, & il y

Preuves 9.

eut un plus grand nombre de tuez & de bleſſez. Ils en firent autant le quatorziême ſeptembre, c'eſt à dire quatre mois aprés la premiere inſulte, car la guerre dura plus d'un an, & la veille de ſaint André le 29. Novembre ils commirent un attentat autant cruel qu'impie & ſacrilege. Ils allerent au village d'Eſcully dependant de l'Egliſe de ſaint Juſt tant pour le temporel que pour le ſpirituel, & tous ceux de la campagne voiſine & du village s'eſtant jettez dans l'Egliſe comme dans un azyle où ils ſe croyoient mettre en ſureté contre les violences des Soldats, on fit porter grand nombre de faſcines tout autour de l'Egliſe où l'on mit le feu, & tout ce peuple y fut brulé avec le Curé, qui avoit commencé la meſſe. Execrable attentat commis par des Chreſtiens, contre leurs freres, qui n'auroient dû attendre un ſi horrible traitement que des infideles les plus barbares.

Quinze jours aprés ils tenterent la meſme choſe ſur le quartier de ſaint Juſt qu'ils vouloient reduire en cendres, s'y eſtant tranſportez avec toutes ſortes de feux artificiels de machines, & de matieres combuſtibles, mais ils furent repouſſez, & il n'y eut que l'Hoſpital de ſaint Irenée, & quelques maiſons contiguës qui furent brûlées. Ils tournerent depuis leur fureur ſur d'autres terres de l'Egliſe, & brûlerent les villages de Coſon, & de Genay. Enfin le Roy Philippe le Hardi eſtant parvenu à la Couronne, & de retour du voyage d'Afrique où il eſtoit allé avec le Roy ſaint Loüis ſon Pere, qui avoit mis avant ſon depart la Juſtice en ſa main, comme nous avons dit, voulut ſe conſerver ce droit, & deputa l'Evêque de Clermont, & le Treſorier de l'Egliſe d'Eureux pour traiter avec l'Evêque d'Autun des moyens de faire ceſſer ces deſordres, d'autant plus que cét Evêque n'oſoit entrer dans la Ville, & n'y pouvoit exercer aucun acte de ſa juriſdiction durant la vacance du ſiege. Ces deputez plus heureux en leur negotiation que n'avoient eſté les precedens arreſterent avec l'Evêque d'Autun que pour le bien de la paix, les Clefs des portes du pont du Rhoſne, de ſaint Marcel, de ſaint George, & de Bourgneuf de la Ville de Lyon ſeroient miſes entre les mains de Jean de Loſanne, & de Bernard Malon citoyens de Lyon ſans prejudice des droits de poſſeſſion & de proprieté tant à l'égard du ſiege Archiepiſcopal que des citoyens, qui renonçoient aux ſermens, conjurations, & autres traitez jurez entre eux. Que les douze Conſeillers n'auroient aucune juriſdiction dans la Ville, ni aucun droit de contraindre leurs concitoyens de leur obéïr, puiſque les citoyens confeſſoient qu'en faiſant le choix de ces douze pour veiller au bien de la Communauté, ils n'avoient jamais pretendu leur donner aucune authorité, mais les avoient choiſi comme Procureurs pour traiter des affaires qui regardoient le bien commun ; parce qu'il eſtoit plus aiſé de traiter avec ce petit nombre de perſonnes ſages & diſcretes, qu'avec une populace, & une multitude de gens peu intelligentes des affaires. Qu'à l'égard des levées qui ſe faiſoient pour les intereſts communs, les douze ſcindics ne pourroient y contraindre perſonne de leur authorité, ni obliger les Eccleſiaſtiques à contribuer de leur part à ces cotizations, & que pour les nouveautez entrepriſes des chaiſnes, foſſez, Ponts, barrieres, retranchemens, & de la redoute faite à la chapelle de la Magdelaine, on s'en tiendroit aux Ordonnances faites par le Roy, & le Legat, puiſque meſme l'Evêque d'Autun adminiſtrateur de l'Archeveché de Lyon y avoit acquieſcé. C'eſt pourquoy on le prioit pour éviter le ſcandale & le peril des ames, de lever toutes les excommunications & ſentences d'interdit qu'il avoit jettées contre les habitans. Accord qui fut ſigné & ſcellé le premier jour d'Aouſt non pas l'an 1270. comme porte l'acte inſeré parmi nos preuves mais l'an 1271. Ce qui eſt évident par le regne du Roy Philippe le Hardi, qui ne commença qu'aprés la mort de ſaint Loüis le 25. jour d'Aouſt de l'an 1270. dont la ſentence eſt rapportée en termes qui marquent ſa mort, puiſqu'il eſt dit, *Per arbitrium inclita recordationis Domini Ludovici quondam Regis Francorum ; & bonæ memoriæ Domini Rodulphi quondam Epiſcopi Albanenſis ſedis Apoſtolicæ tunc Legati.* Ils eſtoient morts l'un & l'autre, au voyage d'Afrique. Ce qui obligea de reprendre l'affaire de nouveau avec l'Evêque d'Autun adminiſtrareur.

Le Roy Philippe le Hardy retournant de ſon voyage d'Afrique alla à Rome pour y viſiter le Sepulchre des bien-heureux Apôtres ſaint Pierre, & ſaint Paul, le ſiege Apoſtolique eſtant vacant depuis deux ans par le decez du Pape Clement IV. & paſſant par Viterbe où eſtoient les Cardinaux ſans pouvoir s'accorder ſur le choix d'un Pape, il les exhorta à s'unir pour mettre fin aux troubles de l'Egliſe. Il vint enſuite en cette Ville, où ayant trouvé les deſordres encore plus grands qu'ils n'avoient eſté ſous le Roy ſaint Loüis, qui avoit mis comme nous avons dit la Juſtice en ſa main, il la retint, & eſtablit un Juge, un viguier, & des bedeaux ou huiſſiers pour l'exercer en ſon nom juſqu'à ce qu'il y eut un Archevêque.

Cependant le Pape Gregoire X. ayant esté élû par les Cardinaux assemblez à Viterbe, le chapitre de Lyon luy proposa pour son Archevêque Pierre de Tarentaise Religieux Dominicain Docteur de Paris, Professeur de Theologie, & General de son ordre, à quoy le Pape acquiesca d'autant plus volontiers qu'ayant esté Chanoine de l'Eglise de Lyon, il desiroit de luy donner la paix après tant de guerres & de troubles, & que d'ailleurs il connoissoit la vertu & le merite du sujet qu'on luy proposoit.

Le Roy n'eut pas plûtôt appris cette élection, qu'il envoya deux de ses Conseillers Messire Guillaume de Neuville Chevalier de l'Eglise de Lizieux, & Guillaume de Chasteauviand Chanoine de Rheims pour remettre à l'Archevêque élû l'administration de la Justice, qu'il tenoit saisie, & que ledit Archevêque avoit demandé qu'on lui remit. Mais le Chapitre pretendit en retenir la moitié, sur quoy y ayant eu quelques contestations, les deputez firent ouïr plusieurs témoins pour s'instruire des droits & des pretensions du chapitre sur cette partie de la Justice seculiere. Girin d'Amplepuys qui exerçoit pour le Roy l'Office de Viguier, & qui se trouva present à l'interrogatoire que l'on fit sur l'administration de la Justice, où les Commissaires demanderent au Doyen de Lyon & à maistre Guillaume de Varey Procureur du chapitre, si lorsque les gens du Roy vinrent à Lyon pour tenir la Cour seculiere que tenoit l'Evéque d'Autun en qualité d'administrateur, le chapitre estoit saisi d'une partie de la justice, & de la jurisdiction seculiere : A quoy le Doyen & le Procureur du chapitre repondirent en presence d'un Notaire Apostolique, que le chapitre n'avoit point de tribunal separé, mais qu'il estoit en possession de la moitié de la Justice & de la Jurisdiction seculiere, à laquelle il n'avoit jamais renoncé pretendant s'en servir en temps & lieu. C'est pourquoy sur cette deposition, & sur celle des témoins requis par l'Archevêque élû, il fut dit que la pleine authorité de *Mere & mixte impere*, appartenoit à l'Archevêque, & que l'Evêque d'Autun en qualité d'administrateur, l'avoit tenüe aux mesmes droits de faire exercer la Justice & la Jurisdiction dans la Ville de Lyon tant par luy-mesme, que par la Cour du Senechal de Lyon, qui étoit une. Aprés quoy les deputez declarerent que la Justice & la Jurisdiction seculiere appartenoit à l'Archevêque élû, & la lui remirent pour la tenir de la mesme maniere que l'Evêque d'Autun l'avoit tenüe en qualité d'administrateur durant la vacance du Siege. Cependant Girin d'Amplepuis qui exerçoit l'Office de Viguier, se leva avant que les deputez eussent achevé de prononcer en faveur de l'Archevêque élû, demanda qu'on luy donnât copie de la deposition des temoins produits de la part de l'Archevêque, disant qu'il estoit prest de prouver que les depositions de ces temoins estoient fausses, & qu'il avoit en main des raisons pour establir que lors que l'Evêque d'Autun administroit l'Archevêché, & que les gens du Roy se saisirent de la Justice, c'estoit un autre que l'Evêque qui exerçoit la Jurisdiction *de mere & mixte impere*, comme il estoit prest de faire voir par un papier qu'il avoit entre les mains, & qu'il disoit en contenir les preuves. Il presenta ce papier aux deputez, qui refuserent de le prendre, & repondirent que ce n'estoit pas pour cela qu'ils avoient esté deputez, & qu'ils ne vouloient s'appliquer qu'à s'acquiter fidelement de la commission qui leur avoit esté donnée.

Ce mesme jour les deputez ordonnerent au Bailly de Mâcon Robert Royer, qui estoit present à cét acte, que dans un mois à compter du Dimanche precedent, il eût à retirer de la Ville de Lyon les gens du Roy, le Juge, le Viguier, les Huissiers, & autres exerçans la Jurisdiction seculiere au nom du Roy dans la Ville. Après quoi ils defendirent à l'Archevêque élû en vertu du serment de fidelité qu'il avoit presté au Roy, d'en disposer en aucune façon ni en faveur de qui ce fut, soit plus grand Seigneur que luy, ou moindre, sans avoir auparavant traité de vive voix avec sa Majesté. Enfin ils ordordonnerent au Bailly de Mâcon de remettre actuellement au chapitre tous ses droits, tant dans la Ville de Lyon qu'au dehors, dont ce Bailly s'estoit saisi au nom du Roy.

Cét acte fut passé en cette Ville le 16. Fevrier l'an 1272. en presence de Frere Aymon de Consiens Religieux de l'ordre des freres Prescheurs compagnon de l'Archevêque élû, de l'Obeancier de saint Just, de maistre Jean des Quarreaux, de Girin de Rontalon Chanoine de S. Just, de maistre Pierre Cordier &c. & fut receu par Humbert de Chargey Notaire Apostolique. Cét acte nous fournit de grands éclaircissemens pour nostre histoire, car il nous apprend premierement, que sur la recusation que nos citoyens avoient fait de l'Evêque d'Autun pour Juge de leurs differens, parce qu'il s'étoit declaré pour le chapitre, & joint en cause avec les Chanoines leurs parties, le Roy saint Loüis s'estoit mis en possession de la Justice & de la Jurisdiction seculiere de la Ville, dont Philippe le Hardi son successeur ne voulut se departir qu'en exigeant auparavant le serment de fidelité de l'Archevêque élû, ce qui fonda les pretensions de nos Rois sur cette Ville, où ils establirent un Juge d'appel, & se firent un ressort, qui fut l'occasion de plusieurs autres troubles dont nous parlerons cy-aprés, & que nous avons déja touchez.

2. Ce fut aussi le premier établissement de la Jurisdiction du Bailly de Mâcon sur cette Ville au nom de nos Rois, qui commirent ce Bailly comme le plus proche de ceux qui estoient sur leurs terres, & auquel on pouvoit plus facilement avoir recours. L'éloignement du lieu où residoit ce Bailly, obligea le Roy de lui donner un substitut: qui n'ayant d'autre employ que de veiller sur l'observation des accords faits entre les parties dans le Jugement rendu par les arbitres, n'eut aussi d'autre qualité que celle de Gardiateur de la Ville de Lyon; sur quoi Messieurs du chapitre contesterent plusieurs fois, ne voulant pas qu'il demeurât dans la Ville, ni qu'il exerçât aucune Jurisdiction sur leurs terres, ce qui obligea le Roy de lui assigner l'Isle Barbe pour sa demeure, & pour le tribunal du ressort, qui fut transporté ensuite en divers endroits.

Custos vel gardiator villæ Lugdunensis.

Pierre de Tarentaise protesta contre la demande qu'on lui fit du serment de fidelité, disant que ses predecesseurs Philippe de Savoye, & les autres Archevêques avant luy, dés le moment qu'ils avoient esté élûs avoient pris l'administration temporelle des biens qu'ils avoient sur les terres du Royaume, sans prester ce serment qu'on exigeoit de luy: pour quoi il produisit des temoins, mais leur témoignage n'ayant pas paru suffisant, il presta le serment requis avec la close, que cela ne prejudicieroit en rien ni au Roy ni à lui: ni ne donneroit aucun droit nouveau, soit quant à la possession, soit quant à la proprieté. Ce serment ne fut presté en cette forme qu'au commencement du mois de Decembre de l'an 1271. le Vendredy après la feste de saint André.

Preuves 40. & 41.

Comme le Roy Philippe le Hardi, & Charles Roy de Sicile & de Naples son oncle avoient beaucoup contribué à l'Election du Pape Gregoire X. laquelle se fit à Viterbe, où ces deux Princes se trouverent, ce Pape aprés avoir terminé les guerres & les differens, qui estoient entre les Venitiens & les Genois, jugea qu'il estoit necessaire de tenir un Concile General, & choisit cette Ville pour le lieu, où il vouloit convoquer ce Concile, tant parce qu'elle estoit la plus commode pour tous les Prelats qui devoient y venir d'Italie, d'Allemagne, d'Espagne, d'Angleterre, & d'Asie, que parce qu'il y avoit esté élevé en sa jeunesse, estant Chanoine de Lyon, dont il crut que la dignité & la Noblesse de l'Eglise, ne donneroient pas peu d'authorité à cette assemblée de Prelats.

L'un des motifs, qui le porterent à faire ce choix, fut le desir qu'il eût de réunir l'Eglise Grecque à l'Eglise Latine, de remedier aux maux que souffroient les Chretiens d'Asie tant par le schisme des Grecs, que par les progrez qu'y faisoient les infideles qui occupoient les lieux les plus saints, où le Sauveur du monde s'estoit incarné & avoit souffert la mort pour la Redemption des hommes. Ce Pape avoit esté témoin de la plûpart de ces desordres ayant esté Legat Apostolique en ces pays, où il estoit encore quand il fut élevé au souverain Pontificat par les Cardinaux assemblez à Viterbe. Il invitoit Michel Paleologue Empereur des Grecs, & le Patriarche d'assister à ce Concile, où il vouloit leur procurer du secours en exhortant les Princes Chrestiens à s'unir ensemble pour faire la guerre aux infideles. Il sçavoit que c'estoit en cette Ville que le Roy Loüis le jeune, & Richard Roy d'Angleterre s'estoient rendus pour une semblable expedition; que saint Loüis y estoit venu pour la croisade qu'il avoit entreprise, & qu'il seroit difficile d'en trouver une autre aussi propre pour une assemblée Ecclesiastique, que celle qui estoit soûmise à des puissances Ecclesiastiques. Cependant n'ignorant pas les troubles, où elle estoit depuis plus de deux ans, par les guerres que se faisoient le chapitre & les habitans, il crut qu'il estoit de son devoir pastoral de faire cesser ces troubles, & il écrivit à nos Citoyens en ces termes.

Gregoire Serviteur des Serviteurs de Dieu à nos chers & bien aimez fils, les Citoyens & peuple de Lyon.

„ Il est du devoir des Peres d'entretenir la paix entre leurs enfans, & d'empescher
„ leurs querelles ou par de salutaires avertissemens, ou par des corrections. Vous con-
„ noissez l'estat de l'Eglise de Lyon, & les droits qu'elle a sur la Ville de Lyon,
„ comme nous sommes bien instruits de l'authorité qu'elle y doit avoir sur les ci-
„ toyens de cette Ville sur lesquels elle a une entiere jurisdiction. Et pour peu que
„ vous daigniez reflechir sur la conduite que vous avez tenüe à son égard, vous
„ vous appercevrez bien des excez que vous avez commis contre elle. Car nous ne
„ croyons pas, & nous ne saurions nous persuader que vous ayez si peu de jugement,

que vous

que vous ne condamniez vous mesmes un procedé si violent, quand vous voudrez "
bien examiner jusqu'à quelles extremitez vous ont fait aller vos emportemens, qui "
sont si énormes & si publics. "

Nous ne pouvons aussi dissimuler combien nous les avons ressentis, Nous qui avons esté membre, & Chanoine de cette Eglise en nostre jeunesse. Puisque cela nous oblige d'une part à nous interesser en tout ce qui la touche; comme la maniere dont nous avons autrefois vécu parmy vous avec beaucoup d'amitié, nous afflige sensiblement, & nous donne en mesme tems pour vous de grands sentimens de compassion, quand nous voyons à quels dangers vous exposez vos ames, & vostre vie par de si énormes excez. Jusque-là que plusieurs s'estonnent avec raison que nous les ayons tolerez si long temps sans les corriger, & mesme sans vous contraindre à les reparer par les voyes les plus rigoureuses de la Justice.

Cependant comme il s'agit des interêts differens de diverses personnes, qui nous sont également cheres, & que nous jugeons qu'il est également expedient & à vous, & à cette Eglise, que vous viviez en bonne paix nous vous exhortons de vous soûmettre avec humilité à vos Superieurs, pour rentrer dans la bienveillance & l'amitié de nostre cher fils l'Archevêque élu, du Doyen, & du chapitre, qui vous en aimeront plus tendrement & plus solidement.

Ainsi sans nous rebuter nous poursuivons à vous avertir, & toute vostre communauté; & nous vous prions instamment avec toute l'ardeur qu'il nous est possible: & vous commandons par l'authorité Apostolique, qui est entre nos mains; de faire reflexion aux torts, injures, dommages, & prejudices que vous avez faits à cette Eglise: afin que vous songiez eficacement à les reparer dans les formes de la Justice & à retenir avec plus de discretion & de sagesse, les mouvemens impetueux, qui vous ont portez à ces excez, &c. donné à Viterbe le quatriéme des Ides d'Avril.

Ce fut le dixiéme d'Avril que le Pape écrivit ce bref Apostolique à nos citoyens la seconde année de son Pontificat, avant qu'il partit de Viterbe pour venir en cette Ville.

Il fit voir depuis pendant le Concile combien il avoit à cœur d'establir une paix solide entre l'Eglise de Lyon, & les habitans de cette Ville, par le soin qu'il prit d'écouter les plaintes & d'examiner de part & d'autre les occasions des querelles & des demeslez, qui avoient causé tant de troubles. Enfin ayant reconnu, que c'estoit la diversité des tribunaux, & les violences des officiers tant de l'Archevêque que du chapitre, qui estoient la semence des discordes, qui avoient duré si long-temps; il eut la bonté de regler entre l'Archevêque & le chapitre la forme d'establir leurs officiers de Justice, & par la sage alternative des nominations & institutions de ces Officiers, qu'il ordonna estre observée, il appaisa tous les troubles.

C'est cette Bulle que j'ay appellée au commencement de ce livre l'Ancre sacrée à laquelle nos citoyens avoient recours dans toutes les contestations qui arrivoient sur le fait de la Justice, & de son administration.

Ce fut pour maintenir cette Ordonnance que nos citoyens implorerent la protection de nos Rois, qui pouvoient seuls par leur authorité obliger l'Archevêque & le chapitre à s'en tenir à ce reglement Apostolique fait au temps d'un Concile general: contre lequel se soûleverent plusieurs fois quelques dignitez du chapitre, à qui cette constitution avoit fait perdre une partie de la Jurisdiction qu'elles exerçoient dans la Ville, lorsqu'elles y tenoient l'Office de Senechal. Car la Justice se trouvoit par ce moyen presque toute entiere au pouvoir de l'Archevêque, puisqu'il en instituoit les officiers, quoy qu'avec une espece d'alternative, qui laissoit encore au chapitre une ombre de sa premiere authorité.

Je dis que cette protection à laquelle nos habitans eurent recours pour maintenir ce reglement, fonda les pretensions de nos Rois sur cette Ville, dont ils s'acquirent la garde, & establirent pour cét effet un Gardiateur, qui agissoit en leur nom, pour veiller à la garde des Privileges, Franchises & immunitez des citoyens. Ce qui fit une espece de ressort pour lequel ils commirent le Bailly de Mâcon, comme je diray en son temps.

Quoique les affaires qui se traiterent au second Concile General tenu en cette Ville appartiennent directement à l'Histoire Ecclesiastique, qui doit faire le sujet d'un Volume separé de celuy-cy, où je n'ai entrepris de traiter que ce qui concerne l'Histoire civile. Cependant il se passa en ce concile beaucoup de choses qui regardent l'Histoire politique, lesquelles ne doivent pas estre omises. La plus considerable fut celle des competiteurs à l'Empire d'Occident. Car depuis la mort de Guillaume de Hollande, qui avoit été élû après la deposition de Frideric II. faite au premier concile general tenu en cette ville, les Electeurs receurent ordre du Pape de proceder à l'election d'un nouveau Roy des Romains, pour en exclurre Conradin petit fils de Frideric, qui vouloit qu'on le reconnut pour Empereur comme Conrad son Pere l'avoit deja pretendu, regardant l'Empire comme une espece de droit hereditaire, auquel ils se croyoient appellez par droit de succession. Il se tint plusieurs assemblées pour cette election sans que l'on pût convenir d'un sujet. Enfin l'an 1257. on choisit le jour de l'octave de l'Epiphanie, pour terminer cette affaire à Francfort. Les Archevêques de Mayence & de Cologne Electeurs Ecclesiatiques s'y trouverent avec Louis Comte Palatin, & Henry son frere Duc de Baviere, qui donnerent leurs suffrages à Richard frere du Roy d'Angleterre. Celui cy en estant averti se rendit à Aix la Chappelle où le jour de l'Ascension il fut solemnellement sacré, & couronné. L'Archevêque de Treves, qui s'estoit fortement opposé à l'election de Richard, obtint des lettres du Roy de Boheme, du Duc de Saxe, du Marquis de Brandebourg, & de quelques autres Princes d'Allemagne, & le milieu du Caresme après avoir declaré nulle l'election de Richard, nomma Roy des Romains sur les suffrages de ses adherans, Alphonse Roy d'Espagne, qui à la persuasion de quelques Rois, & de quelques Princes ses amis consentit à cette election, & accepta le titre de Roy des Romains

Ces deux Rois des Romains elûs par ces deux factions diviserent l'Allemagne, & firent resoudre les Electeurs à proceder à une élection nouvelle, vû que les deux qu'ils avoient choisis n'estoient pas Allemans d'origine, & que nul deux n'avoit eu les suffrages de tous les Electeurs. On songea donc à deferer cette dignité à Primislaus Roy de Boheme, qui indigné de ce qu'on luy avoit preferé l'Anglois, & le Castillan en la premiere Election, refusa l'offre qu'on lui fit, & dit mesme avec mepris qu'il estimoit plus estre Roy de Boheme que Roy des Romains : & qu'il rendroit sa couronne plus illustre & plus glorieuse que la Thiare Imperiale, & comme l'Archevêque de Mayence à qui il appartenoit de droit, de sacrer & de couronner les Rois de Boheme n'avoit pas encore esté confirmé par le Pape, il obtint par une bulle d'Alexandre que sans prejudice des droits de l'Archevêque de Mayence, il pourroit estre sacré par les Evêques de Prague, & d'Olmuez. Le Pape Alexandre estant mort, Urbain IV. qui luy succeda ne voulut point recevoir les instances que lui faisoient Alphonse & Richard, pour confirmer leur election & pour les couronner Empereurs. Mais ayant appris que Conradin poursuivoit aussi de son costé ses droits pretendus à l'Empire, il defendit aux Electeurs sous peine d'excommunication de le reconnoître, & en ecrivit au Roy de Boheme, & aux Archevêques de Mayence, de Treves, & de Cologne, parce que le Roy de Boheme lui avoit fait savoir les menées, & les intrigues de Conradin pour venir à bout de son dessein. Il y eut plusieurs contestations sur le titre de Roy des Romains que Richard & Alfonse vouloient que le Pape leur donnât dans les lettres qu'il leur addressoit.

Ces contestations durerent sous le Pontificat de Clement IV. qui estant à Viterbe l'an 1267 voulut que les pretensions de ces deux competiteurs fussent examinées par les plus habiles Docteurs à Francfort en Allemagne, à Paris, à Burgos en Espagne, & à Bulogne en Italie, où il les obligeoit de produire leurs raisons & leurs temoins pour en faire examiner les sentimens dans son palais la veille de tous les Saints de cette mesme année, qui estoit le terme prefix à la decision de cette affaire. Il ecrivit en mesme temps a Alphonse Roy de Castille & de Leon, l'un des competiteurs, sous cette addresse. *Charissimo in Christo filio illustri Regi Castella & Legionis in Regem Romanorum electo.* Par ce moyen il sembloit luy donner le titre de Roy des Romains qu'il demandoit, & cependant il ne lui donnoit pas, mais seulement il declaroit qu'il avoit esté elû par l'une des factions des Electeurs. En cette lettre il lui represente ce qui s'estoit passé en un cas tout semblable sous le Pontificat d'Innocent III. où après la mort de Henry VI. fils de Frederic Barberousse, les suffrages des Electeurs furent partagez les uns ayant choisi Philippe Duc de Suaube frere de Henry VI. & les autres Othon fils de Henry Duc de Saxe, qui tous deux prirent le titre de Roy des Romains, & par leurs Ambassadeurs firent demander au Pape Innocent leur confirmation, & d'estre couronnez Empereurs. Mais parce qu'Othon avoit esté couronné à Aix la Chapelle par l'Archevêque de Cologne, au lieu que Philippe s'estoit fait couronner ailleurs par l'Archevêque de Tarentaise, Innocent qui estoit savant Canoniste representa à ce dernier, que n'ayant esté ny couronné Roy des Romains au lieu où se fait ordinairement cette ceremonie, ny par le Prelat qui est en possession de la faire, il devoit ceder à Othon qui avoit toutes les conditions requises: par où Clement vouloit persuader à Alphonse de quitter ses pretentions aussi mal establies que celles de Philippe de Saxe.

En ces entrefaites les Allemands ennuiez de se voir sans chef, & divisés entre eux pour deux étrangers qu'ils ne connoissoient pas, & qui ne pouvoient leur donner aucun secours; sollicitérent le Roi de Boheme d'assembler de nouveau les Electeurs, & de proceder à une autre election, ce que le Roi de Boheme refusa d'entreprendre pour ne pas offenser le saint Siege à qui il estoit attaché, & en écrivit au Pape, qui le pria de ne pas faire naître de nouveaux troubles par l'élection d'un troisiéme pretendant. Enfin la mort de Clement suspendit encore pour quelque tems la decision de cette grande affaire qu'il avoit promis de terminer dans six mois. Le Siege qui vaqua prés de trois ans, & dont la longue vacance contribua beaucoup à la durée des troubles de cette ville, qui n'avoit point d'Archevêque comme nous avons remarqué, laissa cette affaire à decider à Gregoire X. qui fut élû à Viterbe de la maniere que nous avons rapportée. Durant cette vacance du Siege Romain, Richard d'Angleterre élû Roi des Romains mourut: cette mort releva les esperances & les pretensions d'Alphonse, qui crut qu'il n'auroit plus de peine à obtenir du Pape d'estre couronné, n'aiant plus de competiteur. C'est pourquoi il écrivit au Pape Gregoire, qu'il desiroit de le voir pour traiter avec lui des moiens de delivrer la terre sainte des oppressions des barbares. Le Pape receut ces depêches d'Alphonse à Chambery en Savoye, lors qu'il venoit à Lyon pour le concile. Il répondit de cette même Ville que si sa santé lui eût permis de venir par mer au concile, il auroit vû volontiers sur son chemin Alphonse & que s'il avoit pû lui-même venir au concile comme il l'y avoit invité, il auroit eu tout le tems de traiter avec lui sur les affaires qu'il lui proposoit; mais que puis qu'il ne pouvoit s'y rendre, il falloit attendre que le concile fût achevé pour se voir plus à loisir. Le Pape n'estoit pas marri qu'Alfonse n'assistât pas au concile; parce qu'il sçavoit ce qui se traitoit en Allemagne pour l'élection d'un nouveau Roi des Romains, & ce fut ce qui lui fit prendre son chemin par la Lombardie, plûtost que par mer, sous pretexte d'y appaiser les differens des Florentins, & des Pisans divisez par les factions des Guelphes & des Gibelins. Le Pape arriva en cette Ville sur le milieu de novembre de l'an 1273. & comme il y fut prés d'un an à attendre ceux qui devoient assister au concile, il donna une partie de ce tems à pacifier les troubles de cette Ville entre les habitans & le chapitre.

Ce saint Pape qui avoit donné la paix à quelques villes d'Italie en son passage pour venir à cette ville, crût qu'il n'estoit rien de plus digne de son application en attendant l'ouverture du concile que de travailler à procurer le repos d'une ville qu'il avoit choisie pour deliberer des moiens de reconcilier l'Eglise Grecque avec l'Eglise Latine; de delivrer les lieux saints de la tirannie des Infideles, & de donner aux Tartares des predicateurs de l'Evangile, qu'ils lui avoient demandez. Ainsi après avoir porté par ses remontrances paternelles les parties, qui se faisoient la guerre depuis tant d'années, à lui donner des compromis pour le faire le maistre de leurs differens & de leurs pretensions, il prit la patience de les écouter plusieurs fois, & de recevoir par écrit & leurs plaintes & leurs requestes, avec les raisons qu'elles produisirent de part & d'autre pour justifier de leurs droits. Enfin le jour de saint Martin, 11. novembre l'an 3. de son pontificat, qui fut l'an 1274. il prononça definitivement, tant sur les differens des parties, que sur le fait de la justice, & jurisdiction temporelle de la Ville de Lyon, sans que le Roy Philippe III. y fut appellé, ny intervint en aucune façon, quoi que trois ans auparavant il eut donné aux Citoyens des lettres de garde & de protection, & qu'il fut venu visiter le Pape à son arrivée en cette ville, & lui eut laissé pour sa seureté trois places fortes auprès de Lyon avec un assez bon nombre de soldats, comme raconte Gaguin au 7. livre de son Histoire de France, où il a mis mal à propos le nom de Louys pour celui de Philippe, si ce n'est qu'il ait confondu ce qui s'estoit passé au premier concile de Lyon entre saint Loüis & le Pape Innocent IV. avec ce qui s'estoit fait au second concile. Car aussi-tôt après il parle de Philippe & de son mariage avec Marie de Bourbon.

Eodem propè tempore anno salutis 1272. Patrum synodum præside Gregorio X. Romano Pontifice Lugduni habita est: ubi de expeditione in Syriam ducenda actum est.

LUDOVICUS cognito Pontificis adventu ad eum salutandum profectus est, postquam de christiana re confabulati sunt, tres Lugduno finitimas arces in potestate Gregorii donec synodus solveretur permisit: attributis insuper ad Pontificis custodiam, non parvo numero, milite. Rediens Lugduno Philippus Mariam Joannis Borbonensis filiam, quia formâ erat, & pudicitiâ insignis duxit uxorem. *Gaguinus l. 7.*

Ce Pape après avoir ainsi oüi de part & d'autre les griefs du chapitre & des citoyens abolit la memoire de toutes les choses passées entre eux, & fit defense aux parties respectivement de s'en souvenir, ni de s'en rechercher à l'avenir soit en jugement, soit hors de jugement: revoqua toutes sentences d'excommunication, & leva les interdits prononcez contre la ville; Ordonna que toutes les forteresses construites dans la ville à l'occasion des guerres passées seroient rasées & mises par terre. Il declara en suite que les habitans ne pourroient avoir aucun corps ou communauté, élire des consuls, ni avoir un seel commun; mais qu'ils lui remettroient celui dont ils avoient ufé jufqu'alors. Que l'Archevêque auroit en fon pouvoir les clefs des portes de la ville, dont il condamna les habitans à paier fept mille livres Viennoifes pour reparation des dommages qu'ils avoient fait aux Eglifes de la Magdelaine & de Fourviere, qu'ils avoient occupées durant les troubles, comme auffi l'Eglife d'Ecully, & pour faire prier Dieu pour l'ame du curé & de fes parroiffiens, qu'ils avoient brûlez dans cette Eglife. Il régla auffi l'adminiftration de la juftice de l'Archevêque & du chapitre en la maniere que nous avons vûë.

Ce procedé du Pape Gregoire fut bien different de celui du Pape Innocent IV. qui avoit favorifé nos citoiens contre les interefts du chapitre, au lieu que celui-ci, qui avoit efté en fa jeuneffe du corps du chapitre, en foûtint les interefts. Ainfi ces deux Papes par des vûës bien differentes ne laifferent pas de donner des occafions de troubles; puifque nous pouvons dire que le Pape Innocent IV. fut la caufe des premiers troubles, parce qu'il permit que Philippe de Savoye tint le Siege primatial de cette Ville durant vingt ans non feulement fans fe lier aux ordres facrez, mais même faifant profeffion d'une vie militaire, & commandant les troupes de l'eftat Ecclefiaftique. D'ailleurs ce Pape irrité comme nous avons dit, contre les Chanoines de Lyon, pour n'avoir pas voulu admettre dans leur corps quelques-uns de fes parens, auxquels il avoit donné des prebendes, accorda tant de privileges à nos citoiens, qu'ils fe crurent en droit de fecoüer le joug de ces Superieurs Ecclefiaftiques auxquels ils avoient peine de fe foûmettre, à caufe des violences, & des mauvais traittemens qu'ils recevoient de leurs Officiers. Ainfi l'abfence de leur Archevêque occupé ailleurs à des fonctions, qui n'eftoient pas du minifteré d'un Prelat, qu'ils regardoient plûtoft comme un Prince Seculier que comme leur Pafteur, leur donna la liberté entiere de fe foûlever contre ces officiers de juftice, & même contre le chapitre qui les authorifoit. L'election de Pierre de Tarentaife qui avoit fuccedé à Philippe, avoit relevé leurs efperances, & ils fe promettoient d'un fi grand homme de bien le repos après tant de guerres domeftiques, mais le Pape qui l'éleva à la pourpre au concile de Lyon, & qui le fit Cardinal d'Oftie & grand Penitencier de l'Eglife Romaine, pour l'avoir auprès de fa perfonne, & pour s'aider de fes confeils, fit évanoüir ces efperances en lui fubftituant Aymar de Rouffillon parent de Gerard Evêque d'Autun, qui avoit efté l'occafion des troubles pendant fon adminiftration, en laquelle il fe declara trop pour le chapitre; ce qui lui fit perdre l'authorité de Mediateur donnée depuis au Cardinal de Sabine & au Roi faint Louys.

Cependant Aymar de Rouffillon pour favorifer la memoire de fon parent, & pour empêcher fes fucceffeurs de rechercher fa famille fur l'adminiftration des biens temporels de l'Archeveché, donna une declaration fur les avantages de cette adminiftration, en faveur des Evêques d'Autun, qui derogea beaucoup aux droits du chapitre, & fervit de planche aux pretenfions de ces adminiftrateurs fucceffeurs de Gerard de Rouffillon.

Tandis que le Pape attendoit que les Evefques fe rendiffent auprès de lui pour la celebration du concile, il apprit qu'Edoüard Roi d'Angleterre avoit intimé la ceremonie de fon facre & de fon couronnement au temps auquel fe devoient commencer les feances du concile; ce qui auroit pû retenir les prelats d'Angleterre, & les empêcher de fe rendre à tems en cette Ville. C'eft pourquoi il lui écrivit d'avancer ou de retarder cette ceremonie, pour ne pas être occafion à ces prelats de s'excufer de fe trouver à cette affemblée.

Il apprit auffi que les Allemans avoient procedé à l'élection d'un nouveau Roi des Romains contre les pretenfions d'Alfonfe Roi de Caftille, qu'ils ne vouloient pas reconnoiftre, parce qu'il n'eftoit pas de leur nation. Ils avoient choifi Rodolphe comte de Hafpurg, qui envoya auffi-toft fes Ambaffadeurs & fes deputez en cette Ville pour demander au Pape de confirmer fon élection. Alphonfe de Caftille y avoit déja envoyé les fiens, mais le Pape après avoir ouï leurs demandes & leurs raifons, écrivit au Roi de Caftille de fe defifter d'une pretenfion mal fondée, à laquelle l'Allemagne ne confentiroit jamais, & de s'appliquer uniquement à combattre les Maures fes voifins, qui occupoient une partie de l'Efpagne, & qui n'eftoient pas moins ennemis de l'Eglife, que les Infideles d'Afie contre lefquels il avoit publié une croifade.

Il ouit auffi les deputez de Rodolphe, mais il ne voulut pas que cette affaire fut examinée par le concile, mais feulement dans le confiftoire des Cardinaux, où Henry Archevêque de Treves, Garnier Archevêque de Mayence, Enguebert Archevêque de Cologne, Conrad Archevêque de Magdebourg, Gifelbert Archevêque de Breme, & les Evêques de Strasbourg, de Ratisbonne, de Brixinen, de Minden, de Merfebourg, de Mifnie, de Kimen & d'Eyftet fe trouverent avec le Burgrave de Nuremberg Frederic, & Godefroy comte de Setin, qui tous enfemble après avoir lû la forme du jurement qu'avoient fait Frideric II. & Othon IV. au saint Siege, de lui estre toûjours fidele; & asseuré que c'estoit en cette forme que les Rois des Romains élûs avoient accoûtumé de prêter leur serment de fidelité, les deputez de Rodolfe se presenterent avec leurs procurations, pour le faire de la part de leur maistre en la mesme forme.

Ce fut un mardy sixiéme jour de juin l'an 1274. qu'Othon Prevost de l'Eglise de saint Guy de la ville de Spire Chancelier de Rodolfe élu Roi des Romains, se presenta au consistoire tenu par le Pape & les Cardinaux, & accompagné du Burgrave de Nuremberg, & du comte de Setin avec les treize prelats Allemans cy devant nommés, fit le serment au nom de Rodolfe Roi des Romains, aprés avoir lû sa procuration, & promis que Rodolfe presteroit lui mesme en personne ce même serment quand il en seroit requis. Cet acte solennel se passa en presence de treize Cardinaux, dont cinq estoient Cardinaux Evesques; trois Cardinaux Prestres, & les autres Cardinaux Diacres. Saint Bonaventure & Pierre de Tarentaise, estoient les deux derniers Cardinaux Evêques, l'un d'Albane, & l'autre d'Ostie.

Je décrirai ailleurs plus exactement ce concile composé de cinq cent Evesques, de soixante dix Abbez & de mille autres prelats avec les Ambassadeurs de tous les princes Chrestiens. Mais il est tems de passer au changement qui se fit au gouvernement Civil de cette Ville, dont nos Rois aquirent le domaine temporel, & de démêler la maniere dont se fit un traité si solennel, qui commença sous le Roi Philippe le Bel, & ne fut terminé que sous son fils Loüis Hutin, qui annexa cette Ville, & toutes ses dependances à la couronne de France.

Fin du cinquiéme Livre.

Histoire Consulaire

HISTOIRE
CONSVLAIRE
DE
LA VILLE DE LYON.

LIVRE SIXIEME.

ESTAT DE CETTE VILLE SOUS LA PROTECTION DE NOS ROIS,
& premier Establissement du Consulat.

Es sages ordonnances du Pape Gregoire X. & des Cardinaux Legats, qui en furent les interpretes ne firent pas cesser les troubles élevez en cette Ville par le conflict des jurisdictions de l'Archevêque & du Chapitre, quelques precautions que l'on eût prises par des statuts si bien authorisez. Tant il est vray que les tumultes populaires sont difficiles à appaiser, quand ceux qui en sont les autheurs ou les instrumens trouvent de puissans appuis qui les entretiennent dans ces soulevemens pour favoriser leurs passions, ou leurs interêts particuliers aux dépens du repos public. La presence même du Pape & un Concile assemblé n'empêcherent pas qu'il n'y eût du bruit en la promotion d'Aymar de Roussillon, qui fut élu Archevêque, quand le Pape Gregoire eut fait Cardinal Pierre de Tarentaise, qu'il fit grand Penitencier de l'Eglise pour l'avoir auprés de sa personne. Le peuple qui connoissoit la vertu de ce prelat, & qui le regardoit comme son pere ne put souffrir qu'on lui ôtât si-tôt un Archevêque, dont la sainteté & le merite sembloient promettre à cette ville une protection asseurée contre les entreprises du Chapitre. J'apprens des actes d'un Concile provincial tenu à Bourges, par le Cardinal de sainte Cecile, qu'il y eut du trouble en ce changement d'Archevêque : car ce Cardinal que le Pape Gregoire laissa son Legat en France, pour y faire publier & executer les articles du Concile, tint une assemblée à Bourges où il fit des reglemens synodaux qu'il envoya à tous les prelats du Royaume. Or il dit au premier canon de ces statuts synodaux touchant les élections, qu'il en étoit peu de tranquilles par les tumultes qu'y faisoit la populace, & cite les exemples des Eglises de Lyon, de Bourdeaux, & de Chartres.

Quando electiones Pastorum imminent celebranda, populi multitudine, quæ per iniquitatis filios concitata in electores impetum faciente electiones ipsa nonnullis Ecclesiis impediuntur totaliter aut ipsa in locis habendis consuetis nequeant celebrari. Prout in Lugdunensi, Burdegalensi, & Carnotensi Ecclesiis nuper dignoscitur esse factum &c. In historia Turon. Ecclef. Joannis Maan. pag. 205. secunda partis.

Comme ce Concile rapporté par Mr Maan en son Histoire de l'Eglise de Tours, est le seul endroit où j'ay vû qu'il soit parlé de ce trouble, il est difficile d'en pouvoir connoître la cause, car ni Ciaconius qui a écrit les vies des Papes & des Cardinaux, ni Raynaldus qui a continué les annales de Baronius, n'ont parlé ni de cette legation du

Cardinal de sainte Cecile, ni de ce Concile de Bourges. Frison en son ouvrage intitulé, *Gallia Purpurata*, où il traite des Papes & des Cardinaux François, parle de cette Legation, qu'il dit n'avoir eu d'autre motif que de prêcher la Croisade pour laquelle le Pape Gregoire avoit temoigné beaucoup de zele au Concile de Lyon, où se trouva le Cardinal de sainte Cecile, qui se nommoit Simon de Bry, du lieu de sa naissance dans la Touraine. Il avoit esté Tresorier de l'Eglise de saint Martin de Tours, & depuis estant élû Pape il choisit le nom de Martin IV. pour la devotion qu'il avoit à saint Martin. Comme ce fut l'an 1276. ou 1277. qu'il tint ce Concile à Bourges; l'Election tumultueuse dont il parle dans les actes de ce Concile ne peut estre que celle d'Aymar de Roussillon. Car s'il est permis en fait d'histoire d'avoir recours aux conjectures quand on manque de preuves plus solides, j'oserois dire que les troubles arrivez en cette Election auroient pû avoir esté causez, contre Aymar de Roussillon, parce qu'il estoit Parent de Gerard Evêque d'Autun & de mesme famille, dont le nom estoit devenu odieux à nos Citoyens, parce que ce Prelat les avoit excommuniez & avoit mis la Ville en interdit. Ce ne fut pas la seule persecution que souffrit l'Archevêque Aymar par rapport à ceux de son sang. Il estoit fils d'Artaud comte de Roussillon, & frere d'Amedée Evêque de Valence, contre qui Aymard de Poitiers Comte de Valentinois exerça de cruelles hostilitez. Car ce comte de Valentinois ayant une partie de ses terres enclavées dans les Evêchez de Valence, & de Die, & voisines des terres du comte de Roussillon, ne pouvoit souffrir que ces Evêques, & ce comte de Roussillon voulussent aller de pair avec luy, & souffroit encor moins patiemment, que les deux Evêques eussent le titre de Princes de l'Empire, & de comtes de Valence, & de Die que les Empereurs leur avoient concedé. Pour se rendre plus redoutable à ces deux Prelats & au comte de Roussillon, il se ligua avec Loüis de Savoye à dessein de les opprimer avec leurs forces unies. Mais le Pape Gregoire X. qui estoit instruit des violences d'Aymar de Poitiers, & qui en avoit souvent reçeu des plaintes, jugea qu'il estoit necessaire d'unir les deux Eveschez de Valence, & de Die, afin que celuy qui les possederoit tous deux fut plus fort & plus puissant pour s'opposer aux violences du comte de Valentinois. Cét exemple a depuis esté suivi en Allemagne, où l'on a permis aux Prelats de tenir plusieurs Evêchez, dont ils sont Seigneurs temporels & spirituels, afin qu'estant plus puissants par l'union de ces prelatures, & de ces domaines, ils pussent plus aisément s'opposer aux heretiques, qui ont usurpé plusieurs Eglises & plusieurs grands benefices, dont ils ont fait des dignitez seculieres, & laïques.

Nôtre Aymar de Roussillon n'estoit pas moins considerable par sa naissance que par sa dignité d'Archevêque & de Primat des Gaules; car il étoit parent des Comtes de Savoye, des Comtes de Bourgogne, & des Comtes de Geneve. Thomas de Savoye comte de Piedmont, qui avoit épousé Guye sœur d'Otte comte de Bourgogne, nomma par son testament ce Prelat Tuteur de ses Enfans, conjointement avec Guie leur mere, & le comte de Bourgogne leur oncle maternel. Plusieurs personnes de qualité lui demanderent sa protection. L'Abbé d'Ambournay qui avoit recherché celle de Philippe Comte de Savoye, qui avoit tenu vingt ans le siege Primatial de cette Ville sans estre lié aux ordres sacrez, voulut qu'Aymar de Roussillon authorisât & scellât même de son sceau l'acte de confederation qu'il fit avec ce Prince pour la conservation des biens de son Monastere, & pour la garde de son Abbaye.

De facto, & relinquo coadjutores sibi consanguineum meum. R. Patrem Dominum Aymarum Archiepiscopum Lugdunensem, & illustrem virum Dominum Ottonem Comitem Burgundiæ dictæ Dominæ Guiæ germanum. Guichenon Hist. de Savoye. Preuves pag. 102.

Les puissans appuis que pouvoit avoir nostre Archevêque par les secours de ses proches & de ses alliez tinrent nos citoyens dans le respect, mais ne leur osterent pas les defiances que leur donnoit la grandeur de ce Prelat, qui favorisoit le chapitre, où il avoit plusieurs Parens.

Cependant quoy que ce Prelat fut allié à la maison de Savoye, Loüis de Savoye Seigneur de Vaud, de Bugey, & de Valromey ne laissa pas de se declarer contre la maison de Roussillon en faisant ligue avec Aymar de Poitiers comte de Valentinois, ennemi de cette maison.

La cause de cét engagement de Loüis de Savoye avec le comte de Valentinois, fut le desir qu'eut ce Prince d'Epouser Jeanne de Montfort comtesse de Forez veuve du comte Guy sixiéme du nom. Cette veuve estoit si jeune quand son mary mourut, que n'estant pas en âge d'estre tutrice de ses Enfans, le comte de Forés son mary nomma Guy de Levis Maréchal d'Albigeois, tuteur & curateur de ses enfans, jusqu'à ce que leur mere eut atteint l'âge de majorité pour en prendre la Tutele. Aymar de Poitiers estoit cousin germain de la comtesse de Forés Jeanne de Montfort, parce que Jean de Montfort comte d'Aquilée & Seigneur de Tyr, oncle de Jeanne avoit épousé Marguerite de Poitiers Tante d'Aymar comte de Valentinois. Ainsi dans l'esperance qu'eut Loüis de Savoye qu'Aymar de Poitiers pourroit beaucoup contribuer à faire réüssir le dessein de cette alliance, il consentit à se liguer avec luy, à cette condition, sans laquelle il declara que cette confederation ne subsisteroit pas. Cependant cette alliance ne se fit pas aussi-tôt que Loüis de Savoye le pretendoit, il en perdit mesme les esperances, & épousa Adeline de Lorraine, de laquelle il n'eut qu'une fille nommée Laure de Savoye. Mais Adeline estant morte peu d'années aprés son Mariage, Loüis renouvella ses poursuites auprés de la jeune Comtesse Douairiere de Forés, & pour la faire consentir à ce second mariage, il lui proposa celuy de sa fille unique Laure avec le jeune Comte de Forés fils de Jeanne de Montfort lequel n'avoit encor que dix ans. Le mariage de la Comtesse avec Loüis de Savoye se fit ainsi l'an 1285. & Louis de Savoye vint demeurer avec son Espouse au chasteau de Chambeon en Forés, ce qui ne fut pas fort agreable à nôtre Archevêque Aymar d'avoir si prés de lui, & dans son diocese un Prince confederé avec l'ennemi declaré de sa maison.

Il reste un riche monument de cette alliance de Loüis de Savoye avec la Comtesse Douairiere de Forés en un Calice, qui est conservé dans le tresor de la sacristie des Cordeliers de Montbrison, où cette Princesse voulut que ses entrailles & son cœur fussent inhumez, puisque son corps devoit estre porté dans l'Abbaye de Hautecombe ancien mausolée des Princes de la Royale maison de Savoye.

Sur le pied de ce Calice se voyent encore à present quatre Ecussons Emaillez. Celuy des Comtes de Forés, ou de Guy, premier mary de Jeanne de Montfort. De Gueules à un Dauphin d'or oreillé, barbé, lorré, & écaillé de gueules. Celuy de Loüis de Savoye Seigneur de Vaud, d'or à l'aigle de sable membré de Gueules, brisé d'un lambel de mesme de cinq pendans. Celui de Jeanne de Montfort, de Gueules, au Lion d'argent la queuë fourchée & passée en sautoir, brisé d'un lambel d'azur de cinq pendans, parce que Philippe de Montfort Pere de Jeanne estoit puisné de sa maison aussi-bien que Louys de Savoye estoit cadet de la sienne. Enfin le quatriéme Ecusson est celuy d'Isabeau de Forés fille de Guy Comte de Forés, & de Jeanne de Montfort. Cette fille de Forés fut mariée à Beraud dixiéme du nom Seigneur de Mercœur en Auvergne. Ses armoiries sont aussi parties avec celles de son mari, de gueules à trois fasces de vairs. Et autour du pied du Calice on lit en lettres Gothiques relevées & cizelées, ces mots, *Memento Domine Johanna de Montfort, Comitissa Forisij, & Joannis Comitis Forisij, Isabellis, & Lora filiarum suarum*. Souvenez-vous Seigneur, de Jeanne de Montfort, Comtesse de Forés, & de Jean Comte de Forés, d'Isabelle, & Lore ses filles. C'est ainsi que les monumens de pieté que les personnes de qualité ont laissez aux Eglises servent beaucoup à l'histoire, & nous apprennent les alliances, & les degrez de consanguinité, qui nous seroient inconnus sans ce secours. Il n'en est pas de mesme des joyaux, & des meubles des Princes destinez à d'autres usages, ils passent par tant de mains, & changent si souvent de forme, que ceux qui peuvent venir jusques à nous, ne font que donner de l'obscurité, & font souvent naistre des doutes, qu'il est mal-aisé de demesler. Temoin le testament de Thomas de Savoye parent de nôtre Archevêque Aymar, par lequel ce Prince ordonna que l'on retirât des mains de Thomas de Varey citoyen de Lyon, les joyaux de la Princesse Guye sa femme cousine de nôtre Archevêque, qu'il avoit engagez à ce Thomas de Varey pour des sommes d'argent prestées, & qu'il commanda de dégager, & de recouvrer par la vente de quelques-uns de ses biens.

Item volo & jubeo, quod Joralia dicta domina, que ego impignoravi Lugduni penes Thomam de Varry, vel alibi, de bonis meis redimantur, & recuperentur. Guichen. hist. de Sav. Preuves. p. 100.

Cêt article du testament du Comte de Piedmont fait voir qu'il y avoit alors de puissans banquiers en cette Ville, dont l'un estoit Thomas de Varey. Il y avoit aussi en l'an 1219. un Ponce de Chapponay, qui estoit si puissant qu'il avoit des correspondances non seulement dans tous les endroits de l'Europe, mais encore en Asie, où il estoit si connu, qu'au lieu de l'appeller de son nom Ponce de Chapponay, on le nommoit Ponce de Lyon, parce qu'il estoit comme le chef du commerce de cette Ville, & comme il conduisoit de grosses sommes d'argent, les Princes & les Princesses sur les terres desquels il trafiquoit, lui donnoient des gardes & sauf-conduits pour sa sureté, & pour la sureté de son argent. Alix Duchesse de Bourgogne pria Blanche Comtesse de Champagne l'an 1209. de faire des lettres de sauf conduit à ce Ponce semblables à celles qu'elle luy avoit données, & qu'elle se fit pleige & garant de sa conduite, s'obligeant à reparer tous les dommages qui pourroient lui arriver.

Il presta aussi des sommes d'argent à la Duchesse de Bourgogne, dont la Comtesse de Champagne & son fils furent cautions pour les faire payer en quatre termes des foires de Bar. Je donne parmi les preuves les obligations & les rescripts de ces Princesses, que Mr le Laboureur historiographe de France, tira l'an 1665. du cartulaire de Champagne, qui est en la chambre des comptes de Paris.

Les

de la Ville de Lyon.

Les troubles d'Italie, & les guerres civiles des Guelfes & des Gibelins attirerent en France plusieurs negotians & plusieurs banquiers Italiens, qui estant chassez de leur pays n'eurent pas d'autre ressource pour se tirer de la misere, que de se mettre dans le trafic, particulierement en celuy de la banque; parce qu'ayant entretenu des correspondances avec leurs Parens & leurs amis d'Italie, ils leur faisoient des envois, soit d'argent, soit de marchandises du Levant, dont le commerce leur devint aisé à l'occasion des croisades & des voyages d'Outremer, d'autant plus que Charles d'Anjou Roy de Sicile & de Jerusalem tenoit les passages ouverts, & tiroit de gros avantages de ces passages des marchandises, qui receurent le nom de Doannes, du mot Italien *Dogana*, parceque comme les Venitiens nomment leur Duc & le chef de leur republique, qui a la conduite, & l'intendance des affaires publiques, *Doge*, on nomma aussi cette conduite des marchandises *Dogana*, dont les droits sont devenus de grandes sources de richesses aux Princes, & aux Republiques. Les Italiens qui vinrent s'establir en France estoient la plupart Guelfes, c'est à dire sous la protection de Charles d'Anjou Roi de Sicile, qui estant Vicaire de l'Empire en Italie y forma un puissant parti, dont il reste jusqu'à present des vestiges considerables en la plûpart des familles nobles d'Italie, qui ont dans leurs armoiries un chef de l'ancienne maison d'Anjou-Sicile, c'est à dire trois fleurdelys sous un lambel à quatre pendans, celles qui s'estoient liées aux Roys des Romains y mettoient un Aigle.

Les premiers qui s'establirent en France furent les Lombards, qui ont laissé leur nom à une ruë de Paris, où demeuroient la plûpart de ces banquiers. Et comme ils succederent en ce trafic de banque aux Juifs, qui furent chassez du Royaume à cause de leurs usures, & de leurs impietez, l'employ des banquiers fut d'abord assez decrié, & dans le droit Canon le nom de Lombards & d'usuriers, semblent avoir esté sinonimes. Perard dans le recueil qu'il a publié de plusieurs titres pour servir à l'histoire de Bourgogne en rapporte un de l'an 1179. par lequel Philippe de Vienne Seigneur de Pagny demanda au Duc de Bourgogne garde & protection pour Boniface & Bonhomme Asinari marchands de la Ville d'Ast en Piedmont pour trafiquer par change; & Chifflet a remarqué sous l'an 1295. que ceux de Besançon traitterent pour cinq ans avec Hugues de Bourgogne frere d'Othon Comte Palatin pour se mettre sous sa garde, & lui permirent d'establir dans Besançon une famille de Lombards pour y tenir les changes. Ces banquiers étrangers firent de si grands progrez en peu de temps, que les Florentins, les Luquois, les Genois, & les Piedmontois firent en cette Ville des établissemens si considerables, qu'ils y composerent des corps entiers de leurs nations. Jean Villani historien de Florence dit que la sortie de Florence, de ceux qui tenoient le parti des Guelfes, fut si avantageuse pur eux, qu'elle fut l'occasion des richesses qu'ils acquirent: les Pazzi, les Salviati, les Poggi, les Jacomini, les Gadagnes, les Galilei, les Manelli, les Gondi, les Spina, les Alamanni, les Delbene, les Strozzi, les Baglioni, les Diacetti, les Orlandini, les Medicis, les Buonacorsi, les Bonzzi, les Albizzi, les Honorati, les Capponi, les Carnesecchi, les Bandini, les Bartoli, &c. estoient Florentins, dont il reste plusieurs illustres monumens dans l'Eglise des Freres Prescheurs de cette Ville, que ces Florentins avoient choisie pour le lieu de leurs assemblées chrestiennes, & qui estoient alors leur paroisse. Les Luquois choisirent successivement celle des Cordeliers de l'Observance & celle des grands Augustins, où se voyent des monumens des Micheli, des Sestri, des Spada, des Saminiati, des Bonvisi, des Cassinels, &c. depuis les Balbani, les Arnolfini, les Cenamis, les Bernardi, les Burlamachi, les Turretini, les Guinigi, les Francioti, & plusieurs autres familles de cette republique firent des establissemens à Lyon.

Les Genois choisirent l'Eglise des Carmes des Terreaux, où se voyent encore les tombeaux des Ferraris, des Benedetti, des Catanei, des Lercari, des Baschi, des Corneri, des Vignoles, des Motogli, des Marineti, des Fromontorij, des Spinola, &c. outre les Franzoni, les Madaleni, les Torre, les Sauli, les Moneglia, les Fieschi, les Savignoni, les Priati &c. Les Costes ont depuis fait bastir les Eglises des Peres Capucins, les Groliers venoient aussi de Genes, comme les Pianelli sont venus de la riviere de Genes.

Du Piedmont vinrent les Scarrons, les Gabiani, les Pierrevives, les Portes, les Pozzi, les Roviglias, les Robio, les Seves, les Gros saint Joire; & quantité d'autres, à qui nos Rois permirent de trafiquer en gros sans deroger à la noblesse, en faveur de ceux qui joüissoient de ce Privilege en leurs pays.

Il faut dire icy à la gloire de ces nations, que tandis qu'elles y ont fait des corps considerables, non seulement elles y ont fait fleurir le commerce, mais elles y ont donné commencement à tous les ouvrages les plus magnifiques, par les palais qu'elles y firent bastir, & par de belles maisons de campagne.

Establissement des nations à Lyon.

Chifflet vesontio. part. 1. pag. 236.

L'uscita che fecero Guelfi di Fiorenza fu principio & cagione de la lor richezza.

Les Grisons ne s'y rendirent pas moins considerables & l'on y a vû de nos jours parmy nos Magistrats municipaux les Mascranny, & les Lumagues, outre les Pestalozzi, les Migli, les Vertemas, les Pelizzari, les Scandaleres, les Monti, les Misaglia, &c. Il y eut aussi quelques Portugais, les Dies, les Castro, les Mendez, les Rodriguez, &c.

Les Allemans furent les Im Hof, qui ont leur chapelle aux Cordeliers, les Velsers, les Fischers, les Hesselers, les Volfs, les Ansemar, les Coulers, les Neyters, les Obrechts, les Spons, les Ersims, les Zolicofres, &c.

PHILIPPE LE BEL.

La Mort du Roy Philippe le Hardy, & l'avenement à la couronne de son fils Philippe le Bel, furent l'occasion de nouveaux troubles entre l'Eglise & les habitans de cette Ville, que Philippe le Hardy avoit pris sous sa protection. Son successeur Philippe le Bel commença son Regne par l'accord qu'il moyenna entre Robert Duc de Bourgogne & Humbert de la Tour, Daufin, en vertu d'un compromis, que ces deux Princes lui avoient donné pour accomoder leurs differens. Philippe le Bel obligea le Daufin de payer au Duc de Bourgogne ou à son mandement dans cette ville, vingt mille livres Tournoises. Deux ans aprés l'an 1287. Il se fit icy un traité particulier entre Humbert de la Tour, Daufin, & Amé IV. Comte de Savoye dans le convent des Freres Prescheurs. Traité par lequel le Daufin promit à la priere du Comte de Savoye de rendre à Albert, & Soffrey de Briord Chevaliers, freres, le chasteau de Briord, avec la Justice, & toutes ses appartenances, & tout ce qu'il avoit pris sur ces deux freres sous pretexte de la guerre, qu'il avoit avec Amé Comte de Savoye. Lyon estoit alors consideré comme une Ville neutre & independante, que les Princes & Seigneurs voisins choisissoient pour leurs traitez comme j'ay déja remarqué au livre precedent.

1285.

Guich. hist. de Bugey. p. 93.

Au tresor de France Layette Castille. T. 12.

L'an 1290. Le Roy Philippe le Bel & le Roy de Castille firent aussi un traité en cette Ville au mois de Juillet tant au nom dudit Philippe le Bel, que pour Alfonse & Ferdinand de Castille ses cousins d'une part, & d'autre pour Sance de Castille leur oncle, sur le differend, qui estoit entre eux pour la succession au Royaume de Castille, & pour les terres, qui appartenoient au Roy Alfonse X. que tenoit Sance, & ausquelles Philippe pretendoit avoir droit par la succession de son Ayeul, & de son Ayeule. Sur ce que Sance refusoit de payer à Madame Blanche de France fille de saint Louis, mere d'Alfonse & de Ferdinand, & veuve de Ferdinand Prince de Castille surnommé de la Cerde, le doüaire qui lui avoit esté assigné quand elle épousa ce fils aisné d'Alfonse X. Roy de Castille, qui avoit injustement depoüillé ses deux petits fils de la succession de leur Pere & des droits à la couronne de Castille pour en investir Sance son second fils. Il fut convenu par ce traité que Sance donneroit à ses deux neveux fils de madame Blanche le Royaume de Murcie, & la Seigneurie de Villaréal, avec autres terres & seigneuries, & qu'il leur assigneroit d'autres revenus en terres proches du Royaume de Murcie, & de Villaréal, & qu'au cas que ces deux jeunes Princes vinssent à deceder sans enfans, toutes ces choses retourneroient au Royaume de Castille : & que pareillement s'il mouroit sans enfans masles ou femelles de Marie sa femme, ou d'autre qu'il pourroit avoir, Alfonse l'aisné de ses neveux, ou ses enfans succederoient au Royaume de Castille.

Il fut aussi arresté que ces deux Princes Enfans de madame Blanche & de Ferdinand Prince de Castille, ne porteroient point les armes pleines des Rois de Castille, ce qui les obligea de les écarteler de France, de Castille, & de Leon.

L'Aisné ne laissa pas de prendre le titre de Roy de Castille en quelques actes, pour se conserver les justes pretensions, qu'il avoit sur ce Royaume, mais il fut contraint de le quitter & de se retirer en France, où il se maria, & eut deux fils, dont l'aisné fut Loüis d'Espagne dit de la Cerde Prince des Isles fortunées & Charles d'Espagne Connestable de France, Comte d'Engoulesme, Seigneur de Benon en Aunis, & de Fontenay l'abbatu dans le Poitou. Ce Prince mourut sans enfans sous le regne du Roy Jean. Mais d'une fille de Loüis Prince des Isles fortunées nommée Isabelle de la Cerde sont descendus les Comtes & Ducs de Medina Cœli, qui à tous les changemens des Rois de Castille font demander leurs droits de succession à cette couronne, sur quoy on leur repond que l'on verra, *ver se ha*.

Ce fut cette mesme année que le Roy écrivit au Bailly de Mascon, que s'il apprenoit que les citoyens de Lyon fussent inquietez sur les appellations des jugemens rendus en cette Ville, qu'il les protegeat, & qu'il fit signifier aux Officiers de justice de l'Archevêque & du Chapitre, qu'ils estoient en droit d'appeller au Roy de ces jugemens.

Preuves 15.

Les guerres entre les Daufins, les Comtes de Savoye, & les Seigneurs de Beaujeu favoriserent beaucoup les pretensions du Roy Philippe le Bel sur cette Ville, qui avoit besoin d'un puissant appuy, non seulement à cause des querelles entre le chapitre & les citoyens, mais encore à raison de ces guerres de leurs voisins, dont le mariage de Sybille de Baugé avec Amé de Savoye IV. du nom, ne fut pas la moindre occasion. Car par ce mariage les Seigneuries de Baugé & de Bresse entrerent en la maison de Savoye, ce qui aggrandit bien les estats du Comte Amé, à la bienseance duquel ces terres estoient. Auparavant ses estats se terminoient à la riviere d'Ains, & par ce mariage il les estendit jusqu'aux portes de Mascon & de Lyon, ce qui donna de la jalousie à ces deux Villes. D'ailleurs Loüis de Beaujeu avoit epousé Eleonor de Savoye sœur d'Amé IV. laquelle demandoit sa part de l'hoirie de Beatrix de Fiesque sa mere, & de Boniface de Savoye son frere, & Amé demandoit à Louis de Beaujeu, l'hommage des terres qu'il tenoit en Bugey de la part de sa femme Eleonor de Savoye. L'Abbé de Savigny accommoda leurs differens au mois de Novembre 1286. en la sale de saint Trivier en Dombes.

Le Comte de Savoye n'avoit pas de moindres demeslez avec Robert Duc de Bourgogne, pour la baronnie de Coligny, & la Seigneurie du Revermont qu'il pretendoit lui appartenir ensuite des conventions faites entre le Duc de Bourgogne & Philippe Comte de Savoye, le Duc de Bourgogne ayant eu ces terres par un traité de paix fait entre Humbert de la Tour Daufin. Ce Duc & le Comte de Savoye compromirent de leur different au dire de Geoffroy de Clermont Doyen de Vienne, & d'Hugues d'Arces Chanoine d'Avignon, dans la ville de Bourg-en Bresse. Enfin l'an 1289. le Duc de Bourgogne termina tous ces differens par un traité fait avec le Comte de Savoye comme mari de Sibille de Baugé dame de Bresse, par lequel ce Duc remit au Comte, les chasteaux & seigneuries de Coligny, Saint André en Revermont, Treffort, Saint Estienne Dubois & Marbos avec leurs chastellenies & mandemens, au profit du comte de Savoye, de sa femme, & des enfans, qui naistroient d'elle, & generalement tout ce qu'il possedoit en la Seigneurie du Revermont & de Coligni depuis l'eau appellée Ens contre la terre de Bresse, & de Baugé, en vertu du traité fait avec Humbert Daufin, & des cessions faites au Duc par Othe comte de Bourgogne, & Simon Seigneur de Montbeliard, à la reserve des fiefs de Cuseaux, de Guillaume du Meix, de Berard de Vassalien & d'Eurard de Mornay; & moïennant seize cent livres en fonds de terre, que le Comte paya en la remise des chasteaux & seigneuries de Cusery, Sagy & Savigny en Revermont avec leurs appartenances estimées huit cent livres de rente; le reste en seize mille livres Viennoises païées comptant.

Il fut aussi convenu par ce traité, que si le Daufiné écheoit au Duc de Bourgogne, ou aux siens en vertu de la substitution contenuë au traité qu'il avoit fait avec le Daufin, il lui seroit permis de retirer du Comte de Savoye la Seigneurie du Revermont & de Coligny, pour la rendre au Daufin ou à ses successeurs en restituant au Comte de Savoye ce qu'il lui avoit baillé. Et que le Duc aideroit au comte à recouvrer la moitié de Coligny, du Val de Buens, & du chasteau de Colombiers, que le Daufin estoit tenu de lui restituer, & qu'il feroit observer leur traité au Daufin, & à la Daufine Anne. Tout cela fait voir que si les mariages des Princes sont des occasions de faire des traitez de paix entre eux, ils sont en mesme temps des semences inevitables de guerres, par les pretensions que ces alliances font naistre.

Tout estoit donc alors en guerre en ce païs. La ville estoit divisée par des guerres civiles entre l'Eglise & les citoyens, & tous ses dehors estoient remplis de gens de guerre, qui battoient la campagne pour le Daufin, pour le Comte de Savoye, pour le Duc de Bourgogne & pour le Sire de Beaujeu. C'est pour cela que Guillaume de Ripaille Chevalier du Roi, & Bailli de Mâcon écrivit au Doïen, au chapitre, & aux citoyens de cette Ville de la part du Roi le samedi aprés la feste de la Nativité Nostre Dame l'an 1289. pour leur defendre à tous en general & à chacun en particulier de permettre qu'il passat des terres du Roïaume en celles de l'Empire, c'est à dire du Lionnois, Forés & Beaujolois, dans la Bresse, le Daufiné & la Savoye, ni vivres, ni armes, ni munitions au prejudice du Roi & du Seigneur de Beaujeu; & leur demandoit une réponse precise, & conforme aux intentions du Roi, par le porteur, qui leur rendroit celle qu'il leur écrivoit par ordre de sa Majesté. *Preuves pag. 33.*

En ce mesme temps le Pape Nicolas IV. envoïa en France deux Cardinaux Legats, Gerard Evêque de Sabine, & Benoit Gaëtan, Cardinal Diacre du titre de saint Nicolas, *In Carcere Tullisano*, pour tascher de retirer des mains du Roi les decimes que le feu Roi son pere avoit euës pour secourir la terre sainte qui estoit de nouveau en grand danger. L'historien de l'Eglise ajoûte que ces Cardinaux avoient aussi une commission speciale de s'entremettre pour accommoder les differens, qui estoient alors entre Philippe le Bel, & Edoüard Roi d'Angleterre, afin que ces deux Princes unissent leurs forces contre les infideles pour le secours de la Terre sainte.

<small>Preuves pag. 25. & 26.</small>

Ces deux Cardinaux allant à Paris pour s'acquiter de leur commission passerent par cette Ville, où nos citoiens leur presenterent requeste pour terminer leurs differens avec le chapitre, & pour faire observer les reglemens establis pour la justice seculiere par le Page Gregoire X. & acceptez par l'Archevêque Rodolfe de la Torrete, le Doyen, & le Chapitre. Ces Legats quoiqu'ils eussent une commission speciale du saint Pere pour l'accommodement de l'Archevêque & du chapitre, ne voulurent point entreprendre cét accommodement sans avoir un plein pouvoir de la part de l'Archevêque, du Doyen & du Chapitre, qui leur donnerent leur compromis. L'Archevêque en la forme suivante.

Sachent tous presens & avenir, que nous Berard par la grace de Dieu, Archevêque de la premiere Lionnoise, Voulons & consentons expressément, que les tres-Reverends Peres en Jesus-Christ, Les Seigneurs Gerard par la grace de Dieu, Evêque de Sabine, Cardinal, & Benoist Cardinal Diacre du titre de saint Nicolas, ayant vû & diligemment examiné un traité fait entre nostre Predecesseur Rodolfe cy-devant Archevêque de Lyon, & les venerables Doyen & Chapitre touchant la jurisdiction de la Cour seculiere de la Ville de Lyon, nous leur promettons sous l'obligation de tous les biens de nostre Siege Archiepiscopal, de tenir, garder, & observer inviolablement ce qu'ils en ordonneront, où ratifiant leur ancien traité, où y ajoûtant, retranchant & modifiant ce qu'ils jugeront plus expedient. Sur quoi nous leur avons donné ces presentes lettres scellées de nostre sceau, le dimanche aprés la feste de la Nativité de saint Jean-Baptiste l'an 1290.

Le compromis du chapitre estoit beaucoup plus ample, parce qu'il rappelloit un autre traité fait avec l'Archevêque Rodolfe de la Torrette par le moyen d'Hugues Evêque d'Autun, & de Girard Abbé de saint Estienne de Dijon, qui avoient esté choisis pour arbitres de leurs differens, touchant le Senechal, & la Jurisdiction de la cour seculiere de la Comté de Lyon acquise du Comte de Forés, & pour la jurisdiction sur certaines maisons attenantes au cloistre dans la rüe du Palais, que l'on nomme à present des trois Maries: pour lesquelles choses Pierre d'Aouste alors Archidiacre, Henry de Villars Chamarrier, & Hugues de la Tour, Senechal, estoient les plus interessez, à raison de leurs dignitez.

<small>1290.</small>

Les deux Cardinaux munis de ces pouvoirs partirent pour Paris, où s'estant assemblez l'onziéme jour de Decembre dans l'Abbaye de saint Germain des Prez avec l'Archevêque de Tours, le Chantre de l'Eglise de Meaux, Bernard de Fiesque Chanoine de Paris, Berenger Fredoli Chanoine d'Amiens, Remon Gambeverdes Chanoine de Narbonne, Pierre de Piparo Chanoine de Soissons, & Barthelemy de Corvasan Professeur des Loix, ils confirmerent les Ordonnances du Pape Gregoire X. le traité fait par l'Evêque d'Autun, & l'Abbé de saint Estienne de Dijon, expliquerent ce qui pouvoit estre ambigu, & en firent dresser un instrument public par leurs Notaires Apostoliques.

Deux ans aprés ces Ordonnances faites, l'Archevêque defendit aux citoiens de Lyon, de faire des collectes, tailles, ou impositions pour les affaires de la communauté, ni de lever des troupes de gens de pied ou de cheval pour leurs defenses, ni de prendre eux mesme les armes pour quelque occasion que ce fut. Ces defenses furent publiées par le crieur public au nom de l'Archevêque & du chapitre sous des peines pecuniaires, & corporelles. De quoi nos citoiens irritez, & pretendans que cela estoit contraire aux immunitez & franchises dont ils joüissoient de temps immemorial, ils nommerent Rolet Cassard leur scindic & procureur, qui en appella aux Officiers du Roi, aprés avoir fait ses protestations pardevant l'Official, le Viguier, le Courrier, & le Juge de la cour seculiere de Lyon, contre leurs denonciations, requisitions, & autres formalitez de Justice. Il exposa dans cet acte d'appel les justes causes que la communauté de Lyon avoit de recourir au Roi, & de lui demander sa protection, pour les vexations & violences que plusieurs habitans de la Ville avoient souffertes sans pouvoir obtenir aucune justice des Officiers de la cour seculiere.

<small>Preuves pag. 101.</small>

Ces appellations des citoiens devant les Officiers du Roy fondoient ses pretensions sur la Ville, à quoi contribua encore la permission qu'il eut du Pape de lever des decimes sur cét Archevêché, & quelques autres Eglises; qui n'estoient pas du Royaume, dont Rodolfe Roy des Romains se plaignit aux Pape Nicolas IV. pretendant que c'eſtoient terres de l'Empire, ſur leſquelles le Roi n'avoit nul droit, mais le Pape lui repondit que s'agiſſant d'un bien commun pour toute l'Egliſe en la conceſſion de ces decimes pour delivrer la Terre ſainte des mains des infideles, il n'avoit nul égard aux intereſts temporels des Princes, ni à leurs pretenſions, quand il s'agiſſoit du bien de l'Egliſe univerſelle, auquel il deſtinoit ces biens temporels des Eccleſiaſtiques, qui lui eſtoient tous également ſoûmis.

Enfin l'an 1292. Le Roy Philippe par lettres patentes à la priere des citoïens de Lyon, les receut & mit ſous ſa ſauvegarde ſpeciale, & ſous ſa protection eux & leurs biens ſauf le droit d'autrui. Ces lettres ſont dattées de l'Abbaïe du Lys prés la Ville de Melun, du Dimanche après la Feſte de l'Invention de la ſainte Croix. Et le Roi dit en ces lettres que la Ville de Lyon eſt de la dépendance de ſon Royaume, qui fut le premier fondement ſur lequel il appuïa ſes pretenſions au droit de ſouveraineté, que nous verrons eſtre dans la ſuite l'occaſion de pluſieurs demeſlez avec nos Archevêques & le Pape Boniface VIII. qui s'intereſſa ardemment pour les droits de l'Egliſe, & garda peu de meſures avec le Roi; ce qui cauſa de grands troubles entre ce Roïaume & la Cour de Rome, comme nous verrons dans la ſuite, quoique j'en aye déja touché quelque choſe en eſtabliſſant les droits de l'Egliſe ſur la Ville de Lyon.

En vertu de cette protection que nos citoïens avoient demandée au Roi & qu'il leur avoit accordée, il eſtablit un gardiateur, auquel il ordonna de ne jamais ſouffrir qu'aucun tort ni injure fuſſent faits à ſes fideles, & bien aimez les citoïens de Lyon, & de les faire joüir de tous leurs privileges & franchiſes. Il adreſſa auſſi en meſme temps des lettres patentes au Bailly de Maſcon, & aux autres officiers du royaume par leſquelles il leur declaroit qu'il avoit permis aux citoïens de Lyon de lever un denier pour livre ſur tout ce qui ſe vendroit & acheteroit dans la ville & dans les fauxbourgs, pour eſtre emploïé aux reparations des murailles & cloſture de la Ville, & ce pour autant de temps qu'il plairroit à ſa Majeſté.

Il deputa en meſme temps l'Archevêque de Narbonne, l'Archevêque de Roüen, & Pierre Flotte Chevalier, ſes commiſſaires pour inſtituer un gardiateur, & écrivit au Bailly de Mâcon, & aux autres Officiers, de faire payer aux citoïens de Lyon toutes les choſes, qui leur eſtoient dûës, & de pourſuivre leurs debiteurs par toutes les voyes de Juſtice.

Ces ſoins & ces empreſſemens du Roi venoient de ce qu'il tiroit de cette Ville de grands ſecours d'argent pour ſes affaires preſſantes. Mais il eſt temps d'expliquer en quoy conſiſtoit ce droit de garde, & cét office de gardiateur, dont je ſeray ſouvent obligé de parler.

DES GARDIATEURS DE LYON.

L'on ne trouve rien de plus frequent dans les fondations, dotations, & tranſactions faites pour les egliſes, monaſteres, villes, bourgades & chaſteaux, dans l'onziéme & douziéme ſiecle, juſqu'au commencement du treiziéme, que ces ſortes de garde, que les Seigneurs ſe reſervoient & à leurs heritiers, ſur les terres, chaſteaux & domaines qu'ils donnoient aux egliſes & aux monaſteres: parce qu'ils conſideroient cette garde comme un droit de patronage & de ſuperiorité qui eſtoit inalienable, & qui n'eſtant de nulle utilité aux egliſes & aux monaſteres qui ne pouvoient ſe defendre eux mêmes par la voye des armes, leur auroit eſté à charge bien loin de leur eſtre avantageux. Guy de Foucigny Evêque de Geneve donnant à l'Abbaye de Cluny, le prieuré de Condamine auprés de Geneve, en reſerva la garde & l'advoüerie à Raoul de Foucigny ſon neveu & à ceux qui auroient la terre de Foucigny. *Ea conditione*, dit-il, dans l'acte de donation, *ut Rodolphus nepos meus, & illi qui habuerint principalem dominationem in caſtro Fulciniaci ſemper habeant advocatiam Condominij & rerum pertinentium ad eam. In Bibliot. Sebuſiana centur.* 1. *cap.* 4.

Il eſt vray que comme ce droit de garde s'eſtendoit ſur les perſonnes auſſi bien que ſur les biens, les terres, & les poſſeſſions; les fondateurs ſe dépoüilloient plus facilement de celle qu'ils avoient ſur les perſonnes, qu'ils apelloient leurs hommes, leurs ſerfs, & leurs vaſſaux, & qu'ils faiſoient hommes des egliſes & des communautez à qui ils remettoient leurs terres. Que s'il arrivoit que par un mouvement de pieté, ces Seigneurs particuliers ſe vouluſſent dépoüiller de ce droit de garde en qualité de ſuperieurs, ils le recevoient de nouveau de ces egliſes, à foy & hommage, ſe faiſant volontairement leurs hommes, & leurs vaſſaux, ou leurs *devots*, qui eſtoit le terme eſtabli pour ces ſortes de dependances. Ces egliſes, chapitres, monaſteres & communautez Eccleſiaſtiques en inveſtiſſoient auſſi quelquefois volontairement &

de leur choix d'autres Seigneurs leurs voisins; afinque leurs biens, leurs terres & leurs possessions fussent en sureté contre les invasions, & les usurpations de quelques autres Seigneurs, & pour les defendre en temps de guerre, se reservant l'homage & le serment de fidelité de ces gardiateurs, qui le recevoient des autres sujets au nom de ces communautez. Nous avons un grand nombre d'exemples de ces donations, & de ces reservations dans les anciens titres.

Surquoi il faut distinguer deux droits de garde, l'un des simples seigneurs à raison de leurs fiefs, & l'autre des souverains à raison de leur souveraineté. Ainsi l'un s'appelle simplement droit de garde, & l'autre droit de regale. Le premier se peut aliener, vendre, donner, & transferer; le second estant du droit de la Couronne & de la souveraineté comme une partie, ou une dependance de fief, est inalienable, parce qu'il est essentiellement attaché à la souveraineté dont le devoir & l'obligation est un contract passé avec les sujets, & confirmé par serment, de les conserver & proteger eux & leurs biens; de les maintenir en paix; de les defendre contre leurs ennemis, & de leur faire rendre la justice dans tous les differends, debats, querelles, & pretentions qui peuvent naistre entre eux.

Nous remarquons cette difference de droit de garde dans les conventions que les Villes ont faites avec divers Seigneurs, dont elles ont demandé ou accepté la protection. L'an 1264. Hugues Duc de Bourgogne prit sous sa garde la Ville de Bezançon pour quinze ans, à condition que tous les ans cette Ville lui presenteroit un Autour dressé comme une espece d'homage.

En cét acte passé pour la garde de Besançon, le Duc de Bourgogne reserva le droit de l'Empire, à qui la Ville de Besançon estoit sujette. C'est ce que fit aussi treize ans après le Comte Othe Palatin de Bourgogne.

Ces sortes de traittez de garde supposent l'usage de ces temps-là, où toutes les grandes Villes quoique soûmises à des souverains, vivoient en forme de republiques, se gouvernant par elles mesmes quant à la police; se choisissant des Magistrats annuels pour regler toutes choses. Cet usage avoit esté introduit par les Romains, qui n'ayant point d'autres superieurs que leurs Consuls, leurs Ediles, leurs Preteurs & leurs Censeurs, qu'ils élisoient eux-mesmes, avoient laissé la mesme liberté aux Villes qui joüissoient du droit de bourgeoisie Romaine, ou du droit Latin en qualité de Colonies ou de Municipes, se contentant d'y envoyer des gouverneurs de Province pour veiller que l'on ne fit rien contre les interets de la republique, & pour exiger les tributs, & les droits qu'elles devoient à cette Maistresse du monde. De là est venu l'usage de mettre sur tous les ouvrages publics, qui se faisoient dans ces Villes S. P. Q. *Senatus Populusque* avec le nom de la Ville, *Senatus Populusque Lugdunensis, Senatus Populusque Bituricensis*, &c. Ce qui s'observe encore aux entrées des Rois sur les machines, arcs triomphaux, portiques, & autres decorations qui se font par ordre des Magistrats municipaux, & dans quelques medailles, comme en celles que cette Ville fit pour le Roi Louis XII. & Anne de Bretagne où on lit *Respublica Lugdunensis*.

C'est de cét usage que procedoit celui de faire jurer à ces Princes en leur entrée solennelle la conservation des Privileges de ces Villes, ce qui s'observe encore en la ceremonie du Sacre de nos Rois, & en leur reception dans quelques Eglises. Quoique les Villes ayent beaucoup perdu de cette ancienne liberté, elles en conservent encore quelques vestiges en ces sortes de ceremonies, mais ceux qui écrivent l'histoire, sont assez sujets à se tromper quand ils n'ont pas égard aux divers usages des temps.

Les Empereurs qui se rendirent peu à peu Maistres de la Republique, se firent une authorité souveraine & pour la conserver dans les Provinces, ils accorderent de grands Privileges à la plûpart des Villes dont ils se declarerent les protecteurs contre les pretentions des Seigneurs particuliers qui en usurpoient le domaine aprés les débris de la Monarchie Romaine. Ainsi les peuples accoustumez à recourir à ces Empereurs en reconnurent la superiorité, & s'en servirent pour moderer l'authorité de ces Seigneurs particuliers. Cette ville se soûmit de cette sorte aux Rois de Bourgogne, qui étoient Empereurs: Frideric qui leur succeda, fit nôtre Archevêque, Heraclius Exarque, confirma au chapitre ses pretentions & ses droits, contre lesquels nos citoiens eurent d'abord recours aux Papes, & depuis à nos Rois, qui les prirent sous leur protection Royale; leur nommerent des gardiateurs pour les conserver dans leurs Privileges, pour les maintenir dans leurs libertez & dans leurs usages, & en firent ainsi leurs sujets, leurs hommes, & leurs Vassaux: puisqu'anciennement estre sous la garde & sous la protection de quelque Seigneur, c'estoit estre en sa main, & sous sa puissance pour ordonner, commander, juger, mener à la guerre, tenir en paix, ce que nos Rois ont toûjours consideré comme un droit de leur couronne, qui estoit inalienable; ainsi quand Loüis le jeune prit sous sa protection le prieuré d'Ambierle dans le Forêts il fit cette declaration que personne n'osât jamais le faire passer en d'autres mains.

In nomine sanctæ & individuæ Trinitatis amen. Ego Ludovicus Rex Francorum omnibus in perpetuum: Regia magnificentia opus esse dignoscitur; non solùm Ecclesias Regni beneficiis ampliare, verùm & brachio defensionis amplecti; & ne à dignitate Coronæ in manus alienas processu temporis reveniant præcavere. Notum itaque facimus universis tàm futuris quàm præsentibus, quod rogatu amici & fidelis nostri venerabilis viri Stephani Cluniacensis Abbatis, & totius Ecclesiæ, quæ magnum ejus Regni membrum existit, & cujus Religio diebus nostris insigne sanctitatis præbet exemplum, crebrâ etiam petitione dilecti & familiaris nostri Artaldi, Prioris de Amberta eandem Ecclesiam videlicet Ambertam cum omnibus appenditiis suis in manu & protectione nostra suscipimus, decernentes ut Ecclesia & possessiones suæ universæ in perpetuum sub Regio permaneant Dominio & protectione, authoritate etiam Regia prohibentes, ne alii vi hominum nostrorum aut alii unquàm homini liceat eam aliquo modo ad aliam transferre potestatem. Actum publicè apud fontem Bliaudi anno verbi incarnati MCLXIX. Regni vero nostri XXXIII. à Philippi filij nostri nativitate. III.

Aussi quand le Roy Philippe le Bel prit nos citoyens sous sa protection & sous sa garde l'an 1292. par lettres patentes données à l'Abbaye du Lys près Melun, il declara qu'il estoit de son devoir de defendre ses sujets & de les tenir en paix, & qu'ayant égard aux prieres & supplications des citoyens de Lyon qui sont de son Royaume, il les prend sous sa garde & protection speciale. Vingt-un ans après nos citoyens craignant que le Roy Loüis Hutin fils & successeur de Philippe le Bel ne voulut aliener le droit de superiorité temporelle qu'il avoit sur cette Ville & le remettre à l'Archevêque, le prierent de les vouloir conserver sous sa domination, à quoi il leur répondit qu'ayant connu la loüable constance avec laquelle ils avoient toûjours esté attachez à ses interets & à ceux des Rois ses predecesseurs, & qu'ils avoient toûjours conservé en tout & par tout les droits de sa couronne, il les exhortoit à perseverer toûjours dans le mesme attachement, & de ne pas croire ceux qui leur avoient dit qu'il estoit resolu de rendre le domaine de la Ville à l'Archevêque, puisque bien loin d'y penser, il les annexoit à sa couronne, leur recommandoit de luy estre toûjours fideles & de recourir à lui en toutes les occasions où ils pourroient avoir besoin de sa protection Royale & de ses graces.

Ce fut aussi en vertu des lettres patentes du Roy Philippe le Bel, que sur la requeste presentée par les habitans de la ville de Lyon l'an 1302. par laquelle ils se plaignoient de plusieurs maux que leur faisoient les Officiers de l'Archevêque & du Chapitre contre l'Ordonnance faite par le Pape Gregoire X. au temps du Concile general qu'il n'y auroit qu'une seule cour seculiere dans la Ville, & qui seroit commune à l'Archevêque & au Chapitre, ces officiers ne laissoient pas de les opprimer, ce qui les avoit obligé de se mettre sous la protection des puissances superieures, specialement sous celle du Roy, qu'ils prierent comme superieur de la Ville de les defendre & tirer de l'oppression, sur quoi le parlement faisant droit, dit que les citoyens ne seroient soûmis qu'à la Cour de l'Archevêque seulement & non du Chapitre, maintenus dans les droits de garder les clefs des portes de la Ville, d'exiger des habitans des tailles & collectes en cas de besoin, de leur faire prendre les armes pour la defense de la Ville, d'avoir & d'establir les docteurs & maistres ès arts pour enseigner: & parce que ny l'Archevêque ni le Chapitre n'avoient comparu, leur Jurisdiction temporelle seroit mise entre les mains du Roy.

Ces commissions de Gardiateurs de cette Ville estoient annuelles, nos Rois en nommant tous les ans un nouveau, ou confirmant par de nouvelles lettres ceux qui avoient exercé cette charge, & afin qu'elle pût estre exercée avec plus d'authorité ils la donnoient souvent au Bailly de Mascon, au Senechal de cette Ville quand ils eurent establi la Senechaussée, ou à quelque Seigneur du pays, qui prenoit non seulement la qualité de Gardiateur, mais encore de Gouverneur, de Capitaine, &c.

Ce Gardiateur avoit son Lieutenant qui a dans quelques actes publics la qualité de Viguier, Vicaire, Lieutenant, Juge Gardiateur, &c. parce qu'il rendoit la justice au nom du Senechal, ou Bailly de Mascon, & de Juge des Appeaux, parce qu'on appelloit à luy comme Juge Royal des sentences renduës par la Justice de l'Archevêque & du Chapitre.

A ces Gardiateurs dont l'employ répondoit à celuy de ces Chevaliers Romains qui sont appellez dans nos inscriptions. *Patroni omnium Corporum Lugduni licitè coëuntium*, succeda l'office des Intendans dont nous parlerons en son lieu.

Le procez verbal, qui fut fait par Mathieu Thomassin pour les droits des Daufins de Viennois sur la Ville de Vienne contre les pretentions de l'Archevêque, nous explique si bien les fonctions des gardiateurs, que j'en veux inserer icy quelques articles, pour servir d'éclaircissement à ce point de nostre Histoire, qui est des plus embarrassez & que nul de nos Historiens n'a pris soin de demesler.

Il est dit en cette enqueste, que de temps immemorial les anciens Daufins predecesseurs de Loüis XI. estoient à raison de leurs dignitez de Vicaires de l'Empire, d'Archisenechaux des Royaumes d'Arles & de Bourgogne, de Palatins, Comtes & seigneurs de Vienne, en possession d'avoir la garde speciale tant de la ville de Vienne, que de tout son territoire, pour estre un pays limitrophe, & l'une des principales entrées du pays de Daufiné.

Item quod ab antiquissimis temporibus & per tempus cuius principij seu contrarij memoria non existit, tam ratione titulorum, & dignitatum supradictorum quam de consuetudine inconcussè servatâ per dicta tempora in dictâ civitate & districtu Vienna ad dictos Dominos Vienna pro tempore existentes pradecessores in dicto Dalphinatu prafati Domini nostri Dalphini moderni, tanquam Principes, & dominos Patria Dalphinalis pertinuit, & pertinere consuevit, & pertinet ultra pradicta, & alia jura infra declaranda ratione dicti Dalphinatus, & honorum, & jurium ipsius Dalphinatus, Garda & custodia dicta Civitatis Viennensis, & totius ejus territorij attento permaximè quod ipsa Civitas & locus limitrophus, & una ex principalioribus intratis pradicta Patria Dalphinatus.

Cette raison de pays limitrophe est la Principale sur laquelle nos Rois fondoient le droit de garde qu'ils avoient sur cette Ville, lors mesme qu'elle avoit d'autres maistres, parce qu'estant l'une des clefs de leur Royaume, ils s'en étoient toûjours reservé la garde speciale en quelques mains qu'elle tombât, c'est pour cela que les Ducs de Lorraine ont toûjours pris le titre *de Ducs Marquis*, c'est-à-dire ayant droit de la garde speciale de leur pays, qui estoit une des marches de l'Empire, dont ils relevoient. De mesme les Comtes de Savoye se qualifioient Marquis en Italie, comme tenans, & defendans les marches de ce pays-là au nom des Empereurs. Quelquefois dans les traitez qui se font entre les Princes, en restituant les places qui leur appartiennent de droit, on s'en reserve la garde pour d'autres suretez. Ainsi quand le feu Roy rendit par le traité de Paix la Ville de Philisbourg à l'Archevêque de Treves, il retint d'y avoir garnison pour la sureté de ses autres places, & le Roy d'Espagne tenoit garnison dans la Ville de Besançon quoique Ville Imperiale, parce qu'elle estoit une porte pour entrer dans la Franche Comté qui appartenoit alors aux Rois d'Espagne.

Item & habent authoritatem ponendi in Salva gardia ipsorum omnes Cives Vienna, & ejus territorij ac eorum bona tàm in Generali, quàm in particulari maximè volentes se ponere in dicta Salva gardiâ.

L'Enqueste de Daufiné portoit donc que les Daufins avoient droit de mettre dans leur sauvegarde tous les habitans de Vienne & de son territoire, & leurs biens tant en general qu'en particulier, d'autant plus qu'ils vouloient bien estre sous sa garde.

Item quod propterea habent facultatem ponendi & custodiendi in dictâ Civitate ipsorum nomine tanquam Dalphini unum specialem officiarium vocatum gardorium & ejus officium spectat liter spectat ab illis qui sunt in dictâ salva Gardiâ recipere dicta tributa generalia debita dictis Dominis Dalphinis ratione dictarum salva-Gardiarum & Justitiam fieri facere de officientibus & injuriantibus tradidis salva-Gardianis. Investit etiam dictus Garderius de possessionibus & omnibus moventibus de dominio Dalfinali in dictâ Civitate Vienna, & ejus mandamento.

Enfin elle explique comment en vertu de ce droit les Daufins pouvoient avoir & tenir dans Vienne un officier sous le nom & titre de gardiateur, lequel gardiateur pouvoit exiger des citoyens commis à sa garde les droits dûs aux Daufins pour cette garde & protection, & faire rendre la Justice à tous ceux qui estoient sous cette sauvegarde, empeschant que nul tort ni injure leur fussent faits; & qu'il avoit en mesme temps l'administration des biens, possessions, & autres mouvances des Daufins dans la ville de Vienne.

Dictus Garderius in nullo sub est Judici Comitali nec temporali dicta Civitatis Vienna. Item de dictis gardis & infractione earumdem Dominus Dalphinus in solidum cognoscit, seu ejus officiarij ab ipso deputati.

Ce Gardiateur, ajoûte la mesme enqueste, n'est point sujet à la Jurisdiction temporelle de la Comté de Vienne, & c'est au Daufin seul à connoistre des infractions faites contre ce droit de garde, ou par luy-mesme ou par ses officiers deleguez.

Divers actes de nos Rois raportez entre les preuves de cette histoire font voir que ce droit de garde estoit de mesme nature en cette Ville: qu'elle avoit un gardiateur independant de la Justice du Chapitre & de l'Archevêque; que le Roy l'instituoit & le destituoit comme bon luy sembloit. La seule chose qui pouvoit estre differente, est que celuy de Vienne faisoit sa residence dans le Palais des Daufins, & pouvoit exercer sa jurisdiction en divers lieux de la ville marquez & assignez, & que l'Archevêque & le Chapitre ne pouvoient souffrir qu'il fit icy sa residence & vouloient qu'il la fit à l'Isle-Barbe, ou même à Mascon, pretendant que le Roy n'avoit nulle part au domaine de la ville.

C'estoit

de la Ville de Lyon.

C'estoit sur les mêmes raisons que celles des Daufins, que nos Rois avoient establi ce Gardiateur. Premierement parce que Lyon estoit la clef du Royaume du costé de la Savoye & du Daufiné que l'on nommoit costé de l'Empire, & qu'ils avoient interêt de s'assurer de cette Ville pour la sûreté du Royaume. Secondement nos habitans s'estoient mis volontairement sous leur garde & leur protection, & pretendoient que c'estoit une partie des immunitez, franchises, & libertez accordées à la plûpart des Villes, qui estoient sous la domination de l'Eglise, de se choisir des defenseurs & des protecteurs en cas de besoin.

Aussi voyons nous par divers actes, qu'ils eurent souvent recours non seulement aux Papes, & aux Cardinaux Legats, comme à des superieurs Ecclesiastiques; mais qu'ils s'addresserent tantôt aux Ducs de Bourgogne, tantôt aux Comtes de Savoye pour implorer leur protection. L'an 1216. ils s'addresserent à Huges IV. Duc de Bourgogne, & à Odo comte de Nevers son fils & passerent un traité avec eux pour leur sureté. Ces traitez avec des Princes étrangers auroient passé pour une espece de felonnie, s'ils n'avoient esté fondez sur un ancien usage, en vertu des privileges concedez à certaines Villes par les Empereurs. Parce que comme j'ay déja remarqué plusieurs fois la plûpart des grandes Villes, quoi qu'elles eussent des superieurs se gouvernoient à la maniere des republiques, & leurs privileges se nommoient usages, coustumes franchises, libertez, &c. & ils obligeoient leurs Seigneurs d'en jurer la garde & de les y maintenir, considerant ces libertez comme une espece de droit naturel, qui estoit au dessus des autres loix.

Un des griefs du chapitre contre les citoyens. Ponunt se in gardiâ, armum contra voluntatem Archiepiscopi Lugdunensis. Preuves p. 10.

On conserve dans les archives de l'hostel de Ville sous le titre de diverses affaires No. 129. des lettres d'Amédée comte de Savoye signées de Rolland de saint Michel, par lesquelles il prend en sa garde les habitans de Lyon leurs biens & leurs familles pendant trois ans, en 1220.

Je ne doute point que ce ne fut en qualité de Vicaires des Empereurs que les Comtes de Savoye, & les Ducs de Bourgogne receurent nos citoyens sous leur sauvegarde, puisque ces Princes affecterent d'obtenir des Empereurs de semblables commissions, pour s'authoriser non seulement dans leurs terres, mais encore dans les provinces voisines sur lesquelles pouvoit s'estendre cette Jurisdiction. Car comme nos Archevêques recevoient souvent des Papes, le titre & la commission de Legats Apostoliques pour exercer non seulement dans leurs dioceses, mais encore dans ceux de leurs voisins une Jurisdiction Ecclesiastique superieure à celle de ces Prelats, pour assembler des Synodes & des Conciles Provinciaux, & Nationaux, pour establir des statuts, & faire des decrets, pour juger des affaires Ecclesiastiques, pour excommunier, pour interdire, pour absoudre, pour dispenser &c. La plûpart des Princes & petits souverains poursuivoient d'estre Vicaires de l'Empire, pour se rendre plus considerables & plus puissans par cette commission.

Celui des comtes de Savoye, qui porta plus loin ce titre de Vicaire de l'Empire fut Amé IV. du nom surnommé le Grand, de qui sont les lettres de garde & de protection données pour trois ans à nos citoyens. Cét Amé estoit le frere de Philippe de Savoye Archevêque Elu de Lyon, qui ne fut jamais engagé dans les ordres sacrez, & qui succeda depuis aux Estats de Savoye, comme nous avons vû.

Or Philippe Comte de Savoye & de Bourgogne, qui songeoit à l'aggrandissement de sa maison procura le mariage d'Amé son neveu avec Sibille de Baugé fille unique & mesme Posthume de Guy Seigneur de Baugé & de Bresse & de Beatrix de Montferrat. Par le moyen de laquelle cét Amé devint Seigneur de Baugé & de la Bresse, & l'an 1272. & les suivans il receut les hommages de prés de deux cens Gentilshommes de Bresse que Guichenon a rapportez dans son histoire de Bresse, tirez de la chambre des comtes de Daufiné. Il succeda depuis à son Oncle Philippe comte de Savoye & de Bourgogne en 1285 & vécut jusqu'à 1323. Ce qui lui donna le moyen de s'establir solidement aussi-bien que les avantages qu'il eut sur les Daufins, sur les Comtes de Geneve & les Marquis de Monferrat, en plusieurs guerres, qu'il entreprit contre-eux, pour diverses pretentions.

Preuves de l'hist. de Bresse p. 14.

Le voisinage de la Savoye avec cette Ville a servi durant plusieurs siecles à entretenir des liaisons assez étroites entre les Princes de cette maison & nos habitans. La Bresse possedée par ces Princes, dont la jurisdiction s'estendoit presque aux portes de Lyon, demandoit qu'il y eut une bonne intelligence entre eux & nos habitans pour entretenir une paix, qui ne pouvoit qu'estre utile aux uns & aux autres, l'acquisition des terres des maisons de Baugé & de Villars, auxquelles ces Princes s'estoient alliez, les fit recevoir Chanoines d'honneur dans l'Eglise de Lyon, plusieurs de leurs Parens y furent receus Chanoines ordinaires, & deux furent Archevêques & Primats des Gaules, Philippe eſtabli en cette dignité par le Pape Innocent IV. Comme nous avons dit. Il tint ce ſiege prés de vingt-ans ſans eſtre lié aux ordres ſacrez, & ſans prendre d'autre titre que celui d'Eſlû au ſiege de la premiere Lyonnoiſe *Prima Lugdunenſis Electus* Qu'il quitta l'an 1268. pour ſucceder à ſon frere Pierre Comte de Savoye decedé ſans enfans. Quarante-ans aprés Pierre de Savoye Chanoine en l'Egliſe de Lyon fût élevé à cette meſme dignité, qu'il tint vingt-quatre ans. Ce fut ſous lui que ſe paſſerent les plus grands troubles de l'Egliſe avec Philippe le Bel, qui vouloit acquerir le domaine de la ville de Lyon, que ſon fils Loüis Hutin annexa enfin à la couronne comme nous dirons cy-aprés. Ces deux Prelats de la maiſon de Savoye attirerent dans l'Egliſe de Lyon un grand nombre de Gentils-hommes Vaſſaux de leur maiſon, tant en Breſſe qu'en Savoye, Faucigny, Genevois, pays de Vaux, & Piedmont, pays abondans en nobleſſe, & en maiſons des plus diſtinguées. Comme ſont les de la Baume Montrevel, les Chandées, les Chavanes, les Corgenons, les Ferlays, les Gorrevods, dont Guillaume de Gorrevod chanoine de l'Egliſe de ſaint Juſt, puis ſacriſtain chanoine & comte de Lyon, prevoſt de ſaint Juſt en 1401. Ses armoiries ſont encore en pierre ſur la porte d'une maiſon du petit change, les Mareſchal, les de Viris, les Montluels, le de la Palu, de Loriol, du Chaſtellard, de Chevelu, du Saix, de Varax, de Bochailles, de Sure, de Sivria, d'Orly, de Chalant, de Chevelu, de Lucinge, d'Alinge, de Seyſſel, de la Chambre, de Saluces, de Saconay, de Chalamont, de Marbos, de Chiſſé, de Farnay, de Marchant, de Leſcherenne, &c.

Amé eſtant comte de Savoye, de Breſſe & de Bugey receut en Savoye l'Empereur Henry de Luxembourg, l'accompagna en ſon voyage d'Italie & aſſiſta à ſon couronnement dans la Ville de Piſé ſuivi d'un tres-grand nombre de Seigneurs & de Gentils-hommes de ſes Eſtats, ce qui obligea l'Empereur de le créer Prince de l'Empire & ſon Vicaire dans tous ſes Eſtats. Et deſlors ce Prince qui auparavant avoit un Lion pour ſes armoiriés comme Seigneur de Breſſe & de Baugé, prit l'Aigle que quelques-uns de ſes ſucceſſeurs porterent, juſqu'à ce qu'enfin ils priſent la Croix blanche, qui eſt encore aujourd'hui l'armoirie du Duché de Savoye. Ces aggrandiſſemens de la maiſon de Savoye dans des pays Limitrophes du Royaume de France, ne plurent point au Roy Philippe le Bel. Voyant que Pierre de Savoye Archevêque de Lyon, donnoit à ſa famille par cette nouvelle dignité de Vicaire de l'Empire, un accroiſſement de puiſſance ſur les limites de ſes Eſtats, il fut ravi de ce que nos citoiens, qui ſe plaignoient depuis long-temps des officiers qui leur rendoient la Juſtice au nom de l'Archevêque & du Chapitre leurs Seigneurs ſpirituels & temporels, avoient recours à lui, pour implorer ſa protection contre les violences de ces Officiers. Il prit donc nos habitans en ſa garde, & pretendit que c'eſtoit un ancien droit acquis par ſes predeceſſeurs.

Preuves pag. 28.

En effet entre les articles propoſez par Guillaume de Nogaret & Guillaume du Pleſſis, ou du Plaiſian contre la memoire de Boniface, ils allegouoient comme une choſe notoire, certaine & inconteſtable, que le Roi & ſes predeceſſeurs eſtoient depuis quarante ans en poſſeſſion du droit de garde, d'appellation & de reſſort ſur la Ville de Lyon; qu'ils y avoient fait rendre la Juſtice, quand l'Archevêque & le Chapitre, n'avoient pas ſoin de la faire rendre : que c'eſtoit par un attentat de l'Archevêque & du Chapitre ſur les droits du Roi, qu'ils avoient empeſché ou troublé l'exercice de cette Juſtice. Que le Roy ſaint Loüis allant au voyage de Tunis, & paſſant par cette Ville avoit eſté prié par l'Archevêque & le Chapitre d'empeſcher les entrepriſes des citoiens contre l'Egliſe, & que le Roi avoit fait demolir les forteresſes, & les autres ouvrages qu'avoient fait les habitans pour ſe defendre contre l'Egliſe Qu'aprés la mort de ſaint Loüis, Philippe le Hardy ſon fils revenant de Tunis avoit fait la meſme choſe à la priere de l'Archevêque, & du Chapitre, & qu'ainſi l'on ſe trompoit ſi l'on pretendoit que la garde de la Ville de Lyon, ne fut pas du reſſort & de la Juriſdiction de nos Rois.

Les termes de cette requeſte détruiſent les pretenſions de ceux qui la preſentoient; car ſi ce fut à la priere & à la ſollicitation de l'Archevêque & du Chapitre, que ſaint Louis, & ſon fils contraignirent nos citoiens d'abattre & de démolir ce qu'ils avoient fait pour ſe fortifier, ils n'eſtoient pas ſeigneurs dominans de Lyon, puis qu'ils l'auroient fait de leur authorité indépendamment de cette requiſition, & de cette priere, s'ils en avoient eſté les ſouverains.

Ce droit pretendu eſtabli depuis quarante ans eſtoit fondé ſur une requiſition pareille faite au Roi Philippe Auguſte, quand il paſſoit pour le voiage de la Terre Sainte, mais comme il ne s'arreſta pas, ce fut le Duc de Bourgogne, qui fit l'accord entre nos citoiens, l'Archevêque, & le Chapitre. Cét accord ne ſubſiſta pas long-temps,

& il fallut de nouveau recourir à saint Loüis & au Cardinal Legat dont nous avons vû les Ordonnances confirmées par Philippe le Hardi, sur quoi le Roi Philippe le Bel établit ses pretentions sur la ville de Lyon sous pretexte de ce droit de garde dont nous parlons, jusqu'à ce qu'enfin cette Ville fut annexée pour toûjours à la couronne en vertu de divers traitez, comme nous verrons cy-aprés.

Charles Roi de Sicile frere de saint Loüis, l'an 1267. fut appellé par les Florentins, les Luquois, & ceux de la ville de Pistoye, pour s'opposer aux entreprises de Conradin. Ils le prierent d'accepter la dignité de Podestat, qui estoit la mesme que celle de gardiateur, pour entretenir la paix parmi eux, & pour defendre les droits de l'Eglise. Charles accepta cette dignité, mais il écrivit au Pape pour lui en demander la confirmation. Le Pape y consentit, & craignant que cette nouvelle dignité ne diminuast les droits de l'Empire qui vaquoit alors, il obligea Charles à jurer que si l'Empereur venoit à estre confirmé, un mois aprés sa confirmation Charles se demettroit de sa charge de Podestat, qui estoit comme un Vicariat de l'Empire, & formant un nouveau nom pour cette commission, afin qu'elle ne tirât point à consequence, il lui donna le titre de Paciaire. *Cùm te in partibus Tuscia, Romano subjectis Imperio nunc vacanti, Pacis constituerimus per nostras sub certâ formâ literas servatorem, in eisdem tibi Paciatij seu Pacis servatoris Officium committentes.* En vertu de cette nouvelle dignité Charles commença à sceller les patentes qu'il donnoit pour les privileges qu'il accordoit, d'une bulle d'or quoi que beaucoup plus petite & plus mince que celles des Empereurs.

Il avoit exercé auparavant ce mesme office de *Paciaire* ou de Paciateur en cette Ville l'an 1260. Lorsque s'estant fait une emeute de nos citoyens à l'occasion de deux portes qui avoient entrée & sortie au cloistre saint Irenée, lui & le Doyen de Lyon toute emeute cessante, permirent de les ouvrir, ayant toûjours esté fermées auparavant au public.

Pendant ces troubles entre le chapitre & nos citoyens, ce ne furent pas les seules entreprises des habitans, qui inquieterent les Ecclesiastiques & les Archevêques, mais plusieurs Princes & Seigneurs voisins profitans de ces desordres pour estendre leurs Jurisdictions, obligerent le chapitre de former des plaintes contre eux aux commissaires establis par le Roy, & le Legat. *Preuves 16.*

Les principaux chefs de ces plaintes estoient que le Seigneur de Beaujeu tenoit un Prevôt en un quartier du Rhosne où estoient les Moulins, & y faisoit exercer la Justice en son nom par ce Prevôt, sur les excez qui s'y commettoient. Il s'estoit aussi approprié une Isle qui estoit proche le pont du Rhosne, quoy qu'elle fut du Domaine de l'Eglise de Lyon, & il s'estendoit sa jurisdiction, depuis la porte de sainte Catherine, où sont à present les grands Carmes jusqu'à ce pont & jusqu'aux murailles de la Ville de ce costé-là, ce qui occupoit une demi lieuë de Terrein. Il s'estoit aussi saisi de la Jurisdiction de la ville d'Anse enclavée dans le Beaujolois, laquelle estoit aussi du Domaine de l'Eglise.

Le Comte de Savoye tenoit aussi ses assises sur le pont du Rhosne, y ouvroit les testamens, & exerçoit plusieurs autres actes de jurisdiction contre les droits de l'Archevêque; sur qu'il avoit usurpé le port & le pontanage du Rhosne, & la garde de Venesse & de saint Priest, qui estoient des fiefs de l'Archevêque de Lyon.

Il avoit aussi acquis sans le consentement de l'Archevêque le chasteau de saint André, qui estoit un fief lige & rendable de l'Eglise de Lyon. C'est à dire fief de retraite, parce que le Seigneur dominant qui donnoit ce fief, se reservoit le pouvoir en cas de guerre, ou de necessité, de se servir du chasteau qu'il avoit donné en fief, & le Vassal à sa premiere demande estoit tenu de le lui remettre. Le chasteau de Beauvoir en Montagne estoit tenu de l'Archevêque de Lyon à cette condition par le sire de Villars, aussi bien que celui de saint André de Suran, qui est celui que le comte de Savoye avoit usurpé durant les troubles. Le Daufin au contraire, qui tenoit de l'Eglise de Lyon les chasteaux d'Annonay, & d'Argental en Vivarez, ne voulut les prendre l'an 1230. qu'en fief franc sans retour, & sans retraite. *Quòd castrum erat de feudo ligio & reddibili Ecclesiâ Lugdunensi. Preuves 10. col. 2.* *In feodum Francum sine redditione.*

Le comte de Forés pendant ces mesmes troubles estendit de deux lieuës les limites de ses terres, & usurpa cette estenduë de pays sur l'Eglise de Lyon.

Enfin l'un des plus grands griefs du chapitre proposez aux Cardinaux Legats, estoit que les Abbez & les Religieux se mettoient sous la garde du Roy, & des Barons voisins de cette Ville, que les Seigneurs de Beaujeu & de Villars s'estoient appropriez plus de trois lieuës de pays du mandement de Riotiers, & que le chapitre n'estoit plus maistre de la ville de Lyon, dont tous les Barons voisins disposoient, depuis que les Officiers du Roy s'y estoient introduits par les brouïlleries qui avoient esté entre l'Archevêque & les Chanoines pour l'exercice de la justice.

FFf ij

Nous voyons par les plaintes que le Doyen, le precenteur, le Sacristain de l'Eglise de Lyon, & le Chanoine qui tenoit l'obeance de saint Germain du Mont-d'or, firent à Jean le Coc chanoine de Nevers, & à Guillaume de Buron chevalier, deputez de saint Louis & du Legat pour maintenir la paix, que ces deux arbitres avoient ordonné aux parties, que les principaux appuis des citoiens en ces temps de guerres civiles, c'estoient Simon Palatin, Girin & Hugues ses freres, Humbert Seigneur de la Tour du pin, Jean Maréchal, Josserand de Charnay, Guillaume de Rigaud de Barnes, & Guy de Jons damoiseaux, Bos fils du prevost de Cremieu, & un fils de maistre Pierre de Crux docteur és loix.

Coadjutores & valitores.

Ces brouïlleries entre l'Eglise & la ville durerent jusqu'à la fin du treiziéme siecle, & nos citoiens faillirent à succomber entierement par la puissante authorité qu'avoit alors l'Eglise de Lyon. Car l'Archevêque Beral de Goth, qui avoit renouvellé les poursuites de ses predecesseurs, pour empescher les appels de sa Justice à celle du Roy avoit esté fait Cardinal par le Pape Celestin V. l'an 1294. au mois de Septembre & faisoit les fonctions de Legat en France l'an 1295. Le Pape Boniface VIII. qui avoit esté Chanoine de l'Eglise de Lyon succeda à Celestin V. cette mesme année 1295. on nomma Berald Legat en France. Henry de Villars, qui avoit esté Chamarier, & qui à raison de cette dignité avoit eu de grands demeslez avec la ville, fut élu Archevêque en 1296. Et estant allé à Rome pour recevoir du pape sa confirmation, il assista à la Canonization de saint Louïs, & prit de grandes liaisons avec le Pape Boniface, ce qui fut cause que ce Pape prit le parti de l'Eglise de Lyon contre le Roi Philippe le Bel avec trop de chaleur.

Le Roy estoit alors occupé aux guerres de Flandres, parce que Guy de Dampierre Comte de Flandres par sa mere la Comtesse Marguerite, ayant fait hommage au Roy, le Roy voulut qu'il ratifiast la paix de Melun faite sous le regne de saint Louis, ce qui irrita les Flamans qui se souleverent. Guy de Dampierre se ligua ensuite avec l'Empereur Adolfe, qui avoit declaré la guerre à Philippe le Bel, lequel pressé d'un costé par les Anglois, & de l'autre par l'Empereur qui secouroit le Comte de Flandres, demanda des secours d'argent au clergé, & convoqua l'arriereban de tout son Royaume. Quelques Evêques se plaignirent au Pape de ces impositions, le Pape en écrivit au Roi, d'une maniere assez moderée, lui témoignant que si c'estoit dans un pressant besoin il estoit juste que les Eglises contribuassent au repos du Royaume & à sa defense, mais il exhortoit le Roy à s'abstenir de semblables levées, & d'en laisser le soin aux prélats, puisque c'estoient des contributions qui devoient estre volontaires. Il envoya ensuite un Cardinal Legat pour porter le Roy à renouveller une treve avec l'Empereur, & le Roy d'Angleterre, & ce Legat ayant pris la chose d'une maniere un peu trop forte, comme s'il eut voulu commander cette treve de la part du Pape, le „ Roy repondit qu'il estoit prest d'obéir au saint Siege pour le regard de son ame, „ & des affaires purement spirituelles; mais que pour la conduite temporelle de son „ Royaume, il ne relevoit que de Dieu seul, & ne vouloit reconnoistre nul autre, n'en- „ tendant point de s'assujettir ni de se soûmettre à personne vivante pour raison du „ temporel, mais de le gouverner selon que Dieu lui en donneroit la connoissance „ pour le bien & utilité de ses sujets.

L'Archevêque Henry de Villars qui ne pouvoit souffrir les appellations de sa Justice à celle du Roy, fit entendre au Pape, que les libertez de l'Eglise estoient violées, & son authorité affoiblie par ces appellations. Le Pape en écrivit au Roi en des termes un peu forts, sur quoi le Roi defendit de transporter aucun argent hors du Royaume. Cette defense irrita le Pape, qui par-là se vit privé des annates des benefices, & de beaucoup d'autres sommes d'argent, qui alloient à la Cour de Rome pour obtenir des graces & des dispenses. L'Archevêque interdit la Ville, si elle continuoit ses appellations, ce qui causa de nouveaux troubles, mais le Pape ordonna à l'Archevêque de Narbonne, à l'Evêque d'Autun, & à l'Archidiacre de Rotien de lever cét interdit, de faire ouvrir les Eglises, & de faire denoncer que cette interdiction estoit ostée.

Preuves pag. 82.

Preuves 89.

En mesme temps le Roi qui avoit pris la ville sous sa garde & sous sa protection, fit des Ordonnances generales pour la reformation de son Royaume. Quelques-unes de ces ordonnances estant contraires aux privileges, franchises & immunitez, dont nos citoiens pretendoient estre en possession, leur furent des occasions de troubles, jusqu'à ce que le Roi eut ordonné au Bailly de Mâcon & au gardiateur de Lyon de ne les pas inquieter sur ces Ordonnances, qui n'avoient pas esté faites pour eux, & de n'avoir égard qu'à celles qui feroient une mention speciale de la ville de Lyon. C'est pour cela qu'il enjoignit au Bailly de Mascon, de conserver les citoiens de Lyon dans leurs privileges, & franchises, de ne les point inquieter sur le fait des monnoyes, de les faire païer par ceux qui leur devoient &c. Il exigea ensuite de l'Archevêque Henry de Villars le serment de fidelité, qu'il ne voulut prester que pour les Regales d'Autun & de Savigny. Ce Prelat mourut à Rome l'an 1301. mais les broüilleries ne finirent pas avec lui, car son petit neveu Loüis de Villars Archidiacre de Lyon fut élû par le Chapitre, confirmé à Rome par le Pape Boniface, & sacré en France l'an 1302. Il poursuivit aussi-tost ce que son grand oncle avoit commencé, & trouva les affaires encor plus broüillées, par les querelles allumées entre le Roi & le Pape Boniface, à l'occasion des regales, qui ne sont pas de mon sujet, & de la protection donnée à la maison Colonna, contre laquelle le Pape estoit fortement declaré. Il écrivit à tous les Prelats de France des lettres circulaires, à tous les Abbez des ordres de Cisteaux, de Cluny & de Premontré : aux docteurs en Theologie & en droit Canon & Civil, & aux chapitres pour les inviter d'aller à Rome; ce que le Roi empescha par de tres severes defenses qu'il leur fit à tous de sortir de son royaume. Ce fut alors que Boniface lui écrivit la Bulle, *Ausculta fili*, qui choqua si fort le Roi, que ne gardant plus de mesures avec un homme qu'il croïoit n'en point garder, il declara Boniface son ennemi, principalement quand il sceut qu'il l'avoit excommunié, & qu'il avoit fait une constitution par laquelle il declaroit que le Roy estoit son sujet, & dependoit de lui aussi-bien pour le temporel que pour le spirituel. C'est la bulle *Unam sanctam*. Cependant le Pape ne laissa pas d'envoyer en France le Cardinal le Moine du titre des saints Marcellin & Pierre pour remontrer au Roi les torts qu'il faisoit à l'Eglise & à lui-même, & entre les instructions qu'il donna à ce Cardinal Legat, l'affaire de cette Ville faisoit un des Principaux articles, le Pape assurant de science certaine, & comme témoin oculaire, que le domaine de Lyon appartenoit à l'Archevêque, & au chapitre, & que le Roi n'y avoit aucun droit, Nogaret qui fut envoïé par le Roy en Italie pour favoriser le parti des Colonnes trouva le moyen d'arrester le Pape dans Anagnie son pays natal, & le menaça de l'amener pieds & poings liez en cette Ville pour y estre deposé par un Concile. Je ne dis rien des autres circonstances de cette capture qui ne sont pas de mon sujet, mais peu de temps après le Pape s'estant tiré des mains de ceux qui l'avoient fait arrester, alla à Rome, où il mourut, & Benoist XI. qui lui succeda pour rendre la paix à l'Eglise, leva les excommunications fulminées par son predecesseur, & ne reserva que l'excommunication de Nogaret, & de quelques-uns des citoiens d'Anagnie qui avoient insulté à Boniface, & qui l'avoient mal traité.

Le peu de temps que vecut Benoît XI. ne lui permit pas de pacifier toutes choses avec le Roy, comme ce bon Pape le desiroit: mais Clement V. lui ayant succedé, Philippe le Bel trouva les moyens d'obtenir de lui tout ce qu'il pouvoit souhaiter, parce qu'il avoit beaucoup contribué à son exaltation. Il avoit esté grand Vicaire de son frere Berald & de Goth Archevêque de cette ville, & pleinement instruit des pretensions du Roy, & des droits de l'Archevêque & du Chapitre, il estoit ce semble plus en estat de terminer leurs differens que ses deux predecesseurs, dont l'un estoit un peu trop violent & l'autre n'en avoit aucune connoissance par lui-même n'étant point venu en France. Jean Villani qui a écrit l'histoire de son temps, & que saint Antonin semble n'avoir que traduit en Latin en la sienne, raconte exactement la maniere dont ce Pape fut élû. Il dit qu'aussi-tôt après la mort du Pape Benoît XI. qui arriva à Perouse en Italie, les Cardinaux y entrerent dans le conclave en la maison même où le Pape estoit decedé, & qu'ils se trouverent divisez en deux factions presqu'egales, d'ont l'une étoit des Italiens de laquelle les chefs étoient Mathieu des Ursins, & François Gaëtan neveu de Boniface VIII. l'autre étoit des Tramontains, c'est à dire de ceux qui n'estoient pas Italiens, car c'est ainsi qu'ils nomment les païs hors d'Italie. Les principaux chefs de cette faction estoient Napoleon des Ursins, & Nicolas de Prato. Les premiers vouloient un Pape Italien, & qui fut favorable aux amis & aux parens de Boniface. Les autres vouloient elire un François, ou du moins un amy du Roi de France, qui avoit esté si broüillé avec Boniface. Cette division des Cardinaux dura prés d'un an, le nombre des voix étant presqu'egal, & nul des partis ne voulant ceder à l'autre pour l'election de l'un des sujets du conclave. Enfin le Cardinal de Prato, qui estoit adroit & politique, dit en secret au Cardinal Gaëtan, nous faisons un grand mal à toute l'Eglise & nous causons un enorme scandale à tous les peuples, de differer si longtemps d'elire un Pape. Il ne tient pas à moi, lui repliqua le Cardinal Gaëtan, que nous ne donnions au plûtôt un pasteur à l'Eglise. Alors le Cardinal de Prato lui dit, Monseigneur, si je vous proposois un moyen efficace pour le faire au plûtôt y consentiriez vous ? tres volontiers repartit le Cardinal de la faction Italienne. Voicy Monseigneur, ajoûta le Cardinal de Prato, l'expedient qui m'est venu en pensée, & dont je ne me suis encore expliqué à qui que ce soit; ce seroit lui, dit-il, que l'une des factions choisît trois sujets parmi les Tramontains capables d'être élus pour cette dignité, & que le choix de l'un des trois, fut remis au pouvoir de l'autre faction, qui seroit obligée dans l'espace de quarante jours d'en nommer un des trois proposez, que tout le college accepteroit, & alors on le declareroit canoniquement élû par tous les suffrages. Le Cardinal Gaëtan trouva bon cet expedient, & l'ayant fait accepter à ceux de son parti, les Italiens voulurent avoir le choix des trois sujets, qui devoient être proposez, dans l'intention de choisir trois personnes qui seroient dans leurs interêts, & opposées à ceux du Roi de France, qui avoit esté si contraire à Boniface. Le Cardinal de Prato fit consentir sa faction à cet expedient, faisant entendre aux Cardinaux ses amis, qu'il trouveroit le moyen de faire tomber ce choix sur une personne qui leur seroit agreable & au Roi de France, pour qui ils s'interessoient.

Cette convention fut mise par écrit, & signée de tous les Cardinaux, les Italiens en vertu du pouvoir qui leur estoit donné par ce traité, nommerent trois Archevêques de France, les plus attachez à leur parti & les plus declarez contre le Roi, avec qui ils avoient eu des demelez. L'un de ces Archevêques estoit celui de Bourdeaux, que le Pape Boniface avoit fait Archevêque, & qui estoit fort opposé au Roi, à cause des deplaisirs que ses parens avoient receus de Charles Comte de Valois frere de Philippe le Bel. Le Cardinal de Prato suggera à ceux de sa faction que c'estoit cet Archevêque qu'il falloit elire, & qu'ils gardassent leur dessein si secret, que nul ne pût en rien penetrer jusqu'au temps de la nomination. Cependant il depescha des courriers au Roy Philippe le Bel, à qui il fit sçavoir l'intrigue qu'il avoit faite, & qu'il ne tiendroit qu'à sa Majesté de prendre les devants auprès de l'Archevêque, pour lui faire entendre qu'il estoit en son pouvoir de le faire Pape, & qu'il obtiendroit de luy facilement par ce moyen tout ce qu'il pourroit souhaiter, dans l'esperance de se voir la premiere teste du monde. Toute la faction du Cardinal de Prato lui promit sous serment & avec un secret impenetrable de suivre ses intentions, & comme ils avoient quarante jours pour se determiner au choix de l'un des trois, il attendit la réponse du Roy, pour sçavoir ce qu'il avoit à faire là dessus. Le Roy n'eut pas plûtôt receu les lettres du Cardinal, qu'il envoya à l'Archevêque de Bourdeaux de se trouver dans six jours en un lieu qu'il lui marquoit, pour traiter avec lui d'une affaire de la derniere importance pour ses interêts, & qu'il y vint le plus secretement qu'il pourroit. Le Roy s'y rendit en diligence avec tres peu de gens, pour ne rien faire éclater de son dessein. Ils entendirent tous deux ensemble une messe, après laquelle ils se jurerent l'un à l'autre de tenir secrete l'affaire qu'il devoit communiquer à l'Archevêque.

Aprés ces precautions le Roi dit à l'Archevêque qu'il estoit venu pour le reconcilier avec son frere le Comte de Valois, & qu'il avoit en main un moien infaillible de le faire Pape, & lui montra les lettres du Cardinal de Prato. Si voulez donc, lui dit-il, que je vous procure cette souveraine dignité, il faut que vous me promettiez de m'accorder certaines graces que je vous demanderay. L'Archevêque aprés la lecture des lettres du Cardinal de Prato, tout hors de luy-mesme, s'écria, je voy bien, Sire, qu'il n'est personne au monde, qui me soit plus amy que vous & que vous me rendez le bien pour les maux que je vous ay fait. Vous n'avez donc d'oresnavant qu'à me commander ce que vous pouvez desirer de moy, & je vous obeiray. Le Roy l'embrassa aussi-tôt & le baisa, & lui dit voici les graces que je vous demande.

La premiere que vous me reconciliez pleinement à l'Eglise, en me donnant l'absolution de toutes peines encouruës pour avoir contribué à la capture du Pape Boniface.

La Seconde que vous leviez toutes les excommunications & censures portées tant contre moy, que contre ceux qui ont favorisé mon parti.

La troisiéme que vous m'accordiez pour cinq ans toutes les decimes de mon Royaume pour reparer les depenses que j'ay faites en la guerre de Flandres.

La quatriéme que vous me promettiez de casser & de reduire à Neant toutes les procedures que Boniface a faites contre moi, en condamnant sa memoire.

La cinquiéme que vous restablissiez dans la dignité de Cardinaux Jaques & Pierre Colonne, que le Pape Boniface a degradez, & que vous fassiez avec eux quelques Cardinaux de mes plus intimes amis. Je me reserve ajoûta-t-il à vous faire sçavoir la sixiéme en temps & lieu. Quelques-uns ont crû que c'estoit de transferer l'Empire Romain, d'Allemagne en France, & de faire son frere Charles de Valois Roi des Romains. Mais il est plus probable que ce fut la translation du saint Siege de Rome à Avignon ou en France.

L'Archevêque jura sur le saint Sacrement de lui accorder ces graces qu'il lui demandoit, & luy donna pour ostage & garand de ses promesses son frere & ses deux neveux. Le Roy jura reciproquement de luy procurer le Pontificat par les voyes proposées par le cardinal de Prato. Aprés quoy il envoya par un courrier au Cardinal, qu'il estoit content que l'on nommat l'Archevêque de Bourdeaux. Il restoit encor cinq jours du temps determiné pour le choix de l'un des trois proposez, & le cardinal de Prato sans differer fit savoir aux Italiens que son parti estoit enfin disposé à proceder à l'élection quand on voudroit. Ainsi s'estant tous assemblez, & ayant de nouveau juré de s'en tenir aux conventions faites entre eux, le cardinal de Prato au nom de toute sa faction, declara qu'elle choisissoit l'Archevêque de Bourdeaux ; à quoy tous les autres applaudirent, parce qu'ils le croyoient le plus opposé au Roy de France, & le plus obligé à Boniface, qui l'avoit fait Archeveque. Le peuple à qui on annonça cette élection en témoigna beaucoup de joye, parce qu'il attendoit depuis long-temps qu'on luy donnat un Pasteur, & sachant que toutes les voix s'estoient unies pour l'Archevêque de Bourdeaux, & que son élection estoit agreable à tous les deux partis, ils en benirent Dieu.

L'Archevêque de Bourdeaux faisoit sa visite en qualité de Metropolitain, & estoit dans le Diocese de Poitiers quand il apprit la nouvelle de son élection ; il retourna aussi tôt à Bourdeaux, où il fut receu processionnellement de tout le Clergé & de tout le peuple qui alla au devant de luy avec de grandes demonstrations de joye, mais il n'y voulut entrer que comme Archevêque, n'ayant pas encor receu le decret de son élection signé des Cardinaux. Il le receut le 23. de Juillet, & le lendemain estant monté solennellement sur le Throne de son Eglise, en presence de tous les Magistrats & de plusieurs grands Seigneurs, il declara qu'il prenoit le nom de Clement, & benit le peuple, considerant ce jour là comme le premier de son Pontificat. Cependant les Cardinaux ne luy donnerent que le titre d'élu dans les lettres qu'ils luy écrivirent jusqu'à aprés son couronnement, & en faisoient ainsi l'inscription. *A nostre tres-saint Pere en J. C. le Seigneur Bertrand Archevêque de Bourdeaux, par la providence divine souverain Pontife, les Cardinaux Evêques, Prestres & Diacres de la sainte Eglise Romaine baisent les pieds.*

Les Cardinaux s'attendoient qu'il iroit aussi tôt à Rome pour s'y faire couronner, mais quand ils receurent ses lettres, par lesquelles il leur ordonnoit de venir incessamment en cette ville, où il les attendroit, ils connurent qu'ils avoient esté surpris par le cardinal de Prato ; & le cardinal Matthieu des Ursins Doyen du sacré College, dit à ce Cardinal, vous avez ce que vous pretendiez, en faisant aller la Cour au delà des Monts, mais elle reviendra bien tard en Italie, car je connois l'esprit des Gascons.

Cependant les Cardinaux obéirent & se transporterent au deçà des Alpes, à la reserve de deux seulement, à qui leur grand âge ne permit pas d'entreprendre un si long voyage, & deux autres moururent en chemin, par des maladies que leur causerent le changement d'air, & la fatigue du voyage.

Le Pape se rendit en cette ville sur la fin de l'Esté, il invita les Rois de France, d'Angleterre, & d'Arragon, & plusieurs autres Princes à la ceremonie de son couronnement, qui se fit solennellement en cette ville le quatorzième Novembre l'an 1305. Le Roy Philippe le Bel fit à la porte de l'Eglise de saint Just, que les Heretiques ruinerent l'an 1562. l'office d'Escuyer, & mit le Pape à cheval, le comte de Valois frere du Roy, & le Duc de Bretagne en tenoient les reines. Le Roy marchoit à côté à cheval, & une foule innombrable de peuple accouruë à ce spectacle occupoit non seulement toutes les ruës, & tous les toits des maisons par où cette pompe devoit passer, mais encore plusieurs s'estoient perchez sur de vieilles masures, dont l'une venant à s'ébouler comme le Pape passoit, cette chute le mit en danger de sa vie, car il fut abbatu de son cheval, sa Thiare tomba, & un Escarboucle pretieux s'en détacha & fut perdu. Douze personnes y furent si grievement blessées qu'elles en moururent peu de jours aprés, entre lesquelles est ont le Duc de Bretagne, qui tenoit les reines du côté dont la muraille tomba, & dont il fut tellement froissé qu'il ne survecut que deux ou trois jours. Son corps fut porté en Bretagne, & inhumé au milieu du chœur de l'Eglise des Carmes de Ploarmel, qu'il avoit fondé, & aprés que Robert de Pont Evêque de saint Malo eut fait ses obseques, on mit sur son tombeau cette Epitaphe

Cy gist Jehan jadis Duc de Bretagne, qui trepassa à Lyon sur le Rhosne le jeudy es Octaves de la saint Martin d'Hyver l'an 1305. priez Dieu pour l'ame de luy.

Charles de France Comte de Valois, d'Alençon, de Chartres, du Perche, d'Anjou, & du Maine, pair de France fils de Philippe le Hardi & frere de Philippe le Bel, qui tenoit les resnes de l'autre costé à la droite du Pape fut aussi renversé par terre, & legerement blessé, le Roy mesme fut en danger. Le jour de saint Clement le Pape Officia solennellement dans l'Eglise de saint Jean, & après le disné y ayant eu querelle entre les familiers du Pape & des Cardinaux, un des freres du Pape y fut tué. Le Roy peu de jours après fit Chevalier un autre frere du Pape. Le Roy d'Angleterre qui ne put venir à cette ceremonie envoya à sa Sainteté tout un service d'or pour l'usage de sa chambre & de sa table, par les Evêques de Lichfeld & de Vigorn, & par le Comte de Lincoln. Enfin le 15. Decembre jour de l'Octave de la Feste de la Conception de la sainte Vierge, le Pape rétablit les deux Colonnes dans le Cardinalat & en crea huit autres. Pierre de la Chapelle Evêque de Tolose, Beranger Fredoli Evêque de Beziers, Arnaud de Chanteloup élu Archevêque de Bourdeaux, & son Successeur en cette Prélature, Thomas l'Anglois Docteur en Theologie, Nicolas de Freauville Confesseur du Roy tous deux Religieux de l'Ordre des Freres Prescheurs; Estienne Chancelier de France, Guillaume Arrufat, Arnaud de Pelagrue, Remond de Goth Neveu du Pape, & Pierre Arnaud de Bearn Abbé de sainte Croix de Bourdeaux qui ne joüit pas long-temps de la pourpre, car il mourut dans l'année.

L'an 1306. Le Pape estant encore en cette ville revoqua la Bulle *unam sanctam*, & déclara qu'elle ne pouvoit faire aucun prejudice au Roy ny au royaume de France, qui estoient au mesme estat auquel ils estoient avant cette Bulle, sans aucune dependance du saint Siege quant au temporel. Il revoqua aussi la constitution par laquelle le Pape Boniface avoit declaré que les Clercs encourroient les censures Ecclesiastiques, s'ils payoient des decimes aux personnes laiques. Il invita en mesme temps Charles de Valois à declarer la guerre aux Grecs Schismatiques, & à poursuivre les droits de la Princesse Catherine son Epouse petite fille de Baudoin Empereur de Constantinople, que Michel Paleologue avoit chassé de ses Estats.

Enfin estant à saint Genis dans une maison de campagne à une lieuë de la ville, où il s'estoit allé delasser des premieres fatigues de son Pontificat, il y receut l'homage de Charles d'Anjou Roy de Jerusalem & de Sicile, que son fils le prince Robert rendit au nom de son pere. Après quoy le Pape partit de Lyon au mois de Mars pour aller à Bourdeaux par les villes de Nevers, de Bourges, de Limoges, & de Perigueux.

Le Roy Philippe le Bel, qui avoit obtenu de ce Pape tout ce qu'il pouvoit desirer, & qui le voyoit si fort dans ses interets, qu'il en devoit tout attendre, jugea que l'occasion estoit favorable pour establir ses pretensions sur la ville de Lyon. Le Pape avant que d'en sortir l'avoit prié de terminer les differens que les Citoyens pouvoient avoir avec l'Eglise, & de contribuer de tous ses soins à donner la paix aux uns & aux autres. Le Roi lui promit de favoriser l'Eglise de Lyon en tout ce qu'il pourroit, & ce fut l'occasion de la concession celebre que l'on nomme la Philippine, parce que Philippe le Bel par ses lettres patentes donna de grands privileges à cette Eglise, en voulant que tous les biens du Chapitre tant fiefs, qu'arriere fiefs, peages, leydes, & autres droits fussent unis, & tenus par le chapitre à titre de Comté de Lyon. Voicy la teneur de l'Acte.

Concessions faites à l'Eglise par le Roy Philippe le Bel.

PHILIPPE par la grace de Dieu Roy de France. Sçavoir faisons à tous presents & à venir: Qu'entre toutes les choses que nous desirons le plus, & qui nous agréent & ,, réjouissent, sont le continuel accroissement du service divin ; les avantages des ,, Eglises, & l'augmentation de leurs biens & facultez : Considerant donc la venerable ,, Eglise de Lyon, qui tient le premier Siege de nostre Royaume parmy les autres ,, Eglises des Gaules, & compatissant d'une pieuse affection aux tribulations qu'elle a ,, souffert cy-devant. Nous nous sommes portez volontairement & d'une devote affe-,, ction à luy octroyer les choses par le moyen desquelles le service de Dieu se puisse ,, avancer, & les honneurs & avantages de cette Eglise s'accroistre & fortifier à l'ave-,, nir. D'où vient que lors que nous considerons ladite Eglise de Lyon, & que nous ,, meditons avec attention, de combien de bienfaits, de combien de graces, de pri-,, vileges, de prerogatives, d'exemptions, & de faveurs elle a esté cy-devant, & d'an-,, cienneté honorée en plusieurs manieres par nos Ancestres les Rois de France, ,, & dont à cause des malheurs des guerres, & plusieurs divers ravages tempo-,, rels elle n'a pû jouir ci-devant : considerant aussi que de toutes parts, la Comté ,, de Lyon qui d'ancienneté appartenoit au Comte de Lyon & de Forests, ,, estoit parvenuë à ladite Eglise de Lyon, par échange fait avec ledit Com-,, te pour lors vivant ; par autorité toutes fois & du consentement exprés de

nos

nos Predecesseurs Rois de France, & par la confirmation royale qui s'en estoit ensui-
vie ; Nous voulant enfin que ladite Eglise de Lyon puisse non seulement joüir du
susdit honneur de Comté, mais aussi que cét honneur & dignité s'estende plus avant,
Nous octroyons de bon gré à nos amez & feaux l'Archevêque, Chapitre, & Eglise de Lyon, par la teneur de ces presentes, que ladite Eglise de Lyon possede à
perpetuité en tiltre de Comté, non seulement qu'elle a acquis ludit Comté de
Lyon, ou d'ailleurs, mais aussi icelle cité de Lyon, ensemble les chasteaux, villes,
fiefs, arriere-fiefs, terres, possessions, & droits quelsconques, qui sont sous la Jurisdiction de ladite Eglise ou Baronie en quelque maniere que ce soit ; & qu'icelle
Eglise de Lyon tienne en Comté de Lyon à perpetuité, tout ce qui est de son temporel, & que toute la temporalité de ladite Eglise & Comté de Lyon, soit tenu dés
à present confirmé par nostre autorité Royale, sous le tiltre de dignité & prerogative speciale de Comté Baronnie. Et par ainsi voulons que cy-après à perpetuité
icelle soit appellée & censée Comté de Lyon, sous les privileges & honneurs de
Comté & Baronnie, joüissant en toutes choses du droit royal. Octroyons & donnons en outre & par dessus, de nostre bon gré ausdits Archevêque & Chapitre
de l'Eglise de Lyon, par la teneur de ces presentes, les Regales de l'Eglise d'Autun, & Monastere de Savigny, domaine d'icelle, avec le droit Royal qu'il appa-
roît entre autres graces speciales à eux faites par nos predecesseurs les Rois de
France, iceux avoit obtenu de leur liberalité. Or afin que tout sujet & matiere de
doute soit à jamais osté à nos Officiers, & audits Archevêque, Chapitre, Eglise de
Lyon, & pour arrester & faire cesser l'intention & l'opinion de qui que ce soit,
pour raison de ce. Et afin de gratifier iceux de la prerogative, d'une pleniere grace & speciale faveur & liberalité, Nous agreons, voulons & octroyons de nostre
gré, qu'ils puissent joüir de la cité, ville de Lyon, tous & chacuns les chasteaux,
villes, possessions, & lieux, jurisdictions, temporalitez quelsconques, peages tant
par terre que par eau, tous lieux, monnoyes, hommes, fiefs, arriere-fiefs, cens,
servis, servitudes, marchez, foires, revenus, privileges, libertez, exemptions,
graces, & tous autres droits quelsconques, de quelque espece & genre qu'ils soient,
par les Archevêques qui estoient pour lors, les Chapitres & Eglise de Lyon, conjointement ou separément, acquis legitimement sous quelque titre, cause, moyen &
raison que ce soit, avec les territoires d'icelle cité, tous & uns chacuns les droits, appartenances & dépendances d'iceux, qui sont dans les limites de nostre Royaume.
Que s'il y a quelque chose des susdites qu'ils ayent acquis sans nostre autorité Royale, ou consentement exprés, ou de nos Ancestres les Rois de France, qu'ils les
puissent retenir legitimement, & qu'ils ne les puissent mettre hors de leurs mains &
droits de l'Eglise, ou aliener à d'autres ; & que pour raison de ce ils ne soient tenus
en aucune façon de nous faire finance, ou à nos successeurs, mais qu'ils puissent
joüir de toutes & chacunes icelles choses, & icelles de nostre gracieuse liberalité &
confirmation Royale, posseder paisiblement à perpetuité. Et bien que nos Officiers
alleguassent, que tout le temporel d'icelle Eglise, & toutes les choses susdites nous
appartiennent, & que pour plusieurs causes legitimes precedentes, elles estoient comme tombez en commise à nostre faveur, & qu'ils requissent que plusieurs amendes
& peines, qui par eux devoient estre appliquées à nostre fisc pour lesdites injures,
desobeïssances, excés, rebellions, contumaces, infractions de paix, felonnies, &
autres transgressions perpetrées en plusieurs manieres contre Nous & nos Officiers,
tant par l'Archevêque, que par autres Archevêques ses predecesseurs, mesmes
par les Ministres, Officiers & subjets de ladite Eglise, nous remettons de nostre
bon gré, & quittons pleinement, & donnons par la teneur des presentes ausdits Archevêque, Chapitre, & Eglise de Lyon, toutes commissions, forfaictures, invasions & excés, des fiefs ou arrierefiefs, cité, villes, chasteaux, terres, lieux, & possessions quelles qu'elles soient, & biens quelsconques, peines, amendes & condamnations, pour quelque maniere, raison, occasion ou cause, ou pour quelques forfaictures, felonnies, delits, excés, injures, desobeïssances, contumaces, rebellions, infractions de paix, qui puissent estre ; & en outre toutes & chacunes les
choses que nous pouvons vendiquer & demander à l'Archevêque ou Chapitre, conjointement ou separément, & en quelque maniere que ce soit, pour les causes susdites approprier par moyen legitime à nos droits. Si faisons inhibitions & defenses,
sous peine d'encourir nostre indignation, qu'aucun ne presume attenter aucune chose, ou contrevenir en quelque maniere, pour quelque raison & cause que ce soit, à
la teneur de cette nostre presente & gracieuse concession, establissement de la Comté
& Baronnie, confirmation, donation, & remission ; car ayans toutes & chacunes les
choses susdites pour arrestées, agreables & stables, Nous voulons, agréons, ratifions

,, pleinement, approuvons, & de nos certaine science & autorité Royale, par la teneur
,, des presentes confirmons, ausquelles afin qu'elles puissent durer fermes & stables à
,, perpetuité, nous avons fait apposer nostre sceel, sauf en tous autres nostre droit, &
,, en tout celui d'autruy. Fait à Pontoise, l'an de nostre Seigneur mil trois cens sept, au
,, mois de Septembre.

Cét acte fut sceellé sur lacs de soye rouge & verte du grand sceel de cire verte aux armes de France.

Aprés ce privilege accordé à l'Eglise de Lyon, par lequel le Roy la voulut gratifier, il fit un second acte, qui fut une espece de composition, sur les querelles que les officiers & gens du Roy avoient eu avec l'Archevêque & le Chapitre, pour le fait de la Jurisdiction. Cét Acte fut une seconde Philippine, que l'on a voulu faire passer pour une continuation de la precedente dans le factum de l'instance d'entre le Procureur general demandeur en requeste & les officiers de la Senechaussée &c. Contre les Doyen, Chanoines & Chapitre de l'Eglise saint Jean de Lyon defendeurs.

Cependant il est évident par la forme & teneur de ces deux actes qu'ils n'ont rien de commun, puisque le premier est une pure grace & concession Royale, accompagnée d'une amnistie generale sur divers chefs, *d'injures, de desobeissances, d'excés, de rebellions, de contumaces, d'infractions de paix, de felonnies, & d'autres transgressions &c.* Qui avoient obligé le Roy de mettre la Justice de cette Ville entre ses mains. Ce fut une addresse du Roy d'accorder par forme de grace, ce qui lui pouvoit estre contesté, & de donner une amnistie generale pour tout le reste, parce que cette amnistie estant acceptée par l'Archevêque & le Chapitre, estoit un acte de souveraineté que le Roy exerçoit sur eux; aussi fit-il preceder ces lettres de grace & d'amnistie, dans l'intention qu'il avoit de faire aprés un traité d'accord & de composition dont les articles furent dressez par Pierre de Belleperche Chancelier de France, & depuis Evéque d'Auxerre agissant au nom du Roy, & par Thibaud de Vassalieu Archidiacre de Lyon agissant pour l'Eglise. Sur lesquelles compositions, le Roy donna d'autres patentes, que l'on appelle les secondes Philippines pour les distinguer des premieres, comme j'ay déja remarqué. Voicy la teneur de cette composition, comme elle a esté traduite par l'autheur du factum, où j'ay cependant corrigé quelques noms propres, qui avoient esté si defigurez par le Traducteur, qu'ils ne seroient pas connus en ce pays, comme celui de Thibaud de Vassalieu Archidiacre de Lyon, qu'il nomme toûjours, *Thibaud de Vassillac*, parce qu'il y a dans le Latin *de Vassalliaco*, nom qu'il n'a pas entendu. C'étoit le nom d'une maison des plus illustres de Bresse, laquelle portoit vairé d'agent & d'azur pour ses armoiries, & dont il y a eu plusieurs Chanoines en l'Eglise de Lyon.

Seconde Philippine, ou autres lettres Patentes du Roy Philippe le Bel, du mois de Septembre 1307.

PHILIPPE par la grace de Dieu Roy de France: Nous faisons sçavoir à tous presens & à venir, Que comme ainsi soit qu'entre nos gens pour Nous, d'une part, & l'Archevêque & Chapitre de Lyon, d'autre; matiere de question se fût meuë sur plusieurs diverses choses, & specialement sur ce qu'iceux, par eux & leurs Officiers s'efforçoient en plusieurs manieres, que nos gens dans la ville de Lyon, terre & Baronnie de l'Eglise dudit Lyon, ne pussent joüir librement & paisiblement de nos garde, ressort & souveraineté; & qu'en outre ils avoient commis plusieurs desobéissances & divers excés contre nos gens & Officiers, en plusieurs & divers temps, au grand prejudice de Nous & de nos Sujets, des science & consentement de l'Archevêque & Chapitre susdits, de tant que nos gens disoient que la temporalité d'icelle Eglise Nous devoit estre commise, ou du moins, si Nous voulions les traiter plus doucement, que tant par les procedures faites contre iceux, que celles que Nous estions prests de faire, lesdits Archevêque & Chapitre devoient estre condamnez à la somme de deux cens mille livres tournois, & au de-là, à Nous de droict applicables, pour lesquelles & plusieurs autres offences, desobéissances & recheutes, qu'iceux Archevêque & Chapitre ou leurs Officiers avoient fait à nos gens, nosdites gens en justiciant pour Nous, avoient saisi sous nostre main, la cité, terres & biens de ladite Eglise, & icelles tenu long-temps: & que lesdits Archevêque & Chapitre disoient que les choses susdites avoient esté faites par nos gens injustement, & n'avoir deu estre faites, & demandoient que ce qui avoit esté levé & perceu de leursdites terres, leur fût restitué & rendu, & que lesdites condamnations, comme faites injustement, fussent retractées. Comme ainsi soit donc, que sur les susdites choses & plusieurs autres & diverses, matiere de question se fust meuë, Nostre amé & feal l'Archevêque de Lyon, le Doyen & le Chapitre de l'Eglise de Lyon Nous ont supplié humblement, afin que compatissant & aiant égard à la susdite Eglise, & à l'estat des susdits, Nous daignassions accorder & pacifier lesdits differends gracieusement & amiablement. Comme aussi le tres-sainct Pere Clement Souverain Pontife de l'Eglise Romaine & universelle estant lors à Lyon, Nous a prié instamment, & les Suffragans de ladite Eglise, ensemble les Abbez, Nobles Barons de ces quartiers, & Sujets d'icelle Eglise, Nous ont humblement supplié, qu'il Nous pleust d'octroyer la paix & accorder à ladite Eglise, sur lesdits differends. Parquoi, Nous, desirans de tout nostre cœur la paix & tranquillité de nos Sujets, & specialement des Eglises & personnes Ecclesiastiques de nostre Royaume; Et ne voulans refuser les prieres de nostre susdit tres-sainct Pere, & enclinans aux requestes & supplications qui Nous ont esté faites de leur part par lesdits Archeque, Chapitre & autres, Nous avons consenty à un traicté de paix & concorde premierement, lors que Nous estions dans la ville de Lyon : & ensuite ayans veu & examiné, comme il faut, divers traictez faits sur iceux par nostre amé & feal Pierre de Belleperche, qui pour lors estoit nostre Chancelier, & ensuitte Evéque d'Auxerre, deputé par Nous à cét effet; & par prude & discrette personne Thibauld de Vassalieu Archidiacre de Lyon, & quelques autres preud'hommes de la part desdits Archevéque, Doyen & Chapitre deputez sur lesdits differends, qui les touchent & qui en dépendent, Avons transigé, convenu & accordé avec ledit Archidiacre procureur desdits Archevéque & Chapitre; & de plus, pour comble de plus grande faveur envers ladite Eglise, pour raison de ce, avons octroyé plusieurs privileges & graces ausdits Archevéque & Chapitre, ainsi qu'il est contenu en ces & autres nos Lettres sur ce passées, à cause que pour le nombre & quantité des choses contenuës en cét écrit, le tout ne pouvoit estre contenu commodément en une Charte ou Lettre: si que premierement Nous confessons pour Nous & pour nos successeurs Rois de France, qu'il appartient ausdits Archevéque & Chapitre, au nom d'icelle Eglise de Lyon, le mere & mixte impere immediatement, entierement & solidairement, & toute sorte de Jurisdiction haute & basse, exercice & execution d'iceux, en toute la cité, Ville de Lyon & ses appartenances, sous nostre garde, ressort, souveraineté; desquels ressort, souveraineté & gardé cy-dessus, Nous & nos successeurs useront & devront user à jamais en la maniere, forme & modifications ci-dessous exprimées : C'est à sçavoir, qu'en la Ville, cité, temporalité, terre & Baronnie de ladite Eglise estans dans nostre Royaume, ou ses dependances, des sentences definitives, interlocutoires, ou griefs quelconques, esquels il est loisible par le droict Civil écrit, ou par coustume reçuë & prescrite en Cour seculiere, d'appeler d'iceux Archevéque & Chapitre, porter ou inferer par quelconques Juges Officiers seculiers desdits Archevéque & Chapitre ordinaires, ou deleguez, & par tous ceux qui sont immediatement sujets à leur Jurisdiction & Baronnie, & qui president à quelque Jurisdiction temporelle que ce soit, la premiere appellation & premier ressort sera devolu immediatement ausdits Archevéque & Chapitre, selon qu'il est reconnu, que la Jurisdiction de ladite Eglise appartient temporellement à quiconque soit d'iceux, conjointement ou séparément : Et quant aux secondes appellations, & second ressort, qu'elles seront devoluës à Nous & à nostre cour, & que lesdits Archevéque & Chapitre pourront exercer, definir & executer lesdites premieres appellations & premier ressort, par eux, ou par Commissaires particuliers, ou pour la connoissance du corps de cette sorte de causes, deputer certains Juges, un ou plusieurs ; & s'il arrive qu'il y ait appel en autre maniere qu'esdits cas, que l'appellation sera nulle de droict ; & si omisso medio, on appelle premierement à Nous & à nostre cour, l'appellation tiendra ; mais il sera fait renvoy d'icelle, avec connoissance à l'Archevéque & Chapitre, ou au Juge d'iceux des premieres appellations, pardevant lequel on devoit premierement appeller, & Nous ou nostre Cour ne pourront connoistre de la premiere appellation, quand bien l'une & l'autre partie le voudroient: & si la connoissance en estoit prise, icelle n'aura lieu. Si toutesfois il auroit esté attenté quelque chose au prejudice d'un tel appel, nous le ferons legitimement revoquer & remettre au premier estat, par la Cour desdits Archevéque & Chapitre, & au defaut d'iceux, ou de leur cour, par nos Officiers. Pour les causes des seconds appeaux, & second ressort, qui seront devoluës à nostre cour, nous en ferons connoistre & determiner par nos gens de nostre parlement de Paris, ou ailleurs, nostre parlement general tenant, ou par deux ou trois de nostre conseil non suspects, que nous jugerons à propos sur ce. Et sera au choix de l'Archevéque & Chapitre, s'ils veulent que lesdites causes soient oüyes & definies par nos gens tenans nostre Parlement general, ou par deux ou trois, comme dit est, qui seront par nous deputez,& seront lesdites causes traitées & terminées, selon le droit civil écrit, sauf les coustumes des lieux legitimement approuvées, qui devoient être suivies és jugemens des causes principales, & que l'instance defdites caufes fera finie, felon ce que le droit écrit en dit, & ne pourra eftre eftenduë au delà d'icelui. Et ne commettrons lefdites caufes des feconds appeaux, & fecond reffort, à autres perfonnes fingulieres dans le païs, qu'à celles que dit a efté ci-deffus, fi n'eft qu'il y euft different entre parties privées, ou entre lefdit Archevéque & Chapitre, ou leurs Officiers d'une part, & quelqu'un de leurs fujets d'autre, & que la fufdite queftion pendante entre le Seigneur & le fujet, fuft de peu de valeur, à favoir de cinquante livres tournois & au deffous, ou que la perfonne qui auroit different avec eux fuft pauvre, & ne pût commodément fupporter les frais du procés : aufquels cas nous ne pourrons commettre lefdites caufes, pour eftre oüyes & determinées en premier, à autre toutesfois qu'au Senéchal de Beaucaire, Baillif de Mafcon ou Vellay, ou Juges & autres nos Officiers defdites Senefchauffées & Bailliages, aufquels ne fera fait aucune addreffe des chofes fufdites. Nous n'eftablirons aucun commiffaire general, foit pour la decifion ou connoiffance defdites caufes, qui devront eftre devoluës à Nous en cas de reffort, de l'audiance defdits Archevéque & Chapitre, ou de leurs Officiers. Et ces Commiffaires particuliers & fpeciaux connoiftront de cette forte, des caufes hors de la cité, terre, & Baronnie de l'Eglife & Dioceſe de Lyon, fi ce n'eft que la qualité de la caufe requît, que certain article d'icelle és caufes fufdites, fuft exploité dans la terre & Baronnie de l'Eglife ; lequel eftant exploité fur le lieu, ils feront tenus de connoiftre du reftant hors de la terre, Baronnie, & Dioceſe fufdits ; que s'il fe fait quelque chofe à l'encontre, qu'il foit de nulle valeur. Pour ce qui eft de la Cour Ecclefiaftique de l'Official, on n'en appellera à Nous en aucune façon, ni empécherons à l'advenir la Jurifdiction de la Cour Ecclefiaftique, & ne permettrons qu'en façon quelconque elle foit troublée. S'il eft prononcé que quelque appellant ait legitimement appellé, & que l'Archevéque & Chapitre, ou leurs Juges feculiers, ou Officiers feudataires, ou vaffaux ayans Jurifdiction, ayent injuftement & mal jugé, ou indeuëment grevé, ils ne pourront pour raifon de ce, en autres caufes qui concerneront ledit appellant, ou autrement, eftre privez de leur Jurifdiction, ni à vie, ni à temps ; mais nous voulons que fur ce le droit civil foit obfervé, & ne pourront eftre contraints de defendre en noftre Cour, les fentences données entre deux de leurs fujets, qui feront appellans à Nous en fecond. Mais fuffira la defenfe de la partie, pour laquelle aura efté jugé, bien que le contraire foit obfervé, concernant certaines parties de noftre Royaume par couftume fpeciale. Et ne fera l'appellant, de quel eftat & condition qu'il foit, par un tel appel exempt en autres caufes de la Jurifdiction d'iceux, fi ce n'eft feulement en celle dont y aura appel. Car fi l'appellant les tient pour fufpects en autres caufes, il pourra ufer des remedes convenables, & qu'il jugera à propos. Nul des fujets de l'Archevéque & Chapitre de l'Eglife de Lyon, en quel cas que ce foit, ne pourra fe diftraire de la connoiffance de l'Archevéque ou Chapitre, par voye de fimple plainte, ou decliner la Jurifdiction d'icelui, fi ce n'eft par la voye du fufdit reffort, ainfi que nous avons declaré par nos precedentes, & autres nos Lettres. Or la Baronnie de l'Archevéque & Chapitre de Lyon confifte en ce qui s'enfuit ; s'eftendant par les bornes & limites, divifans les mandemens des villes d'Ance & Villefranche, s'eftendans jufques aux mandemens de Ternant, enfermans lefdits Chafteaux & leurs mandemens dans ladite Baronnie, & de-là s'eftendant par les bornes & limites qui divifent les mandemens defdits Chafteaux, depuis la terre du Seigneur de Beaujeu jufques à Ville-Cheneve, & de Ville-Cheneve, & s'eftandant par les bornes & limites qui feparent la Baronnie fufdite des terres du Comté de Forefts, & de là s'eftendant par lefdites bornes & limites jufques à Saint Jean de Bonnefons, enfermant ladite ville dans lefdites bornes & limites, & de là jufques à la Croix de Mont-mou, qui eft dans le chemin public par lequel on va de Roche-taillée vers Annonay, & de ladite Croix de Mont-mou, tirant par les bornes & limites qui feparent les mandemens de Jurieu, & de Malval, Chafteau de Virieu avec fon mandement, & la ville de Chavaney, qui font enclos dans ladite Baronnie ; & en fuitte, vers l'Orient, autant que s'eftend dans noftre Royaume & fes appartenances, où fe peut & doit eftendre. Or par la fufdite limitation de la Baronnie de l'Eglife de Lyon, nous n'entendons icelle reftreindre & retrancher en aucune façon, qu'elle ne s'eftende plus avant s'il y a efté obmis quelque chofe, ni augmenter auffi ladite Baronnie au prejudice d'aucun. Au furplus, Nous & nos fucceffeurs les Rois de France, conferverons, garderons & defendrons autant qu'un bon Prince & bon Gardien peut & doit faire contre tous, excepté l'Eglife de Lyon, lefdits Archevéque & Chapitre, les Chanoines incorporez à ladite Eglife de Lyon, & un chacun d'iceux, leurs famimilles, chofes & biens en quel lieu qu'ils puiffent eftre. Comme auffi les bourgeois de Lyon, vaffaux & Sujets de ladite Eglife de Lyon, qui nous auront payé la garde ci-deffous fpecifiée, les chofes & biens d'iceux vaffaux, Bourgeois & Sujets de ladite

de la Ville de Lyon.

Eglise, de quelque estat, sexe & condition qu'ils soient, aux frais & despens propres de Nous & de nos successeurs les Rois de France. Toutesfois, les Bourgeois de Lyon, & autres Sujets de l'Eglise de Lyon, pour la defence d'eux, de la susdite Eglise, ou ses droicts ou personnes, ou de leurs biens, selon l'ordre & mandement de l'Archevêque & Chapitre, ou de celui qui en leur nom exercera la Jurisdiction temporelle, seront tenus de suivre & ayder nostre Gardiateur, toutes & quantesfois qu'iceux Archevéque & Chapitre, ou ceux qui pour iceux exerceront la Jurisdiction Seculiere, par nostre Gardiateur en seront requis, lors qu'il sera besoin & expedient, & selon que la qualité de l'affaire le requerra, pour la defence & garde susdites. Et ne sera besoin pour lors de pourvoir ausdits Bourgeois & Sujets d'aucune solde, frais ou despences; pour lesquels garder & defendre, Nous mettrons & establirons chacun an pour Nous un Gardiateur, homme de bonne vie; en sorte que continuellement & à perpetuité il y ait là un Gardiateur: une seule toutesfois & mesme personne ne pourra estre Gardiateur au de-là d'un an continu, si ce n'est du gré & volonté desdits Archevéque & Chapitre, ou dudit Thibauld Archidiacre, pendant sa vie. Toutesfois, l'an fini, & jusques à l'arrivée de son successeur, lequel, sans delay nous devrons envoyer, & envoyerons, la charge d'icelui durera. Celui qui sera establi par Nous Gardiateur, à son nouvel advenement; & devant qu'il puisse exercer le commandement de Gardiateur dans ladite Cité, jurera publiquement sur les Saints Evangiles dans le Chapitre de Lyon, ou en la grande Eglise, presens l'Archevêque & le Chapitre, ou ceux qui par eux seront deputez, & les Bourgeois & Sujets de l'Eglise de Lyon qui y voudront assister, de garder, conserver & defendre fidelement & utilement & de tout son pouvoir, en nostre nom & pour Nous, les susdits Archevêque & Chapitre, Chanoines incorporez, Clercs, Bourgeois de Lyon, & tous autres vassaux & sujets de l'Eglise de Lyon, leurs familles, choses & biens & droits d'iceux, en quelque lieu qu'ils soient, comme dit est. Qu'ils auront leurs mains nettes de tous presens, par le moyen desquels ils pourroient tomber dans le soupçon & apparence de quelque corruption : qu'il exercera de tout son pouvoir & forces, la charge de bon & loyal Gardiateur : qu'il observera entierement & selon son pouvoir, cet accord contenu en ces autres nos Lettres sur ce dressées : qu'il ne portera aucun trouble ni empeschement à la Jurisdiction d'iceux Archevêque & Chapitre, leurs Officiers & Sujets. Devant le serment susdit presté par ledit Gardiateur, on ne sera obligé de lui obeyr. Ledit Gardiateur n'aura aucune Jurisdiction comme juge ou commissaire sur lesdits Archevêque & Chapitre, & les personnes particulieres qui sont incorporées audit chapitre, & clercs de l'Eglise, les citoyens de Lyon, vassaux & sujets, leurs choses & biens ; mais comme un vray Gardiateur d'iceux il exercera sa charge : & quant à Nous ou nôtre Gardiateur, Nous ne defendrons lesdits Bourgeois, ni aucuns vassaux ou sujets de l'Eglise de Lyon contre lesdits Archevêque & Chapitre, ni contre leurs Officiers de Justice, sinon en cas de violences indeuës ou excés manifestes, pouveu que lesdits excés & violences ne concernent point l'execution de la Justice, ou l'exercice de la Jurisdiction, ausquels cas Nous serons tenus de defendre lesdits Bourgeois & autres sujets de ladite Eglise de Lyon contre iceux, de telles violences & excés manifestes. Ne pourra toutesfois nostredit Gardiateur empêcher en façon quelconque les executions que lesdits Archevêque & Chapitre, ou leurs Officiers ou Sujets ayans Jurisdiction, feront, & qui appartiennent & concernent l'exercice de leur Jurisdiction ou Justice. Veu qu'en ces choses, si tant est que leurs Sujets se voyent grevez, il leur soit suffisamment pourveu par Nous, par la voye du ressort. Pour ce qui est des gages du Gardiateur, & autres charges de la garde, Nous & nos successeurs Rois de France, percevrons à perpetuité & chaque année, le jour & feste de saint André Apostre, de tous & un chacun les habitans en toute la cité, ville, terre & Baronnie de ladite Eglise de Lyon, excepté seulement les clercs & les Nobles, lesquels clercs & Nobles seront gardez tout ainsi que les autres par Nous & nôtre Gardiateur, qu'ils ne soient tenus payer aucune chose, c'est à sçavoir pour chaque feu, depuis douze deniers tournois jusques à dix sols tournois de bonne monnoye ; en sorte toutesfois, que nul, pour riche qu'il soit, ne sera tenu de payer au de-là de dix sols par an, & que nul ne pourra payer moins que de douze deniers tournois, & les autres plus ou moins, selon les facultez d'un chacun, depuis douze deniers jusques à dix sols, ainsi qu'ils seront taxez & reglez par des gens de bien. Que si aucunes personnes particulieres, chapitres, convents, ou colleges desdits habitans, desdites cité, terre & Baronnie, nous estoient cy-devant tenus à quelque prestation, pour raison d'une autre garde, Nous les deschargeons & tenons quittes de ladite prestation, à la charge toutesfois de nous payer à perpetuité ce qui est cy-dessus ordonné. Voulans que toutes gardes particulieres que nous avions cy-devant sur tous les habitans desdites cité, terre & Baronnie, soient encloses & comprises pour tout temps à venir dans ce droit de garde de l'Eglise, bourgeois, terre & Baronnie de l'Eglise de Lyon. Et ne recevrons aucun des susdits habitans à aucune garde particuliere, ni ne devrons recevoir autrement que dit est, pour l'advenir dans ladite ville, cité, terre & Baronnie de ladite Eglise, en quelque lieu qu'elle s'estende. Pourront lesdits Archevéque & Chapitre, un chacun en sa terre, librement, & de nostre authorité Royale qui leur est accordée par ces presentes, establir foires qui dureront certain temps, sous certaines manieres & conditions, tous ceux qui iront ausdites foires, qui sejourneront en icelles, ou en reviendront, seront receus sous nostre sauvegarde & conduite. Pour ce qui est des profits & emoluments qui proviendront desdites foires, (autres toutesfois que ceux qui seront establis, pour raison de la Jurisdiction des lieux où seront lesdites foires) durant le temps d'icelles, nous percevrons & aurons la moitié desdits émoluments, & l'Archevêque & Chapitre l'autre moitié, pour estre partagée entr'eux, selon qu'il en appartiendra à un chacun d'iceux. Les frais & depenses qu'il conviendra faire pour raison desdites foires, & ce qui en dépend en quelque maniere que ce soit, seront faits & payez par nous, & ledit Archevêque & Chapitre par moitié & à frais communs; & pour raison de ce nous, ni ceux qui leveront lesdits droits & profits sous nostre nom, & pour nous, n'auront aucune autre Jurisdiction és lieux où lesdites Foires seront establies. L'Archevêque, & ledit Thibault Archidiacre au nom du Chapitre, ordonneront les lieux où lesdites foires seront establies, un chacun dans sa terre. Ledit Archevêque en son nom, & ledit Thibault Archidiacre au nom dudit Chapitre, selon que l'administration de la terre appartiendra à un chacun d'iceux, ensemble avec celui ou ceux de nos gens que nous jugerons à propos de deputer pour cêt effet, ordonneront des temps, conditions, & formes desdites foires & durée d'icelles. S'il est fait quelque injure ou rebellion à ceux qui leveront les émoluments contenus en cêt accord, à leurs Sergents ou Officiers, Messagers, ou autres quels qu'ils soient, qui pour raison desdites foires, execution & garde d'icelles seront deputez, ou qui que ce soit, venans ou revenans desdites foires, la connoissance de ce, & la punition, le profit, amendes & forfaictures, seront en commun à nous, à l'Archevêque & Chapitre, selon qu'il appartiendra à un chacun d'iceux. Nous n'empescherons, ni ne permettrons estre empeschez par aucun, les marchez establis, ou qui s'establiront pour l'advenir en quelque lieu que ce soit de leurs terres, sinon en cas que quelques-uns se plaignent de l'establissement de nouveaux marchez, voulans que pour raison de ce ils puissent avoir justice pardevant nous, ou nos gens tenans nostre Parlement, entendans pour raison de ce, d'en demeurer aux termes du droit. Nous voulons que ceux qui iront ausdits marchez, sejournans, ou revenans d'iceux, soient sous nostre guide & sauf-conduit dans la cité, terre & Baronnie de l'Eglise de Lyon. Nous ne tiendrons aucuns Bedeaux, Sergents, ou Officiers qui puissent saisir ou executer en quelque sorte que ce soit, ou exercer aucun Office, sinon en cas de nostre ressort; pour raison dequoi nous pourrons deputer trois ou quatre Sergents propres à ce, qui feront les executions & exploits pour nous tant seulement, en cas de ressort, selon qu'ils en recevront les mandements par nos Lettres speciales, ou de ceux qui par nous à ce seront deputez. Quant aux autres Sergents, ou autres nos Officiers qui viendront esdits lieux, s'ils saisissent, delinquent, contractent, en quelque maniere que ce soit, dans la cité, terre & Baronnie susdite, soient Sergents en cas de ressort, comme dit est, qui seront, par nous deputez, s'ils delinquent hors ce qui est de leur charge, ils pourront estre punis, & toute execution pourra estre faite contre eux par l'Archevêque ou Chapitre susdits, sçavoir par un chacun en sa terre, comme s'ils n'eussent point esté deputez en nostre charge. Et si lesdits Sergents qui seront deputez par nous, en cas de nostre ressort, ont à faire quelque execution par nostre commandement, ou d'autre leurs superieurs, selon la forme des appellations susdites, ou ressort susdit contre les sujets de l'Archevêque & Chapitre, ou autres d'iceux, ne pourront faire icelle, ni ne devront, sans premierement en avoir requis lesdits Archevêque ou Chapitre chacun endroit soy, & au defaut d'iceux, Ne pourra nul Sergent, ou Officier nostre, tandis qu'il aura domicile dans la terre de l'Archevêque ou Chapitre, ou autre dépendant d'iceux, exploiter lieu où il aura son domicile, ou exercer aucun autre Office en nostre nom. Si nos Sergents que nous deputerons en cas de ressort, dans la cité, terre & Baronnie susdites, sont trouvez incapables, ou delinquants dans leurs charges, ou que lesdits Archevêque & Chapitre se plaignent deuëment desdits Sergents, nous ferons que lesdits Sergents seront ostez de leur charge, selon qu'il sera juste, & punis selon la qualité de leur delict, & estre mis d'autres en la place de ceux qui en auront esté ostez. Item ne pourront nos gens tenir aucunes assises dans la cité & Baronnie de l'Eglise de Lyon, ains cesseront entierement; & ne permettrons qu'elles soient tenuës par aucun de nos

de la Ville de Lyon. 415

Officiers en façon quelconque. Ceux qui seront demeurans en la terre de l'Archevêque & Chapitre susdit, bien qu'ils soient nos bourgeois, ou soient faits tels à l'advenir en quelque maniere que ce soit, pourront neantmoins estre justitiables en tout par nosdits Archevêque & Chapitre, nonobstant ladite Bourgeoisie: Lors qu'il se fera quelque saisie par nos Sergens ou Officiers, en quelque cas de ressort que ce soit, à faire selon qu'il est dit cy-dessus, les choses saisies ne pourront estre extraites ou vendues par iceux en quelque façon que ce soit, hors la terre & Baronnie de Lyon, ou lesdites saisies auront esté faites, tandis qu'il y aura espace de temps suffisant pour trouver acheteur. Nous n'empescherons d'estre battu monnoye par l'Eglise de Lyon: Nous n'empêcherons aussi le cours & employ d'icelle par les lieux où elle a accoustumé d'avoir cours & mise: ni ne restreindrons le cours qu'elle a d'anciennetè, par le moyen d'aucun. Voulons que l'Archevêque & Chapitre, & quel que ce soit d'iceux, puissent user en toute liberté, & jouïr de peages, guides, jurisdictions, franchises & libertez, tant par terre que par eau, sans aucun empeschement de par Nous ni nos Gens à l'advenir. Confirmons par la teneur de ces presentes, & de certaine science, tous & chacun les privileges, libertez, donations & graces, qui par cy-devant ont esté octroyez à l'Archevêque ou Chapitre, conjointement ou séparément, par Nous ou nos Predecesseurs. Et au surplus, voulons de nostre authorité Royale & grace speciale, que tous privileges, donations, libertez concedées conjointement ou séparément ausdits Archevêque & Chapitre, par autres personnes que ce soient, en toutes & chacunes d'icelles, qui ne sont point contraires & opposées au present accord, aux droits & avantages de nôtre honneur & de nostre Royaume, entant que sans nostre consentement ils ne pouvoient estre octroyez ou donnez, demeurent en leur force & valeur. Promettons en outre de nostre bon gré, de donner ausdits Archevêque, Chapitre & Eglise de Lyon, d'autres biens & privileges à leur commodité toutes & quantesfois que par eux ou quelqu'un d'iceux Nous en serons requis: Nous octroyons gracieusement aussi ausdits Archevêque, Chapitre, Chanoines incorporez en ladite Eglise & clers de pouvoir agir dans nostre cour & parlement, soit en demandant, soit en defendant par procureur. Clerc ou Lay. Octroyons aussi la mesme chose aux Bourgeois & sujets de ladite Eglise, & autres païans la garde susdite, soit és cas auxquels de droit civil n'est pas admis Procureur. Ne pourrons Nous, ny nos successeurs à l'advenir, construire ou permettre estre basty en nôtre nom aucune maison, forteresse ou Chasteau, en quelque maniere que ce soit, ny aquerir aucun fief, arriere-fief, societé, appanage, ou autres biens quelconques immeubles, ou retirer iceux, sous quelque nom & tiltre que ce soit, sans le consentement desdits Archevêque & Chapitre: & si Nous requerons cy-aprés quelque chose sous aucun tiltre, raison ou cause, que Nous serons tenus de mettre & mettrons icelle chose hors de nos mains dans l'an; & à faute de ce faire, voulons que le tout appartienne à l'Archevêque, Chapitre & Eglise de Lyon, & soit appliqué à leurs droicts, sauf toûjours & exceptez toutesfois les choses qui sont en quelque sorte que ce soit contenuës au present accord. Au surplus, l'Archevêque, leurs Vassaux & domestiques ne pourront estre empêchez par Nous ny nos successeurs, qu'ils ne puissent par la volonté desdits Archevêque, Chapitre & Eglise de Lyon, porter armes sans fraude dans la Cité, terre, Baronnie, fiefs & arriere-fiefs de ladite Eglise de Lyon, pour la conservation & exaction des droits d'iceux; & pour conserver & poursuivre les droits de l'Eglise de Lyon, & pour punir & reprimer les injures & rebellions faites ou à faire à iceux en quelque maniere que ce soit, combien qu'ils prennent passage par nos terres ou de nos autres sujets: auquel cas ils seront tenus de reparer le dommage s'ils en font, à ceux qui l'auront souffert. Que si aucuns des habitans de la Ville, terre & Baronnie susdite ont illicitement porté des armes, la connoissance & punition en appartiendra à l'Archevêque & au Chapitre, & seront punis par lesdits Archevêque & Chapitre; c'est à sçavoir, quel que soit d'iceux en sa terre tant seulement: & pour raison de ce, percevront l'amende par entier. Pour ce qui est des forains & estrangers qui porteront des armes illicitement, dans la Ville, terre & Baronnie susdites, Nous en retirerons la moitié de l'amande, & l'Archevêque & Chapitre prendront l'autre moitié. Et en ce cas, la connoissance & punition de cette cause & port d'armes, sera commune à Nous & à iceux Archevêsque & Chapitre; & n'empescherons en façon quelconque que les Bourgeois, vassaux & sujets d'iceux accompagnent & suivent iceux ou leurs Officiers avec armes, pour poursuivre & defendre les droits de l'Eglise de Lyon, mesmes pour les conserver, toutes & quantesfois, & par tout où besoin sera, & qu'ils trouveront estre à propos. Seront lesdits Archevêque & Chapitre, Chanoines incorporez & Clers de l'Eglise de Lyon, Bourgeois, vassaux & sujets de ladite Eglise de Lyon, exempts de la jurisdiction du Seneschal de Beaucaire, Bailifs de Mascon & de Velay, Chastelains, prevosts, ou Officiaux d'iceux;

& ne seront tenus obéir à aucun de nos Seneschaux ou Bailliss en quoy que ce soit; mais nous ferons exploiter nos droits de superiorité & ressort sur iceux, terre & sujets d'iceux, par trois ou quatre Sergents susdits, selon qu'il est cy-dessus exprimé. Lesdits Archevêque & Chapitre, & leurs sujets pourront potter leurs choses & biens, & changer de lieu en lieu par tout où ils voudront, & les tirer hors de nostre Royaume, pourveu qu'ils ne les portent à nos ennemis manifestes & ouvers, ou autres qu'on leur aura signifiez; excepté lors que pour l'utilité & necessité de nostre Royaume, nous aurons fait ou ferons une defense generale, de n'emporter aucune chose de nostre Royaume. Contre cette prohibition ne pourront cy-après tirer ou emporter aucune des choses defenduës, si ce n'est pour la sustentation de leurs terres, si tant est qu'ils en ayent hors des limites de nostre Royaume. Ne seront tenus l'Archevêque, Chapitre & Chanoines incorporez, clercs, bourgeois, ou autres sujets de l'Eglise de Lyon, par eux ou par autre suivre nos Parlements, si ce n'est tant seulement en cas du ressort susdit; pour defaut de Justice non renduë par l'Archevêque ou Chapitre, ou leurs Officiers temporels. Ne pourront ladite Eglise de Lyon, ny iceux Archevêque ou Chapitre estre privez de leur Jurisdiction, à perpetuité, ni pour certain temps; ny ne pourront estre punis ny engagez pour le fait d'une personne privée & particuliere, sinon entant que la raison du droit écrit le veut. Toutesfois s'il arrivoit que Nous ou nostre Cour punist ou declarast amandables, iceux ou leurs sujets; pour raison des susdits faits privés, ou pour autres causes contingentes; en ce cas nous ordonnons que le droit écrit sera observé pour l'infliction des peines & amendes. Nous remettons à raison du present traitté, & quittons à l'Archevêque & Chapitre de Lyon, bourgeois, vassaux, & sujets d'iceux, pleinement & entierement toutes & chacunes commissions, forfaictures, amendes, offenses, rebellions, désobeïssances, injures, subventions, & condamnations, de quelque qualité ou nom qu'elles soient: esquelles depuis le passé jusques à ce jourd'huy ils nous sont tenus, ou à nos gens pour nous. Pourront l'Archevêque & Chapitre, conjointement ou separément acquerir à juste tiltre, dans la ville, terre, fiefs & arriere-fiefs de l'Eglise, & en tous autres lieux où ils ont, ou auront toute Jurisdiction haute & basse, en quelque lieu que ce soit dans les limites de la Baronnie susdite, sans estre obligez d'impetrer aucun amortissement de nous ou de nos successeurs. Voulons en outre, que toutes & chacunes les ordonnances que nous faisons & ferons à l'advenir, pour l'utile gouvernement de nôtre Estat, soient observées à l'honneur & utilité d'icelle Eglise de Lyon, sauf & retenu à nous toutes & chacunes les choses qui sont contenuës au present accord, tant & si longuement que les Archevêques de Lyon qui seront de temps en temps, nous rendront le devoir & fidelité qu'ils sont tenus nous rendre, ils jureront aussi sur les saints & sacrez Evangiles qui leur seront mis devant, qu'ils n'empescheront ny ne troubleront nos droits és choses susdites, superiorité, garde & ressort, & que tant qu'ils vivront, ils observeront & garderont entierement & fidelement toutes autres & chacunes les choses qui sont contenuës dans ces Lettres, & autres de cét accord. Cela mesme jureront sur les saints Evangiles, tous & un chacun les Chanoines qui sont à present, & tous les autres cy-après lors de leur premiere reception, & devant qu'ils soient receus par le Chapitre. Et nous aussi pour nous & nos successeurs, promettons de bonne foy les garder & observer, & que tous nos successeurs les Rois de France après la foy à eux renduë par lesdits Archevêques, & après que lesdits Archevêques leur auront presté le serment d'observer les choses susdites, iceux Rois leur feront semblable promesse, & sur ce leur donneront leurs Lettres speciales. Et que tous nos Senéchaux de Beaucaire, Baillifs de Mascon & Velay, nos Juges Mages & nos Procureurs de nosdites Senéchaussées & Bailliages, presents & à venir, à l'advenement de leurs charges, à la requisition desdits Archevêque & Chapitre, ou de leur Procureur, & tous & un chacun nos Officiers, pour l'exercice & execution dudit ressort & superiorité; & specialement lesdits trois ou quatre Sergents qui seront par nous deputez, devant qu'ils puissent exercer leur Office jureront d'observer entierement les susdites choses, entant que concerne la charge d'un chacun d'iceux. Comme ainsi soit que pour certaines causes, nous avons tenu sous nostre main les cité, ville, & quelques chasteaux & droits de l'Eglise de Lyon, ne voulons que la tenuë que nous en avons euë, nous attribuë aucun droit, ny qu'elle blesse en rien le droit de l'Eglise; & si pendant ce temps par la negligence & faute de nos Officiers, quelques droits de l'Eglise se sont perdus ou usurpez par d'autres indeuëment, ne voulons que pour raison de ce, il soit fait prejudice à ladite Eglise, ou en la proprieté, ou en la possession. Comme ainsi soit, qu'en l'Eglise de Lyon il n'y ait aucun nombre certain de Chanoines, ny distinction de Prebendes, & qu'il arrive par fois que dans nostre Royaume; & particulierement dans la Province Lyonnoise nous impetrions, ou autrement obtenions

tant

tant seulement des Decimes, ou Benefices annuels, generalement ou specialement, afin que cy-aprés il ne survienne aucune brigue ou doute pour raison de ce, nous ne voulons qu'aucuns de l'Eglise, sous pretexte de quelques Chanoinies, que certaines personnes asseurent estre en icelle vacantes pour nous, ou en nostre nom, soient inquietez à l'advenir en quelque cas que ce soit, ny que pour raison d'icelles, ils soient tenus payer aucune chose, voulans que si aucuns estoient tenus à cela, leur faire sur ce & à l'Eglise susdite, grace speciale. Pour ce qui concerne la decime deuë par ladite Eglise de Lyon, ou qui sera deuë en quelque maniere que ce soit; au cas auquel elle Nous sera deuë, ou à nos successeurs, par quelconque impetration ou concession, pour l'advenir, elle ne sera point exigée particulierement par aucuns particuliers Chanoines d'icelle Eglise; mais tous & chacuns les revenus d'icelle Eglise de nostre Royaume, estant legitimement estimez en gros, suivant la taxe ancienne de la decime, nos Officiers recevront & leveront icelle decime par les mains du Doyen d'icelle Eglise en son nom & de tout le Chapitre. Auquel Doyen chaque Chanoine en particulier, & les incorporez seront tenus payer par entier la dixme qui pourra estre deuë par iceux, suivant l'ancienne taxe: & ne pourront exiger de ladite Eglise de Lyon, ny par autre maniere que la susdite, outre & pardessus une dixme entiere en un an, si ce n'est qu'elle procede du consentement special desdits Archevêque & Chapitre. Quant aux Eglises de Chalon, Mâcon, Sainct Paul, Saint Just & Saint Thomas de Forvieres de Lyon, & Sainte Marie de Beaujeu, ses suffragantes & autres, comme sujettes à icelle Eglise Metropolitaine de Lyon, pourveu toutesfois qu'elles soient de mesme condition, en ce qu'en icelles il n'y a pas une certaine distinction de Prebendes telle qu'elle est en l'Eglise de Lyon, que Nous ne voulions estre estenduë ny observée. D'ancienneté, il y a sept Chevaliers en l'Eglise de Lyon pour defendre les droits de l'Eglise, & advancer plus heureusement les affaires d'icelle. Or Nous, desirans que le service Divin soit augmenté en ce lieu là, & pourvoir à l'advenir plus utilement à la defence des droits de l'Eglise, pour le salut de nostre ame & de nostre tres-chere Epouse Jeanne, jadis Reyne de France, de nos peres & successeurs, Nous fondons de nouveau audit lieu trois nouvelles chevaleries, & rentons chacune d'icelle de la valeur de cent livres tournois de rente, pour estre perceuë annuellement à la Feste de Sainct André Apostre, des susdits émolumens & revenus que Nous devons percevoir en la Cité, terre & baronnie de l'Eglise de Lyon, suivant la teneur des presentes Lettres: & outre les susdites choses, nos trois Chevaliers recevront de leur droit en ladite Eglise de Lyon seulement, en tout & par tout autant qu'un chacun des anciens Chevaliers de ladite Eglise, a accoustumé d'avoir & percevoir pour raison de sa milice, la presentation & nomination desquels Nous Nous retenons & à nos successeurs Rois de France à jamais, pour être faite au Doyen & Chapitre de ladite Eglise: ausquelles milices Nous & nos successeurs Rois de France nommerons des hommes Clercs & sçavans és lettres ornez de science & capables, suivant les coustumes & statuts de ladite Eglise, lesquels ainsi nommez & presentez par Nous, lesdits Doyen & Chapitre seront tenus de recevoir incontinent sans aucune exception, & jureront ainsi que les autres de leur condition: à laquelle charge de milice Nous voulons que quiconque sera presenté par Nous soit propre & habile, bien qu'il fust connu qu'iceluy tenoit quelqu'autre dignité, personnage, office ou administration, ou pluralité de Benefices, de quelque nombre & qualité qu'ils soient. Lesquels trois Chevaliers nos feaux & domestiques, Nous voulons estre Clercs: & iceux, aprés qu'ils auront esté par Nous nommez & presentez, Nous retenons pour estre à jamais de nostre Conseil & de nos successeurs Rois de France. Voulons & octroyons par ces presentes, que de tous & un chacun les profits que Nous & nos successeurs devons percevoir en vertu du present accord & transaction, sans avoir égard à ce que Nous percevons aujourd'huy ou percevrons à l'advenir de la susdite garde, ou quelqu'autre garde ancienne que ce soit, des Bourgeois de ladite Cité, & de quelques autres sujets que soit de la terre & Baronnie de l'Eglise de Lyon, & de quelques autres sujets que ce soit de la terre & Baronnie de l'Eglise de Lyon, c'est à sçavoir, depuis douze deniers jusques à dix sols tournois pour chacun feu, comme plus à plein est contenu cy-dessus: que la moitié soit à l'Archevêque & Chapitre susdits, & leur appartienne à perpetuité sans empêchement quelconque: laquelle moitié sera partagée par égales portions entre lesdits Archevêque & Chapitre. Et seront taxez & levez tous & chacun les émolumens susdits sous nostre nom, & de l'Archevêque, Chapitre, & d'icelle Eglise en commun par des gens de bien de chacune Parroisse de la cité & ville de Lyon, ensemble de la terre & Baronnie d'icelle Eglise de Lyon, tels que nos Officiers en nostre nom, l'Archevêque au sien, & le susdit Thibauld Archidiacre pendant & aprés sa mort, le Doyen d'iceluy Chapitre de Lyon, jugeront devoir estre nommez: lesquels personnages ainsi nommez jureront sur les Saints Evangiles, & seront tenus jurer annuellement, de taxer & lever en commun fidellement & aux noms que dessus, lesdits émolumens en la forme susdite. Nous ferons legitimement estimer par des preud'hommes les dommages qui auront esté faits par l'un de nos Officiers, quel qu'il soit, ausdits Archevêque & Chapitre, ou à leurs vassaux & sujets, lesquels ne seront parvenus à nos mains, & qui n'auront point esté convertis à nostre honneur & profit, & feront iceux reparer sur le champ entierement par ceux qui en seront trouvez coupables. Et pour ce qui est des amendes ausdits cas, esquelles les coulpables auront esté condamnez, & restitutions à faire par iceux, la moitié en appartiendra & sera renduë ausdits Archevêque & Chapitre, l'autre moitié à nous. Toutesfois avant que nous, ni iceux en puissions percevoir aucune chose, la restitution en sera faite d'icelles à ceux qui auront souffert le dommage. Nous octroyons aussi de grace speciale par ces presentes ausdits Archevêque & Chapitre, conjointement ou separément, de pouvoir acquerir legitimement dans nos fiefs ou arriere-fiefs, ou en quels autres francs-allœuds que ce soit de nostre Royaume, sans amortissement quelconque, jusques à mille livres petits tournois de bonne monnoye, de rente annuelle & perpetuelle, ausquels après qu'ils auront acquis icelles, en tout ou en partie, nous octroyons nos Lettres confirmatoires, signées de nostre grand sceel en cire verte. Si aucuns des habitans & chasteaux, villes & lieux, qui sont du fief ou arrierefief de l'Eglise, esquels que d'autres vassaux de l'Eglise ont jurisdiction, ou en autres lieux dans le Diocese de Lyon, de quelque estat, éminence, & condition qu'ils soient, veulent entrer sous nostre garde, qui est nommée la garde de l'Eglise de Lyon, cité & Baronnie, nostre Gouverneur de Lyon qui sera pour lors, pourveu toutesfois que cela ne prejudicie au droit d'aucun, les pourra & devra recevoir à nostre nom sous ladite garde, à la charge toutesfois des moyens, conditions, formes & prestations, qui sont cy-dessus contenuës és autres articles de la garde de Lyon: lesquels ainsi receus demeureront en icelle à perpetuité, duquel profit la moitié en appartiendra ausdits Archevêque & Chapitre, & seront levées lesdites choses, ainsi que les autres émoluments. Ne pourrons nous, ny nos successeurs les Rois de France, mettre hors de nostre main, & de la Couronne du Royaume, ou aliener sous quelque tiltre ou maniere que ce soit, soit en tout ou en partie; la superiorité, ressort, garde, & autres profits & droits que nous avons en la cité, terre & Baronnie de l'Eglise de Lyon, desquelles est fait mention en ces presentes, & autres nos Lettres. Que s'il se fait rien au contraire, nous avons ordonné par cette Ordonnance Royale que cela soit nul, & que l'alienation susdite sera de nul effet & valeur. Nous ny nos Officiers ne pourrons donner à cens ou à ferme, les profits que nous devons percevoir pour nostre part, dans la cité, terre & Baronnie de l'Eglise de Lyon, ny aussi pareillement l'Archevêque ou Chapitre, ce qui est de sa part, sans le consentement commun de nous, ou de ceux qui par nous seront deputez, & desdits Archevêque & Chapitre, pour l'utilité commune d'icelle Eglise, bourgeois, & tous autres leurs subjets. Voulons qu'en chaque chasteau des Doyen & Chapitre de Lyon, soit estably un seul Chastellain, Prevost ou autre, sous quelque nom que ce soit, qui seul exerce en ce lieu la Jurisdiction temporelle pour le Chapitre, qui sera amiablement choisi par le Chapitre & Obedienciers qui y auront interest. Que si pendant cinq jours ils ne se peuvent pas accorder de celui qui devra estre choisi, les Doyen, Archidiacre, Precenteur, Chantre, & Sacristain, ou deux, ou un d'iceux ensemble avec ledit Archidiacre, pourront élire & choisir dans trois jours, & lui ordonner salaire competent. Que s'ils n'en peuvent demeurer d'accord, qu'en ce cas ledit Archidiacre seul le puisse faire, & qu'il y soit tenu par le present article qui n'aura aucune valeur après dix ans. Si pour raison du present accord, ou sur le partage de la part des profits qui appartiennent aux Archevêque & Chapitre, ou pour quelque autre raison ou cause, survient aucun different entr'eux, l'Official de la Cour spirituelle de Lyon pour l'Archevêque, & l'Archidiacre de Lyon pour le Chapitre, après serment preablablement fait qu'ils se porteront fidellement sur la decision de la question, pourront terminer sommairement & sur le champ, laissans à part tout ordre de droit, ladite question, & toutes autres & chacunes plaintes, differents, questions, & causes, pour quelque raison & cause que ce soit, qui jusqu'alors se seront meuës entr'eux, ou pourront naistre cy-après en quelque maniere que ce soit. Et seront tenus ordonner sur icelles choses ce que bon leur semblera; & ne pourront reclamer ou se départir en quelque façon que ce soit, de leur jugement ou ordonnance quelle qu'elle soit. Ne pourront toutesfois iceux rien ordonner contre le present accord, à nostre prejudice, ou d'autruy. Nous ordonnons aussi, & voulons du consentement dudit Thibault Archidiacre Procureur, pour l'augmentation du service divin dans l'Eglise de Lyon, & en recompense des Messes, & autres divins Offices qui ont cessé dans ladite Eglise & cité, depuis le temps des differents & interdits, que sur les biens de l'Archevêque & du Chapitre, & principalement sur leur part desdits émoluments, que six Chapelles soient fondées & dottées libres & perpetuelles, chacune de trente livres tournois de rente annuelle & perpetuelle, sans diminution quelconque, qui seront payées annuellement à la veille de la Nativité de nostre Seigneur, par les mains de ceux qui recevront lesdits émoluments pour l'Archevêque & Chapitre : pour l'obtention desquelles tout Clerc de suffisante litterature & vie honneste, sera capable quelque nombre & qualité de Benefices qu'il puisse avoir, & quand il sera receu à une d'icelles, par mesme moyen il sera Clerc de l'Eglise de Lyon, aggregé au nombre du Chœur des autres Clercs, sauf les coustumes & statuts de l'Eglise de Lyon, qui sont requis és conditions de ceux qui doivent estre receus parmy les Clercs du Chœur. Et un chacun d'iceux sera celebrer trois Messes par semaine, par un Chappellain suffisant, & ne sera tenu à aucune chose au delà. La collation desquelles Chappellenies appartiendra audit Thibault Archidiacre pendant sa vie, & aprés son deceds, la collation desdites trois Chappelles, & d'autres trois, demeureront de droit perpetuel pardevers les Doyen, Archidiacre, Precenteur, & Chantre de Lyon. Pourra aussi ledit Archidiacre sur les biens de l'Eglise de Lyon, suivant la qualité & merite des personnes, faire une condigne retribution selon sa volonté à quelques personnes que ce soit, qu'il connoistra avoir travaillé heureusement en cét heureux accord. S'il arrive cy-aprés que les presentes, ou autres Lettres dressées sur ce present accord, soient par quelque cas que ce soit, ou effacées, abolies, perduës, cancellées, ou rongées, nous & nos successeurs Rois de France en ferons faire de semblables, ou extraire de nos Registres, & sceller de nostre seceel Royal en cire verte, une fois ou plusieurs, toutes & quantesfois qu'il sera besoin, & ne requerans lesdits Archevêque, Chapitre, ou quel que ce soit d'iceux. Ne voulons que lesdits Archevesque & Chapitre soient tenus à autres choses qui ne sont point comprises dans le present accord, ou qui seront contraires à ces presentes, ou autres nos Lettres sur ce dressées & passées. Et afin que Nous n'obmettions rien de ce qui pourroit arriver, par le moyen de quoy il puisse estre pourveu salutairement cy-aprés à la fermeté de cet accord durable à jamais, & des choses qui pourroient naistre & dépendre d'icelui, Nous, sur tous les doutes à declarer, qui peuvent & pourront par quelque raison, cause & occasion que ce soit, sourdre à present & cy-aprés, sur les choses cy-dessus, ou qui les concernent, ou quelques unes d'icelles Ordonnons par la teneur de ces presentes, en nostre nom & de nos successeurs, & pour nous, & deputons specialement nostredit amé & feal P. Evêque d'Auxerre, à ce que pour Nous & en nostre nom, ensemble avec ledit Thibault Archidiacre pour ladite Eglise, au nom de l'Archevesque & Chapitre susdits, ils puissent ordonner, interpreter, declarer ou adjouster à icelles toutes & chacunes les choses qui sont pour la conservation, interpretation, declaration ou melioration des Lettres ou paroles du present accord, & les plus necessaires, utiles & honnestes : Et aprés la mort dudit P. Evesque, Nous ou nos successeurs Rois de France en substituerons un autre suffisant : Et aprés la mort dudit Archidiacre, l'Archevêque qui sera pour lors & le susdit Chapitre, substitueront un autre Chanoine de Lyon, Clerc toutesfois & nostre Conseiller, un de ces Clercs nostres qui tiennent une dignité ou personnat dans ladite Eglise de Lyon, lequel substitué par Nous avec ledit Thibault Archidiacre, ou aprés la mort d'icelui, avec celui qui aura esté substitué en sa place, qui ait le mesme pouvoir de faire toutes & unes les susdites choses pour cét effet. Et les choses qui par iceux auront esté ainsi ordonnées, Nous, l'Archevêque & le Chapitre de Lyon serons tenus icelles approuver & confirmer par nos Lettres, Si faisons inhibitions & defenses, que nul cy-aprés, sous peine d'encourir nôtre indignation, ne presume d'inquieter & troubler contre la teneur du present accord, lesdits Archevêque, Chapitre, Clercs incorporez, terres, Bourgeois, vassaux & sujets de ladite Eglise de Lyon, & ne venir contre ces escrits en tout ny en partie : & sera puni griefvement celuy qui fera au contraire. Que s'il arrive qu'il soit attenté au contraire contre les choses susdites, ou partie d'icelles par Nous ou nos successeurs les Rois de France, ou par lesdits Archevêque ou Chapitre, ou leurs successeurs, ou par nos Officiers, ou de nos successeurs, ou par les leurs, ou de leurs successeurs, ou par quelque autre que ce soit, ce que Dieu ne veüille, nous ordonnons que le tout sera nul & sans aucun effet, & que de plein droit il n'ait aucune force ni valeur, & que par ce moyen nul nouveau droict ne nous soit acquis ny à iceux ; ny que par tels actes contraires on puisse acquerir en aucune sorte contre Nous, ou iceux, aucun droict ou cause de possession ou proprieté. Mais nous voulons par cét Edict Royal, que toutes & chacunes les choses contenuës en ce present Accord, nonobstant une usurpation contraire quelle que ce soit, demeure à jamais ferme & irrevocable. Lequel traicté & accommodement, & toutes & chacunes les choses susdites, comme il est contenu plus exprés en ces presentes & autres nos Lettres quelconques & de Thibault

Archidiacre noſtre Procureur ſuſdit ſur le preſent Accord dreſſées, ou des appartenances ou dependances d'icelui, Nous pour Nous & nos ſucceſſeurs les Rois de France, & ledit Thibault Archidiacre au nom de noſtre Procureur cy-deſſus : & pour l'Archevêque, & Archevêques ſes ſucceſſeurs à venir, & les Chapitre & Egliſe de Lyon ſuſdits, les ayans pour agreables, reſoluës, & ſtables, loüons, voulons & approuvons. Et nous par la teneur de ces preſentes, de noſtre certaine ſcience & autorité Royale, icelles confirmons, & promettons pour nous, & nos ſucceſſeurs, icelles toutes & chacunes choſes garder de bonne foy, & commandons eſtre gardées inviolablement en tout temps à venir & à perpetuité. Et afin qu'elles ayent une perpetuelle force & valeur, nous avons fait appoſer noſtre ſceel aux preſentes Lettres, ſauf en autres choſes noſtre droit, & en toutes celuy d'autruy. Sauf en outre & par tout, les proteſtations faites par ledit Thibault Archidiacre, au nom & comme Procureur de l'Archevêque, Doyen du Chapitre & des perſonnes particulieres des Chanoines de Lyon, & au nom de tous ceux qui en quelque maniere que ce ſoit, ont ou peuvent avoir intereſt, ou pourront avoir cy-aprés à l'advenir, devant le traité & accord ſuſdit, & en chacun de ſes articles, & au meſme traitté & compoſition ; & aprés iceux traitté & compoſition pluſieurs fois remplis, & derechef repetez par icelui, à toutes & chacunes les choſes nous conſentons ſpecialement pour nous & nos ſucceſſeurs, & audit Thibault Archidiacre Procureur, és noms que deſſus avons donné nos Lettres patentes ſpeciales ſur icelles, contenans tres-à-plein leſdites proteſtations, ſous noſtre ſceel en cire verte. Fait à Pontoiſe, l'an de noſtre Seigneur 1307. au mois de Septembre. Scellées ſur lacs de ſoye rouge & verte, d'un grand ſceel de cire verte aux Armes de France.

Si cette tranſaction faite à Pontoiſe l'an 1307. par le Chancellier Pierre de Belleperche, & Thibault de Vaſſalieu Archidiacre de Lyon n'avoit eſté revoquée, je ſerois obligé de faire un ample commentaire ſur cêt acte pour l'intelligence de pluſieurs faits qui concernent noſtre hiſtoire. Mais comme Thibault de Vaſſalieu, quelque habile qu'il fut dans les affaires s'eſtoit laiſſé ſurprendre par le Chancelier beaucoup plus habile que lui, Pierre de Savoye, qui ſucceda à Loüis de Villars en l'Archevêché, ne voulut point recevoir un traité ſi prejudiciable à ſon Egliſe, & fit meſme intervenir non ſeulement ſon Chapitre, mais encore tout le Clergé de ſon dioceſe tant ſeculier que regulier ; la Nobleſſe & les Seigneurs du Lyonnois, qui en pourſuivirent la revocation.

Je ſuis obligé neantmoins pour la verité de l'hiſtoire d'avertir icy que Rubis au 40. Chapitre du livre troiſiéme de ſon hiſtoire de Lyon a fait un horrible Cahos de tous ces demeſlez du Roy & de l'Archevêque renverſant l'ordre des temps, & confondant tous ces traitez, que j'ay crû devoir donner entiers & ſelon toute leur teneur pour inſtruire à fond mes Lecteurs de ce point de noſtre hiſtoire le plus embarraſſé & le plus difficile à demêler. Cela eſt meſme d'autant plus neceſſaire, que dans le factum de l'inſtance d'entre Monſieur le Procureur General & les Doyen, Chanoines & Chapitre de l'Egliſe de Lyon de l'an 1647. On a voulu confondre comme j'ay déja remarqué, la premiere Philippine avec la ſeconde. C'eſt ainſi que l'on nomme les deux actes du Roy Philippe le Bel, que j'ay rapportez cy-devant, & qui furent faits à Pontoiſe l'an 1307. au mois de ſeptembre.

En ce factum on a tranſcrit les premieres lettres patentes de Philippe le Bel ſous ce tiltre, *Lettres patentes de Philippe le Bel, du mois de Septembre 1307. produites par les Doyen, Chanoines, & Chapitre de l'Egliſe ſaint Jean de Lyon, par leſquelles ils pretendent eſtablir la qualité de Comtes de Lyon, & Lyonnois, qui ont eſté revoquées, & annullées par lettres patentes, Arreſts, & autres pieces produites cy-aprés.*

On donne enſuite en ce même factum les ſecondes lettres patentes ſous ce titre fort extraordinaire. *Continuation des Lettres cy-deſſus ; comme il ſe juſtifie par la teneur d'icelle, en datte des meſmes mois & an.*

Or qui a jamais oüi dire que des lettres patentes, qui ſont des actes ſeparez, & qui ont toutes les formules ordinaire des actes veritablement diſtincts, ne ſoient qu'une continuation l'une de l'autre ? Ce qui obligea le Roy Philippe le Bel d'en faire deux actes ſeparez, c'eſt qu'il voulut donner le premier en forme gratieuſe au Chapitre pour le porter à conſentir plus aiſément au ſecond, qui eſtoit un traité, qui lui eſtoit tres-avantageux, puiſqu'il lui transferoit tout le Domaine de la Ville & de la Comté de Lyon acquis en partie par le Chapitre comme nous avons vû dans les livres precedens. Il eſt vray que le Chapitre conjointement avec l'Archevêque avoit ſupplié le Roy d'avoir compaſſion d'une Egliſe, qui gemiſſoit depuis long-temps ſous les guerres Civiles qui la deſoloient ; & que l'Archevêque & le Chapitre avoient fait instance auprés du Pape Clement V. de leur procurer la Paix en les reconciliant avec le Roy, qui avoit pris sous sa garde & protection les habitans de cette ville soulevez contre l'Eglise. Ainsi le Roy Philippe le Bel pour faire un traité avec l'Archevéque & le Chapitre qui pût estre conforme à ses desirs, voulut auparavant les gratifier de plusieurs Privileges, & leur accorder une amnistie generale de tout ce qu'ils avoient entrepris contre ses officiers. Par là mesme il s'acqueroit un droit de superiorité sur eux par l'acceptation de ces lettres de graces. Ainsi ce fut la Politique de ce Prince de faire deux actes separez, parce qu'en l'un, il agissoit en souverain sur des personnes, qu'il regardoit comme ses sujets, au lieu qu'en l'autre il faisoit un traité de permutation, & d'acquisition selon les formes de Justice.

Quiconque examinera sans passion la teneur de ces deux actes, & les termes ausquels ils sont conceus, comme doit faire un historien fidele, verra la difference qu'il y a entre ces lettres patentes, & que ce sont deux pieces tres differentes; Puisqu'en la premiere le Roy ne parle que de concessions & de graces accordées, par un mouvement de compassion sur les maux & les troubles que l'Eglise de Lyon avoit soufferts, *Ad venerabilem Lugdunensem Ecclesiam, Regni nostri primam sedem inter cæteras Galliarum Ecclesias obtinentem, nostræ mentis oculos convertentes, & ejus tribulationibus, quas præteritis sustinuit temporibus, pio compatientes effectu, libenter & animo prono descendimus ad ea concedenda, per quæ divinum officium in eâ proficiat, &c.*

Les autres Patentes au contraire ne parlent que de concordat, & de traité fait entre sa majesté, l'Archevéque & le Chapitre. *Omnia & singula ad conservationem, interpretationem, declarationem, seu meliorationem literarum, seu verborum præsentis concordia facientia.*

Or parce qu'en ce concordat le Roy sembloit consentir au restablissement des deux Justices, que le Pape Gregoire X. & les Cardinaux Legats avoient reduite à une seule commune à l'Archevéque & au Chapitre, les habitans formerent opposition à ce concordat pardevant Jean Chalon Commissaire deputé par le Roy, & soutinrent que la Justice de Lyon avoit toûjours appartenu au Roy par appel & droit de ressort, & en premiere instance à l'Archevéque seul, & demanderent que la Jurisdiction ne fut point divisée, assurant que le Chapitre n'y avoit aucune part ny portion, & que s'il y avoit quelque traité entre l'Archevéque & le Chapitre pour la division de cette justice ils en demandoient communication, & cependant en empeschoient l'effet formellement.

Cependant le traité ayant esté conclu & achevé signé & scellé de part & d'autre pour servir à l'advenir de regle dans les jugemens, & pour la conduite que l'on devoit tenir pour le gouvernement, les fortes instances que firent les habitans auprés du Roy, qui les avoit pris sous sa protection, & qui ne vouloit pas les aliener de son service, l'obligea de suspendre l'execution de ce traité, qu'il fit mettre dans un coffret, pour estre en depost dans le Convent des Freres Prescheurs de Paris, jusqu'à ce qu'il trouvât un temps plus favorable à la publication de ce traité, dont les citoyens n'avoient point eu de communication, & n'y avoient eu aucune part. C'est pourquoy le Roy fit expedier un acte de suspension à l'égard de ce concordat seulement, sans rien toucher, comme nous avons dit, à ses lettres de Privilege & d'amnistie, qui n'avoient rien de commun avec ce traité, auquel elles avoient seulement servi de dispositif. Voicy l'opposition des habitans.

AU nom de Nostre Seigneur. Amen. L'an de l'Incarnation d'iceluy 1307. jour du Samedy devant la Feste saint Vincent, Indiction sixiesme du Pontificat de Nostre Seigneur Clement Pape cinquiéme la troisiéme année d'iceluy. Soit notoire à tous par le present instrument public, que l'an & jour cy-dessus dans la maison d'honorable homme Sieur Guillaume le Blanc Chantre de saint Paul de Lyon, honorables & discrettes personnes Sieurs Thibault de Vassalieu Archidiacre de Lyon, & Maistre Pierre de Chalons Procureur d'illustre Prince Philippe par la grace de Dieu Roy de France ledit jour, en presence de Nous Notaires sous-signez & témoins sousescrits, ont comparu là-mesme Humbert de Chaponnay, Bernard de Varey l'aîné, Girault Amaury, Godemar Flamens, Bernard de Varey de Durchie, Pierre Boyer, Barthelemy Charretons, Guy de la Mure, Humbert de Varey, Raymond Filatre, Guillaume Roux, Jean Raymond, Thomas le Blanc, Guy de Varey, Jean de Fuer, Jean de Varey, Bernard Huon, Guillaume Grigneus, Guillaume de Charnay, Zacharie de Forests, Aymon de Marc, Pierre d'Anse, Jean de Riguem, Jean Malcarres, Barthelemy Achers, Bernard Vedau, Matthieu de Fuer, Jean Lyatard, dit Bezançons, Jean d'Albois, ensemble grand nombre des meilleurs & plus puissans bourgeois de la Ville de Lyon, avec plusieurs Advocats Conseillers de la Communauté de ladite Ville ; à sçavoir, Sieurs Humbert de Vaux, Anselme de Durchia Professeur és Loix, Maistre Jean Fabri, Laurens Ferrois Advocats, és presences aussi de Rolet Cassard, Ponce Varissan, Pierre de Ville & Jean Dodeu, Syndics ou Procureurs de la Communauté d'icelle ; prefens, dis-je, ledit Sieur Humbert de Vaux, Sieur Barthelemy de Chevriers, Mathieu de la Mure & Jean Ogier Bourgeois de Lyon, deputez pour traiter avec ledit Sieur Archidiacre sur certains articles touchant le fait de ladite Ville ; & à mesme, ledit Maistre Jean Fabry a proposé au nom de ladite Communauté, que bien qu'il y eust là plusieurs personnes sçavantes qui sçauroient & pourroient mieux exposer le fait de ladite Cité en presence des Archidiacre & Procureur susdits ; toutesfois de la volonté des preud'hommes Bourgeois de Lyon là presens, il entendoit exposer ausdits Archidiacre & Procureur, certaines choses, afin qu'à l'advenir ledit Procureur ne pust pretendre cause d'ignorance, que les choses qu'il vouloit lui deduire en sa presence, de parole seulement, ne fussent venuës à sa connoissance, & dont il luy produiroit témoignage en presence des Notaires là presens, lors que l'occasion s'en presenteroit. Or a proposé ledit Maistre Jean Fabri au nom de ladite Communauté, Que les Bourgeois & Communauté susdits, confessent & reconnoissent publiquement, & veulent qu'il soit notoire à tous, Que Serenissime Prince nostre Seigneur & illustre Roy de France a eu & doit avoir ressort en la ville de Lyon, & a eu ressort en icelle depuis tout temps immemorial, & que lesdits Bourgeois reconnoissent ledit Seigneur Roy pour leur Souverain, & que lesdits Bourgeois ont recours & ont de coustume d'avoir recours vers iceluy, comme à leur Souverain & qu'iceluy Seigneur Roy doit, & a accoustumé d'avoir son Juge en ladite Ville, qui connoist des causes d'appel. Ce qui tourne à l'honneur & profit dudit Seigneur Roy, & à l'augmentation de son Royaume, comme ainsi soit que par là sa Souveraineté sur ladite Ville paroisse plus manifestement : par quoy supplie ledit Maistre Jean Fabri au nom que dessus, le Procureur de nostre Seigneur Roy, à ce qu'il ne consente ou veüille consentir en aucune façon, qu'il soit rien changé ou innové és choses cy-dessus alleguées. Item a proposé ledit Maistre Jean Fabry au nom que dessus, que nostredit Seigneur Roy a eu, & accoustumé, & doit avoir dans ladite ville de Lyon un Gardiateur, qui a accoustumé & doit defendre lesdits bourgeois de toutes injures & violences à l'encontre de toutes personnes, en quoy consiste l'honneur d'icelui Seigneur Roy, & l'utilité & profit de son Royaume, & de tous les habitans de la ville de Lyon : partant supplie ledit Maistre Jean Fabri comme cy-dessus. Item a proposé ledit Maistre Jean Fabri au nom que dessus, que toute sorte de Jurisdiction dans ladite Ville appartient au Seigneur Archevêque de Lyon, ensemble l'exercice d'icelle Jurisdiction dans ladite ville. Et de ce y a eu jugement donné par ledit Seigneur Roy, & sceellé du sceel d'icelui Seigneur Roy, duquel jugement il a offert faire pleine foy. Partant comme ainsi soit que ledit Seigneur Roy ne doive pas enfraindre son jugement bien ordonné ny venir contre son propre fait, ledit Maistre Jean Fabri audit nom a supplié ledit Procureur, de ne destruire point ce qui a esté bien fait par ledit Seigneur Roy, & qu'il ne consente en aucune façon que la Jurisdiction dudit Seigneur Archevêque, soit divisée ou distraite par le Sieur Archevêque. Item a proposé ledit Maistre Jean Fabri audit nom, que ladite ville de Lyon est franche & libre, & que les bourgeois d'icelle joüissent d'une telle liberté, que personne aucune ne leur peut imposer aucune servitude : partant a supplié ledit Maistre Jean Fabri audit nom ledit Procureur, & à ce qu'il ne consente en aucune maniere que les libertez de ladite ville soient enfraintes, ny qu'il soit rien innové en icelles. Item a proposé ledit Maistre Jean Fabri audit nom, que le Sieur Archevêque de Lyon & le Chapitre, avoient, ou ont eu, comme l'on dit, certain traitté au desceu desdits bourgeois, avec ledit Seigneur Roy, sur un fait qui concerne les affaires de la ville, & bourgeois habitans en icelle, & qu'on leur fait entendre qu'en icelui traitté il y avoit vingt-six articles qu'iceux ignoroient, ce qui estoit contenu esdits articles, exceptez deux d'iceux, lesquels s'ils estoient tels qu'on leur avoit donné à entendre, tourneroient à la lesion & grand prejudice desdites cité & bourgeois ; & par ainsi disoit ledit Maistre Jean Fabri audit nom, qu'iceux avoient requis plusieurs fois lesdits Maistre Thibault & Procureur, leur delivrer copie dudit traitté, ce qu'ils n'avoient voulu faire, ainsi que disoit ledit Maistre Jean Fabri, partant ledit Maistre Jean Fabri supplioit ledit Procureur, qu'il leur donnast copie du traitté, s'il en estoit fait aucun, afin que lesdits bourgeois peussent deliberer ce qu'ils auroient à faire sur iceux articles, disoit de plus ledit Maistre Jean Fabri audit nom, que s'il se faisoit ou avoit esté fait aucun traitté contraire aux choses cy-dessus dites, que cela tourneroit au prejudice desdites ville & bourgeois d'icelle, & qu'à cela ne consentoient les Syndics Procureur de la ville, ny lesdits bourgeois, ains y contredisoient entant qu'ils pouvoient, protestant ledit Maistre Jean Fabri audit nom, que si eux quatre qui estoient deputez pour traitter avec ledit sieur Thibault, consentoient en aucune façon que la Jurisdiction de la ville fust transferée en quelque sorte que ce fust par ledit sieur Archevêque, & que le Chapitre de Lyon en eust aucune partie qu'ils ne consentoient à cela, mais desadvoüoient iceux, & y contredisoient tout autant qu'ils pouvoient, toutes & chacunes lesquelles choses dites par ledit Maistre Jean Fabri, lesdits Syndics Procureur & presens, ont ratifié. Lequel Procureur a respondu entr'autres choses, qu'il n'est en son pouvoir d'exhiber ledit traité, veu qu'il ne l'a par devers soy, & qu'il ne luy a pas esté commis pour l'exhiber, disant de plus qu'au traitté passé entre le Roy nostre Seigneur & l'Eglise de Lyon, il croyoit qu'il n'y avoit rien de contenu qui ne tournast à l'honneur & loüange de la ville & bourgeois de Lyon, & tres-grand avantage & utilité de toute la Province ; & que si les marchands & autres habitans sçavoient quelle utilité estoit contenuë en icelle, qu'ils battroient des mains & consentiroient audit traitté : A respondu en outre, que comme Pierre de Challons, & comme Procureur du Roy, il estoit prest de procurer entant qu'il pourroit, & en tout ce qui regardoit sa charge, en tout & par tout l'utilité & honneur de la ville & bourgeois de Lyon. A respondu en outre, que s'il sçavoit qu'audit traitté il y eust aucune chose qui fust au desavantage de nostre-dit Seigneur Roy, & ville, & bourgeois de Lyon, en qualité de Procureur du Roy il y contrediroit. A quoy respondit ledit Maistre Jean Fabri, que puis qu'il y avoit un si grand profit dans ledit traitté, ainsi que ledit Procureur asseuroit, de tant mieux devoit ledit Procureur publier les choses qui estoient contenuës audit traitté, afin que lesdits bourgeois peussent examiner, si ce qu'asseuroit ledit Procureur estoit veritable. A respondu en outre ledit Maistre Jean Fabri, qu'il n'estoit pas vray-semblable que ce traitté concinst l'utilité & profit de la ville & bourgeois de Lyon, de ce que lesdits bourgeois ne pouvoient avoir aucune asseurance & certitude de ce qui estoit contenu en icelui, & que ledit Procureur ne vouloit reveler. Fait dans la Maison dudit Chantre, l'an & jour que dessus y presents, & assistans grand nombre de témoins.

de la Ville de Lyon.

Ensuite de ces oppositions le Roy qui ne vouloit pas aliener les Bourgeois, qui avoient si fortement appuyé ses pretentions pour le droit de souveraineté, jugea qu'il estoit à propos d'en suspendre l'execution pour un temps, & de le tenir en depost dans un coffret dont la garde seroit confié aux Religieux Jacobins de Paris, pour estre produit quand les citoïens seroient revenus du trouble que leur causoit ce traité dont ils ignoroient la teneur. Voicy la declaration du Roy pour cette suspension.

PHILIPPE par la grace de Dieu Roy de France, Sçavoir faisons à tous presens & à venir, que comme ainsi soit que nostre amé & feal Pierre de Belleperche Evesque d'Auxerre, pour Nous & nos successeurs Rois de France, & Thibault de Vassalieu Archidiacre de Lyon, Procureur de nos amez & feaux Loüys Archevêque, G. Doyen & Chapitre de Lyon, en qualité de Procureur eussent traité de part & d'autre pour iceux, sur toutes & chacunes les controverses, causes, plaintes, debats & plusieurs & divers doutes que nous avions entre nous, d'une part : & lesdits Archevêque & Chapitre, de l'autre, sur le ressort, garde & souveraineté de la Cité, Ville, terre & Baronnie de Lyon, ou autrement, dés les temps passez, en quelque maniere que ce fust, & que divers & plusieurs articles sur icelui traité ayent esté accordez, & ensuite toûjours corrigez en mieux, selon qu'il a esté jugé à propos : Finalement, les derniers articles estans faits, corrigez & pleinement accordez, de nostre consentement & volonté commune, & dudit Thibault Archidiacre, suivant la teneur & forme essentielle d'iceux articles, corrigez pour la derniere fois, les avons faits rediger par écrit, & grossoyer exactement & au net article par article, & seeler iceux articles & dernier traité sous nôtre contreseel & d'icelui Thibault, & comme protocolle & Lettres extraites d'iceux, corrigées & mises au net sous nostre seel, d'une-part, & des seels de l'Official de la Cour de Paris, & dudit Thibault Archidiacre, Procureur és noms que dessus, d'autre: Mais combien que lesdits traité & composition accordez pour la derniere fois, & sous nostre nom & de nos successeurs Rois de France, & de celui de l'Archevêque, Chapitre & Eglise de Lyon grossoyez & mis au net, & comme le vray protocolle comme est dit cy-dessus, achevez és noms que dessus. Toutesfois, parce qu'ils sembloient grandement interesser nos amez & feaux les Bourgeois & habitans de la Cité, Ville, terre & Baronnie de l'Eglise de Lyon, & specialement lesdits Bourgeois, comme on disoit qu'il y avoit plusieurs anciens differends, & plaintes, entre lesdits Archevesque & Chapitre, d'une-part : & lesdits Bourgeois, d'autre, sur lesquels il n'avoit esté fait aucun reglement certain és articles, traité & accommodement susdits, Nous, voulans les traiter gracieusement sur lesdits traité & composition susdits accordez & arrestez pour la derniere fois, & comme dit est, seellez d'un commun consentement en toutes & chacunes autres Lettres, faites sur lesdits articles, traité & accord és noms de Nous & de nos successeurs les Rois de France, & dudit Thibault Procureur de l'Archevêque Chapitre & Eglise de Lyon, du nom & consentement commun, tenans cét affaire en suspens, & retardans la publication dudit affaire la ferons consigner dans un coffret, & estre mis en depost dans la maison des Freres Prescheurs à Paris, pour n'estre jamais retiré de ladite maison ; sinon que cela vienne des commun consentement & volonté unanime de Nous ou de nos amez & feaux lesdits Pierre Evesque d'Auxerre, ou Guillaume de Nogaret nostre Chevalier, ou des Archevesque & Doyen de Lyon, afin que cependant & d'abondant en aye par quelque bien-seance le consentement des Sujets de la terre & Baronnie de l'Eglise de Lyon sur susdites choses, & que cependant, s'il y a quelques plaignans sur lesdites choses, qui comparoissent, ils seront oüys, & que lesdits Bourgeois aïans esté appellez pardevant Nous, nous mettrons telle fin que de raison sur les choses susdites, & autres articles differens & plaintes qui sont pieça, comme dit est, entre l'Archevêque, Chapitre & Bourgeois susdits, & ferons en sorte que lesdits Archevesque Chapitre, Bourgeois, habitans & sujets quelconques d'icelle Eglise de Lyon, par l'assistance de Nostre Seigneur, ne soient qu'un corps & un esprit en volonté, sous un zele & affection de charité, les unissans ensemble d'une union perpetuelle & indissoluble : à quoy mesmes Nous entendons de vaquer soigneusement & attentivement (Dieu aydant) en propre personne, avec nostre grand Conseil, afin qu'il y ait une vraye paix & concorde finale entr'eux, & qui puisse durer à jamais : & afin que ces choses soient & demeurent fermes & stables, Nous avons fait apposer nostre seel aux presentes. Fait à Pontoise l'an de Nostre Seigneur 1307. au mois de Septembre. Et seellé.

L'Archevêque Loüis de Villars, qui avoit fait avec le Roy le traité de 1307. estant mort l'an 1308. durant la suspension de ce traité, que l'opposition des Bourgeois avoit empesché de publier, Pierre de Savoye Doyen du Chapitre fut élu en sa place, & cité par les gens du Roy aussi-tost aprés son Election pour prester le serment de fidelité, ce qu'il refusa de faire, desavoüant le traité fait par son Predecesseur.

Ce Prélat nouvellement élu estoit à Paris, où le Roy commit pour traitter avec lui Guillaume de Nogaret, à qui il avoit confié ses sceaux depuis la mort de Pierre de Belle-perche Evêque d'Auxerre son Chancelier. Ce Seigneur alla trouver l'Archevêque de la part du Roy, lui communiqua le traité, & le requit selon les conventions passées par son predecesseur de reconnoître la superiorité du Roy sur la ville de Lyon. Il le fit en presence de Thibault de Vassalieu Archidiacre de Lyon qui avoit traité avec le Chancelier de Belleperche au nom de l'Archevêque & du Chapitre, dont il estoit Procureur pour convenir des articles de cét accord, & pour les signer. Nogaret, qui estoit ardent, & qui avoit poursuivi le Pape Boniface sur les differens qu'il avoit eus avec le Roy, s'emporta contre l'Archevêque élû, qui refusoit de ratifier ce traité. L'Archevêque se plaignit des emportemens de Nogaret, qu'il disoit avoir tenu des discours injurieux à sa personne, à sa naissance, & à sa dignité, ce que Nogaret nia fortement & demanda de se justifier de cette accusation devant Amedée de Crussol Prevost de Valence, le Doyen de Theroüane, Estienne de Gletens Chevalier, & Estienne de Vassalieu Chanoine de Lyon, à qui l'on disoit qu'il avoit tenu ces discours. Ce qui n'empescha pas que l'Archevéque ne persistat tousjours à refuser de tenir le traité de son predecesseur, qu'il disoit n'avoir pû estre fait au prejudice de son Eglise, & des successeurs Archevéqües. Sur quoy Nogaret fit dresser par des Notaires un verbal, dont voicy la teneur.

AU nom de nostre Seigneur, Amen. L'an d'icelui 1309. Indiction huictiéme, le septiéme jour de Janvier, du Pontificat de tres saint Pere en Christ nostre Seigneur Clement par la providence divine Pape cinquiesme, l'an sixiesme, en presence de nous Notaires publics, & des tesmoins souscrits, noble homme sieur Guillaume de Nogaret, Chevalier de nostre Seigneur le Roy de France, en presence de Reverend Pere Seigneur P. par la grace de Dieu Archevéque de Lyon, present en outre venerable homme sieur Thibault de Vassalieu Archidiacre de l'Eglise de Lyon, dans la Maison d'icelui seigneur Archevesque, ou en celle que d'icelui logeoit à Paris prés l'Eglise des Freres Mineurs, a exposé audit seigneur Archevesque en presence de plusieurs compagnons & domestiques d'icelui, comme aprés plusieurs & longues tribulations que ladite Eglise & païs voisin avoient soûtenu, pour raison des empeschemens qui de la part d'icelle Eglise estoient faits, en la garde, ressort & souveraineté qu'il est évident que ledit Seigneur Roy a dans la cité de Lyon, & toute la temporalité d'icelle Eglise size dans le Royaume de France, à l'instante supplication de seigneur Loüis de bonne memoire Archevéque de Lyon, & des Doyen & Chapitre d'icelle Eglise, comme aussi aux prieres du tres-saint Pere nostre Seigneur C. par la grace de Dieu souverain Pontife, ledit Seigneur Roy avoit condescendu à un traité & accord évidemment utile & favorable en plusieurs façons à icelle Eglise, sur les susdits differents, & autres qui estoient ou pouvoient estre debatus entre ledit Seigneur Roy, ou ses Officiers, d'une part: & lesdits Archevéque & Chapitre, d'autre: lequel accord ledit Archidiacre Procureur, & au nom procuratoire desdits Archevéque & Chapitre, avoit traité sur les choses cy-dessus avec nostredit seigneur Roy; & qu'en outre ledit accord avoit esté ratifié, agreé & approuvé par ledit Archevéque à present defunct, & ledit Chapitre, & subsequemment par icelui Archevéque qui est à present. A exposé aussi ledit Chevalier audit Archevéque, qu'ainsi que ledit Archevéque avoir veu estre contenu audit accord, il est porté en icelui par exprés, que chaque Archevéque de Lyon, lors qu'il fera l'hommage accoustumé d'estre fait de tout temps par les Archevéques de Lyon audit seigneur nostre Roy, ou ses successeurs, est tenu de jurer qu'il observera fidellement tout le temps de sa vie, ledit accord & les choses contenuës en icelui: parquoi ledit Chevalier au nom de nostredit seigneur Roy, comme portant son autorité, a requis ledit Archevéque de rendre audit seigneur Roy l'hommage à lui deu, & accoustumé d'estre rendu à ses Predecesseurs, & que suivant les termes dudit accord, lors qu'il fera l'hommage qu'il jure sur les saintes Evangiles de Dieu qui lui seront mis devant, qu'il gardera & observera ledit accord fidellement tout le temps de sa vie; offrant ledit Chevalier audit Archevéque & à son Eglise, que ledit seigneur Roy & lui, au nom d'icelui seigneur Roy, sont prests d'executer & accomplir en ce qui touche ledit seigneur Roy, toutes & chacunes les choses qui sont contenuës audit accord. Item a adjousté ledit Chevalier, que comme ainsi soit qu'il est porté par exprés dans ledit accord; que s'il y a quelques choses contenuës en icelui qui ayent besoin d'éclaircissement, correction, ou changement de paroles, que discrette personne Maistre P. de Belleperche Clerc de nostredit seigneur, ou aprés le deceds d'icelui, celui qui par nostredit seigneur sera deputé, & ledit Archidiacre, ou celui qui aprés son deceds sera deputé par l'Archevéque & Chapitre de Lyon puissent icelles éclaircir, corriger & changer, selon qu'il semblera estre à faire à leur discretion, sans rien innover ou alterer à la substance dudit accord. Et comme ainsi soit que ledit Maistre P. de Belleperche, ensuite fait Evêque d'Auxerre soit decedé, ledit Chevalier comme portant l'autorité dudit seigneur Roy, & en son nom a offert audit Archevéque, qu'il estoit prest tout presentement de deputer certaine personne honneste, honorable, prudente & discrette, presente à Paris, & icelle ledit Chevalier commettre par lettres patentes dudit seigneur Roy, lequel ensemble avec ledit Archidiacre, ou autre à ce deputez par lesdits Archevéque & Chapitre, accomplissent tout ce que dessus sommairement, sans retardement, & tout delay mis en arriere; comme aussi que ledit Archevéque soustienne, qu'il y a plusieurs choses contenuës audit accord qui ont besoin d'éclaircissement, qu'il voudroit estre éclaircies, devant qu'il jure qu'il gardera ledit accord, ledit Chevalier a offert audit Archevéque, au nom & autorité dudit seigneur Roy comme dessus, que ledit seigneur Roy estoit prest de recevoir l'hommage d'icelui Archevéque, qu'il est tenu de lui faire ensemble, avec le serment susdit de garder & observer fidellement ledit accord, sauf les declarations à faire par lesdits deputez à ce faire, corrections & changemens susdits, & que ce serment n'oblige ledit Archevéque, sinon à l'observance dudit accord, que suivant la declaration, mutation, correction, ou emendation susdites, s'il en faut faire. Et sur ce ledit Chevalier, comme celui qui porte le sceel de nostredit seigneur Roy, & en l'autorité dudit seigneur Roy, a offert d'estre prest de donner audit Archevéque, Lettres patentes dudit seigneur Roy, sceellées du sceel d'icelui. *Item comme ainsi soit que ledit Archevéque dist, Que dans ledit accord estoient contenuës certaines choses qui touchoient ledit Archevéque & son Chapitre, & desquelles il y pouvoit avoir different entr'eux, ledit Archidiacre comme Procureur dudit Chapitre a offert audit Archevéque, en presence dudit Chevalier dudit seigneur Roy;* & pour icelui consentant, qu'il estoit prest au nom dudit Chapitre, de consentir ensemble avec ledit Archevéque, & deputer une autre personne suffisante, non suspecte, pour faire l'éclaircissement, changement, ou amandement susdits, en cas qu'il en fallust faire aucuns, avec celui qui pour ce seroit deputé par ledit seigneur Roy. Item comme ainsi soit que ledit Chevalier ait reconnu, que quelques-uns suggeroient audit Archevéque, que dans ledit accord estoit contenuë une protection nouvelle prohibée par sa constitution Gregorienne, icelui Chevalier a exposé audit Archevéque, que dans ledit accord n'estoit contenuë aucune protection nouvelle, ou sur nouveau droit

droit Royal ; mais que ledit accord estoit tant seulement fondé sur l'ancien droit Royal, qui ne pouvoit plus estre contesté, & que ledit accord n'estoit fondé que sur ses moyens, & formes licites & honnestes ; & que si en outre il estoit contenu en icelle quelque chose de nouvelle protection, c'estoit és cas permis de droit, non prohibez par ladite constitution : Davantage, que ledit souverain Pontife avoit desiré ledit accord, avant & aprés icelui, & que de plus ledit Archevêque avoit ratifié ledit accord. A offert en outre ledit Chevalier, sous l'autorité dudit seigneur Roy, qu'il estoit prest d'octroyer & donner Lettres patentes dudit seigneur Roy seellées de son seel, esquelles seroit portée & contenuë par exprés, la protestation dudit Archevêque, à laquelle icelui Roy consentiroit ; c'est à sçavoir, que quoy que fasse l'Archevêque esdites choses, en acceptant ledit accord, ou en jurant qu'il gardera icelui, il fera cela (sauf toûjours l'autorité, reverence, & droit de l'Eglise Romaine) entant que les choses susdites la peuvent ou doivent toucher ; & qu'au surplus, il n'entend faire aucune nouvelle protection contre la susdite constitution ; mais seulement garder l'ancien droit Royal, entant qu'il pouvoit appartenir cy-devant audit seigneur Roy, ainsi qu'il estoit contenu audit traité, qui sera accepté sans prejudice du droit d'autrui quelconque, & que toutes ces choses soient contenuës és Lettres Royaux susdites. Item a offert ledit Chevalier au nom dudit seigneur Roy à l'Archevêque susdit, que s'il se pouvoit faire ou offrir quelque chose de plus, ou plus avantageux audit Archevêque pour les choses susdites, ou aucunes d'icelles, ou qui les concernent il estoit prest de la part dudit seigneur Roy, & ledit seigneur Roy ainsi que ledit Chevalier pour lui, de le faire & accomplir avec effet & sans delay, ny retardement aucun, suivant le jugement qui en seroit donné par les Officiers de la Cour de Parlement de Paris dudit seigneur Roy, ou suivant le conseil & advis des Reverends Peres le sieur Gilles Archevêque de Narbonne, & les sieurs Evéques de Mande & de Bayeux, que si ledit Archevêque n'en vouloit demeurer à l'advis & jugement des susdits Reverends Peres & Prelats, qu'il y en avoit encor dans Paris plusieurs de grande doctrine, probité & sagesse, du Conseil dudit seigneur Roy, desquels ils pourroient faire choix à sa volonté. Mais ledit Archevêque ne voulant en aucune façon accepter les choses cy-dessus contenuës, & à luy offertes, a répondu audit Chevalier, Qu'il en vouloit deliberer à son loisir avec ses amis, avant que passer outre en icelles. Item, ledit Chevalier a exposé audit Archevêque, avoir appris que discrettes personnes Amedée de Crussol Prevost de Valence, Imbert Bourdin Doyen de Therouënne, Estienne Gletens Chevalier, Estienne de Vassalieu Chanoine de Lyon, qui accompagnoient ledit Archevêque, ausquels sur les choses susdites quelque jour auparavant il avoit fait de pareilles offres pour ledit Archevêque, auroient rapporté audit Archevêque qu'il avoit proferé quelques paroles en suite desdites offres, lesquelles ledit Archevêque croyoit avoir esté dites à l'encontre de lui. C'est pourquoy ledit Chevalier pour sa justification, vouloit repeter audit Archevêque en presence de ses domestiques, les mesmes mots qu'il leur avoit dit. Ledit Chevalier rapporta donc, qu'aprés avoir appris d'iceux une réponse presque pareille à celle que lui avoit fait ledit Archevêque cy-dessus, si ce n'est qu'ils feroient entendre à leur Maistre lesdites offres, ledit Chevalier apprehendant le delay & retardement de sa commission, leur dist ; Qu'il y avoit certaines personnes qui conseilloient & suggeroient audit Archevêque pour leur profit & interest particulier, ainsi que ledit Chevalier avoit appris, de ne point observer ny accepter ledit traité ; & que tels Conseillers le faisoient à dessein de troubler la paix de ladite Eglise, du pais, & du Royaume, & que tels donneurs d'advis ne lui estoient point fidelles, ny à son Eglise, ny au Roy, ains devoient estre reputez infidelles & desloyaux, & que si le Roy sçavoit qu'il y en eust de tels qui empeschassent en cette maniere ledit traité, & ainsi troublassent la paix de l'Eglise, de la Ville, de la patrie, & du Royaume, qu'il les tiendroit pour des traistres ; c'est pourquoy ledit Archevêque ne devoit avoir creance, ni confiance en iceux : Adjoustant ledit Chevalier qu'il croyoit fermement, que lesdits domestiques n'estoient point de ces donneurs d'advis, & qu'ils ne donnoient que de bons conseils à l'Archevêque ; & partant ledit Chevalier asseura ledit Archevêque, qu'il n'avoit tenu autres discours à ses domestiques, qui ne pouvoient estre expliquez, ni entendus avoir esté dits contre lui & son honneur, ains seulement contre lesdits suggereurs, ledit Chevalier sçachant bien que ledit Archevêque estoit & devoit estre fidelle & honneste, tant à raison de sa personne & de sa naissance, que de sa qualité, & de son Eglise : A dit aussi ledit Chevalier, que si icelui Chevalier, ou quelque autre disoit le contraire dudit Archevêque, qu'il diroit faux & mentiroit, & lesdits domestiques ausquels avoit dit lesdites choses ledit Chevalier, répondirent là mesme audit Chevalier, Que les paroles qui avoient esté dites estoient veritablement les mesmes que ledit Chevalier leur avoit dites ; & qu'iceux l'avoient ainsi rapporté audit Archevêque : & ledit Archevêque a respondu audit Chevalier, Que lesdits domestiques lui avoient rapporté ainsi lesdites paroles, & non autrement. Ces choses furent faites, l'an, Indiction, mois, jour, Pontificat, & lieu que dessus, presents les sous-escrits, & Notaires publics, Thibault de Vassalieu Archidiacre de l'Eglise de Lyon, Guillaume de Chanac Chanoine de l'Eglise de Paris, sieur Bernard d'Anguissel Chevalier du Roy nostre Sire, Gardiateur de Lyon, Maistre Pierre de Chalons Procureur dudit seigneur Roy au Bailliage de Mascon, & quelques témoins à ce appellez & requis.

L'Archevêque ne s'en tint pas à cette protestation, & à cét acte de refus, mais estant revenu en cette Ville, il fit entendre aux habitans que l'on vouloit les mettre dans la servitude sous pretexte de la garde Royale & traversa autant qu'il pût les officiers du Roy les empêchant d'exercer la Jurisdiction d'appel, & de ressort sur lequel les habitans se fondoient pour la conservation de leurs privileges. Le Roy fut tellement irrité de la conduite de l'Archevêque qu'il resolut de s'en vanger, d'autant plus qu'il voyoit que l'Archevêque ne lui avoit si fortement resisté, que parce que le voyant engagé dans les guerres de Flandres, contre les Flamans revoltez, il croyoit qu'il pouvoit impunement se declarer contre le Roy qui n'estoit pas en estat durant cette guerre de témoigner son ressentiment sur le refus qu'il avoit fait

I I i

de consentir au traité fait avec son predecesseur. Cependant le Roy fit sa paix, & estant de retour à Paris, où son absence avoit donné lieu à un soulevement des Parisiens, il fit faire justice des Autheurs de cette sedition, & ne songea plus qu'à faire sentir à l'Archevêque qu'il avoit les bras assez longs pour le chastier de sa temerité. Il dépecha aussi-tost le Roy de Navarre son fils aisné avec l'armée de Flandres dont il n'avoit plus besoin aux pays bas, & luy commande de venir mettre à la raison l'Archevêque, en mettant le siege devant cette ville. Le Roy de Navarre, Loüis Hutin sur ces ordres du Roy son Pere, part aussi-tost de Paris, passe par la Bourgogne, & prend avec lui Hugues de Bourgogne son beau-frere, & s'avance avec ses troupes vers cette ville dont on lui ferma les portes.

Le Pape Clement V. pour prevenir les maux de cette guerre, écrivit à nos citoyens une lettre pleine de tendresse, que j'ay rapportée au livre 4. de cette histoire entre les lettres des Papes. Il les exhortoit de donner au Roy toute la satisfaction qu'il pouvoit desirer, & de ne pas attirer sur eux une tempeste dangereuse.

Administrabat eandem tempestate Ecclesiam Lugdunensem quidam non satis prudens Episcopus: qui de blasphemiis Regia jublimitatis irrogatis obsidione à Ludovico Hutin, clausus, & inde ad Philippum deductus post longam custodiam satisfactione exhibita tandem sua libertati permissus est. Gaguin in Philippo Pulcro.

Robert Gaguin Ministre General de l'ordre de la sainte Trinité, que l'on appelle Mathurins en France, a parlé de ce siege de Lyon fait par Loüis Hutin, & dit que l'Archevêque qu'il accuse de peu de conduite, s'attira la disgrace du Roy pour avoir mal parlé de sa majesté, & qu'ayant esté assiegé & pris, il fut conduit à Paris, où après une prison assez longue il fut mis en liberté après avoir fait satisfaction au Roy.

Le Roy de Navarre pressoit ce siege sans qu'il y eut apparence d'aucun secours, ny de pouvoir lui resister. Les Principaux habitans s'estoient retirez à saint Just avec l'Archevêque comme dans un lieu de defense, où l'on pouvoit resister plus longtemps. Amedée V. Comte de Savoye vint avec ses troupes joindre le Roy de Navarre, l'Archevêque en parut d'autant plus surpris, que c'estoit son proche Parent à qui il avoit cedé peu d'années auparavant tout ce qu'il pouvoit pretendre sur les Estats de Savoye.

Ce prince fit entendre à l'Archevêque qu'il estoit mal conseillé de vouloir resister au Roy, & qu'il s'exposoit à se perdre. Il écouta les propositions que le Comte lui fit, mais il ne voulut pas se rendre au Roy de Navarre. Il aima mieux se mettre entre les mains de son Parent, qui le conduisit à Paris. Ce fut la veille de la Magdeleine l'an 1309. que la Ville se rendit au Roy de Navarre, après avoir donné des ostages, que le Roy Philippe le Bel ordonna depuis à Bertrand de Mercueur gouverneur de Lyon en son nom, & à Pierre de Blanost Chevalier Bailly de Mascon, de relâcher l'an 1310. l'Archevêque qui estoit detenu à Paris, fut mis en liberté à la sollicitation de deux Cardinaux, qui estoient Legats en France, pour l'affaire des Templiers. Ils dirent au Roy qu'ils vouloient conduire l'Archevêque au Pape pour le faire punir s'il ne consentoit à ce que le Roy exigeoit de lui. Ces Cardinaux estoient Landulfe Brancaccio, & Estienne de Suisy, qui avoit esté Chancellier de France. Le Pere Oldoin augmentateur de Ciaconius a rapporté cette deputation des Cardinaux en ces termes.

Cum anno 1310. ortex bellum inter Archiepiscopum Lugdunensem & Guillelmum Regem exarsisset de Lugduni Imperio, Clemens imminentis belli procellam prospiciens, ut consuleret filiis, ad eam dissuadendam VIII. Kal. Junii Stephanum tituli Sancti Cyriaci Presbyterum, ac Landulphum sancti Angeli Diaconum, Cardinales Apostolicæ sedis nuntios elegit, & adhibuit ad Francorum Regem intercessores, ut Lugdunenses pristinæ restitueret gratiæ, omnemque injuriam Deo, ac sedi Apostolicæ donaret, summo eâ in re tùm à divinâ majestate, tùm ab Ecclesiâ gratiam initurum.

Il chargea ces mesmes Cardinaux d'exhorter l'Archevêque, le Chapitre & les Citoyens, de donner au Roy toute la satisfaction, qu'il pouvoit legitimement pretendre, & d'entretenir entre-eux la paix & la bonne intelligence.

Reverendâ parte suâ imposuit, ut Archiepiscopum Lugdunensem, Canonicorum Collegium & Cives ad pacem alendam, præstanda Regi debita officia, & injurias illatas expiandas cohortarentur.

Nec intercedentibus iis her modis dictis Lugdunensibus On voit par là que nos citoyens n'avoient pas moins encouru la disgrace du Roy, que l'Archevêque & le Chapitre, parce qu'ils s'estoient laissez seduire par l'Archevêque

de la Ville de Lyon.   427

qui leur avoit fait entendre que le traité que son predecesseur avoit fait avec le Roy leur estoit desavantageux, c'est ce qui a fait dire à Gaguin, que nos Lyonnois s'estoient soûlevez contre le Roy, qu'ils avoient abandonné son parti, & qu'ils avoient saccagé le chasteau de saint Just; ce qui avoit obligé le Roy de Navarre Loüis Hutin de les contraindre par la voye des armes, à se soûmettre aux ordres du Roy son pere.

coniuratione facta à Rege desciscunt: montesque Sancti Justi castellum diripiunt, sed per Ludovicum Huttinum domiti se Imperatæ facturos iurant. Geog. in Philippo Pulcro.

Le Clergé & la Noblesse sollicitez par l'Archevéque formerent de nouvelles oppositions au traité de 1307. parce que le Roy n'ayant consideré en ce traité que ses propres interêts, avoit cedé à l'Archevêque certains droits, qui les faisoient relever de l'Eglise pour leurs fiefs, qu'ils pretendoient n'estre que dans la mouvance du Roy, & independans de celle de l'Eglise, à qui le Roy sembloit avoir concedé toutes ces terres à titre de Baronnie & de Comté de Lyon. Voicy leur opposition, où il est à remarquer que tous ces actes sont datés des années du Pontificat sans faire mention du Regne, parceque Lyon n'estoit pas encore reconnu membre du Royaume. Voicy la teneur de l'acte qui n'est pas des moins essentiels à nôtre Histoire.

AU nom de Nostre Seigneur. Amen. L'an d'iceluy mil trois cens onze, indiction dixiéme, le seiziesme octobre, c'est à sçavoir, le mardy aprés la Feste de saint Luc Evangeliste, du Pontificat de nostre saint Pere & Seigneur Clement, par la Providence de Dieu Pape V. du nom, en presence de Nous Notaires souscrits & tesmoins sous-signez à ce faire, specialement appellez & escrits, en presence de nobles & discretes personnes, sieur Beraud Seigneur de Merceur, & Renand Seigneur de Sainte Bonne Chevaliers, Maistres Denys de Sens Doyen de Sens, & Alain de Cambille Thresorier de Chaalons Ecclesiastiques & Bernard Deilles domestique du tres-illustre seigneur Roy de France, se portans pour Commissaires dudit seigneur Roy dans la Cour ou Palais de la Maison Archiepiscopale de Lyon, ont comparu Religieux, Prelats de l'Eglise, Barons, & Nobles souscrits, sçavoir, les Abbez de Savigny & Aisnay, les Prieurs des Eglises saint Irenée & saint Romain en Jarés, le Seigneur Jean Comte de Forests, le Seigneur Berauld de Lavieu, le Seigneur d'Iseron, le Seigneur de Chaignon, le Seigneur de Vaudragon, le Seigneur de Grezjeu, le Seigneur de Chamosset, Mathieu de Talaru, Soffrey de Faverges, le sieur du Brueil, le Seigneur d'Oing, le Seigneur Dubois, le Seigneur de Chastillon d'Asargue, le Seigneur Henry d'Albon, le Seigneur de Polongnay, le sieur Guy d'Albon, Seigneur de saint Fourgeul, le sieur Guillaume d'Albon, sieur de Bagnols, le sieur Guichard, Seigneur Daly, le Seigneur de Lyssieu, le sieur Guillaume de Lissieu, & le Seigneur de Montaigny personnellement, & le sire de Beaujeu par le sieur Barthelemy de Jo Clerc, le Prieur du convent de l'Isle-Barbe par Frere Guillaume de Sartines Celletier dudit convent, Aymard Seign. de Roussillon par Hugues Arric Damoiseau, Jacques Seign. de Jarés par Jean Prevost Chastellain de S. Chamond; leurs Procureurs à ce suffisamment instruits, desquels les procurations seellées authentiquement, sont demeurées pardevers nous les Notaires sous-escrits, comme il paroissoit de prime-face, & le Chapitre de saint Just de Lyon, par discrete personne sieur Henry Dars Chanoine de ladite Eglise. Auquel jour les susnommez avoient esté appellez & citez pardevant les Commissaires susdits, pour dire & proposer tout ce que chacun d'eux, tant conjointement que separément, entant que de leurs interests, voudront dire ou proposer contre certain traité fait entre ledit seigneur Roy, d'une part, & Reverend Pere l'Archevêque, & venerables personnes les Doyen & Chapitre de Lyon, d'autre; & tous autres generalement qui avoient ou pourroient avoir interest audit affaire, ainsi qu'il est apparu evidemment à nous Notaires publics souseserits par les lettres d'iceux Commissaires susdits, lesquelles nous ont esté publiquement exhibées: avec lesquelles personnes susdites ont comparu pardevant iceux Commissaires, les jour & lieu susdits, les bourgeois de Lyon, par discrettes personnes, sieur Imbert de Vaux Docteur és Loix, Maistre Jean Fabri Jurisconsulte, & Barthelemy Chevriers leurs Procureurs, les lettres procuratoires desquels, comme ils disoient, estoient pardevers la Cour de nostredit Seigneur Roy, & plusieurs autres desdits bourgeois de Lyon, avec leursdits Procureurs, & plusieurs autres Gentilshommes pour ce sujet, avec les susdites personnes. Lesquels tant Prelats, Religieux, & autres Barons & Gentilshommes, que bourgeois de Lyon, se joignans ensemble & ne faisans qu'un corps, comme ils disoient, tant pour la poursuitte des droits & honneurs, des personnes & places, & de leurs successeurs, que pour la conservation, tuition, & defense des droits, & honneur dudit seigneur Roy de France, & de tout le Royaume de France, entant qu'en eux estoit: lesquels tous d'une mesme voix & accord, avant proposer aucune plainte ou supplication qu'ils avoient à dire sur & contre ledit traitté, ont proposé & dit; sçavoir lesdits Religieux, Prelats, Barons & Gentils-hommes susdits, par noble homme sieur Guillaume de Marzieu Chevalier, & lesdits bourgeois de Lyon, par discrette personne sieur Imbert de Vaux susdit Professeur és loix, que toute la cité de Lyon, Baronnie & terres susdites, sont de tout temps sizes au Royaume de France, & sous la garde, souveraineté, & ressort, & toute sorte d'obeïssance du Roy, qui est à present & de tous ceux en suite qui seront, en ce qui appartient à la garde, souveraineté, & ressort; & qu'en ce qui concerne le temporel d'iceux, iceux, ou leurs ancestres de tout temps n'ont reconnu & reclamé en ce qui regarde la garde & souveraineté, autre que ledit seigneur Roy de France & ses predecesseurs, & que Dieu aydant, iceux ou leurs successeurs ne reconnoistront, ny n'auront à l'advenir autre que ledit seigneur Roy & ses successeurs, en ce qui concerne la garde, souveraineté & ressort, sauf les fiefs & arriere-fiefs, esquels quelques-uns d'iceux sont tenus à l'Archevesque, Chapitre, ou Eglise de Lyon; adjoustant en suite, que combien que quelques-uns d'eux tiennent quelque chose en fief ou arriere-fief de l'Eglise, Archevêque, ou Chapitre de Lyon susdits, qu'ils ne sont pourtant sujets en la jurisdiction temporelle ausdites Eglise, Archevesque ou Chapitre, ny ne leur ont esté jamais sujets, ny pour ce qui concerne la garde, souveraineté & ressort, ny ne sont ou

III ij

seront à jamais, & ne leur ont jamais obey en aucune chose, à sçavoir les Religieux, Prelats de l'Eglise, Barons, & Gentils-hommes susdits, ont tenu de tout temps jusques à present, & tiendront (Dieu aydant) à jamais lesdits Archevêque & Chapitre pour voisins, & entant qu'ils le meriteront, pour leurs amis tant seulement, & qu'eux tous & chacun d'iceux en particulier, tant de l'Eglise que des autres corps, comme faisans la ville de Lyon, n'ont jamais esté, ny ne seront (Dieu aydant) hors de la garde, souveraineté & ressort dudit seigneur Roy, & sont en cét égard sous son obeissance. Adjoustent en outre à ce que dessus, tant lesdits Religieux, Prelats, & autres Barons & Gentils-hommes, que bourgeois susdits, par lesdits Imbert & Guichard à ce presens, oyans, ratifians, & advoüans, qu'iceux tant Prelats, Religieux, & autres, que Barons; Gentils-hommes, & bourgeois susdits, comme fideles & affectionnez sujets du Roy & Royaume de France, avoient servy tant en guerre, qu'és armées dudit seigneur Roy & ses predecesseurs, permettans que non seulement leurs biens fussent levés par les Officiers du Roy, pour les subsides Royaux ; mais aussi ceux de leurs sujets par plusieurs & diverses fois, ainsi qu'il est coustume d'estre fait paisiblement par tous les autres endroits du Royaume, exposans aux hazards de la mort non seulement leurs personnes, mais de celles de leurs enfans presens & de leurs proches, pour la conservation du Roy & du Royaume, droits & honneurs d'iceux, & disoient qu'en cas de necessité ils estoient encore prests de s'exposer au hazard eux & leurs enfans, & qu'ils vouloient vivre & mourir en cette volonté & reconnoissance de verité, ayans obey cy-devant en toutes ces choses audit Roy & à ses predecesseurs, se portans pour ses sujets, & luy obeissans en ses commandemens, ce qu'ils estoient prests encor de faire à icelui, & à ses successeurs à venir, comme estans fidelles & affectionnez sujets dudit seigneur Roy. Toutes ces choses furent dites & proferées, l'an du Seigneur, Indiction, Pontificat, & lieu susdits, presens nobles hommes Gilles dit de Maubuisson Bailly de Mascon, Ponce de Vissac, Jean d'Andelle, & Hugues de Marzey Chevaliers, sieur Pierre dit Rumo Prestre, Jacques Balbi Chancelier de la Cour seculiere de Lyon, Jacques dit de Rans, Simon Remond, Estienne dit Poysat, Odon dit Fallard, André d'Argentes, & André de Carreaux Clerc, Jean Damas, Armand de Chasteau-neuf, Jean de sainte Bonne, Jean de Mese, & Regnauld de Meguier Damoiseaux, & plusieurs autres témoins à ce que dessus, specialement appellez & requis.

En ce temps le Pape Clement V. convoqua un concile General à Vienne en Dauphiné. L'un des principaux motifs qui le porterent à assembler ce concile, fut le desir de secourir la Terre sainte à l'exemple de plusieurs de ses predecesseurs qui n'avoient rien eu tant à cœur, que cette expedition, & d'y engager les Princes Chrétiens. Il choisit la ville de Vienne preferablement à celle-cy, parce que c'estoit alors une ville Imperiale, dont l'Archevêque étoit seigneur temporel, au lieu que le Roy Philippe le Bel poursuivoit avec ardeur le domaine temporel de celle-cy, pour lequel il avoit déja fait divers traitez. Ce prince pressoit le Pape de s'acquitter des promesses qu'il lui avoit faites, quand il lui proposa de le faire elire Pape à ces conditions. Celle pour laquelle le Pape tergiversoit, estoit la condemnation de Boniface VIII. son predecesseur, que le Roi vouloit qu'il declarât heretique, & qu'il fit effacer son nom des registres de l'Eglise, comme s'il n'avoit jamais esté qu'un antipape, & un scelerat qui s'estoit intrus par addresse, & par des artifices diaboliques dans le Pontificat. Clement crût qu'en un concile Boniface trouveroit beaucoup de defenseurs contre les accusations de Philippe, & qu'il éviteroit par ce moyen d'en condamner la memoire en rejettant sur cette assemblée le refus d'acquiescer aux demandes de Philippe.

Cependant le Pape profitant de l'empressement du Roi, pour obtenir de lui ce qu'il vouloit, le pria de defendre pour un temps les tournois, joustes, pas d'armes & autres divertissemens militaires, qui détournoient la noblesse des voyages d'Outremer, & d'aller à la guerre contre les Infideles. Car la passion de paroistre dans ces festes d'armes, où les Dames se trouvoient, & pour qui elles se faisoient le plus souvent, avoit tellement entesté la jeune noblesse, qu'elle ne s'occupoit qu'à se former à ces sortes d'exercices, & à courre des aventures, allant chercher dans les pays étrangers des occasions de signaler son adresse & sa valeur, sans avoir égard aux perils auxquels elle s'exposoit en cherchant à se divertir. La France, l'Alemagne, l'Angleterre & l'Espagne estoient les theatres les plus ordinaires de ces avantures, & l'on choisissoit souvent cette ville pour ces faits d'armes, parce qu'elle estoit à l'entrée de l'Alemagne & de l'Italie, & qu'elle avoit à son voisinage beaucoup de jeunes Princes desireux de se faire dans le monde reputation de hardis Chevaliers : Les Comtes de Forés, & de Savoye, les Daufins, les Sires de Beaujeu, de Bagé, de Thoire, de Villars, les comtes de Mascon & de Poitiers Seigneurs de saint Vallier, les Comtes de Bresse, & les Seigneurs de la Tour-du-Pin, de Montluel, &c. dont les Parents estoient Archevêques de Lyon, Abbez d'Aynay, de l'Isle-barbe, Chanoines de l'Eglise de Lyon, fournissoient aux depenses de ces festes & les recevoient dans leurs maisons. Ainsi comme le principal dessein du Pape en la tenuë du concile de Vienne estoit de liguer les Princes Chrétiens pour faire la guerre aux Infideles ; & que rien ne nuisoit plus à une si sainte entreprise, que les tournois, les pas d'armes, &

les autres divertissemens militaires auxquels la noblesse s'exerçoit en France, en Allemagne, & en Angleterre, il pria les Princes Chrestiens de defendre dans leurs états, ou du moins de suspendre pour un temps ces faits d'armes, où se faisoient des dépenses inutiles, & où la jeunesse s'occupoit avec trop d'ardeur, & formoit souvent des querelles, qui se terminoient par des duels, & faisoient naistre parmy la noblesse des divisions & des guerres plus que civiles.

Le Roy Philippe le Bel pour complaire au Pape, de qui il attendoit de grandes choses en ce concile, publia dans tout son Royaume des defenses, ou du moins des suspensions de ces exercices militaires; il écrivit en même temps au Gardiateur de cette Ville, d'empécher que l'on ne fit des joûtes ou *Tupineis*, qui estoit un fait d'armes particulier lequel estoit en usage en ce pays, & qui a esté l'occasion du nom d'une de nos ruës, qui se nomme encore à present *ruë Tupin*, parce que comme les Tournois se faisoient à la ruë Grenette, qui est large & spatieuse, les *Tupineis* se faisoient dans la ruë Tupin, qui est longue & étroite. Ces *Tupineis* estoient une espece de course de Quintaine à laquelle les Pages & les Escuyers des grands Seigneurs s'exerçoient pour leur divertissemét particulier, lorsque leurs maistres faisoient leurs pas d'armes, leurs joustes, tournois, & autres exercices de Chevalerie. C'estoit un grand sceau, ou cruche de terre, en forme de marmite, que le peuple nomme encore aujourd'huy *Tupin* en ce pays. On la remplissoit d'eau, & l'on la suspendoit avec une corde, qui traversoit le milieu d'une ruë. On attachoit à l'extremité d'en bas un anneau, & l'on couroit avec des lances contre cette cruche. Ceux qui enfiloient l'anneau en courant, en faisoient verser l'eau derriere la croupe de leur cheval sans en estre mouillez, au lieu que ceux qui donnoient contre le sceau, & la croupe en estoient tout mouillez. On se servoit aussi en ces courses, au lieu des casques à visiere fermée, qui estoient en usage dans les tournois, d'un simple pot, ou *tupin*, selon le langage du peuple. Les Espagnols qui ont retenu cet exercice pour les divertissemens du Carnaval, lui ont donné le nom de *Moxiganga*; c'est à dire moüillé plongeon. Et ce sont les Meusniers, les Barbiers, & quelques artisans qui s'exercent à ces jeux, comme nos Bouchers à courre un agneau enfermé dans une cage, le mardy gras, & nos Batteliers à des courses d'oye & d'anguille & à jouster sur la riviere, où ils courent à force de rames, & lutent avec de longues perches les uns contre les autres pour se culbuter dans l'eau, comme ils se guindent en l'air pour arracher l'oye ou l'anguille attachée à une corde, ou à rompre une cage suspenduë dans laquelle sont des oisons aprés lesquels ils courent à la nage pour les prendre. Ceux qui veulent que la ruë Tupin ait esté nommée anciennement *ruë Pepin* du nom du Pere de Charlemagne se trompent, puisqu'alors ce quartier de ville n'estoit pas basti, & que les fossez de la ville prenoient depuis le port Chalamont, le long de la ruë du Bois jusqu'au Rhosne. La ruë du Bois ne fut en effet ainsi nommée que parce que l'on y exposoit le bois à vendre, comme il est à present sur les quais ou temparts du Rhosne. L'enseigne de l'Empereur qui est à l'un des bouts de la ruë Tupin, & sur laquelle ont voulu appuyer leur conjecture, ceux qui nomment cette ruë, *ruë Pepin*; est une enseigne moderne d'une hostellerie, qui a esté celebre, mais qui n'a rien de commun avec Pepin, non plus qu'avec aucun autre Empereur determiné.

Le Comte de Savoye engagea l'Archevêque son parent à se rendre à Vienne pour achever son traité avec le Roy, en presence du Pape, le Roy se flattant qu'un acte passé dans un Concile, & authorisé d'un Pape auroit toute la sureté que l'on pouvoit desirer pour le rendre irrevocable. Cependant le Pape n'y voulut avoir aucune part, & un historien de ce temps là, dit, qu'il laissa à l'Archevêque une entiere liberté, pour faire ce que bon lui sembleroit: Enfin Pierre de Savoye lassé des troubles que lui avoit causé cette affaire se determina à traiter avec le Roy, par un contract d'echange & de permutation, comme avoient fait ses predecesseurs avec les Comtes de Forés.

Le Roy voulut que ce traité fit une mention expresse de tout le *mere mixte impere*, & de toute sorte de jurisdiction temporelle haute & basse avec ses dependances de la ville de Lyon au deçà & delà de la riviere de Saone, & de toute la jurisdiction temporelle du chasteau saint Just proche Lyon, du Bourg saint Irenée, de Fourviere & de saint Sebastien: & encore de toute la jurisdiction que l'Archevêque avoit acquise du Sire de Beaujeu proche Lyon, laquelle s'estendoit au dessous des vieux fossez de la riviere de Saone jusqu'au Rhosne, & de là descendant jusqu'au pont du Rhosne avec toutes ses Isles, qui avoient esté le sujet de tant de querelles entre l'Eglise & les Sires de Beaujeu, que l'on pretendoit les avoir usurpez injustement. Et enfin qu'il cedât toutes les appartenances de ces lieux, qui lui appartenoient ou pouvoient appartenir, soit à cause de son Eglise, soit à cause de l'Abbaye de saint Just unie à l'Archevêché, avec tous les droits & emolumens attachez à ladite jurisdiction.

L'Archevêque se reserva par ce traité toute la jurisdiction temporelle du chasteau de Pierre-cize avec ses dependances, à savoir depuis le monastere saint Martin le Noir, que l'on nomme à present de la Chanal, à cause des canaux d'une fontaine, jusques à la Tourrette le long du chemin de la montagne, & depuis la Tourrette le long des murs de la ville de Lyon descendant jusqu'au fossé de Pierre-cize, & de là en descendant jusqu'à la porte du Bourg-neuf exclusivement, avec ses emolumens, droits, & jurisdictions.

Secondement il se reservoit le droit de battre monnoye, qui auroit cours comme elle avoit eu jusqu'alors, que lui & ses successeurs pourroient faire fabriquer dans la ville & hors la ville dans les lieux qui lui appartenoient. Que les maistres & ouvriers de sa monnoye jouïroient des privileges accoustumez, & s'ils venoient à malverser dans leurs offices & ouvrages, la coertion & le chastiment lui appartiendroit & à ses successeurs, comme aussi la jurisdiction & la contrainte pour la levée, perception & recouvrement des laods, peages, cens, & sauvegarde, ban du mois d'aoust, & autres revenus & devoirs qui lui seroient dûs avec la connoissance des attentats & contraventions commises en ce qui concerneroit ces droits.

Troisiémement il se reservoit & à ses successeurs la jurisdiction sur leurs domestiques & familiers en tout cas, exceptez les crimes enormes de rapt, homicide, & autres semblables.

Quatriémement de pouvoir retenir des troupes tant de pied que de cheval dans la ville de Lyon & autres lieux enoncez, ainsi qu'il lui appartenoit, & qu'il estoit accoustumé, pour reprimer & faire la guerre tant au delà de la Saone, que du Rhosne, Comme il se pratiquoit alors en ce païs.

Il se reservoit enfin & à ses successeurs toute la jurisdiction de la feste des merveilles dont je parlerai en son lieu. Et quelques autres articles de mesme nature comme on verra dans l'acte que j'ay donné entier entre les preuves, & dont je rapporte icy la traduction produite dans le factum de l'instance de 1647.

A Tous presens & à venir qui ces presentes Lettres verront : Nous P. de Savoye par la misericorde de Dieu, Archevesque de la premiere Province de l'Eglise de Lyon : Declarons que considerant les maux, perils, & grands scandales, lesquels on connoist notoirement estre provenus aux temps passez, tant à nous qu'à nos Predecesseurs, à nostre Eglise, à nos subjets ; & specialement aux citoyens de Lyon, & au païs voisin, au moyen des contestations, discordes, & controverses, qui sont survenuës par plusieurs & diverses fois entre nous & nos predecesseurs, d'une part ; & le chapitre de nostre Eglise, d'autre ; & encore entre nous & nos Predecesseurs, tantost conjointement avec le chapitre, & tantost separément, aucunesfois entre le chapitre seul, d'une part, & lesdits citoyens de Lyon, d'autre ; pour raison de la jurisdiction temporelle de la cité de Lyon, du chasteau saint Just, du bourg saint Irenée, Fourvieres, saint Sebastien, & des appartenances de ladite jurisdiction, & au sujet de laquelle depuis longues années, & aux temps passez, sont arrivez plusieurs perils, des pertes fascheuses, & des scandales causez par la discorde de nous, nos predecesseurs, & nostre chapitre, d'une part ; & les gens du Seigneur Roy de France, & ses devanciers, d'autre ; particulierement par l'ignorance des droits dudit Seigneur Roy, & de ses Predecesseurs, & par les fausses suggestions de certaines personnes, lesquelles à cause de ladite jurisdiction, & de ses dependances, essayoient de troubler la paix de nostre Eglise, de la Ville, & de toute la Province ; en sorte que s'il n'y estoit pourveu d'un puissant remede, allant au devant des maux & scandales susdits, il seroit à craindre qu'il n'en arrivast de plus dangereux, voire mesme (ce que Dieu ne veüille) la ruine entiere desdites Eglises & cité, & un trouble general de la paix de tout le païs, considerans attentivement combien de traittez, de compromis, jugemens, arbitrages, transactions, & compositions ont esté faites, lesquelles toutesfois ont donné occasion à de plus grands dommages, qu'elles n'ont esté utiles : pour dissiper tous ces maux desirons de tout nostre pouvoir de donner la paix à nostre Eglise, avec l'aide de Dieu ; & qu'ainsi à l'occasion des choses susdites, le culte divin, & l'administration des Sacremens ne vienne point à defaillir en nostre dite Eglise, & en toutes celles de ladite ville de Lyon, comme il est arrivé notoirement plusieurs fois aux temps passez ; & afin que lesdits perils, discordes, scandales, & pertes des choses, des ames & des corps, cessent entierement ; que la seureté & le repos public, non seulement de ladite ville & païs ; mais encore de tout le Royaume de France beny de Dieu, soit affermy ; ce qui pourroit arriver autrement, comme les exemples du passé nous l'enseignent, si on n'en prevenoit les perils. Nous par la prudente deliberation de plusieurs personnes sages & advisées, avons choisi comme la voye seule capable de produire cét effet, de transporter & ceder en la maniere cy-dessous escrite par cause de permutation, au Serenissime Prince Philippe par la grace de Dieu Roi de France, & à ses successeurs Rois de France, comme favorables defenseurs des Eglises, *toute la jurisdiction* susdite desdits lieux, qui nous appartenoit à cause de nostredite Eglise, sous la main & autorité desquels Rois elle sera exercée & administrée, pour le salut spirituel & temporel des ames & des corps, la paix & le repos sera donné à nostre Eglise & à la ville de Lyon ; les perils & scandales passez cesseront ; on ira au devant desdits dommages ; il sera ainsi pourveu à la tranquillité & seureté publique, ce qui d'autre sorte ne pourroit estre fait commodément pour tout le Royaume. Et ledit Seigneur Roy possedant cy après cette jurisdiction temporelle, indemnisera nostre Eglise, lui donnant une recompense proportionnée à la valeur de ladite jurisdiction. Nous avons donc par ces presentes transigé & transi-

de la Ville de Lyon. 431

geons avec ledit seigneur Roi, & par cause de permutation nous donnons & accordons à perpetuité pour nous, nos successeurs & nostre Eglise, audit seigneur Roy & à ses successeurs Rois de France, tout le mere mixte impere, & toute sorte de jurisdiction temporelle haute & basse, avec les dépendances de la ville de Lyon deçà & au delà de la riviere de Saone ; & de plus toute la jurisdiction temporelle du chasteau Saint Just proche Lyon, du bourg Saint Irenée, Fourvieres, & Saint Sebastien, & encore toute la Jurisdiction que nous avons acquise du sieur de Beaujeu proche Lyon, laquelle s'estend au dessous des vieux fossez de la riviere de Saone jusques au Rosne, & de là descendant jusques au pont du Rosne, avec toutes ses Isles ; & outre ce encore la Jurisdiction de tous les droits & appartenances de ces mesmes lieux, en la maniere & ainsi qu'ils nous appartiennent, ou doivent & peuvent nous appartenir à cause de nostre dite Eglise, & de l'Abbaye de Saint Just, avec tous les droits & émolumens attachez à ladite Jurisdiction : Nous reservant toutesfois, à nos successeurs & à nostre Eglise, les choses qui ensuivent ; c'est à sçavoir, le mere mixte impere, & toute la Jurisdiction temporelle du chasteau de Pierre-cize, avec les dépendances cy-dessous écrites, à sçavoir depuis le Monastere Saint Martin le Noir inclusivement, jusques à la tourrete le long du chemin de la montagne ; & depuis la tourrete le long des murs de la ville de Lyon, en descendant jusques au fossé de Pierre-cize, & delà en descendant jusques à la porte du Bourg-neuf exclusivement, avec ses émolumens, droits & Jurisdictions ; & en outre le droit de battre monnoye, qui aura cours comme elle a eu jusques icy, laquelle nous & nos successeurs pourrons faire fabriquer dedans & dehors la ville de Lyon, ou dans les lieux qui nous appartiennent, & les Maistres & ouvriers en nostredite monnoye joüiront des privileges accoustumez ; & au cas qu'ils viennent à delinquer & malverser en leurs offices & ouvrages, le chastiment & la cohertion nous en appartiendra, & à nos successeurs, comme aussi la Jurisdiction & contrainte pour la levée, perception, & recouvrement des laods, peages, cens, sauvegarde, ban du mois d'Aoust, & autres revenus & devoirs qui nous sont deus, avec la connoissance des attentats & contraventions commises, en ce qui concerne & regarde lesdites choses. Item, la correction & Jurisdiction dans nostre famille, & celle de nos successeurs Archevêques de Lyon, c'est à dire, sur nos domestiques qui seront actuellement & sans fraude à nostre service ; & ce en tous cas, excepté les crimes énormes, comme rapt, homicide, & autres semblables; Nous pourrons en outre nous retenir des troupes, tant de pied que de cheval dans la ville de Lyon, & és lieux susdits, ainsi qu'il nous appartient, & qu'il est accoustumé, pour reprimer & faire la guerre, tant au delà de la Saone que du Rosne, comme il se pratique en ce païs-là. Nous reservons encore à nous & à nos successeurs, la feste appellée des merveilles, & le pouvoir de punir les désobeissans & delinquans, & qui manqueront à leur devoir pour le regard de ladite feste, ainsi qu'il a esté pratiqué de tout temps en ladite ville de Lyon. Et ledit Seigneur Roy & ses gens ne rendront point la Justice, ny n'auront des prisons dans la Maison Archiepiscopale, ny dans les pourpris ou environs de ladite Maison de la ville de Lyon, & nous pourrons encore & nos successeurs avoir dans ladite ville de Lyon, des Officiers capables d'exercer lesdites cohertion, contrainte, & Jurisdiction cy-dessus reservées: Et ledit seigneur Roy acceptant & recevant les choses susdites pour luy & ses successeurs, nous donne, concede, & constituë dés maintenant, & à toûjours, à nos successeurs & à nostre Eglise, pour cause de la permutation susdite, une recompense condigne, honneste, & proportionnée, considerant les choses & conditions susdites, en lieux convenables & fonds de terre qui nous sera hereditaire & à nostre Eglise, avec le mere mixto impere, & la totale Jurisdiction haute & basse, émolumens & droits y appartenans, à l'arbitrage & estimation qui en sera faite par des experts, gens de bien & de probité nommez de part & d'autre, lesquels ledit seigneur Roy & Nous nommerons par autres Lettres, les obligeans de jurer sur les saintes Evangiles, qu'ils procederont fidellement à l'estimation des choses qui doivent estre acceptées & receuës de part & d'autre pour la cause susdite, & ledit seigneur Roy, pour raison de ce present échange, ne pourra entrer en possession & joüissance des choses que nous lui donnons en vertu de ladite permutation, jusques à ce que ledit seigneur Roy ou ses successeurs, nous ayent ou à nos successeurs reellement donné & delivré ce que ledit seigneur Roy nous accorde & nous doit donner, à cause de la permutation & recompense susdite ; bien entendu toutesfois que ce n'est que conditionnellement que nous consentons à la delivrance des choses, que dés à present nous lui donnons & lui en constituons le droit réel dés maintenant comme dés lors, & dés lors comme dés à present, quand nous aurons receu ladite recompense ; & de mesme ledit Seigneur Roy dés à present comme dés lors, & dés lors comme dés-à-present, consent que la tradition des choses susdites nous soit faite à cause de ladite recompense, & nous en constituë le droit réel aux mesmes conditions cy-dessus ; la tradition & delivrance desdites choses que nous donnons & accordons audit seigneur Roy, ne pouvant avoir autrement son effet, & seulement alors que nous aurons receu ladite recompense, promettant de tenir en fief de nostredit seigneur Roy & de ses successeurs, la terre qu'il nous donnera en consequence de ladite permutation : Ne pourra ledit seigneur Roy ny ses successeurs, mettre hors leur main Royale pour quelque cause que ce soit, toutes les choses susdites, ni partie d'icelles ; à cét effet nous promettons d'executer, tenir & observer perpetuellement, & par une solemnelle stipulation, toutes & chacunes les choses susdites, promettant & jurant audit seigneur Roy & à ses successeurs, pour nous, nos successeurs, & nostre Eglise, l'observance des presentes sous l'obligation de tous les biens de nostredite Eglise, & en témoin & asseurance de toutes lesquelles choses nous avons jugé à propos d'apposer aux presentes nostre sceau. Donné à Vienne le Lundy aprés, *Misericordia Domini*, au mois d'Avril, l'an de nostre Seigneur 1312. seellé d'un seau en cire rouge, sur cordons de soye rouge, pendant au milieu d'un petit reply de parchemin.

Ce nouveau traité fait entre le Roy & l'Archevêque n'appaisa pas tous les troubles. Le traité de Pontoise de l'an 1307. sembloit subsister encore, du moins en partie n'ayant esté que suspendu, & contenoit certains articles, qui ne plaisoient ny au Clergé, ny à la Noblesse, ny aux Bourgeois, qui firent de fortes instances auprés du Roy pour revoquer ce traité, ce qu'il fit le 22. d'Avril l'an 1312. en la forme & teneur qui suit, où les motifs de cette revocation sont exposez.

PHILIPPE par la grace de Dieu Roy de France. Sçavoir faisons à tous, qu'entre Nous, d'une part, & le Procureur de Loüys pour lors Archevéque, & les Doyen & Chapitre de Lyon, d'autre, se seroit passé certain traité sur plusieurs differends & controverses qui estoient agitées entre nos Officiers d'une part; & lesdits Archevéque & Chapitre, d'autre ; se plaignoient grandement du susdit traitté, & choses contenuës en icelui, les bourgeois de Lyon, ensemble les Abbez & Convents, Monastere d'Esnay, de Savigny, l'Isle-Barbe, le Chapitre de l'Eglise Saint Just, & Prieur de Saint Irenée, les Barons du Lyonnois, & les nobles des lieux voisins, bourgeois, & menu peuple, non seulement ceux qui n'estoient pas sujets à la Jurisdiction desdits Archevesque, Doyen & Chapitre ; mais aussi ceux qui estoient sujets à leur Jurisdiction temporelle, car ils disoient que dans l'accord susdit, nous octroyé à ladite Eglise, la connoissance & execution des premieres appellations qui seroient interjettées de leurs Cours, & du premier ressort ; & en outre certaine & ample Baronnie limitée au dedans, dans laquelle lesdits Archevéque, Doyen & Chapitre auroit toute sorte de Justice & premier ressort, bien que toutesfois beaucoup d'iceux plaignans eussent leurs *Jurisdictions temporelles, nullement sujettes à la Jurisdiction en ressort de l'Eglise de Lyon*. Que nous octroyons aussi ausdits Archevéque & Chapitre dans ladite Baronnie, non seulement le premier ressort ; mais aussi qu'en ce qui estoit au dedans d'icelle, nous, ny nos Officiers en aucun cas-ne devrions executer aucune Justice appartenante au premier ressort, ou aucuns actes concernans l'exercice de la Justice, ny nous acquerir aucun domaine ou temporalité, ny faire aucun fort, ny connoistre par nous & nos Officiers, des causes & affaires qui appartiennent aux secondes appellations & second ressort ; mais seulement à Paris dans le Parlement, ny faire aucune execution ; sinon és cas à nous retenus, si ce n'est par quatre Sergents tant seulement ; & disoient, que dans ledit accord s'introduisoient dans la connoissance des secondes appellations, & exercice de nostre souveraineté & second ressort, de grandes difficultez, attentats & embroüillemens divers, par les octrois que nous avions faits à ladite Eglise, & que par ledit accord il s'introduisoit une nouvelle garde dans ladite ville & païs, fascheuse & difficile, ayans aboly nos anciennes gardes, qui avoient esté justement & licitement establies pour la protection de l'Eglise, & autres plusieurs personnes : Qu'en outre par ledit traitté nous octroyons ausdits Archevéque & Chapitre le port d'armes, & la cohertion du port d'armes, & autres personnes, au prejudice desdits plaignans ; toutes lesquelles choses lesdits complaignans disoient contenir manifestement en defaut. Veu que par là toute la Justice & execution d'icelle estoit notoirement absorbée, & que tout le pays & communauté de Lyon, en tout & en partie estoit cedé & remis ; & qu'en outre par ledit traitté plusieurs autres griefs, qu'il seroit mal-aisé de nombrer, estoient introduits, & que lesdits complaignans asseuroient que c'estoit une injustice, à la lezion & prejudice d'iceux complaignans, du pays, de la Republique, & sur tout de nostre Royaume. Veu que par ce moyen le benefice des premieres appellations qui devoient estre relevées vers nous, estoit osté, & que l'exemption du premier ressort, & que l'execution aussi de la Justice, & le benefice de recourir à nos Officiers sur les cas du premier & second ressort, & qui concernoient nostre souveraineté, leur estoient non seulement refusez ; mais leur estoient entierement ostez & ravis par les difficultez & évenements susdits, & que les gardes ordinaires qui du commencement avoient esté introduites pour le bien du pays, estoient tout à fait ostées, & que nostre droit d'acquerir domaines & construire des forts pour la defense & conservation publique ; principalement es païs qui sont sur les limites du Royaume, estoit utile & necessaire en tout temps pour diverses considerations, & que si on consideroit attentivement toutes ces raisons, les susdites choses estoient ostées par ledit traitté, à la lezion, danger & perte, non seulement de leur pays ; mais aussi de la Republique & de nostre Royaume : que ladite cohertion du port d'armes estoient données à leurs envieux, contre lesquels il estoit necessaire que lesdits complaignans se defendissent avec armes : adjoustans que comme jadis les Prelats, Gentils-hommes, & plusieurs autres personnes de ces endroits, nous eussent supplié instamment par leurs Lettres patentes, qu'il nous pleust determiner le traitté encommencé pour appaiser les divisions & debats qui estoient entre nos Officiers & ladite Eglise, & mettre en repos ladite Eglise, ensuite dequoy s'en seroit ensuivy ledit accord, que ce n'auroit jamais esté le dessein ny l'intention d'iceux supplians, comme ils disoient de consentir à tant & si grands prejudices susdits qui sont ensuivis dudit accord ; ou qui ensuivront cy-aprés, & que lesdits prejudices ne leur avoient jamais esté exposez ou connus ; mais qu'ils les ignoroient tout-à-fait ; pour raison dequoy lesdits complaignans nous avoient supplié par plusieurs fois, en divers temps & lieux, aprés avoir eu connoissance de ce qui estoit contenu dans ledit accord, & requis avec instance qu'il nous pleust oster les susdites choses, & remedier à icelles pour mettre en paix ledit païs, ausquelles s'il n'y estoit remedié, se pourroient ensuivre à l'advenir entr'eux & ladite Eglise beaucoup de dangers & scandales, ainsi que les exemples du temps passé sont assez connoistre. En outre nostre amé & feal Pierre Archevéque de Lyon, bien qu'aprés qu'il fust appellé au regime de ladite Eglise, ignorant ce qui estoit contenu en icelui, eust par ses Lettres patentes approuvé ledit accord, & promis garder icelui, ainsi qu'avoient fait ses predecesseurs, toutesfois ayant appris ensuitte, comme il a asseuré, les prejudices contenus en icelui qui tournoient au dommage du pays, s'estant adressé à nostre Cour à l'Abbaye du Lys prés Melun, & à nos Officiers, *il auroit reclamé contre icelui traitté & resisté contre icelui, tant pour luy que pour son Eglise*, combien que comme il disoit, ignorant le contenu d'icelui il eust octroyé cy-devant ses Lettres d'icelle approbation ; toutesfois emporté par une chaleur inconsideree, bien qu'il deust attendre sur ce le remede de nostre Justice, lequel a esté par plusieurs, & diverses fois offert de nostre part, à luy & à certaines personnes qui se disoient estre lezées par ledit accord, il a estendu ses mains aux scandales, à nostre grand prejudice,

de la Ville de Lyon. 433

judice, & peril du pays tout apparent, bien que reconnoissant sa faute après la verge de nostre correction, il nous a instamment & humblement requis misericorde comme à son Prince, auquel nous avons gracieusement remis ladite offense, bien que grande, ne voulans oublier la misericorde divine, & l'avons receu à grace, & mesme à la foy & hommage accoustumé d'estre rendu par ses predecesseurs ; esperans en outre, comme on lit de Saint Pierre, que sa repentance nous servira & à l'Eglise. Comme nous avons donc declaré à l'honneur de Dieu, & pour l'avancement & fermeté de l'Eglise Catholique, nous avons envoyé nos Officiers par avance à ce Concile general de Vienne, qui ont ouy soigneusement lesdites plaintes, & ayans appellé & ouy sur icelles les Doyen & Chapitre de Lyon, ont traitté avec iceux, & nous aussi ensuite avons appellé iceux Doyen & Chapitre, & avons avec les grands de nostre Royaume deliberé soigneusement pour remedier à toutes ces choses, & cherché les moyens de paix & de concorde, & reconnoissans qu'il n'y avoit autre voye pour le repos de l'Eglise de Lyon & du pays, nous avons acquis par cause d'échange & permutation toute la Jurisdiction temporelle de la ville de Lyon, Chasteau Saint Just, Fourvieres, & autres lieux voisins de Lyon, à laquelle Eglise nous donnerons recompense suffisante ; par le moyen dequoy nous avons remedié en plusieurs façons aux dangers & prejudice susdits, & esperons en la grace de Dieu que de là s'ensuivra aussi la seureté, paix & tranquillité du pays. Mais d'autant que lesdits complaignans n'estans contents de ce, nous faisant instance comme ils ont fait autrefois de leur subvenir contre ledit traitté & choses contenuës en icelui : Nous desirans oster tous les scandales & apprehensions desdites parties, & establir la paix & union de l'Eglise de Lyon, ville, & païs susdit ; & considerant plus soigneusement que ledit accord avoit esté fait tant seulement entre nous & le Procureur de ladite Eglise, avec exception des droicts de toutes sortes de personnes, & specialement desdits Bourgeois de Lyon, qui ont toûjours reclamé à l'encontre, ensemble lesdites Eglises & Religieuses & Ecclesiastiques personnes, Barons, Gentils-hommes, Bourgeois, & menu peuple, & de toutes autres personnes qui estoient sujettes à la Jurisdiction temporelle desdits Archevêque & Chapitre ; comme ainsi soit qu'une chose faite entre aucunes personnes, ne puisse raisonnablement porter prejudice quelconque, *Nous declarons & ordonnons par cette Pragmatique Sanction, & de nostre autorité Royale ; Que ledit traitté, ny les choses contenuës en icelui ne pourront porter aucun prejudice, de fait ou de droit ausdits bourgeois de Lyon, Eglises susdites, Religieux susdits, en personnes Ecclesiastiques, Barons, Gentils-hommes, bourgeois, ou menu peuple, ou à personnes quelconques, villages, chasteaux, & lieux hors de nous & de ladite Eglise ; mais qu'en ce qui les touche, tous leurs successeurs, heritages ou droits, nous n'entendons les obliger en aucune façon, & en ce qui les touche. Voulons & ordonnons pour jamais, & de nostre autorité susdite, que ledit accord soit pour non advenu : Quant à nostre ressort & souveraineté, Jurisdiction de ceux qui d'autres fois les ont euës, nostre garde, & tous autres droits cy-dessus exprimez, & qui n'estans exprimez, & qui ne pouvoient que difficilement estre exprimez, & tout ce qui s'est ensuivi dudit accord en quelque maniere que ce soit, & que le tout demeure en mesme estat & droit qu'il estoit avant le traittement de cét accord :* Et quant à ce qui concerne les choses qui sont contenuës audit accord, & qui ne touchent que nous & ladite Eglise, & par lesquels n'est fait prejudice à autre personne quelconque, nous tant pour nous, & pour nostre Estat public, que pour ladite Eglise, aviserons avec conseil & deliberation, à ce que s'il y a quelques choses en icelui, qui pour le bien public ont besoin de correction ou reformation, que nous les corrigions ou fassions corriger par moyen deu & raisonnable ; ou reformer en mieux ; en sorte que de là s'ensuive l'utilité de ladite Eglise, & que nostre Estat n'en reçoive aucun dommage. En témoin dequoy & asseurance, nous avons fait apposer aux presentes nostre seel, sauf en autres choses nostre droit, & en tout autre celuy d'autruy. Fait à Saint Just prés Lyon le vingt-deuxième Avril, l'an du Seigneur 1312. Et scellé d'un sceau de cire verte, où est l'effigie dudit Roy Philippe tenant une fleur de lys en main, en lacs de soye rouge & verte.

PHILIPPE Par la grace de Dieu Roy de France. Sçavoir faisons à tous presens & à venir, que nous avons veu certaines Lettres seellées du seel de nostre amé & feal Pierre de Savoye Archevesque de nostre premiere Eglise de Lyon, de la teneur qui s'ensuit : A tous ceux qui ces presentes Lettres verront, Pierre de Savoye Archevesque de la premiere Eglise de Lyon, Salut. Sçavoir faisons, que Nous avons receu, veu, leu & diligemment consideré les Lettres du Serenissime Prince Seigneur Philippe par la grace de Dieu Roi de France, dont la teneur estoit : Philippe par la grace de Dieu Roy de France : A tous ceux qui ces presentes Lettres verront, Salut. Sçavoir faisons, que comme ainsi soit que nous eussions passé contract d'eschange avec nostre amé & feal Pierre de Savoye Archevesque de la premiere Lyonnoise, de la jurisdiction entiere & temporelle de toute la ville de Lyon, chasteau sainct Just, Ville sainct Irenée, Forvieres, sainct Sebastien, comme aussi de la jurisdiction prés Lyon, qui s'estend dans les vieux fossez de Saosne jusques au Rosne ; & delà descendant jusques au pont du Rosne avec leurs Isles, laquelle ledit Archevesque a acquis du Seigneur de Beaujeu, ainsi & tout autant que ces choses lui appartiennent, à raison de son Eglise de Lyon & Abbaye de sainct Just avec ses droicts & appartenances, s'estant retenu certaines choses lesquelles ledit Archevêque nous a donné & remis en vertu dudit échange, pour soy & son Eglise, pour recompense valable, pour terres hereditaires que Nous avons donné & octroyé audit Archevêque, & que Nous lui assignerons en lieux & terres à sa bienseance, au dire & estimation de gens de bien, qui seront nommez d'un commun accord, ainsi que toutes ces choses sont plus à plein contenuës és Lettres sur ce dressées & faites, tant par Nous que par ledit Archevêque. Nous avons nommez, pour faire l'estimation & juger des choses susdites, nostre amé & feal Guillaume de Plaizian nostre Chevalier ; & icelui Archevêque a nommé & constitué Jean Bertrandi Chevalier son domestique : & tant Nous que ledit Archevêque en commun, avons establi pour tiers un de ces deux ; c'est à sçavoir, nos amez & feaux, ou G. Evêque de Soissons, ou R. Comte de Boulogne & lesdits Chevaliers, aprés serment par eux fait, de faire les susdites choses fidelement, & qu'ils informeront, arbitreront & estimeront soigneusement les choses que nous avons receuës en vertu du present échange, & ce qu'icelles valent de revenu annuel & perpetuel, & ce qui doit estre assigné pour raison d'icelles audit Archevêque & à son Eglise, en lieux commodes & à leur bienseance : semblablement aussi feront-ils des lieux & choses que ledit Archevêque & son Eglise reçoivent & obtiennent de Nous pour ladite recompense, afin que lesdites choses ainsi estimées de part & d'autre, nos Officiers à ce deputez par Nous, en reçoivent la possession corporelle & réelle pour cause d'échange des choses que nous recevons d'iceux, & semblablement qu'ils delivrent à l'Archevêque & Eglise susdite, la possession reelle : Que si par avanture lesdits Chevaliers ne s'accordoient pas au jugement & estimation desdites choses, on aura recours ou audit Evêque, ou au Comte cy-dessus, afin que le tiers ayant veu la procedure desdits deux Chevaliers, ledit tiers advise s'il pourra commodément accorder lesdits deux Chevaliers, ou en cas de ne les pouvoir accorder ensemble ; qu'il convienne avec l'un des deux Chevaliers, & tout ce qui sera jugé & estimé par lesdits deux Chevaliers d'un commun accord, ou en cas de different entr'eux, ce que ledit tiers jugera avec l'un des deux sur lesdites choses, tant nous que ledit Archevêque & son Eglise, & nos successeurs, l'accomplirons, tiendrons, & garderons de bonne foy. Pour raison dequoy nousavons estimé devoir obliger, & nous & nos successeurs, ensemble l'Achevêque, soi & ses successeurs, son Eglise, & les biens d'icelle. En témoin dequoy nous avons fait apposer notre seel aux presentes Lettres. Fait à Vienne 11. Avril, l'an de N. Seigneur 1312. Nous donc desirans que ledit Contract d'échange duquel est fait mention és Lettres precedentes, & tout ce qui a esté fait ensuite d'icelui ait son effet. Voulons & consentons en outre, que tout ce qui ensuite est contenu esdites Lettres Royaux soit accomply, & establissons les personnes cy-dessus pour juger & estimer les choses susdites, que tant ce que ledit seigneur Roy reçoit de nous, que celles que nous recevons d'icelui, ou que nous recevrons cy-aprés, pour raison de l'eschange à faire & parfaire, selon qu'il est expressément porté aux Lettres principales dudit contract, & tout ce qui suivant ce que dessus sera à faire par nous en cela, comme il est contenu cy-dessus ; comme aussi nous accomplirons, tiendrons & garderons de bonne foy, tout ce que par lesdites personnes en la maniere touchée cy-dessus, sera jugé & estimé sur lesdites choses, en obligeant pour tout ce que dessus, nous, nos successeurs, nostre Eglise, & biens d'icelle audit seigneur Roy : En tesmoignage dequoy nous avons jugé devoir apposer nostre seel aux presentes. Donné à Vienne, le douziéme jour du mois d'Avril, l'an de nostre Seigneur mil trois cens douze : En tesmoignage de laquelle volonté, nous avons fait apposer nostre seel à cete coppie, à laquelle nous voulons estre adjousté foy en tout comme aux Lettres originales. Fait à Lyon le vingt-cinquiesme Avril, l'an de nostre Seigneur mil-trois cens douze, seellé d'un grand sceau de ciré jaune sur double queuë de parchemin, pendant au milieu d'un petit reply.

PHILIPPE par la grace de Dieu Roy de France A nos amez Guillaume de Plaizian nostre Chevalier & feal, & à Jean Bertrand Chevalier, Salut & dilection. Comme ainsi soit que Nous ayons donné & cedé à nostre amé & feal Pierre de Savoye Archevêque de Lyon, pour raison & occasion de l'eschange que nous avons fait avec lui, de l'entiere & totale Jurisdiction temporelle de toute la ville de Lyon, chasteau Saint Just, ville Saint Irené, Fourvieres, Saint Sebastien, & aussi de la jurisdiction proche Lyon, qui s'estend entre les vieux fossez, descendant de la Saone jusques au pont du Rosne, avec leurs Isles, & la jurisdiction des droits & appartenances desdits lieux, entant qu'ils appartenoient audit Archevêque, & le fief de Montaigny que ledit Archevêque nous a donné, & cedé & tout-à-fait delaissé par ledit eschange, entant qu'à lui appartenoit, sçavoir est deux mil cinq cens livres Viennoises de rente annuelle & perpetuelle, pour estre tenuë à perpetuité par ledit Archevêque & ses successeurs, & pour luy estre assigné par vous pour la susdite rente, Chasteau-neuf, ville Sainte Marie du bois, & la Maison de nostre amé & Chevalier Guichard de Marzay du Bailliage de Mâcon, si tant est qu'il puisse estre tenu par nous & ledit Archevêque commodement, & selon le prix & estimation commune, ensemble le Chasteau de Charny, Chasteau-Renaud, qui jadis appartenoient à nostre amée & feale la Comtesse d'Artois, & la Maison & Chasteau qu'a audit lieu nostre amé & feal le sieur de Sully dans le Bailliage de Sens, avec tous les Chasteaux, forts, Chastellenies & appartenances d'iceux, que nous jugerions devoir estre nommez ; en sorte neanmmoins que si lesdits lieux se trouvoient valoir, selon l'estimation que vous en ferez au delà de ladite somme de deux mille cinq cens livres Viennoises, ce qui restera demeurera à nous & à nos successeurs, & ce qui manquera à la somme de ladite rente, nous aurions promis de l'assigner & asseoir audit Archevêque & ses successeurs, en lieux commodes, à vostre jugement, selon que le tout est plus à plein contenu dans nos Lettres, & celles dudit Archevêque sur ce faites. Or parce que lesdites places, & ce qu'elles valent de rente annuelle, n'ont point encor esté estimées & appreciées par vous, nous par ces presentes vous donnons & remettons, selon la confiance que nous avons en vos fidelité & prudence, la possession especiale & corporelle desdits lieux ; excepté la maison du sieur de Sully & dudit Guichard, que nous n'avons encor acquis d'iceux, ainsi que le tout est cy-dessus exprimé, avec tous les droits & appartenances d'icelles, pour estre estimées & tenuës par vous au nom que dessus, & exploitées jusques à ce qu'ayans esté franchement & fidellement estimées & appreciées par vous, que selon l'estimation susdite par vous faite, vous ayez à les donner & assigner pour nous & à nostre nom audit Archevêque pour les causes susdites, pour la valeur à quoy vous les aurez estimées. Donnans en mandement à tous nos feaux & sujets par la teneur des presentes, qu'à vous & à l'un de vous, ou autres personnes que vous jugerez devoir estre deputées en cette affaire, ils entendent & obeissent comme à nous-mesmes. Voulans en outre que tout ce que vous jugerez & estimerez, ensemble la tradition & assignation que vous ferez audit Archevesque, de tous & chacuns les lieux cy-dessus, ayent mesme force & valeur à jamais que si elles avoient esté faites par nous : en tesmoin dequoy nous avons fait apposer nostre seel aux presentes Lettres. Fait à Fontainebleau le jour de Mercredy aprés la Nativité de nostre Seigneur, l'an d'iceluy 1312. Seellé d'un grand seau de cire jaune sur double queuë de parchemin, pendant au milieu d'un petit reply.

de la Ville de Lyon. 435

Pour l'execution de ce traité, & pour l'estimation des terres, seigneuries & jurisdictions, qui devoient estre changées, le Roy fit choix de Guillaume de Plaizian Chevalier, & l'Archevêque Pierre de Savoye, de Jean Bertrand aussi Chevalier son domestique qui estoit d'une ancienne maison de Savoye, dont il y a eu deux Archevéques de Tarentaise, un premier President du Senat de Chambery Seigneur de la Perrouse commandant en Savoye pour son Altesse Royale, & d'autres Presidens au mesme Senat du nom de Bertrand de la Perrouse, & de Bertrand de Chamosset employez en diverses negotiations. L'Abbé de la Perrouse Doyen de la sainte Chapelle de Chambery, si connu en France pour son zele à faire les missions, & qu'il a faites si souvent en cette ville où il a presché avec beaucoup d'édification, estoit fils du premier President. Voicy l'acte d'estimation.

A Tous ceux qui ces presentes Lettres verront : Nous Pierre par la misericorde de Dieu Archevesque de la premiere Province de l'Eglise de Lyon. Sçavoir faisons, que Nous avons veu les Lettres du Serenissime Prince nostre Seigneur Philippe par la grace de Dieu Roy de France, seellées de son grand seau pendant, & de cire blanche, & avoir eu & receu icelles par les mains de Noble homme sieur Guillaume de Plazian Chevalier de nostredit Seigneur Roy, contenans mot à mot la teneur qui s'ensuit : Philippe par la grace de Dieu Roy de France. A tous ceux qui ces presentes Lettres verront, Salut. Sçavoir faisons que comme ainsi soit que Nous ayons passé Contract d'eschange avec nostre amé & feal Pierre de Savoye Archevêque de la premiere Lyonnoise, de la Jurisdiction temporelle de toute la ville de Lyon, Chasteau saint Just, ville saint Irenée, Fourvieres, sainct Sebastien, comme aussi de la Jurisdiction d'auprés de Lyon, qui s'estend entre les vieux fossez de la Saone jusques au Rosne : & delà descendant jusques au pont du Rhône avec ses Isles, que ledit Archevêque a acquis du sieur de Beaujeu, tout ainsi que ces choses lui appartiennent, à raison de son Eglise de Lyon, Abbaye de saint Just, & fief de Montaigny, avec ses droicts & appartenances sous la retention de certaines choses, entant que lesdites choses appartiennent audit Archevêque, pour estre par Nous donné recompense valable audit Archevêque & Eglise de Lyon, en terres hereditaires à sa bienseance, avec toute Justice & Jurisdiction haute & & basse, qui sera assigné audit Archevêque & Eglise de Lyon, au jugement & estimation de nostre amé & feal Guillaume de Plazian nostre Chevalier, lequel de nostre part Nous avons à ce choisi, & de nostre amé Jean Bertrandi Chevalier & Conseiller dudit Archevêque, & que lesdits Chevaliers aprés beaucoup de deliberations, & considerations tenuës entr'eux ayent estimé & arbitré lesdites choses à Nous données par échange par ledit Archevêque, valoit la somme de deux mil-livres Viennoises de rente annuelle, & que Nous estions tenus envers ledit Archevêque & ses successeurs, de luy assigner pour la recompense desdites choses, ladite somme de deux mil-livres en Baronnie noble, pour estre tenuë par lui & ses successeurs à perpetuité, sous nostre fief immediat, en lieux commodes & à sa bien-seance, & ladite estimation ainsi faite : Nous en consideration de la personne dudit Archevêque, & pour l'amitié & affection que nous avons tousjours eu & avons pour ladite Eglise de Lyon, outre l'estimation de la taxe & jugement desdits Chevaliers, de nostre liberalité Royale eussions jugé devoir donner audit Archevêque, afin qu'icelle Eglise ait une plus ample recompense pour les choses susdites, cinq cens livres Viennoises de rente annuelle & perpetuelle, avec lesdits deux mille livres qui seront tenuës par ledit Archevêque & ses successeurs, laquelle rente de deux mil cinq cens livres Viennoises, nous aurions promis audit Archevesque lui faire assigner en lieux commodes & à sa bienseance, pour laquelle rente promise audit Archevêque, & à ses successeurs les Archevêque de Lyon, nous avons mis en mains desdits Chevaliers dans le bailliage de Mascon, Chasteauneuf, ville Sainte Marie du bois, la maison de nostre amé & feal Guichard de Marzay nostre Chevalier, nommée Ally, si elle peut estre acquise par nous & ledit Archevesque, commodément & à prix commun, avec tous leurs droits & appartenances ; ensemble & en outre dans le Bailliage de Sens le Chasteau de Champuy, Chasteau Renaud, avec la maison de nostre amé & feal le sieur de Sully, si elle peut estre achetée commodément & à juste prix, avec toute sorte de Justice haute & basse, avec toutes leurs appartenances quelconques, pour estre ladite estimation ainsi faite par lesdits Chevaliers jusques à ladite somme de deniers, sçavoir est deux mille cinq cens livres Viennoises ; en sorte que l'estimation & assignation susdite se fasse premierement dans le Bailliage de Mâcon, sur Chasteau-neuf, & ville Sainte Marie du bois, & de la maison dudit Richard appellée Ally, si on la peut avoir commodément & à juste prix par nous ou ledit Archevêque, & subsequemment dans le Bailliage de Sens, sçavoir est sur Chagny, & autres lieux cy-dessus nommez, laquelle estimation faite comme dit est, lesdits Chevaliers seront tenus de donner, delivrer & assigner audit Archevêque & à ses successeurs, lesdits lieux en Baronnie, avec tous leurs droits & autres bonnes conditions cy-dessus specifiees, jusques à la valeur susdite de deux mille cinq cens livres Viennoises, selon que ces choses & autres sont plus à plein contenuës dans nos Lettres, & celles dudit Archevêque ; d'où vient que n'ayans pour le present, autre terre preste immediatement à nostre main és environs de Lyon, que nous puissions assigner audit Archevêque & siege Archiepiscopal commodément, si ce n'est és chasteaux & lieux susdits: Nous en contemplation de ladite Eglise de Lyon, & afin que l'on ne puisse dire à l'advenir que ledit Archevêque a esté lezé & circonvenu audit échange, promettons de bonne foy audit Archevêque & à ses successeurs, pour nous & nos successeurs, que s'il arrive à l'advenir que ledit Archevêque ou ses successeurs trouvent és environs de Lyon, pourveu que ce soit dans nostre Royaume de France, terre plus competente & commode qui puisse estre achetée par nous, & acquise commodément & à prix raisonnable, & qui soit plus revenante audit Archevêque & au siege Archiepiscopal : Nous, à l'instance & requisition dudit Archevesque & ses successeurs, & non autrement, acheterons ladite terre & lieux, pour assigner & donner ladite rente annuelle audit Archevesque & ses successeurs, ou audit siege Archiepiscopal,

KKk ij

& ferons échange des choses cy-dessus acquises par nous, avec la terre & lieux que maintenant nous voulons leur estre assignez en tout ou en partie, au jugement & estimation desdits Chevaliers G. de Plaizian & J. Bertrandi, ou autres qui seront par nous & ledit Archevêque choisis, si lesdits Chevaliers ne pouvoient faire l'estimation dudit eschange, toutesfois & quantes que sur ce nous serons requis par ledit Archevêque ou ses successeurs, & voulons à ce estre obligez nous & nos successeurs à perpetuité, nonobstant l'assiette, assignation & tradition qui se fera desdits lieux audit Archevêque par lesdits Chevaliers, c'est à sçavoir de Chasteau-neuf, ville Sainte Marie du bois, & maison dudit Guichard de Marzay appellés Ally, avec tous leurs droits & appartenances, si on les peut avoir commodement & à juste prix : ensemble du Chasteau de Changny, Chasteau-Renaud, avec la maison ou chateau du sieur de Sully susdit, avec tous les Chasteaux, Chastellenies, & mandemens d'iceux en Baronnie noble, & toute sorte de Jurisdiction jusques à la somme de deux mille cinq cens livres Viennoises de rente annuelle & perpetuelle, lesquelles nous voulons estre assignez & assises par lesdits Chevaliers audit Archevesque sur les lieux susdits, comme lesdites choses sont à plein contenuës dans les Lettres sur ce faites par nous & ledit Archevêque : en tesmoin dequoy nous avons fait apposer nostre seel aux presentes Lettres. Donné à Fontainebleau le jour de Mercredy après la feste de la Nativité de nôtre Seigneur 1312. Donné sous nostre seau, en témoignage de la reception & retention desdites Lettres Royaux, le penultiesme jour de Fevrier, l'an de nostre Seigneur 1312. Seellé d'un petit seau en cire rouge sur double queuë de parchemin, pendant au milieu d'un petit reply.

INIONCTION DV DEVXIESME IANVIER

1312. faite par le Roy aux Baillifs de Mascon & de Sens, de remettre aux experts les terres y mentionnées, pour les delivrer à l'Archevêque en recompense de sa Iustice.

PHILIPPE par la grace de Dieu Roy de France. Aux Baillifs de Sens & de Mascon, & à tous Baillifs, Prevosts, Officiers & autres nos Sujets, auxquels les presentes Lettres parviendront, Salut, Comme ainsi soit que pour certaine cause nous avons donné à nos amez Guillaume de Plazian nostre feal Chevalier, & à Jean Bertrandi Chevalier & Conseiller de nostre amé & feal Pierre Archevêque de Lyon, pour tenir & exploiter par iceux ou autres personnes qu'ils jugeront à propos de commettre à ce, ainsi qu'il est contenu plus au long par autres nos Lettres sur ce faites, Chasteau-neuf & ville saincte Marie au Bois du Bailliage de Mascon, ensemble le Chasteau de Chamny & & Chasteau-Renaud, du Bailliage de Sens avec tous les droits & dépendances d'iceux, en quoy qu'ils puissent consister. Si mandons expressément & commandons à vous & un chacun de vous, qu'iceux lieux avec tous leurs droits & appartenances quelconques, ensemble la reelle possession d'iceux, vous delivriez auxdits Chevaliers, ou à leur certain mandement, avec effet & sans contradiction quelleconque ; & que de tous les fruicts, rentes, revenus, emolumens, droicts, devoirs & redevances quellesconques, de quelque nature qu'elles soient entierement, entant qu'à un chacun de vous appartiendra, vous fassiez responder entierement & librement & sans aucun defaut ausdits Chevaliers ou à leur certain mandement, comme à Nous-mesmes. Fait à Paris le lendemain de la Circoncition de Nostre Seigneur, l'an d'icelui 1312. Seellé du grand sceau en cire jaune sur simple queuë.

ACCEPTATION DV MOIS DE DECEMBRE

1312. faite par l'Archevêque de Lyon, des terres à luy données par les arbitres, en recompense de touse la Iustice de Lyon qu'il avoit venduë au Roy.

A Tous ceux qui ces presentes Lettres verront : Pierre par la misericorde de Dieu Archevêque de la première Lyonnoise, Salut en nostre Seigneur. Sçavoir faisons, que comme ainsi soit que Nous eussions passé Contract d'eschange avec Serenissime Prince Nostre Seigneur Philippe par la grace de Dieu Roy de France ; & que pour raison d'iceluy eschange nous eussions pour Nous & nos successeurs, & pour nostre Eglise, donné & concedé à perpetuité audit Seigneur Roy & à ses successeurs Roys de France, le mere & mixte impere, & toute sorte de Jurisdiction temporelle, haute & basse de la ville de Lyon, & ses appartenances, autour de la riviere de Saone & au delà, & en outre la totale & entiere Jurisdiction temporelle du Chasteau de sainct Just près Lyon, sainct Irenée, Forvieres & sainct Sebastien, que Nous avons acquise près de Lyon du Seigneur de Beaujeu, laquelle s'estend au dedans des vieux fossez, puis la riviere de Saone jusques au Rosne, & de-là descendant jusques au pont du Rosne avec leurs Isles, & Jurisdiction aussi des droicts & appartenances des susdits lieux, & du fief de Montaigny, selon & entant que lesdites choses nous appartenoient, à raison de nostre Eglise de Lyon & Abbaye saint Just, sauf & à retenir à Nous & nos successeurs & à nostre Eglise, certaines choses plus à plein contenuës és Lettres, tant dudit seigneur Roy, que les nostres faites sur ledit Contract, & que nous eussions donné & cedé audit seigneur

Roy, pour la raison susdite, toutes les choses cy-dessus, pour recompense condigne, seante & congruë qui nous seroit faite par ledit seigneur Roy, à nous, & à nostre Eglise en terres hereditaires; avec tout impere mere & mixte, & toute sorte de Jurisdiction haute & basse, profits & droits appartenans à icelles, eu égard aux choses cy-dessus & condition d'icelles, pour estre faite l'estimation & prix d'icelles au jugement de gens de bien, & qui seroient nommez de part & d'autre, & ce en lieux commodes & à nostre bienseance, lesquels experts & preud'hommes devoient jurer qu'en ce faisant, ils auroient fidellement égard, & estimeroient les choses qui seroient receuës de part & d'autre: & pour parachever & estimer les choses susdites, ledit seigneur Roy auroit commis le sieur Guillaume de Plazian son Chevalier, & pour nous Jean Bertrandi Chevalier & nostre domestique, & tant ledit seigneur Roy que nous aurions en commun nommé & estably pour tiers l'un des deux, à sçavoir venerable Prince seigneur G. par la grace de Dieu Evesque de Soissons, & noble homme seigneur R. Comte de Boulogne, selon qu'il est contenu tant és lettres dudit seigneur Roy, qu'és nostres sur ce faites, & que lesdits Chevaliers ayans prealablement presté ledit serment, & s'estans, comme ils disoient, soigneusement informez, & ledit Evêque de Soissons s'accordant avec iceux, avoient jugé & estimé que les choses susdites par nous cedées pour cause de permutation audit seigneur, valoient deux mille cinq cens livres de rente annuelle & perpetuelle, & que ledit seigneur Roy estoit tenu de nous assigner pour recompense valable, pour nous & nos successeurs, & siege Archiepiscopal, la valeur desdites choses en terres hereditaires, & en lieux commodes; & que ledit seigneur Roy outre le jugement & estimation desdits Chevaliers, laquelle il a ratifié de sa liberalité Royale, y auroit adjousté par dessus cinq cens livres de rente Viennoises en rente annuelle & perpetuelle, avec lesdites deux mille cinq cens livres Viennoises, pour plus ample recompense, & en faveur de nostre personne, & de nostre Eglise de Lyon, en lieux bien-seants & Baronnie noble, amortis, & sous son fief immediat, sous sa garde & protection speciale, avec tout pouvoir, Justice, & Jurisdiction haute & basse, profits & droits appartenans à icelle qu'il vouloit nous estre assigné, & à nos successeurs, siege Archiepiscopal, en terres hereditaires, quittes & franches de toutes charges, nous aurons agreable & ratifierons ladite estimation desdits Chevaliers, de ladite quantité de deux mille livres Viennoises, avec l'augmentation de cinq cens livres Viennoises faite par ledit seigneur Roy, à nous & à nostre Eglise en la maniere que dessus, pour valable recompense, qui sera assignée en terres hereditaires; & comme ainsi soit que les Officiers dudit seigneur Roy de leur part ayent nommé pour faire ladite assignation, Chasteau-neuf, & ville Sainte Marie du bois, & la maison du sieur Guichard de Marzay Chevalier, appellée Ally dans le Bailliage de Mascon, si elle peut-estre achetée par ledit seigneur Roy, ou par nous, commodément & à juste prix, & pour estre assignée la premiere, & dans le Bailliage de Sens, le Chasteau de Charny, Chasteau-Renaud, qui jadis estoit de Dame Marie Comtesse d'Artois, la maison du Seigneur de Sully, avec les forts, Chastellenies, tenemens, fiefs, arrierefiefs, justices, eaux & forests, pascages & toute Justice & Jurisdiction haute & basse, & toutes leurs appartenances qu'ils ont dit estre prests, & ont offert mettre és mains des Chevaliers susdits, pour l'estimation de ladite assignation du susdit revenu à faire à Nous par iceux, & après qu'icelle estimation aura esté faite, qu'elles nous soient livrées par iceux au nom dudit Seigneur Roy pour la cause susdite; & s'il se trouve que lesdites terres valent davantage, qu'ils en retiennent partie pour ledit Seigneur Roy; & si elles valent moins, que ce qui defaudra nous soit supplée en lieux commodes par ledit Seigneur Roy, au dire & jugement d'iceux, il Nous plaist & voulons que ladite assignation de la somme de deux mil cinq cens livres Viennoises de rente annuelle & perpetuelle, soit faite és lieux que dessus, & en la forme susdite, suivant le jugement & estimation desdits Chevaliers; laquelle assise & constitution, après que lesdits Chevaliers l'auront faite, nous tiendrons pour ferme & agreable, & recevrons ou ferons recevoir lesdites terres par nos Officiers pour la susdite recompense, après qu'elles auront esté estimées par lesdits Chevaliers estre de la valeur qu'ils jugeront devoir estre, & tiendrons lesdites choses sous le fief & hommage immediat dudit Seigneur Roy & de ses successeurs Rois de France, protestans qu'à l'occasion des presentes Lettres ou cession, il ne Nous sera fait aucun prejudice, ny à nostre Eglise, à ce que ledit Seigneur Roy ne soit tenu d'accomplir tout ce à quoy il Nous est obligé, & qui restent à accomplir pour raison des susdites choses, avec toutes bonnes conventions & conditions cy-devant passées entre Nous & ledit Seigneur Roy, ainsi qu'il est contenu plus à plein dans ses Lettres & les nostres sur ce faites, desquelles nous n'entendons nous départir par les presentes. En témoin dequoy, Nous avons voulu faire apposer nostre sceau aux presentes. Donné à Paris le Mercredy après la Feste de la Nativité de nostre Seigneur, l'an d'iceluy mil trois cens douze.

Sceellé d'un petit sceau en cire rouge sur double queuë de parchemin, pendans au milieu d'un petit reply.

Quoy qu'un Auteur qui écrivoit au temps du concile de Vienne, ait dit que ce fut l'an 1311. que le Roy acquit entierement la ville de Lyon, ayant donné à l'Archevêque en échange d'autres revenus à l'équivalent du domaine de l'Eglise que l'Archevêque alienoit, il est vray cependant que ce traité n'eut pas entierement sa consommation pour lors, puisque l'an 1313. le 18. novembre Guillaume de Plaizian Chevalier & Conseillier du Roy Philippe le Bel, accompagné de Gilles de Remno chanoine de Cambray l'un des Chappelains du Roy, vint au chasteau de Pierre-cize signifier à l'Archevêque un acte de sommation de recevoir la terre de Souillac pour parfaire & achever entierement l'échange de 1311. & que l'Archevêque ayant fait refus d'accepter le transport de cette terre, le Commissaire envoyé par le Roy fit les mêmes offres aux Chanoines & Chapitre de Lyon, qui répondirent, après avoir demandé deux jours pour deliberer, qu'ils n'avoient pas le pouvoir

Eodem anno 1312 tempore Concilii Philippus Rex Franciæ quartus habuit Lugdunum in integram recompensationem in reddititibus Archiepiscopo Lugdunensi pro jure quod sibi in Lugduno Ecclesia vendicabat. Bernardus Guidonis.

d'accepter cette offre, n'ayant rien de commun avec l'Archevêque ; qu'ils tâcheroient neanmoins de l'induire à donner au Roy la satisfaction qu'il desiroit, Voicy la traduction de l'acte de cette sommation.

QU'il soit notoire à tous ceux qui ce present instrument verront, qu'en l'an de nostre Seigneur 1313. jour de samedy aprés la feste d'hyver de S. Martin 18. novembre, regnant tres-illustre Prince Philippe par la grace de Dieu Roy de France, en presence des tesmoins & moy Notaire sous-signez, Noble homme sieur Guillaume de Plazian Chevalier & Conseiller de tres-excellent Prince nostrodit seigneur Roy de France, & honnorable homme sieur Gilles de Remno Chanoine de Cambray, Clerc & domestique d'iceluy seigneur Roy dans Pierrescise, chasteau de Reverend Pere seigneur Pierre Archevesque de Lyon, ledit Archevêque y estant pour lors avec plusieurs de ses Conseillers & domestiques, au nom dudit Archevêque, & à ce deputez Procureurs pour luy pour les choses cy-dessus, par ledit seigneur Roy, par iceluy sieur Guillaume, proposant en son nom & dudit Monsieur Gilles, lesquels ont certifié és presences dudit Seigneur Archevesque, & moy Notaire à ce appellé, au sceu dudit Archevêque & tesmoins bas-nommez & soussignez, qu'ils avoient cy-devant signifié, notifié, insinué & fait pleinement sçavoir audit seigneur Archevêque, en presence de plusieurs, & principalement de sieur Jean Bertrand Chevalier, & de sieur Pierre de Chaux Vice-Chancelier dudit Seigneur Archevesque ; Que comme ainsi soit que ledit Archevêque eust cedé à perpetuité par titre & cause de permutation, audit Seigneur Roy pour soy & ses successeurs Rois de France, toute sorte de jurisdiction temporelle de la cité de Lyon, Villes de saint Just & saint Sebastien, de Montaigny, avec certains autres lieux & limites, & que ledit Seigneur Roy *eust esté & soit en pleine & paisible possession de toute sorte de Jurisdiction susdite*, & qu'il entend icelle retenir pour raison de certaine recompense & competemment faire audit Archevesque, en son nom & de l'Archevesché de Lyon, qui tenoit & possedoit paisiblement & sans aucun trouble, les Chasteaux, choses & lieux qui lui avoient esté donnez par ledit Seigneur Roy pour ladite recompense, & qu'outre ces choses, certains Officiers dudit seigneur Roy, pour le bien & profit dudit Archevesque & de sadite Archevesché, auront à la requisition dudit Archevesque, ou de ses Officiers promis de faire en sorte que ledit seigneur Roy assigneroit & delivreroit audit Archevesque audit nom, sous certaines formes & conditions faites, passées & accordées entre les Officiers dudit Seigneur Roy, pour luy & ledit Archevesque, pour soy & nom susdit, sçavoir est toute la terre que noble homme le seigneur de Sully avoit dans le Chasteau & Chastellenie de Chasteau-Renaud, & que ledit seigneur Roy voulant entendre plainement aux choses traitées & promises par ses Officiers, & accomplir aprés qu'il eust acquis toute la terre dudit sieur de Sul'y, avec beaucoup de travaux de ses Officiers, & beaucoup de grandes & griefves despenses qu'il n'avoit pû eviter pour venir à bout de cette affaire, & aprés l'avoir acquise il entendoit la donner audit Archevesque, ou à ses Officiers, au temps que ledit Archevêque, ou ses Officiers disoient avoir esté à ce prefix, s'il eust pû rencontrer l'occasion de voir les Officiers susdits de l'Archevesque ; & specialement ledit sieur Jean Bertrand, qui a esté à ce deputé, qui au terme prefix & arresté s'estoit absenté, où ayant esté cherché, n'avoit pas comparu, & quelque temps aprés ledit Maistre Jean Bertrand s'estant trouvé present ledit Seigneur Roy, deux jours aprés ledit terme, auroit offert de donner & de livrer ladite terre du sieur de Sully, incontinent & effectivement, ne voulant estre en aucune demeure d'accomplir ce que ses Officiers avoient promis audit Archevesque, ledit Maistre Jean Bertand ayant protesté qu'il ne recevroit pas ladite terre sans mandement special dudit Archevesque, n'ayant allegué autre raison, sinon que le temps à ce prefix estoit passé, comme il disoit, se seroit retiré de la Cour dudit Seigneur Roy, & bien qu'il luy fût dit qu'il étoit la cause de la demeure & retardement qui avoient cy-devant esté faits, & se faisoient lors par ledit Archevesque, & par ledit Maistre Jean Bertrand, iceluy ne voulut neantmoins proceder plus avant dans ledit affaire, selon que requeroit la nature dudit affaire, & que les autres Officiers dudit Archevêque és Chasteaux & Chastellenies de Charnay, & Chasteau-Renaud, de Sainte Marie au bois, & Chasteau-neuf en Masconois, *lesquels ledit Archevêque avoit receu, & tenoit pour raison de ladite recompense*, en la personne dudit Archevêque, ou des deputez en son nom, delaissant, ou tiennent pour delaissez iceux Chasteaux & Chastellenies, sans aucune cause pretenduë ou insinuation precedente, par laquelle ils entendissent ou deussent ainsi abandonner & delaisser lesdits Chasteaux & Chastellenies, & se sont retirez d'icelles sans congé, disans lesdits deputez du seigneur Roy, que bien que plusieurs Grands de la Cour dudit Seigneur Roy, & autres estonnez avec raison de ces procedez, presumassent vray-semblablement quelques choses, & considerans plus attentivement ce qu'on devoit soupçonner raisonnablement de ce qui avoit esté fait en cette affaire par ledit Archevesque, Messire Jean Bertrand & autresdits Officiers dudit Archevesque, tant les choses passées que presentes, quel pouvoir estre son dessein à l'advenir, avoient dit beaucoup de choses audit seigneur Roy sur ce sujet, par lesquelles ledit Seigneur Roy eust pû concevoir avec raison beaucoup d'indignation contre ledit Archevesque, n'eût esté le zele d'une sincere affection que ledit seigneur Roy a pour ledit Archevêque, & cette pureté de foy & speciale affection d'obeissance que ledit Archevêque a si souvent promis d'avoir pour ledit Seigneur Roy, protestant en plusieurs manieres, que pour rien du monde il ne s'éloigneroit du bon plaisir dudit Seigneur Roy, & qu'il obeïroit toûjours à toutes ses volontez, à raison dequoy ledit Seigneur Roy ne voulant encore adjoûter foy aux choses qu'on luy vouloit faire croire dudit Archevêque, afin qu'il fût asseuré de l'intention dudit Archevêque sur ces choses, il avoit envoyé lesdits deputez audit sieur Archevêque leur ayant commis, ou à un d'iceux, pour exposer audit Archevêque de la part dudit Seigneur Roy la creance qu'ils avoient ; & ce qu'ils jugeroient estre à propos d'exposer audit Archevêque, suivant laquelle creance lesdits deputez, comme ils disoient, avoient eu soin d'exposer toutes les susdites choses entreautres, & ont dit audit Archevêque en presence de moy Notaire, & que ledit Seigneur Roy avoit esté prest en temps & lieu competens, & estoit prest encore de faire & entendre à ce qui estoit necessaire en l'affaire d'icelles, recompense & eschange, ou ce que ledit affaire requiert, s'il reste quelque chose à faire de sa part en cette partie, & que s'il y a eu quel-

de la Ville de Lyon. 739

que demeure sur ces choses de la part dudit Archevêque, elle luy doit estre imputée, & non audit seigneur Roy, qui a toûjours voulu & eu soin d'executer ses promesses par soy ou ses Officiers, qu'il n'a point esté en demeure de les executer; mais plustost a pressé & prevenu ledit Archevêque d'accomplir lesdites choses, aussi ont asseuré lesdits deputez, qu'ils avoient requis ledit Archevêque en presence de sesdits Conseillers, & à present lesdits comme deputez dudit seigneur Roy, & specialement ledit sieur Guillaume, asseurant qu'il avoit esté deputé Commissaire par ledit seigneur Roy, avec ledit sieur Jean Bertrand à ce deputé par ledit Archevêque, pour offrir & donner l'estimation des terres pour ladite recompense ; aussi ont requis ledit Archevesque, & mêmes ledit sieur Jean Bertrand comme Commissaire d'icelui Archevêque, qu'ils receussent la saisine de ladite terre dudit sieur de Sully, que lesdits deputez offroient de lui mettre en main, & afin qu'ils procedassent à l'estimation d'icelles terres, & expedition finale des eschange & recompense susdits, & autres choses que ledit affaire requeroit, protestant ledit sieur Guillaume qu'il estoit prest de proceder à ce que dessus, de la part dudit seigneur Roy, entant que la raison & nature dudit affaire le requieront : asseurans de plus lesdits deputez, que comme l'intention dudit seigneur Roy, soit pour soy & ses successeurs les Rois de France, de retenir la Jurisdiction temporelle des cité, ville, lieux, & limites susdits, pour l'asseurance principalement de son Royaume & utilité commune, & paix de l'Eglise de Lyon terres & lieux voisins, & ne quitter jamais icelle pour aucune occasion que ce soit; qu'aussi l'intention dudit seigneur Roy estoit, que s'il restoit à faire quelque chose pour raison de cét eschange audit Archevêque, que cela s'accomplist nonobstant le delay ou demeure dudit Archevesque. Ont d'abondant asseuré & proposé lesdits deputez ; Que comme ainsi soit que ledit Archevêque eust eu tout le temps qu'il avoit voulu prendre pour deliberer sur cette affaire ; toutefois il n'avoit pas fait une responce precise, & telle qu'elle leur deust suffire sur ce qu'ils avoient remonstré audit Archevêque pour son bien & profit ; & neantmoins comme deputez dudit seigneur Roy ont requis icelui, que pour faire la responce qui lui plairoit bien-seante, il ne devroit pas offenser ledit seigneur Roy, & qu'il suffisoit ausdits deputez, qu'il prist tel & si long delay qu'il voudroit, afin qu'il pust deliberer pleinement, lequel delay ledit Archevêque avoit eu autant de temps qu'il avoit voulu. Offrans lesdits deputez d'estre prests d'ouïr ce que ledit Archevêque voudroit responder, requerans icelui Archevêque qu'il leur respondist raisonnablement & deuëment sur icelles ; Lequel dit Archevêque en respondant a fait proposer par ledit sieur Pierre de Chaux son Vicaire, que ledit sieur Archevêque croyoit que la response cy-devant faite, laquelle il n'a point recitée, devoit suffire, & qu'il avoit peu de choses à adjouster à icelle, c'est à sçavoir ainsi qu'il a asseuré, sauf que ledit Archevêque entendoit d'envoyer audit seigneur Roy de bons deputez, pour requerir ledit seigneur Roy sur ce que ledit Archevêque verroit luy estre expedient en cette partie, & pour faire responce audit seigneur Roy sur ces choses, & telle que ledit seigneur Roy auroit sujet de s'en contenter, laquelle responce lesdits deputez n'ont voulu recevoir, & ne l'ont agreée, disans qu'elle n'estoit juste ny raisonnable : asseurans qu'ils croyoient que telle responce ne plairoit point au Roy ; qui avoit toûjours esté prest, & qui l'estoit encor pour lors, de faire ce qu'il devoit, ledit Archevêque estant en demeure, dequoy lesdits deputez ont protesté qu'ils feroient le rapport audit seigneur, & de leur diligence & demeure dudit Archevêque, & que sa demeure en devroit estre imputée audit Archevêque, & luy porteroit le dommage & prejudice que pour raison de ce , il devroit & pourroit encourir de droit. Ces choses furent faites l'an & jour que dessus, dans le Chasteau de Pierre-cize, pardevant les témoins sous-escrits, à ce appellez & requis ; sçavoir nobles sieurs Jean de Matherin Seneschal de Lyon, pour ledit seigneur Roy, sieur Guy de Chevriers Viguier de Lyon, Jacques de Plaizian seigneur de Solerin, sieur Jean Bertrand, sieur Estienne de Gletens Chevaliers, sieur Jean Bofelli Docteur és Loix, Juge Royal des appellations de Lyon, sieur Pierre de Chaux, Docteur des Decrets, Vicaire dudit Archevêque, sieur Hugues de Beauregard Juge des appellations dudit Archevêque, sieur Renaud de Brianson Collecteur des decimes, Guillaume Bernard Thresorier de la Seneschaussée de Lyon & Bailliage de Mascon, sieur Jean de Bois-vieux Juge Royal de Lyon, Maistre Guillaume de Terre Juge ordinaire des Chasteaux dudit seigneur Archevêque, sieur Jean de Siurieu Chanoine de Lyon, sieur Estienne de Vassallieu Chanoine de Lyon, & Maistre Guillaume Chavelli Notaire Apostolique, & moy Jacques Dalmas Notaire Royal. Après ces choses audit an, jour de Dimanche suivant, après ladite feste d'Hyver de Saint Martin, les susdits deputez voulans que tous eussent connoissance de la Justice dudit seigneur Roy en cette affaire, & de la diligence faite en ce par icelui & ses Officiers, ne voulans que soient cachées, ains que soient connuës à tous les demeures & fuites dudit Archevêque, par lesquelles entant qu'en luy est, & qu'il a pû, il a retardé assez imprudemment ledit affaire à son dommage, & de son Archevêché, n'ayant egard à la diligence que ledit seigneur Roy a rapporté continuellement audit affaire, avec beaucoup de frais de la part dudit seigneur Roy, & beaucoup & de divers travaux de ses Officiers, lesquels disoient avoir desiré, que nonobstant la negligence dudit Archevesque, on pust trouver des voyes propres & commodes, par lesquelles la paix & tranquillité de l'Eglise de Lyon, laquelle comme on croit, avoit esté pleinement procurée par le moyen dudit eschange, fussent conservées en leur entier, & que l'utilité dudit Archevêché ne fust mis à nonchaloir, ains soustenuë par des favorables augmentations, se sont acheminez en personne dans l'Eglise de Lyon. Et le Chapitre s'estant assemblé en icelle au son de la cloche, selon qu'il est de coustume ; & particulierement Messieurs Guillaume de Vers Precenteur, Loüis de Vassalieu Chantre, Hugues de Marzay, Guillaume de Serreval, Jean de Sirery, Matthieu Ramesten, sieur Geoffreoy de Montaigny, sieur Guy de Franchelins, sieur Barthelemy de la Bastide, sieur Imbert de Corsenay, sieur Jean de Chastellain, sieur Edmond de Serreval, sieur Jean de Marzé l'aisné, sieur Jean de Marzé le jeune, sieur Pierre Malemesche, sieur Bertrand Jocerand Chanoines de l'Eglise de Lyon, faisans le Chapitre, ont signifié, notifié, insinué ausdits Chapitre & Chanoines & tous autres qui y ont, ou peuvent avoir interest en quelque maniere que ce soit, & à ce que tous les susdits en eussent connoissance, leur ont, entant qu'en eux est, deduit & voulu estre deduit toutes & chacunes les susdites choses cy-devant signifiées, notifiées & exposées audit Archevêque par lesdits Deputez ; ensemble les responses dudit Archevêque, & comment ils n'ont pas estimé qu'elles deussent estre admises, & ne les ont agreées, requerans ledit Chapitre & Chanoines, que si par la negligence dudit Archevêque, ou autrement, ils croyoient estre interessez, ou que cela les touchast, & entant que cela les pouvoit toucher, ensemble l'Eglise de Lyon, en ce qu'ils receussent ladite terre de Sully, que lesdits Deputez ont offert de leur bailler & delivrer, au profit & advantage de l'Archevêché de Lyon, & proceder plus outre dans ledit affaire, entant que cela pouvoit toucher & à l'Archevesque & à tous & un chacun d'eux, offrans lesdits Deputez, que s'il restoit quelque chose à faire de la part dudit Seigneur Roy en cét affaire, qu'ils la feroient & accompliroient sur le champ pour & au nom dudit Seigneur Roy. Ces choses furent faites en l'Eglise sainct Jean de Lyon, où a de coustume se tenir le Chapitre par les Chanoines susdits, presens les tesmoins souscrits à ce appellez & requis à sçavoir Noble homme sieur Jean de Matherin Chevalier de la Senechaussée de Lyon, & le souvent nommé cy-dessus sieur Guy de Chevriers Viguier de Lyon, sieur Renaud de Brianson Collecteur des decimes, sieur Jean de Bois-vieux Juge Royal de Lyon, sieur Jean de saint Hilaire Professeur és Loix, & moy susdit Jacques Dalmas Notaire par auctorité dudit Seigneur Roy, requerans lesdits Deputez leur estre fait de ce instrument, ou instrumens publics par moy susdit Jacques Dalmas; & lesdits Chanoines & Chapitre ayans demandé & obtenu delay pour respondre à ce que dessus le jour de Mardy 20. du mesme mois de Novembre, au susdit, ont répondu par les sieurs de Vers Precenteur, sieurs Loüys de Vassallieu Chantre de ladite Eglise de Lyon, à ce deputez de la part dudit Chapitre, que *de temps ancien & immemorial les biens du Chapitre & de l'Archevesché de Lyon sont tout à fait distincts & separez*, & que l'un d'iceux n'a aucun commandement sur l'autre ; mais ont accoustumé de se porter & avoir pour esgaux entr'eux, sur tout quant au temporel : & qu'il a esté gardé & confirmé par serment depuis long-temps, que l'un ne mettroit la main pour quelque occasion que ce fust sur les biens de l'autre, & ces choses considerées & pesées, qu'ils n'oseroient recevoir ladite terre de Sully offerte par ledit Seigneur Roy audit Archevêque, ny aprés l'avoir receuë, la retenir; bien estoit leur intention, comme ils ont dit : de porter ledit Archevêque à s'addresser audit Seigneur Roy, & faire en cét affaire ce qu'il croiroit estre agreable audit Seigneur Roy ; & que s'ils pouvoient plus dire ou faire pour l'intention & volonté dudit Seigneur Roy, qu'ils estoient prests de faire & accomplir tout ce que lesdits Deputez ordonneroient : laquelle responce lesdits deputez ont receu & agréé, & se sont tenus pour contens en ce qui concerne ledit Chapitre. Ces choses furent faites à Lyon en la maison de Saint Antoine, l'an & jour que dessus, presens les témoins à ce apellez & requis, à sçavoir noble & puissant homme, sçavoir sieur Jean de Matherin Chevalier Seneschal de Lyon, sieur Guy de Chevriers Viguier de Lyon, sieur Renaud de Brianson Clerc dudit seigneur Roy, sieur Jean de Bois-vieux Juge Royal de Lyon, Guillaume Bernard Thresorier dudit Seigneur Roy en la Seneschaussée de Lyon & Bailliage de Mascon, & moy Jacques Dalmas susdit, Notaire Royal qui ay esté present à tout ce que dessus, & ay escrit de ma propre main cét instrument, ou instrumens publics, & en tesmoignage de ce que dessus l'ay signé de mon seing accoustumé, ensemble avec les seings desdits sieurs Maistre Renaud de Brianson, Guy de Chevriers Chevalier Viguier de Lyon, Jean Boffel Juge des appellations de Lyon, Jean de Bois-vieux Juge ordinaire de Lyon, Guillaume Bernard Thresorier susdit, attachez au present instrument, en tesmoignage du contenu cy-dessus.

Cét acte nous fait connoître que le Roy avoit dés-lors établi ses Officiers, & qu'il avoit un Senechal, un Viguier, un juge d'appel, un Juge Royal & un Tresorier. Mais il est necessaire d'avertir pour l'intelligence de ces actes, & pour la date des temps ausquels ils ont esté faits, que l'usage du Royaume en ces temps-là estoit de commencer l'année à Pasques, & qu'ainsi il y a des actes passez au mois de Decembre de l'an 1312. qui sont anterieurs à des actes passez au mois de Janvier, de Fevrier, de Mars & d'Avril de la mesme année. Ce qui a mis de la confusion dans les histoires de Paradin & de Rubis, qui ont renversé l'ordre des temps pour n'avoir pas observé cét usage. Et comme les étrangers n'avoient pas le même usage, il est dangereux de confondre leurs années avec les nostres. Ce qui a mis de la diversité dans la citation des temps à l'égard de plusieurs evenemens.

Preuves 87. & 88.

Ce ne fut que l'an 1313. que la Senechaussée Royale fut establie en cette ville par lettres patentes du Roi Philippe le Bel, qui commit Renaud de sainte Bone Chevalier pour cét establissement. Cét office s'exerçoit auparavant par le Bailly de Mascon, qui en vertu de cette commission se qualifioit Bailly de Mascon, & Senechal de Lyon, comme nous avons vû. Pour establir cette nouvelle Senechaussée le Roy commanda à ce Chevalier de prendre des terres de la Senechaussée de Beaucaire, & du Bailliage de Mascon, & d'en composer cette nouvelle Jurisdiction, & ses dependences. Comme on verra par la teneur des lettres Patentes du Roy.

Preuves 87.

„ PHilippe par la grace de Dieu Roi des François à nostre Feal & bien aimé Re-
„ naud de sainte Bone chevalier salut & dilection. Pour obvier aux depenses, & fa-
„ tigues de nos sujets de la Senechaussée de Beaucaire, & du Bailliage de Mascon, à
„ cause de la distance des lieux où les causes doivent estre examinées, & les juge-
„ mens rendus, nous avons jugé à propos de joindre les terres les plus éloignées de
„ ces deux Jurisdictions, à la Senechaussée de Lyon, que nous faisons & creons de
„ nouveau par la teneur des presentes pour relever nos sujets de ces grandes fatigues.
„ C'est pourquoy nous vous mandons & commandons par ces presentes, qu'aussitôt
„ que vous les aurez receuës vous vous transportiez sur les lieux de la Senechaussée de
„ Beaucaire, & du Bailliage de Mascon, afin que selon la connoissance que vous avez
„ de l'une & de l'autre, vous composiés les limites de cette nouvelle Senechaussée,

ayant

ayant égard à la commodité de nos sujets, & que vous nous donniez avis de ce que vous aurez fait. Donné à Pontoise le 23. de Juin 1313.

Renaud de sainte Bonne pour s'acquiter de sa commission convoqua le Jeudy 2. jour d'Aoust dans la sale de la maison des Templiers, les gens de l'Archevêque Pierre de Savoye ; les officiers du Chapitre de Lyon, & des Abbés de Savigny, de Lisle-Barbe, & d'Aisnay, & en presence de Pierre de Coste Chanoine d'Autun Official de Lyon au nom de l'Archevêque, & Jean de la Palu élu & confirmé Abbé d'Aisnay & des procureurs des Abbez & des Religieux de Savigny & de l'Isle-Barbe, de Guy de Chevriers Chevalier, Viguier de Lyon, de Jean Bofelli l'aisné, & d'Anselme de Durchia Docteurs, Juges ordinaires de Lyon pour le Roy : de Girard de Ruman Juge du Comté de Forés, au nom du Comte Seigneur de Forés, & de nobles hommes Jean Seigneur de Chastillon d'Azergue, Guy, & Guillaume d'Albon freres, d'Estienne de Gletens, & d'Offroy de saint Julien Chevaliers, & de plusieurs autres personnes, Religieux, Ecclesiastiques, & Laïques, nobles & non nobles ; leur fit lire en nostre langue par Jaques de Vergey Clerc & Notaire public, la commission du Roy ; & après avoir meurement deliberé, demandé les avis de toutes les personnes appellées & presentes, sur les informations faites auparavant, il declara que les terres de l'Archevêché & du Chapitre de Lyon, des Monasteres de Savigny, de l'Isle-Barbe, & d'Aisnay, tant des Abbez que des Religieux ; la Comté de Forés, & les terres des Seigneurs de Roussillon & de Jarés, qui estoient du Bailliage de Mâcon, estoient plus proches de Lyon, & trop éloignées des sieges de Judicature, de ce bailliage, en égard à la commodité des sujets. Ainsi suivant le pouvoir à lui donné il attribüa toutes ces terres, & celles de leurs feudataires enfermées dans les limites de ces terres énoncées, à la nouvelle Senechaussée de Lyon, sans opposition ni contradiction quelconque.

Il se transporta ensuite dans la ville du Puy, qui estoit alors de la Senéchaussée de Beaucaire & bailliage de Vellay, & le jeudy neufviéme d'Aoust veille de la saint Laurent, ayant fait appeller pardevant luy maistre Jean du Bois ancien Bailly du Vellay & Pierre Morel Juge du Puy, maistre de Ruman Juge de Forés dont il est parlé cy-devant, maistre Hugues de la Porte procureur du Senéchal de Beaucaire, & Guillaume Torenchie Lieutenant du bailliage de Vellay ; & les Nobles Seigneurs Armand Vicomte de Polignac, Guy Seigneur de la Roche, Guy Seigneur de Tournon, Guillaume Seigneur de Chalencon, Armant Seigneur de Rochebaron, le Seigneur de Buzon, & le Seigneur de Charoil Chevaliers, Beraud Seigneur de Solignac, Astorge Seigneur de Seroys, Bertraud Seigneur de Laire, Ponce Seigneur de Larderel, & plusieurs autres Gentils-hommes, Religieux, Ecclesiastiques & personnes Laïques, en leur presence après meure deliberation, & les avis demandez des Juges presens, & de plusieurs autres personnes sages sur les informations faites, & les assurances données par des personnes dignes de foy, il fut arresté que la ville & diocese du Puy, le bailliage de Vellay & toute la Boutiere de Bossen qui est du diocese de Valence & du bailliage Royal de Vivarets, estoient plus proches de Lyon, que de la ville de Nismes & des autres lieux où les causes des habitans de la ville & du diocese du Puy, du bailliage de Vellay, & de la Boutiere susdite, avoient accoustumé d'estre portées ; qu'ainsi ayant pleinement connu qu'il estoit plus commode, & plus utile aux habitans de ces lieux d'estre de la Senechaussée de Lyon, que de celle de Beaucaire, il les unissoit en vertu de sa commission, & du pouvoir qu'il avoit receu du Roy à cette nouvelle Senechaussée, pour les causes d'appel & de ressort, faisant defense de l'authorité Royale, au Senechal de Beaucaire, & au Bailly de Mâcon de s'ingerer doresnavant à connoître de semblables causes, ni d'en recevoir les appellations.

Ce mesme Roy un an auparavant avoit fait de belles Ordonnances pour la reformation de son Royaume, qui furent leües & enregistrées dans la nouvelle Senechaussée Royale, pour y estre observées, en tous chefs, & articles, qui n'auroient rien de contraire aux anciens privileges, coustumes & franchises de cette Ville : ordonnances qui sont rapportées en latin parmi nos preuves depuis la page 82. jusqu'à la page 87. inclusivement, & que je traduits icy en nostre langue pour ne rien omettre de ce qui sert à nostre histoire.

Nous Philippe par la grace de Dieu Roy des François, après une meure deliberation, faisons les presentes Ordonnances & statuts utiles & salutaires pour la reformation de nostre Roïaume, qui depuis plusieurs années, & par le malheur des temps, a esté cy-devant grevé de guerres & de plusieurs autres fâcheux evenemens. Nous les faisons aussi pour le bon gouvernement de nostre Estat & Roïaume susdit, aussi bien que pour la paix, & tranquilité de nos sujets, selon la forme & teneur, qui s'ensuit.

Preuves 82.

LLl

Afin que nous puiſſions avec l'aide de Dieu obtenir plus facilement cette reformation, pour laquelle nous avons beſoin du ſecours de ſa grace toute puiſſante & de ſa miſericorde, ſous l'authorité, protection, & defenſe de laquelle ce royaume a toûjours eſté, & ſous laquelle nous voulons qu'il ſoit toûjours ſoûmis, comme eſtant la ſource de tous les biens.

Premierement nous voulons, & entendons que les Egliſes, Monaſteres, prelats, & toutes perſonnes Eccleſiaſtiques de quelque Eſtat & condition qu'elles ſoient & ſous quelques noms & titres qu'elles ſoient diſtinguées, ſoient pour le reſpect, & amour que nous portons à Dieu, ſous noſtre garde, faveur, & protection, comme elles ont eſté cy-devant ſous les Rois nos predeceſſeurs.

Nous voulons donc que les privileges, libertez, franchiſes, couſtumes, & immunitez de ces Egliſes, & des perſonnes Eccleſiaſtiques demeurent en leur entier, & ſoient conſervées ſans leur donner la moindre atteinte, comme elles eſtoient au temps de ſaint Loüis noſtre biſayeul d'heureuſe memoire. Defendant expreſſément & ſous griéves peines à tous Juſticiers, Officiers, miniſtres, nos vaſſaux & ſujets, & à toutes autres perſonnes quelles quelles ſoient, de violer, ou enfraindre leſdites immunitez, privileges, & libertez de ces Egliſes, ou perſonnes Eccleſiaſtiques, ni de les empécher ou moleſter dans l'exercice de leurs Juriſdictions ſpirituelles, ou temporelles, dont elles ſont en poſſeſſion de droit, ou de couſtume ancienne & approuvée; n'y d'en rien uſurper, ou retenir par fraude ou autrement. Que s'il ſe trouvoit que quelque choſe en eut eſté diſtraite ou uſurpée injuſtement nous voulons que ſans aucun delay elle ſoit ſelon les formes de juſtice retablie dans l'Eſtat auquel elle doit eſtre, & que les uſurpateurs ſoient punis. Enfin ſi quelqu'un avoit attenté ſur quelqu'un de ces droits, nous voulons qu'il ſoit chaſtié, & que les dommages ſoient reparez ſelon l'eſtimation de noſtre Conſeil, & que cela ſoit executé briévement, promptement & ſans forme de procez. Ce que nos Senechaux & Baillis auront ſoin de faire par leurs prevoſts, ſergents, & autres Officiers de Juſtice de leurs reſſorts. Que s'il arrivoit que nous ordonnaſſions que les biens des Egliſes, ou des perſonnes Eccleſiaſtiques fuſſent ſaiſis ou confiſquez pour quelque cauſe, ou ſous quelque condition qui nous ait eſté ſignifiée, nous voulons que le Senéchal ou le Bailly, à qui nous en aurions fait le commandement ne procede point à telle ſaiſie ou confiſcation, juſqu'à ce qu'ils ayent une pleine connoiſſance & information de la verité des faits pour leſquels ſe doivent faire ces ſaiſies & confiſcations, & aprés les avoir ſignifiées à ceux à qui de droit elles doivent eſtre ſignifiées, & parties ouïes. Et nous voulons que cette même Ordonnance à l'égard, des Ducs, Comtes, Barons, & autres nos ſujets ſoit obſervée. Nous envoyerons pour cet effet des gens de bien, & perſonnes intelligentes pour s'informer par les Senéchaux & Baillis des anciens uſages, & couſtumes, & ce qui ſe pratiquoit au temps de ſaint Loüis: & s'ils trouvent qu'il y ait eu des couſtumes bonnes & approuvées qui ayent eſté abolies & d'autres qui ayent eſté introduites mal à propos, ils les caſſeront, & reduiront toutes choſes à leur ancien eſtat, dont ils prendront acte, & le feront enregiſtrer pour en conſerver le ſouvenir.

Que ſi nous avions ordonné, ou commandé, que les biens de quelque Prelat, ou autre perſonne Eccleſiaſtique, meſme de Clerc vivant clericalement, fuſſent mis en noſtre main, nous voulons qu'en vertu de ce mandement ſuſdit les biens meubles de leur terre ne puiſſent eſtre pris, ſaiſis, ou mis dans noſtre main; ni que l'on decouvre leurs maiſon, ni que leurs Egliſes ſoient detruites : & nous ne voulons pas non plus qu'en ces cas nos gens arreſtent, ſaiſiſſent, ou prennent de leurs biens au delà de l'amende pour laquelle ces biens doivent eſtre arreſtez, pris & ſaiſis.

Nous voulons auſſi, afin que les Prelats, & autres perſonnes Eccleſiaſtiques, puiſſent mieux & plus librement vaquer aux offices divins auxquels ils ſont deſtinez, que quand ils ſeront obligez de venir à noſtre cour, & aux ſeances de parlement, qu'ils ſoient promptement ouïs, & leurs affaires expediées ſelon les roolles des Senechauſſées & bailliages ſans delay, ſi ce n'eſt que pour quelque juſte cauſe, & par un ordre exprez de noſtre part, nous ordonnaſſions ce delay. Et nous voulons que dans noſtre Parlement, & par tout ailleurs ils ſoient honnêtement traitez par nos officiers, & que ſelon la qualité des affaires, & la condition des perſonnes ils ſoient promptement expediez. Ce que nous voulons auſſi, & ordonnons être obſervé à l'égard de nos Barons, & ſujets. Que s'il arrivoit que quelque Prelat ou Baron ne pût eſtre promptement expedié pour l'importance des affaires longues & embarraſſées, nous voulons qu'on leur aſſigne un temps certain, auquel ils puiſſent eſtre oüis & expediez le plus promptement que la Cour le pourra faire de jour à autre.

de la Ville de Lyon. 443

Nous n'acquerrons rien à l'avenir dans leurs fiefs, & arriere-fiefs, si ce n'est de leur consentement, ou dans les cas, qui sont de nostre droit Royal; ni nous ne recevrons point de nouvelles avoüeries des hommes & vassaux des Eglises, ni des sujets de nos Barons; nous revoquons même celles que nous avons reçeuës, si ce n'est que nous en ayons joüi paisiblement autant de temps qu'il en faut pour les posseder legitimement selon l'usage & la coustume du païs. Que s'il arrivoit, que par nostre droit Royal nous eussions saisi quelque chose de leurs terres par forfaiture, nous les mettrons hors de nos mains dans un & jour.

Quant aux Regales, que Nous & nos predecesseurs ont accoustumé de recevoir, & d'avoir en quelques Eglises de nostre Royaume, quand elles vaquent, dont nous reviennent plusieurs plaintes, parceque nos Gardiateurs, ou Regalistes coupoient les bois & forêts desdites Eglises avant le temps de la coupe & de la vente reglée, vuidoient les estangs & rivieres appartenans auxdites Eglises, & commettoient plusieurs autres semblables choses grandement dommageables à ces Eglises: Nous voulant apporter un temperament necessaire, & un remede efficace pour empêcher ces desordres, voulons, commandons, & ordonnons, que les biens, manoirs & droits desdites Eglises soient maintenus, gardez, & exploitez sans aucun dommage, ni degat. Defendans à l'avenir de couper les bois desdites Eglises en regale avant le temps ordinaire de leur coupe, ni que l'on abbate les arbres, qui d'antiquité ont esté conservez & entretenus pour la beauté & decoration des manoirs de ces Eglises, Ni que l'on puisse couper ou vendre en quelque maniere que ce soit les hautes fustayes, qui n'ont jamais esté coupées pour estre vendues, ny que les Estangs, & Viviers soient peschez, sans y reserver ce qui est necessaire pour la nourriture & l'entretien des poissons. Commandons de plus qu'en tous ces cas, & à l'égard de toutes les choses susdites on s'abstienne de tout degat, abus, destruction, & excez, & que l'on apporte en toutes ces choses telle moderation, equité, & temperament, qu'ont accoustumé de garder de sages, & prudens administrateurs. Et parce que le moyen le plus seur pour faire observer ces Ordonnances est de faire choix de personnes dont la fidelité & la prudence soient connuës, nous prendrons soin d'en choisir qui ayent ces qualitez, & qui soient en estat de les faire observer exactement. Nous voulons que les Gardiateurs & Administrateurs des Regales durant la vacance des Eglises, qui ont eu cette administration au temps passé soient contraints d'en rendre conte sommairement, & sans autre forme de Justice pour restituer & reparer les dommages, s'il se trouve qu'ils en ayent causé par fraude, malversation, & autres excez commis en leur administration, ou pour avoir grevé injustement lesdites Eglises, pour lesquelles choses nous entendons qu'ils soient punis selon l'exigence des abus qu'ils auront commis. Nous entendons que les mesmes procedures soient observées à l'égard des terres & autres biens de nos Barons & autres sujets, quand elles seront entre nos mains ou par defaut, dommage rendu, ou par guerre.

Nous voulons aussi, entendons & ordonnons, que les Jugemens, arrests & sentences renduës dans nostre Cour, ou dans nostre Conseil commun soient d'abord mises en execution sans appellation quelconque. Que si elles contenoient quelque chose d'ambigu ou quelque erreur, qui eut besoin de declaration, de correction, d'interpretation, ou de revocation, nous voulons que la connoissance nous en soit reservée, à nostre Conseil commun, ou à la plus grande partie d'iceluy, afin qu'après une meure deliberation, on y pourvoye par nos ordres & de nostre licence speciale, aprés avoir observé tout ce qui est contenu cy-dessus. Nous voulons aussi que les Enquestes, & les preuves quand elles auront esté envoyées à nostre Cour, soient jugées pour le plus tard dans l'espace de deux années.

Il est aussi necessaire pour la susdite reformation, que la Justice soit administrée par des personnes sages & fideles, Senéchaux, Baillis, & autres Officiers communs dans nostre Royaume. Nous voulons donc & ordonnons que nos Senechaux, Baillis, Juges, & maistres des eaux & forêts, soient doresnavant élus & instituez par la deliberation de nostre grand Conseil. Et que si avant une si salutaire Ordonnance, quelqu'un a esté choisi pour exercer semblables charges, sans en estre capable, que cela nous soit signifié avec de bonnes preuves, pour y apporter un bon & prompt remede. Nous voulons en outre qu'eux & nos Procureurs prestent serment selon la forme prescrite ici bas. Et afin que ce jurement soit plus seur & plus efficace, nous voulons qu'en chaque assise de nos Senechaussées & Bailliages, qui se tiendront la premiere fois après la presentation de ce present statut, publiquement & en commun, en presence des Clercs & Laïques ce mesme serment soit renouvellé,

On voit par cette clause quelle fut la revocation que fit le Roy de sa seconde Philippine sans toucher à la premiere, qui ne regardoit que les privileges donnez à l'Eglise, & l'amnistie pour tous les excez commis contre ses officiers.

LLl ij

afin que si la crainte de Dieu n'est pas suffisante pour les empêcher de mal faire, celle d'encourir nostre indignation & la honte publique puissent les obliger de s'abstenir de mal faire en leur administration.

Nous ne voulons pas aussi qu'aucun Senéchal, ou Bailly tiré de nostre Conseil, soit de nostredit Conseil, tandis qu'il sera dans l'exercice de sa charge, ni qu'il ait aucune part audit Conseil tant qu'il sera dans ledit office.

Nous ne voulons pas non plus qq'aucun de nos Conseillers reçoive doresnavant ou ait pension de quelque personne Ecclesiastique ou seculiere que ce soit, ni d'aucune Eglise ou communauté, & s'ils en ont quelqu'une nous voulons que dés-à-present ils y renoncent.

Nous voulons aussi & ordonnons que nul Senechal, Bailly, ou Juge, quel qu'il soit ait sous soy Prevost, Viguier, ou Juge qui soit son Parent, ou son allié, ou qui mange avec lui, de peur que les personnes susdites ne soient moins fideles dans les Jugemens qui leur doivent ressortir par appellation. Et s'il y en a quelques-uns, nous voulons qu'ils soient demis de leurs offices.

Nous voulons aussi & ordonnons, & commandons que si quelqu'un de nos offices est vendu ou donné à ferme, que ce soit à des personnes, qui soient fideles, capables & de bonne reputation, & qui soient bien solvables ; que ce ne soient ni Clercs, ni usuriers, ni personnes diffamées, ni suspectes de pouvoir opprimer nos sujets. Car nous ne voulons point que semblables personnes soient reçeuës pour exercer de telles charges, ou offices, quoi qu'elles en offrissent plus que les autres. Et nous defendons à l'avenir que semblables officiers à ferme entreprennent de taxer, ni de juger les amandes, mais seulement les gens du Senechal, ou Bailly, ou les Eschevins seulement, selon l'usage & la coustume des lieux : defendons aussi que dans une ferme il y ait plus d'un ou deux semblables officiers & non plus, ny qu'il y ait plus d'un Senechal ou Bailly, d'un Juge, ou Prevost, & d'un Viguier.

Au reste nous ne voulons pas que nos Procureurs dans les causes qu'ils entreprendront en nostre nom jurent sur les chefs des accusations contre quelque personne que ce soit, comme jurent les accusez & s'ils employent des substituts, nous ne voulons pas que ce soient les parties adverses qui en fassent les frais, mais eux-mêmes. Nous ne voulons pas non plus, au contraire nous defendons expressement que nosdits Procureurs s'entremettent d'autres affaires que des nostres, ny qu'ils se mêlent d'impetrer des lettres pour autres que pour ceux qui leur sont associez.

Nous commandons aussi que tout Senechal & Bailly; que les Prevosts & autres justiciers establis dans nôtre Royaume, reçoivent avec respect nos ordres & les executent diligemment s'il n'y a quelque cause vraye & legitime, qui les empêche d'y vaquer, pour ne rien faire contre leur serment, lesquelles causes nous voulons nous être écrites & rapportées par des lettres ouvertes & seellées des sceaux de ceux qui auront receu nos commandemens, à qui nous aurons accordé des lettres de surseance, de qui nous voulons qu'ils nous envoyent des attestations signées de leur main & seellées de leurs seaux propres dans des lettres fermées. Voulons que si par leur negligence ou par leur malice, ou autre fraude, ceux qui avoient impetré nos lettres souffrent des dommages & font des depenses considerables qu'ils soient obligez de les reparer, & mesme qu'ils soient punis comme il est juste & raisonnable.

Nous ordonnons aussi par cette Ordonnance, que nous voulons estre inviolable, que tous les Senechaux, Baillis, Vicomtes, Viguiers, Juges, & tous autres nos justiciers par quelques noms qu'ils soient distinguez, establis dans nostre Royaume, exercent par eux-mesmes personnellement leurs offices, & ne pretendent point se faire des substituts & des lieutenans, si ce n'est en cas de necessité, comme de maladie ou autre semblable, & que d'abord qu'il n'y aura plus de necessité, qu'ils reprennent aussi-tôt leur office sans fraude, & sous le serment accoûtumé. Que s'ils doivent s'absenter pour quelque necessité indispensable, qu'ils choisissent dans le pays ou la province, un homme capable & un homme de bien, qui exerce jusqu'à leur retour, qu'ils doivent avancer autant qu'ils pourront. Et que ce substitut ne soit ni Advocat, ni homme chargé de grandes affaires, ni qui ait grand nombre d'amis. Et qu'ils sçachent tous qu'ils sont obligez de repondre de la conduite de ces substituts touchant leur administration : ces substituts seront aussi obligez de jurer que pendant qu'ils exerceront ces emplois, ils les exerceront bien & fidelement. Defendans à tous ces Senechaux, Baillis, & Commissaires nos Officiers, quels qu'ils soient, sous peine de perdre leurs charges, de rien prendre pour les sceaux, ni de permettre qu'aucun exige pour eux argent, service, present, ou aucune autre chose, qui puisse tourner à leur profit.

Et que tous nos Officiers n'exigent rien de ceux qui sont sous leur charge, &

n'acceptent point ce qui leur sera presenté par les parties. Qu'ils ne soient point à charge aux Eglises sous pretexte de subvention, ou de secours qu'ils pourroient leur donner, & qu'ils n'y aillent ni manger ni coucher sans grande necessité : qu'ils ne fassent aucun traité, convention, ni marché, avec les gens desdites Eglises, & autres nos sujets, pour ce qu'ils seront tenus acheter à certain prix pendant tout le temps de leur charge, parce qu'ils donneroient à nos sujets & autres personnes qui trafiquent, des occasions de faire beaucoup de malversations, & nous voulons aussi que l'on punisse selon la rigueur des loix, ceux qui contreviendront à une Ordonnance si salutaire.

Nous voulons aussi que l'Ordonnance faite depuis long-temps par nous, & par nostre Conseil touchant les Bourgeoisies, soit gardée & constamment retenuë. Et au cas qu'il arrivât quelque contestation sur ce sujet. A sçavoir que si nos gens recherchoient comme l'un de nos Bourgeois, quelqu'un, qu'un Prelat ou un Baron diroit estre son Vassal & son Justitiable; ou qu'ayant commis quelque crime sur leurs terres, ils niassent qu'il fut nostre Bourgeois, nous voulons que l'on donne la recreance à celui qui en sera saisi, s'il y a lieu de recreance; & qu'après avoir recherché & examiné ce qui en est, appellant ceux qui doivent estre appellés, que l'on mette la chose à execution selon le droit & le bon usage ou coustume du pays, en observant cependant la regle des Bourgeoisies establie par nôtre Conseil, dont on donnera copie à ceux qui voudront la lire, & l'avoir.

Nous defendons aussi par cét edit perpetuel que les sujets ou justitiables des Prelats, Barons, ou d'autres personnes de nos sujets, soient tirez en cause pardevant nos Officiers, ny leurs causes receuës dans nostre cour, sinon en cas de ressort ou autre qui nous appartienne de droit, ny ne voulons pas que nos lettres leur soient accordées sinon pour les cas cy dessus mentionnez. Nous commandons aussi que nos Senechaux & nos Baillis tiennent leurs assises dans le circuit de leurs senechaussées, & de leurs baillages de deux mois en deux mois pour le moins, & qu'à la fin de chaque assise ils fassent signifier quel jour ils tiendront la suivante, leur defendant de tenir lesdites assises dans les terres ou villes des Prelats, des Barons, ou autres nos vassaux & nos sujets, ny dans les lieux où nous n'avons ni justice, ni domaine, ni droit de garde, si ce n'est que depuis trente ans, ce fut la coustume de les tenir en ces lieux-là. Ils ne les tiendront aussi que dans des villes & dans des lieux où il y a nombre d'habitans : que s'il arrivoit que l'on entreprît quelque chose de contraire à cette ordonnance, nous ne voulons pas qu'on le puisse tirer à consequence ni pour la possession, ni pour la proprieté à l'égard de ceux à qui cela pourroit faire quelque prejudice. Nous ne voulons pas non plus qu'aucun puisse estre Senechal ni Bailly dans le lieu de sa naissance, ni Prevost, ni Juge, ni Viguier, ni Bailly dans le lieu dont il sera originaire.

Nous defendons aussi que les Sergens fassent des ajournemens, ou des citations sans un ordre du Senéchal; du Bailly, du Prevost, du Viguier, du Vicomte, ou du Juge, & que si le Prevost faisoit un ajournement faux ou injurieux, ou commande de le faire, qu'il soit tenu d'en reparer tous les dommages à la partie, & qu'il soit puni d'une maniere qui réponde à la nature de l'injure qu'il aura faite.

Nous defendons à tous sergens d'exploiter, & d'exercer leur office dans les terres des Prelats, Barons, ou autres nos vassaux & nos sujets, dans lesquelles ils ont justice haute & basse, ou *mere & mixte impere*, sinon en cas de ressort, ou autre nous appartenant de droit, ce qu'ils ne feront même pour lors sans un ordre special du Senechal, Bailly, ou Prevôt, ou du Vicomte, du Viguier, ou du Juge. Et alors cet ordre devra contenir le cas, dont le droit nous appartient. Nous leur defendons en outre de demeurer, & de s'habituer dans lesdites terres, ou dans les lieux voisins sans la volonté des Seigneurs, si ce n'est qu'ils fussent originaires du lieu, ou qu'ils s'y fussent mariez, & en ces deux cas ils ne pourront exercer leur office de Sergent dans lesdits lieux. Et s'il arrivoit dans ces mêmes lieux quelque cas concernant nostre ressort, ou autre nous appartenant de droit, nous voulons qu'ils ne s'en mêlent en aucune maniere; au contraire nous voulons que l'on employe d'autres qu'eux. Les Prelats au contraire, les Barons & autres relevans de nous pourront les justicier, & se servir contre eux de leur jurisdiction temporelle & spirituelle, comme il conviendra sans fraude & comme toutes autres personnes privées en tout ce qui ne concernera point leur office. Ils pourront aussi les punir des excez & fautes qu'ils auront commises; non pas toutefois en s'acquittant de leur office à nostre égard.

Nous voulons que l'ordonnance que nous avons faite depuis long-temps de reduire à un nombre certain tant de sergens inutiles, soit pleinement executée. Sçavoir que là où il y avoit accoustumé de tenir vingt sergens, il n'y en ait plus que quatre, & ainsi à proportion : que là où il y en a plus grand nombre on en supprime un plus grand nombre, & plus petit d'un plus petit nombre, en sorte que l'on retienne sur ce nombre ceux qui ont obtenu les premiers nos lettres pour cet office, & qui seront jugez plus capables de l'exercer & que ceux qui seront ainsi retenus obeïssent à nos Senechaux & Baillis, qui pourront les corriger & punir pour les fautes qu'ils commettront en l'exercice de leurs charges, & même pourront les demettre de leurs charges si le cas le requiert, quoiqu'ils eussent nos lettres pour leur establissement.

Nous ordonnons aussi que ceux qui seront establis sergens, donnent entre les mains des Senechaux & Baillis, des cautions suffisantes de bien & fidelement exercer leur employ & les commissions qui leur seront données, & toûjours prêts de répondre selon les formes du droit en tout ce qu'on pourroit exiger d'eux à raison de leur office. Que si quelqu'un desdits sergens vient à mourir, ou à se demettre de son office, soit de son plein gré, soit par contrainte pour l'avoir mal exercé, les Senechaux & Baillis en pourront subroger & substituer d'autres en leurs places, pourvû qu'ils soient capables de bien exercer leurs offices, dont ils seront tenus de répondre touchant leur conduite en l'exercice de leur office, sans qu'ils puissent augmenter le nombre de ces sergens. Nous voulons aussi que nosdits sergens reçoivent un salaire moderé. A sçavoir un sergent à cheval trois sols par jour, & un sergent à pied dixhuit deniers de monnoye courante, quand il devra sortir de la ville, sans qu'il puisse exiger davantage pour son salaire d'une journée, quelques ajournemens, exploits, ou procedures qu'ils puissent faire appartenantes à leurs Offices pour plusieurs affaires de diverses personnes. Et s'il est establi en quelques endroits qu'on leur fasse quelque present, que la coustume soit gardée.

Nous ordonnons aussi, que si quelques-uns de nos officiers saisit quelques terres pour les dettes des parties, ou les possessions appartenantes à ces terres, si elles sont adjugées à l'une des parties par une sentence renduë juridiquement, nous voulons, que les fruits de ces terres & possessions échus durant le procez soient rendus à la mesme partie pleinement & fidelement, après en avoir deduit les frais faits en la poursuite du Procez.

Nous defendons en outre à tous nos Senechaux, Baillis, Justiciers, nos Vassaux & sujets de quelque condition qu'ils soient d'establir des Notaires publics, & sous nostre authorité royale, & par l'ordonnance presente nous leur en ostons le pouvoir, parce que nous avons appris par experience que la trop grande multitude des Notaires a causé au temps passé de grands & notables prejudices à nos vassaux & sujets. Nous nous reservons donc à nous specialement & à perpetuité, & à nos successeurs Rois de France le pouvoir de créer des Notaires. Et dés-à-present nous declarons après une meure deliberation, de nostre conseil, que c'est nôtre intention d'apporter un remede efficace à ce desordre en supprimant plusieurs de ces Notaires introduits au desavantage de nos sujets. Sans que nous voulions neantmoins que cette Ordonnance soit au prejudice des Prelats, Barons, & autres nos vassaux, qui d'ancienneté sont en possession de créer des Notaires.

Nous voulons que nosdits Notaires, ou les Notaires de nos Senechaux, Baillis, & Prevosts, & tous autres Notaires establis dans nos offices pour écrire & recevoir les actes reçoivent des salaires moderez pour leurs écritures, à sçavoir pour trois lignes un denier, pour quatre lignes jusqu'à six deux deniers de monnoye usuelle & non plus, & si l'écriture excede six lignes, que de chaque trois lignes ils reçoivent un denier comme il a esté dit. Or la ligne doit estre de la longueur d'un palme, *c'est à dire de huit ou neuf pouces*, & contenir soixante & dix lettres pour le moins, que si la ligne est plus longue le Notaire pourra exiger davantage, selon la longueur du parchemin, ou de l'instrument qui contiendra l'acte de vente, ou autres contracts : à sçavoir de deux lignes un denier. Nous voulons que le mesme soit observé dans les minutes des Tabellions. Que si dans quelques lieux les écritures ont esté taxées à moindre prix, nous ne voulons pas que par cette Ordonnance il soit fait aucun changement, mais que l'ancienne taxe & la coustume soit gardée nonobstant cette nouvelle ordonnance.

Voicy la forme du jurement que seront tenus de faire nos Senechaux, Baillis, Juges, Viguiers, Vicomtes, Prevosts, & nos autres officiers ayant jurisdiction.

Ils jureront premierement que tandis qu'ils seront en leur charge, ou office qui leur auront esté commis, ils rendront bonne justice à toutes sortes de personnes, grands ou petits, étrangers, & domestiques, de quelque condition qu'ils soient, & à quiconque ils soient sujets, sans avoir égard aux personnes, ni aux pays, en gardant & observant diligemment les usages des lieux, & les coustumes approuvées. Ils jureront aussi d'observer & garder de bonne foy nostre droit sans diminution & empeschement, & sans prejudice du droit d'autruy. Ils jureront en outre que ni par eux

de la Ville de Lyon.

ni par autre, ils ne recevront aucun immeuble, ni ne feront recevoir or, argent, ni autre meuble quel qu'il soit à titre de reconnoissance, de service & de present, ni aucun bien-fait perpetuel ou personnel, excepté des choses propres à boire & à manger ou destinées pour le boire & le manger, & ce en quantité moderée & sans excez selon la condition de chacun, & ils n'en recevront qu'autant que l'on en peut raisonnablement consumer en un jour, sans debauche, ni excez.

Ils jureront aussi qu'ils ne procureront point à leurs femmes, à leurs enfans, à leurs freres, à leurs sœurs, à leurs neveux, à leurs nieces, à leurs cousins, ou à leurs domestiques des presens, des services, ou des benefices Ecclesiastiques; mais qu'au contraire ils donneront tout leur soin, pour empêcher que leurs femmes & les personnes susdites ne reçoivent point de tels presens, ou autres biens cy-dessus nommez, & que s'ils faisoient le contraire, ils s'y opposeront, & obligeront lesdites personnes de rendre ce qu'elles auroient reçeus, aussi-tôt qu'ils en auront la connoissance.

Ils ne pourront recevoir du vin en present qu'en bouteilles, ou pots sans fraude, & sans interest sordide, sans qu'ils puissent vendre, ce qui leur seroit superflu.

Nous leur defendons aussi d'emprunter de l'argent en grande ou petite quantité, ni par eux-mesmes, ni par personnes interposées, de ceux qui sont dans la dependance de leurs Baillis, ou de leurs propres charges, ni de ceux qui ont des affaires pardevant eux, ou qu'ils sçauront estre en estat d'en avoir. Quant aux autres qui n'ont point d'affaires pardevant eux, & qui ne seront pas en estat d'en avoir si-tôt, ils ne ne pourront emprunter au dessus de la somme de cinquante livres Tournoises, qu'ils seront obligez de rendre dans deux mois à conter depuis le jour de l'emprunt; quand mesme les creanciers voudroient le leur laisser pour plus long-temps. Et ne pourront non plus faire d'autres emprunts qu'ils n'ayent satisfait leurs premiers creanciers.

Ils jureront aussi de n'avoir aucune part aux ventes des Bailliages, Prevostez, ou de leurs revenus appartenans au droit Royal, ni dans la monnoye.

Qu'ils ne soûtiendront non plus dans leurs manquemens ou defauts nos preposez & nos autres officiers subalternes, qui feront des exactions injustes, ou qui seront suspects d'usures, ou qui meneront une vie scandaleuse, mais qu'ils les corrigeront de bonne foy de leurs excez selon les formes de justice.

Les Prevosts, Baillis, Viguiers, Bailes, Vicomtes, Maires des Villes, & gardes des forêts, & autres qui sont sous eux dans ces offices, jureront de ne rien donner à ceux qui sont leurs Superieurs dans leurs offices, & qu'ils ne seront point à leur service, ni de leurs femmes, de leurs domestiques, ou de leurs proches.

Les Senechaux, & Baillis jureront aussi qu'ils ne recevront des Bailes, Vicomtes, Prevosts, & autres officiers à eux soûmis, soit qu'ils le soient à ferme ou par office, giste, repas, procuration, ou present de quelque nature que ce soit.

Ils jureront aussi de ne point recevoir des Religieux qui sont dans leur Senechaussée ou Bailliage aucune des choses susdites, ni mesme des presens de vin ou de choses à manger, si ce n'est de ceux qui sont riches, & rentez suffisamment; & cela seulement une ou deux fois en toute l'année pour le plus, & aprés avoir esté priez & requis avec grande instance. Ils ne pourront acheter dans leur Bailliage ou lieu dependant de leur administration, quelle quelle soit, durant tout le temps qu'ils exerceront leur office, aucunes possessions par des voyes frauduleuses. Que s'ils le font, nous declarons ces contracts nuls, & nous voulons que semblables possessions soient acquises à nostre domaine, & aux Prelats, Barons & autres nos vassaux, si lesdits Senechaux, Baillis, ou autres officiers susdits ont passé sur leurs terres ces contracts contre nostre presente Ordonnance, & defense, & sans une declaration expresse de nostre volonté pour cela.

Ils jureront aussi que pendant leur administration ils ne contracteront point ni en leurs personnes, ni autant qu'il sera en leur pouvoir, ils ne permettront point que leurs Enfans, leurs fils & leurs filles, leurs freres, & sœurs, neveux, & cousins contractent aucun mariage avec ceux qui dependent de leur administration, tandis qu'elle durera; ni ne pourront durant tout ce temps les placer dans des Monasteres d'hommes ou de femmes, ni leur acquerir des benefices Ecclesiastiques ou autres possessions, si cela ne procede de nostre grace & licence speciale, excepté seulement les personnes qui exercent ces charges dans les lieux d'où elles sont originaires, ou dans lesquelles elles ont establi leur demeure, auxquels seuls nous voulons qu'il soit permis de se marier, & de mettre leurs parens

& amis dans des maisons religieuses, & d'acheter des possessions, pourvû qu'ils le fassent sans fraude, ni avarice, & sans prejudicier à nostre droit Royal, que nous voulons estre conservé en son entier.

Ils ne mettront ni tiendront personne en prison pour dettes, s'ils n'y sont specialement obligez par nos lettres Royaux. Ils jureront aussi selon qu'il est accoutumé de ne donner à ferme nos charges, & nos rentes qu'à personnes suffisantes, & non à autres. Ce que nous voulons estre observé à l'égard des sceaux, écritures, sergenteries, vigueries, & autres choses subalternes à leur office. Et jureront que ni par eux ni par autres, par dol & fraude, ils ne contreviendront à ces ordonnances, ni ne permettront que d'autres y contreviennent. Nous voulons encore & ordonnons par la teneur des presentes, que les sceaux des Senechaussées, des Bailliages, des Prevostez, des Vigueries, & des Judicatures de nostre Royaume, ne soient point doresnavant vendus à ferme, & ne soient gardez que par des personnes Loyales, & de bonne reputation. Ce que nous voulons aussi estre observé dans les offices des reconnoissances.

Au reste sur ce que l'on dit que plusieurs nouveautez ont esté introduites contre les anciens usages & coustumes approuvés des foires de Champagne & *des appellations de Lyon* au prejudice de nos sujets, nous proposons d'envoyer des personnes capables pour informer des anciennes coustumes des foires de Champagne, & des appellations susdites, afin qu'ils fassent observer ces anciens usages & coustumes approuvées, & que s'ils trouvent qu'elles ayent esté alterées ou abolies, qu'ils les restablissent en leur premiere vigueur.

Et parce que l'on traite dans nostre parlement plusieurs grandes affaires entre la noblesse & les grands, nous ordonnons & voulons, que deux Prelats & deux autres personnes laïques capables & des meilleures de nostre Conseil, ou du moins un Prelat, & une personne laïque, soient assidués dans nostre parlement pour entendre, & pour deliberer sur ces sortes d'affaires.

Quant aux lettres de grace, & de remission ou abolition de crimes, qui seront écrites, nous ne voulons pas qu'elles soient receuës au grand sceau, qu'elles n'ayent esté revûës, & signées par deux personnes fideles de nostre conseil, ou du moins par une que nous avons resolu de deputer à cet effet.

Que s'il arrivoit que quelques sujets des Prelats, des Barons, & d'autres nos Vassaux qui ont leur justice, eussent besoin de nos lettres, lesdits Prelats & Barons auront l'execution de ces lettres.

Nous ordonnons aussi que si quelques personnes des Provinces qui se reglent selon le droit commun, ont des causes dans nôtre parlement, qui doivent être terminées selon le droit écrit, on en portera la sentence definitive selon le droit écrit, voulans en outre & ordonnans, que nul Senechal, Bailly, Prevôt, Viguier, Vicomte, ou juge d'une Chastellenie, Bailliage, Prevosté, Viguerie, ou Judicature puissent tirer ou ajourner les parties à une autre.

Nous voulons aussi que les sujets des Prelats, des Barons & autres qui ont haute Justice appellent à eux-mesmes de la premiere instance jugée par leurs officiers subalternes, comme ils ont coustume d'en appeller à eux.

De plus pour la commodité des sujets, & pour l'expedition des causes, nous sommes resolus d'ordonner que deux Parlemens se tiendront chaque année à Paris, deux Echiquiers à Roüen, & deux fois les Jours de Troye. Et que l'on tiendra un parlement à Tolose, si les gens du pays consentent que l'on n'appelle point de ceux qui presideront dans ce parlement.

Voici l'ordonnance faite par nous & nostre Conseil de nostre ordre exprés sur la maniere de tenir & faire les Bourgeoisies de nostre Royaume, pour empêcher les fraudes & malices, qui s'y commettoient à l'occasion desdites Bourgeoisies, pour lesquelles nos sujets estoient fortement opprimez, & grevez, & nous portoient souvent leurs plaintes.

Premierement il a esté ordonné, que si quelqu'un veut de nouveau entrer dans quelqu'une de nos Bourgeoisies, il doit venir au lieu où il propose, & requiert d'être Bourgeois, & aller trouver le Prevôt du lieu, ou son Lieutenant, ou le Maire du lieu, qui reçoit ou a coustume de recevoir les Bourgeois sans l'assistance du Prevôt, & il lui dira. *Monsieur je vous prie de m'accorder le droit de Bourgeoisie de cette ville, & je suis prest de faire pour cela tout ce qui se devra faire.* Et vous Prevôt, ou Maire, ou vos Lieutenans, comme il est dit cy-dessus, en presence de deux ou trois Bourgeois de ladite ville, devez recevoir la caution, & la sureté de cette entrée dans ladite Bourgeoisie. Et que lui fera, ou achetera pour raison, & au nom de ladite Bourgeoisie dans an & jour, une maison de la valeur au moins de soixante sols Parisis, dont on fera un acte qui sera enregistré. Et alors le Prevost, ou le Maire au lieu du Prevost

doit

de la Ville de Lyon. 449

doit lui donner un sergent qui aille avec lui trouver le Seigneur, sous qui il estoit, & de la Jurisdiction duquel il veut se retirer, ou son Lieutenant & lui signifier, qu'il a esté fait bourgeois dans une telle de nos villes, leur specifiant l'an & le jour, comme il sera marqué dans les lettres de Bourgeoisie, dans lesquelles il faudra aussi marquer les noms des Bourgeois, qui auront esté presens, quand il est entré dans ladite Bourgeoisie. Il a esté ordonné qu'il ne sera point tenu pour Bourgeois & ne sera point sous nostre garde comme Bourgeois, jusqu'à ce que ces choses susdites ayent esté accomplies, & qu'il ait donné sureté de l'accomplir, comme il a esté dit, & qu'il n'ait comparu comme Bourgeois devant le Seigneur de la Jurisdiction duquel il s'est soustraict.

Il a esté aussi ordonné, que quiconque aura esté ainsi receu nostre Bourgeois, & aura comparu comme il a esté dit, en quelque temps que ce soit, ou devant la feste saint Jean Baptiste ou aprés, ou devant la feste de Toussaints ou aprés, doit continuer sa Bourgeoisie, à la maniere qui suit: à sçavoir que lui & sa femme, ou sa fiancée, s'il en a, doivent resider personnellement dans ladite bourgeoisie depuis la veille de tous les Saints jusqu'à la veille de saint Jean Baptiste, ne fut qu'il soit retenu ailleurs, ou par maladie de son corps, ou de sa femme, ou de ses proches, ou pour se marier, ou pour voyage & autres cas semblables; qui peuvent sans fraude luy estre une cause legitime de s'absenter. Et qu'enfin aprés que la cause legitime de cette absence aura cessé, ils ne different pas plus de trois ou quatre jours de venir.

Nous voulons aussi & permettons que ledit bourgeois avec sa femme, conjointement, ou separément, selon qu'il leur sera plus expedient, puissent s'absenter de ladite bourgeoisie depuis la feste de saint Jean Baptiste jusqu'à la feste de Toussaints pour faire leurs foins, leurs moissons, leurs vendanges, & autres affaires. Et nous voulons aussi que ledit bourgeois, & sa femme, ou l'un des deux soient dans le lieu de ladite bourgeoisie en chaque grande feste de l'année, s'il se peut faire commodement, & s'ils sont dans le pays.

Nous voulons aussi que tous sachent, que si un homme qui n'est pas marié, ou une femme qui n'a point de mari, veulent entrer dans quelqu'une de nos bourgeoisies sous la forme prescrite, il faut que l'homme ait un valet, & la femme une servante, qui les servent dans ladite bourgeoisie, depuis la veille de Toussaints jusqu'à la veille saint Jean Baptiste; afin que par ce moyen ils puissent ou par eux, ou par ces domestiques vaquer à leurs affaires. En sorte cependant que s'ils sont dans le pays, ils y viennent personnellement aux festes les plus celebres de l'année.

Il a esté aussi ordonné & arresté, que si quelqu'un, ou quelqu'une reçeu, ou a recevoir dans ladite bourgeoisie selon la maniere susdite, se soustrait, vient à se soustraire, ou veut se soustraire de quelque lieu ou communauté, il payera les tailles, & charges imposées dans la ville, dans laquelle il aura esté imposé avant sa reception dans la bourgeoisie, ou advoué comme bourgeois du jour qu'il a esté receu ou sera receu, jusqu'aujour qu'il voudra se retirer publiquement du lieu de ladite bourgeoisie. Il a aussi esté ordonné que nul, ou nulle sera receu bourgeois, ou tenu pour bourgeois dans quelque autre bourgeoisie, tandis qu'il tiendra la premiere, où il a esté receu, ou appellé. Il est aussi ordonné que le seigneur de la Jurisdiction duquel s'est soustrait le bourgeois, aura la connoissance, & l'execution de toutes les causes, questions, & querelles mûes contre lui, ou à son occasion, & de tous les excez par luy commis depuis trois mois avant qu'il fût receu, & appellé dans ladite bourgeoisie, comme il a esté dit. Ce qui doit s'entendre des querelles, & excez, dont on prend actuellement connoissance, ou dont on l'a prise notoirement, & selon l'ordre judiciaire ou que ledit seigneur pourra prouver par témoins suffisans devant la Justice de ladite bourgeoisie, dans trois mois depuis sa reception, ou demande de bourgeoisie, comme il a esté dit.

Il est aussi ordonné que nul des bourgeois susdits ne sera soûtenu, ou defendu en quelque maniere que ce soit, quand il s'agira d'heritage, soit qu'ils soient demandeurs ou defendeurs, que selon les droits du Seigneur, ou Seigneurs, sur les terres desquels sera l'heritage de question. Ce qui doit s'entendre aussi à l'égard des debtes que les sujets de ces seigneurs entrez dans la bourgeoisie auront contractées sur leurs terres.

Il faut aussi savoir que par ces statuts & ordonnances, Nous & nostre conseil n'entendent pas varier, ni changer en quoy que ce soit les Privileges, ou poincts des lettres que Nous ou nos predecesseurs ont accordées, & dont on aura usé sans fraude & sans malice; & ce n'est pas nostre intention que nos sujets ne puissent requerir, ou tirer des susdites bourgeoisies leurs hommes de corps, serfs, & de main morte, ou

M M m

de quelque autre condition servile selon l'usage & la maniere accoûtumée.

Cette ordonnance sera publiée par chaque Bailly ou Senechal en la premiere assise qu'ils tiendront, & diront en cette maniere que tous ceux qui voudront joüir des susdites bourgeoisies viennent dans un mois, & au temps de cette publication pour renouveller leurs bourgeoisies en la forme cy-dessus prescrite. Et que s'ils ne viennent dans ce terme prefix, ou n'envoyent leurs excuses, ils ne joüiront plus du droit de bourgeoisie, & ne seront plus tenus pour Bourgeois. C'est nostre intention, & celle de nostre Conseil que ces statuts & Ordonnances soient exactement observez, nonobstant quelque coustume que ce soit qui leur soit contraire ; Sinon qu'il y ait des personnes qui en soient exemptes ou par nos lettres ou par un privilege special, dont elles n'ayent pas abusé. Enfin nous ne faisons ces Ordonnances par écrit, & ces statuts salutaires que nous publions & establissons, & que nous voulons estre fermes & inviolables, que pour le bon regime de nostre Royaume, & pour l'utilité publique, requerans les Prelats, Barons & autres nos vassaux & sujets, de les faire garder & observer dans leurs terres, & jurisdictions, & qu'ils enjoignent à leurs officiers de les garder à la maniere que nous l'enjoignons aux nostres.

En foy dequoy nous avons fait apposer nostre sceau à ces presents statuts & constitutions. Fait à Paris le lundy aprés la my-caresme, l'an de nostre Seigneur 1302.

De si sages ordonnances nous apprennent la conduite que l'on tenoit alors dans le gouvernement du Royaume, & je suis surpris de voir, que nul de nos historiens n'a eu soin de les rapporter, servant à éclaircir beaucoup de faits, tant à l'égard des offices des Senechaux, Baillis, Viguiers, Vicomtes, Prevôts, Maires &c. que pour les droits des Seigneurs, & pour les privileges de la bourgeoisie.

Ces ordonnances font une partie essentielle de nostre histoire ; parce qu'il paroît qu'elles furent faites à l'occasion de cette ville, dont le Roy vouloit acquerir le domaine, & y affermir ses droits de souveraineté. Elles servirent aussi de preparatif à l'établissement du Consulat, & à maintenir nos citoyens dans la possession de faire un corps de communauté avec ses privileges, franchises, & immunitez, qui leur estoient contestées par les officiers de l'Archevêque & du Chapitre. Aussi le Roy Philippe Hutin qui annexa cette ville à la Couronne en terminant & renouvellant tous les traitez, que le Roy son Pere avoit fait avec les Archevêques & le Chapitre renouvella & confirma ces constitutions par un édit donné à Paris le neufviéme de may l'an de nostre Seigneur 1315. qui fut la premiere année de son regne.

Preuves 17.

Cependant nous verrons que de si sages ordonnances inquieterent nos citoyens, parce que ceux qui favorisoient l'Archevêque, & le Chapitre, leur faisoient entendre, que ces nouveaux statuts attaquoient, & detruisoient leurs privileges, sous apparence de les confirmer, & de les authoriser.

Guichenon hist. de Bresse Preuves pag. 123.

L'an 1314. le Roy commit son Senéchal de Lyon pour faire rendre au Comte de Savoye le Chasteau de Mont-Revel que Jean Daufin de Viennois avoit pris sur ce Comte, lorsque ce Daufin tenoit le parti du Roy Philippe le Bel contre le Roy d'Angleterre. Comme ce Chasteau avoit esté pris pendant les treves d'entre les deux Rois, & leurs alliez, le Comte de Savoye Amé IV. s'en plaignit au Roy, & demanda que le Chasteau de Mont-revel lui fût rendu. Le Roy en attendant que la restitution de ce Chasteau put estre faite au Comte de Savoye par le Daufin, qu'il ne vouloit pas détacher de son alliance, ny l'aliener en l'obligeant de rendre cette place, engagea au Comte les Seigneuries de Chasteauneuf, & du bois sainte Marie en Mâconnois par lettres datées à Vincennes le dixiéme Juin 1304. en execution de quoy, Guillaume d'Arces Chevalier, Seigneur de Pisay, Bailly de Mâcon remit ces deux terres à Renaud de Virises Chevalier au nom du Comte de Savoye. Et dix ans aprés la paix estant faite entre les couronnes, il écrivit au Daufin par lettres datées à Paris le 2 May 1314. & qui lui furent rendües par le Senechal de Lyon. Je rapporte ces deux lettres entre les preuves, parce que la premiere, qui est écrite en nostre langue, nous fait voir quel langage on parloit en ce temps-là, & l'autre qui est latine prouve la commission donnée au Senechal de Lyon, Philippe de Maucler Chevalier, ainsi qu'il appert par une Ordonnance faite par ce Senechal l'an 1315. pour le fait de l'arriere-ban de Flandres, qu'il eut ordre de faire publier dans sa Senechaussée.

Nous avons ainsi trois epoques seures de l'établissement du Senechal de Lyon. 1. l'ordre donné à Renaud de sainte Bone-Chevalier, pour cét établissement, & pour le district de sa Jurisdiction le 23. Juin 1313. 2. La commission donnée au Senechal de Lyon, pour la restitution du Chasteau de Montrevel. 3. L'ordonnance de

de la Ville de Lyon.

Philippe de Mauclerc Chevalier Senechal de Lyon, pour l'arriere-ban de Flandre en 1315. outre l'acte de sommation fait à l'Archevéque Pierre de Savoye le 18. Novembre l'an 1313. auquel fut present comme témoin Jean de Matherin Chevalier, Senechal de Lyon, qui doit par consequent avoir esté le premier de tous, puisqu'il n'y avoit pas encor cinq mois depuis la commission donnée à Renaud de sainte Bone pour cét établissement.

On peut voir aussi par les Ordonnances de Philipe le Bel de l'an 1313. en quoy consistoit l'office de ce Senechal, qui estoit Gouverneur pour le fait de la Police, chef de la Justice, Inspecteur & Intendant pour veiller sur tous les Officiers. Qu'il estoit ordinairement choisi entre les Seigneurs de la Cour, & les Conseillers d'Estat, qu'il ne devoit pas estre originaire du lieu où il exerçoit sa charge, & qu'il devoit garder de grandes mesures avec les Prelats, & les Barons, que les Rois menageoient à l'égard de leurs Jurisdictions, parce que l'authorité Royale n'estoit pas encor bien establie en ce pays.

Le premier de ces Senechaux establis par le Roy fut Jean Matherin Chevalier en 1313.

Le Second Philippe Mauclerc en 1314.

Barthelemy Chancelier du Roy Senechal en 1315.

Ces charges n'estoient qu'annuelles en leur premier establissement, parce que s'étoient des Seigneurs tirez de la Cour, du Conseil, ou de la maison du Roy, à qui l'on donnoit ces commissions.

La Senechaussée de Lyon fut depuis unie au Bailliage de Mascon, ou de saint Gengoul.

En 1376. Odard d'Attarnuille fut Bailly de Mascon & Senechal de Lyon.
En 1377. Archimbaud de Comborn Bailly de saint Gengoul & Senechal de Lyon.
En 1389. Jean des Fontaines Bailly de Mascon & Senechal de Lyon.
En 1414. Guichard de Turey Bailly de Mascon & Senechal de Lyon.
En 1416. Philippe de Bonay Bailly de Mascon, & Senechal de Lyon.
En 1425. Philibert de saint Leger Chevalier Bailly de saint Gengoul & Senechal de Lyon &c.

C'estoient ces Senechaux, qui estoient ordinairement les gardiateurs de cette ville au nom du Roy, que le traducteur des actes inserez dans le factum de 1647. nomme toûjours Gouverneurs au lieu de Gardiateurs, quoyque nos Rois ne leur aient jamais donné cette qualité, qu'ils n'avoient pas en effet, puis qu'avant Loüis Hutin comme j'ay déja remarqué plusieurs fois, nos Rois n'avoient pas le domaine de cette ville, pour y establir des Gouverneurs, mais seulement la garde de nos citoyens, qui estoient sous leur protection Royale. On peut voir dans tous ces actes, qu'ils ne traitent point de sujets les citoyens de Lyon, mais de fideles, & de personnes qui sont sous leur garde, & leur protection. Quand mesme nos Rois furent maistres de cette Ville, ils ne donnerent à leurs Senechaux, qui commandoient en leur nom, que la qualité de Capitaines de la ville, parce que c'estoit aux Senechaux à lever les troupes de la communauté, & c'estoient eux qui devoient conduire l'arriere-ban.

En 1428. Imbert de Grolée Chevalier Seigneur de Vireville, de Quirieu & de Chasteauvillain en Daufiné, Senechal de Lyon, Capitaine de la ville, Il fut depuis Marechal de Daufiné.

Theode de Valpergue Bailly de Mascon, Senechal & Capitaine de Lyon en 1438.

Guy de Blanchefort III. du nom, Seigneur de Bois l'amy, de saint Clement de Nozeroles, Chevalier, Chambellan du Roy Charles VII. Senechal, & Capitaine de Lyon, Bailly de Mascon.

François Royer Ecuyer, Bailly de Mascon, Senechal & Capitaine de Lyon en 1462.

C'est le seul que je trouve n'avoir eu que la qualité d'Ecuyer, parce que comme j'ay remarqué, il n'en estoit aucun qui ne fut Chevalier, pour avoir authorité sur la Noblesse, qui auroit refusé d'obeir à un Gentil homme, qui n'auroit pas eu la dignité de Chevalier.

L'an 1313. le Roy Philippe pour la Chevalerie de ses fils Loüis Roy de Navarre, Philipe Comte de Poitiers, & Charles Comte de la Marche, fit à Paris une grande assemblée de Princes & de Seigneurs, & tint Cour pleniere selon les usages de ces temps-là. Le Roy d'Angleterre Edoüard son gendre s'y trouva avec la Reine Isabelle son Epouse fille de Philippe le Bel. Ce fut pour rendre cette feste plus auguste & plus nombreuse, qu'il defendit les Tournois, les jouftes, & les autres exercices militaires auxquels s'exerçoit la Nobleffe. Et ce fut à l'occafion de cette Chevalerie, qu'il écrivit au Gardiateur de Lyon de defendre les Jouftes & les Tupineis, comme j'ay déja remarqué. Le Pape Clement V. les avoit auffi defendus fous peine d'excommunication, parce que ces exercices empêchoient la Nobleffe de fe croifer pour les voyages d'Outremer. Ce Pape dans le bref qu'il envoya pour cette defenfe, dit que ces feftes d'armes étoient frequentes dans l'Allemagne, la France, l'Angleterre, la Bourgogne imperiale, la Comté de Provence, le Diocefe de Lyon, du cofté qui n'eftoit pas du Royaume, & les diocefes d'Arles, de Vienne, de Befançon, d'Aix, & de Tarentaife.

Per Alamania, Francia, Anglia regna Lurgundiam Imperialem, comitatum Provincia, diocefim Lugdunenfem pro eâ parte qua de regno Francia non exiftit; nec non & Arelatenfem, Viennenfem, Bifuntinam Aquenfem, & Tarentafienfem, Civitates & Diocefes ac Provincias frequenter torneamentorum, & Iuftarum confuevit ufus habere ... cujufcumque conditionis, ftatus, vel praeeminentiae fuerint, authoritate Apoftolica diftricté praecipimus, & inhibemus expreffé, ne torneamenta, feu juftas hujufmodi in dictis regnis, civitatibus, diocefibus, Provinciis, partibus, & locis de catero facere praefumant &c. Datum in prioratu de Grauifello XVIII. Kal. Octob. an. VIII. Pontif.

Le Pape envoya ce Bref Apoftolique aux Archevêques de Mayence, de Treves & de Cologne pour le publier dans l'Allemagne, & chargea les Cardinaux d'Albane & de fainte Prifque de le faire publier en Angleterre. Le Roy Philippe, qui ne vouloit pas que le Pape prit la mefme authorité dans fon Royaume, le prevint par les defenfes qu'il en fit dans fes eftats, & fans faire connoître, que c'eftoit à la requefte du faint Pere, il prit le pretexte de la chevalerie de fes fils qu'il vouloit rendre plus folennelle par cette fufpenfion des feftes militaires des Provinces. Et il en écrivit fpecialement au Gardiateur de Lyon pour fe mettre en poffeffion du droit de fouveraineté qu'il pretendoit y avoir.

Ce fut donc le jour de la Pentecofte le 3. de Juin de l'an 1313. Que fe fit cette ceremonie de Chevalerie où le Roy fit lui-mefme fes trois fils Chevaliers, & quatre cents autres avec eux, tous Princes, ou jeunes Seigneurs: & pour faire plaifir au Pape dans la mefme femaine les trois Rois, de France, de Navarre, & d'Angleterre, & les deux freres du Roi, le Comte de Valois & le Comte d'Eureux receurent la Croix des mains du Cardinal de faint Eufebe, Nicolas de Freanville pour le voyage d'Outremer, qu'ils voüerent folemnellement avec un grand nombre de Barons & de Seigneurs du Royaume. Et le Cardinal commença deflors à publier la croifade dans tout le Royaume, où il eftoit Legat Apoftolique pour la faire publier.

La mort du Pape & du Roy Philippe qui fe fuivirent de prés, diffiperent ces grands deffeins. Clement mourut à Rochemaure fur le Rhofne, fur les terres du Roy, le 20. d'Avril, & Philippe la veille de faint André de la mefme année 1314. à Fontainebleau. Et comme l'on ne manque guere de raifonner fur la mort des perfonnes de ce rang, on publia d'abord, que c'eftoit une punition de l'injufte condemnation des Templiers au Concile de Vienne pourfuivie par le Roy Phillippe, & fulminée par le Pape. On difoit mefme que le grand Maiftre qui fut brufle vif à Paris en avoit appellé au tribunal du Souverain Juge, devant lequel il avoit cité & le Pape & le Roy.

Cette mort du Roy avant la conclufion parfaite du traité qu'il avoit fait avec Pierre de Savoye noftre Archevefque pour l'acquifition du domaine de cette ville, en fufpendit pour un temps l'execution, & fit craindre à nos citoyens de retomber fous la domination de l'Archevêque & du Chapitre. C'eft pourquoi ils en écrivirent au Roy Louïs Hutin, auffi-toft aprés fon avenement à la couronne, mais la reponfe qu'ils receurent, qu'il les annexoit à fa couronne pour toûjours, les r'affura. & ils attendirent tranquillement la confommation d'un traité, qui avoit excité tant de troubles fous le regne de fon predeceffeur.

LOUIS HUTIN. Le regne de ce Prince en France ne fut pas long, parce qu'il ne fucceda à Philippe le Bel fon Pere que l'an 1314. mais il fut Roy de Navarre du chef de fa mere fept ans auparavant, & fut facré à Pampelonne le 1. jour d'octobre de l'an 1307. & retournant en France avec trois cent Gentilshommes Navarrois des meilleures familles qu'il amena pour fervir de gage de la fidelité de ce Royaume, dont il avoit recueilli la fucceffion, il vint faire par ordre de fon pere le fiege de cette ville avec fes freres, & une partie de cette Nobleffe Navarroife, & obligea l'Archevêque Pierre de Savoye de fe rendre à Paris, pour reprendre le traité qu'il avoit fait avec Philippe le Bel, & auquel il ne vouloit pas fe tenir.

Ce Prince ne fut pas heureux en fon premier mariage avec Marguerite de Bourgogne de laquelle il eut une feule fille, qui fucceda au royaume de Navarre qu'elle porta à Philippe Comte d'Eureux Prince du fang de France.

Clemence de Hongrie fut fa deuxiéme femme, dont il eut un fils pofthume, qui tie vécut que huit jours, & laiſſa la couronne à Philippe le Long ſon oncle qui avoit eu la regence du royaume dans l'attente de l'accouchement de la Reine, que Louïs Hutin avoit laiſſé veuve au ſixiéme mois de ſa groſſeſſe.

Quoique le regne de Louïs fut court n'ayant eſté que de deux ans, il ne laiſſa pas d'achever les traitez du Roy ſon pere pour l'acquiſition du domaine de cette ville. Ainſi la mort de Philippe le Bel, bien loin d'eſtre un obſtacle à la conſommation de ce traité, ne ſervit qu'à l'achever, parce que Pierre de Savoye ſe défioit moins de la bonne foy de Louïs que de celle du Roy ſon pere, qui l'avoit aſſez maltraité.

La mort du Pape Clement cauſa plus de trouble à l'Egliſe, car les Cardinaux s'étant aſſemblez à Carpentras pour proceder à une election nouvelle, ne purent s'accorder entre eux, & voyant que l'affaire tiroit en longueur, & qu'ils ſouffroient beaucoup dans le conclave à cauſe des grandes chaleurs, ils convinrent entre eux d'en ſortir pour un temps, & de ſe raſſembler dans une ſaiſon plus commode. Mais les affaires qui ſurvinrent & le peu d'union qu'il y avoit entre les vingtrois Cardinaux, qui devoient compoſer le conclave, fit que la vacance du ſiege dura deux ans trois mois, & dix ſept jours.

Louïs Hutin voyant les maux que cauſoit à l'Egliſe la longue vacance du Siege Apoſtolique, envoya ſes freres, Philippe Comte de Poitiers, & Charles Comte de la Marche à Avignon pour tâcher de reünir les eſprits des Cardinaux. Ces deux Princes eſſayerent en vain de les raſſembler, pour les porter de donner à l'Egliſe un ſouverain Paſteur. Ils eſtoient ſi fort aigris les uns contre les autres, qu'ils ne pouvoient ſe determiner à r'entrer dans le conclave. Le Comte de Poitiers ne voyant plus de jour au ſuccez de ſon entrepriſe, ſe retire en cette ville, où il chercha les moyens d'en obtenir par adreſſe, ce qu'il n'avoit pû faire par prieres, & par ſollicitations: il écrit à chacun des Cardinaux ſeparément, qu'il avoit de la part du Roy ſon frere des affaires importantes à leur communiquer, pour les attirer plus facilement à venir icy. Quelques-uns d'eux crurent qu'il vouloit leur faire des propoſitions ſemblables à celles que Philippe le Bel ſon pere avoit fait à l'Archevêque de Bourdeaux à qui il avoit procuré le Pontificat, & cela les obligea de ſe rendre auprés de ſa perſonne, D'autres qui ſoupçonnoient que l'on voudroit les renfermer, ne voulurent point s'engager à venir, qu'on ne leur promit que l'on ne les contraindroit point de s'enfermer, & qu'il leur ſeroit libre de ſortir de Lyon quand ils voudroient. Le Comte de Poitiers le leur promit, & tandis que les Cardinaux ſe diſpoſoient à venir, le Roy Louïs Hutin mourut le 3. juin de 1316. mais comme il faloit attendre que la Reine qui eſtoit groſſe fût accouchée pour ſçavoir qui ſuccederoit à la couronne, Philippe Comte de Poitiers, qui eſtoit le plus proche à ſucceder, ſi la Reine ne donnoit pas un fils, fut declaré Regent des deux Royaumes de France & de Navarre. Cependant il ne ſe preſſa pas d'aller à la Cour, l'attente des couches de la Reine tenant toutes choſes en ſuſpens. Il voulut achever ce qu'il avoit entrepris pour le bien de l'Egliſe & quand les Cardinaux eurent appris la mort du Roy, ils ſe perſuaderent aiſément que Philippe vouloit ſe ſervir de leurs conſeils ſur les conjonctures preſentes. Ils vinrent donc de tous coſtez en diligence, & eſtant tous arrivez le 28. juin veille de ſaint Pierre au nombre de vingt trois, Philippe les aſſembla dans le convent des Freres Preſcheurs, où ils ſe rendirent tous; il les conduiſit dans une ſale, où aprés les avoir exhortez à donner un Paſteur à l'Egliſe, & à faire ceſſer le ſcandale que cauſoit à tous les Fideles leur des-union, il leur declara qu'il les alloit tous enfermer, juſqu'à ce qu'ils euſſent choiſi un Pape. Ils eurent beau proteſter contre la violence qu'on leur faiſoit, & contre la parole que le Prince leur avoit donnée; il avoit fait griller les portes, & les feneſtres du lieu où il les avoit aſſemblez, il avoit auſſi diſpoſé des gardes par tout, & aprés les avoir ainſi enfermez, il ſe retira à Paris, & laiſſa la garde du conclave au Comte de la Marche ſon frere. Ils furent quarante jours ſans pouvoir ſe determiner unanimement ſur le choix qu'ils devoient faire. Enfin laſſez des incommoditez du lieu où ils eſtoient enfermez, le ſeptiéme jour d'aouſt, ils donnerent tous leurs ſuffrages au Cardinal de Porto Jacques de Oſſa de Cahors, qui prit le nom de Jean, & fut Jean XXII. Il avoit eſté domeſtique de l'Archevêque d'Arles Pierre de Ferrieres Chancelier du Roy de Sicile. Aprés la mort de cét Archevêque il ſucceda à ſon office de Chancelier, fut depuis Evêque d'Avignon & Cardinal.

Tous nos Hiſtoriens ont peu examiné les circonſtances de cette election, & de la perſonne de ce Pape; pluſieurs le font fils d'un ſavetier, quoyque les regiſtres de la ville de Cahors, où il eſtoit né mettent ſon pere entre les bons Bourgeois de cette ville; Severt le fait Archevêque d'Arles, & lui donne le nom d'Arnaud au lieu de celui de Jaques. Paradin & de Rubys veulent que Philippe Comte de Poitiers, Regent du Royaume, & depuis Roy ſous le nom de Philippe le Long ait eſté preſent à cette Election, mais nous avons une lettre du Cardinal de fainte Marie *in porticu*, que je rapporte entre les preuves de cette hiftoire, qui convainc ces hiftoriens de fauffeté fur ce point, puifque ce Cardinal vingt-deux jours après l'exaltation de Jaques de Cahors écrivit à ce Prince pour lui faire favoir que le Pape n'avoit pû attendre fa venuë pour la ceremonie de fon couronnement, comme Philippe l'en avoit fait prier par le Comte de Forés, & par Raoul de Prelles, & fait de nouvelles inftances pour la differer par le Daufin de Viennois, & par Pierre de Chappes Chanoine de Rheims, & fon Chappelain. Voicy la traduction fidele de cette lettre, qui contient des circonftances fingulieres pour l'hiftoire.

A excellent & magnifique Prince, & noftre tres-cher amy Philippe, fils du Seigneur Roy de France d'illuftre memoire, & Regent des Royaumes de France & de Navarre. Arnaud par la mifericorde divine Cardinal Diacre de fainte Marie in porticu *falut, & de heureux fuccez felon fes defirs.*

C'eft de l'aveu de noftre faint Pere le Pape, & par fon commandement exprés, que nous faifons favoir à Voftre Excellence que lundy dernier le troifiéme jour après fon affomption au pontificat, fpectable Seigneur le comte de Forés, & maiftre Raoul de Prelles, l'un de vos confeillers, venant trouver noftre faint Pere, le fupplierent de voftre part tres-inftamment de vouloir celebrer en quelque lieu du royaume de France, la ceremonie de fon couronnement, & en determiner le jour, auquel vous puiffiez vous y trouver, comme vous témoignez le defirer. Ils demanderent que l'on differât cette ceremonie de quinze jours, croyant qu'ils fuffiroient, parce qu'ils ne doutoient point que vous ne puiffiez venir, pour ce temps-là; outre que Raoul de Prelles affeuroit que vous l'aviez chargé expreffément de faire cette priere à quiconque feroit élu Pape. Noftre faint Pere pour vous faire ce plaifir, & tous ceux qui peuvent dependre de lui, aïant pour tres agreable que vous fuffiez prefent à cette ceremonie, quoyqu'il en eut déja fixé le jour dans un temps beaucoup plus court, voulut bien à leur inftance la differer les quinze jours qu'ils demandoient. Quelque temps après magnifique Seigneur Monfieur le Daufin de Vienne demanda qu'elle fut encor prorogée de quelques jours, ce que noftre faint Pere pour lui faire encor plus de plaifir voulut bien differer encor de huit jours. Enfin venerable Seigneur Pierre de Chappes Chanoine de Rheims voftre chapelain eftant venu demander une prorogation nouvelle, le faint Pere après avoir deliberé avec les Cardinaux, & demandé leurs avis, lui répondit, que quelque defir qu'il eut de vous complaire, & d'eftre honoré de voftre prefence en cette action folemnelle, il ne pouvoit plus long-temps differer fans fcandalifer plufieurs perfonnes, principalement les Cardinaux, qui pour fe trouver à l'ouverture des audiances de la Cour de Rome, intimée pour le premier jour d'Octobre, avoient déja envoyée une partie de leurs Equipages à Avignon, fans lefquels ils ne pouvoient s'arrefter icy fans de grandes incommoditez. Que beaucoup de Prelats, de Seigneurs & de Nobleffe attendoient ce couronnement avec impatience, & fe confumoient en frais, & que ce qui preffoit davantage, eftoit que les plus grandes affaires de l'Eglife demeuroient en fufpens, & que l'on ne pouvoit envoyer des Nonces en divers pays, parce que les Papes ne peuvent faire des bulles avant qu'ils ayent efté couronnez: & que d'ailleurs on ne pouvoit ni differer l'ouverture des audiances d'Avignon, ni les transporter ailleurs, Il s'agit mefme de vos interêts, que ce couronnement fe faffe au plûtôt, car s'il falloit que noftre faint Pere écrivit pour les affaires de Flandres, & pour les autres affaires du Roïaume, il ne pourroit la faire, ne pouvant point expedier de bulle avant cette ceremonie, comme j'ai déja dit. C'eft pourquoy connoiffant, comme il fait, voftre vertu, & voftre bonté, dont il a fenti les effets en plufieurs occafions, & la droiture de voftre confcience, il a crû que vous ne voudriez pas caufer par un plus long delai, un fi grand fcandale, & de fi grands dommages aux affaires de l'Eglife. Enfin il s'eft perfuadé que vous ne trouveriez pas mauvais, fi fur ces confiderations, il n'admettoit pas la demande que lui a fait le Chanoine de Rheims. Et pour ce qui regarde l'honneur de voftre prefence, qui eft une marque de voftre affection pour lui, non feulement il vous prie de ne pas vous incommoder pour cela, mais il croit vous devoir remercier de l'honneur que vous lui vouliez faire, & ne s'en tient pas moins obligé, que fi vous affiftiez perfonnellement à fon couronnement. Nous vous écrivons ainfi de fa part, parce que le faint pere lui-mefme felon la loüable couftume de fes predeceffeurs, ne peut ni vous écrire ni à perfonne autre, ne pouvant avant cette ceremonie fe fervir de Bulle. Donné à Lyon le 29. Aouft.

de la Ville de Lyon.

Ce couronnement se fit enfin le cinquième de Septembre premier Dimanche du mois avec toute la pompe & la solennité que l'on pût. Il fut couronné à la porte de l'Eglise de saint Jean, d'où il donna la benediction au peuple, & fut delà conduit au convent des Freres Prescheurs où il avoit esté élu, & accompagné de Charles Comte de la Marche, de Charles Comte de Valois, & de Loüis Comte d'Eureux à qui il fit un festin solennel dans le jardin de ce convent, où l'on avoit dressé des tables.

Paradin, qui dit que Philippe Comte de Poitiers se trouva à ce festin, s'est trompé, puis que la lettre du Cardinal Arnaud est une preuve incontestable du contraire. Il ne s'est pas moins trompé, quand il a dit, *que quoy que cetuy Philippe*, parlant du Comte de Poitiers, *ne fust encore proclamé ny couronné Roy, si est-ce qu'il estoit déja Roy, lui estant à Lyon, & assistant à la Coronation de ce Pape; & qu'il n'en voulut partir, qu'il ne vist un Pape fait par sa poursuite & diligence.*

Philippe n'estoit pas encor Roy, puisque Loüis Hutin avoit laissé là Reyne grosse, qui accoucha seulement au mois de Novembre d'un fils qui regna huit jours, autant que sa vie s'estendit & ce ne fut que du jour de sa mort, que Philippe commença à regner.

Nous avons deux actes authentiques, qui establissent la presence de Philippe Comte de Poitiers à Lyon après la mort de Loüis Hutin son Frere; & son absence au temps de l'Election & du couronnement du Pape Jean XXII. Le premier de ces actes est une declaration qu'il fait d'avoir receu quatre hommages de Jean Comte de Forés le 16. Juin en cette Ville, à sçavoir l'hommage de Montbrison, de Montesceu, Preuves 90. de Thiern en Jarés, & de Montarcher, & de la garde des chemins & du droit Royal en sa terre, & de ses hommes. 2. l'hommage de saint Bonet le Chasteau. 3. du chasteau d'Arene sous les moyens, pacts, conditions & formes contenües dans les lettres de ce Comte, conservées dans les Archives publiques Royales, dans lesquelles sont les hommages de la Senechaussée. 4. L'hommage du chasteau de Tiern avec le mandement & appartenances de ce chasteau situé dans le Bailliage d'Auvergne, hommages que ce Prince receut pour le droit qu'il avoit, où qu'il pouvoit avoir, car quoy qu'il fut l'heritier presomtif & apparent de la couronne, il falloit comme j'ay dit attendre l'accouchement de la Reine, pour voir s'il y auroit droit ou non. Il ne prend aussi en cét acte autre tire & qualité que de Philippe fils de Philippe Roy de France & premier frere de Loüis par la grace de Dieu Roy de France, & de Navarre d'illustre memoire.

L'autre acte est la lettre que le Cardinal de Pelagruë lui écrivit sur le couronnement du Pape, & des raisons qu'avoit eu sa sainteté de ne pas differer plus long-temps cette ceremonie, après avoir attendu vingt-huit jours.

Ce Prince estant parvenu à la couronne favorisa en tout ce qu'il pût nos Citoyens, & par ses lettres données à Bourges le 8. d'Avril l'an 1317. à conter selon la maniere de France où l'année commençoit à pasques, il dit qu'ayant remarqué la constante Preuves 90. col. 2. fidelité de ses bien-aimez les citoyens de Lyon, qui avant qu'ils fussent ses sujets & ses justitiables, & lors qu'ils n'estoient qu'en sa garde, lui avoient exactement payé les droits de cette garde, il defend d'exiger à l'avenir ce droit de garde maintenant qu'ils sont ses sujets, leur remettant absolument ce droit dont ses predecesseurs avoient joüi, avec tous les émolumens en provenans, commandant expressément à son Senechal de Lyon de ne les plus molester, ni inquieter sur le fait de cette redevance annuelle.

Le Pape dés le jour de son couronnement écrivit à Robert Roy de Sicile pour lui faire part de son exaltation, & dans sa bulle il lui expose, qu'il croit qu'il n'ignore pas qu'aussi-tôt après la mort de Clement V. son predecesseur, il s'estoit enfermé avec les Cardinaux ses confreres à Carpentras, pour donner à l'Eglise universelle un pasteur selon la constitution Apostolique establie pour cette Election, & qu'ils estoient entrez dans le conclave à Carpentras, où la Cour Romaine se trouvoit alors, mais que n'ayant rien pû faire, ils avoient tous esté obligez pour certaines causes legitimes de sortir du conclave, & d'aller en divers lieux, comme il avoit plû à chacun d'eux. Et qu'enfin après un assez long espace de vacance du saint Siege, ils estoient venus tous d'un commun accord à Lyon pour proceder à cette Election, sur les voyes de celui qui guide nos pas, comme il lui plaît, & que le septième du mois d'Aoust passé estant tous assemblez dans le convent des freres prescheurs, le Saint Esprit, qui ne veut pas que l'on differe les mouvemens de sa grace, compatissant à la longue viduité de l'Eglise avoit disposé les cœurs de ses confreres, à concourir tous unanimement par un dessein admirable de sa providence, qui n'estoit pas moins estonnant pour lui alors Evêque Cardinal de Porto, à le charger de ce fardeau tout à fait insupportable à la foiblesse humaine, en lui donnant le soin du troupeau universel du Seigneur; & que tous les suffrages, sans qu'il en manquât aucun, l'avoient élevé à la dignité de souverain pontife. Que connoissant les difficultez de l'office pastoral, l'assiduité de travail continuel que cette charge demandoit, & l'excellence de la dignité Apostolique, il avoit hesité quelque temps s'il devoit l'accepter s'en reconnoissant indigne, & mesurant la petitesse de ses forces avec une si haute dignité. Mais que craignant que le refus qu'il en feroit, n'apportât de nouveaux scandales dans l'Eglise, par une vacance plus longue, enfin il avoit subi le joug & baissé les épaules dans l'esperance que celui qui l'appelloit à cét emploi lui donneroit des secours pour le soûtenir, &c.

Cette Bulle de Jean XXII. détruit les calomnies des historiens, qui ont dit que ce fut lui-mesme qui se nomma Pape, par un compromis que tous les Cardinaux lui avoient donné de nommer celui qu'il voudroit, pour terminer leurs contestations, & les brigues de divers partis. Si la chose s'estoit passée ainsi, auroit-il osé écrire à des Princes dans une bulle, qu'il eut hesité, & qu'il eut esté sur le point de refuser le Pontificat, & n'auroit-il pas eu à craindre que ses confreres mécontens d'avoir esté supplantez contre leur attente, ne publiassent au contraire, qu'il avoit lui-même suivi plutôt son ambition, que leur intention d'élire tout autre que lui. Mais il y a des écrivains qui cherchent moins d'exposer la verité à leurs lecteurs que de dire des choses extraordinaires, & principalement de celles, qui pour leur malignité semblent piquer davantage la curiosité des hommes portez naturellement à croire ce qui découvre les foiblesses des personnes les plus élevées.

Aprés que ce Pape eut achevé les ceremonies de son couronnement, & écrit à tous les Princes Chrestiens pour leur faire part de son exaltation, il écouta les plaintes de nos citoyens, qui lui remontrerent que l'Abbé & les Religieux de la Chassagne commis à l'administration de l'œuvre du pont du Rhosne, en divertissoient les deniers, & les employoient à d'autres usages, sur quoy le Pape commit l'Abbé d'Aisnay, le prieur de saint Irenée, & le sacristain de saint Paul pour examiner l'emploi de ces deniers, & pour contraindre l'Abbé & ses Religieux d'en rendre conte aux Sindics de la communauté de Lyon, comme d'un bien qui regardoit l'utilité publique de tous les citoyens.

Philippe Regent du Royaume en estant devenu le maistre par le decez du petit Prince qui ne vécut que huit jours, aprés avoir mis ordre à plusieurs troubles que la regence avoit causez par les pretentions de Charles de Valois son frere, il songea serieusement à terminer les affaires de cette ville, pour lesquelles l'Archevêque Pierre de Savoye faisoit de continuelles instances, lui faschant de se voir depoüillé d'un droit de superiorité, qui le rendoit souverain en ce pays. Cependant comme il voyoit qu'il seroit difficile de rentrer dans tous ses droits, aprés tout ce qui s'estoit fait sous les regnes precedens de Philippe le Bel, & de Loüis Hutin, il crut, qu'il ne pouvoit prendre un meilleur parti que de reconnoître la souveraineté du Roy, & de reprendre de lui en fief la Comté de Lyon, en lui demandant qu'il lui en laissât toute la Justice à la reserve des appels & du ressort, qui sont du droit de la souveraineté.

Il fit consentir le Doyen & le Chapitre à ce moyen de se retablir dans leurs droits, en rendant la foy & l'hommage au Roy. Nos citoyens n'eurent de leur part aucune peine à consentir à ce traité, par lequel ils voyoient que toute la Justice appartiendroit au seul Archevêque, comme ils avoient toûjours desiré, avec droit d'appel à la Justice Royale.

Le nouveau contract passé entre le Roy, l'Archevêque, & le Chapitre estant tout au long entre les preuves en la page 60. & en nostre langue, je ne le rappelle pas icy, non plus que la ratification du Roy de ce mesme traité, donnée en 1322. & rapporté tout au long en la page 63. des mesmes preuves, où il faut seulement remarquer que l'Archevêque & le Chapitre par cette transaction nouvelle retinrent que les Juges d'appeaulx ne se tiendroient ny dans la ville, ni dans ses appartenances, ni sur les terres, ou domaines de l'Archevêque, & du Chapitre, ce qui fut l'occasion de plusieurs contestations comme nous verrons dans la suite. Le Roy aussi de son costé se reservoit le pouvoir de faire entrer lui & ses successeurs Rois, leurs Baillis de Mascon & leurs lieutenans en armes & sans armes avec autant de gens qu'il lui plairroit toutes les fois qu'il y auroit guerre ou soupçon de guerre, ou pour quelque autre necessité & de faire garder les clefs des portes & des forteresses de la ville, à quoy les citoyens qui avoient la garde de la ville avoient consenti, à condition que le Bailly & son Lieutenant seroient tenus de jurer, qu'ils ne
demanderoient

de la Ville de Lyon.

demanderoient les clefs & la garde, que pour des occasions de cette sorte sans fraude, & sans malice. Et qu'au cas que l'Archevêque & le Chapitre, ou l'un d'eux vinssent à se soûlever contre le Roy, les citoyens ne leur donneroient aucun secours, & si au contraire les citoyens venoient à se soûlever, l'Archevêque & le Chapitre s'obligeoient à prester la main au Roy pour les reduire dans l'obeïssance. Que l'Archevêque & les Chanoines presteroient au Roy le serment de fidelité avec l'hommage, & tous les citoyens & habitans de la ville depuis l'âge de quatorze ans, serment qu'ils renouvelleroient à tous les Rois, à leur avenement à la couronne & de dix en dix ans.

Le Roy Philippe le Long, qui acheva ce traité avec l'Archevêque Pierre de Savoye pour l'acquisition du domaine temporel de Lyon, & qui remit cette temporalité à l'Archevêque pour le tenir de lui & des Rois ses successeurs à foy & hommage comme un fief relevant de sa couronne, favorisa toûjours nos citoyens, qu'il avoit trouvé attachez à son service, avant mesme son avenement à la couronne n'estant encore que comte de Poitiers, & depuis Regent des Royaumes de France & de Navarre.

Ce Prince qui estoit d'un naturel doux & moderé, & qui aimoit la Justice pour achever le traité de Lyon, jugea qu'il estoit à propos d'envoyer des commissaires pour oüir les plaintes des citoyens, & pour remedier à plusieurs desordres causez par les violences des officiers Royaux, qui ne commettoient guere de moindres. excez, qu'avoient fait auparavant les officiers de Justice de l'Archevêque & du Chapitre. Il fit choix pour cette commission du Prieur de la Charité, de Jean de Forgets Archidiacre de Brie dans l'Eglise de Paris, & de Thomas de Marfontaine Chevalier, afin qu'un Religieux, un Ecclesiastique, & un Chevalier pussent oüir les plaintes des Religieux, des Ecclesiastiques, & de la Noblesse dans une ville qui avoit des Abbayes considerables, des Chapitres, & de la Noblesse. Voicy les lettres que le Roy addressa pour cette commission aux citoyens & habitans de la ville de Lyon, pour les remettre à ces commissaires, ce qu'ils firent le jeudi avant la feste de la Magdeleine l'an 1319. un mois après la date de ces lettres expediées à Paris le 26. juin dont voicy la teneur.

Philippe par la grace de Dieu Roy de France & de Navarre à nos amez & feaux, Pierre Prieur de la Charité, Maistre Jean de Forgets Archidiacre de Brie dans l'Eglise de Paris, & Thomas de Marfontaine Chevalier, salut & dilection.

Nous avons receu souvent de si grandes & diverses plaintes de nos amez & feaux les citoyens & habitans de la ville de Lyon que quelques-uns de nos officiers, Ministres, & sergens ont commis plusieurs & divers excez intolerables dans l'exercice de leurs charges & offices, en leur faisant plusieurs injures, dommages, & injustices par des extorsions illicites contre leurs libertez, & franchises, les usages & les coustumes du pays; ou permettant que d'autres leur fissent de semblables torts, sans craindre de violer nos Ordonnances & defenses, & d'encourir les peines portées par ces Ordonnances contre ceux qui les enfraignent. C'est pourquoy desirant d'y mettre un remede qui serve de chastiment aux uns, & donne aux autres de la terreur, comme il est de nostre devoir, Nous vous commettons & mandons à vous dont la fidelité & l'addresse nous sont connuës, de vous transporter en personne sur les lieux, pour informer secretement, & avec toute la diligence que vous trouverez à propos, de tous & un chacun de ces excez, dommages, injures, torts, & extorsions, en vertu de ces lettres qu'on vous remettra scellées de nostre contresel, afin qu'ayant appellé les personnes à qui cela touche vous recherchiez pleinement la verité de ces faits, & que selon la qualité & la condition des personnes, vous corrigiez ces abus, & les punissiez; que vous reformiez toutes choses pour le bien de la Justice, & que vous pourvoyez à la sureté des anciennes coustumes, libertez, franchises; que par vôtre exacte diligence à promptement effectuer ce que nous vous commandons, vous vous en fassiez un merite auprès de nous. Pendant ces informations & enquestes que vous ferez, Nous voulons que nos officiers & sergens soient suspendus de l'exercice de leurs charges, & que si par les informations vous trouvez qu'ils meritent d'estre privez de leurs charges; que vous les en priviez, & leur en substituiez d'autres comme vous jugerez à propos. Enfin nous vous donnons par les presentes, plein pouvoir de faire toutes les autres choses susdites, & tout ce qui peut les toucher. Et nous ordonnons en mesme temps à tous ceux à qu'il appartient, de vous obeïr à tous trois, ou à deux, ou à l'un de vous, solidairement, fait à Paris le 26. de Juin 1319.

Ces Commissaires, qui dans les titres rapportez entre nos preuves, tirez des anciens chartulaires, ont la qualité de Reformateurs, firent quelques Ordonnances, dont la premiere fut une defense au Senechal de faire aucune enqueste, ou information criminele contre les citoyens de Lyon sinon en cas d'homicide, de larcin, & de trahison: ni de permettre que l'on fit aucune enqueste ou information de cette nature, jusqu'à ce que le Roy en ordonnât autrement: Et parce que nos citoyens se plaignoient singulierement de l'établissement d'un Procureur du Roy, qui faisoit ces enquestes & informations contre-eux au nom du Roy, il fut ordonné qu'il desisteroit de ces informations à l'égard des citoyens jusqu'à ce que le Roy en eut ordonné autrement. Enfin ces trois commissaires tenant leurs assises dans la maison de saint Antoine, après y avoir receu les plaintes de tous ceux qui voulurent s'y presenter, firent leurs Ordonnances en cette maniere.

„ Au nom du Seigneur Amen. Soit notoire à tous presens & avenir, que nous
„ Pierre Prieur de la Charité, Jean de Forgets Archidiacre de Brie dans l'Église de
„ Paris, & Thomas de Marsontaines Chevalier de nostre Seigneur Philippe par la
„ grace de Dieu Roy de France & de Navarre, deputez par ledit Seigneur Roy &
„ envoyez dans la Senechaussée de Lyon pour la reformation du Pays, avons receus
„ certains griefs à nous envoyez par ledit Seigneur nostre Roy sous nostre contreseel,
„ contre ses officiers Royaux dans la ville de Lyon, sur lesquels nous avons ordonné,
Premierement, que le Juge ordinaire, qui souvent & indifferemment faisoit des enquestes de toutes choses sans accusateur ni denonciateur, qui poursuivit legitimement, quoy que la coustume soit, comme asseurent les citoyens, de ne le faire que pour homicide, larcin, & trahison, & après accusation & denonciation, & à l'égard de personnes diffamées; nous avons ordonné, disons nous, que l'on entendroit des témoins sur cette coustume alleguée, & après les avoir oüis, nous avons publié que nous porterions au Roy nostre Maistre leurs depositions pour voir, decider, determiner, & pourvoir comme bon lui semblera sur ladite coustume. Quant au Procureur du Roy que lesdits citoyens demandent estre osté de la ville de Lyon, nous ordonnons que la disposition de cette affaire sera renvoyée au Roy, & qu'en attendant ledit Procureur du Roy ne fera aucune poursuite ni enqueste, que celles que le Senechal lui ordonnera hors la ville, & ne fera aucune instance dans la ville que celles qui concernent le patrimoine, & le domaine du Roy. Quant à l'affaire particuliere de Boelo citoyen de Lyon contre lequel on a fait une enqueste, sur laquelle le Juge Mage ne vouloit pas prononcer, nous avons ordonné audit Juge de faire Justice sur cela: à l'égard d'une amende à laquelle avoit esté condamné Henry de Dijon pour une certaine somme d'argent, nous l'avons changée en un Pelerinage à nostre dame du Puy. Quant aux laines dont les citoyens de Lyon se plaignent que les gens du Roy ne veulent pas leur permettre de les pouvoir tirer de Lyon, quoy qu'elles soient de grosses laines propres à faire de la Bure, nous avons arresté que nous en parlerions au Roy; Et sur ce qu'ils se plaignent que le Senechal, & quelques autres Officiers du Roy les citent quelquefois à Paris, nous avons defendit ces citations, si ce n'est par ordre du Roy, ou en vertu de ses lettres.

Ils se plaignent aussi que les officiers du Roi font mal leur devoir pour la garde des citoiens, & qu'ils ne les defendent pas assez des injures que leur font les étrangers: sur quoi nous avons ordonné au Senechal de s'appliquer avec plus de vigueur pour les garder. Nous avons aussi ordonné que le Senechal procedât contre un homme qui a fait un incendie en la partie du Roïaume, & d'un autre certain homme ... & d'un nommé Jean Bonerd dont l'un est demeuré lié à un arbre tout un jour du costé de Miribel, & l'autre a esté grievement blessé, nous avons enjoint au mesme Senechal d'en informer, & d'ordonner la punition qu'il jugera que le fait peut exiger. Sur ce que l'on se plaignoit que le Senechal & autres officiers du Roi faisoient écrire par leurs gens les ouvertures de testamens, inventaires, tuteles, & autres écritures, nous avons ordonné que les citoyens les pussent faire écrire & recevoir par tous Notaires Royaux capables & dignes de foy. Et sur ce qu'on se plaignoit que si un citoyen en faisoit citer un autre, & qu'avant que de comparoistre devant le juge, ils venoient à s'accorder, on ne laissoit pas de poursuivre l'affaire, nous avons defendu de le faire, parce que cela ne s'est jamais pratiqué auparavant. Ils se plaignent aussi de ce que lorsque quelqu'un s'offre à donner caution pour se representer, n'étant arresté ni pour homicide, ni pour larcin, ni pour trahison, ou autre crime plus grief, les officiers du Roy lui refusoient la recreance, quoique ce soit de la coustume de la ville de la donner en ces occasions. Sur quoi nous avons ordonné que le droit, & la coustume du pays soient gardez; de mesme pour l'Epée tirée sur quelqu'un sans le frapper, nous avons ordonné que le droit & la coustume soient observez, s'il n'y a une coustume contraire, que l'on puisse produire. Et sur ce qu'ils se plaignent que le Chancellier, Prevost, & quelques autres officiers du Roy font dans la Cour royale

de la Ville de Lyon. 459

contre les citoiens, nous avons defendu qu'on le fit à l'avenir. Nous avons aussi ordonné que les biens des citoyens en quelque lieu, & par quiconque qu'ils aïent esté pris injustement, soient recherchez, & que si les detenteurs font refus de les rendre, que le Senechal s'employe fortement à les faire recouvrer. Que si quelques citoiens viennent à se battre sans effusion de sang, ou autre meurtrissure considerable, & qu'on n'en ait point formé de plainte devant la Cour Royale, que l'on ne fasse aucune procedure sur ce fait, ni qu'on n'en leve aucune amande; & sur ce qu'on se plaint que les cris & defenses se font quelquefois sous de moindres peines, qu'ils ne doivent estre faits selon la coustume de la ville, nous avons defendu de les faire autrement qu'il n'est accoustumé. Nous avons aussi pourvû & ordonné que quand les gages sont vendus à l'enchere à cry public, qu'après l'enchere faite legitimement l'argent qui en proviendra soit déposé au lieu dont les parties conviendront : que si elles ne peuvent convenir, qu'il soit mis par le juge entre les mains de quelque citoïen homme de bien. Ils se plaignent aussi que l'on prend quatre deniers pour le sceau du Senechal, & quatre autres pour l'écriture. Nous en confererons avec le Roy Nôtre Sire. Ils se plaignent encore que les Notaires exigent trop pour leurs écritures, & grevent en cela les citoïens de plusieurs manieres. Nous y avons pourvû & ordonné sur cela que les Ordonnances Royales soient inviolablement observées. Nous confererons aussi avec le Roy nostre Sire pour le fait du sceau Royal, car lorsque quelqu'un a passé obligation sous ce sceau, le Comte de Forés, & le Sire de Beaujeu pretendent en prendre connoissance, & quelques uns disent qu'ils ont pour cela Privilege du Roy, ce qui est d'un grand prejudice pour les citoïens; nous avons defendu que contre les lettres Royaux on ne reçoive des exceptions sinon de faux, d'échange, ou de payement, parce que c'est la coustume de n'en point admettre d'autres contre le sceau susdit. Nous avons aussi defendu aux officiers Royaux de contraindre les heritiers de recevoir des changemens de testamens, si les heritiers ne veulent. Que l'on prenne garde à la taxe des écritures faite par le Senechal, & ce que les Notaires peuvent prendre à l'égard des citoïens. Lesdits citoïens se plaignent aussi que le garde du seel Royal, ou Chancelier, demande trop pour l'ouverture des testamens, sur quoy après avoir informé, nous avons trouvé qu'il n'a coustume de recevoir que peu de chose & à volonté raisonnable. C'est pourquoi nous avons ordonné que l'on fit comme de coustume, & que nous ferons en sorte qu'il n'y aura point d'excez en procurant auprés du Roy nostre Sire, que cette recepte, soit moderée. Nous avons aussi ordonné que lors que l'on ne donne à Mascon qu'un denier pour le sceau, l'on ne prit qu'un obole des citoïens de Lyon, & ce dans tous les contracts de dettes, & dans les ventes des possessions & des biens immeubles, on prendra le denier pour livre. Nous avons aussi ordonné & commandé audit Senechal, & autres officiers Royaux d'observer & garder inviolablement les autres coustumes, usages, libertez, & Franchises, observées jusqu'à present. En temoignage dequoi nous avons fait mettre nos sceaux aux presentes lettres. Donné dans la maison de saint Antoine de Lyon, le dernier jour de Juillet de l'an du Seigneur 1319.

En mesme temps que le Roy envoia ses Commissaires pour la reformation de la Justice en ce païs, il commit Messire Hugues Giraud Chevalier pour achever avec l'Archevéque le traité & composition que le Roy Philippe le Bel son Pere avoit commencée & que son frere le Roy Loüis Hutin avoit poursuivie, & qui n'avoit pas encore esté entierement consommée. Ce que nos citoiens aïant appris, & craignant qu'il n'y eut dans ce traité quelque chose de contraire à leurs privileges, firent leurs protestations le 18. du mois de Juin l'an 1320. en la forme qui suit.

AU nom du Seigneur Amen. Qu'il paroisse évidemment par le present acte public de la ville, que l'an du Seigneur 1320. le 18. du mois de juin, jour de Mecredy devant la feste de la Nativité saint Jean Baptiste dans la maison de la sacristie de l'Eglise Cathedrale de Lyon en une chambre de ladite maison proche ladite Eglise, regnant Serenissime Prince & Seigneur, le Seigneur Philipe par la grace de Dieu Roi de France & de Navarre, en presence de nos Notaires publics par authorité du Roi nostre Sire & des témoins soubsignez personnellement & specialement establis pour les choses qui suivent, Noble, venerable & discrete personne Messire Hugues Giraud Chevalier & Conseiller du Roy nostre Sire d'une part; & Barthelemy Chevrier, Humbert de Varey, Bernard Huon, Guillaume & Jean Grigneu, Gaudemar Flament, Thomas Albi, ou le Blanc, Jean de Fuer, Aymon de Durchie, Aymonin du Puy, Guichard de la Platiere, Guillaume de Varey, Barthelemy Charreton, Zacharie de Forés, Jean Remond, & Jean Ogier citoiens de Lyon, & Jean du Puits & Vincent d'Anse, Notaires Royaux scindics, & agissans comme scindics, au nom de la ville & des citoiens tous & un chacun, dont voici la teneur du scindicat.

Messire Hugues, Giraud requerant & demandant au nom du Roi avec instance que les susnommez & les autres citoiens de Lyon tous en general, & chacun en particulier, selon la teneur de la composition passée de nouveau entre le Seigneur Roy, & Reverend Pere en Dieu Pierre de Savoye Archevéque, le Seigneur Estienne de la Baume Doyen, & le Chapitre de ladite Eglise de Lyon, jurassent & promissent fidelité au Roy, & selon la teneur d'une clause contenuë dans ledit traité, de suivre le Roi en armes pour la defense du Roi nostre Sire, & garde de son Roïaume, jurassent & promissent ledit article; Et que les citoiens & les scindics en leurs propres noms assurassent que ladite clause de prendre les armes pour le service du Roi avoit esté trop generalement & peu suffisamment declarée selon l'intention du Roy & des parties susdites, qui ne devoient la defense du Royaume, & le secours d'armes que dans le païs & les Marches de Lyon, comme il avoit toûjours esté pratiqué, & non au delà; & que si cét article demeuroit obscur, comme il estoit, il seroit & pourroit estre beaucoup à charge à l'avenir. Sur quoi ils demandoient audit Messire Hugues la declaration & reformation de cette clause selon ce qui avoit esté convenu en verité, & pratiqué jusqu'alors, & ledit Seigneur Chevalier repondant qu'il ne faisoit qu'executer ce qui lui avoit esté ordonné, & qu'il n'y changeroit ni ne pouvoit changer aucune chose sans en donner avis au Roi, lesdits citoiens & scindics au méme nom que dessus par la bouche de venerable & discrete personne le sieur Humbert de Vaux professeur és loix, ont dit expressément, & protesté publiquement, & ont declaré leur intention devant ledit Messire Hugues Giraud, que ce n'estoit point leur intention de consentir que des citoiens sous pretexte de quelque promesse à faire, ou de quelque serment à prester, s'obligent à suivre le Roy en armes pour le secours & defense du Roïaume, n'estant tenus pour cette defense qu'à garder & defendre le païs & les marches de Lyon & ne peuvent estre contraints à faire davantage. Lequel Messire Giraud leur a dit qu'ils pouvoient faire librement leurs protestations tant lesdits citoiens que les scindics, touchant leur droit & de ceux de la ville, & des citoiens, & qu'il le vouloit bien, parcequ'il souhaitoit que le Roi leur donnât une plus ample declaration & leur fit encor plus de grace sur cét article, dont lesdits citoiens, & scindics ont demandé acte à nous Notaires soubsignez. Ces choses ont esté faites & passées l'an & jour susdits au lieu ci-dessus marqué en presence de Nobles & venerables personnes, les sieurs Guichard de Marzé & Guillaume de Leuville Chevaliers, & les sieurs Pierre Maurel, & Girard de Roman Jurisconsultes, & plusieurs autres témoins à ce appellez & requis.

Voici la teneur de la clause contenuë dans ledit traité & composition faite sur les choses susdites.

Et aussi Nous Conseillers pour nous, & nos Scindies, & Procureurs, en nom de toute la université & habitans de Lyon, qui ores sont, & qui par temps seront de l'âge de quatorze ans, & dessus, seront tenus de faire, & feront des ores à nostre Seigneur le Roy de France, se il est present à Lyon ou à ses gens en absence de li, le serment de fealté, qui s'ensuit. Jurerons & jurons sus saints Evangiles corporellement que nous serons feals au Roy, & à ses successeurs Rois de France, & que nous leurs aiderons en bonne foy, & sans fraude de tout nostre pooir à la defense, & à l'honneur du Roi & de ses successeurs & du Roïaume encontre toutes personnes: & que nous entendons & garderons l'accort present fermement, & tout ce que contenu y est & encor plus; que si lesdis Archevesque ou Doyen & Chapitre, ou tous ensemble vouloient desobeïr, ou rebeller au Roy ou à ses successeurs, ou à leurs gens, que ja n'avienge, nous ne serions tenus de eulx aider, ne de rien ne leur aiderions, ains seriens tenus de aidier le Roy & ses successeurs, & leurs gens à contraindre les à venir à obeïssance au Roy de tout nostre pooir en bonne foy, & sans fraude, & que ledit serement sera fait & renouvellé perpetuellement à temps d'un méme Roy de dix en dix ans.

Voici la teneur du scindicat.

AU nom de Dieu Amen. Qu'il apparoisse évidemment à tous par ce present instrument que l'an 1320. le dixiéme de juin, à sçavoir le vendredi aprés la feste de S. Barnabé Apostre, regnant Serenissime Prince Nostre Sire le Seigneur Philippe par la grace de Dieu Roy de France & de Navarre, en presence de Nous Notaires publics sous l'authorité dudit Seigneur Roi nostre Sire & des temoins soubsignez à ce appellez & requis, la communauté de la ville, & des citoiens de Lyon estant assemblée

de la Ville de Lyon. 461

au son de la cloche selon la coustume dans l'Eglise de saint Nizier de Lyon, lesdits citoiens ainsi assemblez, & faisans corps de Communauté, comme il paroissoit evidemment, d'un commun consentement, & unanimement en presence de Noble homme Hugues Giraud Chevalier & Conseiller du Roi nôtre commissaire deputé par authorité Royale pour acomplir & executer la composition, échange, permutation, traité, ou accord, dont il est fait mention ici bas, & dependance d'iceux pareillement avec authorité & ordre de noble homme & Seigneur Guillaume de Leuville Chevalier, Viguier de Lyon là present, ils créent, font, establissent, & ordonnent leurs sindics & Procureurs, maistre Jean du Puy & Vincent d'Anse citoyens de Lyon, & chacun d'eux solidairement, en telle sorte que la condition de l'un ne soit pas meilleure que celle de l'autre, soit qu'il previenne ou qu'il vienne aprés. Mais que ce qui aura esté commencé par l'un desdits Procureurs ou Scindics puisse par l'autre estre continué, poursuivi, & fini, pour ratifier, approuver & expedier l'accord, traité ou composition, permutation & échange faits entre ledit Seigneur Roi de France & de Navarre nôtre Sire, & Reverend Pere en Dieu le Seigneur Pierre de Savoye Archevéque de Lyon, & venerable personne Estienne de la Baume Doyen de Lyon, le Chapitre de l'Eglise de Lyon, & citoiens susdits, & pour prester le serment entant qu'il concerne & regarde lesdits citoiens, & la Communauté desdits citoiens sur les choses contenuës dans lesdits traitez. Donnant & concedant aux deux scindics susdits & Procureurs & à chacun d'eux solidairement comme il a esté dit, plein pouvoir & mandement special pour faire les choses susdites, & pour prester lesdits sermens au nom des citoiens & habitans de Lyon de garder inviolablement lesdites conventions, & de n'y point contrevenir, ni attenter contre par soy & par autre, de droit ou du leur, & de prester tous les autres sermens, que doivent prester lesdits citoiens & la Communauté selon la forme de la composition, traité & accord, & pour seeller les lettres qui doivent estre sur ce envoyées au Roi nôtre Sire au nom de la Communauté de Lyon pour ce qui la concerne, & d'expedier toutes les choses à ce necessaires, & promettront lesdits citoiens & la communauté des citoiens & ville Lyon de ratifier solennellement Nous notaires soubsignez stipulans & recevans, comme personnes publiques au nom, lieu, & tant que besoin est pour tous & chacun de ceux qui ont, ou auront interet sous l'hipotheque de tous leurs biens & de la communauté susdite, qu'eux & ladite Communauté ont & auront pour agreable à perpetuité tout ce que lesdits scindics & Procureurs & chacun d'eux solidairement auront fait par eux ou par autre en cette partie seulement, selon les conventions susdites avec tout droit & renonciation. Fait l'an & jour susdits & au mesme lieu : presens à ce pour témoins Nobles & discretes personnes Messires Guichard de Marzeu, Jean de Bertrand, & Antelme de Manissieu Chevaliers, & venerables personnes Pierre de Chaux docteur en decrets, & Girard de Roman Jurisconsultes & plusieurs autres personnes tant Ecclesiastiques que laïques pour ce priées & appellées.

Et nous sindics & procureurs susdits pleinement instruits de la composition, permutation, échange, & traité ou accord susdits faits, passez, & contractez entre les susdits Seigneurs le Roy nostre Sire, l'Archevéque, Doyen & Chapitre, & les susdits citoyens, & communauté de la ville de Lyon, laquelle composition, permutation, traité, accord & échange, sont pleinement contenus en certaines lettres royales scellées du sceau royal pendant en lacs de soye, & de cire verte sous la date de l'an 1320. au mois d'avril: lesquelles lettres royales nous confessons avoir esté luës, & publiées en nostre presence, & avoir esté pleinement instruits de tout le contenu en icelles composition, permutation, échange, accord, & traitté, & dans les susdites lettres, quant aux articles où il est fait mention des citoyens, manans & habitans, & communauté des citoyens de Lyon, toutesfois selon la forme & teneur de certaines lettres scellées du sceau commun de l'université & communauté de Lyon, & qui adressées audit seigneur Roy de la part des Conseillers & sujets de ladite communauté, & les sermens de fidelité, avant la tradition du present scindicat faite par les Conseillers & citoyens, manans, & habitans de ladite ville de Lyon, & receuë par noble homme Hugues Giraud Chevalier, & Conseiller du Roy nostre Sire, Commissaire en cette partie ; Ainsi nous susdits procureur & sindics en presence des Notaires soussignez au nom de ladite communauté, & par l'authorité qui nous a esté donnée par ladite communauté, approuvons, ratifions, emologuons, renouvellons & en renouvellant faisons de nouveau l'approbation & ratification faite par eux, & promettons au nom de ladite communauté des citoyens de l'observer à perpetuité, & accomplir avec effet, sans y contredire ni contrevenir par nous, ni par autre, & sur la foy de ladite communauté & de chaque personne en particulier de ceux qui la composent, nous jurons sur les saintes Evangiles, par nous corporellement touchées de la main, & pour plus de seureté de toutes les choses susdites nous avons apposé à ces presentes lettres le sceau de la communauté de Lyon avec le sceau de la cour royale seculiere de Lyon. Fait & donné l'an & jour que dessus, presens les mêmes témoins que cy devant, quant à la ratification desdits sindics, comme dessus, d'abord & immediatement, & ce dans la chapelle de saint Jacques en la paroisse saint Nizier sur la date que dessus. Et nous Guillaume de Leuville chevalier, viguier Royal de Lyon à la priere de la communauté & des sindics susdits, faite par lesdits Notaires à qui nous ajoûtons foy pleinement, nous avons apposé le sceau de la cour royale seculiere de Lyon à cet instrument public du scindicat, & à tous les autres écrits de ladite communauté avec connoissance de cause; & à la supplication pressante de ladite communauté, & scindics, & tous autres droits coustumes & solennitez dûement observées, nous interposons en cette partie nostre authorité, & consentement, fait & donné comme dessus.

En vertu de ce traité le Roi commit Hugues Giraud Chevalier pour recevoir le serment de fidelité des Chanoines, & des habitans de Lyon, ce qu'il fit le neufviéme du mois de juin l'an 1320. à l'égard des Chanoines les ayant assemblez dans le chapitre au son de la cloche, où il fit lire les lettres du Roi pour sa commission, les traitez faits entre le Roi, l'Archevéque, & le Chapitre, dont il dressa le suivant verbal.

L'An de nostre Seigneur mil trois cens vingt, le neufviéme jour du mois de juin, estans assemblez en Chapitre de la premiere Eglise de Lyon, au son de la cloche, en la maniere accoustumée, & dans le Chapitre de ladite Eglise, Reverend Pere en Christ sieur P. par la grace de Dieu Archevesque de la premiere Eglise de Lyon, & discretes personnes sieurs Estienne Doyen, Guillaume de Beaujeu Precenteur, Guillaume de Sure Chantre, Jean de Villars Chamarier, Guillaume de Serreval, Matthieu Rometain, Hugues de Marzé, Jean de Siury, Hugues Rennis, Imbert de Cossenay, Guillaume de Vassalieu Chamarier de saint Paul de Lyon, Guerin Parent, Pierre de Saint Symphorien, Guillaume de Telis, Jean de Lorge, Jean de Chastellier, Philippe de Laye, Guy de Franchelins, Louis de Saint Laurens, Parceval de la Palu, Hugues de Corgenon, Geoffroy de Montigny, Henry de Villars, Jean de Marzay l'aisné, Jean de Marzay le jeune, & Geraud de la Fon Chanoines de ladite Eglise de Lyon, faisans le Chapitre de ladite Eglise, n'y ayant pour lors, comme ils disoient, d'autres Chanoines de ladite Eglise dans la ville de Lyon, noble homme sieur Hugues Giraud Chevalier & Conseiller du Serenissime Prince Seigneur Philippe par la grace de Dieu Roi de France & de Navarre, & Commissaire par ledit Seigneur Roy deputé aux choses cy-dessous escrites, ainsi qu'il apparoist de ladite Commission par certaines Lettres Royaux, seellées du seau du Roy en queuë pendante, lesquelles ledit sieur Commissaire a fait lire & publier en presence desdits sieurs Archevesque, Doyen & Chapitre, dont la teneur est telle:

PHilippes par la grace de Dieu Roy de France & de Navarre: A nostre amé & feal Conseiller Hugues Giraud Chevalier, Salut & dilection: Comme entre nous, d'une part; & nostre amé cousin & feal l'Archevéque, le Doyen & le Chapitre, & les citoyens de Lyon, d'autre; certain accord & certaine ordonnance ayent esté faits, ausquels & à toutes les choses qui contenuës y sont, garder & tenir fermement accomplir entierement lesdits Archevéque, Doyen & Chapitre par Procureurs, se sont suffisamment obligez, & desdites choses accordées & ordinées, soient encores aucunes à parfaire & accomplir, tant par devers les devant dits Archevéque, Chapitre & Ville : Nous qui de vostre loyauté & discretion avons pleine fiance, vous commettons & mandons que vous en vostre personne, vous transportiez à la cité & ville de Lyon, & aux appartenances, & que vous receviez l'accord & la ratification dudit Chapitre, & les sermens qui doivent estre faits selon la teneur dudit accord, de quelque personne que ce soit, soit en nom de Chapitre, ou soit de Chanoines, ou des citoyens, ou de quelsconques autres personnes, de quelsconque condition ou dignité qu'elles soient, & les Lettres faites sus ledit accord, seellées des seels dudit Archevéque & Chapitre : lesquelles Lettres vous rapporteriez à nous, accomplissiez, & faites accomplir de par nous, tout ce que nous devons accomplir aux devant dits Archevesque, Doyen & Chapitre, selon la forme dudit accord, & selon la teneur de nos Lettres, lesquelles vous baillerez ausdits Archevéque, Chapitre, & Ville; ensemble l'execution des choses contenuës esdites Lettres, lesquelles nous avons promis delivrer & accomplir, & se ainsi estoit (que ja n'aviegne) que aucuns voulussent contredire, ou empécher le grand bien & le grand profit, qui de l'accord & ordonnance dessusdits, viennent & peuvent venir en maintes manieres, si les contraignez à faire & accomplir en la maniere que accordé est, par compulsions & voyes deuës & convenables, à nostre honneur, & à l'accomplissement de l'accord dessusdit, & toutes ces choses, & toutes les autres qui à ce seront convenables, ou qui en dépendent : Nous vous donnons plain pouvoir & especial mandement, & mandons & commandons à tous Justiciers, & à tous nos subjets que ils vous obeïssent és choses dessusdites, & en ce qui dépend d'icelles, aussi comme à nous. Et comme lesdits Archevesque, Doyen, Chapitre, & citoyens, ayent fait complainte par devers nous contre les Officials, qui pour le temps y ont esté, & encores y sont, sus griefs & injures faites à eux par lesdits Officials : Nous mandons & commandons que vous desdits griefs, & des autres que ils voudront montrer pardevant vous, & approcher lesdits Officials, enquerez diligemment, & punissiez, & corrigiez, selon les messaits, se aucuns en y a ; & à ce faire nous vous donnons plein pouvoir : Mandans à tous Justiciers & à tous autres nos Sujets, que ils vous obeyssent és choses dessusdites, ainsi comme à Nous. Donné à Paris le 12. Avril l'an de grace 1320.

de la Ville de Lyon.

Ledit sieur Commissaire voulant executer sa Commission, fit lire & publier en presence desdits Sieurs certaines Lettres scellées des sceaux desdits sieurs Archevesque, Chanoines & Chapitre, dont la teneur estoit:

A Tous ceux qui verront ou ouïront ces presentes Lettres, Nous par la souffrance de Dieu Archevesque, &c.

C'est le Contract de 1320, rapporté cy-dessus attaché sous le contresceel de la Commission du Baillif de Mascon.

LEsquelles Lettres ayans esté leuës & publiées en presence desdits Sieurs Archevesque, Doyen & Chapitre, une & plusieurs fois: & aprés avoir devisé entre-eux avec beaucoup de soin, & & traité solemnellement, voulant pourvoir au mieux qu'il leur fust possible au bien de ladite Eglise, & ayans reconnu notoirement quant à ce l'avantage & profit d'icelle Eglise, ont ratifié & approuvé toutes & chacunes les choses contenuës esdites Lettres contenant la permutation & échange, & l'ont faite de nouveau, & l'ont renouvellée quant à ce qui leur concerne & appartient, & à chacun d'iceux, & peut concerner & apartenir de coustume, ou de droit, conjointement ou separément, & y ont (entant qu'ils le peuvent de droit) donné & presté reciproquement autorité & consentement, par l'autorité & permission dudit sieur Archevesque y present, & donnant, & prenant son consentement mutuel & autorité à toutes & chacunes les choses susdites; & neantmoins lesdits Archevêque & Chanoines, entant que besoin seroit, ont donné plein pouvoir & mandement special, audit sieur Doyen present, & à ses successeurs Doyens de ladite Eglise; & en cas que la Doyenné vacquast, ou qu'il arrivast que le Doyen qui est à present, ou ses successeurs fussent absens de ladite Eglise d'une longue absence, ou en tel lieu qu'il n'y eust esperance qu'il deust estre de retour à ladite Eglise en peu de temps, à la principale personne d'icelle Eglise, qui sera present. en l'Eglise au temps de la vacance, ou absence desdites personnes, & toutes & quantesfois qu'il sera requis de faire & prester l'hommage, lige & serment audit seigneur Roy, ou à ses successeurs, & tout ce qui est à faire & prester par la forme desdites Lettres, par lesdits Doyen & Chapitre, dés à present comme dés lors, & dés lors comme dés à present, de faire ledit hommage & prester le serment en l'ame d'iceux, & un chacun d'iceux; constituans iceux, & quel que soit d'iceux, pour cét effet vrais Economes, Procureurs & Syndics d'iceux & dudit Chapitre, avec toute solemnité de droit, renonciation & precaution qui doivent estre employées en tels affaires. Et entant que besoin seroit, ont promis & juré sur les saints Evangiles de Dieu, par eux & un chacun d'eux touchez corporellement, pour eux & leurs successeurs quelsconques en ladite Eglise, sçavoir ledit sieur Estienne Doyen, du mandement dudit Chapitre presentement à luy fait, en son ame, & en celle desdits Chanoines, & en suite lesdits Chanoines chacun en son nom; & particulierement de garder & accomplir toutes & chacunes les choses qui sont contenuës esdites Lettres, entant qu'elles concernent & touchent ledit Chapitre, & un chacun d'iceux, & les obligent, soit qu'elles leur puissent toucher & regarder de droit ou de coustume, conjointement ou separément, & de les observer inviolablement, & ne faire rien au contraire, par soy ny par autruy, ny venir à l'encontre, & de ne consentir en façon quelconque à ceux qui voudroient venir à l'encontre, mesmes de s'empescher de tout leur pouvoir, & ayder ledit seigneur Roy contre iceux, suivant & ainsi qu'il est plus au long contenu esdites Lettres. Et d'autant que lesdits Archevesque & Doyen avoient fait l'hommage lige, & presté le serment de fidelité audit seigneur Roy à Paris; & que mesmes lesdits sieurs Thomas de Savoye, Alfonse d'Espagne Chanoines, & Louis de Vassalieu Sacristain de ladite Eglise avoient fait le serment de fidelité; partant ledit sieur Commissaire n'a voulu recevoir lesdits sermens de fidelité desdits sieur Archevesque & Chanoines cy-dessus nommez: toutesfois le susdit Doyen en presence desdits sieurs Archevesque & Chanoines, a presté derechef le serment de fidelité dans le Chapitre, en presence desdits sieurs Archevesque & Chanoines; & dudit sieur Commissaire; & en suite en presence desdits sieur Archevêque, Doyen & Chapitre, ledit sieur Commissaire en vertu de sa Commission, & du pouvoir à lui donné par le Roy en cette partie, a voulu & ordonné que les Chanoines qui sont à present absens, ou autres attendans, ont esté reçeus par Procureur en ladite Eglise, ou qui ensuite seront creez en ladite Eglise, qu'aussi-tost qu'ils y viendront en ladite Eglise, ils fassent le serment de fidelité, suivant le contenu & teneur desdites Lettres; en presence de nobles hommes Guichard de Marzay Chevalier & Conseiller de nostredit seigneur Roy Baillif de Mascon, ou de son Lieutenant, & de Barthelemy de Chevriers Eschanson dudit seigneur Roy, bourgeois de Lyon, ou à l'un d'iceux, ausquels & à l'un desquels solidairement ledit sieur Commissaire a totalement remis son pouvoir & charge, jusques à ce qu'autrement en ait esté ordonné par nostredit seigneur Roy. Et ensuite l'an que dessus, le jour de Mardy suivant, sieurs Jacques de Chandieu, Pierre de Salomay, Leotard de Salignac Chanoines de ladite Eglise, qui estoient absens au temps & jour que les autres Chanoines ont juré comme dessus, ont fait & presté pareil serment susdit, en la forme & maniere que dessus, en presence du sieur Hugues Giraud Chevalier & Conseiller, & Commissaire de nostredit seigneur Roy & de nous, Notaires & tesmoins dignes de foy sous-escrits, à sçavoir noble homme Guichard de Marzay Chevalier dudit seigneur Roy, Guillaume de Leuville Chevalier Viguier de Lyon, discrettes personnes Pierre Maurel Juge Mage de la Seneschauffée de Lyon, & Girard de Romain Advocat, & plusieurs autres à ce appellez & requis. Les choses que dessus furent faites, sçavoir en ce qui concerne lesdits sieurs Archevesque, Doyen & Chapitre, & autres Chanoines qui ont juré dans ladite Eglise, presens Religieuse personne le Prieur de Saint Pierre de Mâcon, & honorables & discretes personnes sieurs Pierre d'Eschalon Chanoine de Valence Official de Lyon, André Baudoüin Doyen de Die, Pierre la Coste Chanoine d'Autun, Imbert de Vaux, & Anselme de Durchie Professeurs és Loix, & les deux Chevaliers, cy-dessus nommez, & plusieurs autres Clercs & lays en grand nombre; & nousdits Archevêque, Doyen & Chapitre, & Hugues Giraud Commissaire susdit, avons fait apposer nos sceaux au present instrument ou Lettres;

ensemble les seings & soubscriptions des Notaires sous-escrits; en témoignage de la verité de tout ce que dessus.

Et moy *Jacques Balbi Clerc*, Notaire Royal public, ay esté presẽt à toutes & chacunes les choses susdites, ensemble avec les Notaires Royaux publics, & tesmoins susdits, & ay souscrit & signé le present instrument public que j'en ay dressé, & signé de mon seing accoustumé, à ce appellé & requis.

Et moy *Thomas Baconier Clerc*, Notaire Royal & public, ay esté present à toutes & chacunes les choses cy-dessus, ensemble avec les Notaires Royaux & publics & tesmoins susdits, & ay souscrit le present instrument public que j'en ay dressé, & signé de mon seing accoustumé, à ce appellé & requis.

Et moy *Girard de Villeneufve Clerc*, Notaire Royal public, ay esté present à toutes & chacunes les choses susdites, ensemble avec les Notaires Royaux publics & tesmoins susdits, & ay souscrit le present instrument public que j'en ay dressé, & signé de mon seing accoustumé, à ce appellé & requis.

Et moy *Peronet Apparoillen de Tournus* Notaire Royal public, ay esté present à toutes & chacunes les choses susdites, ensemble avec les Notaires Royaux publics & tesmoins susdits, & ay souscrit le present instrument public que j'en ay dressé, & signé de mon seing accoustumé, à ce appellé & requis.

Seellé de trois seaux.

PROCEZ VERBAL DE PRESTATION, DE FOY, HOMMAGE, *& serment par trois Chanoines de l'Eglise Saint Iean de Lyon, d'observer le Contract du 4. Avril 1320. ne s'estans trouvez au Chapitre lors de l'acte cy-dessus.*

AU nom de nostre Seigneur. Amen. Que par le present instrument il apparoisse évidemment à tous, qu'en l'an de nostre Seigneur 1320. le 26. jour du mois de Juin, regnant Serenissime Prince nostre Seigneur Philippe par la grace de Dieu Roy de France & de Navarre, en presence de Nous Jacques Balbi & Thomas Baconnier Notaires publics & Royaux, & des tesmoins souscrits: Comme ainsi soit que par un traité cy-devant fait entre nostredit Seigneur Roy, d'une-part; & Reverend Pere en CHRIST & Seigneur Pierre par la grace de Dieu Archevêque de la premiere Eglise de Lyon, les Doyen & Chapitre d'icelle Eglise, de l'autre; specialement sur le fait de la restitution des Ville de Lyon & sa Jurisdiction, que lesdits Seigneurs Doyen, & tous & chacun les Chanoines de ladite Eglise de Lyon, qui estoient pour lors, seroient tenus de prester le serment de fidelité & hommage à nostredit Seigneur Roy, & d'observer le contenu audit traité, ainsi qu'il est plus au long contenu és Lettres obtenuës sur ledit traité. Delà est qu'honorables & discrets Sieur Geoffroy de la Baume, Imbert de Bocsozel, & Loüis de Pourprieres Chanoines de Lyon, estans legitimement & à plein certifiez dudit traité par les Lettres sur ce données, seellées du seel dudit Seigneur en cire verte, pour valoir à perpetuité, gardées dans la maison des Thresoriers de ladite Eglise, & veuës par eux, comme ils disent, ont presté les sermens susdits, suivant le contenu & teneur desdites Lettres Royaux & traité susdit, sur les Saints Evangiles de Dieu, ayans pour cet effet touché specialement & expressément le Livre tout ainsi qu'il a esté presté en mesme temps par les autres Chanoines de ladite Eglise de Lyon, estans presens audit Chapitre, en presence du sieur Hugues Girauld Chevalier & Commissaire special de nostredit Seigneur Roy, pour la reception des sermens desdits sieurs Chanoines de ladite Eglise de Lyon, lesquels ont presté lesdits sermens, appelez à ce pour la reception d'iceux sage & discrette personne Barthelemy de Chevriers Eschanson de nostredit Seigneur à ce deputé Commissaire par l'ordonnance de nostredit Seigneur Roy, en son absence par ledit sieur Hugues Girault Commis par luy en cette partie par l'auctorité Royale, comme dit est cy-dessus, les susdites choses furent faites dans ledit Chapitre, pour ce qui est de la reception desdits sermens desdits sieurs Geoffroy, Imbert & Loüys, presens honnorables & discrettes personnes les sieurs Pierre Maurel & Jean de Perrot Advocats, Estienne Poisat & Perronin Appareil, Notaires publics, tesmoins à ce appellez & requis. Aussi, l'an que dessus, le dernier jour de Juin, en presence de Nousdits Jacques Balbi & Thomas Baconier Notaires & témoins souscrits; à sçavoir, ledit sieur Pierre Maurel, Perronnin de Chevriers, Jean de Chantzans & Guillaume Aymon Clercs de l'Eglise de Lyon, & plusieurs autres dignes de foy, noble homme venerable & discret sieur Aymon de Savoye Chanoine de Lyon a fait & presté le serment de fidelité susdit, en la maniere que dessus, dans le Chapitre de Lyon, en presence & instance des sieurs Doyen & Chapitre de Lyon, en presence dudit Barthelemy de Chevriers Commissaire du Roy, recevant comme dessus en vertu de la Commission sur ce à lui faite, sous la datte que dessus.

Et moy *Jacques Balbi Clerc*, Notaire public par authorité Royale, ay assisté aux prestations des sermens desdits Sieurs Geoffroy de la Baume, Imbert de Bocsozel & Loüys de Pourprieres Chanoines de Lyon, faits comme dessus, ensemble avec ledit Thomas Baconier Notaire, & les tesmoins susnommez, & ay souscrit & signé le present instrument dressé par moy, à ce appellé & requis par de mien seing accoustumé.

Et moy *Thomas Baconier* Notaire susdit, ay assisté à ce que dessus avec lesdits Jacques & Notaire & tesmoins, & ay souscrit & signé le present instrument sur ce fait, à ce appellé & requis.

ACTE

de la Ville de Lyon.

ACTE DE SERMENT DV QVINZIESME JVIN 1320. fait par les habitans de la ville de Lyon, pour l'obseruance du Contract du 4. Avril de la mesme année.

A Tous cels qui verront ou orront ces presentes Lettres, Nous Conseils Jurez de la cité & des habitans de Lyon, & nous Jean du Puis & Vincent d'Anse citoiens de Lyon, Syndics & Procureurs de toute la communauté des habitans de Lyon, establis par ladite communauté, ainsi comme il appert par un public instrument sur ce fait, lequel est inseré en ces presentes Lettres, Salut en nostre Seigneur : Nous faisons sçavoir à tous presens & avenir, nous Conseil par nous, & nous Syndics & Procureurs au nom de toute la communauté des habitans de Lyon, Que comme tres-excellent Prince nostre tres-cher seigneur Philippes par la grace de Dieu Roy de France & de Navarre, pour certaines & justes causes eust en son domaine, teinst & possedat, & à lui appartenist de son droict la Jurisdiction temporelle, haute, moyenne & basse de la cité & ville de Lyon, & des appartenances; & Reverend Pere en Jesus-Christ Pierre par la grace de Dieu Archevêque, &c.

S'ensuit la teneur du Contract de 1320. attaché sous le contreseel de la Commission du Baillif de Mascon, comme cy-dessus.

Suit la teneur du Syndicat susdit en ces mots :

AU nom de nostre Seigneur, Amen. Qu'il soit connu evidemment à tous par ce present instrument ; Qu'en l'an du Seigneur mil trois cens vingt, & le treiziesme jour du mois de Juin, à sçavoir le jour de Vendredy après la feste de Saint Barnabé Apostre, regnant Serenissime Prince nôtre Seigneur Philippe par la grace de Dieu Roy de France & de Navarre, en presence de nous Notaires publics, & de l'authorité de nostredit seigneur Roy, & des tesmoins sous-escrits à ce appellez & requis, le corps de la cité & des bourgeois de Lyon estans assemblez au son de la cloche, selon la coustume, en l'Eglise de saint Nizier de Lyon, lesdits Bourgeois & Communauté assemblez audit lieu, faisans le corps ainsi qu'il apparoissoit evidemment, d'une mesme volonté & consentement, & unanimement en presence de noble homme sieur Hugues Girault Chevalier & Conseiller de nostre Seigneur Roy, Commissaire deputé par autorité Royale, pour accomplir & executer la composition, eschange, permutation, traité ou accord dont est fait mention cy-dessus, & dependance d'iceux, comme pareillement par l'authorité & ordonnance de noble homme sieur Guillaume de Leoville Chevalier Viguier de Lyon y present, creent, font, constituent & ordonnent Syndics & Procureurs, c'est à sçavoir Maistre Jean du Puy, & Vincent Danse bourgeois de Lyon, & l'un d'iceux solidairement ; en sorte que la condition du subsequent & non occupant ne puisse estre meilleure ou pire ; c'est à sçavoir à ce que ce qui aura esté commencé par l'un d'iceux Syndics & Procureurs puisse estre moyenné, poursuivy & finy, pour ratifier, approuver & expedier, l'accord, traitté ou composition, permutation, eschange faits entre nostredit seigneur Roy de France & de Navarre, & Reverend Pere en Dieu Pierre Archevêque de Lyon, & venerable homme sieur Estienne de la Baume Doyen de Lyon, & Chapitre de ladite Eglise de Lyon, & lesdits bourgeois de Lyon, & pour prester serment en ce qui regarde & touche lesdits bourgeois & Communauté, sur les ames desdits bourgeois & Communauté, & faire les choses contenuës en iceux, donnans & octroyans ausdits Syndics & Procureurs, & à l'un d'iceux solidairement, comme cy-dessus plein & libre pouvoir & mandement special pour faire les choses susdites, & pour prester au nom de tous en general, & un chacun en particulier des bourgeois & habitans de Lyon, les sermens susdits, les observer inviolablement, & de ne venir en aucune maniere au contraire, ny d'y attenter par soy ny par autre, de droit ou de fait, & de faire & prester tous autres sermens qu'il convient faire & prester ausdits bourgeois & Communauté, suivant la forme de la composition, accord & traitté susdits, & pour seller Lettres qui devront estre envoyées de la part de ladite Communauté & bourgeois à nostredit seigneur Roy, concernant ledit traitté ou accord, à sçavoir pour estre sellées du seau dudit corps & Communauté, & expedier les choses susdites, tant seulement en la maniere que dessus, promettans solemnellement lesdits bourgeois, & Communauté des bourgeois & ville de Lyon, nous Notaires sous-escrits, stipulans & acceptans comme personnes publiques, en la place, nom, & pour le fait de tous & uns chacuns qui y ont & auront interest, sous hypotheque de tous leurs biens quelsconques, & desdits Communauté pour leursdits Syndics & Procureurs, & l'un d'iceux quel que soit, solidairement ; qu'eux & ladite Communauté à jamais auront pour valable & agreable, tout ce que par iceux, ou l'un d'iceux, aura esté fait en cette partie, suivant ce que dessus tant seulement, avec toute renonciation de droict. Fait les an, jour & lieu que dessus, presens pour tesmoins nobles & discretes personnes sieurs Guichard de Marzey, Jean Bertrand & Anselme de Manissieu Chevaliers, & honorables ou venerables personnes sieurs Pierre de Calabre Docteur és Decrets, Gerard de Romain Advocat, & plusieurs autres dignes de foy Clercs & lays à ce requis. Et nous Syndics & Procureurs susdits, pleinement certifiez de la composition, permutation, eschange, & traitté ou accord susdits faits, eus, & passez entre lesdits seigneur nostre Roy, & les sieurs Archevêque, Doyen & Chapitre de Lyon, & lesdits bourgeois & Communauté de la ville de Lyon, lesquelles composition, traitté ou accord, permutation & eschange, sont contenus plus au long en certaines Lettres Royaux, seellées du seel du Roy en queuë pendante en soye & cire verte, en datte de l'an du Seigneur 1320. au mois d'Avril, lesquelles Lettres Royaux nous reconnoissons avoir esté leuës & publiées en nostre presence, & que nous avons esté pleinement certifiez du contenu en icelles, & de tout ce qui est contenu esdites composition, permutation, eschange, accord ou traité, & mesmes esdites Lettres Royaux, en ce qu'il est fait mention des bourgeois, habitans, residens, & Communauté des bourgeois de Lyon, toutesfois suivant la forme & teneur de certaines Lettres, seellés du seau de la Communauté de Lyon, qui sont addressées à nostredit seigneur Roy, de la part des Conseillers & Syndics de ladite Communauté, & sermens de fidelité prestez pardevant le Createur en presence des Syndics, par les Conseillers, bourgeois & habitans de ladite ville de Lyon, & receus par noble homme le sieur Hugues Girault Chevalier & Conseiller de nostredit seigneur Roy, Commissaire en cette partie, & approbation & ratification faite par iceux, nous Syndics & Procureur susdits, au nom de ladite Communauté, & par le pouvoir à nous donné par ladite Communauté, en presence des Notaires sous-escrits, approuvons, ratifions, émologuons, renouvellons, & en renouvellant de nouveau, faisons & promettons au nom de ladite Communauté, & des bourgeois à perpetuité, de les garder & accomplir avec effet, & de ne venir au contraire par nous, ni par autre, au nom de ladite Communauté, & de chacune personne d'icelle: jurons sur les saints Evangiles, par nous touchez corporellement avec la main, & pour plus grande asseurance de tout ce que dessus, nous avons jugé à propos d'apposer aux presentes Lettres le seau commun du corps & Communauté de Lyon; ensemble avec le seau Royal de la Cour de la Seneschaussée de Lyon. Fait & donné l'an & jour que dessus, presens les tesmoins susdits, pour ce qui concerne la ratification desdits Syndics, incontinent & immediatement, & ce en la chapelle de saint Jacques, paroisse de saint Nizier susdit, sous la datte que dessus. Donné à Lyon, quant à nous Conseil, Jurez, Syndics, & Procureurs des susdits, l'an de grace 1320. le treiziéme jour du mois de Juin. Seellé d'un grand seau de cire rouge.

Il paroist par cét acte, que le corps de la communauté de Lyon estoit establi avec authorité, & qu'il avoit un sceau qui fut apposé à cét acte. Aussi l'Archevéque Pierre de Savoye quelques jours après fit une declaration expresse des immunitez, Privileges, franchises, & libertez de la communauté de Lyon, qui luy furent presentés dans son chasteau de Pierre-cize le Samedy devant le feste de saint Jean Baptiste l'an 1320. & qu'il confirma, approuva, & seella d'une Bulle de plomb pour lui & ses successeurs, afin qu'elles fussent establies à perpetuité.

Comme cét acte est l'establissement solide du Consulat, que nous nous sommes proposez comme le principal objet de cette partie de nostre histoire, à qui j'ay donné le titre d'Histoire Civile, ou Consulaire de la ville de Lyon, j'en veux inserer icy toute la teneur en nostre langue, fidelement traduite sur l'original.

Coustumes, Franchises, & Privileges de la Ville de Lyon.

PIERRE de Savoye par la Providence divine Archevêque de la premiere Lyonnoise à tous ceux qui ces presentes lettres verront, sçavoir faisons avec salut. Que comme naturellement tout homme desire, & cherche la liberté, pour laquelle Dieu a mesme soumis son propre fils au joug de la servitude, pour nous en delivrer & pour nous acquerir cette liberté, & ayant fait reflexion, que les gens de Province content pour beaucoup, que leurs usages, & leurs coustumes leur soient conservés, & que l'authorité d'un long usage est considerable, parce que les coustumes approuvées passent pour loix, ce qui fait que l'antiquité a pris soin de les retenir. Aussi y a-t-il trois choses qui concourent à rendre celebre une Ville, son antiquité, ses forces, & sa fidelité inviolable. Considerant aussi que dans les livres des anciens Philosophes les Lyonnols sont dits estre du droit Italique, & desirant de tout nostre cœur de conserver amiablement la communauté de cette ville, & ses citoiens dans leurs libertez, usages, & coustumes, & par une affection paternelle de les combler de graces, & de faveurs pour l'honneur de Dieu, & le bien de la paix, & de la tranquillité de nostre Eglise & de nostre ville de Lyon, & de tout le pays, puisqu'il n'y a rien sur la terre dont on entende plus agreablement parler que de la paix, ni que l'on doive plus ardemment desirer, ni trouver plus heureusement. Puisque selon l'oracle du sage, ceux qui font alliance avec la paix trouvent infailliblement la joye qui l'accompagne toûjours. C'est pourquoi nous approuvons, les usages, franchises, libertez, & coustumes de la ville de Lyon & de ses citoiens, dont la teneur s'ensuit, & est distinguée par articles, & parce que nous voulons qu'elles soient inviolablement gardées à perpetuité nous les confirmons par nôtre bulle de Plomb en ce present écrit pour Nous & nos successeurs Archevéques dans l'Eglise de Lyon comme on verra dans nos réponses, article par article, sur les faits & écrits par Nous ou par nôtre mandement sur lesdites coustumes à la fin de chaque article.

Voici les libertez, immunitez, coustumes, franchises & usages receus & approuvez depuis long temps de la ville & des citoiens de Lyon, que lesdits nous prient Nous

de la Ville de Lyon.

Archevêque de vouloir approuver & confirmer sous nôtre bulle de plomb pour l'honneur & l'utilité de la ville de Lyon, afin que cette ville puisse plus heureusement s'accroître sous l'Archevêque son seigneur.

Premierement que les citoiens puissent faire des assemblées entr'eux, & élire des Conseillers ou Consuls & pouvoir establir un Procureur ou Syndic pour les affaires. Avoir une archive pour leurs lettres & privileges, & pour conserver les autres choses qui peuvent leur estre utiles,

Voici la réponse à cét article, *Nous concedons & approuvons tout ce qui y est contenu.*

Secondement que lesdits citoiens puissent imposer une taille pour les nécessités de la ville.

Reponse. *Nous le permettons & voulons en telle sorte, toutefois que l'on observera la maniere accoûtumée pour faire ces collectes & levées par les citoyens, & que l'on s'en tiendra quant à la maniere à l'avis de dix Conseillers des plus anciens, qui viendront à Nous, & sur leur jurement Nous exposeront la maniere que l'on tiendra, sur quoi on les croira sur leur parole, & apres cette information ainsi faite pour une fois, on fera l'imposition à la requisition desdits Citoiens, & le Seigneur Archevêque leur donnera deux Bedeaux pour faire ladite levée & pour l'executer.*

Qu'ils puissent faire le guet durant la nuit.

Reponse, *Nous accordons que les Citoyens de nuit pour l'utilité & la necessité commune, fassent le guet quand il leur semblera necessaire, nous voulons toutefois que nos domestiques puissent aller ou venir de nuit. Nous voulons aussi & ordonnons pour éviter les querelles qui pourroient naistre entre nos domestiques, & ceux qui feront la garde, & pour éviter les occasions de fraude & de malice que nos domestiques quand ils seront obligez d'aller de nuit par nos ordres demandent, sçachent, & puissent sçavoir le nom de celui qui fera la garde de la ville, & des citoyens, & le mot du guet de celuy qui commandera la garde.*

Que les citoiens puissent s'obliger les uns les autres à prendre les armes, quand il sera necessaire, ou quand l'utilité publique le requerra pour l'utilité du Seigneur, & des citoiens.

Réponse, *Nous l'accordons & voulons pour l'utilité du seigneur Archevêque, & des Citoyens.*

Les citoiens ont la garde des portes & des clefs de la ville depuis sa fondation, & les auront.

Réponse, *Nous l'accordons & voulons, à condition que les Consuls de la Ville jureront à nous & à nos successeurs de les garder fidelement pour l'utilité du Seigneur Archevêque & de la Ville, & que lesdits Consuls exigeront un semblable serment de ceux à qui on commettra la garde desdites clefs.*

Que l'on ne puisse faire informer dans la ville de Lyon contre les citoiens & habitans sinon en cas d'homicide, de trahison & de larcin contre des personnes diffamées & non autrement, sur quoi les citoiens ont obtenu des lettres en jugement contradictoire.

Réponse, *Nous le voulons & accordons. Si toutefois quelqu'un est pris en flagrant delict, en tout cas criminel on fera d'abord information, & il sera puni comme le droit ordonnera.*

Que tout homme qui sera pris & arresté en donnant suffisante caution de se presenter quand besoin sera ne puisse estre detenu, si ce n'est en cas d'homicide, de trahison, de larcin, ou autre crime plus grief, dans lequel il ait esté surpris, ou qu'il soit diffamé publiquement pour de semblables crimes. Et que nul ne puisse estre pris s'il veut donner caution de se representer quand il en sera requis, sinon dans les cas susdits.

Réponse, *Nous le voulons & accordons & l'approuvons selon la teneur de la demande.*

Que nul ne puisse estre Procureur dans la Cour seculiere qui puisse au nom du Seigneur poursuivre les citoiens & habitans de Lyon, par forme d'accusation, de denonciation & d'enqueste.

Reponse, *Nous le voulons, & accordons.*

Que les citoiens ne puissent estre imposez à la taille, pour le seigneur, comme ils n'ont jamais esté imposez.

Réponse, *Nous le voulons, & accordons cét article.*

Que nul citoien de Lyon ne soit tenu à reconnoistre apres la mort de son Pere, ou de sa Mere, de son frere & de sa sœur, sinon à l'égard des biens auparavant partagez entre les freres.

Réponse, *Nous le voulons, puisqu'on assure qu'il a toûjours esté ainsi pratiqué.*

Que si les freres viennent à faire le partage de leurs biens sans compensation d'argent, qu'ils ne soient tenus ni à reconnoître, ni à payer des lods.

Réponse. *On gardera la coustume.*

Que si deux ou plusieurs citoiens de Lyon se frappent sans effusion de sang, les voisins puissent les pacifier, sans payer d'amende au Seigneur.

Réponse, *Nous le voulons pourvû qu'il n'y ait point de plainte portée au Seigneur.*

Que les citoiens de Lyon ne puissent estre citez hors la ville de Lyon, aiant obtenu pour cela des Privileges du Pape.

Réponse, *Nous le voulons.*

Que les citoiens de Lyon, qui apportent leurs marchandises à la ville soit par eau soit par terre, en payant le peage puissent quand ils voudront decharger les batteaux chargez de marchandises.

Réponse. *Que l'on informe; & que l'on observe la coustume.*

Que les citoiens de Lyon ne payent point de peage du vin de leurs vignes, ni de celui qu'ils consument dans leurs maisons.

Réponse. *Nous le voulons & accordons quant au vin de leurs vignes, à l'égard de l'autre on gardera ce qui est usité.*

Que l'on ne commette rien dans la ville pour les cens, lods, & reconnoissances que l'on n'a pas payez.

Réponse. *Nous l'accordons, mais on ostera les portes & les fenestres des maisons, pour lesquelles on n'aura pas payé.*

Que si l'on vend dans la ville de Lyon des biens meubles ou immeubles, le Seigneur direct ne pourra pour le mesme prix faire estimer l'immeuble, mais le bon ou mauvais marché sera pour l'acheteur & le vendeur.

Réponse. *Nous le voulons & accordons pourvû qu'il n'y ait point de fraude que si l'on en decouvre, que le droit soit observé.*

Les amendes dans la ville de Lyon sont taxées à la maniere qui suit. Pour le ban trois sols six deniers de forts neufs. Pour le sang volage, trois sols six deniers de forts neufs. Si l'on fait du sang avec un baston, une pierre, ou Espée sans mutilation de membre, soixante sols de forts neufs. Que si la mort, ou mutilation de membre suit, la peine sera arbitraire.

Réponse. *Nous le voulons & accordons, puisqu'on en a toûjours ainsi usé.*

Toute la jurisdiction temporelle de Lyon appartiendra pour toûjours, & en tout temps à l'Archevêque de Lyon, & le Chapitre n'aura nulle jurisdiction, mais nous donnerons pour cela une juste compensation au Chapitre pour ses droits & c'est ainsi qu'il a esté convenu entre le Roy, Nous, & les citoiens.

Le Roy aura un Juge des appeaux, & son ressort à Mâcon pour le ressort de Lyon, auquel les citoiens de Lyon pourront appeller pour quelque somme que ce soit, ou autre grief temporel, selon la forme de droit, & la coustume. Pourquoi on fera de bonnes lettres, qui seront seellées de nostre sceau selon les formes de justice.

Nous voulons & accordons tous les autres usages, libertez, franchises, & bonnes coustumes de la ville & des citoiens de Lyon, dont ils ont usé, & à la maniere dont ils en ont usé, & nous promettons de les observer immuablement. Mais parce que ce n'est pas une chose nouvelle, ni jugée reprehensible, après quelques énoncez en détail, & specialement d'ajoûter une clause generale, qui comprenne toutes les autres, Nous Archevêque susdit voulant nous en tenir à la bonne foy, non seulement approuvons & confirmons les usages, franchises, coustumes, libertez, & immunitez des citoiens susdits, cy-dessus énoncées, mais encore tous les autres usages, libertez, franchises, & bonnes coustumes de la ville, & des citoiens susdits, dont ils ont usé les temps passez. Et nous promettons de bonne foy, & en foy de Prelat tant pour nous que pour nos successeurs Archevêques à tous les citoiens en general & en particulier, aux Conseillers de nôtre ville de Lyon, & à Estienne Marchis Notaire Apostolique & Royal & Vincent d'Anse Notaire Royal, Notaires & Tabellions, & à eux comme personnes publiques, & à ce presens, recevans, & stipulans tant en nostre nom, qu'au profit de la ville, des citoiens, des Conseillers & des habitans de Lyon, presens & à venir, & à tous ceux que ceci concerne, concernera, ou pourra concerner à l'avenir, d'observer & faire observer inviolablement toutes les choses susdites, ni consentir jamais que l'on y contrevienne en quelque maniere que ce soit, ni desfait, ni de parole, ni en jugement, ni hors de jugement, ni en public, ni en secret, ni tacitement, ni expressément; Obligeant specialement Nous & nos successeurs à l'observation de toutes les choses susdites, donnant par la teneur des presentes ordre à tous nos Vicaires, Officiaux, Courriers, Prevôts, & Bedeaux, & à tous autres nos Officiers de Justice, qui seront dans des charges dependantes de nous, de garder, faire garder & observer inviolablement toutes les choses susdites, permises, approuvées, confirmées, & de n'y rien changer, ni contrevenir sous peine d'encourir nostre indignation. Renonçant specialement pour ce fait de bonne foi, & en foi de Prelat, & par pact exprez accompagné d'une stipulation solemnelle, à toute exception, de dol crainte, conventions de fraude, & condition de nullité des approbations ou confirmation precedentes sans cause, ou pour injustice, au droit qui dit, que le fait d'un Prelat qui tend au dommage de l'Eglise est de nulle valeur & ne peut tenir, à toute circonvention, erreur, lesion, & à toutes allegations, exceptions, cavillations, empêchemens, à tous droits & raisons par lesquelles la susdite approbation & confirmation pourroit estre renduë vicieuse. Et à tout droit Canon, & Civil disant que nulle renonciation generale n'est valable, si elle n'est precedée d'une speciale.

En témoignage dequoi nous avons voulu, & fait mettre nostre sceau à cette presente Charte sous nostre bulle de plomb, & en toutes les choses susdites nous interposons nostre authorité & decret. Fait & donné en nostre Chasteau de Pierre-cize, dans nôtre chambre en ce même lieu le 21. du mois de juin, le Samedy avant la Nativité saint Jean Baptiste, l'an de nôtre Seigneur 1320.

C'est cét acte qui a toûjours fait considerer cette année 1320. comme l'Epoque certaine de l'establissement fixe du Consulat, reconnu tel par l'Archevêque Seigneur dominant, & confirmé par nos Rois. Aussi en cet acte l'Archevêque ne traite pas seulement avec la communauté de Lyon, ses citoyens & habitans, mais encore avec les Conseillers de ville qui en estoient les Consuls, reconnoit qu'ils doivent garder les clefs, & les portes de la ville, & lui en prester serment, faire prendre les armes aux penonages ou quartiers, faire des levées d'argent & des collectes pour les affaires communes; avoir des archives pour tenir & conserver leurs papiers, un sceau commun, & faire des assemblées, &c.

Je trouve par une declaration d'un Prieur des Freres Prescheurs de cette ville, donnée à la décharge de nos citoyens sur un tumulte arrivé, où les portes de leur convent furent brisées & mises en pieces par la canaille, que deux Princes du sang estoient en cette ville l'an 1320. sans que j'aye pû découvrir l'occasion de leur venuë en ce païs. Ces Princes estoient Philippe de Valois, Comte du Mans, qui fut Roy de France aprés quatre Rois de la Posterité de Philippe le Bel, dont il estoit petit fils, & fils aîné de Charles de France Comte de Valois, frere de Loüis Hutin; l'autre estoit Charles de Valois Comte de Chartres & frere de Philippe, l'un estoit âgé de 28. ans, & l'autre de vingt-cinq, ou vingt-six, leurs domestiques & les gens de leur suite eurent querelle avec quelques uns des habitans de cette ville, & pour se mettre à couvert de l'émeute causée par cette querelle se jetterent dans le couvent des Jacobins, dont les portes furent rompuës par la populace, & le respect que les Magistrats eurent pour ces deux Princes, aprés qu'ils furent sortis de la ville, ayant fait des recherches, & des informations sur cette émeute populaire, & trouvé qu'il n'y avoit eu que la canaille, qui eut eu part à cette fracture de portes, ils en firent reparer tous les dommages à leurs propres frais, & se firent donner une declaration par ces Religieux qu'ils estoient satisfaits de la Ville, & mirent cét acte dans les archives de la ville où il est conservé.

Je ne sçay s'il y a jamais eu de corps de communauté & de consulat establi avec plus de formalitez, d'accords, de compositions & de traitez que le corps de la communauté de cette ville & son Consulat, ausquels tant de Papes, tant de Rois, tant de Cardinaux & tant d'Archevêques ont eû part, comme il paroit par les Bulles d'Innocent IV. de Gregoire X. de Boniface VIII. de Clement V. de Jean XXII. &c. Et par tant d'actes des Rois, Philippe le Bel, Loüis Hutin, & Philippe le Long, sans parler de l'échange du Chapitre fait avec les Comtes de Forés, source de tant de contestations dont saint Loüis, les Ducs de Bourgogne & tant d'autres princes furent les mediateurs, & que les Papes Alexandre III. Lucius III. Martin IV. & Nicolas IV. confirmerent, Enfin consulat que les Archevêques Aymar de Roussillon, Raoul de la Torrette, Berald de Goth, Henry de Villars, Loüis de Villars, & Pierre de Savoye traverserent si fort avant que ce dernier consentit à son parfait establissement.

Fin du sixième Livre.

HISTOIRE CONSVLAIRE
DE LA VILLE DE LYON.

LIVRE SEPTIEME.

ESTABLISSEMENT DE L'AVTHORITE' ROYALE en cette Ville.

PRE's que nos Rois eurent acquis pleinement le domaine de cette ville, pour y eftablir leur authorité, ils nommerent des Gouverneurs, & des Lieutenans de Roy, des Capitaines pour fa garde, & des Senechaux; & quand ils en eurent acquis la Juftice, ils y eftablirent des Iuges, un Prefidial, des Intendans de juftice, un Bureau de Treforiers, une Election, un Hoftel de la monnoye, des maiftres des Ports, un Grenier à fel, des Doannes, & divers officiers pour exiger les droits Royaux, dont il faut rapporter l'inftitution, les emplois, & les attributions pour ne rien laiffer de tout ce qui peut contribuer à demefler noftre hiftoire, & inftruire les étrangers de la forme du Gouvernement de cette ville.

Gouvernement Ecclefiaftique.

Il y a quatre efpeces de Gouvernemens à confiderer en cette ville. Un Gouvernement Ecclefiaftique, un Gouvernement Politique, un Gouvernement Iuridique, & un Gouvernement Civil. Le premier eft celui de la Primatie, de l'Archevefché, & du diocefe. Ce dernier s'eftend fur la ville de Lyon, & fur huit cent parroiffes divifées en dix-huit Archipreftrifes, dont la premiere eft celle de la ville, & de fes fauxbourgs, & les autres celles de Roanne, de Pomiers, de Neronde, de Montbrifon, de Crozieu, de l'Arbrelle, d'Anfe, de Iarez, de Moreftel, de Meyfieu, de Chalamont, de Sandrens, de Dombes, d'Ambournay, de Treffort, de Coligny, & de Baugé.

La Jurifdiction Archiepifcopale & Metropolitaine s'eftend fur les Diocefes d'Autun, de Chalon, de Langres & de Mafcon, dont les Evêques font fuffragans de l'Archevêque de Lyon, & celui d'Autun à l'adminiftration fpirituelle & temporelle de l'Archeveché durant la vacance du Siege. On donne le nom de regale à cette adminiftration, dont j'ay amplement traité au livre quatriéme de cette hiftoire, à l'occafion du domaine temporel de l'Eglife fur cette ville.

de la Ville de Lyon.

La primatie s'eſtend ſur cinq Archevechez ou Provinces Eccleſiaſtiques, ſur l'Archeveché de Lyon nommé premiere Lyonnoiſe dans la Notice Eccleſiaſtique; ſur l'Archeveché de Roüen qui eſt la ſeconde Lyonnoiſe; ſur l'Archeveché de Tours, qui eſt la troiſiéme Lyonnoiſe; ſur l'Archeveché de Sens, qui eſt la quatriéme Lyonnoiſe; & ſur l'Archeveché de Paris, qui fait à preſent une cinquiéme Province, depuis qu'il a eſté demembré de l'Archeveché de Sens, & erigé en Egliſe Metropolitaine, qui a pour ſuffragans les Evéques d'Orleans, de Chartres & de Meaux.

Le droit de cette Primatie conſiſte au pouvoir de juger des cauſes pour leſquelles on appelle des ſentences de ces Metropolitains, de leurs ſuffragans, de leurs Vicaires generaux, & de leurs officiaux. C'eſt pour cela que l'Archevéque de Lyon outre les officialitez de ſon Dioceſe, & de ſa Metropole, en a une pour ſa Primatie, à laquelle on peut appeller de toutes les officialitez dependantes de ces Metropolitains, & de leurs ſuffragans. Et c'eſt de toutes les Primaties du Royaume la ſeule qui eſt demeurée en poſſeſſion de cét ancien droit, les autres n'eſtant preſque plus que des titres.

A l'égard du Gouvernement Politique, cette ville a eſté autrefois gouvernée ſous les Romains par des Proconſuls, des Prefets, & des Preſidens. Sous le bas Empire & ſous nos Rois de la premiere & de la ſeconde race par des Comtes. Sous les Empereurs Bourguignons & Allemans par les Senechaux de l'Egliſe, & par les Comtes de Forez; depuis le Roy Philippe le Bel par des Gardiateurs nommez par le Roy, & par les Baillis de Maſcon Senechaux de Lyon par commiſſion: Juſqu'à ce qu'on eſtablit une Senechauſſée de Lyon laquelle fut long-temps unie au Bailliage de Maſcon ou de ſaint Gengoul. Enfin les Baillis Senechaux, & autres officiers Royaux, n'aïant plus dans les Provinces aſſez d'authorité, pour tenir les peuples dans le devoir, nos Rois eſtablirent des Gouverneurs dans toutes les Provinces, & le premier que je trouve l'avoir eſté dans le Lyonnois fut le grand Ecuyer de France, qui ne peut eſtre que le fameux Tanneguy du Chaſtel, à qui Meſſieurs les Comtes de Lyon envoyerent des preſens à ſon arrivée l'an 1463. comme il paroit par leurs actes Capitulaires.

Le Vicomte de Valentinois, qui ne m'eſt connu que ſous ce nom lui ſuccedà l'an 1498. & j'apprens des meſmes actes capitulaires, qu'on lui donna la comedie à Portefrau ſur un theatre public ſelon la maniere de ces temps-là, où l'on joüoit des moralitez aux entrées des Princes, & des Gouverneurs.

Avant ces Gouverneurs, on ne donnoit que le nom de Capitaines Gardiateurs, à ceux qui commandoient pour le Roy en cette ville, & j'en ay expliqué les fonctions au livre precedent.

Berard d'Anguiſſel Chevalier l'eſtoit en 1309. Beraud de Marcueil, ou de Mercœur l'eſtoit en 1312. Ce qui lui a fait donner le titre de Gouverneur dans nos hiſtoires.

Antoine de Borneville Damoiſeau eſtoit Capitaine Gardiateur en 1366.

Archimbaud de Combern Bailly de ſaint Gengoul l'eſtoit en 1377.

Les Senechaux de Lyon furent depuis Capitaines de la ville.

Et enfin nos Rois aïant partagé leur Royaume en douze grands Gouvernemens, dont celui de Lyon s'eſtendoit ſur le Bourbonnois, l'Auvergne, le Lyonnois, le Foreſt, le Beaujolois, la Breſſe, la Dombe, Combraille, haute & baſſe Marche & ſaint Pierre le Mouſtier, le Duc d'Albanie fils du Roy d'Ecoſſe, le Marechal de Chabanes, le Maréchal de ſaint André de la maiſon d'Albon, & autres en furent pourvûs ſous ce titre, & reçeus au ſerment à la Cour.

Cette eſtenduë de gouvernement obligea les Rois d'eſtablir des Lieutenans en pluſieurs dependances de ces grands gouvernemens.

Loüis Adhemar Seigneur de Grignan fut Lieutenant de Roy en cette ville ſous le Maréchal de ſaint André.

Antoine d'Albon Abbé de Savigny le fut enſuite.

François d'Agoult Comte de Sault durant les troubles des heretiques.

Monſieur de Loſſes ſous le Maréchal de ſaint André, & ſous le Duc de Nemours.

René de Birague nommé pour lors le Preſident Birague ſous le Duc de Nemours.

François de Mandelot ſous le méme & depuis Gouverneur en chef, &c.

Le Gouvernement Juridique de Lyon a toûjours eſté adminiſtré au nom du Roy depuis la conſommation du traité fait entre l'Archevéque Pierre de Savoye & le Roy Philippe le Long, & ces Senechaux avoient leur Viguier Royal, dont le nom fut depuis changé en celui de Lieutenant general, qui subsiste encore depuis l'erection du Presidial en 1551.

Le lieu de la sentence de cette Jurisdiction fut long-temps un sujet de contestation entre le Roy, l'Archevêque & les citoiens, avant l'acquisition de la Justice faite par le Roy Charles IX. comme nous verrons dans la suite de cette histoire, parce que la Senechaussée de Lyon estant alors unie au Bailliage de Mascon, les appellations & le ressort estoient à Mascon, ou à saint Gengoul dont le Bailly, Senechal & Gardiateur de Lyon avoit son Lieutenant ou Viguier en cette ville pour la garde des citoiens au nom du Roy. Le Roy y avoit aussi son Procureur general, & ses Notaires Royaux. Ce qui ne causa gueres moins de troubles, que l'ancien partage de la justice entre l'Archevêque & le Chapitre, dont tous les droits furent reglez le second jour de may de l'an 1322. La premiere année du regne de Charles le Bel, qui succeda à son frere le Roy Philippe le Long mort le 6. Janvier de cette année 1322. sans avoir laissé que des filles incapables par la Loy salique de succeder à la couronne.

Par la convention faite entre le Roy Philippe le Long & Pierre de Savoye Archevêque de Lyon, il fut dit que pour la tierce partie que pretendoit avoir le Chapitre en la jurisdiction temporelle de Lyon, l'Archevêque leur feroit une juste & suffisante compensation.

Pour l'assurance de ce traité fut passé un acte le 2. May comme nous avons dit, par lequel l'Archevêque assignoit au Chapitre pour la compensation de la tierce partie de la Jurisdiction temporelle, cinq cent livres Viennoises sur les émolumens & obventions de la Cour seculiere de Lyon à payer la moitié à la saint Michel en septembre, & l'autre à la feste de Pasques. Et au cas que ces émolumens ne seroient assez suffisans pour lesdites cinq cent livres Viennoises, ledit Archevêque hypotequoit son revenu du ban d'Aoust, faisant au Chapitre toutes les assurances, qui lors pouvoient estre faites, moyennant quoi le Chapitre quittoit à l'Archevêque la tierce partie de la jurisdiction temporelle de la ville de Lyon, lui remettant tout droit & action qu'ils y avoient. Excepté que les parties n'entendoient deroger à une composition déja faite entre messire Pierre de Savoye Archevêque, & le Chapitre de Lyon, laquelle le Chapitre consentoit devoir demeurer ferme & stable selon sa forme & teneur, même en ce qui concernoit les criées & proclamations de la ville de Lyon, le serment du nouveau Courrier, qui estoit le juge de la Cour seculiere de l'Archevêque, & des autres officiers, les libertez & immunitez du Cloistre, la pacification entre-eux par prud'hommes, la cessation de guerre, & autres articles.

CHARLES LE BEL.
Preuves 91.

Le regne de Charles le Bel ne fut pas long, il ne dura que six ans, & toutes les affaires que le Roy Philippe le Bel son Pere, & ses deux freres Loüis Hutin, & Philippe le Long avoient eües avec l'Archevêque & le Chapitre, estant heureusement terminées, le gouvernement de Lyon fut assez tranquille durant son regne. Il reçeut seulement quelques plaintes l'an 1325. de ce que le Chancelier, ou garde du sceau de Mascon defendoit aux Notaires du Roy establis à Lyon de parapher aucunes écritures qu'ils n'eussent auparavant tiré les émolumens du sceau, ce qui ne s'estoit jamais pratiqué en cette ville, sur quoy le Roy écrivit à ses deputez dans le Bailliage de Mascon pour la reformation du pays, d'appeller le Procureur du Roy par devant eux, & de s'informer diligemment du sujet de la plainte des citoiens de Lyon, pour oster les nouveautez introduites, & donner satisfaction aux habitans de Lyon, en reduisant les choses en leur premier estat.

Il leur écrivit aussi en même temps pour faire cesser la levée du subside pour la guerre de Flandre, d'autant que cette guerre avoit esté heureusement terminée par le mariage de Marguerite de France avec Loüis de Flandre Comte de Nevers & de Retel, & la paix concluë avec les Flamans en 1320.

Preuves 91.

Mais parce qu'en la levée de ces subsides les Barons, Seigneurs, & Gentils-hommes de Dausiné & de Bresse avoient fait beaucoup d'extorsions & d'autres injustices aux citoiens de Lyon, qui avoient des biens sur ces terres de l'Empire, le Roi Charles écrivit de Paris aux Baillis de Mascon, & d'Auvergne, ou à leurs Lieutenans le 20. May 1326. d'obliger & contraindre ces Barons & autres nobles de l'Empire, de reparer les torts & dommages, qu'ils auroient fait aux citoyens de Lyon.

PHILIPPE DE VALOIS.

Aprés la mort de Charles, l'Archevêque Pierre de Savoye, qui profitoit autant qu'il pouvoit de tous les changemens de regne pour donner quelque atteinte à ses traitez, & pour rentrer dans ses droits, ausquels il sembloit n'avoir renoncé que par contrainte, voulut exiger des Docteurs és loix, & des Bacheliers, qui faisoient leur demeure à Lyon, à Lyon, & qui estoient non seulement consultez de divers endroits, mais encore employez par les princes voisins les Daufins de Viennois, les Comtes de Bresse & de Savoye, les Comtes de Forés, & les Sires de Beaujeu en plusieurs affaires importantes, il voulut dis-je les obliger de jurer, que tandis qu'ils exerceroient leur office de docteurs, & qu'ils professeroient publiquement le droit dans la ville, ils ne consulteroient jamais pour aucune affaire contre l'Archevêque & le Chapitre, ce qui estoit d'un grand prejudice pour les citoiens, & mesme pour les interets du Roy, ce fut aussi ce qui obligea le Roy Philippe de Valois l'an 1328. tout au commencement de son regne, sur la plainte des citoiens, d'écrire au Bailly de Mascon, à son Lieutenant, & à tous les officiers de sa Justice, de faire desister l'Archevêque & le Chapitre de ces nouveautez injustes, & prejudiciables à son service & au bien de ses sujets, & de ne plus troubler ces professeurs en l'exercice de leur profession, & parce qu'il n'avoit pas encor de sceau Royal, il scella ces lettres du sceau dont il se servoit avant son avenement à la couronne, comme il le declare en ses lettres.

Datum Parisiis sub sigillo nostro quo ante v. qui adeptionem utebamur.

Il addressa en mesme temps, & sous le mesme sceau d'autres lettres au Bailly de Mascon & à son Lieutenant pour leur ordonner de contraindre les Notaires de Lyon à expedier les actes qu'on leur demanderoit pour salaire competent, sur la plainte que les Consuls & les citoiens de Lyon lui avoient portée, que ces Notaires & Tabellions establis à Lyon, avoient refusé en certains cas de passer des actes qu'on leur avoit demandez. Il ordonne par ces lettres d'informer sur cét abus, & si les Notaires & Tabellions sont trouvez en faute de les punir de telle sorte, que cette punition puisse servir d'exemple aux autres à l'avenir, & que les citoiens de Lyon n'aient plus lieu de se plaindre.

Preuves Ibid.

L'Administration de la Justice causa de nouveaux troubles en 1332. nos citoiens lassez des contestations qui estoient entre l'Archevêque & le Chapitre pour cette administration, se voyant sous la domination du Roy par la conclusion des traittez faits avec l'Archevêque, envoierent au Roy des deputez pour obtenir de sa Majesté un arrest definitif pour le reglement de la Justice.

Le Roy ordonna à son parlement d'en connoître, d'examiner la demande des citoiens, & les pretentions du Doyen & du Chapitre. Les deputez de la ville exposerent au parlement, qu'ils avoient appellé au Roy leur legitime souverain, & comme aiant droit de superiorité & de ressort, de toutes les procedures faites contre-eux par les officiers de l'Archevêque. Et leurs griefs estoient, que quoique le Pape Gregoire X. eut osté la multiplicité des Tribunaux de Justice establis dans la ville tant au nom de l'Archevêque, que du Doyen & Chapitre, & reduit cette diversité de tribunaux à une seule Cour commune aux uns & aux autres, en ordonnant une pension annuelle au Chapitre, en compensation de la part qu'il pouvoit avoir en la juridiction temporelle, par l'acquisition qu'il avoit faite des Comtes de Forés, & qu'ayant esté en possession durant plus de quinze ans, d'estre ainsi gouvernez par une seule Cour seculiere commune aux uns & aux autres. Cependant l'Archevêque Beraud de Goth par un nouveau traité contraire au reglement que le Pape avoit fait par une bulle solennellement fulminée, & contre la defense expresse du Roy, au préjudice des citoyens, avoit rétabli la justice du Doyen & du Chapitre, & partagé de nouveau & de son authorité privée, cette jurisdiction. Que d'ailleurs durant les guerres, qu'avoient eu les Princes leurs voisins, l'Archevêque & le Chapitre, au lieu de les garder & de les defendre comme ils estoient obligez, les avoient exposez à plusieurs perils, & leur avoient causé de grands dommages, tant par l'impuissance où ils estoient de les defendre contre les insultes de leurs voisins, que par les violences de leurs officiers, qui bien loin de les proteger comme ils devoient, les avoient eux mêmes opprimez, ce qui les avoit obligez de recourir à des princes voisins, d'implorer leur protection, & de se mettre sous leur garde, en se servant du droit où ils estoient de toute anciennetté, d'implorer de semblables secours, quand ils en avoient besoin. Et qu'enfin s'estant mis sous la protection du Roy, seul capable de les conserver efficacement en paix & en repos, & dans la joüissance de leurs anciens privileges, ils avoient esté maltraitez par les officiers de l'Archevêque, qui les avoient sollicitez plusieurs fois, de se desister de la garde du Roy: qu'on leur avoit osté la garde des clefs de la ville dont ils estoient en possession de toute anciennetté; qu'on leur avoit defendu d'imposer & de lever des tailles sur les habitans pour les necessitez communes; d'avoir des armes pour leur defense, une Ecole de droit civil & canon, & des professeurs de belles lettres pour l'instruction de la jeunesse; & que s'estant voulu opposer à ces vexations injustes, le grand Vicaire & l'Official de l'Archevêque, avoient mis la ville en interdit Ecclesiastique, sans que l'Archevêque, le Doyen ni le Chapitre eussent

Preuves 113.

jamais voulu avoir aucun égard aux supplications des citoiens pour lever cét interdit, qui estoit d'un grand préjudice à cette ville. Sur quoi le parlement ayant fait ajourner l'Archevêque, le Doyen, & le Chapitre pour paroître ou par eux ou par leurs procureurs, pour fournir leurs defenses, contre les griefs & demandes des citoiens; nul ne s'estant presenté après six citations differentes faites durant la tenuë d'autant de parlemens, enfin l'Archevêque, le Doyen & le Chapitre avoient adjournez de nouveau à Paris pour le Dimanche avant celui des Rameaux, sans s'estre presentez ni par eux ni par autres, le Parlement sur ces defauts les aïant contumacez declara faisant droit, que les citoiens estoient dans la saisine, & comme possession de n'estre regis que par la Justice seule de l'Archevêque, & non du Doyen & Chapitre; qu'ils estoient en la garde du Roy, & possession de tous les droits attachez à cette garde dans lesquels il falloit les defendre & conserver, sauf les droits de propriété de l'Archevêque, du Doyen & du Chapitre, quand ils auroient purgé & amandé la contumace, tant au Roy, qu'aux parties. Quoi attendant le Roy mettoit en sa main la Jurisdiction temporelle, & toute la temporalité de la ville de Lyon & de ses dependances appartenantes ausdits Archevêque, Doyen, & Chapitre, jusqu'à ce qu'ils eussent purgé & amandé leur contumace.

Cét arrest fut prononcé en parlement à Paris le Mecredy après la feste de l'invention sainte Croix l'an 1332. c'est à dire au Parlement de Pasques. Et comme en vertu de cét Arrest le Roy avoit en sa main tout le temporel de l'Église de Lyon, outre le Juge d'appel & de ressort qu'il avoit auparavant, il establit un Juge royal, ou Lieutenant du Bailli de Mascon & Senechal de Lyon pour les premieres procedures, & deux autres sieges Royaux dans les terres de la Comté de Lyon, l'un à saint Symphorien le Chasteau, & l'autre à Poilly le Monial auprès de la ville d'Anse, ce qui irrita grandement l'Archevêque, & le Chapitre, parce que par les traitez faits avec Philippe le Bel, & les Rois ses successeurs, il avoit toûjours esté dit que les officiers Royaux ne pourroient point resider dans les terres du Chapitre pour éviter les conflictions, de jurisdiction sur quoy depuis plusieurs requestes furent presentées au Roy de la part de l'Archevêque & du Chapitre, & ces sieges de Justice supprimez comme inutiles, & contraires à l'execution des traitez. Il fut aussi defendu au garde du sceau Royal establi dans la Senechaussée de Lyon d'empescher par lui, ou par autre, la Jurisdiction haute & basse de l'Archevêque & du Chapitre dans leurs terres; & de reduire les sergens Royaux du ressort, que l'on disoit estre plus de cent, au nombre de six, seulement: Ordonnances, qui ne subsisterent pas long-temps, comme nous verrons, & qui furent près d'un siecle, des occasions continuelles de plaintes à nos citoiens, & de querelles entre nos Rois, nos Archevêques & le Chapitre, aussi bien que l'establissement du ressort à Mâcon, où saint Gengoul nommé le ressort de Lyon.

Ce fut sur de semblables plaintes touchant l'office du Gardiateur, que le Roy l'an 1333. à la requeste de nos citoiens ordonna que cét office fut uni à celui du Bailly de Mascon. La maniere dont cette Ordonnance fut dressée, est une marque singuliere de l'affection du Roy envers nos citoiens, & merite d'estre conservée dans l'histoire comme le gage le plus precieux de cette bonté Royale envers nos habitans.

Preuves 119. ,, Philippe par la grace de Dieu Roy de France à tous ceux qui verront ces pre-
,, sentes lettres salut. Comme nous ayant entendu, qu'il plairroit moult, & seroit
,, agreable aux habitans de la Cité de Lyon sur le Rhosne, que nostre amé & feal
,, Chevalier Philippe Seigneur de Chauvirey nostre Bailly de Mascon, fut & soit
,, leur Gardien reputé par nous, savoir faisons, que s'il plait aux habitans qu'il
,, le soit, il nous plait & le voulons, l'establissons, & deputons leurdit Gardien à y
,, demeurer tant qu'il nous plaira, és gages accoustumez, & lui donnons pouvoir,
,, & special commandement de faire toutes choses & chacune appartenant à ladite
,, garde. Si mandons à tous à qui il appartient, que entendent, & obeïssent diligem-
,, ment a l'y és choses qui y appartiennent, & au cas dessusdit qu'il plaira ausdits
,, citoiens, nous voulons que tous autres Gardiens soient ostez. Ces lettres furent accordés sur le rapport de Remond Saquet Conseiller au Parlement, qui depuis fut Archevêque de Lyon après Henry de Villars second du nom, ayant auparavant esté Evêque de Teroüane.

L'eloignement de Mascon, où le Senechal faisoit sa residence ordinaire avec le juge des appeaux pour le ressort & la Justice du Roy, incommodoit beaucoup les habitans de Lyon, qui presenterent au Roy leur requeste pour le supplier de vouloir establir l'audiance & la Justice du ressort au Bourg de l'Isle-Barbe auprès de Lyon sur

de la Ville de Lyon. 475

les terres du Roïaume, pour y estre fixes à perpetuité. L'Archevêque avoit aussi supplié le Roi, de retirer de la ville le Gardiateur, qui estoit de la part de sa Majesté establi comme un inspecteur pour la conservation des Privileges des citoiens & pour la garde des droits roïaux. L'Archevêque pretendoit que ce Gardiateur portoit un notable prejudice à sa jurisdiction, laquelle il disoit estre empeschée par cet officier, qui estant ordinairement un homme de qualité, & homme d'espée, & de la Cour, avoit beaucoup de credit & d'authorité dans la ville, & s'interessoit ardemment pour les droits du Roy & pour favoriser les citoiens contre l'Eglise sous pretexte de sa charge & de sa commission. Le Procureur & les citoiens soutenoient contre l'Archevêque, que la transaction faite entre Philippe Roi de France & de Navarre l'Archevêque & le Chapitre, portoit que le Gardiateur demeureroit à Lyon: l'Archevêque au contraire disoit que cette transaction n'en parloit pas & que si le Gardiateur avoit demeuré dans la ville, c'estoit du temps que la Justice temporelle avoit esté mise sous la main du Roi. Le Roi deputa des commissaires pour informer sur les demandes de l'Archevêque & des citoiens, & par arrest de la Cour donné à Paris le 6. Juillet 1328. Il fut dit que le Gardiateur deputé du Roi pourroit faire sa residence ordinaire dans la ville, & mesme qu'il estoit necessaire qu'il y demeurât, pour exercer les fonctions de sa charge, qui requeroient sa presence, sans se mesler pourtant des affaires qui appartiendroient à la justice temporelle de l'Archevêque, mais seulement en ce qui concerneroit la garde: Et il fut ordonné au Bailly de Mâcon de faire executer cet arrest. Quant à la requeste des citoiens pour le siege des appellations, le Roi après avoir fait examiner diligemment l'affaire dans son conseil, voïant que cét établissement au Bourg de l'Isle Barbe ne prejudicioit en rien à ses droits, ni aux droits d'aucun autre, & qu'il pouvoit estre utile à ses sujets les habitans de Lyon, leur accorda leur demande, & par ses lettres patentes données à Vincennes au mois de Decembre 1328. Il ordonna que le siege du ressort seroit mis au Bourg de l'Isle-Barbe, que le Juge du ressort & autres officiers à ce necessaires y feroient leur actuelle residence, & qu'il ostoit pour toûjours de la ville de Mascon ce siege de ressort, qui demeura environ quarante cinq ans establi en ce Bourg de l'Isle-Barbe.

Preuves 91.

Cette Isle celebre depuis tant de siecles, pour avoir esté la retraite de tant de Saints, élevez dans un Monastere, où du temps de Charlemagne & de l'Archevêque Leydradus, il y avoit quatre vingt & dix Religieux, a bien changé de face par les malheurs des temps, & par les ravages des heretiques du siecle passé, qui pillerent, saccagerent, brûlerent, & renverserent de fond en comble cette puissante Abbaïe, comme le deplore le sieur le Laboureur Prevôt de ce Monastere secularisé, depuis l'an 1549. en une histoire, qui a pour titre, *Les Masures de l'Abbaye Royale de l'Isle-Barbe de Lyon.*

DESCRIPTION DE L'ISLE-BARBE.

Cette Isle qui est au milieu de la riviere de Saone en descendant de Mascon, est à une petite demi lieuë au dessus de Lyon entre le village de Cuires qui est au levant sur le bord de la riviere, & le village de saint Rambert, qui est le Bourg de l'Isle où fut establi le siege des appeaux, situé au couchant sur l'autre bord de la riviere.

Cette Isle a vers le Nort un grand rocher, fort élevé, qui par l'obstacle qu'il met en ce lieu au cours libre de la riviere a contribué à la formation du reste de l'Isle par les sables & les terres qui s'y sont arrestées. Elle fut d'abord nommé Isle-Barbare, *Insula Barbara*, parce que n'estant au commencement qu'un écueil sauvage & sterile, où l'on ne voïoit que des ronces & des Epines, elle n'estoit pas un lieu propre à fournir aux hommes des habitations commodes. On tient que cette horreur naturelle, qui la rendoit inhabitable, en fit une retraite seure à quelques chrestiens durant la persecution de l'Empereur Severe, après que cet Empereur n'eut fait qu'un vaste desert de la ville de Lyon par le massacre de ses habitans, qui s'estoient attachez à la fortune d'Albinus son competiteur à l'Empire. Il obligea par ce moyen les plus timides des fideles, qui se defioient de leur constance à soûtenir la foi Chrestienne au milieu des tourmens, pour se derober aux violences de ce persecuteur, de chercher dans cette Isle une retraite, où enfin plusieurs Chrestiens plus fervens se devoüerent depuis à un martyre plus long, y menant une vie sainte & laborieuse à la maniere des Anachoretes de la Thebaïde.

La sainteté de ce lieu, & son antiquité ont donné occasion à beaucoup de fables, que Monsieur le Laboureur a sagement refutées dans ses masures, & que je ne refuteray pas icy, les fables ne devant point entrer dans le corps d'une histoire: outre que m'estant resserré dans l'enceinte de Lyon, pour en écrire l'Histoire Civile, sans

PPp ij

toucher à celle de la Province, qu'autant qu'il est necessaire pour demesler les affaires qui s'y sont passées, je ne dois pas faire des excursions inutiles sur celles des pays voisins.

Je dis donc que par le Bourg de l'Isle, où fut establi le siege Royal du ressort & des appellations, il ne faut pas entendre l'Isle mesme, qui n'estoit qu'un cloistre regulier trop serré d'ailleurs, pour pouvoir, outre les Religieux, fournir des habitations commodes à des officiers de Justice, & des lieux propres à tenir des plaids, & des audiances publiques.

Ce n'est pas que cette Isle n'ait esté une habitation commode aux Romains, puis-qu'il y reste des vestiges d'antiquité de ces temps-là, assez considerables, pour nous faire voir qu'elle n'estoit pas un lieu desert, ni si barbare sous leur domination. J'y ay remarqué quelques bas reliefs de tombeaux d'un assez bon goust, qui meritent d'être conservez dans nostre histoire. L'un represente les quatre saisons sous les figures de quatre genies, qui sont aislez comme le temps, dont ils distinguent les parties dans le cours d'une même année. Le printemps porte un panier de fleurs, l'esté un panier rempli d'Espics, avec des Pavôts, symboles de l'abondance de cette saison. L'Automne un panier de raisins avec la serpe, qui sert à les couper : l'hiver tient un lievre par les pates de derriere, & à un voile sur la teste tant pour representer le froid, que le Ciel couvert & nebuleux en cette saison. Aux angles de la bordure sont les figures du Rhosne & de la Saone, & au dessus de l'Epitaphe est la figure d'une Gasche, dite en latin *Ascia*, dont j'ay expliqué l'usage au premier livre de cette histoire & en sa preparation; L'autre bas relief a les images à demi corps de Bacchus, d'un Dieu Silvain, de Pan avec ses siflets, & d'un Faune.

Ferdinand Delamonce del.

Si l'Archevêque avoit inquieté les Professeurs des Lois, le Gardiateur & les Juges Royaux; les Gardiateurs n'inquietoient pas moins les citoiens, par la conduite qu'ils tenoient : parce que lors qu'il arrivoit que quelqu'un d'eux avoit eu querelle avec un autre, sous pretexte qu'ils estoient tous également sous la garde du Roi, & que c'estoit violer cette garde que de faire quelque injure à un citoien, le Gardiateur les tiroit en justice au nom du Roy, sous la garde de qui ils estoient. Ainsi ils estoient obligez de comparoître devant deux tribunaux, devant celui de l'Archevêque qui avoit la justice

Preuves 92.

de la Ville de Lyon. 477

ordinaire, & devant le Juge Royal, devant qui le Gardiateur les citoit & les faisoit condamner à des amendes au profit du Roy. Ils en porterent leurs plaintes au Roy l'an 1328. Et le Roi faisant droit sur des plaintes si raisonnables, écrivit au Bailly de Mascon & à son lieutenant, pour faire cesser ces poursuites, disant qu'il n'estoit pas juste qu'une mesme faute fut punie deux fois & que puisque l'Archevêque avoit la justice immediate, il lui en falloit laisser toute l'attribution. Que ce n'estoit point son intention de condamner à des amendes les citoiens de Lyon pour de semblables fautes, à raison de la garde, qui estoit establie en faveur des citoiens, pour la conservation de leurs privileges, & non pas pour les inquieter. Sur quoi il faut avertir que de Rubys s'est trompé quand il a dit que ce Gardiateur estoit le même que *le Maistre*   *Liv. 3. chap. 49.*
des ports, qui avoit la connoissance de la sortie des Marchandises de contrebande, de l'ancien droit de resve & traite foraine, de la sortie de l'or & de l'argent, armes & autres choses: dont la sortie hors le Royaume est defenduë par les anciennes ordonnances. S'il avoit fait reflexion, que ce Gardiateur avoit esté establi avant que nos Rois eussent acquis le domaine de Lyon, il auroit vû que n'ayant nuls droits de cette nature, à lever, ni aucune jurisdiction sur l'entrée ou sortie des Marchandises, ce n'estoit pas l'office du Gardiateur d'exiger de semblables droits; mais un office de pure protection pour la conservation des Privileges; & que nos Rois bien loin d'en faire leurs fermiers ou les exacteurs de leurs droits ne voulurent pas mesme que ces Gardiateurs tirassent des émolumens de ceux qu'ils gardoient depuis que Lyon fut annexé à la couronne, parceque c'est du devoir des souverains de garder & de proteger leurs sujets.

Quelque soin que prit ce Roi de traiter favorablement ses nouveaux sujets de cette ville ils eurent souvent des occasions de nouvelles inquietudes, par la conduite que tenoient ses officiers à leur égard. L'une des plus considerables fut pour le fait des monnoies. Il s'y estoit fait de grands changemens sous les regnes de Philippe le Bel, de Loüis Hutin, de Philippe le Long, & de Charles le Bel, qui causoient de notables prejudices au Royaume, comme la plûpart de nos historiens ont remarqué aussibien que les étrangers. Le Roy Philippe de Valois aussi-tôt aprés son avenement à la couronne chercha les moïens d'y remedier, cela paroît dans une de ses Ordonnances du 15. Mars 1332. où il dit,

« Comme au temps que nous vinsmes au gouvernement de nôtre Royaume, les
« Prelats, Barons, & le commun peuple de nôtre roïaume se complaignissent grie-
« vement à nous, par plusieurs fois, de l'état des monnoyes, qui lors estoient si
« foibles, & couroient pour si grand prix, que tous en estoient moult grevez,
« & endommagez, tant pour toutes Marchandises, denrées, vivres, journées
« d'ouvriers, & autres choses, qui estoient desordonnement cheres en moult d'au-
« tres manieres, en nous requerant quel remede y voulissions mettre par telle voye
« que lesdites monnoyes fussent mises & ramenées à leur droit poids & cours. Et
« Nous, ajoûtoit-il, qui toûjours avons singulier desir de diligemment & curieu-
« sement entendre au bon gouvernement de nostre Royaume, & sur l'Estat d'icelui,
« en telle maniere, que ce soit à la paix & tranquillité de nos sujets, & au profit
« commun de nostre roïaume, enclinans à leur requeste, fismes appeller à Paris parde-
« vant nous en nostre grand conseil aux Brandons, qui fut l'an 1328. les Prelats, Ba-
« rons & bonnes villes de nostre Royaume, pour avoir conseil, & avis comment &
« par quelles voïes lesdites monnoïes pourroient estre mises en leur droit estat; à la re-
« queste de tous lesquels & par leur conseil, Nous, lesdites monnoyes mismes, & rame-
« names en leur droit cours & estat tel comme elles estoient au temps de Monseigneur
« saint Loüis, si comme il appert plus pleinement par les ordonnances, qui sur ce en fu-
« rent faites & publiées.

Ensuite de cette deliberation le Roi fit une Ordonnance en 1329. dans laquelle il parle en ces termes.

« Nous qui desirons le bon estement de nôtre Roïaume & de le gouverner en paix &
« justice & en tranquillité, avons ordonné avec deliberation de nôtre grand Conseil, &
« avec les Prelats, Barons, & commune de nôtre Royaume de faire bonne monnoye
« de la valeur & de la loi de celle du temps de Monseigneur saint Loüis, jadis nôtre de-
« vancier, & sur ce avons fait les ordonnances, qui ensuivent, &c.

Le Roi ordonna qu'on fit diverses especes de monnoyes, & voulut qu'elles eussent cours du jour de Pasques prochaines. Cependant il avoit permis au peuple de cette ville de payer les loyers des maisons aux proprietaires en foible monnoye jusques à ce qu'il en ordonnât autrement. Cela fit de la peine aux proprietaires, qui par les autres ordonnances communes à tout le Roïaume estoient obligez de faire leurs payemens en nouvelles monnoyes. Ils en porterent leurs plaintes au Roi, qui fut obligé d'écrire à son Bailly de Mascon, que sans avoir égard à cette ordonnance donnée en faveur du peuple de cette ville, il laissa lever les loyers des maisons à telle monnoye, que voudroient les Bourgeois, n'estant pas son intention de faire des ordonnances nouvelles pour la ville de Lyon. Ce ne fut pas la seule peine que fit à nos citoiens ce changement des monnoyes. Car comme cette ville estoit frontiere des estats de plusieurs Princes étrangers, & d'un grand commerce avec les provinces voisines, elle estoit en possession de recevoir toutes les monnoyes qui avoient cours sur les terres de ces Princes. Cependant nos Rois avoient defendu dans tout leur royaume ces especes étrangeres, qui étoient de plus bas aloi, que les monnoyes courantes, depuis que Philippe de Valois les avoit rétablies sur le pied de celles de S. Loüis. Et depuis qu'il avoit acquis le plein domaine de cette Ville, ses Officiers n'en vouloient pas permettre l'introduction dans le roiaume; jusques là que le Bailly de Mascon avoit fait sceller par ses Sergens & Notaires, les comptoirs, banques, & coffres forts des Marchands de cette ville, & fait inventorier toutes les diverses especes qu'ils pouvoient avoir, sous pretexte que l'on avoit apporté dans la ville quantité de monnoyes du Duc de Bourgogne, qui estoient fort affoiblies au dessous du titre de celles de France. Quoique l'on n'eut rien trouvé de ces monnoyes de Bourgogne, on n'avoit pas laissé de saisir & d'arrester les effets de plusieurs bourgeois, & même la personne de Pierre de Pompierre, l'un des plus considerables de la ville que l'on avoit fait conduire à Mascon, & enfermer dans les prisons royales. L'Archevêque & les citoyens en porterent leurs plaintes au Roy, qui ne voulant ni condamner absolument ce que ses Officiers avoient fait, ni fâcher l'Archevêque & les Bourgeois, leur écrivit, pour les appaiser, des lettres de cachet pleines de demonstrations d'amitié & de desir de conserver leurs Privileges; comme il ordonna au Bally de Mâcon de les conserver dans leurs Privileges; de faire cesser les procedures, & de mettre en liberté Pierre de Pompierre sous caution suffisante, pour se representer en justice quand il en seroit requis, & pour faire examiner les procedures de ses officiers.

Ce qu'il avoit ordonné pour l'establissement du siege des appellations au Bourg de l'Isle ne fut gueres mieux observé; on en differa long-temps l'execution, & pour amuser le peuple, qui se plaignoit de ce delay, il donna une ordonnance contre l'Archevêque & le clergé de Lyon, qui sur des rescripts de la Cour Romaine tiroient nos citoiens à des Justices Ecclesiastiques hors de la ville, contre les Privileges qu'ils avoient obtenus de plusieurs Papes de n'estre point citez devant des tribunaux étrangers. Il ordonna donc au Bailly & au Juge du ressort, de ne point laisser connoître d'aucune action temporelle, au Doyen & au Chapitre de Lyon pour aucunes lettres du Pape: comme il ordonna de regler & de moderer les taxes que le Chapitre avoit imposées sur le poisson qui estoit apporté à Lyon par la riviere de Saone, & dont les droits se payoient au peage de Rochetaillée.

Ce ne furent pas-là tous les sujets de plaintes de nos citoiens en ce changement de Maistres. Ils estoient en possession de la garde de la ville, dont ils avoient les clefs, qu'ils tenoient à foi & hommage du Roy, & qui leur avoient esté conservées tant par plusieurs arrests de la Cour, que par les declarations des Archevêques en la confirmation des privileges, franchises, & immunitez de la ville. Cependant on voulut les troubler en cette possession, & s'en estant plaints au Roi, il ordonna aux commissaires envoyez à Mâcon pour la reformation de ce pays, de s'informer de la maniere dont cette garde avoit esté remise aux citoiens, & d'ordonner ce qu'ils jugeroient à propos pour le bien du roïaume, & de la ville. Sur quoi ces Commissaires citerent nos citoiens à comparoître devant eux pour entendre leurs raisons & pour leur faire justice l'an 1327. & trois ans après le Bailly de Mâcon, qui estoit Francon d'Avenieres, commanda par ordre exprez du Roy à Jaques Balbi son Receveur à Lyon, de leur faire rendre ces clefs.

Ce fut enfin l'année 1336. Que le Consulat de Lyon fut solemnellement establi & dans toutes les formes juridiques par ordre du Roi Philippe de Valois. Voici la maniere dont on proceda à cét establissement. Sur la requeste presentée par Bernard Huon dit Barraux, Perronin Chevriers, Aymon de Durchia, Loüis de Varey, Pierre de Pompierre, Hugonin Grigneux, Barthelemy de Varey, & Estienne de Villeneuve Conseillers de la ville, au nom de tous les citoiens & habitans de ladite ville à Mre Barthelemi de Montbrison docteur és loix, & Lieutenant de noble & puissant Seigneur Philippe de Chauvirey Chevalier du Roy & son Bailly de Mascon, pour faire publier & enregistrer tous les Privileges, lettres patentes & autres actes concernant les graces, immunitez, franchises, libertez accordées & confirmées par nos Rois, à la communauté des citoiens & habitans de la ville de Lyon. Ce Viguier ou Lieutenant du Bailly de Mascon & Senechal de Lyon, addressa des lettres à tous les Curez, & Vicaires des parroisses pour annoncer dans leurs Eglises de Sainte Croix, de saint George, de saint Romain, de saint Paul, de saint Pierre les Nonnains, de saint Nizier, de saint Vincent, & de nostre Dame de la Platiere de la ville & diocese de Lyon, que le quinziéme de Decembre, ledit Viguier, ou Lieutenant, ou le Senechal de Lyon, tiendroit ses assises solennelles au Bourg de l'Isle-Barbe, où devoient estre lûës, publiées, & enregistrées toutes les lettres patentes, Privileges, graces, & immunitez accordées à la communauté des citoiens & habitans de la ville de Lyon, & que si quelqu'un avoit à contredire, & à s'opposer à ces graces & privileges, qu'il vint faire ses oppositions audit lieu, où ses raisons seroient oüies & examinées juridiquement. On avoit fait auparavant signifier la mesme chose au substitut du Procureur general du Roi dans le Bailliage de Mascon, & au Procureur General de l'Archevêque Guillaume de Sura Comte de Lyon, qui avoit succedé depuis quatre ans à Pierre de Savoye decedé, & qui le premier de tous nos Archevêques prit le titre de Comte de Lyon aprés son traité fait avec le Roi pour tenir de lui la Comté de Lyon en fief, ensuite de la cession qu'il lui avoit faite des droits de souveraineté; titre & qualité de Comtes de Lyon, que tous les Archevêques ont retenu jusqu'à present, sans qu'il leur ait jamais esté contesté.

Le jour destiné à ces assises le Viguier Barthelemy de Montbrison, s'estant rendu au bourg de l'Isle, aprés avoir vû les témoignages du curé de saint Nizier, dans la parroisse de qui estoit Jaquemet Florain substitut de Geoffroy du Bois procureur general du Roy dans le Bailliage de Mascon, du curé de saint Romain, dont Guichard Papillon Archiprestre d'Ambournay & procureur general de l'Archevêque estoit parroissien, qui attestoient que le jour des assises leur avoit esté dûement signifié, & ce qu'on y devoit traiter; ledit Viguier monta sur son tribunal, assisté de deux Notaires Royaux, & aïant fait citer les Consuls & Conseillers de ville pour appointer leur requeste; ils se presenterent accompagnez de quinze autres Bourgeois de la ville, de Guillaume de Varey dit de Tunes, Guillet Lyatard, Berthet Fillatre, André de Pompierre, Estienne de Chasteauvieux, Michelet de Faysins, Guillemon Fournier, Jaquemet Geneveys, François Serat, André de Verge, Jean du Puys, Jean Bocherat, Guillet Chatretier, Hugues de Verge, & Gery Bonfantin; qui tous au nom de la Communauté & de tous les citoiens & habitans de la ville, requirent ledit Viguier de vouloir proceder à la verification de leurs Privileges; dont lecture fut faite en presence de Jaquemet Florain substitut de maistre Geoffroy du Bois procureur general du Roi, dans le Bailliage de Mascon, de Pierre Gerardin Chancelier de la cour seculiere de Lyon, d'Estienne de Builly damoiseau, Prevôt de Lyon pour le Seigneur Archevêque, & d'Estienne de Loyetes sergent de la Cour seculiere de Lyon. Aprés cette lecture faite, & aprés avoir diligemment examiné l'écriture de ces lettres, les seings, & les sceaux, pour voir s'il n'y avoit rien qui pût faire douter de la verité de ces lettres; le Viguier s'addressa au substitut du Procureur du Roi & lui demanda s'il consentoit à l'enregistrement de ces lettres, & s'il n'avoit rien à opposer, & contredire; lequel répondit que le Roi aïant ordonné que les privileges, franchises, immunitez & autres choses contenuës dans lesdites lettres fussent inviolablement observées, & n'y aïant rien de contraire à la volonté du Roi, & qui ne fut utile aux citoiens; il n'empéchoit pour le Roi que ces lettres ne fussent enregistrées.

Il fit ensuite citer le Procureur general de l'Archevêque pour savoir de lui s'il n'avoit point d'opposition à former contre lesdites lettres au nom de l'Archevêque; & fit publier deux & plusieurs fois à haute voix que si quelqu'un avoit quelque chose à dire, & à opposer, qu'il se presentat. Sur quoi tous s'estant écriez qu'il n'y avoit rien en tout cela qui ne fut bon & juste, & qui ne dût estre fait, le procureur de l'Archevêque y consentant, le Viguier commanda aux deux Notaires, Jean de Sorbiere & Pierre Tassin Notaires publics par authorité Roïale, & jurez de la cour seculiere de Lyon d'en dresser un acte & de faire un registre authentique de tous les privileges, & lettres patentes de nos Rois accordées à la Communauté de Lyon, pour lui servir entant que de besoin. Lequel registre fut vû & examiné de nouveau dans la mesme assise publique du bourg de l'Isle Barbe, en presence de Jean Mouton Chanoine de Fourviere, de Vincent d'Aix sergent Roïal, de Jeannet Lotho de saint Just de Lyon, de Poncet de Beaulne sergent Roïal, & Hugonet Troilliet juré de la cour seculiere de Lyon & de plusieurs autres témoins dignes de foi appellez & à ce requis.

Preuves 111. Depuis cét acte solemnel, les Consuls ou Conseillers de ville commencerent en leurs noms & au nom de la communauté, à faire des traitez, & à passer des actes pour les affaires publiques; au lieu qu'auparavant ils les faisoient par sindics & procureurs, & en General au nom de la communauté des Conseillers & Citoiens. Ainsi quand l'an mille trois cents le Prieur de la Platiere Humbert de Genay ceda à la ville la place qui est devant l'Eglise de la Platiere, estant authorisé de l'Abbé de saint Ruf, & satisfait de la somme d'argent que la ville lui donna, & dont il fit un emploi utile pour son prieuré & sa communauté, l'acte fut passé au nom de la ville en general pardevant Pierre d'Ambournay official de Lyon.

Preuves 113. De mesme quand neuf ans après Messire Henry d'Albon Chevalier voulut faire bastir sur une arche du Pont de Saone appellée l'arc merveilleux, & appuier sur une pile de ce Pont ses machines ou Moulins, il en passa un contract avec la Ville, par lequel il s'engagea à entretenir cette pile du Pont, & à reparer tous les dommages qu'elle pourroit souffrir par l'appui de ses machines, ou ouvroirs, ainsi nommez dans l'acte. Tout cela se fit au nom des Conseillers, Procureurs & Sindics de la ville en general, qui y donnerent leur consentement dans la chapelle saint Jacques lieu ordinaire de leurs assemblées, ou plutôt approuverent l'acte qui en avoit esté dressé pardevant Barthelemy de Jo, Professeur és droits civil & canon, officier de la cour de Lyon.

Sur cette Epoque de l'establissement parfait du Consulat de cette ville, il est bon de marquer quelle estoit alors la forme du gouvernement.

C'estoit la huitiéme année du Regne de Philippe de Valois.

Guillaume de Sura estoit Archevêque & Comte de Lyon, titre que porta le premier, Pierre de Savoye son predecesseur, depuis qu'il eut relevé en fief du Roy sous le titre de Comté le domaine de la ville de Lyon, qu'il avoit cedé au Roi, comme nous avons remarqué.

Philippe de Chauvirey Chevalier estoit Bailli de Mascon, & Senechal de Lyon.

Preuves 118. Barthelemy de Montbrison son lieutenant ou viguier pour le roi en cette ville, & depuis establi Gardiateur en 1341.

Geoffroy du Bois procureur general du roi.

Jaques Florain son substitut.

Pierre Girardin Chancelier de la cour seculiere, Estienne de Builly damoiseau Prevôt de l'Archevêque Estienne de Loyettes, sergent de la cour seculiere.

Sur quoi il est à propos de remarquer que ces sergens pour le Roi estoient d'autre qualité que ceux qui avoient auparavant exercé cét office, & que c'estoit comme un Lieutenant du Prevôst, pour signifier les ordres du Roi, & pour arrester les personnes de qualité, quand elles estoient mises en Justice.

Jean de Sorbiere, & Nicolas Tassin estoient Notaires Royaux Clercs, c'est à dire qui exerçoient un office semblable à ceux des Commissaires des quartiers de Paris, & qui plaidoient mesme pour les parties tant par écrit, que de vive voix.

Les Conseillers de ville, Consuls estoient,

Bernard Huon dit Barraux.

Peronin de Chevriers.

Aymon de Durchia.

Loüis de Varey.

Pierre de Pompierre.

Hugonin Grigneux.

Barthelemy de Varey.

Estienne de Villeneuve.

Qui firent tous des familles illustres, qui ont long-temps subsisté en cette ville, & possedé beaucoup de terres dans le voisinage, & exercé plusieurs charges considerables de Baillis, & Sindics de la Noblesse.

Quoique le siege de la Jurisdiction Roïale eut esté establi & fixé au bourg de l'Isle-Barbe en la maniere que nous avons vû, il ne pût y estre long-temps, à cause des poursuites continuelles que faisoient l'Archevêque & le Chapitre pour éloigner ces Juges Royaux, qui faisoient à tous momens des obstacles à l'exercice de leur Jurisdiction, comme nous verrons cy-après. Ils ne commencerent pas d'abord par demander l'éloignement de cette justice Royale, mais se sentans inquietez de la presence du Gardiateur qui demeuroit dans la ville, & qui estoit un homme d'authorité & de credit, ils pretendirent que c'estoit contre les conventions & les traitez qu'ils avoient

fait

de la Ville de Lyon. 481

fait avec nos Rois, que ces Gardiateurs demeuroient ordinairement à Lyon, ils firent agir sous main le sire de Beaujeu qui avoit eu des démeslez avec ce Gardiateur, pour obtenir du Roi, des lettres pour le tirer pardevant le Bailly, qui residoit à Mascon, ce qui ayant esté fait, le sire de Beaujeu intenta action contre ce Gardiateur, & le tira en jugement par devers ledit Bailly l'an 1332. mais le Roi en estant averti, écrivit à ce Bailly, de n'avoir nul égard aux lettres impetrées par le sire de Beaujeu, comme estant subreptices. En ces lettres écrites au Bailly il declare les motifs qu'il avoit eu d'establir ce Gardiateur, en disant que c'est afin que les citoiens & habitans de Lyon, qui sont avec leurs familles & tous leurs biens sous sa garde speciale & protection, pour les mettre à couvert des oppositions, forces, violences & injures, qui de jour en jour leur estoient faites par leurs voisins, tant de son Roiaume, que de l'Empire, soient empêchées par ce Gardiateur, à qui il avoit donné une commission, & pouvoir special de connoître de toutes les affaires qui pouvoient concerner ladite garde, parce que c'estoit un Chevalier bien instruit de tout ce qui appartenoit aux droits de cette garde, contre laquelle le sire de Beaujeu avoit fait plusieurs prejudices aux citoiens de Lyon, & obligé ledit Gardiateur de proceder contre lui. Sur quoi il avoit impetré des lettres pour tirer ledit Gardiateur pardevant ledit Bailly, à qui le Roi defend de se mesler de cette affaire, ni d'avoir nul égard à ces lettres impetrées, qui empescheroient le cours de la justice; n'estant pas l'intention de sa Majesté, que ce qui est du devoir & de la charge d'un de ses officiers, soit empêché par un autre: reprenant même le Bailly d'avoir donné la recreance de quelques prisonniers arrestez par le Gardiateur pour des injures faites aux habitans de Lyon.

Preuves 118.

Un an aprés nos citoiens s'estant laissez prevenir par le sire de Beaujeu, & par les gens de l'Archevêque, demanderent au Roi que le Bailly de Mascon fut leur Gardiateur, ce qu'ils obtinrent; mais ils reconnurent bien-tôt que ce n'estoit pas leur avantage; ce qui obligea le Roi de donner cét office à Barthelemy de Montbrison Docteur és droits, qu'il constitua Lieutenant du Bailly pour cette garde, parce qu'il estoit necessaire que ce Gardiateur residât toûjours dans la ville pour la garder, ce que ne pouvoit faire le Bailly de Mascon. L'Archevêque & le Chapitre s'opposerent à l'establissement de Barthelemy de Montbrison, disant qu'il ne pouvoit exercer cet office, parce qu'il estoit originaire de Lyon, Conseiller & pensionnaire des citoiens, & que par les Ordonnances Royaux, les Gardiateurs ou officiers du Roi ne devoient resider sur les terres des Seigneurs hauts justiciers. L'affaire ayant esté renvoyée aux Parlement, il fut dit provisionel, que Barthelemy de Montbrison pourvû par le Roi, exerceroit l'office de Gardiateur, jusqu'à ce que la Cour pût connoître des oppositions de l'Archevêque & du Chapitre, pour faire droit aux parties.

Preuves 118.

Pierre de Vileneuve licentié és loix & Messire Hugues de Marzeu Chevalier furent successivement Gardiateurs aprés Barthelemy de Montbrison, & firent leur residence ordinaire dans la ville.

Le Roi aprés avoir fait la paix avec le Roi d'Angleterre & dompté les Flamans rebelles, qui l'avoient occupé quelques années avec toutes ses forces, mû de zele & de pieté, se croisa pour le voyage d'Outremer, dans le dessein qu'il avoit à l'exemple de ses ancestres, de travailler au recouvrement de la terre Sainte. Les Rois de Navarre, de Boheme & d'Arragon se croiserent avec lui & le firent chef de leur entreprise. Ce voyage le fit venir en cette ville, l'an 1334. où tandis qu'il attendoit la jonction des autres Princes ses confederez pour une entreprise si sainte, il moyenna un accord entre le Comte Amé de Savoye, & Humbert Daufin de Viennois. Les entremeteurs de ce traité de paix furent de la part du Comte de Savoye, Amé Comte de Geneve, Antoine de Clermont Seigneur de la bastie d'Albanois, & Philippe Prohana Chevaliers. Et pour Humbert Dauphin, Humbert de Cholay Seigneur du Pont de Buringes, & Amblard Seigneur de Beaumont. Ce traité fut conclu le 27. May 1334. Le Roi descendit ensuite à Avignon pour visiter le Pape Jean XXII. & confera avec lui sur le sujet de son entreprise, pour laquelle il mit sur pied deux armées les plus puissantes qu'on eut vûës en France depuis long-temps. Celle de mer estoit de quarante mille hommes, & celle qui devoit aller par terre, de trois cent mille combattans ; le Roi ayant attiré à cette guerre, outre les Rois de Navarre, de Boheme & d'Arragon, ceux de Hongrie, de Sicile, de Chipre & de Maillorque, & les Republiques de Venise & de Genes. Mais le Roi d'Angleterre fit échoüer ce grand dessein, n'attendant que l'éloignement Roi pour se jetter sur la France. Ainsi Philippe, qui pourvoyoit à la regence du Royaume pendant qu'il seroit occupé aux guerres de la terre sainte, fut obligé de quitter son entreprise, & de se contenter

QQq

d'envoyer au secours des Grecs contre les Turcs, avec le Pape & les Venitiens une flotte de trente deux galeres.

Ce Prince, qui avoit à cœur de conserver cette ville dans la joüissance de tous ses privileges renouvella l'an 1341. ses instances au Bailly de Mascon, au Gardiateur, & à tous les Officiers de justice de les maintenir dans la possession de ses privileges en leur écrivant en ces termes.

Preuves 120.   *A la supplication des citoiens & habitans de Lyon, Nous vous mandons, & à chacun de vous, que iceux, & chacun d'eux avec leurs familles, vous defendez, & faites defendre de toutes injures, griefs, violences, oppositions, molestations de force d'armes, de puissance, delais, & de toutes molestes indües, & les maintenez, & gardez en toutes leurs justes possessions, droits, usages, Privileges, coustumes, franchises, libertez, & saisives, esquelles vous les trouvez estre, ou leurs predecesseurs avoir esté paisiblement d'ancienneté, & ne souffrez contre iceux leurs familles, leurs biens, leurs choses, aucunes nouvelletez indües estre faites, lesquelles si vous les trouvez estre, ou avoir esté faites, vous ramenez ou faites ramener sans delay au premier & deub estat. Se aucuns s'opposent au contraire, faites chacun de vous si comme à luy appartiendra sur ce aux parties appellées ceux qui seront à appeller, bon & brief accomplissement de justice en telle maniere que par vous n'y ait defaut, & que complainte n'en doive estre faite à Nous.*

En mesme temps que le Roi recommandoit ainsi au Gardiateur de veiller à la conservation des Privileges de nos citoiens, l'Archevêque & le Chapitre lui porterent leurs plaintes tant contre ces Gardiateurs, que contre le Bailly de Mascon, & les autres officiers Roïaux, qui non seulement empeschoient le cours de la justice ordinaire, mais s'attribuoient encore tous les premiers ressorts, & contrevenoient manifestement à tous les traitez, accords & conventions faites avec les Rois ses predecesseurs, qui avoient ordonné que les premieres appellations, tant dans la ville que dans ses dependances, seroient portées à la justice de l'Archevêque comme Comte de Lyon, & que les secondes, qui appartenoient au Roi, ne seroient point receuës ni jugées ni dans la ville, ni dans les terres de l'Eglise, mais portées au parlement, ou en tout autre lieu qu'il plairoit au Roi hors de la Baronnie de l'Eglise. Que cependant contre ces Ordonnances, Maistre Jean de Paroy Juge des appeaux pour le Roi, tenoit ses assises & dans la ville & dans le bourg de l'Isle-Barbe. Et que quoi qu'anciennement & la ville, & toutes les terres de l'Eglise, fussent exemptes de toute jurisdiction & sujettion du Bailly de Mascon, & de tous les autres officiers royaux du Bailliage: que le droit de ressort ne dut estre exercé dans la ville & dans toutes ces terres que par quatre sergens; & que mesme le Bailly, le Senechal de Beaucaire, & les juges mages du bailliage & de la susdite Senechaussée, & les sergens, fussent obligez avant que d'exercer leurs offices, de jurer qu'ils garderoient exactement les libertez concedées à l'Eglise par les Rois ses predecesseurs, cependant sans aucun serment le Bailli s'approprioit les droits de superiorité & de ressort sur la Ville, les citoiens, & leurs autres sujets, quoi qu'il n'eut jamais receu d'ordre d'en user ainsi; & que contre toute sorte de droit, ledit Bailly & le Procureur du Roi dans ledit bailliage tantôt par eux mesmes, & tantôt par leurs Lieutenans & substituts, tenoient leurs assises tant dans la ville, que sur les terres de l'Eglise; y prenoient connoissance des affaires; faisoient des enquestes, emprisonnoient, & entreprenoient plusieurs autres choses contre la Jurisdiction de l'Eglise, avec un nombre exorbitant de sergens, qui abusoient de leurs offices & de leurs commissions, quoi qu'il eut esté expressément defendu par les Ordonnances Royales, en vertu du traité fait avec le Chapitre & l'Archevêque, que nul officier Royal ne pourroit rien entreprendre sur ceux qui seroient sur les terres de l'Eglise qui avoit justice haute & basse, que pour les cas du ressort, & par un mandement exprés qui contint le cas du ressort. Que cependant contre cét article du traité, on avoit establi des sieges Roïaux à saint Symphorien le Chasteau, & à Poilly le Monial, qui estoient de la baronnie de l'Eglise, quoi qu'à raison des libertez concedées à l'Eglise & à ses Ministres, nul officier royal ne dût tenir ses assises, ni connoître d'aucune affaire dans la ville, ni dans toute la baronnie: & que d'ailleurs ces sieges royaux estoient comme inutiles à la justice royale, & ne servoient qu'à inquieter les sujets du Roi. Ils ajoûtoient que le garde du sceel royal establi dans le bailliage en l'execution des lettres scellées de ce sceau, empéchoit l'execution de leur justice haute & basse; ces officiers usurpant la connoissance des faits qui regardoient la jurisdiction haute & basse dans la ville, cité, & baronie de leur dependance. Ils pretendoient aussi que le Bailly se disant Gardiateur des citoiens & habitans de la ville de Lyon deputé par le Roi, à l'occasion de cette garde prenoit la connoissance de beaucoup d'affaires, qui ne concernoient point cette garde & les troubloit dans l'exercice de leur jurisdiction, quoiqu'il ne dût point en vertu de cette garde s'entremettre des choses qui regardoient la justice, ni les empécher de l'exercer sur ceux qui estoient leurs justiciables. Ils se plaignoient encore de ce que ledit Bailly sans les avoir appellez, ni convaincus d'aucun excez dans l'exercice de leur jurisdiction, & sans les avoir contumacez faute de comparoître, cependant sous divers pretextes saisissoit leur temporel, & le mettoit dans la main du Roi, envoyant des sergens, & d'autres officiers Roïaux dans leurs chasteaux, terres & villages en garnison à discretion, & faisant regir par ces officiers les revenus desdites terres, avant qu'elles fussent declarées estre entre les mains du Roi, & mesme avant que lesdits complaignans eussent esté reconnus coupables, ni condamnez comme tels. Que ledit Bailly empeschoit que lesdits complaignans, & leurs Ministres ou officiers portassent des armes pour l'administration de leur justice, ou pour defendre leurs droits, ou pour l'execution de leurs jugemens rendus. Toutes lesquelles choses estoient manifestement contre tout droit & justice, & contre la foi des traitez, qu'eux & leurs predecesseurs avoient faits avec le Roi & ses predecesseurs. Comme aussi contraires aux privileges, immunitez, franchises & libertez de leurs vassaux & sujets, qui en estoient vexez, molestez, inquietez, & obligez de faire des depenses excessives, pour recourir à la justice du Roi, à son parlement, & à son conseil. C'est pourquoi ils supplioient humblement sa Majesté, d'y pourvoir par sa bonté Roïale, & par les voïes de la justice, pour faire cesser ces lesions manifestes de l'Eglise de Lyon, & de ses sujets.

Le Roi sur la demande & supplication des complaignans aïant fait examiner diligemment tous les traitez, accords, & conventions, passées entre l'Eglise de Lyon & les Rois ses predecesseurs, avec les privileges, immunitez, franchises, libertez, & autres graces accordées tant à ladite Eglise qu'aux citoiens & habitans de Lyon, & après une meure deliberation prise avec son grand Conseil, sur ce qu'il y avoit à faire, à ordonner, à moderer, à regler, & à determiner sur ces faits pour l'avenir touchant la jurisdiction de la ville, cité, baronnie, & sujets de l'Eglise de Lyon, & le ressort du Bailliage de Mascon declara que les premieres appellations de la ville, & les secondes de la baronnie ou des terres de l'Eglise selon la distiction faite par la declaration de son tres-cher Seigneur & cousin Philippe Roi de France & de Navarre, lui appartiendroient; & tous les autres cas de ressort, qui ne pourroient estre jugez qu'à Mascon, & non ailleurs, sinon au Parlement de Paris quand le cas l'exigeroit, & que c'estoit là seulement qu'elles seroient oüies, decidées & terminées devant le Bailly de Mascon, qui seroit pour lors, ou devant son Lieutenant. I.

Que ni ledit Bailly, ni aucun autre officier dudit Bailliage ne pourroient tenir leurs assises, ni dans la ville, ni dans le bourg de l'Isle-Barbe, ni dans les terres de l'Eglise pour y connoître d'aucune affaire, ni exercer aucuns actes de jurisdiction, ni à faire aucunes enquestes, sinon pour les cas de ressort, quand l'affaire seroit portée pardevant le Bailly hors de ladite ville & de ladite baronnie, qu'en tel cas pour éviter les frais, & autres peines des citoiens, on pourroit & dans la ville & ailleurs selon l'exigence du cas, oüir les témoins, recevoir leurs depositions par écrit, & achever les enquestes jusqu'à la publication, qui ne se devra faire qu'à Mascon. Et que pour les emprisonnemens il ne s'en fera point dans la ville, que lors que le cas exigera qu'ils soient faits sur le champ, ce qui mesme ne se fera qu'avec l'agreément de l'Archevêque & du Chapitre, que l'on priera de permettre que l'on se serve de leur prison, & que l'on y reçoive les prisonniers, sans aucun prejudice de leurs droits, auquel cas il faudra en six jours immediatement consecutifs transferer lesdits prisonniers hors de la ville, & des terres de la baronnie. II.

Que doresnavant ni le Roi ni ses successeurs ne tiendront ni ne deputeront dans la ville, ni dans les terres de la baronnie aucun juge d'appeaux, qu'il en retiroit dés à-present nonobstant toutes Ordonnances ou lettres Royaux à ce contraires. Et que les causes d'appel seroient decidées, & terminées à Mascon, à la maniere cy-dessus declarée. III.

Defenses faites audit Bailly ou à son Lieutenant de commettre sans le consentement exprés des complaignans, & de celui d'eux que l'affaire touchera, aucun substitut general, ou special; ni d'avoir à la ville, ou sur les terres de la baronnie, aucun deputé au nom du Bailly, du Juge, du Procureur, ou autres officiers dudit bailliage. IV.

Il defendoit aussi estroitement au garde du seel Roïal establi dans ledit Bailliage V.

d'empescher par soi ou par autre les complaignans, leurs Ministres, & officiers, d'exercer librement leur jurisdiction haute & basse, dans l'execution des lettres seelées de ce sceau Royal, quand ils en seront requis par les parties, & que les Ordonnances roïaux sur ce fait, soient inviolablement observées.

VI. Que dans la ville, cité & baronnie en commun desdits Archevêque, Doyen & Chapitre, il n'y ait, & ne puisse avoir que six sergens Royaux pour les cas du ressort, tous les autres estant actuellement supprimez par cette Ordonnance Royale. Lesquels sergens ne pourront exercer leurdit office qu'avec un mandement special de leurs superieurs, contenant le cas dudit ressort appartenant au Roy, & ce après en avoir averti l'Archevêque, le Doyen, & le Chapitre, ou tous ensemble, ou en particulier, selon que le cas le requerra, ou les officiers & Ministres qui exercent leur jurisdiction.

VII. Que si lesdits sergens ou quelqu'un d'eux en s'acquittant de son office ou de sa commission au nom du Roi, commet quelques excez dans la ville, cité ou baronnie, qu'ils soient punis & chastiez par le Bailly de Mâcon, selon que le cas le requerra. Et mesme si la chose le demande, qu'ils soient privez de leur office par ledit Bailly & punis selon leur demerite, si l'enormité du cas l'exigeoit.

VIII. Parce que les sieges Royaux establis à saint Symphorien le Chasteaux, & à Poilly le Monial auprès de la ville d'Anse, sont dans les limites de ladite baronnie & sont peu utiles au Roi selon les informations que l'on a eües tant du Bailly de Mascon par ses lettres patentes, que d'ailleurs; & qu'ils sont à charge auxdits complaignans, le Roi veut que lesdits sieges soient ostez, & defend de les tenir à l'avenir, ordonnant que d'oresnavant ceux qui estoient citez devant ces sieges Royaux, soient citez à Mascon, & à Charlieu, qui sont des lieux plus considerables, & plus propres pour recevoir les appellations & pour les decider, comme l'on faisoit anciennement avant l'establissement de ces sieges Royaux.

IX. Que si pour quelque raison, où le cas le requerroit, le Roi jugeoit à propos de nommer & de deputer de son authorité royale, un ou plusieurs Gardiateurs aux citoiens & habitans de la ville & des terres de la baronnie, ou d'en donner à des particuliers; ou que si quelqu'un de ces officiers en establissoit, il ne veut pas que ces Gardiateurs puissent exercer cét office contre l'Archevêque, le Doyen & le Chapitre à l'égard de leurs sujets & justiciables, ni empescher l'exercice libre de leur jurisdiction, sous pretexte de quelque sauvegarde que ce soit.

X. Le Roy defend aussi expressément au Bailly de Mascon & autres officiers dudit Bailliage de saisir en commun ou en particulier le temporel de l'Archevêque, du Doyen & du Chapitre, pour le mettre en sa main, ni pour estre regi par ses officiers, si ce n'est pour des crimes, offenses, & excez, pour lesquels ils fussent condamnez à lui payer amande, ou pour l'execution d'une sentance, ou arrest expressément porté contre eux, ou par lettres expresses seelées de son sceau, qui enjoignissent ladite saisie, & ce seulement jusqu'à la valeur & estimation de l'amende portée par l'arrest ou sentence de condamnation. Que si ledit Bailly, ou autres officiers du Bailliage saisissoient d'autre maniere que selon la teneur de ladite sentence, ou arrest de condamnation, ou des lettres expresses du Roy, & deputoit des sergens, ou autres pour regir ladite saisie, les complaignans ne seront point obligez de leur payer leurs vacations, ni autres frais ou depenses, & n'y pourront estre contraints, si cela n'est expressément marqué dans les lettres de leur commission données par le Roy.

XI. Il defend de les empescher en rien touchant la defense de leurs droits, voulant que selon la teneur des traitez, accords & compositions passées avec les Rois ses predecesseurs, les officiers de l'Eglise puissent porter des armes en allant exploiter; pourvû que cela se fasse sans fraude, & ne soit occasion d'aucun excez, ou violence illicite; & defend au Bailly & autres officiers de les molester, inquieter, ou empescher de joüir de ce Privilege & concession.

XII. Enfin il veut & commande que le Bailly de Mascon qui sera pour lors, dans un mois aussi-tôt après qu'il aura receu ces Ordonnances & aussi-tôt qu'il en sera requis, & ses successeurs en sa charge, dans les premieres assises qu'ils tiendront à Mascon, ou autre lieu de leur Bailliage, jurent en presence de plusieurs témoins dignes de foy, d'observer tous & chacun des articles cy-dessus, & les fassent jurer aussi-tôt qu'ils en seront requis, à leurs officiers subalternes; punissant & chastiant dûement ceux qui y contreviendront. Que si ledit Bailly, & lesdits officiers, en y contrevenant font des frais, & portent quelque dommage auxdits complaignans, à sçavoir à l'Archevêque, Doyen & Chapitre, ou en commun, ou separément; & qu'ils en soient legitimement

de la Ville de Lyon.

convaincus, ils soient tenus à les reparer entierement sans autre forme de procez ou de jugement, & qu'ils y soient contraints par les gens du Parlement ; afin que si l'amour de la justice n'est pas capable de les retenir, & d'empescher ces abus, ils en soient retenus par la crainte des chastimens.

Le Roi ne se contenta pas d'avoir fait ces Ordonnances pour faire cesser les plaintes de l'Archevêque & du Chapitre, mais par ses lettres patentes addressées à Jean des Quarreaux Chevalier, l'un de ses Conseillers & Bailly de Mascon, & à son Lieutenant du Bailliage, il en recommanda l'execution, ordonnant qu'elles fussent publiées au plûtôt, & que n'obligeat plus les sujets de l'Eglise de porter leurs secondes appellations aux Chastelains de saint Symphorien le Chasteau & de Poilly le Monial. Ces lettres furent données à saint Mandé proche Paris le sixième d'octobre de l'an 1341. *Preuves 117.*

Cependant les Flamans rebelles que Philippe avoit domtez, se sentans appuiez d'Edoüard III. Roy d'Angleterre, qui avoit des demeslez avec Philippe de Valois, pour la cession de quelques terres qu'il avoit esté obligé de lui remettre par un traité de Paix ; lui persuaderent de declarer la guerre au Roi, & parce qu'ils avoient promis par un serment solemnel de ne prendre jamais les armes que pour le service du Roy de France, ils lui conseillerent pour donner plus de pretexte à leur rebellion de prendre le titre de Roi de France, sur les pretentions qu'il pouvoit avoir de la part d'Isabelle de France sa mere fille du Roy Philippe le Bel, & sœur de Loüis Hutin qui n'avoit eu qu'un fils posthume mort huit jours après sa naissance & une fille qui avoit succedé au Roïaume de Navarre tandis que les deux oncles d'Isabelle avoient l'un après l'autre succedé à la Couronne, & après eux Philippe de Valois, qui n'estoit que collateral, & fils d'un Comte de Valois, qui n'avoit jamais esté Roy. Edoüard écouta les propositions des Flamans & fit desier le Roy comme usurpateur d'un Royaume qu'il disoit lui appartenir tandis qu'Artevelde un brasseur de bierre fit soulever les Flamans ; & se fit chef de leur revolte.

Le Roy pour s'opposer aux entreprises d'Edoüard & des Flamans revoltez, fut obligé de convoquer l'arriere-ban de son Roïaume & d'ordonner que tous ses sujets de dix-huit ans jusqu'à soixante, capables de porter les armes, se rendissent à Roüen à pied ou à cheval, parce que l'Anglois estoit entré par le Coutantin dans le Roïaume. Le Bailly de Mascon, qui avoit receu cét ordre aussi bien que tous les autres Baillis & Senechaux, le voulut publier en cette ville, cét arriere-ban, mais les Consuls & habitans remontrerent aux officiers du Roi, qu'il n'estoit pas expedient, que Lyon estant frontiere du Roïaume du costé de l'Empire, demeurât depourvû de gens capables de les defendre ; & qu'en toutes les autres guerres ils estoient toûjours demeurez dans la ville pour la garder. Sur quoi le Bailly aïant proposé au Roy ce que nos citoïens alleguoient, il consentit pour la sureté de la ville, qu'ils la gardassent, d'autant plus que pour se delivrer de cét arriereban, ils avoient donné au Roi mille livres Tournoises, payées à Eustache de Labour Echanson de sa Majesté, dont le Roi se tint pour content & satisfait ; à condition que cela ne fit aucun prejudice ni à lui, ni à ses successeurs, comme il ne pretendoit que non plus que cela lui acquit de nouveaux droits sur les citoïens & habitans de Lyon, qui avoient pour nouveau Seigneur Henry de Villars II. du nom, le troisième de cette maison élevé à la dignité d'Archevêque par les suffrages du Chapitre, & du Clergé de Lyon. Ce Prelat voyant l'affection que le Roi témoignoit à nos citoïens, crut que pour les gagner, & pour se les attacher, il falloit leur renouveller les Privileges, qu'ils avoient obtenus de ses predecesseurs. Ainsi le 25. de May l'an 1347. dans le cloistre de saint Paul, & la maison d'habitation de Loüis de Villars son frere Archidiacre de l'Eglise de Lyon, il passa un acte de confirmation de tous ces Privileges accordez & consentis par Pierre de Savoye dés l'année 1312. & renouvella tous ces Privileges en presence de ses freres, le Seigneur de Thoiré & de Villars, & Jean de Villars, de Thomas de Gletens, & de François de Baffis Chevaliers, de son Official Chabert, Huon Obeancier de saint Just, de Jean de Laye & Barthelemy de Montbrison docteurs és droits, de Jean Marchion docteur en decrets, & autres ses fideles Conseillers. *Preuves 118.*

Ce fut ce Prelat, qui contribua beaucoup à la cession que fit Humbert Daufin de ses Estats en faveur de la maison de France. Humbert avoit nommé dés l'an 1335. Henry de Villars Evêque de Viviers, son Lieutenant general en l'administration de ses Estats, & un an après Henry passa de l'Evêché de Viviers à ceux de Valence & de Die par la permutation qu'il fit avec Aymar de la Voute depuis aïant esté choisi & postulé par le Chapitre de Lyon, il en obtint l'Archevêché l'an 1342. & en prit possession le premier jour de 1343. & conserva dans ce changement de siege la qualité *Preuves 120. 121.*

de chef du Conseil du Daufin, dont il menagea l'esprit pour la disposition de ses Estats en faveur du Roi de France. Car Humbert après la mort de son fils unique arrivée par accident, ne pouvant revenir de la douleur que lui causoit cette perte, resolut de renoncer au monde pour embrasser la vie Monastique, & deliberant, si ce seroit au Pape, au Duc de Savoye, ou au Roi qu'il remettroit ses estats, Henry de Villars qui estoit chef de son Conseil le determina à les remettre au Roi pour un de ses fils, qui prendroit le titre de Daufin. Le Roi avoit d'abord jetté les yeux sur le second de ses fils Philippe Duc d'Orleans, à qui la premiere donation en fut faite par un traité passé à Vincennes l'an 1343. mais s'estant depuis apperceu que cela ne plaisoit pas à Jean Duc de Normandie son fils aisné qui avoit de la jalousie d'un si prompt avenement de son cadet, qui alloit posseder de grands estats, tandis que lui qui estoit deja marié, & avoit des enfans n'estoit que Duc de Normandie à titre d'appanage.

Le Roy pour oster ces naissances de querelles entre deux freres fit porter le Daufin à prendre un autre donataire, & lui fit souhaiter que ce fut Charles fils du Duc de Normandie, d'autant plus que le Daufin vouloit non seulement que celui à qui il remettroit ses terres, prit le nom & la qualité de Daufin; & conservât à ses sujets tous leurs anciens usages & tous leurs Privileges, mais il desiroit encore qu'il épousât la fille du Duc de Bourbon, que ce Prince avoit lui-mesme recherchée en mariage, avant qu'il eut fait le voeu de renoncer au monde à la persuasion du General des Chartreux Jean Büel, qu'il consultoit pour les affaires de sa conscience. Enfin la chose estant determinée en faveur de Charles fils du Duc de Normandie, le contract de donation fut passé à Romans le 30. de Mars de l'an 1348. où rien d'essentiel ne fut changé du premier contract de 1343. fait à Vincennes, que la personne du donataire, c'est à dire de Charles, au lieu de Philippe & le neveu mis à la place de l'oncle, c'est ce dernier contract que l'on nomme communement le transport du Dauphiné, le premier n'ayant jamais esté executé.

Jean Duc de Normandie fort content de voir son fils élevé à cette nouvelle dignité, n'attendoit plus que de le voir entrer en possession du Daufiné, il vint pour cet effet en cette ville, où il attendit le Daufin Humbert & Charles, qui devoit recevoir l'investiture des estats qu'on venoit de lui transporter. La ceremonie s'en fit en cette ville d'une maniere solennelle dans le cloistre des Freres Prescheurs au lieu mesme où quelques années auparavant s'estoit tenu le conclave des Cardinaux, & où Jean XXII. avoit esté élu Pape. Le seizieme de Juillet le Daufin Humbert, qui logeoit dans ce cloistre, s'y revestit des habits de sa dignité, & en presence de Jean Duc de Normandie fils aisné du Roy Philippe de Valois, & Pere du jeune Charles qui alloit estre Daufin, il lui donna l'Espée Delphinale, le sceptre & la banniere de Saint George, & lui mit au doigt l'anneau, pour l'investir du Daufiné. Aprés quoi Humbert dépoüillé de toutes ces marques augustes de sa dignité se revestit de l'habit des Freres Prescheurs, & changea le titre de Daufin en celui de frere Humbert, auquel il ajoûtoit encore quelquefois celui d'ancien Daufin, quand il falloit passer des actes, qui avoient quelque rapport à son ancienne dignité, Pierre Duc de Bourbon, & Jean Comte d'Armagnac, qui avoient accompagné le Duc de Normandie assisterent à cette ceremonie, mais le Duc de Bourbon ne s'y trouva pas seulement comme témoin, mais encore comme partie interessée, car le Daufin Humbert pour ne pas irriter ce Duc, dont il avoit recherché la fille pour en faire son Epouse, avoit desiré, comme j'ay dit, que le jeune Daufin l'épousât. Ce mariage fut donc conclu, & les mesmes, qui avoient negotié le traité du transport du Daufiné furent emploiez à dresser les articles de ce Mariage, à sçavoir nostre Archevêque Henry de Villars, Jean de Chissey Evêque de Grenoble, le Comte d'Armagnac, Aymar Comte de Poitiers, Jean de Chalon Comte d'Auxerre, Jaques de Bourbon, Humbert Sire de Villars, & Loüis de Villars Archidiacre, de Lyon freres de nostre Archevêque, Guillaume Flotte Seigneur de Revel, Amedée de Roussillon, Amblard de Briord, L'Abbé de Ferrieres, Pierre de la Forest Chancellier du Duc de Normandie, & François de Parme Seigneur d'Aspremont Chancellier de Daufiné.

L'Archevêque Henry de Villars, qui avoit eu tant de part à ces negotiations, pour recompense de ses bons offices fut establi Gouverneur de Daufiné, & Lieutenant general du Daufin dans tous ses Estats.

His que super facta Anglia, dilecti filij nobilis vir Guido Caprarij miles, & ma-

Guy de Chevriers Chevalier l'un de nos illustres Lyonnois & qui avoit esté Viguier pour le Roi en cette Ville fut aussi envoyé au Pape Benoist XII. pour traiter avec ce Pape des moyens de faire la Paix entre Philippe de Valois & Edoüard Roy d'Angleterre. Et ce Pape écrivant au Roy lui loüe la sagesse de ce Chevalier, c'est ainsi qu'ordinairement nos Rois employoient pour traiter leurs affaires des gens d'espée & des gens de robe qu'ils associoient ensemble, & c'est pour cela mesme que pour le gouvernement de cette ville ils avoient le Bailly de Mascon Senechal de Lyon, qui estoit Chevalier, & lui donnoient pour Lieutenant un homme de robe comme nous avons vû cy-devant.

sister Petrus de Verberta Clericus, Regis nuntii ad nostram nuper presentiam cum literis credentia destinati cur venerint nobis exponere Epist. Ben d. Papæ Reg. Franciæ.

LE ROY JEAN.

Le Roy Philippe de Valois estant mort l'an 1350. Jean Duc de Normandie son fils aisné lui succeda âgé de quarante ans, dont le Fils Charles Daufin de Viennois avoit l'année auparavant rendu l'hommage à nostre Archevêque Henry de Villars & au Chapitre pour les terres d'Annonay & d'Argental, comme nous avons dit au livre cinquiéme de cette Histoire en parlant des fiefs de l'Eglise & de ses Vassaux. Et si ce que Messieurs de sainte Marthe ont écrit parmi les additions de l'histoire Genealogique de la Maison de France page 1085. est seur, & tiré des registres de la Chambre des Comptes de Paris, comme ils le marquent, que l'an 1350. Le Roi Jean donna à Jean d'Artois, qu'il avoit fait Chevalier à son couronnement, la Comté d'Eu en Normandie, qu'il avoit confisquée sur le Connestable Raoul de Nesle convaincu de trahison, & decapité à Paris dans l'hostel de Nesle ; & que les lettres de ce don furent expediées à Lyon au mois de Fevrier, ce Roy devoit estre alors en cette ville, où peut-estre il estoit venu pour conferer avec son fils nouvellement establi Daufin de Viennois, & avec nostre Archevêque Henry de Villars chef de son Conseil & son Lieutenant general, comme nous avons dit cydevant.

Ce fut aussi l'an 1352. que cét Archevêque fit un traité de Paix entre le Comte de Savoye & le Daufin à Voyron. Le Chevalier Guichenon a non seulement remarqué les circonstances singulieres de ce traité en son histoire Genealogique de la maison de Savoye, mais il en a rapporté les actes entiers parmy les preuves mises à la fin de son histoire, où il y a beaucoup de choses curieuses pour l'histoire de Daufiné & de Savoye, & mesme pour l'histoire du Roy Jean, mais qui ne sont pas de mon sujet.

Preuves de l'hist. de Savoye p. 187.

L'an 1356 L'Empereur Charles IV. Roy de Boheme, de la maison de Luxembourg, qui avoit épousé Blanche de Valois sœur du Roy Philippe & Tante du Roy Jean, pretendit avoir encor quelque droit sur l'Eglise de Lyon, dont la Comté avoit relevé autrefois de l'Empire : ainsi le jour de son sacre & de son couronnement, il nomma Chanoine en l'Eglise & Comte de Lyon Estienne de Poleins fils de Jean de Poleins Damoiseau Seigneur de la Jaclière & de Polein en Bresse, & lui en donna depuis les patentes à Mets en Lorraine au mois de Janvier, pour l'execution desquelles il deputa Amé Comte de Savoye surnommé le Comte Vert, qu'il avoit fait son Vicaire pour les terres de l'Empire au delà du Rhône. Le Comte Vert pour s'acquitter de sa commission en écrivit au Chapitre & envoya Verruquier de la Baume Chevalier Seigneur de Broces, & Pierre Andrevet docteur és droits ses conseillers pour presenter les lettres de l'Empereur, que le Chapitre refusa de recevoir, soustenant que ce droit de nomination pretendu par l'Empereur ne lui appartenoit pas.

Aprés le decez de l'Archevêque Henry de Villars arrivé le 25. Novembre 1354. Remond Saquet qui avoit esté Conseiller au Parlement, & qui avoit en cette qualité rapporté les lettres du Roy Philippe de Valois en faveur de Philippe de Chauviré Bailly de Mascon, pour unir à sa charge l'office de Gardiateur de cette ville, fut nommé Archevêque par le Chapitre. Il estoit auparavant Evêque de Teroüane en Flandres, mais cette ville ayant esté brûlée par les Anglois, il se retira en cette ville, où l'Archevêché estant venu à vaquer, il y fut éleu pour son merite & sa vertu, & en prit possession le 27. d'Avril l'an 1355. selon les registres de l'Eglise de Lyon, qui la marquent sous la quatriéme année du Pontificat du Pape Innocent VI. deux ans aprés le 20. d'Avril il confirma à nos citoiens & habitans de la ville de Lyon tous les Privileges que deux de ses predecesseurs Loüis de Villars, & Pierre de Savoye, leur avoient concedez, ou confirmez : il en rapporte les lettres patentes tout au long, en celles qu'il leur donna pour cette confirmation; en presence de Pierre Fabri de saint Papoul Jurisconsulte, de Jaques Guillot Chanoine, d'Hugues de Courcy, & de Matthieu Sarrazin, Chappelain perpetuel de saint Nizier, de frere Pierre de Mugnet Lyonnois Moine d'Ambournay, de Maistre Nicolas Joly Clerc de Rheims, de Nicolas Morin Diacre d'Amiens & de Mathieu de Flosco Clerc de Terouane, que je soupçonne avoir esté ses domestiques.

Preuves 118.

Preuves 122.

J'ay vû dans les Archives de Messieurs de saint Claude un acte de cét Archevêque de la même année 1357. où son contrescel a la figure d'un Lion, & pour cimier un buste mitré, qui pourroit estre sa figure à demy corps. Il mourut cette même année puisque Guillaume de Thurey, qui avoit esté long-temps Doyen de l'Eglise de Lyon fut élû cette même année son successeur à l'Archevêché.

Cependant la funeste bataille de Poitiers, & la prise du Roy Jean attirerent sur ce Roïaume d'estranges calamitez, qui auroient eu des suites encor plus fâcheuses sans la sage conduite du Daufin, qui s'estant sauvé du combat, quand il vit toute l'armée en déroute & le Roy son pere arresté prisonnier, prit le gouvernement de l'Estat sous le titre de Regent. Cette ville se ressentit moins que les autres de cette calamité, parce qu'elle demeura fidele au Regent, & qu'estant voisine de ses Estats, qui ne se detacherent point de l'obeïssance qu'ils lui devoient, se trouva à couvert des insultes des Anglois & de Philippe de Navarre qui s'estant jettez dans le Poitou, l'Auvergne, & le Berry ne penetrerent pas jusques icy. On fit enfin la paix l'an 1360. sous des conditions fort desavantageuses pour la France, & l'on fut obligé d'envoyer des ostages en Angleterre pour la delivrance du Roi, & pour l'accomplissement du traité. Quarante Princes ou Seigneurs furent ses ostages. Froissart dit que la ville de Lyon en fournit, il ne les a pas nommez, mais par les registres de l'hostel de ville nous apprenons qu'il y eut un mandement du Roy Jean aux habitans de cette ville l'an 1360. d'envoyer deux ostages à Calais. Sur quoi les Consuls s'estant assemblez & n'aïant pu convenir entre-eux sur le choix de ces ostages ils donnerent pouvoir aux principaux Bourgeois de faire cette Election & qu'ils nommerent Ainard de Villeneuve, & Humbert de Bleterans de deux familles des plus considerables de la Ville & qui ont fourni depuis des premiers Presidens aux Parlemens de Dijon & de Tolose.

La ville fit en mesme temps une imposition de deux deniers pour livre sur les marchandises, pour contribuer à la rançon du Roi, qui un an aprés écrivit au Bailly de Mascon de contraindre les villes circonvoisines à contribuer aux frais des ostages de cette ville envoyez en Angleterre, & fit don à la ville de quatre mille Florins d'or à prendre sur les subsides establis pour sa rançon : comme un an aprés il manda que l'on substituât un nouvel ostage à la place d'Estienne de Villeneuve mort en Angleterre, & qui devoit avoir esté substitué lui-mesme à Ainard de Villeneuve, dont on avoit fait choix avec Humbert de Bleterans. L'an 1362. Il donna des lettres patentes pour le remboursement des deniers fournis par la ville pour sa rançon, & l'an 1368. la ville tira quittance de quatre mille cinq cents trente cinq florins d'or fournis pour cette rançon, comme l'an 1370. & 1372. Le Roy Charles V. Successeur du Roy Jean donna des lettres patentes pour contraindre les villes de Mascon, de Cluny & de Tournus à payer leur part de la depense des ostages envoyez de Lyon à Calais avec un executoire du Parlement contre ces trois villes ; Jean de Pressia & Louis de Fuer furent deputez en Angleterre pour retirer les deux ostages, & pour leur fournir les frais & les depenses par eux faites.

La maniere prompte & genereuse dont la ville se porta à rendre ce service au Roy pour le bien de l'Estat, jusqu'à faire de grandes avances pour les corps des Marchands de France taxez pour cette rançon, dont ils eurent beaucoup de peine à estre rembourcez, affectionnerent si fort le Regent à cette ville, qu'il la favorisa toûjours durant son regne, & lui conserva ses Privileges nonobstant les poursuites du Chapitre & des Archevêques, qui l'inquietoient par les oppositions continuelles qu'ils apportoient à l'establissement des officiers Royaux, qui maintenoient nos citoiens dans la possession de leurs anciens privileges.

Si cette ville ne se ressentit pas des courses des Anglois, elle eut d'autres brouilleries à essuïer. Le Daufin Regent du Roiaume pour recompenser le merite & la valeur de son frere Jean de France, Comte de Poitou, qui n'estant âgé que de seize ans, se trouva avec le Roy son pere à la bataille de Poitiers & avoit esté déja pourvû de la Lieutenance generale ès pays de Xaintonge, de Poitou, d'Angoumois, de Perigord, de Berry, d'Auvergne, de Limosin & de Gascogne, lui fit don de la Comté de Mascon par lettres du mois de May, & quatre mois aprés pour rendre ce don plus considerable, y joignit le titre & la qualité de Pair, pour remplacer, disoit-il, la Pairrie de Tolose, qui avoit esté supprimée par la reunion de la Comté de Tolose à la Couronne, & pour maintenir par ce moïen la dignité du Roiaume, qui avoit accoûtumé d'avoir ses douze Pairs, pour accompagner le Roy dans les actions les plus solennelles, & dont les conseils & les secours estoient d'autant plus necessaires dans l'Estat present des affaires, que le Roïaume estoit accablé de guerres. Qu'ainsi aprés avoir pris le conseil des Prelats & des grands du Roiaume, il avoit jetté les yeux sur son

tres-

de la Ville de Lyon. 489

tres-cher frere le Comte de Mascon & de Poitou qui s'estoit montré digne fils du Roy leur Pere dans le combat de Poitiers & avoit genereusement soûtenu les interests du Royaume tant par sa valeur que par sa sage conduite, principalement dans les guerres de Guienne, qui avoient suivi le malheur de la bataille de Poitiers. Qu'ainsi se servant de tout le pouvoir & de toute l'authorité que lui donnoit le titre de Regent du Royaume en l'absence du Roy son Pere, qui les lui avoit confiées, & qui lui appartenoient de droit comme à son fils aîné, & heritier presomptif de la couronne, il creoit, & establissoit sondit frere pair de France, & l'un du nombre des douze en qualité de Comte de Mascon; ordonnant, prononçant & declarant par l'authorité, droit, & plenitude de puissance que lui donnoit sa qualité de Regent, que le Comte de Mascon, & ses successeurs dans ladite Comté descendans de son sang & de sa race, joüissent de tous les honneurs, droits, privileges, libertez, & prerogatives, dont joüissoient & avoient accoustumé de joüir les temps passez les autres Pairs de France; & que toutes les causes, & affaires qui pouvoient regarder tant leurs personnes, que la Comté & Bailliage de Mascon, ses ressorts, ou dependances des ressorts; ou qui pouvoient leur appartenir, ne pussent estre connuës ni jugées par autre, quelque authorité, commission, ou pouvoir qu'il pût avoir, que par les Rois de France, ou Regens du Royaume, ou par leur mandement exprés, & dans le Parlement Royal appellé la Cour des Pairs, sauf le ressort des causes & affaires, touchant sa jurisdiction, dont les appellations devoient ressortir au Parlement comme les causes & affaires des autres Pairies du Royaume : que bien que jusqu'à lors, la Comté & Bailliage de Mascon n'eussent point esté tenus pour Pairie, il derogeoit à tous les droits, usages, coustumes, styles & ordonnances contraires, commandant en vertu de l'authorité, droit, & pouvoir qu'il avoit de la part du Roy, à tous les Ducs, Princes, Prelats, Comtes, Barons, & autres vassaux, & sujets du royaume de France, sous quelque nom qu'ils fussent distinguez, de traiter, considerer & honorer son frere le Comte de Mascon, & autres Comtes de Mascon ses successeurs descendans de lui, comme Pairs de France, defendant sous grieves peines à tous, de le troubler lui & ses successeurs en la joüissance de ce titre &c.

Ensuite de cette donation si solemnelle le nouveau Comte de Mascon pretendit joüir de tous les droits dependans de sa Comté & Pairie, & parce que le Roy Philippe de Valois son ayeul avoit joint à l'office du Bailly de Mascon celui de Senechal de Lyon, & de Gardiateur des citoiens & habitans de cette ville, il pretendit que ce droit de garde lui appartenoit comme une dependance de sa pairie. L'Archevêque, le Doyen, le Chapitre, les citoiens, bourgeois, & habitans de cette ville, remontrerent au Regent que par les traitez faits avec nos Rois, & specialement avec le Roy Philippe de Valois, il avoit esté accordé, que la superiorité, le ressort, la garde, & les autres droits, & émolumens de cette ville, que les Rois avoient réünis à la couronne de France, ne sortiroient jamais des mains de nos Rois, & ne pouvoient estre alienez sous quelque titre que ce fut, ni separez de la couronne, tant pour la ville, cité, terre, & baronie de l'Eglise de Lyon que pour leurs dependances.

Preuves: 127.

Que cependant le Comte de Poitou & de Mascon à qui le Regent avoit donné la Comté de Mascon, avec le Bailliage, le ressort, & ses dependances, pretendoit, ou ses officiers, sous pretexte de ladite donation, s'approprier ladite superiorité, garde, droits, & émolumens dudit ressort & créer un nouveau juge de ressort à l'égard de la ville de Lyon, & tous autres officiers, en destituant les officiers royaux. Sur quoi le Regent declara que ce n'avoit jamais esté son intention en donnant la Comté de Mascon à sondit frere, d'y joindre la superiorité, le ressort & la garde de Lyon, ni de donner aucune atteinte aux libertez, & privileges concedez à cette ville par les Rois ses progeniteurs : les confirmant au contraire, & ratifiant de tout son pouvoir & authorité; defendant à son dit frere, & à tous ses officiers de rien entreprendre ni innover contre ces privileges & libertez, ni de les molester, ou empescher d'en joüir selon toute la teneur des lettres du Roy son ayeul. Il donna cette declaration à Melun au mois de Decembre de l'an 1359.

Il écrivit en mesme temps au Juge Royal de la superioté & ressort de cette ville, de faire executer sa declaration selon toute sa teneur, & de retablir toutes choses en leur premier estat, s'il s'y estoit fait quelque changement, commandant à tous les autres officiers royaux de lui donner aide & secours, s'il en avoit besoin pour l'execution de cette declaration.

Preuves ibid.

Si la ville de Lyon, & les Provinces voisines avoient esté à couvert des inondations des Anglois, qui infestoient les autres Provinces du royaume, ce pays ne laissa pas de ressentir d'autres ravages par des troupes debandées, à qui l'on donna le nom de *Tardvenus*. Parce qu'ils n'estoient venus en France que sur la fin de la guerre, & quand la paix fut concluë entre le Roi d'Angleterre & le Roy de France à Bretigny auprés de Chartres. Quand ces deux rois eurent congedié leurs troupes, qui estoient composées d'Allemans, de Flamans, de Brabançons, de Gascons, de Picards, de Manceaux, de Bourguignons, de Berruyers, & de Savoyards, obligez de retourner en leurs pays, ils se lierent par troupes, & s'estant fait des chefs des plus resolus & des plus determinez, ils pilloient les villages par où ils passoient, & vivoient à discretion. Les Prevôts & les Marchaussées n'estoient pas en estat de resister à des troupes si nombreuses, & qui estoient au desespoir de retourner dans leurs maisons sans rien avoir que leur misere à y porter. Paradin a pris plus de soin de nous marquer les noms extravagans de ces chefs de bandes si mal disciplinées, que de nous faire savoir les precautions que l'on prit dans les provinces pour se mettre à couvert de leurs insultes.

Ce fut dans la Bourgogne & dans la Champagne que ces troupes debandées commencerent à s'assembler, elles forcerent la ville & le chasteau de Joinville, où elles firent un butin considerable, parce que tous les gens de la campagne y avoient porté ce qu'ils avoient de plus precieux. Ils furent en Bourgogne autour des villes de Dijon, de Dole, & de Besançon, dont ils tirerent de grosses contributions & descendant vers Beaulne & Chalon ils pillerent Givry, & s'estant joints tous ensemble en corps d'armée d'environ seize mille hommes, ils coururent la Comté de Mascon, & le Forés dans le dessein de faire quelque tentative sur cette ville, pour aller aprés vers Avignon, où estoit le Pape avec toute sa cour. Cependant le Roy averti de ces desordres depescha Jaques de Bourbon Comte de la Marche, & Gouverneur de Languedoc pour s'opposer à ces voleurs, il ramassa ce qu'il put de troupes dans les provinces voisines, mais eux s'en estant apperceus, vinrent se retrancher dans le Lyonnois sur les frontieres de Forés, & se saisirent de la petite ville de Brignais à deux lieuës de Lyon, où ils firent leur retraite & leur place d'armes, parce qu'elle est en lieu dont les aventes sont difficiles, entre des vallons. Ce fut l'occasion de la ruine de nos Aqueducs, & du Pont de Francheville, que les Romains avoient construit tant pour continuer les voyes militaires, qu'ils avoient faites pour la facilité du passage de leurs armées, que pour servir à la conduite de leurs aqueducs. Ceux de Lyon pour leur oster la commodité de passer pour venir à eux, rompirent le Pont de Francheville, comme on le voit à present, & eux pour se fortifier ruinerent les aqueducs de Brignais, & en firent plus de deux mille charrettées de Pierres, pour en accabler les soldats de l'armée de Jacques de Bourbon. Car ces Tardvenus assez mal armez, s'estoient postez sur une hauteur d'où ils pouvoient facilement à coups de pierres se defendre.

Voici ce que Denis Sauvage en ses annotations sur Froissart, a écrit du lieu où se posterent ces Tardvenus.

M'estant retiré comme autrefois, en la petite ville, bourgade de Saint Genis-Laval à deux lieuës Françoises par de là Lyon, selon la descente du Rhosne, du costé Royanme, & à une semblable lieuë par deça Brignais, pour vaquer plus solitairement à mes estudes & revoir tiercement les presentes histoires de Froissart, devant que les faire imprimer sur ma correction. Maistre Mathieu Michel, mon hoste & bon amy precepteur de quelques jeunes enfans de certains Bourgeois de Lyon, ayant souvent ouy parler du fait d'armes ensuivant, à ceux du pays, le matin du 27. Juillet 1558. me conduisit en allant le droit chemin de Saint-Genis à Brignais, jusques à environ trois quarts de lieuës Françoises, au bout desquels, sur le costé gauche de nostre chemin, trouvasmes un petit mont, ou tertre couvert d'un petit bosquet de jeunes chesnes, & de redrageons de cheneaux, en forme de taillis, là où les plus anciens hommes du pays, selon le rapport des ayeulx aux peres, & des peres aux fils, disent qu'estoient campées les compagnies, qu'ils nomment les Anglois, s'abusans en ce qu'ils pensent que ces Anglois ayent esté defaits en ce lieu, Illec en conferant la description de nostre Auteur au lieu propre: & estant allez jusques à la villette de Brignais (qui n'est qu'à un quart de lieuë par de-là ce petit mont) & ayans davantage circui tout l'environ, trouvasmes que cette mesme montagnette (que les gens du pays appellent le bois du Goyet) estoit vrayment le fort, que nostre Autheur descris, & qu'il n'y a rien de faute, sinon qu'il la dit haute montagne, encores qu'elle ne se puisse vrayement nommer, que tertre ou colline, comme aussi les abregez ne disent simplement que montagne. Cette montagnette, colline, ou tertre, estant situee en une combe, aucunement bossuë (qui tend d'un gros hameau nommé le Peron, jusques à Brignais, & flanquée d'une montagne, appellée le mont les Baroles, du costé droit, & d'une autre montagne, prenant son nom du village d'Erigni, du costé gauche, au jour dessusdit, pouvoit avoir pour son Orient, le vray endroit de Lyon; pour son midy, celuy du village de Vourles ; pour son Occident celuy de Brignais, & pour son septentrion celui des Baroles, beaucoup plus élevé, la descente duquel l'approche si fort qu'il n'y a que le seul chemin, qui meine de Saingenis à Brignais, qui fasse la separation de l'une & de l'autre. Du costé de son Orient il a une assez belle petite pleine à bas, puis du costé mesme se drece incontinent roidement (mais non gueres hautement) & presque ainsi du coste de septentrion, jusques à tant qu'il fait un coupeau, comme en forme de rondelle : dont il a eu quelquefois le nom de Montrond, & maintenant de Montand, envers aucuns, par langage corrompu. Ce coupeau monstrant encore pour reste de l'enceint & des tranchées du fort des compagnies, jusques à trois piez de profondeur, & jusques à cinq ou six de largeur, presque tout à l'entour, avec autant de rampar que le temps en a pû souffrir, parmy monceaux de cailloux au dedans du fort, peut avoir environ cinquante grands pas en diametre, & environ sept vingts en contour : & devers son occident s'avale si platement, qu'ils s'évanoüit incontinent en une assez grande plaine, qui environne tout Brignais : & de ce costé où devoit estre l'entrée du fort, à nulle marque de tranchée par l'Espace d'environ douze grands pas : mais tôt après elle recommence vers le midy : duquel costé se trouve une bien petite combe, comme le fond d'une vague, se regettant sur un autre plus bas coupeau (nommé le petit Montrond, ou Mourand) qui s'applant incontinent du tout vers Vourles & vers Erigni, & en telles plaines continues s'estoit cachée la plûpart des compagnies derriere ces deux coupeaux. Si nous fut dit, & a esté souventefois depuis, par gens dignes de foy, qu'il n'y a pas long-temps, que l'on a trouvé plusieurs bastons, & autres harnois de guerre, dedans les terres d'environ. Annotation LXXXVIII. sur le premier volume de Froissard.

C'est ainsi que Polybe pour escrire l'histoire d'Annibal suivit exactement tous les lieux par où il avoit passé ; pour en faire la description. Mais Denys Sauvage n'a pas eu en toutes choses la mesme exactitude, & l'on a eu raison de dire qu'il a plus gasté l'histoire de Froissart qu'il ne l'a illustrée, par les changemens qu'il y a faits.

Le jeune Comte de Forés, le Comte d'Usez, Robert de Beaujeu, & Loüis de Châlon furent tuez en cette bataille de Brignais. Jaques de Bourbon, comte de la Marche, & son fils y furent blessez à mort, & portez en cette ville, où ils ne survequirent que peu de jours à la defaite de leurs troupes.

Ces deux Princes furent inhumez dans l'Eglise des Freres Prescheurs de cette ville au costé droit du maistre autel où se voyent encore leurs Epitaphes qu'on a pris soin de renouveller, depuis que les heretiques du siecle passé eurent saccagé nos Eglises. Voicy ces deux Epitaphes.

Cy gist Messire Jacques de Bourbon Comte de la Marche, qui mourut à Lyon de la bataille de Brignais, qui fut l'an 1362. le Mercredy devant les Rameaux.

Item cy gist Messire Pierre de Bourbon Comte de la Marche son fils, qui mourut à Lyon de cette mesme bataille l'an dessusdit.

Denys Sauvage Historiographe du Roy Henry II. en ses annotations sur Froissart a crû qu'il y avoit erreur en la date de cette bataille, qu'il dit avoir esté donnée en 1361. Parce qu'ayant esté donnée vers le temps de Pasques, il n'avoit pas fait reflexion à la maniere de supputer les années de ce temps-là en France, où elles commençoient à Pasques, & croisoient ainsi deux années selon l'usage des autres nations comme j'ay remarqué cy-devant à l'occasion de plusieurs dates, qui semblent fautives à ceux qui n'ont pas égard à cét usage ancien du Royaume jusqu'au regne de Charles IX.

C'est pour obvier à ces erreurs que Messieurs les Comtes de Lyon dans leurs actes capitulaires ajoûtoient à ces dates, qui pouvoient estre ambigues ces mots *More Gallicano*. Ainsi dans le renouvellement de leurs anciens statuts faits en 1352. & presentez au Pape Innocent VI. pour estre confirmez, ils avoient mis. *Acta sunt hæc in Capitulo generali anno Domini millesimo trecentesimo quinquagesimo secundo, More Gallicano sumpto, die 7ª. mensis februarij, indictione sextâ, Pontificatus sanctissimi Patris & Domini Domini Innocentij Papæ VI. anno ipsius primo.*

Ces troupes debandées infesterent le Royaume durant prés de trois ans, parce qu'à mesure qu'elles se répandoient dans les Provinces, elles se grossissoient de toute la canaille, & d'un grand nombre de scelerats, ainsi les uns attirez par l'esperance du butin, & les autres obligez de quitter leurs pays pour chercher l'impunité de leurs crimes, prenoient le parti de soldats, ou plutôt de voleurs, qui ne gardant aucune discipline, portoient le desordre par tout, & ne pouvoient estre forcez, ni dissipez, à cause de leur

RRr ij

multitude, outre qu'ils n'avoient point de chefs raisonnables avec qui on put traiter avec quelque seureté.

En ces entrefaites le Roy Jean revenu de sa prison, au lieu de songer à donner la paix à son royaume, & le delivrer de ces Bandits, forma des desseins de croisade & de voïage d'Outremer ; fit un ordre militaire de Chevalerie sous le nom de l'estoile, qu'il donna aux principaux Seigneurs de sa cour, & en establit le siege à Clichy auprés de l'Abbaye saint Denis, & nomma ce siege de Clichy ou de saint Oüen, *la Noble maison* ; & les Chevaliers, les Chevaliers de l'estoile, ou de la noble maison. Il resolut aussi d'aller trouver le Pape à Avignon, & passant par cette ville au mois d'Octobre de l'an 1362. il écrivit au Pape Urbain V. qui venoit de succeder à Innocent VI. la joïe que lui donnoit son exaltation au Pontificat, & le desir qu'il avoit de le voir. Le Pape lui répondit d'une maniere la plus honnête du monde, & ne lui témoigna pas moins d'empressement de le voir. Il fut reçeu à Avignon le 20. de Novembre avec les honneurs dûs à sa dignité.

Il proposa au Pape le Mariage de son fils Philippe alors Duc de Touraine, & depuis Duc de Bourgogne avec la Reine Jeanne de Sicile, qui estoit veuve : à quoi le Pape consentit, à condition que Philippe iroit demeurer en Sicile ; qu'il presteroit foy & hommage à l'Eglise, & qu'il lui payeroit un tribut annuel ; mais la Reine preferera Jaques de Maillorque à ce Prince son parent. La seconde chose que poursuivit le Roy auprès du Pape fut la reconciliation de Bernabo Visconti qui s'estoit emparé de la ville de Milan, & de plusieurs terres de l'Eglise, où il avoit commis des violences atroces. Le pape élûda adroitement la demande du Roy, & condamna peu de temps après Bernabo comme heretique, tyran & usurpateur, fulminant contre lui toutes les censures de l'Eglise. Enfin le Roy pour ne pas rendre inutile le voyage qu'il avoit fait, accepta estre chef d'une croisade pour le voyage d'Outremer, où il devoit passer avec le Roy de Chipre, mais estant retourné en Angleterre pour en retirer les ostages qu'il y avoit laissez, il mourut à Londres, & laissa la couronne au Daufin Charles son fils aîné, qui favorisa beaucoup cette ville, où il avoit jetté les premiers fondemens de sa grandeur en y recevant l'investiture du Daufiné.

CHARLES V. Ce fut l'an 1364. qu'il succeda à la couronne & d'abord ayant convoqué l'assemblée generale des Estats à Paris, il confirma les privileges des bonnes villes du royaume, & cassa, osta, abolit toutes les aides, subsides, impositions, & subventions, qui avoient eu cours dans le royaume du temps du Roy son pere, & de ses predecesseurs depuis Philippe le Bel, à la reserve des redevances des Genois, Lombards & Tramontains pour les transports des danrées & marchandises.

L'Empereur Charles IV. qui tâchoit de conserver en ce païs une ombre de domination, qui lui restoit en la domination des terres que l'on disoit estre de l'Empire, ordonna à l'Archevêque de Lyon, dont le diocese s'estendoit dans la Bresse, & sur quelques parroisses au delà du Rhosne dans le Daufiné, de lui prester le serment de fidelité entre les mains du Comte de Savoye son Vicaire general : comme il exigea le mesme serment de l'Evéque de Mascon, dont le diocese est en partie dans la Bresse, & de l'Evéque de Grenoble, parce que le Daufiné estoit alors terre de l'Empire. Depuis cét Empereur oncle maternel du Roy, estant venu en France avec son fils Venceslas Roy des Romains, que d'autres nomment Lancelot, pour laisser à son neveu des marques de son affection, fit le Daufin fils aîné du Roy, son Lieutenant General, & Vicaire de l'Empire en tout le royaume d'Arles & dans le Daufiné, l'an 1378. L'année auparavant Guillaume de Sens Premier president du parlement de Paris, que le Roy Charles V. avoit envoyé au Pape Gregoire XI. pour quelques differens survenus entre-eux, mourut en cette ville.

En même temps que Charles fut appellé par Humbert le dernier des Daufins de Viennois à la succession de ses Estats, il acquit par ce moyen non seulement le Daufiné, mais encore l'hostel ou palais de Roanne en cette ville, qui appartenoit aux Daufins & qui avoit esté la demeure des anciens Comtes de Forés, dont une branche portoit le titre de Seigneurs de Roannois, & avoit donné à cét hostel le nom de Roanne, à cause d'une petite ville de ce nom sise sur la riviere de Loire dans le Forés, qui estoit le principal appanage de cette branche.

Pour remonter à la source de cette acquisition, il est necessaire d'aller jusqu'à la souche de la seconde lignée des Comtes de Forés, dont j'ay donné la descendance & la suite sur la fin du quatriéme livre de cette Histoire, du moins quant à ceux qui prirent la qualité de Comtes de Lyon.

Guy Remond second fils de Guy ou Guigue V. du nom Comte de Viennois d'Albon, & de Gresivodan surnommé le Viel, épousa Ide Raymonde de Forés fille d'Artaud cinquième du nom Comte de Lyon & de Forés, & d'Ide sœur de Villelme l'ancien, tante de Villelme le jeune, tous deux Comtes de Lyon & de Forés: De ce mariage de Guy Remond, & d'Ide Raymonde sortit un fils nommé Guy du nom de son Pere: ce fils succeda à Villelme son cousin germain, au titre de comte de Lyon & de Forés, ce cousin estant mort sans enfans capables de lui succeder, ce Guy premier du nom parmy les Comtes de Lyon & de Forés, fut le chef des Comtes de Lyon & de Forés, dits de la seconde lignée, parce qu'ils descendoient en ligne directe & masculine des Comtes de Viennois, qui prirent depuis le nom de Dauphins, & pour armoiries d'or au Daufin d'azur. Ainsi ces Comtes de Forés descendans de Guy Remond, pour marquer leur origine, au lieu du Lyon des anciens Comtes de Lyon & de Forés, que retinrent les sires de Beaujeu puisnés & cadets de cette maison de Forés de la premiere lignée, prirent de gueules au Daufin d'or. Cette difference d'émaux tenant alors lieu de brisure, en plusieurs maisons de ce temps-là, auquel commença le premier usage du blason à l'occasion des Tournois, & d'autres expeditions militaires.

Ce fut aussi environ ce mesme temps, que Robert d'Auvergne comte de Clermont Epousa Beatrix de Viennois, fille de Guy VII. du nom, Comte de Viennois, d'Albon, & de Graisivaudan, qui prit le nom, de Comte Daufin, & en faveur de cette alliance, quittant le Gonfanon des armoiries d'Auvergne que portoit son aisné, il prit celles du Daufiné, d'or au daufin d'azur, mais avec cette difference qu'au lieu que celui du Daufiné estoit vif, c'est à dire barbé, cresté, & oreillé de gueules, le sien estoit pasmé, c'est à dire sans langue, cresté & oreillé d'argent. Il prit aussi en mesme temps le titre de Daufin d'Auvergne, que continua sa posterité, jusqu'à Jeanne de Forés qui fut Daufiné d'Auvergne. Un de nos savans Lyonnois Historien de Daufiné, dont les memoires n'ont pas esté imprimez a remarqué que cette difference d'armoiries des Daufins de Viennois, & des Daufins d'Auvergne estoit si essentielle entre ces deux maisons, que Loüis de France Daufin de Guïenne contraignit le Daufin d'Auvergne *à laisser les armes qu'il portoit du Daufin vif, ayant les oreilles rouges, & luy fit prendre le Daufin mort avec les oreilles blanches, suivant les conventions faites entre les Daufins leurs predecesseurs.* Car ces armoiries, qui n'avoient esté au commencement que les devises personnelles de ceux qui les porterent les premiers, estant continuées par leurs successeurs, devinrent les armoiries de leurs fiefs, & de leurs terres.

Thomassin, memoires des Daufins de Viennois.

L'Ecu d'or au Daufin d'azur langué, ou lampassé, cresté, barbelé & oreillé de gueules fut donc l'armoirie du Daufiné, que retinrent constamment tous les Daufins de Viennois, quoi qu'originaires d'autres maisons: ainsi André de Bourgogne fils de Hugues III. du nom Duc de Bourgogne & de Beatrix de Viennois, aïant succedé par les droits de sa mere au Daufiné de Viennois, quitta les armoiries de Bourgogne, & prit celles des Dauphins avec le titre de Guy André Daufin de Viennois, aïant ajouté le nom de Guy à celui d'André, qu'il avoit receu au baptême, en memoire de Guy VIII. du nom Daufin de Viennois son ayeul maternel, dont il recueillit la succession: titre auquel il ajouta celui de Palatin de Vienne, & au contreseel de ses armoiries un palais, qui estoit l'ancienne armoirie de la ville de Vienne, comme il paroît en plusieurs sceaux; les Dauphins de Viennois, Palatins ou Comtes de Vienne, aïant voulu imiter en cela les derniers Empereurs, dont le Daufiné, & la ville de Vienne relevoient, lesquels portoient en leurs sceaux & bulles d'or, la figure de la ville de Rome avec ce vers latin.

Armoiries du Daufiné.

Roma caput mundi regit orbis frana rotundi.

L'Armoirie du Daufiné d'Auvergne, fut donc d'or au Daufin pasmé d'azur & oreillé d'argent.

Et celles de la Comté de Forés de gueules au Daufin d'or cresté, barbé & oreillé de gueules.

Guy Remond, qui avoit épousé Ide Raymonde de Forés, avoit eu pour son appanage dans le Daufiné, ou dans la Comté de Viennois tout ce qui s'estendoit depuis Vienne jusqu'à Anton le long du Rhosne, & jusqu'à Bourgoin plus avant dans les terres, qui s'estendent du costé de la Tour-du-pin: ce sont ces mesmes terres qui passerent à ses successeurs jusqu'à son petit fils Guy II. qui faisant avec l'Eglise de Lyon l'échange dont nous avons parlé aux livres precedens, dit dans un article de ce traité rapporté en la bulle de confirmation du Pape Alexandre III.

Comes Guigo Ecclesiæ Lugdunensis iure perpetuo concessit quidquid ipse vel alius eius nomine possidebat trans Rhodanum à Vienna usque ad Antonem & usque Burgundiam, nisi iure hæreditario ex linea consanguinitatis, aliis exclusis ad ipsum successio fuerit devoluta.

Preuves pag. 37.

qu'il laisse, donne, & transporte à perpetuité, ce que lui, ou quelque autre que ce soit, pouvoit posseder en son nom au delà du Rhosne depuis Vienne jusqu'à Anton & jusqu'à Bourgoing ; à moins que par droit d'heritage échû à raison de sa descendance des Daufins, la succession du Daufiné ne lui fût devoluë à l'exclusion de tous autres, ne voulant pas comprendre dans ce traité de composition, & d'accord, les pretentions, qu'il pouvoit avoir sur le reste du Daufiné par les droits de sa naissance.

Ce fut un terme de cette transaction mal entendu, qui fit naistre les querelles & les procez, qui durerent long-temps entre l'Eglise & nos Rois, sur le sujet de l'hostel ou Palais de Roanne, car il est dit en ce traité ou composition *Casamentum Ecclesiæ à comitatu separari non potest*. Ce qui signifie, que le fief est inseparable de la Comté, mais l'Archevêque & le Chapitre pretendirent, que *Casamentum* signifioit l'habitation, & qu'ainsi nos Rois par les traitez, qu'ils avoient faits avec l'Eglise, à qui ils avoient laissé toutes leurs terres à titre de Comté, devoient aussi leur avoir cedé la maison de Roanne ancienne habitation des Comtes ; au lieu que cela devoit s'entendre de la foy & hommage, que devroient à l'Eglise tous ceux qui auroient des terres dépendantes de la Comté, dont le Roy n'acqueroit que la superiorité, le ressort, & la souveraineté ; que l'Archevêque & l'Eglise reconnoistroient en rendant la foy & l'hommage qu'ils avoient refusé tant de fois de rendre, & qu'ils n'avoient rendus que par contrainte depuis Philippe Auguste, jusqu'au Roy Philippe le Bel ; comme nous avons vû sous les Archevêques Jean de Bellesmains, Pierre de Tarentaise, & Pierre de Savoye.

Or le Roy Charles V. tant en qualité de Daufin, que par les droits acquis par les Rois ses predecesseurs aiant l'hostel de Roanne, y establit ses officiers tant pour la garde de la ville, que pour la Justice dont il avoit le ressort. Ainsi Messire Archambaud de Comborn Bailly de saint Gengoul & Senechal de Lyon, aiant fait sa demeure de cét hostel, lorsqu'il estoit obligé de venir à Lyon, pour y exercer la charge de Gardiateur, qui estoit alors le seul gouverneur, que nos Rois eussent dans la ville ; y establit ses officiers subalternes. C'est ce que l'Archevêque & ses officiers ne pouvoient souffrir, & comme un jour un sergens Royaux nommé Martin de Chapponos, en vertu d'une commission du Roy donnée par le Senechal, eut voulu arrester un prisonnier nommé Jean Burtet, le Courrier de l'Archevêque Messire Guillaume de Glettins, son Prevost Loüis de Sure, & Olivier de Manissieu Viguier de l'Archevêque, ou Lieutenant du Courrier, firent arrester ce sergent Roïal par les sergens de la cour de l'Archevêque, qui l'attaquerent en pleine ruë, lui osterent son manteau & son épée, sur laquelle estoit la fleurdelys, marque de son office ; comme les archers ont à present le chiffre du Roy avec la couronne sur leurs casaques, hoquetons, ou banderoles, & l'ayant conduit aux prisons de l'Archevêque, ils l'y mirent aux fers.

Le Bailly de Comborn n'eut pas plûtot appris le traitement fait à l'un de ses officiers par ceux de l'Archevêque, qu'il lui en fit porter ses plaintes, mais l'Archevêque repondit fierement, que le sergent avoit esté justement arresté pour plusieurs crimes, dont les informations avoient esté faites juridiquement, & que quand on auroit excedé en sa capture, la connoissance de ces excez n'appartenoit pas au Bailly, mais au juge des ressorts & superiorité de Lyon ; en quoi l'Archevêque se trompoit, puisque par les reglemens faits entre nos Rois & les Archevêques, pour la Jurisdiction, nos Rois s'estoient expressement reservé la connoissance des excez de leurs officiers, s'ils avoient esté commis en exerçant leur office ; & que le Bailly de Mâcon, ou de saint Gengoul, en qualité de Senechal de Lyon, estoit le superieur du Juge du ressort, qui n'estoit que son Lieutenant. Les Conseillers de la ville joignans leurs plaintes à celles du Bailly, lui firent savoir qu'un sergent du Roy estant paisiblement en sa maison, y avoit esté insulté par un nommé Monet de saint Cire sujet de l'Eglise ; qui avec plusieurs gens armez estoient entrez par force dans la maison de ce sergent, & après lui avoir donné plusieurs coups l'avoient laissé pour mort ; sans que la justice de l'Archevêque eut daigné prendre connoissance de cét assassinat, quoi qu'on les en eut requis. Qu'ainsi ils en appelloient au Bailly comme Gardiateur, sur ce deny de Justice. A quoi l'Archevêque repondit que ce Monet de saint Cire estoit clerc & religieux, & comme tel Justiciable de son Prelat ; que la justice Ecclesiastique avoit fait son devoir la dessus, & que le Bailly n'avoit rien à voir sur ce Jugement, la garde ne s'estendant point sur les personnes Ecclesiastiques ; & que la garde du Roi n'empéchoit point les procedures de la justice ordinaire, qui appartenoit à l'Archevêque selon toutes les conventions.

Cét Archevêque estoit Charles d'Alençon Prince du sang de France, & fils aisné de Charles Comte d'Alençon & de Marie d'Espagne veuve de Charles d'Eureux com-

de la Ville de Lyon.

te d'Eſtampes, ce Prince aïant renoncé à ſon droit d'aiſneſſe, & quitté la Comté d'Alençon à Pierre l'un de ſes freres, embraſſa la vie religieuſe, & choiſit le convent des Jacobins de Paris, où ſon Pere & ſa mere eſtoient inhumez. Le Roy Charles V. ſon couſin le tira du cloiſtre, & le fit pourvoir de l'Archevêché de Lyon; l'an 1365. Et ce fut lui qui acheva de donner au Chapitre, la compenſation qui lui avoit eſté promiſe pour le tiers de la Juſtice de Lyon, & de la Juriſdiction, qui avoit eſté reglée par nos Rois, & conſentie par les Papes, & par le Chapitre meſme. En eſtant ainſi ſeul demeuré le maiſtre, il ne pût ſouffrir que les officiers roïaux reſidaſſent dans l'hoſtel de Roanne, parce qu'il lui ſembloit que cela nuiſoit beaucoup à ſon authorité, & à l'exercice de ſa Juſtice, ainſi il les en fit chaſſer, & fit même arreſter un fermier des impoſitions que le roy levoit dans la ville, ſur la vente des chevaux, & le fit empriſonner. Sur quoi le Bailly, qui n'eſtoit gueres moins fier, que l'Archevêque eſtant homme de qualité, & d'ailleurs le premier officier du Roy, ſur qui il crut que retomboient toutes les entrepriſes de l'Archevêque, fit publier dans la ville, & ſignifier à tous les citoiens, que s'agiſſant des droits du Roy leur ſouverain, & de la conſervation de leurs Privileges, & de la garde roïale, qu'ils euſſent à prendre les armes, & à le ſuivre; fit fermer les portes de la ville, & publier à ſon de trompe dans tous les carrefours & places publiques, qu'il mettoit le temporel de l'Archevêque en la main du Roy, pour avoir maltraité ſes officiers, & empeſché l'exercice de leurs charges. Il envoïa en meſme temps des gens armés en la maiſon de Guillaume de Glettins Courrier de Lyon pour l'Archevêque, à deſſein de le prendre, & dans celle du Prevôt qui fut pillée & ſaccagée: aprés cela il fit cloüer & condamner les portes de l'auditoire de la Juſtice de l'Archevêque, & y afficher les penonceaux du Roy, pour marquer la ſaiſie qu'il en avoit faite. L'Archevêque outré du procedé du Bailly, qu'il crut manquer au reſpect qu'il lui devoit, eſtant Prince du ſang & Archevêque Comte de Lyon, en fit dreſſer une information juridique par Anſeaume de Montagny ſon Procureur general. Cette information chargeoit le Bailly de pluſieurs griefs, comme d'avoir fait des extorſions ſur les habitans de Lyon & du païs; d'avoir outragé les gens d'Egliſe, perdu le reſpect qu'il devoit à l'Archevêque ſon Prelat, & ſon ſuperieur, qui eſtoit Prince du ſang de France; d'avoir occupé la maiſon de Roanne, & d'y tenir la cour pour le Roy, contre les conventions faites avec les Rois predeceſſeurs de Charles V. alors regnant; d'avoir fait mettre pluſieurs priſonniers dans une baſſe foſſe, à laquelle il donnoit le nom *de Ratier*, en cette information; parce que n'y aïant point de priſons roïales dans la ville, l'Archevêque ne vouloit pas donner le nom de priſon, au lieu où le Bailly detenoit ces priſonniers, mais ſe ſervoit par mépris du terme de *Ratier*, par alluſion à ces cages ou trappes dans leſquelles on prend les ſouris & les rats. Il ajoûtoit en ces informations, que le Bailly avoit excité des ſeditions dans la ville, en faiſant prendre les armes à la canaille pour exercer ſes violences. Aprés ces informations ainſi dreſſées il envoïa Montagny ſon Procureur general au Bailly pour lui ſignifier qu'il appelloit au Roy de toutes ces procedures, & pour le citer à comparoître au Conſeil du Roy ſur tous ces griefs. Le Procureur general ne put parvenir de long-temps à ſignifier cét appel, parce que le Bailly ſe tenoit fermé dans l'hoſtel de Roanne, dont il faiſoit garder les avenuës par des gens armez, qui empeſchoient Montagny d'en approcher. Enfin l'aïant un jour rencontré en ſon chemin, il lui ſignifia cét appel, & les proteſtations de l'Archevêque, à quoi le Bailly ne fit que lui tourner le dos ſans lui répondre.

L'Archevêque ne pouvant plus retenir ſon reſſentiment, & indigné encore davantage de ce que les portes de la ville eſtant fermées, il en eſtoit exclu & tous ſes domeſtiques, qui reſidoient avec lui dans ſon chaſteau de Pierre-ſize, d'où il ne pouvoit ſortir pour entrer dans la ville, ni ſes gens en rien tirer pour ſon ſervice; alors il envoya ordre au Doyen & Chapitre de l'Egliſe de Lyon, & à tous les autres chapitres, curez, chappelains & recteurs des Egliſes de la ville, qu'à raiſon de ces attentats du Bailly, ils euſſent à faire ceſſer le ſervice divin, tandis que le Bailly ſe trouveroit dans leurs Egliſes, & meſme tandis qu'il ſe tiendroit dans l'enceinte de la ville avec ſes complices, & adherens; & qu'ils tinſſent cét interdit juſqu'à ce que ledit Bailly lui eut dûëment ſatisfait comme à ſon ſuperieur pour ces violences, injures, & excez. Meſſieurs les Comtes refuſerent d'abord de recevoir cét interdit, & répondirent ſeulement qu'ils delibereroient ſur ce qu'ils avoient à faire, mais l'Archevêque leur ayant écrit, & les ayant prié de ſe joindre à lui pour les intereſts de l'Egliſe, ils le reçeurent & le firent obſerver. Les ſeuls Chanoines reguliers de noſtre Dame de la Platiere ne voulurent point l'obſerver, & eſtant citez à comparoître devant l'Official, Meſſire Martin de L'Orme Sacriſtain de ſaint Nizier, ils ne voulurent ni répondre, ni comparoître, diſant qu'ils eſtoient privilegiez, & qu'ils ne reconnoissoient point d'autre superieur que l'Abbé de saint Ruf de Valence leur General, qui leur avoit fait defense de sortir hors de leur cloistre sous peine d'excommunication. L'Archevêque averti de leur réponse les excommunia. Pour se faire relever de ces censures ils eurent recours au Penitencier du Pape, qui residoit à Avignon, lequel commit l'Abbé de l'Isle-Barbe, pour examiner l'affaire, avec ordre s'ils estoient trouvez coupables de leur imposer penitence, & de les absoudre aprés des censures qu'ils auroient encourues pour n'avoir pas obeï à cét interdit. L'Abbé qui estoit Pierre de Villette nouvellement élû, ayant examiné l'affaire, condamna Jean Freydon, Geoffroy Dombeys, & Pierre Gilles Chanoines reguliers du Prieuré de la Platiere, à faire amande honorable dans la grande Eglise, où ils se rendroient avec humilité à l'heure de la grand'messe, l'un portant la croix, & les deux autres chacun un flambeau allumé, qu'ils offriroient devant le maistre autel; puis s'addressant au Procureur general de l'Archevêque, qui seroit là present avec Notaire, & témoins, ils declareroient estre venus pour satisfaire à la penitence à eux enjointe, pour avoir meprisé l'interdit ordonné par Monseigneur l'Archevêque dans toute la ville de Lyon; ce qu'ils avoient fait comme mal conseillez, & ignorans du droit; dont ils demandoient humblement pardon & absolution audit Seigneur Archevêque en la personne de son Procureur general; le Procureur general répondit que tres-volontiers il travailleroit à leur faire obtenir le pardon de cette faute, & l'absolution de leur excommunication, & fit en même temps dresser acte de tout ce qui s'estoit fait.

Cét interdit dura depuis le quatriéme jour de Decembre jusqu'au dix-septiéme de Juillet, & l'Archevêque pour laisser à la posterité un monument de sa superiorité dans la ville, fit graver sur la pierre ses armoiries avec un Lyon couché au dessous & soûmis ou subjugué, on les voit encore sur le coin d'un mur dans la cour de l'Archevêché auprés de la porte de l'entrée du Palais Archiepiscopal en cette forme.

Mais il faut avertir icy que nos deux historiens, Paradin & de Rubys se sont trompez en attribuant à cét Archevêque les violences faites dans la maison de Roanne,
& aux

de la Ville de Lyon. 497

& aux officiers du Roy qui ne furent faites que fort long-temps après sous le regne de Charles VI. en 1394. Ainsi quoi que de Rubys ait eu raison de reprendre Paradin d'avoir rapporté ces faits à l'an 1312. il s'est égaré depuis lui-mesme en les rapportant à 1372. Quoy qu'immediatement après il ait décrit les desordres de 1394. qui furent beaucoup plus grands pour le fait du Palais de Roanne, mais qui n'avoient rien de commun avec l'interdit de 1372.

Ces deux historiens n'ont rien dit d'un acte plus solennel passé sous ce regne de Charles V. & beaucoup plus essentiel à l'establissement de l'authorité roïale en cette ville, que ces contestations sur la residence des officiers Royaux dans l'hostel de Roanne. C'est la prestation du serment de fidelité faite par tous les habitans de Lyon depuis l'âge de quatorze ans au dessus au Roy Charles V. dont la commission fut donnée par les lettres patentes du Roy, à Estienne de Fay Seigneur de saint Jean de Bornay Chevalier du Roy, & son Bailly de Mascon, pour l'execution du contract de 1320. par lequel le Doyen & le Chapitre de l'Eglise de Lyon, & tous les habitans de la ville, estoient tenus de jurer fidelité au Roy; & de promettre chacun en particulier, l'observation du contract d'acquisition du domaine & du temporel de la ville de Lyon selon toute la forme & teneur dudit contract. Cette prestation de serment se fit à divers jours. Les Consuls furent les premiers comme chefs du corps de la Communauté, aussi prirent-ils en cét acte & prestation de serment chacun en leur particulier la qualité de Consuls. Tous les habitans à cause de leur grand nombre le firent à divers jours, & à la fin le Doyen, & les Chanoines de l'Eglise Cathedrale, qui eurent de la peine à se resoudre à renouveller ce serment, qu'ils disoient avoir deja presté chacun à leur reception selon les statuts de leur Eglise. Mais comme rien ne peut mieux expliquer ce qui se passa en cette occasion je veux rapporter exactement le procez verbal qui en fut dressé par le Bailly de Mascon. En voicy la teneur.

Preuves 69.

SCACHENT tous que Nous Jean de Faye sieur de saint Jean de Bornay Chevalier de Nostre Seigneur le Roy de France & son Bailif de Mascon, avons receu les Lettres patentes dudit seigneur Roy, seellées de son seau, desquelles la teneur est telle:

CHARLES par la grace de Dieu Roy de France: Au Baillif de Mascon, où à son Lieutenant, Salut. Comme pour certain traitté & accord jadis fait entre l'un de nos devanciers Rois de France, pour lui & ses successeurs Rois de France, d'une part, & l'Archevesque, Doyen & Chapitre de Lyon, pour eux & leus successeurs, d'autre; l'Archevéque de Lyon, outre le serment de fealté & hommage lige que il nous doit faire, soit tenu toutes fois que il y a nouvel Roy en France, ou nouvel Archevéque, & aussi le Doyen de ladite Eglise, au nom de luy & dudit Chapitre, se Doyen y a en ladite Eglise, & se non, la personne qui tient après luy la plus grande dignité en ladite Eglise, jusques à ce que ledit Doyen y soit venu ou retourné, & leur est tenu de faire en sa personne ce qui s'ensuit, & avec ce toutes les fois que le Doyen se change en ladite Eglise, & aussi chacun Chanoine à sa reception, se il est en sa personne, ou par Procureur suffisant fondé & aiant especial pouvoir, à ce soient tenus, outre le serment de feauté & hommage lige que ils nous doivent faire, & avec ce tous les habitans de la ville de Lyon, de l'âge de quatorze ans & au dessus, soient tenus singulierement de faire de dix ans en dix ans; & quant il y a Roy, nouvel serment; c'est à sçavoir à nous, se nous sommes en nostre personne à Lyon, & se non à nostre Baillif de Mascon, ou à nos gens que ils seront feaulx à nous & à nos successeurs Rois de France, que ils nous ayderont en bonne foy & sans fraude de tout leur pouvoir, à la defense & honneur de nous & de nos successeurs, & du Royaume, encontre toutes personnes, lesquels sermens n'ont mie esté faits; mais sont encores à faire par les dessusdits, ou aucuns d'eux, si comme nous avons entendu, nous vous mandons & estroitement enjoignons, & commettons par ces presentes que lesdits sermens vous faites faire, & recevez pour nous & en nostre nom desdits Doyen, Chapitre & Chanoines de ladite Eglise qui à present sont, & aussi des encores en leur reception quand ils venront d'oresnavant; & avec ce de tous les habitans de ladite ville, par la forme & maniere que dit est, & à ce les cotraigniez si comme appartiendra, & de la reception desdits sermens faites faire, & prenez instrumens ou Lettres pour nous, & icelles nous rapportez ou envoyez feablement, & gardez que en ce n'ait aucun defaut, car il nous en déplairoit fortement. Donné à Paris, l'an de grace mil-trois cens soixante & douze, & de nostre Regne le neuviesme. Par le Roy à la relation du Conseil, estant en la Chambre des Comptes. G. DE MONTAGU.

EN vertu desquelles Lettres Royaux par Nous receuës, voulans, comme c'est nostre devoir, mettre le contenu d'icelles en execution selon leur forme & le contenu en icelles, Nous Baillif susdit avons jugé à propos de nous rendre dans la ville de Lyon, le huitiéme jour du mois de Juillet de l'an 1373. & avons fait appeller pardevant Nous les Consuls de ladite Ville au 12. jour dudit mois, auquel jour ont comparu les Consuls & Syndics de ladite Ville dans la maison de Roanne; lesquels comparans, tant en leurs noms qu'aux noms de toute la Communauté de ladite ville, Nous Baillif & Commissaire susdit, leur avons fait voir & lire en presence nostredite commission; par laquelle commission à eux représentée, comme dit est, lesdits Consuls, à sçavoir, Aynard de Villeneufve l'aisné,

SSs

Gilles de Cuyſel, Matthieu de Chapponay, Jean de Villars, Guillaume de Durchie, Barthelemy de Molon, Poncet Chriſtin, Guillaume Eurard, Maiſtre Pierre Girardin, Henry de Chevriers, Guillaume les Teolieres, & Jean de Foreys, nous ont requis qu'il leur fuſt donné copie de noſtredite commiſſion, & jour convenable pour répondre au contenu d'icelle commiſſion. Et d'autant que comme cy-deſſus nous avons dit, que la pluſpart des principaux & plus riches bourgeois de ladite ville de Lyon eſtoient abſens de ladite Ville, pour raiſon dequoy nous ne pourrons accomplir & executer entierement noſtredite commiſſion juſques à leur retour prochain : Pour ce eſt-il que nous Baillif ſuſdit, après avoir octroyé copie de noſtre dite commiſſion auxdits Conſuls en leurs noms, & celuy de ladite Ville, avons fait publier, appeller, & aſſigner par la bouche d'un Sergent, publiquement & generalement és lieux & carrefours accouſtumez, tous & chacuns les bourgeois & habitans de ladite ville de Lyon, de l'âge de quatorze ans & au delà, de comparoir en perſonne pardevant nous en la maiſon de Rouane, au dix-neufvieſme jour du mois de Juillet, afin d'avoir temps de s'y preparer, & ne peuſſent aucunement s'excuſer de n'avoir eu connoiſſance de ladite aſſignation : auquel jour dix-neufvième dudit mois de Juillet, ont comparu pardevant nous en ladite maiſon de Rouane leſdits Conſuls ; enſemble quelques autres bourgeois & habitans de Lyon ſous-eſcrits, leſquels nous ont preſenté certain traitté dont eſt fait mention en ladite commiſſion, contenu en un certain Livre ou Regiſtre écrit en parchemin, où ſont contenus tous les privileges, libertez, franchiſes, traitez, & autres faits & affaires communs cy-devant faits & octroyez auſdits Bourgeois & habitans de Lyon, par les Souverains Pontifes & Rois de France, d'heureuſe & glorieuſe memoire, pour lors vivans, & ſignez de deux Notaires publics, dont la teneur eſt telle, & s'enſuit de mot à mot.

PHIILIPPES *par la grace de Dieu Roy de France & de Navarre ; Sçavoir faiſons à tous preſens & à venir : Que comme nous par certaines cauſes euſſions, &c.* C'eſt la teneur du contract de 1320, rapportée au livre precedent.

Diſans, qu'ils eſtoient tous preſts de preſter ledit ſerment de fidelité, & accomplir les autres choſes contenuës auſdites Lettres ſuivant la forme dudit traité, & la teneur de noſtredite commiſſion : Et ont les bourgeois & habitans de Lyon cy-deſſous eſcrits, juré en nos mains, ſtipulans au nom du Roy comme deſſus, appellé avec nous pour Notaire Jean Macet du Pont de velle Clerc Notaire Royal public & Juré de noſtre Cour : & ont fait & preſté ledit ſerment de fidelité, ſuivant la forme & teneur de ce qui eſt contenu eſdites Lettres Royaux, & ainſi qu'ils le doivent, ſuivant la teneur du ſuſdit traitté : & qu'ils ſeront bons & fidelles à noſtredit ſeigneur Roy, & à ſes ſucceſſeurs les Rois de France, & qu'ils ayderont ledit ſeigneur Roy, de bonne foy & ſans fraude, ſelon leur pouvoir, & pour la defenſe & honneur dudit ſeigneur Roy & de ſes ſucceſſeurs, & de tout le Royaume de France envers & contre toutes perſonnes, ainſi que doivent & ſont tenus de faire de vrais & fidelles ſujets deſdits ſeigneurs. Et s'enſuivent par ordre les noms & ſurnoms des bourgeois & habitans de ladite ville de Lyon, qui ont preſté le ſerment ſuſdit de fidelité pardevant nous Commiſſaire ſuſdit, & au nom du Roy, preſens ſieur Guichard de Sintry Chevalier, ſieur Guillaume Julien Docteurs és Loix, Sorcel teſmoin Notaire, & pluſieurs autres témoins à ce appellez.

Et premierementement Gillet de Cuizel Conſul, Ainar de Villeneuve l'aiſné Conſul, Matthieu de Chaponay Conſul, Jean de Villars Conſul, Guillaume Durchie Conſul, Barthelemy de Molon Conſul, Poncet Chriſtin Conſul, Guillaume Eruard Conſul, Henry de Chevriers Conſul, Gillet les Teolieres Conſul, Jean de Foreys Conſul, Maiſtre Pierre Girardin Conſul, Guillaume de Varey, &c.

Item l'an que deſſus, & le vingtieſme dudit mois de Juillet, en continuant noſtre procés ſuſdit, & executant le contenu en noſtredite commiſſion dans ladite Maiſon Royale de Rouanne à Lyon, les bourgeois & habitans de Lyon qui enſuivent ont preſté le ſerment de fidelité, ainſi que les autres bourgeois de Lyon cy-deſſus eſcrits, entre les mains de nous Baillif & Commiſſaire ſuſdit, appellé avec nous comme deſſus ledit Maiſtre Jean Macet, les noms deſquels s'enſuivent par rang & ordre, leſquels ont preſté ledit ſerment. Et premierement François Marchiant, Pierre Gontier, Eſtienne Batevier, Eſtienne de Pons, Eſtienne Cochet, Pierre de Bourzié.

Item, le vingt-unieſme jour dudit mois de Juillet audit an, pardevant Nous Baillif & Commiſſaire ſuſdit, ont juré & preſté le ſerment de fidelité les ſouſcrits en la meſme forme & maniere qu'ont fait les Bourgeois & habitans de Lyon ſuſnommez, eſtans preſent & aſſiſtant avec Nous ledit Maiſtre Jean Macet ; à ſçavoir, Jean Loiſelour, Simon d'Andelos, Anſelme la Favour, Guillemot Boiſſon, Vital d'Acarie, Jean Liatard, Jean Jay, &c.

Et après avoir receu le ſerment de fidelité cy-deſſus deſdits Bourgeois & habitans de Lyon, d'autant que Nous ne pouvions pas vacquer plus outre à l'execution deſdites Lettres Royaux & de noſtredite commiſſion, eſtans occupez à d'autres importans affaires pour ſa Majeſté ; & auſſi parce que pluſieurs Bourgeois de Lyon eſtoient abſens de ladite Ville, Nous avons remis noſtre preſent procés verbal & reception dudit ſerment juſques au cinquiéme jour du mois de Septembre dudit an, auquel jour Nous Baillif & Commiſſaire ſuſdit nous tranſporterons derechef en perſonne dans ladite ville de Lyon pour l'execution & pour parachever le contenu eſdites Lettres Royaux : Et avons fait derechef publier dans Lyon ſous certaines peines, que tous les Bourgeois & habitans de Lyon depuis l'âge de quatorze ans & au deſſus, qui n'ont preſté ledit ſerment de fidelité, qu'ils aient à comparoir en perſonne pardevant Nous en ladite maiſon Royale de Rouanne, ſuivant leſdites Lettres Royaux audit jour, à une heure de relevée & autres heures dudit jour, & autres ſuivans qui à ce ſeront neceſſaires pour preſter ledit ſerment de fidelité ; & ont comparu en ladite Maiſon Royale de Rouanne les bourgeois & habitans de Lyon ſouſcrits, qui ſuivant la forme des autres bourgeois & habitans de Lyon cy-deſſus, ont preſté le ſerment de fidelité ſuſdit pardevant nous, appellé avec

de la Ville de Lyon. 499

nous ledit Maistre Jean Macet, en vertu & suivant la forme desdites Lettres : Et premierement Poncet Chevriel de saint George, Guillaume Escharavay, Jean de Colognia, Hugoner de saint George, Jean de Serignia, &c.

Item le sixiéme jour, du mois de Septembre, an susdit, les sous-escrits qui ensuivent ont presté le serment comme les precedens ; à sçavoir premierement André de saint Michel, Everad Marchant, Jean de Riverie, Pierre de Moleynes, Guillemet de Lixieu, Andrever de Lixieu, Scin Raisin, Arthaud Juliem, Thomas Celier, Jean Arboud, Alexandre des Charpentiers, Pierre de Cheysseria.

Item le huitiesme jour desdits mois & an, les sous-escrits ont presté mesme serment que les autres bourgeois & habitans de Lyon, à sçavoir Jean de Toulon, Simon Pincanart, Jean Reclus, Philippe du Chesne, Giller du Fayet, Jean Dorieu.

En outre, le neufviéme jour du mois de Septembre audit an, ont presté le serment suivant le contenu esdites Lettres, les sous-escrits premierement, Pierre Pechelois, Jean Cordier, Jean Goy Traczon, Pierre de Bauchet.

Item le dixiesme desdits mois & an, ont juré les personnes sous-escrites, ainsi qu'avoient les bourgeois & habitans de Lyon cy-dessus, pardevant nous Baillif & Commissaire susdit: Et premierement Pierre de saint Clos, Jean de Nieure, Jean de la Planche, &c.

Item l'onziesme jour desdits mois de Septembre & an, en continuant le contenu en nostre commission, ont juré pardevant nous Baillif & Commissaire susdit, les bourgeois & habitans de Lyon cy-dessous escrits, suivant la forme & teneur du serment presté par les bourgeois & habitans de Lyon cy-dessus : Premierement Estienne Baut, Philippes de la Duchiere, autrement Deschans, Imbert Cordier, &c.

Outre cela, le douziéme Septembre audit an, ont fait le serment suivant les autres bourgeois & habitans de Lyon : Premierement Dominique Liguers de la Ceba, Jean Guidon, Pierre Tourrel, Bathelemy Larrat, Antoine Luysin, Christin de Dortans, Claude de Belley, Aymonin Arman, Romain de Clarien, Estienne Geminier, Guillaume Besançon, Estienne Panier, Jean Salat, Jean Brocet, Peronnet Gilles.

Item le treiziesme dudit mois, ont juré les sous-escrits, suivant le contenu en ladite commission : premierement Pierre Sandres, Poncet Marbon, Jean Nicolet, & Jacques de Servete, &c.

Ensuite de ce, & le quatorziesme jour de Septembre, an que dessus, nous Baillif & Commissaire susdit, voulans comme nous sommes tenus, parachever le contenu en nostredite commission ; nous sommes portez en personne en l'Eglise de saint Jean de Lyon, c'est à sçavoir au Cloistre de ladite Eglise, auquel estoient honorables personnes sieurs Jean de Talaru Doyen de ladite Eglise & plusieurs autres Chanoines de ladite Eglise, ausquels Doyen & Chanoines, en presence dudit Maistre Jean Macet Notaire, & des tesmoins presens à ce appellez, sieur Anemond de Varey Chevalier, sieurs Guillaume Jullien, * Jean le Vite Docteur és Loix, Maistre Hugues le Sage Juge de ressort de Lyon, Peronin de Nievre, Jean du Verger, Pierre le Fevre & plusieurs autres, nous susdit Baillif & Commissaire avons exhibé nostredite commission, requerans de la part du Roy ; & en vertu de nostredite commission, lesdits Doyen & Chanoines, tant en leurs noms, qu'en ceux des autres Chanoines de ladite Eglise de Lyon, qu'ils eussent à prester le serment de fidelité, suivant la forme à nous donnée, & ainsi qu'il est contenu esdites Lettres Royaux qui leur ont esté exhibées. Lesdits Doyen & Chanoine ont demandé copie d'icelles, & qu'il leur fut octroyé jour convenable pour répondre sur le contenu ausdites Lettres Royaux, & en nostredite commission : Et nous Baillif & Commissaire susdit, aprés leur avoir donné copie de ladite commission, d'autant que pour raison d'autres & importantes affaires du Roy esquels nous estions occupez, nous ne pouvions pour le present demeurer commodément dans ladite ville de Lyon, pour attendre la réponse desdits Doyen & Chanoines, nous avons assigné ausdits Doyen & Chanoines de ladite Eglise de Lyon, le jour de Mercredy devant la feste des bien-heureux Apostres saint Simon & saint Jude, pour respondre par lesdits Doyen & Chanoines au contenu ausdites Lettres Royaux & à nostredite commission, & pour prester le serment de fidelité suivant la forme de nostredite commission. Auquel jour de Mercredy devant la Feste de saint Simon & saint Jude estans venus pour cét effet à Lyon, a comparu pardevant Nous en ladite maison Royale de Roüanne le susdit Doyen, tant en son nom qu'en celuy des autres Chanoines de ladite Eglise. Auquel Doyen Nousdits Baillif & Commissaire, en presences dudit Maistre Jean Macet, & tesmoins honorables personnes Frere, Jean de Faye Chastellain des Echelles, & desdits Guillaume Julien, Maistre Hugues le Sage & Perronin de Neure, & plusieurs autres, en vertu de nostredite commission, avons fait commandement de par le Roy, & requis de prester le serment en son propre nom & de l'Eglise de Lyon, lequel Doyen s'excusant de prester ledit serment, a dit & proposé que ny luy ny les autres Chanoines de ladite Eglise de Lyon n'estoient tenus de prester ledit serment de fidelité, veu que luy Doyen & autres Chanoines de ladite Eglise avoient presté ledit serment dans leur Chapitre & lors qu'ils furent creez Chanoines en ladite Eglise, & nous a exhibé certain article contenu en certain Livre leur, de parchemin, auquel sont contenus les faits communs de leurs franchises & privileges, duquel article la teneur s'ensuit mot à mot.

Oyez Chanoines de saint Estienne qui estes icy presents. Je ne consentiray jamais que l'on distraye de la communauté des freres qui servent à saint Estienne aucune des Eglises, terres, & dependances qu'elle possede à present, & que Dieu aydant nous pourrons acquerir à l'avenir, & le dénombrement est marqué & inseré en ce parchemin, si ce n'est aux conditions qui sont contenuës dans cette forme de serment. Et je ne receveray dans cette societé de Chanoines qu'il n'ait confirmé cette convention, & la permutation faite entre l'Eglise de Lyon, & le Comte de Forés, & le traité jadis fait entre l'Archevêque & le Chapitre, par les Cardinaux d'heureuse memoire Gerard Evêque de Sabine, & Benoist Cardinal diacre du titre de saint Nicolas in carcere Tulliano, Et le traité finalement fait entre le Roy de France de bonne memoire & l'Eglise de Lyon, & la constitution de Nostre

SSS ij

Seigneur Gregoire Pape dixiesme, & l'ordonnance faite pour un certain nombre de Chanoines, & observeray inviolablement les Statuts & coustumes de l'Eglise de Lyon, & n'useray de violence envers aucun des Clercs du corps de ladite Eglise ; & autant que je le pourray, j'accompliray l'ausmosne ordonnée estre faite dans ladite Eglise ; ainsi Dieu m'ayde & ces saints Evangiles. Disant ledit Doyen, que le serment que lui & autres Chanoines de ladite Eglise font en leur creation, comme il est contenu en ladite clause, est assez suffisant & doit suffire, & qu'il n'est pas necessaire qu'iceluy Doyen & Chanoines fassent un autre serment de fidelité, veu qu'ils l'ont presté une fois, ainsi qu'il est contenu en ladite clause par luy representée. Et nous Baillif susdit, ayans ouy les choses proposées & alleguées par ledit Doyen, tant en son nom que de ladite Eglise, ayans retenu copie de ladite close, & voulans sur ce deliberer, & nous conseiller avec le Conseil du Roy de nostre Cour de Mascon, avons donné assignation audit Doyen en son nom & de ladite Eglise, de comparoir audit Chapitre de leur Eglise, au vingt-uniesme jour du mois de Novembre, pour faire prester le serment de fidelité comme dessus, par lesdits Doyen & autres Chanoines de ladite Eglise ; nonobstant les choses proposées & alleguées par lesdits Doyen & Chanoines ; auquel jour vingt-uniesme jour de Novembre, l'an que dessus, nous desirans parfaire & accomplir ce qui estoit de nostre commission, nous sommes derechef transportez dans la ville de Lyon en personne, ayans avec nous pour Notaire ledit Jean Macet, & d'autant que par la deliberation du Conseil du Roy de nostre Cour de Mascon, il avoit esté arresté & advisé, que veu nostredite commission, ensemble le traitté & clause desquels entendoient se servir lesdits Doyen & Chanoines ; que le serment que lesdits Doyen & Chanoines faisoient en leur Chapitre, & lors de leur creation, en la maniere qu'ils le font, ne suffisoit pas audit seigneur Roy, à ce qu'ils ne le doivent faire derechef pardevant nous au nom du Roy, suivant la forme de nostredite commission, & qu'ils pouvoient & devoient estre contraints par nous de faire ledit serment de fidelité, en cas que lesdits Doyen & Chanoines fussent refusans ou dilayans de ce faire.

Et pour cét effet, nous avons fait assembler au son de la cloche dans le Chapitre, selon la coustume, tous & un chacuns les Chanoines de ladite Eglise de saint Jean de Lyon ; & le mesme jour étans venus vers eux audit Chapitre, auquel estoient honorables personnes ledit sieur Jean de Talaru Doyen, sieur Renaud de Thurey Precenteur, Imbert Dars Sacristain, Pierre de Thurey Custode, Jean de saint Amour maistre du chœur, Pierre de Crozet le vieux, Jean de saint Aubin, Lollis de Pourprieres, Pierre de Crozet le jeune, Barthelemy de Bochaille & Simon de l'Aubespine Chanoines de ladite Eglise de Lyon assemblez en Chapitre, & faisans Chapitre entr'eux pour cét effet ; avons iceux en vertu de nostredite commission instamment requis, & fait commandement de la part de nostredit seigneur Roy, ainsi que nous avions fait par plusieurs fois auparavant, à ce qu'ils eussent à prester ledit serment de fidelité, suivant la forme & teneur du mandement du Roy cy-dessus écrit. Laquelle Requeste leur ayant esté faite par nous, ainsi que dit est, & leur ayant representé & fait lire en leur presence lesdittes Lettres Royaux & clause cy-dessus ; lesdits Doyen, & un chacun d'iceux Chanoines en ce qui les touche, & ledit Doyen aussi au nom de ladite Eglise de Lyon, en presence dudit Jean Macet nostre Juré, & des tesmoins sous-escrits, ont fait & presté en nos mains, stipulans au nom du Roy, suivant le contenu en nostredite commission, & ont juré sur les saintes Evangiles de Dieu touchez corporellement pour eux, & chacun d'iceux, de tenir, gardet, & observer fermement & inviolablement toutes & chacunes les choses qui sont contenuës esdites Lettres Royaux, nostre commission & clause dudit traitté à eux leus, & representez en la maniere & forme contenus en iceux, & selon la teneur d'iceux. De toutes & chacunes lesquelles choses nous Baillif & Commissaire susdit, avons commandé de la part du Roy, audit Maistre Jean Macet sous-escrit, de nous en dresser des Lettres ou instrument public. Ces choses furent faites & données dans le Chapitre susdit, les an & jour que dessus, presens honorables & discrettes personnes lesdits Maistre Hugues le Sage, & Peronin de Neure, ensemble Jean Beth Receveur du Roy au Bailliage de Mascon, Pierre le Fevre Procureur du Roy establi en la Province de Lyonnois, François de Cours Viguier de sainte Colombe, & sieur Alexandre Millet Notaire, tesmoins appellez & requis exprés pour ce que dessus. En force & tesmoignage de toutes lesquelles & chacunes les choses cy-dessus, nous Jean Goremond huissier d'armes de nostredit seigneur Roy de France, & tenant le sceau Royal establi au Bailliage de Mascon, aprés qu'il nous est apparu de ce que dessus, par le fidelle rapport dudit Maistre Jean Macet Juré & Notaire sous-escrit, auquel nous croyons & adjoustons pleine foy sur lesdites choses, & autres plus grandes, avons fait apposer aux presentes Lettres le sceau commun Royal, pour la memoire éternelle de ce qui s'est fait & passé.

Et moy Jean Macet du Pont de Vele Clerc, Notaire Royal public & juré de la Cour dudit Sieur Baillif de Mascon, ay esté present & assisté à toutes & chacunes les choses cy-dessus, pendant & tout ainsi qu'elles se faisoient & traitoient, ensemble avec ledit Baillif, l'an, jour, & témoins presens que dessus. Toutes & chacunes lesquelles choses j'ay expedié & receu par l'ordonnance dudit Sieur Baillif : & d'autant que j'estois occupé à autres importantes affaires, j'ay fait écrire & dresser par un autre en cette forme publique les presentes que j'ay signées de ma propre main, en témoignage de ce que dessus, & de ce requis.

Signé, J. MACET.   Et scelé.

---

* Item le Viste Docteur és lois, qui fut l'un dés témoins, presens à la prestation du serment de fidelité du Doyen & Chanoines, Comtes de Lyon estoit Seigneur de Bellecour par l'acquisition qu'il en avoit fait de Jean de Varey Conseigneur de Chastillon d'Azergues pour le prix de seize cent deniers d'or appellez francs, Il en prit l'investiture de Guillaume Abbé d'Aisnay, à qui l'Archevêque Charles d'Alençon écrivit le suivant billet pour la moderation des Laods dûs par Jean le Viste qu'il qualifie son Conseiller.

Mon cher Amy, Nous vous certifions que nous sommes convenus avec Jean le Viste voſtre Conſeiller & le voſtre, touchant la portion des Laods, qu'il nous devoit à cauſe de ſon acquiſition du tenement de Bellecour, & que nous en avons receu cinquante livres vous priant de vous contenter de ſemblable ſomme, quoy que voſtre droit y ſoit plus mediocre, & moindre que le noſtre, donné à Pierre-ſeize le 12. Mars au matin.

Charles d'Alençon Archevêque & Comte de Lyon.

Extrait d'un ancien chartulaire d'Aiſnay fol. 313. cét Abbé eſtoit Guillaume d'Oncieu. Le ſieur Guichenon, qui a donné la Genealogie des Oncieux en ſon hiſtoire de Bugey, ne dit mot de cét Abbé, dont il reſte pluſieurs monumens en l'Abbaie d'Aiſnay & meſme ſon tombeau avec ſon Epitaphe & ſes armoiries, mais cét hiſtorien ſe plaint de ceux de cette maiſon, qui quelque priere qu'il leur eut fait pour avoir la communication de leurs titres pour deduire cette genealogie, la lui avoient refuſée, ce qui l'empeſchoit de donner la branche entiere des Oncieux des Douvres & Cogna. Ceux qui font ainſi les difficultés à communiquer leurs titres meritent de demeurer enſevelis dans l'oubli, comme leurs papiers le ſont dans la pouſſiere, & ſouvent en ſi mauvais eſtat, qu'ils ont honte de les produire, & ne les connoiſſent pas eux-meſmes, indignes de la Nobleſſe, & de l'honneur que leurs anceſtres leur ont acquis.

Le Roy apres avoir ainſi exigé le ſerment de fidelité des habitans de Lyon, & eſtabli dans l'hoſtel de Roanne ſes officiers de Juſtice, s'appliqua à regler la police, & écrivit au Senechal qu'il eſtoit averti que l'on vendoit les eſpiceries, & drogueries à divers poids, les uns ne donnant que douze onces pour la livre, & quelquefois ſeize, ce qui eſtoit d'un prejudice notable dans le commerce, & ordonna que la livre ſeroit conſtamment de ſeize onces, & que les Apothicaires vendroient ſelon l'ordonnance, & les poids des Medecins. Il regla auſſi la cirerie, la viande des Bouchers, les graiſſes, & ſuifs, defendant de ſouffler & enfler la viande. Il fit auſſi des Ordonnances pour les Cordonniers, pour la vente du bois à brûler, dont il fit le tarif tant pour les gros bois de riviere, que pour les fagots, dont il regla les prix. Il ordonna auſſi que les monnoyes étrangeres ſeroient receuës en cette ville à cauſe du commerce, & oſta tous impôts de la ville l'an 1380. qui fut la derniere de ſa vie, ayant juſtement merité par la conduite qu'il avoit tenuë le nom de ſage, qui lui eſt demeuré dans l'hiſtoire.

Si l'Archevêque taſcha de reſtablir ſes droits ſous ce regne, que pluſieurs guerres, & la priſe du Roy Jean avoient épuiſé de force & d'argent ; le Chapitre ne fut pas moins ſoigneux de recueillir les débris de ſon authorité dans la ville & dans le pays. Il commença par l'ancien droit qu'il avoit de faire batre monnoye, & dés le 9. Septembre de l'an 1363. il ordonna que l'on en fît à ſon coin & ſous ſon nom. *Act. Capitul. l. 1. fol. 26. fiat moneta &c.* Et l'an 1363. il nomma Pierre de Chapailles Tailleur des monnoyes, qui preſta ſon ſerment au Chapitre pour cét office, comme trois mois apres ils eſtablirent un Juge garde des monnoyes, & paſſerent l'an 1372. un contract pour la forme & reglement de ces Monnoyes, Enfin l'an 1375. ils accorderent des privileges à tous les officiers de leurs Monnoyes par des lettres patentes ſignées par le Doyen Jean de ſaint Amour, & tous les Chanoines Comtes de Lyon, qui eſtoient pour lors. Je ne ſçay ſi ces grands preparatifs du Chapitre pour l'eſtabliſſement de ces monnoyes eurent leur effet, n'ayant jamais vû de monnoye fabriquée au coin du Chapitre ; mais ſeulement des Mereaux qu'ils nommoient Plaques, dont ils ſe ſervoient pour les diſtributions du choeur, & que je rapporteray dans l'hiſtoire Eccleſiaſtique de cette ville. Ils firent en meſme temps des reglemens pour leur Prevôt & ſes onze archers, à qui ils firent jurer, qu'avant qu'ils puſſent exercer leurs offices, ils ne feroient rien contre les conventions contenuës dans le traité & compoſition faite avec les Comtes de Forés, les Archevêques & nos Rois. *Petrum de Capaliis Tailliatorem Monetarum facimus, & creamus.*

Le Roy Charles V. eſtant mort le 3. jour de Septembre l'an 1380. Le Daufin ſon fils, qui n'avoit pas encor atteint l'âge de douze ans, ſucceda à la couronne, nos citoiens lui deputerent d'abord pour l'aſſurer de leur fidelité, & en meſme temps lui porterent leurs plaintes ſur les vexations qu'on leur faiſoit à l'occaſion des monnoyes de Daufiné, qu'ils recevoient dans le commerce. Car entre les articles du tranſport ce cette Province au fils aiſné de nos Rois, Humbert le dernier Daufin avoit *CHARLES VI.*

expressément reservé que les monnoyes de Daufiné auroient cours, & seroient receuës ce qui avoit esté observée sous le regne de Charles V. mais depuis sa mort les officiers du Roy son fils sans avoir égard à ces conventions, & s'attachant aux nouvelles ordonnances par lesquelles les especes étrangeres estoient defenduës, n'en vouloient pas permettre le cours, & renouvelloient les vexations faites à nos bourgeois & Marchands sous le regne de Philippe de Valois, mais le Roy, ou son conseil, averti des dommages que cela pouvoit apporter, en détruisant le commerce, defendit expressément par ses Lettres du 26. Novembre d'inquieter les bourgeois & Marchands de cette ville sur le fait de ces monnoyes du Daufiné, qu'il ordonnoit estre receuës & alloüées.

Preuves

Ces mesmes difficultez ayant esté depuis renouvellées à l'égard de monnoyes de Savoye, & autres terres dites alors de l'Empire, le Roy sur le rapport qui luy fut fait en son conseil par son Oncle Jean Duc de Berry, permit non seulement le cours de toutes ces monnoyes de Daufiné, de Savoye, & autres lieux circonvoisins, mais il remit toutes les amandes, & autres peines pecuniaires imposées par ses officiers à ceux qui avoient receu ces monnoyes. Voicy la teneur de ces dernieres lettres, qui furent écrites en nostre langue.

CHARLES par la grace de Dieu Roy de France au Bailly de Mascon, ou à son Lieutenant à Lyon, Salut. Le Procureur de la ville de Lyon nous a fait humblement supplier, que comme ladite ville de Lyon soit prés des marches de l'Empire, & ayent accoustumé les bourgeois & habitans de ladite ville faire faire de marchandises avec ceux de la Comté de Savoye, de nostre Dauphiné, & d'ailleurs de l'Empire. Et pour ce souventefois leur convient prendre, alloüer & mettre en leurs païemens, la monnoye aïant cours audit païs de Savoye & ailleurs és parties de l'Empire, ou autrement ils recevroient grands dommages & pertes en leursdites marchandises. Et pour occasion de ce que vous & aucuns nos autres officiers dites que en prenant lesdites monnoyes du coing de l'Empire, ils meprennent & viennent contre les Ordonnances Royaux sur ce faites, vous, ou aucuns desdits officiers les avez voulu & voulez mettre à finances, & traire à composition & amande : requerans que sur ce leur veüillons pourvoir de remede convenable. Pour ce est-il, que nous ayant consideration és choses dessusdites ; Et que nous aides ayant cours en ladite ville sont de plus grand émolument de ce que lesdits Marchands de l'Empire viennent marchander en ladite ville de Lyon. Laquelle chose ils ne feriont point si lesdits Bourgeois & habitans ne prenoient, & alloüoient ladite monnoïe de l'Empire comme ils font la nostre auxdits bourgeois & habitans de Lyon & des villages d'environ : avons donné & donnons de grace speciale pour la teneur de ces presentes congié & licence qu'ils puissent prendre, mettre & alloüer toutes & quantesfois ils voudront les monnoyes du coing de Savoye & du Dauphiné jusqu'au terme d'un an à compter de la date de ces presentes. En leur quittant & remettant toutes peines, amandes qu'ils pourroient avoir commises & encourües pour allocation desdites monnoïes defenduës de tout le temps passé jusques à present. Si vous mandons, & commandons, que lesdits bourgeois & habitans vous faites joïr & user de nostre presente grace & octroy, sans les empeschier ou souffrir estre empeschiez au contraire. Donné à Gournay le 4. jour de Septembre l'an de grace mille trois cents quatre vingt & sept, & de nostre regne le septiéme. Ainsi signé par le Roy, à la relation de Monst. le Duc de Berry. *De Monte aculto.*

L'Estat où se trouvoit la France depuis la prison du Roy Jean & les entreprises des Anglois sur le Royaume obligerent le Roy Charles V. surnommé le Sage de songer serieusement à fortifier les villes frontieres, & comme celle-cy estoit sur les marches de l'Empire, il ordonna que l'on y travaillast incessamment & l'on en connut la necessité quand les troupes debandées se jetterent dans la Bourgogne, & descendirent jusqu'à Anse, où elles se retrancherent. Le Roy écrivit du 3. Octobre 1378. des lettres à ses officiers en cette ville de contraindre tous ceux qui possedoient des biens dans Lyon, de contribuer aux reparations & fortifications, quoy qu'ils n'y habitassent pas. Dés la premiere année de son regne qui fut en 1364. Il avoit déja ordonné que les Ecclesiastiques, la Noblesse & les Juifs contribuëroient aux reparations & fortifications, pour la garde de la ville. Les Juifs qui estoient exempts du guet & garde pretendoient s'exempter de ces contributions, mais on leur fit entendre, que s'ils n'estoient pas admis à la garde de la ville, c'estoit pour d'autres considerations, qui estoient un effet de la sagesse du Roy, qui se defioit de leur fidelité pour son service, mais qui ne vouloit pas les decharger des impositions communes pour la defense, & pour la sureté de cette ville à laquelle ils n'estoient pas moins interessez que les autres. Le Roy Charles VI. renouvella les Ordonnances du Roy son Pere pour les contributions, & le Consulat fit divers traitez avec les Chapitres de saint Paul, & de saint Nizier, l'Abbé d'Aisnay, le Commandeur de saint George, l'Abbesse de saint Pierre & autres Ecclesiastiques, qui avoient obtenu des lettres du Pape & de plusieurs Princes & grands seigneurs pour s'en faire décharger.

Lyon en ces temps-là estoit consideré comme une ville de guerre, aussi-bien que comme l'une des clefs du Royaume pour sa situation, & l'on a dans les registres de l'hostel de ville un bref du Pape Gregoire XI. addressé aux habitans de cette ville, par lequel il les prie de mettre en liberté le Baron de Luzac prisonnier de guerre.

Ce fut à l'occasion de ces fortifications & reparations que fut desseché un lac où estant tres-profond dont on voit encore la place, qui est un grand precipice entre la maison de Tunes au dessous Fourviere, & le chasteau de Pierre-scize. Paradin dit que ce lac estoit bien appoissonné, & que nos citoiens faisant les fossez, qui ceignent les murailles de la ville, de ce costé l'eau s'y coula insensiblement au travers le peu de terre qui estoit entre cet estang & ce fossé, & par ce moyen il se desseicha

Liv. 2. chap. 22.

de la Ville de Lyon. 503

entierement, tellement qu'il ne reste plus qu'un vuide affreux à voir, qui fait juger de la profondeur de ce lac. Quand on entreprit les fossez on avoit promis à l'Archevêque de faire un grand mur d'une forte espaisseur pour retenir les eaux de ce lac, mais ce ne fut qu'un projet, & quand les eaux furent une fois perduës, il eut esté comme impossible d'en pouvoir trouver assez pour remplir un gouffre si vaste.

Enfin comme ce furent les guerres, qui firent entreprendre ces fortifications, elles furent aussi l'occasion d'establir un Capitaine des forces de la ville, dont à la fin de ce livre j'expliqueray l'employ & les fonctions.

Le sceau de Mascon donné à ferme ne causa pas de moindres troubles ; parce que le fermier de ce sceau empeschoit que les Notaires fissent aucun acte ou écriture pour nos Bourgeois & habitans, qu'ils ne payassent auparavant les droits du sceau, quoi qu'ils fussent en possession de ne les payer que lors qu'ils estoient obligez de produire en justice les actes scellés de ce sceau ou de faire executer les lettres obtenuës & scellées. Sur quoi aïant porté leurs plaintes au Roy qui estoit alors en cette ville, il defendit par ses lettres dattées de Lyon le 27. d'Aoust l'an 1383. ces contraintes du fermier du sceau, qui changeant presque toutes les années, fraudoit ces émolumens celui qui tenoit la ferme, quand on venoit à produire ces lettres ; ou obligeoit ceux qui les avoient obtenuës de païer deux fois ces droits. *Preuves.*

Je ne trouve point dans nos historiens de France la cause de ce voyage du Roy, dont je n'ay d'autre témoignage que ces Lettres dattées de cette ville au mois d'Aoust de l'an 1383. peut-estre fut ce à l'occasion des troubles arrivez à Paris tandis que le jeune Roy estoit occupé aux guerres de Flandres, où il estoit allé en personne avec une puissante armée, pour les Flamans punir de leur revolte contre leur Comte Loüis ; & pour s'estre de nouveau liguez avec les Anglois. Durant l'absence de Charles les Parisiens se mutinerent, complotterent d'abbattre le louvre, la bastille, & les autres forteresses, qui les tenoient en bride, firent forger des armes, & trente mille maillets pour armer le peuple, ce qui leur fit donner le nom de maillotins. Plusieurs villes du Royaume se liguerent avec ces seditieux, Roüen, Orleans, Rheims, Chalons, Blois &c. Mais celle-cy ne voulut jamais entendre à se joindre à ces factieux, ce qui obligea le Roy à reconnoistre sa fidelité par plusieurs graces qu'il luy accorda, au lieu qu'il refusa d'oüir le Prevost des Marchands, & les Echevins de Paris, fit decapiter trois cent bourgeois, qui avoient eu le plus de part à la revolte, & supprima la prevosté des Marchands & l'Echevinage, qu'il ne restablit qu'à la priere de ses oncles les Duc de Berry & de Bourgogne.

Cependant Loüis Duc d'Anjou Regent du Royaume pendant la minorité du Roy, comme estant aisné des Ducs de Berry & de Bourgogne poursuivoit les Royaume de Naples & de Sicile en vertu de l'Adoption qu'avoit fait en sa faveur la Reine Jeanne avec le consentement du Pape Clement VI. Et comme les Comte de Provence, de Forcalquier, & de Pymont faisoient une partie de l'heritage & de la succession à laquelle cette Reine l'appelloit, il se rendit en cette ville tant pour s'aboucher avec le Comte de Savoye, dont il avoit besoin pour reduire les Provençaux que pour se faire couronner à Avignon par le Pape d'une maniere solennelle, il passa icy le 19. Fevrier l'an 1381. un acte par lequel il donnoit à son cousin le Comte de Savoye Amé V. surnommé le Comte Verd la Comté de Pymont, les Chasteaux & villes d'Ast, Astois, Albe, Mondevis, Tortone, Cony, & Queiras. Cét acte est rapporté par le Chevalier Guichenon entre les preuves de son histoire de Savoye page 214. & avec qu'il est singulier, & qu'il contient des circonstances remarquables sur le fait de cette adoption semblable à celle des anciens Romains, j'ay crû que je devois icy le donner comme une piece d'un insigne ornement pour nostre histoire.

※※※※※※※※※※※※※※※※※※※※※

Promesse de Loüis de France Duc d'Anjou fils adoptif de Jeanne Reine de Sicile au Comte Verd.

Tirée des archives de Turin.

Loüis fils de Roy de France Duc d'Anjou & de Touraine, & Comte du Maine, fils adoptif " de nostre tres-chere Dame & Mere la Reine de Jerusalem & de Sicile, Comtesse de Provence, " de Folcalquier & de Pymont, vray successeur universel, & heritier legitime seul, & pour le tout " de nostredite Dame & Mere és Royaume, comtez, & terres dessusdites. A tous ceux qui ces " lettres verront, Salut. Comme entre certains traittez eus de nouvel entre nous d'une part, & " tres-honoré & puissant Prince nostre tres-cher & amé cousin le Comte de Savoye, d'autre : nous " ayons donné & octroyé par pur don irrevocable fait entre vifs, à nostredit cousin, pour lui, ses " hoirs, successeurs & ayans cause de lui, la Comté de Pymont, par especial les chasteaux & villes " de Ast, Astois, Albe, Montdevis, Tortone, Cosny, & de Queiras ; & aussi les hommages & " feaultez de ceux de Ceve, du Carreto, & de tous autres quelconques Gentils-hommes qui " onques tindrent de feu Roy Robert & de nostredite Dame & Mere, avecque toutes les terres, " seigneuries, fiefs, arriere-fiefs, souveraineté, ressort, droits & possessions quelconques, qui en pareille Comté nous appartiennent presentement, & doivent appartenir comment que ce soit, sans " rien y retenir, excepté le chastel de Demon tant seulement, avec ses droits, noblesses & appartenances quelconques. Et pour certaines besongnes touchant grandement le fait de l'Eglise & nous, " pour lesquelles nous allons de present en tres-grant haste en Avignon devers nostre saint Pere, " nous ne puissons bonnement expedier de present nos lettres necessaires à nostredit cousin. Sur " ce sçavoir faisons que à nostredit cousin, nous avons promis & promettons par ces presentes, " par la foy de nostre corps & en parole de fils de Roy bailler, nous venus audit lieu d'Avignon, " ou à son certain commandement, nos lettres sur la donation dessusdite, ou seront encorporées " certaines lettres de nostredit saint Pere, & de nostredite Dame, sur l'authorité d'icelui nostre "

„ tres-amé Pere, adoption en fils d'icelle nostredite Dame & mere, & des institutions, donations
„ & pleins transports à nous faits par elle des Royaume, Comtez & terres dessusdites; avecques au-
„ tres lettres par lesquelles il est mandé par nostredite Dame & mere à ses subjets des Comtez, de
„ Provence, Folcalquier & Pymont dessusdits, qu'ils nous facent foy, hommage & serment de feaulx;
„ selon ce qu'il appartient, & generalement bailleront à nostredit cousin nosdites lettres, tout en la
„ meilleure forme & maniere que faire se pourra à la seurté de lui & accomplimēt du don & octroy
„ que fut luy avons, comme dit est dessus : proveu toutes fois, que quant nous baillerons à
„ nostredit cousin nos lettres dont dessus est faite mention, il nous sera tenus de rendre cestes. En
„ outre toutes lesquelles choses nous avons promis & promettons à nostredit cousin comme dessus,
„ que se aucunes des terres dessusdites estoient occupées ou detenuēs par aucunes personnes; nous
„ les luy aiderons à recouvrer à nostre pouvoir. En temoin de ce nous avons signés ces lettres de
„ nostre propre main, & y fait mettre nostre seel de secret en absence du nostre grant. Donné à
„ Lyon sur le Rhosne le 19. jour de fevrier l'an de grace M. C. C. LXXXI. signé Loüis & sur
„ le reply Treton.

Il est bon de remarquer icy l'erreur de Messieurs de sainte Marthe en leur histoire
genealogique de la Maison de France, qui au lieu de la Comté de Pymont ont mis la
Comté de Piedmont, n'aïant pas fait reflexion que les Comtes de Savoye estoient dés-
lors Princes de Piedmont, & que la Comté de Pymont estoit une dépendance des Comtez de Provence & de Folcalquier, souvent exprimée par ces mots *& terres adjacentes*.

Nos Lyonnois voïant la bonne volonté que le Roy avoit pour eux à cause de leur fidelité, & de leur attachement à son service pendant les seditions & les émeutes de
plusieurs villes du Royaume, prierent sa Majesté de leur laisser le ressort au bourg de
l'Isle-Barbe & qu'ils ne fussent pas obligez d'aller à Mascon ni ailleurs pour leurs causes d'apppel. Le Roy leur accorda leur demande par ces lettres addressées au Bailly de
Mascon & au juge du ressort de Lyon.

„ CHARLES par la grace de Dieu Roy de France au Bailly de Mascon & juge du ressort de
„ Lyon, ou à leurs lieutenans és marches de Lyon, Salut. Nous avons oy humble supplication de
„ nos bien amez les Conseillers, Bourgeois & habitans de nostre ville Lyon contenant que comme par
„ certaines lettres & Privileges à eulx octroyez par plusieurs de nos predecesseurs Rois de France
„ & depuis confermez par nostre tres-chier seigneur & Pere dont Dieux ait l'ame, lesdits supplians
„ aient & doient avoir leur ressort prés de ladite ville de Lyon ou lieu appellé en l'Isle-Barbe, sans
„ ce qu'il, ne aucun d'eulx doient estre trais en cause à Mascon ne ailleurs à autre siege royal. Neant-
„ moins plusieurs personnes se sont efforciez & efforcent de jour en jour de traire lesdits supplians
„ ou aucun d'eulx en cause par devant le Bailly de Mascon, qui est en leur tres-grant domage, pre-
„ judice & vexation. Et en venant contre lesdits privileges, si comme ils dient, supplians leur estre
„ par nous sur ce pourveu de gratieux & convenable remede. Pourquoy nous inclinans à leur sup-
„ plication voulans lesdits privileges de nosdits predecesseurs estre tenus & gardez en leur force &
„ vigueur sans les enfraindre. Vous mandons & à chacun de vous si comme à luy appartiendra que
„ vous faciez faire inhibition & defense de par nous à tous ceulx dont par lesdits supplians serez re-
„ quis, que il ne traicent ne facent convenir aucun desdits habitans au siege de Mascon ne ailleurs
„ hors leurdit ressort contre ne au prejudice desdits privileges. En les faisant joir & user desdits
„ privileges desquelx il vous est apparu ou appara selon leur forme & teneur & par la maniere qui
„ l'ont usé, car ainsi le voulons nous estre fait & auxdits supplians leur octroyer & octroyons de grace
„ especial par ces presentes nonobstant lettres subreptices à ce contraires. Donné à Paris le 12. jour de
„ septembre l'an de grace mil trois cents quatre-vint trois, & de nostre regne le tiers sous nostre seel
„ ordonné en l'absence du grand.

Nos citoiens ne joüirent pas long-temps de l'effet de leur demande, & de la grace
que le Roy leur avoit accordé pour le retablissement du siege de l'Isle-Barbe, parce que
les seigneurs de la Chambre des comptes de Paris, & les receveurs du domaine lui aïant
remontré que cela prejudicioit beaucoup à ses droits, d'exempter les villes du ressort auquel elles avoient accoustumé d'estre appellées, il fit une Ordonnance pour les reduire
à leurs anciens ressorts, & singulierement celle de Lyon au ressort de Mascon. Voicy
la teneur de ces lettres.

„ CHARLES par la grace de Dieu Roy de France, aux Bailly & receveur de Mascon
„ ou à leurs Lieutenans salut. Come és ordonnances royaux pieça faites par nos predecesseurs
„ & Nous sur le fait des domaines de nostre royaume & autrement, entre les autres choses soit
„ contenu que toutes terres, villes & chastelenies subjettes ressortiroient aux lieux & sieges royaulx
„ ou autres où il avoient accoustumé d'ancienneté de ressortir. Et se par importunité ou autrement
„ aucunes terres ou villes avoient esté ostées & mises hors de leurs anciens ressorts que encontinent
„ elles y fussent remises & adjointes. Et nous ayans entendu que les citoyens & habitans de nostre
„ ville de Lyon sur le Rhosne qui de toute ancienneté ont esté du ressort de nostre siege de Mas-
„ con depuis aucun temps en ça par importunité ou autrement sous ombre d'aucunes lettres ro-
„ yaulx teu desdites ordonnances se dient estre exemptes du ressort ancien de nostredit siege de Mas-
„ con & mis en ressort au bourg de l'Isle-Barbe prés de Lyon où n'a aucuns habitans, Conseil, ne
„ personnes convenables en fait de justice ne aucuns exploits n'y sont faits, nos droits ne les droits
„ des parties gardez, si comme nous entendons, ou domaige de nostre peuple, & diminution de nostre
„ recepte de Mascon, qui en est de trop plus petite valeur; ne on ne trouve pas que depuis qu'il
„ ont ainsi ressorti audit Bourg, aucun exploits en aient esté faits ne rendus en ladite recepte à
l'onneur

de la Ville de Lyon. 505

l'onneur & exercice de justice ne à nostre profit, combien que y ait eu juge d'iceluy ressort de Lyon, qui a pris sur nous & prent chacun an deux cens livres Tournoises de gaiges. Et par ainsi qui pis est les maleficés demeurent impunis, come nostre Bailly dudit Mascon & nos autres officiers dudit Bailliage n'y firent oncques & ne font aucuns exploits pour cause de ladite exemption & leur seroit trop tedieuse chose & à Nous plus sumptueuse de aler eulx tenir ou dit Bourg où il n'y a nuls habitans come dit est. Lesquelles choses sont contre nosdites ordonnances & redondent en grant lesion de justice & de tout le bien publique en nostre tres-grant domaige & prejudice, diminution & appetirement de nostre domaine & sera encores plus se briefvement n'y est pourveu si come on dit. Pourquoy nous considerans les choses dessusdites, voulans nos bons subgiez garder & gouverner en bonne paix, justice, & tranquilité & estre sur ce deuement & briefvement pourveu selon lesdites anciennes ordonnances & icelles avoir & sortir leur effet ; vous mandons & estroitement enjoignons, & à chacun de vous, si come à luy appartiendra, commettons velles ces presentes vous sans delay facez crier & publier és sieges & lieux de voftre bailliage & en tous autres où il appartiendra que tous les subgiez de ladite ville de Lyon & appartenances ressortissent doresnavant en tous cas de ressort audit siege de Mascon ou quel souloient ressortir anciennement sur certaines & grosses peines à appliquer à Nous, & à ce les contraignez se mestier en est vigoureusement & sans deport par toutes voyes remedes deus & en cas accoustumez tellement que aucun deffaut n'y ait. Et doresnavant baillez quant le cas y écharra la prevosté & grosses emendes de Mascon en telle maniere que ladite ville de Lyon & appartenances seront audit ressort & en rendez les emolumens en bons comptes. Et se aucuns se oppose ou contredit à ce ledit ressort ancien audit siege de Mascon tenus en leurs vertus, assignez jour certain & competent aux opposans ou contredisans, en la chambre de nosdits Comptes à Paris pardevant nos amez & feaulx gens d'iceluy compte pour dire les causes de leur opposition ou contredit, proceder & aler avant en outre si come de raison sera de tout ce que fait en sera, certifiez souffisamment nosdites gens. Auxquels Nous mandons que aux parties oyés administrent bonne & briefve justice. Ce faites en telle maniere, toutes allegations frivoles rejettées & arrieres mises, que par vous n'y ait aucun deffaut nonobstant quelconques lettres subreptices empetrées ou à empetrer au contraire. Donné à Paris le 28. jour d'Aoust l'an de grace mil trois cens quatre vingt & sept & de nostre regne le Septiéme, sous nostre seul ordené en l'absence du grant. Par le conseil estant en la Chambre des Comptes. *Hennin.*

Les lettres des gens de la Chambre des Comptes attachées à ces lettres du Roy estoient celles-cy.

De par les gens des Comptes du Roy nostre Sire à Paris. Bailly & vous Receveur de Mascon ou leurs Lieutenans accomplissez chacun endroit soy, les lettres dudit seigneur, auxquelles ces presentes sont attachées sous l'un de nos signez faisans mention entre les autres choses que les subgiez de la ville de Lyon & appartenances ressortissent doresnavant en tous cas de ressort ou siege de Mascon, comme ledit seigneur le mande. Donné à Paris le penultiéme jour d'Aoust l'an mil trois cens quatre vingt & sept. *Hennin.*

Le Bailly de Mascon qui receut ces lettres estoit alors Girard de Thurey, Chevalier, Seigneur de Noyers, Bailly de Mascon & Senechal de Lyon, qui les envoya au Prevost de Mascon & à son Lieutenant pour les faire publier de la part de *Magnifiques & puissans Seigneurs, les Seigneurs des Comptes du Roy nostre Sire.* La commission de cette publication fut donnée à Pierre Baillet Clerc Notaire public & juré de la Cour du Bailliage de Mascon & Senechaussée de Lyon à ce deputé par Jean de saint Pierre sergent d'armes du Roy, Citoyen & Prevost de Mascon dont il estoit Lieutenant, lequel se transporta en cette ville, & en presence de Leonard Masson Clerc Notaire public, & de Noble-homme le seigneur Henry de Viego dit Museton Chevalier Capitaine de la ville, Vincent Gepes, Jean Prunier, Guillaume Parent, Jean Syssieu, Philippe des Champs, Barthelemy Cannon & plusieurs autres habitans de la ville appellez pour témoins, estant allez au Carrefour du pied du Pont du costé du Royaume, appellé à present la place du Change, fit lire & publier à haute voix & mot à mot par Jean Ballat Crieur public de la ville de Lyon lesdites lettres du Roy, & l'attache des gens des Comptes, aprés quoy à haute voix il ordonna & commanda à tous & un chacun des habitans de la ville de Lyon & de ses appartenances en vertu desdites lettres de ressortir d'oresnavant en tous les cas de ressorts devant le Bailly & le siege de Mascon à peine de cinq cent livres Tournoises pour quiconque contreviendroit à la presente injonction & proclamation.

Aprés laquelle proclamation ainsi faite, Maistre Jean des Farges, Lieutenant de maistre Eurard Grand Juge de la superiorité & ressort de Lyon, produisit ses lettres de Lieutenant en ladite jurisdiction, & aprés les avoir lûes & montrées publiquement pour faire foy de sa charge dans Lyon, se porta pour opposant à l'execution desdites lettres, & avec luy Guillaume de Cuysel Procureur de la Communauté de Lyon,

TT t

& comme tel au nom de ladite Communauté de la ville : auxquelles oppositions ledit Commissaire deputé pour la publication, fit réponse qu'ils eussent à comparoitre devant le Bailly de Mascon tel jour qu'ils voudroient, & qu'ils seroient oüis & admis à faire leur opposition, comme il estoit contenu dans les lettres de sa commission. Aprés quoy estant allé à l'autre bout du Pont du costé de l'Empire au carrefour où se faisoient ordinairement les proclamations, & y aïant fait publier les mêmes lettres en la mesme maniere qu'il avoit fait à l'autre bout du Pont, les mesmes opposans firent nouvelles oppositions, & demanderent copie des lettres ainsi publiées, qui leur fut donnée & jour assigné à comparoistre à Mascon devant le Bailly pour y former leurs oppositions.

Ce fut le dix-septiéme septembre 1387. que fut faite cette proclamation, dont le Commissaire deputé fit son Verbal, qu'il envoia au Bailli de Mascon pour certificat de l'acquit de sa commission. Le verbal de cette commission aïant esté envoyé à la Chambre des Comptes de Paris avec les oppositions de nos Bourgeois, ils supplierent sa Majesté de vouloir laisser au Bourg de l'Isle Barbe le siege du ressort, jusqu'à ce que leurs Privileges & causes d'oppositions eussent esté examinez par la Chambre des Comptes, & l'affaire entierement decidée, ce que le Roi leur accorda, par ses lettres suivantes.

CHARLES par la grace de Dieu Roy de France, à tous ceux qui ces presentes lettres verront, salut. Sçavoir faisons que comme ja piecà le ressort des subgiez & justiciables de l'Archevéque de Lyon sur le Rhosne & aucuns autres lesquels ressortissoient pour lors en nostre ville de Mascon pardevant le Bailly dudit lieu fust pour certaines considerations mis par aucuns de nos predecesseurs au lieu de l'Isle-Barbe prés de Lyon, & illec establi un juge appellé le Juge du ressort de Lyon & eut iceluy ressort & office de Jugerie demeuré & esté continuellement au dit lieu de l'Isle-Barbe l'espace de cinquante neuf-ans & plus, si comme l'on dit, & jusques environ le mois d'Aoust darrenierement passé, que pour aucunes causes & pour ce que l'en disoit le contraire, nous mandasmes par nos lettres patentes ledit ressort retorner ou dit lieu de Mascon. Contre lequel mandement se soient opposez les Bourgeois & habitans de Lyon & soit la cause en nostre Chambre des Comptes à Paris. Et lesdits Bourgeois & habitans nous aient requis que pendant le procez, ledit ressort soit remis en l'estat où il estoit paravant ledit mandement. Nous par deliberation de nostre Conseil avons ordené & ordenons par ces presentes que par maniere de provision & sans prejudice ledit ressort soit & demeure audit lieu de l'Isle-Barbe en la maniere qu'il estoit paravant ledit mandement jusque à ce que autrement en soit ordené. Et que nostre amé & feal clerc maistre Olivier Maistre, qui au temps de nostre mandement estoit nostre Juge dudit ressort tienne & exerce l'office de ladite jugerie aux gaiges, drois, profits & émolumens accoustumez & tout en la forme & maniere que il faisoit au temps dessusdit, tant comme il nous plaira. Si donnons en mandement par ces mesmes lettres au Bailli de Mascon & à tous nos autres Justiciers & officiers ou à leurs Lieutenans & à chacun d'eulx si come à luy appartiendra, que ledit Juge facent & laissent joir & user paisiblement dudit office & que des causes appartenans à iceluy ne s'entremettent en aucune maniere, mais icelles remettent oudit Juge en son siege dudit lieu de l'Isle-Barbe tantost veuës ces presentes par lesquelles nous les y remettons. Mandons aussi au receveur de Mascon que lesdits gaiges il paye audit Juge en la maniere, & aux termes accoustumés, desquels aussi payez & rapportant transcript de ces presentes une fois seulement en quittance du payé, nous volons par nos amez & feaulx gens desdits comptes estre alloüez és comptes dudit Receveur & rabattu de sa recepte sans contredit aucun, nonobstant ordonnances, mandemens & defenses à ce contraire selon l'usage de France, & les lettres precedentes du mois d'Aoust estant de la mesme année, & de la septiéme du regne, au lieu que celles-cy sont de la huitiéme. En témoin de ce nous avons fait mettre nostre seel à ces presentes. Donné à Paris le second jour de Mars l'an de grace mil trois cent quatre vingt sept. Et de nostre regne le huitiéme. Par le Conseil, ou quel Messieurs le Cardinal de Laon, Vous les Evêques de Paris & d'Eureux, les Chancelliers de Bourgogne & de Touraine. Maistre Jean Pastorel & plusieurs autres estiez *Hennin*.

Entrée du Roy Charles VI.
Les choses demeurerent en cét estat jusqu'à la venuë du Roy en cette ville l'an 1389. Il y arriva le 14. d'Octobre & fit son entrée solemnelle le mesme jour. Ce fut par la porte de Veyse sur le bord de la riviere de Saone. Tout l'espace qui est entre cette porte & celle de Bourgneuf qui est assez long, avoit esté pavé tout nouvellement, & tous les deux costez furent parez de verdure en forme d'allée & de berceau, parce que cét entredeux n'estoit alors qu'une campagne remplie de jardins depuis la porte de Bourgneuf, qui estoit la vraïe porte de la ville jusqu'au cloistre saint Jean, où le Roi devoit loger dans le Palais de l'Archevéque, toutes les ruës furent non seulement tapissées, mais encore *tenduës à ciel*, dit la relation de cette entrée, de quatre toiles de large. Au dessus de la porte de Bourgneuf on avoit peint les armoiries de France sur une grande banniere, celles des Princes & des grands seigneurs faisoient une espece de couronnement à cette porte autour de celles du Roi. Toutes les ruës furent sablées & 500. hommes à cheval vétus de rouge aux dépens de la ville

& precedez de deux trompettes & de trois haut-bois allerent au devant du Roy hors la ville pour le recevoir. Un auſſi grand nombre de jeunes enfans de la ville furent vétus de cottes d'armes ou tuniques bleuës fleurdeliſées & tenoient chacun à la main un guidon ou penonceau des armes du Roy, & marchans deux à deux s'arreſterent à l'entrée du Palais de l'Archevêque où s'eſtant rangez en haye ils le ſaluerent en criant Montjoye ſaint Denis Vive le Roy.

Vingt-cinq des plus notables dames de la ville veſtues de bleu attendirent le Roi à la porte de Bourgneuf ſous un riche Pavillon bleu que l'on avoit fait dreſſer, & quand il fut entré & eu reçeu les complimens des Magiſtrats, toutes ces Dames lui firent la reverence, & quatre d'elles lui preſenterent le dais, qui devoit eſtre porté ſur lui tout le long de la Marche. Il eſtoit de drap d'or & les battans ou campanes de ſatin bleu à fleurdelys d'or relevées en broderie, avec franges vertes de ſoye meſlées d'or. Quatre notables Bourgeois veſtus de ſatin prirent ce dais des mains des Dames & le porterent ſur le Roi juſqu'à la porte du cloiſtre, & les vingt cinq Dames ſe rangerent ſur un palc ou balcon fait exprés d'où elles pouvoient voir toute la marche de la Cour & de la ſuite du Roy. En la place du Change nommée alors la place de la drapperie du coſté du Royaume, on avoit élevé une fontaine, qui durant toute la marche jettoit par divers canaux du vin blanc & du vin clairet pour rafraîchir les paſſans & particulierement les ſoldats de la garde du Roy. Cette Fontaine eſtoit gardée par les deux plus grands hommes qu'on eut trouvez dans la ville deguiſez & veſtus en Sauvages.

Comme la Marche fut longue & difficile à cauſe d'une multitude prodigieuſe de peuple accouru à ce ſpectacle & qui bordoit toutes les ruës, quand on fut arrivé à la Fontaine le jour commençoit à faillir. Alors ſoixante hommes de la ville veſtus de rouge avec des torches allumées accompagnerent le Roi juſques à ſon hoſtel. Jean Juvenal des Urſins Archevêque de Rheims qui a écrit l'hiſtoire de Charles VI. n'y a pas oublié le recit de cette entrée, & voici ce qu'il en dit.

" Le Roy s'en vint à Lyon & les habitans furent moult joyeux de ſa venuë, & paterent les ruës. Et à l'entrée de la ville joignant la porte y avoit un bien riche Poile ſur quatre baſtons, que tenoient quatre belles jeunes filles, & ſe mit le Roi deſſous. Et en certains lieux en la ville, y avoit à mille enfans veſtus de robes royales, loüans, & chantans diverſes chanſons ſur la venuë du Roy. Cheres ſe faiſoient, feux & tables furent miſes par les ruës, & ne ceſſerent pendant quatre jours de ſe faire jour & nuit. Jeux & ébatemens ſe faiſoient & tous ſignes qu'ils pouvoient faire de joüuſetez pour la venuë du Roi leur ſouverain Seigneur & de le voir en bonne ſanté & proſperité. Le Religieux de ſaint Denis qui écrivit l'hiſtoire de ce meſme Roy ſur les memoires de ſes Abbez Guy de Monceaux & Philippe de Villete, a parlé encor plus avantageuſement de cette entrée.

" Il traverſa, dit-il du Roi, la ville & Comté de Maſcon pour arriver à Lyon, qui " n'épargna rien pour témoigner la joïe qu'il eut de voir ſon Prince. Ceux de la vi- " le lui avoient déja envoyé leur preſent de Bœufs, de moutons gras & de tonneaux " de vin ; mais ils firent paroître plus de magnificence à l'entrée qu'ils lui prepare- " rent. Les Bourgeois lui furent au devant tous veſtus de meſme livrée ; & aprés lui " avoir fait leur compliment à genoux avec offres de leurs perſonnes, & de leurs " biens pour ſon ſervice, ils le firent recevoir par quatre belles damoiſelles, toutes " richement vetuës & parées de perles & de pierreries avec un dais de drap d'or, ſous " lequel ils le conduiſirent gravement & pompeuſement juſques au Palais de l'Arche- " veché. Je pourrois faire un plus grand recit du magnifique appareil de cette recep- " tion, mais je me contenterai d'ajouter à ce que j'ai dit qu'il y avoit plus de mille " jeunes enfans diſtribuez par troupes en divers carrefours ſur des theatres, & des " galeries de Bois faites exprez, pour faire des Panegyriques à la loüange de ce grand " Monarque, & que les quatre jours qu'il ſejourna en cette ville ſe paſſerent en bals, " en comedies & en tout ce qu'on put inventer de jeux & de divertiſſemens pour " exprimer la joïe qu'on avoit de ſon arrivée. On lui fit encor de nouveaux preſens à " ſa ſortie pour aller à Vienne.

Hiſt. de Charles VI.
L. 9. chap. 6.

Cét hiſtorien n'a pas fait mention de ces derniers preſens, mais les regiſtres de l'hoſtel de Ville m'apprennent que le lendemain de ſon arrivée aprés la meſſe, la ville le ſervit de ſix pots & de ſix douzaines de coupes d'argent tres bien dorées & émaillées des armes du Roi, & qu'elle en preſenta trois douzaines à Monſieur de Touraine Frere du Roy, pareillement dorées & émaillées de ſes armes & que la plûpart des seigneurs furent regalez de flambeaux & de confitures, à qui l'on donnoit pour lors le nom d'Espices.

Le Roy descendit ensuite à Avignon, où il fut receu par le Pape Clement VII. tres magnifiquement & assista au couronnement de Loüis Roi de Sicile, & passa delà en Languedoc, où estant à Tolose il establit un ordre de Chevalerie de la ceinture d'Esperance, dont nul de nos historiens n'a parlé, & dont je remarquai la peinture dans le cloistre des Carmes de Tolose, peinture que le sieur de la Faille qui a écrit l'histoire des Capitoux n'a pas bien connuë, & que je veux donner icy pour ne pas priver la posterité d'un monument si curieux, dont j'eus le bonheur de decouvrir l'occasion, & qui n'est pas tout à fait éloignée de nostre histoire, puisque les Princes de la maison de Bourbon, qui ont possedé la Dombe & le Beaujolois, où ils ont laissé des monnumens de leur grandeur & de leur pieté, y ont fait peindre & graver en divers lieux la ceinture d'Esperance de cét ordre de Chevalerie dont la premiere invention est duë à Loüis Duc de Bourbon qui avoit eu soin de l'education du Roy Charles VI. on la voit encore en divers endroits du Palais Archiepiscopal de cette ville basti par le Cardinal Charles de Bourbon, voici l'origine de cét ordre.

Le Roy estant à la chasse à quelques lieües de la ville de Tolose s'écarta si fort de ses gens, qu'estant surpris de la nuit au milieu des bois sans savoir où il estoit, il se voüa à la sainte Vierge pour se tirer de ce danger, & addressa particulierement ce vœu à une chappelle de nostre Dame erigée dans l'Eglise des Carmes sous le titre de nostre Dame de bonne Esperance. A peine eut il fait ce vœu qu'il entendit sonner le cor & la voix des chiens, qui lui firent connoistre qu'il n'estoit pas éloigné de ses gens. Il pique du costé d'où il avoit oüi ce bruit, & rejoignit sa troupe lorsqu'il se croyoit en danger de passer la nuit dans un bois dont il ne connoissoit pas les routes. Il songea au plutôt à satisfaire sa devotion, & à s'acquitter de son vœu, estant allé oüir la Messe dans la Chapelle de nostre Dame de bonne Esperance, il fit un riche present, & distribua aux Princes & grands Seigneurs qui estoient avec lui à chacun une ceinture d'or sur laquelle estoit ce mot ESPERANCE.

Le Provincial des Carmes, le Prieur, & le Convent de Tolose s'engagerent à establir un de leurs religieux, Prestre, qui diroit chaque jour la messe pour les Chevaliers de l'ordre de la ceinture d'Esperance, en telle maniere que tous les Dimanches il diroit la messe du jour à l'intention desdits Chevaliers. Les Lundy & Mercredy la messe pour les fideles Trepassez, le Mardy la messe des Saints Anges, le Jeudy du Saint Esprit, le Vendredy de la Croix, & le Samedy de nostre Dame. Ils promirent outre cela en reconnoissance des bien-faits qu'ils avoient receus du Roy, des Princes & Seigneurs, de chanter pour eux aux cinq festes solennelles de la Vierge, à sçavoir de la Conception, de la Nativité, de la Purification, de l'Annonciation & de l'Assomption, une grand messe solennelle dans la Chapelle de nostre Dame d'Esperance. Et de leur donner part à tous dans leurs autres prieres & bonnes œuvres. Voicy la teneur de l'acte, qui me fut communiqué par le R. P. Ange de Cambolas alors Provincial des Carmes en la Province de Tolose, & depuis Procureur general de son Ordre.

Regiæ Majestati Carolo dignâ Dei providentia Francorum Regi ac illustrissimis principibus, Dominis, Dominis Ducibus Turoniæ, & Borboniæ. Et serenissimis Dominis, Dominis Petro de Navarre Comiti Euroyssensi, Henrico de Bar, Olivario de Clisson Constabulario Domini nostri Regis Franciæ, cum cæteris Dominis Nobilibus, Baronibus, Militibus, scutiferis, qui sunt de Ordinatione Zonæ de Spe, vestri humiles devoti Oratores, Fratres Bernardus Humilis Prior Provincialis Provinciæ Tolosanæ Petrus Juvenis Prior, Cæterique Fratres Conventus Tolosæ Ordinis Fratrum beatæ Dei Genitricis Mariæ de Monte Carmeli. Cùm spiritualium exercitiorum subsidia, quò magis erogantur eò abundantius pullulent & abundent illa meritò sunt concedenda quæ saluti animarum tam petentium, quàm concedentium consonare videntur. Vestris igitur devotionibus qua ad nostrum Conventum Tolosæ geritis, prætextu Capellæ gloriosæ Virginis de Spe, prout multiplici eleemosynarum elargitione experti sumus, cupientes vicem rependere salutaremi! Et propter nos præfati Fratres Prædicti Conventus obligamus nos de licentiâ & authoritate prædicti nostri Prioris Provincialis promittentes medio juramento manibus suprà nostris petitoribus positis, secundùm quod in sacrâ religione fieri est consuetum, quod tempore perpetuo ordinabimus unum Fratrem Sacerdotem qui singulis diebus in prædictâ cappellâ celebrare habeat missas pro omnium vestrum prosperitate & salute, modo & formâ quâ sequitur videlicet Dominicis de officio diei, feriis verò secundis & quartis de Mortuis: feriis autem tertiis de Angelis; feriis quintis de Spiritu Sancto, feriis sextis de Cruce, & diebus sabbathinis de B. M. V. Item promittimus modo & formâ quibus suprà, quod in quinque festivitatibus Virginis Mariæ, videlicet Conceptionis, Nativitatis, Purificationis, Annuntiationis & Assumptionis in præfatâ Capellâ solenniter de prædictis festivitatibus Missas cum nota celebrabimus. Adjicientes, quod in omnibus Missis, orationibus, vigiliis, jejuniis, prædicationibus, & cæteris quibuscumque bonis quæ clementia Salvatoris per nos Fratres dicti Conventus dignabitur operari, vos omnes participes facimus, & consortes in vià pariter & in morte.

de la Ville de Lyon. 509

Et in præmissarum testimonium sigilla Provincialatus officij, & communitatis prædicti Conventus præsentibus sunt appensa. Datum in nostro Conventu Tholosæ quinta die mensis Januarij anno Domini. MCCCLXXXIX.

Voicy l'attestaion que me donnerent le Provincial & les Definiteurs, qui me firent un extrait de cét acte en papier timbré le 14. Janvier l'an 1680.

Nos infrà scripti Provincialis & Definitores Provinciæ Tolosanæ fidem facimus istud transumptum fide le esse, & conforme Originali in nostris Archivis reservato. Actum Tolosæ die 14. mensis Januarij anni millesimi sexcentesimi octuagesimi.

F. ANGELUS DE CAMBOLAS PROVINCIALIS CARMELITARUM TOLOSÆ.

F. BASILIUS LAFORQUE DOCTOR PARISIENSIS PRIMUS DEFINITOR.

F. DOMINICUS CAMUS III. DEFINITOR ET MAGISTER NOVITIORUM.

F. PETRUS POTIER EXPROVINCIALIS, DOCTOR PARISIENSIS ET DEFINITOR.

F. J. LOSQUE R. P. PROVINCIALIS ASSISTENS.

Je joins à cét acte la copie des peintures du cloistre, où le Roy & les autres Chevaliers sont representez.

Vœu rendu a Nostre Dame d'esperance a Tolose Par le Roy Charles VI.

Le Roy Charles VI. à Cheval rend son vœu devant l'image de nostre Dame.

Loüis de France Duc de Touraine & depuis Duc d'Orleans est le premier derriere lui avec sa cotte d'armes marquée des armoiries des Ducs d'Orleans, dont il porta depuis le titre, & qui estoient auparavant celles de sa Duché de Touraine. Il a la ceinture d'Esperance sur sa cotte d'armes, à son costé est Loüis Duc de Bourbon, oncle maternel du Roy, & grand Chambrier de France.

TTt iij

Le troisiéme est Pierre de Navarre Comte d'Eureux fils de Charles II. Roy de Navarre & de Jeanne de France fille aisnée du Roy Jean. Ainsi il estoit des deux costés de la Maison de France.

Le quatriéme est Henry de Bar cousin germain du Roy, estant fils de sa tante Madame Marie de France sœur du Roy Charles V. mariée à Robert Duc de Bar. Il a sur sa cotte d'armes ses armoiries avec sa devise particuliere de chaisnons d'or faits comme des 8. de chiffre.

Le cinquiéme me semble estre Robert ou Philippe d'Artois Comte d'Eu, car l'un & l'autre sont nommez par Froissart entre les Princes qui vouloient suivre Charles VI. lors qu'il dressa une puissante armée Navale pour passer en Angleterre, si c'est Philippe, il fut depuis Connestable de France aprés la deposition d'Olivier de Clisson, qui est icy le sixiéme, & nommé dans l'acte du Provincial des Carmes. Il est aussi distingué par sa cotte d'armes, qui est de gueules au lion d'argent couronné.

Enfin le dernier est Enguerrand de Coucy grand Bouteillier de France, qui par une modestie assez rare aux personnes de cette qualité refusa l'office de Connestable de France, dont le Roy voulut l'honorer aprés la mort de Bertrand du Guesclin, disant au Roy, qu'Olivier de Clisson en estoit plus capable que nul autre.

Le reste des peintures de ce cloistre aïant été effacées, je n'ay pû sçavoir quels furent les autres Seigneurs associez à cét ordre, & je me contente d'avoir tiré ceux-cy de l'obscurité où ils estoient, & en estat d'avoir bien-tôt un sort pareil à celui de leurs confreres par le peu de soin que l'on prend de conserver ces monumens si utiles à l'histoire.

J'ay dit que cét ordre de la ceinture d'Esperance estoit une imitation de celui qu'avoit institué vingt ans auparavant son oncle Maternel Loüis Duc de Bourbon surnommé avec raison le Bon Duc, puisque l'on n'a guere vû de Prince ni plus sage, ni plus doux, ni plus pieux, & qui vivant sous un regne, où l'ambition des trois Princes de la Maison de France les Ducs d'Anjou, de Bourgogne, & de Berry Oncles du Roy, causerent tant de troubles, & épuiserent le Royaume par leurs vexations, & leurs dissipations, conserva toûjours tant de moderation & d'équité, que la France n'auroit jamais esté plus heureuse qu'alors s'il eut eu toute la conduite des affaires, comme il eut soin de l'éducation du Roy, dont il fit un Prince tres-sage pendant sa minorité, mais dont les Oncles ruinerent les plus belles esperances d'une si sage éducation, pour satisfaire leur avarice, & leur ambition en profitant de la foiblesse, & de l'alienation de son esprit causée par un accident étrange, qui eut des suites funestes pendant le regne de ce Prince, à qui ce surintendant de son education avoit fait meriter le surnom de bien aimé les premieres années de son regne.

Hist. de la vie, faits heroïques & voyages de tres valeureux Prince Loüis III. Duc de Bourbon, par Oronville.

Ce Duc Loüis de Bourbon estant retourné d'Angleterre, où il avoit esté l'un des ostages pour la rançon du Roy Jean, dit à ses Chevaliers du Bourbonnois aux festes de Noël. *Je ne vous veux point mercier des biens que m'avez faits. Car si maintenant je vous en merciois vous vous en voudriez aller, & ce me seroit une des grandes deplaisances que je puisse avoir. Car depuis sept ans je ne fus aussi lié comme je me trouve entre vous. Car je suis en la Compagnie, où je veux vivre & mourir. Et vous prie à tous que vous vueillez estre en compagnie le jour de l'an en ma ville de Moulins, & là je vous veux estrener de mon cœur & de ma bonne volonté, que je veux avoir avec vous. Et veux aussi que m'estreniez au plaisir de Dieu, car j'ay esperance de me gouverner par vous & par vostre bon Conseil és choses qui toucheront mes pays & le bien de ce Royaume, esquelles je me veux employer à mon pouvoir à vostre bonne aide .... Car je veux vivre & mourir avec vous, & je pense qu'aussi faites vous aveque moy. Et pour le bon espoir que j'ay en vous aprés Dieu, doresnavant je porteray pour devise une ceinture, ou il y aura écrit un joyeux mot* ESPERANCE.

Au chapitre 39. de cette histoire de la vie du Duc de Bourbon, il est dit du Connestable du Guesclin son bon amy. *A son partir luy donna le Duc un bel hanat d'or emaillé de ses armes, luy priant qu'il y voulsist boire toujours pour l'amour de luy, & luy donna aussi belle ceinture d'or tres riche* DE SON ORDRE D'ESPERANCE, *laquelle meist au col, dont le mercia & en fut fort joyeux.*

Hist. de Loüis II. Duc de Bourbon à la teste de l'hist. de Charles VI. p. 106

Monsieur le Laboureur Historiographe de France a confondu cét ordre de la ceinture d'Esperance avec celui de l'écu d'or institué par ce même Prince qui sont deux ordres differens. Il dit de ce Prince.

Le Duc de Bourbon pensoit de tout temps à la guerre Sainte, & ce fut le sujet du mot

Esperance, qu'il prit pour devise & pour embleme de l'ordre de l'Ecu ou pavois d'or, communement appellé l'ordre de l'Esperance, qu'il institua l'an 1369. au tour de la medaille duquel il ajoûta encore ces mots Allen Allen, pour exciter les confreres Chevaliers à chercher joyeusement toutes sortes d'avantures pour le service de Dieu & de la patrie. Cét ordre de l'Ecu d'or fut un ordre different, qui n'eût jamais de medaille; mais les Chevaliers portoient sur l'épaule ou sur la poitrine un petit écusson d'or, dans lequel estoient écrits en bande ce mot Allen Allen, en caracteres Gothiques; j'en ay vû la representation en plusieurs endroits de Clermont en Beauvoisis, dont il estoit Seigneur, & j'en ay donné la figure en un traité de Chevalerie, dont j'espere de donner un jour la seconde partie, pour détromper le public des erreurs de Fauyn, qui n'a pas sceu demesler la plûpart de ces anciennes Chevaleries, qu'il fait plus anciennes qu'elles ne sont, & qu'il attribuë souvent à d'autres qu'à leurs veritables instituteurs. Il n'a pas entendu les ordres du Genest, de l'Estoile, du Croissant, de l'Ecu d'or, de la Ceinture d'Esperance, du Porc epis, & plusieurs autres, dont il fait des Colliers qui ne furent jamais. J'ay vû plusieurs monumens de ces ordres, dont j'espere de donner les veritables figures, & leur institution. Mais le siecle n'est pas heureux pour l'édition de ces ouvrages, qui demandent beaucoup de frais à cause des figures.

Aprés cette digression, que je croi que l'on me pardonnera sur le desir que j'ay eu de conserver un monument digne de la curiosité des gens de lettres, qui aiment ces antiquitez, je reviens à nostre histoire, où nous allons voir de nouveaux troubles à l'occasion de l'establissement de la Justice Royale, source depuis deux siecles, de tant de broüilleries entre l'Eglise & nos citoiens.

L'Archevêque obtint du Roy le 3. Avril 1392. avant Pásques des lettres patentes qui confirmoient les privileges des traittez passez en 1307. avec le Roy Philippe le Bel par lesquels il estoit defendu au Senechal, à son Lieutenant & au Procureur du Roy, de tenir leur siege de Justice dans son hostel de Roanne.

Les deux causes principales des nouveaux troubles estoient la restriction qu'a‑ voit fait le Bailly de Mascon sur les causes d'appel & de ressort, & la visite des pri‑ sons de l'Archevêque que le Lieutenant du Bailly qui tenoit son siege à Lyon estoit en possession de faire pour recevoir les appels des criminels condamnez en premiere instance par les Juges de l'Archevêque, & pour savoir des appels, ou ceux qui voudroient appeller. Sur quoi l'Archevêque estoit en procez avec le Procureur du Roy de la Senechaussée de Lyon pardevant le Parlement. Le Roy par ses lettres patentes du 23. Mars données en son Parlement l'an 1391. ordonne au juge du ressort de cette ville de continuer dans l'exercice de sa charge nonobstant les ordonnances contraires du Bailly de Mascon, qu'il blasme du prejudice qu'il fait à son droit de superiorité & de ressort, en évoquant par devers lui à Mascon les appellations, qui doivent estre jugées & terminées à Lyon, & il énonce en ces patentes, les chefs sur lesquels le Juge du ressort a droit d'exercer sa jurisdiction dans le siege de cette ville. Qui sont de connoître de tous les cas, qui regardent le droit de garde qu'il a sur les citoiens & habitans, & les infractions de ce droit; les contracts des Juifs & les abus de ces contracts, & ceux de ses sergens royaux & autres officiers en l'exercice de leurs charges: les defauts de Justice, le port des armes, les vols, la fausse monnoye, les usures, les biens des morts sans avoir testé, & des obligations passées sous le seel royal, & les soumissions faites à sa cour ou siege royal establi à Lyon. A quoy il ajoute qu'il est aussi de l'office du Bailly ou Senechal, ou de son Lieutenant & Vicegerent de conserver les citoiens de Lyon & les habitans des lieux circonvoisins, & de veiller qu'ils ne soient opprimez par l'Archevêque, le Doyen, & Chapitre de l'Eglise de Lyon, & autres Ecclesiastiques, gentils‑hommes & barons ou par leurs officiers, & d'y apporter de prompts remedes en cas de besoin.

Par autres lettres du jour precedent données aussi dans le Parlement, le roi ordonne au Juge du ressort, & à son Lieutenant de se maintenir dans le droit de recevoir les appels des prisonniers detenus dans les prisons de l'Archevêque & du Chapitre: de demander que ces prisonniers appellans soient remis entre leurs mains pour les traduire dans les prisons royales & en cas de refus de les enlever à main forte. Il blasme ensuite ses officiers de ce que pour favoriser l'Archevêque, ou par crainte de lui deplaire ils laissent perdre ce droit royal, dont son procureur lui a porté ses plaintes.

L'année après le Roy seant en son Parlement donna un arrest provisionnel, par lequel il enjoignoit à son Juge du ressort, & à son Lieutenant d'aller deux fois la se‑

Preuves 122.

Preuves 123.

mine aux prisons de l'Archevêque pour sçavoir les appellans, ou ceux qui voudroient appeller de la justice seculiere de l'Eglise à celle du Roi. Et il se plaint en cét arrest des violences des officiers de l'Archevêque pour empêcher ces appellations.

Ces officiers roïaux establis à Lyon l'an 1393. pretendirent que les chasteaux de Rochetaillée & S. Bernard sur la Saone étoient dependans de la Couronne de France, ils y firent mettre à l'instance du Chantre de Lyon, qui avoit le domaine où l'obeance de ces terres, les armes & penonceaux du Roy, dont le Comte de Savoye estant averti, & pretendant que ces terres relevoient de lui, envoïa Jean de la Baume pour en avoir raison, mais ne l'aïant pû obtenir, il se saisit par droit de represailles du chasteau de Berno, & de Genay en Lyonnois appartenans au Chapitre. Le Chapitre fit sommer le neufviéme Novembre pour la restitution de ces Chasteaux, Odo de Villars, Jean Seigneur de Corgenon, & Pierre de Colomb Prieur de saint Pierre de Mascon Conseillers ordinaires du Comte, A quoy fut répondu que Jean de la Baume n'avoit rien fait que par bon ordre, & qu'on rendroit Berno & Genay, quand on auroit ôsté les armes du Roy, de Rochetaillée & saint Bernard.

Les contestations ne furent pas moindres entre le Roy & le Comte de Savoye pour sçavoir à qui la riviere de Saone appartenoit, & de Rubys a remarqué au Chapitre X. du Livre quatriéme de son histoire, que tous les ans le jour de l'Ascension le Maistre des Ports, & ses gardes, & les sergens du Roi conduits par quelqu'un des Magistrats de la Justice alloient à l'Isle-Barbe par eau avec enseigne & tambours poser l'Ecusson & armoiries du Roi dans la riviere de Saone en signe qu'elle appartenoit au Roi de bord en bord, & en ôstoient l'Ecusson du Duc de Savoye, que les officiers de Bresse y posoient ordinairement la nuit precedente. Que les gardes & les sergens faisoient à l'envi qui auroit les plus beaux batteaux, & revenoient avec tant de bruit de trompettes, de clairons, de tambours, & tant d'artifices de feu, qu'il sembloit que la riviere de Saone fut un nouveau Montgibel.

Le Moine de saint Denis, qui a écrit l'histoire de Charles VI. dit au chapitre troisiéme du livre quatorziéme. *Que la nouvelle de la mort du Pape Clement VII. qui siegeoit à Avignon, arriva au Roy par ses Agens en Cour Romaine le 22. de Septembre de l'an 1394. comme il estoit à la messe, pour entrer delà en son Conseil, qu'il avoit convoqué pour juger le differend qu'il avoit avec l'Archevêque de Lyon pour la seigneurie de la ville qu'il pretendoit.* Il se trompe en ce point, puis qu'il ne s'agissoit plus de la seigneurie, ou superiorité temporelle qu'il avoit acquise, & que l'Archevêque relevoit de lui, & tenoit en fief; mais seulement de la residence des officiers roïaux, dans la maison roïale de Roanne, dont la presence ôstoit à ceux de l'Archevêque toute leur authorité. L'historien ajoûte que cette nouvelle de la mort de Clement VII. *fit remettre l'affaire à une autrefois: que le Roy renvoya les gens du Parlement, & retint auprés de luy pour prendre leurs avis sur cét incident*, Les Ducs de Berry, d'Orleans, & de Bourbon, Messire Pierre de Navarre, Messire Arnaud de Corbic Chancelier de France, le Patriarche d'Alexandrie, les Evêques de Langres & de Meaux, Messire Amaulry d'Orgemont, le Vicomte de Melun, le Maréchal Boucicaut, le sire de Cousan, le Vicomte d'Acy, Messire Renaud de Trie Maistre des Arbalestiers & quelques autres, &c.

Ce fut en ce mesme temps que Madame Bonne de Bourbon Comtesse de Savoye veuve du Comte Amé surnommé le Vert, & mere d'Amé VI. surnommé le Comte Rouge vint en cette ville pour terminer les traverses qu'on lui faisoit pour la tutelle de son petit fils Amé VII. & pour des rapports fascheux faits contre son honneur. Le Roi qui s'interessoit pour cette Princesse, qui estoit sa tante maternelle, envoïa à Chambery les Evêques de Noyon & de Chalon, & les Seigneurs de Concy, de la Trimoville & de Giac, qui y trouverent le Duc de Bourbon frere de ladite Dame, & plusieurs Princes de la Maison de Savoye, & autres Seigneurs appellez pour regler les differens, & s'en estant tous unanimement remis à ce que le Roy ordonneroit, il jugea pour la sureté de ladite Dame, & de son petit fils, qui devoit épouser la fille du Duc de Bourgogne, qu'elle se soûmettroit pour le gouvernement du pays & des Estats du Comte de Savoye à tout ce que disposeroit ledit Duc de Bourgogne futur beaupere du jeune Prince. Sur quoy Madame de Bourbon estant venüe en cette ville donna la suivante declaration datée du quinziéme de May 1395.

Tiré de la Chambre des Comptes de Dijon.

" BONNE de Bourbon Comtesse de Savoye sçavoir faisons à tous, que comme certains debats
" nous eussent esté mis sur le fait du gouvernement de la Comté de Savoye, & autres terres
" qui furent à nostre tres-cher Seigneur & mary Monseigneur le Comte de Savoye dont Dieu ait
" l'ame; que nous disions à nous appartenir, tant par l'ordonnance de nostredit Seigneur, comme
par les

de la Ville de Lyon.

par les testamens & ordonnances de derniere volonté de nostre tres-cher, & tres amé fils le Comte "
de Savoye dernierement trepassé que Dieu absolve, & sur nostredit douhaire & autres droits que "
nous avons & prétendons avoir en & sur ledit Comté & terres, & aussi pour cause de plusieurs "
paroles que on dit que aucuns Chevaliers, Escuyers & autres gens de ladite Comté, ont dites "
contre nostre Estat & honneur : desqu'eux debats Monseigneur le Roy par le conseil, volenté & "
consentement de tres-hauts & puissans Princes Messeigneurs les Ducs de Berry, d'Orleans, & de "
mon tres-cher Seigneur & frere, Monseigneur le Duc de Bourbon, eust chargié tres-haut & puis- "
sant Prince, Monseigneur le Duc de Bourgogne eut voulu & ordonné qu'il en pût ordonner & "
determiner à son plaisir & volenté. Nous considerans les tres-grands sens, loyauté, & prodomie "
dudit Monseigneur de Bourgogne, de toutes les choses dessusdites de nostre certaine science, & "
franche volonté nous sumes submis & submettons audit dispositions, & Ordenance dudit Mon- "
seigneur de Bourgogne, & avons promis & promettons par la foy & serment de nostre corps, & "
subz l'obligation de tous nos biens presens & avenir, tenir entierement & accomplir entierement "
tout ce qui par ledit Monseigneur de Bourgogne sur lesdites choses sera dit, disposé & ordené, sans "
venir ou faire au contraire, par quelque maniere ou occasion que soit. En tesmoin de ce nous "
avons fait seller ces presentes de nostre seel. Donné à Lyon sur le Rhosne le 15. jour du mois de May "
1395. signé Bonne de Bourbon. Presens Messire Hugues Bochu, & Messire Antoine Chuffin. "

Antoine Faure Secretaire.

Enfin le cinquième d'Octobre le Roi fit juger le procez pendant au Parlement depuis dix-huit ans sur les violences de l'Archevêque, qui avoit chassé de l'hostel de Roanne les officiers royaux sous pretexte d'un arrest surpris au Parlement, & executé d'une maniere outrageuse au Roy, & à ses officiers, dont il faut rapporter les faits sur l'exposé mesme de l'arrest donné en cassation de cét arrest injurieux.

L'an 1376. Jean de Talaru Archevêque de Lyon, succeda à Charles d'Alençon, il avoit esté auparavant grand Custode, & puis Doyen de l'Eglise de Lyon, & mesme avoit esté élu Archevêque après la mort de Guillaume de Thurey, en concurrence de Jacques de Coligny Chantre de la mesme Eglise, ce qui fit après nommer Charles d'Alençon à la sollicitation du Roy par une élection nouvelle, approuvée & confirmée par le Pape Gregoire XI. qui declara nulles les deux autres. L'une faite huit jours après la mort de Guillaume de Thurey & l'autre au commencement de Juillet. Ce Jean de Talaru estant de nouveau élu pour cette dignité, qui le faisoit Comte de Lyon, alla poursuivre au Parlement de Paris le Procez qui avoit esté commencé par son predecesseur pour exclurre de la ville tous les officiers roïaux qui traversoient la Jurisdiction ordinaire de l'Archevêque & du Chapitre. Il eut l'addresse de gagner le Commissaire Rapporteur Estienne de Guiry ou de Givry, car il est difficile de bien demesler sur les anciens titres, quel est le veritable nom de ce commissaire. Nos deux historiens Paradin & de Rubys, ont tellement estropié la plûpart des noms propres, qu'il est comme impossible de bien asseurer quels sont les veritables noms des officiers de ces temps-là, à moins d'une grande exactitude à confronter les anciens titres. Car d'Estienne Boillat procureur du Roi, ils ont fait un Estienne Boulet, un Antoine Thifain Lieutenant general du Bailly de Mascon, au lieu d'Antoine Chusain &c. Les actes produits dans le factum de l'Instance du Procureur general en 1647. ont encor plus deguisé ces noms. L'ordre des temps n'y est pas moins renversé. De Rubys rapporte l'Arrest obtenu par l'Archevêque l'an 1392. Quoi que celui que le Roi Charles VI. fit rendre en cassation l'an 1394. die expressément que ce fut l'an 1376. que ce premier arrest avoit esté rendu, & que le Bailly de Mascon & Senechal de Lyon Odart d'Attainville avoit esté adjourné au Parlement de Paris par ledit Archevêque en vertu des lettres obtenuës du Roy Charles V. qui estoit mort depuis l'an 1380. & qui ne pouvoient avoir d'effet douze ans après. Voici les termes de l'arrest de 1394.

Dicebat etiam quod anno Domini millesimo trecentesimo septuagesimo sexto, vel eo circà, Archiepiscopus Lugdunensis tunc existens, nonnulla sibi per Magistrum Odardum de Attainvilla tunc Baillivum Matisconensem, & Seneschallum Lugdunensem impedimenta facta, & in jurisdictione sua domaneria apposita fuisse, prætendens virtute quarumdam litterarum à domino Genitore nostro obtentarum, dictum Magistrum Odardum in nostra parlamenti Curia comparitum fecerat adjornari.

Le commissaire de Guiry dit aussi en ses defenses que le procez dont il s'agissoit, estoit mû depuis long-temps. *Quod lis inter nostrum Procuratorem pro nobis ex una parte, & Archiepiscopum præibatum ex alterâ, ratione explettorum per Magistratum Odardum de Attainvillâ factorum, mota dudum fuerat, quodque arrestum super hoc prædictum latum extiterat*, termes qui ne conviennent pas à une espace de deux ans.

Vvv

Histoire Consulaire

Enfin comme rien ne peut plus éclaircir ces matieres si embrouillées que la teneur teneur de l'arrest rendu solennellement en presence du Roy le 5. jour d'octobre l'an 1394. je le donne icy tel qu'il fut produit dans l'instance du Procureur general l'an 1647.

ARREST RENDU
le 5. Octobre 1394.

COmme ainsi soit que nostre Procureur general pour nous, eust fait remontrer en nostre presence de Nous & d'aucuns Princes de nostre sang, & de nostre grand Conseil qui nous assistoient, qu'agissant & poursuivant en nostre Cour, par nostre Procureur au pays de Lyonnois, certaine appellation interjettée en cas d'attentats & excez contre nos amez & feaux l'Archevêque de Lyon & maistre Estienne de Guiry nos Conseillers, & Maistre Pierre Burle Juge de la jurisdiction temporelle que ledit Archeveque pretend avoir en la ville de Lyon, Pierre Garnier, Jean Durand, Estienne Jolly, Hugues George & Imbert de Beaucaire defendeurs; que Philippe le Bel d'illustre memoire nostre predecesseur, estant en l'année 1320. pleinement seigneur de la ville & cité de Lyon, iceluy voulant appaiser les differents qui s'estoient meus jadis entre les Rois de France, & l'Archevesque & bourgeois de Lyon, avec un grand detriment de la chose publique & Eglise de Lyon, s'estant retenu à soy & ses successeurs, entr'autres choses le droit de souveraineté & ressort, & autres droits Royaux en icelle, ensemble les foy & hommage lige qui devoient estre renouvellez à toute mutation & changement de chaque Archevesque, s'estant retenu aussi à soy & à ses successeurs susdit, le ressort tant des secondes appellations à l'Archevesque & au Chapitre, provenantes du dehors de la ville de Lyon, que des premieres interjettées du Juge ordinaire dudit Archevesque, dans icelle ville de Lyon, qu'il avoit transporté audit Archevesque pour lors & dés à present, pour luy & ses successeurs audit Archevesché; & mesmes il fut ordonné qu'il y auroit des Juges pour les choses cy-dessus, à sçavoir un qui connoistroit des causes de ressort, au lieu qui par nous auroit esté destiné, lequel en suite fut estably à l'Isle-Barbe, & l'autre qui connoistroit des causes qui concernoient les droits Royaux, & souveraineté de Lyon dans la Maison Royale de Roüanne, & depuis ce temps que nous & nos predecesseurs Rois de France, aurions eu nosdits Juges & Officiers, Procureur, Notaire & Sergents, & des prisons dans ladite Maison de Roüane, ensemble un Juge des privilegiez, Maistre des ports, Prevost des monnoyes, Lieutenant du petit seau de Montpellier; ensemble un Lieutenant du garde-seau Royal de Mascon, & Juge des Juifs, qui ont & avoient connoissance pour nous de ce qui concernoit leurs charges, & qui avoient connu de nos droits, & auroient exercé leursdits Offices, sans aucun trouble ny empeschement. Disoit aussi que l'an du Seigneur 1376. ou environ, l'Archevesque de Lyon qui estoit pour lors, pretendant avoir souffert certains empeschemens, & luy avoir esté porté dommage en sa Jurisdiction domaniale de la part de Maistre Edoüard d'Attainville lors Baillif de Mascon & Seneschal de Lyon, l'auroit en vertu de certaines Lettres obtenuës de nostre Seigneur & pere, fait assiner pour comparoir en nostre Cour de Parlement, pour lequel la cause ayant esté prise par nostre Procureur general, tant auroit esté procedé que parties oüyes sur le tout, & enqueste faite & receuë par nostredite Cour, pour en jugeant y avoir egard; enfin auroit esté prononcé que les traittez & accords faits jadis, comme disoit l'Archevêque, seroient bons & valables, & nostre dit Procureur avoit esté par Arrest de ladite Cour, condamné de faire cesser d'oresnavant tous exploits concernans la Jurisdiction domaniale, pour l'execution duquel Arrrest, ledit Archevesque avoit choisi ledit Maistre Estienne de Guiry pour executeur, & l'auroit mené avec soy à Lyon par eau avec si grand haste, qu'ils estoient venus depuis la ville de Clugny, distante de Lyon de quinze lieuës, passant par Mascon où ledit Archeveque avoit parlé à nos Officiers, & où ils seroient arrivez environ sur les dix ou onze heures du soir; & bien que ledit Archevesque eust pû arriver en sa maison du cloistre, & y entrer paisiblement: Iceluy neantmoins, poussé de quelque vaine gloire, seroit descendu à l'entrée de la Ville, & seroit entré en icelle avec une grande suite de personnes Ecclesiastiques qui lui estoient venus au devant avec grand nombre de torches & flambeaux, crians à haute voix par ladite Ville jusques en sa maison, Tout est gaigné, Demain tout sera gaigné; que bien que Maistre Estienne Boüillac nostre Procureur de Lyon, & Maistre Pierre Turrelli Notaire de la Cour Royale de la Seneschaussée de Lyon, eussent requis Maistre Estienne de Guiry Commissaire susdit estant en l'Eglise de Lyon, à ce qu'avant proceder à l'execution dudit Arrest, il prist une meure deliberation avec des Clercs Docteurs & Licentiez demeurans à Lyon, ledit Commissaire n'estant aucunement esmeu de cela, leur auroit respondu, Qu'il sçavoit bien ce qu'il avoit à faire, & qu'il ne prendroit pas conseil d'eux, & qu'il sçavoit que cela desplaisoit à plusieurs qui possedoient des Offices, lesquels ils ne garderoient pas long-temps; & qu'en suite ledit Commissaire estoit venu dans nostre maison de Roüane avec ledit Archevesque, depuis les portes de l'Eglise de Lyon, sans entrer en icelle, dans laquelle il y avoit huict mois qu'il n'estoit entré, en tres-grand nombre de personnes Ecclesiastiques, crians injurieusement, Allons briser l'enfer, tout est gaigné, où ledit Archevesque aïant trouvé nos Officiers de Mascon qui le congratuloient, aïant quitté sa Croix dans le parquet ou Pretoire, seroit entré avec iceux, & ledit Commissaire dans la Chambre du Conseil, où nostredit Procureur n'avoit peu entrer qu'avec beaucoup de difficulté; & d'autant que ledit Commissaire avoit interrogé le Lieutenant du Baillif de Mascon nostre Procureur audit lieu, des moyens de faire son execution, & qu'il laissoit en arriere nostredit Procureur de Lyon. Nostredit Procureur s'estoit levé, disant; Qu'il vouloit proposer plusieurs raisons pour lesquelles ladite execution devoit estre differée, ou du moins faite plus meurement, & demandoit estre oüy sur ce que nos droits n'avoient point esté du tout compris audit Arrest; ledit Arche-

de la Ville de Lyon. 515

vesque addressant sa parole audit Commissaire, luy auroit dit, Que s'il vouloit ouïr ce babillard, il parleroit jusques à l'heure de Vespres, dont ledit Commissaire s'estant mis en colere, auroit dit à nostredit Procureur, qu'il ne se soucioit pas de l'ouïr, parce qu'il sçavoit ce qu'il avoit à faire : & comme il exposoit audit Commissaire, que la defense de nos droits dans la Seneschaussée & pays de Lyon luy appartenoit, disant audit Commissaire qu'il prist garde à soy; il luy auroit esté dit par ledit Archevesque en le rabroüant, qu'il parloit bien haut, parlant ainsi audit Commissaire qui estoit un des Maistres de nostre Cour de Parlement. Dequoi ledit Commissaire s'estant plus fort esmeu, d'autant que nostredit Procureur s'efforçoit de s'opposer, il l'auroit appellé Fat : en suite dequoy ledit Commissaire voulant executer ledit Arrest, auroit destitué & privé de leurs offices nostre Bailif de Mascon, en la personne de son Lieutenant & Vicegerent là present, comme aussi nostre Procureur & Notaire de la Cour susdits, leur faisant inhibitions de plus exercer leurs charges, & ce fait, ledit Commissaire seroit sorti de la Chambre du Conseil, & auroit recité l'Arrest susdit dans l'auditoire public, en presence de grand nombre de peuple, & qu'il avoit destitué & destituoit de leurs charges lesdits Bailif, Procureur & Notaire de la Cour & tous les Sergens ; & non content de ces choses, perseverant en son dessein, il auroit voulu faire abbattre & demolir le siege Judicial qui estoit en ladite maison de Roüanne, demandant des charpentiers pour ce faire : pour raison dequoy ledit Procureur avoit appellé d'iceluy ; mais ledit Commissaire auroit dit audit Procureur qu'il se teust, d'autant qu'il avoit esté deposé par luy : & passant plus avant, il auroit enlevé une piece du bois de la chaire avec un cousteau, & auroit enlevé le tableau des Ordonnances du lieu avec le Kalendrier estans en l'audience, commandant au Greffier de la geole dudit lieu en la personne de sa femme, luy absent, qu'il mist les prisonniers hors de prison, & les envoyast à Mascon, & qu'il luy livrast les clefs des prisons, & auroit enjoint audit Procureur de donner advis à nostre Procureur General qu'il eust à mettre dans l'an hors de nos mains ladite maison de Roüanne, autrement, qu'il la confisquoit au domaine dudit Archevesque, bien que dans ledit Arrest il n'estoit fait aucune mention de cela. Ce que voyant les habitans de ladite ville de Lyon, se retiroient aucuns estans attristez d'un si grand scandale, & les autres pleurans ; & estant revenu après disner, il auroit fait oster ledit siege par des Charpentiers, bien que nostre dit Procureur luy dit qu'il servoit, non seulement à nostre Juge Royal, mais aussi au Maistre des Ports, au Lieutenant du Juge du petit seau de Montpellier, & plusieurs autres, & auroit aussi fait oster par des massons le cercle de fer dont on mesuroit les eschalats des vignes, qui estoit attaché à la muraille, disant à nostre dit Procureur, qu'il ne devoit plus parler, d'autant qu'il avoit esté deposé par luy : & en outre, d'autant que la femme susdite du Greffier de la geole n'avoit pas voulu livrer les clefs des prisons audit Commissaire sur le commandement qu'il luy en avoit fait, il avoit fait lever les serrures par un Serrurier, & en avoit tiré deux prisonniers qui y estoient par ordonnance du Maistre des ports, & les avoit envoyez à Mascon, ensemble avec les fers & chaisnes qui estoient en icelles : Que plusieurs des gens dudit Archevesque y avoient assisté, & specialement Perronin Garnier & Hugues Georges qui avoient abbatu ledit siege Judicial, y ayant donné & frappé plusieurs coups avec de grands cousteaux : & bien que toutes les susdites choses eussent esté faites avec grand vitupere de nostre Jurisdiction, ce nonobstant encore un certain Meusnier nommé Cartula, par quelque mespris & irrision de Nous estant monté sur un asne à reculon, trainoit par la Ville un penonceau où estoient peintes des fleurs de Lis, attaché à la queuë de l'asne, en criant : Nous n'avons plus de Roy, tout est gagné : & quelques autres jetterent de la boüe contre l'escusson de nos Armes gravées dans une pierre, & autres ordures en vituperant nos armes. En outre exposoit ledit Procureur, que ledit Commissaire persistant en son dessein, avoit fait inhibitions & defenses sous grosses peines au Lieutenant du garde du petit seau de Montpellier & Juge, comme pour le Maistre des Ports, au Prevost des Monnoyes, au Lieutenant du garde du seau de Mascon, au Juge des privilegiez & au Juge des Juifs, de n'exercer leurs charges dans Lyon, en les deposant de leursdits Offices: ce que les habitans de la ville de Lyon voyans estre fait à leur prejudice, demanderent audit Commissaire d'estre laissez en leurs libertez ; lequel leur répondit qu'ils ne fissent pas comme ce fat de nostre Procureur, & qu'ils s'estoient opposez, d'autant qu'ils n'agreoient pas cela. Qu'il avoit aussi deposé le juge du ressort de l'Isle-Barbe luy faisant inhibitions comme aux autres susdits : & parce qu'il ne l'approuvoit pas, il lui avoit promis de le faire nostre Conseiller. Aussi se seroit porté ledit Commissaire à saint Symphorien, où il avoit fait venir le Chastellain de Poüilly le Monial, & ayant deposé là mesme nostre-dit Chastellain, Procureur, & Notaire de la Cour, leur avoit defendu, sous grosses peines, de plus exercer leurs charges, & revenant de là il auroit deposé tous les Sergens ; & iceux interdits en l'exercice de leurs charges, & en avoit establi six tant seulement pour la ville de Lyon, des vieux & anciens, & qui estoient amis de l'Archevesque ; & en outre il avoit executé le susdit Arrest, pour l'advantage & utilité du Doyen & du Chapitre, bien qu'il n'eust pas esté prononcé & donné en faveur, & au profit d'iceux ; & pour ce faire auroit receu la somme de deux cens livres (comme estoit le bruit commun) & faisant paroistre un excés d'affection en faveur dudit Archevesque, il avoit fait publier le susdit Arrest publiquement, en deux places publiques de Lyon, avec les exploits par luy faits en la maniere susdite ; & neantmoins il s'estoit efforcé dés lors d'induire nostre Procureur de la Cour à renoncer l'appel par luy interjetté ; & en mesme temps il auroit, allant & retournant avec ledit Archevesque, pris & receu ses frais ; ainsi que disoit nostredit Procureur : l'Archevesque aussi ne se contentant des choses susdites, auroit fait prendre un certain personnage en haine de luy qui avoit esté nostre Sergent, & avoit dit que ces choses ne se devoient pas faire, & fait mettre sous sa main tous les biens d'iceluy, & l'avoit fait traitter en sorte, qu'en suite l'ayant appauvry, il avoit esté reduit à mendicité ; & d'autant que les habitans & Consuls de Lyon s'estoient opposez à ladite execution ; ledit Archevesque voyant qu'il luy conviendroit encore plaider, auroit induit les gens & personnes Ecclesiastiques à contribuer avec luy, en sorte que presque tous ceux de l'Eglise de Lyon y auroient consenty, sauf l'Abbé d'Ainay ; adjoustoit de plus nostredit Procureur, que les choses cy-dessus faites par ledit Commissaire avoient esté faites au prejudice de nos droits, & par attentat ; veu qu'il n'estoit question aucunement de nos droits Royaux

V V v ij

au procés, sur lequel estoit intervenu ledit Arrest qu'ils n'avoient point esté déduits en jugement, comme l'Archevesque mesme l'accordoit és articles 91. & 97. donnez par luy audit procés, & qu'un tres-grand inconvenient & prejudice se pouvoit ensuivre de l'ejection de nosdits Juges & Officiers de ladite ville de Lyon, qui estoit sur les limites de nostre Royaume, & frontiere opposée à l'Empire, comme aussi des habitans d'icelle, ainsi qu'il estoit arrivé depuis deux ans en la personne de Raoul Guerin, qui avoit esté pris par des estrangers, & mené hors de nostre Royaume ; & qu'ainsi en suite lesdits habitans seroient souvent menacez des mesmes choses, si par nous qui sommes leurs Gardiateurs, ou par celuy qui est deputé à ladite Garde, n'y estoit pourveu & allé au devant ; & presupposé que nul desdits inconveniens ne s'en ensuivist, il n'y auroit plus aucun dans Lyon qui connust des droits Royaux & privileges, dont nos subjets pourroient estre endommagez en plusieurs manieres devant que cela parvinst à la connoissance de nos Officiers ; d'autant que dans l'Isle-barbe, ny eux, ny leur Conseil n'avoient aucune retraitte, & lorsqu'ils s'étoient retirez dans laditte Isle, ledit Archevesque se mocquoit d'eux, à cause de l'intemperie de l'air qu'ils avoient souffert, disant qu'il avoit bien employé son argent en ce procés. Au surplus, que ledit Commissaire ne pouvoit estre excusé de s'estre mal porté en cette affaire sous pretexte d'ignorance, lequel en un affaire douteux devoit plutost avoir recours à nostre Cour, qu'executer si aigrement en faveur de l'Archevesque, attentant mesme au prejudice dudit appel : Que l'Archevesque aussi, qui nous estoit & est obligé par serment de fidelité, & qui avoit esté long-temps en nostre service, & estoit encore de nostre Conseil, ne devoit pas avoir procuré que ces choses se fissent de la sorte : lesquels attentats neantmoins avoient esté faits par sa volonté, de son consentement & à sa requeste, & qu'il y avoit apparence qu'il avoit fait faire ces choses, d'autant qu'il esperoit que les fautes de ses Officiers ne pourroient pas si facilement venir à la connoissance des nostres, qu'il croyoit se devoir retirer à Mascon, que Nous avions esté grandement endommagez en cela & és émolumens qui Nous revenoient desdits Juges, qui nous avoient valu en une année quinze mil livres ; & particulierement au Siege de saint Symphorien, où il y avoit bien trois cens Chasteaux qui en ressortissoient : Toutes lesquelles choses l'Archevesque ayant fait faire contre ledit traitté de l'an 1320. qu'il avoit juré de tenir & garder ; & en cela principalement, tant luy que ledit Commissaire, ne pouvoient estre excusez d'avoir excedé, de ce que ledit Commissaire s'estoit decerné une Baronnie, & se s'estoit limitée en reculant les Sieges desdits Juges de saint Symphorien & de Poilly-Monial. Car les sujets seroient contraints de supporter beaucoup de travaux & de frais, si ce que ledit Commissaire avoit fait, estoit valable ; car en chaque procés d'iceux il faudroit aller à la ville de Mascon pardevant nostre Bailly ou son Lieutenant ; Que cela portoit aussi un grand dommage aux Marchands qui passoient par saint Symphorien, qui pour l'arrest fait de leurs marchandises, seroient obligez d'aller à Mascon. Pour raison de quoy nostredit Procureur requeroit & concluoit, qu'il fust dit avoir esté bien appellé par nostredit Procureur, mal executé par ledit Commissaire, & qu'il avoit excedé & attenté en ce que dessus, & aussi ledit Archevesque, & que toute la Jurisdiction & domaine qu'il pretend avoir en ladite Ville, Nous fust confisquée, soit que cela Nous revinst mesme, suivant la teneur de l'accord susdit de l'an 1320. & qu'il fust exclus de nostre Conseil, & condamné envers Nous en l'amende de dix mil livres ; Que ledit Maistre Estienne de Guiry fust privé de sa charge, & qu'il fust dit & declaré estre incapable d'exercer à l'advenir aucuns Offices Royaux, condamné envers Nous en deux mille livres, comme aussi és dommages & interests de nostre Procureur : Qu'aussi lesdits Maistres Pierre Burle, Pierre Guerin, Jean Durand, Estienne de Jolly, Huges Georges, & Imbert de Beaucaire fussent condamnez de faire amende honorable à Lyon, nuds en chemises, tenans des torches allumées en leurs mains, dans l'Eglise & en nostre presence, comme aussi aux dommages & interests du Procureur, & que les susdites choses fussent reparées aux despens de l'Archevesque, des susdits, & un chacun d'iceux, & que ledit Maistre Pierre & sesdits consorts, nous fussent condamnez en l'amende de six mille livres, & un chacun d'iceux solidairement, & à tenir prison jusques à l'accomplissement desdites choses : Pour ce qui est des Consuls & habitans de Lyon qui s'estoient opposez à ladite execution, soustenans leurs causes d'opposition, disoient & alleguoient qu'ils n'estoient point compris dans ledit Arrest, & que l'an 1292. d'autant que l'Archevesque & Chapitre de Lyon ne les pouvoient defendre contre les estrangers, le Roy de France pour lors regnant les auroit receus en sa garde, & comme il y eust different entre nostredit predecesseur & l'Archevesque de Lyon, sçavoir si le Gardiateur qui leur avoit esté donné auroit sa demeure dans Lyon : finalement auroit esté jugé par Arrest de la Cour de l'an 1328. qu'il demeureroit dans ladite ville, & l'an 1312. nostredit predecesseur avoit uny & incorporé dans sa Couronne la ville de Lyon, ordonnant l'an 1315. que cy-aprés elle ne seroit mise hors de ses mains ; & que dés lors ils avoient eu dans ladite ville (mesmes lors d'autant que toute la Jurisdiction estoit sous la main du Roy) lesdits Juges, Officiers, Gardiateur, & Juge de ressort establis pour iceux dans l'Isle-barbe, & qu'ils en avoient usé & jolly par le temps & espace de cinquante-huict ans & plus, & que par tant cela leur estoit acquis, mesmes par droit de prescription : Disoient aussi que de long-temps, ledit Archevesque en vertu de certain octroy fait l'an du Seigneur 1247. les auroit voulu troubler dans leur ressort de l'Isle-Barbe ; mais qu'au contraire il avoit esté ordonné que lesdites Lettres surseoiroient, & que toutes choses demeureroient en leur estre, suivant la teneur du traité de l'an vingt immediatement precedent, jusques à ce qu'autrement en fust ordonné, depuis lequel temps rien n'avoit esté changé, alleguoient en outre qu'ils n'avoient grand interest en cela, non seulement tous en general, en ce que nous estions & sommes plus puissans pour les conserver, & que leur Gardiateur leur demeurast ; & principalement le ressort qui a esté establi en leur faveur dans l'Isle-Barbe, mais aussi tous les particuliers, afin qu'ils fussent defendus contre les violences & oppressions des estrangers ; & pour les cas privileges, de souveraineté, port d'armes, nouveauté, prevention, & approbation des testamens, & plusieurs autres semblables qui sont meus & interviennent entre lesdits habitans ; & que le susdit Arrest ne leur pouvoit porter aucun prejudice, veu qu'ils n'avoient esté en cause ; & parce que plusieurs fois il avoit esté declaré, qu'il ne seroit censé que par aucuns traittez faits entre nos Predecesseurs, & l'Archevesque & Chapitre, rien ne pouvoit estre fait au prejudice des nobles du païs, & autres Eglises, ny mesmes des habitans de la ville de Lyon; partant pour raison de ce, demandoient qu'il fust dit; que bien à propos & avec raison ils s'estoient opposez, & que leur opposition fust dite bonne & valable, & qu'ils fussent maintenus en leursdites libertez & franchises; & que cependant la provision leur fust adjugée, & que ledit Archevesque fust condamné aux despens envers eux, concluans à ce, & employans tout ce qui avoit esté allegué par nostre Procureur, entant que cela faisoit pour eux & leur utilité, & tout ce que par eux avoit esté immediatement allegué, nostredit Procureur semblablement l'employoit à son profit, disant ledit Archevesque au contraire sur ce qu'il plaidoit contre nostre Procureur, que le procés n'avoit pas esté commencé par luy, mais par ses predecesseurs; & qu'en vertu de son serment il estoit obligé à son Eglise, de poursuivre tous les droicts d'icelle, s'excusant sur ce, & disant que jadis, à sçavoir, devant le Roy de Nostre Seigneur 1307. il y avoit eu different entre nos predecesseurs & l'Archevesque de Lyon pour raison de la garde sous laquelle les habitans de ladite ville de Lyon s'estoient faits mettre par nostre predecesseur Philippe dit le Bel, lors regnant: & parce que l'Archevesque n'accordoit pas qu'iceluy nostre predecesseur eust garde, souveraineté & ressort dans ladite Ville, & que le different n'avoit pas esté terminé & finy par le moyen de l'accord fait l'an 1307. bien qu'avec tres-grande & meure deliberation; & que nostredit predecesseur ayant remis audit Archevesque toutes sortes d'offence, avoit voulu & ordonné que ledit Archevesque tinst la Comté & Baronnie de Lyon sous la dignité de Comté & Baronnie, ensemble ses successeurs, les ayant amortis, hors qu'ils seroient tenus remettre iceux hors de leurs mains, & en suitte la mesme année sur ledit differend pendant entr'eux, Pierre de Belleperche lors Evesque d'Auxerre, & Thibauld de Vassalieu Archidiacre de Lyon ayans esté nommez arbitres & mediateurs, nostredit predecesseur avoit reconnu que toute la Jurisdiction haute, moyenne & basse appartenoit audit Archevesque; laquelle ledit Archevesque reconnoissoit tenir sous la souveraineté & ressort de nostredit predecesseur & de ses successeurs; en sorte neantmoins que l'Archevesque auroit le premier ressort devant son Juge, & que les secondes appellations iroient à la Cour de Parlement, ou pardevant des Commissaires qui seroient deputez par ledit Archevesque, lesquels Commissaires toutesfois seroient pris des Juges Royaux, & pourroient estre commis pour connoistre & juger dans ladite Ville & Diocese de Lyon, & que les Juges Royaux ne pourroient aucunement exploiter dans ladite ville de Lyon, & en outre, que les Baillifs de Mascon, de Vellay, non plus que celuy de Beaucaire n'auroient aucune connoissance sur les Officiers dudit Archevesque, & qu'il n'y auroit en icelle que trois ou quatre Sergens au plus, pour faire là leurs exploicts és cas de souveraineté & ressort selon la forme des Ordonnances Royaux, & que celuy qui exploiteroit ne seroit natif de la ville de Lyon; & avoit esté accordé que l'Archevesque auroit les monnoyes; & que dés lors les limitations desdits Comté & Baronie avoient esté faites, entre lesquelles les lieux de saint Symphorien & Poilly-Monial avoient esté compris; par la teneur duquel traitté nulle prescription en possession ou proprieté ne pouvoit avoir cours ny valeur; lequel traitté susdit nostre predecesseur avoit juré de garder & entretenir, & promis le faire jurer par ses Juges & Baillifs, & que lesdites parties auroient observé ledit traitté jusques en l'an 1312. prochain & suivant; & qu'en ladite année 1312. il y avoit eu traité entr'eux, par lequel ledit Archevesque transferoit à nostredit predecesseur toute la Jurisdiction ordinaire & domaniale, sauf toutesfois les droits sur le Chasteau de Pierre-cize, terres, & autres choses par ledit Archevesque reservées; moyennant ladite recompense il devoit faire audit Archevesque, & qu'il ne seroit acquis aucun droit à nostredit Predecesseur en vertu dudit accord, qu'après que ladite recompense seroit accomplie, laquelle ne l'avoit esté jamais en effet, d'où il disoit que nostredit Predecesseur n'avoit point esté seigneur de ladite Ville audit vingtiesme, & qu'elle n'avoit point esté en sa puissance; & que pour raison de ce, la mesme année vingtiesme, lesdites parties avoient renoncé audit traitté fait l'an douziesme precedent, & s'estoit fait entr'eux un nouveau traitté, par lequel entr'autres choses nous avions gaigné, que ladite Jurisdiction domaniale sera tenuë de nous en foy & hommage lige, & que les premieres appellations des Juges dudit Archevesque, seroient devoluës pardevant nos Juges esdits lieux, & qu'elles seroient dés lors traittées en nostre Cour de Parlement, ou pardevant des Commissaires, & que nous avons eu aussi la Regale de l'Eglise d'Autun, qui paravant appartenoit à l'Archevesque; & de plus que nous & nos Baillifs pour nous, pourrions entrer avec armes dans ladite Ville, lors que besoin seroit; pourveu toutesfois que ce fust de bonne foy & sans fraude, duquel traitté ledit Archevesque n'avoit jamais voulu nous empescher de joüir; mais parce que l'an quarante-uniesme suivant, Maistre Jean de Paroy avoit voulu connoistre à Lyon desdites causes, donnant empeschement audit Archevesque sur ledit traitté de l'an vingtiesme, il auroit esté ordonné par certaines Lettres patentes, & arresté que les autres traittez precedens seroient gardez, & que l'on connoistroit des causes du ressort dans la ville de Mascon, & que nul de nos Juges n'auroit siege de Justice dans la ville, cité & Baronnie de Lyon; & moyennant cette transaction, bien que nous n'eussions que quatre Sergents au plus dans ladite ville & Baronie de Lyon, il nous fust lors permis d'en avoir six; toutesfois les bourgeois ne s'y opposans point, ledit Maistre Edoüard Baillif de Mascon avoit de son autorité estably un certain sien Lieutenant, qui s'estoit efforcé de tenir son siege à Lyon; & connoistre des causes qui appartenoient à la Jurisdiction domaniale, & avoit fait construire un siege Judicial remarquable dans nostredite maison de Roüane, qui nous avoit esté acquise avec le Dauphiné de Viennois, dans lequel il se mesloit de prendre connoissance en tout & par tout, de tous cas, mesmes des Juifs, & du seau de Mascon, & avoit fait jusques au nombre de deux cens trente Sergents d'armes; à raison dequoy & par vertu de certaines Lettres Royaux, il auroit fait faire commandement, & enjoindre audit Maistre Edoüard, qu'il permist audit Archevesque de joüir de sa Jurisdiction, suivant le contenu és traittez precedens: & finalement la cause estant devoluë en nostre susdite Cour, à cause de l'opposition ledit Archevesque se plaignoit specialement du Lieutenant en ladite ville & cité de Lyon, qui connoissoit des causes & du siege construit en ladite maison, & de la multitude des Sergens, & quelques autres cas par luy declarez, & autres innombrables interpretations contre la teneur desdits traitez, & de ce aux fins que lesdits traitez fussent gardez & accomplis,

& que tout ce qui auroit esté fait à l'encontre d'iceux fust revoqué & annulé : à quoy il concluoit ainsi qu'il disoit ; & finalement, parties oüyes, & veus par nostre Procureur les traitez susdits, & les parties appointées en enqueste, & icelle receuë pour estre jugée : & aprés plusieurs commandemens faits à nostredite Cour, de proceder à la prononciation de l'Arrest, & nostre Procureur de Lyon appellé & oüy, s'il y avoit quelque chose à dire pour empescher ladite prononciation, il auroit esté ordonné que ledit Arrest seroit prononcé, lequel finalement fut prononcé en sa faveur & utilité, par lequel il auroit esté jugé que lesdits traitez devoient estre accomplis & observez, & les empeschemens faits à l'encontre declarez injurieux & tortionnaires ; pour l'execution duquel il avoit eu ledit Maistre Estienne pour Commissaire, lequel s'estoit acheminé avec luy jusques à la ville de Lyon, où ledit Archevesque s'estoit diligente d'arriver, d'autant que passant par Mascon il avoit appris que les Officiers du Roy estoient à Lyon, afin de faire faire l'execution en leur presence, de peur qu'on ne luy mist sus d'avoir rien fait clandestinement ; & qu'il estoit entré dans ladite Ville avec la lueur de quatre torches ou flambeaux tant seulement, & n'ayant à sa suite au delà de vingt personnes, & seroit allé tout droit à l'Eglise. Disoit au surplus qu'estant le lendemain matin allé & entré dans ladite maison de Roüanne, à cause de la multitude des assistans il seroit entré dans la Chambre du Conseil, où il auroit requis ledit Commissaire de faire l'execution dudit Arrest par luy obtenu par la forme la plus juridique que faire se pourroit, & entr'autres choses, que les choses faites au prejudice de la Jurisdiction fussent annulées, & qu'il fist defenses ausdits Juges que cy-aprés ils ne connussent d'aucunes causes dans Lyon, & qu'il fist retirer nos Officiers dudit lieu, & en oster le siege qui y avoit esté dressé : ce qui luy estoit necessaire de faire, d'autant que les choses faites & exploitées par ledit Maistre Edoüard avoient esté jugées par l'Arrest tortionnaires, & qu'elles devoient de necessité estre reparées en cette maniere ; autrement l'Arrest prononcé pour luy, luy eust esté inutil, & les traitez aussi invalides, lesquels neantmoins par iceluy avoient esté prononcez bons & valables, & qu'encore dés le commencement le siege n'en avoit point esté osté, ains seulement un peu du bois d'iceluy, qui en avoit esté osté avec un cousteau, & ensuitte deux petits ais, qui n'estoient attachez que de quatre cloux, qui auroient esté mis és mains de nos Officiers ; & d'autant que l'execution n'estoit en cela complette, iceluy Archevesque susdit requeroit, qu'il fust dit & prononcé qu'elle seroit parachevée ; de plus que nous ne pouvions tenir la maison de Roüana dans ladite ville par la teneur desdits traittez ; mesmes eu égard à celuy de l'an septiesme, par lequel nous ne pouvions rien acquerir dans ladite Ville : devoient aussi les autres Juges estre ostez, car ils estoient compris dans l'Arrest, en ce que lesdits traittez estoient validez par iceluy, par lesquels il estoit expressément porté, que nul de nos Juges pour lors ne pourroit seoir dans la ville & païs de Lyon, & qu'il ne falloit pas trouver estrange, si nous n'avions pas de siege ny de Juge dans Lyon, veu qu'il ne nie pas que la jurisdiction ne nous appartienne, ny qu'il veüille aussi empescher les droits Royaux ; mais que nous avions un siege, & que nos Officiers demeureront dans ladite ville, tant seulement pour exercer la Justice, laquelle estoit exercée pour nous plus utilement dans Mascon, veu que la recepte de Lyon ne suffit pas pour les gages des Officiers qui sont en iceluy, parce que le Lieutenant reçoit les emolumens du sceau, que si la Jurisdiction s'exerçoit à Mascon, cela seroit converty à nostre profit ; cela est aussi conforme aux Ordonnances Royales, qui doivent aussi estre gardées par l'Arrest, par lesquelles nos Officiers ne peuvent connoistre dans les Jurisdictions des seigneurs qui ont hauts Justice ; car le semblable se voit en plusieurs lieux de nostre Royaume, comme dans le Bailliage de Chaumont, auquel l'Evesque de Langres n'a son ressort, ains devant le Bailif de Sens, & de l'Evesque de Noyon, dans laquelle ville nos Officiers n'exercent aulcune jurisdiction, mais ont leur siege, & connoissent hors de sa jurisdiction dans la ville de Roye; eu égard aussi aux susdits traittez, le Juge de ressort ne devoit pas estre dans l'Isle-Barbe ; veu que nous ne devons avoir aucun Juge dans la terre, ville & Baronnie de Lyon ; & bien qu'au traitté de l'an vingt il soit contenu, s'il avoit Baronnie, ce qui doit estre tenu pour certain, d'autant que par l'accord de l'an 307. la Baronnie avoit esté expressément limitée, & lequel par l'Arrest avoir esté reconnu valable, comme dit est, & mesmes le lieu de l'Isle n'est pas propre à cela, eu égard à la petitesse, situation, & incommodité ; veu que les subjets pourroient plus commodement trouver du conseil, pour déduire leurs causes d'appel dans Mascon, que de les mener à leurs despens dans l'Isle-Barbe susdite ; & si l'Archevesque a allegué dans ses articles, qu'il n'estoit pas question entre les parties du siege de ladite Isle ; toutesfois ledit article avoit demeuré pour nul, parce qu'il n'avoit pas esté affermé par luy, & qu'il n'y avoit pas esté respondu par nostre Procureur ; qu'aussi pour les causes cy-dessus touchées, la connoissance en devoit estre interdite au Chastellain de saint Symphorien & Poüilly Monial ; veu qu'ils sont, comme dit est, dans la Baronnie de Lyon ; & parce que les sieges y avoient esté establis nouvellement ; & qu'aussi l'an quarante-un le Roy lors regnant, ayant esté informé de l'utilité & incommodité desdits sieges, les avoit renvoyez au lieu de Charlieu où ils estoient anciennement, & seus le ressort de Mascon, & que de là ne nous revenoit aucune incommodité ; veu qu'esdits lieux de Charlieu & Mascon, se trouvoient les mesmes choses que dans saint Symphorien ou Poüilly Monial : Quant au juge des Juifs, il en estoit fait aussi mention expresse au procés, & la connoissance luy en appartenoit par la voye ordinaire, sinon entant qu'ils avoient esté par nous ostez de sa Jurisdiction, mais de là ne s'ensuivroit pas que le Juge que nous aurions estably sur eux, deust seoir dans la ville de Lyon par les raisons susdites, qu'il n'entendoit pas aussi troubler le Juge des Ports en ses saisies & confiscations, en cas subits; mais qu'il avoit de tout temps & devoit avoir son Siege à saint Jean de Lone, pareillement aussi devoit-il defendre la connoissance au Juge du petit seel de Montpellier, principalement d'autant qu'aprés le procés commencé il estoit venu demeurer à Lyon, & s'il y demeuroit, ce seroit ouvertement contre les traitez susdits : Qu'il n'avoit aucunement declaré que la Baronnie appartenoit audit Archevesque, aussi n'estoit-il pas besoin, veu que par ledit traitté de l'an 1307. elle avoit esté déclarée ; mais seulement avoit-il defendu aux Juges de ne seoir pas dans la Baronnie de Lyon : & parce qu'il y avoit plusieurs qui doutoient s'ils mettroient ou recevroient la monnoye dudit Archevesque, parce qu'il avoit esté proclamé publiquement que nul ne mist ou receust autres monnoyes que les nostres, ledit Commissaire avoit ordonné, suivant la teneur desdits traitez, lesquels à ces fins il avoit fait lire, qu'un chacun les mist & les receust ; mais il n'avoit en aucune façon defendu que les nostres fussent mises & receuës ; & qu'à bon droict il avoit fait oster le cercle de fer avec lequel on mesuroit les eschalats des vignes, veu que cela estoit de la Justice ordinaire & domaniale, & par consequent compris par l'Arrest, & que par mesme raison il avoit fait oster les tables des Calendriers & ordonnances qui estoient des marques de Jurisdiction ordinaire, lesquelles, comme dit est, il avoit fait enlever sans aucune violence & par les voyes de la Justice, & les avoit données à nostre Procureur de Mascon y present. Or eu égard à ce que dessus, que Nous n'avions pas de Jurisdiction dans ladite Ville, les prisons n'y estoient pas necessaires, sinon en cas subir, auquel cas l'Archevesque est tenu de garder les prisonniers dans ses prisons l'espace de six jours ; aussi y en avoit-il esté fait de nouvelles, par lesquelles raisons il est suffisamment monstré que ledit Commissaire n'a rien fait en cét affaire que deuëment, veu mesmes que lesdits Juges ont leurs Sieges ailleurs que dans ladite maison de Roüanne, & principalement aux Esleus sur le fait des Aydes, comme il avoit apparu audit Commissaire par information & confession d'iceux, & qu'ils avoient un Siege dans ladite Ville qui leur estoit beaucoup plus commode : & d'autant que par les susdits traitez, Nous devions avoir seulement six Sergens és Ville & Baronnie susdite, ledit Commissaire, information prealablement faite sur les lieux avec les gens de nostre Conseil, ayant veu aussi le retranchement jadis fait par feu Philibert Paillardi nostre Conseiller, en avoit mis & estably six plus advisez & meilleurs, toute faveur mise à part. Quant à ce qui estoit mis sus audit Archevesque touchant ledit Meusnier appellé Cartula, il répondoit qu'il n'estoit ny n'avoit jamais esté son domestique, ny n'avoit de moulin ; ains que dés que l'action d'iceluy vinst à sa connoissance, il l'avoit fait prendre & detenir en prison ; & aprés s'estre informé de sa personne, d'autant qu'il avoit trouvé qu'il n'estoit pas en son bon sens, & que c'estoit un miserable, il avoit esté elargy. Or environ le temps de son elargissement, ledit Meusnier s'estant peut-estre advisé de son malefice, & craignant d'estre grievement puny, s'en estoit fuy, lequel ledit Archevesque avoit à l'instant fait suivre ; & enfin, ayant esté pris dans Valence, il l'avoit delivré au Baillif de Mascon, & ne sçavoit aucunement ce qu'iceluy en avoit fait, & qu'il n'y avoit aucune personne de bon sens qui presumast qu'il fut capable d'une telle injure à nous faire, qui reconnoist avoir eu tout son bien de nous, lequel aussi avoit fait peindre nos Armes dans toutes ses places & Chasteaux ; mesmes hors de nostre Royaume ; & cela és lieux les plus remarquables, voire mesmes desirant accroistre nostre Justice de tout son pouvoir, il faisoit venir à Lyon pardevant son Juge, ses subjets qui demeuroient hors du Royaume, afin que s'il arrivoit qu'ils fussent appellans, les causes des Evesques fussent devoluës à nostre Cour de Parlement. Et parce qu'aussi on alleguoit contre iceluy, qu'il avoit fait depoüiller de tous ses biens un certain nostre Sergent nommé Guillaume Boulon, accusé d'avoir batu quelqu'un jusqu'à la mort, il avoit fait saisir ses biens, & inventorier, parce qu'il se cachoit : & enfin le danger cessant, il avoit fait elargir le detenu ; & en consideration de ce qu'il avoit esté nostre Sergent, il luy avoit remis l'amende. De plus, disoit nostredit Procureur en la maniere & forme qu'il procedoit, à sçavoir par forme d'appel, ne devoit pas estre receu : car nul n'est oüy contre un Arrest emané de nostre Cour, si ce n'est par une voye d'erreur, & aprés nous avoir presenté requeste, & obtenu requeste civile ; & mesmes l'appellant n'y est receu par l'usage & coustume, ny sous pretexte de nouvelles pieces recouvrées ; & neantmoins l'Arrest doit estre cependant mis à execution, ce qu'il demandoit : & pourtant qu'il luy fust incontinent adjugé, Que si paradvanture nostredit Procureur n'allegue rien contre l'Arrest, ou le veut alleguer, il ne reste sinon de voir si le Commissaire avoit executé l'Arrest suivant les traittez susdits, & que l'execution de l'Arrest commencée par le Commissaire à la requeste dudit Archevesque fust parachevée : & ne devoit nostre Procureur estre oüy concluant à la declaration de la confiscation de la Jurisdiction domaniale, suivant la teneur de l'accord de 1320. tant parce que ledit Archevesque n'avoit pas procedé par voye odieuse & illicite ; mais selon que vray-semblablement & de prime face il sembloit pouvoir estre fait, eu égard aux traittez confirmez par ledit Arrest ; & aussi parce que ledit traitté ne vouloit pas cela, mais seulement que les parties faisans contre iceluy, demeurassent en l'estat qu'elles estoient l'an precedent dix-neuf, auquel temps le Roy n'estoit pas seigneur de ladite ville, en ce que suivant la teneur du traitté de l'an douze, il n'avoit pas fait la compensation susdite : Par lesquelles choses, & autres déduites par luy plus au long, que les conclusions contre luy prises, qu'il seroit privé de nostre Conseil, & autres n'estoient admissibles, & que nostredit Procureur n'estoit recevable aux choses par luy alleguées, & demandoit ledit Archevesque qu'il fust dit & prononcé, que les traittez cy-dessus fussent accomplis en leur entier, & qu'il fust absous des accusations & demandes de nostredit Procureur, concluant à ce, & contre les Consuls & habitans de Lyon, & causes d'opposition par eux alleguées, ledit Archevesque disoit comme cy-dessus, que le domaine & Jurisdiction ordinaire de ladite Ville lui appartenoit, & qu'à Nous appartenoit seulement la souveraineté & ressort, combien que suivant les Ordonnances Royaux les causes de ressort & souveraineté doivent estre traittées & terminées au Chasteau ou Chastellenie duquel est le ressort, ou du moins pardevant le plus prochain il appartient. Or est-il que de tout temps le siege du ressort de Lyon estoit & est au Siege de Mascon, qui est le chef du Bailliage ; & ainsi l'avoient voulu & ordonné nos predecesseurs, comme il paroist par les traitez cy-dessus touchez, que c'estoit aussi nostre dommage & celuy de nos Sujets que le Siege du ressort fust en l'Isle-Barbe, à cause de la somme excessive des gages (car le Juge avoit deux cens livres par an) & d'autant que le pays estoit de droict écrit, il ne nous revenoit aucun profit des amendes, & qu'il estoit aussi necessaire de multiplier nos Officiers, Notaire & Sergens, lesquels nous avions tous prests au siege de Mascon, & qu'il falloit que ces gages fussent payez aux despens des Sujets, & à leur perte & dommage. Disoit de plus, qu'au procés il n'avoit eu de partie que nostre Procureur seulement, contre lequel il avoit fait executer son arrest, & non contr'iceux : & veu qu'ils sont nos Sujets, si tant est qu'il ne nous soit permis au prejudice dudit arrest d'avoir un Juge dans ladite Isle, aussi ne leur est permis par la mesme raison ; autrement, s'il estoit donné Arrest en leur faveur, il seroit contraire au precedent, veu principalement qu'ils n'ignoroient pas le procés qui estoit entre Nous & l'Archevesque, & qu'au susdit procés ils avoient donné à nostre Procureur tous les tiltres qu'ils avoient; nonobstant lesquels l'Archevesque avoit obtenu ledit Arrest: & comme ainsi soit que leur droict est correlatif au nostre & conjoint, & au contraire que l'un des deux succombant, il est censé que l'autre succombe, sur tout en ce, cas auquel l'Archevesque a obtenu contre nous, qui estions purement & sommes la principale partie, & d'autant que lesdits habitans ou leur Procureur n'a jamais protesté que nostre fait en cette partie leur prejudiciât, afin qu'ainsi à raison de la commission, ce qui s'est passé & fait entre nous & l'Archevesque leur portast prejudice, ce qui ne leur causeroit aucun dommage, si les droits estoient tout à faits distinguez: Quant aux Lettres & privileges que lesdits habitans pretendent avoir, par de secrettes conventions faites & passées entre nous & l'Archevesque, ils avoient esté obtenus par surprise, & specialement ceux de l'an trois cens vingt-huict, & de l'an trente-six, lesquelles aussi furent dés lors impugnées par l'Archevesque, & les parties appointées contraires en leurs faits, & depuis il n'y a point eu de jugement sur ce, & que l'Archevesque avoit toûjours joüy de son droit; que si paravanture ils avoient sur ce obtenu des Lettres l'an quarante-un, elles furent tant seulement obtenuës par forme de provision, par lesquelles il avoit esté addressé au Juge Royal, jusques à ce qu'autrement eust esté ordonné; ce qui avoit esté fait par l'Arrest intervenu au profit de l'Archevesque qui confirmoit les traittez precedens, & bien qu'ils alleguassent avoir des Lettres, il n'en apparoissoit point toutesfois, si ce n'est par le traitté de l'an douze, par lequel elles n'avoient sorty aucun effet à raison de la compensation non faite, & partant l'Archevesque estoit demeuré en l'estat qu'il estoit l'an sept, auquel temps ils estoient ses sujets, & ainsi elles devoient estre reputées subreptices; & que si en effet ils avoient en la garde, ç'avoit esté moyennant la somme de dix sols payable annuellement par chacun habitant, dont la moitié devoit appartenir à l'Archevesque, & nous estions tenus de fonder quatre Chappelles, & quatre Chevaliers dans l'Eglise de Lyon, & les habitans de Lyon ne devoient pas trouver fascheux d'avoir leur ressort pardevant le Baillif de Mascon; veu qu'ainsi avoit esté ordonné en beaucoup d'autres lieux de nostre Royaume, & eu égard à ce que dessus, que la provision en cas de delay ne devoit pas estre adjugée ausdits habitans: Disoit en outre l'Archevesque, qu'ils n'avoient pas la susdite Jurisdiction; & neantmoins la procuration sur laquelle ils se fondoient en jugement, avoit esté faite & passée sous leur seau, ce qui ne se pouvoit pas faire par le droit usage, coustume, & commune observance, notoirement gardée, & posé qu'ils eussent pû faire cela sous leur seau, cela toutefois ne se pouvoit sous un seau secret; mais sous un authentique & public: ce que consideré ils n'estoient pas suffisamment fondez; & qu'ainsi il devoit avoir le congé & despens, & que s'il n'obtenoit pas pour cette fin, qu'ils n'estoient pas recevables: & que s'ils estoient receus, demandoit qu'il fust dit & prononcé, que leur opposition estoit tortionnaire & injuste, en ce qu'ils s'estoient opposés en une mauvaise cause, & concluoit qu'ils fussent condamnez en ses despens, & estoit allegué de la part de Maistre Estienne de Guiry, disant ses defenses en propre personne, que le procés qui estoit entre nostre Procureur pour nous, d'une part, & l'Archevesque susdit, de l'autre, s'estoit jadis meu pour raison des exploits faits par Maistre Edoüard d'Attainville, & que l'Arrest cy-dessus avoit esté donné sur cela, par lequel lesdits exploits estoient dits tortionnaires: & enjoint à nostre Procureur de n'en faire poursuite à l'advenir, & les susdits traittez bons & valables, à l'execution duquel Arrest il auroit esté commis par ladite Cour, & avoit receu des instructions dudit Archevesque, lesquelles veuës ils seroit allé à Lyon, où ayant trouvé plusieurs de nos Conseilliers, & leu l'Arrest en la Chambre du Conseil, à la requeste de l'Archevesque; ensemble l'executoire susdits, il avoit enjoint audit Lieutenant du Baillif, & audit Baillif en la personne du Lieutenant, veu les traittez susdits confirmez par ledit Arrest, à sçavoir le traitté de l'an sept, de l'an vingt, & de l'an quarante-un, qu'il n'eust plus à exercer la Justice dans la ville de Lyon; & parce, comme dit est, que lesdits exploits estoient declarez nuls, il avoit defendu à nostre Procureur audit lieu, & aux Notaires de Cour Royale l'exercice de leurs Offices; & estant en suite venu au siege Judicial à la susdite Requeste, procedant juridiquement il auroit enlevé avec un petit cousteau, tant soit peu d'un carré de l'un des bois, & y estant retourné aprés disner avec peu de gens, nostre Procureur de Lyon y seroit aussi venu avec grande multitude de gens, en presence duquel il auroit osté les tableaux du Calendrier & des Ordonnances qui pendoient avec des cordes attachées à des cloux, & avoit tant seulement fait oster deux tables ou petits ais attachés à quatre cloux dudit siege, lesquels il avoit donné à nostre Procureur de Mascon; ce qui avoit esté fait seulement pour la forme, & qu'il n'avoit pû moins faire; selon la teneur de l'Arrest & traittez susdits: qu'il avoit aussi fait oster le cercle de fer par lequel les eschalats des vignes estoient marquez, parce qu'il marquoit une Jurisdiction domaniale; & veu que par les susdits traittez nous ne pouvions y tenir aucuns prisonniers, si ce n'est en cas subit, & precairement dans les prisons de l'Archevesque, il auroit defendu au Geolier d'exercer d'ores-en-avant sa charge, & avoit fait traduire deux prisonniers à Mascon, & auroit enjoint aux autres Juges demeurans à Lyon, de ne rien faire ou entreprendre indeuëment contre ledit Arrest, commandant & enjoignant simplement aux Sergens, de n'exercer plus leurs charges & par l'advis du Juge de ressort & de Maistre Jean le Viste, il avoit estably six Sergens aprés avoir fait enqueste de leurs personnes, eu égard mesme à la restriction cy-devant faite par Philibert Paillard, President en nostre Cour, leur enjoignant de n'exercer leur charge sans commission contenant les cas, ayant aussi consideré que la maison de Roüanne à nous appartenante avoit esté acquise de nouveau: & veu la teneur desdits traittez, il avoit fait commandement à nostre Procureur de faire sçavoir à nostre Procureur General, que nous eussions à mettre ladite maison hors de nos mains; & d'autant que par le traité de l'an 1307. & 1341. nous ne pouvons pas avoir des Juges dans la Baronnie de Lyon, il avoit semblablement enjoint au Juge de ressort de l'Isle-Barbe & aux Chastellains de saint Symphorien & Poilly-Monial, de ne connoistre & seoir cy-aprés dans ladite Baronnie, & ne pouvoit executer autrement ces choses, comme il disoit: & parce que quelques-uns d'iceux avoient allegué quelques raisons en sa presence, il auroit ordonné qu'ils les luy donnassent par escrit, & qu'il les rapporteroit à nostre Cour. Pour le surplus de ce qu'il avoit exploité faisans ladite execution, qu'il s'en rapportoit à son procés verbal, & disoit,

de la Ville de Lyon. 521

& difoit, en défendant aux excés contre luy alleguez, de foy & de l'advis de fon Confeil, qu'il avoit toûjours efté homme de bonne vie & renommée, tant en l'affection qu'au fervice qu'il Nous avoit rendu pendant dix-huit ans ou environ, & de bonne & honnefte converfation, & qu'il n'a voit jamais efté accufé d'aucun crime en fa charge, & qu'il avoit fait plufieurs voyages pour Nous, combien qu'à la verité il fuft allé à Lyon avec ledit Archevefque qui l'avoit invité fouventesfois à foupper & à difner, tant en allant qu'en revenant ; auquel pour honneur & reverence il avoit obey, fans y mener neantmoins fes domeftiques, & s'en fuft volontiers abftenu fouvent. Difoit auffi ne voir peu faire autrement, veu lefdits taittez, & qu'il n'y avoit rien dans l'arreft pour quoy il en deuft faire difficulté, au moins qu'il ne fist l'execution en cette maniere, ou qu'il la deuft quitter ; & qu'en effet il n'avoit prefque rien fait dont il n'euft fait procés verbal. Contre ce qu'il avoit receu la fomme de deux cens livres dudit Chapitre, difoit que perfonne ne le devoit prefumer, attendu la qualité de fa perfonne, & auffi que l'arreft n'avoit pas efté donné en faveur de ceux du Chapitre, ny ne les touchoit en rien. Sur ce qu'il avoit voulu induire noftre Procureur à renoncer à fon appel, que cela n'eftoit pas vray, & qu'il ne luy avoit rien dit de ce qu'il alleguoit luy avoir dit fur cela; & que s'il avoit dit quelque chofe, c'eftoit feulement que ledit Procureur difant que l'Arreft avoit efté mal & fauffement donné & par tromperie, ledit Maiftre Eftienné luy auroit refpondu qu'il avoit mal parlé en cela, & qu'en noftre Parlement il y avoit quatre-vingts perfonnes plus fages que luy. Difoit en outre, que veu que l'Archevefque fouftenoit fon fait, noftre Procureur n'avoit aucun intereft contre lui, & que de droit il n'y avoit aucune action qui fuft donnée contre un fimple executeur finon lors qu'on alleguoit qu'il avoit excedé avec dol ou malice, ce qui neantmoins ne luy eftoit mis fus formellement, & que s'il avoit receu aucun argent, que c'eftoit de l'Archevefque, pour recompenfe de fon falaire, & non d'ailleurs, & que l'opinion que noftre Procureur alléguoit contre luy, ne fuffifoit pas pour preuve de corruption ; voire mefmes qu'en cette caufe il ne fe trouvoit aucun bruit, finon tel que ledit Procureur luy avoit mis fus, par le rapport de quelque trouppe de gens ; & pofé que peut-eftre il euft fait fimplement quelque chofe, encor toutesfois ne devoit-il pas eftre mis en procés, ny fufpendu de fa charge, veu ce que deffus ; pour raifon dequoy il n'eftoit tenu au procés, mais qu'il devoit eftre mis hors de Cour, & que noftredit Procureur n'eftoit pas recevable, ou du moins qu'il devoit eftre renvoyé abfous de ladite demande de noftre Procureur, & demandoit que filence luy fuft impofé, & concluoit auffi pour lefdits Maiftre Pierre Burle, Pierre Garnier, Jean Durandi, Eftienne de Jolly, Hugues Georges, & Imbert de Beaucaire, qu'ils propofaffent leur defenfe : & principalement pour ledit Maiftre Pierre, d'autant qu'il eftoit Profeffeur és Loix ; & avoit efté Juge pour nous l'efpace de vingt-fix ans, & qu'ils eftoient tous gens de bonne vie & honnefte, & qui avoient toûjours efté fideles à nous & aux Rois de France, & qui ne voudroient avoir rien fait, ny faire au mefpris de nous, & qu'il n'y avoit eu auffi contre eux aucun foupçon de mal, n'ayans au furplus rien fait au fait de ladite execution, finon qu'ils avoient affifté l'Archevefque à faire ladite Requefte audit Commiffaire pour ladite execution de l'Arreft, & fi quelque chofe avoit efté faite par aucun d'iceux, c'eftoit tant feulement par ledit Garnier, qui avoit donné un coufteau au Commiffaire qui en demandoit un pour démolir une partie dudit fiege, luy ayant préfenté le fien, mais parce qu'il eftoit trop grand, le Commiffaire ne l'avoit pas pris, & qu'on ne trouveroit point qu'aucun d'iceux euft fait autre chofe. Mais parce que noftredit Procureur ne cottoit point les jour, an & mois que lefdits excés avoient efté commis, & qu'il avoit appris par une information, que noftredit Procureur eftoit leur ennemy declaré, & qu'il s'eftoit vanté de les tourmenter, ils difoient qu'ils ne devoient pas eftre mis au procés, ou en tout cas eftre mis hors de Cour, eu égard à leur bonne foy & à la douceur dont nous avons accouftumé d'ufer, par lefquelles chofes & autres par iceux plus amplement deduites, que noftre Procureur n'eftoit recevable aux chofes alleguées contre eux : & fi elles eftoient admifes, qu'ils fuffent abfous de fa demande, & demandoient qu'il fuft dit & prononcé que filence perpetuel luy fuft impofé, noftre Procureur repliquant que les traitez fufdits de l'an 1307. & 1341. avoient efté revoquez par Lettres, & qu'on ne s'eftoit jamais fervy defdites Lettres de l'an 1307. car ledit Philippe le Bel eftoit pleinement Seigneur de la ville de Lyon, & tout ce que les Archevefques avoient eu en icelle, provenoit de la grace & liberalité dudit Philippe & de nos predeceffeurs : car elles devoient eftre feellées de noftre feau, & de celuy de l'Archevefque & du Chapitre, ce qui n'avoit jamais efté fait, & neantmoins elles avoient efté mifes en depoft pardevers les Freres Prefcheurs à Paris, & ne devoient eftre tirées delà fans fa volonté : & d'autant qu'à raifon des demerites de l'Archevefque, la Ville avoit efté mife & confifcuée fous la main de noftre predeceffeur, neantmoins luy avoit efté renduë par l'intervention du Souverain Pontife Clement V. eftant pour lors à Lyon. Que lefdites Lettres eftoient contre les bonnes mœurs & la raifon. Car comme ainfi foit que les ports d'armes, enfemble le droit des appellations nous appartiennent par le droit de noftre Couronne ; toutesfois par icelles l'Archevefque en pouvoit connoiftre, ce qui luy pouvoit eftre accordé, veu que c'eftoit renoncer à nos droits ; & par icelles auffi ledit Archevefque ne pouvoit eftre privé de fa temporalité pour aucun forfait, par où l'occafion de faillir luy eftoit ouverte, & nous ny nos Predeceffeurs ne pouvions acquerir aucun édifice ny maifon dans ladite ville, fans la permiffion de l'Archevefque, ny mefmes en baftir, ce que l'Archevefque pouvoit faire, ce qui doit eftre reputé pour injufte, parce que par la convention d'un fujet noftre, nous eftions liez contre la loy naturelle, & parce qu'elle contenoit une inégalité entre nous & l'Archevefque ; auffi la Baronnie avoit efté eftablie & limitée à l'Archevefque, en quoy le reffort eftoit ofté aux fujets fans leur fceu & confentement, & qu'il n'euft jamais efté octroyé fi ces chofes euffent efté confiderées, fur tout eu égard à la fituation du lieu, qui eft fur les confins & limites de noftre Royaume & de l'Empire, pour raifon dequoy elle a & avoit plus befoin de noftre garde : ce que confideré, l'an douze lefdites Lettres furent revoquées à la requefte des Gentils-hommes & de quelques Eglifes, mefmes des habitans de ladite ville ; en forte que l'Archevefque remit ladite ville fous la puiffance de noftredit predeceffeur, moyennant une recompenfe qui luy fuft lors faite, auquel temps noftredit predeceffeur avoit uny ladite ville à fa Couronne & incorporé, & en avoit eu la pleine feigneurie jufqu'en l'an 20. fuivant, & en avoit jouy, & dés lors fut paffé certain traitté par l'Archevefque, approuvé en plein

Chapitre, & du consentement des habitans de ladite ville, contenant entr'autres choses, que si l'Archevesque y contrevenoit, le Roy & ses successeurs retourneroient en l'estat auquel il estoit l'an 19. immediatement precedent, auquel il avoit pleine seigneurie d'icelle ; auquel cas ledit Archevesque declaroit posseder pour lors ladite ville au nom du Roy, à tiltre de precaire, lequel traitté revoquoit du moins tacitement lesdites Lettres faites l'an sept, d'autant que par iceluy l'Archevesque acceptoit le transport qui luy avoit esté fait par nostre predecesseur. Que si nostre predecesseur le luy avoit transferé, il estoit apparent de droit & raison, qu'il en estoit seigneur lors du transport, par lequel aussi nous ne sommes empeschés d'avoir quelque Juge que ce soit dans ladite ville de Lyon, si ce n'est le Juge de ressort en causes d'appel seulement, ne touchant en façon quelconque aux autres Juges ; ou autres droits Royaux de souveraineté : Pour ce qui est de l'impetration de l'an quarante-un, que l'Archevesque appelloit traitté, elle ne validoit aucunement les Lettres susdites de l'an sept revoquées, comme dit est, car elle estoit obtenuë par surprise, ayant teu ledit traitté de l'an vingt, qui toutesfois par l'Archevesque : car par ladite impetration il disoit seigneur de la ville de Lyon, ce qui estoit tout à fait faux, veu qu'il nous estoit permis, ou à nostre Baillif pour nous, d'y entrer quand besoin seroit avec gensdarmes, & recevoir les clefs des habitans, ce que & plusieurs autres choses qui concernoient nos droits, ledit Archevesque avoit teu dans ladite impetration, & pour raison de ce les susdites choses ayans esté exposées à nostre predecesseur lors regnant, il avoit entierement revoqué au mois de Novembre immediatement suivant, celle qui avoit esté premierement octroyée au mois de Septembre de l'an quarante-un, laquelle revocation avoit en suite esté publiée à son de trompe au mois de Janvier suivant, & ordonné aux Officiers Royaux de la revoquant, qu'ils jouïssent tout ainsi qu'avant ladite impetration, & que si paravanture elle estoit faite avec serment, que neantmoins il n'y estoit tenu, veu les raisons cy-dessus, & parce qu'elle estoit contre le droit de la Couronne, & utilité susdite, & parce aussi que la grace de l'an vingt precedent estoit obtenuë avec serment ; par lesquelles choses il conste, que lesdites Lettres de l'an sept, & l'impetration de l'an quarante-un, qu'il appelloit traittez, estoient nulles, & par consequent qu'elles ne pouvoient pas estre mises en execution en vertu dudit Arrest ; & accordoit aussi l'Archevesque en son Registre, article 91. qu'il ne debattoit aucunement du ressort, & au 97. qu'il ne debattoit point aussi des droits Royaux & de souveraineté, mais des excés & entreprises faites par ledit Maistre Edoüard, par lesquelles choses il paroissoit clairement que ledit Commissaire avoit excedé, faisant defenses à nos Juges & Officiers, desquels il n'estoit pas question de connoistre, les interdisant & revoquant. Or posé qu'il eust deu executer l'Arrest à leur égard, il n'avoit autre pouvoir sinon de leur defendre verbalement d'exercer la Jurisdiction ordinaire dans la maison de Roüane, au prejudice de l'Archevesque, & concedant que l'Archevesque n'eust pas affermé ledit article nonante-un, ou son Procureur, toutesfois il devoit estre tenu pour affermé à son prejudice : sur tout, veu qu'au commencement de ses articles il les avoit tous & generalement affermez, & l'Arrest donné pour ledit Archevesque ne s'entendoit pas des Ordonnances Royaux, sinon entant qu'elles concernoient la Jurisdiction domaniale, & les exploits en provenans, & ne pouvoit ny ne devoit estre entenduë des autres, d'autant que, comme dit est, il n'estoit pas question d'iceux ; & par consequent ne devoit pas estre estendu, sinon aux choses deduites en jugement ; parce qu'en ce qui pouvoit laisser quelque doute, le Commissaire eust deu recourir à l'interpretation de nostre Cour : car nous avions dans ladite ville de Lyon le Baillif de Mascon, le Seneschal de Lyon, ou son Lieutenant, & le Siege : ce qu'aussi nos predecesseurs avoient eu depuis six-vingts ans passez, & qui pourroit apparoir suffisamment par la table des presentations de nostre Parlement, où est escrit la Seneschaussée de Lyon separément, & le Bailliage de Mascon, & qu'ainsi nous en avions joüy & nos predecesseurs, principalement au temps de nostre regne, auquel Fouques de Morats avoit comme Seneschal tenu son Siege à Lyon, & ses assises à saint Symphorien : Que si par adventure par les Ordonnances Royaux nos Juges ne devoient seoir dans la haute Justice d'un autre (qui toutesfois n'ont point esté observées) toutesfois eu esgard à la situation de la ville de Lyon, qui, comme dit est, est situeé sur les limites de nostre Royaume, & partant a besoin d'estre pourveuë de plus grand nombre de nos Officiers, afin de resister aux estrangers, & que nostre patrimoine soit conservé en cela, que nous avions nos Juges audit lieu pour rendre la Justice à nos sujets, que lesdites Ordonnances ne se devoient pas estendre à ce cas, & que l'Archevesque n'y avoit aucun interest, si ce n'est de peur que les entreprises de ses Officiers & negligence à rendre la Justice, ne vinssent à la connoissance de nos Officiers : & pour les Chastellenies de sainct Symphorien & Poüilly-Monial, elles ne devoient estre comprises dans sa Baronnie ; car les Archevesques n'avoient pas eu Baronnie, & n'en avoient pas joüy au temps passez ; car elle comprendroit la ville de saincte Colombe, qui a tousjours esté de nostre domaine ; & au surplus il n'auroit pas de Baronnie, sinon en vertu desdites Lettres de l'an 1307. d'autant qu'on ne s'en est point servy, & qu'elles furent aussi tost suspenduës, & finalement annulées & revoquées. Et en ce que ledit Commissaire avoit deposé nos Juges ou Chastellains desdits saint Symphorien & Poüilly-Monial, d'autant qu'ils estoient dans la Baronnie de Lyon, comme il disoit, on prouvoit clairement par là qu'il vouloit adjuger la Baronnie à l'Archevesque : & comme ainsi soit qu'il Nous appartienne absolument de donner permission aux Juifs de demeurer dans nostre Royaume, & que nous les tenions sous nostre garde, la connoissance d'iceux en devoit tant seulement appartenir à nos Juges ; par quoy ils avoient eu besoin d'avoir un Juge dans Lyon, lequel, pour ces raisons, le Commissaire ne pouvoit pas deposer, ny Nous en interdire la connoissance, ny aussi au Juge des ports ou à son Lieutenant, qui estoit & est plus necessaire dans ladite ville de Lyon, parce qu'il y a là plus grand passage qu'à saint Jean de Lone, & ne devoit pas interdire semblablement la connoissance des causes à nos autres Juges, comme dit est. Or il n'y avoit aucun inconvenient que le Juge de ressort siegeast dans l'Isle-Barbe ; car cela arrivoit rarement, d'autant que les causes du ressort ont de coustume d'estre traitées audit lieu, peut-estre trois ou quatre fois l'an : en quoy aussi nos sujets seroient grevez par les despenses & peines qu'ils souffriroient, allans poursuivre leurs droits dans Mascon. Quant à la maison de Roüanne susdite, nos autres Juges avoient accoustumé d'y seoir, bien qu'en differens jours & heures ; & partant

de la Ville de Lyon. 523

nous n'estions pas tenus de mettre ladite maison hors de nostre main : sur tout, veu que nos predecesseurs ne l'avoient pas acquise de nouveau ; mais l'eussent tenuë depuis long-temps, comme Nous aussi. Disoit en outre nostredit Procureur, qu'il ne concluoit pas à la cassation de l'Arrest ; mais que pour le present il prenoit ses conclusions pour raison d'excés & attentats, & qu'il n'estoit obligé d'observer la voye des erreurs, ny astreint à cette forme ; & partant qu'il devoit estre admis sur l'appellation par luy interjettée dudit executeur, & à conclure en icelle : & pour ce que disoit l'Archevesque, des pieces de nouveau trouvées, cela ne touchoit point les droicts Fiscaux & du Prince, & ne pouvoient de droict & raison avoir lieu en iceux, & qu'il ne devoit estre adjugé aucune provision ou respit audit Archevesque, veu que la matiere dont est question est pour cause d'excés, & n'est pas disposé à cela:mais bien Nous devoit estre adjugé qui n'avons pas nostre siege à Lyon,lequel estat ou provision nostredit Procureur demandoit luy estre donné & adjugé:pour raison dequoy & autres choses cy-dessus plus au long,deduites il devoit estre admis, & non ledit Archevesque ou autres : concluoit,comme dessus nostredit Procureur.Pour ce qui concernoit ledit Maistre Estienne, disoit nostredit Procureur qu'il devoit demeurer au procés tant par ce qu'il avoit promis de respondre peremptoirement, à raison dequoy les informations qui se faisoient contre luy avoient cessé, parce aussi qu'en ce qu'il avoit excedé, il ne devoit pas estre excusé de son delict par la ratification de l'Archevesque & dautant que cet Arrest venant d'un païs coustumier, il estoit obligé de deferer à l'appel, & ne passer pas plus avant, & n'attendre pas des inhibitions, veu mesme le grand prejudice qui nous estoit fait par ladite execution, ledit Commissaire qui n'estoit & n'est pas Conseiller devoit avoir plûtost sursis, que passer plus outre, & de tant plus qu'il estoit sage, plus estoit-il punissable s'il avoit excedé ; car il excedoit l'intention & les forces de l'Arrest : par lequel il nous paroissoit clairement qu'il avoit cherché ses interests, & que nostre Procureur n'admettoit pas son procés verbal, sinon entant qu'il pouvoit estre retorqué au des-avantage dudit Commissaire : par lesquelles causes & autres & plus amplement deduites, nostre Procureur concluoit comme dessus, qu'il devoit estre admis, & non le Commissaire susdit ; mais que luy & les autres demeureroient au procés ; & disoit que lesdits Maistre Pierre Burle, Pierre Garnier, Jean Durandi, & les autres defendeurs n'avoient que la seule contestation en cause : de plus, que par l'information il les avoit trouvé chargez desdits excés, & que par le commandement dudit Maistre Pierre, ledit Pierre Garnier avoit abbatu les colomnes ou pilliers du tribunal, & que nostredit Procureur devoit estre admis, veu qu'en faisant sa demande, il avoit declaré le jour & le temps des excés : par ces choses & autres cy-devant concluant, ledit Archevesque soustenant, que les traitez par luy cy-dessus alleguez avoient esté observez, dupliquant la proposition & le traité fait l'an mil trois cens sept, en ce que sur la contestation meuë pour raison de la souveraineté & du ressort, lesquels il n'accordoit pas nous appartenir : Disant en outre, que ledit accord n'avoit pas esté mis en depost, comme disoit nostre Procureur ; mais seulement certains articles dont est parlé cy-dessus, qui puis aprés furent accordez, & de-là furent expediées lesdites Lettres du traité, lesquelles il disoit estre valables, & que nous luy avions peu octroyer par privilege les choses contenuës en icelles ; & par consequent estre prescrites par lesdits Archevesques, & que nostredit Procureur ne devoit pas estre admis à impugner ledit traité, veu qu'iceluy avoit esté produit en jugement, & par luy contredit ; finalement il auroit obtenu son Arrest qui confirmoit lesdits traitez, & n'avoient point esté revoquez par le traitté ou composition faite l'an mil trois cens quarante-un, parce qu'audit traité de l'an mil trois cens douze seulement, il estoit traité de Nous ceder la Jurisdiction domaniale, ledit Archevesque retenant tous ses droicts au Chasteau de Pierre-cise, & autres lieux;mais qu'il n'y estoit pas traité des autres poincts contenus au traité de l'an mil trois cens sept, & que l'Archevesque n'eust peu venir contre iceluy de son authorité propre sans l'authorité du Pontife Romain, à cause que le traité de l'an mil trois cens douze, il auroit aliené les droicts de son Eglise. Et aussi le traité de l'an mil trois cens douze ne revoquoit point en aucune façon ledit traité de l'an mil trois cens sept, d'autant qu'il n'avoit pas esté effectué : & aussi le traité susdit de l'an mil trois cens sept n'avoit pas esté revoqué par le traité fait en l'an mil trois cens vingt : car par iceluy l'Archevesque estoit remis au premier estat auquel il estoit l'an mil trois cens douze ; ainsi estoit-il demeuré valide, sinon en ce qui en avoit esté retranché par le traité de l'an mil trois cens vingt, & estoit aussi confirmé par le traité de l'an mil trois cens quarante-un,si ce n'est en ce que le nombre de nos Sergens estoit accreu de deux, lequel traité de l'an mil trois cens quarante-un avoit esté fait en forme d'Edict perpetuel ; & par iceluy la connoissance du ressort retournoit au siege de Mascon, comme il estoit raisonnable, lequel aussi n'avoit jamais esté revoqué en effet : & s'il y avoit eu quelques Lettres de revocation d'iceluy, elles avoient passé à la Requeste d'une partie, & par un certain Milon Conseiller du Roy, Sieur de Noyers, qui contenoit seulement que ledit Archevesque produiroit en jugement ledit traité de l'an mil trois cens quarante-un. Sur quoy lesdites parties furent appointées contraires, dont il concluoit que le dit traité de l'an mil trois cent sept, & celuy aussi de l'an mil trois cens quarante-un n'avoient point esté revoquez : par lequels il disoit qu'il paroissoit clairement que lesdits sieges de saint Symphorien & de Poüilly-Monial estoient dans sa Baronnie, & par consequent, qu'il avoit esté deuëment defendu à nos Juges qui exerçoient en iceux, de n'y prendre d'oresnavant connoissance. Pour ce qui est du siege de l'Isle-Barbe, il n'avoit jamais esté ordonné precisement s'ils y devoient demeurer, mais seulement le Juge du ressort y avoit tenu son siege ; & partant disoit l'Archevesque, qu'il n'entendoit empescher que ledit Maistre des Ports & nosdits autres Juges n'eussent Jurisdiction, mais tant seulement qu'ils n'eussent siege dans la Ville & Baronie de Lyon, & n'entendoit aussi empescher aucunement que ledit Maistre des Ports ne peust faire des saisies sur le champ, n'empeschant pas qu'il n'en eust toute sa connoissance, & que nous ne devons point avoir esgard à nostre utilité, commodité ou incommodité au prejudice de son droict. Car le plus souvent il se faisoit des condamnations pecuniaires, qui pour raison de la pauvreté des personnes condamnées, n'avoient aucun effet. Au reste, que nous ne devions point venir contre lesdits traitez jurez, comme dit est, par nos predecesseurs lors que le serment ne va point au detriment de nostre salut, ains plûtost nous contenter de ce que nous avons nostre Gardiateur à Lyon, suivant le traité de l'an mil trois cens sept. Car veu que la jurisdiction domaniale appartient à l'Archevesque, il nous devoit suf-

XXx ij

fire que nos droicts de souveraineté fussent traitez dans le siege de Mascon comme jadis, veu mesmement qu'il se rencontroit dans Lyon peu de cas de souveraineté ; car ledit traitté de l'an vingt parloit seulement de nostre ressort, & le lieu du siege du Juge du ressort, n'estoit point encor estably precisément, mais tant seulement que lors que nous le voudrions ordonner, il seroit mis hors de la ville de Lyon. Or veu ce que dessus, ledit Commissaire ne devoit faire aucun doute en l'execution dudit Arrest, & n'avoit iceluy, comme on dit, adjugé la Baronnie audit Archevesque, mais seulement ordonné des lieux où les Juges Royaux devoient tenir leur siege, & il estoit necessaire audit Archevesque, que ledit Arrest fust mis à execution dans l'an, autrement iceluy passé il luy auroit fallu proceder par voye d'action, & ne devoit ledit Commissaire deferer à l'appel, veu que le grief (s'il y en avoit eu aucun) avoit esté fait en païs de droit escrit, & l'apel pareillement interjetté au mesme païs : Pour lesquelles raisons, & plusieurs autres plus au long déduites, il concluoit comme dessus, & aussi que veu qu'il n'avoit esté fait aucune information contre luy en cause d'excés, qu'il devoit estre mis hors de procés : Disoit neantmoins contre Pierre Bouillat nostre Procureur à Lyon, qu'il n'ignoroit pas lesdits traittez & Arrests, veu qu'il avoit procuré nosdits droits contre luy, & ce nonobstant il avoit fait venir iceluy Archevesque à Paris, à grands frais & despens, sans aucune information precedente ; partant concluoit à ce qu'il fust condamné en ses despens, dommages & interests : Disant nostre Procureur general au contraire, que ledit Archevesque s'estoit offert de respondre personnellement en nostre presence ; & partant comme ainsi soit qu'il eust déja allegué ses defenses, il ne devoit estre mis hors du procés, & ne devoit estre admis à conclurre pour ses dommages contre nostre Procureur de Lyon ; veu que ce seroit chose de mauvais exemple, si ceux qui procurent nos droits estoient contraints d'entrer en procés en leur privé nom, contre ceux qu'ils poursuivent en nostre nom ; car si cela estoit, il se trouveroit peu de personnes qui osassent poursuivre nos droits contre des personnes puissantes ; & partant que ledit Archevesque ne devoit estre admis, & concluoit comme dessus, les susdit Maistres Estienne de Guiry, Pierre Burle, & les autres defendeurs aussi dupliquans contre nostre Procureur ; & en effet aucuns d'iceux par les raisons par eux déduites, concluans comme dessus. OUYES DONC EN NOSTRE PRESENCE lesdites parties en tout ce qu'elles ont voulu dire & alleguer sur ce que dessus, tant en repliquant qu'en dupliquant, & appointez en l'Arrest. Veu en outre, & diligemment consideré en nostre Cour, nous presens, les procedures, articles, enquestes desdites parties, traittez, & Arrests, & autres pieces produites par lesdites parties, & toutes choses à considerer, & aprés avoir eu sur ce meure deliberation de nostre grand Conseil, consideré tout ce qui nous pouvoit & devoit adviser par nous, nostre Conseil, & nostre Cour. Par arrest en nostre presence, ladite appellation a esté mis au neant, & à nostre Cour annullé & annulé ; & pour ce a esté dit par ledit Arrest, que Maistre Estienne Commissaire susdit, a mal executé & exploité en ce qu'il fait inhibitions & defenses au Juge de ressort dans l'Isle-Barbe, aux Chastellains de saint Symphorien & Possilly-Monial, au Maistre des ports, en la personne de son Lieutenant, comme aussi au garde du petit sceau de Montpellier, en la personne de son Lieutenant, aux Juges des Juifs, & des privilegiez au Prevost des monnoyes, & garde du seau de Mascon en la personne de son Lieutenant, connoissant du seellé Royal en cas de prevention, d'exercer cy-aprés leurs Offices dans Lyon, & de connoistre des causes en ce qui appartenoit à un chacun d'iceux, deposant les susdits de leurs charges, & qu'ils seront remis dans leurs Offices, & joüyront d'iceux, ainsi qu'ils en joüyssoient auparavant la prononciation de l'arrest & execution d'iceluy. Dit a esté aussi que ledit Commissaire a mal executé en ce qu'il a demoly ou fait demolir le siege Judicial qui avoit esté dressé dans ladite maison de Roüanne, & qu'il a osté ou fait oster les tableaux des Ordonnnances & des Calendriers, & fait lever les serrures des prisons, & qu'il a envoyé à Mascon les prisonniers estans esdites prisons de la part du Maistre des Ports, ensemble les fers. Que les susdites choses seront restablies & reparees aux despens de l'Archevesque, au mesme estat qu'elles estoient avant la prononciation de l'Arrest & execution d'iceluy. En ce aussi que ledit Commissaire a fait defenses audit Baillif de Mascon en la personne de son Lieutenant, à nostre Procureur de Lyon, & au Notaire de Cour Royale, comme aussi au Geolier de ladite maison, d'exercer cy-aprés leurs charges dans ladite maison de Roüanne, & les a deposez de leurs charges, qu'il a mal executé & exploité : & que ledit Baillif ou son Lieutenant pour luy, lesdits Procureur, Notaire & Geolier joüyront de leurs droicts & causes concernans & appartenans à la garde, dans ladite maison, tout ainsi qu'ils en connoissoient & joüyssoient avant la prononciation & execution dudit Arrest, & que ledit Baillif ou son Lieutenant connoistra des droicts Royaux & de souveraineté à Nous appartenans, dans ladite Maison : & quant à ces droicts, ledit Bailly & susdit Procureur, Notaire & Geolier joüyront de leurs charges par forme de provision, laquelle ladite Cour a adjugé & adjuge à nostredit Procureur, jusques à ce qu'autrement par Nous en sera ordonné : & au surplus, en ce que ledit Commissaire a ordonné que nostre maison de Roüanne seroit mise hors de nos mains, & qu'il a deposé nos Sergens, & cassé leurs exploicts : qu'il a esté par luy mal executé & exploité, & que nous ne serons point tenus de mettre ladite maison hors de nostre main, & que lesdits Sergens seront restablis en leurs charges jusques au nombre de vingt pour le present, qui joüyront d'iceux comme ils en joüyssoient cy-devant : & qu'ils ne seront tenus de respondre des cas concernans leurs charges, que par devant nos Juges seulement : a condamné ledit Archevesque aux dommages & interests de nostredit Procureur, par luy soufferts en ce que dessus, la taxe d'iceux à ladite Cour reservée, nonobstant certaines Lettres d'un certain traité de l'an mil trois cens sept, dont il est parlé cy-dessus, & certaine impetration faite l'an mil trois cens quarante-un, dont est fait mention cy-dessus, lesquelles nostre dite Cour par son arrest a declaré & declare nulles & de nulle valeur : & ce que ledit Commissaire a cassé les exploicts faits par ledit Edoüard Attainville au prejudice de la Jurisdiction domaniale dudit Archevesque, & a osté le cercle de fer des eschalats, dit a esté par ledit Arrest qu'il a bien exploité ; dit a esté aussi par ledit Arrest, que lesdits Consuls & habitans de Lyon devoient estre admis, & qu'ils seront maintenus & conservez en la possession d'avoir un Juge de ressort dans l'Isle-Barbe, & autres nos Officiers de Lyon joüyssans en la maniere susdite, condamné ledit Archevesque en leurs depens, la taxe d'iceux despens à nostredite Cour reservée. Dit a esté aussi par ledit Arrest, que ledit Archevesque n'estoit recevable, & ne devoit estre receu aux conclusions qu'il faisoit, & qu'il demandoit luy estre faites contre Maistre Estienne Bouillat nostre Procureur susdit à Lyon, & l'en a debouté & deboute nostredite Court & quant à ce qui concerne lesdits excés alleguez ou proposez contre l'Archevesque, Maistre Estienne & autres defendeurs dit a esté que ledit Maistre Estienne demeurera au procés, & que les parties ne pouvoient ny ne peuvent estre expediées sans faits : ils feront donques leurs faits sur lesquels il sera enquis de la verité, & l'enqueste faite & à Nous ou à nostredite Cour rapportée sera fait droict ausdites parties. Au surplus, n'entend nostredite Cour qu'en vertu de ce que dessus nosdits Juges & Officiers s'entremettent en aucune maniere de connoistre des causes, & choses qui appartiennent à la Jurisdiction domaniale dudit Archevesque, & leur a nostredite Cour fait & fait estroites inhibitions & sous grosses peines à Nous aplicables par ledit Arrest, de ce faire : en tesmoin dequoy nous avons ordonné que nostre seel fust apposé à nos presentes Lettres. Donné en nostre Palais à Paris, en nostre Hostel prés saint Paul, le cinquiesme jour d'Octobre, l'an mil trois cens nonante quatre : & de nostre Regne le quinziesme.

Nous apprenons par cet Arrest que le Roy avoit dans l'hostel de Roanne ses Juges, & autres Officiers, Procureur, Notaire, & Sergens, & des prisons royales, où il y avoit un Iuge des privilegiez, c'est à dire un Gardiateur pour la garde royale des Privileges, immunitez & franchises des citoyens de la communauté, un Maistre des Ports, un Prevost des Monnoyes, un Lieutenant du petit sceau de Montpellier, un Lieutenant du garde du sceau royal de Mascon, & un Iuge des Iuifs, qui avoient connoissance pour le Roy de ce qui concernoit leurs charges, c'est à dire les droits royaux, dont ils exerçoient la jurisdiction à divers jours dans cet hostel de Roanne. Comme il avoit d'ailleurs un capitaine Gardiateur pour defendre les droits & les privileges des Citoyens, & qui estoit pour lors comme une espece de gouverneur, qui cependant ne prenoit pas d'autre titre que celuy de Capitaine de la ville, dont il faut examiner les fonctions.

DV CAPITAINE DE LA VILLE.

Quand nos Rois prirent la garde & protection de la ville dont l'Archevesque avoit le Domaine, non seulement ils s'engagerent à conserver à nos Citoyens leurs privileges immunitez & franchises, mais encore ils promirent de les defendre contre les insultes de leurs voisins. Parce que cette ville estant limitrophe aux terres que l'on nommoit alors de l'Empire, c'est à dire au Daufiné, à la Savoye, à la Bresse, & au pays de Dombes, qui avoient leurs Princes & leurs Seigneurs, qui estoient presque toûjours en guerre les uns avec les autres, elle estoit exposée aux courses & ravages des soldats. Et comme auparavant elle avoit souvent appellé à son secours les Seigneurs de la Tour-du-Pin, de Montluel, de Jarés, de saint Priest & de saint Chamond, de Villars, &c. Et mesme les Comtes de Savoye & les Ducs de Bourgogne, Nos Rois se chargerent de cette defense, & comme ils nommoient un Gardiateur pour demeurer dans la ville, & pour veiller à la conservation de ses privileges, ils nommoient aussi un capitaine pour commander les forces de la ville, & pour faire prendre les armes aux citoyens pour leur defense. Cette charge fut souvent unie à celle de Gardiateur, quand c'estoit un Chevalier élevé aux exercices militaires ; Elle fut aussi long-temps incorporée à celle du Bailly de Mascon & Senechal de Lyon, qui estoit aussi homme d'épée, & qui avoit ordinairement la qualité de Chevalier.

Le premier qui paroit avoir eu l'office de Capitaine separé de celuy de Gardiateur & de Bailly de Mascon est Henry de Viego, dit Museton ; je dis de Viego Museton, parce qu'il est ainsi nommé au Cartulaire de Villeneuve, & que c'est mal à propos qu'il est nommé du Bourg Mufferon par celuy qui a fait le Recueil de plusieurs titres pour l'office de cette capitainerie imprimé l'an 1623.

Nous n'avons plus en France de ces capitaineries que pour les maisons royalles, comme sont les capitaineries de Fontainebleau, de saint Germain, de Versailles &c. dont les Capitaines ont la garde de ces maisons royales. On a aussi retenu le mesme nom pour la jurisdiction des chasses royales, qui ont leurs capitaineries assez souvent jointes aux maisons royales voisines. Ce qui fait voir que ces anciennes capitaineries estoient des gardes royales, auxquelles ce n'est qu'improprement que l'on donne le nom de gouvernement. Ainsi les premiers Gardiateurs de Lyon qui estoient Capitaines de la ville, sont quelquefois nommez Gouverneurs de Lyon quoy qu'ils ne le fussent pas en titre. Celuy qui a traduit les pieces du factum de l'instance du Procureur general ne devoit pas avoir rendu les noms de *Custos*, *Capitaneus*, *Guardianus*, ou *Gardiator*, en celuy de Gouverneurs, d'autant que nos Rois estant convenus par leurs traitez avec nos Archevesques, qu'ils retiendroient le titre de Comtes, & tiendroient la ville de Lyon à titre de Comté relevant de la Couronne, ils ne voulurent pas establir d'autres Gouverneurs, comme il y en avoit eu sous les Romains du bas Empire, sous les Bourguignons, & sous nos Rois de la premiere & seconde race qui estoient appellez Comtes. Ils ne voulurent pas non plus leur donner le nom de Chastelains, parce que les chateaux de Pierre-cise, & autres de cette ville estoient demeurez à l'Archevesque, au Chapitre de saint Just, ou à des Seigneurs particuliers. Ainsi ils se contenterent de donner le nom de Senechal à celuy qui estoit le chef de la Justice, comme il avoit eu ce mesme nom lorsque l'Archevesque & le Chapitre avoient le Domaine temporel, & quand ils joignirent à cet office celuy de la garde royale ils leur firent prendre le nom de Capitaines, parce qu'ils avoient la garde des clefs des portes, des sergens d'armes, & pouvoir de faire prendre les armes aux citoyens.

André de Borneville Damoiseau se qualifioit en 1366. Capitaine ou Gardiateur de la ville de Lyon, *Capitaneus seu Gardiator.*

La preuve incontestable que ce Capitaine n'estoit pas Gouverneur est la lettre du Roy Charles VI. addressée au Bailly de Mascon & à son Lieutenant, pour empescher qu'il n'exigeat rien des Juifs, outre les gages qui luy estoient payez par les citoyens pour les droits de garde auxquels les Juifs contribuoient. Voicy la traduction fidelle de ces lettres, que je donne entre les preuves.

„ CHarles par la grace de Dieu Roy des François, au Bailly de Mascon ou à son Lieutenant salut.
„ Les Consuls & habitans de la ville de Lyon nous ont fait de grosses plaintes, de ce qu'ayant fait
„ un traité avec le Capitaine que nous avons establi dans ladite ville pour une certaine somme d'ar-
„ gent, qu'ils luy devoient pour ses gages, dont ils estoient d'accord avec luy, & au delà de laquelle il ne
„ peut ny ne doit exiger quoy que ce soit, cependant le dit Capitaine a taché de tirer des Juifs, qui
„ contribuent avec lesdits complaignans à la somme, qui a esté accordée audit Capitaine, & qui d'ail-
„ leurs par les privileges que nous leur avons concedez, sont exempts de guet & garde : Et sur le
„ refus qu'ils ont fait de luy donner d'autres gages, il en a fait prendre, arrester & emprisonner quel-
„ ques-uns, ce qui leur est d'un grand prejudice & dommage comme ils disent, nous supplians d'y
„ pourvoir. C'est pourquoy nous vous mandons & commandons, qu'aprés avoir appellé ceux qui
„ devront estre appellez, si vous trouvez que la chose soit ainsi, vous defendiez, ou fassiez defendre
„ de nostre part, audit Capitaine d'inquieter, molester, ou vexer les Juifs soit en leurs corps, soit en
„ leurs biens à cette occasion, mais que s'il s'est fait quelque chose au contraire, vous les revoquiez
„ & redussez toutes choses en leur premier estat, en contraignant ceux qui devront estre contraints,
„ & recevant les causes d'opposition s'il y en a entre les parties. Et qu'aprés les avoir oüies, vous
„ leur rendiez bonne & düe justice. Nonobstant toutes impetrations ou subreptions à ce contraires.
„ Donné à Paris le 20. Janvier 1387. de nostre Regne le huitiesme.

Sur quoy est à remarquer que si ce capitaine avoit esté Gouverneur de Lyon, il n'auroit pas esté soumis au Bailly de Mascon & à son Lieutenant.

Le Roy destitua ensuite ce capitaine, & nomma en sa place Guichard de saint Priest chevalier de saint Chamond, dont les provisions sont imprimées en François dans ce livre, ou recueil de plusieurs titres touchant l'office de Capitaine de la ville, Provisions que je tiens fort suspectes pour n'avoir rien de conforme au style de ce temps-là, & qu'elles sont inserées dans un procés verbal, qui est Latin, & qui fait mention de ces provisions, dont n'ayant pas vû l'original, je n'ose rien prononcer, laissant aux lecteurs la liberté d'en faire le jugement qu'il leur plaira. Voici la teneur de ces lettres comme elles ont esté imprimées.

„ CHarles par la grace de Dieu Roy de France. A tous ceux qui ces presentes lettres verront salut,
„ Sçavoir faisons, que comme nos Amez les Consuls & habitans de nostre ville de Lyon sur le
„ Rosne, nous ayent fait supplier que nous les voulussions descharger de Capitaine, ou amenuir les
* Ce changement de „ gages, qu'ils payent chacun an pour cette cause, Nous voulant proceder à leur descharge entant
nom de Musseton de „ que bonnement peut-estre fait. Ayant regard aussi à la petite residence que * Musseton de Burgo Che-
Viego en Musseton „ valier, Capitaine de nostre dite ville a (pour exercer ladite charge) fait en ladite ville, de laquelle
de Burgo rend aussi „ il est presentement, & a esté par certain temps absent. Consideré avec ce que de nos Officiers ro-
ce titre suspect.   „ yaux nous pouvons ordonner à nostre plaisir, toutes fois que bon nous semble, confians à plain
„ des sens, prud'hommie, loyauté & diligence de nostre bien amé Guichard de saint Priest Chevalier
„ Seigneur de saint Chamond, qui nous a bien & loyaument servi au fait des guerres & autrement,
„ Nous & nostre tres-cher Seigneur & Pere que Dieu absolve, & pour certaines autres causes & con-
„ siderations qui à ce nous meuvent, ledit sieur de saint Chamond, avons fait, ordonné & establi, fai-
„ sons, ordonnons & establissons par la teneur de ces presentes lettres, Capitaine & Garde de nostre dite
„ ville, au lieu dudit Musseton, lequel nous en avons deschargé, & deschargeons par ces presentes. A
„ icelui Office faire, tenir, avoir & exercer par ledit Guichard aux gages de deux cens cinquante francs
„ d'or par ans ; combien que ledit Musseton les prinst plus grands, & aux anciens droits, profits &
„ emolumens accoustumez, & qui y appartiennent, tant qu'il nous plaira. Si donnons en mandement

de la Ville de Lyon. 527

au Bally de Mascon ou à son Lieutenant, que receu dudit Guichard le serment accoustumé de faire en tel cas, iceluy il mette en saisine & possession dudit Office, & d'iceluy & des droits, profits & emolumens desdusdits le laisse & fasse jouir & user paisiblement, & à luy obeir & entendre en tout ce qui appartiendra audit Office. Et que lesdits gages de deux cents cinquante francs, luy fasse payer, bailler & delivrer par lesdits Consuls & habitans qui ont accoustumé de payer aux termes & à la maniere accoustumée en les contraignant ou faisant contraindre par toutes voyes & manieres deuës & raisonnables, & rapportant par une fois *vidimus* de ces presentes, fait sous nostre seel Royal, & quitance d'iceux gages seront allouez és comptes & rabbatus de la recepte de iceluy ou ceux qui ainsi payez les aura ou auront, par tout ou mestier sera, sans difficulté aucune, nonobstant Ordonnances, Mandemens & defenses à ce contraires, en ostant & deboutant dudit Office de Capitaine ledit Musseton, & tout autre illicite detenteur. En tesmoin de ce, Nous avons fait mettre nostre seel à ces presentes lettres. Donné à Paris le 18. jour de Juin l'an de grace mil trois cens quatre vingt & sept & le septiéme de nostre Regne. Par le Roy à la relation de Monsieur le Duc de Berry, plusieurs presens.

MAUHAC.

Cette date sous l'an de grace me rend encore ce titre suspect, toutes les autres estant sous celle de l'an du Seigneur.

Il y eut procez verbal de la mise en possession de cet office de capitaine au profit de Guichard de saint Priest dont voicy la traduction.

Sachent tous que l'an du Seigneur 1387. un lundi premier jour de Iuillet à l'heure de tierce, auquel jour & heure Nous Guillaume de Iulien Docteur, & Lieutenant de noble & puissant Seigneur Guichard de Turey chevalier, seigneur de Noyers, Bailly de Mascon & Senechal de Lyon, à la requeste de noble homme seigneur Guichard de saint Priest seigneur de saint Chamond, nous aurions mandé & fait adjourner à Lyon dans la maison royale dudit lieu devant ledit seigneur Bailly ou nous, les Consuls & sindics de la ville Lyon, au nom de la communauté de ladite ville, & noble homme le seigneur Musseton de Viego chevalier, capitaine de Lyon, où son Lieutenant pour voir & entendre publier par nous & mettre à execution certaines lettres Royaux cy-dessus écrits, contenans don & concession faite par le Roy nostre Sire, audit seigneur Guichard de l'office de capitainerie de Lyon, en destituant ledit seigneur Musseton ci-devant capitaine dudit lieu. Et pour voir mettre en possession par nous dudit Office de capitaine le susdit seigneur Guichard, & proceder à autres choses à nous ordonnées estre faites par lesdites lettres Royaux donc voici la teneur.

Charles &c. *comme cy-devant.*

Or ce jour de lundi à l'heure ci-devant marquée, comparurent en jugement dans ladite maison Royale de Lyon par devant nous Lieutenant susdit, ledit Seigneur Guichard de S. Priest chevalier pour soi d'une part; & discrete personne maistre Guillaume de Cuisel Notaire royal & citoyen de Lyon, Procureur fondé de procuration au nom des Consuls & Sindics de ladite ville de Lyon d'une part, & d'autre Philippe Deschamps, autrement de la Duchere citoyen dudit lieu, Lieutenant dans Lyon dudit seigneur Musseton, auxquels comparoissans ledit seigneur Guichard exhiba les lettres royales ci-dessus écrites, dont il nous requit d'executer la teneur selon leur forme; Et nous Lieutenant susdit avons fait premierement avant toutes choses dans ledit jugement, lire & publier ces lettres royales en presence de plusieurs personnes là assemblées. Aprés quoy s'est levé le dit Guillaume de Cuisel, & a dit au nom des Consuls & de la communauté ci-devant dite, que dans ces dites lettres du Roy, il est rapporté entre autres choses, que lesdits Consuls ont supplié le Roy nostre Sire de decharger la ville de Lyon de ce Capitaine, ou du moins de diminuer ses gages, comme cela est contenu dans lesdites lettres & plusieurs autres choses. Ledit Procureur a dit aussi qu'il estoit vrai que lesdits Consuls au nom de la communauté susdite, ont fait supplier, le Roy nostre Sire de les decharger de ce capitaine de la ville, parce que ladite ville a beaucoup d'autres charges à supporter tant pour les aides à l'egard du Roi que plusieurs autres choses. Que toutes fois lesdits Consuls n'avoient rien requis à l'égard de la diminution des gages, n'y d'autres choses comprises dans les dites lettres ce qui leur faisoit dire qu'elles estoient subreptices quant à ce chef. Ensuite dequoy ledit Procureur a demandé copie desdits lettres royaux & de l'ajournement donné par nous, & qu'on luy accordât ou assignât un jour pour deliberer, ou autrement pour proposer ce qu'il avoit à dire en cette partie ; disant qu'il avoit à alleguer, quand il auroit cette copie, plusieurs justes causes & raisons, pour lesquelles nous ne devions pas proceder à l'execution de ces dites lettres.

Le susdit Philippe Deschamps Lieutenant dudit seigneur Musseton s'est aussi opposé à l'execution de ces dites lettres, au nom de son Maistre, disant que ces lettres sont subreptices, & en a demandé copie, & jour pour deliberer & proposer contre les moyens qu'il avoit pour prouver la subreption, & qu'autrement il protestoit du grief, & en appelloit par écrit.

Cependant nous Lieutenant susdit, ayant vû & diligemment consideré la teneur des susdites lettres royaux, & voulant y obeïr & les executer selon leur forme avons demandé audit Philippe Deschamps, où estoient les clefs de ladite ville de Lyon, qui nous a répondu qu'il les avoit laissées dans la maison dudit Capitaine. Et alors nous avons commandé & enjoint audit Philippe de la part du Roi & en vertu desdits lettres Roïaux, qu'il apportât incontinent lesdites clefs, & qu'il les remit audit seigneur Guichard; lequel Philippe refusa d'obeïr à nostre commandement, & dit de vive voix qu'il en appelloit, & protesta par écrit de tous ces griefs. De mesme le susdit Guillaume de Cuysel au nom que dessus, dit que si nous passions outre pour l'execution desdites lettres il protestoit de nouveau de tous les griefs & en appelloit par écrit. Cependant nous Lieutenant susdit, aprés avoir oüi toutes ces choses, vû & consideré attentivement la teneur desdites lettres, auxquelles nous devons obeïr, avons receu le serment dudit seigneur Guichard, qu'il a presté judiciellement estant droit devant nous, pour ledit office de capitainerie roïale exercer fidelement & loyaument selon la forme & teneur desdites lettres, & comme il est accoustumé de faire en telles occasions. Ainsi aprés avoir receu ce serment en vertu desdits lettres royaux nous avons mis & installé, mettós & installons ledit seigneur Guichard par les presentes en possession dudit office de capitaine, commandans auxdits Consuls & sindics en la personne de leurdit Procureur, qu'ils ayent à payer audit seigneur Guichard, les gages declarez dans lesdits lettres royaux selon leur forme: & avons aussi commandé audit Philippe Deschamps, qu'il eut à remettre les clefs des portes de ladite ville audit seigneur Guichard, & à les luy faire remettre sans delay, sous la peine qu'il pourroit encourir envers le Roy nostre Sire, en faisant le contraire. Sur quoy ledit Guillaume de Cuysel, au nom des Consuls & de la communauté susdite; & ledit Philippe Deschamps au nom dudit seigneur Mussecon, sans desister de leurs appellations déja faites, ont appellé de nouveau de vive voix, & donné leurs protestations par écrit. Donné à Lyon sous le sceau de l'auditoire dudit lieu l'an & jour que dessus. Presens venerable personne le seigneur Renaud de Turey Doyen de Lyon, noble homme Antoine seigneur de Vivey, *peut-estre de Varey*, chevalier, Estienne de saint Michel Jurisconsulte, Jean de saint Clement notaire royal, & plusieurs autres assistans judiciellement avec Mr. le Lieutenant. Par mondit sieur le Lieutenant ROSSIGNOL.

Guillaume de Cuysel Procureur des Consuls & de la communauté de Lyon ayant interjetté appel sur cette mise en possession de Guichard de saint Priest pour l'office de Capitaine de la ville, poursuivit cet appel par devant Guillaume de Julien docteur és loix, Lieutenant du Bailly de Mascon & Senechal de Lyon Messire Girard de Turey chevalier seigneur de Noyers le 3. Juillet 1387. qui repondit que c'estoit purement pour obeïr aux lettres patentes du Roy, que l'on avoit mis en possession Guichard de saint Priest, & qu'il falloit que les Consuls & la communauté allassent immediatement au Roy pour luy proposer leurs raisons, qui luy paroissoient justes, mais que ce n'estoit pas à des officiers de surseoir l'execution des ordres qu'ils recevoient du Souverain.

Deux ans aprés le mesme Guillaume de Cuysel interjetta un autre appel au nom de la ville & communauté de Lyon contre Messire Jean de Fontaines chevalier, Bailly de Mascon & Senechal de Lyon, à qui le Roy Charles VI. avoit fait don de ce mesme office de Capitaine. Les moyens d'opposition estoient que n'y ayant plus de guerres dans le voisinage de cette ville, cet office de Capitaine estoit inutile; que la ville s'estoit gardée & defenduë elle mesme lors que les Anglois faisoient des courses dans le Roïaume; & que lors que les ennemis du Roy & du Royaume tenoient le chasteau de Brignais, le chateau de Rive de Giers & la ville d'Anse dans le Lyonnois; & que si elle avoit esté capable de se defendre & de se garder elle mesme en des temps si fascheux & si difficiles, que d'ailleurs estant espuisée par les depenses qu'elle avoit faites pour se fortifier, elle n'estoit pas en estat de payer des gages à un capitaine, qui lui estoit inutile en temps de paix; qu'il ne devoit pas de sa propre authorité en avoir pris les clefs, qu'elle tenoit à foy & homage du Roi, ni s'en estre rendu le maistre sans avoir appellé les citoyens & sans leur en avoir rien signifié. Qu'ainsi ils en appelloient à la justice du Roi & à son Parlement comme d'une usurpation. Mais comme le premier appel s'estoit fait par devant Estienne Bouillac vicegerent du Senechal, il les renvoïa par devant le Senechal mesme, qui estoit pourvû de cet office de capitaine; qui
repondit

de la Ville de Lyon.

répondit que c'estoit le Roy qui lui avoit mis lui-mesme les clefs de la ville entre les mains en lui faisant don de cet office pour l'exercer aux mesmes gages & fonctions que Henry de Viego & André de Borneville l'avoient exercé avant lui. Cét office demeura ainsi establi, & uni à l'office de Senechal, & en 1416. Humbert de Varey, Pierre de Cuisel, Estienne Guerrier, Jean de Durchia, Jean Thibaud, Benoit Jacob, & Guillaume le Maistre Echevins & Conseillers de la ville de Lyon donnerent un mandement à André de la Fay Receveur de la ville de payer à Noble & puissant Seigneur Messire Philippe de Bonnay Chevalier Bailly de Mascon & Senechal de Lyon la somme de cinquante livres tournois en dechargement de ses gages à lui dus pour le *Capitenage* de Lyon.

En 1418. Imbert de Grolée fut Capitaine de Lyon, comme il appert par ce resultat des Conseillers Echevins du 13. jour de Juillet.

Mrs Jean le Viste, Claude de Pompierre, Enemond de Sivrieu, Bernard de Varey, Leonard Caille, Jean du Maine, Nizier Greizieu, Estienne Oydel, ont esté d'accord que l'on requerra Messire Imbert de Grolée Capitaine de Lyon, qu'il mette chez chacun des gros Bourgeois, & autres qui s'en sont allez de Lyon, un homme d'armes pour secourir la ville avec ceux qui sont demeurez, s'il estoit de besoin, tant en fait de guerre qu'autrement.

Cet office de Capitaine changea de forme sous le regne de Loüis XII. parce que n'aïant esté exercé jusqu'alors que par des Chevaliers & Seigneurs de la Cour ou par les Baillis de Mascon & Senechaux de Lyon, après avoir esté comme supprimé pour un temps, il fut relevé par Claude Thomassin sieur de Montmartin Conservateur des Privileges des foires, élu & presenté au Roy par les Echevins, à qui le Chancellier Guy de Rochefort accorda un delay de quatre mois pour la prestation de son serment, parce qu'estant obligé d'exercer sa charge de Juge Conservateur des Privileges des foires, il ne pouvoit aller à la Cour; c'est pourquoi le Chancellier commit le Juge des ressorts pour recevoir ce serment, jusqu'à ce qu'il pût l'aller prêter entre les mains dudit Chancellier, ce qu'il fit le troisième d'Avril en 1506. avant Pasques. Cependant il y eut procez à l'occasion de cet office, & les sieurs Antoine de Varey Seigneur de Barmont, & Jean de Sala bourgeois pour l'avoir exercé par commission pendant ce procez, supplierent le Roy Loüis XII. de leur en faire païer les appointemens, Jean Sala en fut depuis pourvû en titre par le Roy François I. L'an 1516. par lettres données à la Verpilliere le 15. Juin. Et l'an 1522. pour rétablir cét office dans son ancien éclat, ce mesme Roi en fit don à Messire Henry Boïer Chevalier Seigneur de la Chapelle, son Maistre d'hostel ordinaire qu'il voulut lui estre presenté, élu & nommé par les Conseillers de la ville & Communauté de Lyon, & en prester le serment entre les mains de son Chancellier, au lieu que Jean Sala l'avoit presté entre les mains du Juge des ressorts de cette ville.

Avant que les Echevins & Conseillers de ville eussent la presentation & nomination de ce capitaine, il estoit qualifié capitaine de la ville pour le ROI. Et je trouve dans les actes capitulaires de l'Eglise de Lyon qu'André de Borneville Damoiseau, capitaine dans la ville de Lyon pour le Roi de France nostre sire, fut puni par le chapitre en vertu du droit de glaive concedé par les Papes pour quelques excez commis contre le cloistre & l'immunité de l'Eglise, c'est à dire qu'il fut excommunié par le chapitre en vertu de ce pouvoir Ecclesiastique appellé la justice du glaive, dont j'ay parlé au livre cinquième de cette histoire.

Andreas de Bourneville Domicellus capitaneus in Civitate Lugdunensi pro D. nostro Francorum Rege, de quibusdam excessibus per eum commissis contra claustrum, & immunitatem Ecclesiæ multatus est in capitulo, vi Bullæ gladii spiritualis concessæ à summis Pontificibus Ecclesiæ Lugdunensi.

En 1542. Le Roi François I. conferra à François Sala cette capitainerie vacante par la demission qu'en avoit fait Antoine de Varey sieur de Bermont entre les mains des Echevins & Conseillers de ville. Les lettres patentes de cette collation font voir la difference de cét office d'avec celui qu'avoient exercé les Senechaux de Lyon, Baillis de Mascon, qui estoient independants des Echevins, cét office leur estant immediatement conferé par le Roi, comme une espece de garde Royale & de gouvernement. Voici la teneur des provisions de François Sala.

" FRançois par la grace de Dieu Roy de France à tous ceux qui ces presentes lettres verront, salut. Comme par privileges donnez & octroyez à nos tres-chers & bien-amez, les Conseillers, manans & habitans de nostre bonne ville & cité de Lyon, par nos predecesseurs Rois & depuis par nous confirmez, leur est loisible & appartient cas advenant de la vacation de l'estat & office de Capitaine de nostre ville & cité de Lyon élire & choisir personnage capable & suffisant pour icelui office tenir & exercer & icelui nous nommer & presenter: & soit ainsi que nostre cher & bien amé Antoine de Varey, sieur de Bermont dernier paisible possesseur dudit office, ait icelui resigné purement & simplement és mains desdits Echevins & Conseillers de nostre ville de Lyon, lesquels connoissans que nostre cher & bien-amé François Sala Fils de Jean Sala, jadis aussi Capitaine de ladite ville estoit

Yyy

„ personnage suffisant & capable pour icelui office tenir & exercer, nous ont icelui nommé & pré-
„ senté, sçavoir faisons que pour la bonne, parfaite & entiere confiance que nous avons de sa personne,
„ sens, vaillance & bonne conduite, à icelui pour ces causes & autres bonnes considerations à ce
„ nous mouvans, avons à la nomination desdits habitans donné & octroyé, donnons & octroyons par
„ ces presentes ledit office de Capitaine de nostre bonne ville & cité de Lyon que souloit par cy-
„ devant tenir ledit Antoine de Varey par la resignation qu'icelui Varey a fait dudit office és mains
„ desdits Echevins & Conseillers de ladite ville ; pour icelui office de Capitaine avoir, tenir & do-
„ resnavant exercer par ledit François Sala, aux honneurs, autoritez, prerogatives, preeminences,
„ libertez, franchises, gages, droits, profits & émolumens accoustumez & qui y appartiendra tels &
„ semblables que les souloit percevoir son predecesseur audit office, si donnons en mandement par
„ cesdites presentes à nostre amé & feal Conseiller & President en nostre Cour de Parlement à Paris
„ Messire François de Montolon garde de nos sceaux que pris & reçeu dudit François Sala le ser-
„ ment en tel cas requis & accoustumé, icelui mette & institue, ou fasse mettre & instituer de par
„ nous en possession & saisine dudit office : & d'icelui, ensemble desdits honneurs, droits, prero-
„ gatives, preeminences, libertez, franchises, gages, droits, profits & émolumens dessusdits,
„ le fasse, souffre & laisse joüir & user pleinement & paisiblement, & à luy obeïr & entendre de
„ tous ceux & ainsi qu'il appartiendra és choses touchans & concernans ledit office. Man-
„ dons en outre à nos amez & feaux les Tresoriers de France, que par nostre Receveur ordi-
„ naire dudit Lyon, ou autre qui les gages & droits audit office appartenans a accoustumé pa-
„ yer, ils fassent payer, bailler & delivrer audit Sala par chacun an aux termes & en la ma-
„ niere accoustumée &c. Donné à Paris le 6. jour de Fevrier l'an de grace 1542. & de nostre Reg-
„ ne le 29.

Antoine Guillen sieur de Montjustin Chevalier de l'ordre du Roi neveu de François Sala succeda à son oncle en cette charge en vertu des lettres patentes du roy Charles IX. Henry III. le confirma en cét office, & fut obligé le 4. Novembre 1574. de declarer les pouvoirs & fonctions de ce Capitaine, à qui les Penons ou Capitaines des quartiers refusoient d'obeïr. Ce qui fait bien voir qu'il n'estoit plus de mesme caractere que ces anciens Capitaines, qui estoient gens d'authorité & des personnes distinguées. Ce fut à Mr. de Mandelot Lieutenant general pour le Roi & Gouverneur de Lyonnois & Beaujolois que le Roi addressa ses lettres declaratives du pouvoir de cét office de Capitaine.

„ HENRY par la grace de Dieu Roy de France & de Pologne, à nostre amé & feal le sieur de
„ Mandelot nostre Lieutenant general, & Gouverneur de Lyonnois & Beaujolois & Senechal
„ de Lyon, ou son Lieutenant, salut. Nostre cher & bien amé Antoine de Guillen de Sala Capi-
„ taine de nostre bonne ville & cité de Lyon, nous a fait dire & remontrer que de tout temps &
„ ancienneté, mesme depuis l'institution dudit estat de Capitaine, ses predecesseurs en icelui ont
„ toûjours esté non seulement chefs & conducteurs de tous les habitans de ladite ville, en quelque
„ sorte ou quelque titre qu'ils soient assemblez & des deux cents arquebusiers qui y sont instituez,
„ mais aussi des Penons, autrement Quarteniers, avec pouvoir de les conduire, ranger & com-
„ mander comme leur vray Capitaine & chef en toutes les occasions qui se sont presentées pour
„ nostre service & conservation du repos public de ladite ville. Ce qui a esté inviolablement gardé
„ & observé jusqu'à present, qu'aucuns desdits Penons, Quarteniers, & Dizeniers voulant prendre quel-
„ que authorité d'eux-mesmes, sont refus d'obeïr audit exposant leur Capitaine, pretendans qu'ils
„ ne peuvent estre commandez d'aucuns au moyen de leurs charges : qui seroit chose ridicule, que
„ ceux qui ne sont que simples Penons & Quarteniers ne pussent avoir chef ne conducteur sur eux,
„ se voulans par ce moyen diviser & distraire de l'obeïssance de leur legitime Capitaine ; chose qu'à
„ l'avenir pourroit mettre un desordre à nostre dite bonne ville, au grand dommage de nostre service
„ & bien public. Pour raison de quoy ayant égard à ce que dessus, mesmes que ledit Capitaine est
„ le vray chef & conducteur generalement de tous les habitans de ladite ville, pris, esleu, & nom-
„ mé par les Conseillers & Eschevins d'icelle, desquels il prend ses gages & que jusques à present cela
„ n'a esté remis en difficulté par lesdits Penons ny autres. Icelui exposant nous a tres-humblement
„ requis vouloir sur ce declarer nostre vouloir & intention. Pour ces causes de l'advis de nostre Con-
„ seil desirans éviter le desordre qui pourroit advenir en nostredite bonne ville pour la contention
„ desdits Penons & autres : ayant égard aussi que le Capitaine qui a toûjours esté creé & insti-
„ tué par nos predecesseurs à la nomination des Conseillers & Eschevins de ladite ville est leur
„ vray chef ; avons ordonné & declaré, & de nos certaine science, grace speciale, pleine puis-
„ sance & authorité Royale, ordonnons & declarons que nous avons entendu & entendons, que
„ lesdits Penons & generalement tous les habitans de ladite ville pour quelque occasion & à
„ quelque titre qu'ils soient assemblez, soient conduits, rangez & commandez par ledit exposant
„ leur Capitaine, en toutes occasions & affaires qui se presenteront pour le bien de nostre service, con-
„ servation de la ville & bien public, tout ainsi que ses predecesseurs, & luy ont cy-devant fait. Aux-
„ quels Penons nous avons tres-expressément enjoint & commandé, enjoignons & commandons luy
„ obeïr és choses touchant & concernant sondit estat de Capitaine, sur peine auxdits Penons & autres
„ de privation de leurs charges, & d'amende arbitraire. Si vous mandons & tres-expressement enjoig-
„ nons que nostre presente declaration, vouloir & intention & tout le contenu cy-dessus vous faites
„ lire, publier & enregistrer, à ce qu'il n'en pretende cause d'ignorance : & icelui exposant joüir
„ & user pleinement & paisiblement. Et à ce faire & y obeïr, contraignez & faites contraindre tous
„ ceux que besoin sera par toutes voyes deuës & raisonnables : car tel est nostre plaisir, nonobstant
„ quelconque ordonnance, restrictions, mandemens, defences, & lettres à ce contraires, oppositions

ou appellations quelconques. Donné à Lyon le 4. jour de novembre l'an de grace 1574. & de nostre Regne le premier. Ainsi signé

PAR LE ROY.
NEUFVILLE.

Ce fut à son retour de Pologne pour venir prendre possession de la couronne de France à laquelle il avoit succedé depuis la mort du Roy Charles IX. que Henry donna cette declaration estant en cette ville. On voit manifestement par cette declaration que cét office de capitaine de la ville est bien different de ce qu'il avoit esté, puis que les Premiers estoient ce que sont à present les Gouverneurs & Lieutenans de Roy, au lieu que celui-cy n'est à proprement parler que capitaine de la garde Bourgeoise, dont les troupes sont la compagnie des Arquebusiers, & les Penonages ou compagnies des quartiers; qu'il est aux gages de la ville, & qu'il marche devant le Consulat quand il paroit en ceremonie comme le capitaine des gardes marche devant le Roy.

Les anciens capitaines commandoient la Noblesse aussi-bien que les Bourgeois, & conduisoient les troupes à l'armée pour la defense du Pays, comme fit Imbert de Grolée à la bataille d'Anton. A present c'est le Senechal qui leve l'arriere-ban, & il a l'office de cet ancien capitaine de la ville.

Ce qui fait voir encor évidemment que cette capitainerie n'est que pour la garde Bourgeoise, c'est que l'an 1576. lorsque l'on craignoit les incursions des Reistres, qui estoient dans le Masconnois, le Consulat se crut obligé de faire des levées de gens de guerre pour la sureté de la ville. Ils leverent cinq compagnies, dont ils nommerent capitaines, le Commandeur de Samley, le sieur de Cremeaux, le capitaine Vauchet, le sieur de Clair-Imbert, & le capitaine la Martiniere, & nommerent Sergent Major de ces troupes le capitaine du Fenouil, sans que le sieur de Montjustin formât aucune opposition à cette nomination, qui auroit esté contre ses droits, s'il avoit esté capitaine de la ville comme ces anciens capitaines, qui estoient nommez par le Roi, pour en estre les Gardiateurs.

Le sieur de Montjustin estant decedé l'an 1580. le sieur du Soleil Imbert Grolier Ecuyer, en demanda la charge au Consulat, qui lui fut accordée, & pour relever cét office, il pria le Consulat de lui donner deux diverses lettres, les unes de nomination, & les autres de provision, assurant le Consulat qu'il feroit son possible pour faire confirmer leur provision par le Roi. Il obtint en effet des lettres de confirmation, avec ordre de prester le serment requis entre les mains de monsieur de Mandelot Gouverneur & Lieutenant General pour le Roy dans la Ville & la Province, au lieu que les anciens capitaines instituez par le Roi sans aucune nomination de la part de la ville, le prestoient entre les mains du Chancellier. Enfin les contestations qu'eut le sieur du Soleil pour son office de capitaine avec le sergent major l'obligerent l'an 1623. à publier un recueil de plusieurs titres & actes touchant l'ancienneté & pouvoir de cét office de capitaine de la ville, sur lesquels il fit des annotations, qui ne sont pas toûjours conformes à la verité de l'histoire, & qui se détruisent en plusieurs endroits par la teneur des actes qu'il a rapportez.

Mais venons enfin à la quatriéme espece des gouvernements establis en cette ville, qui est le gouvernement Consulaire principal objet de cette partie de l'histoire civile de Lyon.

DU GOUVERNEMENT CONSULAIRE.

TAcite parlant du premier establissement du Consulat de Rome, dit qu'il fut comme le berceau de la liberté publique, & que Lucius Brutus fut l'autheur de l'un & de l'autre. *Libertatem & Consulatum L. Brutus instituit.* Ce fut aussi l'amour de la liberté, & le desir de la conserver qui donnerent lieu à l'establissement du Consulat de cette ville. Elle avoit joüi de cette liberté en sa premiere origine, les fondemens en ayant esté jettez dans un pays habité par des peuples libres. Les Romains la lui conserverent quelque temps, parce qu'ils avoient besoin de ses secours pour s'assujettir le reste des Gaules, mais cette puissante Republique, qui se vantoit de donner la Loy à toute la terre, & de mettre les souverains au rang de ses sujets, ne laissa à nos anciens Lyonnois qu'une ombre de liberté sous les apparences de quelques immunitez de charges & de tributs, auxquels ils avoient soumis toutes les Gaules. Le

Segusiani Liberi in quorum agro Colonia Lugdunum. Plin.

droit de fabriquer des monnoyes, & de vivre selon ses anciens usages, aussi bien que de trafiquer dans tous les endroits du monde, & d'estre une ville ouverte à tous les peuples pour le commerce, faisoient les titres specieux de cette liberté dont elle se flatoit alors de joüir paisiblement, quoy qu'elle eut des gouverneurs, qui lui estoient envoyez de Rome, & qui s'enrichissoient de ses dépoüilles. Les corps des negotians y avoient leurs Patrons & leurs Protecteurs, qui estoient ordinairement des chevaliers Romains, qui entroient eux-mesmes dans le commerce des vins, des huiles, des draps, des toiles, & des autres marchandises comme on aura pû remarquer au premier livre de cette histoire en plusieurs inscriptions. Ces Patrons estoient comme les Prevôts des Marchands de ce temps-là, & les six Augustaux estoient comme autant de Consuls, ou de Magistrats municipaux, qui avoient soin de la police.

Ce fut le desir de conserver la liberté, & les franchises de cette ville, qui fit prendre à nos citoïens la resolution de se faire de leur authorité des Magistrats municipaux pour s'opposer aux violences des officiers de leurs superieurs Ecclesiastiques, qui les opprimoient; comme ce fut un attentat que l'entreprise de Brutus, de substituer des Consuls aux Rois qui avoient gouverné Rome avec une authorité absoluë. Cependant ce Consulat establi de cette maniere fut le salut de la Republique, & quand les Empereurs s'en furent rendus les maistres, bien loin de vouloir supprimer ces Magistrats annuels, qui se vantoient d'estre au dessus des Rois, ils se firent un titre d'honneur de cette dignité, qu'ils ne dedaignerent pas de partager durant long-temps avec quelques uns de leurs sujets, que les suffrages du peuple faisoient collegues de leurs Empereurs.

Ce fut par les noms de ces Consuls que les Romains distinguerent la suite des années dans leurs histoires, comme ils en firent les Epoques des grands évenemens, & des actions celebres dans leurs inscriptions.

Comme Rome avoit ses Consuls pour gouverner la Republique, les autres villes soûmises à cette maistresse du monde avoient leurs Duumvirs, qui en estoient comme les Consuls, & à present il est peu de villes qui n'ayent de semblables Magistrats pour la direction des affaires de la communauté & pour la conservation des privileges accordez à ces villes par les souverains, ce qui s'appelle droits de Bourgeoisie. Car comme la necessité avoit obligé les hommes de bastir des villes pour y estre en sureté, & de se lier les uns aux autres pour s'entresecourir dans leurs besoins, les souverains pour se conserver ces societez & ces assemblées d'hommes, & pour les rendre plus nombreuses, chercherent à les peupler, non pas à la maniere des Romains, en y envoyant des Colonies, mais par des concessions de franchises, de libertez, de privileges, & de graces, qui attiroient de toutes parts de nouveaux hostes dans ces villes pour y faire leurs establissemens, & pour en estre Bourgeois. Nous avons vû dans les livres precedens la forme de ces Bourgeoisies, & la maniere de les acquerir sur les titres anciens, qui sont inserez parmi les preuves de cette histoire.

Preuves p. 86.

Je dis que ces droits de Bourgeoisie sont des concessions des souverains, parce qu'il n'est pas permis aux vassaux & sujets de quelque Seigneur que ce soit, de faire des corps de communauté sans en avoir obtenu la permission, & le consentement de ces Seigneurs. C'est en quoi la condition du peuple est differente de celle de la noblesse, qui demeurant à la campagne dans ses terres, fiefs & chasteaux, y vit librement, sans autre redevance à ses Seigneurs que celles de la foy & de l'hommage, & de les servir en temps de guerre avec armes & chevaux pour se defendre contre leurs Ennemis. C'est pour cela qu'en Italie la plûpart des villes qui se gouvernent, ou qui se sont gouvernées à la maniere des Republiques, distinguent deux sortes de noblesse, des nobles feudataires, qui se tiennent la plûpart à la campagne, quoi qu'ils aïent des hostels & des Palais dans les villes, & des nobles de Communauté *Nobili del Commune*, qui sont ceux qui ont le Gouvernement des villes, qu'ils nomment *Grands*, au lieu qu'ils donnent aux autres le nom de *Populaires*. Et parce que parmi ces grands il n'y avoit guere que les maisons les plus anciennes establies dans ces villes, qui pussent en avoir le gouvernement, on appella les Magistrats municipaux du nom d'Anciens, *Gli Antiani*.

Il ne faut pas moins distinguer entre les divers noms qui ont esté donnez à ces societez d'hommes que l'on nomme Communautez, pour marquer les interêts communs qui les unissoient ensemble. J'en trouve trois differens, à savoir les noms de villes, de Bourgs, & de citez. *Villa*, *Burgus*, *Civitas*. *Villa* estoit tout assemblée de maisons à la campagne, comme sont à present les *Villages*, qui ont eu ce nom, quand les habitations ne sont pas separées les unes des autres. Tel est Cozon terre de l'Eglise de Lyon à deux petites lieuës de cette ville, nommée dans quelques anciens actes *Villa Cosonis*, Luitprand donne le nom de Bourg aux assemblages de maisons, qui ne sont pas clos de murailles. *Domorum Congregationem, qua muro non clauditur, Burgum vocant.* Mais je crois qu'il falloit pour estre Bourgs, qu'il y eut une espece de chasteau, ou de Tour pour la defense & sureté des habitans, qui s'y retiroient en temps de guerre, & dont les Seigneurs avoient la garde. La partie de cette ville où est à present l'Eglise de saint Nizier, & qui estoit le seul endroit habité du costé que l'on nommoit de l'Empire, est appellé dans quelques donations de l'Empereur Lothaire, Bourg de Lyon, *Burgus Lugduni*, parce qu'au commencement ce costé n'estoit pas fermé de murailles. On donna un semblable nom à deux autres habitations ou assemblages de maisons voisines de la ville, l'une le long du Rhosne, qui fut appellée Bourg-Chanin, *Burgus Caninus*, & l'autre Bourg-neuf le long de la riviere de Saone au dessus de l'Eglise collegiale de saint Paul en tirant vers Pierre-cize, *Burgus novus*. A present on donne le nom de fauxbourgs ou forsbourgs à ces habitations detachées des corps des villes, & contiguës à leurs murailles sur les avenuës des portes par lesquelles on y entre *Foris Burgi*, de ces trois noms differens des habitations jointes les unes aux autres, on forma trois noms differens des habitans; Les uns furent nommez Villains, *Villani*; Les autres bourgeois *Burgenses*, & les autres citoyens, ou citadins, *Cives*.

Ces trois sortes de personnes pouvoient avec la permission de leurs superieurs faire des corps de communautez, *Communias seu Communitates*, pour leurs interets communs, avec pouvoir de s'assembler pour deliberer entre-eux des affaires, qui concernoient le bien public de ces societez. Les Citez donnoient le nom de libertez, de franchises, d'immunitez & de coustumes à leurs privileges, pretendans les avoir de temps immemorial, & depuis leurs fondations. On donnoit le nom de privileges, de concessions & de Bourgeoisies aux usages des Bourgs, pour lesquels il falloit obtenir des lettres du Prince, ou Seigneur. Les derniers ne pouvoient que choisir entre-eux des Procureurs ou sindics pour traiter de leurs affaires avec leurs seigneurs par voye de requestes & de supplications. Au lieu que les citez, & les Bourgs qui avoient obtenu des lettres de bourgeoisies pouvoient avoir des hostels communs & élire des Magistrats Municipaux pour les regir dans les affaires de Police.

Ces establissemens des communautez dans les bourgs, & terres des Seigneurs passoient pour une espece d'affranchissement. Ainsi quand Guy seigneur de Baugé qui estoit encor mineur voulut eriger en communauté la ville de Baugé conjointement avec son frere Renaud, qui n'estoit encore que Damoiseau, il se fit authoriser par l'Archevêque élû de Lyon Philippe de Savoye & par Berard seigneur de Lyonnieres, Chevalier qu'il choisit pour curateur, & declara par ses lettres patentes que c'estoit selon l'intention de feu son Pere Renaud, seigneur de Baugé qu'il affranchissoit cette ville & lui donnoit liberté perpetuelle. *Guido Dominus Baugiaci miles & Renaudus Domicellus fratres, ad universorum notitiam volumus pervenire, quod nos considerata utilitate nostrâ, & totius terræ vestræ, considerata etiam pia intentione & expressa voluntate nobilis viri Domini Raynaudi Patris nostri noviter viam universæ carnis ingressi in partibus transmarinis, habito etiam diligenti consilio & tractatu cum amicis nostris charissimis, & præcipuè cum venerabili Patre & Domino Philippo Dei gratiâ Lugdunensi Electo, sponté, scientes, prudentes, non circumventi ab aliquo, nec errore lapsi, sed ex certâ scientiâ, authoritate Domini Berardi de Lyonnieres militis ad hoc specialiter dati, nobis volentibus & petentibus, curatoris à supradicto Domino Electo, villam nostram Baugiaci castri, & homines nunc & in posterum habitantes in eâ, cum quibusdam terminis qui inferius exponuntur, franchimus, damus, cedimus & concedimus perpetua libertati, &c.*

Le sieur Guichenon qui a rapporté ces franchises de la ville de Baugé entre les preuves de son histoire de Bresse page 63, rapporte celles de la Communauté de Jasseron accordées par l'Abbé de saint Claude & par Estienne de Coligny seigneur d'Andelost en la page 105. & celles de la ville de Montreal en Bugey par Humbert sire de Thoire & de Villars en la page 102. Ces franchises peuvent servir aux curieux pour s'instruire de ces libertez concedées à des bourgs & à des villages, à qui on a permis de faire des corps de communauté: aussi-bien que la confirmation des franchises de la ville de saint Rambert concedées par Aymon Comte de Savoye, & confirmées par Loüis Duc de Savoye, qui ajoûte à cette qualité celles de Duc de Chablais & d'Aouste, de Prince & Vicaire perpetuel du saint Empire, de Marquis en Italie, de Comte de Piedmont & de Baugé, de Valentinois & Diois, de Baron de Vaud, de Bugey & de Nice.

Je dis que ces privileges accordez à de petits lieux & mesme à quelques villes, estoient des affranchissemens, pour les delivrer de la servitude où elles estoient sans pouvoir faire d'assemblées, que dependamment des ordres & des mandemens exprez de leurs Seigneurs. Ainsi elles estoient obligées d'acheter leur liberté par des sommes d'argent qu'elles donnoient à leurs Seigneurs pour s'affranchir. Comme les particuliers, qui estoient nez serfs, obtenoient de semblables affranchissemens de leurs Princes & de leurs Seigneurs. Nostre Archevêque saint Remy obtint de l'Empereur Charles le Chauve l'affranchissement d'un nommé Anselée, dont l'Acte de Manumission scellé de son cachet, ou anneau, contient la ceremonie qui s'observoit en ces affranchissemens selon la forme de la loi salique, en faisant sauter un denier de la main de celui qui demandoit d'estre affranchi. Comme cet acte est singulier, & qu'il s'est passé en faveur d'un homme de ce païs à la priere d'un de nos Archevesques des plus saints & des plus celebres, je croi le devoir rapporter ici pour la satisfaction des Lecteurs, qui aiment l'antiquité, & qui se plaisent à ces anciennes ceremonies, qui font une partie des evenemens les plus considerables de l'histoire.

Confirmatio cujusdam Manumissionis.

Il y a un autre Acte de cette Manumissiō preuves p. XXXVI.

IN nomine sanctæ & individuæ Trinitatis Carolus gratia Dei Rex. Notum sit omnibus sanctæ Dei Ecclesiæ fidelibus ac nostris præsentibus scilicet atque futuris, quoniam nos ob Dei amorem æternorumque remunerationem præmiorum, nec non & Remigij venerabilis Archiepiscopi deprecationem, servum juris nostri nomine Anseleum *manu propria à manu illius excutientes denarium secundùm legem salicam, liberum cum omnibus quæ habebat vel quæ adquisierit fecimus*, & ab omni jugo servitutis absolvimus, ejus quoque absolutionem per præsentem hanc nostram authoritatem confirmamus, atque in ipso modo eum jure firmissimo mansurum esse volumus: præcipientes ergo jubemus atque jubentes decernimus, ut sicut reliqui manumissi, qui à religionibus hoc modo noscuntur esse relaxati atque ingenui, ita memoratus Anseleus cum omnibus quæ habet vel habuerit, nemine inquietante, sed Deo auxiliante perpetuis temporibus valeat permanere bene ingenuus atque securus. Ut autem hujus nostræ auctoritatis confirmatio pleniorem obtineat firmitatis vigorem de anulo nostro subter eam jussimus assignari.

Cet Acte fait voir qu'en ce pays on se gouvernoit en ces temps-là autant par la Loy Salique, que par le droit Italique, qui y estoit establi dés le temps des Romains, comme Gondebaud y publia depuis la Loy Gombette, ou les Loix Bourguignones.

Il ne sera pas peut-estre hors de propos à l'occasion de ces mots *excutientes denarium secundùm legem salicam*, de donner ici mes conjectures sur le nom de Bourguignons salez, dont on a publié tant de resveries dans nos histoires sans aucun fondement solide. Le savant Monsieur Boteroüe m'a donné ouverture aux reflexions que je vay proposer, & dont je laisse le discernement à faire à mes Lecteurs, qui ont quelque goust de l'antiquité.

Ce savant homme a remarqué en ses recherches curieuses des monnoyes de France, que quand les *Questeurs* rendoient la justice dans les Provinces soumises à l'Empire Romain, ils avoient sur une table à costé de leur Tribunal une armoire en forme de tour quarrée couverte en triangle, elevée sur quatre gradins dans laquelle les loix estoient conservées. Et que sur les deux portes qui fermoient cette petite armoire, estoient écrits ces deux mots LEGES SALUTARES. Pour apprendre aux peuples que le salut des Estats dependoit de l'observation des loix, qui conservoient à tous les particuliers leurs biens, leur repos, & mesme leur vie.

Les Bourguignons & les Francs qui establirent leur domination dans les Gaules sur les débris de l'Empire Romain, y apporterent leurs loix, leurs usages & leurs coustumes, & comme ils les crurent aussi salutaires à leurs sujets, que les Loix Romaines qu'ils y trouverent establies, ils leurs donnerent en leur langue le mesme titre de Loix Salutaires, *Salik.* Ce qui fit donner le nom de Saliques à ceux qui vivoient selon ces loix. Car la Loy des Bourguignons ne fait mention que de trois sortes de personnes, des Bourguignons, des Romains & des Barbares, c'est à dire des étrangers, qui estoient obligez quand ils s'establissoient sur les terres des Rois de Bourgogne de s'aggreger aux Romains ou aux Bourguignons. Il n'est point parlé des *Saliques* en ces loix des Bourguignons, ny des Francs, qui sont compris sous le terme general de Barbares ou d'Etrangers. La Loy Salique n'estoit pas encor publiée, & il s'en faut bien qu'elle approche de la politesse de celle des Bourguignons, qui a plus de rapport aux Loix Romaines, dont elle remit plusieurs usages à cause du mélange des Romains establis en cette ville long-temps avant les Bourguignons, avec qui ils firent depuis societé de commerce, d'habitation, & de maniere de vivre.

Il n'est parlé des Francs & des Goths que dans la seconde addition faite aux LOIX des Bourguignons, où il est dit que si quelqu'ingenu pris par les Francs dans le Languedoc vient sur les terres de Bourgogne, & desire de s'y establir, qu'il y soit receu. *Quicumque Ingenuus de Gothia captivus à Francis in regionem nostram venerit, ibidem habitare voluerit, ei licentia non negetur.*

Chaque nation se fit des loix à l'exemple des Francs & des Bourguignons; les Alemans, les Bavarois, les Saxons, les Frisons, les Vicisigoths & les Lombards. La plûpart de ces loix sont tirées des loix des Bourguignons, & les Francs s'estant rendus les Maistres de la plûpart de ces peuples, ils furent appellez Saliques, ou Francs; & les Bourguignons, Bourguignons Saliques, principalement depuis que Conrad surnommé le Salique eut succedé à Rodolphe surnommé le Faineant, Roy de Bourgogne, fils de Conrad le Pacifique, & frere de nostre Archevesque Burchard, dont j'ay souvent parlé à l'occasion du domaine temporel de cette ville, qui luy échut en appanage après la mort de son frere.

Ce sont ces loix nationales que les villes & les corps de communautez, quand ils furent establis, considererent comme leurs coustumes, privileges, franchises, usages, & immunitez, sous lesquelles leurs Superieurs leur avoient permis de vivre. Ces communautez estoient en cette possession de temps immemorial, & ne pouvoient acquiescer de se soûmettre à des usages contraires. Ainsi quand nos Archevesques & le Chapitre de Lyon voulurent imposer d'autres loix à nos Citoyens, ils reclamerent contre? Ils eurent recours à nos Rois comme protecteurs des Loix Saliques, c'est à dire franches & libres. Les villes n'avoient pas besoin alors de faire des Bourgeoisies ny des corps de communauté pour regler les affaires de Police, tout estoit reglé par les loix, ou les coustumes, on sçavoit à quoy on s'en devoit tenir. Les jugemens estoient reglez, les taxes, les amandes, les peines; Il n'y avoit ny tailles, ny nouveaux droits. On sçavoit ce qui estoit dû aux Princes pour leurs droits de souveraineté, ou de superiorité. Il y avoit des Tarifs dressez & exposez au public. Les Princes se consideroient comme Peres de leurs peuples, ils prenoient le titre de Consuls, & tandis qu'ils purent gouverner par eux mesmes leurs sujets, leurs peuples se reposoient sur leurs soins de la conduite des affaires publiques: mais quand l'éloignement des souverains obligea d'establir des officiers dans les villes. Ces officiers n'eurent pas le mesme zele pour les interests des particuliers, il fallut qu'ils choisissent parmy eux des personnes affectionnées au bien public, & qui fussent elles mesmes interessées à la conservation des franchises dont elles jouïssoient. Et ce fut là comme nous avons vû l'institution des Sindics, & des officiers municipaux.

La plûpart des villes qui avoient des seigneurs particuliers outre les souverains de qui elles dependoient, estoient gouvernées par les officiers de ces seigneurs; & quelques unes avoient obtenu de ces seigneurs immediats la faculté de faire des assemblées, & des corps de cômunautez pour regler la police. Ainsi Balderic Evêque de Noyon accorda la Commune à ses Citoyens la premiere année du Regne de Loüis le Gros. Quelques villes ayant trouvé moins de disposition dans leurs seigneurs à leur accorder cette grace, les contraignirent par des violences à y consentir. Ceux de Laon la demanderent à Gualderic leur Prelat, qui leur ayant refusé, vit sa Cathedrale & une partie de la ville en feu par un soulevement de la populace, l'Evesque se cacha dans une cave où ayant esté découvert, il en fut tiré & massacré devant la porte de son Chapelain. Il n'y eut guere moins de trouble à Amiens. Enguerran de Boves, seigneur de Coucy, qui en estoit Comte s'opposa de tout son pouvoir à cet establissement de droit de communauté qui avoit esté accordé à ceux d'Amiens & signé par saint Godefroy leur Evesque.

Il ne faut pas donc s'étonner, si pour maintenir cette liberté & ces droits de franchise & de communauté, il y eut tant de troubles en cette ville durant presque tout le treiziéme siecle, comme nous avons vû au cinquiéme & sixiéme livre de cette Histoire.

Je ne puis cependant dissimuler que celui qui a fait la preface qui est à la teste des privileges de cette ville, imprimez en 1647. s'est trompé, quand il a dit que cette ville avoit de temps immemorial & depuis sa fondation les privileges dont elle jouït, parce qu'elle avoit esté fondée dans un pays où Pline & quelques autres Autheurs ont dit avoir toûjours esté habité par des peuples libres. *Segusiani Liberi in quorum agro Lugdunum.* Car quoy que cette liberté se puisse entendre de la Franchise dont ils jouïssoient & de l'exemption des Tributs auxquels estoient sujets les peuples qui avoient esté subjuguez, cela ne peut s'entendre d'une espece d'independance semblable à celle des Republiques, ou de ces villes d'Allemagne qui se gouvernent selon leurs loix sans reconnoistre des souverains, mais seulement des protecteurs pour la conservation de leurs droits.

Il n'a jamais esté permis à aucun peuple qui eut de Seigneurs & des Maistres, de faire des corps de communauté sans leur aveu, de tenir des assemblées, d'avoir des lieux destinez à ces assemblées, de faire des Ordonnances & des statuts de Police, de se fortifier dans leurs villes, de prendre les armes, de lever des troupes, de faire des impositions & des levées de deniers pour les affaires communes, parce que ce sont des droits de superiorité qui ne conviennent pas à des sujets, lesquels ne peuvent sans rebellion & sans crime de felonnie, se les attribuer d'eux-mesmes & de leur propre authorité.

Alienor duchesse d'Aquitaine conceda à la ville de Niort le privilege de faire communauté l'an 1203. Et voicy la teneur de cette concession.

Alienor Dei gratia Regina Angliæ, Duchissa Normandiæ & Aquitaniæ, Domina Andium, Vniversis ad quos præsens scriptura pervenerit salutem in salutis autore. Noverit universitas vestra, quod nos concessimus, quod Burgenses nostri de Niorto faciant, & habeant communiam in villa sua de Niorto, cum omnibus libertatibus & liberis consuetudinibus suis ad suam communiam pertinentibus, salvo jure Ecclesiæ Dei & nostro: Et ut hæc nostra concessio robur habeat irrevocabile, sigilli nostri applicatione communivimus. His testibus Radulfo de Faya, Ranulpho Jocellino, Capellanis nostris, Sapiario de Calviniaco, Magistro Richardo Clerico nostro, & Galfrido Clerico nostro de Camera & multis aliis. Actum anno ab Incarnatione Domini millesimo ducentesimo tertio. Regnantibus Philippo Rege Francorum & Joanne Rege Angliæ.

Cette Princesse aprés avoir esté repudiée par le Roy Loüis le jeune épousa le Roi d'Angleterre. Ainsi elle date sa concession du regne des deux Rois, du regne du roi de France qui estoit Seigneur Suserain, & du regne du Roy d'Angleterre son mari qui estoit par son moïen Duc d'Aquitaine. S. Loüis, Philippe le Hardy son fils & Philippes le Bel son petit fils confirmerent depuis cette concession, qui le fut encore aprés par quatre ou cinq autres de nos Rois. Parce que c'est un droit Royal que ces sortes de concessions, Monsieur d'Auteserre en son traité *De ducibus & Comitibus Galliæ* dit au ch. 4. du liv. 2. *Inter Regalia numeratur jus communia, id est legendorum Majorum, & Scabinorum sive consulum, & hujus nomine littera communia ut vocant à Regibus impetrari debent.*

L. 1. de gest. Frid. cap. 5.

Radevic qui a écrit ce qui se passa sous le regne de Frideric I. Empereur, dit que les Evéques & les Comtes d'Italie lui remirent les Regales, c'est à dire les Duchez, Marches, Comtez, *Consulatz*, Monnoyes, Peages, &c. Et quand cét Empereur rétablit aux Milanois le droit de Communauté & le pouvoir d'élire des Consuls, ce fut à condition qu'il confirmeroit les Elections, comme la ville de Paris porte tous les ans au Roi le Scrutin, & que tandis qu'il se trouveroit dans la Lombardie, la moitié des Consuls nommez iroient à lui prester le serment de fidelité pour eux & leurs autres collegues, & quand il seroit hors de la Lombardie il suffiroit de lui en envoïer deux pour prester le mesme serment, & pour l'exiger aprés leur retour de tous les autres, au nom de l'Empereur en presence de toute la communauté.

Guillaume comte de Poitiers accorda ce Privilege à ceux de la Rochelle, il leur fut confirmé par le Roy Loüis le jeune & le feu Roy Loüis XIII. de triomphante memoire le leur osta pour les punir de leur rebellion.

Comme la plûpart des Evéques d'Allemagne, d'une partie d'Italie & de France avoient le domaine temporel de leurs dioceses joint au spirituel, ils donnoient de semblables concessions, & ceux qui les avoient reçeuës de ces Prelats pour les rendre plus stables & plus authentiques, en demandoient la confirmation au saint Siege. Ainsi Alexandre IV. au chap. 1. des immunitez des Eglises in 6. dit que dans le Royaume de France les Echevins & les Consuls exercent une jurisdiction temporelle dans leurs villes & dans leurs communautez. *In Regno Franciæ Communia Scabini, seu Consules jurisdictionem in ipsis communiis, civitatibus, castris & villis temporalem exercent.* Et les Echevins d'Ypres en Flandres se plaignirent au Pape Gregoire IX. de ce que les Ecclesiastiques les troubloient dans l'exercice de leurs charges.

Ce droit de Commune estoit une marque de liberté, droit acquis à tous les peuples auxquels il estoit permis de vivre selon leurs loix, usages, & coustumes, tels qu'estoient nos Segusiens que Pline appelle Libres. *Segusiani Liberi.* Pausanias parlant des Mothoneens dont la ville du ressort des Messeniens estoit libre, dit que Trajan les laissa joüir de leur liberté & vivre selon leurs loix. Μοθωναῖοι ἢ βασιλεὺς ἀφὼ Τραιανὸς ἔδωκεν ἐλευθέροις ὄντας ἐν αὐτονόμῳ πολιτεύεσθαι. Ce que Pline le jeune attribuë aussi aux Amiseniens. *Amisenorum civitas & libera & fœderata beneficio indulgentiæ suis legibus utitur*, lib. 10. Ep. 97. & seq. C'estoit au contraire une marque de servitude de n'avoir point de *Conseil commun.* C'est ainsi que Ciceron nomme le droit de communauté, lorsque dans l'oraison contre Rullus, il dit que l'on osta à Capoüe toutes les marques de liberté *Majores nostri Caput*

de la Ville de Lyon. 537

Capuâ Magiſtratus, ſenatum, Conſilium commune, omnia denique inſignia Reipublicæ ſuſtulerunt. Tite live dit la meſme choſe, *Cæterum habitari tamquam urbem Capuam frequentarique placuit, Corpus nullum civitatis, nec ſenatum, nec plebis conſilium, nec Magiſtratus eſſe, ſine conſilio publico, ſine imperio, multitudinem nullius rei inter ſe ſociam ad conſenſum inhabilem fore, Præfectum ad jura reddenda ab Roma quotannis Miſſuros.* l. 26.

Comme la Ville de Lyon eſtoit ſujete à ſes Archevêques qui en avoient acquis la temporalité des Rois de Bourgogne, ce fut de ces Archevêques qu'elle obtint cét établiſſement. On n'en ſçait pas preciſement le temps, mais on connoit par divers actes & traitez de pacification que ce devoit eſtre vers la fin du douziéme ſiecle ou au commencement du treiziéme. Puiſque nous liſons qu'Eude III. Duc de Bourgogne paſſant par Lyon pour aller contre les Albigeois accorda l'Archevêque Robert de la Tour ſon couſin avec les habitans qui avoient different tant pour la ſuperiorité que pour le gouvernement de cette ville juſqu'à en venir aux armes.

Nos habitans eurent auſſi ſouvent recours aux Papes pour ſe maintenir dans la poſſeſſion de leurs Privileges, & quand je conſidere le grand nombre de Bulles que le Pape Innocent IV. donna en leur faveur, je ſuis ſurpris que l'on n'ait jamais penſé à lui dreſſer en cette ville aucun monument public aprés tant de graces accordées, & l'obligation que l'on lui a de la conſtruction du Pont du Rhoſne, ouvrage ſi neceſſaire, & d'une ſi difficile entrepriſe.

Examinons en quoi conſiſte ce gouvernement Conſulaire ou Municipal qui regarde le bien des citoiens. Voicy l'Idée que j'en ay formé ſur les uſages des villes de ce Royaume qui font de ſemblables corps ſous le bon plaiſir de nos Rois.

Le I. eſt de pouvoir faire des aſſemblées, & des convocations des citoyens pour deliberer ſur les affaires qui concernent le corps de la communauté & le bien public, à qui les Romains donnerent le nom de choſe publique, *Reſpublica*.

II. D'avoir des lieux deſtinez à ces aſſemblées, qu'on nomme Hoſtels de ville, Maiſons conſulaires, Parloirs, Loges, Capitoles &c.

III. D'élire des chefs & des Magiſtrats pour preſider à ces aſſemblées, & de faire choix d'un certain nombre de Bourgeois & de citoyens pour entrer dans ces aſſemblées & pour avoir part à ces deliberations, offices, dignitez, magiſtratures, fonctions, choix, & deputations de perſonnes à qui on a donné ſous le bon plaiſir des ſeigneurs & des ſouverains les noms de Maires, de Capitouls, de Viguiers, de Vicomtes Majeurs, de Prevoſts des Marchands, de Jurats, de Conſeillers de ville, de Pairs, de Scindics, de Conſuls, d'Echevins, de Prud'hommes, de Centeniers, Dixeniers, Quarteniers, & autres ſemblables.

IV. D'avoir des Archives publiques, des Greffiers, des Secretaires, des ſceaux pour les actes publics.

V. De pouvoir convoquer ces aſſemblées à certains jours, à certaines heures, au ſon de la cloche, de la trompette, du tambour; par des huiſſiers, mandeurs, appariteurs, vallets de ville, &c. Et d'impoſer des peines à ceux qui ſans excuſe legitime s'abſentent de ces aſſemblées, quand il leur eſt enjoint de s'y trouver.

VI. d'avoir des armoiries affectées au corps de la communauté qui puiſſent eſtre appoſées ſur les ouvrages publics, & portées dans les ceremonies.

VII. De faire des ſtatuts, ordonnances, & reglemens pour la Police & le bon ordre du gouvernement populaire.

VIII. D'avoir des habits de ceremonie propres à chacun des offices, charges, & dignitez ſelon leurs prerogatives, qui puiſſent ſervir de marque d'honneur & de diſtinction dans les fonctions honorables de ces charges.

IX. D'avoir la garde des villes, & les clefs de leurs portes à foy & hommage, dans les lieux ou les Souverains en veulent confier la garde à ces Magiſtrats municipaux, avec le droit de guet & garde pour la ſureté de nuit & de jour: pouvoir d'eſtablir des corps de garde, & des ſentinelles aux principales avenuës.

X. D'armer les Bourgeois en temps de guerre & de paix pour la ſureté de la ville, & de les diviſer par bandes, troupes, compagnies, quartiers, penonages, colonelles, & de donner à ces compagnies des chefs, des Capitaines, des Colonels, des Majors, des Lieutenans, des Enſeignes & d'autres officiers ſubalternes, & d'exiger d'eux ſerment de fidelité pour l'exercice de leurs charges.

XI. D'avoir outre ces compagnies neceſſaires pour la garde, d'autres compagnies affectées au guet & garde de la nuit, & pour ſervir aux grandes ceremonies des entrées & receptions des Princes, proceſſions, publications de paix, rejoüiſſances, Tedeum, feux de joïe, &c.

Z Z z

XII. D'entretenir la closture de la ville, & ses murailles.

XIII. D'avoir soin des édifices publics, des allignemens, des ruës & places publiques, des quais, ports, lits de riviere, ponts, égouts, pavez, demolitions, decombres, chaussées, digues, & autres choses semblables pour l'utilité publique.

XIV. De pourvoir aux necessitez, & aux commoditez publiques, au greniers, boucheries, cabarets, hostelleries, fontaines, estaux, marchés & denrées, bleds, farines, bois, charbons, & d'en regler les prix, & d'en dresser les tarifs.

XV. D'examiner les poids & mesures, & d'en conserver les modeles.

XVI. D'establir des Juges de police pour veiller sur ces sortes de choses, & pour regler les differens qui peuvent naistre à l'égard de ces Ordonnances.

XVII. Procurer la santé de la ville en mettant des gardes aux portes, qui dans les temps suspects examinent ceux qui peuvent venir des lieux atteints de peste, & de maladies contagieuses : donner des bulletes de santé, avoir des lieux affectez, & éloignez du commerce pour ceux qui sont frappez de Peste, les faire sequestrer, purger & parfumer les maisons d'où ils ont esté tirez, pourvoir de Medecins, de Chirurgiens, de remedes, de nourriture, & de secours spirituels des Prestres pour leur administrer les sacremens.

XVIII. Avoir l'Intendance & l'Inspection des hospitaux pour les malades & convalescens. Et des maisons de charité où les pauvres de la ville sont receus, nourris, & entretenus.

XIX. Avoir des octrois du Prince, & des deniers publics pour les affaires qui surviennent à la communauté : des Tresoriers, Receveurs, Caissiers, &c. Et pouvoir de disposer de ces deniers pour les reparations, & autres frais necessaires pour le bien public.

XX. Entretenir le commerce, & les privileges des foires accordées par les Souverains : visiter les boutiques, magasins, manufactures & establir des courretiers, grabeleurs, peseurs, changeurs ; donner des passe-ports, des acquis, des passavans, &c.

XXI. Juger les affaires du negoce, lettres de change, transports, viremens de partie, faillites banqueroutes, fraudes, malversations, & autres semblables choses attribuées par nos Rois aux Juges Consuls, & au tribunal de la Conservation des privileges des foires.

Quoy que tous ces Privileges ne soient pas communs à toutes les villes qui ont la permission de faire des corps de communauté, cependant parce que nos Rois les ont accordez à celle-cy, qu'ils ont toûjours consideré comme l'une des plus importantes de leurs estats, & celle dont le commerce est plus estendu non seulement à l'égard de toute l'Europe, mais encore des trois autres parties du monde, ils lui ont accordé des graces singulieres, dont je suis obligé de traitter en cette histoire.

C'est ainsi que la ville de Marseille l'une des plus anciennes aussi-bien que des plus celebres des Gaules a eu des privileges singuliers à raison de son commerce, & je trouve une ancienne concession de ces privileges de communauté qui peut nous servir d'Idée, & comme de modele de ces establissemens. Elle est de l'an 1226. c'est à dire du treiziéme siecle, car comme je feray voir, ces establissemens dans ce Royaume ne sont pas plus anciens que les regnes de Loüis le Jeune, de Philippe Auguste & de leurs successeurs à la couronne. Voicy l'establissement de celle de Marseille par Thomas comte de Savoye vicaire de l'Empereur Friderie en un temps que la Provence estoit membre de l'Empire.

In nomine Domini nostri J. C. amen. Ego Thomas Comes Sabaudiæ Vicarius in Lombardia Domini Frederici per Dei gratiam Romanorum Imperatoris, & Regis Siciliæ, & Suriæ, præmitto tibi Hugolinæ Done-Dame Potestas Massiliæ nomine Communis Massiliæ & pro eo stipulanti, & recipienti, si Dominus Imperator commiserit mihi partes suas in sopienda discordia ipsius Imperatoris & Communis Massiliæ, & in concedendo privilegium dicto Communi Massiliæ, quod ex tunc infrà tres menses, nisi fuerit prorogatum tempus, vel nisi remaneret de voluntate communis Massiliæ, dabo & concedam nomine dicti Imperatoris & tamquam Vicarius ejusdem, privilegium dicto Communi Massiliæ, vel alicui certæ personæ nomine dicti communis recipienti, & pro eo in modum infrà scriptam.

I. Scilicet quod dabo & concedam communi Massiliæ jurisdictionem ordinariam, & merum imperium in totâ Civitate Massiliæ, & ejus Burgis, & hominibus eorumdem tàm in villâ superiori Massiliæ quæ dicitur Episcopalis, & Canonicali quàm in villâ inferiori Massiliæ quæ olim dicta est Vicecomitalis, sicut circuitur muris & vallatis à portu porta Gallica usque ad portam Calada, & à portali Calada usque ad sanctum Ioannem, & ab Ecclesia sancti Ioannis usque ad portum portæ Gallica.

II. *Dando etiam & concedendo ipsi communi Massiliæ quod ei liceat facere Consules, vel Potestates, vel alios Rectores prout sibi placuerint in Civitate Massiliæ & ejus hominibus, sicut supradicta Civitas terminata est.*

III. *Et quod liceat dicto communi dictam civitatem Massiliæ suprà distinctam muris, & vallatis, & Turribus munire, vel aliter ad ipsius communis voluntatem.*

IV. *Et quod liceat dicto communi facere seu condere monetam publicam, legalem & licitam, æream, vel argenteam, vel auream prout dicto communi placuerit, salvo jure Comitis Provinciæ.*

V. *Et quod dabo & concedam dicto communi Massiliæ mare & ripam maris & portus & insulas à portu aquarum mortuarum usque ad portum Olivelli.*

VI. *Et quod liceat in eis dicto communi ædificare, vel construere castra, & alia ædificia, & usatica ibi habere seu facere, congruo tamen modo ad ipsius Communis voluntatem.*

VII. *Et quod liceat dicto communi vel illi qui præerit dicto communi exercere jurisdictionem ordinariam, & merum Imperium in toto Episcopatu Massiliæ, & in toto districtu civitatis Massiliæ, quod nunc habet dicta civitas, & Deo propitio in antea acquisierit.*

VIII. *Et quod dabo & concedam dicto communi Massiliæ & ejus hominibus & ejus districtus, immunitatem exactionum, & toltarum, & franchesiam in toto Regno Suriæ & specialiter in Achone, & in toto Regno Siciliæ, & Apuliæ eo modo & forma, quo sunt immunes & franchi, & esse consueverunt de facto, vel de jure, Pisani, vel Januenses.*

IX. *Et quod dicto Communi Massiliæ liceat habere Consulatum & exercere jurisdictionem in dictis Regnis in homines Massiliæ, & ejus districtus, &c. Actum in civitate Albigæ anno Nativitatis Domini 1226. Indictione 14. Die octavâ mensis Novembris.*

Il y a quelques reflexions à faire sur la teneur de cette charte. La premiere qu'il y avoit quelque different entre l'Empereur & la communauté de Marseille, puisque le Comte de Savoïe dit qu'il leur ccordera les Privileges contenus en cette charte, si l'Empereur luy commet le soin de les accommoder. *Si Dominus Imperator commiserit mihi partes suas in sopienda discordiâ ipsius Imperatoris & Communis Massiliæ.* La seconde que la ville de Marseille estoit alors gouvernée par un Podestat à la maniere des villes d'Italie, qui avec la permission de l'Empereur choisissoient ces Podestats ordinairement dans d'autres villes, & du corps de la Noblesse pour presider à leurs assemblées.

La troisiéme qu'ils avoient demandé qu'il leur fust permis de choisir doresnavant des Consuls & des Podestats dans le corps mesme des citoyens & de la communauté sans les appeler d'ailleurs comme ils faisoient auparavant. *Quod liceat facere consules vel potestates, vel alios Rectores prout sibi placuerint in civitate Massiliæ, & ejus hominibus.*

La quatriéme observation que je fais sur ces privileges de communauté, est la permission qu'elles avoient de battre des monnoyes de cuivre, d'argent, & d'or, dont nous voyons l'usage dans plusieurs monnoyes, qui eurent cours sous nos Rois de la seconde race, & qui ont les noms des Villes où elles estoient fabriquées. Mais depuis que nos Rois firent un droit Royal de la fabrique des monnoyes, les noms des villes en furent ostez, & l'on s'est contenté de distinguer par les lettres de l'Alphabet les villes où nos Rois ont establi des fabrications de monnoyes.

Comme de toutes les Souveraintez la Monarchie est la plus absoluë, & la plus independante; de tous les gouvernemens civils il est certain que le Consulaire est le plus doux & le plus utile aux communautez. Il est doux de se voir sous la conduite des personnes qui sont également interessées au bien de la societé dont elles sont une partie. Ce sont des Peres que l'on se choisit, quand on fait choix de ces Magistrats municipaux, & ce droit d'Election & de suffrage est comme une ombre & un reste de l'ancienne liberté, dont on joüissoit quand on n'avoit pas d'autres Maistres. C'est pour cela que les Romains retinrent leurs Consuls sous l'authorité absoluë qu'usurperent les Empereurs, & presque tous ces Empereurs affecterent de joindre à leur dignité la qualité de Consuls, pour s'attribuer le titre de Peres de la Patrie, lorsqu'ils en estoient les Tyrans.

Le Gouvernement Consulaire n'est pas seulement le plus doux des gouvernemens, il est encore le plus utile, parce que ceux qui l'exercent sont non seulement instruits des necessitez publiques, & des besoins des particuliers, mais ils sont en mesme temps également interessez aux biens qu'il faut procurer à toute la communauté, dont ils sont membres comme les autres.

Comme le droit de faire des corps de communauté est une grace speciale du souverain & des superieurs à qui l'on a toûjours donné le nom de Privilege. Quand les sujets manquent de fidelité à l'égard de ces superieurs, & ne leur rendent pas l'obeïssance qu'ils leur doivent; pour punir leur rebellion, on les prive de ce droit & l'on revoque tous leurs privileges. Catel en son Histoire de Languedoc a remarqué qu'en 1379. fut commise une insigne rebellion par ceux de Montpellier contre les officiers du Duc d'Anjou qui vouloient lever quelques subsides. Ils se souleverent contre ces officiers, firent mourir Guillaume Ponteil Chancellier, Arnaud de Laire gouverneur de Montpellier, & plusieurs autres officiers tant du Roi que du Duc d'Anjou, jusqu'au nombre de quatre vingt, donc le Duc qui estoit gouverneur du Pays fut si irrité qu'il alla à Montpellier pour punir cette rebellion. Toutes les Parroisses, Convens, & Colleges allerent au devant de luy avec tous les habitans, les Consuls ayant la corde au col, & les petits enfans au dessus de treize ans en chemise criant misericorde. Mais le Duc ne laissa pas de faire proceder à la verification des excez commis, & prononcer contre les habitans la sentence de condamnation, par laquelle ils demeuroient privez du droit de communauté & d'avoir à l'avenir des Consuls, maison de ville, archives & sceau.

Ces officiers municipaux ont divers noms en divers Pays, quoy que leurs fonctions soient presques les mesmes, il y a quelques villes où ils ont le nom de *Sindics* comme à Chambery capitale du Duché de Savoye. C'est un mot Grec qui signifie proprement celui qui fait les affaires d'une Province, d'une ville, ou d'une communauté en qualité d'Avocat ou de Procureur. La Provence a ses Sindics, la Sorbonne a le sien, les communautez des Avocats & des Procureurs ont les leurs.

Ces Sindics sont appellez *Capitouls* à Tolose à raison du lieu où ils tiennent leurs assemblées qui est l'ancien capitole de cette ville, & en Latin ils sont dits *Capitolini*. à Bourdeaux on les nomme *Iurats*, parce qu'ils sont obligez de jurer & de prester serment avant que d'entrer en charge, dont l'exercice se nomme la *Iurande*.

Ils ont à Valenciennes le nom de Pairs comme estant égaux entre eux; & dans la pluspart des villes d'Allemagne & de Hollande ils sont dits Bourgmaistres *Burgmeister*, comme ayant la direction sur les Bourgeois, qui sont le corps principal d'une communauté de ville, & sur ceux qui jouïssent de ce droit qui est nommé par les Autheurs Latins, & par les Iurisconsultes *Ius Civitatis*, droit de bourgeoisie.

Le Maire d'Authun est appellé *Viers* d'un ancien mot celtique *Vergobretus*, dont il est parlé dans les commentaires de Cesar, lorsqu'il parle de cette ville. De *Vergobretus*, on a fait le mot de *Viers*, que je trouve depuis expliqué ou rendu par celuy de *Viarius* dans quelques titres Latins du moyen siecle; nom qui convient à celuy qui exerce en cette ville l'office de Voyer, sous l'authorité du Consulat, & à qui appartient l'inspection des nouveaux edifices, allignemens de ruës, reparations de chemins &c. Ils ont en quelque autres villes le nom de Prud'hommes *Probi homines*. Parce que comme on nomme *Iurisconsultes*, ceux qui sont Docteurs és droits & instruits des loix & des coustumes pour rendre la justice aux peuples, on a crû que la probité estoit la meilleure qualité que pussent avoir les Magistrats populaires, qui ne sont pas gens de lettres, & en qui le bon sens joint à cette probité, est la principale disposition pour entretenir le bon ordre. La ville de Bourges a esté long-temps gouvernée par quatre Prud'hommes, jusqu'à l'establissement de la Mairie & de l'Echevinage qui se fit en 1474. Ainsi je trouve dans ses anciens registres qu'en 1429. le 30. Juin furent nommez Prud'hommes dans la maison de Nostre Dame la Comtale *B. Mariæ Comittalis* ou *Consularis*. Car on luy donne l'un & l'autre nom. Jean Fradet Prud'homme pour Yevre, c'est un des quartiers de la ville : Jean Vallée pour saint Sulpice, Jean Belin pour Auron & Colas de Manné pour Bourbon.

Les Pescheurs qui font à Marseille un corps de communauté, où ils ont leur justice particuliere, ont des Prud'hommes qui sont comme leurs Consuls. Ils ont leur tribunal, & un habit particulier.

Je trouve aussi que Pierre Roy d'Arragon écrivant au Viguier & à la Communauté de Marseille qui lui avoient fait des plaintes des voleries que ses sujets faisoient sur le territoire de Marseille, il ne leur donne point d'autre titre que de Prud'hommes *Prudentes viri* au lieu qu'il donne au Viguier Guiran de Simiane chevalier seigneur d'Apt & de Casenove le titre de Noble. *Petrus Dei Gratiâ Rex Arragonum, Valentiæ Majoricarum, Sardiniæ, & Corsicæ, Comesque Barchinoniæ, Rossilionis, & Ceritaniæ, Nobili, & Prudentibus viris Guirano de Simiana militi, Aptæ & Casanovæ Domino, Vicario, & generali consilio Civitatis Massiliæ salutem & dilectionis affectum* 1381.

Guich. hist. de Sau. preuve page 27.

Le nom de Consul est le plus ordinaire, & le plus universel pour ceux qui exercent cette espece de Magistrature municipale, non seulement parce que ce fut le

de la Ville de Lyon. 541

nom que les Romains donnerent à leurs Magistrats annuels qui gouvernoient la Republique, mais encore parce que mot signifie proprement une personne qui veille, & qui s'applique au bien public. Les Comtes qui gouvernoient les Provinces & qui y rendoient la Justice prirent souvent ce nom de Consuls après les débris de l'Empire Romain. Ainsi les Comtes d'Anjou dans l'histoire du Moine de Marmoustier sont appellez Consuls. L'Abbé Jonas qui a écrit la vie de saint Jean premier Abbé du Moustier saint Jean Diocese de Langres, donne le nom de Consul à celui qui gouvernoit les Gaules pour les Romains sous l'Empire de Valentinien III. *Sub eodem namque tempore Gallias sub imperij jure Ioannes Consul regebat.* Sur quoy le P. Rouyer qui a écrit l'histoire du Moustier-saint-Jean a fait de savantes reflexions. pag. 474.

Humbert II. Comte de Savoye l'an 1207. en une Acte de donation qu'il fait au Prieuré du Bourget nomme sa comté Consulat. *Dedit pro amore Dei, & sanctorum Apostolorum Petri & Pauli Cluniacensi cænobio, & loco qui Burgetum dicitur, & Monachis in eodem loco manentibus atque mansuris mansum Gustini, pro remedio animarum Patris sui Amedei, & omnium antecessorum suorum, & pro sui Consulatus, & sua imploranda & impetranda à Deo Gubernatione in suo viatico ultramarino.* Le mesme Prince dans un acte d'augmentation de la fondation du prieuré de Bellesvaux en Bauges nomme le fiscq de ses Estats, le fiscq consulaire. *Dabit de Consulari fisco.*

Biblioth. Sebus cent. 2. cap. 70.

Amedée III. dans une concession faite au Monastere de saint Sulpice en Bresse, dit qu'à la persuasion de Dom Bernard Abbé de Clervaux qui a incité le Roy de France & une multitude innombrable de Chevaliers à entreprendre le voyage de Jerusalem, il a meprisé l'honneur de son Consulat pour prendre la croix. *Tempore quo publica Dei gratia per prædicationem Domini Bernardi Abbati Claravallensis Regem Francorum innumerabilibus christiani nominis confessoribus ad susceptionem Hierosolimitana professionis incitavit. Ego Amedeus comes & Marchio, eadem numinis gratia & exemplo vocatus, ad Dei militiam pro defensione crucis, & contempto Consulatus honore, ejusdem crucis munimine convolavi.* Guillaume de Malmesbury, historien nomme le comte de Glocestre, consul de Glocestre. Clovis receut de l'Empereur Anastase l'honneur du Consulat. *ab Anastasio Imperatore pro Consulatu sibi missos cum coronâ aureâ tunicaque Blattea Codicillos sumpsit,* Frodoard. l. 1. hist.

Guich. hist. de Bresse & de Bugey.

Les marchands qui trafiquent dans les pays estrangers ont aussi des Consuls de leurs Nations, qui sont comme les Inspecteurs & les Protecteurs de leur commerce. Ainsi entre les articles accordez à la communauté de Marseille par Thomas comte de Savoye Vicaire de l'Empereur Frideric, il donne le pouvoir aux trafiquans de Marseille d'avoir dans la ville d'Acre, dans la Sirie, dans les Royaume de Sicile, & de la Poüille, des Consuls avec jurisdiction, *Liceat habere Consulatum & exercere Iurisdictionem in dictis Regnis in homines Massilia.* C'est ainsi que nos Marchands ont des Consuls à Alep, à Constantinople, à Venise &c. & les Nations Florantine, Genoise, & Luquoise establies à Lyon ont toûjours eu les leurs. Reinesius parle de ces Consuls des Nations establis pour le commerce en son Epistre 23. *Gallorum, Venetorum, aliorumque Consules, quos & Ballivos & Bajulos appellant, qui sunt Iudices controversiarum inter Mercatores in Oriente, Tripoli, Halepi, Alexandria, & in Africa Argerij & Carthagine.*

On donne encore ce nom à ceux qui sont establis dans plusieurs villes, Juges des affaires du negoce, qui sont appellez *Iuges Consuls*, comme à Paris, à Roüen & ailleurs où ils ont leur bureau & leur tribunal.

Les Magistrats municipaux de Marseille, d'Aix, d'Arles, d'Avignon, de Nismes & de plusieurs autres villes de ce royaume n'ont pas d'autre nom que celui de Consuls, & se distinguent seulement par l'ordre & le rang qu'ils doivent tenir de premier & second Consul, quoy qu'en quelques-unes de ces villes le premier Consul soit du corps de la Noblesse.

Il y a divers temps à considerer pour l'établissement du Consulat de cette Ville. Ce furent les brouilleries qu'il y eut avec les officiers de l'Archevesque & du Chapitre qui donnerent lieu aux premieres assemblées qui se firent l'an 1260. quand on choisit cinquante citoyens pour prendre soin des affaires de la communauté, c'est dans ce nombre que l'on choisissoit les Sindics & les Procureurs que l'on envoyoit au Pape, à nos Rois, & aux Princes voisins pour implorer leur secours contre les violences des Officiers de l'Eglise. Quand Rollet de Cassard appella à Ponce de Montlaur nommé Gardiateur par le Roy qui avoit pris la ville sous sa protection, ce depute de la communauté ne prit point d'autre qualité que celle de Sindic, & de Procureur de la communauté fondé en procuration. Quand ils furent establis du consentement de l'Archevêque sous l'authorité du Roy l'an 1320. ils commencerent

ZZz iij

à prendre le titre de Consuls, Gouverneurs & Recteurs de l'Université de Lyon; jusqu'en l'année 1414. qu'ils ont dans les sindicats la qualité de Conseillers pour gouverner la Police & faits communs de la ville : ils furent depuis nommez Conseillers Echevins.

Ce dernier nom est un mot Allemand d'origine qui se trouve dans les loix Lombardes & dans les capitulaires de nos Rois. Il vient du mot *schepen* qui en Allemand signifie un juge, un conseiller, ou jurat. *Schepenen* dit Nannius en ses loix municipales, sont les Conseillers de ville, qui ont soin des affaires publiques. Ceux qui ne veulent pas chercher si loing les origines de nos termes, le derivent de *Chef* comme si l'on vouloit dire que les consuls d'une ville en sont les chefs &, pour authoriser leur conjecture, ils representent que l'on disoit autrefois *chevetaine* pour capitaine, *Eschever* pour dire couvrir sa teste ou la detourner pour éviter d'y estre frappé, ce que nous disons encore esquiver le coup.

Ceux qui veulent des origines plus abstruses, & qui vont chercher dans les plus hautes antiquités ce qui souvent n'est que de quelques siecles, veulent que ce soit de *Schaven* qui signifie en langue Syriaque des hommes raisonnables, justes & propres à conduire des affaires, qu'on ait derivé ce mot d'Echevins. Il s'en trouvera peut-estre quelques-uns qui pour inventer quelque chose de nouveau auront recours aux Escheveaux de fil ou de soye sur lesquels ils se joüeront pour trouver quelque rapport avec ce terme, que l'on rend en Latin barbare par le mot de *scabinus*.

Je remets au second volume de cette Histoire Consulaire, à traiter de la maniere dont se fait l'Election des Eschevins en cette ville, & leur nomination : des divers changemens qui se sont faits en ces Elections; des diverses attributions du Consulat, du bureau de police, de celui de la Santé, du bureau de l'abondance, du guet & garde de la ville, des clefs des portes, des reparations des murs, des penonages ou quartiers, de leurs officiers, Capitaines, Lieutenans, Enseignes, Sergens, Caporaux : des corps de garde du change & de l'herberie; des parades ou revüës de ces penonages : de la voyerie pour les allignemens des ruës, estayemens des maisons &c. Des marchez, des foires, de leurs privileges, de la reve & foraine, des octrois, du tribunal de la conservation, des ceremonies consulaires, de la reduction des douze conseillers de ville à un Prevost des Marchands & quatre Eschevins : des habits de ceremonie; des mestiers jurez; des poids & mesures. Du change, des places publiques, des spectacles & divertissemens publics, des armoiries de la ville, de ses seaux, de l'Hostel de Ville & des divers endroits où il a esté avec la description de celui où se tiennent à present ses assemblées. Des ouvrages publics faits par le consulat : du college de la Trinité fondé & doté par le consulat, & à cette occasion de l'ancienne université de Lyon transferée à Bourges, des gens de lettres Lyonnois avec une liste de tous ceux qui ont publié quelques ouvrages. Des qualitez requises pour estre Prevost des Marchands & Echevins, de l'Advocat de la ville, du Procureur, Secretaire ou Greffier, du Receveur, des Mandeurs, des statuts & reglemens pour diverses manufactures, des places publiques, ruës, quartiers, ponts, quais, portes, fauxbourgs, du college des Medecins, de l'Academie royale, de l'Arsenal, du siège de la Monnoye, du grenier à sel, des doanes, du maistre des ports, des mays plantez aux portes des Gouverneurs, Intendans & Magistrats, des arts & manufactures. Les Annales ou fastes consulaires depuis l'an 1400. jusqu'à present, des archives de l'Hostel de Ville, des entrées des Rois, des Princes, des Cardinaux Legats, des Archevesques, & des Gouverneurs. Des jettons du consulat, du privilege de Noblesse & la suite des Prevosts des Marchands & Echevins depuis la reduction jusqu'à present avec les noms, surnoms, qualitez & armoiries blasonnées de tous ces Prevosts des Marchands & Echevins : des Exconsuls : des Nations étrangeres establies en cette ville. De l'Hostel-Dieu, & de la Maison de la Charité avec leurs reglemens, ordre, statuts, œconomie, & les noms de tous les Recteurs. La chambre du commerce des Indes.

Il ne reste plus qu'à donner icy les noms des Conseillers de ville qu'on a pû recueillir de divers actes passez par la Communauté de Lyon, & des Sindicats, qui sont conservés dans l'Hostel de Ville, dont quelques uns ont esté perdus. Je commance seulement à 1320. qui fut l'année de la consommation du Traité fait avec l'Archevêque Pierre de Savoye. Ceux qui l'avoient esté avant ce temps & dés l'année 1294. sous les titres DE PROCVREVRS SINDICS sont

Guy de la Mure.	Bernardin de Varey des Asnes.
Barthelemy Chevriers *Eschanson du Roy.*	Matthieu de la Mure.

de la Ville de Lyon. 543

Jean de Durchia.
Pierre de Chapponay.
Guillaume Grenier.
Jean de Foreis.
Jean Ogier.
Bernard de Fuers *fils de Mathieu de Fuers qui vendit le Chasteau de Pollienay à Henry d'Albon fils d'André.*
Pierre de Ville.
Humbert de Vaux.
Jean Albi *ou le Blanc.*
Roland de saint Michel.
Jean Fabri.
Zacharie de Foreis.
Rolet de Cassard.
Gaudemar Flamench.
Barthelemy Charreton.
Humbert de Chaponay.
Ponce Varissan.
Jean Dodieu.
Bernard de Varey *dit le Grand.*
Giraud Amaury.
Bernard de Varey de la Durchere.
Pierre Boyer.
Raimond Fillatre.
Humbert de Varey.
Guillaume de Roux *Rodulfi.*
Jean de Fuer.
Jean de Varey.
Bernard d'Huon *Hugonis.*
Jean Raimond.

Thomas Albi.
Guillaume Grigneu.
Guillaume de Charnay.
Aimon de Marzeu.
Pierre d'Anse.
Jean de Riguem.
Jean Malcarres.
Barthelemy Archer.
Bernard Vedeau.
Jean Liatard *dit Besançon.*
Jean d'Albois.
Anselme de Durchia.
Jean Grigneu.
Aymonin du Puy.
Guichar de la Platiere.
Guillaume de Varey.

1320.

Guillaume ou Guillet de Caisel.
Ainar de Villeneuve.
Matthieu de Chaponay.
Jean de Villars.
Guillaume de Durchia.
Barthelemy de Molon.
Poncet Christin.
Guillaume Ervard.
Henry Chevrier.
Guillaume le Troilleur.
Jean Foreis.
Mᵉ Pierre Girardin.

Depuis 1320. jusqu'à 1330. je ne trouve aucune suite des Conseillers de ville, parce que les Sindicats ont esté perdus, il y a seulement pour l'année 1330. une transaction faite par avis d'arbitres entre les Consuls Echevins & principaux habitans & le commun du peuple, par laquelle est dit en presence du Juge mage des ressorts & du gardien pour le Roy en cette ville, qu'il sera nommé trois honnestes hommes d'icelle, sçavoir un des principaux, un des moyens, & un des moindres, qui auront la garde des portes & du seel commun, & conjointement l'administration des affaires publiques : que les Consuls seront faits & nommez tant des plus notables, des moyens, & des moindres des habitans, que quatre des principaux du peuple tels qu'ils seront élûs, leveront les impositions & tiendront le rôlle des receptes & depenses. Je n'ay pas vû cet acte, dont je n'ay que le titre tiré de l'inventaire des Archives, ainsi je n'en puis dire davantage. Je ne suis pas mieux instruit des années suivantes jusqu'à

1336.
Bernard d'Hugues *dit Barral.*
Perronin Chevriers.
Aymon de Durchia.
Loüis de Varey.
Pierre de Pompierre.
Hugonin Grigneu.
Barthelemy de Varey.
Estienne de Villeneuve.

1337.
Jean de saint Clement.
Barthelemy de Varey *dit Brunet.*
Pierre de Pompierre.
Jean de la Mure.
Michelet de Fayssins.
Perronin Chevriers.
Hugues Grignieu.
Jean Chastard.
Perronin Du-Bourg.
Jean de Nievre.
Geoffroy du Chemin.

Les Sindicats sont perdus depuis l'an 1338 jusqu'à 1351. inclusivement.

1352.
Jean de Nievre.
Perronin de Belays.
Jean de la Ayura.
Jean de Durchia *le jeune.*
Estienne Chastelvieux.
Hugonin de Vaux.
Zacharie de Barral.
Bertet de Villeneuve.
Leonard de Varey.
Guillemet Fournier.
Bernard de Varey.
Jean de Varey.

1353. 1354. perdus.
1355.
Humbert Hugo *dit Barral.*
Jean de Durchia *de la ruë Ferdant.*
Perronin de Bellays.
Bernard de Varey.
Jean de Varey.
Jean de Montoux.
Antoine de Durchia.
Guillaume de Varey *dit Ploton.*
Jean de la Ayura *le vieil.*

Z Zz iiij

Jean de Vaux.
Mathieu de Fuer.
Jean de Durchia *dit Bulloti.*
    1356. & 1357. *perdus.*
    1358.
Jean du Nievre.
Gilles de Vinol.
Jaquemet de Chapponay.
Jean de la Mure.
Michel Ponchon.
Aynard de Villeneuve.
Humbert de Varey.
Andrinet Beron.
André Baille.
Hugonin Rigaud.
Jean de saint Trivier.
1359. 1360. 1361. 1362. 1363. *perdus.*
    1364.
Guillet de Cuisel.
Jean de Foreis.
Guillaume de Durchia.
Jean Liatard.
Jean de Varey.
Jean Chamousset.
Michel de Chenevieres.
Me Jean Leviste.
Marc de Villeneuve *fils de Thomas.*
Guillaume de Varey.
Pierre de saint Trivier.
André Caille.
Olivier de L'Arbent.
1365. 1366. 1367. 1368. 1369.
1370. 1371. 1372. 1373. 1374.
1375. 1376. 1377. 1378. *perdus.*
    1379.
Guillaume Julien.
Barthelemy de Moulon.
Poncet Christin.
Guillemet le Trouilleur.
Guillaume Ervard.
Peronin de Nievre.
Henry Chevrier.
Michalet Ponchon.
Aymard de la Tour *dit Godard.*
Jean de Foreis.
Estienne Euvet.
Guillet de Cuisel *le jeune.*
    1380.
Henry de Bonin *Docteur és loix.*
Guillaume Dorches.
Mathieu de Chapponay.
Jaques Cordier.
Leonard Carronier.
Peronin Fournier.
Michel Chenevier.
Ainard de Villeneuve *le grand.*
Loüis Liatart.
Thomas de Varey.
Robinet la Playe.
Martin Nouvel.
    1381.
Jaques Beruchet.
Barthelemy de Moulon.
Poncet Christin.
Guillaume Ervard.
Edoüard Rup.
Peronin de Nievre.
Henry Chevrier.
Estienne Euvet.
Michel Ponchon.
Aimard de la Tonnery.
Ennemond de Sivrieu.
Humbert Violet.

    1382.
Ainard de Villeneuve.
Thomas de Varey.
Guillaume le Trouilleur.
André Bonin.
Robinet la Playe.
Claude de Pompierre.
Mathieu de Chapponay.
Guillaume de Durchi.
Humbert de Varey.
Pierre Faure.
Leonard Carronier.
Jean Cordier.
    1383.
Jaques Berruchet *licentié és loix.*
Barthelemy de Molon.
Loüis Liatard.
Guillaume Panolliat.
Guillaume Chambon.
Peronin du Nievre.
Henry Chevrier.
Jean de Foreis.
Aymard de la Tonery.
Ennemond de Sivrieu.
Pierre Chasteauvieil.
Pierre de Villette.
    1384.
Guillaume Julian *Docteur és loix.*
Aynard de Villeneufve.
Thomas de Varey.
Robinet la Playe.
Hugonin Marchisse.
Aymé de Nievre.
Mathieu de Chaponay.
Guillaume de Durchi.
Pierre Faure.
Michelet Ponchon.
Peronin Fournier.
Humbert Violet.
    1385. *perdu.*
    1386.
Me Jean Leviste.
Thomas de Varey.
Poncet Christin.
Guillaume Ervard.
André Bonin.
Guillaume Chambon.
Henry Chevrier.
Guillaume de Durchi.
Humbert de Varey.
Pierre Faure.
Michelet Ponchon.
Jourdan Saunier.
    1387.
Guillaume Julien.
Barthelemy de Moulon.
Loüis Liatard.
Guillaume Panolliat.
Leonard Caille.
Mathieu de Chapponay.
Jean de Foreis.
Ennemond de Sivrien.
Aymard de la Tonery.
Leonard Carronier.
Humbert Violet.
Jean de Belays.
    1388.
Henry Chevrier.
Guillaume de Durchi.
Humbert de Varey.
Michel Chenevier.
Pierre Faure.
Estienne Euvet.

de la Ville de Lyon: 545

Robert de Roziere.
Claude de Pompierre.
Robinet la Playe.
Guillaume Eruard.
Edoüard Rupt.
Humbert de Rochefort.

1389.
Jean de Foreis.
Matthieu de Chapponay.
Ennemond de Sivrieu.
Leonard Carronnier.
Michelet Ponchon.
Jean Thiboud.
Jean de Nievre.
Loüis Liatard.
Poncet Christin.
Hugonin Marchisse.
Leonard Caille.
Guillaume le Viste.

1390.
Henry Chevrier.
Guillaume de Durchi.
Humbert de Varey.
Pierre Faure.
Michel Chenevier.
Estienne Euvet.
Humbert Gontier.
Guillaume Panolliat.
André Bonin.
Robinet la Playe.
Guillaume Chambon.
Humbert de Rochefort.

1391.
Mathieu de Chapponay.
Loüis Liatard.
Pierre Faure.
Pierre de Cuisel.
Leonard Carronnier.
Jean Thiboud.

Laurens Guerin.
Poncet Christin.
Guillaume le Viste.
Guillaume Eruard.
Hugonin Marchisse.
Leonard Caille.

1392.
Henry Chevrier.
Jean de Foreis.
Humbert de Varey.
Estienne Euvet.
Michelet Ponchon.
Humbert Gontier.
Pierre de Nievre *fils*.

1393.
Guillaume de Durchi.
Pierre de Cuisel.
Jean Thibout.
Leonard Carronier.
Pierre de Nievre *dit Mandrot*.
Jean de Nievre.
Laurent Guerin.
Humbert Violet.
Guillaume le Viste.
Leonard Caille.
Estienne Guerrier.
Guillaume Justet.

1394.
Jean de Foreis.
Michelet Ponchon.
Estienne Euvet.
Michel Chenevier.
Humbert Gontier.
Pierre De Sondenevo.
Jaquemet de saint Bartheletny.
Jean Chevret.
Guillaume Ervard.
Hugonin Marchisse.
Humbert de la Fay.

Jean de Pressie, *il fut deputé en Angleterre avec Loüis de Fuer pour retirer les ostages que la Ville avoit envoyez pour le Roy Jean. Il mourut l'an 1415. & fut inhumé à saint Paul dans la Chapelle sainte Marguerite qu'il avoit fait bastir, & cette Epitaphe fut mise sur son tombeau.*

Hic Jacet Joannes de Preciaco & Nicoleta ejus uxor, qui dictus Joannes fieri fecit istam Capellam, & obiit die 23. Mensis Julij anno Domini 1415. & dicta Nicoleta obiit die 28. Mensis Septembris anno Domini 1400.

Humbert de Rochefort.
Jean Chevrier.
Pierre Gerardin.
Jean Perrussier.
Pierre Chevrier de Juirie.

1395.
Humbert de Varey.
Guillaume de Durchi.
Pierre de Cuisel.
Jean de Nievre.
Jean Tiboud.
Jaquemet de Getz.
Pierre de Villette.
Estienne Guerrier.
Guillaume Justet.
Jean Perrussier.
Pierre Bothu.
Pierre Thomassin.

1396.
Martin Benoist.
Guillaume le Viste.
Guillaume Ervard.
Jean de Pressie.
Guillaume de Bermes.
Jean de Foreis.
Ennemond de Siurieu.
Humbert Gontier.

Michel Chenevier.
Michelet Ponchon.
Peronin Fournier.
Claude de Varey.

1397.
Humbert de Varey.
Guillaume de Foreis.
Pierre de Cuisel.
Jean Tiboud.
Estienne Euvet.
Laurent Guerin.
Jaquemet Torveon.
Humbert de Rochefort.
Jean Dodieu.
Martin Nouvel.
Estienne Guerrier.
Guillaume Justet.

1398.
Martin Benot *licentié ès loix*.
Guillaume le Viste.
Guillaume Hervard.
Pierre Thomassin.
Guillaume de Bermes.
Jean Foreis.
Enuemond de Sivrieu.
Jean Chevret.
Michel Chenevier.

Michelet Ponchon.
Humbert Gontier.
Odet Buatier.

1399.
Humbert de Varey.
Pierre Chevrier.
Pierre de Foreis.
Jean Tiboud.
Laurent Guerin.
Perronin Fournier.
Jean de Belays.
Humbert de Rochefort.
Estienne Guerrier.
Pierre Bothu.
Guillaume Justet.

Pierre Dupra.

1400.
Martin Benot.
Jean de Foreis.
Ennemond de Sivrieu.
Jean de Chevrier.
Michel Chenevier.
Humbert Gontier.
Claude de Varey.
Jean Tiboud.
Guillemet le Viste.
Martin Novel.
Guillaume de Bermes.
Pierre Thomassin.

La fin de ce quatorziéme siecle ne fut pas plus tranquille que ses commencemens qui avoient esté si brouillez par les differens survenus entre le Roy Philippe le Bel & le Pape Boniface VIII. à l'occasion des demêlez du Roy avec l'Archevesque Pierre de Savoye, dont il restoit de dangereux levains particulierement depuis l'entreprise de Jean de Talaru sur les officiers Royaux, & le siege de justice establi à Roanne, dont il les avoit chassez sur un arrest surpris au Parlement de Paris, & executé avec trop de chaleur par le commissaire Estienne de Guiry, comme nous avons vû. Le Procureur du Roy qui avoit relevé appel contre les procedures violentes de l'Archeveque, l'ayant fait assigner au conseil du Roy, y fit si bien ses poursuites que par arrest du cinquiéme d'Octobre 1594. que j'ay rapporté cy-devant, il fut dit que le commissaire „ avoit mal executé en ce qu'il avoit fait abbatre le siege royal de Justice establi à „ Roanne, ouvert les prisons, & fait mener les prisonniers à Mascon, & que le tout „ seroit reparé aux despens de l'Archevesque. Que le Bailly de Mascon, ses Lieute- „ nans, le Procureur du Roy & le Greffier useroient de leurs droits en la maison de „ Roanne comme ils faisoient auparavant; & que le commissaire avoit mal ordonné „ en ce qu'il avoit ordonné que le Roy vuideroit sa main de ladite maison dans un an; „ comme aussi en ce qu'il avoit desmis de leurs charges le Geolier de Roanne, & les „ Sergens du Roy, lesquels sa Majesté restablissoit jusqu'au nombre de vingt.

Deux Conseilers de Paris furent aussi envoiez en cette ville l'an 1396. pour faire enqueste sur des differens tant entre l'Archevesque & le Chapitre, qu'entre-eux & les habitans de la ville. L'un des differens entre l'Archevesque & le Chapitre estoit à l'égard des portes du cloistre qui se fermoient la nuit, ce qui ostoit le moyen aux officiers de l'Archeveque de pouvoir mener dans ses prisons, qui estoient dans l'enceinte du cloistre, ceux qu'ils arrestoient la nuit. Car pour le bon ordre de la police, & pour la sureté des citoyens tous les soirs aprés qu'une cloche de la grande Eglise avoit donné un signal de trois coups, on sonnoit à huit heures une cloche de saint Nizier, & une autre de la grande Eglise durant un quart d'heure. Aussi-tost aprés un trompette au clocher de Fourviere, qui est au lieu le plus élevé de la montagne qui domine sur toute la ville, sonnoit la retraite pour fermer les portes de la ville. Cete retraite s'appelloit vulgairement le *Chasseribaud*, parce qu'aussi-tost aprés ces signes, le guet de l'Archevéque marchoit par la ville, arrestoit les vagabonds & les conduisoit aux prisons de l'Archevêché. Mais parce que souvent les portes du cloistre estoient fermées, ils estoient contraints d'enfermer en quelques maisons voisines du cloistre leurs prisonniers jusqu'au lendemain quand les portes du cloistre seroient ouvertes, ce qui faisoit trouver à ceux qui avoient esté arrestez, le moyen de s'échapper. L'Archevéque en fit porter les plaintes au chapitre, qui voyant le tort que cela pouvoit faire à la Justice de l'Archeveque, consentit que des deux portes du cloistre dont l'une regardoit la Saone & l'autre estoit appellée porte du Cotret, l'une demeureroit ouverte durant la nuit, ou du moins un guichet de l'une ou de l'autre pour pouvoir conduire aux prisons ceux qui seroient pris de nuit.

Le different entre les officiers du Roy & les officiers de l'Archevéque estoit bien plus considerable. Depuis que le Roy avoit acquis la superiorité de la ville de Lyon avec les droits de ressort & d'appellations, il avoit ordonné à ses officiers d'aller à certains temps visiter les prisons de l'Archevêché & du Chapitre pour recevoir les appellations de ceux qui auroient esté jugez en premier ressort par les officiers de la cour seculiere de l'Eglise, & pour interroger les prisonniers s'ils vouloient appeler.

L'Archevéque & le Chapitre empeschoient ces appellations autant qu'ils pouvoient,

& n'avoient poursuivi au parlement la suppression du tribunal de Roanne, & de celuy de l'Isle-Barbe, que pour rendre ces appellations plus difficiles, quand il falloit aller à Mascon, & y traduire les prisonniers. Mais après l'arrest rendu en 1395. pour le retablissement de ces sieges de Justice, maistre Hugues Jossard Bachelier ès loix Juge du ressort de Lyon, & des appellations des cours seculieres de l'Eglise, en vertu de cét arrest, & des lettres patentes du Roy, se transporta à Mascon accompagné de maistre Martin Benot licentié és loix, l'un des Echevins de Lyon, de Guillaume de Cuissel Notaire public & substitut d'Estienne Boillat procureur du Roy dans la Cité & Senechaussée de Lyon, ayant avec eux deux Notaires & un sergent Royal, Ils ariverent à Mascon le Vendredy seizième de Janvier de l'an 1399. & le lendemain matin estant allez à la maison d'habitation de noble & puissant seigneur Jacques de Quesnes Chevalier, seigneur de Sevemillier, Bailly de Mascon & Senechal de Lyon en presence d'Antoine Chuffain garde du seel Royal du baillage de Mascon, de Guillaume Tabellion receveur pour le Roy du domaine de Mascon, & de maistre Jean Paterin licentié és loix, ils lui dirent, signifierent & exposerent, que depuis environ un an, Jaquemet Pullian Meusnier, ayant esté arresté par les officiers de l'Archevêque Messire Philippe de Thurey, atteint, comme ils disoient d'un crime énorme, dans le ressort de la Jurisdiction du Chasteau de Pierre-Size, où il avoit esté enfermé; à l'instance de Jean Durand Procureur ordinaire des terres & chasteaux dudit Seigneur Archevêque, son procez avoit esté instruit par devant venerable Pierre Burle Docteur és droits, Juge ordinaire de la terre & chasteaux dudit Seigneur Archevêque qui avoit condamné ledit Pullian estre mis à la question, dont il s'estoit rendu appellant pardevant maistre Pierre d'Aurillac licentié és loix, Juge des appellations pour l'Archevêque à l'égard de ses terres & châteaux, & qu'ayant confirmé la sentence du premier Juge, ledit Pullian en avoit appellé à la Justice Royale, & que son appel avoit esté receu par le Juge Royal des ressorts, qui avoit ajourné les officiers de Justice de l'Archevêque à paroistre devant luy avec les amis & Parens dudit Pullian pour connoistre des sentences par eux rendues, mais que ledit ajournement avoit esté cassé par ledit Seigneur Senechal, qui pour favoriser l'Archevêque avoit évoqué la cause à Mascon par devers luy, & avoit fait transferer ledit Pullian des prisons de Pierre-Size aux prisons royales de Mascon, faisant inhibition & defense sous grieves peines au Juge des ressors establi à Lyon de connoître en aucune maniere dudit appel, quoy qu'il luy appartint de droit, comme on luy avoit fait voir en luy produisant les lettres du Roy & les provisions de son office; ce qui tournoit manifestement au prejudice des droits du Roy à l'égard de sa Senechaussée, aussi bien que contre les privileges de la ville de Lyon concedez par nos Rois, & une contravention manifeste au traité & composition de l'année 1320. & à la teneur de l'arrest rendu depuis peu au Conseil du Roy, le Roy y estant, à l'instance du Procureur general, & des citoyens & habitans de Lyon contre le Seigneur Archevêque. Enfin après avoir exposé audit Bailly Senechal de Lyon les causes de leur venuë pour retirer le prisonnier traduit à Mascon, & pour le remener aux prisons royales de Roanne, afin que son procez lui fut fait & parfait, à l'Isle-Barbe siege du ressort & des appels, le Senechal ayant ouï leurs raisons & examiné les pieces sur lesquelles se fondoient ces officiers du Roy pour le restablissement du siege à l'Isle Barbe, leur relacha le prisonnier qu'ils emmenerent, & prirent acte par les Notaires presens de l'execution de leur commission.

Avant que de quitter cét article de l'hostel de Roanne, il est important d'expliquer, pour quoy il a, outre ce nom de Roanne que nous avons expliqué cy-devant, le nom de *Palais*, qui est devenu depuis un nom commun à plusieurs sieges de Judicature, comme celuy de Louvre aux palais & demeures de nos Rois, qui estoit au commencement le nom particulier d'un chasteau & d'une tour de Paris à l'une de ses extremitez, proche les Tuilleries où nos Rois allerent habiter quand ils quitterent l'hostel des Tournelles ou de saint Paul proche l'Eglise de cette parroisse, & la bastille, ou porte saint Antoine.

Anciennement la rüe que nous nommons à present des trois Maries qui tend depuis le port de la Baleine, jusqu'au port de Roanne, se nommoit dans tous les actes publics rüe Palais ou du Palais. *Vicus Palatius seu Palatij.* Et la petite place qui est à l'entrée de cette rüe vis à vis le port de la Baleine, s'appelloit *grand Palais*, & celle qui est devant le logis du Gouverneur *petit Palais*, comme on peut voir sur une ancienne charte de cette ville gravée sous le regne de Henry II. longue de six pieds sur cinq de hauteur, qui m'a esté communiquée par Mr. des Vernays Bourgeois de cette ville. Quelques-uns ont crû que cette rüe Palais ou du Palais avoit esté la de-

548 Histoire Consul. de la Ville de Lyon.

meure des anciens Rois Bourguignons Vandales, Gundioc, Gunderic, & Gondebaud, quand ils residoient en cette ville, & que le Palais occupoit toute cette estenduë le long de la riviere.

Leydradus l'un de nos Archevêques écrivoit aussi à Charlemagne, qu'entre les reparations qu'il avoit fait de la plûpart des Eglises de cette ville ruinées par les Vandales, Sarrasins & Visigoths, il avoit aussi preparé & fait bastir un palais avec une terrasse pour recevoir cet Empereur s'il venoit en ce pays. *Aliam quoque domum cum solario adificavi, & duplicavi, & hanc propter vos paravi, ut si in illis partibus vester esset adventus, ibi suscipi possetis.*

Et comme il parle aussi-tost après du cloistre des clercs qu'il avoit fait construire, il y a apparence que ce fut au mesme endroit qu'est à present le Palais ou l'hostel de Roanne, qu'il avoit fait bastir ce Palais habité depuis par les Comtes de Lyon & de Forés. Il est dit aussi au livre 18. des actes Capitulaires de l'Eglise de Lyon, que Monsieur le Duc de Bourbon Pere de l'Archevêque Charles de Bourbon estant venu en cette ville l'an 1447. il avoit logé au grand Palais. Ces mesmes registres parlent aussi d'un hostel qu'avoient les Comtes de Savoye en cette ville hors du cloistre devant la Chapelle de saint Alban l'an 1372. *Hospitium domus de Sabaudiâ, quod quondam fuit Domini Comitis de Sabaudiâ situm extra claustrum ante Ecclesiam & domum sancti Albani.* Sur quoy je ne sçay si je ne puis pas appuyer mes conjectures de l'Echange fait depuis entre les Ducs de Savoye & les Chevaliers de saint Jean de Jerusalem du lieu de la Commanderie de saint George, que les Ducs de Savoye échangerent avec ces Chevaliers contre le Temple, dont ces Chevaliers avoient eu la possession par la suppression des Templiers au Concile de Vienne, & que les Ducs de Savoye donnerent depuis aux Religieux Celestins pour leur establissement, s'estant faits leurs fondateurs. Je croy qu'il y a lieu de soupçonner que le monastere des Filles Religieuses sous le titre de sainte Eulalie, qui habitoient proche l'Eglise de saint George, ayant esté supprimé, les Archevêques & le Chapitre pour acquerir l'hostel de Savoye qui estoit à leur bienseance, estant à la porte du cloistre, échangerent l'emplacement de ce Monastere avec cet hostel, & que le lieu de ce Monastere passa par un autre échange aux Chevaliers de saint Jean de Jerusalem, qui y establirent le Bailliage de Lurel de la langue d'Auvergne, comme le Temple devint de l'hostel des Ducs de Savoye le Convent des Religieux Celestins.

Aprés quoy je dis que tout ainsi que le lieu où se tient le parlement de Paris à receu le nom de *Palais*, parce que c'estoit l'ancien Palais de nos Rois, & les deux sieges Presidiaux de Paris les noms de *grand & petit Chastelet*, parce qu'ils se tenoient dans deux especes de chateaux, l'un plus grand que l'autre, le siege de la Senechaussée de Lyon a aussi receu le nom de *Palais*, & de *Roanne* pour avoir esté establi dans l'ancien Palais des Comtes de Lyon & des Seigneurs de Roanne.

La ruë qui se nomme à present des trois Maries à cause d'une ancienne hostellerie, qui avoit pour enseigne les images des trois Maries, se nommoit auparavant ruë du Canivet, comme on voit sur l'ancienne carte dont j'ay parlé, & ce nom luy avoit esté donné à cause des Procureurs, qui avoient leurs estudes en cette ruë.

Je donneray dans la seconde partie de cette histoire l'establissement du Presidial, son ressort & ses attributions avec la suite des Magistrats & officiers, qui ont paru dans ce tribunal depuis son erection, & les Intendans de justice commissaires departis par nos Rois, qui ont succedé à ces anciens Comtes & Prelats envoyez dans les provinces par nos Rois de la seconde race appellez *Missi Dominici*, dans leurs capitulaires, comme les anciens Romains leur donnerent les noms de preteurs ou propreteurs, qui leur conviendroit mieux que le nom grec estropié que quelques modernes s'avisent de leur donner sans autre raison que de vouloir affecter une nouveauté ridicule qui n'est authorisée d'aucun usage raisonnable. Le Bureau des Tresoriers, l'Election, le siege de la monnoye, l'establissement du Parlement de Dombes, l'estenduë de sa jurisdiction, & la suite de tous ses officiers, Presidens, Chevaliers, Maistres des Requestes, Conseillers, Secretaires, fermeront la seconde partie de l'Histoire de Lyon qui suivra celle-cy.

Dicaarcha-

Fin de la premiere partie de l'Histoire Civile & Consulaire de la Ville de Lyon.

PREUVES

PREVVES
DE
L'HISTOIRE
CONSVLAIRE
DE
LA VILLE DE LYON,

TIRÉES

DE DIVERS CARTVLAIRES,
Regiſtres, Actes, Terriers, Contracts, Protocolles, Memoires, Titres, Bulles des Papes, Lettres patentes de nos Rois, Privileges, & autres inſtrumens publics, dont les principaux ſont,

VN Cartulaire de l'Abbaye d'Aiſnay, qui contient pluſieurs donations, Legs, Cens, Servis, Dixmes, & autres droits ſpecifiez en deux cent & ſept Contracts paſſez ſous les Regnes de Conrad de Bourgogne ſurnommé le Pacifique, qui commença à regner en 950. & ſous Raoul ou Rodolfe ſon fils III. du nom, ſurnommé le Laſche, le Negligent ou le Faineant, qui regna depuis 994. juſqu'en 1031. Ce Cartulaire m'a été communiqué par Mr Neron Archiviſte du Bailliage & Commanderie de Saint George de l'Ordre de Saint Jean de Jeruſalem, qui a rangé les Archives de Meſſieurs les Comtes de Lyon, qu'il ſait parfaitement, comme il a la connoiſſance de pluſieurs autres Archives du Royaume qui ſont autant de ſources abondantes pour fournir la matiere des hiſtoires particulieres des Villes & des Provinces, qu'il ſeroit difficile de traiter à fonds ſans ce ſecours. Je donne une partie de ce Cartulaire d'Aiſnay comme une piece des plus eſſentielles à nôtre Hiſtoire, parce que l'on y peut remarquer les uſages & les coûtumes de ces tems-là, qui ſont ſi obſcurs dans les Hiſtoires de deux ou trois ſiecles, écrites la plûpart d'un ſtyle groſſier & barbare par des Moines ſimples & peu inſtruits des affaires qui ſe paſſoient dans le monde.

Preuves de l'histoire Consulaire

On verra en ces titres des noms propres Gaulois, qui ne sont plus en usage. Les terres que l'Eglise possedoit, & les moyens par lesquels elle entra dans ces possessions par la pieté des Fideles, qui touchez de leurs injustices, & de la crainte des jugemens de Dieu donnoient leurs biens aux Monasteres, & aux Eglises, prevenus de la pensée que la fin du monde approchoit. On aprendra aussi par les titres de ce même Cartulaire que c'étoient les Moines & les Ecclesiastiques, qui instrumentoient & faisoient l'office de Notaires, parce que tous les actes se passoient en langue Latine, ou Romance, c'est à dire d'un Gaulois latinisé, ou latin corrompu, que la Noblesse, les Bourgeois, & le peuple n'entendoient pas, n'y ayant gueres d'autres Colleges en ces tems-là que dans les Monasteres, & dans les Ecoles des Cloîtres ou Chapitres, dont celles de Lyon étoient des plus celebres.

On trouvera aussi dans la plûpart de ces actes la suite des années de deux Rois de Bourgogne, Conrard & Raoul, les noms de plusieurs Abbez d'Aisnay, de quelques Archevêques & de quelques Doyens & Chanoines de l'Eglise de Lyon; les noms que l'on donnoit aux pieces de terre, fonds, prez, vignes, terres labourables, les manieres d'en énoncer les confins & les limites, les droits Seigneuriaux, qui se levoient sur les peuples, les formules de testamens, donations, stipulations, ventes, achats, contracts, échanges, reprises de fiefs, cessions, acquisitions &c.

Ce sera aussi comme une espece de denombrement des terres du Lyonnois, & des pays circonvoisins. Enfin j'ay trouvé de si grands éclaircissemens en ce recueil de titres, que j'ay jugé qu'ils pouvoient être utiles aux Savans & aux Curieux qui se plaignent de quelques-uns de nos Historiens Modernes dans les Ouvrages desquels ils disent qu'ils n'apprennent rien, & les soupçonnent même assez souvent de déguiser la verité, ou de ne l'avoir pas assez penetrée, quand leurs Ouvrages ne sont pas accompagnez de ces preuves. Ainsi comme je desire de servir également au goût des uns & des autres, c'est à dire à ceux qui ne lisent l'histoire, que pour le seul plaisir de voir la suite des évenemens, & à ceux qui veulent s'instruire à fond des moindres choses, quand elles ont quelque caractere d'Antiquité, j'ay crû qu'en donnant une histoire purement remplie de faits, je satisferois la curiosité des premiers, & qu'en y joignant les preuves dans un corps separé, les Savans qui en font plus de cas que de ces simples narrations, qui leur aprennent peu de choses, y trouveroient ce qu'ils peuvent desirer, & qu'ainsi mon travail pourroit être aux uns & aux autres de quelque utilité, & même servir un jour à composer une Histoire plus parfaite que celle-cy, quand quelque homme plus habile que moi, & qui aura plus de genie & plus d'adresse trouvera des matieres disposées, & fera avec plus de facilité, ce qui m'a cousté de grands soins, & un travail de plusieurs années pour assembler ces titres.

Le second Cartulaire dont je me suis servi est un Bullaire de Lyon manuscript de la riche, & curieuse Biblioteque que feu Monseigneur l'Archevêque de Lyon, Messire Camille de Neufville a donnée au College de la Tres Sainte Trinité. Il y a des Bulles de Paschal II. de Lucius III. d'Innocent IV. de Gregoire X. de Nicolas IIII. de Jean XXII. deux Bulles d'or de Frideric I. Empereur, les Ordonnances de Philippes le Bel pour la reformation du Royaume l'an 1302. & quelques autres semblables pieces.

Le troisieme est un Cartulaire, qui fut dressé par les soins & diligence d'Estienne de Villeneuve Citoyen de Lyon, dont voicy le titre en langage du temps auquel il fut compilé.

En ceti Livre sont plusieurs Privileges, & plusieurs transcrits de Privileges de la Cité de Lyon outroiés tant par plusieurs Saints Peres Papes, plusieurs nôtres Seigneurs Roys de France, plusieurs Messeigneurs Arcevêques de Lyon, plusieurs Commissaires, plusieurs Baillis de Mascon, quant pour plusieurs Juges ordinaires, & autres. Et la poine & diligence du sire et Estiennes de Ville-neuve Citoyens de Lyon pour amour dou commun sans remuneration, & fu fais l'an de nostre Seigneur mil trois cens trente & sis. Et premierement son cis desdits Saints Peres Papes, & après cis de nostres Seigneurs Roys de France, & après les autres ensigans. Et fu la poine du compiler tant longue que elle dura bien 1. an compli & demi.

Ce Cartulaire est au pouvoir de Messire Laurent Pianello Chevalier Seigneur de la Valette, Conseiller du Roy, President au Bureau des Finances de la Generalité de Lyon, Commissaire deputé par sa Majesté pour les terriers de ses domaines, & pour les ponts & chaussées de ladite Generalité, & cy devant Prevôt des Marchands de ladite Ville.

Il m'a non seulement communiqué ce Cartulaire, mais il m'a fait recouvrer un autre Manuscript singulier que je cherchois depuis plusieurs années, & qui a pour titre

IV. *Tractatus de Bellis & induciis quæ fuerunt inter Canonicos S. Joannis Lugduni, & Canonicos S. Justi ex unâ parte, & Cives Lugdunenses ex alterâ desumptus ex Monasterij Atheniorum Bibliothecâ per Claudium de Bellieure Lugdunensem.*

Ces deux Cartulaires sont des tresors pour l'Histoire, dont j'enrichis le public. Paradin, & Severt qui les avoient vûs, puis qu'ils en citent des lambeaux, m'auroient delivré de beaucoup de peine s'ils avoient fait imprimer ces actes, qui valent mieux pour l'intelligence de nostre Histoire que tout ce qu'ils en ont écrit aussi-bien que de Rubis.

de la Ville de Lyon.

Le cinquieme est un Livre M.S. intitulé *les compositions de Forés*, où est l'échange fait des terres du Chapitre pour la Comté de Lyon avec le Comte de Forés pour la part qu'il avoit de la Ville de Lyon, la composition faite avec l'Archevêque Guichard, & les Bulles de Confirmation d'Alexandre III. Quelques hommages des Comtes de Forés, Mr. Pianello me l'a aussi communiqué, & Mr. de la Mure en a rapporté quelques actes en son Histoire de Forés & en son Histoire Ecclesiastique de Lyon.

Je donne aussi plusieurs actes tirés des Chartres du Roy, & des Archives de S. Jean qui ont esté produits dans les factums de la Ville, du Presidial, du Procureur General & du Chapitre, mais remplis de tant de fautes, particulierement pour les noms propres, que j'ay eu beaucoup de peine à les redresser.

J'ay tiré des pieces données par M. du Puy pour l'Histoire du different de Boniface VIII. avec Philippe le Bel avec les articles, qui concernoient cette Ville.

Pour toutes les autres pieces, qui sont déja imprimées ou dans la Bibliothéque Sebusienne de Mr. Guichenon, ou dans son Histoire de Bresse & de Bugey, ou dans son Histoire de Savoye, & par le Pere Chifflet en sa lettre de Beatrix, en son Histoire de l'Abbaye de Tournus, en son *Bernardi genus illustre*, je me contente d'en citer les pages aux marges des faits, que ces pieces peuvent justifier, parce qu'elles sont déja imprimées, & si j'en donne quelques unes, c'est parce qu'elles sont essentielles à mon dessein.

Je donne aussi quelques pieces detachées dont j'ay vû les originaux, sur lesquels j'ay transcrit ces actes, necessaires à l'eclaircissement de plusieurs faits Historiques.

Il y a aussi quelques pieces tirées du Cartulaire de l'Abbaye de Savigny.

Je mets à la teste de tous ces titres la convention faite par l'Archevêque Burchard II. l'an 984. avec le Chapitre de l'Eglise de Lyon pour la conservation des biens temporels dont jouissoit alors cette Eglise avec le serment qu'ils firent pour la conservation de ces biens, en remarquant cependant que ce denombrement doit avoir été augmenté dans la suite des tems en renouvellant ce serment, puisqu'il y est fait mention de quelques terres données à l'Eglise par l'Archevêque Hugues, qui ne fut Archevêque que cinquante ans aprés Burchard qui fit ce serment avec son Chapitre.

Ex veteri Cartulario Ecclesiæ Lugdunensis.

984. ANNO ab Incarnatione Christi 984. Indictione XII. Præsulatus quoque Domini Burchardi anno sexto. Concio ac Collegium sub prætitulato Sancti Stephani apud Lugdunum degens omnibus ubique Deo famulantibus tam præsentibus quàm futuris Pacem & securitatem in Domino. Notum vobis esse volumus, quia peccatis nostris exigentibus talia videmus, qualia ab ævo Patres nostri, qui antè nos fuerunt nunquam auribus suis perceperunt, nec etiam inter gentes audita sunt. Videntes assiduas desolationes Barbarorum, continuas devastationes rerum, quæ à Sanctis Patribus ac Christicolis Domino & Sanctis ejus collatæ sunt, quod à pravis hominibus indesinenter vastantur & subtrahuntur, qui ferino more ac rabido impudenter sine respectu Dei, & Sanctorum ejus discerpunt, & lacerant, & cum execratione hæreditatem Domini exhauriunt, & vexant, præcepta Domini ac præcepta sanctæ Dei Ecclesiæ parvi facientes, nihilque pendentes. Nos autem talia videntes, maximè nos, qui ad quotidianum officium, divinumque ministerium delegati sumus, mœrore animi, atque acerbo dolore admodum afflicti, non in Clypeo & hastâ fiduciam habentes, scutum orationis contrà talia opponimus, subsidium, auxilium à Domino petimus, & à Sanctis ejus suffragia exposcimus, ut attritis & tristibus idem Dominus subvenire dignetur. Videmus etiam talia quæ nostro usui deputatæ sunt fluere ac interire, & tam mutatione aëris quam sterilitate fructus infecundas, ac steriles. Videmus cellariorum nostrorum ac horreorum deliquia, & omne serias exhaustas & evacuatas, de quibus per anni circulum statutis horis quotidianis victus robur dabatur. Videmus etiam nonnullos ex nostris fessos, rerum copiis inopes, quod infandum est, & nimis dolendum, inediâ & penuriâ attritos, oppidò dolemus & tabescimus à Domino, ut ad hoc omnes nos in unum conglobati opportunum ac necessarium communiter tale decrevimus Consilium, ut Villæ ac prædia, quæ modò nostræ devotioni substrata sunt, ab insolentibus vel diffidentibus in reliquum non sinè exinanita & diminuta, quando circà nos delicescit rabies civilis & intestina rapacitas. Veremur etiam discrimini successorum nostrorum, qui post nos venturi sunt, ne victum non habentes dolore stimulati, ac fame culpam super nos retorquentes animabus nostris detrahendo maledicant. Ideo talia timentes unanimiter censuimus, ut tali Sacramento nos obligaremus, quod, & fecimus testem adhibemus Deum, & reliquias Sanctorum ejus, in manibus præsentes habuimus, ut ne quis nefarius nostrorum Clericorum ac Laicorum præstigiis, aut favoribus finitimorum, aut amicorū delinitus, aut cupiditate munerum accensus de villis ac prædiis, quorum nomina subtùs sunt per ordinem digesta audeat demere vel diminuere præter villicorum ac præfectorum, & illi moderatam particulam secundū æstimationem accipientes. Porrò si aliquis Clericus in eâdem Ecclesiâ aliundè venerit, & hunc excipimus.

Nomina verò Villarum & prædiorum hæc sunt. Ecclesia Sancti Stephani de Polliaco cum appenditiis suis. Ecclesia de Brevenes cum appenditiis suis, Capellæ cum appenditiis, Ecclesia de Perciaco cum appenditiis. Ecclesia de Chalengo cum appenditiis. Ecclesia de Frentes cum appenditiis, Ecclesia de Silvà cum appenditiis & cum Manso quod dedit Sancto Stephano Achardus de Brusileux. Ecclesia de Sandrens cum appenditiis quam Dominus Hugo Archiepiscopus dedit S. Stephano: Ecclesia de Miseriaco cum Curtile quod Pontius dedit S. Stephano. Ecclesia de Reyriaco cum appenditiis. Ecclesia de Parciaco. Ecclesia S. Eulaliæ cum appenditiis. Ecclesia de bella domo cum appenditiis. Ecclesia de Lentiis, cum appenditiis. Flescanges Villam quam Artaudus Comes dedit S. Stephano. Ecclesia de Siuriaco cum appenditiis. Capella de Bomo cum appenditiis. Eccles. de Jarniaco cum appenditiis. Lupi saltus cum appenditiis. Vineæ Magadonæ quas tenemus & acquisituri sumus. Ecclesia de Emeranda cum appendentiis & decimis. Ecclesia de Bulligniaco cum appenditiis & decimis. Capella de Yonio castro & Ecclesia S. Martini de Buxo, & Ecclesia de Balneolis cum decimis & appenditiis. Ecclesia de Laviaco cum appenditiis quas Guigo filius Berardi, & Robertus,& Aymo frater ejus filij Falconis reddiderunt S. Stephano sine ullâ retentione. Hujus redditionis sunt testes ii S. Ay. G. R. K. & Ar. Ecclesia de Cuysiaco cum decimis, & appenditiis. Ecclesia de Lainiaco cum decimis & appenditiis, Ecclesia de Lucenaco cum decimis & appenditiis, Curtiles in Ciuriaco, atque in Cacellâ quidquid visi sumus habere & in anteà acquisivit sumus. Ecclesia de Polemisco cum append. Ecclesia S. Germani cum append. Ecclesia de Curisio cum append. Capella de Albigniaco cum append. Cosonem cum append. Eccles. de Nolliaco cum append. Capella S. Mariæ cum append. St. Cæciliæ: Eccles. S. Cyrici cum append. Eccles. de Tassins cum append. Eccles. de Salvaniaco, Eccles. de Lentiliaco cum append. Eccles. S. Genesij de Orleriis, vinea quæ est juxta S. Martinum ad pullum. Capella S. Ypipodij cum append. vinea de vivi quas Constabilis dedit S. Stephano, juxta Sanctum Paulum vineas de bello Monte. Capella de Papelonge cum appenditiis, vineas de Muro fracto, vinea unâ juxtà S. Vincentium, vinea quæ est in ripa Aratis juxtà S. Cosmam. Ecclesia S. Cypriani de Salvaniaco cum appenditiis, retrò claustrum vineas duas, una quam dedit Berardus, & altera quam dedit Nicardus. Vinea in monte quam dedit Ainardus Decanus. Vinea juxtà Canalem quam Eurardus Decanus dedit Sancto Stephano, vineas quas dedit Milo S. Stephano, inter S. Georgium & S. Laurentium, & unam subtus S. Laurentium. Vinea quam Lambertus Decanus tenebat, Lupercigenum cum Ecclesia & appenditiis, vinea in Canavinaco quam Gondradus tenebat. Ecclesia de Sarleto cum appenditiis Pisidicium Villam, Curtile de felici vulpe, Milleriacum Villam, cum Ecclesia & appenditiis, Ecclesia de Sociaco cum appenditiis, Ecclesia Sancti Martini de Cuysiaco cum appenditiis, in Luczone Ecclesia S. Saturnini cum appenditiis, Ecclesia S. Joannis de Messimiaco, Capella de Bellâ Domo cum Cimiterio & tribus vineis, Ecclesia S. Romani de Briandaco cum appenditiis, Ecclesia S. Desiderij de Puliniaco, cum appenditiis & cum terris & silvis quas Helyssendis fœmina & Hugo Arcardus dederunt S. Stephano. Ecclesia de Valleneria cum appenditiis. In Argenteriâ Ecclesia S. Genesij cum duabus Ecclesiis Ecclesia de Rontalone cum appenditiis. In Villa Corsenaris vineas, & vineas quæ sunt S. Desiderij. In Albassini Ecclesia de Sorlin, S. Andeoli cum appenditiis. Ecclesia S. Martini de Planitie ubi Rostagnus Ferlaudus Archidiaconus quidquid habet ex prædio in Parrochiâ S. Martini dedit S. Stephano cum appenditiis. Ecclesia S. Genesij cum appenditiis, Ecclesia S. Andreæ de Usiaco cum appenditiis. Ecclesia de Sorbiere cum appenditiis, Ecclesia S. Joannis de bono fonte cum appenditiis, Ecclesia S. Petri in Pelliaco. Duassicum cum Ecclesia & appenditiis, Ecclesia S. Bartholomæi cum appenditiis, Leduvacam Villam in Villâ de Merziano, Ecclesia Sancti Christophori cum appenditiis, Ecclesia S. Mariæ de Dessinis, cum Capellâ & appenditiis, Ecclesia de Vareriis cum appenditiis, Ecclesia S. Mauritij de Gorgodonse, cum appenditiis, Ecclesia de Padriniaco, cum appenditiis, Ecclesia S. Marcellini cum appenditiis, & medietatem Villæ De tigniaco quam dedit Girinus S. Stephano propter præstariam, Ecclesia S. Laurentij de la Conca cum appenditiis, Ecclesia S. Columbæ cum appenditiis, juxta Lune Ecclesia Sancti Victoris de Chantedone, cùm appenditiis, Ecclesia S. Petri de Selliaco cum decimis & appenditiis, Ecclesia Sancti Sulpitij cum decimis & appenditiis, Ecclesia S. Sixti cum decimis & appenditiis, Ecclesia de Lavastro cum decimis & appenditiis, Ecclesia S. Martini de l'Estrada cum appenditiis, Ecclesia S. Martini de Villamontois cum appenditiis, & Ecclesia S. Mariæ de Cherers cum

appenditiis quam Hugo Archiepiscopus dedit S. Stephano, Ecclesia S. Angeli de Buliaco, & duos Mansos in Roanensi quos Durandus Canonicus dedit S. Stephano. Ecclesia de Verniaco cum appenditiis, Ecclesia de subtus vineis cum appenditiis, Archoron cum Ecclesia, & appenditiis, Capella in Coserem cum appenditiis, Ecclesia S. Laurentij ultrà Rhodanum cum appenditiis, vinea in Garzeon Ampuiteum, cum Ecclesia & appenditiis, & cum terrâ de Montemagno & terris & vinea in ruraria, & Colonica una in Breciano, & Colonicas in cort. Condriacum, cum appenditiis, Geneuridâ curtas, & in curtâ quidquid pertinet ad Mensam Fratrum, & ex his supradictis Ecclesiis & terris quidquid ad Mensam Fratrum legaliter pertinet. Duos mansos in Fraxiniaco quos Ainardus Canonicus dedit S. Stephano. Ecclesia S. Eugendi cum appenditiis, Ecclesia de Grandi Monte cum decimis & appenditiis in Villa Poncinis Ecclesia S. Laurentij cum appenditiis, & in monte in Iduno Ecclesia S. Porcarij, & Ecclesia de Villa Dei, Ondresiacum, & Ecclesia S. Cypriani cum appenditiis, quatuor Mansos in Escalone, colonicam unam in Villiaco, in Angulinis colonicam unam, Ecclesia S. Cæciliæ de Jaclinis cum appenditiis, & tribus mansis, mansum de Pisiaco quod Itherius Canonicus dedit S. Stephano, Ecclesia S. Agathæ de Maringiis cum decimis & appenditiis, Ecclesia de Castello S. Symphoriani, & Ecclesia S. Martini de Pomey. Ecclesia S. Stephani de Coisia, & Ecclesia S. Martini de Noallis, quas Hugo Archiepiscopus dedit S. Stephano, undè celebrarentur quatuor festivitates Sanctæ Mariæ, & quindecim solidos in Capellâ de Nigrâ undè & luminaria haberentur ad ipsas festivitates, & duos sextarios mellis in Ecclesia S. Nicolai de Abolena. Porrò si quis temerarius de præfatis rebus à mensâ Fratrum postquam extrà ad ipsius redierint potestatem, aliquid exemerit vel substraxerit, nisi causâ magni momenti vel questi cujuscumque rei, iram Domini omnipotentis nisi citò respuerit incurrat,& cum eis quibus in regeneratione dicturus est Dominus, nescio vos. Flammonias animi pœnas sustineat, & in favillis, & atomis redactus nusquàm compareat. Fiat, fiat. Amen, amen.

Du Cartulaire d'Aisnay communiqué par M. Neron.

SAcrosanctæ Dei Ecclesiæ quæ est constructa in Insulâ quæ Athanacus vocatur, & in honore Sancti Martini dicata ubi Domnus Rainaldus Abbas *Sub Regimine Domini Archipræsulis Burchardi* præesse videtur, Ego in Dei nomine Histerius, & uxor mea Gimbergia pro remedio animarum nostrarum, & loco meæ sepulturæ cedo jam dictæ Ecclesiæ & Monachis ibidem Christo militantibus aliquid ex rebus nostris, hoc est Curtilem unum cum mansione & horto, & vercaria & vineâ, & arboribus, & est situs ipse curtilis in Pago Lugdunense in agro Monteaureacense in Villâ Lisciaco, & terminatur a manè guttulâ procurrente à medio die, & à circio *terrâ Sancti Stephani*, à sero tetra Vuadradans infra hos fines, seu terminationes prædictum Curtilem donamus Deo & prædictæ Ecclesiæ Monachis sub regulari tramite militantibus, & quidquid ad ipsum aspicit, eâ videlicet ratione quandiu vixero usu fructuario teneam & possideam, annisque singulis tempore vindemiali duos sextarios vini in vestituram persolvam. Post meum verò discessum præfatæ res ex integro in eorum potestatem deveniant. Quod si has res jam dictis Monachis non fecero quietas tenere tali convenientiâ facio ut in terras Siuriaco, & Lisciaco melioratas eis componam. Si quis verò contra hanc benivolam donationem aliquam calumniam inserre tentaverit, nullatenùs evindicet quod repetit. Sed iram Dei omnipotentis incurrat, & submergatur cum Dathan & Abiron, & pereat cum seditiosis sociis Chore, sitque ejus portio cum proditore Judâ, componatque quibus litem intulerit tantùm, & aliud tantum quantum prædictæ res eo tempore melioratæ valuerint & inanteà donatio hæc firma & stabilis permaneat cum stipulatione subnixâ. S. Hicherii & uxoris suæ Grimbergiæ qui donationem istam fieri jusserunt, & firmari rogaverunt. S. Girardi S. Stephani S. Milonis S. Ayscherici S. Girini. S. Beraldi S. Adalonis. Data per manum Walcherij indigni Sacerdotis & Monachi Febr. mense, Jovis die, anno LII. Chunrado regnante in Galliâ.

Dilectis in Christo Fratribus, Domino Raynaldo Abbati, & Monachis Athanacensibus, Ego Sanbadinus venditor vendo vineam unam quam acquisivi ex medio planto quod feci in terrâ Sancti Martini, quæ sita est in Villâ Caseri, terminaturque ex omni parte terrâ Sancti Martini. Ipsam præfatam vineam sicut adquisivi ex suprà dicto medio planto vendo præscriptis Monachis eâ ratione, ut ab hâc die in jure eorum consistat facere quidquid eis placuerit, pro pretio videlicet quod ab eis accepi XXXV. scilicet solidos. Sitque ab hinc & deinceps firma, & stabilis permaneat sicut præscriptum est. S. Sabandini qui hanc venditionem fecit & firmavit. S. Benedicti. S. Rotgerij. Data manu Arnulfi Monachi indigni, & Sacerdotis die Jovis X. Kal. Mart. XX. anno, regnante Radulfo Rege.

Sacrosanctæ Dei Ecclesiæ, quæ est constructa in insulâ, quæ Athanacus vocatur, & in honorem Sancti Martini dicata, ubi Domnus Edelbertus Abbas præesse videtur. Ego quidem Duranus, & uxor mea Benedicta pro animæ nostræ remedio donamus Monachis, Deo & ejus Militi Martino in supradictâ Ecclesiâ famulantibus, usumfructuarium ex vineâ quam in Marcilliaco Villâ post mortem nostram Antelmus illis. Cartam igitur quam indè habuimus illis reddidimus & hanc scripturam nunc illis facimus, ut ab hodiernâ die sine aliquâ nostrâ requisitione firmissimam ex supradictâ vineâ habeant potestatem quidquid justè elegerint faciendi. Siquis verò contra hanc donationem aliquam calumniam inferre voluerit, nullatenùs evindicet, sed componat quibus litem intulerit auri libra unâ, & in anteà hæc donatio firma & stabilis permaneat cum stipulatione subnixâ. S. Duranni & uxoris ejus Benedictæ qui donationem istam fieri, & firmari rogaverunt.

Carta Antelmi Clerici.

Sacrosanctæ & venerabilis Ecclesiæ in honore Sancti Martini Confessoris clarissimi consecratæ in insulâ Athanaco cui Domnus Egilbertus Abbas præesse videtur. Ego quidem Antelmus Levita pro animæ meæ & parentum meorum remedio ut jam dicti Confessoris precibus à nostris mereamur alleviari iniquitatibus, dono prælibatæ Ecclesiæ quasdam res juris, nostri oc sunt vinea cum curtilo & mansione in pago Lugdunense, in agro Monteaureacense in Villâ quæ dicitur Marcilliaco, & terminatur à manè terrâ Sancti Stephani, à mediâ die similiter & à serô vineâ Silvestri, à Circio de ipsâ hæreditate: infrà istas terminationes sicut terminatum est Ego totum & integrum jam dictæ Ecclesiæ ad alimoniam Monachorum Deo inibi famulantium dono, eâ ratione ut quamdiu Antelmus vivit usum & fructum inde percipiam & singulis annis præfato Abbati, vel suis Monachis quisque anno sextarios duos vini in vestituram persolvam. Post meum quoque discessum sine aliquâ tarditate ipsæ res ad eorum perveniamus Dominium. Et terminatur alius curtilus cùm vineâ & mansione in ipso pago, in ipso agro & in ipsâ Villâ, à manè terrâ de ipsâ Ereditate, à mediâ die de ipsâ Ereditate antè donavit à serô viâ publicâ & terrâ Sanctæ Mariæ oc vineâ, & à Circio viâ publicâ: infrà istas terminationes sicut terminatis quantum ad ipsos curtilos aspicit totum & ad integrum tibi dono, habeantque potestatem ex eis quidquid elegerint faciendi. Si quis verò contra hanc eleemosinariam cartam aliquam calumniam inferre voluerit, nullatenùs evindicat, sed in primis iram Dei incurrat, impleturus postmodùm quibus litem intulerit tantum & aliud tantum quantum prædictæ res melioratæ valuerint & in anteà. S. Antelmus qui hanc cartam fieri & firmari rogavit S. Simbertus S. Arnulfus S. Tiddardi. S. Silvestri. S. Elpericus. S. Vuatinus, S. Aldono. Ego Rainardus Presbyter rogatus & scripsi. Datum die Dominico III. Kal. Junio annos XXX. regnante Conrado Rege.

Sacrosanctæ Dei Ecclesiæ quæ est constructa in insulâ quæ Athanacus vocatur, & in honore Sancti Martini dicata esse dignoscitur, ubi Domnus Vdulbaldus Abba præesse videtur. Nos donatores Ego Geraldus Sacerdos, & Otgerius meus frater pro sepulturâ fratris nostri Petri donamus Deo & Sancto Martino & Monachis algiam unam quæ sita est in pago Lugdunensi in agro monteaureacensi in Villâ Marcilliaco, & concluditur his terminis à mane & à meridie viâ publicâ, à serô terrâ S. Stephani à Circio terrâ S. Martini & Aalonis. Infrà hos fines vel terminationes, sicut jam diximus, donamus Deo & S. Martino hanc Algiam eo tenore ut Monachi Athanacenses habeant ab hodiè liberam potestatem inde, faciendi quæ voluerint hoc est, donandi, vendendi seu commutandi. Si quis verò contra hanc benevolam donationem &c. S. Geraldi S. Osgerij S. Aalonis S. Aiclerij S. Theotgrimi. Data manu Amblardi indigni Levitæ in mense Januario IIII. Feria & IIII. Idus Januarij.

Sacrosanctæ Dei Ecclesiæ quæ est constructa in insulâ quæ Athanacus vocatur, & in honore Sancti Martini dicata ubi Domnus Rainaldus Abbas præesse videtur. Ego in Dei nomine Engelsenda & filius meus Grimoldi pro remedio animarum nostrarum & pro remedio animarum parentum nostrorum cedimus jam dictæ Ecclesiæ & Monachis ibidem Christo militantibus aliquid ex rebus nostris, hoc est vineam in pago Lugdunense in agro Monteaucracensi in Villâ quæ dicitur Marcilliaco à manè terrâ Arnulfi à medio die viâ publicâ, à serô similiter & circio vineâ Eldranni, Infrà hos fines vel terminationes prædictas res donamus præfatæ Ecclesiæ & Monachis pro amore Dei ut faciant post hodiernum diem & deinceps quidquid facere voluerint & rectum esse videtur &c. S. Ingelsendo & filio suo Grimoldo qui donationem istam fieri jusserunt & firmare rogaverunt. S. Rotan. S. Aalon. S. Berolt. S. Girbol. S. Girolt Sacerdotis data manu Vualdradi indigni Sacerdotis in mense Februarij Feriâ III. anno LIII. Regnante Radulfo Rege.

Sacrosanctæ &c. ut superiùs. Ego in Dei nomine Giroldus pro remedio animæ filiæ meæ & loco sepulturæ ipsius nomine Gimbergiæ defunctæ dono præfatæ Ecclesiæ petiolam terræ sitam in fines Villæ Marcilliaco in agro monteaureacense, & terminatur à mane terrâ Girardi, & Giroldi, à medio die terrâ Sancti Martini, à Serô terrâ Hebræorum ab aquilone terrâ S. Martini infrà hos fines vel terminationes dono præfatam terram ab hac die & deinceps habeant potestatem habendi, donandi &c. S. Girardi qui fieri jussit, & firmare rogavit. S. Ariberti presbyteri, S. Giroldi Sacerdotis S. Giroldi Laici, S. Archimboldi. S. Rodulfi. S. Etmanæ fœminæ. Data manu Aschircii indigni Sacerdotis & Monachi mense Majo Feriâ L Regnante Rodulfo Rege Jurensium.

Sacrosanctæ &c. ubi domnus Arnulfur Abbas &c. Ego in Dei nomine Gerardus & uxor mea nomine Rayna donamus Deo & S. Martino Athanacensis Monasterij & Monachis ibidem Deo militantibus aliquid rerum nostrarum, videlicet duas vineas & unum campum arabilem, quæ res sitæ sunt in pago Lugdunense in agro monteaureacensi, & est una vinea sita in monte *Avolorgo*, & terminatur à mane à meridie, & à circio terrâ de ipsâ hæreditate, à sero terrâ, Ranulfi & altera vinea sita in Monte sicco & terminatur à manè terrâ S. Martini à meridie & à sero terrâ Sancti Stephani, à circio terrâ de ipsâ hæreditate. Terra verò arabilis terminatur à mane terrâ Vualdrade, à meridie viâ publicâ, à circio terrâ Sancti Stephani à serò terrâ constabili. Infrâ hos fines vel terminationes Geraldus & uxor sua Rayna donant Deo & Sancto Martino Athanacensi & Monachis has prædictas res eâ ratione ut nunc in præsenti ab hac scilicet die Monachi teneant vineam de *Avolorgo*. Alteram vineam de monte sicco, & campum arabilem Geraldus & uxor sua teneant, & & investituram omni anno unum cartallum persolvant, & quisquis ex eis primus obierit campum arabilem persolvat seu vineam Sancto Martino reddat; post mortem amborum omnes res supradictæ in jure Monachorum sine contradictione perveniant sitque hæc convenientiâ, sive donum firmum & stabile S. Geraldi & uxoris suæ Rayna qui hoc donum fecerunt S. Geraldi Presbyteri, S. Antelm. Presbyteri, S. Ricolfi, S. Bernardi, S. Constantini Presbyteri, S. Osgerij. Data manu Gausmari indigni Sacerdotis & Monachi mense Febr. anno XX. Regnantes Rodulfo Rege.

Ce mont Avolorge, qui n'est plus connu sous ce nom a laissé un proverbe en ce pays, ou pour dire qu'une chose est perdue & comme desesperée, on dit qu'elle est à Volorge. Il y a bien une terre de Valorges qui est à la Maison de Thelis, mais cette terre n'est pas au Montdor, comme est Avolorge.

Convenientia inter Monachos Athanacenses & Geraudum de quâdam sclosâ in Aselgâ quam consentiunt Monachi Geraldo eâ ratione ut sive ædificet vel non ædificet sclosam, terra quam donat pro compensatione sclosæ in potestate Monachorum sit facere quidquid eis placuerit, & nullo modo Benedictus & ejus hæredes cursum aquæ ipsius sclosæ & ædis habeant vel accipiant nisi observaverint convenientiam quam habuit Benedictus cum Monachis, & nisi mihi dederint licenciam & habuerint, sine licentiâ Monachorum sclosa remaneat.

Carta Vuidonis & Fratrum ejus de Ecclesiâ de Burciaco.

Mundi termino appropinquante, ruinisque crebrescentibus, Ego Vuido, filiique mei Ardradus, nec non Adelardus, & Soffredus ut interventu B. Martini precumque Monachorum Athanacensis loci mereamur eripi ab incursu diaboli, laudante genitrice nostrâ Aïa & uxore meâ Raymodi alijsque cum plurimâ multitudine nostrorum fidelium Donamus S. Martino & Monachis Athanacensibus sub Pastorali Curâ domni Arnulfi Abbatis degentibus pro remedio animarum nostrarum omniumque Parentum nostrorum partem nostram de Ecclesiâ Sancti Leodegarij de Burciaco cum ædificiis & omnibus adjacentiis ejus. Donamus etiam vineas, curtilia cum adjacentiis, silvas, prata, saliceta, terram cultam & incultam, exitus & regressus. Quæ denominationes cinguntur his terminis. A mane via publica Lugdunensis, à media die rivulus decurrens de via ipsa publica usque ad la præellam & de la præella usque ad fraxinum. A sero sic terrâ communis dividitur à priva terra Girini & ejus uxoris Lævis, à circio decursus guttæ & fontium, finalisque canalium per fontem petroleiam & per vetulas cepas Noieriarum, quæ sunt juxtà plantata Burciaci & per Noierias quæ sunt juxtà mansionem Gislandi, &. sicut ab ipsis terminus vadit usque ad tres petras, infrà hos fines vel terminationes quidquid visi sumus habere de omni re usque ad exquisitum donamus S. Martino & Monachis Athanacensibus pro remedio animarum nostrarum omniumque nostrorum parentum. Quæ res sitæ sunt in pago Lugdunensi in agro monteaureacensi & donantur S. Martino & Monachis Athanacensibus eâ ratione ut ab hac die in potestate eorum sit facere quidquid eis placuerit. Si quis verò, &c. *Suivent les imprecations ordinaires & les peines pecuniaires contre ceux qui voudront troubler les Religieux.* S. Vuidonis Ardradi, S. Adelardi & Soffredi Fratrum ejus S. Aïæ Matris eorum S. Raymodis uxoris Vuidonis. Data manu Martini indigni Monachi die Saturni XVII. Kal. April. anno ab Incarnatione Domini millesimo XXII. Indictione V. Regnante Rodulfo Rege in Galliis.

Carta Adalardi Abbatis Sancti Nicetij.

Monachis Athanacensibus sub curâ Pastorali Domini Geraldi Abbatis degentibus sanctoque Martino ipsius loci deffensori, Ego Adalardus Abbas sancti Nicetij causâ salutis animæ meæ & genitorum meorum propinquorumque omnium partem Ecclesiæ de Burciaco quæ mihi jure evenit, donô cum vineis, pratis, silvis, salicetis, cultilibus, terrâ cultâ & incultâ, exitibus & regressibus usque in exquisitum. Sunt auté res in *Archiepiscopio Lugdunensi* in agro Monteauracensi, & in villâ de Burciaco, taliterque terminantur. A mane via publica Lugdunensis, à medio die rivulus decurrens, & ipsâ via publicâ usque ad la Praellam, & de la Praella usque ad Fraxinum. A serò sicut terra communis à terrâ Girini & uxoris ejus Lævis dividitur. A circio decursus guttæ & fontium, finalisque canalium per fontem Petroleiam ; & per vetulas cepas Noieriarum quæ sunt juxtà plantatum Burciaci, & per Noierias quæ sunt juxta mansionem Gislandi, & sicut ab ipsis terminus vadit usque ad tres petras. Hæc terminatio meæ hæreditatis communis est terminationibus fratrum meorum partium, quæ nobis jure contingunt, & ideò est mixta infrà hos fines quidquid ad meam partem legaliter advenit omnipotenti Deo, sanctoque Martino Athanacensi, habitatoribusque ipsius loci do, ut omni tempore sit in potestate eorum quidquid facere voluerint, & accipio ab eis præfatis Monachis quinquaginta solidos pro meâ portione, quemadmodum & mei fratres de suis. Quod si aliquis præsumptor quidpiam calumnia super dictis Monachis ob hoc benevolum donum inferre voluerit, auri libras X. componat, & posteà hoc donum firmum maneat. S. Adalardi Abbatis qui hoc donum fecit & firmavit. S. Olgerij, S. Aschirici. S. Berardi, S. Duranni. S. Lugduni , Martini manu die Dominico exarata, & in mense Martio.

Cet Adalard Abbé de saint Nisier est le mesme que celuy du titre precedent.

Aliâ carta stilo Barbaro.

Dilecto in Christo filiolo nostro nomine Stephano. Ego Arnulfus hac dilecta uxor mea nomine Eldeburga in per hamore & bonâ voluntate quæ con te habuimus, & in per eò quod te lavacro fonte sancte Johannes levavimus proptereà in per ipsa hamore donamus tibi aliquid de ereditate nostrâque legitime adquisivimus de Stuane & Catbergie, Hoc est vinea cum mansione, cum orto, & cum vercariâ, sunt autem sic ipse res in pago Lugdunense in agro monteauracensi in Villâ Marcilliaco cujus termini accinguntur de ipsas res, a Mane & a medio die, a sero terrâ sancti Stephani & vias publicas. A circio de ipsâ ereditate. Quantùm infrà istas terminationes habet totum ad integrum tibi donamus. Eâ ratione ut ab hac die & deinceps liberam & firmissimam habeas potestatem quidquid elegeris faciendi, id est habendi, vendendi, donandi, vel quidquid volueris facere faciendi. Si quis contrà hanc donationem istam aliquam calumniam inferre voluerit, nullatenus vindicet sed componat cui litem intulerit auri libras II. & inanteà donatio ista firma & stabilis permaneat cùm stipulatione subnixa. S. Arnulfi & uxori suæ Eldeburgâ qui donationem istam fieri & firmare rogaverunt. S. Gerardi, S. Ugoni. S. Anschericus. S. Raynoldi Levitæ S. Girini S. Beroldus, S. Ranulfi Aimonus Presbyter scripsit. Datavit die Martis in mense Jenoario annos XL. Regnante Gondrado Rege.

Sacrosanctæ Ecclesiæ quæ constructa est in Insulâ quæ Athanacus vocatur. Et in honore Sancti Martini dicata *Ubi domnus Raynaldus Abbas sub regimine domni Archiprasulis Burchardi præesse videtur*, Ego in Dei nomine Constantinus, & uxor mea Adaltrudis pro remedio animarum nostrarum, & pro remedio animarum omnium parentum nostrorum cedimus præfatæ Ecclesiæ & Monachis ibidem Christo militantibus aliquid ex rebus nostris, hoc est Curtilem unum situm in pago Lugdunensi in agro Monte Aureacensi, in Villâ Marciliaco, qui terminis his concluditur, à manè terrâ Sancti Stephani, à medio die terrâ Godoni, à sero terrâ Sancti Stephani & Vuarembertï, à Circio viâ publicâ, & terra Hicterij & in alio loco pratum quod est in Villâ quæ dicitur Liscarias & terminatur à manè viâ publicâ, à medio die terrâ Hugoni, à sero terrâ Sancti Stephani ex Casamento Vuichardi. A circio similiter. Infrà hos fines seu terminationes prædictum curtilum & campum & quidquid ad ipsum curtilum aspicit cum prato partem damus ex integro præfatæ Ecclesiæ & Monachis ibidem commanentibus, eâ videlicet ratione ut quamdiù simul vixerimus usum fructum possideamus, & quicumque ex nobis primus obierit prædictum pratum suprà scriptæ Ecclesiæ Monachi recipiant. Post nostrorum verò amborum discessum omnia quæ suprà dicta sunt, hoc est curtilum ipsum & quidquid ad ipsum aspicit cum campo ex integro in potestatem illorum perveniant. Si quis verò contrà hanc benevolam donationem aliquam calumniam inferre voluerit, nullatenus evindicet quod repetit, sed iram Dei omnipotentis incurrat, & sumergatur atque pereat cum seditiosis sociis Choræ atque sit portio ejus cum Juda traditore & insuper componat quibus litem intulerit tantum & aliud tantum quantum prædictæ res eo tempore amelioratæ valuerint & in anteà firma & stabilis permaneat cùm stipulatione subnixa. Signum Constantini & uxoris suæ Adaltrudis qui donationem istam fieri jusserunt, & firmari rogaverunt. S. Lugduni Sacerdotis, S. Eurardi Sacerdotis, S. Sulpitij, S. Johanni S. Hotberti. Ego Valcherius Levita & Monachus hanc cartam conscripsi, datavi mense Aprili Jovis die, anno L. Chuonradi Regis in quâ etiam cartâ concluditur illud quod ipsi habebant in Villâ quæ dicitur Ulciacus, in loco qui vocatur sagniacus & ex omni parte terra ipsius S. Martini concluditur, hoc est mansionem unam, & unam aliquam de vineâ quod ex integro ipsi S. Martino concedunt.

Carta Vilenci & uxoris ejus Rotcendæ filiorumque ejus Milonis & Berardi.

Quidam homo nobilis Wilencus nomine & uxor ejus Rotcenda donant S. Martino Athanacensi, Monachisque ipsius loci sub Domni Geraldi regimine degentibus aliquid suæ hæreditatis. Est autem unum curtile cum vineâ & Vircariâ, & duo molendini,& præter hæc aliquid terræ arabilis, sunt autem hæc in pago Lugdunensi in agro Monteauracensi, in Villâ de Marcilliaco. Terminatur autem ipsum curtile & quidquid ad ipsum curtile aspicit. A mane terrâ domni Wilenci & uxoris ejus domnæ Rotcendæ, à medio die terrâ S. Martini à sero Aselga rivo currente, de circio autem idem vir eadem uxor donant ipsis senioribus unam petiam de terra arabili cum duobus molendinis, & eadem ipsa terra arabilis & continua ipsi curtili, & incipit terminari ipsa terra à mane ab ipso curtili & trunco arboris qui est juxtà Nucerium, & pertingit usque ad tres silices quæ sunt contrà, & ab ipsis usque ad quadrivium. Molendini verò sunt in ipsâ terrâ sub ipso quadrivio autem aliam petiolam supradictis Monachis præfatus vir & ejus uxor cedunt:terminantur autem ambæ petiolæ cum jam dictis molendinis. A mane terrâ Wilenci & uxoris ejus Rotcendæ. A medio die præfato curtili, à sero Aselga rivo. A circio terrâ Sancti Martini, & in alio loco qui Ursilliacus dicitur idem ipse Wilencus & ejus uxor domna Rotcenda dant prænominatis Deo fidelibus alias duas petias de terrâ arabili. Hoc autem donum domnus Wilencus & ejus uxor domna Rotcenda cum prædictis Monachis ex convenientiâ fecerunt ut ipsi Monachi doinceps habeant & possideant hæc omnia absque molendinis de ipsis autem molendinis duobus medietatem unius superioris ad præsens donant prædictis Monachis, de altero verò reddunt unam eminam annonæ in vestituro omni anno Festivitate B. Martini Post obitum autem ipsius Dominæ præfati molendini ad Athanacenses Monachos sine inquietudine ullius hominis perveniant, pro hac quoque conveniantiâ Monachi persolvant centum & decem soldos Lugdun. monetæ S. Domni Wilenci ejusque uxoris domnæ Rotcendæ qui hoc donum fecerunt, firmaverunt, & firmare rogaverunt. S. Milonis & Fratris ejus Berardi S. Theotgrini S. Renchoni S. Wilenci S. Miloni S. Agnoni minoris S. Artaldi S. Wichardi Data manu M. Oddone Champaniæ Regnum Galliæ summis juribus sibi vindicante.

Carta Notardi.

Sacrosanctæ Dei Ecclesiæ quæ est constructa in insulâ quæ Athanacus vocatur, & in honore Sancti Martini dicata ubi Domnus Raynaldus Abbas præesse videtur, Ego in Dei nomine *Notardus Canonicus Sancti Stephani* pro remedio animæ meæ omniumque parentum meorum cedo jam dictæ Ecclesiæ Monachisque ejusdem loci aliquid ex rebus meis quæ in jure hæreditariâ à parentibus advenerunt, sive etiam quæ ex conquisto adquisivi, hoc est terra arabilis cum silvis. Quæ res sitæ sunt in pago Lugdunensi in agro Monteaureacensi & in his locis hoc est in vedrerias & ..... cum silvulâ quæ res his concluduntur terminis à mane terra S. Romani & sagnia vuinerij atque rivulus siccatus, à serò terra hæreditariorum de scugliaco, à Circio terra Sancti Justi, & ad præfatos hæreditarios. Et in alio loco in brualia est terra arabilis cum silva quæ res terminatæ sunt his terminis, à mane molaris finalis est silva S. Martini insulæ Barbarensis, à media die terra S. Justi,à sero & à circio terra Sancti Martini Athanacensis & est juxtà præscriptam silvam campus unus quem dono Asterio eo tenore ut quamdiù vixerit eum teneat, post suum discessum ad Sanctum Martinum de Athanaco veniat. Est & in alio loco Marfolia terra arabilis cum silva quæ his cingitur terminis à mane *terra Comitalis*, & terra Freoldi, à media die via publica & à sero similiter, à Circio finalis molaris. Infrà hos fines vel terminationes sive etiam in supradictis locis quidquid visus sum habere vel possidere totum ad integrum usque in exquifitum Deo & Sancto Martino Athanacensi Rectoribusque ipsius loci, ea scilicet ratione ut ab hac die in potestate Monachorum sit facere de his rebus quidquid eis placuerit, item habeant potestatem tenendi, donandi, vendendi seu liceat commutandi si quis v°. contra hanc benevolam donationem quippiam calumniæ inferre temptaverit, nullatenùs evindicet quod repetit, sed persolvat illis quibus litem intulerit auri libras VIII. & inanteà hæc donatio firma & stabilis permaneat cum stipulatione subnixa S. Notardi Canonici qui donationem hanc fecit & firmari rogavit S. Pontionis, S. Arnulfi, S. Ariperti Sacerdotis, S. Rodberti presbiteri, S. Fredoldi Canonici, S. Ebrardi, S. Constancij. Data manu Gausberti indigni Levitæ & Monachi mense Octobr. die veneris, regnante Radulfo Rege Jurensium anno VII.

Je donneray les autres titres de ce Cartulaire entre les preuves de l'Histoire Ecclesiastique parce qu'ils servent à justifier la suite de plusieurs Abbés d'Aynay & à debrouiller les dates de cinq ou six de nos Archevêques.

Præceptum Chunradi Regis de Tusiaco in pago Lugdunensi.

EX BIBLIOTHECA CLUNIACENSI.

IN nomine Sanctæ & individuæ Trinitatis Chunradus nutu omnipotentis Dei serenissimus Rex. Convenit unumquemque nostrum Ecclesiæ Dei pro se, suisque omnibus Deo fideles sublimare ac subvenire quatenus noverit omnium fidelium nostrorum memoria præsentium ac futurorum. Qualiter Hugo Comes Consanguineus noster adiit Regiam magnitudinem nostram, ut hoc quod nobis reddit, videlicet Thosiacum Villam in pago Lugdunensi, & quidquid ad hanc legitime pertinere videtur, vineas, prata, aquas, aquarumque decursus, piscatorias, omnes servos utriusque sexus, pro nostro seniore bonæ memoriæ Rodulfo Rege, & remedio animæ nostræ ad Monasterium Cluniacum, quod est constructum in honore beatorum Petri & Pauli Apostolorum, per præceptum secundùm morem Regium concederemus, quod & fecimus. Volumus namque, ac firmiter decernimus, ut super insertus locus omnem obtineat vigorem, & quidquid hic aspexerit ad super memoratam Villam, cum omnibus suis adjacentiis, & appenditiis quæsitum, & adquirendum, totum & ad integrum, sine ullo obsistente & contradicente. Ut autem hoc nostrum præceptum ab omnibus observetur, & à nemine unquam violetur, manu propriâ firmavimus, & de sigillo nostro confirmare jussimus.

Signum Domni Chuonradi piissimi Regis.
Data VIII. Kal. Maij, anno ab Incarnatione Domini nostri Jesu CHRISTI DCCCCXLIII. anno ...... Regnante Domno Chuonrado Rege Filio Rodulfi feliciter.

Rodulfus Rex Burgundiæ confirmat quæ Monasterio S. Andreæ Viennensis Donaverat Conradus Pater ejus.

Ex Cartulario S. Andreæ Viennensis. Tom. 13. Spicil. pag. 272.

IN nomine Domini Dei æterni *Rudulfus Rex.* Si locis Sanctorum more præcedentium Regum Catholicorum aliquid compendij, unde vita inibi Deo famulantium sustentetur, conferre studemus: non solùm in hac vita diutiùs cum prosperitate regnaturos, verùm in perenni à Deo recompensationem recipere confidimus. Quocircà noverit Sanctæ Dei Ecclesiæ nostrorum fidelium universitas, præsentium scilicet ac futurorum, quia venerabilis Abbas Haimoinus de Monasterio Sancti Andreæ Apostoli in Civitate vigenna siti, cum Monachis sibi commissis ante præsentiam nostram præceptum Patris nostri deferens postulavit, ut res quæ in ipso ad præfatum Monasterium à se jam dudum restauratum delegatæ erant pro animæ Matris nostræ Mathildis Reginæ remedio ac suæ, nostræ auctoritatis præcepto ad sustentationem Deo ibi servientium corroborare dignaremur. Sunt autem res ipsæ in pago Vigenni sitæ, in Villâ Vitrasco. Ecclesia cum appendiciis suis, & quidquid in ipsâ Villâ vel in Arelo Pater noster, & Mater nostra de Theudowino acquisierunt, & in Arcas mansum unum, & in Masiono colonica una, nos verò non solùm in hoc ei assensum præbentes, sed insuper pre Consilium dilectæ conjugis nostræ *Agilûrudis* Reginæ, ac *Fratris nostri Burchardi Lugdunensis Archiepiscopi* quamdam Villam Crisinceacus nominatam cum familiis utriusque sexus & ætatis & rebus omnibus ad ipsam respicientibus &c.

Signum Domini Ruodulfi Nobilissimi Regis, Paldolfus Cancellarius recognovi. Data II. Idus Januarij, anno Incarnationis Domini DCCCCXCIV. anno verò Domini Rodulfi Regis primo. Actum vigennæ in Dei nomine feliciter Amen.

Cet acte nous marque non seulement la premiere année du Regne de Rodolfe III. surnommé le Faineant, mais encore les noms de son Pere & de sa Mere Conrard surnommé le Pacifique, & Mathilde de France. Le nom de Burchard son Frere Archevêque de Lyon.

Ex vetusto Ecclesiæ Paterniaci Cartulario & Bibliothecæ Sebusianæ cap. 1. Centuriæ 1.

EGO *Bertha* gratiâ Dei *Regina* ; primum pro amore Dei: deinde pro anima Domini mei *Beati Rodulphi Regis*, & pro animâ filij mei *Burchardi Episcopi*, & eorum quorum debitores sumus, & *Othonis gloriosissimi Regis*, necnon pro animâ *filiæ meæ Reginæ Adeleidæ & filiorum meorum Conradi Serenissimi Regis, & Rodolphi Ducis* & pro meipsâ &c.

Data in die Martis Kal. Aprilis, anno XXIV. regnante Conrado Rege. Actum verò Lausanâ Civitate.

DE ECCLESIA DE DUERNA.

Du Cartulaire de Savigny.

IN Christi nomine Ego Ardradus de Barbarês & Constancia uxor mea, & Bladinus filius meus, & Bernardus de Mans, & Agna Mater Stephani de Randanis, & Eligendis mater Girini de Pineto donamus aliquid de hæreditate nostra Deo, & Sancto Martino Saviniacensis Cœnobij, ubi Domnus Dalmacius Abbas præesse videtur per laudationem domni Umberti Lugdunensis Archiepiscopi, & Berlionis Archidiaconi nepotis sui, & Bladini Decani, & Fulcherij. Tedini, & Stephani Torticolli & Rotboldi Pœnitentialis, id est medietatem Ecclesiæ S. Joannis Baptistæ nec non Evangelistæ, quæ est in pago Lugdunensi in Villa quæ dicitur Duerna cum decimis & appenditiis suis usque ad exquisitum, pro remedio animarum nostrarum, & omnium progenitorum nostrorum, ut Deus omnipotens eruat nos à pœnis infernorum. Sanè si aliquis ex hæredibus nostris, & qualiscumque persona hanc cartam inquietare voluerit, sit maledictus & excommunicatus à Deo, & non valeat vendicare quod repetit, sed componat tantum quantum res ipsæ dupliciter valuerint, & in fisco regali centum libras auri puri componat, & insuper firma & stabilis permaneat cum stipulatione subnixa. Signum Hugonis, Aymonis, Wichardi, Fulcherij, & Renconis Fratris sui Petri, Dictata lingua Hugonis Carpinel, scripta manu Alberici Monachi. Actum inter Villa de Tazins ad quoddam placitum quod fuit inter Domnum Umbertum Lugnensem Archiepiscopum & Artaldum Comitem.

De Ecclesia S. Romani, & de Anciaco.

DOmnus ac Venerabilis Hugo Lugdunensis Ecclesiæ Archiepiscopus quasdam Ecclesias quæ in suâ diœcesi esse videbantur, videlicet Ecclesiam S. Romani &c

de la Ville de Lyon.

& Ecclesiam de Anciaco ob cælestis amorem patriæ dedit laudavit que sancto MartinoSaviniacensis Ecclesiæ, & Iterio Abbati Monachisque inibi Deo militantibus, de quibus testes hi sunt Clerici, Cirinus Calvus, Arbertus Archidiaconus, Bernardus Ursel, Girinus Capellanus, Wido, & Chamonus Archipresbiteri. Deindè Willelmus Forensium Comes in Capitulum Saviniacense veniens sancto Martino & Iterio Abbati, & Monachis Prædictas Ecclesias, quas dicebat esse suas in suo Alodio sitas cum omnibus earum appenditiis palam absque ullo retentu donavit gratis, laudavitque, dedit etiam nobis dono supradictus Comes Willelmus quidquid acquisituri eramus in locis istis de Fruonibus. Fruones quoque, scilicet Willelmus de Lavieu, & Arnulphus Raimbi & Amblardus de Rossolun qui Presbyteratum ab ipsis possidebat eodem Comite precante, similiter cederunt. Hæc eadem fecerunt similiter Hugo de Machant, Vvigo de Yonio & Stephanus de Varennis & Cartam fieri jusserunt cujus rei testes sunt Fulcherius de Nigromonte, Gaufredus de Yonio, & Agno Catella.

Comme il y a dans tous ces actes & dans les suivans beaucoup de noms de Terres, de Villages & de Parroisses difficiles à connoître à ceux qui n'ont pas eu une longue habitude en ce pays, j'ay crû que je soulagerois les Lecteurs si je leur donnois icy le denombrement des Parroisses du Lyonnois, Forests & Beaujolois, du Franc-Lyonnois, de la Dombe, & de la Bresse, qui est tout le pays appellé dans les Anciens titres, & dans les Anciens Historiens, le pays Lionnois. Pagus Lugdunensis.

Estat des Parroisses de l'Election de Lyon.

Albigny,	Izeron.	S. Germain au Montdor.	Amplepuis quartier d'en haut.
Allix.	Leigny.	S. Germain sur l'Arbresle.	Arbuissonnas.
Amberieux,	Lentilly.	S. Jean a tous Las.	Arcinge.
Ancy.	Lescheres.	S. Jean des Vignes.	Escoche.
Aveizes.	Liergues.	S. Jean de Chaussant.	Les Ardillas.
Bagnols.	L'Illebarbe.	S. Julien sur Bibost.	Arnas.
Balmond.	Lissieux.	S. Laurent d'Oing.	Balmond.
Bessenay.	Longessaignes.	S. Laurent d'Aguy.	Beaujeu.
Bibost,	Lozanne.	S. Laurent de Chamousset.	Beligny.
Le Bois d'Oing.	Lucenay.	S. Loup.	Belleville.
Brignais.	Marcilly d'Azergues,	S. Martin de Cornas.	Blace.
Brindas.	Marcy sur Anse.	S. Pierre la Palud.	Le Bourg d'Amplepuis.
Le Brœul.	Mazet.	S. Romain de Couzon.	Le Bourg de Perreulx.
Brullioles.	La Menné.	S. Romain Engers.	Le Bourg de Thizy.
Brussieux.	Messimieux.	S. Romain de Popes.	Cenues & Burnezay.
Bully.	Millery.	S. Symphorien le Chastel.	Cersie.
La Chapelle.	Moire.		
Chapponost.	Montagny, Sourzy.	S. Sorlin.	Chambost Chamelet.
Charbonniere.	Mont-Romant.	S. Veran.	Chambost Longuesaigne
Charly.	Montrotier.	Ste Consorce.	Chamelet.
Charnay.	Morancé.	Marcy le Loup.	Chanelettes.
Chassagny.	Nuelles.	Ste Foy.	La Chapelle de Mardere.
Chassaigne.	Les Olmes.	Ste Paule.	Charentay.
Chasselay.	Orlienas.	Salvagni.	Chenas.
Chasteau Vieux.	Oullins.	Sarcey.	Chervinges.
Chastillon d'azergues.	Putaval.	Savigny.	La Chese.
Chazay.	Pollemieux.	Soucieu en Jarets.	Bussie.
La Chenevatiere.	Pollionnay.	Souzy l'Argentiere.	Chirassimoud.
Chessieux.	Pomeys.	Surcieux sur S. Bel.	Chiroubles.
Chevignay.	Pouilly.	Tarare.	Claveysolles.
Collonges.	Quincieux.	Tassins.	Cogny.
Courrieux.	La Rajasse.	Ternand.	Combres.
Couzon.	Coizet.	Thaisé.	Cours.
Cuirieux.	Rochefort.	Thurins.	Courselles.
Curiis.	Rontalon.	Valsonne.	Coutrouve.
Darcize.	S. André du coing & Limonets.	Vaugneray.	Croisel.
Dardilly.		Vaux.	Cublize.
Dommartin.	S. André la Coste.	Veyse.	Denice.
Duerne.	S. Apollinard.	Vernaison,	Dompietre.
Escully.	S. Bel.	La Ville d'Ance.	Drace.
Flurieu.	S. Cyprien.	La Ville de l'Arbresle.	Durelte.
La Forest des Halles.	S. Cyre.	La Ville d'Oing.	Esmeringes.
Frontenas.	S. Clement de Valsonne.	Vourles.	Les Estoux.
Frontigni.			Fleurie.
Francheville.	S. Clement les places.	*Election de Ville-Franche.*	Fournaux Sarron.
Grezieux la Varenne.	S. Didier.		Fournaux Vernand.
Grezieux le Marché.	S. Estienne de Coize.	Advenas.	Germoles.
Grigni.	S. Forjeux.	Assoux.	Glaise.
La Guillotiere.	S. Genis l'Argentiere.	Roserette.	Granris.
Jamiost.	S. Genis Laval.	Aigully.	La Gresle.
Irigny.	S. Genis les ollieres.		Jamosse.

b

Preuves de l'histoire Consulaire

Boye.
Joux sur Tarare.
Juillic.
Juillenas.
Lacenas.
Lancie.
Lantignie.
Lestra.
Limas.
Marchant.
Mardore.
Marnand.
Le Mas de Gan.
Le Mas de la Farge.
Le Mas d'Escourron.
Le Mas des Eaux.
Matour.
La Meure.
Monsouls.
Montagny.
Montmelas.
Nandax.
Naux.
Nostre Dame & Boisset.
Nulize.
Odonnas.
Oully.
Ouroux.
Parigny.
La Paroisse de Perreux.
Pomier.
Pouilly le Chastel.
Pouilly sous Charlieu.
Poulle.
Pradine.
Proprieres.
Quincie.
Ranchat.
Rignie.
Rivollet.
Rognins.
Ronno.
S. Apollinard.
S. Bonnet des Bruires.
S. Bonet de Trovey.
S. Christofle la Montagne.
S. Cire de Chatoux.
S. Cire de Savieres.
S. Cire de Valorge.
S. Didier.
S. Estienne la Varenne.
S. Jaques des Arrests.
S. Jean d'Ardiere.
S. Jean la Bussiere.
S. Igny de Vers.
S. Jullien.
S. Just d'Auray.
S. Just Lapendeur.
S. Lagier.
S. Mamel.
S. Marcel Esclaire.
S. Nizier d'Azergue.
S. Pierre le Vieux.
S. Symphorien de Lay.
S. Sorlin.
S. Victor.
S. Vincent de Boisset.
S. Vincent de Rins.
Ste Colombe.
Sales.
Les Sauvages.
Sevelinges.
Taponas.
Tel.
Thisy.
Tradés.
Vandranges.
Vaulrenard.
Vaux.
Vernay.
Ville-Franche.
Villie.
Voulgy.

Election de S. Estienne.

Ambuens.
Pelussin.
La Viala.
Ampuis.
Argental.
Belleyés.
Bœuf.
Bourg Argental Guetbas.
Burdignes.
Montchal.
Cellieu.
Chaignon.
Le Chambon.
La Chapelle.
Chasteauneuf.
Chavagnieu.
Chavanay.
Chazaux.
Chuyes.
Clavas en Riotort.
Clavas les Dames.
Marches.
Condrieu.
La Cula.
Dargoire.
Deizieu.
Les Fernanches.
Eschalas.
Farnay.
Le Fay.
La Faye la Forie.
La Faye & Marlhes.
Feugeroles.
Firmini.
La Frachette.
La Fraisses.
Furet.
Givors, Bans & la Frediere.
Grais.
Hauteville, la Coste & la Borie.
Les Hayes.
L'Hospital du Temple.
Janon.
Jonzieu.
Izieux.
La droit S. Sauve.
Loire.
Longes & Treves.
Limonni.
Lupé.
Maclas.
Malleval.
Martorey.
La Metare.
Montagne S. Genis de Malifaux.
Montaud.
Monteil de Montchal.
Mournant.
Nostre Dame de Sorbiers.
Olagnier, Buffes & Courbon.
Oriol.
Outrefuran.
Pavesins.
Pellussin en Lionnois.
Le petit quartier S. Jean.
Peubert & la Frache.
Pleney en Rochetaillée.
Pralagier & le Champ.
Prarocy.
Le Reclus & la Pertini.
Riotor en Joyeux.
Riotor en la Faye.
Rivediger.
Rivirie.
Rocheblaine & Paillerests.
Roche la Molliere.
Rochetaillée.
Roiseyes.
La Rouchouse.
S. Andœl le Chastel.
S. Apollinard.
S. Chamond.
S. Cire lés Ste. Colombe.
S. Christo la Chal & Val-Florie.
S. Didier sous Rivirie.
S. Estienne.
S. Ferreil.
S. Genés de Malifaux.
S. Genés en Fougeroles.
S. Genés l'air.
S. Genés terre noire.
S. Jean de Bonnefond.
S. Jullien en Jarets.
S. Julien molin molette.
S. Just en Feugeroles.
S. Just en Cornillon.
S. Just lés Velay.
S. Martin en Coalies.
S. Martin en haut.
S. Martin la Plaine.
S. Maurice sur Dargoire.
S. Meras Couuent & le Bouchet.
S. Michel sous Condrieu.
S. Paul en Jarets.
S. Pierre de Colombarets.
S. Priest.
S. Romain en Galles.
S. Romain en Jarets.
S. Romain les Atteux.
S. Sauveur & le Versain.
Ste. Catherine sur Rivirie.
Ste. Colombe.
La Seauve benifte.
Talluyers.
Tartaras.
Thelise & le Combe.
Le Thoil. L'Andœl & la Vala.
La Tour en Jarets.
Tupins & Semons.
Valbenoite.
Veranne.
Verlieu.
Versanne.
Villars.
Villette en Colombarets.
Virieu.
Unieu.

Election de Roanne.

Aiguerande.
Ailland & la Roverie.
Aillieu en bussl.
Ambierle.
Amions.
Arcon.
Masson Marimbes.
Aucy le coing.
Balbigny.
Balmond.
Beaulieu.
Belle roche.
Boën.
Boisset.
Boizy.
Le Bourg de Renaison.
Brienon.
Bully.
Bussieres.
Bussi & Albieu.
Champoly.
Champtois.
Chasteau morand.
Changy.
Charlieu.
Chandon.
Chaugy.
Chenay.
Cheriers Cheré.
Choliet.
Combres.
La Commune S. Martel.
Cordelle.
Cottance.
Cremeaux.
Crozet.
Cunzié.
Dancé.
Diannieres.
Dontzy.
Durbize.
Esparcieux.
Essertines.
Les Exampts Chateaumorand.
Feurs.
Fontanes.
Le Forestier.
Les Forges.
Goujon.
Grezoles.
L'Hospital de Rochefort.
Jarnosse.
Juré en S. Just.
Legats.
Lentigny.
Limandon.
Luré.
Mably.
Maizilly.
Le Manduël.
Mars.
Montchal.
La Montagne de Cheriers.
Monteguet.
Mantousse.
Naulieu.
Nerestable.
Neronde.
Neulize.
Noailly en Donzy.
Noailly en Roannois.

de la Ville de Lyon.

Ouches.
Panissieres.
La paroisse de Renaison.
Le petit quartier d'Urfé.
Le petit quartier S. Didier.
Le petit S. Symphorien.
Pierre site.
Pinay Pingnieu.
Pingüet.
Plagny.
Poüilly en Roannois.
Poüilly lés Feurs.
Pommiers.
Regny.
Roanne.
Rochefort.
Roziers.
Sail lés Chateaumorand.
S. André.
S. Bonnet de Cray.
S. Bonnet desquarts.
S. Denis de Cabanes.
S. Didier.
S. George de Barrollié.
S. Germain la Montagne.
S. Germain Laval.
S. Haon le Chastel.
S. Haon le Vieux.
S. Hilaire.
S. Jodard.
S. Julien de Cray.
S. Julien Dodes, & Lessalois.
S. Just en bas.
S. Just en Chevalet.
S. Just la pendüe.
S. Lagier.
S. Marcel en Neronde.
S. Marcel Durphé.
S. Martin d'Estraux.
S. Martin la Jeannette.
S. Maurice.
S. Nizier.
S. Paul de Parcieux.
S. Paul de Vezelins.
S. Pierre la Noaille.
S. Polques.
S. Priests en Ogeroles.
S. Priest la Prugne.
S. Priest la Roche.
S. Rirand.
S. Romain la Mothe.
S. Sixtre.
S. Sulpice.
S. Thurin.
Ste Agathe.
Ste Colombe.
Savizinet.
Souternon.
Trezette.
Verney.
Vertieres.
Les villages outre le Ris.
Vile Chenesve.
Villemontais.
Villerest.
Villers.
Violey Montipon.
Violey Villete.
Vivans en Forets.
Vivans en Lionnois.

Election de Montbrison.

Apinat.
Aboin.
Arconsat.
Argieres.
Arthun.
Aveizieu.
Barges.
Bart.
Basset.
La Bastie & Julieu.
Bellegarde.
Bethenod.
Boisset lés Montrond.
Boisset lés Tiranges.
Bonsson.
Botheon.
Bouchalas.
La Boureresse.
La Celle & Lorme.
Celles.
Cervieres.
Cezey.
Clepé.
Chalain Duzort.
Chalain le Comtal.
Chalancon.
Chalmazel.
La Chambas.
Chambeon.
Chamble.
Chambœuf.
Champdieu.
Champs.
Chanteloube & Thezinas.
La Chapelle en la Fay.
La Chapelle en Vaudragon.
Charbonnieres.
Chastel le Bois.
Chastelneuf.
Chastelus.
Chaumond.
Chazelles.
Chazelles sur Lavieu.
Chenereilles.
Chenereilles sur Miribel.
Chevrieres.
Coize.
Colombettes.
La Coste en Cousant.
La Coste en S. Laurent.
Les Costes d'Aurecq.
Craintilieu.
Cromeroles.
Cusson.
Cuzieu.
Les débats & Rivieres.
Decaloire en Cornillon.
Emilieu & Augelas.
Essertines.
Escotay.
Losme.
Estain.
Boissailles.
Magnieu le gabion.
Estivareilles.
Ferriol.
Fontanez.
La Foüillouse.
Gachas.
Galy.
Gourgois & Glands.
Gramont.
Grezieu.
Gumieres.
Hautemontagne de Rochebaron.
Hauterivoire.
L'Hospital le Grand.
Jas.
Lavieu.
Landuzey & Cizeron.
Laubespin.
Lagnieu.
Leynic & Merle.
La Lobiere en S. Victor.
Lerignieu.
Lezignieu.
Luriecq.
Magnieu Hauterive.
Mayol.
Marcilly le Chastel.
Marclopt.
Marcoux.
Margerie & Chantagret.
Maringes.
Marols.
Marrieu & la Mure.
Meylieu.
Meys.
Meserieu.
Miribel Perignieu.
Moing.
Monsupt S. George.
La Montagne de Gumiere.
La Montagne Rochebaron.
La Montagne Lavieu.
Montarboux.
Montarcher.
Montbrison.
Montchaurier.
Montrond.
Montverdun.
Mornand.
La Motte & Bigny.
Nervieu, Grenieu.
Ogeroles.
Olmes.
Le Palais les seurs.
La petite Gimont.
Palognieu.
Pizeys.
Pomerols.
Ponsins.
Pralong.
Precieu.
La Prevosté en Cervieres.
Le Puy & le Chastelard.
Le quart de Comanderie.
La Rajasse.
Rendans & la Sale.
Rissoy.
Rivas.
La Riviere en Lavieu.
Les Rivieres d'Aurecq.
Roche.
Rochebaron & bas.
Le Roure & la Mure.
Rosiers.
Le Sail sous Cousant.
S. André le Puy.
S. Barthelemy l'Estra.
S. Bonnet de Coreaux.
S. Bonnet le Chastel.
S. Bonnet les Oulles.
S. Christo en Chateluy.
S. Christo en Fontanez.
S. Christo en Jarets.
S. Cyprien.
S. Cyre les Vignes.
S. Denis sur Coize.
S. Galmier.
S. George en Chasteauneuf.
S. George en Cousant.
S. Heand.
S. Heand en Fontanez.
S. Hilaire.
S. Jean de Soleymieu.
S. Jean la Vestre.
S. Julien d'Ance.
S. Julien la Vestre.
S. Just sur Loire.
S. Laurent la Couche.
S. Marcelin.
S. Martin l'Estra.
S. Maurice.
S. Miard.
S. Nizier.
S. Pal en Chalancon.
S. Paul en Cornillon.
S. Paulés.
S. Priest en Rousset.
S. Priest la Vestre.
S. Rambert.
S. Rhemy.
S. Romain en Cervieres.
S. Romain le Puy.
S. Sulpice.
S. Thomas la Garde.
S. Victor & Essumin.
Ste Agathe.
Ste Foy.
Les Salles.
Salunaux.
Savignieu.
Sauvain.
Semene & Girard.
Sury le Bois.
Sury le Comtal.
Ternand.
Tiranges.
Toranches.
La Tourrette.
Trelins.
Val privas.
Vaudragon.
La Valmitte.
Veauche.
Veauchette.
Verrieres.
Ugnias.
Vinois.
Viricelles.
Virignieu.
Viviers.
La Voupt.
Crozet & Nemy.
Usson.
Uzore.

Ex Dionis Libro 54.

Licinnius origine Gallus erat, captusque a Romanis, servus Julij Cæsaris fuerat, & ab eo manumissus, ab Augusto Galliæ præfectus fuit. Is cùm avaritiâ barbaricâ majestatem Romanam usurpans, omne id quod sibi præferretur, evertebat, omne quod in præsentia vires haberet, opprimebat, multásque ex officio sibi injunctas pecunias exigebat, multas autem præter illas sibi & suis quoque conficiebat. Jamque eò malitiæ pervenerat, ut quoniam singulis mensibus tributum erat Gallis pendendum, quatuordecim menses anni constitueret. Decembrem mensem verè decimum dictitans. Itaque duos quoque alios Augustos menses undecimum & duodecimum a se vocatos, esse, pecuniamque eis competentem Gallis conferendam. Has ob fraudes in periculum venit Licinnius Gallis apud Augustum gravissimè eum accusantibus, ita ut partim indignationem ei, partim misericordiam moverent; ut quæ quædam se ignorare diceret, quædam credere dissimularet, nonnulla etiam occultaret, verecundia affectus, quod tali usus esset Præfecto. Verùm alio Licinnius usus artificio Gallos indicatus est. Quùm videret Augustum sibi infensum, pœnasque se daturum intelligeret, in ædes eum suas adduxit, multísque argenti & auri thesauris, multis acervis demonstratis, hæc inquit, Domine, datâ operâ tibi ac Romanis collegi, ne Galli tanta vi pecuniæ instructi deficerent. Itaque omnia & conservavi tibi, & nunc do. Ita Licinnius, quasi vires Gallorum in Augusti gratiam enervasset, discrimen evasit.

Dion rapporte cette histoire de Liccinnius sous la date de l'an 739. de Rome, & voicy li titre du Cartulaire d'Ainsay.

Sacrosanctæ Dei Ecclesiæ, quæ constructa est, in Insula quæ Athanacus vocatur, in honore sancti Martini dicata, ubi Dominus Arnulphus Abba præesse videtur. Ego in Dei nomine Veranus & uxor mea nomine Maria donamus Deo & sancto Martino pro remedio animarum nostrarum totum quantum evenit nobis de medio planto quod fecimus in terra sancti Stephani. Quod situm est in pago Lugdunensi in loco *Mons Licinius* vocatur. Qui concluditur his terminis. A manè & a sero & a Circio via publica. Media die terra Sancti Stephani de ipsa hæreditate. Infra hos terminos, vel determinationes donamus Deo & sancto Martino & Monachis inibi commorantibus jam supradictam plantum, eo tenore ut quamdiù ego vixero possideant. Post meum verò discessum ad supradictos Monachos & omni anno investituram reddam quatuor sextarios vini. Si quis etenim contrà hanc benivolentiam quippiam calumniæ inferre temptaverit, nequaquam evindicet, sed insuper sex libras auri componat. S. Verani & uxore sua Maria qui hanc donationem fecerunt & firmare rogaverunt. S. Engelberti. S. Grimaldi, S. Bosoni, S. Erimberti. S. David. S. Leviarda. Data manu Aymoni Monachi & Levitæ. Anno XIII. Regnante Rodulfo Rege.

J'ay trouvé dans le Bullaire manuscript de l'Eglise de Lyon une Bulle du Pape Lucius III. qui confirma la permutation faite entre Guichard Archevêque de Lyon, & Guy Comte de Forés que le Pape Alexandre avoit déja confirmée, & authorisée par une Bulle de l'an 1173. rapportée parmy ces preuves en la page 37.

Lucius Episcopus servus servorum Dei. Dilectis Filiis Decano & Capitulo Lugdunensi salutem & Apostolicam benedictionem. Suscepti regiminis administratione compellimur justis petitionibus singulorum annuere, & ea quæ sine pravitate de voluntate partium statuuntur, Apostolico patrocinio communire, ne malignitate quorumlibet rescindatur in posterum, quod est cum studio & labore amicabili compositione statuum. Undè quod postulavit a nobis vestra devotio, ut transactionem illam, quæ quam bonæ memoriæ Guichardus quondam Archiepiscopus vester nobis assentientibus & præsentibus, cum Nobili viro Guigone Forensi Comite fecit, scripti nostri munimine firmaremus. Nos vestris postulationibus annuentes, transactionem ipsam sicut de spontaneâ voluntate partium facta est & recepta, ratam habemus, & eam ad memoriam futurorum de verbo ad verbum sicut in scripto authentico continetur literis duximus annotandum. In nomine Domini nostri Jesu Christi ad perpetuæ pacis stabilitatem inter Dominum Guichardum &c. ut pag. 32.

Datum Velletr. per manum Alberti Sanctæ Rom. Eccles. Presbyt. Card. & Cancellarij, Non. Indictione XV. Incarnat. Dominicæ anno MCLXXXII. Pontificatus verò Domini Lucij Papæ III. anno primo.

Coment li Citoyens de Lyon & leurs familiers sont en la garde saint Pere & du saint Pere le Pape & leurs biens.

Innocentius Episcopus servus servorum Dei. Dilectis filiis Civibus Lugduni, salutem & Apostolicam Benedictionem. Multa & devota servitia, quæ nobis & Fratribus, cæterisque officialibus & familiaribus nostris in Civitate Lugduni libenter, & liberaliter impendistis, securè Sedem Apostolicam interpellant, & ab eâ exigunt confidenter, ut vos inter alios devotos Ecclesiæ filios præcipuâ benevolentiâ prosequentes, personas vestras singulari privilegio gratiæ honoremus. Nullo etenim tempore ab ejusdem Sedis memoriâ excidere poterit, cum quantâ Nos Civitas vestra veneratione susceperit, & cum quantâ studuerit diligentiâ honorare. Sed hoc in armario pectoris perpetuò conservabit, ut crebrâ eorum rememoratione sæpè vos mentis comprehendat obtutibus, quos in absentiâ non poterit corporaliter intueri. Claruit siquidem ergà nos & Sedem ipsam vestra sinceritas, patuit fidei vestræ puritas, & cordis constantia inconcussa permansit. Propter quod Apostolicis vos favoribus proponimus ampliùs communire. Volentes itaque affectum paternum quem ad pro tantis obsequiis gerimus demonstrare, personas vestras cum famulis & omnibus bonis quæ in præsentiarum rationabiliter possidetis, aut in futurum justis modis, præstante Domino, poteritis adipisci, sub B. Petri & nostrâ protectione suscipimus, & præsentis scripti patrocinio communimus. Nulli ergò omninò hominum liceat hanc paginam nostræ protectionis infringere, vel ei ausu temerario contraire. Si quis autem hoc attentare præsumpserit indignationem omnipotentis Dei, & Beatorum Petri & Pauli Apostolorum ejus se noverit incursurum. Datum Lugduni XVI Kal. Martij, Pontificatus nostri anno octavo.

Facta est collatio de præsenti transcripto ad originale Bullâ dicti Domini Papæ Bullatum per me Johannem de Sorberio authoritate regiâ Notarium publicum & Curiæ Lugduni Juratum, unà cum Diderio de Bisuntio Notario, & in hujus rei testimonium signum meum hic apposui, quod est tale.

Et per me dictum Diderium de Bisuncio Clericum autoritate regiâ publicum Notarium, Curiæque Domini Officialis Lugduni Juratum unà cum dicto Johanne de Sorberio Notario. Et ob hoc in rei testimonium signum meum huic præsenti transcripto apposui, quod est tale.

de la Ville de Lyon.

Coment le dit S. Pere le Pape donne exequteurs à garder la dite garde en sa force.

Innocentius Episcopus servus servorum Dei. Dilectis Filiis Priori sancti Irenæi, & Præposito Ecclesiæ Forverij Lugduni salutem & Apostolicam Benedictionem. Multa & devota servitia quæ dilecti Filij Cives Lugduni Nobis & Fratribus, cæterisque Officialibus & familiaribus nostris in Civitate Lugduni libenter & liberaliter impenderunt, securè Sedem Apostolicam interpellant, & ab eâ exigunt confidenter ut eos inter alios devotos Ecclesiæ filios præcipuâ benevolentiâ prosequentes, eorum personas singulari Privilegio gratiæ honoremus. Nullo etenim tempore ab ejusdem sedis memoriâ excidere poterit cum quantâ Nos Civitas ipsa veneratione susceperit, & cum quantâ studuerit diligentiâ honorare. Sed hæc in armario pectoris perpetuò conservabit, ut crebrâ horum rememoratione sæpe eos mentis comprehendat obtutibus, quos in absentiâ non poterit corporaliter intueri. Claruit siquidem erga Nos & Sedem ipsam eorum sinceritas, patuit fidei eorumdem puritas, & cordis constantia inconcussa permansit. Propter quod Apostolicis eos favoribus proponimus ampliùs communire. Volentes itaque paternum affectum quem ad ipsos pro tantis acceptis obsequiis gerimus demonstrare, eorumdem Civium personas cum famulis & omnibus bonis quæ in præsentiarum rationabiliter possident, aut in futurum justis modis præstante Domino, poterunt adipisci sub B. Petri & nostrâ protectione duximus admittendas. Quocircâ discretioni vestræ per Apostolica scripta mandamus, quatenùs præfatis Civibus non permittatis contrà protectionis nostræ tenorem super hiis ab aliquibus indebitè molestari, molestatores hujusmodi per censuram Ecclesiasticam appellatione postpositâ compescendo. Quod si vos ambo iis exequendis potueritis interesse, alter vestrum nihilominus ea exequatur. Datum Lugd. XVI. Kal. Martij. Pontificatus nostri anno octavo.

Collatio ut suprà.

Comant le Saint Pere mande à tôt Clergiez en vertu de Obedience que le Citoyen de Lyon ayent por Fils de sainte Eglise especiaux, comandez, & lor persanes & biens gardent, & donent Conseil & advis, & ne suffrent estre molestez, ains contraignent les Molesteurs, Et les transcris sox. les seyaux Monsieur L'Archevesque, son Official ou d'auncun personage de l'Eglise de Lyon soient creus comme Originaux.

Innocentius Episcopus servus servorum Dei. Venerabilibus Fratribus Universis Archiepiscopis & Episcopis, ac dilectis filiis Abbatibus, Prioribus, Decanis, Archidiaconis, & aliis Ecclesiarum Prælatis, tam exemptis quàm non exemptis, ad quas literæ istæ pervenerint salutem & Apostolicam Benedictionem. Lucida Lugduni devotio Civium plena erga Ecclesiam sinceritate coruscans, sic tenaciter est ascribenda memoriæ, ut nulla exinde oblivione succedente tempore valeat aboleri. Hanc urgente olim temporis qualitate cum in Italiæ partibus contrà Ecclesiam ipsam procella persecutionis excresceret, providimus ad partes alias deliberato consilio declinare, ut defensioni Catholicæ fidei & Ecclesiasticæ libertatis dare possemus operam potiorem. Propter quod tempestatis Italicæ turbine devitato, ad cismontanam ubi viget tranquilla requies & quieta tranquillitas pervenimus regionem, eligentes pro morâ nostrâ Civitatem specialiter Lugduni, Civitatem inquam titulo nobilitatis insignem, fidei puritate pollentem, pacis unione concordem, rerum affluentiâ locupletem, & situ loci communiter habitem universis, in qua Universali & celebri congregato Concilio, ac in eo Ecclesiæ causâ diligenter expositâ contra Tyrannos & persecutores ipsius constanter processimus, & super necessaria Terræ sanctæ ac Imperii Romani subventione, nec non contrà imminentes Tartarorum incursus, & generaliter super statu Ecclesiæ, solenni cum eodem Concilio deliberatione præhabitâ salubriter providendum. Hæc est utique Civitas devotione conspicua quæ generalis Pastorem Ecclesiæ, omniumque fidelium spiritualem Patrem cum magnâ veneratione suscepit, ac ipsum cum Fratribus cæterisque Officialibus & familiaribus suis multipliciter honoravit. Hujus quidem Civitatis habitatores rectè peculiares filij vocati merentur, qui humilitate tractabiles, mansuetudine lenes, affectione benevoli, & modestiâ compositi studuerunt, eam ut matrem, & Dominam in omnibus revereri. Meritò itaque Apostolica sedes ipsos tamquam ex multimodo famulatu condignos ampliori amore complectitur, prosequitur uberiori favore, & erigit gratiâ potiori, ut ipsorum recognita, & remunerata bonitas sit aliis ad Ecclesiæ obsequia inductio efficax & effectivum exemplar. Verùm quia volumus quod grata ipsorum merita non solum proximis, sed etiam remotis innotescant, ut apud illos clareant digna laude, providimus pro eis vobis nostras affectuosas literas devota ipsorum exponentes servitia destinare. Quia non solùm per Nos, sed & per vos & alios profectum eorum procurare intendimus & honorem, ideoque Universitatem vestram rogamus & hortamur attentè per Apostolica vobis scripta, in virtute obedientiæ districtè præcipiendo mandantes quatenùs eosdem Lugdunenses Cives quos sub Beati Petri & nostrâ protectione suscipimus quandocumque ad terras vel loca vestræ jurisdictionis ipsos accedere, vel exindè transire contigerit habeatis pro nostra & Sedis Apostolicæ reverentia tamquam ipsius Sedis filios speciales præcipuè commendatos, & eos in personis & rebus favorabiliter protegentes, ac de securo conductu, si necesse fuerit, in eundo, & redeundo providentes eisdem, non permittatis ipsos à quoquam molestari aliquatenùs vel offendi. Et si super injuriis vel quibuscumque negotiis justitiam sibi fieri petiverint, illam eis à vestris subditis cum super hoc vos requisiverint faciatis plenam & sinè mora & difficultate qualibet exhiberi. Contradictores tàm authoritate nostrâ quam vestrâ, sublato cujuslibet appellationis obstaculo compescendo. Cæterum, quia eorum singulis esset difficile has literas cum bulla nostrâ deferre, volumus atque præcipimus, ut si tenorem vel transcriptum earum munitum sigillo Archiepiscopi vel Officialis, aut Decani, seu Archidiaconi Lugduni qui pro tempore fuerit, vel alterius personæ dignitatem habentis in Ecclesiâ Lugdun. vobis præsentaverint, transcripto hujusmodi firmam adhibentes fidem, mandatum Apostolicum ac si literas nostras ipsas reciperetis, exequi per omnia studeatis, præceptum nostrum super iis omnibus sic efficaciter adimpleturi, quod de negligentia vel inobedientiâ quam nullatenùs impunitam præterire possemus, argui minimè valeatis, sed de obedientiâ & diligentiâ quæ laudem & præmium consuevit acquirere, potius commendari. Dat. Lugdun. Id. Febr. Pontificatus nostri anno VIII.

Que les Eglises ne Parroches de Lyon ne soient mises en entredit.

Innocentius servus servorum Dei. Dilectis filiis Civibus Lugduni salutem & Apostolicam benedictionem. Multa & devota servitia quæ nobis & Fratribus, cæterisque officialibus & familiaribus nostris in Civitate Lugduni libenter & liberaliter impendistis, securè Sedem Apostolicam interpellant, & ab eâ exigunt confidenter ut vos inter alios devotos Ecclesiæ filios præcipuâ benevolentiâ prosequentes per-

b iij

fonas veſtras ſingularis Privilegio gratiæ honoremus. Nullo etenim tempore ab ejuſdem Sedis memoria excidere poterit, cum quantâ Nos Civitas veſtra veneratione ſuſcepit, & cum quantâ ſtuduerit diligentiâ honorare, ſed hæc in armario pectoris perpetuò conſervabit ut crebrâ horum rememoratione ſæpè vos mentis comprehendat obtutibus, quos in abſentiâ non poterit corporaliter intueri. Claruit ſi quidem erga nos & Sedem ipſam veſtra ſinceritas, patuit fidei veſtræ puritas, & cordis conſtantia inconcuſſa permanſit. Propter quod Apoſtolicis vos favoribus pro non ponimus amplius communire. Volentes it aque paternum affectum quem ad vos pro tam acceptis obſequiis gerimus, demonſtrare. Vobis in Eccleſiæ Romanæ devotione perſiſtentibus perpetuò indulgemus ut authoritate literarum Sedis Apoſtolicæ obtentarum hactenùs vel impetrandarum in poſterum nulla Eccleſia ſeu parochia Civitatis ejuſdem Eccleſiaſtico poſſit ſubjici interdicto, niſi in eis de Civitate ipſâ & hac indulgentia ſpecialiter vobis conceſſa, & toto ipſius tenore de verbo ad verbum expreſſa mentio habeatur. Nulli ergò omninò hominum liceat hanc paginam noſtræ Conceſſionis infringere, vel ei auſu temerario contraire. Si quis autem hoc attentare præſumpſerit, indignationem omnipotentis Dei & Beatorum Petri & Pauli Apoſtolorum ejus ſe noverit incurſurum. Datum Lugduni XVI. Kal. Martii Pontificatus noſtri anno octavo.

Eſſecuteurs & Gardiens que les Egliſes ne Parroches deſſuſdites ne ſoient miſes en entredits.

Innocentius Epiſcopus ſervus ſervorum Dei. Dilecto Filio Sacriſtæ ſecularis Eccleſiæ ſancti Pauli Lugduni ſalutem & Apoſtolicam benedictionem. Multa & devota ſervitia quæ dilecti filij Cives Lugduni Nobis & Fratribus cæteriſque officialibus & familiaribus noſtris in Civitate Lugduni libenter & liberaliter impenderunt ſecurè Sedem Apoſtolicam interpellant & ab eâ exigunt conſiderantes ut eos inter alios devotos Eccleſiæ filios præcipuâ benevolentiâ proſequentes, eorum perſonas ſingulari Privilegio gratæ honoremus. Nullo etenim tempore ab ejuſdem Sedis memoriâ excidere poterit cum quantâ nos Civitas ipſa veneratione ſuſceperit, & cum quantâ ſtuduerit diligentiâ honorare. Sed hoc in armario pectoris perpetuò conſervabit, ut crebrâ rememoratione ſæpe, eos mentis comprehendat obtutibus quos in abſentiâ non poterit corporaliter intueri. Claruit ſiquidem erga Nos & Sedem ipſam eorum ſinceritas, patuit fidei puritas eorumdem, & cordis conſtantia inconcuſſa permanſit. Propter quod Apoſtolicis eos favoribus proponimus amplius communire. Volentes namque paternum affectum quem ad ipſos pro tam acceptis obſequiis gerimus demonſtrare, eiſdem Civibus in Eccleſiæ Romanæ devotione perſiſtentibus perpetuò duximus indulgendum, ut authoritate literarum Sedis Apoſtolicæ obtentarum hactenùs vel impetrâdarum impoſterum nulla Eccleſia ſeu parochia Civitatis ejuſdem Eccleſiaſtico poſſit ſubjici interdicto. Niſi in ipſis literis de Civitate ipſâ & hujuſmodi indulgentia ſpecialiter eis conceſſa, & toto ipſius tenore de verbo ad verbum expreſſa mentio habeatur. Quocirca diſcretioni tuæ per Apoſtolica ſcripta mandamus quatenùs præfatos Cives, Eccleſias ac Parochias non permittas contrà conceſſionis noſtræ tenorem ſuper his ab aliquibus indebitè moleſtari. Moleſtatores hujuſmodi per cenſuram Eccleſiaſticam, appellatione poſtpoſitâ, compeſcendo. Dat. Lugd. XVI Kal. Martii Pontificatus noſtri anno octavo.

Comãt li Meſſage la ville de Lyon ſoient tenu comme familiares du S. Pere le Pape tandis come il ſeront a Cour de Rome.

Innocentius &c. Dilectis filiis Civibus Lugdun. & Apoſtolicam benedict. Multa & devota ſervitia &c. *ut ſuperiùs*... Volentes itaque paternum affectum quem ad vos pro tantis acceptis obſequiis gerimus demonſtrare, vobis tenore præſentium concedimus ut quandocumque pro ejuſdem Civitatis negotiis nuntium veſtrum ad Apoſtolicam Sedem miſeritis, idem nuntius quandiu apud Sedem ipſam pro negotiis ejuſdem permanſerit Romani Pontificis qui pro tempore fuerit, familiaris exiſtat, & ſicut unus de ipſius familia in omnibus habeatur. Nulli ergò omninò hominum, &c. *ut ſuperiùs*,

Bulles du même Pape en faveur du Chapitre, tirées du Bullaire M. S. de l'Egliſe ſe Lyon.

Innocentius ſervus ſervorum Dei. Dilectis filiis Decano & Capitulo Lugdun. Salutem & Apoſtolicam benedictionem. Apoſtolicæ Sedis benignitas, ſincerè obſequentium vota Fidelium favore benevolo proſequi conſuevit, & illorum perſonas, quas in ſuâ devotione promptas invenerit & ferventes, quibuſdam titulis decentiùs decorare. Ut igitur ex devotione quam ad perſonam noſtram, & Romanam Eccleſiam habere noſcimini, vobis ſentiatis favorem Apoſtolicum accreviſſe, veſtris ſupplicationibus inclinati, autoritate præſentium indulgemus: Ut nullus delegatus, vel ſubdelegatus, conſervator, aut etiam executor à Sede Apoſtolicâ deputatus, in vos excommunicationis, vel ſuſpenſionis, ſeu in Eccleſiam Lugdun. interdicti ſententiam valeat promulgare abſque mãdato Sedis prædictæ ſpeciali faciente plenam, & de verbo ad verbum de præſenti indulgentiâ, & de Lugdun. Eccleſiâ mentionem. Nos enim ſententias ipſas ſi contrà indultum noſtrum ferri eas contingeret, decernimus irritas & inanes. Nulli ergò omninò hominum liceat hanc paginam noſtræ conceſſionis & conſtitutionis infringere, vel ei auſu temerario contraire: Si quis autem hoc attentare præſumpſerit, indignationem omnipotentis Dei & beatorum Petri & Pauli Apoſtolorum ejus ſe noverit incurſurum. Datum Peruſij VIII. Kal. Maij, Pontificatus noſtri anno nono.

Innocentius Epiſcopus ſervus ſervorum Dei. Dilectis filiis Decano & Capitulo Lugdunenſi Salutem & Apoſtolicam benedictionem. Veſtræ pacis quærentes commodum, & quietis, libenter illa vobis concedimus per quæ materia ſub motâ gravaminis ſui ſtatus tranquillitatis habeatur. Hinc eſt quod quò eorumdem gravaminibus occurrere cupientes remedio gratiæ ſpecialis, auctoritate præſentium vobis indulgemus, ut extrà civitatem Lugdunenſem in cauſam trahi per literas Apoſtolicas de cætero non poſſitis. Niſi literæ ipſæ de Lugduni Eccleſiâ plenam & expreſſam, ac de præfatâ indulgentiâ de verbo ad verbum fecerint mentionem. Nulli ergò omninò hominum, &c. *ut ſuprà*. Datum ut ſuprà.

Innocentius Epiſcopus, &c. Dilecto filio Abbati Inſulæ barbaræ Lugd. Dioc. Salutem & Apoſtolicam benedictionem. Dilectorum filiorum Decani & Capituli Lugdun. pacis quærentes commodum & quietis, libenter eis illa concedimus per quæ materiâ ſubmotâ gravaminis ſui ſtatus tranquillitas habeatur. Hinc eſt quod eorum gravaminibus occurrere cupientes remedio gratiæ ſpecialis, per noſtras eis literas duximus concedendum, ut extrà civitatem Lugdunenſam in cauſam per literas Apoſtolicas minimè de cætero trahi poſſint, niſi literæ de Lugdunenſi Eccleſiâ plenam & expreſſam, ac de indulgentiâ hujuſmodi de verbo ad verbum fecerint mentionem.

de la Ville de Lyon. XV

Quocircà discretioni tuæ per Apostolica scripta mandamus, quatenùs memoratos Decanum, & Capitulum non permittas contrà concessionis nostræ tenorem super iis ab aliquibus indebitè molestari, molestatores hujusmodi per censuram Ecclesiasticam, appellatione postposita, compescendo. Datum Perulij VIII. Pontificatus nostri anno nono.

Privilegium gladij Spiritualis.

Nicolaus Episcopus servus servorum Dei. Dilectis filiis Decano & Capitulo Ecclesiæ Lugdun. Salutem & Apostolicam benedictionem. Pastoralis officij cura nos admonet, ut circà nostrum, & Ecclesiæ nostræ Lugdunen. statum consideratio nis intuitum dirigentes, vos illius favoris & gratiæ prosequamur auxilio, quod vobis & eidem Ecclesiæ fore perpendimus opportunum. Ad audientiam quidem nostram pervenit, quod nonnulli, qui propriæ salutis immemores in suæ malitiæ gloriantur operibus, & etiam plerique officiales regij, commissæ sibi jurisdictionis finibus non contenti, vos, ac eamdem Ecclesiam, & alios Beneficiatos ipsius Ecclesiæ in personis & bonis, ac juribus ejusdem Ecclesiæ, & vestris, & vestrum cujuslibet, divinâ & Apostolicæ Sedis reverentiâ prorsus abjectâ, interdum gravibus injuriis & offensis afficere, ac dispendiosis opprimere molestiis, & jacturis indebitè non verentur. Nos igitur, quibus supernæ dispositionis arbitrio Ecclesiarum omnium est sollicitudo commissa, diligentiùs attendentes, quòd eò commodiùs & efficaciùs vos, & Beneficiatos Ecclesiæ prædictæ, bonaque, & jura prædicta conservare poteritis, & tueri, quò per eamdem Sedem majori fueritis auctoritate muniti: Vobis spiritualem gladium, ut eo contrà vestros, & Beneficiatorum, & Ecclesiæ vestræ prædictorum injuriatores, molestatores, turbatores, impeditores quoslibet, cujuscumque præeminentiæ, dignitatis, conditionis, aut status existant, liberè per vos, vel per alium, seu alios uti possitis, quandocumque, & quotiescumque putaveritis expedire, de gratia concedimus speciali. Volentes nihilominùs ut hujusmodi gladius vobis aliàs quomodolibet competens, in sui perduret roboris firmitate. Non obstantibus quibuscumque literis, privilegiis, vel indulgentiis, Carissimo in Christo filio nostro Philippo Francorum Regi illustri, vel prædecessoribus suis Franciæ Regibus, seu Comitibus, Baronibus, & Nobilibus, vel aliis quibuscumque sub quovis tenore, seu formâ, vel conceptione, aut expressione verborum concessis, etiam etsi de ipsis, ac de verbo ad verbum, & totis eorum tenoribus esset ex certâ scientiâ specialis mentio facienda; vel etiam prædictis Regi & aliis in posterum hujusmodi privilegiis, literis, & indulgentiis concedendis, quamvis de indulto hujusmodi ac toto ejus tenore plenam & expressam, ac de verbo ad verbum, & etiam de prædicta Lugdun. Ecclesiâ non fecerint mentionem. Nolumus autem quod concessio hujusmodi ad prædicti Regis, & Consortis suæ personas, & Capellam Regiam aliquatenùs se extendat, Nulli ergo omninò hominum liceat hanc paginam nostræ concessionis infringere, vel ei ausu temerario contraire. Si quis autem hoc attentare præsumpserit, indignationem omnipotentis Dei & Beatorum Petri & Pauli Apostolorum ejus se noverit incursurum. Datum Reate XV. Cal. Aug. Pontificatus nostri anno secundo.

Dans le Cartulaire de Villeneuve fol. 91. Verso, sont des lettres patentes du Roy Charles Cinquième couché ce Privilege sous ce titre.

Les lettres empetrées par Huet de Larbent contre le glaive Espirituel.

Par la grace de Dieu Roy de France, au Bailly de Mascon ou a son Lieutenant salut. Nous avons entendu par le grief complainte des Consuls de la Ville de Lyon sur le Rosne pour eulx & ou nom de la communauté, Citoyens, & habitans d'icelle Ville, & de Huet de Larben Bourgeois de ladite Ville de Lyon entant comme le touche, & puet touchier, que soubs l'ombre de certaine bulle ou Previlege, que le Doyen & Chapitre de Lyon dient a eulx avoir esté de pieca ottroyez par le Pape Nicholas, par laquelle bulle ils maintiennent avoir la connoissance de ceux qui injurient, molestent, perturbent, ou empeschent ledit Chapitre, ou aucune des personnes singulieres de leur Eglise, & que pour connoistre de ce ils peuvent commettre & deputer telles personnes comme il leur plaist. Iceux Doyen & Chapitre ont par plusieurs fois plusieurs desdits Citoyens & habitans fait citer & traittre en cause, & encores font de jour en jour par diverses voyes, & pardevant leurs juges commis par eulx à l'execution dudit Privilege, lequel ils nomment *Glaive Espirituel*, sur choses & actions reelles, & autres mixtes, dont ne leur compete, ne puet appartenir en aucune maniere la connoissance. Et mesmement lesdits Chapitre, ou aucuns d'eulx ont n'a gueres fait citer pardevant Maistre Loys de Pointperes & Evert de sainte Marie Chanoine de Lyon leurs juges & commis à ce, si come ils dient, par ledit Chapitre, ledit Huet de Larben, & contre lui baillé un libelle, disant que il tient une vigne, qui fut Poncet de Malon, qu'elle leur doit chacun an de rente annuelle quatre souls forts, & que de prendre ladite rente ils ont esté & sont en bonne possession & sensive, & que ledit Huet avoit cessé de paier par l'espace de dix ans, en concluant calomnieusement, & pour couvrir leur fait, que il fut & soit prononitié declairer excommunié, comme notoire injuriateur desdits du Chapitre, si come il appert par ledit libelle. Et que pis est pour ce que ledit Huet disoit qu'il n'étoit tenu de répondre audit libelle, ne proceder pardevant lesdits commis, mesmement que ladite bulle ou Previlege ne s'estendoit pas à celles choses, mais seulement contre ceulx qui auroient batu, ou injurié aucun des Chanoines ou autres Beneficiés & encorrez en leur Eglise; ils ont ledit Huet excommunié, & tel fait denuntier publiquement en plusieurs lieux, & autres plusieurs fois l'ont fait par semblable maniere contre plusieurs de la Ville & païs de Lyon, lesquelles choses, se elles estoient tolerées premierement nuyent à la jurisdiction temporelle, car ils attribueroient a eulx par telles voyes indirectes, malicieuses & exquises, la cognoissance des choses reelles, come il est ou cas present, & en ciés dont il ne pourroient ne devroient, ne peuvent ne doyent cognoistre par voye directe, & est ou seroit ou grant domage & vexation desdits complaignans si come ils dient. Pourquoy requise sur ce nostre provision, Nous qui ne voulons, nos sujets estre traittez, ne fatiguez par voyes obliques contre les termes de raison, Te mandons & commandons que les évocations,

& procés indeus, dont deſſus eſt faite mention, l'on fait contre les ſubjets de ton bailliage, commettons, ſe meſtiers eſt que ſe par l'inſpection dudit libelle ou autrement dûement il appert eſtre ainſi, contraints leſdits Doyen, & Chapitre, leſdits, commis & autres, qui ſeront a contraindre par la prinſe & detention de leur temporel, & autrement comme bon te ſemblera de raiſon, à ceſſer des dites évocations, procés & excommunimens, & tous autres ſemblables faits par eulx, & leurs commis a l'encontre dudit Huet de Larben, & des autres Citoyens & Habitans de la Ville de Lyon & ſuburbe d'icelle, & châcun d'eulx & à faire abſoudre ledit Huet de Larben à leurs propres couſts, frais, & dépens, & avec leur faire defenſe ſur certaines & bonnes peines appliquées a nous, que doreſnavant ils ne s'entremettent de cognoiſtre ou faire cognoiſtre des choſes deſſus dites touchant actions réelles, ou autres ſemblables dont a juge ſeculier apartiegnent, doit ou puiſſe appartenir la connoiſſance. Et tous ceux que tu trouverés avoir fait, & faire ou pourchacier a faire au contraire en corrige tellement, & contrains pour ce avons & à partie faire amende rayſonnable par toutes les voyes & manieres que mieux ſe pourra, & de me faire de raiſon, ſique leſdits complaignans n'aient cauſe d'en plus retourner plaintes par devers nous. Et en cas d'oppoſition faits entre les parties icelles oyes bon & bref accompliſſment de juſtice. Non obſtans quelconques lettres ſur ce empetrées, ou a empetrer au contraire. Donné à Paris le XXIII. Jour d'Aouſt l'an de grace mil trois cents ſoixante dix ſept. Et de noſtre regne le XIV. Sic ſignat. Es requeſtes de l'Hoſtel. Lingos.

Facta eſt collatio de præſenti tranſcripto ad dictas originales literas Regias ſigillo dicti Domini in cerâ albâ ſigillatas, per me Guillelmum de Cuyſſello auctoritate Regiâ publicum Notarium & Curiarum Lugduni Juratum, unâ cùm Stephano Danneti Clerico publico Regio Notario, & Curiarum prædictarum Jurato, & in hujuſmodi collationis teſtimonium ſignum meum ſolitum hîc appoſui, quod eſt tale.

Et per me dictum Stephanum Danneti Clericum auctoritate Regiâ publicum Notarium, & Curiarum Lugduni Juratum unà cum dicto Guillelmo de Cuyſſello auctoritate Regiâ publico Notario, & dictarum Curiarum Jurato, & in hoc collationis teſtimonium hîc ſignavi.

Bulle du Pape Nicolas IV. qui confirme l'accommodement fait par les Cardinaux qu'il avoit envoyez en France.

Nicolaus Epiſcopus ſervus ſervorum Dei. Venerabili Fratri, Archiepiſcopo, & dilectis filiis Decano & Capitulo Eccleſiæ Lugdun. Salutem & Apoſtolicam benedictionem. Iis quæ per Fratres noſtros Eccleſiæ Romanæ Cardinales auctoritate Apoſtolicâ interveniente ordinantur, libenter adjicimus Apoſtolici muniminis firmitatem, ut illibata perſiſtant, dùm noſtro fuerint præſidio communita. Sanè petitio veſtra nobis exhibita continebat, quod cùm olim inter te Frater Archiepiſcope ex parte unâ, & vos filij Decane, & Capitulum ex alterâ, ſuper temporali juriſdictione Civitatis Lugdunenſis, & quibuſdam aliis articulis orta fuiſſet materia quæſtionis, tandem Venerabilis Frater G. Sabinenſis Epiſcopus, & dilectus Filius noſter B. tituli ſancti Martini Presbyter, tunc ſancti Nicolai in Carcere Tullianenſi Diaconus Cardinalis, quorum ordinationi, & diſpoſitioni vos ſuper hoc voluntariè ſubmiſiſtis, & quibus ſuper eâdem quæſtione duxeramus noſtras ſub certâ formâ literas dirigendas, dùm verſus partes Gallicas, ad quas a nobis pro quibuſdam Eccleſiæ Romanæ negotiis deſtinati, tranſitum per civitatem facerent Lugdunenſem, tàm auctoritate prædictarum litterarum noſtrarum, quàm ex poteſtate per hujuſmodi veſtram ſubmiſſionem ſibi traditâ, præfatam quæſtionem per quamdam ordinationem, ſeu compoſitionem providam terminarunt, prout in inſtrumento publico indè confecto, dictorum Epiſcopi & Cardinalis ſigillis munito plenius continetur, Nos itaque veſtris ſupplicationibus inclinati, ordinationem, ſeu compoſitionem hujuſmodi ratam & gratam habentes, eam authoritate Apoſtolicâ confirmamus, & præſentis ſcripti patrocinio communimus, tenorem ipſius inſtrumenti de verbo ad verbum præſentibus inſeri facientes, qui talis eſt. Cum olim inter bonæ memoriæ Rodolphum de Torreta &c. Il eſt tout entier au traité ſuivant de bellis & induciis pag. 25. 26. 27. 28. 29. 30. aprés quoy ſuit. Nulli ergo omnino hominum liceat hanc paginam noſtræ confirmationis infringere, vel ei auſu temerario contraire. Si quis autem hoc attentare præſumpſerit, indignationem omnipotentis Dei & Beatorum Petri & Pauli Apoſtolorum ejus ſe noverit incurſurum.

Datum Romæ apud Sanctam Mariam Majorem X. Kal, April. Pontificatus noſtri anno quinto.

Dans l'Hiſtoire des differens du Pape Boniface VIII. & du Roy Philippe le Bel, entre les preuves pag. 90. & 91. ſont les articles donnez par le Pape au Cardinal Jean du titre des ſaints Marcellin & Pierre, Legat en France ſous ce titre.

INFRA SCRIPTI SUNT ARTICULI, *ſuper quibus mittitur dilectus fidelis noſter Joannes tit. SS. Marcellini & Petri Presbyter Cardinalis.*

XI. Item quod nos teſtamur, non tantùm ut privata perſona, ſed etiam perſonaliter, & decemimus hujuſmodi noſtro teſtimonio eſſe ſtandum, quod Civitas Lugdunenſis, ejuſque ſuburbia, & contingentia ædificia, ſivè horti, non ſunt infrà terminos, fines, ſeu limites regni Franciæ conſtituta, nec etiàm Eccleſia & villa S. Irenæi, & Eccleſia ſeu locus, qui dicitur Sanctus Juſtus ſuper ſeu propè Lugdunum, & quod prædicta Civitas, & caſtra, terræ, poſſeſſiones, & bona ad dictam Lugduni Eccleſiam pertinentia, merum & mixtum imperium, & juriſdictio in eiſdem, ſunt juris & proprietatis præfatæ Eccleſiæ Lugdunen. & pertinene ad eandem, quodque Rex ipſe, & quivis alij Reges Franciæ non habent, nec habere debent in ipſis, vel eorum aliquo jus aliquod, vel reſſortum, & quod dictæ civitatis univerſitas, ſeu communitas, ſeu cives ſingulares, vel ſpeciales perſonæ ipſius, nec merum, nec mixtum imperium, nec juriſdictionem habent in civitate, ſuburbiis, hortis, vel ædificiis contingentibus, aut in caſtris, bonis & poſſeſſionibus prædictis, nec etiam in Eccleſiis ſeu villis, vel locis S. Irenæi, vel S. Juſti præfatis, & quod vel conceſſionem, vel commiſſionem qualitercumque ipſis, vel eorum alicui a præfato Rege Francorum factam ſub quâvis formâ, vel conceptione verborum, aut etiam faciendam mero aut mixto imperio, ac juriſdictione in prædictis civitate, ſuburbiis,

Suburbiis, terris seu bonis, aut in ipsorum aliquo ullatenùs uti possint, ipsósque, universitatem, communitatem, cives singulares, aut speciales personas Lugdun. commissione, vel concessione hujusmodi, vel quâvis aliâ non posse ipsa, vel ipsorum aliqua, vel aliquid exercere, quibus etiam omne jus, omnémque potestatem concedendi ordinationes, *Municipalia nos penitùs interdicimus*, maximè dùm speciales personae civitatis ejusdem sunt excommunicationis sententiâ innodati, & civitas ipsa Ecclesiastico supposita interdicto ; & quod Archiepiscopo, & Capitulo Lugd. Clericis & Vassallis eorúmque hominibus ipsorum de damnis & injuriis eis illatis satisfactio plena fiat, nec ullum impedimentum praestetur quo minus authoritate Lugdun. Ecclesiae merum & mixtum imperium, & jurisdictio in dictis Civitate, Suburbiis, villis, castris, terris, possessionibus, bonis & locis valeat exerceri.

Oderic Rainaldus qui a continué les Annales de Baronius, & qui rapporte ces articles de la Legation du Cardinal Jean l'an 1303. a supprimé cét article tout entier de la Ville de Lyon, auquel voicy la réponse que donna le Roy par écrit.

Ad 11. art. de negotio Ecclesiae Lugdunensis, respondit Rex, quod eidem Ecclesiae & personis super earum gravaminibus, & pressuris, quae propter exortam inter ipsos, & Civem, & populum habent pati, compassus est hactenùs, & piâ semper affectione compatitur ; & si propter defectum non praestitae fidelitatis debitae, Archiepiscopus pati habeat, non est culpa Regis, sed sua : Et nihilominùs super dicto negotio paratus est Rex acceptare, & intraré tractatum, seque exhibere circa hoc itâ tractabilem, favorabilem & benignum quod cunctis manifestissimè apparebit, quòd sit suis finibus contentus, quod jura Ecclesiae, & personarum ipsarum non vult, in aliquo usurpare, vel quomodolibet occupare.

Ce mesme Pape envoya une Bulle à ce Cardinal du 13. Avril de la même année 1303.

Bonifacius Episcopus servus servorum Dei, dilecto filio Joanni tit. S. S. Marcellini & Petri Presbyt. Card. Salutem & Apostolicam benedictionem. Literas tuas nuper accepimus inter caetera continentes regias responsiones ad articulos, super quibus te ad regnum Franciae pridem duximus destinandum, quos ex parte nostrâ eidem Regi in praesentiâ Consiliariorum suorum, ut scripsisti, tua discretio praesentavit : sed utinam responsiones hujusmodi Regis Charitate, devotione, gratitudine plenae forent, & vacuae amaritudine & dolore, &c.
Demùm super articulis contingentibus Ecclesiam Lugdunen. ea quae sententialiter diffinivimus, & Apostolicâ authoritate decernimus fore servanda, ac per te significavimus ipsi Regi, volumus esse firma, & illibata servari, nec super eis aliquid immutamus &c. Datum Laterani Idib. April. anno 9.

Depuis sous le Pape Clement V. Guillaume de Nogaret & Guillaume du Plessis poursuivans la condamnation de la memoire de Boniface, firent donner au Pape XXV. articles dont voicy neuf articles pour l'Eglise, & ville de Lyon.

XV. Item certum, notorium & indubitatum existit, quod cum Civitas Lugdunensis tempore primitivae Ecclesiae fuisset ad fidem Catholicam prima conversa, & posteà in manus infidelium devenisset, Rex Franciae qui tunc erat, vi armorum & sanguine rutilante suorum, conquisivit dictam civitatem Lugdunensem cum omnibus juribus suis, & pertinentiis, ad fidem Catholicam, & cultum divinum civitatem ipsam redegit, jurisdictione suâ Regiâ ; & ibidem fundavit Lugdunensem Ecclesiam Cathedralem : Et quia Civitas ipsa tempore infidelium praecedenti Archiflamines habuerat, & pristinis temporibus pri-

ma Sedes fuerat Galliarum, ut moneta Lugdunensis testatur, dictus Rex Sedem ipsam Archiepiscopalem erexit & erigi fecit eum jure Primatiae super Ecclesias Galliarum : quo jure Primatiae Archiepiscopi Lugd. longis temporibus usi fuerunt.

XVI. Item certum, & indubitatum existit, quod Rex praedictus Fundator Ecclesiae Lugdun. Castris, villis, terris, & possessionibus, quas nostris temporibus obtinuit dicta Ecclesia Lugdunensis, eam dotavit, & jura Regalia (quae Regalia in singulari appellantur) in feudum dedit & concessit Episcopo & Ecclesiae Eduensi : & è converso Regalia dictae Eduensis Ecclesiae dedit & concessit in feudum Archiepiscopo, & Ecclesiae Lugdunensi ; quam similiter Eduensem Ecclesiam fundavit & dotavit Rex praedictus, fidelitate ab utroque, eorúmque successoribus, sibi, suísque successoribus praestandâ pro temporalitatibus praedictis.

XVII. Item certum, notorium, & indubitatum existit, quod Archiepiscopi Lugdunenses, qui fuerunt pro tempore, quoties vocavit Ecclesia Eduensis, & vicissim Eduenses Episcopi, quoties vacavit Ecclesia Lugdunensis usi sunt ad invicem & vicissim dictis Regalibus temporalitatum ipsarum.

XVIII. Item certum, notorium & indubitatum existit, quod antiquitùs Comes Lugdunensis Comitatum suum in feudum tenebat à Rege Franciae, quem Ecclesia Lugdunensis acquisivit ex permutationis causâ, cum omnibus castris, seu pedagiis, feudis & reditibus, juribus, & pertinentiis Comitatus ipsius à Lugdunensi Comite, qui tunc erat, de consensu, auctoritate, & confirmatione Regis Franciae, qui tunc erat, à quo dictus Comitatus in feudum movebat.

XIX. Item ipsa Ecclesia Lugdunensis de consensu, auctoritate & confirmatione Regis praedicti, ex causâ permutationis praedictae dedit Comiti memorato magnas terras, haereditates, & castra, quas Foresij Comes in praesentiarum possidet, qui de progenie dicti Comitis Lugdunensis, qui erat etiam Forensij Comes noscitur descendisse, de quibus omnibus existunt literae, privilegia, & publica monumenta. Hinc est quòd Capitulum Ecclesiae Lugdunensis, quod pro majori parte dictum Comitatum possidet, & de temporalitate fundationis praedictae Ecclesiae suae obtinet magnam partem, signo floris lilij, in suo sigillo impresso, usum semper fuerit.

XX. Item certum notorium, & indubitatum existit, quod pro temporalibus Ecclesiarum suarum Archiepiscopi Lugdun. & Episcopi Eduenses qui fuerunt pro tempore, praestiterunt, & praestare consueverunt fidelitaté Regibus Franciae, qui similiter fuerunt pro tempore, cum ad administrationem suarum Ecclesiarum veniebant, usque ad tempus Archiepiscopi Lugdunensis, qui nunc est, qui malo ductus consilio, in suis temporalibus rebellis fuit domino Regi praedicto, propter quod oportuit dominum Regem ad coërcendum rebellionem hujusmodi, & ad juris sui conservationem exercitum suum ad partes mittere Lugdunenses.

XXI. Item certum, notorium, & indubitatum existit, quod nullis temporibus praeteritis, ab eo, quo Civitas Lugdunensis fuit ad manus Christianorum redacta per Regem Franciae memoratum, nullus unquam Princeps terrenus, praeter Reges Franciae, jus regium vel superioritatis quodcumque super Archiepiscopos, & Ecclesiam Lugdunensem in Ecclesiae temporalibus habuit ; licet aliqui Archiepiscopi proditosè aliquibus aliis Principibus advocasse suum tempus dicantur, ignorantibus tamen Regibus Franciae, qui fuerunt pro tempore, quibus per hoc non potuit generari quodquam praejudicium, nec contra eos, vel in eorum praejudicium causâ possessionis mutari de jure ; & maximè cum semper in possessione fuerint, & saisina juris Regij superioritatis praedictae in temporalibus ejusdem Ecclesiæ Lugdunensis, tàm recipiendo fidelitatem à singulis Archiepiscopis supradictis, quàm Sede Lugdunensi vacante, capiendi & exercendi prædicta Regalia per fideles suos Episcopos Edunenses: cum is possidot cujus nomine possidetur, dominusque fidei possidet per Vassallum.

XXII. Item certum, notorium & indubitatum existit, quod dictus Dominus Rex, progenitoresque sui Reges Franciæ, qui fuerunt pro tempore jus superioritatis & gardiæ in temporalibus Ecclesiæ Lugdunensis exercuerunt, quotiens ad eos recursus est habitus, & quotiens opus fuit, tanto tempore de cujus contrario memoria non existit.

XXIII. Item certum, notorium, & indubitatum existit, quod dictus Dominus Rex, progenitoresque sui, jus ressorti, ad jus Regium & superioritatem pertinens, atque gardiam exercuerunt incoincusse, in Civitate Lugdunensi, quadraginta anni sunt elapsi, & ab eo tempore citrà, continuè; licèt Archiepiscopus prædictus, qui nunc est intervertere voluerit possessionem juris hujusmodi Domino Regi prædicto, & distrinxerunt dictis temporibus temporalitatem dictæ Ecclesiæ Lugdunensis, & justitiaverunt quoties opus fuit, propter impedimenta, & inobedientias Archiepiscoporum qui fuerunt pro tempore, vel Capituli, vel gentium eorumdem, quas faciebant in præjudicium superioritatis & gardiæ Domini Regis prædicti. Quod si interdùm & pluries damnificata fuerit, hoc non contigit ex culpâ dicti Domini Regis, vel suorum, quem oportebat coërcere dictos Archiepiscopos, & Capitulum, propter impedimenta & inobedientias eorumdem. Et locum habebat juris regula, scilicet, *quod quis ex culpâ suâ damnum fecerit sentire non videtur*. Et alibi scriptum est quod *damnum quod inferunt Magistratus propter inobedientias coercendas, jure licito videtur illatum*. D. ad leg. Aquil. §. *Magistratus*. Et ut exemplis utantur tempore B. Ludovici cum ivit Tunitium, requisitus Rex ipse dùm fecit transitum per Lugdunum, ab Archiepiscopo, qui tunc erat, & Capitulo Lugdunensi, Cives Lugdunenses coërcuit, & fortalitia, quibus se muniebant contrà Ecclesiam Lugdunensem, dirui fecit, tanquàm superior, & gardiator Ecclesiæ ipsius, quæ coërcere non poterat Cives ipsos. Et cum Rex prædictus postmodum decessisset apud Tunitium filius ejus Rex Philippus de Tunitio reveniens, & transiens per Lugdunum, requisitus ab Archiepiscopo & Capitulo memoratis, diruit iterùm fortalitia, quibus dicti Cives, se iterùm munierant contra eos. Est igitur erroneum dubitare an Lugdunensis Archiepiscopus, Ecclesiaque Lugdunensis, & ejus temporalitas sint in regno, cùm prædicta sint clara sic, & notoria, quod nullâ possunt Tergiversatione celari.

LE PAPE CLEMENT V. qui avoit esté couronné à Lyon s'interessa beaucoup pour cette Ville, & ayant appris que le Roy envoyoit une armée contre cette Ville pour l'assieger, il escrivit à nos Citoyens le Bref suivant inseré dans le Cartulaire de Villeneuve.

Coment le saint Pere manda a cels de Lyon que ne corrozassent le Roy, quand il vient, & siege devant Lyon & plusieurs autres choses.

CLemens Episcopus servus servorum Dei. Dilectis filiis universis & singulis Civibus Lugdun. ad quos præsentes literæ pervenerint, salutem & Apost. bened. Mentis Apostolicæ pietas copiosa sicut in commodis filiorum suorum delectatur fructu, sic in successibus eorum contrariarum turbationum puncturis afficitur, & inquietudine gravi sui pectoris intimâ in suorum sinistris eventibus molestantur. Sanè ad nostri Apostolatus auditum noviter relatione dignâ pervènit, quod charissimus in Christo filius noster Philippus Rex Franc. illustris, propter quosdam excessus, seu defectus contrà eum, seu gentes, aut officiales suos, per vos commissos, ut dicitur, adversus Venerabilem Fratrem nostrum Archiepiscopum Lugdun. ac vos mandavit exercitum congregari, charissimum in Christo filium nostrum Regem Navarræ illustrem primogenitum, & alios filios, & fratres suos, ac nonnullos Regni sui Magnates ad dictum Archiepiscopum, ac vos & Civitatem impugnandum eamdem, ad partes ipsas specialiter destinando, super quo dicto Archiepiscopo ac Jvobis, & Civitati præfatæ, paterno compatientes affectu, ac vias exquirentes & modos, quibus dicto Archiepiscopo & vobis, & eidem Civitati super hoc possimus de salubri remedio providere, ad prædictum Regem Francorum dilectos filios nostros Stephanum tit. Sancti Cyriaci in Thermis Presbyterum, & Landulphum sancti Angeli Diaconum, Cardinales Apostolicæ Sedis nuntios cùm nostris literis destinamus, rogantes eumdem instanter, ut pro nostrâ & dictæ Sedis reverentiâ ab impugnatione prædicta clementer abstineat. Quare vos omnes & singulos monemus & hortamur attentiùs, vobisque nihilominùs sano Consilio suademus, quatenùs ab omnibus novitatibus, per quas contrà Archiepiscopum & Civitatem prædictos & vos posset ejusdem Regis animus commoveri abstinentes, sic ejusdem Regis vos informetis affectibus, quod devotionem quam ad ipsum habetis & hactenùs habuistis per effectum operis ostendatis, & Nos, & sancta Romana Ecclesia suscipiamus exindè lætitiæ incrementa. Præterea Cardinalibus memoratis injunximus, quod ipsi cum eos à Rege præfato redire contigerit, vel antè, si viderint expedire, cum dicto Archiepiscopo, ac vobiscum tractent, & ordinent quæ in hujusmodi negotio tractanda fuerint, & etiam ordinanda, super quo plenam eis per alias nostras literas concessimus potestatem. Datum Avenione, VIII. Kal. Julij, Pontificatus nostri anno quinto.

Facta est collatio de præsenti transcripto ad originale Bulla ipsius Domini, Domni Clementis P. P., ut primâ facie apparebat bullatum, per me Falconem de Lugduno Clericum authoritate Regiâ publicum Notarium, & Curiæ quidem Officialis Lugdun. juratum, unà cum Diderio de Bifuncio Clericum Notarium.

Coment le saint Pere manda au Conseil & a l'Université de Lyon que Guillaume de Varey, & Estevens de Villeneuve, & Guill. Bruneau avoient esté a ls messages por ladite Ville, & la reponse.

IOhannes Episcopus servus servorum Dei. Dilectis filiis Consulibus & Universitati Lugduni salutem & Apostolicam benedictionem. Ad nostram venientes præsentiam dilecti filii Guillelmus de Varey, ac Stephanus de Villa Nova & Guillelmus Brunelli vestri Concives & nuncij, Nobis devotionis vestræ literas præsentarunt, quos nuntios, & literas benignè, mittentium consideratione, ipsorumque missorum obtentu recepimus, & quæ ipsi sub concessâ sibi per literas ipsas credenciâ explicare pro parte vestrâ prudenter, & providè curavimus, earumdemque literarum seriem pleno collegimus intellectu. Sanè quia per eas reverentia filialis & puræ devotionis affectum ad nos & præfatam Ecclesiam tanquam filii benedictionis & gratiæ protendentes vos & Civitatem Lugduni ad nostra & ipsius Ecclesiæ beneplacita liberaliter obtulistis, indè vobis gratiarum exolvimus uberes actiones, ad ea prompti quantùm cum Deo poterimus quæ vestrum & ejusdem Civitatis intrà nostra & Apostolicæ Sedis præcordia recumbentis, commodum respiciant, & honorem. Petitiones autem pro parte vestra Nobis oblatæ, ad exauditionis effectum duximus quantùm cum Deo potuimus favorabiliter admittendas. Dat. Avenione

VIII. idus Julij, Pontificatus nostri anno duodecimo.

Comant le saint Pere Pape Jehan confirma les privileges de non trere hors de Lyon nul citoyen de ladite Ville.

Le Pape Innocent IIII. avoit accordé ce Privilege dés l'an 8. de son Pontificat par une Bulle qui commençoit comme les precedentes par ces mots Multa & devota servitia, &c. & avoient la mesme teneur, jusqu'à ces termes exprez pour ce privilege, vobis in Ecclesiæ Romanæ devotione persistentibus indulgemus ut extra civitatem eamdem per literas Apostolicas, impetratas hactenus vel in posterum impetrandas vos vel aliquis vestrum trahi ad judicium non possitis, nisi in eis de vitate ipsâ, & hac indulgentia specialiter vobis concessâ & toto ipsius tenore de verbo ad verbum expressa mentio habeatur. Nulli ergo hominum &c.

Il commit pour l'execution de ce privilege l'Abbé de l'Isle Barbe & le Sacristain de saint Paul, par une autre Bulle dont la suivante fut la confirmation.

Johannes Episcopus servus servorum Dei, dilectis filiis civibus Lugd. salutem & Apostolicam benedictionem. Studentes Apostolicæ Sedis gratiam obsequiorum gratitudine promereri, favoribus Apostolicis prosequi gratulamur, ut quò gratiores se haberi perspexerint, eò sint ad devotionis obsequiosæ ferventiam promptiores. Hinc est quod nos vestris supplicationibus inclinati felicis recordationis Innocentij Papæ IIII. prædecessoris nostri ergà quem tunc in Civitate Lugd. cum suâ Curiâ residentem, & Fratres suos S. R. E. Cardinales, sic claruit vestra sinceritas, & cordis constantia inconcussa permansit, ut idem prædecessor vos inter alios devotos Ecclesiæ filios præcipuâ benevolentiâ prosequens, vos amplis Apostolicæ Sedis favoribus communivit. Vestigiis inhærentes ad instar prædecessoris ejusdem vobis in Ecclesiâ Romanæ devotione persistentibus, perpetuò indulgemus, ut extrà Civitatem eamdem per literas Apostolicas impetratas hactenus, & in posterum impetrandas, vos vel aliquis vestrum trahi ad judicium non possitis, nisi in eis de Civitate ipsâ, & hac indulgentiâ specialiter vobis concessâ & toto ipsius tenore de verbo ad verbum expressa mentio habeatur. Nulli ergo hominum &c. Datum Avenion. VI. Non. Julij, Pontif. nostri anno duodecimo.

Comant ledit saint Pere conferma le privilege de non mettre en entredit les Eglises & paroches de Lyon.

Johannes Episc. servus servorum Dei dilectis filiis Civibus Lugd. Sal. & Apost. bened. *ut suprà* ab his verbis studentes Apostolicæ Sedis &c. *usque ad hæc* perpetuò indulgemus ut authoritate literarum Sedis Apostolicæ obtentarum hactenus vel impetrandarum in posterum nulla Ecclesia seu Parochia Civitatis ejusdem Ecclesiastico possit subjici interdicto nisi in eis de Civitate ipsâ & hac indulgentiâ &c. *ut suprà*. La date est la mesme.

Comant ledit S. Pere Pape manda a Monseigneur l'Arcevesque qu'il ostat le ban del mois d'Ost par certaine maniere.

Johannes Episcopus servus servorum Dei. Venerabili Fratri Archiepiscopo Lugduni salutem & Apostolicam benedictionem. Significarunt nobis dilecti filij Cives Lugduni quod hæc tam tu quam prædecessores tui Archiepiscopi Lugduni qui fuerunt pro tempore, habueritis & habeatis jus prohibendi, quod nullus in Civitate Lugduni de mense Augusti vinum vendet, seu vendat nisi Archiepiscopus Lugduni qui esset pro tempore, vel illi quibus hoc duceret concedendum, tamen servabatur, & ab antiquo extitit observatum

quod quilibet de dictâ civitate posset de dicto Mense vinum vendere; dùm tamen eidem Archiepiscopo tertiam decimam partem pretij vini per eum venditi de dicto Mense, quamvis parati fuerint & existant tertiam decimam partem solvere supradictam, quod cedit, ut asserunt, in Civium & Civitatis prædictorum non modicum dispendium & jacturam. Quare præfati cives nobis humiliter supplicarunt ut ipsos ad statum pristinum reducentes eisdem quod de dicto mense possit in civitate prædictâ quicumque voluerit vinum vendere & emere liberè, dum tamen vini venditor prædictam tertiam decimam partem pretij vini de mense prædicto inibi venditi, tibi ac Archiepiscopo, qui erit pro tempore assignet & tradat, concedere dignaremur. Nos utique cupientes inter te & cives præfatos cujuslibet occasionem scandali propulsare, fraternitatem tuam requirimus & hortamur attentè, quatenùs vel per dictum, vel alium modum tibi portabilem cum eis convenias, ut cessèt hujusmodi prohibitio quæ materiam dissensionis, ut experientia nos docuit, subministrat. Datum Avenione VI. Non. Julij, Pontificatus nostri anno XII.

Comant le S. Pere manda a Monseigneur l'Arcevesque des sepoutures & des Espousailles.

Johannes Episcopus servus servorum Dei venerabili Fratri Archiepiscopo Lugd. salutem & Apostolicam benedictionem. Gravem dilectorum filiorum civium Lugduni querelam recepimus continentem quod Rectores, Priores & Curati Parochialium Ecclesiarum civitatis Lugduni & suburbiorum & pertinentiarum ipsius, immoderatas, graves, & onerosas extorsiones ac multas illicitas, & inhonestas coactiones faciunt pro benedictionibus nubentium ac pro sepulturis & exequiis mortuorum super quibus iidem cives ad Apostolicæ Sedis clementiam recurrentes nobis humiliter supplicarunt, ut providere super iis de opportuno remedio dignaremur. Quocircà fraternitati tuæ per Apostolica scripta mandamus quatenùs si simpliciter & de plano sine strepitu & figurâ judicij tibi constiterit ita esse, pravas exactiones hujusmodi studeas prohibere, faciens super his sanctiones canonicas firmiter observari, contradictores per censuram Ecclesiasticam appellatione postpositâ, compescendo. Datum Avenione VI. Non. Julij, Pontificatus nostri anno duodecimo.

Ex vetteri Cartulario Athanatensi sub hoc titulo, Carta de Veyssa.

Hal. indignus Episcopus Dominis Lugdunensibus Canonicis orationum suffragium. Vestræ Fraternitati fiat notum me carnis ergastulo exuendum in proximo. Quapropter absentialiter præsens solo tenùs supplico commoti miserando indulgeatis quidquid in vobis negligentiæ contraxi. Namque si Dominus quod facere potens est præsentem mihi vitam concesserit, omne mei studium vestro profectui assiduè invigilabit. Ad hæc de substituendo mihi pastore fideli do vobis consilium. Nolite deinceps hac actenùs hac de causâ diversa & extera perlustrare loca, sed præmissis precibus atque jejuniis omnipotentis clementiam deposcite, ut qui potens est suscitare filios Abrahæ, ex vobis se dignum præficiat prælatum. Huic autem officio secundùm hujus temporis qualitatem idoneus esse videtur Vm. Præpositus. Quem si ad id prælaturæ, ut spero, non potueritis flectere mentis suæ ..... hortor mihi succedere. Tandem omnia vobis relinquo velle & disponere. Ad hæc tibi bemè Ponci Senescalce omnigena supplico prece quatenùs bonorum meorum partem Beato Steph. partem verò Athanacensi monasterio pro meæ animæ salute tribuas. Sum enim illis multùm debitor. Porrò Ecclesiam de Veyssa omnibus modis interdico, ut nemo ibi habitet vel laboret, aut divinum opus faciat præter Athanacenſcs, donec eandem Eccleſiam & terras quiete poſſideant, ſicut Roibus illis convenit. Deindè ipſi R. per fidem quam mihi ſpopondit mando quatenùs octo unciarum auri medietatem quarum mihi obnoxius eſt, Beato Steph. & alteram Athanacenſibus pro meâ redemptione ſuâ gratiâ offerat. Interdico etiam & anathematizo auctoritate Dei Patris omnipotentis, & beati Petri, omniumque Sanctorum, nec non meâ, ut nemo contrarius exiſtat Athanacenſibus propter pecuniam Judæorum ibidem dudùm interfectorum.

Ex eod. Cartul. LXXVI.

Sacroſanctæ Dei Eccleſiæ quæ eſt conſtructa in inſula quæ Athanacus vocatur, & in honore S. Martini dicata ubi Domnus Raynaldus Abbas præeſſe videtur, Ego in Dei nomine Bracdencus Canonicus almi Stephani protomart. Chriſti, Cogitans caſum humanæ fragilitatis, & ut interventu B. Martini Confeſſ. Chriſti merear eripi ab incommoditatibus univerſis, nec non pro remedio animæ meæ omniumque propinquorum meorum cedo jam prænominatæ caſæ Dei rectoribuſque ejuſdem vineolam unam quam adquiſivi de Eurardo & ſorore ipſius nomine Thedeldis, quæ vinea ſita eſt in pago Lugdunenſi in agro Monteauriacenſe in villa de Coſone, & in loco qui dicitur Vals, terminaturque ex omni parte terrâ ſancti Stephani. Infrà hos fines hæ terminationes hanc præfatam vineolam dono prælibatæ Eccleſiæ & Monachis ipſius loci. Eâ ſcilicet ratione ut quamdiu Nepos meus Adraldus & Conſanguineus ejus Heldulfus vixerint, teneant, anniſque ſingulis vindemiali tempore V. Sextarios vini inveſtitura..... poſt illorum equidem diſceſſum abſque ullâ morâ ad menſam Monachorum S. Martini Athanacenſis hæc vineola perveniat. Si quis verò contrà hanc benevolam donationem quippiam calumniæ inſerre temptaverit, nullatenùs evindicet quod repetit, ſed ſit anathematiſatus & pereat cum Judâ proditore Chriſti, & cùm impiis Judæis, nec non cum Pilato & cæteris damnatis qui Dominum condemnaverunt morte, & inſuper perſolvat illis quibus litem intulerit auri libras II. & in anteà hæc donatio firma & & ſtabilis permaneat cùm ſtipulatione ſubnixâ. Sancti Bragdeneci Canonici ſancti Stephani qui donationem fecit & ſcribere juſſit nec non firmari rogavit. Sancti Stephani Canonici. S. Pontij Canonici. S. Eurardi Canonici.

JOANNIS II. ARCHIEPISCOPI quondam Lugdunenſis epiſtola ad G. Glaſcunenſem Epiſcopum de Temporali regimine Eccleſiæ Lugdunenſis.

Venerabili Domino & Conſacerdoti G. Dei gratiâ Glaſ. Epiſcopo. J. primæ Lugdunenſis Eccleſiæ quondam Archiepiſcopus, nunc autem Sacerdotum Chriſti, minimus, Salutem in vero ſalutari. Sicut vobis, bone Frater, per priores litteras veſtras reſpondeamus, ſcimus quidem multo prudentiores & diſcretiorèſ viros in reditu veſtro quem proſperum fore deſideramus, invenire poteritis, qui vobis ſuper quæſtionibus quas nobis propoſuiſtis, & aliis ſi quæ vobis forte occurrerint, prudentius & plenius reſpondere poterunt. Maximè cum per Civitatem Pariſienſem viam veſtram dirigere diſpoſueritis: ubi multos tam divini quam humani juris peritos inveniri poſſe dubium non eſt. Verum ne ſollicitudinem noſtram omninò vacuam relinquamus, id quod Majorum exemplo, & noſtri quoque temporis experimento proſequuti ſumus vobis pro modulo noſtro reſpondere curabimus. Sedes illa Archiepiſcopalis, in quâ nunc Pontificalis honoris conſecrationem recepiſtis, ubi per aliquot annos licèt indignis, & pontificali functi ſumus, pleniſſimam habet juriſdictionem, quam vos *Baroniam* vocatis, tam infrà terminos imperij quam regni Francorum quia propria loci illius Parochia, intra fines utroſque limitatâ: nec exiſtimamus quod alia facilè inveniatur Eccleſia quæ tantâ libertatis utrimque gaudeat prærogativâ. Nos itaque impoſiti honoris & oneris Officio juxtà conſuetudinem anteceſſorum noſtrorum hoc modo utebamur. Habebam ſiquidem Seneſcallum, cui ſollicitudinem & curam Forenſium negotiorum comitebam, qui pro negotiorum qualitate non ſolùm cauſas pecuniarias pertractabat, ſed & criminibus & flagitiis pro conſuetudine regionis puniendis præerat, ſicut in litteris veſtris meminiſtis, pravis hominibus pro impunitate creſceret audacia delinquendi. Cavebam tamen, ne ſi forte qualitas culpæ aut ſuſpendij pœnam, aut membrorum detruncationem mereretur, aliquod ad me ſuper hujuſmodi verbum perferretur. Ipſe cum aſſeſſoribus ſuis ejuſmodi, quia me inrequiſito definiebat; ſciebam proculdubio, quòd ei & cognoſcendi & definiendi autoritatem præſtabam, ſed diſſimulationi me qualemcumque conſidentiam accommodabat, quod Viri ſancti qui me in eâdem Sede præceſſerant, ſecundum hanc conſuetudinem irreprehenſi, proceſſerant. Neque enim in orbe latino præter majorem noſtram Eccleſiam alicubi locorum tot ſancti Martyres & Confeſſores inveniuntur. Quod facilè deprehendere poteritis, ex Martyrologio Venerabilis Bedæ presbyteri, vel ſucceſſoris ejus Oſuvardi, qui Catalogum Sanctorum ex magnâ parte ampliavit. Acceſſit autem ad ampliorem confidentiam, quod Præfectus urbis Romæ, qui puniendis criminibus ſpecialiter præeſt præfecturæ ſuæ auctoritatem a Domino Papâ recipere dicitur. Unde & in dominicâ quâ cantatur *Latare Jeruſalem* expletâ ſolemni proceſſione in quâ roſam auream ſummus Pontifex circumportat ipſum quaſi pro debiti executione eâdem Roſâ remunerat. Nihilominus (quod evidentius eſt) in Civitate Beneventanâ quæ propriè ad Menſam Apoſtolicam pertinet, Rectorem Dominus Papa ordinat, qui vel per ſe ipſum, vel certè per Cives ejuſdem urbis flagitia ejuſdem loci punit, & purgat. Hujuſmodi quidem conſolationibus utebamur: ſciens tamen quod ſi quis proventus ex ejuſmodi cauſis accedebant, in expenſas meas conferebantur, deducto jure Seneſcalli mei, cui tertia Pars proventuum pro ſollicitudine ſuâ debebatur. Illud verò tam nos quàm anteceſſores noſtri diligenter attendebamus quod is qui ejuſmodi executioni deputatus fuerat, ad ſacros Ordines deinceps non promovebatur. Heus bone Frater, ad primam quæſtionem veſtram reſpondimus, non diffinientes quid fieri debeat, ſed quid fecerimus, cum aliquatenus ſcrupuloſâ vobis conſcientiâ recognoſcamus.

De cetero ſecundæ conſultationi veſtræ reſpondendum arbitrati ſumus. Clerici & maximè illi, qui ad ſacros Ordines promoti ſunt diſtrictè prohibendi ſunt ne aut rapinas, aut furta ſibi facta in foro ſæculari proſequantur vel ſi omninò coërceri non poterunt, uſque ad Monomachiam, vel candentis ferri, vel aquæ, vel aliquod hujuſmodi examen nullo modo procedere audeant. Qui ſi non adquieverint, & ejuſmodi concitatione, aut membrorum detruncatio, aut homicidia perpetrata fuerint, & Officio & beneficio Eccleſiaſtico privari merebuntur. Proponenda enim eſt eis autoritas Apoſtolica qua dicitur, quare magis non fraudem patimini? Fraudem ſiquidem appellatam credimus, damnum quod per fraudem vel malitiam alterius alicui irrogatum eſt. Hæc autem abſque præjudicio melioris ſanè & ſanioris conſilij vobis ſatis meticuloſè tranſcripſimus propter ſupra memoratas cauſas, & nonnullas alias quæ me gravius premebant. Et Ego venerande Chriſti Sacerdos, illud modicum vitæ, quæ mihi Deo auctore, præbetur, in pœnitentiâ & lacrymis tranſigere, & vitæ contemplatione (ſi fieri poteſt,) dulcedinem præguſtare; neceſſe enim habui; dum Lugdunenſis Archiepiſcopatus honore fungebar, militiæ ſæcularis honore implicari. Raptores & Sacrilegos & ſtratarum publicarum violatores armatâ manu proſequi, & eorum munitiones & Caſtella obſidere, ſuccendere & demolliri, in quorum perſecutione non ſolùm ipſorum malefactorum, ſed etiam illorum quos deducebamus, mortes aliquando contingebant, unde nunc pedibus sanctitatis vestræ tamquam miser peccator provolutus, suppliciter exoro, quatenùs pro reatuum meorum veniâ intervenire dignemini. Bene valete.

Donation de Latinus Seigneur Romain & de Syagria sa femme au Monastere de saint Rambert en Bugey rapportée par Mr. Guichenon entre les preuves de l'histoire de Bugey. p. 231

Dominis magnificis servis Dei Domitiano & sociis ejus Heremitis Latinus, & Syagria.

Proptereà quia servi Dei excelsi estis, ideò concedimus vobis jure proprietario nostra quæ sunt *in pagis inclytæ Lugdunensis Urbis Galliæ,* ex parte Bellicensis Castri, hoc est vineam unam suprà villam, quæ dicitur Deserta, & terminatur à manè interque consortes colonos, & campum de ipsa ratione subtùs viam à meridie, via à sero inter consortes colonos, à tergo silva regalis suprà collem, & habet in longitudine cum collo & silva suprà viam, secundùm virilem manum, perticas agripedales centum duodecim in latitudine & parte meridiana, cum sarpo perticas agri pedales septuaginta duas, ac semissem : infra hunc terminum, & perticationem sub integritate vobis cedimus, similiter & unum campellum subtùs viam superiorem, qui ad styrpum præscriptæ vineæ a sero jungit, & ipsum Campum secundum morales defunctos cum integritate vobis donamus, supradicta autem omnia, ut præfati sumus vobis cedimus, preter quod in arandato ad præsens servamus nobis, cætera verò pro æternæ vitæ præmio, & pro redemptione animarum nostrarum, seu ut intercedatis ad Dominum pro nobis ; ad dexteram seu lævam usque ad Petram Altemiam jure vobis tradimus perpetuali, ad possidendum futuris temporibus, ac liberè firmissiméque utendum. Si quis contrà hanc nostræ mercedis largitionem irrumpere conatus fuerit, destruere tentaverit, aut pervadere aliquid voluerit, iram Dei omnipotentis incurrat, deputandus æterno supplicio, & non valeat vendicare, quod quærit, sed firmum maneat & stabile nostræ mercedis augmentum. Data octavo Kalendarum Juliarum anno primo Valentiniani Imperatoris. Dux Latinus ultroneâ voluntate, & propriâ manu fieri jussit, & subscripsit. Syagria conjux similiter. Gontbadus Genitoribus sensit, & subscripsit. Dodatus rogatus signavit.

Donatio Monasterio Agaunensi à Rodolpho Burgundiæ Rege.

Ex Cancellaria Agaunensi.

In nomine sanctæ & individuæ Trinitatis.

Rodulphus Rex. Maximum regni nostri augere credimus munimentum : si Concessionis nostræ munificentiâ sacris sanctæ Ecclesiæ ædibus aliquid concedimus, atque Ecclesiasticam indigentiam nostræ opis propentius fugamus auxilio, plurimum nobis ad æternam beatitudinem, regnique nostri stabilitatem prodesse confidimus, & ad commodum proculdubio credimus ; omnium itaque fidelium nostrorum, tam præsentium quam futurorum certitudo comperiat quoniam Venerabilis *Archiepiscopus Lugdunensis* qui est *Agaunensis Abbatiæ Præpositus,* nostrû audiens prospectum rogavit suppliciter, ut pro animâ *Serenissimi patris nostri Conradi* sicut etiam distribuerat, Pulliacum villam in eadem Abbatia Deo famulantibus per præceptum concederemus, quod in modico jussimus adnotare, ut jam dicta villa quæ dare potuimus justè & legaliter cum suis omnibus appenditiis regia & præcepti authoritate S. Mauritio, suæ legioni & Canonicis æternaliter distributa corroborando confirmavimus. Ut autem nemo futuris temporibus immutare possit ullo modo hoc præceptum erga Ecclesiam & Canonicos pro divinæ remunerationis amore, & animæ patris nostri redemptione, desuper etiam ut æternam sibi vigoris firmitatem defendat, & à cœtu Sanctæ Dei Ecclesiæ inviolabiliter conservetur, hoc donativum summæ pietatis gratia peractum, hanc præsentem fieri præcepimus scripturam, & manu propria corroboravimus, ut quicumque hoc inviolabiliter conservare studuerit, Benedictionem & gratiam consequi mereatur; si quis autem in pejus mutare tentaverit, divinum incurrat periculum in die judicij, & a Christo alienus habeatur signum serinissimi Domini nostri Regis.

P. Anselmus almi Mauritij, & Domini Regis Cancellarius unius notas implevit, anno Incarnationis Domini DCCCC. LXXXIII. Regni vero Domini Regis I. Acta in Siazo prid. Kal. April.

Fundatio Abbatiæ S. Victoris Genevensis, ab Hugone Genevensi Antistite.

Ex Cartulario Cluniacensis Cœnobij, ab Authore Cluniaci viso.

Unicuique mortalium pro salute animæ rationabiliter tractare est necessarium, Domino & indubitanter acceptum ; quapropter Ego indignus nomine Hugo Genevensis Ecclesiæ Præsul, peccatorum meorum obliterationem, Deo annuente, promereri desiderans ; sæpè mecum tacitus, frequenter etiam cum seniore Rodulpho cæterisque amicis tractare disposui, qua ratione loca in nostra Diœcesi posita, & ad nostræ Sedis locum pertinentia, in meliorem statum repararentur, nostra industria, & eorum protectione assidua. Hæc autem sæpissimè tractante accidit ut bonæ memoriæ *Adalheid Imperatrix Augusta,* nostri Pontificatus urbem ingressa, Ecclesiam Beatissimi Victoris Martyris Christi orandi gratia intrare ; quæ omnibus propter quæ venerat rite peractis, eundem locum monasticæ disciplinæ & religionis congrui fore prospexit, & ut id omnino peragerem, consilium dedit. Non multò post tempore, ejusdem beati Martyris membra invenire nos contigit, argenteo loculo diligentissimè recondita, quæ hactenus per plurima tempora hominum aspectibus fuerant occultata ; his autem sanctissimis membris ab humo quæ diu latuerant cautissimè levatis & strenuissimè, ut oportebat, peractis ; festivitate ipsius Martyris *seniore nostro Rodulpho, Dominâ quoque Reginâ Egildrude,* maximo etiam conventu Episcoporum, Comitum, & aliorum religiosorum & Mobilium virorum congregata communi consilio ; statuimus eadem præfata Martyris membra, sub ara ipsius Basilicæ esse locanda. Cùm cœptum opus devota mente complevissemus, cogitare mecum cœpi frequentiùs, ut prædictum locum amplificarem in melius, statuendo scilicet illuc Monasticæ religionis viros, qui eundem locum religiosis exornarent cultibus, & suo Ordini congruis circumstruerent habitaculis. Quia vero in eodem loco non erat tanta facultas possessionis, ut aliquis ibi potuisset ordinari loco Abbatis; memorandum Cluniensis Cœnobij Abbatem Odilonem, ad hoc peragendum evocavi, & permissione Domini *Rodulphi Regis* consensu etiam, *fratris ejus Burchardi Lugdunensis Archiepiscopi,* cæterorumque Comitum & nobilium Virorum hortatu, prædictum locum sancti Martyris Victoris ejus ordinationi commissi, ut ipsi, suique successores prælibatum locum, prout potuerint, in melius studeant reparare, & nostrorum successorum authoritate, deinceps in perpetuum possideant. Hanc autem constitutionem non ideò statuimus, ut à potestate nostræ Ecclesiæ aliquid (quod absit) detrahere velimus; sed tali hoc gerimus dispositione, ut prædictus locus in perpetua valeat manere religione, & inter nostros successores Cluniensisque Cœnobij Abbates, charitas excellentissima firmetur, & apud illos nostra memoria specialiter observetur ; successorum præterea hortor & obsecros sincerissimam charitatem nostrâ dignetur sua confirmatione stabilire devotionem, quam statuere cupio propter salutem animarum nostrorum Successorum, nobisque succedentium, pro remedio animæ meæ & seniorum nostrorum R. Regis & Chuonradi Regis, pro stabilitate quoque Ecclesiæ nobis à Domino commissæ, concedendo scilicet Cluniensis Cœnobij Rectoribus, omni reliquo tempore ordinationem prælibati loci Victoris Martyris Christi, ut in eodem loco, memoria & religio perpetuò valeat observari, & ipsi de consortio Religiosorum Virorum diutius possint gratulari.

Decretum seu Præceptum Conradi Regis,

Pro Ecclesiâ Saviniacensi.

Ex Cartulario Monasterij Saviniacensis.

IN nomine Dei, & Salvatoris nostri Jesu Christi. Conradus divinâ ordinante providentiâ invictissimus Rex. Si petitionibus servorum Dei pro quibuslibet Ecclesiasticis necessitatibus aurem Serenitatis nostræ libenter accommodamus. Ideò nobis & ad mortalem vitam temporaliter deducendam, & ad æternam feliciter obtinendam, profuturum liquidò recidivus. Idcircò notum fore volumus cunctis fidelibus Sanctæ Dei Ecclesiæ, & nostris præsentibus scilicet & futuris. Quia Amblardus sanctæ Lugdunensis Ecclesiæ Præsul, cum cæteris nostrorum fidelium Episcopis seu Comitibus, supplex nostræ Serenitatis adiit Majestatem, quò per largitionis nostræ scriptum, quoddam Monasterium quod Saviniacus vocatur est, in quo Gausmarus præesse dignoscitur Abbas præsentialiter, ac perpetuò faceremus munitum; metuensque ne futuris temporibus ea quæ pro divino amore, vel ab ipso, vel à Christianis fidelibus ei concessa sunt, aut in futuro concederentur à suis successoribus parvi pendendo anullarentur, Deprecatus est nostram Sublimitatem, ut paternum morem servantes, nostræ immunitatis præceptum censeremus, per quod declaretur; quatenùs nullus Pontifex Lugdunensis Ecclesiæ ex prædicti rebus Monasterij, seu possessionibus, aliquid injustè minorare præsumat, nec mansionaticos, nec ullas redhibitiones exigere tentet. Fratres verò Monasterij prælibati debito ei servitio, ac subjectionis reverentiâ impensâ omnia quæ ad hoc pertinent absque ullâ diminutione, seu impulsione teneant & possideant; habeant etiam potestatem eligendi abbates ex eorum Cœnobio, & electos ante præsentiam ejusdem Civitatis Episcopi deducere, aut ab eo benedictione acceptâ, congregationem sibi commissam regulariter gubernare studeant; cujus petitionibus libenter assensum præbuimus, & hoc nostræ authoritatis præceptum erga ipsum Monasterium, immunitatis, atque tuitionis gratiam, pro divini cultus amore, & animæ nostræ, ac Successorum nostrorum remedio fieri decrevimus, per quod præcipimus atque jubemus, ut sic ab eodem Archiepiscopo Amblardo, hæc res statuta vel ante præsentiam nostram delata esse dignoscitur; ità deinceps à nobis, vel nostris Successoribus, & ab omnibus sanctæ Dei Ecclesiæ fidelibus, etiam ab ipsis Episcopis, & ab omni clero Lugdunensis Ecclesiæ conservetur, quatenùs Episcopus subjectionis, sive obedientiæ recepta reverentiâ debita nostram jussionem, ac successorum nostrorum conservet, & Monachi ibidem Deo militantes Abbati suo, ut decet, humili devotione obedientes existant, ut Præpositum suum, Domino largiente, liberè conservare valeant. Præcipientes etiam jubemus, ut nullus judex publicus ad causas audiendas, vel freda, aut tributa exigenda, nec paratas aut mansiones exigendas, vel faciendas, aut fidejussores tollendos, aut homines ejusdem Monasterij, tàm ingenuos, quam servos distinguendos, aut ullum censum, aut ullam redhibitionem exigendam, sivè ea quæ supra memorata sunt exacturi minimè præsumant. Ut autem hæc auctoritas firma habeatur, & à fidelibus sanctæ Ecclesiæ futuris temporibus diligentiùs conservetur, de Annulo nostro subter jussimus sigillari. Signum Domini Chuonradi invictissimi Regis, Ego Vincentius recognovi. Datum. Non. Octobris, anno scilicet Incarnat. Christi VCCCCLXXVI. indic. II. & anno XXXVI. Imperij Domini *Chuonradi* Serenissimi Regis. Actum *Lugdun.* publicè feliciter.

Donatio Monasterio Saviniacensi ex Cartulario ejusdem Monasterij.

METà mundi meante crebrescunt mundi ruinæ, mala sæculi inundant, finem ejus nunc demonstrant, quàm celeriter occurrit dies Judicij ostendit. Quapropter vigilare debet quisque, & summo studio curare, ne cum possit ipsa dies anticipare &c. *In Biblioth. Sebust. Centur.* 1. *cap.* LVIII. Data per manum Duranti Monachi mense Junio, feria III. Regnante *Roberto Rege in Franciâ, & Rodulpho in Galliâ.*

Item cap. XXI. Centur. 2. Donatio Conradi Burgundiæ Regis Monasterio Cluniacensi.

Hugo Comes & Consanguineus noster petiit Regalem Celsitudinem nostram ut quandam villam nomine *Boliniacum* cum Ecclesiâ in pago Lugdunensi, cum villis, terris &c. ad Monasterium Cluniacum concederemus. &c. *Bouliginieux qui est en Bresse est dit en cet acte In pago Lugdunensi.*

Cent. 2. cap. LXXXII. Donatio Conradi Regis Monasterio Paterniaco.... Nos unà cum matre nostra Bertâ, ac Fratre nostro Rodulfo inspirante pietate divinâ &c... Hæc omnia cum cæteris dotalitiis per interventum prælibatæ matris nostræ ac Fratris nostri Rodulfi, & *Sororis Aleidis.* Et per nostri præcepti paginam corroboramus. &c. Data VI. Id April. anno ab Incarnat. Domini nostri Jesu Christi DCCCCXXXIV. anno regnante Domino nostro Conrado Rege XXIV. Lausanna Civitate.

Ex vita sanctæ Adalheidis Imperatricis à B. Odilone Abbate Cluniacensi.

POstquam Augustissimus Otto Universæ carnis ingressus est viam, Augusta cum filio Romani Imperij diù gubernavit Monarchiam. Sed postquàm divino nutu ipsius Augustæ meritis, & industriâ solidatus fuerat Romani Imperij principatus, non defuerunt viri iniqui, qui inter eos nisi sunt seminare discordiam. Quorum deceptus adulatione, recessit corde Cæsar à matre. Quæ filium diligens, & autores discordiæ ferre non valens, secundum Apostoli præceptum, dans ad modicum iræ locum, paternum decrevit expetere regnum. Ubi à Fratre Rege scilicet *Chuomado* & Nobilissimâ *Mathilde*, ejus conjuge benignè & honorabiliter est suscepta. Tristabatur de ejus absentiâ Germania, lætabatur in adventu ejus tota Burgundia, exultabat *Lugdunus* Philosophiæ quondam mater & nutrix, urbs inclita: nec non *Vienna* nobilis sedes Regia.

Quot in primis cum Cæsare, indè cum filio, & filij filio, Ottonum videlicet Augustorum, & Cæsarum, Deo annuente, possederant regna, tot ex proprijs sumptibus ad honorem Regis Regum condidit Monasteria. *In Patris* verò *Rodulfi* videlicet nobilissimi Regis, & *Domini Chuonradi* fratris regno, loco videlicet Paterniaco ubi matrem Reginam vocabulo, Bertam, Deo in omni bonitate devotam Sepulturæ tradidit, in honorem Dei Genitricis Monasterium, condidit, & sanctissimo patri Majolo suisque successoribus suâ munificentiâ, & Fratris sui Chuonradi Regis præcepto ordinandum perpetuò commisit.

Dehinc Genevensem adiit urbem desiderans videre victoriosissimi victoris aulam. Ind è Lausonam venit, ibique memoriam Dei Genitricis devotissimè adoravit. Quibus in locis à Rege & ab Episcopis, suis videlicet Nepotibus, honorabiliter suscepta, devenit in locum qui vocatur urba.

Decretum Umbaldi Archiepiscopi in Capitulo pro Eleemosyna generali.

Quotiescumque dignum aliquid memoriâ posteritati firmiter commendare curamus, nullo modo alio aptius quàm per literalem annotationem id fieri posse cognoscimus. Quapropter Ego Umbaldus Lugdunensis Ecclesiæ qualiscumque provisor notum fieri volo omnibus sanctæ Dei Ecclesiæ filiis ejusdem Ecclesiæ Canonicis & Lugdunensi Capitulo generaliter residentibus de Ecclesia sociis utilitates cùm tractaremus, Divinâ, ut credimus, inspirante gratiâ, contigit nos in saluberrimam collocutionem fructus eleemosynarum incidere. Et tunc præcipuè idcircò, quia eo tempore subita fames & vehemens Christi pauperes nimirùm attenuabat, cui Deo authore mitigandæ tàm Clerus quàm populus Lugdunensis non modicùs & operam dabat, & expensas. Providentes igitur vel parem huic vel graviorem Dei iram affuturam propter peccata hominum, communi fratrum consilio, parique voto dicemendo statuimus, ut quicumque honores Ecclesiæ, quod Obedientia appellatur, vel tunc habebant, vel in futuro habituri erant, quot diebus in refectorio ex obedientiæ debita Fratribus refectionem deberent, tot mensuras siliginis, quæ mortenarij appellantur, alibi mornantes, omni postposita occasione, eleemosynario communiter ab Ecclesia constituto, ad festum sancti Michaelis annuatim persolverent, atque hoc quidem tàm nos quàm successores nostri quantum ad nos pertinet, quorum studium ad Eleemosynam propensius debet invigilare, quam generatim communitas sine ulla simulatione similiter perficeremus. Qui videlicet Eleemosinarius acceptam Fratrum Eleemosinam & conservando multiplicare & multiplicando conservaret, nullâque penitùs necessitate in aliquos alios usus vel ex parte vel ex toto Eleemosina expenderetur, sed in tempore famis Christi pauperibus quibus deposita est fideliter & devotè dispenzaretur. Ut autem saluberrima ista institutio nullam in futurum quacumque occasione vel abolitionem incurrat, vel immutationem super hujusmodi boni violatores Anathematis sententiam promulgavimus, & super conservatores de Dei condigno misericordiæ benedictionis cumulum exoptando apponimus. Hæc hujus conditi assertio adeò Fratribus complacuit, ut quicumque præsentes erant in meâ manu se ità exequuturos fideliter juraunt, vel si per inscientiam id non fieri contigerit infra septem dies postquam cognoscerent, eâdem ratione hoc idem explerent. Statutum etiam de futuris nihilominùs Canonicis, ut in jurejurando quod de fidelitate Ecclesiæ facerent, de ejusmodi conservandâ similiter jurarent. Acta est ipsa carta, & communiter roborata Lugduni, anno ab Incarnatione Domini. 1123. Indictione 1. Regnante Henrico Gloriosissimo Romanor. Imperat. Anno V. Pontificatus Domini Callisti Papæ II. & data per manum Joannis Carcellarij.

Comant les biens appartenans au Pont du Rhone furent baillé à gouverner à Barthelemy de Varey & Michiel Citarelle pour & ou nom de la Ville.

Nos Guillelmus miseratione divinâ Lugdunensis Archiepiscopus & Comes, ad certitudinem præsentium, & memoriam futurorum, notum facimus tenore præsentium universis. Quod cùm non debeat reprehensibile judicari si secundùm varietates temporum, & mutabilitatem fortunæ disponuntur varie, vel mutantur ordinationes rerum temporalium, quæ mutabilitati subjacent incessanter. Præsertim quia res de facili ad pristinum statum revertitur, & naturam, à quibus dignoscitur discessisse. Ea propter pleniùs informati quod & olim ab antiquis temporibus domus Hospitalis quæ tunc Eleemosynaria vocabatur sita juxtà Pontem Rodani Lugduni, & domus dicti Pontis Rodani cum Hospitali eidem adjacenti & cum capellis eisdem adjunctis cum rebus pertinentibus ad easdem, divisa, & segregata, & diversis subjecta Rectoribus extiterunt, quæ piâ consideratione bonæ memoriæ Reverendi quondam Archiepiscopi Lugduni conjuncta sunt ad invicem & unita, & sub uno regimine constituta jam longis temporibus permanierunt, quodque recolendæ memoriæ Dominus P. de Sabaudiâ Prædecessor noster quondam Lugdun. Archiepiscopus à regimine Laicali sub quo capellæ & domus prædictæ, ut communiter existebant, justis & rationabilibus causis tunc ipsum moventibus capellas & domus easdem a regimine etiam mechanici operis necessariji dicti Pontis transtulit in religiosos & literatos viros divinis officiis in sacris ordinibus ministrantes, videlicet in venerabiles & religiosos Abbatem & Conventum Altæ combæ, demùmque in Abbatem & Conventum Chassaigniæ Cisterciensis Ordinis Gebennensis & nostræ Lugdunensis diœcesis, qui dictis capellis, domibus, rebus, pertinentiis ac pontis operi præsidentes quantum eis ab alto concessum est & facultas bonorum, & reddituum ac eleemosinarum seu proventuum quarumcumque dictarum Capellarum, & domorum & operis poterant suppetere, adjunctâ etiam de bonis Monasteriorum ipsorum non sine ipsorum gravamine, videlicet per Abbatem & conventum Altæ combæ ad opus ligneum dicti pontis, per Abbatem verò & Conventum Chassaigniæ, nedùm ad ligneum, verùm etiam ad opus lapideum dicti pontis, cum in constructione videlicet arcus dimidij juxtà portam, non parvâ, sed maximâ quantitate, ut in ipsis conscientiis attestantur, ut evidenter apparet fideliter, & laudabiliter instituerunt, adeòque tàm ex opere supra dicto, quàm ex guerris quæ circumsteterunt, & circumambularunt, immò quoque devastaverunt, dicti Domini tàm bona ipsius Monasterij Chassaigniæ quàm possessiones, & bona ad dictum pontem spectantia ultrà Rodanum situata, sunt adeò memorati Abbas & Conventus prægravati quod non possint ullatenus nedùm ad refectionem, sed nec ad sustentationem dicti Pontis operis ipsorum sufficere facultates, & considerantes quod nemo ad impossibile obligetur, nec nos pati possumus nec debemus, quod Ecclesia seu Monasterium Chassaigniæ in nostra Diœcesi constitutum propter opus vel regimen dicti Pontis quod faciliùs tamquam onus publicum poterit supportari ab illum, quod absit, statum deveniat, quod non adjiciat ut resurgat iis & aliis, & præsertim clamore populi Universitatis scilicet Lugduni Civium excitati quamvis ad nos dictum Archiepiscopum cum consensu dicti Capituli Lugduni principaliter pertineat autoritas & ordinatio prædictorum. Quia tamen omnis res per quascumque causas construitur, per easdem dissolvitur, & quod omnes tangit, debet ab omnibus approbari. Idcircò quia reperimus unionem superiùs memoratam domorum, & capellarum de consensu Cleri & populi esse factam, nos quoque prædecessorum nostrorum Archiepiscoporum Lugduni inhærentes vestigiis in hac parte, de consensu, & voluntate Venerabilis Decani & Capituli Lugduni, necnon Consulum Universitatis Civium, & Civitatis Lugduni prædictæ ad supplicationem Venerabilis & religiosi Viri Joannis Abbatis Chassaigniæ, pro se & Conventu suo instanter & humiliter requirentis a dictis oneribus sibi & suis importabilibus liberari. Volentes spirituali a temporali prout & inquantum nobis est possibile separari in hoc casu, & ex causâ ad ordinationem & divisionem prædictarum domorum, Capellarum, & rerum pertinentium ad easdem, maturâ deliberatione præhabitâ unanimi consilio prædictorum concessimus in hunc modum, videlicet, quod Hospitale prædictum & domus ipsius Hospitalis ante & retro cum Capellâ prout se extendunt à portâ dicti Hospitalis usque ad Rodanum cum curtili, appendentiis & pertinentiis dicti Hospitalis & dictæ domus, remaneant dicto Hospitali & Capellæ, & ad Abbatem & Conventum Chassaigniæ eorum administratio & regimen perpetuò pertineat, & debeat pertinere salvis inferiùs declarandis, videlicet quod pro cultu divino & Officio ibidem in Capellâ Hospitalis prædicti faciendo duo Monachi dicti Monasterij morentur ibidem qui Deo, & Hospitali prædicto, pauperibusque ibidem confluentibus in divinis & aliis, prout infrà sequitur, debeant servire, & ipsi duo Monachi tres servitores unum pro ipsis & duos pro pauperibus & servitio Hospitalis habere debeant & tenere. Item quod dicti duo Monachi pro ipsis & dictis tribus servitoribus pro victu videlicet eorumdem sex asinatas frumenti & novem asinatas siliginis super bonis & rebus Hospitalis & Pontis prædictorum annis singulis percipere & levare debeant & habere, & triginta asinatas vini puri pro ipsis duobus Monachis, videlicet decem & octo, & pro dictis servitoribus duodecim. Item pro pitantia pro ipsis duobus Monachis & tribus servitoribus ante dictis decem & octo libras Viennenses annis singulis, & pro vestiario dictorum duorum Monachorum sex libras, & pro vestiario & Calciamentis trium servitorum prædictorum alias sex libras annuas. Item pro salario dictorum trium servitorum quatuor asinatas, siliginis. Item pro candelis, oleo & vino necessariis in Capella, & ad celebrandum Missas & serviendum Deo & Capellæ prædictæ, duas asinatas vini, & sexaginta solidos Viennenses. Item pro servitio debito nobis Archiepiscopo Lugduni prædicto & successoribus nostris pro domibus Hospitalis prædicti quæ in emphyteosim tenentur à nobis, quatuordecim solidos, octo denarios & quatuor gallinas. Item pro panagio ad opus pauperum in dicto hospitali confluentium novem asinatas siliginis, & novem asinatas vini puri, & pro pitancia infirmorum & lampadum accendendarum de nocte in hospitali prædicto quatuor libras Viennenses. Item pro culcitris, linteaminibus, & coopertoriis hospitalis prædicti ad opus infirmorum emendis & manutendis ibidem quinquaginta solidos Viennenses annis singulis percipiendis perpetuò & habendis, & in dictos usus convertendis per duos Monachos antedictos: Quorum prædictorum summa est, frumenti sex asinatæ, Siliginis viginti una asinatæ, vini quadraginta una asinatæ, pecuniæ quadraginta libræ, octo solidi Viennenses annis singulis percipiendi, & habendi ob dictas causas per dictos Monachos, & assignatur eisdem super bonis Hospitalis prædicti. Quas quidem frumenti, siliginis, vini & pecuniæ quantitates & summas dictis Abbati & conventui Chassaigniæ de consensu & voluntate venerabilis Decani & Capituli Lugduni, necnon discretorum virorum Bartholomæi de Varey & Michaëlis Cythareliâ tàm autoritate regiâ quàm per Consules Civitatis Lugduni ad hoc deputatorum assidemus & assignamus ad dictum finem in hunc modum, videlicet Capellam, Hospitale, domum & curtile dictis Capellæ & curtili adjacentia prout se extendunt à viâ seu carreriâ per quam itur de Ponte Rodani versus Sanctum Nicetium rectâ viâ ex unâ parte, & juxtà viam per quam itur à domo Fratrum Prædicatorum usque ad ripariam Rodani ex alterâ : & à ripariâ Rodani viâ rectâ usque ad curtile Domini Guichardi Galiani Legum Doctoris viâ intermediâ, & de dicto curtili dicti Domini Guichardi usque ad domum & curtile hæredum Rollandi Paschalis quondam defuncti & à dictâ domo hæredum dicti Rollandi usque ad portam dicti hospitalis unà cum omnibus domibus, juribus, pertinentiis & appendentiis infrà dictos limites seu confinationes contentis & existentibus. Item quamdam aliam domum sitam juxtà domum Stephani Diderij Minguerij ex unâ parte, & juxtà domum Anthonij Baronis de Genas Civis Lugduni ex alterâ. Et juxtà viam publicam per quam itur de Sancto Nicetio apud Pontem Rodani. Item quasdam alias domos & quoddam curtile seu curtilia dictis domibus contigua seu adjacentia quæ sita sunt juxtà domum dicti Anthonij Baronis quam olim Bernardus Baronis de Genas Pater dicti Anthonij acquisivit, ut dicitur, quondam a Riperto de Charpiaco ex unâ parte & juxtà domum Domini Stephani de Fuer, quæ quondam fuit Johannis de Putheo quondam defuncti ex alterâ, & ex alia parte juxtà quoddam curtile dicti Domini Stephani de Fuer, & ex aliâ parte juxtà viam publicam rectâ viâ per quam itur de Ponte Rhodani versus Sanctum Nicetium & Putheum pilosum.

Item quamdam aliam domum quæ sita est juxtà domum Johannini Raymundi quam acquisivit, ut dicitur, a Joanne Gastoni ex alterâ, & juxtà viam publicam per quam itur de Burgo Canino apud Sanctum Nicetium. Item quamdam aliam domum, quæ sita est juxtà domum dicti Johannini Raymundi ex unâ parte, & juxtà domum dictorum Johannini & Stephani de Villeta fratrum ex altera, & juxtà viam publicam per quam itur de Burgo canino prædicto versus sanctum Nicetium prædictum. Item quamdam aliam domum quæ sita est juxtà domum Johannini & Stephani de Villeta fratrum, ex unâ parte & juxtà domum Jaquemeti Burlande quam acquisivit ab Aimerico de curtili ex alterâ. Et juxtà dictam viam publicam per quam itur de Burgo Canino versus S. Nicetium ex alterâ. Item grangiam de Rebussello cum omnibus terris, pratis, nemoribus, tachiis, decimis, servitiis juribus, pertinentiis, & appenditiis & aliis quibuscumque universis. Item domum & vineam sancti Genesij Vallis quæ sitæ sunt apud sanctum Genisium prædictum quæ sunt & diù fuerunt hospitali & domui Pontis Rodani per tantum tempus quod de contrario hominum memoria non existit, cum ejus doliis, garnimentis dictarum domus & vineæ, salicibus, juribus, pertinentiis, & appendentiis universis, quæ quidem domus & vinea sitæ sunt juxtà iter per quod itur de Sancto Genisio apud Brignais & juxtà vineam Hugonis Thomæ ex una parte, & juxtà vineam hæredum Benedicti de Fluriaco ex alterâ. Item vineam Sanctæ Fidis, quæ est & fuit quondam domus hospitalis prædictorum & Pontis Rodani, & quæ vinea fuit olim tradita diversis colonis ac prædictis per dictum Abbatem Chassaigniæ. Item omnia servitia quæ Capella, hospitale, domus & Pons prædicti communiter vel divisim habent, & habuerunt temporibus retroactis extrà Civitatem Lugduni. Quæ omnia & singula supradicta penès dictum Abbatem & Conventum Monasterij Chassaigniæ pro prædictis domo, Capella, & Hospitali de serviendis & manutenendis, & dictis servitiis complendis ibidem, ut dictum est, & pro dictis quantitatibus bladi & pecuniæ, & pro omni eo quod ipsi percipere debent pro serviendo dictis Capellæ, & hospitali, & pro prædictis oneribus supportandis perpetuò volumus remanere, ipsosque Abbatem & conventum Chassaigniæ de voluntate & assensu prædictorum Dominorum Decani, Capituli & Consulum Civitatis ab omni alio onere dicti Pontis & pertinentium ad ipsius fabricam necnon à servitio Capellæ supra dictum Pontem existentis & dependentibus ex eisdem pro nobis Archiepiscopo & successoribus nostris liberamus in perpetuum & quittamus, nec non ab omnibus quæ occasione dicti Pontis domorum, vel Capellarum seu hospitali prædicti vel perceptorum quomodolibet pro eis possent ab eisdem Abbate & conventu per nos Archiepiscopum vel alium modo quolibet exigi vel requiri. Volumus etiam, atque concedimus Abbati atque conventui Chassaigniæ memoratis quod omnia legata facta & facienda in posterum Capellæ vel hospitali prædicti qualicumque & quibuscumque & sub quocumque tenore, verborum facta existant, necnon & cætera omnia quæ proveniunt provenient & provenire poterunt in futurum, contemplatione seu occasione dictarum capellæ Hospitalis, quorum regimen per præsentes eis relinquimus, habeant & percipiant & eis pacificè persolvantur pro dictis servitiis ac oneribus melius sustinendis & complendis, atque in dicta capella divina celebrare, Ægrotis & Rendutis & aliis sibi deservientibus in dicta capella, domo vel Hospitali Sacramenta Ecclesiastica impertire valeant, & eos ac quoscumque alios, qui ibidem sepulturam suam elegerint, vel morientur in domo vel Hospitali prædictis possint liberè in eodem cemeterio sepelire, jure tamen Parrochiali salvo quantum ad eos qui non sunt de Ægrotis & Rendutis ac servitoribus eorumdem Monachorum, sed aliis qui non sunt de dictis domo & Hospitali, si qui fuerint qui penes ipsos elegerint sepeliri, RETINENTES NOBIS & nostris successoribus qui pro tempore erunt Lugduni, in prædicta capella, domo ac Hospitali, visitationem, correctionem, ac reformationem aliisque juribus sedis nostræ, absque exactione procurationis, & subventionis in pecunia, cibariis vel rebus aliis quibuscumque, salvis semper in omnibus & per omnia dictis Abbati & Conventui Chassaigniæ & Monasterio Chassaigniæ quibuscumque privilegiis, concessis ordini Cisterciensi ac Abbati & Monasterio Chassaigniæ antedictis, dum tamen per ea aliqua affectu præmissorum visitationis, & correctionis prædictis capellæ & Hospitalis & ministrorum Sacramentorum ibidem in quantum tales prædictorum ministri sunt & erunt, non impediantur quoquomodo nec nobis & nostris successoribus ut præmittitur sibi retentis possit aliquod præjudicium generari. In aliis verò rebus possessionibus seu redditibus assignatis vel concessis eisdem ut suprà, nihil quoàd proventus & emolumenta penitus retinemus, sed liberam administrationem prædictorum eis concedimus ad finem prædictum & ex causis supradictis. Itaque de prædictis vel aliquo prædictorū, Nobis Archiepiscopo, vel nostris successoribus, seu cuicumque alij, præterquam Deo & sibi ipsis computum reddere ullatenus teneantur : servitia autem prædicta & onera dictorum capellæ & hospitalis supportare & facere perpetuo teneantur: mandantes tenore præsentium & præcipientes universis tenumentariis possessionum, rerum, domorum, reddituum, vel jurium prædictorum, dictis religiosis per nos assignatorum ut supra qui est nunc manentes respondeant & satisfaciant de prædictis omnibus & singulis dictis Abbati & Conventui Chassaigniæ tanquam veris & perpetuis administratoribus eorumdem. Aliam verò domum sitam juxta pontem prædictum, eleemosinariam hactenus nuncupatam ac pontem ipsum Rhodani cum capella pontis supra illum posita, possessiones, jura & redditus, provetus & obventiones quascumque ad dictas domos, hospitale & pontem spectantia hactenus conjunctim vel divisim quæ non sunt dictis Abbati & Conventui Chassaigniæ ut prædictum est assignata, & quæ in futurum devenient & pertinere poterunt quoquomodo, quæ ad dictum pontem & ipsius pontis sustentationem, reparationem & machinam retinemus & perpetuò remanebit & perpetuò volumus & ordinamus regenda, percipienda, gubernanda, conjunctim de voluntate, consilio, & assensu Consiliariorum prædictorum Communitatis civitatis prædictæ providis & discretis viris Bartolomæo de Varey filio Boniti de Varey quondam & Michaeli Cythareli civibus Lugduni ad hoc electis à dictis Consiliariis & nominatis, dantes eisdem Bartolomæo & Michaeli tenore præsentium & assensu Consiliariorum prædictorum plenam & generalem ac liberam potestatem ac mandatum speciale tenendi, exigendi, percipiendi, levandi & recipiendi & omnia singula bona, jura, redditus, proventus, fructus, legata, eleemosinas, emolumenta quæcumque, quæ ad dictos pontem, domum, & capellam conjunctim vel divisim pertinent & in futurum pertinebunt, aut temporum vel alicujus eorumdem occasione seu contemplatione quacumque ratione percipi poterunt & qualitercumque personâ deberi, litterasque, quittationes, de dictis emolumentis, eleemosinis, & legatis per eos receptis dandi & concedendi, ipsaque emolumenta, in reparationem, sustentationem, & machinam & necessitatem dictorum, pontis, domus, & capellæ, prout eis visum fuerit convertendi & ponendi procuratores & gestores unum vel plures, semel vel pluries pro litibus, causis & negotiis prædictis constituendi & deputandi & deputandos revocandi & super ipsis causis & negotiis compromittendi, paciscendi, componendi, transigendi & cujuslibet generis Sacramentum præstandi, defendendi, & restituendi expensas cujuslibet litis, petendi & recipiendi ac omnia alia & singula faciendi quæ causarum & negotiorum quorumcumque infra in negotiis & extra postulant & requirunt, & quæ Procuratores gestores, & Administratores, Sindici, Oeconomi, & Rectores legitimè ordinati, & constituti facere possunt & debent. Volumus tamen & ordinamus de Consilio & assensu Consiliariorum prædictorum quod prædicti Bartholomæus & Michael quandiu bona & jura prædicta administrabunt & regent, quolibet anno semel mense Decembri de omnibus & singulis per eos receptis levatis & perceptis de bonis, juribus, & emolumentis prædictis, de expensis per eos factis pro reparatione, sustentatione & aliis necessitatibus dictorum pontis, domus, & capellæ & cæteris negotiis pro administratione prædicta faciendi, rationem & computum legitimam reddere teneantur Officiali & Judici nostro, qui pro tempore fuerint unà cùm duobus prædictis viris per Consiliarios dictæ civitatis, qui pro tempore fuerint ad dictum ratiocinium & computum audiendum & approbandum vel reprobandum nominandis, præmissis autem universis & singulis prout superius ordinata sunt per nos ac etiam declarata. Præfatus religiosus vir Frater Joannes Abbas Monasterij Chassaigniæ ex una parte, & prædicti Bartholomæus Boneti de Varey & Michael Cytharella Cives Lugduni constituti propterea coram mandato nostro, videlicet Jacobo de Vergeio publico, authoritate Apostolica Notario curiæ Officialis Lugdunensis, & sæcularis Lugdunensis jurato : præsentibus testibus ad hoc vocatis & rogatis : videlicet venerabilibus viris Dominis Guillermo de Cheveluto Custode Ecclesiæ Lugdunensis, Bartholomæo de Montebrisone legum Doctore, Joanneto Guiffredi, Richardo Papodi Civibus Lugduni, & Fratribus Humberto de Mestclas Cellerario, ac Petro de Cheveluto Magistro domus de Vignettes Monachis Monasterij Altæcumbæ, Præfatus Abbas Chassaigniæ, suo & Conventus sui dicti Bartholomæus & Michael suis & Consulum ac universitatis civium Lugduni, nominibus, in quantum ipsos & ipsorum quemlibet tangit aut tangere potest, aut tangere in futurum, deliberatione præhabita diligenti consenserunt expressè. In quorum omnium præmissorum robur & testimonium præsentibus litteris bullam nostram duximus apponendam. Et nos verò Joannes Decanus & Capitulum Ecclesiæ Lugdunensis, præmissis omnibus ; & singulis tanquam ritè & legitimè actis deliberatione præhabita diligenti, in nostro Capitulo ad sonum campanæ more solito congregati unanimiter, & concorditer nostrum præbentes assensum & consensum, sigillum nostræ Ecclesiæ Lugdunensis præsentibus litteris apponi fecimus in fidem & testimonium præmissorum. Et nos frater Joannes Dei gratia humilis Abbas Conventus Chassaigniæ attendētes & considerātes præmissa omnia & singula tanquam ritè acta cedere ad utilitatem nostri Monasterij ea & singula approbantes & ratificantes sigillum nostrum quo unico utimur apponi

d

fecimus, in majus robur & testimonium præmissorum : & nos Abbas Monasterij sancti Sulpitij Cisterciensis Ordinis pater Abbas dicti Monasterij Chassaigniæ immediatus & commissarius in hac parte authoritate nostri Cisterciensis Capituli Generalis, attendentes & considerantes supradicta & omnia & singula acta & facta fuisse ad utilitatem & commodum supradicti Monasterij Chassaigniæ habita deliberatione diligenti super præmissis cum Abbate & Conventu Chassaigniæ prædictis & aliis nostris Consiliariis prædictis omnibus & singulis consentimus expressè, & eadem authoritate nostri Generalis Capituli Cisterciensis prædicti & nostra paterna, laudamus, ratificamus, & tenore præsentium approbamus & præsentibus litteris sigillum nostrum apponi fecimus in omnium præmissorum fidem & notitiam pleniorem, Et Nos Consules universitatis Lugdunensis præmissa omnia considerantes ritè & legitimè facta esse, & cedere ad utilitatem Reipublicæ in quantum ad nos & universitatem Civium Lugduni pertinet & pertinere potest, approbantes & ratificantes, sigillum universitatis nostræ præsentibus litteris apponi præcipimus in testimonium hujus rei. Actum quoad consensum Abbatis Chassaigniæ & Civium prædictorum quarta die Octobris anno millesimo trecentesimo tricesimo quarto, & quoad prædictum Abbatem sancti Sulpitij & Abbatem & Conventum Chassaigniæ in Monasterio prædicto Chassaigniæ Conventu ibidem more solito congregato insistentibusque & Conventum facientibus prædictis Abbatibus & Religiosis viris fratribus , Bono Priore majore, Bernardo superiore , Bernardo magistro domus de curtilibus , Georgio Posterio , Girardo Cellerario majore , Stephano magistro domus de Rossay , Petro Daygrefuyl, Guillelmo de Meyssimiaco, & Michaele de Tisiaco, & Guillelmo de Neuro, Monachis dicti Monasterij Chassaigniæ in præsentia Jacobi de Vergeyo Notarij supra scripti, præsentibus etiam testibus ad hoc vocatis, videlicet religioso viro fratre Petro de Cheveluto magistro domus de Vignettes monacho Monasterij Altæcumbæ ; & Perronino d'Aveney cive Lugduni : ultima die Aprilis anno Domini millesimo trecentesimo tricesimo quinto, Ego vero Jacobus de Vorgeyo publicus Notarius præmissis omnibus & singulis ut supra scriptis præsens interfui præsentesque litteras de mandato dicti Domini Archiepiscopi expedivi sub hoc solito signo meo, scriptis hoc solito.

Facta est collatio de præsenti transcripto ad originales litteras prædicta bulla plumbea dicti Domini Archiepiscopi plumbatas & sigillis dictorum Dominorum Decani & Capituli Lugdunensis, Abbatis & Cõventus Chassaigniæ ; Abbatis S. Sulpitij, Consulumque universitatis Lugdunensis civitatis in filis sericeis sigillatis & per me Guillelmum de Cuisello. Authoritate regia publicum Notarium, & curiarum Lugduni juratum, una cum Stephano Danneti clerico authoritate regia publico Notorio & curiarum prædictarum jurato & in hujusmodi collationis testimonium hic signavi.

Et per me dictum Stephanum Danneti Clericum authoritate regia publicum notarium & curiarum Lugduni juratum una cum dicto Guillelmo de Cuysello authoritate regia publico notario & dictarum curiarum jurato & in hujusmodi collationis testimonium hic signavi.

L'administration cedée aux Consuls & Eschevins de Lyon du consentement de l'Archevêque de Lyon par l'Abbé, Convent & Religieux de la Chassaigne sous les conditions y portées.

IN Nomine Domini Amen, Nos Anthonius Bertrandi decretorum Doctor miles in Ecclesia majori, Canonicus & Sacrista Ecclesiæ Collegiatæ Sancti Pauli, Officialis Lugdunensis, universis & singulis præsentes litteras inspecturis, notum facimus quod cùm diversi fuissent tractatus perlocuti inter Reverendum in Christo Patrem Dominum Ludovicum miseratione divina Abbatem, virosque venerabiles & religiosos Dominos de Conventu Monasterij Chassaigniæ Cisterciensis ordinis Lugdunensis diocesis ex una parte ; & honorabiles viros Dominos Consules Civitatis & communitatis Lugdunensis ex altera parte, de & super eo quòd præfati Consules providi considerantes & attendentes quod Hospitalia civitatis prædictæ Lugdunensis diversis Rectoribus & Administratoribus subjecta Charitate & pervigili Cura operum misericordiæ temporibus retro lapsis & præteritis & præsentibus administrantur, attenta populi utriusque sexus multitudine quibus eadem civitas Deo propitio populata existit, ipsorumque Hospitalium, signanter infrascripti, paupertate & tenuitate fructuum, cujus Fundationis facultates ad receptionem & sustentationem Christi pauperum in eisdem affluentium ac infirmorum & aliarum miserabilium personarum suarum necessitatum tempore, de die in diem Hospitalia confugientium præsertim Epidemiæ morbo vigente, quæ proh dolor ! aut aëris indispositione, aut alias occulto Dei judicio, iis in partibus plus solito sævire solet : quo in tempore ob ipsius morbi rabiem sani cum infirmis communicantes sæpius, prout res ipsa sindicat morbo simili, cui medicorum ope raro subvenitur, sola conversatione inficiuntur, adeo quod in tanto tamque gravi periculo parentes filios, filij parentes, viri uxores, & uxores viros sæpius abdicare postremis temporibus visi sunt, imo quàm plures utriusque sexus pauperes famuli & servitores etiam capita domorum simili morbo percussi rigore temporalis justitiæ sub quadam specie pietatis Reipublicæ propriis laribus pulsi, cum pauca sint in eadem civitate Hospitalia, quæ non sine simili periculo ad tales infirmos recipiendos sunt accommodata, extra eandem civitatem receptaculum non habentes, ubi nullus erat qui eis manum porrigeret adjutricem, nonnulli ex ipsis sine victu per campos, alij per plateas & vias publicas vagantes, & quidam ex ipsis, quòd magis deflendum est absque oris confessione, heu, misera-

de la Ville de Lyon. XXVII

biliter, expiraverunt. Cumque ipsi Consules Reipucæ dictæ civitatis quantum cum Deo possunt & debent utilitati consulere pauperumque & indigentium prædictorum tam Ecclesiasticorum quàm sæcularium calamitatibus & miseriis subvenire. Attendentes ut dicebant in prædicta hujusdem Lugduni civitate non reperitur, nec est locus convenientior ad receptamen & refocillationem Christi pauperum domo Hospitali Rhodani ejusdem civitatis cum capella, cimiterio, terra & vineis, aliisque membris & pertinentiis eisdem adjacentibus & ad dictum Hospitale pertinentibus sub regimine prædictorum Domini Abbatis & Conventus Chassaigniæ, concessione bonæ memoriæ Reverendissimi in Christo Patris Domini Guillermi quondam Archiepiscopi Lugduni ac venerabilium & egregiorum Dominorum Decani & Capituli Ecclesiæ majoris, nec non Consulum ipsius civitatis Lugdunensis pro tempore existentium: ac considerata ipsorum Hospitali & membrorum ejusdem situatione à populi frequentia competenter separatâ ad pauperes hujusmodi etiam epidimia, aut alio contagioso morbo vexatos. PROVIDENTES itaque præfati Consules, quod Hospitalis prædicti ædificia magnum & amplum ambitum continentia alias pia fidelium largitione, opere sumptuoso pro receptione pauperum & infirmorum supradictorum constructa fuerunt & sunt in ruinam pro majori parte, quorum culpa ignoratur, collapsa, nec nisi nova & alia admodum sumptuosa ædificata & constructa & supellectili etiam & utensilibus usui pauperum prædictorum & infirmorum accomodis munita sufficerent ad pauperes & infirmos supradictos prout ipsorum necessitas exigeret recipiendos, supradicto reverendissimo Domino nostro Archiepiscopo Lugdunensi, cujus prædecessores in concessione regimine & administratione dictarum Capellæ & Hospitalis dictis Dominis Abbati & Conventui Chassaigniæ facta, visitationem & reformationem quatenus opus esset sibi & suis successoribus perpetuo reservavit, humiliter supplicaverunt, quatenus præmissis attentis, & præsertim attento, quòd ædificia dicti Hospitalis sub regimine dictorum Dominorum Abbatis & Conventus monasterij Chassaigniæ pro majori parte sua penuria corruerunt, quodque nonnulla bona immobilia ad Hospitale hujusmodi spectantia certis moti considerationibus alienarunt, quatenus ipsum Hospitale una cum omnibus & singulis suis membris, fructibus, redditibus, & proventibus usui pauperum prædictorum dedicatis ad manus suas reducere & ipsorum regimen, & administrationem prædicti Dominis Abbati & conventui interdicere, & inde Reipublicæ ejusdem civitatis pauperumque & infirmorum prædictorum favore ejusdem Hospitalis regimen & administrationem Christi pauperum atque infirmorum prædictorum curam universitati & communitati dictæ civitatis remittere atque committere dignaretur: offerentes ipsi Consules utilitati Reipublicæ pauperumque & infirmorum prædictorum necessitatibus & miseriis pietatis oculos aperire, manus adjutrices porrigere, & Hospitale prædictum de communibus ejusdem civitatis denariis & piis fidelium eleemosinis in forma decenti ad pauperes & infirmos hujusmodi quacumque infirmitate vexatos recipiendum, tractandum, subveniendum & sustinendum ad divini numinis laudem, gloriam, & honorem ac peccatorum quibus humana fragilitas dietim labitur, remissionem, construere & ædificare ac constructum & ædificatum manu tenere & conservare: occasione quorum præmissorum & aliorum ex eisdem emergentium inter eosdem Dominos Archiepiscopum ex una & prædictos Dominos Abbatem & Conventum Chassaigniæ partibus ex alia, quæstionis materia suscitata fuisset, majorque suscitari formidaretur, tam in curia requestarum Domini nostri Regis, quam aliis diversimodè in venerabili curia Parlamenti Parisiis statuta, medio certæ querimoniæ in forma casus novitatis instante, præfato reverendissimo Domino nostro Archiepiscopo Lugdunensi, contra dictos Dominos Abbatem & conventum executa, sicut præfati consules, necnon Præfatus venerabilis Abbas modernus dicti monasterij Chassaniæ suo & dicti sui conventus nominibus asserunt & confitentur ita esse sine fraude. Hinc est quod post plures & varios tractatus de & super præmissis via amicabili inter dictas partes habitos, hac die datæ præsentium coram Anthonio Bailly & Anthonio Deponte civibus Lugduni publicis Notariis & Tabellionibus Regis curiarumque Officialium Judicaturæ ordinariæ Lugduni, juratis, in testium inferius nominatorum præsentia personaliter constituti præfatus Dominus Ludovicus Abbas modernus dicti monasterij Chassaniæ, suo & dicti sui conventus nominibus, ac veluti Rector cum suo prædicto conventu prædictorum Capellæ & Hospitalis pontis Rhodani Lugduni, pro quo quidem conventu idem Dominus Abbas se in hac parte fortem facit præmissaque & infrascripta omnia & singula rata & grata habere promittit sub juramento & obligatione suis subscriptis ex una parte & venerabiles ac honorabiles viri Domini Petrus Torveonis Legum Doctor, Andreas Poculoti, Petrus Rouverij, Joannes Buaterij, Claudius Rochefort, Joannes Rosseleti, Gaufredus de Sancto Bartholomæo, Joannes Boverij, Stephanus Laurencini & Edoardus Basca cives & moderni Consules & Administratores communitatis predictæ hujusmodi civitatis Lugdunensis nomineque administratorio prædicto totius communitatis ejusdem civitatis Lugdunensis ex altera parte: SCIENTES prudenter & spontanè omnibus vi, dolo, & metu, aut quovis alio illicito colore vel fraudis ingenio in hac parte cessantibus & rejectis de & super premissis omnibus & singulis eorumque circumstantiis dependentibus & connexis faciunt ineunt & contrahunt inter se ad invicem quibus supra nominibus, cessiones, remissiones, quittationes, retentiones, reservationes, promissiones, obligationes, stipulationes, actus mutuorum contractuum & alia quæ sequuntur, voluntate tamen & beneplacito predictarum venerabilium curiarum Parlamenti & requestarum in omnibus & per omnia reservatis. Imprimis quòd Præfatus Dominus Abbas suo & dicti conventus nominibus ad oblationes & pollicitationes supradictas per dictos Consules ut præmititur factas, & rem publicam hujus civitatis Lugdunensis pauperumque & infirmorum supradictorum non minori affectione, quam præfatus Dominus Archiepiscopus habens respectum proinde quod considerans, & attendens ut dicebat antiquitatem & ruinam dictarum Capellæ Hospitalis & domorum ac aliorum ædificiorum eorumdem, ad quos ædificandos & in statum debitum & aliter solitum reducendos ipsius Hospitalis non suppetunt facultates, cum ipsum Hospitale longos & latos habeat ambitus in ruinam collapsos, necessarióque reparandos & reædificandos, ut suppetere possint ad pauperes prædictos utriusque sexus ibidem in maxima & insolita multitudine dietim affluentes, ipsorumque Hospitalis & pauperum ministros opportunè recipiendos, collocandos, Hospitandos & alendos, quæ siquidem reparationes & ædificia ac alia omnia prædicta, si sumptibus & expensis dictorum Domini Abbatis & conventus fierent & supportarentur iidem Domini Abbas & conventus detrimentum longè majus quam crementum & augmentum reciperent & supportarent: sub igitur & cum retentionibus & reservationibus & qualificationibus omnibus & singulis infrascriptis & illis per omnia sua puncta, capitula & membra semper salvis, cedit, transfert, transportat, & remittit pro se, dictoque conventu & suis in dicto monasterio Chassaniæ successoribus perpetualiter in futurum quibuscumque, superius nominatis Consulibus dictarum

d ij

civitatis & communitatis Lugdunensis præsentibus; cessionem, transportum & remissionem hujusmodi ac alia infra scripta acceptantibus, stipulantibus, & recipientibus, vice, nomine & ad opus ipsorum ac usum pauperum & infirmorum supradictorum; videlicet capellam, Cimeterium, omnesque & singulas domos, muros, ædificia, vineas, hortos, sive curtilia ac alia quæcumque dicti Hospitalis domania, tam simul contigua quàm divisa: necnon omnes & singulos census, redditus & servicia, eorumque jura, laudes, investiriones & alia quæcumque, omnesque & singulas pensiones & annuas prœstationes, oblationes, & eleemosinas &' alia quæcumque emolumenta ad capellam & Hospitale hujusmodi spectantia, pertinentia, provenientia, & debita ubicumque locorum, juraque & actiones eorumdem cum omnibus & singulis ipsorum censuum, servitiorum, pensionum, oblationum & aliorum jurium prædictorum arreragiis de toto tempore lapso nunc usque incursis & debitis, ac etiam Calicem argenteum, Missale, libros, ornamenta Altaris & alia bona mobilia & utensilia capellæ & domus prædictarum universaque & singula alia jura & actiones dicto Hospitali in toto circuitu & ambitu hujusmodi civitatis Lugdunensis & suburbio ejusdem & alibi infra hujusmodi Franciæ regnum existentia, pertinentia & deberi valentia quovismodo, eidemque Hospitali & pauperibus ibidem affluentibus quomodolibet dedicata ad eosdemque Dominos Abbatem & conventum Chassaniæ prætextu & vigore cessionis & remissionis prædictarum per præfatum quondam Dominum Guillermum nunc Archiepiscopum Lugdunensem, Abbati & conventui dicti monasterij Chassaniæ pro tempore existenti, ut præmittitur factarum, unà cum ipsorum capellæ, Hospitalis, domorum, jardinorum, vinearum & aliarum rerum immobilium supradictarum fundis, ingressibus, egressibus, juribus, proprietatibus, pertinentiis & appendentiis universis & singulis quibuscumque & hoc sub & cum onere simplicis servitij, quod pro & super eisdem rebus & possessionibus annuatim debeatur Domino directo seu Dominis directis, de quorum directo dominio dictæ res & possessiones moveri reperirentur & absque aliis oneribus & onerum quorumcumque dicti servitij arreragiis de toto tempore lapso usque nunc quomodolibet incursis & debitis, franchas & liberas: de quibus quidem, capella, Hospitali, cimeterio, domibus, vineis, jardinis, & aliis rebus & bonis supradictis per dictum Dominum Abbatem, dicto nomine ut præmittitur, cessis & remissis idem Dominus Abbas pro se, dictoque conventu & suis prædictis se devestit causa cessionis & remissionis hujusmodi & præfatos Consules præsentes & stipulantes ut suprà ad opus & usum quorum suprà ob eandem causam investit & in possessionem vel quasi eorumdem capellæ Hospitalis rerum & bonorum supradictorum illi dedicatorum & ut præfertur cessorum & remissorum ponit & inducit tenore & per concessionem harum litterarum præsentium absque aliquo juris parti proprietatis usu, usagij, dominij, commodi, valoris aut alterius cujusvis reclamationis in & super Hospitali, rebus & juribus antedictis, pro se, neque suis prædictis, dictoque conventu retinendo seu etiam reservando, verum omnia jura, omnesque & singulas actiones partem, proprietatem, usum, usagium dominium & quamcumque aliam reclamationem sibi Domino Abbati, dictoque conventui Chassaniæ & suis prædictis nunc & in futurum competentes & competere valentes in prædictis rebus & juribus remissis & cessis prout suprà, in præfatos Consules ad opus & usum quorum suprà, præsentes & stipulantes totaliter transferendo & transportando transfert & transportat per præsentes. CONSTITUENS, confitens, & asserens idem Dominus Abbas dictis nominibus pro se dictoque conventu Chassaniæ & suis prædictis se tenere & possidere seu quasi possidere velle capellam, hospitale, cimeterium, & alia jura & dominia supradicta, resque & bona ut supra cessa & remissa precario nomine & ad. opus præfatorum Consulum, ususque & sustentationis pauperum & infirmorum supradictorum, donec & quousque ipsi Consules nomine & ad opus quorum supra ipsorum capellæ, hospitalis cimeterij, domorum & aliorum bonorum prædictorum possessionem realem, actualem & corporalem aprehenderint, seu adepti & consecuti fuerint pacificam & quietam: ad quam possessionem apprehendendam & adipiscendam, adeptam & consecutam, sibi & suis prædictis perpetuo retinendam dat & concedit Præfatus Dominus Abbas dictis nominibus pro se, dictoque conventu & suis prædictis, dictis Consulibus præsentibus & stipulantibus ut suprà & suis, ad usum prædictum plenam generalem & liberam potestatem ac mandatum speciale, nullo alio super hoc expectato vel quæsito mandato. Faciens insuper & constituens dictus Dominus Abbas pro se dictoque conventu & suis successoribus dictos Consules ad opus &' in favorem quorum supra præsentes & stipulantes ut suprà & suos in dicto Consulatu successores suos, veros, certos & legitimos procuratores ac Dominos irrevocabiles ad dictam Capellam, Hospitale, domos & alia dominia ac jura prædicta, cessa & remissa tenendum, & possidendum, fructusque valores & emolumenta eorumdem levandum & percipiendum ac in usum prædictos convertendum & aliter regendum & administrandum ad opus & usum quorum supra, tanquam rem ad hoc & propter hoc, ac legitime cessam & remissam & concessam, ipsos Consules dicto nomine & suos in dicto Consulatu successores, ipse Dominus Abbas dictis nominibus pro se dictoque conventu & suis prædictis loco sui ipsius Domini Abbatis, dictique conventus & suorum prædictorum ponendo & constituendo in hac parte cum pacto valido, firmo & efficaci jurejurando roborato & perpetuo duraturo per ipsum Dominum Abbatem dictis nominibus cum dictis Consulibus præsentibus ac pro & ad opus quorum supra stipulantibus, ut supra, facto & inito de non aliquid aliqualiter ulterius de cætero petendo, exigendo aut reclamando ab eisdem Consulibus neque suis prædictis, in, pro & super dicto Hospitali, rebus juribus & pertinentiis suis antedictis fructibusque eorumdem cessis & remissis seu ipsorum quacumque ratione, occasione vel causa item & prædictis cessione & remissione mediantibus, dictis Consulibus salvis remanentibus, præfati Consules nomine prædicto acquitare & quittos tenere debebunt & tenebuntur sumptibus & expensis dictæ communitatis Lugdunensis, præfatos Dominos Abbatem & conventum Chassaniæ & suos successores ex nunc in antea erga reverendum in Christo Patrem Dominum Abbatem & conventum Cisterciensium de viginti Franchis per dictos Dominos Abbatem & Conventum Chassaniæ eisdem Dominis Abbati & Conventui Cisterciensium annuatim debitis, ratione & ad causam summæ quater centum FRANCORUM per eosdem Dominos Abbatem & Conventum Cisterciensium, qui pro tempore erant prædecessoribus dictorum Dominorum modernorum Abbati & Conventui Chassaniæ dudum traditæ. Et casu quo præfati Dominus Abbas & Conventus Cisterciensium, aut sui in futurum successores recusarent & nollent recipere à dictis Consulibus, qui nunc sunt, aut pro tempore fuerint dictam summam quater centum francorum in acquitationem & totalem exonerationem dictorum viginti francorum eisdem Dominis Abbati & Conventui Cisterciensium per dictos Dominum Abbatem & Conventum Chassaniæ ut præmittitur annuatim debitorum, ipsi Consules qui pro tempore fuerint teneantur & debeant, possintque & valeant tradere & solvere dictis Domino Abbati & Conventui Chassaniæ dictos quater centum francos; ipsique Dominus Abbas &

Conventus Chassaigniæ pro tempore existentes eosdem quater centum francos ab ipsis Consulibus recipere teneantur secundùm valorem & existimationem monetæ in littera super hoc confecta mentionara infra unum annum proximè futurum pro omni dilatione: dicti verò Consules prædictos viginti francos annuales prædicto anno solvere teneantur eisdem Dominis Abbati & conventui Chassaigniæ terminis in dicta littera designatis, & postquam ipsi Dominus Abbas, & conventus Chassaigniæ dictos quatercentum francos ab eisdem Consulibus receperint, ipsisque quater centum franchis & eorum reali solutione ut supra fienda, mediantibus Capella hospitalis omniaque universa & singula bona & jura prædicta earumdem Capellæ & hospitalis per dictum Dominum Abbatem Chassaigniæ dicto, nomine eisdem Consulibus ut supra cessa & remissa erunt & remanebunt ac ex nunc pro ut ex tunc & è contra perpetuò, remanent quittæ, exoneratæ, liberæ & penitus immunes erga dictos Dominos Abbatem & conventum Chassaigniæ ac alios quoscumque & de prædicta annua præstatione dictorum viginti francorum, summaque & sorte principali dictorum quater centum francorum.

ITEM præterea tenebuntur & debebunt præfati Consules, quo supra nomine, ex vi cessionis & remissionis hujusmodi præmissisque & infra scriptis mediantibus reddere, dare & realiter exbursare atque solvere præfatis Domino Abbati & conventui Chassaigniæ, seu eorum certo nuncio Procuratori vel mandato in hujusmodi civitate Lugdun. summam tercentum quinquaginta librarum Turonensium monetæ regiæ nunc currentis, implicandam & convertendam ad opus, utilitatem & commodum dicti monasterij Chassaigniæ prout & quemadmodum eisdem Domino Abbati & conventui Chassaigniæ melius videbitur faciendum quàm primum & quoties ipsi Dominus Abbas & conventus eisdem Consulibus pro tunc existentibus tradent & expedient suis ipsorum Dominorum Abbatis & Conventus sumptibus &, expensis, ratificationes, laudationes, & approbationes opportunas supra & infra designatas omni contradictione semota. ITEM insuper & præmissis cessionibus, remissionibus mediantibus, ac de dictorum Consulum expresso consensu ex & de membris dictorum capellæ & hospitalis erunt, remanebunt, suntque & remanent dictis Domino Abbati & conventui Chassaigniæ &suis successoribus grangia de Rebuffello sita in Delphinatu cum omnibus & singulis terris, pratis, nemoribus, herbagiis, prædiis & aliis quibuscumque grangiæ ejusdem grangiæ ac etiam hominibus censibus, serviciis, pensionibus, juribus, & actionibus universis & singulis eisdem Domino Abbati & conventui Chassaigniæ, ratione ad dictorum Capellæ & hospitalis in dicta patria Delphinali patriaque Breyssiæ & alibi utilibus à parte imperij dumtaxat & extra dictum Regnum Franciæ existentibus pertinentibus &debitis omni difficultate semota. ITEM ulterius ex parte dictorum Consulum fuit & est liberaliter concessum præfatis Domino Abbati & conventui Chassaigniæ & suis successoribus ac ipsorum familiaribus domesticis, quod ipsi dominus Abbas & conventus, suique familiares domestici & eorum in posterum in dictis Abbatia & conventu successores sint & perpetuò remanent quitti liberi & penitus immunes à præstatione & solutione quorumcumque tributorum barragij, & aliorum ex parte ipsorum Consulum impositorum & imposterum quomodolibet imponendorum quatenus eosdem Consules & suos in dicto Consulatu successores tangit, tangereque potest & poterit in futurum tam ad causam Barragij dicti pontis Rhodani , quàm aliter quomodolibet quacumque ratione, occasione, seu causa , ita tamen quod ex parte dictorum Domini Abbatis & conventus Chassaigniæ

non interveniat super hoc fraus, dolus, aut aliqua alia illicita pactio. ITEM & insuper tenebuntur & debebunt præfati Consules ad hoc quod pro se & suis in dicto Consulatu successoribus se & eosdem successores erga præfatos Dominum Abbatem & conventum Chassaigniæ & suos prædictos astringunt eosdem Dominum Abbatem & conventum servare & custodire adversus & contra omnes de evictione totali & particulari, si ad aliquam ipsi Dominus Abbas & conventus de jure teneantur ratione & ad causam rerum & possessionum dictis capellæ & hospitali olim spectantium & pertinentium & per ipsos Dominum Abbatem & conventum venditarum & appensionatarum erga emptores & appensionatores earumdem, si &quoties aliquæ quæstiones litis & controversiæ super hoc sollicitarentur aut aliqua damna inferrentur. ITEM & ipsi Dominus Abbas & Conventus Chassaigniæ per hujusmodi contractum tenebuntur & debebunt præmissa omnia & singula ac etiam infra scripta ratificari , emologari , & approbari facere per reverendum Dominum Abbatem sancti Sulpitij dicti Cisterciensium Ordinis & alios ejus in hac parte Superiores quorum interesse potest, necnon per prædictum suum dicti monasterij Chassaigniæ suis ut præfertur sumptibus & expensis, ut etiam procurare, cum ea maxima quam poterit instantia erga Reverendissimum in Christo Patrem, & Dominum nostrum Dominum Archiepiscopum & Comitem Lugdunensem quatenus, ipse Dominus Archiepiscopus & Comes ratificare , laudare, emologare & approbare dignetur præmissa & infra scripta omnia & singula ipsorum tamen Consulum & communitatis Lugdunensis sumptibus & expensis. PROMITTENTES igitur præfatæ partes & earum utraque pro se & suis prædictis per juramenta sua, per præfatos Consules dicto nomine & eorum quemlibet ad sancta Dei Evangelia propter hoc facta & per dictum Dominum Abbatem dictis nominibus in verbo Prælati & sub voto dictæ suæ Religionis præstito, subque obligatione & hypoteca omnium universorum & singulorum bonorum dictæ universitatis Lugdunensis, ac dictorum Domini Abbatis & Conventus Ecclesiasticorum & mundanorum præsentium & futurorum, quorumcumque ubicumque existentium & quocumque nomine censeantur, seu valeant in futurum quomodolibet reperiri , cessionem remissionem, quittationem , pacta, conventiones, consensus & omnia universa & singula alia supra & infra scripta, ratas, gratas, & firmas rataque grata & firma habere, tenere, attendere: & complere, ac firmiter & inviolabiliter hinc inde perpetuo observare & contra ipsa aut ipsorum aliqua modo aliqua de cætero facere dicere vel venire nec alicui contra ire, vel venire volenti in aliquo consentire, neque dare seu præstare auxilium, consilium , consensum, operam, favorem, juvamen vel assensum: verùm eadem præmissa pro ut quamlibet partium earumdem tangere potest seu poterit in futurum prædicta hinc inde conventa & remissa manu tenere in pace & de evictione observare omnimoda: promittant etiam eædem partes hinc inde sub juramentis & obligationibus suis prædictis omnia & singula damna, interesse & expensas per unam ipsarum partium contra alteram & suos fundos & sustinendos si quæ fiant & sustineantur ratione & occasione omnium & singulorum præmissorum & infra scriptorum non attenditorum, non observatorum & non completorum ut superius narrantur, reddere , restituere, plenariè & integrè resarcire una earumdem partium alteri & suis & super ipsis, si quæ fiant & sustineantur ipsarumque taxatione seu estimatione stare, credere, & penitus deferre solo & simplici juramento una ipsarum partium alterius,& alià aliis, & suorum sine libello, litteris, testibus seu aliâ probatione super hoc mini-

d iij

mé requirenda, se, suos prædictos, & dicta dictæ communitatis & prædicti Monasterij Chassaigniæ quæcumque bona imo ad præmissa omnia & singula tenenda attendenda, reddenda, solvenda, observanda, & complenda jurisdictionibus coertionibus, compulsionibus, viribus, vigoribus, & potestatibus omnium & singularum curiarum serenissimi Domini nostri Francorum Regis, suique Baillivi Matriconensis, Senescalli Lugdunensis atque Delphinalis & illustrissimorum Principum Dominorum Sabaudiæ Ducis, Comitis Baugiaci & Domini Breyssiæ ac Baroniæ Bellijoci, necnon curiæ sæcularis Lugdunensis judicis & Correarij ejusdem, Cameræque Apostolicæ in Romana Curia & Avenione ac nostris nostrum Officialis præfati curiæque officialatus Lugdunensis suorumque & nostrorum loca tenentium & successorum quorumcumque & cujuslibet ipsarum præfatæ partes hinc indè pro se & suis prædictis totaliter supponendo, & submittendo cogique coerceri, & compelli volendo per omnes & singulas curias, & jurisdictiones ante dictas, & ipsarum quarumlibet insimul, & divisim uno & eodem contextu temporis, & diversis temporibus executione seu processu unius ipsarum curiarum alterius executionem seu processum in aliquo non impediente vel retardante illa constitutione Sacro approbante Concilio, & quamvis aliâ non obstante, non obstante etiam jure dicente, quod ubi judicium inceptum fuerit ibidem finem accipere debeat, quibus constitutioni & juri dictæ partes, hinc indè pro se & suis prædictis renunciant, & renunciant in hac parte specialiter, & expressè renunciant insuper eædem partes hinc & indè pro se, & suis ac nominibus prædictis, in hoc facto ex earum certis scientiis & per sua ut supra præstita juramenta omni actioni juris & exceptioni, & exceptioni omnium & singulorum præmissorum, & infrà scriptorum non itá benè ritè & legitimè actorum, ut superiùs enarrantur doli mali metus & in factum conditionis sive causâ vel ex injustâ causâ, & conditioni ob causam juris dicentis quod juramentum non valet ultra id quod de jure non tenet & quod ex juramento non oritur actio nisi ipsum juramentum prius fuerit in judicio delatum; juri dicenti deceptis, & non decipientibus jura non subveniunt & juribus quibus decepti in contractibus subvenitur & per quæ iidem dicuntur esse nulli juri dicenti aliquem de evictione non tenere nisi res de quâ agitur prius fuerit evicta in judicio rei minori pretio vel minus dimidia justi pretij venditæ subsidio; juri dicenti subjicientem se alienæ jurisdictioni ante litem contestatam pœnitere posse; juri dicenti neminem propter unam & eandem causam ad diversa judicia trahi posse seu per diversos judices compelli vel affligi debere omni læsioni, deceptioni, circonventioni, fraudi gravamini & errori ac ignorantiæ facti omni absolutioni, relaxationi & dispensationi appellationis provocationis & suplicationis remedio Fori Chori & Cleri Privilegio omnique alij juri & Privilegio in favorem Ecclesiasticarum personarum introducto, & introducendo petitionique & oblationi Libelli copiæharum præsentium litterarum litisque contestationis & omnibus aliis juribus & juris exceptionibus eisdem partibus & suis prædictis ad veniendum contrâ præmissa aut aliquâ ex eisdem auxiliari volentibus & præsertim juri dicenti generalem renunciationem non valere nisi precesserit specialis vel subsequatur expressa. VOLENTES insuper & consentientes eædem partes hinc & inde antedictis nominibus quod de præmissis omnibus & singulis fiant, dictentur, corrigantur & expediantur ad dictamen sapientium unius vel plurium unum vel plura instrumentum, & instrumenta quoties fuerit expediens, facti tamen substantia in aliquo non mutata. ACTA & data fuerunt præmissa in domo communi, dictæ Civitatis Lugduni die vigesima prima mensis julij anno Domini millesimo quadringentesimo septuagesimo octavo præsentibus nobilibus discretisque & honestis Viris Claudio Guillermi Burgensi Calomontis, Roberto & Ennemundo Mailleti Fratribus domicellis de Genesio, Domino Guillermo Reverdini Presbitero de Baugiaco Lugdunensis Diocesis Joanne Vannerij Cancellario & causarum promotore Curiæ Secularis Lugduni, Carolo Peyrolerij clerico notario, Francisco de Reveyria & Jamse Provincialis Apothecarius ac Andræas Archimbaudi Civibus & habitatoribus Lugduni testibus ad præmissa vocatis & rogatis: in quorum omnium & singulorum fidem robur & testimonium præmissorum ad preces & requisitionem dictarum partium nobis pro ipsis oblatas per dictos notarios & juratos quibus super his fidem plenariam adhibemus, NOS Officialis præfatus sigillum nostræ curiæ litteris presentibus duximus apponendum; & signatum. *Bailli.*

Ego verò supra nominatus Anthonius Bailli civis Lugduni publicus authoritate regia notarius curiæque præfati Domini Officialis Lugdunensis juratus quia cessioni, remissioni, quittationi, retentioni, promissioni, obligationi omnibus & singulis aliis præmissis dum sicut præmittitur, agerentur & fierent una cum prænominatis testibus præsens interfui eaque sic fieri vidi & audivi dicto huic præsenti publico instrumento per me unâ cum præfato Anthonio de Ponte authoritatibus prædictis notario jurato de eisdem sumpto aliena manu fideliter scripto, hic me manu propria subscribendo signum nominis mei apposui solitum, & consuetum ad opus dictorum Dominorum Abbatis & conventus, in fidem & testimonium omnium & singulorum præmissorum requisitus. Signatum *Bailli.*

ET ego præfatus Antonius de Ponte Publicus authoritatibus prædictis notarius, & juratus, cum etiam cessioni, remissioni, quittationi, reservationi, retentioni, promissioni, obligationi, & aliis omnibus & singulis præmissis, dum pro ut supra agitarentur, dicerentur, & fierent, præsens interfui, eaque sic fieri vidi & audivi: ideo hoc præsens publicum instrumentum de eisdem sumptum alterius manu fideliter scriptum subscripsi & expediyi una cum præfato Anthonio Bailli authoritatibus prædictis nomine & jurato sub hoc signo meo manuali in talibus fieri solito hic in testimonium præmissorum omnium & singulorum apposito requisitus & rogatus, signatum *Deponte.*

CONSEQUENTER, annoque supra Domini millesimo quadringentesimo septuagesimo octavo & die vicesima nona prædicti mensis Julij coram notariis & juratis supra dictis in testimonium subscriptorum præsentia personaliter constituti venerabiles & religiosi viri fratres Petrus Hospitis Prior Monasterij ac Vicarius Generalis nominati Domini Abbatis Chassaigniæ; Bertetus Berteri Subprior, Benedictus Canalis, Anthonius Auraudati, Anthonius Tiperandi, Joannes Coderij, Joannes de Molurio, Joannes Pioshetti, Gaspardus de Castro & Andreas de Villanova monachi dicti monasterij Chasaigniæ in eodem & ejusdem monasterij Capitulo ad sonum campanæ hora & more solitis in unum convocati, & congregati, capitulantesque & de negotiis suis dicque eorum Monasterij tractantes pro parte supradictorum Consulum & communitatis Civitatis Lugduni super hoc requisiti, visis & de verbo ad verbum in prædicto eorum Capitulo perlectis litteris cessionis, remissionis, & quittationis supradictis per præfatum Dominum dicti Monasterij modernum Abbatem, suo & dicti Conventus nominibus, dictis consulibus nomine communitatis prædictæ Lugdunensis de capella & Hospitali pontis Rhodani ipsius Civitatis Lugduni cum suis juribus & pertinentiis superius declaratis ut præmittitur factarum, attendentes & proinde considerantes quod eisdem cessione, remissione, & quittantia, ac aliis omnibus & singulis in eisdem litteris contentis mediantibus, pacis etiam zelatorum tractata quæstiones & controversiæ de quibus in eisdem præscriptis litteris sit mentio, erunt & remanebunt sopitæ: attendentes itaque quod ex causis & rationibus in ipsis litteris contentis, cessio, remissio, quittantia, & alia supra dicta in evidentem utilitatem eorumdem Domini Abbatis, & Conventus dictique eorum Monasterij sunt & cedunt, prout dicunt, idcirco ut perpetuæ subsistant firmitati, ipsi Domini capitulantes eorum spontaneis voluntatibus pro se & suis in dicto Monasterio successoribus cessionem, remissionem, quittantiam, omnique universa singula alia in eisdem præscriptis litteris contenta & designata laudaverunt, ratificaverunt, emologaverunt, & approbaverunt, laudant, ratificant, emologant & approbant, ac in eisdem omnibus & singulis consensum suum pariter & assensum præbuerunt & præbent; promiseruntque & promittunt juramentis suis per ipsos more religiosarum personarum manus ad pectus ponendo in Notariorum & testium prædictorum præsentia præstitis & sub suorum quorumcumque dictique eorum monasterij bonorum mobilium immobilium, Ecclesiasticorum & mundanorum, præsentium & futurorum obligatione ad curiasque & juridictiones supradictas & quamlibet earumdem submissione prædictam cessionem, remissionem, quittationem, omnique universa & singula alia supra & infra scripta ratas, gratas & firmas habere & perpetuo habituros : contraque de cætero non venturos cum damnorum quorumcumque propter hoc sustinendorum plenaria resarcione, omnique juris & facti renunciatione ad hæc necessaria pariter & cautela. ACTUM & datum in dicto monasterio Chassaigniæ locoque capitulari ejusdem, anno & die prædictis præsentibus superius nominato nobili Roberto Mailleti, Philiberto Hospiris Castellano Varambonis, Domino Francisco Richarderij de Castilione paludis, Stephano Potaval Clerico Notario de Lugduno & Francisco Burgarelli de Sancto Germano Amberiaci testibus ad præmissa astantibus & vocatis in cujus rei testimonium præfati Domini capitulantes has præsentes litteras sigilli dicti eorum capituli fecerunt appensione communiri.

Sic ut supra continetur ratificatum & aliter actum extitit per supra nominatos Dominos capitulantes coram supra nominatis testibus & me Notario & jurato præfato signato Bailli I. Et me etiam notario ante facto signato Deponte.

NOS GEORGIUS miseratione divina humilis Abbas monasterij Sancti Sulpitij Cisterciensis ordinis Belicensis diœcesis, universis & singulis præsentes litteras inspecturis notum facimus, quod cum sicut accepimus, Reverendus Pater Dominus Ludovicus eadem miseratione Abbas monasterij Chassaigniæ prædicti ordinis Cisterciensis Lugdunensis diœcesis & conventus ejusdem sui monasterij nominibus pro utilitate & commodo ipsius Abbatis dictique conventus Chassaigniæ & suorum successorum certas fecerit, inierit & contraxerit cessiones, remissiones, quittationes, & alia cum Dominis Consulibus universitatis & communitatis Villæ Lugduni latius in litteris superius insertis & descriptis specificata & declarata & ne de præmissis cessione, remissione, quittatione, & aliis in dictis litteris contentis ab aliquibus turbentur, quin imo firma remaneant & robur obtineant perpetuæ firmitatis nobis tanquam patri Abbati & superiori dictorum monasterij & conventus Chassaigniæ pro parte dictorum Abbatis & conventus ac etiam Consulum super hoc porrecta supplicatione, quatenus cessionem, remissionem, quittationem ac omnia universa & singula in præscriptis litteris contenta & narrata confirmare & approbare dignaremur. Nos igitur supplicatione hujusmodi grato concurrente assensu cessionem, remissionem, quittationem, omniaque & singula alia prædicta in præscriptis designata tanquam rité & legitimè ad opusque & utilitatem dictorum monasterij & conventus Chassaigniæ inita & facta authoritate nostra Abbatiali & qua fungimur in hac parte pro firmiori subsistentia eorumdem, laudamus, ratificamus & approbamus ac præsentis scripti patrocinio communimus, dummodo pecuniæ in dicto præscripto instrumento mentionatæ per dictos Dominos Consules, supradictis Domino Abbati & conventui Chassaigniæ tradendæ implicentur & convertantur in proficuum, augmentumque sive melioramentum evidens prædicti monasterij Chassaigniæ, in cujus rei testimonium sigillum nostrum proprium quo in talibus utimur litteris præsentibus duximus apponendum. ACTUM & datum in domo nostra Abbatiali Sancti Sulpitij prædicti, die penultima mensis Julij anno Domini millesimo quadringentesimo septuagesimo octavo.

Lettre de Richard Roy d'Angleterre pour le Pont du Rhosne.

R. Dei gratiâ Rex Angliæ Dux Normanniæ, & Aquitaniæ, Comes Andeg. dilectis suis Archiepiscopis, Abbatibus Prioribus, Presbyteris, aliisque Ecclesiarum Prælatis : Comitibus, Baronibus, militibus, omnibus fidelibus suis salutem. Sciatis pro certo nos in manu & protectione, & defensione nostrâ Fratres, & nuntios de Ponte qui est Lugduni constitutus præsentium latores suscepisse : undè dilectionem vestram rogamus attentius, quatenus de bonis vestris pro Dei amore, & nostro, eisdem fratribus & nuntiis, cùm ad vos diverterint largiter impendatis, ut & ipsi commonitionem nostram sibi plurimùm sentiant profuisse, & nos in reditu nostro divinâ nobis auxiliante gratiâ, gratias vobis referamus. Teste Gualtero Rothomagensi Archiepiscopo undecimâ die Julij apud Lugdunum.

Ces Lettres patentes sont scellées d'un grand sceau de cire où d'un costé est la figure de ce Roy assis sur un trône & couronné, tenant de la droite une épée nuë, & de la gauche un sceptre avec cette legende Richardus Dei Anglorum Rex, & au revers il est representé à Cheval l'épée nuë levée, avec cette legende qui a rapport à la precedente, Dux Normannorum, & Aquitanorum, Comes Andegavorum.

Lotharij ejus nominis Imperatoris Præceptum, quo restituuntur Amoloni Lugd. Archiepiscopo prædia, Aulanius &c. 846

IN nomine Domini nostri Jesu Christi Dei Æterni Clotarius divinâ ordinante providentiâ Imperator Augustus. Oportet imperialem sublimitatem ut prædia, quæ Religiosorum donatione virorum sunt locis Deo dicatis conlata, largitatis suæ munere augeat semper atque multiplicet, quatenus per id opus & Sacerdotes Dei, quibus earumdem Ecclesiarum est commissa sollicitudo, cum omnibus sibi commissis pro salute ac prosperitate eorumdem Principum instanter & fideliter orare delectet, & apud omnipotentem Deum pro devotione & liberalitate pietatis, perpetuæ eis remunerationis merces accrescat. Igitur omnium fidelium sanctæ Dei Ecclesiæ, ac nostrorum videlicet præsentium ac futurorum comperiat magnitudo, quia *vir venerabilis Amulus Lugdunensis sedis Archiepiscopus nostræ retulit celsitudini* ; quod ex rebus,

Ecclesiæ Beati Stephani protomartiris, cui ipse auctore Deo præesse dinoscitur, pars esset ablata non modica, & in sæcularium hominum ditionem redacta. Ac per hoc frequentem eos pati necessitatem qui illic jugiter cultibus famulantur divinis ; cujus narrationem, immò querimoniam diligenti consideratione tractantes, hoc serenitatis nostræ Preceptum decrevimus fieri, per quod quasdam res, quæ à dominatione memoratæ sedis per aliquot temporum intervalla diversi variatum perturbationum casibus noscuntur esse subtractæ, restituimus, atque sancimus, scilicet in comitatu Lugdunensi villam quæ nuncupatur Aulanius, & in comitatu Scutingensi aliam villam quæ dicitur Morgas, cum pertinentiis earum quæ in quibuslibet pagis ac diversis villulis habentur, id est in Assenaco villaris, Luperciaco, vercellis, vercellione, Curnate, santiane, & villam ubi dicitur ad sanctam Mariam.

In his itaque descriptis locis quantum ex jure Ecclesiæ Beati Stephani esse dignoscitur, & quemadmodum Bertmundus vel pater ejus. Ebrardus hoc in beneficio visi sunt habuisse, reddimus & confirmamus eidem sedi : similiter quoque villulam quæ apellatur Calissis cum omnibus quæ ad eam pertinent, & aliam quæ dicitur Coriacus, quæ sita sunt in pago Lugdunensi, illis tradimus & restituimus, ut absque nostra vel successorum, seu cujuslibet potestatis subtractione, aut diminutione in usibus præfatæ Ecclesiæ perseverent, habeántque Rectores ejus potestatem eas obtinendi ac disponendi per hoc excellentiæ nostræ Præceptum prout eis utile visum fuerit, sicut & reliquas Ecclesiæ facultates. Et ut hæc nostra auctoritas per futura tempora inviolabilem obtineat firmitatem, manu propria subter eam confirmavimus, & anuli nostri impressione jussimus adsignari.

Lotharij ejusdem Imperatoris præceptum de Eulania.
580

IN nomine Domini nostri Jesu Christi Dei æterni Hlotharius divinâ ordinante providentiâ Imperator Augustus. Oportet imperialem sublimitatem, &c. *ut in præcedenti præcepto.* Igitur omnium fidelium sanctæ Dei Ecclesiæ nostrorumque præsentium videlicet & futurorum competat magnitudo, quia *dilectissimus patruus noster Drogo venerabilis Archiepiscopus nostríque palatij Capellanus,* atque *Berta amantissima filia nostra, seu Hildeuinus venerabilis Abba nostráque aula Archinotarius, ad nostram accedentes clementiam deprecati sunt pro redintegratione rerum sanctæ Lugdunensis Ecclesiæ, quæ quibusdam pro causis non modo necessitatis, verùm etiam dissidiorum, quæ inter nos & Antistitem ipsius sedis orta esset, quadam surboriri contigit diebus,* quaquatenus pro emolumento nostræ mercedis eidem restituerentur Ecclesiæ, scilicet *in Comitatu Lugdunensi villam quæ nuncupatur Aulania,* & in comitatu scutingensi aliam villam quæ dicitur Morgas, cum pertinentiis earum quæ in quibuslibet pagis ac diversis locis habentur. Item in Assenaco villaris, Luperciaco, vercellis, vercellione, Curnate, Saciana & villam quæ dicitur ad sanctam Mariam. Itémque Luperciaco & Cociaco cum suis pertinentiis, quas Adalardus ordine beneficiario tenet.

In his itaque descriptis locis quantum ex jure Ecclesiæ Beati Stephani & nostro esse dignoscitur, & quemadmodum Bertmundus, vel pater ejus Ebrardus hoc in beneficio visi sunt habuisse, eidem sedi nostra auctoritate reddimus & confirmamus : necnon & eas quas Gunduinus in pago Portensi tenuisse non ignoratur, cum omni integritate simili modo restituimus. Similiter quoque villam quæ apellatur Calissis cum omnibus quæ ad eam pertinent, & sita est in pago Lugdunensi, illic tradimus atque restituimus. Quorum petitionibus tam ob eorum devotionis meritum, quámque Remigij devotissimum famulatum, cui curam ac regimen ejusdem Ecclesiæ commissam habemus libentissime annuentes, memoratas res sub omni integritate illuc præsentialiter revocare studuimus, atque imperiali corroboratione confirmavimus. Proinde hos nostræ celsitudinis apices fieri decrevimus, per quos statuentes jubemus prorsúsque sancimus, ut prædictas res sæpe dictæ Ecclesiæ Rectores perpetuo jure in augmentum ipsius Ecclesiæ habeant, teneant, & quieto ordine possideant, remotâ procul cujuspiam contradictionis seu machinationis calumniâ. Eis vero quas superius positas Adalardus fidelis noster tenet, volumus ut suæ tantum vitæ diebus usufructuario dominetur. Eo tamen tenore ut annuatim nonas & decimas earum eidem conferat Ecclesiæ : post vero ejusdem . . . . absq; ullius interrogatione seu qualibet refragatione illico recipiat, ac libitu suo prout canonica docet institutio, ordinet atque disponat. Et ut hæc nostræ restitutionis atque largitionis auctoritas nostris futurísque temporibus inviolabilis perseveret manu propria subter eam firmavimus, & anuli nostri impressione adsignari præcepimus.

Lotharij Imperatoris Ludovici Pij filij, præceptum de Lucenaco, & Ecclesia sancti Gervasij, & sancti Desiderij rebus sancti Stephani in Comitatibus Lugdunensi & Viennensi
851

IN nomine Domini nostri Jesu Christi æterni Hlotharius divina ordinante providentia Imperator Augustus. Oportet imperialem sublimitatem ut prædia quæ Religiosorum donatione virorum sunt locis Deo dicatis conlata, largitatis suæ munere augeat sempérque multiplicet ; quatenus per id opus & Sacerdotes Dei, quibus earumdem Ecclesiarum est commissa sollicitudo, cum omnibus sibi commissis pro salute ac prosperitate eorumdem Principum instanter ac fideliter orare delectet, & apud omnipotentem Deum pro devotione ac liberalitate pietatis perpetuæ eis remunerationis merces augescat.

Igitur omnium fidelium sanctæ Dei Ecclesiæ nostrorúmque præsentium scilicet & futurorum comperiat magnitudo ; quia *Gerardus illustris Comes atque Marchio nobis fidelissimus ad nostram accedens clementiam deprecatus est pro redintegratione sanctæ Lugdunensis Ecclesiæ rerum,* ut quæ per insolentiam, & quorumdam cupiditatem ab eadem Ecclesia ablatæ vel subtractæ esse noscebantur, pro emolumento nostræ mercedis eidem restituerentur Ecclesiæ ; videlicet in Comitatu Viennensi Lucernacus villa cum omnibus suis appenditiis, Ecclesiæ quoque sancti Gervasij & Desiderij cum universis ad se pertinentibus *in Comitatu Lugdunensi* consistentibus. Cujus precibus satis rationalibus tam ob illius devotionis meritum, quáque Remigij devotissimum famulatum, cui curam & regimen ejusdem Ecclesiæ commissam habemus, libentissime annuentes, memoratas res sub omni integritate illuc præsentialiter revocare studuimus, atque imperiali corroboratione confirmavimus. Proindè celsitudinis nostræ apices fieri decrevimus, per quos statuentes jubemus prorsúsque sancimus, ut prædictas res sæpe dictæ Ecclesiæ Rectores perpetuo jure in augmentum ipsius Ecclesiæ habeant, teneant, & quieto ordine possideant, remotâ cujuspiam contradictionis seu machinationis calumniâ. Et ut hæc nostræ restitutionis atque largitionis auctoritas nostris futurísque temporibus inviolabilis permaneat, manu propria subter eam firmavimus, & anuli nostri impressione adsignari præcipimus.

Lotharij

Lotharij ejusdem Imperatoris, Filij Ludovici pij præceptum de Nantoadis. 854

IN nomine Domini nostri Jesu Christi Dei æterni Hlotharius Divina ordinante providentia Imperator Augustus. Si precibus votisque fidelium nostrorum, maximéque utilibus atque Ecclesiasticis cultibus pro futuris, nostræ serenitatis assensum præbemus, ad maximum id animæ nostræ emolumentum cælestique regni beatium provenire credimus. Quocirca totius regni nostri noverit universitas, omnisque Ecclesiæ Dei tam præsentis quàm futuræ cognoscat unanimitas, quia postquam Nantuadense Cœnobium locis jurentibus si tum sancto Stephano Lugdunensis Sacræ & primæ Gallorum Ecclesiæ, cum suis omnibus ad illam pertinentibus, pio animo, promptissima voluntate, ac simplici corde contulimus, ac Deo nostro in jus dominationémque transfudimus, placuit quatenus ad petitionem Remigij præfatæ urbis Reverendi Pontificis hoc etiam privilegio auctoritatis nostræ concederemus, ut in controversiis causisque rerum sub ea lege eidem res Cœnobiales forent, quâ priusquam à nobis memoratæ Ecclesiæ conterrentur, extiterant; videlicet ut in cunctis interpellationibus, ac responsionibus, diversarúmque querimoniarum negotiis, ipsa lege, eo modo, eodemque tenore Advocatus jam dicti Monasterij interpellet vel respondeat, quoto tempore solitus erat quando id sub nostræ proprietatis inerat dominio: quam concessionem liberalissimè à pietate nostra perfectam indirupto tempore ad solatium & honorem ejusdem Monasterij manere volumus incorruptam; ita ut hæc nostræ serenitatis conlatio & edictum nostræ præceptionis cunctis annorum curriculis firmum & inconvulsum esse possit, nec à quoquam violari ullo modo præsumatur magnitudinis nostræ anulo cum roboratione etiam manuum subter imprimere & munire ad durabilem firmitatem jussimus.

Ejusdem Lotharij Imperatoris præceptum de Lentis, & de Capella in Ambariaco, atque de Villa Giana ex rebus S. Stephani in Comitatu Lugdunensi. 855

IN nomine Domini nostri Jesu Christi Dei æterni, Hlotharius divina ordinante providentia Imperator Augustus. Oportet Imperialem sublimitatem, &c. *ut supra*. Igitur omnium fidelium sanctæ Dei Ecclesiæ, nostrorúmque præsentium videlicet & futurorum noverit magnitudo, quia Hilduinus venerabilis Abbas, nostræque aulæ Archinotarius ad nostram accedens clementiam, deprecatus pro redintegratione rerum sanctæ Lugdunensis Ecclesiæ, quæ per insolentiam & quorundam cupiditatem ab eadem Ecclesia ablatæ, vel subtractæ esse noscebantur, pro emolumento nostræ mercedis eidem restituerentur Ecclesiæ, videlicet *in Comitatu Lugdunensi Lentis-villam* cum omnibus ibi aspicientibus, & in villa Ambariaco Capellam sub honore sancti Stephani & sancti Symphoriani, & sancti Martini cum omnibus suis appendiciis per diversa loca sitis, *Villam Gianam etiam in eodem Comitatu* cum universis ad se pertinentibus. Cujus precibus utpote rationabilibus tam ob illius devotionis meritum, quamque Remigij devotissimum famulatum, cui curam ac regimen ejusdem Ecclesiæ commissam habemus, libentissimè annuentes, memoratas res sub omni integritate illuc præ-

sentialiter revocare studuimus, atque Imperiali coroboratione confirmavimus. Proinde hos celsitudinis nostræ apices fieri decrevimus, per quas statuentes jubemus, prorsúsque sancimus, ut prædictas res sæpe dictæ Ecclesiæ Rectores perpetuo jure in augmentum ipsius Ecclesiæ habeant, teneant & quieto ordine possideant, remotâ procul cujuspiam contradictionis, & machinationis calumniâ & ut hæc nostræ restitutionis, atque largitionis auctoritas nostris futurisque temporibus inviolabilis permaneat, manu propria subter eam firmavimus, & anuli nostri impressione assignari præcepimus.

Caroli Regis præceptum de Monte-aureo in Cabilonensi. 855

IN nomine sanctæ & individuæ Trinitatis Karolus gratiâ Dei Rex regia dignitas nulla major est quàm ob æternæ beatitatis remunerationem loca Sanctorum restaurare, atque sublimare. Quapropter litteris nostræ auctoritatis omnibus optimatibus, cæterisque fidelibus nostri regni præsentibus scilicet atque futuris innotescimus, quoniam Remigius Lugdunensis Ecclesiæ venerabilis & carissimus nobis Archiepiscopus, ad nostræ sublimitatis accedens excellentiam patefecit nobis, quomodò & qualiter à prænominata Ecclesia sua, videlicet sancti Stephani, dum per incuriam prædecessorum nostrorum quædam villa nomine Mons-aureus in pago Cabilonensi sita quamque & præsentialiter Lambertus dilectus nobis ministerialis jure beneficiario obtinuerat, injustè sublata fuerit, ac sic humiliter deprecatus est, ut eandem villam jam dictæ Ecclesiæ S. Stephani per præceptum nostræ auctoritatis restituentes redderemus, & reddentes restitueremus. Cujus precibus ob amorem cælestis patriæ & ipsius benemeritum famulatum præbentes assensum, hoc Præceptum nostræ auctoritatis fieri, & illi ac suis successoribus dari jussimus, per quod præcipimus atque jubemus, ut eamdem villam cum omnibus suis appendiciis eadem Ecclesia, ac Rector ipsius præsens scilicet atque futurus, sicut alias res, proprietatis ejusdem Ecclesiæ jure proprio & more Ecclesiastico perpetim teneat, atque possideat, eo videlicet modo & tenore ut Lambertus fidelis noster diebus vitæ suæ jam dictam Ecclesiam Sancti Stephani propter vestituram singulis annis nonam & decimam ex ea persolvens jure beneficiario, & usufructuario interim teneat, donec aut nos illi commutemus, aut si ipse mortuus fuerit nos mox eamdem villam Montem Aureum absque ullius repetitionis contradictione, sive tardationis morâ sæpe dictus Rector Ecclesiæ Sancti Stephani sibi æternaliter possidendam recipiat.

Eo etiam pacto ut in anniversario Domini & Patris nostri excellentissimi Imperatoris *Hludovici*, & gloriosæ Dominæ matris nostræ Imperatricis *Judith*, & valde nobis amabilis conjugis *Irmintrudis* IV. Nonas octob. & in die nativitatis nostræ Idus junij, & unctionis similiter, & in die nativitatis *Richildis* dulcissimæ nobis conjugis & Augustæ, saltem etiam & in die conjunctionis nostræ IV. Idus Octobris præsens Rector atque futurus fratribus ejusdem Ecclesiæ refectionem ipsis placabilem pro hoc præsenti dono, vel cæteris beneficiis quæ eidem Ecclesiæ contulimus amabiliter exhibeat, quatenus ipsi in prædictis diebus Officium Divinum ob salutem nostrorum peccatorum clementius Dei exorantes devotiùs celebrent: post decessum verò nostrum refectiones quas in die unctionis nostræ & conjunctionis fratribus Rectores ejusdem Ecclesiæ exhibuerint, in diebus depositionum nostrarum nihilominus exhibere placabiliter procurent, ita ut hujus nostræ Auctoritatis corroboratio pleniorem in Dei nomine obtineat firmitatis vigorem manu propria scribentes anuli nostri impressione jussimus assignari.

Præceptum de Cangiaco villa in Augustudensi, & de scopella in Cavilonensi Caroli Regis jussu Sancto Stephano redditis, Hagitante Remigio inclyto Præsule. 856

IN nomine Sanctæ & individuæ Trinitatis Karolus gratiâ Dei Rex. Si circa loca divinis cultibus mancipata adeoque necessaria aurem celsitudinis nostræ accommodando libenter inflectimus, piorum Regum & religiosorum virorum vestigia imitantes hoc in futuro non dubitamus pro futurum. Quamobrem notum sit omnibus sanctæ Dei Ecclesiæ fidelibus & nostris præsentibus scilicet atque futuris, quoniam Remigius venerabilis Lugdunensis Ecclesiæ Archiepiscopus ad nostræ sublimitatis accedens excellentiam, variarum perturbationum Ecclesiæ nobis commissæ in lata retulit detrimenta, & quasdam res pravorum invasioni à Regibus esse concessas, cui vera referenti *Oddo illustris Comes & nostra fidelitatis strenuus executor*, ob non celanda veritatis amorem testimonium perhibens deprecatus est ut quasdam in suis aliisque honoribus *consistentes qua sancta matri Ecclesia esse sciebantur*, ob Dei amorem & suam deprecationem potentia nostra magnitudinis redderemus, ac reddentes in prævaricabili præcepto nostræ munificentiæ, confirmaremus, id est in pago Augustudunensi Cangiacum, & in pago Cavilonensi Scopellam. Cujus precibus tanto libentius cessimus, quanto id nobis pro futurum prospeximus amplius unde & hoc altitudinis nostræ præceptum etiam dicto Episcopo dari jussimus, per quod præcipientes decernimus, atque decernentes confirmamus, ut supra dictæ villæ cum omni sua integritate sicut & reliquæ illius Ecclesiæ villæ tam Remigio quàm suis successoribus à Deo eligendis sint subditæ & subjectæ, ac secundum Dei & suam voluntatem liceat illis eas disponere, regere, ordinare sicut reliquas sibi Ecclesiæ Commissæ Villas, absque alicujus subtractionis vel immunitionis, aut immutationis tenore, quatenus hac nostra concessione Ecclesia suisque Præsul amplius præditus, devotius libentiusque pro nobis regnique nostri statu Dei misericordiam exorare contendat. Atque ut hujus nostræ largitionis pia concessio firmiorem per succedentia tempora obtineat firmitatis vigorem manu propria subter eam firmavimus, & anuli nostri impressione assignari jussimus.

Caroli Regis Præceptum de Villa Urbana. 857

IN nomine Domini nostri Jesu Christi Dei æterni, Karolus Divina ordinante providentia Rex, Hlotharij piissimi augusti filius. Quia munere omnipotentis Dei regalibus insulis honorati & sublimati vivimus, pro tantis beneficiis ejus gratias exhibentes Ecclesiis ipsius & ministris dignam reverentiam semper impendere & servare meditamur, & ad cumulum laudis ejus semper addere. Noverit itaque sagacitas seu devotio omnium nostrorum tam præsentium quàm futurorum, quia *illustrissimus Comes & parens noster ac nutritor Girardus* innotuit nobis de quadam villa, quæ cum omnibus suis usque ad tempora bonæ recordationis & memoriæ Karoli proavi nostri immunitatem & defensionem solius Rectoris habuit, & quibusdam causis emergentibus ipsam tandem immunitatis suæ tuitionem perdidit, ut pro reverentia Dei & Beati Stephani & sanctorum Martyrum, quorum nomini villa ipsa dicata nunc deservit, immunitatem antiquam ibi restitueremus; sed & pro rei firmitate postulavit nobis præfatus nobilissimus Comes ut paternum seu prædecessorum nostrorum morem servemus, nostræ immunitatis præceptum super fieri censeremus; cujus monitionis fide plenis & petitionibus assensum præbuimus: & hoc nostræ serenitatis præceptum erga ipsam, quam *Villam Urbanam* nominant, immunitatis atque tuitionis gratia fieri decrevimus, per quod jubemus ut nullus Judex publicus vel quislibet ex Judiciaria potestate exactor seu in prædicta villa, seu in omnibus quæ ad illam pertinent ad causas audiendas, vel freda, aut tributa exigenda, aut mansiones, vel paratas faciendas, aut fidejussores tollendos, vel homines ipsius villæ ad jus Sancti Stephani pertinentes distringere habeat potestatem, nec omni modo ullas redhibitiones nostris futurisve temporibus penitus exigere audeat: sed maneant omnes seu liberi seu servi immunitatis munere ad potestatem rectoris adspicientes absoluti, & liceat Præsuli Beati Stephani suisque successoribus res quæ pertinent ad ejus Ecclesiam cum omnibus sibi subjectis & ad eam adspicientibus & pertinentibus sub tuitionis atque immunitatis nostræ defensione, remota totius judiciariæ potestatis inquietudine, quieto ordine possidere, atque pro incolumitate nostra & totius regni à Deo nobis collati, una cum Clero & populo sibi commissis, Dei nostri clementiam jugiter exorare, & quidquid de præfata villa jus fisci exigere poterat in integrum Beati Stephani concessimus Ecclesiæ, ut perpetuo tempore ei ad peragendum Dei servitium augmentum & supplementum fiat. Quisquis verò contra hanc præceptionis auctoritatem venire ausus fuerit, legibus publicis noverit se feriendum. Hæc eadem itaque nostræ præceptionis auctoritas, utque in Dei nomine firmiorem & pleniorem obtineat vigorem, & à fidelibus sanctæ Dei Ecclesiæ, & nostris veriùs credatur & diligentiùs conservetur, eam manu propria subter firmavimus & anuli nostri impressione signari jussimus. Signum Karoli Regis Dei Donum Notarius recognovi & subscripsi. Datum VI. Idus Octobris, anno II. regnante Domno nostro Karolo glorioso Rege, Indictione V. *Actum stramiatis palatij* in Dei nomine feliciter. Amen.

Stramiatum *est le Village de Tramoye en Bresse à trois lieües de Lyon.* Ville Urbane *est en Dauphiné vis à vis Lyon le Rhône entre deux à un quart de lieüe de la riviere. C'est une terre de l'Archevêché.*

Præceptum de rebus à Domno Remigio postulatis. 861

IN nomine Domini nostri Jesu Christi Dei æterni, Karolus divinâ ordinante providentiâ Rex, piissimi quondam Hlotharij augusti & inclyti filius. Oportet regiam celsitudinem procerum fideliúmque suorum utilitatibus tanto libentius annuere, auremque pietatis suæ gratanti animo accommodare, quanto illos in suis obsequiis prospexerit promptiores, atque in diversis exhibitionibus alacriores, quatenus illorum justam postulationem implens perficiendo in suis negotiis eos valeat habere efficaces, ac in condignis cultibus ferventiores, quocirca omnium Sanctæ Dei Ecclesiæ nostrorúmque fidelium præsentium scilicet & futurorum universitati notum fore cupimus, quòd *Remigius Lugdunensis Ecclesiæ reverendus Antistes, nostrique palatij Capellanus summus*, nostram cernuè adiens mansuetudinem enixius postulavit, quatenus illi ob cujuslibet necessitatis suæ supplementum res quasdam proprietatis nostræ jure hereditario concederemus. Cujus precibus utpote affabilibus assensum præbentes, hos strenuitatis nostræ apices fieri decrevimus, per quos easdem res more nostrorum prædecessorum exequentes eidem Præsuli gratanter concedimus, quæ sunt sitæ in Comitatu Belicensi in diversis duntaxat locis quorum ista sunt nomina: in Coroæ-villa colonica vestita una, & altera apsa cum vercaria; simili modo in Auraliano vercaria una; in Rostonnaco metaritia una, in Mutiano colonica vestita una, una & altera absa cum vercaria absque censu. In Blodennaco metaritiæ duæ; in curte metiaria metaritia una; in Cussano metaritia una; in Lutiaco vercaria una absa: in Ansterno vercaria absa una.

Hæc igitur omnia tam culta quàm inculta, tam retenta quàm invasa, tam quæsita quàm in exquisita, cum omnibus ad se pertinentibus mancipiis, scilicet terris cultis & incultis, domibus, vineis, silvis, pratis, pascuis, aquis aquarúmve excursibus, exitibus universísque adjacentiis, præfato Episcopo ad ejusdem devotissimum famulatum libentissimè impendimus, ac de nostro jure in ejus tradimus potestatem. Et ut hæc nostræ præceptionis auctoritas nostris futurísque temporibus inconvulsam atque inviolabilem obtineat firmitatem, manu propria subter illam roborantes, anuli nostri impressione insigniri jussimus. Signum Caroli gloriosi Regis. Aurelianus Notarius ad vicem Bertrami recognovi & subscripsi. Datum II. Idus Julij anno Christo propitio regni Domini nostri Karoli gloriosissimi Regis V. Indictione IX. Actum Mantala publicè in Dei nomine feliciter. Amen.

Ejusdem Caroli Regis Præceptum de Tornone.
862

IN nomine Domini nostri Jesu Christi Dei æterni, Carolus divinâ ordinante providentiâ Rex, Hlotharij quondam Augusti & Imperatoris filius. Si Dei Ecclesiarúmque causas sincera pietate perquirere & quod neglectum ibi subreptionibus quorumdam est fideliter ad prius & melius statutum perducere regia nostra magnitudo studuerit. Igitur omnium fidelium sanctæ Dei Ecclesiæ nostrorúmque præsentium videlicet & futurorum comperiat magnitudo, quia venerabilis Archiepiscopus Remigius, & summus sacri nostri palatii Capellanus, accedens ad clementem præsentiam nostram innotuit nobis de quodam castro seu *Villa Turnone, quod situm est in pago Lugdunensi juxta fluvium Rhodanum*, restituisse piæ recordationis patrem nostrum Ecclesiæ Beati Stephani Lugduni venerabiliter sitæ, ob amorem scilicet Dei, & ut eumdem Martyrem sibi intercessorem pararet, ac reliquos *quorum millia ipsa eadem urbs servat cineres*, quósque quiescentes veneratur & digno suspicit obsequio, petiítque clementem sublimitatem nostram ut & nos ipsum pietatis opus, quod pater noster tam sanctè & devotè compleverat, præcepto serenitatis nostræ firmum perpetuò complere juberemus. Cujus petitionibus utpote rem piam ac justam exequentes ut cum pio genitore nostro etiam in pari facto remuneraremur, absque retractatione illicò assensum dedimus, & præceptione sanctum factum augustæ memoriæ patris nostri attestantem, etiam & nos super hoc fieri jussimus, cùm quod pius pater circa sanctum locum exhibuit, nostra voluntas non minueret, sed potius augere succederet, æternóque durabile confirmaret, prædictásque res sancto loco redditas contra omnes infestationes, & invadere sanctam oblationem cupientes, & invictè defendere & tutare nos omnium Christianè viventium & Christi consortium in felici vita expectantium remunerationem sciat numerositas; & ut quiescant omnes subreptiones inde nostrum simplicem auditum fallere & decipere cupientes, hanc auctoritatis nostræ præceptionem & clementissimi patris nostri pij facti confirmationem manu propria subter firmavimus, & anuli nostri impressione secundùm rata assignari præcepimus.

Ejusdem Caroli Præceptum de Pisiniaco.
863

IN nomine sanctæ & individuæ Trinitatis, Carolus gratia Dei Rex. Quidquid locis divino cultu mancipatis ut largiendo conferimus aut restituendo confirmamus, pro futurum nobis ad præsentis vitæ curricula feliciùs transigenda, & ad futuræ Beatitudinis præmia faciliùs obtinenda non dubitamus.

Comperiat igitur fidelium sanctæ Dei Ecclesiæ nostrorúmque præsentium & futurorum solertia, quia ad deprecationem & salubrem ammonitionem carissimi satísque amantissimi Remigij Lugdunensis Ecclesiæ venerabilis Archiepiscopi, libuit celsitudini nostræ quasdam res in Comitatu Tricastino sitas, id est villam Pisiniacum cum omnibus suis appendicibus, & in Comitatu Cavellonensi Villarem cum villula Lupiniaco, & villula Esnaico cunctísque suis appendicibus, cunctísque ad præfatas villas pertinentibus rebus, & mancipiis, præfatæ matri Ecclesiæ Lugdunensi in honorem Beatissimi Stephani dedicatæ, cujus juris olim fuisse dignoscuntur, pro nostrorum absolutione peccaminum restituere & restituendo perpetuò habendas & canonicè ordinandas delegare ac confirmare. Inde hoc altitudinis nostræ præceptum fieri, ipsíque sanctæ matri Ecclesiæ dari jussimus, per quod præfatas villas cum Ecclesiis, domibus, ædificiis, curtiferis, verichariis, hortis, vineis, terris, silvis, pratis, pascuis, aquis, aquarúmve de cursibus, firmariis, mancipiis utriúsque sexus desuper commanentibus, vel ad easdem res justè & legaliter pertinentibus, plenáque integritate ipsi sanctæ matri Ecclesiæ pleniter restituimus, & restituendo confirmamus. Ita præfatus Remigius ejusdem Ecclesiæ reverendus Archiepiscopus easdem res pleniter recipiat aliísque ejusdem matris Ecclesiæ rebus uniat, & canonicè ordinet atque possideat: atque ipse suíque successores cum omni Clero sibi commisso pro nobis, conjuge, & prole totiúsque regni nostri statu continuis precibus Dei misericordiam implorent; ita ut hæc nostræ restitutionis confirmatio inviolabilem nostris futurísque temporibus obtineat firmitatem, manu propria subter eam confirmavimus, & anuli nostri impressione sigillari jussimus.

Ejusdem Caroli Regis præceptum de Levia.
863

IN nomine Domini nostri Jesu Christi Dei æterni, Carolus divinâ ordinante providentiâ Rex, piissimi quondam Hlotharij Augusti & inclyti filius. Decet regalem excellentiam tanto fidelium suorum precibus libentius annuere; quanto eos in suis obsequiis prospexerit efficaces; atque in his quæ ad divinum pertinent cultum & animæ suæ emolumentum cognoverit esse promptiores. Idcirco omnibus fidelibus sanctæ Dei Ecclesiæ nostrísque præsentibus scilicet & futuris notum fieri volumus, Remigium Ecclesiæ Lugdunensis reverentissimum Archiepiscopum nostríque palatij Capellanum summum, ad nostram deprecando accessisse clementiam, ut villas sanctæ Stephani Ecclesiæ Lugdunensium, Liviam scilicet, Colonicas atque sischibanum cum omnibus suis adjacentiis Ecclesiæ cui ab antiquo datæ esse di-

e ij

noscuntur, & multis jam annis injustè exinde ablatæ comprobantur, ob æternæ vitæ beatitudinem feliciter capescendam nostræ auctoritatis privilegio eidem Ecclesiæ reformaremus, & in æternum inibi deserviendas censeremus. Cujus petitioni utpotè rationabili ac piæ clementissimè faventes, nostræ celsitudinis apices fieri jussimus ; per quos statuentes decernimus & modis omnibus jam dictæ Ecclesiæ & Præsulibus ibidem Domino famulantibus præfatas villas cum omnibus appendiciis ibi præsentialiter confirmare & confirmando perpetualiter & integrè cedimus ; ita ut ab hac die & deinceps fixè, inconvulsè atque inviolabiliter fine ullius contradictione vel diminutione Ecclesia Lugdunensis ejusque Pontifices habeant atque possideant. Et ut hæc nostræ auctoritatis largitio nostris, nostrorumque successorum temporibus perpetuam & inviolabilem obtineat firmitatem, manu propria eam subter roborantes anuli nostri impressione jussimus assignari.

Manumissio servi facta ab eodem Carolo Rege Burgundiæ.

IN nomine sanctæ & individuæ Trinitatis, Carolus Dei gratia Rex. Si ea quæ utiliter commutata fuerint præcepto nostræ excellentiæ confirmaverimus, regio more consuescimus. Notum sit itaque omnibus sanctæ Dei Ecclesiæ fidelibus & nostris, præsentibus scilicet atque futuris, quia placuit atque omnimodis nobis visum fuit ex mancipiis sancti Andreæ, quodlibet commutare mancipium nomine Anseleum cum suis omnibus rebus. Accepimus itaque consentiente Bosone Abbate & sanctimonialibus ex jam dicta Abbatia supra fatum Anseleum, & in segenaco casas duas cum suis appendiciis, cum vineis unde possunt exire modii octoginta, de terra arabili ad modios quindecim, alia vero terra ad modios viginti, sylva parva si semiri posset ad modios quinquaginta, & in Vienna Casam unam cum horto. & econtra in hujus meriti recompensatione dedimus Uvarnerium & Uvarnaldum cum uxoribus & infantibus illorum & de fisco nostro tantum, quantum hoc quod accepimus visum est convalere, & ultra plus, sicut in commutationibus ex hoc factis continetur. Unde placuit nobis ut easdem dictas commutationes legaliter factas & roboratas hoc præcepto nostræ auctoritatis confirmaremus. Præcipientes ergo jubemus, atque decernimus, ut quidquid pars alterius & rationaliter contulit parti, jure firmissimo maneat inconcussum, ac utentes nos hoc quod accepimus jure proprietario liceat Abbati sancti Andreæ hoc quod à nobis accepit, sicut aliis rebus uti Canonicè, secundùm Dei & suam voluntatem. Ut autem hujus nostræ auctoritatis confirmatio pleniorem in Dei nomine obtineat firmitatis vigorem, de anulo nostro subter eam jussimus assignari.

Lotharius Imperator anno Christi 842. ad preces Matfredi Comitis, dat Vassallo suo Immoni mansos quosdam sui juris in pago Lugdunensi. 842.

IN nomine Domini nostri Jesu Christi & Dei æterni, Hlotarius divinâ ordinante providentiâ Imperator Augustus. Decet Imperialem sublimitatem, ut devotè sibi famulantium precibus, pietatis suæ aurem accommodet, & effectum concedat : quatenus in suis obsequiis, eorum animos semper reddat adtentio-res. Igitur omnium fidelium sanctæ Dei Ecclesiæ, ac nostrorum præsentium videlicet & futurorum noverit industria, quia Matfredus vir illuster, Comes vel Ministerialis noster, petiit excellentiam nostram, ut cuidam Vassallo nostro, Immoni nomine, aliquantum res ex rebus juris nostri, quibus ipse in pago Lugdunense ordine possidebat beneficiario, ad proprium concederemus, ac per præceptum nostrum largiremur. Cujus petitioni libentissimè acquiescentes, has nostræ mansuetudinis litteras fieri decrevimus, per quas memorato Immoni in præscripto pago Lugdunense, & in Villâ Buciaco, mansum Dominicatum cum capella : & alios mansos septem: & inter Lupiniacum & Vialcum mansos Dominicatos duos, cum capella : & alios mansos sex, cum pertinentiis & adjacentiis eorum ; cum terris videlicet, campis cultis & incultis, vineis, silvis, pratis, pascuis, aquis aquarumque decursibus, molendinis, exitibus & regressibus, necnon & mancipiis utriusque sexus ibidem justè & legaliter pertinentibus, ad proprium concedimus, & de jure nostro in jus ac dominationem ipsius Immoni transfundimus, jure hereditario ad habendum : ut faciat inde potissimâ à nobis perceptâ licentiâ, quicquid elegerit vel voluerit, absque alicujus potestatis contradictione vel repetitione seu qualibet refragatione. Ita tamen ut nusquam à nostrâ discedat fidelitate, sed immobiliter in nostris perseveret obsequiis absque aliquâ tergiversatione. Et ut hæc auctoritas rata ac stabilis permaneat, manu propriâ subter eam firmavimus, & anuli nostri impressione adsignari jussimus.

Ego Aramboldus Notarius ad vicem Agilmari recognovi & subscripsi. Data XVIII. Kalendas Januarii, anno Christi propicio Imperij Domini Hlotharij piissimi Augusti in Italiâ XXIV. & in Franciâ IV. Inditione VI. Actum Duirâ palatio regio, in Dei nomine feliciter, Amen.

Donation de Lothaire Roy d'Austrasie & d'une partie de Bourgogne au Monastere de Saint Pierre. 858

IN nomine omnipotentis Dei & Salvatoris nostri Jesu Christi, Hlotarius divinâ præveniente Clementiâ Rex. Si locis dedicatis ob reverentiam divini respectus, quippiam muneris largimur, id nimirum nobis ad perpetuam vitam nanciscendam ac futurum fore non ambigimus. Igitur comperiat omnium fidelium sanctæ Dei Ecclesiæ nostrorumque præsentium scilicet & futurorum universitas, quod dum ad Monasterium quod est in veneratione Beati Petri Principis Apostolorum inter Ararim & Rhodanum in Burgo Lugdunensi orationis causâ devenissemus dignum duximus ob amorem Dei & emolumentum animæ genitoris nostri, ac genitricis, necnon dilecti fratris nostri Imperatoris, fratris etiam nostri Karoli quondam piissimi Regis cujus ibidem corpus sepulturæ traditum est, seu ut delictis nostris superna misericordia facilius ignoscat, aliquantulum rerum nostrarum largitate idem coenobium ditaremus. Quocircà nos excellentiæ nostræ decrevimus fieri apices per quos eidem Monasterio sancti Petri seu Ecclesiæ sanctæ Mariæ, res quasdam nostræ proprietatis in Comitatu Mauriensi ad subtinentibus tribuimus cellam videlicet sancti Maximini cum ædificiis suprapositis ad quam pertinere noscuntur inter ingenuales & serviles mansi triginta quinque cum omnibus rebus & mancipiis illuc justè & legaliter pertinentibus, quatenus deinceps ad remunerationem præfatorum pijssimorum principum atque venerationem amantissimæ conjugis nostræ Uvaldradæ, & filij nostri Hugonis ad luminaria ibidem concinnanda, seu stipendia famularum jugiter ibi Deo famulantium supplenda perpetuis temporibus perseverent, & nullus subditorum nostrorum, vel Pontifex ejusdem loci in alios usus eandem Ecclesiam in rebus & mancipiis ibidem pertinentibus transferre præsumat, nisi ut prædiximus, ad quotidiana stipendia vel luminaria præparanda. Et ut hæc nostræ largitionis atque roborationis authoritas inmobilem obtineat firmitatem manu propria subter firmavimus & annuli nostri impressione jussimus insigniri.

Signum Hlotarii gloriosi Regis.

Data XV. Kalen. Junii Anno Christi propitio regni Domini Hlotarii gloriosi Regis Octava indictione XII. Actum in Civitate Lugduni in Dei nomine feliciter, Amen.

Boso Rex anno Christi 879. Concedit Geiloni Abbati, ejusque Monasterio Trenorciensi, Cellam Taigeriam in Comitatu Genevensi sitam, cum omnibus ad eam pertinentibus.

Extrait des preuves de l'Histoire de l'Abbaye de Tournus. pag. 232.

IN nomine sanctæ & individuæ Trinitatis, Boso ipsius misericordia Rex. Sanctæ recordationis effectum ad memoriam reducentes, pio incitamento veraciter duximus dignum fore, quatenus Ecclesiæ Dei sublimitatem in omnibus augmentari, pro posse videlicet nostro desiderantes peragamus. Quam rem ad perfectum deducere optantes, divino fulti amore, ut de terrenis mereamur æterna, libenti animo talia statuere decernimus. Qua de re, omnium fidelium nostrorum comperiat notitia, quòd propria voluntate, pro mercede Karoli Augusti, & nostræ remedio animæ, seu & augustæ conjugis nostræ, in honore Domini & Salvatoris nostri Jesu Christi, sanctæque Mariæ, sancto Filiberto qui ob infestationem paganorum Castro Trenorchio deductus est, ubi vir venerabilis Abba Geilo cum plurima Monachorum turba præesse dignoscitur, concedimus in Comitatu Genevensi cellam quæ vocatur Talgeria, quæ etiam dicata est in honore sanctæ Mariæ : & curtem Caldaris : curtem etiam Marlandis, curtémque Vetilico, ac curtem Tudesio, & villam Ariaco indominicatam .... Villámque vocatam .... Hæc omnia cum omnibus integritatibus, cum Ecclesiis ibidem aspicientibus, servísque utriusque sexus, cum exitibus & regressibus, atque Campis, pratis cultis & incultis, aquis aquarumque decursibus, ab hodierna die & deinceps, præfato sancto Filiberto, monachicæ Deo ibidem militantibus concedimus, perpetualiter permanendum & ut hæc libens concessio, majoris valeat obtinere firmitatem vigoris, manu propria roborare curavimus & anuli nostri impressione insigniri jussimus.

Ego Stephanus Notarius ad vicem Radulfi recognovi. Data VI. Iduum ...... indictione XII. Anno primo regni Bosonis Gloriosissimi Regis. *Actum Lugduno Civitate*, in Dei nomine feliciter, Amen.

Præceptum Ludovici Regis, Bosonis Regis Burg. Filij de Monasterio S. Teuderij.

896

IN nomine sanctæ & individuæ Trinitatis, Ludovicus superna præordinante clementia Rex. Si Christi Sacerdotum Deique servorum postulationibus serenitatis nostræ assensum libenter præbuerimus, eorúmque justis obsecrationibus gratanti animo aurem accommodaverimus, hoc nobis ad præsentis vitæ salutem feliciter obtinendam & ad æternæ felicitatis gloriam capessendam profuturum procul dubio credimus. Quocirca noverit prudentia omnium fidelium nostrorum præsentium scilicet & futurorum, quoniam Barnoinus Sacræ Viennensis Ecclesiæ Archiepiscopus nostram cernuè adiens mansuetudinem petiit ut quoddam Monasterium præfatæ Ecclesiæ Viennentis in honore sanctæ Dei genitricis Mariæ sanctique Tuderij Confessoris Deo dicatum, in ejusdem Ecclesiæ Parochia situm, atque Aldarico Abbati Monachisque quondam Dervensis Cœnobij ad regendum & Deo serviendum commissum, præcepto nostræ auctoritatis muniremus, ac juxta Episcoporum testamentum piè & misericorditer corroboraremus. Cujus sacratissimis precibus regali more annuentes, monente Domina genitrice nostra, quæ Christi succensa amore prælibatos Monachos una cum eodem Archiepiscopo in prædicto Cœnobiolo collocavit : statuimus & decernimus idem Monasterium secundùm Apostolicum decretum, & prænominati Archiepiscopi statuta semper mansurum, scilicet ut quidquid a senioribus aut à Dei fidelibus eidem loco est & fuerit collatum, nullius impulsu auferri cogatur, & absque alicujus inquietudine res ad ipsum pertinentes perpetuò permaneant. Quoniam quidem & sagacitas Principum nostrorum omnimodis volumus ut comperiat prælibati Monasterij Rectores, videlicet Abbatem Atdalricum ejusdemque Monachos sub nostri regiminis apice atque tuitionis, defensione constitutos, & ex hoc & deinceps nostro senioratui inclyti Archiepiscopi Barnoini commissi & grata nostra pietate adhibitos, ut cujusdam validudinis audacia non præsumat illis quidquam inferre mali, nec in ullo necessitatis negotio audeat ipsis adversari : nullius etiam temeritas, aut cupiditas aut invidia præsenti Abbati futurisque locum eumdem muneribus subripere tentet : decedente quoque more humano Abbate non aliter nisi cum electione & voluntate ejusdem Cœnobioli Monachorum ibi imponatur Abbas, sed omnia sicut Apostolicum sancit decretum, Episcopale autem assensu Testamenti, ita in perpetuum permaneat nostra regali pia auctoritate roboratum, quatenus ibi laudes Dei assiduè & patienter peragantur. Et ut .... auctoritatis Præceptum nostris futurisque tem...... inconvulsam atque inviolabilem obtineat .... manu propria subter roborantes anuli nostri impres...... obsignari jussimus.

Sigillum Ludovici Serenissimi Regis.

Arnulfus Notarius ad vicem Barnoini Archiepiscopi recognovi, & VI. Actum est hoc Præceptum *apud Lugdunum* anno Incarnationis Dominicæ DCCCXCVI. Indictione XV. anno VI. regnante Ludovico Serenissimo Rege.

Concession de Conrad le pacifique à Heldebert Abbé de l'Isle Barbe.

971

IN nomine Omnipotentis Dei & Salvatoris nostri Jesu Christi. Chuntadus divina præveniente clementia Rex. Quandoquidem regiam oportet dignitati locis Deo sacratis largitatis suæ juvamina conferre & necessitates servorum Domini proprio relevari munimine, ut pro hoc pietatis opere merces illis à Domino recompensetur. Idcirco notum esse volumus cunctis sanctæ Dei Ecclesiæ fidelibus ac nostris Episcopis scilicet, Abbatibus, Ducibus, Comitibus Vice-Dominis vicariis, Centenariis Teloneariis, & omnibus rempublicam gubernantibus præsentibus vide-

e iij

licet & futuris; quia Heldebertus Abbas & Monachi ex Monasterio sancti Martini Insulæ Barbaræ constructo, ad nostram accedentes clementiam postulaverunt quatenus institutiones immunitarias de rebus ab antecessoribus nostris seu à quibuslibet fidelibus Dei in supradicto Monasterio concessis nostra renovaremus auctoritate quorum petitionibus ob divini cultus amorem aurem clementiæ nostræ accommodantes hoc serenitatis nostræ fieri decrevimus præceptum. Per quod jubemus atque sancimus, ut sicut hactenus quieti resederunt Abbates videlicet præfati monasterii & monachi eorum secundùm antiquam auctoritatem, ita & temporibus nostris & deinceps absque ulla inquietudine resideant. Et quia rerum illorum positio secundùm virorum fidelium donationem, per diversa adjacent loca: ideo illorum nomina huic auctoritati nostræ inscribi præcipimus, quatenus eas liberius ac licentius absque ulla inquietudine retinere valeant. Id est jam dictum monasterium & quicquid ad ipsum pertinere videtur Ecclesiam S. Florentij apud Vismiacum ipsamque Villam cum portu, vel omnibus quæ ad ipsam Ecclesiam villamve aspiciunt. Ecclesiam sancti Petri in Montaneisio sitam. Ecclesiam quoque Sanctorum Marcellini & Petri in Bressola. Necnon Ecclesiam sancti Joannis apud Noioseum villamque ipsam Religiacum vero atque alterum Religiacum cum Villis. Ecclesiam denique sanctæ Mariæ in Openaco Villamque universam. Ecclesiam sancti Cypriani in Beo, sanctique Andreæ in Cima loco. Ecclesiam sancti Genesii in Floriaco & sancti Petri in Amodo. Nec non cellam sancti Martini in forense. Atque Ecclesiam sancti Bonneti in Claipiaco cum villa & quæ eam aspicere videntur. Cellam quoque de Occiaco cum Ecclesia sancti Andreæ capellamque juxta eam in honorem sancti Cosmæ dicatam & novellis, universaque illis adjacentia. Cellam vero sancti Martini de Firminiaco, atque Ecclesiam sanctæ Mariæ de Constantia. In Provincia deinde Abolenam villam cum Ecclesia in honorem sancti Salvatoris dicata & omnibus appendiciis ad ipsam villam pertinentibus. Capellam quoque sancti Benedicti ab ipsis nuper monachis ædificatam. Et quicquid in Gapincensi ab Hugone Episcopo seu ab aliis fidelibus Dei præscripto Monasterio in quibuslibet nostri regiminis partibus devote concessum est. Præfatas denique res cum omnibus appendentiis sibi volumus atque jubemus ut absque ulla inquietudine vel diminutione deinceps teneant. Præcipimus igitur atque statuimus nostram quoque auctoritatem decernendo confirmamus, videlicet quod annis singulis ab eodem cœnobio, Quæstoribus proprij Antistitis argenti libra persolvatur & nullus quilibet amplius ab eis exquirere aut de rebus ad eos pertinentibus exigere præsumat. Necnon Mansionaticos vel paratas vel quaslibet alias redhibitiones exactare audeat. Sed liceat monachos illic Deo militantes cellam cum omnibus rebus sibi justè competentibus ac navibus & eorum stipendia integrum absque divisione aut diminutione perennibus temporibus possidere. Suóque præsuli ut decet liberè & sinceriter Domino suffragante conservent honorem. Habeant etiam potestatem eligendi Abbatem ex eorum cœnobio; & electos ante præsentiam Lugdunensis civitatis Episcopi deducere ut ab eo benedictione accepta Congregationem sibi commissam regulariter gubernare studeat. Volumus etiam atque per nostram authoritatem præcipimus ut nullus judex publicus vel quilibet ex judiciaria potestate ad causas audiendas vel fræda exigenda vel fidejussores tollendos aut homines præfati Monasterij super eorum immunitatem commanentes injustè distringendos, aut ullum censum, vel loca & res memoratæ Ecclesiæ ingredi aut illa quæ supra notata sunt exigere ullo unquam tempore præsumat. Quatenus pro nobis vel stabilitate regni nostri à Deo nobis commissi monachos illic Domino servientes attentius imò liberiùs Domini misericordiam exorare delectet. Et ut nostra authoritas inviolabilis permaneat manu propria etiam subter signavimus & annuli nostri impressione insigniri jussimus. Datum 13. Kal. Septembris Anno scilicet Incarnationis Christi nongentesimo septuagesimo primo Indictione decima quarta. Anno vigesimo nono Imperii Chonradi invictissimi Regis. Actum apud Viennam civitatem publicè. In Dei nomine feliciter, Amen.

Confirmation de la Concession precedente par l'Archevêque Burchard. 979

IN nomine Domini Salvatoris Jesu Christi. Anno Incarnationis Dominicæ nongentesimo septuagesimo nono, Indictione septima regnante Chonrado glorioso Rege. Cum ego Burchardus sanctæ Lugduni Ecclesiæ humilis Archiepiscopus in consistorio sancti Stephani protomartyris Christi, necnon cum Andrea præposito, & cum Abbatibus & Archidiaconibus & cum clericorum videlicet & laicorum fidelium nostrorum frequenti residerem & dispositionibus curæ pastoralis sollicitè insudaremus, essabiliterque de statu Ecclesiæ nostræ nobis à Deo commissæ & de aliis necessitatibus vitæ præsentis tractaremus & qualiter Canonicis & Monasteriis nobis Commissis pro nostra possibilitate subvenire possemus pro ut debemus; obtulit se nostris obtutibus ex cœnobio sancti Martini insulæ Barbaræ Abbas ipsius Monasterij nomine Klodebertus unà cum Congregatione sibi commissa, præcepta ab Imperatoribus vel Regibus Ludovico, Karolo vel in præsentiarum regnante Chonrado glorioso, nostro genitore Rege, ad petitionem Episcoporum Leydradi, Aureliani, Aluvanli, vel etiam cæterorum rectorum ipsius Ecclesiæ & antecessorum prænominati Abbatis disposita vel concessa præbens, ac postulans quod fuerat antiquitus ab antecessoribus privilegiorum authoritate sancita atque roborata extiterant, ita nostri privilegij authoritate roborarentur, quorum precibus libenter annuemus, cum fidelium nostrorum utriusque ordinis consilio tale illis concessimus privilegium ut à modo & deinceps omnes res quas possident modò vel hactenus possederunt, seu etiam in antea Deo juvante acquirere valuerint absque alicujus contradictione vel successorum subtractione ac diminutione vel iniquorum hominum invasione, quietè possideant ac justè utantur, ut pro nobis & pro omnibus antecessoribus vel successoribus nostris jugiter misericordiam Domini implorare non desistant, nulliusque successorum nostrorum novi aliquid injustumve imponere præsumat. Sed statuto tempore hoc est tempore Synodi, Abbas ipse juxta Archiepiscopum residens hi duo Synodum teneant uti liceat eis postea quietè & cum securitate absque alicujus violentia Domino fideliter deservire.

Bulla Alexandri tertij.

Alexander Episcopus servus servorum Dei Venerabilibus fratribus Archiepiscopo Viennensi Apostolicæ sedis legato & Claromontensi Episcopo salutem & Apostolicam benedictionem. Memores sumus nec vestris sicut arbitramur obliti, quod cùm olim Ecclesia Lugdunensis per nobilem virum Comitem forensem multas persecutiones, gravamina & rerum dispendia pertulisset, tandem inter eamdem Ecclesiam, & Comitem quædam facta est permutatio, & juramenti religione firmata, à quà nunc idem Comes dolosè resilire contendit, sanè hujusmodi sicut nunc & alià vice nobis innotuit inter eos compositio intercessit, quod neutra pars inter terminos in translatione comprehensos quidquam aliquo genere acquisitionis acciperet, nisi forte Ecclesiæ aliquid ibidem in eleemosynam conferretur. Convenit etiam idem Comes, quod in Ecclesiis quæ sibi concessæ fuerant, cæteris aliis jam dictæ Ecclesiæ reservatis quidquam molestiæ vel injuriæ presbyteris vel aliis easdem Ecclesias possidentibus non inferret. Nunc verò idem Comes contrà eamdem transactionem & Religionem sui juramenti veniens, presbyteros, & alios possessores Ecclesiarum ipsarum gravibus, & enormibus exactionibus fatigare præsumit & easdem Ecclesias cum omni dote sua sibi usurpare contendit. Licet autem transactio ipsa sit minùs honesta, eam tamen pro bono pacis authoritate Apostolicâ confirmavimus, verentes admodum ne si eamdem revocare vellemus, præscriptæ Ecclesiæ graviora incommoda, & etiam personarum pericula provenirent. Et nunc præfatus Comes ut jam dictas Ecclesias posset invadere & suæ subjicere potestati à nobis transactionem ipsam fuisse confirmatam proponit. Quoniam igitur famæ & saluti ejusdem Comitis amplius expediret ea quæ in ipsâ transactione minus honestâ retinet derelinquere quàm ad alia manus extendere violentias nos sustinere nolentes, ut impune in ipso Religionem sui violet juramenti, aut præscriptam Ecclesiam indebitâ vexatione fariget, fraternitati vestræ per Apostolica scripta præcipiendo mandamus, quatenús præfatum Comitem manere curetis, & diligenter inducere ut ipsam transactionem sicut eam juramento firmavit omni contradictione & appellatione cessante firmam & illibatam observet, & si quid contrà eamdem transactionem noscatur occupasse, vel à presbyteris aut ab aliis extorsisse, id quantocius restituere non postponat. Si verò monitis vestris noluerit conquiescere, in totâ terrâ ejus, sublato appellationis remedio authoritate nostrâ, omnia divina præter baptisma parvulorum & pœnitentias morientium, prohibeatis officia celebrari, & si nec sic resipuerit personam ejus vincula anathematis astringatis, & tam interdicti quàm excommunicationis sententiam faciatis, usque ad dignam satisfactionem inviolabiliter observari. Datum Ferentini V. Junii.

Confirmatio Transactionis facta à Rege Philippo Augusto.

In nomine sanctæ & individuæ Trinitatis amen. Cum inter fideles nostros Guigonem Comitem forensem ejusque filium necnon & bonæ memoriæ Guichardum quondam Lugdun. Archiepiscopum, & Lugdunenses Canonicos tandem post multas contentiones & disceptationes pro bono pacis quædam facta sit transactio, totiusque partis juramento confirmata ut eadem perpetuis temporibus observetur. Sicut in venerabilis Papæ Lucij, Guichardi Lugdunensis Archiepiscopi, Eduensis Episcopi, Guigonis Comitis forensis, Lugdunensium Canonicorum scriptis inspeximus, de verbo ad verbum istam duximus annotandam, fidelis nostri Joannis Archiepiscopi petitione, noverint igitur universi.

Epistola Frederici I. Imperatoris ad Eraclium Lugdun. Archiepiscopum.

Fredericus Dei gratia Romanorum Imperator & semper Augustus, dilecto suo E. Venerabili Lugdunensi Archiepiscopo, & Primati Galliarum gratiam suam & omne bonum. Imperialis nostræ sollicitudinis propositum, quod Lugdunensem Ecclesiam & civitatem à diutinis suis laboribus exuere, & in antiquæ dignitatis suæ statum reformare decrevimus, pro tua fideli erga nos devotione in pectore nostro incessanter invigilat; quoad usque Deo opitulante debitum sortiatur effectum. Unde propitia divinitas, quæ piis omnium consiliis interesse, & ea promovere consuevit, congruam nobis hoc tempore opportunitatem obtulit: ut partes Burgundiæ, imò ipsam civitatem Lugdun. in propria majestatis nostræ persona quantocius adeamus, ac ruinas ejus in status sui decorem cooperante Domino erigamus. Comes siquidem Henricus Trecensis cum ad curiam nostram in Legationem Domini sui Regis Francorum venisset, & reverendum nostrum Papam Victorem humili veneratione honorasset, studiosè à nobis postulavit, quatenus ad colloquium inter nos & eum Regem habendum accederemus. Tantumque huic verbo institit, quoad usque universorum nostrorum Principum Consilio colloquium indiximus IV. Kalendas Septembris ad pontem Laonæ inter Divionem, & Dolum, cum Archiepiscopis, Abbatibus aliisque Cleri nostri prioribus illo venturi. Quia ergo tua diligens prudentia in eodem colloquio nobis plurimum necessaria est, venerabilitati tuæ studiosè mandando injungimus, quatenus ad idem colloquium omnes suffraganeos tuos evoces, & cum universis prioribus, Abbatibus, & Cleri celebritati, omni remota occasione venias. Quia nos ibidem divina gratia promovente super Ecclesiæ Dei restituenda unitate, & super Domini Papæ Victoris confirmatione, finem imponemus. Interea vero consilium non fuit, ut militiam, prout dictum erat transmitteremus: quia quæcunque sunt in bellicis rebus agenda, seu disponenda, per præsentiam nostram convenientius adimplere curabimus. Dominus quidem Papa nobiscum aderit, & oportebit propter defectum domorum in tentoriis habitare.

Ludovici VII. Francorum Regis Callisto Papæ II. 1121

Scripsit nobis sublimitas vestra de captione illius Apostatæ Burdini, & de incolumitate status vestri: unde Pater dulcissime plurimùm, & præ cæteris vos amamus, honoremque vestrum studium nostrum in omnibus esse intelligimus. De sententiâ sanè in Metropolitanum Senonensem pro nostro honore relaxata animum nostrum ex parte mitigastis, sed quoniam ad tempus est relaxata, suspensum vehementer ac dubium reddidistis. Videtur enim aliquam adhuc spem habere Lugdunensis Archiepiscopus super illâ quam quærit subjectione, sed ut verum fatear sustinerem potiùs regni nostri totius incendium, Capitis etiam nostri periculum, quàm bonis subjectionis & abjectionis opprobrium. Videtur enim ad nostrum respicere contemptum contrà nos hoc modo fieri quod nunquam extiterit factum. Novitantem experientia vestra Regnum Francorum in obsequiis promptum in necessitatibus amicum vobis extitisse, nec à fidelitate Romanæ Ecclesiæ precibus aut promissionibus Imperatoris nos avelli unquam potuisse; & quanto animi fervore, quantâ mentis humilitate vobis obedierimus, ut si taceat vox vestra, clament opera nostra, monstrent obsequia mea: ut inter cætera dimittam, illud inter alia meminerit Paternitas vestra, quod quamvis gravis, ut scitis, laborarem infirmitate, molestiâ corporis vehementer urgente, Remensi tamen Concilio, cum labore quidem nostro, sed cum honore vestro interesse studuimus, & plus vestræ voluntati, quam nostræ facultati, plus honori vestro, quàm dominio nostro consuluimus. Hoc vobis, dulcissime Pater, memorando scripsimus, non quia non placeat nobis hoc fecisse, sed quia volumus hoc à memoriâ vestrâ non recessisse. Si quid igitur valet, si quid potest apud vos amor noster, & obsequium nostrum, rogamus & petimus, ut Senonensis Ecclesia, quæ ab istâ de quâ nunc pulsatur subjectione huc usque aliena extitit & libera, per vos non fiat ancilla, sed antiqua ejus libertas authoritate Apostolicâ roboretur & privilegij firmitate muniatur ; in quo tamen nihil à vobis contrà justitiam exigitur. Si enim opponitur quod veterum institutio Lugdunensis Ecclesiæ Primatum contulerit, respondetur ex opposito quòd antiquæ libertatis possessio Senonensem Ecclesiam ab ejus subjectione defendit. Quod enim antiqua possessione acquiritur, nullo, ut fertur, jure adimitur, etiamsi de jure Romanæ Ecclesiæ fuisse cognoscitur. Hac igitur ratione Senonensis Ecclesiæ libertas remanere debet inconcussa & intacta, nec pulsari aut violari debet pro subjectione noviter & imprudenter facta. Facta est enim, ut dicitur, latenter & quasi furtivè subjectio ista, nesciente scilicet Clero Senonensi, inconsultis etiam Episcopis illius diœcesis, ignorante etiam Rege : in quibus omnibus magna dignitas pendet Ecclesiæ ; & subjectio taliter facta respicere potius videtur ad ignominiam male accipientis, quàm ad commodum Ecclesiæ nescientis. Res enim communis communi tractanda est consilio, non latenti & privato terminanda colloquio. Cùm igitur dignitas sit Ecclesiæ non personæ, si Senonensis Archiepiscopus iste & quidem solus de non sua fecit quod non oportuit, si promisit quod non debuit ; Ecclesia tamen Senonensis quod suum est non amisit, nec privatam libertatem quam ex antiquitate habuit ; nec cogenda est ad subjectionem quam nunquam exhibuit. His ita se habentibus videat, dulcissime Pater, discretio vestra nec civitas Lugdunensis, quæ de alieno est regno, de nostro, floreat detrimento, nec subjiciatur amicus amico ; quia si decipitur pro amico amicus, justè fiet de amico inimicus. Rex ergo Franciæ, qui proprius est Romanæ Ecclesiæ filius, si in facili causâ, si in levi petitione contemnitur ; nulla spes in majori relinquitur, nec ulterius in aliis patietur repulsam, si in istis sustinet repulsionis offensam. Melius est enim Regiæ honestati à precibus desistere, quàm de repulsâ novum ruboris contrahere. Quod minus in literis continetur præsentium lator Algrinus viva voce supplebit, cujus verba tanquam ex ore nostro suscipite & custodite.

Epistola Humberti Belli joci ad Ludovicum Iuniorem.

Ludovico excellentissimo Regis Francorum Humbertus Bellijoci fidelissimus suus atque in omnibus obediens salutem & debitam in omnibus subjectionem. Quoniam celsitudini vestræ ad nos litteras dirigere placuit, & animus noster non minimo gaudio repletus, & status noster ex eo in melius alteratus est. Nos itaque ad totam terram nostram ex debita subjectione voluntati vestræ ac mandatis exponimus. Unde præ aliis Regum & Principum præceptis vestris obedire volentes, petitionem vestram factam de Domino Lugdunensi Archiepiscopo, ut debitam reverentiam ac obedientiam exhibeamus, ut decet, læti recipimus. Nondum tamen eum vidimus, nondum terram nostram intravit. Verum in brevi cum eo colloquia habituri suæ voluntati ita satisfaciemus, ut per proprium nuntium majestati vestræ lætissimas referat grates. Interim venerande Domine, clementiam vestram humiliter imploramus, quatenus linguæ pravorum adulatoria locum nobis nocendi erga vos non inveniant.

Epistola Guigonis Forensium Comitis ad Ludovicum VII.

Reverendissimo Domino suo Ludovico Dei gratiâ Francorum Regi, Guido Lugdunensium atque Forensium Comes salutem & debitam in omnibus fidelitatem. Miror plurimum Domine mi Rex cum vester sim, cùm à vobis aptatus sim in militem cùm pater meus sub cura & tutela vestra me dimiserit, cùm ad vos tota terra mea pertineat, quòd de vestro in Arverniam adventu nihil mihi mandastis. Ego tamen jam vobis cum in exercitu vestro essem, nisi Comes Girardus & Lugdunenses schismatici cum armata manu in terram meam venissent. Venerunt autem non solùm ut me, si potuerint, exhærederent, verum etiam ut Comitatum meum qui de Coronâ vestra est ad Imperium Teutonici transferant. Hoc autem si fecerint, ad majorem vestri contemptum ante oculos vestros, & inter manus vestras facient. Nunc ergo Domine mi Rex, honori vestro, & evasioni meæ vestra Majestas provideat. Precor ergo ut præsentium latorem de meo in omnibus negotio sicut me ipsum, si placet, credatis, & creditum exaudiatis.

Bulle du Pape Innocent IV.

En faveur des Citoyens de Lyon, pour ne pouvoir estre tirez en Jugement hors de leur Ville. 1245.

Innocentius Episcopus servus servorum Dei. Dilectis filiis Clero & populo Lugdunensi salutem & Apostolicam benedictionem. Cùm his qui se Apostolicæ sedi grato devotionis studio amabiles exhibent, sedis ejusdem obtinere favorem specialius mereantur, nos vestra servitia & honorem multiplicem, quæ nobis, totique nostræ Curiæ in Civitate vestrâ libenter, & liberaliter exhibuistis hactenùs, & impenditis incessanter, memoriter retinentes, & volentes ob hæc civitatem ipsam inter alias dono gratiæ attollere specialis, vestris supplicationibus inclinati, vobis in Ecclesiæ Romanæ devotione persistentibus auctoritate præsentium indulgemus, ut quamdiu parati fueritis coram ordinario vestro exhibere de vobis conquerentibus justitiæ complementum extra civitatem eamdem per literas Apostolicas vos vel aliquis vestrum trahi ad judicium non possitis nisi de indulgentiâ hujusmodi expressam fecerint mentionem. Nulli ergo omninò hominum liceat hanc paginam nostræ concessionis infringere, vel ei ausu temerario contraire. Si quis autem hoc attemptare præsumpserit indignationem omnipotentis Dei & Beatorum Petri & Pauli Apostolorum ejus se noverit incursurum. Datum Lugduni XVI. Kalendas Aprilis Pontificatus nostri anno tertio.

Petri Electi Lugdunensis Ecclesiæ Archiepiscopi litera fidelitatis. 1272.

Nos frater Petrus divinâ miseratione primæ Lugdunensis Ecclesiæ electus, notum facimus universis, quod cùm nos excellentissimo Domino nostro Philippo ejusdem gratiâ Franciæ Regi Illustrissimo, offerremus fidelitatem debitam, dictum fuit nobis ex parte dicti Domini Regis, quod nobis non licuit gerere administrationem bonorum temporalium Ecclesiæ Lugdunensis citrà Sagonam ante exhibitionem fidelitatis prædictæ: ad quod respondimus, quod proximus Prædecessor noster videlicet Dominus Philippus de Sabaudiâ quondam dictæ Ecclesiæ Lugdunensis Electus, & alij prædecessores nostri gesserunt, & administraverunt prædicta bona temporalia antequam excellentissimis Dominis Franciæ Regibus fidelitatem debitam exhibuerint super quo produximus quosdam testes. Quia plenè non liquebat Domino Regi per testes prædictos de jure suo & nostro, ut dicebat, idem Dominus Rex fidelitatem nostram recepit, itâ tamen, quod illud nec in possessione nec in proprietate acquireret nobis jus, & salvo jure suo, si quod pro se poterit in posterum invenire. Actum die veneris post festum B. Andreæ Apostoli, anno Domini millesimo, ducentesimo, septuagesimo, secundo.

Appellation des Citoyens de Lyon au Saint Siege contre un Monitoire du Viguier de Lyon, qui leur defend de se mettre sous la sauvegarde d'aucun autre que de l'Archevéque. 1292

IN nomine Domini Amen. Anno ejusdem millesimo ducentesimo nonagesimo secundo die Dominicâ in octavis Pentecostes, indictione quinta per præsens instrumentum cunctis appareat evidenter quod in præsentiâ nostri Andreæ de Kadrellis & Hugonis de Arbosio publicorum authoritate Apostolica Notariorum & testium subscriptorum coram venerabili viro Domino Guillermo Russati Canonico & officiali Lugd. in manè ante prandium dictâ die dominicâ Roletus Cassardi civis Lugdun. qui dicit se sindicum civium & civitatis Lugdun. & eorum nomine, & specialiter nomine duodecim civium in monitione cujus fiet mentio inferius contentorum in scriptis *ad sedem Apostolicam provocavit & Appellavit*, & appellationem infrà scriptam de verbo ad verbum legit, & interposuit, ut sequitur in hunc modum.

Cum vos Domine Guillelme Russati Canonice & officialis Lugdun. monueritis seu moneri mandaveritis Cives Lugduni, & nominatim infrà scriptos in formâ quæ sequitur in hæc verba. Guillelmus Russati Canonicus & Officialis Lugduni dilectis in Christo universis, & singulis Capellanis & Vicariis in Civitate Lugduni constitutis, ad quos præsentes litteræ pervenerint salutem in Domino. Cùm ex officij nostri debito teneamur non solùm errores corrigere, sed etiam in subditi Lugdunensis Ecclesiæ in periculum & errores corruant, præcavere. Ad auresque nostras famâ deferente, & fide dignorum relatione pervenerit, quod Cives Lugdun. universaliter singuli, & singulariter universi in quos quidem cives, & civitatem Dominus noster B.Dei gratiâ Lugdun. Archiepiscopus & Ecclesia merum & mixtum imperium, & jurisdictionem omnimodam debent, & ab antiquo dignoscuntur habere, nituntur pro viribus dominium & jurisdictionem prædictam ipsius Domini Archiepiscopi & Ecclesiæ Lugdun. minuere & Ecclesiam enervare, ac ei ausu temerario contra rite impedientes eamdem, proponunt, & intendunt, & conantur præsumendo temerè, aliquem Gardiarium advocare, & se ponere in gardâ alicujus, cum sit hæc in omnium & singulorum civium gravamen & maximè popularium & ipsorum periculum animarum ac in præjudicium & injuriam præfati Domini nostri Archiepiscopi, & Ec-

clesiæ Lugdun. læsionem, vituperium, damnum non modicum, & jacturam. Nos volentes quibus, possumus remediis ipsorum temeritatibus & malitiis obviare, ut possimus animarum ipsorum saluti & præfatæ Ecclesiæ indemnitati salubriter providere, vobis prædictis Capellanis & Vicariis in virtute sanctæ Obedientiæ, & sub pœnâ interdicti, suspensionis, & excommunicationis districtè præcipiendo mandamus, quatenùs semel, secundò, tertiò, peremptoriè moneatis generaliter & publicè in Ecclesiis vestris cives Lugduni universaliter singulos, & singulariter universos, & nominatim Joannem Liatardi, Bartholomæum de Varey majorem, Mathæum de Mura, Petrum de Chaponnay, Bartholomæum Chivrer, Guionetum de Mura, Guillelmum de Charnay, Guillelmum de Grigneu, Stephanum Del Monceil, Joannem de Foreys, Joannem Ogerii, & Guillelmum Rigaudi; qui duodecim dicuntur procurasse, & ad hoc procurandum asserunt potestatem habere, seu ut hæc & quæ jam alia cives deputati fuisse, ut ipsi statim post monitionem vestram per vos visis præsentibus absque moræ dispendio faciendam, à proposito, intentione, seu voluntate & præsumptione temerariâ prædictâ cessent penitùs & desistant, faciant cessare & desistere, & ne in garda alicujus se ponant vel submittant & quidquid super hiis fecerint, attemptaverunt, seu fieri, vel attemptare fecerunt, annullent, & revocent in irritum, & revocari faciant, & etiam annullari, & ad præfatum statum reduci, atque ulteriùs non procedant, & præfato Domino nostro Archiepiscopo obediant, & Ecclesiæ, sicut suo Domino singulari, & aliquem gardiarium non advocent, nec in alterius gardâ se ponant, nec non de tantâ injuriâ, præsumptione, præjudicio, & damnis ejusdem Domino Archiepiscopo & Ecclesiæ infrà triduum post monitionem prædictam satisfactionem faciant competentem. Alioquin cùm notorium sit, & manifesta rei evidentia, quæ non potest aliquâ tergiversatione celari, si prædicta garda fiat, fieri in magnum præjudicium prædicti Domini nostri Archiepiscopi & Ecclesiæ Lugduni, in enervationem & impedimentum jurisdictionis ipsorum, ipsos cives Lugduni prædicta facientes & fieri attemptantes, ac consentientes universaliter universos, & prænominatos nominatim, quos ex tunc in his scriptis excommunicamus ex causis prædictis, & eorum quoslibet denuncietis publicè excommunicatos singulis diebus dominicis & festivis, donec de singulis prædictis venerint ad emendam & satisfactionem condignam, & super hoc à nobis fuerint legitimè absoluti, significantes eisdem civibus, & eorum cuislibet quod si præsenti monitioni non paruerint dictam sententiam contra eos aggravabimus, & alias pœnas, & demonstrationes, excommunicationis sententias quas ipsi cives, ipso facto incurrerunt, procedemus quantum justitia suadebit. Datum die veneris post Pentecostem anno Domini millesimo, ducentesimo, nonagesimo, secundo. Reddite litteras portitori sine aliquâ dilatione sub pœna prædictâ.

Et dicta monitio vestra sit injusta, & exindè dictos cives, & præcipuè dictos nominatos in dictâ monitione vestrâ gravaveritis indebitè & injustè pluribus rationibus & de causis infrà scriptis. §. primò, quia cum dicti cives non fuerint convicti coram vobis per confessiones eorum proprias vel per sententiam, nec aliquo alio modo legitimo, nec in aliquo offenderint dictum dominum Archiepiscopum Lugduni, nec ejus jurisdictionem, seu Ecclesiam Lugduni, vel aliquid indebitè fore fecerint, nec eos non potuistis nec debuistis eos monere, præcipuè sine assignatione termini competentis ad faciendum defensiones suas cum multas habeant & habeant sufficientes. Item quia non constat vobis aliquo legitimo modo dictos cives aliquid perpetrasse in præjudicium vel enervationem jurisdictionis prædicti Domini Archiepiscopi vel dictæ Ecclesiæ Lugduni. Item in dictâ monitione vestrâ monuistis dictos cives, seu eos monere mandastis ne se ponant in gardâ alicujus, & absque eo quod vobis constiterit aliquo legitimo modo gardam eorum, si in aliquam se ponerent, redundare in præjudicium dicti Domini Archiepiscopi, vel jurisdictionis ejusdem, vel dictæ Ecclesiæ Lugduni, immò in communitate dictis licet, & jus competit eis se ponere in gardam cujuscumque voluerint, tam ex jure scripto propter libertatem eorum, quàm ex consuetudine eorum antiquâ & legitimè præscriptâ. Et in veritate garda hujusmodi juri dicti Domini Archiepiscopi, vel dictæ Ecclesiæ non derogat indebitè, vel injustè. Item quia in dictâ monitione vestrâ continetur quod dicti cives de tantâ injuriâ præsumptione, præjudicio, damnis quæ dicitis eos intulisse dicto Domino Archiepiscopo & Ecclesiæ Lugduni, emendam & satisfactionem faciant competentem cùm in veritate nullam injuriam, præjudicium, vel damnum intulerint prædicto Domino Archiepiscopo, nec Ecclesiæ Lugduni prædictæ, nec de hoc vobis constitit aliquo legitimo modo, & aliis pluribus rationibus & de causis proponendis, & ostendendis, si opus sit, loco & tempore competenti. Idcirco ego Roletus Cassardi de Bernâ civis Lugdun. Syndicus civium & civitatis Lugduni tamquam Syndicus dictorum civium, & dictæ civitatis, & eorum nomine, & specialiter nomine dictorum duodecim superiùs in dictâ monitione vestrâ nominatorum præsentium, & mandatorum, & etiam meo nomine proprio, sentiens me nominibus quibus suprà gravari indebitè & injustè, vobis dicto Domino Officiali & ex monitione vestrâ, & omnibus hiis & singulis quæ in dictâ monitione continentur in hiis scriptis nominibus quibus suprà, à vobis, & à prædictis omnibus vestris prædictis monitionibus & processibus provoco & appello ad sedem Apostolicam petens cùm instantiâ à vobis Apostolus mihi dari & concedi, & si eos dare denegaveritis, iterùm provoco & appello ut suprà, supponens me & meâ bona propria, & omnes dictos cives & bona eorum, & omnes adhærentes dictis civibus & eorum bona sub protectione dictæ sedis Apostolicæ & peto à vobis Notariis hic præsentibus mihi dari, & fieri super hiis publicum instrumentum & testes venire hic adstantes. Actum in Capellâ sancti Mametis in domo Archiepiscopali Lugduni, dictâ die dominicâ anno quo suprà præsentibus testibus videlicet Magistro Bartholomæo de Sancto Baldomero Montisbrisonis & Domino Bernardo de Arbrella Archipresbyteris, Domino Guillermo de Arragone presbytero & pluribus aliis fide dignis.

Et ego Andreas de Kadrelt Clericus Sacrosanctæ Romanæ Ecclesiæ publicâ auctoritate Notarius qui unà cum dicto Hugone de Arbosio eadem authoritate publica Notario prædictæ appellationi ut suprà legitimè præsens interfui rogatus, & huic præsens publico instrumento, me subscripsi, & publicum instrumentum manu propriâ signo meo signavi rogatus & vocatus.

Appellations des mesmes Citoyens, au Roy, Philippe le Bel. 1292.

Nos Stephanus de Sancto Pontio tenentes sigillum commune illustrissimi Regis Francorum in Balliviâ Mariscononsi constitutum, notum facimus, quod anno millesimo, ducentesimo, nonagesimo secundo, die dominicâ in octavis Penthecostes, in præsentiâ Symonis de Varey Tabellionis dicti Domini Regis, & testium infrà scriptorum, & rogatorum & vocatorum ad hæc, juratique nostri ad hæc à nobis specialiter deputati coram venerabili viro Domino Guillelmo Ruffati Canonico, & officiali Lugdun. manè ante prandium Roletus Cassardi, qui se dicit syndicum civium & civitatis Lugdun. eorum nomine & nomine duodecim civium in monitione infrà scriptâ contentorum, in scriptis, ad dictum illustrissimum Regem Franciæ provocavit & appellavit, & appellationem infrà scriptam legit, & interposuit ut sequitur in hæc verba. Cum vos Domine Guillelme, &c. Ut superius in præcedenti appellatione usque ad hæc verba. Idcirco ego Roletus Cassardi de Bernâ, civis Lugdunensis syndicus civium &c. Ad dictum illustrissimum Regem Francorum, in quantum prædicta temporalia tangunt, seu ad temporalia pertinent, provoco & appello: petens cum instantiâ à vobis Apostolus mihi dari & concedi, & si eos dare denegaveritis iterum provoco & appello, &c. cujus rei testimonium cum nobis constet de præmissis per relationem dicti Symonis & appositionem signi sui ad preces & requisitionem dicti Roleti, nobisque oblatas nomine prædicto per dictum Symonem cui fidem plenariam super hoc adhibemus, dictum sigillum commune duximus præsenti instrumento apponendum. Datum ut suprà, coram me Symone prædicto in Capellâ beati Mametis in domo Archiepiscopali existentia anno & die quibus suprà præsentibus Magistro Bartholomæo de Sancto Baldomero, &c. *ut superius* Et ego præfatus. (Symon dictæ appellationi interfui & præsens instrumentum manu propriâ scripsi & signo meo signavi.

Sy
Le sceau commun dont il est parlé en cet acte est un écu à trois fleurdelys avec cette legende Sigillum commune, le reste est rompu. Ces trois fleurdelys sont à remarquer du temps de Philippe le Bel, qui portoit son écu ordinaire semé de fleurdelys.

Littera de fidelitate factâ Regi à Domino H. De Villars Archiepiscopo & modus dictæ Litteræ. 1298.

Ex Actis Capitularibus Ecclesiæ majoris.

Anno Domini millesimo ducentesimo nonagesimo octavo die martis ante carnisprivium novum videlicet VI. Calend. Martij apud Aurelianum. Rex dicebat quod Dominus Archiepiscopus debebat sibi homagium, dicto Domino Archiepiscopo contrarium dicente. Tandem fecit dictus Archiepiscopus dicto Regi recipienti fidelitatem cum protestatione quod si reperiretur homagiû, quod jus Regis sibi salvum super homagium remanet. Dictus Archiepiscopus recognovit dicto Regi Regaliam

Eduenſem, & Abbatiæ Savigniaci. Rex autē nolebat quod hæc nominaret, vel exprimeret, ſed quod faceret fidelitatem pro rebus quibus Prædeceſſore ſui cōſueverunt fidelitatem facere. Tamen dictus Archiepiſcopus dicebat, & dixit antè dictam fidelitatem & poſt, quòd non debebat niſi Regaliam Eduenſem & Abbatiæ Savigniaci, & ſi plus inveniretur quod illud plus recognoſceret, & ad hoc fuerunt præſentes Archiepiſcopus Narbonenſis, Epiſcopus Dolenſis, Epiſcopus Carcaſſonæ Comes ſancti Pauli Comes de Dremeys, Dominus Jacobus de ſancto Paulo D. Petrus Flota. D... de Belleville qui tenebat librum & pronuntiabat verba fidelitatis videlicet iſta verba, in hunc modum.

Vous promettez Feauité au Roy, qui cy eſt, & luy garder vie & membres, & de ſon fils heritier Roy de France, & garder l'honneur de ſon Royaume, & donner bon conſeil à voſtre ſens, ſe il vous le demande & garder ſon ſecret, ſe il vous le reveloit.

Item fuerunt præſentes cum dicto Archiepiſcopo ad prædicta Magiſter Guillelmus Flota, Humbertus de Bullojoco, Magiſter Aimo de Pefins. Theobaldus de Vaſſaliaco Canonicus Lugdunenſis, Dom. Bartholomæus de Jo Legum Profeſſor. Guido de Franchelins, Guido Durgelli, Jacobus Archenas Canonicus Aurelianenſis. Guillelmus de Thelis Clericus, & Stephanus Tacini Publicus Authoritate Apoſtolicâ Notarius.

De ſervitio per Archiepiſcopum Regi exhibito non trahendo ad conſequentiam Ecclesiæ præjudicium generando.

Hoc eſt exemplum infrà ſcriptæ literæ ſigillo ſereniſſimi Principis Domini Philippi Dei gratiâ Francorum Regis ſigillata in Capitulo Lugduni præſentatæ in præſentiâ mei Joannis Greci de Ambianis Clerici publici Authoritate Apoſtolica Notarij præſentibus Dominis Ludovico Archiepiſcopo, Guillelmo de Ruperforti Decano. Jo. Præcentore Briando Sacriſta, Ludovico Præpoſito, Petro de Sabaudia, Guichardo de Balma, Gerardo Chamartin, Hugone de ſancto Symphoriano, Jacobo de Chandiaco, Guillelmo de Sarravaller, Guidone de Boſſolio, Raymundo Liatardi, Anſelmo Rigaudo Hugone de Marzeu, Ludovico de Vaſſaliaco, Humberto de Coſſenay, Canonicis: Andrea Canduni Milite in Eccleſia Lugd. Petro de Calcibus Doctore decretorum. Domino Humberto de Vaugrigneuſe Presbytero teſtibus vocatis anno Domini milleſimo cccv. die Martis poſt Quaſimodo. Cujus tenor talis eſt.

Philippus Dei gratiâ Francorum Rex univerſis præſentes litteras inſpecturis ſalutem. Notum facimus, quod nos ſervitium, quod L. Archiepiſcopus Lugd. nobis in hoc negotio exhiberi fecit gratioſum, & de ſpiciali gratiâ factum, & exhibitum reputamus, nolumus quod per ipſum ſervitium jus aliquod nobis contrà ipſum, vel Eccleſiam ſuam Lugdun. acquiratur vel per illud eidem Eccleſiæ ſuæ prædictæ generetur præjudicium aliquod in futurum. In cujus rei teſtimonium ſigillum noſtrum præſentibus eſt appenſum. Actum in obſidione Inſulæ de mercurij poſt feſtum Beatorum Egidij & & Lupi Anno Domini milleſimo ccc. iv. Et ego prædictus Notarius dictam literam fideliter exemplavi, & huic exemplo ſignavi.

JO. GRECI.

Privilege de Charles Roy de Provence & de Lyon troiſiéme fils de l'Empereur Lothaire pour le Monaſtere de l'iſle-Barbe.

IN nomine Dni noſtri Jeſu Chriſti Amen. Carolus divinâ ordinante providentiâ Rex, piiſſimi quondam Lotharij Auguſti & incliti filius, officio pietatis ac ſuperni ſpiritus amore impellimur tantò Chriſto famulantium neceſſitatibus clementius occurrere quantò conſpexerimus in divinis cultibus efficaciores, noſtriſque obſequiis promptiores. Igitur totius regni noſtri noverit univerſitas ad petitionem Remigij venerabilis Eccleſiæ Lugdunenſis Pontificis Gondrannum Inſulæ Barbaræ Cænobij Abbatem ad noſtram ſupplicitur advenium clementiam, autoritates, & præcepta quæ divæ recordationis genitor noſter, Avuſque & Proavus eidem ſtabiliere, monaſterio præ manibus habentem, atque humiliter flagitantem, ut quod illorum largiſſima conceſſit pietas, noſtræ ſerenitatis ſtabili renovarentur privilegio. Nos autem divino inſtinctu ejus precibus annuentes, atque à effectum perducere dignum ac rationabile judicantes: hoc noſtræ præceptionis ſcriptum fieri decrevimus, atque ſancimus, ut jam dictum Monaſterium eâ libertate & conditione futuris temporibus abſque cujuſlibet diminutione aut inquietudine patiatur, ſicut conſtat Leydradum venerabilem Archiepiſcopum Eccleſiæ Lugdunenſis à Proavo, Avoque meo glorioſis Imperatoribus petiiſſe, & impetraſſe. Et nos igitur eorum inſequentes veſtigia, eadem conſentiendo ſtatuimus, ac per noſtram autoritatem decernendo confirmamus, videlicet ut annis ſingulis ab eodem cænobio, Quæſtoribus proprij Antiſtis argenti libra perſolvatur, & nullus quidlibet amplius ab eo exquirere aut rebus ad id pertinentibus exigere præſumat, nec Manſionaticos, aut paratas, vel alias quaſlibet redhibitiones exactare audeat, ſed liceat Monachos illic militantes eandem cellam cum omnibus rebus ſibi juſte competentibus, ac navibus ad eorum ſtipendia integrum abſque diviſione, aut diviſione perennibus poſſidere, ſuoque præſuli ut decet devotione obedientes, ſuum propoſitum Domino ſuffragante abſque illius inquietudine liberè ac ſincerè conſervent. Volumus etiam, atque per hanc autoritatem noſtram præcipimus, ut nullus judex publicus, vel quilibet de judiciariâ poteſtate ad cauſas audiendas, vel freda exigenda, vel paratas aut manſionaticos faciendos ſeu fidejuſſores tollendos, aut homines præfati Monaſterij ſuper eorum minime commanentes injuſte diſtringendos aut ullum cenſum, aut ullam redhibitionem exigendam, loca & res memoratæ Eccleſiæ ingredi, aut ea quæ ſuprà notata ſunt exigere ullo unquam tempore præſumat. Quatenùs pro nobis, vel ſtabilitate regni noſtri nobis adeo commiſſi Monachos illic Domino famulantes, attentius imò liberius Domini miſericordiam exorare delectet. Et ut hæc noſtra authoritas inviolabilis permaneat, manu propriâ eam ſubſignavimus, & annuli noſtri impreſſione inſigniti juſſimus.

Datum undecimo Kal. Septembris anno Chriſti propitio. Regni Domini noſtri Caroli Regis quinto, indictione nonâ, Actum Mantalo in Dei nomine feliciter.

Le ſceau de cette Charte eſt de cire blanche, repreſentant l'image du Prince ſans barbe avec cette inſcription au tour, Chriſte protege Carolum Regem.

Gloriosissimo Regi Francorum Ludovico Raynaldus de Balgiaco salutem.

Quod vestræ Majestatis litteras, Humberto de Bellojoco pro filij mei liberatione, licet nihil præfuerint, misistis, grates vobis refero, rursus vero ad vos quasi unicam post Deum spem meam confugio, & ut carissimum Dominum, & consobrinum supplex exoro, quatenus mei misereamini, & ad filium meum liberandum operam detis, pro certo namque scio quia si bene eum volueritis liberare, poteritis. Placeat itaque dignitati vestræ in partibus nostris venire, quia valdè necessarius est adventus vester, tàm Ecclesiis quàm mihi, & ne vos retardet impensæ, quia planè vobis pro voluntate vestra restituam, & omnia Castella mea quæ à nullo teneo à vobis accipiam, & tam ego quam omnia vestra erunt, noveritis quoque Comitem G. & Humbertum de Bellojoco, mihi juratos fidem rupisse quod ante vestram præsentiam paratus sum probare.

Glorioso Francorum Regi, Ludovico Domino, & consanguineo suo Raynaldus de Balgiaco salutem.

Majestati tuæ cui & natura, & antiqua familiaritas me conjunxit, labores meos, & necessitatem exponere dignum duxi, & vestræ pietatis auxilium summis precibus implorare. Girardus Comes Maticonensis cui multa beneficia & auxilia contuleram, & cujus filiam ad opus filij mei susceperam, oblitus affinitatis, oblitus beneficiorum, oblitus etiam jurisjurandi quo mihi obnoxius est, cum fratre suo Stephano & Imberto de Bellojoco super terram meam cum magno exercitu venit, & eam igne, & gladio vastavit, & quod gravius est filium meum Ulrichum cum multis captivum duxit; postremò quòd me omninò exheredent minantur & gloriantur ij omnes cum Archiepiscopo Lugdunensi, confugio igitur ad vos sicut ad Dominum, & amicum meum rogans humiliter ut ad me eripiendum festinetis, & filium meum requiratis; si enim vel filium reddideritis, vel prædictum Comitem G. & Imbertum de Bellojoco ad justitiam mihi exhibueritis, paratus sum pro impensis vestris plenariè vobis ad placitum vestrum satisfacere, & super hoc si vobis placuerit vel apud Eduam, vel apud Veziliacum venire, vel in quo vobis placuerit loco vobis occurram, vel per nuntios vestros si eos dirigere volueritis satisfaciam, si autem necesse fuerit me ad vos ire, Treugas inter nos constituite.

Quod Alaydis Ducissa Burgundiæ rogat Blancham comitissam campaniæ quatenus faciat Poncio de Lugduno litteras de conductu secundùm formam litterarum suarum & sit plegia erga ipsum de conductu jam dicto. 1219

ALaydis Ducissæ Burgundiæ charissimæ & fideli suæ Blanchæ Comitissæ Trecen. Palatinæ, salutem & amoris plenitudinem. Mandamus vobis, rogamus & requirimus, quatenus Poncio de Lugduno, literas vestras de conductu faciatis secundùm formam litterarum quas à nobis habet dictus Poncius, de conductu. Rogamus vos etiam, quod sitis erga dictum Poncium plegia de conductu secundùm formam litterarum nostrarum firmiter observando. Et si in hoc aliquid damnum incurreretis, nos vobis omnia damna teneremus penitus restaurare. Actum anno Domini millesimo cc. nono decimo die post festum sancti Andreæ.

Quod Alaydis Ducissa Burgundiæ notum facit omnibus, quod Blancha Comitissa, recepit Poncium de Chaponay in conductu suo, usquè ad festum Magdalenæ quippe si Comitissa damnum incurreret, Ducissa eidem plenius restauraret. 1219

EGo Alaydis Ducissa Burgundiæ omnibus notum facimus quod charissima & fidelis nostra Blancha Comitissa Trecensis palatina, ad preces & instantiam nostram, recepit Poncium civem Lugdunen. de Chaponay, in conductu suo bona fide, & vobis & de posse vestro usque ad perpetuum sequens festum beatæ Mariæ Magdalenæ si verò propter hoc dictæ Comitissæ aliquod damnum vel gravamen proveniret, totum ei restaurare teneremur, vel ipsa posset nos vadiare sine mefacere. Actum anno gratiæ millesimo cc. nono decimo ultima die Maij.

Quod Alaydis Ducissa Burgundiæ debet conducere Poncium de Chaponay usque ad Cabilonem, & quando ibi erit, ego ei mittam gentes, quæ conducent eum usque ad Campaniæ terram, & similiter in redditu suo. 1219

EGo Alaydis Ducissa Burgundiæ omnibus præsentes litteras inspecturis notum facio, quod ego bona fide recepi in conductu meo Poncium de Chaponay civem Lugdunen. usque ad Cabilonem, & quando erit apud Cabilonem, ego teneor ad eum gentes mittere, qui eum possint conducere de omnibus sine aliquid amitere, usque ad terram Comitissæ Campaniæ dilectæ & fidelis meæ, & in redditu ipsius Poncij & terra dictæ Comitissæ, teneor eundem Poncium conducere sicut prædictum est, & bona fide durentur litteræ istæ usque ad mediam quadragesimam. Actum anno Domini millesimo cc. nono decimo, die lunæ post festum sancti Andreæ.

Quod Alaydis Ducissa Burgundiæ rogat Blancham Comissam, & Th. natum ejus, quod dentur litteræ plagij pro se erga Poncium de Chaponay de quinquaginta libris. 1219

ALaydis Ducissa Burgundiæ Blanchæ Comitissæ Trecen. palatinæ, & The. filio suo, charissimis

& fidelibus suis salutem & amorem de vobis plenam fiduciam habentes, vos rogamus, & in amore requirimus quatenus sitis plegij & debitores in manu Poncij de Chaponay, de quingentis libris provenien. & de costis reddendis in instantibus nundinis Trecarum sancti Joannis & non exinde servabimus vos indemnes. Alioquin volumus & concedimus quod possitis nos vadiare sine messacere. Actum anno gratiæ millesimo cc. nono decimo in Junio.

Quod Alaydis Ducissa Burgundiæ rogat Comitissam & Th. nauum ejus quibus dent Poncio de Chaponay litteras super hoc quod sint plegij pro se de mille march. argenti.
1219

Alaydis Ducissa Burgundiæ, Blanchæ Comitissæ Trecen. Palatinæ, & Th. filio suo, charissimis fidelibus suis, salutem & amorem Sciatis, quod Poncius de Chaponay mutuavit nobis mille marchas argeti reddendas sibi his terminis, quartam partem in nundinis Barri primo venturis, & quartam partem in nundinis Barri proximo sequentibus, & aliam quartam partem in nundinis Barri post ea sequentibus, super quo vos ambos principales debitores & plegios in manu dicti Poncij de vobis confidentes constituimus pro nobis, vos igitur rogamus, & rogando requirimus, quatenus super hoc litteras vestras patentes dicto Poncio tradatis, quia si inde aliquod damnum vel gravamen vobis eveniret, servabimus vos indemnes; quod si non faceremus volumus & concedimus quod possitis nos vadiare sine messacere donec indemnes vos servaverimus. Actum anno gratiæ millesimo cc. nono decimo in Junio.

Ex cartulario Campaniæ extracto ex camera computorum Parisiis à Joanne le Laboureur Franciæ Historiographo 1665.

LE LABOUREUR.

Bref du Pape Clement V. à deux Cardinaux Legats à l'occasion du traité entre le Roi Philippe le Bel & l'Archevêque de Lyon.

Dilectis filiis Stephano tit. S. Cyriaci in Thermis presbitero, & Landulfo S. Angeli Diacono Cardinalibus Apostolicæ Sedis nuntiis.

AD nostri Apostolatus auditum non absque magna turbatione mentis, relatio fide digna perduxit, quod occasione cujusdam compositionis dudum inter charissimum in Christo filium nostrum. Philippum Regem Francorum illustrem ex parte una, & quondam Ludovicum Archiepiscopum, & dilectum filium Capitulum Lugdunen. Super certis articulis, dum adhuc idem Ludovicus viveret, initæ; & demum eo sublato de medio, ac venerabili fratre nostro Petro Archiepiscopo Lugdunen. successore suo ad regimen Ecclesiæ Lugdunensis assumpto, per ipsum Petrum, ut dicitur, acceptæ mentis Regis præfati contra memoratum Archiepiscopum & Ecclesiam ac cives Lugdunen. est adeo turbata serenitas, & indignatio suscitata, quod Rex ipse Francorum charissimum in Christo filium nostrum Ludovicum regem Navarræ illustrem primogenitum, & alios natos, & fratres suos & non nullos regni sui magnates, cum exercitu numeroso contra dictos Archiepiscopum & Capitulum & civitatem Lugdunen. impugnandos transmittit, ex quorum adventu multa animarum & corporum strages & pericula secutura verisimiliter formidantur ac bonorum dictæ Lugdunensis Ecclesiæ non levis destructio noscitur imminere.

Verum desiderantes ab intimis quod idem Archiepiscopus & Ecclesia Lugdunen. pro ipsorum statu pacifico & tranquillo in Regis prædicti devotione, ac benevolentia stabiliter perseverent; & ad id, quantum cum Deo possumus, libenter ministerium Apostolicæ sollicitudinis impendentes, ac de vestræ circonspexionis, alta prudentia in magnis & arduis agendis experta, plenam in Domino fiduciam habentes; discretioni vestræ de fratrum nostrorum consilio per Apostolica scripta mandamus, quatenus super compositione & acceptione, prædictis, plena informatione habita & recepta, ac temperatis circa compositionem ipsam, quæ secundum Deum, & justitiam, & Archiepiscopi & Ecclesiæ prædict. rum, ac circumpositæ nationis statum prosperum & tranquillum, dictique placationem Regis temperanda videritis, compositionem ipsam, dummodo ad id Archiepiscopi & Capituli prædictorum accedat assensus, auctoritate nostra confirmare & approbare, quantum ad ipsum Archiepiscopum & Ecclesiam pertinet, super quibus vestras conscientias oneramus prout expedire videritis, studeatis: quod si prædictos Archiepiscopum & Capitulum salutaribus monitis ad acceptandum & approbandum compositionem ipsam, per prædictos Archiepiscopum Capitulum, ut prædicitur, approbatam & initam, inducere non possetis; vos temperatis, additis, declaratis, vel detractis in ipsa quæ temperanda, adjicienda, declaranda, vel detrahenda; si qua fore noveritis, quantum ad ipsum Archiepiscopum & Capitulum attinet si id expedire videritis, super quo vestras conscientias oneramus compellere valeatis. Datum Avinioni VIII. kal. Julij anno quinto.

Extrait des Annales de Raynaldus 1312. art. 19.

Quod ad res Gallicas spectat prætereundum non est, compositam hoc anno fuisse veterem illam, de Lugduni dominio inter Francorum Reges, ac Lugdunenses Archiepiscopos controversiam, ejusdemque urbis liberum Imperium Philippo concessisse; qua de re hæc Bernardus c: *Eodem anno tempore Concilij Philippus Rex Franciæ quartus habuit Lugdunum integraliter data recompensatione in reditibus Archiepiscopo Lugdunensi pro jure, quod sibi in Lugduno Ecclesia vendicabat, super quo prius Clemens Papa Consultus per Archiepiscopum consensum non præbuit, nec dissensum, sed reliquit Archiepiscopum in manu Concilij sui: ipse vero Papa tunc in Vienna Concilium celebrabat. Et sic deinceps Lugdunum ad Regem & regnum Franciæ pertinet tali jure.* Post celebrationem vero Concilij generalis, Papa cum omni curia versus Avenionem revertitur de Vienna.

Lettres du Roy Philippe le Bel pour defendre les Tournois.

PHilippus D. G. Francorum Rex universis & singulis Baronibus, & quibuscumq; nobilibus regni nostri, nec non omnibus Baillivis & Senescallis, & aliis quibuscumque justitiariis ejusdem regni, ad quos presentes litteræ pervenerint, salutem. Periculis & incommodis quæ ex Tornamentis, congregationibus armatorum, & armorum portationibus in diversis Regni nostri partibus hactenus provenisse noscuntur, obviare volentes, ac super hoc prorsus nostro tempore prout ex officij nostri debito tenemur, salubriter providere, vobis & cuilibet vestrûm sub fide qua nobis tenemini, & sub omni pœna quam vobis infligere possumus, præcipimus & mandamus, quatenus congregationes armatorum & armorum portationes facere, vel ad Torneamenta accedere, quas & quæ præsentibus prohibemus sub pœna prædicta, ullatenus de cœtero præsumatis, nec in contrarium fieri permitatis à quocumque ; vósque Senescalli, Baillivi, & justitiarij nostri prædicti in assisiis, & aliis in locis vestris ac ressortus corum faciectis prædicta celeriter publicari. Contrarium attentantes capiatis cum eorum familiis, equis, armis, harnesiis, nec non terris & hæreditatibus eorum. Quas terras & hæreditates cum aliis eorum quibuscumque bonis teneatis & expleteris sine omni deliberatione de recredentiâ faciendâ de his sine nostro speciali mandato. Præmissam Torneamentorum prohibitionem durare volumus, quandiu nostræ placuerit voluntati, ex omnibus subjectis nostris sub fide qua nobis astricti tenentur Torneamenta hujusmodi prohibemus. Datum Pissiaci penultima die Decembr. ann. Domin. 1311.

Autres Lettres du Roy au Gardiateur de Lyon pour defendre les Ioustes & Tupineis.

PHilippe par la grace de Dieu Roy de France, à notre Gardien de Lyons salut. Comme nous entendons à donner à nostre tres cher aisné fils Loys Roy de Navarre Comte de Champaigne, & de Brie Palatin, & à nos autres deux fils ses freres en ce nouviau temps, ordre de Chevalerie : & ja pieça par plusieurs fois nous eussions fait deffendre generalement par tout nostre royaume toutes manieres d'armes, & de Tournoiemens, & que nuls sur quanques ils se pooient tuisfaire meffaire envers nous, n'alaà Tournoiemens en nostre royaume ne hors, ou feist ne alast à joustes, Tupineiz, ou fist autres fais ou portemens d'armes, pourcé que plusieurs nobles & grans personnes de nostre garde se sont fait faire, & se sont accoustumez de eux faire faire Chevaliers esdits Tournoiemens, & non contrestant cette general defense, plusieurs nobles personnes de nostre dite Garde aient esté & soient allez au Tournoiement par plusieurs fois à joustes, à Tupineiz tant en nostre Royaume comme dehors, & en autre plusieurs fais d'armes enfraignant nostre dite defense, & en iceux Tournoiemens plusieurs se soient faits Chevaliers, & seur ce qu'ils ont fait contre nostre dite defense vous nayez mis remede, laquelle chose nous desplaist moult forment : nous vous mandons & commandons si estroitement comme nous poons plus, & sur peine d'encourre nostre malivolence, que tous ceux que vous sçautez de nostre garde qui ont été puis nostre dite defense à Tournoiemens, joustes, Tupineiz, ou en autres fais d'armes, ou que ce ait été en nostre royaume, ou hors, que vous sans delay les faciez prandre & mettre en prison par devers vous en mettant entre nos mains tous leurs biens. Et quant ils seront devers vous en prison, si leur faites amander ce qu'ils auront fait contre nostre dite defense : & ce fait si leur recreez leur biens, & avec ce quant ils auront amendé, si leur faites jurer sus sains, & de leur defender de par nous sus poine d'encourir nostre indignation & de tenir prison chascun un an, & sus poine de perdre une année chascun les fruiz de la terre, qu'ils tendront nostre ordonnance que nous avons fait sur le fait d'armes, qui sont telle : c'est à sçavoir que nul ne soit si hardi de nostre royaume qui voist à Tournoiemens à joustes Tupineiz ou en autre fais d'armes , soit en nostre royaume, ou hors, jusques a la feste S. Remy prochaine venant, & leur faites bien sçavoir que encores avons nous ordené que s'ils font au contraire de ce que leur chevaux & leur harnois nous avons abandonné aux Seigneurs sous qui jurisdictions ils seront trouvé ; & quant ils auront ensi juré, si leur delivrez leurs cors. Encore nous mandons nous que l'estre ordenance dessusdite vous faciez crier & publier solemnellement sans delay par les lieux de vostre Garde, ou vous saurez qu'il sera à faire, & de defendre de par nous que nuls ne soit si hardi sur la peine dessudite d'aller aux armes à Tournoiemens, Joustes, ou Tupineiz, en nostre royaume, ou hors, jusques à la dite feste de S. Remy, & faites cette besoigne si diligemment, que vous n'en puissiez estre repris de negligence, ou de inobedience, auquel cas s'il avient, nous vous punirons en telle maniere, que vous vous en apercevrez. Donné à Fontainebliaut le 28. jour de Decemb. l'an de grace 1312.

Lettres de Philippe Roy de France par lesquelles il remet à Amé IV. Comte de Savoye, les Seigneuries de Chasteau Neuf, & du Bois-Sainte Marie en Masçonnois, jusques à ce que le Chasteau de Mont-Revel pris sur luy par le Dauphin luy soit rendu.

Tirées de la Chambre des Comtes de Savoye.

PHilippe par la grace de Dieu Roy France, à tous ceux qui ses presentes lettres verront salut. Sçachent tuit que comment nostre cher Cousin, & feaux Amé Cuens de Savoye, nous requit que le Chasteal de Mont-Revel, que nostre Amé & feaux Jean Seigneur de la Tour, d'Albon, & Dalphin de Viennois avoit pris sur ledit Comte de Savoye. Trefves estant, & durans en nous, pour nous, nous feaux, Alliez, aydans, & sougiez d'une part ; & nostre tres-chier cousin, & feaul le Roy d'Angleterre, & Duc d'Aquitaine pour ly, ses feaux alliez, aydans, sougiez de autre, & ledit Dalphin nommé par nostre feaux, & allié & ledit Comte nommé pour allié, & aidant dudit Roy d'Angleterre ; & comme ledit Comte de Savoye, disoit nous ly fissions rendre, & restablir ledit Chasteal de Mont-Revel, nous qui sur ce fait voulons favorablement traittier avec le dit Côte de Savoye, avons ottroyé, & côsentis de bailler au dit Comte de Savoye Chasteau nuef en Maconnois, &la ville de Sainte-Marie du bois, ô totes leurs appartenances ; a tenir dudit Comte de Savoye jusques à tant, que nous ayons envers ledit Comte de Savoye fait droit du Chastel de Mont-Revel, ce qui luy devra soffir, en tesmoin de laquelle chose nous avons mis nostre seel en ces presentes lettres, donné à Vincennes dix jours en Juin. 1304.

Lettres du mesme Roy à Iean Dauphin de Viennois pour faire restitution du Chasteau de Mont-Revel au Comte de Savoye.

Tirées de la Chambre des Comptes de Savoye.

PHilippus Dei gratia Francorum Rex dilecto, & fideli filio nostro Joanni Dalphino Viennensi salutem, & dilectionem. Cum olim treugis, seu abstinentia à guerra inter nos, & Angliæ Regem, nostrosque, & ipsius valitores, existentibus, Castrum Montis-Revelli, quod dilectus, ac fidelis noster Comes Sabaudiæ, de dicti Regis Angliæ valitoribus, tunc existens tenebat ; per vos captum & occupatum extiterit, ac postmodum per inquestam, seu informationem per dilectum, & fidelem nostrum Robertum, tunc Ducem Burgundiæ de mandato nostro factam reperto quod dictum Castrum ad Comitem pertinebat eumdem, quod per conventiones, inter nos & Regem Angliæ prædictum habitas, hinc inde treugis prædictis durantibus, occupata debebant restitui Comiti prædicto Castrum Novum, & villam Sanctæ Mariæ in Bosco Bailliviæ Matisconis, tradi, & liberam fecimus ad manum suam tenendum, donec sibi de Castro Montis-Revelli, prædicto plena restitutio facta esset, quæ quidem Castrum Novum, & villa Sanctæ Mariæ cum ipsorum pertinentiis, non sine nostro incommodo per longum tempus tenuit idem Comes, ut autem promissio, quam, ut promittitur in hac parte, dicto Comiti fecimus impleatur, ac debitum sortiatur effectum ea fidelitate, qua nobis tenemini, requirimus vos attentè, quatenus ante dictum Castrum Montis-Revelli præfato Comiti, vel ipsius certo mandato, sine difficultate, & dilationis obstaculo ad requisitionem Seneschalli nostri Lugdunensis quem ad vos ob hoc specialiter destinamus, restitui faciatis, & adeo curialiter liberari, quod nobis debeat esse gratum & idem Comes super hoc debeat meritò contentari de nobis. Dat. Parisiis 2. die Mensis Maij. 1314.

Littera Seneschalli Lugdun. super retro banno Flandrensi.

PHilippus de Macler miles Domini nostri Regis Francorum Seneschallus Lugduni, Hugoni de Tholon servienti Domini Regis & nostro salutem. Mandamus tibi quatenus requiras Baillivum illustris viri Domini Comitis Forensis, ut die Jovis post instans festum B. Jacobi Apostoli venire & comparere faciat coram nobis apud sanctum Symphorianum Castri hora Tertia duos homines de singulis Castris, & Villis, Castris Comitatus Forensis prædicti ad audiendum ea quæ de mandato dicti Domini Regis eis injungere & præcipere nos oportet, eisdem super facto retrobanni nuntiare ipsius Domini Regis mandati seriem & tenorem, quod mandatum eisdem si ibidem veniunt originaliter osten-demus, & super requisitionem hujusmodi faciatis fieri publicum instrumentum. Datum Lugduni die Mercurii post festum B. Mariæ Magdalenæ anno Domini M. CCC. XV.

Lettre du Cardinal Arnaud de Pelagrue au Roi de France.

Excellenti & Magnifico viro Amico Charissimo Domino Philippo claræ memoriæ Domini Regis Franciæ filio, Regna Franciæ & Navarræ regenti, Arnaldus miseratione divinâ S. Mariæ in porticu Diaconus Cardinalis salutem.

DE conscientia sanctissimi in Christo Patris, Domini nostri summi Pontificis, & ejus expresso mandato in notitiam excellentiæ vestræ deducimus, quod nuper die Lunæ, tertio videlicet post ejus assumptionem ad Apostolatus officium spectabilis vir Dominus Comes Foresij & magister Rodulfus de Perellis Clericus vester, ipsius Domini nostri præsentiam adeuntes, pro parte vestrâ supplicaverunt eidem instantius, quod in aliquo loco regni Franciæ celebrare vellet coronationis suæ solemnia, diemque ipsi coronationi profigere, in quâ possetis juxtà conceptum indè per vos desiderium interesse, arbitrantes ad id dies quindecim, ex tunc computandos adventum vestrum posse sufficere, illosque concedi petentes, cùm infra illos se credere dicerent non posse venire pro certo ; & de supplicatione hujusmodi vestro nomine facienda, cuicumque in Pontificem Romanum assumpto : ac à vobis idem Clericus asserebat speciale suscepisse mandatum. Præfatus autem Dominus noster vobis in his, & aliis procul dubio cupiens complacere, ac assistentiam vestram eidem coronationi gerens placidam atque gratam, licet breviorem diem ipsi coronationi anteà præfixisset, eam tamen ad illorum instantiam usque ad dictos dies quindecim petitos, ut præmittitur, prorogavit. Et deinde veniente viro Magnifico, Domino Delphino Viennæ, & pro ulteriori prorogatione solemniter instante, Dominus ipse noster ad complacendum vobis uberiùs, & ut si fieri posset vestram posset habere præsentiam per alios octo dies coronationem prorogavit eamdem. Novissimè verò venerabili viro Domino P. de Capis Rhemensi Canonico, Clerico vestro, adhuc instante pro prorogatione majori idem Dominus noster de fratrum suorum consilio, & habitâ deliberatione super hoc cum eisdem, respondit illi, quod quantumcumque vestris complacere vellet affectibus, quantumcumque etiam vestra cuperet lætificari præsentiâ, absque tamen scandalo plurium dominorum Cardinalium, qui apud Avinionem ubi erat ex indictione publicâ in proximis Kalendis octobris audientia Romanæ curiæ resumenda, rerum suarum præmisserant partem non modicam, sine quibus amplius nequibant commodè remanere Lugduni ; & multorum etiam Prælatorum, Magnatum quoque & nobilium in curiâ ipsâ sistentium, & avidè coronationem expectantium ante dictam ; & insuper absque totius reipublicæ gravi dispendio coronationem ipsam non poterat ulterius prorogare, quoniam ante illam ardua sibi incumbunt negotia expediri, nuncij qui ad partes varias sunt mittendi, interim destinari non poterant ; cùm nec antè uti Bulla consueverint Romani Pontifices, & jam instabat tempus audientiæ, ut præfertur, apud Avinionem indictæ, quod absque damno intolerabili mutari, vel differri non posset, vestrum etiam poterat in ipsius coronationis expeditione festinâ interesse versari, quia si pro Flandriæ, vel aliis vestris, & regni negotiis Dominum ipsum nostrum interim scribere oporteret, id non posset antè coronationem hujusmodi facere, cùm antè ex more bullâ, ut prædicitur non possit uti.

Propter quod, cum ipse sciat, vos virum esse virtutis, bonitatis expertæ, conscientiæque sinceræ, ut nullatenus velitis cum tanto dispendio, tantoque scandalo aliquid in hoc agi, supponit idem Dominus noster indubiè, quod prudentiæ vestræ mansuetudo molestè non feret, si requisitionem dicti canonici ad exauditionis admitti, præmissa consideratione attenta, non sinit. Ipse quoque laudabilem vestrum veniendi contemplans affectum, vos nedum à veniendo habet, & ut condecet, excusatum; quin etiam perindè reputat, & gratiarum prosequitur actione, ac si personaliter interessetis coronationi prædictæ. Hæc scribimus vobis, quia Dominus noster antè sua coronationis solemnia non posset juxtà morem Ecclesiæ Romanæ laudabilem, vobis vel alij quidquam aliquid scribere, cum nec antea Bulla integra possit uti; *Datum Lugduni IV. Kal. Septembris.*

Bulle du Pape Jean XXII.

Joannes Episcopus servus servorum Dei Charissimo in Christo filio Roberto Regi Siciliæ illustri, salutem & Apostolicam benedictionem.

Mira & inscrutabilis providentia Dei summi, firmam retinens in sua dispositione censuram circà sacrosanctam Ecclesiam Catholicam, quam sibi charitatis ineffabilis dulcedine copulavit, ità suæ benignitatis affectum & protectionis auxilium gratiosè continuat, quod ubi ex insurgentis fremitu tempestatis submergi crederetur, paratur eidem ex commotione tranquillitas, & in auram mitescentibus procellosi turbinis fluctibus, ab instantibus periculis prorsùs servatur immunis. Hoc quippe multifariè multisque modis ipsa magistra rerum experientia olim edocuit, & novissimè diebus istis id ipsum evidenter ostendit. Dum ipse pius Pater & misericors Dominus Ecclesiam ipsam, inter longæ ac periculosæ nimis viduitatis angustias fluctuantem de suo habitaculo præparato oculo benigno respexit. Dudum siquidem, sicut tuam credimus notitiam non latere, sanctæ recordationis Clemente Papa V. prædecessore nostro de præsentis vitæ mœroribus ad cœlestem patriam evocato, nos & fratres nostri ejusdem Ecclesiæ Cardinales, de quorum numero tunc eramus, cupientes eidem Ecclesiæ de Pastore celeriter providere juxta constitutionem Apostolicam super hoc editam, nos inclusimus in Conclavi, quod in civitate Carpentoratensi, ubi tunc Romana curia residebat, ad hoc exstiterat præparatum. Domum vero electionis prædictæ negotio imperfecto, ex certis causis legitimis conclave prædictum egredi necessitate compulsi, nos ad diversa loca transtulimus, prout unicuique nostrum expediens visum fuit.

Cumque postmodum diffusi temporis spatio, sicut Domino placuit, interjecto ad civitatem Lugdunensem pro ejusdem electionis negotio concorditer venissemus, vias nostras illo dirigente, qui novit, & tandem die septima præteriti mensis Augusti in loco fratrum ordinis Prædicatorum Lugdunen. in qua residebamus insimul pro præfato electionis negotio, fuissemus in loco solito congregati; benignus sapientiæ spiritus, nesciens tarda molimina, tam prolixæ ipsius Ecclesiæ viduitati piè compatiens, cum eam nollet ulteriùs viduitatis incommodis subjacere, fratrum ipsorum corda sic adduxit ad spiritus unitatem, quod miro Dei, & nobis nimirum stupendo consilio ad imbecillitatem nostram oculos dirigentes; nos tunc Portuensem Episcopum ad suscipiendum onus, nobis & ex humano defectu importabile, curam videlicet universalis gregis dominici, concordaliter, nemine discrepante, in summum Pontificem elegerunt.

Nos autem difficultatem officij pastoralis, continui laboris angustias, & præexcellentiam dignitatis Apostolicæ infrà nostra præcordia recensentes, nostrarumque metientes virium parvitatem, timore ac tremore concussi vehementer hæsitavimus, nec indignâ. Quid enim tam timendum, tamque pavendum, quam fragili labor, indigno sublimitas, & dignitas non merentis? Verum ne post ejusdem vacationis tam diffusa, & dispendiosa tempora, obstinata contradictionis reluctatio profusioris dispendij occasionem induceret; nos quamquam de nostrâ, quam noster nobis animus obtestatur, insufficientia desperantes, humiles nostros ad montem illum convertimus oculos, unde nobis spe multa promittitur auxilium opportunum. Sicque de superabundantia illius omnipotentiæ concepta fiducia, cui cum voluerit subest posse, nec non de ipsorum fratrum nostrorum eminenti scientia, industria circumspecta, & experientia multa in agendis comprobata confisi, quorum sano consilio dirigi speramus, in dubiis, & fulciri suffragiis in adversis; in humilitatis spiritu consensum præbuimus electioni præfatæ, tantique oneris sarcinæ imbecilles exposuimus humeros, debiles misimus manus ad fortia, & colla nostra humiliter jugo submisimus Apostolicæ servitutis; suppliciter implorantes, ut ipse, qui per hujusmodi vocationem in maris mundi hujus altitudinem deduxit, non patiatur nos ab ipsius tempestate demergi: sed illam nobis suæ potentiæ dexteram porrigat, quæ Apostolorum Principem ambulantem, & hæsitantem in fluctibus, ne mergeretur erexit, & coapostolum ejus Paulum nocte ac die in profundo pelagi positum liberavit; viamque nobis, & tibi, cunctisque Catholicis principibus, ac cæteris Christianis, illis præsertim, qui ad hoc vivificæ crucis signaculum assumpserunt salubrem & paratam aperiat, 0 nostris et illorum cordibus pium infundat affectum, & infusum augeat & conservet, viresque opportunas sua dignatione tribuat ad parandum festinum efficax terræ sanctæ subsidium & ad recuperandum hæreditatis dominicæ præclaræ funiculum de infidelium manibus, ad quod utique desiderium habemus intensum. Et quia quod in hac parte nostris assequi meritis non valemus, multiplicatis intercessoribus nobis confidimus elargiri, tua & aliorum fidelium suffragia humiliter imploramus, & illos specialiter, qui sæcularis potestatis sollicitudinem in populo Domini susceperunt, ut in illo, prout, ad eos pertinet, nobiscum fideliter, & efficaciter collaborent, decrevimus exhortandos, & te præcipuè, ad cujus personam & domum, ut nosti geßimus ab olim, dùm nos minor status haberet, solidæ dilectionis affectum, quem utique non imminuit, sed auxit potius desuper impositus Apostolatus officium, & extulit in paternum. *Datum Lugduni non. septembris Pontificatus nostri anno I.*

TRACTA

TRACTATUS SEU COMPOSITIO

Per Dominum Archiepiscopum facta Dominis de Capitulo propter cessionem quam fecerat Capitulum ipsi Archiepiscopo de parte Iurisdictionis secularis quam contendebat Capitulum habere in civitate Lugduni.

J'AY trouvé dans la Bibliotheque du Roy, un manuscrit cotté 9872. qui est intitulé REGIS, & qui a appartenu à Messire Pompone de Bellievre Chancellier de France, comme il m'a paru par l'indication d'un autre manuscrit, qu'il disoit avoir été extrait de la main de son pere Messire Claude de Bellievre premier President du Parlement de Dauphiné. *Est mihi & alius liber*, dit-il, *per patrem meum, & suâ manu pro maximâ parte extractus à quodam vetere libro qui hodie non reperitur, super longâ contentione & acri guerrâ inter Capitulum Ecclesiæ majoris ex unâ, & Cives Lugduni ex alterâ*: J'ay été assez heureux pour trouver ce livre écrit de la main du pere de ce Chancelier, & c'est le traité *de Bellis & induciis*, que je donne cy-aprés.

Ce manuscrit de la Bibliotheque Royale est apostillé en plusieurs endroits de la main du Chancellier. Il a donné pour titre à ce recueil de divers actes. *Est hic maximè de Iurisdictione in civitate Lugduni, & de longâ contentione ac lite coram Rege super eâ inter Dominum Archiepiscopum, Dominos Decanum & Capitulum, atque Dominos Consiliarios & Syndicos Communitatis Lugduni.*

Au dessus du Traité de 1307. passé entre le Roy Philippe le Bel & l'Archevêque Pierre de Savoye pour l'acquisition du Domaine ou temporalité de la ville de Lyon, il a mis de quel endroit ces pieces ont été tirées en ces termes.

Messieurs du Chapitre de la grande Eglise de Lyon en l'an 1545. par vertu de lettres Royaux par eux obtenuës firent faire transcription & transumpt de ces Lettres à l'origine d'iceux & encore d'autres du même Roy Philippe.

En faisant laquelle transcription & collation, ajoûte-t-il au fueillet 7. *seroit comparu Maître Estienne Faye Vicaire du Reverendissime Cardinal de Ferrare Archevêque Comte de Lyon, qui nous auroit dit & remontré que lesdites lettres faisoient aussi au proufit dudit Seigneur Reverendissime Cardinal, requerant en être fait transcription & collation pour ledit Seigneur Reverendissime Cardinal, le Procureur du Roy, disant ne vouloir ce empêcher, en avons en sa presence fait faire transcription, extrait, copie & collation de mot à mot, & en aprés remis lesdites és Archives du Tresor dudit Seigneur Cardinal Archevêque dudit Lyon, pour luy valoir & servir en temps & lieu comme de raison.* On verra par ces declarations que j'insere parmi les preuves & les titres justificatifs de cette Histoire le soin que j'ay pris de rechercher tout ce qui pouvoit contribuer à établir la verité des faits que je rapporte, & les sources d'où j'ay tiré ces pieces, afin que ceux qui n'ont pas crû me devoir ouvrir leurs Archives, ne puissent m'accuser de n'avoir pas vû les originaux des Actes que je donne. Je dois aussi remarquer qu'au sujet des contestations qu'il y a eu entre l'Eglise & les gens du Roy, on a pretendu que les Philippines de l'an 1307. avoient été revoquées l'an 1312. & que l'Eglise ne pouvoit plus s'en servir pour établir la possession paisible de certaines prerogatives & privileges dont elle joüit ; je suis obligé pour rendre témoignage à la verité, de marquer icy que l'on peut voir dans le Registre que j'allegue de la Bibliotheque Royale cotté 9872. que ces deux titres sont deux actes distinguez, & que Monsieur le Chancellier de Bellievre a mis pour titre en l'un de ces actes au fueillet 28. *Compositio anni 1307.* & en l'autre au fueillet 4. *Privilegium concessum per Philippum Regem anno 1307. in sequelâ compositionis ejusdem anni.* Cependant comme j'ay remarqué, celuy qui a rapporté ces titres dans le Factum du Procés de l'an 1647. a voulu faire passer l'un de ces actes pour la continuation de l'autre, pour les envelopper aprés tous deux dans la revocation de la composition, qui est differente du privilege & un acte separé, quoy qu'expedié le même jour. J'ay aussi trouvé dans ce même manuscrit le Verbal que fit Estienne de Givry Conseiller au Parlement de Paris, nommé Commissaire par le Parlement & par Lettres du Roy, pour l'execution de l'Arrest rendu le 3. d'Avril l'an 1392. & qui fut depuis revoqué par autre Arrest rendu le Roy present l'an 1394. le 5. d'Octobre , comme je l'ay rapporté entre les preuves page 71. & suivantes mais comme je n'avois pû avoir alors le premier Arrest, ny son executoire que j'ay depuis recouvrez, je les donne icy se-

g

parez de cette autre piece, ce que j'ay été contraint de faire à l'égard de tous les autres titres que je n'ay peu donner par ordre des temps, comme j'aurois souhaité, mais il a fallu les donner tels que j'ay pû les avoir & recueillir avec beaucoup de peine, & de grands frais, ce qui peut-être pourra faire dire un jour de moy, ce qu'on a dit d'un Historien de Florence, que si je ne suis pas bon Historien, je ne suis pas du moins mauvais citoyen, puisque j'ay bien voulu donner mes soins & mon temps à ramasser ce qui peut servir à l'Histoire de ma Patrie, & ce qui servira peut-être un jour à quelque autre plus habile que moy, à donner une Histoire plus polie & mieux écrite, mais non pas plus exacte & plus fidele pour ce qui regarde la verité.

Compositio inter Archiepiscopum & Capitulum.

Nos Stephanus de Polliaco tenens Sigillum commune in baillivia Matisconensi constitutum pro Domino Franciæ & Navarræ Rege regnante. Norum sit omnibus tam præsentibus quàm futuris hoc præsens publicum instrumentum inspecturis, quod cùm ex compositione facta inter illustrem Principem Dominum Philippum inclitæ recordationis Franciæ & Navarræ Regem & Reverendum in Christo Patrem ac Dominum D. Petrum de Sabaudia, Primæ Lugdunensis Ecclesiæ Archiepiscopum & Comitem, & venerabiles viros Dominos Decanum & Capitulum Lugduni super traditione Jurisdictionis temporalis meri & mixti imperij civitatis Lugduni & præfatum Dominum Regem eidem Domino Archiepiscopo facta. Idem Dominus Archiepiscopus tenetur efficaciter obligatus eisdem Dominis Decano & Capitulo Lugdun. reddere & restituere recompensationem condignam tertiæ partis pro indiviso Jurisdictionis temporalis meri & mixti imperij Civitatis prædictæ olim spectantis ad dictos Dominos Decanum & Capitulum Lugdun. ut prædicti Domini Decanus & Capitulum asserebant: tandem deliberato tractatu inter prædictos Dominos Archiepiscopum Decanum & Capitulum facto & habito, observatisque omnibus quæ de jure in talibus requiruntur, & inspectis evidenti utilitate & necessitate præsente Ecclesiæ Lugdunensis & sedis, præfatus Dominus Archiepiscopus pro se & successoribus suis in Ecclesia Lugdunensi in recompensatione dictæ tertiæ partis jurisdictionis téporalis meri & mixti imperii & ex ea premutationem prædictorum dictis Decano & Capitulo olim competentem & posse competere, dat, reddit, tradit, deliberat & assignat eisdem Dominis Decano & Capitulo Lugdunensi quingentas libras Vienenses bonorum annuatim solvendas eisdem Decano & Capitulo per dictum Dominum Archiepiscopum & successores suos in dicta Ecclesia ad terminos infra scriptos videlicet medietatem dictarum quingentarum librarum Viennensium bonorum, ad festum Beati Michaëlis Archangeli & aliam medietatem ad Festum Paschæ inde subsequentis, super & de emolumentis & obventionibus curiæ sæcularis Lugdunen. & si forsan dictæ obventiones & emolumenta non sufficerent pro prædictis quingentis libris solvendis, in eo casu obligat & ipothecat dictus Dominus Archiepiscopus pro se & successoribus suis futuris in dicta Ecclesia emolumenta banni Augusti & omnes obventiones, redditus, & jura quæ percipit dictus Dominus Archiepiscopus in sua terra Lugdunen. quæ omnia emolumenta, obventiones & reditus specialiter & expressè dictus Dominus Archiepiscopus obligat & esse vult obligata pro se & suis successoribus in dicta Ecclesia pro prædictis quingentis libris Viennen. eisdem Decano & Capitulo solvendis ut supra, dans & concedens idem Dominus Archiepiscopus ex nunc prout ex tunc, & ex tunc prout ex nunc, omnibus suis receptoribus officialibus, levatoribus præsentibus & futuris expressum & speciale mandatum irrevocabile ut de dictis obventionibus, redditibus emolumentis & usagiis, dictis Decano & Capitulo satisfaciant integrè & perfectè usque ad summam prædictarum quingentarum librarum Viennen. subjiciens se dictus Dominus Archiepiscopus & successores in dicta Ecclesia Jurisdictioni & cohertioni Domini nostri Regis & Officialiorum suorum, nec non Officialiorum Lugduni, qui nunc sunt & qui erunt pro tempore. Itaque præsens cautio & litera seu instrumentum eamdem vim & authoritatem habeant ac si esset confessio in judicio facta & sententia quæ post decretum appellatione non suspensa in rem judicatam transivit, atque ad instantiam dictorum Dominorum Decani & Capituli Lugduni, non admissâ quacumque excusatione, exceptione, allegatione juris vel facti ex parte dicti Domini Archiepiscopi & successorum suorum oppositâ præsens cautio, sive literæ, seu instrumentum per prædictos Dominum Officialem & gentes, seu Officiarios Regios, vel alterum ipsorum, vel utrumque simul, vel divisim in obventionibus, emolumentis & redditibus executioni demandatur. Renuntians dictus Dominus Archiepiscopus pro se & successoribus suis in dicta Ecclesia Lugduni per pactum expressum, & solemnem stipulationem vallatam, exceptioni sine causâ, vel ex injusta causâ, doli, metus & in factum dictæ recompensationis & permutationis non factarum obligatione, libelli, copiæ præsentis instrumenti seu notæ, implorationi Officij judicis, omnique actioni, exceptioni & officiis, privilegiis & gratiis impetratis & impetrandis, per quæ vel qua posset dicta assignatio impediri vel infringi & omnibus juribus legibus, canonibus, consuetudinibus & statutis per quæ posset contra prædicta venire vel aliqua de prædictis. Quas quidem quingentas libras annuatim executioni prædictæ dare & solvere, & omnia & singula superscripta & infra promitit idem Dominus Archiepiscopus per stipulationem solemnem & in verbo & sub juramento prælati in præsentia Evangeliorum pro se & successoribus suis in dicta Ecclesia Lugdunensi, nobis Notariis & Juratis infra scriptis & stipulationibus & recipientibus vice & nomine & ad opus dictorum Dominorum Decani & Capituli, omnia & singula superscripta habere & tenere in perpetuum & inviolabiliter rata & firma, & ea attendere & complere & nunquam contra facere nec venire, per se vel per alium aliqua ratione vel causa, de jure vel de facto, sub expressa obligatione omnium prædictorum sed dictam assignationem dictarum quingentarum librarum Viennensium ex causa permutationis prædictæ factam defendere & garentire ab omnibus & contra omnes, prædictis Dominis Decano & Capitulo Lugdunen. & omnia dampna & interesse, quæ ipsi facerent, incurrerent, & sustinerent, eisdem defendere & restituere integrè &

de la Ville de Lyon.

perfectè actione prædicta & vice versâ dicti Domini Decanus & Capitulum ex causa dictæ permutationis seu recompensationis prout suprà, dant, quittant, tradunt vel quasi penitus & remittunt tertiam partem jurisdictionis temporalis meri & mixti Imperij civitatis Lugdunen. quam habebant & habere se dicebât, nihil penitus retinentes, sed omnia jura in eumdem Dominum Archiepiscopum & Comitem & successores suos transferendo, exceptis quæ continentur in quadam compositione nuper inter dictos D. Archiepiscopum & Comitem, Decanum & Capitulum factâ & sigillis ipsorum sigillata, cui per præsentem non intendunt in aliquo derogare, sed eam volunt semper in suo robore & firmitate permanere; cujus compositionis tenor talis est.

NOS Petrus de Sabaudia divinâ miseratione Primæ Lugdunensis Ecclesiæ Archiepiscopus, & Nos Stephanus de Balma Decanus, Ludovicus de Vassaliaco Sacrista Lugdun. Procuratores constituti à Capitulo Lugdunen. notum facimus universis, quod considerantes unitatem quæ invicem inter nos esse debet, ad hoc ut perpetuis futuris temporibus omnis occasio dissensionis tollatur, ac inter nos Archiepiscopum, Decanum, Capitulum, singulares Canonicos, homines & subditos nostros & successores firma pax & vera dilectio in perpetuum observetur, convenimus, ordinamus solemni stipulatione Nos Archiepiscopus & procuratores prædicti nomine procuratorio inter nos ad invicem pro nobis & successoribus nostris in perpetuum, & omnia & singula quæ inferiùs continentur. In primis nos Decanus & Sacrista procuratorio nomine concedimus & volumus & consentimus quod Dominus Philippus Dei gratiâ Francorum & Navarræ Rex illustris, totam partem jurisdictionis temporalis civitatis Lugduni, Forverii & sancti Sebastiani cum suis pertinentiis ad Capitulum Lugdun. pertinentem, & quam partem dictus Rex asserit per inclitæ recordationis D. Philippum Francorum Regem progenitorem suum à dicto Capitulo justo titulo acquisisse prout nunc seu antequam Rex prædictus ad manum suam dictam jurisdictionem Lugdunen. teneat, prout ad capitulum conjunctim vel divisim pertinebat, & pertinere poterat retroactis temporibus, quo modo transferat omninò idem Dominus Rex in nos, Dominum Archiepiscopum & nostros successores in perpetuum & in quantum possumus nomine procuratorio dictam partem jurisdictionis prout ad Capitulum pertinet seu unquam potuit pertinere, in dictum D. Archiepiscopum & prædictum Regem transferre voluimus, & ex nunc transferimus in quantum possumus pleno jure, pro certâ summâ pecuniæ Capitulo Lugduni prædicto dandâ, assignandâ in perpetuum, & dictam D. Archiepiscopum & ejus successores; & causâ recompensationis dictæ partis jurisdictionis translatæ ad dictam ordinationem duorum, communiter à nobis Archiepiscopo & Capitulo electorum, super emolumento curiæ sæcularis Lugdun. Quam pecuniæ summam nos Archiepiscopus ex causâ recompensationis jurisdictionis prædictæ ex nunc super emolumento dictæ curiæ sæcularis eisdem Decano & Sacristæ ad opus dicti Capituli recipientibus asserimus, promittentes bonâ fide, & in verbo Prælati, facere & procurare taxari dictam summam pecuniæ per dictos duos à nobis Archiepiscopo & Capitulo eligendos infrà mensem; postquam à dictis Decano & Sacristâ vel à procuratoribus Capituli fuerimus requisiti, & dictam summam prout taxabitur & declarabitur solvi facere dicto Capitulo aut ejus certo mandato per Cancellarium dictæ curiæ sæcularis qui pro tempore fuerit, medietatem videlicet in festo B. Michaëlis annis singulis, & aliam medietatem in festo Resurrectionis Domini subsequentis. Qui Cancellarius antequam Officium suum exercere valeat quicumque sit pro tempore, jurare tenebitur sub obligatione bonorum suorum omnium, dictam summam dictis terminis solvere integrè omnibus dilationibus, exceptionibus, occasionibus cessantibus & remotis, retento nobis Decano & Capitulo & successoribus nostris in perpetuum quod omnes cridæ seu proclamationes quæ fient in civitate Lugduni & pertinentiis ejusdem, fient & fieri debent perpetuò ex parte Archiepiscopi & Dominorum Ecclesiæ, retento etiam quod Correarius seu alius Rector Civitatis Lugduni quocumque nomine nuncupetur, Judex, Cancellarius seu sigillifer, servientes & alij Officiales Curiæ sæcularis quicumque instituti, seu instituendi per Dominum Archiepiscopum qui nunc est, vel qui pro tempore fuerit, antequam possint se intromittere de officio eis commisso, per se, vel per alium in quocumque loco, Archiepiscopus qui nunc est, vel pro tempore fuerit, eos, vel eorum quemlibet, instituet; jurabunt ipsi Archiepiscopo, vel ejus mandato, per quod eos in futurum contigerit constitui in Officiis dictæ curiæ sæcularis de Mandato Domini Archiepiscopi seu illius qui pro tempore fuerit, vocato Decano, qui pro tempore esset Lugduni, vel alio quem Capitulum ad hoc duceret eligendum, omnes & singuli quando & quoties constituentur in aliquibus Officiis & ubicumque constituentur: quod ipsi & eorum quilibet servabunt jura & libertates Ecclesiæ Lugdun. & incorporatorum in eâ, personas Caconicorum & servitorum Ecclesiæ, immunitates, Franchisias, jurisdictionem Claustri dictæ Ecclesiæ Lugdun. & pertinentiarum ipsius claustri, & quod non facient aliquid contrà conventiones habitas inter nos Archiepiscopum Decanum & Capitulum in præsenti compositione, nec etiam contrà conventiones contentas in compositione dudùm factâ inter Archiepiscopum qui pro tempore erat & Decanum & Capitulum ad invicem, Reverendos in Christo Patres Dominos G. de Parma, & B. Sacrosanctæ Romanæ Ecclesiæ Cardinales inquantum per dictam compositionem Cardinalium astringi possumus & debemus, & dictas compositiones & omnia & singula in ipsis contenta bonâ fide per dictum suum juramentum durantibus suis officiis & in quantum detrahitur per dictæ jurisdictionis translationem & compensationem præsentem. Hoc acto quod si Decanus qui esset pro tempore, vocatus ad videndum prædicta juramenta nollet venire, vel Capitulum requisitum mittere negligeret, nihilominus nos Archiepiscopus, aut ille qui pro tempore fuerit in futurum, aut quicumque essent à nobis seu successoribus nostris, aliquibus ex ipsis ad committenda officia seu aliquos officiales majores vel minores in officiis instituendum specialiter deputatus unus vel plures instituentur omnes & singuli ad hoc deputati prædicta juramenta recipere & præstari facere ut superiùs declaratur. Nos autem Archiepiscopus prædictus ad majorem roboris firmitatem prædictam reddam, & juramentorum præstationem dictis Decano & Capitulo pro nobis & successoribus nostris in perpetuum damus & concedimus & pro parte recompensationis quam eis tenemur facere unà cum summâ supradictâ per dictos duos ut præmittitur taxandâ, pro suâ jurisdictionis Lugdun. parte per Regem in nos & per ipsos ut præmittitur transportatæ. Item hoc acto per retentionem & concessionem prædictorum Cridæ & Juramentorum nihil ultrà juris, jurisdictionis vel exercitij possit nobis Decano & Capitulo & successoribus nostris acquiri in futurum. Item convenimus inter nos ad invicem quod nos Archiepiscopus & successores nostri tenemur in perpetuum Decanum, Capitulum, Canonicos incorporatos Ecclesiæ juvare toto posse nostro & defensare in suis personis, rebus & juribus, nostris propriis sumptibus & expensis, & vice versâ Decanus & Capitulum, singulares canonici, & incorporati Ecclesiæ tenebuntur, ad idem juramentum & juvare & defendere nos Archiepiscopum & successores nostros toto posse suo in persona nostra, rebus & juribus nostris suis propriis sumptibus & expensis contra omnes invasores, aut vim vel violentiam facientes uni seu alteri nostrum, summo Pontifice, Ecclesia Romana, & Rege Francorum exceptis: tenebimur etiam nos Archiepiscopus, per juramentum nostrum & quilibet successorum nostrorum qui pro tempore fuerit Archiepiscopus libertates, Privilegia, Franchisias, jurisdictiones & immunitates claustri Lugduni, Canonicorum, incorporatorum, familiarium & servitorum Ecclesiæ inviolabiliter observare & à nostris familiaribus & subditis toto posse nostro facere observari. Et nos Decanus Capitulum, & Canonici vice versâ jura, privilegia, libertates, & immunitates Archiepiscopi qui nunc est vel pro tempore fuerit, & Sedis Archiepiscopalis in quantum Sedem tangit & Archiepiscopum in quantum potest pertinere, tenebimur per juramentum inviolabiliter observare. Convenimus etiam & ordinamus quod nullus nostrum, videlicet Archiepiscopus, Decanus & Capitulum, Correarii, Ballivi & alii officiales quicumque in Civitate vel extrâ constituti possint deinceps pignorare terram alterius, nec pignorando capere homines, animalia, seu bona alia quæcumque sint alterius nostrûm in aliquo casu, nec guerram facere poterimus inter nos hinc & inde & ad hoc quod omnis occasio guerræ, dissensionis, litis, pignorationis aut deprædationis inter nos hinc & inde cesset omnino, quoties casus convenire in futurum qualitercumque contingat, quod absit, ex quo vel ex quibus dissensio, guerra, deprædatio seu pignoratio vel violentia sequi posset, debebit totum sedari & pacificari in defectu Ballivorum, Castellanorum in quorum Castellania casus contingat evenire, & in defectu officialium qui erunt Lugduni, si casus ibidem eveniret per duos probos viros Canonicos, seu alios qui in perpetuum debebunt eligi communes judices à nobis Archiepiscopo, vel eo qui pro tempore fuerit Archiepiscopus, seu alio ab ipso habente speciale mandatum & à Decano & Capitulo annis singulis in crastinum nativitatis Beati Joannis Baptistæ in Capitulo Lugdun. juxtà formam compositionis factæ per prædictos Cardinales cum plena & omnimodâ potestate sedandi omnia & singula ut suprà. Qui jurare tenebuntur quod infrà unum mensem post defectum prædictorum vel aliquorum ex eis ad quos factum pertinebit, vel postquam fuerint requisiti ab alterâ partium, vel procuratorum alterius, ei judicabunt & pacificabunt omnia & singula de quibus dissensio fuerit inter nos partes prædictas, conservando, declarando & adjudicando jus suum unicuique nostrum de plano sine figura & strepitu judicii, æquiuè & utilius quoad omnes quantum pertinere poterunt justitia mediante. Item nec ad guerras, vel pignorationes, seu violentias faciendas non juvare de terra nostra Archiepiscopali, civitate Lugduni, castris vel aliis locis nostris quibuscumque contra dictos Decanum & Capitulum, terras, loca, & bona ipsorum & jura, nec ipse Decanus vicissim seu Capitulum contra nos, terras, loca, & bona nostra de terra ipsorum, villis, castris & locis quibuscumque poterunt guerram facere, nec etiam se juvare ad guerram seu pignorationes, vel violentias faciendas Judicibus per nos electis, ut suprà continetur, non existentibus in defectu. Et ut omnia & singula supradicta commodius valeant observari, ordinamus, quod omnes Castellani, Officiales quicumque majores & minores extrà civitatem constituti per nos Archiepiscopum & successores nostros qui pro tempore fuerint, vel eorum mandatum in castris, villis, & aliis locis nostris, Archiepiscopo & successoribus ejus præsentem procurationem Capituli jurare teneantur antequam suum Officium possint exercere & quilibet ipsorum per se observare cum effectu libertates, privilegia, franchisias, personas & bona Canonicorum & incorporatorum in Ecclesia Lugdun. immò & jurisdictiones ipsorum, specialiter immunitatem & jurisdictionem Claustri, & omnia alia jura Decani & Capituli ubicumque sint, & quod non infringent nec in aliquo usurpabunt prædicta jura ipsius Capituli, Canonicorum, incorporatorum; nec impedient eos uti pedagiis suis ubique per terram & aquas, Laodiis, Censibus, jure quod ad ipsos pertinet conjunctim vel divisim, præsertim in banno mensis Augusti & aliis juribus & usagiis suis ad ipsos Decanum & Capitulum conjunctim vel divisim partibus in quibuscumque sint, & quorumcumque nomine censeantur ab antiquo, nisi in quantum per præsentem compositionem, & jurisdictionis prædictæ translationem detrahitur, vel alias per nos Archiepiscopum & successores nostros Decanum & Capitulum communi consensu ordinaretur prout eis videretur melius expedire. Ballivi verò, Castellani majores & minores Officiales Decani & Capituli & Canonicorum quicumque in posterum instituentur antequam sua Officia valeant exercere, vocato procuratore nostro Archiepiscopi, & illius qui pro tempore esset Archiepiscopus, & in præsentia ipsius tenebuntur, videlicet per se quilibet præstare simile juramentum super juribus nostris conservandis, vel non impediendum, nec usurpandum ut superius declaratur, & si contrà præmissa vel aliqua de præmissis in aliquo delinquerent, hinc & inde prædicta omnia & singula ac ea quæ in præsenti compositione continentur fideliter non servarent, promittimus ipsos & eorum quemlibet delinquentem privatione Officii vel alia pœna graviori, quæ legitimè juxtà qualitatem delicti posset infligi.

Præterea convenimus inter nos, & nos Archiepiscopus volumus & consentimus pro nobis & successoribus nostris in perpetuum, quod Decanus & Capitulum Lugdun. gentes & familiares ipsorum possint se tornare & se receptare de guerra quæ esset facta vel ordinata de consensu Decani & Capituli vel majoris partis contra omnes in Civitate Lugdun. ita tamen quod non esset contra summum Pontificem, seu Romanam Ecclesiam aut Regem Francorum, aut contrà nos & terram nostram, & ibidem communi consensu vel majoris partis modo prædicto per se vel per alium transire Cavalcatas suas cum armis & sine armis intrare & exire de die & de nocte per terram vel per aquam & ab ipsis pagatos vel eorum mandato pro quibuscumque maleficiis per dictam Civitatem ducere ad castra sua, omni impedimento cessante, ad hæc omnia & singula observanda in perpetuum tenebimur, tàm nos Archiepiscopus quàm primùm fuerimus requisiti, quam successores nostri in suâ novitate & in suo ingressu in Ecclesiâ Lugdun. Decanus & Capitulum, Canonici qui nunc sunt quam primùm per nos vel per alium super hoc habentem potestatem & mandatum fuerint requisiti, & futuri in sua creatione jurare tenebuntur in Capitulo Lugdun. tenere & attendere prædicta omnia & singula & facere attendi cum effectu, maximè compositionem præsentem per quam nos intendimus detrahere aliis compositionibus, ordinationibus, statutis & consuetudinibus, Nos Archiepiscopus, Decanus & Capitulum, & singulares Canonici maximè ordinationi & compositioni dictorum Cardinalium quam ad observationem omnium de præsentis compositionis teneamur observare in perpetuum in quantum quemlibet nostrum tangit & tangere potest & de jure sumus astricti, nisi in quantum per præsentem compositionem, & dictæ partis jurisdictionis translationem Archiepiscopo, reperietur detractum, seu alio modo exceptum volentes, quod super omnibus & singulis præmissis efficiatur instrumentum publicum sub sigillis nostris & Capituli Lugdun. & aliis authenticis si necesse fuerit cum cautelis & renuntiationibus juris, unum vel plura fortius & molius quod dictari poterit etiam quibusvis clausulis additis non mutata substantia ad fortificandum omnia & singula supradicta præsentibus literis, & omnibus & singulis in eis contentis nihilominus pro nobis & successoribus nostris in perpetuum valituris: quos successores nos hinc indè ad hæc observanda specialiter obligamus. In quorum testimonium nos Archiepiscopus, Decanus, & Sacrista nomine Procuratorio sigilla nostra præsentibus literis duximus apponenda, promittentes dicti Capitulum per stipulationem solennem & in verbo veritatis pro se & successoribus suis in dicta Ecclesia Lugdun. nobis Notariis infrà scriptis stipulantibus, recipientibus vice & nomine & ad opus dicti Domini Archiepiscopi & successorum suorum, omnia & singula suprà & infrà scripta rata & grata habere & tenere in perpetuum, & inviolabiliter observare & tenere & observari facere, & contra prædicta nunquam per se vel per alium facere nec venire per se vel per alium aliqua ratione vel causa, de jure, vel de facto sub speciali & expressa obligatione omnium bonorum suorum quorumcumque, renuntiantes in hoc facto ex certâ scientia præfatum Capitulum per pactum expressum & solemnem stipulationem vallatam exceptione sine causa vel injusta, doli, metus & in factum dictæ recompensationis & permutationis non factarum, obligationi libelli, copiæ præsentis instrumenti, seu notæ implorationi Officij judicis, omniuque actioni, exceptioni, privilegiis & gratiis impetratis & impetrandis per quæ vel quas possent prædicta omnia & singula impediri, & omnibus juribus, canonibus, consuetudinibus & statutis per quæ posset venire contra prædicta vel aliqua de prædictis. Actum quantum ad dictos Dominos de Capitulo, præsentibus Dominis Guillermo de Bellijoco. Præcentere, Joanne de Siuriaco Sacrista, Philippo de Laya, Guillermo de Sarravalle, Hugone de Marziaco, Gaufrido de Balma, Petro de Sancto Symphoriano, Percevalio de Palude, Guillermo de Thelis, Ludovico de Sancto Laurentio & Guichardo de Albon Canonicis Lugdun. in Capitulo Lugdun. propter prædicta omnia & singula ad sonum campanæ ut moris est congregatis & testibus Dominis Joanne Bertrandi milite Correario Lugdun. Hugone de Rignaco Canonico Sancti Justi Lugdun. Domino Petro Garda presbytero & pluribus aliis fide dignis ad hæc vocatis specialiter & rogatis. Et actum quantum ad dictum Archiepiscopum in camera ipsius Archiepiscopi & Comitis in domo de Chaponay quam inhabitat dictus Dominus Archiepiscopus, præsentibus Domino Guillermo de Burgo Canonino Matisconensi Officiali Lugdun. Magistris Hugone Sapientis, Girardo de Sisuraco Sacrista Beati Thomæ de Forverio Lugdun. testibus ad præmissa vocatis. Et datum die secunda Maij videlicet die Dominicâ post Festum Apostolorum Philippi & Jacobi anno Domini millesimo C C C. vicesimo secundo.

In cujus rei testimonium nos Stephanus de Poissiaco tenens sigillum prædictum ad preces & requisitionem prædictorum Dominorum, Archiepiscopi & Capituli nobis pro eis oblatos per dictos Notarios & juratos nostros infrà scriptos quibus fidem super his & aliis plenariam adhibemus, sigillum prædictum unà cum sigillis dictorum Dominorum Archiepiscopi & Capituli præsentibus literis seu publico instrumento duximus apponendum ad majorem firmitatem habendam omnium præmissorum. Nos autem Archiepiscopus & Comes, ac Capitulum Lugdun. supradicti confitentes & asserentes omnia universa & singula superscripta esse vera ut superius sunt expressa & ea attendere, complere, & observare in perpetuum & inviolabiliter bonâ fide in præsentiâ Evangeliorum, & contra non venire pro nobis & successoribus nostris in dicta Ecclesia promittentes, sigilla nostra unà cum sigillo communi Bailliviæ supradictæ, & signis ac subscriptionibus Notariorum infrà scriptorum, præsentibus literis seu publico instrumento duximus apponenda. Et ego Stephanus Poysat Clericus Lugdun. authoritate Apostolica, imperiali & regia publicus Notarius præmissis unà cum Girardo de Villanova authoritate Imperiali & regia publico Notario interfui præsenti instrumento, manu propria subscripsi & signum meum unà cum sigillis dictæ Bailliviæ, Dominorum Archiepiscopi & Capituli prædictorum, & signo dicti Notarij apposui. Actum & datum anno & die ac præsentibus quibus suprà.

Et ego Girardus de Villanova Clericus authoritate Imperiali & Regni publicus Notarius præmissa unà cum Stephano Poysat authoritate Apostolica, Imperiali & Regia publico Notario interfui, præsentique publico instrumento manu propria subscripsi, & signum meum una cum sigillis Dominorum Archiepiscopi & Capituli prædictorum, & signo dicti Notarij apposui, ab eisdem Dominis Archiepiscopo & Capitulo requisitus. Actum & datum anno & die ac præsentibus quibus suprà.

Declaration de Philippe le Bel. 1304.

Philippus Dei gratia Francorum Rex notum facimus universis tam præsentibus quam futuris quod pro proloquutam liberalitatem nobis faciendam ex parte dilecti & fidelis nostri Archiepiscopi Lugdun. suo & personarum Ecclesiasticarum Civitatis & Diœcesis Lugdunen. nomine pro præsentis exercitus nostri Flandriæ subsidio ad defensionem Regni nostri, gratam & acceptam habentes gratiosius tenore præsentium ipsis duximus concedendum. Primo quod nos in instanti festo omnium Sanctorum faciemus cudi & fabricare monetas legis & ponderis quorum erant illæ quæ tempore Beati Ludovici quondam Regis Franciæ Avi nostri currebant, & inter dictum festum & subsequens festum Resurrectionis Dominicæ faciemus paulatim cursum minui monetarum quæ in Monetariis nostris cuduntur ad præsens prout consulcius fuerit faciendum. Itaque in dicto festo Resurrectionis Domini, vel circà, prædictis novis monetis habere faciemus, cursum suum. Item quod omnia conquesta ab ipsis suarum Ecclesiarum nomine à tempore retroacto facta usque ad tempus concessionis hujusmodi in feodis & retrofeodis nostris aut subditorum nostrorum in quantùm ad nos spectat tenere possint perpetuò absque coactione vendendi vel extrà manum ponendi aut financias præstandi nobis vel eisdem. Item quod similiter possessiones quas pro Ecclesiis & Cemeteriis Ecclesiarum Parrochialium fundandis de novo vel ampliandis intrà vel extrà villam, non ad superfluitatem sed ad convenientem utilitatem acquiri contingat, vel jam sunt acquisitæ, de cætero apud Ecclesias perpetuò remaneant absque coactione vendendi, vel extrà manum ponendi aut præstandi nobis financias pro eisdem, & quod possessiones hujusmodi possessores ad eas pro justo pretio dimittendas possint mediante justitia coarctari. Item quod bona mobilia Ecclesiasticarum personarum vel Clericorum Clericaliter viventium non capientur vel justiciabuntur in aliquo casu per justiciarios sæcularem: item quod adnotationes & recognitiones novæ quæ ab Ecclesiarum subditis fiunt nullatenus admittantur & factas de novo faciemus penitus revocari. Item quod prætextu Gardiæ antiquæ in personis Ecclesiasticis non impedietur Ecclesiastica vel temporalis jurisdictio Prælatorum. Item quod Baillivi & alij Officiales nostri teneantur jurare quod mandata sibi facta & facienda per literas nostras pro Ecclesiis & personis Ecclesiasticis absque difficultate fideliter exequentur. Item quod non impedientur neque inquietabuntur Ecclesiæ super possessionibus suis, redditibus emptis & emendis in feodis retrofeodis aut censivis suis in quibus omnimodam altam & bassam habent justitiam, quin possessiones & redditus taliter acquisitos perpetuò tenere valeant absque coactione vendendi vel extrà manum ponendi aut nobis præstandi financias pro eisdem. Item quod tollantur gravamina eis per gentes nostras illata, ac nostra jam concessa statuta serventur & ea Baillivi nostri jurare tenebuntur se firmiter servaturos. Item quod si decimam vel aliud onus ad opus nostrum per Romanam Ecclesiam prælatis & aliis personis Ecclesiasticis durantibus . . . . solutionem decimarum nobis concessarum vel concedendarum ab eisdem ut præmittitur imponi contingat vel jam impositum existat decimarum ipsarum & decimæ seu alterius oneris per prædictam Romanam Ecclesiam concedendi vel concessi solutioni cæterùm non concurrant, similiter nec ipsi qui nobis deberent exercitum tenebuntur ad exercitum vel mittendum seu se redimendum pro exercitu præsenti. Item quod non est intentionis nostræ nec volumus quod prætextu exactionum quarumvis in terris dictorum prælatorum ex parte nostra pro necessitate guerrarum factarum à personis subditis vel justiciabilibus sibi de consuetudine vel de jure eis vel Ecclesiis aut personis aliquod generetur præjudicium vel novum jus nobis propter hoc acquiratur, sed in eisdem libertatibus & franchisiis in quibus ante guerras inceptas erant legitimè perseverent. Item quod ad opus Garnisionum nostrarum, bona eorum vel subditorum suorum eis invitis nullatenus capiantur. Item quod impedimenta & gravamina quæ in feodis Prælatorum prædictorum ponuntur amoveri debitè faciemus. Item quod nihil occasione subventionis noviter nobis concessæ levabitur ab hominibus Ecclesiarum de corpore seu manu mortua de alto & basso ad voluntatem tailliabilibus, & si aliquid ab eis hoc anno pro subventione exercitus præsentis levatum sit vel levari contingat, id Ecclesiis hujusmodi de præstando ab eis subsidio deducetur. Item quod subsidium illud juxta ipsius concessionis tenorem per prædictos Prælatos sua auctoritate ipsorum levabitur nobis seu gentibus nostris, ad hoc deputatis instantiùs quam citiùs assignandis, & insuper quod pro gravaminibus ipsi aut Ecclesiæ vel personis Ecclesiasticis illatis corrigendis de quibus liquebit, auditores non suspectos eisdem cum requisiti fuerimus, concedemus, quâ vice nostra celeris complementum justitiæ super hoc promptè & fideliter exhibebunt. In cujus rei testimonium præsentibus literis nostris facimus apponi sigillum. Actum Parisiis die quindecima mensis junij anno Domini millesimo trecentesimo quarto.

Louis Hutin confirme les privileges accordez par le Roy Philippe le Bel son Pere & son Predecesseur. 1315.

Ludovicus Dei gratiâ Francorum & Navarræ Rex. Notum facimus universis præsentibus & futuris quod nos omnipotenti Deo qui est Rex Regum & Dominus dominantium, per quem Reges regnant & legum conditores justa decernunt, adinstar almi confessoris Beati Ludovici Proavi nostri, & inclitæ recordationis karissimi Domini Philippi progenitoris nostri & aliorum Christianissimorum principum prædecessorum nostrorum Regum quondam Franciæ & Navarræ, devotè famulari, regulasque Christianæ & Orthodoxæ fidei custodire ac ex ipsius fidei cultu & ampliatione gaudere & gloriari cupientes, Ecclesias, monasteria & alia pia loca ad honorem divini nominis intrà regni nostri gubernacula dedicata, nec non & ministros ipsius fidei & Ecclesiæ cujus sumus filii & pugiles sub protectione nostræ celsitudinis regiæ ut per terrenum nostrum regnum cæleste proficiat, & pax & tranquillitas sine quibus pacis autor nequit excoli, serventur uberius, pro se volumus conserveri, prænoscentes magis Sanctorum meritis, eorumdemque devotorumque Ecclesiæ ministrorum orationibus quàm armorum exercitiis publicisque officiis & laboribus corporis, in sudore prædictorum regnorum nostrorum republicâ contineri. Ea propter, nec non & in considerationem debitam deducentes pium, fidelem, promptumque dilectionis affectum quem per exhibitionem operis ac spiritualis & decimalis subventionis ad nos & coronæ nostræ tuitionem, dilectos & fideles nostros Archiepiscopum Lugdun. & ejus Suffraganeos, Abbates; Capitula, conventus cæterasque personas Ecclesiasticas sæculares & regulares Provinciæ Lugduni habere comperimus, ipsis ac Ecclesiis, monasteriisque & successoribus eorumdem statuta ipsius Beati Ludovici proavi nostri, nec non ordinationes ejusdem Domini genitoris nostri, quæ sic incipiunt. Nos Philippus Dei gratiâ Francorum Rex pro reformatione regni nostri & quinque alias literas, quarum una sic incipit. *Decens reputamus & congruum* & alia *Regi Regum* & alia *notum facimus univers.* tam præsentibus quam futuris, quod nos *prolocutâ* & alia *Quia Flamingos* & alia *Oblatam* &c.ac omnes literas & gratias alias à dicto Domino genitore nostro aut aliis prædecessoribus nostris eisdem communiter vel divisim concessas, omnesque libertates eorum, immunitates, privilegia, antiquasque & approbatas consuetudines approbamus, ratificamus, renovamus & autoritate regiâ ex certâ scientiâ tenore præsentium confirmamus. Eisque alias libertates & gratias per literas nostras quæ sic incipiunt. *Subditorum nostrorum tranquillitati, Communitatibus & universitatibus Civitatum, Castrorum & villarum linguæ Occitanæ.* Nec non alias libertates religiosis & *Nobilibus Comitatûs Foresii* pridem concessas quæ sic incipiunt: *Subditorum nostrorum tranquillitati, indempnitati & quieti providere* &c. & certa de novo prout ad eos contenta in ipsis literis ipsis de Foresio & lingua Occitana à nobis pro prædicitur concessis, pertinent vel poterunt pertinere, conedimus, atque super his literas nostras sub sigillo nostro tenores dictorum statutorum, ordinationum, & literarum ac gratiarum de verbo ad verbum ex integro continentes, ipsis liberaliter tradi præcipimus & mandamus, revocantes ex nunc nihilominus ea omnia quæ contra libertates ac literas & statuta præcedentia per quoscumque officialium nostrorum aut quarumcumque aliarum personarum fuerint quomodolibet indebitè attemptata. Volumus & ordinamus quod Seneschalli, Bailliviique nostri tactis Sacrosanctis Dei Evangeliis jurent de novo & jurare teneantur de cætero in principio regiminis eorumdem in assisiis eorum & sub pœna amissionis officij sui vocato loci Diœcesano, se servaturos, adimpleturos & etiam executuros omnia & singula contenta in dictis statutis literisque prædictis per nos concessis ac renovatis, ac in ordinatione nostra præsenti bona fide, sine fraude & dolo & contra non venire fraudulenter vel dolosè per se vel per alium quoquo modo & indebitè attemptata contra statuta & ipsa, libertates & literas prædictas prout de illis constiterit breviter & sine difficultate qualibet revocare. Mandamus etiam quod illi qui in pluribus Diœcesibus præsidebunt per viam ressorti vel aliàs, vocato loci Diœcesano in prima assisia cujuslibet Diœcesis juramentum prædictum facere teneantur. Ordinamus insuper quod inferiores officiales nostri hoc idem juramentum in manu superiorum in primis assisiis ut est dictum præstare teneantur & si forsan Diœcesis dictorum prælatorum fuerit in qua aliquæ non teneantur per nostras gentes assisiæ, volumus & etiam præcipimus quod Seneschallus seu Ballivus qui in dicta Diœcesi præsiderit per viam ressorti vel alias, vocato dictæ Diœcesis prælato in suis primis assisiis quas tum alibi in loco tamen proximiori dictæ Diœcesis tenere contigerit, dictum præstet juramentum & in suis judicibus, officialibus & ministris inferioribus regis recipiat prout superius est expressum. Volumus tamen quod singuli officiales nostri prædicti pro toto tempore sui regiminis semel tantum in singulis Diœcesibus præstare hujusmodi juramentum teneantur. Et si forsan aliquis dictorum officialium sufficienter requisitus juramentum prædictum præstare noluerit, volumus sic ipsum puniri, quod per exemplum pœnæ ipsius, cæteri ad jurandum & obediendum arceantur, nec salaria seu stipendia nostra percipiat donec prædictum præstiterit juramentum. Ordinamus etiam quod si aliqui dictorum officialium indebitè attemptata contra libertates, ordinationes, literas & statuta prædicta, cum de ipsis legitimè constiterit non revocaverint vel plus debito malitiosè revocare distulerint, sufficienter tamen super hoc requisiti, expensas & damna prosequentibus restituere teneantur justitia mediante. Item ordinamus quod omnes Justitiarij nostri Ecclesiæ auxilium brachij sæcularis præstent, ubi viderint Ecclesiam pro sua jurisdictione Ecclesiastica indigere. Volumus etiam & ordinamus quod Clerici non conjugati, dùm tamen publicè mercatores non fuerint, quantum ad nos spectat ad contribuendum in Tailliis Laïcorum extraordinariis, vel super inductis, salvo tamen jure cujuslibet alterius nullatenus teneantur: quodque officiales nostri quantùm ad nos pertinet ipsos ad hoc non compellant seu qualitercumque compelli permittant. Volumus insuper quod Prælati ipsi quibus jus cudendi monetam competit non impediantur per dictas gentes officialium nostrorum quin eam cudi facere possint, cum voluerint & sibi viderint expedire, dùm tamen eam cudi faciant de formâ, pondere & lege debitis & antiquis consuetis prout in registris antiquis Beati Ludovici reperitur in camera computorum nostrorum, nisi sint aliqui quibus amplius competat de privilegio vel indulto aliquo speciali. Et si forsan super dicto jure cudendi quæstio vel dubium oriatur, cognitionem & decisionem .... penes nos reservamus. Item inhibemus districtè omnibus Se-

neschallis, Ballivis, Præpositis & aliis Officialibus ac Ministris, & universis ac singulis justitialibus & districtibus nostris quod dictos Prælatos, personas Ecclesiasticas, jurisdictionem Ecclesiasticam non impediant nec perturbent directè vel indirectè quo minus contra quascumque personas Ecclesiasticas vel sæculares cognoscant liberè de crimine usurarum, & quin dictarum usurarum restitutionem fieri faciant & prædictos usurarios puniant, prout de jure vel antiqua & approbata consuetudine pertinet ad eosdem, & quo minus ad forum Ecclesiasticum contra quoscumque & per quoscumque Laïcos & alios recurratur, & per dictos Prælatos & curias Ecclesiasticas cognoscatur de omnibus & singulis casibus ad eos pertinentibus de antiqua & approbata consuetudine vel de jure hoc servare volentes: non obstantibus quibuscumque proclamationibus, bannis, prohibitionibus, edictis, statutis, ordinationibus, pœnis, & colligationibus quibuscumque, nec non & literis, quæ fortè à curia nostra in contrarium emanassent. Quæ omnia cassamus & irritamus cassa & irrita esse declaramus quantum ad omnia & in omnibus & in quibus sunt vel esse possunt juri, Ecclesiasticæ libertati, ordinationibus prædecessorum nostrorum seu antiquæ & approbatæ consuetudini contraria, prohibentes consimilia in posterum attemptari, & mandantes eos qui contra hoc aliquid attemptaverint puniri. Nolentes quod propter dicta attentata foro Ecclesiastico & Ecclesiasticæ libertati dictisque suis prælatis & personis Ecclesiasticis ac curiis eorumdem aliquod prorsùs præjudicium generetur in his quæ de jure vel antiqua approbata consuetudine pertinent ad eosdem, nec quod nobis quoquad præmissa vel aliquod ex eis jus novum vel præjudicium aliquod aliquatenùs acquiratur. Cæterum cum per prædictum Dominum genitorem nostrum in hoc divino cultu animarum saluti, Ecclesiasticæ libertati, utilitati reipublicæ prospicientem deliberatione provida fuit certa pœna apposita contra usurarios manifestos qui immensas usuras exigunt, ut quos divinus timor à malo non revocat, exemplis saltem pœna coerceat, propter præmissa derogare non intendimus in aliquo jure nostro quo minùs Laïcos usurarios manifestos transgressores ordinationis regiæ supradictæ punire possimus & ad restitutionem usurarum compellere, prout ad nos pertinere potest de jure vel antiqua consuetudine, per personas fideles diligenter mandabimus inquiri & inquisito facinore quod justitia suadebit; præsertim cum dicti Prælati asserant quod ad nos non pertinet dictarum usurarum punitio de consuetudine vel de jure. Ad hæc omnia blada, vina & alia bona seu garnisiones dictorum Prælatorum & aliarum personarum Ecclesiasticarum regni nostri, quæ per gentes nostras hactenus propter guerras & necessitates nostras capta sunt, eisdem si dicta blada, vina & alia bona existant integraliter reddi, sin autem de eorum justo pretio satisfieri præcipimus indilatè, & à consimilibus in posterum abstineri. Nolentes dictos Prælatos & personas Ecclesiasticas in prædictis vel quibuscumque aliis contingentibus Ecclesiasticam libertatem ultra illa quæ nobis de jure vel de antiqua consuetudine competunt aliquatenus aggravari nec quod brachium eorum temporale cum spirituali traducere prohibeantur per dictas gentes nostras seu quoscumque alios justiciabiles & districtibiles nostros. Item circà finantias quæ ab hominibus & subditis dictorum Prælatorum & personarum Ecclesiasticarum per gentes nostras petuntur pro eo quod juxtà mandatum nostrum ad guerram nostram Flandrensem non venerunt, nec miserunt, Eorumdem Prælatorum hominum libertates & privilegia si quæ habent volumus & præcipimus illibata servari & ad dictas financias non compelli. Si obtentu dictorum privilegiorum & libertatum vel de jure aut consuetudine immunes sunt ab eisdem super quibus faciemus petentibus justitiam, exhiberi. Item cùm interdùm per malitiam & fraudem impetrantium, literæ nostræ contra personas ecclesiasticas impetrentur nullà factâ in ipsis literis mentione quod sint personæ ecclesiasticæ, prædictas litteras nullas esse declaramus, & executioni prohibemus mandare easdem, dictosque impetrantes puniri præcipimus prout fuerit justum. Item volumus quod dicti Prælati & personæ ecclesiasticæ dictæ Provinciæ possint liberè absque impedimento aliquo furcas, castella & pillaria exigere absque juris nostri tamen præjudicio, & etiam aliis in locis pertinentibus ad altam justitiam secundùm cujuslibet consuetudinem locorum in quibus erigi fureæ & pilloria consueverunt. Et quod super appellationibus, si ex privilegio, vel de jure aut antiquâ consuetudine interponendæ sunt, ad easdem nullum impedimentû præstetur. Eisdem prohibemus etiam ne successor ob factam prædecessorum à nostris gentibus molestetur, inquantum de jure & consuetudine constabit tenere eumdem. Damus autem omnibus Senescallis, Ballivis, majoribus judicibus, præpositis, bajulis, procuratoribus ministris, servientibus & justitiariis nostris & eorum loca tenentibus & successoribus in dictis officiis eorumdem, tenore præsentium in mandatis & sub indignationis nostræ pœnâ, quatenus bonâ fide & absque omni fraude, dolo, malitia, difficultate, & diffugio servent & servari faciant à justitialibus & subditis eorumdem omnia & singula in statutis, ordinationibus, literis gratiis, & privilegiis contenta prædictis ac in ordinatione nostrâ præsenti, ut si qua per eos seu alios indebitè attentata fuerint in contrarium, quæ omnia ex nunc revocamus, cassa & irrita esse volumus & decernimus, & nullum nobis vel successoribus nostris propter hoc jus novum acquiri nec in aliis diminui jus nostrum volumus, nec Dominis Prælatis, Abbatibus, Conventibus, Capitulis, cæterisque personis ecclesiasticis, eorumque Ecclesiis, monasteriis libertatibus antiquis & approbatis consuetudinibus præjudicium generari. Si & prout de ipsis eisdem constiterit, & ad eorum quemlibet pertinuerit indilarè, salvo in aliis jure nostro & in omnibus quolibet alieno. Quod ut firmum & stabile permaneat in futurum præsentibus literis nostris fecimus apponi Sigillum. Actum apud Vicennas. Anno Domini M. CCC. XV. mense Septembris.

Lettres du Roy Philippes de Valois touchant le Gardiateur de Lyon.

Philippus Dei gratia Francorum Rex universis præsentes literas inspecturis salutem. Notum facimus quod cum dilecto & fideli nostro Archiepiscopus Lugdunensi conquereretur super eo quod in civitate Lugdunensi ad requestam civium Gardiator ex parte nostrâ deputatus eisdem moram inibi trahebat continuam & licet, ut dicebat, ad gardam dictorum civium Gardiatorem constituere possemus, non tamen in dictâ civitate debet moram facere continuam hujusmodi Gardiator, cum hoc cederet in ejus & suæ temporalis justitiæ quam in eâ asserit se habere omnimodum præjudicium & gravamen, quod etiam justitiam per dictum Gardiatorem multoties impediri dicebat. Propter quod supplicando petebat, quod prædictus Gardiator in dictâ civitate moram amplius non faceret sed ab eâ amoveretur omninò, nostro verò procuratore & dictis civibus proponentibus ex adverso nos & prædecessores nostros à magnis retrò temporibus in dictâ civitate Gardiatorem civium possuisse ac etiam habuisse, & sic usos fuisse, sicut etiam in civitatibus & locis aliis regni nostri, & quod dictus Gardiator inibi moram trahere potuit, potueratque & potest, etiam inspecto compositionis inter Charissimum Dominum nostrum Philippum Regem Francorum & Navarræ ex unâ parte & Archiepiscopum, Decanum & Capitulum & cives Lugdunenses ex aliâ initæ tenore. Quare dicebant dictum Gardiatorem in dictâ civitate moram trahere posse, & quod abindè non debere quomodolibet amoveri, dicto Archiepiscopo in contrarium replicante, quod viso dictæ compositionis tenore hoc nobis non licebat. Et licet alias Gardiatorem tenuissemus ibidem, hoc fuerat tempore, quo ad manum nostram dictæ civitatis justitiam tenebamus. Auditis igitur dictis partibus, visâ & diligenter attentâ compositione prædictâ, & aliis quæ nostram movere curiam potuerunt, per Arrestum nostræ curiæ dictum fuit, quod petitio, seu Requesta dicti Archiepiscopi non fiet, sed poterit dictorum civium Gardiator à nobis deputatus eisdem, moram trahere continuam in civitate prædictâ.

Tamen intentionis non existit per Gardiatorem hujusmodi, justitiam dicti Archiepiscopi quam in dictâ Civitate dicit omnimodam se habere quomodolibet impediari, nec quod idem Gardiator se intromittat nisi de his quæ ad Gardiatoris officium pertinere noscuntur. In cujus rei testimonium præsentibus literis nostrum fecimus apponi sigillum. Datum Parisiis die sextâ Julij anno Domini millesimo trecentesimo vicesimo octavo.

Arrest du Roy Charles VI. sur les differens de l'Archevêque & des Gens du Roy.

Karolus Dei gratia Francorum Rex. Notum facimus universis presentibus pariter & futuris. Ex lite motâ in nostrâ Parlamenti curia inter dilectum & fidelem Consiliarium nostrum Archiepiscopum Lugdunens. Actorem ex unâ parte, & procuratorem nostrum generalem qui in se defensionem Baillivi nostri Mariscenensis suscepit, defensorem ex alterâ, super eo quod dictus Actor proponebat quod civitas Lugdunensis erat nobilis & antiqua, & prima quæ fidem Christianam citra montes susceperat, propter quod prima sedes Galliarum vocabatur, fueratque dignitate primatus decorata, atque à tempore fundationis Ecclesiæ Lugdunensis vel saltem à tanto tempore, quod hominum memoria non extabat, dictus Actor & ejus prædecessores Archiepiscopi Lugdunenses erant & fuerant veri Domini & Comites dictæ villæ, habuerantque & habebant plures alias villas, Castra, nobilitates & terras tam in regno nostro quàm extrà situatas, in quibus omnibus habuerant omnimodam jurisdictionem spiritualem & temporalem, altam, mediam, & bassam merum & mixtum imperium soli & in solidum ad causam Ecclesiæ supradictæ. Dicebat insuper pro anno Domini millesimo trecentesimo septimo, certæ compositiones initæ fuerant inter Regem Philippum Pulchrum prædecessorem nostrum ex unâ parte, & Archiepiscopum Lugdunensi. & ejus Capitulum, qui pro tunc erant ex altera in quibus dictus noster prædecessor confessus fuerat & testificabatur dictam jurisdictionem temporalem omnimodam dictæ Villæ & ejus Baroniæ, & ejus exercitium ad dictam Ecclesiam, in solidum & pleno

jure

de la Ville de Lyon. LVII

jure pertinere sub ressorto tamen & superioritate dicti nostri prædecessoris & suorum successorum. Quodque dictarum compositionum virtute, primæ appellationes ab Archiepiscopi judicibus emissæ in dictis civitate & baronia Lugduni, coram gentibus & officiariis ejusdem debebant devolvi, nec potuerant seu debebant coram judicibus regalibus etiam consentientibus ventilari. Secundæ verò appellationes à dicti Archiepiscopi judicibus interjectæ in nostrâ Parlamenti curiâ vel coram nobis Commissariis à nostrâ curiâ deputandis tamen Villam & Baroniam Lugduni debebant terminari. Dictusque Archiepiscopus & cives prædicti cum totâ temporalitate Ecclesiæ supradictæ, à Jurisdictione Senescalli Bellicadri, Baillivorum Matiscon. & Vellaviæ, aliorumque judicum regalium exempti perpetuò debuerant & debebant remanere. In Villa etiam & Baronia Lugduni servientes, seu alij officiarij regni nullatenus debebant remanere, nec alia jurisdictionis expleta facere, tribus vel quatuor dumtaxat servientibus exceptis, qui in causâ ressorti tantùm virtute commissionis expressæ casuum pertinentium explectare seu officiare poterant, gentibus & officiariis dicti Archiepiscopi cum eisdem evocatis, qui tres vel quatuor servientes in suo officio delinquentes per gentes regias puniri debebant, extrà verò officium delinquentes, & quicumque alii officiarij regij in dictis Villa & Baronia forefacientes justiciabiles dicti Archiepiscopi debebant remanere.

Dicebat etiam, quod virtute compositorum prædictorum dictus noster prædecessor nec sui successores Franciæ Reges in Villâ nec Baroniâ Lugduni poterant aliquid immobile acquirere, seu domum, castrum, vel fortalicium construere, quod si secus fieret extrà manum suam infrà annum illud acquisitum seu constructum ponere tenebatur, alias ipsi Ecclesiæ Lugduni totum acquiri debebat & etiam applicari; neque præscriptio aliqua contra supradicta in dictis compositionibus contenta currere, seu aliqua expleta in contrarium facta aliquod præjudicium generare nullatenùs poterant, ut dicebat: supradicta etiam inviolabiliter observare Baillivi nostri Matisconis & Vallaviæ in suis novis creationibus jurare tenebantur. Dicebat insuper Auctor sæpè dictus, quod anno Domini millesimo duodecimo prædecessor noster qui tunc erat & Archiepiscopus Lugduni proximè existens, certam permutationem inter eos fieri tractaverant, quâ mediante dictus Archiepiscopus dicto nostro prædecessori omnimodam jurisdictionem altam mediam & bassam temporalem dictæ Villæ Lugduni tradere seu reddere debuerat, retentâ sibi jurisdictione castri Petræscissæ cum quibusdam aliis, dictus verò noster prædecessor recompensationem condignam in terra & jurisdictione dicto & ordinationi proborum virorum electorum seu eligendorum eidem Archiepiscopo facere debuerat. Quodque in dicto permutationis tractatu expressè concordatum, fuerat quod aliquod jus possessionis seu proprietatis dicto nostro prædecessori nullatenùs quæreretur nisi recompensatione dicto Archiepiscopo realiter & de facto totaliter adimpleta. Quæ recompensatio ex postfacto facta non fuerat, propter quod supradicti permutantes anno Domini millesimo trecentesimo vigesimo, mense Aprilis, à dictâ permutatione omninò recesserant, cessaratque & dimiserat dictus noster prædecessor Archiepiscopo sæpè dicto, dictam jurisdictionem temporalem dictæ Villæ Lugdunensis fide & homagio, superioritate & ressorto nec non cognitione primarum appellationum retentarum, ac etiam regalia Ecclesiæ Lugdunensis pro tunc ad dictum Archiepiscopum spectancia dicto nostro prædecessori cessa & admissâ, dictusque Archiepiscopus prædecesso-

rem nostrum sæpè dictum à dictâ recompensatione facienda quittaverat ac etiam liberaverat. Dicebat etiam quod anno Domini millesimo trecentesimo quadragesimo primo propter plura impedimenta, oppressiones & gravamina per Baillivum Matiscon. Archiepiscopo qui tunc erat in suâ jurisdictione, ut dicebat, perturbando contra compositiones prædictas illata, idem Archiepiscopus prædecessorem nostrum qui tunc erat adiverat, opportunum remedium super prædictis implorando. Qui noster prædecessor ordinaverat & expressè cum dicto Archiepiscopo concordaverat, quod causæ primarum appellationum villæ Lugdun. & secundarum dictæ Baroniæ necnon ressorti seu superioritatis, Matiscone seu in nostrâ Parlamenti curiâ & non alibi terminarentur. Quodque dictus Matisconensis Baillivus seu ejus locum tenens, seu quisvis alius Judex in dictâ Civitate & Baroniâ Lugduni, in judicio sedere, seu aliquod jurisdictionis expletum exercere vel aliquem articulum alicujus causæ terminaro non posset, examinatione testium in causâ superioritatis vel ressorti, si hoc partibus expediret, dumtaxat exceptâ. Et quod dictus Matisconensis Substitutum aliquem seu Locumtenentem in dictis Villa & Baronia manentem creare non posset, nec aliquem incarcerare nisi propter repentinum aut præsens delictum, quo casu carceres Archiepiscopi mutuò recipere posset, dictumque prisionarium infrà sex dies extrà dictam Villam & Baroniam ducere tenerentur. Ordinaveratque etiam & concordaverat dictus noster prædecessor quod pro casibus ressorti & superioritatis in dictis Villa & Baronia explectandis sex servientes dumtaxat ibidem remanerent, qui in casibus præmissis per commissionem expressè casuum continentem, justitiaque Archiepiscopo evocatâ explectare possent, & si exercentes officium delinquerent ipsius Archiepiscopi justiciabiles remanerent. Quod si aliquis Archiepiscopi subditus sub sigillo Matisconensi se obligaret, dictæ obligationis cognitio eidem Archiepiscopo remaneret, quia temporalitas Ecclesiæ prædictæ ad manum regiam poni non posset nisi pro manifesta offensâ, vel sententiâ, juramento, seu obligatione adusque summam dumtaxat in eisdem comprehensam. Quodque Baillivi Matisconenses in suis primis assisiis observare supradicta tenerentur sub pœna refusionis expensarum, damnorum, interesse Archiepiscopo Lugdun. & quod præscriptio aliqua contra prædicta currere non valeret, nec alia explecta in contrarium facta dictis partibus præjudicare, prout dicebat in literis super hoc confectis, filis sericis & cerâ viridi sigillatis dicebat plenius contineri. Dicebat etiam actor sæpè dictus quod dictus noster prædecessor voluerat & ordinaverat quod ordinationes regiæ in dictis Villa & Baroniâ observarentur, quibus supra dicta vel magna pars eorumdem cavebantur, dicebat etiam in eisdem contineri quod judæi in regno nostro commorantes justiciabiles remanerent illorum in quorum altâ justitiâ commorarentur, privilegiis iis datis non obstantibus quibuscumque: quodque dictus actor & ejus prædecessores omnibus supradictis in dictis compositionibus & accordis ac regiis ordinationibus expressatis usi fuerant pacificè usque ad adventum Baillivi Matiscon. tempore præsentis litis inchoatæ existentis. Nihilominus dictus Baillivus contra supra dicta veniendo & dictum actorem in suis juribus, possessionibus & saisinis ut dicebat perturbando, Aynardum de Villanova dicti actoris justiciabilem ac in dictâ Villâ Lugduni commorantem, suum Locumtenentem, suasque assisias & placita bis in die in domo Rodanæ Lugduni situata teneri fecerat, de causis civilibus, criminalibus & etiam spiritualibus inter subditos dicti actoris indistinctè

h

cognoscendo. Erantque in dicta Villa & Baronia servientes regij commorantes usque ad numerum ducentotum ac triginta armorum servientes. De quibus omnibus etiam extra officium suum delinquentibus Dominus Baillivus jurisdictionem usurpaverat, feceratque inter eosdem certas constitutiones, videlicet quod ensem & clypeum per Villam Lugdun. deferre tenerentur, quod jurisdictionem Domaneriam concernebat, ut dicebat, explecta quæ per eosdem servientes indistincte de quocumque casu fieri fecerat; justitia dicti Actoris nullatenus evocata : de obligationibus etiam sub sigillo Matiscon. per dicti Archiepiscopi subditos factis jurisdictionem sibi applicaverat. Jurisdictionem etiam Judæorum in dicta Villa & Baronia commorantium habere voluerat, & contra tenorem dictarum compositionum & accordorum temerè veniendo & eumdem Actorem in suis juribus, saisinis & possessionibus perturbando ut dicebat. Quare petebat explecta prædicta perturbationes & impedimenta contra nobilitates, libertates, jurisdictionem, saisinas & possessiones ejusdem Actoris per dictum Baillivum Matisconens. apposita, nullius valoris seu nulla fore pronunciare. Ipsaque reparari debere, dictumque defensorem ad cessandum, dictumque Baillivum & ejus successores cessare faciendum à dictis explectis, perturbationibus & impedimentis & iis similibus condemnari : dictaque compositiones, accorda seu ordinationes bonas & validas fore, ipsasque in suo vigore remanere debere declarari : dicto nostro Procuratore nomine quo suprà defensore ex adversa proponente, quod anno Domini millesimo trecentesimo vicesimo, noster prædecessor tunc existens, Villam & Senescalliam Lugdunens. per spatium quatuordecim annorum tanquam proprium Dominium tenuerat, gentesque ac officiarios pro juribus suis regendis in eisdem habuerat, quodque si mediante aliquâ compositione pro tunc factâ idem predecessor noster aliqualem jurisdictionem, Archiepiscopo Lugdun. concesserat, jura tamen superioritatis & ressorti & alia jura regalia coronæ annexa tamquam non transmissibilia retinuerat, pro quibus regendis & etiam defendendis Baillivum Matiscon. Senescallum Lugduni instituerat & ordinaverat. Quod in personis suorum successorum semper continuatum fuerat, quod per tabulam præsentationum, ubi poni consuevit Baillivia Matisconensis pro Senescallia Lugduni, apparere poterat, ut dicebat. Consueverat etiam Burgenses Lugduni dicto Baillivo & Senescallo in sua prima creatione tradere claves Lugduni & easdem ab ipso nomine nostro & prædecessorum nostrorum ad custodiam in signum subjectionis recipere; Guetum etiam & Gardam tam de die quam de nocte in dicta Villa idem Baillivus & Senescallus fecerat, ac licentiam dictis Burgensibus faciendi taillias ad opus dictæ Villæ dederat, compotaque & rationes dictarum tailliarum ab eisdem audiverat. Gardiator etiam dictorum Burgensium in garda nostra ac prædecessorum nostrorum existentium fuerat prout per Arrestum in nostra Parlamenti curia sexta die Julij anno millesimo trecentesimo vicesimo octavo prolatum apparere poterat, ut dicebat. Sacramentumque fidelitatis dicti Burgensium nobis vel dicto Senescallo nostro nomine facere tenebantur : dictus Archiepiscopus ac Capitulum Lugduni totam suam temporalitatem à nobis nostro & prædecessoribus nostris tenuerat, & tenebant. Propter quod nobis seu prædecessoribus nostris homagium & Sacramentum fidelitatis facere tenebantur. Dicebat insuper dictus defensor quod dictus Baillivus & Senescallus Locumtenentem in dicta Villa commorantem habuerat & habebat qui sigillum semper habuerat, quo in suo officio utebatur.

Procuratorem etiam pro nostris causis deducendis in dicta Villa semper habueramus ac etiam Cancellarium qui de causis contrahentium sub sigillo nostro etiam in dicta Villa litigantium cognitionem habuerat & habebat; Notariosque pro libito nostræ voluntatis ac prædecessorum nostrorum literas dictoru contractuum facientes in dicta Villa creaveramus, qui sacramentum fidelitatis nobis facere tenebantur. Habuerat etiam & habebat idem Baillivus & Senescallus cognitionem usurariorum tam Christianorum quam Judæorum in dicta Villa commorantium, cognitionemque testamentorum, nostrorumque juvaminum seu impositionum, delationis armorum & aliorum jurium regalium pro quibus causis & aliis audiendis & etiam terminandis habueramus & habebamus in dicta Villa Lugduni quandam domum *domus Rodana* nuncupatam ab omni servitute seu redibentia liberam & immunem. Habebamus etiam & habebat jus, eramusque & fueramus in possessione & saisina creandi & faciendi tot servientes quot nobis placuerat in dicta Villa & Senescallia commorantes, quorum omnium jurisdictionem & plenariam cognitionem Baillivus & Senescallus prædictus pro nobis habuerat, Carceres etiam in dicta Villa semper habueramus & adhuc habebamus ad detentionem malefactorum in dicta Villa, & Senescallia delinquentium. Dicebat insuper dictus deffensor quod de omnibus supradictis tam nos quàm nostri prædecessores usi fueramus à tanto tempore quod in contrarium memoria hominum non extabat : quare petebat dictum Archiepiscopi scriptum ad proposita per eundem non debere admitti, & si admitteretur eundem defensorem ab impetrationibus ipsius actoris absolvi. Super quibus & pluribus aliis hunc inde propositis inquesta facta, & in statu in quo erat salvis reprobationibus contra testes, contradictionibus contra literas per dictum procuratorem nostrum traditas ad judicandum recepta, ita visâ & diligenter examinata, repertaque quod sine reprobationibus poterat judicari. Per Arrestum dictæ Curiæ nostræ dictum fuit dictas compositiones, accorda seu ordinationes bonas & validas fore, ipsasque in suo vigore remanere debere, explectaque perturbationes, & impedimenta contra easdem per dictum Baillivum apposita eadem Curia nostra annullavit & annullat, & ad cessandum dictum procuratorem nostrum cessareque faciendum, Baillivum Matisconensem & ejus successores à talibus explectis perturbationibus & impedimentis condemnavit & condemnat. Quod ut firmum & stabile perpetuò permaneat præsentes literas sigilli nostri munimine fecimus roborari. Datum & actum Parisiis in Parlamento nostro tertia die mensis Aprilis anno Domini millesimo trecentesimo nonagesimo secundo ante Pascha & regni nostri XIII. per Arrestum Curiæ J. Villequin Registratum.

Execution du precedent Arrest.

L'An de grace mil trois cent quatre-vingts & treize le dernier jour du mois d'Avril : Je Estienne de Givry Clerc Conseiller du Roy nôtre Sire, & Commissaire en cette partie, à la Requeste de Reverend Pere en Dieu Monseigneur l'Archevêque & Comte de Lyon, me transportay de Roanne à Lyon qui appartient au Roy nôtredit Sire, & auquel le Bailli de Mâcon avoit depuis aucun tems tenu cour & jurisdiction, & là me presenta ledit Monseigneur de Lyon les Lettres du Roy nôtre Sire, contenant la forme qui s'ensuit.

Karolus Dei gratia Francorum Rex dilecto & fideli Consiliario nostro Magistro Stephano de Givriaco Clerico

de la Ville de Lyon.

salutem & dilectionem. Vobis committimus & mandamus quatenus visô quodam Arresto in nostrâ Parlamenti Curiâ inter dilectum & fidelem Consiliarium nostrum Archiepiscopum & Comitem Lugdunensem Actorem ex una parte & procuratorem nostrum generalem nomine quo procedit, defensorem ex altera, in nostrâ Parlamenti Curiâ die data præsentium lato, illud juxtà suam formam & tenorem in iis quæ executioni exigunt, executioni debitæ demanderis aut demandare faciatis. In quibus & eo tangentibus vobis ac deputandis à vobis in hac parte ab omnibus justiciariis, officiariis & subditis nostris parere volumus diligenter & intendi. Datum Parisius in Parlamento nostro die tertia Aprilis, anno Domini millesimo CCC. nonagesimo secundo, & regni nostri decimo tertio ante Pascha, ainsi signé, *per Cameram J. Villequin.* Et l'Arrest dont es dites lettres est faite mention, & me requist en la presence de Maitre Antoine Thisain Lieutenant general du Bailly de Mâcon qui là étoit venu pour tenir ses assises audit lieu, de Maitre Jean de Millery Procureur General dudit Bailliage, Imbert de Varey l'aîné Conseiller du Roy audit Lyon, Maitre Martin Benet Vice-Gerent du Bailly de Mâcon audit Lyon, Maitre Gerart Maitre Juge du Ressort dudit Lyon, Maitre Pierre Boutefeu Advocat, Josserand Feuppier Receveur des Aides audit lieu, Le Doyen de Lyon, le Prevôt de Fourviere en l'Eglise de Lyon, Pierre Churrel Clerc de la Cour du Bailly à Lyon, Milet de Martigny, Guillaume Boulet Bertaut, Notaires & autres plusieurs, que je fisse lire & publier ledit Arrest executoire, lesquels je fis lire & publier. Et ce fait, me requit ledit Monsieur l'Arcevêque que je procedasse à l'execution dudit Arrest & en procedant que je fisse commandement au Bailly de Mâcon es personnes desdits Lieutenant & Procureur Generaux, & audit Lieutenant aussi, que doresnavant ils ne tinssent & fissent leur siege Cour ou Jurisdiction audit lieu de Roanne ne en la Ville, Cité & Baronie de Lyon, & que je leur fisse commandement qu'ils ôtassent ledit Siege & missent au neant les exploits qui avoient été faits audit lieu au prejudice dudit Arrest, & des compositions, Accords & Ordenances dont oudit Arrest est faite mention, & que je même les ostasse & misse au neant, Et leur fis lesdits commandemens & deffenses, lesquels repondirent qu'ils ne s'opposoient point à l'execution dudit Arrest, & mis lesdits Sieges & Exploits au neant en tant comme faire le pouvois. Item à la Requeste dudit Monseigneur l'Arcevêque, je fis commandement & deffense de par le Roy audit Estienne Boulet que plus ne s'entremît ne exerçât l'Office de Procureur du Roy audit lieu, en tant comme regardoit la Cour du Bailly, lequel me répondit : que ledit Arrest avoit été fondé sur un faux fondement & sur frivoles tromperies, c'est à sçavoir, sur certaines compositions & accords qui étoient revoquées & mises au neant, & disoit que ledit s'étoit fondé sur une composition faite entre le Roy & l'Archevêque de Lyon l'an mil trois cens & sept, laquelle avoit été revoquée par une autre composition faite l'an mil CCC. & XII. & que ladite composition de l'an XII. avoit été revoquée & annullée par une autre composition donnée l'an mil CCC. XX. En outre disoit que en la composition de l'an vingt étoit contenu, que se l'Archevêque venoit au contraire, que la chose retourneroit en l'état où elle étoit paravant ladite composition, ouquel tems paravant toute la Jurisdiction de Lyon appartenoit au Roy & disoit que ledit Arcevêque étoit venu & venoit contre ladite composition, & par ainsi toute la Jurisdiction devoit appartenir au Roy. Disoit aussi que les lettres de l'an XLI. dont audit

Arrest est faite mention n'étoient qu'une simple impetration faits à requeste de partie, & lesquels n'avoient oncques été mises à execution, & n'avoient sorti aucun effet, mais plus disoit qu'elles n'avoient été revoquées par ces solennels faits en la Ville de Lyon par vertu de certaines lettres données audit an XLI. & que je ne devois point proceder à l'execution dudit Arrest, & requeroit être reçeu à opposition : ledit Monseigneur l'Archevêque disant au contraire ; c'est à sçavoir, que ledit Boulet disoit mal, de dire, que ledit Arrest avoit été fondé sur frivoles & tromperies. Et disoit que lesdites compositions étoient bonnes & valables, & que l'une n'étoit pas revoquée par l'autre, fors en tant que l'une detrahoit de l'autre, & qu'elles avoient été dites bonnes & valables par ledit Arrest. En outre disoit que les compositions de l'an XLI. étoient vraye composition & accord, si comme il apparoit clairement par la teneur d'icelles, & n'avoient oncques été revoquées, & que tout ce qu'il disoit avoit été autrefois proposé en Parlement par le Procureur du Roy en l'instance, sur laquelle ledit Arrest avoit été, & ledit Procureur même avoit proposé toutes ces choses proposées à ladite Cour de Parlement & au Grand Conseil du Roy pour éviter, empêcher ledit Arrest & en étoit allé à Paris en sa personne. Et neanmoins s'en étoit ensuy ledit Arrest, par lequel il avoit été dit qu'elles étoient bonnes & valables, & disoit que devois proceder à l'execution dudit Arrest, nonobstant les choses proposées par ledit Boulet, disant qu'il devoit être reçû à opposition ; à laquelle ne le reçû point, mais luy signifiay que ladite Cour de Parlement par ledit Arrest avoit mis au neant tout ce qui avoit été fait contre la teneur desdits Arrest, composition & accord, & en mettant à execution le contenu audit Arrest le deposay de son Office, pour ce qu'il avoit été institué audit Office contre la teneur desdits Arrest, composition & accord, & Ordonnances Royaux dont audit Arrest est faite mention & protesta d'appeller. Item fis pareilles significations audit Vice-Gerent, & commandement qu'il ne s'entremît plus dudit Office, & le deposay, & semblablement fis commandement & deffenses audit Pierre Churrel que plus ne s'entremit ne exerçât ledit Office de Clergie, & le deposay dudit Office, lesquels Vice-gerent & Cheurel ne se oposerent. Item fis commandement ausdits Lieutenant & Procureur Generaux qu'ils ne tinssent doresnavant prisons audit Roanne & les prisonniers qui étoient esdites prisons transporter és prisons de Mâcon dedans six jours selon le contenu desdites compositions & les fers & seps qui étoient esdites prisons, & que ladite maison de Roüanne fut mise hors de la main du Roy dedans un an, sur la peine contenuë en icelles. Item fis commandement & defense de par le Roy au Geolier desdites prisons en la presence de Pierre .... son valet audit lieu, parce que son Maitre étoit absent, que plus il s'exerçât ne s'entremit dudit fait de Geoliage, & le depoſay de son Office, & ce fait je fis & les dessusdits nous transportames au lieu dudit Siege, & là en la presence de grand quantité de gens, je recitay le contenu dudit Arrest, & ce fait en signe de demolition dudit Siege. Je à la requeste dudit Monsieur l'Archevêque ôtay un tableau où étoient écrites les Evangiles, & un autre tableau contenant certaines Ordenances sur le fait des Sergens, & le Bailly audit Procureur General pour les envoyer à Mâcon, & les bailler au Receveur du Roy audit Mâcon, & avec ce ostay deux ou trois éclats dudit sige d'un petit coustel. Item fis commandement en general que tous Sergens Royaux demeurans en la Ville Cité & Baronnie de Lyon apportassent

h ij

dedans lendemain prins, les lettres du don & institution de leurs Offices par devers moy, afin que je peuße executer ledit Arrest plus seurement, en tant comme il touchoit le nombre des Sergens qui devoient demorer en ladite Baronnie. Item ledit jour après dîné je me transportay audit lieu de Roanne & me fut requis de la partie de Jean Clement Procureur dudit Monsieur l'Arcevêque en la presence desdits Notaires, & de plusieurs autres, que je demolisse partie dudit Siege qui avoit été fait audit lieu, lequel étoit grand & notable, & en signe de demolissement je fis déclouer & ôter une chayere qui étoit au milieu dudit, où ledit Lieutenant souloit seoir, quand il tenoit sa Cour, & le marchepied qui étoit au devant de ladite chayere de deux pieds de long & demy pied de haut ou environ. Et en les déclouant ledit Estienne Boulet qui là étoit present dit, qu'il avoit appellé au Roy avant dîné de l'execution que j'avois faite, & que je voulois & pouvois faire, dont je n'avois onques, mais ouy parler, & en outre disoit, que avec ce qu'il étoit Procureur du Roy en la Cour des Eleus à Lyon & Maître Hugues Bousoulas Commissaire de par les Generaux sur le fait des Aydes, que les Esleus de Lyon teinßent leur Cour audit lieu de Roüanne & requeroit que je ne feiße pas ôter ladite chayere. Ledit Procureur dudit Monseigneur l'Arcevêque disant que les Esleus avoient accoûtumé tenir leur Siege autre part. Et incontinent j'interrogé par serment Meßire Jehan le Viste Esleu dudit lieu, Maître Girard Maître qui long-tems avoit été Eleu & autres se les Esleus avoient accoûtumé de tenir leur Siege audit lieu, & trouvay information qu'ils avoient accoûtumé de tenir leur Siege de long-tems autre part; c'est à sçavoir devant le pied du Pont de Sône à la partie du Royaume. Toutesfois les aucuns disoient que l'on avoit tenu ledit Siege audit lieu deux ou trois fois depuis peu de tems, & me fut dit & témoigné par ledit Meßire Jehan le Viste que ledit lieu où l'on avoit accoûtumé à tenir ledit Siege étoit trop plus convenable, & plus aisé que ledit lieu de Roüanne, pource qu'il étoit au milieu de la Ville, & là où les gens ont accoûtumé de frequenter, & le lieu de Roüanne étoit loins & en lieu détourné & nonobstant la requeste dudit Estienne Boulet, je fis ôter ladite chayere, & ledit marchepied, & les fis mettre à part oudit hôtel, & de rechef ledit Boulet appellé. Item le lendemain premier jour de May plusieurs Sergens apporterent leurs lettres du don & institution de leurs Offices par devers moy & me informay de une Ordenance qui autrefois avoit été faite par honorable homme feu Meßire Philibert Paillart President en Parlement & Commissaire de par ladite Cour de Parlement faite sur la restriction desdits Sergens. Item le 2. jour dudit mois. Je à la requeste du Procureur dudit Monsieur l'Arcevêque fis commandement & deffense, audit Maître Gerart Maître Lieutenant à Lyon du conservateur des Juifs, à son Maître à sa personne que plus ils ne s'entremißent de leures Cours ou connoißance en la Ville, Cité & Baronie de Lyon des Juifs, demourans esdits lieux, mais en laißaßent joyr & user ledit Monseigneur l'Arcevêque, selon la teneur desdits Arrest, Composition, Accord & Ordenances Royaux dont audit Arrest est faite mention, lequel répondit que lesdits Juifs étoient grandement privilegiez, afin que j'euße avis si je perseverois à ladite deffense, & ce dit jour fis commandement & deffense à Imbert de Varay l'aîné, Lieutenant du Bailly de Mâcon en certaines causes de certains Bourgeois de Lyon exempts de la Jurisdiction de Maître Hugues Joßart paravant Lieutenant du Bailly de Mâcon audit Lyon, que il ne teinst Cour, cognoißance, ou Jurisdiction desdits Bourgeois es Ville, Cité & Baronnie de Lyon, & le deposay de sondit Office, lequel me répondit que il obeyroit vouluntiers. Item le Samedy troisiéme jour dudit mois je enregistray par devers moy date des lettres du don des Offices de Sergentie de plusieurs Sergens pour porveoir sur le fait de la restriction du nombre des Sergens selon la teneur dudit Arrest. Item le Dimanche 4. jour dudit mois après que je eu lû les privileges desdits Juifs lesquels contenoient entre les autres choses que le Roy exemptoit de la Jurisdiction de tous ses Juges & autres les Juifs tant seulement dont la cônoissance lui povoit ou devoit appertenir de droit & de raison. Et quâd je eu montré audit Maître Gerart Maître ledit arrest & les clauses desdites compositions, accords & ordenances touchant le fait des Juifs ; je fis semblable commandement comme deßus audit Maître Gerart & luy deffendi de par le Roy qu'il ne attemptât aucunement contre la teneur desdits arrests & compositions indeuëment. Et semblablement fis commandement à plusieurs Juifs qui là estoient presens, c'est à sçavoir à Joßon de Montmeillan, Joßon de Vermenton, Balmon Moyses, Monße Samßin, & Abraham Noblet que ils ne attemptaßent aucunement contre la teneur dudit arrest, & que ils le feißent sçavoir aux autres Juifs. Et leur feis aßavoir que ladite Cour de Parlement avoit par le mesme arrest mis au neant tous exploits faits paravant contre la teneur dudit arrest & que je en executant icelny les y mettois. Item ce dit jour fis commandement & deffense audit maistre Pierre Churrel Lieutenant à Lyon du maistre des Ports & audit maistre des Ports en la personne dudit Churrel que doresnavant ils ne tiennent cour, ne jurisdiction en la ville, cité & baronnie de Lyon indeiment contre la teneur desdits arrest, compositions, accords & ordenances royaux lesquels je luy fis lire entant comme touchoit ledit fait. Et außi fis semblable commandement & défense audit maistre Pierre Churrel Lieutenant à Lyon du Chancellier de Maścon que il ne faße aucun exploit de justice indeuëment en la ville, cité & baronnie de Lyon contre la teneur desdits arrest, compositions, accords & ordenances royaux des susdites. Item ce dit jour je fis commandement & defense de part le Roy nostre Sire à Guillaume Jußet Apothicaire, Prevost des monneyes à Lyon, que contre la teneur desdits arrest, compositions, accords & ordenances, il ne teigne cour, cognoißance & jurisdiction en la ville, cité & baronnie de Lyon. Item le mardy, 6. jour dudit mois je me transportay en l'hôtel de Roanne, & en presence desdits Notaires & plusieurs autres; je à la requeste dudit Procureur dudit Monseign. l'Arcevesque fis commandement & defense à maistre Hugues Joßard Lieutenant du Bailly de Mascon en la ville, cité, & baronnie de Lyon que doresnavant il ne teinst cour ne jurisdiction dedans lesdites ville, cité & baronnie de Lyon, & qu'il ne attemptât contre la teneur desdits arrest, compositions, accords & ordonnances des susdites, aux peines contenuës en icelles, & mis au neant tous les exploits qu'il avoit fait contre la teneur dudit arrest & le deposay de son office, pource que contre la teneur desdits arrest, compositions, il qui demoroit en la ville de Lyon avoit esté institué audit office. Item pource que ledit Maître estoit Lieutenant de la garde du petit seel de Montpellier, je luy fis semblable defense comme deßus, lequel me répondit qu'il ne se contentoit point aux defenses que je luy avois faites, comme à Lieutenant de Baillif, en tant que elles portent prejudice au Roy. En oultre disoit que en tant

de la Ville de Lyon. LXI

comme touchoit le fait du petit seel, il ne se entremettroit point de cognoissance de cause, mais seulement s'entremettroit de donner assignation en cas d'opposition par devant ladite garde. Et ce nonobstant je luy fis les defenses comme dessus, & le deposay de son office, pour ce qu'il demouroit en ladite ville de Lyon, & qu'il avoit esté institué oudit office contre la teneur desdits arrest, compositions, accords & ordonnances dessus dites. Item ledit jour je fis commandement & defense de par le Roy audit, Maistre Gerart Maistre Juge du ressort de Lyon, après que je luy eu fais lire ledit arrest & partie des compositions accords & ordonnances dessus dites entant que il luy touchoit, que dores en avant il ne tienge cour ne jurisdiction en cas de ressort ne autrement à l'Isle-Barbe ne autre part en la ville, cité & baronnie de Lyon, & que il ne veint ne attemptat contre la teneur desdits arrest, composition, accords & ordonnances dont audit arrest est faite mention, lequel me répondit qu'il ne se vouloit point opposer à l'execution dudit arrest, mais afin que je eusse advis à l'execution d'iceluy, il disoit que le lieu de l'Isle-Barbe n'estoit point de la baronnie de Lyon, combien que il fut dedans ladite baronnie & que le fait dudit ressort n'avoit point esté demené audit arrest & outre disoit que ledit ressort avoit esté audit lieu de l'Isle-Barbe par l'espace de LXV ans & plus, & que nonobstant la lettre de composition ou ordenance de l'an XXI dont audit arrest est faite mention, ou que n'estoit que une simple impetration, ledit siege avoit demouré depuis continuellement audit lieu de l'Isle jusque à present ou au moins par l'espace de XLV ans & plus au veu & au sceu dudit Arcevesque de Lyon qui n'y avoit mis aucun empeschement, disoit aussi que lesdites lettres de l'an XLI n'avoient esté mises à execution ne sorti aucun effet, mais avoient esté revoquées par autres lettres royaux données audit an & proposoit plusieurs autres raisons, afin que je eusse advis à l'execution dudit arrest comme dit est. Le Procureur dudit Monsieur l'Arcevesque disant au contraire que par les compositions, accords, & ordenances dont audit arrest est faite mention, il apparoist clairement que l'on ne devoit tenir ledit siege du ressort à l'Isle-Barbe ne dedans les metes & fins de ladite baronnie & qu'il estoit notoire que ledit lieu de l'Isle estoit dedans lesdites metes, & disoit que les lettres de l'an XLI estoient compositions & ordenances faites par le Roy à grande & meure deliberation de son conseil & par maniere de traité & accord & du consentement des parties & que en icelles estoit contenu que aucun laps de temps ne prescription ne exploits quelconques ne peussent porter aucun prejudice auxdites parties, & que lesdites lettres avoient esté dites bonnes & valables par ledit arrest & que ledit Maistre Girart ne faisoit à recevoir à dire aucune chose au contraire. Disoit aussi que les lettres par lesquelles ledit Maistre Girart disoit que lesdites lettres de l'an XLI avoient esté revoquées n'estoient que lettres de provision & à temps, c'est à sçavoir jusques à ce qu'il fût autrement ordonné. Or disoit ledit Procureur dudit Monsieur l'Arcevesque qu'il en avoit esté ordonné par ledit arrest, par lequel lesdites lettres avoient esté bonnes & valables, & proposoit ledit Procureur plusieurs autres faits & raisons, afin que je procedasse à l'execution dudit arrest comme dessus, & après que je eu veu les lettres dont ledit Maistre Girart se vantoit & consideré ce que me sembloit que faisoit à considerer. Je fis lesdits commandemens & defenses audit Maistre Girart & luy defendis qu'il ne attemptast aucunement contre la teneur desdits arrest, compositions, accords & ordenances dont audit Arrest est faite mention. Et pour ce que ledit Maistre Girart avoit esté tortionnerement institué audit office contre la teneur desdits arrest, compositions, accords, & ordonnances, & aussi que aucun Officier Royal ne peut demeurer en la ville, cité & baronnie de Lyon, excepté six sergens tant seulement, & il demouroit audit lieu, je le deposay de son office, & mis au neant lesdits exploits & autres exploits faits par luy au prejudice dudit arrest & luy dis que s'il vouloit bailler sesdites raisons par escript je les recevrois & raisons de partie adverse aussi pour valoir au temps à venir ce qu'il seroit de raison, lesquels me répondirent que il les me baudroient tout entieres, & depuis les ont baillées. Item ledit jour après disné vindrent par devers moy les Consuls de Lyon, & me dirent que à la defense que j'avois faite audit Maistre Girart Maistre ils ne se consenterent point, mais protesterent d'en avoir recours devers le Roy, ou autre part ou bon leur sembleroit.

Item ce dit jour je me transportay en la ville de saint Saphorin, le Chastel, & le Mecredy septieme jour dudit mois me transportay en la Halle dudit lieu & me requist ledit Procureur dudit Monsieur l'Arcevesque en la presence dudit maistre Antoine Thifain Lieutenant General du Bailly de Mascon, qui là estoit venu pour tenir ses assises & les avoit accoustumé de les tenir en cedit lieu, de Maistre Jean de Milly Procureur General dudit Bailliage, M. Jean Lardi, & M. Pierre Boutefeu Advocats en la Cour de Mascon, Jehan Girart Chastelain dudit lieu de saint Saphorin, Pierre Magnien son Lieutenant, Guigo Garambo Procureur Substitut pour le Roy en icelle Chastellenie, Jehan Pigeay Clerc de la Cour dudit lieu, Huguenin de Saint Mamés Chatellain de Poilly le Monial & de grand quantité de gens qui là estoient presens, que je fisse lire & publier lesdits Arrests Executoire, Compositions, accords, & Ordonnances dont audit Arrest est faite mention, & fis illec lire & publier lesdits Arrests & executoire, & la composition ou accord donné l'an XLI dont en icelluy Arrest est faite mention en la presence des dessusdits, & que ce qu'il estoit près de midi, je attendi à faire lire le demourant jusques au lendemain matin, & fis commandement en general, & d'abondant à tous Sergens desdites Chastellenies de saint Saphorin, & de Poilly, & lesquels avoient esté paravant adjournés dettement audit jour & lieu qu'ils apportassent par devers moy les lettres du don de leurs Offices cedit jour après diner, afin que je peusse proceder plus seurement à l'execution dudit Arrest, en tant comme touchoit la restriction du nombre desdits Sergens, & cedit jour après diner plusieurs Sergens desdites Chastellainies avindrent par devers moy & fis registrer la date de leurs lettres. Item le Jeudy VIII. jour dudit mois, je retournay ausdites halles, & là en la presence desdits Lieutenant, Procureur Generaux, Châtellains & autres dessus nommez, fis lire certaines clauses des autres Compositions, Accords, & Ordonnances, touchant & concernant lesdits Sieges & les Exploits que je avois à faire audit lieu, & ce fait ledit Procureur dudit Monsieur l'Arcevéque me requist, que je procedasse à l'execution dudit Arrest, & que je fisse commandement au Bailly de Mâcon à la personne desdits Lieutenant & Procureur, ausdits Lieutenans & Châtelains, que dores en avant ils ne tinssent Cour ne Jurisdiction és lieux de S. Saphorin & Poilly le Moniale nedans des Mottes de ladite Baronnie, ledit Lieutenant tant pour son Maistre le Bailly, & pour luy comme pour le Procureur du Roy, &

h iij

autres Officiers des susdits, disants que ils n'entendoient point venir contre l'Arrest ne execution d'iceluy, mais afin que j'advisasse bien comment je procederois à l'execution dudit Arrest, disoit qu'il étoit verité, que les Villes de S. Saphorin le Chastel, & Bailly le Monial n'étoient point de la Baronnie de Lyon, & que esdites Chastellanies avoient plus de 300. Châteaux, & que le Chapitre de Lyon n'en y avoit que douze, & Monsieur l'Arcevêque deux & demy, & que en ladite Ville de S. Saphorin Monsieur l'Arcevêque n'avoit aucune chose, mais la moitié seulement en appartenoit audit Chapitre, & l'autre moitié au Seigneur de Tournon, laquelle n'étoit tenuë en fief ne arriere fief dudit Monsieur l'Arcevêque ne du Chapitre, & qu'il vouloit & consentoit que l'on y tint ledit Siege, disoit aussi que audit Arrest n'avoit été faite mention aucune desdits Sieges, & que ils ne se pouvoient ne devoient être compris audit Arrest, & disoient que lesdits Sieges y avoient été de si long-tems qu'il n'étoit memoire du contraire, & que se ils étoient ôtez le Roy auroit domage de 400. Livres & plus, & autres raisons proposoient. A la fin des susdites le Procureur de Monsieur l'Arcevêque, disant au contraire qu'il étoit tout notoire que les Villes de saint Saphorin & de Poilly étoient en ladite Baronnie, & apparoit clerement par certaines limitations pieça faites par le Roy, & qu'il avoit été dit par ledit Arrest, certaines compositions, accords & Ordonnances Royaux estre bonnes & valables, & devoient demeurer en leur force & vertu, esquelles étoit contenu que le Bailly de Mâcon ne autres Officiers Royaux ne pouvoit tenir Cour ne Jurisdiction dedans les metes de ladite Baronnie, & se portoient lesdites Ordonnances Royaux. Et en outre que en la composition ou Arrest qui avoit été fait l'an XLI. étoit expressement contenu que le Bailly de Mâcon ne autres Officiers Royaux ne pouvoient tenir Cour ne Jurisdiction esdites Villes de S. Saphorin & de Poilly, & que aucun laps de tems ne pourroit prejudicier à aucune des parties, lesquelles lettres avoient été dites bonnes & valables par ledit Arrest. Disoit aussi, que la plus grand partie desdites Chastellenies appartenoient ausdits Monseigneur l'Arcevêque, Doyen & Chapitre, & que le Roy n'auroit en ce aucun domage ne interest, pour ce que se les causes qui se demenoient esdits lieux se demeneroient à Mâcon, à Charlieu ou autre part : d'autre tant voudra mieux la recepte desdits lieux, & proposoit plusieurs autres raisons, afin que je procedasse comme dessus, & offrirent chacune desdites parties ses raisons par écrit pour leur valoir en tems & lieu ce que raison devroit, & je leur dis que je les recevrois voulentiers, & depuis les ont baillées, & pour ce qu'il m'est apparu clerement, que lesdites Villes de S. Saphorin, & de Poilly sont dedans ladite Baronnie, & qu'il est aussi contenu par exprés en ladite Composition ou Accord de l'an XLI. laquelle a été dite bonne & valable par ledit Arrest, que le Bailly de Mâcon ne aucunes autres Officiers Royaux ne pourroient tenir Cour ne Jurisdiction esdites Villes de S. Saphorin & de Poilly, toute prescription cessant, consideré plusieurs autres raisons qui faisoient à considerer. Je à la requeste dudit Procureur fis commandement & deffenses au Bailly de Mâcon en la personne desdits Lieutenant & Procureur, & ausdits Lieutenant & Procureur, aussi ausdits Chastellains & autres Officiers des susdits qui là étoient presens en personne, & au Chancellier de Mâcon absent en la personne des dessusdits, & lequel avoit été adjourné audit jour, dont il se deprendroit, que dores en avant ils ne tiennent Cour ne Jurisdiction esdites Villes de S. Saphorin le Chastel & de Poilli le Monial, & mis au neant tous exploits faits au contraire en tout comme faire le pouvois, lesquels protesterent d'en avoir recours au Roy, & autre part où bon leur sembleroit, & ce dit jour je fis commandement aux Sergens desdites Chastellenies, qui étoient adjournez audit lieu que ils fussent le lendemain ou le Samedi ensuite à Lyon pardevers moy pour voir ordonner du fait desdits Sergens, & ledit jour ledit Maistre Antoine me donna ses raisons par écrit. Item le Vendredi IX. jour dudit mois, je fis assembler & venir par devers moy à Lyon, Messire Jean le Viste, Maistre Girart Maistre, Maistre Jehan de Forges, Messire Piere Bulle Docteur ès loix & Maistre Guillaume Petit pour avoir leur advis & deliberation, lesquels Sergens seroient ôtez de leurs offices, & lesquels demeureroient du nombre des six, & par leur advis & deliberation en consideration aux lettres du don de leurs offices, & considerées autres choses qui faisoient à considerer, je ordonnay que Huguenet Bennot dit Bastier, Guillaume Parent, Jehan Chavasson, Hennequin de Pau, Guigon Dron de Condre, & Martin Papon demouroient dudit nombre. Item le Samedi XL. jour dudit mois, je à la requeste dudit Procureur me transportay à deux carrefours au bout du Pont de Lyon, l'un de vers le Royaume, & l'autre par devers l'Empire, & là en la presence desdits Notaires & de grande quantité de gens fis lire & publier ledit Arrest, & plusieurs clauses desdites compositions, accords & Ordonnances touchant le fait desdits Sieges, des Sergens, le fait de la monnoye de Monseig. l'Arcevêque, afin que aucun ne les peut ignorer, & ce fait je fis proclamer à haute voix esdits lieux, & par celuy qui avoit accoutumé de faire les cris en la Ville de Lyon commander & deffendre de par le Roy que nul Sergent demeurant dedans la Ville, Cité, & Baronnie de Lyon, ne s'en entremette plus de executer Office de Sergens, & que les avons ôtez & deposez de leurs Offices comme torsionnaires instituez audit Office contre la teneur desdits Arrest, composition, accords, & ordonnances dessusdites, excepté six tant seulement, c'est à sçavoir ledit Huguenet Bennot dit Bastier, Guillaume Parent, Jehan Chavasson, Hennequin de Pau, Guigon Dron de Condre & Martin Papon ausquels je fis faire commandement que ils n'exerçassent leursdits Offices dedans lesdites Metes & fins, se ce n'étoit en cas de ressort & souveraineté & par commission contenant le cas, & la Justice du lieu appellée selon la teneur desdits Arrest, compositions, accords & Ordonnances dessusdites. Item je fis proclamer esdits lieux par ledit Crieur & commander de par le Roy que dores en avant l'on prit la monnoye dudit Monseigneur l'Arcevêque dedans ses fins & metes où elle avoit accoutumé d'avoir son cours, & que je croie tout empêchement mais au contraire. Item je fis faire commandement & deffense que aucun ne veinst ne attemptât contre la teneur desdits Arrest, compositions, accords & ordonnances dessusdites sur la peine contenuë en iceux. Item ce dit jour à la requeste dudit Procureur dudit Monsieur l'Arcevêque, me transportay en l'Hôtel de Rouanne en la presence desdits Notaires & de plusieurs autres & fis desseeller d'un mur qui étoit au devant du lieu, où l'on avoit accoutumé de tenir le Siege un cercle de fer qui étoit seellé & attaché audit mur, & qui y avoit été mis pour mesurer les faisseaux de sermens de vigne, & de vieux eschalas que les Manouvriers, qui ouvroient ès vignes, ont accoutumé de rapporter, quand ils retournent des vignes au soir, en signe de ôter ledit Siege dudit lieu,

de la Ville de Lyon. LXIII

& auſſi fis commandement à la femme de celuy qui avoit été Geolier & à ſon varlet auſſi que ils apportaſſent les fers qui étoient audit lieu & en apporterent trois, c'eſt à ſçavoir deux pour mettre és pieds, & un pour mettre és bras, & diſoit qu'il n'en y avoit plus, & les fis bailler à un Sergent de Mâcon appellé Guillemin Getordel, & lui fis commandement qu'il fiſt porter leſdits fers & leſdits cercles és priſons de Mâcon. Item je fis commandement à ladite femme qu'elle me montrât les priſonniers qui eſtoient és priſons dudit lieu, & qu'elle les baillaſt pour les mener à Mâcon ſelon le contenu eſdites compoſitions, laquelle me reſpondit que il n'avoit eſdites priſons que deux priſonniers, & que elle les bauldroit, mais que elle fut ſatisfaite de ſa deſpenſe & de ſon ſalaire. Item le Lundi XII. jour dudit mois, je, à la requeſte dudit Procureur, retournay eſdites priſons & fis ſemblable commandement à ladite femme, comme deſſus, laquelle répondit en preſence deſdits Notaires qu'elle les bauldroit voulentiers & les bailla audit Guillemin pour les mener és priſons du Roy à Mâcon, & ce dit jour je partis de Lyon, & me tranſportay à Mâcon. Item le Mardi XIII. jour dudit mois, je à la requeſte de Maiſtre Jehan de Forges Procureur dudit Monſieur l'Arcevêque me tranſportay au chaſtel de Mâcon, au lieu où le Bailly de Mâcon a accouſtumé de tenir ſes plaids & me requiſt ledit Procureur que en la preſence de Maiſtre Eſtienne Berardet Jugé Majeur & Vicegerent dudit Bailly, dudit Maiſtre Jehan de Nully Procureur General dudit Bailliage, Guillemin Tabellion Lieutenant ou Maiſtre des Ports à Mâcon, Pierre Gabelier & Etienne Petit-Perrin, Gardes de la Monnoye à Mâcon, Meſſire Ymbert Guillon Chanoine de Mâcon, Maiſtre Jehan Sebaſtien Philibert des Perches Licentié en Loix, Maiſtre Jehan Marin Avocat en ladite Cour, Meſſire Joſſeran Morel Chevalier, Joſſeran Freppier Receveur des Aydes, Jehan Croët, Jehan de Maſtilles, Peronet Boiſſon, Guillaume Huguenet, Guigo Grand, Ymbert Montignat & Eſtienne Grand, leſdits Milet de Martigny & Guillaume Couley Clercs & Notaires de ladite Cour, & de pluſieurs autres, je feiſſe lire & publier leſdits Arreſts, Executoire, compoſitions, accords & Ordonnances Royaux, dont audit Arreſt eſt faite mention; & fis lire & publier tout au long leſdits Arreſt & executoire & les lettres de compoſitions ou accord de l'an mil CCC. XL. & lire pluſieurs clauſes des autres compoſitions, accords, & ordonnances Royaux concernant les commandemens, & defenſes que je avois à faire. Et ce fait, je à la requeſte dudit Procureur, fis commandement & defenſe au Bailly de Mâcon és perſonnes deſdits Maiſtre Eſtienne Berardet & Procureur du Roy & audit Maiſtre Eſtienne auſſi, que ils, ne autres Officiers dudit Bailly, ne teinſſent dores en avant Cour ou Juriſdiction en la Ville & Cité de Lyon, à l'Iſle-Barbe, à S. Saphorin le Chaſtel & Poilly le Monial, ne en aucun autre lieu dedans les fins & metes de la Baronnie de Lyon ſelon leſdits Arreſts, Compoſitions, & Accors, & revoquai & mis au neant tous exploits faits au contraire par les Bailly de Mâcon ou leurs Officiers, & auſſi fis ſemblable commandement & defenſe audit Maiſtre des Ports en la perſonne dudit Guillemin Tabellion, & audit Guillemin auſſi. Item fis commandement à tous les deſſuſdits que dores en avant ils ne miſſent, ne feiſſent mettre aucuns priſonniers és priſons de Mâcon de Roanne à Lyon, mais s'il avenoit que ils feiſſent prendre aucuns priſonniers és cas contenus & à ces compoſitions que ils les miſſent ſe ils vouloient és priſons dudit Monſeigneur l'Arcevêque comme en priſon empruntée, & que dedans VI. jours ils les fiſſent mener és priſons de Mâcon ou autre part hors des metes de ladite Baronnie. Item fis commandement & defenſe auſdits Bailly, Juge, Lieutenant & au Chancellier de Mâcon en public audit Siege, pour ce que il étoit abſent, que dores en avant ils ne mettent ou faſſent mettre aucun empêchement audit Monſeigneur l'Arcevêque qu'il ne puiſſe connoître du ſel de Mâcon dedans ſa Baronnie ſelon la forme deſdites compoſitions & au Maiſtre de la Monnoye, auſſi és perſonnes deſdites gardes auſſi que ils n'empêchent dores en avant ledit Monſieur l'Arcevêque ou cours de ſa monnoye, que elle ait ſon cours és lieux où elle a accouſtumé d'avoir cours. Item notifiay audit Juge, & luy dis en public comme je avois depoſé tous les Sergens qui demouroient dedans les fins & metes de ladite Baronnie exceptés les ſix dont deſſus eſt faite mention ſelon la teneur deſdites compoſitions. Item fis commandement & defenſe en general que aucun ne mette aucun empêchement és drois dudit Monſieur l'Arcevêque contre la teneur dudit Arreſt & des compoſitions, accors & Ordonnances deſſus dites ſur les peines contenues eſdites compoſitions & Ordonnances: lequel Maiſtre Eſtienne Berardet me répondit qu'il ne ſe contentoit point à l'exploit que je avois fait eſtant qu'il pourroit porter prejudice au Roy. Item notifiay audit Guillemin Tabellion en public que je avois fait prendre deux priſonniers és priſons de l'Hôtel de Roanne à Lyon; c'eſt à ſçavoir Bernard Otin & Martin Chevalier qui étoient priſonniers audit lieu de par le Maiſtre des Ports duquel il étoit Lieutenant, & qu'ils avoient été baillés à Guillemin Gardet Sergent du Roy audit Bailliage pour les amener és priſons de Mâcon ſelon la teneur deſdites compoſitions & qu'il en ordonnât au nom de ſondit Maiſtre, quand ils ſeroient venus comme il en conviendroit de raiſon. Item cedit jour aprés diné & aprés que leſdits Priſonniers furent mis és priſons de Mâcon par les Sergens, je le notifiay audit Guillemin Tabellion en la preſence deſdits Milet de Martigni & Guillaume Boulay Notaire des ſuſdits, & qu'il en ordonnât comme bon lui ſembleroit, toutes leſquelles choſes cy-deſſus dites & écrites ont été par moy faites en la preſence de Maiſtre Jehan de Nulli Procureur General dudit Bailliage de Mâcon & deſdits Milet de Martigny & Guillaume Bouley Notaires jurez du Roi nôtre Sire audit Bailliage & de pluſieurs autres cy-deſſus nommez fait ſous mon ſéel l'an & les jours deſſuſdits.

Pax inter Archiepiſcopum & Capitulum Lugdun. ex una & cives ex altera in qua non fuit perſeveratum.

IN nomine Domini noſtri Jeſu Chriſti. O. Dux Burgundiæ R. Dei gratia Lugdun. Epiſcopus, P. eadem gratia Mariſconenſis Epiſcopus A. Bonæ vallis dictus Abbas omnibus in Chriſto Fidelibus ſalutem. Noverint univerſi præſentem paginam inſpecturi, quod diſcordia quæ vertebatur inter Dominum Regem Archiepiſcopum & Capitulum Lugdun. ex una parte & cives Lugdun. ex alia, nobis & aliis diſcretis viris mediantibus forma inferiùs annexa totaliter eſt ſopita. Dominus Archiepiſcopus & Eccleſia Lugdun. pleno jure Domini noſtri Jeſu Chriſti, juriſdictionem & poteſtatem totius civitatis tam intra Araim quam ultra recuperavit & cum clavibus univerſarum munitionum & portarum Dominus Archiepiſcopus fuit inveſtitus : ut autem pax secura inter Dominum Archiepiscopum & Cives reformaretur, convenit ut usque ad quindenam Paschæ custodia munitionum & clavium villæ ultrà Ararim O. Duci Burgundiæ committatur, quas sibi & Domino Archiepiscopo traditas usque ad præscriptum tempus ipsius nomine possidebit, præstito ab ipso Odone Sacramento, quod bonâ fide ad utilitatem Archiepiscopi & Capituli, & totius civitatis eas servabit, & quod elapso prædicto termino, sublato cujuslibet occasionis obstaculo, jam dictas munitiones & claves portarum restituet Archiepiscopo Lugdunensi, & si fortè, quod Deus avertat, aliquid humanitùs de ipso contingeret, Capitulo redderentur. In virtute insuper præstiti juramenti, tenetur idem O. ne medio tempore turrem pontis, quæ respicit sanctum Nicetium & turrem sancti Marcelli, in potestate civium ponat, sed nec in potestate Archiepiscopi vel Capituli nisi de voluntate civium & assensu, clavibus quoque portarum & turrium elapso tempore domino Archiepiscopo vel Capitulo ut dictum est restitutis : claves portarum cui vel cuilibet voluerit committet custodiendas, ità scilicet ut cives nullam possint prætendere consuetudinem, ut eis vel eorum requisito consilio alicui custodia clavium committatur : clausuras quoque & fossata quæ sunt à parte Sancti Marcelli, possunt cives suo arbitrio secundum præsentem formam meliorare, novas autem munitiones sine assensu Archiepiscopi & Capituli non possunt ædificare. Altera autem turrium in continenti destruetur, Dominus siquidem Archiepiscopus & Capitulum bonam libertatem civitatis & bonas consuetudines scriptas sive non scriptas promiserunt se bona fide servaturas.

Juramento verò præstito ad ista quatuor observanda tenentur Archiepiscopus & Capitulum : scilicet ne aliquem civium exhæredent au capiant, aut interficiant aut membra mutilent, nisi consuetudine justitiæ & dominij exigente, hoc addito in eodem juramento quod si contigerit aliquem abesse vel mutare domicilium, possessiones infra civitatem & extra constitutas liberas possideant, salvo censu & usagio dominorum. Cives quoque juraverunt vitam & membra personæ Archiepiscopi & Clericorum Lugdun. Ecclesiæ & famulis eorum & servare omnem dominationem quam prædecessores Domini Archiepiscopi & Ecclesiæ retroactis temporibus habuerunt ; hoc addito, quod nullo tempore apud quemlibet per formam Juris Ecclesiæ vel Archiepiscopi diminutionem procurabunt per se vel per alios & quoniam juramenti totius discordiæ fomitem ministravit, juraverunt Cives nullam conspirationem vel juramentum communitatis vel consulatus ullo unquam tempore se facturos, exceptis Sacramentis, quæ sunt licita super societatibus mercationum contrahendis. Idem sacramentum de consecratione præstitit Archiepiscopus & Capitulum : de damnis autem illatis & injuriis Archiepiscopo & Capitulo, & eorum adjutoribus pacem faciunt Burgensibus, & adjutoribus eorum : eamdem pacem faciunt Burgenses Ecclesiæ & Archiepiscopo, & adjutoribus eorum : super damnis autem illatis his qui de guerris non fuerunt, si Sacerdotes vel Clerici, vel homines Ecclesiæ, vel Archiepiscopi fuerint Ecclesia & Archiepiscopus pacem civibus sine ratificationis satisfactione in posterum facient observari, si vero religiosi vel alii Laici, qui non sunt homines Ecclesiæ vel Archiepiscopi eis poscentibus, si inter eos componere non possit, censuram Ecclesiasticam non negabit, ita tamen quod non licebit Archiepiscopo unum vel duos, sed totam universitatem pro horum querelis emergentibus subjicere interdicto. Ut autem tenor pacis istius immò totaliter observetur, sigilla, nostra præsenti apposuimus instrumento, & sigilla Archiepiscopi & Capituli Lugdun. Hoc idem debent facere Eduensis, & Cabilonensis Episcopi, Abbas autem Cisterciensis & Cluniacensis & Capitulum Carthusiensium, & domus templi & hospitalis similiter debent propria sigilla apponere ut de pace sic peracta de voluntate veriusque partis perhibeat testimonium veritati, Dominus autem O. Dux Burgundiæ pro pace utrique parti tenetur in solidum, Comes autem Nivernensis tenetur utrique parti mille Marchis, Dominus autem Archiepiscopus & ejus Officiales si tempore guerræ inter se & cives injuriam intulerunt corporalem, damnum & injuriam remiserunt, nec injuriantem ut injuriato satisfaciat compellere poterunt, munitionesque in ripis factæ sicut nunc sunt ita usque ad quindenam paschæ manere debent, eo excepto, quod in ripis ubi naves applicare solebant, si prædictæ munitiones impedimentum præbuerint usui applicantium, usque ad usum congruum detrahentur : simili modo si Archiepiscopus vel Ecclesia locum ripæ alicui ad ædificandum concesserit usque ad usum ædificij destruentur, hoc autem instrumentum in perpetuum valiturum, omnia alia instrumenta super prima pace quondam facta penitus irritantur : instrumentum autem consuetudinum sigillo Archiepiscopi & Ecclesiæ roboratum in sua maneat firmitate, actum anno Incarnationis Dominicæ millesimo ducentesimo octavo mense Septembri.

TRACTA

TRACTATVS
DE
BELLIS ET INDVCIIS:
QVÆ FVERVNT INTER CANONICOS
S. Ioannis Lugduni, & Canonicos S. Iusti ex unâ parte; & Cives Lugdunenses ex alterâ.

DESUMPTUS EX MONASTERII ATHENIORUM BIBLIOTHECA.

Per Claudium de Bellievre Lugdunensem.

Actum Lugduni ad quintum Kalendas Novembris, anno Domini millesimo ducentesimo sexagesimo.

HÆC EST PRIMA PRÆSENTATIO FACTA CORAM DOMINO EPISCOPO EDUENSI.

IN nomine Domini. Amen. Anno ejusdem millesimo ducentesimo sexagesimo nono, die post festum Apostolorum Petri & Pauli, Indictione decimâ secundâ, per præsens instrumentum cunctis pateat evidenter, quòd in præsentiâ mei Humberti de Chirgeyo Clerici Authoritate Apostolica Notarij & Testium subscriptorum ad hoc specialiter Vocatorum & Rogatorum, Cives Lugdunenses dixerunt, & præsentaverunt Domino Gerardo Dei gratiâ Episcopo Eduensi gerenti administrationem Episcopatus Lugdunensis ipsius Sede vacante, quòd ipsi parati erant coram ipso Domino Episcopo tanquam coram eo, qui ratione Sedis Archiepiscopalis debet Lugduni jurisdictionem temporalem obtinere & etiam spiritualem, Decano & Canonicis sancti Joannis & Obedientiario & Canonicis S. Justi Lugdunensis, & omnibus aliis de ipsis Civibus conquerentibus exhibere justitiæ complementum, & fide jubere : & si istud isti Canonici nollent facere, hoc idem obtulerunt facere, *coram Domino Legato in Francia, aut coram Domino Rege Franciâ, aut coram alio judice competente*, & fide jubere, & etiam plus facere si plus facere oporteret, eis secundum quod dictaret ordo juris. Actum Lugduni in domo Magistri Anselmi Clerici, anno, die, & inditione prætitulatis, præsentibus testibus, videlicet Domino Hugone de Turre Senescallo Lugduni, Domino Duranno de Paluel Canore Eduensi, Domino Joanne Breyssendi Canonico Eduensi, Domino Simone Palatino Canonico Lugdunensi, Magistro Uvillermo de Monte Verduno Clerico, Guillermo de Auriato, Foresio, Liætardo, Andreâ de Albone, Joanne de Durchi, & Guillelmo Albi Civibus Lugdunensibus, qui prædicti Cives tàm nomine suo, quàm nomine universorum Civium & populi Lugdunensis prædictam præsentaverunt Domino Episcopo, & facere obtulerunt. Et ego prædictus Humbertus prædictâ Autoritate publicus Notarius præmissis omnibus proùt suprà legitur interfui & præsens instrumentum scripsi & publicavi, & signo meo signavi à supradictis civibus rogatus.

Hæc sunt quæ fuerunt injuncta Domino Humberto de Vallibus, quando ivit Romam pro Civibus Lugduni, ut impetraret infrascripta.

MEmento quod privilegia concessa civibus Lugduni, ne extra civitatem Lugdunensem per litteras Apostolicas citentur, & quod non teneantur respondere coram aliquo judice, nisi coràm Archiepiscopo vel ejus Officiali seu Judice confirmentur per Papam, & quod apponatur in litterâ confirmationis, quod ex nunc Papa pronunciat irritum & inane quidquid per privilegia memorata factum fuerit, vel attentatum, & hujusmodi clausula vel consimilis illâ ratione apponatur, ne cives quando citantur extra civitatem Lugdunensem teneantur mittere, nec privilegia sua allegare.

2. Item faciatis & procuretis, quod privilegium con-

cessum Decano & Capitulo Lugdunensi, quod ipsi possunt excommunicare & quod sint Judices in causa propria cum eo abutantur, penitùs revocet, quod privilegium etiam redundat in præjudicium Archiepiscopi Lugdunensis.

3. Item procuretis, quod Canonia Lugdunensis dividatur in centum præbendas, & quod præbendæ ibi sint distinctæ, quarum præbendarum faciatis collationem ad Archiepiscopum pertinere, & faciatis quòd in dicta Canonica Lugdunensi, filij Civium, & alij innobiles in dicta Canonia recipiantur, aliqua consuetudine contraria non obstante, quæ consuetudo dicitur potiùs corruptela quam consuetudo, cum sit contra jura Canonica expressè; Aliàs pax inter Canonicos & Cives fieri non potest.

4. Item procuretis eodem modo, quòd in Monasterio sancti Petri Monialium Lugduni sint & constituantur centum Monachæ, & quod filiæ Civium Lugdunensium, & aliæ innobiles ibi recipiantur aliqua consuetudine non obstante: nam sciatis pro certo quod Papa Clemens omnia prædicta fecisset si vixisset, sed morte præventus facere non potuit.

5. Item procuretis, quod Civitas Lugdunensis habeat communitates & sigillum commune.

HOC EST TRANSCRIPTUM TREUGÆ.

Nos M. Decanus P. Archidiaconus, E. Præcentor, Chatardus Cantor, G. Camerarius, G. Custos sancti Stephani, P. Athanulphus Urgellus, Henricus de Villars, Raimundus Francisci, Guichardus de sancto Symphoriano, Gaufredus de Sinemuro, & Capitulum Lugdunense, C. Obedientiarius, Girinus Sacrista, & Capitulum sancti Justi, Notum facimus universis præsentes litteras inspecturis, quòd nos pro nobis & universis & singulis Coadjutoribus, Hominibus, & Valitoribus nostris, damus firmam treugam Civibus, & populo Lugdunensi, universis & singulis & Coadjutoribus & Valitoribus eorumdem usque ad contramandamentum, & à tempore contramandamenti usque ad summum mensem continuum & completum, & continebit mensis viginti & octo dies, & poterunt demandare treugas ex parte Capitulorum duo, Comes Forensis, & Decanus Lugdunensis, vel alter eorum per litteras eorumdem Comitis & Decani apertas, & sigillis suis sigillatas, vel alter eorum Joannes de Durchi, Simoni Gerardo, Allemani, Matheo de Fuer de Panetaria, & Guillelmo de Aurgiaco, vel alteri ipsorum in domibus suis Lugduni quas inhabitant, & ex parte Civium possunt demandare treugas prænominati quatuor Cives, vel alter ipsorum per litteras sigillo suo sigillatas, & sigillis aliorum duorum proborum virorum, & signo tabellionis signatas prædictis Domino Comiti Forensi & Decano, vel alteri ipsorum præfato videlicet Comiti apud Mirebellum, & Decano in domo sua Claustri Lugdunensis, & litteræ demandationum debent demitti, & remanere penès illum vel illos, cui vel quibus fiet demandatio, ita quòd durante ista treuga per Nos, vel aliquem de nostris, ipsos Cives, vel populum, vel eorum aliquem non offendemus in personis, rebus & possessionibus eorumdem, & vice versa Nos Joannes de Foresio, & Joannes Liatardi, Stephanus Flamens, Matheus de Fuer de Panetaria, & Guillelmus Blanc Cives Lugdunenses habentes potestatem & mandatum sufficiens à Concivibus nostris, & populo Lugdunensi supradictis memoratis Decano, Canonicis & Capitulo Lugdunensi, Obedienciario & Canonicis sancti Justi, Coadjutoribus, Hominibus, & Valitoribus suis pro universis & singulis Concivibus nostris, & populo Lugdunensi, necnon & Coadjutoribus & Valitoribus ipsorum Civium damus firmam treugam usque ad terminum supradictum, ità quòd durante etiam treuga per aliquem de ipsis Concivibus & Coadjutoribus suis, ipsos Decanum, Canonicos, & Capitulum Lugdunense, E. Obedienciarium, & Canonicos sancti Justi, vel aliquem ipsorum vel Coadjutorum, vel Valitorum ipsorum non offendent in personis, rebus & possessionibus eorumdem. Hoc Acto inter Nos Canonicos supradictos, & Cives prænominatos, quòd nos Canonici, Capellani, Clerici, & familiares nostri medio tempore liberè revertantur ad Claustrum Lugdunense & hospitia nostra, & simus ibi fine omni impedimento, & de rebus mobilibus, quas in Claustro, & in locis in quibus tenemus conductum nostrum, & habemus nostram possimus facere voluntatem: & similiter Nos dicti Cives & populus Lugdunensis habebimus interim domos, res nostras, possessiones & Castra saisita & occupata ab ipsis Canonicis, vel mandato eorum liberè & sine impedimento sicut habebamus tempore motæ guerræ: & est actum inter nos, quod insuper ista treuga, Catenæ de novo positæ in Civitate Lugdunensi non tendantur, sed demissæ remanent, & detentæ, & omnes qui capti detinentur ab utraque parte debent manu levari ad arbitrium Domini Guigonis Gleteins, & Thomæ Corderij, & si contingeret fortè (quod absit) quòd medio tempore pax non fieret inter nos supradictos, Nos dicti Canonici per octo dies ante finem treugæ debemus recedere à Claustro prædicto liberè, & manere extrà Claustrum prædictum, & Claustrum dimittere sine munitione armatorum, vel hominum & similiter Castrum de Bechevellin remanere Domino de Turre, qui debet ipsum nobis restituere, & eodem modo Nos dicti Cives per octo dies ante finem treugæ res nobis restitutas, & desaisitas debemus dimittere & reducere in statu in quo modo sunt, exceptis victualibus, & eodem modo. Hanc autem treugam prædictam, universas & singulas conventiones supradictas, Nos præfati Canonici & Cives nominati promittimus per juramentum præstitum super sancta Dei evangelia tenere firmiter & innmobiliter observare, & contra per Nos vel per alium aliquatenus non venire, & dictam treugam debent jurare per prænominatos Cives & de melioribus Civibus quos Canonici duxerint eligendos, præter Joannem de Foresio, Joannem Liatardi & Thomam Corderij, & pro ipsis Civibus debent dare treugam & fidejussorio nomine obligare se de omnibus conventionibus supradictis attendendis nobiles viri Albertus de Turre, & Humbertus Dominus Montislapelli pro Canonicis dabunt treugam, & obligabunt se fidejussorio nomine de prædictis conventionibus attendendis, Illustris vir Dominus Raymundus Comes Forensis, & Dominus Belljoci, ac Nobiles viri Humbertus Dominus de Thoire & de Villars, Humbertus Dominus Montislupelli, & Dominus Candiaci. Actum est inter Nos partes prædictas, quod si ab alterutra partium fieret aliqua offensio alteri durante dicta treuga, & si etiam in aliquo offensum est, vel commissum ab alterutra partium contra treugam nuper datam & initam inter Nos satisfiat, & emendetur ad arbitrium seu arbitratum Nobilis Viri Domini Guichardi, Domini Montaignac, & Joannis Liatardi Civis Lugdunensis. Si verò aliquid esset dubium vel obscurum in dicta treuga, vel ab aliis conventionibus supradictis ad arbitrium duorum, scilicet Decani Lugdunensis & Joannis Liatardi, & Illustris Viri Domini Philiberti Sabaudiæ & Burgundiæ Comitis, vel mandati sui desuper recurratur, & eorum declarationi stetur. Vel dictis Decano & Joanne discordantibus, declarationem Domini Philippi Comitis supradicti vel mandati ejusdem, in cujus rei testimonium Nos omnes principales & fidejussores expressè superiùs nominati confitentes omnia promissa, & singula esse vera, sigilla nostra præsentibus duximus apponenda, & Nos G. miseratione divina sanctæ Viennensis Ecclesiæ Archiepiscopus, in cujus præsentia omnia prædicta acta sunt, & confessata ad requisitionem dictarum partium sigillum nostrum una cùm sigillis eorum, præsentibus apponi fecimus in testimonium rei gestæ. Datum anno Domini millesimo ducentesimo sexagesimo nono, die Jovis post festum beati Joannis Baptistæ.

CONTRAMANDATUM TREUGE.

Nos M. primæ Lugdunensis Ecclesiæ Decanus, significamus Guillelmo de Ansiaco Civi Lugdunensi, & per eum omnibus Civibus & habitatoribus Lugduni, quòd treugam, si treuga dici potest, & si quam treugam habeamus inter nos ex utrâque parte, & dictos Cives Lugdunenses ex alterâ super discordiâ quam habebamus contra ipsos, demandamus pro nobis & Capitulo nostro Lugdunensi, & Coadjutoribus nostris, & Valitoribus universis, in cujus rei testimonium, sigillum nostrum præsentibus litteris duximus apponendum. Datum die Veneris post festum sancti Mathæi Apostoli anno Domini millesimo ducentesimo sexagesimo nono.

TRANSCRIPTUM COMPROMISSI.

Nos Frater Yvo Dei gratia Abbas Cluniacensis, & Nos Joannes de Traves miles Domini Regis Francorum, & Henricus de Gandoviler miles Balivius Bituricensis, Universis præsentes litteras inspecturis salutem in Domino. Certum vobis facimus, quod Nos procedens Abbas Cluniacensis ex parte Reverendissimi in Christo Patris R. Dei gratia Episcopi Albanensis sedis Apostolicæ Legati, & ex parte Romanæ Ecclesiæ, & Illustrissimi Viri Domini Regis Francorum, & Nos Joannes de Traves, & Henricus de Gandoviler Balivius Bituricensis ex parte prædicti Domini Regis Francorum ad partes Lugdunenses missi pro tractando & ponendo pacem & concordiam in contentione seu dissentione, quæ est inter Decanum & Capitulum sancti Joannis, & Capitulum sancti Justi Lugdunensis ex unâ parte, & Cives & populum Lugdunensem ex alterâ, Nos intromisimus de ponendo pacem & Concordiam inter partes prædictas & demùm Nos posuimus inter prædictas partes talem Concordiam, scilicet quod Decanus & Capitula sancti Joannis & sancti Justi, & Cives & Populus Lugdunensis compromiserunt, seu fecerunt compromissum de omnibus querelis & discordiis in Dominos Legatum & Regem Franciæ altè & bassè ad voluntatem suam, vel per concordiam & assensum parcium, vel de jure, excepto hoc quod prædicti Decanus & Capitulum sancti Joannis volunt & requirunt quod Novitates quas Cives & populus Lugdunensis fecerunt, sicut dicunt Decanus & Capitulum sancti Joannis, amoveantur ante omne opus : quæ Novitates sunt tales, quòd ipsi sint desaisiti de Claustro & de domibus suis, & de jurisdictione Villæ Lugdunensis quæ pertinet ad Ecclesiam sancti Joannis Lugdunensis, & pontes, fossata, barras, turres, catenas, Casaria, portas, Claves, & alias res factas de novo, quæ sicut dicunt Decanus & Capitulum sunt manifestæ ad oculum, & sunt manifestæ per sententias datas ab Episcopo Eduensi Ordinario Lugdunensi Sede vacante, & per confirmationem factam Authoritate dicti Legati, & per sententias datas in Concilio Provinciali. Quare dicunt prædicti Decanus & Capitulum, quòd res prædictæ non debent venire in compromissum, neque in dubium aliquod, imò debent amoveri ante omne opus, maximè cum ipsi obtulerint pluries, & adhuc offerunt prædictis Civibus & populo Lugdunensi, qui sunt Justiciales Ecclesiæ sancti Joannis, sicut dicunt quòd eis darent curiam non suspectam, nihilominus si Domino Legato & Domino Regi videretur, quod ipsi debeant plus facere, parati sunt facere ad consilium & voluntatem suam suis rationibus auditis, & prædictis Cives & Populus Lugdunensis obtulerunt se credituros prædicti Domino Legato , & Domino Regi de omnibus Contentionibus & querelis, & de omnibus quæ sunt ratione Contentionum, & si videatur eis quod plus debeant facere, parati sunt facere, ad consilium & voluntatem suam, auditis rationibus eorumdem & de omnibus supradictis attendendum, prosequendum, & adimplendum & servandum secundùm formam superius divisam, Decanus & Capitulum S. Justi, scilicet, Myllo de Vallibus Decanus. Petrus de Augusta Archidiaconus. Guillelmus de Poypia Præcentor, Chatardus Cantor, Hugo de Turnone Sacrista, Guillelmus Custos. Theauldus. Guido de Thiert, Durgellus, Guillelmus Buthi, Guichardus de Farnay, Girinus & Guichardus de S. Symphoriano ; Stephanus de Candiaco, Petrus Marescalci, Hugo de S. Germano, & Hugo de Piseys Canonici S. Joannis Lugduni ; Boso de Langes. Stephanus Caras, Rodolphus Bartholomeus Tardy. Dionisius de Sacconins, & Stephanus Caras junior, & Guillelmus de Riovie, Canonici sancti Justi, juraverunt super sancta Dei evangelia, & obligaverunt omnia sua bona, & omnia bona Capitulorum sitorum mobilia & immobilia ubicumque existentia, & tradiderunt litteras sigillatas sigillis prædictorum Capitulorum sancti Joannis & sancti Justi ; similiter Cives & populus Lugduni juraverunt super sancta Dei Evangelia attendere, persequi, adimplere, & servare omnia supradicta secundùm formam superiùs divisam, & obligaverunt omnia bona sua mobilia & immobilia ubicumque existentia. Præterea prædictæ partes dederunt sibi adinvicem, scilicet una pars alteri appeissamentum sive quietam pro eis, & pro adjutoribus suis, nominatim pro Comite Forensi ex parte Decani & Capitulorum, & nominatim pro Hugone de Turre Senescalco Lugduni, & Humberto fratre suo, ex parte, cùm & populi Lugduni usque ad Carnisprivium Vetus : & istud appeissamentum Decanus, Canonici sancti Joannis, & sancti Justi juraverunt super sancta Dei evangelia attendere, & servare benè & fideliter, & de hoc dederunt fidejussorem Comitem Forensem, qui se pro eis constituit fidejussorem, & juravit super sancta Dei evangelia attendere benè & fideliter dictum appeissamentum, & de hoc dederunt fidejussores, Hugonem Seneschalcum Lugduni, Humbertum de Turre fratrem ejus, Humbertum Dominum Montislupelli, Mattheum de Fuer de Panetria, Bernardum de Chaponay, Joannem de Chaponay, Bartholomæum de Chaponay, Joannem de Varey, Petrum de Varey, Bartholomæum de Varey, Bernardum de Varey, Matheum de Mura, Thomam de Varey, Rodulphum de Varey, Humbertum de Varey, Durannum de Fuer, Bartholomæum de Fuer, Petrum de S. Vallerio ; Raimondum Fillater. Stephanum de Curtili, Pontium de Albone, Hugonem de Fuer, Joannem de S. Thouderio, Stephanum Danzia, Petrum Danzia, Petrum de Chalenz, Guillelmum Bombalet, Stephanum Eldun, Stephanum de Sancto Michaële, Petrum Raimond, Joannem de Luys, Stephanum Lireydo, Guillelmum Alby, Petrum Alby, Andream Raffin, Bartholomæum de Porta, Hugonem de Rochetallia, Peronetum de Chaponay, Guiotum de Mura, Jaquemetum Allamanni, Peronetum de Clusa, Thomam Dosdieu, Guillelmum Dosdieu, Petrum & Guillelmum Boer, Humbertum Anglici, Petrum Chavessin, Joannem Faisy, Petrum de Varey, Badellum quondam, Aimonem de Vienna, Joannem Gay, Aimonem Corneton, Petrum de Nieure, Nicolaum de Conches, Guillotum Depons, Joannem de Dulchi, Nepotem Joannem de Fuer, Bernardum Malenc, Girardum Alammanni, Nicolaum Bo, Joannem Vendranta, Petrum de Neuro, Falconetum de Puteo, Petrum Do, Humbertum Videmus, Petrum de Vaux, & Guillelmum Grignieux, Petrum de Vienna, Joannem de Losanna, Humbertum de Dulchi, Hugonem Peleter, Goffredum Giroudi, Laurentium Delbene, Petrum Belmont, Humbertum Capelli, Nicerium de l'Albent, Martinum Tricas, Martinum Lombardi, Petrum Ruffi, Aimonem Varisfant, Petrum Acarie, Pontium de Floryeu, Humbertum Fust, Joannem de Foreyz, & Joannem Liatardi, Cives Lugduni, qui omnes constituerunt se fidejussores, & juraverunt super sancta Dei evangelia dictum appeissamentum servare benè & fideliter pro eis & suis, prædicti Cives & populus dederunt litteras

A ij

sigillatas sigillo Domini Episcopi Claramontensis, & sigillo Baillivi Matisconensis de dicto appeissamento servando, sicut superius divisum est, & concordatum inter partes prædictas, quòd prisiones qui sunt capti ab utrâque parte ponentur in manu Domini Legati & Domini Regis ad liberandum eos vel ex eis faciendum voluntatem suam, & in testimonium rerum præmissarum, Nos Abbas Cluniacensis, Joannes de Traves, & Henricus de Gaudonvillier prænominati, qui huic Compromisso interfuimus, de voluntate & ad requisitionem dictarum partium præsentibus litteris sigilla nostra apposuimus, Actum, & datum Lugduni, in festo sancti Vincentii, Anno Domini millesimo, ducentesimo sexagesimo nono.

Hoc est Transumptum litteræ fidejussionis factæ à Comite Forensi de attendendo appeisamento dato ex parte Capitulorum sancti Joannis & sancti Justi Lugduni, & ratione compromissi prædicti.

Nos Decanus & Capitulum Lugdunen. & Obedientiarius, & Capitulum sancti Justi, Notum facimus Universis præsentes litteras inspecturis, quod nos promittimus bonâ fide per nostra juramenta & sub obligatione bonorum nostrorum, quod Conventiones tales quales eas habent scriptas, vel scripserunt Dominus Abbas Cluniacensis, Dominus Joannes de Traves & Baillivus Bituricensis de prosequendo compromisso coram Domino Rege, & Domino Legato Franciæ, super querelis, quæ sunt inter nos, & Cives Lugduni, sicut ipsi tres prædicti dictas Conventiones sigillaverunt sigillis suis quod nos eas attendemus, & faciemus apeissamentum datum coram illis tribus à Nobis & Civibus Lugdunensibus prout continetur in scripto sigillato sigillis eorum totum signabimus & tenebimus, & faciemus teneri, & de isto apeissamento dedimus fidejussorem, Nobilem Virum Reverendum Comitem Forensem, & Dominum Bellijoci, scilicet Nos prædicti Decanus & Capitulum sancti Joannis & Obedientiarius & Capitulum sancti Justi, Nos prædictus R. Comes Forensis, & dicti Bellijoci ad requisitionem & preces prædictorum Decani, Obedientiarii & Capitulorum sancti Joannis & sancti Justi Lugduni constituimus Nos fidejussores de dicto appeissamento tenendo, & si quid aliud offensum esset ex parte ipsorum, Nos tenemur illud evitare ad effectum eorumdem, & ad dictum, & cognitionem prædictorum Domini Regis, & Domini Legati Franciæ, & omnia ista promittimus sub obligatione omnium bonorum nostrorum, & in testimonium hujus rei Nos prædicti principales & Nos prædictus Comes præsentibus litteris sigilla nostra apposuimus. Datum Anno Domini millesimo ducentesimo, sexagesimo nono, in crastino Beati Vincentii.

HOC EST PRIMUM PRÆCEPTUM Domini Regis, & Legati.

Ludovicus Dei gratia Francorum Rex, & Rodolphus ejusdem miseratione Episcopus Albanensis Apostolicæ Sedis Legatus Universis præsentes litteras inspecturis salutem, Notum facimus quod cum propter graves dissensiones, discordias & guerras quæ dudum motæ fuerant inter Decanum & Capitulum majoris Ecclesiæ & Obedientiarium & Capitulum Ecclesiæ sancti Justi Lugduni ex parte unâ, & Cives & totum populum Civitatis Lugdunensis ex alterâ, & diversarum quæstionum & querelarum hinc inde materia exorta fuisset, tandem partes supradictæ in Nos mediantibus Religioso Viro Abbate Cluniacensi & Joanne de Traves milite & Henrico de Gaudonvillier Baillivo Bituricensi, qui apud Lugdunum per Nos missi fuerant pro pace & Concordiâ inter partes ipsas super prædictis discordiis reformandis compromittere curaverunt, ita quod altè & bassè, & prout vellemus possemus facere de omnibus præmissis quæstionibus & querelis, & eas etiam pro nostræ voluntatis libito terminare, obligantes se dictæ partes juramentis & sub obligatione etiam omnium bonorum suorum in manibus dictorum Abbatis & J. & G. prædicta omnia attendere & servare prout hæc alia in litteris hujusmodi Compromissi super hæc confectis, sigillis dictorum Abbatis J. & G. sigillatorum, & Nobis missis plenius continetur. Comparentibus igitur M. Decano, G. Sacrista, P. Marescallo, G. Decano Bellijoci, Canonicis Lugdunensibus & Procuratoribus Lugdunensis Capituli pro ipso capitulo, & B. Obedientiario, & Girardo de Leigo Canonico sancti Justi, & Procuratoribus Capituli sancti Justi prædicti pro ipso Capitulo sancti Justi ex parte unâ, & Joanne de Durchi & Joanne Liatardo, Guillelmo Albi & Petro Flament Civibus Lugduni Procuratoribus dictorum Populi & Civium Lugduni pro ipso populo & Civibus parte ex alterâ cum mandatis ad hoc procurandi & perficiendi Parisiis coram Nobis, Iidem Procuratores hinc inde recognoverunt compromissum fuisse in Nos per partes prædictas secundùm formam in dictâ litterâ compromissi contentam, & Procuratores dictorum Capitulorum ad majorem cautelam de novo, & secundùm eamdem formam totaliter in Nos nomine ipsorum Capitulorum compromittere curaverunt. Nos verò diligenti priùs tractatu & deliberatione super his prædictis paci & quieti ac tranquillitati prædictarum partium, quantùm cum Deo possumus, prospicere intendentes, volumus, ordinamus, & præcipimus pro bono pacis & Concordiæ dictis Procuratoribus partium in nostrâ præsentiâ constitutis, quod pax firma & stabilis sit à modò inter partes prædictas, & inhibemus dictis Procuratoribus, & per ipsos partibus præfatis quatenùs Procuratores existunt, ne occasione prædictarum quæstionum seu dissentionum guerram ulteriùs facere præsumant, Ordinamus etiam & præcipimus ut omnes homines qui sunt hinc inde capti, plenè fine dilatione qualibet liberentur : Volumus insuper, ordinamus, & præcipimus quod Claustrum Ecclesiæ sancti Joannis liberè restituant Cives Ecclesiæ dicti loci, ac pariter domos Canonicorum quas ipsi Cives tenent in statu in quo nunc sunt restituant Canonicis antedictis, Item Pontes, fossata, barræ, muri, catenæ, portæ, charfalia & consimiles fortalitiarum novitates à Civibus introductæ ad expensas ipsorum Civium amoveantur, & in eundem statum reducantur, in quo erant tempore quo Nobilis Vir Philippus nunc Comes Sabaudiæ Sedem Lugdunensem dimisit, Ità tamen quod per amotionem fortilitiarum hujusmodi, neque in possessione, vel in proprietate jus novum in posterum parti Alterutri acquiratur vel diminuatur antiquum, sed perindè sit ac si hujusmodi fortalitia quæ de novo facta tolli præcipimus minimè fuisse contigisset, & intendimus viros idoneos deputare pro præmissis executioni debitè demandandis. Et quia Venerabilis in Christo pater Episcopus Eduensis qui Sede Lugdunensi vacante Archiepiscopalem jurisdictionem exercet in præmissâ Civitate & Diœcesi quasdam sententias excommunicationis & interdicti in Cives & Civitatê Lugdunensem occasione novitatis, & captionis hominum præmissorum pro dictis Capitulis dicitur promulgasse, Volumus & Ordinamus ipsius nunc præsentis ad id accedente consensu, quòd idem Episcopus sententias ipsas occasione prædictâ latas duntaxat remotis dictis novitatibus & prædictis hominibus liberatis sine qualibet difficultate relaxet, ità quod ex causis prædictis vel earum alterâ post relaxationem sententiarum hujusmodi, nec dictos Lugduni Cives excommunicatos, nec ipsam Civitatem reputet seu nunciet, aut nunciari faciat interdictam ; & nihilominus Volumus, ordinamus & præcipimus, ac mandamus, quod prædicta Capitula procurent sententias hujusmodi, si quæ per Provinciale Concilium in Civitatem & Cives prædictos pro ipsis capitulis occasione prædictâ latæ fuerint sine difficultate & dilatione quâ-

inter Canon. S. Ioannis. Lugd. &c Et Cives Lugd. 5

libet relaxari. Cæterum super aliis quæstionibus, quæ inter partes prædictas remanent terminandæ cum examinationem exigant longiorem nobis plenam & liberam potestatem retinemus pro de ipsis cognoscere, & pronunciare possimus, secundùm quod nobis videbitur esse bonum, hæc omnia & singula dicti Procuratores partium prædictarum in nostrâ præsentiâ constituti acceptarunt & etiam approbarunt. Actum Parisiis anno Domini millesimo ducentesimo sexagesimo nono Mense Februarij.

HOC EST TRANSCRIPTUM CUIUSDAM INHIBITIONIS factæ à Domino Rege & Legato.

Ludovicus Dei gratia Rex, & Rodolphus ejusdem miseratione Episcopus Albanensis sedis Apostolicæ Legatus discretis viris Decano & Capitulo majoris Ecclesiæ, & Obedientiario & Capitulo sancti Justi, & populo ac Civibus Lugdunen. salutem & dilectionem, Cum nos ex compromisso à vobis in nos facto, inter alia duximus ordinandum quod inter vos pax firma & stabilis perseveret super discordiis & guerris inter vos motis pro querelis & de quibus in nos extitit compromissum, vobis universis, & singulis tenore præsentium inhibemus ne occasione prædictarum querelarum guerram ad invicem faciatis aut faciendum favorem, vel auxilium, vel consilium in aliquo præbeatis, sed in bonâ pace expectetis decisionem querelarum per nos vel alios, quos ad hoc deputavimus faciendam. Actum Parisiis Anno Domini millesimo ducentesimo sexagesimo nono, Mense Februarij.

HOC EST TRANSCRIPTUM COMMISSIONIS CUIUSDAM.

Ludovicus Dei gratia Francorum Rex, & Rodolphus ejusdem miseratione Episcopus Albanensis & Apostolicæ sedis Legatus, Dilectis suis Magistris Joanni Coci Canonico Nivernensi & Guidoni dicto Basso militi salutem & dilectionem. Cum nos ex potestate compromissi in nos facti altè & bassè à Capitulis sancti Joannis & sancti Justi Lugdunensis ex parte unâ & Civibus Lugduni ex alterâ de querelis & discordiis quæ sunt inter eos super quibusdam certis capitulis pronunciandum aliis quibusdam reservatis indagini pleniori mandamus vobis, quatenus tenore nostrarum litterarum super hoc confectarum diligenter inspecto pronunciationem ipsam ex parte nostrâ debitæ executioni demus tradatis, & bonam pacem servare inter partes cum omni diligentiâ faciatis ; Actum Parisiis die Veneris ante brandones Anno Domini millesimo ducentesimo sexagesimo nono.

HOC EST TRANSCRITUM ALTERIUS CUIUSDAM Commissionis.

Ludovicus Dei gratia Francorum Rex & Rodolphus ejusdem miseratione Episcopus Albanensis Apostolicæ sedis Legatus, dilectis suis Magistro Joanni dicto Coco Canonico Nivernensi, & Guidoni dicto Basso militi, salutem & dilectionem, cùm compromissum in nos factum altè & bassè de querelis & discordiis quæ sunt inter capitula sancti Joannis & sancti Justi Lugdunensis ex parte unâ, & Cives Lugduni ex alterâ, in nonnullis articulis super quibus nondum pronunciavimus qui longam examinationem exposcunt, nunquam fuit intentionis nostræ recipere nisi possemus in negotio compromissi procedere per nos vel per alios deputandos à nobis, mandamus vobis quatenus ad Civitatem Lugdunensem personaliter accedentes requiratis partes ex parte nostrâ, quod si voluerint finem imponi negotio, sufficientes litteras nobis tradant, in quibus contineatur expressè, quod memoratæ partes compromissum jam in nos factum de querelis & discordiis, quæ sunt inter eos, secundum

formam nobis traditam in omnibus & per omnia ratificant & acceptant eo adjecto ulteriùs quòd liceat nobis vel illis, quos ad hoc deputavimus diebus feriatis & non feriatis procedere servato juris ordine vel etiam non servato, ac etiam pronunciare conjunctim vel divisim partibus præsentibus vel absentibus, dummodò Civibus evocatis , & per nos Legatum pars quæ non obtemperaverit arbitrio , per excommunicationis & interdicti sententias, & per nos Regem, per captionem bonorum mobilium & immobilium ubicumque in Regno nostro existentium possit districtissimè coerceri. Actum Parisiis , die Lunæ post brandones anno Domini millesimo ducentesimo sexagesimo nono.

HOC EST TRANSCRIPTUM COMPROMISSI RATIFICATI.

Nos universi Cives Lugdunenses, totusque Populus Civitatis ejusdem , omnibus præsentes litteras inspecturis, Notum facimus, quod nos compromissum factum à nobis omnibus ex unâ parte , & Venerabiles viros M. Decanum & Capitulum Lugdunense , B. Obedientiarium, & Capitulum sancti Justi Lugduni ex alterâ , in illustrissimum Ludovicum Dei gratia Regem Francorum , & in Reverendum Patrem Rodolphum eâdem gratia Albanensem Episcopum, Apostolicæ sedis Legatum altè & bassè de querelis & discordiis quæ sunt inter nos ex unâ parte , & Venerabiles viros M. Decanum, Obedientiarium & Capitula supradicta, ex alterâ secundum formam eisdem Domino Regi & Domino Legato à nobis traditam in omnibus , & per omnia ratificamus & acceptamus, eo adjecto ulteriùs quod liceat prædictis Domino Regi & Legato per se vel per alios , contentiones ipsas de plano examinare , & decidere , mutare personas quas ad hoc deputaverunt diebus feriatis, & non feriatis procedere juris ordine servato , vel etiam non servato , ac etiam pronunciare super præmissis conjunctim vel divisim partibus præsentibus vel absentibus, dummodò penitus evocatis promittentes pro nobis & hæredibus nostris quos ad hoc observandum & tenendum obligamus, & etiam sub obligatione omnium bonorum nostrorum ubicumque existentium, mobilium & immobilium, præsentium & futurorum, quæ superiùs expressæ sunt, nos firmiter & inviolabiliter servaturos, & quod per prædictum Dominum Legatum, si pars nostra non obtemperaverit dicto seu arbitrio, per Excommunicationis aut interdicti sententias , & per prædictum Domin. Regem, per captionem bonorum nostrorum mobilium & immobilium ubicumque existentium possit districtissimè cohercere, & quia sigilla non habemus, rogamus Religiosum Patrem Dei gratia Abbatem Cluniacensem ut præsentibus literis sigillum suum apponat in robur, fidem & testimonium prædictorum. Nos verò supradictus Abbas Cluniacensis, in cujus præsentiâ prædicta acta sunt apud Lugdunum in majori Ecclesiâ ad preces prædictorum Civium & populi Lugduni convocati in præsentiâ nostrâ & plurium aliorum anno Domini millesimo ducentesimo Sexagesimo nono die jovis ante ramos palmarum præsentibus litteris sigillum nostrum fecimus apponi in fidem & testimonium præmissorum. Datum Lugduni Anno & die prædictis.

HOC EST TRANSCRIPTUM SECUNDI PRÆCEPTI Regis & Legati.

Ludovicus Dei gratiâ Francorum Rex , & Rodolphus eâdem gratiâ Albanensis Episcopus Apostolicæ sedis Legatus, universis ad quos præsentes litteræ pervenerint salutem. Notum facimus, quod Decanus & Capitulum majoris Ecclesiæ, Obedientiarius, & Capitulum S. Justi Lugdunensis ex una parte, & Cives ac totus populus Lugdunensis ex alterâ , ad sedandam guerram, quam per se & per valitores suos habebant,

A iij

inter se invicem compromiserunt in nos super querelis, & discordiis omnibus, quas invicem habebant, & quæ erant materia dictæ guerræ, & etiam quæ per guerram emerserant inter ipsos, concedentes nobis, quod per nos, vel per alios substituendos à nobis vel pro nobis duobus substituendos ab illis quos nos Rex prædictus proposuimus in absentiâ nostrâ ad custodiam Regni nostri, dictæ discordiæ, & querelæ examinentur ac etiam terminentur prout hæc & alia in litteris indè confectis pleniùs continentur. Nos autem dictum compromissum recepimus duraturum donec Ecclesia Lugdunensis Electum confirmavit, vel Archiepiscopum habuerit, ipsi Ecclesiæ præsidentem, ultra terminum per nos vel per alios minimè processurum in iis quæ in ea remanserint terminanda, de quibus tunc non determinatis actum est, quod utrique parti compromisso solito salva remaneat omninò in ipsis prosequutio sui juris in iis quæ anteà determinata fuerant in suo robore duraturis. Sanè cum jam pronuntiavimus quod inter partes pax firma & stabilis perseveret, nos ad pacem interpartes, quæ per se vel per valitores suos pleniùs conservandum ac etiam ad exequendum mandatum quod aliàs fecimus de fortaliciorum novitatibus amovendis, quæ erant à civibus introductæ, quas juxtà ordinationem nostram præcepimus amoveri, & ad procedendum in compromisso vice nostrâ in iis quæ remanent terminanda, Magistrum Joannem dictum Cocum Canonicum Nivernensem, & Guidonem Basso militem de Consensu partium deputavimus loco nostro cum expertis eorum Lugduni propter prædicta moraturos, donec ad exequenda præmissa alios secundùm quod promissum est contigerit subrogari, mandantes & præcipientes ex præsentatione compromissoriâ partibus antè dictis sub pœnis, & vallamentis contentis, in litteris compromissi, quatenus prædictis Canonico & Militi in iis quæ ad pacem pro se & suis servandam attinent, & in amovendis dictis novitatibus, & in cæteris ad compromissum spectantibus plenè obediant & attendant, & si super novitatibus reducendis in eum statum in quo erant tempore quo Comes Sabaudiæ sedem Lugdunensem dimisit aliqua dubitatio de illo statu, in quo tunc erant forsitan oriatur, stetur in hoc veritate de plano cognitâ, arbitrio eorumdem vel aliorum quos contigerit subrogari, & ut pax meliùs conservetur, volumus & mandamus quod pars una possessiones alterius, quas per se vel per valitores suos occupant in guerra, vel occasione guerræ ipsius, & adhuc detinet, occupatas liberè restituat, & in pace dimittat occupationis tempore possidenti, salvo in iis unicuique partium in posterum jure suo, si de iis prout ratio dictaverit, voluerint experiri. Nos verò Legatus omnes excommunicationis & interdicti sententias latas in Civitatem & Cives præfatos pro querelis dictorum Capitulorum super quibus in nos extitit compromissum totaliter relaxandum mandamus, eas relaxatas publicè nunciari injungimus etiam prædictis Canonico & Militi, quod si alterutra partium per se, vel per alium, pacem quam mandamus servari inter partes quoquo modo perturbaverit, aut mandata per nos facta adimplere contempserit, ad ejus malitiam compescendam, auxilium invocent Ballivi Matisconensis, cui nos Rex præcipimus quod talem rebellionem severiter studeat coërcere. Nos verò Legatus attendentes, quod partes in hoc consenserunt, quod possemus perturbatores pacis, aut in aliquo venientes contrà compromissum, aut mandata nostra, ad parendum per censuram Ecclesiasticam coercere, illos quos pacem contigerit perturbare aut mandata præmissa contemnere ex nunc excommunicationis vinculo manere decrevimus innodatos, Abbati Cluniacensi per has præsentes litteras dantes plenariam potestatem ut vice nostrâ partem quam noverit esse in talibus culpabilem excommunicationis vinculo auctoritate nostrâ denunciet, & denunciari faciat publicè innodatam, Et quoniam præ-

nominati Canonicus & Miles pro præmissis exequendis diu vacare non valeant, se excusent, idcirco nos prædictus Rex Domino Nigello, & nos legatus Abbati Sancti Dionisij in Franciâ, damus his præsentibus litteris in mandatis, quod in locum eorumdem alios viros idoneos cum expensis partium Lugduni propter præhabita moraturos subrogent, & subrogatos pro nobis, & vice nostrâ mittant quoties fuerit opportunum. In cujus rei testimonium præsentibus litteris nostra fecimus apponi sigilla, Datum Neumasij die Lunæ ante Ascensionem Domini, millesimo ducentesimo septuagesimo.

HOC EST TRANSCRIPTUM CUJUSDAM MONITIONIS facta per Dominum J. Coci, & G. Bassi.

Nos Joannes Coci Canonicus Nivernensis & nos Guido Bassi Miles, dati & constituti ab illustrissimo L. Dei gratia Rege Francorum & Reverendo Patre in Christo R. eâdem gratiâ Albanensi Episcopo, Apostolicæ Sedis Legato ad conservationem pacis & ordinationis quam iidem fecerunt inter Cives Lugdunenses ex unâ & M. Decanum primæ Lugdunensis Ecclesiæ B. Obedientiarum sancti Justi Lugduni, & eorum Capitula ex alterâ: Notum facimus universis præsentes litteras inspecturis, quod die lunæ post octavam Pentecostes vocatis & præsentibus coram nobis apud Lugdunum partibus antedictis, diligenter eisdem exposuimus mandatum prædictorum Dominorum Regis & Legati ad nos directum pro dictæ pacis & ordinationis observatione præcipientes prædictis partibus, quod pacem & alia contenta in ordinatione prædictorum Regis & Legati ac nostrâ ut infra diem Mercurij proximè subsequentem manum & Operarios apponerent pro novitatibus amovendis, secundùm quod in dicto prædictorum Dominorum Regis & Legati continebatur specialiter & expressè, & cùm ad id faciendum non daret pars Civium prout dicebat operam efficacem, die dominicâ dictam diem Mercurij proximè subsequentis partibus vocatis, & principalibus injunximus quatenùs hinc ad festum Nativitatis beati Joannis Baptistæ proximè venientis amoveret vel faceret amoveri, quo videlicet mandato prædictorum Dominorum Regis & Legati ad hoc specialiter deputato à parte Capitulorum nobis duobus præsentibus ostensæ fuerant parte Civium & ab ea confessatæ & quæ novitates ad fortalitia pertinebant, sive essent totaliter novæ sive super muro, aut fundamento veteri positæ, quod etiam testificatione operis evidentissimè apparebat, & illa reduceret ad illum statum in quo erant quando nobilis Vir Philippus Comes Sabaudiæ recessit à regimine Civitatis Lugduni, quod si infra dictum terminum pars Civium ad id faciendum non daret operam efficacem, & de dictis novitatibus superesset aliquid amovendum, intendebamus & dare terminum competentem ad residuum removendum, & cum interim recessus non instaret, die Mercurij, dictam Dominicam diem proximè subsequentem dictis partibus vocatis, & præsentibus coram Nobis ne dicti Cives possint de cætero aliquam excusationem pretendere quominus dicto mandato sibi facto obedirent, & ne possent de insufficienti termino conqueri, sed Nos potiùs commendare præcipimus parti Civium, ut infra festum Beatæ Mariæ Magdalenæ proximè veniens prædictum mandatum nostrum adimpleatur, etsi ad hoc complendum manum apposuerint operam efficacem, & aliquid amovendum superfuerit de novitatibus antedictis infra quindecim dies dictum festum proximè subsequentes compleant, & perficiant competenter, etsi aliqua dubitatio de illo statu oriatur, exceptis novitatibus ostensis & confessis, staretur nostrorum duorum veritate de plano cognitâ, arbitrio, vel eorum quos loco nostro contigerit subrogari, præcipientes, quòd pars una possessiones alterius, quas per se aut valitores suos occupant in guerrâ, vel occasione guerræ ipsius,

& adhuc detinet occupatas liberè restituat, & in pace dimittat occupationis tempore possidenti, salvo in his unicuique partium in posterum jure suo, si de his prout ratio dictaverit volunt experiri prout hæc & alia in eorumdem Domini Regis & Legati litteris sigillis suis plenius sigillatis continentur. Inhibuimus etiam Decano, Obedientiario & Capitulis eorumdem, ut sententias interdicti & excommunicationis latas pro querelis suis & dictorum Capitulorum, de quibus in prædictos Dominos, Regem & Legatum extitit compromissum, relaxatas à dicto Domino Legato pro relaxatis habeant, & eas pronunciari relaxatas, nullatenus impediantur, contrà per se, vel per alium veniendo. Præcepimus etiam partibus antedictis, ne contra contenta in litteris Dominorum Regis & Legati & prædictum mandatum nostrum veniant, si pœnas in iis contentas voluerint evitare, in quorum præceptorum, & inhibitionis certitudinem pleniorem præsentes litteras dedimus partibus sigillorum nostrorum communitione roboratas. Datum Lugduni die Jovis ante nativitatem Beati Joannis Baptistæ, anno Domini millesimo ducentesimo septuagesimo.

HI SUNT ARTICULI TRADITI EX parte universitatis Civium, & populi Domino Regi & Legato.

Obediendo voluntati & præcepto Dominorum Arbitrorum, proponitur ex parte Universitatis Populi & Civium & Burgensium Lugduni, & describitur origo præsentis litis, seditionis, discordiæ, & guerræ inter Canonicos sancti Joannis & sancti Justi Lugduni, & Universitatem & Cives prædictos.

In primis fidem intendentes facere de infrascriptis, si negata fuerint per adversam partem affirmando dicunt, quod pro parte dictorum Canonicorum fuit captus ipsa festum Pentecostes proximè præteritum primo principaliter, Nicolaus Amadoris Burgensis Lugduni noctis tempore violenter & cum armis propè domum suam intra Civitatem Lugdunensem.

Item quod populi & Burgenses ceperunt præceptum à Domino Senescallo Lugduni, suo & Episcopi Eduensis nomine tunc absentis, cujus etiam vices in custodiâ dictæ Civitatis idem Senescallus gerebat de persequendo malefactores & capientes Nicolaum prædictum, ut ipse Nicolaus posset liberari ab indebitâ captione.

Item quod publicè & notoriè dicebatur, quod ipse Nicolaus ideò erat captus, quia ipse erat, & habebatur homo pecuniosus, ut ipse spoliaretur rebus & pecuniis suis, & quod se redimeret à prædictâ captione.

Item quod posteà proximè iterato pro parte dictorum Canonicorum fuerunt capti sex Burgenses euntes seu redeuntes de quodam mercato.

Item quod post hoc proximè Canonici prædicti muniverunt intra Civitatem Montem sancti Justi lapidibus, fossatis, ligaminibus, & convocaverunt inibi multitudinem Armatorum clam & absconsè.

Item posteà proximè prædicti Canonici seu eorum Complices & factores, quâdam die Sabbati fecerunt insultum & prælium contrà ipsum Populum & Universitatem, cum ipsi propter timorem repararent seu reparari facerent quamdam turrim existentem infra Clausuram dictæ Civitatis ad eorum defensionem & securitatem, quia præsciverant ipsam munitionem & multitudinem Armatorum à Canonicis convocatam apud sanctum Justum prædictum.

Item quod ipsâ die propter prædictos insultus & prælium, vix dicti populus & Universitas, & cum magnâ difficultate se ab eis deffenderunt & deffendere potuerunt.

Item quo posteà scilicet quâdam die Veneris proximè sequenti Domini Canonici convocaverunt etiam magnam multitudinem armatorum, usque ad viginti millia equitum & peditum, & cum eis irruerint in dictam Civitatem usque ad catenas.

Item quod nisi catenæ fuissent & conjunctiones factæ ex indiciis manifestis, eis mortis & rerum ex toto periculum imminebat.

Item quod die Dominicâ proximè sequenti ceperunt turrim prædictam, quam dicti populus & universitas munivérat ad suam deffensionem necessariam.

Item quod dicti Canonici per se, seu suos sequaces in hoc & Complices multos homines de dictis civibus Lugduni, & pluribus vicibus ceperunt, vulneraverunt & occiderunt à dicto tempore citrà & intrà eamdem Civitatem, & multa damna enormia fecerunt & intulerunt eisdem.

Item posteà pendente quâdam treugâ inter eos, etiam juramento firmatâ, & contra defensionem Domini Regis Franciæ & Baillivum devastarunt, inciderunt vineas, arbores, homines occiderunt, & plures insultus fecerunt, & infinita damna in molendinis & animalibus & aliis rebus fecerunt, combusserunt etiam Domos dictorum Civium consistentes & positas in Regno Franciæ contra constitutiones regales.

Item quod quidquid munitionis dictus populus Cives & Universitas fecerunt de prædictis, postquàm suo jure hoc possent, tamen illud fecerunt de mandato & voluntate & jussu & præcepto dicti Senescalli seu Superioris.

Item quod quidquid dicti Populus & Universitas, & Cives de prædictis & pertinentibus ad prædicta à tempore originis motæ hujus seditionis usque hodie illud totum fecerunt ad suam necessariam defensionem.

Item quod de prædictis omnibus & singulis est publica fama in partibus illis.

Item quod prædicta omnia & singula sunt notoria & manifesta in partibus illis.

Pro parte Universitatis prædictæ protestatum est quod sibi valeant quæ inventa vel probata fuerint de prædictis.

Item protestatum est de petitionibus suis & rationibus super damnis & injuriis sibi illatis suo loco exhibendis & tradendis, quas offerunt se exhibituros si vos Reverendi Patres & Domini videatis faciendum.

HÆ SUNT EXPOSITIONES CAPITULORUM Lugduni contra Articulos Civium & Populi Lugduni.

Ad primum articulum quem proponunt Cives Lugduni contra Decanum & Capitulum sancti Joannis & Capitulum sancti Justi, qui sic incipit, in primis fidem intendentes facere &c. respondent Procuratores dictorum Capitulorum, & credunt quod Nicolaus Amadoris fuit captus, sed negant esse Civem Lugdunensem ad hoc quod dicunt de nocte, credunt, quod circa crepusculum, credunt, quod cum armis, credunt, quod intra civitatem, sed non credunt quod pro parte Canonicorum, nec etiam credunt quod ipsis scientibus, nec ipsis ratum habentibus nec ipsi impediverunt deliberationem ejus, sicut credunt procuratores.

Die Sabbati ante Resurrectionem Domini protestati sunt, & dixerunt procuratores Capitulorum sancti Joannis & sancti Justi Lugduni, quod Procurator Civium nihil pro universitate potest dicere, vel proponere, quia Civitas Lugduni, nunquam habuit Universitatem, nec habere potest, nec in Procuratorio Civium sit mentio de Universitate.

Ad secundum Articulum, qui sic incipit, Item quod populus & Burgenses receperunt præceptum &c. Respondent Procuratores quod non credunt prout ponitur in Articulo.

Ad tertium Articulum, qui sic incipit, quod publicè & notoriè &c. Respondent Procuratores dictorum Capitulorum quod non credunt quod captus fuerit pro denariis, & negant articulum prout ponitur.

Ad quartum Articulum qui sic incipit, Item quod

posteà proximè iterato, &c. petierunt Procuratores dictorum Capitulorum, quod si super eodem articulo fieret declaratio, qui fuerunt capti, quando, quo tempore, quis cepit eos, huic declarationi respondet Procurator Civium, quod Martinetus filius Martini de Yconio Antonius frater ejus, filius Aymonis de Matiscone, Joannetus frater Petri Durel, dictorum, . . . socius, Bartholomæus de Scamo, dictus Domenget carnifex, fuerunt illi qui fuerunt capti, Item dicit quod mense Maij nuper præterito, Item dicit quod ante guerram, Item quod pro parte Canonicorum requisitus si sciebat, qui sint quod nescit, ad præmissa respondent Procuratores Capitulorum quod non sunt Procuratores pro parte Canonicorum sed Capitulorum, & pro Capitulis respondent quòd Capitula non ceperunt eos, nec capi mandaverunt, nec captio facta fuit nomine eorum, nec ratum habuerunt, Item respondent Procuratores quòd pro parte Canonicorum, nec ex parte ipsorum, nec nomine ipsorum, nec ipsis scientibus, nec ratum habentibus fuerunt capti, nec fuerunt negligentes, vel remissi, vel eorum Ordinarius in exhibenda justitia super Captione prædicta, si facta fuit quod non credit pars adversa, prout dictum est.

Ad quintum, qui sic incipit, quod post hæc proximè, non credunt Procuratores Capitulorum quòd proximo &c. munitio facta fuerit de lapidibus, seu fossatis seu lignis, vel clam convocaverunt inibi multitudinem armatorum, vel absconsè, sed post catenarum & multarum novitatum, & fortalitiorum impositionem factam in Civitate Lugdunensi, & post occupationem Claustri, & domorum tam Canonicorum, quàm Clericorum, & post plures insultus factos apud sanctum Justum, & hoc fecerunt ad sui defensionem, quas adjectiones Procurator Civium & Universitatis & Populi Lugdunensis, negat.

Ad sextum Articulum, qui sic incipit, quod posteà proximo quâdam die Sabbati credit declarando Procurator Civium, & populi Lugdunen. quòd die Sabbati, post festum sancti Photini, mense Junij fuit illâ die Sabbati de quâ fit mentio in articulo, Respondent Procuratores Capitulorum non credunt quòd factus fuerit insultus vel prælium contra ipsos Cives sicut ponunt, nec credunt, quòd habeant jus reparandi vel muniendi dictam turrim, & negant articulum prout ponitur, quas adjectiones negat Procurator Civium & Populi Lugdunensis.

Ad septimum Articulum qui sic incipit, Item quòd ipsâ die, &c. Respondent Procuratores Capitulorum quòd nullus fuerit insultus & nullum prælium factum ab eis vel suis complicibus, vel scientibus, ut ponit pars adversa in proximo articulo superiori, & ideò non fuit necesse quod se deffenderent dicti Cives prout ponunt.

Ad octavum Articulum, qui sic incipit, Item quòd posteà scilicet quâdam die Veneris, &c. Respondent Procuratores sancti Joannis, & sancti Justi, quòd non credunt prout ponitur.

Ad nonum Articulum, qui sic incipit, Item quod nisi Catenæ fuissent, &c. Respondent Procuratores, quod non credunt, uti ponitur.

Ad alium Articulum, qui sic incipit, Item quod die Dominicâ proximo sequenti, &c. Respondent Procuratores, quòd non credunt prout ponitur.

Ad alium Articulum, qui sic incipit, Item quod dicti Canonici per se & suos sequaces, &c. Respondent Procuratores dictorum Capitulorum non credunt de Canonicis, sed credunt de sequacibus ad sui defensionem, quòd non credit Procurator Civium, quòd ad sui defensionem fecerint.

Ad alium Articulum, qui sic incipit, Item quod pendente quâdam treugâ, &c. Respondent Procuratores, quòd de treugâ, de devastatione, & incisione vinearum, de occisione hominum, de insultu, de damnis in molendinis & aliis, de combustione domorum, non credunt prout ponitur.

Ad alium Articulum, qui sic incipit, quod quidquid munitionis, &c. Respondent Procuratores, quod non credunt prout ponitur.

Ad alium articulum, qui sic incipit, quòd quidquid dicti Populus & Universitas, &c. Respondent Procuratores, quod non credunt prout ponitur.

Ad alium Articulum, qui sic incipit, Item quòd de prædictis omnibus & singulis est fama publica, & alium Articulum, qui sic incipit, quod prædicta omnia & singula sunt Notoria, &c. Respondent Procuratores, quod non credunt prout ponitur.

QUÆ FACTA SUNT CONTRA PACEM per Canonicos.

Ista sunt in quibus Cives Lugduni dicunt Canonicos & Clericos sancti Joannis & sancti Justi Lugdunensis venire, & venisse contra pactum, & ordinationem pacis, & esse turbatum, & super quibus petunt per vos Dominos Magistrum Joannem dictum Cocum Canonicum Nivernensem, & Guillelmum de Burrone militem ad hoc statutos per Dominum Regem & Dominum Legatum provideri, & ordinationem pacis reduci & emendam eis fieri secundùm quòd videbitur vobis expedire.

Primò quod prædicti Canonici & Clerici, scilicet Decanus & alij Canonici & Clerici S. Joannis & Obedientiarius, & alij Canonici & Clerici Ecclesiæ S. Justi Lugduni, &c. Valitores eorum, seu quidam eorum receptant malefactores Civitatis & Civium Lugduni, & illos qui capiunt homines Villæ, & spoliant eos, & bona eorum rapiunt, & homines villæ occidunt, & alia maleficia perpetrant contra Cives, recipiunt, seu receptant, vel etiam permittunt & patiuntur receptari seu recipi, & ipsos reverti cum spoliis, seu rebus ablatis & raptis in terra Ecclesiæ & Valitorum, ipsorum Clericorum, vel rapta habent prædicta & specialiter receptant, seu receptari faciunt, vel permittunt Loboschaz de Bresse, qui fuit Coadjutor eorum tempore motæ guerræ, Pavollas, & Lobornes, Meschin & plures alios.

Item quia à debitoribus Civium exigunt & exegerunt & extorquent, & extorserunt ea quæ debentur à debitoribus Civium Civibus supradictis, & prohibent etiam debitoribus ipsorum Civium, ne solvant eisdem, Item bladum Civium, quod habent in terrâ Ecclesiæ vel habebant, abstulerunt, & auferunt eisdem, Item quia ipsi destruunt dictis civibus possessiones suas, sicut est Castrum de Cozone, de Bellegardâ, & Turretam & Castrum de Pimans. Item domum Guillelmi & Thomæ de Varey, & vineam eorum, & domum Guillelmi de Farges, & Curtile suum sita apud sanctum Justum: Item domos & vineas quas habent apud Cluiam Cives Lugduni, Item terras, quas uxor Petri Arnaudi habet apud sanctam Fidem, quas quidem detinet Bernardus Demores contra voluntatem suam, Item vineam relictæ Pontij Blanchardi, quam habet apud sanctam Fidem quàm idem Bernardus Demores detinet, Item Pedagium de Faysins, quòd quidem tenet Stephanus de Candiaco, quod tenebat Petrus de Meons, & plures alias possessiones quas offerunt se de oculo ad oculum ostensuros, & etiam specialiter in scriptis declarabunt, cùm habebunt tempus & spatium declarandi, quæ supradicta omnia & alia quæ declarabunt occupavit pars dictorum Capitulorum seu Canonicorum & Clericorum, cùm pars Civium, seu Cives Lugdunenses, quòd quidam ex eis possideant pacificè & quietè, & adhuc pars dictorum Clericorum ea detinet occupata quæ petunt restitui dictis Civibus in pristinum statum, & eis satisfieri de prædictis; & plures alias.

Item quia impediunt ne sententiæ latæ per Dominum Legatum de relaxandis sententiis excommunicationis & interdicti relaxatæ effectui mancipentur, & ne sententiæ excommunicationis & interdicti nuncientur, secundùm mandatum dicti Domini Legati, imò contrarium ari um procurant Cives excommunicatos nunciare, & Civitatem interdicto subjacere, & procurant etiam novas excommunicationes, & nuntiant omnes fieri de iis quæ spectant & pertinent ad ea de quibus extitit compromissum, & sunt consequentia eorumdem.

Item quia incitant populum ad seditionem & divisionem inter se faciendam.

Item quia post pacem destruxerunt, seu destrui fecerunt & destruunt muros veteres Civitatis.

Item quia impediunt Cives prædictos excolere terras suas.

Item quia petunt & exigunt servitia, quæ eis fiebant à Civibus pro quibusdam terris de quibus ipsi Canonici & Clerici perceperunt & habuerunt fructus omnes, anno præterito, vel per se, vel per suos Valitores volentes habere servitia illius anni in quo fructus perceperunt contra Deum & Justitiam, & quamlibet rationem.

Item quia faciunt taillas super terras Civium occasione claudendi se contra dictos Cives quod fieri nequit de jure.

Item quia vindemiarunt vineam Girini de Raifaitour racemos & Agrestam asportaverunt, & in aliis vineis acceperunt, & accipiunt racemos & agrestam.

Item Comes Forensis, qui est de majoribus Valitoribus eorum abstulit 67. sesteria siliginis ad mensuram Forensis Stephano Flamet, apud sanctum Romanum de Podio, quam emerat VI. libras Viennen. proindè dicunt dicti Cives & Procurator eorum factum esse contra pacem per ipsos Clericos, & factum etiam fieri eis injuriam, & petunt eis fieri emendam, & omnia reformare in statu quo debent, scilicet Castra, Villas, possessiones, & domos, vineas, & omnia supradicta eis restitui & inhiberi prædictis Clericis, ut in futurum cessent à prædictis & similibus injuriis, gravaminibus, receptationibus & offensionibus, & ut per omnia servent pacem Dominorum Regis & Legati, protestantes quod non astringunt se ad omnia prædicta probanda, sed ea quæ eis sufficiant, quæ probare poterunt de prædictis & hæc proponunt, & petunt salvo eis jure alia proponendi & dicendi, & petendi, & emendandi omni jure quo meliùs possunt.

HOC EST TRANSCRIPTUM ABSOLUTIONIS.

NOs abbas Athanatensis, & Guardianus Fratrum Minorum Lugduni, Universis Abbatibus, Archidiaconis, Archipresbiteris, Prioribus, Capellanis, & aliis Ecclesiarum & sacrorum locorum rectoribus ad quos præsentes litteræ pervenerint, salutem in Domino sempiternam. Noveritis nos mandatum Reverendi in Christo Patris Domini Rodolphi Albanensis Episcopi, Apostolicæ sedis Legati recepisse sub hac formâ & tenore hujusmodi. Rodolphus miseratione divinâ Episcopus Albanensis Apostolicæ sedis Legatus, Religiosis viris Abbati Monasterij Athanatensis & Priori Prædicatorum ac Guardiano Minorum Fratrum Lugduni, salutem & sinceram in Domino Charitatem, cum omnes excommunicationis & interdicti sententias latas in Civitatem & Cives Lugdunenses, pro querelis Lugdunensium & sancti Justi Ecclesiarum Capitulorum, super quibus in Dominum & Regem Francorum & nos extitit compromissum duximus relaxandas, prout in literis inde confectis quarum tenor infrascribitur, Discretionem vestram rogamus, movemus, & hortamur, attentâ vobis quâ fungimur authoritate præcipiendo, mandantes quatenus vos vel duo aut unus vestrum sententias ipsas relaxatas esse per Lugdunum, Viennam,& alias Civitates & Diœceses de quibus expedire videritis nuncietis, tenor autem prædictarum litterarum talis est. Ludovicus Dei gratia Francorum Rex &c. hujus igitur auctoritate mandati, Nos vobis omnibus & aliis universis & singulis relaxatas esse dictas sententias nunciamus, mandantes vobis ut eas totaliter relaxatas esse in vestris Ecclesiis nuncietis, vel etiam publicetis, Actum Lugduni die jovis ante Nativitatem Beati Joannis Baptistæ, anno Domini millesimo ducentesimo septuagesimo.

HOC EST TRANSCRIPTUM COMPOSITIONIS factæ inter Dominum Episcopum Eduensem ex unâ parte & Cives Lugduni ex alterâ.

NOs Frater Guido divinâ miseratione Episcopus Claromont. & nos magister Nicolaus de Cathalano Thesaurarius Ebroicensis, Domini Philippi Dei gratiâ Illustris Regis Francorum Clerici, notum facimus universis præsentes litteras inspecturis, quod eum Venerabilis in Christo Pater Girardus Dei gratiâ Episcopus Eduensis, gerens administrationem Episcopatus Lugdunensis, tàm in spiritualibus, quàm in temporalibus ipsius sede vacante sententias excommunicationis tulisset auctoritate ordinariâ competente, ut dicebat monitione præmissâ in Cives & Habitatores Lugduni, nec non ipsam Civitatem Lugduni, Ecclesiastico supposuisset interdicto propter causas hîc inferiùs annotatas, videlicet quod dicti Cives & Habitatores Lugduni claves portarum dictæ Civitatis tenebant ad dictæ sedis jurisdictionem pertinentium, & per vicos ipsius Civitatis, catenas, pontes & barras posuerant, munitiones novas nihilominus & fossata in locis non consuetis fecerant per quæ impediebatur iter publicum ad Civitatem & per Civitatem Lugdunensem propter quæ prædictus Dominus Episcopus Eduensis in pedagiis suis & mercatis damnum non modicum sustinebat, ut dicebat, propter quæ etiam jurisdictio ipsius Episcopi Eduensis in Civitate Lugdunensi tàm spiritualis, quàm temporalis diminuebatur, & quasi annihilabatur, cum venientes ad curiam suam Lugduni liberum non haberent ingressum & regressum propter quod etiam plures excommunicati benedictionem absolutionis suæ obtinere non poterant, quod erat non modicum periculum animarum, & Ecclesiam de Magdalena Lugduni incastellaverant, & ad usus redegerant seculares contra Deum & Canonicas Sanctiones fecerant, etiam juramenta & conjurationes quæ redundabant in præjudicium suæ jurisdictionis Lugduni: constituerunt etiam duodecim Cives, quorum Consilio ad instar universitatis tota prædicta Lugdunensis Civitas regebatur, fecerant quoque convocationes & tractatus ad pulsationem campanæ, collectas, seu levas fecerant & faciebant in magnâ pecuniæ quantitate, & nolentes solvere ad solutionem auctoritate propriâ compellebant, saisiverant, & saisibant ac dissaisibant, & ostia domorum removebantur, & alia pignora capiebant, clericos taillabant, & compellebant suis conferre collectis, & alia ad ipsius Domini Episcopi Eduensis jurisdictionem pertinentia exercebant, quæ cum adeò essent notoria per ipsius facti evidentiam, quæ non poterant aliquâ tergiversatione celari, prout hæc omnia & singula supradicta dicebat dictus Eduensis Episcopus memoratus. Nos ad ipsam Civitatem Lugduni de speciali mandato prædicti Domini Regis personaliter accedentes, pro pace & concordiâ inter ipsum Dominum Episcopum Eduensem & dictos Cives super præmissis articulis, seu causis, ac sententiis reformandis interposuimus partes nostras, & nobis mediantibus inter dictum Dominum Episcopum Eduensem nomine suo, & Ecclesiæ Lugduni ex una parte, & dictos Cives Lugdunenses ex alterâ, extitit super prædictis concordatum amicabiliter in hunc modum, Claves portarum Pontis Rhodani, sancti Marcelli, sancti Georgij, & Burgi novi Civitatis Lugdunensis tradentur Joanni de Losanna, & Bernardo Malonis Civibus Lugdunensibus, salvo jure in omnibus quod tàm possessionis quàm proprietatis in dictis Clavibus tàm sedi Archiepiscopali Lugdunensi quàm civibus memoratis, Item dicti Cives Lugduni prædicta juramenta & conjurationes inter se initas & habitas sibi quietant ad invicem penitus, & remittunt. Item prædicti Cives duodecim nullam coertionem, compulsionem aut quamcumque jurisdictionem habent, nec habere debent in concives & Civitatem Lugdunensem, cum etiam Cives ipsi Lugdunenses confessi sunt coram nobis & coram dicto Domino Episcopo Eduensi quod ad hoc sunt ab eis duodecim constituti, non ut jurisdictionem quamcumque habeant in Concives, sed quia ad tractandum ipsius Civitatis & Civium negotia non poterant omnes de Civitate faciliter pervenire, expeditius cum dictis, seu per dictos duodecim tanquam cum paucioribus, quàm cum tanta civium multitudine negotiorum tractatus haberetur. Praetereà super articulo Levarum confessi sunt dicti Cives coram Nobis & coram dicto Domino Episcopo Eduensi, quod si in Civitate Lugduni fieri contigerit collectam aliquam, seu Levam, ad eos non pertinet coertio, nec aliquem possunt compellere ad solvendum: super articulo de Clericis taillatis & compulsis dictorum Civium conferre collectis, Ita concordatum est, quod dicti Cives super hoc stabunt juri, quia verò Catenae, pontes, barrae, munitiones de novo constitutae tunc temporis & fossata & incastellatio Ecclesiae de Magdalena prout haec superius sunt expressa, fuerunt tunc temporis per arbitrium inclitae recordationis Domini Ludovici quondam Regis Francorum & bonae memoriae Domini Rodolphi quondam Episcopi Albanensis sedis Apostolicae tunc Legati amotae, & amota, & in quantum ipsum Episcopum Eduensem, & sedem Archiepiscopalem Lugduni tangebat super praedictis superius specialiter nominatis extitit satisfactus praedictus Dominus Episcopus Eduensis animarum volens evitare periculum, de nostro & aliorum bonorum virorum consilio, consensit, quod praedictas sententias amoveret, in cujus rei testimonium & munitionem ad requisitionem tam Domini Episcopi Eduensis quam Civium praedictorum praesentibus litteris sigilla nostra duximus apponenda. Datum & actum apud Lugdunum anno Domini millesimo Ducentesimo septuagesimo, Kal. Augusti.

Haec sunt ea in quibus damnificata est sedes & Ecclesia Lugdunensis tam in Civitate, quàm extrà & eo tempore quo Dominus Papa Gregorius Decimus propter suam ordinationem seminavit discordiam inter Archiepiscopum & Capitulum Lugdunense.

PRimò quia Cives Lugduni propter discordiam Archiepiscoporum & Capituli moliuntur facere omnia quae possunt ad destructionem jurisdictionis ipsius Civitatis Lugdunensis .... ponunt Rectores suos quinquaginta viros, & restringendo in quotâ secundum numerum ab eis ordinatum.

Item habent certam Campanam ad cujus sonum omnes quinquaginta convenire debent in loco certo & ordinato per eos, & qui non venit solvit certam peciam per eos taxatam.

Item ponunt collectas & taxationes equorum pro libito voluntatis, nec reddunt rationem de levatis vel expensis alicui Archiepiscopo vel curiae suae.

Item ponunt excubias secundùm ordinationem quam volunt & custodiunt claves portarum Civitatis Lugduni & ponunt se in garda Baronum, contrà voluntatem Archiepiscopi Lugdunensis.

Item fecerunt statuta, quod nullus Civis in morte habeat pannum sericum, super se, in odium Ecclesiarum, & istud servant ad unguem Archiepiscopo hoc sciente.

Item faciunt statuta diversa & monopolia de pannis, carnibus, sotularibus, & aliis ministeriis vendendis secundùm quod ordinant, & nullus eis contradicit.

Item Dominus Bellijoci in molendinis Rhodani qui sunt in Civitate Lugduni tenet praepositum suum, qui levat clamores & banna de his quae committuntur in Molendinis.

Item insula quaedam statuta fuit de novo in flumine Rhodani juxta pontem in corpore jurisdictionis Lugdunensis, Dominus Bellijoci eam sibi appropriavit, & nullus ei contradicit.

Item Dominus Bellijoci traxit ad se, & appropriavit sibi jurisdictionem Civitatis Lugduni versus portam Beatae Catharinae Lugduni bene per dimidiam leucam, Item quod extendit fines suos ex illâ parte usque ad muros & portas civitatis.

Item idem Dominus Bellijoci traxit ad se & occupat Jurisdictionem circa Villam Anusae in jurisdictione Ecclesiae Lugduni per dimidiam leucam & ultrà.

Item Comes Sabaudiae tenet assizias suas, & aperit testamenta suprà pontem Rhodani extendendo sibi jurisdictionem suam, & facit transire perinde, & cum armis pontanagrum Rhodani in Civitate Lugduni appropriando sibi portum, & aufert Archiepiscopo Lugdunen. gardam de Veniciis & Sancti Praejecti, quae erat Ligia Archiepiscopi Lugdunensis.

Item idem Comes acquisivit Castrum Sancti Andreae, quod castrum erat de feudo ligio, & reddibili Ecclesiae Lugdunensis, quod erat obligatum Archiepiscopo & Ecclesiae Lugduni pro mille libris Viennae & hoc fecit idem Comes irrequisito Domino, & in nullo respondit.

Item cùm Comes forensis habeat dictas metas jurisdictionis suae cum Ecclesia Lugdunensi, idem Comes transcendit metas antiquas & notas per duas leucas & ultrà in fines sedis & Ecclesiae Lugduni.

Item Abbates & alij religiosi ponunt se & sua in garda Regis & aliorum Baronum propter defectum sedis Archiepiscopalis Lugdunensis, & fingunt se diu restitisse in garda, licet sit nova.

Item propter discordiam Archiepiscopi & Capituli Lugdunensis Regales intraverunt terram Ecclesiae paulatim & subditi eos vocant, & in tantum subintraverunt paulatim quod hodie dominantur ubique.

Item Dominus Bellijoci, & Dominus Villars abstulerunt sibi & appropriaverunt de mandamento & jurisdictione castra de Riorriers ferè tres leucas & ultra.

Haec omnia & alia infinita Domini Cardinales & Patres patiuntur, Archiepiscopus & Capitulum propter eorum discordiam, quia non possunt se juvare de Civitate Lugduni, de qua omnes vicini & Barones gaudent.

HIC INCIPIT FACTUM CANONICORUM.

ILla quae sequuntur maleficia infrascripta in proximo articulo perpetrarunt Cives contra Ecclesiam antequam Canonici aliquid facerent ad cohibendum eos, vel justiciandum & ob hoc sunt in culpa.

I. Dicunt Episcopus Eduensis, Decanus & Capitulum nomine Ecclesiae Lugduni, quod cum Cives Lugduni aliâ vice fecissent colligationes invicem per juramentum, & attentassent catenas imponere cum Armis, Actum fuit per viam pacis inter eos & Ecclesiam Lugdunensem, quod dicti Cives remitterent sibi invicem praedictum juramentum, quod & fecerunt.

Item promiserunt per juramentum dicti Cives quibus erat data potestas ab aliis, quod ulterius Cives non uterentur illo juramento, & quod circa statum Civitatis nihil mutarent sede vacante, quâ provisione & pace pendente, cum praedicta Ecclesia non esset negligens, vel remissa in justitiâ exhibendâ, omnibus querelantibus, nec dicta Ecclesia dictos Cives in aliquo offendisset, fecerunt iterum colligationes per juramentum, & etiam posuerunt catenas per Civitatem, & alias novitates fecerunt, & cum propter illa maleficia quae incipiebant perpetrare dicti Cives, Canonici timerent vitae suae, & confugerunt ad Ecclesiam sancti Justi, ubi quâdam die Sabbati, dicti Cives congregatâ multitudine armorum peditum & equitum, vexillis erectis, gravem & longum fecerunt insultum, & quosdam de praedictis Canonicis & Clericis vulneraverunt & aliquos de familiâ & eorum defensoribus interfecerunt. Diê Dominicâ sequenti per se, vel per suos stipendiarios, cum Armis occupaverunt Clauſtrum & domos Canonicorum, ipſas domos, & portas clauſtri munitas tenentes.

Item die jovis ſequenti ſimiliter fecerunt inſultum in prædicto loco contra Canonicos plures quam ante habentes in exercitu ſuo, videlicet Dominum de Turre & plures equites & milites cum eo, qui facto inſultu remanſerunt in Eccleſia ſancti Thomæ de Fourverio pertinente ad Eccleſiam Lugduni, & propinquâ Eccleſiæ ſancti Juſti, tenentes eos de loco ſancti Thomæ obſeſſos, hoc fecerunt dicti Cives, & plura alia maleficia antequam prædicti Canonici & Eccleſia ad quam pertinet omnimoda juriſdictio Civitatis & Civium Lugduni convocaſſent amicos & vaſſallos ſuos ad defenſionem ſuam, & ad juſtitiandum eos, & ad cohibendum dictos Cives à maleficiis, & malitiis quas nequiter perpetrarunt.

De Cortino quem dicunt eſſe Civem, de cujus captione conqueruntur Cives, dicit Decanus & Capitulum, quod ſi captus fuit ab aliquo, non fuit captus Capitulo volente vel mandante, vel ejus nomine eo ratum habente & ſemper fuit Capitulum paratum exhibere juſtitiam de illo quem dicti Cives dicunt Cortinum cepiſſe vel de quolibet alio, & Epiſcopus Eduenſis nunc Ordinarius Eccleſiæ paratus fuit ſimiliter.

Prædicta verò quæ ſufficiunt de prædictis parati ſunt Canonici probare ſuo loco & tempore ſi hæc negaverit pars adverſa.

Hæc ſunt quantum ad culpam primordialem dictorum Civium ſuper damnis & injuriis illatis Eccleſiæ, & Canonicis, confecerunt Canonici articulos quos cum ipſorum æſtimatione parati ſunt Canonici credere.

HÆ SUNT INJURIÆ OBEDIENTIARIO
& Capitulo ſancti Juſti irrogatæ, & damna irrogata.

PRimò quod cum Capitulum S. Juſti Civibus Lugduni petentibus Claves portarum ſancti Juſti coram Reverendo Patre Domino Epiſcopo Eduenſi gerente adminiſtrationem Epiſcopatus Lugduni, ipſius Sede Vacante præſentaſſent ſtare juri & ſuper hoc caviſſet idoneè dictus Epiſcopus, dictis Civibus expreſsè inhibuit, ne dicto Capitulo ſuper dictis clavibus, ſeu ſuper aliquibus aliis modo aliquo moleſtiam aliquam vel injuriam irrogarent, dicti Cives ſpreta prohibitione dicti Epiſcopi, de nocte cum maximâ armatorum multitudine, dùm omnes ſomno dediti jacerent in lectis ſuis venerunt ad ſanctum Juſtum, & ignem impoſuerunt, & domos combuſſerunt, & duorum Canonicorum domos fregerunt, libros, denarios, veſtes, & alia bona ipſis aſportarunt, & projicientes carrellos in clauſtrum & Eccleſiam ſancti Juſti, multos tam Clericos, quàm Laïcos graviter vulnerantes, & damna & alia graviſſima inferentes, quas injurias æſtimant duo millia Librarum Turonenſium.

Item die Sabbati poſt feſtum Beati Barnabæ Apoſtoli Cives Lugduni venerunt ad ſanctum Juſtum vexillis elevatis cum machinis & mantellis, cum baliſtis & baliſtariis, & armatorum multitudine infinitâ, & in tribus locis ſuum exercitum diſponentes, inſultus multos & graves & aſperos ab horâ primâ uſque ad occaſum ſolis fecerunt, & multos Clericos & Laïcos graviter vulnerarunt & aliquos occiderunt, & quàm plurima damna fecerunt, injurias æſtimant duo millia librarum, & damna alia duo millia librarum, de interfectis non faciunt æſtimationem.

Item die jovis ſequenti, dicti Cives cum multâ armatorum multitudine, tàm peditum, quàm equitum & cum Domino de Turre, quem ad graves injurias irrogandas introduxerunt, venerunt ante ſanctum Juſtum, & ibi inſultum multum gravem & aſperum facientes, aliquos homines interfecerunt, graviter vulnerarunt, injurias æſtimant duo millia librarum Turonenſium.

Item dicti Cives in feſto exaltationis ſanctæ Crucis venerunt apud ſanctum Juſtum, cum infinitâ multitudine armatorum & ibi inſultum gravem & aſperum fecerunt ab horâ tertiâ uſque ad Veſperas, ita quod multos Clericos & Laïcos ſancti Juſti graviter vulnerarunt, & quemdam hominem interfecerunt, & quàm plures domos fregerunt, & bona & ſpolia ſecum aſportarunt, & multa alia damna irrogaverunt, quas injurias & quæ damna æſtimant quatuor millia librarum Turonenſium.

Item die Veneris in Vigilia Beati Andreæ Apoſtoli, dicti Cives, veniunt ad Villam Eſcullias, in qua Eccleſia ſancti Juſti habet plures homines, & Eccleſia propriè pertinet ad Capitulum ſancti Juſti ratione juris patronatus, & eſt dicto Capitulo Cenſualis, ad quam Eccleſiam homines & mulieres prægnantes & parvuli causâ præſidii confugerant, & Eccleſiam & prædictos homines & mulieres & parvulos cum intus erant cum Sacerdote qui Miſſam inceperat celebrare, combuſſerunt & penitus deſtruxerunt, & de hominibus ſancti Juſti combuſti fuerunt in dictâ Eccleſiâ uſque ad quadraginta perſonas exceptis aliis qui erant Eccleſiæ Lugdunen. domos hominum ſancti Juſti comburentes, & eorum bona & ſpolia ſecum aſportantes, quam injuriam æſtimant quinque millia librarum Turonenſium, & damna alia quinque millia, de hominibus & aliis interfectis & combuſtis nulla poteſt fieri æſtimatio.

Item die Jovis in Vigilia beatæ Luciæ dicti Cives repleti maligno ſpiritu venerunt ad ſanctum Juſtum cum armatorum multitudine infinitâ, Volentes totam Villam ſancti Juſti comburere, & totaliter deſtruere & delere, apportantes faſciculos lignorum & ſtraminis ſeu paleæ, & multitudine olei de quo ſupra ligna expandentes, & ignem in lignis apponentes, totam Eccleſiam & villam ſancti Juſti incendere totaliter voluerunt, apponentes ſcalas, machinas & mantellos cum omni genere armatorum totam villam ſancti Juſti circum circa invadentes inſultum gravem & aſperum undique fecerunt, ita quod plures Clericos & Laïcos interfecerunt, & quam plurimos lethaliter vulnerarunt, hoſpitale, ſeu domum Dei ſancti Yrenæi cum aliis domibus contiguis comburentes, & incendio totaliter deſtruentes, & dictæ domus Dei ſpolia & aliorum domorum ſecum aſportarunt, quas injurias æſtimant quinque millia librarum Turonenſium, & damna alia quinque millia librarum Turonenſium, & de interfectis nulla poteſt fieri æſtimatio parati omnia prædicta probare loco & tempore, vel ea quæ de præmiſſis fuerunt probanda.

HÆ SUNT QUERELÆ SEU PETITIONES
Canonicorum ſancti Joannis, & ſancti Juſti Lugdunen.

IN Primis nuncij Domini Regis qui miſſi erant pro pace ſcilicet Abbas Cluniacenſis, Joannes de Traves, & Baillivus Bituricenſis, dum tractabant de pace, & compromiſſo inter Cives & Capitula dederunt partibus ſecuritatem de conſenſu earum de omni indemnitate & etiam treugam, quâ ſecuritate & treugâ pendente domus Domini Guichardi de ſancto Simphoriano Canonici, & domus Hugonis de Rupeſciſa Clerici fuerunt intra civitatem, diruptæ per Cives vel eorum adjutores, vel illos quos poterant prohibere, vel per eorum incuriam cum ad eos pertineret ex tunc cuſtodire, & præcavere ne damnum daretur.

Item Dominus Humbertus de Turre eorum Coadjutor tenet ſaiſitum bladum Domini Stephani Cara Canonici nomine Eccleſiæ Lugdunenſis.

Item Camerarius tempore quo incepit guerra, vel diſſentio inter Cives & Capitulum tenebat, & poſſidebat nomine Eccleſiæ Lugdunenſis caſtrum de Bechivellain, quod petit Camerarius ſibi reſtitui nomine dictæ Eccleſiæ ſecundum mandatum Domini Regis & Legati factum de poſſeſſionibus reſtituendis, quod Castrum dicti Cives seu Coadjutores eorum tenent occupatum.

Item Ecclesia Lugduni pro aliquâ parte erat tempore motæ dissensionis nomine Pedagij, seu Pontanagij, quod habet ad Pontem Rhodani in possessione levandi & percipiendi Pontanagium seu Vectigal à Civibus Lugduni, de rebus quas per Pontem evehunt, vel faciunt evehi, causâ vendendi, vel negotiandi, de quibus dicti Cives spoliaverunt Ecclesiam, & spoliatam ad præsens detinent nolentes solvere, ad quod petunt restitui.

Item Guillelmus Robeleti fuit eorum Coadjutor, & tempore guerræ eum penes se receptabant Lugduni, qui à tempore pacis, seu ordinationis factæ inter partes per Dominum Regem & Legatum citrà combussit domos Ecclesiæ Lugduni, & homines cepit, & eos ligatos de nocte navigio duxit per aquam Sagonæ per medium Civitatis Lugduni excubiis Civium scientibus dictum malefactorem Ecclesiæ hoc modo transire permittentibus super quo petunt sibi satisfieri.

Item Gaillardus Macellarius Civis Lugduni, à tempore dictæ pacis citra violens abstulit octo vel decem animalia scilicet arietes cujusdam hominis Villæ de Genas, quam villam & homines tenet Archidiaconus Lugduni nomine Ecclesiæ Lugdunensis, super quo petit dictus Archidiaconus sibi satisfieri.

Item filius Magistri Jacobi Physici pridie Verberavit quemdam Clericum dicti Archidiaconi super quo petit sibi satisfieri.

Item cum secundum dictum & ordinationem Domini Regis & Legati Ecclesia debeat restitui ad Claustrum Lugduni per Cives Lugduni, Camerarius habitis Clavibus portarum Claustri, non potuit habere Clavem cujusdam portæ Claustri Lugduni quæ porta vulgariter vocatur porta del cestero, & cum in dicta porta oportuit facere novam Clavem familia Senescalli prohibuit faciens graves comminationes illis qui nomine dicti Camerarij volebant in dicta porta clavem apponere, unde petit à vobis quod prædictum impedimentum removeant, & dictæ portæ Clavem reddant, vel reddi faciant veterem vel similem.

Item cum ad custodiam Ecclesiæ Decanus & Capitulum præfecissent quemdam Capitaneum familiæ Senescalli, dictum Capitaneum Custodientem dictam Ecclesiam, lethaliter in Capite vulneraverunt super quo petunt sibi satisfieri.

Item quidam qui vocatur Cossonays, Civis Lugduni, Batellos Campanarum Ecclesiæ majoris Lugduni pridie vendidit, & adhuc in sufferentia Lugduni occupati detinentur, quod petunt sibi restitui, & de injuria sibi satisfieri.

Item Humbertus de Varey de Plastro Existens in prato.... cum Michodo serviente Magistri Guillermi de Varey quem secum ducebat pro constituendo prato per Matheum de Magdalena & Mutonem Cives Lugdunenses & eorum Complices, quos secum ducebant usque ad triginta & plus, fuit dejectus de Prato proprio, & dicti duo cum aliis clamabant post eos, ita possumus vos dejicere de rebus vestris sicut vos de sancto Justo ejecistis nos de nostris, & dictus Mutons verberavit dictum Michodum cum quodam palo quantum voluit, & alij Complices eorum cum pugnis & lapidibus, & etiam dictum Humbertum super quo petunt sibi satisfieri.

Item prædicti Cives Lugduni violenter & evidenter auferunt eis Castrum de Albiginaco, quod per suos adjutores detinent occupatum dictum Castrum, Decano & Capitulo petentibus reddere contradicunt, quare petunt illud sibi restitui.

Item Guillelmus Liauters Civis Lugduni abstulit claves Ecclesiæ S. Vincentii Lugduni cuidam Clerico qui eas deferebat, & Vestimenta altaris dictæ Ecclesiæ asportavit in domum suam pro libito voluntatis, & dictas Claves adhuc violenter detinet occupatas, petit tibi satisfieri.

Item cum sint aliqui Cives in Civitate Lugduni qui liberi debent esse ab omnibus usagiis Civitatis dicti Cives vel Coadjutores seu factores ipsorum compulerunt ipsos invitos ad taillam persolvendam.

Item cum Magister operis Ecclesiæ Lugduni sit serviens Ecclesiæ Lugduni, & liber pro Ecclesia Lugduni, portas seu ostia domus suæ fregerunt, & unam Cassiam, & unum mantellum deportaverunt.

Item cum Canonici Ecclesiæ Lugduni nomine dictæ Ecclesiæ in Civitate Lugduni in præsentibus domibus habeant servitia seu Censum & hactenus habuerunt, & si dictæ domus venditæ fuerint laudes, venditiones, & recognitiones inde habere consueverant prout moris est in civitate Lugdunensi, dicti Cives seu coadjutores ipsorum dictas domos discooperierunt, & ostia & fenestras asportarunt pro libito voluntatis in præsentia judicum dictorum Canonicorum, & Ecclesiæ Lugduni.

Item cum leva seu tailla non debeatur levari, nec etiam imponi alicui nisi de voluntate, & expresso consensu Capituli Lugduni, dicti Cives voluntate propriâ contra inhibitionem Capituli levas seu taillas levari & imponi fecerunt per se vel suos coadjutores seu factores ipsorum in præsentia Judicum Capituli Lugdunensis.

Unde præconizatio sive crida non debat fieri in Civitate Lugduni sine consensu Capituli Lugdunensis, & non facta mentione de Capitulo.

Item cum Stephanus d'Aigueneus sit Clericus de choro Ecclesiæ Lugdunensis & Joannes d'Aigueneus frater ipsius Stephani sit familiaris Domini Petri Atanulfi Canonici Lugdunensis, & Coadjutor Ecclesiæ Lugduni, dicti Cives seu Coadjutores & factores ipsorum fecerunt asportari ostia & fenestras domus suæ, & Guillelmus dictus Correarius Civis Lugduni dictum Stephanum d'Aigueneus Clericum impegit sibi, Batavit violenter, & verberavit pro libito voluntatis, Item Simon Palatini Coadjutor ipsorum Civium cepit boves violenter cujusdam hominis Archidiaconi Lugdunensis, & dictos boves in Civitate Lugduni reduxit, & eosdem per se vel per alium ibidem vendi fecit.

Item dicti Cives seu Coadjutores ipsorum vel fautores ceperunt violenter Symonetum dictum Bo familiarem seu de familia Archidiaconi prædicti, & Coadjutorem ipsius & eum captum detinuerunt pro libito voluntatis.

Item dicti Cives vel Coadjutores seu fautores ipsorum ceperunt violenter Petrum filium Fabri de sancto Desiderio hominem dicti Archidiaconi, & captum detinuerunt, nec reddere volunt, & fidejubere etiam coegerunt.

Item quamdam navatam lignorum in domo dicti Archidiaconi ratione Obedientiariæ sancti Ciricij saisitam per dictum Archidiaconum vel suos apud Lugdunum spreta & fracta saisivâ adduxerunt.

Item quamdam Asinam dictæ Pulæ de sancto Genesio los Olicres existentem de Dominio, & in Dominium dicti Archidiaconi ceperunt, & ipsam captam detinuerunt, nec reddere voluerunt, donec dicta mulier ipsa redemit.

Item dicti Cives, seu Coadjutores vel fautores ipsi ceperunt quemdam hominem de Cosone, Bartholomæum nomine & quemdam alium de sancta Fide qui homines sunt homines Ecclesiæ Lugduni & adhuc captos detinent.

Item petit Joannes Daigneneus, quod pecunia sua saisita per Cives Lugduni, seu Coadjutores vel fautores ipsorum apud Lugdunum desaisiatur, & sibi deliberetur.

Item dicit Petrus Richouz de sancto Cirico, quod ipse posuit in domo Joannis Deperoges viginti quinque Asinatas vini puri, quare pecuniam non vult sibi reddere.

Item in domo Petri Dorer, filij quondam Guichardi Dorer viginti quinque Asinatas vini puri, quare pecuniam non vult sibi reddere.

Item Andrevetus de Avancia de Burgo novo retinet Domino Petro quadraginta duos sextarios quos dicit se solvisse janitoribus de Burgo novo.

Item Bernardus Biſſons de Rupeſciſa de mandato Seneſcalli Lugdunenſis accepit à dicto Petro apud Fontanes decem aſinatas ſiliginis.

Item Naſecors & Antonius filius ejus poſuerunt in domo Joannis de Rhodano XIII. aſinatas vini puri, quare pecuniam non vult ſibi reddere.

Item Bernardus Fabri poſuit in domo Joannis de Rhodano XV. aſinatas vini puri.

Item in domo Petri Dorer filij Guichardi Dorer quondam XXI. aſinatas vini puri, quare pecuniam non vult ſibi reddere.

Item Petrus Fabri de ſancto Cirico poſuit in domo Joannis de Rhodano XIIII. aſinatas vini puri, & unum Barallum poſt treugam Lugdunenſem, & poſt treugam miſit dictus Petrus Fabri in domo Algrex, XVI. aſinatas vini puri, quas XVI. & XIIII. & unum Barallum ſupradictus fecerunt ſaiſiri P. de Vallibus, & Aimo Varrillons pro debito quod prædictus Petrus Fabri debebat ceſſante guerra. Item poſuit dictus Petrus Fabri in domo dictæ Joannæ de Rhodano ante guerram Lugdunenſem XVI. aſinatas vini puri, quare pecuniam non vult ſibi reddere dicta Joanna.

Item Pontius Grivelli poſuit de vino ſuo puro in domo Stephani Meilloret Deſcorchibo XXVI. aſinatas vini puri, quare pecuniam non vult reddere. Item idem Pontius in domo Joannæ de Rhodano XII. aſinatas vini puri, quare pecuniam non vult ſibi reddere, Item Simon Palatus fecit recipere anno Domini milleſimo ducenteſimo ſeptuageſimo Joanni Mareſcallo XXVI. aſinatas vini puri, & unum Barallum quod erat Stephani Vincentij, & Fratris ſui de ſancto Fortunato.

Item idem Simon recepit à Bona de Refectorio de vino Guillel. Delmas ſeptem libras ſex aſſes, Item ab Humberto Chabert quatuor libras, & tredecim aſſes.

Item à Stephano Delmas ſexaginta ſex, Item à Ponto de Breſlieu quadraginta ſex aſſes, Item à Joanne Delmas ſeptem libras & quatuor aſſes, teſtes ſunt Stephanus de Mirabello, Stephanus Gaſſen, groſſa piſtoriſſa, Pontius Arbous, Guido Joneſtangue, & Lurdy ſuper factum illud de ſancto Cirico.

Coram vobis Domino Joanne Coci Canonico Nivernenſi, & Domino Guillelmo de Burone milite, qui eſtis à Domino Rege Franciæ , & Legato deputati ad conſervationem pacis quam ipſe Dominus Rex & Legatus fecerunt inter Capitula Lugduni & Cives Lugduni, & faciendum fieri emendas ſuper iis quæ utraque pars deliquit, ſeu commiſit tempore quo venerabilis Pater Dominus Y. Cluniacenſis Abbas , & Dominus de Traves , & Baillivus Bituricenſis venerunt Lugduni , & receperunt Compromiſſum factum per ipſos & dictis Capitulo & Civibus in dictos Dominum Regem & Legatum , Dicit & proponit Dominus Joannes Paiſſelle Præsbyter de domo Domini Decani Lugdunenſis non in forma libelli ſed in forma ſimplicis petitionis , quod Cives Lugdunenſes ſeu eorum Coadjutores domum ipſorum ſitam retro Clauſtrum Lugdunenſe diruerunt, ſeu dirui fecerunt à dicto tempore citra , quare petit dictam domum ſibi reædificari ad valorem reddi, quem facit quinquaginta libras Viennenſes cum eis quæ ipſi rapuerunt, quæ erant intus maximè cum facta fuerint in præſentia & contra inhibitiones prædictorum Abbatis Cluniacenſis & Domini Joannis de Traves & Baillivi Bituricenſis.

Dicunt 1o, Decanus, Chatardus Præcentor, & Sacriſta Lugduni , Obedientiarius ſancti Germani in monte Aureo, quod prædicti Cives Lugduni , vel eorum Coadjutores videlicet Simon Palatini, Girinus , & Hugo Fratres, Joannes Mareſcallus Perinus & Andreas clientes Domini Joceranni de Chanay, Guillelmus Rigaudi Barnes , & Guido de Jons , Domicelli, Bos filius præpoſiti de Cremieu , & filius Magiſtri Petri de Crux & Socius ejus à tempore pacis factæ inter Capitulum noſtrum Lugdunenſe , & Cives prædictos per Dominum Regem & Legatum venerunt apud ſanctum Germanum cum armis , & ibidem in Dominio Caſtri ſancti Germani ceperunt duos boves , qui erant Martini & Stephani Deleſcheres hominum dictorum Obedientiarii & Eccleſiæ Lugdunenſis , Item ceperunt duos boves qui erant Guillelmi hominis Eccleſiæ Lugdunenſis, & omnia dicta animalia ſecum duxerunt, & adhuc capta detinent in præjudicium prædictorum Obedientiarij & Eccleſiæ prædictæ Lugdunenſis, deprædantes nihilominus Villam & Mandamentum prædicti Caſtri ſancti Germani & homines ipſius Caſtri , & Eccleſiæ Lugdunenſis ſpoliantes ornamentis & utenſilibus dictorum hominum nunquam juſtè & ſecum aſportaverunt , hæc omnia petunt dicti Obedientiarij ſibi & hominibus prædictis reddi, reſtitui, & emendam fieri competentem de injuriis prædictis.

Item apud Lugdunum Domos hominum dicti Archidiaconi Lugdunenſis , qui ſunt de ſancto Cirico fregerunt oſtia & feneſtras aſportaverunt, & compulerunt ad taillas & collectas ſolvendas , & pretium quod debetur pro Locatione prædictarum domorum ſibi retinuerunt.

Memorandum quod hæc quæ ſequuntur ſunt illa quæ remanſerunt ad demoliendum de novitatibus & fortalitiis Civium apud Templum lapides ab una parte, parietes cum goſſetis ferreis quibus applicabatur porta , & de muro novo ſicut remanſit.

Item in quodam ingreſſu murorum, qui ſunt apud Turretam versùs Rhodanum, remanſerunt lapides habentes goſſetos ferreos ad applicandum oſtium.

Item in retis , qui ſunt in dictis muris non removerunt quoſdam parietes , per quos obturaverunt latrinas.

Item foſſata juncta dictis muris non ſunt reducta ad antiquum modum, nam ex parte curtilium ſunt altiora eis ad menſuram unius cubiti & plus, ad quam curtilia ſolebant eſſe altiora : ex parte verò murorum , remanſerunt altius elevata ſolito ad menſuram unius teſæ.

Item in turre apud portam ſancti Marcelli, remanſit removenda quædam feneſtra, & lapides angulares & in ſummitate turris, & circumferentia muri ad menſuram unius cubiti, & ſolarium novum quod fecerunt ibi, quæ prædicta non conſueverunt ibi eſſe.

Item tranſpoſiti ſunt abamuri cum Archeriis, quæ non ſunt redactæ ad priſtinum ſtatum ad menſuram unius teſæ.

Item Rippæ Stephani Albi ſunt adhuc, & remanſerunt lapides habentes goſſetos ferreos ad recipiendum oſtium.

Item apud ſanctum Vincentium in Chaaſſallo quod erat in Deſerta, & in alio propinquo remanſerunt maſſæ mutales ad menſuram unius teſæ vel circa.

Item in porta de Burgo novo remanſit removendæ rupis de muro intermedio, ad menſuram unius teſæ, vel circa, ex parte aquæ circa mediam teſam.

Item de Chaaſſalli quod fuit conſtructum apud fontem Ruerij, remanſit benè ad demoliendum ad menſuram unius haſtæ ex parte domus Cluniacenſis, ex parte vero Fourverij ad menſuram unius teſæ.

Item de muro qui fuit conſtructus ad ſuperimponendas ſpeculas qui eſt in via Ruerij ſupereſt demoliendum ad menſuram unius teſæ Rapinalis. Item inferius propè domum Guillelmi De Varey, in ingreſſu, eſt Chaaſſallum quod non eſt depoſitum, & ſupereſt ſatis ad deponendum de muro, qui eſt inter Chaaſſallum depoſitum, & Sonam.

Item in quibuſdam vicis Lugduni remanſerunt inſtrumenta ferrea affixa parietibus ſicut crocelli & annelli cum quibus firmabantur catenæ.

Item deſtruxerunt novitates has quas fecerunt poſtquam Dominus Comes receſſit de Lugduno , ſcilicet Chaaſſallum pontis Rhodani. Item Chaaſſallum quod eſt ſuper domum Petri Bermondi. Item in Chaaſſallo versùs ſanctum Yreneum duplicaverunt poſtes , & ſuppoſuerunt feneſtras pendentes cum repagulis ferreis, & fecerunt Archerias.

Item cum Eccleſia Lugduni tempore motæ guerræ

esset in quasi possessione omnimodæ coertionis faciendæ in Cives per se, vel per alios qui hoc faciunt nomine Ecclesiæ capiendo pignora, claudentes ostia domorum, & similia faciendo ipsi vel adjutores ipsorum à tempore motæ guerræ, citrà, ceperunt pignora, clauserunt domos aliquorum Civium Lugduni, & præcipìe in vico Palatij, in quo tempore motæ guerræ, Camerarius Lugduni erat in quasi possessione faciendi prædicta quando opus erat; quare petunt prædicta reduci ad statum in quo erant tempore motæ guerræ, & quod de damno & injuriâ debitè fiat emenda.

Item cùm Capitulum tempore motæ guerræ esset in quasi possessione habendi quosdam suos familiares in plenâ libertate & immunitate, ab omni exactione, & contributione, etiamsi justè fieret, prædicti Cives vel eorum Coadjutores compulerunt eos & compellunt ad contribuendum collectis, & eorum executionibus per captionem pignorum, claudendo domos eorum, removendo tegulas, & fenestras, & aliis multis mediis inhonestis.

Familiares verò quibus hoc factum est, sunt isti, Mathæus de Fuer, Durandus de Fuer, qui moratur in Palatio, Stephanus & Joannes Builloudi, qui sunt de familia Claustri, Magister operis Galterus, Cocus Archidiaconi, Hugo de Rupescisa.

Item cum inter Capitula ex una parte, & Cives ex alterâ esset guerra, si guerra dici debeat inter Dominos & subjectos, & per guerram ipsi Cives & eorum adjutores inferrent plurima damna & injurias tam dictis Capitulis quàm Ecclesiis eis subjectis, necnon hominibus & rebus eorum; Dominus Rex & Dominus Legatus auctoritate arbitrali pronunciaverunt, quòd inter partes esset pax, cum igitur Cives resumpserunt quod primò faciebant in guerrâ, manifestè faciunt contra pacem, Ipsi quidem vel eorum adjutores, vel ad mandatum eorum super tecta domorum, in quibus Capitula directum habent Dominium vel Ecclesiæ eis subjectæ, ascendunt, discooperientes dictas domos, ut magis aquis pluvialibus pateant, tegulas destruendo, fenestras, & ostia domus removendo & asportando, servientes armorum stipendiarios imponendo, qui bona quæ invenerunt in dictis domibus destruunt, & consumunt, quare petunt quod de damnis & injuriâ sibi factâ à pace fractâ faciatis sibi satisfieri competenter.

Item cum tempore motæ guerræ Capitulum Lugdunense seu Ecclesia esset in quasi possessione juris faciendi præconizationes in Civitate Lugduni cum Archiepiscopo & Seneschallo, cum necessitas vel utilitas Civitatis exposcebat, & consensus Capituli incurreret, dicti Cives, vel eorum adjutores faciunt fieri præconizationes excluso Capitulo contra formam antiquam, quod petunt emendare.

Item pars muri qui fuerat constructus ad sustinendum barram versus portam Piscariæ superest ad demoliendum ad mensuram unius tesæ, & trabes de corallo positæ in muro.

Item apud Plateriam porta super ripam habet quatuor lapides angulares cum gossetis ferreis qui non sunt remoti, & de muro usque ad dimidiam tesam.

Item apud Montagniacum non est funditus demolita turris.

Item in pluribus locis Civitatis Lugdunensis erant Carenæ scilicet lapides angulares habentes crochetos, & annulos ad affigendas catenas.

Item in Columberio Petri Durer, superest ad demoliendum de muro, usque ad dimidiam tesam.

Item fecerunt glatiam subter Turretam, quæ est in Ripa Rhodani, & fossata fecerunt ibidem, & adhuc ea ædificata de novo tenent, nec diruerunt.

Ad deffensionem Populi & Civium Burgensium Civitatis Lugdunensis proponitur coram Vobis viris pietatis & justitiæ Arbitris & Arbitratoribus Domino R. Episcopo Albanensi Apostolicæ sedis Legato, & Domino Ludovico Rege Francorum contra ea quæ producuntur à Canonicis & Capitulo Ecclesiæ S. Joannis, & S. Justi Civitatis ejusdem, In eo videlicet quod contra dictos Cives utuntur quodam processu facto à Venerabili Viro Episcopo Eduensi continente ipso processu assertas inhibitiones & præcepta de quibusdam præparatoriis & munitionibus elevandis, & removendis factis ob securitatem suarum personarum & rerum conservandarum, & proindè evidentissimâ & notoriâ causâ & indiciis justi timoris.

In primis proponitur pro parte dictorum Civium quòd dictum mandatum fuit iniquum, & ei nullo modo parere, vel obedire tenebantur, istis videlicet rationibus.

In primis quia dum ipsi Canonici ante ipsum præceptum jam incepissent per se, & fautores suos vivam facere guerram, homines capiendo, res devastando, hostiliter veniendo, & hoc innotuerit, velut notum dicto Episcopo non solùm, sed etiam omnibus circumadjacentibus & etiam remotis locis, & etiam non solùm per famam, & evidentem clamorem, sed etiam per specialem denunciationem ipsi Episcopo factam satis patet, quod dictus Episcopus dictum mandatum facere non poterat, nec debebat, imò ordinem justitiæ à jure traditum observare debebat, cùm ut primo offensionis impetus, quàm defensionis remedium auferatur, nam ferè privilegiata à jure deffensio in tantum, ut liceat alium percutere, domum, vicum destruere, igne progrediente, alium occidere rem meam furantem, sive res meas, & defendentem se, & ex hoc licet Clericis Arma portare, nulli quantumcumque religioso est defensio interdicta, non ergo in tanto discrimine erat talis defensio omittenda dum mortis & rerum periculum imminebat.

Secunda ratio est, quia dictus Episcopus, dicendo quòd hoc fiebat in præjudicium juris Archiepiscopatus, primò veritatem super hoc inquirere debebat, cum ipsi Cives & populus hoc suo jure possent facere & potuerunt, non ergo sententiam de elevandis munitionibus, vel præceptum facere potuit, vel debuit contra non confessos non convictos, maximè cum etsi hoc etiam fuisset de jure Archiepiscopatus, non tamen istâ prohibitione vel præcepto dictus Episcopus poterat, ut quia unicuique prohibetur suo jure uti, quando sibi non prodest, & vicino periculum præparatur, & sicut traditur in sanctione Legati, videat ergo perfecta discretio arbitrorum, quid accresceret juri Archiepiscopatus, si munitiones tales fuissent elevatæ, in quo statu remanebat substantia rerum & vita corporum, personarum, Civitatis ipsius, & his consideratis levissimum erit judicare æquitatem & iniquitatem dictorum Canonicorum, & cui datum fuisset quod pararetur eidem.

Non obmittatur responsio tantæ quæstionis, quòd forsan dicetur, quòd cautionem præstare volebant Canonici, nam primò treugas fecerant, juramenta & fides præstiterant, cautiones & promissiones firmaverant, & omnia ista ruperunt, quomodo ergo Cautionibus & juramentis factis & ruptis cautionibus iteratò se committere poterant! ex transactâ enim vitâ ex te didicimus, quòd de tuâ subsequenti conversatione præsumamus.

Illud autem tanquam novissimum obmittatur, quòd lex dicit, fragile remedium cautionis, Item quod quis non debet sub prætextu cautionis se committere suis capitalibus inimicis. Ad alia nunc quæ continentur in ipso mandato, scilicet quòd homines transire non poterant, ex quo impedimento perdebant pedagium, Item jurisdictio Comitatus Lugdunensis & ipsius Episcopi temporalis & spiritualis, & quòd omnes ad Curiam suam non habebant ingressum & egressum sicut breviter respondetur, quod ista in dicto posita fuerint mandato, non ad Veritatem sed ad diffamationem ipsorum civium, quæque & si vera fuissent potius tamen suas Vitas & se ipsos diligere debebant, & munitiones non elevare quàm eis elevatis aliorum facta fovere, & seipsos negligere, cum ordinata charitas incipiat à seipso, absit enim ut alienas successiones, dicit lex, nostris præponamus.

Nec obstat, quòd Episcopus dicit hæc esse notoria

quæ fiebant per ipsos Cives. Quia etsi notorium est ipsos Cives fecisse munitiones prædictas, non sequitur, ergo notorium est ipsos malè fecisse: quia hoc vendicat sibi locum in his quæ sic naturâ mala sunt, vel primâ facie mala videntur, ut est in contrariâ & adversâ parte scilicet talem guerram facere, ergo quod notorium & malum erat obviare debebat primò quàm judicare defensionis notum esse mala.

Nam nec jugum servitutis alicujus, vel Dominium quod ipse Episcopus haberet, in eis erat justa causa, quare obediendo se occidi permitterent, quia & si libertus suo patrono obedientiam debeat, sive reverentiam, potest tamen non solum se ab eo defendere, sed etiam ultra facere, quando nequiter tractatur ab eo: quia nec Deus, neque jura dederunt nec permiserunt dominia in terris ad malefaciendum & injuriandum, sed injurias repellendas, dum dixerunt: justè judicate filij hominum. Nec enim, dicit lex, occasione juris iniquum debet prætendere compendium: sic ergo apparet ex prædictis, quod dictum mandatum prædicti Episcopi caruit æquitate & ordine justitiæ & juris & provisione sanæ discretionis, & omnem omissionem contingentium continuit, & multa futura prævavit pericula, propter quod nec Deus, nec mundus tali præcepto præcepit obedire.

Item dico quod de processu dicti Episcopi aliqua confirmatio appareret, quæ emanasset à Domino Legato vel alio. Respondetur quod ipse nihil præjudicat, nec per ipsam jus aliquod competens dictis populo & Civibus est sublatum, cum non fuit eum causæ cognitione facta vel partibus præsentibus, nam talis confirmatio in formâ communi data in nihilo præjudicat defensioni, & juri alicujus ut dicunt Canonicæ-Sanctiones.

Assumpta ergo materia & causa ex qualitate & quantitate gravaminum prædictorum, & iniquitatis in ipso processu contentæ, & ex ipsis etiam legitimâ appellatione interpositâ antequam excommunicationis effectus sub conditione latâ dictos populum & Cives ligare posset, sequitur quod excommunicatio contra eos opponi non potest, cujus effectus secundùm jura Canonica per præcedentem appellationem legitimam est suspensus: maximè etiam, cum dictus Episcopus ante prædictam monitionem & sententiam excommunicationis per ipsos Cives fuerit humiliter requisitus, & cum instantia interpellatus, quod super securitate dictorum hominum procuranda, & inimicitiis prædictis repellendis intendere ex suo officio deberet, offerentes se ipsi Cives per publicum instrumentum omnia facere & observare per quæ jus & justitia servaretur, & suarum rerum & personarum securitas posset haberi: protestantes, quod per eos non stabit quominùs ipsum haberent in obediendo Dominum, si eos tractare velit ut subditos, & defensari. Aliàs Domino negante protectionem, non est subdito justa defensio deneganda, legali Sanctione dicente, quod si non habueris me ut plebeium, te non habebo ut Senatorem: testante etiam Capitulo, quod si me non habueris ut subditum te non habebo ut Prælatum.

Ad hæc autem quæ præmissa sunt certificanda se offerunt vel alterum quod sufficiat coram vobis æquitatis & justitiæ Patribus probaturos cum, fuerit opportunum.

Ad illud autem quod dicitur, quod opponitur per illam Clausulam quæ continetur in quodam compromisso aliàs facto inter eos, quæ talis est: quod status Civitatis Lugdunensis quoad ea quæ pertinent ad jurisdictionem sit & persistat in illo statu in quo erat tempore quo dictus Philippus, hæc dicunt Canonici quod Cives hoc juraverunt &c. Sic breviter respondetur pro parte ipsorum Civium, videtur quod ista ratio & allegatio expressè est contra ipsos Canonicos, quia dato sine præjudicio, quod aliquid immutetur de statu illo pertinente ad jurisdictionem, quod non confitentur ipsi Cives, dicunt tamen quod ipsi Canonici præstiterunt & dederunt causam, ut ipsi potius causa possent dici hujusmodi immutationis auctores, cum ipsi vulnerando, occidendo, justè & mutationis & defensionis causam præstiterunt, dicit enim lex, non enim maritus adulterium uxoris vindicat vel accusat, cujus lenocinium præstitit; non enim filius de injustâ hæreditate agit, cujus spe per offensionem factam patri causam dedit, non enim dejerat qui jurat te non offendere, si se deffendit te injuriante. Dicit enim lex, imputet sibi quica usam dedit edito, non enim qui scienter facit aliquid ex quo aliquid sequatur. Contra enim de vicino conqueri potest, sed de ipso ut dicit lex sic quod tanquam contra se allegantes sunt ab hac allegatione penitus repellendi quamquam illud promissum evanuerit, & arbitrium aliquod ex eo sequutum non fuerit.

SENTENTIA BELLEVILLÆ.

IN nomine Sanctæ & individuæ Trinitatis Patris, & Filij & Spiritus sancti Amen. Anno Domini millesimo ducentesimo sexagesimo nono, Kalendis Decembris, Nos Gerardus divinâ miseratione Episcopus Eduensis, gerentes Administrationem Archiepiscopatus Lugdunensis ipsius sede vacante, existentes apud Bellam villam ad quem locum & diem Suffraganeos dictæ Sedis vocaveramus ad tractandum & ordinandum qualiter prædictæ Lugdunensis Ecclesiæ, quæ ad præsens miserabiliter patitur persecutionem à Civibus ejusdem Civitatis subditis suis, posset opportunis remediis subveniri præsentibus & assistentibus nobis Venerandis Patribus G. Dei gratiâ Episcopo Viennensi & G. eâdem gratiâ Episcopo Aniciensi habentibus mandatum à Reverendo Patre Rodulpo Dei gratiâ Episcopo Albanensi Sedis Apostolicæ Legato, tractandi, & ordinandi super præmissis unà nobiscum & Suffraganeis memoratis de consensu & assensu omnium prædictorum Lingonensium Episcopo excepto, qui se literatoriis excusavit, diligenti tractatu super hoc habito, contra prædictos Cives sententiam proferimus deffinitivam in hunc modum. Lamentabile Civitatis Lugduni excidium quis sciens, non defleat ? quis intelligens sine cordis amaritudine poterit reminisci ? quæ cum olim pro suæ devotionis inhabitantium dici poterat Dei Civitas gloriosa, nunc propter vitiorum inundationem & inobedientiæ pertinentiam effecta est misera filia Babilonis, propter quod in salicibus, in medio ejus divinarum laudum organa & sacrorum officiorum ministeria duximus suspendenda, Civitatem ipsam supponentes Ecclesiastico interdicto, ipsosque Civitatenses propter infrascriptos excessus manifestos, & notorios sicut salices & infructuosas arbores à corpore sanctæ matris Ecclesiæ & unitate fidelium duximus perstringendos, eosdem excommunicationis vinculo percellendo, dolentes & flentes cum Psalmistâ dicente super flumina Babilonis. Et ipse quidem Sathanas antiquæ versutiæ non oblitus vultu fallaci molliens & incautos vulnerans pilo caudæ ad instar æmulæ scorpionis Cives itâ succensos reddidit vehementi desiderio dominandi, quod Civitatis ipsius Dominium quod ad nos ratione administrationis quam gerimus, & ad Capitulum Lugduni cum jurisdictione temporali & spirituali pertinere dignoscitur pleno jure, quæ diuturnus usus, antiqua Civium subjectio & nostra, & Capituli Lugduni pacifica possessio sic faciunt manifesta, ut nullus inficiationi locus relinquatur, quod nec ipsi diffitentur, usurpatâ licentiâ subtrahere & sibi appropriare præsumût: claves ipsius Civitatis temerè retinendo, quas nobis sæpè repetentibus nomine Ecclesiæ Lugdunensis ab eisdem, irreverenter restituere denegarunt. Item quod muralis ambitus Civitatis trans Ararim ex parte sancti Nicetij constitutæ, novâ constructione fortificantes & fossatorum profunditate circumvallantes retinuerunt sub propriâ potestate, publicos muros, etiam aditus & regressus portis novis interpositis includendo, clavium novarum custodiâ portam sibi specialiter resignatâ. Cumque ad Ecclesiam sancti Nicetij ad cujusdam campanæ pulsationem Fide-

les consueverunt congregari, ut ad prædicationem verbi Dei consilium salutiferum pro suis assumerent animabus, ad ejusdem pulsationem campanæ more derisorio abissus Civium & innumera multitudo conveniens illicitas conventiculas facientes in voce catharactarum suarum Concionatorum suorum videlicet abissum invocarent ac frequenter invocant execrabilium, ac damnabilium actionum, & juramentum iniquitatis sibi vinculum facientes, & ad invicem sibi præstito promiserunt ut mutuo se juvarent, præficientes sibi viros duodecim, quorum jussionibus & ordinationibus obedirent, licet universitatem, vel Collegium eis habere non liceat nec unquam licuerit. Deinde prædicti duodecim certis majoribus ac popularibus collectam publicam mendicantes eosdem ad contribuendum, captis pignoribus compulerunt, quamvis illi qui contribuerunt ad collectam monitione præmissâ fuissent à nobis excommunicationis vinculo innodati. Deinde ad modum Scribarum & Pharisæorum contrà Lugdunensem Ecclesiam consilium ineuntes, exercitum convocarunt, constituentes eisdem stipendia ut eosdem in inceptis maleficiis adjuvarent in singulis vicis Civitatis ejusdem ponendo catenas ferreas transversales, supponentes in locis pluribus pontes ligneos ex transverso, ut jaculis & lapidibus possint obruere qui extrà suam transire præsumerent voluntatem. Per quod factum est, quod Nos & Capitulum Lugdunense per Ballivos & Officiales nostros, homicidas & adulteros, sacrilegos, & alios turpibus criminibus irretitos punire non valeamus sicut hactenus extitit observatum. Deinde ad Claustrum Lugdunense quod semper immunitatis prærogativâ & fuit, & est privilegiis insignitum, manum sacrilegam extendentes, tàm in illud quàm in circumadjacentes Clericorum domos more prædonum incumbentes, vinum, bladum & utensilia, domorum ostia, fenestras & asseres, ausu temerario abstulerunt, & quæ auferre commodè non poterant timore Dei postposito destruxerunt. Nec in iis cœpta debacchatio conquievit, nam convocatâ armatorum multitudine innumerosâ, Decanum & Canonicos Lugduni, qui se ad Ecclesiam Beati Justi receperant causâ præsidii singularis, arreptâ fidâ frequentibus impetierunt insultibus, & gladiis sitibundis quosdam ex eis & eorum defensoribus interficiendo, quosdam totaliter vulnerando, alia carceri mancipando, ignominiosa & detestabilia faciendo. Deinde Deum & Claves Ecclesiæ contemnentes, quibusdam Civitatis ipsius Ecclesiis, quarum Prælati & Presbiteri parrochiales interdictum novum generale obedientiæ servabant, fecerunt quotidiè & faciunt pro diffamatas personas pulsatis campanis missarum solemnia, & divina officia celebrari, imò potius prophanari, & cum inter alia maleficia, turres, barras, speculas, fossata, in ipsius Civitatis locis pluribus publicè construxissent, domum quamdam orationis reclusorio perpetuo quondam à sanctis Patribus Archiepiscopis Lugdunensibus deputatam & in honore beatæ Mariæ Magdelenæ dedicatam, speluncam latronum fecerunt, superædificantes turrim & conficientes ibi custodes armigeros, qui quotidie & publicè spoliant transeuntes: demùm in profundum vitiorum demersi armatorum multitudine congregatâ, erectis vexillis Civitatem exeuntes, & in rebus pessimis exultantes apud Villam Curiaci domos Ecclesiæ Lugduni incendio consumpserunt, & aggressivâ vehementi ipsam Ecclesiam invadentes, confossis ipsius parietibus intraverunt, altare ornamentis & rebus aliis manibus sacrilegis spoliando, animalia, hominum spolia & vestimenta sibi nequiter dimittendo, deinde paucis diebus interpositis Villam de Genay, quæ est Ecclesiæ Lugduni incendio penitùs consumpserunt, villam ipsam hominibus, animalibus & rebus aliis spoliantes, & ut nullum genus criminis vel maleficij intactum, vel imperpetratum remaneret, per eumdem modum Civitatem ipsam pluribus aliis vicibus exeuntes plures Lugduni Ecclesiæ homines gladiis peremerunt, alios carceri mancipaverunt, alios mutilatione membrorum inutiles reddiderunt. Dominum verò de Genas Presbiterum captum detinent & reddere contradicunt, & ut in contemptum Dei toto conamine desæviant, in omnibus elementis, in aquâ Sagonæ quæ Civitatem interfluit Lugduni naves quasdam ad galearum modum, quæ cursaria vulgò nuncupantur, construentes easdem piratis & latronibus muniverunt, & easdem remorum compulsu celeriter commoventes domos & homines ac cæteras res ad Lugduni Ecclesiam pertinentes quæ prædicto fluvio vicinantur, vastant, destruunt, & consumunt, alia horribilia & plura publicè & notoriè perpetrando. Demùm verò Nobis in Provinciali Concilio apud Bellamvillam dicti Cives malefici cum Armis & Armatorum multitudine congregatâ ad Villam Ecclesiæ Lugduni scilicet ad Cosonem propinquam nobis, & quæ in Regno Franciæ consistit accedentes ipsam incendio consumpserunt, & quosdam ex hominibus ceperunt, res hominum dictæ villæ & spolia asportantes. Cùm igitur propter quosdam excessus prædictorum interdicti in Civitatem Lugdunensem, & excommunicationis in Cives Lugduni sententias dudùm duximus proferendas, quæ mandato & Auctoritate Reverendi in Christo Patris R. Albanensis Episcopi Apostolicæ Sedis Legati extiterunt confirmatæ & dictorum Civium exigente contumaciâ aggravatæ, Reliqui quoque prænominati excessus à prædictis Civibus, ita publicè & notoriè fuerunt perpetrati, ut nullos aut paucos lateat in illis partibus maleficiorum perpetratæ prædictorum, nec ullâ tergiversatione vel inficiatione valeant occultari, & quasi præsciti ad æternam damnationem, nullatenùs resipiscant, sed sicut Pharao post multas correptiones deteriores efficiantur, maleficia maleficiis cumulantes, ingratitudinis vitium contra suam matrem Ecclesiam Lugdunensem, & alias Ecclesias eidem subjectas inverecundâ fronte turpiter committentes, à quibus domos, agros, prata, molendina, vineas, piscarias, nemora, & plures alias res immobiles & jura tenere, seu possidere noscuntur, quidam in feudum & quidam sub annuo censu, alij sub annuâ pensione directo Dominio, penès dictas Ecclesias remanente, prædictosque Cives citari fecerámus publicè, & vocari ubi sine periculo Citario fieri potuit, ut ad diem Jovis post octavam beati Martini hyemalis apud Bellamvillam Lugdunensis Diœcesis comparerent coram Nobis audituri, & recepturi quod exposcheret ordo juris: quam diem continuavimus usque ad diem Veneris subsequentem, necnon à dictâ die Veneris, usque ad diem Sabbati similiter subsequentem. Ad quam dictam diem Jovis auctoritate nostra Suffraganei Sedis Lugdunensis, cujus administrationem gerimus, ipsâ Sede vacante videlicet Reverendi in Christo Patres G. divinâ miseratione Episcopus Lingonensis qui se litteratoriè excusavit super impotentiâ veniendi, Guichardus eâdem miseratione Episcopus Maticonensis & Pontius eâdem miseratione Cabilonensis Electus, fuerunt convocati præsentibus etiam Reverendis in Jesu Christo Patribus G. sanctæ Viennensis Ecclesiæ Archiepiscopo miseratione divinâ: Fratre Girardo eâdem miseratione Episcopo Aniciensi, quibus per Dominum Legatum dictorum suffraganeorum convocatio fuerat specialiter demandata, ipsorumque ac multorum virorum religiosorum nec non multorum Jurisperitorum communicato consilio Deum habentes præ oculis, de cujus vultu judicium prodeat nostrum, prædictos Cives in, amissione omnium bonorum suorum à dictis Ecclesiis habitorum ac debitorum suorum per definitivam sententiam condemnamus & pronuntiamus, ut prædicta bona eorum & debita confiscata Procuratoribus à Nobis & à dicto Capitulo Lugdunensi constituendis applicentur, ut iidem Procuratores læsis Ecclesiis, passis injuriam vel violentiam satisfaciant competenter, vel in illos usus dicta bona committant in quos committi debebunt secundum Canonicas Sanctiones, si quis autem Civium prædictorum præsentis sententiæ pœnam effugere voluerit, ductus pœnitentiâ & consilio meliori infrà Epi-
phaniam

phaniam Domini proximam, liceat ei ad Nos, vel ad mandatum nostrum accedere, ut taxatâ & moderatâ non secundùm miserationem relaxatâ & præstitâ sufficienti cautione pro emendâ, absolutionis & reconciliationis beneficium consequatur, nullum ad hæc recursum elapso dicto termino habiturus, in cujus rei testimonium præsenti sententiæ sigillum nostrum duximus apponendum. Nos verò Archiepiscopus Viennensis, & nos Episcopus Aniciensis, & Nos suffraganei prænominati prædictis omnibus & singulis præbentes consilium & consensum ad preces & requisitionem dicti Domini Episcopi Eduensis unà cum ejusdem sigillo & ad majorem firmitatem præsentibus sigilla nostra duximus apponenda. Datum anno & die supradictis.

HÆC EST QUÆDAM ORDINATIO FACTA
per quosdam Nuntios Domini Regis Francorum.

IN nomine Domini. Amen. Anno ejusdem millesimo ducentesimo septuagesimo secundo, decimo quarto Kalend. Martij, per præsens publicum instrumentum cunctis appareat evidenter, quòd cum Viri venerabiles & discreti Magistri Guillelmus de Nouilla, Capicerjus Lexoviensis, & Guillelmus de Castro Viando Canonicus Rhemensis, Clerici Domini Regis Francorum super quibusdam Articulis ipsis Magistris ex parte Domini Electi Lugdunensis traditis quosdam testes receperint, & examinaverint & à Domino Hugone Decano Lugduni, & Magistro Guillelmo de Varey Procuratoribus Capituli dicti Magisti petierint, si tempore quo Dominus Episcopus Eduensis administrationis Sedis Lugdunensis tenebat Curiam sæcularem Lugduni, & exercitium Jurisdictionis & justitiæ exercebat, Ibidem, & quo gentes Domini Regis pro tenendâ Curiâ sæculari Lugduni venerunt Lugduni, Capitulum Lugdunense erat saisitum & vestitum, de tenendâ & habendâ aliquâ curiâ, justitiâ, vel jurisdictione sæculari in Civitate Lugduni prædictâ, tandem in præsentiâ mei Humberti de Chargeoy Clerici, Auctoritate Domini Papæ publici Notarij, & testium subscriptorum ad hoc specialiter vocatorum, & rogatorum. Ipsi Decanus, & Magister Guillelmus de Varey Procuratorio nomine dicti Capituli responderunt, quod non, hoc salvo quòd dicebant proprietatem justitiæ & Jurisdictionis sæcularis Lugduni ad ipsum Capitulum pro medietate pertinere debere, non renunciantes in eo, cum loco & tempore dicto Capitulo liceat in prædictis jus suum petere, prosequi & habere, & ob hoc tam per confessionem prædictam, quàm per dicta, & attestationes testium ex parte dicti Electi prædictorum dixerunt & pronunciaverunt dictum Dominum Episcopum ratione administrationis Sedis Lugdunensis, tempore quo gentes Domini Regis, Lugdunum venerunt pro tenendâ curiâ sæculari fore in possessione meri & mixti imperij & Jurisdictionis, & sæcularis justitiæ exercendæ in Civitate prædictâ, tàm per se quàm per curiam Senescalli Lugduni, quæ est una ut dicebant. Quare ex parte dicti Domini Regis tenutam &, saisivam totius justitiæ meri & mixti imperij, & jurisdictionis sæcularis Lugduni ipsi Domino Electo restituentes, & ipsum per quamdam cedulam in quasi possessione inducentes & investientes eumdem ipsum Electum in eumdem statum in quo erat Eduensis Episcopus tempore quo gerebat administrationem Sedis Lugduni quoad possessionem meri & mixti imperij & Jurisdictionis prædictæ reduxerunt. Igitur Girinus de Amplopurea Vigerius Lugdunensis pro dicto Domino Rege surgens in medio, antequam dicta pronunciatio à dictis Magistris esset facta, totaliter, petiit nomine dicti Domini Regis sibi copiam fieri attestationum testium prædictorum ex parte dicti Domini Electi, dicens se fore paratum probare statim prædictos testes ex parte dicti Domini Electi productos falsa dixisse, & rationes habere in promptu paratas per quas volebat & intendebat docere, ut dicebat, alium quàm Episcopum Eduensem eo tempore quo gentes Regis intraverunt Lugdunum pro Curiâ sæculari ibidem tenendâ fore in possessione meri & mixti imperij & Jurisdictionis & justitiæ exercendæ in Civitate Lugduni quas rationes dicebat continere in quâdam cedulâ quam in manu suâ dictus Vigerius tenebat, & dictis Magistris præsentabatur, qui prædicti Magistri dixerunt & responderunt se ad hoc destinatos non esse, & quòd ea ad quæ missi fuerant, fideliter pro posse facerent, & fideliter expedirent. Item eâdem die perceperunt dicti Magistri ex parte dicti Domini Regis Domino Roberto, sive Ruerio Ballivo Matisconensi tunc ad hoc præsenti, quod à die Dominicâ post datam præsentis continuè subsequentis infrà mensem unum continuum à Civitate Lugdunensi removeret gentes Domini Regis, videlicet Judicem, Vigerium, Radellos, & alios exercentes jurisdictionem nomine dicti Domini Regis in Civitate Lugduni. Item inhibuerunt dicto Domino Electo per fidelitatem quam ipse Dominus Electus Domino Regi fecerat, quod aliquid de prædictâ jurisdictione non communicet, nec dictam Jurisdictionem in alium majorem vel minorem Dominum, vel Dominos transferat, vel transportet quousque ipse Dominus Electus cum Domino Rege loquutus fuerit vivâ voce ; Item præceperunt dicto Baillivo Matisconensi, quòd omnia jura, quæ de ipso Capitulo nomine dicti Domini Regis tenebat occupata tàm in Civitate Lugduni, quàm extrà restitueret incontinenter Capitulo memorato. Actum Lugduni Præsentibus testibus videlicet fratre Aymone de Conflens Ordinis fratrum Prædicatorum socio dicti Domini Electi, Domino B. Obedientiario sancti Justi Lugduni, Magistro Joanne de Quadrellis, Domino Girino de Rontalon Canonico sancti Justi, & Magistro Petro Corderij... Ego verò Prædictus Humbertus prædictâ Auctoritate publicus Notarius præmissis interfui, & præsens instrumentum scripsi, publicavi, & signo meo signavi, à dictis Magistris Clericis dicti Domini Regis rogatus.

ORDINATIO GREGORII PAPÆ.

AD futuram rei memoriam Lamentabilibus guerris motis hactenus, & quæsitionibus excitatis inter dilectos Filios Capitula Ecclesiarum Sancti Joannis & Sancti Justi Lugduni ex unâ parte, & Cives Lugdunenses ex alterâ factâ inter eos submissione alte & basse nomine Archiepiscopi Lugduni, & partium earumdem prout in instrumentis publicis, quorum alterum per manus Balli publici Cameræ nostræ, reliqua verò per manus Joannis de Fellinis notariorum publicorum confecta sunt pleniùs continentur, quorumque tenores inferius annotantur. Nos qui partes prædictas ab olim dileximus, in fine quoque diligentes easdem, ne prædictæ guerræ seu quæsitiones veluti sine fine remanentes recidivum aliquod patiantur, eas infrà scriptâ determinatione sopimus : volumus, si quidem, ordinamus, decernimus, atque statuimus, ut omnis rancor, & quævis injuriæ occasione prædictarum guerrarum illatæ, hinc inde penitùs remittantur, & injurias ipsas tam ex vi submissionis promissæ, quàm etiam de potestatis expressâ voluntate & plenitudine totaliter abolemus : decernentes ex nunc de consensu, & expressâ voluntate partium ipsarum in nostrâ potestate, seu invicem remittentium, eas haberi penitus pro remissis, ita ut ipsarum occasione nulla unquam earumdem partium vel adjutores ipsarum in judicio, vel extrà quomodolibet competi valeant, seu etiam molestari, sed super illis sit firma pax & concordia perpetuis temporibus inter eas & adjutores seu valitores earum, nos proptereà undique excommunicationis & interdicti, necnon privationis sententias, prædictarum quæsitionum & guerrarum occasione prolatas, de potestatis plenitudine relaxamus, statuimus insu-

C

per ordinamus, atque decernimus ut munitiones seu fortalitiæ quas dicti cives fecerunt in Civitate prædicta, quasque nos auctoritate submissionis ejusdem mandamus & fecimus destrui, & si quæ ex eis supersint funditus non destructæ, illas similiter destrui decernimus & mandamus, statuentes ac in perpetuum sic diruptæ sic destructæ remaneant, nec ullo unquam tempore ab ipsis Civibus sine Archiepiscopi qui pro tempore fuerit & Capituli Lugdunensis licentia earum aut similium vel quarumlibet aliarum restitutio vel constructio attentetur. Prohibemus præterea, nè ipsi Cives sigillum commune habeant, vel sigillo communi utantur; neve in eâdem Civitate catenas, Barras, seu quodcumque aliud viarum impedimentum absque simili licentiâ ponere, aut poni procurent, seu sub quocumque colore communia facere, vel aliqua quæ ad jus Civitatis, seu universitatis pertinent sine ipsius Archiepiscopi & Capituli Lugdunensis consensu exercere præsumant. Conjurationes & vocationes, collectas sive levas faciendo, aut Consules aut Rectores alios quovis nomine appellentur, constituendo in eâdem Civitate, seu alia hujusmodi præsumendo, mandantes ut si quod commune sigillum habent, illud nobis ante nostrum recessum tradant, custodia quoque clavium portarum civitatis ejusdem libera maneat apud eundem Archiepiscopum. De damnis autem datis in domibus Capituli Canonicorum & clericorum Lugdunensium Ecclesiarum S. Justi & S. Thomæ de Fourverio, & per ambitum Civitatis ipsius, & in Ecclesiâ d'Escuilli volumus, ordinamus, decernimus, atque statuimus ut ijdem Cives solvant septem millia librarum Viennensium terminis infrascriptis, videlicet memoratæ Ecclesiæ d'Escuilli, sexcentas libras Viennensis monetæ, quarum centum committi volumus in refectione Ecclesiæ ipsius & ad reparationem librorum, & ornamentorum ejusdem, de reliquis verò quingentis voluminis, ordinamus, statuimus atque decernimus, & mandamus emi possessiones & reditus de quibus constituantur & sint perpetui capellani, quot ex ipsis possessionibus & redditibus poterunt inibi sustentari ad serviendum in ipsâ Ecclesia perpetuis temporibus pro animabus illorum, qui per ipsos civis in ipsâ Ecclesiâ igne supposito perierunt & ad expiationem peccatorum committentium in eâdem Ecclesia tam graves excessus, per quos Sacerdos ipsius Ecclesiæ, ac alij multi utriusque sexus infantes, juvenes, & etiam seniores exorto incendio morti succumbere sunt coacti, ad refectionem quoque & emptionem hujusmodi prosequendas aliquos veros idoneos juratos per eos ad quos ea res pertinet volumus & præcipimus deputari, item volumus, statuimus, decernimus & mandamus ut ijdem cives pro alijs damnis datis specialiter in domibus Ecclesiarum Lugduni, Sancti Justi & Sancti Thomæ de Fourverio, Capitulorum Canonicorum & Clericorum ipsorum, & ad faciendum domos easdem solvant reliquum prædictorum septem millium librarum in refectionem domorum earumdem, & non in usus alios convertendum & ad hoc deponendum sicut duximus ordinandum à reliquis damnis ex tunc partes absolventes easdem.

Termini autem solutionum hi erunt, primo anno computando ab instante festo Sancti Joannis Baptistæ solvent ijdem Burgenses duo millia librarum dictæ monetæ, secundo verò totidem, tertio autem residua tria millia, hæc omnia & singula ordinamus & decernimus atque statuimus inviolabiliter observari, sub pœnâ decem millium librarum Viennensium toties committenda quoties contraventum fuerit hujusmodi nostris, ordinationi, decreto, atque statuto in sua nihilominus firmitate manentibus: quam quidem pœnam quævis partium contra præmissa veniens vel aliquorum præmissorum ipso facto incurrat & parti alteri eadem observanti medietatem ipsius, Reliquam verò medietatem terræ Sanctæ solvere teneatur. Retinemus autem nobis expressè potestatem addendi præmissis, seu interpretandi & eadem declarandi se-

mel vel pluries, quoties viderimus expedire.

In Nomine Domini. Amen. Anno incarnationis ejusdem millesimo ducentesimo Septuagesimo sexto Die veneris ante festum Beati Petri ad vincula indictione tertia, per præsens instrumentum cunctis evidenter appareat, quod dictâ Die veneris pulsatâ Campanâ ad capitulum congregandum prout moris est in majori Ecclesiâ Lugduni & venerabilibus viris Domino Chatardo Decano, Domino Guidone de Thierno Præcentore, Domino Hugone de Turnone Sacristâ, Domino Hugone de Turre Senescallo Lugduni, Domino Guilelmo de Lymone Custode Ecclesiæ Sancti Stephani Lugduni, Domino Guichardo de Sancto Symphoriano Magistro chori, Domino Girino de Sancto Symphoriano, Domino Guichardo de Farnay, Domino Guidone de Buenco, & Domino Jacobo de Coyrenco, & pluribus aliis Canonicis Lugduni in dicto Capitulo Congregatis præsentibus etiam in eodem capitulo ipsâ Die veneris convocatis ut dicitur Joanne de Foresio, Joanne Liatardi, Joanne de Durchia majore, & Joanne de Durchia minore, Bartholomeo de Chappony, Petro de Chappony, Mattheo de Mura, Bartholomeo de Varey, Filio quondam Humberti de Varey Majoris, Falcone de Puteo, Raimondo Ferraterij, & pluribus aliis Civibus Lugduni, dictus Decanus pro se & pro aliis Canonicis suis, & pro Capitulo Lugduni in præsentia mei Joannis de Parisiis dicti de Campis, Clerici Sacro-Sanctæ Romanæ Ecclesiæ publicâ auctoritate Notarij, præsente etiam Magistro Humberto de Chargeyo Clerico eâdem authoritate publico Notario & testibus infrascriptis præsentibus proposuit, quod cum felicis recordationis Dominus Gregorius Papa decimus super discordia quæ vertebatur inter Cives & Canonicos Lugduni partes suas interposuisset & quamdam compositionem, seu ordinationem inter prædictas partes fecisset ab ipsis continuò approbatam, & inter cætera in dicta compositione dixisse quod dicti Cives darent & refunderent ipsis Canonicis pro emendâ damnorum suorum, & destructione quarumdam Ecclesiarum septem millia librarum Viennensium statutis ab eo terminis persolvendarum, de quibus duo millia librarum Viennensium debebant solvi secundum ordinationem prædictam infra festum Nativitatis Sancti Joannis Baptistæ proximè præteritum, & ipsi Canonici & Capitulum parati erant, & se offerebant juvare quantum in ipsis erat ordinationem & compositionem prædictam, ipse Decanus pro se & pro toto Capitulo suo rogavit & requisivit, & interpellavit dictos Cives, ibi præsentes pro se & aliis civibus Lugduni absentibus, ut ipsi dicta duo millia librarum Viennensium quæ solvendæ erant in festo Nativitatis Beati Joannis prædicto eis solverent, ut de ipsis posset distribui damna passis secundum modum quantitatis prædictæ, & secundum tenorem ordinationis Domini Papæ supradictæ, quamquidem Cives deliberato inter se Consilio responderunt in personâ Joannis de Foresio, supradicti Respondentis pro se & aliis ibidem præsentibus, quod ipse de hoc loqueretur & tractaret cum aliis Civibus absentibus, & deliberato consilio cum eisdem Die mercurij sequenti super hoc responderet. Actum in dicto Capitulo Lugduni præsentibus & ad hoc vocatis testibus & Rogatis, Magistro Hugone de Verfray Canonico Ecclesiæ Sancti Pauli, & Magistro Giraudo Canonico Condatensi & dicto Magistro Humberto de Chargeyo Clerico notario supradicto, & compluribus aliis, & Ego præfatus Joannes de Parisiis dictus de Campis Sacro-Sanctæ Romanæ Ecclesiæ publicus auctoritate notarius præmissæ propositioni, requisitioni, & responsioni interfui & præsens instrumentum scripsi, publicavi, & signum feci rogatus.

HÆC EST FORMA PACIS QUÆ MODO TRACTATUR De novo inter Capitulum Ecclesiæ Lugduni ex una parte, & Cives Lugduni ex alterâ.

IN primis dictæ partes debent ad invicem facere bonam & firmam pacem perpetuò duraturam. Item debent promittere & jurare Cives Lugduni quod juvabunt Capitulum, & omnes & singulos de hoc Capitulo pro factis tangentibus Capitulum bonâ fide secundùm quod antiquitùs observatum est, & ex converso dictum Capitulum & Canonici debent promittere, & jurare quod juvabunt Civitatem & omnes & singulos de Civitate pro factis tangentibus Civitatem eodem modo secundùm quod antiquitùs observatum est.

Item antequam pax firmetur, debent determinari & specificari qualiter antiquitùs Civitas juvabat & ad juvare tenebatur Capitulum & qualiter Capitulum Civitatem.

Item prædicta & infrascripta debent fieri salvo semper honore & jure Archiepiscopi Lugduni qui pro tempore fuerit & Ecclesiæ Archiepiscopalis.

Item antiquæ consuetudines debent signari inter prædictas partes & utramque ipsarum partium.

Item dictum Capitulum pro se & suis debent facere dictis civibus pacem & finem & remissionem perpetuam, de omnibus injuriis & damnis datis & factis dicto Capitulo & suis per dictos Cives tempore guerræ & qualiter de omnibus & singulis per dictum Capitulum petere vel requirere posset à dictis Civibus & suis tàm occasione dictarum injuriarum & damnorum, quàm etiam occasione cujusdam sententiæ quæ dicitur esse lata per Papam Gregorium super prædictis injuriis & damnis, & generaliter quæcumque aliâ occasione, vel ratione & prædicta debent fieri salvis tamen & reservatis dicto Capitulo antiquis consuetudinibus & juribus, & ex converso dicti Cives debent facere dicto Capitulo pacem & finem & remissionem perpetuam de omnibus injuriis & damnis sibi illatis à dicto Capitulo tempore dictæ guerræ, & de omnibus aliis quæ petere possent & requirere a Capitulo, salvis tamen & reservatis ipsis Civibus antiquis suis consuetudinibus & juribus ut suprà.

Item debent quatuor viri probi eligi ab utrâque parte, quibus debet dari plena potestas à partibus declarandi prædicta, & determinandi omnes quæstiones quæ venerunt super prædictis vel occasione prædictâ inter præsentes prædictas & qui perpetuò debent durare.

ESSO ES LA LETTRA DE LA GARDA LO REY.

PHilippus Dei gratia Francorum Rex, Notum facimus universis tam præsentibus quam futuris, quod Nos ad suplicationem universorum civium, totiusque populi Lugduni, ipsos recepimus in nostrâ protectione & custodiâ speciali seu guarda, quandiù nostræ placuerit voluntati, Salvo in omnibus jure nostro, ac etiam alieno, in cujus rei fidem testimonium præsentibus litteris nostrum fecimus apponi sigillum. Actum apud Arsnacum Ducis anno Domini millesimo ducentesimo septuagesimo primo mense maio.

MONITIO FACTA PER DOMINUM RODOLPHUM Archiepiscopum Lugdunensem.

ROdolphus permissione divinâ primæ Lugdunensis Ecclesiæ Archiepiscopus, dilectis sibi in Christo Capellanis Sancti Niceti, Sancti Pauli, Sancti Vincenti, sanctæ Crucis, sancti Georgii Lugduni, & omnibus aliis præsbiteris & Capellanis sæcularibus & religiosis ad quos præsentes litteræ pervenerint, salutem in Domino Jesu Christo ; execrabiles conspirationes, quas nonnulli dolo superbiæ, seu quacumque alia præsumptionis astutiâ contra suos Dominos proprios ineunt, sic sacri Canones detestantur ut ipsis non tantum pœnam infamiæ sed alias pœnas multiplices inferant & imponant, sanè Cives Lugduni, qui Dominio nostro spiritualiter & temporaliter sunt subjecti, quorum garda, salus, & protectio nobis præ cæteris omnibus immediate competit assensu nostro minimè requisito sed potius contra voluntatem nostram & inhibitionem . . . . Viri Comitis Sabaudiæ conspirationem communi habitâ super hoc inter ipsos Cives data vel permissa dicto Comiti, propterea perennis in nostrum & Ecclesiæ nomine Lugduni præjudicium evidens se submittere præsumpserunt, se à nobis qui non tantum ipsos ex debito pastoralis officii & necessitate Dominii pastoralis sed etiam charitate perfectâ non mercenariâ eos diligimus, & tueri & gardare summâ sollicitudine cupimus, tanquam ingrati filii subtrahentes, & quantum in se est, in correlatione & sollicitudine mutui affectus patris ad filios quærentes inducere sectionem. Verùm cum ijdem Cives non tantum in iis quæ prospera sunt sed etiam in adversis nos agnoscere suum Dominum debeant principalem, ac in prosperitatibus suis simul tam eisdem gratulantes, tunc compatientes passionibus, nulla rebellionis dissonantia ab invicem Nos distinguat: ijdemque Cives immemores reverentiæ & honoris quibus nobis tanquam Domino sunt adstricti & nos paulo antè cum pluribus de ipsorum Civium majoribus super regimine Civitatis ipsius & Civium habuissemus tractatum & deliberationem super hujusmodi pendente tractatu, aliterque nos sicut præmittitur in præjudicium & dedecus nostri & nostræ Ecclesiæ sibi sulu temerario constituerunt gardiatorem, nosque qui pacem eorumdem & quietem præcordialiter affectamus, durius possemus procedere contra ipsos, si velimus, vobis in virtute sanctæ obedientiæ & sub pœnâ excommunicationis præcipiendo, mandamus quatenus moneatis Joannem de Foresio, Joannem Liatardi, Falconem de Puteo, Bartholomeum de Varey, Joannem de Durchia juniorem, Petrum de Neyuro, Joannem de Plateria, Guillelmum Griniou, Michaëlem de Chapponay, Humbertum Fusterij, Humbertum le Divin, Durandum Guittsedi, Guillelmum de Charnay, Joannem Vendron dictum le Blanc de sancto Justo, Stephanum Quorsant, Petrum Bermont, Guidonem de Menuay & omnes alios de quinquagenneria, seu de numero de quinquaginta, de quorum consilio, tractatu & assensu prædicta dicuntur attentata & ad quorum suggestionem, & procurationem, ipsi & alii Cives Lugdunenses ac populus sub garda prænominati Comitis, pro certâ quantitate pecuniæ, ut præmittitur se supposuisse dicuntur, ac etiam omnes alios in generali ut ipsi sub pœnâ excommunicationis & amissionis bonorum suorum quæ tenent à nobis & Ecclesiâ Lugdunensi infra octo dies post monitionem vestram à prædictâ gardâ se amoveant, vel amoveri procurent, & prædictum Comitem vel alium quemcumque guardiatorem sine nostrâ licentiâ non advocent, nec admittant, alioquin si prædictæ monitioni vestræ aliqui contradictores exiterint, & rebelles, aut eidem parere noluerint, ipsos quos ex tunc interdicimus, interdictos publicè nuncietis ; & si interdictum per octo dies sustinuerint, ipsos quos ex tunc excommunicamus, excommunicatos publicè nuncietis singulis diebus Dominicis festivis significantes & denunciantes publicè & in generali omnibus prædictis parrochianis vestris, & populo Lugdunensi, quod nisi à prædictâ gardâ se subtraxerint & contradixerint, & se supposuerint quod nos contrà ipsos quibus nunc paternali affectu deferimus ipsorum salutem zelantes animas acriùs prout poterimus mediante justitiâ procedemus. Quia verò interdùm benignè aliqua conceduntur, quæ propter varietatem temporum ordinandum in Civitate Lugdunensi perequitaturis & hominibus armatis ordinandum ad defensionem Civitatis nostræ Lugdunensis, & Civium ipsius Civitatis permissionem ipsam penitùs revocamus, donec aliud super hoc duxerimus ordinandum. Quare vobis sub prænominatâ pœnâ præcipiendo mandamus, quatenùs moneatis ipsos nomine quo super & alios subditos vestros, & canonicè ne prætextu permissionis à nobis sibi ut asseritur olim concessæ vel aliâ quâcumque causâ, convocationes faciant, seu congregationes, vel statuta, vel collectas in Civitate Lugdunensi, alioquin ipsos Joannem de Foresio, Joannem Liatardi, Falconem de Puteo, Bartholomeum de Varey, & alios quinquaginta, & omnes alios quos nisi monitioni vestræ paruerint, infra octo dies ex tunc interdicimus, ipsos interdictos publicè nuncietis, & si interdictum per octo dies sustinuerint, ipsos quos nos excommunicamus excommunicatos publicè nuntietis, singulis diebus dominicis & festivis, ad hæc autem exequendum alter vestrum alterum non expectet, & do executione mandati præsentis per appositionem vestrorum sigillorum nos certificetis. Datum apud Petramscisam anno Domini millesimo ducentesimo septuagesimo sexto, die veneris ante Pentecostem.

ORDINATIO DOMINI GREGORII
Papæ decimi.

Gregorius Episcopus servus servorum Dei ad perpetuam rei memoriam. Memores, uberum Ecclesiæ Lugdunensis, quæ nos tunc ipsius Canonicum tractavit, ut Filium, ac multipliciter honoravit, ad eam in filialem excitamur affectum. Sed dum Nos per susceptum, prout concessit Altissimus, Apostolatus officium tàm ipsi quàm cæteris Ecclesiis agnoscimus deputatos, in Patrem, & grata singularitatis obsequia quæ illa Sedi Apostolicæ frequenter exhibuit, recenti memoria recensemus, adjicitur profectò eidem affectui, & crescit, nec immeritò in Paternum hinc ad eam dirigendam in viam tranquillitatis & pacis, eò plenioris diligentiæ studium, urgente consilio cogimur adhibere, quo plenior nobis est notitia status ejus. Hinc ad sedandas querelas, quæ inter Venerabilem Fratrem nostrum Archiepiscopum Aimarum ex parte una, & dilectos filios Decanum & Capitulum Lugdunense, nec non Hugonem Senescalcum, & Henricum de Villars Cantorem ipsius Ecclesiæ, quos eædem querelæ specialiter tangere videbantur ex alterâ; super diversis Articulis excitatæ graves commotiones dispendia minabantur, priùs monitis & efficacibus exhortationibus interposuimus partes nostras: cumque sæcularem jurisdictionem Civitatis Lugdunensis, seu in Civitate ipsâ exercendam eisdem querelis omnibus præbere materiam evidentius appareret, demum auctoritate Patris nostris favente conatibus, in præmissis præsentes eadem prudentius attendentes, quod erat longè, consultius talia inter eos velut inter Patrem & filiali affectione conjunctos & vinctos in ejusdem Ecclesiastici corporis unitate pacifico & benigno tractatu sopiri, quàm tanquam inter infestos amarè ac litigiosè tractare, si super querelis & quæstionibus quibuscumqᵉ quas habent vel habere possent ad invicem de alto & basso, ut eorum verbis utamur, nostris voluntati, mandato, seu ordinationi omnimodæ ac declarationi seu interpretationi vel sententiæ spontaneâ voluntate, fide hinc inde præstitâ, submiserint in formâ subscriptâ. Nos Aimarus miseratione divinâ primæ Lugdunensis Ecclesiæ Archiepiscopus, & nos etiam Hugo Decanus & Capitulum Lugduni, cum inter nos quæstionis vel discordiæ materia timeretur in posterum ad invicem suboriri, quæ interdùm instigante Diabolo prætextu communionis vel rei alteriùs inter fratres dulcissimos suscitatur; tandem Nos debitâ meditatione pensantes fore congruentius talia vel similia de plano, & sine judiciorum strepitu quasi inter patrem & filios consopiri, & ad novitates quaslibet, quæ plerumque discordiam pariunt, ab invicem, & nunc & in posterum pellendas gratis, & spontaneâ voluntate submittimus. Nos de alto & basso promittentes fide præstitâ, hinc inde stare ac parere voluntati, mandato seu ordinationi omnimodæ ac declarationi seu interpretationi vel sententiæ quas Sanctissimus Pater Dominus Gregorius Papa Decimus inter nos super querelis vel quæstionibus quibuscumque quas habemus vel habere possumus ad invicem insimul vel divisim, semel vel pluries servato juris ordine vel omisso, de jure, vel amicabiliter vel de grosso in grossum dixerit faciendum. In cujus rei testimonium, Nos Archiepiscopus & Capitulum memorati ac Nos Hugo Senescalcus, nec non & Nos Henricus de Villars Cantor Lugdunensis promittentes quatenus nos tangit & tangere potest nos perpetuò ratum habere & firmiter observare quidquid in præmissis, vel aliquo præmissorum fuerit ordinatum, sigilla nostra præsentibus unà cum aliis duximus apponenda. Actum Lugduni in Octavis beati Laurentii anno Domini millesimo ducentesimo septuagesimo quarto. Nos itaque hujusmodi submissione receptâ & tam authoritate Apostolicâ, quàm ex ejusdem submissionis viribus procedentes, declaramus jurisdictionem temporalem in Civitate Lugdunensi spectare ad supradictum Archiepiscopum & pro aliquâ parte ad Capitulum, ratione juris, quod idem Capitulum à quondam Comite Foresij acquisivit & Comitatum appellant: sed quia pro eo quod diversæ Curiæ fuerunt hactenus in Civitate prædictâ & concurrentibus pluribus in exercitio jurisdictionis ejusdem contingebat frequenter, non solum impediri justitiam per concursum, sed etiam diversimodè affici subditos, & eorum multiplicari gravamina suprà modum, ut potè cum super eodem contractu, crimine vel excessu persæpè ad diversa contrahentium judicia, in diversis extraherentur curiis, ac in fidejussorum & pignorum datione, nec nòn & in aliis multipliciter gravarentur, propter quod multoties orta sunt scandala, guerræ commotæ, sequutæ cædes, ac stragres, & alia gravia pericula suscitata; Nos volentes tantorum discriminum submovere materiam & præcidere occasionem discordiæ inter partes, quam communio in dictæ jurisdictionis exercitio ministrabat, & ipsorum ac dictorum subditorum providere quieti, ordinando providemus, & providendo ordinamus, decernimus atque statuimus quod una sola sit Curia sæcularis in Civitate prædictâ, & exercitium jurisdictionis ejusdem totaliter sit Archiepiscopi Lugdunensis qui pro tempore fuerit. Curiam verò supradictam infrascripto modo decernimus ordinandam, videlicet, ut ipse Archiepiscopus Rectorem & Directorem Curiæ Correriarum, sive præpositum, vel aliter prout ipse voluerit nominandum, ac judicem, sive judices, nec non & sigilliferum instituat in Capitulo Lugduni requisito in communi Consilio, & interveniente concordiâ illorum qui convenerunt in eodem ad vocationem Capituli, more solito faciendam si eodem die quo ad hoc convenerint, voluerint cum ipso Archiepiscopo concordare, alioquin alio die ipse Archiepiscopus in eodem Capitulo ad singula officia Correarij sive Rectoris judicis, vel judicum & sigilliferi prædictorum singulos eorum nominet de quibus Capitulum concordabit, vel pars ipsius major numero unum infra triduum à tempore nominationis Archiepiscopo memorato præsentet, quem in ipso Capitulo instituat idem Archiepiscopus in officio ad quod taliter fuerit præsentatus. Quòd si forsan aliquis de nominatis ab ipso Archiepiscopo per dictum Capitulum, vel partem ipsius majorem numero, ut præmittitur infra triduum præsentatus non fuerit, Archiepiscopus ipse elapso eodem triduo, in illo die, de prædictis officiis ad quod præsentatio facta non erit Officialem unum de tribus nominatis ab ipso eâ vice pro suâ instituat voluntate, & hic modus instituendi memoratos Officiales observetur quotiescumque fuerit eorumdem Officialium mutatio, seu institutio facienda; Prædicti quoque Officiales, postquam totaliter fuerunt instituti, urabunt in ipso Capitulo coram eis qui similiter in eo convenerint, quòd Officia sibi commissa fideliter exercebunt, eorumdem Archiepiscopi & Capituli nomine, ac pro ipsis, sive pro communi bono, prout ad eos jurisdictionem ipsam præmisimus pertinere: Badollos verò & cæteros minores Officiales ejusdem Curiæ instituat ipse Archiepiscopus, per se, sive per eumdem Rectorem & Judices ubi & prout sibi videbitur. Jurabunt tamen, & ipsi quando instituentur sua Officia fideliter exercere ipsius Archiepiscopi & Capituli nomine, ac pro ipsis seu pro communi bono secundùm formam quæ in Rectore ac judicibus dictæ Curiæ superiùs est expressa. Sanè circa obventiones ejusdem Curiæ providemus, ordinamus, decernimus atque statuimus, quod Archiepiscopus ratione illius partis jurisdictionis, quàm ad dictum Capitulum spectare diximus, sive pro obventionibus partis ejusdem, det eidem Capitulo annis singulis liberas, & absque omni onere centum quinquaginta libras Viennenses non diminuendas in aliquo, quicumque sit ejusdem Curiæ seu obventionum ipsius exitus vel eventus, quas quidem centum quinquaginta libras prohibemus alicui singulari personæ de dicto Capitulo in beneficium assignari, sed eas ab ipso Capitulo teneri volumus perpetuis temporibus in communi in communes utilitates ipsius Ecclesiæ sive Capituli prout eis videbitur convertendas. Dilecto præreà filio Hugoni Senescalco Lugdunensi pro illa parte quàm de obventionibus Curiæ Archiepiscopalis Senescalcus ipse percipere consuevit nomine firmæ perpetuæ, quàm volumus decernimus atque statuimus, ipso Senescalco vivente, ac eamdem Senescalciam tenente durare, Archiepiscopus quinquaginta libras Viennenses similiter liberas, & nulla occasione diminuendas quolibet anno solvere teneatur, dicto verò Senescalco cedente, seu etiam decedente, Senescalcia eâdem cesset omninò, & penitùs extinguatur, solventur antedictæ quantitates prædictis Capitulo & Senescalco modo, & terminis infra scriptis, videlicet medietas in Octavis Nativitatis Domini, & alia in Festo Pentecostes, reliquas verò dictæ Curiæ quàm solam in Civitate prædictâ esse decrevimus obventiones, solus Archiepiscopus habeat, & de ipsis pro sua Voluntate disponat, sed & ipse solus teneatur subire ipsius Curiæ omnia onera, cætera ad Capitulum vel aliquos de ipso Capitulo Senescalcus, aut alius ratione præfati juris ab eodem Comite acquisiti, seu ex quâcumque aliâ causâ in prædictis jurisdictione, vel obventionibus nihil valeant sibi amplius vindicare, nec carcerem aut badellos habere, vel jurisdictionem prædictam pro quâcumque parte aliter exercere: præconizationes tamen in eâdem Civitate solito more fiant, ut in eis Archiepiscopi, Capituli, & Senescalli quamdiù Senescalciam tenuerit, more pristino mentio habeatur. Sed ad executiones in omni causa faciendas & ad jurisdictionem manutenendam consilio & auxilio assistat Capitulum Archiepiscopo, & ejus Curiæ cum fuerit requisitum, & ipse Archiepiscopus dictum Capitulum in suis juribus manutenere similiter consilio & auxilio teneatur. Circa levas insuper sive collectas, id volumus & decernimus observari, ut si quando levis seu collectæ communius in Civitate prædictâ faciendis Archiepiscopus auctoritatem præstare voluerit, præstet eam in eodem Capitulo consilio eorum, qui ut prædicitur inibi præsentes fuerint requisiti. Fidelitates etiam & homagia magnatum recipiet Archiepiscopus, juxta morem hactenus in talibus observatum. Aliquos tamen de ipso Capitulo quando commodè id fieri poterit advocet & dicta homagia aut fidelitates recipiat in præsentia eorumdem. In præmissis autem omnibus reservamus nobis expressè interpretandi, mutandi, addendi, necnon & super aliis earumdem partium querelis ordinandi, providendi, definiendi, statuendi, providendi prout expedire viderimus, plo-

nam & liberam potestatem. Nulli ergo hominum liceat hanc paginam nostræ declarationis, provisionis, ordinationis, & constitutionis infringere, vel ei ausu temerario contradicere, si quis autem hoc attentare præsumpserit, indignationem omnipotentis Dei & Beatorum Petri & Pauli Apostolorum ejus se noverit incursurum. Datum Lugduni tertio Idus Novembris, Pontificatus nostri anno tertio.

QUÆDAM APPELLATIO FACTA PARISIIS, Coram Domino Archiepiscopo Lugdunensi.

IN nomine Domini, Amen. Anno ejusdem millesimo ducentesimo nonagesimo, Indictione tertia, mensis Septembris die quintâ, Pontificatus Domini Nicolai Papæ quarti Anno tertio, Coram Venerabili & Reverendo in Christo Patre Rodolpho, Dei gratia Lugdunensi Archiepiscopo, in meâ & testium infra scriptorum ad hoc specialiter vocatorum & rogatorum personaliter constituti præsentiâ Bartholomæus de Varey & Guido de Mura Cives Lugdunenses, asserentes se Procuratores Civium Lugduni, legi fecerunt publicè quamdam appellationem inferius adnotatam ab ipso Domino Archiepiscopo, & contra ipsum in scriptis interpositam, cujus tenor sequitur in hæc verba. Vobis Reverendo Patri Domino Rodolpho divinâ miseratione Archiepiscopo Lugdunensi, supplicando significant Cives vestri Lugduni per Nos Bartholomæum de Varey & Guidonem de Mura eorum Procuratores hic præsentes, quòd cum olim exercitium Jurisdictionis temporalis in Civitate Lugdunensi esset in manu Archiepiscopi Lugduni, necnon Capituli majoris Ecclesiæ Lugdunensis, seu aliquorum de ipso Capitulo, & propter diversitatem Dominorum & Jurisdictionum temporalem exercentium in Civitate prædictâ, cædes, vulnera, rixæ, & mala innumerabilia evenissent in ipsâ Civitate & quotidie evenirent, & ob hoc Cives prædicti essent tot angustiis & periculis oppressi, quòd ea non poterant sustinere. Nam concepto odio per aliquem Canonicum contra aliquem ipsorum Civium, tunc nulla justitia, sed sola inimicitia imperat, & ex hoc capiebantur interdùm potentiâ nobilium, & extra Lugdunum ducebantur, & tunc causam talis captionis non ratio sed sola rapina viâ redemptionis nequiter judicabat. Item unus Civis pro eodem facto interdùm ad duas Curias citabatur, & cum utrique nec obedire teneretur, contingebat ipsum contra Deum & justitiam per alteram molestari, & cum facilè non possent sine periculo rerum & personarum ad aliquem alium sufficientem Dominum habere recursum, contigit quòd occasione prædictâ, dicta Jurisdictio temporalis ad manum Serenissimi Regis Franciæ devenit, & eam exercuit per se, vel suos per plures annos in Civitate Lugduni, Ita quòd tàm Prædecessor vester, qui tunc temporis erat, quàm dicti Domini de Capitulo fuerunt per ipsos plures annos à prædictâ jurisdictione totaliter destituti, quamquam posteà ipsa jurisdictio temporalis per dictum Dominum Regem, vel quosdam Nuncios fuerit restituta soli inclitæ recordationis Viro Domino Petro de Tarentasiâ tunc Electo Lugdunensi Prædecessori vestro, non autem Capitulo supradicto, quæ tamen restitutio facta fuit tali modo, & sub tali formâ, nè ipse Electus, vel aliquis successor ejus dictam Jurisdictionem temporalem ponere posset in manu majori vel minori sine consensu Domini Regis prædicti. Contigit insuper, quòd cùm contentio posteà foret super Jurisdictione prædictâ inter bonæ memoriæ Reverendum Patrem Dominum Aymarum quondam Archiepiscopum Lugdunensem ex unâ parte & Decanum & Capitulum prædictum, necnon Dominum Senescalcum, qui tunc erat, & Dominum Camerarium Lugduni ex alterâ, & dictæ partes se compromisissent super discordiâ prædictâ in sanctissimum Patrem, Dominum Papam Gregorium decimum, qui dictus Dominus Papa, qui Canonicus extiterat Lugduni, & Lugduni moram traxerat diuturnam, & qui viderat oculatâ fide angustias quas passi fuerant Cives prædicti, & mala prædicta intolerabilia quæ evenerant in Civitate Lugduni tempore quo ipsa Civitas seu dicta Jurisdictio temporalis sub dictis diversis dominationibus exercebatur, & pericula quæ vidit imminere Civibus prædictis, si sub ipsis dominationibus remansissent, compatiens tot angustiis & periculis Civium prædictorum, & volens radicem malorum prædictorum totaliter extirpare, non solùm tanquam Arbiter vel Arbitrator, sed tanquam Papa & Dominus mundi & ex plenitudine potestatis quam habebat, contemplatione Civium prædictorum providendo ordinavit, & ordinando providit, declaravit & statuit tempore generalis Concilij Lugdunensis ex certâ scientiâ, diligenti deliberatione habitâ, ac justis de causis, & ut eximeret à dictis periculis & angustiis dictos Cives, quòd in Civitate Lugduni esset una Curia sola sæcularis, & exercitium Jurisdictionis ipsius totaliter esset Archiepiscopi, qui pro tempore esset in Civitate Lugdunensi, & eidem Archiepiscopo soli omnimodam Jurisdictionem temporalem attribuit in Civitate prædictâ, & ei pertinere voluit & præcepit, prout hæc in Ordinatione ipsius Domini Papæ plenius continentur. Verum cùm Canonici memorati procurent, prout dicitur, tàm erga Vos quàm erga Reverendissimos Patres Dominos nostros Cardinales, & ad vos venerint in Franciam pro Capitulo memorato, & ad dictos Dominos Cardinales in Francia existentes, quod dicta ordinatio Domini Papæ Gregorij supradicti tàm sancta & tàm providè facta, mutetur & innovetur etiam de consensu vestro, & propterea aliqui de Capitulo memorato ad dictos Dominos Cardinales, & ad vos venerunt in Franciam pro Capitulo memorato prout publicè dicitur in Civitate Lugduni: Paternitati & Dominationi vestræ humiliter supplicant universaliter Cives prædicti per Nos Procuratores ipsorum, cum instantia quâ possunt, quatenùs mutationi & novitati prædictæ, nèdum consensum vestrum dare denegetis; sed si Domini Cardinales prædicti per seipsos in prædictis aliquid innovare vellent, vel facerent in præjudicium ordinationis prædictæ, resistere dignemini, & velitis: cum prohibitio novitatis & defensio ordinationis prædictæ ad vos pertineat, tàm pro vobis, quàm pro Civibus prædictis, cum sitis caput & Dominus eorumdem; maximè cum mutatio vel innovatio prædicta fieri non posset sine periculo & gravamine intolerabili & vestri & ipsorum Civium. Notificantes vobis quod intendunt firmiter, quod ex ordinatione prædictâ jus ipsis Civibus sit quæsitum, itaque sit modo sub diversitate duorum redigi non possent, præcipuè ipsis invitis & irrequisitis, cum contemplatione Civium prædictorum facta fuerit ordinatio & provisio prædicta, & pro vitando periculo eorumdem, ut ex verbis ordinationis prædictæ colligitur & colligi potest manifestis, & ut dictus Dominus Papa ore proprio dixit, ut probare parati sunt si opus fuerit. Non igitur consentire possetis mutationi & novitati prædictæ sine offensione & injuriâ maximâ Civium prædictorum, quos tenemini protegere & ab aliorum offensionibus & injuriis defensare. Ex hoc etiam offenderetis Dominum Regem Franciæ, cùm jurisdictionem temporalem prædictam restituerit dicto Domino Electo Prædecessori vestro, sub formâ quâ super. Significant insuper vobis, quod si ad novitatem vel mutationem dictæ ordinationis permiseritis vos induci vel vos infra scripta pericula sequentur, nam eis daretis ex hoc causam, vel resistendi, quam justam haberent, cùm non possint amplius redigi sub aliâ jurisdictione, quàm sub vestrâ & vestrorum, ex quo quidem possent guerræ & mala quam plurima suboriri, de quibus posset dici meritò vos teneri, cum causa essetis omnium prædictorum, vel eis dabitis materiam habendi recursum ad majores, quod quidem, quam periculosum esset vobis vestra paternitas non ignorat. Igitur, ut pericula prædicta evitentur, vobis humiliter flexis genibus supplicant Cives prædicti quatenus cavere dignemini à novitate periculosâ prædictâ, & tantum facere, quod videre possimus vos erga nos habere tanquam bonum Dominum, scientes quod intendunt esse boni vestri subjecti & fideles & pro vobis tantum facere vel plus quantum unquam fecerunt alicui Domino, sub aliquibus temporibus retroactis. Nec vos moveat mutare conditionem Civium, vel in deteriorem statum deduci, licet Domini de Capitulo partem haberent de jurisdictione prædictâ vel in exercitio, fortè quia diceretur velle unam solam curiam ordinare, nam cum dicta curia eligeretur à diversis Dominis, ità essent oppressi ac si essent diversæ Curiæ, Immò magis, cum quilibet ex Curialibus ad voluntatem servandam vel Domini seu Dominorum suorum niteretur. Præterea multoties oporteret eos habere recursum ad Dominos Principes, & ita in errores pessimos & pericula in quibus erant ante ordinationem prædictam, redigeretur necessario, quod tam grave sicut mors fore videretur eisdem. Verum quia nos Procuratores prædicti nè citra præmissam supplicationem & requisitionem fiat per Vos vel aliquem alium ex conjecturis & præsumptionibus verisimilibus non modicè dubitamus, Ideo nè contra prædictam ordinationem summi Pontificis, & præsentem ipsorum Civium statum, & alia præmissa & narrata, & requisita, & supplicata fiat aliquid novitatis, quam ordinationem Domini Papæ, cui tam Antecessores vestri, quàm ipsi Cives & Canonici Lugduni consenserunt, interest ipsorum Civium integram observari, & præsentem supplicationem & requisitionem suum consequi effectum in scriptis ad sedem apostolicam, munere procuratorio, & gestorio, & quo nomine melius posset valere procuramus & appellamus, & ad quemcum alium judicem competentem quacumque sæculari vel temporali, vel Ecclesiastica jurisdictione fungatur, & Apostolicâ. Instanter petimus, & nos nomine prædicto & ipsos Cives & eorum, & nostrum statum supponimus protectioni Domini Papæ, ac cujuslibet judicis competentis, ac Domini & Principis temporalis, ut pendente appellatione ipsos Cives ab omni violentiâ tueatur. Nobis & ipsis civibus nihilominus nè interim molestentur licitè & à jure præmissæ defensionis arbitrium resignantes. Protestamur quod non coram diversis dictam appellationem sed coram uno judice prosequentur. Quâ appellatione sic lectâ & de verbo ad verbum à principio usque ad finem præsente Archiepiscopo memorato vidente, & audiente, & a circumstantibus diligenter auditâ & auscultatâ voluerunt dicti Bartholomæus & Guido, & petierunt à me infrascripto Notario, ut hanc appellationem conscriberem, & in publicam formam redigerem ac sibi exinde publicum conficerem instrumentum. Acta sunt hæc, anno, indictione, mense, die, & Pontificatu prædictis, in domo Frisonis sita in vico Gallandiæ Parisiensi, in qua tunc hospitabatur Lugdunensis Archiepiscopus memoratus, circa horam tertiam, præsentibus Venerabilibus Viris Beraudo de Goto Agennensi, Sanctio de Lussanico Fourverii Lugduni, Emerando de altis vineis de Manso Agennensis Diœcesis, Ecclesiarum Canonicis, Joanne curato de Castellione, Guillelmo Giraud de Sora Rectore Ecclesiæ sancti Desiderij de Chalarone, Petro Normani Curiæ officialatus Parisiensis Jurato Notario, Gaufredo de Blesi & Yvone de sanctâ Genovefa Clericis, & aliis ibidem adstantibus testibus ad præmissa vocatis specialiter & rogatis. Ego Aubertus de Matouvilla Clericus Apostolicæ Sedis publicus auctoritate Notarius præmissæ appositionis interpositioni sic dictis die, horâ, & loco lectæ, coram dicto Archiepiscopo & ab ipso, & contra ipsum interpositæ unà cum testibus suprascriptis præsens interfui, præmissaque omnia sic acta & lecta propriâ manu fideliter conscripsi, & in hanc publicam formam redegi meoque signo consueto signavi rogatus.

CONSIMILEM SUPPLICATIONEM PORREXERUNT dicti Cives Lugduni Reverendissimis Dominis Cardinalibus tunc in regno Franciæ existentibus quæ sic exordiebatur.

Vobis Reverendissimis in Christo Patribus Dominis Girardo de Parma, miseratione divinâ Episcopo Sabinensi & Benedicto Tituli sancti Nicolai in Carcere Tulliano Diacono Cardinali, supplicando humiliter significant Cives Lugduni vestri, & sanctæ Romanæ Ecclesiæ humiles & devoti, quod cum olim diversæ dominationes, & diversi exercentes Jurisdictionem temporalem in Civitate Lugdunensi extitissent, & propter pluralitatem & diversitatem dominationum prædictarum, exercentium dictâ jurisdictionem in temporalibus multa, & innumerabilia mala evenissent in Civitate Lugduni, & quotidie evenirent, & adeo exinde afflicti forent Cives prædicti multipliciter & gravati & in tanto periculo positi, quod prædicta sustinere minimè potuerunt, Tandem summus Pontifex, felicis recordationis, Papa Gregorius decimus, qui extiterat Canonicus Lugduni, & qui in Civitate Lugduni per longum tempus moram traxerat, videns oculatâ fide afflictiones Civium, eorumq; angustias, & mala & pericula infinita quæ passi fuerant, & quotidie patiebantur propter pluralitates & diversitates prædictas, compatiens afflictionibus & angustiis & malis & periculis eorumdem, volens eis in prædictis & circa prædicta salubre consilium & remedium adhibere, eorum contemplatione, deliberatione providâ habitâ in Concilio Lugdunensi ordinado providit, & providêdo ordinavit, declaravit, & statuit, non tantùm tanquàm Arbiter & ex arbitrariâ potestate sibi concessâ à Reverendo in Christo Patre Domino Aymaro tunc Archiepiscopo Lugdunensi, & à Decano & Capitulo Lugduni, & à Domino Senescalco, qui tunc erat, & etiam à Domino Camerario Lugduni, quos negotium hujusmodi specialiter tangere videbatur, sed etiam tanquam Papa & ex plenitudine potestatis, quod una sola esset Curia sæcularis in Civitate Lugduni, & exercitium jurisdictionis ipsius totaliter esset Archiepiscopi, qui pro tempore esset in civitate Lugduni & eidem Archiepiscopo soli omnimodam jurisdictionem temporalem attribuit in civitate prædictâ, & ei spectare voluit, & præcepit. Verùm cum Domini Canonici Lugduni ad vos venerint prout dicitur causâ procurandi coram vobis, qualiter dicta ordinatio facta per dictum Dominum Gregorium cum tantâ deliberatione & tam justis de causis & contemplatione propriè Civium prædictorum & pro subtrahendo eos ab angustiis & periculis in quibus erant, ut superiùs est præmissum, per vos innovetur, & iterum sub diversis dominationibus reducentes in grave præjudicium & gravamen ipsorum Civium, supplicant Paternitati vestræ Cives prædicti, quatenus in prædictis repulsam dare dignemini Canonicis memoratis, & nè circa ordinationem prædictam Vestra Paternitas aliquam faciat novitatem : cum ipsa novitas fieri non possit præcipuè absentibus, & incitatis civibus prædictis sine gravamine & injuriâ maximâ eorumdem, quod quidem Paternitatem vestram non deceret, nec intentioni vestræ existit ; Nam cum dicta ordinatio pro vitandis periculis, & angustiis Civium prædictorum principaliter facta fuerit, & præcipue eorum contemplatione, ut ex verbis ordinationis prædictæ colligitur, & potest colligi manifestè, & ut eis dixit ore proprio dictus Dominus Papa, ut probare parati sunt, si opus fuerit, negari non potest, quin ex ordinatione prædictâ jus fuerit quæsitum, nedùm Archiepiscopo Lugduni, immò Civibus eorum Civitatis, licet nominatim eis beneficium ordinationis prædictæ concessum non fuerit, sed tantum Archiepiscopo memorato. Nam Beneficium vel Privilegium quod conceditur Rectori Provinciæ vel simili, omnibus qui sunt sub eo videtur esse concessum ut hoc elicitur ex textu Cod. de advo. divers. Judicum l. restituendæ, circa principium ut ibi : nam universis est datum quod pro voto omnium primatibus indulgetur, hoc etiam expressè dicit glo. ibi signata, quæ incipit, id est, si aliquid : nempe cum Legatum relinquitur alicui nominatim, alij etiam non nominato in legato jus acquiritur ex legato hujusmodi, dum negotium eum tangat, vel ejus favore, vel contemplatione legatum hujusmodi relictum fuerit : nec mirum contingit, si uni nominatim adscribitur in testamento & alteri jus fideicommissi, vel legati petitio competit, ut hæc probantur. ff. de leg. & fideic. l. si fidejussor. in principio & l. servo legato §. si testator, & ff. de leg. in l. fideicommissæ §. interdum cum suis concordantiis infinitis. Nec enim dubitandum est, nec dubitari potest, quin Dominus Papa prædictus, qui erat judex ordinarius omnium Christianorum & Pater omnium Ecclesiarum, ut is qui cuncta per mundum ordinat, prædictam ordinationem facere potuerit, & cùm etiamsi aliud grave præcepisset, servandum esset, cum illud præcepit tanquam Papa, ut decimâ nonâ distinct. in memoriam &c. de contra morem, ut hæc probantur, extra. de const. c. fin. ad prædicta facit. Cod. de aut. test. l. 11. Cæterum si ita sit, quod ex ordinatione prædictâ, jus fuerit quæsitum Civibus memoratis, quod quidem sine dubio procedit & verum est, planum esset quod dicta ordinatio innovari vel immutari non posset, quum voluntas eorum haberetur requiri, & sine expresso Civium prædictorum consensu. Nam quod omnes tangit, ab omnibus debet approbari, ut hæc probantur. ff. de aqua pluvia. l. §. VII. l. in concedendo &. ff. de Relig. & sumpt. fun. l. si plures in Cod. de auctor. præstand. l. fin. Quin imò cum dicti Cives ex mutatione vel innovatione prædictâ læderentur, vel lædi possent, etiam jus quæsitum habentibus non eisdem, quod tamen falsum est, item tamen essent citandi Cives prædicti, nam sic fit in confirmatione adoptionis à Principe faciendâ : nam non solum illi quos tangit negotium nominatim, sed omnes qui ex ipsâ confirmatione lædi possent, citari debent, adeò quod etiam agnati adoptati sunt citandi ut hæc probantur. ff. de adopt. l. nam ita & in gloss. ibi posita quæ incipit, si non interesseret, in qua notatur quod cum rescripta impetrantur, debent intervenire qui per rescriptum læderentur, ut allegati, ff. de rest. l. si, multò fortius hoc fieri cùm petuntur cæsari : plus dicitur : nam licet ordinatio & ejus defensio principaliter pertineret ad Dominum Archiepiscopum Lugdunensem, secundario tamen non potest negari eam pertinere ad Cives prædictos, quia eorum interest nè sub diversis dominationibus distinguantur, sicut dicitur, de vassallo, cujus interest potius esse sub uno Domino, quàm sub pluribus : ut in constitutione Frederici, quæ incipit, imperialem positam, in libro feudorum : præterea sic etiam dicitur, cujus interesse nè in plures adversarios distinguatur, ut ff. de exercit act. l. nè in plures & cum ad ipsos Cives, in secundario tamen pertineret ordinatio prædicta, & ejus defensio, etiamsi dictus Dominus Archiepiscopus non se opponeret novitati prædictæ, quod tamen ridiculum & periculosissimum esset & , saltem citandi essent dicti Cives, ut defensioni prædictæ adessent, nam & cum Tutor ad quem principaliter pertinet defensio pupilli, & defensioni pupilli interesse non vult, requirendi sunt cognati vel affines pupilli, vel alij quos verisimile est adesse defensioni pupilli, ut, ff. ex quibus causis in possessionem eatur. l. Hæc aur. §. & possent etiam dicti Cives si dubitarent, nè dictus Dominus Archiepiscopus cum dictis Canonicis convenirent super innovandâ ordinatione prædictâ vel per Vos de eorum consensu, quod tamen credere non possent, cum id fieri non possit sine præjudicio & gravamine Civium prædictorum adesse coram Vobis, & appellare etiam ab ijs quæ fierent invito etiam prædicto Domino Archiepiscopo, ut hæc probantur ff. de inoff. testam. l. si suspecta & ff. de Appellat. à sententia in principio & §. si hæres ante, cum agatur de statu dictorum Civium ut dictum est in ordinatione prædicta, & pro manutenendo ordinationem prædictam statum suum manuteneant, potest dici causam prædictam ad eos principaliter pertinere, & ad hoc potest adduci pro l. expressa C. de liber. cauf. principaliter ; cum igitur certum sit factum ordinationis prædictæ pertinere vel principaliter vel secundario Civibus prædictis, justa & justissima est supplicatio prædicta & juste Paternitatem vestram deprecantur, ne ipsis civibus absentibus & incitatis specialiter per vos fiat novitas aliqua in ordinatione prædicta, & propterea rationabiliter à Paternitate vestra obtinere debent auditum pariter & assensum, nam juste petentibus dandus est assensus, ut ff. de servit. Rustic. præd. l. & alicujus. Docet igitur discretam & sanctam Paternitatem vestram, quod vos in prædictis taliter habeatis, ne Cives prædicti materiam habeant conquerendi, & ne ex novitate prædicta alia novitas insurgat, ex qua possent guerræ & mala plurima suboriri, nec Paternitatem vestram moveat in contrarium, si dicatur quod novitas prædicta fieri procuratur per Canonicos prædictos, tali modo quod una sola sit curia in civitate Lugduni, ratione jurisdictionis temporalis, & propter hoc, conditionem dictorum Civium non gravent. Nam etiamsi ita esset, nihilominus insurgerent pericula infinita ac etiam consueta, tunc quia qui eligerentur in curia prædicta, tanquam electi à diversis Dominis de facili discordarent, & præcipue propter diversas voluntates Dominorum, nam quem vellet absolvere Archiepiscopus, vel qui pro eo esset, dicti Domini de Capitulo vel qui esset pro eis condemnare niteretur, tum quia in multis casibus necesse haberent dicti Cives habere recursum ad Dominos principales, & grave esset eos insimul consentire, jure testante, quia diversorum diversæ sunt sententiæ, & grave est plures insimul consentire, ut hæc probantur ff. ad Trebell. L. quia poterat & ff. de arbit. L. item si unus §. principaliter, & propterea & aliis pluribus rationibus, quæ omittuntur brevitatis causa, in pristinos errores, & pristina pericula resiederent, tam Cives prædicti, quàm Dominationes supradictæ, si jurisdictio temporalis ad statum pristinum adduceretur, & novissimus error esset pejor priore, & remedia essent periculosa sua radice.

ALIA APPELLATIO FACTA CORAM Domino Archiepiscopo super expositione facta Parisiis.

IN nomine Domini Amen. Anno incarnationis ejusdem millesimo ducentesimo nonagesimo, die mercurij post octavas Beati Michaelis, indictione quarta ; Per præsens publicum instrumentum cunctis appareat evidenter, quod in præsentia mei Rolandi de sancto Michaele auctoritate sacro-sanctæ Romanæ Ecclesiæ publici notarij, & testium infrascriptorum, Guillermus Buerij, & Roletus Cassard, Cives Lugduni Procuratores, & Scindici constituti à Civibus & Populo Lugduni in Ecclesia Sancti Nicetij Lugduni ad sonum campanæ grossæ more solito congregatis procuratio & scindicatus nomine eorumdem & in præsentia plurium assistentium Civium, eisdem procuratoribus & scindicis præsentibus ei mandatum coram Reverendo in Christo Patre & Domino Beraldo divina permissione primæ Lugdunensis Ecclesiæ Archiepiscopo in scriptis provocaverunt & appellaverunt ac dictam provocationem & appellationem legit dictus Roletus Cassardus ut sequitur in hunc modum.

Vobis Reverendo Patri Domino Beraldo divina miseratione Archiepiscopo Lugdunensi, supplicando significant Guillelmus Buerij & Robertus Cassard Cives Lugdunenses procuratores Civium Lugduni inferius nominatorum ac Procuratores & Scindici Civium Civitatis Lugduni & totius universitatis Civitatis ejusdem pro se & procuratorum & scindicatus nomine supradicto, quod cum olim jurisdictio temporalis Civitatis Lugduni, & exercitium ejusdem esset in manibus diversorum dominorum, videlicet Domini Archiepiscopi Lugdunensis & Capituli Lugduni, seu aliquorum de ipso Capitulo videlicet Camerarij Lugduni & Senescalli qui tunc erant, cum propter diversitatem Dominorum prædictorum mala innumerabilia evenissent, & quotidie evenirent in civitate prædicta, ac propterea Cives Civitatis ejusdem essent tot periculis & angustiis oppressi, quòd ea non poterant sustinere, contigit quod occasione prædicta, & propter malum regimen diversorum dominorum prædictorum dicta jurisdictio temporalis ad manum Serenissimi Regis Franciæ devenit, & eam exercuit per se vel suos per plures annos in Civitate prædicta, ita quod tam Prædecessor vester, qui tunc erat, quàm dicti Domini de Capitulo fuerunt per plures annos à dicta jurisdictione temporali & ejus exercitio totaliter destituti, quamquam postea ipsa jurisdictio temporalis per dictum Dominum Regem, seu per quosdam nuntios suos fuerit restituta soli inclitæ memoriæ viro Domino Petro de Tarentasia, tunc Electo Lugdunensi Prædecessori vestro, non autem Capitulo supradicto, quæ tamen restitutio fuit facta tali modo & sub tali formâ, ne ipse Dominus Electus, vel aliquis ejus successor dictam jurisdictionem temporalem ponere posset in manu majori vel minori sine consensu dicti Domini Regis. Contigit insuper quod cum postea contentio foret super dicta jurisdictione temporali inter bonæ memoriæ Reverendum Patr. Dominum Aymarum quondam Archiepiscopum Lugdunensem ex una parte, & Decanum & Capitulum supradictos nec non dictos Dominos Camerarium & Senescallum ex altera parte, & dictæ partes se compromisissent super discordia prædicta, in sanctissimum Patrem Dominum Gregorium Papam decimum, qui Canonicus extiterat Lugdunensis, & Lugduni moram traxerat diuturnam, & qui oculata fide viderat mala quæ evenerant in Civitate Lugdunensi & angustias, quas Cives prædicti passi fuerant tempore quo dicta jurisdictio temporalis & ejus exercitium sub dictis diversis dominationibus & cui constabat per ea quæ viderat dictos Cives subiisse periculis & angustiis innumerabilibus & intolerabilibus, si sub ipsis Dominationibus remansissent : compatiens tot angustiis & periculis Civium prædictorum, tanquam bonus Pastor volens radicem tantorum malorum extirpare & videns quod eam non poterat extirpare, nisi dicta jurisdictio sub dominio seu exercitio unius Domini tantum redigeretur, non tantum tanquam arbiter, vel arbitrator, sed etiam de plenitudine potestatis quam habebat, contemplatione Civium prædictorum, & Civitatis prædictæ, & ut eos eximeret ab angustiis & periculis in quibus erant propter diversitatem dominorum prædictorum providendo ordinavit, & ordinando providit, declaravit & statuit tempore generalis Concilij Lugdunensis ex certa scientia & diligenti deliberatione præhabita, ac justis de causis, quod in Civitate Lugduni esset una sola curia sæcularis, & exercitium jurisdictionis ipsius totaliter esset Archiepiscopi, qui pro tempore esset in Civitate Lugdunensi & eidem Archiepiscopo soli omnimodam jurisdictionem temporalem attribuit, & ei pertinere voluit & præcepit, statuens & præcipiens expresse idem Dominus Papa, quod nullus alius præter dictum Dominum Archiepiscopum & suos posset in Civitate prædicta ab inde in antea jurisdictionem temporalem aliquandiu exercere, nec badellos aut carcerem habere posset, hæc & plura alia in ordinatione dicti Domini Papæ plenius continentur. Item eodem modo significant vobis dicto Domino Archiepiscopo præfati Procuratores & Scindici quod dictis civibus jus fuit quæsitum ex ordinatione prædicta cum eorum contemplatione facta fuerit, ut probabunt

inter Canon. S. Ioannis. Lugd. &c. Et Cives Lugd.

si opus fuerit tempore competenti, & eorum intersit eam factam fuisse, & eam teneri, & eos esse tantum sub uno Domino videlicet sub Archiepiscopo Lugdunensi, vel ejus locum tenente & non sub pluribus præcipue sub Capitulo prædicto, ut ostendetur, si opus fuerit tempore competenti : & quia dicta ordinatio cum super statu dictorum Civium & Civitatis facta fuerit, jus fecit etiam quoad dictos Cives & pro eis, quod ipsi Cives à tempore dictæ ordinationis videlicet à quindecim annis & plus citrà fuerunt, & nunc sunt in possessione, seu quasi pacifica & quietâ essendi tantum sub uno Domino ut suprà & hoc scientibus & patientibus Decano & Capitulo supradictis, & dicto Domino Seneschalco donec vixit, & Domino Camerario supradicto. Verùm cum vos Domine Archiepiscope suprà dictam quandam ordinationem & compositionem nuper feceritis Parisiis, ut dicitur, cum Decano & Capitulo supradictis seu cum Venerabilibus viris Domino Henrico de Villars Camerario Lugduni, Domino Guichardo de sancto Symphoriano Præposito Fourverii, Domino Briando de Lamaco Sacristâ Lugdunensi, Domino Guillelmo de Francheleyns, & Domino Hugone Bruni Canonicis Lugduni pro se, & nomine Decani & Capituli per manus Reverendorum Patrum Dominorum Cardinalium in Franciâ existentium seu ordinatiorum per eos factæ consenseritis, & approbaveritis, ut dicitur. In qua quidem ordinatione seu compositione contineri dicitur dictam ordinationem dicti Domini Papæ Gregorii sic per inde factam esse innovatam, & mutatam, & quoad dictam jurisdictionem temporalem & ejus exercitium, cum ipsa jurisdictio temporalis & ejus exercitium in civitate prædicta attributa sint, ut dicitur, in dicta compositione seu ordinatione vestrâ, dicto Decano & Capitulo pro tertia parte, & quoad jus eligendi & habendi judicium Correrarium sigilliferum & badellos in Curia sæculari Lugduni & quoad Carceres prædictos & in pluribus aliis contentis in eadem compositione seu ordinatione vestrâ contrà Deum & justitiam & contra jus suum prædictum. Dicitur etiam quod in dicta compositione & ordinatione vestrâ continetur, quod studium sit in Civitate Lugduni, tam in jure canonico, quam in jure civili, & quod legentes in utraque scientia à vobis Domino Archiepiscopo & Capitulo eligantur. Ita tamen quod jurent quod non erunt in Consilio contra vos, nec contrà Capitulum, vel aliquos de Capitulo, imò addendo inconveniens inconvenienti ut dicitur in dicta compositione seu ordinatione vestrâ, Vos & dictum Capitulum dicitur inhibuistis nè aliquis de ultramontanis partibus legat in Civitate Lugdunensi in jure Civili vel Canonico: quæ quidem essent & sunt contra jura & contra libertatem Civitatis Lugduni & Civium prædictorum, quæ quidem omnia fecistis seu consensistis ut supra inauditis civibus Civitatis Lugduni, imò contra inhibitionem eorum vel aliquorum ex eis, nec non contra inhibitionem dicti domini Regis Franciæ, in damnum, periculum, præjudicium non modicum, & gravamen Civium & Civitatis prædictæ, dictos Cives & Civitatem gravando indebitè & injustè. Idcircò prænominati Procuratores & Scindici pro se & nominibus quibus supra, sentientes se & dictos Cives & Civitatem prædictam ac Universitatem à vobis dicto Domino Archiepiscopo, & à dictâ compositione & ordinatione vestrâ seu à vobis acceptata ut super & ex omnibus & singulis quæ in compositione seu ordinatione continentur gravatos indebitè & injustè rationibus & occasionibus superiùs memoratis & aliis proponendis & ostendendis si opus fuerit, loco & tempore competenti, in his scriptis provocant & appellant à Vobis, & ab ipsâ compositione & ordinatione vestrâ, & ab omnibus his & singulis quæ in ea continentur ad Serenissimum Regem Francorum, tanquam ad Superiorem in temporalibus ratione resorti, petentes cum instantiâ ipsi Procuratores & Scindici, ut super, à Vobis dicto Domino Archiepiscopo epistolis seu litteras Dimissorias in quantum possunt & debent, de jure

pet vos sibi dari & concedentes & supponentes se & dictos Cives & Civitatem & Universitatem prædictam Lugduni & eorum statum & possessionem, seu quasi possessionem suam prædictam, & adhærentes eis, & personas & bona prædictorum omnium protectioni dicti Domini Regis & suorum inhibentes Vobis, ex parte dicti Domini Regis quantum possunt, ne pendente provocatione & appellatione prædictâ aliquid attentetis, vel attentari permittatis in Civitate prædictâ in præjudicium dictorum Civium & Universitatis & Civitatis prædictæ vel per quod status eorum vel dicta eorum possessio, vel quasi possessio in aliquo innovetur, vel eis derogetur. Actum Lugduni in Petrascisa in Camera dicti Domini Archiepiscopi, præsentibus & ad hoc vocatis testibus Domino Bertrando Delgot Canonico Agenensi, Magistro Julio Raffati officiali Lugduni, Magistro Petro de Guiriaco Juris perito, Jacobo de Favergiis Clerico & pluribus aliis.

BREVIS PROVISIO IN CAUSA APPELLATIONIS.

Philippus Dei Gratiâ Francorum Rex Baillivo Matisconensi vel ejus locumtenenti salutem. Mandamus vobis quatenus si Burgenses Lugduni sicut sunt & esse debent de Ressorto nostro, ob defectum juris, vel à pravo judicio ad Nos vel ad nostram curiam appellaverint, ipsos vel aliquem ipsorum dictâ appellatione pendente non permittatis gravari vel opprimi, nec contra ipsos fieri aliquas indebitas novitates & à manifestis injuriis, & violentiis ab illis à quibus appellaverint vel aliis occasione appellationis ad nos emissæ, vel etiam emittendæ pendente appellatione eadem defendatis & faciatis defendi, ad hoc si opus fuerit & vos super his requisiti fueritis, vocato aliquo idoneo servientê. Actum Parisiis Die Lunæ ante festum Nativitatis Beatæ Mariæ Virginis, Anno Domini millesimo ducentesimo nonagesimo.

HÆC EST COMPOSITIO FACTA INTER ARCHIEPISCOPUM Lugduni, & Decanum & Capitulum Lugduni Parisiis per manus Cardinalium.

In Nomine Domini Amen. Cum olim inter bonæ memoriæ Rodolphum de Torreta primæ Lugdunensis Ecclesiæ Archiepiscopum ex unâ parte, & Decanum & Capitulum, ac Henricum de Villariis Camerarium ejusdem Ecclesiæ, Obedientiariumque Comitatus ipsius, & Præpositum Fourverii ex alterâ, super jurisdictione temporali, seu sæculari Civitatis Lugdunensis ac ejus exercitio, ac super jurisdictione Clericorum ipsius Civitatis, & in ea delinquentium, ac ejus exercitio, & super aliis noticulis pluribus, & diversis suborta fuisset materia quæstionis maximæ occasione ejusdem ordinationis olim factæ per felicis recordationis Dominum Gregorium Papam decimum, tandem præfata discordia per Hugonem Episcopum Eduensem & Girardum abbatem Sancti Stephani Divionen. Lingonensis diæcesis, quandam formam compositionis, & pacis umbram assumpsit, ex quâ multa dubia, nonnulla obscura, & quædam imperfecta Berardo nunc dictæ Ecclesiæ Archiepiscopo, ac dictis Decano & Capitulo, Camerario & Præposito videbantur, quæ dubia obscura, & imperfecta, materiæ magnæ commotionis, dissentionis, ac discordiæ minabantur, inter Archiepiscopum, Capitulum, Camerarium Præpositum supradictos. Propter quæ Reverendissimus Pater & Dominus noster Dominus Nicolaus Papa quartus, cupiens præfatam Ecclesiam & personas pro statu tranquillitatis & pacis in posterum observare, nobis divinâ miseratione Gerardo Episcopo Sabinensi, & Benedicto Sancti Nicolai in carcere Tulliano Diacono Cardinali direxerit litteras formam quæ sequitur continentes. Nicolaus Episcopus Servus

Servorum Dei venerando Fratri Episcopo Sabinensi, & dilecto Filio B. Sancti Nicolai in carcere Tulliano Diacono Cardinali salutem & Apostolicam Benedictionem. Cum inter venerandum Fratrem Nostrum B. Archiepiscopum & ejus prædecessores aliquos ex parte unâ, & dilectos Filios Decanum & Capitulum Lugduni super diversis articulis ex altera, gravis dissentionis materia sit exorta, Nos cupientes dissentionem ipsam sopire, Vobis quos ad partes ultramontanas pro quibusdam Apostolicæ sedis negotiis destinamus, præsentium auctoritate præcipimus & mandamus, quatenus vos juxta datam vobis ex Altissimis gratiam, partes ad concordiam revocetis, ita quod opitulante vobis divina gratia per vestræ diligentiæ studium, inter eas partes, hujusmodi dissentio præscindatur: ac postmodum, quod in præmissis per industriam vestram de utriusque partis assensu concordatum fuerit vel etiam ordinatum, faciatis inviolabiliter observari, contradictores autem nostra appellatione postposita compescendos. Datum Romæ apud Sanctam Mariam Majorem, Nonas Maij, Pontificatus nostri anno tertio. Deinde nobis per Civitatem Lugdunensem transitum facientibus dum essemus in prosecutione nostri itineris ad partes Gallicanas, ad quas per Sanctissimum Patrem nostrum Dominum nostrum prædictum pro quibusdam Romanæ Ecclesiæ negotiis fuimus destinati, partes prædictæ super causis & discordiis prælibatis se nostræ ordinationi & dispositioni submiserunt sub forma inferius annotata. Noverint universi præsentes pariter & futuri, quod Nos Berardus Dei gratia primæ Lugdunensis Ecclesiæ Archiepiscopus, volumus, & expresse consentimus, quod Reverendi in Christo Patres Domini Domini Gerardus Dei gratia Sabinensis Episcopus & B. Sancti Nicolai in carcere Tulliano Diaconi Cardinales, visâ & diligenter inspectâ quadam compositione, quæ super jurisdictione Curiæ sæcularis Civitatis Lugduni, & ejus exercitio inter bon. mem. Dominum Rodolphum quondam Archiepiscopum Lugduni Prædecessorem nostrum ex una parte, & venerabiles viros Decanum & Capitulum dictæ Ecclesiæ ex alterâ, dicitur fuisse, tractatam compositionem eamdem ad litteram prout jacet, si eis expediens videatur, seu dictæ compositioni detrahendo, vel addendo, mutando, corrigendo, interpretando, declarando vel specificando pensatis negotii circunstantiis valeant facere inviolabiliter observari. Promittentes sub obligatione omnium bonorum nostræ sedis Archiepiscopalis prædictæ, quidquid per dictos Dominos Cardinales in prædictis actum fuerit, seu etiam ordinatum attendere, & perperuo observare; in cujus rei testimonium sigillum nostrum duximus præsentibus litteris apponendum. Datum Lugduni Die Dominica post festum Nativitatis Beati Joannis Baptistæ Anno Domini millesimo ducentesimo nonagesimo. Reverendis in Christo Patribus & Dominis præcipuis, Domino Gerardo de Parma divina Providentia Sabinensi Episcopo, & Domino Benedicto eadem gratia Sancti Nicolai in Carcere Tulliano Diaconi Cardinalibus, G. Decanus, & Capitulum primæ Lugdunensis Ecclesiæ debitam subjectionem & reverentiam cum honore. Cum Reverendus in Christo Pater Dominus Hugo Dei gratiâ Episcopus Ebredun., ac bon. mem. Girardus Abbas Sancti Stephani Divionensis Lingonensis Diœcesis super quæstionibus & querelis vertentibus inter Claræ memoriæ Dominum Rodolphum Dei gratiâ Archiepiscopum Lugdunensem ex una parte, & nos dictos Decanum & Capitulum, Petrum de Angusta, tunc Archidiaconum, Henricum de Villars nunc Camerarium, Hugonem de Turre tunc Senescalcum Lugdunensem, ex alterâ, super jurisdictione Curiæ sæcularis Lugduni seu Curiæ Comitatus & ejus exercitio, ac super jurisdictione infrà domos ejusdem vici Civitatis Lugduni qui vocatur Palatius, ex potestate eis à partibus concessa composuerunt amicabiliter super querelis & quæstionibus prælibatis prout in quibusdam litteris, sigillis eorum sigillatis continetur. Nos cupientes tanquam Filij obedientiæ semper esse in tranquillitate & pace cum Reverendo in Christo patre & Domino B. Dei gratia Lugduni Archiepiscopo, Damus pro nobis & quolibet nostrum vobis Dominis Cardinalibus plenariam potestatem, præfatam compositionem declarandi, interpretandi, addendi, detrahendi, & modificandi, prout Reverendæ Paternitati vestræ videbitur faciendum, supplicantes ut ea quæ super præmissis duxeritis ordinanda, faciatis auctoritate Apostolica firmiter observari. In cujus rei testimonium præsentibus litteris sigillum nostrum, unâ cum sigillo præfati Domini Henrici de Villars duximus apponendum. Datum die Dominica in crastinum festi Nativitatis Beatæ Joannis Baptistæ, anno Domini millesimo ducentesimo nonagesimo. Hujus igitur mandati Apostolici ac submissionum partium prædictarum auctoritate, virtute, & potestate suffulti ad ordinacionem & compositionem inter partes prædictas processimus in hunc modum, in primis dicimus, pronuntiamus, arbitramur, laudamus, statuimus, ordinamus, ac etiam definimus sub pœnis, juramentis & obligationibus inferiùs annotatis, quod deinceps sit, & esse debeat inter prædictum Archiepiscopum & Capitulum & supradictos omnes & singulos vera pax & firma concordia, & Zelus sinceræ, paternæ, ac filialis dilectionis, & intimæ charitatis, & præcordialis tranquillitatis inter eos jugiter observetur, ita quod dilectionis & pacis tranquillitas sopiat, quod dissentionum & discordiarum calamitas introduxerat inter partes prædictas. Ita quod tam Archiepiscopus & familiares ipsius, quàm prædicti omnes & familiares eorum pro sincera dilectione & Charitate tam Archiepiscopi, quàm Decani & Capituli communium prædictorum sint, & reducantur totaliter prout erant antequam essent de familia Archiepiscopi, & prædictorum, & antequam de præmissis orta esset discordia inter partes. Item dicimus, pronuntiamus, definimus, ordinamus, modificamus jurisdictionem temporalem, & exercitium in Civitate Lugdunensi spectare ad Archiepiscopum pro duabus partibus & ad Capitulum pro tertia parte pro indiviso, juxta modum inferius annotatum, ratione juris quod idem Capitulum à quondam Comite Forensi acquisivit, quod Comitatum appellant. Item dicimus, pronuntiamus, definimus, ut suprà, ne subditi astringantur per plures, quod una sola sit Curia sæcularis in Civitate Lugduni, & exercitium jurisdictionis ejusdem sit Archiepiscopi & Capituli prædictorum, prout inferius declaratur. Ita quod Curia supradicta ratione exercitij jurisdictionis prædictæ ordinetur hoc modo, videlicet quod primo anno postquam præsens ordinatio, in Lugdunensi Ecclesia fuerit publicata, dictus Archiepiscopus qui est & qui pro tempore fuerit per se vel per alium ipsius Curiæ Correarium ac judicem instituat in Capitulo Lugdunensi requisito in communi consilio, & interveniente cõcordiâ illorum qui convenerint in eodem ad vocationem Capituli more solito faciendam, vel majoris partis eorumdem; & si illo die quo ad illud convenerint cum ipso Archiepiscopo vel ejus mandato non concordaverint, ipse Archiepiscopus alio die in eodem Capitulo ad singula officia Correrarij & judicis tres nominet, de quibus Capitulum concorditer vel partes ipsius majores aut vices eorum gerens, unum, infrà triduum à tempore nominationis computandum, Archiepiscopo præsente vel mandato ejus in Capitulo instituat. Item Archiepiscopus vel ejus mandatum in officio ad quod fuerit taliter præsentatus, & si forsan aliqui de nominatis ab ipso Archiepiscopo per dictum Capitulum vel partem majorem, vel vices eorum gerentem ut præmittitur, infra triduum præsentatus non fuerit, Archiepiscopus elapso prædicto triduo in illo de prædictis officiis ad quod præsentatio facta non erit, ut suprà Officialem unum de tribus nominatis ab ipso eâ vice pro suâ instituat voluntate, & viceversâ eodem anno Capitulum sigilliferum vel gerens vices

Capituli, quoad hoc instituatur requisito in domo Archiepiscopali communi consensu, consilio & concordia interveniente Archiepiscopi qui pro tempore fuerit, vel ejus mandati : & si ea die qua super hoc dictum Capitulum, vel ejus vices gerens, dictum Archiepiscopum vel ejus mandatum super querelis prædictis requisiverit, ipse Archiepiscopus vel ejus mandatum eum Capitulo concordare voluerit, sequenti die Capitulum vel ejus vices gerens ad Officium Sigilliferi tres nominet, de quibus in unum, infrà triduum à tempore nominationis memoratus Archiepiscopus vel ejus mandatum consentiat, & eum præsentet Capitulo, quem ipse Archiepiscopus, vel ejus mandatum & Capitulum, seu ejus vices gerens instituat in officio Sigilliferi, ad quod totaliter fuerit præsentatus: & si forsitan aliqui de nominatis ab ipso Capitulo ut præmittitur in officio sigilliferi, infrà idem triduum ab ipso Archiepiscopo, vel ejus mandato præsentatus non fuerit, Capitulo eodem triduo elapso in dicto officio Sigilliferi unum de tribus nominatis ab ipso Capitulo, Sigilliferum eâdem vice Capitulum vel ejus vices gerens pro suâ instituat voluntate. Secundo verò anno Archiepiscopus Correarium & sigilliferum modis instituat superius enarratis, & Capitulum per se, vel ejus vices gerentem, judicem similiter instituat , modo superiùs declarato. Tertio verò anno, Archiepiscopus vel ejus mandatum Judicem & Sigilliferum & Capitulum, vel ejus vices gerens Correarium instituat modis & formis superiùs enarratis. Quarto anno Archiepiscopus ut suprà, Correarium judicem, & Capitulum ut suprà, Sigilliferum. Quinto anno Archiepiscopus Correarium & Sigilliferū & Capitulum judicem, sexto anno Archiepiscopus judicem, & sigilliferum & Capitulum Correarium instituat modis & formis quibus suprà & sic deinceps in perpetuum observetur, & talis modus instituendi Officiales, in annis singulis in trienniis secundùm formam superiùs enarratam & etiam quotiescumque annis singulis, in singulis trienniis Officialium institutio, sive mutatio fuerit facienda in perpetuum observetur. Prædicti quoque Officiales postquam taliter fuerunt instituti, jurabunt in ipso Capitulo coram illis qui simul convenerint, cū ab ipso Archiepiscopo fuerint instituti ut suprà vel in domo Archiepiscopali cū a Capitulo instituti fuerint ut suprà, quod Officia sibi cōmissa fideliter exercebunt eorumdem Archiepiscopi & Capituli nomine, ac pro ipsis, sive pro communi bono, prout ad eos jurisdictionem ipsam & exercitium præmissum est pertinere. Badellos verò ejusdem curiæ numero duodecim Correarius , judex & sigillifer simul ponant, qui badelli jurabunt in Capitulo suum officium fideliter exercere , nomine Archiepiscopi & Capituli prædictorum, prout ad ipsos jurisdictionem prædictam & ejus exercitium præmissum pertinere; & quod erunt obedientes & fideles judici communi Archiepiscopi & Decani , & super jurisdictione Clericorum, in his quæ spectant ad jurisdictionem communem ipsius Archiepiscopi & Decani : & si plures badelli necessarij videbuntur, plures ponant Officiales prædicti , si de pluribus ultra duodecim communiter ipsis Archiepiscopo & Capitulo vel eorum vices gerentibus visum fuerit expedire , qui ad præstandum Sacramentum simile adstringantur. Judex verò prædictorum Clericorum communis ipsius Archiepiscopi & Decani alios non habebit badellos , sed prædictos recipiet & habebit , prout superius est expressum modo istum , modo illum , prout sibi videbitur expedire. Et nihilominus quotiescumque Archiepiscopo videbitur Officiales & badellos dictæ Curiæ Sæcularis fore negligentes, remissos, seu alios malè usantes, ille vel illi qui eos instituerint, statim sine difficultate quâlibet ad dictum Archiepiscopū amovere teneantur, & loco remotorum alios idoneos subrogare , & quod dictus Archiepiscopus juret ponere Officiales suos bonos & fideles sine fraude , qui jura tam ipsius Archiepiscopi , quàm Capituli observent illæsa. Sanè circa obventiones & emolumenta dictæ Curiæ sæcularis, dicimus Nos Cardinales prædicti Ordinatores & compositores, & ordinamus ut suprà, quod sigillifer qui pro tempore fuerit dictas obventiones debeat recipere, & eas custodire, ita quod in annis singulis bis in anno computet de dictis obventionibus & emolumentis cum Archiepiscopo, vel ejus mandato, & Capitulo, vel ejus vices gerente. Ita quod de dictis obventionibus deducto salario vel salariis quæ prædictis debebuntur Officialibus, in quibus salariis constituendis debent tàm dictus Archiepiscopus promittere bonâ fide, quàm ejus mandatum per Sacramentum, & Capitulum bonâ fide & ejus vices gerens, per Sacramentum, quod nullam fraudem facient, seu permittent, & deductis omnibus aliis oneribus & expensis ipsius curiæ, & quæ ratione ipsius Curiæ fieri contingit, dictus Archiepiscopus de ipsius emolumentis & obventionibus duas partes habeat, & Capitulum tertiam, & pro prædicta tertia parte debet esse immunis dictus Archiepiscopus & ejus successores de ducentis libris Viennensibus ad quas pro prædictis annis singulis ipsi Capitulo & Senescalco tenebatur per ordinationem Domini Gregorij Papæ supradictam. Circa verò Judicem appellationum emittendarum ab Officialibus curiæ prædictæ secularis, dicimus, volumus, & ordinamus quod Archiepiscopus qui nunc est, & qui pro tempore fuerit in Capitulo Lugdunensi , secundùm datam à Deo prudentiam, ipsum pro suâ instituat voluntate : qui judex juret suum officium fideliter exercere , nomine Archiepiscopi & Capituli prædictorum prout ad ipsos jurisdictio , & ejus exercitium ut suprà, noscitur pertinere. Ita tamen quod quando à diffinitivis in magnis summis pecuniarum , vel arduis criminibus prolatis ad ipsum fuerit appellatum , dictus judex in determinatione prædictorum habeatur gerere sub virtute præstiti juramenti consilium & assensum Archiepiscopi & Capituli prædictorum, & eorum sequi consilium, & si idem Archiepiscopus & Capitulum vel eorum certa mandata, in hoc concordare non potuerint; ponentur duo per Capitulum , qui unà cum dicto Archiepiscopo vel ejus mandato & præfato judice appellationum determinent quod incumbet , & si omnes quatuor in unam sententiam concordare non possent , illud servetur , quod à majori parte ipsorum quatuor fuerit consultum , seu etiam deffinitum , illi tamen qui per Capitulum ponentur , pro tempore jurabunt in ipso Capitulo fidele dare consilium tàm pro præfato Archiepiscopo, quàm pro Capitulo Lugduni & quotiescumque in prædictis, mandata prædictorum Archiepiscopi & Capituli intervenire contigerit, eorum mandata jurabunt, quod in determinatione eorum qui pro tempore occurrerint fidele consilium dabunt, sicut dictum est de illis qui per Capitulum assumentur. Judex verò prædictus quolibet anno mutetur nisi remaneat de communi concordiâ & assensu Archiepiscopi & Capituli prædictorum. Cæterùm idem Capitulum vel aliqui de ipso Capitulo, Archidiaconus , Camerarius , aut alius quicumque ratione præfati juris ab eodem Domino Comite Forensi requiriti , & ratione Camerariæ & Senescalliæ quondam , seu ex quâcumque aliâ causâ , in prædictis jurisdictione & obventionibus , & omnibus aliis de quibus inter partes controversia erat vel esse poterat, nihil ampliùs etiam ratione pensionis statutæ in ordinatione Domini Gregorij Papæ pro tempore præterito vel futuro valeant nunc vel in posterum vindicare, seu etiam petere, nec etiam ratione jurisdictionis infrà domos, vel extrà, vici qui vocatur Palatium, nec Archiepiscopus in exercitio jurisdictionis prædictæ. Dicimus etiam & volumus quod Senescalcia , quæ olim fuit in Ecclesia Lugdunensi omninò cesset, & in posterum penitus sit extincta, omnesque redditus & obventiones cridarum vini & aliorum quæ Senescalcus quondam Lugduni ratione Senescalciæ antequam Constitutio Domini Domini Gregorij tenebat ad Archiepiscopum pertineant pro duabus partibus, & ad Capitulum pro tertia parte, nec per hoc ullatenùs fiat præjudicium iis qui circa jurisdictionem , & exercitium & obventiones curiæ sæcularis ut supra diximus quomo-

D iij

nùs sint, ordinentur, & percipiantur prout superiùs est expressum. Dicimus etiam, & statuimus ut super quod Cridatores qui nunc sunt debeant remanere in eorum officiis, sicut sunt instituti, si hoc justitia suaserit. Postquàm autem eorum officia erunt finita, instituantur, offerentes illi solum Cridatores vini & præpositi per Correarium, judicem & sigilliferum curiæ sæcularis, qui pro tempore erunt, eo modo quo superius diximus Badellos per eos fore instituendos, & emolumentum quod inde habebitur sit pro duabus partibus Archiepiscopi & pro tertiâ Capituli. Prædicti verò præpositi & cridatores cùm fuerint instituti, jurent & jurare teneantur, officia sua exercere fideliter, nomine Archiepiscopi & Capituli prædictorum secundùm quod jurisdictionem & exercitium ad eos ut suprà diximus pertinere, & secundùm formam juramenti aliorum Officialium prædictorum Curiæ sæcularis. Item dicimus, statuimus, volumus, & ordinamus, ut super, sub pœnis, juramentis & obligationibus inferius annotatis, quod Capitulum teneatur juvare Archiepiscopum effectualiter etiam manu armatâ cum hominibus, & posse de terra Capituli propriis expensis bonâ fide, quandocumque & quotiescumque per Archiepiscopum, vel ejus mandatum fuerint requisiti pro defensione terræ ac jurium dicti Archiepiscopi, Civium, Burgensium, Vassallorum, hominum, & Abbatum ipsius Archiepiscopi, vel pro vindicatâ injuriâ dicto Archiepiscopo, familiæ suæ, Civibus, Burgensibus, Vassallis, hominibus & Abbatibus dicti Archiepiscopi factâ seu illatâ & versâ vice Archiepiscopus illud idem facere teneatur Capitulo & singulis Canonicis de Capitulo ad requisitionem Capituli vel majoris partis ipsius, & hæc intelligantur, quando pars requirens prædicta juvamina, velit prosequi negotium, & prosequatur sine fraude & cum effectu. Porrò super jurisdictione Clericorum in Civitate Lugdunensi commorantium vel in eâdem Civitate delinquentium, dicimus, statuimus, & ordinamus ut super, quod omnis jurisdictio Clericorum personalis pecuniaria & etiam spiritualis, sit & esse debeat Archiepiscopi memorati, & etiam realis, exceptis rebus censualibus Capituli, & singulorum Capitulorum de dicto Capitulo, quarum rerum Censualium si quæstio esset super proprietate earumdem sit cognitio illius cujus res prædictæ fuerint censuales, si per simplicem quærimoniam ipsum à quo res Censuales tenentur, adjerint, vel ad eum petierint se remitti, qui convenientur. In criminalibus autem quæstionibus in quibus agetur criminaliter vel civiliter de crimine, sit & esse debeat communis jurisdictio Archiepiscopi & Decani, exceptis Curatis & Religiosis Civitatis & salvis Archiepiscopo suis visitationibus, correctionibus, reformationibus, & inquisitionibus cum ad loca collegiata descendent, pro prædictis vel aliquo prædictorum, quorũ jurisdictio totaliter pertineat ad Archiespicopum memoratum. Verùm si ratione exercitij jurisdictionis Clericorum, aliorum quoque Curatorum & Religiosorum, ut suprà in Civitate Lugdunensi commorantium vel ibi delinquentium ut super, cum agetur criminaliter vel civiliter ut suprà de crimine judex fuerit ordinandus ipsi Archiepiscopus & Decanus quotiescumque super prædictis fuerit ordinandus vel instituendus, judicem communiter ordinent, qui juret in prædictis fideliter jurisdictionem prædictam nomine Archiepiscopi & Decani, & pro bono utriusque exercere, & obventiones, & emolumenta, quæ occasione prædictâ obvenient, diligenter & fideliter custodire: ita quod inter prædictos Archiepiscopum & Decanum communiter dividatur, & si necesse sit quod aliquis occasione dictæ jurisdictionis per Censuram Ecclesiasticam compellatur, Officialis Archiepiscopi Curiæ Lugdunensis ad requisitionem judicis communis, illum per censuram Ecclesiasticam compellat, & compellere teneatur. In juratis verò curiarum dicti Archiepiscopi ubicumque delinquerent in officio vel officium tangentibus, vel quocumque modo delinquerent, in domo Archiepiscopi vel ejus proprio, jurisdictio totaliter pertineat ad Archiepiscopum supradictum: in aliis verò omnibus & singulis de quibus, & super quibus aliquid superiùs vel inferius non statuimus, seu statuemus, definimus seu definiemus, unicuique jus suum remaneat illibatum: salvis tamen Nobis jure & potestate addendi, mutandi, corrigendi, declarandi, interpretandi & modificandi prædicta & infrascripta prout Nobis placuerit, & videbimus expedire. Item dicimus, volumus, ordinamus, & pronuntiamus quod si Canonicus aut Canonici, vel Clerici Ecclesiæ Lugdunensis vel familiares eorum in Clericos vel personas religiosas, vel alias quascumque exceptis familiaribus Archiepiscopi, de quibus nondùm determinatũ est, de Civitate & Diœcesi, vel in Civitate & Diœcesi, Lugduni commorantes deliquisse dicantur, duo Canonici Ecclesiæ, de illis qui probiores homines & magis pacifici reputantur annis singulis per Capitulum eligentur, & jurabunt officium sibi commissum fideliter exercere, qui infrà sexaginta dies, & citiùs si commodè possint à tempore quærimoniæ, excessus prædictos perfectè & congruè faciant emendari, & nisi infrà tempus infrascriptum fecerint emendari, Archiepiscopus nominet duos Canonicos de Capitulo quos voluerit, & illi ponantur per Capitulum qui ut prædictum est faciant emendari, nisi per partem petentem emendam sibi fieri ultrà dictos sexaginta dies oportuerit prorogari, & si fortè post prorogationem prædictam necessariam, primi duo negligentes existentes in emendâ faciendâ, ut suprà dicto Archiepiscopo liceat nominare duos, qui instituantur ad hoc, modo & formâ superius prælibatis, qui omnes prædicti consimiliter adstringantur Sacramento. Super facto autem præposito Fourverij statuimus, quod idem præpositus & Canonici Fourverij ibidem residentes, & hospitia tenentes sint & remaneant in possessione vel quasi vendendi vinum tempore banni apud Fourverium in domibus suis, vel in quibus degunt, Salvo tamen jure proprietatis in prædictis Archiepiscopo memorato. Item cùm invenerimus discordiam esse inter Archiepiscopum & Capitulum supradictos super dandâ licentiâ Doctoribus legere volentibus in Civitate Lugdunensi in jure Canonico, vel Civili, prædictam definimus discordiam, & statuimus, & ordinamus, ut suprà, hoc modo videlicet, quod Archiepiscopus qui pro tempore fuerit, possit dare licentiam legendi, docendi quandocumque opus erit, vel sibi videbitur, uni doctori in legibus, & alij in decretalibus, & Capitulum uni in legibus, & alij in decretalibus, & non possunt plures instituere nisi de ipsius Archiepiscopi & Capituli communi processerit voluntate, Doctorem verò in decretis instituat Archiepiscopus & Capitulum communiter, vel eorum vices gerentes pro suo libito voluntatis ; prædictos verò doctores tam in jure Civili quàm Canonico, & decretis instituere debeant tam Archiepiscopus quàm Capitulum oriundos de citrà montanis partibus, non autem oriundos de Italia, nisi concorditer processerit de communi concordiâ & voluntate Archiepiscopi & Capituli prædictorum: Dicti autem Doctores, & etiam Baccalarij omnes jurare debeant & teneantur, quod non assistent alicui in judicio vel extra, in consiliis, vel advocationibus contra Archiepiscopum & Capitulum & singulos de Capitulo in factis Ecclesiæ quandiù legent in Civitate Lugdunensi, & si aliquod statutum, vel ordinatio contra hoc facta fuerit in Capitulo seu à Capitulo Lugdunensi, illud & illam volumus & præcipimus penitùs non valere nec tenere & quod expressè per Capitulum revocetur, & nullatenus observetur, & Nos expressè etiam revocamus. Insuper volumus, statuimus & ordinamus ut suprà, quod dictum Capitulum Nicolao de Bileus Doctori legum, dent & concedant licentiam legendi & docendi in Civitate Lugdunensi, quoties & quandiù legere & docere voluerit in Civitate prædictâ. Item quia intelleximus quampluries propter dissentiones & discordias quæ oriuntur inter Archiepiscopum & Capitulum memoratos à divinis sæpè cessatur in Ecclesia Lugduni & Ecclesia

inter Canon. S. Ioan. Lugd. &c. Et Cives Lugd.

debito defraudatur servitio, de consensu partium statuimus, ordinamus, & definimus ut suprà, quod annis singulis die quâ tractabitur de electione Officialium Curiæ sæcularis Luguduni, duo probi viri eligantur in Capitulo, unus ab Archiepiscopo, & alius à Capitulo, qui plenam &c liberam habeant potestatem ortas quæstiones, seu oriundas illo anno inter partes de plano & sine strepitu judicij terminare, & sopire & jurare teneantur prædicta agere bonâ fide, ita quod deinceps omnis tollatur materia discordiæ, & occasio cessandi à divinis in Ecclesia Lugdunensi. Nolumus autem Nos Cardinales prædicti, quod ea quæ supra diximus, statuimus, definivimus, ordinavimus aliquibus Conventualibus vel collegiatis Ecclesiis vel personis Civitatis Lugduni vel aliis qui in nos non compromiserint vel ordinationi nostræ se non supposuerint, aliquod præjudicium generetur, nec etiam ei qui se supposuerint, nisi in iis de quibus expressè diximus, statuimus, definivimus, ordinavimus, ut suprà, vel etiam ordinabimus in futurum. Item dicimus, ordinamus, volumus, & pronunciamus, si de communi & concordi, evidenti & manifesto consensu & concordiâ Archiepiscopi & Capituli prædictorum, vel ipsorum vices gerentium ordinatione Officialium vel aliorum prædictorum aliter quàm superius sit expressum eisdem quando placeat ordinare quod hoc per tempus licitè facere valeant illâ vice, ita tamen quod per illos actum vel actus, vel alio quocumque modo quantumcumque ... præsenti compositioni vel alicui articulo in ipsa contento nullum postmodum præjudicium generetur, sed nihilominus in suâ semper totali maneant firmitate. Retinemus autem nos prædicti Ordinatores, ut super, secundùm formam mandati Apostolici, & submissionem partium prædictam de consensu dictarum partium, potestatem in præmissis omnibus & singulis, & ad eadem omnia & singula addendi, diminuendi, mutandi, corrigendi declarandi, interpretandi & in melius reformandi, quandocumque secundùm prædicta, & prout Nobis videbitur faciendum. Hanc autem compositionem, & ordinationem & omnia ac singula suprascripta dictus R. Archiepiscopus pro se & suo nomine, ac Henricus de Villars Camerarius, Briandus Sacrista, Guichardus Præpositus Fourverij in Ecclesiâ Lugdunensi, Guillelmus de Franchelyns, Hugo Bruni ejusdem Ecclesiæ Canonici Procuratores Decani & Capituli prædictorum tam suo, quàm procuratorio nomine eorumdem Decani & Capituli Lugdunensis emologantes, volentes & approbantes, expressè juraverunt & firmaverunt stipulatione solemni interpositâ. Videlicet dictus Archiepiscopus in præsentiâ Evangeliorum, & dicti Canonici tactis Evangeliis Sacro-Sanctis, ipsam compositionem, & omnes & singulos ejusdem compositionis articulos pro se & eorum successoribus in perpetuum firmiter & inviolabiliter observare, & contra præmissa vel aliqua de præmissis per se vel per alium aliquatenus non venire. Nos autem cupientes præsentem compositionem & ordinationem illibatas cunctis temporibus perpetuò permanere, dicimus, & ordinamus, pronunciamus, atque statuimus de voluntate & consensu expresso Archiepiscopi & Canonicorum prædictorum præsentium, quod omnes & singuli Canonici, qui nunc sunt in dictâ Ecclesiâ residentes cum primo habere commodè poterunt, jurent in Capitulo compositionem & ordinationem prædictam inviolabiliter attendere & servare. Ad quod iuramentum præstandum omnes Canonici, qui de novo in dictâ Lugdunensi Ecclesiâ creabuntur, esse volumus & decernimus obligatos, ita quod quilibet Canonicus de novo creandus vel recipiendus in Ecclesiâ Lugdunensi, prædicta promissa juret attendere, antequam ad alios actus, vel Tractatus Ecclesiæ admittatur: quicumque novus Archiepiscopus in ipsâ Ecclesiâ fuerit institutus, adstringatur & teneatur præstare, & facere consimile juramentum; & ut res habeat effectum pleniorem, & ne quis possit par ignorantiam excusari, volumus & mandamus ut deinceps hæc præseris compositio & ordinatio annis singulis in crastinum festi Nativitatis Sancti Joannis Baptistæ in Capitulo dictæ Lugdunensis Ecclesiæ per unum de Canonicis ipsius Ecclesiæ legatur, & in linguâ maternâ publicè exponatur; & tunc prædictum juramentum per Canonicos Lugdunenses, qui ibidem præsentes fuerint, renovetur. Insuper ad majoris roboris firmitatem & ut malitiis hominum obvietur, Auctoritate Apostolicâ quâ fungimur, decernimus, ordinamus, statuimus, quod tam Archiepiscopus quicumque, quàm singulares Canonici qui nunc sunt, vel qui pro tempore fuerint, si fortè quod absit, contra præsentem Compositionem, vel ordinationem nostram, in toto, vel in parte venerint aliquo tempore in futurum, nisi ipsi admoniti infra octo Dies ad condignam emendationem venerint, de consensu ipso facto sententiam Excommunicationis incurrant Canonici Lugdunenses, Archiepiscopus verò ab ingressu excludatur Ecclesiæ, & nisi infra alios octo dies emendandus, à Pontificalibus noverit se suspensum, & nisi infra alios quindecim dies emendare curaverit, ipso facto sententiam excommunicationis incurrat, ita quod gradatim in eo crescente contumaciâ, crescat & pœna, à quibus suprædictis Archiepiscopus, & Canonici, vel eorum aliquis absolvi non possint, quousque de præmissis satisfactionem vel emendam fecerint competentem. Et nihilominus Canonicus seu Canonici qui contra hanc compositionem fecerint, vel fecerint, & eam non observaverit vel non observaverint secundùm præmissa, tandiù à Choro, Capitulo, Refectoris ac divisione terrarum noverit se exclusum seu exclusos, & penitus excludatur, seu excludantur, donec super iis absolutionis beneficium meruerint obtinere, nec post emendam factam fructus medij temporij restituantur eisdem. Vice versa quicumque Archiepiscopus simili modo deliquerit, tandiù ab ingressu claustri & domus Archiepiscopalis, ac divisione terrarum totaliter excludatur, donec satisfactionem congruam de prædicto fecerit, & emendam & absolutionis beneficium cum effectu duxerit imperandum. Non obstantibus aliquibus Privilegiis, Litteris, constitutionibus, statutis vel ordinationibus quibuscumque, ipsis Archiepiscopo & Capitulo prædictæ Ecclesiæ Lugdunensi à sede Apostolicâ, vel alio modo quolibet obtentis, editis, vel concessis. Acta, lata, statuta, dicta pronunciata, definita, & ordinata fuerunt omnia & singula supradicta prout superius enarrantur, per Nos Cardinales Parisiis apud monasterium Sancti Germani de Pratis sub anno Domini millesimo ducentesimo nonagesimo, indictione tertiâ, Die undecimâ mensis septembris, Pontificatus supradicti Domini Nicolai Papæ quarti anno tertio, præsentibus Venerabilibus in Christo Patre Philippo Dei gratiâ Turonensi Archiepiscopo, Hugolino Cantore Meldensi, Bernardo de Flisco Parisiensi, Berengario Fredoli, Ambianensi, Raimondo Gambeverdes Narbonensi, & Petro de Piparo Suessonensi Canonicis Ecclesiarum, ac Bartholomæo de Corvasano Legum professore, Cappellanis & familiaribus nostris testibus ad hoc vocatis & rogatis. In quorum fidem omnium & testimonium ac firmitatem & fortitudinem pleniorem præsens publicum instrumentum per Armanum & Nicolaum Notarios nostros infrascriptos, scribi, & publicari mandamus, & nostrorum sigillorum fecimus munitione roborari, & Ego Nicolaus dictus Novellus de Vico, publicus imperiali Auctoritate, & nunc prædicti Domini Benedicti Cardinalis Notarius prædictus, omnibus unâ cum testibus suprascriptis interfui, & ea omnia ut supra leguntur de mandato prædicto Dominorum Cardinalium ac rogatus à præsentibus supradictis & in eam publicam formam redegi, ac meo signo consueto signavi, & ego Armanus Mancellus de Parma publicus auctoritate imperiali, & nunc prædicti Domini Girardi Episcopi Sabi-

D iij

nensis Notarius prædictus omnibus unà cum testibus & Notario suprascripto interfui, & in ijs omnibus, ut supra legitur de mandato prædictorum Dominorum Cardinalium ac rogatus à præsentibus supradictis me subscripsi, & signum meum apposui consuetum.

LITTERÆ MISSÆ CIVIBUS LUGDUNI EX PARTE Comitis Sabaudiæ.

Philippus Comes Sabaudiæ viris providis & charissimis suis Civibus Lugduni salutem & sinceram fidem specialiter pro dilecto & charissimo Consanguineo nostro Domino P. Archidiacono Lugdunensi, vos cum affectu requirimus & rogamus, quatenus jurisdictione suâ Comitatus Lugdunensis ipsum, ut permittatis pacificè & quietè tantum super hoc faciendum, quantum idem Archidiaconus preces nostras sibi sentiat fructuosas, sciens quod eidem in jure suo deficere non possumus, nec debemus. Datum apud Rossillionem in crastino beatæ Mariæ Magdalenæ.

LITTERÆ MISSÆ CIVIBUS LUGDUNENSIBUS EX PARTE Domini Ludovici de Sabaudia.

Viris providis & discretis, amicisque suis charissimis Civibus Lugdunensibus, Ludovicus de Sabaudia salutem & dilectionem sinceram. Cum vir venerabilis Archidiaconus Ecclesiæ Lugdunensis charissimus Consanguineus noster proponat ut jurisdictione sua in curia Comitatus Lugdunensis, una cum Domino Henrico de Villars, quam jurisdictionem olim exercere consueverunt, vos requirimus & rogamus quantum charius possumus, quatenus prædictum consanguineum nostrum non impediatis, quominus exerceat & teneat officium curiæ supradictæ, sed eidem amore nostro in perseverantiâ hujus Officij velitis præbere auxilium & favorem, nam quidquid eidem feceritis nobis reputabimus esse factum, tantum sub iis faciendum, quod idem consanguineus non se sentiat ex nostris partibus commodum reportasse, quia eidem in jure suo deficere non possumus, nec debemus. Datum Petræ Castri die lunæ post festum beatæ Mariæ Magdalenæ.

RESPONSIO FACTA DUABUS LITTERIS SUPRADICTIS Comitis & Domini Ludovici.

Illustri viro Domino Philippo Comiti Sabaudiæ Cives Lugdunenses Salutem, & se paratos esse ad ejus beneplacita & mandata, unà cum incremento omnis prosperitatis & gaudij. Litteras vestræ Dominationis inclitæ recepimus die mercurij in crastino Beati Petri ad vincula, quarum tenore diligenter inspecto, dominationi vestræ duximus respondendum, quod non credimus vos ignorare, quod propter cædes, discrimina & infortunia quàm plurima quæ in civitate nostra Lugduni, tam in temporibus vestri felicis regiminis & dominij, quàm temporibus aliorum antecessorum vestrorum contigerunt propter diversitatem Curiarum ibidem existentium, Papa bonæ memoriæ Gregorius existens in Concilio Lugdunensi, volens providere toti Clero & populo Lugdunensi in tres .... ordinavit, & inviolabiliter sub pœna excommunicationis statuit, ut deinceps una Curia in temporalibus esset in dictâ Civitate Lugdunensi, cujus exercitium totaliter commissum Archiepiscopo, qui pro tempore præesset, statuens & decernens ne contra prædictum aliquis ulteriùs aliquid attentaret, seu attentare procuret. Præterea nunc de novo summus Pontifex nobis per suas mandavit litteras, ut Electo ab ipso de novo procurato, confirmato, & ejus procuratoribus obedire curaremus, qui quidem Procuratores sub pœnâ excommunicationis monuerunt Cives & Populum Lugdunensem, ut soli Curiæ Archiepiscopi & non alij obedire curarent. Mandavit etiam Capitulo Lugdunensi, quod nihil, super hoc, quid igitur faciemus? Dominatio vestra non ignorat. Quare nos ea quæ vestris litteris rogando scripsistis sine periculo salutis & damno maximo & atque gravi periculo Civitatis nomine facere non possumus, quod quidem doctissimam discretionem vestram nullatenùs velle credimus, idcircò humillimè vos rogamus, ut nos super prædictum excusatos habere dignemini, scientes nos in omnibus aliis, quæ pro vobis commodè facere possemus promptos esse & paratos. Bene valeat dominatio vestra per tempora longissima.

LITTERÆ MISSÆ CIVIBUS LUGDUNENSIBUS EX parte Domini de Villars.

Viris venerabilibus ac discretis & dilectis suis Civibus Lugdunensibus ad quos præsentes litteræ pervenerint, Humbertus Dominus de Thoire & de Villars, salutem & dilectionem. Cum venerabilis vir Dominus P. de Augusta Archidiaconus Lugduni & charissimus Frater noster Dominus Henricus de Villars Camerarius Lugduni inceperint Curiam sæcularem apud Lugdunum ratione Comitatus Lugduni, intendentes ibi jurisdictionem suam exercere prout hoc consueverunt facere temporibus retroactis, dilectionem vestram, de quâ multùm confidimus, quantum plus possumus, requirimus, & rogamus, quatenus eisdem & eorum familiaribus sitis favorabiles, & benigni, impendentes ipsis per vos, & per vestros quibuscumque modis poteritis, consilium, auxilium & juvamen, tantum super hoc faciendum, quod nos qui vestri sumus vobis simus specialius obligati, voluntatem vestram nobis si placet super hoc intimantes. Datum in festo Beati Petri ad Vincula anno Domini millesimo ducentesimo octuagesimo quarto.

RESPONSIO FACTA DOMINO de Villars.

Nobili viro Domino Humberto Domino de Toyre & de Villars Cives Lugdunenses, salutem & paratam ad ejus beneplacita voluntatem. Litteras vestras nuper recepimus, quarum tenore diligenter inspecto vobis duximus breviter respondendum, quod erga vos, & venerabiles viros Dominum Petrum de Augusta Archidiaconum Lugduni, & Dominum Henricum de Villars Fratrem vestrum, pro quibus nobis scripsistis, taliter nos habebimus & intendimus, nos habere, quod vos ipsi de nobis non habebitis, nec habere poteritis materiam conquerendi.

LITTERÆ DOMINI REGIS FRANCORUM missa Civibus Lugdunensibus.

Philippus Dei gratia Francorum Rex, dilectis suis Burgensibus Archiepiscopatus & Civitatis Lugdunensis, ad quos præsentes Litteræ pervenerint, salutem & dilectionem. Significavit Nobis dilectus noster Ludovicus.... miles, quod quidam de Imperio frequenter per terram Archiepiscopatus prædicti transeuntes, violentias, injurias, & invasiones inferre nituntur, terræ dicti Ludovici, ac hominibus ejus & gentibus ressorti nostri, . quare requirimus vos instanter, quatenus in terram dicti Ludovici in ejus præjudicium & regni nostri, & qui nobis & regno nostro ac dicto Ludovico possint nomine in aliquo aut inserte molestiam nullos intrare aut ibidem commorari permittatis. Actum Parisiis Sabbatho post Festum Beati Barnabæ anno Domini millesimo ducentesimo octuagesimo octavo.

LITTERÆ MISSÆ POPULO LUGDUNI à Domino Papa.

Martinus Episcopus servus servorum Dei, dilectis filiis populo Civitatis & Diœcesis Lugdunensis salutem & Apostolicam benedictionem. Dum Ecclesia Lugdunensis per obitum bonæ memoriæ Ademari olim Lugdunensis Episcopi Pastoris solatio destituta, dilecti filij Decanus & Capitulum ipsius Ecclesiæ quintâ die ad eligendum præfixâ, vocatis & præsentibus omnibus qui voluerunt, debuerunt & potuerunt commodè interesse pro futuri substitutione pastoris, prout moris est, convenientes in unum nonnullis inter se tractatibus habitis qui non habuerunt effectum & dierum aliquibus continuationibus subsequutis, ac tandem deliberantes in electionis negotio per viam procedere compromissi in sex ex Canonicis ejusdem Ecclesiæ, concorditer & unanimiter compromittere curaverunt, concessâ eis potestate providendi hac vice de se ipsis, vel aliis de gremio ipsius Ecclesiæ per Electionem Canonicam vel postulationem concordem, eidem Ecclesiæ de Pastore, plenâ & liberâ potestate: promittentes quod illum in suum & Ecclesiæ prædictæ Archiepiscopum permitterent, & haberent, quem ijdem sex, usque ad consumptionem cujusdam candelæ ibidem accensæ, concorditer eligere ducerent vel etiam postularent; & demùm prædicti sex secedentes in partem diversam inter se tractatibus habitis, suisque votis diligenti examinatione discussis juxta formam hujusmodi Compromissi, in dilectum filium Durgellum ejusdem Ecclesiæ Præcentorem concorditer & unanimiter consenserunt, & dilectus filius Hugo Bruni Ecclesiæ memoratæ Canonicus, qui erat unus de Compromissariis supradictis, vice suâ, & collegarum suorum, ac singulorum de dicto Capitulo, de ipsorum Collegarum supradictorum mandato & voluntate expresâ de dicto Durgello in Archiepiscopum Ecclesiæ memoratæ candelâ prædictâ adhuc durante providit, ipsumque nihilominus in Archiepiscopum elegit Ecclesiæ supradictæ, & idem Durgellus, electioni hujusmodi de se factæ consensit ad instantiam Decani & Capituli eorundem. Cumque præfatus Durgellus propter hujusmodi electionis suæ negotium ad sedem Apostolicam accessisset, dilectus filius Reginaldus nepos quondam Yvonis Abbatis Monasterij Cluniacensis, & quidam alij Ecclesiæ prælibatæ Canonici, electioni prædicti Durgelli se opponere curavissent, tandem Durgellus ipse quod sibi ex Electione competebat, eadem in manibus nostris liberè resignavit. Nos ita diligentius attendentes quàm sit Ecclesiarum onusta dispendiis ipsarum vacatio diuturna, & proptereà eidem Ecclesiæ Lugdunensi paternæ sollicitudinis studio providere volentes, nè diutius illam pastoris regimine carere contingat, considerando etiam laudanda dilecti filij Magistri Rodulphi de Torreta, Electi Lugdunensis, conversationis merita, vitæ munditiam, honestatem morum, dona scientiæ, aliasque virtutes multiplices, quibus personam suam bonorum dator Altissimus decoravit, de eodem magistro Rodulpho Canonico Virdunensi eidem Lugdunensi Ecclesiæ de Fratrum nostrorum consilio providemus, ipsumque ipsi Ecclesiæ præficimus in Archiepiscopum & Pastorem, curam & administrationem illius sibi in spiritualibus & temporalibus committentes, firmâ conceptâ fiduciâ, quod dirigente Domino actus suos, eadem Lugdun. Ecclesia per suæ circumspectionis industriam prosperè dirigetur, sibique salubria Domino largiente pervenient incrementa. Quocirca universitatem vestram rogamus ac vobis attentè per Apostolica scripta mandamus, quatenus præfatum Electum devotè recipiendum & honestè tractandum ipsius mandatis & monitis humiliter intendatis, ita quod ipse in vobis devotionis filios se gaudeat inve-

nisse, & vos Patrem habeatis assiduè gratiosum. Datum apud urbem veterem die quartâ idus junij. Pontificatus nostri Anno.

LITTERÆ MISSÆ POPULO LUGDUNENSI à Domino Papa.

Nicolaus Episcopus, servus servorum Dei, dilectis filiis, populo Civitatis Lugdunensis, & ejusdem Diœcesis, salutem & Apostolicam benedictionem. In supremæ dignitatis speculâ licèt immeriti dispensans Domino constituti, curis continuis agimur, & pulsamur insultibus successivis, ut de personis talibus provideatur Ecclesiis Pastoribus viduatis, quorum industriâ & virtute eædem Ecclesiæ in suis juribus & libertatibus conserventur, reddatur tranquillior status Cleri, & commodis salutis, & gaudiis plebs lætetur. Dudum Lugdunensis Ecclesia per obitum bonæ memoriæ Rodulphi Archiepiscopi Lugduni, Pastoris, solatio destituta, duæ in ea electiones, una videlicet de dilecto filio Perceuallo de Lavania Subdiacono & Capellano nostro, reliqua verò de dilecto filio Henrico Burdegalensi Electo, tunc Archidiacono Tornodorensi in Ecclesia Lingonensi fuerunt à dilectis filiis Decano & Capitulo ipsius Ecclesiæ Lugdunensis per viam Scrutinij ad electiones hujusmodi procedentibus in discordiâ celebratæ: dicto autem Henrico pro ejusdem electionis de se factæ prosequendo negotio ad Apostolicam sedem personaliter accedente, præfatus Perceuallus prædictam electionem celebratam de ipso juxtâ tenorem constitutionis felicis recordationis Nicolai Papæ prædicti, prædecessoris nostri, super hoc editæ prosequi non curavit: propter quod idem Perceuallus secundùm constitutionem eamdem ab omni jure, si quod sibi eâdem electione suâ acquisierat fuerat, noscitur cecidisse. Idem quoque Henricus volens memoratam Ecclesiam Lugduni à dispendiis quæ per ..... instantiam & prolixiorem vacationem Ecclesia ipsa incurrere poterat præsentati omne jus, si quod ex præfatâ Electione celebratâ de ipso competebat eidem sponte & liberè in nostris manibus resignavit, Nos igitur hujusmodi resignatione receptâ de ipsius Ecclesiæ Lugdunensis ordinatione tantò attentius cogitantes, quantò specialius eam inter alias ultramontanas Ecclesias propter ipsius nobilitatem, & devotionis fervorem, quam ad Apostolicam sedem semper habet, cui eadem Ecclesia Lugduni nullo medio est subjecta, sincerè dilectionis brachiis amplexamur, cupientes illam personam eidem Lugdunensi Ecclesiæ, per nostræ diligentiæ studium præsidere, per quam salubriter valeat gubernari. Ad dilectum filium Beraldum Electum Lugduni tunc Archidiaconum in Ecclesiâ Agennensi, virum utique litterarum scientiâ præditum, vitæ munditiâ, morumque maturitate præclarum, prudentiâ spiritualium, ac temporalium providentiâ, fide digno testimonio commendatum, converximus oculos nostræ mentis, Ipsumque B. de Fratrum nostrorum consilio & Apostolicæ plenitudine potestatis præfecimus eidem Lugdunensi Ecclesiæ in Archiepiscopum & pastorem firmâ spe, fiduciâque concepti, quod prædicta Ecclesia Lugdunensis Deo authore per ipsius Electi prudentiam præservabitur à noxiis & adversis, & grata in spiritualibus & temporalibus suscipiet incrementa. Quo circa universitati vestræ per Apostolica scripta mandamus, quatenus eumdem Lugdunensem Electum tanquam Patrem & Pastorem animarum vestrarum suscipientes, devotè ac debitâ honorificentiâ prosequentes, ipsius monitis & mandatis fideliter intendatis, ita quòd ipse in vobis devotionis filios, & vos in eo invenisse Patrem benignum gaudeatis. Datum Reate decimo Kalendas Augusti, Pontificatus nostri anno secundo.

LITTERÆ MISSÆ A CIVIBVS DOMINO R. Electo Lugdunensi.

Reverendo Patri in Christo Charissimo ac singulari Domino suo Domino Rodolpho de Torreta divinâ graciâ primæ Lugdunensis Ecclesiæ confirmato Electo, Joannes de Foresio, Joannes Liatardi, Joannes de Durchia, Bartholomeus de Varey, Bernardus de Varey Frater ejus, Rodulphus de varey, Petrus de Chapponay, Mattheus de Mura, Falco de Puteo, Guido de Mura, Guillelmus Grigneus, & Andreas Raffati, Cives Lugduni pro se & aliis eorum concivibus Civitatis Lugdunensis, se ipsos cum omni promptitudine servitij, reverentiæ, obedientiæ, pariter, & honoris, & insinuatione & manifestâ relatione & ostensione virorum venerabilium, Magistri Henrici de Sartines, Canonici Sancti Justi Lugdunensis & Magistri Guillelmi de Argentolio Canonici Virdunensis Procuratorum & Nunciorum Vestrorum, Nobis & Civitati Lugdunensi cum pluribus litteris destinatorum, innotuit: pro constanti & pro certo scivimus, grato, & gaudenti animo referentes, quòd divinâ providisione, Ecclesiæ & populo Lugduni, de vestrâ circumspectâ benignitatis curâ & regimine per summum Pontificem est provisum, de quo mens nostra nequit concipere, lingua fari, vel cor meditari, quantas gratias, laudes, & gloriam tenemur reddere altissimo Creatori, sperantes & firmiter credentes propter famam, industriam, bonitatem & nobilitatem, honestatem & gratiam, quas de vobis tandiù audivimus, & quæ tam largè vulgariter promulgantur, quæ per vestram vigilem providentiam, pacificum statum è nobis optatum diutiùs, cum reverendâ Lugdunensi Ecclesiâ matre nostra, ejusque servitiis deputatis habere poterimus & perpetuò conservare, cum hoc super omnia affectantes præponimus & volumus super omnibus, in omnibus, & per viam vestræ discretionis voluntati & Concilio obedire. Vestræ itaque reverendæ Paternitati tenore præsentium volumus intimare, quòd dicti Procuratores vestri die veneris in vigiliâ beatæ Mariæ Magdalenæ, intraverint Lugdunum in serò. Nos autem audito adventu ipsorum exultantibus animis eos visitavimus summo manè die sabbati, qui Procuratores ipsâ die, convocato toto populo Lugduni, in Ecclesiâ Sancti Nicetij majori Parrochiali Ecclesia totius Civitatis, Nobis & toti populo litteras vestras Procuratorias & etiam Litteras Apostolicas Nobis de vobis directas prudenter exhibuerunt, legerunt, & exposuerunt publicè seriatim. Quibus visis, & diligenter cum gaudio exauditis, Nos attendentes mandata Papalia, atque vestra esse multò exequanda finaliter respondimus, eisque Procuratoribus omnes & singuli uno corde quòd de provisione vestrâ eramus læti & hilares super omnia, & quòd non solum vobis sed omnibus Officiariis, familiaribus, & Nunciis vestris parati eramus & sumus in omnibus quæ jusserint obedire, & quòd nobis quidquid præcipient cum certâ fiduciâ exequendi. Adhuc enim tempore datæ præsentis litteræ erant procuratores vestri in pendulo de advisando quid facerent, quia Episcopus Eduensis absens erat, & gentes dicti Episcopi nolebant dimittere administrationem sedis Archiepiscopalis Lugdunensis, & Capitulum Lugdunense responsiones suas ipsis procuratoribus facere differebat. Nescimus tamen quid hoc sibi vult, nec quod intendant, Unum tamen audivimus à quibusdam, quod Capitulum seu gentes Capituli Lugdunensis intendunt efficere & curare ergà summum Pontificem, Vestro in hoc interveniente consensu, quod Senescallus Lugduni & Dominus Henricus de Villars Camerarius Lugdunensis teneant & habeant exercitium jurisdictionis temporalis, & quod ordinatio felicis recordationis Domini Gregorij Papæ decimi super exercitio dictæ jurisdictionis revocetur, vel in aliquo rescindatur, quod si fieret, stamus, & speramus valdè orientur ex hoc errores & scandala. Vestræ igitur Paternitatis Beatitudo potius recordetur, quanta mala ab initio creaturæ mundo intulerit Dominiorum diversitas & Capitum in uno corpore pluralitas monstruosa, ut edocet illa maxima propositio Salvatoris, omne Regnum in se divisum desolabitur, & Civitas vel domus in qua divisio est non persistabit, jam hoc plus in nobis experti sumus tribulationum, quam in codicibus perlegamus, nec credimus vos latere quanta pericula, quantaque damna & gravamina ex pluralitate sæcularium curiarum perpessa sit & hactenus fuerit Civitas Lugdunensis. Nam habitatorum suorum alij ferro peremti, alij vulnerati laniati, alij deprædati, alij facultatibus nudati, alij miserabiliter exulati. Felicis si quidem recordationis Dominus Gregorius Papa prædictus, tamquam vir providus, undique Ecclesiasticus, venam corruptam undè manabat præclari fontis turbatio, prudenter intelligens, ipsam obstruendo, & securim ad rædicem ponens arboris, undè materia diffidij pullasbat, antidotum apposuit tanto malo, dum Dominiorum plurium pestiferam multitudinem ad salutarem studuit reducere unitatem. Divina si quidem operatio juxta Dionisium rerum multitudinem ad salutarem studuit reducere unitatem, nec cuique magis quàm Dei Vicario competit, opus tale. Accingatur igitur Pater Venerande, benignitas & discretio vestra zelo justitiæ, & zeli amicta pallio, circumveniri subducto funiculo non permittat, sed prædecessoris vestri Domini Aymari de Rossillione & dicti Domini Gregorij Papæ Decimi vestigiis tenacius inhærentis, quod per ipsum Dominum Gregorium in præsentiâ totius Romanæ Curiæ apud Lugdunum tantâ deliberatione, tantoque Concilio extitit ordinatum sine immutatione qualibet digneminî sustinere & vobis vestrisque in Archiepiscopatu successoribus perpetuò retinere, alioquin si quod omnino non credimus, aliquorum suggestionibus aures vestras aperueritis, qui, non Ecclesiæ utilitatem quærunt, sed propriâ delectati potestate, per ambitionis semitam Luciferum subsequuntur. Noveritis nos expertos ab olim intolerabili incommodo servitutis ubi illi qui nos non diligunt (quod Deus avertat) judices nostri fierent sub tranquillitate pacis, prospere vivere non possemus, & ex hoc posset contingere & evenire scandalum dissentionis tantæ, quod facultas fortè non suppetet sublevandi, & sic priore erat novissimus esset pejor. Unde Pater Venerande advertatis bonam famam vestri nominis, & commendationem quam facit de vobis summus Pontifex, qui in suis litteris authenticis tanta de vobis recitat merita honestatis, discretionis, seu bonitatis vitæ laudabilis, & quàm plura alia bona ineffabilia. Ne aliquorum suggestio circa hoc vos subducat, quod in ordinatione summi Pontificis aliquid immutetur, sed compatimini pusillo gregi vestro, ne à lupis rapacibus dispergatur, non minus animarum attendentes quam rerum & Corporum detrimenta. Cum enim propter intervalla quæ ad præsens sunt, in Lugduno super jurisdictione Curiæ vestræ, & sedis vestræ administratione quam gentes Episcopi Eduensis detinent coherâ determinationem procuratorum vestrorum, ita quod nullum ibidem modo judicium exerceretur, Noverit Paternitas vestra, quod ex hoc multa mala perveniunt & majora poterunt evenire, quia quilibet vult dominari ad præsens, & potentior vult minorem supprimere, & nocte ac die discurrunt gentes diversæ per Civitatem armatæ in grave periculum plurimorum. Magister autem Guillelmus de Argentolio, sequenti die post ejus adventum iter arripuit in Burgundiam ad Episcopum Eduensem pro administratione petendâ quam ejus officiales reddere recusabant qui nondum venerat tempore datæ hujus,

hujus, igitur supplicamus Paternitati vestræ quatenus adventum vestrum peroptatum & Nobis tam utilem & necessarium festinetis si placet, ut omnia ista pericula percludantur & in præmissis omnibus & singulis omnibus tale consilium apponere curetis, quod magis videritis, & cognoveritis apponendum, & mandetis Nobis tanquam vestris, vestræ beneplacita voluntatis, cum prompti simus nunc & in perpetuum fideliter obedire. Valeat Vestra Paternitas per tempora longiora. Datum Lugduni die Sabbati in Octavis Festi beatæ Mariæ Magdalenæ.

LITTERA BAILLIVI MATISCONENSIS
Ad Decanum, Capitulum, & Cives Lugduni.

Guillelmus de Ripalia miles Domini Regis Francorum Baillivus Matisconensis venerabilibus & sapientibus Viris Decano & Capitulo, ac Civibus Lugdunensibus salutem & dilectionem. Cum litteras Domini Regis prædicti super negotio Domini Bellijoci diù & per servientes nostros vobis fecerimus præsentari, ac responsionem ipsius per servientes eosdem requiri, quòd nondum focissis, vos ex parte dicti Domini Regis requirimus ut responsionem dictarum litterarum Nobis per litteras vestras, per latorem præsentium transmittatis, inhibentes vobis & vestrum cuilibet ex parte dicti Domini Regis, ne per districtus vestros & jurisdictiones transmittatis vel asserri permittatis victualia, armaturas, & alia in Regno in Imperium in damnum & præjudicium Domini Regis, & Domini Bellijoci prædicti, vel alterius de Regno. Datum cum appositione sigilli nostri die sabbati post Nativitatem Beatæ Mariæ Virginis anno Domini millesimo ducentesimo octuagesimo nono. Reddantur litteræ portitori. Datum ut supra.

Multa quidem & alia transcripta in libro à quo hæc fuerunt sumpta, sed quia nonnulla principio, alia verò fine debito carebant, & quoniam propter incurias eorum apud quos liber ipse remanserat erant partim corrosa, & partim labefacta, cætera non potuerunt transcribi, attamen liber ipse stat apud Monasterium Athanatense Lugduni ordinis Sancti Benedicti, in ipsius Monasterii Bibliothecâ, à quo præmissa fideliter transcripsi DE BELLIEVRE.

CONSTITUTIO GAUDEMARI DE JARESIO
in Vicarium Lugduni.

In Nomine Domini Amen. Exigentium necessitatum frequentibus articulis provida utriusque juris deliberatione statuitur, ut quod ex authentico scripto transcriptum & fide dignis assertionibus comprobatum ac authentico munimine roboratum fidem ubilibet faciat in agendis. Anno igitur incarnationis dominicæ millesimo ducentesimo octuagesimo quinto idus Septembris, videlicet die jovis ante festum Exaltationis sanctæ Crucis, indictione decima tertia, Pontificatus Domini Honorij Papæ quarti anno primo, cunctis appareat evidenter me Guillelmum Benedicti de Balone Lugdunensis diœcesis Sacro-Sanctæ Romanæ Ecclesiæ publicum auctoritate notarium unà cum Aymone de Monte Lupello dicto de Cornasol & Andrea Becquerij de Bridiellis, Clericis eâdem auctoritate publicis notariis, mecum propter hoc præsentialiter existentibus simul, & semel vidisse & de verbo ad verbum diligenter inspexisse, & legisse quasdam litteras Reverendi in Christo Patris Domini R. Dei gratiâ primæ Lugdunensis Ecclesiæ Archiepiscopi, vero sigillo ipsius Domini Archiepiscopi, ut primâ facie appareat sigillatas, sanas, & integras, non viciatas non cancellatas, non abolitas, nec in aliqua sui parte suspectas, quas quidem litteras nobilis vir Gaudemarus Dominus Jaresij nobis dictis tribus notariis exhibuit, & tradidit, nos rogando ut ipsas litteras manu publicâ exemplaremus, & redigeremus in publici notionem. Tenor autem dictarum litterarum sequitur in hunc modum. Nos Rodolphus permissione divina primæ Lugdunensis Ecclesiæ Archiepiscopus notum facimus, universis præsentes litteras inspecturis, quod nos facimus, constituimus & ordinamus dilectum nostrum Gaudemarum Dominum de Jaresio Domicellum Vicarium nostrum in Civitate nostra Lugdunensi & suburbiis ad custodiendum, defendendum & manutenendum dictam civitatem nostram & Cives nostros Lugduni, ac res bonaque eorumdem usque ad festum nativitatis Beati Joannis Baptistæ proximè futurum, volentes, & mandantes civibus nostris Lugduni, ut dicto Gaudemaro obediant tanquam nobis. Volumus insuper, quod dictus Gaudemarus ex nunc habeat & percipiat pro expensis suis & familiæ suæ faciendis, ac etiam salario suo usque ad festum Beati Joannis Baptistæ medietatem clamorum forefactorum & saisivarum factarum, & omnium emendarum judicio, pace vel concordia taxandorum vel taxandarum in Curia nostra sæculari Lugduni, ac etiam solvendorum vel solvendarum quæ evenient usque ad festum prædictum Sancti Joannis Baptistæ, permittentes nihilominus bonâ fide quod si medietas emendarum prædictarum, usque ad prædictum festum non sufficiens est eidem Gaudemaro ad expensas pro prædictis faciendas. Nos tantum eidem Gaudemaro faceremus, quod ipse deberet esse contentus, & quod non haberet de nobis materiam conquerendi, in cujus rei testimonium præsentibus litteris sigillum nostrum duximus apponendum. Datum in Petrascisa nono Kalendas Septembris anno Domini Millesimo ducentesimo octuagesimo quinto. Præsentata autem & oblata fuit dicta littera nobis dictis tribus Notariis per dictum Gaudemarum in Petrasciâ vocatis simul & rogatis ab eodem G. anno, die, & indictione superiùs annotatis, & Ego præfatus Guillelmus Benedictis, Ego autem Andreas Becqueri de Bradiella. &c.

Ces differens de l'Eglise de Lyon, avec les Habitans de cette Ville estant nez à l'occasion du Domaine temporel qui appartenoit à l'Eglise, il faut produire les titres, par lesquels on peut justifier la possession de cette temporalité.

PRIVILEGE DE L'EMPEREUR FREDERIC I.

DONNE' A L'ARCHEVEQUE ERACLIUS.

In nomine sanctæ & individuæ Trinitatis. Fredericus divina favente clementia, Romanorum Imperator & semper Augustus. In examine cuncta Dei conspicientis æquale meritum credimus fore dantis & corroborantis. Credimus etiam ad Imperialem nostram Majestatem pertinere, omnium sanctarum Dei Ecclesiarum præcipuè earum quæ specialiter sub jure ac dominio Romani Imperij consistunt, commoda considerare, & perpetuò valitura corroborationis nostræ suffragia eis im pendere, si quid est incommodum abolere : ut inter sævientis hujus pelagi procellas securè & intrepidè Deo servire, & pro stabilitate imperij nostri divinam misericordiam indefessis precibus valeant exorare. Noverit igitur omnium Christi, imperiique nostri fidelium tam præsens ætas, quàm successura posteritas, quantis honoribus progenitores nostri, & divi Imperatores Lugdunensem Ecclesiam sublimaverint, quàm largis beneficiis ditaverint, & quàm dignè eam nobis successoribus eorum imposterum transmiserint Imperialibus dignitatum fastigiis exaltandam. Venientem itaque ad curiam nostram ejusdem sedis Lugdunensis (quæ antiquis temporibus, ritu gentilium primis flaminibus, vel primis legis doctoribus, cæteris civitatibus præeminebat. Nunc autem divina Religione, & Imperiali magnificentia, latius præsidet, & inter omnes Ecclesias Galliarum prima est, & primatus dignitate præfulget,) Eraclium Archiepiscopum, & Primatem debitâ honorificentiâ suscepimus, & consuetâ benevolentiâ tractatum sicut prædecessorum nostrorum pia ac veneranda sanxit authoritas, & sicut sacra eorundem nos informabant monimenta, de Universo corpore Civitatis Lugdunensis, & de omnibus regalibus, infrà vel extrà Civitatem per totum Archiepiscopatum, constitutis, quæ tàm antiquo quàm moderno tempore visa est habere Lugdunensis Ecclesia, plenariè eum investivimus. Concessimus itaque præfato Archiepiscopo, & Primati Eraclio, & per eum omnibus successoribus ejus in perpetuum, totum corpus Civitatis Lugdunensis, & omnia jura regalia, per omnem Archiepiscopatum ejus citra Ararim, infrà vel extra Civitatem, in Abbatiis & in earû possessionibus, Monasteriis, Ecclesiis, & earum appendentiis ubicumque sint, Comitatibus, foris, duellis, mercatis, monetis, naulis, teloneis, pedagiis, castellis, villis, vicis, areis, servis, ancillis, tributariis, decimis, forestibus, sylvis, venationibus, molis, molendinis, aquis, aquarûmque decursibus, campis, pratis, pascuis, terris cultis, & incultis, & in omnibus aliis rebus quæ in Lugdunensi Episcopatu, ad Imperium pertinent. Concedimus quoque & Casamenta tam Comitis Savoyæ, quàm alia omnia de antiquo & novo jure ad Ecclesiam Lugdunensem pertinentia, & in supradictis omnibus sive infrà Episcopatum vel extrà sint, generalem jurisdictionem. Nulla igitur in supradictis omnibus infestatio Tyrannorum sæviat, nulla potestas ibi per violentiam irruat, nullus Comes, aut judex legem in his facere præsumat præter Archiepiscopum & Primatem Lugdunensem. Omnis Ecclesiæ possessio pro immunitate habeatur. Sit illa Civitas Lugdunensis & totus Episcopatus liber ab omni extraneâ potestate, salvâ per omnia Imperiali justitiâ. Quatenus ibidem Deo famulantes & primi structoris memoriam dignè celebrare, nósque fautores & corroboratores possint & velint Deo sedulis precibus commendare. Cæterùm ut Lugdunensis Ecclesia Dominum suum Imperatorem Romanorum recognosse semper exultet & gaudeat, Archiepiscopum ejus ampliori & eminentiori prærogativa dignitatis quæ à nostra imperiali excellentia esse possit, nova & gratuita pietate investivimus : ut sit semper videlicet sacri Palatij nostri Burgundiæ gloriosissimus Exarchon, & summus princeps consilij nostri, & in omnibus faciendis, agendísque nostris præcipuus. Ut autem hæc nostra donatio, & confirmatio perpetuæ firmitatis robur obtineat, præsentem inde paginam conscribi, & Bulla aureâ jussimus insigniri, annotato signi nostri Caractere, adhibitis idoneis testibus, quorum nomina hæc sunt. Humbertus Bisuntinus Archiepiscopus, Ado Abbas sancti Eugendi, Henricus Curiæ Protonotarius, Eberhaldus Archidiaconus Bisuntinus, Matthæus Dux Lotharingiæ, Berthophus Dux de Cenuga, Depoldus Frater Ducis Boemiæ, Udalricus Comes de Leuceburg, Hugo Comes de Tagesburg, Stephanus Comes. Signum Domini Federici Romanorum Imperatoris invictissimi. Ego Reinaldus Cancellarius vice Stephani Viennensis Archiepiscopi, & Archicancellarij, recognovi, Datum Arbosij xiiij. Calend. Decemb. Ind c. v. anno Dominicæ incarnationis millesimo CLVII. regnante Domino Federico Romanorum imperatore gloriosissimo, anno regni ejus sexto, Imperij verò tertio.

ALIUD PRÆCEPTUM EJUSDEM
Imperatoris 1184. concessum Joanni Archiepiscopo

IN nomine sanctæ individuæ Trinitatis, Fridericus divina favente clementia Romanorum Imperator Augustus, Officium Imperatoriæ Majestatis à Deo nobis creditum, innata cordi nostro humanitas clementiæ, personarum quoque discreta consideratio solertiam nostram sapienter instruunt ac invitant, ut unumquemque Principum nostrorum suis decoremus honoribus, & illustremus titulis, & eos quidem ampliùs quorum dignitas aliis jure suo præfertur, & honestas personæ, moderantiâ & vitæ, morumque ac virtutum venustate multos præcellit : & hanc quidem habentes observantiam inter sacri Principes imperi, secundùm jus & meritum uniuscujusque æquitatis librato moderamine gratum Deo nos præstare speramus obsequium : in examine namque cuncta Dei conspicientis æquale meritum fore credimus dantis & corroborantis. Credimus etiam ad Imperialem nostram Majestatem pertinere omnium Sanctarum Dei Ecclesiarum, præcipuè earum quæ specialiter sub jure ac dominio Romani Imperij cōsistūt, commoda considerare, & perpetuò valitura corroborationis nostræ suffragia eis impendere, si quid est incōmodum abolere, ut inter sævientis hujus pelagi procellas securè, & intrepidè Deo servire, & pro stabilitate Imperij nostri divinam misericordiam indefessis precibus valeat exorare. Noverit igitur omnium Christi, Imperiique nostri fidelium, tam præsens ætas, quam successura posteritas, quantis honoribus progenitores nostri Divi Imperatores Lugdunensem Ecclesiam sublimaverint, quàm largis beneficiis ditaverint, & quàm dignè eam nobis successoribus eorum imposterum transmiserint, non imparibus dignitatum fastigiis exaltandam. Habentes itaque promptissimam juris & gratiæ voluntatem, erga eandem Ecclesiam & principales dignitatis suæ titulos quæ antiquis temporibus ritu Gentilium primis Flaminibus, vel primis legis Doctoribus cæteris civitatibus præeminebat, nunc autem divinâ Religione & Imperiali magnificentiâ latiùs præsidet, & inter omnes Ecclesias Galliarum prima est, & Primatus dignitate præfulget, carissimum Principem nostrum Joannem prædictæ Sedis Archiepiscopum & Primatem virum prudentem & industrium, morum honestate præditum, & Religione perspicuum, ad thronum Majestatis nostræ reverenter accedentem debitâ honorificentiâ suscepimus, & consuetâ benevolentiâ tractatum sicut prædecessorum nostrorum pia ac veneranda sanxit auctoritas, & sicut sacra eorundem nos informabant monimenta, de universo corpore Civitatis Lugduni, & de omnibus regalibus infra vel extra Civitatem per totum Archiepiscopatum constitutis, quæ tam antiquo quàm moderno tempore visa est habere Lugdunensis Ecclesia, plenariè eum investivimus. Concessimus itaque, præfato Archiepiscopo & Primati Joanni, & per eum omnibus successoribus suis in perpetuum totum corpus Civitatis Lugduni, & omnia jura Regalia per omnem Archiepiscopatum ejus citra ararim, infrà vel extrà Civitatem, in Abbatiis & in earum possessionibus, Monasteriis, Ecclesiis, & earum appenditiis ubicumque sint, Comitatibus, foris, duellis, mercatis, monetis, naulis, teloneis, pedagiis, castellis, villis, vicis, areis, ancillis, servis, tributariis, decimis, forestibus, sylvis, venationibus, molis, molendinis, aquis, aquarum decursibus, campis, pratis pascuis, terris cultis & incultis & in omnibus aliis rebus quæ in Lugdunenfi Episcopatu ad Imperium pertinent. Concedimus quoque Cafamenta, tam Comitis Sabaudiæ, quàm alia omnia de antiquo & novo jure ad Ecclefiam Lugdunenfem pertinentia, & in fupradictis omnibus, five infrà Epifcopatum vel extra fint, generalem Jurifdictionem. Nulla igitur in fupradictis omnibus infeftatio tyrannorum fæviat, nulla poteftas ibi per violentiam irruat, nullus Comes aut Judex legem in his facere præfumat, præter Archiepifcopum & Primatem Lugdunenfem, omnis Ecclefiæ poteftas pro immunitate habeatur, fit illa Civitas Lugdunenfis & totus Epifcopatus liber ab omni extranea poteftate, falva per omnia imperiali Juftitia, quatenus ibidem Deo famulantes, & primi conftructoris memoriam dignè celebrari, nofque fautores & corroboratores poffint & velint Deo fedulis precibus commendare. Cæterùm, ut Lugdunenfis Ecclefia Dominum fuum Imperatorem Romanum recognoviffe, femper exultet & gaudeat, Archiepifcopum ejus ampliori & eminentiori prærogativa dignitatis, quæ à noftra Imperiali excellentia effe poffit, nova & gratuita pietate inveftimus, ut fit femper, videlicet, Sacri Palatii noftri Burgundiæ glorioffiffimus Exarchon, & fummus Princeps Confilii noftri, & in omnibus faciendis agendifque noftris præcipuus. Ut autem hæc noftra donatio & confirmatio perpetuæ firmitatis robur obtineat, præfentem inde paginam confcribi, & Bullâ aureâ juffimus infigniri, annotato figni noftri caractere, adhibitis idoneis teftibus, quorum nomina hæc funt; Conradus Magnuntinus Archiepifcopus, Robertus Viennenfis Archiepifcopus, Otto Bamberg. Epifcopus, Evrardus Merfeburg. Epifcopus, Henricus Virdunenfis Epifcopus. Omnebonum Veronenfis Epifcopus, Joannes Gratianopolitanus Epifcopus, Ludovicus Landgravius Thuringiæ, Marchio Albertus de Ander, Comes Thebaldus de Lekemunde, Garnerius, de Boulant, Henricus Marefcalcus de Lutra, Rodolphus Camerarius. Signum Domini Federici Romanorum Imperatoris invictiffimi. Et Ego Godeffredus Imperialis Aulæ Cancellarius vice Philippi Colonienfis Archiepifcopi, & Italiæ Archicancellarii, recognovi. Acta funt hæc anno Dominicæ Incarnationis milleffimo centeffimo octuageffimo quarto. Indictione tertia, regnante Domino Federico Romanorum Imperatore glorioffiffimo. Anno regni ejus trigeffimo tertio, Imperii verò trigeffimo primo. Datum in villa fancti Zenonis, juxta Veronam tertio Kalendas Novembris fœliciter, Amen.

CONCESSIO ERACLII DOMUI
de Chafiriaco.

ERaclius Dei gratia Lugdunenfis Archiepifcopus, Apoftolicæ Sedis legatus, omnibus in perpetuum. Noverint præfentes, & pofteri, quòd nos & Ecclefia fancti Jufti cui Abbatis nomine Domino volente præfidemus, conceffimus domui de Chafiriaco, interventu venerabilis fratris noftri Tarentafienfis Archiepifcopi, in perpetuum decimas terrarum quas in Parrochia Villarii acquifierunt, vel acquifituri funt, cùm eas agricolarum more incoluerint. Retento nobis & Ecclefiæ noftræ fancti Jufti annuali cenfu, pro uno quoque aratro, duobus fextariis Siliginis, in Calamontenfi menfura. Teftes fuere, Guillielmus de Marfiaco, Gaudemarus Brun, Arthaudus, Girinus Efcoti, Magifter Berno, Aymo Columbi. Et ut hoc de cætero firmum maneat, Sigillorum noftrorum Nos & Conventus nofter auctoritate voluimus confirmari.

ACTE TIRE' DE LA PANCARTE' ANCIENNE de l'Abbaye de Savigny en Lyonnois page 143. faifant mention du differend du Comte de Forez, Guy fecond avec l'Archevefque & le Chapitre de l'Eglife Metropolitaine de Lyon.

MIlleffimo centeffimo. fexageffimo primo, anno Incarnationis Domini, regnante in Italia Fredelando Victorioffiffimo Imperatore, in Francia verò Ludovico rege, Eracleo Lugdunenfem Archiepifcopatum regente, ipfoque cum Clericis à Comite Forenfi, difcordante. Dominus Milo Savinienfis Abbas compunctus ob injuriam quam ipfe, fuique Prædeceffores Odilo & Pontius Abbates de lucris Telonariorum de Sambael fratribus damnabiliter fecerant, quæ Dominus Dalmacius Abbas illorum anteceffor, ficut inter alias fuas conftitutiones fcriptum habemus, ad fratrum refectionem conftituerat, voluit Præfato Eracleo Lugdunenfi Archiepifcopo laudante & confirmante ut ipfa Telonariorum lucra ad priftinum (fratrum fcilicet refectionem) reverterentur ftatum. Quapropter fedens in Capitulo prima Dominica quadrageffimæ, præfente Umberto de Bellojoco feniore, & de pace firma ipfo conventui refpondente, tale cum fratribus pactum peregit, ut ex communi ufque centum argenti marchas in folutione debiti redderentur, quod & factum eft. Ipfe Itaque fumpta paftorali virga cum ftola in eodem Capitulo prout terribiliter potuit, Anathemate damnavit omnes illos cujufcumque ætatis vel dignitatis fint, qui huic fanctiffimo decreto obfiftere voluerint.

SAUF CONDUIT OCTROTE' PAR GUY II. DE CE NOM, Comte de Forés, aux Hofpitaliers de S. Jean de Jerufalem pour avoir libre paffage dans fes Terres: donné à l'occafion du pourparler de Paix qui fe devoit faire entre l'Archevêque de Lyon & luy, après la guerre que ce Comte fit à l'Archevêque Eraclius.

Extrait d'un regiftre authentique du Pays de Forés, appellé le Livre des Compofitions.

IN nomine Domini, Amen. Noverint tam præfentes quàm futuri, quod Ego G. Comes Forenfis, mifericordiæ zelo compunctus, pro animæ meæ, & parentum meorum, totiufque generis mei falute, dedi & conceffi Deo & fancto Hofpitali Hierufalem, & in manibus Domini Raymundi Hofpitalarii Hierufalem Magiftri, in confinibus Anfæ & Villæ Franchæ ad colloquium inter Archiepifcopum Lugdunenfem & me de guerra noftra habitum, affignavi omnia paffagia rerum Hofpitalis per totam terram meam, longè latéque, tam per terram, quàm per aquas tranfeuntium, perpetuo omnium impofterum fopita cavillatione & infeftatione, ut pro hujufmodi, & aliis beneficiis, mihi & omni generi meo, Eleemofynarum, jejuniorum, Orationum, & Miffarum quæ fiunt & dicuntur in dicto Hofpitali fancto, participatio concedatur in Domino. Factum eft hoc ab Incarnatione Domini M. C. LVIII. Feriâ quartâ xv. xal. Augufti, præfentibus fubfcriptis Teftibus, Hymberto, videlicet de Bellojoco & filiis ejufdem Gui. Humberto, & Guichardo de .... Americo Lugd. Gerardo Fareinario fratre Templi, Guifcardo .... Priore fancti Egidii, Ogerio de Balb. Ronardo præceptore, Petfo de Proverterys, Guillelmo & Peftro Roftano Capellanis, & aliis multis.

FIEF ET HOMMAGE RENDU AU ROY Louys Septiéme par Guy second du nom, Comte de Lyon & de Forés.

Extrait d'un Ancien registre du Domaine de Forés. fol. 64.

IN nomine Sanctæ & individuæ Trinitatis, Amen. Ego Ludovicus Dei gratiâ Francorum Rex, volumus notum esse omnibus futuris sicut & præsentibus quod Amicus noster Guido Comes Lugdunensis & Forensis, Nos & curiam nostram adiit pro negotiis suis, & tunc accepit de nobis Castella quæ nunquam prius de Dominio habuerat, Montembrisonem & montem Seu, & de eis homagium nobis & fidelitatem fecit, gaudens etiam de hac cognitione nobiscum initâ & impensius ad nos se volens trahere, in dominium nostrum misit & alia Castella, montem Archerij, Sanctum Annemundum, & turrem de Jarez & Chamosserum. Requisivit autem à nobis jus quod ex Regiâ dignitate habebamus in Castellis his Marcilliaco, Donzieu, & ejus pertinentiis, & Cleppieu & sancto Præjecto, & Lavieu, & sancto Romano, in augmentum feodi sui, & hoc nostrum jus Consilio fidelium nostrorum salvo jure alieno quantum ad nos pertinet ei concessimus & sigillo nostro firmavimus, subtùs inscripto nominis nostri caractere. Actum publicè Bituricis anno incarnationis 1167. Astantibus in palatio nostro quorum apposita sunt nomina & signa. S. Comitis Theobaldi Dapiferi nostri, Guidonis Buticullarij, Matthæi Camerarij. S. Radulphi Constabularij. Data per manum Hugonis Cancellarij.

PREMIERE TRANSACTION DE L'EGLISE DE LYON avec Guy second de ce nom, Comte de Forés.

Laquelle est renduë en François par Paradin en son histoire de Lyon livre 2. chap. 37. mais le texte latin n'en a point encore paru, & est tiré des Archives Royales de la chambre des comptes.

QUoniam ea quæ gesta sunt facilè oblivioni traduntur, ea quæ inter Clericos Lugdunensis Ecclesiæ & Guidonem Comitem forensem transactione gesta sunt, litterarum apicibus commendavimus. Notum Itaque sit omnibus quòd sub præsentiâ Tarentasiensis Archiepiscopi, jura Comitis forensis & Archiepiscopi Lugdunensis testimonio jurejurando confirmato, G. de Sal. G. de Talaru sacristæ, Aimonis de Roueri pœnitentiarij, Salomonis presbiteri, Abroini Crassi, & Duranni Solerij, infrà terminos Civitatis Lugdunensis, quæ sunt à cruce Beati Hirrenei usque ad crucem Beati Sebastiani, & à flumine Eschavanay usque ad petram veterem, declarata jussu Domini Papæ fuerunt hoc modo: pedagia tam in fluminibus quàm intrà communia sunt inter Archiepiscopum & Comitem forensem, moneta similiter communis est, excepta decima quæ Archiepiscopi specialis est, de feudariis dictum est, ne Archiepiscopus feudum comitis acquirat vel comes suum, Leudis fori & feriarum communes clamores atque banni, communes exceptis Clericis & famulis eorum domesticis, hi vero si quid commiserunt per justitiam judicandi sunt, simili lege tenentur, domestici Comitis à porta palatij usque ad portam fratrum: si quod crimen commissum fuerit communiter puniendum est infra domos, nihil tamen requirendum est, exceptis latrociniis, adulteris, homicidis, & falsis mensuris. Archiepiscopus & Comes communiter habent per totam Civitatem excepto claustro, credentiam in cibo & potu tantum, eo excepto quod ab extraneis vendendi causâ defertur, ita tamen ut quater in anno credentiam persolvant, si vero persolvere noluerint credentiam amittant quousque solverint, si verò omnino solvere cessaverint, Archiepiscopus à Comite exigat vel à suis ut solvatur, & Comes ab Archiepiscopo vel à suis similiter. Si homo Comitis reum ceperit, sine homine pontificis judicare nec liberareeum præsumat, de hominibus Archiepiscopi idem dictum est si ambo ceperint ante Senescallum judicandum est præsentibus tamen hominibus utriusque, puniendi corpore ante Archiepiscopum judicentur præsente Comite tamen, vel ejus hominibus, pons super Ararim communis est, si in ripis fluminum vel in plateis ædificium factum fuerit, vestitura utriusque est, ædificio remanente ei in cujus solo fuerat; Clerici spiritualiter Archiepiscopi sunt. Via, platea, ripa fluminum & accursus communes sunt, domus Clericorum Ecclesiæ sanctæ crucis & B. Stephani & B. Joannis servientium quas ipsi corporaliter inhabitant, & domus clericorum de Abbatiis & similiter qui in Ecclesiis deserviunt eodem jure quo &, domus claustri utantur, Canonici vero assiduè conviventes credentiam sicut Archiepiscopus & Comes, jure tamen prædicto habeant, orta autem discordia inter Comitem & Clericos ante Archiepiscopum legitimè terminentur, simili modo si inter Archiepiscopum & Comitem orta fuerit in Capitulo ante Canonicos legitimè terminetur. Hoc autem instrumentum factum est & completum anno 1167. indiction. XV. Epacta 28. concurrente. id. Octobri. Lun. 28. Lud. Rege regnante, Frederico imp. Alex. summo Pont. vivente.

COMFIRMATION DU DROIT DE GARDE des Chemins à Guy de Forés par le Roy Philippe Auguste.

IN nomine sanctæ & individuæ Trinitatis. Amen. Philippus Dei gratia Francorum Rex, Noverint universi præsentes pariter & futuri, quia sicut venerandæ memoriæ progenitor noster Rex Ludovicus dilecto & fideli suo Guigoni Forensi & Lugdunens. Comiti, in augmentum feodi sui quod ab ipso habebat custodiam super stratas in terra ejusdem Comitis & in terris hominum suorum, & in terris etiam illorum qui debebant esse homines ejusdem Comitis concessit. Et sicut eidem in allodiis per totum Comitatum suum, & per terras hominum ejus, & illorum qui ejusdem Comitis homines esse debebant, jus regium, & sibi competens Dominium concessit, salvo jure Lugdunensis Ecclesiæ & aliarum. Ita & nos Guigoni ejusdem Comitis filio dilecto & fideli nostro cedimus, Quod ut ratum & inconvulsum permaneat præsentem cartam sigilli nostri auctoritate & regii nominis caractere inferius annotato præcipimus confirmari. Actum Meduntæ anno incarnati verbi M°. C°. Nonagesimo octavo regni nostri. Anno decimo nono. Astantibus in Palatio nostro quorum nomina supposita sunt, & signa, Dapifero nullo. Signum Guigonis Buticularij. S. Mathæi Camerarij. S. Drogonis Constabularij, vacante Cancellaria.

BULLE DU PAPE ALEXANDRE III.
Confirmative de la seconde & finale transaction passée entre Guy second du nom Comte de Lyon & de Forés & son Fils, pour eux & leurs successeurs d'une part & l'Archevesque & Chapitre Metropolitain de Lyon pour la dicte Eglise d'Autre.

Extraite de l'Ancien & plus memorable registre des Archives du Pays de Forés appellé le Livre des compositions, dont cette Bulle fait le commencement & y a ce tiltre latin. fol. 1.

Littera Alexandri Papæ super permutatione Comitatus Lugdunensis inter Archiepiscopum & Ecclesiam Lugdunensem ex parte una, & Comitem Forensem ex altera.

La celebre Transaction que cette Bulle enferme & confirme, se trouve encor en charte en deux expeditions originales dans le tresor des Archives dudit pays de Forés, en la voute qui est en la conciergerie de la Ville de Montbrison, Capitale dudit pays, comme temoigne l'ancien inventaire dressé des Papiers de ces Archives, qui donne à cette importante transaction les deux tiltres qui suivent dans le feüillet 45. & 46. verso.

IN QUARTA ARCA SIGNATA per D.

Littera permutationis factæ inter Dominos Comitem forensem & Archiepiscopum Lugdunensi, & c. cum pluribus castris quæ habebat ipse Archiepiscopus in Comitatu forensi.

Littera permutationis & compositionis factæ inter Dominum Comitem forensem & Dominum Archiepiscopum Lugdunensem de Comitatu Lugdunensi, ad ea quæ dictus Archiepiscopus habebat in dicto Comitatu forensi.

Alexander Episcopus servus servorum Dei, dilecto filio Guigoni forensi Comiti salutem & Apostolicam Benedictionem. Cum Ecclesia Lugdunensis per te sæpius sit afflicta, tandem in te & filium tuum Guigonem, nec non venerabilem fratrem nostrum Guichardum Lugdunensem Archiepiscopum Apostolicæ sedis Legatum, & dilectos filios nostros Lugdunenses Canonicos, pro bono pacis quædam transactio facta est, & vestro juramento firmata, quæ ut perpetuis temporibus inviolabiliter observetur, de verbo ad verbum duximus adnotandum.

In nomine Domini Jesu Christi ad perpetuæ pacis stabilitatem inter Dominum Guichardum Lugdunensem Archiepiscopum & Ecclesiam Lugdunensem, atque Guigonem Comitem Forensem, permutatio talis ex communi consensu facta est. Dominus Archiepiscopus & Ecclesia concesserunt Comiti quidquid ipsi, vel alius nomine eorum trans Ligerim possidebant, scilicet Obedientiam de Nerveyaco, & de Saltrenon usque Amionem & usque ad Ulpheicum, & ultrà, si quid juris præfatæ obedientiæ habebant, & quidquid possidebant ab Ulpheiaco usque Cerveriam, & à Cerveria usque Tyernum, retentis sibi redditibus de sancto Joanne de Lavastris, Domino tamen Comiti concesso Dominio Castri Rochafortis quod Dominus de Tierno nomine Ecclesiæ possidet.

Concesserunt etiam & quidquid juris in Castro sancti Romani de Podio habebant, & indè usque ad Podium, & Arverniam, Ab Amyone autem & aliis prædictis terminis aquilonem versus quidquid juris Archiepiscopus & tàm Ecclesia quàm Comes habebant sibi retinuerunt; ita tamen quod in ministerio de Rodonnensio ultrà Ligerim & citrà Ligerim quantum do-minatio dominorum Rodonensium extenditur non poterit Ecclesia munitionem facere vel acquirere, vel si fecerit vel acquisierit, Comitis erit quam ab Ecclesia possidebit, terras planas poterit acquire Ecclesia pro Canonia vel pro Eleemosina, ita quod fiat sine interventu pecuniæ, & in obedientiis suis decimas, Gardas, Vicarias, & omnia alia ad obedientiam pertinentia.

Citrà Ligerim verò concesserunt Comiti ab Albigniaco & Poilliaco usque ad vetulam Canevam quæ infra terminos Comitis est, quidquid juris habebant in mandamento Donziaci usque ad mandamentum Kamoseti, & à mandamento Curnilionis usque ad mandamentum sancti Simphoriani, ita quod Maringe & Mais remanerent infrà terminos Comitis, & quidquid juris Archiepiscopus vel Ecclesia habebant à mandamento sancti Simphoriani citrà Ligerim versus terram Comitis, & ultrà Ligerim ab Amyone & Ulfeyo & à Cerveriâ usque Thiernum, & à Tierno usque ad Podium Comiti concesserunt.

Sanctum quoque Eugendum, & quidquid Archiepiscopus apud Caprerias habebat, Comiti concesserunt.

Castellutium & Fontanesium sunt infrà terminos Comitis, exceptâ obedientiâ Grandis montis quam Ecclesia sibi retinet.

Sacramentum quoque de sancto Præjecto quod Comes Ecclesiæ debebat, & quod ibidem Gaudemarus de Jaresio nomine Ecclesiæ possidebat, Comiti remisit, ita tamen quod Castrum ab Ecclesia teneat.

Castrum Forgirolarum, et quod Guichardus de Jaresio pro illo debebat, illud quoque quod Briannus in castro de Graugens ab Ecclesia habebat, Comiti concessit, salvo jure tàm Ecclesiæ quàm Comitis apud Sorberium; sanctus Joannes de bono fonte, & sanctus Genesius, Vilarium, & sanctus Victor Ecclesiæ liberè remanserunt.

Notandum verò quod in his omnibus tàm Archiepiscopus quàm Ecclesia sibi retinuerunt Ecclesias regali jure vel alio, Comiti concesso, paratas, & census Ecclesiarum cum oblationibus & Sepulturis, & quidquid juris ad Capellanias dignoscitur pertinere similiter sibi retinuerunt, possessionibus autem & earum redditibus universis, tàm in decimis, quàm in aliis, Comiti concessis, exceptis his quæ ad Cappellanias pertinent.

Pro his verò omnibus quæ Archiepiscopus & Ecclesia Comiti concesserunt, invicem permutationis causâ Comes Guigo & filius ejus Guigo præstito sacramento, Ecclesiæ jure perpetuo concesserunt ea quæ infra sunt adnotata, quidquid videlicet juris ipse Comes Lugduni habebat, vel alius ejus nomine possidebat, & in apendentiis.

Trans Rodanum quoque quidquid ipse vel alius ejus nomine possidebat à Vienna usque ad Antonem, & usque Burgundium, nisi jure hæreditario, & linea consanguinitatis, aliis exclusis, ad ipsum successio fuerit devoluta.

Ultrà Ararim quoque castrum Perogiarum quod Guichardus de Antone ab eo in feudo possidebat, & medietatem Montanesii quam Petrus de Monte Loelli ab ipso habebat, Giriacum etiam quod Hugo Discalciatus ab eo in feudo tenebat, & fidelitates eorum concessit.

Citrà Ararim vero castrum Castellionis & quidquid tam in Castro quàm in mandamento habebat pro quo Dominus castri homagium & fidelitatem ligiam debet, castrum Liconij usque ad vetulam Canevam & homagium & fidelitatem ligiam quæ pro eo debetur, Camosetum quoque & mandamentum, & homagium, & fidelitatem ligiam ejus, Iseronem cum mandamento & fidelitatem ligiam Dominorum.

Sanctus Symphorianus & Mandamentum remanent infrà terminos Ecclesiæ.

Greziacum, & Argenteriam usque ad mandamentum de Mais, feudum quoque Domini de Rivoria & homagium & fidelitatem ligiam Ecclesiæ concessit.

Castrum Riviriæ & mandamentum, & quidquid continetur usque ad mandamentum Castellurij infrà terminos Ecclesiæ habetur.

Ab Albepino versùs terram Comitis nullam debet Ecclesia facere munitionem.

Similiter Changinum cum mandamento suo, & duo Castella sancti Annemundi cum mandamentis suis infra terminos Ecclesiæ sunt, salvâ stratâ Comiti à cruce montis violi usque Forisium.

Berardus de Pisaits, & Casamentum ejus remansit Ecclesiæ, unde homagium & fidelitatem debet. Quidquid continetur à mandamento Rochetailliæ usque ad malam vallem est infrà terminos Ecclesiæ, specialiter quidquid Aymarus de Fernay apud Cavaniacum à Comite in feudo habebat Ecclesiæ concessit, & fidelitatem ejus.

Infrà quoque terminos istos dedit idem Comes Ecclesiæ castrum Montaigniaci & quod in mandamento habebat, & homagium & fidelitatem ligiam, & quod habebat apud Felinas, & quidquid juris ipse vel alius ejus nomine possidebat infrà dictos terminos.

Sciendum verò est quod infrà terminos Ecclesiæ qui prætaxati sunt, Comes nihil habere vel acquirere potest, vel munitionem facere, & si per violentiam vel injuriam Ecclesiæ fecerit, propria Ecclesiæ erit, nec aliquem hominum infrà terminos ipsos commorantem contrà Ecclesiam manu tenere vel juvare debet. Similiter Archiepiscopus vel Ecclesia infra terminos Comitis nullam munitionem facere vel acquirere poterit & si quis acquisierit vel ædificaverit propria Comitis erit, ità tamen quod eam Ecclesia nomine possidebit, nec aliquem infrà terminos Comitis commorantem Ecclesia vel Archiepiscopus contrà eum manu tenere vel juvare debet, nisi gladio spirituali.

Terras planas infrà terminos Comitis nomine Eleemosinæ, vel occasione Canoniæ, absque interventu pecuniæ data Ecclesiæ, Ecclesia acquirere poterit.

In Omnibus autem supradictis Archiepiscopus jura sibi Archiepiscopalia reservavit.

Sed quicumque Castrum sancti Præfecti, vel Rochetailliatæ, vel Roche Castrum, vel Fergirolarum, vel Grangendi habuerit, homagium & fidelitatem ligiam Comiti debet.

Quod autem Comes dedit Brianno in Castro sancti Ennemundi & in plana & mandamento, habebit idem Brianus ab Ecclesia & inde homagium & fidelitatem Ecclesiæ debet.

Si quis verò pro rebus in hac permutatione contentis quæstionem vel guerram alterutri parti moverit, mutuum sibi auxilium propriis expensis, & sine damni restitutione, bonâ fide pro posse suo præstare debent, & modis omnibus cavere debent, ne pro his omnibus in permutatione contentis Comes excommunicetur, vel terra sua interdicto subjiciatur.

Illud quoque sciendum est quod Dominus Archiepiscopus hanc permutationem Comiti & hæredibus suis firmiter se observaturum promisit; Canonici quoque præstito Sacramento firmaverunt se nullum in Canonicum ulterius recepturos, donec hoc ipsum Sacramento firmaverit, nec futuris Archiepiscopis obedientiam vel fidelitatem faciant, donec idem se firmiter observaturos promiserint.

Præterea sciendum est quod Comes hominium & fidelitatem ligiam Archiepiscopo debet; & hoc est feudum pro quo hominio & fidelitate ei tenetur, Castrum Fergirolarum, medietas de Grangent, Castrum sancti Præfecti, & Sanctus Eugendus, Cambeotium, Poncinum, Villa Dei, Nerviacum cum appenditiis: cum autem Comes vel hæredes ejus fidelitatem Archiepiscopo facient, supradictam conventionem sub Sacra-

mento fidelitatis se firmiter observaturos promittere debent.

Decimas de feudo Ecclesiæ Locis & personis Religiosis pro anima sua commendare poterit, si autem alio nomine alienaverit, tantundem de terra sua in feudo ab Ecclesia recipere debet.

Casamentum Ecclesiæ à Comitatu separari non potest.

Capellania autem ab obedientiariis minui non possunt.

Inter Sanctum Annemundum & turrim, & Sanctum Annemundum & Sanctum Præjectum neuter munitionem facere potest.

Illud quoque notum fieri volumus quod præter supradicta, pro hac permutatione mille & centum marcas argenti Ecclesia Comiti dedit: hæc autem facta sunt anno ab Incarnatione Domini millesimo centesimo septuagesimo tertio, præsidente Papâ Alexandro III. Imperante Frederico Romano Imperatore, regnante Ludovico pijssimo Rege Francorum.

Quam utique transactionem, sicut de communi assensu partium facta est, ratam habemus & firmam, eamque authoritate Apostolicâ confirmantes, præsentis scripti patrocinio communimus, statuentes, ut nulli omninò hominum liceat hanc paginam nostræ confirmationis infringere, vel etiam aliquatenùs contraire; si quis autem hoc attentare præsumpserit, indignationem Omnipotentis Dei & Beatorum Petri & Pauli Apostolorum se noverit incursurum. Datum Agnaniæ. Kal. Aprilis.

LETTRES PATENTES
de Philippes le Bel du mois de Septembre 1307.

PHILIPPUS DEI GRATIA FRANCORUM REX, notum facimus universis tam præsentibus quàm futuris quod inter cætera quæ desideriis nostris insident, nosque reficiunt & delectant, sunt divini cultus continuum incrementum, Ecclesiarum favor & earum facultatum augmentum. Ad venerabilem igitur Lugdunensem Ecclesiam, Regni nostri primam sedem inter cæteras Galliarum Ecclesias obtinentem, nostræ mentis oculos convertentes & ejus tribulationibus quas præteritis sustinuit temporibus pio compatientes affectu, libenter & animo prono descendimus ad ea concedenda per quæ divinum obsequium in ea proficiat, & honores & commoda ipsius Lugdunensis Ecclesiæ fœcunditas futuris temporibus invalescant. Hinc est quod dum præfatam consideramus Lugdunensem Ecclesiam; & attentâ meditatione pensamus tot beneficiis, tot gratiis, tot privilegiis, tot immunitatum prærogativis, favoribus per progenitores nostros Francorum Reges ab antiquis temporibus multipliciter honoratam, quibus propter guerrarum discrimina, multiplices & diversos temporales incursus, præteritis temporibus gaudere non potuit usquequaque, considerantes insuper Comitatum Lugduni, priscis temporibus ad Comitem Lugduni, Foresijque spectantem, ac postmodum ex permutatione factâ cum dicto Comite qui tunc erat, ad ipsam Ecclesiam Lugdunensem auctoritate tamen & consensu expressis nostrorum progenitorum Regum Francorum præhabitis & ex eorum subsequutâ confirmatione regiâ devenisse, nos volentes ipsam Lugdunensem Ecclesiam nedum frui prædicti Comitatus honore, sed honorem & dignitatem hujusmodi latioribus terminis ampliari, dilectis & fidelibus nostris Archiepiscopo, Capitulo, & ipsi Ecclesiæ Lugdunensi tenore præsentium concedimus gratiosè. Quod præfata Lugdunensis Ecclesia, nedum à Comite prædicto quæcumque fuisita Lugduni vel extra, sed ipsam & Civitatem Lug-

de la Ville de Lyon. 39

dunensem nec non castra, villas, feoda, retrofeoda, terras, possessiones, & jura quæcunque sub Ecclesiæ ipsius jurisdictione seu Baroniâ quomodolibet existentes seu existentia, omnemque temporalitatem suam ipsa Lugdunensis Ecclesia perpetuò in Comitatum habeat Lugdunensem, & sub titulo dignitatis & prærogativæ specialis Comitatus & Baroniæ, tota temporalitas ipsius Ecclesiæ Comitatus Lugdunensis sit, ex nunc, nostra regia auctoritate firmamus, sicque eam volumus Comitatum Lugdunensem perpetuò in posterum appellari deincepsque sub privilegiis, & honoribus Comitatus & Baroniæ perpetuò futuris temporibus censeatur, & jure regio in omnibus perfruatur. Regalia insuper Ecclesiæ Heduensis & Monasterij Savigniaci, Dominium ejusdem cum jure regio quæ inter cæteras gratias speciales à nostris prædecessoribus Francorum Regibus sibi factas obtinere ex ipsorum largitione noscuntur, prædictis Archiepiscopo, Capitulo Ecclesiæ Lugdunensi, tenore præsentium gratiosè concedimus, & donamus. Sane ut totius dubitationis materia inter gentes nostras & præfatos Archiepiscopum, Capitulum, & Ecclesiam Lugdunensem perpetuò subtrahatur, ac super hoc intentio opinionis cujuslibet conquiescat, & ut eosdem prærogativâ gratiæ plenioris, & speciali favoris munificentiâ prosequamur, Civitatem, villam Lugdunensem, & omnia, & singula Castra, villas, possessiones, & loca, jurisdictiones, temporalitates quascunque, pedagia tam per terram, quàm per aquam, Thelonea, monetas, homines, retrofeoda, census, servitia, servitutes, mercata, nundinas, reditus, privilegia, libertates, immunitates, gratias & alia jura quæcunque cujuscumque speciei, vel generis per Archiepiscopos, qui pro tempore fuerint, Capitulum, & Ecclesiam Lugdunensem conjunctim, vel divisim, legitimè quovis titulo, causâ, modo, vel ratione quæsita, cum ipsorum Civitatis territoriis, juribus, pertinentiis, & appendentiis, universis & singulis existentibus infra limites regni nostri, laudamus, volumus, & concedimus gratiosè. Quod si quæ sint de prædictis quæ sine nostrâ, vel prædecessorum nostrorum Francorum Regum auctoritate regiâ, vel consensu expressis acquirivi non noscantur, licitè valeant retinere, nec extra manus suas & Ecclesiæ jura ponere, vel alienare aliis, seu pro eis Nobis, vel successoribus nostris financiam facere aliqualiter teneantur, sed eisdem omnibus & singulis gaudere valeant, & ea ex nostrâ gratiosâ largitione, & confirmatione regiâ pacificè perpetuis temporibus possidere. Verùm licet gentes nostræ dicerent, nobis totam temporalitatem Ecclesiæ ipsius, & omnia supradicta nobis competere, tanquam in commissum nostrum ex pluribus causis legitimis præcedentibus incidisse, plurésque multas, & pœnas peterent ab eisdem fisci nostri rationibus applicandas pro dictis injuriis, inobedientiis, excessibus, rebellionibus, contumaciis, pacis fractionibus, feloniis, & aliis transgressionibus, tàm per L. Archiepiscopum, quàm per alios Archiepiscopos prædecessores ejusdem, necnon Capituli Ministros, gentes, & subditos Ecclesiæ memoratæ contra nos, & gentes nostras multipliciter perpetratis: Nos commissiones, forfecturas, incursus, & excessuras, feodorum, vel retrofeodorum Civitatis, villarum, castrorum, terrarum, locorum, & possessionum quarumlibet, seu quorumcumque bonorum, pœnas, mulctas, & condemnationes quas quocumque modo, ratione, occasione, vel causâ, vel ex quibuslibet forfecturis, feloniis, delictis, excessibus, injuriis, inobedientiis, contumaciis, rebellionibus, pacis fractionibus, ac insuper omnia & singula alia quæ ab Archiepiscopo, vel Capitulo conjunctim, vel divisim, vindicare, petere, vel quomodolibet, legitimo modo ex causis prædictis nostris juribus, appropriare possemus, eisdem Archiepiscopo, Capitulo, & Ecclesiæ Lugdunensi gratiosè remittimus plenariè tenore præsentium, & donamus. Inhibemus autem ne quis sub nostræ indignationis offensâ, contra nostræ præsentis gratiosæ concessionis Comitatus & Baroniæ constitutionis, confirmationis, donationis, quitationis, & remissionis tenorem, aliquid attentare, vel aliquo modo, ratione, vel causâ contravenire præsumat. Nos enim omnia & singula supradicta, rata, grata, & firma habentes, volumus, laudamus, ratificamus, plenariè approbamus, & ex certâ scientiâ auctoritate nostrâ regiâ tenore præsentium confirmamus. Quæ ut firma & stabilia perpetuis futuris temporibus perseverent, nostrum fecimus præsentibus Litteris apponi sigillum, salvo in aliis jure nostro, & in omnibus quolibet alieno. Actum Pontisaræ anno Domini millesimo trecentesimo septimo, mense Septembris. *Sceellé sur lacs de soye rouge & verte, d'un grand sceel de cire verte aux armes de France.*

Continuation des Lettres cy-dessus; comme il se justifie par la teneur d'icelles, en datte des mêmes mois & an.

PHilippus Dei Gratiâ Francorum Rex, Notum facimus universis præsentibus, pariter & futuris; Quod cum inter gentes nostras pro nobis ex parte unâ, Archiepiscopum & Capitulum Lugduni ex alterâ, quæstionis materia suscitata fuisset super pluribus & diversis, & specialiter super eo quod ipsi per se ministrósque suos impedire multipliciter nitebantur, quominùs gentes nostræ in Civitate Lugduni, terrâ & Baroniâ Lugdunensis Ecclesiæ liberè & pacificè uterentur, garda, ressorto, & superioritate nostris, quàm plurimas inobedientias nostris, ac diversos excessus eorum gentes, ministri commiserant, pluribus & diversis temporibus in grave nostri subjectorumque nostrorum præjudicium, Archiepiscopo, Capitulóque præfatis scientibus & consentientibus, propter quod gentes nostræ dicebant temporalitatem ipsius Ecclesiæ nobis esse debere commissam, aut saltem si mitiùs vellemus agere cum eisdem tam processibus habitis contra eos quàm habendis, seu faciendis, Archiepiscopum & Capitulum memoratos usque ad valorem ducentarum millium librarum Turonensium, & ultrà nobis applicandarum fore puniendos, ob has & propter multas alias offensas, inobedientias & recusas, quas præfati Archiepiscopus & Capitulum eorumque ministri gentibus nostris fecerant, dictæ gentes nostræ justitiando pro nobis Civitatem, terras & bona Ecclesiæ prædictæ ad manum nostram saisiverant, & longo tempore tenuerant, dicti verò Archiepiscopus & Capitulum dicentes prædicta per gentes nostras injustè facta, & fieri minimè debuisse, petebant ex dictis eorum terris & bonis levata & percepta sibi debere restitui sive reddi & prædictas condamnationes tanquam indebitè factas retractari. Cum igitur super præmissis & aliis pluribus & diversis quæstionis materia fuisset exorta, dilectus & fidelis noster Ludovicus Archiepiscopus Lugdunensis, & Decanus & Capitulum Lugdunensis Ecclesiæ nobis humiliter supplicarunt, ut compatiendo indemnitati prædictæ Ecclesiæ, nec non statui subditorum, quæstiones ipsas pacificare cum eis concordare gratiosè & amicabiliter dignaremur, Sanctissimus etiam Pater C. Romanæ & universalis Ecclesiæ summus Pontifex tunc agens Lugduni, nos instanter rogavit ac suffraganei dictæ Ecclesiæ, nec non Abbates, nobiles Barones illarum partium & subditi præfatæ Ecclesiæ quam plurimùm nobis humiliter supplicarunt, ut Ecclesiæ præfatæ pacem & concordiam super prædictis condonare vellemus. Nos itaque qui pacem & tranquillitatem subditorum nostrorum & specialiter Ecclesiarum, Ecclesiasticarumque personarum regni nostri totis desideriis affectamus, preces præfati Sanctissimi Patris nostri recusare nolentes, dictorum Archiepiscopi & Capituli, cæterorumque pro eis supplicantium petitionibus inclinati, ad pacis, concordiæque tractatum descendimus, prius agentes Lugduni, demum insuper visis & examinatis, ut convenit diversis tractatibus super prædictis habitis per dilectum & fidelem nostrum P. de Bellâ Perticâ, tunc Clericum nostrum & postmodum Antissiodorensem Episcopum à nobis tractatorem deputatum, ac providum & discretum virum Theobaldum de Vassailliaco Archidiaconum Ecclesiæ Lugdunensis, & quosdam alios probos viros, à dictis Archiepiscopo, Decano & Capitulo deputatos super prædictis quæstionibus eas tangentibus, & ex eis dependentibus, transegimus, convenimus, ac concordavimus cum præfato Archidiacono Procuratore Archiepiscopi & Capituli prædictorum, ad hoc sufficiens mandatum & potestatem habente, necnon ad majorem gratiæ Ecclesiæ præfatæ cumulum. Ex hac causa multa privilegia, & gratias concessimus præfatis Archiepiscopo, & Capitulo, *prout in his & aliis nostris litteris super eis confectis (cum propter scripturæ multitudinem in unâ cartâ, seu litterâ, non poterant omnia commodè comprehendi) plenius continetur.* In primis si quidem confitemur pro nobis & successoribus nostris Francorum Regibus merum & mixtum imperium omnimodam jurisdictionem, altam & bassam, exercitium, & executionem ipsorum in totâ civitate, villâ Lugduni, & ejus pertinentiis, sub nostrâ gardâ & ressorto, & superioritate ad Archiepiscopum & Capitulum nomine ipsius Lugdunensis Ecclesiæ immediatè, integrè, & in solidum pertinere; Quibus ressorto, superioritate & gardâ prædictis utemur Nos & successores nostri & uti debebimus in perpetuum, & non aliter modo, formâ & modificationibus, quæ inferius exprimuntur. Videlicet quod in villâ, civitate, temporalitate, terrâ & Baroniâ dictæ Ecclesiæ in regno nostro, seu ejus pertinentiis existentibus, de diffinitivis sententiis interlocutoriis, & gravaminibus quibuscumque, in quibus de jure civili scripto, vel de consuetudine approbatâ, & præscriptâ in Curiâ sæculari ipsorum Archiepiscopi & Capituli est licitum appellari, latis vel illatis à quibuscumque Judicibus & Ministris secularibus dictorum Archiepiscopi & Capituli ordinariis, vel delegatis, & ab omnibus eorum jurisdictioni & Baroniæ immediatè subjectis, cuicumque jurisdictionis temporali Præsidentibus, prima appellatio & primum ressortum devolvetur immediatè ad dictos Archiepiscopum & Capitulum prout ad quemlibet eorum conjunctim, vel divisim temporaliter jurisdictio dictæ Ecclesiæ noscitur pertinere: secundæ vero appellationes & secundum ressortum, ad Nos & nostram Curiam devolventur, & dictas primas appellationes, & primum ressortum dicti Archiepiscopus & Capitulum exercere, definire, & exequi poterunt per se, vel speciales commissarios, vel ad cognitionem universitatis causarum hujusmodi certos Judices unum, vel plures deputare, & si aliter quam in prædictis casibus appellari contingat, appellatio ipso jure nullius sit momenti, & si obmisso medio ad Nos, vel ad nostram Curiam primo appellatur, appellatio ipsâ desinet, sed fiet remissio cognitionis ejusdem Archiepiscopo & Capitulo, seu eorum Judici priorum appellationum, ad quem primò debuit appellari, nec Nos seu Curia nostra de dictâ primâ appellatione poterimus cognoscere etiam utrâque parte volente, & si contrâ fieret cognitio hujusmodi non tenebit, attentata tamen si qua forent in præjudicium appellationis hujusmodi faciemus per dictorum Archiepiscopi & Capituli Curiam, vel in eorum defectum, seu eorum Curiæ per gentes nostras legitimè revocari, & ad debitum statum reduci, Causas secundarum appellationum, & secundi ressorti, quæ ad nostram Curiam devolventur, cognosci & determinari faciemus per gentes nostras Parlamentum nostrum Parisiis, vel alibi generale tenentem, vel per duos, vel tres, de nostro Consilio non suspectos, quos ad hæc duxerimus deputandos, & erit in optione Archiepiscopi & Capituli, an velint dictas causas

audiri & definiri per gentes nostras, nostrum Parlamentum generale tenentes, vel per duos, aut tres, ut præmittitur deputandos à nobis, & discutientur, & terminabuntur dictæ causæ, secundùm civilia jura scripta, salvis tamen consuetudinibus locorum approbatis legitimè, quæ in diffinitionibus principalium causarum fuerint observandæ, finienturque instantia dictarum causarum prout dictant civilia jura scripta, nec ultrà quam dictant civilia jura scripta poterit prolongari, nec committemus dictas causas secundarum appellationum, & secundi ressorti aliis quam ut prædictum est, personis singularibus in patriâ, nisi verteretur quæstio inter partes privatas, vel inter dictos Archiepiscopum & Capitulum, vel eorum ministros ab unâ parte, & aliquem de subjectis eorum ab aliâ, & prædicta quæstio pendens inter Dominum & subjectum esset parvæ æstimationis, scilicet quinquaginta librarum turonensium, vel infra, vel persona quæ haberet quæstionem, cum eis esset miserabilis quæ sumptus litis commodè sustinere non posset; Quibus casibus non poterimus committere, dictas causas in prima audiendas & determinandas, alij tamen quam Seneschallo Bellicadri, Baillivo Matisconensi, vel Vallaviæ, vel Judicibus, seu aliis Officialibus & Ministris nostris dictarum Seneschaliæ & Bailliarum, quibus nulla fiet prorsus commissio de prædictis, nec aliquem generalem Commissarium, vel ad decisionem, seu cognitionem dictarum causarum ad nos devolvendarum in casibus ressorti ab audientiâ dictorum Archiepiscopi & Capituli, vel ministrorum suorum faciemus, & illi speciales Commissarij de causis hujusmodi cognoscent extrà civitatem, terram & Baroniam Ecclesiæ & Diœcesim Lugdunensem, nisi causæ qualitas exposceret, certum articulum alicujus ex causis prædictis infra terram & Baroniam Ecclesiæ expletari. Quo explétato ibidem de residuis extrà terram & Baroniam ad Diœcesim prædictas cognoscere teneantur. Quod si contra fieret nullius sit momenti, ab Officiali vero Curiæ Ecclesiasticæ Lugduni ad nos non appellabitur quoquo modo, nec jurisdictionem dictæ Ecclesiasticæ Curiæ impediemus imposterum, nec impediri aliqualiter permittemus. Si quis appellans pronuntietur legitimè appellasse, & Archiepiscopus & Capitulum, vel eorum seculares Judices, ministri feudatarij, seu vassalli jurisdictionem habentes iniquè & perperam judicasse, vel indebitè gravasse, non ob hoc poterunt in aliis causis in appellantem hujusmodi vel alias sua jurisdictione privari, nec ad vitam, nec ad tempus, sed super hoc servari volumus civilia jura scripta, nec compellentur in Curiâ nostrâ sententias suas inter duos subjectos eorum latas, à quibus ad Nos secundò appellatum fuerit inviti defendere, sed sufficiet defensio partis, pro quâ fuerit judicatum, licet in Curiâ nostrâ de aliquibus partibus Regni nostri de speciali consuetudine contrarium observetur, nec appellans cujuscumque status, vel conditionis existat, erit per appellationem hujusmodi à jurisdictione eorum exemptus in aliis causis, nisi solùm in illâ in quâ fuerit appellatum. Nam si in aliis causis suspectos eos habeat appellans, ubi poterit aliis remediis opportunis, nullus subditorum Archiepiscopi, & Capituli Ecclesiæ Lugduni in casu aliquo per viam simplicis quærelæ poterit recedere à cognitione Archiepiscopi, vel Capituli, vel forum eorum declinare, nisi per viam ressorti prædicti prout est per Nos præsentibus & aliis nostris litteris declaratum. Baronia verò Archiepiscopi & Capituli Ecclesiæ Lugdunensis habet ut sequitur, protendendo per metas & terminos dividentes, mandamenta villarum Ansæ & Villæfrancæ, protendentes usque ad mandamenta de Iconio & de Temant, includendo dicta castra, & eorum mandamenta infra dictam Baroniam, & ab inde protendendo per metas & terminos dividentes mandamenta dictorum Castrorum à terrâ Domini Bellijoci usque ad veterem Chanevam, &

à veteri

de la Ville de Lyon. 41

à veteri Chanevâ protendendo per metas, & terminos dividentes Baroniam prædictam à terrâ Comitis Foreziji, & ab inde protendendo per dictas metas & terminos prædictos usque ad Sanctum Joannem de Bono Fonte, dictam villam, infrà dictas metas & terminos includendo, & ab inde usque ad Crucem montis moli, quæ est in itinere publico, per quod itur à Rupe scissâ versus Annaniacum, & à dictâ Cruce protendendo per metas & terminos dividentes mandamenta de Juriaco & de Mala valle, Castro Viriaci cum suo mandamento & villa de Chanevey infra dictam Baroniam inclusis : deindè versus orientem, quantum infrà regnum nostrum, & ejus pertinentias protenditur, seu potest & debet protendi. Per prædictam autem limitationem Baroniæ Ecclesiæ Lugduni, eam non intendimus in aliquo coarctare, quin ad alia si quæ obmissa fuerint se extendat, nec in cujusquam præjudicium Baroniam ipsam augere. Porrò nos, & successores nostri Francorum Reges custodiemus, gardiabimus, & defendemus, prout bonus Princeps, & bonus Gardiator facere potest, & debet contrà omnes, exceptâ Lugdunensi Ecclesiâ, dictos Archiepiscopum & Capitulum, Canonicos incorporatos dictæ Ecclesiæ Lugdunensis, & eorum quemlibet, familias, res, & bona eorum ubicumque fuerint, Cives etiam Lugdunenses, homines, & subditos dictæ Lugdunensis Ecclesiæ, qui gardam infra scriptam nobis solverint, & res & bona dictorum hominum, Civium, & subditorum dictæ Ecclesiæ cujuscunque status, sexus, vel conditionis exiftant, nostris & successorum nostrorum Francorum Regum propriis sumptibus & expensis. Cives tamen Lugdunenses, & alij subditi dictæ Ecclesiæ Lugdunensis pro sui, Ecclesiæ prædictæ, vel ejus jurium, vel personarum, vel eorum bonorum defensione ad mandatum Archiepiscopi & Capituli, vel illius qui jurisdictionem temporalem exercebit, tenebuntur ire, sequi, & juvare tenebuntur Gardiatorem nostrum cum armis, quando ipsi Archiepiscopi & Capitulum seu regentes pro eis dictam jurisdictionem secularem per dictum Gardiatorem requisiti, cum opus sit & expediens fuerit, & prout negotij qualitas exposcerit pro defensione & Garda supradictis, nectunc ipsis civibus & subjectis debebit de stipendiis, vel sumptibus provideri, ad usque gardiandos, & ad defendendos ponemus & constituemus annis singulis unum probum virum Gardiatorem pro nobis, ita quod continuè & perpetuò sit Gardiator ibidem. Unus tamen & idem non poterit esse Gardiator ultrà unum annum continuum, nisi de dictorum Archiepiscopi, Capituli, vel dicti Theobaldi Archidiaconi, quamdiu in humanis fuerit procedet voluntate : anno tamen finito usque ad successoris adventum, quem sine defectu mittere debebimus, & mittemus, ejus durabit officium. Qui Gardiator constituendus à nobis in sui novitate adventus unicâ tantum Gardiatoris regimen exerceat in civitate prædictâ, in Capitulo Lugdunensi, vel in majori Ecclesiâ, præsentibus Archiepiscopo & Capitulo, vel deputandis ab eis, ac civibus & subditis Ecclesiæ Lugduni, qui adesse voluerint, publicè jurabit ad sancta Dei Evangelia prædictos Archiepiscopum & Capitulum, Canonicos, incorporatos Clericos, Cives Lugdunenses, & omnes alios homines & subjectos Ecclesiæ Lugdunensis, familias, res & bona, ac jura eorum ubicumque sint ut præmittitur fideliter, & utiliter pro sui possibilitate gardiare, custodire, & defendere nostro nomine, & pro nobis, manusque mundas tenere ab omni munere, per quod in alicujus corruptionis speciem incidatur, boni & legalis Gardiatoris officium pro viribus exerere, concordiam istam in his & aliis nostris litteris super hoc confectis contentam, integrè observare pro posse : jurisdictionem ipsorum Archiepiscopi & Capituli ministrorum & subditorum suorum non turbare, vel impedire. Ante verò juramentum hujusmodi præstitum per ipsum Gardiatorem

impunè non pareatur eidem ! Qui Gardiator nullam jurisdictionem ut Judex, vel cognitor habebit in dictos Archiepiscopum & Capitulum, & singulares personas Capituli, incorporatos, & Clericos Ecclesiæ, Cives Lugdunenses, homines, & subditos, res, & bona eorum, sed ut merus Gardiator eorum suum officium exercebit. Nos verò vel dictus Gardiator pro nobis non gardiabimus dictos cives, seu aliquos homines, vel subjectos Ecclesiæ Lugdunensis adversus dictos Archiepiscopum, & Capitulum, vel eorum ministros justitiarios, nisi ab indebitis violenciis, vel manifestis excessibus, qui excessus vel violentiæ ad executionem justitiarum, vel jurisdictionis exercitium minimè pertinerent ; quibus casibus dictos cives, & alios subditos Ecclesiæ prædictæ defendere tenebimur adversus eos à talibus violentiis, vel excessibus manifestis. Prædictus tamen Gardiator noster executiones, quas dicti Archiepiscopus & Capitulum, vel eorum ministri, vel subjecti jurisdictionem habentes facient, pertinentes ad exercitium jurisdictionis, vel justitiæ nullatenus poterit impedire, cum in illis si subjecti se gravatos putaverint sit eis per nos competenter per viam ressorti provisum. Pro dicti Gardiatoris stipendiis, & aliis Gardiatoriæ oneribus supportandis, Nos & successores nostri Francorum Reges, percipiemus perpetuò annis singulis in festo beati Andreæ Apostoli ab omnibus & singulis in totâ civitate, villâ, terrâ, & Baroniâ dictæ Ecclesiæ Lugdunensis commorantibus, Clericis & Nobilibus dumtaxat exceptis (qui Clerici & Nobiles gardiabuntur, ut cæteri per Nos & Gardiatorem nostrum quanquam nihil solvere teneantur) scilicet pro quolibet foco à duodecim denariis turonensibus, usque ad decem solidos turonenses bonæ monetæ, ita quod nullus quantumcumque fuerit dives, ultrà decem solidos solvere teneatur in anno, & ille qui minùs solvere tenebitur, solvet duodecim denarios : alij verò secundùm magis, & minùs tenebunt facultates singulorum à dictis duodecim denariis usque ad decem solidos, prout per bonos viros taxati & coæquati fuerint. Si quæ verò personæ singulares, Capitula, Conventus, vel Collegia de prædictis in dictâ civitate, terrâ & Baroniâ commorantibus ad aliquam præstationem ratione gardæ alterius nobis hactenus tenebantur, ab ipsius præstationis onere ipso quietamus & absolvimus, dum tamen solvant nobis in perpetuum, quod est superius ordinatum, cum omnes particulares gardas, quas in prædictis commorantibus in dictâ civitate, terrâ & Baroniâ habebamus, in istam gardam Ecclesiæ, civium, terræ & Baroniæ, Ecclesiæ Lugdunensis includi volumus, & futuris perpetuis temporibus contineri, nec aliquem in aliquam particularem gardam, de prædictis commorantibus, aliter quam præmissum est recipiemus, nec recipere debebimus in futurum infrà villam, civitatem, terram & Baroniam dictæ Ecclesiæ ubilibet se extendit. Poterunt, dicti Archiepiscopus & Capitulum quilibet in terrâ suâ liberè auctoritate nostrâ Regiâ præsentibus sibi concessâ, constituere nundinas certis temporibus, modis & conditionibus duraturas. Euntes verò ad nundinas & morantes in eis, & redeuntes de ipsis à tempore, quo domicilia sua exiverint, & ad ea redierint de nundinis antedictis, in nostro salvo & securo erunt guidagio & conductu. In emolumentis verò provenientibus ratione nundinarum prædictarum, aliter quam ratione jurisdictionis locorum, ubi erunt dictæ nundinæ constitutæ durante tempore earumdem, Nos mediam partem emolumentorum illorum habebimus & Archiepiscopus & Capitulum aliam inter eos, prout ad quemlibet eorum pertinuerint dividendam. Expensæ verò ratione nundinarum faciendarum per eos, vel ob eas modo quolibet faciendæ per Nos & dictos Archiepiscopum & Capitulum communiter persolventur, & propter hoc Nos, seu levatores emolumentorum ipsorum nostro nomine, & pro nobis nul-

F

lam aliam jurisdictionem habebimus in locis, in quibus erunt dictæ nundinæ constitutæ. Loca verò in quibus constituentur dictæ nundinæ in terrâ Archiepiscopi, Archiepiscopus suo nomine, & in terrâ Capituli dictus Theobaldus Archidiaconus nomine dicti Capituli ordinabunt. Tempora verò & sub quibus conditionibus & modis sient dictæ nundinæ, & quantum durare debebunt dictus Archiepiscopus suo, & dictus Theobaldus Capituli nomine, prout ad quemlibet terræ administratio pertinebit ordinabunt, unà cum eo, vel eis quos de nostris gentibus ad id duxerimus deputandos. Si verò fiat aliqua injuria, vel rescoussa levatoribus emolumentorum in concordiâ hujusmodi contentorum, vel servientibus, seu ministris nunciis, seu aliis quibuslibet pro facto nundinarum ipsarum, seu ad earum executionem, vel custodiam deputandis, vel quibuslibet venientibus ad nundinas, vel redeuntibus de eisdem cognitio & punitio, emolumentum, emendæ & forefecturæ erunt communia nobis, Archiepiscopo & Capitulo, prout ad quemlibet pertinuerit eorumdem. Non impedimus, nec impediri ab aliis permittemus mercata constituta, vel constituenda in posterum in terris eorum ubicumque, dummodò si aliqui super mercatis de novo faciendis aliquatenus conquerantur, ipsi coram nobis, vel coram gentibus nostris tenentibus Parlamentum nostrum subeant justitiæ complementum, parati super his stare juri. Euntes autem ad mercata prædicta, morantes in eis, & redeuntes de ipsis, esse volumus in nostro salvo & securo guidagio & conductu. Infra civitatem, terram & Baroniam Ecclesiæ Lugdunensis, nullos tenebimus bastonerios servientes, vel officiales quosque, qui pignorare, seu sergentare valeant quoquo modo, vel aliud officium exercere, nisi in casu ressorti nostri, in quo deputare poterimus tres vel quatuor servientes idoneos tantùm, qui in casu ressorti hujusmodi executiones pro nobis facient, prout per nostras, vel deputatorum à nobis litteras speciales recipient in mandatis. Cæteri verò servientes vel officiales nostri ad loca prædicta venientes, si pignorent, delinquant, contrahant, vel quasi quoquo modo in civitate terrâ & Baroniâ prædictis, seu servientes in casu ressorti, ut præmittitur deputandi à nobis extra suum delinquant officium poterunt puniri, & omnis executio poterit fieri contra eos per Archiepiscopum & Capitulum antedictos, scilicet per quemlibet in terrâ suâ, ac si non fuissent in nostro officio deputati, & si prædicti servientes deputandi in casu ressorti nostri facere habeant aliquam executionem ex nostro, vel aliorum suorum superiorum præcepto secundùm formam appellationum prædictarum, seu ressorti prædicti contra subditos Archiepiscopi & Capituli, vel alterius eorumdem, ullam facere non poterunt, nec debebunt, nisi dictis Archiepiscopo, vel Capitulo, prout ad quemlibet pertinuerit primitùs requisitis, & ipsis existentibus in defectu. Nec aliquis serviens, vel officialis noster quamdiu habebit domicilium in terrâ Archiepiscopi, vel Capituli, vel alterius eorumdem, in loco illo in quo habebit domicilium poterit sergentare, vel aliud quodvis officium nostro nomine exercere, & si servientes nostri in casu ressorti in civitate, terrâ & Baroniâ prædictis à nobis deputandi minus idonei, vel delinquentes in suis officiis inventi fuerint, vel de ipsis servientibus Archiepiscopus, vel Capitulum debitè conquerantur, nos dictos servientes amoveri ab officio faciemus ut justum fuerit, & puniri juxtà qualitatem delicti, & in locum amotorum alios idoneos subrogari. Item nullas omninò assisias tenebunt gentes nostræ infrà civitatem, terram & Baroniam Ecclesiæ Lugdunensis, imò cessabunt totaliter, nec teneri ab aliquo officiali nostro aliquatenus permittemus commorantes in terrâ Archiepiscopi vel Capituli prædictorum, licet sint Burgenses nostri, vel imposterum fiant quoquo modo: poterunt nihilominus justitiari in omnibus per Archiepiscopum vel Capitulum antedictos, dictâ Burgesiâ in aliquo non obstante. Quando fiet aliqua pignoratio per servientes, seu officiales nostros quocumque in casu ressorti, ut præmittitur facienda, dicta pignora extra terram & Baroniam Lugdunensis Ecclesiæ ubi ea cœperint extrahere non poterunt, vel vendere quoquo casu, quamdiu sufficienti temporis spatio expectato emptor idoneus poterit reperiri. Monetam Lugdunensis Ecclesiæ cudi non impediemus, & cusam non impediemus currere, vel expendi per loca, per quæ expendi & currere consuevit, nec cursum suum ab antiquo consueto ab aliquo restringemus. Volumus quod Archiepiscopus & Capitulum, & eorum quilibet possint liberè uti pedagiis, guidagiis, jurisdictionibus, franchisiis, & libertatibus suis, tam per terram quàm per aquam, absque quocumque impedimento nostro, & gentium nostrarum, in posterum faciendo. Omnia & singula privilegia, libertates, donationes & gratias retroactis temporibus concessa, seu concessas Archiepiscopo & Capitulo, conjunctim vel divisim à nobis, seu nostris prædecessoribus tenore præsentium ex certâ scientiâ confirmamus, & insuper omnia privilegia, donationes, libertates, & gratias concessas, vel concessa conjunctim vel divisim dictis Archiepiscopo & Capitulo, ab aliis quibuscumque personis, in his omnibus & singulis quæ præsenti concordiæ juribus, vel honoris nostris, seu Regni nostri commodis, non sunt contraria vel adversa, Volumus auctoritate nostrâ Regiâ & gratiâ speciali, quatenùs sine nostro consensu concedi non poterant, sive dari, in suo robore permanere: & alia bona privilegia Archiepiscopo & Capitulo, & Ecclesiæ Lugdunensi utilia dare promittimus gratiosè, quotiescunque per eos vel alterum eorum fuerimus requisiti. Gratiosè concedimus quod Archiepiscopus & Capitulum, Canonici, incorporati in dictâ Ecclesiâ & Clerici in Parlamentis nostris, & Curiâ possint agere vel defendere, per Procuratorem Clericum vel laïcum, Hoc idem concedimus civibus & subjectis Ecclesiæ, & aliis gardam solventibus supradictam, nisi in casibus in quibus de jure civili non admittitur Procurator. Non poterimus infrà civitatem & Baroniam Ecclesiæ Lugdunensis in futurum, Nos vel successores nostri, domum, fortalitium, vel castrum acquirere vel construere, construi nostro nomine permittere quoquo modo & casu, feodum, retrofeodum, societatem vel pavagium, seu alias quæcumque res immobiles quovis nomine, seu titulo acquirere, seu recipere, sine consensu Archiepiscopi & Capituli prædictorum, & si aliquid sub quovis titulo, ratione, vel causa in posterum aliter acquiramus, id totum extra manum nostram infra annum ponere tenebimur, & ponemus, quod nisi faceremus, volumus quod sit totum Archiepiscopi & Capituli, & Ecclesiæ Lugdunensis, & eorumdem juribus applicetur, his tamen salvis semper & exceptis quæ in præsenti concordiâ quomodolibet continentur. Archiepiscopus & Capitulum homines insuper & familiares eorum non impedientur per Nos, vel successores nostros, quo minus possint de ipsorum Archiepiscopi & Capituli voluntate arma sine fraude portare infrà civitatem, terram, & Baroniam, & feoda, & retrofeoda prædicta Lugdunensis Ecclesiæ pro conservatione, seu executione juris ipsorum, & pro conservandis & persequendis juribus Ecclesiæ Lugdunensis, & pro puniendis & coërcendis injuriis, vel rebellionibus sibi factis, vel quomodolibet faciendis, licet per terram nostram, vel aliorum subjectorum nostrorum transitum faciant: in quo casu si damnum inferant ipsum emendare tenebuntur hujusmodi damna passis. Si verò aliqui de commorantibus in civitate, terrâ & Baroniâ prædictis illicitè arma portaverint, cognitio & punitio ad dictos Archiepiscopum & Capitulum pertinebit, & per dictos Archiepiscopum & Capitulum, scilicet per quemlibet in terrâ suâ tantummodo punientur, & emendam in solidum percipient pro prædictis. In forensibus verò seu extraneis arma portantibus illicitè infra civitatem, terram, & Baroniam prædictam, Nos mediam partem emendæ percipiemus, & aliam partem mediam Archiepiscopus & Capitulum percipient, & in isto casu cognito & punitio ipsius causæ, & portationis armorum erit communis nobis & ipsis Archiepiscopo & Capitulo, nec impediemus quomodolibet quòminus cives, homines & subditi eorumdem eos, vel ministros eorum sequantur cum armis, pro juribus Ecclesiæ Lugdunensis, prosequendis & defendendis, ac etiam conservandis, quoties, ubi, & quando opus fuerit, & si viderint expedire, exempti erunt perpetuò Archiepiscopus & Capitulum, Canonici incorporati, & Clerici Ecclesiæ Lugdunensis, cives, homines, & subditi dictæ Ecclesiæ Lugdunensis à jurisdictione Seneschalli Bellicadri, Baillivorum Matisconensium, & Vallaviæ, Castellanorum, Præpositorum, vel Officialium eorumdem, nec Seneschallis nostris aliquibus, vel Baillivis tenebuntur in aliquo obedire, sed Nos per prædictos tres, vel quatuor servientes jura nostra superioritatis & ressorti suprà eos, terram & subditos eorum expletari faciemus, prout superiùs est expressum, Rex & bona sua dicti Archiepiscopi & Capitulum, & eorum subditi portare, & de loco ad locum mutare poterunt ubique voluerint, & de regno nostro extrahere, dum tamen ad inimicos nostros manifestos, vel eis intimatos ea non portent, hoc excepto quod cum pro utilitate, vel necessitate regni nostri prohibitionem generalem, de rebus de regno nostro non extrahendis fecerimus, vel faciemus in posterum, contrà prohibitionem hujusmodi, nihil de rebus prohibitis deferre poterunt, vel extrahere nisi pro sustentatione necessariâ terrarum suarum, si quæ sint extra regni nostri limites constitutæ. Non tenebuntur Archiepiscopus, Capitulum, & Canonici incorporati, Clerici, cives, vel alij subjecti Ecclesiæ Lugdunensis, per se, vel per alium nostra sequi Parlamenta, nisi in casu ressorti, tantummodo supradicti propter defectum juris, non exhibiti per Archiepiscopum & Capitulum, seu ministros eorum temporales. Non poterit ipsa Lugdunensis Ecclesia, seu ipsi Archiepiscopus vel Capitulum in perpetuum, nec ad tempus suâ jurisdictione privari, nec pro facto privatæ, vel singulares personæ puniri, vel pignorari debebunt, nisi prout dictat juris civilis scripti ratio. Verumtamen si propter facta prædicta privata, vel propter casus alios contingentes, Nos vel curiam nostram eosdem, vel subditos eorum punire, vel multare contigerit in pœnis & mulctis eis, & eorum subditis infligendis, servari decernimus jura scripta, remittimus & ex causa compositionis quittamus Archiepiscopo & Capitulo Lugdunensi civibus, hominibus, & subditis eorumdem plenariè, & in totum omnes & singulas commissiones, forfecturas, emendas, offensas, rebelliones, contumacias, injurias, subventiones, & condemnationes, sub quovis nomine appellentur, in quibus à retroactis temporibus usque ad diem hodiernam, Nobis vel gentibus nostris pro nobis tenentur, vel possunt teneri. Liceat Archiepiscopo & Capitulo conjunctim vel divisim in civitate, terrâ, feodis, retrofeodis Ecclesiæ, & in omnibus aliis locis in quibus habent, vel habebunt jurisdictionem omnimodam altam & bassam ubilibet infrà terminos Baroniæ supradictæ justo titulo acquirere, sine admortizatione quâcumque à Nobis vel nostris successoribus impetrandâ. Omnes insuper & singulas constitutiones nostras, quas pro utili regimine regni nostri fecimus, vel faciemus in posterum, volumus ad honorem & utilitatem ipsius Lugdunensis Ecclesiæ observari. Salvis & retentis Nobis omnibus & singulis quæ in præsenti concordiâ continentur. Dum Archiepiscopi Lugdunenses qui pro tempore, fuerint Nobis & successoribus nostris fidelitatem, quam Nobis præstare tenentur facient, jurabunt etiam sacrosanctis Evangeliis propositis coram ipsis se non impedituros, vel perturbaturos jus nostrum in prædictis superioritate, gardâ, & ressorto, & omnia alia & singula in his litteris, & aliis hujusmodi concordiis contenta, quamdiu vixerint integrè & fideliter se servaturos, & hoc idem jurabunt ad sancta Dei Evangelia omnes & singuli Canonici, qui nunc sunt & alij omnes qui pro tempore fuerint in sui primævâ receptione antequam à Capitulo recipiantur, & Nos etiam pro nobis & successoribus nostris ea servare promittimus bonâ fide, & omnes successores nostri Francorum Reges post fidelitatem factam eisdem ab Archiepiscopis, & postquam eis dicti Archiepiscopi de prædictis servandis prædictum præstiterint juramentum, similem promissionem facient eisdem, & dabunt eis super hoc suas litteras speciales. Necnon omnes Seneschalli nostri, Bellicadri, Baillivi Matisconenses, & Vallaviæ, Judices nostri majores, & Procuratores nostri dictarum Seneschalliæ & Bailliuarum præsentes & futuri in sui novitate officij ad requisitionem dictorum Archiepiscopi & Capituli, vel Procuratoris eorum, & omnes & singuli officiales nostri pro exercitio, seu executione dicti ressorti, & superioritatis & specialiter dicti tres vel quatuor servientes deputandi à nobis antequam suum valeant officium exercere, jurabunt se prædicta ex integro servaturos, quantum spectabit ad officium singulorum. Cum ex certis causis ad manum nostram tenuerimus civitatem, villam, & aliqua castra & jura Ecclesiæ Lugdunensis. Nolumus quod tenuta nostra novum jus nobis attribuat, nec jus Ecclesiæ lædat, & si eo tempore negligentiâ, vel defectu nostrorum officialium sint aliqua jura Ecclesiæ deperdita, vel ab aliis indebitè usurpata, nolumus quod pro hoc dictæ Ecclesiæ in proprietate, vel possessione præjudicium aliquod generetur. Cum in Ecclesia Lugdunensi non sit certus Canonicorum numerus, nec distinctio præbendarum & aliquando contingat Nos in regno nostro, vel specialiter in Lugdunensi Provincia tantummodo decimas, vel annualia beneficia generaliter, vel specialiter impetrare, vel aliter obtinere ne in posterum briga super hoc vel dubitatio oriatur: Nolumus quod aliqui de Ecclesia, prætextu aliquorum Canonicatuum, qui ibi vacare ab aliquibus pro nobis, vel nostro nomine asserantur, inquietentur in posterum quoquo casu, nec aliquid pro eisdem solvere teneantur, Volentes & ad hoc aliqui tenebantur sibi & dictæ Ecclesiæ super hoc facere gratiam specialem. De decimâ vero, à dictâ Ecclesiâ Lugdunensi quovis modo debitâ, vel debendâ in casu, in quo nobis, vel successoribus nostris ex impetratione, vel concessione quâcunque debebitur in futurum, non ab aliquibus ipsius Ecclesiæ Canonicis & singularibus singulariter exigetur, sed omnibus & singulis redditibus ipsius Ecclesiæ regni nostri in universum juxta taxationem antiquam decimæ legitimè æstimatis, ipsam decimam per manus Decani ipsius Ecclesiæ, & suo & totius Capituli nomine recipient & colligent gentes nostræ, cui Decano singulares Canonici & incorporati decimam debendam ab eis juxta taxationem antiquam persolvere integrè tenebuntur, nec ultra unam decimam integram in uno anno poterimus à dictâ Lugdunensi Ecclesiâ, nec modo alio quam supradictum est exigere vel levare, nisi de ipsorum Archiepiscopi & Capituli consensu procederet speciali. Quod ad Cabilonensem, Matisconensem, sanctorum Pauli, Justi, & beati Thomæ Forverij Lugduni, nec non beatæ Mariæ Belliloci Ecclesias sibi Suffraganeas, & alias tanquam Sedi ipsius Ecclesiæ Lugdunensis Metropolitanæ subditas, dum tamen ejusdem conditionis existant, quoad hoc quod in eis non sit certa distinctio præbendarum cujusmodi est Ecclesia Lugdunensis, non ad aliquas alias extendi volumus & servari. Ab antiquo septem sunt

F ij

Milites in Ecclesiâ Lugdunensi pro juribus Ecclesiæ defendendis & negotiis ejusdem Ecclesiæ foelicius promovendis, Nos verò volentes inibi cultum augmentare divinum, & defensioni jurium Ecclesiæ utilius in posterum providere, pro salute animæ nostræ, ac carissimæ consortis nostræ Johannæ quondam Franciæ Reginæ, progenitorum ac successorum nostrorum, tres novas perpetuas, & liberas ibidem fundamus Militias, & quamlibet earundem in redditu centum librarum parvorum Turonensium valore dotamus percipiendarum annis singulis in festo beati Andreæ Apostoli, de prædictis emolumentis & redditibus quæ & quos debemus in Civitate, terrâ & Baroniâ Lugdunensis Ecclesiæ percipere, juxtà tenorem præsentium litterarum, &, ultrà prædicta nostri tres Milites recipient jure suo in dictâ Lugdunensi Ecclesiâ tantum in omnibus, & per omnia quantum quilibet antiquorum Militum dictæ Ecclesiæ ratione Militiæ suæ consuevit percipere & habere. Quorum præsentationem & nominationem faciendam Decano, & Capitulo dictæ Ecclesiæ Nobis & successoribus nostris Francorum Regibus perpetuò retinemus. Ad quas Militias Nos & successores nostri Francorum Reges nominabimus Clericos homines, providos litterarum, scientiâ insignitos, habiles, secundùm ipsius Ecclesiæ consuetudines, & statuta, quos sic nominatos & præsentatos a nobis Decanus & Capitulum statim recipere, sine exceptione aliquâ tenebuntur, & jurabunt ut cæteri conditionis suæ. Ad quarum Militiarum officium habilem esse volumus, quemlibet præsentandum a nobis, quamvis aliam dignitatem, personatum, officium, vel administrationem, aut pluralitatem beneficiorum, quotquot & qualiacunque obtinere noscatur; quos tres Milites, fideles & familiares nostros esse Volumus Clericos & de nostro, ac successorum nostrorum Regum Francorum consilio, postquam per Nos nominati & præsentati fuerint perpetuo retinemus : Volumus & concedimus per præsentes, quod de omnibus & singulis emolumentis quæ debemus recipere Nos, & successores nostri ex formâ dictæ concordiæ, & transactionis sive ratione prædictæ gardiæ, vel ex aliâ quâcumque gardiâ antiquâ hodie percipimus, vel in futurum percipiemus a civibus dictæ civitatis, & ab aliis quibuscumque subditis terræ & Baroniæ Lugdunensis Ecclesiæ, & ab aliis videlicet a duodecim denariis usque ad decem solidos turonenses pro foco quolibet, prout plenius superius continetur, medietas erit Archiepiscopi & Capituli prædictorum, & ad eos absque impedimento quocumque perpetuò pertinebunt ; quæ medietas inter dictum Archiepiscopum & Capitulum æquis partibus dividatur, & taxabrantur ; & levabuntur communiter, nostro, & Archiepiscopi & Capituli, ac ipsius Ecclesiæ nostræ nomine, omnia & singula emolumenta prædicta per probos viros de qualibet parrochiâ civitatis & villæ Lugdunensis, necnon terræ & Baroniæ ipsius Ecclesiæ Lugdunensis, quos gentes nostræ nostro, Archiepiscopus suo, & præfatus Theobaldus Archidiaconus quamdiu vixerit, & post mortem ipsius Decanus Lugdunensis, ipsius Capituli nomine duxerint nominandos ; qui sic nominati jurabunt super sancta Dei Evangelia, & jurare singulis annis tenebuntur fideliter dicta emolumenta, juxta formam prædictam taxare & communiter levare pro nominibus quibus suprà. Damnorum æstimationem dictis Archiepiscopo & Capitulo, ac eorum hominibus & subjectis, per quoscumque officiales nostros illatorum quæ ad manus nostras non pervenerint, nec in nostrum honorem vel utilitatem versa fuerint, faciemus per probos homines legitimè æstimari, & ab illis qui inventi de plano fuerint culpabiles, in integrum emendari. Emendarum siquidem ad quas culpabiles condemnati fuerint, pro prædictis & restitutionum faciendarum ab ipsis medietas reddetur dictis Archiepiscopo & Capitulo, & alia medietas erit nostra, priùs tamen quam Nos, vel ipsi aliquid percipiamus ex eis fiet restitutio damna passis. De gratiâ etiam speciali concedimus per præsentes, dictis Archiepiscopo & Capitulo, quod conjunctim vel divisim in feodis, vel retrofeodis nostris, necnon in quibuscunque allodiis regni nostri licitè possint acquirere, sine amortizatione quâcunque, usque ad mille libras turonenses parvorum bonæ monetæ, annui & perpetui redditus, super quibus cum eas acquisiverint in solidum, vel pro parte, nostras confirmatorias litteras nostro magno sigillo & cerâ viridi sigillatas concedimus eisdem. Si commorantes in castris, villis, & locis qui sunt de feodo, vel retrofeodo Ecclesiæ Lugdunensis, in quibus alij vassalli Ecclesiæ jurisdictionem habere noscuntur, vel in aliis locis infrà Diœcesim Lugdunensem, cujuscunque status eminentiæ, vel conditionis existant in gardam nostram quæ Lugdunensis Ecclesiæ civitatis & Baroniæ vocatur, voluerint subintrare, Gardiator noster Lugduni, qui pro tempore fuerit, dum tamen in jure suo nulli præjudicium pro his generetur, sub dictâ gardâ nostrâ eos nomine nostro recipere poterit & debebit, sub modis tamen, conditionibus, formis, & præstationibus, quæ in aliis articulis de gardâ Lugdunensi loquentibus superius continentur. Qui sic recepti in eâ perpetuo remanebunt, cujus emolumenti medietas erit Archiepiscopi & Capituli prædictorum, & levabuntur prædicta sicut alia emolumenta. Superioritatem, resortum, gardam, & alia emolumenta, & jura quæ habemus in civitate, terrâ & Baroniâ Ecclesiæ Lugdunensis, de quibus in his & aliis nostris litteris habetur mentio, Nos & successores nostri Franciæ Reges extrà manum nostram & coronam regni ponere non poterimus, nec quovis titulo alienare quomodolibet in solidum, vel pro parte. Quod si de facto fieret, hoc principali edicto decrevimus esse nullum & alienationem prædictam juribus vacuamus. Emolumenta, quæ nos pro parte nostrâ debemus percipere in civitate, terrâ, & Baroniâ Ecclesiæ Lugdunensis, Nos vel gentes nostræ assensare, vel ad firmam dare non poterunt, nec Archiepiscopus, nec Capitulum partem suam, nisi de communi consensu nostro, vel deputandorum a nobis, & Archiepiscopi & Capituli prædictorum, pro utilitate communi ipsius Ecclesiæ, civium, & aliorum quorumlibet ipsius subditorum : Volumus quod in singulis castris, Decani, & Capituli Lugdunensis, unus solus constituatur Castellanus, Præpositus, seu quovis alio nomine appelletur, qui solus temporaliter pro Capitulo in illo loco jurisdictionem exerceat, qui per Capitulum & Obedientiarios, quorum intererit concorditer eligatur. Qui si infrà quinque dies in unum eligendum concordare non poterunt Decanus, Archidiaconus, Præcentor, Cantor, & Sacrista, aut duo, aut unus ex ipsis, unà cum dicto Archidiacono, illum infrà triduum poterunt eligere, & salarium competens eidem statuere. Qui si concordare non possint, tunc dictus solus Archidiaconus hunc possit facere, & ad hoc teneatur præsenti articulo post decennium minus valituro. Si ratione concordiæ hujusmodi, vel super divisione partis emolumentorum ad Archiepiscopum & Capitulum pertinentium, vel quacunque alia ratione, vel causâ, controversia aliqua inter eos oriatur, officialis Curiæ spiritualis Lugdunensis, pro Archiepiscopo & Archidiaconus Lugdunensis, pro Capitulo, præstito priùs ab eis juramento, quod circa decisionem ipsius quæstionis fideliter se habebunt, dictam quæstionem, necnon omnes alias, & singulas querelas, discordias, quæstiones, & causas, ex quaquâ ratione, vel causâ hactenùs inter ipsos subortas, vel quæ possent in posterum quomodolibet suboriri, summariè & de plano, juris ordine prætermisso terminare poterunt, & debebunt, & super his prout eis placuerit ordinare, nec ab eorum sententia, vel ordinatione quacunque reclamare, vel recedere poterunt quoquo modo. Nihil tamen contra præsentem concordiam in nostrum, vel alterius præjudicium poterunt ordinare. Ordinamus etiam de voluntate dicti Theobaldi Archidiaconi Procuratoris: & volumus pro augmentatione divini cultus in Ecclesia Lugdunensi, & in recompensationem Missarum, & aliorum divinorum officiorum, à quibus temporibus controversiarum, & interdictorum cessatum extitit in Ecclesia, & civitate, prædictos super bonis Archiepiscopi & Capituli, & maximè super parte sua prædictorum emolumentorum. sex Capellæ liberæ & perpetuæ quælibet triginta librarum turonensium annui & perpetui redditus fundentur, & dotentur sine diminutione quâcunque, quæ solventur annis singulis in Vigiliâ Nativitatis Dominicæ per manus illorum, qui pro Archiepiscopo & Capitulo recipient emolumenta prædicta, ad quas obtinendas quilibet Clericus sufficientis litteraturæ & conversationis honestæ, quotquot & qualiacunque habeat beneficia, erit capax, & eo ipso quod erit receptus ad alteram, ipso facto erit Clericus Ecclesiæ Lugdunensis, aliorum Clericorum chori numero aggregatus, salvis consuetudinibus, & statutis Ecclesiæ Lugdunensis, quæ in conditionibus personarum recipiendarum in chori clericos requiruntur, & quilibet illorum tres Missas in hebdomada per Capellanum idoneum faciet celebrari, nec ad aliquid ulterius teneatur: quarum Cappellaniarum collatio ad dictum Theobaldum Archidiaconum quamdiu vixerit pertinebit, & post ejus decessum prædictarum Cappellaniarum trium collatio ad Archiepiscopum, & aliarum trium ad Decanum, Archidiaconum, Præcentorem, & Cantorem Lugduni suo jure perpetuò remanebunt. Poterit etiam dictus Archidiaconus de bonis Lugdunensis Ecclesiæ, juxta qualitatem & merita personarum condignam retributionem facere suæ arbitrio voluntatis, personis quibuscunque quas noverit in hac fœlici concordiâ fideliter laborasse, si præsentes litteras, vel alias super hâc concordiâ constructas casu quolibet aboleri, amitti, cancellari, vel corrodi contigerit in futurum, Nos & successores nostri Francorum Reges alias similes litteras de regiftris nostris extrahi, & sub Regio sigillo nostro ceræ viridis sigillari, eisdem Archiepiscopo & Capitulo, & eorum cuilibet requirentibus, semel, vel pluries quoties opus fuerit fieri faciemus, at aliqua verò alia in istâ concordiâ minimè comprehensa, vel quæ his præsentibus, vel aliis nostris litteris super hæc confectis, concordiæ haberetur contraria, vel adversa, dictos Archiepiscopum & Capitulum nobis volumus non teneri, & ne aliquid de contingentibus obmittamus, per quæ posset stabilitati hujus perennis concordiæ emergentibus, vel dependentibus ex eâdem salubriter in posterum provideri, Nos super omnibus dubiis declarandis quæ super præmissis, vel ea tangentibus, vel aliquibus eisdem nunc & in posterum possunt, vel poterunt aliqua ratione, causâ vel occasione quavis emergere quomodolibet vel oriri, constituimus tenore præsentium nostro, & successorum nostrorum nomine, & pro nobis & specialiter deputamus, dilectum & fidelem nostrum prædictum P. Antisiodorensem Episcopum, qui pro nobis & nostro nomine, unà cum dicto Theobaldo Archidiacono pro dicta Ecclesia, dictorum Archiepiscopi & Capituli nomine, omnia & singula ad conservationem, interpretationem, declarationem, seu meliorationem litterarum, seu verborum præsentis concordiæ facienda, & maximè necessaria utilia, vel honesta ordinare, interpretari declarare, vel eis addere & retrahere poterunt. Post mortem verò dicti P. Episcopi, Nos vel successores nostri Francorum Reges alium idoneum substituemus. Post mortem verò prædicti Archidiaconi, Archiepiscopus qui pro tempore fuerit & Capitulum prædicti, alium Lugdunensem Canonicum, Clericum tamen, & Consiliarium nostrum alterum de illis clericis nostris, qui in dictâ Lugdunensi Ecclesiâ dignitatem, seu personatum obtinent. Qui substitutus à nobis una cum dicto Theobaldo Archidiacono, vel post ejus obitum cum eo qui loco ejus fuerit substitutus, eandem super his potestatem habeat faciendi omnia & singula prædicta, & quæ per eos taliter fuerint ordinata; Nos, Archiepiscopus & Capitulum Lugdunense per litteras nostras & suas approbare tenebimur, & firmare. Inhibemus autem, ne quis sub nostræ indignationis offensâ in posterum contrà præsentis concordiæ tenorem, dictos Archiepiscopum & Capitulum, Clericos incorporatos, terras, cives, homines & subjectos dictæ Lugdunensis Ecclesiæ inquietare vel perturbare præsumat, vel contrà hæc scripta venire in solidum, vel in parte, & qui contrà fecerit, graviter punietur. Si quid etiam contrà præmissa, vel aliquid præmissorum per nos, vel successores nostros Francorum Reges, aut per dictos Archiepiscopum seu Capitulum, vel successores eorum, aut per ministros nostros, seu successorum nostrorum, aut suos, seu successorum suorum, aut per alium quemcumque in contrarium attentari contingat, quod absit, id totum decernimus irritum & inane, ut ipso jure nullius roboris habeat firmitatem, nec per hoc nobis, vel ipsis jus novum quomodolibet acquiratur, nec per tales actus contrarios jus vel causa possessionis, vel proprietatis possit contra nos vel eos quoquo modo parari: sed omnia & singula in præsenti concordiâ contenta usurpatione quâlibet contrariâ non obstante, hoc principali edicto esse firma jubemus, & illibata perpetuò remanere. Quam compositionem & omnia & singula supradicta, prout in his præsentibus, & aliis nostris, & Theobaldi Archidiaconi Procuratoris prædicti, litteris quibuscunque super ipsâ præsenti compositione confectis ad eam pertinentibus, vel dependentibus, ex eâdem seriosius continetur, Nos pro nobis & successoribus nostris Francorum Regibus, & Præfatus Theobaldus Archidiaconus, quo suprà Procuratoris nomine, pro Lugdunensi Archiepiscopo, successoribus ejusdem futuris Archiepiscopis, Capitulo & Ecclesiâ Lugdunensi prædictis, grata, rata & firma habentes, laudamus, volumus, approbamus, & Nos insuper tenore præsentium, ex certâ scientiâ, nostrâ auctoritate Regiâ confirmamus, eaque omnia & singula pro nobis & successoribus nostris servare promittimus bonâ fide, & præcipimus perpetuis futuris temporibus inviolabilter ab omnibus observari: & ut perpetuam & stabilem obtineant roboris firmitatem, nostrum fecimus præsentibus Litteris apponi sigillum, salvo in aliis jure nostro, & in omnibus quolibet alieno. Salvis insuper in omnibus, & per omnia protestationibus factis per dictum Theobaldum Archidiaconum procuratorio Archiepiscopi, Decani, Capituli, suo, personarumque singularium, Canonicorum Lugduni, & omnium nomine, quorum quomodolibet interest, vel interesse potest, & poterit in futurum ante tractatum & compositionem prædictos, & in singulis eorum articulis, ac in ipsis tractatu & compositione, & post ipsos tractatu & compositionem expletos pluries, & iterum repetitis per eum: Quibus omnibus & singulis nos specialiter pro nobis & nostris successoribus consentimus: & dicto Theobaldo Archidiacono Procuratori, quibus supra nominibus, nostras patentes sub sigillo nostro, & cerâ viridi ded'mus Litteras super his speciales, protestationes hujusmodi plenissimè continentes. Actum Pontisaræ anno Domini millesimo trecentesimo septimo, mense Septembri. *Sceellé sur lacs de soye rouge & verte, d'un grand scel de cire verte, aux armes de France.*

ACTE D'OPPOSITION DE JANVIER De l'année 1307. fait par les habitans de la ville de Lyon, pardevant Jean Chalon, Commissaire deputé par le Roy, contenant, que la Justice de Lyon a toûjours appartenu au Roy, par appel & droict de vessort, & en premiere instance, à l'Archevesque seul, demandant que la Jurisdiction ne soit point divisée, ny même que le Chapitre y aye aucune part ny portion; d'autant que, Omnimoda spectat ad Archiepiscopum. Adjoustent que s'il y a quelque traité entre l'Archevêque & le Chapitre pour la division de ladite Justice, ils en demandent communication: & cependant en empeschent l'effet formellement.

IN nomine Domini, Amen. Anno Incarnationis ejusdem millesimo trecentesimo septimo, die Sabbati ante festum beati Vincentij, Indictione sextâ, Pontificatus Domini Clementis Papæ quinti, anno ipsius tertio, per præsens publicum instrumentum cunctis appareat evidenter, quod anno & die quibus suprà, existentibus in domo venerabilis viri Domini Guillelmi Albi Cantoris sancti Pauli Lugdunensis, venerabilibus & discretis viris Dominis Theobaldo de Vassaliaco Archidiacono Lugdunensi, necnon Magistro Petro de Cabilone Procuratore Illustris Principis Domini Philippi Dei gratia Regis Francorum, dictâ die in præsentiâ nostrorum Notariorum infrà scriptorum, ac testium subscriptorum, comparuerunt ibidem, Humbertus de Chaponay, Bernardus de Varey major, Giraudus Amaurici, Gaudemarus Flamens, Bernardus de Varey de Durchira, Petrus Boerij, Bartholomeus Charretons, Guido de Mura, Humbertus de Varey, Raymondus Filatrus, Guillelmus Rodulphi, Johannes Raymondi, Thomas Albi, Guido de Varey, Johannes de Fuer, Johannes de Varey, Bernardus Hugonis, Guillelmus Grigneus, Guillelmus de Charnay, Zacharias de Forisio, Aymo de Marcus, Petrus Dandarzi, Johannes de Riguem, Johannes Malcarres, Bartholomeus Achers, Bernardus Vedelli, Matthæus de Fuer, Joannes Liatardi dictus Besançzons, Johannes de Albosio unà cum magnâ multitudine meliorum & potentiorum civium civitatis Lugdunensis, necnon unà cum pluribus aliis Jurisperitis Consiliariis universitatis civitatis prædictæ, videlicet Dominis Humberto de Vallibus, Anselmo de Durchia Legum Professoribus, Magistris Johanne Fabri, Laurentio Ferrois Jurisperitis, necnon præsentibus Roleto Cassardi, Poncio Varissan, Petro de Villa, & Johanne Dodeu Syndicis, seu Procuratoribus universitatis civitatis prædictæ, præsentibus, inquam dicto Domino Humberto de Vallibus, Domino Bartholomæo Caprarij, Matthæo de Mura, & Johanne Ogerij civibus Lugdunensibus deputatis, ad tractandum cum dicto Domino Archidiacono super certis articulis factum tangentibus civitatis prædictæ, & ibidem dictus Magister Johannes Fabri nomine universitatis prædictæ proposuit, quod licet quamplurimi periti præsentes essent, qui melius scirent & vellent, factum civitatis exponere coram Archidiacono & Procuratore prædictis, nihilominus tamen ex voluntate proborum virorum civium Lugdunensium, ibidem existentium eisdem Archidiacono & Procuratori aliqua proponere intendebat, ne in futurum dictus Procurator posset ignorantiam prætendere, quin ad ejus notitiam pervenerint ea quæ coram ipsis volebat verbo tenùs explicare, & cum locus se offerret de iis quæ proponeret, testimonium perhiberet una cum Notariis existentibus ibidem. Proposuit enim dictus Magister Johannes nomine universitatis prædictæ, quod cives & universitas prædicta confitentur & publicè recognoscunt, & hoc volunt ad universorum notitiam pervenire; Quod Serenissimus Princeps Dominus Francorum Rex illustris habet, & habere debet ressortum in civitate Lugdunensi, & ressortum habuit in civitate prædictâ à toto tempore, quod ejus contrarij memoria non existit, & quod ipsi cives dictum Dominum Regem in superiorem recognoscunt, & tanquam ad superiorem recurritur, & recurrere consueverunt cives prædicti, & quod idem Dominus Rex habere debet, & habere consuevit Judicem suum in civitate Lugdunensi, qui de causis appellationum cognoscat, quod cedit ad honorem & utilitatem dicti Domini Regis, & ad augmentationem regni ejusdem, cum propter hoc manifestiùs appareat ejus superioritas in civitate prædictâ. Quare supplicavit idem Magister Johannes nomine quo suprà, Procuratori dicti Domini Regis ne consentiret, seu consentire vellet modo aliquo, quod aliquid mutaretur vel innovaretur in præmissis: Item proposuit idem Magister Johannes nomine quo supra, quod idem Dominus Rex habuit & habere consuevit, & habere debet in civitate Lugdunensi prædictâ Gardiatorem suum, qui ipsos cives defendere consuevit, & debet ab injuriis & violentiis à quibuscumque personis, in quibus honor ipsius Domini Regis inest & utilitas & commodum regni ejusdem & omnium habitantium in civitate Lugdunensi, quare supplicavit idem Magister Johannes nomine quo suprà. Item proposuit idem Magister Johannes nomine quo, suprà quod omnimoda jurisdictio civitatis prædictæ spectat ad Dominum Archiepiscopum Lugdunensem, & exercitium jurisdictionis civitatis prædictæ; & de hoc est sententia lata per ipsum Dominum Regem sigillo ipsius Domini Regis sigillata, de quâ sententiâ se obtulit facere plenam fidem. Undè cum idem Dominus Rex sententiam suam nec dispositam non debeat infringere, nec contra factum proprium venire, supplicavit idem Magister Johannes nomine quo suprà, dicto Procuratori, ne ipse id quod per ipsum Dominum Regem rectè factum est subvertat, & quod ipse non consentiat modo aliquo quod jurisdictio ipsius Domini Archiepiscopi dividatur, seu discedat à Domino Archiepiscopo supradicto. Item proposuit idem Magister Johannes nomine quo suprà, quod civitas Lugdunensis prædicta est francha & libera, & quòd cives ejusdem tali gaudent libertate, quòd nullus potest eis servitutem imponere, quare supplicavit idem Magister Johannes nomine quo suprà dicto Procuratori, ne ipse consentiat modo aliquo quod libertates civitatis prædictæ infringantur, vel quod aliquid in eis innovetur. Item proposuit idem Magister Johannes nomine quo suprà, quod Dominus Archiepiscopus Lugdunensis, & Capitulum Lugdunense quemdam tractatum habebant seu habuerunt, ut dicitur ipsis civibus ignorantibus, super facto tangente negotium civitatis, & civium Lugdunensium habitantium in civitate prædictâ, cum Domino Rege prædicto, & quod datum fuerat intelligi civibus prædictis, quod in illo tractatu erant viginti sex articuli, & quòd ipsi ignorabant quod continebatur in articulis prædictis, exceptis duobus, qui duo articuli si fierent, quemadmodùm datum erat eis intelligi, cederent in læsionem & grande præjudicium civitatis prædictæ, & civium prædictorum. Dicens, inquam, idem Magister Johannes nomine quo supra, quod ipsi requisiverant pluries dictos Dominum Theobaldum, & Procuratorem, quod ipsi facerent dictis civibus copiam dicti, tractatus quod facere noluerunt ut dicebat idem Magister Johannes. Quare supplicavit idem Magister Johannes dicto Procuratori, quod ipse faceret eis copiam de tractatu si quod factum esset, ut deliberare possent dicti cives, quid super ipsis articulis fieri deberet, dicens, inquam, idem Magister Johannes nomine quo supra, quod si tractatus aliquis fieret, vel factus esset præmissis contrarius, quod cederet in præjudicium civitatis, vel civium prædictorum, quod in hoc Syndici & Procuratores civitatis, & cives prædicti non consentiebant, imò quantum poterant contradicebant, protestans idem Magister Johannes nomine quo suprà, quod si illi quatuor qui deputati sunt ad tractandum, cum dicto Domino Theobaldo consentirent modo aliquo, quod jurisdictio civitatis à dicto Domino Archiepiscopo discederet pro parte aliquâ, & quod Capitulum Lugdunense aliquam partem haberet in eâdem, quod in hoc non consentiunt, sed desadvoyant eosdem, & in omnibus quantum possunt contradicunt. Quæ omnia & singula per dictum Magistrum Johannem dicta, Syndici prædicti, ac cives ibidem existentes ratificaverunt ; Qui Procurator respondit inter cætera, quod in potestate suâ non est exhibendi tractatum prædictum, cum non habeat pones se , nec sibi commissum fuit quod exhiberet, dicens inquam, quod in tractatu habito inter Dominum nostrum Regem & Ecclesiam Lugdunensem nichil contineri credebat, quin cederet ad honorem & laudem civitatis & civium Lugdunensium, & totius primæ utilitatem maximam, & quod si scirent mercatores, & alij habitatores quæ utilitas continetur in ipso, complosis manibus consentirent, seu concordarent tractatui prædicto. Respondit insuper quod in omnibus, & per omnia utilitatem & honorem civitatis & civium Lugdunensium paratus erat tanquam Petrus de Cabilone, & tanquam Procurator Regius quantum posset, & ad ea quæ ad suum prospectent officium procurare ; Respondit insuper quod si in dicto tractatu sciret aliqua quæ tangerent incommodum Domini nostri Regis & civitatis & civium Lugdunensium tanquam Procurator Regius contradiceret. Ad quod respondit dictus Magister Johannes, quod postquam tanta erat utilitas in dicto tractatu sicut Procurator asserebat, quod tantò melius dictus Procurator deberet divulgare ea quæ continebantur in dicto tractatu, ut dicti cives possent perpendere, si verum erat quod asserebat Procurator prædictus ; Respondit insuper dictus Magister Johannes, quod non erat verisimile quod ille tractatus contineret utilitatem civitatis & civium Lugdunensium, ex eo quia dicti cives certitudinem non poterant habere quid continebatur in ipso, nec dictus Procurator revelare volebat, Actum in domo dicti Cantoris, anno & die quibus supra præsentibus quampluribus testibus existentibus ibidem.

Ego verò Hugo Chauchas de sancto Habundo, Clericus auctoritate Apostolicâ publicus Notarius præmissis, propositis & responsionibus subsecutis interfui unà cum Notariis infrascriptis, præsenti instrumento subscripsi, & signo meo signavi rogatus, & est sciendum quod supra in principio responsionis dicti Procuratoris omissum est, quod ob defectum sapientis huc missus fuerat.

Et ego Petrus Pillans de . . . . . . Clericus, auctoritate Apostolicâ publicus Notarius, præmissis propositis & responsionibus subsecutis, interfui unà cum prædictis Magistro Hugone Chauchat, & Petro de Copella publico Notario, præsenti instrumento subscripsi, signo meo signavi rogatus.

SVSPENSIONS DES PHILIPPINES,
Du mois de septembre 1307. par Arrest du Conseil du Roy.

PHILIPPUS Dei gratiâ Francorum Rex. Notum facimus universis, tam præsentibus quàm futuris ; Quòd cùm dilectus & fidelis noster Petrus de Bellapertica Antissiodorensis Episcopus, pro Nobis & nostris successoribus Francorum Regibus, & Theobaldus de Vassallicao Archidiaconus Lugdunensis , Procurator dilectorum & fidelium nostrorum Ludovici Archiepiscopi, G. Decani & Capituli Lugdunensis Procuratorio nomine pro eisdem tentaverint, hinc & inde super omnibus & singulis controversiis, causis, querelis, debatis, dubiis pluribus & diversis, quas inter nos ex una parte, & Archiepiscopum & Capitulum prædictos ex altera super ressorto, garda & superioritate civitatis, villæ, terræ & Baroniæ Lugdunensis, vel à temporibus retroactis quomodolibet habebamus, diversique & quamplures articuli fuerint super ipso tractatu, pluries concordati, & postmodum semper in melius ; prout digni videbantur emendatione correcti, tandem ultimis factis articulis correctis, & plenissimè concordatis, tractatum & compositionem finalem ultimo concordatos, juxta tenorem & formam essentialem articulorum ipsorum ultimo correctorum, nostro, & Theobaldi Archidiaconi Procuratoris prædicti consensu & voluntate communibus, in scriptis redigi fecimus, & in modum articulatim seriose grossari, ac articulos & tractatum ultimos, sub nostro & ipsius Theobaldi Procuratoris contrasigillis, tanquam prothocollum & litteras extractas ex eis correctas, & in modum redactas sub nostro sigillo ex unâ parte, Officialis Curiæ Parisiensis, & dicti Theobaldi Archidiaconi Procuratoris sigillis ex alterâ : quibus supra nominibus sigillari. Verùm licet sint dicti tractatus ultimo concordati, & nostro, ac successorum nostrorum Regum Francorum, Archiepiscopi, Capituli & Ecclesiæ Lugdunensis nomine grossati, & in modum redacti, & tamquam verum prothocollum, ut præmittitur quibus supra nominibus absoluti : Quia tamen dilectos & fideles nostros, cives & habitatores civitatis, villæ, terræ & Baroniæ Ecclesiæ Lugdunensis præmissa quamplurimum tangere noscebantur, & cives specialiter antedictos ; cùm plures antiquæ controversiæ & querelæ esse inter Archiepiscopum & Capitulum prædictos ex unâ parte, & cives eosdem ex alterâ dicerentur, super quibus nulla erat facta certa ordinatio in articulis, tractatu & compositione prædictis. Non ex iis inter eos gratantius ageremus articulos, tractatum & compositionem prædictos ultimos concordatos, & ut præmittitur concorditer sigillatos, ac alias litteras omnes & singulas super ipsis articulis, tractatu & compositione confecta, nostro ac successorum nostrorum Regum Francorum , & Theobaldi prædicti Procuratoris , Archiepiscopi , Capituli & Ecclesiæ Lugdunensis communi nomine & consensu, in suspenso tenentes, & publicationem negotij retardantes, in quodam coffinello consignari faciemus in domo Fratrum Prædicatorum Parisiis deponendo, nunquam aliquibus temporibus de domo eâdem amovendos, nisi de nostris vel dilectorum & fidelium prædictorum Petri Antissiodorensis Episcopi, vel Guillelmi de Nogareto militis nostrorum, vel Archiepiscopi & Decani Lugdunensis consensu communi procederet, & unanimi voluntate, ut sic interim ex abundanti, consensus subditorum totius terræ & Baroniæ Lugdunensis Ecclesiæ , super præmissis ex quâdam decentiâ habeatur, quodque conquerentes super contentis in eis si qui compareant interim audiantur, ac vocatis civibus coram nobis super prædictis , & aliis articulis , controversiis , & querelis , quæ habentur, ab olim at prædiximus inter Archiepiscopum, Capitulum, & cives prædictos finem debitum imponamus, dictósque Archiepiscopum & Capitulum, ac cives, habitatores & subditos quoslibet ipsius Ecclesiæ Lugdunensis, authore Domino unum corpus ac sub zelo caritativo voluntatis unanimes faciamus perpetuo & indissolubili unione conjungi , curantes, quod in personâ propriâ adeò intendimus, Domino concedente, cum nostro majori consilio attentâ meditatione vacare, ut pax vera & finalis concordia inter eos habeatur perpetuis futuris temporibus duratura. Quod ut firmum & stabile perseveret nostrum fecimus præsentibus litteris apponi sigillum. Actum Pontisaræ, anno Domini millesimo tre centesimo septimo, mense Septembris. *Et scellé.*

DECLARATION FAITE PAR LES CHANOINES de l'Eglise saint Jean de Lyon, du mois d'Aoust 1308. aux habitans de ladite Ville.

Nos G. Decanus & Capitulum primæ Lugdunensis Ecclesiæ: Notum facimus universis præsentes litteras inspecturis, quod cum nuper Sede Lugdunensi vacante per mortem bonæ memoriæ Domini Ludovici dictæ primæ Lugdunensis Ecclesiæ quondam Archiepiscopi, gentes seu Procuratores Domini Episcopi Eduensis, tenuerint ad manum suam dictam Sedem, & administrationem dictæ Sedis. Deinde vero dicto Domino Episcopo sublato de medio dicta Sede Lugdunensi vacante, adeoque per mortem dictorum Domini Archiepiscopi & Episcopi utraque Sedes Vacet ad præsens, Nosque prædicti Decanus & Capitulum juxtà & secundùm antiquas consuetudines, conventiones, & statuta consuevimus in casu prædicto tenere & gubernare dictam Sedem Lugdunensem, & vice versâ Capitulum Eduense Sedem Eduensem prædictam, Nolumus quod propter tenutam præsentem jus nobis aliquod in jurisdictione Lugdunensi acquiratur, neque propter hoc aliquod præjudicium civitati & civibus, & Sedi & Capitulo Lugdunensi generetur. Nec quod etiam tractatus nuper habitus cum Domino Rege Franciæ per nos & Capitulum nostrum in aliquo fortificetur, nec præjudicium aliquod fiat civibus, vel juribus ipsorum in possessione, vel proprietate, sed jus & quæstiones civium sibi remaneant semper salvæ, & salvum, & nostri Capituli Lugdunensis, quatenus de jure, usu, vel consuetudine salvæ debent esse, & non ultrà, in quorum omnium testimonium Nos dicti Decanus & Capitulum convocato & congregato ad hoc Capitulo nostro more solito pulsata campana, & prout in talibus extitit consultum sigillum dicti nostri Capituli præsentibus litteris duximus apponendum, Datum secundo Nonas Augusti, anno Domini millesimo trecentesimo octavo. *Et scellé sur reply d'un double cordon de filet blanc, avec le sceel de cire qui paroist estre noire, où est l'effigie d'un personnage vestu d'un long habit estant assis couronné, & ayant la main senestre à la poictrine, & en la dextre élevée une fleur de lys: Et autour dudit sceel qui est en forme d'ovale, paroissent evidemment ces lettres,* SIGILLUM S. DUNENSIS ESIE, *le surplus de l'escriture estant usé & rompu.*

Sigillum [manuscript note]

ACTE DE REFUS,
Du 7. Janvier 1309. fait par l'Archevesque, d'approuver les Philippines, attendu qu'elles contenoient plusieurs chefs qui luy portoient grand prejudice.

IN nomine Domini, Amen. Anno ejusdem millesimo trecentesimo nono, Indictione octava, mensis Ianuarii die septimâ, Pontificatus sanctissimi in Christo Patris Domini Clementis divinâ providentiâ Papæ quinti, anno sexto, in nostrorum Notariorum publicorum, & testium subscriptorum præsentiâ, nobilis vir Dominus Guillelmus de Nogareto, Domini Regis Franciæ miles existens in præsentia Reverendi Patris Domini P. Dei gratia Archiepiscopi Lugdunensis, præsente insuper venerabili viro Domino Theobaldo de Vassalliaco Archidiacono Ecclesiæ Lugdunensis, in domo ipsius Domini Archiepiscopi, seu in qua ipse hospitabatur Parisius propè Ecclesiam Fratrum Minorum, exposuit eidem Domino Archiepiscopo præsentibus pluribus sociis & familiaribus ejus qualiter post longas tribulationes & plurimas, quas dicta Ecclesia patriaque vicina sustinuerat propter impedimenta, quæ ex parte ipsius Ecclesiæ inferebantur in gardâ, ressorto, & superioritate, quas Dominus Rex habere dinoscitur in civitate Lugdunensi, ac tota temporalitate ipsius Ecclesiæ in Regno Franciæ constitutâ, ad instantem supplicationem Domini Ludovici bonæ memoriæ Lugdunensis Archiepiscopi, Decani, & Capituli ipsius Ecclesiæ; necnon ad preces sanctissimi Patris Domini C. Dei gratia summi Pontificis, dictus Dominus Rex ad tractatum & compositionem evidenter utilem & multipliciter gratiosam ipsi Ecclesiæ descenderat super præmissis & aliis quæstionibus quæ vertebantur, seu verti poterant inter dictum Dominum Regem, seu ejus gerentes, ex parte unâ, & dictos Archiepiscopum & Capitulum, ex alterâ, quam compositionem dictus Archidiaconus Procurator & Procuratorio nomine dictorum Archiepiscopi & Capituli inieverat super præmissis cum Domino Rege præfato, quod insuper eadem compositio per dictum Archiepiscopum nunc dictum, & dictum Capitulum, ac subsequenter per ipsum Archiepiscopum, qui nunc est ratificata fuerat, laudata, & etiam approbata. Exposuit etiam dictus Miles præfato Archiepiscopo, quod sicut idem Archiepiscopus in prædicta compositione viderat contineri in eâ cavetur expressè, quod quilibet Archiepiscopus Lugdunensis, dùm fidelitatem præstari consuetam præteritis temporibus, ab Archiepiscopis Lugdunensibus Domino Regi prædicto, vel ejus successoribus faciet, jurare tenetur se compositionem ipsam, & contenta in eâ toto vitæ suæ tempore fideliter servaturum. Quare dilectus Miles nomine Domini Regis prædicti tanquam ejus authoritatem gerens requisivit præfatum Archiepiscopum, ut fidelitatem debitam, & à suis prædecessoribus præstari consuetam, dicto Domino Regi præstaret, ac juxtà formam compositionis prædictæ dùm ipsam fidelitatem faciet, seu præstabit, juret ad sancta Dei Evangelia sibi proposita, se toto vitæ suæ tempore compositionem fideliter custodire prædictam, offerens dictus Miles Dominum Regem præfatum seque nomine ipsius Domini Regis, ipsi Archiepiscopo & Ecclesiæ suæ paratos exequi & complere, quantum ad ipsum Dominum Regem attinet omnia & singula in dictâ compositione contenta, Item adjecit dictus Miles, quod cum in dictâ compositione caveatur expressè, quod si quæ in ea continentur quæ declarationem, emendationem, vel mutationem verborum indigeant, discretus vir Magister P. de Bellapertica Domini Regis præfati Clericus, aut post ejus decessum à Domino Rege deputandus & dictus Archidiaconus, aut post ejus decessum ab Archiepiscopo & Capitulo Lugdunensi deputandus ea declarare, salvâ compositionis substantiâ valeant corrigere, vel mutare, prout eorum discretioni videbitur faciendum, cumque dictus Magister P. de Bellapertica postmodum factus Episcopus Antisiodorensis decesserit, idem Miles tanquam authoritatem gerens ipsius Domini Regis, & ejus nomine obtulit præfato Archiepiscopo se paratum de præsenti deputare certam personam honestam, honorabilem, providam & discretam præsentem Parisius, & instituere per litteras Domini Regis patentes, quæ omnia prædicta unà cum dicto Archidiacono, vel alio deputando per ipsos Archiepiscopum & Capitulum compleat de plano, omni morâ omnique dilatione postpositâ, cum etiam idem Archiepiscopus asserat plura in dictâ compositione contineri, quæ declarationem indigent, quæ vellet declarari antequam ipse juret compositionem prædictam se servaturum. Obtulit dictus Miles eidem Archiepiscopo nomine & authoritate Domini Regis ut suprà, Dominum Regem ipsum paratum recipere fidelitatem ipsius Archiepiscopi, quam idem Archiepiscopus sibi præstare tenetur unà cum dicto juramento, de dictâ compositione custodiendâ & fideliter observandâ, salvis declarationibus per dictos declaratores faciendis, correctionibus, mutationibus, seu emendationibus

supr

suprâdictis, & quod juramentum hujusmodi non liget dictum Archiepiscopum, nisi ad observationem dictæ compositionis, juxta declarationem, mutationem, correctionem, seu emendationem prædictas, si quæ fuerant faciendæ, & de his idem Miles sicut ille qui portat sigillum Domini Regis nomine, & authoritate Domini Regis ejusdem se paratum obtulit dare Archiepiscopo præfato litteras patentes Domini Regis ipsius sigillo ejus munitas, Item cum præfatus Archiepiscopus diceret, quod aliqua continebantur in dicta compositione, quæ tangebant ipsum Archiepiscopum & ejus Capitulum, & de quibus esse poterat quæstio inter eos, dictus Archidiaconus, ut Procurator ipsius Capituli obtulit dicto Archiepiscopo, præsente dicto Milite, dicti Domini Regis, & pro eo consentiente, se nomine dicti Capituli paratum consentire unà cum ipso Archiepiscopo & deputare aliam personam idoneam, non suspectam ad faciendum declarationem, mutationem, vel emendationem prædictas, si quæ faciendæ fuerint cum deputato pro iis à Domino Rege prædicto. Item cum, ut dictus Miles intellexit, aliqui suggerant præfato Archiepiscopo contineri in compositione prædicta advocationem novam per Gregorianam constitutionem prohibitam, exposuit Miles ipsi Archiepiscopo nullam advocationem novam, seu super novo jure Regio contineri in compositione prædicta, sed super jure antiquo Regio non amplius impediendo certis modis, & formis licitis & honestis, solum compositionem ipsam esse fundatam, & si insuper quid novæ advocationis in ea contineretur, id esset in casibus à jure præmissis non prohibitis in constitutione prædicta. Præterea quod præfatus summus Pontifex, ipsam compositionem ante & post voluerat, & etiam quod idem Archiepiscopus ratificaverat compositionem eandem. Obtulit insuper idem Miles authoritate Domini Regis prædicti se paratum concedere, & dare litteras ipsius Domini Regis patentes sigillo ejus sigillatas, in quibus caveatur expressè ac contineatur protestatio ipsius Archiepiscopi, in quam Dominus ipse Rex consentit, videlicet quod quicquid faciet dictus Archiepiscopus in prædictis acceptando dictam compositionem, vel jurando se custoditurum eandem, hoc facit authoritate reverentiâ, & jure Romanæ Ecclesiæ semper salvis, quatenus eam præmissa tangere possunt vel debent. Quod insuper nullam advocationem novam intendit facere contra constitutionem prædictam, sed solum jus Regium antiquum, quod ad ipsum Dominum Regem poterat anteà pertinere, super in dicta compositione contentis, compositione hujusmodi acceptabatur, non omni juris præjudicio ejuslibet alieni, & quod hæc omnia contineantur expressè in litteriis Regis supradictis. Idem obtulit dictus Miles nomine dicti Domini Regis Archiepiscopo memorato, quod si super præmissis, vel aliquo præmissorum, vel ea tangentibus ex parte Domini Regis ipsius, plus vel melius eidem Archiepiscopo fieri poterat, vel offerri paratus erat dictus Dominus Rex, idemque Miles pro eo cum effectu, sine morâ facere & complere, juxta cognitionem Magistrorum Curiæ Domini Regis Parlamentum ejus tenentium Parisius, & juxta Consilium Reverendorum Patrum Domini Egidij Archiepiscopi Narbonensis, Domini G. Bajocensis, & Domini Mimatensis Episcoporum, & si idem Lugdunensis Archiepiscopus non erat contentus, juxta Consilium Reverendorum Patrum aliorum Prælatorum Parisius præsentium, qui plures magni & multum litterati, & sapientes proceres de Consilio Domini Regis existentes, vel alios, vel etiam juxta Consilium aliorum prudentum qui plures erant Parisius, quos præfatus Archiepiscopus duceret eligendos: *præfatus autem Archiepiscopus nolens acceptare præmissa sibi superius oblata respondit dicto Militi se velle in morâ suâ deliberare*, cum amicis suis antequam procedat amplus in eisdem.

Item dictus Miles exposuit dicto Archiepiscopo se intellexisse, quod discreti viri Amadeus de Croseolio præpositus Valentinus, Humbertus Burdini Decanus Maurinensis, Stephanus Gleterus Miles, Stephanus de Vaissalhaco Canonicus Lugdunensis socij ipsius Archiepiscopi, quibus super præmissis similes oblationes fecerat die quâdam præteritâ pro ipso Archiepiscopo, quædam verba per ipsum Militem post dictas oblationes prolata, quæ secundùm quod fuerant reportata, ut idem Miles intellexerat dictus Archiepiscopus reputabat contrà se dicta, quare idem Miles volebat ad sui excusationem eidem Archiepiscopo in ipsorum sociorum suorum præsentiâ repetere verba illa quæ eisdem dixerat; retulit enim idem Miles quod cùm ab eis intellexisset quasi similem responsionem, quam supra fecit dictus Archiepiscopus in præmissis, nisi quod oblata eis per ipsum Militem reportarent Domino suo, & videret idem Miles dilationem negotij, dixit eis quod aliqui sunt qui consulebant & suggerebant præfato Archiepiscopo propter suam utilitatem privatam, aut suam singularem voluntatem, ut idem Miles intellexerat, quòd non servaret nec acceptaret compositionem prædictam præfatus Archiepiscopus, quod etiam tales Consultores hoc faciebant ad turbandum pacem dictæ Ecclesiæ, patriæ & Regni, & quod tales suggestores non erant fideles ipsi Archiepiscopo, Ecclesiæ suæ, & Regno, imo infideles erant censendi: & quod Rex si sciret tales qui impedirent taliter dictam compositionem, & turbarent pacem Ecclesiæ, patriæ & regni haberet eos pro infidelibus suis. Propter quod dictus Archiepiscopus non debebat eis credere, nec de eis confidere, & ipsis sociis de Consultoribus idem Miles eis dixit, quod ipse benè firmiter credebat quod ipsi non essent de illis Consultoribus, & quod ipsi non consulerent Archiepiscopo, nisi bonum. Unde dixit dictus Miles ipsi Archiepiscopo, quod dicta verba, & non alia sibi dixerat sociis ejus supradictis, & quod illa verba per eum prolata non poterant, nec debebant intelligi dicta contra ipsum Archiepiscopum & ejus honorem, sed contra dictos suggestores. Bene sciebat idem Miles ipsum Archiepiscopum esse & esse debere, tam ratione personæ quàm generis & status sui, & Ecclesiæ suæ fidelem & honestum, & dixit etiam dictus Miles se credere, quod si idem Miles, vel alius contrarium diceret de ipso Archiepiscopo, falsum diceret & mentiretur: dicti verò socij præfati Archiepiscopi, quibus prædicta dixerat idem Miles, & ibidem ipsi militi responderunt quod verè dicta verba per ipsum Militem eis dicta talia fuerant, prout idem Miles sibi retulerat, & uti ipsi retulerant, ipsi Archiepiscopo, & idem Archiepiscopus eidem Militi respondit, quod præfati socij sui eodem modo, & non aliter sibi reportaverant dicta verba. Acta fuerunt hæc anno, indictione, mense, die Pontificatu, & loco prædictis præsentibus infrascriptis Notariis publicis Domino Theobaldo de Vaissalliaco Archidiacono Ecclesiæ Lugdunensis, Magistro Guillelmo de Chenaco Canonico Ecclesiæ Parisiensis, Domino Bernardo de Anguissello Milite Domini Regis Gardiatore Lugdunensi, & Magistro Petro de Cabilone Procuratore Domini Regis in Bailliviâ Matisconensi, & quibusdam aliis vocatis ad hæc testibus & rogatis.

Et ego Radulphus Britonis de Porellis, Clericus Bituricensis, publicus Apostolicâ & Imperiali auctoritate Notarius, prædictis per præfatum Dominum Guillelmum de Nogareto, Militem Domini Regis eidem Domino Archiepiscopo, ut supradictum est oblatis & expositis, cum infrascriptis publicis Notariis & testibus suprascriptis, præsens interfui, exinde præsens instrumentum publicum, manu propriâ scripsi, & signo meo consueto unâ cum signis & subscriptionibus infrascriptorum publicorum Notariorum, signavi rogatus.

G

Et ego Amisius de Aurel, dictus le Balif, Clericus sacrosanctæ Romanæ Ecclesiæ auctoritate Notarius publicus, præmissis omnibus & singulis, prout superius sunt expressa unà cum Notariis publicis & testibus supra scriptis, præsens interfui, ea vidi & audivi, & huic publico instrumento inde confecto, me subscripsi, & illud in testimonium præmissorum signo meo solito signavi rogatus.

Et ego Guillelmus de Cepeyo Clericus Senonensis Diœcesis, publicus Apostolicâ auctoritate Notarius prædictis omnibus & singulis, prout superius sunt expressa per præfatum Dominum G. de Nogareto, dicto Archiepiscopo, ut suprædictum est oblata dictis & expositis unà cum hic conscriptis notariis publicis ac testibus suprascriptis, præsens interfui, vidi & audivi, & in præsenti publico instrumento unà cum subscriptionibus dictorum Notariorum me subscripsi, signumque meum solitum unà cum signis Notariorum ipsorum apposui rogatus.

Et ego Jacobus de Jassenas Trecensis Diœcesis publicus authoritate Apostolicâ Notarius, præmissis per prædictum Dominum Guillelmum de Nogareto, prædicto Archiepiscopo, ut suprædictum est oblatis, dictis & expositis unà cum subscriptis Notariis publicis & testibus, præsens interfui, & hoc publicum instrumentum inde confectum, meo signo consueto signavi rogatus, unà cum signis & subscriptionibus Notariorum ipsorum.

Coffr. Lion. numero 53.

OPPOSITION

Du vingtiesme Octobre 1311. formée à l'execution des traitez de 1307. c'est à dire, des Philippines, par tout le Clergé du Diocese de Lyon, tant seculier que regulier, par tous les Seigneurs & Gentils-hommes de la Province, & habitans de ladite Ville.

IN Dei nomine. Amen. Anno ejusdem millesimo trecentesimo undecimo, Inditione decima, decimoquarto Kalendas Novembris, videlicet die Martis post Festum beati Lucæ Evangelistæ, Pontificatus Sanctissimi Patris ac Domini nostri Domini Clementis divinâ providentiâ Papæ quinti, anno sexto, in præsentiâ nostrorum publicorum Notariorum infra scriptorum, & testium subscriptorum, ad hæc specialiter vocatorum & rogatorum, coram nobilibus ac discretis viris Dominis Beraudo Domino Mercorij, & Regnaudo Domino de Sancta Bona Militibus, Magistris Dionysio de Senonis Decano Senonensi, & Alano de Cambilia Thesaurario Cathalaunensi, Ecclesiarum Clericis, ac Bernardo de Meso familiare Illustrissimi Domini Regis Francorum, pro Commissarijs ipsius Domini Regis, se gerentibus, in Aulâ seu Palatio domus Archiepiscopalis Lugdunensis, comparuerunt Prælati, Religiosi, Ecclesiæ Barones & nobiles infrascripti, videlicet Saviniacensis & Athanacensis Monasteriorum Abbates, Sanctorum Hyrenæi & Romani in Iaresio Ecclesiarum Priores, Dominus Johannes Comes forensis, Dominus Beraudus de Laviaco, Dominus de Yserone, Dominus de Chaignon, Dominus de Valledraconis, Dominus de Greseu, Dominus de Chamoisel, Matthæus de Talaru, Soffredus de Faverges, Dominus de Brolio, Dominus D'yoin, Dominus de Bosco, Dominus de Castellione Dasergo, Dominus Henricus Dalbon, Dominus de Polougney, Dominus Guido Dalbon, Dominus de Sancto Ferreolo, Dominus Guillelmus Dalbon, Dominus de Balneolis, Dominus Guichardus, Dominus Daly, Dominus de Lissieu, Dominus Guiellelmus de Lissieu, & Dominus de Montigniaco personaliter, ac Dominus Bellijoci per dominum Bartholomæum de Io Clericum, Prior Conventus Monasterij Insulæ Babaræ per Fratrem Guillelmum de Sartines Celerarium ipsius Monasterij, Aymarus Dominus Rossilionis per Hugonem Arrici domicellum, Jacobus Dominus de Jaresio per Johannem Præpositi Castellanum sancti Annemundi, Procuratores suos ad hoc sufficienter instructos, quorum Procuratoria penes nos infrascriptos Notarios remanserunt sigillis authenticis sigillata, ut primâ facie apparebat, ac Capitulum Ecclesiæ Sancti Justi supra Lugdunum, per discretum virum Dominum Henricum D'Ars Canonicum ipsius Ecclesiæ Sancti Justi, ad quam diem supra nominati vocati fuerant, & citati coram Commissariis supradictis, dicturi & proposituri, quicquid omnes & singuli ex eis, tam conjunctim, quàm divisim, dicere aut proponere vellent, quatenùs eorum cujuslibet interesset, in & contra quandam compositionem inter dictum Dominum Regem ex unâ parte, ac Reverendum Patrem Archiepiscopum, ac venerabiles viros Decanum & Capitulum Lugdunense ex alterâ, initam, ut dicebant, ac omnes alij generaliter quos negotium hujusmodi tangeret, aut tangere posset, prout per Commissariorum ipsorum citatorum litteras nobis infrascriptis publicis Notariis, palàm & publicè exhibitas ibidem nobis constitit evidenter. Cum quibus etiam personis prædictis coram Commissariis ipsis comparuerunt, die & loco prædictis Cives Lugdunenses, per discretos viros Dominum Humbertum de Vallibus Legum Doctorem, Magistrum Johannem Fabri Jurisperitum, & Bartholomæum Caprarij Procuratores suos, quorum Procuratorum litteræ erant penes Curiam dicti Domini Regis, ut dicebant, ac quamplures ex ipsis civibus Lugdunensibus, cum eisdem Procuratoribus suis, necnon quamplurimi alij nobiles, propter hæc cum personis eisdem prædictis. Qui siquidem tam Prælati, Religiosi, & alij Barones & nobiles, quàm cives Lugdunenses, tàm ad persecutionem juris, & honorum, personarum, & locorum ac successorum suorum, quàm ad conservationem, tuitionem, & defensionem jurium & honoris dicti Domini Regis, ac totius regni Franciæ, quantum in ipsis erat, eatenùs se jungentes in unum, & unum facientes, ut dicebant, ante omnem querimoniam, aut supplicationem, quam ipsi super aut contradictam compositionem proponere unanimiter & concorditer, voce unanimi proposuerunt & dixerunt, videlicet Prælati, Religiosi, Barones & nobiles supradicti, per nobilem virum Dominum Guichardum de Marziaco militem, & cives Lugdunenses, per discretum virum Dominum Humbertum de Vallibus venerabilem Legum Professorem prædictum, quod tota civitas Lugdunensis, Baroniæ & terræ prædictorum sunt, & ab æterno fuerunt sitæ in regno Franciæ, in Regis qui nunc est & prædecessorum suorum, qui pro tempore fuerunt gardâ, superioritate, & ressorto & omnimodâ obedientiâ, quantum ad gardam superioritatem pertinet, & ressortum : nec in temporalitate eorum unquam præteritis temporibus ipsi aut prædecessores eorum, quantum ad gardam, superioritatem pertinet, & ressortum, alium quam dictum Dominum Regem Francorum, & prædecessores suos agnoverunt, habuerunt, nec etiam reclamarunt : nec etiam futuris temporibus alium, quàm ipsum Dominum Regem & successores ipsius, quantùm ad gardam, superioritatem pertinet, & ressortum, ipsi, aut successores eorum agnoscent, nec habebunt, Domino concedente, salvis, feodis, & retrofeodis, in quibus aliqui eorum Archiepiscopo, Capitulo, vel Ecclesiæ Lugdunensi tenentur, adjicientes inquantum, quod licet eorum aliqui ab Ecclesiâ Lugdunensi Archiepiscopo, vel Capitulo Lugdunensi aliquid feodo, vel retrofeodo teneant, ipsi tamen, Archiepiscopo vel Capitulo eisdem in jurisdictione temporali non sunt, nec unquam fuerunt subditi, nec quantum ad gardam, superioritatem pertinet, & ressortum, unquam subfuerunt, subsunt nec suberunt in æternum ; nec eis aliquo tempore paruerunt, videlicet Prælati, Religiosi, Ecclesiæ, Barones & Nobiles supradicti : prædictósque Archiepiscopum & Capitulum habent, & ab æterno usque nunc Regis habuerunt, & Deo dante in æternum habebunt ut sibi vicinos, & quantum in futurum meruerint in amicos dumtaxat : nec extrà gardam, superioritatem & ressortum dicti Domini Regis, & quoad hæc Regis ipsius obedientiam, ipsi omnes & singuli, tam singulares personæ, tàm Ecclesiæ quàm alia corpora, utpote civitas Lugdunensis ab æterno fuerint, nec etiam erunt in æternum, Domino concedente. Insuper præmissis adjicientes, tam Prælati, Religiosi, & alij Barones & nobiles, quàm cives prædicti per præfatos Guichardum & Humbertum, ipsis ut supradicta dictum est, præsentibus ad hoc, & præmissa audientibus, ratificantibus & advocantibus ibidem : quòd ipsi, tam Prælati, Religiosi & alij, quàm Barones & nobiles, ac cives prædicti, tam in guerris quàm exercitibus, tam dicti Domini Regis quàm prædecessorum suorum, tamquam Regis & Regni Franciæ devoti, subditi & fideles, non solùm bona sua & subditorum suorum multiplicatis vicibus, pro regalibus subsidiis, per regales permittendo levari, sicut in aliis ipsius Regni partibus pacificè fuit unquam permissum, quàm etiam sua & parentum, liberorum carnalium, & proximorum suorum mortis discrimini exponendo, ob Regis & Regni tuitionem, jurium & honorum, & etiam si immineret necessitas pro bonorum, personarum, & liberorum suorum expositione discrimini se paratos dicebant, & in istis voluntate & veritatis agnitione volebant omnes supradicti nominati mori & vivere, ut dicebant, in prædictis, & super prædictis dicto Domino Regi & ejus prædecessoribus, pro præteritis temporibus obediendo, & pro subditis ipsius se gerendo & obtemperando, etiam in mandatis ejusdem, & etiam sibi & ejus successoribus in futuris temporibus se paratos dicebant, tamquam ipsius Domini Regis devoti, subditi & fideles. Acta & dicta & prolata fuerunt hæc omnia & singula præmissa anno Domini, Indictione, die, Pontificatu & loco prædictis, præsentibus nobilibus viris Dominis Egidio dicto de Malbuisson Bailliuo Matisconensi, Poncio de Vissac, Johanne de Andelo, & Hugone de Marziaco Militibus, Domino Petro dicto Rumo Presbitero, Jacobo Balbi Cancellario Curiæ sæcularis Lugdunensis, Jacobo dicto de Rans, Simone Remondi, Stephano dicto Puisat, Odone dicto Fallart, Andrea de Argentes & Andrea de Cadrellis Clericis, Johanne Dalmacij, Armando de Castronovo, Johanne de Sancta Bona, Johanne de Meso & Regnaudo de Meguier domicellis, ac pluribus aliis testibus ad præmissa vocatis specialiter & rogatis.

Et ego Guillelmus de Cepeyo Senonensis Diœcesis Clericus publicus, Apostolicâ Imperiali auctoritate Notarius, actis dictis & prolatis præmissis omnibus & singulis, prout suprascripta sunt, unâ cum Jacobo de Vergeyo Apostolicâ, Petro de Costa, & Andrea Vachoti Clericis Regiâ authoritate publicis Notariis hic subscriptis, ac testibus suprascriptis, præsens interfui, & in hanc publicam formam manu meâ propriâ redegi, scripsi & publicavi, hic me cum ipsis subscripsi, signumque meum solitum unâ cum signis eorum apposui rogatus.

Ego verò Andreas Vachoti Lugdunensis Clericus, auctoritate Regia Majestatis publicus Notarius, actis, dictis & prolatis præmissis omnibus & singulis, prout suprascripta sunt unâ cum præfato Guillelmo de Cepeyo Apostolicâ & Imperiali, unâ cum Jacobo de Vergeyo Apostolicâ & Regiâ authoritatibus, & Petro de Costa authoritate Regiâ Notariis, hic suprascriptis & testibus suprascriptis, præsens interfui, & præsenti instrumento inde confecto, manu propriâ me subscripsi, signumque meum solitum unâ cum signis eorumdem apposui rogatus.

Ego verò Jacobus de Vergeyo Eduensis Diœcesis Clericus publicus, Apostolicâ & Regiâ auctoritatibus Notarius, actis, dictis & prolatis præmissis omnibus & singulis, prout suprascripta sunt unâ cum præfato Guillelmo de Cepeyo Apostolicâ &

Imperiali, & Petro de Costa, ac Andrea Vachoti Regiâ authoritate Notariis subscriptis & testibus supradictis, præsens interfui, & præsenti instrumento inde confecto, manu propriâ me subscripsi, signumque meum solitum unâ cum signis eorum apposui rogatus.

Ego verò Petrus de Costa Lugdunensis Diœcesis Clericus, authoritate Regiâ Notarius publicus, actis, dictis & prolatis præmissis omnibus & singulis, prout suprascripta sunt, unâ cum præfato Guillelmo de Cepeyo Apostolicâ & Imperiali unâ cum Jacobo de Vergeyo, Apostolicâ & Regiâ authoritatibus, ac Andreas Vachoti authoritate Regiâ Notariis bis suprascriptis & testibus supradictis, præsens interfui, & præsenti instrumento inde confecto, manu propriâ me subscripsi, signumque meum solitum unâ cum signis eorum apposui rogatus.

CONTRACT DU MOIS D'AVRIL de 1312. contenant l'échange fait entre le Roy & Pierre de Savoye, Archevesque de Lyon: par lequel il cede & transporte au Roy la Justice haute, moyenne & basse de ladite Ville : & le Roy en échange promet luy donner, comme effectivement il luy donna, une recompense proportionnée à ladite Jurisdiction, en terres en toute Justice, au dire d'experts, desquels il fut convenu.

UNIVERSIS præsentes litteras inspecturis præsentibus & futuris, Nos P. de Sabaudia miseratione divina Archiepiscopus Primæ Lugdunensis Ecclesiæ notum facimus : Quod nos considerantes mala pericula, & scandala gravia, quæ nobis, prædecessoribus nostris, Ecclesiæ nostræ, subditis nostris, & specialiter civibus Lugdunensibus, patriæque vicinæ, retroactis temporibus provenisse noscuntur notoriè, ex questionibus, discordiis, ac controversiis, quæ inter nos prædecessorésque nostros ex una parte, ac Capitulum Ecclesiæ nostræ ex alterâ, necnon inter nos ac prædecessores nostros, nunc unà cum Capitulo, nunc per nos sine Capitulo, nunc inter ipsum Capitulum per se ex unâ parte, civesque prædictos Lugdunenses ex alterâ, multis modis, variis, & diversis ratione jurisdictionis temporalis civitatis Lugdunensis, Castri Sancti Justi, villæ Sancti Hyrenæi, Forverij, Sancti Sebastiani, & jurisdictionem ipsam tangentium, retroactis & longævis temporibus processerunt pericula, insuper dispendia mala & scandala, quæ ex discordia nostrâ, prædecessorum nostrorum, ac Capituli nostri ex una parte, ac gentes Domini Regis Francorum Progenitorumque suorum ex alterâ, præsertim juris dicti Domini Regis Progenitorumque suorum ignorantiâ, falsísque suggestionibus personarum, pacem Ecclesiæ nostræ civitatis, & patriæ turbare volentium, concurrentibus ratione dictæ jurisdictionis, & eam contingentium, præteritis temporibus provenerunt in tantum, quod nisi de peroptimo provideretur remedio præfatis occurrendo malis & scandalis pro futuro graviora, quinimmo dictarum civitatis & Ecclesiæ, quod absit, excidium & pacis patriæ grandis turbatio sequi possent, diligentius attendentes, quòd tractatus, compromissa, pronunciationes, arbitria, transactiones, seu compositiones ad prædicta mala tollenda præcesserint, quæ non profuerunt finaliter, sed potius dispendij majoris occasionem dederunt, totis desideriis affectantes Ecclesiæ nostræ pacem adjutore Deo parare, sic quòd in eâ, cæteris etiam Ecclesiis civitatis Lugdunensis, cultus divinus, & Ecclesiastica Sacramenta deficere nequeant, occasione præmissâ, quemadmodum pluries frequenter longis & diversis temporibus olim notoriè defecerunt, ac undique præfatæ discordiæ, pericula, scandala, atque dispendia rerum, animarum & corporum cessent, securitas & quies firmetur publica, necdum dictarum civitatis & patriæ, sed & totius rei publicæ Regni Francorum à Domino benedicti, quorum eventus contrarius, ut præteriti temporis exempla nos docent, nisi prædictis occurreretur periculis, sequi posset, viam solam ad hoc sufficientem providâ delibera-

G ij

tione sapientum plurium præcedente, nullam aliam videntes, elegimus, ut totam & omnimodam jurisdictionem temporalem prædictam dictorum locorum ad nos ratione nostræ Ecclesiæ pertinentem, modo infrascripto, ex permutationis causâ transferamus in Serenissimum Principem Dominum Philippum Dei gratiâ Regem Francorum, successoresque suos Reges Francorum futuros Ecclesiarum propitios defensores, per quorum manum exercebitur & gubernabitur, hujusmodi jurisdictio ad salutem spiritualem & temporalem animarum & corporum, pax & quies Ecclesiæ nostræ, necnon & civitati donabitur: cessabunt dicta pericula & scandala, præmissis occurretur dispendiis, quies, pax & tranquillitas patriæ præstabitur, ac securitati providebitur, quod aliter commodè fieri non posset rei publicæ dicti Regni: dictusque Dominus Rex ultra hanc temporalitatem indemnem servabit Ecclesiam nostram pro jurisdictione prædictâ, condignam recompensationem nobis & Ecclesiæ nostræ præstando. Permutationem igitur hujusmodi inivimus & inimus de præsenti cum Domino Rege prædicto, & ex causâ permutationis ipsius pro Nobis, successoribus nostris, & Ecclesiâ nostrâ. Damus atque concedimus in perpetuum Domino Regi prædicto, suisque successoribus Francorum Regibus, merum mixtum Imperium, & omnimodam jurisdictionem, altam & bassam temporalem civitatis Lugdunensis, & ejus pertinentiarum citra flumen Sagonæ, & ultrà, jurisdictionem insuper omnimodam temporalem Castri Sancti Justi prope Lugdunum, villæ Sancti Hyrenæi, Forverij, & Sancti Sebastiani, jurisdictionem etiam omnimodam, quam Nos adquisivimus à Domino Bellijoci prope Lugdunum, quæ protenditur infrà vetera fossata à flumine Sagonæ usque ad Rodanum, & inde descendendo usque ad pontem Rodani cum suis insulis: jurisdictionem etiam jurium & pertinentiarum locorum ipsorum, prout & inquantùm ad Nos pertinere possunt, seu pertinere possunt, & debent ratione nostræ Ecclesiæ Lugdunensis, & Abbatis Sancti Justi, cum omnibus emolumentis & juribus quibuslibet jurisdictionis prædictæ. Retinemus tamen Nobis, successoribus nostris & Ecclesiæ nostræ quæ sequuntur; videlicet merum mixtum Imperium ac jurisdictionem omnimodam temporalem Castri Petresciffæ, cum pertinentiis infrascriptis, videlicet à Monasterio Sancti Martini pulli inclusivè, sicut ascenditur per montem usque ad Turretam, & à Turreta sicut murus villæ Lugdunensis descendit usque ad fossata Petresciffæ, & inde sicut mons descendit usque ad portam Burgi novi exclusivè, cum emolumentis & juribus jurisdictionis ipsius. Monetam nostram insuper Lugdunensem, & cursum ejusdem hactenus consuetum, quam monetam Nos, successoresque nostri cudere poterimus, & operari infra civitatem Lugdunensem, vel extra in locis nostris, Monetarijque, & operarij monetæ nostræ prædictæ gaudebunt privilegiis consuetis, Nosque, successoresque nostri cohertionem & jurisdictionem monetariorum & operariorum ipsorum in dictâ monetâ operantium habebimus, cum forsan deliquerint in officio suo prædicto. Item cohertionem, compulsionem, & jurisdictionem, in levandis, percipiendis, & colligendis leodis pedagiis, censibus, salvis banno vini mense Augusti, & aliis redditibus & deveriis nostris, cum incursibus seu commissis, qui in eis seu circa res ipsas contingent. Item cohertionem & jurisdictionem in familiâ nostrâ, successorumque nostrorum Archiepiscoporum Lugdunensium, videlicet in domesticis & familiaribus nostris, quos sine fraude in obsequiis nostris tenebimus, in omnibus casibus, exceptis enormibus criminibus, ut homicidio, raptu, & similibus. Retinemus insuper exercitum & cavalcatam nobis, successoribusque nostris in civitate Lugdunensi & locis prædictis, prout ad nos pertinent pro cohertionibus faciendis, seu pro guerris, quas nos habere continget

ultrà Sagonam, vel ultrà Rhodanum, prout est in illâ patriâ consuetum. Nobis etiam ac successoribus nostris retinemus festum appellatum mirabilium, cohertionem & punitionem, inobedientiam & delinquentium in non faciendo debitum suum circa dictum festum, prout est apud Lugdunum alias consuetum. Dictus etiam Dominus Rex, seu gentes suæ nunquam tenebunt Curiam suam temporalem, nec carcerem habebunt in domo Archiepiscopali, nec in porprisiis seu adjacentiis domus ejusdem apud Lugdunum. Nos etiam, successoresque nostri habere poterimus Lugduni nostros Ministros idoneos, ad exercendum cohertionem, compulsionem & jurisdictionem suprà nobis retentas: dictus verò Dominus Rex pro se & successoribus suis præmissa acceptans atque recipiens, dat nobis, successoribus nostris & Ecclesiæ nostræ concedit atque constituit, de præsenti & in perpetuum, ex causâ permutationis prædictæ recompensationem condignam, decentem & congruam consideratis præmissis omnibus & conditionibus, eorundem in terra quæ erit nobis, & Ecclesiæ hæreditaria, cum mero mixto imperio, & omnimodâ jurisdictione altâ & bassâ, emolumentis, & juribus pertinentibus ad eandem, Nobis & Ecclesiæ nostræ in locis congruis, ad æstimationem & arbitrium proborum virorum communiter ponendorum, quos ipse Dominus Rex & Nos nominatim per alias litteras nostras ponemus, qui juramentum tactis sacrosanctis Evangeliis præstabunt, se in iis peragendis fideliter habituros, qui æstimabunt, quæ hinc inde recipientur ex causâ prædictâ: dictisque Dominus Rex, vel successores sui ex causâ permutationis hujusmodi non consequetur, nec nanciscetur possessionem præmissorum, quæ nos ex præsenti permutatione sibi concedimus, & quæ debet ex causâ hujusmodi consequi, quousque ipse, vel successores sui Nobis, vel nostris successoribus realiter tradant & deliberent ea quæ ipse Dominus Rex nobis concedit, debetque nobis præstare ex causâ permutationis istius & recompensationis prædictæ: traditionem tamen eorum quæ suprà sibi concedimus ipsi Domino Regi de præsenti conditionaliter facimus, & jus reale sibi constituimus nunc ut ex tunc, & tunc ut ex nunc, cum recompensationem prædictam fuerimus consecuti, & è converso similiter idem Dominus Rex nunc ut ex tunc, & tunc ut ex nunc traditionem præmissorum, quæ ex recompensatione prædictâ consequemur nobis facit, & jus reale nobis constituit in eisdem, dictaque traditio præmissorum quæ nos dicto Domino Regi suprà concedimus, tunc demum & non ante suum habebit effectum, cum nos consequemur recompensationem prædictam, Nosque recompensationem ipsam ex nunc & terram, quam ex recompensatione hujusmodi consequemur, tenebimus in feodum à Domino Rege, successoribusque suis prædictis, nec ipse Dominus Rex successoresve sui præmissa, vel aliquid ex eisdem extrà manum suam Regiam unquam ponent. Præmissa verò omnia & singula nos complere, tenere, & servare perpetuò per solemnem stipulationem promittimus, & ad sancta Dei Evangelia juramus Domino Regi prædicto, successoribusque suis, Nos, successoresque nostros, Ecclesiam nostram, & bona omnia præfatæ nostræ Ecclesiæ sibi solemniter obligantes. In cujus rei testimonium & munimen, sigillum nostrum præsentibus duximus apponendum. Datum apud Viennam, die Lunæ post misericordiam Domini, mense Aprilis, anno Domini millesimo trecentesimo duodecimo. *Scellé d'un sceau en cire rouge sur cordons de soye rouge, pendant au milieu d'un petit reply en parchemin.*

REVOCATION DU VINGTIESME
Avril 1312. des Lettres patentes de 1307.

PHILIPPUS Dei gratiâ Francorum Rex, Notum facimus universis quod inter Nos ex unâ parte, & Procuratorem Ludovici tunc Archiepiscopi, Decani & Capituli primæ Lugdunensis ex alterâ, quædam compositio fuerit concordata super pluribus quæstionibus & controversiis, quæ inter gentes nostras ex unâ parte, & dictos Archiepiscopum & Capitulum ex alterâ, vertebantur. Conquerebamus graviter de compositione prædictâ, & de contentis in ea Cives Lugdunenses, nec non Abbates & Conventus Monasteriorum Athanatensis, Saviniacensis, Insulæ Barbaræ, Capitulum Ecclesiæ sancti Justi, Prior sancti Hyrenæi, Barones patriæ Lugnensis, vicinarumque partium nobiles Burgenses & plebeji, nedum ij qui subjecti non erant jurisdictioni dictorum Archiepiscopi, vel Decani & Capituli, sed etiam eorum temporali jurisdictioni subjecti. Dicebant etenim nos in compositione prædictâ Ecclesiæ concessisse prædictæ primarum appellationum ab eorum Curiis interponendarum, ac primi ressorti cognitionem & executionem : certam insuper, latámque Baroniam limitatam, infrà quam præfati Archiepiscopus, Decanus & Capitulum omnimodam haberent Justitiam & primum ressortum, cùm tamen plures ex ipsis conquerentibus suas temporales jurisdictiones haberent jurisdictioni Lugdunensis Ecclesiæ, vel ressorto in nullo subjectas. Concedebamus, etiam Archiepiscopo Capituloque prædictis in Baronia prædictâ, nedum primum ressortum, sed etiam, quod infrà eam Nos, seu nostri Ministri aliquo casu ad primum ressortum pertinente Iustitiam exequi non deberemus, seu actus ad exercitium Justitiæ pertinentes, nec dominium, vel aliquam temporalitatem nobis acquirere vel fortalitium facere, nec etiam super causis & negotiis ad secundas appellationes, & secundum ressortum pertinentibus per Nos & nostros Ministros cognoscere, sed solùm Parisiius in Parlamentis, nec aliquam executionem facere etiam in casibus nobis retentis, nisi per quatuor servientes duntaxat : magnæque difficultates, ut dicebant, intentationes & involutiones variæ & diversæ, per ea quæ nos concesseramus ipsi Ecclesiæ in compositione prædictâ introducebantur in cognitione secundarum appellationum, & exercitio superioritatis nostræ ac secundi ressorti, nec non nova garda nostra, per compositionem eamdem introducebatur in civitate patriaque prædictis, onerosâ atque difficilis antiquis gardis nostris in protectionem Ecclesiarum, & aliarum plurium personarum justè & licitè introductis sublatis. Portationem armorum, insuper ac cohertionem portationis armorum in aliis personis, per dictam compositionem concedebamus Arciepiscopo, Capituloque prædictis in præjudicium conquerentium eorumdem. Quæ omnia dicebant dicti coquerentes continere manifestè peccatum, cùm ex eis absorbebatur Justitia, & ejus executio notoriè, totaque patria Lugdunensis, atque Respublica lædebatur, præmissáque omnia & singula, plurâque alia gravia quæ per singula numerari foret difficile, quæ introducebantur per compositionem eamdem, manifestè vergebant ut asserebant ipsi conquerentes in injuriam, læsionem atque præjudicium conquerentium ipsorum, & patriæ, reique publicæ Regni nostri, maximè cùm beneficium primarum appellationum ad nos interponendarum, & primi ressorti executio, juris etiam executio Ministrorum nostrorum, atque subsidium ad eos recurrendi super casibus ad primum ressortum, vel secundum, seu superioritatem aliam nostram spectantibus, nedum elongabantur, eis, sed prorsus auferebantur eis, & patriæ per difficultates eventusque prædictos, gardæque solitæ ad salutem patriæ primitùs introductæ, penitùs tollebantur, acquisitioque nostra domaniorum, atque fortaliciorum constructio ad defensionem & tutionem publicam, præsertim in patriis circa regni fines existentibus semper nedum utilis, sed necessaria, diversis causis & rationibus diligenter attentis in læsionem atque periculum, nedum patriæ illius; sed reipublicæ regni nostri per compositionem hujusmodi tollebantur. Portationis armorumque dicta cohertio dabatur conquerentium ipsorum emulis, adversùs quos oportebat pluries secum armis defendere conquerentes eosdem : addentes, quod cum olim Prælati, nobiles, & aliæ quàm plures personæ partium illarum nobis per litteras suas patentes, cum instantiâ supplicassent, ut tractatum ceptum super sedandis discordiis gentium nostrarum, & Ecclesiæ prædictæ, concordare vellemus, atque pacificare, & in tranquillitate ponere Ecclesiam supradictam, ex quo tractatu dicitur postmodum dicta compositio subsecuta, numquam fuerat supplicantium ipsorum intentio, neque propositum, ut dicebant, consentire tot & tantis præjudiciis præmissis per compositionem introductis, seu introducendis, eademque præjudicia numquam fuerant eis imposita, sed ea penitus ignorabant. Propter quæ præfati conquerentes pluries & diversis locis, atque temporibus postquam intellexerunt præmissa in præfatâ compositione contenta, Nobis supplicarunt, & cum instantiâ postularunt, ut prædicta tollere, & super eis remediare, pacificaréque dictam patriam dignaremur, ex quibus si non adhiberetur per nos remedium, prætendebant sequi posse in futurum inter eos & dictam Ecclesiam pericula multa, & scandala, sicut præteriti temporis exempla demonstrant. Dilectus insuper & fidelis P. nunc Archiepiscopus Lugdunensis, licet postquam fuit ad Ecclesiæ prædictæ regimen assumptus, ignarus contentorum in eâ approbaverit per suas patentes litteras, & servare promisit compositionem prædictam sicut ejus fecerant prædecessores, postmodùm tamen intellectis, ut asseruit præjudiciis in dictâ compositione contentis, quæ in patriæ læsionem vergebant, nostram Curiam adiens apud Lilium propè Melodunum, ac gentes nostras, contrà compositionem reclamavit prædictam, & ab eâ resilivit contra eam veniendo, quatenùs tempore fuit, pro se Ecclesiáque sua, licet, ut dicebat, ignarus præmissorum contentorum in eâ, litteras approbationis prædictæ prætitùs concessisset. Veruntamen ductus inconsulto calore cum debuisset nostrum Justitiæ remedium super iis expectare, quod & cæteri etiam, qui se lædi ex dictâ compositione dicebant, ex parte fuit nostrâ pluries & frequenter oblatum, manus extendit ad scandala in nostrum grave præjudicium, atque periculum patriæ manifestum, quamvis post correctionis nostræ virgam suum peccatum agnoscens, misericordiam à nobis, ut à suo Principe intentè & humiliter postulavit, cui nos misericordiæ divinæ nolentes oblivisci, defectum prædictum, quamvis tam grandem clementer remisimus, & eum ad gratiam nostram, ac etiam ad fidelitatem ab antecessoribus suis præstari solitam & homagium nostrum admisimus; sperantes adhuc, ut de beato Petro legitur, ex ejus pœnitentiâ nobis, & Ecclesiæ suæ profuturum eundem. Cum igitur ut nuper declaravimus ad honorem Dei, promotionem & stabilitatem fidei Catholicæ, ad hoc Viennæ generale Concilium, gentes nostras præmisimus quæ prædictas quærimonias diligenter audiverunt, & vocatis & auditis super præmissis plenè Decano & Capitulo Lugdunensis Ecclesiæ, cum eis tractaverunt, ac nos ipsi postmodùm ipsos Decanum & Capitulum vocavimus, & cum Magnatibus nostris sollicitè tractavimus super remedio in præmissis omnibus adhibendo, & vias pacis, atque concordiæ quæsivimus Ecclesiæ Lugdunensis patriæque quieti paratam, Nos viam aliam, non videntes ex causâ permutationis jurisdictionem tempora-

G iij

lem omnimodam civitatis Lugdunensis, Castri Sancti Justi, Forverij, locorumque aliorum vicinorum ab Ecclesia Lugdunensi, pro recompensatione condignâ eidem Ecclesiæ præstandâ quæsivimus, ex quo contrà pericula, querelas, & præjudicia supradicta in pluribus remedium est allatum, securitas etiam patriæ, pax, & tranquillitas, inde Deo præstante sequentur. Verum, quia iis non contenti conquerentes prædicti, sicut alias fecerunt per nos eis dari remedium contra dictam compositionem, seu in eâ contenta vehementer instabant. Nos affectantes scandala præmissa, atque pericula dictarum partium tollere, pacem atque concordiam Ecclesiæ Lugdunensis, civitatis, & patriæ prædictæ firmare, diligentiùs etiam attendentes compositionem prædictam inter nos, & Procuratorem Ecclesiæ prædictæ, solum tractatam quibuscumque personis aliis, & specialiter prædictis civibus Lugdunensibus, qui semper in contrarium reclamarunt, & præfatis Ecclesiis, & Religiosis, & Ecclesiasticis personis, Baronibus, Nobilibus, Burgensibus, vel plebeis etiam, si quæ personæ liberæ sint exercere jurisdictionem dictorum Archiepiscopi, vel Capituli temporali subjectæ, utpote rem inter alios actam, præjudicium quodlibet rationabiliter afferre non posse declaramus, atque Pragmaticâ Sanctione nostrâque authoritate Regiâ decernimus civibus prædictis civitatis Lugdunensis, Ecclesiis præfatis, Religiosis ac personis Ecclesiasticis, Baronibus, Nobilibus, Burgensibus, & plebeis, vel quibuscumque personis, villis, castris, vel locis, extrà nos & dictam Ecclesiam, dictam compositionem, seu in eâ contenta nullum juris, vel facti præjudicium prorsus afferre, sed quantum ad omnes attinet pariter nos eorum successores, hæreditates, vel jura in nullo ligare, sed quoad ad eos pro infectâ haberi censimus Compositionem eandem, & eos omnes ponimus, & esse volumus, decernimus, atque perpetuô authoritate prædictâ statuimus, quoad ressortum nostrum superioritatemque nostram jurisdictiones suas, eorum videlicet qui eas alias habuerunt gardam nostram, ac omnia alia jura expressâ superius, vel etiam non expressâ, quæ difficile intimari valerent, ac quicquid etiam ex dictâ compositione quolibet modo sequitur est, in eo statu, & jure in quo erant ante dictam compositionem tractatam. Quatenus autem ad ea in dictâ compositione contenta Nos solum & dictam Ecclesiam tangentia, ex quibus alij cuilibet præjudicium quodlibet non afferetur, Nos deliberatè tam pro nobis, & pro nostra Ecclesia, quam pro Ecclesiâ supradictâ pensabimus, ut si quâ ex eis pro bono publico, correctione vel reformatione indigeant, ea modo debito corrigamus, seu corrigi faciamus, vel in melius reformari, sic quod ex hoc sequatur Ecclesiæ prædictæ utilitas, & res nostra publica non lædatur, in quorum testimonium & munimentum nostrum præsentibus fecimus apponi sigillum, salvo in aliis jure nostro, & quolibet alieno. Actum apud Sanctum Justum prope Lugdunum, die vigesima secunda Aprilis, anno Domini millesimo trecentesimo duodecimo.

Et scellé d'un sceau de cire verte, où est l'effigie dudit Roy Philippes, tenant une fleur de lys en main, en lacs de soye rouge & verte.

LES CINQ ACTES SUIVANS
justifient de l'execution entiere du Contract de vente faite au Roy en 1312. par l'Archevesque, de toute la Justice de la ville de Lyon.

PHILLIPPUS Dei gratia Francorum Rex, Notum facimus universis, præsentibus & futuris, Nos quasdam litteras sigillo dilecti & fidelis nostri Petri de Sabaudia Archiepiscopi primæ Lugdunensis Ecclesiæ sigillatas vidisse, tenorem qui sequitur continentes ; Vniversis præsentes litteras inspecturis P. de Sabaudia primæ Lugdunensis Ecclesiæ Archiepiscopus salutem, Notum facimus nos recepisse, vidisse, legisse, & diligenter inspexisse litteras Serenissimi Principis Domini Philippi Dei gratia Regis Francorum, tenorem qui sequitur continentes. Philippus Dei gratia Francorum Rex universis præsentes litteras inspecturis salutem. Notum facimus quod cum nos permutationis contractum iniverimus, cum dilecto & fideli nostro P. de Sabaudia Archiepiscopo primæ Lugdunensis Ecclesiæ, de jurisdictione omnimodâ temporali totius civitatis Lugdunensis, Castri Sancti Justi, villæ Sancti Hyrenæi, Forverij, Sancti Sebastiani, de jurisdictione etiam prope Lugdunum, quæ protenditur infra vetera fossata à Sagonâ usque ad Rodanum, & inde descendendo usque ad pontem Rodani, cum suis insulis, quam præfatus Archiepiscopus acquisivit à Domino Bellijoci, prout & in quantum ad eum hæc pertinent ratione Ecclesiæ suæ Lugdunensis, & Abbatiæ Sancti Justi, cum juribus & pertinentiis suis certis rebus sibi retentis, quæ præfatus Archiepiscopus nobis dedit & concessit ex permutatione prædictâ, pro recompensatione condignâ terræ hæreditariæ pro eo & Ecclesiâ suâ, quam nos Archiepiscopo præfato dedimus atque concessimus, & assidebimus in locis congruis arbitrio, & ad æstimationem proborum virorum communiter ponendorum, prout hæc omnia in litteris, tam nostris, quàm præfati Archiepiscopi inde confectis plenius continentur : Nos posuimus ad dictum arbitrium & æstimationem præmissorum faciendam, Dilectum & fidelem Guillelmum de Plasiano Militem nostrum, ipse verò Archiepiscopus posuit Johannem Bertrandi Militem familiarem suum, & tam Nos quàm dictus Archiepiscopus communiter posuimus pro tertio, alterum ex duobus, videlicet dilectos & fideles nostros, aut G. Suessionensem Episcopum, aut R. Comitem Boloniæ. Præfati autem Milites juramento prius per eos præstito, de iis fideliter per eos agendis, de rebus quas Nos ex præsenti permutatione recepimus, se diligenter informabunt, arbitrabuntur & æstimabunt, quantum annui redditus perpetui valeant, & per Nos pro eis præfatis Archiepiscopo & Ecclesiæ suæ debeat in locis congruis assideri. Similiter etiam vice versâ facient de locis & rebus, quas pro recompensatione prædictâ Archiepiscopus memoratus, & Ecclesia sua recipiunt, & consequuntur à nobis, ut rebus ipsis taliter æstimatis, hinc inde gentes nostræ per nos ad hoc deputandæ possessionem recipiant corporalem & realem, ex causâ permutationis eorum, quæ ex eâ recipimus, & similiter possessionem realem deliberent Archiepiscopo & Ecclesiæ memoratis. Si verò forsan dicti Milites discordarent in hujusmodi rebus arbitrandis, vel æstimandis, requirentur, aut dictus Episcopus, aut Comes prædictus, ut tertius viso processu dictorum duorum Militum, idem tertius cum dictis duobus Militibus si commodè eos ambos habere & concordare valeat, aut in casu discordiæ, cum altero ex dictis Militibus conveniat, & quicquid per dictos duos milites concordent, vel eis discordantibus dictus tertius, cum eis vel eorum altero arbitrabuntur, & æstimabunt super præmissis, & ea tam nos quam dictus Archiepiscopus & Ecclesia sua, successoresque nostri complebimus, tenebimus, & servabimus bonâ fide, pro quibus nos, successoresque nostros, & dictus etiam Archiepiscopus, se, successoresque suos Ecclesiam ejus, & bona duximus obligandos. In cujus rei testimonium præsentibus litteris nostris fecimus apponi sigillum ; Actum apud Viennam die undecima Aprilis, anno Domini M. CCC. XII. Nos igitur affectantes prædictæ permutationis contractum, de quo mentio in litteris præfatis habetur, desiderantes ea quæ in ea, & juxta eam acta sunt ad complementum perduci, prædicta in dictis litteris Regis comprehensa volumus, & eis assentimus, & personas præmissas in litteris nominatis ponimus ad arbitrium & æstimationem præmissorum, quæ tam dictus Dominus Rex à nobis consequetur, quam eorum quæ nos ab eo consequimur, seu consequemur ex causa permutationis prædictæ facienda &

peragenda, prout est in litteris principalibus contractus expressum, & quicquid juxtà præmissa per nos agendum fuerit in præmissis, prout superius continetur, quicquid etiam per personas prædictas modo tacto superius arbitratum & æstimatum fuerit in præmissis, Nos complebimus, tenebimus, & servabimus bonâ fide, nos successores nostros Ecclesiam nostram, & bona ejusdem Ecclesiæ Domino Regi pro præmissis omnibus obligando, in cujus rei testimonium sigillum nostrum præsentibus duximus apponendum; Datum apud Viennam, die duodecimâ, mensis Aprilis, anno Domini millesimo trecentesimo duodecimo; in cujus visionis testimonium huic transcripto, cui sicut originalibus litteris in omnibus fidem volumus adhiberi nostrum fecimus apponi sigillum; Actum Lugduni, die vigesimâ quintâ Aprilis, anno Domini millesimo trecentesimo duodecimo. *Sceellé d'un grand sceau en cire jaune, sur double queuë de parchemin, pendant au milieu d'un petit reply.*

ACTE DU MOIS

De Decembre 1312. par lequel l'Archevêque consent de prendre les terres y mentionnées, selon l'estimation qui en sera faite par les Arbitres nommez, le Roy se reservant la plus-valuë, si elles excedent la recompense promise; comme aussi s'y adjouster, au cas qu'elles ne fussent de la valeur.

PHILIPPUS Dei gratiâ Francorum Rex. Dilectis nostris Guillelmo de Plaisiano Militi & fideli nostro, & Johanni Bertrandi Militi, salutem & dilectionem : Cum Nos dilecto & fideli nostro P. de Sabaudia Archiepiscopo Lugdunensi, ratione & occasione permutationis quam inivimus, cum eodem de jurisdictione omnimodâ temporali totius civitatis Lugdunensis, Castri Sancti Justi, villæ Sancti Hyrenæi, Forverij, Sancti Sebastiani, de jurisdictione etiam propè Lugdunum, quæ protenditur infrà vetera fossata à Sagonâ, descendente usque ad pontem Rodani cum suis insulis, jurisdictione etiam jurium & pertinentiarum locorum ipsorum, quantum ad ipsum Archiepiscopum perrinebant, & feodo de Montigniaco, quæ præfatus Archiepiscopus nobis dedit, concessit, & omninò dimisit, ex permutatione prædictâ, quantum ad eum pertinebat, duo millia & quingentas libraram Viennensium, redditus annui & perpetui dederimus, concesserimus tenendum perpetuò ab eodem & successoribus suis Lugdunensibus Archiepiscopis, ac pro reddiru dicto per vos assidendo eidem Archiepiscopo, Castrum novum, villam B. Mariæ de Bosco, & domum dilecti Guichardi de Marziaco Militis nostri, si per Nos & dictum Archiepiscopum commodè, & pro communi æstimatione possit haberi Bailliviæ Matisconensis, necnon Castrum de Charniaco, Castrum Renaudi, quæ quondam fuerunt dilectæ & fidelis nostræ Comitissæ Atrabatensis, & domum seu Castrum quod ibidem habet dilectus & fidelis noster Dominus de Suilliaco Bailliviæ Senonensis, cum omnibus Castris, fortalitiis, Castellaniis, & pertinentiis eorumdem duxerimus nominandum, ita videlicet quod si prædicta loca secundùm æstimationem vestram ultra summam prædictorum duorum millium & quingentarum librarum Viennensium reperirentur valere, illud quod superirerit nobis & nostris successoribus remanebit, si verò per vestram æstimationem prædictam minùs reperiantur valere, illud quod deerit de summâ redditus supradicti, ipsi Archiepiscopo, & suis successoribus, promisimus ad vestrum arbitrium in locis congruis assideri, prout hæc omnia in nostris & ipsius Archiepiscopi litteris super hoc confectis pleniùs continetur. Quia igitur dicta loca videlicet quantum valent in redditibus annuis æstimata, seu appreciata per vos, hactenùs non fuerunt, prædicta loca de præsenti, exceptis domo Domini de Suilliaco, & dicti Guichardi, quas nondum acquisivimus ab eisdem, prout sunt superius expressa, cum omnibus juribus & pertinentiis eorumdem vobis, de quorum fidelitate & prudentiâ fiduciam gerimus, specialem & corporalem possessionem locorum ipsorum tradimus & dimittimus, per præsentes æstimanda & tenenda à vobis, & quo super nomine explectanda, donec à vobis fideliter æstimata & appreciata, & prout æstimationem antedictam à vobis factam, pro valore in quo ea æstimabitis per vos nostro nomine, & pro nobis tradenda, & assignanda, causâ & occasione prædictis Archiepiscopo memorato; Dantes omnibus nostris fidelibus & subditis tenore præsentium in mandatis ut vobis, & cuilibet vestrum aut personis, quas ad hoc duxeritis deputandis intendant & obediant sicut nobis, volentesque omnia quæ æstimabitis, arbitrabimini, necnon traditionem & assignationem, quas vos de præmissis & singulis locis eidem Archiepiscopo facietis, ac si essent facta à nobis, habeant vim & perpetui roboris firmitatem; in cujus rei testimonium præsentibus litteris nostrum fecimus apponi sigillum : Actum apud Fontembliaudi, die Mercurij, Post Nativitatem Domini, anno ejusdem millesimo trecentesimo duodecimo. *Sceellé d'un grand sceau de cire jaune, sur double queuë de parchemin pendant au milieu d'un petit reply.*

ESTIMATION DU VINGT-SEPTIESME

Fevrier 1312. du prix de la Justice de la ville de Lyon, à deux mille livres de rente, que le Roy, en faveur de l'Eglise augmente de cinq cens livres, lesquelles ainsi que les deux mille livres sont assignées sur des terres en toute Justice, mentionnées au present acte.

UNIVERSIS præsentibus litteras inspecturis, Nos Petrus miseratione divinâ primæ Lugdunensis Ecclesiæ Archiepiscopus, Notum facimus nos vidisse litteras Serenissimi Principis Domini nostri Philippi Dei gratiâ Francorum Regis, ejus sigillo magno pendenti, & cerâ albâ sigillatas, & easdem habuisse & recepisse de manu nobilis viri Domini Guillelmi de Playsiano, dicti Domini nostri Regis Militis, de verbo ad verbum tenorem præsentium continentes : Philippus Dei gratiâ Francorum Rex, universis præsentes litteras inspecturis salutem. Notum facimus, quòd cùm nos permutationis contractum inierimus, cum dilecto & fideli nostro P. primæ Lugdunensis Ecclesiæ Archiepiscopo, de jurisdictione temporali totius civitatis Lugdunensis, Castri Sancti Justi, villæ Sancti Hyrenæi, Forverij, Sancti Sebastiani, de jurisdictione etiam prope Lugdunum, quæ protenditur infrà vetera fossata à Sagonâ usque ad Rodanum, & inde descendendo usque ad pontem Rodani, cum suis insulis, quam præfatus Archiepiscopus acquisivit à Domino Bellijoci, prout & in quantum hæc pertinent ad eum ratione suæ Ecclesiæ Lugdunensis, & Abbatiæ Sancti Justi, & feodo de Montigniaco cum juribus & pertinentiis suis, certis rebus sibi retentis, prout & in quantum ad ipsum Archiepiscopum prædicta pertinent, pro recompensatione condignâ in locis congruis per nos in terrâ hæreditariâ faciendâ eidem Archiepiscopo & Ecclesiæ Lugdunensi, cum omni jurisdictione mero & mixto imperio, altâ & bassâ Justitiâ, dicto Archiepiscopo & Ecclesiæ Lugdunensi, assidendâ arbitrio, & ad æstimationem dilecti & fidelis G. de Playsiano Militis nostri, quem ex parte nostrâ ad hoc elegimus, & dilecti nostri Johannis Bertrandi Militis, Consiliarij dicti Archiepiscopi : præfatique Milites, post multas deliberationes & considerationes habitas inter ipsos, æstimaverint & arbitrati fuerint prædictas res ex prædictâ permutatione nobis ab Archiepiscopo prædicto traditas duo millia librarum Viennensium reddituales annuatim valere, & nos teneri eidem Archiepiscopo & successoribus suis Archiepiscopis Lugdunensibus, dicta duo millia librarum Viennensium, pro recompensatione prædictorum in Baroniâ nobili tenendâ, ab ipso suisque successoribus perpetuò sub nostro immediato feodo in locis opportunis & congruis facere assideri, Nosque dictâ æstimatione sic factâ considerationis personæ dicti Archiepiscopi, & ob dilectionem & devotionem, quam ad memoratam Ecclesiam Lugdunensem semper habuimus & habemus, ultrà taxationis æstimationem, seu arbitrium militum prædictorum de solitâ regali munificentiâ ipsi Archiepiscopo, ut ipsa Ecclesia pinguiorem recompensationem habeat pro prædictis, quingentas libras Viennenses reddituraliter tenendas perpetuò, cum dictis duobus millibus librarum, ab ipso successoribusque suis Archiepiscopis Lugdunensibus, modis & conditionibus supradictis duxerimus, concedendas, & prædictum redditum duorum millium & quingentarum librarum Viennensium, ipsi Archiepiscopo promiserimus, in locis opportunis & congruis facere assideri, pro cujusmodi reddituo eidem Archiepiscopo, pro se & successoribus suis Archiepiscopis Lugdunensibus, Nos in Bailliviâ Matisconensi, Castrum novum, villam B. Mariæ de Bosco, Domum dilecti & fidelis Guichardi de Marziaco Militis nostri nominatam, illi si commodè & communi æstimatione possit haberi per nos, vel dictum Archiepiscopum, cum omnibus juribus & pertinentiis, necnon in Bailliviâ Senonensi, Castrum Chavinati, Castrum Renaudi, cum domo seu Castro, dilecti & fidelis nostri Domini de Soliaco, si commodè & justo pretio possit haberi, cum omni mero & mixto imperio, altâ & bassâ Justitiâ, & pertinentiis, quibuscumque in manibus prædictorum Militum tradidimus, prædictâ æstimatione usque ad dictam summam pecuniæ, videlicet duorum millium & quingentarum librarum Viennensium per dictos Milites facienda, ita quod primò fiat æstimatio & assisiâ prædicta in Bailliviâ Matisconensi, videlicet apud Castrum novum, & villam de Bosco, & de domo dicti Richardi, quæ vocatur illi, si commodè & justâ æstimationis possit haberi per Nos, vel Archiepiscopum supradictum, & subsequenter in Bailliviâ Senonensi, videlicet apud Chavinatum, & aliis locis superius nominatis. Quâ æstimatione factâ ut dictum est, dicti Milites, dicta loca teneantur tradere, deliberare, & assignare, eidem Archiepiscopo & successoribus suis in Baroniâ, cum omnibus juribus & aliis bonis conditionibus supra nominatis, usque ad valorem prædictarum duorum millium & quingentarum librarum Viennensium, prout hæc & alia in aliis nostris, & dicti Archiepiscopi litteris plenius continentur. Hinc est quod cum ad præsens non habeamus aliam terram paratam assideri ad manum nostram in partibus Lugdunensibus, quam commodè dicto Archiepiscopo, & Sedi Archiepiscopali assidere possimus, nisi in Castris & locis prædictis, Nos contemplatione dictæ Ecclesiæ Lugdunensis, & ne dici possit imposterum dictum Archiepiscopum læsum, aut circonventum fuisse in permutatione prædictâ eidem Archiepiscopo, pro se & successoribus suis, promittimus bonâ fide pro nobis & successoribus nostris, quod si contingeret futuris temporibus, quod idem Archiepiscopus, vel successores sui invenirent in partibus Lugdunensibus, in Regno tamen nostro Francorum terram magis competentem, vel congruam, quæ per nos commodè & competenti pretio possit haberi vel acquiri, & quæ magis fructuosa esset Archiepiscopo & Sedi Archiepiscopali, Nos ad instantiam & requisitionem Archiepiscopi memorati, & successorum suorum, & non aliter acquiremus terram illam, & loca, ad assidendum & tradendum perpetuum annuum redditum prædicto Archiepiscopo & successoribus suis, seu Sedi Archiepiscopali, & permutationem faciemus de acquisitis per nos, ut suprà ad terram & loca

quæ nunc volumus assignari in toto, vel in parte, ad arbitrium & æstimationem Militum prædictorum G. de Playsiano, & L. Bertrandi, vel aliorum per nos & dictum Archiepiscopum eligendorum, si prædicti Milites æstimationem permutationis prædictæ facere non possent, quotiescumque à dicto Archiepiscopo, vel successoribus suis, super hanc fuerimus requisiti, & ad hanc volumus nos, & successores nostros Francorum Reges perpetuò obligari, nonobstantibus assisiâ, & assignatione, & traditione in locis prædictis, eidem Archiepiscopo per dictos Milites facienda, videlicet de Castro novo, villâ Beatæ Mariæ de Bosco, ac domo dicti Guichardi de Marziaco vocata illi, cum omnibus juribus & pertinentiis suis, si commodè & justo pretio possit haberi, necnon de Castro Chavinati, Castro Renaudo, cum domo, seu Castro Domini de Soliaco prædicti, cum omnibus Castris, Castellaniis, & mandamentis ipsorum in Baroniâ nobili, & omnimodâ jurisdictione usque ad quantitatem duorum millium & quingentarum librarum Viennensium annui & perpetui redditus, quas volumus in prædictis locis dicto Archiepiscopo assignari & assideri per prædictos Milites, ut in litteris inde confectis per nos & ipsum Archiepiscopum plenius prædicta continentur. In cujus rei testimonium præsentibus litteris nostrum fecimus apponi sigillum; Datum apud Fontembliaudi, die Mercurij post festum Nativitatis Domini, anno ejusdem millesimo trecentesimo duodecimo. Datum sub sigillo nostro in testimonium receptionis, habitationis, & retentionis dictarum litterarum Regiarum, die penultimâ Februarij, anno Domini millesimo trecentesimo duodecimo. *Sceellé d'un petit sceau en cire rouge sur double queuë de parchemin, pendant au milieu d'un petit reply.*

INJONCTION
du deuxième Janvier 1312. faite par le Roy aux Baillifs de Mascon & de Sens, de remettre aux experts les terres y mentionnées, pour les délivrer à l'Archevesque de Lyon en recompense de sa Justice.

PHILLIPUS Dei gratia Francorum Rex, Senonensibus & Matisconensibus Baillivis, ac universis Baillivis, Præpositis Ministris Officialibus, & aliis subditis nostris, ad quos præsentes litteræ pervenerint salutem. Cum Nos Castrum novum, & villam Beatæ Mariæ in Bosco, Baillivis Matisconensis, necnon Castrum de Chaviniaco, & Castrum Renaudi, Bailliviæ Senonensis, Cum omnibus juribus & pertinentiis eorumdem in quibuscumque rebus existant, ex certâ causâ dilectis nostris Guillelmo de Plasiano fideli Militi nostro, & Johanni Bertrandi Militi, & consiliario dilecti & fidelis nostri P. Archiepiscopi Lugdunensis tradidimus, tenenda & explectanda ab eis, vel aliis personis quas ad hæc duxerint deputandas, prout hæc in aliis nostris, super hæc litteris confectis plenius continentur, vobis & vestrum cuilibet districtè præcipimus & mandamus, quatenus omnia loca prædicta, cum omnibus juribus & pertinentiis, quibuslibet eorumdem & corporalem possessionem eorumdem, ipsis Militibus, aut certo ipsorum mandato tractari cum effectu & sine contradictione, aliqua liberetis eisdem Militibus, aut ipsorum mandato, & de omnibus fructibus, redditibus, exitibus, emolumentis, juribus, deveriis, & redibentiis quibuscumque, quocumque nomine censeantur integraliter, prout ad utrum quemlibet pertinerit, liberaliter sicut nobis faciatis integrè responderi, & absque defectu quocumque: Actum Parisiis in crastino Circuncisionis Domini, anno ejusdem millesimo trecentesimo duodecimo. *Sceellé d'un grand sceau en cire jaune sur simple queuë.*

ACCEPTATION

ACCEPTATION DU MOIS
De Decembre 1312. faite par l'Archevêque de Lyon, des terres à luy données par les arbitres en recompense de toute la Justice de Lyon, qu'il avoit venduë au Roy.

UNIVERSIS præsentes litteras inspecturis P. miseratione divinâ, primæ Lugdunensis Ecclesiæ Archiepiscopus, salutem in Domino; Notum facimus quod cum Nos, cum Serenissimo Principe Domino nostro, Domino Philippo Dei gratiâ Francorum Rege Contractum permutationis inierimus, & ex causâ permutationis ipsius pro nobis, & successoribus nostris, & Ecclesiâ nostrâ dederimus, tradiderimus, & concesserimus in perpetuum dicto Domino Regi, suisque successoribus Francorum Regibus, merum & mixtum imperium, & omnimodam jurisdictionem, altam & bassam temporalem civitatis Lugdunensis, & ejus pertinentiarum, circa flumen Sagonæ, & ultra, jurisdictionem insuper omnimodam temporalem, Castri Sancti Justi prope Lugdunum, villæ Sancti Hyrenæi, Forverij, Sancti Sebastiani, jurisdictionem insuper quam nos acquisivimus à Domino Bellijoci prope Lugdunum, quæ protenditur infrà vetera fossata à flumine Sagonæ usque ad Rodanum, & inde descendendo usque ad pontem Rodani, cum suis insulis, jurisdictionem etiam jurium & pertinentiarum locorum prædictorum, & feodi Montaygniaci, prout & in quantum ad nos prædicta pertinebant ratione nostræ Ecclesiæ Lugdunensis, & Abbatiæ Sancti Justi, retentis & salvis nobis, successoribus nostris, & Ecclesiæ nostræ rebus aliquibus quæ in litteris, tam dicti Domini Regis, quàm nobis super dicto contractu confecti plenius continentur: & prædicta dederimus & concesserimus dicto Domino Regi ex causâ prædictâ, pro recompensatione condignâ decenti & congruâ, per ipsum Dominum Regem, nobis, & Ecclesiæ nostræ in terrâ hæreditariâ, cum mero & mixto imperio, & omnimodâ jurisdictione altâ & bassâ, emolumentis, & juribus pertinentibus ad eandem. Consideratis præmissis omnibus & conditionibus, earumdem ad æstimationem & arbitrium proborum virorum communiter ponendorum in locis congruis faciendam, qui probi viri jurare debebant se in iis peragendis fideliter habituros & æstimaturos quæ reciperentur: hinc inde & ad peragendum & æstimandum prædicta dictus Dominus Rex, pro se posuerit Dominos G. de Plaisiano Militem suum, necnon pro nobis Johannem Bertrandi Militem, & familiarem nostrum, & tam Dominus Rex, quàm nos communiter posuimus pro tertio alterum ex duobus, videlicet venerabilem Patrem Dominum G. Dei gratia Suessionensem Episcopum, & nobilem virum Dominum R. Comitem Boloniæ, prout hæc in litteris, tam dicti Domini Regis, quàm nostris confectis super hanc continentur. Dictique Milites prædicto prius per nos præstito juramento diligenter, ut asserebant informati, concordante cum eisdem dicto Suessionensi Episcopo, extimaverint & arbitrati fuerint res prædictas per nos dicto Domino Regi, ex causâ permutationis concessas, duo millia librarum Viennensium annui & perpetui redditus valore, & tantumdem dictum Dominum Regem teneri nobis, & successoribus nostris, & Sedi Archiepiscopali, pro condignâ recompensatione prædictorum in locis congruis, in terrâ hæreditariâ assidere. Dictúsque Dominus Rex ultrà extimationem & arbitrium militum prædictorum, quam ratam habuit, de suâ regali munificentiâ super addiderit quingentas libras Viennenses, quas in annuo & perpetuo redditu, cum dictis duobus millibus librarum Viennensium pro pinguiore recompensatione, favore personæ nostræ, & Lugdunensis Ecclesiæ, in locis congruis, & Baroniâ nobili amortisatis, sub suo immediato feodo, & sub ejus speciali gardâ & protectione, cum mero & mixto imperio & jurisdictione omnimodâ altâ & bassâ, emolumentis, & juribus pertinentibus ad eandem nobis, & successoribus nostris, & Sedi Archiepiscopali in terrâ hæreditariâ, voluit ab omnibus quitta & liberas assideri. Nos extimationem dictorum Militum dictæ quantitatis duorum millium librarum Viennensium, cum incremento quingentarum librarum Viennensium, facto per Dominum Regem nobis, & Ecclesiæ nostræ modo quo præmittitur, pro condignâ recompensatione in terrâ hæreditariâ assidendâ, quæ cum assediata fuerit, & assignata, gratam habebimus atque ratam. Et cum gentes Domini Regis, Nobis ex parte suâ nominaverint, pro prædictâ assisiâ faciendâ, Castrum novum, & villam Beatæ Mariæ de Bosco, & domum Domini Guichardi de Marziaco Militis vocatam, & illi si comodè & justo pretio per Dominum Regem, vel per nos haberi possit in Bailliviâ Matisconensi primitùs assidenda, & in Bailliviâ Senonensi, Castrum Chaviniaci, & Castrum Renaudi, quæ olim fuerunt Dominæ M. Comitissæ Atrabatensis, domum Domini de Suilliaco, cum fortalitiis, Castellaniis, tenamentis, feodis, retrofeodis, Justiciis, forestis, aquis, pascuis, mero & mixto imperio, & omnimodâ jurisdictione altâ & bassâ, & omnibus eorum pertinentiis, quæ obtulerunt paratos tradere in manibus militum prædictorum, pro extimatione dictæ assisiæ prædicti redditus nobis faciendæ per eos, & cum facta fuerit, ut per eos nobis nomine dicti Domini Regis, & ex causâ prædictâ tradantur. Et si plus reperiantur loca prædicta valere illud ad partem pro Domino Rege retineant, si verò minus illud quod deerit nobis in locis congruis, per Dominum Regem ad arbitrium eorum suppleri debeat, placet Nobis & volumus, quod in locis prædictis modo quo præmittitur, fiat nobis assisia prædictæ quantitatis duorum millium & quingentarum librarum Viennensium, annui & perpetui redditus, ad arbitrium & extimationem Milium prædictorum, quam assisiam cum dicti Milites fecerint, firmam & gratam habebimus, & prædicta loca cum per dictos Milites fuerint extimata in valore quo ea duxerint extimandâ, pro recompensatione prædictâ recipiemus, seu per gentes nostras recipi faciemus, & sub immediato feodo ipsius Domini Regis, & successorum Regum Francorum tenebimus supradicta, protestantes quod occasione præsentis litteræ, vel concessionis ipsius nullum nostrum, & Ecclesiæ nostræ præjudicium generentur, quominùs Dominus Rex teneatur nobis complere omnia, quæ occasione prædictorum restant complenda, cum omnibus bonis conditionibus, & conventionibus, nobis cum Domino Rege aliter præmissis, prout in suis & nostris super hoc confectis litteris pleniùs continetur, à quibus recedere non intendimus per præsentes, in cujus rei testimonium sigillum nostrum præsentibus duximus apponendum. Datum Parisiis, die Mercurij post festum Nativitatis Domini, anno ejusdem millesimo trecentesimo duodecimo. *Scellé d'un petit sceau en cire rouge sur double queuë de parchemin, pendant au milieu d'un petit reply.*

Coff. Lyon numero 61.

ACTE DE SOMMATION
Du 18. Novembre 1313. fait à l'Archevesque de Lyon, de recevoir la terre de Soliillac, pour parfaire & achever entierement l'échange de 1312. ce qu'ayant fait refus d'accepter, le Commissaire envoyé par le Roy fit les mesmes offres aux Chanoines & Chapitre de saint Jean, qui respondit, après avoir demandé deux jours pour y deliberer, qu'il n'avoit pas le pouvoir de les accepter, n'ayant rien de commun avec l'Archevesque: qu'ils tascheroient neantmoins de l'induire à donner au Roy la satisfaction qu'il desiroit.

VNIVERSIS præsens instrumentum publicum inspecturis pateat, per idem instrumentum quod anno Domini millesimo trecentesimo tertiodecimo, die Sabbati post hyemale festum beati Martini, mensis Novembris, die decimâ octavâ, illustrissimo Domino Philippo Dei gratiâ Rege Francorum regnante, in præsentiâ testium & mei Notarij subscriptorum, vir nobilis Dominus Guillemus de Plaziano Miles, & Consiliarius excellentissimi Principis prædicti Domini Regis Francorum, ac venerabilis vir Dominus Egidius de Remno Canonicus Cameracensis, Clericus & familiaris ipsius Domini Regis apud Petrasciſam Castrum, Reverendi Patris Domini P. Lugdunensis Archiepiscopi, dicto Archiepiscopo, tunc ibi cum pluribus Consiliariis ipsius, & familiaribus existente nomine Domini Archiepiscopi prædicti, & pro eo tanquam ipsius nuncij ad prædicta deputati ab eodem Domino Rege, per ipsum Dominum Guillemum suo & dicti Magistri Egidij nomine proponentem, coram Domino Archiepiscopo in mei Notarij, ad hæc dicto Archiepiscopo sciente evocatij, & testium subscriptorum præsentiâ asseruerunt: Quod ipsi dicto Domino Archiepiscopo, in præsentiâ plurium & præcipuè Domini Iohannis Bertrandi Militis, & Domini Petri de Calce Vicarij, Consiliariorum Archiepiscopi prædicti, significaverant, notificaverant, & plene ad ejus notitiam deduxerant, & tunc significaverunt, notificaverunt, insinuaverunt, & plene ad ejus notitiam deduxerunt, quod cum dictus Archiepiscopus omnimodam temporalem jurisdictionem civitatis Lugdunensis, villarum de Sancto Justo, de Sancto Sebastiano, de Montigniaco, cum certis aliis locis, & terminis, nomine & causâ permutationis perpetuò tradidisset, dicto Domino Regi, pro se, suisque successoribus Regibus Franciæ, essetque & sit dictus Dominus Rex in plenâ & pacificâ possessione, vel quasi omnimodæ jurisdictionis prædictæ, & eam retinere intendat pro certâ recompensatione promissâ, & competenter factâ eidem Archiepiscopo, suo, & Archiepiscopatus Lugdunensis nomine ; dictusque Archiepiscopus, suo, & dicti Archiepiscopatus nomine, Castra res & loca prædicta recompensatione à dicto Domino Rege tradita teneret pacificè & quietè possideret, & ultrà hanc aliquæ gentes Domini Regis, pro bono ipsius Domini Archiepiscopi, & sui prædicti Archiepiscopatus, ad requisitionem dicti Archiepiscopi, vel gentium suarum procurare promiserint, quod Dominus Rex assignaret & deliberaret dicto Archiepiscopo nomine prædicto, sub certis formâ & conditionibus inter gentes Domini Regis prædicti, pro eo & ipsum Archiepiscopum pro se nomine prædictis, factis, initis, & habitis totam terram, quam vir nobilis Dominus Solliaci habebat in Castro, & Castellaniâ Castri Renardi : dictusque Dominus Rex tractata & promissa per gentes suas volens plenè attendere, & earum promissa in favorem dicti Archiepiscopi, & sui Archiepiscopatus prædicti, quantùm licitè posset, & sine præjudicio dicti Domini de Soilliaco, & juris alterius complere, cum magnis laboribus gentium suarum sumptibus multis, & gravibus non evitatis, totam terram prædictam Domini Soilliaci acquisivisset ad opus prædictum, & acquisitam tradere intenderet gentibus dicti Archiepiscopi in tempore, quod idem Archiepiscopus, seu ejus gentes ad hoc dicunt præfixum esse, si gentium prædictarum dicti Archiepiscopi, & præcipuè dicti Domini Iohannis Bertrandi, ex parte dicti Archiepiscopi ad hæc deputati, qui in termino quem ad hæc præfixum esse asserit à Curia Regis se absentaverat, seu in ea quæsitus non comparuerat copiam habuisset, habitaque postmodum præsentia dicti Domini Johannis Bertrandi, idem Dominus Rex die secundâ post illum terminum, terram illam Domini Soilliaci, statim cum pleno effectu se traditurum & deliberaturum obtulisset, nolens esse in morâ aliquâ complendi, quæ gentes illius dicto Archiepiscopo promiserant. Idem Dominus Johannes Bertrandus asserens, quod illam terram sine speciali mandato dicti Archiepiscopi non reciperet, nullâ aliâ causâ allegatâ, nisi quod terminus ad hoc præfixus transierat, ut dicebat, ab ipsius Domini Regis Curiâ recessit, & licet de morâ & protelatione, quæ in negotio per dictum Archiepiscopum, & per ipsum Dominum Johannem factæ fuerant, alias & tunc fiebant, causaretur, noluit tamen ulterius in negotio procedere, prout natura negotij requirebat, aliæque ipsius Archiepiscopi gentes in Castris, & Castellaniis de Caviniaco, & de Castro Renardi, de Beata Maria in Bosco, & de Castro novo in Matisconesio, quæ & quas dictus Archiepiscopus ratione dictæ recompensationis receperat & tenebat per dictum Archiepiscopum, vel ejus nomine deputatos, Castra & Castellanias hujusmodi derelinquunt, seu pro derelictis habuerunt, nullâ causâ prætensâ, vel insinuatione præcedente, quâ intenderent, vel deberent, Castra & Castellanias hujusmodi ità dimittere derelictas, & ab eis fine licentiâ recesserunt. Asserentes sijdem nuncij Domini Regis, quod licet multi magni de ipsius Domini Regis Consilio, & alij ex iis nec immeritò in causam admirationis induci, aliquâ verisimiliter præsumerent, quam dictum Archiepiscopum, dictum Dominum Johannem, & alias prædictas, dicti Archiepiscopi gentes : & tam ex præteritis quàm ex præsentibus factis ipsius Domini Archiepiscopi, quid de futuris ipsius propositum præsumi rationabiliter posset, attentius considerantes, multa super hoc Domino Regi prædicto insinuaverant, ex quibus nec immeritò idem Dominus Rex erga dictum Archiepiscopum multam indignationem concepisse potuisset, si non obstaret ille sincere dilectionis zelus, quem Dominus Rex ad ipsum gerit Archiepiscopum, & illa fidei puritas, & specialis devotionis affectio, quas idem Archiepiscopus ad ipsum Dominum Regem se habere totiens pollicitatus est, astruendo multimode, quod pro aliquâ re de mundo ab ipsius Domini Regis beneplacito non recederet, sed semper ejus omnimodæ voluntati pareret. Propter quæ dictus Dominus Rex insinuatis sibi per dictum Archiepiscopum, fidem adhuc adhibere non volens, ut de ipsius Archiepiscopi intentione, circà hæc certus fieret dictos nuncios ad dictum Archiepiscopum destinavit, commissa eis vel eorum alteri credentiâ ad dictum Archiepiscopum, ex parte dicti Domini Regis super iis quæ certa Sibi idem ducerent Archiepiscopo exponenda. Sub quâ credentiâ dicti nuncij, ut dicebant, prædicta omnia inter cætera exponere curaverant, & tunc in mei Notarij præsentiâ exposuerunt dicto Archiepiscopo, & quod idem Dominus Rex paratus fuerat, loco & tempore competentibus, fuit & adhuc est paratus facere & attendere, quod negotio permutationis & recompensationis hujusmodi incumbit, & quæ hujusmodi negotium requirit, si aliquid ex parte suâ supersit faciendum in hac parte, & quod si mora aliqua per dictum Dominum Archiepiscopum super iis facta est, ei est imputanda, non Domino Regi prædicto, qui promissa per se & gentes suas, semper voluit & curavit attendere. & de eis attendendis non fuit in morâ, seu potius in prædictis complendis di-

&um Archiepiscopum incitavit & prævenit. Asseruerunt etiam dicti nuncij quod dictum Archiepiscopum requisiverant in prædictorum Consiliariorum suorum præsentiâ, & tunc nuncij ipsi prædicti, tanquam nuncij Domini Regis prædicti, & præcipuè dictus Dominus Guillelmus asserens se Commissarium deputatum, à dicto Domino Rege ad faciendum inter cætera unà cum dicto Domino Johanne Bertrandi, ad hæc à dicto Archiepiscopo deputato, extimationes terrarum, pro recompensatione hujusmodi oblatarum & traditarum: dictum Arciepiscopum hæc, necnon & ipsum Dominum Johannem Bertrandi, tanquam ipsius Archiepiscopi Commissarium requisiverunt, ut saisinam dictæ terræ, dicti Domini Solliaci, quam se traditurus dicti nuncij offerebant, reciperent, ut ad extimationem terrarum hujusmodi, & finalem permutationis & recompensationis prædictarum, & eorum quæ negotium hujusmodi requirit expeditionem procederent. Asserens idem Dominus Guillelmus se paratum procedere in præmissis, pro parte dicti Domini Regis, prout ratio & natura dicti negotij requirunt: asserentes super dicti nuncij, quod cum intentio ipsius Domini Regis sit pro se, suisque successoribus Regibus Francorum traditam sibi per dictum Archiepiscopum ex causâ permutationis prædictæ, & jam ab eo receptam & nactam jurisdictionem temporalem civitatis, villæ, locorum, & terminorum prædictorum, pro securitate potissimè regni sui, & communi utilitate, & pace Lugdunensis Ecclesiæ, & terrarum, & locorum circumpositorum retinere perpetuò, & illam nullis unquam temporibus quâvis occasione dimittere, erat ipsius Domini Regis intentio, ut si quid causâ permutationis hujusmodi dicto Archiepiscopo faciendum forsitan supererit, sine omni dilationis mora dicti Archiepiscopi, nonobstante dicto Archiepiscopo, compleatur. Asseruerunt, & proposuerunt nuncij prædicti, quod cùm dictus Archiepiscopus habito ad deliberandum super hoc tempore, quod voluit, responsionem præcisam, ac talem quæ deberet eis sufficere, non fecisset super iis quæ persuaserant eidem Archiepiscopo pro bono ipsius, & nihilominus eum tanquam ipsius Domini Regis nuncij requisiverunt, quod super faciendam responsionem quæ ipsum deceret, Dominum Regem offendere non deberet, & ipsis nunciis sufficeret, majorem & qualem vellet dilationem caperet, ut pleniorem deliberationem haberet. Quam dilationem dictus Archiepiscopus quanto tempore voluit habuerat, offerentes se dicti nuncij paratos audire, quæ dictus Archiepiscopus vellet respondere, & requirentes eum quod super iis rationabiliter, & debitè respondere eisdem ; Qui Dominus Archiepiscopus per dictum Dominum Petrum de Calce Vicarium suum fecit respondendo proponi, quod responsionem aliàs factam, quam tamen nunc non recitavit idem Dominus Archiepiscopus, credebat sufficere, paucaque eidem responsioni adjicienda, videlicet ut asseruit hoc salvo quod ad Dominum Regem bonos nuncios dictus Archiepiscopus mittere intendebat ad requirendum Dominum Regem, super iis quæ idem Archiepiscopus expedienda sibi fore videret in hac parte, necnon ad faciendum eidem Domino Regi responsionem, super iis, quâ merito deberet contentari Dominus Rex prædictus. Quam responsionem dicti nuncij non admiserunt, nec gratam habuerunt dicentes, quod nec justa, nec rationabilis erat, asserentes se credere, quod talis responsio non placeret Domino Regi, qui semper paratus fuerat, & erat etiam tunc facere quod debebat dicto Archiepiscopo existente in morâ, de qua protestati fuerunt dicti nuncij, quod Regi prodesset sua diligentia, & ejusdem Archiepiscopi mora, & quod eidem Archiepiscopo esset mora sua imputanda, & ei damnum & præjudicium allatura, quod propter hæc de jure debebit & poterit sustinere : Acta fuerunt hæc anno & die, quibus supra apud Castrum Petrasciæ coram testibus infrascriptis ad hæc vocatis & rogatis, videlicet nobilibus Domino Johanne de Matherino Senescallo Lugdunensi, pro dicto Domino Rege, Domino Guidone Caprarij Vicario Lugdunensi, Jacobo de Plasiano Domino Solerini, Domino Johanne Bertrandi, Domino Stephano de Glatens Militibus, Domino Johanne Bofelli Legum Doctore Judice Regio appellationum Lugdunensium, Domino Petro de Calce Doctore Decretorum, Vicario dicti Archiepiscopi, Domino Hugone de Belloveder Judice appellationum dicti Archiepiscopi, Domino Raynaudo de Brianzone Collectore decimarum, Guillelmo Bernardi Thesaurario Senescalliæ Lugdunensis, & Bailliviæ Matisconensis, Domino Johanne de Boscoveteri Judice Regio Lugdunensi, Magistro Guillelmo de Terrâ, Judice ordinario Castrorum dicti Domini Archiepiscopi, Domino Johanne de Severiaco Canonico Lugdunensi, Domino Stephano de Vassaliaco Canonico Lugdunensi, & Magistro Guillelmo Chavelli Notario authoritate Apostolicâ, & me Jacobo Dalmatij authoritate dicti Domini Regis Notario. Post hæc, anno quo suprâ die Dominica sequenti post dictum Festum Hyemale beati Martini, dicti nuncij justitiam causæ Domini Regis prædicti in hac parte, ac diligentiam per ipsum, & gentes suas circa prædicta adhibitam cunctis notas fieri volentes & intendentes quod non lateant, sed cunctis pateant mora dicti Archiepiscopi, & diffugia illius quibus quantum in ipso est, & potuit dictum negotium minùs providè retardavit in damnum suum, & sui Archiepiscopatus, non attendens diligentiam, quam idem Dominus Rex ad dictum negotium continuè adhibuit, cum magnis sumptibus ejusdem Domini Regis, & variis, pluribusque gentium suarum laboribus, affectantesque ut dicebant, quod nonobstante dicti Archiepiscopi negligentiâ viæ invenirentur accommodæ, per quas pax & tranquillitas Lugdunensi Ecclesiæ ex permutatione prædictâ, ut planè creditur procuratæ illæsæ serventur, & Archiepiscopatus prædicti non negligatur utilitas, sed potiùs gratiosiùs foveatur augmentis, ad Lugdunensem Ecclesiam personaliter accesserunt, congregatoque ibi ad sonum campanæ, ut moris est Capitulo dictæ Lugdunensis Ecclesiæ, & præcipuè Domino Guillelmo de Vernis Precentore, Domino Ludovico de Vassalliaco Cantore, Domino Hugone de Marziaco, Domino Guillelmo de Sarravalle, Domino Johanne de Sentriaco, Domino Matthæo Ramesten, Domino Guifredo de Montagnato, Domino Guidone de Franchileus, Domino Bartholomæo de Bastita, Domino Ymberto de Corsenhai, Domino Johanne de Castellano, Domino Aymone de Sarravalle, Domino Johanne de Marciaco seniori, Domino Johanne de Marciaco juniori, Domino Petro Malemesche, Domino Bertrando Jocerandi, ipsius Lugdunensis Ecclesiæ Canonicis Capitulum facientibus, ipsis Capitulo & Canonicis omnibusque aliis quorum intererat, vel posset quomodolibet interesse significaverunt, notificaverunt, insinuaverunt, ad omnium prædictorum notitiam, quantum eis erat deduxerunt, & voluerunt deduci omnia & singula prædicta, aliàs dicto Archiepiscopo significata, notificata, & exposita per dictos nuncios, necnon & responsiones dicti Archiepiscopi, & qualiter eas non duxerunt admittendas, nec eas gratas habuerunt, requirentes dictos Capitulum & Canonicos, ut si dicti Archiepiscopi exigente negligentiâ, aut aliter sua crederent interesse, aut si ad eos de hoc pertinebat, & quatenùs ad eos & Ecclesiam Lugdunensem poterat pertinere, terram prædictam Domini Soilliaci, quam dicti nuncij se statim tradituros & deliberaturos obtulerunt ad opus Archiepiscopatus Lugdunensis, reciperent, & ulteriùs in negotio procederent, in quantum Archiepiscopum prædictum, & Ecclesiam prædictam tangere poterat, & ad eos & ipsorum quemlibet pertinebat. Offerentes dicti nuncij, quod si qua ex parte Domini Regis facienda restarent in hac parte, ea statim nomine Domini Regis, & pro eo facerent &

H ij

complerent : Acta fuerunt hæc Lugduni in Ecclesia Sancti Johannis, ubi consuetum est teneri Capitulum per Canonicos antedictos, præsentibus testibus infrascriptis ad hæc vocatis & rogatis, videlicet nobili Domino Johanne de Matherino Milite Seneschallo Lugdunensi, sæpe dicto Domino Guidone Caprarij, Vicario Lugdunensi : Domino Raynaudo de Brianzonne Collectore decimarum : Domino Johanne de Boscoveteri Judice Regio Lugdunensi : Domino Johanne de Sancto Hilario Legum Professore, & me dicto Jacobo Dalmacij Notario authoritate dicti Domini Regis, petentibus dicti nuncij de iis fieri sibi publica instrumenta, per me Jacobum Dalmatium antedictum : Dicti autem Canonici & Capitulum petita & habita dilatione ad respondendum super hæc, die Martis ejusdem mensis Novembris die vigesimâ, anno eodem per Dominum de Vermis Præcentorem, Dominum Ludovicum de Vaissilliaco Cantorem, Dominum Matthæum Ramesten, & Dominum Guillelmum de Vassilliaco Canonicos dictæ Lugdunensis Ecclesiæ, ad hæc ex parte dicti Capituli deputatos responderunt, quod ab antiquis temporibus de quibus memoria non existit, bona Capituli, à bonis Archiepiscopatus Lugdunensis, omnino discreta & separata existant, alterque eorum in alterum non habeat imperium aliquod, sed ut pares quoad temporalia potissimè ad invicem se consueverunt gerere & habere, sicque inter Archiepiscopum & Capitulum observatum diutius & juramentis firmatum, quod alter in alterius bonis manum quavis occasione non ponat. Iis consideratis & pensatis, dictam terram dicti Domini Soilliaci, dicto Archiepiscopo, & eis oblatam per Dominum Regem non auderent recipere nec captam retinere. Erat autem, ut dixerunt, eorum intentio dictum Archiepiscopum inducere, quod personaliter ad Dominum Regem accederet, & faceret in hac parte quod gratum esse crederet Domino Regi prædicto, & si plus dicere aut facere possent, pro intentione & voluntate Domini Regis parati erant adimplere & facere, quicquid ordinarent nuncij supradicti ; Quam responsionem iidem nuncij gratam & placitam habuerunt, & de eâ se tenuerunt quoad Capitulum Lugdunensis Ecclesiæ pro contentis : Acta fuerunt hæc Lugduni in domo Beati Anthonij, anno & die quibus suprà, præsentibus testibus ad hæc vocatis & rogatis, videlicet nobili viro & potenti Domino Johanne de Matherino Milite, Senescallo Lugdunensi ; Domino Guidone Caprarij Vicario Lugdunensi, Domino Raynaudo de Brianzone, Clerico dicti Domini Regis, Domino Johanne de Boscoveteri Judice Regio Lugdunensi, Guillermo Bernardi Thesaurario ejusdem Domini Regis Senescalliæ Lugdunensis, & Bailliviæ Matisconensis, & me Jacobo Dalmatij Notario supradicto, authoritate dicti Domini Regis, qui prædictis omnibus præsens fui, & hoc instrumentum, publica seu instrumenta, manu mea propria scripsi, signoque meo consueto signavi in testimonium præmissorum, unà cum sigillis dictorum Dominorum Senescalli, Magistri Raynaudi de Brianzone, Guidonis Caprarij Militis Vicarij Lugdunensis, Johannis Bofelli Judicis appellationum Lugdunensium, Johannis de Boscoveteri Judicis ordinarij Lugdunensis, Guillelmi Bernardi Thesaurarij supradicti præsenti instrumento, in testimonium præmissorum appensis.

Et nos Johannes Matherino Senescallus prædictus, Raynaudus de Brianzone, Clericus Domini Regis, Guido Caprarij Vicarius, Johannes de Boscoveteri Judex ordinarius Lugdunensis, Guillelmus Bernardi Thesaurarius prædicti, qui prædictis factis & habitis, prout subscribuntur vocati in testes præsentesque fuimus, nosque Joannes Bofelli Judex appellationum Lugdunensium, qui omnibus & singulis factis & habitis, die Sabbati prædicta apud Petramciscam, & die Dominica sequenti in Capitulo Lugdunensis Ecclesiæ, vocati ad hæc interfuimus, sigilla nostra præsenti instrumento in testimonium veritatis duximus apponenda. Sceellé de six petits sceaux en cire rouge sur cordons de soye rouge, pendans sur un petit reply.

CONTRACT

Du quatriéme Avril 1320. passé entre le Roy, l'Archevesque & le Chapitre, par lequel le Roy, à l'instante priere dudit Archevesque & du Chapitre, remet la justice de ladite Ville audit Archevesque, laquelle il avoit auparavans acquise de luy par le Contract de 1312. produit cy-dessus, à la charge que l'Archevesque seul possederoit ladite Justice, & que le Chapitre n'y auroit aucune part. Ce qui fut apposé audit Contract, du consentement dudit Chapitre.

A Tous ceux qui verront ou orront ces presentes lettres : Nous Pierre par la souffrance de Dieu Archevesque, Estienne Doyen & tout le Chapitre de l'Eglise premiere de Lyon, Salut en nostre Seigneur : Nous faisons sçavoir à tous presens & à venir, que comme tres-excellent Prince nostre tres-cher Seigneur Philippes par la grace Dieu Roy de France & de Navarre, par certaines & justes causes eust en son domaine, tinst & poursuivit, & luy appartint de son droit la Jurisdiction temporelle, haute, moyenne, & basse de la cité & Ville de Lyon, & des appartenances, & Nous Archevesque dessusdit, à iceluy nostredit Sieur le Roy eussions signifié, que comme Nous en la cité & Ville de Lyon dessusdite, ayons aucunes choses & droictures esquelles nous avons aucune jurisdiction ou cohertion, pour lesquelles & pour ladite jurisdiction Royale temporelle, mouls debats, contents, frais, & despens, pourroient naistre & sourdre, dont l'Eglise de Lyon pourroit estre moult adonnée au temps advenir, & que grands profits seroient à ladite Eglise, si ladite jurisdiction estoit toute transportée en Nous, en nom de l'Eglise : Pourquoy Nous de l'accord & consentement du Doyen & du Chapitre de nostredite Eglise, eus pardevant entre Nous & iceluy Doyen & Chapitre, sur ce plusieurs traittez solemnels & deliberations plenieres & pourveuës, & par plusieurs fois en nostre Chapitre pour ce assemblé au son de la cloche, si comme il est accoutumé. Avons supplié & requis à grande instance à nostre Sire le Roy dessusdit, que il ladite jurisdiction temporelle à cause de permutation & de eschange pour Nous, voulsist delaisser à tousiours, perpetuellement pour Nous & nos successeurs Archevesques de Lyon, en certain fournir, & parmy certaines offres faites par Nous à luy, pour ce cy-dessous contenus, en laquelle chose Nous & nostredit Chapitre veons & considerons le profit evident de Nous & de nostredite Eglise, & le grand honneur, il qui tousiours desire que les Eglises & les personnes d'icelles puissent vivre en bonne paix & en bonne tranquillité sous luy, pour oster toute nature de discord & de schisme, tous frais & dommaiges qui en pourroient venir, & pour les offres que Nous Archevesque luy avons faites, c'est à sçavoir les choses cy-dessous centenuës, ladite jurisdiction haute, moyenne & basse, avec mere mixte empire, retenuë à soy & à ses successeurs, la souveraineté & le ressort dorelendroit Bailliage, & transporté à cause de permutation & de pur eschange, si comme dit est, par plain droit par le bail de ces presentes lettres à Nous Archevesque dessusdit, pour Nous & pour nos successeurs Archevesque de Lyon, en nom de nostredite Eglise, à tenir perpetuellement par Nous & par nosdits

de la Ville de Lyon.

successeurs, de luy & desdits successeurs, en fief, pour lequel Nous & Nos successeurs devant-dits seront tenus de faire, & feront à luy & à ses successeurs Roys de France serment de feauté & de hommage lige, parmy l'eschange, recompensation, fournir, & conditions cy-dessous écrites. C'est à sçavoir, que Nous Archevesque recognoissans à tenir, prenons & tenons & tiendrons, & nos successeurs Archevesques recognoistront à tenir, prendront, & tiendront dudit nôtre Sire le Roy, & de ses successeurs Roys de France en fief, pour lequel nous serons tenus de faire & ferons à luy, & à ses successeurs devant dits, serment & feauté, & hommage lige, tous les fois que nouvel Seigneur ou vassal sera, & dés maintenant l'y avons nous fait, la devant dite jurisdiction de toute la cité & ville de Lyon, & des appartenances, tant pour la partie que mes predecesseurs Archevesques y ont aucunement eu paisiblement, comme par la partie que le Chapitre a contendu a r'avoir és temps passez, laquelle partie du Chapitre, nous devons avoir de l'accord & du consentement dudit Chapitre, parmy certaine recompensation, & ainsi Nous & nosdits successeurs devrons avoir, & auront la jurisdiction de ladite cité & ville de Lyon, & tous seuls en useront sous la souveraineté & le ressort de nôtre Seigneur dessusdit, & avec ce tout nôtre autre temporel quel il soit en ladite ville & cité de Lyon, & és appartenances tant deça la Saone comme dela jusques au Rosne, & ailleurs en quelque part que ce soit dedans le Royaume de France, en quelque chose que ledit temporel soit assis, tant en ladite jurisdiction de ladite cité & ville de Lyon, & des appartenances, ainsi comme dessus est dit, comme en autres choses & lieux de nostredit temporel, soit en chasteaux, forteresses, villes, fiefs, arriere-fiefs, censives, rentes, revenus, Justices hautes, moyennes & basses, seigneuries, regales, hommaiges, services, & en autres choses quelles quelles soient, & comme qu'elles puissent être, nommé par Nous & nos devanciers, avient, tenient, ou pouvoient avoir à tenir, & que de Nous ou de nos devanciers Archevesque, sont ou ont esté tenus sans moyen, ou par moyen, ou qui à nostredit temporel appartiennent, ou peuvent appartenir dedans ledit Royaume. Et pource que par cét accord ladite jurisdiction demeure à Nous Archevesque, & à nos successeurs devant dits, seuls, & par le tout, parmy certaine & suffisante recompensation que nous en devons faire ausdits Doyen & Chapitre, laquelle nous avons promis en la presence de nôtre Sire le Roy nous, Doyen & Chapitre dessusdits, recognoissons à tenir, prenons, tenons, & tiendrons, de nôtre sire le Roy aussi dudit nostre Sire le Roy de France, & de ses successeurs en fief, pour lequel nous serons tenus de faire & ferons audit nôtre Sire le Roy, & à ses successeurs, devandits, & nos successeurs feront serment de feauté & hommaige lige de ladite recompensation, que par ledit Archevêque nous sera baillée, avec tous les droits, usaiges & coûtumes que nous avons & pouvons avoir sur l'aide, peage, monnoye, censives, & autres rentes temporelles en ladite cité & ville de Lyon, & és appartenances, & ledit serment de feauté & hommaige lige feront ly Doyens de ladite Eglise, és noms de soy & dudit Chapitre, ou la personne dudit Chapitre tenant la plus grande dignité apres le Doyen en ladite Eglise, se Doyen ne avoit, ou il estoit absent de longue absence, en lointaine partie, en lieu dont il ne pût pas venir en bref terme; & toutefois, la premiere fois qu'il viendroit à l'Eglise, il le feroit en sa personne, non controstant ce que par autre auroit esté fait, toutefois que aura nouvel Roy, ou Gouverneur au Royaume, ou nouveau Doyen se changera en ladite Eglise, & desia nous Estienne dessus nommé, y avons fait pour Nous, pour nostredit Chapitre, & est à sçavoir que le ressort, & les premiers appeaux de ladite cité, ville, & Justice de Lyon, & des appartenances, viendront au Roy nôtre Sire dessusdit, & à ses successeurs Roys de France, & seront convenus & determinez par ses Juges d'appeaulx qu'il ordonnera & établira à cela où il ly plaira; mais toutes voyes que ce ne soit pas en ladite cité & ville de Lyon, ne en appartenances, ne en aucun lieu de nostre terre, de nostre domaine, ne de nôtre Baronnie que nous disons nous avoir, & les seconds appeaulx qui seront faits desdits Juges d'appel le Roy, vendront au Roy à ses successeurs devandits & seront determinez en son Parlement de Paris, ou par ceux-là à qui il les commettra à determiner, il l'evoque ou ailleurs, & les ressorts & les seconds appeaulx de nôtre terre, de nos domaines, & de la Baronnie, que Nous Archevêque, Doyen & Chapitre disons Nous avoir, & de toutes les terres qui de Nous sont tenues dedans le Royaume de France, en cas & en personnes dont Nous avons accoutumé d'avoir les premiers appeaulx, vendront au Roy nostredit Seigneur, & à ses successeurs devandits, à tenir & determiner par leurs Juges d'appeaulx devandits là où il leur plaira: mais que ce ne soit hors de ladite Cité & ville de Lion, & des appartenances, & que ce ne soit en lieu qui soit de nôtre terre & de nôtre domaine, ou de la Baronie que nous disons nous avoir: & avec ce Nous Archevêque dessusdit, pour la cause de ladite permutation & dudit échange & en recompensation des choses que nous avons du Roy nôtre Seigneur dessusdits, luy baillons & delaissons & transportons pour Nous & pour nos successeurs en luy, és siens, toute la Regale que nous tenions & avions en l'Eglise, la Cité, l'Evêché & le Diocese d'Authun, dont nos devanciers avoient usé & nous usons vacante icelle Eglise d'Authun, excepté l'exercice & les emolumens des Cours espirituels dudit Evesché; de laquelle regale ils useront & devrons user, tout en la maniere que ses devanciers ont usé, & il use de regale en l'Eglise Cathedrale de Paris, quand elle est vacante. Derechef avec ces choses ce devant dites, nostre Sire le Roy a retenu & reservé, qu'il, ses gens & ses successeurs, leurs gens envoyez de luy ou de ses successeurs, les Baillifs de Mascon, qui seront pour le temps, & leurs Lieutenans, pourront entrer en la cité & ville de Lyon en armes, & sans armes, à tant de gens comme ils vourront, & demourront en icelle, yssir hors, & retourner en icelle, toutesfois & quantesfois comme il leur plaira, & toutesfois que nôtre Sire le Roy dessusdit, ou ses successeurs devant dits auront guerre, suspicion, ou presomption de guerre, ou que pour aucune autre necessité le voudront faire, sans ce que contredits luy en puisse être faits, & iceluy; car ils auront se il leur plaist, la garde, & les clefs des portes, & des forteresses de ladite cité & ville, sans ce que autres que eux se puisse entremettre de ladite garde, & à ce se sont accordez les citoyens de ladite cité & ville, qui lesdites clefs ont en garde, & tout en ou telle maniere nostre Sire le Roy, ses gens, ses successeurs, leurs gens envoyez de luy, ou de ses successeurs, les Baillifs de Mascon, qui pour le temps seront, & leurs Lieutenans ou les Commis à ce, ses chasteaux, les clefs, & la garde des chasteaux, que Nous Archevêques & nos successeurs tiendront de luy, ou de ses successeurs, c'est à sçavoir au temps de guerre, de suspicion, ou presomption de guerre, & d'autre necessité; desquelles choses il sera creu audit nostre Sire le Roy, à ses successeurs, ou leurs gens dessus nommez simplement, sans avoir cognoissance de cause, sans ou que lesdits Baillifs en leur creation seront tenus de jurer, que ces clefs ne ses gardes, ils ne demanderont fors pour les causes dessusdites, sans malice & sans fraude, & autre opposition leur en pourra estre faite; & n'est pas à entendre que par la prise desdits clefs desdites portes, & des forteresses, soient faits aucun prejudice à Nous Archevesque, Doyen & Chapitre ne aux citoyens, la cité & la ville en leurs autres droits, ne en autre chose qui nous sont par luy octroyez. Encore est accordé, que si Nous Archevesque, ou nos

H iij

successeurs Archevesques voulions estre des-obeïssans ou rebelles au Roy nostre Sire, à ses successeus, ou à leurs gens, que ja n'aveigne, le Doyen ne le Chapitre, ne les Chanoines de l'Eglise de Lyon, ne seroient tenus de nous servir ou ayder, & de rien ne nous ayderoient, & seroient tenus d'ayder le Roy, ses successeurs, & leurs gens en bonne foy, & sans fraude, à tout leur pouvoir à contraindre nous à venir à obeïssance au Roy, & à ses successeurs, toutesfois que de par eux en seroient requis, & en autre telle maniere seroient tenus ledit Archevesque & ses successeurs Archevesques, à ayder le Roy & ses successeurs, & leurs gens à contraindre nous Doyen & Chapitre à venir à obeïssance au Roy, & à ses successeurs, se aussi estoit que nous fussions des-obeïssans ou rebelles à eux, que ja n'aveigne, & se Nous Archevesque, ou nous Doyen & Chapitre, ou tous ensemble voulions des-obeïr, ou rebeller au Roy, ou à ses successeurs, ou à leurs gens, que ja n'aveigne, la cité, ne la ville, ne les citoyens de Lyon ne seroient tenus de nous ayder, ne de rien ne nous ayderoient, ains seroient tenus de ayder le Roy, ses successeurs, & leurs successeurs, & contraindre nous à obeïssance à venir au Roy de tout leur pouvoir, en bonne foy & sans fraude; & se aussi estoit que la cité ou la ville, ou aucuns de la ville de Lyon voulsist rebeller ou des-obeïr, ainsi comme dit est, que ja n'aveigne, Nous Archevesque, Doyen & Chapitre, seroient tenus en la maniere dessus devisée, ayder le Roy, ses successeurs, & leurs gens contraindre les à venir à obeïssance, si comme dit est, toutesfois que nous serions requis; & est à sçavoir que tuit ly Chanoines de l'Eglise de Lyon, que ores sont si tost comme ils viendront à l'Eglise premierement, & de cy en avant, tuit ly autres en leurs receptions jureront singulierement, c'est à sçavoir les presens en leurs personnes, & les absens qui par Procureurs seroient receus, par Procureurs qui à ce ayent especial & suffisant mandement en Chapitre, en la presence des gens le Roy que ils seront feals à luy & à ses successeurs Roys de France, & que ils les ayderont en bonne foy & sans fraude de tout leur pouvoir, à la defense & l'honneur du Roy, & de ses successeurs, & du Royaume encontre toute personne, & que ils tiendront & garderont fermement l'accord present, & tout ce qui contenu y est, & tout en tel serment, avec l'hommage & serment de fealté, Nous Archevesque & Doyen à present avons fait, & nos successeurs Archevesques & Doyens en la personne que tiendra la premiere dignité apres le Doyen en ladite Eglise, se aussi estoit que le Doyenné vaccast, ou que le Doyen fust absent de longue absence, ou en loingtaine partie, en lieu où il ne peust venir en bref terme, & toutes voyes, la premiere fois que ledit Doyen viendroit à l'Eglise, il le feroit en sa personne, non contrastant ce que par autre auroit esté fait, seront tenus de faire & feront toutesfois, que Roy ou Gouverneur nouvel sera, ou Doyen se changera en ladite Eglise, ausquels Roy & ses successeurs, & à la personne tenant la plus grande dignité en ladite Eglise apres le Doyen, ou aux dessusdits, Nous Chapitre de Lyon desja avons donné & donnons plain pouvoir & especial mandement à ce faire, & au serment & fealté dessusdite, sans ce que jamais conviegne autre mandement pour ce, & aussi tous les habitans de Lyon de l'aage de quatorze ans & dessus, seront tenus de faire & feront dés ores au Roy, se il est present à Lyon, ou à ses gens en absence de luy, audit serment comme dessus est devisé, avec le serment de fealté, en autre maniere le feront à ses successeurs en leur nouvelleté, si tost comme ils en seront requis : & sera fait ce serment, & renouvellée au temps d'un mesme Roy, de dix ans en dix ans, & est à sçavoir que les Chanoines qui auront fait le serment dessus devisé par leurs Procureurs, le feront en leurs personnes la premiere fois qu'ils viendront à l'Eglise, & ledit nostre Sire le Roy & ses successeurs Roys de France, seront tenus de garder & deffendre Nous Archevesque, Doyen & Chapitre, les Chanoines de l'Eglise & nos successeurs, nos biens, nostre terre, & les citoyens de la ville, en la forme & maniere que il & ses devanciers ont accoustumé de garder les Prelats, les Eglises, les personnes, & les biens des Eglises, & des autres bonnes villes de son Royaume ; & est à sçavoir que avec & pour les choses dessusdites accordés entre le Roy nostre Sire dessusdits & nous, Nous Archevesque, Doyen & Chapitre l'y delaissons, & il recœuvre par cause de l'eschange dessusdit, toutes les choses que nous aviens eües, ou deviens avoir de luy, par cause d'une autre permutation faite jadis entre le Roy Philippe de bonne memoire son pere & Nous, & il rend aussi à Nous Archevesque toutes les choses que Nous & nostre Chapitre ly aviens baillées par ladite permutation qui à Nous appartenoient, sauf les choses detenuës à l'une partie, & à l'autre en cettuy accord, en telle maniere que tout ce que il, ou sondit pere le Roy Philippe, ou son frere le Roy Louïs, ou leurs gens, ont levé des choses qui par ladite permutation premiere furent baillez par Nous, leur demeura tout quitte, & il nous doit rendre arrerages de la terre qui nous devoit estre baillée par ladite permutation & eschange, par tout le temps dés lors en ça, sans ce que tout ce que nous Archevesque, Doyen, ou nos gens ou chacuns par soy en avons receu ou levé, en sera rabbatu & deduit ; encore est-il accordé & conventié expressément entre le Roy nostre Sire dessusdit, & Nous Archevesque, Doyen & Chapitre, que se il advenoit que ces choses, si comme elles sont dessus contenuës, ne prissent leur accomplissement & leur effect, ou puis qu'elles l'avoient pris, elle fussent desfaites par aucun cas, les parties & toutes choses se destourneroient & retourneroient à plan ou point, & en l'estat où elles estoient le premier jour du mois de Fevrier, qui fut l'an 1319. non contrastant toute saisine, possession, ou teneurs, que l'une des parties ou l'autre ait eüe par vertu de cet accord, duquel cas Nous Archevesque nous establissons & confessons nous posseder la jurisdiction devant dite, & toutes les autres choses baillées à Nous par cet accord ou, nom du Roy nôtre Sire dessusdit par precaire, & n'est pas nostre intention que par les choses qui sont dessus escrites & accordées, aucune nouvelle immutation ou prejudice soient faits en aucune chose ou droict en la Seigneurie, ne en la Justice, que le Chapitre de Saint Just dit & maintient soy avoir en la ville de Saint Just, & és appartenances, ne ou droict que ledit nostre Sire le Roy avoit en ladite ville de Saint Just, & és appartenances avant ladite permutation faite avec le devant dit Roy Philippes de bonne memoire, soit de garde, ou d'autre droicture quelle quelle soit ; encore consentons-nous dés maintenant tout ensemble, Nous Archevesque, Doyen & Chapitre pour Nous, nos successeurs, & nostre dite Eglise ; Que toutesfois que ledit Sire le Roy ou ses successeurs pourront pourchaissier que ils ayent la Regale de l'Eglise, & de l'Archevesché de Lyon pour celle d'Authun, laquelle nous avons desja transporté audit nostre Sire le Roy, & en ses successeurs, si comme dit est, ou par autre maniere ils l'ayent, troignent, & en usent en la maniere que dessus est devisé, & à pourchaissier cét eschange ayderont en bonne foy audit nostre Sire le Roy & à ses successeurs, toutes fois que nous en serons requis, & de cet eschange ne se faisoit, ne se desferoit pas l'accord des autres choses dessus devisées, ains demeuroit en sa vertu ; & pource que toutes les choses dessus escrites & devisées, & chacune d'icelles soient perpetuellement gardées & tenuës fermement, sans venir encontre Nous Archevesque dessus nommé, avons mis nostre sceel à ces presentes Lettres, & Nous Doyen & Chapitre dessusdits, avec le sceel dudit Monseigneur l'Archevesque, y avons mis le sceel de nostre Chapitre. En temoigna-

de la Ville de Lyon. 63

gé de verité, de nostre commun accord & essentement, & fut fait & accordé en l'an de l'Incarnation de nostre Seigneur Jesus-Christ 1322. le vendredy apres Pasques quart jour d'Avril. Collationné.

Extraict des Registres de la Chambre des Comptes, faict en vertu d'Arrest d'icelle intervenu sur la Requeste à cette fin.

RATIFICATION du Roy.

A Tous ceux qui ces presentes Lettres verront : Jean Loncle garde de la Prevosté de Paris, Salut Sçachant tous que Nous, l'an de grace 1322. le Mercredy aprés le 8. des Festes saint Martin d'Esté, vismes une Lettre scellée en lacs de soye & en cire verte, de sceel de bonne memoire Monsieur Philippes jadis Roy de France & de Navarre ; contenant cette forme : Philippes par la grace de Dieu Roy de France & de Navarre : Sçavoir faisons à tous presens & advenir, que comme Nous, pour certaine & juste cause, eussions en nostre domaine, teinssions & possedissions, & à Nous appartint la jurisdiction temporelle, haute, moyenne & basse de la Ville de Lyon, & des appartenances : & nostre amé & feal Archevesque de Lyon nous ait signifié, que comme il ait en ladite ville de Lyon plusieurs choses esquelles il a aucune jurisdiction ou cohersion, pour lesquelles & pour ladite nostre jurisdiction temporelle, moult de debats, contens, frais & despens pourroient naistre & soudre, dont l'Eglise de Lyon pourroit venir estre à dommage un temps à venir, & du gand profit qui sort à ladite Eglise de ladite Jurisdiction estoit tout transporté en luy au nom de l'Eglise, pourquoy ledit Archevesque, du consentement & de l'accord du Doyen & du Chapitre de ladite Eglise, eus entr'eux sus ce plusieurs traitez solemnels & deliberations pourveuës & plenieres & par plusieurs fois, comme ils disoient en plein Chapitre pour ce assemblez au son de la cloche, si comme il est accoustumé : & nous a supplié & requis instance, que Nous ladite jurisdiction temporelle à cause de permutation, ly voulissions delaisser à tousiours perpetuellement ; pour ly & pour ses successeurs Archevesques de Lyon, en certaine forme, & promis certaines offres faire par ly à Nous pour cecy-dessous contenu. Nous qui tousiours avons desiré & encores desirons que les Eglises & les personnes d'icelles puissent vivre en bonne paix & en bonne tranquillité sous Nous, pour oster matiere de discort, & eschuier tous frais & dommaiges qui en pourroient venir, & pour les offres qui nous en ont esté faites, si comme dit est : & pour les choses cy-dessous contenuës, ladite jurisdiction haute, moyenne & basse, retourne à Nous, & à nos successeurs la souveraineté & le ressort, & dés ores en droict baillons & transportons par plein droict, par le bail de ces presentes Lettres, audit Archevesque, pour soy & pour ses successeurs Archevesques de Lyon, à tenir perpetuellement par eux de Nous & de nos successeurs en fief, pour lequel ils seront tenus de faire & feront à Nous & à nos successeurs serment de fealté & hommage lige, parmy l'eschange, recompensation fournis, & conditions cy-dessous escrites : C'est à sçavoir que ledit Archevesque & ses successeurs, recognoistront à tenir, prendront & tiendront de Nous & de nos successeurs en fief, pour lequel il nous seront tenus de faire & feront serment de fealté & hommage lige, toutesfois qu'il y aura nouveau Seigneur ou vassal, & dés maintenant le nous fera ledit Archevesque la devance des Jurisdictions de toute la Ville de Lyon, & des appartenances, tant pour la partie que les Archevesques de Lyon y ont anciennement euë paisible-

ment, comme pour la partie que le Chapitre a contendu à y avoir és tems passez : laquelle partie ledit Archevesque doit avoir de l'accord & de l'assentement dudit Chapitre, parmy certaine recompensation : & ainsi ledit Archevesque & ses successeurs doivent avoir & auront la Jurisdiction de ladite Ville de Lyon, & tous seuls en useront sous nostre souveraineté & ressort, & avec ce tout leur temporel quel qu'il soit en ladite Ville de Lyon, & és appartenances, tant deçà la Saonne, comme de là jusques au Rosne, & hors, en quelque part que ce soit dans nostre Royaume, en quelque chose que ledit temporel soit assis, tant en ladite Jurisdiction de ladite Ville de Lyon, & des appartenances, ainsi comme dessus est dit, comme és autres lieux & choses de son dit temporel, soit en chanteal, forteresse, villes, fief, arriere-fief, censives, rentes, revenus, Justices hautes, moyennes & basses, Seigneuries, Regales, honneurs, services, & en toutes autres choses quelles qu'elles soient, & comment qu'elles puissent estre nommées, que le dit Archevesque ou ses devanciers avoient ou tenoient, ou pouvoient avoir & tenir, & qui dudit Archevesque & de ses devanciers sont ou ont esté tenus, sans moyen ou par moyen, ou que à sondit temporel appartiennent, ou peuvent appartenir en nostre Royaume. Et pource que par cét accord ladite Jurisdiction demeure audit Archevesque, & à ses successeurs seuls, & pour le tout promis certaine & suffisante recompensation qu'il en doit faire au Doyen & au Chapitre de ladite Eglise de Lyon, laquelle il a promis en nostre presence à faire à eux, & lesdits Doyen & Chapitre recognoistront à tenir, & prendront & tiendront de Nous & de nos successeurs en fief, pour lequel ils seront tenus de faire & feront à Nous & à nos successeurs serment de fealté & hommage lige, ladite recompensation qui par ledit Archevesque leur sera baillée, avec tous les droicts, usages, & coustumes qu'ils peuvent avoir sur les droicts, peages, monnoyes, censives, & autres rentes temporelles en ladite Ville de Lyon, & en appartenances, & ledit serment, fealté, & hommage lige sera le Doyen de ladite Eglise, en nom de soy & dudit Chapitre, ou la personne de Chapitre qui sera en plus grande dignité, & present en l'Eglise, se Doyen n'y avoit, ou il estoit absent ; toutes fois qu'il y aura nouvel Roy, ou Gouverneur ou Royaume, ou que Doyen se changera en ladite Eglise, & dés maintenant le fera à Nous le Doyen, qui ores est, pour soy & pour sondit Chapitre ; & est à sçavoir que ledit ressort & les Provinces voisines de ladite Ville & justice de Lyon, & des appartenances viendront à Nous & à nos successeurs, & seront convenus & determinez lesdits appeaulx, par nos Juges d'appeaulx, & que nous ordonnerons & establirons à cela où il nous plaira ; mais toutes voyes que ce ne soit pas en ladite Ville de Lyon, ne en appartenances, ne en aucun lieu de ladite terre, ne domaine, ne de la Baronnie desdits Archevesques, Doyen & Chapitre, se ainsi est qu'ils ayent Baronie, se les seconds appeaux qui seront faits de nosdits Juges d'appeaux viendront à Nous & à nos successeurs, & seront determinez en nostre Parlement de Paris, ou par ceux à qui nous les commettrons à determiner illec ou ailleurs, & les ressorts & les susdits appeaulx de la terre, & de domaine, & de la Baronnie desdits Archevesques, Doyen & Chapitre, se Baronnie ont, & que toutes les terres que de eux sont tenuës en nostre Royaume, sans moyen, ou par moyen, hors de ladite Ville de Lyon, & des appartenances dedans nostre Royaume, en cas & en personne, dont ils ont accoustumé d'avoir les premiers appeaulx, viendront à Nous à tenir & à determiner par nos Juges d'appeaulx là où il nous plaira ; mais que ce soit hors de ladite Ville de Lyon, & des appartenances, & que ce ne soit en lieu qui soit de la terre : ne de domaine, ne de la Baronnie desdits Archevesque, Doyen & Chapitre, se Baronnie ont, & avec ledit Archevesque, pour cause de ladite permutation, ou dudit eschange, & en recompensation des choses qu'il a de Nous, nous a baillé & delaissé, & transporté & transporte en Nous & en nos successeurs, toute la Regale, le droict & émolumens, & profits de Regale qu'il tenoit de Nous, & avoit en l'Eglise, en qualité, en l'Evesché, & en la Diocese d'Authun, vaccant le siege d'icelle, excepté l'exercice, & les émolumens de leurs espirituelles dudit Evesché, de laquelle Regale Nous & nos successeurs devrons user, & userons, tout en la maniere que nos devanciers ont usé, & nous usons de Regale en l'Eglise de Paris. Derechef avec ces choses Nous avons retenu & reservé, que Nous, nos gens, nos successeurs, & leurs gens envoyez de Nous, ou de nos successeurs, nos Baillifs de Mascon, qui pour le temps seront, & leurs Lieutenans pourront entrer en la ville de Lyon en armes, & sans armes, à tant de gens comme Nous, nos successeurs, nos gens, les gens de nos successeurs, envoyez de Nous ou de nos successeurs, nos Baillifs de Mascon, pour le temps & leurs lieux, tous voudrons & demeurerons en icelle, issir hors, & retourner en icelle toutesfois & tantesfois comme il plaira à Nous, & à nos successeurs, & à nos gens, aux gens de nos successeurs, à nos Baillifs, leurs Lieutenans, & les gens envoyez de Nous, ou de nos successeurs, ou pour ledit Baillif ou son Lieutenant, toutesfois que nous aurons guerre, suspicion, ou presomption de guerre, ou que pour aucune autre necessité le voudront faire, sans que contredit nous en puisse estre fait, & aurons en tel, ou Nous, nos successeurs, nos gens, les gens de nos successeurs, envoyez par nous, ou par nos successeurs, nostre Baillif devant-dit, son Lieutenant, ou ceux qui ly uns de eux y commettront, se il plaist à Nous & à nos successeurs, ou à eux là garder les clefs des portes & des forteresses de ladite Ville, sans que nul se puisse entremettre de ladite garde, fors que nous, nos gens, nos successeurs, ou leurs gens envoyez par Nous, ou par nos successeurs, le Baillif, son Lieutenant dessusdit, ou ceux qui peuls y seroient commis seulement, & à ce ils sont accordez les citoyens de ladite ville, qui les clefs dessusdites ont en garde, & tout en telle maniere aurons Nous, nos successeurs, nos gens, les gens de nos successeurs, les Baillifs de Mascon, leurs Lieutenans, & les gens envoyez à ce par Nous, ou par nos successeurs, ou par eux les chasteaux & clefs, & la garde des chasteaux, que ledit Archevesque & ses successeurs tiendront de Nous, ou de nos successeurs; c'est à sçavoir en temps de guerre, de suspension, ou preservation de guerre, & de toute autre necessité de qui en chose il sera creu il sera dit à nos successeurs, à nostredit Baillif, & à son Lieutenant simplement, sans autre cognoissance de cause, sauf ce que nostredit Baillif en sa condition sera tenu de jurer, que les clefs, ne les gardes il demar dera. fors pour les causes dessusdites, sans malice & sans fraude, & autre opposition ne luy en pourra estre faite, & n'est pas nostre intention que pour la prise desdites clefs des portes & des forteresses, soit fait aucun tort ausdits Archevesque, Doyen & Chapitre, citoyens & ville, en leurs autres droits, & en autres choses qui par Nous leur sont octroyées, & encore il est accordé que se l'Archevesque & ses successeurs vouloient estre des-obeissans ou rebelles à Nous, ou à nos successeurs, ou à nos gens, qui ja n'a manqué, le Doyen, ne le Chapitre, ne les Chanoines ne seroient tenus de luy suivre, ne ayder, & ne l'ayderoient en rien, ains seroient tenus de ayder Nous & nos successeurs, nos gens, & les gens de nos successeurs, en bonne foy & sans fraude, de tout leur pouvoir, à le contraindre à venir à obeissance à Nous, & à nos successeurs, toutes fois qu'ils en seront requis de par Nous, ou par nos gens, ou par nos successeurs, ou leurs gens; & en telle maniere seront tenus ledit Archevesque & ses successeurs, à Nous & à nos successeurs aider, & en bonne foy & sans fraude, de tout leur pouvoir, à contraindre lesdits Doyen & Chapitre à obeissance à Nous, & à nos successeurs, se ainsi estoit que lesdits Doyen & Chapitre fussent des-obeissans & rebelles à Nous & à nos successeurs, qui ja n'a manqué, & se l'Archevesque ou le Chapitre, ou tous deux ensemble, vouloient des-obeir ou rebeller à Nous, ou à nosdits successeurs, qui ja n'a manqué, la ville de Lyon, ne les citoyens ne seroient tenus de eux ayder en rien, & de rien ne les ayderoient, ains seroient tenus de ayder Nous & nos gens, & nos successeurs & leurs gens, à contraindre les advenir à obeyssance à Nous & à nos successeurs à nos gens, & aux gens de nos successeurs, de tout leur pouvoir, en bonne foy & sans fraude: & se ainsi estoit que la Ville ou aucuns de la ville de Lyon voulsist rebeller, ou des-obeyr à Nous, ou à nos successeurs, ou à nos gens, ou aux gens de nos successeurs, qui ja n'a manqué, l'Archevesque, le Doyen & Chapitre seroient tenus en la maniere dessus divisée, de ayder Nous & nos gens, & nos successeurs & leurs gens, à contraindre les advenir à obeyssance à Nous & à nos successeurs, à nos gens, & aux gens de nos successeurs, toutesfois qu'ils en seroient requis: Et est à sçavoir que tuit ly Chanoines de l'Eglise, qui ores sont, sitost comme vendront premierement à l'Eglise, & de cy en adventure ly autre, en leur reception jureront singulierement c'est à sçavoir, les presens en leurs personnes, & les absens qui par Procureur seront receus par procuration, suffisant en Chapitre en la presence de nos gens, qu'ils seront feals à Nous & nos successeurs Roys de France, & qu'ils aideront Nous & nos successeurs en bonne foy & sans fraude, de tout leur pouvoir à la defence & à l'honneur de Nous & de nostre Royaume, encontre toutes personnes; & qu'ils tiendront & garderont fermement l'accord present, & tout ce qui contenu y est. Et tout autre serment feront l'Archevesque qui ores est & ses successeurs, ou nom de eux & du Chapitre, auquel Doyen & ses successeurs, ou se Doyen n'y avoit, à la personne qui auroit la plus grande dignité en ladite Eglise, ly Chapitre donne desja plein pouvoir & especial mandement de ce faire, avec l'hommage & le serment de fealté qu'ils feront à Nous & à nos successeurs: & ce mesme serment avec le serment de fealté seront tenus de faire & feront à Nous, se nous sommes presens à Lyon, ou à nos gens à nostre absence: de sorte tous les citoyens & les autres habitans de la ville de Lyon, de quatorze ans & dessus, & à nos successeurs, si-tost comme ils en seront requis: & se renouvellera ce serment au temps de chacun mesme Roy, de dix ans en dix ans: & est à sçavoir que les Chanoines qui auront fait le serment dessus devisé par leur Procureur, le feront en leurs personnes la premiere fois qu'ils vendront à l'Eglise: & Nous & nos successeurs serons tenus de garder & defendre l'Archevesque, le Doyen, le Chapitre & les Chanoines de l'Eglise de Lyon, & leurs successeurs; leurs biens & leurs droits, & les citoyens de la Ville, en la forme & en la maniere que Nous & nos devanciers avons accoustumé de garder les Prelats, les Eglises, les personnes & les biens des Eglises, & les bonnes Villes de nostre Royaume: Encore est-il accordé expressément entre Nous & l'Archevesque, le Doyen & le Chapitre devant dits, que se il advenoit que ces choses, si comme elles sont dessus contenues, ne prissent leur accomplissement & leur effet, ou puis qu'elles l'auroient pris, elles fussent defaites par aucuns cas que les parties & toutes choses retournassent à plein, ou point, & en l'estat qu'elles estoient le premier jour du mois de Février, qui fut l'an 1319. non contrestant toute Saisine, possession, ou tenuës, qu'une partie ou autre eust euë par veu de cét arret, ouquel cas ledit Archevesque se establist & confesse soy posseder la jurisdiction devant

vant dite, & toutes les autres choses baillées à luy par cét accord, és noms de nous proprietaire, & nous consentons & voulons que aux cas dessusdits, qui ja n'a manqué, que nulle confession faite parmy ce present accord, que lesdit Archevesque, Doyen & Chapitre leur soit prejudiciable en tout, ne en partie, & ne puisse justifier nostre faict, ne le leur plus qu'il estoit au jour dessusdit ; & est à sçavoir que cette chose accomplie de par Nous, lesdits Archevesque, Doyen & Chapitre nous delaissent, & nous recouvrons pour cause de l'eschange dessusdit, toutes les choses qu'ils avoient eües, ou devoient avoir de nous, par cause d'une autre permutation ça en arriere, faite entre nostre cher Seigneur & pere, & l'Archevesque, le Doyen, & le Chapitre dessusdit, & nous rendons aussi à l'Archevesque toutes les choses qu'il & le Chapitre nous avoient baillez, qui à eux appartenoient, sauve les choses retenuës à une partie & à l'autre en cettuy accord, en telle maniere que tout ou ce que nous, ou que nos chers Seigneurs le Roy Phylippes nostre pere, ou le Roy Loüis nostre frere, nos gens, ou les leur, avons levé des choses qui par lesdits Archevesque, Doyen & Chapitre nous avoient esté baillez à nous, domaine nostre quitte, & nous donnons aussi entierement la valuë de la terre que nous leurs devons bailler parmy ladite permutation & eschange, pour tout le temps de lors en ça, sauf ce que tout ce que l'Archevesque, ly Chapitre, ou leurs gens, ou chacun par soy en auront receu, ou levé en sera rabbatu & dédui, & n'est pas l'intention de nous, ny de l'Archevesque, Doyen & Chapitre devant dit, que pour les choses qui sont dessus escrites & accordées, aucune nouvelleté, immutation ou prejudice soit fait en aucune chose, ou droict en la Seigneurie, ne en la Justice, que le Chapitre de Saint Just dit & maintient soy avoir en la ville de Saint Just, & és appartenances, ne ou droict que nous y aviens avant ladite permutation faicte avec nostre devancier dit Seigneur & pere, soit de garde en d'autre droicture quelle qu'elle soit; encore se consentent dés maintenant lesdits Archevesque, Doyen & Chapitre, pourtant comme à chacun touche, que toutesfois que Nous ou nos successeurs pourrions pourchasser, que nous ayans la Regale de l'Eglise & de l'Archevesché de Lyon pour celle d'Authun, laquelle ils nous ont desia transporté, si comme dit est, ou par autre maniere, nous l'ayens, teniens, & en usiens en la maniere, que dessus est devisé, & à ce pourchasser nous ayderont il & à nos successeurs en bonne foy, toutes fois qu'ils en seront requis, & se cét eschange ne s'en faisoit, si ne se differroit pas l'accord des autres choses dessus devisées, ains demoureront en sa vertu; & pource que toutes les choses dessusdites, & chacune d'icelles, soient fermement tenuës & gardées perpetuellement sans venir encontre, nous avons fait mettre nostre sceel en ces presentes Lettres en tesmoignage de verité. Ce fut fait & accordé à Paris, en l'an de grace mil trois cens vingt, au mois d'Avril, & Nous en cét present transcrit, avons mis le sceel de la Prevosté de Paris, l'an & le Mecredy dessusdit.

Extraict des Registres de la Chambre des Comptes.

PROCEZ VERBAL

Fait le 9. Juin 1320. par Hugues Girauld Baillif de Mascon commis par le Roy pour recevoir la foy & hommage que les Chanoines, Doyen & Chapitre estoient obligez de rendre au Roy, en consequence du Contract de 1320. contenant la reception des foy & hommages prestez par lesdits Doyen & Chapitre, ensemble leur serment, tant en general qu'en particulier, d'observer perpetuellement ledit Contract, & d'exiger pareil serment de tous les nouveaux Chanoines, avant leur installation au Chœur.

ANno Domini millesimo trecentesimo vigesimo, die nona mensis Junii, Congregatis in Capitulo primæ Lugdunensis Ecclesiæ, ad sonum campanæ more solito in Capitulo ipsius Ecclesiæ, Reverendo in Christo Patre Domino P. Dei gratia primæ Lugdunensis Ecclesiæ Archiepiscopo, ac venerabilibus & discretis viris Dominis Stephano Decano, Guillelmo de Bellijoci Præcentore, Guillelmo de Sura Cantore, Johanne de Villars Camerario, Guillelmo de Sarravelle, Matthæo Rometain, Hugone Reunis, Humberto de Coffenay, Guillelmo de Vaffailiaco Camerario Sancti Pauli Lugdunensis, Girino Parentis, Petro de Sancto Simphoriano, Guillelmo de Telis, Johanne de Lorgo, Johanne de Castellario, Philippo Delaya, Guidone de Franchilens, Ludovico de Sancto Laurentio, Percevallo de Palude, Hugone de Corgerone, Guiffredo de Montagniaco, Henrico de Villars, Johanne de Marziaco seniore, Johanne de Marziaco juniore, & Beraudo de Fonte, Canonicis dictæ Ecclesiæ Lugdunensis, facientibus Capitulum dictæ Ecclesiæ; nullis aliis Canonicis ipsius Ecclesiæ præsentibus in civitate Lugdunensi: ut dicebant Nobilis vir Dominus Hugo Giraudi Miles, & Consiliarius Serenissimi Principis Domini Philippi Dei gratia Regis Francorum & Navarræ, ac ab eodem Domino Rege Commissarius ad infrascripta deputatus, prout de ipsa commissione constat, per quasdam litteras Regias sigillatas sigillo Regio, in pendenti quas idem Dominus Commissarius in præsentia dictorum duorum Archiepiscopi, Decani & Capituli, legi & publicari secit; quarum tenor talis est,

PHilippes par la grace de Dieu Roy de France & de Navarre: A nostre amé & feal Conseiller Hugues Giraut Chevalier, Salut & dilection: Comme entre Nous, d'une part, & nostre amé cousin & feal l'Archevesque, le Doyen, & le Chapitre, & les citoyens de Lyon, d'autre ; certain accord & certaine ordonnance ayent esté fait, ausquels & à toutes les choses qui contenuës y sont, garder & tenir fermement, & accomplir entierement lesdits Archevesque, Doyen & Chapitre par Procureurs, se sont suffisamment obligez & desdites choses accordées & ordonnées, soient encores aucunes à parfaire & accomplir, tant par devers Nous, comme par devers les devant dits Archevesque, Chapitre & ville, Nous qui de vostre loyauté & discretion avons plaine fiance, vous commettons & mandons que vous en vostre personne, vous transportez à la cité & ville de Lyon, & aux appartenances, & que vous receu l'accord & la ratification dudit Chapitre, & les sermens qui doivent estre faits selon la teneur dudit accord de quelque personne que ce soit, soit en nom de Chapitre, ou soit de Chanoines, ou de citoyens, ou de quelconques autres personnes, de quelconque condition ou dignité que elles soient, & les lettres faites sus ledit accord, sceelées des sceels dudit Archevesque & Chapitre, lesquelles lettres vous rappourtiez à nous, accomplissiez, & faites accomplir

I

de par nous, tout ce que nous devons accomplir aux devant dits Archevesque, Doyen & Chapitre, selon la forme dudit accord, & selon la teneur de nos lettres, lesquelles vous baillerez ausdits Archevesque, Chapitre, & ville, ensemble l'execution des choses contenuës esdites lettres, lesquelles nous avons promis à delivrer & accomplir, & se ainsi estoit (que ja n'aviegne) que aucuns voussissent contredire, ou empescher le grand bien & le grand profit, qui de l'accord & ordonnances dessusdits, viennent & peuvent venir en maintes manieres, si les contraignez à faire & accomplir en la maniere que accordé est, par compulsions & voyes deuës & convenables, à nostre honneur, & à l'accomplissement de l'accord dessusdit, & toutes ces choses, & toutes les autres qui à ce seront convenables, ou qui en dépendent : Nous vous donnons plain pouvoir & special mandement, & mandons & commandons à tous nos Justiciers, & à tous nos subjets que ils vous obeïssent és choses dessusdites, & en ce qui dépend d'icelles, aussi comme à Nous, & comme lesdits Archevesque, Doyen, Chapitre, & citoyens, ayent fait complainte par devers nous contre les Officials, qui pour le temps y ont esté, & encore y sont, sus griefs & injures faites à eux par lesdits Officials : Nous mandons & commandons que vous desdits griefs, & des autres que ils voudront monstrer pardevant vous, & approchier lesdits Officials, enquerrez diligemment, & punissiez, & corrigiez, selon les meffaits se aucuns en y a ; & à ce faire nous vous donnons plain pouvoir : Mandans à tous Justiciers, & à tous autres nos subjets que ils vous obeïssent és choses dessus dites, aussi comme à Nous. Donné à Paris, le douziesme jour d'Avril, l'an de grace mil trois cens vingt.

Volens idem Dominus Commissarius mandatum Regium exequi, legi & publicari in præsentia ipsorum Dominorum, quasdam litteras sigillis prædictorum Dominorum Archiepiscopi, Decani & Capituli sigillatas ; quarum tenor talis est.

A Tous cels qui verront ou ouïront ces presentes lettres, Nous Pierre par la souffrance de Dieu Archevesque, &c.

S'ensuit la teneur du Contract de 1320. attaché sous le contrescel de la Commission du Bailif de Mascon, cy-dessus fol. 128.

QUIBUS litteris lectis & publicatis in præsentia ipsorum Dominorum Archiepiscopi, Decani & Capituli, & nostrorum Notariorum, & testium infrascriptorum habito super contento in eisdem litteris, ut asserebant ipsi Domini Archiepiscopus, Decanus & Capitulum, semel & pluries inter ipsos diligenti colloquio, & solemni tractatu meliora dictæ Ecclesiæ in hoc prospicientes & propter utilitatem evidentem ipsius Ecclesiæ, quantum in hoc cognoverant omnia universa & singula contenta in dictis litteris continentibus permutationem ratificaverunt, approbaverunt, & de novo fecerunt & innovaverunt, prout ad ipsos & eorum quemlibet spectat & pertinet, spectare & pertinere potest de consuetudine, vel de jure communiter, vel divisim, & sibi invicem in quantum de jure possunt, auctoritatem, & consensum præstiterunt auctoritate & licentia dicti Domini Archiepiscopi ibidem præsentis, & suum consensum mutuum & auctoritatem in præmissis omnibus & singulis præstantis, & nihilominus dicto Domino Decano præsenti, & ejus successoribus Decanis dictæ Ecclesiæ, & in casu in quo Decanatus vacaret, vel contingeret Decanum qui nunc est vel ejus successoribus, fore absentes à dicta Ecclesia absentia diuturna, vel in loco, de quo non esset spes ipsum Decanum in brevi termino, fore præ-

sentem in dicta Ecclesia majori personæ ipsius Ecclesiæ, quæ fuerit præsens in Ecclesia tempore vacationis, vel absentiæ prædictarum, quoties incumbet præstari & fieri homagium ligium, & juramentum dicto Domino Regi, vel ejus successoribus, quæ ex forma dictarum litterarum præstanda & facienda sunt, per ipsos Dominos Decanum & Capitulum, ex nunc, prout ex tunc, & ex tunc, prout ex nunc, dederunt prænominati Archiepiscopus & Canonici plenariam potestatem & speciale mandatum, ipsum homagium faciendi, & juramentum præstandi in ipsorum, & cujuslibet ipsorum animas constituentes eosdem, & quemlibet eorum ad hoc ipsorum, & dicti Capituli, veros œconomos, procuratores & syndicos, cum omni solemnitate, juris renuntiatione, & cautela quæ debent in talibus adhiberi. Et nihilominus promiserunt & juraverunt ad sancta Dei Evangelia, per eos & eorum quemlibet corporaliter manu tacta, per se & suos successores quoscunque in Ecclesia ante dicta, videlicet dictus Dominus Stephanus Decanus, mandato dicti Capituli præsentialiter sibi facto, in suam & ipsorum Capituli, & Canonicorum animas, & subsequenter singulariter, & nominatim omnes prænominati Canonici, omnia universa & singula in prædictis litteris contenta, prout ad dictum Capitulum, & ad ipsorum quemlibet pertinent & spectant, & ipsos astringunt, seu de jure, vel consuetudine, spectare & pertinere possunt, conjunctim vel divisim attendere & complere, & inviolabiliter observare, & contra per se, vel per alium non facere, vel venire, & contra venire, volentibus nullatenus consentire, immo eisdem totis viribus resistere, & dictum nostrum Regem juvare contra eosdem, juxta continentiam litterarum prædictarum, prout in litteris prædictis plenius continetur, & quia prædicti Domini Archiepiscopus & Decanus, dicto Domino Regi Parisius fecerant homagium ligium, & sacramentum fidelitatis præstiterant, necnon Domini Thomas de Sabaudia, Alfonsus de Espainia Canonici, & Ludovicus de Vassailliaco Sacrista dictæ Ecclesiæ sacramentum fidelitatis fecerant. Idcirco dictus Dominus Commissarius, ab ipsis Dominis Archiepiscopo, & Canonicis proximis nominatis dicta juramenta recipere supercessit, prædictus tamen Decanus in præsentia prædictorum Dominorum Archiepiscopi, & Canonicorum juramentum fidelitatis in Capitulo, in præsentia dictorum Dominorum Archiepiscopi & Canonici, ac dicti Domini Commissarii iterum præstavit, & postmodum in præsentia dictorum Dominorum Archiepiscopi, Decani & Capituli auctoritate Commissionis & potestatis Regiæ sibi datæ in hac parte dictus Dominus Commissarius voluit & ordinavit, quod Canonici absentes qui nunc sunt, vel alii expectantes, qui per Procuratores in Ecclesia prædicta recepti sunt, vel qui pro tempore in dicta Ecclesia creabuntur, quàm primùm veniant ad dictam Ecclesiam dicta juramenta fidelitatis faciant, juxta tenorem dictarum litterarum, in præsentia nobilium virorum Dominorum Guichardi de Marziaco Militis, & Consiliarii Domini nostri Regis, Bailivi Matisconensis, vel ejus locum tenentis, & Bartholomæi Caprarii scantionis Domini Regis civis Lugdunensis, vel alterius eorum, quibus & eorum cuilibet in solidum dictus Commissarius, quantum ad hæc commisit totaliter vices suas, donec per dictum Dominum nostrum Regem super hoc fuerit aliud ordinatum. Et post hæc anno quo supradicta, die Martis sequenti, Domini Jacobus de Chondiaco, Petrus de Salornay, Lyatardus de Salagniaco Canonici dictæ Ecclesiæ, qui erant absentes tempore & die, quibus alii Canonici juraverunt, ut supradicta fecerunt, & præstiterunt simile juramentum, quod alii Concanonici eorumdem secundum formam & modum superius memoratam præstiterunt, in quam fecerunt & dederunt juramentum prædictum , in ipsius Domini Hugonis Giraudi Militis , & Consiliarij ac Commissarij dicti Domini Regis præsentia , & nostrorum Notariorum , & testium fide dignorum infrascriptorum , videlicet nobilis Domini Guichardi de Marziaco Militis Domini Regis , Guillelmi de Leovilla Militis, Vicarij Lugdunensis : discretorum virorum Petri Maurelli Judicis majoris Senescalliæ Lugdunensis , & Girardi de Romano Jurisperiti , & plurium aliorum ad hæc vocatorum & rogatorum. Acta fuerunt hæc quæ præmittuntur , quoad dictos Dominos Archiepiscopum , Decanum & Capitulum , & alios Cononicos , qui in dicto Capitulo juraverunt , præsentibus viro Religioso Priore Sancti Petri Mariscensis , & venerabilibus & discretis viris Dominis Petro de Eschalone Canonico Valentinensi , Officiale Lugdunensi , Andræa Baudium Decano Diennensi , Petro de Costa Canonico Eduensi , Humberto de Vallibus , & Anselmo de Durchia Legum Professoribus , ac duobus Militibus proximis nominatis , ac pluribus alijs Clericis & laïcis in multitudine copiosa , Nos vero dicti Archiepiscopus , Decanus & Capitulum , & Hugo Giraudi Commissarius prælibatus præsenti publico instrumento, seu litteris sigilla nostra duximus apponenda una cum signis & subscriptionibus Notariorum subscriptorum in testimonium veritatis omnium præmissorum.

Ego verò Iacobus Balbi Clericus , auctoritate Regia publicus Notarius , præmissis omnibus & singulis , una cum Notarijs subsequentibus eadem auctoritate publicis Notarijs & testibus prælibatis , interfui , præsentique publico instrumento inde confecto , subscripsi & signavi vocatus & rogatus.

Et ego Thomas Baconerij de Lugduno , Clericus auctoritate Regia publicus Notarius , præmissis omnibus & singulis , una cum subscriptis Notarijs eadem auctoritate publicis interfui , præsentique instrumento inde confecto, subscripsi & signavi, vocatus & rogatus.

Ego verò Girardus de Villanova Clericus , auctoritate Regia publicus, Notarijs eadem auctoritate publicis interfui, præsentique publico instrumento inde confecto , subscripsi, & signo meo solito signavi, rogatus.

Ego verò Provetus Apparoillien de Trenorchio , auctoritate Regia publicus Notarius , præmissis omnibus & singulis, una cum subscriptis Notarijs eadem auctoritate publicis interfui, præsentique publico instrumento inde confecto subscripsi, & signo meo solito signavi rogatus.

Scellé de trois sceaux.

PROCEZ VERBAL

De prestation de foy-hommage , & serment par trois Chanoines, d'observer le Contract du 4. Avril 1320. ne s'estant trouvez au Chapitre lors de l'acte cy-dessus.

IN nomine Domini , Amen. Per præsens publicum instrumentum cunctis appareat evidenter : Anno Domini millesimo tricentesimo vigesimo , die vigesima sexta mensis Junij , regnante Serenissimo Principe Domino nostro Philippo Dei gratia Rege Francorum & Navarræ. In præsentia nostrorum Jacobi Balbi , & Thomæ Baconerij de Lugduno Clericorum , auctoritate Regia publicorum Notariorum , & testium subscriptorum : Cum juxtà compositionem pridem factam inter dictum Dominum nostrum Regem ex una parte , & Reverendum in Christo Patrem & Dominum Dominum Petrum Dei gratia primæ Lugdunensis Ecclesiæ Archiepiscopum , Decanum & Capitulum ipsius Ecclesiæ , ex altera. Principaliter super facta restitutionis civitatis Lugdunensis , & ejus jurisdictionis , ijdem Domini Decanus , & singulares Canonici pro tempore dictæ Lugdunensis Ecclesiæ , teneantur juramentum fidelitatis & homagij præstare dicto Domino nostro Regi , & super observationes compositionis prædictæ , ut in litteris super dicta compositione contentis , hæc & plura alia plenius continentur. Hinc est quod viri venerabiles & discreti Domini Gauffredus de Balma , Humbertus de Boczosello, & Ludovicus de Porpreriis Canonici Lugdunenses super dicta compositione certificati legitimè , & ad plenum per litteras super eadem confectas , sigillo dicti Domini nostri Regis in cera viridi, ad firmitatem perpetuam sigillatas in domo Thesaurarij dictæ Ecclesiæ custoditas, per eos prævisas, ut asserunt juramenta prædicta præstiterunt , juxta dictarum litterarum Regiarum compositionis prædictæ continentiam & tenorem ad sancta Dei Evangelia corporaliter tacto libro , ob hoc specialiter & expressè, prout etiam ab alijs Dominis Canonicis dictæ Lugdunensis Ecclesiæ in ipso Capitulo præsentibus, tunc temporis præstitum extitit in præsentia Domini Hugonis Giraudi Militis , & Commissarij specialis dicti Domini nostri Regis , ad receptionem juramentorum prædictorum dictorum Dominorum Canonicorum Ecclesiæ Lugdunensis præstiterunt, in quæ prædicta juramenta vocatis ad receptionem eorum viro provido & discreto Bartholomæo Caprarij Scantione dicti Domini nostri Regis ad hoc Commissario deputato, in sui absentia , à dicto Domino Hugone Giraudi auctoritate Regia sibi in hac parte commissa , ut supra Acta fuerunt in dicto Capitulo Lugdunensi prædicto quoad receptionem juramentorum dictorum Dominorum Gauffridi , Humberti & Ludovici præsentibus viris venerabilibus & discretis Dominis Petro Maurelli , & Johanne de Perodo Jurisperitis, Stephano Poylat, & Peronino Appareliæ Notariis publicis ad hoc vocatis pro testibus & rogatis, item anno quo supra die ultima Junij in præsentia nostrorum dictorum Jacobi Balbi & Thomæ Baconerij Notariorum , & testium subscriptorum , videlicet dicti Domini Petri Maurelli, Peronini de Caprarij , Johannis de Chatzans , & Guillelmi Aymonis Clericorum Ecclesiæ Lugdunensis , & plurium aliorum fide digniorum vir illustris , venerabilis & discretus Dominus Aymo de Sabaudia Canonicus Lugdunensis , fecit & præstitit juramentum fidelitatis prædictæ , ut supra in Capitulo Lugdunensi , præsentibus & instantibus Dominis Decano & Capitulo Lugdunensi , in præsentia dicti Bartholomæi Caprarij Commissarij Regis , ut supradicta recipientes quæ virtute Commissionis sibi super hoc factæ, ut supra sub data qua supra.

Et ego Jacobus Balbi Clericus , auctoritate Regia publicus Notarius , præstationibus juramentorum dictorum Dominorum Gauffridi de Balma,Humberti de Boczosello & Ludovici de Porpreriis Canonicorum Lugdunensium,factis ut simul cum dicto Thoma Baconerij Notario & prælibatis testibus interfui, præsentique instrumento inde confecto, subscripsi & signavi vocatus & rogatus hoc signo meo consueto.

Et ego Thomas Baconerij Notarius prælibatus,præmissis interfui cum dictis Jacobo Notario & testibus , præsentique instrumento inde confecto,subscripsi & signavi vocatus & rogatus.

ACTE DE SERMENT

Du quinziesme Juin 1320. fait par les habitans de Lyon, pour l'observance du Contract du 4. Avril de la mesme année.

A TOUS ceux qui verront ou orront ces presentes Lettres, Nous Conseils Jurez de la cité & des habitans de Lyon, & nous Jean du Puis & Vincent Danse citoyens de Lyon, Sindics & Procureurs de toute la université & des habitans de Lyon, establis par ladite université, ainsi comme il appert pour un public instrument sur ce faict, lequel est inseré en ces presentes lettres, Salut en nostre Seigneur: Nous faisons sçavoir à tous presens & avenir, Nous Conseil par nous, & Nous Syndics & Procureurs en nom de toute la université & des habitans de Lyon, Que comme tres-excellent Prince nostre tres-chier Seigneur Philippes par la grace de Dieu Roy de France & de Navarre, par certaines & justes causes eust en son domaine, teinst & possedist, & à luy apparteinst de son droict la Jurisdiction temporelle, haute, moyenne & basse de la cité & ville de Lyon, & des appartenances; & Reverend Pere en Jesus-Christ Pierre par la grace de Dieu Archevesque, &c.

Sensuit la teneur du Contract de 1320. attaché sous le contre-scel de la Commission du Baillif de Mascon, cy-dessus, fol. 128.

Tenor vero Syndicatus prædicti sequitur in hæc verba:

In nomine Domini, Amen. Per hoc præsens publicum instrumentum cunctis appareat evidenter, quod anno Domini millesimo trecentesimo vigesimo, die tertia decima mensis Junij, videlicet die Veneris post festum beati Barnabæ Apostoli, regnante Serenissimo Principe Domino nostro Domino Philippo Dei gratia Rege Francorum & Navarræ in præsentia nostrorum Notariorum, & auctoritate dicti Domini nostri Regis publicorum & testium subscriptorum, ad hoc vocatorum & rogatorum, congregata universitate civitatis & civium Lugdunensium, ad sonum campanæ, ut moris est in Ecclesia Beati Nicetij Lugdunensis, dicti cives & universitas ibidem simul congregati universitatem facientes, prout evidenter apparebat, pari voluntate & consensu, ac unanimiter in præsentia nobilis viri Domini Hugonis Giraudi Militis, & Consiliarij Domini nostri Regis Commissarij deputati, auctoritate Regia ad complendum & exequendum compositionem, scambium, permutationem, tractatum, seu concordiam, de quibus inferius fit mentio, & habetur dependentia ex eisdem cum auctoritate præterea & decreto nobilis viri Domini Guillelmi de Leovilla Militis, Vicarij Lugdunensis ibidem præsentis, suos creant, faciunt, constituunt & ordinant Sindicos & Procuratores, videlicet Magistrum Joannem de Putheo, & Vincentium de Ansa Cives Lugdunenses, & eorum quemlibet in solidum, ita quod non sit melior conditio nec deterior subsequentis, seu non occupantis, sed quod per unum eorumdem Sindicorum, seu Procuratorum inchoatum fuerit, possit per alium mediari, prosequi & finiri ad ratificandum, ad probandum & expediendum concordiam, tractatum seu compositionem, seu permutationem & cambium facta inter dictum Dominum nostrum Regem Franciæ & Navarræ, & Reverendum in Christo Patrem Dominum Petrum Archiepiscopum Lugdunensem, & venerabilem virum Dominum Stephanum de Balma Decanum Lugdunensem, & Capitulum dictæ Ecclesiæ Lugdunensis, & cives prædictos Lugdunenses, & præstandum juramenta inquantum spectat, & pertinet ad dictos cives, & universitatem in animas dictorum civium & universitatis & faciendum contenta in eisdem. Dantes & concedentes dictis duobus Syndicis & Procuratoribus, & utrique eorum insolidum, ut supra dicta plenam & liberam potestatem, ac speciale mandatum ad prædicta facienda, & ad præstandum in animas universorum & singulorum civium, & habitatorum Lugdunensium juramenta prædicta observandi inviolabiliter, & nullatenus in contrarium veniendi, vel venire attemptandi per se, vel per alium de jure, vel de facto, & alia juramenta præstandi & faciendi, quæ præstanda & facienda incumbunt eisdem civibus & universitati, ex forma compositionis & concordiæ, & tractatus prædictorum, & ad sigillandum litteras quæ ex parte dictæ universitatis, & civium sunt mittendæ Domino nostro Regi super dicta compositione, seu concordia & tractatu sigillandum, in qua sigillo universitatis prædictæ, & communitatis Lugdunensis, & præmissa expediendum ut supra duntaxat, promittentes dicti cives & universitatis civium, & civitatis Lugdunensis solemniter nobis subscriptis Notariis stipulantibus & recipientibus, tanquam personis publicis vice, nomine, & ad opus omnium & singulorum, quorum interest & intererit sub hypotheca rerum suarum, quarumlibet & universitatis prædictæ, pro dictis suis Syndicis & Procuratoribus, & eorum quolibet insolidum, se & dictam universitatem imperpetuum ratum & gratum habiturum, quicquid per eos, vel eorum alterum factum fuerit in hac parte secundùm prædicta duntaxat, ut superius cum omni juris renunciatione. Actum anno, die, loco, quibus supra, præsentibus pro testibus nobilibus viris & discretis Dominis Guichardo de Marziaco, Johanne Bertrandi & Anselmo de Manissieu Militibus & venerabilibus viris Dominis Petro de Calaber Doctore Decretorum, Gerardo & Rumano Jurisperito, & pluribus aliis fide dignis Clericis & laicis ad hæc rogatis, Nos vero Syndici & Procuratores prædicti, certificati plenius de compositione, permutatione, escambio & tractatu, seu concordia prædictis habitis, inhabitis, & factis inter prædictos Dominum nostrum Regem, & Dominos Archiepiscopum, Decanum & Capitulum Lugdunensis, & dictos cives & universitatem civitatis Lugdunensis, quod compositio, permutatio, tractatus, seu concordia & escambium continentur plenius, in quibusdam litteris Regiis sigillatis sigillo Regio, in pendenti cum filis sericis & cera viridi, sub data anno Domini millesimo trecentesimo vigesimo, mense Aprilis. Quas litteras Regias confitemur in nostra præsentia fore lectas & publicatas, & nos de contentis in ipsis plenè fuisse certioratos omnia universa & singula in ipsis compositione, permutatione, scambio & concordia, seu tractatu, necnon in prædictis litteris Regiis contenta, inquantum in ipsis habetur mentio de civibus, incolis & habitatoribus, & universitate civium Lugdunensium, juxta tamen formam & tenorem quarumdam litterarum sigillatarum sigillo communi universitatis & communitatis Lugdunensis, quæ diriguntur dicto Domino Regi ex parte Consiliariorum & Sindicorum prædictæ universitatis, & juramenta fidelitatis ante creationem, præsentis Syndicatus facta per Consiliarios, cives, incolas, & habitatores dictæ civitatis Lugdunensis, & recepta per nobilem virum Dominum Hugonem Giraudi Militem, & Consiliarium Domini nostri Regis Commissarium in hac parte, & approbationem & ratificationem factam per eos, Nos prædicti Syndici & Procuratores nomine dictæ universitatis, & auctoritate nobis attributa per dictam universitatem, in præsentia subscriptorum Notariorum approbamus, ratificamus, emologamus, innovamus, & innovando de novo facimus, & ea nomine dictæ universitatis, & civium in perpetuum observare&

complere, cum effectu promittimus, & in contrarium per Nos, vel per alium non venire in animam dictæ universitatis, & singularium personarum ejusdem juramus ad sancta Dei Evangelia, per nos corporaliter manu tacta, & ad majorem firmitatem omnium prædictorum sigillum commune universitatis & communitatis Lugdunensis, una cum sigillo Curiæ regio secularis Lugdunensis præsentibus litteris duximus apponendum. Actum & datum anno & die, quibus supra, præsentibus testibus antedictis, quoad ratificationem dictorum Syndicorum, ut supra statim & immediate, & hæc in Capella Beati Jacobi, in parochia Beati Niceti prædicti, sub data qua supra.

Donné à Lyon quant à Nous, Conseil Juré, Sindics & Procureurs dessusdits, l'an de grace 1320. le 13. jour du mois de Juin.

Sceellé d'un grand seau de cire rouge.

PROCEZ VERBAL

Du huictiesme Juin 1373. contenant la prestation de serment fait pour l'observance du Contract de 1320 tant par le Chapitre de l'Eglise Saint Jean de Lyon, que par chaque Chanoine en particulier, & par tous les habitans de ladite Ville. Ce qui fut fait à differens jours, à cause du grand nombre, tant le Roy avoit à cœur l'execution dudit Contract.

NOVERINT universi quod receptis per Nos Stephanum de Fayo Dominum Sancti Johannis de Bornay, Domini nostri Francorum Regis Militem, ejusque Baillivium Matisconensem litteris patentibus præfati Domini Regis, ejusque magno sigillo sigillatis ; quarum tenor de verbo ad verbum sequitur, & est talis.

CHARLES par la grace de Dieu Roy de France, Au Baillif de Mascon, ou à son Lieutenant, Salut; Comme pour certain traitté & accord jadis fait entre l'un de nos devanciers Rois de France, pour luy & ses successeurs Rois de France, d'une part; & l'Archevesque, Doyen & Chapitre de Lyon, pour eux & leurs successeurs, d'autre; l'Archevesque de Lyon, outre le serment de feauté & hommage lige que il nous doit faire, soit tenu toutesfois que il y a nouvel Roy en France, ou nouvel Archevesque, & aussi le Doyen de ladite Eglise, ou nom de luy & dudit Chapitre, se Doyen y a en ladite Eglise, & se non, la personne qui tient apres luy la plus grande dignité en ladite Eglise, jusques à ce que ledit Doyen y soit venu ou retourné, & leur est tenu de faire en sa personne ce qui s'ensuit, & avec ce toutes les fois que le Doyen se change en ladite Eglise, & aussi chacun Chanoine à sa reception, se il est en sa personne, ou par Procureur suffisant, fondé & ayant especial pouvoir, à ce soient tenus, outre le serment de feauté & hommage lige que ils nous doivent faire, & avec ce tous les habitans de la ville de Lyon, de l'aage de quatorze ans & au dessus, soient tenus singulierement de faire de dix ans en dix ans; & quant il y a Roy, nouvel serment; c'est à sçavoir à Nous, se nous sommes en nostre personne à Lyon, & se non à nostre Baillif de Mascon, ou à nos gens, que ils seront feaulx à nous & à nos successeurs Roys de France, que ils nous ayderont en bonne foy & sans fraude de tout leur pouvoir, à la deffense & honneur de Nous & de nos successeurs, & du Royaume, ancontre toutes personnes: lesquels sermens n'ont mie esté faits, mais sont encores à faire par les dessusdits, ou aucuns d'eux, si comme nous avons entendu, Nous vous mandons & estroitement enjoignons, & commettons par ces presentes que lesdits sermens vous faites faire ; & recevez pour Nous & en nostre nom desdits Doyen, Chapitre & Chanoines de ladite Eglise qui à present sont, & aussi dés encores en leur reception quand ils viendront d'ores en avant ; & avec ce de tous les habitans de ladite ville ; par la forme & maniere que dit est, & à ce les contrigniez si comme appartiendra, & de la reception desdits sermens faites faire, & prenez instrumens ou lettres pour nous, & icelles nous rapportez ou envoyez seablement, & gardez que en ce n'ait aucun deffaut, car il nous en desplairoit fortment: Donné à Paris, l'an de grace mil trois cens soixante & douze, & de nostre Regne le neusiesme. Par le Roy à la relation du Conseil, estant en la Chambre des Comptes. G. DE MONTAGU.

QUARUM quidem litterarum Regiarum suprascriptarum auctoritate & virtute volentes, prout tenemur contenta in dictis litteris, juxta traditam nobis formam executionem demandare, Nos Baillivius & Commissarius prædictus ad villam Lugdunensem, propter hoc die octava mensis Julij, anno Domino millesimo trecentesimo septuagesimo tertio, duximus transportandos, Consulesque dictæ villæ evocari fecimus ad diem duodecimam dicti mensis, coram nobis: qua quidem die duodecima comparuerunt in domo Regia Rodanæ Lugduni, Consules & Syndici dictæ villæ, quibus comparentibus tam suis, quàm nominibus totius communitatis dictæ villæ. Nos dictus Baillivus & Commissarius dictam commissionem nostram exhibuimus, & etiam legi fecimus coram ipsis : qua quidem commissione nostra eisdem, ut supra, exposita ipsi Consules, videlicet Aynardus de Villanova major Gilletus de Cuisello, Matthæus de Chaponay, Johannes de Villars, Guillelmus de Durcha, Bartholomæus de Molone, Poncetus Cristini, Guillelmus Eruardi, Magister Petrus Girardini, Henricus Caprarij, Guillelmus ly Teoliares, & Johannes de Foreys copiam dictæ nostræ commissionis sibi fieri postularunt, & diem congruam ad respondendum super contentum in dicta commissione per Nos eisdem assignari, & quia prout perpendimus plures ex majoribus & ditioribus civium Lugdunensium erant absentes ab eadem villa, propter quorum absentiam, dictam commissionem totaliter adimplere, & exequi usque ad eorum proximum adventum non possemus : idcirco nos Baillivus prædictus concessa dictis Consulibus suis, nomine dictæ villæ copiam dictæ commissionis nostræ, omnes universos & singulos cives & habitatores villæ prædictæ Lugdunensis, ætatis quatuordecim annorum, & ultra publice & personaliter coram nobis in domo Regia Rodanæ Lugduni voce præconis, publiceque, & in generali, locis & quadriviis in dicta villa solitis proclamari, evocari & etiam adjornari fecimus ad diem decimam nonam dicti mensis Julij, ut ipsi cives & habitatores ipsam diem perpendere possent, nec se valerent de ignorantia dicti adjornamenti aliqualiter excusare. Qua die decima nona dicti mensis Julij comparuerunt coram nobis in dicta domo Regia Rodanæ Consules suprascripti, necnon & nonnulli alij cives & habitatores Lugdunenses infrascripti, nobis exhibentes quandam compositionem, de qua in dicta commissione fit mentio, contentam in quodam libro, seu Registro in pergameno scripto, in quo continentur omnia privilegia, libertates, franchesiæ, compositiones, & alia facta & negotia communia, hactenus facta concessa civibus & habitatoribus Lugdunensibus, per felicis & inclitæ recordationis Summos Pontifices, & Francorum Reges, qui pro tempore fuerunt, & signis duorum Natariorum publicorum roboratam, cujus tenor de verbo ad verbum sequitur, & est talis :

PHILIPPES par la grace de Dieu Roy de France & de Navarre: Sçavoir faisons à tous presens & à venir que comme Nous, par certaine & juste cause eussions, &c.

S'enfuit la teneur du Contract de 1320. attaché fous le contre-féel de la commission du Baillif de Mascon, cy-deſſus fol. 128.

Sic ſignatum : facta eſt collatio per me Johannem de Sorberio Notarium Regium, & Curiæ Lugdunenſis Juratum, de præſenti tranſcripto ad originale ſigillo magno Regio cera viridi ſigillatum, una cum Diderio de Biſuntio Notario, & in hujus rei teſtimonium ſignum meum hic appoſui, quod eſt tale & per me præfatum Diderium de Biſuntio Clericum, Notarium Regium, & Curiæ Lugdunenſis Juratum, una cum ſupradicto Johanne de Sorberio Notario, & ob hoc huic præſenti tranſcripto in teſtimonium hujus rei ſignum meum appoſui, quod eſt tale. Dicentes quod ſe paratos eſſe præſtare dictum fidelitatis juramentum, & alia contenta in dictis litteris Regiis adimplere juxta formam dictæ compoſitionis, & tenorem dictæ noſtræ commiſſionis, ipſique cives & habitatores Lugdunenſes infraſcripti juraverunt in manibus noſtris Regio nomine ſtipulantibus ſuper vocato nobiſcum pro Notario Johanne Maceti de Ponte velle Clerico authoritate Regia publico Notario & Curiæ noſtræ jurato, præſtiteruntque dictum fidelitatis juramentum, juxta formam & tenorem contentum in ſupraſcriptis litteris Regiis, & ſecundùm tenorem compoſitionis ſupraſcriptæ, videlicet quod ipſi erunt boni & fideles dicto Domino noſtro Regi, ejuſque ſucceſſoribus Francorum Regibus, quodque etiam ipſi dictum Dominum noſtrum Regem juvabunt bona fide & ſine fraude, procedentque ad defenſionem & honorem ipſius Domini noſtri Regis ſucceſſorumque ſuorum & totius Regni Franciæ contra quaſcumque perſonas, prout veri fideles & ſubditi eorum Domino facere debent & tenentur, & ſubſequuntur particulariter per ordinem nomina & cognomina civium & habitatorum dictæ villæ Lugdunenſis, qui dictum fidelitatis juramentum coram nobis, & ſupra Regio nomine præſtiterunt, præſentibus Domino Guichardo de Sirire Milite, Domino Guillelmo Juliani Legum Doctore, Sorcello teſte Notario, & pluribus aliis teſtibus ad hoc exiſtentibus & vocatis.

Et primo Giletus de Cuzello Conſul, Aynardus de Villanova Major Conſul, Matthæus de Chapopany Conſul, Johannes de Villars Conſul, Guillelmus de Durchia Conſul, Bartholomæus de Molone Conſul, Poncetus Criſtini Conſul, Guillelmus Eruardi Conſul, Henricus Caprarij Conſul, Guillemetus ly Teoliares Conſul, Johannes de Foreis Conſul, Magiſter Petrus Girardini Conſul, &c.

Item anno quo ſupra die vigeſima dicti menſis Julij, continuando proceſſum noſtrum præſcriptum, adimplendoque contenta in dicta noſtra commiſſione, in dicta domo Regia Rodani Lugduni cives & habitatores Lugdunenſes ſubſequentes præſtiterunt in manibus noſtris Baillivi & Commiſſarij prædicti vocato nobiſcum, ut ſupra dicto Johanne Maceti pro Notario, fidelitatis juramentum, prout alij cives & habitatores ſupraſcripti, & ſequuntur particulariter per ordinem nomina illorum qui dictum juramentum præſtiterunt, & primo Franciſcus Marchiant, Petrus Gontier, Stephanus Batheverij, Stephanus de Ponte, Guionetus Cocheti, Petrus de Burziaco, &c.

Item die viceſima prima dicti menſis Julij, anno prædicto juraverunt, infraſcripti coram nobis dicto Baillivo & Commiſſario, & præſtiterunt fidelitatis juramentum, prout & quemadmodum fecerunt alij cives & habitatores Lugdunenſes ſupraſcripti, dicto Johanne Maceti pro Notario noſtro nobiſcum exiſtente & præſente, Johannes Loiſelour, Symondus d'Andelos, Anſelmus la Favour, Guillemetus Boyſſon, Vidella Aquarrie, Johannes Liatart, Johannes Jay, &c.

Et receptis per nos à præfatis civibus & habitatoribus Lugdunenſibus, dicto ut ſupra fidelitatis juramento, quia ad ulteriorem executionem dictarum Regiarum litterarum, & noſtræ commiſſionis prædictæ, vocare de præſenti non poſſumus aliis ponderoſis Regiis negotiis occupati, & quia etiam principales ex civibus Lugdunenſibus ſunt à dicta villa abſentes, dictum noſtrum proceſſum, ac receptionem dicti juramenti continuavimus uſque ad diem quintam menſis Septembris, anni prædicti, qua die nos Baillivus prædictus, pro executione dictarum Regiarum litterarum apud Lugdunum, iterum perſonaliter transferentes ad perficiendum contenta in ipſis litteris Regiis ſupraſcriptis, iterato ſub certis pœnis publicè apud Lugdunum fecimus proclamari, ut omnes cives & habitatores Lugdunenſes, à quatuordecim annis & ultra, qui dictum fidelitatis juramentum non præſtiterunt coram nobis, juxta formam dictarum litterarum, quod dicta die hora primâ, & aliis horis dictæ diei diebuſque ſequentibus ad hoc neceſſariis perſonaliter ſe compareant coram nobis, in domo Regia Rodanæ præſcripta pro dicto præſtando fidelitatis juramento, & comparuerunt in dicta domo Regia Rodanæ cives & habitatores Lugdunenſes infraſcripti, qui prout alij cives & habitatores Lugdunenſes præſcripta fidelitatis juramenta præſtiterunt coram nobis nobiſcum vocato præ nominato Johanne Maceri, virtute & juxta formam Regiarum litterarum ſuperius inſertarum, & primo Poncetus Chievriel de Sancto Georgio, Guillelmus Echaravay, Johannes de Cologna, Fredericus ly Grans, Hugonet de Sancto Georgio, Johannes de Serigniaco, &c.

Item die ſexta menſis, anno prædicto juraverunt infraſcripti ut ſequitur, prout alij ſupraſcripti, & primo Andræas de Sancto Michaële, Andræas Myaquet piſcator, Heuraudus Marcheane, Johannes de Ripperia, Petrus de Moleynes faber, Guillemetus de Lixieu, Androvetus de Lixieu, Hugonetus Freydi, Scinus Raiſin, Arcandus Juliani, Thomas Celarier, Johannes Arbondi, Alexander Carpentatorum, Petrus de Cheyſſeriaco carpentator.

Item die octava dicti menſis, anno quo ſuprà, juraverunt infraſcripti prout alij cives & habitatores Lugdunenſes prædicti, Johannes di Tolon codurum, Guillemetus Reverendicoris, Simondus Pinquavart, Johannes Recluſ, Philipotus du Cheno, Giletus de Fayet, Johannes Dorieu, &c.

Inſuper die nona dicti menſis Septembris, anno quo ſupra juraverunt infraſcripti juxta contenta in dicta commiſſione, & prout alij ſupraſcripti : Primo, Petrus Pecheleis, Johannes Corderij de S. Georgio, Johannes Goytraczon, Petrus de Bauchet, &c.

Etiam die decima dicti menſis juraverunt perſonæ ſubſcriptæ, prout jam fecerunt alij Cives & habitatores Lugdunenſes ſupraſcripti coram nobis Baillivo & Commiſſario prædicto : & primo, Petrus de Sancto Clauſo, Johannes de Nivers, Johannes de Planchia, Johannes Nugan, Jacquemetus Amedez, &c.

Item die undecima dicti menſis Septembris, anno quo ſupra continuando contenta in dicta commiſſione juraverunt coram nobis Baillivo & Commiſſario prædicto, Cives & habitatores Lugdunenſes infraſcripti, juxta formam & tenorem juramenti præſtiti, per alios Cives & habitatores Lugdunenſes ſuperius nominatos. Primo, Stephanus Baut, Philippus de la Duchiri, Albertus des Chans, Humbertus Corderij, &c.

Præterea, die duodecima dicti menſis Septembris, anno quo ſupra juraverunt infraſcripti, prout alij Cives & habitatores Lugdunenſes : & primo, Dominicus Liguera de la Cebaa, Johannes Guidonis, Petrus Chano, Petrus Turrelis, Bartholomæus Larrat, Anthonius Luyſini, Criſtinus de Dorten, Claudius de Bellicio, Aymonnius Armandi, Phomanus de Clarieu, Stephanus Gemenerij, Guillelmus Bejanczonis, Stephanus Panier, Johannes Salati, Johannes Broceti, Peronetus Egidij,

Item, die decimatertia dicti mensis Septembris, juraverunt infra scripti, ut suprà juxta contenta in commissione præscripta : Primo, Petrus Sandres, Poncetus Marbondi, Joannes Nycoleti, Jaquemetus de Serveta.

Post hæc verò, anno quo suprà, die quartadecima dicti mensis Septembris, Nos Baillivus & Commissarius prædictus, volentes etiam, prout tenemur contenta in dicta nostra commissione posse & hæc adimplere, personaliter accessimus in Ecclesia Cathedrali Sancti Joannis Lugdunensis, videlicet in Claustro dictæ Ecclesiæ, in quo erant venerabiles viri Dominus Johannes de Talaru Decanus dictæ Ecclesiæ, ac plures alij dictæ Ecclesiæ Canonici ; quibus quidem Decano & Canonicis, in præsentia dicti Johannis Maceti Notarij & Jurati nostri prædicti, præsentibusque & ad hæc pro testibus vocatis Domino Anemundo de Varey Milite, Domino Guillelmo Juliani, Johanne le Vito Legum Doctoribus, Magistro Hugone Sapiente Judice ressorti Lugdunensis, Peronino de Neuro, Joanne de Vergier, & Petro Fabri, ac pluribus aliis, Nos dictus Baillivus & Commissarius dictam nostram Commissionem exhibuimus, ipsos Decanum & Canonicos, suis & nominibus aliorum Canonicorum dictæ Lugdunensis Ecclesiæ, ex parte Regia, authoritateque & virtute dictæ nostræ commissionis requirendo, ut dictum præstarent fidelitatis juramentum, juxta traditam nobis formam, ac prout in dicta nostra commissione continetur. Quibus litteris eisdem exhibitis, præfati Decanus & Canonici copiam petierunt dictæ nostræ commissionis, congruamque diem eisdem dari ad respondendum super contentam in dictis litteris Regiis, & nostra commissione prælibata. Et nos Baillivus & Commissarius prædictus concessa copia dictæ commissionis, quia pro arduis aliis Regiis negotiis occupatus in dicta villa Lugdunensi, pro expectatione responsionis dictorum Decani & Canonicorum, nunc manere commodè non possumus, assignavimus, dictis Decano & Canonicis, suis & nomine dictæ Lugdunensis Ecclesiæ, in domo Regia Rodanæ Lugduni diem Mercurij ante proximum festum beatorum Apostolorum Simonis & Judæ, ad respondendum per dictos Decanum, & Canonicos super contentis in dicta nostra commissione ; necnon ad præstandum dictum juramentum, juxtà formam nostræ commissionis suprascriptæ ; quâ quidem die Mercurij ante dictum festum beatorum Simonis & Judæ apud Lugdunum, propter hoc attendentes, comparuerunt coram nobis in dicta domo Regia Rodanæ præfatus Decanus suo & nomine Canonicorum aliorum dictæ Ecclesiæ, cui quidem Decano in præsentia dicti Johannis Maceti Jurati, & Notarij nostri prædicti præsentibusque pro testibus venerabilibus viris fratre Johanne de Fayo Castellanio scalarum dictis Guillelmi Juliani, Magistro Hugone Sapiente, & Peronino du Neuro, ac pluribus aliis, Nos dictus Baillivus & Commissarius virtute dictæ nostræ commissionis ex parte Regia præcepimus, & requisivimus, ut dictum juramentum præstaret suo nomine proposito, ac nomine dictæ Lugdunensis Ecclesiæ ; qui quidem Decanus excusando ad dictum juramentum non præstandum dixit & proposuit se, nec alios Canonicos dictæ Lugdunensis Ecclesiæ minimè teneri de præsenti ad præstandum dictum fidelitatis juramentum, quoniam ipse Decanus & alij Canonici dictæ Ecclesiæ ipsum juramentum præstiterunt in Capitulo eorumdem : & quando fuerunt creati Canonici in Ecclesia supradicta, exhibensque nobis quomodo clausulam contentam in quadam eorum pergameni libro, in quo scripta sunt facta communia libertatesque & privilegia eorum ; cujus clausulæ tenor de verbo ad verbum sequitur in hæc verba ; Audire Canonici Sancti Stephani, qui ad hanc convenientiam adestis ex ipsis Ecclesiis, & terris, cum earum appendentijs quæ præsentialiter habuerunt in anteâ Deo donante acquisituri sumus, quas in hoc pergameno habemus annotatas atque inscriptas, non ero consentiens actu, ut abstrahantur a communione fratrum Sancto Stephano servientium pro tali ratione, ut supra in præfatione scriptum est, neque ad societatem Canonicalem aliquam recipiam, donec hanc convenientiam confirmet, permutationem dudum factam inter Ecclesiam Lugdunensem, & Comitem Forensem, & compositionem olim factam inter Archiepiscopum & Capitulum per bonæ memoriæ Dominos G. Episcopum Sabinensem, & Benedictum Sancti Nicolai in carcere Tulliano Diaconum Cardinalem, & compositionem factam ultimò inter bonæ memoriæ Dominum Philippum Regem Francorum, & Ecclesiam Lugdunensem, constitutionemque Domini Gregorij Papæ X. & statutum de certo Canonicorum numero edito, & alia statuta, & consuetudines Ecclesiæ Lugdunensis inviolabiliter observabo, in nullum Clericorum de corpore Ecclesiæ, manus injiciam violentas, vel in habitatorem, vel familiam ejus, & eleemosynam Ecclesiæ quantùm ad me pertinebit adimplebo me sciente sic me Deus adjuvet, & hæc sancta Dei Evangelia. Dicens idem Decanus juramentum, quod ipse & aiij Canonici dictæ Ecclesiæ præstant in eorum creatione, prout in dicta clausula continetur, satis sufficere, & sufficere debere, & quod non est necesse ipsos Decanum & Canonicos, aliter dictum fidelitatis juramentum præstare, cum ipsum semel præstiterint, prout in dicta clausula per ipsum exhibita continetur ; & Nos Baillivus prædictus, auditis propositis & allegatis per dictum Decanum suo & nomine dictæ Ecclesiæ, retenta copia dictæ clausulæ, & volentes super hanc deliberare, & nos consulere cum Consilio Regio Curiæ nostræ Matisconnensis, eidem Decano, & suis & dictæ Ecclesiæ nomine assignavimus, in Capitulo eorum Ecclesiæ prædictæ, diem vigesimam primam mensis Novembris, ad faciendum & præstandum, ut prius per dictum Decanum, & alios Canonicos dictæ Ecclesiæ juramentum fidelitatis prædictum, secundum tenorem nostræ commissionis præscriptæ, non obstantibus propositis & allegatis per eumdem. Qua quidem die vigesimaprima dicti mensis Novembris, anno quo suprà, desiderantes nobis commissa perficere & complere, iteratò apud Lugdunum nos personaliter transportavimus, unà nobiscum pro Notario dicto Johanne Maceti ; & quia ex deliberatione Consilij Regij curiæ nostræ Matisconensis extiterat arrestatum & consultum. Visâ nostrâ commissione prædictâ, nec non compositionis clausulâ, de quibus se juvare intendebant, præfati Decanus & Canonici, & sufficere dicto Domino Regi juramentum, quod præstant ipsi Decanus & Capitulum, in eorum Capitulo, & eorum creatione per modum, per quem ipsum præstant juramentum, quin ipsum coram nobis Regio nomine iterum præstare debeant, juxta formam dictæ nostræ commissionis, nosque posse & debere compellere, videlicet & distinctè eosdem ad ipsum juramentum faciendum in casu, quo ad ipsum præstandum essent, ipsi Decanus Canonici rebelles, aut remissi, omnes & singulos Canonicos Ecclesiæ præfatæ, Sancti Joannis Lugdunensis, ad sonum campanæ in eorum Capitulo, ut moris est fecimus congregari, & ipsamet die accedentes ad ipsos in Capitulo eorumdem, in quo erant venerabiles viri præfatus Dominus Joannes de Talaru Decanus, Dominus Regnaudus de Thuriaco Præcentor, Humbertus Dars Sacrista, Petrus de Thuriaco Custos, Joannes de Sancto Amore, Magister Petrus de Croseto senior, Joannes de Sancto Albano, Ludovicus de Porpreriis, Petrus de Croseto junior, Bartholomæus de Bochally, & Simon de Albaspina Canonici prædictæ Lugdunensis Ecclesiæ Capitulantes, & Capitulum inter se propter hæc facientes, eosdemque virtute dictæ nostræ commissionis, cum instantia requisivimus atque præcepimus, ex parte dicti Domini Regis, prout antea jam pluries feceramus, ut ipsi dictum fidelitatis juramentum præstarent, juxta formam & tenorem mandati Regij supraścripti: Quaquidem Requesta eisdem per nos, ut præmittitur facta eisdemque expositis & perlectis coram ipsis, dictis Regiis litteris clausulaque suprascripta, ipsi inquam Decanus & Canonici, & eorum quilibet per se, & in quantum cum tangit, idemque Decanus etiam pro nomine dictæ Lugdunensis Ecclesiæ & Capituli, in præsentia dicti Johannis Maceti Jurati nostri præscripti, & testium subscriptorum fecerunt & præstiterunt in manu nostra Regio nomine stipulante, dictum fidelitatis juramentum contentum in commissione nostra præscripta, juraveruntque ad sancta Dei Evangelia, per ipsos & ipsorum quemlibet corporaliter tacta, omnia & singula, & in dictis Regiis litteris & commissione nostra, ac clausula dictæ compositionis eisdem, ut supra perlectis, expositis, tenere & attendere firmiter, & inviolabiliter observare modo & forma in eis contenta, & juxta ipsarum continentiam & tenorem. De quibus omnibus & singulis suprascriptis, Nos Baillivus & Commissarius prædictus cartam præcavimus Regio nomine nobis dari, per dictum Johannem Maceti Notarium suprascriptum, seu publicum instrumentum, Acta & data fuerunt in Capitulo prædicto, anno & diebus quibus supra, præsentibus venerabilibus & discretis viris dictis Magistro Hugone Sapiente, & Peronino de Neuro, necnon Johanne Beth Receptore Regio Matisconensis Bailliviæ, Petro Fabri Procuratore Regio in Marchia Lugdunensi constituto, Francisco de Cours, Vigueario Sanctæ Columbæ, & Domino Alexandro Milleti Notario, testibus vocatis & rogatis specialiter ad præmissa. In quorum omnium & singulorum præmissorum, robur & testimonium, Nos Johannes Gorremondi Hostiarius armorum dicti Domini nostri Francorum Regis tenentes sigillum commune Regium, in Matisconensi Baillivia constitutum, cum nobis constet de præmissis per fidelem relationem dicti Johannis Maceti Jurati & Notarij præscripti, cui super iis & aliis majoribus credimus, & fidem plenariam adhibemus sigillum commune Regium prædictum præsentibus litteris ad æternam memoriam rei gestæ duximus apponendum.

Ego verò Johannes Maceti de Ponte-Velle Clericus, auctoritate præfati Domini Regis publicus Notarius, & Curiæ dicti Domini Matisconensis Baillivi Juratus, præmissis omnibus & singulis, dum & prout ita fierent & agerentur, præsens interfui, unà cum dicto Baillivo, anno, diebus & præsentibus testibus, quibus supra, eaque omnia & singula expedivi & recepi de mandato Domini Baillivi prædicti, & in hanc formam publicam per alium scribi & redigi feci, aliis arduis negotiis occupatus, manuque mea propria ipsas presentes rogatus signavi, in testimonium præmissorum.

Signé, J. MACETI. Et seellé.

ARREST DU PARLEMENT, RENDU
Le 5. Octobre 1394.

CUM Procurator noster Generalis pro nobis in præsentia nostra nonnullis de nostra prosapia proceribus, ac magno Consilio nostro assistentibus Nobis in nostra Curia, quandam appellationem per Procuratorem nostrum in Marchia Lugdunensi interpositam persequendo agendoque in casu attentatorum & excessum, contra dilectos & fideles Archiepiscopum Lugdunensem, & Magistrum Stephanum de Guiryaco Consiliarios nostros, & Magistrum Petrum Burle Judicem temporalis Jurisdictionis, quam sc dictus Archiepiscopus habere prætendit in villa Lugdunensi, Petrum Garnerij, Johannem Durandi, Stephanum Joy, Hugonium Georgij, & Humbertum de Bellocadro defensores, proponi fecisset. Quòd inclitæ recordationis Philippo-pulchro prædecessore nostro, anno Domini millesimo trecentesimo vigesimo, ad plenum Domino villæ & civitatis Lugdunensis existente, volens ipse controversias olim inter Franciæ Reges, Archiepiscopum, & cives Lugdunenses, cum magno Reipublicæ & Ecclesiæ Lugdunensis incommodo subortas extinguere, Jurisdictionem domaneriam dictæ villæ Lugdunensis, retento sibi & suis successoribus inter cætera jure superioritatis & ressorti, ac cæteris juribus regalibus in eâdem, necnon fide & homagio ligio in tempore mutationis cujuslibet Archiepiscopi renovandis, retento etiam sibi & suis successoribus prædictis, ressorto tam secundarum appellationum ab extrà villæ Lugdunensis provenientium, ad Archiepiscopum & Capitulum, quàm primarum à Judice ordinario dicti Archiepiscopi, in eadem villa Lugdunensi interjectarum Archiepiscopo Lugdunensi, pro tunc ex nunc, pro se & suis in dicto Archiepiscopatu successoribus transtulerat, Judicesque pro præmissis unus videlicet, qui de causis ressorti ubi per nos foret commissum, qui postmodum apud Insulam barbaram extitit deputatus, & alius qui de causis, jura regiâ & superioritatis tangentibus, Lugduni in domo regiâ Rodanæ cognoscerent, fuerant ordinati & ex tunc Nos & prædecessores nostri Franciæ Reges Judices nostros prædictos, atque Officiarios, Procuratorem, Tabellionem, & servientes atque carceres in domo prædicta Rodanæ, necnon Judicem exemptorum, Magistrum portuum, Præpositum monetarum, Locumtenentem parvi sigilli Montispessulani, ac etiam Locumtenentem custodis sigilli Regij Matisconensis, & Judicem Judæorum, qui in dicta villa Lugdunensi pro nobis de his quæ ad eorum officia pertinebant cognitionem habent & habebant, & qui de juribus nostris cognoverant, ac officia sua exercuerant inconcussè habueramus ibidem; Dicebat etiam quod anno Domini millesimo trecentesimo septuagesimo sexto, vel eo, circa, Archiepiscopus Lugdunensis tunc existens, nonnulla sibi per Magistrum Odardum de Attainvilla tunc Ballivium Matisconensem, & Senescallum Lugdunensem, impedimenta facta, & in Jurisdictione sua domaneria apposita fuisse, prætendens virtute quarumdam litterarum à Domino pro genitore nostro obtentarum dictum, Magistrum Odardum in nostra Parlamenti Curia comparitorum fecerat adjornari, pro quô per Procuratorem nostrum generalem defensione suscepta adeo processum extitit, quod partibus in omnibus auditis, & inquesta facta, & per eandem Curiam nostram ad judicandum recepta; demùm compositiones & concordias dudum, ut dictus Archiepiscopus dicebat initas, bonas & validas fore pronuntiatum. Et dictus Procurator noster ad cessandum à faciendo de cætero expleta jurisdictionem domanariam concernentia, per ejusdem Curiæ arrestum condemnatus extiterat, pro cujus arresti executione facienda, supradictus Archiepiscopus prædictus Magistrum Stephanum de Guiryaco executurum elegerat, & sccum usque Lugdunum cum tanta duxerat festinatione, quod de villa Cluniacensi à Lugduno, per quindecim leucarum spatium distante, per Matisconum transeuntes, ubi dictus Archiepiscopus nostros officiarios ibidem fuerat allocutus, per aquam Lugdunum usque circà noctis horam decimam, vel undecimam pervenerant, & quamvis ante domum suam quamlibet Archiepiscopus in claustro pervenire potuisset, & ibi pacificè ingredi, ipse tamen quâdam inani gloria motus in principio villæ descenderat, & eam cum maxima personarum Ecclesiasticarum comitiva, quæ sibi cum multitudine facium & luminariorum venerant obviam, per dictam villam altâ voce *totum lucratum est, erat totum lucratum erit*, usque quod

ad

de la Ville de Lyon.

ad dictam domum suam pervenisset clamantium fuerat ingressus; Quodque licet in crastinum Magister Stephanus Boilliac Procurator noster Lugduni, & Magister Petrus Turrelli Notarius Curiæ Regiæ, Senascalliæ Lugdunensis, Magistrum Stephanum de Guiriaco Commissarium prædictum in Ecclesia Lugdunensi existentem, quatenus priusquam ad executionem arresti prætacti procederet, maturam cum Clericis Doctoribus & Licentiatis Lugduni commorantibus haberet deliberationem, requisissent; Dictus Commissarius ex eo commotus eisdem quod sciebat quid erat acturus, nec cum eis consilium reciperet, & quod sciebat id pluribus displicere qui officia possidebant, quæ non diu obtinerent, responderat, & exinde cum prælibato Archiepiscopo ante fores Ecclesiæ Lugdunensis, absque ipsius ingressu transeunte, quam lapsis in antea mensibus octo non intraverat, ad domum nostram Rodanæ, cum multitudine præmaxima virorum Ecclesiasticorum, hoc modo injuriose, *eamus infernum disrumpere totum lucratum est*, clamantium, dictus Commissarius accesserat, ubi idem Archiepiscopus repertis officiariis nostris Matisconensibus congratulantibus eidem dimissa cruce sua in parqueto seu prætorio, cum ipsis & dicto Commissario cameram Consilij adiverat, quam cum magna difficultate jam dictus Procurator noster Lugduni potuerat ingredi; Et quia dictus Commissarius Locumtenentem Baillivi Matisconensis, & Procuratorem nostrum ibidem de modo executionis faciendæ interrogaverat, & dictum Procuratorem nostrum Lugdunensem omittebat, idem Procurator noster surrexerat, dicens quod plures rationes proponere volebat, propter quas executio differri, vel saltem maturius fieri debebat, & super hoc audiri petebat, eo quod jura nostra in dicto arresto minime fuerant comprehensa; sæpedictus Archiepiscopus verba Commissario prædicto dirigendo dixerat: quod si illum garrulatorem vellet audire, ipse usque ad horam vesperarum loqueretur, ex quibus ad iram provocatus Commissarius prædictus, dicto Procuratori nostro dixerat, quod eum non curabat audire, quia sciebat quid erat acturus; Et cum defensionem jurium nostrorum in Seneschallia & Marchia Lugdunensi, ad se pertinere proponeret dicto Commissario dicendo quod se advisaret, per Archiepiscopum ipsum redarguendo dictum fuerat eidem, quod bene altè loqueretur, qui sic dicto Commissario alteri ex Magistris Curiæ nostræ Parlamenti loquebatur, unde Commissarius supradictus fortius commotus, quia se dictus Procurator noster nitebatur opponere, eum fatuum vocaverat, postque Commissarius antedictus arrestum prædictum exequi volendo, Baillivum nostrum Matisconensem in personam Locumtenentis & Vicesgerentis sui ibidem præsentis, ac etiam Procuratorem nostrum atque Notarium Curiæ supradictos ab eorum officiis destituerat, ne ampliùs officia sua exercerent eisdem inhibendo, & hoc facto dictam Cameram Consilij Commissarius supradictus exierat, & in auditorio publico coram populi multitudine copiosa arrestum prædictum recitaverat, & quod prædictos Baillivum, Procuratorem & Notarium Curiæ, ac omnes servientes destituerat & destituebat; hisque non contentus in sua voluntate perseverans sedem judicialem in dicta domo Rhodanæ existentem facere voluerat demoliri, petendo carpentatores ad id faciendum, propter quod dictus Procurator appellaverat ab eodem; sed dictus Commissarius eidem Procuratori dixerat quod taceret, quia jam depositus erat per ipsum, & ulterius perseverans unam petiam ligni cathedræ, cum uno cultello levaverat, ac tabulam ordinationum dicti loci, atque Calendarium in judicio existentes removerat; Commentariensi dicti loci ad personam uxoris suæ ipso absente, ut incarceratos extra poneret, & Matisconi mitteret, ac claves carcerum sibi traderet præcipiendo; præfatoque Procuratori præceperat, quatenus nostro Procuratori generali prædictam domum nostram Rodanæ extra manum nostram, infra annum poneremus, significaret; alioquin ipsam domanio dicti Archiepiscopi confiscabat. Quum tamen de hoc in arresto prædicto nulla fieret mentio, quibus visis per habitantibus villæ prædictæ Lugdunensis, nonnulli tristes de tanto scandalo, alij verò flentes recedebant. Post prandium verò regressus sedem prædictam pro carpentarios, quamvis Procurator noster prædictus eidem diceret, quod non solum Judici nostro Regio, sed etiam Magistro portuum, Locumtenenti Judicis parvi sigilli Montispessulani, & aliis pluribus serviebat, necnon quendam circulum ad mensurandum fasciculos viticolarum parieti affixum fecerat per latomos removeri, dicto Procuratori dicendo, quod non debebat ampliùs loqui, quia per ipsum erat depositus & insuper quia ad ipsius Commissarij præceptum uxor Commentariensis prædicta, claves sibi carcerum tradere noluerat, per quendam fabrum seras ipsarum levari fecerat, duosque prisionarios ibidem ex ordinatione Magistri portuum existentes extraxerat, atque Matisconi una cum compedibus & ferreis vinculis existentibus in eisdem transmiserat: interfuerant etiam cum eodem plures ex gentibus dicti Archiepiscopi, & præsertim Perronimus, Guernerij, & Hugonius Georgij, qui pluribus ictibus cum magnis cultellis contra sedem Judicialem percussis eandem demolierant. Et quamvis præmissa in nostræ Jurisdictionis vituperium facta fuissent, adhuc tamen quidam molendinarius Cartula nuncupatus, in nostri comtemptum & elusionem quendam asinum equitans præpostere penoncellum liliis depictum ad caudam ipsius asini ligatum per villam trahebat clamando, Nos ampliùs Regem non habemus, totum lucratum est, & nonnulli alij in scutum armorum nostrorum in lapide sculpto, lutum, & immunditiam, arma nostra vituperando projecerunt. Ulteriùs proponebat Procurator noster supradictus, quod præfatus Commissarius in suo proposito persistens, Locumtenenti custodis parvi sigilli Montispessulani, & Judici pro Magistro portuum existenti, Præposito monetariorum, Locumtenenti custodis sigilli Matisconensis, Judici exemptorum, & Judici Judæorum, ne sua Lugduni exercerent officia sub magnis pœnis inhibuerat, eosdem deponendo ab officiis suis prædictis: quæ videntibus habitantibus dictæ villæ Lugdunensis in sui præjudicium fieri, ab eodem Commissario petierant in suis libertatibus dimitti, qui responderat eisdem quod non facerent ut ille fatuus Procurator noster, & quod non approbarent, & ob hoc se opposuerant; Judicem etiam ressorti apud Insulam barbaram deposuerat, eidem ut cæteris supradictis inhibendo, & quia non approbavat, quod ipsum nostrum facere esse Consiliarium promiserat eidem, accesserat etiam antedictus Commissarius apud Sanctum Symphorianum, ubi Castellanum Poliaci Monialis venire fecerat, ac Castellanum nostrum ibidem, ac Procuratorem & Curiæ Notarium deponens, ut ampliùs sua officia non exercerent sub magnis pœnis inhibuerat eisdem; Exinde verò rediens servientes omnes deposuerat, & suorum officiorum exercitium prohibuerat eisdem, & sex duntaxat antiquos & senes de dicti Archiepiscopi amicitia, pro villa & ressorto Lugdunensi instituerat; & insuper arrestum supradictum quamquam ad utilitatem Decani & prolatum non fuisset pro ipsis, & ad eorum commodum, executaverat, ac propter hoc summam ducentorum Francorum (ut communis fama testabatur) receperat, & animi sui superabundantiam in favorem Archiepiscopi demonstrans, arrestum sæpe dictum cum expletis per eum modo prælibato factis fecerat publicè Lugduni in duobus locis publicis publicari, & nihilominus ex tunc Procuratorem nostrum Lugdu-

K

nensem ad renuntiandum appellationi per eum interjectæ nisus fuerat inducere, continuèque eundo & redeundo cum Archiepiscopo prædicto sumptus suos ceperat & habuerat, ut dicebat Procurator noster supradictus. Archiepiscopus etiam præmissis non contentus quemdam in odium hujus, qui serviens noster extiterat, qui dixerat quod præmissa fieri non debuissent, capi fecerat, & omnia bona ipsius ad manum suam poni, & taliter eum fecerat pertractari, quòd exinde omninò depauperatus ad mendicitatem devenerat, & quia executioni prælibatæ habitantes & Consules Lugdunenses se opposuerant, cernens idem Archiepiscopus quod eum opporteret adhuc litigare, gentes & personas Ecclesiasticas ad contribuendum secum induxerat, in tantum quod ferè omnes Ecclesiæ Lugdunenses, præter Abbatem Athanatensem, consenserant. Subjungebat præterea supranominatus Procurator noster, quod præmissa in præjudicium jurium nostrorum, & contra ipsa attentando per dictum Commissarium facta fuerant, cum nulla in processu à quo dictum arrestum emannuerat de juribus nostris Regiis quæstio fieret, nec in judicio deducta fuissent, prout in articulis nonagesimo primo, & nonagesimo septimo, per eumdem Archiepiscopum in dicto processu traditis ipse confitebatur, & ex dictorum officiariorum nostrorum, & Judicum ejectione maximum sequi poterat dictæ Lugdunensis villæ, quæ in finibus Regni nostri consistit, & limitibus Imperij confrontatur, ac etiam habitantium in eadem inconveniens & præjudicium evenire, prout à biennio citra in personam Radulphi Guerinij civis Lugdunensis in dicta villa per alienos capti, & extra Regnum nostrum ducti acciderat, præfatisque habitantibus sic si sæpius minæ inferebantur, nisi per nos qui gardiatæ eorum sumus, vel ad dictam gardiam per nos deputatam occurreretur; & suppofito quod nulla de inconvenientibus prædictis sequerentur, adhuc non esset qui Lugduni de juribus Regiis & privilegiatis cognosceret, unde subditi nostri diversimodè priusquam ad nostrum officiariorum pervenirent notitiam, damnificari possent, quia apud Insulam barbaram ipsi nec eorum consilium ubi recipiantur haberent; & cum ad dictam Insulam accesserant, dictus Archiepiscopus propter temporis intemperiem quam passi fuerant, eos illudebat, dicendo quod pecuniam suam benè in lite expenderat; Commissarius autem pretextu ignorantiæ excusari quominus malè egisset in præmissis non poterat personæ suæ distractione attenta, qui in dubio ad dictam Curiam nostram debebat recurrere, potius quàm modo prædicto in favorem Archiepiscopi tam acriter exequi, contra appellationem prædictam etiam attemptando; præfatus etiam Archiepiscopus qui nobis fidelitratis erat ac est astrictus juramento, & in nostro diutius extiterat servitio & adhuc de nostro consilio existebat, præmissa minimè fieri procurasse debuisset, sed tamen attemptando de ejus voluntate & consensu, & ad ipsius requestam facta fuerant, eaque fecisse fieri verisimiliter ex eo credebatur, quia sperabat suorum officiariorum defectu ad nostrorum, quos apud Matisconum credebat ituros, notitiam non tam faciliter pervenire. Nos quod multùm in hoc & in emolumentis ex dictis Judicibus nobis provenientibus eramus damnificati, quæ nobis uno anno ultra quindecim millia valuerant, præsertim in Sede Sancti Symphoriani, ad quam benè trecentum castra ressortiebantur, quæ omnia procurando fieri dictus Archiepiscopus contra prædictam compositionem anno trecentesimo vigesimo factam, quam tenere juraverat & observare veniebat, & in eo præsertim tam ipse quàm Commissarius prædictus ab excessu non poterant excusari, quod dictus Commissarius sibi Baroniam decreverat & limitaverat Sedes dictorum Judicum S. Symphoriani, & Polliaci Monialis removendo, subditi enim ad maximos labores & sumptus sustinendos compellerentur, si facta per dictum Commissarium valerent; nam pro singulis eorum causis oporteret ire usque ad villam Matisconensem coram Baillivo nostro, vel ejus ibidem Locumtenente; erat etiam mercatorum apud Sanctum Symphorianum transientium præjudicium maximum, qui pro arresto in suis mercibus facto ad villam Matisconensem haberent accedere; Ex quibus benè per dictum Procuratorem nostrum fuisse appellatum, & per dictum Commissarium malè executatum, & non in præmissis excessisse & attentasse, ac etiam Archiepiscopum prædictum, & quod tota ipsius Jurisdictio atque omne dominium quod in eadem villa se prætendit habere nobis confiscatum, seu quod ad nos juxta tenorem compositionis prædictæ anno trecentesimo vigesimo ferme, reverteretur, nostroque consilio privaretur, ac nobis in emenda decem millia librarum condemnaretur, prædictus etiam Magister Stephanus de Guiryaco officio suo privaretur, & ad alia officia Regalia in futurum obtinenda inhabilitaretur dici & pronuntiari, & nobis in duabus mille libris, ac etiam in damnis & interesse Procuratoris nostri condemnaretur, supradicti etiam Magistri Petrus Burlæ, Petrus Guerini, Joannes Durandi, Stephanus de Joy, Hugoninus Georgij, & Humbertus de Bellocadro ad emendam honorabilem faciendam nudi in camisiis, facibus accensis, in manibus suis tenentibus Lugduni, & in Ecclesia & coram nobis, atque etiam in damnis & interesse Procuratoris, necnon quod præmissa omnia sumptibus Archiepiscopi, & etiam prædictorum, & cujuslibet prædictorum reparaventur, & dictus Magister Petrus, & ejus consortes prælibati nobis in emenda sex mille librarum, & quilibet eorum in solidum, & ad tenendum carcerem usque ad complementum prædictorum condemnarentur sæpedictus Procurator noster pœbat, ac etiam concludebat; Consules verò & habitantes Lugdunenses, qui se executioni prædictæ opposuerunt suas oppositiones causas sustinentes proponebant, quod ipsi in arresto prædicto non erant comprehensi, & quod anno millesimo ducentesimo nonagesimo secundo, quia Archiepiscopus & Capitulum Ecclesiæ Lugdunensis, eos non poterant adversus extraneos custodire, Rex Franciæ pro tunc regnans in sua gardia eos receperat; & cum quæstio verteretur inter dictum prædecessorem nostrum & Archiepiscopum dictum Lugdunensem, an Gardiator eis deputatus Lugduni suam haberet mansionem, demum per arrestum Curiæ anno millesimo trecentesimo vigesimo octavo, quod in dicta villa moraretur, extitit judicatum, & anno millesimo trecensimo duodecimo præfatus Antecessor noster villam Lugdunensem Coronæ suæ univerat & incorporaverat, ordinans anno trecentesimo quindecimo quòd extra eandem numquam de cætero ponerentur, & ex tunc habuerant in dicta villa, tunc maximè quia tota ipsius Jurisdictio erat in manu Regis, prædictos Judices officiarios & Gardiatorem, atque Judicem ressorti apud Insulam barbaram eis ordinatum, & sic usi & gavisi fuerant per tempus, & spatium quinquaginta octo annorum & amplius, & per tantum tempus, quamvis etiam per præscriptionem ipsis erat acquisitum; & etiam dicebant quod dudum Archiepiscopus in eorum ressorto apud Insulam barbaram virtute cujusdam impetrationis anno Domini millesimo trecentesimo quadragesimo primo factæ, ipsos voluerat impedire, sed ex adverso fuerat ordinatum quod dicta littera supersederet, omniaque remanerent secundùm tenorem compositionis anni vigesimi immediatè præcedentis in suo statu, donec aliud fuisset ordinatum, à quo tempore nihil aliud fuerat immutatum, & insuper in hoc se magnum habere interesse proponebant, non solùm omnium generale, in eo quod nos potentiores eramus & sumus ad eos conservandos, & quod Gardiator suus eis remaneret, atque privilegia potissimè ressorti quod in eorum favorem apud Insulam barbaram est ordinatum, verùm etiam omnium singularium, ut à violentiis & oppressionibus extraneorum conservarentur, & propter casus privilegiatos, superioritatis, delationis, armorum, novitatis, præventionum, & approbationem testamentorum multos alios similes, qui sæpius inter dictos habitantes moventur & interveniunt, nec eis arrestum sæpedictum præjudicium generare poterat, cùm non fuissent in processu, ac quia pluries fuerat declaratum, quod per quoscumque tractatus inter prædecessores nostros, & Archiepiscopum & Capitulum factos & initos, nihil in præjudicium nobilium patriæ & aliarum Ecclesiarum, nec etiam habitantium villæ Lugdunensi actum fuisse censeretur. Quare ex his se ad bonam causam opposuisse dici & declarari, & quod eorum oppositio bona diceretur & valida, manu tenerenturque & conservarentur in suis prædictis libertatibus & franchisiis, statusque in casu dilationis adjudicaretur eisdem, dictusque Archiepiscopus in eorum expensis condemnaretur, petebant : ad hæc concludendo proposita per dictum Procuratorem nostrum ad utilitatem suam assumendo, quantum pro eis faciebant, & per ipsos etiam immediatè proposita dictus Procurator noster similiter ad sui utilitatem proponebat. Supradicto Archiepiscopo in contrarium se super eo quod contra nostrum Procuratorem litigaret, quia lis per ipsum non fuerat, sed per prædecessores suos inchoata, & quia ex debito juramenti, suæ erat Ecclesiæ, & ad jurium ipsius prosecutionem astrictus, excusante atque proponente, quod olim videlicet ante annum Domini millesimum trecentesimum septimum, controversia inter prædecessores nostros & Archiepiscopum Lugdunensem ratione gardiæ, in qua se habitantes dictæ villæ Lugdunensis poni fecerant, per prædecessorem nostrum Philippum dictum Pulchrum tunc regnantem, & quia Archiepiscopus eundem antecessorem nostrum, gardiam, superioritatem, vel ressortum in prædicta villa non confitebatur habere, fuerat suborta ; Ac ne quidem controversia dicto anno trecentesimo septimo, & à mediante compositione tunc cum maxima & matura deliberatione facta terminata fuerat & finita, ac prius omni offensa dicto Archiepiscopo remissa, voluerat idem Prædecessor noster & ordinaverat, quod dictus Archiepiscopus, Comitatum & Baroniam Lugdunensem, sub dignitate Comitatus, & Baroniæ teneret, & sui successores, amortizatos absque hoc quod extra manum suam illos dimittere, vel tenere tenerentur. Et deinde eodem anno supra controversia prædicta inter eos pendente, Petro de Bella Pertica tunc Episcopo Antisiodorensi, & Theobaldo de Vassiliaco Archidiacono Lugdunensi, mediantibus & arbitris electis, dictus Prædecessor noster Jurisdictionem omnimodam altam, mediam, & bassam, ejusdem villæ ad Archiepiscopum confessus fuerat pertinere, quam dictus Archiepiscopus sub ipsius Prædecessoris nostri superioritate, & suorum successorum, ac ressorto tenere confitebatur, eo videlicet modo, quod Archiepiscopus primum haberet coram suo Judice ressortum, secundæ vero appellationes ad Curiam Parlamenti, seu coram Commissariis eidem Archiepiscopo deputandis pervenirent, qui tamen Commissarij ex Judicibus Regiis, & ut in dicta civitate & Diœcesi Lugdunensi cognoscerent committi poterant, nec Judices Regij in dicta villa Lugdunensi explettare valerent quovis modo ; & insuper quod Baillivi Matisconensis & Ballaviæ, & etiam Senescallus Bellicadri nullam in ipsius Archiepiscopi officiarios cognitionem haberent, sed nec ibi essent, nisi tres vel quatuor servientes, ad plus pro faciendis ibidem explettis in casibus superioritatis, & ressorti secundùm formam ordinationum Regiarum ; & quod is qui explettaret de villa Lugdunensi non esset oriundus, fueratque concordatum quod Archiepiscopus suas haberet monetas ; & tunc fuerant etiam limitationes dictorum Comitatus & Baroniæ factæ, inter quas loca Sancti Symphoriani & Polliaci Monialis fuerant comprehensa : ex cujus compositionis tenore nulla præscriptio in possessione, vel proprietate valere, vel currere poterat. Quam quidem compositionem sæpedictus Prædecessor noster tenere & observare juraverat, & per suos Judices & Baillivos jurari promiserat, & ea compositione dictæ partes usque ad annum duodecimum inde proximè sequentem usæ fuerant, dicto vero anno duodecimo inter ipsas, quod Archiepiscopus omnem jurisdictionem ordinariam & domaneriam eidem nostro Prædecessori, pro se, suisque successoribus, certis tamen juribus in Castro Petræscissæ, & aliis, per dictum Archiepiscopum retentis, transferret, dicta recompensatione mediante, quam dicto Archiepiscopo facere tenebatur, tractatum extiterat : quodque nullum jus Prædecessori nostro prædicto hujus tractatus vigore, nisi dicta recompensatione completa quæreretur, quæ re vera numquam facta fuerat, ex quo præfatum Antecessorem nostrum dicto anno vigesimo, non fuisse Dominum dictæ villæ Lugdunensi, nec ipsam ad manum suam fuisse dicebat, & ob hoc eodem anno vigesimo à dicta compositione, seu tractatu anno duodecimo præcedenti facto dictæ partes discesserant, & factus fuerat inter eos novus tractatus, per quem inter cætera lucrati fueramus, quod dicta Jurisdictio domaneria à nobis in fide & homagio ligio teneri debebat, & primæ appellationes à Judicibus dicti Archiepiscopi, coram nostris Judicibus in dictis partibus devolvi, & quæ tunc in nostris Parlamenti Curia, vel coram Commissariis tractari debebant ; habuimus etiam Regaliam Ecclesiæ Heduensis antea ad Archiepiscopum pertinentem, necnon & quod dictam villam cum armis, nos, & dicti Baillivi nostri, pro nobis intrare possemus quoties opus esset, dum tamen id fieret bona fide, & sine fraude, qua quidem compositione nos uti dictus Archiepiscopus nunquam voluerat impedire ; Sed quia Magister Joannes de Paredo anno quadragesimo primo exinde sequenti de dictis causis Lugduni voluerat cognoscere, impedimentum eidem Archiepiscopo in prædicta compositione anni vigesimi ponendo, per certas litteras Regias ordinatum fuerat, & tractatum quòd aliæ compositiones præcedentes servarentur, & quod de causis ressorti apud villam Matisconensem cognosceretur, necnon quod nullus Judicum nostrorum in villa, terra, civitate, & Baronia Lugdunensi pro tribunali sederet, & hac transactione mediante, quamvis quatuor servientes ad plus haberemus in dicta villa & Baronia Lugdunensi, tunc nobis licuit sex habere : quibus tamen non obstantibus prædictus Magister Odardus Baillivus Matisconensis, de facto quemdam Locumtenentem sibi constituerat, qui Lugduni sedere, & de causis ad jurisdictionem domaneriam pertinentibus cognoscere nisus extiterat, tribunal etiam notabile in dicta domo nostra Rodanæ nobis cum Delphinatu Viennensi acquisita construi fecerat, in quo de omnibus casibus etiam de Judæis, & de sigillato Matisconensi in solidum cognoscere satagebat, feceratque servientium usque ad numerum ducentum & triginta armorum, propter quod certarum litterarum Regiarum virtute dicto Magistro Odardo præcipi fecerat, & injungi quatenus eumdem Archiepiscopum secundum tenores compositionum suarum prædictarum uti permitteret Jurisdictione sua antedicta ; & tandem causa propter oppositionem ad nostram prædictam Curiam devoluta, iisdem Archiepiscopus principaliter de Locumtenenti in dicta villa & civitate Lugdunensi, de causis cognoscente, & de Sede in dicta domo facta, ac de multitudine servientium nonnullisque casibus per eum declaratis conquerebatur, ac aliis innumerabilibus contra diversorum compositionum tenores interpretationibus, & ex iis ad finem quod dictæ compositiones servarentur & integrarentur, & omnia in contrarium facta revocarentur & annullarentur, suas fecerat conclusiones, ut dicebat, & demùm partibus auditis, & visis com-

K ij

positionibus supradictis per Procuratorem nostrum, ac partibus in inquesta appunctatis, & ipsa ad judicandum recepta, pluriesque par Curiæ nostræ supradictæ mandando, quod ad pronuntiationem arresti procederetur, vocatoque dicto Procuratore nostro Lugdunensi, & audito an aliquid de dictam pronuntiationem impediendam dicere vellet, quod dictum arrestum pronuntiaretur fuerat ordinatum, quod demum ad ipsius fuerat utilitatem pronuntiatum, per quod dictas compositiones integrandas & observandas, & impedimenta in contrarium facta tortionaria, & iniqua exiterat judicatum, pro cujus executione Magistrum Stephanum supradictum Commissarium habuerat, qui secum usque ad villam Lugdunensem pertexerat, ad quam idem Archiepiscopus idcirco suum festinaverat accessum, quia per Matisconum transiens, intellexerat Regis officiarios esse Lugduni, ut ipsis præsentibus faceret executionem fieri, ne forsan quod clandestinè id fecisset imputaretur eidem, & cum modico quatuor duntaxat torchiarum seu facium lumine, & non ultra viginti personas habens in sua comitiva dictam civitatem fuerat ingressus, & directè ad suam accesserat Ecclesiam. Dicebat insuper quod eo in crastinum domum Rodanæ prædictam ingresso propter multitudinem astantium cameram Consilij intraverat, ubi à Commissario prædicto executionem dicti arresti, per eum obtenti modo curialiori quo posset fieri postulaverat, & inter cætera quod facta in præjudicium suæ Jurisdictionis annullarentur, quodque Judicibus prædictis ne ampliùs cognoscerent in Lugduno prohiberet, necnon quod officiarios nostros ibidem atque tribunal in dicta domo Rodanæ factum removeret; quæ omnia fieri sibi erant necessaria eo quod facta & explettata per dictum Magistrum Odardum erant per arrestum dicta tortionaria, sicque necessario debebant illo modo reparari, alioquin arrestum pro eo latum sibi fuisset inutile, & etiam compositiones invalidæ, quæ tamen per illud erant bonæ & validæ pronuntiatæ, ut præfertur, & adhuc non fuerat sedes remota ab initio, nisi pro lignum valde modicum de illa cum uno parvo cultello removendo, & deinde duo modici asseres quatuor clavibus duntaxat affixi, qui officiariis nostri traditi fuerant, & quia non plenè fuerat in hoc executio completa, ipsam perfici debere dici & pronuntiari petebat Archiepiscopus sæpedictus, domum vero Rodanæ in dicta villa tenere non poteramus, tenore dictarum compositionum, præsertim anni septimi attento, per quem nihil in dicta villa poteramus acquirere, debebant etiam cæteri Judices removeri, nam per arrestum ex eo comprehendebantur quod dictæ compositiones fuerant validæ, in quibus expressè cavebatur, quod quivis Judex noster tunc in villa & terra Lugdunensi sedere non debebat, nec absurdum dici debebat, si sedem vel Judicem Lugduni non haberemus, cum jurisdictionem nobis competere non neget, nec etiam jura regia velit impedire, sed sedem nos habere & officiarios nostros in dicta villa commorari dumtaxat causa jurisdictionis ibidem exercendæ, quæ utiliùs pro nobis Matisconi exercebatur, quia recepta Lugdunensis pro salariis officiariorum ibidem existentium non sufficit, eo quod Locumtenens emolumenta sigilli recipit, quæ si exerceretur jurisdictio Matisconi, ad nostram converteretur utilitatem; est etiam id consonum ordinationibus Regiis, quæ per arrestum etiam erant observandæ, per quas officiarij nostri in jurisdictionibus Dominorum altam justitiam habentium cognoscere non possunt, nam & in pluribus Regni nostri partibus simile cernitur, ut in Baillivatu Calvimontis ad quem Lingonensis Episcopus suum non habet ressortum, sed coram Baillivo Senonensi, & de Episcopo Noviomensi, in qua quidem civitate officiarij nostri jurisdictionem non exercent, sed extra suam jurisdictionem apud Royam sedent & cognoscunt, attentis etiam compositionibus prædictis, Judex ressorti non debebat esse apud Insulam barbatam, cum nullum per ipsas in terra, civitate, & Baroniâ Lugdunensi judicem habere debeamus, quanquam in compositione anni vigesimi contineatur, si Baroniam haberet, id tamen debebat pro certo reputari quod habeat, quia per compositionem anni trecentesimi septimi, Baronia fuerat expressè limitata, quæ per arrestum valida dicta fuerat, ut præfertur, nec etiam locus Insulæ ad id erat dispositus, modicitate loci & in dispositione attenta, subjecti etenim poterant utiliùs consilium pro suis causis appellationum deducendis Matisconi reperire, quàm suis sumptibus apud Insulam prædictam ducere, & si dictus Archiepiscopus in suis articulis proposuerit de sede Insulæ prædictæ non esse quæstionem inter partes, dictus tamen articulus pro nullo remanserat, quia nec per ipsum affirmatus exsiterat, neque per Procuratorem nostrum eidem fuerat responsum, causis etiam & rationibus supra tactis Castellano Sancti Symphoriani & Polliaci Monialis inhibere cognitionem debebat, cum sint in Baronia Lugdunensi, sicut præfectum est, & quia de novo erant ibi sedes ordinatæ, anno etiam quadragesimo primo Rex tunc regnans, de dictarum sedium utilitate & incommodo informatus, ad locum Caroliloci ubi antiquitùs fuerant, & sub ressorto Matisconensi illas remiserat, nullaque nobis exinde proveniebat incommoditas, cum in dictis locis de Caroliloco & Matisconi venirent ea quæ apud Sanctum Symphorianum, vel locum Polliaci Monialis obvenirent : de Judice etiam Judæorum expressa fiebat mentio in processu, & de ipsis ad eum ordinariè pertinebat cognitio, nisi inquantum per nos fuerant ab ipsius jurisdictione exempti, sed ob hoc non sequebatur quod in dicta villa Lugdunensi Judex, eisdem per nos deputatus sedere deberet, rationibus supradictis, nec Magistrum portuum in suis arrestis & confiscationibus in casu repentino intendebat impedire, sed sedem suam apud Sanctum Joannem de Lona ab antiquo habere consueverat & habebat, pariter etiam Judici parvi sigilli Montispessulani debebat cognitionem inhibere, præsertim quia post inchoatum processum Lugduni venerat commorari, & si remaneret ibidem esset expressè contra compositiones prælibatas, prædicto autem Archiepiscopo Baroniam competere nullatenus declaraverat, nec etiam erat opus, cum per dictam anni septimi compositionem fuisset declarata ; sed judicibus solùm quod in Baronia Lugdunensi non sederent, prohibuerat, & quia multis dubitantibus, an monetam dicti Archiepiscopi ponere & recipere deberent, eò quòd publicè fuerat proclamatum quod nullus monetas nisi nostras reciperet vel poneret, dictus Commissarius præceperat, quatenùs secundùm tenorem dictarum compositionum, quas propter hoc legi fecerat, eas unusquisque poneret & reciperet, sed quod nostræ non reciperentur vel non ponerentur nullatenus prohibuerat, licitè verò circulum ferreum quo fasciculi viticolarum mensurabantur fecerat removeri, cum jurisdictionis esset ordinariæ & domaneriæ, & per consequens comprehensum per arrestum, & eadem ratione tabellas Calendarij & ordinationum, quæ signum ordinariæ jurisdictionis designabant, quas ut præmittitur, absque violentia quacumque & curialiter removerat, ac Procuratori nostro Matisconi ibidem præsenti tradiderat, attentis autem præmissis, quod scilicet jurisdictionem in dicta villa non habeamus, carceres non erant ibi necessarij, nisi in casu repentino, quo casu Archiepiscopus in suis carceribus prisonarios per sex dies custodire tenetur : fuerunt etiam de novo facti ibidem, per quæ nihil in præmissis Commissarius, nisi debitè fecisse luculenter appareret, maximè cùm prænominati Judices alibi quàm in dicta domo Rodanæ Sedem habeant, & præsertim electi nostri super facto juvaminum, prout per informationem & eorum confessionem dicto Commissario constiterat, & quod Sedem in dicta villa alibi magis propitiam habebant; & quia juxta compositiones prædictas, sex duntaxat esse debebant servientes nostri in villa & Baronia prædictis, idem Commissarius informatione priùs cum Gentibus Consilij nostri ibidem facta, visa etiam restrictione olim per defunctum Philibertum Paillardi Consiliarium nostrum facta, sex prudentiores & meliores omni favore postposito posuerat & ordinaverat; ad id autem quod de dicto molendinario nuncupato cartula eidem Archiopiscopo imponebatur respondebat quod ipse non erat, nec unquam fuerat ejus familiaris, nec molendinum habebat; immò statim dum factum ipsius ad suam notitiam pervenerat, ipsum capi fecerat, & in carcerem detineri, & postea de persona ejus informatus quia repererat ipsum non benè sensatum & miseram esse personam fuerat elargatus; pendente verò tempore elargamenti dictus munerius, forsitan de suo maleficio avisatus timens sæviter puniri, fugerat, quem præfatus Archiepiscopus recenter insequi fecerat, & tandem ipsum Valenciæ apprehensum Baillivo Matisconensi tradiderat, & quid inde fecisset penitus ignorabat, nec ullus sanæ mentis præsumeret eum tantæ injuriæ nobis factæ fore culpabilem, qui omne bonum suum à nobis confitetur habuisse, & in locis & castris suis etiam extra regnum nostrum arma nostra tanquam sibi invito præcipua, & in notabilioribus locis fecerat depingi, immò justitiam nostram pro suis viribus augmentare desiderans subjectos suos extra regnum commorantes coram suo Judice Lugduni venire faciebat, ut si eos appellare contingeret, ad nostram Parlamenti Curiam Episcoporum causæ devolverentur; & quia etiam proponebatur contra ipsum quod quendam servientem nostrum Guillelmum Boullon nuncupatum, in hujus odium quod nobis servebat bonis omnibus suis fecerat denudari, respondebat quod prædictus serviens, de verberatione cujusdam ferè usque ad mortem delatus fuerat, ejus bona arrestari & in inventarium poni fecerat, quia latitabat, & tandem periculo cessante ipsum detentum elargaverat, & ob reverentiam ejus quod serviens noster extiterat eidem remiserat emendam; Præterea proponebat quod prædictus Procurator noster modo & forma quibus procedebat, in formam scilicet appellationis non erat admittendus, nam adversus arrestum à Curia nostra emanatum, nisi per viam errorum supplicatione priùs nobis porrecta, & literis supplicibus à nobis obtentis quis non auditur, nec de usu & consuetudine admittitur, præsertim appellans, nec sub de novo repertorum instrumentorum prætextu, & nihilominùs interim executioni debet arrestum demandari quod fieri petebat, atque per hoc statim sibi adjudicari. Quod si forsan idem Procurator noster contra dictum arrestum nihil proponat aut velit proponere, non restabat nisi ut videretur, an secundùm compositiones prædictas Commissarius arrestum executasse t, & quod executio per dictum Commissarium ad ipsius Archiepiscopi requestam incepta compleretur; nec erat dictus Procurator noster audiendus, concludendo ad declarationem confiscationis jurisdictionis domaneriæ, secundùm tenorem compositionis anni vigesimi, tum quia idem Archiepiscopus non via damnabili vel illicita, sed secundùm quod sibi verisimiliter attentis compositionibus per arrestum prædictum confirmatis fieri posse, & prima facie videbatur; tum etiam quia nec hoc intendebat dicta compositio, sed solùm quòd partes contra illam facienda retinerentur ad statum in quo erant anno præcedenti decimo nono, quo tempore Rex dictæ villæ Dominus non erat, eo quod recompensationem de qua prædictum est secundùm tenorem compositionis anni duodecimi non fecerat; ex quibus & aliis latiùs per illum allegatis conclusiones

contra ipsum factas quod Consilio nostro privaretur, cæteras non esse admissibiles, & quod sæpedictus Procurator noster ad proposita per ipsum non erat admittendus, necnon quod compositiones supra nominatæ eidem complerentur & integrarentur dici & pronuntiari, & quòd in dicti Procuratoris nostri absolveretur impetitionibus prænominatus Archiepiscopus petebat ad hæc concludendo, adversus Consules autem & habitantes Lugdunenses, & oppositionis causas per eos propositas dictus Archiepiscopus proponebat, prout super domanium & jurisdictionem ordinariam dictæ villæ ad eum pertinere, & quod ad nos superioritas & ressortum duntaxat pertinebant, quanquam causæ ressorti & superioritatis secundùm ordinationes Regias ad Castrum vel Castellaniam cujus est ressortum, vel saltem ad Judicem proximiorem ad quem spectat tractari debebant & terminari, ab antiquo verò sedes ressorti Lugdunensis erat, & est ad sedem Matisconensem, quæ est caput Bailliviæ, & sic etiam voluerant & ordinaverant Prædecessores nostri, sicut ex compositionibus supra tactis poterat apparere, damnum etiam nobis & subditis erat, quod sedes ressorti apud Insulam barbaram existeret propter stipendiorum summam excessivam, nam Judex ducentum libras annuas habebat, & cum patria sit juris scripti, nulla nobis resultabat emendarum utilitas; multiplicari etiam erat necesse officiarios nostros Notarium & servientes, quos paratos habebamus in sede Matisconensi, & sumptibus subditorum oportebat hujusmodi stipendia cum eorum jactura persolvi; Dicebat præterea quod in processu solum partem habuerat Procuratorem nostrum contra quem suum fecerat arrestum executari, & non contra ipsos, cumque ipsi sint subjecti nostri, si nobis obstante dicto arresto Judicem apud dictam Insulam habere non licebat, eadem ratione nec eisdem: alioquin arrestum si pro eis ferretur priori foret arresto contrarium, attento potissimè quod ipsi litem inter nos & Archiepiscopum non ignorabant, & quod in processu supra dictas litteras omnes quas habebant Procuratori nostro tradiderant producendas, quibus non obstantibus Archiepiscopus arrestum obtinuit prælibatum, & cum jus eorum nostro sit relativum & conjunctum, & è contra uno succumbente & alius similiter succubuisse censebatur, maximè in hoc casu quo Archiepiscopus contra nos qui purè eramus & sumus principalis obtinuerat, & quia ijdem habitantes vel eorum Procurator nunquam, quod sibi factum nostrum in hac parte non præjudicaret, fuerat protestatus, ut sic ratione commissionis res inter nos & Archiepiscopum acta eis præjudicaret, quæ si jura forent penitus divisa, præjudicium non generaret: litteræ verò & privilegia, quæ se prætendunt habere habitantes supradicti, tacitis conventionibus inter Nos & Archiepiscopum factis & initis, per eos subreptice fuerant obtenta vel obtentæ, & specialiter anni trecentesimi vigesimi octavi, & anni trigesimi sexti, quæ etiam per Archiepiscopum tunc temporis fuerant impugnatæ, & partes in factis contrariis appunctatæ, nec ex tunc super hoc factum extiterat judicium, & semper jure suo fuerat usus Archiepiscopus: quod si forsan litteram anno quadragesimo primo obtinuerant, super illa duntaxat per modum status fuerat impetrata, qui Judici Regio traditus fuerat, quousque aliud fuisset ordinatum, quod factum erat superveniente arresto ad utilitatem Archiepiscopi antiquas compositiones prædictas confirmante : & quanquam se litteram habere proponerent, de ea tamen non constabat, nisi per compositionem anni duodecimi : quo propter recompensationem non factam nullum sortita fuerat effectum, & idcirco remanserat Archiepiscopus in statu quo erat anno septimo, quo tempore ipsius erant subditi, sicque subreptitia censeri debebat, & si reverà gardiam habuerant, id fuerat mediante

K iij

summa decem solidorum per quemlibet habitantem annuatim solvenda, cujus medietas ad Archiepiscopum pertinere debebat, & nos quatuor Capellas, & quatuor Militias in Ecclesia Lugdunensi fundare tenebamur, nec habitantes prædicti sibi grave reputare debebant, quod coram Baillivo Matisconensi suum haberent ressortum, cum & in multis aliis locis regni nostri sic fuerat observatum, dictisque habitantibus præmissis attentis, status in casu dilationis adjudicari non debebat; Et insuper dicebat Archiepiscopus quod habitantes prædictam jurisdictionem non habebant, & tamen Procuratorium instrumentum quo se fundabant in judicio, sub eorum sigillo factum fuerat & passatum, quod fieri non poterat de jure, usu, consuetudine, & communi observantia notorie observatis; Et esto quod sub suo sigillo illud conficere potuissent, non tamen: sub sigillo secreto, sed sub authentico vel publico, quare consideratis supradictis ipsos non esse sufficienter fundatos, sicque congedium habere debebat & expensas, & si ad hunc finem non obtineret quod non erant admittendi, & si admitterentur eorum oppositionem tortionariam & injustam, & quod ad malam causam se opposuissent dici & pronunciari petebat, necnon quod in ipsius expensas condemnarentur concludebat; Ex parte verò dicti Magistri Stephani de Guiriaco defensiones suas dicentis in personam proponebatur, quod lis inter nostrum Procuratorem pro nobis ex una parte, & Archiepiscopum prælibatum ex alterâ ratione expletorum per Magistrum Odardum de Attainvilla factorum, mota fuerat, quodque arrestum super hoc prædictum latum extiterat, per quod dictum erat expleta prædicta tortionaria, & præceptum Procuratori nostro quod cessaret de cætero, ac compositionis prædictæ bonæ & validæ, ad cujus quidem arresti executionem faciendam fuerat per dictam Curiam commissus, & instructiones à prædicto Archiepiscopo receperat, quibus visis Lugdunum accesserat, ubi repertis pluribus nostris Consiliariis ibidem ad requestam Archiepiscopi lecto in camera Consilij arresto & executoria prædicti Locumtenentem Baillivi Matisconensis, & dicto Baillivo ad ejus Locumtenentis personam visis compositionibus jam dictis per dictum arrestum, ut præmittitur, confirmatis, compositione scilicet anni septimi, anni vigesimi & anni quadragesimi primi quod amplius jurisdictionem in dicta villa Lugdunensi non exerceret præceperat, & quia sicut præfertur expleta prædicta erant annullata, Procuratori nostro ibidem & Curiæ Regiæ Notariis exercitium officiorum suorum inhibuerat, & deinde ad tribunal accedens, ad requestam supradictam curialiter procedendo modicum de quadratura unius lignorum cum uno modico cultello levaverat, & post prandium cum paucis regressus accesserat etiam ibidem Procurator noster Lugduni cum magna gentium multitudine, in cujus præsentia tabellas Calendarij & ordinationum cum cordulis clavis appensas amoverat, de sede duas tabulas, seu duos asseres modicos quatuor clavis affixos solummodo fecerat removeri, quos Procuratori nostro Matisconensi tradiderat, quæ per modum signi facta fuerant, nec aliud minus facere potuerat secundùm arresti & compositionum prædictarum tenorem, circulum etiam ferreum quo fasciculi mensurabantur, quia jurisdictionem domaneriam designabat, amoveri fecerat, & attento quod per compositiones antedictas nos incarceratos ibi tenere non poteramus nisi in casu repentino, & precario in carceribus Archiepiscopi Commentariensi, quod amplius officium suum non exerceret prohibuerat, & duos prisionarios Matisconi transmiserat, cæteris Judicibus in Lugduno commorantibus, quod nihil contra dictum arrestum facerent, vel intercaperent indebite, dumtaxat præcipiendo & injungendo, servientibus verò ne amplius suum exercerent officium inhibuerat, & de consilio Judicis ressorti, & Magistri Johannis le Viste, infor-

matione de ipsorum personis facta, visaque etiam restrictione dudum per Philibertum Paillardi in nostra Curia Præsidentem facta, sex instituerat eisdemque sine commissione casus continente dictum officium suum non facerent præcipiendo, considerato etiam per ipsum quod domus Rodana ad nos pertinens de novo nobis acquisita fuerat, viso compositionum supra dictarum tenore, Procuratori nostro quatenus generali nostro Procuratori, ut infra annum extra manum nostram eam poneremus significaret præceperat, & quia per compositiones anni septimi, & quadragesimi primi in Baronia Lugdunensi non poteramus Judices habere, Judici ressorti apud Insulam barbaram, atque Castellaniis Sancti Symphoriani & Poliaci Monialis ne in dicta Baronia amplius cognoscerent & sederent similiter præceperat, & hæc aliter exequi non potuerat, ut dicebat; quia tamen nonnullas rationes aliqui ex ipsis coram eo proposuerant, quod in scriptis sibi traderent, & eas Curiæ nostræ referret ordinaverat eisdem, de cæteris per eum expletatis executionem prædictam faciendo processui suo verbali se referens, excessibus autem contra ipsum propositis per se &' consilium suum defendendo, dicebat, quod ipse semper vir bonæ famæ, tam in studio quàm in servitio nostro in quo octodecim annis, vel circa extiterat, & bonæ conversationis & honestæ, & qui nunquam in officio suo de aliquo fuerat crimine redargutus, & plura pro nobis fecerat viagia, quanquam reverà cum dicto Archiepiscopo Lugduni accesserat, qui ipsum pluries ad cœnam & prandium secum invitaverat, tam accedendo quàm etiam in regressu, cui honoris & reverentiæ causa obtemperaverat, non tamen familiares suos secum duxerat, & sæpiùs abstinuisset libenter, & etiam dicebat quod aliud visis compositionibus prædictis fecisse non potuerat, hec erat in arresto aliquid quare dubitare deberet, saltem taliter quod dictam executionem faceret, debuissetque omittere, & reverà pauca nisi verbaliter egerat; contra ipsum autem quod summam ducentorum francorum ab illis de Capitulo recepisset, nullus præsumere debebat, attento personæ suæ statu, ac etiam quod arrestum ad utilitatem illorum de Capitulo latum non erat, nec eos tangebat in aliquo, supra dictum verò Procuratorem nostrum nunquam ad renunciandum appellationi induxerat, nec quidquam eorum quæ per ipsum sibi fuisse dicta proponit, dixerat, & si quid dixisset, id solum fuerat quod dicto Procuratore dicente, quod arrestum male & falso prolatum fuerat, & per tromperias, idem Magister Stephanus responderat, quod in hoc erat malè dictum, & quod in nostro Parlamento erant octoginta personæ prudentiores eos prætereà dicebat, quod attento quod Archiepiscopus factum ipsius sustinebat, Procurator noster nullum habebat contra ipsum interesse, nec de jure contra merum executorem erat actio prodita, nisi cum dolo vel malitia excessisse proponeretur, quæ tamen contra ipsum formaliter non proponebantur, & si pecunias aliquas receperit, illas habuerit ab Archiepiscopo pro satisfactione sui salarij, sed non aliunde nec fama quam proponebat contra eum Procurator noster ad probationem corruptionis sufficeret, quinimmo nulla reperiebatur fama in causa, nisi talis qualem Procurator prædictus per cujusdam catervæ traditionem asperserat; & esto quod forsan aliquid simpliciter egisset, adhuc tamen non debet poni in processu, nec ab officio suo suspendi, præmissis attentis per quæ quod in processu non teneretur, sed à judicio licentiaretur, & quod ipsius Procurator noster non erat admittendus, aut saltem à dicta Procuratoris nostri petitione absolveretur, ac silentium imponeretur eidem petebat, & etiam concludebat, supradictis Magistro Petro Bulle, Petro Guernerij, Johanne Durandi, Stephano de Joy, Hugonino Georgij & Humberto de Bollocadro, ad sui defensionem proponendam, & præcipuè dicto Magistro Petro, quòd ipse erat Legum Professor, & per spatium viginti sex annorum pro nobis Judex fuerat, erantque ipsi omnes homines bonæ vitæ & honestæ, & qui semper Nobis & Franciæ Regibus fideles extiterant, & in contemptum nostri quidquam nollent facere vel fecisse, nulla etiam contra ipsos fuerat orta mali suspicio; Nihil insuper in facto dictæ executionis fecerant, nisi quod cum dicto Archiepiscopo ad faciendum dicto Commissario requestam suam super executione arresti prædicta, interfuerant, & si aliquid per ipsorum aliquos factum fuisset, hoc duntaxat fuerat per dictum Petrum Guernerij, qui Commissario petenti cultellum pro parte dictæ Sedis demoliendæ, suum obtulerat; sed quia nimis magnus erat, Commissarius illum non ceperat, nec reperiretur ipsorum aliquem aliquid aliud fecisse, sed quia dictus Procurator noster, diem, annum vel mensem quo ipsos excessus per eum propositos commisisse non dicebat, & informatus per quandam informationem per Procuratorem nostrum Lugduni, qui eorum erat odiosus, & ipsos vexare promiserat, factam contra eos concludebat: Dicebant quod in processu poni non debebant, sed licentiari à judicio saltem eorum simplicitate & benignitate nostra qua uti consueveramus attentis, per quæ vel alia per eos latius proposita, quod Procurator noster non erat admittendus ad propositos contra ipsos; & si admitterentur, quod ab ipsis absolverentur impetitione, & ei silentium imponeretur perpetuum, dici & pronuntiari petebant: Procuratore nostro replicando compositiones præmissas, anni septimi & quadragesimiprimi per litteras fuisse revocatas, & quod dicta littera anni septimi nunquam usum fuerat: Erat namque dictus Philippus-Pulcher Dominus ad plenum villæ Lugdunensis, & quidquid in ea habuerant Archiepiscopi, fuerat ex gratia & liberalitate dicti Philippi & prædecessorum nostrorum: debuerat enim sigillis nostro, Archiepiscopi & Capituli sigillari, quod nunquam factum extiterat, nihilominus in deposito apud Fratres Prædicatores Parisius posita fuerat, nec abinde sine ipsius voluntate debuerat extrahi; & quia propter Archiepiscopi demerita ad manum dicti prædecessoris nostri Villa posita & confiscata fuerat; deinde tamen interveniente summo Pontifice Clemente quinto tunc Lugduni existente, sibi fuerat reddita; & erat dicta littera contra bonos mores & rationem. Cum enim ad nos pertinent delationes armorum jure Coronæ nostræ atque etiam appellationum cognitio, per eam tamen dictus Archiepiscopus de his cognoscere poterat, quod sibi concedi non potuerat, cum esset jurium nostrorum abdicatio, per eam etiam propter quodcumque delictum Archiepiscopus sua temporalitate privari non poterat, per quod sibi delinquendi parabatur occasio, nosque neque Prædecessores nostri, sine ejusdem Archiepiscopi licentia, in prædicta villa domum vel ædificium acquirere, seu construere non poteramus; Archiepiscopus verò sic poterat, quod ex so iniquum debebat reputari, quod ex nostri subjecti conventione contra rationem naturalem ligabamur, & quia inæqualitatem inter nos & Archiepiscopum continebat. Constituebatur etiam & erat Archiepiscopo Baronia limitata, per quod subditis absque eorum consensu & ipsis insciis auferebatur ressortum, quæ si fuissent attenta, nunquam fuisset concessa, potissimè loci situatione considerata, quæ in finibus & limitibus Regni nostri & Imperij consistit, propter quod plus nostra indiget & indigebat custodia; Quibus attentis anno duodecimo & quadragesimo ut requestam nobilium, & nonnullarum Ecclesiarum propriè, ac etiam habitantium dictæ villæ adeo dicta littera fuerat revocata, quod Archiepiscopus ad manum dicti Prædecessoris nostri dictam villam reddiderat, intermediante recompensatione sibi tunc facta, quo tempore præfatus Antecessor noster Coronæ suæ dictam villam unierat & incorporaverat, ac ipsam cum pleno dominio ipsius usque ad annum vigesimum inde sequentem tenuerat, & eâ gavisus fuerat; Et tunc certa extiterat inita compositio per Archiepiscopum in pleno Capitulo approbata, de consensu habitantium dictæ villæ, inter cætera continens, quod si Archiepiscopus contraveniret, & Rex & sui successores ad statum in quo erant anno decimonono immediatè præcedenti, quo plenum ipsius habebant dominium, reverteretur, quo casu dictus Archiepiscopus se tunc precariò Regis nomine dictam jurisdictionem possidere constituebat; Quæ quidem anni vigesimi compositio prædictam litteram anno septimo factam saltem tacitè revocabat, quia per eam Archiepiscopus transportum sibi per Prædecessorem nostrum factum recipiebat; Si igitur ei transtulerat noster Prædecessor, de jure & ratione ipsius tempore transportus fuisse Dominum luculenter apparebat, per quam etiam non inhibemur nos quemcumque Judicem habere in dicta villa Lugdunensi, nisi Judicem ressorti in causis appellationum duntaxat, alios Judices, seu alia superioritatis jura regia nullatenus tagendo; impetratio verò anno quadragesimo primo facta quam Archiepiscopus compositione nominabat, litteram supradictam anni septimi ut præfertur, revocatam aliqualiter non validabat, erat enim subreptitiè impetrata, compositione prædicta anni vigesimi tacita, quæ tamen per Archiepiscopum jurata fuerat, per dictam enim impetionem se Dominum villæ Lugdunensis asserebat, quod penitus erat falsum, cum nobis seu Baillivo nostro pro nobis eam cum gentibus armorum quoties opus foret ingredi liceret, & claves ab habitantibus reciperet: Quæ & plura alia jus nostrum tangentia in dicta impetratione subticuerat Archiepiscopus, & ob hoc præmissis expositis Prædecessori nostro tunc regnanti, eam penitùs quæ mense Septembri anno quadragesimo primo concessa fuerat in mense Novembri immediatè sequenti revocaverat, quæ quidem revocatio mense Januarij posteà proximo fuerat ad sonum tubæ publicata, officiariisque Regiis eam revocando mandatum, quatenus prout ante dictam impetrationem uterentur, & si forsitan juramento vallata fuisset, ad illius tamen observationem non tenebatur attentis præmissis, & quia contra jura Coronæ & contra utilitatem prædictam, & etiam quia gratia prioris anni vigesimi etiam juratæ fuerat impetrata; per quæ constat dictas litteras anno septimo, ac impetrationem anno quadragesimo primo factas, quas compositiones nominabat, nullas fuisse, & ex consequenti quod vigore arresti prædicti non debuerant demandari; Confitebatur etiam Archiepiscopus, in Calendario suo nonagesimo primo se nullam de ressorto facere quæstionem, & in nonagesimo septimo quod de juribus Regiis & superioritatis non contendebat, sed de excessibus & interprisiis per dictum Magistrum Odardum factis; per quæ liquidè patere poterat dictum Commissarium excessisse, Judicibus & Officiariis nostris, de quibus quæstio non fiebat, ne cognoscerent inhibendo, & eos revocando; esto verò quod eorum respectu executasse debuisset arrestum, solùm habebat jus eis verbaliter inhibere, ne in dicta domo Rodanæ jurisdictionem ordinariam in præjudicium Archiepiscopi exercerent; Et dato, quod dictum articulum nonagesimum primum Archiepiscopus non affirmasset, vel ejus Procurator, in sui tamen præjudicium debebat haberi pro affirmato; maximè quia in principio articulorum suorum illos generaliter affirmaverat, erat autem pro dicto Archiepiscopo latum, de ordinationibus Regiis non intelligebatur, nisi in quantum jurisdictionem domaneriam, & expletta inde provenientia concernebant; de aliis autem intelligi non poterat nec debebat, quia sicut præfertur, de illis non erat quæstio, & per consequens nisi ad illa quæ dedicata erant in judicio non debeat extendi, quod quia in dubium poterat revocari, ad interpretationem Curiæ nostræ debuisset Commissarius recurrere, habebamus enim in dicta villa Lugdunensi Baillivum Matisconensem, Senescallum Lugdunensem, aut ejus Locumtenentem & sedem, ac etiam habuerant nostri Prædecessores lapsis centum viginti annis, quod satis ex tabula præsentationum nostri Parlamenti, in qua scribitur Senescallia Lugdunensis & Baillivia Matisconensis separata, poterat apparere; sicque usi fueramus & Prædecessores nostri, potissimè tempore Regni nostri, quo Fulco de Moratiis Lugduni sedem suam ut Senescallus, ac etiam assisias apud Sanctum Symphorianum tenuerat; Quod si forsan per ordinationes Regias in alterius alta Justitia Judices nostri sedere non debeant, quæ minimè fuerunt observatæ, attenta tamen villa Lugdunensis situatione, quæ, ut præmittitur, in finibus Regni nostri situatur, & ob hoc majori eget Officiorum nostrorum provisione, ut alienis resistatur, nostrumque patrimonium in hoc conservetur, quod Judices nostros habebamus ibidem pro Justitia subditis nostris administranda, ad hunc casum dictæ ordinationes non debeant extendi, nec in hoc habebat interesse aliquod Archiepiscopus, nisi ut interprisiæ Officiariorum suorum negligentiæ in Justitia ministranda nostris Officiariis non apparerent; Castellaniæ verò Sancti Symphoriani & Poliaci Monialis in sua Baronia comprehendi non poterant, Baroniam enim non habuerant, nec ea fuerat usus temporibus retroactis: comprehenderet enim villam Sanctæ Columbæ quæ semper fuit in domanio nostro, & insuper Baroniam non haberet nisi virtute dictæ litteræ anno septimo factæ, quæ usum non fuit, sed statim fuerat suspensa, & demum expressè annullata & revocata; Et in eo quod dictus Commissarius Judices, seu Castellanos nostros Sancti Symphoriani & Polliaci Monialis prædictorum, eo quod erant intra Baroniam Lugdunensem, ut dicebat, destituerat, ipsum decernere voluisse Archiepiscopo Baroniam liquidè poterat apparere; Cùm autem ad nos in solidum licentiam dare Judæis in Regno nostro commorandi pertineat, eosque sub nostra gardia teneamus, ad Judices nostros dumtaxat eorum cognitio pertinere debebat, quapropter opus fuerat ut Judicem haberent Lugduni, quem Commissarius iis de causis deponere non debuerat, neque cognitionem nostram inhibere, nec etiam Magistro portuum, vel ejus Locumtenenti qui plus erat, & est in dicta Lugdunensi villa necessarius, quia majus, passagium est ibidem quam apud Sanctum Joannem de Lonna, & similiter cæteris Judicibus nostris non debuerat inhibere causarum cognitionem, ut præfertur; nullum autem est inconveniens si Judex ressorti apud Insulam barbaram cognosceret, nam id raro accidebat, eo quod causæ ressorti ter forsan, vel quater in anno solent ibidem tractari, in quo etiam subditorum interesse vertitur, qui magnis expensis & laboribus apud Matisconem jura sua prosequi compellerentur; in dicta verò domo Rodanæ, cæteri Judices nostri sedere consueverant, licet diversis diebus & horis, & ob hoc dictam domum extrà manum nostram ponere non tenebamur, potissimè cùm Prædecessores nostri non ex nova acquisitione, sed à longissimis temporibus id nos eam renuerimus; insuper dicebat idem Procurator noster quòd ipse ad annullationem arresti non concludebat, sed per modum excessuum & attemptatorum suas de præsenti faciebat conclusiones, nec formam errorum observare tenebatur, nec ad eam adstringi, & idcirco super appellatione per eum à dicto executore interjecta, & ad concludendum in ea debebat admitti, & ea quæ Archiepiscopus de instrumentis de novo repertis allegabat, jura fiscalia & Principis non tangebant, nec in iis sibi locum poterant vendicare de jure & ratione, nullaque provisio vel status dicto Archiepiscopo debebat adjudicari, cum præsens materia quæ in causa vertitur excessuum ad id non sit disposita, sed potius nobis deberet fieri, qui statum sedis nostræ Lugduni non habemus, quem etiam statum seu provisionem sibi fieri in omnem eventum dictus Procurator noster & adjudicari petebat, ideoque & alia superius

latiùs proposita quod erat admittendus, & non dictus Archiepiscopus, & alij, concludebat prout supra Procurator noster supradictus; in quantum verò dictum Magistrum Stephanum concernebat, dicebat idem Procurator noster, quod in processu debebat remanere, tum quia se responsalem peremptoriè submiserat, cujus occasione cessaverant informationes contra eum faciendæ, tum etiam quia in eo quod excessit per ratificationem Archiepiscopi à suo delicto non excusaretur, & quia cum dictum arrestum à patria consuetudinaria processisset, appellationi deferre tenebatur, & non ulterius procedere, nec inhibitionem expectare, attento enim magno præjudicio quod nobis ex dicta executione fiebat, ipse Commissarius qui non erat, & est Consiliarius potius supersedere debuisset quàm ulterius procedere, & quanto prudentior existit, tanto magis si excessit veniret puniendus, excesserat enim intentionem arresti & vires, per quod nobis liquidè patet interesse fore quæsitum, nec processum suum verbalem Procurator noster admittebat, nisi si & in quantum in dicti Commissarij præjudicium poterat retorqueri, per quæ & alia latius proposita Procurator noster quod erat admittendus, & non Commissarius suprædictus, sed quod in processu remaneret, & alij, prout supra concludebat; supradictos verò Magistrum Petrum Burle, Petrum Guernerij, Joannem Durandi, & cæteros defensores solùm litis contestationem habere proponebat, necnon quod ipsos de excessibus supradictis per informationem repererat oneratos, & quod ad dicti Magistri Petri præceptum prædictus Petrus Guernerij columnas seu poncellos dicti tribunalis demolierat, eratque admittendus dictus Procurator noster, cùm diem & tempus excessuum suam petitionem faciendo declarasset, ad hæc & alia prout supra concludendo, prænominato Archiepiscopo compositiones per eum superiùs allegatas observatas fuisse, duplicando propositionem ac compositionem anno septimo factam, ex eo quod super controversiâ ratione superioritatis & ressorti motâ, quæ nobis pertinere non confitebatur sustinente, & ulterius dicente quod dicta compositio non fuerat ut proponit dictus Procurator noster in deposito posita, sed duntaxat certi articuli prolocuti, qui postmodum concordati fuerant, & inde litteræ compositionis prædictæ confectæ, quas validas esse dicebat, & quod contenta in ipsis per privilegium concedere potueramus, & per consequens per dictos Archiepiscopos præscribi potuerant, nec ad dictam compositionem impugnandam debebat dictus Procurator noster admitti, cum ea judicialiter exhibita, & per ipsum contradicta, tandem arrestum suum obtinuerit, compositiones prædictas validans & confirmans, nec per tractatum vel compositionem anno duodecimo factam fuerat revocata, quia solum in compositione dicti anni duodecimi de jurisdictione domaneria nobis conferenda tractabatur, dicto Archiepiscopo in dicto Castro Petræscissæ, & aliis locis, cunctis juribus retentis, sed de cæteris punctis in compositione anni septimi contentis nihil agebatur, nec contra illam auctoritate sua venire potuisset Archiepiscopus, sine auctoritate Romani Pontificis, eo quod per dictam anni duodecimi compositionem jura Ecclesiæ suæ alienasset: Dicta etiam compositio anni duodecimi compositionem anni septimi prædictam nullatenus revocabat, eo quod certa mediante recompensatione fieri debebat, quia non fuerat adimpleta, per compositionem etiam anno vigesimo factam, revocata non fuerat prædicta anni septimi compositio, nam per eam Archiepiscopus ad statum in quo erat anno duodecimo revertebatur: quo quidem tempore compositione anni septimi utebatur, sicque remanserat valida, nisi in his quæ per compositionem anni vigesimi fuerant detracta de eadem, & per compositionem anni quadragesimi primi etiam confirmabatur, nisi in eo quod numerus servientium nostrorum augebatur

de la Ville de Lyon. 81

batur de duobus, quæ anni quadragesimi primi compositio facta fuerat per modum edicti perpetui, & per eam cognito ressorti ad sedem Matisconensem, prout rationis erat, revertebatur, & quæ reverà nunquam fuerat revocata, & si qua littera revocationis illius facta fuisset, illa ad requestam partis, & per quendam Regis Consiliarium Milonem Dominum de Noyers transierat, quæ solum quod dictus Archiepiscopus compositionem dicti anni quadragesimi primi judicialiter asserret, continebat, super quo, partibus auditis, fuerant appunctatæ: Ex quibus dictam compositionem anni septimi, & etiam compositionem anni quadragesimi primi non fuisse revocatas concludebat, per quas liquidè dicebat apparere, dictas Sedes Sancti Symphoriani & Poliaci Monialis in sua consistere Baronia, & per consequens; debite Judicibus nostris in eisdem exercentibus, ne amplius cognoscerent, fuisse prohibitum. De Sede verò Insulæ barbaræ numquam fuerat ordinatum præcisè quod ibi stare deberent, sed tantùm de facto Judex ressorti Sedem suam tenuerat ibidem, & per hoc quod dictus Archiepiscopus proponebat quominùs Magister portuum, & cæteri Judices nostri prænominati jurisdictionem haberent contradicere non intendebat, sed dumtaxat sedem in dicta villa & Baronia Lugdunensi, & adhuc Magistrum portuum quominùs arrestum repentinum facere possit, dummodo, causæ cognitionem non habeat nullatenus intendebat impedire, ad utilitatem verò nostram, aut commodum seu incommodum pecuniarum in præjudicium juris sui considerationem non debebamus habere, nam & plerumque maximè fiebant condemnationes pecuniarum quæ propter condemnatorum paupertatem nullum sortiebantur effectum; Nos autem contra compositiones prædictas sicut præfertur, per nostros predecessores juratas, cum juramentum non vergat in detrimentum salutis venire non debebamus, sed potiùs contentari quod gardiatorem nostrum Lugduni juxta compositionem anni septimi haberemus; nam cum jurisdictio domaneria ad Archiepiscopum pertineat, sufficere nobis debebat quod jura nostra superioritatis & ressorti in sede Matisconensi, sicut antiquitùs, tractarentur, attento præsertim quod raro casus superioritatis Lugduni contingebant; Dicta etenim compositio anni vigesimi solùm de ressorto nostro loquebatur, & adhuc præcisè locus & sedes Judicis ressorti non erat per eum ordinatus, sed dumtaxat, quod ubi ordinare vellemus extra villam Lugdunensem poneretur; præmissis verò attentis dictus Commissarius in executione arresti prædicta nullomodo dubitare debebat, nec ipse, sicut præfertur, Baroniam dicto Archiepiscopo decreverat, sed solùm loca in quibus Judices Regii sedere debebant pro tribunali, fueratque necesse dicto Archiepiscopo dictum arrestum infra annum executioni demandari; alioquin via actionis anno lapso habuisset procedere, nec appellationi deferre debebat Commissarius, cum gravamen, si quod intervenerat, in patria juris scripti factum fuisset, ac etiam in eadem appellatio interjecta; Ex quibus pluribus etiam aliis rationibus latiùs allegatis prout supra concludebat, & etiam quod attento quod contra ipsum nulla facta fuerat informatio, extra processum in causa excessuum poni debebat, & nihilominùs contra Stephanum Boullat Procuratorem nostrum Lugduni proponebat, quòd ipse prædictarum compositionum & arresti non erat ignarus, cum jura nostra prædicta contra ipsum procurasset, & ipsum his non obstantibus eundem Archiepiscopum fecerat cum magnis sumptibus & expensis informationis nulla præcedente, Parisius venire, & poni in causam absque rationabili causa, quapropter quod in ipsius damnis interesse & expensas condemnare concludebat: dicto Procuratore nostro Generali in contrarium dicente, quod dictus Archiepiscopus se defensurum contra sibi objicienda in nostra Provincia personaliter obtulerat, & ob hoc cùm jam defensiones

suas proposuerit, extra processum non erat ponendus; nec contra dictum Procuratorem nostrum Lugdunensem ad damna sua concludendo debebat admitti, esset enim res mali exempli si jura nostra procuratores suo privato nomine, contra eos quos nostro nomine prosequerentur, processum ingredi deberent; nam si sic fieret raro reperiretur qui jura nostra adversùs personas potentes auderet prosequi; & ob hoc quod dictus Archiepiscopus non erat admittendus, & prout supra concludebat, supradictis Magistris Stephano de Guiriaco, Petro Burle, & cæteris defensoribus etiam adversus Procuratorem nostrum duplicantibus, in effectu nonnullis per eos rationibus allegatis concludentibus prout supra: AUDITIS igitur in præsentia nostra partibus antedictis in omnibus quæ circa præmissa, & tam replicando quam etiam duplicando dicere & proponere voluerunt, & in arresto appunctatis, visis insuper ad diligenter attentis in Curia nostra nobis præsentibus processibus, articulis, dictarum partium inquestis, compositionibus & arrestis, cæterisque munimentis per dictas partes exhibitis, ac etiam rationibus hinc inde propositis, omnibusque considerandis, matura super hoc etiam nostri magni Consilij deliberatione habita, consideratis, & quæ nos & nostrum Consilium & Curiam nostram in hac parte movere poterant & debebant. PER ARRESTUM IN NOSTRA PRÆSENTIA appellatio prædicta extitit annullata, & eam annullavit & annullat Curia nostra, & ex causa per idem arrestum dictum fuit Magistrum Stephanum Commissarium supradictum, in eo quod Judici ressorti apud Insulam barbaram, Castellanis Sancti Symphoriani & Polliaci Monialis, Magistro portuum, ad personam Locumtenentis sui, & etiam Custodi parvi sigilli Montispessulani ad dicti Locumtenentis sui personam Judicibus Judæorum, & Exemptorum, Præposito monetariorum, atque Custodi sigilli Matisconensis, ad personam sui Locumtenentis cognoscenti de sigillato Regio in casu præventionis, ne amplius officia sua Lugduni exercerent, & de causis prout ad unumquemque eorum pertinebat cognoscerent inhibuit, prædictos ab eorum officiis deponendo malè executasse & explettasse; & quod ad eorum officia restituentur, & ipsis utentur, prout ante arresti prolationem & ipsius executionem utebantur, dictum etiam Commissarium in hoc quod sedem pro tribunali in dicta domo Rodanæ constitutam demolivit, seu demoliri fecit, tabellasque ordinationum & Calendarium removit seu removeri, ac seras carcerum levari, fecit, & prisionarios ex parte Magistri portuum in dictis carceribus existentes, & vincula ferrea Matisconi misit, malè executasse, restaurabunturque & reparabuntur præmissa in statu in quo erant ante prædicti arresti prolationem & executionem sumptibus Archiepiscopi memorati; in eo etiam quod Commissarius supradictus Baillivo Matisconensi, ad personam sui Locumtenentis Procuratorique nostro in Lugduno, & tabellioni Curiæ Regiæ, ac etiam Commentariensi in domo Rodanæ officia eorum ulteriùs in eadem domo Rodanæ exercere prohibuit, & eos ab officio suo deposuit, malè executavit & expletavit, cognoscetque dictus Baillivus aut ejus Locumtenens pro ipso, dictique Procurator Notarius & Commentariensis in domo prælibata utentur juribus & causis ad gardiam pertinentibus, prout etiam ante dicti arresti prolationem & executionem cognoscebant & utebantur, necnon de juribus Regiis & superioritatis ad nos pertinentibus Baillivus prædictus, aut ejus Locumtenens in dicta domo cognoscet, & quoad hæc jura dictus Baillivus & prædictus Procurator Notarius & Commentariensis eorum officiis utentur per modum status, quem dicta Curia prædicto Procuratori nostro, pro nobis adjudicavit & adjudicat quousque per nos aliud super hoc fuerit ordinatum, & insuper in hoc quod domum Rodanæ extra manum nostram dictus Commissarius poni præcepit, & seq-

L

vientes nostros deposuit, & eorum explecta annullavit, malè per ipsum extitit executarum & explettatum, Nos verò dictam domum extra manum nostram ponere non tenebimur, restituanturque dicti servientes usque ad numerum viginti de præsenti ad eorum officia qui ipsis utentur ut antea utebantur, & coram Judicibus nostris in casibus eorum officium concernentibus dumtaxat respondere tenebuntur, Archiepiscopum supradictum in damnis & interesse Procuratoris nostri sæpedicti in præmissis sustentis comdemnando, earumdem taxatione Curiæ prædictæ reservata, quibusdam litteris certi tractatus anno Domini millesimo trecentesimo septimo prolocuti, & quadam impetratione anno Domini millesimo trecentesimo quadragesimo primo facta, de quibus suprà sit mentio non obstantibus, quas nullas & nullius esse valoris dicta Curia nostra per suum arrestum declaravit & declarat, in eo verò quod idem Commissarius expletta in præjudicium jurisdictionis domaneriæ dicti Archiepiscopi per dictum Odardum de Attainvilla facta annullavit, & circulum ferreum fasciculorum removit, benè per ipsum executatum & explettatum fuisse, per idem arrestum dictum fuit, per idem etiam arrestum dictum fuit Consules prædictos, & habitantes Lugdunenses fore & esse admittendos, manutenebunturque & conservabuntur in possessionem habendi Judicem resorti apud Insulam barbaram, & cæteros officiarios nostros Lugduni utentes modo præfato: prænominatum Archiepiscopum in eorum expensis condemnando, earumdem expensarum taxatione dictæ Curiæ nostræ reservata; Dictum etiam fuit per arrestum prædictum Archiepiscopum antedictum ad conclusiones, quas contra dictum Stephanum Botillat Procuratorem nostrum Lugduni faciebat & sibi fieri petebat, non esse admittendum, & eum non admisit, nec admittit Curia nostra supradicta; inquantum verò concernit excessus prædictos contra Archiepiscopum, Magistrum Stephanum, & cæteros defensores propositos, dictum fuit quod dictus Magister Stephanus remanebit in processu, quia non poterant neque possunt sine factis expediri, facient igitur facta sua super quibus inquiretur veritas, & inquesta facta nobisque seu Curiæ nostræ prædictæ reportata fiet jus partibus ante dictis; per præmissa verò intentionis prædictæ Curiæ nostræ non existit quod Judices & officiarij nostri supradicti de causis & iis quæ ad jurisdictionem domaneriam dicti Archiepiscopi pertinent se æqualiter intromittant, & ne id faciant, eisdem districtè & sub magnis pœnis nobis applicandis per suum arrestum inhibuit & inhibet Curia nostra memorata; in cujus rei testimonium præsentibus litteris nostrum jussimus apponi sigillum. Datum in Palatio nostro Parisiis, in domo nostra prope Sanctum Paulum, die quinta mensis Octobris, anno Domini millesimo trecentesimo nonagesimo quarto, & Regni nostri decimo quinto.

ORDONNANCES

Du Roy Philippes le Bel de l'an 1301. pour la reformation du Royaume.

NOs Philippus Dei gratiâ Francorum Rex. Pro reformatione Regni nostri quòd retro actis temporibus gravatum extitit adversitatibus temporum & guerrarum & pluribus aliis contrariosis eventibus, ex deliberatione providâ facimus ordinationes præsentes & statuta utilia & salubria pro gubernatione & bono statu regni prædicti, pro pace etiam & tranquillitate subjectorum nostrorum sicut inferiùs continetur.

Ut autem Deo nobis propitio reformationem prædictam facilius impetremus, & circà eam auxilium & gratiam Omnipotentis Dei misericorditer habeamus, cujus ditioni, manui, & protectioni prædictum Regnum nostrum, subjectum semper extitit, & nunc esse volumus, & à quo nobis omnia bona proveniunt. Primò volumus & intentionis nostræ est Sacrosanctas Ecclesias, Monasteria, Prælatos, & quascumque personas Ecclesiasticas cujuscumque status aut conditionis existant, & quibuscumque nominibus censeantur, ob Dei reverentiam, & amorem tenere, custodire, & servare in favore, gratiâ & auxilio condocendi, quibus Prædecessores nostri retroactis temporibus tenuerunt, foverunt, & servaverunt. Volumus autem quod privilegia, libertates, franchisiæ, & consuetudines, seu immunitates prædictarum Ecclesiarum & personarum Ecclesiasticarum integræ & illæsæ serventur, & custodiantur eisdem, sicut temporibus felicis recordationis B. Ludovici proavi nostri inviolabiliter servatæ fuerunt, Inhibentes districtè omnibus Justitiariis, officialibus, Ministris, fidelibus, & subjectis nostris, & quibuscumque aliis personis, ne prædictas immunitates, privilegia, aut libertates eisdem Ecclesiis, seu personis Ecclesiasticis infringere, aut violare quoquo modo præsumant, nec impediant aut molestent eas in earum jurisdictionibus spiritualibus & temporalibus quas de jure, vel de antiquâ consuetudine & approbatâ obtinere noscuntur, nec in aliis juribus earum quæcumque sint, impedimenta præstent, nec jura seu jurisdictiones dictarum Ecclesiarum seu personarum Ecclesiasticarum fraude, vel dolo occupent, vel usurpent Et si aliqua de prædictis occupata vel usurpata per eosdem fuerunt indebitè & injustè, Volumus quod sine dilatione aliquâ secundùm Justitiam ad statum debitum reducantur, & qui hoc fecerint graviter puniantur. Et si verò de cætero per aliquem, vel aliquos contra prædicta aliquid fuit attentatum ut dictum est, graviter puniantur, damnaque restaurabuntur si quæ fieri contingeret injustè, ad eisgardum Consilij nostri. Et ista mandabuntur executioni debitæ breviter & de plano, & sine strepitu judicij. Et per istum modum facient fieri hæc & executioni mandari Senescalli & Ballivi per Præpositos, servientes, & alios Justiciarios sibi subjectos. Et si contingeret quod nos mandaremus bona aliquarum Ecclesiarum seu personarum Ecclesiasticarum aliquibus causis vel rationibus saisiri, seu etiam confiscari sub conditione, videlicet si quæ nobis significata sunt veritate nitantur. Volumus quod Senescallus, & Ballivus cui tale mandatum dirigitur ex parte nostrâ non procedat ad saisiendum vel confiscandum prædicta bona donec super iis quæ nobis significata fuerunt, nisi aliter notoria fuerint, plenè fuerit informatum, vocatis priùs omnibus qui de jure fuerint evocandi. Et istud, seu istam ordinationem quartùm ad Duces, & Comites & Barones, & alios quosvis subditos nostros volumus observari. Et mittemus bonas personas & sufficientes per Senescallos & Ballivos Regni nostri ad sciendum de consuetudinibus antiquis Regni nostri, & quomodo tempore B. Ludovici utebatur eisdem. Volentes, quod si à dicto tempore citrà aliquas bonas & approbatas consuetudines abolitas invenerint introductas, eas revocabunt & facient revocari, & ad prædictum antiquum statum reduci, & ad perpetuam memoriam registrari.

Item volumus quod si mandaverimus aut præceperimus bona alicujus Prælati, seu alterius personæ Ecclesiasticæ, seu Clerici, clericaliter tamen viventis capi, seu ad manum nostram poni, quod virtute mandati prædicti seu præcepti nostri bona eorum terræ mobilia non capiantur, saisiantur, seu ad manum nostram ponantur, neque domus eorum discooperiantur, seu Ecclesiæ destruantur. Nec volumus quod in casu isto gentes nostræ de bonis ipsorum capiant saisiant, vel arrestent ultrà quantitatem emendæ pro quâ dictâ bona mandabimus, capi, saisiri vel aliter arrestari.

Item volumus ad hoc ut Prælati aliæque personæ Ecclesiasticæ melius & liberius possint vacare divinis obsequiis quibus sunt specialiter deputatæ, quòd quandocumque contigerit eos venire ad Curiam nostram, seu Parlamenta, celeriter audiantur, & eorum negotia ordinentur, tractentur, secundùm dies Senescalliarum, & Bailliviarum sine prorogatione, nisi aliquâ justâ de causâ de speciali mandato nostro circà id negotium faceremus prorogationem fieri condecentem. Et volumus quod in Parlamento & extrà per curiales nostros tractentur condecenter, & honestè, & ut celerius fieri poterit juxtà qualitatem negotiorum & conditionem personarum eas volumus expediri. Hoc idem volumus & statuimus fieri de nostris Baronibus & subjectis. Si verò contingeret quod aliquis Prælatus vel Baro propter magna onera negotiorum non possit celeriter expediri, certa dies assignetur eidem quâ audietur & expedietur, & tunc audiatur & expediatur de die in diem celerius quàm Curia poterit.

Item in eorum feodis & retrofeodis nihil de cætero acquiremus, nisi de eorum procedat assensu, vel nisi in casu pertinente ad jus nostrum regium, nec recipiemus novas advocationes vassallorum vel hominum Ecclesiarum, necnon & nostris Baronibus subjectorum, & eas quas recepimus revocamus, nisi eas tanto tempore tenuerimus pacificè quod de consuetudine patriæ nobis fuerunt acquisitæ. Si verò contingat quòd in terris ipsorum vel aliorum subjectorum nostrorum aliquæ fore facturæ nobis obveniant jure nostro Regio inter annum, & diem extrà manum nostram ponemus; Et ponemus in manum sufficientis hominis ad deserviendum feodum vel dominis feodorum, aut recompensationem competentem, & rationabilem faciemus.

Item quantùm ad Regalias quas nos & prædecessores nostri consueverunt percipere & habere in aliquibus Ecclesiis Regni nostri, quando eas vacare contingit, de quibus plures ad nos querimoniæ deveniunt, eò quòd Gardiatores seu Regaliatores amputabant, & secabant nemora dictarum Ecclesiarum antequam tempus amputationis seu sectionis eorum, aut debitæ venditionis advenisset. Et evacuabant stagna, & vivaria ad easdem Ecclesias pertinentia, pluraque alia faciebant, & committebant quæ in gravia dictarum Ecclesiarum dispendia, & præjudicia redundabant. Nos circà ea cautius præcavere volentes debito temperamento ac etiam opportuno remedio interjecto, Volumus, præcipimus, & etiam ordinamus, quòd res, bona, maneria, & jura dictarum Ecclesiarum maneneantur & custodiantur & explectentur absque ullo detrimento & devastatione, ac si propria nostra essent. Inhibentes de cætero ne nemora dictarum Regaliarum ante tempus debitæ sibi resecationis amputentur, neque arbores quæ ab antiquo servatæ & fotæ fuerunt propter decorem & amœnitatem Ecclesiarum, & forestæ antiquæ, quæ nunquàm causâ vendendi fuerunt amputatæ aliquo tempore scindantur, aut quoquo modo vendantur. Nemora etiam quæ exponuntur sectioni, non vendantur, nec devastentur nisi pro modo & tempore consuetis. Vivaria insuper, stagna & piscariæ nisi piscium nutriturâ, & fomentatione servatis pro capturâ piscium non graventur. Præcipientes insuper, quod in omnibus casibus istis, & circà prædicta & singula præmissa præcaveatur ab omni devastatione, abusu, destructione, & excessu, & quod circà prædicta talis moderatio adhibeatur, talis æquitas, & tale temperamentum qualia consueverunt à qualibet legitimo administratore, & provido dispensatore circà talia ratione prævia adhiberi. Et quia tantò melius singula præmissa servabuntur, quantò meliores & fideliores executores in eis, & circà ea ponentur, quasdam personas, de quarum fidelitate

gerimus fiduciam pleniorem, eligemus, per quas prædicta cum advenerint servabuntur. Volumusque quòd Gardiatores, seu Custodes Regalium prædictarum Ecclesiarum Vacantium, qui fuerunt temporibus retroactis, compellantur ex nunc summariè & depleno ad restituendum seu resarciendum damna & gravamina quæ eos fecisse contigerit sive constiterit propter excessum vel abusum, fraudem vel dolum in prædictis adhibitos, & circà prædicta Ecclesiis, quas sic gravaverint indebitè & injustè, & cum hoc etiam punientur secundum quod ratio suadebit. Item hæc Volumus quantùm ad Barones & alios nostros subditos observari, quando terras suas propter defectum hominis aut bellum ad nos devenire contingat.

Item volumus, sancimus, & ordinamus, quòd Judicata, arresta sententiæ, quæ de Curiâ nostrâ, seu de nostro communi consilio processerunt, teneantur & sine appellatione aliquâ executioni mandentur. Et si aliquâ ambiguitatis, vel erroris continere viderentur, ex quibus meritò suspicio induceretur, correctio, interpretatio, revocatio, vel declaratio eorundem ad Nos vel ad nostrum commune consilium spectare noscantur, vel majorem partem consilij nostri, vel providam deliberationem specialis mandati nostri, & de nostrâ licentiâ speciali super omnia anteà requisita serventur. Et Volumus, quòd inquestæ, & probationes postquàm fuerint transmissæ ad Curiam nostram judicentur infrà biennium ad tardius, postquàm ad Curiam, ut præmittitur, fuerint reportatæ.

Itemque ad reformationem prædictam opus est, quòd per sapientes, & fideles personas, Senescallos, & Baillivos, & alios officiales communes in regno nostro justitia nostris temporibus servetur illæsa. Volumus, & ordinamus, quòd nostri Senescalli, Baillivi, Judices, & Custodes Forestarum, & aquarum de cætero eligantur & instituantur ex deliberatione nostri magni Consilij. Et si aliquis antè hoc salubre statutum electus fuerit ad aliquam præfecturam, vel administrationem nostram, qui minus sufficiens, aut imperitus existat, Regiæ majestati significaretur apte, ita quod circà hoc valeamus salubre remedium adhibere.

Volumus insuper, quòd ipsi & Procuratores nostri jurent secundùm formam infrà scriptam. Et ut prædictum juramentum validius, & firmius teneatur, Volumus, quòd in qualibet assisiâ dictarum Senescalliarum & Bailliviarum nostrarum, quæ primò tenebuntur post præsentationem hujus saluberrimi statuti apertè, & in communi corâm Clericis & laicis prædictum facient juramentum, quamvis aliàs in nostrâ præsentiâ fecerint illud idem, ut si Dei timor eos à malo revocare non possit, saltem indignationis nostræ formidine, & temporali confusione ruboris à malis agendis in suis administrationibus arceantur.

Item nolumus quod Senescallus aliquis vel Ballivus de nostro sit Consilio quandiu suæ præerit præfecturæ ut præmissum est de Consilio nostro. Nolumus quod durante suo officio se de eo aliquatenùs intromittat.

Item nolumus quod aliquis consiliarius noster de cætero recipiat, vel habeat pensionem ab aliquâ personâ Ecclesiasticâ vel seculari, nec ab aliquâ Ecclesiâ, villâ, vel communitate. Et si aliquid habeant volumus quod ex nunc dimittant easdem.

Item Volumus, & ordinamus, quod nullus Senescallus, vel Baillivus, aut alius Judex quicumque sub se habeat præpositum, Vicarium seu Judicem qui eidem consanguinitatis, affinitatis, vel nutrituræ vinculo teneatur, ne personæ prædictæ in causis quæ ad ipsas per appellationem proveniunt, debeant minus fideliter judicare. Et si sint aliqui, volumus à dictis officiis amoveri.

Item Volumus, quod si contingat quod aliqua de præposituris nostris vendatur aut tradatur ad firmam, præcipimus, quòd talibus commendetur personis, quæ

L ij

fideles & idoneæ reputentur & bonæ famæ, & quæ sint bene solvendo: non Clerici, non usurarij, non infames, nec circà oppressiones subjectorum suspecti: Nec volumus quòd præfatæ personæ ad prædictas præpositurasnostras aut administrationes se institui, quantumcumque plus aliis se offerant admittantur. Inhibentes de cæterò ne præpositi præposituras ad firmam tenentes taxare vel judicare præsumant emendas. Sed Seneschalli, aut Baillivi homines, aut Scabini dumtaxat, secundùm quod locorum consuetudines suadebunt. Inhibentes quòd in unâ præpositurâ non ponatur nisi unus præpositus aut duo tantùm numero, & non plures, & uni personæ non tradatur nisi unica Baillivia, Seneschallia, Præpositura, Vicaria seu Judicatura.

Cæterum nolumus, quod Procuratores nostri in causis quas nostro nomine ducent, contrà quascumque personas jurent de Calumniâ, sicut prædictæ personæ, & si contingat ipsos facere substitutos, ipsis substitutis satisfaciant & non partes adversæ Nolentes insuper, immò prohibentes expressè, ne dicti Procuratores nostri de causis alicujus se intromittere, aut literas impetrare præsumant, nisi pro personis conjunctis ipsos contingeret facere prædicta.

Item præcipimus quod omnis Seneschallus, & Baillivus, Præpositi, & quicumque alij Justitiarij in regno nostro constituti mandata nostra Regia cum reverentiâ suscipiant, & diligenter excusationi demandent nisi aliqua vera, & legitima causa obsistat, quominùs per juramentum suum ea facere aut exequi minimè teneantur, quam nobis referant, aut rescribant & nobis remittant per litteras apertas sigillis eorum sigillatas per eos qui mandata nostra imperaverant supradicta, continentes causas propter quas dicta mandata non teneantur executioni mandare, reddantque literas impetratoribus earumdem, aut transcripta eorum sub sigillis proprijs nobis clausis transmittantur. Volentes, quòd si circà prædicta negligentes extiterint, vel remissi, vel malitiam seu fraudem aliquam, aut defectum commisisse noscantur, damna, gravamina, & expensas eisdem impetratoribus reddere compellantur, si quas, vel quæ dictos impetratores fecisse contingeret, ob defectum, negligentiam, fraudem, vel malitiam prædictorum, & quòd aliter prout justum fuerit, puniantur.

Item hac irrefragabili constitutione sancimus, quòd omnes, Seneschalli Baillivi, Vicecomites, Vigerij, Judices, & alij Justitiarij nostri quibuscumque nominibus censeantur, & ubicumque in dicto regno nostro fuerint constituti, officia sibi commissa per se ipsos & personaliter exerceant, nec sibi substitutos, seu locum tenentes facere præsumant, nisi in casu necessitatis, utpote in valetudine, vel in casu consimili, in quo & cessante causâ necessitatis ad commissa sibi officia redeant exequenda, sine fraude, & sub debito juramento. Cùm autem eos contigerit in prædicto casu absentari, substituant sibi aliquem virum idoneum, & honestum de patriâ seu provinciâ, cui præesse noscatur usque ad suum reditum, quem citò accelerent. Qui siquidem substitutus non sit Advocatus, nec aliis negotiis arduis, nec amicorum multitudine oneratus. Caventes sibi sic substituentes quòd pro administratione, porro, seu gestione substitutorum suorum, si quid in eis commiserint tenebuntur, prout de jure fuerit, respondere. Et jurabunt prædicti substituti quòd quandiù permanebunt in officio prædicto, bene & fideliter illud exequentur. Inhibentes districtiùs ne prædicti Seneschalli, Baillivi, officiales vel commissarij nostri, quicumque sint sub pœnâ amissionis officij sibi commissi, accipiant aliquid pro sigillis suis, nec faciant aut patientiam præstent, ut pecunia, argentum servitium, vel utilitas aliqua quæcumque sit illa, vel illud pro eis exigatur.

Item quod præfati Præpositi nostri nihil penitùs exigant à subditis suis, aut si offeratur non recipiant ab eisdem, nec Ecclesias gravare præsumant ratione subventionis aut auxilij eis impendendi, nec ad easdem accedere debeant pro comedendo, aut jacendo ibidem sine magnâ causâ, nec cum personis dictarum Ecclesiarum, aut aliis quibuscumque subjectis suis conventiones, pacta, seu mercata faciant de dandâ certâ summâ pecuniâ pro omnibus emendis, quas incurrerent, aut incurrere possent toto tempore, quo eorum officium perduraret, quia per hunc modum daretur prædictis subditis, & aliis personis occasio delinquendi: contrà hoc salubre statutum venientes, volumus animadversione puniri condignâ.

Item volumus, quod ordinatio per nos, & consilium nostrum facta din est, super Burgesiis custodiatur & firmiter teneatur. Et si contingeret quod emergeret quæstio, scilicet, quòd gentes nostra requirerent aliquem tamquam Burgensem nostrum, quem aliquis Prælatus vel Baro, aut quivis alius nobis subjectus diceret esse hominem, aut justitiabilem suum, aut quod in cornu jurisdictione commisisset, negantes ipsum esse Burgensem nostrum, recredentia fiat super eo per eum qui illum tenet, si ita quòd in casu recredentia teneatur. Et inquisitâ veritate super negotio, vocatis, qui fuerint evocandi, negotium executioni mandetur secundum quod jus & bona consuetudo patriâ postulabunt: servatâ tamen ordinatione Burgesiarum per Consilium nostrum editâ, de quâ copiam habebit, qui eam voluerit perlegere, & habere.

Item hoc perpetuo prohibemus edicto, ne subditi, seu justitiabiles Prælatorum, Baronum, aut aliorum subditorum nostrorum, trahantur in causam coram nostris officiariis, nec eorum causæ nisi in casu resforti, in nostrâ Curiâ audiantur, vel in casu alio ad nostrum jus regium pertinente, nec volumus, quod nostræ litteræ concedantur præterquam in casibus memoratis.

Item præcipimus, quòd Seneschalli, & Baillivi nostri teneant assifias suas in circuitu Seneschalliarum, & Bailliviarum suarum de duobus mensibus in duos menses ad minus, & quod in fine cujuslibet assisiæ significari faciant diem alteriùs assisiæ. Inhibentes ne prædictas assisias teneant in terris, & villis Prælatorum, Baronum, vassallorum, aut aliorum quorumlibet subjectorum nostrorum, aut in quibus Nos non habemus justitiam, dominium, aut gardam, nisi sit in locis, in quibus aliæ dictæ assisiæ consueverint teneri à triginta annis citrà, nec teneant eas in locis in quibus non est villa, aut habitatio gentium populosa. Et si à quoque in contrarium aliquando contingeret attentari, Nolumus quod redundet quæstum ad possessionem vel proprietatem in eorum præjudicium ad quos dicta possessio, vel proprietas pertinere noscatur. Item Nolumus quod aliquis præficiatur in Seneschallum, Baillivium, vel Præpositum, Judicem, seu Vicarium, vel Bajulum in loco undè dicitur oriundus.

Item inhibemus ne servientes faciant adjornamenta seu citationes sine præcepto Seneschalli, Baillivi, aut Præpositi, & Vicarij, & Vicecomitis aut Judicis, Et si præpositus forte faceret aut fieri præciperet falsum, aut injuriosum adjornamentum, damna, & gravamina parti, quam sic gravavit, resarciet, & cum hoc pœnâ decente cognoscet, quàm graviter deliquisset.

Item interdicimus Servientibus nostris, ne justitient, aut officium suum exerceant in terris Prælatorum, Baronum, aut aliorum Vassallorum seu subditorum nostrorum, in quibus habent justitiam altam & bassam, seu merum & mixtum imperium, nisi in casu resforti, aut alio ad nos de jure spectante, neque tunc nisi de præcepto Seneschalli, Baillivi, aut Præpositi, Vicecomitis, Vicarij, sive Judicis. Et continebit tunc mandatum, seu præceptum ipsorum, directum ad nos, ut permittitur, pertinentem. Inhibemus insuper ne morentur seu larem foveant in prædictis terris, aut in locis vicinis, in fraudem absque voluntate dominorum, nisi sint oriundi de loco, aut ibidem matrimonium contraxerint, & in his duobus non poterunt servientis officium exercere in locis illis.

de la Ville de Lyon.

Et si casus ressorti, aut alius ad Nos spectans in eisdem terris evenerit, volumus quod de illis nullatenùs se intromittant. Immò casus ille executioni demandabitur per alios servientes. Prælati verò, Barones & alij fideles nostri poterunt prædictos servientes nostros justitiare, & contrà eos uti suâ jurisdictione temporali & spirituali, prout justum fuerit sine fraude, sicut contrà alias privatas personas, in iis quæ ad eorum officium non spectabunt, poteruntque eos punire de excessibus & commissis quæ fecerint, non tamen nostrum regium officium exequendo.

Item volumus quod ordinatio facta diù est per nos super removendâ superfluitate servientium de reducendo eos ad certum numerum servetur, compleatur,& executioni firmiter mandetur, Videlicet, quod ubi consuetum erat haberi viginti servientes, remotis omnibus quatuor tantùm restent, & sic per consequens de Majori major subtrahatur numerus, & de minori minor: Volentes quod servientes illi, qui nostras anteà habebant literas, & qui aliàs sufficientes exciterant, inter remanentes deputentur, servato numero supradicto. Et illi qui taliter remanebunt obedient Senescallis & Baillivis nostris, qui poterunt eos corrigere, & punire pro suis excessibus & commissis. Et si eorum excessus exigerint, de officiis eorum, quamvis nostras literas super hoc habuerint, totaliter amovere.

Item præcipimus, quod tales, qui in servientes eligentur, præstent idoneas cautiones in manibus dictorum Senescallorum, & Baillivorum nostrorum, ut benè & fideliter faciant, & exequantur officia sua sibi commissa, & quod debeant respondere, & juri stare super omnibus iis quæ ab iis peti poterunt ratione dicti officij executi. Et si contingat aliquem dictorum Servientium mori aut, officium sponte suâ, vel suis excessibus dimittere, Senescalli, & Baillivi loco eorum poterunt alios sufficientes, suo tamen periculo subrogare, & habebunt respondere de iis quæ gesserint suum officium exercendo, nec poterunt dictorum Servientium numerum augmentare.

Item Volumus, quòd dicti servientes nostri moderatum salarium accipiant. Videlicet serviens eques tres solidos in die, & pedes decem octo denarios monetæ currentis, quando exibit villam, & plus non accipiet in die pro salario suo, quotquumque adjornamenta, executiones, aut processus alios ad eorum officium pertinentes faciant pro pluribus negotiis, pluribusve personis. Et si sit in aliquibus locis consuetum, quod munus habere debeant, illa consuetudo servetur.

Item statuimus, quod si aliquis de officiarijs nostris saisivit aliquas terras pro debito partium vel possessiones dictis terris, vel possessionibus alteri parti cognitione judiciariâ præmissâ adjudicatis, fructus etiam medio tempore percepti eidem parti fideliter, & plenariè reddantur, deductis missionibus & expensis.

Inhibemus præterea & interdicimus omnibus Senescallis, Baillivis, justitiariis, fidelibus, & subditis nostris quibuscumque potestatem faciendi, seu instituendi Notarios seu Notarios, publicum seu publicos, authoritate nostrâ Regiâ, quoniam intellexerimus, quòd retroactis temporibus inordinata, seu effrænata multitudo Notariorum multa intulit dispendia, & præjudicia nostris fidelibus & subjectis. Quam siquidem potestatem Nobis & nostris successoribus Francorum Regibus specialiter, & perpetuò reservamus, & ex nunc pro utilitate publicâ de consilio & providâ deliberatione Consilij nostri in eos intendimus, qui cum inordinatâ multitudine Notarij publici sunt creati, circà eos proponentes apponere remedium opportunum. Nolumus tamen quòd Prælatis, Baronibus, aut aliis subditis nostris qui de antiquâ consuetudine in terris suis possunt Notarios facere, per hoc præjudicium generetur.

Item Volumus, quod præfati nostri Notarij seu etiam Notarij Senescallorum, Baillivorum, & Præpositorum nostrorum &alij Notarij seu scriptores in nostris officiis constituti, accipiant salaria moderata; videlicet de tribus lineis unum denarium, & de quatuor lineis usque ad sex duos denarios usualis monetæ, & non ampliùs, & si scriptura excedat sex lineas, accipiant de tribus lineis unum denarium, sicut dictum est: Et debet esse linea in longitudinem unius palmæ, & continere sexaginta decem litteras ad minus, & si plus protendatur linea, plus poterit Notarius accipere secundùm longitudinem cartæ vel instrumenti venditionem, aut alios contractus perpetuos continentis, videlicet de duabus lineis unum denarium. Hoc idem teneri, & observari volumus in instrumentis publicorum Tabellionum. Et si in aliquibus locis prædictæ scripturæ minori olim pretio taxatæ fuerint, Nolumus quod per hanc constitutionem nostram in eis aliquid immutetur, unique illi taxationi stetur nostræ noviter editæ non obstante.

Sequitur forma juramenti per quam debent jurare Senescalli, Baillivi, Judices, Vigerij, Vicecomites, Præpositi, & alij Officiarij nostri jurisdictionem habentes. Jurabunt enim in primis, quòd quandiù erunt in officio seu administratione commisso eis, vel commissâ, facient justum judicium omnibus personis magnis & parvis, extraneis & privatis, cujuscumque conditionis existant, & subjectis quibuscumque sine acceptatione personarum, nationum, servando, & custodiendo diligenter usagia locorum & consuetudines approbatas.

Item jurabunt bonâ fide servare, & custodire jus nostrum sine diminutione & impedimento, sine juris præjudicio alieni. Item jurabunt quod per se nec per alium recipient aliquod immobile, nec recipi facient aurum, argentum, nec aliquid aliud mobile nomine obsequij, servitij, sive doni, aut beneficium aliquod perpetuum, sive personale exceptis esculento, poculento, & aliis ad comedendum & bibendum ordinatis & de talibus cum moderamine inculpato secundùm conditionem cujuslibet, & in tali quantitate ea recipient, quæ infrà unam diem possint absque illicitâ devastatione consumi.

Item jurabunt quòd ipsi non procurabunt, quòd dona, munera, servitia, aut beneficia Ecclesiastica dentur seu conferantur eorum uxoribus, natis, fratribus, sororibus, nepotibus, neptibus, consanguineis, aut privatis, immò diligentiam quam poterunt adhibebunt, quòd uxores aut personæ prædictæ non recipient talia dona vel munera superiùs nominata. Quod si contrarium fecerint, contradicent, & compellent personas ad reddendum sic per easdem accepta, quàm citò ad eorum notitiam devenerit.

Item non poterunt recipere Vinum nisi in botellis, sive potis sine fraude & sorde qualibet, & quod supererit vendere non debebunt.

Item interdicimus eis quod ab hominibus suorum Baillivorum, aut administrationum suarum, aut ab aliis coram eis causam habentibus, vel ab iis quos sciverint priùs habituros non recipient mutuum per se ipsos nec per alias interpositas personas, parvum aut magnum. Ab aliis verò qui causam non habent, nec speratur quòd habeant proximò coram ipsis, non recipient mutuum quod excedat quinquaginta libras Turonenses,quas infrà duos menses à tempore receptionis dicti mutui, reddere tenebuntur, licet dicti creditores eas per ampliùs spatium credere vellent eis, nec aliud mutuum recipere poterunt,quousque fuerit prioribus creditoribus satisfactum.

Item jurabunt ut suprà quod non dabunt, aut mittent munus aut servitium illis qui sunt de Consilio nostro, nec eorum uxoribus, liberis, aut propinquis, sive privatis suis, nec illis qui missi fuerint ex parte nostrâ ad visitandum, seu inquirendum de factis & super commissis eorumdem, exceptis, ut superiùs est expressum, esculento, & poculento in tali quantitate quod infrà unam diem consumi possint.

Item quod habebunt partem in venditionibus

L iij

Bailliviarum, Præpositurarum, aut eorum reddituum ad jus regium spectantium, vel in monetâ.

Item non sustinebunt in errore præpositos & officiales nostros alios qui suberunt eis, qui erunt injuriosi exactores, aut suspecti usurarum, aut alij vitam inhonestam ducentes apertè, immò corrigent eos de eorum excessibus prout justum fuerit bonâ fide.

Item jurabunt Præpositi, Baillivi, Vicarij, Bajuli, Vicecomites, Majores villarum, & Forestarum gardiatores, & alij qui sunt sub eis in officiis quòd non dabunt, aut servient in aliquo majoribus suis, nec eorum uxoribus, famulis, aut propinquis.

Item jurabunt Senescalli, & Baillivi, quòd à Bajuliis, Vicecomitibus, Præpositis, aut aliis subditis officiis suis, sive sint in firmâ, sive in Bailliviâ non recipient gistum, pastum, procurationem, aut aliquid aliud donum quodcumque sit illud.

Item jurabunt quod à religiosis personis suæ administrationis non recipient ea quæ in superioribus sunt expressa, nec recipient esculentum, aut poculentum, ut supra dictum est, nisi ab illis qui in divitiis sufficienter abundant semel in anno vel bis, & non amplius cum magnâ instantiâ requiritis.

Item non ement in bailliviâ suâ seu administratione quâcumque & quantumcumque duret, nec in aliâ, possessiones aliquas, dissafe vel fraudulentâ in possessione, quòd si fecerint eo ipso contractus reputabitur nullus, & possessiones applicabuntur nobis in dominio nostro, & Prælatis, Baronibus, & aliis subditis nostris applicabuntur, si prædicti Senescalli, Baillivi, aut alij prædictos contractus faciant in terris ipsorum contra nostram prohibitionem prædictam, nisi de nostrâ processerit voluntate.

Item jurabunt quod durante administratione suâ non contrahent in personis suis, nec contrahi quantùm in eis erit permittent filiis, aut filiabus suis, fratribus, sororibus, nepotibus aut consanguineis matrimonium cum aliquâ vel aliquo sub administratione sua, prædictâ administratione durante, nec ponent in Monasteriis Religiosorum vel Religiosarum aliquos de personis prædictis: nec acquirent eis beneficia Ecclesiastica seu possessiones nisi de nostrâ processerit gratiâ & licentiâ speciali, personis dumtaxat exceptis, quæ habent officia, seu administrationes in locis unde traxerunt originem, vel in quibus mansionem habent, seu larem fovent, quibus liceat matrimonium contrahere, parentes, seu amicos, in religione ponere, & possessiones emere, dùm tamen id sine fraude & cupiditate aliquâ faciant jure regio in omnibus & per omnia servato penitus & illæso.

Item quod non ponent, nec tenebunt aliquem in prisone, seu carcere, pro debito, nisi per literas nostras Regias ad hoc fuerint specialiter obligati.

Item jurabunt secundùm quod consuetum est concedere ad formam vel committere præposituras, & alia officia, redditus, & proventus nostros personis sufficientibus, & non aliis. Item volumus de sigillis, scripturis, sergentiis, Vicariis, aliisque sub eis officiis censemus esse tenendum.

Item jurabunt, quòd per se vel per alium dolo vel fraude contra prædicta, vel aliquod de prædictis non venient, nec venire facient, nec permittent.

Item volumus, & præsentium tenore sancimus quòd sigilla Senescalliarum, & Bailliviarum, Præposiurarum, Vicariarum, & Judicaturarum Regni nostri de cætero non vendantur ad firmam, seu in custodiam tradantur nisi personis legalibus, & bonæ famæ. Hoc idem de officiis recognitionum recipiendarum volumus observari.

Cæterùm, quia multæ novitates contra approbatas, & antiquas consuetudines nundinarum Campaniæ, & appellationum Lugdunensium in nostrorum præjudicium subjectorum introducæ dicuntur, proponimus, & ordinamus personas mittere idoneas ad inquirendum de antiquis consuetudinibus nundinarum Campaniæ, & appellationum prædictarum, & prædictas antiquas & approbatas consuetudines faciant observari. Et si aliquas invenerint, infractas, vel abolitas, faciant eas ad antiquum statum reduci.

Quia verò multæ magnæ causæ in nostro Parlamento inter nobiles personas & magnas aguntur, ordinamus & volumus, quod duo Parlamenti, & duæ aliæ boræ & sufficientes personæ Laicæ de nostro Consilio, vel saltem unus prælatus, & una persona laica, causâ audiendi, & deliberandi dictas causas continuè in nostris Parlamentis existant.

Item volumus quod literæ super factis criminalibus confectæ ad nostrum magnum sigillum nullatenùs recipiantur, donec correctæ & signatæ fuerint per duos homines Fideles nostri Consilij, vel saltem per unum quem ad hoc duximus deputandum.

Si verò contingeret aliquos de subditis Prælatorum, Baronum, vel aliorum subditorum nostrorum altam, justitiam habentium per nostras literas obligari, dicti Prælati, & Barones habebunt executionem literarum ipsarum.

Ordinamus etiam, quòd si aliquæ personæ Provinciarum, quæ jure communi reguntur, in nostro Parlamento causas habeant, quæ jure scripto debeant terminari, sententia diffinitiva ipsarum secundùm jus scriptum feratur. Volentes insuper, & ordinantes, quod nullus Senescallus, Baillivus, Præpositus, Vicarius, Vicecomes, vel judex unius Castellaniæ, Bailliviæ, Præpositurræ, Vicariæ, vel Judicaturæ ad aliam valeant trahere, aut etiam adjornare.

Item volumus quòd subditi Prælatorum, Baronum & aliorum altam justitiam habentium de cætero appellent ad ipsos secundùm quod ab antiquo consueverunt appellare ad ipsos.

Præterea propter commodum subjectorum & expeditionem causarum proponimus ordinare, quòd duo Parlamenta Parisiis, & duo scacaria Rothomagi, & dies Trecenses bis tenebuntur in anno, & quòd Parlamentum apud Tholosam tenebitur, si gentes dictæ terræ consentiant, quòd non appelletur à Præsidentibus in Parlamento prædicto.

Hæc est ordinatio facta per Nos & Consilium nostrum de mandato nostro super modo tenendi, & faciendi dictas Burgesias regni nostri, ad removendas & tollendas Fraudes & malitias, quæ olim in eis fiebant occasione, seu causâ dictarum Burgesiarum, ratione quarum subditi nostri graviter opprimebantur & gravabantur ad nos sæpè suas querimonias deferentes.

Primò statutum est, & ordinatum quod si aliquis voluerit intrare noviter aliquam de Burgesiis nostris, debet venire ad locum unde proponit, seu requirit esse Burgensis, & adire Præpositum illius loci, seu ejus locum tenentem, vel Majorem illius loci, qui recipit, vel recipere consuevit absque Præposito Burgensis, & dicere tali modo. *Domine requiro vobis mihi concedi Burgesiam illius Villæ, paratúsque sum facere quod incumbit faciendum:* Et tu Præpositus vel Major, vel eorum locum tenens, utsuprà dictum est, in præsentiâ, duorum ex trium Burgensium ejusdem villæ recipiat securitatem, seu cautionem de introitu præfatæ burgesiæ. Et quod ipse faciet, vel emet ratione & nomine dictæ burgesiæ, domum infrà annum, & diem de valore sexaginta solidorum Parisiad minus, & de hoc fiet instrumentum, & registretur. Et tunc Præpositus, vel Major loco Præpositi concedat sibi unum servientem, cum quo debet adire dominum sub quo anteà fuerat, à cujus districtu, seu jurisdictione se voluit amovere, vel ejus locum tenentem, & eos vel eorum alterum certificare, quòd ipse factus est burgensis noster in tali villâ, designando eis diem & annum, sicut in literâ burgesiæ sibi datâ continetur. In quâ continebuntur nomina burgensium, qui præmissis affuerunt, quando intravit burgesiam supradictam. Ordinatumque fuit quòd ipse non habebitur, aut defendetur ut burgensis noster anteà quàm præmissa, & quodlibet de præmissis per eum facta fuerint, & data securitas de complendo sicut superius est expressum, & donec fuit advocatus ut burgensis coràm domino de cujus jurisdictione se ubtraxit.

Item statutum est, quòd quilibet burgensis noster sic receptus & advocatus ut præmissum est in quocumque tempore, sive antè festum S. Johannis Baptistæ sive post, sive ante festum omnium Sanctorum sive post, debet continuare burgesiam suam per modum qui sequitur, videlicet, quod ipse, & uxor sua, vel sponsa, si quam habet. debent personaliter residere in dictâ burgesiâ à vigiliâ omnium Sanctorum usque ad vigiliam sancti Johannis Baptistæ, nisi aliqua infirmitate fuerit impeditus proprii sui corporis aut uxoris suæ, vel propinquorum suorum, vel nisi causâ matrimonii, vel peregrinationis, vel casuum similium sine fraude eos contigerit absentare. Præterea post recessum eorum à loco dictæ burgesiæ impedimento cessante, non morentur ultrà tres dies, vel quatuor ad plus.

Item concedimus, & volumus, quòd prædictus burgensis unà cum uxore suâ sint in simul, & divisim, si eis expediens videatur, possint se absentare à dictâ burgesiâ, à festo sancti Johannis Baptistæ usque ad festum omnium Sanctorum pro senis suis, messibus, & vindemiis faciendis, aut aliis suis negotiis peragendis. Volumus quòd præfatus burgensis, & uxor sua, aut alter eorum sint in loco burgesiæ dictæ, si commodè fieri poterit; & fuerint in patriâ, in quolibet magno festo annuali.

Item volumus scire universos, quod si vir, qui non est uxoratus, aut mulier quæ non habet virum, voluerint intrare aliquam de burgesiis nostris sub modo, & formâ prædictis, oportet eum, vel eam habere proprium valletum, seu famulum, aut ancillam, qui serviant personis prædictis in dictâ burgesiâ, à vigiliâ omnium Sanctorum usque ad vigiliam sancti Johannis Baptistæ, & isto modo deserviendo burgesiæ per se vel per personas substitutas poterunt suis negotiis intendere quantumcumque voluerint. Ita tamen quod in die festo celebri annuali si in patriâ fuerint, in dictis locis suarum debeant facere præsentiam personarum.

Item statutum est, & ordinatum, quod si aliquis, vel aliqua, receptus vel recepta in burgesiâ per modum qui dictus est vel recipiendus sub formâ prædictâ se subtraxerit, vel de cætero subtrahat, seu subtrahere voluerit ab aliquo loco vel communitate, solvet taillias, & onera sibi imposita in villâ in quâ sic fuerit tailliatus & oneratus antequàm receptus esset in burgesiâ, vel advocatus tamquam burgensis, ab illâ die quâ receptus fuit vel receptus erit, usque ad diem quâ se subtrahere voluit publicè à loco dictæ burgesiæ. Est etiam ordinatum, quòd nullus, vel nulla burgensis recipietur vel defendetur in aliquâ burgesiâ quandiù tenebit primam in quâ receptus fuerit, vel etiam advocatus. Item est ordinatum, quòd ille dominus de sub cujus jurisdictione burgensis se subtrahit omninò, habebit cognitionem, & executionem omnium causarum, quæstionum, & querelarum motarum contrà ipsum etiam occasione ipsius, omniumque excessuum per eum commissorum à tribus mensibus antequàm receptus esset, & advocatus in burgesiam, ut superiùs est expressum: Quod intelligendum est de querelis & excessibus de quibus notoriè aut ordine judiciario cognitum extat, vel extitit: vel quæ dominus prædictus per sufficientes testes probare poterit coram justitiâ dictæ burgesiæ infrà tres menses postquam receptus, ut dictum est, vel advocatus fuerit in burgensem.

Item statutum est, quòd nullus prædictorum burgensium sustinebitur, aut defendetur quoquo modo in causâ hæreditatis, contrà eos vel ab eis motâ seu movendâ, debeant parere juri coram domino vel dominis, sub quo, vel quibus est hæreditas memorata. Idem etiam est censendum, circà debita, quæ subditi prædictorum dominorum debent de prædictis burgesiis, aut debebunt.

Item sciendum est, quòd per hujusmodi statuta, seu ordinationes, Nos aut nostrum Consilium non intendimus in aliquo variare, vel mutare privilegia, seu puncta litterarum, quæ Nos aut prædecessores nostri concessimus, quibus justè & sine malitiâ usum fuit, & etiam sine fraude. Nec est intentionis nostræ, quin subditi nostri possint requirere ab præfatis burgesiis extrahere homines suos de corpore adscriptitios, seu glebæ affixos, aut alterius conditionis servilis modo debito, seu etiam consueto.

Publicabitur autem hæc ordinatio per quemlibet Baillivum, aut Senescallum in primâ assisiâ, quam tenebunt, & dicent sub hoc modo. Quod omnes qui voluerint gaudere prædictis burgesiis, veniant intrà mensem à tempore publicationis hujusmodi pro renovandis dictis burgesiis sub modo & formâ superiùs expressatis. Et nisi infrà præfixum terminum venerint, vel si non se excusaverint, non defendentur ab illâ horâ in anteà, nec habebuntur ut burgenses. Intentionis nostræ, seu nostri Consilii existit, quod hujusmodi statuta, & observationes firmiter teneantur. Contrariâ qualibet consuetudine non obstante, nisi specialiter aliqua personâ puncto literæ regiæ, aut privilegio quo bene & legitimè fuerint usæ, extirerunt præmunitæ. Omnes autem istas ordinationes scriptas, statutáque salubria facimus, promulgamus, sancimus, tenerique firmiter & inviolabiliter præcipimus observari pro bono regimine regni prædicti, & utilitate reipublicæ. Requirentes Prælatos, Barones, & alios Fideles & subditos nostros, quatenùs eas vel ea faciant à subditis suis teneri & firmiter observari in terris & jurisdictionibus, præcipiántque fieri officialibus suis modo, quo injungimus & nos nostris.

In cujus rei testimonium præsentibus statutis, *sive constitutionibus nostrum fecimus sigillum apponi. Actum Parisiis die lunæ post mediam quadragesimam anno Domini millesimo trecentesimo secundo.

L'AN 1315. LE ROY LOUIS HUTIN renouvella & confirma ces constitutions de Philippe le Bel son Pere, par un nouvel edit inseré au Cartulaire de Ville-Neuve Fol. 17. Sous ce titre,

Comant les Ordenances Generaux du Royaume, furent ordenées par le Roy Phelippes, & puis confirmées par le Roy Lois.

Ludovicus Dei gratiâ Francorum & Navarræ Rex, Universis præsentes literas inspecturis Salutem. Notum facimus nos vidisse literas sigillo inclitæ recordationis Carissimi Domini, & Genitoris nostri sigillatas, formam quæ sequitur continentes. Nos Philippus, &c. ut suprà,

Nos autem statuta prædicta salubria reputantes, Senescallo Lugdun. & Baillivis Alverniæ, & Matisconis Nostris, Cæterisque Justiciariis Regni nostri tenore præsentium districtè præcipimus, & mandamus quatenùs ipsa statuta & alia in ipsis contenta literis teneri, servari, & executioni mandari faciant diligenter, vel aliquid contra ea, aut aliquod eorum attentent, seu attentari quoquomodo permittant, & ea quæ contrà facta fuerint revocent, & ad statum debitum intrà dictorum Statutorum continentiam faciant reduci. In cujus rei testimonium præsentibus nostrum fecimus apponi sigillum. Datum Parisiis vicesimâ nonâ die Maij, anno Domini millesimo trecentesimo quinto decimo.

Limites & Confinationes Seneschallia Lugduni.

Universis præsentes literas inspecturis, Reginaldus de sancta Bona Domini nostri Regis. Francorum Miles, notum facimus, quod nos literas apertas præfati Domini nostri Regis recepimus in hæc verba. Philippus Dei gratiâ Francorum Rex, dilecto

& Fideli Reginaldo de sancta Bona militi nostro salutem & dilectionem. Ut vitentur dispendia, & laboribus obvietur quos nonnulli subditi nostri Senescalliæ Bellicadri & Matisconensis Ballivæ propter locorum distantiam in quibus causæ solent examinari, & judicia litigantibus exhiberi subeunt, duximus ordinandum, quod illæ partes Senescalliæ & Ballivæ prædictarum quæ propinquiores sunt Lugduni, & remotiores à sedibus judiciariis prædictorum locorum injungantur Senescalliæ Lugduni, quam statuimus, & de novo facimus, in subditorum nostrorum relevamen per præsentium tenorem, qua mandamus vobis & committimus per præsentes quatenùs ad partes prædictas vos visis præsentibus conferentes, & partes illas dictarum Senescalliæ Bellicadri & Ballivæ Matisconensis quas convenientius adjungendas Senescalliæ Lugdun. prædicte noveritis, eidem Senescalliæ secundùm quod faciendum videritis, qui de statu prædictarum partium notitiam habuistis pleniorem, habità tamen consideratione, ad subditorum nostrorum commodum, adjungatis, & nobis quid indè feceritis rescribatis. Datum Pontisaræ XXIII. die Junij anno Domini M.CCC. XIII. Quarum authoritate volentes cum quanta deliberatione potuimus procedere, ad præmissa vocatis coram nobis Lugd. gētibus Reverendi Patris in Christo Domini P. Dei gratiâ Archiepiscopi, & etiam gentibus Capituli Lugdun. Savigniaci, Insulæ Barbaræ, & Athanacens. Lugdun. Monasteriorum Abbatibus, & die Jovis videlicet die secunda mensis Augusti anno quo suprà, præsentibus etiam coram nobis Lugduni in aula domus templi Lugduni Viris Venerabil. Domino P. de Costa Canonico Eduensi Officiali Lugdun. pro dicto Domino Archiepiscopo Lugdun. Venerab. ac discreto Viro Fratre Joanne de Palude Electo Confirmato Monasterij Athanacens. ac Savigniaci, & Insulæ Barbaræ, Abbatum Monachorum Procuratoribus præsentibus, coram Venerabilibus & discretis Viris Dominis Guidone Caprarij milite Vigerio, Johanne Bofelli Majori, & Anselmo de Durchia Legum Doctoribus Ordinariis Judicibus Lugduni pro Domino nostro Rege. Ac Girardo de Rumano Judice Comitatus Forensis pro Domino Comite Forensi, & viris nobilibus Domino Johanne Domino de Castellione d'Asergo, Guidone & Guillelmo de Albone fratribus, Stephano de Gletens, Offredo de Sancto Juliano militibus, & quam pluribus aliis viris Religiosis, Clericis, & Laicis nobilibus, & innobilibus, in præsentiâ eorumdem commissionem supra scriptam à Majestate Regia nobis factam legi fecimus, lingua materna per Jacobum de Vergeyo Clericum publicum Notarium, & ipsâ prælecta diligenti deliberatione & maturo consilio cum ibidem astantibus & aliis præsentibus personis discretis præhabitis, quia nobis constitit factâ informatione super hoc diligenti, quod terræ Archiepiscopatus & Capituli Lugduni, Monasteriorumque Savigniaci, Insulæ Barbaræ & Athanæns. Monachorum, Abbatum, Comitatusque Forensis ac terræ Domini Rossilionis & Domini de Jaresio, quæ de Baillivia Matisconensi consueverant esse, propinquiores sunt Lugduni & remotiores à sedibus judiciariis Baillivæ ante dictæ, considerato etiam commodo subditorum & formâ dictæ commissionis diligentiùs observatâ prædictas terras Archiepiscopat. & Capituli Lugdun. Savigniaci, Insulæ Barbaræ, & Athanat. Monaster. Abbatis, Comitatum Forensem quæ de Baillivia Matisconensi esse consueverant, ac terras Rossilionis & Jaresij dominorum pro iis partibus quæ tam de Matisconensi Ballivia, quàm Senescallia Bellicadri esse solebant, cum prædictorum omnium terris vassallorum, feodatariorum, & hominum de terris omnium illorum qui intrà terminos & limites prædictarum terrarum totam terram suam vel partem majorem tenent ipsius virtute commissionis prædictæ nemine contradicente seu in aliquo reclamante adjunximus Senescalliæ Lugduni. Deinde vero apud Aniciens. in Senescalliâ Bellicadri accessimus pro prædictis ulteriùs peragendis. Et die Jovis ad Festum B. Laurentij, die videlicet nonâ Mensis Augusti, vocatis & præsentibus coram nobis viris discretis Magistris Joanne de Bosco veteri Baillivio Valleviæ & Petro Morelli Aniciensi Judicibus, ac Magistro de Rumano Judice Forensi prædicto, Magistro Hugone de Porta procuratore Senescalliæ Bellicadri, ac Guillelmo Thorenchie locum tenente Baillivi Valleviæ, virisque nobilibus Dominis Armando Vicecomite Poliniaci, Guigone Domino de Rupe, Guidone Domino de Turnone, Guillelmo Domino de Chalancone, Armando Domino de Rochabaronis, Domino de Buczon, Domino de Charoyl militibus. Beraudo Domino de Solempniaco, Astorgo Domino de Sereys, Bertrando Domino de Layre Poncio Domino de Larderel, etiam aliis Viris nobilibus, religiosis, Clericis, & laicis ibidem præsentibus deliberatione præhabitâ diligenti & maturo consilio cum præfatis judicibus, & cum pluribus aliis discretis personis, cum nobis ex fide dignorum assertione constaret informatione factâ super hoc diligenti, civitatem & Diocesim Aniciensem, Balliviam Valleviæ, & totam Botariam Bossen, item sicut est & in præte nditur Diocesis Valentina, quæ Botaria est in Balliviâ Regiâ Vivaresij, proximiora sunt civitati Lugduni quàm civitati Nemausi, & aliis locis in quibus usque ad hæc tempora causæ incolarum & habitatorum Civitatis. Diœc. Balliviæ Valleviæ & Botariæ prædictarum examinari consueverunt, & judicia litigantibus exhiberi. Attendentes etiam & ad plenum comperto, quod incolis & habitatoribus civitatis Diocœs. Balliviæ, & Botariæ prædicta.um magis est utile ipsis adjungi Senescalliæ Lugduni, quam si de Bellixadri Senescalliâ remanerent, ex potestate nobis concessâ per Regiam majestatem utilitati & commodo dicti Domini Regis & Reipublicæ consideratis principaliter & pensatis, Civitatem & Diocœs. Aniciens. Balliviam Valleviæ, & Botariæ Bossen supradictas in quantum in dictâ Botariâ à parte Vivaresij se extendit Diocœs. Valentina, Lugdun. Senescalliæ duximus adjungendas. Auctoritate igitur prædictæ commissionis nobis factæ ex parte Domini Regis præcipimus & mandamus Senescallis Lugdun. quatenùs ex nunc in anteà in locis prædictis vestræ Senescalliæ per adjunctis in omnibus his quæ ressortum tangunt, vel tangere possunt eâdem auctoritate Senescallo. Bellicadri & Ballivo Matisconensi ex parte regiâ inhibentes expressè ne in locis prædictis vel aliquo eorumdem præmissis uti præsumant ullatenùs vel acceptent. In cujus rei testimonium sigillum nostrum præsentibus literis duximus apponendum. Datum anno & die quibus suprà.

Litera Regia super retrobanno Flandrensi.

Loys par la Grace de Dieu Roys de France & de Navarre a nostre Amé Panetier Bartholomeu Chevrier nostre Seneschaux de Lyon Salut. Savoir vos faisons que lo derrier jor de Juing les Pers de nostre Cor planiere si come il apartient jugerent le Conte de Flandres estre defaillant dou tot, & fut dit par arrest que les forfaitures seroient mises a exequution & les santances publiees. Pourquoy nous avons a estre a Arras au jor de nostre, semonce, cest assavoir le jor de la Magdaleine prochainement venant. Si vos mandons & comandons estroittement que vos soyez curieux & diligens d'aler avant es besoignes, qui vos sont comises en la Seneschaucie de Lyon e ous ressorts d'icelle selon la teneur des comissions mandemens, instructions qui vos ont esté baillees & envoyees sus ces besoignes & n'est pas nostre antencion que vos les nobles & non nobles de nos Baronies o de nos autres gentilshommes contraigniez a venir dans l'ost de le payer por ces Finances se ils n'estoyent nos homes d'autres choses, mais comandez leur estroittement de par ces nos que il soyent tuyt prest

de la Ville de Lyon. 89

prest de venir a nostre atrereban se nos le faysons & mestier en estoyet. Et comme mout de Jans se soyent dolu a vos que vos contraignez totes les Villes a venir en l'ost, laquelle chose ne porroyent pas faire pour ce qu'il y en a de vieux, o de si joynes, o impotens, o si malades, o de si poures que lor venue ne nos seroient pas profitables. Nos vos mandons que la ont vos porroyz avoir Finances d'argeant convenables de nos viles, vos icelles Finances retenez, & si vos ne les poez havoir & ils vos vueillent bailler nombre de gens d'armes de cheval & de pié & de ceux tant & si arriées comme il appartiendra, & lors facultez le portant soffrir, liequiel nos soient de service a leur tant come nostre ost durra. Il nos plest & volons que vos les prenez & retenez. Donné a Paris le segont jor de Juilliet l'an de Grace. M. CCC. XV.

Comant ledit Nostre Seigneur le Roy mande que l'on garde ceulx de Lyon de injures & de violences.

PHILIPPUS Dei gratia Francorum Rex, Gardiatori & justiciariis pro Nobis Civium Lugduni salutem. Mandamus vobis quatenus dilectos nostros Cives & Habitatores Lugduni manu teneatis, eos & bona eorum ab injuriis, oppressionibus & violentiis defendatis, non permittentes eisdem indebitè fieri novitates; si qua verò contra eos indebitè invenieritis attentata ea ad statum debitum reduci prout ad vos pertinere noveritis, faciatis : libertatibus, franchesiis & consuetudinibus suis gaudere permittentes eosdem. Actum Parisiis die Mercurij in octavis candelosæ anno Domini millesimo ducentesimo nonagesimo quarto.

Comant ledit nostre Sire le Roy mande au Baillif & al garder qu'il donnent commune à la ville.

PHILIPPUS Dei gratia Francorum Rex Matisconensi Baillivo, Gardiatori Lugduni, cæterisque justiciariis & subditis regni nostri ac aliis universis ad quos præsentes litteræ pervenerint, salutem. Notum facimus quod nos dilectis nostris Civibus Lugduni pro expedienti refectione murorum, clausurarum & aliis necessitatibus dictæ villæ liberaliter concessimus, ut ipsi in dicta villâ de rebus quæ vendentur ibidem, possint levare denarium de librâ quandiù nostræ placuerit voluntati. Actum apud Asnerias die Mercurij post Resurrectionem Domini anno Domini millesimo ducentesimo nonagesimo quinto.

Comant ledit nostre Sire le Roy donne commune à la ville, & viennent les lettres à tous Justiciers comant il contraignent à paier.

PHILIPPUS Dei gratia Francorum Rex Baillivis, gardiatoribus, cæterisque justiciariis regni nostri ad quos præsentes litteræ pervenerint salutem. Notum facimus universis, quòd nos dilectis nostris Civibus Lugduni tenore præsentium concedimus, quòd ipsi pro refectione clausurarum ipsius civitatis & aliis necessitatibus & sumptibus civium prædictorum, quæ ipsi habent pluribus locis propter utilitatem dictæ civitatis, possint levare unum denarium de librâ à singulis emptoribus, singulisque venditoribus, de rebus omnibus quæ simul vel separatim vendentur & ementur in civitate & suburbio Lugduni quandiù nostræ placuerit voluntati. Præcipientes vobis & vestrûm cuilibet, ut in prædictis & prædicta tangentibus, ad observationem omnium prædictorum rebelles indebitè compellatis : in cujus rei testimonium præsentibus litteris nostrum fecimus apponi sigillum salvo jure nostro in eis & jure quolibet alieno. Actum Parisiis die jovis post octavas Pentecostes anno Domini millesimo ducentesimo nonagesimo quinto.

Comant ledit nostre Sire le Roy mande audit garder que que face corriger ceulx, qui ont fait domage à la Ville.

PHILIPPUS Dei gratia Francorum Rex, Gardiatori pro nobis Civium Lugduni salutem. Intelleximus, quod Civibus Lugduni quamplurimæ illatæ fuerunt injuriæ, ad quorum correctionem minimè diligenter ex vestro officio processistis. Quare vobis mandamus, quatenus prædictas injurias, & perpetrandas corrigere sic studeatis, procedendo contra receptatores etiam & factores, quod per vestri desidiam de futuro ex debito commodo sibi non sentiant incommodum perseveras. Actum Parisiis die Mercurij ante Pentecosten anno Domini millesimo ducentesimo nonagesimo quinto.

Comant l'on face payer ce que l'on doit à ceux de Lyon.

PHILIPPUS Dei gratia Francorum Rex Baillivo Matisconensi vel ejusdem locum tenenti salutem. Mandamus vobis quatenus debita bona & legalia recognita vel probata quæ in potestate vobis commissa dilectis Civibus nostris Lugduni aut aliquibus ex eis deberi noveritis, vocatis evocandis prout ad vos pertinet cum celeritate qua poteritis absque juris offensâ faciatis exolvi. Actum apud Vicennas decimo sexto Februarij anno millesimo ducentesimo nonagesimo septimo.

Comant le Garder de Lyon commanda à ses sergians de requerir le Courier à bailler sergians pour lever l'imposition de Lyon & en son defaut contraignent les rebelles.

GUILLELMUS de Viriaco Gardiator, Civitatis & Civium Lugduni, necnon tenens ressortum ejusdem Civitatis Jacquemeto Miribelli servienti nostro salutem. Cùm nos pluries personaliter accedentes ad Reverendum in Christo Patrem Dominum Henricum permissione divinâ Archiepiscopum Lugdunensem, eumdem cum instantiâ solemniter requisierimus ut ipse utendo Jurisdictione suâ temporali civibus Lugduni petentibus & requirentibus, unum de suis traderet seu assignaret servientem vel Badellum ad compellendum cives Lugduni, qui rebelles existerent de solvendâ quâdam collectâ quam ipsi cives fecerant pro eorum negotiis communibus sustinendis, & eorum necessitatibus sublevandis. Qui dictus Archiepiscopus in concessione servientis prædicti negligens extitit, & remissus, prout nobis rerum evidentia manifestat, & per dictos Cives nobis pluries extitit intimatum. Tibi præcipimus & mandamus, quatenus ex superabundanti & ad majorem defectum seu negligentiam comprobandam personaliter accedas ad nobilem virum Guillelmum de Viriaco Correarium Lugduni, & ipsum ex parte nostrâ requiras, ut ipse unum de suis servientibus deputet atque tradat ad compellendum illos qui in solvendâ dictâ collectâ rebelles exititerint vel remissi : & de prædictâ requestâ habeas publicum instrumentum. Et si Correarius ante dictus in concessione dicti servientis, rebellis extiterit, negligens seu remissus, volumus in casu prædicto & tibi per præsentes litteras committimus & mandamus, quatenus supplendo dicti Correarij negligentiam vel defectum nomine nostro in compulsione dictam collectam solvere recusantium officium servientis fideliter exequaris. Mandantes per præsentes litteras Correario antedicto & aliis officialibus Domini Archiepiscopi antedicti & civibus Lugduni ut in prædictis & circà prædicta tibi pareant, & intendant. Datum Lugduni cum appositione sigilli dictæ gardæ die jovis ante Festum omnium Sanctorum anno Domini millesimo ducentesimo nonagesimo octavo.

Comant le Garder de Lyon fit ses Serjans.

GUILLELMUS de Viriaco Gardiator Civitatis & Civium Lugduni, necnon tenens ressortum ejusdem Civitatis, viro nobili & discreto Guillemo de Viriaco Domicello Correario Lugduni cum

M

sincerâ dilectione salutem. Vobis & alijs officialibus Reverendi in Christo Patris Domini Henrici permissione divinâ Archiepiscopi Lugduni per præsentes litteras volumus esse notum, quòd nos facimus, constituimus & etiam ordinamus Andream Vachoti, Matheum Ferraterij, Guilemetum dictum Lazepa, & Jacquemetum Miribelli, servientes nostros & quemlibet eorum ut ipsi & eorum quilibet infra civitatem Lugduni & etiam extra in quantum ad officium nostrum gardæ & ressorti dignoscitur pertinere, cum armis & sine armis fidelis servientis officium valeant exercere Mandantes per præsentes litteras vobis & alijs officialibus Domini Archiepiscopi ante dicti, ut dictis servientibus nostris & cuilibet eorumdem in prædictis & circa prædicta pareatis, & etiam intendatis taliter in prædictis, & circà prædicta vos habentes ne valeatis reprehendi de negligentia vel contemptu. Datum Lugduni cum appositione sigilli dictæ gardæ die jovis ante Festum omnium Sanctorum anno Domini millesimo ducentesimo nonagesimo octavo.

Que nostre Sire le Roy manda a tous Justiciers que facent payer ce que l'on doit a ceux de Lyon.

PHILIPPUS Dei gratiâ Francorum Rex Baillivo Matisconensi & aliis justiciarijs nostris, ad quos præsentes litteræ pervenerint salutem. Mandamus vobis, & vestrum cuilibet, quatenùs debita bona & legalia recognita legitimè vel probata per instrumenta, litteras seu alia legitima documenta, quæ à justicialibus vestris deberi constiterit fidelibus civibus nostris Lugduni cum celeris justitiæ complemento faciatis persolvi: debitores ipsos ad hoc si necesse fuerit per captionem bonorum suorum compellentes, præsentibus post annum minùs valituris. Actum Parisijs die jovis post Festum Candel. anno Domini millesimo ducentesimo nonagesimo nono.

Comant le Garder de Lyon sit Serjans propres por soy & manda al Correr & tous Officials Monsr. l'Archevesque que les teinssent por Serjans.

NOs Guilelmus de Viriaco Gardiator Civitatis & Civium Lugduni, necnon tenens ressortum ejusdem Civitatis, notum facimus universis præsentes litteras inspecturis quod nos facimus, constituimus ac etiam ordinamus Guilotum dictum de Lazepa, Jacquemetum Miribelli, & Guiotum Dechivignes, Emonetum Lamoeta & Poncetum Moretum servientes nostros, occasione gardæ & ressorti prædictorum, & quemlibet eorum ut ipsi & eorum quilibet infrà civitatem Lugduni, & etiam extrà in quantum ad officium nostrum gardæ & ressorti nostri pertinens, cum armis & sine armis fidelis servientis officium valeant exercere. Correario Lugduni qui nunc est & qui pro tempore fuerit & alijs officialibus Domini Archiepiscopi Lugdunensis dantes tenore præsentium in Mandatis, ut dictis servientibus nostris & cuilibet eorumdem in prædictis & circà prædicta præeant efficaciter, & intendant in prædictis taliter se habentes ne valeant reprehendi de negligentia vel contemptu. Datum Lugduni cum appositione sigilli dictæ gardæ die sabbati in Festo Translationis sancti Nicolai anno Domini millesimo ducentesimo nonagesimo nono.

Que l'on face payer les dettes deus à la Communauté de Lyon.

PHILIPPUS Dei gratiâ Francorum Rex Gardiatori Lugduni salutem. Mandamus tibi quat nùs debita bona & legalia recognita vel probata, communitati seu universitati Lugduni deberi noveris eidem communitati vel procuratoribus ejusdem cum maturæ justitiæ complemento per captionem bonorum temporalium debitorum suorum persolvi facias prout ad te noveris pertinere. Præsentibus usque ad annum solummodo duraturis. Actum Parisijs die Veneris ante Festum Beati Vicentij anno Domini millesimo trecentesimo.

Comant nostre Sire le Roy manda au Garder de Lyon & au Bailly de Mascon que les costumes libres, & franchises a ceux de Lyon gardent & fussent garder.

PHILIPPUS Dei gratiâ Francorum Rex Gardiatori nostro Lugduni & Baillivo Matisconensi, cæterisque justiciarijs nostris. Earumdem Bailliviæ & gardiæ ad quos præsentes litteræ pervenerint salutem. Vobis & vestrum cuilibet, prout ad ipsum pertinuerit mandamus quatenus consuetudines, immunitates, libertates, & franchesias dilectorum Civium nostrorum Lugduni in nostra speciali gardiâ existentium custodiatis & custodiri faciatis inviolabiliter prout de ipsis vobis constiterit & servari: nec ipsas permittatis infringi, & siquid contra factum fuerit ad statum reduci debitum faciatis. Actum Parisiis Dominicâ post Festum Beati Dionisij anno Domini millesimo trecentesimo primo.

Homages rendus par le Comte de Forés.

PHILIPPUS Philippi Franciæ Regis filius, Germanus primus inclitæ recordationis Domini nostri carissimi Domini Ludovici Dei gratiâ Regis Franciæ & Navarræ, universis præsentes litteras inspecturis salutem. Notum facimus quod dilectus & fidelis noster Joannes Comes Forensis nobis quatuor homagia fecit de rebus infra scriptis, videlicet primum homagium de Castellis montis Brisonis, Montissentis. Tierrij in Jarez, & montis Archerij, nec non de Custodia super stratas & jure Regio in terra sua, & hominum suorum. Item secundum homagium de sancto Bonito Castro. Item tertium homagium de Castro arenæ sub modis, pactis, conditionibus & formis contentis in litteris ipsius Comitis existentibus in Archiviis publicis Regiis sive quibus homagia existant de Senescallia. Item quartum homagium de castro de Tiherno cum ipsius castri mandamento, & pertinentijs quod castrum est situatum in Ballivia Alverniæ & nos ad hoc eumdem recepimus pro jure quod nobis competit & competere potest in prædictis nostro & alieno jure salvo. Vnde vobis Senescallo Lugdunensi & Baillivo Alverniæ cæterisque justiciariis Regni Franciæ mandamus quod dictum Comitem occasione non præstiti homagij prædictorum nullatenùs molestetis. Datum Lugduni sub sigillo quo ante ante dicti Domini nostri obitum utebamur 16. Junij anno Domini millesimo, trecentesimo septimo decimo.

Comant ledit nostre Sire le Roy mande que li emolumens de la garde ne soyent levez.

PHILIPPUS Dei gratiâ Francorum & Navarræ Rex universis præsentes litteras inspecturis salutem. Notum facimus, quod nos dilectorum nostrorum civium Lugduni constantiâ fidelitatis expertâ volentes ipsos propter hoc favore prosequi gratioso, attendentes quod præterito tempore, quo pro immediatè subditis & justiciabilibus aliorum habebantur, nos ratione gardiæ specialis nostræ, in quâ tunc erant certam redhibentiam percipiebamus ab ipsis, nunc autem causâ cessante, cum ipsi immediatè & ex toto nostri sint justiciabiles & subditi. Propter quæ sunt à nobis qui in ipsorum libertate & statu prospero gaudemus, attendentes majori favore tractandi, eisdem civibus Lugduni emolumentum quod ab eis ratione gardiæ Lugduni quam antecessores nostri habuerant antequam ad nos totaliter pertineret jurisdictio dicti loci & nos habebamus, & adhuc habemus ibidem, de gratia speciali nolumus exigi nec levari. Mandantes præsentibus Seneschallo nostro Lugduni ut dictos cives justiciabiles nostros occasione dicti emolumenti de cætero non molestet, nec molestari permittat. In cujus rei testimonium præsentibus litteris nostrum fecimus apponi sigillum. Datum Bituricis die octava Aprilis, anno Domini millesimo trecentesimo decimo septimo.

Pour le siége du Ressort.

PHILIPPE par la grace de Dieu Roy de France au Baillif de Mascon & au juge du ressort de Lyon ou à l'un d'eux salut. Les Cytoyens & habitans de Lyon nous ont Montré en complaignant, que comme nous eussiens ordonné & estably par nos lettres scellées en las de soye en cire verte que ly sieges du ressort de la ditte Ville de Lyon & de tous autres Cas touchant nostre souveraineté seroit tenuë à l'Isle Barbe, neanmoins vous Baillifs de Mascon & aucuns autres vous essorciez de faire le contraire ou vitupere de nostre ditte ordonnance & establissement & ou grand grief & prejudice desdits Complaignans, laquelle nous desplaist s'il est ainsi. Nous vous mandons & à chacun de vous que ledit siege tant dudit ressort que d'autres cas touchant nostre ditte souveraineté vous ne tenez ne souffrez estre tenu ailleurs qu'audit lieu de l'Isle Barbe. Et nostre dite Ordonnance & establissement tenez & gardez & faites tenir & garder sans enfraindre ; Donné à Argili en Bourgogne le seisieme jour d'Avril mil trois cent trente six.

Contre ce que le Chancellier Royau dou Balliage de Mâcon voloit lever les Emolumens des notes receües.

CAROLUS Dei gratiâ Francorum & Navarræ Rex deputatis à nobis in Bailliviâ Matisconensi pro reformatione patriæ, salutem. Ex parte dilectorum nostrorum civium Lugduni nobis extitit graviter conquerendo monstratum, quòd Cancellarius noster Matisconensis aliàs inhibuit Notariis regis Lugduni commorantibus, ne ipsi aliquas notas cancellarent, nisi priùs emolumento dicti sigilli recepto : & nunc de novo præcepit eisdem, quod ipsis statim receptis notulis sibi solvi faciant pecuniam pro sigillis, quæ nunquam aliàs in dictâ civitate fieri consueverunt, & cedunt in dictorum civium reique publicæ illarum partium grande præjudicium, sicut dicunt. Quocircà mandamus vobis, quatenus super hoc vocato Procuratore nostro cum cæteris evocandis vos diligenter informetis, & quidquid indebitè & de novo factum fuisse reperieritis in hac parte ad statum debitum revocari jure nostro regio in omnibus observato celeriter faciatis, prout rationabiliter videritis faciendum. Datum Parisiis, tertiâ die Januarij, anno Domini millesimo trecentesimo vicesimo quinto.

Comant nostre sire le Roy manda au Baillif de Mâcon, & au Baillif d'Avernie, que les domages faits à ceaulx de Lyon par les Barons de l'Empire fucent emender selon lettres Royaux a eaux transmises.

CAROLUS Dei gratiâ Francorum & Navarræ Rex Baillivis Matisconis & Arverniæ, vel eorum loca tenentibus, cæterisque justiciariis nostris ad quos præsentes litteræ pervenerint, salutem vobis aliàs pluries ad supplicationem dilectorum & Burgensium nostrorum Villæ Lugduni in nostra speciali gardia existentium asserentium se damnificatos multipliciter fuisse per Barones & alios nobiles Imperij, scripsisse recolimus quod vos dictos Barones & nobiles ad resarciendum dictis Burgensibus dicta damna & restituendas expensas in dictorum damnorum prosecutione factas compelleretis minimè differetis, quod non fuit diligenter & debitè, ut asserunt, executum. Quarè vobis & vestrum cuilibet iteratò mandamus quatenus mandata nostra super hoc vobis aliàs directa

adeò exequamini diligenter quod non possitis de negligentia reprehendi. Datum Parisiis die vicesima Maij, anno Domini millesimo trecentesimo vicesimo sexto.

Comant l'on ne souffreit faire nulle nouvelleté contre les Leytours, & Bachelers a Lyon pour leur Leyture.

PHILIPPUS Dei gratiâ Francorum Rex Baillivo Matisconensi aut ejus locum tenenti, cæterisque justiciariis nostris salutem. Cum sicut ex parte civium Lugduni expositum nobis fuit quod Archiepiscopus & Capitulum Lugduni Doctoribus & Bacalariis decretorum & legum in dictâ civitate hujusmodi scientias volentibus publicè legere & docere, circà eorum lecturas novitates indebitas inibi facere nituntur dictos Doctores & Bacalareos compellendo jurare quod lecturâ suâ durante contra eos non consulent in nostrum ac rei publicæ præjudicium eruditionem & utilitatem publicam & dictorum Doctorum & Bacalareorum libertatem impediendo & indebitè turbando. Mandamus vobis & vestrum cuilibet prout ad ipsum pertinebit quatenus dictos Archiepiscopum & Capitulum ab hujusmodi novitatibus indebitis desistere compellatis, & factas quas invenerictis ad statum debitum faciatis reduci. Datum Parisiis sub sigillo nostro quo ante regni adeptionem utebamur sexta die Maij, anno Domini millesimo trecentesimo vicesimo octavo.

Comant le Roy nôtre Seigneur mande que l'on contraigne les Notaires à donner chartre pour salaire competent.

PHILIPPUS Dei gratiâ Francorum Rex Baillivo Matisconensi vel ejus locum tenenti salutem. Consules & Cives Lugduni nobis suâ conquestione monstrarunt quod dum in causis suis officio tabellionum nostrorum in Lugduno commorantium & alibi indigent, & eos requirunt ut instrumenta faciant salvis eorum laboribus & salariis justis, ipsa instrumenta conficere recusarunt in pluribus casibus & recusant quod est contra formam juramenti ipsorum & suorum officiorum, dictorum Consulum & civium damnum non modicum & gravamen. Quocirca vobis mandamus quatenus si vocatis evocandis vobis ita esse constiterit dictis tabellionibus ex parte nostra præcipiatis quod de cætero talia facere non præsumant ; quos prædicta fecisse noveritis à debitè puniatis, quod eorum punitio cedat cæteris in exemplum, & quod præfati conquerentes causam de vobis super hoc non habeant conquerendi. Datum Parisiis sub sigillo nostro quo utebamur antequam ad nos dictum regnum devenisset, die decima sexta Maij, anno Domini millesimo trecentesimo vicesimo octavo.

Comant nostre sire le Roy osta les appeaulx, & tous les cas touchans la souveraineté qu'il a à Lyon, de Mascon, & le remit au bourg de l'Isle Barbe.

PHILIPPUS Dei gratiâ Francorum Rex. Notum facimus universis tam præsentibus quam futuris, quod cum dilecti nostri cives & habitatores Civitatis & Villæ Lugduni nobis duxissent supplicandum, ut cum ipsi in Villâ Matiscone ab appellationibus quæ ad nostram audientiam apud Matisconæ emergunt a sede Lugduni aliiusque casibus nostram superioritatem tangentibus consuevissent resortiri, hujusmodique resortum apud Matisconem multipliciter grave & laboriosum, tædiosumque eis & dispendiosum existeret, nobisque aliunde minus prodesset, ut dicebant, nos hujusmodi resortum apud locum Burgi Insulæ Barbaræ prope Lugdunum in regno nostro posito per perpetuo remanendum statuere & ponere gratiosè vellemus. Quod nobis ipsisque supplicantibus & toti reipublicæ esse utile asserebant. Nos hujusmodi supplicationi favorabiliter inclinare volentes, an si præmissa faceremus nobis vel alteri propter hoc fieret præjudicium sive damnum, & an locus de Burgo Insulæ Barbaræ prædictus insignis & aptus ad hoc existeret, per fide dignos fecimus perquiri veritatem. Audita igitur & diligenter examinata in nostro Consilio præmissorum inquesta, quia non est compertum propter eam nobis aut alteri præjudicium propter hoc inferri, sed potius fore utile, dispendiosis onerosisque & damnosis laboribus dictorum civium & habitatorum obviare, eorumque paci & tranquillitati ac quieti providere cupientes, resortum præfatum omnium earum appellationum quæ a dicta, sede Lugduni emergi contingent in futurum omniumque aliorum casuum nostram superioritatem tangentium prout in dicta Villa Matiscone retro actis temporibus resortum hujusmodi teneri consueverat, habita prius super hoc magna nostri deliberatione Consilij, de speciali gratia auctoritateque nostra regia & ex certa scientia ad locum Burgi prædicti Insulæ Barbaræ qui locus de Burgo ad hoc sufficiens & aptus & insignis esse reperitur ex nunc in antea perpetuò remansurus, decernimus, statuimus, quinetiam ponimus per præsentes, tollentes illud omninò a Civitate & Villa Matiscone prædicta, judicemque resorti & alium hujusmodi & alios ad hoc necessarios prout in dicta Villa Matiscone commorari consueverant in dicto loco Burgi morari de cætero præcipientes & volentes. Quod ut robur perpetuæ firmitatis obtineat, præsentes litteras sigilli nostri fecimus impressione muniri. Actum apud Viennas anno Domini millesimo trecentesimo vicesimo octavo, mense Decembri.

Que les Citoyens de Lyon ne puissent estre contraints pour garde violée, se li uns fait injure a l'autre.

PHILIPPUS Dei gratiâ Francorum Rex Baillivo Matisconensi vel ejus locum tenenti salutem. Querimoniam dilectorum & fidelium nostrorum civium Lugduni recepimus continentem, quòd vos pro injuriis & offensis quas per aliquem de ipsis in bonis, vel personâ, vel alterius concivis sui fieri contingit, licet sub nostrâ immediatâ jurisdictione non existant, nihilominus pro eo quod sunt sub nostrâ gardiâ speciali, ad instantiam procuratoris nostri vestræ Bailliviæ, ad judicium ipsos trahitis coram vobis & emendas pro dictis offensis nobisque applicandas, ab ipsis exigere nitimini occasione gardæ fractæ. Propter quod Nos volentes dictos Cives non in rigore, sed favore prosequi gratiosius: attendentes quod ipsi cives pro dictis offensis per dilectum & fidelem nostrum Archiepiscopum Lugdunensem ad quem immediata jurisdictio dictæ civitatis pertinere dicitur, puniuntur: verum cum pro eodem delicto nemo duplici pœna & sub eâdem formâ affici debeat, nolentes insuper ipsam gardiam ullo casu in præjudicium dictorum Civium converti, quanquam eisdem gardiatorem deputaverimus specialem; nec sit intentionis nostræ ipsos cives pro talibus offensis ad emendam nobis applicandam virtute dictæ gardiæ teneri, ne quod ad eorum favorem eisdem conceditur, in eorum damnum seu præjudicium redundet. Mandamus vobis quatenùs dictos cives aut aliquem ex ipsis pro talibus injuriis vel offensis occasione prædictâ de cætero nullatenùs molestetis seu molestari per officiales nostros vestræ Bailliviæ permittatis a quoquam, sed si quod secùs factum fuisse reperieritis, ad statum debitum reducatis. Datum Parisiis die duodecima Januarij, anno Domini millesimo trecentesimo vicesimo nono.

Comant nostre sire li Roys mande que l'on laisse paier loyers de maisons a tel monoye comme il est ordené es ordenances Royaux.

PHILIPPE par la grace de Dieu Roys de France au Baillif de Mascon ou a son Lieutenant salut. Comme nous eussions octroié de grace especial a menu pueble de la Cité de Lyon que des sommes qu'il devoient pour cause des loüages des maisons qu'il tenoient a loët en la ditte Cité il ne fussent constrainct fors nostre monoye jusques nous en eussions ordené & de par les Bourgeois & autres gens de la ditte Cité ausquels sont les dittes maisons & des quels elles ont esté louées. Nous ait esté suplié que nous vueillens declarer nostre ordenance. Sur ce nous inclinans a leurs dittes supplications vous mandons que non contrestant les dittes lettres vous laissiez lever ledit loüage a telle monoye comme il est contenu en nos ordenances faites sur ce par tout nostre Royaume, desquelles il vous apparoistra, car il n'est pas nostre entente de faire ordenances nouvelles pour la ditte Cité, tant seulement Donné a Chasteau Tiery le huictiesme jour de Septembre, l'an de grace mil trois cent trente.

Comme l'on pourvoie ceux de Lyon se cil de l'Eglise les travaillent pour lettres de Pape ou autrement.

PHILIPPE par la grace de Dieu Roys de France au Baillif de Mascon ou a son Lieutenent salut. Les Citoyens de la Ville de Lyon nous ont monstré en complaignant que plusieurs personnes d'Eglise, Abbez, Prieurs & autres prelatz ensement l'Arcevesque de Lyon & les Chanoines de l'Eglise de Lyon font semondre, travailler lesdiz Citoyens devant plusieurs & divers Juges d'Eglise tant par rescrip de Papes que autrement sus plusieurs actions civiles temporelles & sur ce leur font plus & gros dommage si comme ils dient. Si vous mandons que ceux dont vous serez enformez sus les choses dessus dictes requerez de par nous que ils cessent dorsenavant de tels choses & se il sont recusant de cesser souffisamment requis pourvoyez sus ce de si brief & convenable remede par toutes les voyes dües que vous pourez, que par deffaut de bonne provision lesdiz complaignanz ne soient trevaillez ne dommagiez non deüment par personnes d'Eglise dessus dictes. Donné a Tify sous le seel de nostre secret en l'absence de nostre grand seel, le vingtiesme jour de Juillet, l'an de grace mil trois cent trente.

Comment nostre sire le Roy mande au Baillif de Mascon & au juge du ressort que ne laissent cognoistre de action temporelle a Lyon a causé du Chapitre pour lettres du Pape.

PHILIPPE par la grace de Dieu Roys de France au Baillif de Mascon & au siege du ressott de Lyon ou a leurs Lieutenans salut. Les Citoyens & habitans de Lyon nous ont monstré en complaignant que le Doyen & le Chapitre de l'Eglise de Lyon sous couleur d'une grace ou privilege que ils dient avoir du Pape en ladite Ville ou clauftre de Lyon encontre les Citoyens se efforcent de cognoistre de action réelle & autrement dont la cognoissance appartient a nous ou a l'Arcevesque de Lyon lequel tient son temporel de nous &, iceux pardevant leurs Juges & Commissaires adjournent de jour en jour & travaillent & mettent en grand dommages & despens indeüment & en prejudice de nous & de nostre jurisdiction si comme ils dient pourquoy nous vous mandons & a chascun de vous si comme a luy appartiendra que se sommerement & de plain appellez, ceux qui feront appeller il vous appert que il soit ansi vous ne souffres par lesditz Doyen & Chapitre leurs Juges & Commiſſaires ſous la couleurdudit privilege, uſer oudit lieu de juriſdiction temporelle ne traire leſditz Citoyens pardevant eux ou leurs Juges & Commiſſaires en action reelle ne autrement dont la connoiſſance nous appartient: ou cas que il feroient le contraire ſi y pourvoiez de bon & brief convenable remede & par tele maniere que il n'ayent de en recourir par plaintis par devers Nous non contreſtant quelconques lettres ſubreptices empetrées ou a empetrer au contraire. Donné a Langres le vingtieſme jour d'Avril, l'an de grace mil trois cent trente & ſix.

Que l'on faſſe contribuer es tailles de la Ville les rebelles

PHILIPPUS Dei gratiâ Francorum Rex Baillivo Matiſconenſi & judici Majori cauſarum appellationum reſſorti Lugduni, aut eorum locum tenenti ſalutem. Cum nuper deputati ad regendum negotia & facta civitatis Lugduni nobis exponi fecerint conquerendo quod non ulli habitatores dictæ civitatis qui tenentur contribuere in talliis, miſſis, depenſis & debitis ejuſdem pro ſuportandis oneribus & neceſſitatibus ipſius, tallias eis debitè impoſitas ſolvere contradicunt injuſtè : Mandamus vobis & veſtrum cuilibet prout ad eum pertinuerit, quatenus dictos contradictores quos vocatis evocandis celeriter & de plano contradicere reperieneris minùs juſtè ad ſatisfaciendum de dictis talliis eiſdem juſtè impoſitis pre bonorum ſuorum explectationem ratione prima compellaris taliter quod inde non referatur querela, Datum Pariſiis prima die Aprilis anno Domini milleſimo trecenteſimo quarto.

Que le Roy noſtre ſire mande au Baillif de Maſcon que les Procez faits pour ouvrir les Arches ſoit revoquez. & que l'on gart & tiegne les Franchiſes de Lyon.

PHILIPPE par la grace de Dieu Roys de France au Baillif de Maſcon ou ſon Lieutenant ſalut. Noſtre Amé & feal l'Arceveſque de Lyon & nos bienaimez les Citoyens de ladite Ville nous ont ſignifié par leurs lettres & fait montrer en eux griefment coplaignant que vous en pluſieurs manieres avez grevez leſditz Citoyens & nouvellement de voſtre authorité par nos ſergens & Notaires avez fait ſeeller les chambres & les uches de pluſieurs deſdiz Citoyens, & puis les avez fait ouvrir & fait faire inventaire de ce qui dedenz eſtoit, ſoudainement & de fait, iceux Citoyens non appellez ne convaincus en rien, mais tant ſeulement pour ce que vous dites que l'on vous a donné a entendre que leſdits Citoyens avoient fait empourter en ladite Cité certaine quantité de monnoye que noſtre amé & feal le Duc de Bougogne fiſt faire jadis, & que combien que par devers vous leſditz Citoyens vous n'avez rienz trouvé deſdittes monnoyes, vous leurs perſonnes & leurs biens avez fait arreſter & vous tenez en arreſt en leur grand prejudice & domage & contre les libres franchiſes & couſtume de ladite Ville, & comme ils dient. Si vous faiſons a ſavoir que ſe il eſt ainſi, nous nous en merveillons & moult nous en deplaiſt, car tant par la grande loyauté que nous avons toujours trouvez en eux, & le bon porrement qu'ils ont fait avec la bonne volonté qu'ils ont a nous comme nos bons ſougiez, nous ne voulons mie quil ſoient traitiez ne menez durement, ançois amiablement & gracieuſement, ſans faire a iceux nouvelleté ne nouvelleté, & encor plus gracieuſement le meſtier eſt en noſtre temps pour ce que nous nous tenons a payez de aulx que ou temps de nos predeceſſeurs, ſi vous mandons & commandons eſtroittement que tous les procez que fait avez contre leſdits Citoyens en ceſte partie vous mettiez au noyant, & en adreſſant leur deliment les griefs que vous leur avez fait & remanent en leur premier eſtat & de tout ce que de nouvel de voſtre authorité avez fait auſdits Citoyens en eur prejudice & des perſonnes & biens dicels que

pour ce ſeront pris ou areſtes faites recreance ſans delay en prenant caution ſouſiſant de eux de eſtoir a droit & les maintenez & gardez en leurs franchiſes & libertez en la maniere qu'ils ont eſté gardez & gouvernez ou temps de nos predeceſſeurs, & qu'ils naient choiſon de eux douloir de vous & de proceder contre iceux vous deportiez & ceſſiez dou tout pour la cauſe deſſus dictes juſques au tant que vous nous ayez eſcript la cauſe qui vous emeut de ce faire, & de ce faire vous ayenz reſponſe certaine & mandement de nous. Donné a Taverni ſous noſtre petit ſeel en abſence du grand, le quatorzieſme jour de Novembre, l'an de grace mil trois cent trente quatre.

Comment noſtre ſire mande a ceaux de Lyon par ſes lettres cloſes quil veut que les libertez & franchiſes de Lyon ſoient gardées.

PHILIPPE par la grace de Dieu Roys de France a nos Amez les Citoyens de la Ville de Lyon ſur le Roſne ſalut & dilection. Nous avons bien veu ce que eſcript nous avez, comment noſtre Baillif de Maſcon vous avez fait pluſieurs griefs de nouvel par les ſergens & Notaires pour occaſion de et ſi comme il que vous aviez apporté ou aucun de vous certaine quantité de Monoye a ladite Cité, laquelle monoye fiſt jadis faire le Duc de Bourgogne, a fait ſeeller vos arches & uches & de puis ouvrir & fait inventaire de vos biens ſens ce quil y ait riens de ladite Monoye contre la liberté & franchiſe de ladite Cité & l'uſage ancien dicelle, ſi vous faiſons ſavoir qu'il n'eſt mie noſtre entente que ledit Baillif vous faſe grief ne aucune Nouvelleté induée, ainçois voulons quil vous tiegne & garde en vos franchiſes, libertés & uſages anciens ſi comme vous avez eſté tenu & gardé ou temps paſſé, & quil vous traicte gracieuſement & amiablement dorſenavant ſi comme vous avez eſté ou temps de nos Predeceſſeurs Rois ou plus gracieuſement & plus amiablement encore ſe meſtiers en avez. Car de noſtre temps nous tenons nous bien apayez de vous & pour ce nous eſcrimons ſur ce a noſtre amé & feal Conſeiller l'Arceveſque de Lyon ſi comme il vous dira plus a plain. Et auſſi mandons par nos lettres ouvertes audit Baillif quil ceſſe deſdittes choſes & mette a eſtat deu ce que fait en ha, & vous traite amiablement & gracieuſement, dorenavant, ſi comme vous pourrez voir plus a plain par noſdittes lettres que nous ly envoyons ſur ce: car pour le bien & la loyauté que nouſavons trouvé en vous & que nous penſons a trouver ſe nous vous requeriens vous ſeriens nous favorables & gracious ſi comme nous pourriens bonnement en ce que auriez a faire en vers nous. Donné a Taverny le douzieme jour de Novembre.

Comment le Roy mande que les couſtumes & les Privileges de ceaux de Lyon ſoient gardées, que Pierre de Pomperre ne nuls encore de Lyon ne ſoient moleſtez par priſe de cors pour avoir paſſé les ordenances Royaux dou faic des Moneyes.

PHILIPPE par la grace de Dieu Roys de France au Baillif de Maſcon ou a ſon Lieutenant ſalut. Les Citoyens & habitans de la Ville de Lyon nous ont fait montrer par grief complainte que vous impoſans a aucuns de la ditte Ville Marchans que il ont acheté ou fait apourter pluſieurs quantité de la monoye que noſtre amé & feal frere le Duc de Bourgogne fiſt jadis faire & de autre Billon & pris & mis pluſieurs monoyes pour greigneur ou autre pris que par nos ordenances, elles n'avoient cours en venant contre nos dites ordenances, avez envoyé en leurs Maiſons & ſeelles les uches d'aucuns en les grevant griefvement, & que jaçoit ce que ſur leſdictes choſes nous vous euſſions a leur ſupplications faic on

M iij

mandement par nos autres lettres en la fourme qui senfuit. Philippe par la grace de Dieu Roys de France au Baillif de Mafcon ou a fon Lieutenant falut. Noftre amé & feal l'Arceveque de Lyon & nos bienamez les Citoyens de la ditte Ville nous ont fignifié par leurs lettres & fait montrer en eux griefvement complaignant que vous en plufieurs manieres avez grevez lefdits Citoyens nouvellement de voftre authorité par nos fergens & Noutaires avez fait feeller les Chambres & les uches de plufieurs defdits Citoyens, & puis les avez fait ourir & fait faire inventaire, de ce qui dedenz eftoit foudainement de fait, iceulx Citoyens non appellés ne convaincus en riens, mais tant feulement pour ce que vous dites que lon vous a donné a entendre que lefdits Citoyens avoient fait apourter en ladite Cité certaine quantité de Monoye que noftre ame & feal Frere le Duc de Bourgogne fift jadis faire: & que combien que par devers lefdits Citoyens vous n'ayez riens trouvé defdittes Monoyes, vous leurs perfonnes & leurs biens avez fait arrefter & tenez en arreft iceulx en leur grand prejudice & dommages & contre les libertez, franchifes & couftume de ladite Ville fi comme ils dient, & vous faifons favoir que fe il eft ainfi nous nous en emerveillons & moult nous en deplaift, car tant par la grand loyaulté que nous avons toujours trouvé en eulx & le bon portement qu'il ont fait avec la bonne volonté qu'il ont a nous comme nos bons fubgiez ne ne voulons mie qu'il foient traciez ne menez durement, ainçois aimiablement & gracieufement, fans faire a iceulx griefs ne moleftez & encore plus gracieufement fe meftiers eft en noftre temps pour ce que nous nous tenons apayez d'eulz que ou temps de nos predeceffeurs fi vous vous mandons & commandons eftroitement que tous les procez que fait avez fait encontre lefdits Citoyens en cette partie vous metez autrement en adrifiant leur deuement les griefs que vous leur avez fait & en remenant au premier eftat & du tout ce que de nouvel de voftre authorité avez fait aufdits Citoyens en leur prejudice & des perfonnes & biens diceulx qui pour fe feroient pris & arreftez fait recreance fans delay en prenant caution fouifante de eulx efter a droit & les maintenez & gardez en leurs Franchifes & libertez en la maniere qu'il ont efté gardez & gouvernez au temps de nos predeceffeurs, & qu'il n'ayent ochezon de eulx dofer de vous & de proceder contre iceulx vous deportez & ceffez du tout par la caufe deffus dite jufques a tant que vous nous ayez efcript la caufe qui vous emeut a le faire, & que fur ce vous ayez reponfe certaine & mandement de nous. Donné a Taverny fous noftre petit feel en abfence du grand, le 14. jour de Novembre l'an de grace mil trois cent trente quatre. Vous pour ces chofes deffus dittes ou aucune dicelles avez fait predre un de eulz que a non Pierre de Pompierre & lavez fait mener prifonnier a Mafcon fi comme il dient, fi vous mandons & commandons que fil eft ainfi vous delivrez ledit Pierre de la prifon ou arreft en quoy mis l'avez ou fait mettre pour ces caufes deffus dites ou aucunes dicelles & tous fes biens & des autres tous de ladite Ville pris ou faifis pour les dittes chofes ou aucunes dicelles par recreance ou caution convenable fe efter à droit & icelluy Pierre ne nul autre habitant en ladite Ville ne menez pour lefdittes chofes ne pour aucunes dicelles pour prife ne par Arreft de leurs corps azars ou cas que pour aucunes defdittes chofes les approcheriez ne les menez fors par voye d'action extraordinaire & gardez fans enfraindre la fourme de nos autres lettres cy deffus transcriptes, defquelles il vous appera. Donné a Paris le feizieme jour de Decembre l'an de grace mil trois cent trente quatre.

Comment l'ordenance faite fur ce que poiffon doivent de peage a Rochetaillé.

PHILIPPE par la grace de Dieu Roys de France au Baillif de Mafcon & au Juge dou reffort de Lyons ou a leurs Lieutenant falut Par complainte des Citoyens & habitans de Lyons nous avons entendu que ly Doyens & Chapitre de Lyons ou leur Chaftelain & gens qui font & tiennent leur Chaftel que il ont en l'Empire apellé lo Chaftel de Rochetaillé defait prannent & fe efforcent de prendre peage & leude de poiffonniers qui pourroient par la riviere de Sofne vendre poiffon a Lyons outre & contre la fourme de certaine ordenance ou temps paffé faictes appellées parties & ouyes par vous ou vous devant & ce indetiment ou grand prejudice de nous & de noftre jurifdiction & de ladite ordenance & dommage dedits Cytoyens & habitans fi comme il dient. Pourquoy nous vous mandons a chafcun de vous fi comme a luy appartiendra que fi fommairement & de plain appellez ceux qui feront a appeller & Veüe ladite ordenance il vous appert que il foit ainfi, vous ne fouffrez aucune chofe eftre faite ne levée pour caufe de peage ne autrement contre ladite ordenance, ores ce que vous trouverez eftre fait au contraire, remettez au premier eftat & deu & a nous faites amander de telle amande comme vous verrez que il fera a faire de raifon, non contreftant quelconque lettres fubrectices empetrées ou a empetrer au contraire. Donné a Langres le vingtiefme jour d'Avril, l'an de grace mil trois cent trente fix.

Couftumes, Franchifes, & Privileges de la Ville de Lyon.

PETRUS de Sabaudiâ divinâ Providentiâ miæ Lugdunenfis Ecclefiæ Archiepifcopus, univerfis præfentes litteras infpecturis, rei geftæ notitiam cum falute. Quoniam omnis appetitus naturalis libertatem quærit, ad libertatem refugit, & recurrit, propter quam Deus ut fervum redimeret, & à jugo ipfum eximeret fervitutis filio proprio non pepercit. Attendentes quod pro magno Provincialis reputamus ut eifdem ufus eorum & confuetudines conferventur, & quod confuetudinis, ufufque longævi non eft vilis authoritas. Nam diuturni mores confenfu utentium approbati legem imitantur, & ob hoc inconcuffe retineri jubetur mos fideliffimæ vetuftatis, cum tria fpecialiter Civitatem nobilitent, & venuftent, vetuftas videlicet, armorum potentia, & fi fidei tenaciffima fit reperta, juxtà verbum legitimæ fanctionis. Confiderantes etiam in lege Philofophorum veteri fcriptum quod Lugdunenfes Galli juris Italici funt. Ea propter cupientes cordis affectu rem publicam Civitatis noftræ Inclitæ Lugduni, hofque Cives prædictos in fuis libertatibus, ufibus, & confuetudinibus amicabiliter confovere, & paternâ dilectione gratiis & favoribus ampliare ad honorem Dei, & pro bono pacis, & tranquilitatis Ecclefiæ & Civitatis noftrarum Lugduni, & totius Patriæ, cujus pacis bonum etiam in terrenis, atque mortalibus rebus nihil gratiofius folebat audiri, nihil defiderabilius concupifci, nihil poftremò melius inveniri. Cùm juxta verbum prudentis, qui pacis incunt confortia fequitur eos gaudium. Ufus, Franchefias, libertates, & Confuetudines Civitatis Lugduni & Civium prædictorum, quarum tenor inferius fequitur, & articulatim etiam enarratur approbamus, fervari volumus inviolabiliter in futurum, ipfafque & ipfos fub bullâ noftrâ plumbeâ ad æternam rei memoriam in his fcriptis fpecialiter confirmamus pro nobis & fuccefforibus noftris Archiepifcopis in Ecclefia Lugduni, prout in noftris refponfionibus factis & fcriptis per Nos, feu de mandato noftro fuper quolibet articulo infrà fcripto Libertatum, ufuum, & confuetudinum prædictarum in fine cujuflibet articuli inferiùs continetur. Sequuntur prædictæ

Franchisiæ per hunc modum.

Hæ sunt Libertates, immunitates, consuetudines, Franchisiæ, & usus diutius approbati Civitatis, & Civium Lugduni, quas & quos supplicant dicti Cives per nos Archiepiscopum approbari, & etiam confirmari sub bullâ nostrâ plumbeâ antedictâ, ut ad honorem ipsius, & utilitatem Civitatis & Patriæ valeat dicta Lugduni Civitas sub ipso Domino Archiepiscopo feliciter augmentari.

Primò quod Cives Lugduni simul convenire possint & Consiliarios seu Consules eligere & habere pro negotiis Civitatis expediendis, Scindicum facere seu. Procuratorem. Arcam communem habere pro literis suis, & Privilegiis, & aliis suis utilitatibus conservandis.

Sequitur Responsio nostra. Concedimus & approbamus articulum prædictum & contenta in eo.

Item dicti Cives Lugduni tailliam facere possunt pro necessitatibus Villæ. *Sequitur responsio nostra. Concedimus & volumus: ita tamen quod observetur modus usitatus per Cives in collectis faciendis & levandis, & super modo credetur decem de Consiliariis Civitatis antiquioribus mittendis ad nos, & coram nobis per juramentum suum deponentibus super modo, quibus credetur, & ita informatio sic semel tantum facta observabitur in suturum & collectâ impositâ ad requisitionem dictorum Civium Dominus Archiepiscopus administrabit duos Badellos pro dictâ collectâ levandâ & executioni demandandâ, & sic expeditur articulus iste.*

Item: excubias facere possunt de nocte.

Sequitur responsio nostra. Concedimus quòd Cives de nocte pro utilitate, vel necessitate communi, quando eis videbitur expedire, excubias faciant, & nihilominus familiares nostri possint ire per se illa nocte si volumus. Volumus tamen & ordinamus ne inter ipsos excubiatores, & familiares nostros aliqua possit oriri dissensio, & ad evitandam omnem malitiæ & fraudis occasionem, quod familiares nostri quilibet quoties irent pro jure nostro petant & sciant, & debeant scire nomen Excubiæ, & Villæ & Civium à gubernatore dictarum excubiarum Villæ.

Item: dicti Cives arma sibi ad invicem imponere possunt, quando necesse fuerit, vel utilitas exposcit ad utilitatem Domini & Civium.

Sequitur responsio nostra. Concedimus, & volumus ad utilitatem Domini Archiepiscopi & Civitatis.

Item: custodiam portarum & clavium Civitatis habent Cives à tempore creationis Civitatis & habebunt.

Sequitur responsio nostra. Volumus & concedimus, ita tamen, quod juretur nobis & successoribus nostris per Consules Civitatis ad utilitatem Domini Archiepiscopi & Civitatis Claves fideliter custodire, & quod simile sacramentum ab iis quibus committetur custodia dictarum clavium recipietur ab ipsis Consulibus.

Item: in Civitate Lugduni contrà Cives & habitatores inquiri non potest, nisi in casu homicidij, proditionis & furti, contrà personas diffamatas & aliter non. Et super hoc obtinuerunt Cives literas in contradictorio Judicio.

Sequitur responsio nostra. Volumus & concedimus, si tamen quis repertus fuerit in præsenti forefacto, tunc in omni casu criminali in quo repertus fuerit inquiretur, & punietur, ut jus erit.

Item: nullus captus paratus dare cautionem idoneam de stando juri, detineri debet per Curiam nisi in casu homicidij, proditionis, & furti, vel alio crimine graviori quo fuerit deprehensus, vel super prædictis publicè diffamatus. Nec aliquis capi debet qui prædictam cautionem de stando juri præstare voluerit nisi in casibus suprà dictis.

Sequitur responsio nostra. Volumus & concedimus, & approbamus prout in articulo continetur.

Item: in Curia sæculari nullus debet esse procurator pro Domino, qui prosequatur Cives & habitatores Lugduni per modum accusationis, enunciationis vel inquisitionis.

Sequitur responsio nostra. Volumus & concedimus.

Item: Cives non possunt tailliari, vel collectari, nec unquam fuerunt collectati per Dominum.

Sequitur responsio nostra. Volumus, & concedimus articulum.

Item: nullus Civis Lugduni tenetur ad recognitionem de Morte Patris, seu Matris, Fratris aut Sororis nisi super bonis jam divisis inter Fratres.

Sequitur Responsio nostra. Placet cum ita dicatur usitatum fuisse.

Item: si Fratres bona sua communia dividant sine recompensatione pecuniæ ad recognitionem vel Laudemia non tenentur.

Sequitur responsio nostra. Servetur prout est usitatum.

Item si duo vel plures Cives Lugduni ad invicem se percusserint absque Sanguinis effusione, vicini pacificare possunt, nec ad emendam Domino tenentur.

Sequitur Responsio: Placet & volumus, nisi clamor inde pervenerit ad Dominum.

Item Cives Lugduni non possunt citari extrà Civitatem Lugduni, & de hoc habent Privilegia à Domino Papâ concessa.

Sequitur Responsio nostra. Placet nobis & Volumus.

Item Cives Lugduni mercaturas suas deferentes ad Civitatem prædictam per terram vel per aquam solvendo pedagium suum, quandocumque libet exonerare possunt naves mercaturas deferentes.

Sequitur Responsio nostra. Inquiratur, & servetur prout usitatum est.

Item de vino vinearum suarum Cives Lugduni pedagiari non possunt, nec de vino quod expendunt in hospitiis suis.

Sequitur Responsio nostra. Concedimus & volumus de vino vinearum suarum, de aliis servetur prout usitatum est.

Item pro censu vel laudemiis aut recognitionibus, non solutis, nihil committitur infrà Civitatem.

Sequitur Responsio nostra. Concedimus, sed ostia, & fenestra amovebuntur in præjudicium non solventis.

Item si bona aliqua mobilia vel immobilia vendantur in civitate Lugduni, directus Dominus rei immobilis venditæ pro eodem pretio non potest nec facere æstimari, sed bonum mercatum & m ilum erit e apto rs & venditoris.

Sequitur Responsio nostra. Concedimus & Volumus nisi fraus intervenerit, quæ si reperietur, servetur jus.

Item in Civitate Lugduni taxatæ sunt emendæ modo qui sequitur. Pro banno tres solidi, sex denarij fortium novorum. Pro sanguine volagio tres solidi sex denarij fortium novorum; si fiat sanguis cum baculo, lapide, vel gladio absque mutilatione membrorum, sexaginta solidi fortium novorum; si autem sequitur mors aut mutilatio membrorum, arbitraria sit pœna.

Sequitur responsio nostra. Volumus & concedimus, cum sic fueris usitatum.

Item Jurisdictio temporalis Lugduni omninò dicta pertinebit semper & in omni tempore ad Archiepiscopum Lugduni, & Capitulum nullam jurisdictionem habebit, & nos recompensationem Capitulo faciemus condignam, & sic per Regem, Nos, & Cives actum & concordatum est.

Item: Rex habebit judicem appellationum, & ressortum suum apud Matisconem ratione ressorti sui Lugduni, ad quod appellari poterit per Cives à quacumque summâ vel gravamine temporali, prout dictant jura scripta & de consuetudine. Et super hoc fiant bonæ literæ, & dictabuntur sub sigillo nostro, prout melius fieri potuerit secundùm justitiam.

Item: omnes alios usus, libertates, & consuetudines & franchesias Civitatis bonas, & civium Lugduni quibus cives usi sunt & prout usitati sunt volumus & concedimus, & promittimus immutabiliter observare. Verum quia non est novum, nec reprehensibile judicatur ut quibusdam specialiter enunciatis subsequatur clausula generalis, quæ omnia comprehendat. Idcirco nos præfatus Archiepiscopus volentes in omnibus agnoscere bonam fidem. Nedum usus, franchesias, consuetudines, libertates, & immunitates Civium prædictorum superius enarratas approbamus, & specialiter confirmamus, prout superius est expressum, sed etiam omnes alios usus, libertates & consuetudines & Franchesias bonas Civitatis, & Civium prædictorum quibus dicti Cives usi sunt, & prout usitati sunt temporibus retroactis, & ipsas & ipsos, & prædicta omnia & singula, prout superius sunt narrata, promittimus bonâ fide & in verbo Prælati pro nobis & successoribus nostris in Archiepiscopatu Lugduni, omnibus & singulis Civibus & Consiliariis Civitatis nostræ Lugduni, necnon Stephano Marchisij auctoritate Apostolicâ & Regiâ, & Vincentio de Ansa Clericis auctoritato Regiâ publicis Notariis & Tabellionibus, ac eisdem tamquam publicis personis præsentibus, recipientibus & à nobis stipulantibus nomine & ad opus Civitatis, Civium, Consiliariorum & habitatorum Lugduni præsentium, & futurorum, & omnium quorum interest, vel intererit, aut interesse poterit in futurum, & debebit inviolabiliter & tenaciter observare & observari facere, & contrà prædicta, vel aliquid de prædictis facto vel verbo in judicio, vel extrà, clàm vel palàm, tacitè vel expressè perpetuò non venire, nec contrà ire volenti in aliquo consentire, Nos & successores nostros ad observantiam omnium prædictorum super hoc specialiter adstringentes. Dantes tenore præsentium omnibus nostris Vicariis, Officialibus, Correriis, Præpositis & Badellis, & omnibus aliis Justitiariis nostris, qui pro tempore fuerint in officiis nostris, ut prædicta omnia universa & singula per nos prædictis civibus permissa, approbata, & etiam confirmata tenaciter curent, & faciant fideliter custodire, prædictaque in nullo infringere præsumant, seu quomodolibet violare in quantum nostræ indignationis aculeos voluerint perpetuis temporibus evitare. Renuntiantes specialiter in hoc facto bonâ fide & in verbo Prælati, & per pactum expressum solemni stipulatione vallatum, omni exceptioni doli, metus, & in fraudem conventionum, approbationum & confirmationum prædictarum per nos ritè & legitimè non factarum conditioni sine causâ vel ex injustâ causâ. Juri dicenti factum Prælati in damnum Ecclesiæ redundans non valere, Omni circumventioni, errori, læsioni, & gravamini & juri dicenti Ecclesiæ circumventione tanquam à minoribus succurrendi. Omnibus allegationibus, exceptionibus, cavillationibus & impedimentis, omnibus juribus & rationibus, per quæ prædicta confirmatio seu prædicta omnia & singula superius enarrata infringi possent in toto vel in parte, vel aliqualiter vitiari, & omni juri canonico & civili, & juri dicenti generalem renuntiationem non valere nisi præcesserit specialis. In cujus rei robur & testimonium præsentem cartam volumus & fecimus sigilli nostri sub bullâ plumbeâ munimine roborari. Et in prædictis causis auctoritatem nostram interponimus pariter & decretum. Datum & actum in castro nostro Petræ scissæ in camerâ nostrâ ejusdem loci vicesimâ primâ die mensis junij, videlicet die sabbathi ante festum Nativitatis B. Joannis Baptistæ, anno Domini millesimo trecentesimo vicesimo.

Ego verò Præfatus Stephanus Marchisij Clericus prædictis auctoritatibus publicus Notarius præmissis coram me & dicto

Vincentio Notario ut suprà peractis unà cum eodem Vincentio, præsentibus etiam Domino Guillermo de Burgo Canonico Matiſc. Magistro Guidon. sapientiæ Jurisperito, & Aymone de Mellonâ Clerico pro testibus ad præmissa specialiter vocatis & rogatis præsens fui & hic subscripsi & signo meo Apostolico signavi manu propriâ in testimonium veritatis rogatus.

Ego verò Præfatus Vincentius de Ansa Clericus Notarius Regius præmissis unà cum dicto Stephano Clerico authoritate Apostolicâ, Imperiali, & dicti Domini nostri Regis publicè Notario, præsentibus etiam D. Guillermo de Burgo Canonico Matisc. Guidone sapientiæ Jurisperito & Aymione de Mellonâ Clerico pro testibus ad præmissa vocatis specialiter & rogatis præsens interfui & in hac præsenti litterâ, seu in hoc præsenti publico instrumento inde confecto me in testem subscripsi, & signo meo signavi manu propriâ sub datâ supradictâ, indictione tertiâ, serenissimo Principe Domino Philippo Francorum & Navarræ Rege regnante, vocatus loco quo supra, & rogatus.

Il ne sera pas inutile de faire icy quelques reflexions sur les usages de ces temps là pour les signatures des actes publics. Les Notaires ils stipuloient sous trois sortes d'authoritez, Apostolique, Imperiale, & Royale, & avoient des seings differens selon les diverses authoritez sous lesquelles ils instrumentoient. Ainsi Estienne Marchis le premier de ces notaires dit qu'il a signé cet acte de son seing Apostolique, dans lequel on peut remarquer les armoiries de Pierre de Savoye Archevêque, qui estoient de gueules à la croix d'argent, armoiries de sa Maison, & sur la croix il posoit une croix recroisetée au pied fiché non pas comme brisure, mais comme marque de la dignité d'Archevêque; ce que Guillaume de Thurey pratiqua depuis & les deux de Villars Henry & Louis Archevêques avant Pierre de Savoye, comme on peut remarquer en divers endroits de l'Eglise de saint Jean.

Avant la confirmation de ces coustumes, libertés & franchises approuvées & confirmées par l'Archevêque Pierre de Savoye, il y en avoit de plus anciennes, & de l'an 1206. pour les droits que levoit l'Archevêque, dont voici la teneur.

Hæ sunt consuetudines civitatis Lugduni

PEdagium hanc portat consuetudinem. Si quis extraneus vel Civis Civitatem de nocte exierit non oblato pedagio pedagiatori vel Nuntio suo aut hospiti, Mercator nomine banni pro uno quoque trossello dabit IX. solidos & unum den. Et Civis Lugduni cum redierit si à pedagiatore mota fuerit quæstio de pedagio non soluto, vel præsentato sicut suprà dictum est, sacramento suo debet evadere, si per testes probare noluit, vel non potuerit.

Si de die per Civitatem transierit Civis vel extraneus, non debet bannum, sed pedagium tantùm. Si verò per aquam de die vel nocte aliquis exierit Civis vel extraneus, non soluto vel oblato pedagio, sicut suprà dictum, est incidit in bannum, & Gubernator satisfaciat ad voluntatem & beneplacitum Domini.

Si Civis Lugduni reversus, & a pedagiatore conventus Sacramento suo liberabitur sicut suprà dictum est.

Si aliquis de suprà dictis pedagium celaverit, suprà dictum bannum debet, præmissæ pœnæ subjacent extranei lesdā non solutā vel oblatā. Cives verò in bannum non incidunt, nisi requisiti celaverint. Sed lesdam reddere tenentur.

Vinum novum vel mustum in Augusto vendi potest sine bannagio.

Si duo vel plures se ad invicem percusserint, si clamor ad Dominum non pervenerit, vicini pacificare possunt. Et tunc de banno neuter potest conveniri. Et hoc fiat sine dolo.

Si sanguinem fecerit, debet LX. solidos & unum den. nisi ictus fuerit mortalis.

Si quolibet genere gladii alius alium percusserit, in voluntate Domini erit sicut olim in tali casu esse consuevit bonā fide. De ictu surdo debent VII. de clamore III. solid. VI. den.

Vinum non clamatum non debet criagium.

Vindemia Civium de quacumque parte veniat non debet pedagium

Multones vivi non debent Lesdam.

Quintallum canabæ quorumcumque hominum debet I.den. Sed Cives nihil debent de Canabis, quæ habent de terris vel redditibus suis, nisi in foro vendant.

Hoc quod non valet XII. denar. non debet lesdam.

Quislibet Civium potest habere omnem mensuram & omne pondus ad opus suum, & Civium tantùm, non extraneorum, & indè nihil debent accipere, & hæc pondera debent habere legitima. Et si legitima non fuerint, debent LX. solid. & 1. den.

Si bicheti, & bennæ, & cuppæ molendinorum signata non fuerint signo Senescalli, & in iis vendant & emant, in voluntate Domini erunt.

Civibus qui bichetum, vel quintallum, vel bennam non habuerint, vel si habuerint & requisierint, Archiepiscopus debet eis commodare sine sumptu.

Ille qui falsam mensuram alij commodaverit, vel locaverit, de banno tenetur, non ille cui commodata fuerint, nisi falsam scierit vel fecerit. Quod si probari non poterit Sacramento evadet.

De iis quæ in testamento pro melioratione aliquis filiæ reliquerit, non debet Domino recognitionem.

Asinata de brechis debet I. Obers. III. den. Oberion. II. den. Bacones de carnario suo qui inter domos integri venduntur nihil debent. Coria de carnario nihil debent.

Pedagium de Bechevelleins remisit Archiepiscopus Civibus.

Istæ sunt consuetudines de quibus erat discordia inter Ecclesiam & Cives Lugduni. Aliæ verò consuetudines, quæ in hac cartā non continentur remanebunt sicut olim bonā fide esse consueverunt. Et ut istud magis ratum habeatur, præsens cartula sigillis Archiepiscopi & Capituli signata est, & roborata. Actum anno Dominicæ Incarnationis M. CC. VI.

Comant Monsieur l'Arcevesque promit de amoderer les Avouteres.

PEtrus de Sabaudiā divinā Providentiā primæ Lugduni Ecclesiæ Archiepiscopus viris discretis Dominis Humberto de Gigniaco Canonico Sacti Pauli Lugduni, & Humberto de Vallibus Legum Professori Consiliariis nostris salutem & sinceram in Domino Charitatem de circumspectione & prudentiā vestrā gerentes fiduciam specialem, cupientes etiam gratio-

sè nostris Lugduni Civibus in quantum possumus complacere, vobis duobus committimus per præsentes, ac etiam damus & concedimus plenam, generalem, & liberam potestatem pro nobis & nostris successoribus in Archiepiscopatu Lugduni pœnā seu pœnas adulteriorū, & adulteria committendorum in prædictā Civitate Lugduni moderandi, & in pœnam pecuniariam convertendi & transmutandi, prout vobis duobus videbitur expedire, volentes quod ordinatio per vos super prædictis facienda statim cùm per vos facta fuerit inviolabiliter observetur. Et si forte super prædictis vos duo non possetis invicem concordare, ex nunc promittimus bonā fide etiam verbo Prælati pro nobis & successoribus nostris, viris discretis Bartholomæo Caprarij, Guillelmo de Varey & Gaudemaro Flamingi Civibus & Consiliariis Civitatis Lugduni stipulantibus & recipientibus nomine & ad opus ipsorum & aliorum Civium Lugduni, quod nos moderationem prædictam in bonā, verā, & rectā conscientiā faciemus infrà tres menses continuos postquam jurisdictionem temporalem Civitatis Lugduni plenariè fuerimus assecuti, dictis duobus per nos electis existentibus pro nunc in defectu. Promittentes bonā fide prædicta omnia rata & firma tenere, & contra per nos vel per alium perpetuò non venire, nec alicui contra ire volenti in aliquo consentire. In cujus rei testimonium sigillum nostrum præsentibus literis duximus apponendum. Actum præsentibus Domino Guillelmo de Burgo Canonico Matisconensi & Humberto de Castellione Cantore Sancti Nicetij Lugduni testibus ad hoc vocatis specialiter & rogatis. Parisiis in domo nostrā in quam inhabitamus ibidem tertiā die Aprilis, anno Domini M. CCC. XX.

Cet acte qui pour la matiere qu'il contient ne fait pas grand honneur à une Histoire, nous apprend d'ailleurs que l'Archevesque de Lyon, avoit un Hostel à Paris, & nous fait connoitre trois Conseillers de Ville de l'an 1320. Barthelemy de Chevriers, Guillaume de Varey & Gaudemar Flameng, gens de qualité. Humbert de Chastillon Chantre de S. Nizier, Guillaume du Bourg Chanoine de M. âscon, Humbert de Vaux Docteur & Professeur des Lois.

Commant Messire l'Arcevesque Guillaume de Sure confirma plusieurs Privileges especiaux, & generaument tous autres us, libertez, franchises, & coustumes dont cil de Lyon avoient usé ainsi come cil n'avoient usé, & ainsi come les avoit confermé Messires li Arcevesques Pierre de Savoye ses devanciers & est propres originaux.

NOs Girardus de Villanova Clericus Domini nostri Francorum Regis tenentes sigillum commune ipsius Domini Regis Francorum in Ballivia Matisconensi constitutum. Notum facimus universis præsentes literas inspecturis quòd anno Domini millesimo trecentesimo vicesimo sexto, die decimā quartā mensis Decembris. Reverendus in Christo Pater & Dominus Dominus Guillelmus Dei, & Apostolicæ Sedis gratiā *Archiepiscopus & Comes Lugduni*, existens in domo venerabilis Viri Domini Humberti Albi Cantoris Sancti Pauli Lugduni. Attendens, ut dicebat, se instanter & sæpiùs ex parte Consiliariorum & communitatis Lugduni requisitum humiliter & devotè, ut ipse immunitates, Franchesias, libertates, usus, & consuetudines dictæ Civitatis, Civium & habitantium ejusdem, & quibus hactenus habitatores dictæ Civitatis usi sunt. Prout per prædecessorem suum approbatæ sunt dignaretur confirmare, & approbare. Considerans quàm fideles & devoti dicti Cives, & habitatores sibi & prædecessoribus suis, & dictæ Sedi fuerint, volens ipsos juxtà merita favore prosequi gratioso. Idem Dominus Archiepiscopus vocatis, & præsentibus coram ipso Bernardino Hugonis, Aymone de Durchia, Peronino Caprarij, Petro de Pompero, & Stephano de Villanovâ Civibus & Consiliariis Civitatis prædictæ ipsis prænominatis quinque Civibus pro se & totâ communitate ibidem existentibus, tradidit quasdam litteras bullâ plumbeâ ipsius Domini Archiepiscopi bullatas, Confirmationem, approbationem, per eumdem Dominum Archiepiscopum de dictis Franchesiis, libertatibus, usibus, & consuetudinibus factâ continentem. Quarum literarum tenor de verbo ad verbum inferiùs est insertus. Dicens & asserens idem Dominus Archiepiscopus quod contenta in ipsis literis ab ipso ex certâ scientiâ cum maturo & deliberato Consilio processerant, & facta erant, & ea per gentes, & officiarios suos præsentes & futuros in perpetuum inviolabiliter servari volebat, & de traditione dictarum literarum per ipsum factâ Civibus prædictis ad utilitatem totius communitatis prædictæ, ad instantiam, & requestam Civium prædictorum tunc ibidem pro se & totâ communitate præsentium, & de aliis per eumdem Dominum Archiepiscopum dictis, & factis, ut suprà ipse Dominus Archiepiscopus concessit, & præcepit instrumentum seu literas authenticas fieri per Notarios subscriptos & utilitatem communitatis prædictæ. Acta sunt hæc in domo prædictâ anno & die prædictis, coram Soffredo Candiaci, & Petro Tassini Notariis Regiis ad hoc ibidem ut de præmissis instrumentum conficerent ex parte dictorum Civium vocatis, & rogatis. Præsentibus etiam & dicto Domino Archiepiscopo assistente, venerabilibus viris Dominis Rainumdo de Salgis Doctore decretorum officiali Lugduni, Chaberto Hugonis Obedientiario S. Justi Lugduni. Bartholomæo de Montebrisone Legum Doctore, Judice Curiæ secularis Lugduni, Humberto de Gigni Sacristâ, Humberto Albi Cantore dictæ Ecclesiæ S. Pauli, Hugone de Chavalerio Canonico S. Justi Lugduni, Ouillelmo de Molone, Milite, Correario Lugduni, & Joanne Tricodi Canonico S. Niceti Lugduni ejusdem Domini Archiepiscopi Consiliariis testibus etiam & ad hæc vocatis per Notarios prædictos. Tenor verò prædictarum literarum de quibus suprà facta est mentio sequitur & est talis. GUILLELMUS Dei & Apostolicæ Sedis gratiâ Archiepis. & Comes Lugd. universis præsentes literas inspecturis salutem in Domino sempiternam. Universitati vestræ volumus esse notum, quòd dilecti & fideles subditi & devoti nostri Cives Lugduni nuper ad nostram præsentiam venientes à nobis significare curarunt quod prædecessores nostri quondam Archiepiscopi Lugduni eis multas libertates, Franchesias & Privilegia concesserunt, quódque ipsi habuerunt & habent ab antiquis temporibus inter se multas laudabiles & bonas consuetudines pacificè observatas, quas & quæ obtinuerunt à prædecessore nostro immediato Domino P. de Sabaudiâ Archiepiscopo Lugduni, & Comite, confirmari prout in dicti prædecessoris nostri literis bullatis suâ bullâ consuetâ videmus contineri. Quarum tenor inferiùs est insertus. Supplicantes nobis instantiùs ut & Nos prædictas libertates, Franchesias & consuetudines ac Privilegia confirmari, & observari à nostris gentibus & officialibus præcipere dignaremur. Tenor autem literarum dicti nostri Prædecessoris sequitur in hæc verba.

Petrus de Sabaudiâ d. v.inâ Providentiâ &c.

Quoniam omnis appetitus naturalis &c.
Vt superiùs de verbo ad verbum.

Nos autem fidelitatem dictorum Civium quam hactenùs habuerunt ad nostros prædecessores, & nostram Lugduni Ecclesiam pro quibus multa pericula, & incommoda pertulerunt, in animo revolventes, necnon quod à tempore promotionis nostræ nobis in arduis, & periculosis negotiis contrà impugnatores Sedis nostræ, & Ecclesiæ, & nostri honoris persecutores viriliter & fideliter astiterunt. Ex quibus plenam & indubitatam fiduciam obtinemus, quòd quanto plus eos prosequemur gratiis & favoribus, tanto ampliùs erunt ad defendenda & manutenenda jura, honorem & jurisdictionem nostræ sedis & Ecclesiæ prædictæ, & nostrûm, & successorum nostrorum, & ad confutandum occupatores, vel invasores seu impugnatores nostros, & dictarum sedis & Ecclesiæ sicut grati, atque fideles filij, promptiores. Desiderantesque totis affectibus, ut nostro tempore fervor devotionis eorum multiplicetur, & crescat, & ipsorum antiqua, & solida fidelitas ergà nostram Lugduni Ecclesiam Matrem suam, & naturalem Dominam futuris temporibus illibata, & inconcussa authore Domino perseveret, ipsos paternâ benevolentiâ prosequentes ipsorum supplicationibus annuendo præfatas libertates, Franchesias, consuetudines & Privilegia confirmamus, & eas, & ea præcipimus, & injungimus per Correarios, & officiales, &, alios servitores nostros præsentes, & posteros tenaciter, & inviolabiliter observari. Et in testimonium, & robur ad plenam fidem omnium præmissorum, præsentibus literis bullam nostram plumbeam apponi fecimus & appendi. Datum in castro nostro Petræ scissæ die quartâ decimâ Mensis Decembris anno Domini M. CCC. XXXVI.

VNDE Nos dictum sigillum tenentes cum nobis constet de præmissis per fidelem relationem dictorum Notariorum, præsensque instrumentum publicum in præsenti libro grossatum, ibidem idoneè sigillari nequeat, nec impressione dicti sigilli communiri, ideò ad mandatum & rogationem dicti Domini Archiepiscopi & Civitatis Lugduni, & ad requisitionem Consulum & Civium prædictorum nobis oblatum pro eis per dictos Notarios Regios, quibus,'& cuilibet eorum fidem omnimodam super his, & aliis adhibemus. Nos inquam dictum sigillum tenentes eisdem Notariis in præsentia Stephani de Villanovâ Civis Lugduni, Jaquemeti Florani Notarij Regij &, Joannis de Grens Civis Lugduni testium ad hoc vocatorum & rogatorum vicesimâ septimâ die Mensis Februarij, anno quo suprà præcipimus injungentes quatenùs huic instrumento publico loco dicti sigilli, & tanquam veri Notarij & publicæ personæ manibus suis proprijs subscribant & eumdem sub nominibus & signis suis expediant in robur & testimonium omnium præmissorum Datum anno, die, & præsentibus quibus suprà.

Et ego Soffredus Candiaci Notarius Regius, prædictus & Curiæ Lugduni juratus traditionis factæ prædictis Civibus per dictum Dominum Archiepiscopum & Comitem Lugd. de literis ejus verâ bullâ plumbeâ bullatis & confirmationis factæ per eumdem de Privilegiis, immunitatibus, Franchesiis & libertatibus, & de aliis in eisdem suis literis contentis, Consulibus, Civibus, incolis & habitatoribus Civitatis Lugdun. præsens interfui una cum Petro Tassini Notario Regio, & testibus supradictis, & de eis ad rogationem, & de mandato dicti Domini Archiepiscopi & Comitis Lugdun. & ad instantiam & requisitionem dictorum Consulum nomine suo & aliorum Civium, incolarum, & habitatorum Lugdun. instanter petentium notam recepi, & indè præsens instrumen-

tum publicum in præsenti libro Ego & dictus Petrus Taſſini groſſam pro nobis fecimus & de mandato & juſſu di-

ɛti ſigillum tenentis nobis facto anno & die quibus ſuprà & eorum dictis teſtibus loco ſigilli communis regni cum ipſum ſigillum præſenti inſtrumento groſſato apponi nequiret. Ego dictus Soffredus ſubſcripſi manu meâ propriâ & eumdem expedivi unà cum Petro Taſſini prædicto in robur & teſtimonium prædictorum omnium ſub hoc ſigno meo conſueto tetum & datum anno die & loco & præſentibus teſtibus quibus ſuprà.

Et ego verò Petrus Taſſini Clericus Notarius Regius prædictus & curiæ Lugdun. juratus traditioni factæ Civibus prædictis per dictum Dominum Archiepiſcopum & Comitem Lugdun. de prædictis literis ejus verâ bullâ plumbeâ bullatis & confirmationi factæ per eumdem de privilegiis, immunitatibus, franchefiis, libertatibus & aliis in eiſdem ſuis literis contentis Conſulibus, Civibus, incolis & habitatoribus Civitatis Lugdun. præſens interfui unà cum dicto Soffredo Candiaci Notario Regio & teſtibus ſupràſcriptis & de iis ad rogatum, & de mandato dicti Domini Archiepiſcopi & Comitis Lugd. & ad inſtantiam & requiſitionem dictorum Conſulum nomine ſuo, & aliorum Civium incolarum & habitatorum Lugduni inſtanter petentium notam recepi & exindè præſens publicum inſtrumentum in præſenti libro Ego & dictus Soffredus Candiaci groſſari pro nobis fecimus. Et deindè Ego Petrus Taſſini prædictus eidem inſtrumento ſubſcripſi manu meâ propriâ & eumdem expedivi unà cum dicto Soffredo in robur & teſtimonium omnium &

ſingulorum præmiſſorum ſub hoc ſigno meo ſolito.

Come l'on puet augmenter le prix du Vin.

Dei gratiâ primæ Lugdun. Eccleſiæ Archiepiſcopus, & Petrus Decanus cùm univerſo Capitulo ejuſdem Eccleſiæ, omnibus præſentes literas inſpecturis rei geſtæ notitiam cum ſalute. Univerſitati veſtræ præſentibus innoteſcat, quod cum inter Gaudemarum Seneſcalcum Lugdun. ex unâ parte & Cives noſtros ex alterâ, quæſtio coram nobis verteretur ſuper eo quod dictus Seneſcalcus aſſerebat, quod quoties aliquis Civium vel extrà Civitatem commorantium in

Civitate Lugduni prætium vini vendendi augmentabat, Seneſcalcus habebat unum brochum continens unum ſextarium vini pro pretio vini augmentato. E contrario dicti Cives proponebant, quòd nec Seneſcalcus nec alius, Brochum vini vel aliquod uſagium habebat pro pretio vini augmentato, ſed ſuper hoc liberi erant & immunes, & ſuper hoc dicti Cives plures teſtes legitimos, & omni exceptione majores produxerunt, per quos nobis conſtitit evidenter dictos Cives & omnes extrà Civitatem commorantes à brocho vini, & ab aliquo uſagio proprio vini augmentato eſſe liberos & immunes, undè nos habito, & deliberato conſilio ſententiando pronuntiamus prædictos Cives & alios extrà Civitatem commorantes a brocho vini, & ab omni uſagio eſſe liberos & immunes, prohibentes omnes prædictos per Seneſcalcum vel aliquem de cætero non vexari. In cujus rei teſtimonium præſentem Cartulam ſigillorum noſtrorum munimine fecimus roborari. Actum anno Domini Milleſimo ducenteſimo XXXIII. nonas Martij.

Facta eſt collatio de præſenti tranſcripto ad originales literas ſigillis dictorum Dominorum in filis ſericis ſigillatas per me Guillelmum de Cryſſello auctoritate Regiâ publicum Notarium & Curiarum Lugd. Juratum unà cum Stephano Dameti Clerico publico notario Regio, & dictarum Curiarum jurato & in hujuſmodi collationis teſtimonium ſignum meum ſolitum hic appoſui quod tale eſt.

Et per me dictum Stephanum Dameti Clericum auctoritate Regiâ publicum Notarium & Curiarum Lugd. Juratum unà cum dicto Guillelmo de Cryſſello auctoritate Regiâ publico Notario & dictarum curiarum Jurato, & in hujuſmodi collationis teſtimonium hic ſignavi.

Comant li Roy noſtre Sire prit en ſa garde les Citoyens de Lyon.

PHILIPPUS Dei gratiâ Francorum Rex univerſis præſentes literas inſpecturis. Notum facimus quod cum ex officij noſtri debito ſubditos noſtros, & incolas Regni noſtri ab oppreſſionibus defendere teneamur, & eos in pace ac tranquilitate fovere, Nos ſupplicationibus Civium Lugduni Civitatis de regno noſtro exiſtentis favorabiliter annuentes, eoſdem Cives, & eorum ſingulos ſub noſtrâ ſpeciali gardia & protectione ſuſcipimus cujuslibet alterius jure ſalvo. In cujus rei teſtimonium præſentibus literis noſtrum fecimus apponi ſigillum. Actum apud Regalem Abbatiam juxtà Melledunum. Die Dominicâ poſt Inventionem ſanctæ Crucis, anno Domini milleſimo ducenteſimo nonageſimo ſecundo.

La premiere lettre de garde & de protection de l'an 1271. eſt en la page 19. du Tractatus de bellis & induciis.

Preuves de l'histoire Consulaire

Coment la procuration faite sur le sceau de la Communauté de Lyon est faite.

Noverint universi præsentes literas inspecturi, quòd nos Cives & populus, & Communitas Civitatis Lugduni more solito congregati facimus & constituimus atque creamus nostros Syndicos, procuratores, & actores Bartholomæum de Varey, Petrum de Chaponnay, & Bernerdum Malenc exhibitione præsentium, & quemlibet eorum in solidum, & ità quòd non sit melior conditio occupantis generaliter, ad omnia quæcumque habemus, vel habebimus, vel habere possemus facere, vel nobis expediunt, vel imminent facienda, & procuranda & expedienda tam in judiciis quàm extra in proximo futuro Parlamento Domini Regis Franciæ Parisiis, vel alibi, & specialiter ad agendum & defendendum & appellandum, & appellationes prosequendas, & juramentum Calumniæ & cujuscumque generis sacramentum præstandum in animas nostras & aliâ quæ merita causarum desiderant. Et volentes eos relevare ab omni satisfactione, promittimus sub ypotheca omnium bonorum nostrorum judicatum solvi, & nos ratum & firmum habituros quidquid per eos vel duos ex eis factum fuerit in prædictis, & circà prædicta. In cujus rei testimonium præsentibus literis sigillum nostrum facimus apponi. Et actum fuit Lugduni anno Domini millesimo ducentesimo septuagesimo primo, mense Octobris

Coment la sentence donée par le Juge Royal de la Court seculiere de Lyon sur enqueste faite par ladite Court fut revoquée.

Nos Hugo Aycelini judex Curiæ secularis Lugd. pro serenissimo Domino Rege Franciæ notum facimus universis præsentes literas inspecturis, quod cum nos fecissemus de facto requiri contrà Joannem dictum Galamart Sellerium Civem Lugd. super eo quod dicebatur, quod dictus Johannes de nocte plures lapides projecerat contrà Aimonem de Fuer, & quosdam alios suos complices, dictus Johannes proposuit coràm nobis quod dicta inquisitio non valebat nec tenebat, ex eo quod ipse est civis, & judex Curiæ secularis Lugd. ex suo officio non poterat, nec debebat inquirere contrà aliquem Civem Lugd. nisi in tribus casibus, videlicet super homicidio, furto, & proditione, contrà hominem etiam diffamatum, quare petiit dictus Johannes à prædictis se absolvi & per nos pronuntiari inquisitionem fore nullam. Undè nos Judex prædictus sedentes pro tribunali publicè diximus si consuetudo Lugd. ita se habebat, omnes circunstantes communiter dixerunt se dictam consuetudinem talem esse, undè cùm super dictâ consuetudine per plures fide dignos fuerimus pleniùs informati dictæ consuetudini nolumus derogare, immò ipsam volumus pro viribus observare dictam inquisitionem de facto factam contrà dictam consuetudinem pronuntiamus, nullam fore, & nullum vigorem volumus obtinere, ipsum Johannem à dictâ inquisitione & contentis in ea & in iis scriptis duximus similiter absolvendum. In cujus rei testimonium præsentibus his sigillum dictæ Curiæ secularis Lugd. duximus apponendum. Datum die jovis post Carnisprivium vetus. Anno Domini M. CC. nonagesimo quinto.

Coment le Bailliff de Mascon doit aidier a garder & maintenir le gardiet, & les habitans de Lyon d'injures, violences & oppressions.

Dei gratiâ Francorum Rex Baillivo Matisconensi salutem. Mandamus vobis quatenus ad requisitionem Gardiatoris, quem dilecti & fideles nostri Archiepiscopus Narbonensis, Archidiaconus Rothomagensis & G. Flote Miles, ut custodiam & defensionem dilectorum fidelium nostrorum Civium Lugdunen. nuper concorditer deputarunt, ipsum & eosdem Cives ab injuriis, violentiis & oppressionibus & armorum potentiâ defendatis, eidem gentes armorum ad suam defensionem toties exhibentes & liberantes, quoties super hoc fueritis requisiti, ità quod dicto Gardiatori aut eisdem Civibus per defectum custodiæ, & promptæ defensionis auxilium nullum proveniat nocumentum. Actum apud S. Germanum in Laya, die duodecimâ Novembris, anno Domini millesimo ducentesimo nonagesimo septimo.

Coment le banniment fait par la Court seculiere de Lyon fut revoqué pour les Privileges.

Nos Hugo Aycelini judex in curiâ sæculari Lugd. pro Domino Rege Franciæ, Notum facimus universis præsentes literas inspecturis quòd cum Hugonetus dictus La brasa Nauta quædam opprobria injuriando dixisset Nobili viro Johanni Cardinali Domicello Correario Lugd. pro eodem Domino Rege, de quibus dictus Correarius ipsum Hugonetum coràm Nobis civiliter prosequebatur, nosque judex prædictus dictum Hugonetum La brasa ad instantiam dicti Correarij primò, secundò, tertiò, ac etiam ex abundanti quartò ad dictos dies coràm nobis citaverimus pro hoc & præcisè, qui Hugonetus dictus La brasa fuit positus in defectu & ipsum bannivimus, ejus contumaciâ hoc exigente. Post quæ Magister Johannes Albi Clericus procurator seu Syndicus universitatis Civium Lugd. coràm nobis proposuerit dictum bannimentum factum fuisse contra libertates & consuetudines Civitatis Lugd. quare petebat ipsum bannimentum nomine Universitatis prædictæ revocari, offerens se prædicta probaturum, tandem nos receptâ informatione super prædictis cum per plures Cives Lugduni probatum fuerit coràm nobis dictam consuetudinem ità esse, nolentes propter prædicta vel aliqua de prædictis consuetudinibus dictorum Civium in aliquo derogare, sed potius eas inviolabiliter observare dictum bannimentum ex vigore dictæ consuetudinis legitimè comprobatæ penitùs revocamus. In cujus rei testimonium sigillum dictæ curiæ sæcularis Lugduni præsentibus literis duximus apponendum. Datum die mercurij post festum sancti Laurentij, anno Domini M. CC. nonagesimo septimo.

Tous ces Actes precedens sont collationnez par deux Notaires dans le Cartulaire de Villeneuve en cette forme.

Facta est collatio per me Johannem de Sorberio Notarium Regium & Curiæ Lugd. Juratum de præsenti transcripto ad originale sigillo prædicto dictæ curiæ sigillatum unà cum Diderio de Bisancio Notar. & in hujus rei testimonium signum meum hic apposui quod est tale.

de la Ville de Lyon.

Et per me præfatum Diderium de Bifuntio Clericum auctoritate regiâ publicum Notarium, Curiæque Domini Officialis Lugduni Juratum unà cum dicto Joanne de Sorberio Notario. Et ob hoc huic præsenti transcripto in testimonium hujus rei signum meum apposui quod tale est.

Acte d'Appel de la defense de s'enjoindre les armes par les Citoyens de Lyon, de lever deniers sur eux, & avoir Chevaux sans le consentement de l'Archevesque.

Nos Stephanus de Sancto Pontio tenentes sigillum commune Domini Regis Franciæ in Balliviâ Matisconensi constitutum, notum facimus universis præsentibus & futuris præsentes literas inspecturis, quòd coram Mandatis Domini Regis Franciæ, & nostro videlicet coram Pontio de Grangiâ & Simoneto de Varey juratis Domini Regis, & nostris ad hoc specialiter deputatis, constitutus Roletus Cassardi Procurator & Scindicus universitatis Civium Lugduni, protestatus fuit, & protestationibus infrà scriptis præmissis vivâ voce & in scriptis ut sequitur appellavit & protestatione præmissâ per me Roletum Cassardi Procuratorem, & Scindicum Civitatis Lugduni, ac totius universitatis ipsorum Civium, & Civitatis ipsius nomine, & ex parte dictorum Civium, & dictæ universitatis & Civitatis coram vobis Domino Guillelmo Russati Canonico & officiali Lugduni ac Vicario in temporalibus Reverendi Patris Domini B. Archiepiscopi Lugduni quod per infrà scriptas appellationes, seu per ea quæ infrà dicet & faciet, vel per aliquid prædictorum non recedo, nec recedere intendo ego procurator & Syndicus nominibus quibus supra ab aliquâ appellatione hinc retro a vobis, seu ab audientiâ vestrâ, & à Monitionibus, processibus, & juvaminibus vestris, quibuscumque tunc præsentibus & futuris factarum per me procuratorem & Scindicum, vel per alios quoscumque nominibus quibus suprà vobis dicto Vicario ac coreario & Judicij Curiæ sæcularis Lugduni ac ipsis appellationibus, denuntiationibus, & requisitionibus, & cuilibet earum inhæreo, & inhærere intendo, ego Procurator & Syndicus nominibus quibus supra prout melius & firmius possum. Appello siquidem ego Procurator & Syndicus, & appellationes meas infrà scriptas facio, & lego nominibus quibus suprà prout inferius continetur. Cùm vos Domine Guillelme Rus. Can. & offic. Lugd. ac Vic. in tëporalibus Reverendi Patris Domini B. Arch. Lugd. unà cum Decano & Capitulo. Lugduni exclamatum mandaveritis & exclamari feceritis per dictum Labot præconem Lugduni publicè & altâ voce per civitatem Lugdun. ex parte Domini Archiepiscopi, & Dominorum Ecclesiæ Lugdun. quod ullus de Civitate Lugduni faceret, vel facere deberet aliquam taxationem seu impositionem equorum, vel armorum, vel aliquam collectam in Civitate Lugdun. & quod ullus de dictâ Civitate auderet habere & tenere arma seu equos in dictâ Civitate Lugdun. sine licentiâ & consensu dicti Domini Archiepiscopi, & Dominorum Ecclesiæ imponendo & imponi faciendo & facta prædictâ præconisatione ex parte dicti Domini Archiepiscopi & Dominorum prædictorum pœnam æris & corporis cuilibet de Civitate prædictâ qui contra prædicta vel aliquid prædictorum faceret vel veniret. Et cùm præconisatio facta vestro mandato ut suprà, necnon ipsum mandatum vestrum fuerint & sint injusta, & contra libertatem dictæ Civitatis & Civium ejusdem, & contra consuetudinem per eos legitimè præscriptam & etiam contra jura. Nam dicti Cives ex vigore libertatis eorum, & ex dictâ consuetudine, vel etiam secundùm jura possunt, & soliti sunt ab antiquo, & per tanta tempora de quibus non est memoria, seu non extat, inter se taxare, & imponere arma & equos & collectas pro eorum libitu voluntatis, licentiâ & consensu Domini Archiepiscopi & Dominorum Ecclesiæ minimè requisitis, & in possessorio seu quasi juris, faciendi prædicta, pacificâ & quietâ sunt dicti Cives, & Civitas prædicta, & etiam fuerunt per tempora memorata, quam quidem eorum possessionem turbare non potuistis, nec potestis præcipuè eis irrequisitis, & sine causæ cognitione: Sunt etiam dictum mandatum vestrum, & dicta præconisatio injusta, in eo quod continent pœnam prædictam, cùm secundùm libertatem ipsorum Civium & Civitatis prædictæ & ex consuetudine eorum legitimè præscriptâ, & etiam secundùm jura pœna hujusmodi ipsis Civibus imponi non potuit, nec possit, nec imponi consuevit. Item sunt injusta & iniqua dictum mandatum vestrum, & præconisatio prædicta, cum emanaverint & facta fuerint dictis Civibus minimè antea requisitis. Sunt insuper prædicta evidenter periculosa dictis Civibus, & statui ipsorum & Civitatis prædictæ, & contra utilitatem publicam eorumdem, cum manifestè intersit Civitatis & Civium prædictorum, & eis expediat tempore moderno ad tuitionem rerum, & personarum ipsorum Civium & Civitatis prædictæ esse munitos armis & equis propter pericula Baronum, & circumstantium præparantium se ad guerras, & etiam quod vicini circumstantes communiter se præparant equis & armis, & pro occurrendo periculis quæ cotidie imminent Civibus Civitatis prædictæ, quos oportet propter mercaturas eorum Civitatem exire qui multotiens capiuntur, & capti sunt : & etiam pro occurrendo periculis quæ imminent Civibus prædictis etiam in Civitate Lugduni pro arduis & diversis maleficiis factis, & quæ cotidiè sunt in Civitate Lugduni & extra Civibus suprà dictis in personis & rebus & familiis eorum, quæ per vos Domine Vicarie & per Curiam sæcularem Lugduni minimè sunt punita, & minimè puniuntur. Quamquam super hoc vos & dicta Curia sollicitè à dictis Civibus fueritis pluries requisiti. Et cum infinita sint maleficia à modico tempore circà perpetrata in Civitate Lugduni & extrà propè Civitatem quæ minimè sunt punita, ita quod grave esset omnia nominare, aliqua tamen exempli causâ referuntur. Fuit enim interfectus in Civitate Lugduni in burgo novo frater dicti Miralieti Civis Lugduni per quemdam de familiâ Domini Archiepiscopi supradicti. Item quædam fæmina de burgo novo quæ erat prægnans fuit violata, & malè tracta per quosdam de familiâ dicti Domini Archiepiscopi, in tantum quod ipsa & partus ejus ex indè obierunt contra quos minimè fuit processum per Curiam sæcularem Lugduni quamquàm super hoc à dictis Civibus fuerit pluries requisita, immò se in petra scissâ, ut dicitur, reducunt, & recepti sunt malefactores prædicti. Item dictus Bonet à quibusdam familiaribus Claustri qui de nocte intraverunt domum ejus, fuit atrociter verberatus in lecto suo, qui fuit in maximo periculo mortis. Item quidam familiaris Claustri ultrà Sagonam quemdam Carpentarium in rutâ novâ de nocte occiderunt, & quemdam alium lethaliter de gladiis mutilaverunt eadem nocte, & quemdam alium de quadam domo extraxerunt & atrociter eadem nocte verberaverunt. Item quidam alij familiares Claustri de nocte intraverunt domum habitationis Johannis Carpentarij dicti de Paris, & ibi in ipsâ domo cum gladiis & fustibus uxorem ejus verberaverunt & mutilaverunt atrociter usque ad mortem, quicumque familiares Claustri prædicti dictis maleficiis perpetratis commorati sunt in Claustro, & ad Curiam, & per Civitatem iverunt, & vadunt publicè in vituperium, & gravamen dictæ Civitatis, absque eo quod per vos & per Curiam sæcularem in aliquo puniti exititerunt de prædictis, & etiam absque eo quod super prædictis meleficiis fuerit contra eos, ut debuit, processum. Quamquàm vos & dicta Curia sæcularis super hoc

N iij

sollicitati fueritis à Civibus supra dictis. Item dictus jolys quadam nocte in domo habitationis ejusdem per quosdam, qui domum ipsius de nocte violenter intrarunt, fuit tam atrociter verberatus quod inde obiit. Quos quidem malefactores nedùm minimè punistis vos & Curia sæcularis, immò eos existentes in fortiâ vestrâ de carceribus relaxastis, & abire, ut dicitur, prætepistis. Item dictus Alanianus Cutellarius, per quosdam, qui quadam nocte in domo in quâ inhabitat in Civitate Lugduni violenter intrarunt, fuit ligatus, & bonis & denariis, quæ & quos in dictâ domo habebat fuit nequiter spoliatus, fuit etiam uxor ejusdem Cutellarij de lecto mariti in quo erat violenter extracta, & extrà domum fuit per plures dies per fortiam detenta. Item dictus Transforet ultra pontem Rhodani, prope Bechevilain fuit cum gladiis interfectus per quemdam nobilem hominem, ut dicitur, Domini Archiepiscopi supra dicti, nec unquam vos seu Curia sæcularis prædicta contra prædictos malefactores in aliquo processistis, quamquam de hoc pluries fuistis a dictis Civibus requisiti. Ego igitur Procurator & Syndicus sentiens me nominibus quibus suprà, & dictos Cives, & Civitatem prædictam indebitè gravatos à vobis dicto Vicario, prædictis; occasionibus, & aliis dicendis & ostendendis, si opus fuerit loco & tempore competenti & à dictâ præconisatione, & à præcepto vestro prædicto, & ab universis & singulis quæ in dictâ præconisatione continentur, & ab omnibus processibus & gravaminibus vestris factis & illatis, vel quæ fient, & inferentur per vos dictis Civibus & Civitati prædictæ seu contra dictos Cives, & Civitatem prædictam in temporalibus, seu circà temporalia, in his scriptis provoco, & appello ego dictus Procurator & Syndicus, nominibus quibus supra ad nobilem virum Pontium Dominum montis lauri Garderium Civitatis Lugduni & Civium prædictorum pro serenissimo Principe Domino Philippo Dei gratiâ Rege Franciæ, ac ipsius Domini Regis locumtenentem in temporalibus Civitatis Lugduni, tamquam ad superiorem in temporalibus in Civitate Lugduni pro dicto Domino Rege. Et si præsens appellatio & provocatio fieri non posset de jure ad Garderium supradictum, appello & provoco ut suprà Ego Procurator & Syndicus supradictus ad præfatum Dominum Regem tamquam ad superiorem in temporalibus in Civitate prædictâ, protestans ego dictus Procurator & Syndicus nominibus quibus suprà quod possum dictam Procurationem & appellationem prosequi coràm quo de prædictis maluero & de jure potero, petens cùm instantia ego Procurator & Syndicus nominibus suprà dictis à vobis dicto Vicario Apostolos mihi dari & concedi, & si eos mihi ut suprà dare denegaveritis, iterùm provoco & appello ut suprà, supponens ego dictus Procurator & Syndicus supradictis nominibus me & dictos Cives & universam Civitatem Lugduni, & adhærentes eis, & bona ipsorum omnium protectioni dicti Garderij & dicti Domini Regis, protestans insuper ego Procurator & Syndicus me probaturum nominibus quibus suprà ea quæ consistunt in facto, prout fuerit de jure, loco, & tempore competenti. In cujus rei testimonium cùm nobis constet de præmissis per appositionem signorum dictorum juratorum nostrorum ad preces dicti Procuratoris nobis pro eo oblatas per dictos juratos nostros quibus fidem plenariam super hoc adhibemus, dictum sigillum commune dictis protestationi & appellationi duximus apponendum. Actum & datum Lugduni in Aulâ Archiepiscopali die veneris ante festum Nativitatis Beatæ Mariæ Virginis anno Domini M. CC. XCII. Actum & expeditum coram me Pontio de Grangia unà cum Symoneto de Varey, præsentibus testibus infrà scriptis, videlicet Domino Johanne de Antone, Domino Theobaldo Vassaliaco, & Domino Guichardo de Balmâ Canonicis Lugdun. Domino Vilata, Domino de Pratellis,

Domino de Sancto Eugendo Militibus, Coreario Lugduni & Guirando præposito Lugduni & pluribus aliis, & præsentem cartam scripsi, & signo meo signavi. Actum & expeditum coram me Symoneto de Varey unà cum Pontio de Grangia & testibus prædictis sub hoc signo meo †

Sy

Copié sur l'original en parchemin & seellé sur cordellettes du Sceau du Roy en cire rouge où il n'y a que trois fleurde lys, ce qui en fait voir la reduction ou du moins la pratique lon temps avant le Regne de Charles six à qui on attribue ce changement.

La provision de cette Appellation est cy devant page 25. du *Tractatus de bellis &c.*

Comant li Lieutenant, de l'Official & Vicaire de Lyon confessa que luy ne puet enquerir sur personne, de Lyons fors que en trois cas.

Extrait du Cartulaire de Villeneuve, num. LXVI.

Nos Stephanus de Sancto Pontio tenentes sigillum commune Domini Regis Franciæ in Bailliviâ Matisconensi constitutum, notum facimus universis præsentes literas inspecturis, Quòd cum Benedictus Morelli Draperius Civis Lugduni denuntiaverit seu significaverit viris venerabilibus providis & discretis Domino Arnaudo de Ledrâ Judici Curiæ sæcularis Lugduni pro Domino Rege Franciæ & Johanne Cardinali domicello Correario Lugduni pro eodem Domino Rege seu dictâ Curiâ sæculari Lugduni. Contra Galterum Gileti juratum Curiæ officialis Lugduni, quia dictus Galterus quandam falsam litteram fecerat, & ex ipsâ usus fuerat contra ipsum Benedictum & prædicti Judex & Correarius ad denuntiationem dicti Benedicti procedere vellent ad inquirendum contra dictum Galterum super dictâ falsitate, prout de prædictis nobis constat per relationem mandati Domini Regis & nostri, videlicet Symonis de Varey jurati nostri ad hoc à nobis specialiter deputati, ad hoc vocati & requisiti Magister Stephanus de Bisleys olim Judex dictæ Curiæ sæcularis Lugduni gerens vices & tenens locum viri venerabilis & discreti Domini G. Ruffari Canonici & officialis Lugduni ac Vicarij Reverendi in Christo Patris Domini B. Dei gratiâ Archiepiscopi Lugduni, dixit & præposuit nomine prædicto, & confessus fuit quod dicti Judex & Correarius non poterant nec debebant inquirere contra dictum Galterum, pro eo videlicet, quod de consuetudine & Franchesia Lugduni est, & habitantium, & Civium ipsius Civitatis quòd contra aliquem civem seu habitatorem Lugduni non potest inquiri ad denuntiationem alicujus nisi in tribus casibus, scilicet proditione, homicidio, & latrocinio, & quod tunc etiam non potest inquiri contra ipsos in dictis tribus casibus nisi contrà personam diffamatam aliàs de casibus prædictis seu altero eorumdem. Quare requisivit dictus Magister Stephanus prædictos Judicem & Correarium ne ipsi ad dictam inquisitionem procederent contra ipsum Gualterum super dictâ falsitate, cum non esset diffamatus super aliquo de tribus casibus supradictis dictus Galterus, & sit Civis Lugdun. & nullus casuum prædictorum vendicet sibi locum in personâ dicti Galteri secundum denuntiationem dicti Benedicti. In quorum testimonium ad preces Civitatis & Civium Lugduni nobis pro eis oblatas per dictum juratum nostrum cui fidem plenariam super his adhibemus, dictum sigillum commune duximus præsentibus literis apponendum Datum anno Domini M. CC. XCIII.

Mense Februarij. Actum coram me Simone de Varey in Curiâ sæculari Lugduni, & coram Judice, & Correario dictæ Curiæ, præsentibus Domino Guillelmo de Franchelins Canonico Lugdum. Magistro Guillelmo Blancheriis, Magistro Guillelmo Albi Cantore Sancti, Pauli Mathæo de Mura, Bernardo de Varey, Johanne Albi, testibus ad hoc vocatis & rogatis.

Plusieurs Franchises & libertez de Lyon, sur la Bulle de Monseigneur l'Arcevesque Loys.

AD æternam rei Memoriam Hugo de Chissiriaco Judex & Correarius Curiæ sæcularis Lugduni pro Reverendo in Christo Patre Domino Ludovico Dei gratiâ primæ Lugduni Ecclesiæ Archiepiscopo, universis & singulis præpositis & Badellis dictæ Curiæ tàm præsentibus quàm futuris salutem. Quoniam prava venalisque perfidia quorumdam Badellorum Corporalibus injuriis interdum affligit innocentes, illos potissimè qui carcerali traduntur custodiæ, qui antequam de objecto sibi crimine convincantur, vestibus propriis corporis denudantur sustinentes corporis Cruciatum in carcere existentes, quod esse non debet, cum carcer ad custodiendum, non ad puniendum sit a lege inductus, & ex hoc evenit ut cum nudi carceri mancipantur, cum de eo exeunt prætextu algoris & frigiditatis quam sustinuerunt, morbum quoque diuturnum incurrunt, alij moriuntur, alij verò perpetuâ egestate degentes quandiu vivunt impotentes, & inutiles existunt, quibus est mors solatium, vitaque supplicium dum languescunt. Ideòque talibus Badellis immodicè sævientibus frænum tempore adhibere volentes, præsentis declarationis ordinatione in perpetuum valiturâ pro communi utilitate humanitatis ratione auctoritate dicti Domini Archiepiscopi duximus ordinandum & disponendum, ut nullus præpositorum seu Badellorum Curiæ sæcularis prædictæ aliquem quantumcumque criminosus dicatur, antequam de crimine sibi objecto convictus fuerit, expoliare, seu vestibus suis denudare præsumat. Idem in mulieribus statuendo, cum quandoque ob facinorum magnitudinem incarcerari contingit. Nullo tamen præjudicio super jure competenti cuiquam ex ipsis præpositis & Badellis cum judicati fuerint per Curiam criminosi in posterum, generando, pecunia penès tales inventa obnoxios sigillifero dictæ Curiæ sæcularis custodienda tradatur, & quoniam ea quæ fuerit contra justitiam fructu calliditatis obtinere non debent, ad æquitatis rationem redigentes talium voraginem circà adulteria committenda; nihilominus disponimus, ut nullus res existentes in domo deprehendi in adulterio audeat auferre nisi tatummodò Dominio competentes quas etiam sine diminutione in domo alicujus vicini sui volumus collocari quousque Curia de his duxerit ordinandum. Custos quoque carceris attentiùs provideat nè inclusi seu intimè tenebras patientes fame pereant, sed mox cum incarcerati fuerint numerum clausorum, varietatem delictorum, ætatemque & conditionem ipsorum Curiæ referat, ut aut convictos velox pœna conterat, aut diuturna custodia non puniat liberandos. Præterèa ne cui sua temeritas lucrativa concedatur, sed ut calumniantium aperta voracitas seu malitia refrænetur, auctoritate quâ suprà disponimus, ut si forte ob calliditatem, fraudem, seu machinationem alicujus aliquis minùs justè ductus fuerit in carcerem, omnes ei legitimas expensas, sumptusque quos vitio eorum tolerasse monstraverit, redhibere cogatur. Nec ad aliquam .... solvendam de cætero teneatur. Immò expressè volumus quod passo injuriam juxtà qualitatem personæ sufficiens præstetur emenda, & operum quibus caruit in prisione existens, judicantis arbitrio relinquatur, quis teneatur ad prædicta, an Curia, aut badellus, si dolosè versatus fuerit, vel ille qui hoc fieri procuravit. Ita etenim præfulgebit vigor justitiæ juris, publicæque tutela. Quia verò mulieres quas vilitas vitæ sustinet, plerumque a quibusdam pravis badellis rebus quas deferunt spoliantur, & verberibus affliguntur, de ipsis conqueri non audentes, prohibemus ut nullus præpositorum seu badellorum ab eis aliquid auferre præsumat, aut eas cum conviciis, contumeliis seu impulsionibus molestare aut corporalibus injuriis fatigare conetur præsens autem ordinatio omnium præpositorum & badellorum juramento firmetur super Sanctâ Dei Evangelia præstito corporali. Si quis autem contrà hanc ordinationem temerè venire præsumpserit, commisso sibi officio noverit ex tunc se privatum penitùs & ex toto. Nos verò præfatus Archiepiscopus præmissa omnia & singula approbantes, in testimonium præmissorum præsentes literas bullæ nostræ appensione & munimine duximus roborandas. Datum anno Domini millesimo CCC. quarto, Mense Januarij.

Comant le Roy nostre sire donna povoir au Prieur de la Charité, a l'Archediacre de Brie an l'Eglise de Paris, & a Messire Thomas de Marfontaine Chivaler de v. nir reformer la Iurisdiction de Lyon.

VNIVERSIS præsentes literas inspecturis. P. Prior de Caritate. J. de Forgetis Archidiaconus Briæ in Ecclesiâ Parisius Clericus Domini Regis, & Thomas de Marfontanis ejusdem Domini miles salutem. Notum facimus nos recepisse, & habuisse literas serenissimi Principis Domini nostri Regis formam quæ sequitur continentes. PHILIPPUS Dei gratiâ Francorum & Navarræ Rex, dilectis & fidelibus nostris P. Priori de Caritate. Magistro J. de Forgetis Archidiacono Briæ in Parifiensi Ecclesiâ, & Thomæ de Marfontaines militi salutem & dilectionem. Ad nos & frequenti & multiplici clamore dilectorum & fidelium nostrorum Civium & habitatorum Lugduni Villæ pervenit, quod nonnulli officiales Ministri & servientes nostri plures & varios & intolerabiles excessus in suis officiis commiserunt, injurias multas, damna, & gravamina importabilia inferendo eisdem, & extorsiones illicitas, contrà libertates & franchesias eorum, ususque & consuetudines, patriæ faciendo, & ab aliis fieri permittendo, sic nostras prohibitiones regias infringere & pœna proinde incurrere debitas non verentes, super quibus adhibere remedium quod in pœnam transeat & aliis in terrorem prout nostro incumbit officio cupientes, vobis de quorum fidelitate & industriâ confidimus, committimus, & mandamus, quatenùs ad partes prædictas vos personaliter transferentes de prædictis & singulis excessibus, injuriis, damnis, gravaminibus & extorsionibus, præsentibus vobis sub, nostro clauso contrasigillo tradendis, vos cùm diligentia secreti prout expedire videritis informetis, demùmque si opus fuerit vocatis quorum intererit veritatem pleniùs inquiratis, & prout casuum qualitates, & conditiones personarum exegerint taliter corrigatis eosdem & etiam puniatis, reformetis que ibidem Justitiæ bonum statum, ac super antiquarum consuetudinum, libertatum franchesiarum ipsarum observationum provideatis quod de vestra præeminenti diligentia possitis efectuoso opere commendari. Pendentibus verò informationibus seu inquestis hujusmodi suspendendi officiales prædictos & servientes, ac etiam si per inquestas ipsas privari meruerint, eos privandi ab officiis suis, & alios substituendi prout expedire noveritis, Cateraque prædicta, & ea tangentia faciendi plenam vobis potestatem tribuimus per præsentes, per quas mandamus omnibus quorum interesse potest, ut vobis & duobus, & alteri vestrum in solidum pareant cum effectu. Datum Parisiis XXVI. die Junij, anno Domini millesimo CCC. decimo nono. Dictas verò literas recepimus Lugduni per manus Civium & habitatorum Villæ ejusdem, & eas penès nos retinuimus anno prædicto, die Jovis ante Festum B. Mariæ Magdalenæ. Datum sub sigillo Senescalli Lugduni & Matisconensi, anno & die Jovis prædictis.

Comant li dit Refourmeur ordenerent que l'on feyt enqueſtes en la Court de Lyon de office ſur nul Cytoyen, ne que la dite Court n'eut Procureur par le parmouvoir a ce faire.

VNIVERSIS præsentes literas inspecturis, Petrus Prior de Caritate Johannes de Forgetis Archidiaconus Briæ in Ecclesia Parisiensi, Thomas de Marsontanis miles Domini Regis ad partes Senescalliæ Lugduni, per eumdem Dominum nostrum Regem pro reformatione patriæ deputati, salutem & dilectionem. Noveritis quod nos inhibemus Senescallo Lugduni quod nullas inquestas super aliquibus criminibus nisi super homicidio, furto, vel proditione faciat, vel fieri permittat ex mero officio in Civitate Lugduni contra Cives ejusdem Civitatis, quousque Dominus noster Rex de præmissis duxerit aliter ordinandum, notoriis criminibus & præsentibus forefactis cum præmissis criminibus superius dumtaxat exceptis. Item quod Procurator regius nullas inquestas procurabit fieri contra Cives ejusdem Civitatis quousque dictus Dominus Rex ordinaverit de prædictis, prout in aliis ordinationibus eis per nos traditis continetur. Item bannimenta non fient nisi in criminalibus, & tunc verò nisi ubi debent fieri de consuetudine, vel de jure. Datum sub sigillis nostris apud Lugdun. die ultimâ Junij, anno Domini M. CCC. decimo.

Comant li dit Refourmeur ordenerent que nieus Cytoieu ne ſut pris en Avoutere fors nu a'vecque nue ou en preſent forſait & pluſieurs autres choſes.

IN nomine Domini amen. Notum sit omnibus præsentibus & futuris, quod Nos Petrus Prior de Caritate Johannes de Forgetis Archidiaconus Briæ in Parisiensi Ecclesia, & Thomas de Marsontanis Domini nostri Philippi Dei gratiâ Francorum & Navarræ Regis Miles ab eodem Domino Rege ad partes Senescalliæ Lugduni pro reformatione patriæ deputati, recepimus quædam gravamina a dicto Domino nostro Rege sub suo contrasigillo nobis missa pro Civibus Lugduni contra officiales Regis in Civitate Lugduni super quibus ordinavimus in hunc modum. Et primò ad primum quod est quod passim & indifferenter Judex ordinarius inquirit de omnibus sine accusatore vel denunciatore qui prosequatur legitimè. Cum tamen consuetudo dictorum Civium sit, sicut asserunt, quod solum in criminibus furti, homicidij, & proditionis inquisitio fieri debeat, & non aliter nisi per denuntiationem, vel accusationem, ut suprà, & tunc non nisi personæ fuerint diffamatæ, ordinavimus inquam, quod testes reciperentur super consuetudine præmissâ quibus receptis publicavimus eosdem, & attestationes debemus portare nobiscum ad dictum Dominum nostrum Regem, ut idem faciat eas videre, decidi, & determinare, vel providere dictâ consuetudine prout viderit expedire. Item super Procuratore Regio quem petunt amoveri à Civitate Lugduni Cives prædicti, ordinamus seu providemus quod dispositio istius remotionis remittetur ad Regem. Interim tamen in Civitate Lugduni dictus procurator nullas inquestas promovebit nisi illas quæ sibi mandatæ fuerint à Senescallo promovendæ extra Civitatem Lugduni, nec aliquas causas in Civitate Lugduni nomine Regis agitabit nisi patrimonium & hæreditatem Regis contingant. Item de gravamine quod dicunt inferri dicto Boeleau Civi Lugdun. super quadam inquestâ factâ contra ipsum ex officio de quâ Judex Major ferre sententiam nolebat. Præcepimus dicto Judici majori, quod faceret justitiam in eadem. Item & quadam emenda Henrici de Divione, qui condamnatus fuerat in quadam pecuniæ quantitate, commutavimus dictam pœnam pecuniariam in faciendam peregrinationem ad Sanctam Mariam de Anicio. Item super lanis de quibus conqueruntur Cives quod gentes Regis non permittunt eas extrahi de Lugduno, cùm tamen sint lanæ grossæ ad faciendos burellos, ordinavimus quod super hoc loqueremur Regi. Item super eo quod conqueruntur quod Senescallus, & aliqui alij officiarij Regis citant eos Parisios aliquotiens, prohibuimus ne hoc fiat nisi de mandato Regis, vel per suas literas. Item conqueruntur quod per officiarios Regis malè custodiuntur, & defenduntur ab injuriis quæ fiunt eis per extraneos: præcepimus dicto Senescallo quod animosius & viriliter solito defendat eosdem. Item de homine qui fecit incendium in regno providimus seu ordinavimus quod Senescallus procedat in negotio. Item de quodam homine vocato...... & de Johanne Bonardi quorum unus ligatus fuit ad quamdam arborem versus mirabellum per unam diem, & alius graviter vulneratus, præcepimus Senescallo quod inquirat & puniat prout viderit expedire. Item super, eo quod conqueruntur quod Senescallus, & alij Officiales regis faciant per dictos nuntios scribi apertiones testamentorum, & inventaria, tutelas, & alias scripturas, ordinavimus quod per quoscumque Notarios Regis, dùm tamen fide dignos & idoneos dicti Cives scripturas prædictas possint facere scribi. Item super eo quod conqueruntur si unus civis fecerit citari alium & antequam venerint coram Judice pacificaverint, quod volunt ex hinc clamorem accipere. Inhibemus ne fiat, quia non fuit aliàs factum. Item conqueruntur quod licet aliquis paratus sit cautione stare juri, ubi non capitur pro crimine homicidij, proditionis & furti, seu aliquo aliis graviori quod officiales Regis nolunt eum recredere, licet afferant quod de consuetudine dictæ Civitatis in illis casibus recredi debeat, ordinavimus & providimus quod jus & consuetudo patriæ observentur. Item pro gladio extracto super aliquem, & non percusso, ordinavimus quod in præmisso articulo jus servetur, nisi consuetudo contraria inveniatur. Item super eo quod conqueruntur, quod Cancellarius, Præpositus & aliqui alij Officiales Regis faciunt in Curia Regia contra Cives. Inhibuimus ne de cætero illud fiat. Item præcepimus quod bona Civium Lugduni ubicumque & per quæcumque capta fuerint injustè primò requirantur, & si detentores reddere noluerint, ad recuperationem ipsorum Senescallus viriliter procedat. Item si aliqui Cives Lugduni ad invicem se percusserint sine effusione sanguinis, vel aliâ gravi percussione, si clamor exinde coram Curiâ Regiâ habitus non fuerit, clamor nec emendæ leventur. Item super eo quod conqueruntur quod præconisationes fiant aliquoties sub minori pœnâ quàm fieri debeant secundum consuetudines Civitatis, Inhibuimus ne fiant nisi quatenùs fuit hactenùs observatum. Item providimus seu ordinavimus quod quando pignora vendentur ad cridam facta legitimè subhastatione quod pecunia deponatur

ponatur ubi partes voluerint concordare, quod si concordare nequiverint, deponatur per Judicem penes aliquem probum civem. Item conqueruntur quod pro sigillo Senescalli accipiuntur quatuor denarij, & alij quatuor pro scripturâ. Loquemur de hoc cum Domino nostro Rege. Item conqueruntur quod Notarij nimis accipiunt pro scripturis, dictos Cives super hoc multipliciter aggravantes. Providimus & præcepimus quod ordinationes Regiæ super hoc dictæ inviolabiliter observentur. Item inhibuimus ne aliquis Civis Lugduni in adulterio deprehensus nisi nudus cum nuda inveniatur, vel aliàs in ipso facto præsentialiter, capiatur. Item super cognitione sigilli Regij, ubi aliquis se sub sigillo regio Lugduni obligavit, quod Comes Forensis & Dominus Bellijoci cognitionem nituntur habere & aliqui dicunt privilegium à Rege super hoc habere quod est in grande præjudicium Civium, & sigilli. Loquemur de hoc cum Domino nostro Rege. Item inhibuimus ne contrà literas regias exceptiones aliæ admittantur, nisi falsitatis, commutationis, vel solutionis, quia aliæ de consuetudine non consueverunt admitti contra sigillum prædictum. Item inhibuimus ne Officiales Regis compellant hæredes testamentorum recipere commutationes aliquas nisi velint. Item caveatur taxatio scripturarum, quantùm Notarij debent recipere facta per Senescallum tantummodò quantùm ad Cives Lugdun. Item conqueruntur dicti Cives, quod sigillifer Regius, seu Cancellarius de apertionibus testamentorum nimiam exigit pecuniæ quantitatem super quo informati sumus & invenimus per fide dignos quod ad voluntatem rationabilem & modicam ..... consuevit recipi de prædictis. Undè præcepimus & providimus quod sicut hactenùs factum extitit, ita fiat, dùm tamen non fiat excessus procurabimus tamen pro posse penes Dominum nostrum Regem quod prædicta receptio quantum fieri poterit moderetur. Item providimus & præcepimus, quod ubi Matiscone denarius accipiatur pro sigillo, in Civitate Lugduni solus obolus de civibus capietur, & hoc in contractibus debitorum, in venditionibus etiam possessionum & rerum immobilium denarius integer capietur pro librâ. Item ordinavimus & præcepimus dicto Senescallo & aliis Officialibus regiis quod super alias consuetudines, usus, libertates, & franchesias hactenùs observatas, inviolabiliter observent & custodiant, & hæc omnia superiùs posita per Senescallum & alios Officiales Regios præcepimus inviolabiliter observari. In cujus rei testimonium sigilla nostra literis præsentibus duximus apponenda. Datum in domo Sancti Anthonij Lugdun. ultimâ die mensis Julij, anno Domino millesimo CCC. decimo nono.

Comant les Cytoyens de Lyon reteinrent en la Composition faite entre nostre Seigneur le Roy de France, Monseigneur l'Arcevesque, Chapitre & la Ville de Lyon, & concorde de la Jurisdiction de Lyon, plusieurs choses desquelles ils protesterent.

Cette composition est cy devant en la page 63. sous le titre de ratification du Roy.

IN nomine Domini Amen. Per præsens publicum instrumentum Civitatis appareat evidenter quod anno Domini M. CCC. vicesimo, die decimâ octavâ mensis Junij, videlicet die Mercurij ante Festum Nativitatis B. Joannis Baptistæ, Lugduni in domo Sacristaniæ majoris Ecclesiæ Lugduni in quadam camerâ ipsius domus propè dictam Ecclesiam, Regnante Serenissimo Principe Domino Domino Philippo Dei gratiâ Francorum & Navarræ Rege, in præsentiâ nostrorum Notariorum publicorum authoritate dicti Domini nostri Regis & testium subscriptorum constitutis personaliter & specialiter propter hæc quæ sequuntur, Viro nobili, venerabili & discreto Domino Hugone Giraudi Milite & Consiliario dicti Domini nostri Regis ex una parte, & Bartholomæo Capririj, Humberto de Varey, Bernardo Hugonis, Guillelmo, & Johanne Grigneu Gaudemaro Flament, Thoma Albi, Johanne de Fuer, Aymone de Durchia, Aymonino de Podio, Guichardo de Plateriâ, Guillelmo de Varey, Bartholomæo Charreton, Zacharia de Forisio, Johanne Raymondi, & Johanne Ogerij Civibus Lugduni ac Johanne de Putheo, & Vincentio de Ansâ Notariis Regiis Syndicis, & Syndicario nomine Civitatis & Civium Lugduni, omnium & singulorum ejus Syndicatus tenor inferiùs est insertus. Cum idem Dominus Hugo Giraudi nomine regio instaret & peteret quod prænominati & alij Cives Lugduni omnes & singuli juxtà tenorem cujusdam compositionis de novo factæ inter dictum Dominum Regem & Reverendum in Christo Patrem Dominum P. de Sabaudiâ Archiepiscopum, ac Dominum Stephanum de Balmâ Decanum, & Capitulum dictæ Lugdunensis Ecclesiæ, jurarent & promitterent fidelitatem Regiam, & jurari & promitti juxtà tenorem cujusdam clausulæ in ipsâ compositione contentæ & infrà scriptæ, & sequelam cum armis pro ipsius Domini Regis & regni sui tutelâ & defensione juxtà ipsius clausulæ formam, iidem Cives & Syndici nominibus suis propriis & quibus suprà Asserentes, circà dictam Clausulam sequelæ armorum minus fuisse sufficienter, & nimis generaliter scriptum in literâ dictæ compositionis, quàm actum secundum intentionem Domini Regis, & partium prædictarum, cum dictam defensionem regni & juvamen armorum in partibus & Marchia Lugduni secundùm quod reverà actum erat dumtaxat facere debebant, & non ultrà, & si ità remaneret ut jacet obscura sibi esset, & fore posset in futurum plurimùm onerosa & gravis. Institerunt ergà dictum Dominum Hugonem super ipsius clausulæ declaratione & reformatione secundùm quod in veritate fuerat actum & conventum. Quo Domino Hugone respondente quod tantùm mandatum habebat, nihilque in eo mutare poterat, nec mutaret Domino Rege inconsulto, ijdem Cives & Syndici nominibus quibus suprà mediante patrocinio venerabilis & discreti Viri Domini Humberti de Vallibus Legum Professoris expressè dixerunt & protestati publicè fuerunt & suam intentionem declaraverunt coram eodem Domino Hugone Giraudi quòd numquam intentionis & consensus eorum fuerat, nec est quod iidem Cives prætextu alicujus promissionis vel juramenti per eos faciendi vel præstandi eidem Domino Regi ad sequelam vel juvamen ad defensionem regni in armis teneantur, se obligent, nec teneantur nisi ad defensionem regni in partibus solùm & marchiâ Lugduni, nec ad ampliùs possint cogi. Qui Dominus Hugo respondit quod audacter protestarentur dicti Cives & Syndici de jure suo & dictorum Civitatis, & Civium & quod benè vellet & sibi placebat, quoniam multùm sibi placebat quod Dominus Rex omnem declarationem eisdem & adhuc majorem gratiam faceret in præmissis, de quibus omnibus dicti Cives & Syndici petierunt sibi dari & fieri publicum instrumentum a nobis subscriptis Notariis. Acta sunt hæc anno, die, & loco prædictis præsentibus nobilibus, & venerabilibus viris Dominis Guichardo de Marziaco & Guillelmo de Leovilla Militibus, & Dominis Petro Maurelli ac Girardo de Romano jurisperitis, & pluribus aliis ad præmissa pro testibus vocatis & rogatis. Tenor verò dictæ clausulæ in dictâ compositione contentæ super præmissis confectæ sequitur & est talis. *Et aussi nos Conseillers pour nous & nos Syndics & procureurs en nom de toute la université & des habitants de Lyon, qui ores sont, & qui par temps seront de l'age de quatorze ans & dessus seront tenus de faire, & serons des ores a nostre Seigneur le Roy de France, se il est presens a Lyon ou à ses gens en absence de li le serement de fealté qui s'ensuie, jurerons & jurons* sus Saints Evangiles corporellement que nous serons feals au Roy, & a ses successeurs Roys de France, & que nous leurs ayderons en bonne foy & sans fraude de tout nostre pooir, a la defense, & a l'onneur du Roys & de ses successeurs, & du Royaume encontre toutes personnes, & que nous tendrons, & garderons l'accort present fermement, & tout ce qui contenu y est, Et encor plus que se les dis Arcevesque, ou Doyen, & Chapitre, ou tous ensemble vouloient desobeir ou rebeller au Roy ou a ses successeurs ou a leurs gens que ja n'aviegne, nous ne serions tenus de eulx aidier ne de riens ne leurs aiderions ains serions tenus de aydier le Roy & ses successeurs & leurs gens à contraindre les a venir a obeissance au Roy de tout nostre poir en bonne foy & sans fraude, & que ledit serement sera fait & renouvellé perpetuellement a temps d'un mesme Roy de dis en dis ans. Tenor verò dicti Syndicatus talis est.

IN nomine Domini. Amen. Per hoc præsens publicum instrumentum cunctis appareat evidenter, quod anno Domini millesimo CCC. vicesimo die etiam decimâ mensis Junij, videlicet die veneris post Festum B. Barnabæ Apostoli, regnante serenissimo Principe Domino nostro, Domino Philippo Dei gratiâ Rege Francorum & Navarræ in præsentiâ nostrûm Notariorum auctoritate dicti Domini nostri Regis publicorum & testium subscriptorum ad hæc vocatorum & rogatorum congregatâ universitate Civitatis & Civium Lugduni ad sonum campanæ ut moris est in Ecclesiâ Beati Nicetij Lugduni, dicti Cives, & universitas ibidem simul congregati universitatem facientes prout evidenter apparebat, pari voluntate & consensu ac unanimiter in præsentiâ nobilis viris Domini Hugonis Giraudi militis & Consiliarij dicti Domini nostri Regis ac Commissarij deputati auctoritate regiâ ad complendum exequendum compositionem, scambium, permutationem, tractatum seu concordiam, de quibus inferius sic mentio habetur & dependentia est. Cum auctoritate pariter & decreto nobilis viri Domini Guillelmi de Leovillâ Militis Vicarij Lugduni ibidem præsentis, suos creant, faciunt, constituunt, & ordinant Syndicos, & procuratores, videlicet Magistrum Johanem de Putheo, & Vincentium de Ansla Cives Lugduni, & eorum quemlibet in solidum, itâ quod non sit melior conditio occupantis, nec deterior subsequentis seu non occupantis. Sed quod per unum eorumdem Syndicorum seu procuratorum inchoatum fuerit, possit per alium mediari, prosequi & finiri. Ad ratificandum, approbandum & expediendum concordiam, tractatum seu compositionem aut permutationem & escambium factas inter dictum Dominum nostrum Regem Francorum & Navarræ, & Reverendum in Christo Patrem Dominum Petrum Archiepiscopum Lugduni, & venerabil.m virum Dominum Stephanum de Balmâ Decanum Lugduni, Capitulum dictæ Ecclesiæ Lugduni & Cives prædictos Lugduni & præstandum juramentum, & in quantùm spectat & pertinet ad dictos Cives & universitatem in animas dictorum Civium & universitatis contenta in eisdem. Dantes & concedentes dictis duobus Syndicis & procuratoribus, & utrique eorum in solidum ut superius plenam & liberam potestatem ac speciale mandatum ad prædicta facienda & ad præstandum in animas universorum & singulorum Civium & habitatorum Lugduni juramenta prædicta inviolabiliter, nullatenùs in contrarium veniendi vel venire attentandi per se, vel per alium de jure vel de suo & alia juramenta præstandi & faciendi, quæ præstanda & facienda incumbent eisdem Civibus & universitati ex formâ compositionis & concordiæ & tractatus prædictarum, & ad sigillandum literas quæ ex parte dictæ universitatis & Civium sunt mittendæ Domino nostro Regi super dictâ compositione seu concordiâ & tractatu. Sigillandum inquam sigillo prædictæ universitatis, prædictæ & communitatis Lugduni, & prædicta expediendi ut suprà

dumtaxat promittent dicti Cives & universitas Civium & Civitatis Lugduni solemniter nobis subscriptis Notariis stipulantibus & recipientibus tanquam personis publicis vice, nomine, & ad opus omnium & singulorum quorum interest & intererit sub hypothecâ rerum suarum quarumlibet & universitatis prædictæ, prædictis suis Syndicis & procuratoribus & eorum quælibet in solidum, se & dictam universitatem in perpetuum, ratum & gratum habituros quidquid per eos, vel eorum alterum factum fuerit in hac parte secundùm prædicta dumtaxat ut suprà cum omni jure ac renuntiatione. Actum anno, die, loco quibus suprà, præsentibus pro testibus nobilibus viris & discretis Dominis Guichardo de Marzeu, Joanne Bertrandi, & Anthelmo de Manisseu militibus, & Venerabilibus Viris dictis Petro de Calcibus Doctore decretorum, Girardo de Romano Jurisperitis & pluribus aliis fide dignis Clericis & Laicis ad hoc rogatis.

Nos verò Sindici & Procuratores prædicti certificati pleniùs de compositione, permutatione, escambio, & tractatu seu concordiâ prædictis habitis, initis & factis inter prædictos Dominum nostrum Regem & Dominos Archiepiscopum, Decanum & Capitulum Lugduni & dictos Cives & universitatem Civitatis Lugduni. Quæ compositio, permutatio, tractatus seu concordia, & escambium continentur pleniùs in quibusdam literis Regiis sigillatis sigillo regio in pendenti cum filis sericis, & cerâ viridi sub datâ anno Domini M. CCC. vicesimo mense Aprilis. Quas literas regias confitemur in nostrâ præsentiâ fore lectas & publicas, & nos de contentis in ipsis plenè fuisse certioratos omnia universa & singula in ipsis compositione, permutatione, scambio, & concordia seu tractatu nec non in prædictis literis regiis contenta in quantùm in ipsis habetur mentio de Civibus, incolis, & habitatoribus & universitate Civium Lugduni juxtà tamen formam, & tenorem quarumdam literarum sigillatarum sigillo communi universitatis, & communitatis Lugduni, quæ diriguntur dicto Domino Regi ex parte Consiliariorum, & subditorum præfatæ universitatis, & juramenta fidelitatis, ante traditionem præsentis Sindicatus factam per consiliarios & Cives, incolas, & habitatores dictæ Civitatis Lugduni, & recepta per nobilem Virum Dominum Hugonem Giraudi militem & Consiliarium Domini nostri Regis Commissarium in hac parte & approbationem, & ratificationem factam per eos, nos prædicti Sindici & Procuratores nomine dictæ universitatis, & auctoritate nobis attributâ per dictam universitatem in præsentiâ subscriptorum Notariorum approbamus, ratificamus, emologamus, innovamus, & innovando de novo facimus, & eâ nomine dictæ universitatis & Civium in perpetuum observare & complere cum effectu promittimus, & in contrarium per nos, vel per alium non venire in animam dictæ universitatis & singularium personarum ejusdem juramus ad Sancta Dei Evangelia per nos corporaliter manu tacta & ad meliorem firmitatem omnium prædictorum sigillum commune universitatis, & communitatis Lugduni, unà cum sigillo Curiæ Regiæ sæcularis Lugduni, præsentibus literis duximus apponendum. Actum, & Datum anno & die quibus suprà, præsentibus testibus ante dictis quoad ratificationem dictorum Sindicorum & Civium factam & immediatè, & hoc in Capellâ B. Jacobi in Parochiâ Sancti Nicetij prædictâ sub datâ quâ suprà. Ad hoc nos Guillelmus de Leovillâ Miles Vicarius Regius Lugduni ad preces universitatis & Sindicorum prædictorum nobis oblatas per dictos Notarios quibus fidem plenariam adhibemus sigillum prædictum Curiæ Regiæ sæcularis Lugduni duximus præsenti instrumento publico apponendo, ac etiam dicti Sindicatus traditioni, & omnibus aliis & singulis suprà scriptis ad ipsorum universitatis, & Sindicorum instantem supplicationem causâ legitimè cognitâ &

aliis juribus & moribus solemniter debitis observatis, in hac parte auctoritatem nostram interponimus pariter & decretum. Actum & Datum ut suprà.

Ego Thomas Baconerius de Lugduno Clericus, auctoritate Regiâ publicus Notarius præmissis protestationibus, & responsioni subsecutæ per dictum Dominum Hugonem Commissarium Regium ut suprà unà cum infra scripto Gerardo auctoritate Notario publico & aliis testibus interfui, huicque instrumento inde confecto subscripsi & signavi vocatus specialiter & rogatus.

Ego verò Girardus de Villanovâ Clericus auctoritate Regiâ publicus Notarius præmissis protestationibus & responsioni subsecutæ per dictum Dominum Hugonem Giraudi Commissarium ut suprà, unà cum subscripto Notario & aliis testibus prælibatis interfui, huicque publico instrumento inde confecto manu propriâ subscripsi, & signavi vocatus specialiter & rogatus sub datâ quâ suprà.

Comant Messire l'Arcevesque outroya que aumones laissiés en testament a pies causes ne soient mises en us fors de l'ordenance du Testeur, pour lettres donnees ne a donner si de la volonté des essequteurs de celli testament n'estoit.

Nos Petrus de Sabaudia miseratione divinâ primæ Lugdunensis Ecclesiæ Archiepiscopus & Comes. Notum facimus universis præsentes literas inspecturis, quod licet propter importunitatem petentium legata seu relicta Christi pauperibus Civitatis & Dyoces. nostræ Lugduni, vel ad alias pias causas, quandoque in usus alios disposuerimus seu mandaverimus applicari, nostræ tamen voluntatis seu intentionis ullatenùs non existit quod per aliquas literas nostras super iis sub quâcumque verborum formâ concessas seu concedendas legata seu relicta hujusmodi in alios usus convertantur quàm per testatores fuerit ordinatum, nisi prout executoribus testamentorum ipsorum secundùm Deum & defunctorum agnitam voluntatem videbitur expedire, & de ipsorum exequutorum processerit voluntate. Datum Lugduni sub sigillo nostro in testimonium præmissorum. Die quintâ Junij, anno Domini M. C C C. XXV.

Subscriptio Notarij talis est. Per Dominum & expeditum per Officialem.

| G. Sal. |

Comant li Inquisiteurs manda que l'on gardast les Cytotoyens en leurs possessions de les Clés de la Ville & plusieurs autres Choses.

PEtrus Boelli Familiaris Domini nostri Regis Inquisitor ab eo pro reformatione patriæ in Matisconensi Balliviâ deputatus, Custosque dictæ Balliviæ pro eodem, Aimoni de viviers & Pontio Gautero, ac Stephano Guerrero servientibus regiis salutem, supplicationem & requestam Civium & habitantium de Lugduno fidelium Domini nostri Regis, & in hac de speciali gardâ Domini nostri Regis existentium, quòd cùm garda clavium & portarum dictæ Civitatis ad cives pertineat antedictos, & custodia prædictorum, sintque & ab antiquo fuerint in Possessione pacificâ custodiæ clavium & portarum prædictarum, timeantque nihilominus à nonnullis regni æmulis verisimiliter offendi indebitè in prædictis sicut dicunt petentes de competenti circà id sibi remedio provideri, per quod futuris in prædictis periculis possit salubriter obviari. Quare vobis & vestrum cuilibet committentes mandamus quatenus dictos cives, & eorum familiares & gentes in suâ justâ possessione custodiæ clavium & portarum in quâ eos, & eorum prædecessores esse & fuisse ab antiquo reperieritis sine fraude manutenentes, & pleniùs defendentes ipsos & ipsorum familiares, & gentes ab omnibus injuriis, violentiis, oppressionibus, vi armorum, potentiâ laicali quacumque & novitatibus indebitis aliis ex parte dicti Domini nostri Regis & nostrâ defendatis debitè contrà omnes in prædictis, non permittentes eis in prædictis aliquas indebitas fieri novitates, & si quas reperieritis esse factas, ea ad statum pristinum & debitum revocetis. Si verò super prædictis debatum aliquod oriatur, debatum hujusmodi ad manum dicti Domini Regis & nostram ponatis ac sub dictâ custodiâ teneatis, donec de debato hujusmodi cognitum fuerit & discussum, adjornantes super debato hujusmodi si qui fuerint contendentes ad dictam diem coram nobis apud Matisconem, de quâ & de nominibus citatorum nos quantociùs certificare curetis super debato hujusmodi si quod fuerit, processurum, & nos procedere visurum prout jus & ratio suadebunt. Non est tamen intentionis nostræ de iis quæ causarum requirunt indaginem vos aliter in prædictis intromittere, quàm sit dictum, ab omnibus enim Domini nostri Regis subditis vobis & vestrum cuilibet in prædictis & ea tangentibus pareri volumus & mandamus. Datum sub sigillo Curiæ dictæ Balliviæ die Lunæ post Festum B. Barnabæ Apostoli anno Domini M. C C C. XXVII.

Comant le Baillis de Mascon comanda que l'on rendist les Clés de les Portes de la Ville, les queux il avoit pris du mandement du Roy nostre bon Sire à cex de la Ville.

FRanco de Avenerlis Miles Domini Regis Baillivus Matisconensis Discreto viro Jacobo Balbi Civi Lugd. Receptori Regio dictæ Balliviæ salutem. Cùm nos de mandato expresso dicti Domini Regis nuper claves portarum Civitatis Lugduni & ex causâ ceperimus juxtà compositionem inter dictum Dominum Regem, Archiepiscopum, Decanum, & Capitulum Lugd. & dictos Cives novissimè factam, & certis personis custodiendas tradidimus de mandato Regis prædicto, mandamus committentes vobis, quatenus dictas claves recuperatas dictis civibus reddatis & restituatis indilatè authoritate Regiâ & nostrâ. Datum sub sigillo Curiæ nostræ apud Angleures die sabbati, ante Festum B. Magdalenæ, anno Domini M. C C C. XXX.

Ce est la publication ou exemplaires de XII. paire de lettres pour la Ville & est fait a tant grant solemnité que vault propres Originaux, & sont ces mesmes lettres en cest livre par vidimus chacune a tel nombre come il est icy signé de roge en les marges.

Vniuerſis & ſingulis præſentes literas, & præſens publicum inſtrumentum inſpecturis. Bartholomæus de Montebriſone Legum Doctor, locumtenens nobilis & potentis Viri Domini Philippi Domini de Chauvirey Militis Domini noſtri Regis Francorum, Bailliui Matiſconen. pro eodem Domino noſtro Rege, rei notitiam cum ſalute. Ad vniuerſorum tam præſentium quàm poſterorum notitiam volumus peruenire & eis innoteſcere per præſentes, quod ad audientiam noſtram perſonaliter accedentes Bernardus Hugonis dictus Barraus, Aymo de Durchia, Peroninus de Pompero, Stephanus de Villa nouâ, de præſenti Conſules Ciuitatis Lugduni, prout nobis plenè conſtat nomine ſuo & aliorum omnium Ciuium habitatorum & incolarum, ac Ciuitatis Lugduni nobis expoſuerunt, & oraculo viuæ vocis ſignificare curarunt. Quod cum ipſi habeant plures literas, plurima priuilegia, libertates, inſtrumenta, munimenta dictis Ciuibus, habitatoribus, incolis, Clero & populo dictæ ciuitatis Lugduni conceſſa, ſigillis regiis & aliis ſigillatas & Bullis Dominorum quondam Archiepiſcoporum Lugduni defunctorum Bullatas, super pluribus & diuerſis gratiis & priuilegiis, quæ multotiens ſunt eiſdem in pluribus locis. Coram pluribus & variis Dominis, & Judicibus, Bailliuis, & perſonis aliis, neceſſario in Judicio, & extra oſtendere, exhibere & portare propter eorum cauſas & negotia tam communia quam ſingularia, quod periculoſum eſt eis propter corruptionem vel amiſſionem earumdem, & ex cauſis aliis, & poſſet eiſdem Conſulibus, Ciuibus, habitatoribus, & incolis dictæ Ciuitatis & Ciuitati Lugduni damnum & præiudicium non modicum generare. Ideò nobis ſupplicarunt humiliter, & cùm inſtantia petierunt & ex debito juſtitiæ requiſierunt, quod nos hujuſmodi literas autenticas, & publicas continentes priuilegia, libertates, munimenta, & inſtrumenta publicaremus & in ſcriptis de verbo ad verbum per Notarios publicos ſub eiſdem verbis & tenore redigi, & exemplari ex noſtro officio modo debito faceremus, adeò & ad talem finem quod literis & inſtrumentis eiſdem ſuper dicta publicatione, & exemplari conficiendis, cum auctoritate noſtra factæ fuerint, fides plenaria ſicut originalibus adhibeatur, & de jure debeat adhiberi: & quod ipſa exemplaria valent & valere poſſint, valeant & valere poſſint & debeant ubicumque in judicio, & extrà & coram quibuſcumque Dominis Bailliuis, Judicibus, gentibus, Juſticiariis & perſonis, prout & tamquam propria originalia eorumdem. Nos verò ſupplicationi & requeſtæ eorumdem tamquam juri & rationi conſonæ annuentes & ſuper ea procedere, ut rationis eſt, volentes ad ſupplicationem & requeſtam dictorum Conſulum dictis nominibus citari fecimus peremptoriè & literatoriè coram nobis in burgo *Inſulæ Barbaræ* ad diem Sabbathi poſt Feſtum Conceptionis B. Mariæ Virginis diſcretum Virum Jaquemetum Florani procuratorem ſubſtitutum Magiſtri Gauffridi de Boſco procuratoris generalis Domini noſtri Regis in Matiſconenſi Bailliuiâ, & venerabilem & diſcretum Virum Dominum Guichardum Papilionis Archipreſbyterum Ambroniacenſem Procuratorem generalem Reuerendi in Chriſto Patris, & Domini, Domini Guillelmi Dei & Apoſtolicæ Sedis gratiâ Archiepiſcopi & Comitis Lugdun. nominibus prædictis, necnon publicè & in generali in Eccleſiis Parrochialibus Lugduni omnes & ſingulos alios cujuſcumque ſtatus & conditionis exiſtant, quorum intererit & qui ſua credent intereſſe, & vellent in contrarium ſe opponere, vel juſtam

cauſam dicere, ſeu proponere, vel allegare, quare nos dictus locumtenens prædicta commiſſione facere debemus, prout in literis à nobis ſuper hoc emanatis & ſigillo Curiæ regiæ dicti burgi ſigillatis continetur. Quarum tenor ſequitur.

Bartholomæus de Montebriſone Legum Profeſſor, locumque tenens Nobilis & potentis Viri Domini Philippi Domini de Chauvireyo Militis Domini noſtri Regis, Bailliui Matiſconenſis, Capellanis ſanctæ Crucis, ſancti Georgii, ſancti Romani, ſancti Pauli, ſancti Petri Monialium, ſancti Nicetij, ſancti Vincentij, B. Mariæ de Plateriâ Lugduni, omnibuſque aliis & ſingulis Capellanis, Vicariis Ciuitatis & Dioceſis Lugduni ad quos pertinet, & præſentes literæ peruenerint ſalutem. Ad noſtram accedentes præſentiam Bernardus Hugonis dictus Barraus, Peroninus Caprari, Aymo de Durchia, Ludouicus de Vareyo, Petrus de Pompero, Hugoninus Grigneus, Bartholomæus de Varey, & Stephanus de Villanoua ciues Lugduni, Conſiliarij Ciuitatis Lugduni nomine ſuo & aliorum Ciuium, & habitatorum ac Ciuitatis Lugduni ſignificare, & exponere curarunt. Quod eiſdem Ciuibus & habitatoribus, etiam Clero & populo Lugduni tàm a Sede Apoſtolicâ, Domino Francorum Rege, & ejus prædeceſſoribus, quàm a Dominis Archiepiſc. Lugduni prædeceſſoribus Domini noſtri Archiepiſcopi & Comitis Lugduni ſunt & fuerunt, & aliàs, plures libertates, immunitates, & priuilegia datæ & conceſſæ, data & conceſſa quæ in ſcriptis ſunt redactæ & redacta, roboratæ & roborata appoſitione bullæ & ſigillis Domini ſummi Pontificis, Dominorum Regum, & ejus reformatorum, & Archiepiſcoporum prædictorum, quos & quæ nobis realiter & manualiter exhibuerunt, non vitiatas, non cancellatas, nec in aliqua ſui parte corruptas, ſed omni ſuſpicione carentes, & verâ bullâ prædictâ, & ſigillis Dominorum prædictorum ſigillatas ut primâ facie apparebat. Quodque de libertatibus, immunitatibus & priuilegiis hujuſmodi in curiâ dicti Domini Bailliui, & aliis curiis intrà & extrà Ciuitatem Lugduni etiam in longinquis & remotis partibus ad defenſionem, & pro defenſione dictorum Ciuium & habitatorum, & ad conſeruationem dictorũ ſuorum priuilegiorum & libertatum ſæpiſſimè de die in diem ſunt facturi, & de eis in judiciis tàm ſpiritualibus quam ſæcularibus docere & fidem facere eiſdem expedit, & oportet. Verùm quoniam libertates, immunitates, & priuilegia prædictis ciuibus, & habitatoribus de iis indigentibus periculoſum eſſet, & ſic eas & ea tradere & ad partes longinquas & remotas transferre & per omnia judicia diſcurrere, tàm propter periculum amiſſionis, corruptionis, deſtructionis, & malæ cuſtodiæ eorumdem, quàm propter viarum, & itinerum diſcrimina ac guerrarum pericula quæ vigent in quàm pluribus locis, terris, & partibus in quibus dicti ciues ſunt facturi de eiſdem. A nobis humiliter ſupplicarunt dicti Ciues, ut ex cauſis prædictis ſecundum formam juris libertates, immunitates, & priuilegia hujuſmodi in curiâ ipſius Domini Bailliui publicare, & in formam publicam de verbo ad verbum redigere ac exemplari facere remus ſub ſignis & ſubſcriptionibus publicorum Notariorum, ſeu ſub ſigillo communi Regis in Bailliuiâ Matiſconenſi conſtituto ad plenam & veram fidem & probationem, & perpetuam rei memoriam de eo faciendam & habendam ne ex cauſis prædictis originalia ipſorum contingeret deperire, faceremus; adeóque dictis exẽplaribus in omnibus judiciis, locis, & curiis fide de, & prædictis originalibus, & probatio plena & legitima habeatur, ac ſi dicta originalia producerentur & fides fieret de eiſdem. Nos verò ſupplicationi eorumdem conſonæ rationi annuentes, volentes debitè procedere in prædictis, ut ſupplicata per eos poſſint & debeant ſecundùm formam juris plenum ſortiri effectum. Vos in juris ſubſidium requirimus ac rogamus ac etiam quemlibet virum quatenus citet peremptoriè discretum Virum Dominum Guichardum Papillonis Archipresbyterum Ambroniacensem procuratorem, & procuratoris nomine Reverendi in Christo Patris Domini Archiepiscopi Lugduni, Jacobum Florani procuratorem Regium substitutum a discreto Viro Magistro Gaufrido de Bosco procuratore Regio in Bailliviâ Matisconensi, & procuratorio nomine quo suprà, nec non publicè & in generali in Ecclesiis vestris omnes & singulos Parrochos vestros & subditos, ac alios quoscumque quos præsens negotium tangit, & tangere potest, viros & mulieres, Clericos & Laicos, nobiles & innobiles, cujusque status seu conditionis existant si suâ crediderint interesse, ut ipsi & eorum quilibet compareant coram nobis die Sabbathi post instans festum Conceptionis B. Mariæ Virginis apud Burgum Insulæ barbaræ visuri & audituri a nobis & per nos procedere ad supplicata per Consiliarios prædictos, & ea tangentia & quod in & contrà ea incumbunt faciendâ, ad quæ dictâ die procedere intendimus primâ ratione. Nisi aliqui se ad hoc opponere voluerint. Quare ad prædicta procedere commissione debeamus. Quod si se opponere voluerint parati sumus eos audire quantum fuerit rationis. Visuros quod per nos in prædictis auctoritatem nostram, & decretis interponere ut jus erit. Cû intimatione quod sive venerint, sive non, in prædictis & ea tangentibus & dependentibus ex eisdem procedemus, & procedetur justitiâ mediante, cujusque absentiâ non obstante. Datum septimâ die mensis Decembris. Anno Domini millesimo CCC. XXXVI. Quæ quidem literæ citatoriæ fuerunt per Capellanum sancti Nicetii Lugduni, cujus est Parochianus, dictus Jaquemetus Florani procurator substitutus, & locum tenens dicti procuratoris Generalis, & per Capellanum Sancti Romani Lugd. cujus est Parochianus dictus procurator dicti Domini Archiepiscopi Lugduni, ut nobis constat per appositionem sigillorum sancti Nicetii & sancti Romani prædictorum & aliorum Capellanorum aliarum Parochiarum civitatis Lugduni sigillatæ. Quæ sigilla vidimus & viderunt Notarij subscripti. Constat nobis etiam quod dictus procurator dicti Domini Archiepiscopi Lugduni ad hoc citatus fuit per verbum dicti procuratoris, qui petiit, si sciebamus ad quid dicti Cives ipsum adjornare fecerant coram nobis ad dictum diem & locum. Quâ die comparentibus in judicio coram nobis in Burgo prædicto, & nobis pro tribunali sedentibus in præsentia Notariorum infrà scriptorum dictis Consulibus pro se & aliis dictæ Civitatis, ipsisque & Guillelmo de Varey dicto de Tunes, Guilleto Lyatardi, Bertheto Filatrâ, Andrea de Pompero, Stephano de Castro Veteri, Micheleto de Fayfins, Guillemono Fornerij, Jaquemeto Geneveys, Francisco Serati, Andrea de Virga, Johanne de Putheo, Joanne Bocherati, Guilleto Charreterij, Hugone de Virgâ, Gerlo Bonfantini civibus Lugduni pro se & aliis Consiliariis & Civibus omnibus & singulis habitatoribus & incolis dictæ Civitatis Lugduni, dictam citationem legi fecimus publicè in dicto auditorio altâ voce & intelligibili coràm nobis, præsente maximâ copiâ gentium, præsentibus etiam, videntibus & audientibus Jacobo Florani procuratore substituto discreti Viri Magistri Gaufredi de Bosco procuratoris regij Matiscon. Bailliviæ. Petro Girardini Cancellario curiæ sæcularis Lugduni, Stephano de Buylliaco domicello præposito Lugduni pro Domino Archiepiscope prædicto, & Stephano de Loyetes serviente dictæ curiæ sæcularis Lugduni. Quâ citatione lectâ & de ipsius executione ad personas dictorum procuratoris regij substituti, & procuratoris Domini Archiepiscopi ut publicè & in generali in præfatis Ecclesiis fide sufficienti nobis factâ, dicti Consules & Cives dictis nominibus nobis & coràm nobis exhibuerunt realiter literas inferius descriptas, & quarum tenor de verbo ad verbum inferius est descriptus, petiimusque à dicto Jacobo Florani dicto nomine, utrùm vellet aliquid contradicere ad prædicta, seu aliquid proponere vel allegare nomine procuratorio prædicti Domini Regis, quare prædicta per dictos cives requisita fieri non deberent; qui respondit, quod contrà voluntatem & mandata regia quæ in quâdam literâ continentur, continente quod dictus Dominus noster Rex mandat privilegia, libertates, immunitates dictis civibus concessas inviolabiliter observari nihil contradicere intendebat, immò potius volebat eas in suo pleno robore permanere, & ad utilitatem & commoda dictorum civium, ad voluntatem dicti Domini Regis. Post hæc iteratò proclamari fecimus dictum Dominum Guichardum Papillonis procuratorem generalem dicti Domini Archiepiscopi Lugduni, & etiam generaliter si qui essent, qui se opponerent, seu aliquid contradicerent, proponere vel allegare vellent. Quare ad prædicta per dictos cives requisita procedere minimè deberemus. Et iteratò & pluries proclamari fecimus altâ voce & intelligibili linguâ maternâ, nemine ad hoc se opponente in contrarium dicente, vel proponente. Et cum aliquis non fuerit qui se opposuerit seu aliquid contradicere vel allegare voluerit, immò potius quasi omnes clamabant, quod bonum erat & justum, & quod benè debebat fieri quod petebant dicti cives, dictis consulibus & civibus præsentibus coram nobis & cum instantia nomine quæ suprà petentibus à nobis & per nos prædicta per eos postulata fieri declarari & ordinari prout ratio suadet, & de jure nobis videtur faciendum dicto Jacobo florani procuratoris regij substituto præsente coram nobis, & in hoc consentiente virtute dictarum literarum regiarum dictum mandatum continentium nemine contradicente, Nos dictus locumtenens pro tribunali sedens ut suprà, dictas literas omnes & singulas nobis per dictos consules ostensas & in nostra præsentia traditas, quas diligenter in judicio inspeximus, & invenimus sanas, & integras ac omni suspicione carentes & sigilli tam Regis quàm aliis, ut inferius declaratur, munitas, auctoritate ordinariâ & judicariâ publicavimus, & publicamus, declaramusque & ordinavimus in præsentibus literis & instrumento redigi, & de verbo ad verbum poni & exemplari per Johannem de Sorberio & Petrum Taffini Clericos auctoritate regiâ Notarios Publicos & Curiæ Lugduni juratos, præsentes & personaliter astante coram nobis in dicto loco mandamus ac præcipimus eisdem Notariis suprà scriptis ut ipsis dictas literas nobis per dictos consules ostensas & coràm nobis traditas in scriptis redigant & ponant in formam publicam in præsenti literâ & instrumento de verbo ad verbum diligenter insimul vel divisim ad finem quod hujusmodi instrumento pro exemplari sic facto & literis, literas præfatas, privilegia, immunitates, libertates conjunctim vel divisim continentes in omni Curiâ, & in omnibus locis coram quibuscumque Judicibus, gentibus & personis Ecclesiasticis & sæcularibus etiam in judicio & extrà ubicumque credatur, & per eas stat quandocumque & fieri possit & debeat plena fides, sicut fieret per originalia supradicta, & ipsis originalibus supradictis, si notoriè manifestè & visibiliter ac realiter exhiberentur. Dictæ autem literæ sic exemplatæ & quarum exemplar per nos in formam publicam sic ut suprà sunt redactæ, non cancellatæ, non abolitæ, nec in aliquâ sui parte vitiatæ, nec corruptæ, sed sanæ & integræ & illesæ, ac omni suspicione carentes sigillis inseis pendentibus & designatis sigillatæ, & signis Notariorum in eis contentorum signatæ & munitæ ut eorum prima facie evidenter apparet. De quibus suprà factâ est mentio sicut hæc, & ipsarum tenor de verbo ad verbum sequitur in hunc modum. Prima autem litera sigillata magno sigillo dicti Domini Regis cerâ viridi talis est.

PHILIPPES par la grace de Dieu Roys de France, faisons savoir a tous presens & a venir, que comme par Arrest de nostre court ait esté deputez, &

octroyez Gardiens especiaulx de par nous aus Cytoïens & a la Ville de Lyon sus le Ronne à faire résidence continuellement en ladite Ville. Nous pour cause & de grace especial a la supplication desdits Cytoiens voulons & ordenons, & octroyons par la teneur de ces presentes lettres perpetuellement que le gardien de la dite Ville qui est a present & les successeurs en l'office de la dite garde ne soient en riens subgés quant audit office, & a ce qui y appartient, au Baillif de Mascon, ne a nul autre, ainssois retenons a nous & a nos successeurs Roys de France ou a nos deputez sur ce la connoissance du ressort dudit office & la correption, & la punition dudit Gardien. Et defendons par ces lettres a tous que en contre la teneur d'icelles ne se entremettent des ressorts, cognoissance, & punition dessusdits, & pour ce que ce soit ferme & estable a tousjours, mais ou temps avenir, nous avons fait mettre nostre seel en ces presentes lettres sauf en autres choses nostre droit & l'autrui en toutes. Donné a Paris l'an de grace mil CCC. & trente, ou mois d'Octobre. *Subscriptio Notarij talis est*. Par le Roy a vostre relation. Ger.

Secundæ Literæ.
Universis præsentes literas inspecturis P. Prior de Caritate &c. *elles sont ci dessus page* 103.

Tertiæ literæ. *Elles sont ensuite page* 104.

Quartæ literæ. *De même page* 104. *&* 105.

Sextæ literæ. *Elles sont page* 91. Cum dilecti nostri Cives &c.

Septimæ literæ *Elles sont page* 92. Querimoniam dilectorum, &c.

Octavæ literæ. *Nostre Amé & feal l'Archevêque de Lyon* pag. 93.

Nonæ literæ. *Les Cytoiens & habitans*, pag. 93.

Decimæ litteræ. *Hæ sunt consuetudines*, pag. 96. & 97.

Undecima litera. *Ad æternam rei memoriam Hugo de Chissiriaco Judex &c.* pag. 103.

Sequitur tenor duodecimæ literæ in hæc verba.

Coment li Roys nostre sire manda al Bailli de Mascon & au Juge de la souveraineté de Lyon que les libertez & franchises de ceulx de Lyon gardent & facent garder.

PHILIPPUS Dei gratiâ Francorum Rex Baillivo Matisconensi & Judici nostro superioritatis Lugduni vel ejus locum tenenti salutem. Ad supplicationem Civium & habitatorum villæ Lugduni mandamus vobis quatenùs eosdem in suis privilegiis, libertatibus, franchisiis & saysinis de quibus ipsos hactenùs usos esse & fuisse pacificè noveritis, manuteneatis & conservetis; quodque in contrarium indebitè factum fuisse repereritis in eorum præjudicium ad statum pristinum & debitum reducentes ut ad vos videritis pertinere. Datum Parisiis decimâ die Januarij, anno Domini millesimo trecentesimo tricesimo tertio.

Nos præsentibus literis & instrumentis & contentis in eisdem auctoritate nostrâ ordinariâ & loco originalium prædictorum omnem fidem attribuimus & habere volumus, & omnem roboris firmitatem, & in omni loco & omnibus locis ordinariis & extraordinariis pro originalibus valere & haberi volumus & mandamus & dictæ publicationi seu exemplationi ac omnibus aliis & singulis supradictis, & coram nobis ritè & solemniter actis auctoritatem nostram ordinariam & judiciariam vice dicti Domini Baillivi interponimus prout & decretum. Acta sunt hæc apud Burgum Insulæ barbaræ in assisiâ publicâ dicti Domini Baillivi. Præsentibus Domino Johanne Mutonis Canonico B. Thomæ Forverij Lugduni, Vincentio de Aquis serviente Regio, Johanneto dicto Lo Bo de sancto Justo Lugduni, Ponceto de Belnâ serviente Regis, Hugoneto Troillieti Curiæ Lugdun. Jurato, & pluribus aliis fide dignis testibus ad hoc vocatis & rogatis, Et datum dictâ die in citatione contentâ, videlicet decimâ quintâ die mensis Decembris, anno Domini millesimo trecentesimo sexto.

Et ego Johannes de Sorberio Clericus authoritate Imperiali & Regiâ Notarius publicus, & Curiæ Lugdunensis Juratus, dictam citationem & alias prænominatas literas omnes & singulas vidi, tenui, & diligenter inspexi non vitiatas, non cancellatas, non abrasas, nec in aliquâ sui parte abolitas vel corruptas, sed sanas, integras & illæsas, & omni vitio & suspicione carentes, sigillis in eisdem designatis sigillatas, ut earum primâ facie apparet evidenter, & prædictam citationem in præsentiâ dicti Domini locum tenentis dictâ die in prædictis assisiis pro Tribunali sedentis publicè legere altâ voce & intelligibili, & citatos secundùm formam dictæ citationis pluries more solito clamari vidi & audivi, & iis omnibus, & præsentationi, intimationi decreti, appositioni & aliis prædictis per dictum Dominum locum tenentem ibidem propter hoc injunctis & concessis præsens fui unà cum Petro Taffini Clerico authoritate regiâ Notario publico & Curiæ Lugdun. Jurato, præsentibus testibus supradictis, & de eisdem literis originalibus in præsenti instrumento publico de mandato & expresso præcepto dicti Domini locum tenentis redactis & conscriptis ad finem in præsenti instrumento contentum. Nihil addito neque diminuto quod facti substantiam augeat, minuat sive mutet. Diligenter &, cum magnâ & maturâ deliberatione collationem ad hoc publicum instrumentum feci. Dicto Petro Taffini dictas literas legente, & me dicto Johanne de Sorberio cum præsente instrumento publico diligenter audiente. In præsentiâ Soffredi Candiaci, Diderij de Bisuntio Notariorum, Guillelmi de Divione Poterij, & Stephani de Villanova Civium Lugduni testium ad collationem prædictam faciendam vocatorum & rogatorum, die vicesimâ septimâ Mensis Februarij, anno proximè supradicto. Et est facta de mandato & expresso præcepto dicti Domini locum tenentis mihi & dicto Petro Taffini factis ut suprà. Huic instrumento publico, de & super prædictis grossato, composito, & confecto manu meâ subscripsi, & eumdem fideliter expedivi unà cum Petro Taffini Notario prædicto sub hoc signo meo consueto in robur & testimonium omnium præmissorum actum & datum ut suprà.

ET Ego verò Petrus Taffini Clericus authoritate regiâ publicus Notarius & Curiæ Lugdun. Juratus, dictam collationem & alias prænominatas literas omnes & singulas vidi, tenui & diligenter inspexi non vitiatas &c. *ut suprà*, diligenter & cum magnâ & maturâ deliberatione collationem ad hoc publicum instrumentum feci, dicto Johanne Sorberio dictas literas audiente, & me dicto Petro Taffini legente diligenter in præsentia Soffredi Candiaci ac Diderij de Bisuntio &c. *ut suprà*.

Ce ne sont pas ces seules pieces que nos Citoyens prirent soin de faire transcrire & legaliser. Estienne de Villeneuve prit le même soin pour le grand Cartulaire qu'il avoit dressé de tous les actes publics, & de tous les privileges donnez en faveur de cette Ville, à la tête duquel il fit mettre cette attestation de deux Notaires qui les avoient transcriptes & collationnez, & qui les signerent tous deux avec cette attestation.

de la Ville de Lyon.

IN nomine Domini Amen. Nos Johannes de Sorberio, & Diderius de Bifuntio Clericus, Auctoritate Regia publici Notarij & Curiæ Officialis Lugdun. Jurati, notum facimus universis tam præsentibus quam Posteris præsentem paginam visuris & audituris, quod nos vidimus, & diligenter inspeximus de verbo ad verbum fideliter & cum magna deliberatione legimus quam plurima Privilegia, & plures literas, ac originalia non vitiatas non corrosas, nec in aliquâ sui parte abolitas vel corruptas, sed sanas, integras, & illæsas, ac omni vitio & suspicione carentes, Quasdam Bullis plumbeis diversorum dominorum summorum Pontificum in eisdem descriptorum bullatas, quasdam sigillis diversorum Dominorum præmissorum Francorum Regum in eisdem originalibus nominatorum. Et quasdam alias aliis diversis sigillis quorumdam aliorum veraciter sigillatas, roboratas, & munitas, ut earum prima facie apparet. Quarum tenores de verbo ad verbum, nihil addito, nihilque diminuto, vel mutato, quod facti substantiam augeat, minuat, sive mutet, inferiùs in præsenti libro, singulariter & peculiariter secundùm quod in eodem præsenti libro subscriptionibus & signis nostris sunt, in modum & formam qui sequuntur, continentur.

Comant li Priours de la Platere quitta le droit qu'il avoit en la place ou l'on tient les doelles des Veyssiaux derrer la la platere vers la Sonne.

NOs Magister Petrus de Ambroniaco Officialis Lugduni, Notum facimus universis præsentes literas inspecturis. Quod cùm discordia, querela, seu quæstio verteretur inter Cives Lugduni ex unâ parte, & religiosum virum Fratrem Humbertum de Geynay Priorem B. Mariæ de Plateriâ Lugduni ex alterâ, ex eo & super eo quod dicti Cives dicebant & firmiter asserebant quod quædam Platea sita ad portum Sagonnæ de Plateriâ juxtà muros Civitatis ibidem existentes a parte Sagonnæ & juxtà viam publicam, & in trivio de Plateriâ a parte Sagonnæ erat communis & debebat esse communis Civibus Civitati, & Universitati Lugduni, & quòd Cives, Civitas & Universitas Lugduni dictam plateam tenuerant & possederant, & reponere consueverant quæ volebant, a tanto tempore citrà, cujus memoria non existit, & dictâ Platea utebantur pro re communi Civitati & Civibus Lugduni, dicto Priore ab adverso sciente & proponente dictam plateam, ad dictam domum de Plateriâ pertinere debere. Tandem cùm super hoc esset a dictis partibus diutiùs altercatum, dictæ partes ad bonam pacem, concordiam, compositionem & transactionem perpetuam mediantibus probis viris ad hoc ab ipsis partibus communiter electis finaliter devenerunt amicabiliter in hunc modum, videlicet quod dictus Prior de Plateriâ sciens & spontaneus pro se & successoribus suis in dicto Prioratu de Plateriâ de voluntate & consensu conventus sui coram nobis constitutus, dat, cedit, quittat, guerpit, & remittit perpetuò Civibus, Civitati, & universitati Lugduni, & transfert penitùs in eosdem omnia jura, & omnes actiones reales, & personales, & alias quascumque quæ & quas dictus Prior vel dicta domus de Plateriâ habebant vel habere poterant & debebant, & eis competebant & competere poterant quocumque modo in dictâ Plateâ & pertinenciis ejusdem ex longa possessione seu ex longi temporis præscriptione, seu quâcumque alia ratione, occasione, vel causâ quæ dici vel excogitari posset, & pro prædictis compositione, transactione, quittatione & remissione prædicti Cives dederunt, & solverunt dicto Priori, ut asserit, triginta libras Viennenses. De quâ summâ pecuniæ idem Prior se tenet & habet plenè & integrè pro pagato, asserens dictam summam pecuniæ in maximam utilitatem & commodum dicti Prioratus de Plateriâ missam esse totaliter, & conversam, volens & concedens dictus Prior quod omnes literæ quæ super hoc invenirentur confectæ, sint cassæ, irritæ, atque nullæ, & careant omni robore firmitatis. Volum autem compositionem, transactionem, dictæ pecuniæ receptionem & omnia supradicta promittit dictus Prior pro se & suis successoribus, & per juramentum super sancta Dei Evangelia corporaliter præstitum firmiter & inviolabiliter

observare, attendere, & complere, & firmâ, & ratâ habere perpetuò & tenere, & contra per se, vel per alium non venire facto vel verbo in judicio vel extrà aliquâ ratione nec contrà ire volenti consentire, renuntians dictus Prior in hoc facto ex certâ scientiâ & pro jure omni actioni & exceptioni dictæ compositionis modo prædicto non factæ, dictæ summæ pecuniæ non habitæ, &, non immutatæ, & in utilitatem suam, & dictæ domus de Plateriâ non conversæ. Doli metus, & in factum, (spei futuræ,authenticæ, *hoc jusporrectum* & illi decretali *quod quibusdam Religiosis*, omnibus gratiis, Privilegiis, & rescriptis Apostolicis universis, conditioni sine causâ, vel ex injustâ causâ, jurique dicenti generalem renuntiationem non valere, & omni juri Canonico & civili. In cujus rei testimonium præsentibus literis ad preces dicti Prioris sigillum nostrum duximus apponendum, & prædictis omnibus authoritatem nostram interponimus & decretum. Prædictæ verò compositioni, transactioni, & aliis omnibus supradictis. Nos Frater A. Abbas sancti Ruffi Valentinensis consentimus ad prædicta omnia, laudamus, ratificamus, acceptamus & approbamus & etiam confirmamus. Et sic volumus & mandamus, & prædictis autoritatem nostram quantum possumus, interponimus & in hujus rei certitudinem & evidentiam pleniorem præsentibus literis sigillum nostrum duximus apponendum in testimonium veritatis omnium præmissorum. Datum anno Domini Millesimo C C C. Mense Maij.

Mandamentum Regium super exercitu Flandrensi.

LOys par la grace de Dieu Rois de France & de Navarre a nostre Amé Panetier Bartholomeu Chivrer Bourgeois de Lyon, & a nostre Seneschal de Lyon Salut. Come sus les rebellions que li Flamens avoyent faites ou temps passé contre nostre tres cher Seigneur & Pere jadis,&contre nos honour & li droit de nostre Royaume de France, certains traitez & accords despeus ayent esté faits laquele pés li dit Flamens avoyent promis a garder & tenir par leur sarmens & sur penes certaines & especiaument sur peynes de sentences descommuniment & d'entredits donées & confirmées a leur requeste par la cort de Rome se il venoyent encontre la pés ou deffaillent de fere & complir tot ors que il promis a faire par ladite pés, & soyent & se montrent en plus grant rebellion & desobeyssance que oncques mais ne furent. Pourquoy il n'est pas doute que il n'enquierent & ayent encorrues lesdites sentences & soyent parjurez & comme eu sut que tout par grant deliberation & conseil des Prelats, des Contes & autresBarons de nostre dit Royaume,& pour ce especiaument que justice soit faite sur le desobeyssance & rebellions & meffaits de susdits nous ayons fait fayre semonte d'armes generalement par tout nostre Royaume a certaine journée a laquelle nos entendons a estre nous qui de vostre loyal &

aprovée diligence nous fyons pleinement vos cometons & mandons que nos ces lettres ....
.... en vos propres personnes en la Seneschaucée de Lyons & es refsourt d'icelle, & appellés avoyque vos Côtes les villes & communitez, & universitez, de villes grants, menues & petites de ladite Senechaussée, & desdits ressour d'icelle comandez & enjoignez de par nos estroytement que trestuyt selon leur estat de chascuns & sans excusacion nulle sus peyne de cors & d'auoir, vignent appellées si soffisfement & si anfortiement en armes & en chivaus ceu plus especiaument qui, selon leur estat le pouront, & devront fayre & autrement selon l'estat de chascun que sans faute ils soyent en nostre ost de Flandres à la journée assignée sus ce ou à celle que vous lour assignarez bien & suffissamment appeilliez si come dessus est dit, & se par avanture aucuns avoient essoyne ou empeschement en che pourquoy il requessiont estre desportez de venir à nostre ost & nossisent sus ce siner à vous en maniere que l'on puisse en lieu deus autres gens d'armes auoyr à nostre ost. Nous vous cometons & donons plain pooir de recevoir celles Finances & composicions ansi come vos verries que il fera mious de faire pour nos consideré l'etat de chacun & donnons en mandement à tous nos Feaus Justiciers & Sugiez que il ecoutes en ces chauses de sufdites & à tot qui apartient & peut apartenir hobeissent & facent hobeir à vous. Donné à Paris l'an de grace, M. CCC. & quinze ou mois de May.

Nos Guido Caprarij Miles, Vicarius Lugduni pro Domino Rege Francorum, Notum facimus universis præsentes literas inspecturis quod nos vidimus & diligenter de verbo ad verbum inspeximus, & legimus quasdam literas sanas & integras, non viriatas, non cancellatas, nec in aliqua sui parte corruptas sigillo excellentiss. Principis dicti Domini Francorum Regis sigillatas quarum tenor de verbo ad verbum sequitur in hunc modum. Philippus Dei gratia Francorum Rex Baillivo Matisconensi ac Gardiatori nostro Lugd. salutem Querimoniam dilectorum Civium nostrorum speciali gardia existentiam accepimus continentem. Quod prætextu statutorum aut mandatorum nostrorum generalium cum in regno nostro, & potissimè ad partes Bailliviæ nostræ Matisconensis fieri contingunt, exequutores ipsorum Statutorum, aut mandatorum ipsorum cives nostros in diversis opprimunt & molestant. Quare mandamus vobis vestrorum cuilibet quatenus prætextu talium Statutorum aut mandatorum generalium nostrorum factorum, & in posterum faciendorum ipsos cives nostros non permittatis aliquatenùs molestari, nisi in Statutis vel mandatis ipsis de prædictis civibus specialis & expressà mentio habeatur. Hanc autem gratiam volumus quamdiù nobis placuerit duraturam. Actum Parisiis Dominica post Festum Beati Dionisij anno Domini Millesimo CCC. I. Nos verò Vicarius prædictus facta prius diligenti collatione de præsenti transcripto ad originale quod vidimus hoc testamur. In cujus rei testimonium sigilli regium curiæ Regiæ Lugduni præsentibus literis duximus apponendum. Datum die Martis ante festum omnium Sanctorum anno Domini, M. CCC. tertio decimo.

Lyon annexé à la Couronne.

Ludovicus Dei gratia Francorum & Navarræ Rex, dilectis & fidelibus nostris Civibus Lugdun. Salutem, & dilectionem. De laudabili constantia quæ semper nostris & prædecessorum nostrorum beneplacitis inhærendo statum & jura regia vos ex parte novimus fideliter consovisse Vos jure commendantes Civitatem vestram rogamus, actentius exhortantes quatenùs in eadem constantià persistentes sinistris nobis allocutionibus adhærere nolitis, nec eis fidem aliquam adhibeatis, intelleximus equidem quod æmuli nostri dederunt vobis intelligi, nos velle dominium Lugd. reddere Archiepiscopo Lugd. Sed absit à nobis voluntas hujusmodi, quod tam nobile utileque dominium regni nostri velimus à nobis quomodolibet abdicare. Noscat enim vestra dilectio & indubitatum teneat quod ipsum dominium nobis & successoribus nostris tanquam annexum Coronæ Franciæ, permittente Domino, perpetuò remanebit. Hoc igitur de cordibus vestris ablato dubio continuata fidelitate nostra in solita constantià firmiter persistatis, ad nos pro vestris negotiis & agendis quæ Regum favorem, præsidium, atque gratiam exegerint fideliter recurrentes. Datum apud Mansum Marescalli die Martis post nativitatem Domini anno ejusdem Millesimo CCC. quinto decimo.

Comment Messires Henris d'Albon Chevalier promit à emender le domage s'il avenoit en l'arc mervillous, ne en la pile pour la charge de ses ouvrours & les en à obligié.

Nos Bartholomæus de Jo utriusque Juris Professor Officialis Curiæ Lugdun. Notum facimus Universis præsentes literas inspecturis. Quod cum Dominus Henricus de Albone Miles habeat & possideat quamplura operatoria sita Lugduni super pontem Sagonnæ à parte Ecclesiæ B. Mariæ de Plateriâ juxta operatoria Liberorum Ales Barrales & ipse vellet ædificare seu edificari facere super pilam proximam operatoriis suis arcus mirabilis seu miraculosi, & aliqua appodiamenta lapidea construi facere ad sustentandum operatoria sua supradicta, & Procuratores & Syndici ac Consiliarij Civitatis & Civium Lugd. se opposuerint ad hoc, dicentes hoc non fieri debere nec posse in præjudicium dicti pontis Civitatis & Civium Lugdun. tandem prædictus Dominus Henricus ex una parte, & Consiliarij, Procuratores & Scindici Civitatis & Civium Lugd. procuratorio & Scindicatorio nomine ex altera constituti coram mandato nostro, videlicet Symone de Marchia clerico Curiæ nostræ Jurato ad hoc à nobis deputato utilitatem dicti Pontis Civitatis & Civium Lugduni attendentes super prædictis inter se composuerunt, concordarunt, & convenerunt in hunc modum. Videlicet quod ipse Dominus Henricus possit ædificare & bastire, & edificari seu bastiri facere suprà pilam prædictam dicti arcus mirabilis seu miraculosi unum pilar seu duos pilars lapideos de grossitudine & longitudine tales quales poterunt esse ad appodiandum super eos, & quod dictus Dominus Henricus de cætero non possit facere aliquam Creyssuam seu aliquod incrementum in dictis operatoriis in alia majori latitudine vel longitudine quam nunc sunt ad præsens & quod ipse promittat pro se & hæredibus & successoribus suis universalibus & singularibus per juramentum suum, & sub obligatione omnium bonorum suorum & specialiter & expressè sub obligatione, & ypotheca operariorum suorum prædictorum prædictam pilam pontis & arcam prædictam super quam ædificare seu edificari facere intendit, in eque bono statu seu meliori in quo nunc sunt manu tenere atque si in aliquo deteriorarentur vel pejorarentur dicta pila vel dictus pons occasione prædicta quod ipse Dominus Henricus promittat ut supra in continenti reedificari, & resici facere ipsius Domini Henrici propriis sumptibus & expensis totiens quotiens aliqua deterioratio seu pejoratio immineret in eis occasione ponderis impositi per eumdem Dominum Henricum super dictam pilam & arcum pontis prædicti, quæ quidem omnia & singula supradicta idem Dominus Henricus sciens prudens, & spontaneus, non vi, non metu, non dolo, ad hoc inductus, nullo errore, lapsu, nec ab aliquo, ut asserit circonventus considerata in hoc, ut asserit, volutate suâ & commodo evidenti & dictorum operariorum suorum, nec volens idem Dominus Henricus propter hoc prædictis pilæ & arcui, Ponti, Civitati, & Civibus Lugduni præjudicium generari, promittit pro se & hæredibus & successoribus suis universalibus & singularibus per juramentum suum super

super sancta Dei Evangelia corporaliter præstitum, & sub obligatione omnium bonorum suorum mobilium & immobilium præsentium, & futurorum ubicumque existentium, & quocumque nomine censeantur, & specialiter, ac expresse, sub obligatione dictorum operatoriorum suorum, quæ propter hæc & ad hæc obligat, & hypothecat specialiter, & expressè in manibus dictorum Procuratorum Sindicorum, & Consiliatorum Civitatis & Civium Lugd. de nunc ut ex tunc, & ex tunc ut ex nunc dicto Jurato nostro stipulanti, & recipienti nomine, & ad opus dictorum Consiliariorum, Procuratorum, & Sindicorum Civitatis, & Civium Lugduni, prædicta omnia & singula attendere, tenere, complere, & inviolabiliter observare, & attendi, teneri, compleri, facere & inviolabiliter observari, & contra prædicta, vel aliquod de prædictis & subsequentibus per se, vel per alium facto, vel verbo in judicio, sive extra judicium de cætero non venire, nec alicui contra ire volenti in aliquo consentire. Insuper Prædicti Consiliarii, Procuratores, & Sindici promittunt bonâ fide dicto Jurato nostro stipulanti, & recipienti nomine, & ad opus dicti Domini Henrici, & suorum hæredum, & successorum contra prædicta compositionem, concordiam, & conventiones, aut contra prædicta, vel aliquod de prædictis, & subsequentibus per se, vel per alium facto, vel verbo in judicio, sive extra judicium de cætero non venire, nec alicui contra ire volenti in aliquo consentire. Renuntiantes tam dicti Consiliarii, Procuratores, & Sindici bonâ fide quam dictus Dominus Henricus, per juramentum suum præstitum in hoc facto & ex dicta scientiâ prædictarum conventionum, concordiæ & compositionis, modo prædicto, & legitimè non factarum doli mali, & in factum omnis appellationis remedio conditionibus ob causam, sine causâ vel ex injustâ causâ, officio & implorationi officii judicis, Petitioni & oblationi libelli, litis contestationi, & omni alii auxilio & beneficio Juris Canonici & Civilis, & specialiter juribus quibus innititur, vel probatur renuntiationem non sufficere generalem, nisi processerit specialis. In quorum testimonium ad partes Consiliariorum, Procuratorum, Sindicorum & Domini Henrici prædictorum nobis pro eis oblatum per dictum Mandatum nostrum cui fidem super hiis pleine adhibemus, sigillum nostrum præsentibus literis duximus apponendum. Actum & datum quoad dictum Dominum Henricum, præsente Joanne Fontanelles, & Hugoneto de Bezant, domicellis ad hoc vocatis testibus & rogatis V I. Idus Januarii, anno Domini 1309. & datum quoad dictos Consiliarios, Procuratores & Sindicos in Ecclesia S. Jacobi Lugduni, præsentibus Rollando de sancto Michaële, publico authoritate Apostolicâ Notario. Domino Humberto de Vallibus, Domino Anselmo de Durchia legum Professoribus, Magistro Johanne Fabri Jurisperito, & pluribus aliis probis viris ibidem habitis ad hoc vocatis testibus & rogatis. V I I. Kal. Martii Anno Domini millesimo ccc. nono.

Comant Arrex fu gites en Parlement que Messires li Archevesques beust toute la Juridicion de Lyon, & non riens le Chapitre, & comant lesdits Citoyens puissent joyr de la garde.

PHilippus Dei gratiâ Francorum Rex universis præsentes literas inspecturis salutem. Notum facimus universis, quod dilecti nostri Cives Lugduni jamdùm Majestatis nostræ præsentiam, per Procuratores ydoneos adeuntes proposuerunt coràm nobis, quàm plura & diversa gravamina inferiùs expressata, sibi fuisse illata per dilectos & fideles nostros Archiepiscopos Lugduni, qui pro tempore fuerunt, seu eorum Officiales, ac Vicarios temporalitatis Archiepiscoporum memoratorum nomine ipsorum Archiepiscoporum, Archiepiscopis ipsis, mandantibus seu ratum habentibus. Decano & Capitulo Ecclesiæ Lugduni instantibus, procurantibus, & præcipientibus gravamina supradicta, asserentes Cives prædicti, seu eorum procuratores prædicta attentata in grave dispendium eorum, & in grande præjudicium superioritatis, & juris nostri, addentes dicti Cives, se nihilominùs à dictis Archiepiscopis, seu eorum officialibus, ac Vicariis, nec non à dictis Decano, & Capitulo ad nos ex hiis causis legitimè appellasse, supplicaruntque instanter ut super hiis adhibere salubre remedium dignaremur. Gravamina autem prædicta sunt hæc. Cum enim ut iidem Cives asserunt, propter multa pericula & gravia dispendia, quæ in Civitate Lugduni ex pluralitate curiarum præterito tempore contigerint, ad melius regimen Civium eorumdem, ac nedum ad pacem Ecclesiæ prædictæ, sed etiam contemplatione Civium prædictorum felicis recordationis Summus Pontifex Gregorius decimus in Concilio Lugduni duxerit statuendum, ut unam, solam Curiam Archiepiscopi videlicet, qui esset pro tempore Lugduni perpetuò jurisdictio temporalis Lugduni regatur, assignatâ dictis Decano & Capitulo annuâ pensione certæ pecuniæ per dictum Archiepiscopum eis annuatim præstandæ ratione partis jurisdictionis ipsius olim ab ipsis Decano & Capitulo, quæsitæ à Comite Forisii quam *Comitatum* appellant, dictique Cives sint per unam solam Curiam tantummodò Archiepiscopi Lugduni, quindecim annis & ampliùs fuerint gubernati, in quasi possessione, quoque juris ipsius ut per dictam solam Curiam Archiepiscopi regerentur, essent & diu fuissent. Beraldus tunc Archiepiscopus Lugduni, nec non Decanus & Capitulum Lugdun. intervenientibus amicabilibus ordinatoribus dictam Curiam & ejus exercitium in communione ejus, & successorum suorum & dictorum Decani & Capituli contra prohibitionem nostram regiam in Juris Civium ipsorum præjudicium enorme redigerunt. Cum quidam Cives constituti in medio fortium vicinorum inter quos guerræ frequentiùs suscitantur ab antiquis temporibus consueverint propter defectum, & impotentiam Archiepiscopi, & Ecclesiæ Lugduni, qui Cives ipsos nunquàm, ut oportuit à vicinorum insultibus defenderunt. Immò ipsi & eorum gentes & familiæ dictos Cives universaliter, & quamplures ex eis singulariter graviùs oppresserunt, ex necessitate virorum potentum ad eorum defensionem, patrocinium advocare, & se eorum gardæ subjicere, in hujusque juris quasi possessione essent dicti Cives, & ab antiquo & tanto tempore de cujus contrario memoria non existit, ac fuissent, suoque jure utendo se in gardâ & protectione nostrâ Cives ipsi posuissent. Nosque qui ratione superioritatis nostræ dictos Cives nostros regnicolas ob Ecclesiæ Lugduni defectum, seu impedimentum ab oppressionibus illicitis, indebitis violentiis, ac injuriis defendere possumus, sine juris injuriâ, & debemus sine præjudicio jurisdictionis & juris dictæ Ecclesiæ, sub protectione nostrâ recepimus ipsos Cives, officialis & Vicarius prædictus temporaliter, & spiritualiter infestavit multipliciter ipsos Cives, ut à procuratione nostræ gardæ desisterent, & ab eâ recederent in grave Civium ipsorum dispendium & nostræ superioritatis præjudicium, ac contemptum. Præterea cùm, ut ipsi Cives proponunt, ipsi sint, & ab antiquis temporibus fuerint in quasi possessione juris custodiæ portarum, & Clavium Civitatis & Villæ Lugduni. Item indicendi, seu imponendi Civibus singulis, & ab eis levandi collectas, & tallias pro civitatis ipsius necessitatibus, & causis frequenter emergentibus. Item præcipiendi singulis

P

Civibus, ut armis sufficientibus se munitos teneant, ad sui defensionem & Civitatis ipsius, & habendi insuper in dictâ Civitate utpotè egregiâ studium scolarium & regentium in jure Civili & Canonico ad docendum quoque Artes alias Liberales. Officialis idemque Vicarius temporalitatis Archiepiscopi Lugd. qui fuit tunc temporis dictos Cives spiritualis, & temporalis jurisdictionis viribus graviter super hiis molestavit, ex causisque præmissis Civitatem & Villam Lugduni supposuit Ecclesiastico interdicto in juris nostri grave præjudicium & Civium prædictorum. Cumque longo tempore gravamen interdicti hujusmodi duraverit, pluries requisiti ex parte nostrâ, dictorum Civium interdictum hujusmodi facere revocare nullatenùs voluerunt Archiepiscopus, Decanus & Capitulum memorati, ex causis præmissis igitur dicti Archiepiscopus, Decanus & Capitulum ad instantiam ipsorum Civium seu procuratorum suorum ad nostra Parlamenta præterita Parisiis ex parte nostrâ pluries adjornati pro quinque Parlamenta & ultimum contumaces semper fuerunt ac etiam in defectu. Licet nedùm ad defendendum & procedendum super præmissis, sed etiam ad audiendum jus super ipsis defectibus fuerint adjornati pluries. Tandem Archiepiscopus qui nunc est ad dominicam proximè præteritam ante ramos palmarum, Decanus & Capitulum memorati Parisiis fuerunt adjornati, ac etiam in defectu ut antè propter longam ipsorum Archiepiscoporum, Decani, & Capituli multiplicatam contumaciam per jus decernimus dictos Cives saysina & quasi possessione, ut per dictam solam Curiam tantummodò Archiepiscopi Lugduni qui pro tempore fuerit, & non Decani vel Capituli regi & gubernari: item gardæ nostræ, & Civium & singulorum jurium gaudere, ac in dictâ possessione dictos Cives esse tuendos salvo jure proprietatis eorum dictis Archiepiscopo, Decano & Capitulo, si purgatâ & emendatâ nobis & parti dictâ contumaciâ super eis contrà dictos Cives, ipsi Archiepiscopus, Decanus, & Capitulum voluerint experiri. Item coërcendo insuper eorum contumaciam, decernimus jurisdictionem temporalem Lugduni, & totam temporalitatem in Civitate & Villâ Lugduni & ejus pertinentiis ad dictos Archiepiscopum, Decanum & Capitulum, vel ad alterum eorumdem pertinentem ad nostram manum esse ponendam & tenendam, quousque contumacias suas purgaverint & emendaverint suprâdictas. In cujus rei testimonium sigillum nostrum præsentibus literis duximus apponendum. Actum Parisiis die Mercurij post Festum inventionis Sanctæ Crucis, Anno Domini millesimo trecentesimo secundo.

Extrait du Cartulaire des compositions de Foréts.

Ludovicus Dei gratia Franciæ & Navarræ Rex, dilectis & fidelibus Magistris Johanni de Forgetis Archidiacono in Ecclesiâ Claromontensi, Petro de Capis Canonico Ambianensi, & Olrico de Noyr, ac Thomæ de Marfontaine Militibus nostris salutem, & discretionem. Lætantes in pace felici & tranquillitate placidâ nostrorum subditorum vias & modos libenter exquirimus, & ad hæc nostra totalis versatur intentio ut eorum commoda procuremus, & ea per quæ possunt opprimi tollamus omninò. Itaque omnibus prius oppressoribus radicitus extirpatis, laudabilibusque antiquis & approbatis usibus in statum pristinum reductis in sospitate vigeant & somnum capiant in quiete ac hiis quæ sua fuerint quilibet sit contentus, vosque ipsos invenire possimus ad ea quæ nostrum & regni nostri honorem, & pacificum statum respiciunt semper promptos. Sanè hiis diebus grandis clamor Religiosorum & Nobilium Senescalliæ Lugdun. & Bailliviæ Matiscon. pro se personis Ecclesiasticis & popularibus auditum nostrum undique propulsant, quod præteritis temporibus eisdem per Senescallos, Baillivos, receptores, præpositos, procuratores, collectores, servientes, & alios diversos officiales & ministros Senescalliæ & Bailliviæ earumdem qui sunt, & qui pro tempore inibi extiterunt tot excessus tantaque damna & gravamina diversimodè sunt illata quod ad nostrum remedium recurrere necessariò sunt coacti, nobis cum instantia supplicantes ut super his vellemus tam pro nobis quam pro ipsis de salubri, & celeri remedio providere. Nos igitur qui tamquam justitiæ debitores summis desideriis affectamus eorum tranquillitati, & paci ac totius subjecti nobis populi providere, vobis de quorum fidelitate & industriâ plenam & indubitatam fiduciam obtinemus, tenore præsentium committimus & mandamus, quatenùs vos quatuor, tres, vel duo vestrum ad partes dictarum Senescalliæ & Bailliviæ & ad loca ipsarum ad quæ attendendum nobis visum fuit expedire personaliter accedentes constitutis per vos ad jurium nostrorum defensionem & conservationem defensoribus idoneis uno vel pluribus probis viris in iis quæ pro conservandis juribus nostris facienda fuerint expertis vocandis evocandis, visis literis nostris in quibus continentur articuli nobis ex parte dictorum conquerentium pro se, personis Ecclesiasticis & popularibus prædictis exhibiti de quibus conquerebantur, visis etiam responsitionibus & declarationibus ad dictos articulos ex parte nostra cum magnâ deliberatione consilij factis de quibus per prædictas literas nostras liquere poterit ea quæ per ipsas literas nostras ordinata seu declarata inveneritis, faciatis celeriter compleri, debitæ executioni mandari, ac firmiter observari. Et factâ primitùs proclamatione generali palam & publicè ac sub certis pœnis quas videbitis expedire, ne quis cum Senescallis, Ballivis, præpositis, procuratoribus, servientibus, vel aliis officialibus seu ministris nostris quibuscumque componere, transigere vel perficere audeat, nec hiisdem Officialibus id cum ipsis facere quoquo modo præsumant ipsisque Officialibus quibuscumque processibus super præmissis contra eas faciendis pendentibus ab Officiis suis per nos suspensis vel totaliter amotis prout videritis faciendum, ac super contentis in articulis prædictis in facto consistentibus usibus, consuetudinibus antiquis & approbatis tempore Beati Ludovici proavi nostri deductis ad probationem ipsarum consuetudinum & usuum temporibus Domini genitoris nostri & nostris & aliis articulis nobis tradendis de quibus per Nos ex tenore dictarum literarum nostrarum alias non esse noveritis ordinatum, seu etiam declaratum, visis etiam antiquis privilegiis si qua vobis contigerit exhiberi inquiratis diligentius veritatem celeriter & de plano, & quæ declaranda, corrigenda, mutanda, disponenda, aut aliter quomodolibet ordinanda tam pro nobis quam personis Ecclesiasticis, nobilibus, & popularibus partium prædictarum videritis auctoritate nostrâ regiâ declaretis, corrigatis, mutetis, disponatis, aut aliter quomodolibet prout faciendum decreveritis, ordinetis, ac contra Senescallos, Baillivos, receptores, procuratores, Castellanos, præpositos, Officiales Ministros & alios quoscumque supradictos qui nunc sunt, vel qui hactenùs fuerunt de gestu cujuslibet ipsorum, & qualiter se in sibi commissis Officiis hactenus habuerint inquiratis, & quæ ipsos aliter quam justè à quocumque inveneritis extorsisse, vel habuisse de bonis, vel ipsis non existentibus solvend. de bonis fidejussorum per eos datorum tempore suscepti per eos officii, vel si ullos aut minùs idoneos fidejussores dederint de bonis illorum qui ipsos in ipsis officiis posuerunt si quibus, & prout rationis fuerit restitui faciatis, & eos prout meruerint, taliter puniatis, quod eorum exemplo cæteri terreantur, & deinceps ad talia non prorumpant, & ut prædicta celerius expedire possitis, vobis damus plenariam potestatem committendi personis idoneis uni vel pluribus inquisitiones, & processus contra ipsos officiales super prædictis faciendo, sententia definitiva nobis dumtaxat, super eis reservata, cæteri quæ pro complemento prædictorum omnium, & ea tangentium necessaria fuerint in toto, & per totum cessante in omnibus & singulis prædictis cujuslibet frivolæ appellationis diffugio vocatis evocandis, faciatis, & executioni diligenter, celeriter, & de plano. Cæterum si aliquis officialium prædictorum esset propter ejus demerita corporaliter puniendus, volumus, & concedimus, quod quilibet vestrum Militum prædictorum altero impedito, vel absente possit super hæc exhibere, & facere justitiæ complementum super quibus vobis quatuor, tribus, vel duobus plenam generalem authoritate nostrâ concedimus potestatem. Et si vobis aliqua dubia occurrerint in prædictis, ea sufficienter instructâ nobis, seu nostræ Curiæ referatis, vel remittatis quanto citius declaranda, sub vestris inclusis sigillis. In præmissis autem omnibus, & singulis, & dependentibus ex eisdem vobis tribus & duobus vestrum ab omnibus pareri & intendi efficaciter volumus & mandamus. Datum apud Viennas die XVII. Maii, anno Domini M.CCC.XV.

Comant Messires li Archevesques & Chapitres Empetrerent de oster le Siege Royal de l'Ile Barbe, de saint Safurin le Chastel & de Polleu, & plusieurs autres choses, qui ne se tient point.

PHilippus Dei gratiâ, Francorum Rex. Notum facimus universis, tàm præsentibus, quàm futuris. Quod cum nos circà reformationem Ecclesiarum, ac totius reipublicæ Regni nostri nostras operationes & studia promptis desideriis dirigentes, grave, nec ...... geramus & molestum cum aliquid contrarietatis emerserit, quod in hac parte causam impedimenti præbeat, vel conditionem status ejusdem possit reddere graviorem, multiplicata igitur longo temporis decursu honorabilis Ecclesiæ Lugduni primæ Sedis Galliarum suorumque ministrorum, gentium & subditorum vexatio ex diversis causarum gravaminibus jam suborta necessariò nostræ majestatis curam sollicitam monet, & inducit, ut quarumlibet molestiarum, omniumque vexationum exclusis occasionibus ipsi Lugdunensi Ecclesiæ suis rectoribus, ministris, & subditis quos sub pacis, & perpetuæ tranquillitatis pulcritudine omninò volumus conforveri, provideamus salubribus per præsentes justis remediis & favoribus opportunis. Sanè quia dilecti & fideles nostri Archiepiscopus, & Decanus, & Capitulum dictæ Ecclesiæ Lugduni gravi nobis conquestione monstrarunt, quod cùm dudum inter inclytæ recordationis Reges Franciæ nostros, eorumque prædecessores transactionibus, conventionibus, ac concordiis solemnibus, quibus lapsu temporis, vel actibus, seu expletis contrariis derogari non potest, nec alterutri partium jus in possessorio, vel petitorio quomodolibet in contrarium acquiri, fuit inter cætera concordatum, quod appellationes primæ ab eorum audientia, seu eorum judicium Villæ & Civitatis Lugduni & pertinentiarum ejusdem, & secundæ, in eorum terrâ & baroniâ extrà civitatem & Villam Lugduni ad nos & curiam nostram emissæ in parlamento nostro

vel alibi, prout ordinareniùs terminari deberent, extrà tamen dictas Villam, Civitatem, & Baroniam Ecclesiæ memoratæ. Nihilominus magister Johannes de Peredo, Judex appellationum Villæ & Civitatis Lugduni, ex parte nostra deputatus infrà dictam Villam & Civitatem, & etiam apud locum insulæ barbaræ de dictis appellationum causis cognoscit sedendo pro tribunali contrà præmissa indebitè veniendo, adjicientes insuper, quod licet ab olim dictæ Villa, Civitas & Baronia, & eorum subditi ab omnimodâ jurisdictione, & subjectione Baillivi Matisconensis & Officialium nostrorum dictæ Bailliviæ penitus sint exempti, Quodque casus ressorti ad nos pertinentes per quatuor tantùm servientes nostros à nobis deputandos in dictis Villa, Civitate, & Baronia exequutioni demandari deberent. Tenebanturque dictus Baillivus, Seneschallus Bellicadri, Judices Majores Bailliviæ, & Seneschalliæ prædictarum, & servientes prædicti, jurare antequàm officiorum suorum, administrationem susciperent se libertates per prædictos prædecessores nostros dictæ Ecclesiæ, & ejus Ministris concessas fideliter servaturos, prædictam tamen non attentis dictus Baillivus superioritatem, & ressortum dictarum Villæ, Civitatis, Baroniæ, & subditorum de facto, nulloque præstito juramento in hac parte, sic & cæteris officialibus dictæ bailliviæ secundùm statum & gradum cujuslibet appropriare & usurpare nititur, licet hoc à nobis, seu prædecessoribus nullatenus fuerit ordinatum; occasione quorum præfatus Baillivus, & procurator noster dictæ bailliviæ nunc per seipsos, nunc per eorum loca tenentes, vel substitutos infrà dictas Villam, Civitatem, & Baroniam de causis cognoscere, pro tribunali sedere, inquestas facere, incarcerare, & alia quàm plurima, ad jurisdictionem pertinentia attentent, effrænatam multitudinem, servientium nostrorum ad exequenda ea, quæ ad ressortum pertinent infrà dictas Villam, Civitatem, & Baroniam deputando, qui etiam absque mandato speciali suorum superiorum continentem casum ressorti ad nos pertinentem in dictis Villa, Civitate, & Baronia suis officiis abutuntur, cùm secundùm ordinationes Regias per foventes larem ex causis in ipsis ordinationibus contentis infrà ipsorum jurisdictionem altam & bissam nullus omninò, nec per alios servientes nisi cum mandato casum specialem continente casus ressorti, debeat exequi, & dictis conquerentibus requisitis; sedesque Regias pro casibus ressorti apud sanctum Symphorianum Castri, & Poilliacum Monialem de facto teneri faciendo infrà dictam Baroniam memoratam. Cùm tamen secundùm rationem, & libertates Regias concessas dictæ Ecclesiæ, & ejus ministris nullus officialium Regius sedere, vel de causis cognoscere possit, vel debeat infrà dictam Villam, Civitatem, & Baroniam sæpe dictas, & dictæ sedes sint nobis, ut asserunt, quasi inutiles, & maximè dicti conquerentes, & eorum subditi per eas læduntur & multipliciter aggravantur. Quodque custos sigilli nostri in dictâ bailliviâ constituti ipsos in exequutione litterarum dicto sigillo sigillatarum secundùm ordinationes Regias ad eos in eorum altâ & bassâ jurisdictione pertinente de facto impedit quominùs eas exequantur, eorumdem executionem, & cognitionem ab eis dependentem; sibi usurpando de facto in eorum altâ & bassâ jurisdictione Villæ, Civitatis & Baroniæ prædictarum. Prætendentes insuper quod Baillivus præfatus asserens se Gardiatorem Civibus & habitationibus Villæ & Civitatis Lugdunensis, ex parte nostra deputatum, occasione dictæ guardiæ causæ cognitionis sibi assumens, dictos conquerentes in executione Justitiæ circa subditos eorumdem de facto frequenter impedit, licet Gardiator de his, quæ causæ co-

P ij

gnitionem exigunt, se nullatenus intromittere, vel subditos justiciabiliter contra Dominos suos, quominus in ipsos exequantur justitiam debeat, vel possit aliquatenus impedire. Asserentes etiam quod dictus Baillivus ipsis conquerentibus non vocatis, non confessis, non convictis, nec per contumaciam absentibus, variis quæsitis coloribus eorum temporalitatem ad manum nostram ponit, & detinet, frequenter plures servientes, & alios Officiales nostros & aliquos comestores, & vastatores in eorum Castris, Villis, & terris ponendo, ipsam temporalitatem ad manum nostram regi & gubernari, faciendo dictos quoque conquerentes ad solvendum stipendia, seu vadia dictis servientibus, & deputatis, antequam manum nostram velit, & antequam ipsi conquerentes in aliquo culpabiles reperti, seu condemnati fuerint compellendo. Impedit insuper dictus Baillivus de facto dictos conquerentes, eorumque Officiales, Ministros & subditos in portando Arma infra dictam Villam, Civitatem & Baroniam, pro justitia exequenda, & suis juribus deffendendis: quæ & quamplura alia impedimenta, & gravamina eis contra jus & justitiam, ac tenorem compositionum inter nostros, & dictorum conquerentium predecessores hactenus initarum facta, ut præmittitur, & illata cedunt in eorum libertatum suarum, & subditorum læsionem enormem, gravanturque non mediocriter indebitis vexationibus, magnis laboribus & expensis, ad nos & nostram Curiam pro prædictis necessario recurrendo, & in posterum verisimiliter gravius lædentur, nisi per Majestatis nostræ Clementiam obvietur. Quare nobis humiliter supplicarunt ipsis & præfatæ Lugdunensis Ecclesiæ eorumque subditis super præmissis & dependentibus ex eisdem juste & legitime providere. Nos igitur eorum supplicationibus annuentes libenter & quæ ad eorum, quietem prospicimus concedere cupientes, ut liberius divinis Officiis valeant insistere, submotis contrariis occasionibus, & gravaminibus quibuscumque visis, pensatisque plenius eorum supplicationibus, necnon dictorum prædecessorum nostrorum compositionis litteris, in cera viridi, & filis syricis, super hinc olim confectis per eos exhibitis, ordinationibusque regiis dudum pro bono communi regni nostri, ac totius Reipublicæ promulgatis, quas sibi & Ecclesiæ suæ servari instantius supplicabant, Super his habitis, magno consilio, & diligenti tractatu, ac deliberatione tam provida, quam matura, ac eorum consensu decretandum, moderandum, concedendum, ordinandum & faciendum, & futuris temporibus inviolabiliter observandum duximus in hunc modum. Videlicet quod jurisdictio Villæ, Civitatis Baroniæ & subditorum Ecclesiæ Lugdunensis, sic & regatur, sub & de ressorto Baillivæ nostræ Matisconensis. Ita quod appellationum tam primarum, quam secundarum Villæ, Civitatis, ac Baroniæ predictarum, secundum distinctionem olim factam, & declaratam, qua primæ dictæ Villæ Civitatis, secundæ verò dictæ Baroniæ ad nos emitti debent & possunt, prout in quibusdam Compositionum litteris Carissimi Domini & Consanguinei nostri Philippi olim Franciæ & Navarræ Regis in Cera viridi, & syrico sigillatis plenius continentur, & alii casus ressorti apud Matisconem solummodo, & non alibi nisi in Parlamento nostro Parisiis, casu exigente, audiri, decidi, & terminari, coram Baillivo Matisconensi, qui est & qui pro tempore fuerit, seu ejus locum tenere debebunt. Præfatusque Baillivus, seu quivis alius Officialis dictæ Baillivæ in dictis Villa, Civitate, Insula barbara, & Baronia pro tribunali sedens, de causis aliquibus cognoscere, aliquos jurisdictionis actus exercere, inquisitas nisi super ca-

sibus ressorti lite coram dicto Baillivo contestata, extrà dictas Civitatem, & Baroniam, quo casu ad evitandos labores prædictorum Civium, & expensas apud Lugdunum & alibi, secundum casus exigentiam testes recipi poterunt, & eorum depositiones scribi, & inquisita perfici, usque ad publicationem, quæ tamen apud Matisconem publicari debebit, neque incarcerare poterit nisi casu repentino se offendente, & tunc precariò à dictis Archiepiscopo, Decano, & Capitulo seu altam eorumdem prisionem recipiendo absque ipsorum prejudicio, quo casu infrà sex dies immediatè sequentes extrà dictas Villam, Civitatem, & Baroniam teneantur ponere, & conferre incarceratos prædictos, Judicum vestrarum appellationum & ressorti, Nos & successores nostri infrà dictas Villam, Civitatem & Baroniam ex nunc seu futuris temporibus nunc deputabimus, nec tenebimus, quem quibuscumque ordinationibus, aut litteris regiis contrariis in aliquo non obstantibus tenore præsentium amovemus, & dictarum appellationum causæ decidantur, & determinentur apud Matisconem, ut superius est expressum, & per dictum Baillivum, vel ejus locumtenentem infra easdem causas aliquas committi prohibemus omninò, nisi de dictorum Conquerentium, prout ad quemlibet eorum pertinuerit procedat assensu, neque locum tenentem suum substitutum generalem, seu specialem, dictus Baillivus Judex, Procurator, aut alii Officiales dictæ Baillivæ infrà dictas Villam, Civitatem & Baroniam habere, tenere, vel deputare poterunt quovis modo: Districtè insuper inhibemus Custodi sigilli nostri in dicta Balliva constituti, ne dictos conquerentes, eorum Officiales & Ministros in eorum jurisdictione alta & bassa per se, vel per alium impediat, seu impediri, vel permittat in executione litterarum sigillatarum sigillo prædicto, quominùs ea libere exequantur: Cùm ex di partis instantiam fuerint requisiti, & ordinationes regias super hoc editas diligenter observet, Volumus insuper & ordinamus quod infra dictas Villam, Civitatem & Baroniam in communis dictorum Archiepiscopi, Decani, & Capituli casu ressorti ad nos pertinente per sex tantummodo servientes nostros idoneos remotis omnibus aliis ultra dictum numerum, quos per præsentes amovemus omninò habeant exerceri cum mandato Episcopali suorum Superiorum continenter casum ad Nos pertinentem, dictisque Archiepiscopo, Decano & Capitulo prout in litteris eorum communiter, vel divisim casus se offeret, aut eorum Officialibus, vel ministris jurisdictionem regentibus primitùs requisitis. Quod si dicti servientes, aut eorum aliquis in exequendis sibi commissis, vel alias in dictis Villa, Civitate & Baronia aliquos excessus commiserint officiando pro nobis per dictum Baillivum Matisconensem debitè puniantur, & si casus exigerit, quod propter eorum demerita amoveri debeant, absque difficultate per dictum Baillivum amoveantur omninò, & nihilominùs si casus enormitas hoc exposcit gravius puniantur. Quia verò sedes quæ nostro nomine apud sanctum Simphorianum castri, & Poilliacum monialem propè Ansam tenentur, infrà limites dictæ Baroniæ consistunt, & nobis sunt parum utiles, ut per Patentes dicti Baillivi Matisconensis litteras, & alias fuimus informati, suntque dictis conquerentibus non modicum oneri, easdem sedes penitus amovendo, in præfatis locis teneri de cætero prohibemus. Volentes quod illi qui ad dictas sedes ante vocabantur apud Matisconem & Carilocum, quæ sunt magis insignia loca, prout antiquitus, antequam tenerentur dictæ sedes, erat fieri consuetum, & non alibi vocentur convenienter in posterum & eorum causæ audiantur, & etiam decidantur. Con-

de la Ville de Lyon. 117

cedimus insuper, & ordinamus, quod si rationabili casu hoc exigente Civibus, seu habitatoribus dictarum Villæ, Civitatis & Baroniæ, aut singularibus personis eorumdem Gardiatorem, unum vel plures authoritate regia duximus deputandos, seu quivis alius Officialis noster deputaret, dicti Gardiatores, unus, vel plures contra dictos Archiepiscopum, Decanum & Capitulum, pro ipsorum justitiabilibus & subditis, nullum possint Gardiatoris Officium æqualiter exercere, nec ipsos seu eorum aliquos quominùs jurisdictionem, suam in eorum litteris liberè exequantur, occasione alicujus salvæ guardiæ quomodolibet impedire, Volentes insuper indemnitati dictorum Archiepiscopi, Decani, Capituli, & Lugdunensis Ecclesiæ providere, necnon & Ordinationes regias super his editas inviolabiliter observari Baillivo nostro Matisconensi & aliis Officialibus nostris dictæ Bailliæ prohibemus expressè, ne temporalitatem ipsius Ecclesiæ ad ipsos pertinentem communiter, vel divisim, ad manum nostram ponant, seu poni faciant, aut nostro nomine gubernari, nisi pro excessu, vel offensa pro quibus nobis essent ad emendam debitò condemnati, aut pro executione alterius judicati, vel sententiæ, seu instrumentis sigillis regiis sigillatarum, sub quarum viribus essent efficaciter obligati; sed neque tunc, nisi usque ad Valorem, seu æstimationem Emendæ judicati, sententiæ & obligationis in dictis litteris contentarum : Si verò dicti Baillivus, aut alii Officiales nostri dictæ Bailliæ aliter, quam ut præmittitur, de facto ad manum nostram ponerent temporalitatem prædictam, servientes ad gubernationem ipsius deputando, dicti Archiepiscopus, Decanus & Capitulum, aut eorum Officiales & Ministri nulla prorsus stipendia, seu vadia aut expensas aliquas dictis servientibus solvere teneantur. Neque ad hoc nullatenus compellantur, nisi ipsam temporalitatem ad manum nostram poni per nostras litteras specialiter mandaremus. Cæterum ut in exequenda justitia & eorum juribus deffendendis non impediantur à quocumque, Volumus & præcipimus, quod juxtà dictas Compositiones inter prædecessores nostros & dictorum Conquerentium olim habitas in casibus prædictis infra dictas Villam, Civitatem & Baroniam ipsis eorum Officialibus, ministris, & subditis, impunè arma portare liceat sine fraude, ita tamen quod sub prætextu liciti seu concessionis hujusmodi illicita non committant, nec dictus Baillivus, seu Officiales alii nostræ dictæ Bailliæ ipsos super his molestare, impedire, seu ad aliquam emendam nobis propter hoc faciendam compellere præsumant aliquatenus, vel attentent. Præterea volumus & præcipimus, quod Baillivus Matisconensis, qui nunc est, infra unum mensem postquam præsentes litteræ infra dictam Bailliam, si præsentatæ fuerint, & super extiterit requisitus, successoresque sui, qui pro tempore fuerint, & eorum quilibet in primis dictis litteris quas tenebunt apud Matisconem, vel in alio loco infra suam Bailliam se omnia & singula supradicta servaturos jurare teneantur, & jurent pluribus adstantibus fide dignis quantoprimum super his fuerint requisiti, & facere à suis subditis Officialibus inviolabiliter observare contra facientes puniendo & debitè castigando, si verò dicti Baillivus aut alii Officiales nostri dictæ Bailliæ, seu eorum aliquis contra præmissa, aut aliquod præmissorum indebitè facerent, aut venirent, omnes expensas, damna, costamenta & interesse, quæ dicti Archiepiscopus, Decanus, & Capitulum communiter, vel divisim sustinerent, incurrerint, aut facerent prosequendo in nostra Curia, vel alias contra venientes & facientes postquam super hoc confessi, vel convicti legitimè fuerint resarcire, & restituere integraliter teneantur,

ad hoc summariè & de plano, sine magna figura judicii, compellantur, per gentes Parlamenti nostri, vel alios judices competentes, ut si à malis amore justitiæ non abstineant, saltem pœnæ formidine à vetitis arceantur. Ut autem præmissa omnia & singula, quæ ad divini cultus augmentum, quietam pacem, quæ Lugdunensis Ecclesiæ servitorum, ministrorum & subditorum ejusdem providâ deliberatione maturoque Consilio statuenda & concedenda duximus, absque perturbatione, molestatione & diminutione firmius observentur, statuimus, volumus & etiam ordinamus, quod nulla temporis præscriptio in contrarium valeat pro nobis aut ipsis Archiepiscopo, Decano & Capitulo aut successoribus nostris quantumcumque per officiales nostros dictæ Bailliæ, aut officiales prædictorum essent facta seu fierent expleta contraria in futurum, quæ pro non factis ex nunc & in posterum quotiescumque fierent decernimus. Ita quod Nobis & dictæ Ecclesiæ servitoribus, ministris & subditis in possessione, vel proprietate, nullum possit contra præmissa præjudicium generari, sed omnia in suo robore permaneant non obstantibus expletis contrariis olim factis, ordinationibus, & litteris sub quavis formâ verborum concessis, vel etiam concedendis. Quæ ut firma rataque perpetuis temporibus permaneant; nostrum præsentibus litteris fecimus apponi sigillum. Datum apud Confluentum juxta Parisiis, Anno Domini millesimo trecentesimo, quadragesimo primo, mense Septembris.

L'Executoire de ladite Lettre.

PHilippus Dei gratia Francorum Rex, dilecto & fideli Joanni de Kadrellis Militi & Consiliario nostro, ac Baillivo Matisconensi, vel ejus locum tenenti salutem & dilectionem, cum expositis dilectorum & fidelium nostrorum, Archiepiscopi, Decani & Capituli Ecclesiæ Lugdunensis nobis requisitis super eo videlicet, quod contra mentem dictarum Compositionum inter nostros, & eorum Prædecessores initarum, dictum nostro nomine judicem ressorti appellationum Civitatis, Civium & habitatorum Lugdunensium in Burgo Insulæ Barbaræ tenebamus, subditique fidelium nostrorum prædictorum, & Baroniæ suæ extra prædictam Civitatem commorantes, coram nostris sancti Symphoriani Castri, & Poilliaci monialis Castellanis in causis ad nos pertinentibus ressortii cogebantur, nec non & super pluribus aliis in ipsis requisitis latiùs declaratis, dictam declarationem, & ordinationem perpetuò valituram fecerimus, eisque providerimus, in & super his, sic & prout pleniùs in dictis litteris nostris in cera viridi, sub filis syriceis videbitis contineri, vobis & vestrum cuilibet insolidum committimus & mandamus, districtiùs injungendo, quatenùs omnia universa & singula in dictis nostris aliis litteris contenta inviolabiliter & de puncto in punctum observetis & publicetis, & ab omnibus observari, publicarique & proclamari in locis in quibus expedire videbitis, & fueritis requisiti, faciatis, indilatè, eaque exequutioni viriliter demandetis, juxtà prædictarum nostrarum aliarum litterarum continentiam & tenorem: mandantes omnibus nostris subditis ut vobis & vestrum alteri, circa præmissa præeant efficaciter, & intendant. Datum apud sanctum Mandatum die sexta Octobris Anno Domini millesimo trecentesimo quadragesimo primo, & erant hæc subscripta quæ sequuntur in qualibet dictarum litterarum, per Dominum Regem ad Relatum Consilii… *Clavel*… & datum per Copiam, sub sigillo

P iij

Curiæ Domini Baillivi Matiſconenſis die 24. Menſis Octobris anno quo ſupra.

Comment le Roy mandoit al Bailly, que ne s'entremit de choſe que le Garder avoit fait contre les Seigneurs de Bellve, por une Lettres, ſi elles ne diſant, nonoſtant la Commiſſion faite al garder. 2. Juillet 1332.

PHilippe par la grace de Dieu Roy de France. Au Baillif de Maſcon, ou à ſon Lieutenant, Salut. Comme Nous ayans député, & ordonné un Gardien aux Citoyens & Habitans de Lyon, qui ſont avec leurs Familles, & tous leurs biens, en noſtre eſpecial garde & protection, afin que les oppoſitions, forces, violences, & injures, qui de jour en jour, lour etient faites par leurs Voiſins, tant de noſtre Royaume, comme de l'Empire, leurs fuſſent oſtées & empechées par ledit Guardien ; & ayens voulu pour ce que il ne leur conviegne pas avoir recours loing d'eux à Maſcon, ou ailleurs, que ledit Gardien qui eſt Chevalier & homme ſachant ait cognoiſſance des cauſes tochant ladite garde par noſtre Commiſſion a li donnée ſus ce par nos Lettres ouvertes, & pour anciennes priſes & injures, que les Gens de noſtre Amé & Feal le Seigneur de Biaujeu avient fait, ou prejudice de noſtre dite garde, ſi comme on dit ſus ceux de Lion, de perſonnes de nefs & de buche, ou nos Penonciaux etient, li diz Gardiens par conſeil euſt fait aucuns Exploits de Juſtice contre le dit Seigneur de Biavieu, & ſes Agens, parmi le pouvoir que nous avons donné & Commis : Niantment li diz Sire de Biaueu par lettre ſubreptices empetrées de Nous, où de noſtre Court, ten de la Commiſſion faite au dit Gardien de par nous, & des Cauſes deſſus dites qui nous murent à ce faire, pour la ſeurté de ceux de Lyon, leſquelles Lettres s'eſdreſſent à toy, t'efforce de faire venir la dite cauſe, & le dit Gardien, & les Parties par devant toy, & tu auſſi de faire recreance d'aucuns Priſonniers, qui ſont à bonne cauſe detenus pour les priſes & injures deſſus dites, & as fait pluſieurs inhibitions, parquoy juſtice eſt empeſchié contre raiſon, ſi comme on nous à rapporté. Pourquoy Nous, qui ne volons mie que ce qui appartient à un de nos Juſticiers ſoit empeſchié par l'autre, par Lettres ſubreptices ou autrement, Te mandons & enjoignons eſtroitement, que ſe les Lettres empetrées par le dit Seigneur de Biavieu, ne contiennent expreſſement, que tu cognoiſſes des choſes deſſus dites, non contestant la Commiſſion faitte au dit Gardien, tu te ſueiffres d'aler avant en la dite cauſe, & remet au premier état, tout ce qui ara été fait par toy, & par ton commandement aux choſes deſſus dites, non contreſtant leſdites Lettres empetrées par le dit Seigneur de Biaujeu, leſquelles Nous reputons ſubreptices, s'il eſt ainſi comme dit eſt, & deſorenavant n'empeſche le dit Gardien, en ce qui li eſt commis par, nos dites Lettres s'il ne t'eſtoit mandé, que tu les ſeiſſes, non contreſtant la Commiſſion, que Nous li avons faite. Donné à Crievecuer le ſecond jour de Juillet l'an de grace, mil trois cens ſeize deux.

Comment le Roy noſtre Sire, fit Monſieur Philippe de Chauery, Gardien de Lyon, s'il plaiſoit aux Habitans de Lyon, autrement non. 29. Aouſt 1333.

PHilippe par la grace de Dieu, Roy de France. A tous ceux qui verront ces preſentes Lettres Salut, Comme Nous ayants entendu, qu'il plairoit moult & ſeroit agreable aux Habitans de la Citté de Lyon, ſur le Rhoſne, que noſtre Amé & Feal Chevalier Philippe, Seigneur de Chavirei, noſtre Bailly de Maſcon, fut & ſoit leur Gardien reputé par Nous, ſavoir faiſons, que s'il plait auxdits Habitans, qu'il le ſoit, Il nous plaît & le volons, l'établiſſons & deputons, leur dit Gardien a y demourer, tant qu'il nous plaira ez gages accoutumés, & luy donnons pouvoir & ſpecial comandement de faire touttes choſes & chacune appartenant à la ditte garde ; Si mandons à tous à qui il appartient, que entendent & obeïſſent diligemment à ly és choſes qui y appartiennent, & au cas deſſus dit, qu'il plaira aux dites Citoyens, Nous voulons que tous autres Gardiens ſoient oſtés. Donné à ſainte Jame le XX. jour d'Aouſt, l'an de grace mil trois cens trente trois......... *Subſcriptio talis eſt.* Pour le Roy, à la relation Monſieur Remond Saquet. *Molins.*

Comant l'on veniat d'aller ou Retreban royal, par coment & la penſion de mille livres donnée al Roy ; & que ne ſoit prejudices à la Ville. 26. Aouſt 1346.

PHilippe par la grace de Dieu, Roy de France. A tous ceux qui ces Lettres verront, Salut. Comme il nous ſoit crié de par Nous par la Baillie de Maſcon, & par les reſſorts eſpecialment en la Citté de Lyon, ſur le Rhoſne, que toutes perſonnes de dix huit ans, juſques à ſoixante veniſſent à noſtre Arrieban, à Roen en armes, à Cheval & à pied, chacun ſelon ſon état pour eſtre avec nous à contraicter à nos avenus qui étoient entrés en Notre dit Royaume, pour les Parties de Conſtantin en Normandie & les Conſuls & Habitans de la ditte Cité de Lyon, ſe ſoient trais par devers nos Gens & leurs ayent dit pluſieurs cauſes, pourquoy il n'étoit pas expedient, que la ditte Cité demouraſt deſarmée de Gens ; diſans auſſi que és autres guerres, ils étoient toujour demourans en la ditte Cité : Savoir faiſons que de nôtre volonté, ils ſont demourés de venir à notre dit Arriereban, toute voyes, ils nous ont donné mille livres Tournois une fois, leſquelles ils ont payées & rendues ou nom de nous à Euſtache de Labour, notre amé Echanſon ; & Nous en tenons a payés, ne ne volons que pour le dit don il Nous ſoit acquis ſur les dits Citoyens & Habitans de Lyon nouvel droit, ny auſſi qu'il puiſſe porter ou tems avenir aucun prejudice à Nous ou à nos Succeſſeurs, en autres cas ſemblablement, s'ils avenoient. Donné à Paris le 26. Aouſt, l'an de grace mil trois cens quarante & ſix, ſous noſtre nouvel ſeel. *Subſcriptio Notarii talis eſt.* Par le Conſeil en la Chambre des Comptes, *Briarre.*

Comant Meſſé Bartholomez de Monbriſon, fut fait Gardien de Lyon. 16. Mars 1341.

PHilippe par la grace de Dieu, Roy de France. A tous ceux qui ces preſentes verront. Salut, ſavoir faiſons, que Nous à la ſupplication des Citoyens de Lyon, ſur le Rhoſne ; Diſans que comme il a été dit per Arreſt de noſtre Cour, que ils auront leur Gardien, qui demourra en la ditte Cité de Lyon, & ils ſe doutent que injures, griefs, & violences, ne s'en ſoient faittes par aucuns leurs malveuillans, leur avons député & deputons pour Gardien aux gaiges accouſtumés, de noſtre grace eſpeciale, nonobſtant que nous leurs euſſions députés Gardien, le Bailly de Maſcon, lequel ne pourroit couſtumierement demourer en la ditte Cité, ne entendre à leurs beſoignes ſans leurs grant dommaige, Maiſtre Barthelemy de Montbriſon, Doctor en Loys, lequel nous faisons & établissons nostre Sergent en ce cas, & li donnons povoir & autorité & li mandons & commettons que lesdits Citoyens, leur Gens familiers & tous leurs biens lesquels nous prenons sous nostre protection, & garde especiale à la Conservation de leurs droits, tant seulement garder & deffendre de totes injures, griefs, violences, oppositions, inquietations de force d'armes & puissance, delais, & de totes nouvelles induës, & se aucune chose, il treuve étre, ou avoir esté faitte contre iceux Citoyens, leurs familles, leurs biens indument, il le remette sans delay au premier estat & deu, & pour ce fasse faire à Nous & à nos dits Citoyens amende convenable, & les maintiegne & garde en leurs justes possessions, libertés, droits, usages, franchises, coutumes, & saisies esquelles il leurs trouvera estre & leurs Predecesseurs avoir esté paisiblement & d'ancienneté, & de toutes les personnes desquelles il, ou aucun d'eulx voudront avoir assentement, leur face donner bon & loyal selon la Coutume du païs & cette presente Sauvegarde especiale, signifie, & publie ez lieux, & aux personnes où il appartiendra & deffande de par Nous à toutes les personnes dont il sera requis de par les dits Citoyens, que à eux, leurs familles & biens sur certaine peine à appliquer à Nous, ne meffacent, ne facent meffaire en aucune maniere & toutes leurs debtes bonnes & loyaux cognuës ou prevuës souffisantes, par lettres, tesmoins, instrumens, ou par autres loyaux enseignemens leur face payer, & en contraignant à ce deuëmant les debiteurs par prises, & expletation de leurs biens, & detention de leurs corps, se ils y sont obligés, & se aucun se voloit opposer à ce & sur les choses dessus dites, ou aucune d'icelles, n'ait debat entre Parties en cas de nouvelleté, icely debat & la chose contentieuse mette entre nostre main, comme Souveraine & par icelle face recreance, où il appartiendra, & adjourne les oposans à tel tems & competant jour par devant les Juges ausquels la cognoissance en appartiendra pour poursuivre leur opposition, si come de raison sera & certifie les dits Juges des dits adjournemens suffisant, & toutes les choses dessus dites & chacune d'icelles & celles, qui en dependent, & aussy toutes autres, qui a office de Gardien especialement appartiennent, & peuvent appartenir, en quelque maniere que ce soit, face & exerce toutefois que mestier en sera toutevoye: Nous ne volons pas que il s'entremettre des choses qui requierent cognoissance de Cause, fors de ce qui à office de Gardien appartient, & Nous donnons en mandement par la teneur de ces presentes Lettres à tous nos Justiciers & sujets, que audit Gardien ez choses dessus dites, & és dependantes d'icelles obeïssent en entendant diligemment, & li prestent conseil, confort, & aident se mestier en est, & il les en requiere. En tesmoing de ce Nous avons fait mettre nostre Seel en ces presentes Lettres. Donné à Pont sainte Maixance, le XVI. jour de Mars, l'an de grace mil trois cens quarante un. *Subscriptio Notarii talis est.* Par le Roy, à la relation de Messieurs P. de Ville, & Oudet de Henry.... *Gornay.*

L'Arrest dona comant Mosse B. de Montbrison, pouvoit estre Gardien, nonobtant totes les oppositions faittes par Mosse l'Archevesque & Chapitre. 17. May 1342.

PHilippus Dei gratia Francorum Rex, Vniversis praesentes litteras inspecturis, Salutem. Notum facimus quod cum Cives de Lugduno dicentes se, per cartam seu privilegium eisdem à Praedecessoribus nostris concessum fore in nostra salva guardia speciali, quodque per arrestum Curiae nostrae datum fuerat, quod ipsi Gardiatorem in Villa Lugduni commorantem haberent; à nobis quasdam litteras impetrassent continentes nos eisdem Magistrum Bartholomeum de Montbrison Guardiatorem de speciali guardia deputasse, non obstante quod Baillivus noster Matisconensis eorum Gardiator deputatus fuisset, cum dictus Baillivus in Civitate Lugduni, morari non posset, nec negotiis dictorum Civium vacare, postmodumque dilectus & fidelis noster Archiepiscopus & Decanus, ac Capitulum Lugdunense dictis literis impugnantes fuissent, super hinc nostro Parlamento remissi & ibidem contra Cives praedictos proposuissent, quod cum robore cujusdam compositionis inter nos & dictos Cives ad suggestionem dictorum omnium in praejudicium dictorum Archiepiscopi, Decani, & Capituli fecisse, lis in Nostro Parlamento pendet inter dictum Archiepiscopum dictam Compositionem impugnantem, & annullari petentem ex una parte, & dictos Cives & Procuratorem nostrum dictam Compositionem in suis viribus remanere debere dicentes ex altera, dictique Cives dictum gardiatorem in alta justitia dicti Episcopi commorantem, ac dictas litteras super his offertas in dictae litis prejudicium impetrassent; Dictusque gardiator esset de Villa Lugdunensi oriundus, ac dictorum Civium, Consiliarius, & Pensionarius, & ob hoc cum dicto Archiepiscopo assistere noluisset, pronunciari debebat, dictas litteras tacito de praemissis obtentas fore subreptitias, & iniquas, & ob hoc revocari & annullari debebant, praesertim secundum ordinationes regias Gardiatores, seu servientes nostri in Justitia altorum Justitiariorum morari non debeant, ut dicebant, particulares rationes alias proponenda ad finem procedendum, praedictis Civibus dicentibus ex adverso, quod attento, quod per Cartam, seu privilegium praedictum ipsi in nostra speciali gardia existebant, ac quod per dictum arrestum dictum fuerat, quod Gardiator eorumdem in Villa, seu Civitate Lugduni morari posset pronunciari debebat, dictas litteras esse rationabiles & justas, ipsasque ipsius viribus remanere debere, praesertim cum dictus Magister Bartholomaeus, propter ipsius idoneitatem & sufficientiam esset judicum nostrorum, in illis partibus locum tenens, nec eorum Consiliarius, nec Pensionarius ipsorum, nisi solùm quoad stipendia quae ad Gardiatorem pertinere noscuntur, dictique Archiepiscopus, Decanus & Capitulum attento dicti Arresti tenore de dictis ordinationibus non poterant se juvare, sed in hoc contra dictum arrestum notorie veniebant, nec ex dicti Gardiatoris concessione conqueri debebant, cum ipse ad deffendendum eosdem ab injuriis, oppositionibus, & violentiis, & ad alia quae ad Gardiatoris officium pertinebant, dumtaxat deputatus fuisset, dictique Decanus & Capitulum ad impugnandum dictas literas admittendi non erant, cum dicti Cives eorum subditi non essent, sed solùm essent vicini ut dicebant, particulares rationes propenendo ad finem, per ipsos scriptis declaratum parte adversa pluribus rationibus ad finem contrarium replicante. Auditis igitur partibus praedictis, consideratisque omnibus, quae Curiam nostram movere poterant & debebant, per arrestum Curiae dictum fuit, quod dictus Guardiator per manum nostram, ut superiorem pendente lite praedicta, absque dictae litis praejudicio remanebit. In cujus rei testimonium nostrum praesentibus litteris fecimus apponi sigillum. Datum Parisiis in Parlamento, die decima septima Maii. Anno Domini millesimo trecentesimo quadragesimo secundo.

Li garda Meſtre Pierre de Villanoya.

15. Juillet 1345. PHilippe par la grace de Dieu, Roi de France. A tous ceux qui ces preſentes verront, Salut. Comme par Arreſt donné en nôtre Parlement les Habitans de la Cité de Lyon, ſur le Rhoſne, puiſſent & doivent avoir Gardien, de par Nos demoiant en la dite Ville, ſi come ils nos ont donné entendre, Savoir faiſons que Nos à leur ſupplication, ſe il eſt ainſy leur avons deputé & deputons, de grace eſpecial par ces Lettres, tant come il plaira à nos & aux dits, Habitans noſtre Amé Clerc Meſire Pierre de Villeneuve Licencié en Loys &, Gardien pour eux, & pour la dite Cité aux gages des dits Suppliants, & aux proffits accoutumés, Veus ce que jour porte aucun prejudice, quant à un autre Arreſt, qu'ils ont eu depuis en noſtre dit Parlement, ſur le fait d'avoir Gardien en icelle Cité de par Nos, & donons comandement à tous nos Juſticiers & Sujets, que audit Meſtre Pierre, en tot ce que au dit Office de Gardien, peut & doit appartenir obeïſſent & entendent diligemment, En teſmoing de laquelle choſe, Nous avons fait mettre noſtre nouvel Seel, en l'auſence du grant à ces Lettres. Donné à la Fleſche, le X. jour de Juillet, l'an de grace mil trois cens quarante cinq. Par le Roy tenant ſes Requeſtes.

Coment Moſſé Hugos de Marzeu, fut fait Gardien de Lyon 13. Avril 1347.

PHilippe par la grace de Dieu, Roy de France. A tous ceux qui ces preſentes verront, Salut, Comme par Arreſt donné en nôtre Parlement à Paris, Nos Amés les Bourgeois & Citoyens de Lyon, ſur le Rhoſne, puiſſent & doivent avoir Gardien de par Nous demorant en la ditte Cité, ſi come ils nous ont donné entendre, Savoir faiſons, que Nous à leur ſupplication ſe il eſt ainſy en rappellant tous autres Gardiens leur avons deputé & deputons par ces preſentes, & de grace eſpeciale tant come il plaira à Nos & aux dits Bourgeois & Citoyens noſtre Amé & feal Hugue de Marzeu, Chevalier & Gardien pour eux, & pour la dite Cité, aux gaiges deubs & aux proffits & emoluments accouſtumés. Si donnons en mandement à tous nos Juſticiers & Subgiets, que au dit Chevalier, en tout ce qui à office de Gardien appartient, & peut & doit appartenir, obeïſſent & entendent diligemment. En teſmoing de laquelle choſe nous avons fait mettre noſtre ſeel en ces letres. Donné au Moncel les Pont ſainte Maxance, le XIII. jour d'Avril, l'an de grace mil trois cens quarante ſept, *Subſcriptio Notarii talis eſt.* Par le Roy, à l'ateſtation de Meſſ. Doffemont, *Journeur.*

Que fut mandé de garder, & tous Juſticiers que ceulx de Lyon, leur Familles, biens, gardent de injures, violences, & leurs libertés.

PHilippe par la grace de Dieu, Roy de France, Au Bailly de Maſcon, au Gardien deputé de par Nous en la Ville de Lyon, & à tous nos autres Juſticiers, ou à leurs Lieutenans, Salut. A la ſupplication des Citoyens & Habitans de la Ville de Lyon, Nous vous mandons, & à chacun de vous que iceux & chacun d'eux avec leurs familles, vous deffendez & faites deffendre de toutes injures, griefs, violences, oppoſitions, moleſtations de force, d'armes, de puiſſance, delays, & de toutes moleſtes indeuës, & les maintenez, & gardez en toute leurs juſtes poſſeſſions, droits, uſages, privileges, coutumes, franchiſes, libertés & ſaiſives eſquelles vous les trouvez eſtre, ou leurs Predeceſſeurs avoir eſté paiſiblement d'anciennerté, & ne ſoffrez contre iceux, leurs familles, leurs biens, leurs choſes, aucunes nouvelettes indeuës eſtre faites, leſquelles ſi vous les trouvez eſtre ou avoir eſté faites, vous ramenez ou faites ramener ſan delay au premier & deub eſtat, ſe ſe aucuns s'oppoſent au contraire, faites chacun de vous, ſi come à lui appartiendra ſur ce aux parties appellés ceulx qui ſeront à appeller, bon & brief accompliſſement de juſtice en telle maniere, que par vous n'y ayt deffaut, & que complainte n'en doive eſtre faite à Nous. Donné au Moncel les Pont ſainte Maixance, le XVI. jour de Mars l'an de grace mil trois cens quarante un, *Subſcriptio Notarii talis eſt*, és Requeſtes de l'Hoſtel. . . . *Gornay.*

Confirmation des Privileges par Henry de Villars Archeveſque.

IN nomine Domini Amen, Nos Henricus de Villars, miſeratione divina primæ Lugdunenſis Eccleſiæ Archiepiſcopus & Comes, Notum facimus univerſis preſentes literas inſpecturis, quod ex parte dilectorum & fidelium noſtrorum Conſiliariorum, Civium & habitatorum Lugdunenſium Nobis extitit ſignificando monſtratam, quod dicti cives & habitatores Lugdunenſes habuerunt, & habent à tantis antiquis temporibus, quod de contrario memoria hominum non exiſtit multas libertates, uſus, & francheſias per Predeceſſores noſtros Lugdunenſes Archiepiſcopos & Comites confirmatas & etiam ordinationes factas & approbatas per eoſdem, quæ ordinationes, ac libertates, uſus, & francheſiæ continentur in duobus paribus literarum, quarum una eſt vera bulla felicis recordationis Domini Ludovici de Villars, quondam primæ Lugdunenſis Eccleſiæ Archiepiſcopi in laqueo Siriceo bullata, & alia eſt vera Bulla Domini Petri de Sabaudia, quondam dictæ Eccleſiæ Archiepiſcopi in filis ciriceis clangis & rubeis bullata, quarum litterarum tenores de Verbo ad Verbum, ſubſequuntur, & primò tenor literæ bullæ dicti Domini Ludovici bullatæ in hæc verba. Ad æternam rei memoriam Hugo de Chiſſiriaco Judex, & Correarius Curiæ ſæcularis Lugdunenſis, pro Reverendo in Chriſto Patre Domino Ludovico Dei gratia primæ Lugdunenſis Eccleſiæ Archiepiſcopo, univerſis & ſingulis præpoſitis & badellis dictæ Curiæ tam præſentibus, quam futuris ſalutem.

Quoniam prava venaliſque perfidia quorumdam badellorum corporalibus injuriis interdum affligit innocentes, illos potiſſimè qui carcerali traduntur cuſtodiæ, quod antequam de objecto ſibi crimine convincantur, veſtibus proprii corporis denudantur, ſuſtinentes corporis cruciatum in carcere exiſtentes, quod eſſe non debet, cum Carcer ad cuſtodiendum, non ad puniendum ſit Lege inductus, & ex hoc evenit, ut cum in dicto carcere mancipantur, de eo exeunt prætextu algoris & frigiditatis quem ſuſtinuerunt morbum, quandoque diuturnum incurrunt, alii moriuntur, alii verò perpetua egeſtate degentes, quamdiù vivunt impotentes, & inutiles exiſtunt, quibus mors eſt ſolatium, vitaque ſupplicium dum langueſcunt. Ideoque talibus babellis immodicè ſevientibus fræni temperiem adhibere volentes præſentis declarationis ordinatione in perpetuum valitura pro communi utilitate, ac humanitatis ratione auctoritate dicti Domini Archiepiſcopi duximus ordinandum, & deponendum. Ut nullus Præpoſitorum, ſeu badellorum Curiæ ſæcularis prædictæ aliquem quantumcumque

cumque criminosus dictus, antequam de crimine sibi objecto convictus fuerit, expoliare seu vestibus suis denudare præsumat. Idem in mulieribus statuendo, quas quandoque ob facinorum magnitudinem incarcerari contingit, nullo tamen præjudicio super Jure competenti cuique ex ipsis præpositis, vel badellis cum judicati fuerint per Curiam criminosis, inposterum generanda. Pecunia penes tales inventa obnoxios Sigillifero dictæ Curiæ sæcularis custodienda tradatur; & quoniam ea quæ fiunt contra justitiam fructum calliditatis obtinere non debent, ad æquitatis rationem redigentes talium voraginem, circa adulteria committenda nihilominùs disponimus, ut Nullus res existentes in domo deprehensi in adulterio audeat assumere, nisi tantummodò dominio competentes, quas etiam sine diminutione in domo alicujus vicini sui volumus collocari, quo usque Curia de his duxerit ordinandum. Custos quoque carceris attentius provideat, nè inclusi, seu sintus tenebras patientes fame pereant, sed mox cum incarcerati fuerint, numerum clausorum, varietatem delictorum, ætatemque & conditionem ipsorum Curiæ referat, ut aut convictos velox pœna conterat, aut diuturna custodia non perimat, liberandos. Præterea nè cui sua temeritas lucrativa concedatur, sed ut talis pervicacium aperta voracitas, seu malitia refrænetur, auctoritate quâ suprà disponimus, ut si fortè ob calliditatem, fraudem seu machinationem alicujus aliquis minùs justè ductus fuerit in carcerem, omnes ei legitimas expensas sumptusque quas vitio eorum tolerasse constiterit redhibere cogatur, nec ad aliquam miniallam solvendam de cætero teneantur, immò expressè volumus, quod passo injuriam juxtà qualitatem personæ sufficiens præstetur emenda, & operarum quibus caruit in prisione existens, judicantis arbitrio relinquentes, quis teneatur ad prædicta in Curiâ aut badellus, si dolosè versatus fuerit, vel ille qui hoc fieri procuravit, ita etenim præfulgebit vigor justitiæ Juris publicique tutela. Quia verò mulieres, quas vilitas vitæ sustinet, plerumque à quibusdam pravis badellis rebus, quas deferunt spoliantur & verberibus affliguntur de ipsis conqueri non audentes, prohibemus, ut nullus præpositorum, seu badellorum ab eis aliquid auferre præsumat, aut eas convictas contumeliis, seu impulsionibus molestare, aut corporalibus injuriis fatigare conetur. Præsens autem ordinatio omnium præpositorum & badellorum juramento firmetur super sancta Dei Evangelia præstito corporali. Si quis autem contrà hanc ordinationem, temere venire præsumpserit, commisso sibi officio noverit, ex tunc se privatum penitùs, & ex toto. Nos verò præfatus Archiepiscopus præmissa omnia, & singula approbantes, in testimonium præmissorum præsentes literas bullæ nostræ appensione, & munimine duximus roborandas. Datum anno Domini millesimo trecentesimo quarto, mense Januarii. *Item & tenor litteræ Bullæ dicti Domini bullatæ in hunc modum.*

PEtrus de Sabaudiâ, Dei providentiâ primæ Lugdunensis Ecclesiæ Archiepiscopus universis præsentibus pariter, & futuris præsentes literas inspecturis rei gestæ notitiam cum salute. Quoniam omnis appetitus naturalis, &c. *Le reste est cy-devant, page 94. des Preuves. Aprés quoy suit,*

SUpplicantes nobis dicti Consiliarii, nomine Civium, & habitatorum prædictorum, ut prædicta omnia, & singula approbare & confirmare dignaremur. Nos autem fidelitatem dictorum Civium, quam hactenus ad nostros prædecessores, & nostram Lugdunensem Ecclesiam habuerunt in animo revolventes, desiderantesque totis affectibus, ut nostro tempore fervor devotionis erga nostram Ecclesiam illibata, & inconcussa anthore Domino perseveret, ac futuris temporibus multiplicetur & crescat, ipsorum supplicationi favorabiliter innuendo, omnia prædicta & singula in dictis litteris contenta approbamus, & de certa scientia confirmamus; Promittendo bonâ fide dictis Consiliariis stipulantibus ad opus omnium quorum interest, vel interesse poterit in futurum prædicta omnia & singula inviolabiliter observare, & contra ea non venire: præcipientes tenore præsentium Correariis & aliis Officiariis nostris præsentibus & posteris, ut integraliter custodiant supradicta. Renunciantes specialiter in hoc facto omni exceptioni doli, metus, & in factum approbationum & confirmationum prædictarum per Nos ritè & legitimè non factarum, juri dicenti factum Prælati in damnum Ecclesiæ redundari non valere: omni circonventioni, læsioni, & gravamini, & juri dicenti Ecclesiæ circumventæ tamquam minoribus succurrendum, & omnibus allegationibus, per quæ prædicta approbatio & Confirmatio posset aliqualiter vitiari, jurique dicenti generalem renunciationem non valere nisi præcesserit specialis. Datum & actum Lugduni, in Claustro sancti Pauli, in domo habitationis Domini Ludovici de Villars Archidiaconi Lugdunensis Germani nostri, die vigesima quinta mensis Maii, Anno Domini, millesimo trecentesimo quadragesimo septimo. Præsentibus & nobis assistentibus dilectis & fidelibus Consiliariis nostris Dominis, Chaberto Hugonis Obedienciario sancti Justi Officiali nostro Lugdunensi, Joanne de Laye, Bartholomeo de Montebrisone Legum, Joanne de Marchione Decretorum Doctoribus, Laurentio Guilliendi in Decretis, Joanne de Ranchettis in Legibus judice Curiæ nostræ sæcularis Lugdunensis Licentiatis, Petro de Viride sancti Justi, Guichardo Perpillionis sancti Niceeti Lugdunensis, Ecclesiarum Canonicis, ac Nobilibus Viris Domino de Thoyre & de Villars, Joanne de Villars Germanis nostris Carissimis, Thoma de Gletens, Francisco de Buffis militibus, Hugone Listardi utriusque Juris Professore, & pluribus aliis testibus ad præmissa specialiter, vocatis & rogatis. In quorum omnium & singulorum præmissorum robur & testimonium, sigillum magnum Curiæ nostræ Lugdunensis, & in ejus dorso sicut contrasigilli sigillum Officialis nostri dictæ Curiæ præsentibus litteris unà cum Subscriptionibus & signis, Notariorum infrà scriptorum apponi fecimus & appendi. *Sequuntur subscriptiones.*

Confirmatio Raimundi Archiep.

IN nomine Domini Amen. Nos Raimundus miseratione divinâ primæ Lugdunensis Ecclesiæ Archiepiscopus & Comes. Notum facimus universis præsentes litteras inspecturis, quod ex parte dilectorum & fidelium nostrorum Consiliariorum, Civium, & habitatorum Lugdunensium nobis extitit, significando monstratum, quod dicti Cives & habitatores Lugduni, habuerunt & habent à tantis antiquis temporibus, quòd de contrario memoria hominum non extitit, multas libertates, usus & franchesias, per Prædecessores nostros Lugdunenses Archiepiscopos & Comites confirmatas, & etiam ordinationes factas & approbatas per eosdem, quæ continentur in duobus paribus litterarum, quarum una est vera bulla felicis recordationis Domini Ludovici de Villars, quondam primæ Lugdunensis Ecclesiæ Archiepiscopi, in laqueo Siriceo bullata, & alia est vera bulla Domini Petri de Sabaudia, quondam dictæ Ecclesiæ Archiepiscopi in filis siriceis, claugis & rubeis bullata, quarum litterarum tenores de Verbo ad Verbum subsequuntur & primo tenor litteræ bullæ dicti Domini Ludovici bullatæ in hæc verba. Ad æternam rei memoriam Hugo de Chissiriaco Judex, & Correarius Curiæ sæcularis Lugdunensis, pro Reverendo in Christo Patre Domino Ludovico Dei gratia Primæ Lugdunensis Ecclesiæ Archiepiscopo, universis & singulis Præpositis & badellis dictæ Curiæ tam præsentibus, quam futuris salutem. Quoniam prava venalisque perfidia, quorumdam badellorum, &c. *Ut suprà.*

Avec la teneur des deux Bulles precedentes.

Supplicantes nobis dilecti, &c. *Ut suprà, n'y ayant de difference, qu'en la datte, & les Noms des témoins, comme s'ensuit.*

Datum & actum in castro nostro Petræ Scisæ in Camera nostra, dicti loci, die vigesima quarta mensis Aprilis, Anno Domini millesimo trecentesimo quinquagesimo septimo, præsentibus discretis Viris Dominis Petro Fabri de sancto Pabulo Jurisperito, Jacobo Guilloti Canonico, Hugone de Curtis, & Matthæo Sarraceni Capellanis perpetuis Ecclesiæ sancti Nicetii Lugdunensis, Fratre Petro de Mugneto Monaco Ambroniaci, Lugdunensi, Magistro Nicolao Joly Clerico Remensi, Nicolao Morini Diacono Ambiano, & Matthæo de Flosco Clerico Morinensi Diocesum & pluribus aliis pro testibus ad præmissa vocatis specialiter & rogatis. In quorum omnium & singulorum præmissorum robur & testimonium, sigillum nostrum magnum proprium, præsentibus litteris una cum signis & subscriptionibus Notariorum apponi fecimus & appendi.

Comme le Juge du ressort pouvoit prendre les Prisonniers en la Cour de Monseigneur de Lyon, lesquels ont appellé.

Carolus Dei gratia Francorum Rex Judici nostro ressorti Lugdunensis, aut ejus locum tenenti, Salutem. Querelam Procuratoris nostri in Marchia Lugdunensi audivimus continentem, quod licet, quotiescumque aliquis Civis Lugdunensis, aut quævis alia persona in carceribus dilectorum & fidelium nostrorum Archiepiscopi, Decani, & Capituli Lugdunensis, vel alterius eorum captus, vel arrestatus detinetur, & ad vos appellat, vel aliter recursum habet vos gentes & Officiarios dictorum Archiepiscopi, Decani & Capituli, ut ipsos captos vel arrestatos vobis tradant requirere, & si illi facere recusaverint vos ipsorum carcerum aperturam facere, & ipsos capere, & penes vos in Carceribus nostris habere, & aliter via facti, ut vires nostræ prævaleant procedere debeatis, & consueveritis, & de hoc opere Procurator noster, tam per se, quam ejus Prædecessores in dicto officio sit, & fuerit in bona possessione, & saisiva pertantum & tale tempus quod de contrario memoria non existit, vel saltem quod sufficit, ac sufficere potest, & debet ad bonam possessionem, & Saisinam acquirendam, & retinendam, nihilominus vos ad favorem, vel metum dictorum Archiepiscopi, Decani & Capituli, vel alias personas in ipsorum carceribus captas, & detentas ad vos per appellationem, vel aliud remedium recurrentes requirere, vel si forsan requiratis & vobis tradi recusantur, vel differuntur ad dictorum Carcerum apertionem, vel alias prout consuetum est procedere recusastis, & recusatis, propter quas quamplures subditi nostri, & alii in carceribus dictorum Archiepiscopi, Decani, & Capituli seu alterius eorum, existentes post eorum appellationes ad vos interjectas, vel alia remedia à vobis requisita capti, vel arrestati diutius & diutius remanserunt, & remaneant, & tandem cum ipsis Archiepiscopo, Decano, & Capitulo, seu alterius, aut ipsorum Gentibus, & Officiariis per metum, aut longam detentionem carceris finare, & componere compulsi fuerunt, & adhuc de die in diem compelluntur, nec hujusmodi appellationes ad vos, ut dictum est, interjectæ, vel aliæ vestræ superioritatis, & ressorti quibus ad vos recurrerunt, & recurrunt, eis aliquid profuerunt neque prosunt, quod in ipsorum subditorum nostrorum, ac etiam juris & ressorti nostri prædictorum grave cedit, & ulterius cedet damnum & præjudicium, nisi per nos super hoc provideatur de opportuno remedio, sicut dicit Procurator noster memoratus à nobis illud remedium humiliter implorando, quapropter vobis præcipimus, & mandamus, districtè injungendo quatenus jura, deveria & possessiones nostras in quantum vestrum concernunt officium manuteneatis, conservetis, & defendatis, seu manuteneri, conservari, & defendi faciatis diligenter, taliter quod ad vestram culpam, seu defectum non perdantur, & quod ulterius vobis scribere non sit opus. Datum Parisiis, die xxij. Martii Anno Domini millesimo trecentesimo nonagesimo primo, & regni nostri duodecimo, sub sigillo nostro in absentia magni ordinato. Per Consilium. *Freron.*

La Revocation faite pour la Cour de Parlement, sur la Restriction laquelle avoit fait le Bailly de Mascon, en sa Lieutenance de Lyon.

Carolus Dei gratia Francorum Rex Judici ressorti Lugdunensis, aut ejus locumtenenti, Salutem. Nostri Parlamenti Curiæ pro parte Procuratoris nostri generalis expositum extitit cum querela, quod licet Nos in Villa Lugdunensi sedem habeamus Notabilem, atque magnam, in qua Baillivus Matisconensis & Senescallus Lugdunensis, seu ejus locumtenens, aut Vicegerens, in dicta Villa cognoscere debet, & consuevit de omnibus, & singulis causis, ac casibus ad jus superioritatis pertinentibus, in & super dilectos & fideles Archiepiscopum, Decanum, & Capitulum, Ecclesiæ Lugdunensis, ac alias gentes Ecclesiasticas Nobiles & Barones tam ipsius Villæ Lugdunensis, quam Patriæ circumvicinæ, ac eorum gentes & Officiarios castrorum & Villarum suarum, & inter alias debeat, & consuevit dictus Baillivus, & Senescallus, seu ejus locumtenens, aut Vicegerens prædictus cognoscere in ipsa Sede nostra Lugdunensi de omnibus casibus Salvarum gardiarum nostrarum, & earum infractionum, Judeorum, & Judearum, ac eorum contractuum nec non servientium, & aliorum Officiariorum nostrorum abusuum, & justitiæ defectuum, delationes armorum, vastadorum, ab intestato decedentium, usurariorum, falsarum monetarum, & quarumcumque obligationum, sub sigillo regio confectarum, & submissionum ad Curiam, seu Sedem nostram Lugduni prædictam factarum: debeat etiam & consueverit dictus Baillivus, & Senescallus, seu ejus locumtenens, aut Vicegerens prædictus in ipsa sede nostra Civibus Lugduni, ac habitantibus locorum circumvicinorum. Cumque per ipsos Archiepiscopum, Decanum, & Capitulum Ecclesiæ Lugduni, ac alias Gentes Ecclesiasticas Nobiles & Barones ipsorum locorum vicinorum, aut eorum gentes & Officiarios gravantur, & opprimuntur providere, & remedia dare mox casuum qualitates ac literas, & mandata compulsoria super quibuscumque obligationibus, sub sigillo regio aut submissione ad dictam Curiam, sive Sedem nostram Lugduni facere concedere, & executioni demandari facere per totam Bailliviam Matisconensem & Senescalliam Lugdunensem, & de hoc ipso Baillivus Matisconensis & Senescallus Lugdunensis, ac ejus locumtenens, aut Vicesgerens in dicta Villa Lugdunensi, tam per se quam eorum prædecessores in dicto officio sint & fuerint in bona possessione, & saisitiva per tantum & tale tempus quod de contrario hominum memoria non existit, non obstante debato, seu Contradictione Archiepiscopi, qui nunc est Lugduni, aut prædecessorum suorum super quo inter eumdem procuratorem nostrum ex parte una, & dictum Archiepiscopum Lugdunensem certus diù est motus & adhuc pendet in dicta nostra Curia Parlamenti processus, qui jam est in Arresto appunctatus, & quamquam etiam dicto processu pendente in ipsius præjudicium nihil attentari debeat, vel innovari, nihilominus ad instigationem, seu requestam dicti Archiepiscopi Lugdunensis, aut alias dictus Baillivus Matisconensis & Senescallus Lugdunensis, jam nuper fecit, aut publicari fecit ordinationem dicto Procuratore minimè vocato, nec audito in qua inter cætera continetur, quod jurisdictio dictæ sedis nostræ Lugduni ultra portas ipsius VIIIæ Lugdunensis se de cætero non extendet, quamquam mandaris & literis à dicta sede nostra Lugduni seu ejus Officiariis procedentibus ultra dictas portas Lugduni non obediant, nec executioni mandabuntur, & causas alias, quæ in ipsa sede nostra Lugduni audiri, agitari & terminari solebant, ad Sedem Matisconensem evocavit contra processum in ipsa Curia nostra, ut dictum est, pendentem attemptando in nostrum, & juris nostri superioritatis prædictæ grave damnum, ac subditorum nostrorum Villæ & ressorti Lugdunensis præjudicium, ac Sedis nostræ prædictæ diminutionem, & ipsius Curiæ nostræ Vilipendium, & contemptum, sicut dicit Procurator noster memoratus, Supplicans per ipsam Curiam nostram de opportuno remedio super hoc provideri. Quapropter Nos jura nostra possessionis servare volentes illæsa, vobis præcipimus, & mandamus, committendo quatenus prædictum Procuratorem nostrum, ac gentes & Officiarios nostros dictæ Sedis Lugduni jurisdictionibus & Juribus superioritatis prædictæ, ac aliis ad ipsam Sedem nostram Lugduni pertinentibus, ac possessionibus & saisivis suis prædictis, & quibus hactenus usi sunt, uti & gaudere faciatis & permittatis, ac ipsos in eis manuteneat, & consuetis, dicta ordinatione, ac literis subreptitiis ad hoc contrariis non obstantibus quibuscumque. Datum Parisiis in Parlamento nostro die xxiii. Martii, Anno Domini millesimo tercentesimo nonagesimo primo, & Regni nostri duodecimo, sub sigillo nostro in absentia magni ordinato. Per Cameram, *Villequier*.

Provision du Parlement comme le Juge du ressort, peut aller deux fois la semaine és Prisons, Monseigneur de Lyon, pour savoir les Appellans, ou qui voudroit appeller.

Carolus Dei gratia Francorum Rex, Judici nostro Ressorti Lugdunensis, aut ejus locumtenenti, Salutem. Nostræ Parlamenti Curiæ pro parte Procuratoris nostri in marchia sive patria Lugdunensi, ac Consulum & habitantium Villæ Lugduni extitit conquerens monstratum, quod licet vos ac dicti Consules & habitantes fuerimus, & sumus, ipsique sint & fuerint in possessione & saisiva dum & quoties contingit aliquem Civium dictæ Villæ, vel alium in Carceribus jurisdictionis temporalis dilecti & fidelis Consiliarii nostri Archiepiscopi Lugdunensis pro quocumque Casu Civili, seu Criminali detineri, & Prisionarius sit detentus, à dicto Archiepiscopo, aut ejus Officiariis & Gentibus dictæ suæ jurisdictionis sæcularis, ad te seu tuum auditorium appellationem emittit dictus Prisionarius, tibi reddi debet, carceribusque nostris Lugdunensibus mancipari, ac ibidem remanere pendente processu, sive causa appellationis prædictæ, vel per te, si casus exigat elargari, & ita usitatum & observatum existerit ab antiquo, vel saltem à tali & tanto tempore, quod de contrario memoria hominum non existit, seu quod sufficit ad bonam possessionem & saisivam acquirendam, & retinendam. Nihilominus Præfatus Archiepiscopus ejusque Officiarii & Gentes suæ jurisdictionis temporalis prædictæ, qui frequenter & quasi quotidie capiunt, seu capi & incarcerari faciunt dictos Cives & alios nulla causa saltem legitima, & absque informatione procedentibus, quandoque ad finem exigendi, & extorquendi ab ipsis excessivas & importabiles pecuniæ summas, & multoties plus odii fomite, quam zelo justitiæ contradicunt, & recusant tibi tradere, & in dictis nostris carceribus reddere, dictos Prisionarios ab ipsis appellantes prout facere tenentur, sed quod deteriùs esse censetur Præfati dicti Archiepiscopi Officiarii non permittunt, quod aliquis parentum & amicorum dictorum Prisionariorum per eos incarceratorum post eorum captionem loquatur cum ipsis, nec quod habeant advocatos, Procuratoresque & Notarios pro ipsis consulendis, & habendo colloquium super eorum facto, & expeditione, ne dum in casibus criminalibus, sed merè Civilibus, ne appellationes per eos interjectæ ad tuam pervemant notitiam ut deceret, quinimò quando aliqui dictorum Prisionariorum appellant, dictus Archiepiscopus, ejusve Officiarii & gentes scientes, quod dictæ appellationes ab aliis ignorantur. Contra ipsos expostulantes in odium & contemptum earumdem durius & acrius procedere non formidant, & taliter quod nonnulli ex dictis appellationibus præter eorum voluntatem, ac vi & metu carceris & tormentorum quibus afficiuntur, plerumque prædictis appellationibus renunciare & se componere necessario sunt coacti, contra dictas appellationes multipliciter attemptando. Quæ cedunt in dictorum Conquerentium grave dispendium & jacturam, imoque & superioritatis nostræ læsionem, & non modicam usurpationem, & ampliùs cedere possent, nisi per Nos seu dictam Curiam super hoc provideretur de condecenti remedio sicut dicunt, dictum remedium ab eadem Curia postulantes, quod tibi præmissis hactenus committimus & mandamus, quatenùs ad Carceres sæculares dicti Archiepiscopi, & Prisionarios ibidem existentes in septimana, vel semel accedas, & ipsos visites, seu facias visitare, de cætero in casu prætacto, scitum, & inquisitum, si sint aliqui appellantes, & qui appellare volunt ab ipso & ejus Officiariis Prædictis, & omnes illos quos noveris appellasse, tibi tradi requiras, & in casu recusationis in dictis carceribus captas, seu capi facies, realiter, & de facto in dictis nostris Prisionibus transduci exhibendo super hoc inter partes vocatis, evocandis civiliter sive criminaliter juxta casuum exigentiam tam celeris & maturæ justitiæ complementum, quod

Q ij

ad nos feu dictam Curiam deinceps non referatur querela dictis Prisionariis consilium tradendo, si casus exigant, & illud requiratur vel alias eisdem providens de remedio tali quale tibi videtur expedire, & fore rationabiliter faciendum: Nam Præfata Curia, sic fieri voluit, & dictis conquerentibus præmissorum intuitu concessit, & ex causa Allectationibus & appellationibus frivolis, ac literis subreptitiis in contrarium impetratis, vel impetrandis, non obstantibus quibuscumque. Datum Parisiis in Parlamento post xix. die Junii, Anno Domini millesimo trecentesimo, nonagesimo secundo, & regni nostri duodecimo. Per laicos in Camera *l'Espoisse*.

Nos ANTONIUS CHUFFANUS Legum Doctor, Custos sigilli communis regii in Matisconensi Baillivia constituti; Notum facimus universis tam præsentibus, quàm futuris, quod Anno Domini millesimo trecentesimo, nonagesimo nono, die Veneris decima sexta mensis Januarii, in præsentia Guillelmi Pesillionis autoritate regia Notarii & Tabellionis publici, ac Thomæ Brocheti, Martini Mapodi Clerici, & Joannini de Peyladru servientis Regii & plurium aliorum ad hæc adscitorum honorabilis & circonspectus Vir Magister Hugo Jossardi Bacallarius in legibus, Judex ressortorum Lugdunensium, ac totius Curiæ & Jurisdictionis Dominorum Archiepiscopi, Decani, & Capituli Lugdunensis pro Domino nostro Rege ratione dicti sui Officii Magister Martinus Bonneti Licentiatus in Legibus, Consul Civitatis Lugduni, & Guillelmus de Cuysello Notarius publicus Procurator Regius Substitutus à viro provido Magistro Stephano Boillati Procuratore in Civitate, & Senescallia Lugduni à regiâ Majestate deputato, prout de dicta substitutione constat, per litteras autenticas, sub sigillo communi regio prædicto per Joannem Palmerii Clericum publicum Regium Notarium expeditas, quarum data est die decima quinta mensis prædicti pro jure & interesse Regio Procurator, & nomine Procuratorio Consulum Universitatis dictæ Civitatis Lugdunensis, pro jure & interesse dictæ Civitatis, causis, & rationibus inferius expressis à Civitate Lugduni decedentes Matisconem pervenerunt, ubi nocte diei illius advenientes pernoctarunt. Manè verò facto, die Sabbathi immediatè sequentis xviii dicti mensis Januarii superiùs nominati Judex Magister Martinus & Guillelmus, nominibus quibus supra in præsentia dicti publici Regii Notarii, ac Martini Mapodi & Thomæ Brocheti de Arbricella Clerici Notetii testium ad hoc vocatorum, & rogatorum se personaliter transtulerunt ad domum habitationis Nobilis & potentis Viri Domini Jacobi de Quesnes militis Domini de Sevemillier, Baillivi Matisconensis & Senescalli Lugdunensis, cum Domino Baillivo & Senescallo, præsentibus, & secum assistentibus nobis Custode prædicto, & honorabili, & provido viro Guillelmo tabellionis Receptore regio, Matisconensi, & Magistro Joanne Paternii Licentiato in legibus supradictis Judex Magister Martinus & Guillelmus nominibus antedictis quatenùs quemlibet tangebant, & tangere poterant nominibus quibus supra, dixerunt, significaverunt, & exposuerunt, quod ab uno anno citra Jaquemetus Pulliam molendinarius per Gentes & Officiarios Reverendi in Christo Patris dicti Domini de Thureyo Archiepiscopi Lugdunensis detestabili crimine, sicut dicebant, per eumdem in Jurisdictione Castri Petræ scisæ dicti Domini Archiepiscopi perpetrato & Commisso, captus & in Carceribus dicti castri per longum tempus inclusus fuerat, ubi contra dictum Jaquemetum delatum, instante Joanne Durandi Procuratore asserto terræ & Castrorum dicti Domi-

ni Archiepiscopi, coram Venerabili viro Domino Petro Burle legum Doctore judice terræ & Castrorum, prædictorum dictum fieri fecerant processum, & in tantum processerant, quod dictus Judex per suam sententiam, pronunciationem, & ordinationem ipsum Jaquemetum foro quæstioni & tormentis subjiciendum, à qua sententia dictus Jaquemetus appellaverat ad Venerabilem Virum Magistrum Petrum de Aurilliaco Licentiatum in legibus, judicem appellationum pro dicto Domino Archiepiscopo, terræ & Castrorum prædictorum, qui etiam judex causarum appellationum, confirmaverat, & approbaverat sententiam dicti judicis ordinarii, à qua sententia fuerat per dictum Jaquemetum delatum ad dictum Dominum Judicem Regium ressortorum appellatum, quodque licet dictus Dominus Judex ressortorum, instantiam dicto Jaquemeto, sive parentibus & amicis dicti Jaquemeti suum adjornamentum in causa appellationis prædictæ contra dictum Dominum Archiepiscopum, & suos Officiarios prædictos concessisset, & executioni debitæ fieri demandasset, Nihilominùs dictus Dominus Baillivus Senescallus instantiam datam Joanne Durandi Procuratore asserto terræ, & Castrorum prædictotum in favorem dicti Domini Archiepiscopi, dictas concesserat dicto Procuratori asserto literas per quas mandaverat dictum Jaquemetum appellantem adjornari compariturum, coram ipso Domino Baillivo, & in Curia sua Matisconensi ad certam diem processurum cum dicto Procuratore asserto appellato in dicta causa appellationis, aut alias eundem debitum & factum quod esset rationis ulteriusque alias dicto procuratori asserto, idem Dominus Baillivus in favorem dicti Domini Archiepiscopi concesserat literas, per quas instantiam supradicto Castrorum Procuratore asserto, dictum appellantem in carceribus dicti Castri Petræscisæ mancipatum, ab eisdem carceribus, ad carcerem Regium Matisconensem adduci & intrudi fecerat, ipsique Domino Judici ressortorum sub magnis & formidabilibus pœnis inhiberi ne de dicta appellationis causa modo aliquo per se, vel per alium aliquatenùs se intromitteret, sed in contrarium facta revocaret, & irritaret, licet idem Dominus Baillivus scivisset dictam appellationis causam ad Dominum judicem ressortorum regiorum prædictorum omnimodè pertinere, & de hoc fuisse, alias legitimè per dominum judicem ressortorum antedictum informatus per ostensionem, & visionem literarum à Regia Majestate super Officii sui prædicti institutione confectarum, sibique in consimili casu aliàs remissionem fecisset. Quæ omnia & singula dicebant, & asserebant memorati Judex ressortorum Magister Martinus & Guillelmus nominibus quibus supra, per dictum Dominum Baillivum facta fuisse & concessa in damnum & prejudicium Jurium Regiorum, suæque Sedis Senescalliæ Lugdunensis & Officii dicti Domini Judicis diminutionem, nec non enervationem libertatum, jurium, & privilegiorum Civibus & habitantibus Villæ Lugdunensis, à Regia Majestate concessorum Veniendo contra Compositionem anni vigesimi, de qua parte inferiùs fit mentio, ac tenorem arresti ultimati in præsentia Domini nostri Regis ad instantiam Procuratoris Generalis, dictorumque Civium & habitantium contra dictum Dominum Archiepiscopum prolati, ex hoc causis & rationibus infrascriptis prejudicium etiam totius Patriæ & marchiæ, ac habitantes ipsius. Prima Causa est quoniam in compositione prædicta, Anno Domini millesimo trecentesimo vigesimo facta inter inclitæ recordationis Philippum Pulchrum tunc Francorum & Navarræ Regem, & recolendæ memoriæ Petrum de Sabaudia Archiepiscopum, Decanumque & Capitulum, ac Cives ac habitantes pro tunc Lugduni solemni juramento roborata, & vallata ipse Dominus noster Rex retinuit, inter cætera quod primæ appellationes, quæ emittuntur à judice sæcularis Curiæ Lugdunensis, quam Sedem appellationes terræ & Castrorum dictorum Archiepiscopi, Decani & Capituli, omniumque aliarum terrarum, ipsorum quatenus mediatè, vel immediatè infra Regnum tenent extrà Civitatem Lugdunensem in casibus, & à personis à quibus consueverit habere cognitionem primarum appellationum venient, venireque debent ad dictum nostrum Regem audiendum, & sine debito. Per judicem ad hoc autoritate Regia deputandum & ordinandum, ubi dicta Regia Majestas eumdem duxerit ordinandum, dum tamen hoc fieret extrà dictam Villam Lugdunensem, & pertinentias ejusdem. Quam'quidem Compositionem, omnia & singula contenta in eadem, omnes & singuli Archiepiscopi in eorum Creatione & Canonici dictæ Ecclesiæ, dum in eadem in Canonicos recipiuntur, jurant ad sancta Dei Evangelia tenere, attendere, & complere, & contra per se, vel per alium non venire, & sic duplo modo Dominus Archiepiscopus modernus antedictus ipsam, & contenta in eadem attendere, & complere juravit, videlicet primò in receptione sua dum in Canonicum dictæ Ecclesiæ receptus, & secundò dum ad honorem dictæ Sedis in Archiepiscopum sublimatus fuit. Secunda est ratio, quoniam Anno Domini millesimo, trecentesimo, vigesimo octavo, idem Dominus Rex audita Supplicatione Civium, & habitantium Lugduni petentium, & requirentium, quod cum ipsi in Villa Matisconensi ab appellationibus, quæ ad suam Superioritatem tangere consuevissent ressortum, hujusmodi ressortum apud Matisconem multipliciter grave & laboriosum, tædiosumque eis, & dispendiosum existeret, ipse Dominus Rex hujusmodi ressortum apud locum Burgi Insulæ Barbaræ propè Lugdunum in Regno constitutum ibi perpetuò remanendum statuere, & ponere gratiosè vellet. Audita igitur, & diligenter examinata in suo Consilio inquesta, an si præmissa faceret sibi vel alteri, propter hoc fieret prejudicium, sive damnum, & an locus de Burgo Insulæ barbaræ prædictis insignis, & apertus ad hoc existeret per fide dignos fecit perquiri, & quia non fuit compertum per eam sibi, vel alteri prejudicium, propter hoc sive damnum inferri, sed potius utile dispendiosis onerosisque & damnosis laboribus dictorum Civium, & habitantium obviare, eorum paci, & tranquillitati, ac quieti providere, Cupiens ressortum prædictum omnium Casuum & appellationum, quæ à Sede Lugdunensi emergere contingeret in futurum, omniumque aliorum Casuum, suam Superioritatem tangere, prout in dicta bulla Matisconensi retroactis temporibus ressortum hujusmodi totum consueverat, habita prius super hoc magna Summi deliberatione Consilii de Speciali gratia, auctoritateque regia, & ex certa scientia ad locum Burgi prædicti Insulæ barbaræ ex tunc in antea perpetuò remansurum decrevit, statuitque & posuit, tollendo illud omninò à Civitate & Villa Matisconensi prædicta, judicemque Causarum hujusmodi omniumque aliarum à judicibus quibuscumque Causarum appellationum terræ & Castrorum dictorum Archiepiscopi, Decani & Capituli emergentem, Venerabilem, & circumspectum Virum, Magistrum Joannem de Podo, pro tunc constituit & ordinavit. Tertia ratio est, nam cum Archiepiscopus Decanusque & Capitulum Ecclesiæ Lugdunensis pro tunc supra dictum Magistrum Johannem de Podo, quia de dictis appellationum Causis in loco dicti loci Burgi Insulæ barbaræ cognoscebat ex vi cujusdam impetrationis obtentæ per eosdem, Anno Domini millesimo trecentesimo quadragesimo primo destitui fecissent & procurassent, ipse idem Magister Joannes de Podo, propterea Regiam Majestatem adiens, & prædictam impetrationem & contenta in eadem ipsi Regiæ Majestati, & rei publicæ totius patriæ multum præjudicare pluribus causis & rationibus per eumdem assignatis significasset & asseruisset, ipsa eadem Regia Majestas per suas litteras declaravit, quod dictus magister Joannes, uteretur officio suo pacificè & quietè prout utebatur ante dictæ impetrationis datam, ipsa impetratione & quibuscumque aliis litteris in contrarium facientibus, non obstantibus, & quo ipse dictus Magister Joannes de Podo, & ejus in dicto officio successores continuè de dictis appellationum causis & aliis superioritatem concernentibus & tangentibus in dicto loco Burgi Insulæ barbaræ cognoverint palàm, publicè & notoriè. Quarta Causa est, nam per arrestum in præsentia Domini nostri Regis in favorem generalis, ac Civium & habitantium dictæ Villæ Lugdunensis contra dictum Dominum Archiepiscopum, ultimatè videlicet quintè die Octobris, Anno Domini millesimo trecentesimo nonagesimo quinto prolatum in quo omnia & singula ad hujusmodi materiam concernentia tam pro parte dictorum Procuratoris Regii & Civium agendo & prosequendo, quam per dictum Dominum Archiepiscopum deffendendo, ut clarè per tenorem ipsius evidenter apparet, dicta & proposita fuerunt. Idem Dominus Judex quem seu Magistrum Girardum magnum prædecessorem suum à dicto officio dictus Dominus Archiepiscopus destitui fecerat per Magistrum Stephanum de Giuriaco Consiliarium Regium ad hoc deputatum virtute cujusdam arresti anteà per dictum Dominum Archiepiscopum contra dictum Procuratorem Regium obtenta per solemnes Commissarios, videlicet Dominos & Magistros Henticum Du Merle Præsidentem, & Petrum le Fevre Consiliarios Regios, in regimine & exercitio dictæ Judicaturæ restitutus fuerat, per quod etiam arrestum dictum fuerat, & ordinatum, compositionem prædictam Anno Domini millesimo trecentesimo vigesimo, factam bonam & validam fore, eamque & contenta in eadem teneri & attendi debere quibusdam litteris certi tractatus, Anno Domini millesimo trecentesimo septimo proloquuti, & quadam impetratione, Anno Domini millesimo trecentesimo quadragesimo primo, de qua supra fit mentio, annullatis & nullius esse valoris declaratis. Ex eo etiam quia dicitur Dominus Baillivus, Anno Domini millesimo trecentesimo nonagesimo sexto, die quarta mensis Junii, de præmissis à dicto Domino judice informatus quamdam appellationis causam, quàm coram eo, & sede sua Matisconensi advocaverat in favorem Procuratoris dictorum Decani & Capituli Lugdunensis appellati, contra Joannem Volet, & plures alios de sancto Cirico in Monte aureo consortes, in hac parte appellantes ipsi Domino Judici ressorti remiserat cognoscendam & terminandam per dictum Dominum judicem in dicto loco Burgi Insulæ barbaræ, ubi ipse judex ressortorum regiorum de dicta Causa cognovit, & determinavit, & præsupposito quod dictus Dominus Baillivus dicere vellet de aliquibus dictarum Causarum appellationum in dicta Sede Matisconensi cognitum fuerit, illud fuit ipsis judice ressortorum, Consulibusque & Procuratore Regio inscientibus quod illis præjudicare non debet, quoniam attento tenore dictæ compositionis vigesimi anni tractatus anni septimi, & impetrationis anni quadragesimi primi, per quas literas dicti Domini Archiepiscopus Decanus & Capitulum se jurabant, & dicebant dictæ appellationis causas debere tractari & terminari in Sede Matisconensi prædicta nullæ, & nullius valoris adjudicatæ, & declaratæ fuerunt per arrestum dictæ Parlamenti Curiæ ultimo prolatum in materia hujusmodi, & dicti Dominus Archiepiscopus, Decanus, & Capitulum qui de peritorio subcubuerunt jure possessorii nullatenus uti possunt, præsertim in præjudicium Domini Regis, dictorumque exponentium, ac rei publicæ. Ex his igitur & pluribus aliis, quæ longum narrare esse dicebant, & asserebant exponentes prædicti, se ad dictum Dominum Baillivum Senescallum venisse supplicantes eidem & ex bono & debito justitiæ & æquitatis ipsum requirentes quatenus attentis præmissis, quæ vera sunt, & de quibus in promptu se offerunt dictum Dominum Baillivum Senescallum informare per litteras autenticas, & quod ipse Dominus Baillivus ut Senescallus est dictorum Civium & habitantium specialis Gardiator, autoritate regia deputatus, dictum Prisonarium Domino judici ressortorum prædicto remittere, inhibitiones quascumque ipsi judici in sui officii diminutionem ex parte dicti Domini Baillivi facta revocare & annullare, civesque & habitantes Civitatis Lugduni prædictæ in suis juribus, libertatibus, privilegiis, & franchesiis manutenere, custodire, & confirmare, tantumque circa præmissa facere velit, quod de bona justitia valeat commendari, & ne exponentes alibi, quam ad ipsum habeant recurrere. Qui Dominus Baillivus Senescallus memoratis exponentibus sic respondendo dixit, quod ipse est Præses Provinciæ, & quod licuit & licet quibuscumque subditis Baillivatus & Senescalliæ prædictæ in quibuscumque casibus providere. Attamen prima vice qua super hoc pro parte dicti Domini Archiepiscopi fuerat requisitus, & suum adjornamentum in causa appellationis prædictæ contra dictum Jaquemetum appellantem concedere vellet, intellecto per aliquos quod dictus Magister Hugo, se judicem dictarum causarum appellationum prædictarum tenebat, illud sibi concedere noluerat, sed scripserat ipsi Magistro Hugoni familiariter, ut copiam institutionis sui Officii sibi mitteret, ad finem quod super hoc deliberaret, super quibus nullum responsum ab ipso eodem Magistro Hugone habuerat, unde postea pro parte dicti Domini Archiepiscopi requisitus, quatenus dictum adjornamentum concederet, credens dictum judicem ad hoc nullum interesse habere cum nihil & rescripserit informatus, ut dicebat per Consilium Regium Matisconi residens, quod de dictis causis appellationum in dicta Sede Matisconensi fuit cognitum, idcirco adjornamentum in dicta appellationis causa concesserat, & quia appellans pendente Causa appellationis non debet remanere penes judicem, à quo ideò suas alias literas concesserat, per quas mandavit dictum appellantem à carceribus dicti Domini Archiepiscopi, extrahi, & ad carceres Regias Matisconenses adduci, quousque aliud super his esset ordinatum, nec propter hoc credebat, quemque præjudicasse, nec juribus regiis sedis Senescalliæ, seu dictæ judicaturæ, neque libertatibus, privilegiis, & franchesiis Civitatis Lugduni in aliquo derogasse, seu deteriorasse, immò ea vellet toto suo posse augmentare, & si quod esset præjudicium ipso pridem indebitè informato reparare, & alia facere quæ de jure facienda essent paratum se offerebat, & facta replicatione ad præmissa per Dominum judicem prædictum ad hoc convenerunt, quod dicti exponentes dictum Senescallum informarent, & super contentis in requesta eorum prædicta, qui statim produxerunt literas regias, de quibus super & infra fit mentio. Et primò quasdam patentes literas Regias, in cera alba & duplici cauda sigillatas in effectu continentes, quod Dominus noster Rex modernus, ad plenum informatus de legalitate sufficientia, & probitate sæpe dicti judicis, eidem Officium Judicaturæ ressortorum Lugdunensium, ac totius superioritatis terræ & jurisdictionis Dominorum Archiepiscopi, Decani, & Capituli dedit & contulit autoritate regia speciali gratia & vadiis consueta, quarum data est, die nona Junii, Anno Domini millesimo trecentesimo nonagesimo quarto. Item quasdam alias patentes literas regias eodem modo, quo supra sigillatas in effectu continentes, quod Dominus noster Rex pro tunc ad plenum confidens de fidelitate, discretione, & diligentia Magistri Stephani Richerii legum Doctoris, eidem regimen & Officium judicaturæ ressorti regii Lugdunensis, & totius superioritatis terræ Archiepiscopi, Decanique & Capituli Lugdunensis, & prout solebat tenere Magister Joannes de Podo, dum vivebat, eidem Magistro Stephano Auctoritate regia & ex certa scientia dedit, & contulit ad vadia consueta quarum data est, die vigesima tertia Aprilis, Anno Domini millesimo trecentesimo quadragesimo sexto. Deinde exhibuerunt exponentes prædicti compositionem anni vigesimi de qua superius mentio habetur filis sericis, & cera viridi sigillatam, in qua expressè tenetur clausula, de qua supra mentionatur, & subsequenter exhibuerunt quasdam Regias literas in filiis sericis & cera viridi sigillatas, de quibus etiam superius mentio habetur, per quas Dominus noster Rex pro tunc tollit ressortum prædictum à Villa & Civitate Matisconensi, & ipsum apud locum Burgi Insulæ barbaræ ex tunc perpetuò prout supra tenore præcepit, & ad hoc quod dicti Archiepiscopus, Decanus, & Capitulum prætendunt se habere literas impetrationis, per quas Dominus noster Rex mandasse dicitur teneri ressortum apud Matisconem, exhibuerunt transsumptum revocationis impetrationis prædictæ obtentæ per dictum Magistrum Joannem de Podo, anno Domini millesimo trecentesimo quadragesimo septimo, quinta die Januarii. Item exhibuerunt arrestum ultimatè in præsentia Domini nostri Regis prolatum, de quo & tenore ejusdem satis super tangitur. Postremò & ultimo exhibuerunt literas confectas de & super remissione facta per dictum Dominum Baillivum ipsi Judici de causa appellationis emissa à judice causarum appellationum dictorum Decani, & Capituli, de qua supra fit mentio, qui Dominus Baillivus lectis sibi literis prædictis, & attento tenore earumdem dixit se super hoc velle habere consilium, & habita sui deliberatione consilii exponentibus prædictis super hoc suam faceret responsionem Habita igitur deliberatione prædicta exponentibus ipsis sic respondendo dixit, quod visis literis regiis prædictis, & consideratis considerandis, quascumque inhibitiones dicto Judici virtute literarum ab ipso dicto Baillivo pro parte dicti Domini Archiepiscopi obtentarum ipsi & ejus Officio, Sedique Senescalliæ, ac libertatibus & franchesiis Civium, & habitantium Lugdunensium præjudiciabiles revocabat, & revocat, appellarique prædictum in carceribus regiis Matisconis, prout supra mancipatum, Janino de Peylladru servienti regio quem propter hoc dictus Judex de Civitate Lugduni apud Matisconem secum adduxerit, ibidem præsenti tradi ordinaverit, ad adducendum per dictum servientem regium dictum appellantem de carceribus Matisconis ad carceres domus regiæ Roannæ Lugduni & ipso in dictis carceribus Lugduni adducto, & mancipato faciendum, quod super hoc dictus Judex duxerit super ordinandum. Præterea Dominus Baillivus prædictus in præsentia quorum præcepit, & injunxit Bartholomeo Forneri Carcerario Regio Matisconensi quatenus appellantem prædictum dicto Janino servienti regio traderet & deliberaret ducturum ad carceres regias Lugduni, prout supra, sed dum dictus Carcerarius

de la Ville de Lyon. 127

peteret minialias, & expensas dicti Prisonarii, & licet dictus Judex diceret, quod eas solùm facere tenebatur, dictus Dominus Baillivus, eo quod sine causa à Carceribus dicti Domini Archiepiscopi apud Matisconem adduci fecerat. Attamen dictus Judex decem solidos pro dictis minialiis ad tantum ascendentibus realiter solvit, & sic recepto per dictum servientem Prisonario praedicto, de mandato dicti Domini Judicis, sumptoque prandio in Villa Matisconensi exponentes praedicti, in praesentia dicti Notarii regii, ac Magistri Joannis Paterini Licentiati in Legibus, ac Johannis Chiruoti, Clerici Notarii Procuratorii Generalis, Illustris Viri Domini Eduardi Domini Bellijoci dictam Villam exeuntes apud Bellam Villam pervenerint, ubi nocte illa dormierint, dicto appellante in dicti judicis custodia Prisonario existente. Die verò Dominica sequenti manè facto, se praedicti exponentes dictam Villam exeuntes apud Ansam causa prandendi pervenerint, & demùm Lugdunum, properantes domum regiam Rodannae Lugdunum intraverint, ubi dictus Judex ressorti memoratum Prisonarium Carceribus regiis, per servientem regium praedictum mancipari fecit. Custodiam ipsius Parceuallo Archimbaudi, Commentariensi dictorum carcerum committendo. Cui inhibuit ad personam ejus uxoris, & cujusdam sui famuli, ibidem repertorum, ne cum aliquo ipsarum personarum loqui permitterent, nec aliqualiter ab ipsis Carceribus expedirent, donec aliud super hoc ab eodem haberent in mandatis, dicta sunt haec ultimò praesentibus dicto Martino Mapodi, Almo le Ligois, & pluribus aliis ad hoc adstantibus pro testibus vocatis, & rogatis. De quibus omnibus & singulis exponentes praedicti nominibus quibus supra, quatenus, quemlibet concernit, & concernere potest, juxtà praemissa petierunt à dicto publico Notario regio, sibi dari, & fieri Cartam testimonialem, seu publicum instrumentum unum, vel plura queis, seu quae eidem concessit ex officio faciendum. In cujus rei testimonium cum nobis Custodi praedicto constet de praemissis, ut supra, coram nobis pro majori parte peractis per fidelem relationem dicti publici regii Notarii, cui super eis, & aliis majoribus fidem plenariam adhibemus, sigillum communene regium praedictum praesentibus literis duximus apponendum.

Carolus Regis Franciae Primogenitus Regnum Regens, Dux Normanniae, & Dalphinus Viennensis. Cum illa quae pro Regiae Majestatis, regnique incolarum commodis sunt salubriter facienda, & etiam confirmata nos consuevimus faciliter exhibere, hanc dilectorum, & fidelium dicti Domini, nostri, & nostrorum Archiepiscopi, Decani, & Capituli, ac Civium, Burgensium, & habitantium Civitatis, & Villae Lugdunensis, Nobis porrecta petitio continebat, quod licet per literas inclitae recordationis Domini Philippi Avi nostri, in Cera viridi & laqueo serico sigillatas eisdem supplicantibus sit concessum, quod superioritatem, ressortum, gardam, jura, & alia emolumenta, quae Reges Franciae Progenitores nostri ad causam Coronae Franciae, in Civitate, Villa, Terra, & in Baronia Ecclesiae Lugdunensis habere & tenere consueverunt, non possint, aut valeant per dictum Dominum Genitorem, vel Nos & Successores nostros extra manum regiam à Corona Franciae poni, aut quovis titulo alienari, seu à nobis & successoribus nostris, & dicta Corona quomodolibet separari, prout in dictis literis super hoc confectis pleniùs dicitur contineri. Nihilominus tamen Carissimus Germanus noster Comes Pictaviensis & Matisconensis, cui nuper dictum Comitatum Matisconensem donavimus cum Baillivia ressorto, & pertinentiis eorumdem, vel Officiarii, Justitiarii, aut gentes suae praetextu dictae donationis nisi sunt, & nituntur superioritatem, ressortum, Gardam, Jura & alia emolumenta praedicta sibi, & dicto Comitatui appropriare, & etiam applicare & Judicem Regium superioritatis, & ressorti Lugdunensis, ac alios Officiarios Regios in dicta Villa constitutos destituere, aliosque loco ipsorum instituere contra dictarum literarum ipsius Domini Avi nostri tenorem veniendo, & etiam attemptando, supplicantes nobis humiliter sibi per nos dictas literas confirmari, & eis de opportuno remedio provideri. Notum igitur facimus tam praesentibus, quam futuris ; quod attentis praemissis, aliisque justis, & rationabilibus causis adhoc, nos moventibus, nunquam fuit, nec est intentionis nostrae, hujusmodi superioritatem ressortum, gardam, jura, & emolumenta praedicta, sub dicta Concessione de dicto Comitatu, Bailliva, ressorto, & pertinentiis eorumdem eidem Germano nostro facta aliqualiter comprehendi, nec ipsorum supplicantium libertates, & privilegia per dictum Dominum nostrum & nos aut Praedecessores nostros concessa infringere, aut contra ipsarum tenorem, & seriem contra agere, & ut dictae literae ipsius Domini, & Avi nostri super hoc concessae, de quibus liquebit, in eadem permaneant roboris firmitate, ipsas literas & contenta in eisdem, inquantum dictam Compositionem per dictum Avum nostrum factam tangunt, & tangere possunt, autoritate regia qua fungimur de praesenti ex certa scientia ; & gratia speciali, laudamus, ratificamus, approbamus, & tenore praesentium confirmamus, donatione, & concessione per dictum Avum nostro de dicto Comitatu, ressorto, Bailliva, & eorum pertinentiis per nos, ut praedicitur, aliisque literis in contrarium factis, seu faciendis non obstantibus quibuscumque : Mandantes, & tenore praesentium prohibentes dicto Germano nostro, ejusque Justitiariis & Officiariis, ac Comiti Matisconensi, & ejus justitiariis, quae pro tempore fuerint, quatenus suprà dictos supplicantes, & eorum quemlibet ratificatione, approbatione, & confirmatione nostris praedictis, ac contentis in dictis literis ipsius Domini Avi nostri, perpetuò uti, & gaudere permittant, absque impedimento quocumque, ipsos in contrarium nullatenus molestando, sed ipsos & eorum quemlibet juxta literarum ipsius Domini Avi nostri tenorem, & hujusmodi nostram confirmationem teneant & conservent pacificè, & quietè, & si aliqua in contrarium attemptata, seu innovata fuerint, ea ad statum pristinum, & debitum reducant, aut reduci faciant indilatè quae in casu praedicto reducimus, & pro non factis reputamus etiam per praesentes, nec volumus praedictis supplicantibus, & cuilibet eorum propter hoc de praesenti, aut in futurum aliquod praejudicium generari. Quod ut firmum, & stabile perpetuò perseveret, praesentes literas sigilli nostri fecimus appensione muniri, salvo jure dicti Domini nostri in aliis, & in omnibus quolibet alieno. Datum apud Meledunum, Anno Domini millesimo trecentesimo quinquagesimo nono, mense Decembris, Per dictum Regentem Nomine *Verres.*

Carolus Regis Franciae, Primogenitus Regnum Regens, Dux Normaniae & Dalphinus Viennensis, Judici regio superioritatis & Ressorti Lugdunensis, Salutem. Cum Nos per alias nostras literas confirmatorias in cera viridi, & laqueo serico sigillatas, declaraverimus, & decreverimus, quod superioritas, ressortum garda, jura, & alia emolumenta, quae Reges Franciae Primogenitores nostri, Dominus noster & Nos ad causam Coronae Franciae in Civitate, Villa, terra, & Baronia Ecclesiae

Lugdunensis habere & tenere consuevimus, & habemus, sub concessione, seu dono, Carissimo Germano nostro Comiti Pictaviensi & Matisconensi de Comitatu Matisconis, Bailliva ac ressorto, & eorum pertinentiis per nos factis minimè comprehendantur, aut comprehendi possint quomodolibet in futurum, prout per dictas literas nostras super hoc confectas vobis plenius poterit apparere, Vobis mandamus tenore præsentium committendo quatenùs ipsas literas, & contenta in eisdem de punctu ad punctum exequamini, attemptata verò seu innovata, si quæ sint aut fuerint in contrarium ad statum pristinum, & debitum reducatis, aut reduci faciatis indilatè. Mandamus omnibus Justitiariis Officiariis, & subditis regiis & nostris, & eorum cuilibet, cæterísque regni si per vos fuerint requisiti, quod ad præmissa facienda, & complenda si opus fuerit vobis præstent auxilium, & juvamen. Datum apud Meledunum xi. die Decembris, Anno Domini millesimo trecentesimo, quinquagesimo nono. Per dictum Regentem Nomine *Verres.*

Carolus Dei gratia Francorum Rex, Universis præsentes Literas inspecturis, Salutem. Notum facimus, quod cum in nostra Parlamenti Curia litigantibus dilectis nostris Decano, & Capitulo Ecclesiæ Lugdunensis Procuratore nostro Matisconensi, eisdem adjuncto, appellantibus, & in casu attemptatorum actoribus ex una parte, & Magistro Hugone Jossardi Judice ressorti Lugdunensis, appellato & defensore Consulibus Lugdunensibus eidem adjunctis ex parte altera, pro parte dictorum propositum extitisset, quod licet ipsi ab antiquo tempore prædictus suum Judicem ordinarium de causis Villarum, Castrorum, & locorum suorum extra Villam Lugdunensem existentium & de suis subjectis cognoscentem, Necnon primum ressortum à dicto judice ordinario coram suo judice appellationum, & à dicto judice appellationum coram Baillivo nostro Matisconensi ab octoginta annis & amplius habuerunt, & habeant, absque eo quod ressortiri debeant in dicto secundo ressorto coram judice nostro ressorti Lugdunensis, Nihilominus dictus Jossardi contra & in præjudicium nonnullarum per ipsos interjectarum appellationum cognitionem de dictis causis secundi ressorti usurpando interprenderat, ac interprendebat, in eisdémque adjornamenta tradere, partes coram se procedere faciendo præsumpserat, in suum dictæque Ecclesiæ Lugdunensis & suorum subditorum præjudicium non modicum, injuriámque & gravamen acceptando, Concludens quantumvis Domini Jossardi ad emendam honorabilem, juxta Curiæ nostræ districtionem & utilem de mille & pro suis interesse & damnis in quingentis libris Parisiensibus, ac in suis expensis condemnaretur. Dictis defensoribus ex adverso proponentibus, quod Anno Domini millesimo trecentesimo vigesimo, inter Regem Philippum Antecessorem nostrum ex una parte & Archiepiscopum Lugdunensem, ac Decanum, & Capitulum prædictos, Civésque Lugdunenses, ex alia, certa Compositio, seu accordum inita & passata fuerat, qua inter cætera extiterat ordinatum, quod causæ secundi ressorti, seu secundæ appellationes dictorum Archiepiscopi & Decani, quæ à suis juribus primarum appellationum emitterentur coram judice nostro ressorti venirent, & ab eodem determinarentur, ubi idem Philippus & sui successores vellent, extra tamen Villam Lugdunensem prædictam, & in loco non exeunte de terra & jurisdictione domaneria ipsorum Archiepiscopi, Decani & Capituli. Quam quidem compositionem Archiepiscopus, Decanus & Capitulum prædicti singulique ejus Canonici tene-

re, & perpetuò observare juraverant, suíque successores jurare tenebantur, ac tenentur. Contra quam ordinationem nullatenùs per cujuscumque temporis lapsum juxtà ipsius tenorem dicti Archiepiscopus, Decanus, & Capitulum se insaisinare, seu possessionem acquirere poterant, Annóque eodem Domini millesimo trecentesimo vigesimo octavo sequenti, sedes dicti ressorti in formatione de commodo & incommodo subjectorum eorum facta instituta, ac stabilita fuerat apud Burgum Insulæ Barbaræ per prædecessorem nostrum tunc regnantem, in quo tempore ibidem Judex ressorti cognoscere de dictis secundarum appellationum Causis cœperat, atque ibidem cognoscendi usus atque gavisus fuerat, Cujus etiam sedis ressorti institutio, licet per arrestum ejusdem nostræ Curiæ in domo nostra prope Sanctum Paulum Parisiis prolatum, anno ejusdem Domini millesimo trecentesimo nonagesimo quarto, confirmata fuisset ipsis Archiepiscopo & Capitulo inhibendo, ne contrà ipsum arrestum venirent, aliquantoque tempore dicti de Capitulo tacuissent, paucis tamen postmodum lapsis annis, nonnullas appellationum prædictarum causas de quibus, idem Jossardi apud dictum Insulæ Barbaræ locum juxtà dictas ordinationes cognoscere volebat coram dicto nostro Baillivo Matisconensi remitti requirierat, quas causas cum remittere noluisset, iidem Decanus, & Capitulum ad eamdem nostram Curiam plures appellationes & in diversis causis interjecerant, seu emiserant, eumdémque Jossardi super actemptatas adjornari fecerant, eidem inhibitiones minus debitas faciendo, ad quas iidem Consules se opposuerant, & ad bonam causam opponebant attento interesse nostro, ipsorum Consulum, subjectorúmque Lugdunensium, & sub Lugduno ad quinque Leucas manentium expensis laboribus, pœnis, vexationibus, itinerum periculis migrantibus apud Matisconem, qui per longam dietam à Lugduno distabat imminentibus, & ubi non tanta inerat copia peritorum, quanta Lugduni ab Insula barbara, per solam leucam distantis. Ex quibus concludebant, quod dicti Actores admittendi non erant, & si erant admittendi, causam tamen non habebant, neque actionem, ipsíque se ad bonam causam se opposuerant ac statum lite pendente supradictis pensatis habere, & dicti Actores in suis expensis condemnari debebant. Ita dici ac pronunciari requirendo, Replicantibus dictis actoribus, ac dicentibus, quod ordinatio, seu Compositio per dictos Jossardi & Consules proposita, si qua erat non cum ipsis, sed cum dicto Archiepiscopo facta fuerat, nec eam juraverant, neque jurare seu tenere habebant nec ipsos eadem ordinatio astringebat, seu ligabat; Ordinatio insuper anni vigesimi octavi, super sede ressorti, cognitionem secundarum appellationum non comprehendebat, nec de ipsis idem Jossardi cognoverat, immò ressortiri coram Prædicto Baillivo Matisconensi, Matisconi consueverant, quod Nobis eísque ac nostris, & ipsorum subjectis magis expediebat quam ressortiri coram dicto judice ressorti apud Insulam Barbaram, ubi solus est Notarius penuriâ consilii audientis tarda, vexatio major, occasióque propter loci propinquitatem levius appellandi. Quare cum ipsi Actores super excessibus, & non super principali demandam suam fecissent pro juréque communi certarent, & Matisconensi Baillivatu, qui favorabilior, quam dicti defensores, qui nullum interesse habebant, quique pro sua privata utilitate certabant, ut supra concludebant, & quod ipsi & non dicti defensores admittendi erant, & si iidem defensores admitterentur, statum tamen habere non debebant, dictam nostram Curiam de suo usu & suprapositis, quam breviter se informaturos offerendo. Ipsis defenso-

ribus

ribus duplicantibus ex adverso & ut supra concludetibus. Tandem ad plenum auditis partibus antedictis in omnibus, quæ circa præmissa tam replicando quàm duplicando dicere ac præponere voluerunt & in arresto appunctatis. Visis igitur ordinationibus seu compositionibus prædictis arrestis litteris actis & munimentis partium prædictarum consideratis insuper & attentis diligenter circa præmissa, considerandis & attendendis, & quæ eamdem curiam nostram in hac parte movere poterant & debebant, eadem nostra Curia appellationes per ipsos actores interjectas, & omne id quod inde sequutum est, absque expensis hinc inde annullavit & annullat per arrestum, sietque vocatis vocandis informato hinc indè inquestam valitura super usu commodo & incommodo cujuslibet partium prædictarum ad finem videndi, & sciendi, ubi de dictis secundis appellationibus seu Matisconi, sive apud insulam Barbaram cognosceretur, & per idem arrestum, eadem nostra Curia statum sedi insulæ Barbaræ prædictæ, processus qui in eadem nostra Curia erant, & sunt ibidem remittendo adjudicavit atque adjudicat, lite præsenti pendente, in cujus rei testimonium præsentibus litteris nostrum jussimus apponi sigillum, Datum Parisiis in Parlamento nostro xiij. Die augusti, anno Domini millesimo quadringetesimo quinto, & regni nostri vigesimo quinto, per arrestum Curiæ. *Baye.*

Carolus Dei gratia Francorum Rex, primo Parlamenti nostri hostiario, vel servienti nostro super hoc requirendo salutem; tibi ad supplicationem dilecti nostri magistri Hugonis Jossardi judicis nostri ressorti Lugdunensis committimus, & mandamus, quatenus viso quodam arresto inter ipsum & Consules villæ Lugdunensis eidem adjunctos ex una parte, & dilectos nostros Decanum & Capitulum Ecclesiæ Lugdunensis procuratore nostro eis adjunctum ex altera, in nostra dicti Parlamenti Curia die datæ præsentium prolato. Illud juxta sui tenorem, & formam in his quæ exequutionem exigunt executioni debitæ demandes. Ab omnibus justiciariis & subditis nostris tibi in hac parte pareri volumus & jubemus. Datum Parisiis in Parlamento nostro, xiij. Die Augusti. Anno Domini 1405. & regni nostri xxx. per Cameram. *Baye.*

Come l'an puet prandre & mettre a Lyon la monoye du Daufhin.

Extrait du Cartulaire de Ville-Neuve.

Karolus Dei gratia Francorum Rex Baillivo Matisconensi, & Judici ressorti Lugduni, cæterisque justiciariis & officiariis nostris vel eorum loca tenentibus, ac commissariis quibuscumque Salutem. Audita supplicatione dilectorum nostrorum Civium & habitatorum villæ Lugduni suprà Rhodanum dicentium, quod pro eo, quod ab vos aliqui vestrum voluistis, & vultis quandóque molestare eosdem, ac mercatores ad dictam villam affluentes pro captione & allocatione quas inibi faciunt de nostris Dalphinalibus monetis mercatores pro exercitio suarum mercaturarum dictam villam frequentant, & illuc monetas nostras Dalphinales allocare, & recipere solebant, abundè se retrahunt; ex qua factum & exercitium mercaturarum in ipsa villa quam plurimùm diminuitur. Quod ipsis supplicantibus valdè præjudicat, sicut dicunt. Nos attendentes prædicta ac situationem dictæ villæ existentis in regni confinibus juxta dictum Dalphinatum nostrum flumine Rhodani inter medio tantùm, vobis & vestrum cuilibet prohibemus ne prædictos supplicantes & mercatores pro allocatione & receptione quas ipsos in dicta villa de nostris monetis Dalphinalibus facere contingit & contingent aliqualiter molestetis seu molestari vel impediri faciatis, aut permittatis, quidquid secùs factum inveneritis ad statum pristinum & debitum reducentes & reduci facientes. Datum Parisiis Die xxvi. Novembris, anno Domini millesimo trecentesimo octogesimo. Regni verò nostri Primo, sub sigillo nostro in absentia magni, ordinario. In requestis hospitij. *Hugo.*

Contre le Chancelier de Mascon, pour l'emolument du Seel.

Du mesme Cartulaire.

Karolus Dei gratiâ Francorum Rex Baillivo Matisconensi vel ejus locum tenenti etiam in Lugduno, Salutem. Pro parte Consulum, civium & habitantium Lugduni nobis fuit expositum graviter conquerendo, quod licèt retroactis temporibus per tanta tempora quod de contrario memoria non habetur, ipsi consueverint recipi facere literas contractuum suorum per Notarios seu Tabelliones Regios in dicta civitate commorantes, ipsasque literas à dictis Notariis habere solvendo eisdem Notariis scripturam dictarum literarum quando eas grossari & in formam publicam redigi faciunt absque eo quod dicti Cives & habitantes solvere consueverint aliquid dictis Notariis seu cuicumque firmario Sigilli nostri Matisconensis balliviæ ad contractus pro emolumento dicti sigilli nostri, nisi quando superdictis literis executionem faciunt seu ipsas literas in curiis nostris exhibent & producunt, nec aliter seu alio modo dictum emolumentum sigilli solvere teneantur, & de hoc sunt & fuerunt ipsi Cives in verâ & pacificâ possessione & saisina per tempus & tempora supradicta. Nihilominùs firmarius dicti sigilli, qui de præsenti est per se seu ejus deputatos nititur dictos Cives & habitantes de novo impedire in prædictis, compellitque facere dictos Notarios ut instrumenta per eos recepta partibus pro quibus faciunt, non reddant donec emolumentum dicti Sigilli fuerit pro soluto, & dictos cives & habitatores ad sibi solvendum emolumentum dicti Sigilli instrumentorum penes ipsos existentium licèt super ipsis executionem fieri non faciant, nec ea in judiciis exhibeant vel producant, Undè nobis fecerunt humiliter supplicari, quatenùs attentis præmissis; & quod si tempore firmarij qui nunc est, emolumentum dicti sigilli solveretur hoc cederet in præjudicium futuri firmarij seu nostrum, si dictum sigillum non tradetur ad firmam, sed sub manu nostrâ levaretur, eisdem super hoc de gratioso remedio provideri. Quapropter vobis præcipimus & mandamus quatenus dictos cives & habitatores in sua possessione prædicta manu tencatis & conservetis, inhibeatisque dicto firmario ejusque deputatis qui nunc sunt & pro tempore fuerint, ne dictos cives & habitatores ac Notarios ad sibi solvendum dicti sigilli emolumentum compellant seu compelli faciant nisi dumtaxat in casibus prædictis, videlicet si executionem super ipsis instrumentis per curiam vestram faciant, aut ipsa in judiciis vestris exhibeant vel producant, contrarium facientes compellendo viis & remediis opportunis, & in causa oppositionis exhibeantibus partibus auditis celeris justitiæ complementum litteris subreptitiis in contrarium imperatis vel impetrandis non obstantibus quibuscumque. Datum Lugduni xxvij. Die Augusti, anno millesimo trecentesimo octogesimo tertio, regnique nostri tertio. Per consilium Lugduni existens. *Bordes.*

Comme l'on ne peut les Citoyens de Lyon adjourner à Cour de Rome pour actions royaux.

KAroluſ Dei gratia Francorum Rex Baillivo Matiſconenſi aut ejus locum tenenti in Lugduno Salutem Conſules & habitantes villæ Lugduni nobis graviter ſunt conqueſti, quod licet ſecundùm inſtructiones & ordinationes regias ſuper hoc editas aliquis extra Bailliviam aut Seneſcalliam in qua degit trahi non debeat ſive poſſit, nihilominùs nonnulli Prælati & aliæ perſonæ Eccleſiaſticæ in Romana Curia & alibi commorantes dictos conquerentes aut eorum aliquos in Curia Romana coram Auditoribus & aliis judicibus & officiariis ipſius Romanæ curiæ extra regnum noſtrum evocari proceſſibus involui & excommunicationum ſententiis innodari pro cauſis de quibus cognitio ad judices noſtros ſæculares dignoſcitur pertinere, fecerunt & procurarunt & adhuc faciunt & procurant indebitè, injuſtè & in ipſorum habitantium gravamen, curiæ noſtræ temporalis præjudicium non modicum, ſicut dicunt, ſupplicantes per nos eis ſuper hoc de opportuno remedio provideri. Quapropter vobis præcipimus & mandamus quatenùs dictis Prælatis & aliis perſonis Eccleſiaſticis de quibus expedit & fueritis requiſiti ex parte noſtra inhibeatis aut faciatis inhiberi, ne dictos Conſules & habitantes Lugduni aut eorum alterum in Romana Curia aut alibi coram Auditoribus & aliis judicibus Eccleſiaſticis pro cauſis de quibus cognitio ad judices noſtros temporales & non ad alios debet pertinere, evocari, proceſſibus involui aut excommunicationum ſententiis innodari faciant aut procurent, volque id fieri non permittatis; ſed ipſos Prælatos & alias perſonas Eccleſiaſticas ad revocandum & annullandum ſeu revocari faciendum eorum ſumpribus & expenſis, ſi quid in contrarium factum fuerit per juris remedia opportuna & in talibus aſſueta, vocatis evocandis, compellatis, aut faciatis indilatè compelli, in caſu oppoſitionis miniſtrantes inter partes, ipſis auditis, celeris juſtitiæ complementum; impetrationibus ſubrepticiis ad hoc contrariis non obſtantibus quibuſcumque. Datum Pariſiis Die XIII. Maij. Anno Domini milleſimo trecenteſimo octogeſimo ſeptimo & regni noſtri ſeptimo.

Comme le reſſort de l'Iſle fut mis à Maſcon.

GIrardus de Thureyo miles Dominus de Noyers Baillivus Matiſconenſis & Seneſcallus Lugdun. & Commiſſarius in hac parte à regia Majeſtate deputatus. Præpoſito Regio Matiſconenſi vel ejus locum tenenti ſalutem. Literas patentes regias ſigillo regio ſigillatas ; necnon literas magnificorum & potentium virorum Dominorum Cameræ computorum Domini noſtri Regis dictis literis regiis affixas, in quibus affixa ſunt ſigneta dictorum Dominorum cum reverentià debitâ recepimus, formam quæ ſequitur continentes. CHARLES par la grace de Dieu, &c. *Elles ſont inſerées au long dans le corps de cette Hiſtoire,* Quibus litteris & contentis in eiſdem per nos viſis, attentiſque tenoribus earumdem, mandamus vobis & veſtrum cuilibet in ſolidum committendo quatenùs dictas literas & contenta in eiſdem in locis & ſedibus dictæ Bailliviæ & aliis de quibus fuerit opportunum, voce præconis & publica publicitùs intimetis & ſignificetis proclamando & injungendo ſeu proclamari faciendo, quod omnes & ſinguli ſubditi villæ Lugduni & pertinentiarum de cætero reſſortiſſant & ad reſſortiſſandum veniant in omnibus caſibus reſſorti in ſede Matiſconenſi in quâ antiquitùs reſſortiri ſolebant ſub pœna quingentarum librarum Turonenſium alias per quemlibet contrarium facientem committenda & Domino noſtro Regi applicanda juxtà & ſecundùm formam & tenorem literarum prædictarum intimantium & ſignificantium quod ſi aliquis ad prædicta ſe opponere voluerit compareat coram nobis ſeu locum noſtrum tenente Matiſconenſi in caſtro Matiſconenſi : quia ipſe audietur & admittetur prout fieri debebit ſecundùm formam literarum prædictarum in quibus & ea tangentibus dictæ Bailliviæ ſubditis vobis & veſtrum cuilibet parere volumus & intendi. Datum Matiſcone ſub ſigillo Curiæ noſtræ die decimaquintâ menſis Septembris, anno Domini milleſimo trecenteſimo octogeſimo ſeptimo. Sic ſignatum per Dominum Baillivum præſente ejus locum tenente. *Milo de Martignaco.*

Comme les dites lettres furent executées.

VObis Nobili & potenti viro Domino Baillivo Matiſconenſi & Seneſcallo Lugduni ſeu veſtrum locum tenenti, veſter humilis Petrus Baillieti Clericus Notarius publicus & Curiæ veſtræ juratus, locumque tenens diſcreti viri Joannis de ſancto Petro ſervientis armorum Domini noſtri Francorum Regis, ejuſque Civis & præpoſiti Matiſcon. reverentiam debitam cum honore, Domine mi metuende, noverit veſtra dominatio metuenda, me die datæ præſentium virtute litterarum veſtrarum hiis meis præſentibus annexarum, in quibus certæ regiæ & dominorum cameræ computorum dicti Domini noſtri Regis litteræ inſertæ ſunt, perſonaliter tranſtuliſſe apud Lugdunum videlicet in quadrivio pedis Pontis villæ Lugduni à parte regni, ubi ſolitæ ſunt fieri cridæ, & ibidem in præſentià Leonardi Lathomi clerici Notarij publici nec non nobilis viri Domini Henrici de Viego alias Muſcon militis Capitanei dictæ villæ, Vincentij Goyes, Joannis Prunerij, Guillelmi Parentis, Johannis Syſſiaci, Philippi de Campis, Bartholomæi Cannonis pluriumque aliorum habitantium dictæ villæ teſtium ad hoc aſtantium & rogatorum, litteras regias in dictis litteris veſtris inſertas per Johannem Ballatij præconem publ. Lugdun. voce præconia de verbo ad verbum proclamari & cridari feci & dictis regiis literis & dominorum cameræ computorum lectis, ego virtute dictarum litterarum veſtrarum voce prætonia prædicta in præſentià quorum ſuprà, injunxi ex parte regiâ & virtute dictarum litterarum omnibus & ſingulis ſubditis dictæ villæ Lugdun. & pertinentiarum ejuſdem ut ipſi de cætero reſſortiſſent & ad reſſortiſſandum venirent in omnibus caſibus coram vobis & in ſede veſtra Matiſconenſi, in quà antiquitùs prænominati habitatores dictæ villæ & pertinentiarum ejuſdem reſſortiri ſolebant. Et hoc ſub pœna quingentarum librarum Turonenſium per quemlibet contra injunctionem & proclamacionem harum venientem committenda & dicto Domino Regi applicanda, dictaſque litteras regias & Dominorum ac veſtras juxtà earumdem tenorem proclamari feci & executioni demandari. Quâ quidem proclamatione & injunctione factâ, comparuerunt coram me dicto locum tenente & commiſſario ac in præſentià quorum ſuprà, in dicto quadrivio vir diſcretus Magiſter Joannes de Fargiis juriſperitus locum tenens diſcreti viri magiſtri Girardi Magni judicis ſuperioritatis & reſſorti Lugduni fidem faciens de littera locum-tenentiæ ſuæ cujus tenor talis eſt. Noverint univerſi, quod nos Girardus magnus Domini noſtri Regis clericus ejuſque, judex Major cauſarum appellationum civitatis , ſuperioritatis & reſſorti Lugduni, de probitate, ſufficientià & compertâ diligentià venerabilis & diſcreti viri Do mini Johannis de Fargiis licentiati in legibus plenius informati apud locum nostrum tenentem in nostrâ absentiâ facimus, constituimus, ordinamus per præsentes: Mandantes & præcipientes tonore earumdem omnibus & singulis subditis regiis, non subditis rogantes quatenùs dictæ Domino Johanni in hiis quæ ad dictum spectant officium tamquam vero Locumtenenti nostro pareant, obediant & intendant. In cujus rei testimonium sigillum judicaturæ nostræ literis præsentibus duximus apponendum. Datum Lugduni die XVI. Februarij anno Domini millesimo trecentesimo octogesimo per Dominum Judicem. G. Pitioti. Qui Magister Johannes nomine dicti Judicis, nec non Guillelmus de Cuysello Procurator & nomine procuratorio universitatis dictæ villæ ad contenta in dictis literis & aliis per me factis se opposuerunt. Quibus Magistro Johanni & Guillelmo nominibus prædictis in præsentia quorum suprà dixi, quod coram vobis in Castro Matisconis tali die quali voluerint, compareant & ipsi ad oppositionem audientur, & per vos admittentur, prout fieri debebit, juxtà dictarum regiarum & vestrarum literarum tenorem. Deinde præmissis per me sic actis Ego dictus Locumtenens & Commissarius me personaliter transtuli ad pedem pontis prædicti à parte imperij & dum ibidem fui accessi ad personam dicti Magistri Johannis Locumtenentis prædicti & ibidem in præsentia dicti jurati nec-non Guillelmi Pitioti & Guillelmi de Cuysello testium ad hoc astantium, præ nominato Domino judici dicti ressorti ab illa præfata ac dicitur absenti in personam dicti Magistri sui Locumtenentis prædicti, dictas regias litteras ac vestras ac alia per me ut suprà acta intimavi juxta ipsarum literarum tenorem atque formam qui Magister Johannes ut priùs nomine prædicto, ad prædicta se opposuit, & Ego eidem respondi prout ut suprà. Dicta vero intimatione præ nominato Magistro Johanni facta ut suprà Ego dictus Locumtenens & Commissarius in præsentia dicti jurati nec non Francisci Loca, Guillelmi Pitioti, Gilleti Bimbonis, Sthephani Guigonis, Johannis ejus filij, & Petri Girardi Clericorum Notariorum publicorum, pluriumque aliorum testium ad hoc astantium dictas literas de verbo ad verbum per prænominatum præconem voce præconiâ in dicto quadrivio existente juxta pedem dicti pontis à parte imperij, ubi solitæ sunt fieri cridæ, cridari, præconisari & proclam feci, injungendo voce præconia auctoritate dictarum & vestrarum literarum omnibus & singulis subditis villæ Lugdunensi prædictæ & pertinentiarum ejusdem, ut de cætero ressortissent & ad ressortissandum veniant in omnibus casibus ressorti in sede vestra Matisconensi, in qua antiquitùs ressortiri solebant, sub pœnâ in dictis vestris literis contentâ, per quélibet contrarium facientem contentâ & dicto Domino nostro Regi applicandâ, & alias dictas literas executioni demandari juxtà & secundùm ipsarum hîc annexarum literarum tenorem atque formam. Ad quæ per me acta & alia in dictis hîc annexis literis cötenta, se ut priùs opposuerunt dicti Magister Joannes & Guillelmus nominibus prædictis & petierunt copiam dictarum hîc annexarum literarum & meæ præsentis relationis, quam copiam eisdem fieri concessi. Et ulteriùs Ego eisdem nominibus prædictis dixi, quod comparearent in dicto Castro Matisconis coram vobis tali die quali voluerint, & ipsos ad oppositionem admittetis prout fieri debebit juxtà dictarum literarum in dictis vestris hîc annexi literis, insertarum tenorem atque formam. Et de hoc Domine mi metuende, dominationem vestram certifico per præsentes signo dicti jurati lignatas & sigillo dictæ oppositionis sigillatas in testimonium præmissorum. Datum & actum Lugduni in die Martis decima septima Septembris, anno Domini millesimo trecentesimo octogesimo septimo. Ita fuit exequtum per Locumtenentem & Commissarium prædictum præsente me.

G. LATHOMI.

Creatio Comitatus Matisconensis in Pariatum. 1359

Ex Archivio Civitatis Matisconensis.

CArolus primogenitus Regis Francôrum Regnum regens Dux Normaniæ ac Delfinus Viennensis. Celsitudo Regiæ majestatis illos majoribus prærogativis & honoribus insignire & inter cæteros attollere consuevit quibus cum præcellenti nobilitate generis qua alios antecellant concurrentia virtutum & insolitorum actuum merita suffragantur. Nos igitur antiquas memoriæ dignas progenitorum nostrorum Regum Francorum ordinationes ad memoriam revocantes qui ad conservationem honoris coronæ Franciæ ac consilium & juvamen Reipublicæ in eodem Regno XII. Pares qui regni Franciæ in arduis consiliis & judiciis assisterent & in factis armorum strenuè ad tutamentum regni & Reipublicæ Regem ipsum paritate fidelis inter collaterales suos splendidiùs comitarent consideratione provida statuerunt, inter quos Comes Tholosanus unus esse solebat cujus successio ad coronam Franciæ jure hæreditario pervenisse noscitur ab antiquo loco cujus quantum ad Pariæ & Pariatus honorem & nomen attinet, alium atque vel magis idoneum præsertim his temporibus quibus in eodem Regno viguerunt & vigent guerræ à satore zizaniæ & humani inimico generis procuratæ subrogare volentes, ut saltem quantum ad illum numerus deficiens supleatur, communicato magnatum & prælatorum aliorumque sapientium coronæ Franciæ fidelium consilio & deliberatione super his habita diligenti ad personam charissimi fratris nostri Germani Domini Joannis Matisconensis & Pictaviensis Comitis, qui ad dimicandum contra hostes charissimi & metuendi Domini Joannis Dei gratia Francorum Regis non solum ejusque genitoris nostri & sui, verum & fidelem natura legitima filium se exhibuit, imo protuitione regni & reip. se pugilem & defensorem evidenti virtutum & actuum strenuorum judicio demonstravit & præcipuè in partibus Oscitaniæ, nostræ considerationis aciem dirigentes. Notum facimus universis præsentibus pariter & futuris, nos præfatus regnum regens jure & authoritate Regia quibus utimur in hac parte & de plenitudine potestatis Regiæ nobis in absentia præfati genitoris nostri attributæ & debitæ competenti, constituisse & creasse Dominum Germanum nostrum esse utroque fraterna linea nobis junctum parem Franciæ & in numero parium collocamus ut Comitem Matisconensem constituimus & parem Franciæ creamus, decernentes pronuntiantes, ac etiam statuentes authoritate jure & plenitudinæ supradictæ potestatis ut idem Germanus noster, ut Comes Matisconensis & sui successores de ejus sanguine in eodem Comitatu Matisconensi paterna linea descendentes omnibus & singulis prærogativis juribus privilegiis libertatibus & honoribus gaudeant & utantur quibus cæteri pares Franciæ gaudere & uti sunt soliti præteritis temporibus & modernis nec de personis eorum vel causis quantum ad Comitatum & Baillivatum Matisconensem eorumque ressorta vel ressorti dependentias vel appendentias attinet vel attinere poterit possit per quemcumque quacumque authoritate commissione vel potestate fungentes sed solum modo per reges vel regentes Regnum Franciæ vel de eorum speciali mandato in Regio parlamento cognosci ac etiam judicari salvo ressorto causarum & negotiorum quo ad partes jurisdictionem suam in suo foro tangentes per viam appellationis deducendo ad dictum regium parlamentum sicut de causis & negotiis cæterorum Franciæ parium fuit & est hactenus consuetum nonobstantibus si Comitatus & Baillivis Matisconensis alias non consueverint teneri in patriam nec conseri honore vel nomine paritatis consuetudinibus usibus stylis & ordinationibus contrariis quibuscumque nonobstantibus etiamsi authoritate regia sint firmatæ. Mandantes authoritate jure & potestate regis quibus supra universis & singulis Ducibus Principibus & Prælatis Comitibus & Baronibus & aliis subditis Regni Franciæ quocumque nomine censeantur quod Dominum nostrum Comitem Matisconensem & alios ejus successores Comites Matisconenses sua posteritate ut præmittitur descendentes ut pares Franciæ tractent recipiant & honorent: inhibentes eisdem & eorum singulis authoritate jure & potestate prædictis sub omnibus pœnis quas ei possumus comminari ne ipsum vel ejus prædictos successores in præmissis impediant vel perturbent aut præsenti gratiæ detrectare præsumant si offensam & ultionem effugere voluerint Regiæ Majestatis quod ut perpetuam roboris firmitatem obtineat litteras præsentes sigilli nostri fecimus appensione muniti salvo in aliis jure regio & quolibet alieno. Datum apud S. Dionitium in Franciæ anno Domini M. CCC. LIX. mense Septembri.

Comaut li Frere Preschéurs se tiennent pour paye de leurs portes qui fuerent fretes, & de tot ce qui fait y fu.

VNiversis tam præsentibus quam futuris. Nos Frater Nicolaus de Bellavilla Prior humilis domus Fratrum Prædicatorum Lugduni, & ejus loci Conventus, per præsentes literas facimus manifestum, quod nos super facto commotionis & brigæ de novo factæ & habitæ in Civitate Lugduni inter gentes illustrissimorum, magnificorum & potentissimorum Principum dominorum nostrorum Reverendissimorum dominorum Philippi de Valleysio, illustris & magnifici Principi Domini Karoli Valeysij & Carnot. Comitis primogeniti Comitatis Cenomanensis & Domini Karoli fratris sui & quasdam personas civitatis Lugduni in domo nostrâ defractione portarum post decessum dictorum dominorum nostrorum inquisivimus, & inquiri fecimus per probos viros in quantum potuimus cum magna diligentia veritate, & in rectâ & verâ conscientiâ invenimus, & referimus confidenter, quod majores & meliores & cives mercatores & omnes boni homines totius civitatis Lugduni de prædicto facto sunt incupabiles penitùs & immunes, & quod tota universitas civitatis de prædictis commissis quàm plurimùm doluerunt, & adhuc contristari non cessant; & quod in fractione prædictâ interfuerunt tantummodo personæ viles,& abjectæ conditionis ebriosi,& qui Deum & verecundiam non formident, confitentes quod de portis nostris fractis & de omni nostro damno, injuriis, & vituperiis si quæ nobis incusantur ad votum nostrum per majores & saniores civitatis & civium Lugduni ob honorem dictorum dominorum nostrorum fuit, & extitit nobis plenariè satisfactum. In cujus rei testimonium sigillum nostrum

præsentibus literis duximus apponendum. Datum die mercurij in festo B. Georgij anno Domini M. CCC. XX.

Lettres royaux pour faire defence au Capitaine estably par le Roy Charles VI. en la Ville de Lyon, de ne molester les Juifs residans en icelle, pour le faict des Guets & Gardes, dont ils estoient exempts.

CArolus Dei gratia Francorum Rex, Ballivo Matisconensi, aut ejus Locumtenenti, salutem. Consules & habitantes villæ Lugduni Nobis graviter sunt conquesti, quòd licèt ipsi cùm Capitaneo per nos in dictâ Villâ ordinato super facto vadiorum suorum in certa summa argenti per eos certis modis exsolvenda concordaverint: nihilque ulteriùs dictus Capitaneus ab eisdem habitantibus dictæ Villæ pro vadiis suis, aut aliter, exigere; seu recipere debeat, sive possit: nihilominus dictus Capitaneus à Judæis in dictâ Villâ commorantibus, qui cum eisdem conquerentibus, in summa dicto Capitaneo concordata, pro certa parte contribuunt, & qui etiam per Privilegia eis per Nos concessa ab omni Gueto & custodia Villæ exempti certa alia vadia, seu pecuniarum summas exigere, seu pravè extorquere nisus est, & nititur : & hujusmodi occasione dictos Judæos, seu eorum aliquos capi, incarcerari, & detineri fecit, & mandavi, in ipsorum non modicum damnum & præjudicium, sicut dicunt: supplicantes super hoc per nos provideri. Quapropter vobis præcipimus, & mandamus, quatenus si vocatis evocandis vobis constiterit de præmissis; dicto Capitaneo inhibeatis, seu inhiberi faciatis ex nostra parte, ne ipsos Judæos præmissorum occasione vexet, inquietet, vel molestet, seu vexari, inquietari, aut molestari faciat in corpore, sive bonis, eisque id fieri non permitatis: sed facta in contrarium, si quæ sint, vel fuerint, revocetis, & ad statum pristinum & debitum reducatis, seu reduci faciatis indilatè, quos expedierit debitè compellendo, & ministrando in causa oppositionis, si super hoc oriatur inter partes, ipsis auditis super hoc aliàs justitiæ complementum, impetrationibus subreptitiis ad hoc contrariis non obstantibus quibuscumque. Datum Parisiis die vicesima Januarij, Anno Domini millesimo trecentesimo octogesimo septimo, & Regni nostri octavo.

Ainsi signé, In Requesti hospitij Niczon. Et deuëment scellé en cire jaune, à simple queuë pendante.

Procés Verbal de la mise en possession de l'office de Capitaine de la Ville de Lyon, au profit de Guichard de sainct Priest, Chevalier, Seigneur de sainct Chamond.

NOverint universi, quòd anno Domini millesimo trecentesimo octogesimo septimo, die Lunæ prima mensis Julij horâ tertiâ, ad quos diem & horam Nos Guillelmus Juliani legum Doctor, & Locumtenens Nobilis & potentis Domini Guichard de Turreio Militis, Domini de Noyers,Baillivi Matisconensis, & Seneschali Lugduni, ad Requestam Nobilis Viri !, Domini Guichardi de Sancto Proiecto, Domini Sancti Habundi, Militis, Mandaveramus & feceramus adjornare, facere apud Lugdunum, in domo Regia dicti loci, coram dicto Domino Baillivo, seu Nobiles Consules & Syndicos civitatis Lugduni, nomine Universitatis dictæ villæ; necnon Nobilem virum Dominum Musetonum de Viego Militem, Capitaneum Lugduni, aut ejus Locumtenentem, visurum & auditurum publicari per nos & executioni demandari certas literas Regias infra scriptas, continentes donum & concessionem factam per Dominum nostrum Regem dicto Domino Guichardo de officio Capitaneriæ Lugduni, removendo dictum Dominum Musetonum antea Capitaneum dicti loci: visurum etiam eundem Dominum Guichardum per nos mitti & poni in possessionem dicti Capitaneatus officij; & ad alia procedi, quæ per dictas Regias literas fieri mandatur, juxta ipsarum literarum tenorem, quarum tenor sequitur in hæc verba.

Dictis siquidem die Lunæ & hora supra in præambulo scriptis comparuerunt in dicta domo Regia Lugduni, ac in Judicio coram nobis Locumtenente supra dicto præfatus Dominus Guichardus de Sancto Projecto Miles, pro se ex una parte, & discretus vir Magister Guillelmus de Cuisello, Notarius Regius, & Civis Lugduni, Procurator Fundatus, & nomine Procuratorio Consulum & Syndicorum dictæ Civitatis Lugduni ab una parte, necnon etiam Philippus de Campis, aliàs de Ducherias, Civis dicti loci, Locumtenens in Lugduno dicti Domini Musetonij ex parte altera, quibus comparentibus dictus Dominus Guichardus exhibuit litteras Regias supra scriptas, quas petiit per nos exequi juxta formam earumdem, & nos Locumtenens prædictus, ipsas litteras Regias primitùs, & ante omnia in dicto Judicio legi & publicari fecimus in præsentia astantium ibidem. Deinde surrexit dictus Guillelmus de Cuisello, dixitque nomine Consulum & universitatis prædictæ, quod in dictis Regis literis inter cæteras narratur, quod dicti Consules supplicaverunt Domino nostro Regi, quod exoneraret villam Lugduni de Capitaneo, vel saltem diminueret vadia ipsius Capitanei, prout hæc & plura alia in dictis Regiis litteris continentur: dixit etiam dictus Procurator, verum esse quod dicti Consules, nomine Universitatis prædictæ supplicari fecerunt dicto Domino nostro Regi, de & super exoneratione Capitanei dictæ villæ, pro eo quia dicta villa Lugduni plura alia onera, tam pro juvaminibus Regiis, quàm alia habet ad supportandum. Tamen nihil fecerunt supplicari dicti Consules de diminutione vadiorum dictæ Capitaneæ nec de cœteris comprehensis in literis Regiis supradictis; unde quoad ea ipsæ literæ sunt subreptitiæ: deinde idem Procurator petiit copiam dictarum literarum Regiarum, ac etiam adjornamenti inde per Nos concessi, sibi dari, & diem ad deliberandum, vel alias ad proponendum quod voluerit in hac parte eidem assignari, dicens se habere & allegare velle, habita dicta copia, plures justas causas & rationes, propter quas ad dictarum literarum excutionem procedere non debamus: præfatus etiam Philippus de Campis Locumtenens dicti Domini Musetonis se opposuit adversus dictarum literarum executionem, nomine dicti sui Magistri, dicens quod ipsæ literæ sunt subreptitiæ, & petiit copiam earumdem & diem ad deliberandum & proponendum ex adverso & subreptionem tradendam; alioqui protestatus fuit de gravamine & appellando in scriptis. Et nos Locumtenens prædictus, viso & diligenter attento tenore literarum Regiarum prædictarum, volentes ipsis parere, ac easdem exequi, juxta formam earumdem petiimus à dicto Philippo de Campis, ubi erant claves dictæ villæ Lugdunensis; qui nobis respondit quod eas dimiserat in domo dicti Capitanei. Et tunc eidem Philippo præcepimus & injunximus ex parte Regis & virtute dictarum literarum Regiarum, quod dictas claves statim afferret & traderet dicto Domino Guichardo. Qui Philippus nostro dicto præcepto, non consensit: sed ab eodem & processu nostro viva voce appel-lavit & protestatus fuit de gravamine, & appellando in scriptis. Et pariter Guillelmus de Cuisello præfatus præfato nomine dixit, quod casu quo ad ulteriora procederemus, scilicet ad aliquam executionem dictarum literarum, protestatus fuit de gravamine & appellando in scriptis. Et nos Locumtenens jam dictus præmissis auditis, viso & diligenter considerato tenore literarum Regiarum prædictarum, quibus parere nos decet, recepimus juramento à dicto Domino Guichardo, quod præstitit adstans judicialiter coram nobis desuper officio Capitaneriæ Regiæ prædictæ fideliter & legaliter exercendo, juxta dictarum literarum formam, & prout in talibus extitit fieri consuetum. Quo recepto juramento eundem Dominum Guichardum ex vi dictarum literarum Regiarum posuimus & induximus, ponimus & inducimus per præsentes in possessionem dicti Capitanei officij, præcipientes dictis Consulibus & Syndicis in personam dicti eorum procuratoris, ut præfato Domino Guichardo persolvant vadia declarata in dictis Regis literis, juxta earum formam: etiamque præcepimus præfato Philippo de Campis, quod claves portarum dictæ villæ dicto Domino Guichardo tradat, & tradi faciat indilatè sub omni ea pœna, quam erga Dominum nostrum Regem possit incurrere contrarium faciendo. A quibus præmissis præfatus Guillelmus de Cuisello, nomine Consulum & universitatis villæ prædictæ, & etiam dictus Philippus de Campis, nomine dicti Domini Musetoni, non recedentes ab appellationibus jam emissis, viva voce appellaverunt, & de appellatione in scriptis extiterunt protestati. Datum Lugduni sub sigillo Auditorij dicti loci, anno & die supra præsentibus venerabili viro. Domino Rignaudo de Tureio Decano Lugduni, Nobilis viro Antonio Domino de Vivey Milite, Stephano de Sancto Michaele Jurisperito, Joanne de Sancto Clemente, Notario Regio, & pluribus aliis judicialiter astantibus, ad præmissa per Dominum locum tenentem.

ROSSIGNOL.

Appel interjeté par le Procureur des Consuls & Communauté de la Ville de Lyon, de ce que le Seneschal de Lyon, ou son Lieutenant, avoit mis Guichard de Sainct Priest, Sieur de Sainct Chamon, en possession de la charge de Capitaine de la Ville de Lyon, en vertu des lettres patentes du Roy Charles VI.

Nos Guillelmus Juliani Legum Doctor, & Locumtenens viri Nobilis & potentis Domini Girardi de Tureio Militis, Domini de Noyers, Bailivi Matisconensis, & Seneschali Lugduni. Notum facimus universis præsentibus & futuris, quod anno Domini 1387. die Mercurij, tertia mensis Julij, in Thomæ Rossignol, Clerici Notarij Regij, nec non discretorum virorum magnificorum Girardi Magistri, Judicis Resortij Regij Lugdunensis, Joannis Defargiis, Stephani de Sancto Clemente, Jurisperitorum, Joannis de Sancto Clemente, Petri Fabri, Andreæ Manny, Petri de Uriacono, Clericorum Regiorum, & plurium aliorum ad hæc astantium præsentia, comparuit judicialiter coram nobis in domo Regia Rohannæ Lugdunensis, discretus vir Guillelmus de Cluissello, Notarius Regius, Procurator, & nomine Procuratorio Consulum & Syndicorum universitatis Villæ Lugdunensis, fundatus sufficienter prout de Procuratorio legitimè fidem fecit, nobis exhibuit, repræsentavit quemdam papiri rotulum scriptum, appellans dixit, protestatus fuit, & apostolos petiit, ut in ipso rotulo continetur, civis tenor sequitur in hæc verba. Quoniam non solùm oppressis, sed opprimi timentibus appellationis beneficium est indultum, vosque venerabilis vir Dominus Guillelmus Juliani, qui vos asseritis Locumtenentem in Marchia Lugdunensi, Nobilis & potentis viri Domini Baillivi Matisconensis, Seneschali Lugduni, die Lunæ prima hujus mensis Julij, hora tertia, ad quos diem & horam, ad Requestam Nobilis viri Domini Guichardi de Sancto Projecto, Domini Sancti Habundi Militis, mandaveratis & feceratis adjornari die Dominica præcedente, facere apud Lugdunum in domo Regia dicti loci, coram vobis, Consules & Syndicos civitatis Lugduni, necnon Nobilem virum Dominum Musetonum de Viego Militem, Capitaneum Lugdunensis urbis, aut ejus Locumtenentem, visuros & auditoros publicari, per vos & executioni demandari certas literas Regias, continentes donum & concessionem factas per Dominum nostrû Regem dicto Domino Guichardo, de dicto officio Capitaneatus Lugdunensi, removendo dictum Dominum Musetonum precedentem Capitaneum à dicto Officio; necnon visuros etiam per vos poni & mitti dictum Dominum Guichardum in possessionem, seu quasi dicti Capitaneatus Officij, & ad alia procedi quæ per dictas literas Regias fieri mandatur, quarû tenor sequitur infra: præcepistis illico claves portarum dictæ civitatis Lugdunêsis, vobis tradi: deinde Dominum Guichardum posuistis & induxistis, quod in vobis fuit in possessiones dicti Capitaneatus, præcipiendo dicti Consulibus Syndicis in personam Magistri Guillelmi de Cuisello, Notarij publici, eorum Procuratoris, quod præfato Domino Guichardo persolvant vadia declarata in dictis literis Regiis, & dictarum portarum, claves sibi tradi, prout hæc & plura alia in ordinatione præceptis & injunctionibus, ac expleti vestris latius continetur, in quibus & per quæ dictam universitatem Consules, cives & incolas Lugdunenses multipliciter gravastis: tum quia dictæ litteræ sunt subreptitiæ in eo potissimè, quod in ipsis supponitur pro fundamento, quod dicti Consules & habitatores dictæ villæ Lugduni, fecerunt dicto Domino nostro Regi supplicari, ut ipsam dictam villam exoneraret de Capitaneo & officio dicti Capitaneatus, aut stipendia dicti officij diminueret, quæ suppositio loquendo semper cum debita reverentia & benevolentia, ac citra injuriam cujuscumque, caret primordiis veritatis, quia licet supplicatum fuit pluries pro parte dictorum Consulum & habitantium, super totali exoneratione & sublatione dicti Capitaneatus Officij, quo non indigueruit nec indigent, loquendo prout supra, attento potissimè quod dictus Dominus Baillivus valens & strenuus miles, sufficiens est ad totale Regimen totius Bailliviæ Matisconensis, & Seneschaliæ Lugduni, prout etiam fuerunt hactenus ejus antecessores, quorum temporibus pro pluri nullus ibi fuit Capitaneus: attento insuper, quod guerræ non sunt de præsenti, nec diu est fuisse per Dei gratiam in Marchia Lugduni, considerata etiam paupertate & depopulatione dictorum civium & habitantium, quæ hactenus invaluit insurrexerit & insurgit de die in diem, tam per mortes quam per translationes gentium, quæ quotidie de Regno in Imperium ibidem contiguum fuerunt, propter insupportabilia onera, quæ necessario habent sustinere in Regno subsidiis Regiis exigentibus, loquendo prout supra: Nunquam tamen supplicatum fuit de eorum Consulum & habitantium voluntate, seu consensu supra dicta diminutione stipendiorum, nec super aliis in dictis literis comprehensis: utpote quia confidebant prout adhuc confidunt à dicto officio non necessario & valdè oneroso dictis civibus & incolis, quod sustinuerunt juxta placitum & benevolëtiam dictæ regiæ Majestatis penitus liberari & exonerari intuitu pietatis & misericordiæ, & caussarum ante dictarum, ne dictæ totali exonerationi renunciare seu derogare viderentur. Ex quibus clarè apparet & infertur, dictas literas fore subreptitias ac subreptitiè impetratas, prout per parte dictorum Consulum & universitatis extitit coram vobis legitimè propositum & explicatum: ac etiam copiam dictarum literarum Regiarum atque vestrarum instanter petitam sibi dari, cum emolumento congruo, ad dicendum & objiciendum plenius contra dictas literas, & deducendum, probandum, verificandum, causas suæ oppositionis propter quas dictæ literæ non exequi debebant, quorum nec debuerunt, tam de jure quo præsens patria regitur, quia etsi non cognitio, sed executio vobis mandata fuisset: deprecum tamen veritate primitus inquirere debuisti, & dictas subreptiones exaudire & admittere, & si legibus fuissent dictæ literæ Regiæ consentaneæ, & dictam copiam petitam concedere, cum dicta tamen assignatione; quam etiam de more & consuetudine ac stilo Curiarum Regiarum, quorum contrarium in omnibus fecistis: tum quia jurium & & dictarum literarum Regiarum formam pervertistis, claves dictarum portarum illico afferri & tradi dicto Domino Guichardo nondum ab eo recepto juramento, licet forma dictarum literarum contrarium exigeret: unde non valuit executio, nec tenuit de jure: tum etiam quia post appellationem dictorum Consulum & universitatis legitimè interpositam à vobis & gravaminibus vestris sibi illatis ac commitatis per dictam executionem, quam in vobis fecistis, attentando contra dictam appellationem, & dictam Regiam Majestatem, ac ejus venerabilem Curiam Parlamenti, ubi sufficit dicere, apello, contemnendo & vilipendendo: Tum quia postmodum etiam post primam & secundam appellationem à vobis & expletis vestris legitimè interpositas, per vestras literas poenales præcepistis & mandastis ea, quæ per vos malè & indebitè gesta & dicta fuerant prout vobis placuit in reali executionem deduci ad effectum gravius dictos Consules & universitatem opprimendi attentando prout supra: tum ex aliis multis causis justis & legitimis dictis Consulibus & universitati competentibus in hac parte, & potissimè resultantibus ex actis & gestis vestris, ad quas ego dictus Guillelmus de Cuisello, Procurator & nomine procuratorio dictorum Consulû, & universitatis, me refero, & hic pro nominatim expressis haberi volo: idcirco ex dictis causis & earum qualibet adhæc sufficientibus, Ego dictus Procurator, & procuratorio nomine, quo supra sentiens, me ac dictos Dominos meos fore aggravatos, timens fortiùs aggravari à vobis, vestraque audientia & dicta Curia vestra, dictarumque literarum vestrarum, præcipuè concessione, prædictarumque subreptionem, exceptionem, & aliorum propositorum & requisitorum pro parte dictorum Consulum & universitatis, in vim oppositionis repulsione ac juris denegatione, ordinatione, præceptis & injunctione, missionéque in possessionem, & omnibus aliis processibus & expletis per vos factis & faciendis gravaminibus illatis & communitatis ac attentatis per vos & attentandis sub vestra authoritate & mandato, in quantum contra dictos Consules & universitatem faciunt, & facere possent, tanquam à nullis & si quæ sint, tanquam ab iniquis & injustis existentibus, ne dum infra juris epistolam, sed etiam biduum in his scriptis præsentibus, provoco & appello ad dictam Regiam Majestatem, & ejus venerabilem Curiam Parlamenti, adhærendo præmissis appellationibus, pridem interpositis, & apostolos peto; & sæpè sæpius, & instanter per vos mihi dari. Quod si dare denegaveritis, aut plus justo distuleritis, iterum provoco & appello, & apostolos peto, prout suprà; non intendens tamen per viam appellationis renunciare viæ nullitatis aut simplicis generalis oppositionis, aut cujuslibet alterius recursus: nec etiam remedio provisionis obtinendæ super attentatis per modum attentati: Submittens me dicto nomine, & dictos dominos meos, & eorum bona, & jura tuitioni & protectioni. dictæ Regiæ Majestatis, ad quam appellavi: inhibens & protestans, prout in talibus fieri debet & consuevit; de quibus omnibus una cum renunciatione vestra, si quam feceritis, peto mihi dari & fieri cartam testimonij, seu publicum instrumentum, tot quot habere voluero, per Notarium infra scriptum, & testes invoco hic astantes. Qua appellatione sic interjecta, ipsaque per nos visa, Nos Dominus Locumtenens respondimus dicto appellanti nomine Procuratorio, quo supra, per modum qui sequitur. Ex vi literarum Regiarum dicto Domino Baillivo, & nobis ejus Locumtenenti directarum, nobisque per dictum Dominum Guichardum præsentatarum, & per ipsum eumdé de & super executione earumdem Regiarum litterarum cum instantia summati, verum est quod in jusjurantum de quo in eisdem literis sit mentio recepimus ab eodem, & per traditionem Evangeliorum ipsum investivimus de dicto Officio, indeque postea & non ante præcepimus præfato Philippo Locumtenenti dicti Domini Musetonis, quatenus claves portarum Villæ nobis apportaret, & ad prosecutionem executionis earumdem litterarum procedere volentes, dicto procuratori Villæ & Syndicorum ejus injunximus quatenus vadia in eisdem limitata, modo & forma solita solverent ipsi Domino Guichardo sic & aliter procedendo juxta formam & tenorem dictarum literarum, & in nullo terminos earumdem excedendo: ad quæ præmissa, & per modum præmissum, necesse habuimus procedere, ob reverentiam Regiæ Majestatis, & suarum literarum prædictarum parendo & obediendo eisdem sicut tenebamur, non obstantibus dictis & propositis ex parte dictæ Villæ, quæ etiamsi vera forent, non impediebant, nec impedire debebant processus nostros præsentes, quidquid in & super traditione clavium & corporali in possessionem missione dictum fuisset, si ad eas processissemus: & ideò ex hoc & aliis appellationi tuæ nomine dictæ Villæ, ut supra interjectæ non deferimus; nisi tamen Regia Majestas duxerit deferendum, hoc pro apostolis de jure debitis, tibi nomine prædicto concedendo. A qua responsione dictus Procurator, nomine Procuratorio prædicto, statim viva voce appellavit ad dictum Dominum nostrum Regem. Sequitur tenor Regiarum literarum, de quibus supra fit mentio.

Charles par la grace de Dieu Roy de France, & le reste qui est rapporté cy-devant.

Datum & actum anno die & præsentibus quibus, supra in cujus rei testimonium sigillum Curiæ Regiæ Lugduni litteris præsentibus duximus apponendum. *Signé par copie*, GAMIER.

Apel interjeté par le Procureur de la Ville & Communauté de Lyon, de ce que Messire Jean de Fontaines s'estoit en vertu du don à luy fait par le Roy Charles VI. fait mettre en possession de l'estat de Capitaine de ladite Ville.

Nos Stephanus Boilliaci civis Lugdunensis, vices gerens Nobilis & potentis viri Domini Joannis, Domini de Fontaines Militis, Consiliarij Dñi nostri Regis, ejusq; Ballivi Matisconêsis, & Seneschali Lugduni. Notum facimus universis præsentibus & futuris, quod anno Domini 1389. die 14. mensis Februarij, in præsentia Joannis Jayeti Clerici Tabellionis Regij publici, necnon Jaquemeti Pascalis, Stephani Bruneti, & Stephani Courdon, testium ad hæc præsentium & vocatorum, discretus vir Guillelmus de Cuisello Notarius Regius, Procurator, & nomine procuratorio Consulum & universitatis villæ Lugdunensis, accessit & personaliter comparuit & præsentavit in Curia Regia & auditorio sedis Regiæ Rhodanæ Lugduni, ante Tribunal dicti loci; absente tamen dicto Domine Baillivo, ejusque Locumtenente, & nobis, eo quia illa hora Curia non tenebatur: Qui Procurator deferens in manu sua quemdam rotulum scriptum dixit, quod à nonnullis gravaminibus illatis & factis, dictis Consulibus, civibus & habitantibus per præfatum Dominum Baillivum declaratis latius, & ad plenum in dicto rotulo papyri appellavit, dixit, protestatus fuit, & apostolos petiit, ut in dicto rotulo continetur; dicens idem procurator, quod paratus erat dictam appellationem notificare, porrigere & intimare dicto Domino Baillivo, seu ejus Locumtenenti, aut nobis, si copiam ipsorum in eo loco habere posset; & deinde statimque & incontinenti dictus procurator una secum dicto Notario & Tabellione accessit ad domum habitationis venerabilis viri Magistri Hugonis Joussardy Bacchalaurei in Legibus, & Locumtenentis dicti Domini Baillivi pro emittenda & intimanda dicta appellatione & responsione exinde obtinenda si copiam dicti Domini Locumtenentis habere posset. Attamen dictum Dominum Locumtenentem non potuit reperire, & eapropter idem procurator eadem die ac nomine dicti vices gerentis accessit præsentiam, & ibidem in præsentia dicti Notarij & Tabellionis Regij, necnon *Piori bien unsti*, & Joannis Coccier testium ad hæc præsentium & vocatorum nobis exhibuit & præsentavit dictam appellationem, appellavitque, dixit, protestatus fuit, apostolos petiit, ut in dicto rotulo continetur, cujus quidem rotuli tenor sequitur, & est talis.

Quoniam vos Nobilis & potens vir Dominus Joannes de Fontanis Miles, Baillivus Matisconensis, & Seneschalus Lugduni, laborastis in maximum præjudicium Civitatis populi, Consulum & universitatis Lugduni, circa habendum Officium Capitaniæ in eadem civitate sub vadiis & super populo seu universitate prædicta levandis & percipiendis, & super ipso Officio Capitaniæ literas quasdam à dicto Domino nostro Rege prætendistis impetrasse & obtinuisse, indéque prætextu & occasione hujusmodi fecistis vobis tradi & expediri claves portarum dictæ civitatis per Dominum Henricum de Viego Militem dictum Museton, & ulteriores literas vestras prædictas, quarum copia ex parte dictæ universitatis extitit à vobis requisita, vos ipsi sine copia prædicta quacumq; vobiscum deportastis extra dictam civitatem & fieri copiam non permisistis ipsarum: idcirco ego Guillelmus de Cuisello Procurator, & procuratorio nomine eorumdem populi, Consulum & universitatis, dicto & sentio, ipsos populum, Côsules & universitatem, gravatos fuisse & præmissis, & timeo non immerito, ne ad ulteriora circa factum dicti Officij, seu possessionem ejusdem, neve ad alia gravamina procedatis in præjudicium, seu gravamen ipsorum Consulum, populi & universitatis: idcirco Ego dicto nomine à vobis & dictis factis per vos gravaminibusque præfatis & contra ea, & ne possessionem adipiscamini officij hujus in dicta Civitate, ne velitis & ulterius procedatis, provoco & appello in his scriptis, & per hæc scripta ad dictum Dominum nostrum Regem, suamque Parlamenti Curia, causis & rationibus quæ sequuntur; tum quia subreptione dictas pro dicto officio litteras impetrastis; etiam Regiæ Majestati tacuistis & nullatenus expressistis, quod in dicta Lugdunensi Civitate per habitantes in eodem loco factum tuitionis, & gardiæ ipsius Civitatis, & populi ejusdem, consuevit Regi, & fieri & secure; & quod dicta Civitas in fronteriis guerrarum nullatenus existit, & ita quod Capitaneo non indiget quovismodo; quodque cives & habitantes ejusdem sunt multum onerati ex subsidiis Regiis quæ subeunt, & ex facto fortificationis ejusdem civitatis; unde gravissimum eisdem existeret onus dictorum vadiorum cum dictis oneribus supportare : Quoniam factum dictæ fortificationis , quod fuit sumptuosissimum cum dictis subsidiis , ad tantam reducit paupertatem cives & & habitantes præfatos , quod Civitas ejusmodi in paupertate maxima depopulata remansit : & ideo ad tantam paupertatem extitit devenra,quod onus vadiorum prædictorum non possent habitantes in ea sine gravitate maxima sustinere. Quæ si Domino nostro Regi expressissetis nunquam dictum Officium, aut super eo literas obtinuissetis; tum & ex aliis causis officium prædictum habere non debetis præcipuè cum vadiis quibuslibet : Quoniam attenta treuga & pacis tractatibus durantibus super facto guerræ Regiæ, frustra & sine causa onus Capitanei dignoscentur dicti cives subire: Etiamsi alias pro tempore guerrarum Capitaneo indigerent : sicut tamen non indigent, nec tunc etiam indigere dici possent,præmissis attentis,& attento quod temporibus retro actis sine Capitaneo laudabiliter, & valdè securè,se & dictam civitatê custodierût & custodire consueverunt,non solùm guerra durante,sed etiam dum Angli per regnum discurrerent ; quin imo etiam & in tempore quo inimici Regis, & regni Castrum de Bregnais, Castrum Ripagerij, & Villam Ansæ sitam in patria Lugdunensi, occupata detinerent; multo fortiùs igitur pro nunc guerra non urgente inimicis non discurrentibus, & nullo loco per eos in ipsa patria Lugdunensi detento, poterunt & posse dici debent ipsi cives , se & dictam Civitatem , sine Capitaneo custodire & tueri : tum quoniam ad receptionem & traditionem dictarum clavium nemo pro parte dictæ civitatis extitit evocatus : & quoniam si etiam Officium hujusmodi tenere possetis : attamen possessionem ipsius Officij vel dictæ Civitatis claves sic ex vobis capere non potuistis , nec debuistis : sed per executorem à Regia Majestate vobis datum , seu dandum , & vocatis etiam ipsius civitatis Consulibus & Syndicis : & quia aliter fecistis nihil valet de jure quod egistis, nec salva gratia, dictas claves à dicto Domino Henrico vobis tradi facere debuistis : Quoniam clavium ipsarum custodia ipsis civibus competit & competere consuevit : Tam ex ordinationibus & compositionibus Regiis , quàm ex diutina & longissima possessione tanto etiam tempore continuata quod hominum memoria non existit ; tum ex quamplurimis aliis causis loco & tempore deducendis præcipuè in Curia Parlamenti prædicti ad finem & effectum hujusmodi, quod cives & civitas Lugdunensis Capitaneo, & vadiis quibuslibet non graventur; quibus attentis non immeritò, ut suprà, appello apostolos, igitur peto dicto nomine iterum peto , & iterum sæpè sæpius & instanter repeto , de quibuscumque. Qua sic interjecta appellatione nos dicto appellanti nomine quo supra diximus.

Quod responsio dictæ appellationis ad dictum Dominum Locuntenentem qui erat in villa Lugduni , potiùs quàm nobis pertinebat , & nihilominus quantum possumus & debemus dicto appellanti quo supra nomine assignavimus , & assignamus per præsentes in dicta domo Regia coram dicto Domino Baillivo , aut ejus Locumtenente , seu nobis,diem Sabbathi proximum, ad respondendum super dicta appellatione & apostolis petitis prout fuerit rationis : qua die Sabbathi hora vesperarum ad hoc assignata præfatus Guillelmus de Cuisello Procurator, & nomine procuratorio dictorum Consulum & universitatis, comparuit in Judicio Curiæ Regiæ Lugdunensis coram nobis vices gerente prædicto, & in præsentia Petri Turelli Clerici Tabellionis Regis publici , & scribæ Curiæ Regiæ Lugdunesis,nec non discretorum virorum Hugonis de Rilliaco, Procuratoris Regis in Civitate & Marchia Lugdunensi, Joannis de Sancto Clemente,Petri de Huriaco, & plurium aliorum judicialiter astantium, petiit dictæ appellationi responderi , & apostolos sibi dari. Et nos dictus Vicesgerens viso tenore dictæ appellationis , & attento quod nobis non incumbit responsio ad eandem , cum nos non fecerimus expletum à quo appellatur : sed potiùs dictus Dominus Baillivus, qui de præsenti in villa Matisconensi dicitur interesse ; idcircò dicto Guillelmo de Cuisello nomine procuratorio, quo supra assignavimus , ac tenore præsentium assignamus diem Jovis post proximam Dominicam qua cantabitur in Dei Ecclesia *Reminiscere*, coram dicto Domino Baillivo, seu ejus Locumtenente , in domo Regia Rodanæ prædicta , ubi dictus Dominus Baillivus , dicta die interesse debet ; videlicet ad respondendum super dicta appellatione , & aliis petitis , prout fuerit rationis : & tandem adveniente die Sabbathi duodecima mensis Martii, anno quo supra 1389. assignata per dictum Dominum Baillivum, eidem Procuratori ad respondendum appellationi prædictæ quid foret rationis, comparuit apud Lugdunum in domo regia prædicta coram dicto Dño Baillivo præfatus Guillelmus de Cuisello procuratorio nomine prædicto, in præsentia Petri Turelli Clerici Notarij Regij, nec nõ providorum virorum Joannis ,Boville , Servientis armorum Domini nostri Regis, Hugonis de Rillieu Procuratoris Regis in Civitate & Marchia Lugdunensi, Guillelmi Uraldi Notarij Regij , testium ad hæc astantium, petiitque idem Guillelmus ab eodem Domino Baillivo responderi appellationi suæ supradictæ ; & apostolis petitis , juxta assignationem supradictam : Qui quidem Dominus Baillivus dictæ appellationi respondit , in hunc modum.

Viso quodam rotulo , per te Guillelmum de Cuisello assignatum , procuratorem Consulum ; & universitatis Lugdunensis tradito , mentionem faciente de Officio Capitaneriæ ejusdem Civitatis , nobis per Regiam Majestatem concesso, contentisque in eodem rotulo sic duximus respondendum. Primò est verum , quòd Dominus noster Rex motu proprio , sua authoritate Regia , & quia dictæ Regiæ Majestati sic placuit, dictum Capitanei Officium Lugduni nobis concessit , & commisit, clavesque ipsius Civitatis Dominus noster Rex suis propriis manibus nobis tradidit , & in possessionem dicti Officij posuit ; copia verò nostrarum literarum tibi jam concessa per nos extitit , & adhuc concedimus. Temporibus autem retro actis semper Capitaneum habuit ipsa civitas, videlicet noviter dictum Henricum de Viego aliàs Musteron, qui per longum tempus dictum Capitanei officium tenuit & per ante tempore guerrarum Nobilem Andream de Borneville , qui modo simili prædictum officium Capitaniæ longo tempore exercuit. Et per consequens omnia & singula per te dicta & expressa in dicta tua Appellatione , si Appellatio dici mereatur, sunt falsa , & carent omni veritate : ideò eam non recipimus, nec admittimus, sed Literis Regiis nobis ut suprà concessis gratiosè secundùm tenorem earumdem uti intendimus. Cui responsioni non consensit dictus Procurator Villæ , sed appellavit , ut superiùs. Datum, & actum Anno, diebus, & loco supradictis. In cujus rei testimonium sigillum Curiæ Regiæ Lugdunensis duximus apponendum. Signatum,

TURELLI.

TABLE
DES MATIERES PRINCIPALES.

A

Acceptation des terres cedées à l'Archevêque de Lyon pour l'echange du Domaine de la Ville. 436

Adoption de Childebert par le Roy Guntram son oncle avec la ceremonie de cette adoption. 208

Administration de l'Evêque d'Autun, le siege de l'Archevêché de Lyon vacant. 291. *& suiv.* 303. 307. *& suiv.* De la Justice renduë à l'Achev. 383

Advoüez des Eglises. 331

Aëtius Chef des Romains dans les Gaules. 166

Affranchissemens.

Agobard se declare contre les Juifs 214. poursuit la suppression des Lois Bourguignonnes. 213. Ecrit aux principaux Officiers de la Cour 214. 217. à Nebridius Arch. de Narbonne. 215. à Louis le Debonnaire. 220. 228. Adhere aux Enfans de Louis le Debonnaire pour la deposition de leur Pere. 224. *& suiv.* consent à cette deposition & en donne un acte. 235. Il est exilé. 237

Agripa gendre d'Auguste envoyé dans les Gaules. 50. Y entreprend les grands chemins ou voyes militaires. *ibid.* & 85. Fait une Carte ou Mappemonde. 86. Sa medaille à Lyon. *ibid.*

Aisnay, Athanacum. 21. Fondation de Religieuses en ce lieu. 191. Mal nommé Athenée. 35

Albinus proclamé Empereur. 131. Africain. 132. Sa medaille. 133. Combat avec Severe. 134. Est defait & meurt. 135

Albius Carrinas Gouverneur de Lyon. 47

Alexandre III. Pape accommode l'Archevêque & l'Eglise de Lyon avec les Comtes de Forés & authorise leurs transactions 279. *& suiv.* 298

Alleu, franc-alleu mot Gaulois son origine. 94

Amberieu Chasteau de Gondebaud, où il fait publier une partie des Lois Bourguignonnes. 186

S. Ambroise Arch. de Milan n'est pas né à Lyon. 147

Année commençant à Pasques *Preface.* & 491

Antiquitez negligées. 152

Antonin Pie. 57

Apollinars famille Lyonnoise, 147. Epitaphe d'Apollinaris. *ibid.*

Appaisement. 380

Aqueducs 15. 44. 65. Gondebaud surprend la Ville de Vienne par les Aqueducs. 196

Archambaud de Combern Bailly de Mascon Senechal de Lyon excommunié par l'Arch. 495

Archevêques de Lyon Souverains 328. Princes 329. leurs demeslez avec nos Rois.

Architecture. Divers morceaux d'Architecture antique des bastimens des Romains. 38

Arpagi mot Grec expliqué. 57

Armoiries de la maison de Beaujeu blasonnées 320. Du Chapitre de Lyon 347. Des Dauphins de Vienne & d'Auvergne. 493. De l'Arch. Charles d'Alençon. 496

Arnoul, Empereur. 257. & 258

Arrest du Parlement de Paris pour l'establissement de l'Authorité Royale dans Lyon 474. Contre l'Archevêque. 514

Arriereban publié à Lyon reçoit des oppositions. 485

Arvandus Prefet des Gaules accusé de Peculat. On luy fait son procez. 177

Assignation des champs faite par Auguste. 2

Astia 53. *Sub Astia dedicare*, ancienne ceremonie observée dans le pays des Segusiens & frequente dans nos inscriptions 22. Occasion de cette ceremonie 23. 24. *& suiv.* 38. 52. Bas reliefs où elle est representée. 24

Ataulphe, Roy des Vuisigots. 164. 165

Athenée, nom mal donné à Aisnay. 35

Attila, erreur d'une inscription qui luy est attribuée. 21. Demande en Mariage Honoria Sœur de Valentinien qui lui est refusée, entre dans les Gaules pour s'en vanger. 166. Assiege Orleans. 179

Augures. Erreurs de Champier, de Paradin & de Rubys sur le nombre des Augures, dont ils ont crû que Lyon avoit un college de trois cent. 82. 97

Augustaux, quelle dignité. 76. 77. *& suiv.* plusieurs inscriptions de ces Augustaux. *ibid.* nommez *Seviri Augustales* en cette Ville. 78. 97

Auguste sejourne à Lyon. 2. 67. Ses brouilleries avec Antoine 47. Triumvir. *ibid.* Affecte de vouloir se demettre de l'Empire & refuse des Autels. 49. Vient à Lyon. 62

Avitus Prefet du Pretoire & depuis Empereur pere de Papianille femme de Sidonius Apollinaris. 169

Avitus Arch. de Vienne écrit à Clovis sur son Baptesme. 207

Autel de Lyon. Sa matiere, sa forme, sa figure, les colonnes qui en restent. Ses anciennes medailles, ses Prestres, ses sacrifices, les jeux qu'on y celebroit, les disputes d'éloquence, sa Dedicace. 68. 69. *& suiv.*

Autheurs qui ont écrit par occasion de Lyon. 4. 5

Authorité Royale establie dans Lyon. 470

Autun assiegé par les Barbares. 152

B

Banquiers établis à Lyon. 392

Barbares dans les Gaules. 162

Baronie terme general pour toute sorte de fief titré, ou de haut fief. 284

Barre. 345

Bas reliefs antiques à Aisnay. 7. à l'Isle Barbe. 476

Bataille de Brignais. 490

Benefices Ecclesiastiques donnez & tenus en fiefs. 266

Beral, Berard, ou *Beraud* de Goth. Arch. de Lyon 337. Fait Cardinal. 404

Bernard, Neveu de Louis le Debonnaire se revolte en Italie. 212. Bertmond Gouverneur de Lyon luy fait crever les yeux, & le fait mourir. 213

S *Berthe*

Table des Matieres.

Berthe, femme du Comte Gerard de Roussillon fait present à l'Eglise de Lyon d'une nappe d'Autel qu'elle avoit brodée. 238. Soutient un Siege dans Lyon. 245

Berthe, femme de Rodolfe II. Roy de Bourgogne. 260. Fonde le Monastere de Peterlinguen ou Payerne en Suisse. 261

Boniface VIII. Ses demeslez avec le Roy Philippe le Bel. 287. 405

Boson, Gouverneur de Lyon. 246. Se fait couronner Roy de Bourgogne. 250. Est traversé par Louis & Carloman Rois de France. 253. Est chassé de Vienne, & retabli, & fait de riches presens à l'Eglise de S. Maurice, où il est inhumé. 254. Donne son sceptre & son Diademe à l'Eglise de Lyon. ibid.

Bourbon Princes de cette maison tuez à la bataille de Brignais. 491. Bonne de Bourbon Comtesse de Savoye vint en cette Ville. 512

Bourgeoisie, ce que c'est, son establissement, & maniere de s'y faire recevoir. 448

Bourgogne Superieure & inferieure, où Bourgogne Comté & Bourgogne Duché. 273

Bourguignons Vandales. 534. S'establissent dans les Gaules. 158. 178. Decrits par Sidonius. 166. Sont Maistres de Lyon. 167. Genealogie de leurs Rois. 179. Leur origine, leurs partages, leurs guerres. 192

Brandons, feste des Brandons. 379

Brefs du Pape Jean XXII. en faveur de nos Citoyens. 305

Builloud famille ancienne & considerable dans Lyon. 342

Bulles d'or de Frederic Empereur. 275. 278

Burchard, Archevêque de Lyon Frere de Rodolfe III. Roy de Bourgone. 267. Delibere avec son Chapitre pour la conservation des biens de son Eglise. ibid. Est maistre de Lyon. 282

Bureau, *Burelé*. 345

Burgus, Bourg, Bourgeois. 533

C.

Calice des Cordeliers de Montbrison décrit. 392

Caligula vient à Lyon, y establit des jeux & des prix, y commence son troisiéme Consulat. 99. Fait une Loterie 100. Depoüille les Gaules. 101

Canabis, *in Canabis*. Quel lieu dans Lyon au temps des Romains. 16. Cardinaux Legats pacificateurs des troubles de Lyon. 336. 395. 426

Capitaineries. 525

Capitaine de la ville en quoy consiste son office. 525

Careiene Reine de Bourgogne. 179. Son Epitaphe. 190

Casamenta fiefs, *Casati*. 331. 494

Castille traité des Rois de Castille fait à Lyon. 394

Celestins, leur establissement à Lyon. 548

Champ Menti lieu de l'assemblée où se rendit le Pape Gregoire IV. pour reconcilier Louis le Debonnaire avec ses enfans. 235

Chancelier de l'Eglise de Lyon. 345

Chanoines pour vivre en commun n'estoient pas Moines. 285. Ceux de Lyon ne l'ont jamais esté. 74. 321

Chanoines reguliers de la Platiere excommuniez. 496

Chanoines de Lyon fils d'Empereurs, de Rois, de Ducs &c. au nombre de 72. Erreur refutée. 311

Charles Martel. 288

Charlemagne maistre de Lyon. 210. Fait des ordonnances nommées Capitulaires, passe souvent par Lyon. ibid. Son testament. 211. Sa mort. 212

Charles le Chauve maistre de Lyon. 245. Est couronné Empereur. 246. Et Roy d'Italie. 248. Meurt, est inhumé à Nantua. 248. 249. Son Epitaphe. ibid. Son corps transporté à S. Denis, où il y a une autre Epitaphe. 250

Charles le Gros, ou le Gras abandonné des siens. 258

Charles le Bel. 472

Charles IV. Empereur nomme un Chanoine de l'Eglise de Lyon, qui n'est pas reçeu. 487. Exige serment de fidelité de l'Archevêque. 492

Charles V. Regent du Royaume durant la prison de son Pere. 488. Daufin prend possession du Daufiné en cette ville. 486. Succede à la Couronne. 492

Charles, Roy de Provence meurt à Lyon. 239. Est inhumé dans l'Eglise de l'Abbaye de S. Pierre. ibid.

Charles d'Alençon Arch. de Lyon. 494

Charles VI. Son entrée dans Lyon. 506. & suiv.

Charles Roy de Sicile Podestat en Italie, Gardiateur, Paciaire, pacifia les troubles de Lyon. 403

Chastelains du Chapitre. 343

Chemins grands chemins de l'Empire. 50

Chemin d'Hercule pour entrer dans l'Italie. 9

Chevalerie des fils du Roy Philippe le Bel. 451. 452. De la ceinture d'Esperance. 508

Chorevêques, Abbez de l'Isle-Barbe, Chorevêques de l'Eglise de Lyon.

Cirque. Il n'y en avoit point à Lyon. 64

Claudien écrit contre Ruffin. 160

Clement V. Pape écrit à nos Citoyens. 304. 426. Favorise le Roy en ses pretentions sur Lyon. 329. 405. Son Election au Pontificat, & son couronnement à Lyon. 407. Meurt. 452

Clovis fait Consul & Patrice par l'Empereur Anastase. 205. Son Baptême. 207

Code des Lois Bourguignones. 213

Colonies, leur establissement. 23. 89. 103. Leurs differences. 90. 103

Colonie de Lyon incorporée à la Tribu Stellatine de Rome. 32. Appellée *Colonia Claudia Copia Augusta Lugudunensis.* 83. Erreurs de plusieurs antiquaires refutées à l'occasion de diverses inscriptions où l'on voit DEC. CCC. AVG. LVG.

Commerce de Lyon. 33

Communautez de Noyon, d'Amiens, de Niort &c. 535. & suiv.

Compromis donné par l'Archevêque, le Chapitre & les Citoyens. 333

Comtes, origine de ce nom, & leurs emplois. 195

Comtes qui signerent les Lois des Bourguignons. 184

Comtes, Gouverneurs de Lyon. 210

Concile general tenu à Lyon par Innocent IV. & Gregoire X. 384. A Vienne par le Pape Clement V. 428

Conclave tenu à Lyon. 305. 433

Conrad, Roy de Bourgogne surnommé le Pacifique. 262. Epouse Mathilde de France, qui luy porta la Ville de Lyon, le Lyonnois, le Forés, le Beaujolois, la Bresse & le Bugey. 262. 265

Conrard, le Salique Roy de Bourgogne & Empereur. 269. Se saisit de la Bourgogne. 318

Constantin, Empereur divise l'Empire en Pretoires, Dioceses

Table des Matieres.

Dioceses & Provinces. 145
Constantius, Chlorus pere de Constantin adopté & fait Cesar. Sa moderation. 144
Constantius & *Constans* Empereurs. 148
Constantius fait Cesar Julien l'Apostat. Sa harangue en cette occasion. 150
Constantin le Tyran. 163. Choisi par les garnisons Romaines qui estoient en Angleterre, entre dans les Gaules, d'où il chasse les Barbares, est assiegé dans Valence, tire son fils Constant d'un Cloistre, & le declare Cesar. Honorius luy envoye la pourpre, est assiegé dans Arles, se fait Prestre, est tué par les soldats. 163
Consuls dans les Provinces. Origine de ce nom donné aux Comtes. 206. 541. Ont divers noms d'Echevins, de Capitouls, de Jurats &c. 540. Noms des Consuls Conseillers de Ville depuis 1294. jusqu'à 1400. Exercent leur jurisdiction. 480
Costé du Royaume & costé de l'Empire termes usitez à Lyon pour les rivages des rivieres. 202
Cour commune establie à Lyon. 473
Courrier Officier de Justice à Lyon. 339
Coustumes, franchises & privileges de la ville de Lyon. 466
Cularo Grenoble. 143

D.

Dardanus, Prefet du Pretoire. 164
Daufin. Humbert dernier Daufin. 492. Daufins de la seconde lignée sortis des Comtes de Forés. *ibid.* Charles I. Daufin de France. *ibid.* Robert Daufin d'Auvergne. 493
Decadence de l'Empire. 143
Declamation d'Agobard contre les scandales de la Cour. 225
Doüane. 393
Deputation des Bourgeois de Lyon au Pape. 371
Division de l'Empire sous Constantin. 145
Domaine de Lyon à qui appartenoit. 288. Suite des Rois qui l'ont possedé. 289
Domitien. 118. Estudie à Lyon. 119
Drogo Arch. de Lyon deposé. 310
Trois especes de *Droit*, des Romains, des Bourguignons & des Francs dits Saliques. 189
Druides, n'ont esté à Lyon. 85

E.

Eau. Conserve d'eau antique avec son plan & ses dimensions. 66
Echange faite entre l'Arch. de Lyon & les Comtes de Forés. 280
Echevins exercent une Jurisdiction temporelle dans leurs villes. 536. Etymologie de ce nom. 542
Ecoles anciennes de la Ville de Lyon. 158. 370
Eglise de Lyon, ses droits établis. 285
Eglise de Montbrison bastie & Chapitre fondé. 325
Eloge de LOUIS LE GRAND. 162. 267
Eloge de Messire Claude de Saint George Arch. de Lyon. 201
Empereurs substituez à Frederic deposé. 324
Enfans de Conrard & de Mathilde, Rois de Bourgogne. 264
Enqueste faite à Vienne pour le Daufin. 350
Entrée du Roy Charles VI. dans Lyon. 506. 507
Epigramme de Scaliger pour la Ville de Lyon. 13. Sa traduction en un Sonnet François. 14
Epitaphe d'Apollinaris. 147. De quelques Chrétiens sous les Rois Bourguignons. 204. De Charles le Chauve 250. de Boson Roi de Provence. 253. De Conrard Roy de Bourgogne 264
Esclaves. *Verna*, *Mancipia*. 39
Establissement de la Monarchie Françoise. 162
Eudes II. Comte de Champagne pretend succeder au Royaume de Bourgogne par les droits de sa Mere. 269
Evêques mediateurs entre les Princes. 167. Ceux qui assisterent au couronnement de Boson. 251
Exarque, Arch. de Lyon fait Exarque par l'Empereur. 277
Exposé de Guillaume de Nogaret rempli de faussetez. 287

F.

Familles illustres Romaines establies à Lyon. 146
Feu S. Antoine, Maladie. 113
Mois de *Fevrier*, d'où ainsi nommé. 379
Fiefs de l'Eglise & ses Feudataires. 350. 352
Filiastre. 57
Florus, Diacre de l'Eglise de Lyon en deplore l'estat en vers. 294
Fondation de la ville de Lyon, semblable à celle de Rome. pag. 1. 2. Du Chapitre de Forviere. 38. De Lyon par qui faite. 41
Fondation de S. Victor de Geneve. 264
Fonteius accusé de Peculat. 153
Fortifications & reparations de la ville. 503
Forés establissement de ses Comtes, Comtes de Lyon. 263
Forum Vetus & *Forum Veneris*. 275. Forviere. 21
Frederic I. Empereur Roy de Bourgogne. 275
Frederic II. Empereur cause de grands troubles. 302. Est excommunié par le Pape Innocent IV. & declaré, deposé de l'Empire. 323

G.

Garde de Cuyrs. 344
Droits de Garde. 397. & *suiv.*
Gardiateur de Lyon. 397
Gaulois anciens addonnez au vin. 153
Genealogie des Comtes de Forés. 317
Gerard de Roussillon Gouverneur de Lyon. 238
Gerard, Evêque d'Authun met la Ville en interdit. 300
Gerard, Comte de Vienne & de Mascon. 311
Givry : Estienne commissaire à Lyon pour l'Archevêque. 513
Godesille s'allie avec Clovis. 196
Gondebaud, Roy de Bourgogne fait des Lois 182. Ne fut pas Arrien declaré. 191. 197. Donne audience à S. Epiphane & lui relache les Lombards faits prisonniers de guerre. 194. Se fait tributaire de Clovis. 196
Gontran, Roy de France Seigneur de Lyon. 208 & *suiv.*
Goths attirez sur les terres de l'Empire par Ruffin. 160
Gouvernement Consulaire. 531. 537
Gouvernemens divers dans Lyon, Ecclesiastique, Politique Juridique & Civil. 480
Gouverneurs de Lyon pour les Romains. 17. Sous nos Rois. 480
Gratien Empereur donne son nom à la Ville de Grenoble. 144. Sa mort à Lyon. 159
Gregoire IV. Pape vient en France & écrit de Lyon aux Evêques du Royaume. 231
Gregoire de Tours peu exact en ses Histoires. 180. 197
Grenoble dit *Cularo* favorisé par les Empereurs Maximin

Table des Matieres.

Maximin & Diocletien. 143
Griefs des Bourgeois contre le Chapitre. 379. Réponse du Chapitre à ces griefs. 380
Guerre des Citoyens & du Chapitre. 380
Guerres Civiles en France. 209
Guillotiere fables touchant son nom. 85
Gundicaire, Roy des Bourguignons. 164. Sa mort. 179
Guy de Chevriers, Chevalier envoyé au Pape pour traiter la paix. 486

H.

Hadrien, Empereur vient dans les Gaules. 119
Halinard, Arch. de Lyon refuse de prester le serment de fidelité à l'Empereur. 271
Harangue de l'Empereur Claude en faveur des Lyonnois. 105
Henri III. Empereur, Roy de Bourgogne. 270. Confirme Halinard élû Arch. de Lyon. ibid.
Henri IV. & Henri V. Empereurs Rois de Bourgogne & de Lyon. 272
Henri de Villars Arch. a recours au Pape & interdit la Ville. 404. Contraint de prester le serment de fidelité au Roy. 405
Henri de Villars II. du nom Arch. contribue beaucoup au transport du Daufiné fait en faveur du Roy. 485
Heraclius, Arch. de Lyon fait Exarque. 277
Hincmar, Arch. de Rheims écrit aux Ministres. 246
Horloges apportées de Rome à Lyon. 198
Horloge de S. Jean de Lyon decrite. 200
Hospital de Lyon, sa fondation. 202

I.

Iean, Pape VIII. vient en France & passe par Lyon. 250
Iean XXII. Son Election & couronnement à Lyon. 454
Le Roy Iean à Lyon 487. Se croise. 492
Iean de Bellomes ou de Bellesmains Archevêque de Lyon. 379
Iean, Duc de Bretagne se trouve au couronnement du Pape Clement V. en cette Ville, où il est accablé sous des ruines & meurt de cette chute. 407. Son Epitaphe. ibid.
Iean le Viste Seigneur de Belle-cour. 500
Ieux Gaulois. 99
Ieux meslez à Lyon, quels ils estoient. 99
Impositions sur les Marchandises pour la rançon du Roy Jean. 488
Inimitiez entre ceux de Vienne & de Lyon. 115. & suiv.
Innocent IV. Pape se retire à Lyon & logé au cloistre de S. Just. 302. 329. Consacre Boniface de Savoye Arch. de Cantorbery. 303. Donne plusieurs Bulles en faveur de nos Citoyens. 304. Est peu favorable au Chapitre & pourquoy. 305
Inondation du Rhosne & de la Saone. 208
Inscriptions antiques de la Ville de Chalon. 26. De Soldats & Officiers des troupes. 27. d'Hospitalité. 37. Trouvée nouvellement à S. Irenée & vûe par l'Autheur. 52. Inscription supposée. 57. A Thein sur le Rhosne expliquée & justifiée. 84. Inscriptions modernes pour les tables de l'hostel de Ville. 108. & 109. Dans l'Eglise S. Antoine. 114
Intendans establis par Charlemagne. 210. 548
Interdit dans Lyon. 496
Isle-Barbe, sa description. 475. Siege des appellations. 474. 478. 504.
Iuge des appellations. 343 De la Cour Seculiere de Lyon. 341. Du ressort. 511
Iuifs establis en France. 214. & suiv. 224. 502. Se plaignent de l'Archevêque Agobard, qui écrit contre eux à la Cour, & à l'Empereur. 224. 220. Se retirent à Trevoux. 224. Puissans en France. ibid.
Iules Cesar vient dans les Gaules. 42. Acheté la faveur du Tribun du peuple de l'argent qu'il tire de Lyon. 43. Son camp proche Lyon, son Silence sur la Ville de Lyon. 45. Sa mort violente. 46
Iulien l'Apostat est fait Cesar. 150. Empereur. 154. Suspect à Constantius. 155
Iustice de Lyon reglée par le Pape Gregoire X. 334. & suiv.
Iustice du Glaive. 357
Iustice de Lyon renduë à l'Archevêque. 383

L.

Lampe antique trouvée à Lyon. 22
Laurencins, famille Lyonnoise. 79
Legions & Cohortes, leurs differences. 140. Legion XXXVI. à Lyon. 58
Lettre de Jean de Bellemes Arch. touchant l'office de Senechal. 330. De Theodoric à l'Empereur Anastase. 205. De Frederic Empereur à l'Archevêque Heraclius. 308. De Drogo élû Arch. de Lyon à Louis le Jeune. 309. De l'Eglise de Lyon à ce Roy. ibid. De Ciceron à Plancus & de Plancus à Ciceron. 88. & suiv. De Severe à Albinus. 133. De Sidonius Apollinaris. 176. De Theodoric à Boece. 198. A Gondebaud. 200. D'Agobard. 214. 215. 217. 220. 228. Du Pape Gregoire IV. aux Eveques de France. 231. D'Hincmar Arch. de Rheims à ses Suffragans. 246. De Boson à l'assemblée des Prelats & des Comtes. 252. De Henry Empereur à Hugues Duc de Dijon. 273. De Guy Comte de Forés au Roy Louis le Jeune. 310. De Rainaud de Baugé au Roy. 351. Du Pape Gregoire X. à nos Citoyens. 384. De Clement V. aux mesmes.
Leydradus, Arch. establit à Lyon des Ecoles de Chantres & de Lecteurs. 210. Regle les offices de la Cathedrale sur les usages de la Chapelle Royale. ibid.
Leuca, Leuga, Lieuë. 50
Liberalis. 110. Libraires à Lyon au temps des Romains. 119
Licinnius, Intendant des Gaules ses voleries. 61. Bastit au Mont-d'or. 62
Ligue des Bourgeois de Lyon contre l'Eglise. 366. du Comte de Savoye & du Comte de Valentinois.
Ligurius, Receveur des deniers de l'Empire à Lyon. 63
Loi Gombette supprimée à la sollicitation d'Agobard. 213
Loi Salique. 189
Lois des Bourguignons. 182. Chaque peuple avoit les Siennes. 213
Lollius, successeur d'Agrippa au Gouvernement des Gaules. 60
Lombards, prisonniers de Guerre rachetez par S. Epiphane Eveque de Pavie. 193
Lothaire & Pepin fils de Louis le Debonnaire viennent à Lyon. 213
Lothaire succede à son Pere. 237. Pert une bataille contre ses freres & se retire à Vienne. 238. Fait la paix. ibid. Se retire dans un Monastere. 239

Lothaire

Table des Matieres.

Lothaire le Jeûne repudie Tietberge & prend Valdrade. 239

Louis le Debonnaire associé à l'Empire par Charlemagne. 212. Son portrait par Thegan. 220. Arresté par ses Enfans & deposé. 235. & suiv. Delivré par ses amis. 236. Retabli. 237. Sa mort. ibid.

Louis, fils de Boson couronné à Lyon. 255. Adopté par Charles le Gras Empereur. 255. Est fait Empereur & pris par Berenger qui lui fait crever les yeux. 256

Louis le Jeune.

Louis le Begue Roy de France. 250

S. *Louis* arbitre des differens de l'Eglise & des Citoyens. 376

Louis Hutin Roy de France & de Navarre annexe Lyon à la Couronne. 452. & suiv.

Louis de France Duc d'Anjou traite avec le Comte Verd de Savoye. 503

Louis Duc de Bourbon. 510

Lugdus. Maladie espece de feu. 113

Lugdunum, Leo, Leodium. 136

Lugdunum Prima sedes Galliarum. 360

Lugdunum premier nom de Lyon. 41. Ce qu'il signifie. 136. N'est pas *Lucus dunum*. 114. Ni *Lut dunum*. 126. Difference de *Lugdunum* & *Lugdunum*. 46. 85

Lyon école celebre de la sagesse Payenne. 3. Sa situation. 5. Ses Evenemens les plus celebres. 3. Ville du premier ordre. 15. Sa disposition ancienne sous les Romains. 63. De Municipe fait Colonie. 102. Grenier de Rome, 161. Saccagé par les Barbares. 152

Honorius delibere d'en faire le siege de son Empire. 160. Se rend au Roy de Navarre. 426

Lyonnois marchent sous les ordres de Stilicon. 160

M.

Magnence se fait Empereur. 148. Defait par Constantius se retire à Lyon & s'y tuë. 149

Mains Mortes. 189

Majorien vient à Lyon. 173. Releve la Ville de ses ruines. ibid.

Maisons anciennes de Lyon. 367

Maistre d'Ecole leve une armée & se dit Senateur. 134

Marc-Antoine à Lyon. 43. 45

Mariage de Julien avec Helene Sœur de Constantius. 151. De Clovis avec Clotilde. 180. 193. De Mathilde de France avec Conrard Roy de Bourgogne. 261. D'Amé de Savoye avec Sybille de Baugé. 401

Marques exterieures des dignitez. 359

Marseille erigée en corps de Communauté. 538

Maxime Tyran. 159

Maximin Empereur. 136. & suiv. Son portrait. 139

Medailles de Marc-Antoine. 89. De Jules Cesar, d'Antoine, de Plancus & de Claude. 103. Des Colonies. 89. D'Albinus. 133. De Galba. 122. De Hadrien. 119. Trouvées à Lyon. 140. Frappées en diverses Villes. 145

Medaillon de Louis le Debonnaire fait par les Juifs. 220

Mere Mixta Impera. 429

Milliaires pierres à marquer les chemins. 137. 138

Minerva Imaginifera pour Minerva. 28. Legion Minervienne. ibid.

Minerve n'eut point de temple à Aisnay.

Missi dominici. 210

Mithras nom du Soleil & son inscription. 59

Monnoye des Secusiens. 9. Des Empereurs frappée à Lyon. 145. De Ferdinand Roy d'Arragon mal attribuée à Pharamond. 188. De Rodolfe Roy de Bourgogne. 258. De l'Eglise de Lyon. 290. 360. Du Chapitre. 501

Montagne detachée en Savoye abisme plusieurs Villages. 322

Mont-d'or occasion de ce nom. 62

Mosaïque, ancien pavé à la Mosaïque trouvé à la descente de Gourguillon. 38

Moxiganga. 429

Mules élevées en ce pays pour l'usage des Princesses de la Cour des Empereurs. 161

N.

Nations establies à Lyon. 393

Noblesse dans le grand commerce. 368. Du Chapitre de Lyon & du Monastere de S. Pierre. 371

Notaires à Lyon. 348

Numerius, Gouverneur de la Gaule Narbonnoise accusé. 154

O.

Octave prend le nom d'Auguste à la persuasion de Plancus. 48

Odoacre, Prince Saxon se fait Roy d'Italie.

Official de la Cour de Lyon. 360

Officiers destinez par les Romains à recevoir les deniers. 17

Officiers de l'Eglise de Lyon. 328. Bas Officiers de la Justice. 363

Oncieux Maison noble de Bresse. 501

Oppositions du Clergé & de la Noblesse au traité de l'Arch. avec le Roy. 427

Ostages de la Ville de Lyon donnez pour la delivrance du Roy Jean de sa prison de Londres & pour sa rançon. 488

P.

Pænius, Prefet des Gaules accuse Sidonius d'avoir fait une Satyre. 173

Paix entre Charles le Chauve, Louis de Germanie & Lothaire. 240

Palais, Vestiges de l'ancien Palais des Empereurs. 38

Palais de Roanne à Lyon. 201. 547

Paris Clos & fortifié. 365

Partage du Lyonnois, Forés & Beaujolois. 203

Peinture supposée dans le Palais Farnese. 573

Peinture des Chevaliers de la ceinture d'Esperance. 508

Petaldus, Chorevéque ou Suffragant de Lyon. 300

Pescennius, son Eloge. 131

LX. *Peuples* qui eurent commerce dans Lyon. 67. 68

Philippe le Bel. 394. Reçoit nos Citoyens sous sa garde. 397. Demande des secours d'argent au Clergé. 404. Fait des concessions à l'Eglise de Lyon. 408. Traite avec l'Archevêque pour l'acquisition du Domaine de Lyon. 410. & suiv. Meurt. 452

Philippines. Premiere. 408. Seconde. 410. Suspension de la seconde. 421

Philippe le Long. 455. Acheve le traité de Lyon. 457. & suiv.

Philippe de Valois s'assure le Domaine de Lyon. 472. Vient en cette ville. 481. Ordonne au Bailly de Mascon Gardiateur de conserver nos Citoyens

Table des Matieres.

Citoyens dans leurs privileges. 482
Philippe de Savoye élu Arch. de Lyon. 300. Quitte & renonce pour se marier. 370
Pierre s'il y a de la pierre fusile. 69. & suiv.
Pierre d'Aouste élu Arch. de Lyon, meurt avant que d'avoir ses bulles. 313
Pierre de Savoye élu Arch. refuse de prester le serment de fidelité au Roy. 423. Traite avec Guillaume de Nogaret. 424. Proteste contre son premier traité. 425
Plancus commande des Legions de Jules-Cesar. 45. 46. N'est pas fondateur de Lyon. 47. 87. Persuade à Octave de prendre le nom d'Auguste. 48. Censeur. 50. Amene une Colonie à Lyon. 86. & suiv. Sa vie & ses emplois 88.
Pline fait une preparation à son Histoire Naturelle. 4
Polignac Maison illustre. 147
Polybe fait deux livres de preparation à son Histoire. 4
Portes du Cloistre. 546
Positions anciennes des villes, difficiles à establir. 4
Pont du Rhosne quand & par qui construit. 283. Bref du Pape Jean XXII. touchant les deniers donnez pour cette construction. 306
Posthumius élevé à l'Empire. 140
Prelats tirez des Monasteres. 317
Presens de la Ville au Roy Charles. 508
Pretoires, leur establissement & des Prefets. 145
Preve, fille du Comte de Forés. 318
Primatie usurpée par l'Archevêque de Sens, & contestée. 248
Privileges de Lyon confirmez par Henry de Villars Arch. 485
Probus. 141. Son Eloge. 142
Proculus Tyran. 141. Sa Medaille. 142
Prodiges. 134

Q.

Qvartier de S. Just attaqué par les Bourgeois. 382

R.

Raoul Cardinal n'est pas de la maison de Chevriers. 373
Regale de Lyon & d'Autun. 299. 301. 307
Reglemens pour les droits Curiaux des Parroisses. 361. Pour la Justice. 333. Pour les monnoyes. 477
Religieuses exemptes de tailles, de tributs & de capitation. 168
Religion des anciens Lyonnois. 18. & suiv.
Reimond Saquet Arch. de Lyon. 487
Revocation de la Bulle unam Sanctam. 408. Du traité fait avec le Roy. 432
Richilde, Epouse de Charles le Chauve couronnée 248
Roanne, Hostel de Roanne à Lyon. 494
Rhosne son nom, & l'origine de ce Nom. 11
Rodolfe I. Roy de Bourgogne, son origine. 257. Son Sacre & son couronnement. 258
Rodolfe II. Roy de Bourgogne. 259
Rodolfe III. Roy de Bourgogne. 264. Surnommé le Lache ou le Faineant. 267. Sa mort. 269
Rodulfe de la Torrette nommé Archevêque par le Pape. 335
Rodolfe de la Torrette & Jean Comte de Forés envoyez par le Roy pour reformer le Languedoc. 325
Deux Rois des Romains élus en mesme temps. 336

Romains qui ont laissé leurs noms à plusieurs endroits du Lyonnois. 44
Erreurs de Rubys pag. 260. 266. 271. 274. 277. 311
Rusticius Archevêque de Lyon va au devant de S. Epiphane Evêque de Pavie. 194

S.

Saone, ses divers noms & les causes de ces noms. 11. 12. Contestations entre le Roy & le Duc de Savoye pour sçavoir à qui des deux elle appartenoit. 512
Salique; Loi Salique. 534
Sarrasins desolent la France. 263
Savoye, origine de ce nom. 9. Origine de la maison de Savoye. 271. Six Freres, Princes de cette maison destinez à l'Eglise. 369
Sceau de l'Eglise de Lyon. 278. 346. 365. De la Communauté de Lyon. 366. De Maison. 503
Sciences enseignées à Lyon. 370
Seges, origine des noms de divers peuples. 7
Segetia ou Segusia Deesse, qui elle estoit, origine de ce nom. 6. Son Image. 10. 11
Segusiens, Origine de ce nom. 5. & suiv. Peuples libres. 42
Senat Romain de Maistre des Empereurs en devient l'Esclave. 144
Senechal de l'Eglise. 330. & suiv. Son office supprimé par le Pape Gregoire. X. 333
Senechal du Refectoir. 337
Senechaussée Royale establi à Lyon. 440
Sentence d'interdit contre la Ville. 374
Sentius, Saturninus Gouverneur des Gaules.
Sequanois confondus avec les Heluetiens ou Suisses. 11
Sergens de l'Eglise. 363
Serment de fidelité. 301. Presté par les habitans de Lyon. 462. 497. Par les Chanoines. 499
Severe Empereur. 131. Defait Albinus. 135. & suiv.
Sidonius Appollinaris. 168. & suiv. Accusé d'avoir fait une Satyre. 173. Recit de sa naissance, de sa vie & de ses emplois. 175. Honoré d'une Statue. 176. Est fait Evêque. ibid. Sa mort & son Epitaphe. ibid.
S. Sigismond Roy de Bourgogne. 201. Fait alliance avec l'Empereur d'Orient. 202. Sa mort, est mis au nombre des Saints. 203
Situation de la Ville de Lyon. 5. 13. 14
Siluanus, General d'armée assassiné. 150
Stilicon, ruine l'Empire. 162
Suse en Piemont. 8. 9
Syagrius, Prefet du Pretoire. 168

T.

Table à recevoir les vœux publics. 157
Tables d'airain de l'hostel de ville. 104
Jean de Talaru Arch. chasse de la Ville les Officiers du Roy. 513
Tardvenus Brigands & Maraudeurs. 345
Tertinius son Palais. 67. Ses tuyaux de plomb. 45
Theodoric II. Roy des Visigoths, son portrait par Sidonius. 171. Ecrit à l'Empereur Anastase. 206. Fut élevé dans la Cour de l'Empereur Leon. ibid.
Theodose mourant recommande ses Enfans à trois de ses Ministres. 160
Thermes ou bains de Julien à Paris. 152
Terres Comtales. 286
Tibere & Drusus envoyez par Auguste au pais des Grisons pour y faire la guerre. 67
Tibulle, Soldat & Poëte, celebre les triomphes de Valere Messalà, où il fait mention du Rhosne

Table des Matieres.

Rhosne & de la Saone. 48
Titianus enseigne à Lyon. 158. & 159
Titres anciens, preuves de l'histoire. 329
Tombeau antique trouvé proche Besançon. 38. Des deux Amans, occasion de plusieurs fables. 80
Tournois & pas d'Armes defendus. 428
Trajan, son ouvrage merveilleux à Fourviere. 119
Traité du Roy Philippe le Bel avec l'Arch. conclu à Vienne. 429. Autres traitez. 434. & suiv.
Tramassac, ruë de Lyon. 16
Tramoye lieu d'assemblée generale des estats. 237
Treve entre le Chapitre & le Bourgeois. 372
Trion, Porte de ce nom. 44
Troubles & guerres entre l'Eglise & les Citoyens de Lyon. 364. En l'election d'Aymar de Roussillon. 390
Tupineis espece de Tournoy. 428. Defendu. 432. Ruë Tupin d'où ainsi nommée. 429
Tuyaux de plomb trouvez avec des inscriptions. 45

V.

Vespasien. 118. Son Pere Fermier. 121
Vienne Colonie Romaine. 106. Jalousie entre cette Ville & Lyon. 115. Vitellius y donne audience. 118. Ses inscriptions. 130. Julien l'Apostat y demeure. 156. Sous la sauvegarde des Daufins. 400. Valentinien y est tué. 159
Vignes dans le Lyonnois. 62. 64. & suiv. Dans les Gaules avant Probus. 141. 155
Viguier de Lyon. 337
Vimy, à present Neufville. 62
Vin, ancienne conserve de vin. 64. 65
Vitellius. 118
Vnion des Evêchez de Valence & de Die. 391
Voeux publics expliquez. *Vota decennalia, vicennalia, multa, &c.* 156
Voleurs dans les Gaules. 175
Usurpations de plusieurs Princes & Seigneurs des terres & fiefs de l'Eglise de Lyon. 403
Utricularij. 117
Vuillelme, Comte de Lyon, souche des Comtes de Forés. 263

A Lyon, de l'Imprimerie de JEAN BRUYSET, ruë Noire à l'image Saint François.

FIN.

ERRATA.

Pages	Lignes	Fautes.	Lisez

DISSERTATIONS.

Pages	Lignes	Fautes.	Lisez
5.	col. 2.	Remesius	Roinesius.
9.	col. 2. 39.	Diis Patriis	Diis Patriis.
15.	col. 1. 7.	eumque	cum quo
17.	col. 2. 35.	ne retournu plus à Lyon	Ne retourna à Lyon
27.	col. 1. 7.	qui l'avoit nourri Jupiter	effacez Jupiter
32.	col. 2. 35.	Veliterna	Velina
34.	col. 1. 24.	pour faciliter les chariots	les charois
37.	col. 2. 9.	& suivi	est suivi

HISTOIRE.

Pages	Lignes	Fautes.	Lisez
5.	8.	L'Ataferra	Ataferra
14.	2.	Quares	Quare
24.		Je me suis trompé quand j'ay dit que *sub Astis dedicavit*, ne se lisoit pas dans le bas relief : après l'avoir mieux examiné je l'y ay trouvé, & je l'ay fait graver, comme il est.	
42.	27.	exacte	exacte
44.	31.	ce qui est aisé de	ce qu'il est aisé de
46.	27.	penia	Pania
	43.	en luy signifiant	en leur signifiant
	derniere	deux Colonnes.	deux Colones.
49.	28.	sua bella	tua bella
101.	45.	qai leur avoit donnéet	qu'il leur avoit.
102.	12.	contribuer contenter	contribuer à contenter
104.	7.	changeant	changea
111.	40.	Nicolas la Fevre.	le Fevre
116.	26.	de quatre provinces	de deux
133.	17.	est un ouvrage	& un ouvrage
140.	addition.	Sagi stata	sagis tua
177.	46.	sa perfidie	la perfidie
	47.	les extravagances	ses extravagances
212.	33.	enfermant.	enferma
	34.	& en les faisant garder	effacez, &c
220.		TAΩN.	Ταωποτες
222.	penultiéme	Cardoüe	Cordoüe
240.	2.	ce qui nous fait voir	Comme on peut voir
244.		avoit	avoir
266.	31.	Sur province	Sur cette province
269.	1.	Roy de Bourgogne	effacez & Empereur.
270.	41.	Henry exerçat	exerça
	45.	Cappellains	Chapelains
273.	penultiéme	Seigneurs de Vallier	de Saint Valier
278.	27.	possedoit du costé de Beanjolois & de Forés	possedoit le Beaujolois & le Forés, effacez le reste.
280.	8.	Amiens.	Amions
303.	6.	Sans faire renoncer	sans le faire renoncer
304.	27.	qu'il l'a traité	qui l'a traité
307.		Jean de Bellemes	De Beliemes
322.	14.	Poggius	Poggius
331.	3.	on a omis ces mots	j'avois plusieurs officiers, sçavoir &c.
337.	5.	devoir est	devoir estre
339.	39.	essayemens	estayemens
370.	32.	Erric en rapporta les miracles qui rendent	Erric qui en rapporta.... rendent
371.	23.	quel qu'il soit même d'alleguer ni ces privileges.	ny même d'alleguer ces privileges.
375.	1.	qui en peut en rappeller	qui peut en rappeller
381.	18.	ils exigeoient descens	des cens
395.	31.	Berard de Vassalien	de Vassalieu
409.	27.	Tous lieux	Tonlieux
421.	40.	obligea	obligerent
500.	vers la fin.	Item le Viste	Jean le Viste
		Estienne de Guiry, lisez par tout de Givry.	

Les autres fautes ne sont la plûpart que quelques omissions ou changemens de lettres aisez à remarquer.

www.ingramcontent.com/pod-product-compliance
Lightning Source LLC
Chambersburg PA
CBHW071425300426
44114CB00013B/1323